CURSO DE
DIREITO CONSTITUCIONAL

DIREITO
CONSTITUCIONAL

INGO WOLFGANG SARLET
LUIZ GUILHERME MARINONI
DANIEL MITIDIERO

CURSO DE
DIREITO CONSTITUCIONAL

14ª edição
revista e atualizada

2025

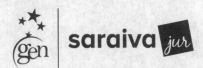

- Os autores deste livro e a editora empenharam seus melhores esforços para assegurar que as informações e os procedimentos apresentados no texto estejam em acordo com os padrões aceitos à época da publicação, *e todos os dados foram atualizados pelos autores até a data de fechamento do livro.* Entretanto, tendo em conta a evolução das ciências, as atualizações legislativas, as mudanças regulamentares governamentais e o constante fluxo de novas informações sobre os temas que constam do livro, recomendamos enfaticamente que os leitores consultem sempre outras fontes fidedignas, de modo a se certificarem de que as informações contidas no texto estão corretas e de que não houve alterações nas recomendações ou na legislação regulamentadora.

- Data do fechamento do livro: 20/01/2025

- Os autores e a editora se empenharam para citar adequadamente e dar o devido crédito a todos os detentores de direitos autorais de qualquer material utilizado neste livro, dispondo-se a possíveis acertos posteriores caso, inadvertida e involuntariamente, a identificação de algum deles tenha sido omitida.

- Direitos exclusivos para a língua portuguesa
  Copyright ©2025 by
  Saraiva Jur, um selo da SRV Editora Ltda.
  Uma editora integrante do GEN | Grupo Editorial Nacional
  Travessa do Ouvidor, 11
  Rio de Janeiro – RJ – 20040-040

- **Atendimento ao cliente: https://www.editoradodireito.com.br/contato**

- Reservados todos os direitos. É proibida a duplicação ou reprodução deste volume, no todo ou em parte, em quaisquer formas ou por quaisquer meios (eletrônico, mecânico, gravação, fotocópia, distribuição pela Internet ou outros), sem permissão, por escrito, da **SRV Editora Ltda.**

- Capa: Tiago Dela Rosa
  Diagramação: Guilherme Salvador

- **DADOS INTERNACIONAIS DE CATALOGAÇÃO NA PUBLICAÇÃO (CIP)
  VAGNER RODOLFO DA SILVA – CRB-8/9410**

S245c   Sarlet, Ingo Wolfgang
   Curso de Direito Constitucional / Ingo Wolfgang Sarlet, Luiz Guilherme Marinoni,
      Daniel Mitidiero. – 14. ed. – São Paulo : Saraiva Jur, 2025.

   1.472 p.
   ISBN: 978-85-5362-687-8 (Impresso)

   1. Direito. 2. Direito Constitucional. I. Marinoni, Luiz Guilherme. II. Mitidiero,
Daniel. III. Título.

	CDD 342
2025-230	CDU 342

Índices para catálogo sistemático:
  1. Direito Constitucional   342
  2. Direito Constitucional   342

SOBRE OS AUTORES

Ingo Wolfgang Sarlet é Advogado e parecerista. Professor Titular da Escola de Direito da PUCRS e Coordenador do Programa de Pós-Graduação em Direito da PUCRS. Doutor em Direito pela Universidade de Munique. Estudos em nível de Pós-Doutorado nas Universidades de Munique (bolsista DAAD), Georgetown e Instituto Max-Planck de Direito Social Estrangeiro e Internacional (Munique), como bolsista do Instituto, onde também atua como representante brasileiro e correspondente científico (desde 2000). Foi pesquisador visitante na Harvard Law School (2008) e Fellow do STIAS – Stellenbosch Institute for Advanced Studies, África do Sul (2011). Foi também pesquisador visitante como bolsista do Instituto Max-Planck de Direito Privado de Hamburgo, Alemanha (2017), e, no mesmo Instituto, com fomento do DAAD (2018). Pesquisador visitante no Instituto Max-Planck de Direito Social e Política Social como bolsista em janeiro de 2019 e fevereiro de 2020. Foi professor visitante do Doutorado em Direitos Humanos da Universidade Pablo de Olavide, professor visitante (bolsista do Programa *Erasmus Mundus*, da União Europeia) da Universidade Católica Portuguesa (Lisboa, 2009), bem como da Faculdade de Direito da Universidade de Lisboa (2012). Foi também professor visitante no Mestrado de Direito Constitucional Europeu da Universidade de Granada, Espanha, e da Universidade de Hamburgo (2020). Pesquisador destaque FAPERGS 2011 na área de humanidades. Detentor da Ordem do Mérito Judiciário do TST, grau de Comendador. É membro catedrático da Academia Brasileira de Direito Constitucional – ABDCONST. Membro da Comissão Especial de Proteção de Dados do Conselho Federal da OAB. Membro do Grupo de Trabalho do Conselho Nacional do Ministério Público sobre Mudanças Climáticas e Prevenção de Desastres. Tem proferido conferências, apresentado trabalhos e publicado em várias línguas (livros, capítulos de livros e periódicos científicos) no Brasil e em outros países, tais como Alemanha, África do Sul, Argentina, Áustria, Bélgica, Chile, Colômbia, Espanha, EUA, Inglaterra, Itália, México, Peru, Portugal e Suíça. É, ainda, Desembargador Aposentado do TJRS.

Luiz Guilherme Marinoni é Professor Titular (com defesa de tese) da UFPR. Mestre e Doutor em Direito pela PUC-SP, fez estudos de Pós-Doutorado na Universidade de Milão. *Visiting Scholar* na Columbia University e na Fordham University. Professor visitante em

VI ○ SOBRE OS AUTORES

várias Universidades da Europa e da América Latina. Além de muitos livros publicados no Brasil, tem mais de vinte livros publicados fora do país, assim como vários artigos publicados em revistas estrangeiras, como, por exemplo, *Rivista Trimestrale di Diritto e Procedura Civile, Rivista di Diritto Processuale, ZZPInt Zeitschrift für Zivilprozess, International Journal of Procedural Law, Studia Prawnicze, Revista de Derecho Procesal, On Civil Procedure* e *Boletim da Faculdade de Direito da Universidade de Coimbra.* É Vice-Presidente da International Association of Procedural Law e Presidente da Associação Brasileira de Direito Processual Constitucional. Recebeu o Prêmio Jabuti em 2010 e 2017, tendo sido indicado ao mesmo prêmio em três outras ocasiões. Ex-Procurador da República. Advogado e parecerista, com intensa atuação nos Tribunais e nas Cortes Supremas.

Daniel Mitidiero é Professor Associado de Direito Processual Civil nos Cursos de Graduação, Mestrado e Doutorado da Faculdade de Direito da UFRGS desde 2011. *Visiting Scholar* na University of Edinburgh, Escócia (2023). Pós-Doutor em Direito pela Università degli Studi di Pavia, Itália (2013). Doutor em Direito pela UFRGS (2007). Tem vários livros e diversos artigos publicados em revistas especializadas nacionais e estrangeiras, entre as quais a *Rivista Trimestrale di Diritto e Procedura Civile,* a *Revue Internationale de Droit Comparé,* a *Zeitschrift für Zivilprozess International* e o *International Journal of Procedural Law.* Membro da International Association of Procedural Law (IAPL, na qual compõe o seu Council), do Instituto Iberoamericano de Derecho Procesal (IIDP), da *Associazione Italiana fra gli Studiosi del Processo Civile* (AISPC), Asociación Argentina de Derecho Procesal (AADP), da Associação Brasileira de Direito Processual Constitucional (ABDPC), do Instituto de Processo Comparado (IPC) e do Instituto Brasileiro de Direito Processual (IBDP, no qual compõe a *Diretoria*). Recebeu o Prêmio Jabuti em 2009 e em 2017. Advogado.

Para Gabrielle Bezerra Sales Sarlet, meu amor e minha parceira numa luminosa jornada, dedico a parte que me toca nessa obra em construção...

Ingo Wolfgang Sarlet

NOTA À 14ª EDIÇÃO

Quis a fortuna que também a edição anterior desta obra esgotasse em um ano. Nesta décima quarta edição, igualmente não houve a inclusão de capítulos novos, tendo, todavia, sido realizada uma cuidadosa atualização legislativa e jurisprudencial, destacando as decisões mais relevantes do STF.

Além disso, também desta feita imperioso formular uma série de agradecimentos. Da parte do autor Ingo Wolfgang Sarlet, os agradecimentos são endereçados ao bolsista de Iniciação Científica da Escola de Direito da PUC-RS, Pedro Zanatta Silveira Borges, pela dedicada pesquisa jurisprudencial.

Finalmente não se poderia deixar de agradecer à equipe competente do selo Saraiva Jur, nas pessoas de Aline Darcy Flôr de Souza, Deborah Caetano de Freitas Viadana e Thais Cassoli Reato Cézar, assim como, particularmente, ao público leitor que nos tem honrado com sua receptividade.

Porto Alegre e Curitiba, 21 de dezembro de 2024.

Ingo Wolfgang Sarlet
Luiz Guilherme Marinoni
Daniel Mitidiero

APRESENTAÇÃO

A missão de escrever um *Curso* que possa ostentar essa designação não se revela de fácil execução. Por um lado, é preciso assumir o compromisso de conciliar uma dosagem suficiente de conteúdo e densidade, oferecendo ao leitor informação relativamente acessível e atualizada, que possa orientá-lo na sua trajetória acadêmica, no plano da formação pessoal, mas também na sua atividade profissional. Por outro, importa selecionar de forma adequada os assuntos que interessam mais de perto para compreensão do direito constitucional brasileiro. Por mais completo que seja o programa da obra, dificilmente, considerada a abrangência do texto constitucional brasileiro, poderá ser mantida a mesma densidade quanto ao tratamento da matéria. Essa contingência se deve ao fato de os conteúdos que extrapolam os domínios convencionais do direito constitucional – em que inequivocamente se inserem a teoria da constituição, dos princípios e dos direitos fundamentais, da organização do Estado e dos poderes – articularem-se fortemente com *subsistemas temáticos* em que costumam ser mais desenvolvidos. Dito de outro modo, um curso de direito constitucional *não poderá* pretender ser simultaneamente um curso de direito tributário, direito administrativo, direito econômico, direito previdenciário ou mesmo um curso completo sobre os direitos fundamentais em espécie. *Deverá, no entanto, ser um referencial adequado para quem quiser ir além também nesses domínios.*

Essas considerações abriram espaço para duas peculiaridades que marcam o nosso *Curso*.

A primeira delas diz respeito à *seleção do conteúdo*. Com efeito, a exemplo do que se verifica em outros casos, a presente obra não nasceu completa, e, mesmo considerando a atualização e ampliação a cada reedição (e a presente edição não se revela uma exceção), não se pretende completa. Cuida-se, isso sim, de um trabalho projetado para um permanente processo de ampliação e reconstrução, cuja primeira edição surgiu contemplando, na primeira parte, alguns dos aspectos centrais da teoria da constituição e do direito constitucional, deixando a apresentação e a análise do sistema constitucional brasileiro (aquilo que se costuma também designar de direito constitucional positivo) para a segunda parte. Além disso, convém frisar que segue sendo nossa intenção, por ocasião de cada nova edição, não apenas aperfeiçoar e atualizar os tópicos ora versados, mas incluir, gradativamente, novos pontos, de modo a buscar a almejada "completude", ainda que se saiba que esta seja mais um ideal do que uma realidade possível. Que o destaque – e isso já na primeira edição – vai para os temas centrais da teoria da constituição e do direito constitucional e os direitos fundamentais e a efetividade da constituição (essa também a razão de ser de uma alentada parte sobre o controle de constitucionalidade e das ações constitucionais) não representam algo aleatório, mas constituem um dos aspectos diferenciais mediante os quais se pretende que o presente *Curso*, de algum modo, possa contribuir para auxiliar no aprendizado e manejo do direito constitucional no Brasil.

A segunda observação concerne à *autoria*. Como projeção da nossa preocupação em apresentar à comunidade acadêmica um texto suficientemente sólido, não só na área da teoria constitucional, mas com particular foco na efetividade da Constituição, nos pareceu conveniente conjugar esforços de modo a poder enfrentar com propriedade todos esses aspectos do problema. Daí surgiu nossa *parceria*, com o intento de outorgar *tratamento adequado e específico* tanto aos problemas de direito material quanto àqueles de direito processual que a Constituição brasileira apresenta. A propósito, para preservar a identidade de cada autor e da sua respectiva colaboração para a obra, todos os capítulos têm gravados os nomes de seus autores, assegurando a pronta identificação da responsabilidade pelo texto pelo público-leitor.

Apresentar (no caso, reapresentar) um *Curso* à comunidade acadêmica brasileira – dado o nível de excelência de boa parte da nossa produção constitucional – não constitui tarefa que se possa assumir de modo leviano. Pelo contrário, isso só se justifica pela possibilidade de poder colaborar com o debate a fim de que nossas instituições se fortaleçam e o Estado Constitucional viceje forte para além das contingências políticas. Por outro lado, isso, é claro, só se justifica se tivermos presente que a doutrina tem uma missão para além das especialidades – a de formar, em um espírito de Universidade, pessoas preocupadas com o *sentido constitucional* que perpassa todo o Direito no Estado Constitucional. É o único objetivo razoável que se pode assinalar a um *Curso de Direito Constitucional* realmente centrado na preocupação com a promoção da Constituição e de sua efetividade.

Porto Alegre, RS, e Curitiba, PR, dezembro de 2024.

Ingo Wolfgang Sarlet
Luiz Guilherme Marinoni
Daniel Mitidiero

SUMÁRIO

Sobre os autores... V

Nota à 14ª edição.. IX

Apresentação XI

PRIMEIRA PARTE
Teoria da Constituição e do Direito Constitucional

1. A Constituição em perspectiva histórico-evolutiva – Dos antecedentes à afirmação do constitucionalismo moderno e do assim chamado Estado Constitucional
Ingo Wolfgang Sarlet... 3

    1.1   Considerações introdutórias.. 3

    1.2   O caso da Inglaterra e suas peculiaridades.. 7

    1.3   Os Estados Unidos da América: a "viragem de Copérnico" da evolução constitucional 10

    1.4   O legado da experiência constitucional na França... 13

    1.5   A ampliação do constitucionalismo pelo mundo ocidental: rumo ao modelo do Estado Consti-
tucional como paradigma universal... 15

    1.6   A Lei Fundamental da Alemanha (1949): notas sobre sua formação, evolução e conteúdo...... 17

          1.6.1   Precedentes e o desmantelamento da ordem constitucional pretérita por força da
ditadura nacional-socialista.. 17

          1.6.2   Elaboração, conteúdo e afirmação da Lei Fundamental de 1949............. 19

          1.6.3   A "queda do muro", a reunificação e a adoção da Lei Fundamental de 1949 como
Constituição Federal da Alemanha... 23

2. Classificação das constituições
Ingo Wolfgang Sarlet... 27

3. Estrutura, funções e conteúdo das constituições
Ingo Wolfgang Sarlet... 35

    3.1   As constituições e sua estrutura.. 35

          3.1.1   Considerações de caráter geral... 35

          3.1.2   O preâmbulo das constituições, com destaque para o problema de sua força jurídica
na Constituição Federal de 1988 35

          3.1.3   Disposições constitucionais permanentes 40

          3.1.4   Disposições constitucionais transitórias 41

    3.2   As funções da Constituição 43

    3.3   O problema do conteúdo das constituições.. 47

4. Conceito e características do direito constitucional
Ingo Wolfgang Sarlet 51

5. Do poder constituinte e da mudança (reforma e mutação) constitucional
Ingo Wolfgang Sarlet 54

I – Do poder constituinte 54

5.1 Notas introdutórias 54

5.2 O que é o poder constituinte? 55

    5.2.1 Generalidades 55

    5.2.2 A natureza do poder constituinte 57

    5.2.3 Distinção entre poder constituinte formal e poder constituinte material 58

    5.2.4 Características do poder constituinte 59

5.3 Quem é o titular do poder constituinte? O problema da legitimidade do poder constituinte e da Constituição 61

5.4 Formas de manifestação (expressão ou exercício) do poder constituinte 63

    5.4.1 Aspectos introdutórios 63

    5.4.2 As formas democráticas de exercício do poder constituinte 64

    5.4.3 A revolução como forma da manifestação do poder constituinte 66

5.5 Limites e condicionamentos do poder constituinte? 70

II – Teoria da mudança constitucional – A reforma e a mutação constitucional 72

5.6 Generalidades e distinção entre as diversas formas de mudança constitucional: processos formais e informais (mutação constitucional) 72

5.7 O poder de reforma da Constituição 74

    5.7.1 Questões terminológicas 74

    5.7.2 Natureza, características e funções do poder de reforma constitucional ... 75

    5.7.3 O poder de reforma na Constituição Federal de 1988 76

        5.7.3.1 A distinção entre revisão e emendas como modalidades de reforma da Constituição 76

    5.7.4 Os limites da reforma constitucional 79

        5.7.4.1 Considerações gerais 79

        5.7.4.2 Limites formais 80

        5.7.4.3 Limites circunstanciais 85

        5.7.4.4 O problema dos limites materiais (as assim chamadas "cláusulas pétreas") 87

            5.7.4.4.1 Natureza e significado dos limites materiais 87

            5.7.4.4.2 Espécies de limitações materiais ao poder de reforma 90

5.8 A assim chamada "mutação" constitucional e suas formas de manifestação: algumas aproximações 112

    5.8.1 Considerações gerais: conceito e modalidades de mutação constitucional 112

    5.8.2 Mecanismos (modos) de mutação constitucional 114

    5.8.3 Limites da mutação constitucional: o problema das mutações inconstitucionais 117

6. Eficácia e aplicabilidade das normas constitucionais
Ingo Wolfgang Sarlet 120

6.1 Alguns aspectos terminológicos e conceituais 120

6.2 Apresentação e discussão das principais classificações das normas constitucionais quanto à sua eficácia e aplicabilidade adotadas no Brasil 125

    6.2.1 As posições "clássicas" e a sua gradual superação 125

6.3 Apreciação crítica das diferentes posições 133

6.4 Síntese conclusiva 138

7. O problema da efetividade das normas constitucionais e da força normativa da Constituição
Ingo Wolfgang Sarlet 143

8. A norma constitucional no "tempo" – Relações entre a Constituição e a ordem jurídica anterior
Ingo Wolfgang Sarlet 147

8.1 Considerações gerais 147

8.2 A Constituição e o direito constitucional anterior 148

    8.2.1 A Constituição originária e a Constituição anterior 148

    8.2.2 As emendas constitucionais e o direito constitucional (originário) anterior 149

8.3 A Constituição e o direito infraconstitucional anterior 149

9. A Constituição e as relações com o direito estrangeiro e internacional – O problema da aplicação das normas constitucionais no espaço
Ingo Wolfgang Sarlet 153

9.1 Considerações introdutórias 153

9.2 Relações entre o direito estrangeiro e a Constituição 154

9.3 O direito internacional e a Constituição Federal de 1988 157

10. Linhas mestras da interpretação constitucional
Ingo Wolfgang Sarlet 161

10.1 Noções gerais 161

10.2 Princípios da interpretação constitucional 164

    10.2.1 O princípio da unidade da Constituição 165

        10.2.1.1 Princípio do efeito integrador 166

        10.2.1.2 O princípio da "concordância prática" ou da "harmonização" 166

        10.2.1.3 A assim chamada "ponderação" (ou "balanceamento") no campo da interpretação e aplicação da Constituição 167

        10.2.1.4 Proporcionalidade e razoabilidade como princípios e critérios de interpretação constitucional 169

    10.2.2 O princípio da supremacia da Constituição 171

        10.2.2.1 O princípio da máxima eficácia e efetividade da Constituição 172

        10.2.2.2 O princípio da força normativa da Constituição 172

        10.2.2.3 O princípio da interpretação (das leis) conforme à Constituição 173

    10.2.3 O princípio da divisão de poderes e o correlato princípio (dever) da conformidade funcional: o problema da autorrestrição por parte da jurisdição constitucional e as assim chamadas "capacidades institucionais" 175

Segunda Parte
O Sistema Constitucional Brasileiro

1. O constitucionalismo brasileiro em perspectiva histórico-evolutiva – Da Constituição Imperial de 1824 à assim chamada "Constituição-Cidadã" de 1988
Ingo Wolfgang Sarlet 181

1.1	Os primórdios e a Carta Imperial de 1824	181
1.2	A Proclamação da República e a implantação da Federação: a Constituição da República dos Estados Unidos do Brasil de 1891	184
1.3	A Constituição da República dos Estados Unidos do Brasil de 1934	188
1.4	O Estado Novo e a Carta de 1937 (a Constituição "Polaca")	190
1.5	A Constituição dos Estados Unidos do Brasil de 1946	192
1.6	A Constituição do Brasil de 1967 e a EC 1/1969	193
1.7	Breves notas sobre a Constituição da República Federativa do Brasil de 1988	195

2. Dos princípios fundamentais
Ingo Wolfgang Sarlet 201

I – Notas introdutórias: função, classificação e eficácia dos princípios constitucionais fundamentais 201

II – Princípios gerais estruturantes e constitucionalmente conformadores da ordem jurídico-constitucional 205

2.1	Princípio da dignidade da pessoa humana	205
	2.1.1 Considerações gerais	205
	2.1.2 Breves notas sobre a forma de positivação (reconhecimento) da dignidade da pessoa humana na Constituição Federal	207
	2.1.3 Funções da dignidade da pessoa humana na arquitetura jurídico-constitucional	210
2.2	Princípio do Estado Democrático, Social e Ecológico de Direito	215
	2.2.1 Noções gerais	215
	2.2.2 O princípio democrático e a soberania popular	216
	2.2.3 O princípio do pluralismo político	221
	2.2.4 O princípio do Estado de Direito	222
	2.2.5 O princípio do Estado Social e Ecológico – Socioambiental: a conjugação da justiça social, da realização dos direitos humanos e fundamentais sociais e da proteção do ambiente	232
	2.2.6 Princípio republicano	236
	2.2.7 O princípio federativo	238
	2.2.8 O princípio da sustentabilidade (ou desenvolvimento sustentável)	239

III – Os objetivos fundamentais do Estado Democrático (e Socioambiental/ecológico) de Direito.... 241

IV – Princípios que regem as relações internacionais 243

3. Teoria geral dos direitos fundamentais
Ingo Wolfgang Sarlet 246

3.1	Considerações gerais	246
	3.1.1 Aspectos terminológicos: direitos humanos e/ou direitos fundamentais?	247
3.2	Os direitos fundamentais em perspectiva histórico-evolutiva e as assim designadas dimensões (ou "gerações") de direitos fundamentais	250
	3.2.1 Considerações preliminares	250
	3.2.2 A "pré-história" dos direitos fundamentais: dos primórdios à noção de direitos naturais (inatos e inalienáveis) do homem	251
	3.2.3 O reconhecimento dos direitos fundamentais na esfera do direito positivo	253
	3.2.3.1 Antecedentes (o período pré-constitucional)	253

3.2.4 As assim chamadas "dimensões" (gerações?) dos direitos fundamentais: a trajetória evolutiva dos direitos fundamentais do Estado Liberal ao Estado Constitucional Socioambiental 255

    3.2.4.1 Os direitos fundamentais no âmbito do Estado Liberal (a assim chamada "primeira dimensão") 257

    3.2.4.2 O advento do Estado Social e os direitos econômicos, sociais e culturais (a assim chamada "segunda dimensão") 258

3.2.5 A titularidade transindividual e os assim chamados "direitos da terceira dimensão" 259

3.2.6 Existem direitos fundamentais de quarta, quinta e sexta dimensão? 260

3.2.7 As dimensões ("gerações") dos direitos em perspectiva crítica 263

3.3 O conceito de direitos fundamentais no sistema constitucional brasileiro 264

3.3.1 A dupla fundamentalidade em sentido formal e material 264

3.3.2 A abertura (expansividade) do catálogo constitucional dos direitos fundamentais: significado e alcance da norma contida no art. 5.º, § 2.º, da CF 266

    3.3.2.1 Noções preliminares 266

    3.3.2.2 Classificação dos direitos fundamentais com base no critério da abertura material do catálogo constitucional 269

    3.3.2.3 Direitos previstos no Título II da CF 273

    3.3.2.4 Direitos fundamentais dispersos no texto constitucional 275

    3.3.2.5 Direitos sediados nos tratados internacionais de direitos humanos 278

        3.3.2.5.1 Generalidades 278

        3.3.2.5.2 O procedimento de incorporação dos tratados de direitos humanos na perspectiva da Constituição Federal 280

        3.3.2.5.3 O problema da hierarquia dos tratados de direitos fundamentais na ordem jurídica interna brasileira: direitos fundamentais sem hierarquia constitucional? 283

3.4 A dupla dimensão objetiva e subjetiva, a multifuncionalidade e a classificação dos direitos e garantias fundamentais 288

3.4.1 Os direitos fundamentais e sua dimensão subjetiva 288

3.4.2 A assim chamada dimensão objetiva dos direitos fundamentais 291

3.4.3 Multifuncionalidade e classificação dos direitos fundamentais na ordem constitucional 294

3.5 A titularidade dos direitos e garantias fundamentais: quem é o sujeito dos direitos? 297

3.5.1 Considerações gerais 297

3.5.2 A pessoa natural como titular de direitos fundamentais: a titularidade universal e sua interpretação na Constituição Federal 298

3.5.3 O problema da titularidade de direitos fundamentais por parte dos estrangeiros e a relevância da distinção entre estrangeiro residente e não residente 300

3.5.4 O problema da titularidade de direitos fundamentais nos limites da vida 303

3.5.5 Pessoas jurídicas como titulares de direitos fundamentais 306

3.5.6 Direitos fundamentais da natureza, em especial a titularidade de direitos por parte dos animais não humanos 308

3.6 A aplicabilidade imediata das normas de direitos e garantias fundamentais: significado e alcance do art. 5.º, § 1.º, da CF 310

3.7 Destinatários dos direitos e garantias fundamentais 316

3.8 Particulares como destinatários dos direitos fundamentais: o problema da eficácia dos direitos fundamentais nas relações privadas 320

3.9	Limites e restrições de direitos fundamentais	323
	3.9.1 Considerações introdutórias	323
	3.9.2 O âmbito de proteção dos direitos e garantias fundamentais	324
	3.9.3 Os limites dos direitos fundamentais	327
	3.9.4 Limites aos limites dos direitos fundamentais	330
	3.9.4.1 Noções preliminares	330
	3.9.4.2 A reserva legal e suas exigências	331
	3.9.4.3 Proporcionalidade e razoabilidade como limites dos limites	335
	3.9.4.4 A assim chamada garantia do núcleo essencial dos direitos fundamentais	343

4. Direitos fundamentais em espécie
Ingo Wolfgang Sarlet 347

4.1	O direito à vida	347
	4.1.1 Breve histórico: da noção de "direito natural" à consagração como direito humano e fundamental	347
	4.1.2 Âmbito de proteção do direito à vida: o conceito de vida para efeitos da tutela jurídica	350
	4.1.3 Relação do direito à vida com outros direitos fundamentais	351
	4.1.4 A titularidade do direito à vida e o problema do início e fim da proteção jurídico-constitucional da vida humana	354
	4.1.5 Destinatários (sujeitos passivos): órgãos estatais e particulares	356
	4.1.6 O direito à vida e sua dupla dimensão objetiva e subjetiva como dever de proteção e complexo de posições subjetivas de conteúdo negativo e positivo	357
	4.1.6.1 Considerações gerais	357
	4.1.6.2 Dimensões subjetiva e objetiva do direito à vida	357
	4.1.7 Limites das intervenções no direito à vida: uma análise a partir de alguns exemplos	359
	4.1.7.1 Considerações gerais	359
	4.1.7.2 Existe um direito de matar? O caso da pena de morte e de outras intervenções similares	360
	4.1.7.3 A discussão em torno da legitimidade constitucional da interrupção da gravidez	363
	4.1.7.4 O problema de um direito ao suicídio e a discussão em torno das possibilidades e limites da eutanásia	366
4.2	O direito à integridade física e psíquica	369
	4.2.1 Considerações gerais	369
	4.2.2 Direito constitucional estrangeiro e direito internacional dos direitos humanos	370
	4.2.3 O direito à integridade física e psíquica na Constituição Federal	371
	4.2.3.1 Observações gerais e relação com outros direitos fundamentais	371
	4.2.3.2 A dupla dimensão subjetiva (negativa e positiva) e objetiva do direito à integridade física e psíquica	372
	4.2.3.3 Titulares e destinatários	374
	4.2.3.4 Intervenções no direito à integridade corporal, limites e restrições: a controvérsia em torno de um direito à disposição do próprio corpo	374
	4.2.3.5 O caso da proibição da tortura, de todo e qualquer tratamento desumano e degradante, incluindo a proibição das penas cruéis	378

4.3	Demais direitos à identidade e integridade pessoal – O direito ao livre desenvolvimento da personalidade e os direitos especiais de personalidade..........................	381
	4.3.1 Os direitos fundamentais vinculados à proteção da personalidade e os contornos de seu regime jurídico-constitucional.........................	381
	4.3.1.1 Considerações gerais.........................	381
	4.3.1.2 Direito internacional dos direitos humanos e constituições estrangeiras ...	384
4.4	O direito ao livre desenvolvimento da personalidade: sua função como cláusula geral e sua relação com os direitos especiais de personalidade.........................	385
4.5	Contornos do regime jurídico-constitucional dos direitos de personalidade....................	387
4.6	O direito à vida privada (privacidade e intimidade).........................	391
	4.6.1 Considerações gerais.........................	391
	4.6.2 Conteúdo (âmbito de proteção) do direito à vida privada.........................	392
	4.6.3 Limites e restrições.........................	396
4.7	A salvaguarda do sigilo fiscal e bancário.........................	397
4.8	Inviolabilidade do domicílio.........................	403
	4.8.1 Notícia histórica e generalidades.........................	403
	4.8.2 Direito internacional dos direitos humanos e evolução constitucional brasileira anterior à Constituição Federal.........................	404
	4.8.3 Conteúdo e limites do direito à inviolabilidade do domicílio na Constituição Federal.........................	405
4.9	A inviolabilidade da correspondência e o sigilo das comunicações em geral....................	413
4.10	Proteção dos dados pessoais.........................	420
4.11	Os direitos à honra e à imagem.........................	429
	4.11.1 Considerações gerais.........................	429
	4.11.2 O direito à honra.........................	430
	4.11.3 O direito à (própria) imagem.........................	434
4.12	Direitos de liberdade.........................	438
	4.12.1 Algumas notas sobre um direito geral de liberdade na Constituição Federal e o sistema constitucional das liberdades fundamentais.........................	438
	4.12.2 Liberdade de expressão.........................	443
	4.12.2.1 Notas introdutórias: breve mirada sobre a evolução constitucional brasileira pretérita e o direito internacional.........................	443
	4.12.2.2 A liberdade de expressão na Constituição Federal.........................	446
	4.12.3 Liberdade de consciência e de crença (liberdade religiosa).........................	470
	4.12.3.1 Notas introdutórias e breve mirada sobre a evolução no âmbito do direito internacional, direito constitucional estrangeiro e evolução constitucional brasileira.........................	470
	4.12.3.2 A liberdade religiosa e a liberdade de consciência na Constituição Federal de 1988.........................	474
	4.12.4 Liberdade de locomoção.........................	486
	4.12.4.1 Considerações gerais e reconhecimento no plano do direito internacional e direito constitucional estrangeiro.........................	486
	4.12.4.2 A liberdade de locomoção na evolução constitucional brasileira pretérita.	487
	4.12.5 A liberdade de locomoção na Constituição Federal.........................	488
	4.12.5.1 Considerações gerais.........................	488

4.12.5.2 Âmbito de proteção da liberdade de locomoção: sua dimensão objetiva e subjetiva 489

4.12.5.3 Titulares e destinatários 490

4.12.5.4 Limites da liberdade de locomoção 491

4.12.6 O direito à informação e o direito de acesso à informação 493

4.12.6.1 Considerações iniciais 493

4.12.6.2 Conteúdo e alcance do direito à informação 495

4.12.6.2.1 Anotações gerais sobre o objeto do direito à informação 495

4.12.6.2.2 Titulares e destinatários 495

4.12.6.2.3 Dimensão objetiva e subjetiva (negativa e positiva) 496

4.12.6.2.4 Limites e restrições do direito de acesso à informação 498

4.12.7 As garantias constitucionais relativas à prisão: o caso da prisão civil 501

4.12.7.1 Generalidades 501

4.12.7.2 A prisão civil: possibilidade e limites na Constituição Federal 502

4.12.7.2.1 Generalidades e evolução constitucional pretérita 502

4.12.7.2.2 Conteúdo e âmbito de proteção da proibição da prisão civil na Constituição Federal 503

4.12.7.2.3 A prisão civil no caso de inadimplemento voluntário e inescusável de obrigação alimentar 504

4.12.7.2.4 A controvérsia em torno da prisão civil do depositário infiel 507

4.12.7.2.5 Liberdade de profissão 509

4.12.7.2.6 A liberdade de profissão na Constituição Federal 512

4.12.7.2.7 Liberdade de associação 522

4.12.7.2.8 Liberdade de reunião 532

4.13 Direito(s) de igualdade: direito geral de igualdade, cláusulas especiais de igualdade e políticas orientadas para a igualdade 544

4.13.1 Considerações introdutórias 544

4.13.2 Da igualdade formal à igualdade material 547

4.13.3 Breves notas a respeito da relação entre dignidade, liberdade e igualdade 549

4.13.4 Conteúdo e significado do princípio da igualdade e do(s) direito(s) de igualdade na Constituição Federal de 1988 550

4.13.4.1 Generalidades 550

4.13.4.2 Âmbito de proteção: conteúdo e alcance do princípio e do direito geral de igualdade 551

4.13.4.3 Metódica de aplicação do princípio (direito) da igualdade e efeitos de sua violação na condição de direito subjetivo 557

4.13.4.4 Igualdade, diferença e as assim chamadas "ações afirmativas" como promotoras da igualdade material e de políticas de inclusão e reconhecimento ... 562

4.14 Dos direitos fundamentais sociais 566

4.14.1 Aspectos gerais relativos aos direitos sociais como direitos fundamentais 566

4.14.1.1 Generalidades: os direitos sociais no quadro da evolução constitucional brasileira 566

4.14.2 Breves notas sobre os direitos sociais no âmbito do direito constitucional estrangeiro ... 569

4.14.3 Os direitos sociais como direitos fundamentais e seu regime jurídico na Constituição Federal 573

4.14.3.1 Aspectos gerais	573
4.14.3.2 Titulares e destinatários dos direitos sociais	578
4.14.3.3 O problema da eficácia e efetividade das normas de direitos sociais, com destaque para a controvérsia acerca da exigibilidade dos direitos sociais como direitos a prestações	582
4.14.3.4 O problema da proteção dos direitos sociais e o assim designado "princípio da proibição de retrocesso"	590
4.14.3.5 Algumas notas acerca do problema do financiamento dos direitos sociais, das "cláusulas pétreas" e as EC 94 e 95, de 2016	594
4.15 Dos direitos sociais em espécie	596
4.15.1 Considerações preliminares	596
4.15.2 O direito ao (e a garantia do) mínimo existencial como espécie de categoria transversal	597
4.15.3 O direito à proteção e promoção da saúde	602
4.15.4 O direito à alimentação	615
4.15.5 O direito à moradia	619
4.15.6 O direito à educação	625
4.15.7 O direito ao trabalho	638
4.15.8 O direito ao lazer	642
4.15.9 O direito à segurança social: previdência e assistência aos desamparados	644
4.15.10 O direito à proteção da maternidade, da infância, da juventude e do idoso	648
4.15.11 O direito ao transporte	656
4.15.12 O direito fundamental a uma renda básica familiar	659
4.15.13 O direito-dever fundamental de proteção e promoção de um meio ambiente saudável	661
4.15.14 Notas acerca de um direito fundamental à integridade do sistema climático	673
4.15.15 O direito de acesso à Internet	678
4.16 Nacionalidade	682
4.16.1 Considerações introdutórias	682
4.16.2 A nacionalidade no âmbito do direito internacional, com destaque para o sistema de reconhecimento e proteção dos direitos humanos	683
4.16.3 A nacionalidade no direito constitucional estrangeiro	685
4.16.4 A nacionalidade no âmbito da evolução constitucional brasileira	685
4.16.5 O regime da nacionalidade na Constituição Federal de 1988	687
4.16.5.1 Considerações gerais: a nacionalidade como direito e garantia fundamental	687
4.16.5.2 Espécies de nacionalidade	687
4.16.5.2.1 A nacionalidade primária: o brasileiro nato	688
4.16.5.2.2 A nacionalidade secundária: a naturalização como forma de aquisição da nacionalidade	691
4.16.5.3 Distinções entre os brasileiros natos e os naturalizados	695
4.16.5.4 Perda e reaquisição da nacionalidade brasileira	696
4.16.5.5 O problema da assim chamada dupla nacionalidade	698
4.16.5.6 Um caso especial: a condição jurídico-constitucional dos cidadãos portugueses (a assim chamada quase nacionalidade)	700

4.16.5.7 O regime jurídico do estrangeiro na Constituição Federal		701
	4.16.5.7.1 Aspectos gerais	701
	4.16.5.7.2 A exclusão do estrangeiro por iniciativa estatal: as hipóteses de deportação, expulsão e extradição	702
4.16.5.8 As hipóteses de asilo e refúgio		709
	4.16.5.8.1 O asilo	710
	4.16.5.8.2 O refúgio	711

4.17 Direitos políticos ... 713

4.17.1 Considerações gerais: o significado jurídico da democracia e sua relação com os direitos políticos e os direitos fundamentais em geral ... 713

4.17.2 Os direitos políticos como direitos humanos e fundamentais ... 715

4.17.2.1 Considerações gerais ... 715

4.17.2.2 Os direitos políticos no plano supranacional (internacional e regional) ... 716

4.17.3 Os direitos políticos no constitucionalismo brasileiro ... 717

4.17.3.1 Constituições anteriores ... 717

4.17.3.2 Os direitos políticos na Constituição Federal de 1988 ... 718

4.17.3.2.1 Considerações gerais: o regime jurídico-constitucional dos direitos políticos na condição de direitos fundamentais ... 718

4.17.3.2.2 O sufrágio e o direito de voto ... 722

4.17.3.2.3 A titularidade dos direitos políticos ... 727

4.17.3.2.4 O sufrágio passivo: condições de elegibilidade ... 729

4.17.3.2.5 Ainda o sufrágio passivo: as causas de inelegibilidade ... 732

4.17.3.2.6 Os casos de perda, suspensão e reaquisição dos direitos políticos ... 742

4.17.3.2.6.1 Considerações gerais ... 742

4.17.3.2.6.2 Perda dos direitos políticos ... 743

4.17.3.2.6.3 As hipóteses de suspensão dos direitos políticos ... 745

4.17.3.2.7 A reaquisição dos direitos políticos ... 750

4.17.3.2.8 A regra da anualidade em matéria eleitoral (art. 16 da CF) ... 751

4.18 Dos partidos políticos ... 754

4.18.1 Considerações gerais: posição e função dos partidos políticos no Estado Democrático de Direito ... 754

4.18.2 As dimensões da liberdade partidária e seus elementos estruturantes e consequências ... 757

4.18.3 Os partidos políticos no direito constitucional brasileiro pretérito ... 758

4.18.4 Os partidos políticos na Constituição Federal de 1988 ... 764

4.18.4.1 Anotações preliminares ... 764

4.18.4.2 Personalidade jurídica dos partidos políticos, sua autonomia e liberdade na CF ... 765

4.18.4.3 O problema da fidelidade partidária e da correlata perda do mandato ... 769

4.18.5 A igualdade de oportunidades entre os partidos políticos ... 771

4.18.5.1 Aspectos gerais ... 771

4.18.5.2 Do financiamento dos partidos ... 773

4.18.5.3 Da propaganda eleitoral e do acesso aos meios de comunicação ... 776

5. Direitos fundamentais processuais
Luiz Guilherme Marinoni e Daniel Mitidiero 778

Introdução 778

5.1   Direito fundamental ao processo justo 779

    5.1.1   Introdução 779

    5.1.2   Âmbito de proteção 781

    5.1.3   Titularidade e destinatários 783

    5.1.4   Eficácia 785

    5.1.5   Conformação infraconstitucional 785

5.2   Direito fundamental à colaboração no processo 786

    5.2.1   Introdução 786

    5.2.2   Âmbito de proteção 788

5.3   Direito fundamental à tutela adequada e efetiva 790

    5.3.1   Introdução 790

    5.3.2   Âmbito de proteção 791

5.4   Direito fundamental à igualdade e à paridade de armas 800

    5.4.1   Introdução 800

    5.4.2   Âmbito de proteção 801

5.5   Direito fundamental ao juiz natural e ao promotor natural 804

    5.5.1   Introdução 804

    5.5.2   Âmbito de proteção 804

5.6   Direito fundamental ao contraditório 806

    5.6.1   Introdução 806

    5.6.2   Âmbito de proteção 807

5.7   Direito fundamental à ampla defesa 813

    5.7.1   Introdução 813

    5.7.2   Âmbito de proteção 813

5.8   Direito fundamental à prova 817

    5.8.1   Introdução 817

    5.8.2   Âmbito de proteção 817

5.9   Direito fundamental à publicidade 823

    5.9.1   Introdução 823

    5.9.2   Âmbito de proteção 824

5.10   Direito fundamental à motivação das decisões 826

    5.10.1   Introdução 826

    5.10.2   Âmbito de proteção 826

5.11   Direito fundamental à segurança jurídica no processo 831

    5.11.1   Introdução 831

    5.11.2   Âmbito de proteção 831

5.12   Direito à assistência jurídica integral 835

    5.12.1   Introdução 835

    5.12.2   Âmbito de proteção 837

5.13   Direito fundamental à duração razoável do processo 838

5.13.1	Introdução	838
5.13.2	Âmbito de proteção	838
5.14	Direito fundamental ao duplo grau de jurisdição?	841
5.14.1	Introdução	841
5.14.2	Âmbito de proteção	842

6. Ações constitucionais
Luiz Guilherme Marinoni e Daniel Mitidiero 843

Introdução 843

6.1	*Habeas corpus*	844
6.1.1	Introdução	844
6.1.2	Âmbito de proteção	845
6.1.3	Titularidade	846
6.1.4	Conformação infraconstitucional	847
6.2	Mandado de segurança	849
6.2.1	Introdução	849
6.2.2	Âmbito de proteção	849
6.2.3	Titularidade	854
6.2.4	Conformação infraconstitucional	856
6.3	Mandado de injunção	857
6.3.1	Introdução	857
6.4	*Habeas data*	857
6.4.1	Introdução	857
6.4.2	Âmbito de proteção	857
6.4.3	Titularidade	859
6.4.4	Conformação infraconstitucional	859
6.5	Ação popular	860
6.5.1	Introdução	860
6.5.2	Âmbito de proteção	860
6.5.3	Titularidade	861
6.5.4	Conformação infraconstitucional	862
6.6	Ação civil pública	863
6.6.1	Introdução	863
6.6.2	Âmbito de proteção	864
6.6.3	Titularidade	865
6.6.4	Conformação infraconstitucional	865

7. Da organização do Estado e da repartição de competências
Ingo Wolfgang Sarlet 868

I – Da organização do Estado 868

7.1	O Estado Federal no âmbito da teoria e prática das formas de Estado: noções gerais e introdutórias	868
7.2	Elementos nucleares qualificadores do Estado Federal	870
7.3	O Estado Federal na Constituição de 1988	876

7.3.1	Breve notícia histórica – formas de Estado e a trajetória do Federalismo no direito constitucional brasileiro		876
7.3.2	Principais novidades: a inclusão do Município como ente federativo e o aperfeiçoamento do assim chamado "federalismo cooperativo"		878
7.3.3	A Federação como "cláusula pétrea" (art. 60, § 4.°, I, da CF), os assim chamados "princípios sensíveis" (art. 34, VII, da CF) e o instituto das vedações constitucionais (art. 19 da CF)		880

7.4 O instituto da Intervenção como garantia da integridade da Federação 883

    7.4.1 Noções gerais 883

    7.4.2 A Intervenção nos Estados e no Distrito Federal 885

        7.4.2.1 Pressupostos materiais e hipóteses de cabimento 885

        7.4.2.2 Aspectos de ordem formal e procedimental 889

            7.4.2.2.1 Iniciativa do processo interventivo 889

            7.4.2.2.2 Competência e forma do ato interventivo 891

            7.4.2.2.3 Amplitude, prazo, condições e consequências da intervenção .. 891

            7.4.2.2.4 Do interventor e de sua responsabilidade 893

            7.4.2.2.5 Controle político e jurisdicional da intervenção 894

    7.4.3 A intervenção nos Municípios 895

II – Da repartição de competências 896

7.5 Noções gerais 896

7.6 Das competências administrativas (materiais) dos entes federativos 900

    7.6.1 Aspectos gerais e competências exclusivas (indelegáveis) 900

    7.6.2 Competências administrativas comuns (concorrentes) 901

7.7 Das competências legislativas 903

    7.7.1 Competências legislativas privativas da União e sua delegação 904

    7.7.2 Competências legislativas dos Estados 905

    7.7.3 Competências legislativas dos Municípios 906

    7.7.4 Competências legislativas do Distrito Federal 907

7.8 As competências legislativas concorrentes 908

    7.8.1 Considerações gerais 908

    7.8.2 Algumas notas sobre o (problemático e controverso) conceito de normas gerais.... 909

        7.8.2.1 A competência suplementar dos Estados e do Distrito Federal 911

        7.8.2.2 A competência suplementar dos Municípios 912

        7.8.2.3 Considerações de natureza crítica à luz do exemplo da proteção ambiental 914

8. Controle de constitucionalidade
Luiz Guilherme Marinoni 920

I – O surgimento do controle judicial de constitucionalidade no direito comparado e a sua evolução no direito brasileiro 920

8.1 O surgimento do controle judicial da constitucionalidade das leis nos Estados Unidos 920

    8.1.1 Primeiras considerações 920

    8.1.2 A superioridade do *common law* sobre os atos do parlamento inglês 921

8.1.3 A Revolução Gloriosa, de 1688, e o significado do princípio da *supremacy of the English Parliament* 923

8.1.4 Do controle dos atos da colônia a partir do direito inglês ao *judicial review* estadunidense. Mera inversão do princípio da supremacia do parlamento pelo princípio da supremacia do Judiciário? 925

8.1.5 Os significados de "supremacia do parlamento" nas revoluções inglesa e francesa .. 927

8.1.6 O *judicial review* diante do princípio da separação dos poderes 929

8.1.7 A matriz jusnaturalista da Constituição e os poderes constituinte e constituído 935

8.1.8 O caso *Marbury* v. *Madison*. A doutrina *Marshall* 936

8.1.9 Consideração histórico-crítica acerca do surgimento do sistema americano de controle difuso da constitucionalidade das leis 939

8.2 A evolução do controle judicial da constitucionalidade das leis na Europa 941

8.2.1 Primeiras considerações 941

8.2.2 O sistema austríaco de controle de constitucionalidade 942

8.2.3 A manutenção do controle concentrado e a expansão do modo incidental. Os Tribunais Constitucionais italiano e alemão 944

8.2.4 Compreensão do sistema em que o juiz, por não poder decidir a questão constitucional, remete-a para análise da Corte Constitucional 946

8.3 História do controle judicial de constitucionalidade brasileiro 948

8.3.1 A Constituição Imperial 948

8.3.2 A Constituição de 1891 948

8.3.3 A Constituição de 1934 951

8.3.4 A Constituição de 1937 954

8.3.5 A Constituição de 1946 955

8.3.6 A Constituição de 1967/1969 958

8.3.7 A Constituição de 1988 962

II – Formas de controle de constitucionalidade e tipos de inconstitucionalidade 963

8.4 Das formas de controle de constitucionalidade 964

8.4.1 Controle judicial e controle não judicial 964

8.4.1.1 Objeto do controle judicial 969

8.4.2 Controle preventivo e controle repressivo 972

8.4.3 Controle concreto e controle abstrato 974

8.4.4 Controle incidental e controle principal 976

8.4.5 Controle difuso e controle concentrado 977

8.5 As diversas faces da inconstitucionalidade 979

8.5.1 Inconstitucionalidade formal e inconstitucionalidade material 979

8.5.2 Inconstitucionalidade por ação e inconstitucionalidade por omissão 987

8.5.2.1 Primeiras considerações 987

8.5.2.2 Inconstitucionalidade por ação 989

8.5.2.3 Inconstitucionalidade por omissão 989

8.5.2.3.1 Instrumentos processuais para combater a omissão inconstitucional: mandado de injunção e ação direta de inconstitucionalidade por omissão 989

8.5.2.3.2   Omissão total e omissão parcial 993

8.5.2.3.3   Norma constitucional impositiva de dever de legislar e direito
fundamental carente de tutela normativa 996

8.6   Inconstitucionalidade originária e inconstitucionalidade superveniente 1000

8.6.1   Inconstitucionalidade superveniente ou revogação? Consequências práticas 1000

8.6.2   Alteração dos fatos e modificação da concepção geral acerca do direito 1003

8.7   Inconstitucionalidade total e inconstitucionalidade parcial 1005

8.8   Inconstitucionalidade direta e inconstitucionalidade indireta 1007

III – Controle difuso de constitucionalidade 1009

8.9   A questão constitucional no processo comum 1009

8.10   A decisão no controle incidental 1010

8.11   A natureza prejudicial da questão de constitucionalidade 1010

8.12   Legitimados a arguir a questão constitucional no controle incidental 1010

8.13   O controle de constitucionalidade de ofício 1013

8.14   Da inexistência de preclusão 1017

8.15   Declaração incidental de inconstitucionalidade nos Tribunais Estaduais e Regionais Federais
e no STJ 1017

8.15.1   A exigência de *quorum* qualificado nos Tribunais. Encaminhamento e decisão da
questão constitucional 1017

8.15.2   A Súmula Vinculante 10 1018

8.15.3   Interpretação conforme e declaração parcial de nulidade sem redução de texto.
Exclusividade do Pleno ou Órgão Especial 1019

8.15.4   Não cabimento do incidente de inconstitucionalidade 1020

8.15.5   Questão constitucional já decidida pelo STF 1021

8.15.6   Questão constitucional já decidida pelo Plenário ou Órgão Especial 1022

8.15.7   Declaração de inconstitucionalidade no STJ 1023

8.15.8   Procedimento do incidente de inconstitucionalidade nos Tribunais 1025

8.15.8.1 Procedimento prévio perante o órgão fracionário 1025

8.15.8.2 Procedimento perante o Pleno ou o Órgão Especial 1026

8.16   Recurso extraordinário 1028

8.16.1   Recurso extraordinário 1028

8.16.2   Repercussão geral 1030

8.16.3   A imprescindibilidade de os precedentes da Suprema Corte obrigarem os juízos
inferiores no sistema em que todo e qualquer juiz tem poder para controlar a constitucionalidade 1035

8.16.4   Os precedentes obrigatórios e a importância da fundamentação das decisões 1039

8.16.5   *Ratio decidendi* e *obiter dicta* 1042

8.16.6   A individualização dos fundamentos determinantes ou *ratio decidendi* 1045

8.16.7   A eficácia vinculante dos fundamentos determinantes no STF 1046

8.16.8   Eficácia temporal da revogação de precedente formado no controle incidental 1051

8.16.8.1 A questão nos Estados Unidos 1051

8.16.8.2 Diferentes razões para tutelar a segurança jurídica: decisão de inconstitucionalidade e revogação de precedente constitucional 1055

8.16.8.3 Efeitos *inter partes* e vinculantes da decisão de inconstitucionalidade (no controle incidental) e da decisão que revoga precedente constitucional..... 1059

8.16.8.4 Eficácia prospectiva de decisão revogadora de precedente constitucional e de decisão proferida em controle incidental... 1060

8.16.8.5 A função do Senado Federal 1064

8.17 Controle incidental na ação civil pública e na ação popular....................................... 1068

8.18 O problema do controle incidental da inconstitucionalidade por omissão........................... 1071

8.18.1 Primeiras considerações.. 1071

8.18.2 O poder de controle difuso abarca o poder de controlar a omissão inconstitucional ... 1072

8.18.3 Situações em que a falta de lei é frequentemente suprida na prática forense............. 1073

8.18.4 A eficácia dos direitos fundamentais sobre os particulares e o controle incidental da omissão inconstitucional.. 1073

8.18.5 Os limites do juiz no suprimento da falta de lei necessária à tutela de direito fundamental. O controle da inconstitucionalidade por omissão como controle da insuficiência de tutela.. 1077

8.18.6 Controle de inconstitucionalidade por omissão à tutela de direito fundamental de natureza processual.. 1078

8.18.7 Legitimidade do raciocínio decisório no suprimento de técnica processual............. 1082

IV – Ação direta de inconstitucionalidade... 1084

8.19 Primeiras considerações 1084

8.20 Legitimidade.. 1085

8.20.1 Extensão da legitimidade, legitimados universais e especiais e capacidade para postular 1085

8.20.2 Legitimidade, pertinência temática e interesse de agir....................................... 1088

8.20.3 Governador de Estado e Assembleia Legislativa... 1089

8.20.4 Conselho Federal da Ordem dos Advogados do Brasil.. 1090

8.20.5 Partido político 1091

8.20.6 Confederação sindical e entidade de classe de âmbito nacional............................ 1093

8.21 Objeto 1097

8.22 Parâmetro de controle.. 1106

8.23 Procedimento... 1109

8.24 Procedimento sumário em sentido formal... 1115

8.25 Causa de pedir aberta... 1118

8.26 Medida liminar 1121

8.27 *Amicus curiae*.. 1124

8.28 Esclarecimento de matéria de fato e informações acerca da aplicação da norma impugnada 1126

8.29 Da decisão... 1127

8.30 Revogação da norma e julgamento da ação direta de inconstitucionalidade....................... 1128

V – Ação declaratória de constitucionalidade... 1129

8.31 Primeiras considerações 1129

8.32 Legitimidade.. 1134

8.33 Objeto e parâmetro de controle.. 1135

8.34	Petição inicial	1136
8.35	Controvérsia judicial relevante	1136
8.36	Indeferimento da petição inicial	1138
8.37	Participação no processo	1138
8.38	Esclarecimento de matéria de fato e informações acerca da aplicação da norma questionada	1139
8.39	Medida liminar e seus efeitos	1140
8.40	Decisão	1142

VI – Efeitos das decisões de inconstitucionalidade e de constitucionalidade ... 1143

8.41	Eficácia *erga omnes*	1143
	8.41.1 Eficácia *erga omnes* e coisa julgada material	1143
	8.41.2 Decisão de constitucionalidade e possibilidade de posterior ou outra ação direta de inconstitucionalidade	1146
	8.41.3 Decisão de constitucionalidade com efeitos *erga omnes* e impacto das novas circunstâncias sobre o controle difuso	1149
	8.41.4 Efeitos temporais da revogação da decisão de constitucionalidade	1152
8.42	Eficácia vinculante	1153
	8.42.1 Primeiras considerações	1153
	8.42.2 Extensão objetiva	1156
	8.42.3 Extensão subjetiva	1159
8.43	Reclamação	1161
8.44	Modulação dos efeitos temporais da decisão de inconstitucionalidade	1167
8.45	Efeitos da decisão de inconstitucionalidade sobre a coisa julgada	1177
	8.45.1 Lei inconstitucional e decisão baseada em lei inconstitucional: efeitos da lei e efeitos da decisão judicial	1177
	8.45.2 Incompatibilidade da retroatividade da decisão de inconstitucionalidade com o sistema difuso	1184
	8.45.3 Coisa julgada e segurança jurídica	1189
	8.45.4 Retroatividade da decisão de constitucionalidade sobre a coisa julgada	1191
	8.45.5 A impugnação fundada em decisão de inconstitucionalidade no CPC de 2015: da retroatividade à tutela da observância das decisões e dos precedentes constitucionais	1192
	8.45.6 Da ação rescisória fundada em "violação literal de lei" (art. 485, V, do CPC/1973) à ação rescisória baseada em violação de "norma jurídica" (art. 966, V, do CPC/2015)	1193
	8.45.7 A tese de que não há interpretação controvertida de norma constitucional	1196
	8.45.8 Não há distinção entre decisão proferida em controle concentrado e controle difuso para efeito de rescindibilidade de coisa julgada	1205
	8.45.9 A previsão de hipótese de rescisória baseada em ulterior decisão de inconstitucionalidade no CPC de 2015	1205
	8.45.10 O caso Metabel *v.* União Federal: a não admissão de ação rescisória baseada em ulterior precedente do Supremo Tribunal Federal mediante a afirmação da garantia constitucional da coisa julgada material	1207

8.45.11 Casos em que se admite ação rescisória baseada em violação de norma constitucional.. 1209

8.45.12 Modulação de efeitos e coisa julgada... 1210

VII – Técnicas de decisão... 1213

8.46 Inconstitucionalidade, nulidade, decisão declaratória e produção de efeitos.................. 1213

8.47 Declaração de inconstitucionalidade total e declaração de inconstitucionalidade parcial.... 1216

8.48 Inconstitucionalidade por arrastamento 1217

8.49 Pronúncia de inconstitucionalidade sem declaração de nulidade 1218

8.50 Omissão parcial, pronúncia de inconstitucionalidade e isolamento de determinados efeitos... 1219

8.51 Norma em trânsito para a inconstitucionalidade 1220

8.52 Interpretação conforme à Constituição... 1223

8.53 Declaração parcial de nulidade sem redução de texto... 1224

VIII – Mandado de injunção 1226

8.54 Primeiras considerações 1226

8.55 História do mandado de injunção no STF 1227

8.56 Escopo do mandado de injunção.. 1235

8.57 Natureza mandamental?... 1237

8.58 Legitimidade.. 1240

8.59 Medida liminar 1242

8.60 Pressupostos para a concessão do mandado de injunção.. 1244

8.60.1 Dever de legislar... 1244

8.60.2 Mora do legislador... 1246

8.60.3 Norma insuficiente e omissão parcial 1248

8.60.4 Norma não autoaplicável 1249

8.60.5 Norma recepcionada pela Constituição, edição superveniente da norma e encaminhamento de projeto de lei 1250

8.61 Coisa julgada nos mandados de injunção individual e coletivo 1252

8.62 Revisão da decisão? A questão dos efeitos temporais da coisa julgada 1252

8.63 Retroatividade apenas para beneficiar.. 1253

8.64 Eficácia "natural" da coisa julgada 1253

8.65 Eficácia dos precedentes.. 1253

8.66 O mandado de injunção diante da possibilidade de a falta de lei ser suprida no caso conflitivo concreto... 1255

IX – Ação direta de inconstitucionalidade por omissão... 1258

8.67 Primeiras considerações 1258

8.68 Escopo da ação direta de inconstitucionalidade por omissão 1260

8.69 Objeto da omissão inconstitucional... 1261

8.70 Legitimidade.. 1262

8.71 Procedimento... 1265

8.72 Omissão parcial de inconstitucionalidade... 1271

8.73 Medida liminar 1273

8.74 Da decisão na ação de inconstitucionalidade por omissão. Crítica.............................. 1275

8.75 Efeitos da decisão proferida na ação direta de inconstitucionalidade por omissão. Responsabilidade do Estado por omissão inconstitucional... 1277

X – Arguição de descumprimento de preceito fundamental.. 1284

8.76 Primeiras considerações 1284

8.77 Modalidades 1285

8.78 Requisitos da arguição de descumprimento de preceito fundamental................................ 1286

    8.78.1 Ausência de outro meio processual capaz de sanar a lesividade de modo eficaz 1286

    8.78.2 Relevância do fundamento de controvérsia constitucional sobre lei ou ato normativo federal, estadual ou municipal, incluídos os anteriores à Constituição 1288

8.79 Legitimidade 1289

8.80 Parâmetro de controle.. 1291

8.81 Objeto 1293

    8.81.1 Introdução 1293

    8.81.2 Atos do Poder Público... 1293

    8.81.3 Direito pré-constitucional... 1294

    8.81.4 Declaração de inconstitucionalidade de direito municipal... 1296

    8.81.5 Declaração de constitucionalidade dos direitos municipal e estadual..................... 1297

    8.81.6 Controle de ato legislativo em fase de formação... 1297

    8.81.7 Norma de caráter secundário.. 1300

    8.81.8 Decisões judiciais e arguição de descumprimento de preceito fundamental............ 1301

    8.81.9 A questão da omissão parcial... 1304

8.82 Procedimento 1306

8.83 Medida liminar 1309

8.84 Decisão e efeitos 1311

XI – Representação interventiva 1311

8.85 Introdução.. 1311

8.86 Legitimidade.. 1314

8.87 Objeto 1315

8.88 Compreensão dos princípios sensíveis como parâmetro para a decretação da intervenção 1317

8.89 Procedimento 1318

8.90 Medida liminar 1320

8.91 Decisão e efeitos 1321

XII – Controle de constitucionalidade dos direitos estadual e municipal.. 1322

8.92 Primeiras considerações 1322

8.93 Norma estadual e duplicidade de controle de constitucionalidade..................................... 1323

8.94 Decisão de (in)constitucionalidade de norma constitucional estadual, em face da Constituição Federal, em ação direta de inconstitucionalidade proposta perante o Tribunal de Justiça.... 1327

8.95 Norma constitucional de reprodução e interpretação incompatível com a Constituição Federal. Cabimento de recurso extraordinário 1328

8.96 Ação de inconstitucionalidade por omissão nos Estados-membros..................................... 1329

8.97 Ação direta de constitucionalidade nos Estados-membros 1329

8.98 Efeitos da decisão proferida em sede de ação direta de âmbito estadual........................... 1330

XIII – Controle de convencionalidade 1332

8.99 Introdução. Hierarquia normativa dos tratados internacionais dos direitos humanos.......... 1332

8.100 Significado de supralegalidade dos tratados internacionais.. 1337

8.101 Modos de controle da convencionalidade no direito brasileiro 1338

8.102 Controle de supraconstitucionalidade 1339

8.103 O controle de convencionalidade pela Corte Interamericana de Direitos Humanos 1341

8.104 Objeto e parâmetro do controle de convencionalidade na Corte Interamericana 1346

8.105 Os efeitos das decisões da Corte Interamericana de Direitos Humanos 1346

Referências 1349

Outras obras dos autores 1431

PRIMEIRA PARTE

Teoria da Constituição e do Direito Constitucional

A Constituição em perspectiva histórico-evolutiva

Dos antecedentes à afirmação do constitucionalismo moderno e do assim chamado Estado Constitucional

Ingo Wolfgang Sarlet

1.1 Considerações introdutórias

Embora a noção de constituição, compreendida em sentido material, ou seja, como o modo de organização da sociedade política, seja bem mais antiga, o fato é que *a ideia de uma constituição formal, no sentido de uma constituição jurídica ou normativa, portanto, como expressão de um poder constituinte formal, encontrou sua afirmação (teórica e prática) apenas a partir do final do século XVIII.* É precisamente nessa perspectiva que já se afirmou que o fato de cada unidade política estar em uma constituição (ou ser uma constituição) não significa que ela de fato tenha uma constituição (formal, no sentido de uma constituição normativa), de tal sorte que o termo *constituição* cobre ambas as realidades que, contudo, não são equivalentes em toda a sua extensão, visto que na primeira acepção (que coincide com a de constituição material) se trata de um *conceito empírico ou descritivo de constituição*, ao passo que no segundo sentido cuida-se de um *conceito normativo ou prescritivo de constituição.*[1]

Com isso não se está a sustentar, todavia, que antes da afirmação e consolidação da noção moderna de constituição formal (jurídica) não existissem documentos jurídicos de cunho

---

1. Cf. GRIMM, Dieter. Ursprung und Wandel der Verfassung. In: ISENSEE/KIRCHHOF. *Handbuch des Staatsrechts*, vol. 1, p. 4 ("Jede politische Einheit *ist* in einer Verfassung. Aber nicht jede *hat* eine Verfassung. Der Begriff. 'Verfassung, deckt beide Zustände. Dennoch sind sie nicht deckungsgleich").

constitucional (embora em larga medida distintos do que viriam a ser as constituições escritas no sentido moderno), consoante, aliás, demonstra de forma emblemática a experiência constitucional inglesa. Já por tal razão, mas também por ainda constituir uma via diferenciada no contexto mais amplo da evolução constitucional, *o modelo inglês* também será considerado neste capítulo, *juntamente com as experiências norte-americana e francesa que, como é amplamente aceito, constituem os dois pilares do constitucionalismo na sua versão moderna*, o qual, em seus traços essenciais, segue marcando o constitucionalismo contemporâneo, embora em processo de permanente reconstrução, a ponto de se chegar a afirmar que, a despeito das muitas e relevantes contribuições encontradas na literatura, *a história do constitucionalismo moderno ainda está sendo escrita, e, portanto, está por ser escrita*.[2] Em sentido similar, buscando destacar que a Constituição e o constitucionalismo se caracterizam como um processo evolutivo, há quem diga que *a Constituição pode ser compreendida como uma espécie de "aquisição evolutiva"*,[3] ou mesmo de uma "aquisição evolutiva do sistema social global".[4]

Nada obstante a existência, antes do surgimento das constituições jurídicas modernas, de regras jurídicas, inclusive consolidadas em documentos, regulando as relações de poder político e mesmo vinculando os titulares do exercício do poder, tais regras (ainda que integrantes de uma constituição material) não correspondem à noção moderna de constituição normativa, nascida no final do século XVIII, razão pela qual, como adverte Dieter Grimm, "não há que confundir os fenômenos da juridificação e da constitucionalização: a Constituição no sentido moderno do termo constitui uma forma peculiar de juridificação do poder e da dominação política, vinculada a determinadas condições históricas, que nem sempre estiveram presentes e que podem voltar a faltar".[5] De fato, se alguns documentos jurídicos mais antigos, como é o caso da Magna Carta Inglesa (1215), mas especialmente das declarações de direitos inglesas do século XVII, têm sido considerados antecedentes de uma constituição jurídica no sentido moderno (no caso peculiar da Inglaterra, até mesmo integrando, ainda hoje, a própria constituição histórica, juntamente com outros regramentos), certamente eram em muito distintos da noção de uma constituição compreendida como lei fundamental de uma comunidade política, dotada, entre outras características, da qualidade de norma hierarquicamente superior.[6]

Já por tal razão, importa ter sempre presente que, embora as Revoluções Americana (1776) e Francesa (1789) tenham demarcado o momento inicial do constitucionalismo moderno,[7] cuja história, por sua vez, está intrinsecamente ligada à limitação normativa do poder político e à garantia de direitos individuais e indisponíveis, livres de intervenção estatal, o fato é que as vertentes do constitucionalismo (inclusive da noção de constituição

---

2. Cf. Dippel, Horst. *História do constitucionalismo moderno – Novas perspectivas*, p. 1 e ss.
3. Cf. a sugestiva imagem de Luhmann, Niklas. Die Verfassung als evolutionäre Errungenschaft, p. 9. Entre nós, v., no mesmo sentido, Paixão, Cristiano; Bigliazzi, Renato. *História constitucional inglesa e norte--americana: do surgimento à estabilização da forma constitucional.*
4. Cf. Schwartz, Germano. *As constituições estão mortas? Momentos constituintes e comunicações constitucionalizantes dos novos movimentos sociais do Século XXI*, Rio de Janeiro: Lumen Juris, 2018, p. 5 e s.
5. Cf. Grimm, Dieter. Ursprung und Wandel der Verfassung, p. 4.
6. Cf. Dallari, Dalmo de Abreu. *A Constituição na vida dos povos: da Idade Média ao século XXI*, p. 28 e ss.
7. Cf. Fioravanti, Maurizio. *Constitucionalismo – Percorsi della storia e tendenze attuali*, p. 20 e ss., que caracteriza as revoluções norte-americana e francesa como representando o marco de um novo modelo constitucional, desde o paradigma do princípio da igualdade na formação da vontade geral e do equilíbrio entre poderes.

jurídica) são mais remotas, podendo ser encontradas já no período medieval, embora com amplo destaque para o constitucionalismo histórico e o pensamento político e filosófico inglês.

Com efeito, em que pese o constitucionalismo tenha se consolidado a partir das grandes revoluções dos séculos XVII e XVIII, formando três modelos que, ressalvadas as diferenças entre si, asseguraram as bases das experiências constitucionais posteriores, no caso, os modelos inglês, norte-americano e francês (os dois últimos definidores do assim designado constitucionalismo moderno), foi no período medieval, por meio da afirmação dos costumes e tradições (portanto, pelo direito costumeiro), que foram estabelecidas regras gerais de organização política, já a partir do século V.[8] O próprio termo *constituição* (que já aparecia na obra de Aristóteles)[9] era relacionado, na época, a uma noção empírica, não normativa, que resultou da simples transposição da descrição natural do processo de dominação dos territórios e de seus habitantes e do desenvolvimento histórico das relações de poder para a linguagem jurídica e política, onde passou a constituir um conceito também normativo, do dever ser.[10] Ademais, a utilização do termo *constituição* nos escritos políticos da Antiguidade e mesmo na fase seguinte, do Medievo, costumava – em muitos casos – designar um modo de organização política ideal da sociedade, como dão conta as obras do próprio Aristóteles (ao identificar e propor uma tipologia das formas de governo), mas especialmente a ficção da *República*, de Platão, a *Cidade de Deus*, de Agostinho, entre outras.[11]

Com a derrocada gradual do modo de produção e de organização da sociedade típicos do período medieval, geralmente identificado com o sistema feudal (embora as diferenças importantes registradas de lugar para lugar e ao longo do tempo), surge, especialmente ao longo dos séculos XV, XVI e XVII, mas com experiências anteriores, como dá conta o caso de Portugal, que assumiu os contornos de uma unidade estatal centralizada em um território e com o exercício do poder concentrado nas mãos de um monarca já no século XIII, o assim chamado Estado moderno; o poder político, antes fragmentado em diversos centros de poder, torna-se centralizado, indivisível e absoluto, depositado nas mãos do monarca, cuja soberania era legitimada, segundo uma série de teorias, pelo direito divino.[12]

Com a ascensão das correntes filosóficas que iriam forjar o ambiente do Iluminismo – com destaque para os escritos de Thomas Hobbes, John Locke, Jean-Jacques Rousseau e Immanuel Kant[13] –, *a legitimação e o exercício do poder foram enquadrados em esquemas racionalistas*, de modo que, especialmente a partir do século XVIII, algumas das consequências desse movimento já se mostravam claras no cenário jurídico e político europeu, inclusive migrando para o cenário das colônias inglesas na América, em que acabou eclodindo o processo que levou ao surgimento das primeiras constituições escritas no sentido moderno do termo. Dentre tantos outros aspectos dignos de nota, enfatiza-se aqui a afirmação do

---

8. Cf. Dallari, Dalmo de Abreu. *A Constituição na vida dos povos:* da Idade Média ao século XXI, p. 171.
9. Como averba Vorländer, Hans. *Die Verfassung – Idee und Geschichte*, p. 21 e ss., a noção de constituição, como ordem da comunidade, pode ser identificada já no pensamento de Aristóteles, empregando o conceito em várias perspectivas.
10. Grimm, Dieter. *Die Zukunft der Verfassung*, p. 11 e ss.
11. Cf. Dallari, Dalmo de Abreu. *A Constituição na vida dos povos:* da Idade Média ao século XXI, p. 28 e ss.
12. Cf., por todos: Barroso, Luís Roberto. *Curso de direito constitucional contemporâneo*, p. 6 e ss.
13. Para uma análise contextualizada e abrangente das teorias de Hobbes, Locke e Rousseau, remetemos o leitor, no âmbito da literatura nacional, para a obra organizada por Weffort, Francisco. *Os clássicos da política*.

primado da lei em detrimento do costume como fonte do direito (movimento de codificação), além da alteração da concepção até então vigente de soberania, como centrada na figura do príncipe, para um conceito de soberania nacional, onde a lei era concebida como a expressão máxima da vontade geral.[14]

Com o incremento do capitalismo como modo de produção, primeiramente com o incremento e expansão das relações comerciais a partir do final da Idade Média, e depois por via de seu modelo industrial oriundo da revolução econômica na Inglaterra, a burguesia revela-se como o setor mais avançado e dinâmico da sociedade, avultando, cada vez mais, o contraste entre sua posição econômica e a ausência de sua participação no poder político. Assim, inevitável o choque de interesses, findando na eclosão de movimentos revolucionários que iriam contestar os privilégios da monarquia do antigo regime, inclusive em termos de movimentos de secessão por parte das colônias, não apenas nos Estados Unidos (1776-1783) e na França (1789-1799) – seguramente as duas mais importantes para o constitucionalismo –, mas também na Irlanda (1783-1784), na Bélgica (1787-1790), na Holanda (1783-1787) e, inclusive, na Inglaterra (1779), que já havia passado por um período de intensa agitação político-institucional, inclusive por uma guerra civil, ao longo do século XVII.

Embora integrante do ciclo revolucionário do século XVIII, não tendo, portanto, sido um evento isolado no contexto da época, a Revolução Francesa, eclodida em 1789, foi, sem dúvida, o mais profundo e impactante (consideradas as suas proporções e repercussão) entre os movimentos revolucionários. Além de ter sido uma revolução social de massa, mais radical do que as que a precederam e que a seguiram (exceção feita aos movimentos revolucionários ocorridos na Rússia e na China, no século XX), foi a única de caráter ecumênico, é dizer, seus ideais foram concebidos para revolucionar o mundo, diferentemente da revolução norte-americana, cujo acontecimento centrou-se nos Estados Unidos e nos países nela envolvidos.[15]

Consoante anota Horst Dippel, ainda que as consequências políticas e jurídicas da Revolução Francesa tenham adquirido proporções mundiais, "não foi na França que se deu a origem do que hoje entendemos por constitucionalismo moderno, mas, sim, nos Estados Unidos da América, mediante, ainda numa primeira fase, a promulgação da Declaração dos Direitos da Virgínia, em 1776". Tal documento jurídico, diferentemente do *Bill of Rights* da Inglaterra (1689), embora em boa parte por influência daquele, "foi o primeiro a consagrar uma declaração de direitos estabelecida pelos representantes do povo, reunidos numa convenção plena e livre, direitos que foram compreendidos como constituindo a base e o fundamento do governo".[16] Ainda com Dippel, a Declaração de Direitos da Virgínia, pelo menos em seus traços essenciais, serviu de modelo para a Declaração dos Direitos do Homem e do Cidadão, promulgada na França, em 16 de agosto de 1789, de modo que, indiretamente, o constitucionalismo norte-americano influenciou textos constitucionais em escala global.[17]

Nesse mesmo contexto, calha relembrar a lição de Thomas Paine, um dos intelectuais norte-americanos (embora nascido na Inglaterra) mais destacados do período revolucionário, no sentido de que "uma constituição não é um ato de governo, mas de um povo

---

14. MIRANDA, Jorge. *Teoria do estado e da constituição*, 2. ed., p. 32 e ss.

15. HOBSBAWM, Eric. *A revolução francesa*, p. 11 e ss.

16. DIPPEL, Horst. *História do constitucionalismo moderno. Novas perspectivas*, p. 4-9, onde podem ser encontradas as principais distinções entre a Carta de Direitos Inglesa (1689) e a Declaração da Virgínia (1776).

17. DIPPEL, Horst. *História do constitucionalismo moderno – Novas perspectivas*, p. 15 e ss.

constituindo um governo. Governo sem constituição é poder sem direito".[18] Tal afirmação, por sua vez, reforça a noção de que com a Declaração da Virgínia, de 1776, mais especialmente com a promulgação da Constituição dos Estados Unidos da América, de 1787, algo de substancialmente novo estava a surgir.

No que consistem os traços característicos do constitucionalismo moderno e dos três grandes modelos que se afirmaram ao longo dos séculos XVII e XVIII (Inglaterra, Estados Unidos da América e França), será objeto de atenção logo na sequência, ainda que existam outras experiências e tradições constitucionais que, especialmente ao longo do século XX, influenciaram a noção contemporânea de constitucionalismo.[19] De outra parte, importa enfatizar que *a inclusão da experiência constitucional inglesa resulta imperiosa já pelo fato de que o constitucionalismo, se tomado em sentido mais amplo, abarca o processo histórico marcado pelo desenvolvimento da noção de limitação jurídica do poder político, que teve precursores e uma tradição importante na Inglaterra*, ainda que não mediante a adoção de uma constituição escrita tal como ocorreu na América do Norte e na França,[20] mas também pelo fato de que na Inglaterra radicam elementos teóricos importantes que auxiliaram a pavimentar o terreno para a edificação do constitucionalismo moderno. Muito embora não se verifique um consenso quanto a este aspecto, também é digno de nota que para muitos o Instrumento de Governo (*Instrument of Government*) imposto durante a ditadura de Oliver Cromwell, em 1653, período no qual a monarquia estava alijada do poder, a despeito de sua transitoriedade, pode ser considerado como o documento mais próximo das funções de uma constituição escrita no sentido moderno do termo, além de ter sido a única constituição escrita que a Inglaterra teve,[21] tudo a reforçar a importância da inclusão da matriz inglesa no contexto da evolução do constitucionalismo moderno.

1.2 O caso da Inglaterra e suas peculiaridades

Não há, até hoje, uma constituição escrita na Inglaterra, pelo menos, no sentido das constituições escritas que, a partir do final do século XVIII, passaram a caracterizar o constitucionalismo moderno. Nada obstante, a Inglaterra já possuía os elementos essenciais de um moderno Estado constitucional, mesmo antes da declaração de independência dos Estados Unidos da América e da promulgação das Constituições dos Estados Unidos, da França e da Polônia, todas no final do século XVIII, visto que na Inglaterra já vigorava um sistema de limites ao poder, um devido processo legislativo formal, um regime parlamentar dotado de uma representação popular, e mesmo existia um conjunto de garantias e liberdades civis, assegurado por meio de documentos jurídicos quase constitucionais, ainda que distinto dos direitos fundamentais no sentido atual do termo.[22]

---

18. PAINE, Thomas. *Os direitos do homem*, p. 160.

19. Exemplo típico é o caso da Alemanha, tanto no que diz com a promulgação de sua primeira Constituição Republicana, de Weimar, em 1919, até hoje considerada a primeira e mais influente constituição (democrática) do constitucionalismo social, quanto pela profícua produção jurisprudencial de seu Tribunal Constitucional e a influência da doutrina constitucional alemã a partir da vigência da Lei Fundamental, de 1949.

20. Cf. RIDOLA, Paolo. Preistoria, origini e vicende del costituzionalismo. In: CARROZZA, Paolo; DI GIOVINE, Alfonso; FERRARI, Giuseppe F. (Org.). *Diritto costituzionale comparato*, p. 21 e ss.

21. Idem, p. 30 e ss.

22. VORLÄNDER, Hans, *Die Verfassung – Idee und Geschichte*, p. 34.

8 ○ INGO WOLFGANG SARLET

Segundo Dieter Grimm, são dois os motivos principais para que a Inglaterra, país que, do ponto de vista econômico e político, era o mais liberal do antigo regime, acabasse prescindindo de uma constituição formal. Um primeiro motivo – apontado pelo autor – reside no fato de não ter sido necessária uma ruptura revolucionária para a consolidação das relações civis em face da dominação tradicional absolutista, já que, à época do sistema feudal, em contraposição ao que se passava no continente, os limites entre a aristocracia e a burguesia eram significativamente mais tênues, de modo que havia tanto o enobrecimento de cidadãos honrados quanto o exercício da atividade empresarial por segmentos da aristocracia. Além disso, ainda de acordo com o autor referido, a Reforma na Inglaterra não se fez em direção ao fortalecimento do poder monárquico, mas, sim, conduziu a uma gradativa valorização do Parlamento, já no século VI, quando Henrique VIII tentou assegurar o apoio do Parlamento mediante sua ruptura com Roma, ou seja, com a Igreja Católica Romana.[23]

O processo constitucional inglês, de caráter cumulativo e evolutivo, transmitido de geração para geração, principiou com o desenvolvimento das instituições feudais que, numa primeira fase, resultou no fortalecimento do poder político dos barões, mediante a imposição, ao Rei João Sem-Terra, da *Magna Charta Libertatum*, em 1215, documento que, todavia, veio posteriormente a influenciar a consolidação do Parlamento, ainda que controlado pelo rei.[24] Cumpre averbar, na esteira da lição de Dieter Grimm, que, diversamente do que passou a ocorrer no continente, onde o absolutismo monárquico dominou o cenário especialmente ao longo dos séculos XVI e XVII, na Inglaterra a convivência de uma representação da burguesia e da nobreza, no âmbito do Parlamento, demarcou um modelo de evolução peculiar, visto que ambos os setores não apenas apresentavam interesses em parte comuns, como detinham uma representação política.[25]

O embate entre o Parlamento e o poder monárquico – que de certo modo marcou a evolução político-institucional inglesa de forma crescente, muito embora variável – ganhou contornos mais intensos no século XVII, resultando, em 1628, na assim chamada Petição de Direitos (*Petiton of Rights*), uma declaração de direitos que estabelecia limitações substanciais ao poder do Rei Carlos I. Este, a despeito dos compromissos assumidos por força da petição de direitos, dissolve diversos Parlamentos, impõe impostos sem a prévia aprovação pelo Parlamento, o que resulta na criação de um exército pelo Parlamento e no confronto com as forças reais, tudo a desembocar numa guerra civil, que levou à vitória das forças parlamentares e à decapitação do rei, em 1649. Todavia, uma vez instaurada a República, o comandante do exército que derrotou as forças monárquicas, Oliver Cromwell, dissolveu o Parlamento (1652) e iniciou uma espécie de absolutismo (ou ditadura) republicano, além de promulgar um documento que costuma ser considerado como a primeira versão de uma espécie de constituição escrita, que, tal como já apontado na parte introdutória, foi a única que a Inglaterra jamais teve (o assim chamado *Instrument of Government*, de 1653) e que esteve em vigor por pouco tempo, tendo em vista a morte de Cromwell (1658) e a restauração da monarquia, em 1660, com o retorno do exílio de Carlos II, filho de Carlos I.[26]

---

23. GRIMM, Dieter. *Die Zukunft der Verfassung*, p. 51.
24. Cf. VORLÄNDER, Hans. *Die Verfassung – Idee und Geschichte*, p. 34, recorrendo às lições de Edmund Burke.
25. Cf. GRIMM, Dieter. *Die Zukunft der Verfassung*, p. 51.
26. Cf. DALLARI, Dalmo de Abreu. *A Constituição na vida dos povos:* da Idade Média ao século XXI, p. 84-85. No âmbito da literatura brasileira especializada, v., ainda, a minuciosa descrição e análise de: PAIXÃO, Cristiano; BIGLIAZZI, Renato. *História constitucional inglesa e norte-americana:* do surgimento à estabilização

O caráter efêmero da peculiar experiência inglesa de uma constituição escrita encontra explicação no fato de que, com a morte de Cromwell, a nova ordem logo começou a soçobrar, e o Parlamento, em junção com outras forças políticas e sociais, optou pela restauração da monarquia, justamente a forma de governo que havia sido derrubada pela Constituição de Cromwell.[27]

Embora restabelecida a monarquia e a Câmara dos Lordes, que havia sido dissolvida durante a ditadura de Cromwell, o contexto já era completamente diferente, marcado já pela crescente supremacia do Parlamento, onde o monarca gozava de poderes significativamente limitados, ainda mais a partir da edição da Declaração de Direitos (*Bill of Rights*), em 1689.[28] Com efeito, o assim chamado "Modelo Westminster", como era designada a forma de governo inglesa, teve seu ponto culminante no período compreendido entre 1688 e 1689, quando foram estabelecidas mudanças políticas e institucionais, como a consolidação da supremacia do Parlamento em relação ao rei e à superioridade da Câmara dos Comuns sobre a Câmara dos Lordes.[29]

Note-se, todavia, que a Declaração de Direitos, pactuada entre o Parlamento e a Coroa, diversamente da revolução americana e especialmente da francesa, foi o resultado de um movimento conservador da ordem estabelecida, resultando na confirmação dos antigos direitos e imunidades que já integravam a tradição inglesa.[30] Por outro lado, a despeito de tais circunstâncias, a Declaração de Direitos de 1689, como ponto culminante da assim chamada revolução gloriosa, pode ser considerada como um dos principais "momentos constitucionais" da Inglaterra, visto que representou a necessidade de estabelecer, demarcar e limitar, inclusive mediante um texto escrito, os poderes da legislatura e do monarca.[31]

Tal evolução, por sua vez, naquilo que *legou ao mundo o modelo parlamentar e um primeiro sistema de liberdades civis e políticas, pode ser considerada como a grande contribuição inglesa ao constitucionalismo e para a história das instituições políticas*, muito embora aqui não se possa adentrar nos detalhes de tal modelo e seus diversos desdobramentos, seja para a Inglaterra, seja para outras ordens constitucionais.[32]

A despeito de sua relevância para a evolução do constitucionalismo e pelo fato de na Inglaterra ter sido engendrado o primeiro Estado de feição liberal, *o modelo inglês constitui uma via peculiar, visto que, além de não ter sido baseado na distinção entre poder constituinte e poderes constituídos, não contempla o princípio da supremacia da Constituição*, inexistindo, portanto, um controle de constitucionalidade dos atos legislativos, notadamente por força da adoção do princípio da supremacia parlamentar. Ainda assim, ao longo dos tempos, importantes mudanças foram desenvolvidas no âmbito da configuração institucional do Poder Judiciário como órgão independente da atuação parlamentar,

---

da forma constitucional, p. 19 e ss., destacando também a relevância do desenvolvimento do *common law* para a evolução político-constitucional.

27. Cf. GRIMM, Dieter. *Die Zukunft der Verfassung*, p. 52.
28. Cf. BARROSO, Luís Roberto. *Curso de direito constitucional contemporâneo*, p. 10 e ss.
29. DALLARI, Dalmo de Abreu. *A Constituição na vida dos povos*: da Idade Média ao século XXI, p. 188.
30. Cf. GRIMM, Dieter. Ursprung und Waldel der Verfassung, p. 7-8.
31. Cf. PAIXÃO, Cristiano; BIGLIAZZI, Renato. *História constitucional inglesa e norte-americana*: do surgimento à estabilização da forma constitucional, p. 87.
32. Cf. DALLARI, Dalmo de Abreu. *A Constituição na vida dos povos*: da Idade Média ao século XXI, 177 e ss.

o que pode ser ilustrado mediante referência à aprovação, em 1998, pelo Parlamento, da incorporação ao direito interno da Convenção Europeia de Direitos Humanos, o assim chamado *Human Rights Act*, que opera como parâmetro para a legislação ordinária e pode ensejar uma declaração de incompatibilidade em concreto pelo Poder Judiciário.[33]

Além disso, em 2005, foi aprovado o *Constitutional Reform Act*, reorganizando o Poder Judiciário inglês, mediante o qual foi estabelecida uma separação orgânica entre o Poder Judiciário e o Parlamento, esvaziando as funções judiciais da Câmara dos Lordes e transferindo funções para uma nova Suprema Corte.[34] Assim, muito embora aqui se tenha apresentado o constitucionalismo inglês de maneira muito esquemática, o que se percebe é que (também) se cuida de um modelo em permanente (re)construção, o qual, embora siga substancialmente distinto da tradição de um constitucionalismo escrito – pelo menos no sentido de uma codificação de normas formalmente constitucionais e hierarquicamente superiores às demais[35]–, contempla elementos importantes do moderno Estado constitucional, e está, além do mais, pelo menos quanto a alguns aspectos (como dá conta, entre outros exemplos, o caso da Convenção Europeia de Direitos Humanos e o *Human Rights Act*), em processo de gradativa aproximação dos demais modelos, o que em muito se deve à integração europeia, para além de outros fatores que são externos à matriz original inglesa, incluindo a globalização da economia, aspectos que, contudo, aqui não serão desenvolvidos.

1.3 Os Estados Unidos da América: a "viragem de Copérnico" da evolução constitucional

Na América do Norte, mediante a Declaração de Independência das antigas treze colônias inglesas e a posterior fundação do Estado Federal, com a promulgação da Constituição de 1787, a formação do constitucionalismo moderno adquiriu feições paradigmáticas.[36] Uma das peculiaridades que marca o estágio inicial da evolução constitucional norte-americana reside na circunstância de que a criação da Constituição (a primeira constituição escrita no sentido moderno do termo) coincidiu com a própria formação do país como nação independente. O constitucionalismo republicano dos Estados Unidos fundou um novo sistema político, apto a garantir a independência das treze antigas colônias inglesas, estabelecendo regras gerais de atuação política e consagrando direitos

---

33. Sobre o significado e alcance da Convenção de Direitos Humanos e de sua incorporação ao direito interno, mediante o *Human Rights Act*, de 1998, assim sobre o papel do Poder Judiciário na sua interpretação e aplicação, v., por todos: LOVELAND, Ian. *Constitutional law, administrative law and human rights:* a critical introduction, 5. ed., p. 641 e ss.

34. Cf. também: LOVELAND, Ian. *Constitutional law, administrative law and human rights:* a critical introduction, 5. ed., p. 741-43.

35. Note-se que, embora siga sendo comum referir à Constituição inglesa (Reino Unido) como sendo uma constituição não escrita (histórica e/ou costumeira), o fato é que no seu conjunto existe uma série de documentos legislativos que integram a noção em sentido amplo de constituição, ainda que se trate de um critério eminentemente material, vinculado ao conteúdo (objeto) da regulação legislativa. Nesse sentido, v., por todos, BARENDT, Eric. *An introduction to constitutional law*, p. 32 e ss.

36. Cf., por todos: VORLÄNDER, Hans. *Die Verfassung – Idee und Geschichte*, p. 39.

A Constituição em perspectiva histórico-evolutiva ○ 11

naturais da pessoa humana, especialmente com ênfase na eliminação dos entraves às atividades econômicas, que caracterizavam a época de tutela colonial britânica.[37]

Todavia, embora apenas o documento elaborado pela Convenção da Filadélfia, em 1787, possa ser considerado como a primeira Constituição dos Estados Unidos da América e ostente mesmo o título de primeira constituição moderna, os constituintes puderam recorrer a precedentes oriundos da própria realidade norte-americana, inclusive da fase colonial, visto que as colônias, aderindo ao movimento que se manifestava na Inglaterra, elaboraram documentos que, a exemplo da Declaração de Direitos e outros documentos constitucionais ingleses, podem ser considerados como antecedentes da constituição escrita, como foi o caso das assim chamadas cartas coloniais (*Colonial Charters* ou *Colonial Forms of Government*).[38] Tais documentos, todavia, embora tenham preparado o terreno para as diversas constituições aprovadas pelos Estados originários das ex-colônias a contar de 1776, mas especialmente para a Constituição de 1787, não podem ser equiparados a uma constituição já pelo simples fato de as colônias serem dependentes da Inglaterra e não constituírem Estados soberanos.

Quando, em 4 de julho de 1776, é assinada a Declaração de Independência das antigas colônias da Inglaterra na América do Norte, tais colônias constituíram Estados independentes, soberanos. Pouco tempo depois, cientes da necessidade de fortalecer a união para enfrentar o inimigo comum, visto que a guerra contra a Inglaterra ainda não estava vencida, os Estados independentes ratificaram, em 1781, os famosos *Articles of Confederation*, estabelecendo uma confederação formada pelos treze estados soberanos originados das antigas colônias, que, portanto, representou uma forma composta de Estados, mas não uma Federação como veio a ser criada logo mais adiante. Foi, entre outras razões, com a intenção de imprimir unidade e estabilidade ao sistema, mediante a criação, especialmente, de um Poder Executivo apto a gerenciar a disputa interna, que foi convocada a Convenção da Filadélfia, que, em 1787, aprovou a primeira Constituição (jurídica e escrita) no sentido moderno do termo, aliás, a primeira e única Constituição escrita que os Estados Unidos da América, como nação independente e soberana, já tiveram.[39] Além disso, também por força do pacto constituinte de 1787, foi criada a primeira República Federativa e Presidencialista no âmbito da evolução política e institucional da humanidade. Apesar disso, fica o registro de que a Constituição de 1787 não foi o resultado de uma decisão prévia e planejada, mas, sim, a forma encontrada pelos integrantes da Convenção da Filadélfia para resolver um problema concreto e imediato, qual seja o da estruturação e organização interna do poder.[40]

Considerando que o texto aprovado pela Convenção de 1787 foi, antes de entrar em vigor (o que veio a ocorrer em julho de 1788), submetido a um processo de ratificação pelos Estados que integravam a antiga Confederação e que, portanto, renunciaram à sua soberania, é necessário destacar a importância, para tal ratificação, dos escritos de Alexander Hamilton, James Madison e John Jay, publicados na imprensa de Nova York, entre outubro de 1787 e maio de 1788, sob o título de *O Federalista*, e que, juntamente com outras contribuições de relevo, ajudaram a formar, no seu conjunto, não apenas o substrato e a

---

37. DALLARI, Dalmo de Abreu. *A Constituição na vida dos povos*: da Idade Média ao século XXI, p. 231.

38. Cf., por todos: VORLÄNDER, Hans. *Die Verfassung – Idee und Geschichte*, p. 39.

39. Cf. a síntese de UBILLOS, Juan Maria Bilbao; MARTÍNEZ, Fernando Rey; ZAPATERO, José Miguel Vidal. *Lecciones de derecho constitucional*, p. 91 e ss.

40. Cf. PAIXÃO, Cristiano; BIGLIAZZI, Renato. *História constitucional inglesa e norte-americana*: do surgimento à estabilização da forma constitucional, p. 149.

justificação teórica da nova ordem constitucional, mas também a evolução constitucional posterior.[41]

Importa notar, todavia, que, embora o título de primeira constituição moderna seja atribuído ao documento elaborado em 1787, já desde a Declaração de Independência, em 1776, quando as antigas colônias constituíram Estados independentes, a noção de constituição em sentido moderno e, com ela, a própria noção de um poder constituinte já se faziam presentes, precisamente pelo fato de que os novos Estados originários das colônias experimentaram um processo de formação constitucional que apresentava as características que depois vieram a se consolidar quando da aprovação da Constituição de 1787. Em geral, os novos Estados independentes, mediante processo constituinte democrático, elaboraram sua própria constituição e/ou declaração de direitos, prevalecendo, em regra, a noção de que é a Constituição que precede o governo e constitui, além disso, a base e medida da legislação, tendo mesmo as declarações de direitos sido ou inseridas no texto constitucional, ou então incorporadas por remissão, embora constantes em documento apartado, como foi o caso, por exemplo, da famosa Declaração da Virgínia, de 1776, tudo a indicar que a concepção de constituição moderna, ou seja, o modelo embrionário de uma ordem constitucional republicana dotada de constituição escrita, pode ser reconduzida a tal momento, embora, como já frisado, consolidada logo adiante, quando da formação dos Estados Unidos da América como Estado Constitucional.[42] Tudo isso revela que a construção da Constituição americana se deu mediante um processo que vai pelo menos de 1776 (Declaração de Independência) até 1791 (incorporação de uma declaração de direitos ao texto da Constituição de 1787).[43] Tal processo veio a ser consolidado posteriormente mediante, entre outros aspectos, a consolidação da noção de supremacia da Constituição, que será objeto de atenção logo adiante.

Fundada e justificada na e pela noção de soberania popular, emblematicamente expressa já no Preâmbulo, mediante a famosa expressão "Nós, o Povo" (*We the People*), a Constituição de 1787, como já sinalado, foi a primeira constituição escrita a consagrar uma República Federativa, além de estabelecer um Executivo unipessoal nos dois planos federativos (federal e estadual), exercido por um Presidente da República na esfera do governo da União, bem como colocando em prática a separação de poderes idealizada por Montesquieu e afirmando a supremacia da lei (*rule of the law*).[44] Muito embora o texto original não tivesse previsto um rol de direitos e garantias, que somente viriam a ser incorporados, em 1791, por meio das primeiras dez emendas à Constituição, denominadas *Bill of Rights*, a relevância de tais direitos e garantias para a futura evolução constitucional e a afirmação dos direitos fundamentais da pessoa no mundo ocidental não pode ser suficientemente enfatizada, ainda mais quando qualificada pela noção de supremacia da Constituição, isto sem falar no impacto de tais direitos, especialmente mediante a sua interpretação pela Suprema Corte, para a vida social, econômica e política dos Estados Unidos da América, bastando aqui

---

41. Cf., por todos, UBILLOS, Juan Maria Bilbao; MARTÍNEZ, Fernando Rey; ZAPATERO, José Miguel Vidal. *Lecciones de derecho constitucional*, p. 92-95.

42. Cf. VORLÄNDER, Hans. *Die Verfassung – Idee und Geschichte*, p. 40-42.

43. Cf. PAIXÃO, Cristiano; BIGLIAZZI, Renato. *História constitucional inglesa e norte-americana:* do surgimento à estabilização da forma constitucional, p. 131 e ss.

44. BARROSO, Luís Roberto. *Curso de direito constitucional contemporâneo*, p. 17.

referir, em caráter ilustrativo, a compreensão da cláusula da *equal protection* para a superação (ainda que não total) das graves distorções na esfera da discriminação racial.

Evidentemente, o elenco de direitos e garantias integrado ao texto constitucional (direitos à vida e à propriedade, liberdade de expressão, igualdade, liberdade religiosa, devido processo legal, entre outros) apresentava caráter eminentemente liberal, sendo resultado do *Zeitgeist* iluminista e liberal-burguês vigente na época da formação constitucional norte-americana e que, ainda que com alguma variação, definiu as linhas mestras da primeira grande fase do constitucionalismo moderno. O hoje ainda praticamente intocado dogma da supremacia da Constituição teve nos Estados Unidos da América a sua máxima expressão, notadamente a partir da incorporação ao constitucionalismo norte-americano (e de lá para o mundo) da doutrina e prática do controle judicial de constitucionalidade das leis, prática que costuma ser reconduzida à famosa decisão da Suprema Corte no caso *Marbury vs. Madison*, de 1803, em função do célebre voto do *Chief Justice* John Marshall, ao afirmar a competência da Corte para, com base na Constituição, controlar e mesmo fulminar atos dos demais poderes da República.[45]

Em síntese, oferecendo uma sumária radiografia das principais diretrizes do modelo constitucional norte-americano, incorporadas logo após o desfecho do movimento de separação da metrópole inglesa e mediante a aprovação da Constituição de 1787 e das emendas de 1791, é possível, tomando por empréstimo a seleção efetuada por Hartmut Maurer, elencar os seguintes aspectos: (a) soberania popular como fundamento do Poder do Estado; (b) a garantia dos direitos fundamentais para a salvaguarda da liberdade e igualdade das pessoas diante do poder estatal; (c) a separação dos poderes, limitados e controlados entre si; (d) a Federação, consubstanciada na criação de um Estado comum, mas com a manutenção do formato anterior de Estados individuais, com a repartição de tarefas estatais entre a União e os Estados federados.[46] O desenvolvimento posterior do constitucionalismo norte-americano, importa agregar, encontra-se, por sua vez, atrelado à atuação marcante de sua Suprema Corte, que, embora as diversas fases mais ou menos conservadoras ou progressistas, foi decisiva para a reconstrução permanente da ordem constitucional, além de influenciar o papel de outras cortes constitucionais no mundo inteiro.

1.4 O legado da experiência constitucional na França

A era do constitucionalismo moderno, desde o paradigma das constituições escritas elaboradas pelos Estados norte-americanos, culminando na Constituição Federal de 1787, atingiria o início de sua escalada, quando da promulgação, na França, da Declaração dos Direitos do Homem e do Cidadão,[47] em 1789, cujo famoso art. 16 esboçava o novo conceito de constituição, ao estipular, em tom solene, que um Estado que não garantisse a separação dos poderes e não assegurasse os direitos individuais não teria uma constituição.

As exigências do ideário liberal-burguês foram delineadas na Declaração de Direitos, documento jurídico que representava ao mesmo tempo um manifesto contra a sociedade

---

45. Cf., no contexto da evolução histórica do constitucionalismo, Dallari, Dalmo de Abreu. *A Constituição na vida dos povos:* da Idade Média ao século XXI, p. 134.

46. Maurer, Hartmut. *Staatsrechts I:* Grundlagen, Verfassungsorgane, Staatsfunktionen. 2. ed., p. 50.

47. Cf. Dippel, Horst. *História do constitucionalismo moderno – Novas perspectivas,* p. 15.

hierárquica e os privilégios da nobreza, muito embora estivesse longe de poder ser considerado um libelo em prol de uma sociedade democrática e igualitária.[48] O ideal era a formação de um Estado secular, que assegurasse as liberdades civis e as garantias para a empresa privada, e de um governo de contribuintes e proprietários, elevando-se a propriedade privada à condição de direito natural, sagrado, inalienável e inviolável.

A célebre frase de Luís XIV, identificando o Estado com a pessoa do monarca – *"L'État, c'est moi"* – e que representava a quintessência do absolutismo monárquico, foi extirpada do vocabulário constitucional francês, no âmbito de um processo que, de certo modo, deu novo significado ao termo "Revolução". Por outro lado, é preciso destacar que o desenvolvimento do constitucionalismo no continente europeu inicia com a Revolução Francesa de 1789, ainda que não se possa desprezar a influência da experiência norte-americana especialmente para o momento inaugural do constitucionalismo moderno na Europa, assim como no decorrer da evolução posterior, o que, contudo, aqui não será abordado.

Em apertada síntese, é possível afirmar que o primeiro impulso rumo a uma primeira constituição escrita na França ocorreu com a convocação, pelo Rei Luís XVI, dos Estados Gerais, uma assembleia (reunida no dia 5 de maio de 1789) integrada por representantes das três ordens da sociedade francesa, no caso, a nobreza, o clero e o povo comum, que representavam o assim chamado "Terceiro Estado" e cuja pauta de reivindicações incluía a elaboração de uma constituição escrita, por força da influência norte-americana. Mediante pressão do Terceiro Estado foi instaurada uma Assembleia Nacional Constituinte (a partir de 17 de junho de 1789), que elegeu um comitê encarregado de elaborar um projeto de constituição (6 de julho de 1789), o qual, em princípio, mantinha a monarquia hereditária. Todavia, em função da rebelião popular e da assim chamada queda da Bastilha, fortaleza e prisão real (14 de julho de 1789), e em virtude da expansão do movimento, a Assembleia Constituinte, deixando de lado neste momento o projeto de constituição, dedicou-se a elaborar uma Declaração de Direitos, que veio a ser aprovada em 26 de outubro de 1789; nela, além da consagração da noção de direitos naturais e imprescritíveis do homem, representados pelos direitos de liberdade, propriedade, segurança e resistência à opressão (art. 2.º), o já referido conceito de constituição, formulado no art. 16 da Declaração.[49]

Registre-se que uma das peculiaridades do desenvolvimento constitucional francês, especialmente quando confrontado com o norte-americano, reside nas características do Poder Constituinte. Contrariamente ao que sucedeu nos Estados Unidos, a Assembleia Nacional Constituinte na França significava uma ruptura com o passado, no sentido não apenas da fundação de um Estado, mas de uma nova ordem estatal e social, afetando profundamente até o âmbito mais elementar da sociedade. Nesse sentido, a declaração de direitos fundamentais não objetivava apenas a limitação do poder do Estado, mas também, e sobretudo, a extinção do direito feudal e dos privilégios da aristocracia.[50]

Curial destacar, a partir da experiência constitucional francesa, que a simples denominação de Estado Constitucional não é garantia, de per si, do respeito aos elementos essenciais do chamado constitucionalismo moderno. De fato, os dois primeiros textos constitucionais

---

48. HOBSBAWM, Eric. *A Revolução Francesa*, p. 20.

49. Cf. a síntese, aqui livremente reproduzida, de DALLARI, Dalmo de Abreu. *A Constituição na vida dos povos: da Idade Média ao século XXI*, p. 204-206.

50. Cf. MAURER, Hartmut. *Staatsrechts I*: Grundlagen, Verfassungs-organe, Staatsfunktionen, 2. ed., p. 51-52.

franceses não dispunham sobre a independência do Poder Judiciário, o governo limitado e a proteção da Constituição. Tais elementos só foram incorporados ao longo do tempo, especialmente após a instauração da Quinta República, em 1958. Ademais, com a promulgação da Constituição do ano VIII (1799), foram retirados traços essenciais do constitucionalismo moderno, de modo a concentrar excessivamente o poder nas mãos do Primeiro-Cônsul, que o exerceu como um ditador sob o rótulo do Estado Constitucional.[51]

O Poder Judiciário, objeto de desconfiança dos revolucionários, e que se reflete, de certo modo, até os dias atuais, foi relegado a mero aplicador do direito legislado, de tal sorte que, para a concretização da máxima de Rousseau, segundo a qual a lei é a expressão da vontade geral, apenas ao Poder Legislativo era dada a competência de explicitar o sentido das suas próprias prescrições, o que, por sua vez, contribuiu para que apenas já no último quartel do século XX o Conselho Constitucional, órgão a que incumbe, na França, o controle de constitucionalidade das leis, passasse a assumir um papel mais efetivo e mais próximo de uma autêntica jurisdição constitucional, capaz de assegurar a supremacia da Constituição em relação ao direito infraconstitucional, o que também é aspecto que constitui uma diferença essencial em relação à tradição do constitucionalismo norte-americano e mesmo, na fase posterior à Segunda Guerra Mundial, da experiência da maioria dos Estados que apostaram na criação de Tribunais Constitucionais de perfil jurisdicional, como foi o caso da Alemanha.[52]

De qualquer sorte, a despeito do período de domínio napoleônico (a contar de 1799) e, depois da derrota final de Napoleão em Waterloo (1815), da restauração da monarquia, a matriz constitucional francesa engendrada no período revolucionário deixou um legado permanente para o constitucionalismo moderno, até mesmo de modo indireto, visto que o pensamento político francês também teve repercussão nos Estados Unidos, onde algumas ideias tiveram recepção e realização prática em parte distinta da que ocorreu na França, como é o caso, apenas para mencionar um exemplo célebre, do princípio da separação de poderes, que, reconstruído nos Estados Unidos, foi incorporado à gramática constitucional de uma série de Estados que aderiram ao movimento constitucional.

1.5 A ampliação do constitucionalismo pelo mundo ocidental: rumo ao modelo do Estado Constitucional como paradigma universal

Uma breve observação a respeito do significado das três experiências constitucionais inaugurais do constitucionalismo moderno, com destaque para a norte-americana e a francesa, mas sem olvidar que parte das premissas teóricas e mesmo parte das instituições que passaram a integrar a noção de um Estado Constitucional são oriundas da tradição constitucional inglesa (como, por exemplo, a própria doutrina da *rule of law*, que, no direito

---

51. Idem, p. 17-18.
52. O controle de constitucionalidade na França, exercido pelo Conselho Constitucional, se caracterizou, durante muito tempo, como um controle eminentemente político, sendo que apenas a partir da Constituição de 1958, por ocasião da qual foi criado o atual Conselho Constitucional, foi dada a possibilidade de um controle preventivo de análise da adequação dos atos legislativos com o texto constitucional. Com o tempo, contudo, o Conselho Constitucional passou a se aproximar cada vez mais do modelo de um Tribunal Constitucional, seja em virtude de reformas legislativas e constitucionais, seja em virtude das decisões proferidas. Sobre o papel (e evolução) do Conselho Constitucional, v., por todos, ROUSSILLON, Henry. *Le conseil constitutionnel*, 6. ed.

constitucional continental, recebeu sentido em parte diverso), revela que todas foram determinantes para a afirmação, no cenário jurídico-constitucional e político do final do século XVIII, dos contornos da noção de um Estado Constitucional, compreendido como um Estado de Direito, na perspectiva da limitação jurídica do poder, e lançaram as bases da evolução posterior. Todavia, o processo de afirmação e reconstrução do Estado (Constitucional) de Direito, que nasceu como um Estado Liberal de Direito, revela que se trata de uma trajetória gradual, marcada pelo surgimento de outras experiências constitucionais que exerceram sua influência e são dignas de nota, seja pelas suas peculiaridades, seja pela influência gerada no que diz com a reconstrução do próprio constitucionalismo, que, ao longo do século XIX, vivenciou um processo de significativa ampliação, inclusive na América do Sul e Central.

Por outro lado, especialmente na Europa da primeira metade do século XIX, as constituições que começaram a ser elaboradas nem sempre refletiam os elementos essenciais do constitucionalismo de matriz norte-americana e da experiência francesa revolucionária pré-napoleônica. Já antes da elaboração da primeira Constituição francesa, em 3 de maio de 1791, a Polônia promulgou a primeira Constituição escrita em solo europeu, seguida, na esteira das guerras napoleônicas, de uma série de constituições na Alemanha, Suíça, Itália, Holanda e Espanha, de modo que a partir de então o movimento constitucional passou a ser um fenômeno em processo de expansão, ainda que de modo diferenciado, em muitos casos, da vertente original.[53]

Aqui, também em homenagem ao papel representado, mais adiante, no contexto do constitucionalismo em geral, pela Constituição da República de Weimar (1919) e pela Lei Fundamental da Alemanha, de 1949, é de se destacar a evolução constitucional alemã, desde o primeiro quartel do século XIX, período no qual, contudo, as diversas constituições dos Estados alemães, inclusive a Constituição Imperial, da Alemanha Unificada, a monarquia seguiu sendo a forma de governo por excelência, marcada por um cunho mais ou menos autoritário, embora em gradativa sintonia com o paradigma liberal, principalmente a contar dos movimentos liberais que agitaram especialmente a França e a Alemanha em meados do século XIX.[54] Diversamente das matrizes norte-americana e francesa (pelo menos na sua versão original), as Constituições alemãs da época não foram elaboradas por uma Assembleia Constituinte, mas em geral outorgadas pelos monarcas dos diversos Estados alemães, na primeira fase, inspiradas pela Carta Constitucional editada por Luís XVIII, na França, em 1814. Em síntese, durante muito tempo a noção de supremacia da constituição em relação aos poderes constituídos, a falta de um controle judicial das leis em face da constituição, a pouca relevância dos direitos e garantias individuais, a falta ou pouca relevância da representação popular, dos direitos políticos, foram, dentre outros, elementos característicos do período.[55]

Sem que se pretenda (e possa) aqui apresentar mais detalhes da evolução constitucional alemã e em geral no mundo ocidental ao longo do século XIX, notadamente na Europa e nas Américas, onde, a contar da independência das colônias espanholas e portuguesa, os novos Estados independentes passaram a elaborar suas constituições, a maioria republicana (uma das exceções foi a Constituição Imperial do Brasil, de 1824), o fato é que as bases do moderno Estado

---

53. Cf. Grimm, Dieter. *Die Zukunft der Verfassung*, p. 57.
54. Sobre a evolução do constitucionalismo na Alemanha, especialmente ao longo do século XIX, v. Vorländer, Hans, *Die Verfassung – Idee und Geschichte*, p. 63 e ss.
55. Cf. Vorländer, Hans, *Die Verfassung – Idee und Geschichte*, p. 63 e ss.

A Constituição em perspectiva histórico-evolutiva ○ 17

Constitucional estavam sendo erigidas, ainda que tal processo não se tenha dado exatamente da mesma forma, em todos os lugares e ao mesmo tempo.

Por outro lado, convém alertar que, sob o rótulo de Estados Constitucionais, é possível identificar determinados modelos, que, em termos gerais e de acordo com difundida tipologia, podem ser reunidos em pelo menos três grupos, designadamente, o Estado Constitucional Liberal (Estado Liberal de Direito), o Estado Constitucional Social (o Estado Social de Direito) e o Estado Democrático de Direito, que, na versão aqui privilegiada, assume a feição de um Estado também Social e Ambiental, que pode, mediante uma fórmula-síntese, ser também designado como um Estado Socioambiental, ou mesmo um Estado Socioambiental e Democrático de Direito. Tais modelos – quanto aos seus contornos gerais – serão objeto de análise em outro momento. Todavia, tendo em conta sua peculiaridade e sua relevância para a formatação do constitucionalismo democrático contemporâneo e para o assim designado "neoconstitucionalismo" (que também não será aqui – ainda – abordado, sabendo-se da controvérsia que gravita em torno da própria designação), seguem algumas linhas sobre a Lei Fundamental da Alemanha, seguramente a principal experiência constitucional que seguiu o final da Segunda Grande Guerra Mundial.

1.6 A Lei Fundamental da Alemanha (1949): notas sobre sua formação, evolução e conteúdo[56]

1.6.1 Precedentes e o desmantelamento da ordem constitucional pretérita por força da ditadura nacional-socialista

Muito embora a história das constituições escritas tenha início com o processo de independência das colônias inglesas na América do Norte, que resultou, em 1787, na promulgação da Constituição Federal dos Estados Unidos da América, bem como com a Revolução Francesa, cuja primeira Constituição no sentido moderno do termo data de 1791, a afirmação do constitucionalismo foi relativamente lenta e muito heterogênea, mesmo no âmbito do Ocidente e ainda que limitada ao espaço físico da Europa Ocidental e das Américas. No espaço que passou a ser ocupado pelo Império da Alemanha após o processo de unificação protagonizado pela Prússia (1871), o conjunto de Estados autônomos de língua e cultura alemã passou a adotar gradativamente – a contar de 1810 – a ideia de uma constituição escrita, resultado principalmente das campanhas napoleônicas, muito embora não se tratasse, durante o século XIX, de constituições oriundas de um processo democrático de (re)fundação do Estado, mas, sim, de documentos que assumiram o papel de uma espécie de contrato entre a monarquia (que passou a ser "constitucional") e os súditos.[57]

A malograda tentativa de estabelecer uma ordem constitucional democrática para toda a Alemanha, representada pela Revolução de 1848/1849 e pela elaboração da Constituição

---

56. Para uma visão geral da evolução constitucional alemã em língua portuguesa, abarcando desde a primeira proposta de uma Constituição para uma Alemanha unificada (1849) até a Lei Fundamental de 1949, v., por todos, SARLET, Ingo Wolfgang; GODOY, Arnaldo Sampaio de Moraes. *História Constitucional da Alemanha. Da Constituição da Igreja de São Paulo à Lei Fundamental*. Porto Alegre: Editora Fundação Fênix, 2021.

57. Cf., por todos, MÖLLERS, Christof. *Das Grundgesetz – Geschichte und Inhalt*, p. 13.

da Igreja de São Paulo (*Paulskirchenverfassung*), de cunho democrático-liberal e dotada de um moderno catálogo de direitos fundamentais, sucedida pela unificação político-territorial e formação do assim chamado primeiro "*Reich*" (Império) alemão, governado por Guilherme I e pelo "Chanceler de Ferro" Otto von Bismarck e dotado de uma constituição escrita própria (1871),[58] acabou fazendo com que apenas a derrocada da monarquia e a instauração da república, na sequência da Primeira Grande Guerra Mundial, permitissem a promulgação de uma primeira (e até o advento da Lei Fundamental de 1949, única) Constituição Democrática para a Alemanha, a tão citada Constituição da República de Weimar, de 1919, também conhecida como modelo do constitucionalismo democrático e social contemporâneo.[59]

Ainda que do ponto de vista de sua concepção e de seu conteúdo a Constituição de Weimar não possa ser seriamente questionada quanto às suas virtudes democráticas e no que diz com a sua relevância para o desenvolvimento das instituições políticas, sociais e jurídicas alemãs, o contexto definitivamente não lhe era favorável, logo tendo sido – embora formalmente em vigor durante mais tempo – superado pela fúria nacional-socialista e pela gradativa – mas rápida – instalação de um regime totalitário apenas rivalizado, na época, pelo vizinho totalitarismo implantado na União Soviética por Josef Stalin.

A trajetória instável vivenciada pelas instituições político-democráticas sob a égide da Constituição de Weimar, minada desde cedo pela resistência reacionária e pela pressão exercida pelos radicalismos protagonizados especialmente pelos partidos nacional-socialista e comunista, acabou permitindo que Adolf Hitler, por força de uma coalizão partidária, fosse nomeado chanceler e logo passasse a reivindicar e obter poderes de cunho excepcional, assegurando-lhe, em pouco tempo, o total controle, mediante a eliminação de toda e qualquer oposição (uma reforma legislativa garantiu o monopólio por parte do Partido Nacional-Socialista – a NSDAP), inclusive mediante recurso à força amparado em documentos "legais", para além da abolição da Federação e instalação de um Estado Unitário e Centralizado (Hitler passou, após a morte do Presidente Hindenburg, a concentrar a Chefia de Estado e de Governo), culminando – por meio do que se chegou a chamar de "revolução legal"[60] – na afirmação de um Estado do "Führer" (*Führerstaat*).[61] Assim, embora ainda formalmente em vigor, a Constituição de Weimar valia e era aplicada apenas e exata medida em que não entrasse em conflito com a normativa – em rigor, com o que se pode designar de direito constitucional (em sentido material) nacional-socialista – imposta pelo regime totalitário.

Com a eclosão da Segunda Grande Guerra o totalitarismo chegou ao seu ápice, mas logo vieram a derrota e a completa destruição do Estado Nacional-Socialista e da própria

---

58. Sobre a Constituição Imperial de 1871, v. as sínteses de ZIPPELIUS, Reinhold. *Kleine Deutsche Verfassungsgeschichte*, p. 120 e ss., e de FROTSCHER, Werner; PIEROTH, Bodo. *Verfassungsgeschichte*, p. 203 e ss.

59. Dentre a vasta literatura disponível sobre a Constituição de Weimar, sua formação, contexto, conteúdo, virtudes e fraquezas, v., apenas dentre as contribuições em língua portuguesa, BERCOVICI, Gilberto. *Constituição e Estado de Exceção Permanente*: atualidade de Weimar, Rio de Janeiro: Azougue, 2004; BERCOVICI, Gilberto (Coord.). *Cem Anos da Constituição de Weimar* (1919-2019), São Paulo: Quartier Latin, 2019; SARLET, Ingo Wolfgang; GODOY, Arnaldo Sampaio de Moraes. *História Constitucional da Alemanha. Da Constituição da Igreja de São Paulo à Lei Fundamental*, Porto Alegre: Fênix, 2021; VALE, André Rufino. Constitucionalismo e Democracia Pós-2020. *Reflexões na ocasião do centenário do constitucionalismo de Weimar* (1919-1933), São Paulo: Saraiva, 2022.

60. A expressão teria sido cunhada por Heinrich Triepel, em artigo publicado em 02.04.1933 no *Deutsche Allgemeine Zeitung*, conforme averbam FROTSCHER, Werner; PIEROTH, Bodo. *Verfassungsgeschichte*, p. 297.

61. Cf., por todos, ZIPPELIUS, Reinhold. *Kleine Deutsche Verfassungsgeschichte*, p. 140-142.

Alemanha, visto que, com a ocupação aliada e com a divisão do território do antigo "Reich", a própria identidade alemã como um Estado soberano entrou em um período de suspensão. O próprio Hans Kelsen chegou a afirmar, em 1945, que a Alemanha havia deixado de existir como um Estado Soberano.[62] De fato, é de se reconhecer que os aliados (Inglaterra, EUA, França e URSS) não apenas assumiram o poder, mas, sim, a integralidade do poder estatal e com isso também as correspondentes funções da soberania,[63] muito embora nem todos concordem com a tese do desaparecimento temporário do Estado alemão como tal, inclusive de acordo com entendimento expressado bem mais tarde pelo Tribunal Constitucional Federal da Alemanha.[64]

O ressurgimento do Estado – ainda assim em um contexto e sob condições peculiares – acabou ocorrendo com a entrada em vigor da Lei Fundamental de 1949, pelo menos no caso da então Alemanha Ocidental. Acompanhando Hans Vorländer, é possível afirmar que a República Federal da Alemanha foi – a despeito do perfil da Lei Fundamental na percepção de seus próprios autores, é possível agregar – o resultado de uma decisão constituinte.[65] É sobre tal processo de (re)constitucionalização que iremos nos debruçar no próximo segmento. Por outro lado, antes de avançarmos, é preciso enfatizar que evidentemente a República Democrática Alemã (DDR – *Deutsche Demokratische Republik*) também passou por um processo similar, constituindo-se em um novo Estado (conhecido como Alemanha Oriental) e com uma constituição própria, promulgada em 07.10.1949, igualmente submetida a aprovação pelas forças de ocupação soviéticas, mas que foi posteriormente substituída por duas novas constituições, respectivamente, em 06.04.1968 e 07.10.1974. Sem prejuízo da importância da evolução constitucional para a assim chamada Alemanha Oriental, aqui não será o caso de adentrarmos no seu exame,[66] seja em virtude da falta de espaço para algum desenvolvimento, seja especialmente em virtude da adoção, quando da reunificação alemã, da Lei Fundamental de Bonn como sendo a constituição da Alemanha unificada, o que, por sua vez, constitui o foco da presente abordagem.

1.6.2 Elaboração, conteúdo e afirmação da Lei Fundamental de 1949

A Lei Fundamental da República Federal da Alemanha (*Grundgesetz*) entrou em vigor em 24.05.1949, apenas quatro anos após a rendição incondicional das forças armadas alemãs, que, por sua vez, formalizou a derrocada da ditadura nacional-socialista, que tanto mal causou a tantas pessoas em tantos lugares, inclusive ao próprio povo alemão. Não foi à toa, portanto, que já no Preâmbulo da Lei Fundamental foi consignada tanto a "consciência da responsabilidade perante Deus e os seres humanos" quanto a vontade de "servir à Paz Mundial". Igualmente emblemática e vinculada ao contexto histórico, além de sem precedentes

---

62. "Germany certainly has ceased to exist as a sovereign state" (citação de Kelsen extraída de FROTSCHER, Werner; PIEROTH, Bodo. *Verfassungsgeschichte*, p. 344).

63. Cf., por todos, FROTSCHER, Werner; PIEROTH, Bodo. *Verfassungsgeschichte*, p. 342.

64. V. aqui também as referências de FROTSCHER, Werner; PIEROTH, Bodo. *Verfassungsgeschichte*, p. 344, destacando-se os argumentos de que mesmo a capitulação incondicional das forças armadas e a ocupação do território não equivalem a um desaparecimento do Estado e mesmo das funções da soberania (ainda que fortemente impactadas). Por outro lado, decisiva a circunstância de que o território alemão não foi anexado (a não ser parcialmente) pelos Estados vitoriosos, não se estabelecendo, ademais, uma relação de absoluta submissão.

65. Cf. VORLÄNDER, Hans. *Die Verfassung – Idee und Geschichte*, p. 78.

66. Para uma breve notícia sobre a evolução constitucional da Alemanha Oriental, v., por todos, ZIPPELIUS, Reinhold. *Kleine Deutsche Verfassungsgeschichte*, p. 156 e ss.

no constitucionalismo pretérito (à exceção de algumas manifestações isoladas, mas situadas em outras partes da Constituição e com outra expressão literal), a afirmação, consignada já no primeiro artigo da Lei Fundamental, da intangibilidade da dignidade da pessoa humana, acompanhada do comprometimento do povo alemão com os direitos inalienáveis e invioláveis da pessoa humana. Tal afirmação, de resto, foi também manejada como resposta a um determinado modelo de positivismo jurídico, buscando resgatar a importância de uma ordem de valores não necessariamente adstrita ao direito formalmente positivado, sem prejuízo de uma referência assumida ao jusnaturalismo, ainda que a adesão ao positivismo jurídico e o seu peso para a tentativa de justificação de atos praticados no âmbito do sistema jurídico e judiciário sob a égide da ditadura nazista – especialmente a escusa da "mera aplicação da lei" – sejam bastante controversos, aspecto que aqui não será objeto de exame.[67]

Curiosamente, embora, em certo sentido, de modo compreensível, não foram os políticos alemães da época os protagonistas do processo constituinte, mas sim os governos de ocupação aliados, com destaque para os EUA, que, no lado ocidental e em virtude da crescente polarização em relação à União Soviética, que havia assumido o controle do lado oriental (o qual, como apontado, seguiu seu próprio caminho inclusive em matéria constitucional), que julgavam ser imprescindível a criação de um Estado alemão ocidental, o que, por sua vez, implicava a necessidade da elaboração de uma constituição.[68] Certamente, um dos fatores que determinou a resistência, pelo menos inicial, ao projeto do governo de ocupação em promover a elaboração de uma Constituição foi precisamente o receio de que com isso se estaria chancelando a divisão da Alemanha, o que de fato veio a acontecer, embora se saiba que tal divisão não teria sido evitada, por si só, com a recusa em elaborar uma nova Constituição.

Tirante este aspecto, assume relevo, em termos de apreciação da evolução histórica, que mesmo antes da aprovação da Lei Fundamental foram criados, já a partir de 1945 e por iniciativa dos governos militares de ocupação (inclusive na zona de ocupação soviética), os Estados da futura Federação instaurada pela Lei Fundamental, tendo os Estados sido dotados de Governo, Poder Legislativo e de uma Constituição própria, aprovada mediante processo democrático.

A elaboração de uma Constituição e a fundação de um Estado alemão ocidental foram decididas por ocasião de conferência realizada em Londres, reunindo Grã-Bretanha, França, Estados Unidos da América, mas também Bélgica, Luxemburgo e Holanda, em 06.03.1948. Os Ministros-Presidentes dos diversos Estados foram reunidos e instados a convocar uma Assembleia Nacional com o objetivo de elaborar uma nova Constituição. Inicialmente foi convocada uma comissão de especialistas, que, em agosto de 1948 (na ilha Bávara de *Herrenchiemsee*), elaborou o anteprojeto, que na etapa seguinte foi apreciado e aperfeiçoado pelo

---

67. Hoje é sabido que a jurisprudência nacional-socialista de longe se limitava à aplicação estrita de textos legais, mas operava de forma criativa, inclusive pelo fato de que a ideologia nacional-socialista tinha a pretensão de ser uma espécie de direito "natural", anterior e superior ao direito positivo. Nesse sentido, a sintética mas precisa manifestação de MÖLLERS, Christof. *Das Grundgesetz – Geschichte und Inhalt*, p. 18. Para maior desenvolvimento, v., entre outros, a paradigmática monografia de RÜTHERS, Bernd. *Die Unbegrenzte Auslegung*. 6. ed. Tübingen: Mohr Siebeck, 2006, bem como a coletânea de ensaios consolidados por STOLLEIS, Michael. *Recht im Unrecht – Studien zur Rechtsgeschichte des Nationalsozialismus*. Frankfurt am Main: Suhrkamp, 1994.

68. Decisão em prol da criação de um Estado alemão ocidental foi tomada na conferência realizada em Londres, em 06.03.1948, da qual participaram, além dos EUA, Inglaterra e França, a Bélgica, a Holanda e Luxemburgo.

Conselho Parlamentar, composto de 65 representantes eleitos pelas assembleias estaduais dos Estados da zona ocidental de ocupação, instalado em 01.09.1948, e que veio a elaborar e aprovar o texto daquilo que viria a ser uma das ordens constitucionais mais estáveis e influentes de todos os tempos. Também de forma altamente significativa, foi em 08.05.1949 (data da rendição alemã) que o Conselho Parlamentar aprovou o texto da Lei Fundamental, tendo a autorização para sua promulgação sido concedida, por parte do governo de ocupação, quatro dias depois, ao passo que a publicação e entrada em vigor se deram, respectivamente, em 23.05.1949 e 24.05.1949.[69]

No que diz com a elaboração da Lei Fundamental, há aspectos que, ainda mais se levada em conta a trajetória exitosa subsequente, chamam a atenção e merecem pelo menos breve registro. O primeiro diz respeito à pergunta, que não raras vezes foi formulada, em relação ao quanto os governos de ocupação podem e mesmo devem ser incluídos no rol dos pais da Lei Fundamental.

Nesse particular, além da provocação do processo constituinte e da dependência da aprovação do texto final por parte das forças de ocupação, algumas diretrizes foram estabelecidas, notadamente a adoção da forma federativa de Estado (é curioso que especialmente França e Inglaterra, ambas Estados unitários, insistiram neste ponto, pois um Estado federal, segundo sua concepção, seria a garantia de um Estado mais fraco), do regime democrático e da garantia das liberdades fundamentais. Por outro lado, a despeito das diretrizes genéricas, não houve interferência direta na elaboração do texto, ao contrário do que ocorreu no caso do Japão, onde o texto da Constituição foi literalmente imposto aos japoneses pelos EUA.

O outro ponto a ser destacado diz com a ideia assumida pelos autores da Lei Fundamental de que se tratava de um documento provisório, no sentido de que, assim que viesse a ocorrer a reunificação alemã, haveria então de ser elaborada a verdadeira Constituição. Foi precisamente por tal razão que o documento aprovado em 08.05.1949 pelo Conselho Parlamentar não foi designado de Constituição, mas de Lei Fundamental, além da previsão, no art. 146, de que a Lei Fundamental deixaria de vigorar tão logo fosse substituída por uma Constituição aprovada pelo conjunto do povo alemão.

Não foi, contudo, esse o destino da "provisória" Lei Fundamental, ainda que ao tempo da sua elaboração praticamente ninguém imaginasse outra coisa, pois prevalecia a opinião de que na Alemanha dividida não havia condições para a criação de uma Constituição para todo o país.[70] Todavia, o contexto (econômico, social, político e cultural), o conteúdo, mas especialmente as próprias instituições criadas pela Lei Fundamental (que, portanto, integram o seu conteúdo), em pouco tempo levaram à afirmação e aceitação do documento aprovado pelo Conselho Parlamentar.

---

69. Cf. ZIPPELIUS, Reinhold. *Kleine Deutsche Verfassungsgeschichte*, p. 153 e ss.
70. Cf. a manifestação da então Ministra Federal da Justiça da Alemanha, DÄUBLER-GMELIN, Herta. 50 anos da Constituição como garantia da democracia alemã em paz e liberdade. In: CARNEIRO, José Mário Brasiliense; FERREIRA, Ivette Senise (Org.). *50 anos da lei fundamental*, p. 15, por ocasião de seminário alusivo aos 50 anos da Lei Fundamental, realizado na USP, em 1999. A tese de que a Lei Fundamental foi elaborada com caráter provisório, contudo, não é compartilhada por todos, pois há quem argumente que a inclusão da dignidade da pessoa humana, de um catálogo de direitos fundamentais, e a previsão de cláusulas pétreas, ou seja, de conteúdos blindados ao próprio poder de reforma constitucional, são indicadores de uma original pretensão de permanência. Nesse sentido, v. o contraponto de BENDA, Ernst. O espírito de nossa lei fundamental. In: CARNEIRO, José Mário Brasiliense; FERREIRA, Ivette Senise (Org.). *50 anos da lei fundamental*, p. 93-94.

Quanto ao conteúdo, merece destaque – até mesmo por se tratar de um dos principais aspectos aos quais se deve o prestígio da Lei Fundamental no âmbito do constitucionalismo contemporâneo – a afirmação da dignidade humana e o dever do Estado de considerá-la e protegê-la, seguida de um catálogo de direitos fundamentais bem estruturado, especialmente em torno da mais ampla proteção das liberdades pessoais. Tanto a forma de positivação da dignidade humana, na condição de princípio estruturante e acompanhada de um dever expresso de proteção estatal quanto a proibição sem exceção da pena de morte dão conta do quanto os autores da Lei Fundamental quiseram colocar o ser humano no centro da ordem estatal (relembre-se aqui a afirmação do social-democrata Carlo Schmidt, no sentido de que "a razão de ser do novo Estado deveria ser o homem, e não o homem a razão de ser do Estado"),[71] refutando toda e qualquer funcionalização do humano em prol do Estado.

Cumpre lembrar que, no âmbito da Convenção Europeia dos Direitos do Homem, aprovada dois anos depois da Lei Fundamental, a pena de morte foi banida totalmente apenas em 2003. Os direitos fundamentais da Lei Fundamental, por sua vez, não deveriam ser reduzidos a normas de caráter programático, direitos apenas na medida da lei, como havia ocorrido na República de Weimar, razão pela qual foram expressamente gravados de cunho diretamente vinculante, como direitos exigíveis em juízo, inclusive contra o legislador (art. 1, III).

Todavia, foi a criação de um Tribunal Constitucional Federal, que passou a funcionar em 1951, regulado e organizado por lei própria, dotado de competência concentrada e vinculativa para afirmar a supremacia da Lei Fundamental, mas especialmente para atuar como guardião da dignidade humana e dos direitos fundamentais, por meio da criação da assim chamada reclamação constitucional (*Verfassungsbeschwerde*), que assegura o acesso direto do cidadão violado nos seus direitos fundamentais por ato do poder público, que imprimiu à Lei Fundamental não apenas sua plena normatividade na condição de Constituição da Alemanha, como também propiciou uma evolução significativa do próprio direito constitucional e da dogmática constitucional na Alemanha e para além das fronteiras alemãs.

Para ilustrar o fenômeno, basta aqui referir a importância do princípio da proporcionalidade para a solução de conflitos entre direitos fundamentais, ainda que não se cuide de noção imune a controvérsias, especialmente quanto ao modo de seu manejo pela jurisdição constitucional. Na condição de órgão constitucional externo às três funções clássicas estatais e pelas peculiaridades quanto a sua composição (com destaque para o recrutamento dos seus integrantes), competências e atuação, é de se endossar que o Tribunal Constitucional Federal Alemão (*Bundesverfassungsgericht*) passou a constituir uma espécie de "terceira via" da jurisdição constitucional, em relação aos modelos norte-americano e austríaco, que lhe são anteriores.[72]

---

71. Cf. citação feita por Däubler-Gmelin, Herta. 50 anos da Constituição como garantia da democracia alemã em paz e liberdade, p. 15.
72. Sobre o Tribunal Constitucional, sua história, organização, funcionamento e importância, v., dentre tantos, a excelente síntese de Limbach, Jutta. *Das Bundesverfassungsgericht*, bem como a coletânea de ensaios reunida na obra *Das entgrenzte Gericht – Eine kritische Bilanz nach sechzig Jahren Bundesverfassungsgericht*. Frankfurt am Main: Suhrkamp, 2009, com contribuições de Christoph Schönberger, Matthias Jestaedt, Oliver Lepsius e Christoph Möllers, apresentando uma densa análise retrospectiva e crítica no que diz com as funções e atuação do Tribunal.

Os princípios estruturantes, da dignidade humana, democracia, federalismo, assim como do Estado de Direito e do Estado Social, foram guindados à condição de limites materiais à reforma constitucional, formando, portanto, o núcleo essencial intangível, no sentido da própria identidade da nova ordem jurídico-estatal constituída pela Lei Fundamental, assegurando-lhe, juntamente com a garantia da rigidez constitucional (exigência de processo agravado para alteração do texto da Constituição) e da previsão de um controle de constitucionalidade das leis, a desejada e desejável estabilidade e supremacia normativa, para a qual também tem concorrido de modo decisivo (e não apenas em matéria de proteção de direitos fundamentais), como já referido, o Tribunal Constitucional Federal.

O conteúdo da Lei Fundamental, aqui apresentado de modo sumaríssimo, em linhas gerais não foi objeto de alterações significativas, pelo menos não no sentido de uma revisão substancial que pudesse colocar em xeque a identidade do texto original, ainda mais no concernente aos seus princípios estruturantes e no tocante aos direitos fundamentais. As já bem mais de 50 leis de alteração da Constituição (equivalentes às emendas constitucionais nos sistemas norte-americano e brasileiro) lograram êxito, em sua maioria (foram poucos os casos em que uma emenda constitucional chegou a ser questionada perante o Tribunal Constitucional), no sentido de promover ajustes necessários e adequarem a Lei Fundamental ao processo de mudança da realidade, sem violar a essência da Constituição, como uma ordem voltada à proteção e promoção da dignidade, da liberdade e dos direitos fundamentais.

Apenas para destacar alguns momentos relevantes, em que foram realizadas mudanças constitucionais significativas (em termos quantitativos e qualitativos), convém lembrar a questão do rearmamento e da participação alemã em conflitos armados, no âmbito de sua integração ao pacto da OTAN e posição na Guerra Fria (1956), o combate ao terrorismo e ao crime organizado e a defesa da ordem democrática (1968 e novamente na sequência dos episódios do 11 de setembro de 2001), a inserção e abertura para a Europa, incluindo a transferência de prerrogativas de soberania para a União Europeia, as reformas na estrutura federativa, mas também e de modo especial os ajustes promovidos em função da reunificação alemã,[73] posterior à queda do muro em Berlim, tópico que será objeto de maior atenção logo a seguir.

1.6.3 A "queda do muro", a reunificação e a adoção da Lei Fundamental de 1949 como Constituição Federal da Alemanha

Quarenta anos depois de promulgada a Lei Fundamental para a então República Federal da Alemanha Ocidental, caiu o muro de Berlim, e as fronteiras, que para muitos já eram tidas como definitivas, deram lugar ao processo de reunificação. A Lei Fundamental, outrora vista como símbolo da própria divisão, seguiu em vigor, assumindo agora o papel de Constituição da Alemanha unificada, muito embora tal processo tenha sido objeto de alguma controvérsia, visto que não faltaram vozes clamando pela convocação de uma Assembleia Constituinte ou, pelo menos, propondo a realização de uma consulta popular.

De qualquer sorte, é preciso recordar que a própria Lei Fundamental previa expressamente dois caminhos, pois, ao passo que no art. 23 estava prevista a possibilidade de adesão

---

73. Para uma síntese dessa evolução, v., por todos, Andreas VOSSKUHLE, Presidente do Tribunal Constitucional Federal, na sua introdução ao texto da Lei Fundamental (*Grundgesetz*. 60. ed. München: C. H. Beck, 2011, p. XIX a XXVII).

de novos Estados à Federação, o já lembrado art. 146 permitia a substituição da Lei Fundamental por uma nova Constituição, por meio da decisão livre e soberana do povo alemão, simultânea à formação de um novo e unificado Estado, ainda que o segundo caminho, embora tenha levado até mesmo à apresentação de um Projeto de Constituição por parte de um grupo de professores e intelectuais, não apresentasse a mínima viabilidade política.[74]

Nesse contexto, é possível aderir ao pensamento de Christoph Möllers, quando afirma que a Lei Fundamental acabou exercendo um papel duplo e peculiar no processo da unificação alemã, pois tanto operou como marco regulatório de tal processo, quanto serviu de argumento político, visto que o próprio Tribunal Constitucional compreendia a unificação como constituindo uma meta política irrenunciável, mais especialmente pelo fato de que a Lei Fundamental – e aqui a essência do argumento político – já havia, a tal altura da evolução, logrado plena afirmação como uma Constituição muito bem-sucedida, de tal sorte que os antigos integrantes do Conselho Parlamentar que consideravam provisória a condição jurídica da Alemanha dividida, mas não provisório o conteúdo da Lei Fundamental, tinham mesmo razão.[75]

Por outro lado, ainda que o caminho trilhado tenha sido o do desaparecimento, como Estado, da antiga República Democrática da Alemanha (DDR) e a adesão dos Estados alemães orientais à República Federal da Alemanha, sob a égide da Lei Fundamental, a unificação, como processo fundado na e regulado pela e com base na ordem constitucional vigente da Lei Fundamental, ensejou algumas discussões importantes do ponto de vista político-constitucional e também exigiu algumas alterações relevantes do texto constitucional, no âmbito de uma revisão constitucional, engendrada por diversas leis de alteração da Lei Fundamental.

Do ponto de vista jurídico-político, a reunificação acabou sendo efetivada mediante um "contrato", uma espécie de pacto entre duas partes, o que, por sua vez, não quedou imune a críticas, pois, apesar do argumento de que uma nova Constituição não teria tido o condão de alterar substancialmente o processo, também é de se ponderar que isso demonstra o quanto era fraca a intenção dos envolvidos de criar uma nova e realmente conjunta ordem política.[76] As condições estipuladas pelo contrato de unificação (*Einigungsvertrag*), de 31.08.1990, foram convertidas em direito constitucional positivo por meio da 36.ª Lei de Alteração da Lei Fundamental, de 23.09.1990, ajustando-se o Preâmbulo e revogando-se a antiga formulação do art. 23, tendo o processo de unificação sido concluído na noite do dia 2 para o dia 3 de outubro de 1990. Pelo lado da Alemanha Oriental, a desconstituição do Estado e a adesão à República Federal da Alemanha, sob a égide da Lei Fundamental de 1949, foi decidida mediante um processo protagonizado pela Câmara Popular (*Volkskammer*) da DDR, por meio de Resolução de 23.08.1990, seguida de uma lei aprovada por maioria qualificada (a maioria exigida para aprovação de emendas constitucionais) pela Câmara Popular e pelas duas casas do Parlamento (21.09.1990), que ratificou a decisão. Nesse sentido, como bem observa Hans Vorländer, o Pacto de Unificação teve natureza desconstitutiva para a República Democrática Alemã, embora paralelamente tenham sido constituídos cinco novos

---

74. Cf. a lembrança de Möllers, Christoph. *Das Grundgesetz – Geschichte und Inhalt*, p. 82.

75. Cf. Möllers, Christoph. *Das Grundgesetz – Geschichte und Inhalt*, p. 81-82, agregando, outrossim, que para os alemães ocidentais não se colocava qualquer necessidade de uma nova Constituição, ao passo que os alemães orientais tinham, em geral, outras preocupações.

76. Aqui novamente a arguta observação de Möllers, Christoph. *Das Grundgesetz – Geschichte und Inhalt*, p. 83-84.

A CONSTITUIÇÃO EM PERSPECTIVA HISTÓRICO-EVOLUTIVA   25

Estados no território que antes correspondia ao espaço físico do Estado da Alemanha Oriental, Estados que, logo após a unificação, receberam suas respectivas constituições, elaboradas pela primeira legislatura estadual, eleita em 14.10.1990.[77]

Na sequência do processo de unificação e já sob a égide da Lei Fundamental, por força de uma comissão constitucional conjunta composta de integrantes das duas casas do Parlamento Federal, convocada por força do artigo 5.º do Contrato de Unificação, foram promovidas outras alterações da Lei Fundamental, como foi o caso do dever estatal de promover a igualdade de condições para homens e mulheres, a proibição de discriminação das pessoas com deficiência, a inclusão, no artigo 20, do objetivo estatal de proteger as bases naturais da vida (proteção ambiental), além de alterações no estatuto organizatório.[78] A tentativa de inserir alguns direitos sociais, ou, pelo menos, normas impositivas de tarefas em matéria de moradia, trabalho, saúde etc., por sua vez, não logrou sucesso no âmbito do debate político, muito embora vários dos então novos Estados alemães contemplassem (e passassem a contemplar) tais normas e mesmos direitos fundamentais sociais nas suas respectivas Constituições Estaduais, o que aqui, todavia, não poderá ser desenvolvido.

A trajetória "existencial" da Lei Fundamental, que hoje ocupa papel de destaque inquestionável e incensurável no panorama constitucional contemporâneo, revela, entre outras virtudes, uma legitimidade sem precedentes, ao menos para o caso alemão, mas é também exemplar em termos comparativos, o que, por sua vez, demonstra que até mesmo alguma deficiência evidente em termos de legitimação democrática originária (considerados os padrões tidos como ideais) pode, a depender das circunstâncias, vir a ser amplamente compensada mediante um processo de permanente reconstrução da legitimidade. De outra parte, constata-se a oportunidade das lições de Peter Häberle, quando nos fala da necessidade de contínua reafirmação do Estado Constitucional,[79] o que, à evidência, se revela como mais fácil quando se atingem níveis expressivos de confiança da população no projeto constitucional e nas instituições que devem atuar na sua concretização, especialmente quando se instaura aquilo que, de acordo com a terminologia cunhada na própria Alemanha, passou a ser designado de "patriotismo constitucional",[80] ainda que nem todos comunguem do entendimento de que de fato se possa falar num tal "patriotismo", embora tal negativa não coloque necessariamente em causa a legitimidade democrática da ordem constitucional.[81]

Mas se é correto afirmar que um bom texto, suficientemente aberto e representativo dos projetos e anseios de determinada sociedade política, constitui uma das garantias para o sucesso de uma ordem constitucional, também é correto afirmar que sem a correspondente "vontade de Constituição" (Hesse) e sem o labor fecundo dos órgãos constitucionais, com destaque para a jurisdição constitucional (sem que aqui se esteja a desconsiderar o peso da estabilidade econômica e institucional, bem como do processo político), o texto constitucional tende a se tornar obsoleto ou mesmo acaba destituído de normatividade

---

77. Cf. VORLÄNDER, Hans. *Die Verfassung – Idee und Geschichte*, p. 95.
78. Cf. a síntese de VOSSKUHLE, Andreas. *Grundgesetz*, p. XXIII.
79. Cf. HÄBERLE, Peter. Neue Horizonte und Herausforderungen des Konstitutionalismus, *EuGRZ*, 2006, p. 537.
80. Cf. a expressão cunhada e difundida por STERNBERGER, Dolf. *Verfassungspatriotismus – Schriften*, p. 13-17.
81. Nesse sentido, v., por todos, negando categoricamente a existência de um patriotismo constitucional na Alemanha da Lei Fundamental, MÖLLERS, Christoph. *Das Grundgesetz – Geschichte und Inhalt*, p. 115 e ss.

efetiva. É, portanto, um conjunto de diversos fatores que explica o sucesso ou fracasso de uma ordem constitucional, razão pela qual se assume aqui o ônus da simplificação.

O sucesso da Lei Fundamental não se afere, todavia, apenas pelo seu significado para o Estado e para o povo da Alemanha (ainda que se queira discutir o quanto é possível falar em um autêntico "patriotismo constitucional alemão"), mas adquire um sentido mais abrangente, quando se avalia a influência do constitucionalismo alemão contemporâneo sobre outras ordens jurídicas – nesse particular, sem prejuízo da evidente importância da Lei Fundamental para um expressivo número de outros Estados Constitucionais (o que se identifica tanto em termos de direito constitucional positivo, quanto em termos doutrinários e jurisprudenciais), de tal sorte que, juntamente com o constitucionalismo norte-americano, a Lei Fundamental de 1949 pode ser tida hoje como uma das Constituições mais influentes em termos de direito comparado no âmbito da evolução constitucional contemporânea, influência que se fez e faz sentir também no caso do direito constitucional brasileiro.

2

CLASSIFICAÇÃO DAS CONSTITUIÇÕES

Ingo Wolfgang Sarlet

Os critérios de classificação das constituições são diversos, sendo, em parte, complementares, de modo que determinada constituição pode ser enquadrada em mais de uma das tipologias identificadas, a depender dos critérios que sustentam a classificação. Na doutrina nem sempre a nomenclatura utilizada é uniforme, nem todos os autores adotam todos os critérios de classificação. Assim, até mesmo por se tratar de tópico que não reclama tanta dedicação, especialmente pelo fato de que as principais tipologias aqui referidas serão retomadas e aprofundadas em outros momentos da obra, seguem alguns dos critérios mais conhecidos e que, de resto, guardam relação com outros pontos relevantes da teoria e do direito constitucional.

Muito embora a constituição na sua versão moderna e (atualmente) amplamente predominante seja a constituição escrita, nem todas (embora quase todas!) as constituições assumem tal forma, sendo precisamente a forma de veiculação das normas constitucionais o primeiro critério a ser apresentado. Nesse sentido, é possível distinguir dois grandes modelos:

a) *Constituições escritas*, também chamadas de "constituições dogmáticas", que são as constituições veiculadas por um texto normativo, de modo que as normas constitucionais são sistematizadas em um documento designado de constituição,[1] como é o caso da Constituição norte-americana de 1787 e da absoluta maioria das constituições atualmente em vigor.

b) *Constituições não escritas*, também chamadas de históricas ou costumeiras, que são aquelas constituições que não estão contidas em um único documento, mas, sim, em textos diversos e/ou costumes e precedentes judiciais que, no seu conjunto, formam a constituição

---

1. Cf., por todos, BARROSO, Luís Roberto. *Curso de direito constitucional contemporâneo*, p. 80.

e resultam, em geral, de um processo de sedimentação histórica, tal como revela o exemplo da Constituição inglesa.[2]

Note-se, contudo, que, a despeito da ampla difusão da distinção entre constituições escritas e não escritas, que, desde que bem compreendida, é legítima, existe uma classificação alternativa, que soa tecnicamente mais acurada, que diferencia as constituições codificadas das não codificadas. Segundo este critério, as constituições codificadas são aquelas elaboradas em determinado momento histórico e consignadas, por escrito e de forma sistemática, em determinado documento, ao passo que as constituições não codificadas são as que assumem a condição de um conceito, no sentido de que são compostas por um conjunto de documentos normativos, costumes e práticas políticas e decisões judiciais, como é o caso da constituição do Reino Unido.[3]

Uma segunda classificação importante – que já pressupõe que se cuide de uma constituição escrita e que arranca da distinção entre poder constituinte e poderes constituídos – é a que diz respeito à origem da constituição, ou seja, o modo pelo qual a constituição é elaborada, critério, portanto, que diz respeito ao modo de exercício do poder constituinte. Neste sentido, as constituições podem ser:

a) *Constituições democráticas ou promulgadas* (também chamadas de *constituições populares ou votadas*) são as constituições que resultam, na sua origem, de um processo democrático no que diz com a sua elaboração e aprovação, sendo, portanto, resultado da expressão da vontade popular, exercida por meio da formação de uma assembleia constituinte livremente eleita e autônoma.

b) *Constituições não democráticas (outorgadas ou cesaristas)* são aquelas que não decorrem de um processo democrático, mas sim de um ato autoritário, traduzido mediante a imposição de uma nova constituição escrita por uma pessoa que exerce o poder político ou um grupo. No caso das *constituições outorgadas*, ocorre uma imposição unilateral, sem qualquer consulta popular, por parte dos detentores do poder. Na história constitucional brasileira, é o caso da Carta Imperial de 1824, da Constituição do Estado Novo, de 1937, bem como da EC 1/1969, muito embora a qualidade de não democrática seja também atribuída à Constituição aprovada em 1967. Uma modalidade especial de constituição não democrática, embora não propriamente outorgada, é a assim chamada *constituição cesarista*, que se caracteriza pelo fato de que o detentor despótico do poder (exercido de modo unipessoal por um ditador ou monarca ou por determinado grupo hegemônico) submete a constituição por ele (ou a seu comando) elaborada à aprovação popular, manipulando e induzindo a opinião pública, tal como ocorreu no caso da Constituição francesa de 1852.[4]

c) *Constituições pactuadas* são aquelas que exprimem um compromisso entre a monarquia debilitada e outras forças sociais e políticas, como é o caso da burguesia e da nobreza, resultando numa relação de equilíbrio precário, de modo que se trata de constituições em geral instáveis, em que se buscam resguardar determinados direitos e privilégios.[5] Ainda que se possam compreender as razões que levam parte da doutrina a considerar tal

---

2. Idem, ibidem.
3. Cf. por todos Silva, Virgílio Afonso da. *Direito Constitucional Brasileiro*. São Paulo: EdUSP, 2021, p. 35-36.
4. Cf. Rothenburg, Walter Claudius. *Direito constitucional*, p. 23.
5. Cf. Bonavides, Paulo. *Curso de direito constitucional*, 8. ed., p. 72, que colaciona os exemplos da Constituição francesa de 1791, das Constituições da Espanha de 1845 e 1876, da Constituição da Grécia de 1844 e da Constituição da Bulgária de 1879.

CLASSIFICAÇÃO DAS CONSTITUIÇÕES 29

modelo como um tipo distinto das constituições democráticas e não democráticas (outorgadas), o fato é que também as constituições democráticas envolvem uma solução compromissária entre forças oponentes, não raro resultando em fortes tensões mesmo após a promulgação da constituição.

Um terceiro critério diz respeito à estabilidade do texto constitucional, no sentido do maior ou menor grau de dificuldade no tocante à alteração do texto da Constituição. Tal classificação foi teorizada inicialmente por James Bryce, a partir da comparação do modelo inglês (e em geral de ordens jurídicas pertencentes a *common law*) com o modelo das constituições escritas, e parte das relações entre a constituição e as leis ordinárias e com a autoridade que as elabora e modifica.[6] Nesse contexto, tomando como critério o procedimento mais ou menos rigoroso para mudança do texto constitucional, as constituições podem ser classificadas em três grupos, sendo o primeiro o absolutamente predominante no constitucionalismo contemporâneo:

a) *Constituições rígidas* são as constituições cujo texto apenas pode ser alterado mediante procedimento mais rigoroso (mais exigente) do que aquele procedimento estabelecido para a alteração da legislação ordinária (infraconstitucional), noção que foi cunhada por James Bryce, autor da distinção entre constituições rígidas e flexíveis, para o qual a característica distintiva das constituições do tipo rígido é a sua superioridade sobre as demais formas legislativas, não podendo tais constituições ser modificadas pelo mesmo procedimento adotado para as demais leis.[7] Como se percebe, a noção de rigidez constitucional é fortemente vinculada à noção de constituição formal (escrita), bem como guarda relação com a diferença entre direito constitucional e direito ordinário, resultando na supremacia formal das normas constitucionais sobre o direito infraconstitucional,[8] aspectos que serão mais desenvolvidos em itens apartados e que, além disso, guardam relação com diferentes questões centrais para o direito constitucional e a teoria da constituição.

b) *Constituições flexíveis* (também chamadas de constituições legais[9] ou mesmo plásticas)[10] são as constituições cujo texto pode ser alterado pela legislatura ordinária, mediante

---

6. Cf. Bryce, James. *Constituciones flexibles y constituciones rígidas*, p. 9 e ss., com estudo preliminar de Pablo Lucas Verdu (o texto original, em inglês, foi publicado por Bryce na sua obra *Studies in history and jurisprudence*, 2 vols., New York, Oxford University Press, 1901, aqui reproduzido na versão espanhola): "Algunas constituciones (...) están a igual nivel que las otras leyes del país... Tales constituciones proceden de las mismas autoridades que hacen las leyes ordinarias y son promulgadas o abolidas según el mismo procedimiento que aquéllas... Otras constituciones, la mayoria de ellas pertenecientes al tipo más moderno o estatutárias, están por encima de las otras leyes del país que regulan. El instrumento – o instrumentos – en que están contenidas estas constituciones no procede de la misma fonte que las otras leyes, es promulgado por procedimiento distinto y posee mayor fuerza. Su proclamación no corresponde a la autoridad legislativa ordinária, sino a alguna persona o corporación superior o con poder especial. Si es suscetible de cambio, este se llevará a efecto unicamente por dicha autoridad, persona o corporación especial. Cuando alguna de sus medidas entren en colisión con alguna otra de la ley ordinaria, prevalece la primera y la ley ordinária debe ceder" (p. 9-10).
7. Cf. Bryce, James. *Constituciones flexibles y constituciones rígidas*, especialmente p. 64 e ss. e p. 87-88.
8. Cf. Rothenburg, Walter Claudius. *Direito constitucional*, p. 27.
9. A noção de constituição legal também é utilizada em outro sentido, tal como refere Bonavides, Paulo. *Curso de direito constitucional*, 8. ed., p. 71, lembrando que para alguns constitucionalistas as constituições legais seriam aquelas positivadas em textos esparsos, como foi o caso da Constituição francesa de 1875.
10. Cf., por todos, Jacques, Paulino. *Curso de direito constitucional*, 8. ed., p. 32 e ss., referindo-se às constituições costumeiras, não escritas, bem como Ferreira, Pinto. *Curso de direito constitucional*, 5. ed., p. 14. Por

procedimento idêntico ao utilizado para alteração das leis.[11] Daí resulta que a hierarquia formal entre constituição e legislação ordinária deixa de existir, pois o próprio legislador ordinário está autorizado a alterar o texto constitucional.[12]

Importa anotar que a noção de uma constituição plástica (melhor formulado, a ideia de "plasticidade" da constituição) foi também referida por Raul Machado Horta, mas já em outro sentido, qual seja o de que a constituição deixou ao legislador infraconstitucional diversas matérias a regular, viabilizando ao legislador a adaptação do texto constitucional à realidade.[13] Cumpre anotar, todavia, que a noção de constituição plástica sugerida por Raul Machado Horta não se confunde com a noção de constituições flexíveis (de acordo com o critério da maior ou menor dificuldade de alteração do texto constitucional), além de não constituir, como tal, um tipo particular de constituição, visto que todas as constituições, em maior ou menor medida, são abertas ao tempo e não apenas remetem ao legislador infraconstitucional, como também sempre exigem a sua permanente concretização pela legislação ordinária, aspecto que será objeto de atenção em apartado.

c) *Constituições semirrígidas* são aquelas (raras, ao longo da história das constituições escritas) que possuem uma parte rígida e uma parte flexível, ou seja, parte do texto constitucional está submetida a um procedimento agravado (mais rigoroso) de alteração, ao passo que o restante do texto pode ser alterado mediante o mesmo procedimento previsto para a legislação infraconstitucional. No âmbito da evolução constitucional brasileira, o único exemplo de constituição semirrígida foi o da Constituição Imperial do Brasil (1824), cujo art. 178 dispunha: "É só constitucional o que diz respeito aos limites e attribuições respectivos dos poderes políticos, e aos direitos políticos e individuaes dos cidadãos; tudo o que não é Constitucional póde ser alterado, sem as formalidades referidas, pelas legislaturas ordinárias".

Um aspecto relevante a ser considerado é que a distinção entre constituições rígidas, semirrígidas (ou semiflexíveis) e flexíveis, tal qual apresentada, tem como ponto de partida o critério da maior ou menor dificuldade de alteração do texto constitucional. Já por outro critério, todas as constituições, sejam elas escritas ou não, são em maior ou menor medida flexíveis. Por um lado, a flexibilidade constitucional se faz possível tanto nas constituições costumeiras (não escritas) quanto nas constituições escritas, sendo equivocada a noção de que toda constituição não escrita seja flexível, noção associada habitualmente ao modelo constitucional inglês.[14] Com efeito, *a circunstância de uma constituição não ser escrita (pelo menos não na sua integralidade ou de modo predominante), como bem demonstra o caso da Inglaterra, não significa que não se verifique um considerável nível de estabilidade constitucional*, notadamente pelo fato de o direito costumeiro ser consagrado em geral pela tradição e por um suporte cultural considerável, de tal sorte que objeto de pouca ou mesmo nenhuma alteração significativa durante longos períodos de tempo.[15]

último, cf. a lembrança de LENZA, Pedro. *Direito constitucional esquematizado*, p. 26-27, ficando o registro de que a terminologia (constituição plástica), além de imprecisa, é inadequada para descrever o fenômeno de modo apropriado.

11. Cf. BARROSO, Luís Roberto. *Curso de direito constitucional contemporâneo*, p. 80.
12. Cf. CUNHA JÚNIOR, Dirley da. *Curso de direito constitucional*, 4. ed., p. 120.
13. Cf. HORTA, Raul Machado. *Direito constitucional*, 2. ed., p. 208-209.
14. Conforme BONAVIDES, Paulo. *Curso de direito constitucional*, 13. ed.
15. Cf. ROTHENBURG, Walter Claudius. *Direito constitucional*, p. 26-27.

Um *quarto critério diz com a maior ou menor extensão do texto constitucional*, ou seja, com a maior ou menor quantidade de dispositivos constitucionais, classificação que sempre volta a ser referida quando se trata das funções da constituição, da interpretação constitucional, dentre outros. Assim, fala-se em:

a) *Constituições sintéticas* (também chamadas de *concisas, breves ou sucintas*) são constituições compostas de um número relativamente reduzido de dispositivos, limitando-se a estabelecer alguns princípios e regras básicas sobre a organização do Estado e do poder e da relação do Estado com os cidadãos, contemplando, em geral, uma parte orgânica e um catálogo relativamente conciso de direitos e garantias fundamentais,[16] tratando-se, portanto, de constituições que no plano formal (documental) contemplam a matéria constitucional em sentido estrito.[17] Dentre os possíveis exemplos de uma constituição sintética recorre-se, pelo seu caráter paradigmático, ao caso da Constituição norte-americana, de 1787, composta, na sua versão original, de apenas sete artigos, mas logo acrescida de uma série de emendas constitucionais (27 ao todo, das quais 10 promulgadas em 1791). As virtudes de tal modelo costumam ser reconduzidas ao perfil mais principiológico de tais constituições, permitindo uma maior adequação à realidade em transformação, mediante a atuação do legislador e mesmo da interpretação constitucional.

b) *Constituições analíticas* (também chamadas de *prolixas* ou *extensas*) são aquelas que são formadas por textos longos, minuciosos, dotados, além de disposições normativas de caráter principiológico, de muitas regras mais ou menos estritas. As constituições do tipo analítico, como é o caso da Constituição Federal de 1988, além de retirarem da disposição do legislador ordinário um conjunto bem maior de matérias, em geral são também mais frequentemente reformadas, pois quanto mais regras contemplam, mais se torna difícil a atualização da constituição mediante o processo legislativo ordinário e a interpretação. A título de exemplo, basta apontar novamente a experiência constitucional brasileira, que indica uma média de mais de três emendas constitucionais – computadas as emendas de revisão – por ano desde a promulgação da Constituição. Por outro lado, as constituições analíticas traduzem certa desconfiança em relação aos poderes constituídos (limitando a sua liberdade de conformação e sua discricionariedade), bem como evidenciam a preocupação de assegurar maior proteção a determinados institutos e bens jurídicos.[18]

Já a relação no que diz respeito à maior ou menor proximidade entre o programa normativo constitucional e a realidade dos processos de poder, registra-se importante classificação proposta por Karl Loewenstein,[19] que distingue, no contexto do que designa de uma "classificação ontológica" das constituições, entre:

a) *Constituições normativas* seriam aquelas perfeitamente adaptadas à realidade social, pois, além de juridicamente válidas, estariam em total consonância com o processo político e social, no sentido de uma adaptação e submissão do poder político à constituição escrita. Tais constituições foram comparadas pelo autor a uma roupa que veste e que assenta bem.[20]

---

16. Cf., por todos, Barroso, Luís Roberto. *Curso de direito constitucional contemporâneo*, p. 82.
17. Cf. Bonavides, Paulo. *Curso de direito constitucional*, 8. ed., p. 73.
18. Cf. refere Bonavides, Paulo. *Curso de direito constitucional*, 8. ed., p. 74.
19. Cf. Loewenstein, Karl. *Teoria de la constitución*, 2. ed., p. 216 e ss. Para Loewenstein, o ponto de partida dessa classificação radica na tese de que a constituição escrita não funciona por si mesma, mas sim é aquilo que os detentores do poder dela fazem.
20. Idem p. 217.

b) *Constituições nominais* são aquelas que, embora sejam juridicamente válidas, carecem de eficácia e efetividade, pois a dinâmica do processo político e social não está adaptada às suas normas. Tais constituições, contudo, possuem uma função educativa, pois aspiram a se transformar, no futuro, em constituições normativas. O autor compara tais constituições a uma roupa guardada no armário à espera do crescimento do corpo.[21]

c) *Constituições semânticas* encontram-se submetidas ao poder político dominante, cuidando-se de um documento formal que, embora aplicado, foi criado para beneficiar os detentores do poder, que dispõem do aparato coercitivo do Estado. Em vez de servirem como instrumento de limitação do poder, tais constituições acabam operando como instrumentos para estabilizar e mesmo eternizar o domínio dos detentores do poder. O autor compara tais constituições a uma roupa que aparentemente veste bem, mas serve apenas como disfarce.[22]

As constituições ainda podem ser classificadas em *constituições em sentido formal* e *constituições em sentido material*, distinção que guarda relação com a diferenciação entre direito constitucional em sentido formal e direito constitucional em sentido material. Todavia, a distinção entre constituição formal e material não significa que ambas as manifestações não possam conviver e que a absoluta maioria das constituições modernas não sejam ao mesmo tempo – e em maior ou menor medida – ambas as coisas:

a) *Constituição (e direito constitucional) em sentido formal* é o conjunto das normas com forma de constituição, no sentido das normas elaboradas pelo poder constituinte e agregadas pelo poder de reforma constitucional, dotadas de hierarquia constitucional.[23] A constituição em sentido formal é, portanto, direito constitucional "legislado", mas produzido não pelas instâncias legislativas ordinárias (pelo poder legislativo na condição de poder criado e regulado pela constituição), mas por uma instância especial, no caso, o poder constituinte, cuja prerrogativa e razão de ser consiste justamente na elaboração da constituição escrita na condição de "lei fundamental" de uma ordem estatal.[24] O que define a constituição formal não é, portanto – e em primeira linha –, determinado conteúdo (o fato de contemplar determinados institutos ou valores), mas o modo de sua elaboração e a forma pela qual as normas constitucionais são veiculadas, ainda que a própria noção de constituição formal guarde relação direta e tenha sido mesmo a expressão de determinado modelo de constituição material, no caso, o paradigma do Estado Liberal ao final do século XVIII. Por outro lado, uma constituição em sentido formal não é uma constituição pelo fato de ser assim designada (pelo simples rótulo), mas, sim, por ter forma constitucional e ter sido elaborada como tal mediante um processo especial (diferenciado das leis) e qualificado.[25] Assim, independentemente do conteúdo das normas constitucionais, pelo simples fato de terem sido contempladas na constituição formal, ou seja, terem sido produzidas com forma e valor jurídico de constituição, todas as normas veiculadas no texto constitucional (com forma constitucional) serão parte integrante da constituição.[26]

De acordo com o magistério de Jorge Miranda, as normas formalmente constitucionais (que compõem a constituição formal) decorrem da conjugação de três fatores que, por sua

---

21. Idem, p. 218.
22. Idem, p. 218-219.
23. Cf., por todos, OTTO, Ignacio de. *Derecho constitucional. Sistema de fuentes*, 2. ed., p. 17.
24. Cf. KLOEPFER, Michael. *Verfassungsrecht*, vol. 1, p. 20.
25. Cf. FAVOREU, Louis (Coord.). *Droit constitutionnel*, 4. ed., p. 73.
26. Cf. ROTHENBURG, Walter Claudius. *Direito constitucional*, p. 19.

vez, constituem os elementos da noção de constituição em sentido formal: (a) as normas formalmente constitucionais são normas "legisladas", portanto, de fonte legal (direito positivo) e pressupõem um processo específico de formação; (b) as normas formalmente constitucionais formam um conjunto sistemático e situam-se no ápice da estrutura normativa positiva estatal; (c) as normas formalmente constitucionais gozam de um regime jurídico especial decorrente do seu modo de produção e de sua função na ordem jurídica.[27]

Impende observar, e mesmo colocar em destaque, que *a constituição em sentido formal, por sua vez, se distingue da constituição instrumental*, embora esta seja umbilicalmente vinculada à noção de constituição formal, da qual, de certo modo, constitui um subproduto, visto que diz respeito ao instrumento (documento) que veicula a constituição formal, que não se apresenta de uma única maneira.[28] De acordo com Jorge Miranda, são quatro as maneiras pelas quais se apresenta a constituição formal na perspectiva de suas relações com a assim chamada constituição instrumental: (a) as normas formalmente constitucionais podem constar de um único texto chamado constituição; (b) podem constar de uma pluralidade de textos constitucionais, simultânea ou sucessivamente elaborados; (c) podem constar de um texto elaborado como a constituição, acrescido de textos posteriormente elaborados como de estatura constitucional e agregados ao corpo da constituição formal no sentido de formarem uma unidade; (d) podem constar de um texto promulgado como a Constituição, mas ao qual se somam textos anteriores, sejam eles textos constitucionais mantidos em vigor como tais por força da nova constituição, sejam eles textos legais que passaram por um processo de constitucionalização.[29]

b) *Constituição (e direito constitucional) em sentido material*: a constituição em sentido material abrange não apenas as normas ancoradas na constituição formal, portanto, veiculadas (expressa ou implicitamente) pela constituição escrita, tal como elaborada pelo poder constituinte formal e mediante a reforma constitucional, mas vai além, incluindo normas apenas materialmente constitucionais.[30] Assim sendo, o conceito material de constituição não se identifica por completo com o da constituição formal, de modo que é possível falar de direito constitucional apenas em sentido material, embora nem sempre haja clareza e consenso a respeito do que integra a noção de constituição material. A constituição material, além disso, não depende sequer necessariamente de uma constituição formal, já pelo fato de que em sentido material (pelo menos, de acordo com determinada forma de conceber a constituição material) todo e qualquer Estado possui (e sempre teve) uma constituição no sentido de um conjunto de regras (escritas ou não) sobre o modo de estruturação, organização e exercício do poder político e da vida social, no sentido de uma institucionalização jurídica do poder.[31] Por outro lado, é possível afirmar que a mera existência de um documento chamado de constituição e elaborado com tal propósito, a depender de seu conteúdo, poderá não corresponder a uma constituição material, pelo menos de acordo com determinada concepção de constituição em sentido material. Nesse contexto, costuma ser evocado o famoso art. 16 da Declaração dos Direitos do Homem e do Cidadão, de 1789, dispondo que uma sociedade em que não esteja estabelecida a separação dos poderes nem assegurados

---

27. Cf. MIRANDA, Jorge. *Manual de direito constitucional*, 2. ed., vol. 2, p. 27-28.
28. Idem, p. 28.
29. Idem, p. 29.
30. Cf. KLOEPFER, Michael. *Verfassungsrecht*, p. 20.
31. Cf., por todos, MIRANDA, Jorge. *Manual de direito constitucional*, 2. ed., vol. 2, p. 12.

os direitos individuais não tem uma constituição. A partir de então, notadamente com o advento da constituição em sentido formal, portanto, de uma constituição escrita, tal qual surgida ao final do século XVIII, com amplo destaque para o caso dos Estados Unidos da América do Norte (1787) e da França (1791), as noções de constituição em sentido material e de constituição em sentido formal passaram a andar "abraçadas", visto que as constituições escritas buscaram precisamente incorporar e assegurar os dois elementos nucleares da concepção material (liberal) de constituição.

A identificação de uma matéria propriamente constitucional, por outro lado, é tarefa complexa e tem sido amplamente debatida, especialmente no que diz com a amplitude da constituição material. Certo é que se verifica algum consenso a respeito de que a constituição material (esteja, ou não, regulada num texto constitucional) é composta: (a) pelas normas fundamentais a respeito da estruturação, organização e exercício do poder; (b) pelos direitos e garantias fundamentais; (c) pelas normas sobre a garantia da constituição.

De qualquer sorte, a própria constituição material pode variar consoante as peculiaridades de determinada sociedade, da noção de justiça e de direito dominante (com o que se pretende aqui substituir o recurso à noção de uma ideologia dominante), bem como outros fatores, dentre os quais se pode destacar a formação de uma cultura constitucional que, salvo algumas distinções, reconhece como essenciais alguns conteúdos.

c) *Direito constitucional em sentido apenas formal?!* Controversa segue sendo a existência, no plano da constituição formal, de normas que não integram a constituição material, ou seja, normas que seriam apenas formalmente constitucionais, pois inseridas no texto constitucional pelo poder constituinte e que, todavia, por não serem materialmente constitucionais, poderiam (ou mesmo deveriam, segundo setores da literatura) ter sido previstas na legislação infraconstitucional, cuidando-se até mesmo, de acordo com entendimento bastante difundido, de um fator de fragilização da força normativa da constituição e de esvaziamento de seu sentido próprio. As normas apenas formalmente constitucionais seriam constitucionais apenas em virtude de integrarem o texto da constituição escrita, mas não em virtude da matéria a respeito da qual dispõem.[32]

---

32. Cf., por todos, BARROSO, Luís Roberto. *Curso de direito constitucional contemporâneo*, p. 83.

ESTRUTURA, FUNÇÕES E CONTEÚDO DAS CONSTITUIÇÕES

Ingo Wolfgang Sarlet

3.1 As constituições e sua estrutura

3.1.1 Considerações de caráter geral

Muito embora não exista um padrão rígido, *as constituições escritas costumam adotar determinada estrutura* que, pelo menos em regra, é comum, ainda que com alguma variação. Tal estrutura, em termos gerais, guarda afinidade com a função das normas constitucionais e a relevância que possam ter no conjunto da constituição.

Assim, é possível afirmar que as constituições costumam ter suas disposições agrupadas pelo menos em três partes: (a) um *Preâmbulo*; (b) um conjunto de *disposições permanentes*; (c) *disposições de cunho transitório*, ressaltando-se que tanto o Preâmbulo quanto as disposições transitórias nem sempre se fazem presentes nos textos constitucionais.[1]

3.1.2 O preâmbulo das constituições, com destaque para o problema de sua força jurídica na Constituição Federal de 1988

Embora nem todas as constituições contenham um preâmbulo, visto que não se trata de um elemento obrigatório para que as constituições possam gerar efeitos e cumprir suas funções,[2] é comum que os textos constitucionais sejam precedidos de uma espécie de texto

---

1. Cf., por todos, ROTHENBURG, Walter Claudius. *Direito constitucional*, p. 37.
2. Cf., por todos, MIRANDA, Jorge. *Manual de direito constitucional*, 2. ed., vol. 2, p. 206-207.

preparatório, que assume a *função de uma espécie de introdução solene ao texto constitucional*.[3] De fato, uma breve mirada sobre a evolução constitucional permite que se verifique que os preâmbulos constitucionais têm sido uma presença constante desde os primórdios do constitucionalismo moderno, a começar pelas Constituições dos Estados formados pelas ex-colônias inglesas na América, com destaque para a Constituição da Virgínia, de 1776, passando pela Constituição norte-americana de 1787 e pela Constituição francesa de 1791, apenas para ilustrar com as constituições que precisamente serviram de modelo à noção de constituição escrita desde então. No caso do constitucionalismo brasileiro, todas as Constituições foram dotadas de um preâmbulo, o que voltará a ser objeto de atenção logo adiante.

No que diz com sua origem etimológica, a palavra preâmbulo vem do latim, formada a partir da junção do prefixo *pre* e do verbo *ambulare*.[4] Assim, o termo preâmbulo (do latim *praeambulus, que significa o que caminha na frente ou que precede*)[5] pode, em linguagem não jurídica, ser também definido como um conjunto de frases que introduz um texto principal.[6] De acordo com Jorge Bacelar Gouveia, "os preâmbulos constitucionais – como os preâmbulos de qualquer obra literária ou artística – estão antes e, por isso, não fazem parte do enredo que se vai relatar".[7]

A relativamente alta incidência no que diz com a utilização de um preâmbulo pelas constituições revela, por outro lado, que sua função não é (pelo menos não em todos os casos) meramente simbólica, ainda que não se atribua às disposições do preâmbulo força normativa própria, pois, como dão conta os exemplos já referidos (aos quais se poderiam somar muitos outros), poderá se tratar de um momento privilegiado para o constituinte formular uma espécie de síntese e mesmo expressar quais os valores e/ou a noção de direito e de justiça subjacentes ao texto constitucional.[8]

Embora o conteúdo dos preâmbulos varie de constituição para constituição, uma das características comuns, que pode ser detectada na maioria dos textos introdutórios, é a formulação de posturas valorativas, convicções, motivações, de modo que se pode mesmo falar de uma espécie de profissão de fé por parte das respectivas comunidades políticas, verdadeiros fragmentos de uma "religião civil", como, com acuidade, leciona Peter Häberle.[9] Nessa perspectiva, os preâmbulos também costumam esclarecer as circunstâncias e razões que envolvem e justificam a elaboração da constituição, mas também as motivações que asseguram a sua legitimidade, além de situarem a constituição no contexto da tradição constitucional nacional, enunciando objetivos e promessas.[10]

No caso do Preâmbulo da Constituição Federal, especialmente no que concerne ao seu conteúdo, tais elementos também se fazem presentes. Além de explicitar a legitimação

---

3. Cf., por todos, ROTHENBURG, Walter Claudius. *Direito constitucional*, p. 37. Segundo lecionava JACQUES, Paulino. *Curso de direito constitucional*, 8. ed., p. 163, "o preâmbulo é a parte introdutória da Constituição. Ele introduz, realmente, o leitor no texto constitucional, como o 'adro, ao fiel numa catedral'".

4. Cf. FERREIRA, Pinto. *Curso de direito constitucional*, p. 79.

5. Cf. *Dicionário eletrônico Houaiss*, Rio de Janeiro: Objetiva, 2009.

6. Cf. FERNANDES, Bernardo Gonçalves. *Curso de direito constitucional*, p. 89, nota de rodapé n. 250.

7. Cf. GOUVEIA, Jorge Bacelar. *Manual de direito constitucional*, vol. 1, p. 699.

8. Cf., por todos, GOUVEIA, Jorge Bacelar. *Manual de direito constitucional*.

9. Cf. HÄBERLE, Peter. *El estado constitucional*, p. 417-418.

10. Cf. KLOEPFER, Michael. *Verfassungsrecht*, p. 122.

democrática do processo constituinte, mediante o uso da fórmula "Nós, representantes do povo brasileiro, reunidos em Assembleia Nacional Constituinte", também a finalidade precípua e razão de ser do ato constituinte, designadamente a instituição de um Estado Democrático de Direito, foi objeto de solene referência. Este Estado, por sua vez, como também foi expressamente enunciado no Preâmbulo, tem como pauta de valores e principais objetivos "assegurar o exercício dos direitos sociais e individuais, a liberdade, a segurança, o bem-estar, o desenvolvimento, a igualdade e a justiça como valores supremos de uma sociedade fraterna, pluralista e sem preconceitos". Tal Estado Democrático de Direito é, por sua vez, "fundado na harmonia social" e assume o compromisso (na ordem interna e internacional) com a solução pacífica das controvérsias. Fechando o texto do Preâmbulo, encontra-se a invocação de Deus ("sob a proteção de Deus"), que, à exceção das Constituições de 1891 e 1937, sempre e de algum modo se fez presente nos Preâmbulos das Constituições brasileiras. Ao passo que na frase de abertura do Preâmbulo da Carta Imperial de 1824 ficou consignado que Dom Pedro I promulgou a Constituição "por graça de Deus", na Constituição de 1934 foi referida a "confiança em Deus", mas a própria origem do ato constituinte e de seu sujeito (titular) não foi atribuída a Deus. O mesmo ocorreu nas Constituições de 1946 e 1967-1969, visto que os constituintes, no caso o povo reunido em Assembleia Constituinte, invocou a proteção de Deus.

Ainda no que diz respeito à invocação de Deus, seria possível nela identificar uma contradição em relação ao texto constitucional, que institui um Estado laico, fundado na separação entre Igreja e Estado. Isso, contudo, não tem sido considerado um problema relevante, desde que se perceba na invocação de Deus um traço eminentemente cultural, além do fato de que o Deus invocado é (ou pelo menos assim se haverá de interpretar tal chamamento) um Deus ecumênico e não confessional.[11] Além disso, a invocação de Deus (embora quanto ao restante do preâmbulo se possa afirmar o oposto) representa um texto (um enunciado semântico) que não formula nem enuncia nenhuma norma jurídica, não apresentando cunho vinculante e que tenha, salvo melhor juízo, eficácia que possa afetar a ampla liberdade religiosa e de culto e esvaziar o princípio do Estado laico.

Por outro lado, há quem vislumbre na invocação de Deus (aqui compreendida em sentido amplo, como a referência a Deus) aspectos positivos, desde que tal invocação não resulte na erosão do Estado laico e no tratamento preferencial de uma confissão religiosa, ou mesmo na prática ou tolerância de discriminações em função da religião, visto que o vínculo com Deus aponta para uma consciência e reconhecimento de que o Estado, sendo obra humana, é limitado quanto ao seu poder e que todo o poder e atuação estatal têm por objetivo o próprio ser humano e sua realização existencial.[12]

Especialmente relevante é a indagação a respeito da força jurídica das disposições contidas nos preâmbulos, não sendo possível apontar, no âmbito da evolução constitucional e do direito constitucional comparado, para uma única resposta, sendo diversas as alternativas. Nesse sentido, as possibilidades vão desde a irrelevância jurídica, ou seja, do reconhecimento de um valor meramente político, simbólico, ao preâmbulo, até a atribuição de uma eficácia jurídica direta e mesmo similar à das demais normas constitucionais do corpo permanente da constituição.

---

11. Cf. ROTHENBURG, Walter Claudius. *Direito constitucional*, p. 39.
12. Cf. KLOEPFER, Michael. *Verfassungsrecht*, vol. 1, p. 123.

De acordo com a primeira alternativa, o preâmbulo possuiria valor meramente político ou mesmo moral, assumindo uma função de cunho propedêutico, de simples declaração, mas sem implicar qualquer vinculação no plano jurídico, cuidando-se, dito de outro modo, de um conjunto de textos sem conteúdo normativo. A despeito de tal modo de compreensão, a tendência que se verifica é a de atribuição de alguma força jurídica aos preâmbulos, destacando-se, neste contexto, três alternativas: (a) força jurídica meramente legal, portanto inferior à da constituição; (b) força jurídica constitucional direta; (c) força jurídico-constitucional indireta,[13] muito embora apenas as duas últimas (eficácia direta e autônoma ou eficácia indireta) sejam realmente representativas no plano do direito constitucional comparado, além da tese da irrelevância jurídica.

Nesse sentido, em termos de direito comparado, é possível referir, dentre outros, os casos da Alemanha e da França. Na Alemanha, embora o Preâmbulo da Constituição de Weimar (1919) não tenha tido, por força da orientação então dominante, sua relevância jurídica reconhecida,[14] no âmbito da Lei Fundamental de 1949 o Tribunal Constitucional Federal e expressiva doutrina atribuem ao Preâmbulo, como texto integrante da Constituição, uma eficácia jurídica direta, todavia não no sentido de operar como fundamento autônomo para a dedução de posições jurídicas (deveres concretos ou direitos subjetivos), mas sim como parâmetro para a interpretação e aplicação do direito infraconstitucional e para o controle de constitucionalidade.[15] No caso da França, o Preâmbulo é considerado parte integrante do texto constitucional e do assim chamado bloco de constitucionalidade, juntamente com outros documentos tais como a Declaração dos Direitos do Homem e do Cidadão, de 1789, e do Preâmbulo da Constituição de 1946, operando, de acordo com a orientação imprimida pelo Conselho Constitucional a partir de um emblemático julgamento de 1971, como parâmetro para o controle de constitucionalidade das leis.[16]

No Brasil, a controvérsia a respeito do valor jurídico do Preâmbulo segue mobilizando a doutrina, embora na esfera jurisprudencial o STF tenha negado tal valor, refutando relevância jurídica autônoma ao Preâmbulo, no sentido de que suas disposições não têm caráter normativo e força obrigatória.[17] Em síntese, a decisão do STF partiu da premissa de que apenas os princípios contidos no corpo permanente da Constituição Federal detêm força normativa própria. Em julgado mais recente,[18] todavia, o próprio STF reconheceu (embora

13. Cf., por todos, Gouveia, Jorge Bacelar. *Manual de direito constitucional*, vol. 1, p. 699-700.
14. Cf., por todos, Dreier, Horst. Präambel. In: _____ (Ed.). *Grundgesetz Kommentar*, vol. 1, p. 9. Registre-se, contudo, que importantes vozes oriundas do seio da doutrina, divergindo da posição prevalente, sustentavam que o preâmbulo tinha valor jurídico-normativo, como foi o caso de Schmitt, Carl. *Verfassungslehre*. 9. ed., p. 24-25, para quem os enunciados do preâmbulo, pela sua relevância, seriam mesmo mais do que meras leis e enunciados normativos, pois representam decisões políticas fundamentais e concretas.
15. Cf., por todos: Kloepfer, Michael. *Verfassungsrecht I*, p. 123.
16. Cf., por todos: Favoreau, Louis (Coord.). *Droit constitutionnel*, 4. ed., p. 647 e ss.
17. Cf. a decisão na ADIn 2.076/AC, j. 15.08.2002, rel. Min. Carlos Velloso. Segue a ementa do acórdão: "Constitucional. Constituição: Preâmbulo. Normas centrais. Constituição do Acre. I – Normas centrais da Constituição Federal: essas normas são de reprodução obrigatória na Constituição do Estado-membro, mesmo porque, reproduzidas, ou não, incidirão sobre a ordem local. Reclamações 370/MT e 383/SP (*RTJ* 147/404). II – Preâmbulo da Constituição: não constitui norma central. Invocação da proteção de Deus: não se trata de norma de reprodução obrigatória na Constituição estadual, não tendo força normativa. III – Ação direta de inconstitucionalidade julgada improcedente". No mesmo sentido, v. RE 670.422/RS, rel. Min. Dias Toffoli, j. 15.08.2018.
18. Cf., por exemplo, HC 94.163, *DJ* 23.10.2009, rel. Min. Carlos Britto, em que foi invocado o valor e objetivo da construção de uma sociedade fraterna, tal como enunciado no Preâmbulo.

ESTRUTURA, FUNÇÕES E CONTEÚDO DAS CONSTITUIÇÕES ○ 39

sem formular uma doutrina propriamente dita sobre a matéria) que, no âmbito da interpretação e aplicação do direito, os valores e objetivos expressos no Preâmbulo podem ser invocados como reforço argumentativo para justificar determinada decisão, mediante uma leitura articulada e sistemática, mas sempre em conjunção com preceitos normativos do texto principal da Constituição Federal.[19] Assim, correta a observação de Ana Paula de Barcellos e Luís Roberto Barroso, no sentido de que o caráter pontual dos julgados do STF exige cautela quanto a qualquer tendência de caráter generalizante.[20]

Em síntese, o que se pode afirmar é que tanto a doutrina dominante, quanto a jurisprudência do STF mais recente, ainda que não atribuam ao Preâmbulo caráter meramente político e programático, no sentido de lhe refutar qualquer tipo de expressão normativa, negam às disposições do Preâmbulo força jurídica autônoma e direta, de modo que o Preâmbulo não poderá servir de parâmetro para o controle de constitucionalidade nem opera como fundamento autônomo de direitos e obrigações. Assim, como já se teve oportunidade de constatar, a orientação majoritária na doutrina e atualmente em vigor no STF admite que o Preâmbulo tenha eficácia normativa indireta e não autônoma, como parâmetro auxiliar para a interpretação e aplicação do direito e argumento adicional para a fundamentação de decisões judiciais.[21]

No que concerne à posição pessoal adotada, partilhamos do ponto de vista de que o valor normativo das disposições do Preâmbulo não pode ser pura e simplesmente enquadrado em um único modelo, considerando a própria heterogeneidade dos seus enunciados, seja no que diz com sua função, seja no tocante à sua maior ou menor densidade normativa.[22] Assim, embora se possa reconhecer que a invocação de Deus (a despeito de sua já apontada possível relevância) não tenha sequer o caráter de uma disposição de cunho normativo, tal qual decidido pelo STF no caso já referido, no Preâmbulo existem diversos princípios (valores) e objetivos formulados pelo constituinte, ainda que em grande parte reproduzidos direta ou indiretamente no corpo principal do texto constitucional, que são dotados de pelo menos similar normatividade do que aquela atribuída a princípios contidos na parte permanente da Constituição. O caráter de certa forma subsidiário desses princípios, decorrente especialmente do fator "topográfico", de estarem sediados no Preâmbulo e não no corpo do texto constitucional, não poderia, por si só, retirar-lhes força jurídica, inclusive como parâmetro do controle de constitucionalidade e mesmo com eficácia derrogatória de norma anterior e manifestamente incompatível com seu sentido.[23]

---

19. Nesse sentido, v., por todos, MENDES, Gilmar Ferreira; BRANCO, Paulo Gustavo Gonet. *Curso de direito constitucional*, 15. ed., p. 76-77, bem como SOUZA NETO, Cláudio Pereira de; SARMENTO, Daniel. *Direito constitucional: teoria, história e métodos de trabalho*, p. 363.

20. BARCELLOS, Ana Paula de; BARROSO, Luís Roberto. Preâmbulo da CR: Função e Normatividade. In: CANOTILHO, J. J. Gomes; MENDES, Gilmar Pereira; SARLET, Ingo Wolfgang; STRECK, Lenio Luiz (Coord.). *Comentários à Constituição do Brasil*. 2. ed. São Paulo: Saraiva Educação, 2018, p. 107-108.

21. Representando a orientação dominante, v. MENDES, Gilmar Ferreira; BRANCO, Paulo Gustavo Gonet. *Curso de direito constitucional*, 15. ed., p. 76-77. De modo a ilustrar a forte representação dessa tese, v., ainda, MORAES, Alexandre de. *Direito constitucional*, 24. ed., p. 20-21; LENZA, Pedro. *Direito constitucional esquematizado*, 12. ed., p. 75-77.

22. Cf., nesse sentido, DREIER, Horst. *Präambel*. p. 9-11.

23. No mesmo sentido, v. ROTHENBURG, Walter Claudius. *Direito constitucional*, p. 39. Igualmente afirmando a força jurídica do Preâmbulo, v. AGRA, Walber de Moura. *Curso de direito constitucional*, p. 70, afirmando que a norma infraconstitucional que contrariar o Preâmbulo é inconstitucional.

Note-se, ainda neste contexto, que o fato de não se admitir que de disposição do Preâmbulo se possam, direta e autonomamente, extrair posições subjetivas individuais ou obrigações concretas não equivale, importa enfatizar, necessariamente, a negar alguma força jurídica direta a pelo menos algumas de tais disposições,[24] já que a própria possibilidade de se declarar a inconstitucionalidade de disposição legal com base no Preâmbulo implica a extração de efeitos por parte dos órgãos jurisdicionais.

Por outro lado, a experiência na esfera do direito comparado (e os casos da Alemanha e da França são apenas uma pálida amostra) revela que não existe um modelo único. Há que diferenciar entre uma perspectiva pautada pela teoria da constituição e do direito constitucional e uma abordagem centrada no direito constitucional positivo de determinada ordem jurídico-constitucional. No caso brasileiro, considerando o caráter analítico da Constituição Federal e o fato de praticamente todas as disposições do preâmbulo, especialmente os valores e objetivos nelas contidos, encontrarem reprodução direta ou indireta no corpo da constituição, verifica-se que uma posição mais contida, que reserve ao Preâmbulo um papel menos central, é sustentável, mas ainda assim, como já afirmado, não constitui a única alternativa disponível.

3.1.3 Disposições constitucionais permanentes

O assim chamado corpo das disposições constitucionais permanentes, que constitui de fato o núcleo da constituição normativa, sem o qual não haveria sequer como falar em constituição escrita, também costuma ser decomposto em partes (títulos e/ou capítulos), de modo que para muitos é possível falar em uma parte dogmática e uma parte orgânica das constituições, a primeira integrada pelos princípios estruturantes e pelos direitos e garantias fundamentais (mas também, quando for o caso, por uma parte dedicada à constituição econômica, financeira, tributária e social), a segunda composta pelas disposições de caráter orgânico, abrangendo as normas criadoras de órgãos constitucionais, as normas de competência e as normas procedimentais.

A divisão interna da parte permanente, quando fundada em uma sistematização criteriosa e consistente, assume relevância não apenas no que diz respeito a uma adequada compreensão do conjunto da constituição, de suas funções e até mesmo do valor atribuído pelo constituinte a determinados dispositivos, mas – e isso é o mais importante – auxilia na interpretação e aplicação das normas constitucionais, reduzindo e mesmo evitando déficits de compreensão, assim como contradições. Todavia, o contrário também pode ocorrer. Há casos em que não apenas a falta de uma sistematização criteriosa, assim como a ausência de rigor terminológico, pode gerar problemas relativamente sérios para os órgãos encarregados de concretizar o projeto constitucional, além de dificultar o conhecimento e compreensão por parte da população. A falta de clareza e sistematicidade, assim como de coerência e consistência, poderão até mesmo – e em certo sentido – contribuir para afetar a força normativa da constituição, aspecto que aqui não será desenvolvido.

Convém registrar que, especialmente a partir da Segunda Grande Guerra, buscando enfatizar o papel privilegiado dos princípios estruturantes (princípios fundamentais) e dos direitos e garantias fundamentais, a maioria das constituições passou a situar tais disposições

---

24. Cf. DREIER, Horst. Präambel, p. 10.

na parte inicial do texto constitucional, e não, como ocorria em muitos casos (inclusive no Brasil, até a Constituição Federal de 1988), depois da assim chamada parte orgânica, que versa sobre a estrutura e organização do Estado e dos Poderes.

Mediante tal técnica e em termos gerais, pelo menos três coisas passaram a ficar bem definidas no âmbito do constitucionalismo contemporâneo: (a) é o Estado que existe para o ser humano e não o ser humano para o Estado; (b) *os princípios fundamentais (e/ou os assim chamados "valores superiores") e os direitos e garantias fundamentais, embora não tenham primazia normativa formal*, no sentido de permitirem a declaração de inconstitucionalidade de outros dispositivos da constituição, *merecem uma proteção e uma normatividade reforçada e servem de critérios materiais para a interpretação e aplicação das demais normas constitucionais* e, em especial, infraconstitucionais. É precisamente por tal razão que alguns princípios fundamentais (inclusive os que dispõem sobre as decisões políticas fundamentais, como a forma de governo, a forma de Estado, a separação de poderes, o regime democrático etc.) e os direitos fundamentais, ainda que nem todos, e nem sempre da mesma forma, em muitas ordens constitucionais, são acompanhados de garantias especiais, como é o caso das assim chamadas "cláusulas pétreas", da aplicabilidade imediata e da vinculação direta de todos os órgãos estatais aos direitos fundamentais, determinados instrumentos processuais para sua proteção na esfera judiciária, entre outros; (c) *as constituições, em maior ou menor medida, explicitam uma ordem preferencial de valores.*

No que diz com eventuais diferenças entre as diversas partes que compõem as constituições (preâmbulo, disposições permanentes e disposições transitórias), bem como e em especial no tocante à sua função peculiar e regime jurídico, seguem algumas observações sobre os preâmbulos das constituições e as disposições de caráter transitório. Quanto ao *corpo permanente, este será objeto de atenção detida na parte deste Curso reservada ao direito constitucional positivo brasileiro*, mediante remissão, no que for o caso, aos tópicos abordados na parte da teoria da constituição, tal como no que diz com a mudança (reforma e mutação) constitucional, as funções e estrutura, as normas constitucionais (eficácia, aplicabilidade, interpretação) etc.

3.1.4 Disposições constitucionais transitórias

Disposições constitucionais transitórias são normas constitucionais que disciplinam situações provisórias, com o objetivo de regular a transição do ordenamento jurídico-constitucional anterior para o novo,[25] embora também possam regular situações transitórias quando da alteração do texto constitucional mediante emendas constitucionais – tanto é que novas disposições transitórias podem ser agregadas às estabelecidas quando da promulgação da constituição[26].

A previsão de disposições transitórias, embora relativamente frequente e representativa da tradição constitucional brasileira desde 1891 (a Carta Imperial de 1824 não as contemplava), não obedece a um padrão comum, e, tal como ocorre no caso dos preâmbulos, não é cogente.[27]

---

25. No sentido da definição de ROTHENBURG, Walter Claudius. *Direito constitucional*, p. 39.

26. Cf. PESSOA, João Paulo. *As disposições transitórias no direito constitucional brasileiro*, Rio de Janeiro, Lumen Juris, 2017, onde o tema é mais desenvolvido.

27. Cf., por todos, FERREIRA, Pinto. *Curso de direito constitucional*, p. 648.

No caso da CF, as disposições transitórias se situam fora do corpo do texto constitucional, de modo que, tal como ocorre com o Preâmbulo, formam um conjunto textual à parte, designado de Ato das Disposições Constitucionais Transitórias – ADCT. Em geral, pela sua função, as disposições transitórias possuem (ou deveriam possuir) vigência e eficácia temporalmente limitadas. É o caso, por exemplo, dos arts. 2.º e 4.º, ambos do ADCT, o primeiro prevendo a realização de um plebiscito sobre a forma e o sistema de governo (disposição que foi alterada por emenda constitucional antecipando a realização da consulta popular), que veio a ocorrer em 1993; o segundo dispondo sobre a duração do mandato do então Presidente da República.

Por outro lado, também existem disposições transitórias que regulam situações estabelecidas, como é o caso, por exemplo, do art. 19 do ADCT, que assegura a estabilidade dos servidores públicos civis com cinco anos de continuado exercício.[28] Considerando o número de emendas constitucionais já promulgadas, verifica-se, no Brasil, um fenômeno no mínimo curioso, visto que o número de disposições transitórias aumentou ao longo do tempo (quando da promulgação da CF eram 70, número que chegou a 114 quando do fechamento da presente edição), o que, todavia, não pode levar ao equívoco de se achar que tais disposições estejam todas em vigor e gerando efeitos, já que expressiva parte esgotou suas funções e já não se aplica mais.

Em síntese, quanto ao conteúdo do ADCT, é possível afirmar que este inclui, tanto disposições estabelecidas pelo poder constituinte, quanto pelo poder de reforma constitucional. Tais disposições podem atender pelo menos a três objetivos: (a) operar como direito transitório, regulando situações em caráter provisório e viabilizando a transição de um regime jurídico para outro; (b) excepcionar alguma regra geral do corpo permanente da Constituição; (c) regular temas concretos por prazo determinado, portanto, sem a pretensão de permanência das normas contidas no corpo permanente.[29]

Tópico relevante diz respeito ao valor jurídico atribuído às disposições constitucionais transitórias. Diversamente do que ocorre no caso do Preâmbulo, tanto a doutrina[30] quanto o STF[31] reconhecem que, no caso das disposições transitórias, *trata-se de normas constitucionais dotadas de eficácia jurídica e de supremacia normativa, servindo de parâmetro para o controle de constitucionalidade.* Por outro lado, a alteração ou inclusão de uma disposição transitória somente poderá ser efetuada mediante emenda constitucional.[32] No que diz com a relação entre as disposições transitórias e as normas do corpo permanente da CF, não se verifica nenhuma relação de hierarquia, pois todas elas integram o conjunto da Constituição formal, dotadas de supremacia em face da legislação infraconstitucional.[33]

---

28. Cf. por todos, Rothenburg, Walter Claudius. *Direito constitucional*, p. 40.
29. Cf. Mendes, Gilmar Ferreira; Branco, Paulo Gustavo Gonet. *Curso de direito constitucional*, 15. ed., p. 77-78.
30. Idem, ibidem. No mesmo sentido, dentre tantos, Rothenburg, Walter Claudius. *Direito constitucional*, p. 40.
31. Cf. decisão proferida na ADIn 830, rel. Min. Moreira Alves, *DJ* 16.09.1994, onde estava em causa a discussão sobre a constitucionalidade da emenda constitucional que previa a antecipação do plebiscito estabelecido no art. 2.º do ADCT.
32. Cf. Mendes, Gilmar Ferreira; Branco, Paulo Gustavo Gonet. *Curso de direito constitucional*, 15. ed., p. 78.
33. Cf. Souza Neto, Cláudio Pereira de; Sarmento, Daniel. *Direito constitucional*: teoria, história e métodos de trabalho, p. 364.

Aspecto relevante, que se apresenta no caso de algumas das disposições transitórias, foi apontado com acuidade por Gilmar Ferreira Mendes e Paulo Gustavo Gonet Branco, ao lembrarem que, nos casos em que, mediante regulação no ADCT, o constituinte teve a intenção de excepcionar hipóteses concretas de incidência de uma norma geral do corpo permanente da Constituição Federal, ou mesmo estabelecer um regime jurídico especial ou determinadas vantagens para categorias específicas de pessoas, tal como ocorreu nos casos dos arts. 8.º (anistia concedida pelo constituinte) e 19 (estabilidade para servidores que, quando da promulgação da Constituição Federal, se encontravam no cargo há mais de cinco anos), não se revela legítimo que uma emenda constitucional superveniente, pena de ofensa ao princípio da segurança jurídica e mesmo de uma fraude à vontade do constituinte, venha a subtrair ou restringir tal regime ou benefícios.[34]

Embora não se trate em si de normativa que tenha inserido dispositivo no ADCT, é possível incluir nesse contexto, num sentido alargado, a EC 106/2020, que institui regime extraordinário fiscal, financeiro e de contratações para enfrentamento de calamidade pública nacional decorrente de pandemia, posto que, a teor de seu art. 11, ficou estabelecido que a sua entrada em vigor se daria na data de sua publicação, revogando-se automaticamente na data do encerramento do estado de calamidade pública reconhecido pelo Congresso Nacional. Ao fim e ao cabo, o que se verifica é que o poder de reforma constitucional produziu uma emenda constitucional excepcional e transitória não incluída no ADCT, o que, pelo menos desde a promulgação da CF/88, representa uma novidade.

3.2 As funções da Constituição

As constituições – como já se pode verificar na parte do *Curso* sobre a origem e evolução do constitucionalismo – não surgiram do nada nem foram criadas para coisa nenhuma. As constituições (e, portanto, também sempre determinada constituição) cumprem determinados papéis (funções) no contexto de cada ordem estatal, mas também e cada vez mais no plano das relações dos Estados constitucionais entre si. Muito embora um inventário das funções da constituição não possa aspirar à completude e, se efetuado pelo prisma da teoria da constituição, nem sempre corresponda integralmente às funções de uma ordem constitucional concreta, é possível identificar um conjunto de funções comuns às constituições de modo geral. Assim, partindo-se dessa perspectiva genérica, serão arroladas e sumariamente explicadas as principais funções das constituições em geral, sem deixar, quando for o caso, de apontar as eventuais peculiaridades da Constituição Federal de 1988, ilustrando as funções mediante exemplos dela extraídos. De outra parte, importa consignar que as funções da constituição podem ser decompostas em outras funções, além de muitas vezes guardarem relação entre si. Ademais disso, as fronteiras entre uma função e outra da constituição nem sempre são claramente demarcadas.

Sem qualquer preocupação de observar uma ordem cronológica ou hierárquica, que, de resto, desde logo se revela questionável, é possível identificar as seguintes funções das constituições, elenco inspirado nos catálogos de funções propostos por Klaus Stern,[35] Gomes

---

34. Idem, por todos, p. 90-91.
35. Cf. STERN, Klaus. *Derecho del Estado de la República Federal Alemana*, p. 220, em que são apresentadas as seguintes funções e objetivos: função de ordem, função de estabilidade, regulação e garantia fundamental,

Canotilho[36] e Otto Depenheuer,[37] mas submetido a alguns ajustes: (a) limitação jurídica e controle do poder; (b) ordem e ordenação; (c) organização e estruturação do poder; (d) legitimidade e legitimação da ordem jurídico-constitucional; (e) estabilidade; (f) garantia e afirmação da identidade política; (g) reconhecimento e garantia (proteção) da liberdade e dos direitos fundamentais; (h) imposição de programas, fins e tarefas estatais (função "impositiva" ou "dirigente").

a) Uma das primeiras e mais importantes funções da constituição diz com o fato de ela operar como instrumento (estatuto) de limitação e controle do poder. Nessa perspectiva, não se deve olvidar que o Estado Constitucional moderno se formou em virtude da luta contra o absolutismo, sendo que as constituições tinham por objetivo servir de fundamento e instrumento da limitação jurídica do poder político.[38] Já pelo fato de a constituição (pressupondo-se sua legitimidade democrática) resultar de um consenso cristalizado num documento ou conjunto de documentos contendo os princípios e regras sobre a estrutura, organização e exercício do poder, verifica-se que o ideal da racionalização e limitação do poder encontra na noção de constituição formal (normativa) sua possibilidade de realização. Por força de sua supremacia hierárquica e da diferença entre poder constituinte e poderes constituídos (limitados e condicionados pelo primeiro), possível também assegurar de forma relativamente eficaz o cumprimento da função de limitação do poder.

A limitação jurídica do poder se dá por meio de pelo menos duas formas, designadamente, mediante uma separação (divisão) de poderes e por meio da garantia de direitos fundamentais.

A separação dos poderes, como se sabe, constitui elemento essencial à própria noção de constituição no sentido moderno, tal como solenemente afirmado no art. 16 da Declaração dos Direitos do Homem e do Cidadão, de 1789. A separação dos poderes, todavia, pode ser compreendida em três sentidos: uma separação horizontal, uma separação vertical e uma separação temporal do poder.[39]

Por *separação horizontal* do poder se está a designar a desconcentração ou divisão do poder, mediante a garantia da divisão e limitação recíproca e da equiparação (igual posição hierárquica das funções no esquema do poder estatal) entre as diversas funções estatais (legislativa, executiva e judiciária), os assim chamados poderes estatais. Em outras palavras, aqui está em causa *o princípio da separação (divisão) de poderes*, tal como engendrado na esfera da doutrina que radica na base das constituições modernas e que constitui um de seus elementos essenciais, embora também a forma concreta da noção de separação de poderes não tenha seguido um padrão uniforme, apresentando variações mais ou menos significativas ao longo do tempo e de constituição para constituição.

---

promoção da unidade e integração, limitação e controle do poder, garantia da liberdade e autodeterminação do indivíduo, organização e estruturação do poder e organização estatal, estabelecimento de normas básicas diretivas dos fins materiais do Estado e da posição jurídica do cidadão.

36. Cf. CANOTILHO, J. J. Gomes. *Direito constitucional e teoria da constituição*, p. 1.438 e ss., que arrola as seguintes funções: (a) consenso fundamental; (b) legitimidade e legitimação da ordem jurídico-constitucional; (c) garantia e proteção; (d) ordem e ordenação; (e) organização do poder político; (f) função de autovinculação; (g) função de inclusividade multicultural.

37. Cf. DEPENHEUER, Otto. Funktionen der Verfassung. In: ____; GRABENWARTER, Christoph (Ed.). *Verfassungstheorie*, p. 537-568.

38. Cf., por todos, STERN, Klaus. *Derecho del estado de la República Federal Alemania*, p. 236.

39. Idem, p. 236-237.

Por separação "vertical" de poder se costuma designar a distribuição do poder mediante a desconcentração (descentralização) no plano territorial, típica do modelo federativo, onde, embora uma esfera própria e reservada de poder, as competências dos órgãos federativos (administrativas, legislativas e judiciárias – aqui novamente no sentido de uma separação "horizontal") encontram seu fundamento e limite na constituição federal. A ordem federal, contudo, corresponde a uma ordenação hierarquizada, e não uma equiparação entre União e Estados-membros ou mesmo Municípios, como se dá no caso brasileiro, possível até mesmo a intervenção federal nos Estados e/ou Municípios. Importa agregar que, mesmo em Estados unitários, existem níveis significativos de descentralização administrativa, que, por sua vez, também contribuem para uma (hierarquizada) racionalização e limitação do poder.

A assim chamada separação temporal do poder guarda relação com o princípio democrático, mas também, em certo sentido, com a forma republicana de governo, no sentido de garantia efetiva da alternância no exercício do poder, alternância que opera como modo de limitação e controle do poder, além de contribuir para assegurar a legitimidade do seu exercício.

O poder estatal (e social) também encontra limites mediante o reconhecimento e garantia de direitos fundamentais, que operam tanto como esferas livres (ou parcialmente livres) de intervenção do Estado e de terceiros quanto asseguram, numa perspectiva positiva, a exigência de ações (prestações). Aqui a noção, amplamente difundida, de que direitos fundamentais são, em certo sentido, "trunfos contra a maioria" (Ronald Dworkin e Jorge Reis Novais) traduz a ideia de que mediante o exercício dos direitos fundamentais se está também a limitar poder.

b) A constituição não apenas limita o poder, mas também cumpre uma função de ordem e ordenação, o que, dito de outro modo, significa que a constituição assume a condição (função) de ordem fundamental do Estado, pois a constituição conforma, configura jurídico-politicamente o Estado (complexo institucional) e o modo de sua atuação pelo direito que está plasmado na constituição, além de operar como fundamento de validade e eficácia das demais normas que integram o ordenamento jurídico.[40] Ainda nesse contexto, é preciso enfatizar que a ordem instaurada e regulada pela constituição não é uma ordem fechada, mas, sim, uma ordem complexa, plural e aberta,[41] cada vez mais caracterizada por seu caráter inclusivo e multicultural.[42]

c) A constituição cumpre também a função de *estatuto da organização do poder*, o que abarca tanto a criação de órgãos constitucionais, quanto a fixação de suas respectivas competências e o estabelecimento dos princípios estruturantes da organização do poder político.[43] Da mesma forma é possível reconduzir a tal função os princípios e regras de caráter procedimental, que regulam precisamente o modo pelo qual os órgãos constitucionais cumprem suas respectivas funções no âmbito das competências que lhes foram conferidas. É também nesse contexto que Konrad Hesse nos fala que "a constituição organiza e delimita o processo de formação de unidade política e da atuação do Estado, tanto no plano da criação de

---

40. Cf. Canotilho, J. J. Gomes. *Direito constitucional e teoria da constituição*, p. 1.440-1.441.

41. Cf. Stern, Klaus. *Derecho del estado de la República Federal Alemania*, p. 221 e ss.

42. Cf. Canotilho, J. J. Gomes. *Direito constitucional e teoria da constituição*, p. 1.450 e ss., que aqui se refere a uma função autônoma de inclusividade multicultural.

43. Idem, p. 1.441.

órgãos, quanto da fixação de competências e procedimentos, buscando assegurar a coordenação, a responsabilidade e o controle no âmbito das funções estatais e do seu exercício".[44]

d) Legitimidade e legitimação da ordem jurídica estatal. Tais funções, que se complementam, guardam relação com o fato de que uma constituição não se legitima pelo simples fato de se tratar de um conjunto de normas juridicamente superiores e elaboradas por uma instância de poder capaz de fazê-lo de modo vinculativo, no caso, o poder constituinte, mas, sim, pelo fato de a constituição guardar conformidade com uma ideia de direito e com os valores substanciais de um povo em determinado momento histórico.[45] Juntamente com tal função de legitimidade, a constituição também cumpre uma função de legitimação do poder, pois a constituição opera simultaneamente como fundamento, regulação e limite do poder político.[46] A constituição, portanto, não apenas é o fundamento de validade e eficácia do restante da ordem jurídica, mas também o fundamento e parâmetro de sua legitimidade.

e) A constituição, embora possa ser superada e substituída por uma nova ordem constitucional, cumpre uma *função de estabilidade*, pois, em termos ideais, se cuida de uma ordem fundamental de caráter duradouro.[47] A estabilidade, que, por sua vez, assegura a durabilidade da ordem constitucional, não significa, todavia, que as constituições não sejam submetidas a processos de mudança, seja pela via da reforma constitucional, seja pela assim chamada mutação constitucional, que serão objeto de análise em item próprio. Mediante especialmente o estabelecimento de limites formais e materiais ao poder de reforma constitucional é que o próprio constituinte busca assegurar, de modo simultâneo, a estabilidade e a durabilidade, sem bloquear as necessárias mudanças.

f) A necessária estabilidade do texto constitucional (assegurada especialmente pela previsão de limites formais e materiais à reforma constitucional) guarda relação com outra função relevante das constituições, designadamente, a de ser simultaneamente *símbolo, garantia e instrumento de afirmação da identidade da ordem jurídica e política* instaurada mediante o processo constituinte. Nesse contexto, é preciso ter em conta que na e por meio da sua constituição as sociedades politicamente organizadas alcançam determinada identidade, que as distingue entre si, identidade que, por sua vez, é assegurada enquanto a constituição estiver em vigor e na medida em que forem respeitados os limites materiais (explícitos e mesmo implícitos) à reforma constitucional.[48] O quanto a CF, que não contempla (como, de resto, ocorre com a maioria das constituições) instrumentos como a declaração da perda de direitos fundamentais e a dissolução compulsória de partidos políticos com programa manifestamente contrário à ordem constitucional, cumpre a função de (auto) afirmação da (sua) identidade constitucional, viabilizando uma efetiva defesa contra a sua própria destruição,[49] fica aqui em aberto, mas nem por isso deixa de ser um tema a merecer maior desenvolvimento, seja em virtude das constantes e relativamente amplas reformas constitucionais, seja em função dos desafios postos pelo desenvolvimento tecnológico, pela criminalidade organizada, erosão do Estado Social, dentre tantos aspectos que poderiam ser citados.

---

44. Cf. HESSE, Konrad. *Grundzüge des Verfassungsrecht der Bundesrepublik Deutschland.*
45. Cf. CANOTILHO, J. J. Gomes. *Direito constitucional e teoria da constituição*, p. 1.439.
46. Idem, p. 1440.
47. Cf., por todos, STERN, Klaus. *Derecho del estado de la República Federal Alemania*, p. 226 e ss.
48. Cf. DEPENHEUER, Otto. *Funktionen der Verfassung*, p. 554 e ss.
49. Idem, p. 358-360.

g) O reconhecimento e a garantia (proteção) de direitos fundamentais (e, com isso, da liberdade e autonomia individuais), que também operam como modo de limitação jurídica do poder estatal, representam, juntamente com a função de organização do poder, a mais importante função desempenhada pelas constituições modernas, não sendo demais lembrar que, de acordo com o famoso e já referido art. 16 da Declaração francesa de 1789, um Estado que não reconhece e protege os direitos individuais não possui sequer constituição.[50]

h) As constituições, embora não todas e não da mesma forma, cumprem também o que se pode designar de função dirigente (ou impositiva), mediante o estabelecimento de programas, fins e tarefas que (em alguma medida) vinculam os poderes constituídos. Por mais que se tenha, de certo modo, decretado o fim do constitucionalismo dirigente, pelo menos na acepção originalmente cunhada, no constitucionalismo lusófono, por Gomes Canotilho,[51] é certo que muitas constituições contêm normas impositivas de fins, tarefas e programas (aquilo que outros chamam de normas do tipo programático ou normas-objetivo), normas que, a depender do caso e da tradição constitucional específica, são reconhecidas como tendo (pelo menos alguma) eficácia e aplicabilidade.

No caso da Constituição Federal de 1988, na esteira da tradição inaugurada com a Constituição de 1934, a negação de tal função equivaleria a não levar em conta a significativa gama de normas constitucionais do tipo impositivo, a começar pelos objetivos fundamentais do art. 3.º da CF, passando pelo dever de proteção do consumidor, na forma da lei (sem prejuízo de outros que possam ser identificados mesmo no catálogo dos direitos fundamentais), e pelos princípios impositivos sediados na ordem econômica e social. A questão, portanto, não está em negar que a constituição pode (como o faz a Constituição Federal) cumprir tal função, mas sim em determinar como tal função se concretiza e qual a eficácia, aplicabilidade e efetividade possível das respectivas normas constitucionais.[52]

3.3 O problema do conteúdo das constituições

A pergunta sobre qual o conteúdo da constituição, assim como se deu no caso das funções da constituição, não apresenta uma resposta única. Considerando que cada constituição possui determinada identidade, por mais que as constituições apresentem semelhanças estruturais e de conteúdo, também aqui há que partir do pressuposto de uma maior ou menor diversidade. Por outro lado, o conteúdo das constituições (aqui ainda não focando na ordem constitucional brasileira) guarda relação com as suas funções, pois, para cumprir sua função de estatuto da organização e estruturação do poder, a constituição necessita ter, no seu texto, normas orgânicas, normas de competência e mesmo normas procedimentais. Da mesma forma, uma constituição do tipo dirigente ou impositivo contém normas definidoras

---

50. Cf., dentre tantos, STERN, Klaus. *Derecho del estado de la República Federal Alemania*, p. 237 e ss.

51. CANOTILHO, J. J. Gomes. *Constituição dirigente e vinculação do legislador – Contributo para a compreensão das normas constitucionais programáticas*, 1982, atentando-se para a revisão parcial da posição inicialmente advogada pelo autor quando da elaboração do prefácio para a 2.ª edição da obra.

52. Sobre a natureza e eficácia das normas do tipo impositivo (ou de caráter programático, como ainda preferem alguns), v., no Brasil, no âmbito da produção monográfica, especialmente as contribuições de: FERRARI, Regina Maria Macedo Nery. *Normas constitucionais programáticas:* normatividade, operatividade e efetividade; REIS, José Carlos Vasconcellos dos. *As normas constitucionais programáticas e o controle do Estado.*

de fins, tarefas e programas estatais, o mesmo se verificando no caso da função de limitação e racionalização do poder, que em geral guarda relação com disposições sobre a separação dos poderes (e a organização do poder)[53] e os direitos fundamentais, apenas para ilustrar melhor a assertiva inicial.

O problema do conteúdo das constituições, por outro lado, conecta-se ao problema da distinção entre constituição material e formal, especialmente à discussão a respeito da existência de normas que, pelo seu conteúdo, integram a noção de constituição embora não tenham assento no texto constitucional, como é o caso do costume constitucional, da existência de determinados diplomas legislativos que versam sobre matéria constitucional, e que em alguns lugares integram o assim chamado bloco de constitucionalidade. No caso do Brasil, considerando o caráter analítico e relativamente atual da Constituição de 1988, bem como o fato de o constituinte não ter feito expressa referência a eventual estatuto constitucional de determinadas leis (como poderia ser o caso do estatuto dos partidos políticos, da legislação que regulamenta o controle de constitucionalidade, apenas para referir exemplos do direito comparado), o espaço para um direito constitucional material externo à constituição formal é relativamente diminuto, mas um bom exemplo pode ser visualizado no caso dos tratados internacionais de direitos humanos, embora a querela sobre o seu valor jurídico na ordem interna, que será objeto de atenção na parte relativa aos direitos fundamentais, na segunda parte do presente *Curso*, sem prejuízo de algumas considerações tecidas na parte relativa à norma constitucional.

Além disso, coloca-se a pergunta sobre a existência, ou não, de um conteúdo obrigatório para as constituições, ou seja, se no âmbito do processo constituinte existiria uma vinculação a determinados conteúdos, que não poderiam deixar de ser contemplados, pena de não se tratar propriamente de uma constituição, mas, sim, de outro instituto. Tal indagação, por sua vez, guarda relação com a discussão a respeito da existência de limites ao poder constituinte (originário), no sentido de que este poderia estar vinculado a determinados parâmetros estabelecidos pela ordem constitucional anterior (do Estado ao qual se refere a constituição) ou mesmo pela tradição constitucional em geral ou por força de outras determinantes, como, por exemplo, do direito internacional.

Responder às indagações formuladas (e a outras que lhes são correlatas) não é tarefa simples e reclama uma dose elevada de generalização (e abertura à diferenciação), pois a evolução constitucional e o quadro atual que se apresenta no que diz com a estrutura, o conteúdo e as funções das constituições vigentes, especialmente no âmbito do constitucionalismo ocidental (americano, mas especialmente no caso da Europa), revela a existência de uma concepção mista de constituição, que opera tanto como uma ordem quadro, quanto como ordem de valores, cumprindo uma diversidade de funções e sendo resultado, por sua vez, de um processo constituinte democrático e plural, de perfil nitidamente compromissário.[54]

---

53. Aqui, destaca-se o julgamento da ADPF 848/DF, que, em sede de medida cautelar, estabeleceu que viola o princípio da separação dos poderes e o sistema de *checks and balances* a possibilidade de convocação dos governadores de estado pela Comissão Parlamentar de Inquérito (CPI). Também, o RE 1297884/DF, rel. Min. Dias Toffoli, j. 11.06.2021, que estabeleceu ser violação à separação dos poderes o controle judicial de atos internos das casas legislativas que não se limitem à análise do processo legislativo.

54. Cf. Möstl, Markus. Regelungsfelder der Verfassung. In: Depenheuer, Otto; Grabenwarter, Christoph (Ed.). *Verfassungstheorie*, p. 571.

De qualquer sorte, ainda que constituições de Estados não democráticos possam ter um conteúdo e estrutura similar (v., por exemplo, o caso da Constituição brasileira de 1967-1969) às constituições democráticas, uma concepção generalizável e metodologicamente adequada a respeito do conteúdo das constituições pressupõe que se parta de determinado tipo de constituição, no caso, a constituição do modelo de Estado Constitucional Democrático, que radica numa tradição comum, no âmbito da qual as diversas constituições, a despeito de suas peculiaridades, apresentam elementos normativos e procedimentais (como é o caso da noção de um poder constituinte democraticamente formado e exercido, assim como da supremacia normativa e do caráter vinculante das normas constitucionais) e materiais (aqui no sentido dos valores e princípios) comuns.[55] De todo modo, é possível concluir, em caráter de síntese, que não se pode falar de uma reserva absoluta de constituição, especialmente no sentido de se afastar, de plano, a possibilidade de determinadas matérias serem previstas e mesmo reguladas em nível constitucional.[56] Assim como existem peculiaridades históricas, culturais, geográficas etc., que justificam a inclusão de determinada matéria na constituição formal, como é o caso, por exemplo, da proteção dos índios e da proteção dos assim chamados quilombos (questões que uma constituição europeia, de modo geral, não terá de considerar), a decisão política fundamental do constituinte poderá também inserir na constituição matérias usualmente delegadas ao legislador infraconstitucional, por vezes com a deliberada intenção de subtrair tais questões à livre disposição das legislaturas ordinárias. Que eventual omissão ou excesso por parte do constituinte histórico (pois sempre se trata de uma decisão tomada por alguém e suas circunstâncias) quanto ao conteúdo do texto constitucional há de ter suas consequências, não é contraditório em relação à noção de que inexiste uma matéria tipicamente constitucional ou um conteúdo padronizado.

A desconsideração da realidade constitucional e um engessamento demasiado, mediante uma hiper-regulação, costumam levar a um número maior de reformas constitucionais, o que, aliás, acabou ocorrendo no caso brasileiro, tendo em conta que a Constituição Federal de 1988 já foi alterada, somando-se as emendas constitucionais de revisão às emendas "ordinárias", mais de cem vezes. Um déficit de efetividade e mesmo de legitimidade é outra sequela possível, e que não surpreende, sendo tanto maior quanto mais profundo o descompasso entre o texto e a realidade, o que também remete ao problema da força normativa da constituição, a ser sumariamente analisado no capítulo sobre a teoria da norma constitucional.

O problema do conteúdo da constituição, por sua vez, guarda relação (mas não se sobrepõe integralmente) com a noção de uma identidade constitucional que, embora em processo de permanente reconstrução – aqui cai bem a figura de uma constituição viva[57] –, permite vislumbrar uma espécie de fio condutor mínimo, formado pelos assim chamados elementos constitucionais essenciais (que, de resto, também não pode ser galvanizado como um rol fechado em relação ao câmbio da realidade)[58] de premissas que, se forem afastadas ou mesmo, a depender do caso, afetadas significativamente, podem comprometer,

---

55. Cf., também, Möstl, Markus. Regelungsfelder der Verfassung, p. 573-574.
56. Cf., por todos, Canotilho, J. J. Gomes. *Direito constitucional e teoria da constituição*, p. 1.140-1.141.
57. Sobre o problema da identidade constitucional, v. Rosenfeld, Michel. *A identidade do sujeito constitucional*.
58. A noção de elementos essenciais da constituição também tem sido objeto das teorias da justiça, como é o caso da formulação de Rawls, John. *O liberalismo político*, 2. ed., p. 277 e ss.

precisamente, tal identidade, razão pela qual se previu, entre outros mecanismos, a existência das assim chamadas cláusulas pétreas, que têm por objeto, precisamente, a preservação da identidade da constituição.

Que para efeitos da proteção por conta de limites materiais ao poder de reforma constitucional o conteúdo da constituição, no seu conjunto, não se confunde com a identidade constitucional, assim como esta última não necessariamente se limita aos conteúdos expressamente salvaguardados pelos limites materiais à reforma do texto, não será aqui aprofundado, mas assume relevância quando se trata de definir a identidade da constituição e estabelecer os limites de incidência das assim chamadas "cláusulas pétreas" (por exemplo, em que medida se haverá de admitir limites materiais implícitos, não expressamente estabelecidos no texto constitucional originário), que, aliás, serão objeto de análise, mais adiante, na parte sobre o poder de reforma da constituição.

Conceito e características do direito constitucional

Ingo Wolfgang Sarlet

A partir das considerações precedentes, inclusive sobre a origem e evolução das constituições, é possível verificar que uma verdadeira constituição não é apenas um documento assim designado, mas um corpo de normas jurídicas (regras e princípios) qualificado pelo seu conteúdo e por sua função, as quais, estando ou não corporificadas em um documento (ou conjunto de documentos) assumem uma posição diferenciada e privilegiada em relação às demais normas jurídicas, portanto, às normas que não são constitucionais.[1] No caso das constituições escritas e elaboradas mediante um processo constituinte, que implica a distinção entre um poder constituinte e poderes constituídos, tópico que será objeto de análise no próximo capítulo, a assim chamada constituição normativa, que em geral (mas não exclusivamente) está consubstanciada em um documento chamado de constituição (diversamente do que ocorreu no caso da experiência constitucional – também normativa – inglesa), é também a fonte principal do direito constitucional, na sua condição de direito objetivo e fundamento, a depender do tipo de normas constitucionais, de posições subjetivas.

Assim, evitando adotar um *conceito de direito constitucional* adstrito a uma ou outra concepção fechada de constituição (presa a determinados conteúdos e funções), consideramos ser possível defini-lo como *o conjunto das normas jurídico-constitucionais, estejam elas, ou não, contidas na constituição formal (no documento elaborado e promulgado como constituição pelo poder constituinte), mas que constituem parte integrante da constituição normativa*, inclusive, quando for o caso, na condição de normas apenas materialmente constitucionais.

---

1. Nesse sentido, v. a síntese de CANOTILHO, J. J. Gomes. *Direito constitucional e teoria da constituição*, p. 129-130.

Mas o direito constitucional (e nisso já reside uma de suas características) se distingue – em parte – das demais normas jurídicas, que não integram a assim chamada constituição normativa. Muito embora se trate também, em sentido amplo, de uma lei (daí a conhecida qualificação como Lei Fundamental ou Lei Maior), a constituição e o correspondente direito constitucional (as normas constitucionais) se distinguem, pelas suas peculiaridades, das demais leis que compõem a ordem jurídica estatal.[2] De acordo com a precisa lição de Konrad Hesse, *tal distinção se dá não apenas pelo objeto e funções da constituição e do direito constitucional (já examinados), mas também pela sua hierarquia, a natureza de seus preceitos e as condições de sua eficácia e efetividade*, que, no seu conjunto, determinam as características que asseguram a peculiaridade do direito constitucional no quadro normativo estatal.[3]

A primeira e principal característica do direito constitucional reside na sua supremacia hierárquica, no sentido de que as normas constitucionais prevalecem em relação a toda e qualquer forma normativa (incluídas as leis elaboradas pelo Poder Legislativo) e todo e qualquer ato jurídico na esfera interna da ordem estatal.[4] Tal característica corresponde ao postulado da supremacia da constituição e de que esta é a expressão da vontade de um poder constituinte, já que as normas constitucionais encontram seu fundamento de validade na própria constituição (razão pela qual se aqui fala em uma autoprimazia normativa), e não em alguma outra fonte normativa que lhes seja externa e superior, do que resulta não apenas a distinção entre direito constitucional e direito ordinário, mas também o postulado da constitucionalidade das leis e atos normativos infraconstitucionais, que não poderão, portanto, estar em desconformidade com a constituição.[5] Assim, tal supremacia hierárquico-normativa é o pressuposto da função da constituição como ordem jurídica fundamental e implica que o direito constitucional não poderá, em hipótese alguma, ser revogado ou alterado pelas normas infraconstitucionais.[6]

Uma segunda característica reside no caráter *autogarantista do direito constitucional*, ou seja, no fato de que o direito constitucional, diversamente do que ocorre com os demais ramos do direito (infraconstitucional), não possui uma instância que lhe seja superior e externa (no sentido de um órgão supraestatal) e que possa assegurar a sua eficácia e efetividade, pois é a própria constituição, mediante o direito constitucional (suas regras e princípios), que deve assegurar-se, estando, portanto, limitada às suas próprias forças e garantias.[7] O procedimento agravado estabelecido para a alteração do seu texto (ou seja, a rigidez constitucional), a previsão de limites materiais ao poder de reforma, a separação dos poderes, a criação de uma jurisdição constitucional capaz de zelar pela conformidade do direito ordinário e demais atos jurídicos em relação às normas constitucionais, entre outras garantias, constituem exemplos correntes de como as constituições se asseguram a si próprias.

Por outro lado, é certo que a usurpação das funções atribuídas pela constituição não é jamais vedada de forma plena, pois nem sempre os órgãos encarregados pelo constituinte,

---

2. Cf., por todos, MAURER, Hartmut. *Staatsrechts I: Grundlagen, Verfassungs-organe, Staatsfunktionen*, p. 11.

3. Cf. HESSE, Konrad. Das Grundgesetz in der Entwicklung: Aufgabe und Funktion. In: BENDA, Ernst; MAIHOFER, Werner; VOGEL, Hans-Jochen (Ed.). *Handbuch des Verfassungsrechts*, vol. 1, p. 17 e ss.

4. Cf., por todos, MAURER, Hartmut. *Staatsrechts I: Grundlagen, Verfassungs-organe, Staatsfunktionen*, p. 12.

5. Cf. CANOTILHO, J. J. Gomes. *Direito constitucional e teoria da constituição*, p. 1.147.

6. Cf. HESSE, Konrad. *Das Grundgesetz in der Entwicklung: Aufgabe und Funktion*, p. 18.

7. Idem, p. 19.

para, nos limites da competência estabelecida, zelar pela integridade e supremacia da constituição, observam os seus limites, como se dá, por exemplo, quando a jurisdição constitucional julgar contrariando o sentido literal do texto da constituição ou nos casos de ruptura da ordem constitucional. Como bem lembra Konrad Hesse, a supremacia da constituição depende, em termos gerais, da voluntária submissão dos órgãos constituídos ao caráter vinculante do direito constitucional e de que todos os órgãos e agentes estatais reconheçam e efetivamente assumam a responsabilidade de fazer valer a constituição,[8] temática que, por sua vez, guarda relação com o problema da força normativa da constituição, que será objeto de alguma atenção no capítulo sobre a norma constitucional. Ainda neste contexto, convém registrar que, diferentemente daqueles que preferem vislumbrar na sua rigidez uma das características distintivas do direito constitucional,[9] preferimos integrar tal aspecto no âmbito das garantias estabelecidas pela própria Constituição.

---

8. Idem, p. 19-20.
9. Cf. propõe, por exemplo, MAURER, Hartmut. *Staatsrechts I: Grundlagen, Verfassungs-organe, Staatsfunktionen*, p. 13.

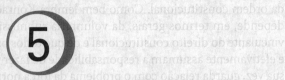

Do poder constituinte e da mudança (reforma e mutação) constitucional

Ingo Wolfgang Sarlet

I – Do poder constituinte

5.1 Notas introdutórias

Considerando que o constitucionalismo moderno, identificado com a figura de uma constituição escrita, se encontra umbilicalmente associado à noção de um poder constituinte, ou seja, de uma instância de poder que elabora a constituição na condição de norma jurídica fundamental do Estado, a teoria (e prática) do poder constituinte é parte indispensável de toda e qualquer teoria da constituição, mas também é crucial para a compreensão de determinada ordem constitucional concreta. Assim, a título de guia para o estudo do poder constituinte, tomamos a liberdade de reproduzir as quatro perguntas (poderíamos mesmo falar problemas) fundamentais enunciadas por Ernst-Wolfgang Böckenförde[1] e oportunamente retomadas e difundidas no ambiente luso-brasileiro por José Joaquim Gomes Canotilho:[2] 1. O que é o poder constituinte? 2. Quem é o titular (o sujeito) desse poder? 3. Qual o procedimento e forma do seu exercício? 4. Existem limites jurídicos quanto ao exercício desse poder? Tais perguntas evidentemente podem ser desdobradas em outras e dialogam

---

1. Cf. BÖCKENFÖRDE, Ernst-Wolfgang. *Staat, Verfassung, Demokratie – Studien zur Verfassungstheorie und zum Verfassungsrecht*, p. 90 e ss.
2. Cf. CANOTILHO, J. J. Gomes. *Direito constitucional e teoria da constituição*, 3. ed., p. 65.

com uma série de questões de alta relevância para a teoria política e para o direito constitucional, algumas das quais serão, ainda que em caráter sumário, objeto de consideração neste capítulo.

5.2 O que é o poder constituinte?

5.2.1 Generalidades

A noção de uma constituição escrita – assim leciona Javier Pérez Royo – está unida à noção de um poder constituinte, visto que tanto de um ponto de vista lógico, quanto de uma perspectiva histórica, o poder constituinte é uma necessidade para a constituição escrita.[3] Com efeito, a história constitucional moderna, pelo menos desde o surgimento das primeiras constituições escritas, segue comprometida – embora uma série de mudanças verificadas ao longo do tempo – com a distinção traçada em primeira linha pelo Abade Emmanuel Sieyès (um dos intelectuais mais destacados na Revolução Francesa[4] e que chegou a ser chamado de "descobridor científico" da noção de poder constituinte),[5] entre as noções de um poder constituinte (o poder de elaborar uma nova constituição) e os assim chamados poderes constituídos, no sentido de instituídos, regulados e limitados, em maior ou menor medida, pelo primeiro.[6]

Assim sendo, diversamente do poder constituinte, o poder de reforma (e/ou revisão) constitucional, compreendido como poder de alterar o texto da constituição e que será examinado mais adiante, é, por definição, um poder constituído, integrando a noção daquilo que muitos designam de um poder constituinte derivado. O habitualmente assim chamado *poder constituinte derivado*, além do *poder de reforma* da constituição, abrange o assim chamado *poder constituinte decorrente* (ou complementar, segundo alguns), que consiste no poder constituinte dos Estados-membros de uma Federação, igualmente instituído e regulado (em maior ou menor medida) pelo poder constituinte originário.[7] As distinções entre o poder constituinte (originário) e os poderes constituídos (ou poder constituinte derivado, como ainda preferem alguns) serão esclarecidas ao longo do presente capítulo, a começar pela análise do poder constituinte, compreendido como o poder de determinada sociedade (comunidade política) elaborar sua constituição.

---

3. Cf. Royo, Javier Pérez. *Curso de derecho constitucional*, 12. ed., p. 85.

4. Cf. Sieyès, Emmanuel Joseph. *A constituinte burguesa. Qu'est-ce que le tiers état?* 4. ed.

5. Cf. a referência de Stern, Klaus. *Derecho del estado de la Republica Federal Alemania*, p. 314-315.

6. Cf., por todos, Maurer, Hartmut. *Staatsrechts I*, 5. ed., p. 733 e ss. Na literatura brasileira, v., por todos, apresentando, além disso, uma síntese das principais teses de Sieyès, Antunes, Marcus Vinicius Martins. *Normas pré-constitucionais & limites jurídicos internos do poder constituinte*, p. 95 e ss.

7. Cf., por todos, Tavares, André Ramos. *Curso de direito constitucional*, 18. ed., p. 153 e ss., bem como Souza, Nelson Oscar. *Manual de direito constitucional*, 3. ed., p. 38-39, que prefere distinguir entre o poder originário (o que elabora a constituição), o poder instituído (que seria o poder de reforma da constituição) e o poder decorrente (que é o poder dos Estados da Federação de elaborarem a sua constituição, sendo este também um poder subordinado e condicionado). Por último, na manualística brasileira, v. Souza Neto, Cláudio Pereira de; Sarmento, Daniel. *Direito constitucional:* teoria, história e métodos de trabalho, p. 241; Martins, Flávio. *Curso de direito constitucional.* 4. ed. São Paulo: Saraiva Educação, p. 342 e ss.

Como ponto de partida, convém averbar, na esteira de Paulo Bonavides, que *não se deve confundir o poder constituinte propriamente dito com a sua teorização*, já que, como fenômeno social e político (ou seja, no sentido material, em sintonia com a noção de constituição em sentido material, portanto, no sentido de uma *constituição histórica*), o poder constituinte sempre existiu em todas as sociedades politicamente organizadas, mas a sua formulação teórica e vinculação com a noção moderna de uma constituição escrita ou constituição jurídica é obra do pensamento iluminista do final do século XVIII, especialmente do já lembrado Abade Sieyès.[8]

A constituição, ao contrário do que ocorre com as normas infraconstitucionais, não extrai o seu fundamento de validade de uma ordem jurídica (formal) superior, mas se estabelece e alcança autoridade jurídica superior (em relação às demais esferas normativas internas do Estado) em função da "vontade" das forças determinantes e representativas da sociedade na qual surge a constituição.[9] É neste sentido que *o poder constituinte acaba assumindo a feição de uma categoria pré-constitucional, capaz de, por força de seu poder e de sua autoridade, elaborar e fazer valer uma nova constituição.*[10] Por isso, com razão Ernst--Wolfgang Böckenförde, ao afirmar que a pergunta sobre o conteúdo e significado da noção de poder constituinte abarca o questionamento sobre a origem e o fundamento de validade da própria constituição.[11]

O processo constituinte (de fundação de uma nova ordem constitucional) é, portanto, sempre – e de certa forma – um novo começo, visto que não se encontra na dependência, pelo menos não no sentido jurídico-formal, no plano de uma hierarquia normativa, das regras constitucionais anteriores, ou mesmo de outra fonte normativa superior e externa, razão pela qual à expressão poder constituinte se costuma agregar o qualificativo originário.[12] Com isso não se está a dizer que o poder constituinte não possa recepcionar (aproveitar no todo ou em parte) normas constitucionais anteriores ou mesmo outras normas jurídicas, mas, sim, que não está obrigado a isso, e que, mesmo que assim o faça, em todo caso se trata de uma nova ordem constitucional, visto que tais normas, mediante sua recepção, ganham um novo fundamento de validade e de legitimidade. Valendo-nos das palavras de Manoel Gonçalves Ferreira Filho, o fato de a constituição (como resultado da atuação do poder constituinte) ser o ponto de partida de uma nova ordem jurídica "significa não apenas que o direito positivo se cria com base e segundo a constituição, como também – e o que é mais importante, e nem sempre é bem percebido – que, a partir de uma nova constituição, o direito positivo anterior, que não conflita com essa constituição, passa a valer por um fundamento novo, que é a nova constituição".[13]

---

8. Cf. Bonavides, Paulo. *Curso de direito constitucional*, 8. ed., p. 120-121. No mesmo sentido, v. Barroso, Luís Roberto. *Curso de direito constitucional contemporâneo*, p. 94.
9. Böckenförde, Ernst-Wolfgang. *Staat, Verfassung, Demokratie – Studien zur Verfassungstheorie und zum Verfassungsrecht*, p. 90-91.
10. Cf. Maurer, Hartmut. *Staatsrecht I*, p. 733.
11. Cf. Böckenförde, Ernst-Wolfgang. *Staat, Verfassung, Demokratie – Studien zur Verfassungstheorie und zum Verfassungsrecht*, p. 91.
12. Cf., entre tantos, Maurer, Hartmut. *Staatsrecht I*, p. 733.
13. Cf. Ferreira Filho, Manoel Gonçalves. *O poder constituinte*, 2. ed., p. 49-50.

5.2.2 A natureza do poder constituinte

Nesse contexto, quando se indaga sobre a natureza do poder constituinte (originário), prevalece a tese de que não se trata propriamente de um poder jurídico, mas sim, especialmente considerando a relação entre soberania e poder constituinte, de um poder político, portanto, pré-jurídico e mesmo extrajurídico.[14] O poder constituinte pode ser definido como uma potência, no sentido de uma força em virtude da qual determinada sociedade política se dá uma nova constituição e, com isso, (re)cria e/ou modifica a estrutura jurídica e política de um Estado.[15] Como já lecionava Carl Schmitt, o poder constituinte é a vontade política cujo poder ou autoridade é capaz de tomar a decisão concreta sobre o tipo e a forma da própria existência política, ou seja, de determinar, na sua integralidade, a existência da unidade política.[16] Assim – na sua condição de potência, pertencente ao mundo do ser e não do dever-ser –, o poder constituinte atua de modo desatrelado de processos jurídicos anteriores, assumindo, portanto, a função de criador da própria ordem jurídica estatal, mas situando-se fora desta mesma ordem jurídica.[17]

Afinado com tal linha de entendimento, Nelson Saldanha define o poder constituinte como "um poder-para-ação", uma "potência constituinte", no sentido de um "poder-para--constituição".[18] Nessa perspectiva, como bem averba Ernst-Wolfgang Böckenförde, do ponto de vista da teoria e da dogmática constitucional, o poder constituinte não pode ser reduzido – como pretendem alguns – à noção de uma norma hipotética fundamental (como no caso da teorização de Hans Kelsen) ou mesmo reconduzido a um fundamento de direito natural, já que o poder constituinte há de ser compreendido (pelo menos também!) como uma grandeza política real, que fundamenta a força normativa (jurídica) da constituição, razão pela qual o poder constituinte não pode existir no interior ou mesmo com base numa constituição, como se fosse um órgão criado pela constituição, mas preexiste, cria e limita a própria constituição e os poderes constituídos.[19]

Em sentido (em parte) diverso, José Joaquim Gomes Canotilho sustenta que, embora o poder constituinte não possa ser efetivamente concebido como um poder juridicamente regulado, ele não deixa de ser política e juridicamente relevante, especialmente pelo fato de que "o poder constituinte convoca irrecusavelmente a 'força bruta' que constitui uma ordem jurídica para o terreno problemático da *legitimação e legitimidade*" (grifos do autor).[20] A dimensão jurídica do poder constituinte, portanto, guarda relação com o fato de que é o poder constituinte – como expressão do princípio democrático (se e quando for o caso!) – que assegura a legitimidade da constituição, consistindo numa espécie de autorização

---

14. Cf., por todos, Bonavides, Paulo. *Curso de direito constitucional*, p. 125.
15. Neste sentido, v. Acosta, Enrique Quiroz. *Teoria de la constitución*, p. 85.
16. Cf. Schmitt, Carl. *Verfassungslehre*. 9. ed., p. 75-76, tradução livre do original alemão: "Verfassungsgebende Gewalt ist der politische Wille, dessen Macht oder Autorität imstande ist, die konkrete Gesamtentscheidung über Art und Form der eigenen politischen Existenz zu treffen, also die Existenz der politischen Einheit im ganzen zu bestimmen".
17. Cf. Schmitt, Carl. *Verfassungslehre*, 9. ed., p. 76.
18. Cf. Saldanha, Nelson. *O poder constituinte*, p. 65.
19. Cf. Böckenförde, Ernst-Wolfgang. *Staat, Verfassung, Demokratie – Studien zur Verfassungstheorie und zum Verfassungsrecht*, p. 93-94.
20. Cf. Canotilho, J. J. Gomes. *Direito constitucional e teoria da constituição*, p. 67.

jurídica para a elaboração de uma constituição, pelo menos de acordo com a tese esgrimida por Udo Steiner.[21]

A noção de que o poder constituinte é simultaneamente um poder político e jurídico acaba, contudo, assumindo um viés reducionista, especialmente por condicionar (ou, pelo menos, vincular fortemente) a dimensão jurídica ao princípio democrático, quando, embora seja possível questionar a legitimação e a legitimidade de determinada ordem constitucional em função de sua origem (na perspectiva de quem elaborou a constituição e de como foi elaborado o texto constitucional), seja mais difícil recusar a tal ordem a qualidade de constitucional, visto que constitutiva e vinculativa de um novo Estado e de uma nova (ainda que eivada de um déficit de legitimidade democrática) ordem jurídico-positiva. É (também) por esta razão que aqui se enfatiza – neste ponto filiando-nos à posição ao que tudo indica prevalente – que "o poder constituinte, como manifestação da soberania, é um poder histórico, um poder de fato, que, embora tenha uma relevância (repercussão jurídica) não pode ser definido como sendo um poder jurídico".[22]

5.2.3 Distinção entre poder constituinte formal e poder constituinte material

À vista das considerações precedentes e no sentido de assegurar uma melhor compreensão da noção de poder constituinte, dada a sua complexidade, acompanha-se a distinção que costuma ser traçada entre um poder constituinte material e um poder constituinte formal, distinção que guarda relação com a diferenciação entre as noções de constituição em sentido material e em sentido formal, já abordada. Nesse sentido, colaciona-se a lição de Jorge Miranda, para quem "o poder constituinte material corresponde a um poder de autoconformação do Estado segundo determinada ideia de direito, ao passo que o poder constituinte formal corresponde a um poder de edição de normas com forma e força jurídica próprias das normas constitucionais, notadamente a sua supremacia normativa no âmbito interno das fronteiras estatais".[23] O poder constituinte formal, portanto, de acordo com Carlos Blanco de Morais, diz respeito "à natureza e ao tipo de procedimento adotado para a aprovação de uma constituição".[24] Ainda segundo Jorge Miranda, trata-se de dois momentos complementares e que guardam íntima relação, embora o poder constituinte material sempre preceda o formal, o que se deve a dois fatores: (a) a ideia de direito (ou o surgimento de determinado regime) precede as regras jurídicas; (b) a existência de dois tempos no processo constituinte, o primeiro, que corresponde ao triunfo de determinada ideia de direito ou de um regime, o segundo marcado pela formalização da noção de direito vitorioso, mediante sua inserção na constituição formal (constituição jurídica), o que, por sua vez, confere estabilidade, permanência e supremacia hierárquica aos princípios, valores e decisões políticas fundamentais contidos na Constituição.[25]

É precisamente a noção de um poder constituinte formal, na condição de momento específico do processo constituinte, que sempre arranca da manifestação de ruptura e de

---

21. Cf. STEINER, Udo. *Verfassungsgebung und verfassungsgebende Gewalt des Volkes*, p. 25 e ss.
22. Cf., por todos, BERCOVICI, Gilberto. *Soberania e constituição*: para uma crítica do constitucionalismo, p. 29.
23. Cf. MIRANDA, Jorge. *Manual de direito constitucional*, 2. ed., vol. 2, p. 62-63.
24. MORAIS, Carlos Blanco de. *Curso de direito constitucional*, t. II, vol. II, 2014, p. 199.
25. Idem, p. 63.

criação de uma nova ordem estatal próprias do poder constituinte material, a grande novidade e também um dos elementos centrais da verdadeira "viragem de Copérnico" representada pelo constitucionalismo moderno, ao final do século XVIII, e concretizada mediante as primeiras grandes experiências constitucionais no sentido atual do termo, quais sejam a norte-americana e a francesa.

5.2.4 Características do poder constituinte

Embora as considerações precedentes não tenham evidentemente exaurido o tema, já é possível identificar, com base nelas – mas especialmente a partir da vinculação entre poder constituinte e soberania –, as principais características do poder constituinte, amplamente difundidas (ainda que nem sempre da mesma forma e com o mesmo rótulo) no âmbito da literatura dedicada à teoria constitucional, quais sejam:

a) O poder constituinte é um poder inicial e anterior, características, aliás, que guardam estreita relação com o adjetivo originário. Nesta perspectiva, o poder constituinte – como já sinalado – é concebido como marco criador, inicial, da nova ordem jurídica estatal, implicando um rompimento com a ordem anterior e a inauguração de uma nova ordem jurídica. Muito embora em geral não se verifique mais o fenômeno de uma ruptura revolucionária, radical, com a ordem estatal e jurídica anterior, consoante ocorreu na França revolucionária de Sieyès, em grande parte dos casos novas constituições, elaboradas por novas assembleias constituintes ou mesmo outorgadas por diferentes grupos de poder, substituem constituições precedentes, sem, contudo, descaracterizar a noção de que a nova constituição, ainda que mantenha em grande parte as estruturas de poder e do direito anteriores, sempre são o marco inicial de uma nova ordem estatal, revelando um traço "fundacional", ainda que no âmbito de um processo histórico que congrega, como bem apontam Cláudio Pereira de Souza Neto e Daniel Sarmento, elementos do presente, do passado e, em certo sentido, mesmo do futuro.[26]

b) O poder constituinte é um poder autônomo e exclusivo, visto que não se concebe a coexistência de dois poderes constituintes no âmbito de uma mesma comunidade estatal, assim como não se concebe a coexistência de duas soberanias. Cada ordem estatal (embora possível a outorga parcial de prerrogativas inerentes à soberania, sem renúncia à própria, como ocorre, por exemplo, no plano da União Europeia)[27] poderá ter apenas uma constituição, fruto da atuação do poder constituinte originário.

c) O poder constituinte é um poder superior, e – em certo sentido! – juridicamente ilimitado e incondicionado. Com efeito, já de acordo com a doutrina do próprio Abade Sieyès, sustentada perante o Comitê Constitucional da Assembleia Geral, em plena Revolução, no dia 20.07.1789, o poder constituinte tudo pode e não se encontra de antemão submetido a

---

26. Souza Neto, Cláudio Pereira de; Sarmento, Daniel. *Direito constitucional*: teoria, história e métodos de trabalho, p. 251.

27. Na União Europeia, os diversos países (Estados) que integram a União transferiram parcelas de sua soberania (mais precisamente, de prerrogativas inerentes à soberania) aos órgãos da União, aos quais passaram a estar vinculados, como se verifica, por exemplo, no caso das diretivas da União Europeia, que possuem caráter vinculante, da submissão à jurisdição do Tribunal de Justiça da União Europeia e do Tribunal Europeu de Direitos Humanos. Para maior desenvolvimento, v., por todos: Machado, Jónatas. *Direito da União Europeia*, especialmente p. 83 e ss.

nenhuma constituição, de modo que, para exercer sua função, ele deve estar livre de toda forma e de todo e qualquer controle, salvo os que ele próprio venha a adotar.[28]

Nessa perspectiva, a exemplo da soberania, que assume a qualidade de poder supremo (superior) no âmbito interno da comunidade política estatal, também – e por via de consequência – o poder constituinte é superior aos demais poderes e em relação à ordem jurídica interna. Aliás, é dessa característica do poder constituinte que também (embora não exclusivamente) decorre a supremacia da constituição, no esquema da hierarquia das fontes normativas, tema que será objeto de desenvolvimento próprio neste *Curso*. Da mesma forma, o poder constituinte é – também aqui em determinado sentido – um poder incondicionado, visto que sua organização (o poder constituinte se auto-organiza) e sua atuação não podem ser submetidas a termos ou condições previamente estabelecidos. De qualquer modo, importa averbar que esta última característica poderia (como de fato se verifica no caso de alguns autores) ser inserida na figura mais ampla do caráter ilimitado do poder constituinte.

Assim, sintetizando o tópico, o poder constituinte, como fato político, ou seja, como força material e social, não está vinculado a normas jurídicas anteriores, pelo menos não no sentido de uma subordinação resultante de uma superioridade hierárquica na acepção jurídico-formal, o que, todavia, não quer dizer que se trate de um poder absoluto, ilimitado e incondicionado em sua integralidade, de modo que não se pode afirmar que se cuida de um poder completamente livre do direito.[29] Como o problema de eventuais limites ao poder constituinte será abordado em segmento próprio, ainda no âmbito deste capítulo do *Curso*, deixaremos, por ora, de aprofundar o exame da questão.

d) O poder constituinte é um poder permanente e inalienável. A qualidade da permanência prende-se ao fato de que o poder constituinte não desaparece com a entrada em vigor da constituição. Portanto, ao contrário da assembleia constituinte (ou de quem exerça, em concreto, a função constituinte), cuja atuação se exaure com a promulgação da constituição, o poder constituinte segue presente, em estado latente, pois sua titularidade não se confunde com a condição de quem, em caráter eventual e provisório, exerça a tarefa de elaborar uma nova constituição.

Por outro lado, o caráter permanente do poder constituinte guarda relação com outra característica habitualmente referida, que pode ser reconduzida à primeira teorização relevante e influente sobre o tema, designadamente a obra do Abade Emmanuel Sieyés, qual seja a de que o poder constituinte é inalienável.[30] É precisamente nesta perspectiva que o poder constituinte pode vir a se manifestar a qualquer momento, visto que ao povo (como titular do poder constituinte) cabe sempre decidir sobre a manutenção, alteração e mesmo substituição de determinada ordem constitucional vigente,[31] razão pela qual já se utilizou a imagem, em relação ao fato de que o poder constituinte não desaparece, de um "vulcão adormecido", no sentido de que há períodos não constituintes, portanto, sem "atividade vulcânica".[32]

Apresentadas as principais características do poder constituinte, há que enfrentar o problema de sua titularidade, respondendo à indagação sobre quem é o sujeito de tal poder.

---

28. Cf. lembra, dentre outros, VEGA, Pedro de. *La reforma constitucional y la problemática del poder constituyente*, p. 28.

29. Cf., por todos, BARROSO, Luís Roberto. *Curso de direito constitucional contemporâneo*, p. 110.

30. SIEYÈS, Emmanuel Joseph. *A constituinte burguesa. Qu'est-ce que le tiers état?*, p. 47.

31. Cf., por todos, MIRANDA, Jorge. *Manual de direito constitucional*, 2. ed., vol. 2, p. 83.

32. Cf. a imagem utilizada por GOUVEIA, Jorge Bacelar. *Manual de direito constitucional*, vol. 1, p. 626.

5.3 Quem é o titular do poder constituinte? O problema da legitimidade do poder constituinte e da Constituição

A definição da titularidade do poder constituinte, ou seja, a quem pertence (quem é o sujeito) tal poder, revela-se como tema de grande controvérsia, cuja complexidade aumenta quando vinculada à questão de sua legitimidade.[33] Importa sublinhar, desde logo, que a discussão em torno da titularidade do poder constituinte guarda relação com a discussão a respeito da soberania estatal e de seu respectivo titular,[34] de tal sorte que o que está em causa é identificar quem detém o poder de criar (e impor) para uma comunidade política uma nova constituição, inaugurando uma nova ordem jurídica e estatal. Por isso, não há como dissociar (ainda que as noções não sejam equivalentes) a titularidade do poder constituinte da noção de soberania e do problema da legitimidade de uma dada ordem constitucional.

Mesmo uma superficial observação do curso da história política das nações revela que a noção de soberania inicialmente não era vinculada à noção de um poder constituinte, visto que esta – como já referido – é produto da fase final da Idade Moderna, ou seja, do final do século XVIII. Com efeito, embora a noção de soberania desde a Idade Média (pelo menos desde o século XIII) tenha relação com a ideia de poder, de dominação, o conteúdo da noção de soberania sofreu significativas transformações ao longo do tempo, acompanhando as próprias modificações das estruturas e sistemas de poder político, registrando-se, além disso, divergências importantes no plano da justificação e da atribuição de conteúdo à noção de soberania na esfera das teorias políticas.[35]

Por muito tempo a noção de soberania foi vinculada a Deus, visto que durante expressivo lapso temporal predominou a teoria da origem divina do poder político (e da soberania), especialmente dos monarcas, sendo que apenas posteriormente foi atribuída à nação, com o triunfo da Revolução Francesa, e, finalmente ao povo, conforme, apenas para ilustrar, se depreende da conhecida fórmula "We the people" (nós, o Povo), inscrita no preâmbulo do texto constitucional norte-americano, de 1787.[36]

Já por tal razão, é possível afirmar que a determinação do titular do poder constituinte, como poder concreto e factual, se dá com base nas circunstâncias históricas e sempre será por elas condicionado.[37] Assim sendo, é possível concordar com Georges Burdeau, quando este sustentava que não há como falar em (um) poder constituinte abstrato, visto que tal poder encontra-se sempre referido a um indivíduo (como no caso da concentração da soberania na pessoa do monarca, à época do absolutismo monárquico), um grupo ou um povo.[38]

A relação da titularidade com a legitimidade do poder constituinte, por sua vez, diz respeito ao fato de que, diferentemente das normas infraconstitucionais, que se submetem ao controle de validade diante do texto constitucional vigente, a atuação do poder

---

33. Cf. Bonavides, Paulo. *Curso de direito constitucional*, 16. ed., p. 157-158.
34. Cf., por todos, Souza Neto, Cláudio Pereira de; Sarmento, Daniel. *Direito constitucional*: teoria, história e métodos de trabalho, p. 245.
35. Cf., sobre a evolução e câmbio de sentido da noção de soberania, v., por todos, Grimm, Dieter. *Souveranität. Herkunft und Zukunft eines Schlüsselbegriffs*, p. 9 e ss.
36. Cf., por todos, Grimm, Dieter. *Souveranität. Herkunft und Zukunft eines Schlüsselbegriffs*, p. 9 e ss.
37. Cf. Barroso, Luís Roberto. *Curso de direito constitucional contemporâneo*, p. 103 e ss.
38. Cf. Burdeau, Georges. *Droit constitutionnel et institutions politiques*, p. 85.

constituinte (e, portanto, o próprio conteúdo de sua obra, a constituição) não se legitima por critérios jurídicos preexistentes, pelo menos no sentido da existência de uma normativa formal anterior e diretamente vinculativa.[39]

Cuida-se, portanto, de uma legitimação que não se confunde (como de resto já ocorre, embora não exatamente nos mesmos termos, com a legitimidade da ordem jurídica infra-constitucional) com a noção de legalidade e de validade de uma ordem jurídica em virtude de sua conformidade (formal e material) com uma normativa anterior e superior, mas, sim, o que está em causa é, em linhas gerais, uma legitimidade que está atrelada a basicamente dois fenômenos, quais sejam a forma de elaboração das constituições, em outras palavras, aquilo que se tem designado de legitimidade quanto ao procedimento, e, por outro lado, a legitimidade no que toca ao conteúdo da decisão constituinte, isto é, da observância de determinados valores que justifiquem a autoridade no âmbito da coletividade política.

O problema da titularidade do poder constituinte situa-se precisamente neste contexto, de modo que é preciso, ainda que de modo sumário, apresentar as duas principais concepções que marcaram a evolução constitucional quanto a tal aspecto, designadamente, a teoria da soberania nacional e a teoria da soberania popular,[40] iniciando-se pela já referida doutrina do Abade Sieyès, para quem o titular absoluto do poder constituinte era a nação, razão pela qual também a soberania somente podia ser compreendida como uma soberania nacional.[41]

Para o autor francês, a nação não significava os interesses de um conjunto de homens que a compunha em determinado momento histórico, mas sim a expressão dos interesses permanentes de uma comunidade, de tal sorte que poderia haver, inclusive, contradições entre as duas ordens de interesses.[42] O poder constituinte, que está concentrado na nação, opera, todavia, mediante delegação a um corpo de representantes extraordinários (como os designava o próprio Sieyès), representação esta que se reúne exclusivamente (e apenas por certo tempo) para o propósito de elaboração e aprovação da constituição, distinguindo-se tal corpo de representantes da legislatura ordinária.[43]

De outra parte, para a doutrina constitucional norte-americana, cuja generalização se verificou na maioria dos países que aderiram à democracia constitucional,[44] o titular do poder constituinte é o povo, concepção vinculada à noção de *soberania popular*, que passa a operar como fundamento de legitimidade do próprio exercício do poder constituinte e que pode ser reconduzida especialmente – ressalvadas importantes diferenças – à doutrina de John Locke, na Inglaterra, e de Jean-Jacques Rousseau, na França.[45]

A identificação do povo, contudo, depende da concepção jurídica e política predominante em determinado momento histórico, bastando referir, ao longo do tempo, experiências como as que eram comuns durante a primeira fase do constitucionalismo liberal, onde a possibilidade de votar e de ser votado era, dentre outras limitações (como, por exemplo, a exclusão, por muito tempo, das mulheres), vinculada a determinados requisitos de natureza

---

39. Cf. Barroso, Luís Roberto. *Curso de direito constitucional contemporâneo*, p. 104.
40. Cf., por todos, Souza Neto, Cláudio Pereira de; Sarmento, Daniel. *Direito constitucional*: teoria, história e métodos de trabalho, p. 246 e ss., que também apresentam uma excelente síntese de ambas as concepções.
41. Cf. Sieyès, Emmanuel Joseph. *A constituinte burguesa. Qu'est-ce que le tiers état?*, p. 45 e ss.
42. De acordo com a síntese de Ferreira Filho, Manoel Gonçalves. *O poder constituinte*, 4. ed., p. 13.
43. Sieyès, Emmanuel Joseph. *A constituinte burguesa. Qu'est-ce que le tiers état?*, p. 113 e ss.
44. Cf. Loewenstein, Karl. *Teoría de la constitución*, 2. ed., p. 160.
45. Cf. a referência de Gouveia, Jorge Bacelar. *Manual de direito constitucional*, vol. 1, p. 629.

econômica, tal como ocorreu com o assim chamado voto censitário, praticado inclusive no Brasil, sob a égide da Carta Imperial de 1824.

A gradativa extensão dos direitos políticos, contexto no qual se destacam a tardia inclusão das mulheres, bem como a inserção, em vários casos, de mecanismos de democracia direta por ocasião do exercício do poder constituinte (a exemplo da possibilidade de apresentação de emendas populares durante o processo de deliberação, bem como a submissão do projeto de constituição aprovado na assembleia constituinte ao crivo do povo, mediante referendo) mostra que a noção de povo igualmente se encontra em permanente processo de reconstrução.[46]

5.4 Formas de manifestação (expressão ou exercício) do poder constituinte

5.4.1 Aspectos introdutórios

As formas de manifestação do poder constituinte são diversas, não podendo ser reduzidas a um único modelo ou fórmula. Como bem descreve Gomes Canotilho, é possível resumir com três palavras (revelar, dizer e criar) os traços característicos das três principais experiências constituintes que estão na base do constitucionalismo contemporâneo: a inglesa, a americana e a francesa. Ainda segundo Gomes Canotilho, em passagem que aqui reproduzimos com alguma liberdade, os ingleses compreendem o poder constituinte como um processo histórico de revelação da sua constituição; os americanos dizem num texto escrito, produzido por um poder constituinte, em que consiste o direito fundamental da nação, ao passo que os franceses criam uma nova ordem jurídica e política por meio da destruição do antigo regime e sua substituição por uma nova ordem, expressa por meio de um texto escrito, a constituição.[47]

O primeiro "modelo", representado pela experiência constitucional inglesa (mas que não se limitava, especialmente no que diz com um constitucionalismo no sentido material, ao exemplo inglês), é típico de um "constitucionalismo histórico" avesso à noção de um poder constituinte, portanto, de uma instância de poder capaz de, por si só, inaugurar um novo Estado e de instituir uma nova ordem jurídica e política.[48]

Com efeito, a trajetória constitucional inglesa demonstrou que a reconstrução da ordem constitucional é permanente, razão pela qual a noção de constituição em sentido formal e a noção de um poder constituinte em sentido formal acabaram não encontrando repercussão no ambiente constitucional inglês. Não é por acaso, portanto, que a "Constituição Inglesa", no sentido do conjunto de documentos legislativos constitucionais (como, dentre outros, a Declaração de Direitos, de 1689), costumes e precedentes jurisprudenciais de natureza constitucional, é reconduzida – como já visto na parte sobre a classificação das constituições – à categoria de uma constituição histórica.

---

46. Cf. FERREIRA FILHO, Manoel Gonçalves. *O poder constituinte*, 4. ed., p. 30-31.
47. Cf. CANOTILHO, J. J. Gomes. *Direito constitucional e teoria da constituição*, p. 68-69.
48. Cf., novamente, CANOTILHO, J. J. Gomes. *Direito constitucional e teoria da constituição*, p. 69.

64 ○ INGO WOLFGANG SARLET

Diversamente da Inglaterra (e de outras – atualmente poucas – experiências similares),[49] tanto a experiência norte-americana quanto a francesa – amplamente secundadas na evolução constitucional posterior, pelo menos no mundo ocidental – têm em comum o fato de atribuírem centralidade à noção de poder constituinte. Todavia, as diferenças são significativas e não podem simplesmente ser desconsideradas.

Para os americanos, trata-se, no caso do poder constituinte, de um momento fundacional, de criação da nova ordem constitucional, ordem esta que assume a função de assegurar os direitos e garantias dos americanos e de limitar o poder, de modo que o poder constituinte, diversamente do que ocorreu no caso da França, assume a condição de instrumento para o estabelecimento da nova ordem.[50]

Já no caso da França, notadamente em face do contexto no qual a própria construção teórica do poder constituinte e da soberania nacional foi formulada, a vinculação (na doutrina de Sieyès) das noções de poder constituinte e de nação fez com que a ideia motriz fosse em parte distinta. A este respeito, como bem formula Gomes Canotilho, "os franceses 'criam' uma nova ordem jurídico-política por meio da 'destruição do antigo' e da 'construção do novo', traçando a arquitectura da nova 'cidade política' num texto escrito – a constituição".[51]

Mas as diferenças não terminam aí! Outro diferencial importante, que tem origem na teorização de Sieyès, foi o recurso à ideia de soberania nacional, em substituição à noção de soberania popular, já que a nação, como entidade abstrata, distinta do povo, tornou necessária a inserção da figura da representação, de tal sorte que o poder constituinte não é mais exercido diretamente pelo povo, mas, sim, pelas assembleias eleitas pelo povo.[52]

Ainda no que diz com as formas de expressão (manifestação) do poder constituinte, é preciso atentar para o fato de que, no que diz com o poder constituinte, é possível distinguir entre formas democráticas e não democráticas de exercício (expressão) do poder constituinte. No primeiro caso, a fórmula habitualmente utilizada (portanto, referimo-nos às hipóteses mais comuns e que correspondem à ampla maioria) consiste na eleição, portanto, mediante um processo democrático, de uma assembleia constituinte, na condição de órgão encarregado da elaboração do novo texto constitucional.

5.4.2 As formas democráticas de exercício do poder constituinte

No âmbito das assim chamadas formas democráticas de exercício do poder constituinte é comum que se estabeleça uma distinção entre dois modelos básicos, que, por sua vez, podem ser desdobrados em outros dois. Assim, é possível identificar uma assembleia constituinte soberana, que poderá ser exclusiva ou não, e uma assembleia constituinte não soberana, que igualmente poderá ser ou não exclusiva. No primeiro caso, da assembleia

---

49. Enquadram-se no modelo de matriz inglesa, ainda que se registrem importantes variações, a Constituição da Nova Zelândia e a Constituição da Austrália, apenas para referir dois exemplos bem conhecidos de Estados cujas constituições não são formadas por um único documento, mas, sim, por um conjunto de documentos constitucionais, costumes, tratados e precedentes, muito embora haja uma série de reformas aproximando as Constituições de ambos os países cada vez mais de uma noção de constituição escrita.

50. Cf. CANOTILHO, J. J. Gomes. *Direito constitucional e teoria da constituição*, p. 70.

51. Idem, p. 68-69.

52. Cf. VEGA, Pedro de. *La reforma constitucional y la problemática del poder constituyente*, p. 32.

soberana, cuida-se de um órgão eleito com a finalidade de elaborar e aprovar a constituição, excluída qualquer participação adicional do povo, seja por meio de plebiscito, seja por meio de referendo. Já a assembleia não soberana é eleita apenas com a finalidade de elaborar e discutir o projeto de constituição, mas a entrada em vigor do texto constitucional se dá apenas após a sua aprovação pelo povo, mediante referendo.[53] Neste caso ou em casos similares (como ocorreu quando da elaboração da Constituição norte-americana, em 1787),[54] a palavra final é devolvida ao povo para sua direta manifestação como titular propriamente dito do poder constituinte. As duas modalidades (assembleia soberana e não soberana), por sua vez, podem ser formadas com a finalidade e competência exclusiva de elaboração da constituição (aqui se fala em assembleia constituinte exclusiva) ou acumular atribuições, notadamente a de seguir (mesmo enquanto atuando como assembleia constituinte) operando como Poder Legislativo, a assim chamada assembleia constituinte não exclusiva.

Na história constitucional brasileira, a tradição se mostra mais afinada com a instauração de assembleias não exclusivas, excetuando-se a assembleia constituinte de 1933.[55] No que tange à assim chamada assembleia constituinte soberana, ou seja, aquela que prescinde de ratificação popular do texto elaborado pela assembleia, é possível arrolar as Constituintes de 1890-1891, de 1933-1934, de 1946, de 1967 e, por fim, a de 1987-1988. Registre-se que, no caso da Constituição de 1937, havia a previsão de uma consulta popular que, todavia, nunca foi realizada. No que diz com a Constituição Federal de 1988, esta chegou a ser criticada precisamente pelo fato de não ter sido elaborada por uma assembleia constituinte exclusiva, o que, todavia, não é suficiente – por si só – para lhe retirar sua legitimidade democrática, visto que esta não está atrelada a determinado tipo de procedimento – democrático – de elaboração da constituição.

Por outro lado, embora as modalidades referidas, desde que a noção de uma assembleia constituinte seja compreendida em sentido elástico, possam ser aceitas como corretas, é preciso observar que nem todas as experiências constitucionais reconhecidas como democráticas podem ser reconduzidas a alguns modelos fixos. As possibilidades quanto ao modo de exercício (incluindo o modo de convocar, estruturar e regulamentar a atuação de uma assembleia constituinte) são múltiplas.

Apenas para citar um importante exemplo, veja-se o caso da Lei Fundamental da Alemanha, de 1949, cujo texto resultou de um processo estruturado em várias etapas, sob a supervisão e posterior aprovação pelas forças de ocupação aliadas. Num primeiro momento, foi convocada uma conferência dos presidentes dos Estados alemães, que, por sua vez, organizou um comitê responsável pela elaboração de um projeto de constituição. Na sequência, tal projeto foi objeto de apreciação, deliberação e aprovação pelo Conselho Parlamentar (*Parlamentarischer Rat*), integrado por 65 representantes eleitos pelas assembleias estaduais da Alemanha Ocidental. Finalmente, após a aprovação pelas forças de ocupação, o

---

53. Cf. a classificação apresentada por Canotilho, J. J. Gomes. *Direito constitucional e teoria da constituição*, p. 78-90.
54. Com efeito, no caso da Constituição dos EUA, o projeto elaborado na Convenção da Filadélfia foi posteriormente submetido à aprovação popular, não mediante referendo, mas por meio da realização de convenções reunidas nos diversos Estados americanos. Aliás, também as emendas à Constituição norte-americana devem ser aprovadas nos respectivos Estados da Federação, mas não mais por meio de convenções especialmente reunidas, mas, sim, pelas Assembleias Legislativas de cada Estado-membro.
55. Cf., Bonavides, Paulo; Andrade, Paes de. *História constitucional do Brasil*, p. 297.

documento aprovado pelo Conselho Parlamentar passou pela aprovação (era exigida a aprovação por 2/3 dos Estados) dos Estados, o que ocorreu mediante votação no âmbito das assembleias estaduais, procedimento que substitui o referendo popular inicialmente exigido pelas forças de ocupação.[56]

Note-se, portanto, que não houve eleição direta pelo povo dos integrantes, nem da comissão que elaborou o anteprojeto, nem do Conselho Parlamentar, e, além da necessidade de submissão do texto à aprovação prévia por parte dos representantes das forças de ocupação aliadas (EUA, Inglaterra e França) da região que veio a se tornar a antiga República Federal da Alemanha (Alemanha Ocidental), o texto, na sua versão final, também não foi submetido à consulta popular direta. Ainda assim, nem o diferenciado modo de exercício do poder constituinte, mas tampouco o fato de a Lei Fundamental ter sido elaborada em caráter provisório (enquanto não ocorresse a reunificação alemã), mas também a circunstância de que mesmo quando esta sobreveio, em 1989, não tenha sido realizada consulta popular a respeito da manutenção da Lei Fundamental elaborada em 1949, conduziram, a despeito de algumas críticas, a uma negação da legitimidade democrática da Lei Fundamental, além do fato de esta ser considerada a Constituição da Alemanha, hoje unificada.

Outro exemplo digno de nota nos vem dos EUA, pois é de se recordar que os representantes dos Estados que integravam a Confederação estabelecida no decurso da luta pela independência também não haviam sido eleitos para a Convenção da Filadélfia (que passou a ser conhecida como Convenção Constitucional) com mandato para a elaboração da Constituição, mas, sim, para revisar os Artigos da Confederação; tendo, inclusive, sido formulada a acusação de uma usurpação do mandato original, ainda que posteriormente o documento aprovado em 1787 na Filadélfia tivesse sido submetido à aprovação no âmbito do Congresso de representantes (igualmente não eleito com a finalidade específica e exclusiva de aprovar o texto inicial), antes de ser então submetido à ratificação pelos Estados[57].

Com tais exemplos, que poderiam ser multiplicados, mas que são, por si sós, emblemáticos, o intento é demonstrar que as modalidades acima apresentadas não correspondem a um esquema fechado e revelam que não podem, ademais, ser tomadas como indicativos exclusivos de aferição de maior ou menor legitimidade de uma determinada constituição.

5.4.3 A revolução como forma da manifestação do poder constituinte

Há casos, contudo, em que o caráter democrático do processo constituinte é de ser refutado, muito embora exista uma constituição normativa e essa igualmente não tenha surgido de um processo de geração espontânea.

Assim, há que reconhecer que não se pode pura e simplesmente desconsiderar a existência de formas não democráticas (portanto, em determinado sentido, ilegítimas) de expressão do poder constituinte, como é o caso da outorga de uma nova constituição por parte de um ditador, determinado grupo que assume o poder político etc., como ocorre no caso das constituições outorgadas. Considerando-se apenas o povo como titular do poder constituinte, a própria referência a um modo não democrático de manifestação (exercício) do poder constituinte se revela como contraditória, mas a experiência histórica segue

---

56. Cf. por todos, ZIPPELIUS, Reinhold. *Kleine Deutsche Verfassungsgeschichte*, 7. ed., p. 153 e ss.
57. Cf. por todos, BERKIN, Carol. *The Bill of Rights*. The Fight to Secure America's Liberties, New York: Simon & Schuster, 2015, p. 5 e ss.

Do poder constituinte e da mudança (reforma e mutação) constitucional ○ 67

demonstrando a existência de casos de constituições que não foram o resultado direto de um processo democrático e cuja elaboração não se deu nos moldes das variações acima referidas.

A própria Constituição Imperial de 1824, a Constituição do Estado Novo e a forma pela qual foi imposta a Emenda 1 à Constituição de 1967, apenas para ficarmos na evolução constitucional brasileira, são mostras disso. O fato de se poder, em certo sentido, dizer que se trata de outra coisa e não de verdadeiras constituições não altera a circunstância de que tais Constituições estiveram em vigor e como tais vincularam os poderes constituídos.

Nesse contexto, oportuna a referência ao assim chamado poder constituinte revolucionário, em outras palavras, à revolução como forma de manifestação (expressão) do poder constituinte, situação que, de resto, radica na base de um expressivo número de constituições ao longo da história constitucional.[58] Trata-se aqui da "mais radical das formas de expressão do poder constituinte originário",[59] visto que a revolução consiste, muitas vezes, no "único remédio contra o arbítrio e a ilegalidade, quando falharem todos os processos constitucionais e legais criados para impedi-los", ou mesmo quando se trate de movimentos destinados a (re)instaurar a própria ideia de direito e justiça numa sociedade,[60] como dão conta, entre outros, os emblemáticos casos da Revolução Francesa e da Revolução Bolchevista na Rússia, embora haja evidentes diferenças entre elas, inclusive no que diz com a matriz constitucional implantada.

Antes, contudo, de seguirmos com a apresentação dos contornos do poder constituinte revolucionário é preciso explicitar o próprio conceito de revolução. Nesse sentido, é possível, de modo simplificado, falar de um conceito sociológico e de um conceito jurídico de revolução. Na primeira acepção, ou seja, num sentido sociológico, "revolução é um processo de mudanças rápidas e profundas da estrutura de uma sociedade e de seu sistema de poder, geralmente acompanhado de muita violência", ao passo que, no seu sentido jurídico, a revolução consiste na ruptura de um ordenamento jurídico e a instauração de um novo, mediante processo não regulado pelo ordenamento anterior.[61]

A revolução no sentido sociológico, ou revolução propriamente dita, não pode, portanto, ser confundida com um mero golpe de Estado, pois este não implica transformação profunda nas estruturas da sociedade, mas se caracteriza pela alteração na estrutura de dominação política por meios inconstitucionais, como, no caso da revolução brasileira, ocorreu com a ditadura do Estado Novo e o golpe militar de 1964, que tiveram, inclusive, especialmente no caso do segundo, caráter reacionário. Por outro lado, um golpe de Estado implica uma revolução no sentido jurídico, em virtude da ruptura da ordem jurídica, que justamente se caracteriza por uma ruptura que opera tanto no plano material (substituição de uma ordem constitucional por outra diferente quanto ao conteúdo) quanto na esfera formal, definida pelo fato de a substituição ter ocorrido em desacordo com os procedimentos constitucionais precedentes.[62]

---

58. Cf. lembra Morais, Carlos Blanco de. *Curso de direito constitucional*, op. cit., p. 203.
59. Cf. Ruschel, Ruy Ruben. *Direito constitucional em tempos de crise*, p. 59.
60. Cf. Teixeira, José Horácio Meirelles. *Curso de direito constitucional*, p. 217.
61. Cf. a distinção apresentada por Ruschel, Ruy Ruben. *Direito constitucional em tempos de crise*, p. 59-60.
62. Idem, p. 60-61.

Assim, é correto afirmar que uma revolução em sentido sociológico implica uma revolução em sentido jurídico (a mudança nas estruturas sociais e políticas exige uma substituição da ordem jurídica), mas uma revolução em sentido apenas jurídico (que pode advir, por exemplo, até mesmo de um golpe de Estado) não será uma revolução em sentido sociológico.

Explorando o elo entre a revolução e o poder constituinte, Antonio Negri sustenta que o poder constituinte opera como uma força que interrompe e desfaz todo o equilíbrio preexistente e toda a continuidade possível, de tal sorte a poder ser definido como um procedimento de caráter absoluto e ilimitado, razão pela qual a constituição, em sentido político, é a própria revolução.[63]

O vínculo entre a revolução e o poder constituinte consiste precisamente no fato de que, quando se manifesta a revolução, o poder constituinte – cuja atuação permanece sustada (como se estivesse num estágio de hibernação) enquanto os poderes constituídos funcionam regularmente – volta a operar até a entrada em vigor de uma nova constituição que venha a substituir a ordem jurídico-constitucional anterior.[64] Por tal razão, *o assim chamado ciclo revolucionário se caracteriza por duas etapas*, nomeadamente, uma fase na qual se dá a ruptura com a ordem anterior, de maneira abrupta ou gradual, e um segundo momento, por ocasião do qual é instaurada, mediante a promulgação de uma nova constituição, uma nova ordem jurídica.[65]

Importa agregar, para melhor explicitação de como se processa, no seu conjunto, o ciclo revolucionário, no qual atua o assim chamado poder constituinte revolucionário, que ambas as etapas podem ocorrer de modo bastante diferenciado, não seguindo um padrão uniforme. Com efeito, basta recorrer à experiência brasileira, para constatar que, em 1937, o golpe do Estado Novo, acompanhado pela outorga de uma nova Constituição, praticamente substituiu de um momento para outro a ordem jurídica anterior. O mesmo não ocorreu em 1964, visto que, embora iniciada a ruptura, o poder constituinte revolucionário, mediante a produção de atos normativos do comando revolucionário (os conhecidos atos institucionais, entre outros), acabou apenas revogando em parte a então vigente Constituição de 1946, que seguiu vigorando em grande medida, até sua completa substituição em 1967.

Durante o tempo que se situa entre a ruptura constitucional e a reconstitucionalização – período este que costuma ser designado *hiato constitucional*[66] – verifica-se o estabelecimento do que se designou de uma "ditadura soberana" (para utilizar a fórmula proposta por Carl Schmitt),[67] que produz uma espécie de direito constitucional (material) provisório, consistente de atos normativos editados pelas lideranças revolucionárias e destinados a regular provisoriamente a situação. Tais atos normativos caracterizam-se por seu caráter provisório e por serem atos que, uma vez emanados em função da atuação do poder constituinte revolucionário, são cogentes e superiores, até mesmo em relação ao direito constitucional anterior.

Também aqui a experiência histórica brasileira é prenhe de exemplos que ilustram o *modus operandi* do poder constituinte revolucionário, inclusive no que diz com a produção

---

63. NEGRI, Antonio. *O poder constituinte*: ensaios sobre as alternativas da modernidade, p. 21 e ss. e p. 40.
64. Cf. RUSCHEL, Ruy Ruben. *Direito constitucional em tempos de crise*, p. 62.
65. Idem, p. 62.
66. Cf. a terminologia utilizada por DANTAS, Ivo. *Poder constituinte e revolução*, p. 55.
67. Cf. SCHMITT, Carl. *Verfassungslehre*, 9. ed., p. 58-60.

DO PODER CONSTITUINTE E DA MUDANÇA (REFORMA E MUTAÇÃO) CONSTITUCIONAL ○ 69

de um direito constitucional provisório, como dão conta, entre outros, o Dec. 1, de 15.11.1889, que instituiu o governo provisório da Primeira República, bem como o Dec. 19.308, de 11.11.1930, que criou o governo provisório da assim chamada Segunda República, documentos que tiveram o condão de revogar a ordem constitucional anterior e regular a vida política até a promulgação de uma nova constituição. O mesmo pode ser dito, ainda no caso brasileiro, em relação ao Ato Institucional 1, de 09.04.1964, que, entre tantos outros atos do governo militar, acabou por revogar em boa parte a Constituição de 1946.[68]

Uma vez compreendido, em termos gerais, no que consiste a fase da ruptura e a etapa subsequente, é preciso enfatizar que a reconstitucionalização, como segunda etapa da atuação do poder constituinte revolucionário, implica, como já frisado, a instauração de uma nova ordem constitucional, mediante a entrada em vigor de uma nova constituição. O fato de a ruptura ter sido mais ou menos violenta, de ter operado mais ou menos transformações nas estruturas econômicas, sociais e políticas, não impede que a nova ordem jurídico-constitucional seja instaurada de forma democrática. A revolução, muitas vezes já sustentada pelo povo (ver os casos da Revolução Francesa, Mexicana, Bolchevista, Chinesa, Cubana, dentre tantas outras), pode passar (e é bastante frequente que assim seja) por um processo de legitimação democrática que, no concernente à instauração de uma nova ordem constitucional, passa pela via democrática de elaboração e aprovação da nova constituição escrita.

A assim chamada "reconstitucionalização" pode, portanto, ocorrer de forma não democrática, mediante a outorga de uma constituição (no Brasil, é o caso da Constituição de 1937), ou pode recorrer às diversas modalidades democráticas de elaboração de uma constituição, seja por meio de consulta popular direta, seja pela eleição de uma assembleia constituinte.[69] Evidentemente, há que examinar, em outro plano, se a constituição resultante do processo é legítima ou não, o que guarda relação com o modo democrático de exercício do poder constituinte.

Por outro lado, seja qual for a forma de expressão do poder constituinte, democrática ou não, é certo que a atuação de uma assembleia constituinte, ou mesmo a outorga de uma constituição, não surgem do nada, mas são a consequência de um conjunto de fatores (e decisões políticas) anteriores. É nesta perspectiva que se fala também em um "impulso constituinte", numa "situação constituinte" ou mesmo, de modo mais preciso, de "decisões pré-constituintes",[70] que se situam numa fase que pode ser também designada de pré-constituinte, mas que de algum modo já integra o processo constituinte no seu conjunto. Cuida-se de situações em geral complexas e bastante diversificadas, a depender da realidade concreta de onde se manifestam, e que acabam envolvendo tanto decisões políticas no sentido da elaboração de uma nova constituição, como a edição de leis constitucionais de caráter provisório, que, além de regularem em caráter precário a organização e exercício do poder, buscam estabelecer os contornos do regramento jurídico do processo constituinte.[71]

Nesse sentido, percebe-se que uma nova constituição pode ter (e muitas vezes teve e ainda tem) um processo revolucionário na sua origem, processo que pode terminar de modo democrático, mediante convocação e eleição de uma assembleia constituinte. Se isso é

---

68. Para um aprofundamento do tópico e mais exemplos, v., por todos, RUSCHEL, Ruy Ruben. *Direito constitucional em tempos de crise*, p. 63-64 e p. 71 e ss.

69. Idem, p. 67.

70. Cf. a terminologia utilizada por CANOTILHO, J. J. Gomes. *Direito constitucional e teoria da constituição*, p. 77.

71. Idem, p. 77-78.

possível, também a circunstância de que a assembleia constituinte tenha sido convocada pelo próprio Poder Legislativo (na condição de poder constituído), conforme, aliás, ocorreu precisamente com a atual Constituição Federal, visto que a assembleia constituinte, que elaborou a nossa atual Carta Constitucional foi convocada por meio da EC 26, de 27 de novembro de 1985, não implica, por si só, a ilegitimidade da nova ordem constitucional.

5.5 Limites e condicionamentos do poder constituinte?

A teoria originalmente elaborada por Emmanuel Sieyès foi marcada pela influência da doutrina do direito natural, que dominava ao final do século XVIII, de modo que, para o autor francês, o poder constituinte apenas seria condicionado pelo direito natural.[72] Como instância anterior e superior ao direito positivo, o poder constituinte não se encontraria, portanto, subordinado a qualquer espécie de limite ou condição imposto por norma jurídica anterior ou superior, de modo a se falar mesmo de uma onipotência do poder constituinte.[73]

Tal compreensão, ainda que eventualmente reproduzida em alguma literatura, não corresponde mais ao entendimento prevalente na quadra atual da evolução e, de resto, sempre encontrou resistência. "Muito embora se possa afirmar que o poder constituinte seja ilimitado, livre e autônomo na sua condição de força social e política, especialmente em relação a uma ordem jurídico-constitucional formal anterior (no sentido de vinculado no âmbito de um esquema normativo hierarquizado), isso não significa que se trate de um poder totalmente ilimitado e, portanto, completamente livre do direito, já que seu exercício encontra-se condicionado tanto pela realidade fática quanto por determinados valores civilizatórios, pelos direitos humanos e pela justiça".[74] Dito de outro modo, acompanhando Virgílio Afonso da Silva, o poder constituinte não é "ilimitado no sentido de poder criar *qualquer* constituição".[75]

Como bem averba Gomes Canotilho, "este sujeito constituinte, este povo ou nação, é estruturado e obedece a padrões e modelos de conduta espirituais, culturais, éticos e sociais radicados na consciência jurídica geral da comunidade e, nesta medida, considerados como 'vontade do povo', ao que se soma a observância de determinados princípios de justiça, bem como a necessária sintonia com os princípios gerais e estruturantes do direito internacional",[76] muito embora haja polêmica em torno não apenas da vinculação em si do poder constituinte ao direito internacional, mas também da forma pela qual se processa tal vinculação,[77] tema, aliás, de crescente relevância, considerando a tendência de afirmação de uma ordem constitucional global e transnacional. De outra parte, quando se fala em limites jurídicos do poder constituinte, há que reconduzir tais limites à noção mais ampliada de limites

---

72. SIEYÈS, Emmanuel Joseph. *A constituinte burguesa. Qu'est-ce que le tiers état?*, p. 48.

73. Cf. CANOTILHO, J. J. Gomes. *Direito constitucional e teoria da constituição*, p. 81.

74. BARROSO, Luís Roberto. *Curso de direito constitucional contemporâneo*, p. 110.

75. SILVA, Virgílio Afonso da. *Direito Constitucional Brasileiro, op. cit., p. 47.*

76. Cf. CANOTILHO, J. J. Gomes. *Direito constitucional e teoria da constituição*, p. 81.

77. Negando, na prática, uma vinculação ao direito internacional, v. FERREIRA FILHO, Manoel Gonçalves. *O poder constituinte*, p. 72. Também o STF parece comungar de tal compreensão, já que assegura aos tratados internacionais de direitos humanos apenas uma hierarquia supralegal, portanto, situada abaixo da Constituição, muito embora a crescente valorização, no âmbito do STF, do direito internacional, notadamente em matéria de direitos humanos.

historicamente construídos, que incluem limitações de ordem religiosa, moral, econômica, dentre outros que poderiam ser referidos.[78]

Nessa perspectiva, assumindo-se como correta a premissa de que o poder constituinte não é, por inteiro, um poder ilimitado (inclusive, e de certo modo, no sentido jurídico), é possível falar de condicionamentos de caráter pré-constituinte e pós-constituinte.[79] Tais condicionamentos, como já referido, poderão ser de natureza não jurídica ou jurídica, envolvendo aspectos heterônomos (externos) e limites internos, que assumem a feição de uma autorregulação e, ao mesmo tempo, de uma autolimitação da função constituinte.[80]

No que diz com os limites anteriores à elaboração do texto constitucional, situam-se aspectos envolvendo o ato convocatório da assembleia constituinte, o processo de escolha dos membros constituintes e o próprio procedimento de deliberação, de tal sorte que se trata de normas que disciplinam o procedimento e a participação na elaboração do texto constitucional, mas que são resultado já da própria atuação do poder constituinte no plano de sua autorregulação.[81]

Como elementos condicionantes pós-constituintes, é possível elencar a eventual ratificação popular da constituição, embora isso não se verifique em todos os casos.[82] Ademais, na esfera dos fatores externos, assume especial relevância a já referida vinculação do poder constituinte aos valores sociais e políticos que levaram à sua convocação, destacando-se, neste contexto, a ética, a dignidade da pessoa humana, a liberdade e a ideia geral de igualdade, bem como a noção de direitos humanos fundamentais que, como demonstra a evolução constitucional, marca presença em praticamente todos os documentos constitucionais modernos, pelo menos no que diz com sua previsão textual, ainda que bastante diversificada no respeitante à sua formulação.

Mesmo que se admita a ideia de uma vinculação do poder constituinte a determinados princípios supranacionais de justiça, é questionável que aqui se trate de uma inconstitucionalidade originária, caso determinada constituição venha a contrariar tais princípios e chancelar situações de grave injustiça de descaso com os direitos humanos.[83] O problema, no nosso sentir, situa-se mais no plano da legitimidade da constituição e mesmo, do ponto de vista jurídico-formal, de eventual violação do direito internacional, que poderia levar até mesmo ao afastamento da aplicação da norma constitucional ofensiva a tais princípios superiores, discussão que aqui, contudo, não pretendemos, ao menos por ora, desenvolver.

---

78. Cf. ROTHENBURG, Walter Claudius. *Direito constitucional*, p. 73.

79. BARROSO, Luís Roberto. *Curso de direito constitucional contemporâneo*, p. 110.

80. Cf. ROTHENBURG, Walter Claudius. *Direito constitucional*, p. 73-75.

81. BARROSO, Luís Roberto. *Curso de direito constitucional contemporâneo*, p. 110 e ss.

82. Além do referendo popular, a constituição pode ser aprovada por meio da ratificação dos Estados-membros, cujo exemplo mais significativo pode ser extraído da própria Constituição dos Estados Unidos, elaborada na Filadélfia, em 1787, e submetida ao crivo dos Estados da Federação.

83. Sobre o tópico v., dentre tantos, SOUZA NETO, Cláudio Pereira de; SARMENTO, Daniel. *Direito constitucional*: teoria, história e métodos de trabalho, p. 253. Sobre o ponto (mais precisamente a respeito de uma vinculação do poder constituinte originário e soberano a uma ordem anterior e superior de justiça, na linha de um direito natural), calha colacionar o magistério de Carlos Blanco de Morais, no sentido de que "o jus-naturalismo mostra-se inapto como fundamento objetivo de limitação jurídica do poder constituinte, em razão: do carácter instável e movediço dos bens jurídicos fundamentais que o pressupõem; da leitura subjetivista que se poderá fazer dos referidos bens; e da falta de sua aceitação plena na comunidade, como um dever ser objetivo" (*Curso de direito constitucional*, t. II, p. 223).

Ainda no que diz com o problema dos limites do poder constituinte, verifica-se que, a partir do estabelecimento de uma primeira constituição formal (constituição normativa), determinado Estado – e a regra no âmbito do constitucionalismo moderno é mesmo esta – costuma ter mais de uma constituição, de modo que se justifica a indagação em torno da circunstância de que o novo constituinte encontra-se vinculado a determinada tradição constitucional, como se o que existisse não fosse propriamente a elaboração de uma nova constituição, mas, sim, de uma espécie de revisão ampla (por vezes nem tão ampla) da constituição anterior, ainda que formalmente se fale em uma nova ordem constitucional originária.

Até mesmo a previsão, em determinada constituição, de "cláusulas pétreas" (limites materiais à reforma constitucional) apenas vincula os poderes constituídos, designadamente o poder de reforma, mas não é de observância obrigatória pelo poder constituinte superveniente, de modo que também nesse caso se cuida de conteúdos que também se encontram sob uma reserva de poder constituinte.[84] A identidade (e sua continuidade e afirmação) constitucional que se busca salvaguardar mediante a previsão de tais limites materiais é sempre a daquela determinada constituição e não necessariamente de todas as constituições de determinado Estado, por mais que haja uma identificação entre os diversos textos constitucionais.

Aliás, *o quanto uma nova constituição guarda sintonia (e mesmo reproduz em boa parte o texto) com a constituição imediatamente anterior ou mesmo com a própria tradição constitucional pretérita guarda relação com a decisão do constituinte histórico (portanto, também uma autovinculação) de manter a maior afinidade possível com a constituição material e com os valores dominantes no corpo social*, o que, por sua vez, reflete nos níveis de legitimidade da nova ordem constitucional. Contudo, falar-se, também aqui, de limites jurídicos apenas faz sentido se não se tomar tal limitação, como já destacado, no sentido de uma subordinação jurídico-formal.

II – TEORIA DA MUDANÇA CONSTITUCIONAL – A REFORMA E A MUTAÇÃO CONSTITUCIONAL

5.6 Generalidades e distinção entre as diversas formas de mudança constitucional: processos formais e informais (mutação constitucional)

Constitui noção amplamente difundida e aceita, no âmbito da evolução do constitucionalismo moderno, que uma das funções da constituição é a de assegurar um nível adequado de estabilidade às instituições políticas e jurídicas. Não apenas por isso, mas também por tal razão, a rigidez constitucional, traduzida pela dificuldade maior de alteração do texto constitucional em relação ao processo legislativo ordinário, serve ao propósito de garantir a permanência e a estabilidade, embora não a imutabilidade da constituição. Tal estabilidade no mais das vezes abrange também garantias contra a supressão de determinados conteúdos da constituição blindados até mesmo contra a ação do poder de reforma constitucional,

---

84. Cf., WALDHOFF, Christian. Entstehung des Verfassungsgesetzes. In: DEPENHEUER, Otto; GRABENWARTER, Christoph (Ed.). *Verfassungstheorie*, p. 312.

Do poder constituinte e da mudança (reforma e mutação) constitucional ∘ 73

conteúdos que passaram a ser conhecidos também como "cláusulas pétreas" ou "garantias de eternidade" (do alemão *Ewigkeitsklauseln*), que serão analisadas mais adiante.

O que se percebe, todavia, é que as constituições, ainda que de modo bastante diversificado entre si, regulam as garantias de sua própria estabilidade e permanência, mas também reservam espaço para a possibilidade de mudança de seu próprio texto, e, portanto, de seu próprio conteúdo. Justamente para que a constituição permaneça em vigor, não apenas simbolicamente, como uma mera "folha de papel" (Ferdinand Lassale),[85] e cumpra sua função estabilizadora, é preciso que ela seja sempre também um projeto em permanente reconstrução, aberto ao tempo e ao câmbio da realidade, de tal sorte que permanência, estabilidade e mudança não são incompatíveis entre si, mas, pelo contrário, constituem exigências recíprocas e que se retroalimentam, desde que guardado o necessário equilíbrio.

Mas o fenômeno da mudança não se limite aos instrumentos previamente regulados de alteração textual da constituição escrita, incluindo outras possibilidades e mecanismos de mudança. Assim, de acordo com a lição de Jorge Miranda, se a modificação das constituições representa "um fenômeno inelutável da vida jurídica" e que, "mais do que modificáveis, as constituições são modificadas", também é verdade que são variáveis "a frequência, a extensão e os modos como se processam as modificações".[86] Considerando, portanto, que a mudança constitucional é algo que integra a própria natureza do constitucionalismo e do direito constitucional, é preciso identificar, num primeiro momento, quais as modalidades (mecanismos) de mudança constitucional que podem ser encontradas na literatura e na experiência concreta do constitucionalismo. Nessa perspectiva, num ambiente marcado pela absoluta prevalência de um modelo de constituições rígidas, é possível distinguir entre duas formas de mudança constitucional: os mecanismos formais de mudança constitucional e os assim chamados mecanismos informais, também conhecidos como mutações constitucionais, ou mudanças tácitas.

Quanto aos meios (mecanismos ou instrumentos) formais, cuida-se da alteração do texto constitucional por meio da atuação do poder de reforma constitucional, o que se verifica mediante um processo previamente (pelo menos quanto aos seus aspectos nucleares) estabelecido pelo poder constituinte, o qual também determina quais os limites (formais e materiais) impostos ao poder de reforma, o que será objeto de exame mais detalhado logo a seguir. No âmbito da chamada mudança informal, não há, a rigor, alteração do texto normativo, mas sim alteração no que diz com a aplicação concreta de seu conteúdo a situações fáticas que se modificam no tempo, geralmente pela via da interpretação constitucional, fenômeno designado, como já referido, de "mutação constitucional", no sentido de uma mudança constitucional que, embora altere o sentido e alcance da constituição, mantém o texto constitucional intacto.

Importante, antes de adentrarmos no exame de cada uma das duas modalidades (mudança formal e informal), é que se compreenda que a mudança formal é assim designada, pelo menos de acordo com o entendimento amplamente majoritário, não pelo fato de ser promovida por um órgão formalmente instituído e regulado na constituição, mas, sim, por se tratar de um processo de mudança que implica alteração do texto constitucional, ou seja,

---

85. Lassale, Ferdinand. *Que é uma constituição?*, 2. ed.
86. Cf. Miranda, Jorge. *Manual de direito constitucional*, 2. ed., v. 2, p. 108.

da constituição formal e instrumental.[87] Neste contexto, não se deve olvidar que a mutação constitucional, no sentido da mudança promovida sem alteração textual, pode ocorrer pela via da interpretação, ou seja, pela atuação de um órgão criado pela constituição (portanto, neste sentido, poderia também ser designada de uma mudança formal!), mas não é neste sentido que, consoante já explicitado, se compreendem as mudanças informais (mutações), mas sim pelo fato de não implicarem alteração do texto da constituição.[88] Iniciaremos pelo mecanismo habitual da mudança formal, que se manifesta por meio do exercício da competência (poder) de reforma constitucional, para, mais adiante, voltarmos ao problema dos mecanismos informais, no âmbito da noção de mutação constitucional.

5.7 O poder de reforma da Constituição

5.7.1 Questões terminológicas

No que diz com o plano terminológico é preciso formular acordo semântico, já que na literatura podem ser encontradas diversas expressões, por vezes utilizadas como sinônimas, todavia nem sempre com o necessário rigor, eventualmente gerando até mesmo alguma incompreensão quanto ao seu correto significado. Nesse sentido, as expressões do poder constituinte derivado (ou mesmo poder constituinte instituído, secundário ou de segundo grau), poder constituinte reformador ou poder de reforma (ou revisão) constitucional, aqui apenas elencadas algumas das mais habituais, exigem uma nota explicativa.

Considerando a distinção entre o poder constituinte originário (ou simplesmente poder constituinte) e o poder de reforma constitucional, que, em verdade, é sempre instituído, regulado e limitado pela constituição originária (ou seja, pelo poder constituinte), de modo a não "constituir" propriamente a ordem estatal, *cada vez mais autores têm abandonado a expressão poder constituinte derivado, mediante o argumento de que, se tal expressão do poder constituinte é derivada, não há falar propriamente em poder constituinte.*[89] Por tais razões, aqui apresentadas de forma sumária, é que *se opta pela terminologia poder de reforma constitucional, ou simplesmente poder de reforma ou poder reformador.* O mesmo se aplica ao assim chamado poder constituinte decorrente, que, para muitos, assume a condição de manifestação especial do assim chamado poder constituinte derivado, já que igualmente instituído e limitado pelo poder constituinte (originário).[90] Trata-se, no caso, do poder constituinte dos Estados integrantes de uma Federação que, todavia, será objeto de análise mais detida no capítulo destinado à organização do Estado, em que o princípio federativo e, de consequência, a constituição dos Estados-membros da Federação ocupam um lugar de destaque.

---

87. Cf., por todos, Barroso, Luís Roberto. *Curso de direito constitucional contemporâneo*, p. 123.

88. Para uma perspectiva crítica em relação à distinção entre mudança formal e informal, v. na literatura brasileira, por todos, Antunes, Marcos Vinicius Martins. *Mudança constitucional:* o Brasil pós-88, especialmente p. 69 e ss.

89. Nesse sentido, no âmbito da doutrina brasileira, v., por todos, Barroso, Luís Roberto. *Curso de direito constitucional contemporâneo*, p. 144-145.

90. Ferreira Filho, Manuel Gonçalves. *Curso de direito constitucional*, 1999, p. 28.

Assim sendo, em apertada síntese, para que daqui em diante possamos padronizar a terminologia, adotamos o esquema que segue: 1. poder constituinte; 2. poder de reforma (ou poder de reforma constitucional); 3. poder constituinte dos Estados-membros.

5.7.2 Natureza, características e funções do poder de reforma constitucional

Diversamente do poder constituinte que, precisamente em virtude de sua natureza pré ou mesmo metajurídica (por ser, como visto acima, um poder de natureza fática e política, expressão da soberania), costuma ser emblematicamente caracterizado, na esteira de Carl Schmitt, como uma "potência", *o poder reformador assume a feição de uma competência, já que juridicamente vinculado às normas de competência, organização e procedimento ditadas pelo primeiro (a potência).*[91] É justamente a existência de normas limitativas da reforma constitucional que demonstra o fato de que, mesmo após a entrada em vigor da constituição, o poder constituinte segue presente e, portanto, "ativo", já que, do contrário, poderia vir a depender dos órgãos legislativos instituídos (e limitados) pelo constituinte, o que implicaria contradição insuperável, pelo menos, levando-se a sério a tradição constitucional ainda vigente.[92]

Importa ter sempre presente, de outra parte, a noção de que também no direito constitucional brasileiro o legislador, ao proceder à reforma da Constituição, não dispõe de liberdade de conformação irrestrita, encontrando-se sujeito a um sistema de limitações que objetiva não apenas a manutenção da identidade da Constituição, mas também a preservação da sua posição hierárquica decorrente de sua supremacia no âmbito da ordem jurídica, de modo especial para evitar a elaboração de uma nova Constituição pela via da reforma constitucional.[93]

A natureza e configuração concreta dos limites à reforma constitucional, embora se possa observar certa uniformidade, pelo menos no que diz com alguns elementos essenciais, comuns às principais técnicas de limitação do exercício do poder de reforma, há de ser analisada sempre à luz do direito constitucional positivo de cada Estado, pois é na constituição de cada país que são definidos os limites ao poder de reforma e qual o seu alcance. Por essa razão, sem prejuízo de referências ao direito comparado, é no âmbito da reforma constitucional no sistema constitucional brasileiro, logo abaixo, que serão apresentados e analisados os limites à reforma constitucional.

No que diz com as funções do poder de reforma, é preciso destacar que, embora a reforma constitucional seja também fonte de direito constitucional, ela constitui uma fonte peculiar (distinta, por definição, do poder constituinte), que assume uma natureza dúplice, visto que ao mesmo tempo em que as leis de reforma (no caso brasileiro, as emendas) estão submetidas, quando de sua elaboração, aos requisitos estabelecidos pelo constituinte, uma

---

91. Cf. a clássica lição de: Schmitt, Carl. *Verfassungslehre*. 9. ed., p. 10, "quando o procedimento de alteração de uma constituição é constitucionalmente regulado, daí resulta uma competência" ("wenn das Verfahren einer Verfassungsänderung verfassungsgesetzlich geregelt ist, so wird damit eine Zuständigkeit [Kompetenz]".

92. Cf., paradigmaticamente, Schmitt, Carl. *Verfassungslehre*. 9. ed., p. 99 e ss.

93. Nesse sentido, v. a lição de: Rocha, Cármen Lúcia Antunes. Constituição e mudança constitucional: limites ao exercício do poder de reforma constitucional. *Revista de Informação Legislativa* 120/168 e ss.

vez incorporadas ao texto constitucional, elas passam a ser parte integrante (com a mesma hierarquia normativa) desta mesma constituição, portanto, tornam-se constituição.[94]

Antes, contudo, importa destacar mais um aspecto terminológico e conceitual, que diz respeito à possível distinção entre as noções de reforma, revisão e emendas constitucionais, bem como, a exemplo do que se verifica em diversos países, no que diz com o uso das expressões *leis de revisão* ou *leis de alteração da constituição.*

Quanto ao primeiro ponto, ou seja, sobre a distinção entre os conceitos "reforma", "revisão" e "emenda constitucional", há que registrar, desde logo, que tais noções não podem – ou ao menos não deveriam, de acordo com a sistemática adotada pela Constituição Federal de 1988 – ser confundidas. Em verdade, embora não se registre unanimidade no que diz com o seu conteúdo e significado, a posição majoritária na doutrina brasileira é de que *a expressão "reforma da Constituição" designa o gênero, ao passo que os outros dois termos (revisão e emendas) se referem a manifestações particulares da reforma.*[95]

Assim, a expressão "reforma" refere-se, neste sentido, a toda e qualquer alteração formal – isto é, de acordo com os parâmetros preestabelecidos – da Constituição, independentemente de sua abrangência. Uma revisão constitucional (ao menos para os que comungam deste ponto de vista) constitui, por sua vez, modificação relativamente ampla do texto constitucional, ao passo que uma emenda se destina, de regra, a ajustes e alterações de natureza mais específica.[96] Já para outros, as expressões "revisão" e "reforma" se distinguem no sentido de que a revisão se refere a alterações gerais ou parciais da constituição sobre temas previamente estabelecidos pelo poder constituinte, ao passo que as modificações no âmbito da reforma constitucional não foram antecipadamente definidas, de tal sorte que ambas (revisão e reforma) podem ser consideradas mecanismos formais típicos de alteração da constituição, assumindo a emenda o papel de instrumento para realização da reforma ou revisão.[97] Também quanto a este aspecto, necessário não perder de vista o direito constitucional positivo, ou seja, as peculiaridades de cada ordem constitucional concretamente considerada, o que será objeto de análise no próximo segmento.

5.7.3 O poder de reforma na Constituição Federal de 1988

5.7.3.1 A distinção entre revisão e emendas como modalidades de reforma da Constituição

Também na evolução constitucional brasileira constata-se que as expressões "revisão", "reforma" e "emenda" foram utilizadas de forma diversificada. Na Constituição de 1824, o procedimento da reforma constitucional foi regulamentado nos arts. 174 a 178, não tendo

---

94. Cf. bem o explicita CALLEJÓN, Francisco Balaguer. La constitución. In: _____ (Coord.). *Manual de derecho constitucional*, vol. 1, p. 116.

95. Cf., entre outros, BONAVIDES, Paulo. A revisão constitucional na Carta de 1988. *Revista de Informação Legislativa* 116/21. Por último, v. SILVEIRA, Vladmir Oliveira da. *O poder reformador na Constituição brasileira de 1988*, p. 75 e ss.

96. Cf., entre nós e aqui por todos, BARROSO, Luís Roberto. *Curso de direito constitucional contemporâneo*, p. 144 e ss.

97. Esta, por exemplo, a posição de ROCHA, Cármen Lúcia Antunes. Revisão constitucional e plebiscito. *OAB Estudos Constitucionais – Simpósio sobre Revisão e Plebiscito*, p. 32-33.

sido feita qualquer referência aos termos "revisão" e "emenda", o que persistiu em nossa primeira Constituição da República, de 1891, de acordo com o disposto no seu art. 90. A Constituição de 1934 afastou-se pela primeira vez dessa tradição, prevendo expressamente tanto a possibilidade de uma revisão quanto de emendas à Constituição, estabelecendo requisitos distintos para cada uma das modalidades de reforma da Constituição (art. 178).

As Constituições de 1937, de 1946 e de 1967 (1969), por sua vez, contemplaram – respectivamente nos seus arts. 174, 217 e 47 – apenas as emendas como mecanismo de modificação do texto constitucional, de tal sorte que somente na atual Constituição (1988) foi novamente traçada uma distinção expressa entre as modalidades "revisão" (art. 3.° do ADCT) e "emenda" (arts. 59 e 60). Já por tal razão, e mesmo que se possa, como se verá a seguir, argumentar que a possibilidade de revisão constitucional, pelo menos tal como prevista originariamente no ADCT, não mais subsiste no ordenamento constitucional vigente, correta a posição de acordo com a qual, à luz do direito constitucional positivo brasileiro, o constituinte de 1988, pelo menos no que diz com a sua proposta originária, distinguiu as "emendas à Constituição" e a "revisão" como duas modalidades específicas (e, portanto, substancialmente diferenciadas) de reforma constitucional.[98]

Aspecto mais controverso, todavia, diz com a identificação das diferenças propriamente ditas entre a revisão e as emendas. Tal discussão, por sua vez, guarda relação com outra polêmica que, embora em parte relativamente pacificada no âmbito da doutrina constitucional brasileira, segue em aberto e que poderá, especialmente na esfera do processo político-legislativo (e mesmo com suporte em setores da literatura especializada), ter importantes desdobramentos. Aqui se está a tratar justamente da discussão a respeito da manutenção, no sistema constitucional vigente, da possibilidade de levar a efeito uma revisão constitucional, seja pelo rito estabelecido originariamente no art. 3.° do ADCT, seja por meio do procedimento mais qualificado das emendas constitucionais ou mesmo de outro procedimento que venha a ser estabelecido, inclusive por meio de uma reforma constitucional.

Nesse sentido, importa em primeiro lugar *destacar quais as diferenças entre a revisão constitucional e as emendas à Constituição*, tal como originariamente previstas pelo constituinte:

a) enquanto as emendas foram previstas e regulamentadas no corpo da Constituição, constituindo mecanismo permanente e ordinário de reforma, a revisão foi objeto de previsão apenas no Ato das Disposições Transitórias (art. 3.°), revelando, salvo melhor juízo, ser modalidade excepcional de reforma;

b) o procedimento previsto para ambas as modalidades de reforma da Constituição é distinto, ressaltando-se a existência de um procedimento mais rígido (art. 60) para as emendas, ao passo que a revisão – ao menos de acordo com a expressa previsão do art. 3.° do ADCT – estaria sujeita a um procedimento bem menos rigoroso e simplificado;

c) enquanto não há limitação no que tange ao número de emendas (afora a impossibilidade de reapresentação do projeto no mesmo ano legislativo), a revisão estava destinada – pelo menos esta a tese aqui adotada – a realizar-se apenas uma vez, transcorridos cinco anos da promulgação da Constituição (art. 3.° do ADCT), isto é, depois de realizado o plebiscito sobre eventual alteração da forma (monarquia ou república) ou do sistema de

---

98. Nesse sentido, o entendimento de AGRA, Walber de Moura. *Fraudes à Constituição:* um atentado ao poder reformador, p. 133 e ss.

governo (presidencialismo ou parlamentarismo), inicialmente previsto para setembro de 1993, mas posteriormente antecipado (art. 2.º do ADCT);

d) por derradeiro, é de destacar-se a amplitude da revisão, destinada tão somente à finalidade de adaptar a Constituição ao resultado do plebiscito, já que uma alteração na forma e/ou no sistema de governo vigente implicaria uma série de modificações, de modo especial na parte relativa à organização do Estado e dos Poderes, ao passo que as emendas podem ter por objeto qualquer alteração no texto constitucional, desde que respeitem os limites materiais expressos e implícitos à reforma da Constituição.[99]

Embora as distinções elencadas decorram da própria arquitetura constitucional e correspondam ao teor literal dos respectivos dispositivos (arts. 60 da CF e 3.º do ADCT), o Congresso Nacional, quando das discussões sobre a revisão constitucional – mais precisamente entre 01.03.1994 e 07.06.1994 –, acabou optando por promulgar as assim designadas emendas constitucionais de revisão, em número de seis. O que há de ser destacado é que tais emendas (que receberam inclusive uma designação e numeração distinta) foram aprovadas pelo Congresso mediante observância dos mesmos limites formais e materiais previstos para as emendas e não pelo rito simplificado previsto no art. 3.º do ADCT, o que resultou numa virtual equiparação dos institutos.[100] Nesse contexto, merece ser destacada a posição adotada pelo STF, que – muito embora a ausência de referência expressa no texto constitucional transitório – sublinhou a necessidade de observância, no âmbito das emendas de revisão, dos limites materiais estabelecidos no art. 60, § 4.º, da CF.[101] Tudo isso contribui para que a prática da aprovação das assim chamadas emendas constitucionais de revisão fosse abandonada ainda em 1994 e não mais restabelecida, o que apenas reforça a tese do caráter transitório e excepcional da figura da revisão constitucional, *subsistindo apenas a modalidade de reforma mediante emendas à constituição.*

O que se percebe, todavia, é que várias das emendas constitucionais promulgadas desde então levaram a efeito alterações significativas do texto constitucional, algumas resultando até mesmo em supressão, alteração e acréscimo em dezenas (no caso da EC 45/2004, que

---

99. Uma visão sistemática e panorâmica sobre as distinções entre as emendas à Constituição e a revisão encontra-se no artigo da lavra de Brıtto, Carlos Ayres. Revisão constitucional: norma de eficácia esvaída. *Revista Trimestral de Direito Público* 6/158 e ss., cuja posição quanto à amplitude da revisão compartilhamos.

100. Neste particular, é de abrir-se um espaço para referir, ainda que resumidamente, a discussão que, na época (especialmente nos primeiros anos de vigência da Constituição de 1988 e, com particular agudeza, quando da preparação e realização do plebiscito previsto no art. 2.º do ADCT), se travou a respeito do alcance da revisão constitucional prevista no art. 3.º do ADCT. Desconsiderando-se as especificidades de cada concepção em particular, formaram-se basicamente três correntes de destaque na doutrina. De acordo com a primeira, denominada teoria maximalista, a revisão não estaria sujeita a qualquer limitação de cunho material, podendo, neste sentido, assumir até mesmo a feição de uma reforma global do texto constitucional. No extremo oposto – posição aqui compartilhada – situavam-se os que, no âmbito de uma concepção minimalista, sustentavam que a revisão estaria limitada estritamente aos resultados do plebiscito sobre a forma e o sistema de governo, destinando-se tão somente à adaptação do texto constitucional na medida das necessidades geradas por eventual alteração resultante da consulta popular, de tal sorte que, não ocorrendo esta, a revisão perderia completamente sua razão de ser. Por fim, como de costume, surgiu uma corrente de cunho conciliatório, de acordo com a qual a revisão deveria respeitar as "cláusulas pétreas" do art. 60, § 4.º, IV, da nossa Constituição, sujeitando-se, portanto, aos mesmos limites previstos para as emendas. A respeito desta discussão, v., entre outros, Streck, Lenio Luiz. *Constituição – Limites e perspectivas da revisão*, p. 24 e ss.

101. Cf., em especial, a ADIn-MC 981, relatada pelo Min. Néri da Silveira, decisão publicada no *DJ* 05.08.1994.

veiculou a reforma do Poder Judiciário, mais de uma centena de dispositivos da Constituição foram afetados) de artigos do texto originário, alterando substancialmente capítulos e mesmo títulos inteiros da obra do constituinte de 1988. Assim, considerando que as emendas constitucionais deveriam servir apenas para promover alterações mais ou menos pontuais do texto constitucional, há quem diga que o Congresso Nacional acabou realizando verdadeiras revisões constitucionais, valendo-se, para tanto – e de forma ilegítima –, do mecanismo das emendas.[102]

Outro tema polêmico é o que diz respeito à possibilidade de criação, mediante emenda constitucional, de uma nova modalidade de revisão, inclusive para efeitos de supressão de conteúdos considerados pétreos (portanto, insuscetíveis de abolição) pelo constituinte originário, o que, todavia, será objeto de consideração logo mais adiante, no contexto dos limites à reforma constitucional. De qualquer modo, faz-se o registro de que uma revisão ampla e ilimitada da Constituição é no mínimo polêmica, visto que, aceitando-se tal possibilidade, estar-se-ia, em verdade, autorizando – como sustentava, dentre outros, Geraldo Ataliba – a substituição da Constituição por uma nova, para o que o legislador efetivamente não se encontra legitimado.[103]

5.7.4 Os limites da reforma constitucional

5.7.4.1 Considerações gerais

Também a controvérsia em torno dos limites à reforma da Constituição radica na distinção acima traçada entre o poder constituinte e o poder de reforma constitucional. Com efeito, sendo o poder reformador por definição um poder juridicamente limitado, distinguindo-se pelo seu caráter derivado e condicionado, sujeito, portanto, aos limites estabelecidos pelo próprio constituinte, *a identificação de quais são os limites à reforma constitucional e qual o seu sentido e alcance depende*, a despeito de uma série de elementos comuns e que correspondem, consoante igualmente já se teve oportunidade de sinalar, em maior ou menor medida, à tradição já enraizada no âmbito do constitucionalismo contemporâneo, *do direito constitucional positivo de cada Estado*, visto que a opção poderá ser por um sistema mais ou menos complexo e diferenciado de limitações.

---

102. Nesse sentido, cf. BONAVIDES, Paulo. *Curso de direito constitucional*, 16. ed., p. 659 e ss. A reforma constitucional pela via excepcional da revisão teve início em outubro de 1993 e terminou em 31 de maio de 1994, com a aprovação de seis Emendas à Constituição. Tais Emendas tratavam sobre (a) a instituição do Fundo Social de Emergência para "saneamento da Fazenda Pública Federal e estabilização econômica", especialmente para alocar recursos orçamentários nas áreas de saúde e educação; (b) a possibilidade da Câmara dos Deputados e do Senado Federal, ou qualquer de suas comissões, de convocar para prestação de informações quaisquer titulares de órgãos subordinados diretamente à Presidência da República, inclusive Ministros de Estado; (c) a possibilidade da dupla nacionalidade, designadamente em face da hipótese do art. 12, § 4.º, II, da CF/1988; (d) a criação de lei complementar que estabelece os demais casos de inelegibilidade, considerando a vida pregressa do candidato; (e) a redução de um ano do mandato do Presidente da República; e (f) tornar a renúncia do parlamentar submetido a processo, cuja sanção seja a perda do mandato, sem efeitos.

103. Cf. ATALIBA, Geraldo. Superação jurídica da Constituição de 1993. In: CUNHA, Sérgio Sérvulo da (Org.). *Revisão constitucional – Aspectos jurídicos, políticos e éticos*, p. 25-26.

No caso do sistema constitucional brasileiro, a previsão de limites à reforma constitucional se faz presente desde a Constituição Imperial de 1824, que, ainda que enquadrada na categoria de uma constituição semirrígida, estipulava um quórum qualificado para a alteração de algumas matérias específicas da Constituição, designadamente a que se referia aos limites e atribuições dos poderes políticos, assim como à garantia dos direitos individuais dos cidadãos (art. 178 da Constituição do Império). A primeira Constituição republicana, de 1891, além de limitações formais, consagrava como elemento material imutável a forma republicano-federativa, ou a igualdade de representação dos Estados no Senado Federal (art. 90, § 4.º). A Constituição de 1934 dispunha como "cláusulas de eternidade", além da forma republicana e federativa de Estado, "a organização ou a competência dos poderes da soberania", incluindo a coordenação dos poderes na organização federal, a declaração de direitos e a autorização do Poder Legislativo para declarar estado de sítio, além do próprio artigo que dispunha sobre a emenda e a revisão constitucional (art. 178, *caput*). No que diz com os limites formais, a iniciativa do projeto de emenda era reservada a pelo menos um quarto dos membros da Câmara ou do Senado Federal, ou de mais da metade dos Estados, manifestando-se cada uma das unidades federativas pela maioria da respectiva assembleia. A aprovação se dava pela maioria absoluta dos membros da Câmara dos Deputados e do Senado Federal, em dois turnos de discussão. A Constituição de 1946 manteve tanto o quórum qualificado para a alteração da Constituição como a impossibilidade de projeto de emenda tendente a abolir a Federação e a República (art. 217, § 6.º). A Carta de 1967, com redação amplamente reformada pela EC 1/1969, previa tão somente a república e a federação como limites materiais à reforma constitucional.

A Constituição Federal de 1988, por sua vez, pode ser considerada, pelo menos no contexto da evolução brasileira, a que instituiu um leque de limites mais amplo e exigente, especialmente no plano dos assim chamados limites materiais, que serão objeto de exame mais detido logo adiante. Com efeito, além dos já referidos limites materiais (convencionalmente designados de "cláusulas pétreas"), existem os limites de ordem formal (de caráter precipuamente procedimental), bem como os limites circunstanciais e os chamados limites temporais. Considerando que os limites formais possuem um caráter geral, visto que se aplicam a toda e qualquer alteração de uma constituição rígida, serão eles os primeiros a serem apresentados em detalhe.

5.7.4.2 Limites formais

Na esfera dos limites formais, que *dizem respeito ao procedimento da reforma* (iniciativa, deliberação, aprovação etc.), a nossa Constituição optou por adotar um modelo relativamente severo, enfatizando assim ainda mais o seu caráter rígido.[104] Além de regras mais rigorosas sobre a iniciativa das emendas (art. 60, I a III), cumpre destacar a necessidade de uma aprovação, em dois turnos, por maioria de 3/5 em ambas as Casas do Congresso (art. 60, § 2.º), impondo-se também a promulgação das emendas com a indicação de seu

---

104. A esse respeito cumpre lembrar que a qualificação de uma constituição como rígida, distinguindo-se esta das constituições tidas como flexíveis, encontra seu fundamento justamente e principalmente na existência de limites de natureza formal, que impõem um procedimento mais rigoroso para as reformas constitucionais do que o previsto para a alteração da legislação infraconstitucional. Neste sentido, v. a lição, entre outros, de ROCHA, Cármen Lúcia Antunes. Constituição e mudança constitucional: limites ao exercício do poder de reforma constitucional. *Revista de Informação Legislativa* 120/175.

Do poder constituinte e da mudança (reforma e mutação) constitucional   81

respectivo número de ordem (art. 60, § 3.º), sendo vedada, ademais, a reapresentação, na mesma sessão legislativa, de proposta de emenda nela rejeitada ou tida por prejudicada (art. 60, § 5.º).

Tais regras limitativas da reforma da Constituição se referem em primeira linha à noção de constituição em sentido formal, que – dentre outros aspectos – pode ser caracterizada justamente com base na nota de sua rigidez.[105] Isso, como é sabido, não exclui a existência das assim denominadas mutações constitucionais informais, isto é, o desenvolvimento não escrito do direito constitucional (no sentido material), ao longo do tempo, principalmente por meio da interpretação (judicial, legislativa e administrativa) e do costume constitucional, que também entre nós é reconhecido pela doutrina majoritária, desde que se mantenha no âmbito dos limites traçados pelo possível sentido textual da Constituição, que não pode ser extrapolado,[106] temática que, em que pese sua importância, aqui não será objeto de maior desenvolvimento, visto já ter sido enfrentada.

Até que ponto é possível sustentar, também entre nós, a proibição de emendas à Constituição que não façam expressa menção ao dispositivo constitucional modificado ou ampliado – postulado da alteração textual – é passível de discussão, já que o constituinte de 1988 não previu norma semelhante à contida no art. 79, I, da Lei Fundamental da Alemanha, de acordo com o qual a Lei Fundamental somente poderá ser modificada mediante uma lei que altere ou amplie expressamente o seu sentido literal, dispositivo com o qual se objetivou a garantia da supremacia do direito constitucional formal, já que o conteúdo do direito constitucional deve ser, em primeira linha, extraído do documento no qual foi positivado.[107]

Assim, as emendas à Constituição que dela se afastam e que não alteram o texto constitucional deverão ser tidas como inconstitucionais, ainda que elaboradas de acordo com o procedimento próprio e aprovadas pela maioria qualificada (no caso da Alemanha, de 2/3) prevista na Constituição, de tal sorte que a alteração pura e simples do conteúdo da Constituição se encontra vedada.[108] Com tal restrição de cunho formal, os pais da Lei Fundamental de 1949 tiveram a intenção de evitar as graves consequências do sistema adotado sob a égide da Constituição de Weimar (1919), no qual alterações da Constituição sem a respectiva modificação de seu texto eram toleradas, ainda que frontalmente colidentes com os dispositivos constitucionais, desde que aprovadas pela maioria qualificada exigida para as reformas da Constituição.[109] Entre nós, ainda que a Constituição não contenha dispositivo

---

105. Esta a lição de Bryde, Brunn-Otto. Anmerkungen zu Art. 79 GG. In: Münch, Ingo von (Org.). *Grundgesetz-Kommentar*, 2. ed., vol. 3, p. 214.

106. Nesse sentido, v., por exemplo, Rocha, Cármen Lúcia Antunes. Constituição e mudança constitucional: limites ao exercício do poder de reforma constitucional. *Revista de Informação Legislativa* 120/164-165, ressaltando o caráter permanente e informal das mutações constitucionais. Na doutrina estrangeira, registrem-se, entre outros, as lições de Badura, Peter. Verfassungsänderung, Verfassungswandel, Verfassungsgewohnheitsrecht. In: Isensee, Josef; Kirchhof, Paul (Ed.). *Handbuch des Staatsrechts der Bundesrepublik Deutschland*, p. 63-64.

107. Cf. Hesse, Konrad. *Grundzüge des Verfassungsrecht der Bundesrepublik Deutschland*, 20. ed., p. 291.

108. Cf., entre tantos, Jarass, Hans D.; Pieroth, Bodo. *Grundgesetz für die Bundesrepublik Deutschland*, 3. ed., p. 722. Assim também: Schmidt-Bleibtreu, Bruno; Klein, Franz. *Kommentar zum Grundgesetz*, 8. ed., p. 1.048; e Badura, Peter. Verfassungsänderung, Verfassungswandel, Verfassungsgewohnheitsrecht. In: Isensee, Josef; Kirchhof, Paul (Ed.). *Handbuch des Staatsrechts der Bundesrepublik Deutschland*, p. 68.

109. A este respeito, v. Lücke, Jörg. Anmerkungen zu Art. 79 GG, p. 1309, assim como Maunz, Theodor. Anmerkungen zu Art. 6 und 79 GG. In: Maunz/Dürig/Herzog/Scholz. *Grundgesetz Kommentar*, vol. 3, p.

similar, é de se registrar, no âmbito dos limites formais, a necessidade de que a emenda seja promulgada (pelas Mesas da Câmara e do Senado Federal) com o respectivo número de ordem (art. 60, § 3.º).

Quanto ao primeiro grupo dos limites formais, no caso, *os limites relacionados à iniciativa da reforma constitucional (os assim chamados limites formais subjetivos)*,[110] que dizem respeito aos legitimados para impulsionar o processo, as regras estabelecidas no art. 60, I a III, da CF não deixam, em geral, maior margem a dúvidas. Com efeito, dispõe o citado dispositivo que a Constituição só poderá ser emendada mediante proposta: I – de um terço, no mínimo, dos membros da Câmara dos Deputados ou do Senado Federal, II – do Presidente da República, e III – de mais da metade das Assembleias Legislativas das unidades da Federação, manifestando-se, cada uma delas, pela maioria relativa de seus membros.

Todavia, muito embora quanto aos três casos elencados não se verifiquem maiores problemas, é possível controverter em torno do caráter taxativo ou apenas exemplificativo do elenco de atores aptos a encaminhar um projeto de emenda constitucional. *A hipótese mais discutida gira em torno da possibilidade de o povo, por meio da iniciativa popular, apresentar uma proposta de emenda à Constituição.* Posicionando-se em sentido contrário, situa-se a corrente majoritária que, atrelada ao texto literal da Constituição, não admite a possibilidade de estender a legitimidade popular legislativa relativamente à propositura de emendas constitucionais.[111] Já para José Afonso da Silva, a iniciativa popular para proposta de emenda constitucional pode ser reconhecida a partir de uma interpretação sistemática (a partir da combinação do art. 1.º, parágrafo único, e dos arts. 14 e 61, § 2.º, da CF), articulada com normas gerais e princípios fundamentais da Constituição, especialmente no que diz com o fundamento popular para a legitimidade do poder, apesar de tal tipo de iniciativa popular estar disciplinado apenas em relação às leis ordinárias (art. 61, § 2.º, da CF).[112]

A argumentação favorável à propositura de projetos de emenda constitucional mediante iniciativa popular poderia encontrar reforço no fato de que os mecanismos de democracia direta inseridos no texto constitucional constituem também modos de invocar a manifestação do próprio titular do poder constituinte, reforçando, por conseguinte, a própria legitimidade democrática do processo de emenda constitucional, e, por sua vez, a legitimidade das alterações de conteúdo promovidas, ainda mais que as emendas (inclusive as eventualmente propostas mediante iniciativa popular), segue submetida a um conjunto de limitações de ordem formal, material e circunstancial. De qualquer sorte, reitere-se, trata-se de tópico polêmico, que aqui poderá apenas ser tangenciado.

No que tange aos limites formais de caráter objetivo, estes abarcam os requisitos estabelecidos no art. 60, §§ 2.º, 3.º e 5.º, da CF. Seguramente, os limites mais importantes são os que dispõem sobre o processo de deliberação das emendas constitucionais no âmbito do Congresso Nacional. Com efeito, de acordo com o art. 60, § 2.º, da CF, a proposta de emenda constitucional será discutida e votada em cada casa do Congresso Nacional, em dois

---

3; e RIDDER, Helmut. Anmerkungen zu Art. 79 GG. In: WASSERMANN (Org.). *Kommentar zum Grundgesetz für Bundesrepublick Deutschland (Alternativkommentar)*, vol. 2, 2. ed., p. 537-538.

110. Cf., por todos, FERNANDES, Bernardo Gonçalves. *Curso de direito constitucional*, 2. ed., p. 110-111.

111. Cf., em caráter ilustrativo, MENDES, Gilmar Ferreira; COELHO, Inocêncio Mártires; BRANCO, Paulo Gustavo Gonet. *Curso de direito constitucional*, p. 249, entendem que "não se prevê a iniciativa popular de proposta de emenda".

112. SILVA, José Afonso da. *Curso de direito constitucional positivo*, 31. ed.

turnos, considerando-se aprovada se obtiver, em ambos, três quintos dos votos dos respectivos membros. Todavia, muito embora a aparente clareza do texto constitucional, existem alguns aspectos dignos de atenção e que, de resto, têm gerado alguma controvérsia doutrinária e mesmo jurisprudencial. Uma primeira observação que deve ser feita prende-se ao fato de que não se admite uma alternância entre as duas Casas do Congresso, isto é, se a emenda for apresentada na Câmara dos Deputados, lá deve ser submetida a dois turnos de votação, e somente em sendo aprovada por maioria de 3/5 dos respectivos membros (da Câmara dos Deputados) em cada turno de votação (portanto, a maioria qualificada deverá ser obtida em cada Casa em cada um dos dois turnos) será remetida ao Senado, para lá então ser submetida ao mesmo rito.

Outro ponto controvertido e que tem ocupado, vez por outra, o STF diz respeito a eventual fraude em relação ao procedimento acima relatado, especialmente quando, no âmbito de uma mesma Casa do Congresso ou mesmo quando da votação na outra Casa, são inseridas alterações no texto original do projeto de emenda constitucional. Nesse sentido, para que o procedimento não seja eivado de inconstitucionalidade, é necessário que, em ocorrendo modificação do texto em uma das Casas Legislativas, a proposta de emenda retorne à outra para votação. Nada obstante, o Supremo Tribunal Federal já decidiu no sentido de que apenas quando há alteração substancial do texto, ou seja, uma reforma que modifique o conteúdo da proposta, o projeto deverá retornar à Casa de origem.[113]

Quanto ao disposto no art. 60, § 3.º, da CF, já referido em outro contexto, cuida-se novamente de regra bastante singela, mas que agrega rigor ao processo de reforma constitucional (permitindo, de resto, maior controle do fluxo das emendas), além de assegurar maior independência do Congresso Nacional em relação ao Poder Executivo. De acordo com a expressão literal do citado dispositivo, a emenda à Constituição será promulgada pelas Mesas da Câmara dos Deputados e do Senado Federal, com o respectivo número de ordem.

A previsão de que a emenda será promulgada pelas Mesas da Câmara dos Deputados e do Senado Federal indica, desde logo, que o Presidente da República não participa do ato, visto que não dispõe nem da prerrogativa de sancionar as emendas constitucionais, nem da possibilidade de opor o seu veto, apenas sendo dotado da legitimidade ativa, ou seja, da possibilidade de apresentar um projeto de emenda constitucional. Além disso, a aprovação das emendas pelo Congresso Nacional ocorre apenas mediante sessão conjunta da Câmara dos Deputados e do Senado, portanto, por meio das Mesas de ambas as Casas e não da Mesa do Congresso Nacional. Assim sendo, percebe-se que os requisitos formais estabelecidos no art. 60, I a III, bem como nos §§ 2.º e 3.º, implicam uma legitimidade democrática reforçada e, por outro lado, uma maior autonomia do Poder Legislativo em relação ao chefe do Poder Executivo, cuja capacidade de intervenção no processo legislativo é limitada em relação ao que ocorre no âmbito das demais formas legislativas, onde não apenas há necessidade da sanção presidencial, como existe a possibilidade de um veto por parte do Presidente da República, aspectos que serão devidamente aprofundados na parte deste curso sobre o Poder Legislativo.

Para além dos limites formais (procedimentais) apresentados, há que se registrar o fato de que a Constituição Federal não estabelece restrições nem no que tange ao número de

---

113. ADC 3/DF, rel. Min. Nelson Jobim, *DJU* 09.05.2003, assim como a ADIn 2.031/DF, rel. Min. Ellen Gracie, *DJU* 17.10.2003.

emendas a serem editadas, nem quanto ao prazo de sua elaboração, o que deflui exatamente da ausência de um limite expressamente fixado quanto a tais aspectos. Todavia, de acordo com o disposto no art. 60, § 5.º, da CF, a matéria constante de proposta de emenda constitucional rejeitada ou havida ou tida como prejudicada não poderá ser objeto de nova proposta na mesma sessão legislativa. Assim, considerando a dicção do art. 60, § 5.º, da CF, coloca-se o problema de saber se tal dispositivo prevê um limite de natureza temporal, ou se tal limitação se enquadra na categoria dos limites formais. Para José Afonso da Silva, tal limitação ao poder de reforma se enquadraria no âmbito dos limites formais, haja vista a não previsão de limites temporais na Constituição de 1988.[114] Já Luís Roberto Barroso advoga que a norma contida no art. 60, § 5.º, da CF constitui uma limitação temporal peremptória, com o fito de racionalizar o processo legislativo.[115]

Independentemente de tal controvérsia, que não nos parece deve ser superestimada, o que importa fixar é que com tal expediente se buscou evitar um abuso quanto ao número de emendas constitucionais e reduzir a instabilidade gerada pela reapresentação sucessiva de emendas com o mesmo conteúdo. Além disso, importa recordar que a sessão legislativa não guarda coincidência com o ano do calendário (1.º de janeiro a 31 de dezembro), visto que, a teor do art. 57 da CF, o Congresso Nacional estará reunido, de regra (ressalvadas convocações extraordinárias), entre 2 de fevereiro e 17 de julho e entre 1.º de agosto e 22 de dezembro de cada ano, de tal sorte que o mês de janeiro integra o ano legislativo anterior. Por derradeiro, ainda no que concerne ao art. 60, § 5.º, calha referir precedente do STF, no âmbito do qual foi afirmada a existência de direito público subjetivo no sentido de não serem os congressistas obrigados a votar proposta de emenda constitucional que tiver violado o citado dispositivo.[116]

Por derradeiro, de grande relevância, especialmente no direito brasileiro – visto que no direito comparado são poucas as experiências concretas de controle judicial de reformas constitucionais –, é a circunstância de que *a desconsideração dos limites formais à reforma implica possibilidade de intervenção judicial*, registrando-se, inclusive, alguns casos em que tal matéria foi submetida ao crivo do STF, além de discutida na esfera doutrinária. De fato, o STF já se pronunciou diversas vezes afirmando a possibilidade de controle constitucional do processo de tramitação de emendas constitucionais, não se tratando, pura e simplesmente, de procedimento regimental interno do Poder Legislativo.[117] Além disso, é preciso levar

---

114. Silva, José Afonso da. *Comentário contextual à constituição*, 2. ed., p. 441. Nesse mesmo sentido, cf.: Mendes, Gilmar Ferreira; Coelho, Inocêncio Mártires; Branco, Paulo Gustavo Gonet. *Curso de direito constitucional*, 4. ed., p. 249.

115. Barroso, Luís Roberto. *Curso de direito constitucional contemporâneo*, p. 150.

116. Cf. decisão proferida no MS 22.503-3, relator para o acórdão Min. Maurício Corrêa, *DJU* 06.06.1997, onde, entre outros pontos de relevo, ficou consignado que vedada pelo art. 60, § 5.º, da CF não é a votação do projeto substitutivo (que constitui uma subespécie do projeto originariamente proposto), mas sim a votação, na mesma sessão legislativa, de emenda rejeitada ou havida por prejudicada. No âmbito da doutrina, confiram-se, por todos: Mendes, Gilmar Ferreira; Coelho, Inocêncio Mártires; Branco, Paulo Gustavo Gonet. *Curso de direito constitucional*, p. 249; e Moraes, Alexandre de. *Direito constitucional*, 24. ed., p. 665.

117. Nesse sentido, por todos, ADIn 2.666/DF, rel. Min. Ellen Gracie, *DJU* 06.12.2002. Trata-se de ação direta de inconstitucionalidade proposta contra o art. 3.º da EC 37/2002, "na parte em que acrescentou os novos arts. 84 e 85 ao ADCT". Nesse caso se sustenta inconstitucionalidade formal, porque, após ter sido aprovado no Senado, teria sido enviado para a Câmara e lá alterado substancialmente e promulgado em seguida, não tendo retornado ao Senado. O autor alega também inconstitucionalidade material, pois a alteração diz respeito

em conta que, sem a possibilidade de controle jurisdicional no que diz com o cumprimento das exigências decorrentes dos limites à reforma, tais limitações – sejam elas de caráter formal, sejam elas de natureza material ou circunstancial –, embora impostas pelo poder constituinte, teriam sua relevância prática significativamente afetada.[118] Tal controle jurisdicional, como também dá conta a evolução da jurisprudência constitucional brasileira, poderá, a depender do caso, ser pela via do controle concreto (de regra, incidental e difuso) e pela via do controle abstrato, portanto, concentrado, questões que serão objeto de exame mais detido no capítulo sobre o objeto do controle de constitucionalidade.

5.7.4.3 Limites circunstanciais

Além de todo o complexo de limitações de ordem formal, já apresentadas, o constituinte de 1988 vedou a realização de emendas à Constituição durante intervenção federal nos Estados-membros da Federação, bem como na vigência dos estados de defesa ou de sítio (art. 60, § 1.º), o que se justifica principalmente pelo fato de que nestas situações anômalas, caracterizadas por um maior ou menor grau de intranquilidade institucional, poderia ficar perturbada a livre manifestação dos órgãos incumbidos da reforma e, em decorrência, a própria legitimidade das alterações.[119] Exemplo típico dessa modalidade de limitação era o art. 94 da Constituição francesa, de 1946, proibindo qualquer espécie de revisão constitucional em caso de ocupação do território nacional, influenciada, inequivocamente, pelo período histórico de ocupação nazista e da consequente instauração do governo colaboracionista de Vichy.[120]

Uma observação importante diz respeito à situação das emendas constitucionais em tramitação no Congresso Nacional quando da instauração de uma das situações referidas no art. 60, § 1.º, da CF, quais sejam a intervenção federal, o estado de sítio ou o estado de defesa. Da mesma forma, há que indagar sobre a possibilidade de iniciar o processo legislativo (isto é, de encaminhar um projeto de emenda constitucional) durante a vigência de uma das hipóteses e apenas postergar, aguardando o término do estado de exceção constitucional, a votação do projeto. Há que considerar, para tanto, que, a teor do art. 60, § 1.º, da CF, "a Constituição não poderá ser emendada na vigência de intervenção federal, de estado de defesa ou estado de sítio", redação que não afasta, pelo menos não expressamente, a possibilidade de a iniciativa (apresentação da proposta) ocorrer na pendência das circunstâncias elencadas no referido dispositivo, visto que este – poder-se-á sustentar?! – veda apenas que as emendas sejam aprovadas e promulgadas neste período, mas não outros atos relacionados ao trâmite da emenda.[121]

Todavia, em que pese tal linha argumentativa não esteja em conflito direto com o teor literal do art. 60, § 1.º, da CF, entendemos que a melhor alternativa é a que veda a realização de qualquer ato que envolva, desde a iniciativa, o processo legislativo reformador, salvo

---

ao princípio da anterioridade, que, sendo uma garantia individual do contribuinte, é aplicável a todas as contribuições sociais e é cláusula pétrea na ordem constitucional brasileira.

118. Cf. MENDES, Gilmar Ferreira; COELHO, Inocêncio Mártires; BRANCO, Paulo Gustavo Gonet. *Curso de direito constitucional*, 4. ed., p. 255.

119. Neste sentido, entre outros, a lição de ROCHA, Cármen Lúcia Antunes. Constituição e mudança constitucional: limites ao exercício do poder de reforma constitucional. *Revista de Informação Legislativa* 120/174.

120. Cf. BONAVIDES, Paulo. *Curso de direito constitucional*, 16. ed., p. 200.

121. Nesse sentido, v. o MS 35.538, rel. Min. Dias Toffoli, j. em 26.06.2018.

quando já iniciado, hipótese na qual a tramitação da emenda deverá ser imediatamente suspensa, aguardando-se o final do período de exceção. Tal exegese, salvo melhor juízo, é a que mais se harmoniza com o maior nível de proteção da ordem constitucional e, portanto, da própria ordem democrática.

Ainda que boa parte da doutrina, como já referido, prefira incluir essas normas no grupo dos limites circunstanciais, entendemos que seu enquadramento na categoria dos limites temporais não se revela incorreto, já que estes – tomados num sentido mais abrangente – dizem com a fixação de prazos e oportunidades para a reforma.[122] De qualquer modo, parece-nos que tal divergência não assume maior relevância prática, de tal sorte que renunciamos, desde já, a um exame mais detalhado deste aspecto.

O que poderá sim assumir relevância teórica e prática é a discussão em torno da possibilidade de se reconhecer limites circunstanciais implícitos à reforma constitucional, tópico que não tem sido desenvolvido na doutrina, mas que se revela particularmente atual quando se examina o quadro de crise político-institucional e econômica vivenciado tanto pelo Brasil quanto por outros Estados. Em sintonia com o que já tivemos oportunidade de sugerir e discutir em ocasião anterior, embora sem maior aprofundamento[123], é de no mínimo considerar que em casos de aguda crise político-institucional, marcada por expressiva instabilidade e desprestígio das instituições e crise de confiança nos atores estatais, somada por vezes a uma crise econômica e pressão de atores econômicos poderosos, emendas constitucionais de maior expressão, notadamente que impliquem reformas que afetam setores inteiros da população, impacto sobre direitos fundamentais ou mesmo ajustes importantes no desenho estrutural e organizatório do Estado, não devem ser objeto de deliberação pelo Congresso.

Com efeito, quadros dessa natureza (por exemplo, governo com baixíssimo índice de aprovação popular, expressiva parte dos integrantes do Poder Legislativo e mesmo do Executivo investigados e processados criminalmente, *impeachment* e chefia do Executivo exercida em caráter precário aguardando novas eleições[124]) revelam-se em regra mais gravosos que a figura da intervenção federal (um dos limites circunstanciais enunciados no art. 61 da CF), pois esta poderá ocorrer em situações que não têm o condão de interferir (e eventualmente perturbar) processos de alteração da constituição, como é o caso da intervenção em virtude da falta de cumprimento de decisões judiciais, entre outras.

É claro – e isso não se deixa de reconhecer – que a tese da existência de limites circunstanciais implícitos não é fácil de agasalhar do ponto de vista jurídico-constitucional, pois ela mesma poderá ser impugnada por inibidora da deliberação democrática, no caso, de reformas constitucionais efetivamente necessárias. Além disso, corre-se sério risco de transferir ainda mais poder à Jurisdição Constitucional para definir, em concreto, quando se estará em face de um limite circunstancial implícito e qual o seu período de vigência.

---

122. Cf. COELHO, Inocêncio Mártires. Os limites da revisão constitucional. *Revista de Informação Legislativa* 113/69 e ss., que se posicionou nesse sentido, preferindo, a exemplo de outros conceituados nomes da nossa doutrina, a classificação tríplice de Nelson de Souza Sampaio.

123. V. nossa coluna publicada no CONSULTOR JURÍDICO (*Conjur*), sessão colunas, em 19.05.2017.

124. O exemplo do *impeachment* presidencial como fator justificador do impedimento de reformas constitucionais, devemos ao ilustre colega e amigo Professor Adriano S. Pedra, da Faculdade de Direito de Vitória, por ocasião de debate promovido sobre o tema em 1.º.09.2017.

Assim, se a hipótese de se reconhecer, em casos pontuais e excepcionais, limites circunstanciais implícitos, de fato é questionável (embora atrativa quanto ao seu desiderato), o mínimo que se pode esperar é uma postura de autocontenção (*self restraint*) por parte do Congresso Nacional no que diz com reformas substanciais da CF em períodos de notória crise de estabilidade e político-institucional. Pelo menos, é de se apostar na utilização das figuras do Plebiscito ou do Referendo (art. 14 da CF), garantias políticas fundamentais de participação direta do cidadão, de modo que as reformas sejam submetidas ao crivo da cidadania e objeto de amplo debate na esfera pública, muito embora também aqui as circunstâncias poderiam justificar a objeção do uso plebiscitário (populista e oportunista) de tais mecanismos participativos.

De outra parte, se na pendência dos estados de exceção constitucional expressamente estabelecidos é inviável, entre nós, promover qualquer reforma constitucional, na hipótese de se admitir limites circunstanciais implícitos, faz sentido (inclusive em homenagem ao primado da soberania popular) que, a depender do caso, possam ser permitidas emendas pontuais absolutamente indispensáveis para resolver problemas de largo impacto, em especial para a proteção de direitos e garantias fundamentais, mas sempre em caráter temporário, destinadas a perder a eficácia uma vez superado o período de exceção que as motivou, eventualmente passíveis de chancela posterior observados os rigores (limites) formal e materiais legitimadores de uma emenda constitucional.

Para ilustrar a afirmação com exemplo extraído da prática política brasileira, é possível invocar a EC 106/2020, que instituiu um regime financeiro (além de orçamentário e de contratações) extraordinário, limitando sua vigência ao tempo de manutenção do estado de calamidade pública decretado pelo Congresso Nacional.

Ainda assim, a regra a ser observada deverá sempre ser a de interditar emendas constitucionais oportunistas e que coloquem em risco a ordem constitucional democrática, o que exige ainda maior atenção em estados de instabilidade e anormalidade político-institucional-econômico-social, durante os quais o risco de aprovação de uma reforma da CF que não seria aprovada em condições de normalidade, é real e mesmo elevado[125].

De todo modo, não se trata aqui de desenvolver uma posição conclusiva sobre o ponto, que demandaria muito maior digressão e fundamentação, mas de contribuir para a reflexão sobre o tema e sobre as possibilidades e os limites (políticos e jurídicos) de promover mudanças constitucionais significativas em determinadas circunstâncias não expressamente elencadas no rol do art. 61 da CF.

5.7.4.4 O problema dos limites materiais (as assim chamadas "cláusulas pétreas")

5.7.4.4.1 Natureza e significado dos limites materiais

Os assim chamados limites materiais à reforma da Constituição objetivam assegurar a permanência de determinados conteúdos da Constituição, em virtude de sua relevância para

---

125. Sobre o tema, v., ainda, SARLET, Ingo Wolfgang; PEDRA, Adriano Sant'Ana. Democracia e "emendismo" constitucional em tempos de pandemia, *Conjur*. Disponível em: https://www.conjur.com.br/2020-abr-26/ democracia-emendismo-constitucional-tempos-pandemia. Acesso em: 26 abr. 2020.

a própria identidade da ordem constitucional, conteúdos que, na formulação de John Rawls, constituem os "elementos constitucionais essenciais".[126] Nesse sentido, já se observou que, em virtude da ausência de uma fonte jurídico-positiva (em suma, de uma norma superior que lhe sirva de fundamento de validade), a vedação de certas alterações da Constituição tem os seus olhos sempre voltados para o futuro, já que o núcleo da Constituição atual, de certa forma (adquirindo permanência), passa a ser vigente também no futuro.[127]

Nesse contexto – e tomando-se o sistema jurídico como uma rede hierarquizada de princípios e regras em cujo centro encontra-se a Constituição –, verifica-se, na esteira do magistério de Alexandre Pasqualini, que todo sistema jurídico (sem prejuízo de sua simultânea abertura material e estabilidade) "reclama um núcleo de constante fixidez (cláusulas pétreas), capaz de governar os rumos legislativos e hermenêuticos não apenas dos poderes constituídos, mas da própria sociedade como um todo".[128] A existência de limites materiais justifica-se, portanto, em face da necessidade de preservar as decisões fundamentais do constituinte, evitando que uma reforma ampla e ilimitada possa desembocar na destruição da ordem constitucional, de tal sorte que por detrás da previsão desses limites materiais se encontra a tensão dialética e dinâmica que caracteriza a relação entre a necessidade de preservação da Constituição e os reclamos no sentido de sua alteração.[129]

Em termos gerais, o reconhecimento de limitações de cunho material significa que o conteúdo da Constituição não se encontra à disposição plena do legislador, mesmo que este atue por meio de uma maioria qualificada, sendo necessário, por um lado, que se impeça uma vinculação inexorável e definitiva das futuras gerações às concepções do constituinte, ao mesmo tempo em que se garanta às constituições a realização de seus fins.[130]

Tal constatação, aliás, não representa nenhuma novidade e já era sustentada ao tempo do surgimento das primeiras constituições e das teorias a respeito do poder constituinte. Com efeito, nos Estados Unidos da América Thomas Jefferson e Thomas Paine pregavam a impossibilidade de os mortos poderem, por intermédio da Constituição, impor sua vontade aos vivos. Na França, o art. 28 da efêmera, mas, mesmo assim, paradigmática, Constituição de 1793 estabelecia que "um povo sempre tem o direito de revisar, reformar e alterar sua Constituição. Uma geração não pode submeter as gerações futuras às suas leis".[131] Que dessas assertivas não há como deduzir que a Constituição possa ser suprimida pelas legislaturas ordinárias (mesmo mediante o procedimento agravado da reforma) nos parece elementar.

---

126. Cf. Rawls, John. *O liberalismo político*, 2. ed., p. 277 e ss., onde, a despeito de não formular propriamente uma teoria constitucional, lança uma série de considerações a respeito da função e dos limites da reforma constitucional.

127. Esta a pertinente observação de Kirchhof, Paul. Die Identität der Verfassung in ihren unabänderlichen Inhalten. *Handbuch des Staatsrechts der Bundesrepublik Deutschland*, vol. 1, p. 779.

128. Cf. Pasqualini, Alexandre. *Hermenêutica e sistema jurídico*: uma introdução à interpretação sistemática do direito, p. 80.

129. Cf. Silveira, José Néri da. A reforma constitucional e o controle de sua constitucionalidade. *Revista da Associação dos Juízes do Rio Grande do Sul (Ajuris)* 64/207. Semelhantemente, também, Rocha, Cármen Lúcia Antunes. Constituição e mudança constitucional: limites ao exercício do poder de reforma constitucional. *Revista de Informação Legislativa* 120/176.

130. Nesse sentido situa-se o entendimento de: Canotilho, J. J. Gomes. *Direito constitucional e teoria da constituição*, p. 1.135. Sobre o tema, assim como a respeito da problemática dos limites materiais em geral, v., entre nós, a erudita contribuição de Vieira, Oscar Vilhena. *A constituição e sua reserva de justiça – Um ensaio sobre os limites materiais ao poder de reforma*.

131. Cf. lição de Vega, Pedro de. *La reforma constitucional y la problemática del poder constituyente*, p. 58-59.

Com efeito, de acordo com o magistério sempre atual de Konrad Hesse, se é certo que uma ordem constitucional não pode continuar em vigor por meio da vedação de determinadas reformas, caso ela já tenha perdido a sua força normativa, também é verdade que ela não poderá alcançar as suas metas caso esteja à disposição plena dos poderes constituídos.[132] Verifica-se, portanto, que o problema dos limites materiais à reforma constitucional passa inexoravelmente pelo equacionamento de duas variáveis, quais sejam a permanência e a mudança da Constituição.

Com efeito, se a imutabilidade da Constituição acarreta o risco de uma ruptura da ordem constitucional, em virtude do inevitável aprofundamento do descompasso em relação à realidade social, econômica, política e cultural, a garantia de certos conteúdos essenciais protege a Constituição contra os casuísmos da política e o absolutismo das maiorias (mesmo qualificadas) parlamentares. Nesse contexto, verifica-se que já estas sumárias considerações evidenciam o quanto o problema dos limites à reforma constitucional, mais especialmente a questão da existência, conteúdo e alcance (eficácia) dos assim designados limites materiais (cláusulas pétreas), guarda íntima conexão e implica uma forte tensão relativamente ao princípio democrático, o que, todavia, aqui não será objeto de desenvolvimento, mas nem por isso deixa de ser absolutamente relevante.[133] Os limites à reforma constitucional, de modo especial os de cunho material, traçam, neste sentido, a distinção entre o desenvolvimento constitucional e a ruptura da ordem constitucional por métodos ilegítimos, não tendo, porém, o condão de impedir (mas de evitar) a frustração da vontade da Constituição, nem o de proibir o recurso à revolução, podendo, em todo caso, retirar-lhe (à revolução) a máscara da legalidade.[134]

Nesse contexto, sustenta-se, também no âmbito da doutrina brasileira, que uma reforma constitucional não poderá jamais ameaçar a identidade e a continuidade da Constituição, de tal sorte que a existência de limites materiais expressos exerce função de proteção, obstaculizando não apenas a destruição da ordem constitucional, mas, além disso, vedando também a reforma de seus elementos essenciais.[135] A prova da íntima relação entre os limites materiais à reforma constitucional e a identidade[136] da Constituição reside no fato de que, de regra, os princípios fundamentais, os direitos fundamentais, bem como a forma de Estado e de governo se encontram sob o manto desta especial proteção contra sua alteração e esvaziamento por parte do poder constituinte reformador,[137] o que também ocorre na

---

132. Cf. HESSE, Konrad. *Grundzüge des Verfassungsrecht der Bundesrepublik Deutschland*, p. 292.

133. Sobre o tema, no âmbito da literatura nacional, destaca-se, seja pela profundidade da análise, seja pela riqueza e relevância da revisão bibliográfica efetuada, a contribuição de BRANDÃO, Rodrigo. *Direitos fundamentais, democracia e cláusulas pétreas*, especialmente a primeira parte da obra.

134. Cf. KIRCHHOF, Paul. Die Identität der Verfassung in ihren unabänderlichen Inhalten. *Handbuch des Staatsrechts der Bundesrepublik Deutschland*, vol. 1, p. 790.

135. Cf. MENDES, Gilmar Ferreira. Limites da revisão: cláusulas pétreas ou garantias de eternidade. Possibilidade jurídica de sua superação. *Revista da Associação dos Juízes do Rio Grande do Sul (Ajuris)* 60/250, que, neste contexto, também se reporta às lições de Brunn-Otto Bryde e Konrad Hesse.

136. A respeito da identidade constitucional e do problema de sua permanente construção e reconstrução, v. o contributo instigante de ROSENFELD, Michel. *A identidade do sujeito constitucional*, muito embora a análise do autor, efetuada especialmente a partir de referenciais da filosofia de Hegel e da psicanálise de Lacan e Freud, transcenda os aspectos vinculados à problemática da reforma constitucional.

137. De acordo com a pertinente observação de MENDES, Gilmar Ferreira. Limites da revisão: cláusulas pétreas ou garantias de eternidade. Possibilidade jurídica de sua superação. *Revista da Associação dos Juízes do Rio Grande do Sul (Ajuris)* 60/251, inspirada nas lições de B. O. Bryde, quando o constituinte considerou determinados conteúdos da constituição tão relevantes a ponto de colocá-los sob a proteção

Constituição Federal de 1988.[138] De acordo com Gilmar Mendes, o fato de o constituinte (poder constituinte originário) ter considerado certos conteúdos tão relevantes a ponto de colocá-los sob a proteção das "cláusulas pétreas" leva à constatação de que justamente nestes dispositivos se encontram ancorados os elementos e princípios essenciais da ordem constitucional.[139] Daí a razão de se distinguir entre limites expressos (explícitos) à reforma constitucional e limites implícitos, ponto a ser examinado logo a seguir.

5.7.4.4.2 Espécies de limitações materiais ao poder de reforma

a) Limites explícitos (expressos)

Quanto à abrangência do rol dos limites materiais explícitos (art. 60, § 4.º, da CF), verifica-se, como já ressaltado, um avanço relativamente ao direito constitucional pátrio anterior, já que significativo o número de princípios e decisões fundamentais protegidos (princípio federativo, democrático, separação de poderes e direitos e garantias fundamentais). Note-se, neste contexto, a ausência de uma hierarquia predeterminada entre estes valores essenciais da nossa ordem constitucional, o que não afasta a possibilidade de concorrências e colisões, que, à luz do caso concreto, deverão ser solvidas mediante as regras aplicáveis nestas hipóteses, buscando-se sempre um equilíbrio entre os valores em pauta.[140] Por outro lado, a existência de limites materiais expressamente previstos na Constituição (habitualmente denominados "cláusulas pétreas" ou "garantias de eternidade") não exclui, por sua vez (pelo menos não necessariamente), outras limitações desta natureza, que, por não consagradas no texto constitucional, costumam ser qualificadas como limites materiais implícitos (não escritos), tópico que, pela sua relevância, será objeto de exame em segmento distinto, logo na sequência.[141]

Os limites materiais expressos, no sentido daqueles dispositivos e conteúdos que, por decisão expressamente inscrita no texto constitucional originário, não podem ser objeto de supressão pelo poder de reforma correspondem, como já frisado, a uma decisão prévia e vinculante por parte do constituinte, no sentido de demarcar a identidade constitucional, estabelecendo em seu favor uma garantia de permanência, enquanto viger a ordem constitucional. No caso da Constituição Federal, os limites materiais expressos foram enunciados

---

das assim denominadas "cláusulas pétreas", é possível partir-se do pressuposto de que justamente nestes dispositivos se encontram ancorados os elementos e princípios essenciais da ordem constitucional.

138. Registre-se que a nossa Constituição vigente contém o catálogo mais abrangente de limites materiais expressos à reforma constitucional no âmbito de nossa evolução constitucional. Com efeito, enquanto a Constituição de 1891 (art. 90, § 4.º) continha a proibição de abolição da República, da Federação e da igual representação dos Estados no Senado Federal, a Constituição de 1934 (art. 178, § 5.º) previa como limites materiais expressos apenas a República e a Federação. Já a Constituição de 1937, a exemplo do que já ocorrera com a Carta de 1824, não continha nenhum limite material expresso. No art. 217, § 6.º, da Constituição de 1946, por sua vez, foram novamente protegidas a República e a Federação, o que veio a ser mantido pela Constituição de 1967-1969 (art. 47, § 1.º).

139. Cf. MENDES, Gilmar Ferreira. Limites da revisão: cláusulas pétreas ou garantias de eternidade. Possibilidade jurídica de sua superação. *Revista da Associação dos Juízes do Rio Grande do Sul (Ajuris)* 60/251, inspirado nas lições do publicista germânico B. O. Bryde.

140. Esta a oportuna referência de KIRCHHOF, Paul. Die Identität der Verfassung in ihren unabänderlichen Inhalten. *Handbuch des Staatsrechts der Bundesrepublik Deutschland*, vol. 1, p. 803.

141. Nesse sentido já se posicionava o nosso clássico SAMPAIO, Nelson de Souza. *O poder de reforma constitucional*, p. 92 e ss.

no art. 60, § 4.º, I a IV, quais sejam: (a) a forma federativa de Estado; (b) o voto direto, secreto, universal e periódico; (c) a separação de poderes; (d) os direitos e garantias individuais.

A simples leitura dos incisos do art. 60, §, 4.º, da CF já revela que cada uma das "cláusulas pétreas", ainda que individualmente considerada, diz respeito a um conjunto mais abrangente de dispositivos e normas da Constituição, o que resulta ainda mais evidente quando se está em face de uma emenda constitucional concreta, que, ao alterar o texto da Constituição, poderá afetar (mesmo sem referência direta a uma das "cláusulas pétreas") algum (ou alguns) dos limites materiais. Levando em conta que, quanto ao seu conceito e conteúdo, os conteúdos blindados por conta dos limites materiais já foram e/ou serão objeto de explicitação ao longo deste *Curso*, o que aqui importa enfatizar é precisamente o fato de que os limites materiais protegem, tomando como exemplo a forma federativa de Estado, não apenas o dispositivo constitucional que enuncia a Federação (art. 1.º da CF), mas todo o complexo de dispositivos e normas correspondentes que dão à forma federativa de Estado os seus contornos nucleares. Assim, deixaremos aqui de adentrar no plano conceitual, até mesmo pelo fato de os aspectos mais polêmicos serem tratados no plano da amplitude da proteção efetivamente assegurada por conta dos limites materiais, aspecto a ser enfrentado logo adiante. Antes, todavia, algumas notas sobre os limites materiais implícitos.

b) Os assim chamados limites materiais implícitos

Também no Brasil a doutrina majoritária reconhece a existência – para além dos limites expressamente positivados na Constituição – de limites materiais implícitos à reforma constitucional, não se registrando, contudo, unanimidade a respeito de quais sejam exatamente estes limites.[142] Nessa perspectiva, Manoel Gonçalves Ferreira Filho refere as lições dos constitucionalistas norte-americanos Joseph Story e Thomas Cooley, ambos do século XIX, salientando que o primeiro sustentava que a Federação não poderia ser abolida por meio de uma reforma constitucional, ao passo que o segundo, além de desenvolver esta mesma ideia, advogava o ponto de vista de acordo com o qual o espírito da Constituição traçava certos limites implícitos às alterações da Constituição.[143]

A elaboração doutrinária dos limites implícitos costuma também ser reconduzida ao pensamento de Carl Schmitt, já que este entendia ser desnecessária a declaração expressa da inalterabilidade de determinados princípios, na medida em que a identidade da Constituição jamais poderia vir a ser destruída por uma reforma constitucional.[144] Outro argumento em favor do reconhecimento dos limites implícitos é esgrimido por Gomes

---

142. Em sentido favorável aos limites materiais implícitos, cf. MENDES, Gilmar Ferreira; COELHO, Inocêncio Mártires; BRANCO, Paulo Gustavo Gonet. *Curso de direito constitucional*, p. 262, assim como BARROSO, Luís Roberto. *Curso de direito constitucional contemporâneo*, p. 165, e, por último, SOUZA NETO, Cláudio Pereira de; SARMENTO, Daniel. *Direito constitucional:* teoria, história, métodos de trabalho, p. 315 e ss. Em sentido contrário, v., por todos, FERREIRA FILHO, Manuel Gonçalves. Significação e alcance das cláusulas pétreas. *Revista de Direito Administrativo* 202/14.

143. Cf. a lembrança de FERREIRA FILHO, Manoel Gonçalves. *O poder constituinte*, p. 111.

144. Com efeito, segundo SCHMITT, Carl. *Verfassungslehre*. 9. ed., p. 102 e ss., a competência para a reforma é sempre limitada, não implicando o poder de destruição da ordem constitucional, de tal sorte que a identidade constitucional encontra-se blindada contra os avanços do poder de reforma da constituição. Entre nós, acompanhando tal entendimento, v., por todos, MENDES, Gilmar Ferreira. Limites da revisão: cláusulas pétreas ou garantias de eternidade. Possibilidade jurídica de sua superação. *Revista da Associação dos Juízes do Rio Grande do Sul (Ajuris)* 60/250. Em sentido similar, v., por último, a contribuição de PINTO E NETTO, Luísa Cristina. *Os direitos sociais como limites materiais à revisão constitucional*, p. 90 e ss.

Canotilho, que chama a atenção para o risco de as constituições, especialmente as que não contêm limitações expressas (cláusulas pétreas), se transformarem em constituições provisórias, verdadeiras constituições em branco, à mercê da discricionariedade do poder reformador.[145]

Todavia, se as razões em favor da existência de limites implícitos devem prevalecer, também há que dar razão aos que sustentam que a construção de uma teoria dos limites implícitos à reforma constitucional apenas pode ser efetuada à luz de determinada ordem constitucional, isto é, do direito constitucional positivo, no sentido de que as limitações implícitas deveriam ser deduzidas diretamente da constituição, considerando-se especialmente os princípios cuja abolição ou restrição poderia implicar a ruptura da própria ordem constitucional.[146] Nesta perspectiva, Karl Loewenstein (que neste mesmo contexto prefere falar em limites tácitos ou imanentes) destaca que nessas hipóteses a proibição da reforma decorre do "espírito", do *telos* da constituição, independentemente de uma proclamação expressa.[147] Por outro lado, importa sublinhar, pelo fato de serem diretamente extraídos de uma constituição concreta, *aos limites materiais implícitos pode ser atribuída a mesma força jurídica dos limites expressos, razão pela qual asseguram à constituição, ao menos em princípio, o mesmo nível de proteção.*[148]

Entre os limites implícitos que harmonizam com o direito constitucional positivo brasileiro, há que destacar, em primeiro plano, a impossibilidade de proceder-se a uma reforma total ou, pelo menos, que tenha por objeto a supressão dos princípios fundamentais de nossa ordem constitucional.[149] Aliás, aplicando-se efetivamente este princípio (inalterabilidade da identidade da Constituição), até mesmo a existência de limites expressos parece dispensável, já que os princípios e direitos fundamentais, assim como as decisões essenciais sobre a forma de Estado e de governo fatalmente não poderiam ser objeto de abolição ou esvaziamento.

Poder-se-á sustentar, na esteira deste entendimento, que os princípios fundamentais do Título I da nossa Constituição integram, pelo menos em parte, o elenco dos limites materiais implícitos, ressaltando-se, todavia, que boa parte deles já foi contemplada no rol das "cláusulas pétreas" do art. 60, § 4.º, da CF. Com efeito, não se afigura razoável o entendimento de que a Federação e o princípio da separação dos poderes encontram-se protegidos contra o poder reformador, mas que *o princípio da dignidade da pessoa humana* não tenha sido subtraído à disposição do legislador. Com efeito, a inclusão do princípio da dignidade da pessoa humana no rol dos limites materiais à reforma constitucional não apenas constitui *exigência de seu lugar privilegiado no âmbito dos princípios fundamentais e estruturantes do*

---

145. Cf. CANOTILHO, J. J. Gomes. *Direito constitucional e teoria da constituição*, p. 1.136-1.137.
146. Neste sentido a lição de BASTOS, Celso Ribeiro. *Curso de direito constitucional*, 11. ed., p. 36. Também CANOTILHO, J. J. Gomes. *Direito constitucional e teoria da constituição*, p. 1.136, parece comungar deste entendimento, sustentando que "a ideia de limitação do poder de revisão, no sentido apontado, não pode divorciar-se das conexões de sentido captadas no texto constitucional. Desta forma, os limites materiais devem encontrar um mínimo de recepção no texto constitucional, ou seja, devem ser limites textuais implícitos".
147. Cf. LOEWENSTEIN, Karl. *Teoria de la constitución*, 2. ed., p. 189.
148. Esta a oportuna consideração de ROCHA, Cármen Lúcia Antunes. Constituição e mudança constitucional: limites ao exercício do poder de reforma constitucional. *Revista de Informação Legislativa* 120/178.
149. Cf., entre outros, BONAVIDES, Paulo. *Curso de direito constitucional*, p. 178, que ainda refere a impossibilidade de vir o poder constituinte reformador a substituir o poder constituinte originário.

Estado Democrático de Direito, mas também se justifica em virtude de sua relação com os direitos e garantias fundamentais, aspecto que ainda será objeto de atenção adicional. Também a tese, amplamente aceita, em favor da impossibilidade de supressão ou esvaziamento da forma republicana de governo e mesmo do sistema presidencialista é de ser levada a sério e merece acolhida, de modo especial no que diz com a República. Neste sentido, argumenta-se que, a partir da consulta popular efetuada em abril de 1993, a *República e o Presidencialismo* (mas especialmente a primeira) passaram a corresponder à vontade expressa e diretamente manifestada do titular do poder constituinte, não se encontrando, portanto, à disposição do poder de reforma da Constituição.[150] Ressalte-se, neste contexto, que a decisão, tomada pelo constituinte, no sentido de não enquadrar estas decisões fundamentais no rol das "cláusulas pétreas" (art. 60, § 4.º), somada à previsão de um plebiscito sobre esta matéria, autoriza a conclusão de que se pretendeu conscientemente deixar para o povo (titular do poder constituinte) esta opção.[151]

Já no que diz com os direitos e garantias fundamentais, que atualmente constituem limite material expresso (art. 60, § 4.º, IV, da CF), não subsistem, em princípio, razões para continuar a considerá-los – pelo menos não em toda a sua extensão – limites implícitos, a exemplo do que ocorria no constitucionalismo pretérito.[152] Isso não afasta, todavia, a controvérsia (relativamente acirrada entre nós, notadamente na esfera doutrinária) em torno do fato de que todos os direitos fundamentais ou apenas uma parte desses direitos são limites materiais (expressos ou mesmo implícitos) à reforma, destacando-se aqui o problema dos direitos sociais, que, de acordo com parte da doutrina, não comungam de tal condição, não integrando nem os limites expressos (direitos e garantias individuais) nem podendo ser enquadrados na condição de limites implícitos. Todavia, para evitar repetições desnecessárias e considerando a relevância da controvérsia, em termos teóricos e práticos, o problema de até que ponto os direitos fundamentais constituem limites materiais à reforma constitucional será versado em apartado, logo adiante.

c) O problema da assim chamada "dupla revisão" ou "dupla reforma" constitucional

Aspecto que assume relevo no âmbito dos assim denominados limites materiais implícitos diz com a possibilidade (ou não) de se alterarem e até mesmo de se eliminarem, por meio de uma reforma constitucional, as próprias disposições da Constituição que versam sobre a reforma, especialmente (mas não exclusivamente) as que estabelecem os limites materiais. Cuida-se, em suma, daquilo que boa parte da doutrina convencionou denominar tese da "dupla revisão", e que Vital Moreira preferiu chamar de "teoria da revisibilidade das cláusulas proibitivas de revisão".[153] Como se pretende demonstrar, ainda que de modo sumário, a tese da assim chamada "dupla revisão" é – nas palavras de Pedro de Vega – "tão engenhosa quanto insustentável".[154] Com efeito, a despeito de não se registrar um consenso a respeito, verifica-se que – ao menos no Brasil – a *doutrina majoritária se posiciona a favor*

---

150. Cf. a posição de Horta, Raul Machado. Natureza, limitações e tendências da revisão constitucional. *Revista Brasileira de Estudos Políticos,* n. 78/79, p. 15-16.

151. Cumpre lembrar que desde a Constituição de 1891 (até a Constituição de 1967-1969) o princípio republicano marcou presença dentre os limites expressos à reforma constitucional.

152. Dentre os que consideravam, já sob a égide do constitucionalismo pretérito, os direitos fundamentais limites materiais implícitos, destaca-se Sampaio, Nelson de Souza. *O poder de reforma constitucional,* p. 93.

153. Cf. Moreira, Vital. *Constituição e revisão constitucional,* p. 106.

154. Cf. Vega, Pedro de. *La reforma constitucional y la problemática del poder constituyente,* p. 265.

do reconhecimento de um limite implícito imposto à competência reformadora, impedindo alterações substanciais nas normas que estabelecem os limites à reforma de nossa Lei Fundamental.[155] Os defensores desta concepção partem da premissa de que, em sendo possibilitada a reforma dos limites expressos, de modo especial no que diz com as "cláusulas pétreas", se acabaria por autorizar a realização, pelo legislador, de uma reforma global, que, por sua vez, poderia conduzir a uma destruição da identidade da ordem constitucional, razão pela qual há quem se pergunte até que ponto é possível ao legislador (investido do poder de reformar a Constituição) alterar ou abolir algo expressamente tido por intangível pelo constituinte.[156]

Para uma melhor compreensão da figura da "dupla revisão", é possível invocar o seguinte exemplo hipotético: considerando que o voto secreto é expressamente protegido, como limite material à reforma, no art. 60, § 4.º, II, da CF, poder-se-ia imaginar a propositura de uma emenda constitucional que tivesse por objeto a exclusão do voto secreto do elenco das "cláusulas pétreas". Uma vez levada a efeito tal alteração, mediante uma segunda emenda constitucional, o voto secreto seria suprimido do texto constitucional, já que não mais protegido na condição de limite material à reforma. É precisamente por tal razão que a "dupla revisão" tem sido considerada também uma modalidade de fraude à Constituição e uma forma de permitir que a competência (ou seja, o poder de reforma) altere os limites que expressamente lhe estabeleceu o constituinte.

O poder de reforma (na condição de poder constituído) não pode alterar as normas que definem os limites de sua competência, sob pena de se guindar ilegitimamente à posição do poder constituinte, ressalvadas, evidentemente, as hipóteses nas quais a Constituição autoriza expressamente a modificação e/ou supressão das cláusulas sobre os limites da reforma, o que também se aplica aos limites formais e temporais (circunstanciais), em face do risco de uma flexibilização da rigidez constitucional.[157] Além disso, sustenta-se que a imutabilidade das normas sobre os limites da reforma constitucional corresponde a uma exigência da lógica normativa, no sentido de que não apenas os princípios erigidos expressamente à condição de limites materiais, mas também as próprias "cláusulas pétreas" não podem ser objeto de alteração ou abolição, de tal sorte que as "cláusulas pétreas", além de assegurarem a identidade da Constituição, podem ser elas próprias consideradas parte integrante desta identidade.[158]

---

155. Cf., por todos, Souza Neto, Cláudio Pereira de; Sarmento, Daniel. *Direito constitucional:* teoria, história, métodos de trabalho, p. 315 e ss.

156. A este respeito, v., entre outros, Rocha, Cármen Lúcia Antunes. Constituição e mudança constitucional: limites ao exercício do poder de reforma constitucional. *Revista de Informação Legislativa* 120/180, que, no entanto, se posiciona de forma cética diante da absoluta imutabilidade das normas sobre os limites à reforma constitucional.

157. Esta a lição de Sampaio, Nelson de Souza. *O poder de reforma constitucional,* p. 105-106. Cumpre referir, neste contexto, a discussão travada em torno da constitucionalidade da EC 2, de 25.08.1992, que antecipou em alguns meses a realização do plebiscito previsto no art. 2.º do ADCT, alteração que acabou sendo declarada constitucional pelo STF (ADIn 830-7, rel. Min. Moreira Alves, *DJU* 16.09.1994). Sobre este tema específico (constitucionalidade da antecipação do plebiscito), v. Mendes, Gilmar Ferreira. Plebiscito – EC 2/92 (parecer). *Revista Trimestral de Direito Público* 7/104 e ss. Sustentando a irreversibilidade das regras sobre os limites formais, v., por todos, Silva, Virgílio Afonso da. Ulisses, as sereias e o poder constituínte derivado. *Revista de Direito Administrativo* 226/29.

158. Cf. Mendes, Gilmar Ferreira. Plebiscito – EC 2/92 (parecer). *Revista Trimestral de Direito Público* 7/112, baseado nas lições dos publicistas germânicos T. Maunz e B. O. Bryde. Posição semelhante é sustentada

Ainda neste contexto, cumpre destacar a lição de Gomes Canotilho, para quem "as normas de revisão, pelo fato de atestarem a superioridade do Constituinte, podem ser qualificadas como normas superconstitucionais, cuja violação acaba por situar-se nos limites de uma ruptura constitucional".[159] Para formular a questão de um modo mais drástico, aceitar a tese da "dupla revisão" equivaleria a reconhecer que a própria Constituição – caso admitisse a sua autossubversão – estaria admitindo sua destruição, portanto e de certo modo, dando margem ao seu "suicídio".[160]

Em que pese a doutrina majoritária ter adotado a tese da inalterabilidade (ou, pelo menos, da impossibilidade de supressão ou esvaziamento) das cláusulas sobre os limites da reforma constitucional, não faltam argumentos em sentido contrário. Com efeito, já sob a égide da Constituição Federal houve até mesmo quem sustentasse a possibilidade de uma dupla revisão (alteração das normas sobre os limites à reforma constitucional e posterior modificação ou abolição dos princípios originalmente protegidos), argumentando que a Constituição de 1988 nada mais é do que uma reforma abrangente da Constituição de 1967/1969, já que elaborada pelo Congresso Nacional, e não por uma Assembleia Nacional Constituinte autônoma e exclusiva.[161] Este último argumento, salvo melhor juízo, não merece acolhida, já que não leva em consideração o fato de que o Congresso Constituinte de 1987/1988, além de direta e livremente eleito para a elaboração (ainda que não em caráter exclusivo) de uma nova Constituição, não esteve sujeito a outras pressões ou condicionamentos que não os inerentes ao amplo debate e discussão que caracterizaram o nosso processo constituinte.[162]

Embora a assim chamada "dupla revisão" esteja vedada, à vista dos argumentos colacionados e de acordo com a doutrina dominante, resta, contudo, a pertinente preocupação com a petrificação da ordem constitucional, justificando a elaboração de propostas de cunho conciliatório, sustentando que as "cláusulas pétreas" não podem ser compreendidas como limites absolutos à reforma da Constituição, já que é necessário alcançar-se certo equilíbrio entre a indispensável estabilidade constitucional e a necessária adaptabilidade da Constituição à realidade, não sendo exigível que as gerações futuras fiquem eternamente vinculadas a determinados princípios e valores consagrados pelo constituinte em determinado momento histórico, o que, em outras palavras, significaria chancelar os já referidos temores de

---

por Canotilho, J. J. Gomes. *Direito constitucional e teoria da constituição*, p. 1.138, preconizando que "as regras de alteração de uma norma pertencem, logicamente, aos pressupostos da mesma norma, e daí que as regras fixadoras das condições de alteração de uma norma se coloquem num nível de validade (eficácia) superior ao da norma a modificar".

159. Cf. Canotilho, J. J. Gomes. *Direito constitucional e teoria da constituição*, p. 1.138.

160. Cf. Moreira, Vital. *Constituição e revisão constitucional*, p. 108, que, de resto, em curto mas brilhante ensaio sobre o tema, apresenta consistente rol de argumentos contestando a tese da "dupla revisão". No mesmo sentido, entre nós, Rocha, Cármen Lúcia Antunes. Reforma total da Constituição: remédio ou suicídio constitucional? In: Sampaio, José Adércio Leite (Coord.). *Crise e desafios da constituição*, p. 148 e ss., sustentando que uma reforma total significaria mais do que um suicídio, por se tratar de um golpe contra a Constituição e a própria sociedade (p. 173).

161. Neste sentido, v. Ferreira Filho, Manuel Gonçalves. Significação e alcance das cláusulas pétreas. *Revista de Direito Administrativo* 202/16.

162. Cf. Ataliba, Geraldo. Superação jurídica da Constituição de 1993, p. 40 e ss., analisando, entre outros aspectos, o problema da legitimidade da Constituição de 1988. No mesmo sentido, criticando tal linha argumentativa, o insuspeito (pela sua incansável cruzada contra o autoritarismo) e qualificado entendimento de Ruschel, Ruy Ruben. *Direito constitucional em tempos de crise*, p. 160 e ss.

Thomas Jefferson, no sentido de que os mortos, de certa forma, possam impor sua vontade aos vivos.[163]

Nesse contexto, houve quem se posicionasse a favor da revisibilidade das cláusulas sobre os limites à reforma constitucional, desde que fosse viabilizada a participação direta do povo, na condição de titular do poder constituinte, no processo, outorgando às reformas certo grau de legitimação.[164] Todavia, cremos que também esta alternativa é questionável, isto sem falar na ausência de previsão expressa a respeito na nossa Constituição, a despeito das sugestões formuladas por ocasião da discussão da revisão constitucional.[165] Com efeito, como bem lembra Vital Moreira, também o argumento da soberania popular revela-se falho, já que num Estado Democrático de Direito a soberania popular é, de fato, soberania constitucional, exercida exatamente nos termos da Constituição, que justamente existe para regular o processo democrático e o próprio exercício da soberania popular.[166] Além disso, é preciso ter em conta que a necessária adaptabilidade da Constituição pode ser suficientemente assegurada por meio de uma adequada exegese do alcance das "cláusulas pétreas", o que, por sua vez, reconduz ao problema de qual efetivamente a proteção outorgada aos princípios e direitos fundamentais por elas abrangidos, aspecto a ser analisado logo adiante.

Em síntese, importa sublinhar que *a assim designada dupla revisão encontra-se vedada no Brasil, no sentido de que o poder de reforma não pode*:

a) *mediante alteração das regras sobre os limites formais e procedimentais, afastar a rigidez constitucional*; dito de outro modo, por meio de uma emenda à Constituição não se

---

163. Cf. Rocha, Cármen Lúcia Antunes. Constituição e mudança constitucional: limites ao exercício do poder de reforma constitucional. *Revista de Informação Legislativa* 120/180 e ss.

164. Este o ponto de vista sustentado, dentre outros, por Rocha, Cármen Lúcia Antunes. Constituição e mudança constitucional: limites ao exercício do poder de reforma constitucional. *Revista de Informação Legislativa* 120/182, e Mendes, Gilmar Ferreira. Limites da revisão: cláusulas pétreas ou garantias de eternidade. Possibilidade jurídica de sua superação. *Revista da Associação dos Juízes do Rio Grande do Sul (Ajuris)* 60/253-254, referindo-se aos exemplos das Constituições da Suíça (arts. 118-23), Áustria (art. 44) e Espanha (art. 166), que traçam clara distinção entre uma revisão parcial ou total da Constituição, estabelecendo para a última um procedimento mais rigoroso, caracterizado pela participação direta do povo no processo revisional.

165. É de referir-se, neste contexto, que, no âmbito da frustrada revisão constitucional de 1993/1994, foram apresentadas algumas propostas favoráveis à revisão total da Constituição, bem como sugerindo a supressão e alteração das "cláusulas pétreas". Sem que se vá reproduzir na íntegra o conteúdo das propostas, cumpre destacar que o relator da revisão, Deputado Nelson Jobim (*Relatoria da revisão constitucional*, vol. 2, p. 421 e ss.), no Parecer 49, propôs a inserção de mais dois parágrafos no art. 60 da CF, regulamentando a figura da revisão constitucional, distinta das emendas, que continuariam sendo a forma ordinária de alteração da Constituição. Dentre os pressupostos, merecem referência os que seguem: (a) a proposta de revisão deveria ser subscrita pela maioria absoluta dos membros do Congresso; (b) esta proposta deveria ser votada em dois turnos, mediante uma maioria de 3/5 dos membros de cada Casa do Congresso; (c) o projeto de revisão, por sua vez, estaria sujeito ao mesmo procedimento; (d) os projetos de revisão aprovados deveriam ser referendados pelo povo, mediante a maioria absoluta dos votos válidos; (e) entre cada revisão deveria transcorrer um período de no mínimo cinco anos. No mesmo parecer foram sugeridas duas alternativas que, de modo geral, obedecem aos mesmos critérios. Entre os aspectos divergentes, assume relevo o lapso temporal entre uma revisão e outra, que foi aumentado para 10 anos. Também foi proposta a supressão das "cláusulas pétreas" do art. 60, § 4.º, da CF, mantendo-se apenas a proteção dos direitos e garantias elencados no art. 5.º de nossa Constituição, excluindo-se, portanto, os demais direitos fundamentais do rol dos limites materiais à reforma constitucional.

166. Cf. Moreira, Vital. *Constituição e revisão constitucional*, p. 108, o que não afasta, por óbvio, a possibilidade de uma nova assembleia constituinte consagrar tal procedimento.

pode tornar o processo de alteração do texto constitucional igual ao processo de alteração da legislação ordinária e complementar;

b) *os limites materiais expressos (no caso, elencados nos incisos I a IV do art. 60, § 4.º, da CF) não poderão ser suprimidos no todo ou em parte*;

c) *uma emenda constitucional não poderá permitir que a Constituição seja alterada na vigência das hipóteses ora previstas no art. 60, § 1.º, da CF*, muito embora, no que diz com esta última situação, não se registre maior preocupação da doutrina que, em geral, ao cuidar da assim chamada dupla revisão, concentra-se no problema (seguramente mais grave) da superação dos limites materiais e na erosão da rigidez constitucional.

d) *a controvérsia em torno dos direitos fundamentais como limites materiais ao poder de reforma.*

O fato de o art. 60, § 4.º, IV, da CF ter feito referência (expressa) aos direitos e garantias individuais deu ensejo a uma considerável controvérsia no seio da doutrina constitucional brasileira. Com efeito, discute-se, por exemplo, se os direitos sociais foram, ou não, contemplados com a proteção inerente às "cláusulas pétreas", debate que abrange também os direitos dos trabalhadores. Mas também outros direitos, a depender da definição adotada de "direitos e garantias individuais", poderiam, em tese, ser excluídos, por exemplo, no campo da nacionalidade, dos direitos políticos (à exceção do direito de voto, já coberto pelos limites materiais expressos), ou mesmo dos direitos dispersos pelo texto constitucional, ainda que nem todas as hipóteses de exclusão guardem relação direta com a expressão utilizada pelo constituinte quando da redação do citado dispositivo constitucional. Por outro lado, considerando o impacto da controvérsia em sede doutrinária, a discussão no âmbito do STF não tem revelado a mesma intensidade, não existindo posição conclusiva (no sentido de uma doutrina sedimentada) que possa ser referida, muito embora salvo alguma controvérsia que pode ser extraída dos votos de alguns ministros,[167] o que voltará a ser objeto de atenção logo adiante.

Antes de adentrarmos com maior ênfase no tema da abrangência das "cláusulas pétreas" em matéria de direitos fundamentais, é possível registrar, ao menos de acordo com a evolução doutrinária e jurisprudencial dominante no Brasil, que em princípio não apenas os direitos fundamentais expressamente elencados no Título II da CF, mas também os direitos dispersos pelo texto constitucional encontram-se blindados em face do poder de reforma constitucional, como dá conta o paradigmático julgamento proferido pelo STF quando da impugnação da constitucionalidade do art. 2.º da EC 3/1993, ocasião na qual, além do reconhecimento de que as limitações ao poder de tributar estabelecidas no art. 150, III, da CF correspondem, no plano subjetivo, a direitos e garantias fundamentais do contribuinte, também foi reconhecido que tais direitos e garantias não poderiam ser pura e simplesmente abolidos ou desconsiderados pelo poder reformador.[168]

---

167. Sobre a evolução e o "estado da arte" da jurisprudência do STF na matéria, embora adiantando que não se comunga, em toda a sua extensão, das posições do autor, v., por último, BRANDÃO, Rodrigo. A proteção dos direitos e garantias individuais em face das emendas constitucionais à luz da jurisprudência do STF. In: SARMENTO, Daniel; SARLET, Ingo Wolfgang (Coord.). *Direitos fundamentais no Supremo Tribunal Federal:* balanço e crítica, p. 207-252.

168. Cf. julgamento da ADIn 939/DF, rel. Min. Sydney Sanches, *DJU* 18.03.1994. No âmbito da literatura, v., por todos, BARROSO, Luís Roberto. *Curso de direito constitucional contemporâneo*, p. 176-177.

A despeito da orientação noticiada, que em princípio aponta para uma exegese extensiva do conceito de direitos e garantias fundamentais, segue indispensável o enfrentamento de um problema que tem chamado ao debate segmentos expressivos da doutrina constitucional brasileira. Já numa primeira aproximação, resulta problemático saber se a noção de direitos e garantias individuais pode ser compreendida como equivalente à noção de direitos e garantias fundamentais, de tal sorte que todos os direitos fundamentais estariam cobertos já no âmbito dos limites materiais expressamente fixados pelo constituinte, ou se os demais direitos fundamentais (que não se enquadram na noção de direitos individuais) poderiam ser contemplados pela proteção reforçada das "cláusulas pétreas" na condição de limites materiais implícitos. Além disso, como já adiantado, segue sendo necessário discutir se todos os direitos fundamentais (seja por conta de uma compreensão elástica da noção de direitos individuais, seja na condição de limites implícitos), ou apenas uma parte, integram o elenco dos limites materiais à reforma constitucional.

Desde logo, tomando-se como ponto de partida o enunciado literal do art. 60, § 4.º, IV, da CF, poder-se-ia afirmar – e, de fato, há quem sustente tal ponto de vista – que apenas os direitos e garantias individuais (art. 5.º da CF) se encontram incluídos no rol das "cláusulas pétreas" de nossa Constituição. Tal exegese restritiva, caso levada ao extremo, implicaria a exclusão – do rol de limites materiais – não apenas dos direitos sociais, mas também dos direitos de nacionalidade, bem como de parte dos direitos políticos, incluindo a liberdade de associação partidária, à exceção, todavia, do direito (dever) do voto secreto, universal e periódico (art. 60, § 4.º, II). Aliás, por uma questão de coerência, nem mesmo os direitos coletivos (de expressão coletiva) constantes no rol do art. 5.º seriam merecedores desta proteção, de tal sorte que já esta simples constatação indica que tal interpretação dificilmente poderá prevalecer. Caso assim fosse, os direitos essenciais de participação política (art. 14), a liberdade sindical (art. 8.º) e o direito de greve (art. 9.º), apenas para citar alguns exemplos, encontrar-se-iam em condição inferior à dos demais direitos fundamentais, não compartilhando o mesmo regime jurídico reforçado, ao menos não na sua plenitude. Neste contexto, sustentou-se que a expressão "direitos e garantias individuais", utilizada no art. 60, § 4.º, IV, da CF, não se encontra reproduzida em nenhum outro dispositivo da Constituição, razão pela qual mesmo com base numa interpretação literal não se poderiam confundir esses direitos individuais com os direitos individuais e coletivos do art. 5.º da CF.[169]

Para os que advogam uma interpretação restritiva do art. 60, § 4.º, IV, da CF, abre-se uma alternativa argumentativa. Com efeito, é possível sustentar que a expressão "direitos e garantias individuais" deve ser interpretada no sentido de que apenas os direitos fundamentais equiparáveis aos direitos individuais do art. 5.º sejam considerados "cláusulas pétreas". A viabilidade desta concepção esbarra na difícil tarefa de traçar as distinções entre os direitos individuais e os não individuais. Caso considerássemos como individuais apenas os direitos fundamentais que se caracterizam por sua função defensiva (especialmente os direitos de liberdade, na acepção de direitos a não intervenção no seu âmbito de proteção), teríamos de identificar, nos outros capítulos do Título II, os direitos e garantias passíveis de serem equiparados aos direitos de defesa, de tal sorte que as liberdades sociais (direitos sociais de caráter negativo, como é o caso do direito de greve e da liberdade de associação sindical) também se encontrariam ao abrigo das "cláusulas pétreas". Solução semelhante foi adotada

---

169. Cf. LOPES, Maurício Antonio Ribeiro. *Poder constituinte reformador:* limites e possibilidades da revisão constitucional brasileira, p. 182.

Do poder constituinte e da mudança (reforma e mutação) constitucional   99

no constitucionalismo português, no qual há disposição expressa estabelecendo que os direitos análogos aos direitos, liberdades e garantias se encontram sujeitos ao mesmo regime jurídico (art. 17 da CRP), destacando-se, neste particular, a sua condição de limites materiais ao poder de revisão da Constituição (art. 288 da CRP). No Brasil, à míngua de um regime jurídico diferenciado expressamente previsto na Constituição, tal entendimento não poderá prevalecer, já que não encontramos (pelo menos esta a posição adotada) justificativa sólida para uma distinção entre os direitos fundamentais no que diz com seu regime jurídico.

Todavia, há quem sustente, também no direito brasileiro, que os direitos sociais não podem integrar as "cláusulas pétreas" da Constituição pelo fato de não poderem (ao menos na condição de direitos a prestações) ser equiparados aos direitos de liberdade do art. 5.º. Além disso, argumenta-se que, se o constituinte efetivamente tivesse tido a intenção de gravar os direitos sociais com a cláusula da intangibilidade, ele o teria feito, ou nominando expressamente esta categoria de direitos no art. 60, § 4.º, IV, da CF, ou referindo-se de forma genérica a todos os direitos e garantias fundamentais, mas não apenas aos direitos e garantias individuais.[170] Tal concepção e todas aquelas que lhe podem ser equiparadas esbarram, contudo, nos seguintes argumentos: (a) a Constituição brasileira não contempla diferença substancial entre os direitos de liberdade (defesa) e os direitos sociais, inclusive no que diz com eventual primazia dos primeiros sobre os segundos; (b) os partidários de uma exegese restritiva em regra partem da premissa de que todos os direitos sociais podem ser conceituados como direitos a prestações estatais, quando, como já lembrado, boa parte dos direitos sociais são, no que diz com sua função precípua e estrutura jurídica, equiparáveis aos direitos de defesa; (c) além disso, relembramos que uma interpretação que limita o alcance das "cláusulas pétreas" aos direitos fundamentais elencados no art. 5.º da CF acaba por excluir também os direitos de nacionalidade e os direitos políticos, que igualmente não foram expressamente previstos no art. 60, § 4.º, IV, de nossa lei Fundamental.[171]

Todas estas considerações revelam que apenas por meio de uma interpretação sistemática se poderá encontrar uma resposta satisfatória no que concerne ao problema da abrangência do art. 60, § 4.º, IV, da CF. Que uma exegese restritiva, notadamente quando cingida à expressão literal do referido dispositivo constitucional, não pode prevalecer parece ser evidente, ainda mais quando consideradas as distorções já apontadas. Como a inclusão dos direitos sociais (e demais direitos fundamentais) no rol das "cláusulas pétreas" pode ser justificada à luz do direito constitucional positivo é questão que merece análise um pouco mais detida. Já no Preâmbulo da Constituição Federal encontramos referência expressa no sentido de que a garantia dos direitos individuais e sociais, da igualdade e da justiça constitui objetivo permanente de nosso Estado. Além disso, não há como negligenciar o fato de que nossa Constituição consagra a ideia de que constituímos um Estado Democrático e Social de Direito, o que transparece claramente em boa parte dos princípios fundamentais, com

---

170. Cf. Magano, Otávio Bueno. Revisão constitucional. *Cadernos de Direito Constitucional e Ciência Política* 7/110-111, chegando até mesmo a sustentar não apenas a possibilidade, mas inclusive a necessidade de se excluírem os direitos sociais da Constituição.

171. Não esqueçamos, como oportunamente averbou Lafer, Celso. *A reconstrução dos direitos humanos*, p. 146 e ss., que o direito à nacionalidade e o direito à cidadania – por sua vez, umbilicalmente ligado ao primeiro, como verdadeiro direito a ter direitos – fundamentam o vínculo entre o indivíduo e determinado Estado, colocando o primeiro sob a proteção do segundo e de seu ordenamento jurídico, razão pela qual não nos parece aceitável que posição jurídica fundamental de tal relevância venha a ser excluída do âmbito de proteção das "cláusulas pétreas".

destaque para os arts. 1.º, I a III, e 3.º, I, III e IV. Com base nestas breves considerações, verifica-se, desde já, a íntima vinculação dos direitos fundamentais sociais com a concepção de Estado da nossa Constituição.[172] Não resta, portanto, qualquer dúvida de que o princípio do Estado Social e os direitos fundamentais sociais integram os elementos essenciais, isto é, a identidade de nossa Constituição, razão pela qual já se sustentou que os direitos sociais (assim como os princípios fundamentais) poderiam ser considerados – mesmo não estando expressamente previstos no rol das "cláusulas pétreas" – autênticos limites materiais implícitos à reforma constitucional.[173] Poder-se-á argumentar, ainda, que a expressa previsão de um extenso rol de direitos sociais no título dos direitos fundamentais seria, na verdade, destituída de sentido, caso o constituinte tivesse outorgado a tais direitos proteção diminuída, transformando-os em direitos de "segunda classe".

Além do exposto, verifica-se que todos os direitos fundamentais consagrados na Constituição Federal (mesmo os que não integram o Título II) são, em última análise, direitos de titularidade individual, ainda que alguns sejam de expressão coletiva e sem prejuízo de uma correlata dimensão transindividual, mais ou menos relevante a depender do direito em causa. É o indivíduo que tem assegurado o direito de voto, assim como é o indivíduo que tem direito à saúde, assistência social, aposentadoria etc. Até mesmo o direito a um meio ambiente saudável e equilibrado (art. 225 da CF), em que pese seu habitual enquadramento entre os direitos da terceira dimensão, pode ser reconduzido a uma dimensão individual, pois mesmo um dano ambiental que venha a atingir um grupo dificilmente quantificável e delimitável de pessoas (indivíduos) gera um direito à reparação para cada prejudicado, inclusive viabilizando execução individualizada ainda que no bojo de uma ação coletiva. Ainda que não se queira compartilhar tal entendimento, não há como negar que, nesses casos (de direitos coletivos propriamente ditos), nos encontramos diante de uma situação de cunho notoriamente excepcional, que em hipótese alguma afasta a regra geral da titularidade individual da absoluta maioria dos direitos fundamentais. Os direitos e garantias individuais referidos no art. 60, § 4.º, IV, da nossa Lei Fundamental incluem, portanto, os direitos sociais e os direitos da nacionalidade e cidadania (direitos políticos).[174]

Contestando essa linha argumentativa, Gustavo Costa e Silva sustenta que a "dualidade entre direitos 'individuais' e 'sociais' nada tem a ver com a titularidade, remetendo, em verdade, à vinculação de uns e outros a diferentes estágios da formação do *ethos* do Estado constitucional", no caso, na circunstância de que os direitos individuais estão vinculados ao paradigma do Estado Liberal individualista, e não ao Estado Social, de cunho solidário.[175] Todavia, ainda que se reconheça a inteligência da crítica, parece-nos que a resposta já foi

---

172. Nesse sentido o entendimento de Lopes, Maurício Antonio Ribeiro. *Poder constituinte reformador:* limites e possibilidades da revisão constitucional brasileira, p. 183 e ss., sustentando que também os direitos de nacionalidade e os direitos políticos integram as "cláusulas pétreas" de nossa Constituição, de modo especial em face de sua estreita vinculação com os princípios fundamentais do Título I (especialmente art. 1.º, *caput* e incisos II e V), que consagram o princípio democrático, o princípio da soberania popular, o pluralismo político etc.

173. Esta a pertinente lição de Horta, Raul Machado. Natureza, limitações e tendências da revisão constitucional. *Revista Brasileira de Estudos Políticos*, n. 78-79, p. 14-15.

174. No mesmo sentido, v. Rothenburg, Walter Claudius. *Direitos sociais são direitos fundamentais. Simples assim.* Rio de Janeiro: JusPodivm, 2021, p. 240.

175. Cf. Silva, Gustavo Just da Costa e. *Os limites da reforma constitucional*, p. 124 e ss. (citação extraída da p. 129).

fornecida, designadamente quando apontamos para o fato de que não é possível extrair da Constituição Federal um regime diferenciado – no sentido de um regime jurídico próprio – entre os direitos de liberdade (direitos individuais) e os direitos sociais, mesmo que entre ambos os grupos de direitos, especialmente entre a sua dimensão negativa e positiva, existam diferenças no que diz com o seu objeto e função desempenhada na ordem jurídico-constitucional. Além disso, o argumento da titularidade individual de todos os direitos, como fundamento de uma compreensão ampliada das "cláusulas pétreas", tal como aqui sustentada, é apenas mais um argumento entre outros.

Outro argumento utilizado pelos que advogam uma interpretação restritiva das "cláusulas pétreas" diz com a existência de diversas posições jurídicas constantes no Título II da CF que não são merecedoras do *status* peculiar aos "verdadeiros" direitos fundamentais, razão pela qual há quem admita até mesmo a sua supressão por meio de uma emenda constitucional.[176] Muito embora não de modo igual, Oscar Vilhena Vieira prefere trilhar caminho similar, ao sustentar, em síntese, que apenas as cláusulas superconstitucionais (isto é, os princípios e direitos fundamentais que constituem a reserva de justiça constitucional de um sistema) encontram-se imunes à supressão pelo poder reformador, não advogando, de tal sorte, a exclusão prévia de qualquer direito ou princípio do elenco dos limites materiais, mas admitindo que nem todos os direitos fundamentais, sejam individuais ou não, estão abrangidos.[177]

Argumentação similar tem sido adotada, aliás, por outros autores que têm produzido contribuições monográficas importantes sobre o tema no âmbito da doutrina nacional. É o caso, por exemplo, de Rodrigo Brandão[178] e Luísa Cristina Pinto e Netto,[179] que, ressalvadas importantes distinções entre o enfoque das respectivas abordagens e embora não tenham adotado na sua integralidade a tese advogada por Oscar Vilhena Vieira, privilegiam o que se poderia dizer de uma concepção intermediária e fortemente vinculada a uma concepção material de direitos fundamentais. Com efeito, ambos os autores, ao sustentarem – neste ponto com razão – que a função dos limites materiais é a proteção da identidade constitucional, e, portanto, do sistema dos direitos fundamentais e seu núcleo essencial como um todo, proteção esta que, em termos gerais, abrange os direitos fundamentais sociais, admitem,

---

176. Este o entendimento de FERREIRA FILHO, Manuel Gonçalves. Significação e alcance das cláusulas pétreas. *Revista de Direito Administrativo* 202/16, que, no entanto, reconhece que o art. 60, § 4.º, IV, da nossa Constituição abrange todos os direitos fundamentais, e não apenas os direitos individuais e coletivos do art. 5.º.

177. Cf. VIEIRA, Oscar Vilhena. *A Constituição e sua reserva de justiça – Um ensaio sobre os limites materiais ao poder de reforma*, p. 222 e ss., onde desenvolve seu pensamento, que aqui vai reproduzido em apertadíssima síntese. Registre-se, contudo, que o ilustre jurista não exclui os direitos sociais da proteção contra eventuais reformas, notadamente quando estiverem em causa os direitos sociais básicos, tais como os direitos à alimentação, moradia e educação, já que "essenciais à realização da igualdade e da dignidade entre os cidadãos" (p. 321).

178. Cf. amplamente desenvolvido em BRANDÃO, Rodrigo. *Direitos fundamentais, democracia e cláusulas pétreas*.

179. Cf. PINTO E NETTO, Luísa Cristina. *Os direitos sociais como limites materiais à revisão constitucional*, p. 189, em passagem que sintetiza sua posição a respeito, refere que os direitos sociais, embora protegidos em face do poder de reforma constitucional, "não são total e irrestritamente imunes à sua atuação, mas, na medida em que sua supressão ou alteração comprometa a identidade constitucional, desconfigurando o sistema de direitos fundamentais, comprometa a promoção da dignidade da pessoa humana, a socialidade, a igualdade material, estes direitos, como limites materiais à revisão constitucional, repelem-na, expressando, com a sua resistência, com a sua natureza de trunfos contra a maioria, uma tendência contramajoritária".

todavia, que direitos sociais assegurados por dispositivos constitucionais isolados podem ser eventualmente não apenas restringidos (com o que se concorda, já que, em princípio, direitos fundamentais são passíveis de restrição mesmo por lei ordinária e até em hipóteses onde não há sequer autorização constitucional expressa para tanto), mas até suprimidos, designadamente quando não guardam relação direta com a dignidade da pessoa humana e outros valores materialmente fundamentais, como a igualdade, a liberdade, a democracia, entre outros.

Em que pese o cunho sedutor de tal linha argumentativa, tal tese apenas poderia prevalecer caso partíssemos da premissa de que existem direitos apenas formalmente fundamentais, de modo que os últimos (justamente por serem fundamentais em sentido meramente formal) poderiam ser suprimidos mediante emenda constitucional, o que não corresponde, consoante já assinalado, à concepção de acordo com a qual todos os direitos fundamentais são fundamentais tanto no sentido formal, quanto no material, tal como desenvolvido no capítulo da parte geral dos direitos fundamentais. De qualquer modo, é no mínimo necessário questionar a possibilidade de qualquer um dos poderes (constituídos) decidir qual direito é (ou não) formal e materialmente fundamental. Tal decisão, em última análise, poderia importar em afronta à vontade do poder constituinte, que, salvo melhor juízo, detém o privilégio de deliberar sobre tal matéria e que expressamente incluiu todas as categorias de direitos no Título II da Constituição Federal.

Além disso, correr-se-ia o sério risco de supressão de direitos "autenticamente" fundamentais, inclusive de direitos previstos no art. 5.º da Constituição, visto que, com base em determinados critérios materiais (substanciais), sempre seria possível argumentar (e sempre poderia ser formada uma maioria simpática a tal entendimento no STF) que a propriedade intelectual não constitui direito fundamental em sentido material, ou mesmo a função social da propriedade ou proteção do consumidor, o que, salvo melhor juízo, já deveria desrecomendar a adoção desse ponto de vista.

Reforçando a argumentação aqui privilegiada, é preciso levar em conta que a circunstância de que os limites materiais à reforma constitucional têm por função principal a preservação da identidade da ordem constitucional não se pode confundir com a noção de que cada direito fundamental expressa e implicitamente positivado tem o que se costuma designar de um núcleo essencial que, embora não se confunda necessariamente com um conteúdo em dignidade da pessoa humana (visto ser diferenciada a relação entre a dignidade e os direitos fundamentais), encontra-se necessariamente protegido contra uma afetação pelos poderes constituídos. De outra parte, cada direito fundamental, por ser fundamental precisamente em função da opção neste sentido tomada pelo constituinte, e não necessariamente – ou mesmo exclusivamente – pela sua vinculação direta com a dignidade da pessoa humana, acaba, portanto, sendo parte integrante da identidade do sistema constitucional, o que, reitera-se, não impede ajustes e restrições, mas impede a supressão de direitos fundamentais como tais consagrados pelo constituinte.

Assim, muito embora a correta percepção, tal qual advogada também por Luís Roberto Barroso, de que o vínculo com a dignidade da pessoa humana é relevante para a determinação da fundamentalidade em sentido material, e, portanto, também opera como argumento privilegiado para justificar a inclusão de direitos fundamentais não contemplados no art. 5.º da CF no elenco dos limites materiais à reforma,[180] não se poderá, exclusivamente por tal razão – visto que, por mais que pontifique entre os valores e princípios constitucionais, a identidade material da Constituição e dos direitos fundamentais nela não se esgota –, negar a outros direitos fundamentais uma proteção privilegiada, até mesmo pelo fato de com isso se estar, por via oblíqua, consagrando uma hierarquia entre direitos fundamentais que não foi, salvo melhor juízo, prevista pelo constituinte. Além disso, o argumento da dignidade da pessoa humana, por mais relevante que seja e por mais que possa, em grande parte dos casos, ser manejado de forma adequada, não afasta (pelo contrário, de certo modo potencializa) os riscos de uma arbitrária e não menos perigosa manipulação da noção de fundamentalidade em sentido material para eventualmente justificar a supressão de determinados direitos do texto constitucional, tal como, aliás, já registrado.

Tudo isso aponta para a circunstância de que os direitos fundamentais, expressa e/ou implicitamente reconhecidos pelo constituinte de 1988, estejam situados no Título II ou em outras partes do texto constitucional, constituem sempre limites materiais expressos ou implícitos à reforma constitucional.[181] O argumento da titularidade individual, de acordo com o qual todos os direitos fundamentais, por serem sempre também individuais, integram o elenco dos limites materiais à reforma constitucional, não implica divergência substancial em relação aos que sustentam a tese de que os direitos sociais (ou mesmo outros não constantes do art. 5.º da Constituição) representam, em verdade, limites implícitos ao poder de reforma constitucional. Convém recordar, nesta quadra, que os próprios direitos designados como individuais vinham sendo reconhecidos como "cláusulas pétreas" no sistema constitucional anterior, onde não integravam (tal como a república, por exemplo, na atual Constituição) o elenco dos limites materiais expressos, até mesmo pelo fato de prevalecer o entendimento de que não há diferença, no que diz com a qualidade da proteção (em ambos os casos é vedada uma supressão efetiva ou tendencial) entre os bens constitucionais implícita e expressamente protegidos pelo manto das "cláusulas pétreas".

Por certo, não há como negar que uma interpretação restritiva das "cláusulas pétreas" tem por objetivo impedir uma petrificação de toda a Constituição, o que não pode prevalecer diante de uma exegese sistemática, que tenha sempre presente a necessidade de preservar os seus elementos essenciais, insuscetíveis de supressão ou esvaziamento (hipóteses que se equivalem) pela atuação do poder de reforma constitucional.[182] Constituindo os direitos sociais (assim como os políticos) valores basilares de um Estado Social e Democrático de Direito, sua abolição acabaria por redundar na própria destruição da identidade da nossa ordem constitucional, o que, por evidente, se encontra em flagrante contradição com a finalidade precípua das "cláusulas pétreas". Quanto ao risco de uma indesejável galvanização da Constituição, é preciso considerar que apenas uma efetiva ou tendencial abolição das

---

180. Cf. Barroso, Luís Roberto. *Curso de direito constitucional contemporâneo*, p. 178 e ss.
181. Nesse sentido, v., por último, Bedê, Fayga Silveira. Sísifo no limite do imponderável ou direitos sociais como limites ao poder reformador. In: _____; Bonavides, Paulo; Lima, Francisco Gérson Marques de (Coord.). *Constituição e democracia – Estudos em homenagem ao Professor J. J. Gomes Canotilho*, especialmente p. 99 e ss.
182. Bem sustentando uma exegese extensiva, notadamente no que diz com a abrangência do elenco dos limites materiais à reforma (já que tal modo de interpretação fortalece a proteção dos direitos fundamentais contra a atuação do poder constituinte reformador, além de afirmar o princípio da estabilidade ínsito a cada Constituição), v. a contribuição de Britto, Carlos Ayres. A Constituição Federal e o monitoramento de suas emendas. In: Modesto, Paulo; Mendonça, Oscar (Coord.). *Direito do Estado – Novos rumos*, t. I, p. 66.

decisões fundamentais tomadas pelo constituinte está vedada ao poder de reforma constitucional, não se vislumbrando, portanto, obstáculo significativo no que diz com sua eventual adaptação às exigências de um mundo em constante transformação. Mas tal tópico, vinculado ao problema da intensidade da proteção com base nas "cláusulas pétreas", será objeto de análise mais detida logo adiante.

d.1) O problema dos direitos fundamentais inseridos mediante emenda constitucional

Controvérsia digna de referência, até mesmo pelos exemplos registrados no direito brasileiro, gira em torno da possibilidade de enquadrar direitos fundamentais inseridos no texto constitucional via emenda constitucional, portanto, pelo poder de reforma e não pelo constituinte, no rol das "cláusulas pétreas". Especialmente a recente evolução constitucional mostra que se cuida de problema de relevância teórica e prática, dada a incorporação, ao catálogo dos direitos fundamentais, dos direitos sociais à moradia e à alimentação, bem como do direito à razoável duração do processo judicial e administrativo.

Para expressivos setores da doutrina, considerando que apenas o poder constituinte originário está em condições de limitar o poder de reforma constitucional (na condição de competência reformadora) – e não o contrário –, mesmo quando se trata de direitos fundamentais, tais direitos, caso incorporados mediante emendas à Constituição, não poderiam integrar os limites materiais à reforma, pois se trata sempre de limites postos (ainda que implicitamente) pelo poder constituinte, ressalvando-se, contudo, as hipóteses nas quais o direito, ainda que não previsto no texto constitucional de modo explícito, já estava consagrado no sistema constitucional.[183]

O quanto tal linha argumentativa, a despeito de sua força, de fato inviabiliza uma equiparação (também para efeitos de uma proteção contra as reformas constitucionais) entre direitos expressamente previstos pelo poder constituinte e direitos inseridos mediante reforma constitucional é, no mínimo, carente de maior reflexão. Considerando que a abertura material do catálogo constitucional de direitos (art. 5.º, § 2.º, da CF) corresponde ela própria a uma decisão fundamental do constituinte (além de igualmente protegida contra uma supressão por ação do poder reformador), a inclusão de direitos originariamente não previstos não poderia resultar, salvo melhor juízo, em proteção diminuída, no sentido de que, mediante apenas a observância dos requisitos formais, o direito à moradia (apenas para ilustrar) pudesse ser pura e simplesmente suprimido do texto da Constituição. De outra parte, se admitida (como, de resto, corresponde ao entendimento majoritário no Brasil) a existência de limites implícitos ao poder de reforma constitucional, a inserção de direitos fundamentais por via de emenda constitucional, especialmente quando se trata de guindar à condição de direitos expressamente positivados direitos que já poderiam (e mesmo já o vinham sendo) ser considerados como implicitamente consagrados pela ordem constitucional, não poderia, por sua vez, resultar em desprestígio a tais direitos no que diz com o seu regime jurídico-constitucional em termos de proteção. Aliás, a expressa consagração apenas reforçaria (e teria ainda a vantagem de bloquear entendimentos em sentido contrário ao

___

183. Cf., por todos, MENDES, Gilmar Ferreira; COELHO, Inocêncio Mártires; BRANCO, Paulo Gustavo Gonet. *Curso de direito constitucional*, p. 259.

reconhecimento de tais direitos) o *status* de tais direitos como direitos fundamentais, que, mesmo sem expressa previsão, já estavam implicitamente tutelados.[184]

À vista do exposto, verifica-se que pelo menos nos exemplos colacionados (moradia, alimentação, razoável duração do processo, transporte, proteção de dados pessoais e renda básica familiar) manifesta está a umbilical ligação de tais direitos não apenas (e isto já seria suficiente) com a dignidade da pessoa humana, mas também no que diz com a sintonia com o sistema internacional de direitos humanos, para além de um crescente reconhecimento na esfera doutrinária e jurisprudencial. Para complementar o elenco (ainda que sumariamente exposto) de razões em prol da condição de "cláusulas pétreas", importa enfatizar que *a distinção entre direitos fundamentais originários e direitos criados por emenda constitucional acaba por consagrar uma no mínimo questionável divisão dos direitos em duas classes, uma sujeita a um regime de proteção reforçado, a outra disponível ao poder de reforma constitucional.*[185]

d.2) Direitos fundamentais consagrados em tratados internacionais integram os limites materiais à reforma?

Tópico que passou a ser mais discutido, especialmente a partir da inserção, mediante a EC 45/2004, do § 3.º no art. 5.º da CF, diz com o fato de os direitos fundamentais sediados em tratados de direitos humanos ratificados pelo Brasil serem, ou não, cobertos pela proteção das "cláusulas pétreas". Muito embora se possa concordar com a tese que reconhece hierarquia constitucional a todos os tratados em matéria de direitos humanos regularmente incorporados ao direito interno, seja antes, seja depois da inserção do § 3.º no art. 5.º da CF, já por força do disposto no art. 5.º, § 2.º, da CF, que aqui não será objeto de análise mais detida, o fato é que a controvérsia sobre serem tais tratados, notadamente os direitos humanos e fundamentais neles consagrados, objeto de proteção por conta dos limites materiais à reforma constitucional, depende de outros fatores para um adequado equacionamento.

Em primeiro lugar, há que considerar que, enquanto não incorporados ao texto constitucional – como é o caso dos tratados não aprovados mediante o rito qualificado estabelecido no art. 5.º, § 3.º –, os direitos neles consagrados, muito embora integrem a ordem jurídico-constitucional interna, não constituem direito constitucional em sentido formal, já que consagrados, de acordo com a tradição brasileira, por decreto legislativo. Assim, quando muito – e apenas para os que reconhecem a hierarquia constitucional, como é o nosso caso –, é possível falar em direito constitucional material, numa perspectiva ampliada de bloco de constitucionalidade. A partir disso, já se verifica uma primeira dificuldade a ser levada a sério, qual seja a de que a emenda (e mesmo a revisão) constitucional constitui mecanismo de mudança formal da Constituição, ou seja, implica sempre alteração do texto constitucional. Formulado de outro modo, isso quer dizer que a emenda constitucional não será instrumento próprio para uma alteração de tratado internacional. Por outro lado, se, todavia, o direito consagrado em nível internacional estiver também (como ocorre na grande maioria dos casos, embora não em todos!) previsto no texto constitucional, no caso de reforma

---

184. Sublinhe-se que, mesmo se posicionando, em termos gerais, de forma contrária à tese de que direitos fundamentais incorporados por emenda constitucional sejam também blindados contra novas reformas constitucionais, importante doutrina frisa que, nos casos em que tais direitos, ainda que implicitamente, já estavam consagrados, seria possível reconhecer a condição de "cláusula pétrea". Nesse sentido, v. MENDES, Gilmar Ferreira; COELHO, Inocêncio Mártires; BRANCO, Paulo Gustavo Gonet. *Curso de direito constitucional*, p. 259.

185. Cf. argumenta, por exemplo, FERNANDES, Bernardo Gonçalves. *Curso de direito constitucional*, p. 117.

constitucional que venha a afetar (suprimir ou restringir) o direito, incidirá a proteção decorrente da condição de "cláusula pétrea", mas não por força do direito internacional, mas sim em virtude de se tratar de direito fundamental contemplado na Constituição formal.

Todavia, como o entendimento dominante no STF é no sentido da hierarquia (apenas) supralegal dos tratados de direitos humanos, eles – pelo menos para o STF – não integram a Constituição. Mesmo nas hipóteses em que a aprovação do tratado se der em conformidade com o disposto no art. 5.º, § 3.º, da CF, é preciso levar em conta que tal tratado será considerado equivalente a uma emenda constitucional (embora de fato não o seja) visto que também aqui não estará alterando diretamente o texto constitucional, mas apenas agregando-se à Constituição formal compreendida num sentido ampliado, visto que a Constituição formal poderá ser veiculada por mais de um documento constitucional. A circunstância de que um tratado seja aprovado pelo Congresso Nacional observado o rito do art. 5.º, § 3.º, da CF não significa que a aprovação tenha ocorrido por emenda constitucional, como, aliás, dá conta o Dec. Leg. 186/2008, que aprovou a Convenção Internacional sobre os Direitos das Pessoas com Deficiência. Por outro lado, se efetivamente aprovado por emenda constitucional e integrado à Constituição formal, é possível admitir – no plano do direito interno e de acordo com o ponto de vista adotado e já exposto mais acima – a proteção com base na condição de "cláusula pétrea".

Soma-se a isso o fato de os tratados estarem sujeitos, de acordo com as regras do direito internacional público, a uma denúncia por parte dos países pactuantes, de tal sorte que, pelo menos de acordo com importante argumento, a não ser nos casos em que a possibilidade de denúncia fosse expressamente ressalvada quando da aprovação do tratado pelo Congresso Nacional, não haveria como impedi-la nem mesmo com base na condição de "cláusula pétrea" dos direitos (ou do direito) consagrados no tratado internacional e incorporados ao direito interno.[186] De qualquer sorte, a despeito das observações precedentes, há quem sustente que os direitos sediados em tratados de direitos humanos ratificados pelo Brasil são sempre beneficiários da proteção reforçada inerente às "cláusulas pétreas", não podendo ser suprimidos mediante reforma constitucional.[187] As dificuldades apontadas acima, contudo, não desaparecem à vista de tal afirmação peremptória, nem mesmo invocando o art. 5.º, § 2.º, como, aliás, já referido.

Uma linha argumentativa que, todavia, deve ser considerada é a de que, no caso de o tratado vir a ser aprovado pelo rito do art. 5.º, § 3.º, da CF, ele não mais poderia ser objeto de denúncia, proteção que seria – em sendo adotado tal entendimento – similar àquela outorgada pelos limites materiais ao poder de reforma.[188] Também aqui se trata de questão

---

186. Cf. as ponderações de RAMOS, André de Carvalho. *O Supremo Tribunal Federal e o direito internacional dos direitos humanos.* In: SARMENTO, Daniel; SARLET, Ingo Wolfgang (Coord.). *Direitos fundamentais no Supremo Tribunal Federal:* balanço e crítica, p. 12 e ss. Em sentido similar, v., por último, SOUZA NETO, Cláudio Pereira de; SARMENTO, Daniel. *Direito constitucional:* teoria, história, métodos de trabalho, p. 322 e ss.

187. Cf., por todos, PIOVESAN, Flávia. *Direitos humanos e o direito constitucional internacional.* 18. ed. São Paulo: Saraiva Educação, 2018.

188. Nesse sentido, entre outros, v. as contribuições de: GALINDO, George Rodrigo Bandeira. *Tratados internacionais de direitos humanos e Constituição brasileira,* p. 303 e ss.; PAGLIARINI, Alexandre Coutinho. *Constituição e direito internacional – Cedências possíveis no Brasil e no mundo globalizado,* p. 211; MAZZUOLI, Valério de Oliveira. *Curso de direito internacional público,* p. 503, destacando que, após aprovados mediante emenda constitucional (ou pelo rito do art. 5.º, § 3.º, da CF), os tratados internacionais de direitos humanos não poderiam mais ser denunciados, nem mesmo com prévia autorização do Congresso Nacional.

controversa, que aguarda manifestação do STF e que também na esfera doutrinária segue discutida.

À vista do exposto, verifica-se que uma proteção por via dos limites materiais à reforma constitucional esbarra em algumas perplexidades, especialmente quando se trata de tratados não incorporados pelo rito do art. 5.º, § 3.º, da CF, o que não significa que os direitos consagrados em tais tratados não possam ser protegidos em sintonia com a privilegiada posição dos direitos fundamentais na arquitetura constitucional. A vedação de denúncia (tal como sustentada por vários autores) ou mesmo a aplicação à hipótese, no que for cabível, da lógica inerente ao assim denominado princípio da proibição de regressividade (ou de retrocesso), como conhecido no âmbito do direito internacional, poderão ser formas – entre outras – de retirar aos poderes constituídos (inclusive ao poder de reforma constitucional) a possibilidade de livremente disporem sobre os direitos humanos e fundamentais consagrados nos tratados de direitos humanos já ratificados pelo Brasil.

e) Alcance da proteção com base nas "cláusulas pétreas": proibição de abolição e de afetação do "núcleo essencial", mas não vedação de toda e qualquer restrição

Voltando-nos, agora, ao problema do alcance da proteção outorgada pelos limites materiais (expressos e implícitos!) à reforma constitucional, há que atentar, desde logo, para o fato de que o enunciado da norma contida no art. 60, § 4.º, da nossa Constituição – "(...) não será objeto de deliberação a proposta de emenda tendente a abolir (...)" – deixa antever duas diretrizes: a) *não apenas as alterações da Constituição que objetivam a supressão dos princípios guindados à condição de "cláusula pétrea", mas também as que revelam uma tendência à sua supressão se encontram vedadas;* b) *os projetos de emenda que atentam contra esses mandamentos não poderão sequer ser apreciados e votados pelo Congresso,* de tal sorte que, mesmo antes de sua promulgação, se viabiliza o controle jurisdicional de sua constitucionalidade.[189]

O que importa ressaltar, à vista dos elementos normativos referidos, é que também no direito constitucional brasileiro as "cláusulas pétreas" não implicam absoluta imutabilidade dos conteúdos por elas assegurados. Por outro lado, não é de fácil determinação o momento no qual determinada emenda à Constituição efetivamente tende a abolir o conteúdo protegido. Tal aferição apenas poderá ocorrer à luz do caso concreto, cotejando-se o conteúdo da emenda com a decisão fundamental integrante do rol das "cláusulas pétreas", o que igualmente – vale enfatizar – se impõe na hipótese de incidir alguma limitação material implícita. Além disso, verifica-se que uma abolição efetiva, para efeitos do controle da

---

189. A respeito da possibilidade de se controlar a constitucionalidade de uma emenda à Constituição mesmo no decorrer de sua apreciação pelo Congresso, já encontramos posição firmada pelo STF. Neste sentido, v. especialmente o voto prolatado pelo Min. Moreira Alves, por ocasião do julgamento ocorrido em 08.10.1980 (*RTJ* 99/1.040). Já sob a égide da Constituição vigente, a possibilidade de controle prévio da constitucionalidade das emendas à Constituição foi reiterada por ocasião do julgamento da ADIn 466-2/DF, ocorrido em 03.04.1991, quando, apesar de se rechaçar a viabilidade do controle abstrato preventivo, não se excluiu eventual controle concreto, no caso, mediante a impetração de mandado de segurança, a exemplo do que ocorreu com a decisão anterior citada. Por último, admitindo novamente a possibilidade de tal controle, v. a decisão do STF no MS 34.518, j. 28.11.2016, rel. Min. Luiz Fux (decisão monocrática), impetrado por membro do Congresso contra a tramitação da PEC 50/2016, tendo o Mandado de Segurança sido conhecido – admitido em tese o controle preventivo por meio desse instrumento – mas com o indeferimento da liminar no que toca ao mérito.

constitucionalidade da reforma, pode ser equiparada a uma abolição "tendencial", já que ambas as hipóteses foram expressamente vedadas pelo constituinte.

A garantia de determinados conteúdos da Constituição por meio da previsão das assim denominadas "cláusulas pétreas" assume, desde logo, uma dúplice função, visto que protege os conteúdos que compõem a identidade (a essência) da Constituição, embora tal proteção tenha o condão apenas de assegurar esses conteúdos quanto aos seus elementos nucleares, não excluindo desenvolvimentos ou modificações, desde que preservem os princípios naqueles contidos.[190] De acordo com a lição da doutrina majoritária, as "cláusulas pétreas" de uma constituição não objetivam a proteção dos dispositivos constitucionais em si, mas, sim, dos princípios (e regras) neles plasmados, não podendo eles ser esvaziados por uma reforma constitucional.[191] Nesse sentido, é possível sustentar que as "cláusulas pétreas" contêm, em regra, uma proibição de ruptura de determinados princípios constitucionais.[192] Mera modificação no enunciado do dispositivo não conduz, portanto, necessariamente a uma inconstitucionalidade, desde que preservado o sentido do preceito e não afetada a essência do princípio objeto da proteção.[193] De qualquer modo, é possível comungar do entendimento de que a proteção imprimida pelas "cláusulas pétreas" não implica a absoluta intangibilidade do bem constitucional protegido.[194]

Na linha do exposto situa-se a lição de Flávio Novelli, no sentido de que as "cláusulas pétreas", estando a serviço da proteção do "cerne constitucional intangível" (Pontes de Miranda), isto é, do "âmbito nuclear da estatalidade constitucional" (Klaus Stern), repelem toda e qualquer emenda que intente a supressão ou a alteração substancial dos direitos fundamentais ou dos princípios fundamentais da Constituição incluídos no rol dos limites materiais à reforma da Constituição.[195] Por núcleo essencial dos direitos e dos princípios fundamentais estruturantes poderão ser considerados, de acordo com o entendimento de Klaus Stern, recolhido por Flávio Novelli, os elementos que constituem "a própria substância, os fundamentos, os elementos ou componentes deles inseparáveis, eles verdadeiramente inerentes, por isso que integrantes de sua estrutura e do seu tipo, conforme os define a Constituição", isto é, seus elementos essenciais, e não meramente acidentais.[196] Constata-se, portanto, que não apenas uma emenda constitucional que efetivamente venha a abolir (suprimir) um direito fundamental, mas também alguma que venha a atingi-lo de forma equivalente, tendendo à abolição, isto é, ferindo o seu conteúdo essencial, se encontra inequivocamente vedada pela nossa Constituição. O núcleo do bem constitucional

---

190. Cf. KIRCHHOF, Paul. Die Identität der Verfassung in ihren unabänderlichen Inhalten. *Handbuch des Staatsrechts der Bundesrepublik Deutschland*, vol. 1, p. 802. Entre nós, v., desenvolvendo o tópico e trilhando esta linha argumentativa, PINTO E NETTO, Luísa Cristina. *Os direitos sociais como limites materiais à revisão constitucional*, p. 169 e ss.

191. Esta a lição de MIRANDA, Jorge. *Manual de direito constitucional*, 2. ed., vol. 2, p. 155.

192. Cf. a oportuna ponderação de MENDES, Gilmar Ferreira. Limites da revisão: cláusulas pétreas ou garantias de eternidade. Possibilidade jurídica de sua superação. *Revista da Associação dos Juízes do Rio Grande do Sul (Ajuris)* 60/251, arrimado na doutrina de Bryde. No mesmo sentido, v. a posição de ESPÍNDOLA, Ruy Samuel. *Conceito de princípios constitucionais*, p. 214.

193. Neste sentido, v. MENDES, Gilmar Ferreira. Plebiscito – EC 2/92 (parecer). *Revista Trimestral de Direito Público* 7/120.

194. Este já era o entendimento de SAMPAIO, Nelson de Souza. *O poder de reforma constitucional*, p. 89.

195. Cf. NOVELLI, Flávio Bauer. Norma constitucional inconstitucional? A propósito do art. 2.º, § 2.º, da EC 3/93, *RF* 330/79-81.

196. Idem, p. 82.

DO PODER CONSTITUINTE E DA MUDANÇA (REFORMA E MUTAÇÃO) CONSTITUCIONAL ○ 109

protegido é, de acordo com este ponto de vista, constituído pela essência do princípio ou direito, não por seus elementos circunstanciais, cuidando-se, neste sentido, daqueles elementos que não podem ser suprimidos sem acarretar alteração substancial no seu conteúdo e estrutura.[197] Nesse contexto, afirmou-se que a constatação de uma efetiva agressão ao núcleo essencial do princípio protegido depende de uma ponderação tópica, mediante a qual se deverá verificar se a alteração constitucional afeta apenas aspectos ou posições marginais da norma, ou se, pelo contrário, investe contra o próprio núcleo do princípio em questão,[198] o que remete, por sua vez, à complexa e controversa relação entre a categoria do núcleo essencial e o princípio da proporcionalidade, que, todavia, aqui não será explorada, remetendo-se à parte geral dos direitos fundamentais (capítulo sobre limites e restrições).

Assim, em sintonia com tal entendimento e tomando como parâmetro o direito constitucional brasileiro, o problema do alcance da proteção com base nas cláusulas pétreas pode ser perfeitamente ilustrado mediante recurso a alguns dos princípios integrantes do rol do art. 60, § 4.º, de nossa Constituição. Com efeito, quando o constituinte incluiu a forma federativa de Estado (e o correlato princípio federativo) no elenco dos limites materiais à reforma (art. 60, § 4.º, I, da CF), tal proteção não se limitou ao art. 1.º da Constituição (de acordo com o qual o Estado Federal brasileiro se compõe da união indissolúvel da União, dos Estados, do Distrito Federal e dos Municípios), mas estendeu-se a todos os elementos essenciais da Federação. Levando-se em conta que o princípio federativo se manifesta em diversos outros dispositivos da Constituição, verifica-se que também estes se encontram ao abrigo da proteção das "cláusulas pétreas".[199] As normas versando sobre a distribuição de competência entre os diversos entes da Federação (arts. 21 a 24 da CF), a auto-organização e autonomia dos Estados (arts. 25 a 28 da CF) e dos Municípios (arts. 29, 29-A e 30 da CF) constituem apenas alguns exemplos inequívocos no sentido de que também estas normas, dada a sua particular relevância para a caracterização de uma efetiva Federação, se encontram imunes à atuação erosiva de uma reforma constitucional. Com efeito, não restam dúvidas de que, no caso da supressão da competência legislativa privativa dos Estados e Municípios, o Estado Federal ficaria atingido em um de seus elementos essenciais. Raciocínio semelhante pode ser aplicado ao princípio da separação dos poderes, que igualmente se encontra ao abrigo das "cláusulas pétreas" (art. 60, § 4.º, III, da CF). Se a autonomia e a independência do Poder Judiciário vierem a ser restringidas de tal forma que fiquem virtualmente inoperantes, poder-se-á sustentar uma inequívoca afronta ao princípio da separação dos poderes.[200]

---

197. Assim também NOVELLI, Flávio Bauer. Norma constitucional inconstitucional? A propósito do art. 2.º, § 2.º, da EC 3/93, *RF* 330/82.

198. Cf. MENDES, Gilmar Ferreira. Plebiscito – EC 2/92 (parecer). *Revista Trimestral de Direito Público* 7/120, que, neste sentido, se posiciona favoravelmente à aplicação, no contexto do controle das reformas constitucionais, da garantia do núcleo essencial.

199. Cf. HORTA, Raul Machado. Natureza, limitações e tendências da revisão constitucional. *Revista Brasileira de Estudos Políticos*, n. 78-79, p. 17.

200. Sobre a reforma constitucional, o princípio da separação dos poderes e a garantia da independência e autonomia do Poder Judiciário, v., especialmente, SILVEIRA, José Néri da. A reforma constitucional e o controle de sua constitucionalidade. *Revista da Associação dos Juízes do Rio Grande do Sul (Ajuris)* 64/210 e ss.

Tal orientação, pelo menos assim o revela a evolução mais recente, encontra-se afinada com a jurisprudência do nosso STF, que, em julgamento ocorrido no dia 08.10.1980, mesmo tendo julgado improcedente a ação, entendeu que a mera ampliação do mandato dos prefeitos por mais de dois anos não poderia ser considerada uma abolição (nem mesmo tendencial) da nossa República, já que o postulado republicano da limitação temporal dos mandatos políticos ficou preservado, de tal sorte que também aqui transparece a ideia de que o objeto da proteção (e, neste sentido, da intangibilidade) é o conteúdo essencial do direito (princípio) fundamental.[201] No mesmo sentido, já na vigência da Constituição Federal de 1988, o STF, manifestando-se sobre a constitucionalidade de emenda versando sobre a reforma previdenciária, entendeu que a forma federativa de Estado, elevada à condição de princípio intangível por todas as Constituições brasileiras, não pode ser conceituada a partir de um modelo ideal de Federação, mas, sim, daquele concretamente adotado pelo constituinte originário. Além disso, ainda de acordo com o STF, as limitações materiais ao poder de reforma constitucional não significam uma intangibilidade literal, mas apenas a proteção do núcleo essencial dos princípios e institutos cuja preservação é assegurada pelas "cláusulas pétreas".[202] Não foi outro, aliás, o entendimento vitorioso quando do julgamento do MS 23.047-MC, publicado no *DJ* 14.11.2003, relatado pelo Min. Sepúlveda Pertence, para quem "as limitações materiais ao poder constituinte de reforma, que o art. 60, § 4.º, da Lei Fundamental enumera, não significam a intangibilidade literal da respectiva disciplina na Constituição originária, mas apenas a proteção do núcleo essencial dos princípios e institutos cuja preservação nelas se protegem".

Mais recentemente, versando sobre o núcleo essencial do princípio da separação dos poderes, calha referir a decisão do STF, proferida na ADIn 5.316-DF, relatada pelo Ministro Luiz Fux, que declarou inconstitucional em parte a EC 88/2015 (oriunda da assim chamada "PEC da Bengala"), naquilo em que condicionava a permanência dos Ministros dos Tribunais Superiores, após terem atingido os 70 anos (segundo a referida emenda, a aposentadoria compulsória passa a ocorrer aos 75 anos de idade), a uma nova sabatina pelo Senado Federal.

No mesmo sentido, embora não reconhecendo violação do núcleo essencial de conteúdos considerados pétreos, calha colacionar as decisões prolatadas no MS 34.518, j. 28.11.2016, rel. Min. Luiz Fux (decisão monocrática) e no julgamento da medida cautelar na ADIn 5.296/MC/DF, rel. Min. Rosa Weber, de 18.05.2016.

No primeiro caso, embora conhecido o Mandado de Segurança, impetrado contra a tramitação da PEC 50/2016, que tinha por escopo acrescer um § 7.º ao art. 225 da CF, para

---

201. Cf. voto do Min. Moreira Alves, *Revista Trimestral de Jurisprudência* 99/1040-1041, consignando-se que com isso não se está a adentrar no mérito (sem dúvida controversa) das motivações subjacentes à decisão colacionada.

202. Cf. julgamento na ADIn 2024/DF, relatado pelo Min. Sepúlveda Pertence. Neste sentido, v., também, a contribuição de Sarmento, Daniel. Direito adquirido, emenda constitucional, democracia e a reforma previdenciária. In: Tavares, Marcelo Leonardo (Coord.). *A reforma da previdência social*, p. 36 e ss., comungando da posição aqui sustentada. Mais recentemente, v. Pedra, Adriano Sant'Ana. *A constituição viva:* poder constituinte permanente e cláusulas pétreas, p. 115, em alentada obra sobre o tema do poder constituinte e sobre a reforma constitucional; assim como Freitas, Luiz Fernando Calil de. *Direitos fundamentais:* limites e restrições, p. 193. Vale conferir, ainda, a análise das principais decisões do STF elaborada por Silveira, Vladmir Oliveira da. *O poder reformador na Constituição brasileira de 1988*, p. 141 e ss., bem como, bem explorando a discussão da jurisprudência do STF no marco dos limites aos limites dos direitos fundamentais, v. Brandão, Rodrigo. *Direitos fundamentais, democracia e cláusulas pétreas*, p. 285 e ss.

assegurar a possibilidade de regulamentação legal de práticas desportivas e culturais como a assim chamada vaquejada e outras, o Relator entendeu não ser o caso de conceder a medida liminar pleiteada, entendendo não configurada flagrante violação de cláusula superconstitucional (aqui valemo-nos da terminologia usada pelo Relator) que pudesse implicar a intervenção já nessa fase do Poder Judiciário no processo de deliberação legislativa[203].

No segundo caso, invocou-se tanto ofensa a limites formais (vício de iniciativa), porquanto a EC 74/2013, que assegurou autonomia funcional e administrativa e de iniciativa de sua proposta orçamentária à Defensoria Pública, deveria, segundo os proponentes, ter sido encaminhada pelo Poder Executivo, quanto violação do princípio da separação dos poderes (limite material estabelecido no art. 60, § 4.º, III, da CF).

As duas teses foram, contudo, rechaçadas pelo STF quando do julgamento da medida cautelar, destacando-se aqui o argumento relacionado com a extensão da proteção com base nas cláusulas pétreas. Quanto a esse ponto, entendeu o STF que o dispositivo referido (art. 60, § 4.º III) não impede ao poder de reforma constitucional ajustar e aprimorar o desenho institucional dos entes instituídos pela CF, em especial pelo fato de a autonomia das Defensorias Públicas corresponder não apenas à motivação do constituinte quando de sua instituição e formatação, mas também por se tratar de exigência de sua atuação funcional livre em favor do amplo acesso à Justiça e concretização dos direitos fundamentais.

Noutro caso digno de nota, designadamente a ADI 5.935/DF, rel. Ministro Edson Fachin, j. em 22.05.2020, entendeu o STF, na esteira do voto do relator, que a edição da EC n. 98/2017 não implicou afronta ao núcleo essencial do princípio da isonomia, ademais de não ter abolido, nem de modo tendencial, o princípio do concurso público, criando apenas uma exceção temporária e prazo de validade definido.

Em 26 de fevereiro de 2021, o STF voltou a se pronunciar sobre a matéria no MS 37721/DF, rel. Min. Roberto Barroso. Neste caso, o que estava em causa era a tentativa de impugnação, no curso do processo legislativo, da PEC 03/2021, designada de "PEC da impunidade", porquanto tem por escopo a alteração do art. 53, CF, que versa sobre a imunidade, prisão de parlamentares e outras medidas. A liminar requerida foi negada pelo Relator, argumentando, aqui em apertada síntese, que, além de ser legítima a expectativa do aperfeiçoamento da proposta de emenda constitucional ao longo de sua tramitação no Congresso Nacional, o Poder Judiciário somente poderá interferir em casos excepcionais e extremos, visto que uma possível inconstitucionalidade poderá ser apenas aferida depois da aprovação da versão final da proposta. Além disso, o Relator destacou que eventual violação de "cláusula pétrea" (no caso em análise, a separação de poderes) somente ocorrerá se invadido o núcleo essencial do princípio e/ou direito fundamental, reforçando, de tal sorte, o entendimento consolidado do STF nesse sentido.

Para fechar o tópico, importa colacionar um argumento adicional, qual seja o de que não parece plausível extrair da Constituição uma proteção contra o poder de reforma constitucional que não está assegurada sequer em face do legislador ordinário. Com efeito, se um

---

203. Note-se que o Relator do MS deixou em aberto a possibilidade de em outro momento, designadamente mediante controle sucessivo, discutir a matéria, até mesmo pelo fato (e a anotação é nossa!) de o STF, em reiterada jurisprudência, ter reconhecido a proteção do ambiente como direito humano e fundamental e pelas decisões que declararam inconstitucionais diversas práticas que em princípio poderiam vir a ser chanceladas com base na PEC impugnada, que veio a ser promulgada mais adiante.

direito fundamental pode ser objeto de restrições por lei e mesmo com base em lei, resulta difícil aceitar a tese de que o legislador reformador (munido de maior legitimidade democrática, à vista dos limites formais) não possa, mediante emenda à Constituição, impor alguma restrição aos conteúdos protegidos. Do contrário, estar-se-ia assegurando maior força à lei do que à própria emenda constitucional, algo que definitivamente não parece estar consagrado pelo art. 60, § 4.º, da CF, tal como suficientemente demonstrado.

5.8 A assim chamada "mutação" constitucional e suas formas de manifestação: algumas aproximações

5.8.1 Considerações gerais: conceito e modalidades de mutação constitucional

A problemática da assim chamada "mutação" constitucional situa-se no âmbito mais alargado do fenômeno da mudança constitucional,[204] pois, ao lado das competências formais de alteração constitucional, no âmbito da reforma constitucional, existe a possibilidade de mudança do conteúdo e do alcance das normas constitucionais pela via informal, isto é, sem que seja alterado o texto da Constituição.[205] Tal processo foi originalmente identificado pela doutrina alemã sob o rótulo de *Verfassungswandlung*, especialmente por intermédio dos trabalhos desenvolvidos pelos publicistas Paul Laband[206] e Georg Jellinek,[207] bem como, mais adiante, por Hsü Dau-Lin,[208] embora Jellinek tenha sido o primeiro a adotar o conceito em contraposição ao de reforma constitucional, no âmbito mais amplo da mudança da (e na) constituição.[209] O termo foi traduzido, posteriormente, no âmbito da literatura jurídica espanhola, como *mutación de la constitución*, por Manuel García Pelayo, tendo sido amplamente acolhido na doutrina ibero-americana.[210]

A noção de mutação constitucional, assim como a de reforma constitucional, guarda relação com a concepção de que, em determinado sentido, uma constituição é um organismo vivo, submetido à dinâmica da realidade social, e que, portanto, não se esgota por meio de fórmulas fixas e predeterminadas.[211] Consoante Hsü Dau-Lin, imprimindo um sentido

---

204. Com efeito, como bem lembra Carlos Blanco de Morais, trata-se aqui não de um instituto (como no caso da reforma da constituição por emendas ou revisões que alteram, mediante processo legislativo formal, o seu texto), mas sim de um fenômeno de difícil definição e delimitação (*Curso de direito constitucional*, t. II, op. cit., p. 243). Aliás, sobre a temática das mutações constitucionais, v. a obra coletiva organizada por MENDES, Gilmar Ferreira; MORAIS, Carlos Blanco de. (Org.). *Mutações constitucionais*, São Paulo, Saraiva, 2016, contando com diversas contribuições de relevo contemplando uma séride aspectos atuais e polêmicos correspondentes, bem como, por último, o contributo de PANSIERI, Flávio; SOUZA, Henrique Soares de. *Mutação constitucional à luz da teoria constitucional contemporânea*. Porto Alegre: Livraria do Advogado, 2018.

205. Cf. bem lembram SOUZA NETO, Cláudio Pereira de; SARMENTO, Daniel. *Direito constitucional:* teoria, história, métodos de trabalho, p. 339, o fenômeno da mutação constitucional também é designado de outros modos, tais como "vicissitude constitucional tácita", "processo informal de mudança da Constituição", "mudança constitucional silenciosa", entre outros.

206. LABAND, Paul. *Wandlungen der deutschen Reichsverfassung*.

207. JELLINEK, Georg. *Verfassungsänderung und Verfassungswandlung*.

208. DAU-LIN, Hsü. *Die Verfassungswandlung*. Aqui será utilizada a versão em língua espanhola: DAU-LIN, Hsü, *Mutación de la constitución*.

209. Cf. STERN, Klaus. *Derecho del estado de la Republica Federal Alemania*, p. 334.

210. Cf. referido por VERDÚ, Pablo Lucas. *Prólogo*. In: DAU-LIN, Hsü. *Mutación de la constitución*, p. 13-14.

211. LÖWENSTEIN, Karl. *Teoría de la constitución*, 2. ed., p. 164.

Do PODER CONSTITUINTE E DA MUDANÇA (REFORMA E MUTAÇÃO) CONSTITUCIONAL 113

ampliado à noção de mutação constitucional, esta consiste na modificação do conteúdo das normas constitucionais sem alteração do texto constitucional, em virtude da incongruência entre a constituição escrita e a realidade constitucional.[212] Em sentido similar, na acepção cunhada por Karl Loewenstein, a mutação constitucional pode ser conceituada como uma transformação no âmbito da realidade da configuração do poder político, da estrutura social ou do equilíbrio de interesses, sem que tal atualização encontre previsão no texto constitucional, que permanece intocado.[213]

Tendo em conta que a mutação constitucional diz respeito essencialmente ao hiato entre texto normativo e realidade (mas também guarda conexão com a distinção entre texto e norma)[214] e a mudança de sentido de uma norma jurídica, é possível perceber que a mudança de sentido de uma norma jurídica não é um problema exclusivamente constitucional, pois o déficit de sinergia de um texto normativo com a realidade fática que busca captar e regular não se revela apenas ao nível do direito constitucional, tratando-se, pelo contrário, de um problema científico do direito como um todo, embora, no caso da mutação constitucional, tenha alcançado uma dimensão particularmente relevante e dotada de aspectos peculiares em função da especial posição hierárquica e função da constituição na ordem jurídica.[215]

Em virtude de a mutação constitucional guardar relação com a atualização e modificação da constituição em virtude do câmbio na esfera da realidade fática (social, econômica, cultural etc.), ela, diversamente da reforma constitucional, não representa, de regra, um acontecimento pontual, mas, sim, resulta de um processo mais ou menos longo, por exemplo, por força de uma prática interpretativa reiterada e sedimentada ao longo do tempo.[216]

A problemática da mutação constitucional, por outro lado, assume especial relevância no contexto das constituições rígidas, ou seja, as constituições cujo texto apenas pode ser modificado mediante processo de alteração mais agravado (mais difícil), e não pelo simples procedimento da legislação ordinária, visto que com isso se abre maior espaço para o desenvolvimento do direito constitucional pela via da interpretação.[217] Além disso, a maior abertura e indeterminação em geral das disposições constitucionais (do texto constitucional), mas também o fato de a constituição reservar aos órgãos encarregados da concretização de seu projeto normativo uma relativamente ampla liberdade de ação contribuem para uma

---

212. DAU-LIN, Hsü. *Mutación de la constitución*, p. 29 e ss. O autor, em obra considerada referencial sobre o tema, identificou quatro espécies de mutação constitucional: (a) mutação mediante uma prática estatal que não viola formalmente a constituição; (b) mutação da constituição mediante a impossibilidade de exercer determinados direitos constitucionalmente assegurados; (c) mutação constitucional mediante uma prática estatal contrária à constituição; (d) mutação constitucional mediante interpretação da constituição; (p. 31 e ss.).

213. Cf. LÖWENSTEIN, Karl. *Teoría de la constitución*, p. 165 (tradução livre do espanhol: (...) una transformación en la realidad de la configuración del poder político, de la estructura social o del equilibrio de intereses, sin que quede actualizada dicha transformación en el documento constitucional: el texto de la constitución permanece intacto).

214. Cf., por todos, SOUZA NETO, Cláudio Pereira de; SARMENTO, Daniel. *Direito constitucional:* teoria, história, métodos de trabalho, p. 339.

215. Cf. STERN, Klaus. *Derecho del estado de la Republica Federal Alemania*, p. 336.

216. Cf. KLOEPFER, Michael. *Verfassungsrecht I*, p. 34.

217. Sobre a implicação da rigidez e flexibilidade da Constituição no estudo do tema, v., por todos, na literatura brasileira mais recente, SBROGIO'GALIA, Susana. *Mutações constitucionais e direitos fundamentais*, p. 85-89.

maior possibilidade de participação criativa dos órgãos jurisdicionais e de todos os que operam no plano da concretização da constituição.

Em monografia dedicada ao tema, Anna Cândida da Cunha Ferraz distingue, no âmbito mais amplo dos modos informais de mudança constitucional, entre *mutações constitucionais, que não violam o texto constitucional, e mutações inconstitucionais, que implicam em violação da Constituição*, ainda que possam subsistir na prática.[218] A existência de mutações inconstitucionais significa que as mutações constitucionais, para serem consideradas legítimas, devem respeitar determinados limites, que, por sua vez, devem ser reconduzidos à própria constituição projetada pelo poder constituinte.[219] A existência de mutações inconstitucionais (assim como a existência de leis ou atos administrativos que contrariam a constituição) não significa que tais mutações que violam a ordem constitucional devam ser toleradas como juridicamente válidas, razão pela qual devem ser refutadas pelos órgãos estatais competentes, ainda que nem sempre seja possível conter os processos de mudança, o que poderá resultar até mesmo, a depender das circunstâncias, na destruição da ordem constitucional por meio de uma revolução.[220]

5.8.2 Mecanismos (modos) de mutação constitucional

Já no que diz com os modos ou mecanismos de manifestação das mutações constitucionais (incluindo eventuais mutações inconstitucionais), destacam-se três modalidades: (a) a mutação por meio da interpretação, em especial, mas não, exclusivamente, por meio da atuação dos órgãos jurisdicionais; (b) a mutação mediante o costume; (c) a mutação constitucional por obra da legislação infraconstitucional.[221]

Especialmente relevantes, portanto, são as mutações constitucionais pela via da interpretação, que ocorrem sempre que se alteram o significado e o alcance do texto constitucional sem que se efetue qualquer alteração textual.[222]

Ao longo do tempo, podem ser identificadas em diversas ordens constitucionais. Exemplo habitualmente citado na doutrina é o famoso caso *Marbury v. Madison*, julgado pela Suprema Corte norte-americana, em 1803, precedente que introduziu no sistema jurídico norte-americano o controle judicial de constitucionalidade das leis, nada obstante a ausência de previsão normativa no texto da Constituição. Ainda no âmbito da evolução constitucional norte-americana, Luís Roberto Barroso identifica dois momentos que atestaram inequivocamente a ocorrência de uma mutação constitucional. Trata-se da jurisprudência formada a partir do chamado *New Deal*, que rompeu com o paradigma constitucional em voga durante a Era Lochner,[223] passando a admitir um conjunto de leis trabalhistas e sociais.

---

218. Cf. Ferraz, Anna Cândida da Cunha. *Processos informais de mudança da Constituição:* mutações constitucionais e mutações inconstitucionais, p. 9 e ss.

219. Cf. entre outros, Pedra, Adriano Sant'Ana. *Mutação constitucional. Interpretação evolutiva da constituição na democracia constitucional.* Rio de Janeiro, Lumen Juris, 2013. p. 235 e ss.

220. Cf. Barroso, Luís Roberto. *Curso de direito constitucional contemporâneo*, p. 127-128.

221. Idem, p. 128-129. Em sentido similar, embora apresentando também outras modalidades, v. Bulos, Uadi Lammêgo. *Mutação constitucional*, p. 63 e ss.

222. Cf. Ferraz, Anna Cândida da Cunha. *Processos informais de mudança da Constituição:* mutações constitucionais e mutações inconstitucionais, p. 57.

223. Em linhas gerais, no caso *Lochner v. New York*, de 1905, a Suprema Corte anulou uma lei deste Estado que limitava a jornada de trabalho em dez horas diárias, fundamentando a decisão na liberdade econômica e contratual.

Outro exemplo significativo diz respeito à reconstrução do princípio da igualdade, especialmente no campo da discriminação racial, como ocorreu, em 1954, com o caso *Brown v. Board of Education*, quando a Suprema Corte reviu o entendimento ratificado deste no final do século XIX, no caso, a assim chamada doutrina dos "iguais, mas separados". Desde então, tornou-se inconstitucional a segregação racial entre negros e brancos em escolas públicas dos Estados Unidos. Em ambos os casos – assim também o afirma Luís Roberto Barroso – ocorreu um câmbio do sentido outorgado a normas constitucionais sem que tivesse havido alteração do texto, o que faz com que a mutação constitucional pela interpretação não possa ser confundida com o que se costuma designar de interpretação evolutiva ou interpretação construtiva, pois a mutação constitucional implica alteração de sentido da norma em relação à compreensão anterior.[224]

No Brasil também podem ser encontrados exemplos de mutação constitucional pela via da interpretação judicial, destacando-se, já sob a égide da atual Constituição Federal, o sentido atribuído pelo STF ao dispositivo (art. 52, X, da CF) que determina a comunicação, pelo STF, de decisão que declarar a inconstitucionalidade de lei, de modo que o Senado Federal suspenda, no todo ou em parte, os efeitos da norma. No caso, o STF passou a entender que o efeito da comunicação pelo STF é apenas o de dar publicidade à decisão, pois a eficácia geral (*erga omnes*) da decisão já decorre do próprio sistema constitucional e da natureza da decisão do STF em matéria de controle de constitucionalidade, ainda mais em face (entre outros aspectos dignos de nota) das alterações introduzidas pela EC 45/2004 e da legislação sobre ADIn, ADC e ADPF, alterando significativamente o perfil do sistema brasileiro de controle de constitucionalidade.[225]

Outro exemplo possível de ser enquadrado na categoria das mutações constitucionais pela via interpretativa pode ser vislumbrado no julgamento do STF sobre a exegese do dispositivo constitucional que trata da união estável entre homem e mulher, que, a despeito do texto, foi estendido às uniões estáveis entre pessoas do mesmo sexo, inclusive para efeitos de interpretação conforme à Constituição (ao novo sentido atribuído ao texto constitucional) do Código Civil.[226]

Além dos casos referidos, outro exemplo é de ser mencionado. Trata-se do julgamento do HC 168.052/SP, rel. Min. Gilmar Mendes, j. em 11.06.2019, que concedeu liminarmente a ordem para anular as provas obtidas mediante acesso indevido ao aplicativo *WhatsApp*, que havia sido apreendido sem prévia autorização judicial, mas cujo teor (mensagens trocadas) acabou levando a autoridade policial a ingressar no domicílio do paciente, onde foram encontradas drogas e armas. De acordo com o relator, a modificação das circunstâncias fáticas e jurídicas, a promulgação de leis posteriores e o desenvolvimento das tecnologias da comunicação, tráfego de dados e uso dos smartphones impõem solução diversa da que vinha sendo praticada pelo STF e patrocinada pela doutrina dominante, qual seja, a de não se aplicar a inviolabilidade das comunicações aos dados registrados. Por tal razão, entendeu o

---

224. BARROSO, Luís Roberto. *Curso de direito constitucional contemporâneo*, p. 124-125.
225. Cf., por todos, MENDES, Gilmar Ferreira; COELHO, Inocêncio Mártires; BRANCO, Paulo Gustavo Gonet. *Curso de direito constitucional*, p. 1.161 e ss. Nesse sentido, também, recente decisão do STF destacando o processo de mutação constitucional do artigo 52, inciso X, da CF: ADI 3356 ED, rel. Min. Cármen Lúcia, rel. p/ acórdão Min. Gilmar Mendes, Tribunal Pleno, j. em 23.02.2023.
226. Cf. decisão do STF: ADIn 4.277 e ADPF 132, rel. Min. Ayres Britto, j. 05.05.2011, Plenário, *DJe* 14.10.2011.

relator que se estaria, com a alteração daquela orientação, promovendo uma mutação constitucional pela via da interpretação.

Outro exemplo extraído da jurisprudência do STF é o do RHC 212119/SP, relatado pelo Min. Ricardo Lewandowski e julgado em 23.02.2022. Na ocasião, ficou decidido que "tendo em vista que o Supremo Tribunal Federal, modificando sua jurisprudência, assentou a competência dos Tribunais de Justiça estaduais para julgar *habeas corpus* contra ato de Turmas Recursais dos Juizados Especiais, impõe-se a imediata remessa dos autos à respectiva Corte local para reinício do julgamento da causa, ficando sem efeito os votos já proferidos". Assim, "mesmo tratando-se de alteração de competência por efeito de *mutação* constitucional (nova interpretação à Constituição Federal), e não propriamente de alteração no texto da Lei Fundamental, o fato é que se tem, na espécie, hipótese de competência absoluta (em razão do grau de jurisdição), que não se prorroga".

Além da mutação por meio da interpretação, a mudança informal, como já referido, poderá ocorrer por força de um costume constitucional, que, por sua vez, constitui fonte de direito constitucional em sentido material. No âmbito de uma constituição analítica e relativamente recente, como é o caso da Constituição Federal, o papel possível do costume constitucional é muito mais limitado do que em outras ordens constitucionais. Além disso, problemática é a possibilidade de reconhecimento de um costume contrário ao sentido literal da Constituição, o que, todavia, há de ser analisado no item sobre os limites da mutação constitucional. Em caráter meramente ilustrativo, podem ser citados alguns exemplos possíveis de costume constitucional no Brasil, como é o caso do reconhecimento da possibilidade de o chefe do Executivo negar aplicação à lei manifestamente inconstitucional ou a aprovação de projeto de lei mediante acordo entre as lideranças partidárias no Congresso.[227]

Também mudanças processadas ao nível da legislação infraconstitucional podem levar a uma mutação constitucional, mas apenas quando a medida legislativa implicar alteração da compreensão do sentido e aplicação de norma constitucional sem alteração do texto da constituição,[228] de tal sorte que aqui se poderá mesmo falar, em certo sentido, em uma espécie de interpretação da constituição conforme à lei, pois ao regular as situações da vida o legislador poderá estar, como primeiro "intérprete", influindo no próprio sentido da norma constitucional por ele regulamentada, especialmente quando a nova interpretação legislativa encontrar ressonância no meio dos juízes e for chancelada pelo Poder Judiciário.

De qualquer sorte, é controverso até que ponto a legislação infraconstitucional é o mecanismo propriamente dito da mutação ou o fator que impulsiona a mudança informal da constituição por parte do intérprete, ou seja, mediante a ação dos órgãos do Poder Judiciário incumbidos da guarda da constituição. Além disso, considerando a distinção entre poder constituinte e constituído e a hierarquia das fontes, problemática é a própria noção de uma mutação constitucional legislativa, que, inclusive, pode até mesmo soar como contraditória. De qualquer sorte, cuida-se de tópico altamente polêmico e que aqui não será objeto de maior desenvolvimento.[229]

---

227. Cf., por todos, BARROSO, Luís Roberto. *Curso de direito constitucional contemporâneo*, p. 134 e ss.

228. Idem, ibidem.

229. No direito brasileiro v. sobre o ponto – e para maior desenvolvimento – especialmente, no âmbito da produção monográfica dedicada ao tema, a excelente contribuição de PEDRA, Adriano Sant'Ana. *Mutação constitucional. Interpretação evolutiva da constituição na democracia constitucional*, 2. ed., Rio de Janeiro, Lumen Juris, 2014.

5.8.3 Limites da mutação constitucional: o problema das mutações in-constitucionais

A mutação constitucional poderá eventualmente ocorrer de modo a violar o sentido literal da constituição escrita, ou seja, tanto pela interpretação judicial, quanto pela atuação do legislador infraconstitucional e por meio de um costume ou prática por parte dos Poderes constituídos – é possível, nesse sentido, falar em uma mutação inconstitucional. A despeito de tais mudanças serem inconstitucionais por ofensa à constituição escrita, cuja supremacia formal e material há de ser assegurada, o fato é que na prática mudanças manifestamente inconstitucionais (pelo menos no sentido, reitere-se, de violação da constituição escrita) podem ainda assim prevalecer, seja pela falta de controle (especialmente no âmbito do controle de constitucionalidade) de tais mudanças, seja pelo fato de tal controle ser mesmo inviável em algumas hipóteses.[230] Especialmente quando se trata de mutação por via da interpretação judicial, verifica-se que os limites da interpretação são, em certo sentido, também limites da própria mutação, visto que como poder constituído, embora a atribuição para interpretar e aplicar de forma vinculante o direito constitucional, o Poder Judiciário não está autorizado (o que não significa que isso não possa vir a ocorrer na prática!) a julgar contra disposição constitucional expressa, ou seja, a mutação não pode justificar alterações que contrariem o texto constitucional, devendo respeitar as possibilidades interpretativas que decorrem (e encontram seu limite) nesse mesmo texto constitucional.[231]

Valendo-nos da lição de Konrad Hesse, embora haja possibilidade de uma mutação constitucional pela interpretação, a quebra da ordem constitucional encontra-se vedada, pois, onde o intérprete se coloca acima da constituição, não se trata mais de interpretação, mas, sim, de alteração ou mesmo violação da constituição.[232] Por outro lado, como destaca Gomes Canotilho, as mutações constitucionais devem ser consideradas admissíveis quando não se pretenda simplesmente constitucionalizar fatos de modo a ensejar uma leitura contrária ao próprio texto constitucional, o que, ao fim e ao cabo, acabaria por representar uma leitura constitucional de baixo para cima, corrosiva até mesmo da força normativa da constituição.[233]

O quanto tais diretrizes, que buscam conciliar a mudança, portanto, uma possível e mesmo desejável interpretação evolutiva, com a necessária estabilidade da constituição (e o respeito aos seus limites textuais), têm sido observadas na prática da jurisprudência constitucional, com destaque para a atuação do STF, é difícil de responder, e o tópico tem sido objeto de acirrado debate em virtude de algumas decisões de grande importância e repercussão. Bastaria referir aqui o caso (ainda pendente de julgamento final) da superação, por seu caráter obsoleto – tese defendida, por exemplo, pelos Ministros Gilmar Ferreira Mendes e Eros Roberto Grau –, da necessidade de o STF comunicar o teor da decisão que declarar a inconstitucionalidade de lei ao Senado Federal, que, nos termos do – formalmente ainda em vigor – art. 52, X, da CF, poderá "suspender a execução, no todo ou em parte, de lei declarada inconstitucional por decisão definitiva do Supremo Tribunal Federal", mediante o

---

230. Cf., por todos, FERRAZ, Anna Cândida da Cunha. *Processos informais de mudança da constituição*: mutações constitucionais e mutações inconstitucionais, p. 213-214.
231. Cf. SOUZA NETO, Cláudio Pereira de; SARMENTO, Daniel. *Direito constitucional*: teoria, história, métodos de trabalho, p. 353.
232. Cf. HESSE, Konrad. *Grundzüge des Verfassungsrecht der Bundesrepublik Deutschland*, p. 29-30.
233. CANOTILHO, J. J. Gomes. *Direito constitucional e teoria da constituição*, p. 1.229-1.230.

argumento de que a única interpretação afinada com o atual modelo de controle de constitucionalidade, especialmente desde a previsão do efeito vinculante em matéria de ADIn, ADC e ADPF, seria a de que a comunicação ao Senado teria apenas o sentido de viabilizar a publicação (portanto, dar ciência) da decisão pela inconstitucionalidade, mas sem qualquer efeito adicional. Não é preciso maior esforço para perceber que, embora as razões esgrimidas esbarrem em argumentos contrários, já pelo fato de o dispositivo constitucional indicar que o Senado poderá (e não deverá!) suspender (e ainda por cima o poderá fazer em caráter parcial) a execução da lei, entre outras razões que aqui se poderiam esgrimir.[234]

Outra decisão, esta sim amplamente aplaudida, especialmente no que diz com seu desiderato, diz com a extensão, pelo STF, da proteção com base no instituto da união estável às uniões homoafetivas, muito embora a expressa previsão no texto constitucional, de que somente será considerada para efeitos da proteção estatal a união entre o homem e a mulher (art. 226, § 3.º, da CF), cujo sentido foi "relido" pelo STF, para, num segundo passo, considerar em desconformidade com o texto (em verdade, o sentido atribuído a um texto que expressamente assegura algo distinto, no caso, a união entre homens e mulheres) uma fórmula prevista na legislação ordinária (Código Civil), que, em si, apenas reproduziu o texto constitucional.[235]

Sem querer polemizar sobre a bondade evidente da causa agasalhada pelo STF, pois dificilmente alguém poderá, na atual quadra, negar a necessidade de assegurar a livre orientação sexual e de promover a igualdade (e coibir a discriminação) também nessa seara, não se poderá, por outro lado, desconsiderar pura e simplesmente as razões daqueles que, preocupados com os efeitos colaterais da metódica adotada pela nossa Corte constitucional, que, em face da ausência de ajuste legislativo (no caso, uma emenda constitucional seria o meio mais legítimo para corrigir o anacronismo do texto original da Constituição Federal), estaria – dentre outros argumentos relevantes – usurpando função que não lhe é própria.[236]

Apoiando a tese de que nesse caso teria havido uma legítima mutação constitucional, Claudio Pereira de Souza Neto e Daniel Sarmento aduzem que não teria havido violação do texto constitucional, pois, embora o art. 226, § 3.º, da CF mencione união estável entre homem e mulher, não veda expressamente que a união entre pessoas do mesmo sexo seja reconhecida como equivalente em termos de proteção jurídica, recorrendo-se, para tanto, a

---

234. Para uma apertada – mas precisa – síntese da discussão e dos posicionamentos dos ministros que já se pronunciaram no processo (Rcl 4.335), v., por todos, no âmbito dos cursos e manuais de direito constitucional brasileiros, FERNANDES, Bernardo Gonçalves. *Curso de direito constitucional*, 3. ed., p. 925 e ss., que se posiciona de modo contrário ao proposto pelos Ministros Gilmar Mendes e Eros Grau, afirmando que se cuida de um caso de mutação inconstitucional.

235. Cf. julgamento da ADIn 4.277 e da ADPF 132, em 05.05.2011.

236. Nesse sentido, v., por todos – cuida-se de texto produzido ainda antes do julgamento da causa pelo STF –, STRECK, Lenio Luiz; BARRETO, Vicente de Paulo; OLIVEIRA, Rafael Tomaz de. Ulisses e o canto das sereias: sobre ativismos judiciais e os perigos da instauração de um "terceiro turno da constituinte". *Revista de Estudos Constitucionais, Hermenêutica e Teoria do Direito (RECHTD)* I (2): 75-83. Disponível em: http://rechtd.unisinos.br/pdf/84.pdf; assim como: STRECK, Lenio Luiz. *Verdade e consenso*: constituição, hermenêutica e teorias discursivas, p. 265-266. No âmbito da literatura específica, adotando uma perspectiva da hermenêutica filosófica e analisando o debate no STF, v. por último Pedron, Flávio Quinaud. *Mutação constitucional na crise do positivismo jurídico*. Belo Horizonte: Arraes, 2013.

uma interpretação extensiva em sintonia com os princípios fundamentais (dignidade, igualdade etc.) da própria Constituição Federal.[237]

Outro tema de alta repercussão e caráter polêmico é o da possibilidade, ou não, da execução provisória da pena depois de ocorrido o julgamento condenatório em sede do Segundo Grau de Jurisdição, mesmo antes do trânsito em julgado. Aqui o STF, depois de ter vedado tal possibilidade quando do julgamento do HC 84.078/MG (2009), alterou o seu entendimento, passando a admitir – no âmbito do controle abstrato de constitucionalidade – a execução provisória da sentença condenatória, por apertada maioria de votos.

Note-se que no tocante ao presente ponto e de acordo com o voto do Ministro Roberto Barroso no HC 152752 (Relator Ministro Edson Fachin), julgado em 04.04.2018, cuida-se de autêntica hipótese de mutação constitucional relativamente ao disposto no artigo 5.º, LVII, CF, que, segundo ele, justifica a mudança de entendimento em prol da execução provisória da pena, em virtude da alteração da interpretação do princípio da presunção de inocência pelo STF.

Para o Ministro Roberto Barroso, a assim chamada mutação constitucional pode ocorrer em três hipóteses: (a) mudança relevante da realidade social; (b) mudança na compreensão do Direito; e (c) ocorrência de impactos negativos decorrentes de determinada interpretação. Nesse contexto, ainda nos termos do voto do Ministro Roberto Barroso, a decisão tomada pelo STF, em 2009, acima referida, que vedou a execução da pena privativa de liberdade antes do trânsito em julgado da sentença condenatória, produziu três impactos negativos: (a) incentivo à interposição de recursos de caráter procrastinatório; (b) aumento da seletividade do sistema punitivo brasileiro, que atinge, na massiva maioria dos casos, apenas as camadas mais pobres da população; e (c) descrédito do sistema de Justiça penal junto à sociedade. À vista de tais implicações, a interpretação anteriormente praticada carece de modificação sem que com isso reste afetado o teor literal da CF.

A orientação do STF sobre o tema da assim chamada execução provisória da pena, contudo, foi objeto de ulteriores ajustes e acabou sendo em grande medida revertida, novamente por uma maioria muito enxuta. Com efeito, em 2019, no julgamento das Ações Diretas de Constitucionalidade 43, 44 e 53, onde se discutiu a constitucionalidade do art. 283, do CPP, todas relatadas pelo Ministro Marco Aurélio, o STF, por apertada maioria (6 x 5 votos), modificando o seu entendimento, voltou a considerar vedada a assim chamada execução provisória da pena antes do trânsito em julgado da decisão condenatória, de tal sorte que o recolhimento do réu (mesmo condenado já em Segunda Instância) à prisão antes desse momento somente poderá ocorrer quando presentes os requisitos que autorizam o decreto da prisão preventiva (art. 312, CPP).

Tendo em conta os exemplos referidos, extraídos da jurisprudência do STF, percebe-se que o instituto da mutação constitucional pela via interpretativa tem sido manejado ora para ampliar o elenco de direitos fundamentais, ora para lhes impor restrições. Além disso, o quanto nos casos colacionados se verifica uma autêntica mutação e em que medida essa não esbarra nos seus limites, designadamente a vedação da mutação inconstitucional por ofensa ao sentido mínimo do texto constitucional, resulta particularmente controverso e demanda maior reflexão do que aqui se poderá levar a efeito.

---

237. Cf. SOUZA NETO, Cláudio Pereira de; SARMENTO, Daniel. *Direito constitucional. Teoria, história, métodos de trabalho*, p. 353 (nota de rodapé n. 53).

Eficácia e aplicabilidade das normas constitucionais

Ingo Wolfgang Sarlet

6.1 Alguns aspectos terminológicos e conceituais[1]

Os termos "eficácia", "aplicabilidade" e "efetividade" englobam múltiplos aspectos, constituindo, além disso, ponto nevrálgico para a teoria do direito e para o direito constitucional em especial, pois o que está em causa é mesmo o problema da força jurídica das normas constitucionais, que, por sua vez, possuem uma normatividade "qualificada" pela supremacia da constituição no âmbito da ordem jurídica de um Estado Constitucional. Antes de avançarmos, porém, torna-se imperiosa certa uniformização nas searas terminológica e conceitual, visto que também neste plano não se registra consenso.[2]

Desde logo, é possível afirmar que a doutrina brasileira tem distinguido as noções de vigência e eficácia, situando-as em planos diferenciados. Mesmo aqui, contudo, as opiniões nem sempre são coincidentes. Tomando-se, por exemplo, a conhecida lição de José Afonso da Silva, a vigência consiste na qualidade da norma que a faz existir juridicamente (após

---

1. O presente capítulo, sobre a eficácia e aplicabilidade das normas constitucionais, corresponde, em grande parte, ao texto integrante da obra de: Sarlet, Ingo Wolfgang. *A eficácia dos direitos fundamentais*: uma teoria geral dos direitos fundamentais na perspectiva constitucional. 13. ed. Porto Alegre: Livraria do Advogado, 2018, p. 241 e ss., muito embora alguns ajustes no que diz com a forma da redação, bem como no concernente a alguma revisão, atualização e mesmo em termos de estruturação do texto.
2. Nesse sentido, cumpre referir a advertência efetuada, ainda sob a égide da Constituição de 1946, por Teixeira, José Horácio Meirelles. *Curso de direito constitucional*, p. 285. No mesmo sentido, v. em especial Sales, Gabrielle Bezerra. *Teoria da norma constitucional*. Barueri: Manole, 2004, p. 156, referindo-se aos termos eficácia, vigência, positividade e efetividade como sendo não raras vezes considerados sinônimos.

regular promulgação e publicação), tornando-a de observância obrigatória, de tal sorte que *a vigência constitui verdadeiro pressuposto da eficácia, na medida em que apenas a norma vigente pode vir a ser eficaz.*[3] Para Luís Roberto Barroso, por sua vez, há que se partir da distinção entre existência, compreendida como a presença dos elementos constitutivos do ato normativo, quais sejam, agente, forma e objeto, que configuram seus pressupostos materiais de incidência, e validade, sendo esta última definida como a conformação do ato normativo aos requisitos estabelecidos pelo ordenamento jurídico no que concerne à competência, adequação da forma, bem como à licitude e possibilidade de seu objeto, noção esta que, segundo sustenta o autor referido, não se confunde com a vigência de uma norma, que se traduz na sua existência jurídica e aplicabilidade.[4]

Não sendo o caso, dada a natureza da obra, de aqui aprofundar o tema, *optamos por identificar a noção de existência da norma com a de sua vigência,* ressaltando, todavia, que a vigência necessariamente não se confunde com a validade (conformidade com os requisitos estabelecidos pelo ordenamento no que concerne à produção da norma), já que independentemente de sua validade a norma pode ter entrado em vigor e, neste sentido, ter integrado a ordem jurídica (ter existido), especialmente se considerarmos que, mesmo no caso de uma superveniente declaração de inconstitucionalidade, nem sempre daí resulta uma pronúncia de nulidade, isso sem falar na controvérsia a respeito do fato de a declaração de inconstitucionalidade operar no plano da validade ou da existência da norma infraconstitucional, aspectos que serão objeto de detalhado enfrentamento na parte reservada ao controle de constitucionalidade.

Aspecto a respeito do qual se verifica certo consenso (pelo menos na doutrina brasileira!) diz com a distinção entre a vigência (existência e/ou validade) e a eficácia, seja qual for o sentido que a esta última se vá atribuir, de modo que cabe agora clarificar o sentido atribuído às noções de eficácia e de aplicabilidade.

De acordo com a concepção de José Afonso da Silva, nada obstante a íntima conexão entre ambos os conceitos, há que distinguir entre a eficácia social da norma (sua aplicação no plano dos fatos) e a sua eficácia jurídica. Com efeito, de acordo com as palavras de José Afonso da Silva, aqui reproduzidas, a eficácia jurídica "designa a qualidade de produzir, em maior ou menor grau, efeitos jurídicos, ao regular, desde logo, as situações, relações e comportamentos nela indicados; nesse sentido, a eficácia diz respeito à aplicabilidade, exigibilidade ou executoriedade da norma, como possibilidade de sua aplicação jurídica. Possibilidade, e não efetividade".[5]

---

3. Cf. SILVA, José Afonso da. *Aplicabilidade das normas constitucionais,* 2. ed., p. 42. No mesmo sentido já lecionava TEIXEIRA, José Horácio Meirelles. *Curso de direito constitucional,* p. 286, para quem vigente "é toda norma regularmente promulgada, enquanto não derrogada por outra norma, incidindo, portanto, sobre os fatos, situações e comportamentos por ela previstos e regulados (...). Em resumo: vigência significa o modo específico de existência das normas jurídicas". Em outra passagem de sua obra (p. 288-289), o autor oportunamente aponta para a circunstância de que alguns autores utilizam a expressão validez no mesmo sentido de vigência, havendo, inclusive, quem identifique este termo com o de eficácia.

4. Cf. BARROSO, Luís Roberto. *O direito constitucional e a efetividade de suas normas,* p. 79-81.

5. Cf. SILVA, José Afonso da. *Aplicabilidade das normas constitucionais,* 2. ed., p. 55-56, que, além disso, exemplifica a distinção efetuada chamando a atenção para o fato de que uma norma pode perfeitamente possuir eficácia jurídica (como, por exemplo, o de revogar normas anteriores), mas não alcançar efetividade, isto é, não ser socialmente eficaz, caso não seja cumprida no plano social. Convém ressaltar que, antes de José Afonso da Silva, tal entendimento já era – em que pesem ligeiras discrepâncias no que concerne à formulação

Constata-se, portanto, que, de acordo com esta concepção, a eficácia social se confunde com o fenômeno que para muitos é designado como o da efetividade da norma. De acordo com o que leciona Luís Roberto Barroso, a efetividade (aqui compreendida como equivalente à noção de eficácia social adotada por José Afonso da Silva) significa a realização do direito, o desempenho concreto de sua função social, no sentido da materialização, no mundo dos fatos, dos preceitos normativos e representando a aproximação entre o programa normativo e o ser da realidade social.[6]

Para esta mesma corrente doutrinária, *não há como dissociar, por outro lado, a noção de eficácia jurídica da correlata noção de aplicabilidade das normas jurídicas*, na medida em que a eficácia jurídica consiste justamente na possibilidade de aplicação da norma aos casos concretos, com a consequente geração dos efeitos jurídicos que lhe são inerentes. Como leciona José Afonso da Silva, "eficácia e aplicabilidade são fenômenos conexos, aspectos talvez do mesmo fenômeno, encarados por prismas diferentes: aquela como potencialidade; esta como realizabilidade, praticidade. Se a norma não dispõe de todos os requisitos para sua aplicação aos casos concretos, falta-lhe eficácia, não dispõe de aplicabilidade. Esta se revela, assim, como a possibilidade de aplicação. Para que haja esta possibilidade, a norma há que ser capaz de produzir efeitos jurídicos".[7]

Em sentido próximo, aderindo à distinção entre eficácia e aplicabilidade, registra-se a posição de Virgílio Afonso da Silva, advogando que, embora haja uma conexidade evidente entre ambos os conceitos, não se trata de uma relação de pressuposição, visto ser possível que uma norma dotada de eficácia não tenha aplicabilidade, especialmente em função de a aptidão para a produção de efeitos ser algo definido em plano diverso do qual se discute o problema da aplicação. Mais adiante, o autor agrega que a aplicabilidade, ao contrário da eficácia, é um conceito que envolve uma dimensão fática, pois guarda relação com a "conexão entre a norma jurídica, de um lado, e fatos, atos e posições jurídicas, de outro",[8] de tal sorte que, mediante tal linha argumentativa e a despeito de reconhecer a distinção, acaba por se afastar da posição advogada por José Afonso da Silva.

---

dos conceitos – sustentado por TEIXEIRA, José Horácio Meirelles. *Curso de direito constitucional*, p. 289 e ss., para quem a eficácia jurídica ou aplicabilidade (o autor equipara as duas noções) consiste na "qualidade da norma de produzir, em maior ou menor grau, efeitos jurídicos, ao regular desde logo, em maior ou menor escala, as situações, relações e comportamentos de que cogita", ao passo que a eficácia social consistiria na real observância da norma pela comunidade, na sua efetiva aplicação no plano dos fatos. Nesta mesma linha posicionaram-se BARROSO, Luís Roberto. *O direito constitucional e a efetividade de suas normas*, p. 81 (que define a eficácia como a aptidão do ato jurídico para irradiar os efeitos que lhe são inerentes), bem como PIOVESAN, Flávia. *Proteção judicial contra omissões legislativas*, p. 47 e ss., que – partindo das lições de Kelsen, Tercio Sampaio Ferraz Jr. e Michel Temer – igualmente adota o ponto de vista de que a eficácia jurídica corresponde à possibilidade de aplicação da norma (às condições técnicas de sua atuação), ressaltando que a eficácia social diz com a efetiva aplicação da norma aos casos concretos. Na linha aqui adotada, situa-se, ainda, a contribuição de SCHIER, Paulo Ricardo. *Filtragem constitucional – Construindo uma nova dogmática jurídica*, p. 76, em sugestivo trabalho sobre a força normativa da Constituição.

6. Cf. BARROSO, Luís Roberto. *O direito constitucional e a efetividade de suas normas*, p. 83.

7. Cf. SILVA, José Afonso da. *Aplicabilidade das normas constitucionais*, 2. ed., p. 49-50.

8. Cf. SILVA, Virgílio Afonso da. *O conteúdo essencial dos direitos fundamentais e a eficácia das normas constitucionais*, tese apresentada para o concurso de provas e títulos para o provimento do cargo de professor titular junto ao Departamento de Direito do Estado – Área de Direito Constitucional – na Faculdade de Direito da Universidade de São Paulo, 2005, p. 278.

Sem que se pretenda aqui aprofundar a discussão, optamos por aderir – no que parecem estar de acordo entre si José Afonso da Silva e Virgílio Afonso da Silva – à distinção entre eficácia e aplicabilidade, embora o façamos de um modo mais afinado com a justificação habitual, portanto, privilegiando, neste particular, a linha argumentativa de José Afonso da Silva, já sumariamente apresentada. Com efeito, partimos da premissa de que eficácia e aplicabilidade são noções conexas, como (em simplificada comparação) as duas faces de uma mesma moeda, não sendo possível falar de norma eficaz e destituída de aplicabilidade, o que não quer dizer que, em sendo aplicável, a norma venha a ser aplicada ou mesmo que com isso esteja resolvida a forma como se dará a aplicação, se direta ou indireta. De tal sorte, quando se fizer referência ao termo "eficácia jurídica" (ou simplesmente eficácia) estar-se-á abrangendo a noção de aplicabilidade, visto que esta se trata de categoria indissociável (de acordo com a compreensão adotada!) da eficácia, ainda que não exista uma identidade entre ambas as noções. Mais próximos, talvez, de José Afonso da Silva (quanto a este aspecto), consideramos que uma norma eficaz é sempre aplicável, mas poderá não ser aplicada, portanto, poderá não alcançar eficácia social ou efetividade, o que já nos remete a outra distinção cada vez mais polemizada.

Ainda que as considerações tecidas correspondam ao que se pode (ainda) denominar de opinião preponderante no seio de nossa doutrina, há que fazer referência à posição crítica de Eros Roberto Grau, que propõe uma revisão e reformulação da noção de eficácia e efetividade à luz da Constituição de 1988, partindo do pressuposto de que a decisão pela aplicação do direito no caso concreto constitui, na verdade, uma decisão pela sua execução, isto é, pela sua efetivação.[9] Para além dessa constatação, o referido autor tende a se afastar dos posicionamentos mais tradicionais adotados no Brasil, quando advoga o ponto de vista de que a eficácia social (para utilizar a expressão habitual) não se situa no plano da aplicação da norma (como leciona José Afonso da Silva), mas que se manifesta – ou não – após o momento da aplicação, já que nada garante que as decisões – normas individuais de conduta – tomadas pelo Judiciário (como instância primordialmente incumbida do poder-dever de realizar o direito, aplicando-o aos casos concretos) sejam efetivamente cumpridas pelos seus destinatários, tampouco garantindo que sejam realizados os fins buscados por elas.[10]

À luz dessas considerações, há como sustentar a íntima vinculação entre as noções de eficácia jurídica e de eficácia social (efetividade), a primeira constituindo pressuposto da segunda, sem que, por outro lado, se possam desconsiderar as evidentes distinções entre uma e outra. Além disso, independentemente da terminologia adotada, há que retomar aqui a já referida e perspicaz ponderação de Eros Roberto Grau, que apontou para a circunstância de que a decisão pela aplicação do direito constitui, em última análise, uma opção pela sua efetivação, que não se pode confundir com o fato de que, uma vez tornado efetivo o direito – isto é, aplicado ao caso concreto –, este venha a ser executado pelos destinatários, atingindo a finalidade prevista na norma.

Em sentido diverso, mas igualmente crítico em relação à distinção traçada por José Afonso da Silva entre as noções de eficácia jurídica e eficácia social (ou eficácia e efetividade) das normas constitucionais, importa colacionar, em apertada síntese, as objeções

---

9. Cf. GRAU, Eros Roberto. *A ordem econômica na Constituição de 1988 (interpretação e crítica)*, 3. ed., p. 314 e ss.

10. Idem, p. 317 e ss.

apresentadas por Virgílio Afonso da Silva, para o qual não há como sufragar um conceito estritamente jurídico de eficácia, visto que a produção de efeitos de uma norma depende sempre de outras variáveis, que não apenas e somente o dispositivo constitucional e legal, inclusive por serem sempre passíveis de restrição ou regulamentação.[11]

A despeito das ponderações levadas a efeito por Eros Grau e Virgílio Afonso da Silva, ambas criticando (por razões diversas) a concepção de eficácia jurídica de José Afonso da Silva, entendemos ser possível, com as devidas ressalvas, manter, para efeitos de um acordo semântico, uma distinção entre eficácia jurídica e eficácia social (ou efetividade). Em primeiro lugar, cuida-se de eficácia (e aplicabilidade) de normas constitucionais, e não de textos (dispositivos) constitucionais pura e simplesmente, de tal sorte que, levando em conta que a norma não se confunde com o texto e é resultado sempre de uma operação externa ao texto (ainda que mais ou menos referida a um ou mesmo vários textos, no sentido de dispositivos constitucionais, no caso), na concepção de eficácia jurídica aqui adotada, a noção de que se cuida da aptidão de uma norma para gerar efeitos não é única e exclusivamente dependente do texto – dos dispositivos – constitucional ou legal.

De outra parte, assume-se como correta a interface entre eficácia jurídica e eficácia social (efetividade), de tal sorte que a diferenciação traçada e aqui tida como viável, inclusive para efeitos didáticos, não pretende simplesmente (muito antes pelo contrário) desconsiderar a relevância de fatores externos ao texto normativo. De qualquer modo, a aptidão (em caráter potencial, portanto) da norma para gerar efeitos e ser aplicada segue sendo distinta do ato concreto de aplicação, no sentido da realização efetiva do programa normativo, não importa aqui, sem prejuízo de outras possibilidades, se por meio da atuação do legislador (restringindo ou regulamentando) ou do juiz.

O que importa, portanto, é que tenhamos sempre presentes essas premissas ao efetuarmos a distinção entre eficácia jurídica e social. Mantendo-se, portanto, a terminologia usual e já consagrada em nosso meio, há que compreendê-la, contudo, de forma ligeiramente diversa.

Assim sendo, em termos de síntese, podemos definir a eficácia jurídica como a possibilidade (no sentido de aptidão) de a norma vigente (juridicamente existente) ser aplicada aos casos concretos e de – na medida de sua aplicabilidade – gerar efeitos jurídicos, ao passo que a eficácia social (ou efetividade) pode ser considerada como englobando tanto a decisão pela efetiva aplicação da norma (juridicamente eficaz), quanto o resultado concreto decorrente – ou não – desta aplicação. O que não se pode esquecer é que o problema da eficácia do direito engloba tanto a eficácia jurídica quanto a assim designada eficácia social ou efetividade (aqui tomadas como equivalentes). Ambas – a exemplo do que ocorre com a eficácia e a aplicabilidade – representam facetas diversas do mesmo fenômeno, já que situadas em planos distintos (o do dever-ser e o do ser), mas que se encontram intimamente ligadas entre si, na medida em que ambas servem e são indispensáveis à realização integral do direito.

Assim, uma vez definidos os conceitos e escolhidos os termos, passaremos a apresentar e discutir algumas das principais classificações e posições a respeito da eficácia e aplicabilidade das normas constitucionais no Brasil.

---

11. Cf. SILVA, Virgílio Afonso da. *O conteúdo essencial dos direitos fundamentais e a eficácia das normas constitucionais*, p. 301 e ss.

6.2 Apresentação e discussão das principais classificações das normas constitucionais quanto à sua eficácia e aplicabilidade adotadas no Brasil

6.2.1 As posições "clássicas" e a sua gradual superação

O tema da eficácia das normas constitucionais tem ocupado lugar de destaque na doutrina brasileira, de modo especial a partir da Constituição de 1891. Desde então, pode-se afirmar que, ao menos até a década de 1960, prevaleceu (e não apenas no que diz com a eficácia das normas constitucionais) o entendimento adotado e difundido por Ruy Barbosa[12], um dos idealizadores da ordem constitucional republicana. Pela importância da obra de Ruy Barbosa e pela influência que boa parte de suas ideias ainda hoje exerce, cumpre relembrar alguns aspectos essenciais dessa concepção. Importa ressaltar, neste contexto, que Ruy Barbosa, entusiasta do modelo norte-americano, inspirou-se preponderantemente nas obras dos grandes clássicos do direito constitucional estadunidense, bem como nas decisões da Suprema Corte e outros importantes tribunais daquele país, acolhendo a *distinção entre normas autoaplicáveis (ou autoexecutáveis) e normas não autoaplicáveis (ou não autoexecutáveis)*, denominadas pela doutrina americana, respectivamente, normas *self-executing, self-acting,* ou *self-enforcing,* por um lado, e normas *not self-executing, not self-acting,* ou *not self-enforcing,* por outro.

No que diz com o primeiro grupo, o das normas autoaplicáveis (ou autoexecutáveis), Ruy Barbosa firmou posição no sentido de que normas autoaplicáveis seriam aquelas que estariam aptas a gerar seus efeitos independentemente de qualquer atuação do legislador, já que seu conteúdo se encontra devidamente determinado. Nas palavras do próprio Ruy, baseado em lição de George Tucker, executáveis por si mesmas "são, portanto, as determinações, para executar as quaes, não se haja mister de constituir ou designar uma autoridade, nem criar ou indicar um processo especial, e aquellas onde o direito instituído se ache armado, por si mesmo, pela sua própria natureza, dos meios de execução e preservação".[13] Em outra passagem, citando posição da Suprema Corte norte-americana, Ruy Barbosa sustenta que "uma disposição constitucional é executável por si mesma, quando, completa no que determina, lhe é supérfluo o auxílio suppletivo da lei, para exprimir tudo o que intenta e realizar tudo o que exprime".[14] Já no que concerne às normas não autoaplicáveis (ou não autoexecutáveis), Ruy Barbosa, aqui também valendo-se das lições do mesmo George Tucker, salienta que muitas normas constitucionais requerem uma ação do legislador para tornar efetivos os seus preceitos, visto que "não revestem dos meios de acção essenciaes ao seu exercício os direitos, que outorgam, ou os encargos que impõem: estabelecem competências, atribuições, poderes, cujo uso tem de aguardar que a Legislatura, segundo o seu criterio, os habilite a se exercerem".[15] Com base nessas distinções, Ruy Barbosa conclui citando passagem extraída da obra de Thomas

---

12. Nesse sentido, v., dentre outros, SALES, Gabrielle Bezerra. *Teoria da norma constitucional,* 2004, p. 165 e ss.

13. Cf. BARBOSA, Rui. *Commentários à Constituição Federal brasileira (colligidos e ordenados por Homero Pires),* vol. 2, p. 488.

14. Idem, p. 492. Neste contexto, cumpre salientar que, dentre as normas autoaplicáveis, o autor refere, de modo especial, as normas de natureza proibitória e os direitos e garantias individuais (p. 481-488).

15. Idem, p. 488-489.

Cooley, para quem "pode-se dizer que uma disposição constitucional é autoexecutável (*self-executing*) quando nos fornece uma regra, mediante a qual se possa fruir e resguardar o direito outorgado, ou executar o dever imposto, e que não é autoaplicável, quando meramente indica princípios, sem estabelecer normas, por cujo meio se logre dar a esses princípios vigor de lei".[16]

Há que ressaltar, ainda, que Ruy Barbosa – no âmbito de sua teoria sobre as normas constitucionais – reconheceu que é com base na formulação da norma, isto é, da expressão literal de seu enunciado e de seu conteúdo, que se logrará perceber se determinado preceito constitucional é dirigido ao legislador ou se pode ser objeto de aplicação pelo Judiciário, o que, em última análise, depende da circunstância de a norma exigir (ou não) uma concretização em nível legislativo, de acordo com a sua possibilidade, por si só, de gerar efeitos jurídicos ou do fato de conter apenas princípios de cunho genérico.[17] Com base neste entendimento, Ruy Barbosa chegou à conclusão de que cada norma constitucional apenas é autoaplicável na medida em que efetivamente permite a sua aplicação, o que, por sua vez, se encontra na dependência direta de seu grau de completude.[18]

Por outro lado, como bem anota Luís Roberto Barroso, embora a importância atribuída ao tema no Brasil, no direito constitucional norte-americano a problemática da eficácia e aplicabilidade das normas constitucionais não chegou a ser um tema central e crucial, em virtude da peculiar tradição de um direito judicial,[19] mas também – é possível agregar – em função do deslocamento do debate (teórico), da força normativa da constituição para o campo da interpretação constitucional. Além disso, o próprio Ruy Barbosa percebeu as deficiências da classificação então dominante no meio jurídico-constitucional norte-americano, ao apontar para o fato de que não há, numa constituição, normas que tenham o valor de meros conselhos ou avisos, pois todas têm força imperativa.[20]

Outro jurista nacional de extrema importância (também) nessa matéria foi Pontes de Miranda, que, apesar de seguir em parte não irrelevante o esquema geral proposto por Ruy Barbosa, sugeriu a utilização de uma terminologia diferenciada, além de ter desenvolvido alguns aspectos inovadores, de tal sorte que também neste campo trouxe contribuição marcada pela sua habitual originalidade. Neste sentido, Pontes de Miranda, cuja terminologia

---

16. Idem, p. 495. Entre as normas não autoaplicáveis, o autor menciona as normas de competência e as que criam instituições.
17. Cf. BARBOSA, Rui. *Commentários à Constituição Federal brasileira (colligidos e ordenados por Homero Pires)*, vol. 2, p. 494, que, para fundamentar sua posição, transcreveu a seguinte passagem de aresto da Suprema Corte do Estado de Washington (caso *Anderson v. Whatcom County*): "A questão, em cada especie, vem a ser se a linguagem do texto constitucional se dirige aos Tribunaes ou aos legisladores. Indicará ella que a disposição fosse destinada a constituir uma norma posta desde logo em effeito, como já completa na sua plenitude cabal de lei definitiva? Ou denotará que aguardava, para se applicar, a legislação ulterior? É o que se ha de apurar, estudando-se-lhe, não só o contexto da redacção, mas também a natureza intrinseca do conteúdo. Se a natureza e extensão do direito conferido, ou do encargo imposto, se acham definidas tão inteiramente no proprio texto, que, para os averiguar, baste o exame, a intelligencia dos seus proprios termos, e se na linguagem delles não ha indicio nenhum de que a materia foi confiada à acção legislativa, então se deverá concluir que a disposição é executável por si mesma".
18. Cf. BARBOSA, Rui. *Commentários à Constituição Federal brasileira (colligidos e ordenados por Homero Pires)*, p. 492.
19. Cf. BARROSO, Luís Roberto. *Curso de direito constitucional contemporâneo*, p. 212.
20. Cf. BARBOSA, Rui. *Commentários à Constituição Federal brasileira (colligidos e ordenados por Homero Pires)*, p. 489.

EFICÁCIA E APLICABILIDADE DAS NORMAS CONSTITUCIONAIS ○ 127

apresenta o mérito de ressaltar com maior precisão o critério com base no qual pauta a distinção entre as normas no que concerne à sua eficácia e aplicabilidade, também sustentava a classificação das normas em dois grupos, dependendo de seu grau de completude, notadamente, *as normas bastantes em si mesmas, que independem de concretização legislativa para alcançarem sua plena eficácia, bem como de normas incompletas, isto é, não bastantes em si mesmas e que, por este motivo, reclamam atuação do legislador infraconstitucional.*[21]

Cumpre salientar que, diversamente de Ruy Barbosa, Pontes de Miranda (que já formulou sua teorização sob a égide da Constituição de 1934, de forte conteúdo social) parte do pressuposto da existência de normas constitucionais programáticas, que constituem expressão do fracasso do modelo liberal de Estado, reconhecendo, contudo, que tais normas (praticamente não disponíveis no constitucionalismo liberal no qual se abeberou Ruy Barbosa) possuem alguma (ainda que limitada) carga vinculativa, no sentido de implicarem o cerceamento da atividade do legislador, que não pode contrariar o programa estabelecido pela Constituição.[22] Assim, verifica-se que Pontes de Miranda começou a preparar o terreno para uma revisão crítica da classificação de inspiração norte-americana, difundida por Ruy Barbosa, e, neste sentido, abriu caminho para as novas concepções que passaram – também no Brasil – a ser formuladas nesta área, o que, no Brasil, passou a ocorrer com cada vez maior intensidade, a partir de meados do século XX, coincidindo com a afirmação do constitucionalismo de matriz social.

Com efeito, a teoria de Ruy Barbosa, em que pese sua inegável importância, passou a ser objeto de acirrada crítica, especialmente pelo fato de não mais corresponder ao modelo preponderante no âmbito de nossa doutrina, além de ser em boa parte incompatível com o direito constitucional positivo brasileiro, pelo menos desde a Constituição de 1934, de cunho notadamente social, e que teve como uma de suas fontes de inspiração a Constituição alemã de 1919, a famosa Constituição de Weimar. A revisão das concepções sobre a eficácia e aplicabilidade das normas constitucionais ocorreu principalmente com base no pensamento de alguns dos principais constitucionalistas italiano do segundo pós-guerra, mas é correto afirmar que foram as lições de alguns importantes juristas alemães da época de Weimar que prepararam o terreno para tal reformulação, ainda que o pensamento dominante na Alemanha admitisse a falta de eficácia das normas de tipo programático. Enquanto a concepção usual partia da premissa de que a maior parte das normas constitucionais não era diretamente aplicável sem a intervenção do legislador infraconstitucional, a doutrina brasileira passou a admitir que todas as normas constitucionais são dotadas de eficácia e são pelo menos (e mesmo assim apenas em parte, visto que boa parte das normas é diretamente aplicável) indiretamente aplicáveis.[23]

A classificação das normas constitucionais em autoaplicáveis e não autoaplicáveis foi objeto de crítica já no que tange ao aspecto terminológico, na medida em que a expressão "autoaplicável" transmite a falsa impressão de que estas normas não podem sofrer qualquer tipo de regulamentação legislativa, quando, pelo contrário, não se controverte a respeito da possibilidade de regulamentação das normas diretamente aplicáveis, para que possam ter

---

21. Cf. Pontes de Miranda, Francisco C. *Comentários à Constituição de 1967 (com a Emenda 1 de 1969)*, 2. ed., vol. 1, p. 126.

22. Idem, p. 127.

23. Nesse sentido, a lição de Silva, José Afonso da. *Aplicabilidade das normas constitucionais*, 2. ed., p. 76.

maior executoriedade ou com o objetivo de serem adaptadas às transformações e às circunstâncias vigentes na esfera social e econômica.[24] Nesta mesma linha de raciocínio situa-se a crítica dos que se opõem à concepção clássica, de inspiração norte-americana, quando consideram insustentável o entendimento de que as normas denominadas não autoaplicáveis (ou não autoexecutáveis) não produzem efeito algum, uma vez que completamente destituídas de aplicabilidade direta, argumentando que inexiste norma constitucional destituída de eficácia, na medida em que toda e qualquer norma da Constituição sempre é capaz de gerar algum tipo de efeito jurídico.[25]

Verificou-se, portanto (lição que permanece atual para a maioria dos autores brasileiros), que uma norma usualmente designada de não autoaplicável, portanto, mesmo tendo a função de uma norma impositiva de programas, fins e tarefas ou quando se trata de uma norma contendo princípios de natureza geral, no mínimo estabelece alguns parâmetros para o legislador, no exercício de sua competência concretizadora.[26]

É preciso destacar, ainda neste contexto, que mesmo na doutrina e na jurisprudência constitucional norte-americana houve alguma evolução na matéria. Neste sentido, oportuna a transcrição da seguinte passagem extraída de decisão proferida pela Suprema Corte em 1958 (caso *Trop v. Dulles*): "Os preceitos da Constituição não são adágios gastos pelo tempo ou contrassenhas destituídas de sentido. São princípios vitais e vivos, que autorizam e limitam os poderes governamentais em nossa nação. Eles são regras de governo. Quando a constitucionalidade de um ato do Congresso é questionada perante este Tribunal, devemos aplicar estas regras. Se não o fizermos, as palavras da Constituição nada mais serão do que bons conselhos".[27]

Outra crítica diz com a utilização do critério da completude do conteúdo como parâmetro para a classificação das normas constitucionais em normas autoaplicáveis e não autoaplicáveis. Com apoio nas lições de Crisafulli, sustentou-se, entre nós, que cada norma constitucional é, em certa medida, incompleta, já que, quando de sua aplicação aos casos concretos, reclama – em virtude de seu grau de abstração e generalidade – uma atividade exegética, o que ocorre mesmo com as normas diretamente aplicáveis, que igualmente podem conter conceitos vagos e imprecisos, de tal sorte que é possível falar em normais mais ou

---

24. Cf. a lição de: TEIXEIRA, José Horácio Meirelles. *Curso de direito constitucional*, p. 313, para quem mesmo as normas denominadas autoaplicáveis (ou autoexecutáveis) não se exaurem "numa plenitude de execução imediata".

25. Assim já lecionava, entre nós, TEIXEIRA, José Horácio Meirelles. *Curso de direito constitucional*, p. 313. No mesmo sentido, v. SILVA, José Afonso da. *Aplicabilidade das normas constitucionais*, 2. ed., p. 65-66.

26. Cf., também, TEIXEIRA, José Horácio Meirelles. *Curso de direito constitucional*, p. 313-314, que, neste contexto, chama a atenção para a circunstância de que mesmo no âmbito da doutrina clássica já se sustentava que cada norma constitucional é executável até onde seja, realmente, suscetível de execução, residindo a maior dificuldade justamente na determinação deste limite da executoriedade, isto é, na verificação de quais os efeitos parciais imediatos possíveis de cada norma. Saliente-se que o citado autor estende sua crítica igualmente à terminologia utilizada por Pontes de Miranda.

27. Citação traduzida livremente com base na versão original em inglês e tradução para o espanhol extraída da obra de ENTERRÍA, Eduardo García de. *La constitución como norma y el tribunal constitucional*, 3. ed., p. 71. Segue o texto em inglês: "The provisions of the Constitution are not time-worn adages or hollow shibboleths. They are vital, living principles that authorize and limit governmental powers in our nation. They are rules of government. When the constitutionality of an Act of Congress is challenged in this Court, we must apply those rules. If we do not, the words of the Constitution become little more than good advise".

menos completas, isto é, em graus de completude normativa.[28] Por outro lado – tal como observa Meirelles Teixeira –, esta crítica não deveria ser encarada de forma por demais severa, "pois, quando se fala em norma completa, tal conceito se refere a uma aptidão da norma para significar e produzir seus efeitos essenciais, não todos os efeitos possíveis".[29]

Dentre as concepções doutrinárias que, partindo das críticas sumariamente referidas, contribuíram para uma reformulação da doutrina (e prática) dominante na seara da eficácia e aplicabilidade das normas constitucionais no Brasil, podemos iniciar com a que pode ser considerada a primeira e, talvez, uma das mais originais, qual seja a de José Horácio Meirelles Teixeira. Para este autor, toda e qualquer norma constitucional alcança algum tipo de eficácia, de tal sorte que a eficácia das normas constitucionais pode ser considerada de natureza gradual, isto é, variando entre um mínimo e um máximo.[30] Com base nesta constatação, Meirelles Teixeira sugeriu uma classificação das normas constitucionais em dois grupos, quais sejam normas de eficácia plena e normas de eficácia limitada ou reduzida, sendo que o primeiro grupo, ou seja, das normas de eficácia plena, corresponde às normas que – valendo-nos da formulação do autor – "produzem, desde o momento de sua promulgação, todos os seus efeitos essenciais, isto é, todos os objetivos especialmente visados pelo legislador constituinte, porque este criou, desde logo, uma normatividade para isso suficiente, incidindo direta e imediatamente sobre a matéria que lhes constitui objeto".[31] Já por normas de eficácia limitada ou reduzida Meirelles Teixeira concebe "aquelas normas que não produzem, logo ao serem promulgadas, todos os seus efeitos essenciais, porque não se estabeleceu sobre a matéria uma normatividade para isso suficiente, deixando total ou parcialmente essa tarefa ao legislador ordinário".[32]

Esclarece, ainda, Meirelles Teixeira que as normas de eficácia plena não se caracterizam por uma completa exaustão no que diz com seus efeitos, mas, sim, pelo fato de gerarem, desde logo, os seus efeitos essenciais (no sentido de especialmente visados pelo constituinte), podendo, neste sentido, ser consideradas como dotadas de normatividade suficiente, ao passo que as normas de eficácia limitada não se encontram em condições (pela sua insuficiente normatividade) de produzir, desde logo e por si sós – isto é, independentemente da intervenção do legislador –, seus principais efeitos.[33]

Sem que se vá aqui adentrar na análise efetuada por Meirelles Teixeira no que diz com os diversos efeitos que podem ser gerados pelas normas constitucionais (seja de eficácia

---

28. Neste sentido, Teixeira, José Horácio Meirelles. *Curso de direito constitucional*, p. 314-315, secundado por boa parte da doutrina que o sucedeu, como, por exemplo, Silva, José Afonso da. *Aplicabilidade das normas constitucionais*, 2. ed., p. 66.

29. Cf. Teixeira, José Horácio Meirelles. *Curso de direito constitucional*, p. 315.

30. Idem, p. 316-317, principalmente baseado nas lições do jurista italiano Vezio Crisafulli.

31. Idem, p. 317.

32. Idem, p. 317 e ss., salientando que as normas de eficácia plena incidem direta, imediatamente e de modo pleno sobre a matéria que lhes constitui objeto, ao passo que as normas de eficácia limitada incidem sobre a matéria que lhes constitui objeto, mas de forma parcial ou totalmente mediata (ou indireta), relegando ao legislador ordinário a tarefa de lhes dar a plena operatividade. Em outra passagem da mesma obra (p. 318-319), Meirelles Teixeira justifica a terminologia proposta, salientando que as normas de eficácia plena costumam ser denominadas – entre outras expressões utilizadas – também de normas "preceptivas" ou "operativas", ou normas de "eficácia imediata ou atual". Critica, ainda, o mestre paulista a utilização, para as normas de eficácia limitada, da expressão "eficácia diferida", na medida em que todas as normas (inclusive as de eficácia limitada) geram sempre algum tipo de efeito imediato.

33. Cf. Teixeira, José Horácio Meirelles. *Curso de direito constitucional*, p. 320-321.

plena, seja de eficácia limitada), até porque tais aspectos serão oportunamente retomados, na medida do necessário, importa consignar, ainda, que o autor divide as normas de eficácia limitada em dois grupos, que, respectivamente, denomina normas programáticas e de legislação, as primeiras versando sobre matéria de natureza eminentemente ética e social, constituindo verdadeiros programas de ação destinados ao legislador ordinário, enquanto as normas de legislação (como, por exemplo, as normas organizacionais e de competência), destituídas do caráter ético-social das normas programáticas, dependem – para alcançar sua eficácia plena – de legislação que concretize o programa normativo, em virtude de uma necessidade de natureza técnica (instrumental), já que, em princípio, regulam de forma direta a matéria que constitui seu objeto, sendo, contudo, insuscetíveis de aplicação imediata, por reclamarem normas legislativas instrumentais às quais se acham condicionadas.[34]

A próxima tentativa de sistematização do problema da eficácia e da aplicabilidade das normas constitucionais no Brasil – e a que teve seguramente a maior adesão – é da autoria de José Afonso da Silva, autor da já citada monografia sobre a *Aplicabilidade das normas constitucionais*,[35] que – segundo consta – pela primeira vez formulou, entre nós, uma teoria tricotômica da eficácia.[36]

Segundo José Afonso da Silva, *as normas constitucionais podem ser divididas em três grupos, quais sejam: normas de eficácia plena, normas de eficácia contida e normas de eficácia limitada.*

Normas de eficácia plena seriam aquelas que, por serem dotadas de aplicabilidade direta, imediata e integral, não dependem da atuação do legislador ordinário para que alcancem sua plena operatividade, já que, "desde a entrada em vigor da Constituição, produzem, ou têm possibilidade de produzir, todos os efeitos essenciais, relativamente aos interesses, comportamentos e situações que o legislador constituinte, direta ou indiretamente, quis regular".[37]

Já as *normas de eficácia contida*, dotadas de aplicabilidade direta, imediata, mas possivelmente não integral, "são aquelas em que o legislador constituinte regulou suficientemente os interesses relativos a determinada matéria, mas deixou margem à atuação restritiva por parte da competência discricionária do Poder Público, nos termos que a lei estabelecer ou nos termos de conceitos gerais nelas enunciados".[38]

As *normas de eficácia limitada*, por sua vez, caracterizam-se essencialmente pela sua aplicabilidade indireta e reduzida, não tendo recebido do legislador constituinte a normatividade suficiente para, por si sós e desde logo, serem aplicáveis e gerarem seus principais efeitos, reclamando, por este motivo, a intervenção legislativa. Ressalte-se que as normas de eficácia limitada englobam tanto as normas declaratórias de princípios programáticos, quanto as normas declaratórias de princípios institutivos e organizatórios, que definem a

---

34. Idem, p. 323 e ss.
35. Não desconhecemos – cumpre frisá-lo – a existência de diversas reedições da obra, já adaptada ao direito constitucional positivo vigente, posteriores à 1.ª edição deste livro. De qualquer modo, em que pesem alguns aspectos isolados, o eminente publicista pátrio não alterou substancialmente sua posição, notadamente no que diz com o ponto ora versado, embora tenha atualizado e ampliado o texto e buscando, especialmente a partir da 7.ª edição (2007), responder às críticas endereçadas por alguns autores.
36. Cf. PIOVESAN, Flávia. *Proteção judicial contra omissões legislativas*, p. 57.
37. Cf. SILVA, José Afonso da. *Aplicabilidade das normas constitucionais*, 2. ed., p. 79 e 89.
38. Idem, p. 79 e 105.

estrutura e as funções de determinados órgãos e instituições, cuja formatação definitiva, contudo, se encontra na dependência do legislador ordinário.[39]

Outra classificação que não pode deixar de ser referida foi proposta por Celso Ribeiro Bastos e Carlos Ayres Britto, que igualmente imprimiram à matéria um toque original. Diversamente de seus antecessores, os autores partem de outro critério para formular sua proposta de classificação e sistematização das normas constitucionais, no caso, o modo de incidência das normas constitucionais (a maneira pela qual a norma regula a matéria sobre a qual incide), considerando este como pressuposto da eficácia, já que esta supõe um mínimo de aptidão normativa para atuar no plano fático.[40]

De acordo com este critério, bem como em face da possibilidade, ou não, de o legislador interferir na regulamentação da matéria pela Constituição, as normas constitucionais podem ser divididas em normas inintegráveis (ou de mera aplicação), que – de acordo com a formulação dos autores – "encerram uma formulação jurídica de núcleo inelástico, ou impermeável a outro querer normativo de grau hierárquico menor",[41] bem como em normas integráveis (ou de integração), que podem ser definidas como "regras vocacionadas para um consórcio com a vontade legislativa inferior",[42] abrangendo as normas restringíveis e as completáveis pela atuação do legislador ordinário.

No que tange à sua eficácia, as normas constitucionais igualmente podem, por sua vez, ser classificadas em normas de eficácia parcial (que corresponderiam às normas de integração completáveis), bem como em normas de eficácia plena, que correspondem tanto às normas inintegráveis, quanto às normas de integração meramente restringíveis.[43]

Após a vigência da Constituição de 1988, a primeira proposta diferenciada (focada no critério da eficácia e da aplicabilidade) foi apresentada por Maria Helena Diniz, sustentando uma classificação em quatro grupos: (a) normas com eficácia absoluta, que – por insuscetíveis de alteração até mesmo mediante emenda à Constituição – seriam intangíveis e, portanto, com eficácia reforçada em relação às normas de eficácia plena; (b) normas com eficácia plena, que – a exemplo das normas de eficácia absoluta – independem de atuação do legislador ordinário para gerar seus efeitos, incidindo diretamente sobre a matéria que constitui seu objeto e criando, desde logo, direitos subjetivos, sendo, contudo, suscetíveis de emenda constitucional; (c) normas com eficácia relativa restringível, que, sendo de aplicabilidade direta ou imediata, têm a possibilidade de gerar todos os efeitos jurídicos nelas previstos, sujeitas, contudo, a restrições previstas na legislação ordinária ou dependendo de regulamentação ulterior, que pode vir a reduzir sua aplicabilidade; (d) normas com eficácia relativa complementável ou dependente de complementação legislativa, de aplicação apenas mediata (indireta), já que não dotadas de normatividade suficiente para tanto, não sendo, portanto, suscetíveis de gerar, desde logo, todos os seus efeitos, abrangendo as normas de princípios institutivos e as normas programáticas.[44]

---

39. Idem, p. 73 e 106 e ss.
40. Cf. Bastos, Celso Ribeiro; Britto, Carlos Ayres. *Interpretação e aplicabilidade das normas constitucionais*, p. 34 e ss.
41. Idem, p. 117.
42. Idem, p. 119.
43. Para tanto, v. o esquema apresentado no final da parte conclusiva da obra de Bastos, Celso Ribeiro; Britto, Carlos Ayres. *Interpretação e aplicabilidade das normas constitucionais*, p. 122.
44. Cf. Diniz, Maria Helena. *Norma constitucional e seus efeitos*, p. 97 e ss.

Além das propostas classificatórias já referidas, que apresentam diversos elementos em comum, de modo especial sua íntima vinculação com o critério da aplicabilidade e eficácia das normas constitucionais (para Celso R. Bastos e Carlos A. Britto, também o seu modo de incidência), há que fazer referência, entre outras,[45] às sistematizações formuladas por Celso Antonio Bandeira de Mello e Luís Roberto Barroso. Embora a primeira seja anterior à de Celso Bastos e Carlos Britto, bem como de Maria Helena Diniz, ela será objeto de apresentação apenas neste momento, na medida em que toma por referência critério diverso, qual seja o da consistência e amplitude dos direitos imediatamente resultantes da norma constitucional para os administrados.[46]

Com efeito, para Celso Antonio Bandeira de Mello, as normas constitucionais, de acordo com o critério utilizado, classificam-se em: (a) *normas concessivas de poderes jurídicos*, que, desde logo e sem o concurso de outras vontades (isto é, independentemente de atuação alheia), conferem a um sujeito o poder de fruir do bem deferido, criando para os administrados uma posição jurídica imediata (uma utilidade concreta e a possibilidade de exigi-la em caso de embaraço ou perturbação por parte de terceiros), que não depende de normação ulterior; (b) *normas concessivas de direitos, que, por indicarem quem é o obrigado e caracterizarem de forma suficiente a conduta devida, geram uma utilidade concreta e imediata para o administrado*, suscetível de fruição mediante desfrute positivo e que consiste em um direito propriamente dito, isto é, num bem jurídico que depende de uma prestação alheia; (c) *normas meramente indicadoras de uma finalidade a ser atingida*, normas que – por não indicarem as condutas específicas necessárias para a satisfação do bem jurídico reconhecido – geram para os administrados posições jurídicas menos consistentes, na medida em que não conferem nenhum tipo de fruição imediata, não permitindo, além disso, que se exija o desfrute de algo, limitando-se a oferecer a possibilidade de oposição judicial aos comportamentos contrários aos fins previstos na norma, bem como ensejando a necessidade de uma interpretação que se paute pelo sentido e direção nela preconizados. Ressalte-se, ainda, que, para Celso Antônio Bandeira de Mello, *as normas concessivas de poderes jurídicos e de direitos podem ser de natureza restringível ou irrestringível pelo legislador infraconstitucional.*[47]

Por derradeiro, há que fazer referência à sistematização proposta por Luís Roberto Barroso, que – a exemplo de Celso A. Bandeira de Mello – norteou sua classificação em função da consistência da situação jurídica dos indivíduos em face dos preceitos constitucionais, embora não da mesma maneira.[48] Para tanto, formulou uma tipologia das normas constitucionais de acordo com a sua função no âmbito da Constituição, de tal sorte que a verificação da posição jurídica individual dependeria, em última análise, das características peculiares a cada grupo da tipologia proposta.

De acordo com esta formulação, as normas constitucionais podem ser divididas em três grupos: (a) as normas constitucionais de organização, que têm por objeto organizar o exercício do poder político (também denominadas normas de estrutura, ou de competência) e que se caracterizam – de acordo com lição de Miguel Reale – por estabelecerem uma

---

45. Um inventário mais abrangente das classificações pode ser encontrado também em MEIRELLES, Ana Cristina Costa. *A eficácia dos direitos sociais*, p. 241 e ss.
46. Cf. BANDEIRA DE MELLO, Celso Antonio. Eficácia das normas constitucionais sobre justiça social. *Revista de Direito Público*, n. 57-58, p. 233 e ss.
47. Idem, p. 239-243.
48. Cf. BARROSO, Luís Roberto. *O direito constitucional e a efetividade de suas normas*, p. 91 e ss.

obrigação objetiva de algo que deve ser feito, sem que o dever enunciado fique subordinado à ocorrência de um fato previsto, do qual possam, ou não, resultar determinadas consequências. Tais normas, por sua vez, podem ser basicamente de quatro espécies, quais sejam as que veiculam decisões políticas fundamentais, as que definem as competências dos órgãos constitucionais, as que criam órgãos públicos e as que estabelecem normas processuais ou procedimentais; (b) as normas constitucionais definidoras de direitos, que têm por objeto fixar os direitos fundamentais dos indivíduos, centrando-se o autor na ideia de direito subjetivo (entendido como o poder de ação, assente no direito objetivo, e destinado à satisfação de certo interesse); estas normas geram situações jurídicas para os particulares, as quais podem, por sua vez, ser distribuídas em três grupos: 1) situações prontamente desfrutáveis, dependentes apenas de uma abstenção; 2) situações que ensejam a exigibilidade de prestações positivas do Estado; e 3) normas que contemplam interesses cuja realização depende da edição de norma infraconstitucional integradora; (c) normas constitucionais programáticas, que têm por objeto traçar os fins públicos a serem alcançados pelo Estado.[49]

6.3 Apreciação crítica das diferentes posições

A despeito de importantes diferenças entre as concepções sumariamente apresentadas e até mesmo a diversidade de critérios nas quais se baseiam, constatam-se pelo menos dois aspectos a respeito dos quais todas as formulações guardam identidade. Nesse sentido, todos os autores citados (mesmo Ruy Barbosa, considerando-se sua nota crítica em relação ao modelo norte-americano das normas não autoaplicáveis) partem da premissa de que inexiste norma constitucional completamente destituída de eficácia, sendo possível sustentar-se, em última análise, uma graduação da eficácia das normas constitucionais, visto que a eficácia não é necessariamente a mesma em todos os casos.[50] Todas as propostas reconhecem, contudo, que determinadas normas da Constituição, em virtude da ausência de normatividade suficiente, não estão em condições de gerar, de forma imediata, seus principais efeitos, dependendo, para tanto, de uma atuação complementar por parte do legislador ordinário, razão pela qual também costumam ser denominadas normas de eficácia limitada ou reduzida.[51]

Procedendo-se a uma comparação – ainda que superficial – entre as propostas de Meirelles Teixeira, José Afonso da Silva, Celso Bastos e Carlos A. Britto e Maria Helena Diniz, verifica-se que tais modelos, em que pesem suas diferenças, não chegam a ser incompatíveis entre si. Além disso, em todas as classificações se destacam dois grupos de normas, quais sejam aquelas que dependem da intervenção do legislador infraconstitucional para gerarem seus principais efeitos e aquelas que, desde logo, por apresentarem suficiente normatividade, estão aptas a gerar seus efeitos, dispensando, pelo menos no que diz com sua aplicabilidade

---

49. Idem, ibidem.

50. Nesse sentido a lição de: DINIZ, Maria Helena. *Norma constitucional e seus efeitos*, p. 104.

51. Percebe-se, portanto, que, inobstante datada de 1970, permanece atual a lição do saudoso ATALIBA, Geraldo. Eficácia jurídica das normas constitucionais e leis complementares. *Revista de Direito Público* 13/35 e ss., que, efetuando uma sinopse das principais teorias sobre a aplicabilidade e eficácia das normas constitucionais – incluindo na época recentíssima contribuição de José Afonso da Silva –, constatou a existência de um consenso a respeito da existência de normas não autoaplicáveis e que reclamam uma concretização legislativa, sem que, com isso, tenha negado eficácia a essas normas.

imediata, uma *interpositio legislatoris*. Isso ocorre mesmo no caso das propostas de José Afonso da Silva e de Maria Helena Diniz, apesar de terem, respectivamente, sugerido uma classificação em três e quatro categorias. De acordo com José Afonso da Silva, ao lado das normas de eficácia plena, situam-se as normas de eficácia contida, que, a exemplo das primeiras, se encontram aptas a produzir, desde logo, a plenitude de seus efeitos, encontrando-se, contudo, sujeitas a ulterior restrição pelo legislador.

Desde logo, importa destacar – como já sustentamos há muito tempo – que as normas de eficácia contida (tal como definidas por José Afonso da Silva) são, em verdade, normas em relação às quais a Constituição estabelece uma expressa reserva legal em matéria de restrição dos efeitos, de tal sorte que não está afastada a possibilidade de se estabelecerem restrições a direitos fundamentais que não foram colocados pelo constituinte sob uma expressa reserva legal, já que, ao menos em princípio, inexiste direito fundamental (mesmo que veiculado em norma de eficácia plena, na concepção de José Afonso) completamente imune a toda e qualquer limitação.[52] Aqui basta remeter à noção de limites implícitos (indiretos ou mediatos), especialmente em face da necessidade de resolver as hipóteses de conflitos entre direitos fundamentais, que, em regra, implicam restrições recíprocas, tema que, a despeito de sua relevância, aqui não será contemplado, sendo referido apenas para fundamentar a nossa argumentação no sentido de demonstrar que a possibilidade de restrição dos efeitos não se constitui em "privilégio exclusivo" das normas de eficácia contida ou de eficácia restringível, terminologia preferida, entre outros, por Maria Helena Diniz, que também discorreu sobre o assunto.[53]

Seguindo com a nossa avaliação das classificações, percebe-se que as três primeiras categorias elencadas por Maria Helena Diniz têm como elemento comum a possibilidade de imediata e plena geração de seus efeitos, uma vez que dotadas de suficiente normatividade para tanto, não dependendo de concretização em nível legislativo. O que – para a citada autora – efetivamente distingue as normas de eficácia absoluta e as de eficácia relativa e restringível das normas de eficácia plena é, portanto, a circunstância de serem as normas de eficácia absoluta insuscetíveis de restrição até mesmo por meio de emenda à Constituição, ao passo que as normas de eficácia relativa e restringível (que correspondem virtualmente às normas de eficácia contida, de acordo com a terminologia de José Afonso da Silva) se encontram sujeitas à possibilidade de restrição pelo legislador ordinário.[54]

Cumpre ressaltar, neste contexto, que o critério da ulterior restringibilidade (que, para Maria Helena Diniz e José Afonso da Silva, justificam a criação de um grupo distinto de

---

52. Cf. já o nosso Sarlet, Ingo Wolfgang. *A eficácia dos direitos fundamentais*: uma teoria geral dos direitos fundamentais na perspectiva constitucional. 13. ed. Porto Alegre: Livraria do Advogado, 2018. Nesse sentido também, recentemente, a crítica de Silva, Virgílio Afonso da. *Direitos fundamentais:* conteúdo essencial, restrições e eficácia, p. 211 e ss., que, em virtude da restringibilidade de todos os direitos fundamentais, entende que a própria distinção entre normas de eficácia plena, contida e limitada perde sua razão de ser.

53. Cf. Diniz, Maria Helena. *Norma constitucional e seus efeitos*, p. 116 e ss. Para uma defesa da posição de José Afonso da Silva, v., entre outros, Bilhalva, Jacqueline Michels. *A aplicabilidade e a concretização das normas constitucionais*.

54. Importa registrar, neste contexto, que mesmo as normas de eficácia plena não são imunes a restrições, o mesmo ocorrendo com as normas tidas como de eficácia "absoluta" por Maria H. Diniz, já que, em princípio, inexistem direitos absolutos, no sentido de absolutamente insuscetíveis de restrição. Sobre o tema, rememos ao capítulo da parte geral dos direitos fundamentais que versa sobre os limites e as restrições aos direitos fundamentais.

normas constitucionais), bem como o da proteção reforçada das normas incluídas no rol das assim denominadas "cláusulas pétreas" da Constituição (Maria Helena Diniz) não deixam de ter relevância para outros efeitos, mas em nada alteram o fato de que, relativamente à eficácia jurídica (sob o aspecto de aptidão para gerar efeitos) e no que concerne à necessidade, ou não, de uma atuação do legislador infraconstitucional para viabilizar a geração da plenitude dos efeitos peculiares a cada norma, se pode constatar a existência de dois grupos de normas constitucionais, razão pela qual preferível, pelo menos se a opção for a de escolher uma das classificações apresentadas, adotar uma classificação das normas constitucionais (quanto ao critério da sua eficácia jurídica e aplicabilidade) em dois grupos, a exemplo do modelo de Meirelles Teixeira.

No que tange à terminologia utilizada, há que chegar igualmente a um consenso, levando-se em conta, contudo, as críticas tecidas relativamente às concepções clássicas de inspiração norte-americana, bem como a constatação – aqui endossada – de que inexiste norma constitucional completamente destituída de eficácia. Tendo em vista que em todas as sistematizações propostas subjaz a ideia de que uma norma é capaz de gerar os seus efeitos essenciais em tendo, por si mesma, normatividade suficiente para tanto, não há como desconsiderar a íntima vinculação da noção de densidade normativa com a da eficácia (e aplicabilidade) da norma. Aliás, uma análise mais detida de todas as formulações referidas fatalmente revela que o conteúdo do dispositivo é de suma relevância para a determinação de sua normatividade, noção esta que, em última análise, pode ser reconduzida (com as devidas ressalvas críticas) ao entendimento já advogado por Ruy Barbosa, de que a completude da norma assume feições de verdadeiro pressuposto (pelo menos em parte) para sua aplicabilidade e eficácia.

Em face do exposto, pode falar-se em *normas constitucionais de alta densidade normativa*, que, dotadas de suficiente normatividade, se encontram aptas, diretamente e sem a intervenção do legislador ordinário, a gerar os seus efeitos essenciais (independentemente de uma ulterior restringibilidade), bem como em *normas constitucionais de baixa densidade normativa* (ou, como prefere Meirelles Teixeira, normas de eficácia reduzida), que não possuem normatividade suficiente para – de forma direta e sem uma complementação por parte do legislador infraconstitucional – gerar todos os seus possíveis efeitos, ressaltando-se que, em virtude de uma normatividade mínima (presente em todas as normas constitucionais), sempre apresentam certo grau de eficácia jurídica. Esta terminologia, além de contornar as pertinentes críticas tecidas em relação às concepções clássicas (normas autoaplicáveis e não autoaplicáveis), ressalta justamente o critério da densidade normativa, como fator decisivo – muito embora, como se verá, não em caráter exclusivo – para a graduação da eficácia das normas constitucionais.[55]

Imperioso destacar, nesta quadra, que reputamos descabida, salvo melhor juízo, a nota crítica que nos foi endereçada por Virgílio Afonso da Silva, reputando como equivocada a nossa (?) opção pela classificação das normas constitucionais em dois grupos, no caso,

---

55. Ressalte-se que, para J. J. Gomes Canotilho (*Direito constitucional*, 5. ed., p. 195), a densidade da norma constitucional diz com a sua proximidade da norma relativamente aos seus efeitos e condições de aplicação, salientando, ainda, que, quanto mais densa a norma, menor a liberdade de conformação do legislador, ressaltando, todavia, que mesmo uma norma mais densa que outra pode reclamar uma interposição do legislador. Em virtude de constituir a densidade uma grandeza variável, rechaça o mestre de Coimbra a existência de normas constitucionais exequíveis por si mesmas e normas não exequíveis por si mesmas.

normas de eficácia plena e normas de eficácia limitada.[56] Em primeiro lugar – aspecto que pelo visto não foi devidamente considerado –, deixamos claro que a nossa preferência, justamente por algumas imperfeições que se podem apontar especialmente em relação às assim designadas normas de eficácia contida, é no sentido de adotar-se outra classificação (normas de alta e baixa densidade ou mesmo outra terminologia que possa ser mais adequada), mas que, no caso de se optar entre a classificação de José Afonso da Silva e a classificação de Meirelles Teixeira, deveria ser dada preferência a este último autor, com os aperfeiçoamentos e significativos desenvolvimentos promovidos por José Afonso da Silva.

Por outro lado, o fato de ser equivocada (também no nosso entender) a classificação de José Afonso da Silva, especialmente quando sustenta a existência de normas de eficácia contida, não leva de modo cogente a uma refutação integral de sua teoria, ainda mais quando o autor não se baseia, pelo menos não como critério determinante e único, na possível restrição dos efeitos por obra do legislador infraconstitucional, mas radica essencialmente, assim nos parece, na existência, ou não, embora sempre parcial, da necessidade de uma intermediação legislativa para o reconhecimento dos efeitos jurídicos da norma constitucional, bem como na distinção (embora a íntima conexão) entre a aplicabilidade e a eficácia jurídica.[57] Trata-se, portanto, de outro critério, visto que a posterior restringibilidade foi utilizada por José Afonso da Silva como critério para distinguir dois tipos de normas de eficácia plena e aplicabilidade direta, já que as normas de eficácia contida são normas de eficácia plena e aplicabilidade direta, mas sujeitas, de acordo com o texto constitucional, a uma reserva legal, no sentido de uma autorização constitucional expressa para restrições pelo legislador.

Além disso, como já tivemos oportunidade de frisar, a classificação das normas constitucionais com base no critério da sua eficácia e aplicabilidade não necessariamente (e nisto insistimos ainda que por ora sem maior desenvolvimento) se revela inconciliável com a distinção das normas em princípios e regras, mas não será aqui que teremos condições de ampliar este debate. De qualquer modo, feitas algumas notas críticas em relação às objeções tão bem lançadas por Virgílio Afonso da Silva, remetemos o leitor às respostas oferecidas pelo próprio José Afonso da Silva, em edição recente de seu clássico sobre as normas constitucionais.[58]

Importa sinalar, neste contexto, que nenhuma tentativa de classificação das normas constitucionais terá o condão de abranger todas as manifestações possíveis de eficácia e aplicabilidade, assumindo, em verdade, função preponderante didática e operacional. Além do mais, convém relembrar, todas as normas constitucionais, sendo dotadas sempre de um mínimo de eficácia, podem também ser consideradas, em certa medida, normas diretamente aplicáveis, sempre nos limites de sua eficácia e normatividade. Na verdade – em que pesem as especificidades de cada concepção –, outra não é a conclusão a que chegou a nossa doutrina. Com efeito, registra-se ampla dose de consenso quanto ao fato de que cada norma

---

56. Cf. SILVA, Virgílio Afonso da. O conteúdo essencial dos direitos fundamentais e a eficácia das normas constitucionais. *Revista de Direito do Estado* 4/49 e ss.

57. Sobre esta distinção, vale conferir o qualificado debate travado entre STEINMETZ, Wilson Antonio. *Vinculação dos particulares a direitos fundamentais*, especialmente p. 42 e ss., e SILVA, José Afonso da. *Aplicabilidade das normas constitucionais*, 7. ed., p. 286 e ss., que aqui não temos condições de sintetizar.

58. Cf. SILVA, José Afonso da. *Aplicabilidade das normas constitucionais*, 7. ed., p. 270 e ss.

constitucional possui um mínimo de eficácia e aplicabilidade, dependente, por sua vez, de sua suficiente normatividade.

Nesse sentido, todas as normas constitucionais são sempre eficazes e, na medida de sua eficácia (variável de acordo com cada norma), imediatamente aplicáveis. Isso significa que até mesmo as assim denominadas normas de eficácia limitada (ou reduzida) são, nesse sentido, imediatamente aplicáveis. Basta lembrar, para ilustrar a assertiva, que o juiz, ao considerar revogada uma norma legal anterior e contrária ao disposto na Constituição, nada mais estará a fazer do que aplicando a norma constitucional e afastando, com base nela, o disposto na lei.

É claro – convém frisá-lo – que tal constatação parte da premissa de que todas as normas são eficazes, afastando-se a existência de normas não autoaplicáveis, pelo menos no sentido da doutrina norte-americana clássica, tal como difundida no Brasil por Ruy Barbosa. Para reforçar a linha argumentativa adotada, aproveitamos para referir a abalizada lição de García de Enterría, que, partindo de uma concepção substancial da Constituição e reconhecendo o caráter vinculante, reforçado e geral, das suas normas, sustenta que na Lei Fundamental não existem declarações (sejam elas oportunas ou inoportunas, felizes ou desafortunadas, precisas ou indeterminadas) destituídas de conteúdo normativo, sendo que apenas o conteúdo concreto de cada norma poderá precisar, em cada caso, qual o alcance específico de sua eficácia.[59]

Atenta-se para aos trabalhos de Celso A. Bandeira de Mello e Luís Roberto Barroso, que, todavia, partem de outro ângulo de abordagem: enquanto o primeiro norteou sua classificação pelo critério da posição jurídica na qual é investido o particular em face de determinada norma, o segundo sistematizou as normas constitucionais de acordo com o seu objeto (organizatórias, definidoras de direitos ou programáticas), para então investigar quais os efeitos jurídicos que delas decorrem. Ambos os autores reconhecem, contudo, que suas propostas, por formuladas com base em critérios distintos, não excluem as demais, assumindo natureza complementar, na medida em que estas recepcionaram as concepções sobre eficácia e aplicabilidade que a estas subjazem, desenvolvendo-as sob o ângulo da efetividade.

É justamente aqui que se manifesta a pertinência da crítica de Celso A. Bandeira de Mello no que concerne à teoria de José Afonso da Silva, já que esta não declina os motivos pelos quais certas normas de eficácia plena por vezes outorgam aos particulares a posição jurídica mais frágil, como pode ocorrer com as normas de competência, de tal sorte que não há como traçar um paralelismo exato e necessário entre cada tipo normativo (de acordo com a classificação de José A. da Silva) e a posição jurídica que gera para os particulares.[60] Esta crítica – que não retira o mérito das demais classificações – aplica-se, sem dúvida, às demais propostas que tomaram como critério referencial a eficácia jurídica e a aplicabilidade.

---

59. Cf. ENTERRÍA, Eduardo García de. *La constitución como norma y el tribunal constitucional*, p. 63-71, que, por sua vez, baseou seu ponto de vista tanto no direito constitucional positivo espanhol, quanto na concepção norte-americana (*superior obligation* ou *higher law*), bem como na doutrina alemã – igualmente inspirada no direito americano – da vinculação reforçada (*stärkere Bindungskraft*) ou da teoria da mais forte pretensão de validez (*stärkerer Geltungsanspruch*).

60. Cf. BANDEIRA DE MELLO, Celso Antonio. Eficácia das normas constitucionais sobre justiça social. *Revista de Direito Público*, n. 57-58, p. 240, secundado, entre outros, por ASSIS, Araken de. Eficácia das normas constitucionais. *Revista da Ajuris* 50/42.

Todavia, se, por um lado, é variável a posição jurídica dos particulares frente às normas, não é menos certo que a ausência de um paralelismo (tal como sustentado por Celso A. Bandeira de Mello) não significa, em hipótese alguma, a inexistência de correlação entre o problema da eficácia jurídica e os direitos e/ou poderes outorgados pela norma, na medida em que estes, em última análise, são uma consequência daquela. Portanto, desde que se considerem devidamente estes aspectos, é por meio do exame da eficácia jurídica (dos efeitos potencialmente gerados) dos direitos fundamentais que iremos enfrentar, oportunamente e de forma mais detida, o problema específico das diversas posições jurídicas (individuais ou transindividuais), bem como dos diferentes efeitos delas resultantes.

6.4 Síntese conclusiva

Para efeitos de síntese e para demarcar a posição adotada no que diz com a eficácia e a aplicabilidade das normas constitucionais, seguem alguns enunciados.

a) A eficácia e a aplicabilidade das normas (princípios e regras) constitucionais, respectivamente, a possibilidade de uma norma vigente e válida gerar seus efeitos jurídicos e a qualidade de tais normas serem aplicáveis, se distinguem (embora a relação entre os fenômenos) de sua eficácia social ou efetividade, compreendida como a concreta realização do programa normativo na esfera dos fatos, da realidade.

b) *Todas as normas jurídicas, o que se aplica também às normas constitucionais, possuem, em alguma medida, eficácia jurídica, sendo – na medida desta eficácia – diretamente aplicáveis*, aptas a ser aplicadas pelos órgãos do Poder Judiciário, incumbidos (também) da fiscalização da constitucionalidade da ação e da omissão do legislador. Assim, superada a noção de que existem normas constitucionais "não autoaplicáveis", que, ao fim e ao cabo, seriam normas de eficácia diferida, sempre dependente de uma posterior regulamentação, posição que seguramente é hegemônica no cenário brasileiro, representando, portanto, o ponto de vista dominante.

c) Por outro lado, é preciso ter cuidado! Com efeito, embora amplamente dominante a tese de que todas as normas constitucionais são dotadas de eficácia e aplicabilidade, verifica-se que ainda se faz (vez por outra, seja na doutrina, seja na jurisprudência) referência à noção de normas autoaplicáveis e não autoaplicáveis, destacando-se duas possibilidades. A primeira é de que tal menção é meramente formal (nominal), no sentido de que, embora se utilizem as expressões, não se lhes atribui o conteúdo convencional, visto que por normas autoaplicáveis busca-se identificar normas de eficácia plena e diretamente aplicáveis e por normas não autoaplicáveis se identificam, como se fossem sinônimas, as normas de eficácia limitada, que, embora de aplicabilidade em parte mediata (indireta), estão aptas, consoante já verificado, a gerar alguns efeitos. A outra possibilidade, igualmente ainda presente, é quando realmente se utiliza o termo não autoaplicáveis no sentido original, que lhes era atribuído na doutrina de Ruy Barbosa, isto é, de normas destituídas de qualquer eficácia e aplicabilidade enquanto não regulamentadas, normas que, de tal sorte, formariam uma categoria em separado, não coincidente com as demais categorias (eficácia plena, contida e limitada), convivendo com as normas de eficácia plena e limitada, ou mesmo contida, pois nesses casos se trata sempre de normas dotadas de eficácia jurídica.

d) Considerando que a eficácia, a aplicabilidade – e mesmo a efetividade – é da norma e não propriamente do dispositivo (texto) constitucional, a decisão a respeito de qual a eficácia de determinada norma constitucional constitui uma decisão que, a despeito da necessidade de levar em conta sempre as "pistas" (e limites!) textuais, é uma decisão do intérprete e aplicador da norma constitucional. Em caráter ilustrativo, refere-se o exemplo do direito à saúde, que durante muito tempo foi considerado, por expressiva jurisprudência, como assegurado por norma de eficácia limitada, mas que passou a ter sua eficácia plena e aplicabilidade direta reconhecidas, a ponto de se chegar mesmo a admitir (como o tem chancelado o STF brasileiro) que, com base no direito à saúde, tal como consagrado na CF (especialmente em função da redação do art. 196), é possível deduzir direitos subjetivos a prestações de saúde, inclusive quando não contempladas por política pública preexistente[61]. Tendo em conta que não existem, de regra, normas com eficácia absoluta, no sentido de absolutamente imunes a limites e/ou restrições, é de ser afastada ou pelo menos devidamente compreendida (ressalvada) a classificação de José Afonso da Silva, especialmente naquilo que propõe a existência de normas de eficácia contida. Por tal razão, preferível adotar classificação que, ao mesmo tempo em que evita tais incorreções, reflete a noção de que todas as normas constitucionais possuem alguma eficácia (e aplicabilidade), bem como considera o fato de que há casos em que a própria Constituição, pelo menos para alguns efeitos, exige o concurso da ação do legislador infraconstitucional.

e) Por tais razões, as classificações apresentadas acima não são necessariamente incompatíveis, pelo menos, não em toda a sua extensão e desde que bem compreendidas. Particularmente útil poderá ser a conjugação de aspectos das classificações de Meirelles Teixeira e José Afonso da Silva com as classificações propostas por Celso A. Bandeira de Mello e Luís Roberto Barroso, visto que a eficácia jurídica das normas constitucionais (sejam elas princípios ou regras) implica o reconhecimento, ou não, de determinadas posições jurídicas.

f) Da mesma forma, relevantes a particular forma de positivação no texto constitucional e a função da norma constitucional, permitem identificar, pelo menos em termos gerais, eventual dependência (que não afasta por si só uma eficácia da norma constitucional, ainda que mais reduzida do que em outros casos) da atuação do legislador infraconstitucional e mesmo as suas possibilidades e limites.

g) Tome-se, por exemplo, a tipologia das normas definidoras de direitos e garantias fundamentais, às quais se refere o art. 5.º, § 1.º, da CF, que justamente afirma que se trata de normas de aplicação imediata. No caso dos direitos fundamentais, o que poderá ainda ocorrer é que se esteja diante de direitos fundamentais sob reserva expressa de lei (que, na classificação de José Afonso da Silva, integram o grupo das normas de eficácia contida, ou restringível, como preferem outros autores), ou de normas de direitos fundamentais às quais não corresponde uma expressa reserva legal. Para ilustrar, como integrando o primeiro grupo, é possível citar a garantia da inviolabilidade do sigilo das comunicações telefônicas, em relação ao qual a Constituição (art. 5.º, XII) desde logo autoriza que o legislador estabeleça e regulamente hipóteses de restrição, assim como o direito ao livre exercício de qualquer trabalho ou profissão, onde também se encontra expressa remissão à lei (art. 5.º, XIII). Como exemplos do segundo grupo, temos a inviolabilidade da intimidade, da vida privada, da honra e da imagem (art. 5.º, X), em que a Constituição não remeteu expressamente a uma

---

61. Da mesma forma, o direito fundamental à educação básica, em todas as suas fases – educação infantil, ensino fundamental e ensino médio –, vem sendo reconhecido pelo STF como uma normal constitucional de eficácia plena e aplicabilidade direta e imediata, capaz de deduzir direitos subjetivos a prestações estatais. Cf. RE 1008166, rel. Min Luiz Fux, Tribunal Pleno, j. em 22.09.2022.

regulamentação legal, mas que nem por isso, como já explicitado, constituem hipóteses de direitos absolutos, no sentido de insuscetíveis de qualquer intervenção restritiva.

h) Já no caso das normas de cunho organizacional, que abarcam as normas orgânicas (que criam órgãos no plano constitucional), as normas de competência e as normas procedimentais, é possível afirmar que as normas procedimentais (em geral com estrutura de regras, embora a existência de princípios de cunho procedimental) podem ser reconduzidas à categoria das normas de eficácia plena, visto que a sua aplicação imediata e a extração de seus principais efeitos não se encontram na dependência de uma regulamentação legal. Como exemplo, é possível mencionar as regras que estabelecem o procedimento de aprovação das emendas constitucionais (art. 60, I a II, e §§ 1.º, 2.º, 3.º e 5.º, mas também, em certo sentido, o § 4.º), assim como as regras com conteúdo e função similar, entre tantas outras. Aqui resulta evidente que não há necessidade de lei para reconhecer que uma emenda que não foi aprovada pelo procedimento fixado na Constituição é inconstitucional! No caso das normas de competência, o que temos são normas constitucionais que delimitam o âmbito de atuação dos entes da Federação e de órgãos constitucionais (Poder Legislativo, Executivo etc.), o que também significa que, em geral, não há necessidade de prévia regulamentação legal para que se dê aplicação e se extraiam os respectivos efeitos de tais normas da Constituição. No caso das normas orgânicas, que, numa formulação ampla, criam órgãos (veja-se o caso da criação, pela Constituição, do Superior Tribunal de Justiça, em substituição ao antigo Tribunal Federal de Recursos), em geral há necessidade de medidas legislativas e administrativas que complementem o mandamento constitucional, pois tais medidas são indispensáveis para o regular funcionamento de tais órgãos, o que, contudo, não significa que tais normas sejam destituídas de eficácia e aplicabilidade, visto que podem implicar inconstitucionalidade por omissão, entre outros efeitos úteis.

i) Tratando-se de normas constitucionais impositivas de programas, fins e tarefas (normas do tipo programático, como ainda preferem alguns), se está, de regra (recorrendo à terminologia habitual), diante de normas de eficácia limitada ou reduzida, situação na qual não há como dispensar, em regra e para determinados efeitos, uma atuação do legislador infraconstitucional (ou mesmo outras providências), a exemplo do que ocorre quando, no art. 3.º, a CF enuncia (entre outros) o objetivo de erradicar a pobreza. Também nesses casos, a circunstância de que não se pode dispensar, para que tais normas cumpram sua função, uma atuação do legislador infraconstitucional, mas também dos demais órgãos estatais, não afastam a eficácia jurídica e, em certo sentido, a aplicabilidade de tais normas, como se poderá ver a partir da análise da listagem de efeitos das normas constitucionais, a seguir enunciada.

j) Por derradeiro, segue um elenco de efeitos (poder-se-á falar também em "cargas eficaciais") típicos das normas constitucionais, que, de algum modo, serão objeto de maior atenção e desenvolvimento em diversos momentos do presente *Curso*. Além disso, o "catálogo" de possíveis efeitos a seguir apresentado representa, por outro lado e em certo sentido, a "ponte" que une o universo da eficácia e da aplicabilidade ao mundo da realidade dos fatos, ou seja, da realização do programa normativo da Constituição, o que será sumariamente avaliado no próximo item. Segue, pois, o anunciado inventário dos principais efeitos jurídicos gerados pelas normas constitucionais.

1. No âmbito do que se costuma chamar de uma eficácia derrogatória, as normas constitucionais acarretam a revogação ou não recepção dos atos normativos anteriores e contrários ao seu conteúdo e, via de consequência, sua não aplicação, independentemente de uma

declaração de inconstitucionalidade,[62] ressaltando-se que no Brasil o STF consagrou a tese da revogação, em detrimento da assim chamada inconstitucionalidade superveniente, muito embora possíveis exceções, como no caso da ADPF (arguição de descumprimento de preceito fundamental).

2. As normas constitucionais contêm imposições que vinculam permanentemente o legislador, no sentido de que este tem o dever de concretizar programas, tarefas, fins e ordens mais ou menos concretos estabelecidos pela Constituição, implicando, inclusive, declaração de inconstitucionalidade por omissão ou eventual responsabilização do Estado em virtude dos danos causados pela omissão.[63] Se uma norma considerada de eficácia plena, por exemplo, uma regra de procedimento ou uma norma definidora de direito fundamental, pode ensejar, por conta de um dever de legislar, uma situação típica de omissão inconstitucional é controverso, e costuma, de acordo com a orientação dominante no Brasil, ser afastado, pelo menos no que diz com a admissibilidade do mandado de injunção e da ação direta de inconstitucionalidade por omissão, o que será objeto de atenção na parte do *Curso* reservada ao controle de constitucionalidade. Por outro lado, a hipótese assume relevância no âmbito dos deveres de proteção de direitos fundamentais, mas daí já se poderia falar na existência de uma (outra) norma, a norma que impõe um dever de atuação do Estado no sentido da proteção de um direito fundamental.

3. Implicam a declaração de inconstitucionalidade (por ação) de todos os atos normativos (infraconstitucionais, incluídas até mesmo as emendas constitucionais) editados após a vigência da Constituição e que violem os princípios e regras constitucionais.[64]

4. Constituem parâmetro para a interpretação, integração e aplicação das demais normas jurídicas, influenciando, nesse sentido, toda a ordem jurídica, ademais de implicarem um dever de interpretação conforme à Constituição.[65]

5. Geram algum tipo de posição jurídico-subjetiva, tomando-se tal noção em sentido amplo, como possibilidade de impugnação, pela via jurisdicional, das ações e omissões que violam a Constituição, de tal sorte que, neste contexto, se admite que toda e qualquer norma constitucional, mesmo quando se tratar de normas de eficácia limitada ou reduzida, gera pelo menos um direito subjetivo de cunho negativo, no sentido de que o particular poderá sempre exigir do Estado que se abstenha de atuar em sentido contrário ao disposto na Constituição.[66]

---

62. Cf., por todos, MIRANDA, Jorge. *Manual de direito constitucional*, 2. ed., vol. 2, p. 219.
63. Cf., por todos, FREITAS, Juarez. O Estado, a responsabilidade extracontratual e o princípio da proporcionalidade. In: SARLET, Ingo Wolfgang (Org.). Jurisdição e direitos fundamentais: *Anuário 2004/2005 – Escola Superior da Magistratura do Rio Grande do Sul (Ajuris)*, vol. 1, t. I, p. 179 e ss.; e SARLET, Ingo Wolfgang. *A eficácia dos direitos fundamentais*, 13. ed., p. 304-305.
64. Cf., por todos, SILVA, José Afonso da. *Aplicabilidade das normas constitucionais*, p. 146, e BARROSO, Luís Roberto. *O direito constitucional e a efetividade de suas normas*, p. 117.
65. Cf., por todos, SILVA, José Afonso da. *Aplicabilidade das normas constitucionais*, p. 147. BANDEIRA DE MELLO, Celso Antonio. Eficácia das normas constitucionais sobre justiça social. *Revista de Direito Público*, n. 57-58, p. 243, admite existirem normas constitucionais que – por expressarem apenas uma finalidade a ser perseguida, sem indicarem os meios para tanto – se limitam, no que tange à posição jurídica que conferem aos particulares, a gerar o direito de obter decisões judiciais orientadas no sentido e na direção preconizados por estas normas, entendimento este compartilhado, entre outros, especialmente por BARROSO, Luís Roberto. *O direito constitucional e a efetividade de suas normas*, p. 118.
66. Cf., por todos: TEIXEIRA, José Horácio Meirelles. *Curso de direito constitucional*, p. 343 e ss., SILVA, José Afonso da. *Aplicabilidade das normas constitucionais*, p. 147 e 156 e ss.; RUSSOMANO, Rosah. Das normas

Convém destacar que o assim chamado direito subjetivo negativo abrange o fenômeno habitualmente rotulado de proibição de retrocesso, pois aqui também está em causa a possibilidade de impugnar medidas legislativas e administrativas que tenham por objetivo abolir ou reduzir determinados níveis de proteção e promoção de direitos fundamentais, destacando-se aqui a problemática de uma proibição de retrocesso social.[67]

Por outro lado, das normas constitucionais, especialmente no caso das normas de direitos fundamentais, decorrem também direitos subjetivos de cunho positivo, no sentido de posições subjetivas que têm por objeto prestações fáticas e normativas, o que, contudo, depende das peculiaridades de cada direito fundamental, bem como dos eventuais limites aos quais se encontra sujeito, além de outros fatores que serão apresentados e desenvolvidos tanto na parte geral dos direitos fundamentais (item que trata da aplicabilidade imediata das normas de direitos fundamentais) quanto na parte relativa aos direitos sociais.

---

constitucionais programáticas. In: BONAVIDES, Paulo et al. *As tendências atuais do direito público*, p. 281 e ss. Nesse sentido, v. também a posição de BARROSO, Luís Roberto. *O direito constitucional e a efetividade de suas normas*, p. 118, sustentando, na esteira de BANDEIRA DE MELLO, Celso Antonio. Eficácia das normas constitucionais sobre justiça social. *Revista de Direito Público*, n. 57-58, p. 243, o direito de o indivíduo opor-se judicialmente ao cumprimento de regras ou à sujeição de atos contrários ao sentido do preceito constitucional que o atingirem pessoalmente.

67. Cf. SARLET, Ingo Wolfgang. *A eficácia dos direitos fundamentais*, 13. ed., p. 345 e, desenvolvendo o tópico da proibição de retrocesso, p. 452 e ss.

O PROBLEMA DA EFETIVIDADE DAS NORMAS CONSTITUCIONAIS E DA FORÇA NORMATIVA DA CONSTITUIÇÃO

Ingo Wolfgang Sarlet

Embora se possam distinguir – como também o fazemos – as esferas da eficácia jurídica (e da aplicabilidade) e da efetividade (ou eficácia social), a primeira operando no domínio do "dever ser", a segunda, no plano do "ser", ou seja, da realização concreta, no mundo fático, dos efeitos das normas jurídico-constitucionais, pois tanto é possível abordar o tópico pelo prisma da ciência jurídica, e não da sociologia jurídica,[1] quanto é preciso reconhecer que o fato de uma norma ser aplicável e apta a gerar efeitos jurídicos não significa que ela venha a ser aplicada e que tais efeitos se concretizem, uma abordagem da problemática da efetividade das normas constitucionais não dispensa a perspectiva da eficácia jurídica. Ambas as dimensões, eficácia e efetividade, não apenas guardam relação entre si, como se complementam e, de certo modo, se condicionam, pois a decisão sobre quais os efeitos potenciais de uma norma constitucional (já no plano da eficácia jurídica) e a medida de sua aplicabilidade influencia a decisão sobre o "se" e o "como" da efetiva aplicação do programa normativo e, portanto, de sua efetivação.

Para ilustrar a afirmação tomemos três exemplos, todos extraídos da teoria e prática constitucionais brasileiras. No primeiro caso, trata-se do direito à saúde, reconhecido e definido quanto aos seus contornos gerais nos arts. 6.º e 196 da CF. Enquanto e na medida em que (pois ainda há quem defenda tal ponto de vista) doutrina e jurisprudência negam a tal direito, no caso, às normas que o definem e asseguram, sua eficácia jurídica e aplicabilidade, ou apenas admitem que se trata de norma de eficácia limitada, a consequência será a decisão de não reconhecer (pela via judicial) um direito subjetivo a qualquer prestação em

---

1. Cf. SILVA, José Afonso da. *Aplicabilidade das normas constitucionais*, p. 13-14.

matéria de saúde que não tenha já sido objeto de previsão legal e, para alguns, inclusive de previsão orçamentária. Se, contudo, como atualmente corresponde ao pensamento majoritário, se reconhece a eficácia jurídica e aplicabilidade imediata (direta) de tais normas, um possível efeito (jurídico e concreto) do direito à saúde será até mesmo o reconhecimento de um direito subjetivo originário a prestações, ainda que não previstas em legislação infraconstitucional, já por força da normativa constitucional.

Outro caso, dentre tantos que poderiam ser acessados, diz respeito ao direito de greve dos servidores públicos, visto que, enquanto a maioria dos ministros do STF ainda entendia que se tratava de norma de eficácia limitada, admitia-se a propositura de mandado de injunção, mas para efeito apenas de declarar em abstrato a inconstitucionalidade por omissão e remeter a questão ao Congresso Nacional.[2] Assim que a posição sobre a eficácia da norma e os meios para a sua realização mudaram, o STF não apenas reconheceu um direito subjetivo ao exercício da greve por parte dos servidores, mas alterou seu entendimento sobre o modo pela qual, em termos práticos, se poderia assegurar a fruição do direito e salvaguardar interesses e direitos de terceiros, no caso, determinando, entre outros aspectos, a aplicação do estatuto legal que rege a greve no setor privado.[3]

A terceira situação toca o direito à moradia. Ao passo que para o STF o direito à moradia é direito fundamental, não lhe tendo sido negada a direta aplicabilidade, mas, sim, tendo sido admitida a sua restrição, em função de bens constitucionais conflitantes (além de outros fatores),[4] há juízes – como já ilustrado – que preferem o entendimento de que se trata de direito assegurado por norma não autoaplicável, que sequer está apto a derrogar norma infraconstitucional anterior e manifestamente incompatível com o direito à moradia.[5]

Assim, enfatiza-se que a decisão por determinada eficácia jurídica e aplicabilidade é sempre também uma decisão que afeta o plano da efetividade. Afinal, apenas é possível aplicar (e possível, de resto, cobrar tal aplicação) aquilo que é aplicável e dotado de alguma eficácia. Como já tivemos oportunidade de registrar, por ocasião de uma de nossas primeiras incursões pelo tema, ao tratarmos da eficácia jurídica dos direitos fundamentais (das normas constitucionais) situamo-nos numa espécie de "antessala" de sua efetivação, razão pela qual o adequado enfrentamento dos problemas suscitados naquela esfera (da eficácia) pode facilitar em muito o trabalho dos que buscam soluções para a efetiva realização das normas da Constituição.[6] A preocupação com um adequado manejo do problema (teórico e prático, reitere-se) da eficácia e aplicabilidade das normas constitucionais é sempre também uma preocupação com a sua efetividade, bem como com a sua força normativa, visto que, como bem lembra Luís Roberto Barroso, "o direito existe para realizar-se e a verificação do cumprimento ou não de sua função social não pode ser estranha ao seu objeto e interesse de estudo".[7]

---

2. Cf., por exemplo, no julgamento do MI 20, rel. Min. Celso de Mello, j. 19.05.1994.

3. Cf. MI 708, rel. Min. Gilmar Mendes, j. 25.10.2007.

4. Destaca-se aqui o RE 407.688-8, rel. Min. Cezar Peluso, j. 08.02.2006.

5. Em caráter ilustrativo, v. a ApCiv 700017624842, 15.ª Câm. Civ. do TJRS, rel. Des. Otávio Augusto de Freitas Barcelos, j. 14.02.2007, invocando o caráter eminentemente programático da norma constitucional que reconhece o direito à moradia, afastando-se inclusive a condição de direito subjetivo em sentido negativo.

6. Cf. o nosso SARLET, Ingo Wolfgang. *A eficácia dos direitos fundamentais*, 13. ed., p. 249.

7. Cf. BARROSO, Luís Roberto. *Curso de direito constitucional contemporâneo*, p. 216.

O PROBLEMA DA EFETIVIDADE DAS NORMAS CONSTITUCIONAIS E DA FORÇA NORMATIVA DA CONSTITUIÇÃO   145

A efetividade das normas constitucionais diz respeito, portanto, à pretensão de máxima realização, no plano da vida real, do programa normativo abstratamente estabelecido (embora tal programa normativo seja, ele próprio, fruto de uma articulação com o mundo dos fatos, da economia, dos movimentos sociais etc.), em outras palavras, como também pontua Luís Roberto Barroso, ao processo de migração do "dever ser" normativo para o do plano do "ser" da realidade social.[8]

Tal processo, de efetividade das normas constitucionais, encontra-se na dependência de uma série diferenciada e complexa de fatores, dos quais boa parte é mesmo exterior ao próprio domínio do direito constitucional. Para efeitos do presente tópico, iremos agrupar tais fatores sob o título da força normativa da Constituição, embora sem a pretensão de apresentar um inventário exaustivo e muito menos com a intenção de explorá-los com a desejável profundidade.

No âmbito da interpretação constitucional, o princípio da força normativa da Constituição significa a pretensão de prevalência dos pressupostos da Constituição na solução dos problemas jurídico-constitucionais, garantindo sua eficácia e permanência.[9] Já numa perspectiva mais estruturante, que dialoga com a interpretação constitucional (mas lhe é mesmo anterior e determinante), a noção da força normativa da Constituição, na acepção de Konrad Hesse, parte da premissa de que a Constituição, embora de forma mais ou menos limitada, contém sempre uma força própria capaz de motivar e ordenar a vida do Estado e da sociedade, um poder de ordenação e conformação que não se reduz às forças políticas e sociais.[10] Ainda segundo Hesse, para uma adequada teoria da Constituição deve-se levar em conta não apenas as relações fáticas de poder dominantes da sociedade, que acabam por resultar, inevitavelmente, numa realidade esvaziada de qualquer elemento normativo, nem tampouco dar ênfase excessiva a uma normatividade "autista", despida de qualquer elemento da realidade, mas sim encontrar um meio-termo, ou seja, um caminho que leve à superação da separação radical, no plano constitucional, entre ser e dever ser.[11]

A Constituição – segue Hesse – é dotada de uma pretensão de eficácia, ou seja, de que a situação por ela regulada pretende ser concretizada na realidade, pretensão de eficácia que, por sua vez, não pode estar dissociada das condições históricas de sua realização, contemplando aqui as condições naturais, técnicas, econômicas e sociais, pois somente dessa forma a Constituição e sua pretensão de eficácia lograrão imprimir ordem e conformação à realidade política e social.[12]

A força normativa da Constituição (sua pretensão de eficácia e efetividade) é assegurada mediante os assim chamados pressupostos realizáveis, dentre os quais os mais importantes são os que dizem respeito ao conteúdo da Constituição, no sentido de tentar corresponder à natureza singular do presente, à interpretação constitucional, que deve pretender dar realização ótima aos preceitos da Constituição, e, como pressuposto fundamental, uma práxis constitucional voltada à vontade de Constituição, prática que deve ser partilhada por todos os partícipes da vida constitucional, especialmente pelos atores responsáveis pela

---

8. Idem, p. 220.
9. CANOTILHO, J. J. Gomes. *Direito constitucional e teoria da constituição*, p. 1226.
10. Cf. HESSE, Konrad. *A força normativa da constituição.*
11. Idem, p. 13.
12. Idem, p. 14-15.

ordem jurídica.[13] É a partir da realização de tais pressupostos que a Constituição adquire a possibilidade de converter-se em força ativa, influindo e determinando a realidade concreta da sociedade.[14]

Percebe-se, portanto, que são vários os mecanismos que amparam e viabilizam a força normativa da Constituição, cuidando-se tanto de fatores externos quanto de fatores internos, ou seja, previstos e regulados pela própria Constituição. Da mesma forma, a força normativa de uma constituição é sempre a de determinada Constituição e da sua peculiar articulação com a realidade social, política, cultural e econômica, mas também com os demais subsistemas daquela concreta ordem jurídica, ainda que também nessa seara se possa falar em elementos comuns às ordens constitucionais em geral. Assim, é correto afirmar que o problema da força normativa é um problema de todas as constituições, mas como ele se manifesta e como ele se resolve é sempre algo que não pode ser reconduzido pura e simplesmente a uma teorização abstrata e genérica.

Dentre os fatores externos (ao texto constitucional) temos a pressão da dinâmica social e econômica, mas também os impulsos por parte do processo político, por mais que a própria política seja também regulada constitucionalmente. Uma sociedade fragilizada, com uma economia dependente e em crise, dificilmente assegura os pressupostos para que os direitos sociais previstos no texto constitucional tenham eficácia e efetividade em termos sequer próximos dos ideais. Estruturas sociais conservadoras podem obstaculizar a concretização de imposições constitucionais e mesmo de direitos fundamentais. Da mesma forma, atores sociais e políticos (incluindo aqui os agentes do Poder Judiciário como agentes políticos) comprometidos e capacitados para transformar a vontade em realidade são indispensáveis.

Já no caso dos elementos internos, cuida-se das garantias e instrumentos que a própria Constituição oferece para assegurar a sua própria preservação e afirmação, seja em nível de controle de constitucionalidade dos atos dos poderes constituídos e da criação de uma jurisdição constitucional forte, ou mesmo no concernente a outras garantias, como a previsão de limites formais e materiais ao poder de reforma constitucional, ações constitucionais de proteção dos direitos fundamentais, a regulação de estados de exceção (v.g., estado de sítio), entre outros fatores que aqui poderiam ser referidos.

Nesse contexto, visto que relacionado, em larga medida, aos aspectos mencionados, é de destacar o papel da interpretação constitucional, tópico do qual nos ocuparemos a seguir. As assim chamadas "ações constitucionais" e o controle de constitucionalidade, que igualmente servem à afirmação da ordem constitucional, serão também versados em capítulo próprio nesta obra.

---

13. Idem, p. 20.
14. Idem, p. 20 e ss.

A NORMA CONSTITUCIONAL NO "TEMPO"

Relações entre a Constituição e a ordem jurídica anterior

Ingo Wolfgang Sarlet

8.1 Considerações gerais

O problema das relações intertemporais das normas jurídicas (constituições, leis e atos normativos em geral), ou seja, da sucessão de normas no tempo, guarda direta relação com o princípio/direito à segurança jurídica, em especial no que diz respeito ao seu equacionamento com a necessidade de mudança e atualização do Direito à vista das mudanças no plano fático.[1]

Outrossim, a relação entre a Constituição e as normas jurídicas (constitucionais ou infraconstitucionais) anteriores é complexa e não pode ser reduzida a um único fenômeno, além de implicar importantes e diferenciados efeitos. Nesse sentido, como bem aponta Jorge Miranda, há que levar em conta tanto o fato de se tratar de uma nova ordem constitucional (uma constituição originária) quanto de uma reforma constitucional que venha a se manifestar em relação ao direito constitucional originário ou mesmo em relação à legislação infraconstitucional.[2]

---

1. Cf., por todos, BARCELLOS, Ana Paula de. *Curso de direito constitucional*. 3. ed. Rio de Janeiro: Forense, 2020, p. 107-109.
2. Cf. MIRANDA, Jorge. *Manual de direito constitucional*, 2. ed., v. 2, p. 238 e ss.

8.2 A Constituição e o direito constitucional anterior

8.2.1 A Constituição originária e a Constituição anterior

Considerando que somente pode existir uma constituição em cada Estado, a entrada em vigor de uma nova constituição tem por efeito a revogação global da constituição anterior, pois uma ordem constitucional substitui integralmente a precedente, o que se dá já em virtude do caráter originário e inicial de cada nova constituição.[3] Não se deve olvidar que o poder constituinte, expressão da soberania, é autônomo e exclusivo, o que, por sua vez, se aplica à constituição. Como a nova constituição constitui a nova ordem jurídica e estatal, a revogação da anterior constituição corresponde a uma revogação global, de modo que não cabe questionar sequer da compatibilidade entre normas constitucionais anteriores e as normas da constituição nova.[4]

Embora a regra seja mesmo a da substituição integral, por força da revogação global, da constituição antiga pela nova, nem sempre é assim, havendo casos em que partes da constituição anterior podem seguir em vigor. Isso se manifesta de pelo menos dois modos: (a) a recepção de partes da constituição anterior pela nova constituição; (b) a recepção, embora com força de lei (norma infraconstitucional), de partes da constituição anterior, fenômeno também conhecido como desconstitucionalização.[5]

No primeiro caso, a nova constituição expressamente mantém em vigor, com *status* de norma constitucional, preceitos do ordenamento constitucional anterior, que, assim sendo, se incorporam à constituição nova, embora mediante remissão ao respectivo texto da constituição revogada (quanto ao que não foi expressamente recepcionado).[6] Um exemplo digno de nota é o da Lei Fundamental da Alemanha, que, no seu art. 140, expressamente recepciona, como integrantes da Lei Fundamental de 1949, os arts. 136, 137, 138, 139 e 141 da Constituição da República de Weimar, de 1919. No que diz com a Constituição Federal, ainda que se trate de norma de caráter provisório (temporário), é possível citar o art. 34 do ADCT, de acordo com o qual até a entrada em vigor do sistema tributário criado e regulado pela CF (o que se deu a partir do primeiro dia do quinto mês seguinte ao da promulgação da CF) permaneceria – como de fato permaneceu – em vigor o sistema tributário da CF/1967-1969.

O fenômeno da assim chamada *desconstitucionalização*, precisamente a segunda hipótese de manutenção em vigor de normas da constituição anterior, já é mais controverso e nem sempre é aceito. A tese da desconstitucionalização, que, como lembra Luís Roberto Barroso, pode ser reconduzida a Carl Schmitt e Esmein, parte da premissa de que as normas apenas formalmente constitucionais, ou seja, aquelas que poderiam ter sido pura e simplesmente relegadas ao legislador ordinário, seguem em vigor mas perdem o seu caráter de norma constitucional, portanto, deixam de fazer parte da constituição e são recepcionadas

---

3. Cf., dentre tantos, Bastos, Celso Ribeiro; Martins, Ives Gandra. *Comentários à Constituição do Brasil (promulgada em 05 de outubro de 1988)*, vol. 1, p. 364. Por último, v. Souza Neto, Cláudio Pereira de; Sarmento, Daniel. *Direito constitucional:* teoria, história, métodos de trabalho, p. 556.
4. Cf. Miranda, Jorge. *Manual de direito constitucional*, 2. ed., vol. 2, p. 239.
5. Cf. Barroso, Luís Roberto. *Interpretação e aplicação da constituição*, 7. ed., p. 62 e ss.
6. Idem, ibidem.

como se direito ordinário fossem, podendo, de tal sorte, ser alteradas como qualquer lei infraconstitucional.[7]

No Brasil, a despeito da existência de defensores da tese da desconstitucionalização,[8] a posição dominante na doutrina a refuta, mediante o argumento de que isso apenas seria possível se houvesse disposição constitucional (na constituição nova) expressa no sentido da recepção, com força de lei ordinária, de preceitos constitucionais anteriores, de tal sorte que prevalece a noção de que a nova constituição substitui integralmente a anterior e revoga todas as suas normas, que não mais subsistem na ordem jurídica, seja na condição de normas constitucionais, seja na condição de direito ordinário.[9]

Também o STF, embora sem referência explícita ao fenômeno da desconstitucionalização, refuta tal possibilidade, aderindo ao entendimento de que a vigência e a eficácia de uma nova Constituição implicam a supressão da existência, perda de validade e cessação da eficácia da ordem constitucional anterior, no sentido de uma revogação global ou sistêmica, não sendo admissível a recepção de preceitos da Constituição anterior.[10]

8.2.2 As emendas constitucionais e o direito constitucional (originário) anterior

Já no que diz com o efeito das emendas constitucionais sobre o direito constitucional anterior, não se opera uma revogação global, mas apenas os dispositivos da Constituição vigente incompatíveis com as emendas constitucionais supervenientes são revogados. Assim, sempre que a emenda constitucional estiver em sintonia com os limites formais, circunstanciais, materiais e temporais estabelecidos na Constituição Federal, portanto, sendo a emenda formal e materialmente válida, ela alcança vigência imediata e revoga as normas constitucionais precedentes naquilo que com ela (emenda) forem incompatíveis.[11] Em sendo a emenda promulgada em desacordo com os limites postos pelo constituinte originário (no caso da CF, os limites previstos no art. 60), a emenda será passível de ser declarada inconstitucional, o que, todavia, não será objeto de análise no âmbito do presente tópico.

8.3 A Constituição e o direito infraconstitucional anterior

Levando em conta a supremacia hierárquica da constituição, ao menos no plano interno de cada Estado, mas também tendo presente a necessária continuidade da ordem jurídica, tem prevalecido o entendimento (que chegou a ser expressamente consagrado nas

---

7. Idem, p. 63.
8. Cf., por exemplo, FERREIRA FILHO, Manoel Gonçalves. *O poder constituinte*, p. 82 e ss. SILVA, José Afonso da. *Aplicabilidade das normas constitucionais*, p. 222, após ter adotado a tese da desconstitucionalização durante muito tempo, passou a ser cético em relação a tal possibilidade, de modo a abandonar a sua posição anterior favorável.
9. Cf. BARROSO, Luís Roberto. *Interpretação e aplicação da constituição*, p. 64 e ss., assim como SOUZA NETO, Cláudio Pereira de; SARMENTO, Daniel. *Direito constitucional:* teoria, história, métodos de trabalho, p. 557.
10. Cf. julgamento dos EDecl no AgIn 386.820-1/RS, rel. Min. Celso de Mello, *DJ* 04.02.2005.
11. Cf. BARROSO, Luís Roberto. *Interpretação e aplicação da constituição*, p. 71.

Constituições brasileiras de 1891 e 1934) de que as normas legais (infraconstitucionais) anteriores sigam em vigor, considerando-se as recepcionadas.[12]

Assim, ainda que a nova constituição seja o fundamento de uma nova ordem jurídica, de tal sorte que as normas anteriores perdem o fundamento de validade que lhes dava a constituição anterior, tais normas recebem, pela entrada em vigor da nova constituição, um novo fundamento de validade, o que pode ocorrer de modo expresso (quando a nova constituição assim o prevê no seu texto) ou de modo tácito.[13] Com efeito, de acordo com a lição de José Afonso da Silva, "o princípio da continuidade da ordem jurídica opera mesmo quando a nova constituição não confirme expressamente as normas compatíveis, como é o caso da atual Constituição Federal".[14] Tal entendimento, por sua vez, pode ser, em larga medida, reconduzido à doutrina de Hans Kelsen, que, todavia, observa que não se trata de uma criação inteiramente nova de direito, mas, sim, da recepção de normas de uma ordem jurídica por outra, de tal sorte que, embora o conteúdo das normas anteriores siga sendo o mesmo, mudou o seu respectivo fundamento de validade, assim como mudou o fundamento de validade de toda a ordem jurídica.[15]

Pressuposto da manutenção em vigor e da geração de efeitos das normas infraconstitucionais anteriores é a sua compatibilidade com a nova constituição, o que significa que a existência de vício anterior, ou seja, eventual inconformidade em sentido formal e material com a constituição anterior, não é relevante para a recepção, pela nova ordem constitucional, do direito anterior, mas apenas a conformidade com a nova constituição.[16] Com efeito, o controle de constitucionalidade se verifica apenas e sempre em relação aos parâmetros materiais e formais postos pela constituição em vigor, de tal sorte que o que importa, ao fim e ao cabo, é que a norma anterior guarde sintonia com a constituição vigente, não com a revogada[17].

Todavia, importa registrar que, embora as normas infraconstitucionais anteriores, quando compatíveis com a nova constituição, sigam em vigor, por terem sido recepcionadas, a circunstância de receberem um novo fundamento de validade implica, em determinado sentido, uma verdadeira recriação de seu sentido.[18] Nesse contexto, irretocável a lição de Jorge Miranda, para quem tal fenômeno, mais do que uma mera recepção, representa uma novação do direito ordinário anterior, visto que as normas infraconstitucionais recebidas sob a égide da nova constituição sujeitam-se aos princípios materiais da ordem constitucional superveniente.[19]

---

12. Idem, p. 73. Tal é também o entendimento consagrado na jurisprudência do STF. Nesse sentido, v., em caráter meramente ilustrativo, a Rcl. 47666 AgR/RJ, rel. Min. Alexandre de Moraes, julgada em 09.03.2022: "A compatibilidade dos atos normativos e das leis anteriores com a nova Constituição será resolvida pelo fenômeno da recepção (...)". No mesmo sentido, v. o RE 1387355/RJ, rel. Min. Dias Toffoli, julgado em 24.06.2022: "(...) As normas contidas na legislação infraconstitucional serão recepcionadas desde que materialmente compatíveis com a nova ordem constitucional, que passa a ser o seu fundamento de validade (...)".

13. Cf. Bastos, Celso Ribeiro; Martins, Ives Gandra. *Comentários à Constituição do Brasil*, vol. 1, p. 367.

14. Cf. Silva, José Afonso da. *Aplicabilidade das normas constitucionais*, 7. ed., p. 219.

15. Cf. Kelsen, Hans. *Teoria pura do direito*, 4. ed., p. 290-291.

16. Cf., na literatura constitucional brasileira, por todos, Bastos, Celso Ribeiro; Martins, Ives Gandra. *Comentários à Constituição do Brasil*, vol. 1, p. 368. Para maior desenvolvimento, v. especialmente Miranda, Jorge. *Manual de direito constitucional*, 2. ed., vol. 2, p. 244 e ss.

17. Tal posição foi expressamente adotada pelo STF no julgamento da ADPF 975, rel. Min. Cármen Lúcia, Tribunal Pleno, j. em 10.10.2022.

18. Cf. Barroso, Luís Roberto. *Interpretação e aplicação da constituição*, p. 74.

19. Cf. Miranda, Jorge. *Manual de direito constitucional*, 2. ed., vol. 2, p. 242-243.

Tal ideia de recriação ou novação, ainda de acordo com Jorge Miranda, apresenta três consequências principais:[20]

a) os princípios gerais de toda a ordem jurídica passam a ser os constantes direta ou indiretamente da nova constituição;

b) as normas infraconstitucionais vigentes quando da entrada em vigor da nova constituição devem ser objeto de reinterpretação e apenas seguem em vigor se, e na medida em que, em conformidade com a nova ordem constitucional;

c) as normas infraconstitucionais que estejam em desacordo com a nova constituição deixam de subsistir, não sendo, portando, recepcionadas.

À luz de tais considerações, acompanha-se a exortação de Luís Roberto Barroso, no sentido de que o aspecto mais relevante decorrente do fenômeno da recepção (novação ou recriação) do direito ordinário anterior é o da necessária reinterpretação das normas infraconstitucionais e a necessidade, via de consequência, de não se aplicar, de modo automático e acrítico, a jurisprudência produzida sob a égide da constituição anterior.[21] Tal cuidado se impõe mesmo que o texto constitucional novo seja (na parte que esteja em causa) idêntico ao da constituição revogada, situação relativamente comum, o que se verifica inclusive quando se comparam partes da atual Constituição Federal com a Constituição de 1967/1969.

Note-se que a identidade textual não afasta a necessidade de contextualização, tampouco a de se proceder a uma interpretação que leve em conta os aspectos históricos (que são da nova constituição), teleológicos e principalmente sistemáticos, que podem exigir uma mudança na interpretação. Ainda que parte do texto constitucional seja igual ao da constituição anterior, no seu conjunto o texto não é o mesmo, e já daí decorreria um dever de "testagem" da interpretação anteriormente praticada. Um exemplo que poderia ser citado, precisamente pela controvérsia que acabou gerando, diz com a hierarquia dos tratados de direitos humanos no sistema interno, pois a mesma regra insculpida na Constituição anterior (art. 114, III, *b*, da CF/1967)[22] acabou sendo prevista na CF (art. 102, III, *b*), qual seja a que refere caber recurso extraordinário de decisão que julgar a inconstitucionalidade de tratado ou lei federal. Ora, ainda mais em face do contido no art. 4.º, II, que dispõe sobre a prevalência dos direitos humanos e de acordo com o que reza o art. 5.º, § 2.º, da CF, expressiva doutrina preconizava que a regra do art. 102, III, *b*, da CF, não poderia justificar a manutenção do entendimento em prol da hierarquia meramente legal dos tratados internacionais, tal como formado sob a égide da Constituição anterior, na qual não havia norma expressa reconhecendo os direitos constantes dos tratados de direitos humanos ratificados pelo Brasil como também integrantes do catálogo constitucional, mas havia dispositivo similar ao atual art. 102, III, *b*.

Aspecto que segue polêmico, embora pacificado no âmbito da jurisprudência do STF, é o que diz com a configuração do vício da inconstitucionalidade por força da incompatibilidade de direito ordinário anterior com a constituição nova. Cuidando-se de matéria também

---

20. Idem, p. 243-244.

21. Cf. BARROSO, Luís Roberto. *Interpretação e aplicação da constituição*, p. 74-75.

22. "Art. 114. Compete ao Supremo Tribunal Federal: (...) III – julgar mediante recurso extraordinário as causas decididas em única ou última instância por outros tribunais ou juízes, quando a decisão recorrida: (...) b) declarar a inconstitucionalidade de tratado ou lei federal; (...)" – o qual, com a alteração de 1969, passou a constar com igual redação no art. 119, III, *b*.

afeta ao capítulo relativo ao controle da constitucionalidade, deixaremos aqui de abordar o tópico. De qualquer sorte, registra-se que a posição ainda dominante no STF não admite a assim chamada inconstitucionalidade superveniente (a norma de direito ordinário passa a ser inconstitucional por violar a constituição nova, superveniente), pelo menos para efeito de controle abstrato de constitucionalidade via ação direta de inconstitucionalidade.[23]

Por se tratar de exceção à regra válida para a ADI (e ADC), é de se registrar que por meio do manejo da Ação de Descumprimento de Preceito Fundamental (ADPF) – nos termos do disposto na Lei n. 9.882/1999 – é possível impugnar a constitucionalidade de leis ou atos normativos federais, estaduais e municipais em sede de controle concentrado, presentes os pressupostos de admissibilidade da ação constitucional.

Outro ponto a ser considerado diz com os *efeitos de emenda constitucional sobre o direito ordinário anterior*. Nessa hipótese, como bem averba Jorge Miranda, *não se opera o fenômeno da novação*, pois não se trata de dar ao direito anterior um novo fundamento de validade.[24] A própria emenda constitucional deve observar os requisitos e limites postos pela constituição originária, assim como deve ocorrer com o direito ordinário, de tal sorte que *a alteração da constituição mediante emenda (ou mesmo revisão) constitucional, quando não afetar a norma infraconstitucional, não gera efeito algum sobre o direito ordinário, que simplesmente segue em vigor como tal*. Se, contudo, a norma infraconstitucional já ofendia a constituição antes de a emenda constitucional ser promulgada, o vício da inconstitucionalidade não será sanado mesmo por força da emenda constitucional superveniente.[25]

Além disso, importa averbar que – de acordo com a precisa lição de Ana Paula de Barcellos – as normas infraconstitucionais válidas em face da Constituição originárias tornam-se inconstitucionais caso conflitem com emendas que lhes sejam posteriores, vício que se opera apenas com a promulgação da emenda, tratando-se, portanto, de uma inconstitucionalidade do tipo superveniente.[26]

---

23. Para maior desenvolvimento v., além do capítulo próprio da parte deste *Curso* relativa ao controle de constitucionalidade, BARROSO, Luís Roberto. *Interpretação e aplicação da constituição*, p. 76 e ss., com uma excelente sinopse das principais posições e argumentos esgrimidos em torno do problema. No que diz com a jurisprudência do STF, remete-se ao julgamento da ADIn 521/MT, rel. Min. Paulo Brossard, j. 07.02.1992, cuja ementa se transcreve: "Constituição. Lei anterior que a contrarie. Revogação. Inconstitucionalidade superveniente. Impossibilidade. A lei ou é constitucional ou não é lei. Lei inconstitucional é uma contradição em si. A lei é constitucional quando fiel à Constituição; inconstitucional, na medida em que desrespeita, dispondo sobre o que lhe era vedado. O vício da inconstitucionalidade é congênito à lei e há de ser apurado em face da Constituição vigente ao tempo de sua elaboração. *Lei anterior não pode ser inconstitucional em relação à Constituição superveniente; nem o legislador poderia infringir Constituição futura. A Constituição sobrevinda não torna inconstitucionais leis anteriores com ela conflitantes: revoga-as*. Pelo fato de ser superior, a Constituição não deixa de produzir efeitos revogatórios. Seria ilógico que a lei fundamental, por ser suprema, não revogasse, ao ser promulgada, leis ordinárias. A lei maior valeria menos que a lei ordinária. Reafirmação da antiga jurisprudência do STF, mais que cinquentenária. Ação direta de que se não conhece por impossibilidade jurídica do pedido, nos termos do voto proferido na ADIn 2-1/600. Votação unânime: Tribunal não conheceu da ação por impossibilidade jurídica do pedido". Mais recentemente, no mesmo sentido, v. a decisão na Rcl. 47666 AgR/RJ, rel. Min. Alexandre de Moraes, j. 09.03.2022.

24. Cf. MIRANDA, Jorge. *Manual de direito constitucional*, 2. ed., vol. 2, p. 244.

25. Idem, ibidem.

26. BARCELLOS, Ana Paula de. *Curso de direito constitucional*. 3. ed., p. 119.

A Constituição e as relações com o direito estrangeiro e internacional

O problema da aplicação das normas constitucionais no espaço

Ingo Wolfgang Sarlet

9.1 Considerações introdutórias

A constituição (e suas normas) situa-se num contexto mais amplo, estando em contato com outras fontes de produção do direito, portanto, com outros sistemas normativos. Assim, embora a constituição seja a fonte primária e referencial do direito na órbita interna dos Estados, a própria constituição não representa uma ordem hermética e necessita dialogar (direta ou indiretamente) com outras ordens jurídicas. Nesse contexto, é comum que os Estados firmem compromissos internacionais e estejam, em maior ou menor medida, integrados ao sistema jurídico internacional, seja no plano universal (sistema da ONU), seja no plano regional, como é o caso da Organização dos Estados Americanos (OEA), do Mercosul ou da União Europeia, apenas para referir alguns exemplos. Da mesma forma, são relativamente frequentes as hipóteses nas quais se trata de aplicar direito estrangeiro a situações fáticas ocorridas em outro país.

Ocorre que nem sempre as relações entre a ordem jurídica interna e a externa se desenvolvem de forma harmoniosa, isenta de tensões e mesmo antinomias, pois o direito internacional pode conflitar com os princípios e regras constitucionais, mas também o direito estrangeiro, portanto, o direito de outros países, constitucional ou infraconstitucional, pode, quando em causa a sua aplicação, conflitar com as normas constitucionais. No caso de se verificarem tais conflitos, há que resolvê-los mediante recurso às técnicas disponíveis, inclusive e especialmente pelos critérios que regem a solução de antinomias. Como se trata de antinomias que envolvem a constituição (inclusive de outro país), existem peculiaridades a serem observadas, e que serão analisadas logo a seguir.

Por outro lado, percebe-se que a problemática revela duas faces bem distintas, embora ambas tenham em comum a circunstância de que se trata de conciliar (fazer conviver!) ordens jurídicas diversas e que não podem ser aplicadas integralmente ao mesmo tempo. Num caso, trata-se de verificar como se estabelece a relação entre o direito estrangeiro e ordem jurídico-constitucional interna; no outro, o que está em causa são as peculiaridades que dizem respeito à relação entre o direito internacional e o interno. Ambas seguirão sendo atuais e relevantes, desafiando doutrina e jurisprudência, e serão apresentadas e analisadas sinteticamente a seguir, sempre na perspectiva do direito constitucional positivo brasileiro, de onde serão também extraídos os exemplos.

9.2 Relações entre o direito estrangeiro e a Constituição

Quanto a este aspecto, são duas as possibilidades a serem examinadas: (a) as relações entre o direito estrangeiro e a constituição do mesmo país (constituição de origem); (b) as relações entre o direito estrangeiro e a constituição de outro Estado, no caso, o Brasil. A pergunta que se coloca (entre outras) é saber até que ponto o juiz de determinado Estado, no caso o Brasil, poderá aplicar o direito estrangeiro, mas especialmente saber o que, em caso de conflito, o juiz brasileiro poderá fazer para solucionar a antinomia.

Como a matéria diz respeito em grande medida ao direito internacional privado,[1] não se trata aqui de desenvolver o tópico com maior minúcia, mas apenas de tratar dos aspectos mais relevantes em termos de eventuais conflitos da norma jurídica estrangeira com a Constituição. Em termos gerais, e dada a relevância do ponto para a adequada compreensão do problema, prevalece o entendimento de que, quando o juiz ou órgão jurisdicional colegiado brasileiro aplicar a lei estrangeira, esta deve ser aplicada como no país de origem. Da mesma forma, há que sublinhar que, ao aplicar o direito estrangeiro, o juiz brasileiro deverá aplicar todo o direito, inclusive o direito constitucional, pois constituição e normativa infraconstitucional formam uma unidade hierarquizada, o que não pode ser desconsiderado pelo aplicador do direito estrangeiro no Brasil (o mesmo, em princípio, valerá se a aplicação se der em outro país).

Quanto a tais alternativas e a forma de sua solução na ordem jurídica brasileira, verifica-se certa tranquilidade e convergência de opiniões na doutrina e jurisprudência brasileiras. Iniciemos, portanto, pela primeira hipótese, da relação entre o direito estrangeiro e a constituição do mesmo país, ou seja, o país de origem.

Nessa hipótese, tanto a doutrina quanto o STF têm entendido que qualquer juiz pode, na solução do caso concreto, declarar a inconstitucionalidade de norma estrangeira em face da constituição estrangeira. Dito de outro modo, isso significa que, na prática, não se aplica a lei estrangeira se esta for conflitante com a constituição estrangeira, ou seja, do mesmo país ao qual se refere a lei. Note-se, todavia, que este controle de constitucionalidade da lei estrangeira em face da constituição daquele país somente se dá nos casos em que o Poder

---

1. Sobre o tema, remetemos a Araujo, Nadia de. *Direito internacional privado. Teoria e prática brasileira*, 3. ed.

Judiciário do país de origem seja competente para tal controle, bem como quando se trata de controle incidental, resultando apenas na não aplicação da lei ao caso, mas jamais na declaração de inconstitucionalidade da lei em tese (ou seja, na esfera do controle abstrato de constitucionalidade), que implica, de regra e quando acompanhado de pronúncia de nulidade, afetação do próprio ato normativo e enseja ingerência na esfera da soberania estatal.[2] Tomando por empréstimo as palavras de Luís Roberto Barroso, "no Brasil, tudo o que se pode pretender é negar *eficácia* à norma estrangeira, sem que isso afete sua *validade* e sua vigência".[3]

No âmbito da jurisprudência do STF, onde tal orientação hoje é consolidada, nem sempre foi assim. Com efeito, embora se cuide de caso anterior à vigência da Constituição Federal, convém colacionar o exemplo representado pela Extradição 417,[4] processo no qual a Argentina requereu a extradição de Mario Eduardo Firmenich, antigo líder do grupo Montoneros, em virtude da prática de uma série de delitos e que se encontrava com sua prisão cautelar já determinada pela Justiça argentina. No centro das discussões estavam a vigência e a validade da Lei de Anistia Argentina, que foi posteriormente revogada com efeitos retroativos, ensejando um (no caso alegado) conflito com a Constituição da Argentina. A defesa do extraditando arguiu duas inconstitucionalidades, em face da Constituição argentina, a primeira no sentido de que a Lei de Anistia não poderia ter sido revogada com efeitos retroativos, a segunda alegando que, de acordo com a Constituição argentina, a anistia teria de ter caráter geral, de tal sorte que a lei não poderia ter excluído o extraditando do benefício. A despeito da argumentação, o Pleno do STF concedeu a extradição, embora não por unanimidade (ficaram vencidos três ministros). Com relação ao julgamento, Luís Roberto Barroso bem averba que a decisão acabou sendo contraditória, pois, embora a maioria dos ministros tenha refutado, na ocasião, a possibilidade de exercer controle de constitucionalidade da norma legal estrangeira, o STF terminou por não considerar aplicável a lei que revogara a anistia para os crimes políticos.[5]

Tal orientação acabou sendo alterada quando do julgamento da Extradição 541,[6] já sob a égide da Constituição Federal de 1988, processo no qual o governo da Itália requereu extradição de brasileiro naturalizado. Neste caso, o STF negou a extradição, com base na argumentação do relator para o acórdão, Min. Sepúlveda Pertence. Entre os fundamentos esgrimidos, destaca-se precisamente o argumento de acordo com o qual o art. 26 da Constituição italiana veda a extradição em virtude de crimes políticos, além de autorizar a extradição apenas nos casos expressamente previstos nas convenções internacionais. Assim, com base em tais disposições da Constituição italiana, o STF entendeu que a promessa de reciprocidade oferecida pelo governo italiano não tinha qualquer eficácia no ordenamento jurídico-constitucional italiano, de tal sorte que, em virtude de sua inconstitucionalidade, não poderia também ser aplicada para embasar o julgamento no Brasil.

Em síntese, a orientação que ora prevalece na doutrina e na jurisprudência do STF, a partir do julgamento da Extradição 541, é no sentido de que os órgãos jurisdicionais brasileiros, ao aplicarem direito estrangeiro, aplicam o direito no seu conjunto, podendo

---

2. Cf., por todos, BARROSO, Luís Roberto. *Interpretação e aplicação da constituição*, p. 39 e ss.
3. Idem, p. 42.
4. Extradição 417, rel. Min. Alfredo Buzaid, rel. p/ o acórdão Min. Oscar Correa, j. 20.06.1984.
5. C f. BARROSO, Luís Roberto. *Interpretação e aplicação da constituição*, p. 46.
6. Extradição 541, rel. Min. Néri da Silveira, rel. p/ o acórdão Min. Sepúlveda Pertence, j. 07.11.1992.

reconhecer uma inconstitucionalidade no contraste da lei estrangeira com a sua respectiva constituição, deixando de aplicar a norma infraconstitucional por força de sua inconstitucionalidade, mas sem declarar a nulidade do próprio ato normativo, apenas negando-lhe a aplicação ao caso concreto.[7]

Já no que diz com a segunda hipótese, ou seja, quando se trata de conflito entre o direito estrangeiro e a Constituição de outro Estado, no caso, do Brasil, a solução será distinta. Considerando que uma declaração de inconstitucionalidade pressupõe uma relação entre ato normativo inferior e superior (no caso, a Constituição) de um mesmo Estado, visto que determinada constituição opera como fundamento de validade apenas da ordem jurídica à qual se refere, não haveria como declarar a inconstitucionalidade de lei ou ato normativo estrangeiro quando em conflito com a nossa ordem constitucional. A relação de constitucionalidade ou inconstitucionalidade se refere sempre a normas de um mesmo sistema jurídico. O fundamento da solução de eventual conflito, portanto, terá de ser distinto!

Muito embora a hipótese de conflito entre direito estrangeiro e a Constituição brasileira não se confunda inteiramente com as hipóteses previstas na Lei de Introdução às normas do Direito Brasileiro, designadamente no seu art. 17, de acordo com o qual "as leis, atos e sentenças de outro país, bem como quaisquer declarações de vontade, não terão eficácia no Brasil, quando ofenderem a soberania nacional, a ordem pública e os bons costumes", visto que tais situações vão bem além da relação entre ato normativo estrangeiro e constituição, o entendimento que passou a prevalecer é no sentido de que qualquer ato normativo estrangeiro que for contrário a qualquer disposição constitucional brasileira implica violação da nossa ordem pública.

Formulado de outro modo, isso significa que, embora a ordem pública não se restrinja ao disposto na Constituição, visto existirem outras disposições de ordem pública, a Constituição integra e compõe mesmo o elemento central da ordem pública brasileira, de tal sorte que todo e qualquer ato normativo estrangeiro (assim como qualquer ato jurídico) que estiver violando a Constituição estará violando também, e por consequência, a ordem pública, não podendo gerar efeitos na ordem jurídica interna brasileira.[8]

Tal entendimento, aliás, segue sendo adotado pelo STF na sua jurisprudência sobre a matéria, destacando, em caráter ilustrativo, julgado de 03.04.2018 (RE 634.595, rel. Min. Dias Toffoli) no bojo do qual se assegurou a possibilidade de concessão de *exequatur* de carta rogatória por decisão monocrática, mediante o argumento de que o STJ limita-se a analisar os requisitos formais estabelecidos pela Lei de Introdução às Normas do Direito Brasileiro, sendo, portanto, vedada a revisão do mérito do ato processual, salvo se houver ofensa à soberania nacional, à dignidade da pessoa humana ou à ordem pública[9].

A utilização da noção de ordem pública, que, em termos gerais, corresponde a uma pretensão de preservação dos valores jurídicos, morais e econômicos de determinada sociedade, se revela mais adequada e controlável, embora sua indeterminação, do que as noções de soberania e bons costumes, até mesmo pelo fato de se tratar de princípios e regras que se

---

7. Cf., por todos, BARROSO, Luís Roberto. *Interpretação e aplicação da constituição*, p. 40-42.

8. Idem, p. 48 e ss.

9. Note-se que neste julgado a dignidade da pessoa humana foi contemplada como uma categoria à parte da ordem pública, muito embora, na condição de princípio constitucional, integre, nesse sentido, a própria ordem pública.

A CONSTITUIÇÃO E AS RELAÇÕES COM O DIREITO ESTRANGEIRO E INTERNACIONAL   157

situam no patamar superior de determinada ordem jurídica. Registre que, de acordo com o assim chamado "Código Bustamante", convenção internacional ratificada pelo Brasil mediante o Dec. 18.871/1929, uma ofensa à Constituição é uma ofensa à ordem pública. Com efeito, de acordo com o art. 4.º do citado diploma, os preceitos constitucionais são de ordem pública internacional, de tal sorte que, como já referido, uma ofensa à Constituição é sempre uma ofensa à ordem pública.[10]

Ainda no campo dos conflitos entre direito estrangeiro e Constituição, importa referir o caso especial, expressamente regulado pela própria CF, designadamente, no art. 5.º, XXXI, dispondo que "a sucessão de bens de estrangeiros situados no País será regulada pela lei brasileira em benefício do cônjuge ou dos filhos brasileiros, sempre que não lhes seja mais favorável a lei pessoal do *de cujus*".

Em síntese, isso significa que aos órgãos jurisdicionais brasileiros não é dado, no caso concreto, aplicar a norma estrangeira, se esta conflitar com o direito constitucional brasileiro. Muito embora não se trate, como já explicitado, de um juízo sobre a constitucionalidade da norma estrangeira, os efeitos práticos são similares, implicando a não aplicação da lei (estrangeira) ao caso, naquilo em que estiver contrariando a Constituição Federal.

De todo o exposto, e acompanhando o magistério de Luís Roberto Barroso, podem ser articuladas duas conclusões: (a) quando for caso de aplicação de lei estrangeira, o juiz ou tribunal brasileiro deverá aplicá-la como fariam as autoridades judiciárias do país de origem; se o ordenamento jurídico-constitucional estrangeiro admite a pronúncia de inconstitucionalidade de uma lei, o juiz brasileiro poderá fazê-lo, deixando de aplicar, no caso concreto, a norma estrangeira incompatível com a constituição estrangeira; (b) juízes e tribunais devem negar aplicação à norma estrangeira que esteja em desacordo com a Constituição Federal de 1988, isso porque as normas constitucionais são tidas como de ordem pública.[11]

9.3   O direito internacional e a Constituição Federal de 1988

No que diz respeito às relações entre o direito internacional e a ordem jurídico-constitucional, ou seja, o direito interno dos Estados, são duas as principais teorias que dividem o cenário, muito embora existam variações importantes em relação a cada uma delas, mas que aqui, considerando os propósitos mais limitados deste capítulo, não serão inventariadas e analisadas. Assim, segue sendo possível distinguir entre as teorias do dualismo jurídico e do monismo jurídico. De acordo com a primeira corrente (*dualismo*), não se pode falar propriamente em conflito entre a ordem jurídica interna e a internacional, pois são esferas que não se tocam, de tal sorte que o ato internacional só opera efeitos se incorporado à ordem interna.[12] Já para *o monismo jurídico*, o direito é unitário, forma um todo sistêmico, de tal sorte que tanto o direito internacional público quanto o direito interno integram o sistema jurídico.[13] No âmbito do monismo, verifica-se uma disputa entre os que sustentam a tese de

---

10. Idem, p. 51-52.

11. Idem, p. 53.

12. Cf., por todos, MACHADO, Jónatas. *Direito internacional:* do paradigma clássico ao pós-11 de setembro, 3. ed., p. 140 e ss.

13. Idem, p. 137 e ss., por todos.

que no caso de conflito prevalecerá a ordem interna, ao passo que outros defendem a ideia de que eventual conflito deverá ser resolvido em favor da ordem internacional. Neste contexto, importa destacar que a doutrina brasileira majoritária sustenta a tese do monismo jurídico, com primazia do direito internacional, ou seja, de que o tratado internacional (direito internacional) prevaleceria sobre o direito interno.[14]

Entre as consequências da afirmação de um monismo com prevalência do direito internacional situam-se duas: (a) o tratado internacional altera a lei interna anterior e/ou a revoga, quando for o caso; (b) o tratado internacional não pode ser alterado por lei superveniente. No Brasil, tal entendimento corresponde, em matéria tributária, ao disposto no art. 98 do CTN: "Os tratados e as convenções internacionais revogam ou modificam a legislação tributária interna, e serão observados pela que lhes sobrevenha".

Todavia, a despeito do entendimento dominante na esfera doutrinária, a posição adotada pelo STF, consolidada a partir do RE 80.004/SE (julgado em 1977),[15] situa-se na linha do que se pode designar de um dualismo moderado, no sentido de que existe paridade hierárquica entre os tratados internacionais regularmente ratificados pelo Brasil e a legislação infraconstitucional.[16] Também de acordo com jurisprudência consolidada, afinada com a prática política nesta seara, a regular incorporação dos tratados para o direito interno ocorre mediante um ato complexo, que abrange a celebração pelo Poder Executivo, a aprovação pelo Congresso Nacional, mediante decreto legislativo, seguida por decreto do Executivo.[17]

A paridade entre tratado internacional e lei ordinária interna foi a tese adotada pelo STF durante muito tempo, praticamente por duas décadas, o que gerou acirrada crítica por parte da doutrina, especialmente pelo fato de o STF não ter feito qualquer distinção entre os diversos tipos de tratados, nem mesmo os tratados de direitos humanos, que, a despeito do disposto no art. 5.º, § 2.º, da CF, ou seja, da inclusão dos direitos constantes dos tratados internacionais ratificados pelo Brasil no elenco dos direitos e garantias fundamentais da Constituição, também foram submetidos à regra da paridade.

No caso emblemático da prisão civil do depositário infiel, que se transformou no foco principal da controvérsia sobre o valor jurídico dos tratados a partir da promulgação da Constituição Federal, o STF chegou a sustentar, no contexto da tese da paridade entre

---

14. Cf., por todos, MAZZUOLI, Valerio de Oliveira. *Curso de direito internacional público*, 2. ed., p. 53 e ss., apresentando e avaliando as diversas teorias, bem como tomando posição pelo monismo com prevalência do direito internacional.

15. No caso examinado pelo STF, estava em causa a aplicação, no Brasil, da Lei Uniforme de Genebra, convenção internacional regularmente ratificada pelo Brasil, dando tratamento uniforme às letras de câmbio e notas promissórias. De acordo com tal diploma, incorporado pelo Dec.-Lei 427/1969, foi instituído o registro obrigatório da nota promissória na repartição fazendária competente, sob pena de nulidade do título. No âmbito de ação de cobrança proposta contra o avalista, o magistrado reconheceu a carência de ação em virtude da nulidade do título, visto que sem o devido registro na Fazenda Pública. A sentença foi reformada por acórdão que julgou procedente a ação, mediante o argumento de que a falta de registro do título, por si só, não implica sua nulidade, subsistindo a responsabilidade do avalista, pelas vias ordinárias. No RE 80.004/SE, rel. Min. Xavier de Albuquerque, posteriormente substituído pelo Min. Cunha Peixoto, *RTJ* 83, p. 809 e ss., o STF reconheceu a nulidade do título, situação em que não cabe mais falar em avalista.

16. Sobre o tópico, v. as observações de BARROSO, Luís Roberto. *Interpretação e aplicação da constituição*, p. 18 e ss.

17. Para maior desenvolvimento, especialmente no que diz com a celebração e aprovação dos tratados internacionais no Brasil, v., por todos, MAZZUOLI, Valério de Oliveira. *Curso de direito internacional público*, p. 270 e ss.

A Constituição e as relações com o direito estrangeiro e internacional 159

tratado e lei, que os tratados de direitos humanos que proibiam a prisão por dívida, a não ser nos casos de dívida alimentar (como é o caso do Pacto Internacional de Direitos Civis e Políticos e da Convenção de São José da Costa Rica, ambos ratificados pelo Brasil), embora incorporados posteriormente, não poderiam prevalecer em face da legislação anterior permissiva da prisão nesses casos, visto que nesta hipótese aplicável o critério da especialidade, ou seja, a lei especial (a legislação permissiva da prisão) prevalece em face de lei geral (tratados), ainda que esta seja posterior.[18]

Em suma, o STF, que poderia, em homenagem ao especial significado do disposto no art. 5.º, § 2.º, da CF, ter reconhecido a prevalência da lei posterior em face da anterior, sem abrir mão, portanto, da tese da paridade entre tratado e lei, preferiu atribuir aos direitos consagrados nos tratados estatura jurídica legal e ainda assim fragilizada em face da legislação interna. Por outro lado, impende frisar que a tese da paridade entre lei e tratado, mesmo nos casos de tratados de direitos humanos, foi sufragada pelo STF também com base no argumento de que, uma vez cabível recurso extraordinário de decisão que declarar a inconstitucionalidade de tratado ou lei federal (art. 102, III, *b*, da CF) e considerando que a declaração de inconstitucionalidade pressupõe que o tratado esteja situado em plano inferior ao da Constituição Federal, a hierarquia dos tratados internacionais devia ser a de lei ordinária, ainda mais em sendo os tratados aprovados por decreto legislativo, o que levou o Ministro Sepúlveda Pertence a sugerir a adoção da tese da hierarquia supralegal, mas infraconstitucional, tal como veio a prevalecer mais tarde.[19]

Tendo em conta a inserção, por meio da EC 45/2004, de um § 3.º no art. 5.º da CF, dispondo que "os tratados e convenções internacionais sobre direitos humanos que forem aprovados, em cada Casa do Congresso Nacional, em dois turnos, por três quintos dos votos dos respectivos membros, serão equivalentes às emendas constitucionais", dispositivo que causou (e ainda causa) acirrada controvérsia quanto a diversos aspectos, o STF, retomando o julgamento a respeito da legitimidade jurídica da prisão civil do depositário infiel, acabou alterando seu posicionamento, e passou a reconhecer (na esteira de argumentação que já havia sido sustentada pelo Min. Sepúlveda Pertence, embora vencido nos julgamentos) que os tratados de direitos humanos regularmente ratificados pelo Brasil têm hierarquia supralegal, prevalecendo, portanto, sobre qualquer ato normativo interno, mas cedendo em face de disposição constitucional.[20]

A partir de tal julgamento é possível afirmar que as relações entre tratados internacionais e a ordem jurídica interna, no que diz respeito à hierarquia dos tratados em relação ao direito interno, uma vez ratificados, obedecem, no Brasil, às seguintes diretrizes:

a) os tratados em geral possuem hierarquia de lei ordinária, prevalecendo a tese da paridade entre tratado e lei;

b) todavia, há hipóteses nas quais não se aplica a regra geral da paridade:

1 – os tratados internacionais em matéria tributária prevalecem sobre as leis, a teor do disposto no art. 98 do CTN, que é expresso neste sentido;

2 – os tratados em matéria de direitos humanos ratificados antes da EC 45 e/ou não aprovados pelo rito do art. 5.º, § 3.º, da CF possuem, de acordo com a atual orientação do

18. Cf. HC 72.131, rel. p/ o acórdão Min. Moreira Alves, j. 23.11.1995.
19. Cf. RHC 79.785, rel. Min. Sepúlveda Pertence, j. 29.03.2000.
20. Cf., em especial, no RE 466.343/SP, rel. Min. Cezar Peluso, j. 03.12.2008.

STF, hierarquia supralegal, o que também se aplica aos tratados internacionais em matéria ambiental;[21]

3 – os tratados em matéria de direitos humanos aprovados pelo rito qualificado estabelecido no art. 5.º, § 3.º, da CF serão equivalentes às emendas constitucionais, de tal sorte que terão hierarquia de direito constitucional "derivado", cabendo, no máximo, sua declaração de inconstitucionalidade por violação dos requisitos formais (procedimento do § 3.º do art. 5.º) ou, eventualmente, a prevalecer tal entendimento, por violação das "cláusulas pétreas" da Constituição Federal.

Além das exceções mencionadas, podem ser identificadas outras, designadamente, nos casos de extradição, em face do disposto no art. 82, §§ 2.º e 3.º, da Lei 6.815/1980, considera-se que a lei interna cede em face do tratado de extradição, bem como as hipóteses extraídas do art. 178 da CF, com a redação que lhe foi dada pela EC 7/1995 (dispondo sobre o respeito ao acordo internacional sobre ordenação do transporte internacional), assim como do art. 34 da Lei de Arbitragem (Lei 9.307/1996), dispondo que a sentença arbitral estrangeira será executada no Brasil de acordo com os tratados internacionais.[22]

Um avanço importante por parte do STF na matéria foi a consolidação, quando da ADPF 708 (Fundo Clima), julgada em 04.07.2022, e relatada pelo Ministro Luís Roberto Barroso, do entendimento de que os tratados internacionais em matéria ambiental constituem espécie dos tratados de direitos humanos, ostentando, portanto, a mesma hierarquia supralegal.

Considerando que o problema do modo de incorporação e da hierarquia dos tratados de direitos humanos integra a problemática da assim chamada abertura material do catálogo dos direitos fundamentais, deixaremos aqui de investir mais no tema, limitando-nos a estabelecer as linhas gerais, visto que a matéria será analisada com mais vagar na parte geral dos direitos fundamentais. Por outro lado, a discussão sobre a hierarquia do direito internacional em relação ao direito interno não assume relevância apenas no que diz respeito aos tratados internacionais, muito embora nesta esfera se situe a maior parte das questões. Com efeito, é preciso levar em conta que existem outras fontes de direito internacional, destacando-se o direito internacional comum, os princípios gerais de direito internacional e mesmo o costume internacional. Mas tais aspectos serão, na medida do possível, objeto de análise em outro momento.[23]

---

21. A hierarquia supralegal dos tratados internacionais em matéria ambiental foi reafirmada – na esteira de julgado anterior – pelo STF quando do julgamento da ADPF 708, rel. Min. Roberto Barroso, em julho de 2022.

22. Apontando tais exceções, v., por exemplo, BARROSO, Luís Roberto. *Interpretação e aplicação da constituição*, p. 19 e ss.

23. A respeito das fontes do direito internacional, v., por todos, MACHADO, Jónatas. *Direito internacional:* do paradigma clássico ao pós-11 de setembro, p. 99 e ss. (Capítulo III).

10

LINHAS MESTRAS DA INTERPRETAÇÃO CONSTITUCIONAL

Ingo Wolfgang Sarlet

10.1 Noções gerais

Tal como o direito em geral, a constituição não se compreende por si só, como algo autoevidente, "mas quer e precisa ser compreendida".[1] Também por essa razão (mas não apenas por isso) a interpretação das normas constitucionais situa-se no contexto mais amplo da interpretação das normas jurídicas, de modo que desde logo se coloca a indagação a respeito da existência de peculiaridades da interpretação constitucional ou mesmo de métodos e princípios diferenciados de interpretação. Muito embora se deva refutar uma autonomia da interpretação constitucional, até mesmo por exigência da unidade do sistema jurídico, integrado pelas normas constitucionais, também é verdade que a posição ocupada pela constituição na ordem jurídica, no plano da hierarquia das fontes do direito, por si só já indica que a interpretação constitucional implica uma atenção especial.

Além disso, como bem aponta Konrad Hesse, a importância da interpretação no campo do direito constitucional (da interpretação constitucional) é mais elevada do que ocorre em âmbitos do direito onde em geral a normatização é mais detalhada, notadamente em virtude da abertura e amplitude da constituição, bem como nos casos em que se atribui a uma jurisdição constitucional a tarefa de estabelecer, de modo vinculativo para o cidadão e demais órgãos estatais, o sentido e alcance das normas constitucionais.[2] Com efeito, tanto as já referidas características do direito constitucional, em especial a sua supremacia

---

1. Cf. HILLGRUBER, Christian. Verfassungsinterpretation. In: DEPENHEUER, Otto; GRABENWARTER, Christoph (Ed.). *Verfassungstheorie*, p. 506.
2. HESSE, Konrad. *Grundzüge des Verfassungsrecht der Bundesrepublik Deutschland*, 20. ed., p. 20-21.

hierárquica, quanto as funções desempenhadas pela constituição na ordem jurídica indicam que, embora a interpretação constitucional seja essencialmente interpretação jurídica, submetida a métodos, princípios e critérios comuns, é possível identificar determinadas peculiaridades e mesmo alguns princípios e/ou critérios que dizem mais de perto com a interpretação das normas constitucionais ou que interagem com a interpretação/aplicação de outras normas jurídicas.[3]

Considerando que aqui não se pretende revisitar todos os conceitos e métodos da interpretação jurídica nem adentrar nos meandros de uma hermenêutica constitucional de matriz filosófica,[4] a nossa atenção será voltada, sem prejuízo de futuro aprofundamento e ampliação dos aspectos versados, para algumas questões básicas e recorrentes, mas ainda assim não menos centrais para a interpretação (e aplicação) das normas constitucionais, a começar pela própria definição de interpretação constitucional. Neste contexto, recolhe-se a lição de José Joaquim Gomes Canotilho, para quem a interpretação constitucional "consiste em atribuir um significado a um ou vários símbolos linguísticos na constituição com o fim de se obter uma decisão de problemas práticos normativo-constitucionalmente fundada".[5]

Segundo o mesmo autor, a interpretação constitucional assume pelo menos três dimensões relevantes e que se articulam entre si: (a) interpretar a constituição significa procurar o direito contido nas normas constitucionais; (b) a interpretação constitucional consiste em atividade complexa que se traduz na "adscrição" de um significado a determinado enunciado (texto normativo); (c) a interpretação constitucional (portanto, o ato-atividade de interpretar) tem como "produto" o significado atribuído ao texto.[6]

A interpretação constitucional não se confunde, a despeito da relação que se estabelece entre os fenômenos, com a assim chamada concretização constitucional (concretização da constituição), que consiste na construção de uma norma jurídica mediante um processo de densificação de princípios e regras constitucionais, a partir do texto (enunciado) para uma norma jurídica concreta, processo que se complementa apenas quando da "descoberta" da norma de decisão que dá solução aos casos (problemas) jurídico-constitucionais.[7] Por outro lado, interpretação e concretização, ainda que não sejam categorias coincidentes entre si, não podem ser completamente dissociadas, de tal sorte que, em determinado sentido, a interpretação constitucional é também concretização da constituição, visto que o conteúdo

---

3. Sobre a especificidade da interpretação constitucional, v., por todos, Barroso, Luís Roberto. *Curso de direito constitucional contemporâneo*, p. 271 e ss., no sentido de apontar para o fato de que a posição hierárquica, a natureza da linguagem (a textura em geral mais aberta), o objeto (organização e estruturação do poder, definição de direitos e garantias fundamentais e imposição de programas, fins e tarefas estatais) e o cunho eminentemente político das normas constitucionais são os principais fatores que atribuem à interpretação constitucional um caráter diferenciado e específico no contexto mais amplo da interpretação jurídica. Desenvolvendo o ponto, v., ainda, Coelho, Inocêncio Mártires. *Interpretação constitucional*, 4. ed., p. 113 e ss.

4. Para tanto remetemos, por todos, aos já clássicos e alentados contributos de Streck, Lenio Luiz. *Hermenêutica jurídica e(m) crise*: uma exploração hermenêutica da construção do direito, 10. ed., bem como, do mesmo autor, *Verdade e consenso*, 4. ed. No âmbito dos cursos e manuais de direito constitucional brasileiros, no que diz com uma análise na perspectiva da hermenêutica filosófica e jurídica, para daí adentrar na hermenêutica constitucional, v., por todos, Fernandes, Bernardo Gonçalves. *Curso de direito constitucional*, p. 135 e ss.

5. Canotilho, J. J. Gomes. *Direito constitucional e teoria da constituição*, 7. ed., p. 1200.

6. Idem, p. 1.200-1.201.

7. Idem, p. 1.201.

da norma interpretada se "completa" mediante a interpretação, que, assim, adquire uma feição criativa do direito.[8]

Importa destacar, nesta quadra, que também a interpretação constitucional se revela como orientada à aplicação e solução de problemas jurídico-constitucionais, processo no qual assume relevância tanto o conteúdo dos textos normativos quanto dos elementos e circunstâncias do caso (problema concreto) que se busca resolver, de tal sorte que o ato de interpretar (e a criação da norma) implica consideração dos dois mundos, do dever ser e do ser.[9] Vale frisar que para a dogmática constitucional contemporânea não faz mais sentido a separação estrita entre as categorias interpretação e aplicação, à vista da inexorável conexão existente entre a atribuição de sentidos aos enunciados normativos e a realidade factual subjacente.[10]

Além disso, é preciso ter presente que também para as normas constitucionais vale o pressuposto – já destacado na parte introdutória da teoria da norma constitucional – de que texto e norma não são idênticos, de modo que a norma é sempre resultado já (em maior ou menor articulação com um ou mais textos) de um ato de interpretação. A natureza da relação que se estabelece entre texto e norma, assim como a relevância atribuída aos textos serão objeto de atenção na parte relativa aos limites da interpretação constitucional. De qualquer sorte, já é possível compreender, a esta altura, a razão pela qual Peter Häberle sublinha que não existe norma jurídica, senão norma jurídica interpretada,[11] já pelo fato de que a norma jurídica não resulta de uma decisão prévia, mas é aplicada no tempo e integrada na realidade pública por intermédio do ato interpretativo, no âmbito do que o mesmo Peter Häberle designou de uma interpretação necessariamente contextualizada.[12]

Assim, tanto pelo fato de os textos normativos não serem unívocos ou evidentes quanto pelo fato de serem destinados à aplicação (em determinado contexto), é de refutar, ainda mais em matéria de interpretação constitucional, a noção de que diante de um texto claro (evidente quanto ao seu sentido) não há falar em interpretação, pois, para que possa ser considerada clara, a norma deve ser interpretada.[13]

Já no que diz com o que pode ser considerado como a principal função da interpretação constitucional, calha recorrer à lição de Konrad Hesse, para quem a tarefa da interpretação

---

8. Cf. HESSE, Konrad. *Grundzüge des Verfassungsrecht der Bundesrepublik Deutschland*, p. 24.

9. Cf. MENDES, Gilmar Ferreira; BRANCO, Paulo Gustavo Gonet; COELHO, Inocêncio Mártires. *Curso de direito constitucional*, p. 94.

10. BARROSO, Luís Roberto. *Curso de direito constitucional contemporâneo*, p. 270.

11. HÄBERLE, Peter. Zeit und Verfassung. In: DREIER/SCHWEGMANN (Org.). *Probleme der Verfassungsinterpretation*, p. 293.

12. Neste contexto, embora – a despeito de expressiva coincidência quanto ao essencial – não se possa concordar, em toda a sua extensão, com as premissas e conclusões do autor, v. a instigante proposta de STRECK, Lenio Luiz. *Hermenêutica jurídica e(m) crise*: uma exploração hermenêutica da construção do direito, 10. ed., p. 393 e ss., que chega mesmo a falar de um direito fundamental a obter respostas corretas.

13. GRAU, Eros Roberto. *Ensaio e discurso sobre a interpretação/aplicação do direito*, 3. ed., p. 70-71. Em sentido em parte diverso, v. HESSE, Konrad. *Grundzüge des Verfassungsrecht der Bundesrepublik Deutschland*, p. 20, para quem só existe interpretação onde existem dúvidas, de tal sorte que nem toda a realização do programa normativo constitucional pode ser qualificada como sendo interpretação, muito embora, como sublinhado pelo próprio Hesse, nos casos de textos normativos constitucionais com sentido unívoco e evidente, se esteja a tratar de um processo estruturalmente simples de "compreensão", e, neste sentido, se possa falar de "interpretação" em sentido amplo.

constitucional consiste em identificar e estabelecer o resultado constitucionalmente "correto", mediante um procedimento racional e controlável, motivando tal resultado de modo igualmente racional e controlável e com isso assegurar a previsibilidade e certeza jurídica.[14] Como chegar ao resultado ou resposta constitucionalmente correta depende, entre outros aspectos, dos atores, ou seja, dos sujeitos aos quais incumbe a interpretação, mas também dos métodos, técnicas e princípios (ou critérios) dos quais se valem os agentes do processo interpretativo.

Iniciemos com os sujeitos (atores) da interpretação constitucional, sendo, desde logo, possível aderir à lição de Gomes Canotilho no sentido de que "interpretar a constituição é uma tarefa que se impõe metodicamente a todos os aplicadores das normas constitucionais (legislador, administração, tribunais)",[15] cada qual – cabe acrescentar – operando no âmbito de suas competências e funções. Propondo uma ampliação do espectro dos sujeitos da interpretação constitucional, assume cada vez mais destaque, também no Brasil, a noção, projetada por Peter Häberle, de uma sociedade aberta dos intérpretes da constituição, no sentido de que a interpretação constitucional não se restringe a uma competência dos órgãos jurisdicionais, mas, sim, que se trata de tarefa cometida a todos os órgãos estatais, sem prejuízo da participação dos cidadãos considerados individualmente ou mediante sua integração em grupos, de tal sorte que inexiste um círculo fechado de intérpretes da constituição.[16] Com isso, todavia, não se está a refutar a noção de que no Estado constitucional contemporâneo a posição de ator privilegiado da interpretação constitucional não siga sendo reservada (em boa parte mediante um processo de "autoatribuição" de tal papel pelos órgãos jurisdicionais) à jurisdição constitucional, aqui compreendida em sentido amplo, especialmente em virtude de sua prerrogativa funcional de revisar e mesmo substituir a "interpretação" promovida pelos outros atores, o que, contudo, aqui não será desenvolvido.

Como os atores da interpretação constitucional, com destaque aqui para os integrantes da assim chamada jurisdição constitucional, interpretam, aplicam e concretizam a constituição e chegam a dar respostas constitucionalmente adequadas aos problemas jurídico-constitucionais, implica levar a sério especialmente a existência de um conjunto de princípios da interpretação constitucional.

10.2 Princípios da interpretação constitucional

Sob o rótulo "princípios da interpretação constitucional" cuida-se de elencar um catálogo do que se poderia designar de técnicas e diretrizes para assegurar uma metódica racional e controlável ao processo de interpretação (e aplicação) da constituição e de suas normas (princípios e regras), portanto, auxiliar na construção de respostas constitucionalmente adequadas para os problemas jurídico-constitucionais. Na dicção de Gomes Canotilho, a elaboração de um catálogo de princípios da interpretação constitucional está relacionada com a necessidade de encontrar princípios tópicos auxiliares relevantes para a

---

14. Cf. HESSE, Konrad. *Grundzüge des Verfassungsrecht der Bundesrepublik Deutschland*, p. 21.

15. CANOTILHO, J. J. Gomes. *Direito constitucional e teoria da constituição*, p. 1.207.

16. HÄBERLE, Peter. *Hermenêutica constitucional – A sociedade aberta dos intérpretes da constituição*: contribuição para a interpretação pluralista e "procedimental" da constituição, 1997, p. 13.

solução do problema prático enfrentado, mas que sejam ao mesmo tempo metodicamente operativos e constitucionalmente praticáveis.[17]

O elenco de princípios interpretativos a seguir enunciados foi originalmente proposto por Konrad Hesse,[18] tendo sido revisitado, ajustado e posteriormente difundido, na doutrina constitucional de língua portuguesa, por José Joaquim Gomes Canotilho.[19] Também aqui não deixaremos de fazer – a despeito da substancial fidelidade aos modelos invocados – parcial ajuste e reestruturação. De qualquer sorte, tais princípios não esgotam o elenco dos princípios e critérios de interpretação, não guardam hierarquia entre si e devem ser compreendidos, como bem salienta Paulo Gustavo Gonet Branco, com uma necessária dose de relativização.[20]

10.2.1 O princípio da unidade da Constituição

O princípio da unidade da constituição implica que no âmbito da interpretação constitucional cada norma constitucional deve ser interpretada e aplicada de modo a considerar a circunstância de que a constituição representa uma unidade, um todo indivisível.[21] Como bem disse Eros Roberto Grau, trata-se de levar a sério a noção de que a constituição (o que se aplica ao direito em geral) não pode ser pura e simplesmente lida em tiras, aos pedaços isolados.[22] Assim, o que está em causa é, em primeira linha, evitar contradições e superar eventuais antinomias normativas, mediante uma interpretação global da constituição, em que o intérprete procurará harmonizar os espaços de tensão existentes entre as normas constitucionais no âmbito de sua concretização.[23] Conforme leciona Luís Roberto Barroso, o ponto nodal da efetivação do princípio da unidade da constituição radica na dificuldade em solucionar as tensões que se estabelecem dentro da própria constituição, já que esta é, sobretudo, um documento dialético, instrumento jurídico de composição das forças políticas de determinado Estado.[24] Soma-se a isso a inexistência de hierarquia jurídica entre normas constitucionais, de tal modo que, a princípio, não se cogita da existência de normas constitucionais inconstitucionais, tal como já decidido também pelo STF.[25]

Além disso, a afirmação do princípio da unidade da constituição, que também dialoga com a produção de uma unidade política, deve ser equacionada no âmbito de uma teoria democrática da interpretação constitucional, aberta a várias concepções e posicionamentos, inclusive àqueles que não estão formalmente legitimados a exercê-la.[26] Independentemente

---

17. Cf. CANOTILHO, J. J. Gomes. *Direito constitucional e teoria da constituição*, p. 1.223.
18. HESSE, Konrad. *Grundzüge des Verfassungsrecht der Bundesrepublik Deutschland*, p. 27 e ss.
19. CANOTILHO, J. J. Gomes. *Direito constitucional e teoria da constituição*, p. 1.223 e ss.
20. Cf. MENDES, Gilmar Ferreira; BRANCO, Paulo Gustavo Gonet; COELHO, Inocêncio Mártires. *Curso de direito constitucional*, p. 106.
21. Cf. por todos, KLOEPFER, Michael. *Verfassungsrecht I*, p. 32.
22. Cf. GRAU, Eros Roberto. *Ensaio e discurso sobre a interpretação/aplicação do direito*, 2003, p. 88.
23. CANOTILHO, J. J. Gomes. *Direito constitucional e teoria da constituição*, p. 1.223.
24. BARROSO, Luís Roberto. *Curso de direito constitucional contemporâneo*, p. 302.
25. Cf. julgamento da ADIn 815, rel. Min. Moreira Alves, *DJ* 10.05.1996. Em sentido contrário, sustentando, em tese, a possibilidade de existência de normas constitucionais de grau superior, v. BACHOF, Otto. *Normas constitucionais inconstitucionais?* p. 54 e ss.
26. HÄBERLE, Peter. *Hermenêutica constitucional – A sociedade aberta dos intérpretes da constituição*: contribuição para a interpretação pluralista e "procedimental" da constituição, p. 29.

do já exposto, é preciso ter em conta que *o princípio da unidade da constituição representa talvez menos um autêntico princípio da interpretação do que um objetivo da interpretação*, visto que implica uma obrigação por parte dos intérpretes da constituição (que, por sua vez, se valem dos métodos e princípios de interpretação) no sentido de interpretar as normas constitucionais isoladas de modo a afastar contradições.[27] De qualquer modo, sem adentrar aqui na querela sobre se a unidade da constituição opera como princípio ou objetivo (ou mesmo ambos) da interpretação, o fato é que *a unidade da constituição somente poderá ser considerada na prática quando articulada com métodos e princípios da interpretação*, tal como o método sistemático, e os princípios do efeito integrador, da concordância prática (ou da harmonização) e da ponderação ("sopesamento" ou hierarquização, como preferem outros), apenas para referir os mais evidentes e relevantes.[28]

10.2.1.1 Princípio do efeito integrador

O princípio do efeito integrador tem uma ligação estrita com o da unidade da constituição, por justamente significar a primazia da integração política e social como critério fundamental na resolução dos problemas jurídico-constitucionais, o que, posto de outro modo, implica que se deve dar preferência aos critérios ou pontos de vista que favoreçam a integração política e social e o reforço da unidade política.[29] Todavia, há que levar a sério a advertência de Konrad Hesse, de que mediante recurso ao princípio do efeito integrador não se poderão ultrapassar os limites da interpretação constitucional, é dizer, não se legitima resultado obtido por meio de caminhos que não sejam condizentes com os parâmetros estabelecidos pela própria constituição.[30]

10.2.1.2 O princípio da "concordância prática" ou da "harmonização"

O princípio da concordância prática, que também dialoga com o princípio da unidade da constituição, impõe, conforme a doutrina de Gomes Canotilho, *a coordenação e combinação dos bens jurídicos em conflito de forma a evitar o sacrifício (total) de uns em relação aos outros.*[31] Também designado pela doutrina germânica de princípio da harmonização, o princípio da concordância prática implica que bens jurídicos reconhecidos e protegidos constitucionalmente precisam ser ordenados de tal forma que, notadamente onde existirem colisões, um não se realize às custas do outro, seja pela ponderação apressada de bens, seja pela ponderação de valores em abstrato.[32] O princípio da unidade da constituição impõe – de acordo com a conhecida lição de Konrad Hesse – a realização ótima (otimização) dos bens em conflito, o que somente é alcançado mediante uma delimitação recíproca, à luz das

---

27. Cf. KLOEPFER, Michael. *Verfassungsrecht I*, p. 32.
28. O STF não raras vezes tem invocado o princípio da unidade da constituição como implicando uma interpretação sistemática. Nesse sentido, v., em caráter ilustrativo, a decisão no RE 1362994/GO – Goiás, rel. Min. Roberto Barroso, j. 02.05.2022. Em outras ocasiões, o STF tem associado a unidade da constituição com o princípio da concordância prática, como se deu na Rcl 52755/RS, rel. Min. Ricardo Lewandowski, j. 05.05.2022, bem como na ADI 2154, rel. Min. Dias Toffoli, j. em 03.04.2023.
29. Neste sentido, v. CANOTILHO, J. J. Gomes. *Direito constitucional e teoria da constituição*, p. 1.224.
30. HESSE, Konrad. *Grundzüge des Verfassungsrecht der Bundesrepublik Deutschland*, p. 29.
31. CANOTILHO, J. J. Gomes. *Direito constitucional e teoria da constituição*, p. 1.225.
32. HESSE, Konrad. *Grundzüge des Verfassungsrecht der Bundesrepublik Deutschland*, p. 28.

peculiaridades do caso concreto e por meio da observância dos critérios da proporcionalidade, de modo que as delimitações não devem ir além do necessário para produzir a concordância entre ambos os bens jurídicos.[33]

No que diz com o seu campo de aplicação mais frequente, o princípio da concordância prática ou da harmonização pontifica no âmbito da teoria dos direitos fundamentais, tanto no que se refere à colisão entre direitos fundamentais quanto na colisão entre estes e outros bens jurídicos constitucionalmente tutelados.[34] A constituição não estabelece critérios para a harmonização, já que se arranca do pressuposto de que inexiste hierarquia entre as normas constitucionais, de tal sorte que, na sua realização, a noção de concordância prática (harmonização) não se concretiza senão mediante avaliações mais ou menos subjetivas do intérprete quando do ato da interpretação e aplicação.[35]

Este princípio não deve ser aplicado isoladamente, mas socorrer-se dos demais princípios instrumentais e materiais de aplicação da constituição, pois impõe uma necessária e saudável coordenação e harmonização dos bens jurídicos constitucionais em conflito, evitando-se o perecimento de uns para satisfazer outros, isto é, o princípio da concordância prática impõe o estabelecimento de limites e condicionamentos recíprocos *in concreto*.[36] Por outro lado, não se configura uma concordância prática quando a própria constituição explicitamente limita (ou excepciona) determinada norma constitucional,[37] o que, todavia, não quer dizer que também nessa hipótese não se possam colocar problemas de interpretação e aplicação.

O que se percebe é que o princípio da concordância prática busca atender – no contexto da unidade da constituição e da ordem jurídica – às exigências de coerência e racionalidade do sistema constitucional e se concretiza no âmbito da assim chamada ponderação de bens (direitos, princípios etc.) e mediante a observância, dentre outros, dos critérios da proporcionalidade.[38]

10.2.1.3 A assim chamada "ponderação" (ou "balanceamento") no campo da interpretação e aplicação da Constituição

Como bem pontua Gomes Canotilho, as noções de "ponderação" ou de "balanceamento" (de acordo com as terminologias preferidas na tradição alemã – *Abwägung* – e anglo-americana – *balancing*) são utilizadas sempre que surge a necessidade de "encontrar o direito" para resolver "casos de tensão" (em especial de colisões) entre bens juridicamente protegidos, situações que têm sido cada vez mais frequentes no campo do direito e da interpretação constitucional,[39] a ponto de se chegar a designar (inclusive com tom crítico) o Estado constitucional contemporâneo como um "Estado da ponderação" (*Abwägungstaat*).[40]

---

33. Idem, ibidem.
34. Idem, p. 1.225.
35. Cf. COELHO, Inocêncio Mártires. *Interpretação constitucional*, p. 162.
36. Cf. CANOTILHO, J. J. Gomes. *Direito constitucional e teoria da constituição*, p. 1.225.
37. Cf. CANOTILHO, J. J. Gomes; MOREIRA, Vital. *Fundamentos da constituição*, p. 57.
38. Cf. MENDES, Gilmar Ferreira; BRANCO, Paulo Gustavo Gonet; COELHO, Inocêncio Mártires. *Curso de direito constitucional*, p. 109-110. No âmbito da jurisprudência do STF, v., em caráter ilustrativo, a Rcl 52755/RS, rel. Min. Ricardo Lewandowski, j. 05.05.2022.
39. Cf. CANOTILHO, J. J. Gomes. *Direito constitucional e teoria da constituição*, p. 1.236-1.237.
40. Cf. LEISNER, Walter. *Der Abwägungsstaat – Verhältnismässigkeit als Gerechtigkeit?*

Geralmente atrelada à colisão de direitos fundamentais, a técnica da ponderação de bens surge a partir da insuficiência da subsunção como técnica de aplicação do direito quando da resolução de determinados problemas jurídico-constitucionais, em especial de casos concretos.[41]

Que o recurso à ponderação (ou balanceamento) não corresponde a um mero capricho dos cultores do direito constitucional decorre, de acordo com a explicação de Gomes Canotilho, de pelo menos três fatores: (a) a inexistência de uma ordenação hierarquizada e abstrata de bens constitucionais; (b) a estrutura de princípio de muitas normas constitucionais, que, por sua vez, implica a refutação de uma lógica do "tudo ou nada" e, portanto, exige a otimização e harmonização de tais princípios, especialmente nos casos de conflito; (c) a possibilidade de uma diversidade de leituras dos conflitos de bens constitucionais em face de uma ausência de unidade de valores no âmbito da comunidade política, impondo cuidadosa análise dos bens em causa e uma rigorosa fundamentação no âmbito da resolução dos conflitos.[42]

Ainda segundo a doutrina de Gomes Canotilho – que busca demonstrar a falta de identidade entre a interpretação e a ponderação (muito embora a ponderação integre o processo de interpretação e aplicação compreendido em sentido amplo) –, a função da assim chamada ponderação de bens não consiste propriamente na atribuição de significado normativo ao texto da norma, mas na obtenção de equilíbrio e na ordenação de bens em conflito (ou tensão) por ocasião de determinado caso concreto. Assim, ao passo que a interpretação busca reconstruir e qualificar os interesses ou bens conflitantes, atribuindo um sentido aos textos normativos aplicados, a ponderação (balanceamento) cuida dos critérios de ordenação concreta e da solução do conflito de bens.[43]

Por outro lado, a assim chamada ponderação ou balanceamento (expressões que, reitere-se, aqui são utilizadas como sinônimas) nem sempre se faz necessária e deve mesmo ser utilizada de modo comedido e mediante o atendimento de determinados critérios, além de se tratar de operação que reclama particular atenção em termos de uma adequada fundamentação. Quando, todavia, a própria constituição tiver estabelecido regras abstratas de prevalência, ou seja, quando a constituição exigir seja dada preferência a determinado bem jurídico ou interesse, o conflito deverá ser resolvido mediante observância da ponderação em abstrato feita pelo constituinte e que vincula o intérprete e aplicador.[44] Quanto ao modo pelo qual se processa a ponderação, ou seja, os parâmetros pelos quais se pauta o intérprete quando confrontado com a necessidade de resolver conflito cuja solução exige a utilização da ponderação, remete-se à literatura especializada e ao tópico seguinte, que cuida precisamente da proporcionalidade e da razoabilidade, cuja relação com o instituto da ponderação é inequívoca, muito embora quanto ao detalhe do como se dá tal relação aqui não será destinada maior atenção.

---

41. BARROSO, Luís Roberto. *Curso de direito constitucional contemporâneo*, p. 333 e ss.
42. Cf. CANOTILHO, J. J. Gomes. *Direito constitucional e teoria da constituição*, p. 1.237.
43. Idem, ibidem.
44. Idem, p. 1.240.

10.2.1.4 Proporcionalidade e razoabilidade como princípios e critérios de interpretação constitucional

Proporcionalidade e razoabilidade são noções que assumiram um papel de destaque no direito constitucional contemporâneo. Sua relação com os princípios da concordância prática e da ponderação (harmonização) é notória, e como tal aqui não será particularmente justificada, além de ter sido introduzida no item anterior. De qualquer modo, muito embora ambas as noções encontrem talvez o mais importante momento de sua aplicação no campo das restrições aos direitos fundamentais e, de modo especial, quando se cuida de colisões entre direitos e princípios, sua repercussão não se limita a tais situações. Com efeito, proporcionalidade e razoabilidade guardam uma forte relação com as noções de justiça, equidade, isonomia, moderação, prudência, além de traduzirem a ideia de que o Estado de Direito é o Estado do não arbítrio. Por outro lado, apenas na aplicação desses princípios (e critérios) é que se logra obter a construção de seu significado, legitimação e alcance, pois a cada situação solucionada amplia-se o âmbito de sua incidência.[45]

Originário do direito administrativo prussiano, o princípio da proporcionalidade (assim como, na tradição anglo-americana, a noção de razoabilidade = *reasonableness*), na sua forma inicial e até hoje reconhecida (embora reconstruída ao longo do tempo), guarda íntima vinculação com a ideia de um controle dos atos do Poder Público, buscando precisamente coibir excessos de intervenção na esfera dos direitos dos cidadãos, evoluindo, todavia, para servir de critério de aferição também da legitimidade constitucional dos atos legislativos e mesmo de decisões judiciais.[46] Não é à toa, portanto, que se fala em uma evolução da reserva legal para uma reserva de lei proporcional, no sentido de que o próprio legislador está vinculado pelo dever de proporcionalidade e com base neste pode ser controlado.[47] No seu conjunto, tal evolução, que compreende os princípios da proporcionalidade e – em certa medida – da razoabilidade como critérios de controle do poder (inicialmente sobre os atos do Poder Executivo), implicou uma aproximação cada vez maior de uma dimensão material da constituição, guindando o indivíduo a uma posição que o habilite a contestar determinados atos do Estado ofensivos ou restritivos a seus direitos (fundamentais).[48]

Na sua versão mais difundida e vinculada especialmente à função dos direitos fundamentais como direitos de defesa contra intervenções por parte dos órgãos estatais, o princípio da proporcionalidade, compreendido em sentido amplo, opera como um limite à possibilidade de intervenção no âmbito de proteção dos direitos fundamentais, implicando, nos termos da metódica praticada pelo Tribunal Constitucional Federal da Alemanha e posteriormente recepcionada em grande parte das Cortes constitucionais e mesmo dos tribunais supranacionais (destaquem-se aqui o Tribunal de Justiça da União Europeia e o Tribunal Europeu de Direitos Humanos), uma estrutura de controle em três níveis[49], de

---

45. MENDES, Gilmar Ferreira; BRANCO, Paulo Gustavo Gonet; COELHO, Inocêncio Mártires. *Curso de direito constitucional*, 2. ed., p. 121.

46. V., por todos, SCHOLLER, Heinrich. O princípio da proporcionalidade no direito constitucional e administrativo da Alemanha, *Revista Interesse Público* 2/93 e ss.

47. Cf. PIEROTH, Bodo; SCHLINCK, Bernhard. *Staatsrecht II – Grundrechte*, 26. ed., p. 66 e ss.

48. CANOTILHO, J. J. Gomes. *Direito constitucional e teoria da constituição*, p. 268.

49. Quanto à aplicação do método trifásico na jurisprudência constitucional brasileira, em que pese o número reduzido de julgamentos – o que ganha relevo diante da ampla utilização dos princípios da proporcionalidade e da razoabilidade –, cabe destacar a decisão sobre banco de dados genéticos na ADI 5545, rel. Min.

acordo com os critérios da adequação ou da conformidade (a medida interventiva deve ser apropriada, no sentido de tecnicamente idônea, a promover os fins pretendidos), da necessidade ou da exigibilidade (a medida deve ser, dentre as disponíveis, a menos restritiva possível) e da assim chamada proporcionalidade em sentido estrito, onde se processa a ponderação propriamente dita, ou seja, a verificação de se a medida, embora adequada e exigível, é mesmo proporcional e preserva uma relação de "justa medida" entre os meios utilizados e o fim almejado.[50]

Tais desenvolvimentos, a despeito de certa falta de clareza e da existência de importante controvérsia quanto ao adequado manejo dos critérios da proporcionalidade e da natureza de sua relação (ou mesmo eventual identificação) com a razoabilidade, correspondem também ao atual estágio da doutrina e jurisprudência constitucional brasileira, onde o princípio da proporcionalidade não encontrou, a exemplo de outras ordens constitucionais, previsão expressa no texto da constituição.

Muito embora a existência de autores de alto quilate, como Luís Roberto Barroso, que concebem os princípios da proporcionalidade e da razoabilidade como conceitos fungíveis, reduzindo eventual diferença entre ambos a uma questão mais nominal e vinculada à origem dos institutos (razoabilidade como produto da *common law* e proporcionalidade como estrutura desenvolvida na Alemanha), de modo que, na sua essência, ambos os princípios teriam fundamento nas ideias de devido processo legal substantivo e de justiça, revelando-se um valioso instrumento de controle dos atos do Poder Público na proteção da concretização dos direitos fundamentais,[51] o fato é que proporcionalidade e razoabilidade, a despeito dos pontos de contato, não podem ser equiparadas. A simples afirmação da fungibilidade dos dois princípios e mesmo o fato de, especialmente na esfera jurisprudencial, se verificar maior ou menor confusão a respeito não significam que razoabilidade e proporcionalidade, de acordo com a tradição anglo-americana e alemã, sejam de fato a mesma coisa. A estruturação da metódica de aplicação da proporcionalidade em três níveis (adequação, necessidade e proporcionalidade em sentido estrito), tal como desenvolvida na Alemanha e amplamente recepcionada, não se confunde com o raciocínio (embora haja pontos de contato) utilizado quando da aplicação da razoabilidade.[52]

Paralelamente à difundida função da proporcionalidade como proibição de excesso e como decorrência da noção de deveres de proteção do Estado, desenvolveu-se a ideia de que o Estado também está vinculado por um dever de proteção suficiente (no sentido de dotado de alguma eficácia). Deveres de proteção podem ser e são violados quando o titular do dever nada faz para proteger determinado direito fundamental ou, ao fazer algo, falha por atuar de modo insuficiente. Daí se falar, tal como já se fez também no Brasil, de uma *dupla face* do princípio da proporcionalidade,[53] que passa a atuar como critério de controle da legitimidade

---

Luiz Fux, j. em 13.04.2023, bem como a decisão sobre a política de controle da circulação de armas de fogo, concluindo que a aquisição e o porte devem estar sempre marcados pelo caráter excepcional e pela exigência de demonstração de necessidade concreta. Cf. ADI 6.119/DF, rel. Min. Edson Fachin, j. em 03.07.2023.

50. Idem, p. 267 e ss.

51. Cf. BARROSO, Luís Roberto. *Curso de direito constitucional contemporâneo*, p. 255 e ss., embora demonstrando a origem distinta da proporcionalidade (na Alemanha) e da razoabilidade (vertente anglo-americana) e reconhecendo que o caráter intercambiável dos dois princípios é controverso.

52. Cf., por todos, a precisa diferenciação apresentada por: ÁVILA, Humberto. *Teoria dos princípios*: da definição à aplicação dos princípios jurídicos. 19. ed. São Paulo: Malheiros, 2019, p. 203 e ss.

53. Cf. a expressão difundida por STRECK, Lenio Luiz. Da proibição de excesso (*Übermassverbot*) à proibição de proteção deficiente (*Untermassverbot*): de como não há blindagem contra normas penais inconstitucionais.

constitucional de medidas restritivas de direitos (do âmbito de proteção dos direitos fundamentais), bem como para o controle da omissão ou atuação insuficiente do Estado no cumprimento de seus deveres de proteção.[54] O sentido mais comum da proibição de excesso é o de evitar cargas excessivas ou atos de ingerência desmedidos na esfera jurídica dos particulares. Contudo, o defeito de proteção (uma forma de "excesso inverso") ocorrerá quando as entidades sobre as quais recai um *dever de proteção* não adotarem medidas suficientes para garantir uma proteção efetiva e adequada dos direitos fundamentais. Assim, este controle da insuficiência de proteção pressupõe a verificação a respeito do grau mínimo necessário para satisfazer determinado direito isoladamente considerado e se a proteção de determinado direito não afeta em demasia outros direitos contrapostos.[55]

Ambas as dimensões da proporcionalidade implicam controle da ação ou omissão do Poder Público, não existindo, como já referido, uma resposta prévia e desde logo correta em matéria de aplicação tanto da proibição de excesso quanto da proibição de proteção insuficiente. Cuida-se de limitar atos dos poderes públicos, que, no caso do Poder Legislativo, dispõe de relativamente ampla margem de manobra, razão pela qual a utilização da técnica da proporcionalidade implica também uma maior possibilidade de intervenção do intérprete constitucional, que nem sempre poderá ser saudada quando se trata de encargo desproporcional para o princípio democrático e mesmo da separação de poderes.

De qualquer modo, como aqui se buscou apenas tecer alguns rápidos comentários sobre o papel do princípio da proporcionalidade, é o caso de remeter o leitor ao capítulo próprio da parte geral dos direitos fundamentais (item sobre limites e restrições) e à literatura especializada, onde os princípios da proporcionalidade e da razoabilidade são apresentados e analisados de forma mais detalhada.[56]

10.2.2 O princípio da supremacia da Constituição

O princípio da supremacia da constituição se traduz no fato de que as normas constitucionais, dada a sua origem e em virtude da distinção entre poder constituinte e poderes constituídos, ocupam posição hierárquica superior em relação a toda e qualquer norma ou ato oriundo dos assim chamados poderes constituídos, portanto, em relação às demais normas do sistema jurídico.[57] Em outros termos, o princípio da supremacia da constituição significa que a constituição e, em especial, os direitos fundamentais nela consagrados situam-se no topo da hierarquia do sistema normativo, de tal sorte que todos os demais atos normativos, assim como os atos do Poder Executivo e do Poder Judiciário (mas também e de certo modo todo e qualquer ato jurídico), devem ter como critério de medida a constituição e os direitos

---

Revista de Hermenêutica Jurídica 2/243 e ss.; bem como FELDENS, Luciano. *A constituição penal – A dupla face da proporcionalidade no controle de normas penais*, 2005.

54. Para maior desenvolvimento, v. SARLET, Ingo Wolfgang. *A eficácia dos direitos fundamentais*, 13. ed., p. 414 e ss.

55. CANOTILHO, J. J. Gomes. *Direito constitucional e teoria da constituição*, p. 273.

56. Na literatura especializada brasileira, v., por todos, ÁVILA, Humberto. *Teoria dos princípios*: da definição à aplicação dos princípios jurídicos. 19. ed. São Paulo: Malheiros, 2019, p. 194 e ss. Ainda, sobre o tema, v. a ADPF 129, rel. Min. Edson Fachin, j. em 05.11.2019, onde no julgamento de inconstitucionalidade do art. 86 do Decreto-lei n. 200/1967, que tratava de despesas confidenciais, considerou-se que a possibilidade de restrição de liberdade de acesso fosse, dentre outros fatores, necessária e proporcional.

57. Cf. BARROSO, Luís Roberto. *Curso de direito constitucional contemporâneo*, p. 299.

fundamentais.[58] Por outro lado, há que ter em mente que a supremacia da constituição não se esgota na hierarquia das normas jurídicas, mas também diz respeito à arquitetura institucional, ou seja, à relação entre órgãos constitucionais, pois a supremacia da constituição implica o caráter secundário (dependente e subordinado) da legislação e do legislador.[59] Guardam relação – mas não se confundem – com o princípio da supremacia da constituição (do qual decorre o princípio da constitucionalidade e a partir do qual se estrutura todo um sistema de hierarquia das fontes normativas) pelo menos três importantes princípios da interpretação constitucional: o princípio da máxima eficácia e efetividade das normas constitucionais, o princípio da força normativa da constituição e o princípio da interpretação conforme à constituição, que serão objeto de sumária apresentação a seguir.[60]

10.2.2.1 O princípio da máxima eficácia e efetividade da Constituição

O tema da eficácia e efetividade da constituição relaciona-se com o plano da concretização constitucional, no sentido da busca da aproximação tão íntima quanto possível entre o *dever-ser* normativo e o *ser* da realidade social.[61] Nessa perspectiva, o princípio da máxima eficácia e efetividade (também chamado de princípio da eficiência) implica o dever do intérprete e aplicador de atribuir o sentido que assegure maior eficácia às normas constitucionais.[62] [63] Assim, verifica-se que a interpretação pode servir de instrumento para assegurar a otimização da eficácia e da efetividade, e, portanto, também da força normativa da constituição.[64]

10.2.2.2 O princípio da força normativa da Constituição

O princípio da força normativa da constituição, de acordo com a definição de Gomes Canotilho, implica que, na solução dos problemas jurídico-constitucionais, se dê primazia às soluções que possibilitam a atualização normativa da constituição e, ao mesmo tempo, garantam a sua eficácia e permanência.[65] O princípio da força normativa da constituição, portanto, guarda relação com o da máxima eficácia e efetividade da constituição, mas não se confunde integralmente com ele, pois o que está em causa não é apenas a ótima realização do programa normativo, assegurando a sua máxima realização no plano dos fatos, mas, sim, como leciona Konrad Hesse, mediante a devida consideração das possibilidades históricas e condições em processo de câmbio permanente, assegurar a atualização da constituição sem prejuízo de lhe imprimir a sua máxima concretização e força jurídica (eficácia e efetividade).[66]

---

58. MICHAEL, Lothar; MORLOK, Martin. *Grundrechte*, p. 76.
59. Cf. LIMBACH, Jutta. *Das Bundesverfassungsgericht*, 2. ed., p. 53-54.
60. Apontando já para a vinculação entre os princípios da supremacia e da máxima eficácia e efetividade da constituição e de suas normas, v., na jurisprudência do STF, à título de exemplo, a ADI 145 ED-segundos--ED/CE, rel. Min. Dias Toffoli, j. 08.02.2022.
61. BARROSO, Luís Roberto. *Curso de direito constitucional contemporâneo*, p. 305.
62. Cf. CANOTILHO, J. J. Gomes. *Direito constitucional e teoria da constituição*, p. 1.224.
63. Cf. julgamento da ADIn 4878/DF e ADIn 5083/DF, rel. Min. Gilmar Mendes, j. 08.06.2021, que assegurou ao "menor sob guarda" o direito de proteção previdenciária por observância do princípio da máxima eficácia. Da mesma forma, o princípio da máxima eficácia foi aplicado no julgamento do HC 208817 AgR, rel. Min. Cármen Lúcia, j. em 13.04.2023, em que o Plenário firmou entendimento no sentido de que a norma que prevê a representação para o crime de estelionato deve retroagir.
64. Cf. KLOEPFER, Michael. *Verfassungsrecht I*, p. 33.
65. Cf. CANOTILHO, J. J. Gomes. *Direito constitucional e teoria da constituição*, p. 1.226.
66. Cf. HESSE, Konrad. *Grundzüge des Verfassungsrecht der Bundesrepublik Deutschland*, p. 29.

10.2.2.3 O princípio da interpretação (das leis) conforme à Constituição

O princípio da interpretação das leis conforme à constituição, embora não pressuponha a existência de uma jurisdição constitucional, acabou alcançando relevância prática e desenvolvimento essencial no âmbito da estruturação e atuação de uma justiça constitucional, com destaque para a evolução que se processou na Alemanha, com a jurisprudência do Tribunal Constitucional Federal.[67] Muito embora a forte influência da doutrina e jurisprudência constitucional alemã (e a particular formatação que lá recebeu o instituto), o princípio da interpretação conforme à constituição não "nasceu" propriamente na Alemanha, além de ter alcançado uma difusão que transcende as fronteiras da Europa, já pelo fato de estar fundado na noção da supremacia da constituição e da sua estreita relação com o controle de constitucionalidade das leis.[68] Assim, não causa surpresa que também no Brasil a interpretação conforme a constituição tenha sido recepcionada e transformada mesmo em técnica decisória do controle de constitucionalidade expressamente consagrada em documento legislativo,[69] em que pese a sua recepção e desenvolvimento tenham, como em outros lugares, matriz jurisprudencial, por conta da atuação do STF.[70]

---

67. Idem, p. 30.

68. Cf., por todos, a notícia de Tavares, André Ramos. *Fronteiras da hermenêutica constitucional*, p. 131 e ss., corretamente apontando para a origem norte-americana do instituto, no âmbito, em especial, da doutrina do controle judicial de constitucionalidade das leis.

69. V. o art. 28, parágrafo único, da Lei n. 9.868/1999, que regulamenta o processo de controle abstrato de normas (ADIn e ADC). Sobre este tópico, v. o item próprio da parte relativa ao controle de constitucionalidade deste *Curso*. Ademais, como exemplo de interpretação conforme a CF, pode-se mencionar o julgamento da Medida Cautelar da ADI 6.421/DF, rel. Min. Roberto Barroso, j. em 21.05.2020, que conferiu interpretação conforme a CF da Medida Provisória n. 966/2020, a qual regulamentava a responsabilização de agentes públicos, com a finalidade de determinar que, para os fins de art. 1.º, § 1.º, da mencionada medida provisória, a autoridade a quem compete decidir deve exigir que a opinião técnica trate expressamente: (i) das normas e critérios científicos e técnicos aplicáveis à matéria, tal como estabelecidos por organizações e entidades médicas e sanitárias internacional e nacionalmente reconhecidas; e (ii) da observância dos princípios constitucionais. Ainda sobre o tema, v. a ADI 6.584/DF, rel. Min. Gilmar Mendes, j. em 24.05.2021, onde se deu interpretação conforme ao art. 19, X, da Lei Orgânica do Distrito Federal, para que a expressão empregos públicos seja limitada às entidades que recebam recursos do DF para pagamento de despesas de pessoal ou de custeio. Além disso, v. a decisão de mérito na ADPF 640, rel. Min. Gilmar Mendes, j. em 20.09.2021, que suspendeu em nível nacional todas as decisões administrativas ou judiciais que autorizem o sacrifício de animais silvestres ou domésticos apreendidos em situação de maus-tratos em função de interpretação de dispositivos da Lei de Crimes Ambientais (Lei n. 9.605/1998) em contrariedade com o previsto pela CF. Sobre o tema, confira-se, ainda, o julgamento dos embargos de declaração opostos na ADI 4.298, rel. Min. Gilmar Mendes, julgados em 04.10.2021, no âmbito dos quais o STF acolheu os embargos para atribuir interpretação conforme à Constituição, com efeitos *ex nunc*, à Lei n. 2.143/2009 do estado de Tocantins, de tal sorte que as disposições da lei somente possam ser aplicadas às hipóteses em que a vacância dos cargos de Governador e de Vice-Governador nos dois últimos anos do respectivo mandato decorrerem de causas não eleitorais. Mais recentemente, v. o julgamento da ADI 7101, rel. Min. Cármen Lúcia, j. 16.05.2022. Da mesma forma, o julgamento da ADI 6327, rel. Min. Edson Fachin, j. em 24.10.2022, em que o Plenário conferiu interpretação conforme à constituição aos artigos 392, § 1.º, da CLT e 71 da Lei n. 8.213/91 para considerar como termo inicial da licença-maternidade e do respectivo salário-maternidade a alta hospitalar do recém--nascido ou de sua mãe, o que ocorrer por último.

70. No âmbito da produção monográfica específica, v., no Brasil, entre outros: Appio, Eduardo Fernando. *Interpretação conforme a constituição. Instrumentos de tutela jurisdicional dos direitos fundamentais*; Colnago, Cláudio de Oliveira Santos. *Interpretação conforme a constituição – Decisões interpretativas do STF em sede de controle de constitucionalidade*. Como exemplo de decisões a respeito da interpretação conforme a CF, especificamente sobre normas referentes a competência dos entes federativos, pode-se mencionar o

Por outro lado, como se trata de uma interpretação das leis em conformidade com a constituição,[71] há quem sustente que o dever de interpretação conforme à constituição não consiste propriamente em um princípio de interpretação constitucional (das normas constitucionais), mas, sim, em uma interpretação constitucionalmente orientada (guiada) de normas infraconstitucionais.[72] Ainda assim, embora essencialmente se trate da atribuição de um sentido (às leis) que seja conforme à constituição, tal operação exige do intérprete que – até mesmo para estabelecer um juízo de conformidade – simultaneamente atribua sentido às normas constitucionais, de modo que, em sentido amplo, se trata de um princípio da interpretação constitucional.

Da mesma forma é preciso que se tenha cuidado com o que se compreende por interpretação conforme à constituição. Com efeito, uma coisa é, em sentido alargado, falar de uma eficácia "irradiante" das normas constitucionais, em especial no âmbito da dimensão objetiva dos princípios e direitos fundamentais, de acordo com o qual toda a ordem jurídica deve ser interpretada (e aplicada) em sintonia com os princípios e regras da constituição; outra é – já no contexto mais restrito da assim chamada interpretação das leis conforme a constituição – quando, mediante a utilização dos diversos métodos de interpretação, não for possível, em função da existência de várias possibilidades de interpretação, obter um sentido inequívoco, optando-se neste caso pelo sentido que for mais compatível com o texto constitucional. Em termos conceituais e no sentido estrito referido, a interpretação das leis conforme à constituição consiste, portanto, na técnica de acordo com a qual, em face da existência de mais de uma alternativa possível de interpretação de determinado dispositivo legal, das quais uma (ou mesmo várias) implicaria a inconstitucionalidade da disposição normativa em causa, há que se optar pela alternativa de interpretação que, ao mesmo tempo em que preserva a integridade do dispositivo legal, lhe atribui um sentido compatível com a constituição.[73] Assim, quando não se tratar da metódica referida, não se estará diante de uma interpretação conforme à constituição em sentido estrito, mas de outra coisa, que, consoante sinalado, poderá até ser reconduzida à noção ampla de uma interpretação conforme à constituição.

---

julgamento da ADI 6.097, rel. Min. Gilmar Mendes, Rel. p/ Acórdão Edson Fachin, j. em 08.06.2020, que reconheceu a constitucionalidade de lei estadual do Amazonas, sob o fundamento de que a legislação apenas especificou o meio e a forma de cumprimento de obrigação já imposta pela Lei n. 9.656/1998, a qual determina no art. 17 a necessária comunicação ao consumidor do descredenciamento de prestadores de serviço. Conforme entendimento expressado no julgamento, mesmo que a União possua competência privativa para legislar sobre direito civil e seguros, aos Estados e ao Distrito Federal é dada a competência para legislar sobre relações de consumo em geral. Ainda sobre a distribuição de competência, sobre a necessidade de que o intérprete priorize o fortalecimento de autonomias locais e o respeito às diversidades com meio de garantia do equilíbrio federativo. ADI 4.615, rel. Min. Roberto Barroso, j. em 20.09.2019. Ainda sobre a relação da interpretação conforme a CF e competências dos entes federativas, v. decisão que reconheceu ausência de monopólio da União para regulamentar as medidas que devem ser tomadas no combate no âmbito da pandemia da Covid-19, cf. ADI 6.343, rel. Min. Marco Aurélio, Redator p/ Acórdão Alexandre de Moraes, j. em 06.05.2020. Sobre o ponto, v., ainda, a ADI 6.288/CE, rel. Min. Rosa Weber, j. em 23.11.2020, estabelecendo interpretação conforme de resolução do Conselho Estadual do Meio Ambiente, de modo a resguardar a competência dos Municípios para o licenciamento de atividades e empreendimentos de impacto local.

71. Entre nós, confira-se, entre outros, SAMPAIO, José Adércio Leite. *Teoria da constituição e dos direitos fundamentais*. Belo Horizonte: Del Rey, 2013, p. 462.

72. Cf. KLOEPFER, Michael. *Verfassungsrecht I*, p. 34. Em sentido similar, v. MAURER, Hartmut. *Staatsrecht I*, 5. ed., p. 25.

73. Cf. KLOEPFER, Michael. *Verfassungsrecht I*, p. 34.

Com lastro na doutrina de Gomes Canotilho, o procedimento da interpretação conforme à constituição resulta da conjugação de pelo menos três aspectos: (a) o princípio da prevalência (supremacia) da constituição, de acordo com o qual deve ser escolhida uma interpretação que não seja contrária ao texto e ao programa da norma constitucional; (b) o princípio da conservação de normas, que traduz a ideia de que a norma não deve ser declarada inconstitucional quando, verificadas suas finalidades, ela puder ser interpretada em conformidade com a constituição; (c) o princípio da exclusão da interpretação conforme à constituição, mas que seja contrária ao sentido literal da lei, de acordo com o qual mesmo uma interpretação em conformidade com a constituição deve ser afastada quando tal interpretação implicar violação do sentido literal da norma infraconstitucional (inexistência de interpretação conforme à constituição mas seja *contra legem*).[74]

A interpretação conforme à constituição extrai sua justificativa de vários elementos, designadamente, a supremacia da constituição, a presunção de que, em caso de dúvida, o legislador teria desejado que dentre as opções disponíveis fosse escolhida aquela mais compatível com o texto constitucional, bem como a noção de que se deve optar pela decisão que mais tiver condições de preservar o ato legal.[75] No âmbito do controle de constitucionalidade das leis, a interpretação opera, de certo modo, como instrumento de autocontenção *(self restraint)* da jurisdição constitucional em relação aos atos legislativos, visto que a disposição legal só será declarada inconstitucional quando tal inconstitucionalidade for manifesta e não houver como dar uma atribuição de sentido à norma legal, que, por um lado, não venha a distorcer e reescrever o texto legal (mediante uma interpretação conforme não se deve substituir o conteúdo do regramento legal por um regramento substancialmente novo e produzido pelo Poder Judiciário),[76] e, por outro lado, evite a declaração de inconstitucionalidade. O quanto tal orientação é observada e em que medida atual como limite da interpretação resulta controverso e não será aqui examinado.

Cuidando-se de técnica de decisão no âmbito do controle de constitucionalidade das leis e atos normativos, deixaremos de aqui aprofundar o tema, remetendo desde logo ao item correspondente na esfera do controle de constitucionalidade, onde a interpretação conforme também é diferenciada de outras técnicas correlatas, como é o caso da inconstitucionalidade parcial sem redução de texto.

10.2.3 O princípio da divisão de poderes e o correlato princípio (dever) da conformidade funcional: o problema da autorrestrição por parte da jurisdição constitucional e as assim chamadas "capacidades institucionais"

Vinculado ao princípio (fundamental e "pétreo") da separação (divisão) de poderes, o assim chamado princípio (e o dele decorrente dever) da conformidade funcional – de acordo com a lição de Gomes Canotilho – significa, em termos gerais, que *o resultado da interpretação não pode subverter ou perturbar o esquema organizatório-funcional constitucionalmente estabelecido.*[77] O respeito pela esfera de competência dos demais órgãos estatais

---

74. Cf. CANOTILHO, J. J. Gomes. *Direito constitucional e teoria da constituição*, p. 1.226-1.227.
75. Cf. MAURER, Hartmut. *Staatsrecht I*, p. 25.
76. Idem, p. 35.
77. Cf. CANOTILHO, J. J. Gomes. *Direito constitucional e teoria da constituição*, p. 1.224.

assume, nesse contexto, a dimensão não apenas da condição de um dever elementar, mas, sim, a de um imperativo constitucional.[78] Assim, os limites e o alcance da atuação dos poderes constituídos, em especial no que concerne à posição do Poder Judiciário em relação aos Poderes Legislativo e Executivo, devem ser determinados a partir da noção de que o princípio da separação dos poderes implica uma posição de deferência em relação aos demais órgãos estatais e, no que diz com a postura adotada pelo Poder Judiciário, até mesmo uma espécie de autorrestrição, na linha do assim chamado *judicial self restraint* praticado nos Estados Unidos da América.[79]

De acordo com Konrad Hesse, tal princípio de interpretação constitucional vale especialmente para as relações entre o legislador e a jurisdição constitucional, de modo que a esta incumbe apenas uma função de controle da legislação, não podendo chegar ao ponto de subtrair ou mesmo limitar a liberdade de conformação do legislador para além dos limites impostos pela constituição.[80] De qualquer sorte, importa sublinhar que o princípio da autorrestrição não implica a redução das competências de controle da justiça constitucional, ainda mais quando se trata de seu órgão máximo, no caso brasileiro, do STF, consistindo apenas na renúncia à prática da política pelos órgãos jurisdicionais, de tal sorte que a autocontenção não poderá constituir uma estratégia generalizada de um órgão cuja função precípua é de controlar o poder e proteger os direitos fundamentais do cidadão.[81]

Os níveis de autorrestrição (ou deferência) por parte dos órgãos judiciais, por outro lado, não podem ser abstratamente definidos, seja em homenagem às peculiaridades de cada ordem constitucional concreta e da posição ocupada pelos órgãos estatais (em especial os três poderes convencionais) na arquitetura jurídico-constitucional, quanto aos problemas verificados em termos de cumprimento, pelos órgãos legislativos e administrativos, das disposições constitucionais. Da mesma forma relevante o grau de independência do Poder Judiciário e os mecanismos de controle dos atos dos demais poderes que lhe foram colocados à disposição. A interpretação conforme à constituição, como técnica destinada, em primeira linha, a salvaguardar o texto legal, mas também a maior ou menor consideração pelos assim chamados atos políticos e/ou *interna corporis* são indicativos concretos e viáveis (mas carentes de cuidadosa definição e manejo) para aferir o quanto em conformidade funcional se está a realizar, embora aqui (salvo a sumária apresentação da interpretação conforme) não tenhamos condições de aprofundar o ponto.

Embora não se confunda com a interpretação conforme à constituição nem haja uma superposição em relação à doutrina da autorrestrição judicial, assume relevo no presente contexto (da conformidade funcional e também, em boa parte, no campo da autocontenção judicial), por força especialmente da recepção promovida no Brasil mediante o labor de atualizada literatura, a assim chamada teoria (doutrina) das capacidades institucionais, que, em apertadíssima síntese, busca cobrar do Poder Judiciário, de modo especial em área sensíveis como a do controle de políticas públicas e que envolvem uma grande exigência de conhecimentos técnicos estranhos ao mundo jurídico, um maior grau de deferência em relação às opções e decisões levadas a efeito pelo legislador e pelo administrador, no sentido

---

78. Cf. LIMBACH, Jutta. *Das Bundesverfassungsgericht*, 2. ed., p. 32.
79. Sobre o *judicial self restraint* v., por todos, na literatura brasileira, MELLO, Cláudio Ari. *Democracia constitucional e direitos fundamentais*, p. 203 e ss.
80. Cf. HESSE, Konrad. *Grundzüge des Verfassungsrecht der Bundesrepublik Deutschland*, p. 28.
81. Cf. LIMBACH, Jutta. *Das Bundesverfassungsgericht*, 2. ed., p. 32.

de uma valorização recíproca das capacidades institucionais de cada esfera estatal e mesmo propondo um produtivo "diálogo institucional".[82]

Por outro lado, tendo em conta o exposto, convém pelo menos atentar para o assim chamado fenômeno da "judicialização da política" ou do "ativismo judicial" (por mais que se possa discutir a respeito da correção dos termos e sobre o quanto são adequadamente utilizados no Brasil), para que se verifique o quanto cada vez mais aparentemente menos se leva em conta o princípio da conformidade funcional, especialmente no que diz com a ampla intervenção do Poder Judiciário na esfera da atividade legislativa e em relação aos atos (e omissões) do Poder Executivo. Com isso, por sua vez, não se está a fazer um juízo de valor (negativo ou positivo), mas apenas afirmando que os limites funcionais aparentemente se revelam cada vez mais fluidos e relativos, o que se percebe com particular ênfase no Brasil pós-1988, à vista do número de casos que foram levados ao STF e que, segundo muitos, indicam uma crescente intervenção do Poder Judiciário na esfera reservada aos demais poderes.[83]

---

82. Cf., por todos: a síntese de SARMENTO, Daniel. *Por um constitucionalismo inclusivo – História constitucional brasileira, teoria da constituição e direitos fundamentais*, p. 224 e ss.

83. Em período recente, os seguintes temas foram objeto de pronunciamento do STF ou de outros tribunais: (a) políticas públicas: a constitucionalidade de aspectos centrais da reforma da previdência, relativamente à contribuição dos inativos, reforma do Poder Judiciário (por exemplo, no que diz com a criação e atribuições do Conselho Nacional de Justiça); (b) relações entre poderes: determinação dos limites de atuação das Comissões Parlamentares de Inquérito e o papel do Ministério Público na investigação criminal; (c) direitos fundamentais: legitimidade da interrupção de gestação em hipóteses de inviabilidade fetal e as pesquisas científicas com células-tronco embrionárias, reconhecimento da união entre pessoas do mesmo sexo, liberdade de imprensa, direito de manifestação ("marcha da maconha"), direito à saúde (fornecimento de medicamentos e outras prestações) e direito à educação (acesso a creches mantidas pelo Poder Público); (d) questões do dia a dia das pessoas: legalidade da cobrança de assinatura telefônica, aumento do valor das passagens de transporte coletivo, fixação do valor máximo de reajuste de mensalidades de planos de saúde privados etc. Podem ser acrescentados temas como a aplicação da Lei da Ficha Limpa, extradição (caso Battisti), demarcação de terras indígenas (caso Raposa Serra do Sol), dentre tantos outros, tudo a demonstrar a quantidade e relevância no que diz com a atuação do Poder Judiciário. Desenvolvendo o ponto, v. BARROSO, Luís Roberto. *Curso de direito constitucional contemporâneo*, p. 384-385.

◦ SEGUNDA PARTE ◦

O Sistema Constitucional Brasileiro

1

O CONSTITUCIONALISMO BRASILEIRO EM PERSPECTIVA HISTÓRICO-EVOLUTIVA

Da Constituição Imperial de 1824 à assim chamada "Constituição-Cidadã" de 1988

Ingo Wolfgang Sarlet

1.1 Os primórdios e a Carta Imperial de 1824[1]

A evolução constitucional brasileira, embora sua origem possa ser reconduzida ao período colonial, inicia com a independência de Portugal, marcando o desenvolvimento político-institucional do Brasil como Estado e nação politicamente independente.[2] Marcada pelo contexto eminentemente liberal-burguês, mas especialmente impregnada pela matriz constitucional francesa, a primeira Assembleia Constituinte do Brasil, sob a presidência do Bispo Capelão-Mor, D. José Caetano da Silva Coutinho, e com a participação decisiva do assim chamado "artífice da independência", José Bonifácio de Andrada e Silva,[3] foi instalada em 3 de maio de 1823, transcorrido menos de um ano da declaração da

---

1. Agradecemos a Italo R. Fuhrmann-Souza, mestre em direito pela PUC-RS e tutor das disciplinas de direito constitucional e direitos fundamentais, ambas ministradas pelo Prof. Dr. Ingo Wolfgang Sarlet na Escola Superior da Magistratura (Ajuris), no âmbito do curso de preparação à Magistratura à Distância, pelo auxílio na pesquisa bibliográfica realizada para o presente texto sobre a evolução constitucional brasileira.
2. Como bem aponta VILLA, Marco Antonio, *A história das constituições brasileiras*, p. 13, durante o período colonial mesmo em Portugal não vigorou nenhuma constituição escrita, no sentido atual do termo.
3. A qualificação de "artífice da independência" é feita por Eduardo Bueno, *Brasil*: uma história. Cinco séculos de um país em construção, p. 185.

independência por Dom Pedro I, muito embora a convocação para a realização das eleições para a Assembleia Constituinte, convém registrar, tenha ocorrido ainda antes da declaração de independência, mediante decreto expedido em 03.06.1822. O ufanismo democrático-liberal, contudo, logo foi freado pelo autoritarismo que ainda marcava a vida político-institucional, resultando na dissolução da Assembleia Constituinte pelo Imperador D. Pedro I (em 12.11.1823), que desconfiava do projeto de racionalização e limitação dos seus poderes imperiais, seguida da convocação, com a tarefa de elaborar um projeto de constituição, de um Conselho de Estado integrado por dez membros nomeados pelo Imperador, que então resultou na outorga do primeiro texto constitucional brasileiro, a Constituição do Império do Brasil, "oferecida e jurada" por Sua Majestade o Imperador, em 25 de março de 1824, instituindo um governo monárquico, constitucional e representativo.[4]

Consoante registra José Antônio Pimenta Bueno, tratava-se de uma Constituição que delegava ao Imperador o exercício precípuo do controle de todos os demais Poderes, tanto sobre o seu exercício próprio, quanto sobre suas relações recíprocas, por meio do chamado Poder Moderador, o órgão político mais ativo e influente do Império.[5] Com efeito, a criação, pela Carta Imperial, do Poder Moderador, como um quarto poder no âmbito do esquema de separação dos poderes preconizado pelo ideário iluminista, resultou de uma desvirtuada interpretação da teoria de Benjamin Constant,[6] cuidando-se, no que diz com o exercício do poder político, seguramente do elemento distintivo da primeira ordem constitucional brasileira. Disciplinado nos arts. 98 a 101 da Constituição Imperial, no âmbito do Poder Moderador foram atribuídas competências ao Imperador que caracterizaram um modelo político centralizado, permitindo que o monarca pudesse intervir fortemente na esfera dos demais Poderes estatais. Para ilustrar tal circunstância, bastaria aqui colacionar alguns exemplos. Com efeito, cabia ao Imperador a competência exclusiva de nomear os senadores, a possibilidade de convocar, em caráter extraordinário, a Assembleia Geral, a aprovação e suspensão interina das resoluções dos Conselhos Provinciais, a dissolução da Câmara dos Deputados, a suspensão dos magistrados por queixas feitas contra eles (embora após prévia audiência e ouvido o Conselho de Estado), além da prerrogativa de perdoar e moderar as penas impostas aos réus condenados por sentença, assim como a concessão de anistia em caso de urgência.

Foi apenas por ocasião do período regencial que a Constituição começou a se legitimar materialmente, como texto constitucional que concedia liberdades e limitava poderes, mais especificamente a partir da abdicação do Imperador, em 7 de abril de 1831, e da institucionalização da primeira reforma constitucional, levada a efeito pelo ato adicional veiculado pela Lei 16, de 12.08.1834.[7] Tal reforma constitucional, impulsionada pela Câmara dos Deputados, designadamente a Câmara Baixa, representante do pensamento liberal da época,

---

4. Cf. Mendes, Gilmar Ferreira; Branco, Paulo Gustavo Gonet; Coelho, Inocêncio Mártires. *Curso de direito constitucional*, 4. ed., p. 184.

5. Bueno, José Antônio Pimenta. *Direito público brasileiro e análise da Constituição do Império*, p. 203 e ss.

6. Para B. Constant, o poder moderador deveria ser um poder neutro, que agisse de forma imparcial, com o fito de manter o equilíbrio entre os demais poderes, garantindo o exercício dos direitos individuais. Para a consecução deste desiderato, o teórico francês qualifica como inexorável que tal poder não seja atribuído ao titular de qualquer dos outros poderes, no sentido de cumulação dos poderes "ativos" do Estado – cf. Sarmento, Daniel. *Por um constitucionalismo inclusivo – História constitucional brasileira, teoria da constituição e direitos fundamentais*, p. 11, texto que apresenta uma bela síntese dos traços essenciais da Constituição de 1824, assim como da evolução constitucional brasileira em geral.

7. Cf. Bonavides, Paulo; Andrade, Paes de. *História constitucional do Brasil*, p. 118.

trouxe avanços significativos, como a extinção do Conselho de Estado, a institucionalização da Regência Una e a criação das Assembleias Legislativas Provinciais, consideravelmente autônomas para a conjuntura política da época.[8] Nada obstante, com o advento da chamada "Lei de Interpretação", de 12 de maio de 1840, o conteúdo liberal das reformas foi corrigido, retrocedendo em prol das forças reacionárias do Império, especialmente mediante a restrição significativa dos poderes das Câmaras Provinciais.

No que diz com os seus traços essenciais, para além da instituição do já referido Poder Moderador e da respectiva centralização do poder político nas mãos do monarca,[9] a Constituição de 1824 apresentava a particularidade (única na história constitucional brasileira) de ser uma constituição do tipo semirrígido (ou semiflexível), visto que definia em que consistia a matéria constitucional propriamente dita, sujeita a um processo mais rigoroso de alteração (mediante o estabelecimento de limites formais à reforma constitucional), ao passo que o restante do texto poderia ser alterado por meio do processo legislativo ordinário. Com efeito, de acordo com o teor literal do art. 178, "é só Constitucional o que diz respeito aos limites, e atribuições respectivas dos Poderes Políticos, e aos Direitos Políticos, e individuais dos Cidadãos. Tudo o que não é Constitucional, pode ser alterado sem as formalidades referidas, pelas Legislaturas ordinárias".

O controle de constitucionalidade das leis, por sua vez, era eminentemente político, tendo sido conferido ao Poder Legislativo, a que, de resto, incumbia também a prerrogativa de interpretar as leis. Nota-se, portanto, que no concernente à organização dos Poderes, a Carta Imperial aderiu ao modelo constitucional francês revolucionário, extremamente cauteloso (e mesmo resistente) em relação ao poder dos juízes, que, em geral, deveriam se limitar a atuar como a "boca da lei", de acordo com a visão privilegiada por Montesquieu. A posição do Poder Judiciário no âmbito da arquitetura político-institucional era, portanto, bastante distinta daquela que vinha sendo engendrada na esfera do constitucionalismo norte-americano (especialmente quando a Suprema Corte assumiu a prerrogativa do controle de constitucionalidade das leis), situação que veio a ser superada (ainda assim de modo gradual) apenas a contar da proclamação da República.

Outra importante característica a ser registrada é a de que a despeito de ter sido outorgada, a Carta Imperial de 1824 contemplava um elenco significativo de direitos e garantias individuais, designadamente nos incisos do art. 179. Embora o foco nos direitos civis e políticos, típico do constitucionalismo liberal, o texto constitucional, a exemplo da fugaz experiência francesa, continha direitos sociais, como dão conta os exemplos do direito aos socorros públicos (assistência social em saúde), da instrução primária gratuita a todos os cidadãos, assim como dos colégios e universidades para o ensino das ciências, belas-artes e letras, respectivamente disciplinados nos incisos XXXI, XXXII e XXXIII do art. 179 do Título 8.º da Constituição Imperial.[10]

Afastando-nos já da perspectiva dogmático-normativa, verifica-se que uma das marcas do constitucionalismo imperial, de resto presente, embora com outras feições, nas Constituições posteriores, é o abismo entre a abstração normativa e a realidade social e

---

8. Idem, p. 123-125.

9. Sobre a forma e o sistema de governo na Constituição de 1824 v., por todos, a síntese de SOUZA JUNIOR, Cezar Saldanha. *Constituições do Brasil*, p. 23 e ss.

10. Cf. NOGUEIRA, Octaciano. *Constituições brasileiras: 1824*, vol. 1, p. 105-106. A título ilustrativo, cf. OLIVEIRA, Neyder Alcântara de. *As influências francesas na Constituição de 1824*, p. 20-22.

institucional de então, já que, apesar de positivar um extenso elenco de direitos civis e políticos, dentre os quais a garantia da isonomia, a Constituição Política do Império do Brasil vigeu por mais de setenta anos admitindo os privilégios da nobreza, o voto censitário e o regime escravocrata.[11] Ademais, ao longo do período imperial, especialmente no período da Regência (1831-1840), o Estado brasileiro conviveu com fortes instabilidades políticas e sociais, na tensa oposição entre os movimentos contrários ao regime, de inspiração liberal, e a manutenção da ordem monárquica, que veio a ser deposta pelo golpe de 15 de novembro de 1889.[12] Apesar disso, a Constituição de 1824 é tida como um documento político significativo, que "logrou absorver e superar as tensões entre o absolutismo e o liberalismo, marcantes no seu nascimento, para se constituir, afinal, no texto fundador da nacionalidade e no ponto de partida para a nossa maioridade constitucional".[13] Ainda que tal julgamento possa soar um tanto generoso, a Carta Imperial, especialmente considerando o momento no qual foi forjada e o comparativamente largo período de tempo durante o qual esteve em vigor (pouco mais de sessenta e cinco anos), assume um lugar de destaque na história constitucional do século XIX, pelo menos no âmbito da evolução constitucional americana.

1.2 A Proclamação da República e a implantação da Federação: a Constituição da República dos Estados Unidos do Brasil de 1891

A Proclamação da República, em 15.11.1889, formalizada mediante a edição do Dec. 1 (redigido por Ruy Barbosa), pelo Governo Provisório liderado pelo Marechal Deodoro da Fonseca, foi o ponto de partida jurídico-político da primeira República Federativa do Brasil. É preciso registrar, outrossim, que tanto a República quanto a forma federativa de Estado já vinham sendo objeto de expressivas reivindicações.[14] Com efeito, de acordo com a lição de Paulo Bonavides e Paes de Andrade, a República não foi o resultado apenas das intenções isoladas de um grupo militar, mas foi a consequência de um conjunto mais amplo de causas políticas, econômicas e socioculturais, que vinham se materializando ao longo do Segundo Reinado.[15]

---

11. BARROSO, Luís Roberto. *O direito constitucional e a efetividade de suas normas*, p. 12.
12. Nesse sentido, são exemplos a Confederação do Equador, movimento republicano e abolicionista de Pernambuco; a Revolução Farroupilha, conflito eclodido no Estado do Rio Grande do Sul, de 1835 a 1845; a Balaiada, movimento político desenvolvido no Estado do Maranhão, iniciado em 13.12.1838; a Revolta da Sabinada, insurreição republicana e separatista, travada na cidade de Salvador; a insurreição popular denominada Cabanagem, na Província do Pará, de 1835 a 1840; e a Praieira, movimento insurreto liberal, conflito eclodido em Pernambuco, em 07.11.1848.
13. Cf. MENDES, Gilmar Ferreira; BRANCO, Paulo Gustavo Gonet; COELHO, Inocêncio Mártires. *Curso de direito constitucional*, p. 185.
14. A reivindicação por um Estado federal traduzia-se em velha aspiração brasileira, desde o período colonial, de modo que todas as Províncias aderiram de imediato ao novo regime, sem que houvesse qualquer resistência – cf. SILVA, José Afonso da. *Curso de direito constitucional positivo*, 33. ed., p. 77-78.
15. Cf. BONAVIDES, Paulo; ANDRADE, Paes de. *História constitucional do Brasil*, p. 213. A insatisfação generalizada dos senhores de escravos pela campanha abolicionista, sem contrapartida indenizatória, o distanciamento progressivo da Igreja em relação à Coroa, o aumento significativo da participação do exército nas questões políticas da Nação, especialmente a partir do desfecho da Guerra do Paraguai (1870) e o início da alteração da base econômica fundada na manufatura para a produção industrial contribuíram para o surgimento da República dos Estados Unidos do Brasil.

Por determinação do Governo Provisório, foi instituída a chamada "Comissão dos Cinco", encarregada da redação do anteprojeto da Constituição, presidida por Joaquim Saldanha Marinho.[16] O anteprojeto elaborado pela Comissão passou pela redação final de Ruy Barbosa, então Ministro da Fazenda, tendo sido submetido ao crivo da Assembleia Constituinte instalada em 15 de novembro de 1890, onde foi aprovado quase em sua integralidade pelos deputados e senadores constituintes. A forte influência norte-americana – em especial devida a Ruy Barbosa – marcou profundamente o primeiro texto constitucional republicano, não tendo sido por acaso que passamos a nos chamar de República dos Estados Unidos do Brasil, muito embora as importantes diferenças no tocante à formatação da estrutura federativa norte-americana e brasileira.[17]

Durante o processo constituinte, o tema que suscitou maiores controvérsias foi o federalismo, vencendo a corrente, chamada de unionista, liderada por Ruy Barbosa, que defendia o predomínio da União na gestão do poder da República.[18] Tal posicionamento, consentâneo com a tradição centralizadora do período monárquico brasileiro, não refletia a experiência histórica do federalismo norte-americano, produto de unidades regionais bem estabelecidas – as antigas colônias inglesas –, que dispunham, inclusive, de regimes jurídicos próprios, unindo-se em torno de uma Confederação, ratificada, primeiramente, pelos *Articles of Confederation*, em 1781, para, num segundo momento, adotarem a forma federativa de Estado sob a Constituição de 1787.[19]

A adoção do modelo norte-americano, especialmente no que diz com a forma de importação do federalismo, não restou imune a objeções, destacando-se, neste contexto, a abalizada crítica contumaz assacada por Paulo Bonavides e Paes de Andrade, seja no sentido da falta de correspondência entre a realidade histórica e social brasileira e o texto constitucional de 1891, seja no que diz respeito à adoção de um federalismo centralizado, que acabou transformando o Presidente da República numa espécie de "rei sem trono" ou de um "monarca eletivo que se substituía a cada quatriênio", precisamente o contrário do que esperavam os adversários da Monarquia e do modelo unitário de Estado precedente.[20]

No que diz com a ideologia subjacente, a Constituição de 24 de fevereiro de 1891 foi um grande monumento à teoria liberal, consagrando, além da fórmula da separação de poderes, a periodicidade dos mandatos políticos e estabelecendo um Estado Federal com ampla autonomia para os novos Estados-membros, que substituíram as antigas Províncias.[21] Além disso, diversamente da Carta Imperial, tratava-se de uma Constituição rígida, visto que a alteração de seu texto apenas poderia ser levada a efeito mediante procedimento qualificado, distinto da alteração de uma lei.[22] Igualmente por força da influência

---

16. Para uma detalhada reconstituição dos fatos históricos relativos à formação da primeira Assembleia Constituinte Republicana no Brasil, remetemos o leitor à obra de: BONAVIDES, Paulo; ANDRADE, Paes de. *História constitucional do Brasil*, p. 221-235.

17. Cf. MENDES, Gilmar Ferreira; BRANCO, Paulo Gustavo Gonet; COELHO, Inocêncio Mártires. *Curso de direito constitucional*, p. 186.

18. Cf. IGLÉSIAS, Francisco. *Constituintes e constituições brasileiras*, p. 29.

19. Cf. BARROSO, Luís Roberto. *Curso de direito constitucional contemporâneo*, p. 15 e ss.

20. Cf. BONAVIDES, Paulo; ANDRADE, Paes de. *História constitucional do Brasil*, p. 260.

21. A preocupação na descentralização do poder era tamanha que se chegou ao paroxismo de se estabelecer que cada um dos Estados, "no exercício de sua legítima soberania", decretaria em tempo oportuno sua Constituição definitiva (art. 3.º do Dec. 1, do Governo Provisório, de 15.11.1889).

22. Conforme disposto no seu art. 90, §§ 1.º e 2.º.

norte-americana, foi adotado o sistema presidencialista de governo, bem como consagrada a adoção de um Estado laico (daí a laicização do ensino nos estabelecimentos públicos), caracterizado pela separação entre o Estado e a Igreja. No campo dos direitos e garantias fundamentais, assume papel de destaque a figura da ação de *habeas corpus* (art. 72, § 22), que, na época (por não ter sido criado, ainda, o mandado de segurança), era o principal instrumento para a defesa dos direitos individuais frente a ilegalidades e abusos de poder.

Ademais disso, pela primeira vez no constitucionalismo pátrio, foi estabelecida, expressamente no texto da Constituição, a abertura material do catálogo dos direitos e garantias, nomeadamente no seu art. 78, ao dispor que a declaração de direitos não excluía "outras garantias e direitos não enumerados, mas resultantes da forma de governo que ela estabelece e dos princípios que consigna".[23] De matriz marcadamente liberal, foram excluídos do texto constitucional os direitos de cunho social presentes na Carta Imperial, quais sejam o direito à assistência social (socorros públicos), o direito à instrução primária gratuita, assim como o acesso a colégios e universidades para o ensino das ciências, belas-artes e letras, previstos nos incisos XXXI, XXXII e XXXIII do art. 179 do Título 8.º da Constituição do Império.

Outro ponto a ser destacado, além do natural abandono do Poder Moderador, incompatível com o projeto liberal republicano, diz com o papel do Poder Judiciário no esquema da separação de poderes. A criação do STF, cujos magistrados eram livremente nomeados pelo Presidente da República, além de sabatinados pelo Senado Federal, somada à implantação da figura do *judicial review* norte-americano, no sentido da possibilidade de cada juiz ou tribunal (mediante possibilidade de recurso ao STF, em caráter extraordinário) não aplicar lei ou ato normativo contrário à Constituição, provocou o rompimento definitivo com a tradição de um controle político, exercido pelo próprio Legislativo.

Apesar do avanço normativo inegável em relação ao texto de 1824, a conjuntura promíscua da política oligárquica dominou os espaços da vida institucional brasileira ao longo de todo o período da chamada "República Velha", colapsada com o movimento revolucionário de 1930, que resultou na promulgação da Constituição de 1934. Com efeito, desde a dissolução do Congresso por Deodoro da Fonseca, em 3 de novembro de 1891, e da não convocação de novas eleições por Floriano Peixoto,[24] quando da renúncia precoce do primeiro Presidente da República, o novo regime constitucional já dava sinais concretos de inoperância frente aos *fatores reais de poder*. Nesta perspectiva, a assim designada "política do café com leite", introduzida a partir da sucessão do governo de Prudente de Morais por Campos Sales, viria a aviltar o processo democrático brasileiro, com a institucionalização da fraude eleitoral e do pacto oligárquico entre os cafeicultores paulistas e os pecuaristas mineiros, dando margem ao surgimento do assim chamado *coronelismo*, que, ao fim e ao cabo, acabou transformando a cidadania brasileira, em maior ou menor medida, em uma espécie de "rebanho eleitoral".[25]

Os anseios reformistas acabaram resultando, em 1926, na única reforma do texto constitucional de 1891. Dentre as alterações, as mais significativas foram as que trataram da

---

23. Cf. BONAVIDES, Paulo; ANDRADE, Paes de. *História constitucional do Brasil*, p. 259.

24. Assim estava disciplinado o art. 42 do texto constitucional: "Se, no caso de vaga, por qualquer causa, da Presidência ou Vice-Presidência, não houverem ainda decorrido dois anos, do período presidencial, proceder-se-á a nova eleição".

25. Cf. LEAL, Victor Nunes. *Coronelismo, enxada e voto:* o município e o regime representativo no Brasil, p. 253.

intervenção nos Estados, aumentando a autoridade do Presidente da República, bem como da determinação da competência federal para legislar sobre as relações de trabalho. A emenda constitucional inovou ainda com a proibição da reeleição de presidentes e governadores dos Estados; com a proibição das caudas orçamentárias; com a restrição à teoria ampliativa do *habeas corpus*; e com a instituição do veto parcial.[26]

A Constituição de 1891 não dispunha, à evidência, de força normativa suficiente para coordenar o processo político-institucional, faltando sintonia com a base social, econômica e cultural, o que levou ao surgimento de insatisfações generalizadas.[27] A Constituição de 1891 não resistiu à transformação social e política brasileira, designadamente com o avanço da industrialização e do operariado urbano e a formação de movimentos reivindicatórios ancorados na *questão social*, aqui representada, em caráter ilustrativo, pela fundação, em 1922, do Partido Comunista do Brasil.[28] Tudo isso acabou resultando na superação da ordem vigente pela Revolução de 1930, capitaneada pelos governadores de Minas Gerais, do Rio Grande do Sul e da Paraíba, que depuseram o presidente Washington Luiz e entregaram o governo, transitoriamente, a uma Junta Militar, que o exerceu até o dia 3 de novembro daquele ano, quando assumiu, em caráter definitivo, o então governador do Rio Grande do Sul, Getúlio Vargas, líder civil do movimento revolucionário.[29]

Deve-se, em primeira linha, à atuação de Getúlio Vargas, na condição de Presidente da República, a transição para uma nova ordem constitucional. Com efeito, foi dado início a uma política de intervenção nos Estados, aniquilando-se com a chamada "Política dos Governadores", acompanhada do afastamento, em termos significativos, da influência dos coronéis; institui-se a Justiça Eleitoral, mediante a promulgação, em 3 de fevereiro de 1932, do Código Eleitoral, que, entre outros avanços significativos, institui o voto feminino e transferiu das Assembleias políticas para o Poder Judiciário a competência para julgar a validade das eleições e de proclamar os eleitos.[30] Após dominada a Revolução Constitucionalista de 1932, eclodida em São Paulo, que buscava a reconstitucionalização e redemocratização do País, foi instaurada a Assembleia Constituinte que resultou na promulgação da segunda Constituição da República, em 1934. Apesar de toda a crise política e institucional ocorrida ao longo da chamada "República Velha", foi neste período que se vislumbraram as primeiras medidas legislativas em torno da questão da seguridade social, como dão conta a primeira Lei de Acidentes do Trabalho, de 1919, e a Lei Eloy Chaves, que criou o primeiro instituto de aposentadoria, o dos ferroviários, em 1924.[31]

Uma avaliação sumária da primeira Constituição republicana permite afirmar que, a despeito do considerável tempo de vigência da Constituição, de 24.02.1891 até 11.11.1930, o descompasso entre o texto constitucional e a realidade social, econômica, política e cultural brasileira acabou sendo uma das marcas características desse período. Por outro lado, há quem

---

26. Cf. Barroso, Luís Roberto. *Curso de direito constitucional contemporâneo*, p. 18.

27. Mendes, Gilmar Ferreira; Branco, Paulo Gustavo Gonet; Coelho, Inocêncio Mártires. *Curso de direito constitucional*, p. 187-188.

28. Para um estudo sobre as transformações econômicas e sociais que fomentaram a crise do modelo liberal, cf. Monteiro, Hamilton de Mattos. Da república velha ao estado novo. In: Linhares, Maria Yedda (Org.). *História geral do Brasil*, p. 302-315.

29. Mendes, Gilmar Ferreira; Branco, Paulo Gustavo Gonet; Coelho, Inocêncio Mártires. *Curso de direito constitucional*, p. 188.

30. Silva, José Afonso da. *Curso de direito constitucional positivo*, p. 81.

31. Cf. Baleeiro, Aliomar. *Constituições brasileiras: 1891*. Brasília, Senado Federal, 1999, p. 51.

seja mais generoso com a nossa primeira fase republicana e a Carta de 1891, admitindo que, a despeito de todos os percalços vivenciados, a Constituição ainda assim possibilitou a consolidação das instituições nacionais e do Estado brasileiro.[32]

1.3 A Constituição da República dos Estados Unidos do Brasil de 1934

A Constituição promulgada em 16.07.1934 é fruto do movimento de 1930 e da Revolução Constitucionalista de 1932, e pode ser considerada como o momento constitucional que marcou a introdução do constitucionalismo social no Brasil. Embora sua vigência tenha sido efêmera (considerando a sua superação pelo texto de 1937, resultado do golpe do Estado Novo), já se disse que a segunda Constituição da República foi a mais criativa das Constituições republicanas.[33]

Aspecto a ser destacado é que a Constituição de 1934 foi fortemente influenciada pelo corporativismo fascista, o que, de resto, acabou por se constituir em marca indelével da chamada Era Vargas (1930-1945), mas não se podem subestimar, muito antes pelo contrário, os estímulos oriundos da Constituição espanhola de 1931, da Carta austríaca de 1920 e, especialmente no tocante ao constitucionalismo social, a influência exercida pelas Constituições mexicana (1917), alemã (Constituição da República de Weimar, 1919), e também pelo texto constitucional soviético, de 1918.[34] Nesse contexto, embora não se possa aqui desenvolver o ponto, é de sublinhar o fato de que, como bem demonstra Luís Rosenfield, o Brasil experimentou, de 1930-1945, aquilo que pode ser designado de uma "revolução conservadora."[35]

No que diz com as principais características da Carta de 1934, a manutenção da estrutura organizacional da Constituição anterior, no caso, da República, da Federação, do postulado da separação de poderes, do sistema presidencialista e do regime democrático-representativo, foi acompanhada de algumas inovações dignas de nota, como é o caso da instituição, ao lado do Ministério Público e do Tribunal de Contas, dos Conselhos Técnicos e dos órgãos cooperativos nas atividades governamentais.[36] Além disso, foi fortalecido o Poder Executivo, ampliando-se as possibilidades da decretação do estado de sítio; manteve-se o mandato de quatro anos para o Presidente, porém impedida sua reeleição; e foi abolida a figura do Vice-Presidente. A criação da Justiça do Trabalho também se deveu ao novo texto constitucional, apta a dirimir litígios entre empregados e empregadores.

No campo dos direitos e garantias do cidadão, muito embora a existência, na Carta Imperial de 1824, de algumas posições jurídicas, isoladas e pontuais, atinentes à categoria dos direitos sociais, foi apenas na Constituição de 1934 que o comprometimento (ao menos formal) com a noção de um Estado Social e com a ideia de direitos sociais passou a

---

32. MENDES, Gilmar Ferreira; BRANCO, Paulo Gustavo Gonet; COELHO, Inocêncio Mártires. *Curso de direito constitucional*, p. 187.

33. Nesse sentido, a afirmação de SOUZA JUNIOR, Cezar Saldanha. *Constituições do Brasil*.

34. Cf. CERQUEIRA, Marcello. *Cartas constitucionais*: império, república e autoritarismo, p. 43.

35. Cf. ROSENFIELD, Luís. *Revolução Conservadora. Genealogia do Constitucionalismo Autoritário Brasileiro (1930-1945)*. Porto Alegre: ediPUCRS, 2021, obra que sem dúvida veio para ocupar um lugar de subido destaque na literatura sobre o tema.

36. SILVA, José Afonso da. *Curso de direito constitucional positivo*, 33. ed., p. 82.

ser incorporada, de forma perene, ao constitucionalismo brasileiro.[37] Tal processo teve seu ponto de partida com a formação da assim chamada Subcomissão do Itamarati, encarregada de dar início aos trabalhos de confecção do anteprojeto da Constituição de 1934, composta, dentre outros, de diversos ministros do governo provisório, como o Ministro das Relações Exteriores Afrânio de Melo Franco (presidente), além de Temístocles Brandão Cavalcante (secretário-geral), Assis Brasil, Osvaldo Aranha, José Américo de Almeida, Carlos Maximiliano, Antonio Carlos de Andrade, Arthur Ribeiro, Prudente de Moraes Filho, Agenor de Rouer, João Mangabeira, Oliveira Viana e Góis Monteiro,[38] com o que o País deu seu primeiro passo no sentido da constitucionalização de um extenso rol de direitos sociais.[39] Dentre o elenco dos direitos sociais destacam-se os estabelecidos em dois títulos inexistentes relativamente à primeira Constituição Republicana, quais sejam o da ordem econômica e social e o da família, educação e cultura.

A ordem econômica, consoante o art. 115, deveria ser pautada pelos princípios da justiça, possibilitando a todos uma existência condigna; foi garantido o amparo à maternidade e à infância, incumbindo ao Poder Público a adoção de medidas legislativas tendentes a restringir a mortalidade e a morbidade infantis (art. 138); além de toda a produção legislativa na seara laboral decorrente dos preceitos estipulados no art. 121, como os referentes ao salário mínimo, à jornada máxima de oito horas de trabalho, ao repouso semanal, às férias anuais remuneradas, à indenização para o trabalhador pela dispensa sem justa causa, à assistência médica ao trabalhador e à gestante, e ao reconhecimento das convenções coletivas de trabalho.[40] Mas também no campo dos direitos civis e políticos o texto constitucional de 1934 trouxe grandes inovações, como o instituto do mandado de segurança, a ser ministrado toda vez que houvesse direito "certo e incontestável, ameaçado ou violado por ato manifestamente inconstitucional ou ilegal de qualquer autoridade".[41]

O projeto constitucional, todavia, por mais progressista que tenha sido, especialmente em matéria de direitos sociais, praticamente não teve chance de se afirmar na vida cotidiana política, social e econômica do Brasil, visto que, em virtude de golpe desferido em 10 de novembro de 1937, pelo próprio líder do movimento revolucionário que esteve na base do texto de 1934, acabou sendo substituída de forma autoritária, dando lugar ao Estado Novo, pouco mais de três anos após sua entrada em vigor. Sua derrocada precoce pode ser reportada, ainda que não exclusivamente, ao fato de estar permeada por princípios antagônicos, é dizer, apesar de seu "brilhantismo jurídico", não era possível identificar um projeto político hegemônico para o País.[42]

---

37. Cf. WOLKMER, Antônio Carlos. *Constitucionalismo e direitos sociais no Brasil*, p. 7.

38. MORAES, Filomeno. A "Constituição econômica" no Brasil: da subcomissão do Itamarati à Constituição Federal de 1988. In: COUTINHO, Aldacy et al. (Org.). *Liber amicorum – Homenagem ao Prof. Doutor António José Avelãs Nunes*, p. 215-216.

39. Curiosamente, o decreto expedido pelo Governo Provisório (n. 21.402, de 14.05.1932) convocando a Assembleia Constituinte para o dia 03.05.1933, e determinando a formação da Subcomissão do Itamarati para a elaboração do anteprojeto da Constituição, ocorreu antes da chamada Revolução Constitucionalista, que eclodiu no dia 09.07.1932, em São Paulo.

40. BONAVIDES, Paulo; ANDRADE, Paes de. *História constitucional do Brasil*, p. 329-330.

41. Idem, p. 328.

42. Idem, p. 326.

1.4 O Estado Novo e a Carta de 1937 (a Constituição "Polaca")

A década de 1930 havia iniciado de modo agitado, já com as Revoluções de 1930 e 1932, que resultaram na Constituição de 1934. Todavia, as turbulências seguiram e, como já destacado no item anterior, não asseguraram suficiente estabilidade político-institucional para a afirmação da nova ordem constitucional. O fato é que também no Brasil se faziam sentir, de modo intenso, as agitações ideológicas, de perfil extremista, que vicejavam na Europa, notadamente as diversas correntes do fascismo (até mesmo o nacional-socialismo, embora de forma mais tímida, alcançou o Brasil) e do socialismo e comunismo, tudo potencializado pela crise da economia mundial, especialmente em função das consequências desastrosas da crise de 1929. Com efeito, foi neste período que, sob a liderança de Plínio Salgado, surgiu a Ação Integralista Brasileira, de inspiração fascista, assim como foi nesta época que ocorreu a reorganização do Partido Comunista no Brasil, sob o comando de Luís Carlos Prestes, sujeito, de resto, à disciplina estrita do Comitê Central Soviético, culminando com o malogro da chamada "Intentona Comunista", de 1935.

Tal cenário, de certo modo, facilitou sobremaneira as coisas para que Getúlio Vargas, mediante argumentos de manutenção da ordem, dissolvesse a Câmara e o Senado, outorgando a Constituição de 10.11.1937. Mediante a imposição de um novo texto constitucional, destituído de qualquer legitimação democrática, apenas foi assegurada uma roupagem "constitucional" para a ditadura do Estado Novo, que, por sua vez, foi apenas o ponto culminante de um período marcado pela instabilidade – como já referido – e pelo maior ou menor autoritarismo.[43] O perfil profundamente autoritário e controlador, especialmente em relação à dissidência política, aos meios de comunicação e às organizações sindicais, foi assegurado, entre outros aspectos, por meio da implementação da polícia política, com seus órgãos institucionais, como o Departamento de Imprensa e Propaganda (DIP), o Tribunal de Segurança Nacional, a Delegacia Especial de Segurança Pública e Social (DESPS) e o Departamento de Ordem Política e Social (DOPS), articulados com a finalidade de perseguição política e de uniformizar as massas, mediante a doutrina ideológica do regime.[44]

No que diz com suas principais características, a Carta de 1937, redigida por Francisco Campos e também designada de "A Polaca", em virtude de ter sido inspirada fortemente na Constituição da Polônia, de 23.04.1935, fortaleceu sobremaneira o Poder Executivo, atribuindo a este uma intervenção mais ampla na elaboração das leis, designadamente, assegurando a possibilidade da expedição de decretos-leis em todas as matérias de competência da União, enquanto não fosse reunido o Congresso Nacional, conforme preceitua seu art. 13, no título destinado à organização nacional.

Outra marca autoritária e centralizadora pode ser identificada no campo do controle da constitucionalidade: declarada inconstitucional uma lei que, a juízo do Presidente da República, fosse necessária ao bem comum, à promoção ou à defesa de interesse nacional, poderia esta ser submetida novamente ao exame do Parlamento, podendo ser declarada constitucional por maioria de dois terços dos votos, em cada uma das Casas (art. 96,

---

43. Sobre o tema, v., dentre outros, a contribuição de ROSENFIELD, Luís. *Revolução Conservadora. Genealogia do constitucionalismo autoritário brasileiro* (1930-1945), Porto Alegre: EDIPUCRS, 2021.

44. Nesse sentido, CANCELLI, Elizabeth. *O mundo da violência – A polícia da era Vargas*, p. 48 e ss.

parágrafo único).[45] Aliás, ficou expressamente vedado, conforme o art. 94, o conhecimento pelo Poder Judiciário de questão exclusivamente política, abrindo uma margem significativamente arbitrária de controle externo do Judiciário. Ademais, tal autoritarismo era conspícuo na dicção do art. 99, transformando o chefe do Ministério Público Federal em mero fâmulo do Presidente da República.

Além disso, a Constituição apresentava um cunho fortemente estatizante e nacionalista, pois outorgava ao Estado a função precípua de coordenar a economia nacional, como, por exemplo, na exploração das minas e demais riquezas do subsolo (art. 143). Além disso, a Carta de 1937 levava a cabo a nacionalização de determinadas atividades econômicas, tendo como base jurídica o estipulado no art. 144, que se referia à nacionalização progressiva das minas, jazidas minerais e quedas d'água ou outras fontes de energia, assim como das indústrias consideradas básicas ou essenciais à defesa econômica ou militar da Nação.

No que diz com os direitos e garantias individuais, deveriam ser exercidos nos limites do bem público, das necessidades da defesa, do bem-estar, da paz e da ordem coletiva, bem como das exigências da segurança da Nação e do Estado (art. 123). Ainda neste contexto, e com especial destaque negativo, está o art. 139, que estipula que a greve é recurso antissocial, nocivo ao trabalho e ao capital e incompatível com os superiores interesses da produção nacional.

Para além dessas notas sobre o seu conteúdo, importa registrar que, em determinada perspectiva, a Carta de 1937 não entrou sequer em vigor, visto que previa, no seu art. 187, a necessidade de sua aprovação em Plebiscito, que nunca veio a ocorrer, o que foi admitido mesmo pelo seu autor, Francisco Campos, em entrevista concedida já na fase final do Estado Novo, em março de 1945.[46] Aliás, neste sentido também o magistério de Pontes de Miranda, para quem a Constituição de 1937 "foi solapada, logo depois, pelos seus próprios autores. Não se realizou; não foi respeitada – quase toda, nem, sequer, existiu".[47]

No plano político, a fase final do Estado Novo foi, entre outros aspectos, marcada pelas tentativas envidadas por Getúlio Vargas no sentido de promover uma gradual abertura política, especialmente por meio da edição da LC 9, de 18.02.1945, anunciando a convocação de eleições gerais para assegurar o efetivo funcionamento dos órgãos representativos, previstos na Constituição de 1937, mas impedidos de atuar pelo próprio ditador. Tais expedientes, contudo, não impediram a deposição de Getúlio pelas Forças Armadas, em 29 de outubro de 1945, e a instalação de um governo provisório, liderado pelo Ministro José Linhares, então Presidente do STF, que exerceu a chefia do governo até a eleição do Marechal e Ex-Ministro da Guerra do Estado Novo, Eurico Gaspar Dutra, empossado em 31.01.1946. Aliás, a escolha do nome de Eurico Gaspar Dutra no Brasil ilustra um ambiente favorável às eleições e consequente inserção no processo político dos heróis militares da Segunda Grande Guerra, dos quais vários foram guindados, em boa parte dos casos, pelo voto popular, à condição de Chefes de Governo ou outros cargos de relevo no Executivo e Legislativo, como dão conta, dentre outros, os exemplos de um Dwight D. Eisenhower, nos EUA, e de um Charles de Gaulle, na França.

---

45. MENDES, Gilmar Ferreira; BRANCO, Paulo Gustavo Gonet; COELHO, Inocêncio Mártires. *Curso de direito constitucional*, p. 191.

46. Cf. relatado em MENDES, Gilmar Ferreira; BRANCO, Paulo Gustavo Gonet; COELHO, Inocêncio Mártires. *Curso de direito constitucional*, p. 193.

47. PONTES DE MIRANDA, F. C. *Comentários à Constituição de 1946*, vol. 1, p. 23.

1.5 A Constituição dos Estados Unidos do Brasil de 1946

A posse de Gaspar Dutra foi sucedida pela imediata instalação de uma Assembleia Constituinte, aos 2 de fevereiro de 1946, eleita em 2 de dezembro de 1945, integrada por representantes da direita, do centro-democrático, progressistas, socialistas e comunistas, com certo predomínio dos primeiros. Em 18 de setembro do mesmo ano, foi, após um período relativamente curto de debates, aprovada a nova Constituição da República dos Estados Unidos do Brasil, que, ao contrário das demais Constituições, prescindiu de um projeto pré-elaborado, mas adotou como texto-base a Constituição de 1934, o que contribuiu para um trâmite expedito do processo constituinte.[48]

No que atine ao sistema normativo, tratava-se de uma Constituição que se assemelhava muito à Constituição de 1934, mediante a distribuição de poderes entre a União, Estados e Municípios, traçando diretrizes gerais da ordem econômica e social, prevendo os direitos políticos e sociais, outorgando estabilidade no Brasil até os fatos que eclodiram em 1961.[49] Em termos de novidades em relação aos textos anteriores, especialmente em face da Carta ditatorial imposta pelo regime de Vargas, é possível destacar, no campo organizatório, a tentativa de restauração do federalismo, nos moldes clássicos da tradição republicana de 1891, e a reinserção do Senado como segunda Câmara Legislativa na estrutura do Congresso Nacional. Embora com um tom menos incisivo, relativamente à Constituição de 1934, os direitos sociais foram objeto de proteção, especialmente no campo trabalhista, onde foi, por fim, reafirmado o direito de greve. No campo da garantia dos direitos individuais, situa-se a incorporação ao ordenamento jurídico brasileiro da inafastabilidade do controle jurisdicional: "A lei não poderá excluir da apreciação do Poder Judiciário qualquer lesão de direito individual" (art. 141, § 4.º); e na ordem social e econômica foi estabelecido um plano de recuperação e especial proteção da região Amazônica e do Nordeste, especialmente pelos problemas socioeconômicos advindos dos períodos de secas, mediante a aplicação de percentuais do orçamento tributário da União (art. 199).[50]

O texto constitucional, todavia, também apresentava aspectos considerados problemáticos. Neste sentido, Miguel Reale, a despeito de louvar diversos pontos da obra do constituinte de 1946, apontava para aquilo que designou de quatro graves equívocos, consubstanciados no exacerbado enfraquecimento do Executivo, frente à estrutura do Poder Legislativo; na redução do quadro normativo às figuras da lei constitucional e da lei ordinário, no qual se encontrava o Legislativo; na dificuldade engendrada pela Constituição no tocante à intervenção do Estado no domínio econômico, especialmente diante de uma sociedade industrial emergente; e na adoção ilimitada do pluralismo partidário, oportunizando o surgimento de partidos políticos de fachada.[51]

Por outro lado, não foram poucas as crises institucionais registradas sob a égide da Carta de 1946, que, ao final, levaram à revogação gradativa da ordem constitucional por força do golpe militar de 1964. No que diz com as reformas constitucionais levadas a efeito, a mais significativa (embora efêmera e de questionável legitimidade) resultou na instauração,

---

48. Silva, José Afonso da. *Curso de direito constitucional positivo*, 33. ed., p. 85.
49. Franco, Afonso Arinos de Melo. *Direito constitucional*, p. 172.
50. Cf. Bonavides, Paulo; Andrade, Paes de. *História constitucional do Brasil*, p. 418 e ss.
51. Cf. Mendes, Gilmar Ferreira; Branco, Paulo Gustavo Gonet; Coelho, Inocêncio Mártires. *Curso de direito constitucional*, p. 195.

pela primeira vez no regime republicano brasileiro, do parlamentarismo como sistema de governo, mediante a EC 4, de 2 de setembro de 1961, votada às pressas por ocasião da renúncia de Jânio Quadros, e em face da resistência, por parte dos setores reacionários da política nacional, ao nome do então Vice-Presidente João Goulart. Rapidamente rejeitado por ocasião de consulta plebiscitária, o parlamentarismo foi relegado ao esquecimento, e a sucessão de percalços vivenciados durante o governo de João Goulart acabaram levando ao ocaso da ordem democrática, quando, em 1.º de abril de 1964, assume o poder um Comando Militar "Revolucionário", destituindo o poder civil e instaurando a ditadura militar, que perduraria até o ano de 1985, impulsionada pelos sucessivos Atos Institucionais, bem como em virtude das possibilidades oferecidas pela própria Constituição de 1967 e sua Emenda 1/1969, que serão comentadas logo a seguir.

1.6 A Constituição do Brasil de 1967 e a EC 1/1969

Após a eleição pelo Congresso Nacional do Marechal Humberto Castelo Branco como Presidente da República, em consonância com o disposto pelo Ato Adicional 1, e pela desfiguração da Constituição de 1946, mediante a ingente produção legiferante da Junta Militar, decidiu-se pela formulação de uma nova Constituição, mais afeita ao novo regime de governo. O Congresso Nacional foi convocado às pressas a votar o Projeto de Constituição, elaborado pelo então Ministro da Justiça, Carlos Medeiros Silva, pelo Ato Institucional 4, de 07.12.1966. A despeito de ter sido votada pelo Congresso Nacional, o que ocorreu de fato, em virtude da convocação autoritária e da fixação de um prazo fatal exíguo para votação do projeto encaminhado pelo governo militar, foi uma mera homologação congressual, de tal sorte que, em termos técnicos, a Carta de 1967 deve ser compreendida como outorgada, ainda que com o "beneplácito" do Legislativo.[52] Nessa perspectiva, não é à toa que se chegou a falar, considerando o somatório dos vícios de formação e de conteúdo, no "aleijão constitucional de 1967".[53]

A Carta Constitucional de 1967 entrou em vigor em 15.03.1967, antes mesmo da posse do Marechal Arthur da Costa e Silva, sendo fortemente influenciada pela Carta Política de 1937, cujas características essenciais foram incorporadas.[54] Ao longo de todo o texto constitucional, evitou-se falar de democracia, sendo esta substituída pela expressão "regime representativo".[55] Dentre suas disposições mais importantes estão a exacerbação do poder

---

52. Cf. BARROSO, Luís Roberto. *Curso de direito constitucional contemporâneo*, p. 35-36.

53. Cf. RUSCHEL, Ruy Ruben. *Direito constitucional em tempos de crise*, p. 28 e ss. Segundo o saudoso desembargador, historiador e constitucionalista gaúcho, podem ser colacionados os seguintes vícios (de formação) da constituinte e da Constituição de 1967: (a) ter sido promulgada por um congresso que não havia recebido mandato constituinte expresso do eleitorado; (b) aprovação por maioria absoluta em turno único; (c) em virtude dos expurgos e cassações de parlamentares, faltava plena legitimidade ao Congresso constituinte; (d) prazo exíguo para discussão e aprovação do projeto encaminhado pelo governo militar (quatro dias para aprovação do projeto em bloco e doze dias para analisar 1.500 emendas apresentadas); (e) ameaça de aprovação tácita no caso de falta de aprovação pelo Congresso no prazo assinalado; (f) forte coação sobre os constituintes, em função da presença de ameaças de suspensão de direitos, cassação de mandatos, entre outras.

54. SILVA, José Afonso da. *Curso de direito constitucional positivo*, 33. ed., p. 87.

55. PONTES DE MIRANDA, F. C. *Comentários à Constituição de 1967*, 2. ed., t. I, p. 423.

centralizado na União e na figura do Presidente da República; a eleição indireta para a escolha do Presidente da República; a redução da autonomia individual, permitindo a suspensão de direitos e garantias constitucionais; a aprovação de leis por decurso de prazo, resquício do período autoritário do Estado Novo brasileiro; a prerrogativa do Presidente da República para expedir decretos-leis sobre segurança nacional e finanças públicas; e o recrudescimento do regime no que tange à limitação do direito de propriedade, autorizando, para fins de reforma agrária, a desapropriação mediante pagamento de indenização em títulos da dívida pública.[56]

Se havia alguma esperança de retorno à normalidade institucional democrática, esta foi por água abaixo com a decretação, em 13.12.1968, do Ato Institucional 5, secundado pelo recesso do Congresso Nacional. O novo edito ditatorial previa, dentre outras questões, a possibilidade de o Poder Executivo suspender direitos políticos e cassar mandatos eletivos em todas as esferas legislativas e de governo; a suspensão do *habeas corpus* nos casos de crimes políticos; o afastamento da apreciação judicial dos atos praticados com base no ato institucional; e a competência do Executivo para legislar no período de recesso do legislativo.[57] A ditadura toma forma no seu estágio mais avançado, perseguindo e torturando presos políticos, censurando a imprensa e reprimindo a atividade político-partidária.[58] Na percuciente análise de Pontes de Miranda, estava em curso um período histórico-institucional em que não havia mais a distinção entre o ato político (ou administrativo) e o ato legislativo, ou seja, quando o ato político já é lei, no sentido de que não havia mais o rito do Poder Legislativo em transformar o ato político em ato legislativo, consubstanciando um governo autocrático.[59]

Com a doença do Presidente Costa e Silva, assumem o Poder Executivo os Ministros da Marinha de Guerra, do Exército e da Aeronáutica, que prepararam um novo texto constitucional, consubstanciado na EC 1, promulgada aos 17.10.1969. Considerando a amplitude das reformas e a consolidação da ditadura militar, com um reforço significativo dos poderes de exceção, entre outros aspectos, costuma atribuir-se à Emenda 1/1969 a condição de uma nova Constituição, e não apenas de uma simples emenda à Constituição de 1967. Com efeito – e para além deste aspecto –, a emenda apenas serviu como mecanismo de outorga de um novo texto constitucional, que na prática passou a reger a ordem jurídico-estatal brasileira.[60] Além disso, como bem destacou Ruy Ruben Ruschel, o movimento militar praticamente confessou, quando da emissão do Ato Institucional 5, de 13.12.1968, a origem ditatorial da Carta de 1967, visto que no quarto considerando daquele edito autoritário ficou consignado textualmente que a "Revolução vitoriosa outorgou à Nação" os instrumentos jurídicos exteriorizados na Carta.[61]

De qualquer modo, não é caso de dar valor demasiado à discussão sobre se a EC 1/1969 foi uma nova Constituição, substituindo por completo a Constituição de 1967, posição que

---

56. Cf., dentre outros, MENDES, Gilmar Ferreira; BRANCO, Paulo Gustavo Gonet; COELHO, Inocêncio Mártires. *Curso de direito constitucional*, p. 199; SILVA, José Afonso da. *Curso de direito constitucional positivo*, 33. ed., p. 87; BONAVIDES, Paulo; ANDRADE, Paes de. *História constitucional do Brasil*, p. 431-452.

57. BARROSO, Luís Roberto. *Curso de direito constitucional contemporâneo*, p. 36-37.

58. Para um estudo aprofundado dos chamados "anos de chumbo", remetemos o leitor à obra de GASPARI, Elio. *A ditadura escancarada*.

59. PONTES DE MIRANDA, F. C. *Comentários à Constituição de 1967*, p. 451.

60. SILVA, José Afonso da. *Curso de direito constitucional positivo*, 33. ed., p. 87.

61. Cf. RUSCHEL, Ruy Ruben. *Direito constitucional em tempos de crise*, p. 32.

parece gozar da preferência no âmbito da doutrina, ou se é possível reunir ambos os documentos, ainda mais em virtude de a vigência de ambos ter sido acompanhada pela vigência dos editos ditatoriais (com destaque para os atos institucionais), de tal sorte que o que o Brasil experimentou no período de 1964 até a promulgação da CF de 1988 foi um processo complexo de ruptura, ascensão, auge e distensão de uma ditadura, seguida de uma reconstitucionalização democrática e pacífica, que viabilizou uma nova ordem constitucional capaz de assegurar estabilidade institucional ao País, como se verá logo a seguir.

1.7 Breves notas sobre a Constituição da República Federativa do Brasil de 1988

As origens do movimento que culminou na edição da EC 26/1985, e da correlata convocação da Assembleia Nacional Constituinte de 1987/1988, remontam à transição do regime ditatorial de 1964, em direção à "abertura política", iniciada ainda no Governo Ernesto Geisel e consolidada durante o Governo do General João Batista de Figueiredo, que propiciou a abertura do sistema partidário e promoveu a aprovação da Lei de Anistia, num contexto social e político marcado por um crescimento das reivindicações dos diversos setores da sociedade e uma articulação da sociedade civil, sob a direção de instituições representativas, tais como a OAB, a CNBB e as principais entidades sindicais.[62] A querela jurídica em torno da impossibilidade formal da instituição de um poder constituinte originário ilimitado mediante emenda constitucional[63] acabou não vingando, especialmente pelo fato de que, materialmente, tal emenda constituiu-se em ato político, destinado a pôr cobro ao regime constitucional pretérito, e não a manter a Constituição emendada.[64] De qualquer modo, como discutido no capítulo sobre o poder constituinte, o que se pode designar de um "impulso constituinte", ou seja, o modo pelo qual se inicia o processo constituinte, por si só não retira a plena legitimidade da nova ordem constitucional, desde que esta possa ser reconduzida a uma Assembleia Constituinte livre e soberana (embora não exclusiva, como, aliás, era a preferência de muitos), marcada por uma participação popular e por um processo de deliberação sem precedentes na história brasileira e mesmo digna de nota no contexto internacional.

Ainda no âmbito de uma fase que se pode designar de preparatória da Assembleia Constituinte, o então Presidente José Sarney criou e nomeou, sob a presidência de Afonso Arinos de Mello Franco, uma Comissão Provisória de Estudos Constitucionais, a assim chamada "Comissão dos Notáveis", formada por 50 personalidades ilustres e ligadas às mais diversas áreas da vida econômica, social, política e cultural, portanto, não integrada apenas por juristas, revelando um perfil inquestionavelmente plural e heterogêneo, inclusive em termos de orientação ideológica, com o intuito de elaborar um anteprojeto de Constituição.

---

62. Cf. a síntese de SARMENTO, Daniel. *Por um constitucionalismo inclusivo – História constitucional brasileira, teoria da constituição e direitos fundamentais*, p. 79-80.

63. Nesse sentido, v., por todos, FERREIRA FILHO, Manoel Gonçalves. *O poder constituinte*, 3. ed., p. 168 e ss.

64. SILVA, José Afonso da. *Curso de direito constitucional positivo*, 33. ed., p. 87. Nesse sentido, argumentando que a Emenda 26 era apenas o veículo formal empregado para a convocação da Constituinte, mas não seu fundamento de validade, cf. SARMENTO, Daniel. A Assembleia Constituinte de 1987/88 e a experiência constitucional brasileira sob a Carta de 88. In: SARLET, Ingo Wolfgang; LEITE, George Salomão; TAVARES, André Ramos (Org.). *Estado constitucional e organização do poder*, p. 227.

O texto que resultou dos trabalhos da Comissão era analítico (436 artigos no corpo permanente), revelando um tom progressista, comprometido com uma noção de Estado Social e Democrático de Direito, e propunha a adoção do sistema parlamentarista de governo, o que, segundo consta, acabou influenciando na decisão do Presidente Sarney no sentido de não enviar o anteprojeto à Constituinte, o que, todavia, considerando a divulgação e repercussão do anteprojeto "Afonso Arinos", não impediu que viesse a influenciar de maneira decisiva, em diversos aspectos, o processo de elaboração da Constituição Federal de 1988.[65]

A Assembleia Nacional Constituinte foi instalada no dia 1.º de fevereiro de 1987, na sede do Congresso Nacional, sob a presidência do Min. José Carlos Moreira Alves, que, na época, presidia o STF, tendo sido composta de 559 membros (487 deputados federais e 72 senadores, dos quais 23 eram ainda oriundos do quadro de senadores eleitos de modo indireto, em 1982, os assim chamados senadores "biônicos", com mandato até 1990), registrando-se, além disso, que os integrantes da Assembleia Constituinte receberam, nas eleições de 1986, mandato cumulativo, pois, além das funções constituintes, de caráter transitório, seguiram exercendo as atribuições ordinárias do Congresso Nacional. Sem prejuízo de outros aspectos relevantes no que diz com a composição da Assembleia Constituinte, quanto ao perfil político-ideológico dos seus integrantes é possível afirmar que, a despeito do forte pluralismo, predominava a ala do assim chamado "Centro" (ou "Centrão", como também se costumava dizer), com ligeira inclinação para a chamada "centro-direita", visto que os partidos efetivamente identificados com a esquerda (PDT, PT, PCB, PC do B e PSB) totalizavam apenas 50 constituintes, ou seja, 9% do total, registrando-se, ademais, um percentual relativamente alto de troca de partidos (aproximadamente 15% dos constituintes trocaram de sigla partidária ao longo do processo), além do surgimento do PSDB, em junho de 1988, absorvendo um número importante de dissidentes do PMDB, mantida, todavia, a orientação do Centro, que foi decisiva para o formato final da Constituição.[66]

No que diz com os trabalhos propriamente ditos no âmbito da Assembleia Constituinte, uma vez superada questão de ordem envolvendo a legitimidade dos assim chamados senadores "biônicos" e eleito, pela própria Assembleia, o seu presidente, com vitória esmagadora do Deputado Ulysses Guimarães, do PMDB, a primeira fase das atividades, mais de dois meses, foi destinada à elaboração do regimento interno, decidindo-se, para além de uma série de outras questões relevantes, que a Constituinte se limitaria à função de elaborar uma nova Constituição, e não no sentido de também promover modificações na ordem constitucional vigente, refutando-se, ainda, qualquer recurso oficial a um anteprojeto, seja o elaborado pela Comissão Afonso Arinos, seja algum projeto elaborado por uma comissão interna, formada por um grupo menor de constituintes. Assim, todos os integrantes da Assembleia foram envolvidos no processo, participando das 24 subcomissões temáticas, reunidas em torno de oito comissões temáticas, que, na sequência, enviariam os seus respectivos projetos a uma Comissão de Sistematização, o que, para alguns, contribuiu decisivamente para o caráter analítico da Constituição de 1988.[67]

---

65. Nesse sentido, v., por todos, SARMENTO, Daniel. *Por um constitucionalismo inclusivo – História constitucional brasileira, teoria da constituição e direitos fundamentais*, p. 82.

66. Nesse sentido, mais uma vez, a ótima síntese de Daniel Sarmento (idem, p. 84-88), apresentando um perfil preciso da composição da Assembleia Constituinte.

67. Cf., novamente, SARMENTO, Daniel. *Por um constitucionalismo inclusivo – História constitucional brasileira, teoria da constituição e direitos fundamentais*, p. 88-93, inclusive mediante indicação dos temas e relatores das comissões temáticas e das respectivas subcomissões.

O CONSTITUCIONALISMO BRASILEIRO EM PERSPECTIVA HISTÓRICO-EVOLUTIVA ○ 197

Após ampla participação de um considerável número de representantes da sociedade civil, seja por meio de audiências públicas realizadas na esfera das subcomissões temáticas, bem como e de modo especial por meio da apresentação de emendas (apenas na fase das comissões temáticas foram recebidas 14.911 propostas), com destaque para a apresentação de 122 emendas populares reunindo ao todo mais de doze milhões de assinaturas,[68] um exaustivo trabalho e intenso debate no âmbito da Comissão de Sistematização resultou no envio, ao Plenário da Assembleia Constituinte (em 24.11.1987), do Projeto de Constituição aprovado pela Comissão de Sistematização, sob a presidência do Deputado Bernardo Cabral.[69] Na sequência, em função de uma suspensão dos trabalhos no texto constitucional em virtude de uma acirrada disputa em torno de uma alteração do regimento interno da Constituinte, patrocinada pelo bloco interpartidário conhecido como "Centrão",[70] foi retomado o processo propriamente dito, seguindo-se dois turnos de votação, com posterior remessa do texto aprovado em segundo turno para uma Comissão de Redação, presidida por Ulysses Guimarães e integrada por 28 componentes, que, embora não fosse esta a sua função (já que a Comissão de Redação deveria apenas cuidar de aspectos linguísticos e de técnica legislativa), acabou ainda promovendo ajustes de conteúdo no texto, cuja versão final, após mais de vinte meses de intenso trabalho, foi aprovada por 474 votos contra 15 (sem contar as 6 abstenções) e promulgada no dia 05.10.1988.[71]

O texto da Constituição da República Federativa do Brasil promulgado em 05.10.1988 surge com 245 artigos no corpo permanente, distribuídos em nove títulos: (a) princípios fundamentais; (b) direitos e garantias fundamentais; (c) organização do Estado; (d) organização dos poderes; (e) defesa do Estado e instituições democráticas; (f) tributação e orçamento; (g) ordem econômica e financeira; (h) ordem social; (i) disposições gerais. Soma-se ao corpo permanente um Ato das Disposições Constitucionais Transitórias, com 70 artigos, número de dispositivos que chegou a aumentar em virtude de sucessivas e algumas mesmo abrangentes reformas constitucionais, sendo pelo menos curioso e digno de nota que mais de duas décadas depois de sua promulgação o próprio Ato das Disposições Transitórias tenha crescido no que diz com o número de artigos. Cuida-se, portanto, de um texto que, sem prejuízo de suas virtudes, surge – de acordo com a crítica de Luís Roberto Barroso – como "um texto que, mais

---

68. Cada emenda necessitava da assinatura de trinta mil eleitores e do apoio de três entidades associativas ou instituições públicas, tal como disposto no Regimento Interno da Assembleia Constituinte.

69. Cf. SARMENTO, Daniel. *Por um constitucionalismo inclusivo – História constitucional brasileira, teoria da constituição e direitos fundamentais*, p. 94-97. Uma boa descrição do processo de elaboração da Constituição, em parte com dados adicionais, também pode ser encontrada na contribuição de BASTOS, Celso Ribeiro. Histórico das constituições. In: _____; MARTINS, Ives Gandra. *Comentários à Constituição do Brasil*, vol. 1, p. 334 e ss.

70. Embora a matéria seja controversa, registra-se a posição de Celso Ribeiro Bastos em Histórico das Constituições, p. 337, para quem a proposta do "Centrão", no sentido da alteração do regimento interno da Constituinte para o efeito de permitir a apresentação de novas emendas ao projeto da comissão de sistematização, pode ser considerada uma "revolução democratizante, uma vez que, independentemente do juízo que se possa ter sobre o mérito das soluções encampadas pelo projeto da Comissão de Sistematização, o certo é que esta não poderia, em hipótese alguma, fazer as vezes do Plenário. (...) A vitória do 'Centrão' do ponto de vista regimental foi, sem dúvida, uma vitória da democracia".

71. Cf., mais uma vez, SARMENTO, Daniel. *Por um constitucionalismo inclusivo – História constitucional brasileira, teoria da constituição e direitos fundamentais*, p. 97-101.

do que analítico, era casuístico, prolixo e corporativo".[72] De qualquer modo, a despeito de seus aspectos menos virtuosos, a assim chamada "Constituição Cidadã" – a evolução subsequente veio a demonstrá-lo – consiste em texto constitucional sem precedentes na história do Brasil, seja quanto a sua amplitude, seja no que diz com o seu conteúdo, não sendo desapropriado afirmar que se trata também de um contributo (jurídico-político) brasileiro para o constitucionalismo mundial, seja em virtude da forte recepção das modernas tendências na esfera do direito constitucional, seja pelas peculiaridades do texto brasileiro.

Antes de adentrarmos, em seus traços gerais, nas linhas mestras que caracterizam a Constituição Federal, importa lembrar que o texto promulgado pela Assembleia Constituinte desde logo contemplava a possibilidade de uma ampla revisão constitucional, que, a depender da evolução, poderia inclusive chegar ao ponto de assumir feições constituintes. Com efeito, mediante a introdução de dois artigos no Ato das Disposições Constitucionais Transitórias determinou-se a realização de um plebiscito para a definição da forma e do sistema de governo (art. 2.º), bem como a realização de uma revisão constitucional, transcorridos cinco anos da promulgação da Constituição (art. 3.º). O plebiscito, que acabou sendo antecipado por alguns meses, confirmou a opção pela República e pelo sistema presidencialista de governo, o que, para alguns, por si só já afastaria até mesmo a possibilidade de uma revisão constitucional. Esta última, em que pese uma relativamente acirrada controvérsia sobre as possibilidades e limites de tal revisão, acabou não logrando êxito, de tal sorte que apenas seis alterações constitucionais foram levadas a efeito, por meio das assim chamadas emendas constitucionais de revisão.[73] Ainda assim, considerando o número de emendas constitucionais "ordinárias", ou seja, processadas e aprovadas nos termos do art. 60 da CF, mas especialmente à vista da amplitude das alterações levadas a efeito (bastaria apontar para as reformas administrativa, previdenciária e do Poder Judiciário), não faltou quem dissesse – e não sem razão – que a revisão constitucional acabou sendo transformada em algo permanente e que as emendas constitucionais, destinadas a promover, na condição de espécies do gênero reforma (que inclui tanto a revisão quanto as emendas), mudanças pontuais, isoladas, no texto constitucional, se transmutaram em mecanismos de revisão da Constituição. Como dedicaremos maior atenção ao tema na parte relativa à mudança constitucional (reforma), aqui basta que se faça referência ao problema, considerada a sua relevância para apresentar as linhas mestras da Constituição de 1988 e a sua trajetória desde a promulgação.

No que diz com as suas principais características, além do seu perfil analítico e casuístico, já referido, a Constituição Federal de 1988 pode ser considerada como a mais democrática e avançada em nossa história constitucional, seja em virtude do seu processo de elaboração, seja em função da experiência acumulada em relação aos acontecimentos constitucionais pretéritos, tendo contribuído em muito para assegurar a estabilidade institucional que tem sido experimentada desde então no Brasil.[74] Não se poderá desprezar, mesmo em termos de direito comparado, que tanto os períodos de relativamente grave instabilidade econômica, quanto uma sucessão de episódios de alto teor "explosivo" na esfera política,

---

72. Cf. BARROSO, Luís Roberto. Vinte anos da Constituição brasileira de 1988: o estado a que chegamos. In: SOUZA NETO, Cláudio Pereira de; SARMENTO, Daniel; BINENBOJM, Gustavo. *Vinte anos da Constituição Federal de 1988*, p. 46.

73. Cf. SILVA, José Afonso da. *Curso de direito constitucional positivo*, 33. ed., p. 90.

74. Cf. MENDES, Gilmar Ferreira; BRANCO, Paulo Gustavo Gonet; COELHO, Inocêncio Mártires. *Curso de direito constitucional*, p. 203.

como foram, entre outros, os casos de impedimento do Presidente Fernando Collor de Mello e da Presidente Dilma Roussef, bem como os sucessivos escândalos envolvendo práticas corruptivas (v.g. Mensalão e Operação Lava Jato), não chegaram a impactar o desempenho da Constituição.

Pelo contrário, tais vicissitudes foram e têm sido enfrentadas e em parte superadas no âmbito do marco normativo constitucional, o que não quer dizer que, especialmente para a vida econômica, o texto constitucional não tenha sido causador de algumas dificuldades, mas também essas, pelo menos em boa parte, foram afastadas ou minimizadas mediante a possibilidade, disponibilizada pelo próprio constituinte, de alteração do texto da Constituição por meio de emendas constitucionais, dentre as quais podemos situar a reforma da administração pública, a reforma da previdência social, ajustes importantes na esfera da ordem econômica (a redução do forte cunho nacionalista e estatizante do texto original), assim como a reforma do Poder Judiciário, apenas para citar algumas das mais importantes.

No que diz com o seu conteúdo, cuida-se de documento acentuadamente compromissário, plural e comprometido com a transformação da realidade, assumindo, portanto, um caráter fortemente dirigente, pelo menos quando se toma como critério o conjunto de normas impositivas de objetivos e tarefas em matéria econômica, social, cultural e ambiental contidos no texto constitucional, para o que bastaria ilustrar com o exemplo dos assim chamados objetivos fundamentais elencados no art. 3.º. Tanto o Preâmbulo quanto o título dos Princípios Fundamentais são indicativos de uma ordem constitucional voltada ao ser humano e ao pleno desenvolvimento da sua personalidade, bastando lembrar que a dignidade da pessoa humana, pela primeira vez na história constitucional brasileira, foi expressamente guindada (art. 1.º, III, da CF) à condição de fundamento do Estado Democrático de Direito brasileiro, por sua vez também como tal criado e consagrado no texto constitucional. Não é à toa, portanto, que o então Presidente da Assembleia Nacional Constituinte, Deputado Ulysses Guimarães, por ocasião da solenidade de promulgação da Constituição, batizou a Constituição de 1988 de *Constituição Coragem e Constituição Cidadã*, lembrando que, diferentemente das Constituições anteriores, a Constituição inicia com o ser humano.

Outro aspecto digno de nota, que diz respeito ao título dos Princípios Fundamentais, é a ênfase dada, pelo menos no plano textual, à integração na comunidade internacional, afirmando-se, no plano das relações internacionais, a "prevalência dos direitos humanos" (art. 4.º, II) e assumindo-se, como tarefa, a busca da integração econômica, política, social e cultural dos povos da América Latina e a formação de uma comunidade latino-americana (art. 4.º, parágrafo único): é igualmente sem precedentes e foi acompanhada, ao longo da evolução subsequente, de um conjunto significativo de ações nesse sentido, inclusive a ratificação de expressivo número de tratados internacionais.

Particular atenção merece o título dos Direitos e Garantias Fundamentais, pela sua atualidade (visto que recepcionou a maioria dos direitos consagrados até então no plano internacional mesmo antes da ratificação em definitivo dos principais tratados de direitos humanos) e amplitude, pois contempla tanto os direitos e garantias individuais "clássicos", ou seja, os direitos de liberdade, quanto os direitos sociais, incluindo um extenso rol de direitos trabalhistas, bem como o direito de nacionalidade e os direitos políticos.

Em função da abertura do sistema de direitos fundamentais, são também acolhidos direitos dispersos ao longo do texto constitucional e direitos decorrentes do regime e dos princípios da Constituição, além da pioneira referência aos direitos constantes dos tratados internacionais ratificados pelo Brasil, embora aqui seja necessário registrar que durante muito tempo o STF não atribuía aos tratados de direitos humanos mais do que a hierarquia de lei ordinária, o que, contudo, foi objeto de superação em meados da década de 2020, mediante a inserção de um § 3.º ao art. 5.º, da CF, pela EC n. 45/2004, dispondo que os tratados de direitos humanos aprovados pelo Congresso Nacional por maioria de 3/5 dos seus membros, em dois turnos de votação, nas duas casas do Congresso, terão valor equivalente ao das emendas constitucionais, diante da alteração da orientação pelo STF, que passou a assegurar aos tratados (à exceção dos aprovados na forma do art. 5.º, § 3.º) hierarquia supralegal, de modo a prevalecerem sobre toda a normativa interna infraconstitucional.

Também no que toca ao regime jurídico privilegiado assegurado pela Constituição Federal aos direitos fundamentais o texto constitucional de 1988 assumiu uma relevância ímpar, embora não se possa menosprezar, muito antes pelo contrário, o labor da jurisprudência nesse contexto. Assim, além da expressa previsão da aplicabilidade imediata das normas de direitos fundamentais (art. 5.º, § 1.º) e da proteção contra o poder de reforma constitucional (art. 60, § 4.º), importa mencionar um conjunto expressivo de garantias e instrumentos processuais, sem prejuízo das funções desempenhadas pelo Poder Judiciário (com destaque para o papel do STF na condição de guardião da Constituição) e pelo Ministério Público, dentre outros aspectos dignos de nota (em termos do acesso à Justiça não há como olvidar a criação da Defensoria Pública como função essencial) que receberam incumbências, meios e autonomia para enfrentar mesmo os demais órgãos estatais na defesa da ordem constitucional.

Por outro lado, a generosa inclusão de direitos e garantias no texto constitucional, notadamente no âmbito dos direitos sociais e dos direitos dos trabalhadores, complementada, na parte relativa à administração pública e à ordem social, por um expressivo número de disposições assegurando direitos e prerrogativas ao servidor público e mesmo aos cidadãos em geral (a crítica reiterada, de que aos servidores foi reservado um regime privilegiado, especialmente em termos de estabilidade e segurança social, se insere neste contexto), também não deixou de receber importantes críticas, por exemplo, no sentido de que teria havido uma prodigalidade irresponsável da parte dos constituintes, que prometeram mais do que se poderia cumprir, gerando expectativas, por exemplo, no que diz com a efetividade dos direitos sociais, que estariam, desde logo, fadadas à frustração.[75]

De todo modo, tal é a importância dos direitos e garantias fundamentais, bem como dos mecanismos de sua efetivação no direito constitucional brasileiro contemporâneo, que este *Curso* não poderia deixar de assegurar um espaço privilegiado para o exame da matéria, como dá conta a alentada parte destinada aos direitos fundamentais, às ações constitucionais e ao controle de constitucionalidade.

No que diz com a sua inserção no esquema classificatório das constituições, a CF pode ser integrada, como já referido, ao grupo das constituições escritas, democráticas, analíticas e rígidas. De qualquer sorte, como as peculiaridades do direito constitucional positivo vigente, portanto, das características do texto constitucional de 1988, serão objeto de apresentação e análise mais detalhada ao longo do presente *Curso*, não é o caso de aqui seguir com um inventário das notas distintivas da atual Constituição Federal.

---

75. Cf. a lembrança de COELHO, Inocêncio Mártires. Evolução do constitucionalismo brasileiro pós-88. In: CANOTILHO, J. J. Gomes; MENDES, Gilmar Ferreira; SARLET, Ingo, W.; STRECK, Lenio Luiz. *Comentários à Constituição do Brasil*. 2. ed., São Paulo: Saraiva Educação, 2018, p. 67-71.

2

DOS PRINCÍPIOS FUNDAMENTAIS

Ingo Wolfgang Sarlet

I – NOTAS INTRODUTÓRIAS: FUNÇÃO, CLASSIFICAÇÃO E EFICÁCIA DOS PRINCÍPIOS CONSTITUCIONAIS FUNDAMENTAIS

Em relação ao constitucionalismo brasileiro anterior, verifica-se que foi apenas na CF de 1988 que o constituinte optou por concentrar, já na abertura do corpo permanente da constituição (e não apenas em sede preambular), um conjunto de princípios desde logo rotulados como fundamentais, muito embora nas constituições anteriores, especialmente a contar da Constituição de 1891, constassem disposições com estrutura de princípios, no texto constitucional, dentre os quais dispositivos definindo a forma e o sistema de governo, a separação de poderes, entre outros, que atualmente integram o título dos princípios fundamentais. Com isso não se está a dizer que na atual CF as normas-princípio estejam todas concentradas no Título I, visto que expressivo o número de princípios dispersos ao longo da constituição (bastaria aqui apontar para grande parte das normas de direitos fundamentais e os princípios da ordem econômica e social, como exemplos emblemáticos), tampouco se está a afirmar que não existam princípios fundamentais sediados em outras partes do texto da constituição, como é o caso, também aqui, de normas de direitos fundamentais com estrutura de princípios.

Os princípios fundamentais do Título II da CF correspondem a uma decisão fundamental do constituinte que, pelo seu cunho estruturante e informador da ordem estatal, é constitutiva da própria identidade constitucional. Assim, ainda que parte desses princípios (com destaque para a dignidade da pessoa humana, a República, o Estado Democrático e Socioambiental de Direito) não integre expressamente o elenco das assim chamadas "cláusulas pétreas" (embora essas contemplem alguns princípios, como é o caso especialmente da separação dos poderes, do sufrágio e dos direitos fundamentais, a teor do art. 60, § 4.º, CF), assume, no nosso entender e salvo melhor juízo, *a condição de limite material implícito à reforma constitucional.* Disso *resulta a proibição de uma supressão textual e mesmo de uma superação (esvaziamento) de seus elementos essenciais,* ainda que se possa polemizar a respeito de tal afirmação, especialmente no que concerne aos limites da proteção oferecida por conta da condição de "cláusula pétrea", que, de acordo com a orientação dominante no STF, se restringe a uma proibição da quebra de princípios e salvaguarda do núcleo essencial do princípio ou direito protegido, para o que, contudo, remetemos ao item próprio do presente *Curso.* Mas o tema da reforma constitucional e dos seus limites constitui objeto de capítulo específico da presente obra, ao qual aqui remetemos para maior desenvolvimento.

Os princípios em geral (não apenas os princípios fundamentais) são espécie do gênero normas jurídicas, distinguindo-se, de acordo com entendimento consagrado no seio da doutrina constitucional e mesmo (e antes disso) na teoria geral do Direito, de outras espécies normativas, em especial as regras. Assim, independentemente da existência de outras possibilidades de enquadramento dos princípios quanto à sua condição normativa, é possível, numa primeira aproximação, afirmar que princípios correspondem a normas dotadas de um significativo grau de abstração, vagueza e indeterminação (diversamente das regras, que ostentam caráter mais determinado e menos vago e abstrato, diferença que, baseada no critério da generalidade e abstração, por si só não é suficiente e que tem sido designada de um critério fraco de distinção entre as duas espécies normativas).[1] Além disso, as regras assumem cunho mais instrumental e descritivo, ao passo que os princípios apresentam caráter eminentemente finalístico, seja por enunciarem diretamente uma finalidade (proteção do consumidor, redução das desigualdades etc.), seja por expressarem um conteúdo desejado, no sentido de um estado ideal a ser alcançado (moralidade, dignidade da pessoa humana, pluralismo político etc.).[2]

Nessa perspectiva, cientes da aguda discussão em torno do tema[3] e sem a pretensão de aqui desenvolver o tema, nada obsta a que se adote, de modo compatível com as indicações anteriores, a síntese de Gomes Canotilho (que, em termos gerais, adere à conhecida formulação de Robert Alexy) para afirmar que regras são normas que, uma vez verificados certos pressupostos, são prescrições imperativas de conduta (exigem, proíbem ou permitem algo em termos definitivos) ao passo que os princípios são normas que exigem a realização de algo da melhor forma possível, de acordo com as possibilidades fáticas e jurídicas, não

---

1. Cf. Ávila, Humberto. *Teoria dos princípios*: d*a definição à aplicação dos princípios jurídicos*. 19. ed. São Paulo: Malheiros, 2019, p. 111 e ss.

2. Aqui novamente na linha de ÁVILA, Humberto. *Teoria dos princípios*. 19. ed., p. 104-105.

3. Tendo em conta a vasta literatura existente apenas em língua portuguesa sobre o tema da distinção entre princípios e regras, remete-se aqui, em caráter ilustrativo, para maior desenvolvimento – inclusive no concernente às diversas concepções sustentadas pelos mais diversos autores sobre a matéria, em parte significativamente conflitantes – aos autores Humberto Ávila, J.J. Gomes Canotilho e Robert Alexy (cuja obra sobre a Teoria dos Direitos Fundamentais foi traduzida para o português por Virgílio Afonso da Silva), agregando-se, ainda, as contribuições de LIMA, Rafael Bellem. *Regras na Teoria dos Princípios*, São Paulo: Malheiros, 2014; SILVA, Virgílio Afonso da. *Direitos Fundamentais:* conteúdo essencial, restrições e eficácia, 2. ed., São Paulo: Malheiros, 2017. Por último, v. ALEXY, Robert; POSCHER, Ralf. *Princípios Jurídicos. O debate metodológico entre Robert Alexy e Ralf Poscher.* Belo Horizonte: Casa do Direito, 2022, primorosamente organizado e apresentado por Rafael Giorgio Dalla-Barba, complementado pelo prefácio de Fernando Leal e do posfácio de Leonardo Martins, que, ademais dos preciosos comentários sobre a obra, agregam valor próprio e de leitura indispensável sobre o tema.

prescrevendo ou exigindo determinado comportamento, mas, sim, impondo a otimização de um direito ou bem jurídico.[4]

Os princípios fundamentais, na condição de espécie das normas constitucionais, são dotados, portanto, de eficácia e aplicabilidade, sendo normas jurídicas vinculativas, ainda que sua força jurídica não seja igual (em todos os aspectos) à das regras ou mesmo das normas de direitos fundamentais que, a despeito de terem uma dimensão objetiva (e quanto a tal ponto se aproximam dos princípios essencialmente objetivos, como é o caso dos princípios fundamentais aqui versados), assumem a condição de direitos subjetivos. Dentre os principais efeitos jurídicos dos princípios fundamentais está a assim chamada eficácia negativa, que se manifesta de diversas maneiras. Num primeiro sentido, ela enseja a revogação (ou a não recepção) de normas infraconstitucionais editadas antes da entrada em vigor da CF, que deixam de ser aplicadas naquilo em que frontalmente contrastam com o conteúdo da constituição.[5] Numa segunda acepção, a eficácia negativa diz com a declaração de inconstitucionalidade (em sede de controle difuso ou concentrado) das normas infraconstitucionais posteriores quando em desacordo com a constituição.

Ainda no plano de uma eficácia do tipo negativo, embora, salvo melhor juízo, já avançando em direção a uma eficácia do tipo positivo, temos o que talvez seja o efeito mais relevante e próprio dos princípios fundamentais, qual seja, o de servirem como critério material para a interpretação e integração do direito infraconstitucional, mas também, especialmente no caso dos princípios fundamentais, para a interpretação da própria constituição. Nesse sentido, o intérprete/aplicador, no âmbito de suas respectivas limitações funcionais, deverá sempre privilegiar uma interpretação o mais conforme possível aos princípios fundamentais, afastando as opções interpretativas incompatíveis. No caso de se verificarem lacunas na esfera infraconstitucional, serão os princípios constitucionais, com destaque para os princípios fundamentais, acessados para a sua adequada superação, o que, de resto, corresponde ao que estabelece também a lei geral de introdução às normas. Mas também, a depender das circunstâncias, a omissão reiterada por parte do legislador (e, no sistema brasileiro, também dos demais órgãos estatais quando em causa a omissão quanto à regulamentação) poderá ensejar um juízo de reprovação, declarando-se a inconstitucionalidade por omissão. De todo modo, tais cargas de eficácia dos princípios, mesmo que no plano objetivo, bem demonstram que os princípios fundamentais podem exercer, mesmo na condição de direito objetivo, importantes efeitos jurídicos, temática que, todavia, aqui não será mais desenvolvida remetendo-se ao capítulo que versa sobre a eficácia e aplicabilidade das normas constitucionais em que também se encontram fartas referências bibliográficas sobre o tópico.

Convém agregar, nessa toada, que a doutrina tem alertado corretamente para o que se poderia designar de uma hipertrofia dos princípios, fenômeno que se verifica em pelo menos dois níveis. Numa primeira acepção, que autores do porte de Lenio Streck têm rotulado como representando uma espécie de *panprincipialismo*, está em causa não apenas o recurso por vezes desnecessário aos princípios (em detrimento das regras), mas, inclusive, a criação doutrinária e jurisprudencial de novos princípios sem a necessária sustentação no sistema

---

4. Cf. CANOTILHO, J. J. Gomes. *Direito constitucional e teoria da constituição*, op. cit., p. 1.255.

5. Note-se que existe, no caso, a alternativa da assim chamada inconstitucionalidade superveniente, ou seja, a inconstitucionalidade das normas legais anteriores se dá pela superveniência de direito constitucional com elas incompatível, tese que é adotada em diversos países, mas que restou vencida no âmbito do STF.

jurídico-constitucional ou mesmo a transmutação em princípios de normas que, em rigor, assumem a estrutura normativa de regras. Outro problema, possivelmente até mais grave – igualmente apontado, entre outros, por Lenio Streck –, reside na aplicação desnecessária de princípios para a solução de problemas jurídicos e na atribuição de efeitos aos princípios que são incompatíveis com sua estrutura normativa, resultando, em muitos casos, numa *manipulação decisionista dos princípios*,[6] muito embora o assim chamado decisionismo não seja um problema que se verifica apenas em sede de aplicação de princípios, temática que extrapola os limites do presente texto.

Quanto à sua classificação, os princípios constitucionais fundamentais (note-se que a condição de fundamentais, resultante de expressa opção do constituinte, é o elo entre os princípios aqui versados) podem ser designados de princípios gerais e setoriais (especiais), conquanto operem como critérios materiais informadores de toda a ordem jurídico-constitucional (gerais) ou se refiram a setores, maiores ou menores, do ordenamento (setoriais). Como exemplos do primeiro grupo, podemos referir os princípios estruturantes (Estado Democrático de Direito, separação dos Poderes, República) ou outros princípios gerais (dignidade da pessoa humana), ao passo que bons exemplos da segunda categoria são os princípios que regem a ordem econômica (art. 170 da CF) e a ordem social (art. 193 e ss. da CF), sem que com isso reste desfigurada a generalidade e elevado grau de abstração e indeterminação que caracterizam todos os princípios na sua condição de espécie do gênero normas jurídicas.

Mas os princípios fundamentais (como, de resto, os princípios em geral) podem ser também classificados a partir de outro critério, assumindo a condição ou de *princípios expressamente positivados*, no sentido de terem sido objeto de previsão textual pelo constituinte (separação de poderes, dignidade da pessoa humana etc.), ou de *princípios implicitamente positivados*, subentendidos e derivados de outros princípios e do sistema jurídico-constitucional, como é o caso dos princípios da proporcionalidade e da razoabilidade.

Uma possibilidade alternativa de classificação é oferecida por Gomes Canotilho[7], para quem existem três espécies de princípios constitucionais, designadamente: (a) *princípios políticos constitucionalmente conformadores*, são aqueles que veiculam e explicitam decisões (valorações) políticas fundamentais do poder constituinte, e que incluem os princípios habitualmente chamados de estruturantes, pois dizem respeito à forma e estrutura do Estado, ao regime político e aos princípios que caracterizam a forma de governo; (b) *princípios constitucionais impositivos*, que impõem aos órgãos estatais a realização de determinados fins e tarefas, usualmente também chamados de normas definidoras de fins estatais (especialmente na doutrina alemã), como dão conta, no caso brasileiro, precisamente os objetivos enunciados no art. 3.º da CF, entre outros tantos que poderiam ser citados; (c) *princípios-garantia*, que têm por escopo a instituição de uma garantia para os cidadãos e que em geral também assumem a condição de direitos-garantias fundamentais, como é o caso dos princípios da legalidade penal e tributária, da presunção de inocência, entre outros.

---

6. Cf. Streck, Lenio, *Verdade e consenso. Constituição, hermenêutica e teorias discursivas*, 4. ed., São Paulo: Saraiva, 2012, p. 517 e ss.

7. Canotilho, Gomes J. J. *Direito constitucional e teoria da constituição*. Coimbra: Almedina, 7. ed., p. 1.166-1.167.

De qualquer sorte, seja qual for o critério adotado, é de se sublinhar que em todo caso é o direito constitucional vigente o fato determinante para identificar os diversos princípios fundamentais, de tal sorte que também nessa seara o que vale para um Estado constitucional não necessariamente se aplica a outro, ainda que alguns princípios cada vez mais estejam a assumir caráter universal, como é o caso, mais uma vez, dos princípios da proporcionalidade e da razoabilidade, da dignidade humana (ou da pessoa humana), apenas para citar alguns dos mais ilustres, sem aqui considerar os princípios relativos a direitos humanos e fundamentais (liberdade, igualdade etc.).

Por outro lado, é preciso frisar que as classificações referidas não são incompatíveis entre si, mas complementares, pois podemos ter princípios gerais expressos e conformadores (estruturantes) e princípios gerais implícitos, sem prejuízo de outras classificações baseadas em critérios distintos. Assim, não sendo a nossa intenção esgotar as possibilidades de classificação dos princípios nem de comentar um a um os diversos parágrafos e incisos do Título II da CF, em parte pelo fato de que alguns princípios (designadamente o princípio federativo e os princípios da proporcionalidade e razoabilidade) serão analisados em outro contexto, em parte pelo fato de que buscaremos agregar vários dispositivos em torno de determinados eixos temáticos ou mesmo de determinado princípio fundamental estruturante, como é o caso, por exemplo, do princípio do Estado Democrático de Direito, do princípio da dignidade da pessoa humana, do princípio do Estado Socioambiental, dos objetivos fundamentais (art. 3.º) e dos princípios que regem o Brasil na ordem internacional (art. 4.º). Iniciaremos pelo princípio (e valor) que simultaneamente assume a condição (ainda que não isolada, de acordo com o nosso direito constitucional positivo) de fundamento do Estado Democrático (e Socioambiental/Ecológico) de Direito: a dignidade da pessoa humana.

II – PRINCÍPIOS GERAIS ESTRUTURANTES E CONSTITUCIONALMENTE CONFORMADORES DA ORDEM JURÍDICO-CONSTITUCIONAL

2.1 Princípio da dignidade da pessoa humana

2.1.1 Considerações gerais

Assim como ocorreu no âmbito da evolução constitucional em geral, também no direito constitucional positivo brasileiro a dignidade da pessoa humana tardou a ser objeto de reconhecimento, muito embora o Brasil, em comparação com a absoluta maioria das demais ordens constitucionais, tenha inserido a dignidade de maneira relativamente precoce em um texto constitucional. De fato, embora apenas na CF (5 de outubro de 1988) a dignidade da pessoa humana tenha passado a figurar no primeiro Título do texto constitucional (art. 1.º, III), a sua primeira aparição em um texto constitucional brasileiro ocorreu em 1934. Em virtude da forte influência exercida pela Constituição de Weimar, de 1919, sobre o nosso processo constituinte de então, a dignidade humana se fez presente justamente no âmbito dos princípios da ordem econômica e social, mais precisamente, no art. 115, o qual dispunha que "a ordem econômica deve ser organizada conforme os princípios da justiça e as necessidades da vida nacional, de modo que possibilite a todos uma existência digna. Dentro desses limites é garantida a liberdade econômica", indicando que o constituinte da época atribuiu à dignidade uma função de fundamento, mas também de limite da liberdade econômica.

Verifica-se, assim, que, juntamente com a Constituição de Weimar (1919), a Constituição portuguesa de 1933 e a Constituição da Irlanda (1937), a Constituição brasileira de 1934 se situa entre as poucas que fizeram expressa referência à dignidade (da pessoa) humana antes da viragem provocada pela Segunda Guerra Mundial, quando, como reação às graves e inolvidáveis atrocidades cometidas especialmente pelos regimes totalitários, tanto a Declaração dos Direitos Humanos da ONU (1948) quanto uma série de constituições nacionais, com destaque para a Lei Fundamental da Alemanha (1949), passaram a proclamar e garantir a dignidade da pessoa humana, incluindo a Constituição Federal brasileira de 1988, que justamente constitui o objeto da presente análise.

Por outro lado, assim como a dignidade humana ganhou em representatividade e importância no cenário constitucional e internacional, portanto, numa perspectiva tanto quantitativa quanto qualitativa, também se verificou, no plano da literatura (e não apenas no campo do direito) e da jurisprudência, uma crescente tendência no sentido de enfatizar a existência de uma íntima e, por assim dizer, indissociável ligação entre dignidade da pessoa humana e os direitos humanos e fundamentais reconhecidos e protegidos na esfera do direito internacional e do direito constitucional, muito embora não exista – precisamente em virtude do relativamente recente reconhecimento da dignidade humana como valor de matriz constitucional! – na perspectiva da evolução histórica do constitucionalismo, uma relação necessária entre direitos fundamentais e a dignidade da pessoa humana.[8] Por tal razão, também é verdadeiro que, na quadra atual da trajetória do Estado Constitucional, o reconhecimento da íntima e indissociável vinculação entre a dignidade da pessoa humana, os direitos humanos e fundamentais e a própria Democracia, na condição de eixos estruturantes deste mesmo Estado Constitucional, constitui um dos esteios nos quais se assenta tanto o direito constitucional quanto o direito internacional dos direitos humanos[9].

Nessa perspectiva, tal a expansão e a trajetória vitoriosa da dignidade humana no âmbito da gramática jurídico-constitucional contemporânea, que chegou ao ponto de afirmar que "o Estado Constitucional Democrático da atualidade é um Estado de abertura constitucional radicado no princípio da dignidade do ser humano".[10] Tal abertura, mas também e de certo modo o "diálogo" propiciado pelo amplo reconhecimento da dignidade como princípio jurídico fundamental, guarda relação com a expansão universal de uma verdadeira "crença" na dignidade da pessoa humana que, por sua vez, também pode ser vinculada aos efeitos positivos de uma globalização jurídica.[11]

---

8. Cf. MIRANDA, Jorge. *Manual de direito constitucional*, vol. IV, 5. ed. Coimbra: Coimbra, 2012, p. 215-216.

9. Nesta perspectiva, calha referir, por todos, no âmbito da doutrina brasileira, a lição de BRITTO, Carlos Ayres, *Teoria da constituição*, Rio de Janeiro: Forense, 2003, p. 189, notadamente ao destacar a existência de um vínculo funcional entre a dignidade da pessoa humana e os direitos fundamentais, bem como entre estes e a democracia.

10. Cf. CASTRO, C. R. Siqueira. *A constituição aberta e os direitos fundamentais*, p. 19.

11. Cf. BAER, S. Menschenwürde zwischen Recht, Prinzip und Referenz. In: *DZPhil*. 53 (2005), p. 572.

Todavia, quando se busca definir o conteúdo normativo da dignidade da pessoa humana, seja como princípio (valor) autônomo, seja quando está em causa a natureza e intensidade da sua relação com os direitos humanos e fundamentais, percebe-se que os níveis de consenso registrados de uma ordem constitucional para outra e mesmo no âmbito interno de cada Estado, são muito diferenciados e muitas vezes até frágeis. Já no que diz com a própria compreensão do conteúdo e significado da dignidade da pessoa humana na (e para a) ordem jurídica considerada em seu conjunto, mas especialmente no tocante à sua relação com os direitos fundamentais, segue – também no Brasil – farta a discussão em nível doutrinário e jurisprudencial.[12] De qualquer sorte, como aqui se trata apenas de apresentar, quanto aos seus contornos gerais e principais funções, a dignidade da pessoa humana na condição de princípio geral e fundamental, questões mais específicas relativas à sua estrutura normativa, bem como concernentes à sua relação com os direitos e garantias fundamentais, aqui serão apenas marginalmente apresentadas.

2.1.2 Breves notas sobre a forma de positivação (reconhecimento) da dignidade da pessoa humana na Constituição Federal

Como já registrado na introdução, a CF inovou ao inserir a dignidade da pessoa humana no elenco dos fundamentos do Estado Democrático de Direito brasileiro (art. 1.º, III), portanto, situando-a no âmbito dos princípios fundamentais e estruturantes, logo após o Preâmbulo. Mas a dignidade da pessoa humana (ou dignidade humana, expressões que aqui usaremos em sentido alargado e como sinônimas) também foi objeto de previsão expressa em outras partes do texto constitucional, seja – a exemplo da tradição inaugurada com a Constituição de 1934, já referida – quando, no título da ordem econômica, o art. 170, *caput*, dispõe que a ordem econômica tem por finalidade assegurar a todos uma existência digna, seja quando, na esfera da ordem social, fundou o planejamento familiar nos princípios da dignidade da pessoa humana e da paternidade responsável (art. 226, § 6.º), além de assegurar à criança e ao adolescente o direito à dignidade (art. 227, *caput*). Mais adiante, em outra passagem do texto constitucional, art. 230, ficou consignado que "a família, a sociedade e o Estado têm o dever de amparar as pessoas idosas, assegurando sua participação na comunidade, defendendo sua dignidade e bem-estar e garantindo-lhes o direito à vida".

Nessa perspectiva, consagrando expressamente, no título dos princípios fundamentais, a dignidade da pessoa humana como um dos fundamentos do Estado Democrático de Direito (art. 1.º, III, da CF), a CF – a exemplo do que ocorreu pela primeira vez e de modo particularmente significativo na Lei Fundamental da Alemanha (1949) –, além de ter tomado uma decisão fundamental a respeito do sentido, da finalidade e da justificação do exercício do poder estatal e do próprio Estado,[13] reconheceu categoricamente que é o Estado que existe em função da pessoa humana, e não o contrário, já que o ser humano constitui a finalidade precípua, e não meio da atividade estatal. Em outras palavras, no momento em que a dignidade é guindada à condição de princípio estruturante e fundamento do Estado

---

12. Para maior desenvolvimento do tema, v. SARLET, Ingo Wolfgang. Dignidade (da pessoa) humana e direitos fundamentais na Constituição Federal de 1988. 10. ed. Porto Alegre: Livraria do Advogado, 2015.
13. Neste sentido, a oportuna lição de BADURA, Peter. *Staatsrecht*, p. 87.

Democrático de Direito, é o Estado que passa a servir como instrumento para a garantia e promoção da dignidade das pessoas individual e coletivamente consideradas.[14]

No que diz respeito ao *status* jurídico-normativo no âmbito da ordem constitucional, notadamente, se a dignidade da pessoa humana assume simultaneamente a condição de valor, princípio e/ou regra (além de operar como direito fundamental), importa destacar alguns aspectos.

Numa primeira perspectiva (não excludente das demais) a dignidade da pessoa humana, na acepção de Miguel Reale, consiste em uma espécie de valor-fonte, o que também foi objeto de reconhecimento pelo STF, alinhado com a tradição consagrada no direito constitucional contemporâneo, para quem a dignidade da pessoa humana constitui "verdadeiro valor-fonte que conforma e inspira todo o ordenamento constitucional vigente em nosso País e que traduz, de modo expressivo, um dos fundamentos em que se assenta, entre nós, a ordem republicana e democrática consagrada pelo sistema de direito constitucional positivo".[15]

Na sua dimensão jurídica, contudo, não é líquido se a dignidade assume a condição de princípio ou regra ou mesmo se opera apenas como princípio de caráter objetivo ou se assume a função (também) de direito fundamental. Se em outras ordens constitucionais, onde igualmente a dignidade da pessoa humana foi objeto de expressa previsão, nem sempre houve clareza quanto ao seu correto enquadramento, tal não ocorre – ao menos aparentemente – entre nós, pelo menos em se levando em conta a relativa falta de preocupação com tal ponto. Com efeito, considerando tanto a formulação utilizada quanto a localização, visto que sediada no Título I dos Princípios Fundamentais, verifica-se que o constituinte de 1988 preferiu não incluir a dignidade da pessoa humana no rol dos direitos e garantias fundamentais, guindando-a, pela primeira vez – consoante já frisado – à condição de princípio (e valor) fundamental. Aliás, a positivação na condição de princípio jurídico-constitucional fundamental, é, por sua vez, a que melhor afina com a tradição dominante no pensamento jurídico-constitucional brasileiro, lusitano[16] e espanhol,[17] apenas para mencionar os modelos mais recentes que – ao lado e em permanente diálogo com o paradigma germânico – têm exercido significativa influência sobre a nossa própria ordem jurídica.

O fato de a dignidade da pessoa humana assumir, em primeira linha, a condição de princípio fundamental não afasta a circunstância de que possa operar como regra (não só, mas também, pelo fato de que as próprias normas de direitos fundamentais igualmente assumem a dúplice condição de princípios e regras).[18] Para ilustrar tal afirmação, *bastaria lembrar que a regra que proíbe a tortura e todo e qualquer tratamento desumano e degradante (art. 5.º, III,*

---

14. Cf. Novais, Jorge Reis. *Os princípios constitucionais estruturantes da república portuguesa.* Coimbra: Coimbra, 2004, p. 52.

15. Cf. em caráter meramente ilustrativo, se extrai da ementa do Acórdão proferido no HV 87.676/ES, relatado pelo Min. Cezar Peluso, j. 06.05.2008.

16. Cf., especialmente, Novais, Jorge Reis. *Os princípios constitucionais estruturantes da República portuguesa,* op. cit., p. 51 e ss.

17. No que diz com a Espanha, v. por todos, Gutiérrez-Gutiérrez, Ignácio. *Dignidad de la persona y derechos fundamentales,* p. 22.

18. Sobre o caráter dúplice das normas de direitos fundamentais, v. Alexy, Robert. *Teoria de los derechos fundamentales,* Madrid: Centro de Estudios Constitucionales, 1997, p. 81 e ss. Entre nós, por último, destacando tal característica também para a dignidade da pessoa humana, v. da Silva, Virgílio Afonso. *Direitos fundamentais:* conteúdo essencial, restrições e eficácia. São Paulo: Malheiros, 2009, p. 183 e ss.

da CF), constitui regra diretamente deduzida do princípio da dignidade da pessoa humana, ainda que inexistisse previsão de tal proibição no texto constitucional.

Da mesma forma, *a dignidade da pessoa humana assume, em certo sentido, a condição de norma de direito fundamental,* o que não se confunde (pelo menos não necessariamente) com a noção de que os direitos fundamentais expressamente consagrados na Constituição encontram – pelo menos em regra – seu fundamento na dignidade da pessoa humana, mas, sim, se traduz na ideia, amplamente difundida, de que do princípio da dignidade da pessoa podem e até mesmo devem ser deduzidas posições subjetivas fundamentais e deveres, ainda que não expressamente positivados, de tal sorte que, neste sentido, é possível aceitar que se trata de uma norma de direito fundamental, muito embora daí não decorra, pelo menos não necessariamente, que existe um direito fundamental à dignidade.[19] Tal aspecto, aliás, chegou a ser objeto de lúcida referência feita pelo Tribunal Federal Constitucional da Alemanha, ao considerar que a dignidade da pessoa não poderá ser negada a qualquer ser humano, muito embora seja violável a pretensão de respeito e proteção que dela (da dignidade) decorre.[20] Assim, quando se fala em direito à dignidade, se está, em verdade, a considerar o direito a reconhecimento, respeito, proteção e até mesmo promoção e desenvolvimento da dignidade, sem prejuízo de outros sentidos que se possa atribuir aos direitos fundamentais relativos à dignidade da pessoa.

A sua inserção no Título dos Princípios Fundamentais (e não no Preâmbulo) é indicativa de sua eficácia e aplicabilidade, ou seja, da sua condição de norma jurídica, ademais de valor. Num primeiro momento – convém frisá-lo –, a qualificação da dignidade da pessoa humana como princípio fundamental traduz a certeza de que o art. 1.º, III, de nossa Lei Fundamental não contém apenas (embora também e acima de tudo) uma declaração de conteúdo ético e moral, mas constitui norma jurídico-positiva dotada, em sua plenitude, de *status* constitucional formal e material e, como tal, inequivocamente dotado de eficácia e aplicabilidade, alcançando, portanto, também a condição de valor jurídico fundamental da comunidade.[21]

Com relação às críticas de que a opção pelo enquadramento como princípio fundamental importaria em reduzir a amplitude e magnitude da noção de dignidade da pessoa, vale lembrar que *o reconhecimento da condição normativa da dignidade,* assumindo feição de princípio (e até mesmo como regra) constitucional fundamental, *não afasta o seu papel como valor*

---

19. Cf. sustenta, entre outros, MAURER, Béatrice. Notes sur le respect de la dignité humaine ou Petite Fugue Inacheveé Autour d'un Théme Central. In: Alain Sérieux et allii. *Le droit, le medicine et l'être humain,* Aix--En-Provence: Presses Universitaires D'Aix-Marseille, 1996, p. 207.

20. BverfGE 87, 209 (228), citado por Horst Dreier, Art. 1 I GG. In: DREIER, Horst (Org.). *Grundgesetz Kommentar,* vol. I. Tübingen: Mohr Siebeck, 1996, p. 120, referindo que mesmo o torturado e o perseguido não perdem a sua dignidade, ainda que esta tenha sido violada. A respeito da evolução anterior da jurisprudência do Tribunal Federal Constitucional da Alemanha sobre a dignidade da pessoa, v. NIEBLER, Engelbert, *Die* Rechtsprechung des Bundesverfassungsgericht zum obersten Rechtswert der Menschenwürde. In: *Bayrische Verwaltungsblätter (BayVwBl),* 1989, p. 737 e ss.

21. Cf. BENDA, Ernst. Menschenwürde und Persönlichkeitsrecht. In: BENDA-MAIHOFER-VOGEL (Org.). *Handbuch des Verfassungsrechts der Bundesrepublik Deutschland,* vol. I, 2. ed., Berlin-New York: Walter de Gruyter, 1994, p. 164, lição esta que – embora voltada ao art. 1.º da Lei Fundamental da Alemanha – revela-se perfeitamente compatível com a posição outorgada pelo nosso Constituinte de 1988 ao princípio da dignidade da pessoa humana.

fundamental geral para toda a ordem jurídica (e não apenas para esta), mas, pelo contrário, outorga a este valor uma maior pretensão de eficácia e efetividade.

2.1.3 Funções da dignidade da pessoa humana na arquitetura jurídico--constitucional

Uma primeira função, aqui vinculada à sua condição de valor e princípio, diz com o fato de a dignidade da pessoa humana ser considerada elemento que confere unidade de sentido e legitimidade a uma determinada ordem constitucional. De acordo com Jorge Miranda, aqui representando expressiva parcela da doutrina constitucional contemporânea, a Constituição, ao reconhecer e proteger a dignidade da pessoa humana, confere uma unidade de sentido, de valor e de concordância prática ao sistema de direitos fundamentais e ao sistema constitucional,[22] o que implica um dever de interpretação de toda a ordem jurídica em conformidade com tais fundamentos.[23]

O princípio da dignidade da pessoa humana, tal como advoga Daniel Sarmento – inspirado em Peter Häberle – opera, portanto, "fundamento da ordem jurídica e da comunidade política", o que corresponde precisamente ao modo pelo qual tal princípio foi consagrado no art. 1.º, III, da Constituição Federal[24].

Precisamente nesse contexto, verifica-se que a dignidade da pessoa humana é figura amplamente presente no processo decisório judicial, inclusive (e cada vez mais) no âmbito da jurisprudência do STF, em que a dignidade atua como critério de interpretação e aplicação do direito constitucional e infraconstitucional, com particular destaque – mas não exclusividade! – para casos envolvendo a proteção e promoção dos direitos fundamentais.[25]

A dignidade da pessoa humana, nessa quadra, revela particular importância prática a partir da constatação de que ela (a dignidade da pessoa humana) é simultaneamente limite e tarefa dos poderes estatais e da comunidade em geral (portanto, de todos e de cada um), condição que também aponta para uma paralela e conexa dimensão defensiva (negativa) ou prestacional (positiva) da dignidade. Com efeito, verifica-se que na sua atuação como limite, a dignidade implica não apenas que a pessoa não pode ser reduzida à condição de mero objeto da ação própria e de terceiros, mas também o fato de que a dignidade constitui o fundamento e conteúdo de direitos fundamentais (negativos) contra atos que a violem ou a exponham a ameaças e riscos, no sentido de posições subjetivas que têm por objeto a não

---

22. Cf. Miranda Jorge, *Manual de direito constitucional*, vol. IV, 3. ed., Coimbra: Coimbra, 2000, p. 180. Assim também DE Andrade, José Carlos Vieira, *Os direitos fundamentais na Constituição portuguesa de 1976*, Coimbra: Almedina, 1987, p. 101, referindo que os preceitos relativos aos direitos fundamentais "não se justificam isoladamente pela protecção de bens jurídicos avulsos, só ganham sentido enquanto ordem que manifesta o respeito pela unidade existencial de sentido que cada homem é para além de seus actos e atributos."

23. Cf. Britto, Carlos Ayres, *Teoria da constituição*, op. cit., p. 187.

24. Cf. Sarmento, Daniel. *Dignidade da pessoa humana. Conteúdo, trajetórias e metodologia*, 2. ed., Belo Horizonte: Editora Fórum, 2016, p. 78 e ss.

25. Cf., em caráter meramente ilustrativo, o HC 94.163, rel. Min. Carlos Britto, j. 02.12.2008, onde estava em causa a interpretação da Lei de Execução Penal. Para outro exemplo, v. a suspensão da decisão de desembargador do TJ/RJ que havia determinado a censura da exibição do especial de Natal do Porta dos Fundos na plataforma de *streaming* Netflix, caso em que a liberdade de expressão foi observada como decorrente da dignidade da pessoa humana. Cf. Medida Cautelar na Rcl. 38.782/RJ, rel. Min. Gilmar Mendes, decidido pelo então Presidente do STF, Min. Dias Toffoli, j. em 09.01.2020.

intervenção por parte do Estado e de terceiros no âmbito de proteção da dignidade.[26] Como tarefa o reconhecimento jurídico-constitucional da dignidade da pessoa humana implica deveres concretos de tutela por parte dos órgãos estatais, no sentido de proteger a dignidade de todos, assegurando-lhe também por meio de medidas positivas (prestações)[27] o devido respeito e promoção, sem prejuízo da existência de deveres fundamentais da pessoa humana para com o Estado e os seus semelhantes.[28]

Assim, também a dimensão objetiva da dignidade da pessoa humana implica deveres de proteção estatais, contra o próprio Estado e contra ações de atores privados, o que tem sido objeto de reconhecimento pelo STF, destacando-se, no âmbito da jurisprudência da nossa Suprema Corte, a decisão na Medida Cautelar na ADPF 347-DF, relatada pelo Ministro Marco Aurélio, julgada em 09.09.2015, na qual foram reconhecidas a violação massiva de direitos fundamentais e a configuração de condições desumanas e afrontosas à dignidade da pessoa humana, caracterizando o que foi designado de um "estado de coisas inconstitucional", que levou o Tribunal a impor ao Poder Público uma série de medidas de caráter estruturante, mas que aqui não poderão ser examinadas.

Em sentido similar, calha invocar julgado mais recente do STF, designadamente a ADPF 607, Relator Ministro Dias Toffoli, Tribunal Pleno, julgado em 28.03.2022, no bojo do qual se questionou a constitucionalidade do Decreto n. 9.831, de 11 de junho de 2019, que alterou o Decreto n. 8.154, de 16 de dezembro de 2013, dispondo sobre o Mecanismo Nacional de Prevenção e Combate à Tortura (MNPCT). O STF conheceu parcialmente da arguição no respeitante ao remanejamento dos 11 (onze) cargos em comissão ocupados por peritos do MNPCT e a exoneração dos respectivos ocupantes, além da transformação do cargo de perito em prestação de serviço público relevante, não remunerada.

De acordo com a Corte, o Estado tem o dever tanto de evitar, quanto de punir a tortura e todo e qualquer tratamento desumano e degradante, de tal sorte que obstaculizar a atuação de órgão criado para inspecionar instituições de privação de liberdade, com o

---

26. Sobre o tema, v. HC 187.368, julgamento em 21.07.2020, no qual, durante o recesso judiciário, o então presidente do STF, Min. Dias Toffoli, concedeu medida liminar para converter a execução da pena da paciente em prisão domiciliar humanitária em razão do risco de contágio do novo coronavírus e por se tratar de pessoa idosa, portadora de HIV, diabética e hipertensa. Veja-se, também, a declaração de inconstitucionalidade dos dispositivos de normas do Ministério da Saúde e da Agência Nacional de Vigilância Sanitária (Anvisa) que excluíam do rol de habilitados para doação de sangue os "homens que tiveram relações sexuais com outros homens e/ou as parceiras sexuais destes nos 12 meses antecedentes", por utilizarem tratamento não igualitário com critérios ofensivos à dignidade da pessoa humana, cf. ADI 5.543/DF, rel. Min. Edson Fachin, j. em 11.05.2020. E, ainda, a proibição de superlotação em unidades socioeducativas e mediante a observância de critérios e parâmetros, cf. HC 143.988, rel. Min. Edson Fachin, Segunda Turma, j. 24.08.2020.

27. A esse respeito, ainda que julgando prejudicada a ação pela aprovação no Congresso Nacional de um auxílio emergencial, o STF entendeu cabível, em sede de ADO, determinar ao Governo Federal a proposição de medidas voltadas a assegurar a alimentação, o mínimo existencial e a dignidade da pessoa humana, devido a pandemia da Covid-19, cf. ADO 56/DF, rel. Min. Marco Aurélio, red. p/ o ac. Min. Roberto Barroso, j. em 30.04.2020. Igualmente, no julgamento do tema 1097, a dignidade da pessoa humana foi um dos fundamentos para a extensão dos efeitos de norma federal (art. 98, § 2.° e § 3.°, da Lei n. 8.112/90) que prevê a redução da jornada de trabalho sem alteração nos vencimentos aos servidores públicos estaduais e municipais, assentando que a omissão do Poder Público não pode justificar afronta às diretrizes e garantias constitucionais, cf. RE 1237867, rel. Min. Ricardo Lewandowski, j. em 17.12.2022.

28. Cf., por todos, PODLECH, Adalbert, Anmerkungen zu Art. 1 Abs. I Grundgesetz. In: Rudolf Wassermann (Org.). *Kommentar zum Grundgesetz für die Bundesrepublik Deutschland* (Alternativ Kommentar), vol. I, 2. ed. Neuwied: Luchterhand, 1989, p. 280-281.

objetivo precisamente de prevenir e reprimir práticas atentatórias aos direitos humanos e fundamentais referidos é conduta eivada do vício da ilegitimidade constitucional.

Dada a relevância da decisão (que também diz respeito à importância da organização e procedimento para a efetividade dos deveres de proteção estatais), toma-se a liberdade de transcrever parte do conteúdo da ementa do acórdão:

"(...) 1. A vedação à tortura e a tratamentos desumanos ou degradantes decorre diretamente da Constituição de 1988, o que importa em uma obrigação imposta às autoridades dos três Poderes e de todas as esferas de governo para que cessem, façam cessar e punam tais expedientes. A realidade das instituições de privação de liberdade demonstra que o Brasil se encontra distante de cumprir esse mandamento constitucional. 2. A criação do Mecanismo Nacional de Prevenção e Combate à Tortura (MNPCT) é resultado de compromissos internacionais assumidos pelo Brasil, cujo cumprimento demanda que o país não apenas instale órgão de tal natureza, mas conceda condições financeiras, administrativas e logísticas para que exerça a função de inspecionar unidades de privação de liberdade e expedir recomendações ao Poder Público visando evitar e punir a prática da tortura (...)."

"(...) Obstado o exercício independente e remunerado dos mandatos dos peritos do MNPCT, conclui-se que o ato impugnado viola frontalmente a Constituição Federal, notadamente o preceito fundamental segundo o qual ninguém será submetido a tortura ou tratamento desumano ou degradante, por tratar-se de uma ação do Poder Público que obsta o trabalho de inspeção de estabelecimentos de privação de liberdade (...)."

Na mesma linha, qual seja, a de uma dimensão positiva da dignidade da pessoa humana e de correlatos deveres de proteção estatal, o STF, no RE 859.376, rel. Min. Luís Roberto Barroso, julgado em 17.04.2024, decidiu que "A dignidade humana impõe que se busque a adaptação razoável de medidas estatais sempre que produzirem um impacto desproporcional sobre determinados grupos. Dessa forma, o Estado tem o dever de, na medida do possível, ajustar a aplicação de suas políticas e normas para que não produzam discriminação indireta a grupos vulneráveis".

A dignidade da pessoa humana, como já adiantado, guarda uma maior ou menor relação com as normas definidoras de direitos e garantias fundamentais. Nesse sentido, é possível afirmar que a dignidade opera tanto como fundamento, quanto como conteúdo dos direitos, mas não necessariamente de todos os direitos e, em sendo o caso, não da mesma forma. Assim, embora princípio estruturante de todo o sistema constitucional, portanto, também de todos os direitos fundamentais, isso não significa que todos os direitos individualmente consagrados no texto da CF possam ser diretamente reconduzidos à dignidade da pessoa humana, nem quer dizer (como se terá oportunidade de verificar com maior clareza na parte geral dos direitos fundamentais) que um direito apenas será fundamental na perspectiva da ordem constitucional brasileira se e na medida em que tiver um conteúdo determinado em dignidade. Da mesma forma, mesmo evidente um conteúdo em dignidade dos direitos, tal conteúdo será variável em amplitude, não havendo aqui como reconhecer uma simetria quanto a este aspecto.[29]

---

29. Sobre a discussão em torno do conteúdo em dignidade humana dos direitos fundamentais (e mesmo se em relação a todos ou apenas parte dos direitos), v., no âmbito da vasta literatura disponível, SARLET, Ingo Wolfgang. *Dignidade da Pessoa Humana*, op. cit., p. 95 e ss., NOVAIS, Jorge Reis. *A Dignidade da Pessoa Humana. Dignidade e Direitos Fundamentais*, vol. 1, Coimbra: Almedina, 2015, p. 67 e ss., bem como HONG, Mathias. *Der Menschenwürdegehalt der Grundrechte*. Tübingen: Mohr Siebeck, 2019.

O princípio da dignidade da pessoa humana, como já restou evidenciado quando da rápida apresentação de sua dupla função como limite e tarefa, assume também funções mais diretamente relacionadas com os direitos fundamentais, que passamos a elencar sumariamente, em boa parte também à luz de decisões extraídas da jurisprudência do STF.

No contexto de uma interpretação conforme a dignidade da pessoa humana, doutrina e jurisprudência majoritária sustentam uma leitura extensiva do art. 5.º, *caput*, da CF, naquilo que define os titulares dos direitos fundamentais, visto que do princípio da dignidade da pessoa humana decorre o princípio da titularidade universal, pelo menos daqueles direitos cujo reconhecimento e proteção constitui uma exigência direta da dignidade, tópico que será objeto de maior atenção no âmbito da parte geral dos direitos fundamentais.

Também a importância do princípio da dignidade da pessoa humana como critério material para a identificação de posições fundamentais (direitos) situados em outras partes do texto constitucional ou mesmo para a justificação de posições subjetivas fundamentais implícitas, no contexto mais amplo da assim chamada abertura material do catálogo de direitos fundamentais, consagrada no art. 5.º, § 2.º, da CF, merece ser destacada, embora também constitua ponto a ser desenvolvido mais adiante (parte geral dos direitos fundamentais). Apenas para já aqui referir um exemplo, colaciona-se precedente do STF, da seara dos direitos de personalidade e na qual o vínculo com a dignidade se manifesta com especial agudeza, reconhecendo tanto um direito fundamental ao nome[30] quanto ao estado de filiação, mediante o argumento de que "o direito ao nome insere-se no conceito de dignidade da pessoa humana e traduz a sua identidade, a origem de sua ancestralidade, o reconhecimento da família, razão pela qual o estado de filiação é direito indisponível".[31]

No mesmo sentido pode ser colacionada decisão na qual o STF reconheceu, a partir da dignidade da pessoa humana, da privacidade e intimidade, da autodeterminação informativa e da necessidade de concretizar permanentemente o compromisso com a renovação da força normativa da constituição em face dos riscos gerados pelo avanço tecnológico, um direito fundamental autônomo à proteção dos dados pessoais[32].

Por derradeiro, a dignidade opera simultaneamente como limite e limite dos limites na seara dos direitos fundamentais, o que, em apertada síntese, significa que (na condição de limite) com fundamento na dignidade da pessoa humana, ou seja, em virtude da necessidade de sua proteção, não só é possível como poderá ser necessário impor restrições a outros direitos fundamentais, como ocorreu, em caráter ilustrativo, no caso da interrupção da gravidez em casos de anencefalia fetal, quando o STF privilegiou a dignidade (e autonomia)

---

30. Nesse sentido v. a ADI 4275/DF, Relator originário Ministro Marco Aurélio, Redator p/ o Acórdão Min. Edson Fachin, julgamento em 28-2 e 1.º-3-2018. Nesse julgamento, o STF, com base no princípio da dignidade da pessoa humana e nos direitos fundamentais à liberdade pessoal, ao livre desenvolvimento da personalidade, bem como nos direitos ao nome e à identidade e expressão de gênero, reconheceu às pessoas transgêneras o direito de, mediante autodeclaração e sem necessidade de realização prévia de cirurgia de transgenitalização e/ou tratamentos hormonais ou patologizantes, alterar, no seu registro civil, o seu prenome e sexo (gênero). Da mesma forma, a ADPF 527, rel. Min. Roberto Barroso, j. 18.03.2021, autorizou que transexuais e travestis que se identificam de gênero feminino optem por cumprir penas em presídios femininos ou masculinos.

31. Cf. RE n. 248.869-1 (07.08.2003), rel. Min. Maurício Corrêa. Nesse sentido, v. também a decisão do STF no AR 1.244 EI/MG, rel. Min. Cármen Lúcia, j. 22.09.2016, chancelando o reconhecimento de um direito fundamental à busca da identidade genética como direito de personalidade.

32. Cf. MC na ADPF 695/DF, rel. Min. Gilmar Mendes, decisão em sede de liminar de 24.06.2020, na esteira da decisão proferida, igualmente reconhecendo um direito fundamental autônomo à proteção de dados implicitamente positivado, na ADI 6.387/DF, rel. Min. Rosa Weber, j. em 07.05.2020.

dos pais em detrimento da salvaguarda, ainda que por pouco tempo, da vida do feto. Da mesma forma, o STF recentemente assentou que a dignidade da pessoa humana, ao lado dos direitos fundamentais à proteção da vida e à igualdade de gênero, impõe um limite à utilização da tese da legítima defesa da honra perante o tribunal do júri, na medida em que consiste em um estímulo à perpetuação do feminicídio e da violência contra a mulher[33]. Por outro lado – e aqui a função de limite dos limites – uma restrição de direito fundamental, ainda que justificada pela proteção da dignidade – não poderá implicar a completa desconsideração da dignidade de quem tem o seu direito restringido, de tal sorte que o conteúdo em dignidade dos direitos estará subtraído, de regra, a alguma intervenção restritiva.

No tocante à função da dignidade da pessoa humana como limite aos limites, calha referir, da jurisprudência mais recente do STF, decisão em sede de Recurso Extraordinário com Agravo e Repercussão Geral (ARE 1.309.642, rel. Min. Luís Roberto Barroso, julgado em 01.02.2024), versando sobre a interpretação conforme a constituição do art. 1.641, inciso II, do Código Civil (que estabelece o regime da separação obrigatória de bens nos casos de casamento com pessoa maior de setenta antos) e sua aplicação às uniões estáveis. Para a Suprema Corte, "o dispositivo aqui questionado, se interpretado de maneira absoluta, como norma cogente, viola o princípio da dignidade da pessoa humana e o da igualdade. 6. O princípio da dignidade humana é violado em duas de suas vertentes: (i) da autonomia individual, porque impede que pessoas capazes para praticar atos da vida civil façam suas escolhas existenciais livremente; e (ii) do valor intrínseco de toda pessoa, por tratar idosos como instrumentos para a satisfação do interesse patrimonial dos herdeiros".

Nesse contexto é que se torna palpitante o problema que envolve o caráter relativo ou absoluto da dignidade da pessoa humana, adotando-se, em termos gerais, a tese de Robert Alexy no sentido de que na condição de princípio a dignidade, em situações excepcionais, poderá ser contrastada com outros princípios e ou direitos, utilizando-se a técnica (e os correspondentes critérios) da proporcionalidade, ao passo que na sua condição de regra – como se dá no caso da proibição absoluta da tortura e de tratamentos de cunho desumano e degradante, da proibição de penas cruéis e desumanas, da proibição de trabalhos forçados ou da utilização de trabalho escravo,[34] entre outras situações – a dignidade não mais poderá ser ponderada com outros direitos, aplicando-se algo como a lógica do "tudo ou nada", afastando-se, portanto, a ponderação com outros direitos e princípios ou bens de estatura constitucional.[35]

---

33. ADPF 779, rel. Min. Dias Toffoli, j. 01.08.2023.

34. Nesse sentido, v. a decisão do STF no Inquérito n. 3.564-MG, relatado pelo Ministro Ricardo Lewandowski e julgado em 19.08.2014, no sentido de que para a configuração do crime de redução à condição análoga à de escravo (e correspondente denúncia) sequer se faz necessária a utilização de violência física.

35. Cf. Alexy, Robert. *Theorie der Grundrechte*, 2. Aufl. Frankfurt am Main: Suhrkamp, 1994, p. 94 e ss. No direito brasileiro remetemos aqui ao nosso *Dignidade da pessoa humana e direitos fundamentais na Constituição Federal de 1988*. 10. ed. Porto Alegre: Livraria do Advogado, 2015, p. 157 e ss., bem como, por último, a análise de Sarmento, Daniel. *Dignidade da pessoa humana. Conteúdo, trajetórias e metodologia*. 2. ed. Belo Horizonte: Fórum, 2016, p. 94 e ss.

2.2 Princípio do Estado Democrático, Social e Ecológico de Direito[36]

2.2.1 Noções gerais

Diversamente de outras ordens constitucionais, a CF acabou não consagrando de modo distinto as noções e correspondentes princípios do Estado Democrático, do Estado Social e do Estado de Direito. Quanto ao Estado Social, aliás, sequer há referência expressa e direta no direito constitucional positivo quanto ao seu reconhecimento, o mesmo ocorrendo em relação ao Estado Ecológico (Ambiental), que aqui, por razões que serão devidamente apresentadas logo adiante (no item dedicado ao Estado Socioambiental ou Ecológico), o que, contudo, não significa que o Estado Democrático de Direito projetado pela CF não possa ser designado também como um Estado Social e Ecológico (Ambiental ou mesmo Socioambiental), o que, dentre outros fatores, pode ser inferido facilmente (e assim também o tem sido no âmbito da doutrina e jurisprudência) mediante uma breve mirada sobre os objetivos fundamentais do art. 3.º da CF (dentre os quais a erradicação da pobreza, a redução das desigualdades), um extenso catálogo de direitos sociais e dos trabalhadores (arts. 6.º e 7.º e ss.), os princípios da ordem econômica (com destaque para a justiça social e a garantia e promoção do mínimo para uma existência digna, a teor do art. 170, *caput*, da CF), bem como a conformação do sistema constitucional de seguridade social e da ordem social no seu conjunto. O mesmo se aplica ao ambiente, tendo em conta a forte e detalhada constitucionalização, inclusive na condição de direito e dever fundamental, da proteção do ambiente, tal como evidencia o art. 225 da CF.

Muito embora, como bem demonstram Lenio Streck e José Luís Bolzan de Morais, o Estado Democrático de Direito represente um avanço em relação ao "clássico" modelo do Estado (Liberal) de Direito e mesmo em relação ao Estado Social[37] (que nem sempre assumiu a forma de um Estado Democrático e de Direito, como se deu, apenas para citar exemplos notórios, na Alemanha Nacional-Socialista, na Itália Fascista e no Brasil do Estado Novo) nas suas primeiras manifestações, o fato é que a coordenação de Democracia, Estado de Direito e – como aqui preferimos inserir – das noções de Estado Social e Ambiental – corresponde à fórmula adotada pelo constituinte de 1988, ainda que se possa discutir sobre a terminologia mais adequada. De qualquer sorte, dada a estreita vinculação entre tais noções (ainda que cada uma guarde relativa e substancial autonomia), os princípios estruturantes que conformam o Estado Democrático, Social e Ecológico de Direito serão agrupados nesse item, apresentados em separado, mas de modo a compor um conjunto articulado e interdependente, permitindo uma exposição e compreensão mais sistemática de seu conteúdo e significado, inclusive para que, de modo esquemático, possam ser identificados os seus respectivos "subprincípios" (ou elementos), como é o caso, por exemplo, da supremacia do Direito, da legalidade e da segurança jurídica, que dão forma e conteúdo ao princípio do Estado de Direito. Além disso, convém sublinhar que a perspectiva de abordagem é

---

36. Para o aprofundamento da matéria, v., em especial, SARLET, Ingo Wolfgang; FENSTERSEIFER, Tiago. *Direito Constitucional Ecológico. Constituição, Direitos Fundamentais e Proteção da Natureza*, 7. ed., São Paulo: Revista dos Tribunais, 2021, destaque para o Capítulo 2.

37. Cf., por todos, STRECK, Lenio Luiz e DE MORAIS, José Luís Bolzan, Estado democrático de direito. In: *Comentários à Constituição do Brasil*. 2. ed., p. 114 e ss.

centrada numa compreensão constitucionalmente adequada dos princípios aqui versados, ainda que com alguma referência a aspectos conceituais mais abrangentes.

2.2.2 O princípio democrático e a soberania popular

O Estado Constitucional que merece ostentar tal qualificação é sempre, como já frisado, um Estado Democrático de Direito, razão pela qual aqui tomaremos as expressões como equivalentes.[38] Cuida-se, portanto, de um Estado onde o poder (seja na sua origem, seja quanto ao seu modo de exercício) deve ser legitimamente adquirido e exercido, legitimação que deve poder ser reconduzida a uma justificação e fundamentação democrática do poder e a um exercício democrático das diversas formas de sua manifestação e exercício[39]. Em que pese a democracia, na condição de regime político e forma de exercício do poder estatal, não se constituir em conceito estritamente jurídico, baseando-se em um conjunto de pressupostos anteriores à própria constituição,[40] no âmbito da evolução do constitucionalismo moderno resulta evidente que a despeito de elementos em comum, o conceito de democracia é também e (na perspectiva do Estado Constitucional) em primeira linha um conceito jurídico-constitucional, reclamando uma compreensão constitucionalmente adequada, já pelo fato de que no contexto de cada ordem constitucional positiva a noção de democracia e seus diversos elementos adquire feições particulares, como se verifica, por exemplo, na opção, ou não, pela inserção de mecanismos de democracia direta (ou participativa), da escolha do sistema eleitoral e da configuração dos direitos políticos, apenas para referir alguns dos mais importantes.

Assim, com razão Konrad Hesse quando leciona que em vista da diversidade de compreensões sobre o que é democracia o significado jurídico-constitucional de democracia apenas pode ser obtido a partir da concreta conformação levada a efeito por determinada constituição, ainda que em geral a constituição não contenha uma regulamentação completa e compreensiva de um modelo de democracia, mas apenas estabeleça determinados princípios e regras mediante os quais assegura constitucionalmente seus fundamentos e

---

38. Não se desconhece a opção terminológica de muitos autores de relevo, a exemplo de Peter Häberle (Alemanha) e Daniel Mitidiero (Brasil) que preferem utilizar a terminologia de Estado Constitucional, em contraste com a noção de Estado de Direito formal, também designado de Estado Legislativo, mas o que se percebe é que o conceito de Estado Constitucional de tais autores acaba por coincidir substancialmente com a noção de Estado Democrático de Direito aqui adotada e que, além disso, guarda sintonia com o direito constitucional positivo brasileiro. É de se agregar, outrossim, que o próprio Estado Constitucional assumiu diversas formas, desde o Estado Liberal (que foi e ainda é um modo de manifestação do Estado Constitucional), o Estado Social, entre outras classificações possíveis, pois até mesmo os Estados Socialistas não deixam de ser, pelo menos tendo em conta a adoção de elementos do Estado Constitucional, em certo sentido estados constitucionais. Por isso, respeita-se o uso do termo Estado Constitucional, desde que referido ao que hoje se compreende por um Estado Democrático e material (não meramente formal) de Direito, o que, aliás, é o que ocorre com os autores nominados, como é o caso de Häberle, Peter, *El estado constitucional,* trad. Fix-Ferro, Héctor. Buenos Aires: Astrea, 2007, p. 69 e ss. (que identifica no Estado Constitucional também uma "conquista cultural"), e, na literatura brasileira mais recente, Mitidiero, Daniel. *Cortes superiores e cortes supremas.* São Paulo: RT, 2013, p. 16 e ss.

39. Cf. por todos Morlok, Martin; Michael. *Staatsorganisationsrecht,* op. cit., p. 63.

40. Cf. bem lembra Böckenförde, Ernst-Wolfgang. Demokratie als Verfassungsprinzip. In: Josef Isensee; Paul Kirchhof (Ed.), *Handbuch des Staatsrechts der Bundesrepublik Deutschland,* vol. II, 3. ed., Heidelberg: C.F. Müller, 2004, p. 430.

DOS PRINCÍPIOS FUNDAMENTAIS · 217

estruturas básicas,[41] o que, todavia, encontra uma concreta formatação em cada ordem constitucional positiva.[42]

Mas a democracia não se traduz apenas em um conjunto de princípios e regras de cunho organizatório e procedimental, guardando, na sua dimensão material, íntima relação com a dignidade da pessoa humana e com os direitos fundamentais em geral, com destaque para os direitos políticos e os direitos de liberdade (designadamente as liberdades de expressão, reunião e manifestação), para além dos direitos políticos e de nacionalidade. Consoante bem sintetiza Hartmut Maurer, do respeito e proteção da dignidade humana decorre que os seres humanos (portanto, o povo) formam o elemento dominante do (e no) Estado, ao passo que liberdade e igualdade (e os direitos fundamentais correlatos) exigem que todos possam, em condições de igualdade, influir na vida estatal.[43] Assim, também o princípio democrático, na condição de princípio normativo estruturante, apresenta uma dimensão material e uma dimensão organizatória e procedimental, que se conjugam, complementam e retroalimentam assegurando uma legitimidade simultaneamente procedimental e substancial da ordem jurídico-política estatal.[44]

No âmbito da CF, mormente tendo em conta o período e circunstâncias de sua elaboração e promulgação, o compromisso com a democracia ficou particularmente bem destacado tanto no Preâmbulo quanto no primeiro artigo do corpo da CF, em que, além da consagração do Estado Democrático de Direito, o constituinte erigiu a cidadania e o pluralismo político à condição de princípios fundamentais, além de, no parágrafo único, enfatizar a soberania popular como fonte do poder estatal, firmando, ademais, compromisso com a democracia representativa combinada com mecanismos de participação direta do cidadão (art. 14), modelo que tem sido também designado de semidireto.[45]

O postulado liberal-democrático de que todo o poder emana do povo e em seu nome deve ser exercido (ou na acepção atribuída a Abraham Lincoln, de que a democracia é o governo do povo, pelo povo e para o povo) acabou assumindo, portanto, também na CF, uma feição particularmente reforçada mediante a ampliação dos espaços da assim chamada democracia participativa no texto constitucional, assegurando-lhes, ademais, a condição de direitos políticos fundamentais, designadamente, o plebiscito, o *referendum* e a iniciativa popular legislativa, de modo que se pode de fato falar, como o faz Paulo Bonavides, em um direito à democracia e mesmo um direito à democracia participativa na condição de direito subjetivo,[46] sem prejuízo da dimensão objetiva que caracteriza o princípio democrático e o da soberania popular na condição de princípios estruturantes.

Por outro lado, já pelo seu caráter complexo, como tal qualificado pela coexistência do modelo representativo com o da participação direta do cidadão, a ordem democrática consagrada pela CF não pode ser reconduzida a uma noção clássica (liberal-individualista) de

---

41. Cf. HESSE, Konrad, *Grundzüge des Verfassungsrechts...*, op. cit., p. 58-59.
42. Cf. também, entre outros, BARZOTTO, Luís Fernando, *A democracia na constituição*, São Leopoldo, Editora Unisinos, 2003, p. 175 e ss.
43. Cf. MAURER, Hartmut, *Staatsrecht* I, 5. ed., München: C.H. Beck, 2007, p. 180.
44. Cf. por todos, CANOTILHO, J. J. Gomes. *Direito constitucional e teoria da constituição*, op. cit., p. 287-88.
45. Cf., por exemplo, GONÇALVES FERREIRA FILHO, Manoel. *Curso de direito constitucional*, 34. ed., São Paulo: Saraiva, 2008, p. 109.
46. Cf. BONAVIDES, Paulo. *Teoria constitucional da democracia participativa*, 3. ed., São Paulo: Malheiros, 2008, contemplando diversos estudos relacionados ao tema.

democracia, mas, sim, guarda sintonia com uma concepção dinâmica de democracia, típico de uma sociedade aberta, ativa e inclusiva, que busca assegurar aos cidadãos um desenvolvimento integral das personalidades individuais no âmbito de uma sociedade livre, justa e solidária (art. 3.°, I, da CF) e num ambiente marcado pela justiça social (art. 170 da CF).[47] Já por tal razão se percebe que a despeito de se tratar de princípio autônomo, que diz com a legitimação do poder e de seu exercício, o princípio democrático, tal como já anunciado, há de ser compreendido de modo articulado com outros princípios estruturantes (em especial os da dignidade da pessoa humana, do Estado de Direito e do Estado Socioambiental), com os fundamentos e objetivos da ordem constitucional, o sistema de direitos fundamentais e a organização do Estado e dos Poderes.

Tendo em conta que democracia e soberania popular são – também na CF – umbilicalmente vinculadas, a noção de povo acaba assumindo particular e determinante relevância para a compreensão do conceito constitucionalmente adequado de democracia. Mas a própria noção de povo, na condição de conceito jurídico-constitucional que é, necessita ser devidamente elucidada, especialmente mediante a sua diferenciação de outras formas de titularidade do poder estatal ou mesmo de noções correlatas como o de população e cidadania.

Em primeiro lugar, a noção de povo como titular da soberania guarda relação com a própria noção de poder constituinte, já que não apenas a constituição como tal deve consagrar e assegurar um regime político democrático e um modo democraticamente legitimado de exercício do poder (democracia como princípio estruturante de determinada constituição) quanto a própria constituição deve ser o produto de uma vontade constituinte democraticamente formada e exercida, aspecto já desenvolvido no capítulo próprio do presente *Curso* sobre o poder constituinte. *A soberania popular deve ser compreendida então nessa dupla perspectiva*, significando, em síntese, que tanto a titularidade quanto o exercício do poder estatal, incluindo a assunção de tarefas e fins pelo Estado e a realização das tarefas estatais, podem sempre ser reconduzidas concretamente ao povo, no sentido de uma legitimação democrática efetiva.[48]

Para efeitos de sua delimitação, verifica-se que *a noção de povo em sentido jurídico*, na condição de um dos clássicos elementos da própria noção de Estado, sofreu significativa evolução ao longo da trajetória constitucional desde a primeira fase do Estado liberal-burguês do final do Século XVIII e grande parte do Século XIX. De qualquer sorte, o conceito jurídico de povo não se confunde com o de população, que corresponde à soma de todos os indivíduos que se encontram no território estatal e que estão sujeitos ao direito estatal (inclusive na condição de titulares de direitos), mas sim, ainda que numa perspectiva atualmente ampliada e inclusiva, compreende o conjunto dos cidadãos, ou seja, daqueles que por força do próprio direito estatal são titulares de um vínculo jurídico com determinado Estado, que assegure a participação na formação da vontade estatal mediante um conjunto de direitos e obrigações, com destaque para a titularidade de direitos de participação política.[49]

Também no caso da CF, a condição de cidadão (para o efeito referido) decorre em regra da nacionalidade, ou seja, da circunstância de o indivíduo ser brasileiro nato ou

---

47. Cf., embora com referências ao direito constitucional positivo português, CANOTILHO, J. J. Gomes, *Direito constitucional e teoria da constituição*, op. cit., p. 289.

48. Cf. por todos BÖCKENFÖRDE, Ernst-Wolfgang. *Demokratie als Verfassungsprinzip*, op. cit., p. 436.

49. Cf. representativamente KRIELE, Martin, *Einführung in die Staatslehre*, 5. ed., Opladen, Westdeutscher Verlag, 1994, p. 88.

naturalizado, aspecto que também é objeto de capítulo específico no presente curso, ao qual aqui remetemos. Todavia, embora em geral a condição de cidadão e nacional seja coincidente, nem sempre a cidadania pressupõe a nacionalidade, já que a cidadania, numa perspectiva mais ampliada, que não diz apenas com a titularidade e exercício dos direitos políticos em sentido estrito (para o efeito da concretização da soberania popular, do sufrágio ativo e passivo), mas engloba outras formas de participação efetiva na esfera pública, ou mesmo pela atribuição da titularidade de direitos de participação política a estrangeiros, o que, de resto, já se verifica em diversos Estados.[50]

Por outro lado, *o conceito jurídico de povo como o conjunto dos cidadãos (de regra, como no caso brasileiro, dos nacionais) não se confunde (mas guarda relação) com a noção de cidadania na condição de princípio fundamental*, inserida que foi, juntamente com a soberania, a dignidade da pessoa humana, a livre-iniciativa e os valores sociais do trabalho, bem como o pluralismo político, no primeiro artigo da CF, assumindo simultaneamente a condição de fundamento do Estado Democrático de Direito. A cidadania, compreendida não estritamente como o *status* de ser cidadão, portanto, de ter reconhecido e assegurado um vínculo jurídico com determinada ordem estatal e de fruir de direitos em relação a ela, inclusive e especialmente de direitos políticos, mas compreendida como fundamento e princípio, indica *que o Estado Democrático é fundado e mesmo pressupõe a noção de cidadania*, o que não significa que a cidadania, numa perspectiva atual e mais ampla, possa ser confundida com a noção de democracia, especialmente se esta for tomada em sentido apenas formal, mas aponta para uma *concepção de cidadania ativa e responsável, em sintonia com a dignidade da pessoa humana e de democracia material* e cada vez menos restrita ao ambiente fechado do território nacional, de modo a se transformar numa espécie de cidadania aberta, inclusive e tendencialmente global.[51]

A conhecida definição de Hannah Arendt de que a cidadania assume a condição de um direito a ter direitos, alcança uma dimensão ampliada pelo fato de que o indivíduo não mais é titular de direitos apenas na esfera do Estado do qual é cidadão (em sentido estrito), mas também é titular de um conjunto de direitos humanos que são (ou pelo menos aspiram a ser) direitos de todos em todos os lugares. Mas essa é uma questão que aqui não poderá ser desenvolvida.

A concepção de democracia característica do Estado Democrático de Direito, tal como formatado também na CF, funda-se, no que diz com a legitimação democrática (em sintonia com a noção de soberania popular), na busca da *construção de consensos*. Considerando, todavia, que o consenso numa ordem política democrática e plural em regra não equivale a uma unanimidade, quanto mais controverso o tema objeto da deliberação mais o consenso corresponde a uma decisão tomada livremente por uma maioria, resultando, na sequência, em um regramento vinculativo para toda a comunidade política. Mas – a exemplo do que adverte Konrad Hesse – tendo em conta que um consenso habitualmente apenas encerra o mínimo em relação ao qual todos os envolvidos na deliberação manifestam a sua concordância, a exigência de um consenso absoluto ou mesmo tendencialmente absoluto esbarraria em indesejável imobilismo ou compromissos meramente formais, razão pela qual se

---

50. Cf. Mazzuoli, Valerio de Oliveira, *Curso de direito internacional público*, 6. ed., São Paulo, RT, 2012, p. 679 e ss.

51. Nesse sentido, v., por todos, Agra, Walber de Moura. Art. 1.º, II – Cidadania. In: *Comentários à Constituição do Brasil*, 2. ed, p. 120-122.

adotou *o princípio da maioria (ou princípio majoritário)*,[52] cabendo em geral ao constituinte estabelecer quando necessária (a depender da matéria) uma maioria qualificada (como, no caso brasileiro, para aprovação de uma emenda constitucional ou de uma lei complementar) ou apenas uma maioria simples (como no caso, entre outros, das leis ordinárias).

Por outro lado, *democracia não pode resultar em arbítrio de maiorias sobre minorias* (as assim chamadas ditaduras majoritárias), inclusive – mas não apenas por isso – pelo fato de que em grande parte dos casos as maiorias obtidas são bastante exíguas, o que se agrava ainda mais quando se trata de maioria simples. Por isso *o princípio democrático pressupõe e impõe o respeito pelas minorias e mesmo a sua proteção e promoção.* A proteção das minorias não se limita, portanto, ao mero fato de poderem participar do processo deliberativo e – sendo derrotadas – resignar-se a uma mera submissão à vontade majoritária e ao consenso sempre relativo daí resultante.

Em primeiro lugar, *as maiorias (e os consensos e decisões dela resultantes) encontram-se submetidas a limites postos pelo princípio do Estado de Direito resultantes da própria constituição*, como dão conta os princípios da vinculação ao Direito (com destaque para o primado da constituição), a segurança jurídica, a proporcionalidade e o respeito e proteção dos direitos fundamentais.[53] Os direitos fundamentais, por sua vez, constituem não apenas parâmetro para a legitimidade material da ordem constitucional, mas representam a essência da proteção das minorias, visto que uma violação de um direito fundamental, na condição de direito subjetivo individual, poderá justificar a impugnação (pelos meios postos à disposição pelo Estado de Direito) de atos que resultam da deliberação das maiorias, razão pela qual os *direitos fundamentais costumam ser também chamados (Dworkin) de trunfos contra a maioria.*

Também a promoção dos direitos (interesses) das minorias poderá ser imposta expressa ou implicitamente pela ordem constitucional, especialmente para superar níveis intoleráveis de exclusão social, política, econômica e mesmo cultural, o que assume um caráter ainda mais cogente no âmbito de um Estado Social (ou Socioambiental, como preferimos designar), mas também poderá ser exigência do Estado Democrático e de Direito, como se verifica, por exemplo, na previsão de diversas modalidades de ações afirmativas, incluindo políticas de quotas, como se verifica, no caso brasileiro, com as quotas de gênero para o exercício de cargos públicos representativos, mas também, objetivando apostar na compensação de desigualdades fáticas, de quotas de cunho racial, quotas para indígenas, entre outras.

Dentre os instrumentos colocados à disposição das minorias encontram-se, além da possibilidade de bloquear determinadas deliberações (especialmente quando exigindo maioria qualificada, como no caso das reformas constitucionais), garantias de cunho processual, como é o caso da possibilidade de movimentar o controle abstrato e concentrado de constitucionalidade que, no caso brasileiro, tem como legitimados ativos os partidos políticos de representação nacional, ainda que o partido tenha apenas um representante no Congresso Nacional. A necessidade de ouvir e dar espaço efetivo (mediante garantias de manifestação, participação e controle) às minorias, por seu turno, evidencia a *importância do papel político exercido pela oposição no ambiente parlamentar e eleitoral em geral,*[54] o que, entre outros

---

52. Cf. Hesse, Konrad. *Grundzüge des Verfassungsrechts*, op. cit., p. 63-64.
53. Cf. Maurer, Hartmut. *Staatsrecht I*, op. cit., p. 198.
54. Cf. por todos Kloepfer, Michael. *Verfassungsrecht I*, op. cit., p. 161.

DOS PRINCÍPIOS FUNDAMENTAIS 221

aspectos, remete à necessidade de se *garantir um sistema preferencialmente pluripartidário e um efetivo pluralismo político*, o que, aliás, corresponde à opção do constituinte brasileiro. Nessa mesma perspectiva, *os direitos fundamentais*, não apenas os direitos políticos em sentido estrito, mas também outros direitos e garantias fundamentais, designadamente os direitos de caráter comunicativo (liberdade de expressão, reunião, manifestação, informação), a ação popular, entre outros, constituem instrumento indispensável para dar voz e possibilidade de participação e controle às minorias.

À vista de todo o exposto e buscando sintetizar os elementos essenciais do princípio democrático na CF, calha recorrer ao magistério de Marcelo Cattoni, para quem o princípio da democracia constitucional garante-se especialmente (mas não exclusivamente) pelo seguinte: (a) pelo reconhecimento do direito fundamental de oposição e pelos direitos políticos das minorias; (b) por meio das diversas formas de participação e representação política dos diversos setores da sociedade; (c) pelos mecanismos participativos e representativos de fiscalização e controle do poder;[55] (d) por meio da garantia de direitos processuais de participação nos processos coletivos de deliberação; (e) pelo reconhecimento de identidades coletivas sociais e culturais; (f) por meio de políticas de reconhecimento e ações afirmativas inclusivas e compensatórias de desigualdades fáticas.[56] Tal elenco poderia ser acrescido (sem com isso esgotar as possibilidades) do reconhecimento e garantia de direitos fundamentais, com destaque para as liberdades de expressão, reunião, manifestação e associação, ademais de um conjunto de direitos sociais que asseguram a capacidade para a liberdade.

2.2.3 O princípio do pluralismo político

O pluralismo político, ainda que consagrado de modo autônomo no elenco dos fundamentos da República Federativa do Brasil (art. 1.º, V, da CF), guarda intrínseca relação com o princípio democrático, ainda que com este não se confunda, pois o pluralismo é aspecto essencial, mas não exclusivo, da democracia no Estado Democrático de Direito contemporâneo.[57] O pluralismo político (que é também econômico e cultural) permite e assegura a livre (mas respeitosa e regulada) convivência e interação entre convicções, ideais e projetos de vida individuais e compartilhados por grupos mais ou menos representativos de segmentos da sociedade, de tal sorte que o pluralismo político simultaneamente significa uma abertura para posições políticas distintas e a possibilidade efetiva de participação política por parte de todos os integrantes do corpo da cidadania, inclusive mediante a formação e/ou participação em partidos políticos.[58] Especialmente na sociedade complexa atual,

---

55. Sobre o tema, o STF reconheceu a constitucionalidade da criação de leis de iniciativa parlamentar para a criação de conselhos de representantes da sociedade civil, integrante do Poder Legislativo, para o acompanhamento e fiscalização das ações do Poder Executivo. Para a corte a medida encontra conforto na necessidade de melhoria de desempenho das disposições constitucionais (RE 626.946/SP, rel. Min. Marco Aurélio, j. 09.10.2020).

56. Cf. DE OLIVEIRA, Marcelo Andrade Cattoni, Art. 1.º, parágrafo único. In: *Comentários à Constituição do Brasil*, 2. ed., São Paulo, Saraiva Educação, 2018, p. 142.

57. Cf. LIMA, Martonio Mont'Alverne Barreto, Art. 1.º, V – O Pluralismo Político. In: *Comentários à Constituição do Brasil*, p. 135. Sobre a relação entre o pluralismo político e o princípio democrático, v. ainda o comentário de Adriano Sant'Ana Pedra na nova edição do mencionado livro, cf. PEDRA, Adriano Sant'Ana, Art. 1.º, V – O Pluralismo Político. In: *Comentários à Constituição do Brasil*, 2. ed., São Paulo, Saraiva Educação, 2018, p. 140.

58. Nesse sentido, v., dentre outros, FERNANDES, Bernardo Gonçalves, *Curso de direito constitucional*, op. cit., p. 221. Como exemplo, v. declaração de inconstitucionalidade da Lei n. 3.491/2015, do Município de Ipatinga

caracterizada por uma crescente diferenciação entre os múltiplos subsistemas, inclusive no sentido de uma autonomização das diversas esferas normativas (dentre as quais o Direito), o pluralismo deve ser compreendido como um pluralismo razoável tal como proposto por John Rawls, caracterizado pela convivência de formas de vida e visões de mundo não fundamentalistas e numa ambiência marcada pela tolerância e abertura que acabam por determinar a própria concepção do Estado Democrático de Direito.[59]

Como bem destaca Martonio M. Barreto Lima, o sentido do pluralismo político constitucionalmente positivado no Brasil alcança as diversas esferas da vida política e social do País, assumindo uma dimensão principiológica e necessariamente integrada com outros princípios e direitos e garantias fundamentais que, no seu conjunto, formam e conformam a concepção de democracia consagrada na CF.[60] Que o Estado Democrático de Direito da CF corresponde, ao menos formalmente (no plano do direito constitucional positivo), a tal modelo, resulta evidenciado não apenas pelo elenco dos princípios fundamentais consagrados no Título I (dentre os quais o próprio pluralismo e a dignidade da pessoa humana) quanto pela integração com o direito internacional dos direitos humanos, os objetivos do art. 3.º (alcançar uma sociedade livre, justa e solidária), o amplo catálogo de direitos fundamentais e sua abertura material (art. 5.º, § 2.º), dentre outras pistas que aqui poderiam ser referidas.

2.2.4 O princípio do Estado de Direito

A noção de Estado de Direito que, em sua formulação embrionária (quanto a tal aspecto ainda atual) pode ser reconduzida à conhecida ideia de um governo das leis e não dos homens, já encontrada até nos escritos de Platão e Aristóteles, bem como em outras manifestações, inclusive na Idade Média e Moderna, envolvendo formulações teóricas e tentativas práticas mais ou menos bem-sucedidas de limitação jurídica do poder, acabou gradualmente, especialmente ao longo da evolução do constitucionalismo, assumindo a função de princípio fundamental estruturante, arrancando, numa primeira fase, de uma concepção eminentemente formal, muitas vezes também designada de Estado legal ou formal de Direito (no mais das vezes identificado com o Estado liberal burguês), especialmente na compreensão que dominou o século XIX, para uma noção que congrega tanto elementos formais quanto materiais, resultando na consagração do que se entende atualmente – pelo menos no âmbito dos Estados constitucionais tidos como democráticos – de um Estado material de Direito.[61]

(MG), que proibia ensino sobre gênero e orientação sexual, tendo por um dos fundamentos, a contrariedade ao pluralismo de ideias e o fomento à liberdade e à tolerância, cf. ADPF 467/MG, rel. Min. Gilmar Mendes, j. em 29.05.2020. No mesmo sentido, v. julgamento da ADPF 460, rel. Min. Luiz Fux, j. em 29.06.2020.

59. Cf. DE OLIVEIRA, Marcelo Andrade Cattoni. *Comentários à Constituição do Brasil*, op. cit., p. 142.

60. Cf. BARRETO LIMA, Martonio Mont'Alverne. *Comentários à Constituição do Brasil*, op. cit., p. 136. Sobre o tema, remete-se igualmente ao comentário de Adriano Sant'Ana Pedra na nova edição do citado livro, cf. PEDRA, Adriano Sant'Ana, Art. 1.º, V – O Pluralismo Político. In: *Comentários à Constituição do Brasil*, 2. ed., São Paulo, Saraiva Educação, 2018, p. 140.

61. Cf., entre outros, KLOEPFER, Michael. *Verfassungsrecht I*, München, C. H. Beck, 2011, p. 296-298, SCHMIDT-ASSMANN, Eberhard. *Der Rechtsstaat*. In: Josef Isensee e Paul Kirchhof (Ed.), *Handbuch des Staatsrechts der Bundesrepublik Deutschland*, vol. II, 3. ed., Heidelberg: C. F. Müller, 2004, p. 547 e ss., BIN, Roberto. *Lo stato di diritto*, Bologna: Il Mulino, 2004, p. 7 e ss., bem como, com maior desenvolvimento, NOVAIS, Jorge Reis. *Contributo para uma teoria do estado de direito*, Coimbra: Almedina, 2006, p. 29 e ss.

Como bem pontua Javier Pérez Royo, tal processo evolutivo foi marcado por um desenvolvimento progressivo e cumulativo até resultar na afirmação da moderna noção de Estado Democrático de Direito, de tal sorte que Estado de Direito e Estado Democrático passam a ser idênticos.[62] Além do mais, o compromisso com o Estado de Direito atingiu tal difusão e relevância, que mesmo no plano do Direito Internacional o Estado de Direito assumiu a condição de elemento essencial da comunidade de Estados, tanto no plano regional (como revela o exemplo da União Europeia), quanto na esfera do sistema da ONU, como, por sua vez, bem demonstra a Resolução 66/102, adotada em 09.12.2011, sobre a *Rule of Law* no plano internacional e nacional, afirmando que os Direitos Humanos, o Estado de Direito e a Democracia estão interligados e se reforçam mutuamente, pertencendo aos princípios e valores universais e indivisíveis e nucleares das Nações Unidas.[63]

O Estado de Direito, também tal como consagrado na CF, é, portanto, sempre um Estado Constitucional e um Estado Democrático, para além de constituir, no caso brasileiro, um *Estado Social e Ambiental, (ou mesmo Social e Ecológico),*[64] como aqui assumido. Todavia, embora a articulação entre todas as dimensões, os princípios democrático e do Estado Socioambiental, para melhor compreensão, serão abordados em separado, de tal sorte que aqui seguiremos tratando dos aspectos essenciais ao princípio do Estado de Direito.

Além disso, importa sublinhar, que, embora tendo como ponto de partida alguns elementos comuns, dentre os quais se destacam a supremacia do Direito e a correlata limitação jurídica do poder, bem como a garantia da autonomia e liberdade individuais (por meio do reconhecimento de direitos e garantias fundamentais), o caminho percorrido pelo Estado do Direito, na sua trajetória evolutiva, levou à formação de modelos mais ou menos distintos entre si. Assim, a título de ilustração, a assim chamada *rule of law* da tradição anglo-americana não se confunde com o Estado de Direito (*Rechtstaat)* alemão, apenas para referir duas das principais tradições nessa seara[65].

A conformação do Estado de Direito, portanto, para a sua adequada compreensão, demanda uma reconstrução de sua trajetória evolutiva, mas especialmente reclama uma análise constitucionalmente adequada, à luz das especificidades de uma ordem jurídico--constitucional concreta. Por tal razão e considerando-se as limitações da presente abordagem e do seu contexto, *o que se pretende aqui é apresentar os contornos gerais da noção e do correspondente princípio do Estado de Direito no contexto do direito constitucional positivo brasileiro, bem como identificar os seus principais elementos.* Levando em conta que em diversos casos haverá fortes pontos de contato e mesmo superposição com aspectos que dizem respeito a outros princípios constitucionais, eventualmente se utilizará o recurso de remeter aos conteúdos analisados em outros momentos.

---

62. Royo, Javier Pérez. *Curso de derecho constitucional,* op. cit., p. 146-148.

63. Cf. o original: "Reaffirming that human rights, the rule of law and democracy are interlinked and mutually reinforcing and that they belong to the universal and indivisible core values and principles of the United Nations".

64. Sobre a evolução e o conteúdo do assim chamado Estado Democrático Social e Ambiental de Direito para um Estado Social, Democrático e Ecológico de Direito, que aqui não serão desenvolvidos, v., por todos, SARLET, Ingo Wolfgang; FENSTERSEIFER, Tiago. *Direito Constitucional Ecológico.* 7. ed. São Paulo: RT, 2021.

65. Sobre tais modelos e suas principais diferenças, v., entre outros, NOVAIS, Jorge Reis. *Contributo para uma teoria do estado de direito,* op. cit., p. 45 e ss.

Numa primeira aproximação, cabe tomar emprestada a lição de Gomes Canotilho, que se aplica também ao caso brasileiro, no sentido de que o princípio do Estado de Direito é "um princípio constitutivo, de natureza material, procedimental e formal (...) que visa dar resposta ao problema do conteúdo, extensão e modo de proceder da actividade do Estado"[66]. Assim, convém sublinhar que *o Estado de Direito o é tanto em sentido formal quanto material, já que os dois esteios se fazem indispensáveis e se complementam e reforçam mutuamente.*

O Estado formal de Direito (ou em sentido formal) já se configura mediante a previsão e garantia de uma *divisão (separação) de poderes,* a *legalidade da Administração* Pública, a *garantia de acesso à Justiça e independência judicial* no plano do controle dos atos administrativos, bem como a *pretensão por parte do particular de ser indenizado quando de uma intervenção estatal indevida* no âmbito de sua esfera patrimonial[67]. Tais características permitem perceber que tal Estado formal de Direito (aqui no sentido de um Estado apenas formal de Direito) não necessariamente guarda harmonia com uma noção de Direito que vai além da estrita legalidade e que corresponde a critérios de justiça e legitimidade material (e não meramente procedimental e funcional) resulta evidente e aqui não carece de maior desenvolvimento.

Por outro lado, a noção de *Estado material de Direito (ou em sentido material) exige que a legalidade esteja orientada (e vinculada) por parâmetros materiais superiores e que informam a ordem jurídica e a ação estatal,* papel que é exercido por princípios jurídicos gerais e estruturantes e pela vinculação do Poder Público (dos agentes e dos seus atos) a um conjunto de direitos e garantias fundamentais, de tal sorte que – como bem expressa Schmidt--Assmann – *o Estado material de Direito não é o oposto do Estado formal de Direito, mas um Estado que unifica e concilia ambas as dimensões*[68]. Por tais razões, o Estado de Direito em sentido material (e formal) é, como já adiantado, *sempre um Estado Constitucional e Democrático de Direito, que também pode ser designado de um Estado da Justiça e dos Direitos Fundamentais.* Dito de outro modo e acompanhando Konrad Hesse, a decisão constitucional (tal qual tomada pela CF) pelo Estado de Direito (formal e material) consiste em uma decisão fundamental em prol de uma forma de vida estatal e social que se estrutura e atua na medida e de acordo com o Direito[69].

Para a sua melhor compreensão, *os principais elementos que integram e qualificam o Estado de Direito* como tal, serão objeto de sumária apresentação.

A) O primado do direito

O Estado de Direito caracteriza-se, em primeira linha, pela vinculação do poder estatal ao direito e pelo objetivo atribuído aos órgãos estatais de realizar a justiça material[70]. Tal primado do direito, como explica Hesse, não significa uma espécie de normatização totalizante e absoluta da vida estatal pelo direito, mas, sim, a afirmação *do princípio da supremacia da Constituição,* de acordo com o qual nenhum ato estatal poderá estar em desconformidade com a Constituição, combinado com o *princípio da primazia da lei,* em que todos

---

66. CANOTILHO, J. J. Gomes. *Direito constitucional e teoria da constituição,* op. cit., p. 243.
67. Cf., por todos, BENDA, Ernst, Der soziale rechtsstaat. In: _____; MAIHOFER, Werner; VOGEL, Hans-Jochen (Ed.). *Handbuch des Verfassungsrechts,* vol. I, Berlin-New York, Walter de Gruyter, 1984, p. 477, colacionando lição de Ernst Rudolf Huber.
68. Cf. SCHMIDT-ASSMANN, Eberhard. *Der Rechtsstaat,* op. cit., p. 553.
69. Cf. HESSE, Konrad. *Grundzüge des Verfassungsrechts der Bundesrepublik Deutschland,* op. cit., p. 84 e ss.
70. Cf. a fórmula-síntese de KLOEPFER, Michael. *Verfassungsrecht I,* op. cit., p. 299.

os atos editados em forma legislativa assumem uma condição preferencial em face de outros atos, e os atos legislativos existentes e em vigor deverão ser seguidos pelos poderes estatais[71]. *Assim, o primado do direito é formado pela convivência e articulação dos princípios da constitucionalidade e da legalidade (incluindo a reserva legal)*, implicando uma vinculação direta do legislador à Constituição e uma dupla vinculação (direta e indireta) dos poderes Judiciário e Executivo à Constituição e às leis[72]. *A vinculação isenta de lacunas do poder público aos princípios e direitos fundamentais* é, por sua vez, manifestação particular da mais abrangente noção de supremacia da Constituição, além de representar precisamente um dos eixos da noção de Estado material de Direito.[73]

Cabe sublinhar, outrossim, que a articulação da supremacia da Constituição e da supremacia da lei não implica uma aplicação meramente subsidiária das leis, pois apenas na hipótese de conflito é que tal supremacia se fará relevante, de tal sorte que cabe ao Administrador e ao Judiciário aplicar, em primeira linha, a norma incidente que pertence ao nível hierárquico mais baixo, aferindo sempre sua respectiva legalidade (em se tratando de atos normativos infralegais) e/ou constitucionalidade, o que se revela particularmente relevante para o Poder Executivo, cuja atuação está diretamente submetida ao princípio da legalidade[74].

1 – *O princípio da reserva legal*

O princípio da reserva legal, de acordo com seu sentido convencional, consiste na exigência de que *a Administração Pública apenas poderá intervir em algum caso concreto se tiver sido autorizada por lei ou pelo menos com base em lei*[75]. Do ponto de vista dogmático, a doutrina da reserva legal (ou reserva de lei) busca dar resposta à indagação de em quais domínios a Administração Pública depende (necessita) para sua atuação de um fundamento (uma autorização) legal e onde não pode atuar sem tal autorização[76]. O princípio da reserva legal, portanto, *corresponde a particular (e especial) manifestação do princípio da legalidade (como expressão da supremacia da lei em relação aos atos da Administração Pública)*, embora com este não se confunda, dada a maior abrangência do último. Com efeito, ao passo que de acordo com o princípio da supremacia da lei um ato administrativo apenas é ilícito se afronta alguma disposição legal, *no caso da reserva de lei o ato administrativo já é ilícito quando inexiste disposição legal a amparar a ação administrativa*[77].

Especialmente relevante é a reserva legal em matéria de direitos fundamentais, no sentido de que toda e qualquer restrição (pelo menos em se tratando de uma intervenção restritiva) de direitos fundamentais deve ser veiculada por lei ou, pelo menos, pode ser diretamente reconduzida a uma disposição legal. Além disso, importa sublinhar que *a reserva legal poderá ser simples ou qualificada*, a depender, numa primeira hipótese, de a Constituição Federal exigir regulação por lei complementar (qualificada) ou ordinária (simples). Com

---

71. Cf. HESSE, Konrad. *Grundzüge des Verfassungsrechts der Bundesrepublik Deutschland*, op. cit., p. 88-89.
72. Cf. KLOEPFER, Michael. *Verfassungsrecht I*, op. cit., p. 302-3.
73. A título de exemplo da vinculação do poder público aos direitos fundamentais, vale mencionar decisão em que a Segunda Turma do STF proibiu a superlotação em unidades socioeducativas, determinando ainda a observância de critérios e parâmetros, cf. HC 143.988, rel. Min. Edson Fachin, Segunda Turma, j. 24.08.2020.
74. Cf., por todos, MORLOK, Martin; MICHAEL, Lothar. *Staatsorganisationsrecht*, Baden-Baden, Nomos, 2013, p. 143.
75. Cf. MAURER, Hartmut. *Staatsrecht I*, op. cit., p. 228.
76. Cf. SCHMIDT-ASSMANN, Eberhard. *Der Rechtsstaat*, op. cit., p. 575.
77. Cf. a precisa distinção traçada por MAURER, Hartmut. *Staatsrecht I*, op. cit., p. 208.

base em outro critério, simples será a reserva legal que não estabelece, do ponto de vista constitucional, nenhuma exigência prévia ao legislador infraconstitucional, sendo qualificada a reserva legal que limita de antemão a atuação legislativa pelo fato de prever alguns requisitos já no texto constitucional, como se dá, no Brasil, com o exemplo do sigilo das comunicações telefônicas (art. 5.º, XII, da CF), em que a Constituição Federal defere apenas ao Poder Judiciário a possibilidade de determinar, em casos especiais (também previstos no texto constitucional) a quebra do sigilo.

Calha sublinhar que a reserva legal não se confunde com a assim chamada reserva de parlamento, de acordo com a qual determinadas matérias apenas poderiam ser tratadas (reguladas) pelo Poder Legislativo, de modo a assegurar a correspondente legitimidade democrática. Com efeito, como bem leciona Gilmar Ferreira Mendes, a reserva legal não deve ser reduzida a uma reserva de parlamento, pois não está em causa apenas a fonte da norma (o órgão da qual emana), mas também o seu conteúdo, de tal sorte que se trata também – para além de um problema democrático – de uma questão de limitação funcional do poder e de inserção no quadro de um Estado de Direito[78].

No caso brasileiro, como bem demonstra a evolução jurisprudencial no STF, a reserva de lei (e com isso o próprio princípio da legalidade) tem sido objeto de algum esvaziamento, e se verifica mediante breve referência à chancela do assim chamado decreto autônomo e pela tolerância com o poder normativo da Administração Pública, inclusive em relação a atos normativos que implicam restrições a direitos e garantias fundamentais. Mas isso não é um tema que aqui se pretenda desenvolver.

2 – O princípio da reserva da Constituição

Na síntese de Gomes Canotilho, é concretizado essencialmente pelo *princípio da tipicidade constitucional de competências*, de acordo com o qual todas as funções e competências dos órgãos constitucionais devem ter fundamento na Constituição (em outras palavras, os órgãos do Estado apenas têm competência para fazer o que a Constituição lhes permite), *bem como pelo princípio da constitucionalidade da restrição dos direitos e garantias fundamentais*, de modo que todas as restrições de direitos devem ser estabelecidas pela própria Constituição ou serem levadas a efeito pelo legislador com fundamento em autorização constitucional[79].

B) Reconhecimento e proteção de direitos e garantias fundamentais

A principal manifestação do Estado de Direito como Estado material de Direito são os direitos e garantias fundamentais, pois são eles que concretizam o Estado de Direito nas suas diversas dimensões (inclusive na sua condição de Estado Social e Democrático), e, na condição de posições subjetivas (direitos) exigíveis em face do Estado, o tornam capaz de se afirmar[80]. Por tal razão, reafirma-se aqui que o Estado de Direito é sempre em primeira linha um Estado de direitos fundamentais, pois – e aqui valemo-nos da lição de Pérez Luño – "existe um estreito nexo de interdependência genético e funcional entre o Estado de Direito e os direitos fundamentais, uma vez que o Estado de Direito exige e implica, para sê-lo, a garantia dos direitos fundamentais, ao passo que estes exigem e implicam, para sua

---

78. Cf. Mendes, Gilmar Ferreira. Administração pública. In: *Curso de direito constitucional*, 15. ed., op. cit., p. 953.
79. Cf. Canotilho, J. J. Gomes. *Direito constitucional e teoria da constituição*, op. cit., p. 247.
80. Cf. Maurer, Hartmut. *Staatsrecht I*, 5. ed., München: C. H. Beck, 2007, p. 205.

realização, o reconhecimento e a garantia do Estado de Direito"[81]. Nesse contexto, assume relevo o princípio da vinculação sem lacunas dos órgãos estatais aos direitos e garantias fundamentais e a criação de um sistema efetivo de proteção, com destaque para a proteção judiciária, de tais direitos, o que, todavia, será objeto de desenvolvimento na parte deste curso relativa aos direitos fundamentais (parte material) e ao processo constitucional e controle de constitucionalidade.

C) *O princípio da separação de poderes*

O princípio da separação (ou divisão) dos poderes, que assume papel central desde a origem do constitucionalismo, tendo sido erigido à condição de elemento essencial e determinante da própria noção de Constituição, mediante o famoso art. 16 da Declaração dos Direitos do Homem e do Cidadão de 1789 (se a divisão dos poderes não estiver assegurada e não forem respeitados os direitos individuais não haverá Constituição), tem por escopo – na esteira do ideário iluminista e liberal-burguês dominante na época (com destaque para as concepções de John Locke e, especialmente, Montesquieu, que nos legou a formulação ainda atual em seus contornos gerais) – *a limitação jurídica do poder estatal mediante a desconcentração, divisão e racionalização das suas respectivas funções.*[82] Na precisa descrição de Konrad Hesse, no sentido da divisão de poderes, são criadas funções e órgãos estatais, que, por sua vez, devem levar a efeito tais funções nos limites de suas respectivas competências constitucionalmente estabelecidas e mediante regras de procedimento vinculativas e suficientemente claras[83]. De todo modo, em rigor, cuida-se de uma distribuição e/ou divisão entre as funções típicas do poder estatal, visto que o poder do Estado como tal é uno e indivisível, assim como é una e indivisível a soberania.

Por outro lado, tal como ocorreu com o próprio Estado de Direito e suas demais manifestações (princípios e/ou elementos), também o princípio da divisão de poderes, a despeito de importantes aspectos em comum, não foi objeto de idêntica recepção e concretização em cada ordem jurídico-constitucional, devendo, portanto, ser apresentado e analisado no devido contexto de cada Estado Democrático de Direito, o que, já na origem do Estado Constitucional, pode ser aferido considerando as distinções entre a tradição francesa (mais fiel a um modelo de separação forte e estrita) e a tradição norte-americana, que preferiu edificar e aperfeiçoar um sistema conhecido como de "freios e contrapesos" (*checks and balances*).

De qualquer sorte, ressalvadas experiências isoladas divergentes (como se deu no Brasil imperial, mediante a previsão de um quarto poder, o assim chamado Poder Moderador), em regra até segue atual o sistema clássico protagonizado por Montesquieu de uma divisão horizontal de poderes (de desconcentração e recíproca limitação funcional entre órgãos estatais) entre os poderes (funções) legislativo, executivo e judiciário, cuja horizontalidade decorre da circunstância de inexistir qualquer hierarquia entre os respectivos órgãos e funções do poder estatal, todos operando na esfera de suas competências constitucionalmente estabelecidas.

---

81. Cf. Pérez Luño, Antonio Enrique. *Los derechos fundamentales*, p. 19.

82. Sobre o tema, v., por todos, em língua portuguesa, a importante contribuição de Piçarra, Nuno. *A separação dos poderes como doutrina e princípio constitucional. Um contributo para o estudo de suas origens e evolução.* Coimbra: Coimbra Editora, 1989.

83. Cf. Hesse, Konrad. *Grundzüge des Verfassungsrechts der Bundesrepublik Deutschland*, op. cit., p. 86.

No caso brasileiro, especialmente desde a primeira Constituição da República (1891), mas de modo especialmente estruturado na atual Constituição Federal, o sistema de divisão (chamado pelo constituinte de separação!) de poderes, fortemente inspirado pela tradição norte-americana e próximo também do modelo adotado pela Lei Fundamental da Alemanha (1949), se identifica pelo fato de que os três poderes (órgãos e funções) estatais se caracterizam por uma atuação conjunta e voltada à consecução dos objetivos constitucionais, atuação que se dá de forma desconcentrada, racional e juridicamente limitada por esferas de competência próprias e mecanismos de controle recíprocos.

Assim, em caráter de síntese, o princípio da separação dos poderes tem como objetivo o controle do poder pelo poder num esquema de fiscalização recíproca, que se materializa por um conjunto diferenciado de técnicas e instrumentos, como é o caso do direito de veto do chefe do Poder Executivo, a própria possibilidade de edição de atos normativos pelo Executivo, a aprovação pelo Legislativo do orçamento dos demais órgãos estatais, o controle judicial dos atos dos demais Poderes, entre outros[84]. Tendo em conta, contudo, a relevância da separação de poderes, o correspondente princípio será objeto de maior desenvolvimento no capítulo do presente *Curso* dedicado à organização dos Poderes.

D) *O princípio geral da segurança jurídica*

Embora (como tal) não expressamente previsto na Constituição Federal, o princípio da segurança jurídica constitui elemento essencial da noção de Estado de Direito, estando, de outra parte, expressa e implicitamente normatizado do ponto de vista constitucional por meio de um conjunto de princípios e regras, como é o caso da proteção da confiança (implicitamente assegurado), bem como das figuras do ato jurídico perfeito, dos direitos adquiridos e da coisa julgada e de garantias contra a retroatividade de determinados atos jurídicos (como em matéria penal e tributária), entre outras manifestações, que aqui não serão especificamente analisados.[85]

---

84. Cf. Streck, Lenio Luiz; Fábio de Oliveira. Art. 2.º. In: *Comentários à Constituição do Brasil*, 2. ed, p. 148, bem como, propondo uma revisão da compreensão do princípio, entre outros e no Brasil, Ribeiro, Diógenes V. Hassan. *A revisão do princípio da separação dos poderes*. Por uma teoria da comunicação, Rio de Janeiro, Lumen Juris, 2016. Sobre o controle judicial, menciona-se como exemplo a decisão do STF que julgou inconstitucional regra da Constituição de Roraima que exigia a autorização da Assembleia Legislativa para o governador e o vice-governador se ausentarem ao mesmo tempo do território nacional, por violar, dentre outros aspectos, o princípio da separação de poderes, cf. ADI 5.373, rel. Min. Celso de Mello, j. em 24.08.2020. Neste sentido, v. também a ADI, 4.142, rel. Min. Roberto Barroso, j. em 20.12.2020; ADI 5.290, rel. Min. Cármen Lúcia, j. em 20.11.2019. Nesse sentido, também apontando a relação entre o princípio da separação de poderes e da legalidade com a noção de Estado Democrático de Direito, cf. julgamento do STF na ADC 39, rel. Min. Dias Toffoli, j. em 19.06.2023, a denúncia pelo Presidente da República de tratados internacionais aprovados pelo Congresso Nacional, para que produza efeitos no ordenamento jurídico interno, não prescinde da sua aprovação pelo Congresso. Contudo, o STF entende pela existência de limites de sua atuação judicial em deferência ao princípio da separação de poderes, como ilustra a decisão proferida na ADI 6.025, rel. Min. Alexandre de Moraes, j. em 20.04.2020, em que a Corte entendeu pela impossibilidade de aumentar a incidência da concessão de benefício tributário, incluindo contribuintes não previstos pela legislação.

85. A respeito do assunto, v. ARE 1.164.768 AgR, rel. Min. Celso de Mello, Segunda Turma, j. em 25.10.2019, em que se entendeu pela impossibilidade de rediscussão de controvérsia já apreciada em decisão transitada em julgado, ainda que proferida em confronto com a jurisprudência predominante do STF. Contudo, ainda que não se possa realizar uma análise mais profunda do tema, importante referir que tal posicionamento do STF vem sendo flexibilizado após a polêmica decisão no julgamento do RE 949297, rel. p/ acórdão Min. Roberto Barroso, j. em 08.02.2023, na qual a Corte firmou entendimento no sentido de que as decisões

Convém anotar, de outra parte, que a segurança jurídica, como já indiciado, assume também a condição de direito e garantia fundamental, o que reforça a sua dupla dimensão objetiva e subjetiva. Mas a vinculação (multidimensional) do princípio da segurança jurídica com o Estado formal e material de Direito não significa que tal vinculação seja exclusiva, dito de outro modo, a segurança jurídica não encontra no Estado de Direito um fundamento único, devendo ser reconduzida a outros princípios, como é o caso, por exemplo, do princípio democrático, do princípio do Estado Social, do princípio da separação de poderes, do princípio da igualdade, do princípio da liberdade e da própria dignidade da pessoa humana[86].

De acordo com a lição de Hartmut Maurer, a segurança jurídica pode ser compreendida em sentido dúplice, pois, se por um lado, ela se refere à função do direito, visando assegurar segurança por meio do direito, no sentido de que o direito deve criar uma ordem consistente e segura, por outro, ela forma um princípio estruturante, que diz com a clareza e determinação do próprio conteúdo das normas, de modo a assegurar a segurança do direito[87]. Na feliz síntese de Gomes Canotilho, na sua dimensão objetiva (do direito objetivo), a segurança jurídica aponta para a garantia da estabilidade de ordem jurídica, ao passo que, do ponto de vista subjetivo, exige que o cidadão (indivíduo) possa confiar nos atos do Poder Público, no sentido da calculabilidade e previsibilidade dos seus (dos atos do Poder Público) respectivos efeitos jurídicos,[88] o que, por sua vez, remete à noção de *proteção da confiança legítima como expressão essencial da segurança jurídica no Estado de Direito*[89].

E) *A responsabilidade do Estado*

A responsabilidade do Estado e de seus agentes por atos (comissivos ou omissivos) ilícitos e que afetam o patrimônio e posições jurídicas do cidadão é outra característica central do Estado de Direito[90]. Por tal razão – de acordo com a lição de Gomes Canotilho – tal responsabilidade implica não somente a existência de um sistema jurídico-público de responsabilidade estatal (implicando um dever de reparação dos prejuízos causados pelos órgãos estatais), mas também um dever de indenização de determinados sacrifícios impostos aos

---

proferidas em sede de ação direta ou repercussão geral interrompem automaticamente os efeitos temporais das decisões transitadas em julgado nas relações jurídicas tributárias de trato sucessivo, mitigando, assim, sua imutabilidade.

86. Cf. Ávila, Humberto. *Segurança jurídica*, São Paulo: Malheiros, 2011, p. 206 e ss. Torres, Heleno Taveira. *Direito constitucional tributário e segurança jurídica*, São Paulo, Revista dos Tribunais, 2011, p. 121 e ss., este último também assacando forte crítica à tendência de se deduzir a segurança jurídica diretamente da noção genérica e imprecisa de Estado de Direito.

87. Cf. Maurer, Hartmut. *Staatsrecht I*, op. cit., p. 220.

88. Cf. a síntese de Canotilho, J. J. Gomes, *Direito constitucional e teoria da Constituição*, op. cit., p. 257.

89. Sobre a proteção da confiança no direito público, v., na literatura brasileira e limitando-nos à produção monográfica, especialmente Maffini, Rafael. *Princípio da proteção substancial da confiança no direito administrativo brasileiro*, Porto Alegre, Verbo Jurídico, 2006, bem como Ávila, Humberto. *Segurança Jurídica*, op. cit., p. 360 e ss. Sobre o tema, *vide* decisão do STF que entendeu pela desnecessidade de devolução dos subsídios pagos a título alimentar recebidos de boa-fé, tutelando-se a confiança mesmo com a declaração de inconstitucionalidade de subsídios vitalícios pagos a ex-governadores e ao cônjuge supérstite. Cf. ADI 4.545/PR, rel. Min. Rosa Weber, j. em 05.12.2019. V., ainda, decisão do STF que determinou o prazo de cinco anos para o julgamento pelos Tribunais de Conta acerca da legalidade do ato de concessão inicial de aposentadoria, reforma ou pensão referentes aos servidores, começando a contar da chegada do processo à respectiva Corte de Contas, sob o fundamento da preservação dos princípios da segurança jurídica e da confiança legítima. Cf. RE 636.553, rel. Min. Gilmar Mendes, j. em 19.02.2020, *leading case* do Tema de Repercussão Geral 445.

90. Cf. por todos Maurer, Hartmut. *Staatsrecht I*, op. cit., p. 216 e ss.

cidadãos, como é o caso da previsão de uma indenização justa por conta de expropriações levadas a efeito pelo Poder Público[91]. Tal responsabilidade, seu fundamento e abrangência, bem como os meios de controle e suas respectivas consequências, encontra-se regulada na própria Constituição Federal e no plano da legislação infraconstitucional, com destaque para a consagração da responsabilidade objetiva do Estado como regra no texto constitucional de 1988, que, ademais, contempla expressamente a responsabilidade por erro judiciário, ademais de normas dispondo sobre a desapropriação e correspondente indenização, sendo particularmente problemática a responsabilidade do Estado por conta da omissão legislativa, esta última assumindo caráter excepcional[92].

Também a indenização por erro judiciário assume relevância nesse contexto, estando, todavia, sujeita a um regime jurídico próprio (que apresenta algumas particularidades) especialmente quando em causa eventual responsabilização por ato de natureza jurisdicional, tendo a Constituição Federal inclusive assegurado um direito fundamental específico para a hipótese de erro judiciário em caso de condenação e mesmo quando alguém quedar preso por tempo superior ao determinado na sentença condenatória (art. 5.º, LXXV, da CF)[93]. Por outro lado, a adoção irrestrita da teoria de responsabilidade objetiva do Estado e do assim chamado risco integral, deve ser compreendida e aplicada de modo responsável e não absoluto, especialmente quando se tratar de danos decorrentes de fenômenos da natureza ou por fato de terceiros.

Nessa perspectiva e de acordo com orientação dominante na doutrina e jurisprudência do STF, a responsabilidade objetiva do Estado depende da satisfação de três requisitos: uma ação (ou eventualmente omissão) atribuível ao Estado, um dano causado a terceiros e a presença do respectivo nexo de causalidade[94]. De todo modo, o princípio do Estado de Direito estabelece apenas uma moldura no âmbito do qual se há de mover todo o esquema que estrutura e regula a responsabilidade do Estado[95]. Ademais, maior detalhamento da matéria há de se dar no capítulo da Administração Pública, bem como dos Poderes Legislativo e Judiciário, além de se remeter à literatura especializada.

F) *A garantia da proteção judiciária (acesso à justiça efetiva)*

A proteção jurídica e judiciária do cidadão especialmente contra atos estatais ilícitos, por meio de Juízes e Tribunais independentes, representa um dos esteios e exigências centrais do Estado de Direito, ademais de, na acepção de Carlos Blanco de Morais, poder ser identificado como um direito sobre direitos, visto que, além de operar como direito subjetivo de natureza individual, assume uma condição de garantia transversal de todos os direitos fundamentais, pois é mediante tal garantia que se assegura a proteção dos demais direitos.[96]

---

91. Cf. Canotilho, J. J. Gomes. *Direito constitucional e teoria da constituição*, op. cit., p. 278.

92. Sobre o tema, v., por todos, Gomes, Ana Cláudia Nascimento. Art. 37, § 6.º. In: *Comentários à Constituição do Brasil*, 2. ed., São Paulo, Saraiva, 2018, p. 981-997, com robusta e atualizada bibliografia que permite o aprofundamento do tema.

93. Sobre a responsabilidade indenizatória em caso de erro judiciário, v., por todos, Aguiar Júnior, Ruy Rosado de. Art. 5.º, LXXV. In: *Comentários à Constituição do Brasil*, 2. ed., São Paulo, Saraiva, 2018, p. 526-540.

94. Cf., por todos, Mendes, Gilmar Ferreira. Administração pública. In: *Curso de direito constitucional*, 15. ed., São Paulo, Saraiva, 2020, p. 967.

95. Cf. anota Schmidt-Assmann, Eberhard. *Der Rechtsstaat*, op. cit., p. 593.

96. Cf. Morais, Carlos Blanco. *Curso de direito constitucional*, t. II, op. cit., p. 494-495.

O Estado de Direito não deve, portanto, limitar-se a ser um Estado que reconhece um sistema de direitos fundamentais, como de ser um Estado no âmbito do qual os direitos são efetivos inclusive em face e contra o próprio poder estatal. Tal proteção jurídico-judiciária individual (que deve ser assegurada a todos os cidadãos/indivíduos) há de ser, como bem lembra Gomes Canotilho, isenta de lacunas e assegurada por um conjunto de garantias processuais e procedimentais (de natureza judiciária e administrativa, como é o caso das garantias processuais cíveis, penais e do processo administrativo) e por medidas de cunho organizatório, como é o caso da criação e organização da estrutura judiciária e de um sistema de acesso à justiça efetivo, incluindo aqui a assistência judiciária[97].

No caso da Constituição Federal, tal manifestação do Estado de Direito foi particularmente valorizada, seja pela independência e garantias asseguradas ao Poder Judiciário e seus agentes, seja pela consagração da regra da inafastabilidade do controle judicial em caso de violação ou ameaça de violação de direitos, mas também pela garantia ampla de assistência judiciária, inserção da Advocacia Pública e Privada bem como do Ministério Público na condição de funções essenciais à Justiça (acompanhada igualmente de garantias), além de um amplo conjunto de direitos e garantias processuais na condição de direitos fundamentais. De todo modo, como tais aspectos são abordados, com amplo desenvolvimento, nos capítulos relativos especialmente aos direitos e garantias processuais, aqui deixaremos de adentrar no seu exame mais detalhado.

G) *Proibição de arbítrio como proibição de excesso de intervenção e insuficiência de proteção (proporcionalidade e razoabilidade dos atos do Poder Público)*

Oriundo do direito administrativo, na condição de critério de aferição da legitimidade jurídica de atos administrativos interventivos na seara dos direitos do cidadão (com destaque para o poder de polícia), o princípio da proporcionalidade foi erigido – especialmente a partir da segunda metade do século XX – à condição de princípio de matriz constitucional e passou a balizar (na condição de critério material de controle) todos os atos do Poder Público, incluindo os atos legislativos e os de natureza judicial[98]. Atualmente, *o princípio da proporcionalidad*e (que guarda forte conexão com a noção anglo-americana de razoabilidade, mas com esta não se confunde) não apenas se transformou em princípio amplamente difundido na Europa, quanto *carrega uma aspiração de universalidade*, visto que é cada vez mais aceito e utilizado na esfera da jurisdição constitucional em diversos países, inclusive no Brasil.

A partir da experiência do Tribunal Constitucional Federal da Alemanha, o teste de proporcionalidade – como é também amplamente conhecido e praticado (embora nem sempre de modo correto) entre nós – desdobra-se em três etapas: (a) a adequação, de acordo com a qual a medida estatal há de ser apta a assegurar o resultado pretendido com a restrição do direito do particular; (b) a necessidade (menor sacrifício ou ingerência), que exige que em face de mais de uma medida adequada se opte pela que menos intervém na esfera jurídica; (c) a assim chamada proporcionalidade em sentido estrito, que, sendo afirmativa a resposta aos dois quesitos anteriores, exige uma ponderação que coloque na balança os meios e os fins no caso concreto, razão pela qual é nesse nível que se situa a maior

---

97. Cf. Canotilho, J. J. Gomes. *Direito constitucional e teoria da constituição*, op. cit., p. 273 e ss.
98. Cf., por todos, a síntese de Canotilho, J. J. Gomes. *Direito constitucional e teoria da constituição*, op. cit., p. 267-268.

parte das anotações críticas ao princípio. Importa recordar que, no sentido apontado, a proporcionalidade opera como critério de aferição da legitimidade constitucional de medidas interventivas do Poder Público no âmbito de proteção dos direitos fundamentais na condição de direitos de defesa (direitos negativos).

Todavia, a partir da consagração (pelo menos no caso da Alemanha e sistemas que recepcionaram tal orientação) da noção de deveres de proteção estatais em matéria de direitos fundamentais, acabou também sendo reconhecida a existência de um dever de proteção suficiente (a garantia de um patamar mínimo de proteção), que, por sua vez, implica uma proibição de proteção insuficiente ou deficiente. Tal proibição de proteção insuficiente tem sido – em geral – considerada como sendo uma outra dimensão da proporcionalidade na condição de proibição de excesso de intervenção, ensejando um teste similar (em três níveis de análise) para a sua verificação em casos de omissão ou atuação insuficiente do Poder Público.[99]

De qualquer sorte, o que importa aqui sublinhar é que *a noção de proporcionalidade guarda íntima relação com a ideia de que os fins, ainda que legítimos (ou seja, amparados na CF), não justificam o recurso a todo e qualquer meio apto para a sua consecução*, o que, de outra banda, nos remete novamente à vedação do arbítrio que qualifica o Estado de Direito como tal. Por fim, considerando que aqui também é possível remeter ao capítulo que trata dos direitos fundamentais, onde os princípios da proporcionalidade e da razoabilidade foram objeto de maior desenvolvimento, renunciamos a outras digressões e mesmo a referências bibliográficas específicas.

2.2.5 O princípio do Estado Social e Ecológico – Socioambiental: a conjugação da justiça social, da realização dos direitos humanos e fundamentais sociais e da proteção do ambiente[100]

O princípio do Estado Democrático de Direito (nas suas diferentes dimensões) é, consoante já visto, um dos princípios fundamentais do constitucionalismo contemporâneo. Mas o Estado Democrático de Direito assumiu e tem assumido diferentes configurações ao longo da evolução do constitucionalismo. Assim, tendo em conta os novos desafios gerados pela crise ecológica e pela sociedade tecnológica e industrial, a configuração de um novo modelo, superando os paradigmas antecedentes, respectivamente, do Estado Liberal e do Estado Social, passou a assumir um lugar de destaque. Entre outras denominações, registram-se as seguintes nomenclaturas para designar a nova "roupagem ecológica" incorporada pelo Estado Democrático de Direito na atualidade, especialmente no âmbito ocidental e tal qual também

---

99. Para uma apresentação geral, sistemática, atualizada e crítica da teoria e prática da assim chamada proibição de proteção insuficiente na doutrina estrangeira e nacional, bem como na esfera da jurisprudência constitucional, v., por último e em especial no âmbito da literatura em língua portuguesa, a excelente contribuição de ANDRADE, Adriano. *Proibição de proteção insuficiente e responsabilidade civil ambiental.* Belo Horizonte: D'Plácido, 2021, p. 193 e ss.

100. Agradecemos aqui a Tiago Fensterseifer, mestre e doutorando pela PUCRS, pela gentileza de autorizar a utilização, como texto-base (aqui reduzido e adequado) para o presente item, de capítulo produzido em coautoria com o ora signatário e que foi publicado no âmbito da obra *Princípios do direito ambiental*, 2 ed, São Paulo, Saraiva, 2017, a que remetemos para maior desenvolvimento do tema, ademais de remetermos à leitura da obra *Direito Constitucional Ecológico*, RT, 2021, da nossa lavra, igualmente em parceria com Tiago Fensterseifer.

consagrado pela Constituição Federal de 1988: *Estado Pós-social,*[101] *Estado Constitucional Ecológico,*[102] *Estado de Direito Ambiental,*[103] *Estado de Direito Ecológico*[104]*, Estado Socioambiental*[105]*, Estado do Ambiente,*[106] *Estado Ambiental,*[107] *Estado de Bem-Estar Ambiental*[108]*, Estado Verde*[109]*, Estado de Prevenção*[110] e *Estado Sustentável.*[111] A opção aqui assumida, em sintonia, aliás, com produção acadêmica anterior, pela nomenclatura *Estado Socioambiental*[112], busca enfatizar a necessária e urgente convergência das agendas social e ambiental num mesmo projeto jurídico-político para o desenvolvimento humano.[113]

Como se pode perceber, a miséria e a pobreza (como projeções da falta de acesso aos direitos sociais básicos, como saúde, saneamento básico, educação, moradia, alimentação, renda mínima etc.) caminham juntas com a degradação e poluição ambiental, expondo a vida das populações de baixa renda e violando, por duas vias distintas, a sua dignidade. Dentre outros aspectos, assume particular relevo a proposta de uma proteção (e promoção) compartilhada e integrada dos direitos sociais e dos direitos ecológicos, agrupados sob o rótulo genérico de *direitos fundamentais socioambientais* ou *direitos econômicos, sociais,*

---

101. Adotando a expressão *Estado Pós-Social*, v. PEREIRA DA SILVA, Vasco. *Verde cor de direito*: lições de direito do ambiente. Coimbra: Almedina, 2002, p. 24; PUREZA, José Manuel. Tribunais, natureza e sociedade: o direito do ambiente em Portugal. Lisboa: *Cadernos do Centro de Estudos Judiciários*, 1996, p. 27; e SARMENTO, Daniel. Os direitos fundamentais nos paradigmas liberal, social e pós-social (pós-modernidade constitucional?). In: SAMPAIO, José Adércio Leite (Coord.). *Crise e desafios da constituição*: perspectivas críticas da teoria e das práticas constitucionais brasileiras. Belo Horizonte, Del Rey, 2003, p. 375-414.

102. CANOTILHO, José Joaquim Gomes. Estado constitucional ecológico e democracia sustentada. In: SARLET, Ingo Wolfgang (Org.). *Direitos fundamentais sociais:* estudos de direito constitucional, internacional e comparado. Rio de Janeiro/São Paulo, Renovar, 2003, p. 493-508, e STEINBERG, Rudolf. *Der ökologische Verfassungsstaat.* Frankfurt am Main: Suhrkamp, 1998.

103. MORATO LEITE, José Rubens; AYALA, Patryck de Araújo. *Dano ambiental:* do individual ao coletivo extrapatrimonial (teoria e prática), 3. ed., São Paulo, Revista dos Tribunais, 2010, p. 39-49; e, do mesmo autor, MORATO LEITE, José Rubens. Estado de direito do ambiente: uma difícil tarefa. In: MORATO LEITE, José Rubens (Org.). *Inovações em direito ambiental.* Florianópolis, Fundação Boiteux, 2000, p. 13-40.

104. BOSSELMANN, Klaus. *Im Namen der Natur:* der Weg zum Ökologischen Rechtsstaat. Berna: Scherz, 1992.

105. SARLET, Ingo Wolfgang (Org.). *Estado socioambiental e direitos fundamentais.* Porto Alegre: Livraria do Advogado, 2010.

106. HÄBERLE, Peter. A dignidade humana como fundamento da comunidade estatal. In: SARLET, Ingo Wolfgang (Org.). *Dimensões da dignidade:* ensaios de filosofia do direito e direito constitucional. Porto Alegre: Livraria do Advogado, 2005, p. 128.

107. KLOEPFER, Michael. A caminho do estado ambiental? A transformação do sistema político e econômico da República Federal da Alemanha através da proteção ambiental especialmente desde a perspectiva da ciência jurídica. In: SARLET, Ingo W. (Org.). *Estado socioambiental e direitos fundamentais.* Porto Alegre: Livraria do Advogado, 2010, p. 39-72; e CALLIESS, Christian. *Rechtsstaat und Umweltstaat:* Zugleich ein Beitrag zur Grundrechtsdogmatik im Rahmen mehrpoliger Verfassung. Tübingen: Mohr Siebeck, 2001.

108. PORTANOVA, Rogério. Direitos humanos e meio ambiente: uma revolução de paradigma para o século XXI. In: BENJAMIN, Antônio Herman (Org.). *Anais do 6.º Congresso Internacional de Direito Ambiental (10 anos da ECO-92: o direito e o desenvolvimento sustentável).* São Paulo, Instituto O Direito por um Planeta Verde/Imprensa Oficial, 2002, p. 681-694.

109. ECKERSLEY, Robyn. *The green State:* rethinking democracy and sovereignty. London: MIT Press, 2004.

110. HUSTER, Stephan; e RUDOLPH, Karsten (Org.). *Vom Rechtsstaat zum Präventionsstaat.* Frankfurt am Main: Suhrkamp, 2008.

111. FREITAS, Juarez. *Sustentabilidade:* o direito ao futuro. Belo Horizonte: Fórum, 2011, p. 278 e ss.

112. SARLET, Ingo W. (Org.). *Estado socioambiental e direitos fundamentais.* Porto Alegre, Livraria do Advogado, 2010.

113. No tocante à fundamentação ético-filosófica do Estado Socioambiental, v. TEIXEIRA, Orci P. Bretanha. *A fundamentação ética do estado socioambiental.* Porto Alegre, EDIPUCRS, 2013.

culturais e ambientais (DESCA), assegurando as condições mínimas para a preservação da qualidade de vida, aquém das quais poderá ainda haver vida, mas essa não será digna de ser vivida.

A compreensão integrada e interdependente dos direitos sociais e da proteção do ambiente, mediante a formatação dos *direitos fundamentais socioambientais*, constitui um dos esteios da noção de *desenvolvimento sustentável* no âmbito do *Estado Socioambiental de Direito*, de tal sorte que o desenvolvimento sustentável (e o correspondente princípio da sustentabilidade) tem assumido a condição de princípio constitucional de caráter geral, razão pela qual será desenvolvido em separado logo na sequência. A partir de tal premissa, deve-se ter em conta a existência tanto de uma *dimensão social* quanto de uma *dimensão ecológica* da dignidade (da pessoa) humana, sendo que somente um projeto que contemple ambas as dimensões normativas (para além da clássica e sempre presente dimensão da liberdade/autonomia) se revela como constitucionalmente adequado.

O Estado Democrático de Direito, com o propósito de promover a tutela da dignidade humana em face dos novos riscos ambientais e da insegurança gerados pela *sociedade tecnológica* contemporânea, deve ser capaz de conjugar os valores fundamentais que emergem das relações sociais e, por meio das suas instituições democráticas (e adequada regulação jurídica), garantir aos cidadãos a segurança necessária à manutenção e proteção da vida com qualidade ambiental, vislumbrando, inclusive, as consequências futuras resultantes da adoção de determinadas tecnologias. É precisamente nesse contexto que assume importância o reconhecimento dos deveres de proteção do Estado, em especial a partir da assim chamada dimensão objetiva dos direitos fundamentais, incluindo aqui os deveres de prevenção e precaução, que deixam de ser aplicados apenas na esfera ambiental (como se verifica claramente no caso da saúde, da segurança alimentar etc.)[114], ampliando o seu espectro de incidência para outros domínios, designadamente, dos direitos sociais. Não é por acaso que se fala atualmente até mesmo na transformação do Estado Constitucional em um Estado de Prevenção (*Präventionsstaat*),[115] o que, contudo, aqui não será objeto de desenvolvimento.

Nesse contexto, é de se saudar a afirmação de Häberle sobre a necessidade de um desenvolvimento mais reforçado de deveres e obrigações decorrentes da dignidade humana em vista do futuro humano, o que se justifica especialmente nas dimensões comunitária e ecológica da dignidade humana. Como refere o constitucionalista alemão, tal afirmativa já foi contemplada no âmbito constitucional alemão (art. 20a da Lei Fundamental de 1949), que, reconhecendo os "limites do crescimento" do Estado Social de Direito, tornou necessária a proteção do ambiente, como um reforço da proteção da dignidade humana.[116] Essa perspectiva também está contemplada na ordem constitucional brasileira, conforme dá conta o disposto nos arts. 170 (*caput* e inciso VI), 186 (inciso II) e 225, todos da Constituição

---

114. A título ilustrativo sobre o tema, v. decisão do STF que suspendeu a liberação de agrotóxicos sem estudos sobre impactos à saúde e ao meio ambiente, cf. ADPF 658 MC, rel. Min. Ricardo Lewandowski, j. em 22.06.2020. V. ainda a ADI 5.592, rel. Min. Cármen Lúcia, Rel. p/ Acórdão Min. Edson Fachin, j. em 11.09.2019. Também sobre a matéria, decisão do STF que julgou constitucional lei estadual do Ceará que veda a pulverização aérea de agrotóxicos, cf. ADI 6137, rel. Min. Cármen Lúcia, j. em 29.05.2023.

115. Entre outros, v. a coletânea organizada por Huster, Stephan; e Rudolph, Karsten (Org.). *Vom Rechtsstaat zum Präventionsstaat*. Frankfurt am Main, Suhrkamp, 2008.

116. Häberle, *A dignidade humana como fundamento*, op. cit., p. 102.

Federal de 1988, implicando um modelo jurídico-político-econômico em sintonia com o *princípio (e dever) do desenvolvimento sustentável.*

Mas a integração da agenda ambiental com as demais agendas (salvaguarda das liberdades e proteção e promoção de direitos sociais) demanda uma série de medidas de articulação e coordenação, assim como de harmonização dos objetivos, princípios e direitos em pauta. Nesse contexto, José Manuel Pureza refere que o modelo de Estado de Direito Ambiental (Socioambiental) revela a incorporação de uma nova dimensão para completar o elenco dos objetivos fundamentais do Estado de Direito contemporâneo, qual seja a proteção do ambiente, que se articula dialeticamente com as outras dimensões já plenamente consagradas ao longo do percurso histórico do Estado de Direito, designadamente a proteção dos direitos fundamentais, a realização de uma democracia política participativa, a disciplina e regulação da atividade econômica pelo poder político democrático e a realização de objetivos de justiça social.[117]

Assim, é possível adotar a premissa de que o Estado Socioambiental (a forma atualmente adotada pelo Estado Democrático de Direito) apresenta, de acordo com a lição de Canotilho, as seguintes dimensões fundamentais: juridicidade, democracia, sociabilidade e sustentabilidade,[118] de modo que a qualificação de um Estado como Estado Ambiental traduz-se em – pelo menos – duas dimensões jurídico-políticas relevantes: (a) a obrigação do Estado, em cooperação com outros Estados e cidadãos ou grupos da sociedade civil, de promover políticas públicas (econômicas, educativas, de ordenamento) pautadas pelas exigências da sustentabilidade ecológica; e (b) o dever de adoção de comportamentos públicos e privados amigos do ambiente, dando expressão concreta à assunção da responsabilidade dos Poderes Públicos perante as gerações futuras,[119] mas sem descurar da necessária partilha de responsabilidades entre o Estado[120] e os atores privados na consecução do objetivo constitucional de tutela do ambiente, consoante, aliás, anunciado expressamente no art. 225, *caput*, da nossa Lei Fundamental.

Considerando a perspectiva aqui trilhada, seria possível, contudo, agregar um terceiro eixo às duas dimensões propostas por Canotilho, notadamente o dever do Estado – em relação de (difícil) equilíbrio com os demais vetores acima enunciados – de promover políticas sociais que assegurem – igualmente de modo sustentável (mas progressivo) – a toda a população as

---

117. Pureza, José Manuel. *Tribunais, natureza e sociedade*, op. cit., p. 27.
118. Canotilho, José Joaquim Gomes. Estado de Direito. *Cadernos Democráticos*, n. 7. Fundação Mário Soares. Lisboa, Gradiva, 1998, p. 23.
119. Idem, p. 44.
120. A respeito das mudanças institucionais (por exemplo, o fortalecimento das agências estatais ambientais) e adoção, pelos Estados, de mecanismos legais voltados à proteção ambiental, v. *Relatório Nosso Futuro Comum* (Comissão Mundial sobre Meio Ambiente e Desenvolvimento). 2. ed., São Paulo, Editora da Fundação Getulio Vargas, 1991, p. 351 e ss. V. para, ao mesmo tempo, ilustrar o tema da vinculação do Estado aos deveres de proteção, inclusive com o reconhecimento do valor inerente a outras formas de vida não humanas, e como forma de proteção contra abusos, a decisão na ADPF 640, rel. Min. Gilmar Mendes, j. em 20.09.2021, que suspendeu em nível nacional todas as decisões administrativas ou judiciais que autorizem o sacrifício de animais silvestres ou domésticos apreendidos em situação de maus-tratos em função de inadequada interpretação de dispositivos da Lei de Crimes Ambientais (Lei n. 9.605/1998). Para mais informações sobre esse tema, remete-se ao tópico "3.5.6 Direitos fundamentais da natureza, em especial a titularidade de direitos por parte dos animais não humanos".

condições para uma vida condigna, na perspectiva da garantia de um mínimo existencial não apenas fisiológico (vital), mas sociocultural e ambiental.

Esse entendimento guarda "sintonia fina" com a tese – ora assumida como correta – da indivisibilidade e interdependência dos direitos humanos e fundamentais. As dimensões dos direitos humanos e fundamentais reclamam, portanto, uma compreensão integrada, desde logo incompatível com um sistema de preferências no que diz com a prevalência, em tese, de determinados direitos em relação a outros. Nessa perspectiva, o princípio do Estado Socioambiental assume a condição de princípio constitucional geral e estruturante, assegurando uma integração e articulação, sem que se possa falar em hierarquia, entre pilares da Democracia, do Estado de Direito, do Estado Social e da proteção do ambiente.

Em outras palavras, a proteção e promoção do ambiente, como tarefa essencial do Estado e da sociedade, deve se dar de modo a preservar e mesmo reforçar (a partir da noção de democracia participativa, como se verá mais adiante) o princípio democrático. Além disso, a proteção ambiental não poderá ocorrer à custa da realização dos direitos sociais, econômicos e culturais, pelo menos no que diz com a salvaguarda de um mínimo existencial, muito menos violar as exigências básicas do Estado de Direito, como a legalidade (no sentido de uma legalidade constitucional), a proporcionalidade, a segurança jurídica, entre outras[121]. O princípio do Estado Socioambiental, por outro lado, se decodifica em outros princípios de ordem geral e especial, como é o caso do princípio da dignidade da pessoa humana e da vida em geral, da exigência da salvaguarda de um mínimo existencial socioambiental (portanto, incluindo um mínimo existencial ecológico), dos princípios da solidariedade e da subsidiariedade, do desenvolvimento sustentável, que, contudo, aqui (à exceção do último) não poderão ser desenvolvidos, remetendo-se à literatura especializada.

2.2.6 Princípio republicano

Após a experiência monarquista que marcou o período de vigência da primeira Constituição brasileira, a Carta Imperial de 1824, veio a Proclamação da República, que se afirmou como forma de governo desde 1891, inclusive tendo sido objeto de concreta possibilidade de alteração em virtude da opção do constituinte de 1988 no sentido da realização de um plebiscito, portanto, de uma consulta direta à população a respeito de sua manutenção ou substituição pela Monarquia, consulta que acabou sufragando a opção do constituinte originário.

A combinação das razões, quais sejam República como decisão política fundamental e estruturante, a tradição constitucional brasileira pretérita, de acordo com a qual a República era tida como limite material expresso, bem como a circunstância de que a República corresponde à opção diretamente manifestada pelo próprio titular do poder constituinte, o povo, levaram ao entendimento (hoje dominante no cenário constitucional pátrio) de que a

---

121. É certo, porém, que em consonância com o julgamento do RE 654.833, rel. Min. Alexandre de Moraes, j. em 20.04.2020, *leading case* do Tema de Repercussão Geral 999, que reconheceu a imprescritibilidade do dano ambiental, em determinados casos é possível fundamentar uma flexibilização do princípio da segurança jurídica, que beneficiaria o autor de danos ambientais perante a inércia do Poder Público, em prol da prevalência dos princípios constitucionais de proteção, preservação e reparação do meio ambiente. Sobre o tema, v. SARLET, Ingo Wolfgang; LEAL, Augusto Antônio Fontanive. Uma boa notícia em tempos difíceis: o STF e os danos ambientais, *Conjur*, 03.05.2020. Disponível em: https://www.conjur.com.br/2020-mai-03/direitos-funadamentais-boa-noticia-tempos-dificeis-stf-danos-ambientais.

República assumiu a condição de limite material implícito, imune, portanto, a uma abolição efetiva ou mesmo tendencial por parte do poder de reforma constitucional, o que, todavia, foi objeto da devida atenção no capítulo sobre o poder de reforma da Constituição.

A exemplo do que se verifica com a democracia e com as noções de Estado de Direito e de Estado Social (no caso brasileiro e de acordo com a opção aqui assumida, de um Estado Socioambiental), também a República, na condição de forma de governo, embora apresente alguns elementos essenciais que assumiram, em maior ou menor medida, um caráter comum, ou seja, que obedece a um determinado padrão de acordo com a tradição republicana, encontra a sua particular formatação no direito constitucional positivo de um determinado Estado. Também por isso, há que distinguir – a despeito de seus importantes pontos de contato e a exemplo do que ocorre com o Estado Federal e o federalismo – entre a República como forma de governo e o republicanismo (ou princípio republicano), como conjunto de valores e princípios que norteiam a República em seus traços essenciais.

Por outro lado, a República assume lugar de destaque nas teorizações sobre as formas de governo desde o período clássico greco-romano, ressaltando a experiência concreta da República Romana, por mais conturbada que tenha sido o período correspondente. Não sendo o caso de adentrar aqui tal seara, da evolução histórica da teoria e da prática republicanas (do ideário republicano e de sua manifestação concreta como forma de governo),[122] o que nos importa é identificar e apresentar os contornos gerais do conceito de República e da sua conformação na atual CF.

Em linhas gerais, a República se caracteriza pela sua absoluta incompatibilidade com a forma monárquica de governo (como governo exercido monocraticamente) e pelos correspondentes privilégios de cunho nobiliárquico e hereditário, de tal sorte que a República passou a ser identificada com a eletividade dos que exercem o governo e a temporariedade dos mandados, o que revela que a República se aproxima e mesmo identifica em grande medida com a própria Democracia e a noção de soberania popular.[123]

Todavia, se, por um lado, considerarmos que as assim chamadas monarquias constitucionais contemporâneas se caracterizam por atribuir um papel meramente representativo ao monarca e essencialmente assumem o modelo democrático e mesmo seguem as diretrizes de um Estado de Direito, ao passo que, por outro lado, diversos Estados que se denominam (inclusive na esfera do direito constitucional positivo) repúblicas são caracterizados por um regime ditatorial e tirânico, é possível compreender os motivos pelos quais já se disse que o princípio republicano se transformou em verdadeiro "fóssil jurídico-constitucional" (Josef Isensee).[124]

Mas não deverá ser a imbricação da República (do republicanismo) com outros princípios a razão para se abrir mão da noção, pois, como a essência da República reside no repúdio à tirania e na garantia das liberdades e da cidadania,[125] o que importa para definir um determinado Estado como Republicano é a correspondente adoção, expressa ou implícita, de tal

---

122. Sobre tal evolução remetemos às sínteses de GRÖSCHNER, Ralf. Die republik. In: ISENSEE, Josef; KIRCHHOF, Paul (Ed.), *Handbuch des Staatsrechts der Bundesrepublik Deutschland*, vol. II, 3. ed., Heidelberg: C. F. Müller, 2004, p. 380-399, bem como, entre nós, de AGRA, Walber de Moura. *Republicanismo*, Porto Alegre, Livraria do Advogado, 2005, p. 25-55.
123. Cf. por todos CANOTILHO, J. J. Gomes. *Direito constitucional e teoria da constituição*, op. cit., p. 228-29.
124. Cf. MORLOK, Martin; MICHAEL, Lothar. *Staatsorganisationsrecht*, op. cit., p. 131.
125. Cf. AGRA, Walber de Moura. *Republicanismo*, op. cit., p. 16 e ss.

forma de governo, bem como a observância das características nucleares da República, isto é, a eletividade, a temporariedade dos mandados e a responsabilidade dos governantes.[126]

Assim, na esteira de Gomes Canotilho, a forma republicana de governo não é em primeira linha (embora também o seja) uma forma democrática de governo, mas, sim, uma estrutura político-organizatória que garante as liberdades fundamentais e assegura o controle pelo poder.[127] Com efeito, muito embora os intensos pontos de contato, a República não se confunde com a Democracia, pois a República, na condição de princípio geral e estruturante, opera como um mandado de otimização, no sentido de buscar a realização do melhor equilíbrio possível entre liberdade e ordem na concretização do bem comum, já que a República consiste no exercício do poder e do governo para o povo (que deve ser diferenciado do paradigma democrático do governo pelo povo) e no princípio da responsabilidade dos governantes.[128]

Tais características (eletividade[129], temporariedade, responsabilidade, uma ordem baseada na liberdade e na igualdade)[130] também se fazem presentes na tradição republicana brasileira desde 1891, mas atingiram sua forma mais plena na atual ordem constitucional, no bojo da qual, importa relembrar, o constituinte delegou ao conjunto dos cidadãos a decisão sobre a forma de governo, de tal sorte que tal opção, veiculada pelo Plebiscito de 1993, atribuiu à República Federativa do Brasil uma base de legitimação reforçada e nunca dantes experimentada na história constitucional pátria.

2.2.7 O princípio federativo

O princípio federativo e a forma federativa de Estado, o assim chamado Estado Federal, constituem (a exemplo da República e do Presidencialismo) elementos essenciais da identidade constitucional brasileira desde 1891, tendo passado por ajustes importantes desde então, até receberem os contornos atuais na vigente CF, que inovou ao consagrar o Município como ente federativo. Com efeito, a exemplo do que se passa com as noções de Democracia, Estado de Direito, República, e mesmo a opção, ou não, por um Estado Socioambiental, a noção de Estado Federal também não encontra apenas uma alternativa válida, devendo ser compreendida no contexto de cada ordem constitucional, pois é esta que lhe atribui os contornos próprios.

---

126. Cf. por todos ATALIBA, Geraldo. *República e constituição*, 2. ed., São Paulo, Malheiros, 1998, p. 13-15.

127. Cf. mais uma vez CANOTILHO, J. J. Gomes. *Direito constitucional e teoria da constituição*, op. cit., p. 228-29.

128. Cf. GRÖSCHNER, Ralf. *Die republik*, op. cit., p. 425-26, que ainda colaciona outras diferenças, inclusive entre República e Estado de Direito.

129. Acerca da relação das candidaturas avulsas com o princípio republicano, v. a título ilustrativo, o MI 7.003 AgR, rel. Min. Luiz Fux, j. em 20.09.2019.

130. Sobre o tema, há entendimento consolidado no STF de que leis estaduais e locais que concedem benefícios em caráter gracioso e vitalício a ex-agentes públicos são inconstitucionais, com fundamento nos princípios republicano, isonômico e da moralidade administrativa. Em caráter ilustrativo, v. ADI 5.346/BA, rel. Min. Alexandre de Moraes, j. em 18.10.2019 e ADPF 446, rel. Min. Alexandre de Moraes, j. em 04.10.2019 e, mais recentemente, ADPF 889, rel. Min. Edson Fachin, j. em 10.11.2022 e ADPF 1039, rel. Min. Alexandre De Moraes, j. 27.03.2023. Nesse sentido, também, o entendimento do STF de que o pagamento do chamado 'salário-esposa' a trabalhadores urbanos e rurais, e a servidores públicos, além de violar regra constitucional expressa (art. 7.º, XXX e art. 39, § 3.º), viola o princípio republicano e os princípios da igualdade, da moralidade e da razoabilidade.

Além disso, importa distinguir a noção de Estado Federal ou Federação do federalismo, pois este último corresponde à teoria (doutrina) que estabelece as diretrizes gerais do modelo federativo de Estado. Da mesma forma, o Estado Federal como estrutura organizacional não se confunde com o princípio federalista (ou princípio federativo), na condição de princípio estruturante de caráter objetivo. De todo modo, tendo em conta a circunstância de que o Estado Federal será objeto de capítulo específico do presente *Curso* (a respeito da organização do Estado), é para lá que remetemos o leitor que queira desenvolver mais o tópico.

2.2.8 O princípio da sustentabilidade (ou desenvolvimento sustentável)[131]

A noção de desenvolvimento sustentável, que, consoante já visto, guarda conexão direta com o princípio do Estado Democrático, Social e Ecológico de Direito, foi objeto de reconhecimento internacional no âmbito da Comissão Mundial sobre Meio Ambiente e Desenvolvimento das Nações Unidas, designadamente por meio do *Relatório Nosso Futuro Comum* (1987), tendo sido definida como sendo "aquele que atende às necessidades do presente sem comprometer a possibilidade de as gerações futuras atenderem a suas próprias necessidades". Incorporando o conceito adotado pela assim chamada Comissão Bruntland, o Princípio n. 4 da Declaração do Rio sobre Meio Ambiente e Desenvolvimento de 1992 veio a estabelecer que, "a fim de alcançar o *desenvolvimento sustentável*, a proteção do ambiente deverá constituir-se como parte integrante do processo de desenvolvimento e não poderá ser considerada de forma isolada".

A ideia de sustentabilidade[132] encontra-se, portanto, numa primeira fase mais diretamente vinculada à proteção do ambiente, já que manter (e, em alguns casos, recuperar) o equilíbrio ambiental implica o uso racional e harmônico dos recursos naturais, de modo a, por meio de sua degradação, também não os esgotar, tudo de modo a assegurar a sobrevivência e qualidade de vida das futuras gerações.

No plano normativo nacional, a noção de sustentabilidade encontrou ressonância já na legislação editada antes da constitucionalização da questão ambiental, como dá conta, entre outros exemplos, a Lei 6.938/1981, que, no seu art. 4.º, entre os objetivos da Política Nacional do Meio Ambiente, destaca a "*compatibilização do desenvolvimento econômico-social com a preservação da qualidade do meio ambiente e do equilíbrio ecológico*" (inciso I) e a "*preservação e restauração dos recursos ambientais com vistas à sua utilização racional e disponibilidade permanente*, concorrendo para a manutenção do equilíbrio ecológico propício à vida" (inciso VI). Mais recentemente, a despeito de uma série de outros diplomas legislativos contemplando a noção, o novo Código Florestal (Lei 12.651/2012) também consagrou o desenvolvimento sustentável como o objetivo central do regime jurídico de proteção florestal (art. 1.º, parágrafo único). Assim, em termos gerais, conforme se pode apreender dos exemplos destacados, a legislação ambiental brasileira incorporou o princípio

---

131. Agradecemos aqui a Tiago Fensterseifer, mestre e doutor pela PUCRS, além de Defensor Público do Estado de São Paulo, a gentileza de autorizar a utilização, como texto-base (aqui reduzido e adequado) para o presente item, de capítulo produzido em coautoria com o ora signatário e que foi publicado no âmbito da obra *Princípios do direito ambiental*, 2. ed., São Paulo, Saraiva, 2017, obra a que remetemos para maior desenvolvimento do tema.

132. Especificamente sobre o desenvolvimento sustentável, v., por todos, BOSSELMANN, Klaus. *The principle of sustainability*, Reino Unido, Ashgate, 2008.

do desenvolvimento sustentável e lhe deu vida, ainda que com isso não esteja resolvida a questão da eficácia social (efetividade) da legislação.

Para além da regulação do princípio do desenvolvimento sustentável (ou, simplesmente, sustentabilidade), importa sublinhar que existe uma tensão dialética permanente entre o objetivo da proteção ambiental e o desenvolvimento socioeconômico, de modo que a opção por uma perspectiva integrada – socioambiental – implica ainda maior (e também mais complexa e tensionada) articulação com uma concepção de constituição econômica, que, portanto, não pode ser concebida como um núcleo isolado no contexto mais amplo da ordem constitucional.[133]

Com efeito, o Estado Social e Ecológico de Direito, conforme já sinalizamos em tópico anterior, longe de ser um Estado "Mínimo" (que apenas assegura o livre jogo dos atores econômicos e do mercado), deve ser um Estado regulador da atividade econômica, capaz de dirigi-la e ajustá-la aos valores e princípios constitucionais, objetivando o desenvolvimento humano e social de forma ambientalmente sustentável.[134]

Nessa perspectiva, por mais que se possa e deva reconhecer os câmbios ocorridos na esfera da teoria (e prática) da Constituição Dirigente (na perspectiva de um dirigismo – mas não "totalitarismo" ecológico), aspectos que, todavia, aqui não poderão ser aprofundados, resulta evidente que especialmente na esfera ambiental, uma vez reconhecida a vinculação jurídica (e mesmo judicialmente controlável) dos órgãos estatais, com destaque para o Legislativo e Executivo, às imposições constitucionais[135], ainda mais à vista do perfil adotado pelo direito constitucional brasileiro, não é possível desconsiderar ou mesmo minimizar a noção de Constituição Dirigente e sua articulação com a Constituição Econômica e o problema do desenvolvimento.[136]

A ordem econômica, constitucionalizada a partir dos princípios diretivos do art. 170 da CF/1988, mas também e essencialmente com base nos demais fundamentos e objetivos constitucionais que a informam (por exemplo, os objetivos fundamentais da República elencados no art. 3.º da CF/1988), expressa uma opção pelo que se poderia designar de um *capitalismo ambiental* ou *socioambiental* (ou *economia socioambiental de mercado*)[137] capaz de

---

133. A respeito da concepção de Constituição Econômica, v. BERCOVICI, Gilberto. *Constituição econômica e desenvolvimento:* uma leitura a partir da Constituição de 1988. São Paulo: Malheiros, 2005, p. 13.

134. Discorrendo sobre um Estado "regulador" Democrático de Direito e vinculando tal modelo ao desenvolvimento sustentável, v. FRANÇA, Phillip Gil. *O controle da administração pública:* tutela jurisdicional, regulação econômica e desenvolvimento. São Paulo: Revista dos Tribunais, 2008, especialmente p. 113 e ss. e 191 e ss.; e, em especial, FREITAS, Juarez, *Sustentabilidade, direito ao futuro*, especialmente p. 229-280.

135. Sobre o tema, importante decisão do STF afirmando que o legislador foi insuficiente em sua regulamentação frente aos deveres de tutela do meio ambiente, uma vez que não disciplinou qualquer consequência para a hipótese da omissão ou mora imotivada e desproporcional do órgão ambiental diante de pedido de renovação de licença ambiental, cf. ADI 4757, rel. Min. Rosa Weber, j. em 13.12.2022.

136. Sobre a relação entre a Constituição Econômica, desenvolvimento e Constituição Dirigente, v., especialmente, BERCOVICI, Gilberto. *Constituição econômica e desenvolvimento*, p. 33 e ss. Propondo, com razão, a adoção de uma concepção constitucionalmente adequada e afinada com o estágio de desenvolvimento social, político, econômico e cultural dos países de modernidade tardia (países em desenvolvimento, habitualmente tidos como "periféricos"), v. STRECK, Lenio Luiz. *Jurisdição constitucional e hermenêutica:* uma nova crítica do Direito. 2. ed., Rio de Janeiro, Forense, 2003.

137. Como fonte de inspiração, toma-se aqui a conhecida fórmula da economia social de mercado (*soziale Marktwirtschaft*) desenvolvida na Alemanha na égide da Lei Fundamental de 1949, e que marcou também o modelo do Estado Social e Democrático de Direito germânico do segundo pós-guerra, em que pesem a

compatibilizar a livre-iniciativa, a autonomia e a propriedade privada com a proteção ambiental e a justiça social (e também justiça ambiental), tendo como norte normativo "nada menos" do que a proteção e promoção de uma vida humana digna e saudável (e, portanto, com qualidade, equilíbrio e segurança ambiental) para todos os membros da comunidade estatal.

Por essa razão, entre outras que aqui se poderia invocar, o princípio da sustentabilidade opera como um princípio estruturante, de caráter multidimensional,[138] e que, de acordo com a lição de Wolfgang Kahl, assume a condição de um *conceito composto, de natureza complexa, relacional, além de dependente de uma compreensão contextualizada*, a demandar uma compreensão abrangente e carente de integração pelo legislador e órgãos estatais em geral, especialmente no plano da organização e do procedimento,[139] informando não apenas a seara ambiental em sentido estrito (ainda que adotado um conceito amplo de ambiente), mas também as esferas econômica e social, designadamente pela função de articulação e coordenação de tais dimensões no âmbito do Estado Democrático, Social e Ecológico de Direito.

Outrossim, urge – de acordo com a proposta do mesmo Wolfgang Kahl citado – apostar na construção de um robusto direito constitucional da sustentabilidade,[140] sempre compreendido numa perspectiva de múltiplos níveis e integrando os sistemas universal e regional de proteção dos direitos humanos.

III – Os objetivos fundamentais do Estado Democrático (e Socioambiental/ ecológico) de Direito

Mediante a expressa previsão, no art. 3.º, de objetivos de caráter fundamental a serem levados a efeito pelos órgãos estatais, não há como refutar – do ponto de vista do direito constitucional positivo vigente – a circunstância de que o constituinte de 1988 consagrou sim um modelo de Constituição do tipo dirigente, muito embora elementos de dirigismo constitucional se façam presentes em diversas partes do texto da CF, inclusive e especialmente nos títulos da ordem econômica e social. Com efeito, as normas-princípio contidas nos diversos dispositivos do art. 3.º cumprem a função de princípios objetivos que instituem programas, fins e tarefas que vinculam os Poderes Públicos e que implicam uma atuação voltada à realização dos objetivos constitucionalmente enunciados.[141] Cuida-se de normas

---

crise e as transformações experimentadas nos últimos tempos. Para uma perspectiva jurídico-constitucional geral, que abrange os principais aspectos da ordem econômica da Constituição alemã, v., por todos, PAPIER, Hans-Jürgen. Grundgesetz und wirtschaftsordnung. In: BENDA, Ernst; MAIHOFER, Werner; VOGEL, Hans-Jochen (Ed.). *Handbuch des verfassungsrechts*, vol. I. Berlin-New York, Walter de Gruyter, 1984, p. 609-652, lembrando que existe edição mais recente em alemão e tradução da obra completa para a língua espanhola.

138. Cf. FREITAS, Juarez. *Sustentabilidade. O direito ao futuro*, Belo Horizonte, Fórum, 2011.

139. KAHL, Wolfgang (Hrsg.). *Nachhaltigkeit als verbundbegriff*. Tübingen, Mohr Siebeck, 2008, com destaque aqui para a contribuição do próprio organizador da obra.

140. KAHL, Wolfgang. *Nachhaltigkeitsverfassung*, Tübingen: Mohr Siebeck, 2018.

141. Cf., por todos e de modo paradigmático (pois se trata do autor e da tese que concebeu e difundiu a noção de Constituição Dirigente no ambiente luso-brasileiro, ainda que posteriormente tenha submetido sua concepção a uma substancial revisão), CANOTILHO, J. J. Gomes. *Constituição dirigente e vinculação do legislador. Contributo para a compreensão das normas constitucionais programáticas*, Coimbra, Coimbra, 1982.

que, na terminologia de Eros Grau, assumem a condição de normas-objetivo,[142] mas que nem por isso (e daí precisamente o cunho dirigente) deixam de ser juridicamente vinculativas, ainda que se possa, em regra, afastar a possibilidade de reconhecimento de um direito subjetivo à realização do programa normativo.

Dito de outro modo, embora não se possa, em regra, admitir um direito subjetivo à erradicação da pobreza atribuído a algum indivíduo em particular (o que não afasta um direito fundamental ao mínimo existencial do indivíduo, ou mesmo de um direito a assistência social), os Poderes Públicos estão positivamente vinculados a encetar passos concretos, na esfera de suas competências e atribuições, na direção da realização dos objetivos constitucionalmente estabelecidos, ainda que a CF não disponha exatamente sobre os modos de realização de tais objetivos.

Por outro lado, a omissão estatal poderá configurar uma violação dos deveres de atuação impostos aos órgãos estatais, assim como poderá ser impugnado, inclusive pela via jurisdicional, eventual desvio das finalidades constitucionais. A circunstância de que o controle judicial, por mais limitado que seja, é não apenas viável, mas necessário em determinados casos, por si só já demonstra que, mesmo os princípios que instituem objetivos a serem alcançados pelos órgãos estatais, apresentam uma reflexa dimensão subjetiva, já que a alguém (ou algum órgão ou instituição) é atribuída a titularidade de invocação em juízo, mormente no plano da inconstitucionalidade, de algum vício por atuação ou por omissão.

Aspecto que merece destaque diz com a diferenciação entre os princípios-objetivo do art. 3.º da CF e as normas impositivas de legislação ou ordens de legislar, pois ao passo que as primeiras não enunciam nem como o Poder Público deve realizar os objetivos constitucionais nem logram determinar o conteúdo específico da ação estatal (por exemplo, a instituição e ampliação do Bolsa Família para erradicar a pobreza e reduzir desigualdades regionais), em outros casos a CF já define quem deverá, em primeira linha, atender ao comando constitucional, como se dá quando o texto da CF estatui que "O Estado promoverá, na forma da lei, a defesa do consumidor" (art. 5.º, XXXII). Aqui o objetivo (proteção do consumidor) é acompanhado da imposição ao legislador e mediante ato legislativo.

A diferença se torna ainda mais evidente se considerarmos que a não edição da lei especificamente prevista no art. 5.º, XXXII, da CF ensejaria uma inconstitucionalidade por omissão, que pressupõe uma ordem de legislar e o seu descumprimento. Já no caso do objetivo de erradicação da pobreza e das desigualdades regionais, a inexistência de lei criando o que foi previsto não gerará de pronto uma inconstitucionalidade por omissão, pois existe um amplo leque de alternativas à disposição dos Poderes Públicos, desde que tais alternativas se revelam aptas a alcançar o resultado pretendido. A ausência de um programa como o do Bolsa Família não seria, por si só, inconstitucional, assim como não o seria a substituição daquele programa por outro que atinja resultados equivalentes, desde que existam programas (políticas) que tenham por objeto a realização dos objetivos estabelecidos pela CF e que os executem de maneira satisfatória.

Assim, verifica-se que os objetivos fundamentais também implicam a adoção, pelos órgãos estatais, aqui com destaque para os Poderes Legislativo e Executivo, de um conjunto de políticas de Estado e de governo que busquem realizar tais objetivos, pena de desvio de

---

142. Cf. GRAU, Eros Roberto. *Ensaio e discurso sobre a interpretação/aplicação do direito*, São Paulo, Malheiros, 2002, p. 114 e ss. Consignando-se que o autor não identifica as normas-objetivo com a noção de normas programáticas.

finalidade ou omissão total ou parcial, a depender do caso, cabendo ao Poder Judiciário, no âmbito de suas limitações, uma intervenção indutiva e/ou corretiva.

IV – Princípios que regem as relações internacionais

Dentre os princípios fundamentais, a CF também investiu, de modo pioneiro, na seara das relações internacionais e da integração com outros Estados, sendo – a despeito da previsão de dispositivos sobre a matéria nas constituições anteriores – a primeira na evolução constitucional brasileira a contemplar um capítulo específico sobre as relações internacionais,[143] atribuindo aos respectivos preceitos a condição de princípios fundamentais, com os princípios estruturantes e os objetivos fundamentais.

O art. 4.º da CF consagra, nessa perspectiva, um conjunto de princípios que tem por escopo balizar a atuação do Brasil na condição de membro integrado em uma comunidade internacional. Tais princípios em parte correspondem mesmo a princípios já consolidados do próprio direito internacional público, recepcionados pela CF e assumidos como sendo também princípios fundamentais de direito interno. De acordo com a lição de Celso Lafer, os princípios contidos no art. 4.º representam um marco normativo que assume também a condição de diretriz da política externa brasileira, no sentido mesmo de uma "política jurídica exterior de Estado e não de governos", vinculando essencialmente o Poder Executivo, mas também o Legislativo e Judiciário na esfera das suas respectivas competências funcionais.[144]

Ademais disso, também – como bem anota Guilherme Massaú – os princípios atinentes às relações internacionais são (a exemplo dos demais princípios fundamentais) veiculados por normas dotadas de eficácia e aplicabilidade, vinculando os poderes estatais internos, ademais de carecerem de uma interpretação integrada com outros princípios e regras constitucionais[145].

A *independência nacional* (art. 4.º, I, da CF) guarda relação direta com a própria noção de soberania, que, por sua vez, assume a função de fundamento do Estado Democrático de Direito brasileiro e simultaneamente opera como princípio fundamental (art. 1.º, I), de tal sorte que a independência há de ser compreendida nessa perspectiva, como dimensão externa (internacional) da soberania.[146] Não se trata, contudo, de uma soberania excludente e arrogante, portanto, mas, sim, de uma noção de independência voltada à integração na comunidade internacional, baseada no respeito, igualdade e reciprocidade, tal como evidenciam outros dispositivos constitucionais. O próprio art. 4.º contempla, em seus incisos, a prevalência dos direitos humanos (II), a autodeterminação dos povos (III), o princípio da não intervenção (IV), a igualdade entre os Estados (V), a defesa da paz, a solução pacífica dos

---

143. Cf. Piovesan, Flávia. Art. 4.º, II – prevalência dos direitos humanos. In: *Comentários à Constituição do Brasil*, 2. ed. São Paulo, Saraiva Educação, 2018, p. 159-161, noticiando também sobre a origem de tal capítulo e as discussões na assim chamada "Comissão Afonso Arinos" (1985) e nos debates travados na Assembleia Constituinte. Sobre o tema, v., ainda, Silva, Virgílio Afonso da. *Direito constitucional brasileiro*, op. cit., p. 91.

144. Cf. Lafer, Celso. *A internacionalização dos direitos humanos. Constituição, racismo e relações internacionais*, São Paulo, Manole, 2005, p. 18-19.

145. Massaú, Guilherme. *Princípios constitucionais e relações internacionais*, Porto Alegre, Livraria do Advogado, 2018.

146. Cf. Galindo, George Rodrigo Bandeira. Art. 4.º, I – independência nacional. In: *Comentários à Constituição do Brasil*, 2. ed., p. 154 e ss.

conflitos e o repúdio ao terrorismo (VI, VII e VIII), cooperação entre os povos (IX) e a busca da integração latino-americana (parágrafo único).

O princípio da prevalência dos direitos humanos (art. 4.º, II, da CF) não apenas consagra a relevância dos direitos humanos como critério material da legitimidade da própria ordem constitucional nas suas relações com a comunidade internacional, mas também da Constituição na condição de Lei Fundamental no plano doméstico, inclusive para o efeito de iluminar a própria interpretação e aplicação do direito interno, no sentido de uma interpretação conforme os direitos humanos e de uma abertura da ordem nacional ao sistema internacional de reconhecimento e proteção dos direitos humanos.[147]

Tal princípio, que, salvo melhor juízo, por si só já deveria implicar a adesão aos tratados internacionais (universais e regionais) de direitos humanos, guarda forte conexão com a abertura material do catálogo constitucional de direitos fundamentais, a teor do disposto no art. 5.º, § 2.º, da CF, de acordo com o qual os direitos expressamente consagrados no texto constitucional não excluem outros decorrentes do regime e dos princípios, bem como os que estiverem previstos em tratados internacionais ratificados pelo Brasil, o que foi de certo modo reforçado mediante a inserção de um procedimento qualificado de aprovação dos tratados de direitos humanos pelo Congresso Nacional (previsto no art. 5.º, § 3.º, da CF), bem por meio da criação (pela mesma reforma constitucional) do incidente de deslocamento de competência da seara estadual para a federal nos casos de grave violação dos direitos humanos (art. 109, § 5.º, da CF). Mas o princípio da prevalência dos direitos humanos não resultou, ao menos por ora, no reconhecimento generalizado de uma hierarquia supraconstitucional ou mesmo constitucional dos tratados de direitos humanos, visto que o STF, embora já tendo abandonado a tese da paridade entre qualquer lei interna e os tratados, segue reconhecendo a tais tratados (à exceção dos que forem aprovados pelo rito do art. 5.º, § 3.º, da CF) hierarquia supralegal, ou seja, inferior à CF, mas superior à legislação, aspecto que, contudo, será desenvolvido em capítulo próprio deste *Curso*, na parte geral dos direitos fundamentais.

A *integração latino-americana* constitui uma meta (e mesmo um ideal) que remonta à origem dos movimentos de independência dos países que integram a América Latina, movimentos que marcaram a formação dos respectivos Estados nacionais, mas que nunca passaram de movimentos esparsos e efêmeros, passando a assumir uma dimensão mais forte apenas na segunda metade do século XX, especialmente a partir da assinatura do Tratado de Montevidéu, que instituiu a ALALC (Associação Latino-Americana de Livre Comércio (1960)), posteriormente substituída pela ALADI (Associação Latino-Americana de Integração), sem descurar do papel exercido nesse contexto pela CEPAL (Comissão Econômica para a América Latina e Caribe), criada pela ONU, em 1948, bem como, dada a sua importância, pelo MERCOSUL, instituído pelo Tratado de Assunção, de 1991, muito embora se cuide de uma integração de abrangência territorial mais limitada.[148]

A integração latino-americana assume, na dicção do parágrafo único do art. 4.º da CF, a condição de objetivo do Estado Democrático de Direito: "a República Federativa do Brasil buscará a integração econômica, política, social e cultural dos povos da América Latina, visando à formação de uma comunidade latino-americana de nações". Com isso resta

---

147. Cf., por todos, PIOVESAN, Flávia. *Comentários à Constituição do Brasil*, op. cit., p. 159-161.
148. Cf. MALISKA, Marcos. Princípio da integração latino-americana. In: *Comentários à Constituição do Brasil*, 2. ed. São Paulo, Saraiva Educação, 2018, p. 183-184.

evidenciado que a integração transcende em muito a dimensão econômica e política, o que deverá também informar a condução das políticas de cooperação e reciprocidade adotadas pelo Estado brasileiro.

Um *aspecto jurídico-constitucional de alta relevância* diz com a *necessidade, ou não, de reforma constitucional para efeitos de transferência, em prol de entidades supranacionais, de direitos de soberania.* A posição que aqui também se endossa advoga ser dispensável uma autorização constitucional expressa (e que demandaria uma emenda constitucional), pois a própria previsão da integração e da formação de uma comunidade de nações prevista no art. 4.º, parágrafo único, da CF implicitamente autoriza uma integração efetiva e pressupõe transferência de direitos de soberania e não a mera participação em entidades de cunho associativo.[149] Mas, como aponta com acuidade Marcos Maliska, há que distinguir a exigência de autorização para a integração (que está implícita), da regulamentação da efetiva participação e mesmo sujeição a organismos supranacionais, que sim exige emenda constitucional e carece de específica e substancial legitimação democrática.[150]

---

149. Cf. já sustentavam, no primeiro comentário da CF lançado quando de sua promulgação, BASTOS, Celso Ribeiro; MARTINS, Ives Gandra da Silva. *Comentários à Constituição do Brasil*, vol. I, São Paulo, Saraiva, 1988, p. 464-466. Por último v., nesse mesmo sentido e adotando o entendimento dos comentaristas referidos, MALISKA, Marcos. Princípio da integração latino-americana, op. cit., p. 183-185.

150. Cf. MALISKA, Marcos. Princípio da integração latino-americana, op. cit., p. 185.

3

TEORIA GERAL DOS DIREITOS FUNDAMENTAIS

Ingo Wolfgang Sarlet

3.1 Considerações gerais[1]

Uma teoria geral dos direitos fundamentais na concepção aqui adotada busca ser, em primeira linha, *uma teoria geral constitucionalmente adequada*, portanto, atenta às peculiaridades do direito constitucional positivo brasileiro, ainda que inspirada em categorias dogmáticas produzidas em outros ambientes constitucionais, mas que, pela sua forte recepção (ainda que sempre filtrada) na esfera do direito constitucional comparado e pela sua capacidade de adaptação e articulação, dialogam com a ordem jurídico-constitucional brasileira. Por outro lado, a teoria geral aqui esboçada busca apresentar e sintetizar os aspectos centrais de uma dogmática constitucional unificada dos direitos fundamentais de um modo geral, servindo para a devida compreensão e manejo dos diversos direitos fundamentais em espécie positivados na Constituição Federal, evitando, inclusive, repetições desnecessárias, visto que na parte especial dos direitos fundamentais, salvo para enfatizar alguns aspectos, será feita remissão às questões versadas na parte geral e que de regra se aplicam a todos os direitos fundamentais. Iniciaremos nossa trajetória com uma breve apresentação e discussão dos aspectos conceituais e terminológicos.

---

1. O texto correspondente ao presente item (Teoria geral dos direitos fundamentais) resulta, em grande parte, de uma reconstrução (especialmente em termos de uma redução e simplificação, considerando a finalidade diversa da presente obra) dos desenvolvimentos mais abrangentes e aprofundados levados a efeito na obra de SARLET, Ingo Wolfgang. *A eficácia dos direitos fundamentais*, 13. ed., à qual remetemos todos os que desejarem buscar algum tipo de complementação e maior desenvolvimento dos temas aqui versados.

3.1.1 Aspectos terminológicos: direitos humanos e/ou direitos fundamentais?

Uma breve mirada sobre a evolução constitucional brasileira[2] mostra que a Constituição Federal foi a primeira a utilizar a expressão *Direitos e Garantias Fundamentais* como abrangendo as diversas espécies de direitos, que, de acordo com a terminologia e classificação consagrada no direito constitucional positivo brasileiro vigente, são os assim chamados direitos (e deveres) individuais e coletivos, os direitos sociais (incluindo os direitos dos trabalhadores), os direitos de nacionalidade e os direitos políticos, os quais abarcam o estatuto constitucional dos partidos políticos e a liberdade de associação partidária. Com isso, considerando *os direitos e garantias fundamentais como gênero e as demais categorias referidas como espécies*, o direito constitucional brasileiro acabou aderindo ao que se pode reconhecer como a tendência dominante no âmbito do direito comparado, especialmente a partir da Lei Fundamental da Alemanha, de 1949.[3]

Por outro lado, embora a terminologia adotada (em sintonia com o texto constitucional), também é verdade que seguem sendo utilizadas outras expressões, tais como "direitos humanos", "direitos do homem", "direitos subjetivos públicos", "liberdades públicas", "direitos individuais", "liberdades fundamentais" e "direitos humanos fundamentais", apenas para referir algumas das mais importantes, mas que correspondem (salvo no caso da expressão "direitos humanos") a categorias em geral mais limitadas do que o complexo mais amplo representado pelos direitos fundamentais.[4]

Não é, portanto, por acaso que a doutrina tem alertado para a heterogeneidade, ambiguidade e ausência de um consenso na esfera conceitual e terminológica, inclusive no que diz com o significado e conteúdo de cada termo utilizado,[5] o que apenas reforça a *necessidade de se adotar uma terminologia (e de um correspondente conceito) única e, além disso, constitucionalmente adequada, no caso, a de direitos (e garantias) fundamentais.*

Por outro lado, ao passo que no âmbito da filosofia política e das ciências sociais de um modo geral, bem como no plano do direito internacional, a expressão mais utilizada siga sendo direitos humanos, no domínio do direito constitucional (e, portanto, para a finalidade do presente *Curso*) a opção terminológica pelos direitos fundamentais acaba sendo a mais afinada com o significado e conteúdo de tais direitos na Constituição, para além do fato, já referido, de que se cuida da terminologia adotada pelo próprio constituinte brasileiro.

---

2. A Constituição de 1824 continha a expressão "Garantias dos Direitos Civis e Políticos dos Cidadãos Brasileiros". A Constituição de 1891, aderindo à terminologia consagrada pelas Declarações de Direitos surgidas especialmente ao longo dos séculos XVII e XVIII na Inglaterra, América do Norte e França, continha simplesmente a expressão "Declaração de Direitos" como epígrafe da Secção II do Título IV (Dos Cidadãos Brasileiros). Assim, foi apenas na Constituição de 1934 que pela primeira vez constou a expressão "Direitos e Garantias Individuais", que seria mantida nas Constituições de 1946 e 1967/1969, integrando o título da Declaração de Direitos.

3. Apenas para ilustrar, podem ser referidas a Constituição da Grécia, de 1975; a Constituição da República Portuguesa, de 1976; a Constituição espanhola, de 1978; a Constituição Política da República da Colômbia, de 1991; a Constituição Federal da Confederação Suíça, de 1999, entre outras.

4. Cf., por todos, OLIVETTI, Marco. *I diritti fondametali*. Foggia: Claudio Grenzi Editore, 2017, p. 18 e ss.

5. Esta, entre outros, a advertência de FUSTER, Blanca Martínez de Vallejo. Los derechos humanos como derechos fundamentales. In: BALLESTEROS, J. (Ed.). *Derechos humanos – Concepto, fundamentos, sujetos*, p. 42-43.

Assim, pela especial relevância da questão e por se tratar seguramente das duas expressões mais utilizadas e aceitas, é preciso dedicar alguma atenção ao problema da possível (a depender do critério!) distinção entre os assim chamados "direitos humanos" e os "direitos fundamentais", distinção que desde logo é aqui assumida como correta. Muito embora existam os que sustentam a equivalência entre as duas noções, considerando até mesmo irrelevante a discussão em torno da eventual diferença ou identidade entre direitos humanos e direitos fundamentais,[6] o fato é que as diferenças, especialmente quando se tiverem bem presentes os critérios para tanto, são evidentes e têm sido reconhecidas por ampla doutrina e mesmo em caráter jurisprudencial, ainda que não se possa falar aqui em uma posição uníssona no direito brasileiro.

Se não há dúvida que os direitos fundamentais, de certa forma, são também sempre direitos humanos, no sentido de que seu titular sempre será o ser humano, ainda que representado por entes coletivos (grupos, povos, nações, Estado), também é certo que não é esse o motivo pelo qual a distinção se faz necessária, ainda mais no contexto do direito constitucional positivo.

De acordo com o critério aqui adotado, o termo "direitos fundamentais" se aplica àqueles direitos (em geral atribuídos à pessoa humana) reconhecidos e positivados na esfera do direito constitucional positivo de determinado Estado,[7] ao passo que a expressão "direitos humanos" guarda relação com os documentos de direito internacional, por referir-se àquelas posições jurídicas que se reconhecem ao ser humano como tal, independentemente de sua vinculação com determinada ordem constitucional, e que, portanto, aspiram à validade universal, para todos os povos e em todos os lugares, de tal sorte que revelam um caráter supranacional (internacional) e universal.[8]

Neste contexto, vale lembrar a lição de Antonio E. Pérez Luño, para quem o termo "direitos humanos" acabou tendo contornos mais amplos e imprecisos que a noção de direitos fundamentais, de tal sorte que estes possuem sentido mais preciso e restrito, na medida em que constituem o conjunto de direitos e liberdades institucionalmente reconhecidos e garantidos pelo direito positivo de determinado Estado, tratando-se, portanto, de direitos delimitados espacial e temporalmente, cuja denominação se deve ao seu caráter básico e fundamentador do sistema jurídico do Estado de Direito.[9] Assim, ao menos sob certo

---

6. Nesse sentido, entre outros, o entendimento de Barros, Sérgio Resende de. *Direitos humanos – Paradoxo da civilização*, especialmente p. 29 e ss., que, aliás, refuta a distinção aqui adotada.

7. Cf., por todos, Canotilho, J. J. Gomes. *Direito constitucional*, 5. ed., p. 528.

8. Nesse sentido, dentre outros, a lição de Miranda, Jorge. *Manual de direito constitucional*, 2. ed., vol. 4, p. 51-52, citando-se, a título de exemplo, a Declaração Universal dos Direitos do Homem (1948), a Declaração Europeia de Direitos do Homem (1951), a Convenção Americana sobre Direitos Humanos (1969), dentre outros tantos documentos que integram o sistema internacional dos direitos humanos. No mesmo sentido, v. também Olivetti, Marco. *I diritti fondametali*, op. cit., p. 20-21.

9. Cf. Pérez Luño, Antonio-Enrique. *Los derechos fundamentales*, p. 46-47. Em sentido próximo, v. também Carbonell, Miguel. *Los derechos fundamentales en México*, p. 8 e ss., destacando que, por se tratar de categoria mais ampla, as fronteiras conceituais dos direitos humanos são mais imprecisas que as da expressão direitos fundamentais. Por outro lado, em que pese a nossa divergência com relação ao significado atribuído à expressão "direitos humanos", cumpre referir aqui a posição de Martin Kriele, quando igualmente advoga o entendimento de que a categoria dos direitos fundamentais é temporal e espacialmente condicionada, visto que se cuida da institucionalização jurídica dos direitos humanos na esfera do direito positivo. No mesmo sentido, v., também, Villar, Gregorio Cámara. *El sistema de los derechos y las libertades fundamentales*. In: Callejón, Francisco Balaguer (Coord.). *Manual de derecho constitucional*, vol. 2, 2005, p. 29 e ss., assim como Díez-Picazo, Luís María. *Sistema de derechos fundamentales*, p. 55 e ss.

aspecto, parece correto afirmar, na esteira de Pedro Cruz Villalon, que os direitos fundamentais nascem e acabam com as constituições,[10] resultando, de tal sorte, da confluência entre a noção (cultivada especialmente no âmbito da tradição filosófica jusnaturalista) de direitos naturais do homem e da própria ideia de constituição.[11]

Por outro lado, a noção (ainda advogada por setores da literatura) de que a expressão "direitos humanos" pode ser equiparada a "direitos naturais"[12] não nos parece correta, uma vez que a própria positivação em normas de direito internacional, de acordo com a lição de Norberto Bobbio, já revelou, de forma incontestável, a dimensão histórica e relativa dos direitos humanos, que assim se desprenderam – ao menos em parte – da ideia de um direito natural.[13] É preciso enfatizar, todavia, que com isso não se está a desconsiderar que, na sua vertente histórica, os direitos humanos (reconhecidos na esfera internacional) e os direitos fundamentais (positivados no plano constitucional) radicam no reconhecimento, pelo direito positivo, de uma série de direitos antes concebidos como direitos naturais da pessoa humana, direitos estes que assumem uma dimensão pré-estatal e, para alguns, até mesmo supraestatal.[14]

Em face dessas constatações, verifica-se que as expressões "direitos fundamentais" e "direitos humanos", em que pese sua habitual utilização como sinônimas, se reportam, por várias razões, a significados em parte distintos. No mínimo, para os que preferem a expressão "direitos humanos", há que referir – sob pena de se correr o risco de gerar uma série de equívocos – se eles estão sendo analisados pelo prisma do direito internacional ou na sua dimensão constitucional positiva. Reconhecer a diferença, contudo, não significa desconsiderar a íntima relação entre os direitos humanos e os direitos fundamentais, uma vez que a maior parte das constituições do segundo pós-guerra se inspirou tanto na Declaração Universal de 1948 quanto nos diversos documentos internacionais e regionais que a sucederam, de tal sorte que – no que diz com o conteúdo das declarações internacionais e dos textos constitucionais – está ocorrendo um processo de aproximação e harmonização, rumo ao que já está sendo denominado (não exclusivamente – embora principalmente – no campo dos direitos humanos e fundamentais) um direito constitucional internacional.[15]

---

10. Cf. VILLALON, Pedro Cruz. Formación y evolución de los derechos fundamentales. *Revista Española de Derecho Constitucional* 25/41-42.

11. Assim a lição de STERN, Klaus. *Das Staatsrecht der Bundesrepublik Deutschland*, vol. 3/1, p. 43.

12. Esta a posição de KRIELE, Martin. Zur Geschichte der Grund- und Menschenrechte. In: ACHTERBERG, N. (Org.). *Öffentliches Recht und Politik – Festschrift für Hans Ulrich Scupin*, p. 188.

13. Cf. BOBBIO, Norberto. *A era dos direitos*, principalmente no ensaio Presente e futuro dos direitos do homem (p. 26 e ss.). O abandono da condição de direitos naturais pode ser também exemplificado com base na doutrina francesa, na qual já se reconhece que as liberdades públicas não se confundem com a noção de direitos naturais do homem, tratando-se de posições jurídicas reconhecidas pelo direito constitucional positivo (v., nesse sentido, COLLIARD, Claude-Albert. *Libertés publiques*, p. 12 e ss.).

14. A este respeito, v. STERN, Klaus. *Das Staatsrecht der Bundesrepublik Deutschland*, vol. 3/1, p. 42 e ss. Entre nós, explorando esta perspectiva, v., entre outros, MELGARÉ, Plínio. Direitos humanos: uma perspectiva contemporânea – Para além dos reducionismos tradicionais. *Revista de Informação Legislativa* 154/73 e ss., destacando a perspectiva suprapositiva e a sua relevância para a aplicação judicial. Mais recentemente, NEUNER, Jörg. Los derechos humanos sociales. *Anuário Iberoamericano de Justicia Constitucional* 9/239, também sufragou esta linha de entendimento, ao advogar a distinção entre os direitos fundamentais, fundados no pacto constituinte e limitadores do poder das maiorias parlamentares, e os direitos humanos, compreendidos como direitos supraestatais, com validade universal e que vinculam inclusive as maiorias constituintes.

15. Sobre o direito constitucional internacional na esfera dos direitos humanos, v., por todos, PIOVESAN, Flávia. *Direitos humanos e o direito constitucional internacional*, 18. ed.

Fechando o tópico, importa deixar aqui devidamente consignado o sentido que atribuímos às expressões "direitos humanos" (ou direitos humanos fundamentais), compreendidos como direitos da pessoa humana reconhecidos pela ordem jurídica internacional e com pretensão de validade universal, e "direitos fundamentais", concebidos como aqueles direitos (dentre os quais se destacam os direitos humanos) reconhecidos e positivados na esfera do direito constitucional. Da mesma forma, registra-se que não se cuida de noções reciprocamente excludentes ou incompatíveis, mas, sim, de dimensões cada vez mais relacionadas entre si, o que não afasta a circunstância de se cuidar de expressões reportadas a esferas distintas de positivação, cujas consequências práticas não podem ser desconsideradas.

3.2 Os direitos fundamentais em perspectiva histórico-evolutiva e as assim designadas dimensões (ou "gerações") de direitos fundamentais

3.2.1 Considerações preliminares

A perspectiva histórica (evidentemente não apenas no que diz com a trajetória evolutiva dos direitos fundamentais) assume relevo não apenas como mecanismo hermenêutico, mas, principalmente, pela circunstância de que a história dos direitos fundamentais é também uma história que desemboca no surgimento do moderno Estado Constitucional, cuja essência e razão de ser residem justamente no reconhecimento e na proteção da dignidade da pessoa humana e dos direitos fundamentais do homem.[16] Neste contexto, há que dar razão aos que ponderam que *a história dos direitos fundamentais, de certa forma (e em parte, poderíamos acrescentar), é também a história da limitação do poder*, ainda mais se considerarmos o vínculo dos direitos fundamentais com a história do constitucionalismo e do que passou a ser designado de Estado Constitucional.[17]

Num primeiro momento, é possível destacar – no âmbito de uma fase "pré-constitucional" (no sentido de anterior ao surgimento das constituições modernas) – algumas concepções doutrinárias e formas jurídicas que antecederam e influenciaram o reconhecimento, em nível do direito constitucional positivo, dos direitos fundamentais no final do século XVIII, até a sua consagração ao longo do século XX.

Buscando sintetizar tal trajetória quanto aos seus principais momentos, Klaus Stern identifica três etapas: (a) uma pré-história, que se estende até o século XVI; (b) uma fase intermediária, que corresponde ao período de elaboração da doutrina jusnaturalista e da afirmação dos direitos naturais do homem; (c) a fase da constitucionalização, iniciada em 1776, com as sucessivas declarações de direitos dos novos Estados americanos.[18] Além disso, importa considerar que – consoante lição de Antonio E. Perez Luño – a positivação dos direitos fundamentais é o produto de uma dialética constante entre o progressivo desenvolvimento das técnicas de seu reconhecimento na esfera do direito positivo e a

---

16. Nesse sentido: STERN, Klaus. *HBStR V*, 108, p. 5. STERN, Klaus. Idee und Elemente eines Systems der Grundrecht. In: ISENSEE, J.; KIRCHHOF, P. (Org.). *Handbuch des Staatsrechts der Bundesrepublik Deutschland*, vol. 5.
17. Cf. STERN, Klaus. *Das Staatsrecht der Bundesrepublik Deutschland*, vol. 3/1, p. 55.
18. Idem, p. 56.

paulatina afirmação, no terreno ideológico, das ideias da liberdade e da dignidade humana.[19] Para facilitar a compreensão, dividimos a exposição em duas etapas, a primeira, voltada à evolução da ideia de direitos da pessoa humana no âmbito do pensamento filosófico e político, ao passo que a segunda contempla a trajetória jurídico-positiva.

3.2.2 A "pré-história" dos direitos fundamentais: dos primórdios à noção de direitos naturais (inatos e inalienáveis) do homem

Embora os direitos fundamentais não tenham surgido no mundo antigo, é correto afirmar que a antiguidade foi o berço de algumas ideias essenciais para o reconhecimento dos direitos humanos (aqui compreendidos como direitos inerentes à condição humana) e posteriormente dos direitos fundamentais. De modo especial, os valores da dignidade da pessoa humana, da liberdade e da igualdade dos homens encontram suas raízes na filosofia clássica, especialmente no pensamento greco-romano e na tradição judaico-cristã. Saliente-se, aqui, a circunstância de que a democracia ateniense constituía um modelo político fundado na figura do homem livre e dotado de individualidade.[20] Do Antigo Testamento herdamos a ideia de que o ser humano representa o ponto culminante da criação divina, tendo sido feito à imagem e semelhança de Deus. Da doutrina estoica greco-romana e do cristianismo advieram, por sua vez, as teses da unidade da humanidade e da igualdade de todos os homens em dignidade (para os cristãos, perante Deus).[21]

Na Idade Média houve quem propagasse a ideia da existência de postulados de cunho suprapositivo, que, por orientarem e limitarem o poder, atuariam como critérios de legitimação do seu exercício.[22] De particular relevância foi o pensamento de Santo Tomás de Aquino, que, além da já referida concepção cristã da igualdade dos homens perante Deus, professava a existência de duas ordens distintas, formadas, respectivamente, pelo direito natural, como expressão da natureza racional do homem, e pelo direito positivo, sustentando que a desobediência ao direito natural por parte dos governantes poderia, em casos extremos, justificar até mesmo o exercício do direito de resistência da população.[23]

A partir do século XVI, a doutrina do direito natural começa a avançar na seara do pensamento filosófico europeu, com destaque, no que diz com as primeiras formulações a respeito de direitos da pessoa humana, para os teólogos espanhóis Vitoria y las Casas, Vázquez de

---

19. PÉREZ LUÑO, Antonio-Enrique. *Derechos humanos, estado de derecho y constitución*, p. 109.

20. Nesse sentido a lição de: PÉREZ LUÑO, Antonio-Enrique. *Derechos humanos, estado de derecho y constitución*, p. 109, que também refere a importância do pensamento sofista e estoico no reconhecimento das ideias da igualdade natural dos homens e da crença num sistema de leis não escritas anteriores e superiores às do Estado e dos homens. A respeito deste ponto, como de modo geral sobre a evolução dos direitos humanos e fundamentais, vale conferir a estimulante narrativa de COMPARATO, Fábio Konder. *A afirmação histórica dos direitos humanos*, especialmente p. 1 a 55. Apresentando um histórico a partir da perspectiva da evolução do Estado, v., entre nós, o importante contributo de LEAL, Rogério Gesta. *Perspectivas hermenêuticas dos direitos humanos e fundamentais no Brasil*, p. 59 e ss.

21. Cf. MIRANDA, Jorge. *Manual de direito constitucional*, 4. ed., t. IV, p. 21.

22. Cf. PÉREZ LUÑO, Antonio-Enrique. *Los derechos fundamentales*, p. 30.

23. Idem, ibidem. A respeito da doutrina de Santo Tomás de Aquino, v. FREITAS, Juarez. *As grandes linhas da filosofia do direito*, p. 31 e ss., e FRIEDRICH, Carl J. *Die Philosophie des Rechts in historischer Perspektive*, p. 25 e ss., que apresentam excelente sinopse do pensamento tomista no que tange a estes e outros aspectos ligados à filosofia do direito e do Estado.

Menchaca, Francisco Suárez e Gabriel Vázquez, que pugnaram pelo reconhecimento de direitos naturais aos indivíduos, deduzidos do direito natural e tidos como expressão da liberdade e dignidade da pessoa humana.[24] Já no século XVII, a ideia de direitos naturais inalienáveis do homem e da submissão da autoridade aos ditames do direito natural encontrou eco e elaborada formulação nas obras do holandês Hugo Grócio (1583-1645), do alemão Samuel Pufendorf (1632-1694), bem como dos ingleses John Milton (1608-1674) e Thomas Hobbes (1588-1679). Ao passo que Milton reivindicou o reconhecimento dos direitos de autodeterminação do homem, de tolerância religiosa, da liberdade de manifestação oral e de imprensa, bem como a supressão da censura, Hobbes atribuiu ao homem a titularidade de determinados direitos naturais, que, no entanto, alcançavam validade apenas no estado da natureza, encontrando-se, no mais, à disposição do soberano.[25] Ainda neste contexto, há que referir o pensamento de Lord Edward Coke (1552-1634), sustentando a existência de *fundamental rights* dos cidadãos ingleses, principalmente no que diz com a proteção da liberdade pessoal contra a prisão arbitrária e o reconhecimento do direito de propriedade.[26]

Decisiva, inclusive pela influência de sua obra sobre os autores iluministas, de modo especial franceses, alemães e americanos do século XVIII, foi também a contribuição doutrinária de John Locke (1632-1704), primeiro a reconhecer aos direitos naturais e inalienáveis do homem (vida, liberdade, propriedade e resistência) uma eficácia oponível, inclusive, aos detentores do poder, este, por sua vez, baseado no contrato social, ressaltando-se, todavia, a circunstância de que, para Locke, apenas os cidadãos (e proprietários, já que identifica ambas as situações) poderiam valer-se do direito de resistência, sendo verdadeiros sujeitos, e não meros objetos do governo.[27]

Foi, contudo, no século XVIII, principalmente com Rousseau (1712-1778), na França, Thomas Paine (1737-1809), na América, e Kant (1724-1804), na Alemanha (Prússia), que o processo de elaboração doutrinária do contratualismo e da teoria dos direitos naturais atingiu seu ponto culminante, tendo sido Thomas Paine o autor responsável pela difusão da expressão "direitos do homem" como substitutiva do termo "direitos naturais".[28] Contudo, tal qual sinala Norberto Bobbio, o marco conclusivo dessa fase da história dos direitos humanos pode ser encontrado na doutrina do alemão Immanuel Kant.[29] Para Kant, todos os direitos estão abrangidos pelo direito de liberdade, direito natural por excelência, que cabe a todo homem em virtude de sua própria humanidade, encontrando-se limitado apenas pela liberdade coexistente dos demais homens, concepção que fez escola na tradição filosófica, política e jurídica ocidental.[30]

---

24. Assim PÉREZ LUÑO, Antonio-Enrique. *Los derechos fundamentales*, p. 30-31. Sobre a laicização do direito natural, v. LAFER, Celso. *A reconstrução dos direitos humanos*, p. 121, de onde também extraímos as palavras sobre a concepção racionalista do direito natural de H. Grócio.

25. V., também, STERN, Klaus. Idee und Elemente eines Systems der Grundrecht. In: ISENSEE, J.; KIRCHHOF, P. (Org.). *Handbuch des Staatsrechts der Bundesrepublik Deutschland*, vol. 5, p. 8 e ss.

26. Idem, p. 9-10.

27. Nesse sentido a lição de: SANJUÁN, Teresa Freixes. *Constitución y derechos fundamentales*, p. 15; e STERN, Klaus. Idee und Elemente eines Systems der Grundrecht. In: ISENSEE, J.; KIRCHHOF, P. (Org.). *Handbuch des Staatsrechts der Bundesrepublik Deutschland*, vol. 5, p. 10.

28. Nesse sentido v., entre outros, PÉREZ LUÑO, Antonio-Enrique. *Los derechos fundamentales*, p. 31-32.

29. Cf. BOBBIO, Norberto. *A era dos direitos*, p. 73.

30. Esta a lição de PÉREZ LUÑO, Antonio-Enrique. *Los derechos fundamentales*, p. 32.

É evidente que a teorização a respeito dos direitos da pessoa humana, especialmente no que diz com sua fundamentação e seu conteúdo, não pode ser reconduzida apenas aos autores referidos, aqui apenas muito ligeiramente apresentados. Da mesma forma, na trajetória do pensamento filosófico subsequente, ao longo dos séculos XIX e XX, também podem ser identificadas concepções relevantes. Tais concepções, embora nem todas afinadas com uma perspectiva jusnaturalista, em boa parte dialogam com os autores acima referidos, como é o caso, apenas para ilustrar, das elaborações mais recentes de John Rawls, Jürgen Habermas, Otfried Höffe, Ernst Tugenhadt, Martha Nussbaum e Amartya Sen, dentre tantos outros que poderiam ser mencionados, mas que aqui, considerando o objetivo da presente abordagem, não serão considerados em particular.

3.2.3 O reconhecimento dos direitos fundamentais na esfera do direito positivo

3.2.3.1 Antecedentes (o período pré-constitucional)

É na Inglaterra da Idade Média, mais especificamente no século XIII, que encontramos o principal documento referido por todos que se dedicam ao estudo da evolução dos direitos humanos e dos direitos fundamentais. Trata-se da *Magna Charta Libertatum*, pacto firmado em 1215, pelo Rei João Sem-Terra e pelos bispos e barões ingleses. Este documento, embora elaborado para garantir aos nobres ingleses alguns privilégios feudais, excluindo, em princípio, a população em geral do acesso aos "direitos" consagrados no pacto, serviu como ponto de referência para alguns direitos e liberdades civis clássicos, tais como o *habeas corpus*, o devido processo legal e a garantia da propriedade.[31] Todavia, em que pese possa ser considerado o mais importante documento da época, a *Magna Charta* não foi nem o único, nem o primeiro, destacando-se, já nos séculos XII e XIII, as assim chamadas cartas de franquia e os forais outorgados pelos reis portugueses e espanhóis.[32]

Desde já, há que descartar o caráter de autênticos direitos fundamentais desses "direitos" e privilégios reconhecidos na época medieval, uma vez que outorgados pela autoridade real num contexto social e econômico marcado pela desigualdade, cuidando-se mais, propriamente, de direitos de cunho estamental, atribuídos a certas castas nas quais se estratificava a sociedade medieval, alijando grande parcela da população do seu gozo.[33] Ainda assim, impende não negligenciar a importância desses pactos, de modo especial as liberdades constantes da *Magna Charta*, para o ulterior desenvolvimento e reconhecimento dos direitos fundamentais nas constituições, ainda mais quando é justamente neste documento que se identifica (pelo menos de acordo com a maioria dos autores) a origem desses direitos, precisamente no que diz com a garantia da liberdade de locomoção e sua proteção contra a prisão arbitrária, tendo em conta o argumento de que a liberdade constitui o pressuposto necessário ao exercício das demais liberdades, inclusive da liberdade de culto e religião.[34]

---

31. Nesse sentido, PÉREZ LUÑO, Antonio-Enrique. *Los derechos fundamentales*, p. 34, devendo apontar-se, de modo especial, para a importância do art. 39 da *Magna Charta*.
32. Relativamente ao mesmo período histórico, podemos citar o documento firmado por Afonso IX, em 1188, a *Bula de Ouro* da Hungria (1222), o *Privilegio General* outorgado por Pedro III em 1283 (cortes de Zaragoza) e os *Privilégios da União Aragonesa* (1286).
33. Assim, por exemplo, SERRA, Antonio Truyol y. *Los derechos fundamentales*, p. 12.
34. Nesse sentido, v. KRIELE, Martin. Zur Geschichte der Grund- und Menschenrechte. In: ACHTERBERG, N. (Org.). *Öffentliches Recht und Politik – Festschrift für Hans Ulrich Scupin*, p. 205.

De suma importância para a evolução que conduziu ao nascimento dos direitos fundamentais foi a Reforma Protestante, que levou à reivindicação e ao gradativo reconhecimento da liberdade de opção religiosa e de culto em diversos países da Europa, como foi o caso do *Édito de Nantes*, promulgado por Henrique IV da França, em 1598, e depois revogado por Luís XIV, em 1685. Neste contexto, também podem ser enquadrados o conhecido *Toleration Act*, da colônia de Maryland (1649), e seu similar da colônia de Rhode Island, de 1663,[35] ambas colônias inglesas na América do Norte.

Como próxima etapa, aproximando-se cada vez mais do modelo que viria a ser inaugurado com as primeiras constituições escritas do século XVIII, importa citar as Declarações de Direitos da Inglaterra, século XVII, nomeadamente, a assim chamada Petição de Direitos (*Petition of Rights*), de 1628, firmada por Carlos I, e o Ato de *Habeas Corpus* (*Habeas Corpus Act*), de 1679, subscrito por Carlos II, bem como a Declaração de Direitos (*Bill of Rights*), de 1689, promulgada pelo Parlamento, e que entrou em vigor já no reinado de Guilherme d'Orange, como resultado da assim denominada "Revolução Gloriosa", de 1688.[36] Nesses documentos, os direitos e liberdades reconhecidos aos cidadãos ingleses (tais como o princípio da legalidade penal, a proibição de prisões arbitrárias e o *habeas corpus*, o direito de petição e alguma liberdade de expressão) surgem, conforme referiu Vieira de Andrade, como enunciações gerais de direito costumeiro,[37] resultando da progressiva limitação do poder monárquico e da afirmação do Parlamento perante a Coroa inglesa.[38] Importa consignar aqui que as declarações inglesas do século XVII significaram a evolução das liberdades e privilégios estamentais medievais e corporativos para liberdades genéricas no plano do direito público, implicando expressiva ampliação, tanto no que diz com o conteúdo das liberdades reconhecidas, quanto no que toca à extensão da sua titularidade à totalidade dos cidadãos ingleses.[39]

Embora tais documentos (no caso da Inglaterra) tenham passado a integrar a tradição constitucional inglesa, os direitos neles reconhecidos não podem ser equiparados (ainda mais no que diz com o estado de coisas dos séculos XVII e XVIII) aos direitos fundamentais atualmente consagrados nas constituições. A despeito do dissídio doutrinário sobre a paternidade dos direitos fundamentais, disputada entre a Declaração de Direitos do Povo da Virgínia, de 1776, e a Declaração Francesa, de 1789, foram os direitos consagrados nas primeiras emendas incorporadas à Constituição norte-americana (a partir de 1791) que vieram a marcar a transição dos direitos de liberdade legais ingleses para os direitos fundamentais constitucionais.[40]

---

35. A respeito da liberdade e da tolerância religiosa nos séculos XVI e XVII, v., entre tantos, SERRA, Antonio Truyol y. *Los derechos fundamentales*, p. 14-15.

36. A este respeito v., dentre tantos, SANJUÁN, Teresa Freixes. *Constitución y derechos fundamentales*, p. 15, e PÉREZ LUÑO, Antonio-Enrique. *Los derechos fundamentales*, p. 34.

37. ANDRADE, José Carlos Vieira de. *Os direitos fundamentais na Constituição portuguesa de 1976*, p. 26.

38. Segundo averba SCHNEIDER, Hans-Peter. Peculiaridad y funcion de los derechos fundamentales en el estado constitucional democratico. *Revista de Estudios Politicos* 7/10, foi o confronto entre o Parlamento e a Coroa inglesa que ensejou o surgimento das primeiras garantias jurídico-políticas perante o arbítrio da autoridade, a expropriação e o desterro.

39. Assim a lição de PÉREZ LUÑO, Antonio-Enrique. *Los derechos fundamentales*, p. 34-35.

40. Esta a lição, dentre outros, de GRIMM, Dieter. *Die Zukunft der Verfassung*, p. 80. A Declaração da Virgínia acabou servindo de inspiração para as demais Declarações das ex-colônias inglesas na América, tais como as da Pensilvânia, Maryland e Carolina do Norte (igualmente de 1776), bem como as de Massachussets (1780) e de New Hampshire (1784), acabando por refletir na incorporação dos direitos fundamentais à Constituição de 1787 por meio das emendas de 1791.

Com efeito, a nota distintiva da supremacia normativa (no sentido da vinculação do próprio Estado às cláusulas constitucionais), acompanhada, logo a seguir, da garantia do controle judicial da constitucionalidade das leis e atos do poder estatal por meio da Suprema Corte,[41] acabou resultando, muito embora tal processo tenha sido lento e diferenciado de país para país, na consagração da noção de direitos fundamentais como direitos de hierarquia constitucional, oponíveis pelo cidadão ao Estado.[42] Além do legado norte-americano, e em certo sentido (especialmente pela sua ampla difusão e influência), há que destacar a relevância da Declaração dos Direitos do Homem e do Cidadão, de 1789, fruto da revolução que provocou a derrocada do Antigo Regime e a instauração da ordem liberal-burguesa na França.

Apesar das importantes convergências (especialmente no que diz com a inspiração iluminista e a doutrina do direito natural), é preciso, contudo, apontar para algumas diferenças relevantes entre a Declaração de 1789 e os direitos e liberdades consagrados pelo constitucionalismo americano. Assim, sustenta-se que o maior conteúdo democrático e social das declarações francesas é o que caracteriza a "via" francesa do processo revolucionário e constitucional.[43]

Atente-se, neste contexto, ao fato de que a preocupação com o social e com o princípio da igualdade transparece não apenas na Declaração de 1789, mas também na Constituição de 1791, bem como – e principalmente – na Constituição Jacobina de 1793, inspirada na obra de Rousseau, na qual chegaram a ser reconhecidos os direitos ao trabalho, à instrução e à assistência aos desamparados.[44] Quanto ao significado e importância do legado norte-americano e francês do final do século XVIII, no contexto do momento inaugural da trajetória do Estado Constitucional, oportuna a lição de Martin Kriele, que, de forma sintética e marcante, traduz a relevância de ambas as Declarações para a consagração dos direitos fundamentais, afirmando que, enquanto os americanos tinham apenas direitos fundamentais, a França legou ao mundo os direitos humanos.[45]

3.2.4 As assim chamadas "dimensões" (gerações?) dos direitos fundamentais: a trajetória evolutiva dos direitos fundamentais do Estado Liberal ao Estado Constitucional Socioambiental

Desde o seu reconhecimento nas primeiras constituições, os direitos fundamentais passaram por diversas transformações, tanto no que diz com o seu conteúdo, quanto no que concerne à sua titularidade, eficácia e efetivação, razão pela qual se fala (como é o caso de Antonio E. Pérez Luño) até mesmo num *processo de autêntica mutação histórica vivenciado*

---

41. Cf. GRIMM, Dieter. *Die Zukunft der Verfassung*, p. 82.
42. Assim a lembrança de KRIELE, Martin. Zur Geschichte der Grund- und Menschenrechte. In: ACHTERBERG, N. (Org.). *Öffentliches Recht und Politik – Festschrift für Hans Ulrich Scupin*, p. 207-208.
43. Nesse sentido, a lição de CARRION, Eduardo Kroeff Machado. A revolução francesa e a declaração dos direitos, *Revista de Informação Legislativa* 106/252-253, 1990.
44. Para maior desenvolvimento, notadamente da evolução da noção de direitos sociais em França, v., por todos, HERRERA, Carlos Miguel. *Les droits sociaux*, p. 38 e ss.
45. KRIELE, Martin. Zur Geschichte der Grund- und Menschenrechte. In: ACHTERBERG, N. (Org.). *Öffentliches recht und politik – festschrift für hans ulrich scupin*, p. 190-191.

pelos direitos fundamentais.[46] Por outro lado, com o objetivo de ilustrar tal processo, passou a ser difundida – por meio da voz de Karel Vasak, a partir de conferência proferida em 1979 no Instituto Internacional de Direitos Humanos, em Estrasburgo – a ideia de que a evolução dos direitos (humanos e fundamentais) poderia ser compreendida mediante a identificação de três "gerações" de direitos,[47] havendo quem defenda a existência de uma quarta e até mesmo de uma quinta e sexta geração de direitos humanos e fundamentais.[48]

Num primeiro momento, é de se ressaltar as fundadas críticas que vêm sendo dirigidas contra o próprio termo "gerações", já que o reconhecimento progressivo de novos direitos fundamentais tem o caráter de um processo cumulativo, de complementaridade,[49] e não de alternância, de tal sorte que o uso da expressão "gerações" pode ensejar a falsa impressão da substituição gradativa de uma geração por outra, razão pela qual há quem prefira o termo "dimensões" dos direitos fundamentais, posição esta que aqui optamos por perfilhar, na esteira da mais moderna doutrina.[50]

Deixando de lado a questão terminológica, verifica-se crescente convergência de opiniões no que concerne ao conteúdo pelo menos das três primeiras dimensões dos direitos fundamentais, desde que tais direitos passaram a integrar a trajetória das constituições, a começar pelas primeiras constituições de matriz liberal-burguesa, a partir do final do século XVIII. Por outro lado, tanto as constituições quanto os direitos nelas consagrados se encontram em constante processo de transformação, culminando com a recepção, nos catálogos constitucionais e na seara do direito internacional, de múltiplas e diferenciadas posições jurídicas, cujo conteúdo é tão variável quanto as transformações ocorridas na realidade social, política, cultural e econômica ao longo dos tempos.[51] Assim sendo, a "teoria dimensional" dos

---

46. Nesse sentido, a lição de PÉREZ LUÑO, Antonio-Enrique. Las generaciones de derechos humanos. *Revista del Centro de Estudios Constitucionales* 10/205, 1991, para quem o aparecimento de sucessivas dimensões de direitos fundamentais foi determinado justamente pela mutação histórica destes direitos.

47. Cf. VASAK, Karrel. Pour une troisième génération des droits de l'homme. *Estudes et essais sur le droit internacional humanitaire et sur les principes de la Croix-Rouge en el honneur de Jean Pictet*, p. 837-845.

48. Cf., por todos BONAVIDES, Paulo. *Curso de direito constitucional*, 16. ed., p. 571. Bonavides elenca como direitos de quarta geração o direito à democracia, o direito à informação e o direito ao pluralismo. Caracterizando a paz como direito de quinta geração, cf. BONAVIDES, Paulo. A quinta geração de direitos fundamentais. *Revista Direitos Fundamentais & Justiça*, ano 2, n. 3, p. 82 e ss.

49. Advogando a complementaridade das diversas dimensões (gerações) de direitos fundamentais, v., entre nós e dentre outros, os aportes de BREGA FILHO, Vladimir. *Direitos fundamentais na Constituição de 1988 – Conteúdo jurídico das expressões*, p. 25 e ss.

50. Este o entendimento de RIEDEL, Eibe. Menschenrechte der dritten Dimension. *EUGRZ* 1989, p. 11. No âmbito do direito pátrio, foi talvez BONAVIDES, Paulo. *Curso de direito constitucional*, p. 525, quem primeiro fez alusão a esta imprecisão terminológica. Mais recentemente, v., no mesmo sentido, GALINDO, Bruno. *Direitos fundamentais:* análise de sua concretização constitucional, p. 57; bem como SCHÄFER, Jairo. *Classificação dos direitos fundamentais:* do sistema geracional ao sistema unitário – Uma proposta de compreensão, p. 39, que igualmente aderiu, com argumentos adicionais, às críticas endereçadas ao termo *gerações*.

51. Aqui vale referir a posição de WEIS, Carlos. *Direitos humanos contemporâneos*, p. 37 e ss., que, criticando a concepção tradicional das "gerações" de direitos humanos, ainda aponta a circunstância de que as classificações tradicionais – baseadas no critério da evolução histórica –, além de gerarem confusões de cunho conceitual, pecam por não zelarem pela correspondência entre as assim designadas gerações de direitos humanos e o processo histórico de nascimento e desenvolvimento destes direitos, razão pela qual propõe outro critério classificatório, sintonizado com a positivação no plano internacional, de tal sorte que se poderia falar de direitos liberais (civis e políticos) e direitos sociais, econômicos e culturais, adotando-se a terminologia "direitos globais" para aqueles direitos que a doutrina costuma enquadrar na terceira geração.

direitos fundamentais não aponta, tão somente, para o caráter cumulativo do processo evolutivo e para a natureza complementar de todos os direitos fundamentais, mas afirma, para além disso, sua unidade e indivisibilidade no contexto do direito constitucional interno e, de modo especial, na esfera do moderno "direito internacional dos direitos humanos".[52]

Além disso, assim como não se pode falar em modelos uniformes de Estado e constituição, visto que se trata de categorias de conteúdo muito variável e que não experimentaram um processo evolutivo linear (por exemplo, muitos Estados, em pleno século XXI, ainda não vivenciaram o Estado Social, embora o possam – e mesmo assim, várias vezes nem isso – ter consagrado formalmente nos textos constitucionais), também a evolução do reconhecimento jurídico-positivo dos direitos humanos e fundamentais não se revela uniforme.

Com efeito, segue havendo constituições que não contemplam uma série de direitos fundamentais, notadamente os assim chamados direitos sociais da segunda dimensão, ao passo que outros diplomas constitucionais já asseguram direitos até mesmo à vida não humana. Já no plano internacional, percebe-se que, partindo da Declaração da ONU, de 1948 (que já recolhia toda a experiência acumulada até então, contendo inclusive direitos sociais), o reconhecimento de direitos civis e políticos (habitualmente enquadrados na primeira dimensão) ocorreu na mesma época (aliás, no mesmo ano, 1966) que o reconhecimento dos direitos sociais, econômicos e culturais, presentes até mesmo direitos correntemente atribuídos a uma terceira dimensão, tudo a demonstrar a ausência de linearidade neste campo.

Por outro lado, em face de sua utilidade (desde que consideradas as ressalvas já efetuadas e cientes das justificadas críticas endereçadas às classificações desta natureza) para uma adequada visualização do conteúdo e das funções dos direitos fundamentais na atualidade, passaremos a tecer algumas considerações sobre as principais características de cada uma das dimensões dos direitos fundamentais, encerrando com algumas considerações sumárias de natureza crítica a respeito desta matéria, cientes de que se trata apenas de um modo de apresentação da trajetória evolutiva, que não afasta a integração e interdependência entre todos os direitos humanos e fundamentais.

3.2.4.1 Os direitos fundamentais no âmbito do Estado Liberal (a assim chamada "primeira dimensão")

Os direitos fundamentais, ao menos no âmbito de seu reconhecimento nas primeiras constituições escritas, são o produto peculiar (ressalvado certo conteúdo social característico do constitucionalismo francês) do pensamento liberal-burguês do século XVIII, caracterizados por um cunho fortemente individualista, concebidos como direitos do indivíduo perante o Estado, mais especificamente, como direitos de defesa, demarcando uma zona de não intervenção do Estado e uma esfera de autonomia individual em face de seu poder.[53] São, por este motivo, apresentados como direitos de cunho "negativo", uma vez que dirigidos a uma abstenção, e não a uma conduta positiva por parte dos poderes públicos, sendo, neste sentido, "direitos de resistência ou de oposição perante o Estado".[54]

---

52. Cf. TRINDADE, Antonio Augusto Cançado. *Tratado de direito internacional dos direitos humanos*, vol. 1, p. 25. No mesmo sentido, v., por último, MARMELSTEIN, George. *Curso de direitos fundamentais*, p. 57, igualmente destacando que a multidimensionalidade implica indivisibilidade e interdependência.

53. V., dentre muitos, LAFER, Celso. *A reconstrução dos direitos humanos*, p. 126; e ANDRADE, José Carlos Vieira de. *Os direitos fundamentais na Constituição portuguesa de 1976*, p. 43.

54. Esta a formulação de BONAVIDES, Paulo. *Curso de direito constitucional*, p. 517.

Nesse contexto, assumem particular relevo os direitos à vida, à liberdade, à propriedade e à igualdade perante a lei, posteriormente complementados por um leque de liberdades, incluindo as assim denominadas liberdades de expressão coletiva (liberdades de expressão, imprensa, manifestação, reunião, associação etc.), e pelos direitos de participação política, tais como o direito de voto e a capacidade eleitoral passiva, revelando, de tal sorte, a íntima correlação entre os direitos fundamentais e a democracia.[55] Algumas garantias processuais (devido processo legal, *habeas corpus*, direito de petição) também se enquadram nesta categoria, que, em termos gerais – como bem aponta Paulo Bonavides –, correspondem aos assim chamados direitos civis e políticos, que, em sua maioria, correspondem à fase inicial do constitucionalismo ocidental,[56] mas que seguem integrando os catálogos das constituições no limiar do terceiro milênio, na condição de conquistas incorporadas ao programa do moderno Estado Democrático de Direito, ainda que mesmo tais direitos e garantias sigam enfrentando maior ou menor déficit de efetivação.

3.2.4.2 O advento do Estado Social e os direitos econômicos, sociais e culturais (a assim chamada "segunda dimensão")

O impacto da industrialização e os graves problemas sociais e econômicos que a acompanharam, as doutrinas socialistas e a constatação de que a consagração formal de liberdade e igualdade não gerava a garantia do seu efetivo gozo acabaram, já no decorrer do século XIX, gerando amplos movimentos reivindicatórios e o reconhecimento progressivo de direitos, atribuindo ao Estado comportamento ativo na realização da justiça social. A nota distintiva destes direitos é a sua dimensão positiva, uma vez que se cuida não mais de evitar a intervenção do Estado na esfera da liberdade individual, mas, sim, na lapidar formulação de Celso Lafer, de propiciar um "direito de participar do bem-estar social".[57]

Tais direitos fundamentais, que embrionária e isoladamente já haviam sido contemplados nas Constituições francesas de 1793 e 1848, na Constituição brasileira de 1824 e na Constituição alemã de 1849 (que não chegou a entrar efetivamente em vigor),[58] caracterizam-se, ainda hoje, por assegurarem ao indivíduo direitos a prestações sociais por parte do Estado, tais como prestações de assistência social, saúde, educação, trabalho etc., revelando uma transição das liberdades formais abstratas para as liberdades materiais concretas, utilizando-se a formulação preferida na doutrina francesa. É, contudo, no século XX, de modo especial nas constituições do segundo pós-guerra, que estes novos direitos fundamentais acabaram sendo consagrados em um número significativo de constituições, além de constituírem o objeto de diversos pactos internacionais. Como oportunamente observa Paulo Bonavides, esses direitos fundamentais, é possível exprimir, "nasceram abraçados ao princípio da igualdade",[59] compreendido em sentido material e não meramente formal.

---

55. Também LAFER, Celso. *A reconstrução dos direitos humanos*, p. 126-127, e ANDRADE, José Carlos Vieira de. *Os direitos fundamentais na Constituição portuguesa de 1976*, p. 45 e ss.

56. Cf. BONAVIDES, Paulo. *Curso de direito constitucional*, p. 517.

57. Cf. LAFER, Celso. *A reconstrução dos direitos humanos*, p. 127.

58. Sobre a evolução na esfera do reconhecimento dos direitos sociais no constitucionalismo ocidental, ao menos no plano europeu, v. a contribuição de KRAUSE, Peter. Die Entwicklung der sozialen Grundrechte. In: BIRTSCH, G. (Org.). *Grund- und Freiheitsrechte im Wandel von Gesellschaft und Geschichte*, p. 402 e ss.

59. Cf. BONAVIDES, Paulo. *Curso de direito constitucional*, p. 518.

É evidente que, ao longo da afirmação do assim chamado Estado Social (nas suas mais diversas manifestações), o reconhecimento de direitos a prestações sociais ocorreu de modo heterogêneo, da mesma forma como é preciso destacar que nem todos os Estados constitucionais que podem ser enquadrados na moldura de um Estado Social reconheceram – pelo menos no plano constitucional e como direitos subjetivos a prestações embasados na constituição – tais direitos, embora os tenham, em vários casos, previsto no plano da legislação infraconstitucional, como foi o caso, dentre outros, da Alemanha, especialmente quando da promulgação da sua atual Lei Fundamental, em 1949.

Ainda na esfera dos direitos da assim chamada segunda dimensão, há que atentar para a circunstância de que tal dimensão não engloba apenas direitos de cunho positivo, mas também as assim denominadas "liberdades sociais", como bem mostram os exemplos da liberdade de sindicalização, do direito de greve, bem como o reconhecimento de direitos fundamentais aos trabalhadores, tais como o direito a férias e ao repouso semanal remunerado, a garantia de um salário mínimo, a limitação da jornada de trabalho, apenas para citar alguns dos mais representativos. A segunda dimensão dos direitos fundamentais abrange, portanto, mais do que os direitos a prestações, nada obstante o cunho "positivo" possa ser considerado como o marco distintivo desta nova fase na evolução dos direitos fundamentais.

3.2.5 A titularidade transindividual e os assim chamados "direitos da terceira dimensão"

Os direitos fundamentais da terceira dimensão, também denominados direitos de fraternidade ou de solidariedade, trazem como nota distintiva o fato de se desprenderem, em princípio, da figura do homem-indivíduo como seu titular, destinando-se à proteção de grupos humanos (povo, nação), caracterizando-se, consequentemente, como direitos de titularidade transindividual (coletiva ou difusa).[60] Para outros, os direitos da terceira dimensão têm por destinatário precípuo "o gênero humano mesmo, num momento expressivo de sua afirmação como valor supremo em termos de existencialidade concreta".[61] Dentre os direitos fundamentais da terceira dimensão mais citados, cumpre referir os direitos à paz, à autodeterminação dos povos, ao desenvolvimento, ao meio ambiente e qualidade de vida, bem como o direito à conservação e utilização do patrimônio histórico e cultural e o direito de comunicação.[62] Cuida-se, na verdade, do resultado de novas reivindicações fundamentais do ser humano, geradas, dentre outros fatores, pelo impacto tecnológico, pelo estado crônico de beligerância, bem como pelo processo de descolonização do segundo pós-guerra e suas contundentes consequências, acarretando profundos reflexos na esfera dos direitos fundamentais.

A nota distintiva destes direitos da terceira dimensão reside basicamente na sua titularidade transindividual (ou metaindividual), muitas vezes indefinida e indeterminável, o que se revela, a título de exemplo, especialmente no direito ao meio ambiente e qualidade de vida, o qual, em que pese ficar preservada sua dimensão individual, reclama novas técnicas de garantia e proteção. A atribuição da titularidade de direitos fundamentais ao próprio Estado e à Nação (direitos à autodeterminação, paz e desenvolvimento) tem suscitado sérias dúvidas no que concerne à própria qualificação de grande parte destas reivindicações como autênticos

---

60. Cf. Lafer, Celso. *A reconstrução dos direitos humanos*, p. 131.
61. Cf. Bonavides, Paulo. *Curso de direito constitucional*, p. 523.
62. Idem, ibidem, dentre outros.

direitos fundamentais.[63] Compreende-se, portanto, porque os direitos da terceira dimensão são denominados usualmente como direitos de solidariedade ou fraternidade, de modo especial em face de sua implicação transindividual ou mesmo universal (transnacional), e por exigirem esforços e responsabilidades em escala até mesmo mundial para sua efetivação.

Em caráter alternativo, há quem inclua, na terceira dimensão dos direitos humanos e fundamentais, posições jurídicas vinculadas ao uso das assim chamadas novas tecnologias, especialmente a partir do final do século XX, como é o caso, em especial, dos direitos reprodutivos (acesso às novas tecnologias reprodutivas e de planejamento familiar), da proteção da identidade genética do ser humano, do acesso à informática e da proteção dos dados pessoais no âmbito da sociedade tecnológica.[64] Uma crítica que se poderia formular em relação a tal perspectiva de abordagem reside no fato de inserir na terceira dimensão direitos que dizem respeito, na sua essência, a bens jurídicos e valores já reconhecidos e tutelados na esfera das três dimensões referidas, posto que não se trata de direitos propriamente novos, na medida em que relacionados à tutela e promoção da dignidade da pessoa humana, da liberdade, proteção da privacidade e intimidade, entre outros aspectos que aqui poderiam ser mencionados.

3.2.6 Existem direitos fundamentais de quarta, quinta e sexta dimensão?

A controvérsia que se estabelece em torno do reconhecimento de "novas" dimensões de direitos humanos e fundamentais, para além das três dimensões já tematizadas, merece um enfrentamento particularizado, considerando especialmente as perplexidades e dúvidas que suscita. Sem que se vá, ainda, avaliar de modo crítico-reflexivo tal fenômeno, é de se referir a existência – limitando-nos aqui a contribuições de autores brasileiros – de teorizações que sugerem a existência não só de uma quarta,[65] mas também de uma quinta[66] e até mesmo de uma sexta dimensão em matéria de direitos fundamentais.[67]

Assim, impõe-se examinar, num primeiro momento, o questionamento da efetiva possibilidade de se sustentar a existência de uma nova dimensão dos direitos fundamentais, ao menos nos dias atuais, de modo especial diante das incertezas que o futuro nos reserva[68]. Além do mais, não nos parece impertinente a ideia de que, na sua essência, todas as demandas na esfera dos direitos fundamentais gravitam, direta ou indiretamente, em torno dos tradicionais e perenes valores da vida, liberdade, igualdade e fraternidade (solidariedade), tendo, na sua base, o princípio maior da dignidade da pessoa.

---

63. Nesse sentido, v. Riedel, Eibe. Menschenrechte der dritten Dimension. *EUGRZ* 1989, p. 17 e ss. Esta dúvida também é suscitada por Bobbio, Norberto. *A era dos direitos*, p. 9-10.

64. Cf., por todos: Perez Luño, Antonio-Enrique. *La universalidad de los derechos humanos y el estado constitucional*, p. 93 e ss.

65. Cf. Bonavides, Paulo. Op. cit., p. 524 e ss.

66. Cf. Oliveira Júnior, José Alcebíades de. *Teoria jurídica e novos direitos*. Rio de Janeiro, Lumen Juris, 2000, p. 97 e ss., mas também Bonavides, Paulo, reportando-se ao direito à paz (op. cit.), assim como Wolkmer, Antonio Carlos. *Introdução aos fundamentos de uma teoria geral dos "novos" direitos*, op. cit., p. 27 e ss.

67. Cf. Fachin, Zulmar; da Silva, Deise Marcelino. *Acesso à água potável. Direito fundamental de sexta dimensão*, p. 74 e ss., aderindo às concepções que reconhecem a existência de uma quarta e quinta dimensão.

68. Neste sentido, a indagação de Perez Luño, Antonio-Enrique. *Las generaciones de derechos humanos*, op. cit., p. 209-10.

Contudo, há que referir a posição de Paulo Bonavides, que, com a sua peculiar originalidade, se posiciona favoravelmente ao reconhecimento da existência de uma quarta dimensão, sustentando que esta é o resultado da globalização dos direitos fundamentais, no sentido de uma universalização no plano institucional, que corresponde à derradeira fase de institucionalização do Estado Social. Para o ilustre constitucionalista cearense, esta quarta dimensão é composta pelos direitos à democracia (no caso, a democracia direta[69]) e à informação, assim como pelo direito ao pluralismo.[70] A proposta de Paulo Bonavides, comparada com as posições que arrolam os direitos contra a manipulação genética, informática, mudança de sexo etc., como integrando a quarta geração, oferece a nítida vantagem de constituir, de fato, uma nova fase no reconhecimento dos direitos fundamentais, qualitativamente diversa das anteriores, já que não se cuida apenas de vestir com roupagem nova reivindicações deduzidas, em sua maior parte, dos "clássicos" e sempre atuais (desde que devidamente contextualizados e reconstruídos) direitos de liberdade.

Contudo, também a dimensão da globalização dos direitos fundamentais, como formulada por Paulo Bonavides, longe está de obter o devido reconhecimento no direito positivo interno (ressalvando-se algumas iniciativas ainda isoladas de participação popular direta no processo decisório, como ocorre com os Conselhos Tutelares [no âmbito da proteção da infância e da juventude] e especialmente com as experiências no plano do orçamento participativo, apenas para citar alguns exemplos) e internacional, não passando, por ora, de justa e saudável esperança com relação a um futuro melhor para a humanidade, revelando, de tal sorte, sua dimensão (ainda) eminentemente profética, embora não necessariamente utópica, o que, aliás, se depreende das palavras do próprio autor citado, para quem, os direitos de quarta dimensão "compendiam o futuro da cidadania e o porvir da liberdade de todos os povos. Tão somente com eles será legítima e possível a globalização política".[71]

Considerações similares dizem respeito ao direito à paz, que, na concepção de Karel Vasak, integra a assim designada terceira dimensão dos direitos humanos e fundamentais, mas que, de acordo com a proposta de Paulo Bonavides, movida pelo intento de assegurar ao direito à paz um lugar de destaque, superando um tratamento incompleto e teoricamente lacunoso, de tal sorte a resgatar a sua indispensável relevância no contexto multidimensional que marca a trajetória e o perfil dos direitos humanos e fundamentais, reclama uma reclassificação mediante sua inserção em uma dimensão nova e autônoma.[72] Sem que aqui possamos aprofundar a matéria, verifica-se, como bem aponta o mesmo Paulo Bonavides,

---

69. Cf. BONAVIDES, Paulo. *Teoria constitucional da democracia participativa*, São Paulo, Malheiros, 2001, em obra que reúne importantes estudos sobre o tema.

70. Cf. BONAVIDES, Paulo. *Curso de direito constitucional*, p. 524-6, apresentando e analisando os direitos da quarta dimensão em capítulo próprio. É de se ressaltar que, ao menos parcial e embrionariamente, alguns desses direitos, notadamente os direitos à democracia, ao pluralismo e à informação, se encontram consagrados em nossa Constituição, de modo especial no preâmbulo e no Título dos Princípios Fundamentais, salientando-se, todavia, que a democracia erigida à condição de princípio fundamental pelo Constituinte de 1988 é a representativa, com alguns ingredientes, ainda que tímidos, de participação direta.

71. Cf. BONAVIDES, Paulo. Op. cit., p. 526.

72. Cf. BONAVIDES, Paulo. A quinta geração de direitos fundamentais. In: *Direitos Fundamentais & Justiça*, ano 2 – n. 3, abr./jun. 2008, p. 82 e ss.

uma tendência de o direito à paz (consagrado como princípio fundamental no art. 4.º, VI, da Constituição Federal de 1988), ainda que de modo isolado e carente de um desenvolvimento por parte da doutrina, ser invocado na esfera das relações internacionais, mas também em decisões de tribunais nacionais, como foi o caso de processo apreciado pela Sala Constitucional da Suprema Corte de Justiça da Costa Rica.[73]

Note-se que, para além da qualificação jurídico-dogmática da paz como direito fundamental na ordem constitucional, aspecto que merece maior desenvolvimento, o que importa – e quanto a este ponto, absolutamente precisa e oportuna a sua revalorização – é a percepção de que a paz (interna e externa), não reduzida à ausência de guerra entre as nações ou de ausência de guerra civil (interna), é condição para a democracia, o desenvolvimento e o progresso social, econômico e cultural, pressuposto, portanto (embora não exclusivo), para a efetividade dos direitos humanos e fundamentais de um modo geral.

Mas também quanto ao conteúdo de uma quinta dimensão dos direitos humanos e fundamentais não se verifica consenso. Ao passo que para José Alcebíades de Oliveira Júnior e Antonio Wolkmer tal dimensão trata dos direitos vinculados aos desafios da sociedade tecnológica e da informação, do ciberespaço, da Internet e da realidade virtual em geral,[74] para José Adércio Sampaio a quinta dimensão abarca o dever de cuidado, amor e respeito para com todas as formas de vida, bem como direitos de defesa contra as formas de dominação biofísica geradoras de toda sorte de preconceitos.[75]

Além disso, existe – fixando-nos na literatura brasileira – até mesmo quem defenda a existência de uma sexta dimensão, representada pelo direito humano e fundamental de acesso à água potável, como deflui da proposta de Zulmar Fachin e Deise Marcelino da Silva,[76] baseando-se especialmente na gradual consagração de tal direito no cenário do direito internacional dos direitos humanos e do direito constitucional comparado, ademais da relevância inequívoca da água potável para a vida, a saúde e mesmo o desenvolvimento humano.

O que se percebe, todavia, é que tanto a ausência de consenso sobre o conteúdo da quarta, quinta e sexta dimensão dos direitos quanto a circunstância de que se trata, em todos os casos e mesmo em todas as propostas aqui sumariamente elencadas, de direitos que já poderiam ser reconduzidos (partindo-se do pressuposto por si só controverso de que faz algum sentido falar-se em dimensões dos direitos humanos e fundamentais na acepção ora apresentada e discutida) de algum modo às três primeiras dimensões, exigem que, no próximo segmento, se proceda a uma avaliação crítica da "teoria das dimensões" e de sua possível correção e aptidão para a compreensão do conteúdo e significado dos direitos humanos e fundamentais.

---

73. Cf. Bonavides, Paulo. Op. cit., p. 84-85.
74. Cf. Oliveira Junior, José Alcebíades de. Op. cit., p. 100; Wolkmer, Antônio Carlos. *Introdução aos fundamentos de uma teoria geral dos "novos" direitos.* Op. cit., p. 29 e ss.
75. Cf. Sampaio, José Adércio Leite. *Direitos fundamentais. Retórica e historicidade*, Belo Horizonte, Del Rey, 2004, p. 29.
76. Cf. Fachin, Zulmar; da Silva, Deise Marcelino. *Acesso à água potável. Direito fundamental de sexta dimensão*, op. cit., p. 74 e ss.

3.2.7 As dimensões ("gerações") dos direitos em perspectiva crítica

Embora correta a ponderação de Paulo de T. Brandão no sentido de que a divisibilidade dos direitos em dimensões ou gerações, assim como as demais tipologias elaboradas relativamente aos direitos fundamentais, não logram, por si sós, explicar de modo satisfatório toda a complexidade do processo de formação histórica e social dos direitos,[77] tal perspectiva de abordagem, além da função didática (permitir uma visualização abrangente do processo de reconhecimento dos direitos e a identificação de algumas importantes convergências e/ou diferenças de conteúdo), apresenta a virtude de viabilizar a compreensão de que a trajetória evolutiva no plano do reconhecimento e proteção jurídica dos direitos humanos e fundamentais é de cunho essencialmente dinâmico e dialético, visto que marcada por avanços, retrocessos e mesmo contradições.[78] Além disso, tal forma de apresentação da trajetória evolutiva dos direitos humanos e dos direitos fundamentais coloca em saudável evidência a sua dimensão histórica e relativa, de modo que tais direitos, na sua essência, assumem a condição de autênticos "produtos culturais".[79] Por outro lado, percebe-se a atualidade da obra de Norberto Bobbio, ao sustentar, justamente com base nas transformações ocorridas na seara dos direitos fundamentais e reveladas plasticamente pela teoria das "gerações" de direitos, a ausência de um fundamento absoluto dos direitos fundamentais.[80] Nesta perspectiva, não sendo possível aqui adentrar no exame das principais teorias sobre a justificação e fundamentação dos direitos, importa destacar que os direitos fundamentais – como categoria histórica e materialmente aberta – são, acima de tudo, fruto de reivindicações concretas, geradas por situações de injustiça e/ou de agressão a bens fundamentais e elementares do ser humano.[81]

Outra crítica, desta feita formulada por Álvaro Ricardo de Souza Cruz, parte do argumento de que a noção da existência de gerações de direitos, tal qual concebida originalmente por Karel Vasak, "não passa de uma forma acadêmica de facilitar a reconstrução histórica da luta pela concretização dos direitos fundamentais".[82] Também neste caso, embora a crítica (e outras similares) deva ser levada a sério naquilo em que desnuda certo deslumbramento com a classificação dimensional (ou geracional) dos direitos humanos e dos direitos fundamentais, também é correto afirmar que com isso não se deslegitima a sua função – desde que bem compreendida – didático-pedagógica, tal como, aliás, utilizada na presente obra.

---

77. Cf. desenvolvido por BRANDÃO, Paulo de Tarso. *Ações constitucionais:* novos direitos e acesso à justiça, p. 123 e ss. Embora referindo já cinco "gerações" de direitos, v. as críticas direcionadas especialmente em relação às três últimas "gerações" por SAMPAIO, José Adércio Leite. *Direitos fundamentais:* retórica e historicidade, p. 302 e ss., além das objeções em relação à própria classificação geracional (p. 308 e ss.).

78. Nesse sentido, PÉREZ LUÑO, Antonio-Enrique. Las generaciones de derechos humanos. *Revista del Centro de Estudios Constitucionales* 10/217.

79. Cf. HERRERA-FLORES, Joaquín. *Los derechos humanos como productos culturales – Crítica del humanismo abstracto*, p. 101.

80. Cf. BOBBIO, Norberto. *A era dos direitos*, p. 15 e ss. e 32 e ss. Entre nós: CLÈVE, Clèmerson Merlin. *Temas de direito constitucional (e de teoria do direito)*, p. 127, bem lembra que os direitos fundamentais ocupam e representam um "espaço histórico, um processo, um caminho de invenção permanente".

81. Cf., entre outros, RIEDEL, Eibe. Menschenrechte der dritten Dimension. *EuGRZ* 1989, p. 10.

82. Cf. CRUZ, Álvaro Ricardo de Souza. *Hermenêutica jurídica e(m) debate. O constitucionalismo brasileiro entre a teoria do discurso e a ontologia existencial*, p. 337.

3.3 O conceito de direitos fundamentais no sistema constitucional brasileiro

3.3.1 A dupla fundamentalidade em sentido formal e material

Afinados com a opção terminológica já feita, numa primeira aproximação conceitual, direitos fundamentais são posições jurídicas reconhecidas e protegidas na perspectiva do direito constitucional interno dos Estados. Nesse sentido, José Joaquim Gomes Canotilho "aponta para a especial dignidade e protecção dos direitos num sentido formal e num sentido material".[83] É neste sentido que se afirma que a nota distintiva da fundamentalidade, em outras palavras, aquilo que qualifica um direito como fundamental, é precisamente a circunstância de que esta fundamentalidade é simultaneamente formal e material.

A fundamentalidade formal encontra-se ligada ao direito constitucional positivo, no sentido de um regime jurídico definido a partir da própria constituição, seja de forma expressa, seja de forma implícita, e composto, em especial, pelos seguintes elementos: (a) como parte integrante da constituição escrita, os direitos fundamentais situam-se no ápice de todo o ordenamento jurídico, gozando da supremacia hierárquica das normas constitucionais;[84] (b) na qualidade de normas constitucionais, encontram-se submetidos aos limites formais (procedimento agravado) e materiais (cláusulas pétreas) da reforma constitucional (art. 60 da CF),[85] muito embora se possa controverter a respeito dos limites da proteção outorgada pelo constituinte, aspecto desenvolvido no capítulo sobre o poder de reforma constitucional; (c) além disso, as normas de direitos fundamentais são diretamente aplicáveis e vinculam de forma imediata as entidades públicas e, mediante as necessárias ressalvas e ajustes, também os atores privados (art. 5.º, § 1.º, da CF), o que igualmente será aprofundado mais adiante.

No seu conjunto, como se percebe, tais elementos apontam para um regime jurídico qualificado, no sentido de reforçado e diferenciado em relação ao que se verifica no caso de outras normas da constituição, que, por exemplo, não são (pelo menos não todas e não da mesma forma) diretamente aplicáveis e não são, de regra, protegidas na condição de limites materiais ao poder de reforma constitucional. Da mesma forma, importa frisar que o regime jurídico dos direitos fundamentais abrange outros aspectos, igualmente decorrentes do sistema de direito constitucional positivo, portanto, integrantes da noção de fundamentalidade em sentido formal, compreendida num sentido mais alargado, como, por exemplo, no que diz com os limites às restrições de direitos fundamentais, com destaque aqui para as exigências da proporcionalidade, a garantia do núcleo essencial, temática que, todavia, aqui não será desenvolvida, por constituir objeto de item próprio. Da mesma forma, a previsão de determinadas ações constitucionais de proteção dos direitos fundamentais (tais como o

---

83. CANOTILHO, J. J. Gomes. *Direito constitucional*, p. 509.
84. Nesse sentido, destacando o caráter supralegal dos direitos fundamentais e bem lembrando que, embora apenas existam direitos fundamentais constitucionais, nem todos os direitos constitucionais são fundamentais, v. SOLOZÁBAL ECHAVARRÍA, Juan José. Una revisión de la teoría de los derechos fundamentales. *Revista Jurídica da Universidade Autônoma de Madrid* 4/107.
85. O fato de os direitos fundamentais constituírem "cláusulas pétreas" revela que a fundamentalidade formal, neste contexto, assume uma dimensão simultaneamente material. Com efeito, o aspecto formal diz com a proteção do texto constitucional (onde se encontram positivados os direitos) contra uma supressão pelo poder reformador. A proteção, contudo, é outorgada em virtude da fundamentalidade material, isto é, da relevância, na perspectiva da Constituição, dos bens e valores protegidos.

habeas corpus, o *habeas data* e o mandado de injunção) para tutela dos direitos (ainda que não de todos) contribui para uma proteção reforçada dos direitos fundamentais, tudo a enfatizar a especial dignidade de tais direitos no âmbito da arquitetura constitucional.

A *fundamentalidade material (ou em sentido material)*, por sua vez, implica análise do conteúdo dos direitos, isto é, da circunstância de conterem, ou não, decisões fundamentais sobre a estrutura do Estado e da sociedade, de modo especial, porém, no que diz com a posição nestes ocupada pela pessoa humana. É, portanto, evidente que uma conceituação meramente formal, no sentido de serem direitos fundamentais aqueles que como tais foram reconhecidos na constituição, revela sua insuficiência também para o caso brasileiro, uma vez que a Constituição Federal, como já referido e previsto no art. 5.°, § 2.°, admite expressamente a existência de outros direitos fundamentais que não os integrantes do catálogo (Título II da CF), com ou sem assento na Constituição, além da circunstância de que tal conceituação estritamente formal nada revela sobre o conteúdo (isto é, a matéria propriamente dita) dos direitos fundamentais.[86]

Qualquer conceituação de direitos fundamentais que busque abranger de modo completo o conteúdo material dos direitos fundamentais está fadada, no mínimo, a certo grau de dissociação da realidade de cada ordem constitucional individualmente considerada. É preciso ter em mente, portanto, que um conceito satisfatório somente poderia ser obtido com relação a uma ordem constitucional concreta, o que apenas vem a confirmar a correção da afirmação feita por Javier Jiménez Campo, ao sustentar que uma conceituação de direitos fundamentais exige tanto uma determinação hermenêutica quanto uma construção dogmática vinculada ao contexto constitucional vigente.[87] Com efeito, o que é fundamental para determinado Estado pode não ser para outro, ou não sê-lo da mesma forma, muito embora a existência de categorias universais e consensuais no que diz com o reconhecimento de sua fundamentalidade, tais como os valores da vida, da liberdade, da igualdade e da dignidade humana. Contudo, mesmo aqui é imprescindível uma contextualização, já que igualmente nessa seara se cuida de questões suscetíveis de uma valoração distinta e condicionada pela realidade social e cultural concreta.

Nesta perspectiva, é preciso enfatizar que, no sentido jurídico-constitucional, determinado direito é fundamental não apenas pela relevância do bem jurídico tutelado considerado em si mesmo (por mais importante que seja), mas especialmente pela relevância daquele bem jurídico na perspectiva das opções do constituinte, acompanhada da atribuição da hierarquia normativa correspondente e do regime jurídico-constitucional assegurado pelo constituinte às normas de direitos fundamentais.[88] É por esta razão que – apenas para citar um exemplo – o direito à saúde (assim como os demais direitos sociais do art. 6.°) é um

---

86. Na formulação de Hesse, Konrad. *Grundzüge des Verfassungsrecht der Bundesrepublik Deutschland*, 20. ed., p. 125, que, no entanto, se refere ao direito constitucional alemão, no qual também está prevista expressamente a existência de direitos fundamentais fora do catálogo.

87. Cf. Campo, Javier Jiménez. *Derechos fundamentales. Concepto y garantias*, p. 19.

88. Cf., também, o magistério de Bastida Freijedo, Francisco J. Concepto y modelos históricos de los derechos fundamentales. In: _____; Villaverde Menéndez, Ignacio; Requejo Rodrígues, Paloma et al. *Teoría general de los derechos fundamentales en la Constitución española de 1978*, p. 17-42, p. 30-33 cuidando do que designa de fundamentalidade "interna" (jurídica) dos direitos fundamentais, destacando, ainda, que, na perspectiva estritamente jurídico-positiva, os direitos fundamentais possuem esta qualidade independentemente de quem é seu titular e de qual a estrutura na qual estão articulados os direitos, o que, de resto, não implica que os direitos fundamentais tenham uma determinada estrutura jurídica.

direito fundamental na Constituição brasileira de 1988, mas não o é (a despeito de ninguém questionar a fundamentalidade da saúde para a vida e dignidade da pessoa) na Constituição espanhola de 1978, pois naquela ordem constitucional não lhe é assegurado o regime jurídico equivalente ao dos direitos fundamentais típicos. Pela mesma razão, apenas para ilustrar com mais um exemplo, há constituições, como novamente é o caso da brasileira, que asseguram a determinados direitos dos trabalhadores a condição de direitos fundamentais, embora se saiba que assim não ocorre em outras constituições.

Assim sendo, para que se possa fechar este item com um conceito de direitos fundamentais compatível com as peculiaridades da ordem constitucional brasileira, é possível definir direitos fundamentais como todas as posições jurídicas concernentes às pessoas (naturais ou jurídicas, consideradas na perspectiva individual ou transindividual) que, do ponto de vista do direito constitucional positivo, foram, expressa ou implicitamente, integradas à constituição e retiradas da esfera de disponibilidade dos poderes constituídos, bem como todas as posições jurídicas que, por seu conteúdo e significado, possam lhes ser equiparadas, tendo, ou não, assento na constituição formal.[89] Tal conceito, inspirado na proposta formulada por Robert Alexy,[90] embora submetido a algum ajuste, reflete, por um lado, a dupla fundamentalidade formal e material, e, por outro, contempla a noção de uma abertura material do catálogo de direitos fundamentais, no sentido de um elenco inclusivo, tal como consagrado no art. 5.º, § 2.º, da CF, tópico do qual nos ocuparemos na sequência.

Muito embora se vá avançar relativamente ao tema logo na sequência (em especial quando se tratar dos direitos consagrados no Título II da CF), é crucial enfatizar desde logo que todos os Direitos definidos na Constituição de 1988 como sendo direitos fundamentais são direitos fundamentais e gozam, em virtude de tal condição, em termos substanciais, do mesmo regime jurídico-constitucional.[91]

3.3.2 A abertura (expansividade) do catálogo constitucional dos direitos fundamentais: significado e alcance da norma contida no art. 5.º, § 2.º, da CF

3.3.2.1 Noções preliminares

A norma contida no art. 5.º, § 2.º, da CF segue, ainda que com alguma variação ao longo do tempo, quanto ao seu conteúdo e alcance, a tradição do nosso direito constitucional

---

89. V., para maior desenvolvimento, Sarlet, Ingo Wolfgang. *A eficácia dos direitos fundamentais*, 13. ed., p. 78-79, em que o conceito foi apresentado de modo mais analítico.

90. Para Alexy, Robert. *Theorie der Grundrechte*, 2. ed., p. 407, os direitos fundamentais podem ser definidos como aquelas posições que, do ponto de vista do direito constitucional, são tão relevantes que seu reconhecimento ou não reconhecimento não pode ser deixado à livre disposição do legislador ordinário ("Grundrechte des Grundgesetzes sind Positionen, die vom Standpunkt des Verfassungsrechts aus so wichtig sind, dass ihre Gewährung oder Nichtgewährung nicht der einfachen parlamentarischen Mehrheit überlasse werden kann").

91. Nesse sentido, v., Sarlet, Ingo Wolfgang. *A eficácia dos direitos fundamentais*, op. cit., p. 76 e ss. (destacando a insuficiência do conceito meramente formal para o efeito de assegurar a abertura material do catálogo prevista no art. 5.º, § 2.º, CF, de tal sorte que todos os direitos inseridos no Título II, art. 5-17, são direitos fundamentais, mas não somente esses) e, por último, Silva, Virgílio Afonso da. *Direito constitucional brasileiro*, op. cit., p. 100.

desde a Constituição de fevereiro de 1891.[92] Inspirada na IX Emenda da Constituição dos EUA, a citada norma traduz o entendimento de que, para além do conceito formal de constituição (e de direitos fundamentais), há um conceito material, no sentido de existirem direitos que, por seu conteúdo, por sua substância, pertencem ao corpo fundamental da constituição de um Estado, mesmo não constando expressamente no catálogo originalmente definido pelo constituinte.[93]

Numa primeira aproximação, portanto, o tema guarda relação com uma possível diferenciação entre direitos fundamentais em sentido formal e direitos fundamentais em sentido material, distinção que, por sua vez, encontra reciprocidade na distinção entre direito constitucional em sentido formal e direito constitucional em sentido material. Neste contexto, importa destacar, na esteira da doutrina de Jorge Miranda, que o reconhecimento da diferença entre direitos formal e materialmente fundamentais traduz a ideia de que o direito constitucional brasileiro (assim como o lusitano) aderiu a certa ordem de valores e de princípios, que, por sua vez, não se encontra necessariamente na dependência do constituinte, mas que também encontra respaldo na ideia dominante de constituição e no senso jurídico coletivo.[94] Assim, é preciso ter em conta que a construção de um conceito material de direitos fundamentais (assim como da própria constituição) somente pode ser exitosa quando se considera a ordem de valores dominante (no sentido de consensualmente aceita pela maioria), bem como as circunstâncias sociais, políticas, econômicas e culturais de uma dada ordem constitucional.[95]

A distinção entre direitos fundamentais em sentido formal e direitos fundamentais em sentido material não tem sido objeto de muitos estudos e grandes divergências doutrinárias, pelo menos no âmbito da literatura luso-brasileira. De modo geral, os direitos fundamentais em sentido formal podem, acompanhando Konrad Hesse, ser definidos como aquelas posições jurídicas da pessoa (na sua dimensão individual ou coletiva) que, por decisão expressa do legislador-constituinte, foram consagradas no catálogo dos direitos fundamentais.[96] Por outro lado, direitos fundamentais em sentido material são aqueles que, apesar de se encontrarem fora do catálogo, por seu conteúdo e por sua importância podem ser equiparados aos direitos formalmente (e materialmente) fundamentais.[97]

Assim sendo e em princípio, com base no entendimento subjacente ao art. 5.º, § 2.º, da CF, podemos, desde logo, cogitar de *duas espécies de direitos fundamentais*: (a) direitos formal e materialmente fundamentais (portanto, sempre ancorados, ainda que implicitamente, na constituição formal); (b) direitos apenas materialmente fundamentais, no sentido de direitos

---

92. Desde a Constituição de 1891 (art. 78) e sem exceções nas Cartas que a sucederam, a tradição foi mantida na Constituição vigente. Assim, nas Constituições de 1934 (art. 114), 1937 (art. 123), 1946 (art. 144), 1967 (art. 150, § 35) e na Emenda 1/1969 (art. 153, § 36).

93. V., também, CANOTILHO, J. J. Gomes. *Direito constitucional*, p. 539. Sobre o tema, no direito lusitano, v. a obra específica de GOUVEIA, Jorge Bacelar. *Os direitos fundamentais atípicos*.

94. Assim o entendimento de MIRANDA, Jorge. Direitos fundamentais na ordem constitucional portuguesa. *Revista de Direito Público* 82/7.

95. Também aqui nos socorremos da lição de MIRANDA, Jorge. *Manual de direito constitucional*, vol. 4, p. 9 e ss.

96. Cf. HESSE, Konrad. *Grundzüge des Verfassungsrecht der Bundesrepublik Deutschland*, p. 125.

97. Cf. CANOTILHO, J. J. Gomes. *Direito constitucional*, p. 539 e ss. V., também, MIRANDA, Jorge. Direitos fundamentais na ordem constitucional portuguesa. *Revista de Direito Público* 82/6 e ss. Esta definição (conjugando-se o aspecto formal e o material) identifica-se com a que propusemos ao abordar o tema da fundamentalidade material e formal dos direitos fundamentais.

que não estão sediados no texto constitucional. Embora esta seja a distinção adotada, é preciso referir a respeitável doutrina que advoga a existência de uma terceira categoria, a dos direitos apenas formalmente fundamentais, que, embora previstos no texto constitucional, não teriam relação direta com a dignidade da pessoa humana e outros bens e valores fundamentais compartilhados pela sociedade brasileira e pela comunidade internacional.[98]

Ainda que não se possa aprofundar o tema, é de se referir que a doutrina não se encontra completamente pacificada no que diz com a posição assumida pelos direitos materialmente fundamentais (de modo especial os que não encontram assento na constituição formal) com relação aos direitos do catálogo, isto é, se podem, ou não – e, em caso afirmativo, de que maneira –, ser equiparados no que tange ao seu regime jurídico. Para que a nossa posição fique desde logo consignada, com o intuito de afastar qualquer incompreensão, partiremos do pressuposto de que a abertura material do sistema dos direitos fundamentais, que, de resto, reclama a identificação de um conceito material de direitos fundamentais, exige um regime jurídico-constitucional privilegiado e em princípio equivalente ao regime dos direitos fundamentais expressamente consagrados como tais pelo constituinte.[99] Dito de modo mais resumido, é possível partir do pressuposto de que pelo menos em princípio o regime jurídico dos direitos fundamentais, estejam ou não sediados no Título II da CF, é o mesmo, presente, portanto, a dupla fundamentalidade em sentido formal e material, que não se confunde – embora a conexão entre as noções – com a distinção entre direitos formalmente e materialmente constitucionais.

Já no que diz com a abrangência da assim chamada abertura material do catálogo, verifica-se que tanto a doutrina majoritária quanto a jurisprudência, com destaque aqui para as decisões proferidas pelo STF, admitem que a expansividade do catálogo constitucional não se limita ao reconhecimento da existência de direitos e garantias de cunho individual, equiparáveis aos direitos contemplados no art. 5.º da CF e seus respectivos incisos, mas abarca também os direitos políticos e mesmo os direitos sociais, econômicos, culturais e ambientais.[100]

Tal interpretação encontra respaldo em uma série de argumentos: em primeiro lugar, há que considerar a expressão literal do art. 5.º, § 2.º, da CF, que menciona, de forma genérica, os "direitos e garantias expressos nesta Constituição", sem qualquer limitação quanto à sua posição no texto. Em segundo lugar (mas não em segundo plano), inequívoco o compromisso da Constituição Federal com os direitos sociais, inseridos no título relativo aos direitos fundamentais, apenas regrados em outro capítulo. Além disso, é evidente que a mera localização topográfica do dispositivo no Capítulo I do Título II não pode prevalecer diante

---

98. A respeito deste critério de classificação, consulte-se ANDRADE, José Carlos Vieira de. *Os direitos fundamentais na Constituição portuguesa de 1976*, p. 78 e ss., que justamente defende a existência de direitos apenas formalmente fundamentais, que seriam os constantes no catálogo, mas que, por sua substância e importância, não se enquadram no conceito material de direitos fundamentais. Entre nós, admitindo a existência de direitos fundamentais em sentido apenas formal, v., entre outros, TORRES, Ricardo Lobo. *O direito ao mínimo existencial*, p. 73, para quem os direitos sociais, notadamente os que não correspondem às exigências do mínimo existencial e na medida em que vão além de tal mínimo, embora previstos no texto constitucional, não são verdadeiros direitos fundamentais.

99. Nesse sentido, v., entre outros, NOVAIS, Jorge Reis. *As restrições aos direitos fundamentais não expressamente autorizadas pela Constituição*, p. 47-48.

100. Cf., para maior desenvolvimento, SARLET, Ingo Wolfgang. *A eficácia dos direitos fundamentais*, 13. ed., p. 83 e ss.

de uma interpretação que leva em conta a finalidade do dispositivo e as peculiaridades do subsistema dos direitos fundamentais considerado no seu conjunto. Além disso, verifica-se que a regra do art. 7.º, cujos incisos especificam os direitos fundamentais dos trabalhadores, prevê expressamente, em seu *caput* ("São direitos dos trabalhadores urbanos e rurais, além de outros que visem à melhoria de sua condição social"), a abertura a outros direitos similares. Por derradeiro, registre-se que na doutrina brasileira tem prevalecido o entendimento de que tanto o rol dos direitos sociais do art. 6.º quanto o elenco dos direitos sociais dos trabalhadores (art. 7.º) são meramente exemplificativos,[101] de tal sorte que ambos os preceitos podem ser perfeitamente qualificados como cláusulas especiais de abertura.

É precisamente nesta perspectiva, e aderindo à tradição constitucional republicana brasileira, ainda mais em virtude das peculiaridades do texto da atual Constituição Federal (ao incluir, diversamente das Constituições anteriores, os tratados internacionais de direitos humanos), que se pode falar, a exemplo do que atualmente também sustenta Juarez Freitas, que o art. 5.º, § 2.º, da CF encerra uma autêntica norma geral inclusiva.[102] Nesta perspectiva, tal como sublinha Menelick de Carvalho Netto, por força do disposto no citado preceito constitucional, a Constituição Federal se apresenta como "a moldura de um processo de permanente aquisição de novos direitos fundamentais".[103] Aliás, o processo dinâmico e aberto de reconhecimento de direitos fundamentais no âmbito do sistema constitucional atua como uma espécie de força motriz para uma sociedade também sempre aberta e plural, aspecto que, todavia, aqui não será desenvolvido.

3.3.2.2 Classificação dos direitos fundamentais com base no critério da abertura material do catálogo constitucional

A partir das diretrizes textuais do art. 5.º, § 2.º, da CF, bem como mediante diálogo com as noções já traçadas, especialmente no que diz com a existência de direitos fundamentais em sentido formal (e material) e em sentido material, bem como no concernente à amplitude do conceito materialmente aberto consagrado pela Constituição Federal, é possível classificar os direitos fundamentais em dois grandes grupos: (a) direitos expressamente positivados, seja na Constituição, seja em outros diplomas jurídico-normativos de natureza constitucional; (b) direitos implicitamente positivados, no sentido de direitos fundamentais decorrentes do regime e dos princípios constitucionais ou direitos subentendidos nas normas de direitos fundamentais expressamente positivadas, em suma, direitos que não encontram respaldo textual direto, podendo também ser designados de direitos não escritos.[104] Ambos os grupos de direitos, por sua vez, exigem alguma

---

101. A este respeito, v. Ferreira Filho, Manoel Gonçalves. *Comentários à Constituição brasileira de 1988*, vol. 1, p. 89 e 92, segundo o qual os róis dos arts. 6.º e 7.º da CF são meramente exemplificativos. No mesmo sentido, v. Ferreira, Pinto. *Comentários à Constituição brasileira*, 1989, vol. 1, p. 222.

102. Cf. Freitas, Juarez. *A interpretação sistemática do direito*, p. 206-212.

103. Cf. Carvalho Netto, Menelick de. A hermenêutica constitucional e os desafios postos aos direitos fundamentais. In: Sampaio, José Adércio (Org.). *Jurisdição constitucional e direitos fundamentais*, p. 154.

104. Cf., em especial, os desenvolvimentos de Sarlet, Ingo Wolfgang. *A eficácia dos direitos fundamentais*, 13. ed., p. 85 e ss. Em sentido ligeiramente distinto, calha colacionar proposta de SANTOS, Eduardo Rodrigues dos. Direitos fundamentais atípicos. Análise da cláusula de abertura do art. 5.º, § 2.º, da CF, Salvador, JusPodivm, 2017, p. 213 e ss., que decompõe o grupo dos direitos que aqui designamos de implícitos em sentido amplo (decorrentes do regime e dos princípios e subententidos em normas expressamente positivas) em dois subgrupos autônomos.

explicitação quanto ao seu conteúdo e aos seus respectivos problemas teórico-práticos, além de abarcarem subgrupos que podem ser bem definidos. Iniciemos pelo primeiro grupo, qual seja dos direitos expressamente positivados.

Quanto aos direitos expressamente positivados, é preciso distinguir, por sua vez, três subgrupos: (a) os direitos previstos no Título II da CF, que cuida precisamente dos direitos e garantias fundamentais; (b) os direitos sediados em outras partes do texto constitucional (dispersos pelo texto constitucional); (c) os direitos expressamente consagrados em tratados internacionais de direitos humanos.

Um problema à parte guarda relação com a indagação a respeito da existência de direitos fundamentais sediados na legislação infraconstitucional (?), isto é, se haveria ainda um quarto grupo de direitos expressamente positivados. Quanto a este ponto, reiteramos aqui a necessidade de cautela, ainda que existam autores que defendam tal possibilidade, qual seja a de direitos fundamentais terem assento formal em textos legais.[105] Em primeiro lugar, o texto do art. 5.º, § 2.º, da CF, ao contrário do art. 16/1 da Constituição portuguesa, não utiliza a expressão "lei".

Além disso, o que parece ser a interpretação mais razoável, é que ao legislador infraconstitucional cabe, em primeira linha, o papel de concretizar e regulamentar (eventualmente restringir) os direitos fundamentais positivados na Constituição. Por outro lado, também a tradição (sem qualquer exceção) do nosso direito constitucional aponta para uma exclusão da legislação infraconstitucional como fonte de direitos materialmente fundamentais, até mesmo pelo fato de nunca ter havido qualquer referência à lei nos dispositivos que consagraram a abertura de nosso catálogo de direitos, de tal sorte que nos posicionamos, em princípio, pela inadmissibilidade dessa espécie de direitos fundamentais em nossa ordem constitucional.[106]

Todavia, a despeito deste entendimento, não nos parece de todo desarrazoada uma interpretação de cunho extensivo que venha a admitir uma abertura do catálogo dos direitos fundamentais também para posições jurídicas reveladas, expressamente, antes, pela legislação infraconstitucional, já que, por vezes, é ao legislador ordinário que se pode atribuir o pioneirismo de recolher valores fundamentais para determinada sociedade e assegurá-los juridicamente, antes mesmo de uma constitucionalização.[107]

Ainda sobre o tópico, importa registrar que aquilo que para muitos pode ser considerado um direito fundamental fundado na legislação infraconstitucional em verdade nada mais é – cuidando-se, convém frisar, de direitos fundamentais – do que a explicitação, mediante ato legislativo, de direitos implícitos ou mesmo decorrentes do regime e dos princípios,

---

105. Cf., por todos, Miranda, Jorge. *Manual de direito constitucional*, t. IV, *Direitos fundamentais*, p. 182 e ss.

106. No mesmo sentido v. Santos, Eduardo Rodrigues dos. Direitos fundamentais atípicos, op. cit., p. 275 e ss. Além disso – agora no nosso entender – a propósito de normas legais (infraconstitucionais) materialmente constitucionais, pode ter-se como inegável a existência de direito constitucional apenas no sentido material na esfera da legislação ordinária, a exemplo do que ocorre com a Lei Orgânica dos Partidos Políticos e o Código Eleitoral, hipóteses habitualmente citadas em nível de direito comparado. O que aqui temos por inadmissível, ao menos em princípio, é a possibilidade de reconhecer-se a outorga do *status* de autênticos direitos fundamentais (mesmo que em sentido apenas material) a posições jurídicas ancoradas em preceitos legais garimpados em textos legais desta natureza.

107. Este parece ser o entendimento de Sgarbossa, Luis Fernando. *Direitos e garantias fundamentais estravagantes*, p. 31 e ss., que utiliza a expressão "direitos extravagantes" referindo-se aos direitos sem assento constitucional.

desde logo originariamente fundados na Constituição[108]. Tal ocorre, por exemplo, com o direito fundamental (constitucional) aos alimentos, consoante, aliás, já reconhecido por alguma doutrina,[109] em que, em última análise, está em causa um direito fundamental a prestações de caráter existencial, que – independentemente de previsão legal ou constitucional (que acabou ocorrendo por força da EC 64/2010 – já poderia ser deduzido do direito à vida com dignidade.[110] Ao legislador civil coube, neste caso, a tarefa de reconhecer no plano legal a obrigação, definindo parâmetros, sujeitos passivos e ativos, bem como dispondo sobre questões processuais, entre outros aspectos.

O mesmo se poderá afirmar em relação aos direitos de personalidade consagrados no atual Código Civil, visto que já poderiam também ser deduzidos de uma cláusula geral de tutela da personalidade ancorada no direito geral de liberdade e no princípio da dignidade da pessoa humana,[111] como, de resto, ocorre com o direito ao nome, já consagrado pelo próprio STF.[112]

Já no que diz com os assim denominados direitos implícitos (no sentido de implicitamente positivados), é preciso atentar para a possibilidade de compreender tal rótulo de forma mais abrangente ou restrita, como inclusivo dos direitos decorrentes do regime e dos princípios, ou distinguindo esta categoria dos direitos implícitos propriamente ditos, no caso, considerados como direitos subentendidos nas normas de direitos fundamentais expressamente positivadas.

Note-se que a abertura do sistema de direitos fundamentais, nas palavras de José de Melo Alexandrino, abrange tanto a previsão expressa de uma abertura a direitos não enumerados quanto a dedução de posições jusfundamentais por meio da delimitação do âmbito de proteção dos direitos fundamentais, a inclusão dos direitos de matriz internacional, bem como a dedução de normas de direitos fundamentais de outras normas constitucionais,[113] tudo a demonstrar que as possibilidades da abertura do catálogo constitucional de direitos fundamentais são múltiplas e complexas.

---

108. Em sentido similar, v. SANTOS, Eduardo Rodrigues dos. *Direitos fundamentais atípicos*, op. cit., p. 275 e ss.
109. SPAGNOLO, Juliano. Uma visão dos alimentos através do prisma fundamental da dignidade da pessoa humana. In: PORTO, Sérgio Gilberto; USTÁRROZ, Daniel (Org.). *Tendências constitucionais no direito de família*, p. 147 e ss.
110. Nesse sentido, também explorando uma fundamentação vinculada a princípios e direitos fundamentais (ainda que não exatamente no sentido aqui sustentado), v. a contribuição de SPENGLER, Fabiana Marion. *Alimentos da ação à execução* (bem mencionando a garantia de uma existência digna como fundamento do dever alimentar), bem como, mais recentemente, em sua bela tese de doutorado, FACHIN, Rosana Amara Girardi. *Dever alimentar para um novo direito de família*, p. 34, com referência, também (além da dignidade da pessoa humana), ao princípio da solidariedade como um dos fundamentos constitucionais do dever alimentar.
111. A respeito deste tópico, v. também o nosso SARLET, Ingo Wolfgang. *Dignidade da pessoa humana e direitos fundamentais*, 3. ed., p. 106-107. Explorando bem este aspecto, confira-se o ensaio de MELLO, Cláudio Ari. Contribuição para uma teoria híbrida dos direitos de personalidade. In: SARLET, Ingo Wolfgang (Org.). *O novo código civil e a constituição*. Desenvolvendo o tema na perspectiva do direito comparado, indispensável o estudo de MOTA PINTO, Paulo. Direitos de personalidade no código civil português e no novo código civil brasileiro. *Revista da Ajuris* 96/407-438.
112. V. o acórdão prolatado no RE 248.869-1 (07.08.2003), tendo como relator o Min. Maurício Corrêa, onde restou mais uma vez consignado que "o direito ao nome insere-se no conceito de dignidade da pessoa humana e traduz a sua identidade, a origem de sua ancestralidade, o reconhecimento da família, razão pela qual o estado de filiação é direito indisponível".
113. Cf. ALEXANDRINO, José de Melo. *A estruturação do sistema de direitos, liberdades e garantias na Constituição portuguesa*, vol. 2, p. 374-375.

Neste contexto, optamos aqui por uma compreensão ampliada da noção de direitos decorrentes do regime e dos princípios, como inclusiva de posições jurídicas que correspondem (por subentendidos) ao âmbito de proteção de direitos expressamente positivados, situação que corresponde aos assim chamados direitos implícitos.

Ainda neste contexto, importa considerar o significado do termo "implícito", que, no sentido etimológico, corresponde àquilo que está subentendido, o que está envolvido, mas não de modo claro.[114] Neste sentido, verifica-se que a categoria dos direitos implícitos pode corresponder também – além da possibilidade de dedução de um novo direito fundamental com base nos constantes do catálogo – a uma extensão (mediante o recurso à hermenêutica) do âmbito de proteção[115] de determinado direito fundamental expressamente positivado, cuidando-se, nesta hipótese, não tanto da criação jurisprudencial de um novo direito fundamental, mas, sim, da redefinição do campo de incidência de determinado direito fundamental já expressamente positivado.[116]

Seja qual for o critério utilizado, o fato é que o art. 5.º, § 2.º – no que diz com a dedução de posições jurídicas fundamentais –, assume, para efeitos de reconhecimento de direitos implícitos, caráter essencialmente declaratório, pelo menos se considerarmos que implícito é o que já está subentendido, tratando-se, neste sentido, como se percebe em várias situações, de uma reconstrução interpretativa do âmbito de proteção de um direito fundamental já consagrado, por exemplo, quando se afirmar que a liberdade de contratar está já abrangida pelo direito geral de liberdade, ou que a proteção dos dados pessoais informatizados está incluída no âmbito de proteção da privacidade ou intimidade, a depender do caso. De outra parte – e neste ponto não há como desconsiderar a relevância da previsão no texto constitucional de "direitos decorrentes do regime e dos princípios" –, também é certo recordar que o dispositivo constitucional citado, além de atuar como uma espécie de autorização expressa e permanente "lembrete" para o reconhecimento de direitos implícitos em sentido amplo (na condição de direitos não expressamente positivados), legitima e até mesmo vincula positivamente a atuação dos órgãos jurisdicionais nesta seara, que, nesta perspectiva, não poderiam deixar de reconhecer um direito implícito, no mínimo quando tal reconhecimento corresponder, em face das circunstâncias, às exigências do sistema constitucional.

No campo dos direitos implícitos e/ou decorrentes do regime e dos princípios, vale mencionar alguns exemplos que têm sido citados na doutrina, mas que também já encontraram aceitação na esfera jurisprudencial, ainda que se esteja longe de alcançar um consenso, especialmente (mas não exclusivamente, importa destacar) no concernente ao conteúdo e alcance destes direitos. Assim, verifica-se que na doutrina mais recente voltou a ser

---

114. Cf. FERREIRA, Aurélio Buarque de Holanda. *Novo dicionário Aurélio da língua portuguesa*, p. 923.

115. Os alemães, ao se referirem ao âmbito de proteção de determinado direito fundamental, valem-se da expressão *Schutzbereich*, noção fundamental para a problemática das restrições aos direitos fundamentais, que aqui não pode ser analisada.

116. Aqui assumem relevo exemplos extraídos da experiência constitucional alemã, em que o direito geral de liberdade e de personalidade, consagrado expressamente no art. 2.º, I, da Lei Fundamental, abrange as mais variadas posições jurídicas fundamentais, tais como a liberdade contratual, a autonomia privada, a liberdade de ação na seara econômica. Nesse sentido, v., entre tantos, ERICHSEN, Hans-Uwe. Allgemeine Handlungsfreiheit. In: ISENSEE, J.; KIRCHOF, P. (Org.). *Handbuch des Staatsrechts der Bundesrepublik Deutschland*, vol. 6, p. 1195 e ss.

referido o direito de resistência[117] ou o direito à desobediência civil,[118] que, embora também possam ser tratados como equivalentes (desde que haja concordância em termos conceituais), têm sido apresentados com traços distintos pela doutrina nacional. Também o direito à identidade genética da pessoa humana,[119] o direito à identidade pessoal,[120] as garantias do sigilo fiscal e bancário (em geral deduzidas, por expressiva parcela da doutrina e jurisprudência nacional, do direito à privacidade),[121] o direito do apenado à progressão de regime e a garantia da sua gradual reinserção na sociedade,[122] um direito à boa administração pública,[123] bem como, mais recentemente, as referências (a despeito da polêmica que se trava a respeito) a um direito à felicidade,[124] um direito individual à execução humanizada da pena,[125] bem como um direito fundamental implícito autônomo à proteção dos dados pessoais[126] (a inserção do direito no art. 5.º, CF, em inciso próprio, ocorreu quando da promulgação da EC n. 115/2022), revelam não apenas o quanto já tem sido feito nesta esfera, mas também as possibilidades de desenvolvimento da abertura material do catálogo também no que diz com os direitos não expressamente positivados.

Feita uma breve apresentação dos dois grandes grupos de direitos fundamentais e sua possível decomposição em subgrupos, segue-se uma análise um pouco mais detida de cada uma das categorias, iniciando pelos direitos expressamente positivados no Título II da CF.

3.3.2.3 Direitos previstos no Título II da CF

Quanto aos direitos fundamentais expressamente positivados no Título II da CF, coloca-se – pelo menos para setores da doutrina – o problema sobre se, em todos os casos (portanto,

---

117. Apostando no direito de resistência, confira-se o importante contributo de Buzanello, José Carlos. *Direito de resistência constitucional.*
118. Sobre o tema, v. a pioneira obra de Garcia, Maria. *Desobediência civil. Direito fundamental.*
119. Em língua portuguesa, v., entre tantos, o notável ensaio de Loureiro, João Carlos Simões Gonçalvez. O direito à identidade genética do ser humano, p. 263-389. No Brasil, confira-se, por todos, Petterle, Selma Rodrigues. *O direito fundamental à identidade genética na Constituição brasileira*, bem explorando a fundamentação deste direito na Constituição e apresentando seus contornos dogmáticos à luz da teoria dos direitos fundamentais, sem descurar da abordagem de exemplos atuais e relevantes. No campo jurisprudencial, tal direito já foi objeto de reconhecimento pelo STF, noticiando-se aqui o AR 1.244 EI/MG, rel. Min. Cármen Lúcia, reconhecendo um direito fundamental à busca da identidade genética como direito de personalidade.
120. Sobre o tema, v., dentre outros, Almeida, Maria Christina de. *DNA e estado de filiação à luz da dignidade humana*, p. 117 e ss., sublinhando nesta quadra o direito ao conhecimento da origem genética, que, de certa forma, guarda conexão com o próprio direito (mais amplo) à identidade genética e sua proteção.
121. Cf., em termos de jurisprudência do STF, o MS 23.851-8/DF, Tribunal Pleno, j. 26.09.2001, rel. Min. Celso de Mello. No âmbito do direito português, cf. Miranda, Jorge. *Manual de direito constitucional*, p. 187, que arrola os acórdãos n. 278/1995 e 442/2007 do Tribunal Constitucional de Portugal.
122. Cf. STF, HC 82.959-7/SP, j. 23.02.2006, rel. Min. Marco Aurélio. Trata-se de decisão que julgou inconstitucional o art. 2.º, § 1.º, da Lei 8.072/1990, que impunha o cumprimento integral da pena em regime fechado nos casos de crimes hediondos.
123. Cf. a proposta, entre nós, inspirada na Carta de Direitos Fundamentais da União Europeia, de Freitas, Juarez. Direito *fundamental à boa administração pública*. 3. ed. São Paulo: Malheiros, 2014.
124. Cf. Leal, Saul Tourinho. *Direito à felicidade*, Rio de Janeiro, Impetus, 2014.
125. Cf. julgamento do STF no RE (com RG) 841.526, rel. Min. Luiz Fux, j. 30.03.2016.
126. Sobre o caso, v. a decisão proferida pelo STF na ADI 6.387/DF que, ao reconhecer o direito fundamental à proteção de dados, suspendeu a eficácia da Medida Provisória n. 954/2020, editada em decorrência da pandemia da Covid-19, e determinou ao IBGE que se abstivesse de requerer a disponibilização de dados objeto da referida medida provisória.

no que diz com a todas as normas definidoras de direitos e garantias ali previstas), se trata de normas de direitos e garantias fundamentais, ou, pelo contrário, se nem todos os direitos do Título II são realmente direitos fundamentais, apesar de assim designados pelo constituinte. De fato, embora a maioria da doutrina (e a jurisprudência do STF visivelmente assim também o indica) parta do pressuposto, também por nós compartilhado, de que todos os direitos fundamentais como tais expressamente designados, portanto, todos os que integram o Título II da CF, são direitos fundamentais,[127] há quem divirja de tal entendimento, sustentando que nem todos os direitos, pelo simples fato de terem sido previstos no Título II, são direitos fundamentais. Em geral, a refutação da condição de direitos fundamentais foca-se nos direitos sociais, pelo menos em parte, em especial no que diz com os direitos dos trabalhadores.[128]

Embora não se possa aprofundar o tópico, importa registrar que a negação da fundamentalidade, pelo menos assim o revela mesmo um rápido exame dos principais defensores da tese, em termos gerais, prende-se ao argumento de que, se todos os direitos fossem fundamentais pelo simples fato de previstos no Título II da CF, estar-se-ia adotando conceito eminentemente formal de direitos fundamentais.[129] Por outro lado, argumenta-se que a nota da fundamentalidade está vinculada ao conteúdo, em outras palavras, ao grau de relevância do bem jurídico tutelado, de tal sorte que direitos fundamentais seriam (independentemente de sua previsão textual) apenas posições materialmente fundamentais, como, no caso dos direitos sociais (aqui em caráter apenas exemplificativo), aqueles direitos diretamente relacionados ao mínimo existencial.[130]

A sustentação da fundamentalidade de todos os direitos assim designados no texto constitucional (portanto, pelo menos daqueles direitos previstos no Título II – Dos Direitos e Garantias Fundamentais), título que inclui os direitos sociais do art. 6.º e os assim designados direitos dos trabalhadores, por sua vez, implica reconhecer pelo menos a presunção em favor da fundamentalidade também material desses direitos e garantias,[131] ainda que se possam colacionar, a depender da orientação ideológica ou concepção filosófica professada, boas razões para questionar tal fundamentalidade.

Mesmo para os direitos do Título II (que, reitere-se, já por força do art. 5.º, § 2.º, da CF, não excluem outros), a posição adotada não está dissociada de critérios de ordem material, já que sem dúvida se cuida de posições que – independentemente de outras razões de ordem substancial – já de partida receberam, por ocasião do "pacto constitucional fundante", a proteção reforçada peculiar dos direitos fundamentais pela relevância de tais bens jurídicos na perspectiva dos "pais" da Constituição, o que, aliás, aponta para uma legitimação democrática, procedimental e deliberativa (mas também substancial!),[132] decisão esta que não pode

---

127. Cf., para maior desenvolvimento, SARLET, Ingo Wolfgang. *A eficácia dos direitos fundamentais*, 13. ed., p. 75 e ss.

128. Cf., por exemplo, o entendimento de TORRES, Ricardo Lobo. A cidadania multidimensional na era dos direitos. In: _____ (Org.). *Teoria dos direitos fundamentais*, p. 279.

129. Cf. a objeção formulada por MAURÍCIO JÚNIOR, Alceu. Direitos prestacionais, concepções de direitos fundamentais e modelos de Estado. In: MELLO, Celso Albuquerque; TORRES, Ricardo Lobo (dir.). *Arquivos de direitos humanos*, vol. 7, p. 4 e ss.

130. Nesse sentido, precisamente, TORRES, Ricardo Lobo. *O direito ao mínimo existencial*, p. 40 e ss.

131. Cf., por todos, MIRANDA, Jorge. *Manual de direito constitucional*, vol. 4, p. 11, enfatizando que "todos os direitos fundamentais em sentido formal são também direitos fundamentais em sentido material".

132. Discutindo, ainda que não exatamente sob este ângulo, a questão da fundamentação dos direitos sociais como direitos fundamentais pelo prisma democrático (no caso, democrático-deliberativo), v., entre outros, SOUZA NETO,

pura e simplesmente ser desconsiderada pelos que (na condição de poderes constituídos!) devem, por estar diretamente vinculados, assegurar a esses direitos fundamentais a sua máxima eficácia e efetividade.

Aliás, a própria orientação adotada pelo STF em matéria de direitos sociais tem sido sensível, neste particular, ao reconhecimento de que os direitos sociais são direitos fundamentais, o que também demonstra a relevância da atuação do Poder Judiciário nesta matéria, já que a negação da fundamentalidade na esfera jurisprudencial acabaria por esvaziar o texto constitucional, a despeito da expressa previsão de que os direitos sociais – como, aliás, todos os direitos previstos no Título II – são direitos fundamentais.

3.3.2.4 *Direitos fundamentais dispersos no texto constitucional*

Já no que diz respeito aos direitos fundamentais expressamente positivados em outras partes do texto constitucional, portanto, fora do Título II, colocam-se outros desafios dogmático-metodológicos e práticos. Em primeiro lugar, há que identificar tais direitos, o que reclama uma carga argumentativa, no sentido da justificação de tal condição. Com efeito, se no tocante aos direitos do Título II a fundamentalidade, por força da opção prévia e expressa feita pelo constituinte, em princípio é de ser acatada pelos poderes constituintes, presumindo-se a fundamentalidade material, no caso dos direitos dispersos há que recorrer a critérios materiais para demonstrar que se trata de direitos fundamentais. Além disso, coloca-se a questão de se os direitos fundamentais dispersos compartilham do regime jurídico constitucional pleno dos direitos fundamentais, entre outros aspectos, se estão protegidos, na condição de limites materiais, ao poder de reforma constitucional e se as normas que os asseguram são diretamente aplicáveis.

Quanto ao primeiro problema, relativo aos critérios de justificação da fundamentalidade de direitos dispersos no texto constitucional, é possível, numa primeira aproximação, recorrer a um critério geral, segundo o qual os direitos fundamentais fora do catálogo somente poderão ser os que – constem, ou não, do texto constitucional –, por seu conteúdo e importância, possam ser equiparados aos integrantes do rol elencado no Título II de nossa Lei Fundamental. Ambos os critérios (substância e relevância) se encontram agregados entre si e são imprescindíveis para o conceito materialmente aberto de direitos fundamentais. Na identificação dos direitos fundamentais fora do catálogo (para além dos direitos expressamente positivados no Título II), e isto convém seja novamente frisado, importa, portanto, que se tenha sempre presente o critério da importância, atentando-se, para além dos parâmetros extraídos do próprio sistema constitucional, para a efetiva correspondência com o sentido jurídico dominante, cuja avaliação dependerá, sem dúvida, da sensibilidade do intérprete.

De qualquer modo, a busca do referencial material para a identificação de direitos fundamentais deverá guardar sintonia com os critérios estabelecidos, ainda que não diretamente, pela própria Constituição, como, por exemplo, quando no art. 5.º, § 2.º, da CF se faz referência a direitos decorrentes do regime e dos princípios. Nesta perspectiva, embora os direitos decorrentes do regime e dos princípios possam, em sendo compreendidos como direitos não expressamente positivados, ser reconduzidos a uma categoria autônoma,

---

Cláudio Pereira de. *Teoria constitucional e democracia deliberativa:* um estudo sobre o papel do direito na garantia das condições para a cooperação na deliberação democrática, p. 225 e ss., sustentando que os direitos sociais são (especialmente no campo do mínimo existencial) condições fundamentais para a democracia.

também parece correto afirmar que direitos fundamentais dispersos na Constituição devem guardar relação com os princípios fundamentais que orientam a ordem constitucional. Neste contexto, basta apontar para alguns exemplos para verificarmos esta estreita vinculação entre os direitos e os princípios fundamentais. Assim, não há como negar que os direitos à vida, bem como os direitos de liberdade e de igualdade correspondem diretamente às exigências mais elementares da dignidade da pessoa humana. Da mesma forma, os direitos políticos (de modo especial, o sufrágio, o voto e a possibilidade de concorrer a cargos públicos eletivos) são manifestações do princípio democrático e da soberania popular. Igualmente, percebe-se, desde logo, que boa parte dos direitos sociais radica tanto no princípio da dignidade da pessoa humana (saúde, educação etc.), quanto nos princípios que, entre nós, consagram o Estado Social de Direito.

À vista do exposto, percebe-se que, dentre os princípios constitucionais, o princípio da dignidade da pessoa humana assume especial relevância como critério material para identificação de direitos fundamentais, visto que, tratando-se de uma exigência da dignidade da pessoa humana, não se haverá de questionar a fundamentalidade. No direito lusitano, proposta similar foi formulada pelo Professor Vieira de Andrade, da Universidade de Coimbra, que, entre outros aspectos a serem analisados, identifica os direitos fundamentais por seu conteúdo comum baseado no princípio da dignidade da pessoa humana,[133] o qual, segundo sustenta, é concretizado pelo reconhecimento e positivação de direitos e garantias fundamentais.[134]

Embora não tenhamos a intenção de aqui avançar com uma análise do princípio da dignidade da pessoa humana, há que apontar, no mínimo, para a circunstância de que a tese de Vieira de Andrade, no sentido de que todos os direitos fundamentais encontram sua vertente no princípio da dignidade da pessoa humana, merece ser encarada, ao menos de início, com certa reserva. Em primeiro lugar, parece oportuna a menção – de modo especial à luz de nosso direito constitucional positivo – de que se revela no mínimo passível de discussão a qualificação do princípio da dignidade da pessoa humana, considerado em si mesmo, como um autêntico direito fundamental autônomo, em que pese sua importante função, seja como elemento referencial para a aplicação e interpretação dos direitos fundamentais (mas não só destes),[135] seja na condição de fundamento para a dedução de direitos fundamentais decorrentes.[136] De outra parte, e aqui centramos a nossa crítica, basta um breve olhar sobre o nosso extenso catálogo dos direitos fundamentais para que tenhamos dúvidas fundadas a respeito da alegação de que todas as posições jurídicas ali reconhecidas possuem necessariamente um conteúdo diretamente fundado no valor maior da dignidade da pessoa humana, muito embora se trate de direitos fundamentais, assim considerados pelo

---

133. Para maior desenvolvimento das questões relativas à dignidade da pessoa humana, v. SARLET, Ingo Wolfgang. *Dignidade da pessoa humana e direitos fundamentais na Constituição Federal de 1988*, 10. ed. Porto Alegre: Livraria do Advogado, 2015.

134. Cf. ANDRADE, José Carlos Vieira de. *Os direitos fundamentais na Constituição portuguesa de 1976*, p. 83 e ss.

135. Cf., dentre tantos, a enfática formulação de MACHADO, Jónatas E. M. *Liberdade de expressão. Dimensões constitucionais da esfera pública no sistema social*, p. 359, no sentido de que o princípio da dignidade da pessoa humana "consubstancia um limite axiológico ao poder constituinte e um padrão valorativo das actividades de criação, interpretação e aplicação das normas jurídicas".

136. Sua inclusão no Título I, ao lado dos demais princípios fundamentais, sugere que o constituinte outorgou ao princípio da dignidade da pessoa humana função que transcende a de um direito fundamental. De qualquer modo, reconhecendo-se que do princípio da dignidade da pessoa humana decorrem posições jurídico-fundamentais, não nos parece viável falar de um direito à dignidade, no sentido de que ao ser humano seja concedida a dignidade que lhe é inerente. Sobre tal ponto, contudo, voltaremos a nos manifestar.

constituinte. Não pretendendo polemizar especificamente as diversas hipóteses que aqui podem ser referidas, reportamo-nos, a título meramente exemplificativo, ao art. 5.º, XVIII, XXI, XXV, XXVIII, XXIX, XXXI e XXXVIII, bem como ao art. 7.º, XI, XXVI e XXIX, sem mencionar outros exemplos que poderiam facilmente ser garimpados no catálogo constitucional dos direitos fundamentais.[137]

O que se pretende com os argumentos ora esgrimidos é demonstrar que o princípio da dignidade da pessoa humana pode (desde que não utilizado de forma inflacionária) ser tido como critério basilar – mas não exclusivo – para a construção de um conceito material de direitos fundamentais, assumindo de tal sorte, de acordo com a sugestiva formulação de Carlos R. Siqueira Castro, a função de elemento proliferador de direitos fundamentais ao longo dos tempos.[138] Além disso, abstraindo-se, por ora, os demais referenciais a serem analisados, é preciso ter sempre em mente que determinada posição jurídica fora do catálogo, para que efetivamente possa ser considerada equivalente, por seu conteúdo e importância, aos direitos fundamentais do catálogo, deve, necessariamente, guardar vínculo direto com a dignidade da pessoa humana. Neste contexto, há que questionar a respeito da possibilidade de existirem direitos fundamentais fora do catálogo que não possuam necessariamente um conteúdo diretamente fundado no princípio da dignidade da pessoa humana, já que este, salvo melhor juízo, não constitui elemento comum (no mínimo, não igualmente comum) a todos os direitos fundamentais do catálogo.[139]

À vista do exposto, é possível elencar alguns exemplos de direitos fundamentais sediados em outras partes do texto constitucional, sem prejuízo de outros que poderiam ser incluídos na listagem: o direito de igual acesso aos cargos públicos (art. 37, I), os direitos de associação sindical e de greve dos servidores públicos (art. 37, VI e VII), assim como o direito dos servidores públicos à estabilidade no cargo (art. 41), que, ademais, constitui verdadeira garantia da cidadania. Poder-se-ia cogitar, ainda, da legitimação ativa para a iniciativa popular legislativa (art. 61, § 2.º), que, agregado ao art. 14, III, pode ser considerado como autêntico direito de participação política. Da mesma forma ocorre com a garantia da publicidade e fundamentação das decisões judiciais (art. 93, IX), bem como com as limitações constitucionais ao poder de tributar (art. 150, I a VI).[140] No âmbito do direito à educação (arts.

---

137. No mesmo sentido, manifestando fundado ceticismo em relação à corrente afirmação de que os direitos fundamentais (ainda mais quando compreendidos como direitos constitucionalmente assegurados) encontram todos um fundamento direto na dignidade da pessoa humana, v., com razões adicionais, ALEXANDRINO, José de Melo. *A estruturação do sistema de direitos, liberdades e garantias na Constituição portuguesa*, vol. 2, p. 325 e ss.

138. Cf. CASTRO, Carlos Roberto Siqueira. *A Constituição aberta e os direitos fundamentais*, p. 21.

139. Atente-se para o fato de que a ausência de vinculação direta (e mesmo indireta) entre alguns direitos fundamentais do catálogo (Título II da CF) com o princípio da dignidade da pessoa humana não conduz necessariamente ao entendimento de que os direitos fora do catálogo possam dispensar esta vinculação. Com efeito, na medida em que, ao menos de acordo com a doutrina por nós adotada, milita em favor dos direitos fundamentais da Constituição uma presunção de constitucionalidade (fundamentalidade) em sentido material, verifica-se que esta fundamentalidade material pode, de fato, não existir. Portanto, poder-se-á sustentar que nada impede que se considerem, para efeitos de identificação de direitos fora do catálogo, materialmente fundamentais, apenas as posições que constituem exigências diretas (ou, no mínimo, indiretas) do princípio da dignidade da pessoa humana.

140. Com relação ao princípio da anterioridade (art. 150, III, *b*, da CF), mas também no que diz com as imunidades previstas no inciso VI, alíneas *a*, *b*, *c* e *d*, do mesmo dispositivo (uma vez que igualmente abrangidas pela decisão), cabe referir a decisão do STF na ADIn 939-7, que teve as limitações constitucionais ao poder de tributar como autênticos direitos e garantias fundamentais individuais do cidadão.

6.º e 205), é possível mencionar as dimensões mais específicas da liberdade de ensino e pesquisa (art. 206) e o direito subjetivo ao ensino público fundamental obrigatório e gratuito (art. 208, I), seguido da garantia do exercício dos direitos culturais (art. 215). Também o direito à proteção do meio ambiente (art. 225) já encontrou ampla acolhida na doutrina e jurisprudência brasileira.[141] Ainda na esfera da ordem social, assumem relevo os exemplos da igualdade de direitos e obrigações entre os cônjuges (art. 226, § 5.º), o direito dos filhos a tratamento igualitário e não discriminatório (art. 227, § 6.º), o direito ao planejamento familiar incentivado pelo Estado (art. 226, § 7.º), o direito à proteção da entidade familiar (art. 226), bem como o direito à proteção das crianças e dos adolescentes (art. 227).

3.3.2.5 *Direitos sediados nos tratados internacionais de direitos humanos*

3.3.2.5.1 Generalidades

No que diz com os *direitos fundamentais sediados em tratados internacionais de direitos humanos*, cumpre ressaltar que se trata de aspecto central para a compreensão das relações entre os direitos humanos (de matriz internacional) e os direitos fundamentais constitucionais. Observe-se, neste contexto, que a nossa Constituição, de acordo com a redação do art. 5.º, § 2.º, refere apenas os tratados internacionais, não mencionando as convenções ou outras espécies de regras internacionais. Neste particular, um olhar para o direito comparado, no caso, para o sistema constitucional português, revela que a Constituição Federal foi, numa primeira leitura, mais restritiva, visto que o art. 16/1 da Constituição da República Portuguesa dispõe que "os direitos fundamentais consagrados na Constituição não excluem outros constantes das leis *e regras aplicáveis de direito internacional*" (grifei).

A despeito da falta de precisão terminológica e da diversidade de expressões encontradas no direito constitucional positivo, no qual não se verifica critério uniforme de distinção entre as diversas espécies de normas internacionais,[142] existe certa unanimidade no seio da

---

141. O direito a um meio ambiente ecologicamente equilibrado integra, na realidade, o rol dos assim denominados direitos de terceira dimensão, cuidando-se de típico direito difuso, não obstante também tenha por objetivo o resguardo de uma existência digna do ser humano, na sua dimensão individual e social. Sobre o tema, sustentando este entendimento, v. a recente contribuição de FREITAS, Vladimir Passos de. *A Constituição Federal e a efetividade das normas ambientais*, p. 25. Explorando o tema da proteção ambiental na perspectiva da teoria dos direitos (e deveres) fundamentais, confira-se a importante monografia de MEDEIROS, Fernanda Luiza Fontoura de. *Meio ambiente:* direito e dever fundamental; mais recentemente, GAVIÃO FILHO, Anízio Píres. *Direito fundamental ao ambiente*; TEIXEIRA, Orci Paulino Bretanha. *O direito ao meio ambiente ecologicamente equilibrado como direito fundamental*; MOLINARO, Carlos Alberto. *Direito ambiental:* proibição de retrocesso; FENSTERSEIFER, Tiago. *Direitos fundamentais e proteção do ambiente. A dimensão ecológica da dignidade humana no marco jurídico-constitucional do estado socioambiental de direito*; SARLET, Ingo Wolfgang; MOLINARO, Carlos Alberto; MEDEIROS, Fernanda Luiza Fontoura de; FENSTERSEIFER, Tiago (Org.). *Dignidade da vida e os direitos fundamentais para além dos humanos – Uma discussão necessária*; CANOTILHO, J. J. Gomes; MORATO LEITE, José Rubens. *Direito constitucional ambiental brasileiro*. 6. ed. São Paulo: Saraiva, 2015; SARLET, Ingo Wolfgang (Org.). *Estado socioambiental e direitos fundamentais*; HARTMANN, Ivar Alberto Martins. *Ecodemocracia:* a proteção do meio ambiente no ciberespaço.
142. Nesse sentido, cabe citar os exemplos trazidos por SÜSSEKIND, Arnaldo. As normas internacionais em face da Constituição. In: ROMITA, Arion Sayão (Org.). *Curso de direito constitucional do trabalho*, vol. 2, p. 304-305, que apresenta a problemática à luz dos dispositivos de nossa Constituição vigente. A este respeito também a lição de REZEK, José Francisco. *Direito dos tratados*, p. 83 e ss., que arrola as seguintes "espécies"

doutrina no sentido de que a expressão *"tratados internacionais"* engloba diversos tipos de instrumentos internacionais, cuidando-se, portanto, de expressão genérica, em relação à qual as convenções e os pactos (apenas para citar alguns dos mais importantes) são espécies, uma vez que, de acordo com o seu conteúdo concreto e sua finalidade, os tratados são rotulados diversamente, o que, aliás, decorre da própria Convenção de Viena sobre o Direito dos Tratados, que considera "tratado" um termo genérico, "significando um acordo internacional independentemente de sua designação particular".[143] Na definição de José Francisco Rezek, "tratado é o acordo formal concluído entre sujeitos de direito internacional público, e destinado a produzir efeitos jurídicos", de modo que o elemento essencial está ligado à natureza do documento, mas não ao seu rótulo.[144]

Por outro lado, uma interpretação ampla do conceito de tratados internacionais de direitos humanos é indispensável para evitar um esvaziamento do sentido da norma contida no art. 5.º, § 2.º, da CF, que, à evidência, abarca, entre outros, documentos bastante diversos quanto à sua designação, como é o caso dos Pactos Internacionais da ONU sobre direitos civis e políticos e sobre os direitos econômicos, sociais e culturais, ambos de 1966, bem como da Convenção Americana sobre Direitos Humanos da OEA (1969), apenas para citar alguns dos mais relevantes e mais próximos de nós nesta matéria. Mais delicada, contudo, é a inclusão das regras de direito internacional comum no âmbito de abertura propiciado pelo art. 5.º, § 2.º, da nossa Carta.

Nesse particular, fica evidente que a Declaração Universal dos Direitos Humanos da ONU, adotada na forma de uma resolução, não se enquadra na categoria dos tratados internacionais, ao menos não no sentido que lhes imprimiu a Convenção de Viena, consoante já frisado.[145] Ainda que existam documentos que – apesar de levarem o rótulo de "Declarações" – são, na verdade, autênticos tratados,[146] o fato é que a Declaração de Direitos da ONU não possui tais características, não podendo ser enquadrada na categoria dos tratados ou convenções de direitos humanos. Todavia, a despeito de uma resolução da ONU não ser dotada, em regra, de efeito vinculante, parte dos direitos constantes da Declaração de 1948, de acordo com orientação posterior, acabou sendo considerada como integrante do direito internacional consuetudinário, portanto, dos costumes internacionais, que, por sua vez, fazem parte do sistema de fontes do direito internacional e por tal via passam a vincular os Estados e demais sujeitos de direito internacional.[147]

(no sentido de terminologias utilizadas) de tratados: acordo, ajuste, arranjo, ata, ato, carta, código, compromisso, constituição, contrato, convenção, convênio, declaração, estatuto, memorando, *modus vivendi*, pacto, protocolo e regulamento (p. 86).

143. Assim, dentre outros, TRINDADE, Antonio Augusto Cançado. *Princípios do direito internacional contemporâneo*, p. 12.

144. Cf. REZEK, José Francisco. *Direito dos tratados*, p. 21. A respeito do regime do conceito, terminologia, espécies e formação dos tratados internacionais, v., ainda e entre outros, GUERRA, Sidney. *Direito internacional público*, p. 38 e ss., bem como MAZZUOLI, Valério de Oliveira. *Curso de direito internacional público*, 6. ed., p. 169 e ss.

145. Assim o entendimento de MELLO, Celso Albuquerque de. *Curso de direito internacional público*, 7. ed., vol. 1, p. 553. No mesmo sentido também REZEK, José Francisco. *Direito internacional público*, p. 224.

146. Aqui também a lição de REZEK, José Francisco. *Direito dos tratados*, p. 97-98, que, inclusive, aponta alguns exemplos de tratados denominados pelo termo "declarações".

147. Cf., por todos, na literatura brasileira, RAMOS, André de Carvalho. *Teoria geral dos direitos humanos na ordem internacional*, p. 49 e ss.

Considerando o papel da Declaração da ONU no quadro normativo internacional, bem como levando em conta a *ratio* e o *telos* da norma contida no art. 5.º, § 2.º, da CF, não nos parece razoável excluir – ao menos em princípio – os direitos fundamentais consagrados pela Declaração de Direitos da ONU, ainda mais quando se leva em conta que a maior parte das Constituições que a sucederam, nela (e nos diversos pactos e convenções que integram o sistema internacional dos direitos humanos) buscaram inspiração quando da elaboração de seu próprio "catálogo" de direitos fundamentais. De qualquer modo, cuida-se de tema a merecer maior desenvolvimento do que o que se revela viável neste contexto.

Tecidas algumas considerações preliminares, importa enfrentar, ainda que de modo sumário, os dois mais importantes problemas jurídico-constitucionais no que diz com a relação dos tratados internacionais de direitos humanos e a ordem constitucional interna brasileira, quais sejam: (a) a forma pela qual se dá a incorporação dos tratados ao direito interno; (b) a força normativa (hierarquia) dos tratados de direitos humanos no Brasil.

3.3.2.5.2 O procedimento de incorporação dos tratados de direitos humanos na perspectiva da Constituição Federal

Quanto a este aspecto, ou seja, quanto ao modo pelo qual os tratados de direitos humanos ingressam na ordem interna, para que nela possam gerar efeitos, há que apontar a inexistência de preceito expresso na Constituição, dispondo de forma favorável à recepção automática. Ao contrário de diversas Constituições recentes,[148] a regra tradicionalmente adotada em nosso direito constitucional tem sido a da necessidade de procedimento formal de incorporação, o qual resulta da interação entre ato do Poder Executivo (a celebração propriamente dita do tratado) e ato do Poder Legislativo, que, em virtude de disposição constitucional expressa, tem a atribuição de aprovar a celebração do tratado, conforme estabelecido pelos arts. 84, VIII, e 49, I, ambos da CF, acrescidos, por força de emenda constitucional, do § 3.º do art. 5.º da CF, que se refere especificamente aos tratados em matéria de direitos humanos.

Considerando que o art. 5.º, § 2.º, da CF refere expressamente os "tratados internacionais em que a República Federativa do Brasil *seja parte*" (grifei), tudo somado aos dispositivos já citados, que demonstram a necessidade da intervenção do Congresso Nacional, verifica-se que, pelo menos na atual quadra da evolução constitucional, a incorporação de um tratado internacional (seja de que natureza for) pressupõe, consoante também advoga a doutrina dominante, a sua ratificação.[149] O procedimento, portanto, é complexo, abrangendo a participação do Poder Executivo (assinatura do tratado pelo Presidente da República e posterior envio, pelo chefe do Executivo, ao Congresso Nacional) e do Poder Legislativo (aprovação pelo Congresso Nacional), habitualmente, de acordo com a tradição constitucional brasileira, mediante o instrumento do decreto legislativo, que constitui ato da competência exclusiva do Congresso Nacional, portanto, não sujeito à sanção presidencial. Uma vez aprovado pelo Legislativo, volta a atuar o Poder Executivo, cabendo então ao Presidente da República

---

148. Remetemos aqui aos exemplos colacionados por PIOVESAN, Flávia. *Direitos humanos e o direito constitucional internacional*, 18. ed., p. 164 e ss.

149. Assim, dentre outros, o entendimento de PIOVESAN, Flávia. *Direitos humanos e o direito constitucional internacional*, 18. ed., p. 174, para quem, desde que ratificados, os tratados internacionais sobre direitos humanos irradiam automaticamente seus efeitos no ordenamento jurídico interno, passando imediatamente a assegurar direitos diretamente exigíveis.

TEORIA GERAL DOS DIREITOS FUNDAMENTAIS 281

concluir a celebração do tratado, mediante a sua ratificação. Além disso, apenas após a edição de um decreto (de execução) por parte do Presidente da República é que o procedimento terá sido completado, passando o tratado a vincular tanto na esfera interna quanto na esfera internacional.[150]

Embora o procedimento habitual seja o mencionado, no caso dos tratados internacionais de direitos humanos – consoante referido –, operou-se importante alteração no texto constitucional, mediante a inserção, pela EC 45, de dezembro de 2004 (doravante simplesmente EC 45), de um § 3.º ao art. 5.º da nossa Constituição. Segundo este dispositivo, "os tratados e convenções internacionais sobre direitos humanos que forem aprovados, em cada Casa do Congresso Nacional, em dois turnos, por três quintos dos votos dos respectivos membros, serão equivalentes às emendas constitucionais". Tal preceito, interpretado em sintonia com o art. 5.º, § 2.º, pode ser compreendido, numa primeira aproximação, como assegurando – *em princípio e em sendo adotado tal procedimento* – a condição de direitos formal e materialmente constitucionais (e fundamentais) aos direitos consagrados no plano das convenções internacionais. Todavia, considerando que a absoluta maioria dos tratados internacionais ratificados pelo Brasil foi incorporada antes da entrada em vigor da EC 45/2004, é de se indagar se os tratados (de direitos humanos) anteriores, por força da EC 45/2004, passaram a ser equivalentes às emendas constitucionais.

A resposta, em que pesem entendimentos neste sentido, é negativa, e isto por várias razões. Em primeiro lugar, parece evidente que não há como aplicar, neste caso, o argumento da recepção,[151] visto se tratar de procedimentos legislativos distintos (ainda que haja compatibilidade material), como se fosse possível transmutar um decreto legislativo aprovado pela maioria simples do Congresso Nacional em emenda constitucional, que exige uma maioria reforçada de três quintos dos votos, sem considerar os demais limites formais das emendas à Constituição, maioria qualificada, aliás, reclamada pelo próprio art. 5.º, § 3.º, da CF.

Além disso, a desnecessidade de se recorrer a tal expediente argumentativo, frágil na sua concepção, decorre do fato de que uma hierarquia privilegiada dos tratados de direitos humanos pode ser fundamentada já com base na norma contida no art. 5.º, § 2.º, da CF, como bem demonstra a doutrina que sustentava, muito antes da inserção do § 3.º do art. 5.º, a hierarquia constitucional dos tratados de direitos humanos[152] (doutrina esta que, pelo menos em boa parte, se posiciona de forma bastante crítica em relação ao dispositivo referido).[153] Nessa mesma linha, aliás, situa-se o atual posicionamento majoritário no STF, que assegurou,

---

150. Para maiores informações sobre o processo de celebração e ratificação dos tratados internacionais no direito brasileiro, v., por todos, MAZZUOLI, Valerio de Oliveira. *Curso de direito internacional público*, 6. ed., p. 341 e ss.

151. Cf., em especial, TAVARES, André Ramos. *Reforma do judiciário no Brasil pós-88:* (des)estruturando a justiça – comentários completos à EC 45/2004, p. 47-48, bem como FRANCISCO, José Carlos. Bloco de constitucionalidade e recepção dos tratados internacionais. In: TAVARES, André Ramos; LENZA, Pedro; ALARCÓN, Pietro J. L. (Coord.). *Reforma do judiciário analisada e comentada*, p. 103-105.

152. Cf., por todos, PIOVESAN, Flávia. *Direitos humanos e o direito constitucional internacional*, 18. ed., p. 129 e ss. Consoante preceitua a autora, a incorporação dos direitos internacionais ao corpo da Constituição por meio do art. 5.º, § 2.º, da CF/1988 atribui a eles uma hierarquia especial e diferenciada, qual seja a de norma constitucional.

153. Assim, por exemplo, SGARBOSSA, Luis Fernando. *Direitos e garantias fundamentais extravagantes*, p. 25 e ss., sustentando a inconstitucionalidade do § 3.º do art. 5.º.

mesmo aos tratados incorporados até dezembro de 2004, hierarquia supralegal, mas não *status* equivalente a emenda constitucional.[154]

Assim sendo, na esfera dos tratados de direitos humanos, que, uma vez ratificados, operam como fonte de direitos fundamentais na ordem interna brasileira (a teor do disposto no art. 5.º, § 2.º, da CF), há que distinguir os tratados ratificados antes da entrada em vigor da EC 45/2004, ou mesmo os tratados posteriores que porventura não tenham sido aprovados mediante o procedimento qualificado previsto no art. 5.º, § 3.º, da CF, dos tratados aprovados mediante recurso ao procedimento estabelecido pelo art. 5.º, § 3.º, da CF.

Com efeito, importa consignar que o art. 5.º, § 3.º, da CF em momento algum exige que sejam observados – como já referido – todos os requisitos formais, circunstanciais e temporais (quanto aos materiais, impõe-se maior cuidado no exame da questão) atinentes ao procedimento regular (ordinário) das emendas constitucionais. Aliás, é preciso enfatizar que a aprovação do tratado de direitos humanos, para os efeitos do disposto no art. 5.º, § 3.º, não necessita ser levada a efeito por meio de emenda constitucional (ou seja, de projeto de emenda que siga, desde o seu nascedouro, a integralidade do rito próprio estabelecido no art. 60 da CF), pois basta que a aprovação observe o disposto no art. 60, § 2.º, da CF (votação em dois turnos, nas duas Casas do Congresso, com maioria de 3/5 em cada Casa e turno de votação) para que o tratado seja considerado equivalente a uma emenda constitucional. Ora, equivalente não é necessariamente igual, visto que os demais requisitos do processo de emenda constitucional não foram previstos no art. 5.º, § 3.º. Assim sendo, nada obsta que seja eleita outra espécie legislativa para a aprovação do tratado, hipótese na qual, desde que preenchidos os requisitos do art. 5.º, § 3.º, este, uma vez aprovado, gozará da mesma hierarquia das emendas constitucionais e agregar-se-á à Constituição formal.

Além disso, por força justamente dos aspectos já referidos, verifica-se que, quando se trata de emenda constitucional (cujos requisitos são distintos, em sua maior parte, dos previstos no art. 5.º, § 3.º, da CF), a iniciativa da emenda não será exclusiva do Presidente da República.[155] O fato de o chefe do Executivo ser obrigado, pela sistemática vigente, a remeter o tratado internacional ao Congresso, cuja chancela é indispensável, não afasta – pelo menos, assim parece – a possibilidade de outro legitimado ativo (caso isso não tenha sido feito pelo Presidente da República, quando da remessa do tratado ao Congresso) apresentar um projeto de emenda constitucional, que então seguiria o rito convencional do art. 60, observando todos os requisitos ali previstos.

De qualquer sorte, embora uma coisa não exclua a outra, tudo leva a crer que o Congresso tenderá a optar pela via do art. 5.º, § 3.º, da CF, já que a garantia da equivalência a emenda constitucional sugere que se utilize a forma menos complexa e que, ao mesmo tempo, assegura aos tratados uma condição privilegiada, ainda – pelo menos enquanto não se passar a adotar a tese da paridade entre tratado de direitos humanos e Constituição – que distinta daquela gozada pelos direitos fundamentais originariamente positivados pelo constituinte.

---

154. Nesse sentido, a decisão paradigmática RE 466.343/SP, rel. Min. Cezar Peluso, decisão plenária, j. 03.12.2008. Para um estudo mais desenvolvido sobre a decisão, remetemos o leitor a SARLET, Ingo Wolfgang; PETTERLE, Selma R. A prisão civil do depositário infiel no ordenamento jurídico-constitucional brasileiro: evolução e perspectivas em face da recente orientação do STF. *Revista da Ajuris* 116/173-198.

155. Nesse sentido, contudo, v. TAVARES, André Ramos. *Reforma do judiciário no Brasil pós-88:* (des)estruturando a justiça – comentários completos à EC 45/2004, p. 45.

Do exposto, como se poderá perceber sem muito esforço argumentativo, decorre (pelo menos em tese, já que não vislumbramos fundamento constitucional impeditivo) que os tratados de direitos humanos tanto poderão ser aprovados por meio de uma emenda constitucional convencional, isto é, que siga o rito do art. 60 da CF, em sua plenitude, quanto mediante outra figura legislativa, observado, neste caso, o previsto no art. 5.º, § 3.º, da CF. Indicativo de que tal será – na esfera da prática político-legislativa – a orientação a ser seguida é a circunstância de que o Congresso Nacional, valendo-se da figura do decreto legislativo, mas observando os requisitos do art. 5.º, § 3.º, aprovou o texto da Convenção sobre os Direitos das Pessoas Portadoras de Deficiência (Dec. Legislativo 186/2008).

De todo modo, resulta evidente que o Congresso Nacional (desde que tal orientação seja observada pelos legitimados para a propositura de projeto de emenda constitucional) poderá, a partir deste primeiro caso, seguir utilizando apenas a figura do decreto legislativo para a aprovação dos tratados internacionais, observando, no caso de tratados de direitos humanos, os parâmetros do art. 5.º, § 3.º, da CF, deixando de lado a possibilidade de aprovar os tratados pelo procedimento das emendas à Constituição.

3.3.2.5.3 O problema da hierarquia dos tratados de direitos fundamentais na ordem jurídica interna brasileira: direitos fundamentais sem hierarquia constitucional?

No que diz com a posição hierárquica do direito internacional (mais abrangente do que os tratados, que formam apenas parte da produção normativa internacional) em geral com relação ao direito infraconstitucional interno, a doutrina brasileira segue dividida. Ao passo que uma corrente sustenta a supremacia do direito internacional, outros adotam a teoria da paridade entre as normas internacionais e a legislação interna, sob o argumento de que, em face da ausência de uma disposição constitucional expressa que consagre a supremacia do direito internacional, deve prevalecer, no caso de conflito entre tratados internacionais e leis internas, o princípio do *lex posterior derogat priori*, ressalvada a possibilidade de responsabilização do Estado no plano internacional, o que, inclusive, vem sendo consagrado pelo STF desde o julgamento do RE 80.004, em 1977, muito embora a mudança de rumo quanto aos tratados de direitos humanos.

Com efeito, no que diz com a hipótese específica dos direitos previstos em tratados internacionais de direitos humanos, que, por via da abertura propiciada pelo art. 5.º, § 2.º, da CF, passam a integrar o catálogo constitucional de direitos fundamentais (não importando aqui se de forma automática ou não), o problema da força normativa no plano interno tem sido objeto de intensa discussão doutrinária e mesmo jurisprudencial. Numa primeira aproximação, parece viável concluir que os direitos (desde logo materialmente fundamentais) oriundos das regras internacionais – embora não tenham sido formalmente consagrados no texto da Constituição – se aglutinam à Constituição material e, por esta razão, acabam tendo *status* equivalente. Caso contrário, a regra do art. 5.º, § 2.º, também neste ponto, teria o seu sentido parcialmente desvirtuado. Não fosse assim, virtualmente não haveria diferença (ao menos sob o aspecto da hierarquia das normas) entre qualquer outra regra de direito internacional incorporada ao direito nacional e os direitos fundamentais do homem consagrados nos textos internacionais.

Outrossim, na esteira do que sustenta Flávia Piovesan, é de se considerar, como argumento adicional, que os tratados sobre direitos humanos integram um universo de princípios com a especial força obrigatória de um autêntico *jus cogens*, que os coloca em posição hierarquicamente superior em relação aos demais tratados internacionais, justificando, assim, a diferença de tratamento também na ordem jurídica interna.[156]

Assim, à luz dos argumentos sumariamente esgrimidos e de acordo com prevalente orientação doutrinária, verifica-se que a tese da equiparação (por força do disposto no art. 5.º, § 2.º, da CF) entre os direitos humanos localizados em tratados internacionais, uma vez ratificados, e os direitos fundamentais sediados na Constituição formal é a que mais se harmoniza com a especial dignidade jurídica e axiológica dos direitos fundamentais na ordem jurídica interna e internacional, constituindo, ademais, pressuposto indispensável à construção e consolidação de um autêntico direito constitucional internacional dos direitos humanos, resultado da interpenetração cada vez maior entre os direitos fundamentais constitucionais e os direitos humanos dos instrumentos jurídicos internacionais.[157] Reafirme-se, neste particular, que a abertura propiciada pelo art. 5.º, § 2.º, da CF aponta para a expansividade do catálogo dos direitos fundamentais, sendo no mínimo questionável o fato de se poder cogitar de direitos fundamentais de menor estatura normativa, por não estarem, no plano da hierarquia das normas, ao mesmo nível dos direitos fundamentais positivados no texto constitucional ou mesmo dos direitos implicitamente positivados ou decorrentes do regime e dos princípios da Constituição Federal.

Contudo, muito embora o pleito em prol do reconhecimento da hierarquia constitucional (paridade entre tratado de direitos humanos e a Constituição Federal), não é este o entendimento dominante no STF, a despeito da evolução ocorrida neste particular. Com efeito, se é verdade que durante muito tempo, mesmo após a promulgação da Constituição Federal, o STF ainda sustentava – ainda que não de modo unânime – a paridade entre tratados de direitos humanos e legislação ordinária, equiparando, de regra, todos os tratados quanto a este aspecto, após a inserção do § 3.º no art. 5.º da CF o Tribunal revisitou o tema e passou a assegurar, novamente sem alcançar a unanimidade entre os julgadores, hierarquia supralegal aos tratados de direitos humanos.[158]

Embora alguns ministros tenham votado em favor da hierarquia constitucional, esta foi afastada, em parte em virtude do argumento de que tal hierarquia levaria a um indesejável e incontrolável processo de ampliação do bloco de constitucionalidade, além do problema da adequada definição de quais o realmente os tratados de direitos humanos e do que terá hierarquia constitucional – todo o tratado, ou apenas as disposições que consagram direitos –, o que deflui basicamente do voto do Min. Gilmar Mendes, em que também restou mantida a tese de que tratados, no ordenamento interno, poderão ser declarados inconstitucionais, de modo que para tanto não podem ter hierarquia igual à da Constituição.[159]

Todavia, embora a consagração, pelo STF, da hierarquia supralegal, a posição adotada pelo mesmo Tribunal no caso da prisão civil do depositário infiel revela que a questão é bem mais complexa e polêmica. Com efeito, ao editar a Súmula Vinculante 25/2009, proibindo a prisão do depositário infiel a qualquer título, o STF acabou, notadamente ao vedar qualquer hipótese de prisão de depositário infiel, dando, neste caso pelo menos e no que diz com os

---

156. Cf. Piovesan, Flávia. *Direitos humanos e o direito constitucional internacional*, 18. ed., p. 144 e ss.

157. Sustentando a hierarquia constitucional dos tratados de direitos humanos ratificados pelo Brasil, v., em caráter ilustrativo, Piovesan, Flávia. *Direitos humanos e o direito constitucional internacional*, 18. ed., p. 129 e ss.

158. Cf. RE 466.343/SP, j. 03.12.2008, rel. Min. Cezar Peluso.

159. Cf. o voto proferido pelo Min. Gilmar F. Mendes no RE 466.343/SP.

efeitos da decisão, maior valor ao tratado que à Constituição, já que a previsão, no art. 5.º, LXVII, da CF, da hipótese de prisão do depositário infiel, resultou letra morta, vedada, pelo STF, até mesmo a criação, por lei, de nova modalidade de prisão civil, pelo menos a prevalecer o entendimento atual.

Já no que diz respeito à função do § 3.º do art. 5.º da CF/1988, neste contexto, é preciso verificar se a equivalência em relação às emendas constitucionais nele assegurada, evidentemente apenas para os tratados aprovados na forma do citado dispositivo, corresponde ao critério da supra legalidade aprovado pelo STF para todos os tratados de direitos humanos ratificados antes da entrada em vigor da EC 45/2004, ou se a hierarquia de emenda constitucional representa uma condição normativa distinta, eventualmente reforçada, o que, ao que tudo indica, corresponde à posição atualmente dominante no STF, que não assegurou força de emenda aos tratados anteriores, e, portanto, aceita um regime distinto.

Assim, se é certo que comungamos do entendimento de que talvez melhor tivesse sido que o reformador constitucional tivesse renunciado a inserir um § 3.º no art. 5.º ou que (o que evidentemente teria sido bem melhor), em entendendo de modo diverso, tivesse se limitado a expressamente chancelar a incorporação automática (após prévia ratificação) e com hierarquia constitucional de todos os tratados em matéria de direitos humanos, com a ressalva de que, no caso de eventual conflito com direitos previstos pelo constituinte de 1988, sempre deveria prevalecer a disposição mais benéfica para o indivíduo, apurada mediante os critérios da proporcionalidade e no âmbito de uma ponderação,[160] também é correto que vislumbramos no dispositivo ora analisado um potencial positivo, no sentido de viabilizar alguns avanços concretos em relação à práxis ora vigente entre nós. Que uma posterior alteração do próprio § 3.º, por força de nova emenda constitucional, resta sempre aberta, ainda mais se for para reforçar a proteção dos direitos fundamentais oriundos dos tratados internacionais de direitos humanos, justamente nos parece servir de estímulo para um esforço hermenêutico construtivo também nesta seara.

Ainda no tocante ao problema do valor jurídico-normativo dos tratados internacionais de direitos humanos no âmbito doméstico brasileiro, é impositivo chamar a atenção para desenvolvimento mais recente no que diz respeito à jurisprudência do STF sobre a matéria.

Isso porque quando do julgamento da ADPF 708, em 01.07.2022, a Corte – à vista da fundamentação da decisão tanto no voto-relator do Ministro Barroso quanto no voto-vogal do Ministro Edson Fachin – consolidou e fortaleceu a orientação jurisprudencial já vislumbrada em outros julgados do STF ao se valer de um diálogo com a jurisprudência recente da Corte Interamericana de Direitos Humanos (Corte IDH) em matéria ambiental[161] e atribuir aos tratados internacionais em matéria ambiental o mesmo *status* e hierarquia normativa

---

160. Cuida-se de critério previsto em diversos tratados e largamente difundido na doutrina – cf., por todos, TRINDADE, Antonio Augusto Cançado. *Tratado de direito internacional dos direitos humanos*, vol. 1, p. 434 (referindo-se, no mesmo sentido, à norma mais favorável às vítimas). Tal critério, contudo, é frágil e não resolve o problema, visto que no caso de conflitos entre direitos humanos e fundamentais há sempre dois lados, duas pessoas humanas (individual ou coletivamente consideradas) buscando a prevalência de suas respectivas posições, de modo que é mesmo de acordo com as exigências da proporcionalidade e outras diretrizes que o conflito deve ser solvido. Nesse sentido, v., por último, RAMOS, André de Carvalho. O Supremo Tribunal Federal e o direito internacional dos direitos humanos. In: SARMENTO, Daniel; SARLET, Ingo Wolfgang (Coord.). *Direitos fundamentais no Supremo Tribunal Federal*, p. 28 e ss.

161. Opinião Consultiva n. 23/2017 sobre Meio Ambiente e Direitos Humanos e Caso Comunidades Indígenas Miembros de la Associación Lhaka Honhat (Nuestra Tierra) vs. Argentina (2020).

especial já reconhecida pelo STF para os tratados internacionais de direitos humanos em geral, ou seja, uma hierarquia supralegal. A respeito do tema, é importante esclarecer que o STF, ao interpretar o art. 5.º, § 2.º, da Constituição Federal, no julgamento do Recurso Extraordinário 466.343, em 2008, consolidou o entendimento de que os tratados internacionais de direitos humanos ratificados pelo Brasil – por exemplo, a Convenção Americana de Direitos Humanos (1969), o Protocolo de San Salvador (1988) e os tratados do sistema global da ONU – são dotados do *status* normativo supralegal.[162]

De acordo com o Ministro Barroso, inclusive pela perspectiva da interdependência dos direitos humanos, os "tratados sobre direito ambiental constituem espécie do gênero tratados de direitos humanos e desfrutam, por essa razão, de *status* supranacional". O STF, é importante assinalar, já possuía precedente nesse sentido desde 2017. A Ministra Rosa Weber, no julgamento da Ação Direta de Inconstitucionalidade 4066, em decisão sobre a constitucionalidade de legislação que proibiu o uso de amianto, atribuiu o *status* de supralegalidade à Convenção da Basileia sobre o Controle de Movimentos Transfronteiriços de Resíduos Perigosos e seu Depósito (1989), equiparando-a aos tratados internacionais de direitos humanos.

Do ponto de vista da hierarquia normativa, o reconhecimento do *"status* supralegal" dos tratados internacionais em matéria ambiental ratificados pelo Brasil, como a Convenção-Quadro sobre Mudança Climática (1992), a Convenção-Quadro sobre Biodiversidade (1992) e o Acordo de Paris (2015), situa tais tratados internacionais acima de toda a legislação infraconstitucional brasileira – por exemplo, o Código Civil. Assim sendo, apenas a norma constitucional estaria hierarquicamente situada acima desses diplomas normativos.

À vista do exposto e em apertada síntese, é possível elencar os seguintes enunciados sobre a matéria:

a) Os tratados internacionais de direitos humanos dependem de ratificação pelo Brasil, sendo incorporados mediante um processo complexo de atribuição do Presidente da República e do Congresso Nacional.

b) A aprovação pelo Congresso Nacional de um tratado de direitos humanos em obediência ao rito estabelecido no art. 5.º, § 3.º, da CF não dispensa a sua ratificação.

c) A hierarquia dos tratados de direitos humanos na ordem jurídica interna brasileira, de acordo com a atual orientação do STF, é diferenciada de acordo com a forma de incorporação. Com efeito, os tratados incorporados antes da inserção do § 3.º no art. 5.º da CF possuem hierarquia supralegal, prevalecendo, portanto, sobre toda e qualquer norma infraconstitucional interna, mas cedendo em face da CF, o que, segundo entendimento recente do STF acima referido, abarca os tratados em matéria ambiental.[163] Por sua vez, os tratados

---

162. No sistema constitucional brasileiro, é importante sinalizar, também a equiparação dos tratados internacionais de direitos humanos à norma constitucional é possível, mas, para isso, é exigida, segundo entendimento do STF, a sua aprovação e ratificação por meio do mesmo procedimento especial adotado para as emendas constitucionais (art. 5.º, § 3.º).

163. Tal orientação tem prevalecido desde o julgamento paradigmático que reconheceu a hierarquia supralegal, acima referido, destacando-se, mais recentemente, os julgamentos do HC 186.490 e do HC 178.527, ambos da relatoria do Min. Celso de Mello, que, ressalvando sua posição pessoal no sentido da hierarquia constitucional, sublinhou, em ambos os casos, a necessidade de se assegurar a hierarquia supralegal à Convenção Americana de Direitos Humanos e ao Pacto Internacional de Direitos Civis e Políticos no que garantem, respectivamente, o direito de o preso ser apresentado sem demora à autoridade judiciária (no Brasil, co-

aprovados pelo Congresso Nacional na forma do art. 5.º, § 3.º, da CF possuem hierarquia e força normativa equivalentes às emendas constitucionais.

d) Os demais tratados internacionais, que não versam sobre direitos humanos, salvo exceções expressamente estabelecidas na legislação (como é o caso dos tratados em matéria tributária ou quando se cuidar de tratados em matéria ambiental em geral) seguem tendo hierarquia de lei ordinária.

e) Um tratado de direitos humanos – quando contemplar expressamente a possibilidade de denúncia – não poderá – de acordo com importante doutrina – ser denunciado pelo Presidente da República sem prévia autorização pelo Congresso e sem que se faça um controle rigoroso no que diz com a piora em termos de proteção dos direitos humanos.[164] Ao passo que na doutrina já se encontravam de há muito defensores da tese de que, uma vez aprovado na forma do art. 5.º, § 3.º, da CF, um tratado não mais poderá ser denunciado, nem mesmo mediante aprovação prévia pelo Congresso Nacional,[165] o STF, em 22 de agosto de 2023 e após décadas de tramitação, julgou a ADI 1.625, que consagrou o entendimento de que os tratados internacionais de direitos humanos somente podem ser denunciados pelo Presidente da República mediante prévia aprovação pelo Congresso Nacional. Note-se, contudo, que houve modulação dos efeitos da decisão, estabelecendo a vigência *ex nunc* da tese fixada e preservando a denúncia da Convenção 158 da OIT sobre despedida sem justa causa, ocorrida em 1996.

Nesse contexto, relevante agregar que desde a inserção do § 3.º no art. 5.º, CF, em dezembro de 2004, o Congresso Nacional aprovou todos os tratados de direitos humanos celebrados pelo Brasil mediante recurso ao instrumento do Decreto Legislativo (mantendo, de tal sorte, quanto a este aspecto sua práxis habitual no concernente à aprovação de tratados e atos internacionais), mas o fez, desde então, observando o rito mais rigoroso previsto no citado dispositivo, ou seja, com maioria de 3/5, em dois turnos de votação nas duas casas do Congresso, de tal sorte que todos esses tratados passaram a vigorar, no plano doméstico, com hierarquia equivalente à das emendas constitucionais.[166]

Precisamente com o julgamento do STF sobre a prisão civil do depositário infiel e o reconhecimento de uma supremacia hierárquica dos tratados de direitos humanos ratificados pelo Brasil em relação ao restante do direito infraconstitucional interno, assume relevo

---

nhecida como audiência de custódia) e de um direito ao duplo grau de jurisdição em matéria penal. No mesmo sentido, a decisão proferida na ADPF 708, Fundo Clima, relatoria do Ministro Luís Roberto Barroso, julgada em 04.07.2022.

164. Cf., por todos, RAMOS, André de Carvalho. O Supremo Tribunal Federal e o direito internacional dos direitos humanos. In: SARMENTO, Daniel; SARLET, Ingo Wolfgang (Coord.). *Direitos fundamentais no Supremo Tribunal Federal*, p. 15-16.

165. Cf., por todos, PIOVESAN, Flávia. *Direitos humanos e o direito constitucional internacional*, 18. ed., p. 161. Em sentido diverso, v. RAMOS, André de Carvalho. O Supremo Tribunal Federal e o direito internacional dos direitos humanos. In: SARMENTO, Daniel; SARLET, Ingo Wolfgang (Coord.). *Direitos fundamentais no Supremo Tribunal Federal*, p. 15 e ss.

166. Os tratados aprovados pelo Congresso Nacional na forma prevista no art. 5.º, § 3.º, CF, são os seguintes: A Convenção dos Direitos das Pessoas com Deficiência e o seu Protocolo Facultativo Adicional (Decreto Legislativo n. 186/2008 e Decreto n. 6.949/2009), o Tratado de Marraqueche (que dispõe sobre a facilitação do acesso a obras publicadas para pessoas cegas), aprovado pelo Decreto Legislativo n. 261/2015 e promulgado pelo Decreto n. 9.522/2018), e, por último, em 18.02.2021, a Convenção Interamericana contra o Racismo, a Discriminação Racial e Formas Correlatas de Intolerância (adotada na Guatemala}, aprovada pelo Decreto Legislativo n. 1/2021.

a prática do assim designado controle de convencionalidade, ou seja, a fiscalização, pelos órgãos do Poder Judiciário, da compatibilidade entre os parâmetros do direito internacional dos direitos humanos e o direito interno, temática que, contudo, será desenvolvida no capítulo próprio no âmbito do controle de constitucionalidade.[167]

Ainda nesse contexto, calha observar que a evolução no concernente a uma maior valorização dos tratados internacionais de direitos humanos e, ainda que em menor escala, da jurisprudência da Corte Interamericana, guarda sintonia com o cenário geral na América Latina, à vista não apenas da gradual e disseminada inserção de uma cláusula expressa de abertura aos tratados de direitos humanos pelas constituições em vigor, como também da maior receptividade de Juízes e Tribunais latino-americanos relativamente aos precedentes da Corte de São José da Costa Rica.[168] Nesse mesmo contexto, é de ser sublinhada a necessidade do desenvolvimento e fortalecimento daquilo que se tem designado de um "diálogo" entre Juízes e Tribunais, tema que aqui não poderá ser enfrentado.[169]

3.4 A dupla dimensão objetiva e subjetiva, a multifuncionalidade e a classificação dos direitos e garantias fundamentais

3.4.1 Os direitos fundamentais e sua dimensão subjetiva

Considerando a complexidade do tema e os múltiplos sentidos atribuídos à noção de direito subjetivo, o que se pretende, neste tópico, é arriscar algumas considerações gerais sobre o que se compreende por uma assim chamada dimensão (ou perspectiva) subjetiva dos direitos fundamentais, de modo especial em virtude da circunstância de que a própria noção de direitos fundamentais, desde a sua origem, esteve atrelada, ainda que nem sempre da mesma forma, pelos mesmos fundamentos, à noção de direitos subjetivos atribuídos ao indivíduo como pessoa e, nesta condição, como sujeito de direitos. Portanto, a despeito de toda sorte de críticas e controvérsias em torno de seu conteúdo e significado, a noção de

---

167. Além da leitura do capítulo específico sobre o tema neste curso, da lavra de Luiz Guilherme Marinoni, v., entre outros, Mazzuoli, Valério de Oliveira. *O controle de convencionalidade das leis*, 5. ed., São Paulo, Revista dos Tribunais, 2018 (autor que introduziu e desenvolveu de modo pioneiro e mais alentado e atualizado o tema no Brasil); Marinoni, Luiz Guilherme; Mazzuoli, Valério de Oliveira. *Controle de convencionalidade:* um panorama latino-americano. Brasil, Argentina, Chile, México, Peru, Uruguai, Brasília: Brasília Jurídica, 2013; Ferreira, Marcelo Ramos Peregrino. *O controle de convencionalidade da lei da ficha limpa. Direitos políticos e inelegibilidades*, Rio de Janeiro, Lumen Juris, 2015.
168. Cf. mostra o inventário realizado por Nogueira Alcalá, Humberto. *Derechos fundamentales y garantías constitucionales*, 4. ed., Santiago: Librotecnia, 2013, t. I, p. 34-84. Mais recentemente, sobre a jurisprudência da Corte Interamericana, v. Lopes, Ana Maria D'Ávila; Paredes, Felipe Paredes; Lazarte, Renata Bregaglio. *Tendências jurisprudenciais da Corte Interamericana de Direitos Humanos*. Porto Alegre: Livraria do Advogado, 2020.
169. Sobre a matéria, v., entre outros, a atual e relevante obra de Cavallo, Gonzalo Aguilar (Coord.). *Diálogo entre jurisdicciones. El desarollo del derecho público y una nueva forma de razonar*. Santiago do Chile: Librotecnia, 2014, contendo contribuições de diversos autores, de diversos países, sobre os mais importantes aspectos relacionados ao tema. Na literatura brasileira mais recente, v., dentre outros, LEAL, Mônia Clarissa Hennig; MORAES, Maria Valentina de. *Margem de Apreciação e Diálogo Institucional e entre Cortes na Perspectiva do Supremo Tribunal Federal e da Corte Interamericana de Direitos Humanos*, São Paulo: Tirant lo Blanch, 2021.

direito subjetivo segue sendo essencial para o direito e para os direitos fundamentais.[170] Deixando de lado qualquer pretensão de aprofundamento da matéria, o que demandaria uma longa análise da evolução da noção de direito subjetivo, o que se pretende é traçar, em breves linhas, em que consiste, especialmente no contexto da Constituição Federal de 1988 e no âmbito do atual estágio da teoria dos direitos fundamentais, a assim chamada dimensão ou perspectiva subjetiva.

Observando-se a evolução doutrinária e jurisprudencial, é possível identificar um gradual abandono no que diz com a utilização da expressão "direitos subjetivos públicos", tão cara a tantos e durante tanto tempo, embora se trate de designação anacrônica e não mais correta, na sua inteireza, especialmente considerando o marco constitucional brasileiro. Por outro lado, há que enfatizar que falar em direito subjetivo público é remeter a uma concepção que radica no positivismo e liberalismo do século XIX, e que, mais adiante, aplicada ao universo dos direitos fundamentais, passou a significar que o indivíduo teria direitos subjetivos, portanto, direitos exigíveis, perante o Estado.[171] Aliás, deveria bastar aqui a referência à eficácia dos direitos fundamentais em geral nas relações privadas, bem como a existência de normas de direitos fundamentais que têm por destinatário entidades privadas, como dão conta, entre nós, os direitos dos trabalhadores, para que se possa afastar uma equivalência entre a noção mais abrangente dos direitos fundamentais e os assim chamados direitos subjetivos públicos, que, de resto, não se limitam a poderes jurídicos do cidadão em face do Estado assegurados em nível constitucional.

De modo geral, quando nos referimos aos direitos fundamentais como direitos subjetivos, temos em mente a noção de que ao titular de um direito fundamental é aberta a possibilidade de impor judicialmente seus interesses juridicamente tutelados perante o destinatário (obrigado). Desde logo, transparece a ideia de que o direito subjetivo consagrado por uma norma de direito fundamental se manifesta por meio de uma relação trilateral, formada entre o titular, o objeto e o destinatário do direito.[172] Neste sentido, o reconhecimento de um direito subjetivo, de acordo com a formulação de Vieira de Andrade, está atrelado "à proteção de uma determinada esfera de autorregulamentação ou de um espaço de decisão individual; tal como é associado a um certo poder de exigir ou pretender comportamentos ou de produzir autonomamente efeitos jurídicos".[173] Que a amplitude de tal poder jurídico atribuído ao titular do direito pela ordem jurídica objetiva, especialmente na esfera dos direitos fundamentais, não pode ser compreendida de acordo com uma acepção estrita, peculiar ao direito privado, de onde se origina a própria noção de direito subjetivo, resulta evidente e constitui um dos pressupostos aqui assumidos.

---

170. Nesse sentido a recente e oportuna lembrança de GALDINO, Flávio. *Introdução à teoria do custo dos direitos:* direitos não nascem em árvores, p. 127 e ss., que, além disso, oferece interessante e bem construída contribuição para a compreensão de uma noção complexa e operativa de direitos subjetivos no âmbito da doutrina nacional mais recente.

171. V., neste sentido, a crítica de MIRANDA, Jorge. *Manual de direito constitucional*, vol. 4, p. 53 e ss., à terminologia "direito público subjetivo". De qualquer modo, parece-nos correto o ponto de vista de que os direitos fundamentais, em face das limitações da noção de direito público subjetivo, não podem ser reduzidos, na sua dimensão subjetiva, a esta categoria.

172. Assim a lição de CANOTILHO, J. J. Gomes. *Direito constitucional*, p. 544. Diversa não é a posição da doutrina alemã, que reconhece nos direitos fundamentais subjetivos a existência de três elementos (titular, destinatário e objeto). Nesse sentido, entre tantos, GALLWAS, Hans-Ullrich. *Grundrechte*, p. 15 e ss.

173. Cf. ANDRADE, José Carlos Vieira de. *Os direitos fundamentais na Constituição portuguesa de 1976*, p. 163.

Assim, sem adentrarmos aqui (ainda) no exame das diversas constelações que podem constituir o objeto de um direito subjetivo fundamental, importa consignar, por ora, que tomamos este em sentido amplo, na medida em que para o titular de um direito fundamental se abre um leque de possibilidades, que se encontram condicionadas à conformação concreta da norma que o consagra. De modo geral, é possível afirmar que este espectro de variações no que concerne ao objeto do direito subjetivo (fundamental) se encontra vinculado aos seguintes fatores: (a) o espaço de liberdade da pessoa individual não se encontra garantido de maneira uniforme; (b) a existência de inequívocas distinções no que tange ao grau de exigibilidade dos direitos individualmente considerados, de modo especial, considerando-se os direitos a prestações sociais materiais; (c) os direitos fundamentais constituem posições jurídicas complexas, no sentido de poderem conter direitos, liberdades, pretensões e poderes da mais diversa natureza e até mesmo pelo fato de poderem dirigir-se contra diferentes destinatários.[174] Neste contexto, cumpre frisar que os direitos fundamentais, mesmo na sua condição de direito subjetivo, não se reduzem aos clássicos direitos de liberdade, ainda que nestes a nota da subjetividade, no sentido de sua exigibilidade, transpareça – de regra – da forma mais acentuada.

De outra banda, é de destacar-se a circunstância de que a referida complexidade dos direitos fundamentais na sua perspectiva jurídico-subjetiva remete à conclusão de que se cuida de um feixe de posições estruturalmente diferenciadas,[175] não só no que diz com a forma de positivação, seu conteúdo e alcance, mas também no que concerne às diferentes funções que desempenham no âmbito do conjunto dos direitos fundamentais, o que (de acordo com o que veremos mais adiante), por sua vez, acarreta importantes consequências para uma proposta de classificação destes direitos.

Neste contexto, ainda que não seja nosso objetivo apresentar todas as variantes apontadas na doutrina sobre as possibilidades ligadas à noção de direito fundamental na condição de direito subjetivo (ressalvada, além disso, a existência de acirrada controvérsia nesta seara), torna-se indispensável referir proposta que, em termos gerais, guarda relação com a arquitetura constitucional brasileira e é suficientemente elástica para adaptar-se à noção de direito subjetivo em sentido amplo que aqui sustentamos. Cuida-se da proposta formulada por Robert Alexy, que edifica sua concepção de direitos fundamentais (o que chamou de sistema das posições jurídicas fundamentais) com base na seguinte tríade de posições fundamentais, que, em princípio, pode integrar um direito fundamental na condição de direito subjetivo: (a) direitos a qualquer coisa (que englobariam os direitos a ações negativas e positivas do Estado e/ou particulares e, portanto, os clássicos direitos de defesa e os direitos a prestações); (b) liberdades (no sentido de negação de exigências e proibições); e (c) poderes (competências ou autorizações).[176]

O que importa frisar é que, seja compreendida em sentido mais amplo (como aqui se admite), seja visualizada em sentido mais estrito, a noção de uma perspectiva subjetiva dos direitos fundamentais engloba a possibilidade de o titular do direito fazer valer judicialmente os poderes, as liberdades ou mesmo o direito à ação ou às ações negativas ou positivas

---

174. Sobre este ponto, v., entre outros, ANDRADE, José Carlos Vieira de. *Os direitos fundamentais na Constituição portuguesa de 1976*, p. 164.

175. Cf. LOUREIRO, João Carlos Simões Gonçalves. *O procedimento administrativo entre a eficiência e a garantia dos particulares*, p. 192, arrimado nas lições de Vieira de Andrade, Canotilho e Alexy.

176. Cf. ALEXY, Robert. *Theorie der Grundrechte*, 2. ed., p. 171 e ss.

que lhe foram outorgadas pela norma consagradora do direito fundamental em questão, ainda que tal exigibilidade seja muito variável e careça de uma apreciação à luz de cada direito fundamental em causa, dos seus limites, entre outros aspectos a serem considerados.[177] Em virtude da relevância da perspectiva subjetiva (mesmo em face da assim chamada dimensão ou perspectiva objetiva) dos direitos fundamentais, é possível invocar a lição de J. J. Gomes Canotilho, no sentido de que os direitos fundamentais são – em primeira linha (mas não exclusivamente, convém agregar!) – direitos individuais, do que resulta a constatação de que, encontrando-se constitucionalmente protegidos como direitos individuais, esta proteção dar-se-á sob a forma de direito subjetivo.[178]

3.4.2 A assim chamada dimensão objetiva dos direitos fundamentais

No âmbito da teoria constitucional dos direitos fundamentais, também no Brasil tem sido recepcionada a noção de que a função dos direitos fundamentais não se limita a serem direitos subjetivos, já que também representam decisões valorativas de natureza jurídico--objetiva da Constituição, que se projetam em todo o ordenamento jurídico. Em outras palavras, os direitos fundamentais passaram a apresentar-se, no âmbito da ordem constitucional, como um conjunto de valores objetivos básicos e fins diretivos da ação positiva dos poderes públicos, e não apenas garantias negativas (e positivas) dos interesses individuais.[179] Em termos gerais, a dimensão objetiva dos direitos fundamentais significa que às normas que preveem direitos subjetivos é outorgada função autônoma, que transcende a perspectiva subjetiva,[180] implicando, além disso, o reconhecimento de conteúdos normativos e, portanto, de funções distintas aos direitos fundamentais.[181] É por isso que a doutrina costuma apontar para a perspectiva objetiva como representando também – naqueles aspectos que

---

177. Aderimos aqui parcialmente à posição de Andrade, José Carlos Vieira de. *Os direitos fundamentais na Constituição portuguesa de 1976*, p. 171 e ss., para quem o direito subjetivo fundamental representa, de modo geral, posições jurídicas subjetivas, individuais, universais e permanentes e fundamentais, que, dentre outros aspectos, exclui as garantias institucionais, uma vez que não suscetíveis de subjetivação, bem como os direitos fundamentais coletivos das organizações privadas e públicas, já que estas, segundo sustenta, não seriam direitos subjetivos fundamentais, mas, sim, competências no quadro de organização estatal que se equiparam às garantias institucionais. Entendemos, todavia – na esteira de J. J. Gomes Canotilho (*Direito constitucional*, p. 570 e ss.) –, que se cuida de uma concepção ainda demasiado reducionista, na medida em que vislumbramos a existência de direito fundamental subjetivo também para entes coletivos, inobstante as dificuldades operacionais que possam estar ligadas a esta titularidade coletiva. Por outro lado, reputamos redundante qualificar os direitos fundamentais subjetivos como fundamentais, além do que esta nota distintiva, na verdade, é comum a todos os direitos fundamentais, mesmo aqueles não subjetiváveis, já que há como falar, por exemplo, em garantias institucionais fundamentais. A fundamentalidade formal e material independe, portanto, do grau de exigibilidade no âmbito da perspectiva jurídico-subjetiva dos direitos fundamentais.

178. Cf. Canotilho, J. J. Gomes. *Direito constitucional*, p. 547.

179. Cf. Pérez Luño, Antonio-Enrique. *Los derechos fundamentales*, p. 20-21, que, neste contexto, aponta para a função legitimadora do Estado de Direito decorrente desta significação axiológica objetiva dos direitos fundamentais, visto que atuam como pressupostos do consenso sobre o qual se funda qualquer sociedade democrática, exercendo, neste sentido, o papel de sistematizar o conteúdo axiológico objetivo do ordenamento democrático.

180. Cf., dentre tantos, Andrade, José Carlos Vieira de. *Os direitos fundamentais na Constituição portuguesa de 1976*, p. 143.

181. Nesse sentido, por exemplo, Dreier, Horst. Subjektiv-rechtliche und objektiv-rechtliche Grundrechtsgehalte. *Juristiche Ausbildung*, p. 505 e ss., p. 509.

se agregaram às funções tradicionalmente reconhecidas aos direitos fundamentais – um reforço da juridicidade das normas de direitos fundamentais,[182] que, por sua vez, pode ser aferido por meio das diversas categorias funcionais desenvolvidas na doutrina e na jurisprudência, que passaram a integrar a assim denominada perspectiva objetiva da dignidade da pessoa humana e dos direitos fundamentais, o que por si só já aponta para uma multifuncionalidade dos direitos fundamentais na ordem constitucional.

Como um dos mais importantes desdobramentos da força jurídica objetiva dos direitos fundamentais, costuma apontar-se para o que boa parte da doutrina e da jurisprudência constitucional na Alemanha denominou eficácia irradiante ou efeito de irradiação dos direitos fundamentais, no sentido de que estes, na sua condição de direito objetivo, fornecem impulsos e diretrizes para a aplicação e interpretação do direito infraconstitucional, implicando uma interpretação conforme aos direitos fundamentais de todo o ordenamento jurídico. Associado a este efeito – mas não exclusivamente decorrente do reconhecimento da dimensão objetiva, visto que o papel principal neste processo foi desempenhado pela afirmação da supremacia normativa da constituição e o controle de constitucionalidade das leis – está o assim designado fenômeno da constitucionalização do direito, incluindo a questão da eficácia dos direitos fundamentais na esfera nas relações entre particulares, que será objeto de análise em separado, mais adiante.

Outra função que tem sido reconduzida à dimensão objetiva está vinculada ao reconhecimento de que os direitos fundamentais implicam deveres de proteção do Estado, impondo aos órgãos estatais a obrigação permanente de, inclusive preventivamente, zelar pela proteção dos direitos fundamentais dos indivíduos, não somente contra os poderes públicos, mas também contra agressões por parte de particulares e até mesmo por parte de outros Estados.[183] Isto não significa, contudo, que não se possa – a despeito da forte resistência neste sentido – falar em deveres de proteção de particulares, o que, contudo, diz mais de perto com o item dos deveres fundamentais, bem como com o tópico da vinculação dos particulares aos direitos fundamentais.

Tais deveres de proteção, parte dos quais expressamente previstos nas constituições, podem ser também reconduzidos ao princípio do Estado de Direito, na medida em que o Estado é o detentor do monopólio, tanto da aplicação da força, quanto no âmbito da solução dos litígios entre os particulares.[184] Por força dos deveres de proteção, aos órgãos estatais incumbe assegurar níveis eficientes de proteção para os diversos bens fundamentais, o que implica não apenas a vedação de omissões, mas também a proibição de uma proteção manifestamente insuficiente, tudo sujeito a controle por parte dos órgãos estatais, inclusive por parte do Poder Judiciário.[185]

---

182. Cf. leciona ANDRADE, José Carlos Vieira de. *Os direitos fundamentais na Constituição portuguesa de 1976*, p. 165.

183. Para maior desenvolvimento, v. SARLET, Ingo Wolfgang. *A eficácia dos direitos fundamentais*, 13. ed., p. 154 e ss., bem como SILVA, Jorge Pereira da. *Deveres de protecção de direitos fundamentais*. Lisboa: Universidade Católica Editora, 2015.

184. Sobre este fundamento da teoria dos deveres de proteção, v. MÜNCH, Ingo von. Die Drittwirkung von Grundrechten in Deutschland. In: _____; CODERCH, Pablo Salvador; RIBA, Josep Ferrer I. *Zur Drittwirkung der Grundrechte*, p. 26.

185. Sobre a assim chamada proibição de insuficiência de proteção (ou proteção insuficiente), v., por todos, SARLET, Ingo Wolfgang. *A eficácia dos direitos fundamentais*, 13. ed., p. 414 e ss. Explorando o tema pelo viés do direito penal, v. SARLET, Ingo Wolfgang. Constituição, proporcionalidade e direitos fundamentais.

Assim, os deveres de proteção implicam deveres de atuação (prestação) do Estado e, no plano da dimensão subjetiva – na condição de direitos à proteção –, inserem-se no conceito de direitos a prestações (direitos à proteção) estatais.

Uma terceira função, igualmente vinculada à dimensão objetiva, e que, além disso, demonstra que todas as funções dos direitos fundamentais, tanto na perspectiva jurídico-objetiva quanto na dimensão subjetiva, guardam direta conexão entre si e se complementam reciprocamente (embora a existência de conflitos), pode ser genericamente designada de função organizatória e procedimental. Neste sentido, sustenta-se que a partir do conteúdo das normas de direitos fundamentais é possível extrair consequências para a aplicação e interpretação das normas procedimentais, mas também para uma formatação do direito organizacional e procedimental que auxilie na efetivação da proteção aos direitos fundamentais, evitando-se os riscos de uma redução do seu significado e conteúdo material.[186] Neste contexto, há que considerar a íntima vinculação entre direitos fundamentais, organização e procedimento, no sentido de que os direitos fundamentais são, ao mesmo tempo e de certa forma, dependentes da organização e do procedimento (no mínimo, sofrem uma influência da parte destes), mas simultaneamente também atuam sobre o direito procedimental e as estruturas organizacionais.[187]

Tendo em vista que os deveres de proteção do Estado em muitos casos se concretizam por meio de normas dispondo sobre o procedimento administrativo ou judicial (inclusive criando e aperfeiçoando técnicas de tutela dos direitos),[188] bem como pela criação de órgãos incumbidos da tutela e promoção de direitos, constata-se, desde já, a conexão que pode existir entre estas duas facetas da perspectiva jurídico-objetiva dos direitos fundamentais, no caso, entre os deveres de proteção e a dimensão organizatória e procedimental. Já na perspectiva das posições subjetivas das quais é investido o titular de direitos fundamentais, consolidou-se a noção de que se trata de espécie do gênero "direitos a prestações", visto que seu objeto é o de assegurar ao indivíduo a execução (implementação) de procedimentos ou

---

O direito penal entre a proibição de excesso e de insuficiência. *Boletim da Faculdade de Direito da Universidade de Coimbra* 81/325-386; Feldens, Luciano. *A Constituição penal – A dupla face da proporcionalidade no controle de normas penais*; Streck, Lenio Luiz. A dupla face do princípio da proporcionalidade: da proibição de excesso (*Übermassverbot*) à proibição de proteção deficiente (*Untermassverbot*) ou de como não há blindagem contra normas penais inconstitucionais. (*Neo)constitucionalismo – Revista do Instituto de Hermenêutica Jurídica*, n. 2; Baltazar Junior, José Paulo. *Crime organizado e proibição de insuficiência*, 2010. Mais recentemente, destacam-se as obras de LEAL, Mônia Clarissa Hennig. *"Dever de proteção estatal", "proibição de proteção insuficiente" e controle jurisdicional de políticas públicas*. Rio de Janeiro: Lumen Juris, 2020 e de ANDRADE, Adriano. *Proibição de Proteção Insuficiente e Responsabilidade Civil Ambiental*, Belo Horizonte, D´Plácido, 2021.

186. Nesse sentido, representando a posição majoritária na doutrina, v., por todos, Pieroth, Bodo; Schlink, Bernhard. *Staatsrecht II – Grundrechte*, 20. ed., p. 22, número de margem 81; bem como de Hesse, Konrad. *Grundzüge des Verfassungsrecht der Bundesrepublik Deutschland*, p. 156, e de Jarass, Hans D.; Pieroth, Bodo. *Grundgesetz für die Bundesrepublik Deutschland*, 3. ed., p. 20.

187. Nesse sentido, representando a tendência doutrinária, entre outros, Pieroth, Bodo; Schlink, Bernhard. *Staatsrecht II – Grundrechte*, 20. ed., p. 22.

188. Para tal perspectiva, confiram-se as contribuições, na literatura brasileira, de Marinoni, Luiz Guilherme. *Técnica processual e tutela dos direitos*, especialmente p. 165-249, destacando o dever do juiz de conformar o procedimento adequado ao caso concreto pelo prisma da efetividade da prestação jurisdicional; Mitidiero, Daniel Francisco. *Elementos para uma teoria contemporânea do processo civil brasileiro*; e Oliveira, Carlos Alberto Alvaro de. O processo civil na perspectiva dos direitos fundamentais. In: _____ (Org.). *Processo e constituição.*

organizações em geral, ou mesmo a possibilidade de participação em procedimentos ou estruturas organizacionais já existentes.[189] Por outro lado, isso não significa – é bom frisar – que a dimensão procedimental e organizatória, no que diz com o plano subjetivo, possa ser limitada à condição dos direitos fundamentais como direitos a prestações. Em síntese, o que importa sublinhar, nesta quadra, é que a fruição de diversos direitos fundamentais não se revela possível ou, no mínimo, perde em efetividade, sem que sejam colocadas à disposição prestações estatais na esfera organizacional e procedimental.[190]

As funções vinculadas à dimensão objetiva dos direitos fundamentais, por sua vez, influenciaram a dimensão subjetiva, isto é, a noção de direitos fundamentais como direitos subjetivos, contribuindo para o seu alargamento, de modo a se falar até mesmo numa espécie de hipertrofia dos direitos fundamentais.[191] De qualquer modo, é certo que a dimensão objetiva encontra ressonância na perspectiva subjetiva (fala-se, inclusive, de direitos à proteção e direitos à organização e procedimento), visto que os efeitos jurídicos inerentes à dimensão objetiva implicam, em maior ou menor medida, a possibilidade de invocar tais efeitos perante o Poder Judiciário, por meio dos diversos mecanismos disponíveis, tópico que, todavia, aqui não será desenvolvido, por dizer respeito mais diretamente ao tema da eficácia das normas de direitos fundamentais.

3.4.3 Multifuncionalidade e classificação dos direitos fundamentais na ordem constitucional

Na quadra atual da evolução da teoria dos direitos fundamentais, é voz corrente que a circunstância de os direitos fundamentais apresentarem uma dupla dimensão subjetiva (como posições subjetivas, isto é, direitos subjetivos, atribuídas aos seus titulares) e objetiva implica uma multiplicidade de funções dos direitos fundamentais na ordem jurídico-constitucional. Tal fenômeno, traduzido por uma assim chamada multifuncionalidade dos direitos fundamentais, guarda relação também com o fato de que, no Estado Constitucional contemporâneo – o que à evidência vale para o caso brasileiro, notadamente no marco da Constituição Federal –, os direitos fundamentais não correspondem a uma teoria de base, não se podendo falar, pelo menos não em termos gerais e tomando como parâmetro a maioria dos países, em uma concepção estritamente liberal, socialista ou institucional (para além de outras concepções que poderiam ser invocadas) dos direitos fundamentais.[192]

---

189. Nesse sentido, entre outros, MURSWIEK, Dietrich. *Grundrechte als Teilhaberechte, soziale Grundrechte.* In: ISENSEE, J.; KIRCHHOF, P. (Org.). *Handbuch des Staatsrechts der Bundesrepublik Deutschland*, p. 251.

190. Para maior desenvolvimento, remetemos ao nosso *A eficácia dos direitos fundamentais*, 13. ed., p. 201 e ss.; bem como a MENDES, Gilmar Ferreira; BRANCO, Paulo Gustavo Gonet; COELHO, Inocêncio Mártires. *Curso de direito constitucional*, 2007, p. 255 e ss. Especialmente no que concerne à importância da dogmática dos direitos fundamentais e das funções aqui sumariamente apresentadas para o processo, indispensáveis os aportes de MARINONI, Luiz Guilherme. *Técnica processual e tutela dos direitos*; OLIVEIRA, Carlos Alberto Alvaro de. O processo civil na perspectiva dos direitos fundamentais. In: _____ (Org.). *Processo e constituição*, p. 2 e ss.; ZANETI JUNIOR, Hermes; MITIDIERO, Daniel Francisco. *Introdução ao estudo do processo civil:* primeiras linhas de um paradigma emergente; MITIDIERO, Daniel Francisco. *Elementos para uma teoria contemporânea do processo civil brasileiro.*

191. A partir da doutrina de Karl August Bettermann, cf. BONAVIDES, Paulo. *Curso de direito constitucional*, p. 587.

192. Cf., por todos, CANOTILHO, J. J. Gomes. *Direito constitucional e teoria da constituição*, 7. ed., p. 1.249.

Por outro lado, a noção de que os direitos fundamentais cumprem papéis diversificados na ordem constitucional pode ser tributada, no que diz com sua origem remota, ao publicista alemão Georg Jellinek, tendo sido formulada no final do século XIX, portanto, ainda fortemente impregnada de elementos do Estado Liberal, mas que mesmo assim foi precursora da evolução posterior.

De maneira sumária, para Jellinek, designadamente a partir de sua obra intitulada *Sistema dos direitos subjetivos públicos* (*System der subjektiv öffentlichen Rechte*), o indivíduo, como vinculado a determinado Estado, encontra sua posição relativamente a este cunhada por quatro espécies de situações jurídicas (*status*), seja como sujeitos de deveres, seja como titular de direitos. No âmbito do *status* passivo (*status subjectionis*), o indivíduo estaria subordinado aos poderes estatais, sendo, neste contexto, meramente detentor de deveres, de modo que o Estado possui a competência de vincular o cidadão juridicamente por meio de mandamentos e proibições. O *status negativus* consiste numa esfera individual de liberdade imune ao *jus imperii* do Estado, que, na verdade, é poder juridicamente limitado. O terceiro *status* referido por Jellinek é o assim denominado *status positivus* (ou *status civitatis*), no qual ao indivíduo é assegurada juridicamente a possibilidade de utilizar-se das instituições estatais e de exigir do Estado determinadas ações positivas. Por fim, encontra-se o chamado *status activus*, no qual o cidadão passa a ser considerado titular de competências que lhe garantem a possibilidade de participar ativamente da formação da vontade estatal, como, por exemplo, pelo direito de voto.[193]

O reconhecimento da multifuncionalidade dos direitos fundamentais, evidentemente contextualizado mediante a indispensável filtragem constitucional, auxilia, por sua vez, na eleição de uma forma adequada de classificação dos direitos fundamentais. Neste sentido, embora haja diversas formas de classificar os direitos fundamentais, nem sempre incompatíveis entre si, pois fundadas em critérios distintos, a Constituição Federal, no seu Título II, preferiu "classificar" os direitos fundamentais de uma forma não necessariamente sistemática e operacional, além de, em alguns aspectos, até mesmo anacrônica ou, pelo menos, terminologicamente questionável, pois dividiu o título dos direitos e garantias fundamentais (e a distinção entre direitos e garantias já é uma forma de classificação) em cinco capítulos, o primeiro versando sobre os direitos e deveres individuais e coletivos (embora os deveres não sejam direitos, ainda que em parte diretamente conexos a direitos), o segundo cuidando dos direitos sociais, o terceiro dispondo sobre nacionalidade, o quarto sobre os direitos políticos e o último sobre os partidos políticos.

A própria distinção entre direitos e garantias, por sua vez, não pode mascarar a circunstância de que, em termos gerais, as garantias, embora evidentemente tenham uma função de natureza assecuratória e, nesta perspectiva, instrumental,[194] atuam também como direitos (tanto na dimensão subjetiva quanto na dimensão objetiva), pois investem o seu titular de uma posição subjetiva no sentido de invocar a garantia em seu favor. É por esta razão que muitos preferem utilizar – opção aqui considerada correta – as expressões direitos-garantia ou princípios-garantia.[195]

---

193. Para maiores desenvolvimentos, cf. Sarlet, Ingo Wolfgang. *A eficácia dos direitos fundamentais*, 13. ed., p. 161 e ss.

194. Cf., por todos, Sarlet, Ingo Wolfgang. *A eficácia dos direitos fundamentais*, 13. ed., p. 186.

195. Idem.

Sem que aqui se vá aprofundar este aspecto, importa ter presente que os direitos fundamentais (sejam eles direitos ou garantias, individuais ou sociais, de nacionalidade ou direitos políticos) em geral abrangem um complexo de posições jurídicas, que, seguindo a prestigiada fórmula de Robert Alexy, assumem condição negativa (defensiva) e positiva (prestacional).[196] Em outras palavras, especialmente levando em conta a posição subjetiva atribuída ao titular do direito, os direitos fundamentais atuam (em muitos casos simultaneamente) tanto como direitos de defesa, compreendidos como direitos a não intervenção no âmbito de proteção do direito por parte do Estado ou outros particulares, quanto como direitos a prestações, incluindo tanto prestações de cunho normativo quanto material (fático).

Tal classificação, a despeito das críticas que têm recebido, não é incompatível com o fato de que também os direitos de liberdade, assim como os direitos negativos de um modo geral, dependem de um sistema de prestações, guardando, portanto, direta relação com os assim designados direitos positivos (prestacionais). Assim, a classificação adotada refuta qualquer compreensão dicotômica a respeito dos direitos fundamentais como direitos de defesa (negativos) e a prestações (positivos), já que ambas se complementam e, a despeito de eventualmente entrarem em conflito (como, de resto, há conflitos dos direitos negativos entre si, como dá conta o clássico embate entre liberdade de expressão e a proteção da vida imagem e da honra), acabam por se reforçar mutuamente. O que não se deve esquecer é que, em matéria de direitos fundamentais como direitos subjetivos, em verdade o que temos é um complexo heterogêneo de posições jurídico-subjetivas fundamentais, que, no âmbito das diversas funções exercidas pelos direitos fundamentais, podem assumir tanto uma dimensão positiva quanto negativa.[197]

Para melhor compreensão da proposta de classificação, conveniente partir da premissa de que existe um direito fundamental em sentido amplo (o direito fundamental considerado como um todo), ou seja, o direito compreendido como complexo de posições jurídicas. Todavia, consideradas de modo individualizado, tais posições jurídicas assumem a condição de direitos subjetivos, cujo objeto é, neste sentido, mais determinado e poderá ser tanto negativo quanto positivo. É possível ilustrar a afirmativa mediante recurso ao exemplo do direito à saúde. Este não é propriamente um direito apenas, visto que, na condição de um direito fundamental como um todo, abrange tanto (para além dos efeitos na perspectiva objetiva) posições subjetivas negativas (atuando, portanto, como direito de defesa) quanto posições positivas (na condição de direito a prestações). Com efeito, o direito à saúde opera como direito de defesa quando se trata da possibilidade de impugnar medidas que venham a afetar a saúde de alguém, ou mesmo interferir nos níveis de proteção da saúde já concretizados pelo Estado.

Por outro lado, como direito positivo, o direito à saúde pode ter como objeto a exigibilidade de prestações estatais em matéria de saúde, como medicamentos, internação

---

196. Sobre a classificação adotada, v. especialmente a fundamentação de ALEXY, Robert. *Teoría de los derechos fundamentales*, p. 419 e ss., plenamente conciliável com o direito constitucional positivo pátrio. Nesse sentido, também remetemos, para maiores desenvolvimentos, ao nosso SARLET, Ingo Wolfgang. *A eficácia dos direitos fundamentais*, 13. ed., p. 165 e ss.

197. Sobre o tema, vale conferir, para maiores desenvolvimentos quanto ao direito brasileiro, SARLET, Ingo Wolfgang. *A eficácia dos direitos fundamentais*, 13. ed., p. 279; CLÈVE, Clèmerson Merlin. A eficácia dos direitos fundamentais sociais. *Revista de Direito Constitucional e Internacional*, ano 14, n. 54, p. 28-39, especialmente p. 29.

hospitalar etc., ou medidas de caráter normativo, por exemplo, a regulamentação da EC 29, no que diz com a garantia de recursos para financiar o sistema de saúde. É precisamente neste sentido que é possível falar não em um, mas em vários direitos à saúde, assim como em vários direitos à educação (garantia da gratuidade do ensino público, direito de acesso ao ensino fundamental, liberdade de ensino e pesquisa etc.), visto que tal esquema, ainda que com importantes variações, aplica-se de modo generalizado.

Em síntese, afinados, neste particular, com a sistematização apresentada por Robert Alexy,[198] embora ligeiramente adaptada, é possível afirmar que, considerados em sentido amplo (na condição de um direito como um todo), os direitos fundamentais cumprem, em regra, uma dupla função, abarcando um viés (dimensão) simultaneamente negativo e positivo. Todavia, de acordo com o objeto de cada posição subjetiva atribuída ao titular do direito, os direitos fundamentais podem ser classificados em: 1. direitos de defesa (direitos negativos), no sentido de proibições de intervenção (exigências de abstenção/omissão); 2. direitos a prestações (direitos positivos), no sentido de direitos a ações positivas, que exigem do destinatário uma atuação em nível de prestações fáticas (materiais) ou normativas (jurídicas), incluindo, neste caso, o dever de emitir normas de proteção, organização e procedimento.

3.5 A titularidade dos direitos e garantias fundamentais: quem é o sujeito dos direitos?

3.5.1 Considerações gerais

Embora a existência, no Brasil, de considerável doutrina utilizando o termo destinatário (no sentido de destinatário da proteção ou tutela do direito) como sinônimo de titular de direitos fundamentais,[199] é preciso enfatizar que a terminologia que corresponde à tendência dominante no cenário constitucional contemporâneo é a de titular de direitos fundamentais. Em apertada síntese, titular do direito é o sujeito do direito, ou seja, é quem figura como sujeito ativo da relação de direito subjetivo, ao passo que destinatário do direito é a pessoa (física ou mesmo jurídica ou ente despersonalizado) em face da qual o titular pode exigir o respeito, a proteção ou a promoção do seu direito.

Aspecto que segue gerando polêmica diz respeito à distinção entre a titularidade de direitos fundamentais e a capacidade jurídica regulada pelo Código Civil, sendo a titularidade, para alguns efeitos, seguramente mais ampla que a capacidade jurídica. Com efeito, no plano do direito constitucional, registra-se a tendência de superação da distinção entre

---

198. Cf. ALEXY, Robert. *Theorie der Grundrechte*, p. 410.

199. Por exemplo: SILVA, José Afonso da. *Curso de direito constitucional positivo*, 27. ed., p. 192; BESTER, Gisela Maria. *Direito constitucional – Fundamentos teóricos*, vol. 1, p. 569; MORAES, Alexandre de. *Direito constitucional*, 19. ed., p. 29-30; BASTOS, Celso Ribeiro. *Curso de direito constitucional*, 22. ed., p. 186; BASTOS, Celso Ribeiro; MARTINS, Ives Gandra da Silva. *Comentários à Constituição do Brasil*, p. 4; CARVALHO, Kildare Gonçalves. *Direito constitucional:* teoria do estado e da constituição – *Direito constitucional positivo*, p. 378. AGRA, Walber de Moura. *Curso de direito constitucional*, p. 100; MORAES, Alexandre de. *Direitos humanos fundamentais – Teoria geral*, p. 72, especialmente onde este autor utiliza, agora corretamente, a expressão "titulares" sob a rubrica "destinatários", evidenciando a confusão de sentidos em parcela da doutrina brasileira.

capacidade de gozo e capacidade de exercício de direitos, a primeira identificada com a titularidade, pois, como dá conta a lição de Jorge Miranda, a titularidade de um direito (portanto, a condição de sujeito de direitos fundamentais) abrange sempre a correspondente capacidade de exercício.[200] Na mesma linha de entendimento, enfatizando a ausência de utilidade da distinção entre capacidade de direito e de exercício, colaciona-se a lição de José Joaquim Gomes Canotilho, para quem uma aplicação direta e generalizada da capacidade de fato (exercício) em matéria de direitos fundamentais poderia resultar numa restrição indevida de tais direitos, de modo que, notadamente quanto aos direitos que prescindem de determinado grau de maturidade para serem exercidos, não haveria razão para reconhecer a distinção entre capacidade de direito e de fato.[201]

A partir das considerações tecidas, resulta necessário sempre identificar de qual direito fundamental se trata em cada caso, pois diversas as manifestações em termos de capacidade de direito e capacidade de fato ou de exercício, como, por exemplo, no caso de menores e incapazes em geral. Assim, resulta correto afirmar que a determinação da titularidade (independentemente da distinção entre titularidade e capacidade jurídica) de direitos fundamentais não pode ocorrer de modo prévio para os direitos fundamentais em geral, mas reclama identificação individualizada, à luz de cada norma de direito fundamental e das circunstâncias do caso concreto e de quem figura nos polos da relação jurídica.[202]

3.5.2 A pessoa natural como titular de direitos fundamentais: a titularidade universal e sua interpretação na Constituição Federal

A despeito de a Constituição Federal ter atribuído a titularidade dos direitos e garantias fundamentais aos brasileiros e estrangeiros residentes no País (art. 5.º, *caput*), também no direito constitucional positivo brasileiro encontrou abrigo o princípio da universalidade. Tal princípio, embora sempre vinculado ao princípio da igualdade, com este não se confunde. Aliás, não é à toa que o constituinte, no mesmo dispositivo, enunciou que "todos são iguais perante a lei, sem distinção de qualquer natureza", e, logo na sequência, atribuiu a titularidade dos direitos fundamentais aos "brasileiros e estrangeiros residentes no País". Assim, embora diversamente do que estabeleceu, por exemplo, a Constituição portuguesa de 1976 (art. 12), no sentido de que "todos os cidadãos gozam dos direitos e estão sujeitos aos deveres consignados na Constituição", uma interpretação sistemática não deixa margem a maiores dúvidas no tocante à recepção do princípio da universalidade (ainda que de forma mitigada em relação a outras ordens constitucionais) no direito constitucional positivo brasileiro.[203] De acordo com o princípio da universalidade, todas as pessoas, pelo fato de

---

200. Cf. Miranda, Jorge; Medeiros, Rui. *Constituição Portuguesa anotada*, t. I, p. 112-113.
201. Cf. Canotilho, J. J. Gomes; Moreira, Vital. *Constituição da República Portuguesa anotada*. Arts. 1.º a 107.º. 4. ed., p. 331-332.
202. Cf. Münch, Ingo Von. *Grundgesetz-Kommentar*, 5. ed., vol. 1, p. 24. V., no âmbito da doutrina nacional: Dimoulis, Dimitri; Martins, Leonardo. *Teoria geral dos direitos fundamentais*, 7. ed., p. 89 e ss.; Nunes, Anelise Coelho. *A titularidade dos direitos fundamentais na Constituição Federal de 1988*, p. 41 e ss.; e Mendes, Gilmar Ferreira; Branco, Paulo Gustavo Gonet; Coelho, Inocêncio Mártires. *Curso de direito constitucional*, p. 261 e ss., bem como, por último, Sarlet, Ingo Wolfgang. *A eficácia dos direitos fundamentais*, 13. ed., p. 215 e ss. (Primeira Parte, Capítulo 6).
203. Sobre o tema, v. Nunes, Anelise Coelho. *A titularidade dos direitos fundamentais na Constituição Federal de 1988*.

serem pessoas, são titulares de direitos e deveres fundamentais, o que, por sua vez, não significa que não possa haver diferenças a serem consideradas, inclusive, em alguns casos, por força do próprio princípio da igualdade, além de exceções expressamente estabelecidas pela Constituição, como dá conta a distinção entre brasileiro nato e naturalizado, algumas distinções relativas aos estrangeiros, entre outras. Como bem leciona Gomes Canotilho, a universalidade será alargada ou restringida de acordo com a postura do legislador constituinte, sempre respeitando o núcleo essencial de direitos fundamentais, que é intangível por qualquer discricionariedade, núcleo que pode ser alargado pela atuação e concretização judicial dos direitos.[204]

É preciso enfatizar, por outro lado, que o princípio da universalidade não é incompatível com o fato de que nem mesmo os brasileiros e os estrangeiros residentes no País são titulares de todos os direitos sem qualquer distinção, já que direitos há que são atribuídos apenas a determinadas categorias de pessoas. Assim ocorre, por exemplo, com os direitos dos cônjuges, dos pais, dos filhos, dos trabalhadores, dos apenados, dos consumidores, tudo a demonstrar que há diversos fatores, permanentes ou vinculados a determinadas situações ou circunstâncias (como é o caso da situação familiar, da condição econômica, das condições físicas ou mentais, da idade etc.) que determinam a definição de cada uma dessas categorias. Em suma, o que importa para efeitos de aplicação do princípio da universalidade é que toda e qualquer pessoa que se encontre inserida em cada uma dessas categorias seja, em princípio, titular dos respectivos direitos.[205]

O princípio da universalidade, por sua vez, diz respeito, em primeira linha, à pessoa natural (pessoa física).[206] A Constituição Federal, no *caput* do seu art. 5.º, reconhece como titular de direitos fundamentais, orientada pelo princípio da dignidade humana (art. 1.º, III) e pelos conexos princípios da isonomia e universalidade, toda e qualquer pessoa, seja ela brasileira ou estrangeira residente no País. Contudo, a própria dicção do texto constitucional – que precisa ser considerada – exige que algumas distinções entre nacionais e estrangeiros devam ser observadas, designadamente no que diz com a cidadania e a nacionalidade, pois, como bem anotou Gilmar Mendes, "a nacionalidade configura vínculo político e pessoal que se estabelece entre o Estado e o indivíduo, fazendo com que este integre uma dada comunidade política, o que faz com que o Estado distinga o nacional do estrangeiro para diversos fins".[207]

Quando, no seu art. 5.º, *caput,* a Constituição Federal se refere a "brasileiros", tal expressão é de ser interpretada como abrangendo todas as pessoas que possuem a nacionalidade

---

204. Cf. SLAIBI FILHO, Nagib. *Direito constitucional*, p. 384, afirmando ser uma tradição estender aos estrangeiros não residentes faculdades jurídicas deferidas para todas as pessoas. Sobre este aspecto, consultar a instigante doutrina de CASTRO, Carlos Roberto Siqueira. *A Constituição aberta e os direitos fundamentais – Ensaios sobre um constitucionalismo pós-moderno e comunitário*, p. 144 e ss., especialmente tendo em vista a questão da indivisibilidade dos direitos fundamentais do homem, que merece tutela e proteção além das fronteiras de Estado. Quanto à aplicação universal, consultar CARVALHO, Kildare Gonçalves. *Direito constitucional:* teoria do estado e da constituição – Direito constitucional positivo, p. 378.

205. Cf. MIRANDA, Jorge; MEDEIROS, Rui. *Constituição portuguesa anotada*, p. 112; e CANOTILHO, J. J. Gomes; MOREIRA, Vital. *Constituição da República Portuguesa anotada*, p. 328.

206. Nada obstante, o STF já se pronunciou no sentido de estender a titularidade de direitos fundamentais a pessoas jurídicas – cf., por todos, AC 2.156/SP, j. 02.10.2008, rel. Min. Celso de Mello.

207. MENDES, Gilmar Ferreira. Direito de nacionalidade e regime jurídico do estrangeiro. *Direitos Fundamentais & Justiça*, ano 1, n. 1, p. 141-154.

brasileira, independentemente da forma de aquisição da nacionalidade (ou seja, independentemente de serem brasileiros natos ou naturalizados), ressalvadas algumas exceções previstas na própria Constituição, que reservam aos brasileiros natos alguns direitos. De outra parte, o gozo da titularidade de direitos fundamentais por parte dos brasileiros evidentemente não depende da efetiva residência em território brasileiro, pois a titularidade depende exclusivamente do vínculo jurídico da nacionalidade.[208]

Entre os direitos reservados aos nacionais e que, portanto, não são assegurados ao estrangeiro residente no País destacam-se os direitos políticos, embora precisamente quanto a estes existam restrições em relação aos brasileiros naturalizados. Com efeito, apenas para ilustrar, por força do art. 12, §§ 2.º e 3.º, da CF, são privativos dos brasileiros natos os cargos de Presidente e Vice-Presidente da República, de Presidente da Câmara dos Deputados, de Presidente do Senado Federal, de Ministro do STF, da carreira diplomática, de oficial das Forças Armadas e de Ministro de Estado da Defesa. Aos estrangeiros naturalizados é assegurado o exercício dos cargos não reservados constitucionalmente aos brasileiros natos, impondo-se especial atenção aos casos em que haja reciprocidade de tratamento, como o do acordo bilateral entre Brasil e Portugal (Dec. 3.927, de 19.09.2001). Caso especial do reconhecimento de direito fundamental de acesso a cargos e empregos públicos remunerados aos estrangeiros está previsto, por exemplo, no inciso I do art. 37, assim como no § 1.º do art. 207 da CF, com a redação imprimida pelas Emendas Constitucionais 19/1998 e 11/1996, respectivamente. Por sua vez, há direitos fundamentais cuja titularidade é reservada aos estrangeiros, como é o caso do direito ao asilo político e a invocação da condição de refugiado e das prerrogativas que lhe são inerentes, direitos que, pela sua natureza, não são dos brasileiros.

3.5.3 O problema da titularidade de direitos fundamentais por parte dos estrangeiros e a relevância da distinção entre estrangeiro residente e não residente

O fato de a Constituição Federal ter feito expressa referência aos estrangeiros residentes acabou colocando em pauta a discussão a respeito da extensão da titularidade de direitos fundamentais aos estrangeiros não residentes no Brasil, bem como sobre a própria definição do que sejam estrangeiros residentes, para, sendo o caso, justificar eventual recusa da titularidade de direitos aos demais estrangeiros (não residentes). Aliás, neste particular, severas as críticas endereçadas ao constituinte de 1988, por estar aferrado a uma tradição que remonta à primeira Constituição da República (1891), na qual já se fazia a distinção entre estrangeiros residentes e demais estrangeiros, excluindo estes da tutela constitucional dos direitos fundamentais.[209] Por outro lado, a distinção entre estrangeiros residentes e não residentes, por ter sido expressamente estabelecida na Constituição Federal, não pode ser pura e simplesmente desconsiderada, podendo, contudo, ser interpretada de modo mais ou menos

---

208. Cf. por todos, DIMOULIS, Dimitri; MARTINS, Leonardo. *Teoria geral dos direitos fundamentais*, 7. ed., p. 90.
209. V., entre tantos, a particularmente enfática crítica de DIMOULIS, Dimitri; MARTINS, Leonardo. *Teoria geral dos direitos fundamentais*, 7. ed., p. 93 e ss.

restritivo, sempre guiada pelos princípios da dignidade da pessoa humana e da correlata noção de titularidade universal dos direitos humanos e fundamentais.

Uma primeira alternativa de interpretação mais extensiva guarda relação com a definição de estrangeiro residente e não residente, de tal sorte que, em homenagem aos princípios da dignidade da pessoa humana, isonomia e universalidade (fundamento aqui adotado), seja adotada a interpretação mais favorável ao indivíduo. Assim, estrangeiros residentes são considerados todos os que, não sendo brasileiros natos ou naturalizados, se encontram, pelo menos temporariamente, no País, guardando, portanto, algum vínculo com certa duração.[210] Este é o caso, por exemplo, do estrangeiro que trabalha no Brasil, resida com familiares ou mesmo aquele beneficiado com visto de duração superior à do turista ou de outra pessoa que apenas ingresse no País de forma eventual, por exemplo, para visitar amigos ou parentes, para atividades profissionais de curta duração, entre outras. Tal entendimento, ademais disso, corresponde à jurisprudência tranquila do STF, inclusive em matéria de direitos sociais.[211]

Hipótese distinta é a da extensão da titularidade de direitos fundamentais a qualquer estrangeiro, ainda que não residente, mesmo nos casos em que tal não decorre diretamente de disposição constitucional expressa. Neste contexto, há que invocar o princípio da universalidade, que, fortemente ancorado no princípio da dignidade da pessoa humana e no âmbito de sua assim designada função interpretativa, na dúvida, implica uma presunção de que a titularidade de um direito fundamental é atribuída a todas as pessoas.[212]

Além disso, a recusa da titularidade de direitos fundamentais aos estrangeiros não residentes, que, salvo nas hipóteses expressamente estabelecidas pela Constituição, poderiam contar apenas com uma tutela legal (portanto, dependente do legislador infraconstitucional), viola frontalmente o disposto no art. 4.º, II, da CF, que, com relação à atuação do Brasil no plano das relações internacionais, preconiza seja assegurada a prevalência dos direitos humanos, posição que inclusive encontra respaldo em diversos julgados do STF.[213]

Ainda neste contexto, por se cuidar de aspecto relativo aos estrangeiros de um modo geral, é preciso destacar que eventual ilegalidade da permanência no Brasil por si só não afasta a titularidade de direitos fundamentais, embora não impeça (respeitados os direitos,

---

210. Idem, p. 91.

211. Invoque-se, em caráter meramente ilustrativo, o RE 587.970/SP, rel. Min. Marco Aurélio, julgado em 20.04.2017, reconhecendo a extensão do direito à assistência social (arts. 6.º e 203, V, CF) aos estrangeiros residentes no Brasil.

212. Cf. ALEXANDRINO, José de Melo. *Direitos fundamentais. Introdução geral*, p. 67.

213. Paradigmáticas, neste sentido, diversas decisões em matéria de extradição, com destaque para a Extradição 633 (rel. Min. Celso de Mello, 28.08.1996 – disponível em: http://www.stf.jus.br.), em que precisamente restou consignado que a condição de estrangeiro não basta para reduzir a pessoa a um estado incompatível com sua dignidade, que lhe confere a titularidade de direitos inalienáveis, inclusive a garantia do devido processo legal. Neste mesmo julgamento, além de considerar aplicáveis ao estrangeiro as garantias da Constituição brasileira, naquilo em que aplicáveis na espécie, houve invocação do argumento da necessária interpretação que assegure a prevalência dos direitos humanos, tal qual consignado no art. 4.º, II, da CF. Também nesse sentido v. a Extradição 977/PT-Portugal, julgado em 25.05.2005, rel. Min. Celso de Mello, em que ficou consignado que ao STF compete assegurar os direitos fundamentais do estrangeiro, além do HC 102.041/SP, j. 20.04.2010, rel. Min. Celso de Mello, afirmando que a condição jurídica de estrangeiro não domiciliado no Brasil não desqualifica o réu como sujeito de direitos e titular de garantias constitucionais.

inclusive o do devido processo legal) eventuais sanções, incluindo a deportação ou mesmo a extradição.[214]

Em síntese, são pelo menos três os critérios para determinação de quais são os direitos fundamentais que, na perspectiva da Constituição Federal, podem ter sua titularidade atribuída mesmo a estrangeiros não residentes no Brasil:

a) por força do princípio da universalidade, combinado com o princípio da dignidade da pessoa humana, todos os direitos que guardam relação direta com a dignidade da pessoa humana, no sentido de constituírem exigência desta mesma dignidade (isto é, direitos cuja violação e supressão implicam também violação da dignidade da pessoa humana), são necessariamente direitos de todos, brasileiros e estrangeiros, sejam eles residentes, ou não;

b) a própria Constituição Federal, ao enunciar os direitos fundamentais, em diversos casos faz referência expressa (textual) a um alargamento da titularidade, o que se depreende já da redação do próprio art. 5.º, *caput*, ("todos são iguais perante a lei sem distinção de qualquer natureza", que antecede a referência a brasileiros e estrangeiros residentes no país),[215] ainda mais quando tal critério for complementar em relação ao parâmetro da universalidade e dignidade da pessoa humana. Para ilustrar tal afirmação, tome-se, por exemplo, o caso do art. 5.º, III, segundo o qual "ninguém será submetido a tortura nem a tratamento desumano ou degradante". A expressão "ninguém", ainda mais no caso em exame, dificilmente poderia ser interpretada como excluindo do âmbito de proteção da norma (no caso, uma regra que densifica o princípio da dignidade da pessoa humana) os estrangeiros não residentes. Assim, quando a Constituição Federal expressamente se refere a "ninguém", "todos" etc., em homenagem ao princípio da universalidade, a titularidade deve ser interpretada como sendo de todos;

c) um terceiro critério poderia ser utilizado, no caso, recorrendo-se à noção de abertura material do catálogo de direitos fundamentais consagrada no art. 5.º, § 2.º, da CF, quando este faz referência a direitos previstos nos tratados internacionais dos quais o Brasil seja parte. Com efeito, tal dispositivo, somado ao critério da universalidade e ao princípio da prevalência dos direitos humanos (art. 4.º, II, da CF), indica que, quando se tratar de direitos consagrados em tratados ratificados pelo Brasil, ainda mais (mas não necessariamente apenas neste caso) quando também constantes do texto constitucional, tais direitos devem ter sua titularidade atribuída, em princípio, a qualquer pessoa, ressalvadas hipóteses excepcionais, em que incidem outros critérios de matriz jurídico-constitucional ou mesmo oriundas do direito internacional dos direitos humanos. O critério ora esboçado encontra-se, por certo, sujeito a controvérsia, como, por exemplo, a discussão em torno da hierarquia dos tratados no direito interno.

Cuidando-se apenas de hierarquia supralegal (como atualmente sustentado no STF), tais direitos (e, portanto, sua titularidade) estariam em plano diverso dos direitos previstos na Constituição, e sempre alguém poderia argumentar que a regra do art. 5.º, *caput*, da CF deveria prevalecer. Mas isso, todavia, apenas seria uma objeção em tese oponível aos direitos dos tratados que simultaneamente não constem, expressa ou implicitamente, na

---

214. Neste ponto, com razão, DIMOULIS, Dimitri; MARTINS, Leonardo. *Teoria geral dos direitos fundamentais*, 7. ed., p. 91.

215. Cf. SILVA, Virgílio Afonso da. *Direito constitucional brasileiro*, op. cit., p. 109.

CF, pois quanto a esses – precisamente por já estarem constitucionalizados – o argumento da extensão aos estrangeiros não residentes acima vertido se aplica sem exceção. De qualquer modo, cuida-se de tópico a merecer maior reflexão e que, considerando a necessidade de maior integração na esfera internacional, bem como uma interpretação sistemática da Constituição Federal, poderia ser adotado em caráter pelo menos complementar aos dois critérios anteriores.

3.5.4 O problema da titularidade de direitos fundamentais nos limites da vida

Caso difícil em termos de atribuição de titularidade dos direitos fundamentais é aquele da condição de embrião humano e do nascituro. Desde logo, designadamente quanto aos embriões, impõe-se uma distinção: (a) a dos embriões implantados no útero materno; (b) a dos que se encontram no ambiente laboratorial aguardando o seu destino. Em ambos os casos a questão está centrada no direito à vida e mesmo na atribuição de dignidade humana a esta vida, assim como no reconhecimento de direitos fundamentais correspondentes.

No caso dos embriões (e fetos) em fase gestacional, com vida uterina, nítida é a titularidade de direitos fundamentais, especialmente no que concerne à proteção da conservação de suas vidas, e onde já se pode, inclusive, reconhecer como imanentes os direitos da personalidade, assim como, em alguns casos, direitos de natureza patrimonial, embora tais aspectos sigam sendo discutidos em várias esferas.

Na seara da proteção penal de bens fundamentais, situa-se, por exemplo, a proibição – ainda que não absoluta – do aborto, embora já se registrem muitas iniciativas, no direito estrangeiro, no sentido da descriminalização. Por outro lado, segue intenso o debate sobre os limites da proteção da vida antes do nascimento, como dá conta, entre nós, a controvérsia a respeito da interrupção da gravidez nos casos de anencefalia (já apreciada pelo STF)[216] e mesmo a liberdade de opção da mulher no sentido de praticar o abortamento nas primeiras doze semanas da gravidez, também submetida ao crivo do STF,[217] ademais da já declarada constitucionalidade da utilização de embriões excedentes obtidos a partir de reprodução assistida extrauterina.[218] Para os embriões que ainda não se encontram em fase gestacional, portanto, com vida extrauterina, caso, por exemplo, dos embriões excedentes, dos pré-implantados ou concepturos, a questão é mais delicada e merece especial reflexão, o que, dados os limites do presente tópico, aqui não poderá ser objeto de maior desenvolvimento.

Tomando-se como referência – no plano do direito estrangeiro – a doutrina e a jurisprudência da Alemanha, que, em termos gerais, reconhecem, de há muito, a tutela constitucional da vida e da dignidade antes do nascimento,[219] resulta evidente que não se pode

---

216. STF, ADPF 54/DF, rel. Min. Marco Aurélio, j. 13.04.2012.

217. Note-se que no caso concreto já houve decisão (HC 124.306/RJ, rel. Min. Marco Aurélio) reconhecendo tal possibilidade, ademais da tramitação de demanda em sede de controle concentrado sustentando a constitucionalidade da prática.

218. STF, ADIn 3.510/DF, j. 29.05.2008, rel. Min. Carlos Ayres Britto – disponível em: http://www.stf.jus.br.

219. Com efeito, já em 1975 (em decisão que, quanto a este ponto, foi posteriormente ratificada) o Tribunal Constitucional Federal da Alemanha se manifestava, cuidando da hipótese da interrupção da gravidez, no sentido de que "o processo de desenvolvimento (...) é um processo contínuo que não revela nenhuma demarcação especial e que não permite nenhuma divisão precisa das diferentes etapas de desenvolvimento

reconhecer, simultaneamente, o direito à vida como algo intrínseco ao ser humano e não dispensar a todos os seres humanos igual proteção das suas vidas, numa nítida menção à humanidade do embrião e, com ainda maior razão, à condição humana do nascituro. Tal entendimento, a despeito de importantes variações na doutrina, tem sido majoritariamente consagrado na doutrina brasileira,[220] que igualmente assegura uma tutela constitucional e jusfundamental à vida não nascida (intrauterina), mas também reconhece, em termos gerais, uma (ainda que diferenciada) proteção à vida embrionária extrauterina.[221]

Já no que diz com o reconhecimento – ao embrião e ao nascituro – da condição de pessoa, para efeitos do regulado pelo Código Civil brasileiro (art. 2.º), a situação já se revela diversa, não faltando quem, a despeito de reconhecer uma tutela constitucional da vida nesta fase, recuse a personalidade jurídica.[222]

Sobre o ponto, é preciso destacar que de acordo com a jurisprudência do STF, especialmente a partir dos precedentes ora referidos (pesquisas com células-tronco, interrupção da gravidez em casos de anencefalia e *habeas corpus* sobre a legitimidade do aborto nas primeiras doze semanas de gravidez), embora não se possa extrair uma posição sólida e conclusiva sobre a matéria (tendo em conta os poucos votos que adentraram a discussão da titularidade propriamente dita), é possível afirmar – especialmente com base no voto vencedor do Ministro Carlos Ayres Britto no caso das pesquisas com células-tronco – que o Tribunal consagrou a tese "natalista", ou seja, de que a titularidade de direitos fundamentais apenas se dá com o nascimento com vida, com a aquisição, portanto, da personalidade jurídica.

Por outro lado, não nos parece correto afirmar que daí se possa extrair a conclusão de que eventual proteção jurídica da fase anterior da vida humana se verifica apenas do ponto de vista do direito infraconstitucional[223], pois o próprio Carlos Ayres Britto, na ocasião, referiu a existência de uma projeção objetiva da dignidade humana nesse domínio. Além disso, é conhecida a distinção entre a condição de indivíduo e a de pessoa, ou, como prefere Jürgen Habermas, entre a dignidade da vida humana e a dignidade da pessoa humana, esta última atribuída ao nascido com vida, ambas as fases cobertas pela proteção jurídico-constitucional, embora de modo distinto, visto que a vida do nascituro, por não ostentar a condição de pessoa e de sujeito de direitos (subjetivos), será sim objeto da proteção constitucional na perspectiva objetiva, por conta dos deveres de proteção estatais para com a vida e

---

da vida humana" (*BVerfGE*, vol. 39). Mais tarde, em 1993, o mesmo Tribunal assentou, em síntese, que onde há vida humana há dignidade humana e onde há dignidade humana há um direito fundamental à vida (*BVerfGE*, vol. 88, p. 203 e ss.).

220. Sustentando que o âmbito de proteção do direito à vida abrange toda a dinâmica do processo vital, desde a concepção, v. Silva, José Afonso da. *Comentário contextual à constituição*, 2. ed., p. 66; no âmbito do direito penal, cf. Souza, Paulo Vinícius Sporleder de. *Bem jurídico-penal e engenharia genética humana:* contributo para a compreensão dos bens jurídicos supraindividuais.

221. Cf., por todos, no âmbito da produção monográfica nacional, Petterle, Selma Rodrigues. *O direito fundamental à identidade genética na Constituição brasileira*. V. ainda, em caráter ilustrativo, considerando o número de obras coletivas publicadas no Brasil sobre o tema, os estudos reunidos em Sarlet, Ingo Wolfgang; Leite, George Salomão (Coord.). *Direitos fundamentais e biotecnologia*.

222. Cf., dentre outros, Sarmento, Daniel. Legalização do aborto e constituição. In: _____; Piovesan, Flávia (Coord.). *Nos limites da vida*: aborto, clonagem humana e eutanásia sob a perspectiva dos direitos humanos, p. 28 e ss.

223. Cf., por exemplo, no nosso sentir equivocadamente, sugere Duque, Marcelo Schenk, *Curso de direitos fundamentais. Teoria e prática*. São Paulo: Revista dos Tribunais, 2014, p. 59.

dignidade humana. Aliás, a própria Convenção Americana de Direitos Humanos (bem invocada pelo Ministro Ricardo Lewandowski nos dois precedentes citados do STF) dispõe que a vida humana será protegida desde a concepção, o que, todavia, não implica por si só o reconhecimento de uma pessoa como titular de direitos, mas pelo menos indica aqui também um dever de proteção daquela vida humana ainda não nascida.

Nesse contexto, calha referir o entendimento de Virgílio Afonso da Silva, para quem o início da titularidade se dá com o nascimento com vida, sendo equivocada a associação que alguns fazem entre o dever de proteger determinados bens jurídicos e interesses e a existência de um direito, complementando seu argumento mediante invocação do fato de que o art. 5º, *caput*, da CF, define como titulares os brasileiros e estrangeiros residentes no Brasil, destacando que a condição de brasileiro (nacionalidade) e de estrangeiro (nacional de outro país) só se adquire com o nascimento com vida.[224]

De qualquer sorte, seja qual for a teoria que se pretenda adotar nessa matéria, o que nos parece inafastável é a circunstância de que a vida humana antes do nascimento é destinatária da proteção jurídico-constitucional, de tal sorte que o legislador infraconstitucional se encontra também sempre e de algum modo vinculado a tal mister, ainda que possa variar o nível de proteção efetiva a depender da posição adotada. De todo modo, levando em conta, por outro lado, que tal discussão guarda conexão com inúmeros problemas teóricos e práticos, abrangendo desde a antiga discussão sobre as possibilidades e limites da interrupção da gravidez até os diversos aspectos que envolvem as terapias gênicas e processos reprodutivos artificiais, aqui são indicados apenas os contornos da problemática que demanda maior aprofundamento mediante acesso à literatura especializada.

Outra hipótese especial a ser brevemente analisada diz com a possível titularidade *post mortem* dos direitos fundamentais, especialmente considerando os efeitos daí decorrentes, sejam individuais ou patrimoniais, inclusive quanto aos reflexos em universalidades de direito, como é o caso da sucessão. No direito constitucional comparado, sempre volta a ser mencionada a assim designada sentença Mefisto do Tribunal Constitucional Federal da Alemanha,[225] em que se estabeleceu que a obrigação por parte do Estado de tutelar a dignidade da pessoa humana (assim como os direitos de personalidade que lhe são inerentes) não cessa com a morte.

Nesse contexto, situam-se, por exemplo, os direitos ao bom nome, à privacidade, à honra, bem como o dever (e direito) de respeito ao cadáver, a discussão sobre a possibilidade de disposição de órgãos, entre outros.[226] É certo que a própria definição de quando ocorre o evento morte, pressuposto lógico para eventual reconhecimento da titularidade de direitos fundamentais nesta fase, segue sendo objeto de discussão em diversas áreas do conhecimento, inclusive no campo do direito (basta apontar para as questões ligadas ao transplante de órgãos, a interrupção do uso de equipamentos médicos, a determinação da abertura da sucessão, entre tantas outras), não sendo, todavia, objeto de atenção neste comentário.

---

224. Cf. Silva, Virgílio Afonso da. *Direito constitucional brasileiro*, op. cit., p. 105.
225. Cf. *BVerfGE* (coletânea oficial das decisões do Tribunal Constitucional Federal), vol. 30, p. 173 e ss.
226. Paradigmática é a decisão no âmbito do STJ, REsp 268.660/RJ, j. 21.11.2000, rel. Min. César Asfor Rocha, que estendeu a proteção jurídica da imagem à pessoa falecida, inclusive para efeitos patrimoniais.

3.5.5 Pessoas jurídicas como titulares de direitos fundamentais

Diversamente de outras Constituições, como é o caso da Lei Fundamental da Alemanha (art. 19, III) e da Constituição da República Portuguesa de 1976 (art. 12.2), a Constituição Federal não contém cláusula expressa assegurando a titularidade de direitos fundamentais às pessoas jurídicas (ou entes coletivos, como preferem alguns), o que, todavia, não impediu doutrina e jurisprudência de reconhecerem, de forma tranquila, tal possibilidade,[227] ressalvada alguma discussão pontual sobre determinadas hipóteses e eventuais limitações decorrentes da condição de pessoa jurídica. Com efeito, como bem pontua Walter Claudius Rothenburg, "as pessoas jurídicas são sujeitos de direitos fundamentais, pois são projeções de pessoas físicas, ainda que coletivamente consideradas: as pessoas físicas constituem (fazem parte da estrutura das) pessoas jurídicas, e atingir estas implica atingir necessariamente também os indivíduos que a compõem".[228]

Da mesma forma, foi recepcionada no direito constitucional brasileiro a tese de que as pessoas jurídicas, ao contrário das pessoas naturais (físicas ou singulares), não são titulares de todos os direitos, mas apenas daqueles direitos que lhes são aplicáveis por serem compatíveis com a sua natureza peculiar de pessoa jurídica, além de relacionados aos fins da pessoa jurídica, o que, todavia, há de ser verificado caso a caso.[229] Neste particular, também ao direito constitucional brasileiro é aplicável, segundo o entendimento aqui adotado, a lição de Jorge Miranda, no sentido da inexistência de uma equiparação entre pessoas jurídicas e naturais,[230] visto que se trata, em verdade, de uma espécie de cláusula (no caso brasileiro, de uma cláusula implícita) de limitação, designadamente de limitação da titularidade aos direitos compatíveis com a condição de pessoa jurídica.[231]

Ainda no que diz com o tópico ora versado, verifica-se não serem muitos os casos em que a Constituição Federal expressamente atribuiu a titularidade de direitos fundamentais às pessoas jurídicas (arts. 5.°, XXI; 8.°, III; 17, especialmente §§ 1.° e 3.°; 170, IX; 207, entre outros), havendo mesmo quem propõe uma interpretação mais restritiva e apegada ao texto constitucional, no sentido de que, na falta de previsão constitucional expressa, os direitos da pessoa jurídica, embora reconhecidos por lei, não gozam de proteção constitucional, podendo o legislador infraconstitucional introduzir as limitações que considerar necessárias, inclusive diferenciando o tratamento das pessoas jurídicas e físicas.[232] Tal posição mais restritiva não corresponde, contudo, ao que parece ser a orientação majoritária – aqui também adotada –, inclusive por parte do STF,[233] prevalecendo a regra geral de que, em havendo

---

227. Cf., aqui por todos, MENDES, Gilmar Ferreira; BRANCO, Paulo Gustavo Gonet; COELHO, Inocêncio Mártires. *Curso de direito constitucional*, p. 261.

228. Cf. ROTHENBURG, Walter Claudius. *Direitos fundamentais*, São Paulo: Método, 2014, p. 58.

229. Cf. por todos, DUQUE, Marcelo Schenk. *Curso de direitos fundamentais. Teoria e prática*, op. cit., p. 60-61.

230. Em sentido oposto, v. DIMOULIS, Dimitri; MARTINS, Leonardo. *Teoria geral dos direitos fundamentais*, 7. ed., p. 112, para quem, "de acordo com uma regra geral, as pessoas jurídicas são equiparadas às físicas", embora reconhecendo que a titularidade de direitos no caso das pessoas jurídicas depende da compatibilidade do direito com a natureza de pessoa jurídica.

231. Cf. MIRANDA, Jorge. *Manual de direito constitucional – Direitos fundamentais*, 3. ed., vol. 4, p. 219.

232. DIMOULIS, Dimitri; MARTINS, Leonardo. *Teoria geral dos direitos fundamentais*, 7. ed., p. 114.

233. Entre uma série de decisões do STF reconhecendo a titularidade de direitos fundamentais por parte de pessoas jurídicas, destaca-se um julgado que assegurou o benefício da assistência judiciária gratuita à pessoa jurídica que comprove insuficiência de recursos para custear as despesas do processo, sem prejuízo de suas atividades essenciais (v. STF, Rcl EDcl-AgRg 1905/SP, rel. Min. Marco Aurélio, j. 15.08.2002 – disponível em:

compatibilidade entre o direito fundamental e a natureza e os fins da pessoa jurídica, em princípio (*prima facie*) reconhece-se a proteção constitucional, o que, por outro lado, não impede que o legislador estabeleça determinadas distinções ou limitações, sujeitas, contudo, ao necessário controle de constitucionalidade. Convém não esquecer, nesta perspectiva, que a extensão da titularidade de direitos fundamentais às pessoas jurídicas tem por finalidade maior a de proteger os direitos das pessoas físicas, além do que em muitos casos é mediante a tutela da pessoa jurídica que se alcança uma melhor proteção dos indivíduos.[234]

Questão bem mais controversa diz com a atribuição de titularidade às pessoas jurídicas de direito público, visto que, em regra, consideradas destinatárias da vinculação dos direitos fundamentais, na condição de sujeitos passivos da obrigação de tutela e promoção dos direitos fundamentais, de tal sorte que, em termos gerais, as pessoas jurídicas de direito público têm tido recusada a condição de titulares de direitos fundamentais. Todavia, considerando, especialmente quando se trata de um Estado Democrático de Direito, tal qual consagrado pela nossa Constituição, que o Estado e a sociedade não são setores isolados da existência sociojurídica, sendo precisamente no amplo espaço do público que o indivíduo logra desenvolver livremente sua personalidade, designadamente por meio de sua participação comunitária, viabilizada em especial por meio dos direitos políticos e dos direitos de comunicação e expressão, não há como deixar de reconhecer às pessoas jurídicas de direito público, evidentemente consideradas as peculiaridades do caso, a titularidade de determinados direitos fundamentais.[235]

Com efeito, a exemplo do que tem sido reconhecido no âmbito do direito comparado, em que o tema tem alcançado certa relevância, também no direito constitucional brasileiro é possível identificar algumas hipóteses atribuindo a titularidade de direitos fundamentais às pessoas jurídicas de direito público, o que se verifica especialmente na esfera dos direitos de cunho processual (como o direito de ser ouvido em juízo, o direito à igualdade de armas – este já consagrado no STF – e o direito à ampla defesa),[236] mas também alcança certos direitos de cunho material, como é o caso das universidades (v. a autonomia universitária

---

http://www.stf.jus.br.), não admitindo, todavia, a apresentação de mera declaração no sentido da falta de condições. Em sentido similar, o STF, em 03.11.2021, julgou a ADI, firmando, por ampla maioria (10 votos x 1), o entendimento de que as pessoas jurídicas podem ser atendidas pela Defensoria Pública, quando presentes os requisitos para tanto, designadamente a demonstração da insuficiência de recursos para o financiamento do processo. Note-se que, embora a decisão tenha se pronunciado sobre a constitucionalidade de dispositivo da Lei Complementar n. 80/1994, com a redação que lhe foi dada pela Lei Complementar n. 132/2009, dispondo sobre as prerrogativas/atribuições da Defensoria Pública e dos Defensores, o STF acabou reforçando o seu entendimento de que as pessoas jurídicas são também titulares do benefício da AJG, que não se limita à dispensa do pagamento das custas processuais, mas abarca a possibilidade da representação pela Defensoria Pública.

234. Nesse sentido, por todos: TAVARES, André Ramos. *Curso de direito constitucional*, 18. ed., p. 385-386.

235. Sobre o tópico, v. os desenvolvimentos de DUQUE, Marcelo Schenk. *Curso de direitos fundamentais. Teoria e prática*, op. cit., p. 61-63, embora necessário alertar para o fato de que o autor praticamente justifica a sua posição restritiva (a nosso sentir, demasiadamente restritiva em face do direito constitucional positivo brasileiro) exclusivamente em doutrina e jurisprudência alemã, de tal sorte que a despeito da qualidade do texto, há que ter cuidado quanto a tal circunstância, promovendo-se uma necessária filtragem constitucional.

236. Cf. MENDES, Gilmar Ferreira; BRANCO, Paulo Gustavo Gonet; COELHO, Inocêncio Mártires. *Curso de direito constitucional*, p. 262. Importa consignar que já há decisão do STF garantindo a possibilidade aos Municípios de ajuizarem ações constitucionais como decorrência lógica de sua posição como titulares de direitos fundamentais (MI 725/RO, j. 10.05.2007, rel. Min. Gilmar Mendes).

assegurada no art. 207 da CF), dos órgãos de comunicação social (televisão, rádio etc.), das corporações profissionais, autarquias e até mesmo fundações, que podem, a depender das circunstâncias, ser titulares do direito de propriedade, de posições defensivas em relação a intervenções indevidas na sua esfera de autonomia, liberdades comunicativas, entre outros.

Ainda que não de modo generalizado e a despeito da controvérsia registrada a respeito deste ponto, especialmente no direito constitucional comparado, também aos entes despersonalizados e a determinadas universalidades é de ser atribuída a titularidade de determinados direitos fundamentais, como dão conta os casos da sucessão, da família, entre outros. Da mesma forma, digno de nota é o caso do povo judeu ou mesmo outros povos e nações (curdos, armênios etc.), aos quais é possível atribuir a titularidade de direitos fundamentais, como o direito à honra e a sua reparação.

3.5.6 Direitos fundamentais da natureza, em especial a titularidade de direitos por parte dos animais não humanos

Ainda que não se trate de um tema em si novo, a querela em torno da atribuição de direitos à natureza, mas com particular ênfase aos animais não humanos, acabou tendo cada vez maior destaque. Além do debate na esfera acadêmica, onde se registra já uma série de vozes em sentido favorável à titularidade de direitos pelos animais, também no direito positivo (tanto constitucional quanto infraconstitucional) e na jurisprudência encontra-se crescente receptividade em relação a tal ponto.

Embora não se possa (e nem se pretenda) aqui desenvolver o tema, importa, contudo, tecer algumas considerações a respeito.

Nessa perspectiva, convém lembrar que a CF não prevê que os animais são titulares de direitos fundamentais, mas – e isso é crucial para o deslinde do problema – estabeleceu, no art. 225 § 1.º, VII, ser dever do Estado proteger a fauna e a flora, vedando expressamente todas as práticas que possam colocar em risco sua função ecológica, que provoquem a extinção de espécies e que submetam os animais à crueldade.

Assim, é pelo menos legítimo – e é a posição que advogamos há tempo – que, da vedação da crueldade com os animais e o constituinte de 1988,[237] se pode depreender a chancela constitucional de uma dignidade da vida não humana, que, aliás, embora no caso dos animais seja a nosso sentir algo incontestável (não se confundindo, é claro, com a dignidade da pessoa humana e nem a da vida humana), também tem sido atribuída à vida não humana em geral, chegando mesmo a existir ordens jurídicas que já reconhecem direitos da natureza como um todo, como é o caso da Constituição do Equador.[238]

Note-se que no caso dos animais, a vedação de tratamento cruel implica, ao fim e ao cabo, o reconhecimento de sua condição (pelo menos em determinado sentido) não meramente instrumental, ou seja, não meramente funcionalizada, já que práticas cruéis por si sós

---

237. Convém lembrar que a prática de crueldade com os animais é tipificada como contravenção penal no art. 64 do Decreto-lei 3.688/1941.

238. A Constituição do Equador dispõe no seu art. 10 que "la naturaleza será sujeto de aquellos derechos que le reconozca la Constitución". No capítulo 7.º, que trata dos Derechos de la Naturaleza, o texto constitucional equatoriano, no art. 71, estabelece que: "La naturaleza o Pacha Mama, donde se reproduce y realiza la vida, tiene derecho a que se le respete integralmente su existencia y el mantenimiento y regeneración de sus ciclos vitales, estrutura, funciones y procesos evolutivos".

nem sempre levam (se não levarem à extinção de espécies ou ao desequilíbrio quanto ao número de animais) a um impacto ambiental.

Reconhecida uma (particular) dignidade dos animais e mesmo que se encontrem outros fundamentos na literatura especializada, o fato é que com base nisso também para nós não resulta difícil (muito antes pelo contrário) reconhecer que na perspectiva do direito (e aqui com foco no direito constitucional) os animais sejam titulares de direitos fundamentais e não apenas (como seguem sendo) destinatários de deveres de proteção estatais, tal como expressamente estabelecidos pela CF.[239] A circunstância de que aos animais (ou à natureza) falta capacidade jurídica e processual, não afasta – a exemplo do que ocorre com pessoas jurídicas e pessoas naturais incapazes – a possibilidade de uma representação.

Diferentemente, contudo, não nos soa viável (e refutamos tal possibilidade, s.m.j.) a atribuição de direitos humanos à vida não humana. Mas não é aqui que iremos desenvolver o ponto.

Na esfera jurisprudencial a discussão em torno de uma dignidade da vida não humana animal e mesmo acerca do reconhecimento de direitos fundamentais dos animais, já chegou aos Tribunais. No caso do Brasil, limitando-nos aqui à jurisprudência do STF, calha invocar os julgamentos nos quais foram proscritas as práticas (por cruéis) da farra do boi,[240] da rinha de galo,[241], da vaquejada,[242] de abate de animais apreendidos em situação de maus-tratos[243], bem como a declaração de constitucionalidade de medidas legais tendentes a proibir a utilização de animais em experimentos e testes[244], embora tenha o STF entendido pela permissão do sacrifício de animais para efeitos de rituais religiosos[245].

Importa consignar que, embora nos referidos julgamentos o fundamento determinante, no sentido de compartilhado pela maioria dos Ministros não tenha sido o do reconhecimento de uma dimensão ecológica da dignidade humana ou de uma dignidade da vida não humana (dos animais não humanos), bem como de direitos dos animais, alguns Ministros invocaram tal linha de argumentação.

---

239. Sobre o tema, restringindo-nos aqui à produção monográfica (livros) em língua portuguesa, v., em especial, em Portugal, ARAÚJO, Fernando. *A hora dos direitos dos animais*, Coimbra, Almedina, 2013. No Brasil, v. em especial, LOURENÇO, Daniel Braga. *Direito dos animais*: fundamentação e novas perspectivas, Porto Alegre: Sérgio Antônio Fabris Editor, 2008; GORDILHO, Heron José de Santana. *Abolicionismo Animal*. Salvador: Evolução, 2008; TRAJANO, Tagore. *Animais em juízo:* direito, personalidade jurídica e capacidade processual. Salvador, Evolução, 2012; MEDEIROS, Fernanda Luiza Fontoura de. *Direitos dos animais*, Porto Alegre: Livraria do Advogado, 2013; MEDEIROS, Fernanda Luiza Fontoura de; WEINGARTNER NETO, Jayme; PETTERLE, Selma Rodrigues. *Animais não humanos e a vedação de crueldade:* o STF rumo a uma jurisprudência multicultural, Canoas, Editora Unilassalle, 2016. Mais recentemente, v., dentre outras relevantes contribuições, MEDEIROS, Carla de Abreu. *Direito dos Animais. O valor da vida à luz do princípio da senciência*, Curitiba: Juruá, 2019; ATAIDE JR., Vicente de Paula. *Capacidade Processual dos Animais. A judicialização do direito animal no Brasil*, São Paulo: RT, 2022.
240. RE 153.531, rel. Min. Francisco Rezek; Rel. p/ Acórdão: Min. Marco Aurélio, j. 03.06.1997.
241. ADIn 3.776, rel. Min. Cezar Peluso, j. 14.06.2007 e ADIn 1.856, rel. Min. Celso de Mello, j. 26.05.2011.
242. ADIn 4.983, rel. Min. Marco Aurélio, j. 06.10.2016.
243. ADPF-MC 640, rel. Min. Gilmar Mendes, j. em 20.09.2021.
244. V. a declaração de constitucionalidade pelo STF da Lei n. 289/2015 do Estado do Amazonas que proibiu a utilização de animais para desenvolvimento, experimentos e testes de produtos cosméticos, de higiene pessoal, perfumes e seus componentes. Cf. ADI 5.996, rel. Min. Alexandre de Moraes, j. em 15.04.2020.
245. RE 494.601, rel. Min. Marco Aurélio, j. em 28.03.2019, que fixou a tese que garante a constitucionalidade de lei de proteção animal que, para resguardar a liberdade religiosa, permite o sacrifício de animais em cultos de religiões de matriz africana.

Com efeito, por ocasião do segundo caso envolvendo a proibição da rinha de galo (2011), o Ministro Ricardo Lewandowski referiu que a vedação de crueldade com os animais coloca em causa e viola a própria dignidade da pessoa humana. No julgamento que resultou na proscrição da assim chamada vaquejada (2016) a questão foi ventilada nos votos dos Ministros Roberto Barroso (valor moral e autônomo dos animais sencientes), Ricardo Lewandowski (propondo uma interpretação biocêntrica do art. 225 da CF) e Rosa Weber (afirmando a existência de uma dignidade da vida não humana).[246]

Além disso, a atribuição de uma especial dignidade (e direitos) aos animais não humanos (sejam eles sencientes ou não) não exclui – para os que a refutam – o que se pode designar de uma dimensão ecológica da dignidade da pessoa humana, no sentido da integração dos animais humanos na teia da vida e do reconhecimento de deveres para com a vida não humana.[247] A dimensão ecológica da dignidade (da pessoa) humana, por sua vez, não se confunde (embora se comunique mediante o reconhecimento de deveres de proteção e promoção, por exemplo) com a noção de um mínimo existencial ecológico (ou ambiental)[248].

3.6 A aplicabilidade imediata das normas de direitos e garantias fundamentais: significado e alcance do art. 5.º, § 1.º, da CF

Embora a aplicabilidade imediata das normas de direitos e garantias fundamentais esteja inserida, necessariamente, no contexto mais amplo da eficácia e aplicabilidade das normas constitucionais em geral, das quais as normas que definem direitos e garantias são espécie, há, por certo, razões suficientes para uma abordagem em separado do tópico, já pela relevância da norma contida no art. 5.º, § 1.º, da CF no quadro mais amplo do regime jurídico-constitucional dos direitos fundamentais. Com efeito, um dos esteios da própria fundamentalidade consiste, como já demonstrado, na força jurídica privilegiada das normas de direitos fundamentais, da qual o art. 5.º, § 1.º, da CF é justamente um dos mais importantes indicadores.

No que diz com a origem do referido dispositivo, verifica-se que, nas Constituições brasileiras anteriores, não houve previsão de dispositivo similar, cuidando-se de inovação trazida pela Constituição Federal de 1988. Todavia, já no anteprojeto elaborado pela Comissão Provisória de Estudos Constitucionais, a assim designada Comissão Afonso Arinos,[249] a

---

246. De acordo com trecho do voto da Min. Rosa Weber, "o atual estágio evolutivo humanidade impõe o reconhecimento de que há dignidade para além da pessoa humana, de modo que se faz presente a tarefa de acolhimento e introjeção da dimensão ecológica ao Estado de Direito. A pós-modernidade constitucional incorporou um novo modelo, o do Estado Socioambiental de Direito, como destacam Ingo Sarlet e Tiago Fensterseifer, com pertinente citação, em suas reflexões, de Arne Naess que reproduzo: "O florescimento da vida humana e não humana na Terra tem valor intrínseco. O valor das formas de vida não humanas independe da sua utilidade para os estreitos propósitos humanos".

247. Cf., por todos, SARLET, Ingo Wolfgang; FENSTERSEIFER, Tiago. *Direito constitucional ecológico: Constituição, direitos fundamentais e proteção da natureza*. 6. ed., São Paulo, Revista dos Tribunais, 2019, p. 121-198.

248. Cf. SARLET, Ingo Wolfgang; FENSTERSEIFER, Tiago. *Direito constitucional ecológico: Constituição, direitos fundamentais e proteção da natureza*. 6. ed., São Paulo, Revista dos Tribunais, 2019, p. 222 e ss.

249. Criada através do Dec. 91.450, de 18.07.1985, com o escopo de elaborar o anteprojeto da nova Constituição, tal comissão ficou conhecida como "Comissão Afonso Arinos", em homenagem ao seu presidente. Muito embora o anteprojeto não tenha oficialmente servido de base para os trabalhos da Assembleia Constituinte, em diversos aspectos acabou exercendo efetiva influência, inclusive no que diz com a redação do dispositivo ora comentado.

questão da força normativa dos direitos fundamentais foi contemplada, visto que o art. 10 (do anteprojeto) dispunha que "os direitos e garantias constantes desta Constituição têm aplicação imediata", teor que praticamente corresponde ao adotado pela atual CF, com a ressalva de que esta se refere aos direitos e garantias fundamentais.

A despeito de alguma divergência,[250] a doutrina e a jurisprudência[251] reconhecem, em termos gerais, que o mandamento da imediata aplicabilidade alcança todas as normas de direitos fundamentais, independentemente de sua localização no texto constitucional, o que, além disso, guarda sintonia com o teor literal do art. 5.º, § 1.º, da CF, visto que este expressamente faz referência às normas definidoras de direitos e garantias fundamentais e não apenas aos direitos individuais constantes do art. 5.º. A Constituição Federal não estabeleceu, neste ponto, distinção expressa entre os direitos de liberdade (os assim chamados direitos civis e políticos) e os direitos sociais, como, por exemplo, fez o constituinte português, notadamente ao traçar um regime jurídico em parte (visto que existe um regime em parte comum) distinto para os direitos, liberdades e garantias, de um lado, e os direitos sociais, econômicos e culturais, de outro.[252]

Assim, pelo menos naquilo que corresponde ao entendimento dominante, no Brasil todas as normas de direitos fundamentais estão sujeitas, em princípio, ao mesmo regime jurídico. Isso não significa dizer, por outro lado, que todas as normas constitucionais (já por não fruírem do regime reforçado dos direitos fundamentais) tenham aplicação direta em toda a sua extensão, no sentido de serem todas de eficácia plena, visto que, não raras vezes, há necessidade de interposição do legislador para alguns efeitos. Com efeito, a distinção entre norma definidora de direito e garantia fundamental e outras normas constitucionais, de cunho impositivo de deveres de legislar, por exemplo, não foi superada – pelo contrário, acabou sendo realçada pelo tratamento privilegiado assegurado pelo constituinte às normas de direitos fundamentais[253].

De outra parte, como é amplamente reconhecido e já foi objeto de consideração no capítulo sobre a eficácia e aplicabilidade das normas constitucionais, mesmo normas de cunho impositivo, que impõem programas de ação, fins e tarefas aos poderes públicos, não

---

250. Cf., por exemplo, entre outros, GEBRAN NETO, João Pedro. *A aplicação imediata dos direitos e garantias individuais – A busca de uma exegese emancipatória*, p. 153 e ss., sustentando, a partir de uma exegese restritiva fundada na "vontade do constituinte", que a aplicabilidade imediata se refere apenas aos direitos enunciados no art. 5.º da CF/1988.

251. Sobre a orientação prevalente no STF, v., por todos e por último, STEINMETZ, Wilson. O dever de aplicação imediata de direitos e garantias fundamentais na jurisprudência do STF e nas interpretações da literatura especializada. In: SARMENTO, Daniel; SARLET, Ingo Wolfgang (Coord.). *Direitos fundamentais no Supremo Tribunal Federal:* balanço e crítica, p. 113-130.

252. Cf., por todos, CANOTILHO, J.J. Gomes. *Direito constitucional e teoria da constituição*, p. 415 e ss. Embora a diferença entre o regime jurídico dos direitos, liberdades e garantias e dos direitos sociais, econômicos e culturais corresponda ao que dispõe o direito constitucional positivado e ao entendimento ainda dominante, há quem, mesmo no caso de Portugal, defenda um regime jurídico único, ainda que marcado por peculiaridades, como é o caso de NOVAIS, Jorge Reis. *Direitos sociais. Teoria jurídica dos direitos sociais enquanto direitos fundamentais*, p. 358 e ss.

253. Sobre o tema, sempre indispensável referir obra paradigmática e mais influente em língua portuguesa, designadamente, de CANOTILHO, José Joaquim Gomes. *Constituição dirigente e vinculação do legislador*, 2. ed., 2001. Na doutrina brasileira, v., entre outros, a importante contribuição de VECCHIATTI, Paulo Roberto Iotti, 4. ed., 2022.

deixam de ter por isso eficácia jurídica e, na medida de sua eficácia, alguma possibilidade de aplicação (portanto, aplicabilidade), por exemplo, implicando a revogação de normas anteriores em sentido contrário ou mesmo a inconstitucionalidade de normas posteriores que contrariem os parâmetros constitucionais. É preciso sempre levar em conta que a Constituição consiste em um sistema aberto de regras e princípios (Gomes Canotilho),[254] de tal sorte que a possível eficácia e aplicabilidade das normas, que sempre envolvem uma decisão do intérprete – seguindo o entendimento de que norma e texto (dispositivo) não se confundem (Lenio Streck)[255] –, também guardam relação com a estrutura normativa e com os vínculos impostos pelo texto constitucional.

O fato de todas as normas de direitos e garantias fundamentais terem reconhecida sua direta aplicabilidade não corresponde a afirmar que a eficácia jurídica (que não se confunde com a eficácia social ou efetividade) de tais normas seja idêntica – a multifuncionalidade dos direitos fundamentais e o fato de estes abrangerem um conjunto heterogêneo e complexo de normas e posições jurídicas, por si só, já sustenta esta afirmativa.[256] Além disso, há que levar em conta ser diverso o âmbito de proteção dos direitos fundamentais, assim como diversos os limites aos quais estão sujeitos, tudo a interferir na determinação dos efeitos jurídicos e da sua exata extensão. De outra parte, se é correto afirmar que a aplicabilidade direta afirmada pelo art. 5.º, § 1.º, da CF afasta, em geral, a necessidade de uma interposição legislativa, pelo menos naquilo em que tal intervenção possa ser considerada um obstáculo à aplicação judicial das normas de direitos fundamentais[257], também é certo que, mesmo se tratando de normas de eficácia plena e de aplicabilidade direta, as normas de direitos fundamentais estão sujeitas a regulamentação, assim como estão expostas a eventuais restrições e limitações. Com efeito, crucial relevar que a aplicabilidade imediata não significa em hipótese alguma irrelevância da legislação infraconstitucional,[258] que, aliás, dá vida e concretude aos direitos fundamentais, mas sim, como já frisado, que a ausência eventual de lei não pode servir de obstáculo absoluto à aplicação da norma de direito fundamental e da extração de efeitos úteis, cuja extensão, sobretudo no que diz com a dedução de posições subjetivas, irá depender de qual é o direito em causa e de seus limites fáticos e jurídicos.

Verifica-se, portanto, que, a partir do disposto no art. 5.º, § 1.º, da CF, é possível sustentar a existência – ao lado de um dever de aplicação imediata – de um dever, por parte dos órgãos estatais (mas com ênfase nos órgãos jurisdicionais, a que incumbe inclusive a revisão dos atos dos demais entes estatais nos casos de violação da Constituição), de atribuição da

---

254. Cf. Canotilho, J. J. Gomes. *Direito constitucional*, p. 171 e ss.

255. Cf. Streck, Lenio Luiz. *Hermenêutica jurídica e(m) crise*: uma exploração hermenêutica da construção do direito, p. 47 e ss.

256. Para maior desenvolvimento, v. Sarlet, Ingo Wolfgang. *A eficácia dos direitos fundamentais*, 13. ed., p. 279 e ss.

257. Nesse sentido, calha, em caráter ilustrativo, colacionar a decisão do STF quando do julgamento da ADI 2.559, rel. Min. Dias Toffoli, j. em 14.02.2020, no sentido de que o direito à gratuidade de certidões, consagrado no art. 5.º, XXXIV, alínea *b*, da CF, é veiculado por norma de eficácia plena e aplicabilidade imediata, não podendo ser condicionado à previa regulamentação/concretização legal, abarcando – como no caso julgado – isenção de custas pela expedição de certidões pela Justiça Federal. Seguindo a mesma orientação, v. também o ARE 1249156 AgR-ED, rel. Min. Edson Fachin, julgado em 14.12.2021, destacando que "a incidência do art. 5.º, inciso XL, da Constituição Federal, como *norma constitucional de eficácia plena e aplicabilidade imediata*, não está condicionada à atuação do legislador ordinário".

258. Nesse sentido, v. também Hachem, Daniel Wunder. *Mandado de injunção e direitos fundamentais*, p. 54-55, mediante recurso a diversos exemplos.

máxima eficácia e efetividade possível às normas de direitos fundamentais,[259] o que corresponde também à orientação sedimentada na jurisprudência do STF sobre o tema.[260]

Nessa perspectiva, por terem direta aplicabilidade, as normas de direitos fundamentais terão a seu favor pelo menos uma presunção de serem sempre também de eficácia plena, portanto – de acordo, pelo menos, com a convencional definição de normas de eficácia plena ainda prevalente no Brasil[261] –, de não serem completamente dependentes de uma prévia regulamentação legal para gerarem, desde logo, seus principais efeitos, o que, à evidência, não afasta eventual exceção, nos casos em que a própria Constituição Federal expressamente assim o estabelece.[262] O dever de outorgar às normas de direitos fundamentais sua máxima eficácia e efetividade convive, por sua vez, com o dever de aplicação imediata de tais normas, razão pela qual se fala – neste ponto com razão –, no que diz com a aplicabilidade imediata, em uma regra que enuncia tal dever.[263]

---

259. Cf., por todos, SARLET, Ingo Wolfgang. *A eficácia dos direitos fundamentais*, 13. ed., p. 280. Não desconhecemos as críticas endereçadas a esta formulação – v. STEINMETZ, Wilson. O dever de aplicação imediata de direitos e garantias fundamentais na jurisprudência do STF e nas interpretações da literatura especializada. In: SARMENTO, Daniel; SARLET, Ingo Wolfgang (Coord.). *Direitos fundamentais no Supremo Tribunal Federal:* balanço e crítica, p. 113 e ss. Mas a crítica, salvo melhor juízo, improcede, pelo menos no que é essencial, pois resulta evidente que não desconhecemos (pelo contrário, afirmamos isto em várias passagens da nossa obra sobre a *eficácia dos direitos fundamentais*) que o problema da eficácia e aplicabilidade das normas deve ser aferido no contexto da decomposição do direito como um todo em um complexo de posições fundamentais, que divergem entre si e que podem também ter eficácia e aplicabilidade distinta (não é à toa que falamos mesmo em uma dimensão impositiva ("programática") dos direitos fundamentais, naquilo em que a Constituição Federal, ao assegurar o direito, também impõe deveres (tarefas, fins e programas) aos órgãos estatais. Por outro lado, nunca afirmamos que a aplicação imediata e a condição de eficácia plena se aplicam indistintamente a todas as normas de direitos fundamentais (bastaria recordar alguns exemplos que indicamos desde a primeira edição da obra referida, como é o caso da participação do trabalhador nos lucros da empresa, entre outros). Além disso, o fato de ser uma qualidade inerente aos princípios a de operarem como mandados de otimização não torna menos correto seja tal qualidade enfatizada, ainda mais no contexto dos direitos fundamentais, em que, à evidência, tal mandado de otimização assume particular relevância. Da mesma forma, não se pretendeu transmitir a ideia de que outras normas constitucionais não tenham aplicabilidade direta e eficácia plena, o que, de resto, igualmente foi tematizado na parte da nossa obra em que buscamos apresentar as diversas propostas de classificação das normas constitucionais quanto à sua eficácia e aplicabilidade e reconhecemos, como também o faz Wilson Steinmetz, que são a forma de positivação, a estrutura normativa e mesmo outros aspectos que definem a medida da eficácia jurídica e da aplicabilidade da norma. Assim, além de a eventual divergência substancial remanescente ser mínima, o que se pode admitir é que a nossa posição, exposta em capítulo relativamente longo e atualizada ao longo do tempo, careça de maior clareza e articulação quanto a alguns aspectos.

260. Cf., em caráter ilustrativo e selecionando um julgado recente, a decisão nas Ações Diretas de Inconstitucionalidade 4.878/DF e 5.083/DF, rel. Min. Gilmar Mendes, j. conjunto pelo Plenário em 08.06.2021, relativamente ao disposto no art. 227, CF (princípio da máxima eficácia e proteção integral a crianças e adolescentes), afirmando que "a interpretação que assegura ao menor sob guarda o direito à proteção previdenciária deve prevalecer, não apenas porque assim dispõem a CF e o ECA, mas porque direitos fundamentais devem observar o princípio da máxima eficácia" (citação extraída do Boletim Informativo do STF).

261. Referimo-nos aqui à terminologia difundida por José Afonso da Silva, registrando-se que não se desconhecem as críticas à classificação do citado autor, críticas que, em boa parte, foram por nós formuladas já na primeira edição da obra SARLET, Ingo Wolfgang. *A eficácia dos direitos fundamentais*, 13. ed., p. 251 e ss., sem prejuízo das importantes e em parte diferenciadas críticas direcionadas por SILVA, Virgílio Afonso da. *Direitos fundamentais:* conteúdo essencial, restrições e eficácia. Convém frisar que, mesmo para José Afonso da Silva, a eficácia plena de uma norma não implica que ela esteja desde logo apta a gerar todo e qualquer efeito, mas, sim, seus efeitos principais.

262. Cf. SARLET, Ingo Wolfgang. *A eficácia dos direitos fundamentais*, 13. ed., p. 274.

263. Sustentando que se trata, em verdade, de uma regra da aplicabilidade imediata, v. Virgílio Afonso da SILVA e, mais recentemente, STEINMETZ, Wilson. O dever de aplicação imediata de direitos e garantias funda-

Em termos pragmáticos, o que importa destacar, neste contexto, é o fato de que um direito fundamental não poderá ter sua proteção e fruição negadas pura e simplesmente por conta do argumento de que se trata de direito positivado como norma programática e de eficácia meramente limitada, pelo menos não no sentido de que o reconhecimento de uma posição subjetiva se encontra na completa dependência de uma interposição legislativa. Para que os direitos fundamentais possam ser efetivamente "trunfos contra a maioria"[264] também é preciso que se atente para a correção da já clássica formulação de Herbert Krüger no sentido de que é a lei que se move no âmbito dos direitos fundamentais e não o oposto.[265]

Que tais premissas, como já apontado, haverão de ser consideradas sempre à luz das circunstâncias concretas e de cada norma de direito fundamental resulta evidente. Assim, no tocante aos direitos de liberdade, de conteúdo prevalentemente (mas não exclusivamente!) negativo ou defensivo, a direta aplicabilidade e plena eficácia dificilmente geram maior discussão, pelo menos não no que diz com a possibilidade em si de tais direitos serem reconhecidos mesmo sem prévia regulamentação legal, no campo dos direitos sociais, especialmente quando em causa a sua dimensão positiva, a controvérsia segue sendo bem maior. Com efeito, embora o entendimento dominante afirmando a eficácia plena de todas as normas de direitos fundamentais, há quem recuse aos direitos sociais a prestações (assim como aos direitos a prestações em geral) a sua aplicabilidade direta, refutando, por via de consequência, a possibilidade do reconhecimento judicial de prestações que não tenham sido previamente estabelecidas e definidas pelo legislador, o que aqui não será desenvolvido, tanto pelo fato de haver capítulo específico sobre os direitos sociais, quanto em função da circunstância de que é no contexto de cada direito fundamental que tais questões acabam sendo avaliadas.

Embora a existência de julgados invocando o art. 5.º, § 1.º, da CF, o fato é que a aplicabilidade imediata das normas de direitos fundamentais, ao que tudo indica, não tem sido invocada com muita frequência, de modo expresso, na esfera das decisões judiciais, inclusive no STF, o que, todavia, não significa dizer que o STF (assim como outros tribunais e juízes) não tenha seguido o comando constitucional, aplicando diretamente as normas de direitos fundamentais, muito embora não de modo uniforme, mas que não o leva em conta diretamente e não produziu, a respeito, uma interpretação clara e uniforme.[266] Sem que se vá aqui apresentar um inventário completo da jurisprudência, é possível, contudo, indicar alguns exemplos, demonstrando como, em termos gerais, a aplicabilidade imediata das normas de direitos fundamentais tem sido manejada pelo STF.

Assim, verifica-se que o STF tem reconhecido que o disposto no art. 5.º, § 1.º, da CF se aplica, de regra, a todas as normas de direitos fundamentais, pelo menos no sentido de que

---

mentais na jurisprudência do STF e nas interpretações da literatura especializada. In: SARMENTO, Daniel; SARLET, Ingo Wolfgang (Coord.). *Direitos fundamentais no Supremo Tribunal Federal:* balanço e crítica, p. 113 e ss., em que se encontram um atualizado e minucioso inventário da jurisprudência do STF, além de uma avaliação crítica das principais posições encontradas na doutrina.

264. Cf. NOVAIS, Jorge Reis, inspirado em Dworkin, *Direitos fundamentais:* trunfos contra a maioria.

265. Cf. CANOTILHO, J. J. Gomes. *Constituição dirigente e vinculação do legislador – Contributo para a compreensão das normas constitucionais programáticas*, p. 363, citando a obra de Herbert Krüger, *Grundgesetz und Kartellgesetzgebung*.

266. Cf., por todos, STEINMETZ, Wilson. O dever de aplicação imediata de direitos e garantias fundamentais na jurisprudência do STF e nas interpretações da literatura especializada. In: SARMENTO, Daniel; SARLET, Ingo Wolfgang (Coord.). *Direitos fundamentais no Supremo Tribunal Federal:* balanço e crítica, p. 116.

determinados grupos (categorias) de direitos (como, em especial, os direitos sociais) não estão, de plano, excluídos, muito embora a heterogeneidade das decisões e dos casos apreciados.[267] De modo geral, é, portanto, possível afirmar que a jurisprudência do STF tem assumido a premissa de que a aplicabilidade direta das normas de direitos fundamentais é absolutamente incompatível com sua "mera programaticidade", de modo que das normas de direitos fundamentais não só podem, como devem ser extraídas consequências no que diz com sua eficácia e efetividade, ainda que o legislador quede omisso. Dentre outros exemplos que poderiam ser colacionados, possivelmente o mais importante, inclusive em termos de direito comparado, é o caso do direito de greve dos servidores públicos, assegurado pelo STF, ainda que inexistente previsão legislativa neste sentido.[268]

Em termos de síntese, articulando algumas diretrizes a respeito do significado da norma contida no art. 5.º, § 1.º, da CF, é possível enunciar o que segue:

a) Do disposto no art. 5.º, § 1.º, da CF, é possível extrair tanto um dever de maximização (otimização) da eficácia e efetividade das normas de direitos fundamentais quanto uma regra impositiva de um dever de aplicação imediata de tais normas, dimensões que não se excluem.

b) Daí decorre também uma exclusão do caráter meramente programático das normas de direitos fundamentais, que não podem ser reduzidas à condição de normas não autoaplicáveis, no sentido de normas destituídas de qualquer eficácia ou aplicabilidade.

c) Assim, quando se afirma que em favor das normas de direitos fundamentais é possível estabelecer uma presunção de que se trata, de acordo com a terminologia mais difundida no Brasil, de normas de eficácia plena, o que se pretende é enfatizar que a ausência de lei não poderá, em regra, operar como elemento impeditivo da aplicação da norma de direito fundamental, pena de esvaziar a condição dos direitos fundamentais como "trunfos contra a maioria", ou seja, a condição de normas subtraídas à plena disposição por parte dos poderes constituídos.

---

267. Cf., por exemplo, Ag 410.715/SP (assegura a aplicabilidade direta ao art. 208, IV, da CF/1988, no sentido de garantir o direito à creche para crianças entre 0 e 6 anos de idade); RE 271.286/RS (assegura a aplicabilidade direta ao art. 196 da CF/1988, garantindo a eficácia plena e imediata do direito à saúde, declarando ser dever do Estado fornecer gratuitamente medicamentos às pessoas necessitadas); MI 585/TO (reconhece o direito constitucional de greve dos servidores públicos e o descumprimento da CF pelo Estado por não ter, até o presente momento, regulamentado o art. 37, VII, da CF/1988, alterando a orientação anterior no sentido da eficácia apenas limitada do dispositivo); RE 37.7040/RS (assegura a aplicabilidade direta aos arts. 5.º, I, e 226, § 5.º, ambos da CF/1988, garantindo a eficácia plena e imediata dos princípios que preveem a igualdade entre os sexos, declarando o direito de o marido ser incluído como dependente da mulher para fins previdenciários; no mesmo sentido, RE 367.089/RS, reforçando a autoaplicabilidade das normas definidoras dos direitos e garantias fundamentais, entre os quais se situam os direitos sociais que englobam o direito à saúde e à previdência social); MS 26.854/DF (assegura a aplicabilidade direta e imediata ao art. 5.º, LIV, da CF/1988, garantindo o direito ao devido processo legal, determinando o restabelecimento do pagamento de aposentadoria tida como irregular em processo administrativo do qual a impetrante não teve sequer conhecimento); AgIn 222.046/SP (assegura a aplicabilidade direta e imediata ao art. 7.º, XVIII, da CF/1988, garantindo o direito de licença remunerada de 120 dias à gestante).

268. Cf. MI 712/PA, rel. Min. Eros Grau, j. 25.10.2007. Cf., nesse sentido, o ensaio de STEINMETZ, Wilson. O dever de aplicação imediata de direitos e garantias fundamentais na jurisprudência do STF e nas interpretações da literatura especializada. In: SARMENTO, Daniel; SARLET, Ingo Wolfgang (Coord.). *Direitos fundamentais no Supremo Tribunal Federal:* balanço e crítica.

d) A eficácia e a aplicabilidade que de fato cada norma de direito fundamental apresenta irão depender do exame de cada direito fundamental e das diversas posições jurídicas que o integram, sejam de cunho negativo (defensivo), sejam de cunho positivo (prestacional).

e) O fato de o dever de aplicação imediata não excluir, de plano, qualquer tipo de direito fundamental, pois todas as normas de direitos fundamentais estão abrangidas já por força da literalidade do texto do art. 5.º, § 1.º, não significa que não haja diferenças importantes entre as normas de direitos fundamentais e mesmo exceções previstas na própria Constituição Federal[269], exceções que, todavia, não implicam – como já frisado – ausência de qualquer possibilidade de aplicação e extração de efeitos, ainda que seja, como ocorre com as demais normas constitucionais, para efeitos de declarar a inconstitucionalidade de atos estatais contrários e reconhecer a inconstitucionalidade por omissão.

Fechando o presente tópico, lembramos que a eficácia jurídica das normas de direitos fundamentais está, por outro lado, diretamente conectada com a necessária vinculação (sempre direta!) de todos os órgãos estatais aos direitos fundamentais, na condição de destinatários (sujeitos passivos). Da mesma forma, assume relevância o problema da vinculação dos particulares (pessoas físicas e jurídicas) aos direitos fundamentais, em que segue havendo maior controvérsia, especialmente em função da ausência de qualquer menção expressa na Constituição Federal. Outro ponto que guarda direta relação com a temática aqui versada diz respeito aos limites e às restrições dos direitos fundamentais, que, assim como a vinculação do Poder Público e dos particulares, são tópicos que serão abordados logo adiante.

3.7 Destinatários dos direitos e garantias fundamentais

Destinatários dos direitos e garantias fundamentais são, em contraposição aos titulares, os sujeitos passivos da relação jurídica, em outras palavras, as pessoas físicas ou jurídicas (de direito público ou privado) que estão vinculadas pelas normas de direitos fundamentais. Embora se trate de temática também relacionada à eficácia e aplicabilidade das normas de direitos fundamentais, é aqui que serão delineadas algumas considerações a respeito do tema. Na medida em que o mandamento da aplicação imediata (art. 5.º, § 1.º, da CF) diz respeito, em princípio, a todas as normas de direitos fundamentais, independentemente de sua função (direitos a prestações ou direitos de defesa) e da forma de sua positivação, o problema da eficácia vinculativa será abordado de forma genérica, considerando-se, todavia, as especificidades das diversas categorias de direitos fundamentais. De outra parte, em que pese uma série de convergências, seguir-se-á a convencional distinção entre o Poder Público e os particulares na condição de destinatários dos direitos fundamentais.

Diversamente do que enuncia o art. 18/1 da Constituição portuguesa, que expressamente prevê a vinculação das entidades públicas e privadas aos direitos fundamentais, a

---

269. V. como exemplo de exceção, entendimento do STF de que a suspensão dos direitos políticos decorre automaticamente da sentença penal condenatória transitada em julgado, ainda que esteja em curso período de suspensão condicional da pena, por se tratar, o art. 15, III, da CF, também de uma norma de eficácia plena, como é o caso do julgamento da ARE 1.046.939 AgR, rel. Min. Gilmar Mendes, Segunda Turma, j. em 30.08.2019. Sobre as especificidades do tema retratado, v. tópico "4.17.3.2.6.3 As hipóteses de suspensão dos direitos políticos".

Constituição Federal de 1988 foi omissa neste particular. Tal omissão não significa, todavia, que os poderes públicos (assim como os particulares) não estejam vinculados pelos direitos fundamentais. Com efeito, ao art. 5.º, § 1.º, da CF tem sido atribuído significado similar ao outorgado, por exemplo, ao art. 18/1 da Constituição da República Portuguesa e ao art. 1.º, III, da Lei Fundamental da Alemanha, o que, em última análise, significa – de acordo com a lição de Jorge Miranda – que cada ato (qualquer ato) dos poderes públicos deve tomar os direitos fundamentais como "baliza e referencial".[270] Importante, ainda, é a constatação de que o preceito em exame fundamenta uma vinculação isenta de lacunas dos órgãos e funções estatais aos direitos fundamentais, independentemente da forma jurídica mediante a qual são exercidas estas funções, razão pela qual – como assevera Gomes Canotilho – inexiste ato de entidade pública que seja livre dos direitos fundamentais.[271] Assim, se, de acordo com um critério formal e institucional, os detentores do poder estatal formalmente considerados (os órgãos dos Poderes Legislativo, Executivo e Judiciário) se encontram obrigados pelos direitos fundamentais, também num sentido material e funcional todas as funções exercidas pelos órgãos estatais o são.[272] Além disso, importa destacar que de tal vinculação decorre, num sentido negativo, que os direitos fundamentais não se encontram na esfera de disponibilidade dos poderes públicos, ressaltando-se, contudo, que, numa acepção positiva, os órgãos estatais se encontram na obrigação de tudo fazer no sentido de realizar os direitos fundamentais.[273]

No concernente aos órgãos legislativos, notadamente em função da substituição da plena soberania do Parlamento pela soberania da Constituição, verifica-se, desde logo, que a vinculação aos direitos fundamentais significa para o legislador uma limitação material de sua liberdade de conformação no que diz com sua tarefa de regulamentar e concretizar a Constituição,[274] especialmente gerando uma limitação das possibilidades de intervenção restritiva no âmbito de proteção dos direitos fundamentais.[275] Ainda neste contexto há que acolher a lição de Gomes Canotilho, ao ressaltar a dupla dimensão

---

270. Cf. Miranda, Jorge. *Manual de direito constitucional*, vol. 4, p. 279.

271. Esta a lição de Canotilho, J. J. Gomes. *Direito constitucional*, p. 591, e de Miranda, Jorge. *Manual de direito constitucional*, vol. 4, p. 278-280.

272. Cf. Höfling, Wolfram. Die Grundrechtsbindung der Staatsgewalt. *Juristische Arbeitsblätter*, p. 342. Esta dupla perspectiva é também referida por Canotilho, J. J. Gomes. *Direito constitucional*, p. 591. No âmbito da amplitude espacial da vinculação, assume relevo o problema da vinculação das entidades públicas estrangeiras aos direitos fundamentais nacionais, aspecto que, todavia, optamos por deixar em aberto, considerando os limites da presente obra.

273. Cf. Hesse, Konrad. Bestand und Bedeutung der Grundrechte in der Bundesrepublik Deutschland. *Europäische Grundrechtszeitschrift*, p. 433.

274. Nesse sentido, v., entre outros, a lição de Hesse, Konrad. Bestand und Bedeutung der Grundrechte in der Bundesrepublik Deutschland. *Europäische Grundrechtszeitschrift*, p. 429.

275. Reputamos perfeitamente compatível com o nosso direito constitucional este entendimento dominante na doutrina luso-germânica. A este respeito, v. Patto, Pedro Maria Godinho Vaz. A vinculação das entidades públicas pelos direitos, liberdades e garantias. *Documentação e Direito Comparado*, n. 33-34, p. 487; assim como Starck, Christian. In: Mangoldt, Hermann von; Klein, Friedrich. *Das Bonner Grundgesetz*, p. 119 e ss.; Denninger, Erhard. Anmerkungen zu Art. 1 Abs. 2 und 3 GG. In: Wassermann, Rudolf (Org.). *Kommentar zum Grundgesetz für die Bundesrepublik Deutschland* (Alternativkommentar), p. 309; e Kunig, Philip. Anmerkungen zu Art. 1 GG. In: ____; Münch, Ingo von (Org.). *Grundgesetz Kommentar*, p. 130-131. Versando sobre o tema, v., entre nós, a monografia específica de Lopes, Ana Maria D'Ávila. *Os direitos fundamentais como limites ao poder de legislar*.

da vinculação do legislador aos direitos fundamentais. Assim, num sentido negativo (ou proibitivo), ocorre a proibição da edição de atos legislativos contrários às normas de direitos fundamentais, que, sob este ângulo, atuam como normas de competência negativas. Na sua acepção positiva, a vinculação do legislador implica um dever de conformação de acordo com os parâmetros fornecidos pelas normas de direitos fundamentais e, neste sentido, um dever de concretização dos direitos fundamentais, que, no âmbito de sua faceta jurídico-objetiva, também assumem a função de princípios informadores de toda a ordem jurídica.[276]

Também a vinculação dos órgãos da administração estatal aos direitos fundamentais é reconhecida entre nós, registrando-se, contudo, falta de consenso no tocante a determinados aspectos, especialmente no que concerne à forma e ao alcance da vinculação, a exemplo, aliás, do que ocorre no direito alienígena, questões que aqui não serão desenvolvidas. Esclareça-se, desde logo, que destinatárias dos direitos fundamentais não são apenas as pessoas jurídicas de direito público, mas também as pessoas jurídicas de direito privado que, nas suas relações com os particulares, dispõem de atribuições de natureza pública, assim como pessoas jurídicas de direito público que atuam na esfera privada,[277] o que revela importante ponto de contato entre a vinculação do Poder Público e a vinculação dos particulares aos direitos fundamentais.

O que se pretende com esta interpretação ampliada é justamente evitar que os órgãos da administração venham a se furtar à vinculação aos direitos fundamentais por meio de uma atuação nas formas do direito privado,[278] resultando naquilo que os autores alemães costumam denominar uma *fuga para o direito privado* (*Flucht in das Privatrecht*).[279] O que importa, portanto, é a constatação de que os direitos fundamentais vinculam os órgãos administrativos em todas as suas formas de manifestação e atividades, na medida em que atuam no interesse público, no sentido de um guardião e gestor da coletividade.[280]

No que diz com a relação entre os órgãos da administração e os direitos fundamentais, na qual vigora o princípio da constitucionalidade imediata da administração, a vinculação aos direitos fundamentais significa que os órgãos administrativos devem executar apenas as leis que àqueles sejam conformes, bem como executar estas leis de forma constitucional, isto é, aplicando-as e interpretando-as em conformidade com os direitos fundamentais.[281] A não observância destes postulados poderá, por outro lado, levar à invalidação judicial dos atos

---

276. Cf. CANOTILHO, J. J. Gomes. *Direito constitucional*, p. 592-593. Nesse sentido, também, MIRANDA, Jorge. *Manual de direito constitucional*, p. 280, ressaltando que, mesmo no caso de normas de eficácia limitada, nas quais o constituinte remeteu ao legislador a tarefa de regulamentar o direito fundamental, os atos legislativos devem guiar-se pelo sentido objetivo das normas de direitos fundamentais.

277. Cf. MIRANDA, Jorge. *Manual de direito constitucional*, vol. 4, p. 281. Nesse sentido também se posiciona CANOTILHO, J. J. Gomes. *Direito constitucional*, p. 594, sustentando que o efeito vinculante alcança os casos em que a administração atua "nas vestes do direito privado".

278. Cf. ANDRADE, José Carlos Vieira de. *Os direitos fundamentais na Constituição portuguesa de 1976*, p. 267, e CANOTILHO, J. J. Gomes. *Direito constitucional*, p. 595, ressaltando a impossibilidade de aceitar-se a "formação de uma reserva da actividade estatal fora da Constituição".

279. Cf. BADURA, Peter. *Staatsrecht*, p. 75.

280. Cf. HÖFLING, Wolfram. Anmerkungen zu Art. 1 Abs. 3 GG. In: SACHS, Michael (Org.). *Grundgesetz – Kommentar*, p. 130.

281. Esta a lição de CANOTILHO, J. J. Gomes. *Direito constitucional*, p. 595.

administrativos contrários aos direitos fundamentais,[282] problema que diz com o controle jurisdicional dos atos administrativos, que não temos condições de desenvolver nesta oportunidade e a respeito do qual encontramos obras de inestimável valor na bibliografia pátria.[283]

A vinculação dos órgãos judiciais aos direitos fundamentais, de acordo com a lição de Gomes Canotilho, manifesta-se, por um lado, por intermédio de uma constitucionalização da própria organização dos tribunais e do procedimento judicial, que, além de deverem ser compreendidos à luz dos direitos fundamentais, por estes são influenciados, expressando-se, de outra parte, na vinculação do conteúdo dos atos jurisdicionais aos direitos fundamentais, que, neste sentido, atuam como autênticas medidas de decisão material, determinando e direcionando as decisões judiciais.[284] No que diz com sua amplitude, também aqui é de se enfatizar que a totalidade dos órgãos jurisdicionais estatais, bem como os atos por estes praticados no exercício de suas funções, assume a condição de destinatária dos direitos fundamentais.

De outra parte, há que ressaltar a particular relevância da função exercida pelos órgãos do Poder Judiciário, na medida em que não apenas se encontram, eles próprios, também vinculados à Constituição e aos direitos fundamentais, mas exercem, para além disso (e em função disso), o controle da constitucionalidade dos atos dos demais órgãos estatais, de tal sorte que os tribunais dispõem – consoante já se assinalou em outro contexto – simultaneamente do poder e do dever de não aplicar os atos contrários à Constituição, de modo especial os ofensivos aos direitos fundamentais, inclusive declarando-lhes a inconstitucionalidade.[285]

Paralelamente a esta dimensão negativa da vinculação do Poder Judiciário aos direitos fundamentais, Jorge Miranda aponta a existência de uma faceta positiva, no sentido de que os juízes e tribunais estão obrigados, por meio da aplicação, interpretação e integração, a outorgar às normas de direitos fundamentais a maior eficácia possível no âmbito do sistema jurídico,[286] aspecto que, por sua vez, remete ao sentido e alcance do art. 5.º, § 1.º, da CF, objeto de análise em separado (item 3.6, *supra*).

---

282. Cf. Miranda, Jorge. *Manual de direito constitucional*, p. 281. Nesse sentido encontramos também a lição de Bandeira de Mello, Celso Antonio. Eficácia das normas constitucionais sobre justiça social. *Revista de Direito Público*, n. 57-58, p. 254, com a ressalva de que este autor se refere especificamente aos direitos sociais.

283. V., recentemente, o clássico Fagundes, Miguel Seabra. *O controle dos atos administrativos pelo Poder Judiciário*. V. também: Bandeira de Mello, Celso Antônio. *Discricionariedade e controle jurisdicional*. 2. ed. São Paulo: Malheiros, 2017; Binenbojm, Gustavo. *Uma teoria do direito administrativo*: direitos fundamentais, democracia e constitucionalização; Sarmento, Daniel (Org.). *Interesses públicos versus interesses privados*: desconstruindo o princípio de supremacia do interesse público; Barroso, Luís Roberto (Org.). *A reconstrução democrática do direito público no Brasil*; Siraque, Vanderlei. *Controle social da função administrativa do estado*: possibilidades e limites na Constituição de 1988; Freitas, Juarez. *O controle dos atos administrativos e os princípios fundamentais*. 5. ed. São Paulo: Malheiros, 2013; Freitas, Juarez. *Direito fundamental à boa administração pública*. 3. ed. São Paulo: Malheiros, 2014.

284. Cf. Canotilho, J. J. Gomes. *Direito constitucional*, p. 598-599.

285. Nesse sentido, v., dentre outros, Andrade, José Carlos Vieira de. *Os direitos fundamentais na Constituição portuguesa de 1976*, p. 270-71. Assim também: Miranda, Jorge. *Manual de direito constitucional*, p. 284, atribuindo a este aspecto da vinculação dos órgãos judiciais uma dimensão negativa.

286. Cf. Miranda, Jorge. *Manual de direito constitucional*, p. 283-284. Bem explorando o problema da vinculação dos órgãos judiciais, enfatizando a questão da interpretação à luz dos direitos fundamentais, v., entre nós, o consistente contributo de Martins, Leonardo. Do vínculo do poder judiciário aos direitos fundamentais e suas implicações práticas. *Revista da Escola Paulista de Magistratura*, ano 5, n. 2, p. 89 e ss.

3.8 Particulares como destinatários dos direitos fundamentais: o problema da eficácia dos direitos fundamentais nas relações privadas

Além dos órgãos estatais (na acepção ampla aqui utilizada), também os particulares, na condição de destinatários, estão sujeitos à força vinculante dos direitos fundamentais, temática habitualmente versada sob o rótulo da constitucionalização do direito privado ou, de modo mais preciso, da eficácia dos direitos fundamentais na esfera das relações privadas. Diversamente do direito constitucional português, no qual existe referência expressa à vinculação das entidades privadas aos direitos fundamentais, na CF/1988, a exemplo do que ocorreu com o Poder Público, o texto constitucional nada dispôs sobre os particulares como destinatários dos direitos fundamentais.

Mesmo assim, tanto na doutrina quanto na jurisprudência, a possibilidade de os particulares serem também destinatários dos direitos nunca foi, como tal, seriamente questionada. Todavia – e a evolução doutrinária nos últimos anos bem o atesta –, a problemática dos limites e possibilidades de uma eficácia dos direitos fundamentais nas relações privadas passou a ocupar um lugar de destaque na agenda acadêmica brasileira.[287] Com efeito, ainda que não se questione, pelo menos não em termos gerais (ressalva feita a posições isoladas na doutrina),[288] a possibilidade em si de os particulares serem destinatários dos direitos fundamentais, quanto ao modo pelo qual se opera tal vinculação, assim como em relação aos efeitos daí decorrentes, também no Brasil registra-se alguma controvérsia.

Além das hipóteses em que uma vinculação direta (imediata) dos particulares resulta inequivocamente do enunciado textual da norma de direito fundamental, controverte-se a respeito da forma como se dá esta vinculação. Neste particular, a doutrina oscila entre os que advogam a tese da eficácia mediata (indireta) e os que sustentam uma vinculação imediata (direta), ressaltando-se a existência de posicionamentos que assumem feição mais temperada em relação aos modelos básicos referidos, situando-se, por assim dizer, numa esfera intermediária.

Sem adentrar especificamente o mérito dessas concepções e das variantes surgidas no seio da doutrina constitucional, é possível constatar – a exemplo do que sustenta Vieira de Andrade – uma substancial convergência de opiniões no que diz com o fato de que também na esfera privada ocorrem situações de desigualdade geradas pelo exercício de um maior ou menor poder social, razão pela qual não podem ser toleradas discriminações ou agressões à liberdade individual que atentem contra o conteúdo em dignidade da pessoa humana dos direitos fundamentais, zelando-se, de qualquer modo, pelo equilíbrio entre estes valores e os princípios da autonomia privada e da liberdade negocial e geral, que, por sua vez, não podem ser completamente destruídos.[289]

---

287. Sobre o ponto, v. SARLET, Ingo Wolfgang. A influência dos direitos fundamentais no direito privado: o caso brasileiro. In: _____; MONTEIRO, Antonio Pinto; NEUNER, Jörg (Org.). *Direitos fundamentais e direito privado – Uma perspectiva de direito comparado*, p. 111-144.

288. Como é o caso de DIMOULIS, Dimitri; MARTINS, Leonardo. *Teoria geral dos direitos fundamentais*, 7. ed., p. 133 e ss.

289. Esta a conclusão a que chegou ANDRADE, José Carlos Vieira de. *Os direitos fundamentais na Constituição portuguesa de 1976*, p. 284. Também CAUPERS, João. *Os direitos fundamentais dos trabalhadores e a constituição*, p. 167 e ss., rechaça a tese de que a ordem constitucional permita ou imponha o sacrifício abso-

Ainda neste contexto, sustentou-se, acertadamente, que, em qualquer caso e independentemente do modo pelo qual se dá a vinculação dos particulares aos direitos fundamentais (isto é, se de forma imediata ou mediata), se verifica, entre as normas constitucionais e o direito privado não o estabelecimento de um abismo, mas uma relação pautada por um contínuo fluir, de tal sorte que, ao aplicar-se uma norma de direito privado, também se está a aplicar a própria Constituição.[290] É justamente por esta razão que, para muitos, o problema da vinculação dos particulares aos direitos fundamentais constitui, em verdade, mais propriamente um problema relativo à conciliação dos direitos fundamentais com os princípios basilares do direito privado.[291]

De qualquer modo, para além dessas e de outras considerações que aqui poderiam ser tecidas, constata-se que no direito constitucional brasileiro tem prevalecido a tese de que,[292] em princípio, os direitos fundamentais geram uma eficácia direta *prima facie* na esfera das relações privadas,[293] sem se deixar de reconhecer, todavia, que o modo pelo qual se opera a

---

luto da autonomia privada em favor da eficácia imediata dos direitos fundamentais, já que a autonomia privada se encontra ao menos implicitamente reconhecida e assegurada pela Constituição como direito ou princípio fundamental. Também entre nós podemos partir da premissa de que o constituinte, se não erigiu a autonomia privada à condição de direito ou princípio fundamental expresso, a reconheceu e protegeu na condição de princípio implícito, como dão conta, por exemplo, o art. 1.º, IV (valores sociais do trabalho e da livre-iniciativa), o direito geral de liberdade (art. 5.º, *caput*), a liberdade de exercício de trabalho, ofício ou profissão (art. 5.º, XIII), o direito de propriedade (art. 5.º, XXII) e de herança (art. 5.º, XXX), entre outros. Nesta mesma linha, admitindo uma vinculação direta dos particulares ao conteúdo em dignidade da pessoa humana dos direitos fundamentais, situam-se as preciosas contribuições de Neuner, Jörg. *Privatrecht und Sozialstaat*, p. 150 e ss., e de Mota Pinto, Paulo. O direito ao livre desenvolvimento da personalidade. *Portugal-Brasil Ano 2000*, p. 149-246, especialmente p. 241-243.

290. Cf. Silva, Manuel Pascoal Dias Pereira da. Vinculação das entidades privadas pelos direitos, liberdades e garantias. *Revista de Direito Público* 82/46.

291. Idem, p. 45.

292. Sustentando uma eficácia apenas indireta, v., no Brasil, em especial Dimoulis, Dimitri; Martins, Leonardo. *Teoria geral dos direitos fundamentais*. 7. ed. São Paulo: RT, 2020, p. 143; Duque, Marcelo Schenk. *Direito privado e Constituição. Drittwirkung dos direitos fundamentais*. São Paulo: Revista dos Tribunais, 2013, bem como a preciosa tese de livre-docência de Rodrigues Jr., Otávio Luiz. *Direito civil contemporâneo. Estatuto Epistemológico, Constituição e direitos fundamentais*. 2. ed. Rio de Janeiro: Gen/Forense Universitária, 2019.

293. Cf. já vínhamos sustentando desde Sarlet, Ingo Wolfgang. Direitos fundamentais e direito privado, algumas considerações em torno da vinculação dos particulares aos direitos fundamentais. In: _____ (Org.). *A Constituição concretizada – Construindo pontes para o público e o privado*, p. 107-163, especialmente p. 157, posição esta também advogada recentemente em Portugal, com expressa referência ao nosso estudo, por Crorie, Benedita Ferreira da Silva Mac. *A vinculação dos particulares aos direitos fundamentais*, p. 86 e ss. Igualmente, sustentando uma eficácia direta (embora sempre responsiva às exigências do caso concreto e, portanto, sujeita à necessária flexibilização em função da natureza dos direitos em pauta e da opção legislativa existente), v., na literatura brasileira, Sarmento, Daniel. *Direitos fundamentais e relações privadas*; Steinmetz, Wilson Antonio. *Vinculação dos particulares a direitos fundamentais*; Silva, Virgílio Afonso da. *A constitucionalização do direito: os direitos fundamentais nas relações entre particulares*; Sombra, Thiago Luís Santos. *A eficácia dos direitos fundamentais nas relações jurídico-privadas: a identificação do contrato como ponto de encontro dos direitos fundamentais*; Vale, André Rufino do. *Eficácia dos direitos fundamentais nas relações privadas*; Pereira, Jane Reis Gonçalves. A vinculação dos particulares aos direitos fundamentais no direito comparado e no Brasil. In: Barroso, Luís Roberto (Org.). *A nova interpretação constitucional: ponderação, direitos fundamentais e relações privadas*; Moreira, Eduardo Ribeiro. *Obtenção dos direitos fundamentais nas relações entre particulares*, p. 241.

aplicação dos direitos fundamentais às relações jurídicas entre particulares não é uniforme, reclamando soluções diferenciadas.[294]

Além disso, calha averbar que resulta evidente a existência de uma confluência, portanto, de um diálogo permanente, entre a vinculação dos órgãos estatais, especialmente do Poder Legislativo e do Poder Judiciário (pois é o legislador que, em primeira linha, regula a composição de conflitos na esfera privada e são os órgãos jurisdicionais os que aplicam a lei ou extraem os efeitos das normas de direitos fundamentais), e a vinculação dos particulares.

Tal circunstância, por sua vez, não se contrapõe ao fato de que, no âmbito da problemática da vinculação dos particulares, as hipóteses de um conflito entre os direitos fundamentais e entre estes e o princípio da autonomia privada reclamam sempre uma análise calcada nas circunstâncias específicas do caso concreto, devendo ser tratada de forma similar às colisões entre direitos fundamentais de diversos titulares, isto é, buscando-se uma solução norteada – quando for o caso – pela ponderação, almejando obter um equilíbrio e uma concordância prática, caracterizados, em última análise, pelo não sacrifício completo dos direitos fundamentais em pauta, bem como pela preservação, na medida do possível, do seu conteúdo essencial.[295]

Além disso, a eficácia dos direitos fundamentais nas relações privadas não pode servir como procuração geral outorgada ao Poder Judiciário, empoderando Juízes e Tribunais no sentido de desconsiderarem as opções legislativas naquilo em que regulam e resolvem os conflitos entre direitos fundamentais envolvendo atores privados. Existindo lei, esta poderá ser declarada inconstitucional ou interpretada em conformidade com a Constituição, de tal sorte que o recurso direto aos direitos fundamentais se legitima, em regra, nos casos de ausência de lei.

Tal modo de compreender o fenômeno da vinculação dos particulares aos direitos fundamentais, pelo menos assim o demonstra a evolução jurisprudencial de um modo geral, corresponde ao entendimento prevalente dos órgãos jurisdicionais brasileiros, destacando-se aqui, a despeito da existência de importantes decisões do STJ e de outros tribunais, o papel do STF, que, em vários casos, acabou reconhecendo a existência de uma eficácia (até mesmo direta) dos direitos fundamentais na esfera das relações privadas.[296] Embora não se possa falar na existência, por ora, de uma espécie de "doutrina jurisprudencial" consistente

---

294. Para maior desenvolvimento das premissas do nosso entendimento, remetemos ao já referido SARLET, Ingo Wolfgang. Direitos fundamentais e direito privado: algumas considerações em torno da vinculação dos particulares aos direitos fundamentais. In: _____ (Org.). *A Constituição concretizada – Construindo pontes para o público e o privado*, p. 107-163.

295. É neste sentido que se posiciona MIRANDA, Jorge. *Manual de direito constitucional*, p. 289-290, entendimento compartilhado por CAUPERS, João. *Os direitos fundamentais dos trabalhadores e a constituição*, p. 170-171. Na literatura brasileira, v., por último e por todos, representando o que atualmente constitui a orientação prevalente, SARMENTO, Daniel. A vinculação dos particulares aos direitos fundamentais: o debate teórico e a jurisprudência do STF. In: _____; SARLET, Ingo Wolfgang (Coord.). *Direitos fundamentais no Supremo Tribunal Federal: balanço e crítica*, p. 131-165.

296. Nesse sentido, v. o nosso SARLET, Ingo Wolfgang. A influência dos direitos fundamentais no direito privado: o caso brasileiro. In: _____; MONTEIRO, Antonio Pinto; NEUNER, Jörg (Org.). *Direitos fundamentais e direito privado – Uma perspectiva de direito comparado*, p. 111-144. Também da nossa autoria, v. SARLET, Ingo Wolfgang. Direitos fundamentais e direito privado: algumas considerações em torno da vinculação dos particulares aos direitos fundamentais. *Revista de Direito do Consumidor* 36/54-104, São Paulo, out.-dez. 2000.

e dominante, a exemplo da que foi desenvolvida pela Suprema Corte norte-americana (no caso da assim designada *state action doctrine*) ou pelo Tribunal Constitucional Federal da Alemanha, ainda que, neste caso, adotando a tese da eficácia indireta ou mediata, é preciso registrar ter ocorrido significativa evolução, especialmente na esfera do STF.[297]

Em decisão relativamente recente, em especial no que diz com o alentado voto proferido pelo Min. Gilmar Mendes, a partir de aportes dogmáticos tanto de inspiração norte-americana, quanto alemã, bem como com sustentação na doutrina nacional, o STF, por maioria, reconheceu, na esteira de decisão similar anterior, a incidência, em relação a uma entidade privada, do princípio-garantia do devido processo legal e da ampla defesa, precisamente no que diz respeito ao afastamento compulsório de associado da entidade.[298]

Além disso, é de se enfatizar que também os direitos sociais geram efeitos em relação a entidades privadas, muito embora a necessidade de uma maior cautela no que diz com a natureza de tais efeitos e o modo de sua manifestação em cada situação concreta, temática que aqui igualmente não cabe desenvolver, mas que, a despeito de algumas importantes divergências, tem encontrado ressonância na jurisprudência e na doutrina.[299] Aliás, cada vez mais é preciso admitir que o problema da vinculação dos particulares e da eficácia dos direitos fundamentais na esfera das relações privadas acaba alcançando, em termos gerais, alguma relevância, seja qual for o direito fundamental em causa, ainda que, consoante já frisado, se deva avaliar como se dá tal eficácia em cada caso.[300]

3.9 Limites e restrições de direitos fundamentais[301]

3.9.1 Considerações introdutórias

A prática constitucional contemporânea apresenta características comuns dotadas de especial importância para a realização normativa dos direitos fundamentais. Entre essas, destacam-se três, que, de acordo com a tradição constitucional de matriz germânica,

---

297. Especialmente sobre a evolução da jurisprudência do STF na matéria, v., por todos, Sarmento, Daniel. A vinculação dos particulares aos direitos fundamentais: o debate teórico e a jurisprudência do STF. In: ____; Sarlet, Ingo Wolfgang (Coord.). *Direitos fundamentais no Supremo Tribunal Federal:* balanço e crítica, p. 131-165.

298. Cf. STF, RE 201.819/RJ, rel. p/ o acórdão Min. Gilmar Ferreira Mendes, j. 11.10.2005 – disponível em: http://www.stf.jus.br (caso da União dos Compositores do Brasil).

299. Na doutrina, v. especialmente Sarmento, Daniel. *Direitos fundamentais e relações privadas*, p. 343 e ss., compartilhando do nosso ponto de vista (sumariamente) enunciado em texto anterior, mas desenvolvendo a argumentação. Em sentido parcialmente diverso, refutando uma vinculação direta de particulares aos direitos sociais, designadamente na sua condição de direitos a prestações, v. Steinmetz, Wilson Antonio. *Vinculação dos particulares a direitos fundamentais*, p. 278 e ss. Por último, v. o nosso Sarlet, Ingo Wolfgang. Direitos fundamentais sociais, mínimo existencial e direito privado. *Revista de Direito do Consumidor* 61/90-125.

300. Cf., por último, Novais, Jorge Reis. *Direitos fundamentais:* trunfos contra a maioria, p. 70-71.

301. Nos trabalhos preparatórios para a redação e formatação do texto relativo ao âmbito de proteção e limites dos direitos fundamentais, seja no que diz com o levantamento doutrinário e jurisprudencial, seja no que diz com a confecção de uma primeira versão do texto, sob nossa orientação, supervisão e responsabilidade final, contamos com a especial colaboração de Pedro Scherer de Mello Aleixo, bacharel e mestre em direito pela PUC-RS, doutorando (bolsista Capes-DAAD) e professor assistente junto à Universidade de Augsburg, Alemanha.

amplamente difundida, encontram correspondência nas seguintes categorias dogmáticas: âmbito de proteção, limites e limites aos limites dos direitos fundamentais. Tal esquema, aplicável aos direitos fundamentais de um modo geral, acabou sendo recepcionado, ainda que nem sempre com a mesma terminologia, em outras ordens constitucionais, inclusive a brasileira, como demonstra farta e atualizada doutrina, bem como atesta uma série de decisões judiciais, mesmo que muitas vezes tal recepção tenha ocorrido sem qualquer referência expressa ao esquema acima exposto. Certo é que todo direito fundamental possui um âmbito de proteção (um campo de incidência normativa ou suporte fático, como preferem outros) e todo direito fundamental, ao menos em princípio, está sujeito a intervenções neste âmbito de proteção. Especialmente a problemática dos limites e restrições em matéria de direitos fundamentais não dispensa, em primeira linha, um exame do âmbito de proteção dos direitos, primeiro tópico a ser versado.

3.9.2 O âmbito de proteção dos direitos e garantias fundamentais

O âmbito de proteção de um direito fundamental abrange os diferentes pressupostos fáticos instituídos pela respectiva norma jurídica.[302] Trata-se, com outras palavras, do bem jurídico protegido, ou seja, do objeto tutelado,[303] que nem sempre se afigura de fácil identificação, especialmente em decorrência das indeterminações semânticas invariavelmente presentes nos textos que contemplam direitos fundamentais. Por outro lado, considerando que nenhuma ordem jurídica pode proteger os direitos fundamentais de maneira ilimitada, a ideia de que os direitos fundamentais não são absolutos não tem oferecido maiores dificuldades e tem sido amplamente aceita no direito constitucional contemporâneo. Posto de outro modo, direitos fundamentais são – de regra – direitos submetidos a limites e suscetíveis de serem restringidos.

Assim, para a adequada discussão sobre a restringibilidade dos direitos e seus respectivos limites, incontornável a análise, ainda que sumária, da contraposição entre as assim designadas "teoria interna" e "teoria externa" dos limites aos direitos fundamentais, visto que a opção por uma destas teorias acaba por repercutir no próprio modo de compreender a maior ou menor amplitude do âmbito de proteção dos direitos fundamentais.[304]

Segundo a "teoria interna",[305] um direito fundamental existe desde sempre com seu conteúdo determinado, afirmando-se mesmo que o direito já "nasce" com os seus limites.[306]

---

302. De modo diverso, advogando uma distinção entre o suporte fático e o âmbito de proteção, no sentido de que este é mais restrito do que aquele (pelo fato de que o que é protegido constitui apenas uma parte do suporte fático do direito), v. Silva, Virgílio Afonso da. *O conteúdo essencial dos direitos fundamentais e a eficácia das normas constitucionais*, p. 65 e ss.

303. Cf., por todos, Correia, Sérvulo. *O direito de manifestação – Âmbito de proteção e restrições*, p. 31 e ss.

304. No Brasil, v. especialmente, cuidando do âmbito de proteção, Dimoulis, Dimitri; Martins, Leonardo. *Teoria geral dos direitos fundamentais*, 7. ed., p. 172 e ss.; e Mendes, Gilmar Ferreira; Branco, Paulo Gustavo Gonet; Coelho, Inocêncio Mártires. *Curso de direito constitucional*, p. 285 e ss. Por último, v. Paula, Felipe de. *A (de)limitação dos direitos fundamentais*, p. 27 e ss.

305. Sobre a teoria interna, no âmbito da produção monográfica nacional, v., por todos, Pereira, Jane Reis Gonçalves. *Interpretação constitucional e direitos fundamentais – Uma contribuição ao estudo das restrições aos direitos fundamentais na perspectiva da teoria dos princípios*, p. 140 e ss., bem como, por último, Freitas, Luiz Fernando Calil de. *Direitos fundamentais: limites e restrições*, p. 79 e ss.

306. Cf. Canotilho, J. J. Gomes. Dogmática de direitos fundamentais e direito privado. In: Sarlet, Ingo Wolfgang (Org.). *Constituição, direitos fundamentais e direito privado*, p. 349.

Neste sentido, fala-se na existência de "limites imanentes",[307] que consistem em fronteiras implícitas, de natureza apriorística, que não se deixam confundir com autênticas restrições, pois estas são, em geral, compreendidas (para a teoria externa) como "desvantagens" normativas impostas externamente a estes direitos,[308] inadmitidas pela teoria interna, visto que para esta o direito tem o seu alcance definido de antemão, de tal sorte que sua restrição se revela desnecessária e até mesmo impossível do ponto de vista lógico.[309] Assim, correta a afirmação de que, para a teoria interna, o processo de definição dos limites do direito é algo interno a ele.[310] Por outro lado, a ausência, por parte da teoria interna, de separação entre o âmbito de proteção e os limites dos direitos fundamentais permite que sejam incluídas considerações relativas a outros bens dignos de proteção (por exemplo, interesses coletivos ou estatais) no próprio âmbito de proteção destes direitos, o que aumenta o risco de restrições arbitrárias da liberdade.[311]

A "teoria externa",[312] por sua vez, distingue os direitos fundamentais das restrições a eles eventualmente impostas, daí a necessidade de uma precisa identificação dos contornos de cada direito. Recorrendo novamente à didática formulação de Virgílio Afonso da Silva, "ao contrário da teoria interna, que pressupõe a existência de apenas um objeto, o direito e seus limites (imanentes), a teoria externa divide este objeto em dois: há, em primeiro lugar, o direito em si, e, destacadas dele, as suas restrições".[313] Assim, de acordo com a teoria externa, existe inicialmente um direito em si, ilimitado,[314] que, mediante a imposição de eventuais restrições, se converte em um direito limitado. Tal construção parte do pressuposto de que existe uma distinção entre posição *prima facie* e posição definitiva, a primeira correspondendo ao direito antes de sua limitação, a segunda equivale ao direito já limitado. Tal distinção, contudo, não afasta a possibilidade de direitos sem restrições, visto não haver uma relação necessária entre o conceito de direito e o de restrição,[315] sendo tal relação estabelecida pela necessidade de compatibilizar diferentes bens jurídicos. Em virtude de ser pautada pela referida distinção entre posições jurídicas *prima facie* e definitivas, a teoria externa acaba sendo mais apta a propiciar a reconstrução argumentativa das colisões de direitos fundamentais, tendo em conta a necessidade da imposição de limites a tais direitos, para que

---

307. Sobre os limites imanentes, v., na doutrina brasileira, Steinmetz, Wilson Antônio. *Colisão de direitos fundamentais e princípio da proporcionalidade*, p. 43 e ss.; Pereira, Jane Reis Gonçalves. *Interpretação constitucional e direitos fundamentais – Uma contribuição ao estudo das restrições aos direitos fundamentais na perspectiva da teoria dos princípios*, p. 182 e ss.; e Freitas, Luiz Fernando Calil de. *Direitos fundamentais:* limites e restrições, p. 83 e ss.

308. Canotilho, J. J. Gomes. Dogmática de direitos fundamentais e direito privado. In: Sarlet, Ingo Wolfgang (Org.). *Constituição, direitos fundamentais e direito privado*, p. 349.

309. Borowski, Martin. *La estructura de los derechos fundamentales*, p. 68-70.

310. Cf. Silva, Virgílio Afonso da. *O conteúdo essencial dos direitos fundamentais e a eficácia das normas constitucionais*, p. 128.

311. Cf. os desenvolvimentos de Canotilho, J. J. Gomes. *Direito constitucional*, p. 1.279 e ss.

312. Entre nós, sobre a teoria externa, v., por todos, Pereira, Jane Reis Gonçalves. *Interpretação constitucional e direitos fundamentais – Uma contribuição ao estudo das restrições aos direitos fundamentais na perspectiva da teoria dos princípios*, p. 146 e ss.; e Freitas, Luiz Fernando Calil de. *Direitos fundamentais:* limites e restrições, p. 138 e ss.

313. Cf. Silva, Virgílio Afonso da. *O conteúdo essencial dos direitos fundamentais e a eficácia das normas constitucionais*, p. 138.

314. Cf. Borowski, Martin. *La estructura de los derechos fundamentales*, p. 66 e ss.

315. Alexy, Robert. *Teoría de los derechos fundamentales*, 1997, p. 268.

possa ser assegurada a convivência harmônica entre seus respectivos titulares no âmbito da realidade social.[316] Nesta perspectiva, as limitações impostas a estes direitos deverão observar, por sua vez, outros limites, que têm sido designados de limites dos limites, que serão analisados mais adiante.

Precisar se determinado bem, objeto ou conduta se encontra compreendido no âmbito de proteção de determinado direito fundamental não é, conforme referido, tarefa simples. Na linha de que não apenas se interpretam os textos legais, mas também os fatos a que estes se encontram referidos, há que se proceder a uma cuidadosa investigação acerca de quais realidades da vida se encontram afetas ao âmbito de proteção do direito fundamental examinado. Em suma, o que se busca identificar, com base, sobretudo (mas não exclusivamente, é bom enfatizar!), na literalidade do dispositivo, é se a esfera normativa do preceito abrange ou não uma certa situação ou modo de exercício.

Há casos em que o próprio preceito constitucional não comporta certa conduta ou modo de exercício, de tal sorte que existem determinadas situações que não integram o âmbito de proteção do direito fundamental. Nada obstante, salvo hipóteses em que tais situações estejam manifestamente situadas fora do âmbito de proteção de um direito, afigura-se preferível examinar tais hipóteses no plano dos *limites* dos direitos fundamentais. Neste contexto, calha referir a lição de Sérvulo Correia, ao sustentar que o âmbito de proteção de um direito não resulta apenas da tipificação de dados pré-normativos, mas guarda relação com determinadas finalidades constitucionalmente ancoradas e vinculadas a determinados valores, evidenciando a complexidade do processo da identificação e mesmo reconstrução do âmbito de proteção dos direitos fundamentais, visto que, mesmo quando se trata do "perfil *prima facie* do direito fundamental", que ainda não leva em conta as restrições legítimas, há um perfil normativamente pré-determinado a ser respeitado.[317]

Tome-se como exemplo o direito fundamental à inviolabilidade de correspondência, previsto no art. 5.º, XII, da CF/1988. O STF considerou a interceptação de cartas de presidiários pela administração penitenciária medida excepcional, enquadrando-a como restrição aos direitos fundamentais dos presos – na linha do art. 41 da Lei de Execução Penal –, em vez de considerar o envio de cartas com propósitos criminosos não incluído no âmbito de proteção do direito fundamental.[318] Percebe-se, desde logo, que tal distinção entre âmbito de proteção e limites oferece significativas vantagens em termos de operacionalidade jurídico-dogmática, correspondendo à exigência de transparência metodológica, especialmente por não misturar interesses divergentes,[319] além de implicar que o ônus da justificação de uma restrição recaia sobre o intérprete que a invoca, o que apenas reforça a tese de que os fins não podem jamais justificar os meios, visto que não apenas o resultado, mas, sobretudo, o caminho percorrido da conversão de uma posição *prima facie* (âmbito de proteção) em

---

316. Nesse sentido, por todos, BOROWSKI, Martin. *La estructura de los derechos fundamentales*, p. 68.
317. Cf. CORREIA, Sérvulo. *O direito de manifestação – Âmbito de proteção e restrições*, p. 31-34.
318. Cf. STF, HC 70.814/SP, rel. Min. Celso de Mello, j. 01.03.1994, *DJ* 24.06.1994.
319. CANOTILHO, J. J. Gomes. *Direito constitucional*, p. 353, explica de maneira convincente o fato de a teoria externa dos limites aos direitos fundamentais não guardar obrigatoriamente afinidade com posturas que desprezam as dimensões comunitárias do fenômeno jurídico, uma vez que ela não pretende dizer mais do que o seguinte: "primeiro nascem os direitos e as normas garantidoras destes direitos e depois estabelecem-se normas restritivas destes direitos. A regra do direito e a exceção da restrição, eis o esquema básico deste pensamento".

um direito (ou garantia) definitivo afigura-se decisivo e viabiliza um controle de todo o procedimento.

3.9.3 Os limites dos direitos fundamentais

A identificação dos limites dos direitos fundamentais constitui condição para que se possa controlar o seu desenvolvimento normativo, partilhado com o legislador ordinário.[320] A ideia de que existem limites ou restrições a um direito, que com este não se confundem, embora possa parecer trivial à primeira vista, oculta, todavia, uma série de problemas, resultantes, por um lado, da determinação do significado destes limites, por outro, da distinção do que sejam uma limitação e outras atividades normativas.[321]

Limites aos direitos fundamentais, em termos sumários, podem ser definidos como ações ou omissões dos poderes públicos (Legislativo, Executivo e Judiciário) ou de particulares que dificultem, reduzam ou eliminem o acesso ao bem jurídico protegido, afetando o seu exercício (*aspecto subjetivo*) e/ou diminuindo deveres estatais de garantia e promoção (*aspecto objetivo*) que resultem dos direitos fundamentais.[322] Todavia, como é cediço, nem toda a disciplina normativa dos direitos fundamentais pode ser caracterizada como constituindo uma limitação. Muitas vezes as normas legais se limitam a detalhar tais direitos a fim de possibilitar o seu exercício, situações que correspondem aos termos *configurar, conformar, completar, regular, densificar* ou *concretizar*, habitualmente utilizados para caracterizar este fenômeno.[323] Algo distinto, contudo, se dá com as limitações de direitos fundamentais, que, como visto, reduzem o alcance de conteúdos *prima facie* conferidos a posições de direitos fundamentais mediante a imposição de "cargas coativas".[324] Além disso, há que distinguir as normas que limitam bens jurídicos protegidos *prima facie* das que fundamentam a competência estatal para realizar essas limitações. Com efeito, enquanto as primeiras, as limitações propriamente ditas, consistem em mandados ou proibições dirigidos aos cidadãos (titulares de direitos fundamentais), as últimas – chamadas de reservas legais – não configuram limitações na acepção mais rigorosa do termo, e sim autorizações constitucionais que fundamentam a possibilidade de o legislador restringir direitos fundamentais.[325]

---

320. STEINMETZ, Wilson Antônio. *Colisão de direitos fundamentais e princípio da proporcionalidade*, p. 39.

321. ALEXY, Robert. *Teoría de los derechos fundamentales*, p. 267 e ss. V., para maiores desenvolvimentos sobre a questão dos limites aos direitos fundamentais, STEINMETZ, Wilson Antônio. *Colisão de direitos fundamentais e princípio da proporcionalidade*, p. 29 e ss.; DIMOULIS, Dimitri; MARTINS, Leonardo. *Teoria geral dos direitos fundamentais*, 7. ed., p. 165 e ss.; PEREIRA, Jane Reis Gonçalves. *Interpretação constitucional e direitos fundamentais – Uma contribuição ao estudo das restrições aos direitos fundamentais na perspectiva da teoria dos princípios*, p. 131 e ss.; FREITAS, Luiz Fernando Calil de. *Direitos fundamentais:* limites e restrições, p. 77 e ss.; e MENDES, Gilmar Ferreira; BRANCO, Paulo Gustavo Gonet; COELHO, Inocêncio Mártires. *Curso de direito constitucional*, p. 289 e ss.

322. NOVAIS, Jorge Reis. *As restrições aos direitos fundamentais não expressamente autorizadas pela constituição*, p. 157.

323. Registra-se aqui a posição de SILVA, Virgílio Afonso da. *O conteúdo essencial dos direitos fundamentais e a eficácia das normas constitucionais*, p. 40-41, que assume postura crítica em relação à distinção entre o que constitui uma mera regulação (ou regulamentação) e uma restrição, preferindo partir do pressuposto que asseguraria maior proteção aos direitos fundamentais, de que uma regulação sempre pode vir acompanhada de uma restrição.

324. CANOTILHO, J. J. Gomes. *Direito constitucional*, p. 346.

325. Cf., por exemplo, ALEXY, Robert. *Teoria de los derechos fundamentales*, p. 272-273.

No que diz respeito às espécies de limitações, registra-se substancial consenso quanto ao fato de que os direitos fundamentais podem ser restringidos tanto por expressa disposição constitucional como por norma legal promulgada com fundamento na Constituição. Da mesma forma, há quem inclua uma terceira alternativa, vinculada à possibilidade de se estabelecerem restrições a direitos por força de colisões entre direitos fundamentais, mesmo inexistindo limitação expressa ou autorização expressa assegurando a possibilidade de restrição pelo legislador. Embora tal hipótese possa ser subsumida na segunda alternativa, considera-se que a distinção entre os três tipos de limites referidos torna mais visível e acessível o procedimento de controle da atividade restritiva em cada caso. Além disso, verifica-se, como já demonstram as três espécies de limitações referidas, que, em qualquer caso, uma restrição de direito fundamental exige, seja direta, seja indiretamente, um fundamento constitucional.[326]

Importa destacar, na esfera dos limites diretamente estabelecidos pela Constituição, que a ideia de que existem limites no interior dos direitos fundamentais (para os partidários da teoria interna tal hipótese equivaleria a uma situação de não direito, ou seja, algo que constitui o próprio âmbito de proteção do direito) fica, sob certo aspecto, absorvida pela ideia das limitações diretamente constitucionais, visto que as cláusulas restritivas constitucionais expressas, na prática, convertem uma posição jurídica *prima facie* em um não direito definitivo.[327] A título de exemplo, cita-se novamente o direito fundamental à inviolabilidade de correspondência (art. 5.º, XII, da CF), visto que, apesar de previsto como não sujeito a restrição no dispositivo referido, a inviolabilidade em princípio assegurada poderá ser temporária e excepcionalmente condicionada nas hipóteses de estado de defesa e de estado de sítio (art. 136, § 1.º, I, *b*; art. 139, III), expressamente previstas na Constituição.

Já no campo das assim designadas restrições indiretas – isto é, das restrições estabelecidas por lei (em sentido formal, incluídas as medidas provisórias, por força do art. 62, *caput*, da CF/1988), com fundamento em autorizações constitucionais, há que enfrentar a problemática das reservas legais,[328] que, em termos gerais, podem ser definidas como disposições constitucionais que autorizam o legislador a intervir no âmbito de proteção dos direitos fundamentais.

As reservas legais costumam ser, por sua vez, classificadas em dois grupos, as *reservas legais simples* e as *reservas legais qualificadas*. As reservas do primeiro grupo (reservas legais simples) distinguem-se por autorizarem o legislador a intervir no âmbito de proteção de um direito fundamental sem estabelecerem pressupostos e/ou objetivos específicos a serem observados, implicando, portanto, a atribuição de uma competência mais ampla de restrição. Como exemplo, cita-se o art. 5.º, LVIII, da CF/1988: "O civilmente identificado não será submetido a identificação criminal, salvo nas hipóteses previstas em lei". Já as reservas legais qualificadas têm como traço distintivo o fato de estabelecerem pressupostos e/ou objetivos

---

326. Cf., por todos, STERN, Klaus. *Die Grundrechte und ihre Schranken*, p. 10-11.

327. Cf., com base na concepção de Alexy, STEINMETZ, Wilson Antônio. *Colisão de direitos fundamentais e princípio da proporcionalidade*, p. 31 e ss.

328. Sobre o tema das reservas legais, v., na doutrina nacional, DIMOULIS, Dimitri; MARTINS, Leonardo. *Teoria geral dos direitos fundamentais*, 7. ed., p. 192 e ss.; PEREIRA, Jane Reis Gonçalves. *Interpretação constitucional e direitos fundamentais – Uma contribuição ao estudo das restrições aos direitos fundamentais na perspectiva da teoria dos princípios*, p. 211 e ss.; FREITAS, Luiz Fernando Calil de. *Direitos fundamentais:* limites e restrições, p. 187 e ss.; MENDES, Gilmar Ferreira; BRANCO, Paulo Gustavo Gonet; COELHO, Inocêncio Mártires. *Curso de direito constitucional*, p. 296 e ss.

a serem atendidos pelo legislador ordinário para limitar os direitos fundamentais, como bem demonstra o clássico exemplo do sigilo das comunicações telefônicas (5.º, XII, da CF): "É inviolável o sigilo da correspondência e das comunicações telegráficas, de dados e das comunicações telefônicas, salvo, no último caso, por ordem judicial, nas hipóteses e na forma que a lei estabelecer para fins de investigação criminal ou instrução processual penal".[329]

Desde logo, sem que se vá aqui avançar no ponto, é preciso ter presente que o regime jurídico-constitucional das reservas legais sujeita-se a rigoroso controle e que há uma série de exigências daí decorrentes, parte das quais será versada na parte relativa aos limites dos limites dos direitos fundamentais.

De outra parte, como já anunciado, afiguram-se possíveis limitações decorrentes da colisão de um direito fundamental com outros direitos fundamentais ou bens jurídico-constitucionais, o que legitima o estabelecimento de restrições, ainda que não expressamente autorizadas pela Constituição.[330] Em outras palavras, direitos fundamentais formalmente ilimitados (isto é, desprovidos de reserva) podem ser restringidos caso isso se revele imprescindível para a garantia de outros direitos constitucionais,[331] de tal sorte que há mesmo quem tenha chegado a sustentar a existência de uma verdadeira "reserva geral imanente de ponderação".[332] Tais hipóteses exigem, no entanto, cautela redobrada por parte dos poderes públicos, especialmente no caso da imposição por decisão judicial de restrições ao exercício de direitos fundamentais.[333]

Como é fácil reconhecer, não é possível ao Constituinte – e tampouco ao legislador ordinário – prever e regular todas as colisões de direitos fundamentais.[334] Tendo em vista a caracterização dos direitos fundamentais como posições jurídicas *prima facie*, não raro encontram-se eles sujeitos a ponderações em face de situações concretas de colisão, nas quais a realização de um direito se dá à custa do outro.[335] Situações de colisão de direitos fundamentais afiguram-se cada vez mais frequentes na prática jurídica brasileira devido ao alargamento do âmbito e da intensidade de proteção dos direitos fundamentais levado a cabo pela Constituição Federal de 1988, notadamente em função do já referido caráter analítico do catálogo constitucional de direitos. Muito embora as situações de conflito tenham, em sua ampla maioria, sido regulamentadas pela legislação ordinária, há casos em que a ausência de regulação esbarra na necessidade de resolver o conflito decorrente da simultânea tutela constitucional de valores ou bens que se apresentam em contradição concreta. A

---

329. Cf., por todos, MENDES, Gilmar Ferreira; BRANCO, Paulo Gustavo Gonet; COELHO, Inocêncio Mártires. *Curso de direito constitucional*, p. 234 e ss.

330. LERCHE, Peter. Grundrechtsschranken. In: ISENSEE, Josef; KIRCHHOF, P. (Org.). *Handbuch des Staatsrechts der Bundesrepublik Deutschland*, p. 789-790. Cf., em sentido semelhante, entre nós, MENDES, Gilmar Ferreira. *Hermenêutica constitucional e direitos fundamentais*, p. 240-241.

331. Cf., por todos, NEUNER, Jörg. O código civil da Alemanha (BGB) e a lei fundamental. In: SARLET, Ingo Wolfgang (Org.). *Constituição, direitos fundamentais e direito privado*, p. 247-271.

332. NOVAIS, Jorge Reis. *As restrições aos direitos fundamentais não expressamente autorizadas pela constituição*, p. 570 ss.

333. MENDES, Gilmar Ferreira. *Hermenêutica constitucional e direitos fundamentais*, p. 227 e ss.

334. Cf. CLÈVE, Clèmerson Merlin; FREIRE, Alexandre Reis Siqueira. Algumas notas sobre colisão de direitos fundamentais. In: CUNHA, Sérgio Sérvulo da; GRAU, Eros Roberto (Org.). *Estudos de direito constitucional em homenagem a José Afonso da Silva*, p. 233-234. Cf., ainda, ALEXY, Robert. Colisão de direitos fundamentais e realização de direitos fundamentais no estado de direito democrático. *Revista de Direito Administrativo* 217/67-69.

335. ALEXY, Robert. Grundrechte als subjektive Rechte und als objektive Normen. *Der Staat*, n. 29, 1990, p. 54.

solução desse impasse, como é corrente, não poderá se dar com recurso à ideia de uma ordem hierárquica abstrata dos valores constitucionais, não sendo lícito, por outro lado, sacrificar pura e simplesmente um desses valores ou bens em favor do outro. Com efeito, a solução amplamente preconizada afirma a necessidade de se respeitar a proteção constitucional dos diferentes direitos no quadro da unidade da Constituição, buscando harmonizar preceitos que apontam para resultados diferentes, muitas vezes contraditórios.

Hipótese clássica diz respeito à liberdade de expressão, prevista no art. 5.º, IX, da CF ("é livre a expressão da atividade intelectual, artística, científica e de comunicação, independentemente de censura ou licença"), que, a despeito de não sujeita à reserva legal, pode entrar em rota de colisão com outros direitos fundamentais, como, por exemplo, os direitos à intimidade, à vida privada, à honra e à imagem (art. 5.º, X, da CF), igualmente não sujeitos a uma reserva de lei.

Pelo fato de as normas constitucionais não deverem ser aplicadas mediante a simples exaltação dos valores aos quais se acham referidas, como se tais valores fossem por si sós evidentes no que diz com seu conteúdo e alcance (basta ver, em caráter ilustrativo, o que ocorre no que diz com o uso retórico e mesmo panfletário da dignidade da pessoa humana e da própria proporcionalidade), sendo sempre necessária uma fundamentação intersubjetivamente controlável, não basta somente identificar os valores em jogo, mas construir e lançar mão de critérios que permitam aplicá-los racionalmente,[336] cabendo ao intérprete/aplicador dos direitos fundamentais conferir importância distinta aos valores por eles densificados, sempre atento às circunstâncias do caso concreto, mas também igualmente receptivo às hierarquizações axiológicas levadas a cabo pelo legislador democraticamente legitimado. Também nesta esfera, mais ainda do que nas hipóteses decorrentes de expressa reserva legal (em que o constituinte autorizou previamente a restrição por parte do legislador), incidem os limites aos limites dos direitos fundamentais, tópico a ser examinado logo na sequência.

3.9.4 Limites aos limites dos direitos fundamentais

3.9.4.1 Noções preliminares

Até meados do século XX, por conta de uma tradição fortemente vinculada à postura reverencial em relação ao legislador, os direitos fundamentais não raras vezes tinham sua eficácia esvaziada pela atuação erosiva dos poderes constituídos. Ao longo da evolução dogmática e jurisprudencial, todavia, especialmente a partir do labor da doutrina e da jurisprudência constitucional germânica, foi desenvolvida uma série de instrumentos destinados a controlar as ingerências exercidas sobre os direitos fundamentais, evitando ao máximo a sua fragilização.

Em síntese, o que importa destacar, nesta quadra, é que eventuais limitações dos direitos fundamentais somente serão tidas como justificadas se guardarem compatibilidade formal e material com a Constituição. Sob perspectiva formal, parte-se da posição de primazia ocupada pela Constituição na estrutura do ordenamento jurídico, no sentido de que

---

336. ÁVILA, Humberto. *Teoria dos princípios*: da definição à aplicação dos princípios jurídicos. 19. ed. São Paulo: Malheiros, 2019, p. 88.

suas normas, na qualidade de decisões do poder constituinte, representam atos de auto-vinculação fundamental-democrática que encabeçam a hierarquia normativa imanente ao sistema. No que diz com a perspectiva material, parte-se da premissa de que a Constituição não se restringe a regulamentar formalmente uma série de competências, mas estabelece, paralelamente, uma ordem de princípios substanciais, calcados essencialmente nos valores da dignidade da pessoa humana e na proteção dos direitos fundamentais que lhe são inerentes.[337]

O controle da constitucionalidade formal e material dos limites aos direitos fundamentais implica, no plano formal, a investigação da competência, do procedimento e da forma adotados pela autoridade estatal. Já o controle material diz essencialmente com a observância da proteção do núcleo (ou conteúdo) essencial destes direitos, bem como com o atendimento das exigências da proporcionalidade e da razoabilidade, mas também do que se tem convencionado designar de proibição de retrocesso, categorias que, neste sentido, assumem a função de limites aos limites dos direitos fundamentais. Os limites aos limites dos direitos fundamentais, portanto, funcionam como verdadeiras barreiras à restrição desses direitos, sendo, nesta perspectiva, garantes da eficácia dos direitos fundamentais nas suas múltiplas dimensões e funções. No Brasil, diferentemente de outros países, como é o caso da Alemanha (art. 19, II, da Lei Fundamental de 1949) e Portugal (art. 18, II e III, da Constituição de 1976), não há previsão constitucional expressa a respeito dos limites aos limites dos direitos fundamentais na Constituição Federal de 1988. A tradição doutrinária e jurisprudencial brasileira, todavia, ainda que nem sempre da mesma forma, acabou por recepcionar tal noção, objeto de farta análise doutrinária e expressiva (embora muitas vezes extremamente controversa) prática jurisdicional.[338] Em síntese, os principais limites aos limites, que serão apresentados e analisados logo adiante, são: a) a observância das exigências da reserva legal; b) a proporcionalidade da medida restritiva; c) a salvaguarda do núcleo essencial do direito objeto da restrição. Note-se que mesmo no caso de direitos fundamentais não contemplados com uma expressa reserva legal e em se tratando de restrições veiculadas por ação ou omissão do Poder Executivo ou por decisão judicial (sem prejuízo de outras possibilidades) se aplica, a depender do caso, o teste de proporcionalidade e se impõe a preservação do núcleo essencial dos direitos fundamentais.

3.9.4.2 A reserva legal e suas exigências

Como acima adiantado, a existência, ou não, de uma expressa reserva legal (simples ou qualificada) no texto constitucional, acompanhando um direito fundamental, implica algumas diferenças de tratamento da matéria relativa às restrições de direitos fundamentais e seu

---

337. Cf., por todos, NEUNER, Jörg. O código civil da Alemanha (BGB) e a lei fundamental. In: SARLET, Ingo Wolfgang (Org.). Constituição, direitos fundamentais e direito privado, p. 249-254.

338. V., sobre o tema, na literatura pátria: STEINMETZ, Wilson Antônio. Colisão de direitos fundamentais e princípio da proporcionalidade; SCHÄFER, Jairo Gilberto. Direitos fundamentais: proteção e restrições; BARROS, Suzana de Toledo. O princípio da proporcionalidade e o controle de constitucionalidade das leis restritivas de direitos fundamentais; PEREIRA, Jane Reis Gonçalves. Interpretação constitucional e direitos fundamentais – Uma contribuição ao estudo das restrições aos direitos fundamentais na perspectiva da teoria dos princípios, p. 297 e ss.; DIMOULIS, Dimitri; MARTINS, Leonardo. Teoria geral dos direitos fundamentais, 7. ed., p. 207 e ss.; FREITAS, Luiz Fernando Calil de. Direitos fundamentais: limites e restrições, p. 185 e ss.; MENDES, Gilmar Ferreira; BRANCO, Paulo Gustavo Gonet; COELHO, Inocêncio Mártires. Curso de direito constitucional, p. 304 e ss.; PAULA, Felipe de. A (de)limitação dos direitos fundamentais.

controle, em relação aos direitos desacompanhados de tal reserva. No caso da existência de uma expressa reserva legal, a possibilidade de uma intervenção restritiva por parte do legislador encontra-se desde logo assegurada, o que, contudo, não significa que tais medidas, pelo simples fato de autorizadas previamente, não devam observar uma série de critérios e exigências, de modo a assegurar a sua legitimidade constitucional.

No tocante às suas modalidades – as quais, por sua vez, costumam ser indicativas da amplitude da liberdade do legislador quanto a esse propósito –, fala-se, na esteira do que já antecipado, em reservas de lei simples e qualificadas. As primeiras autorizam processos restritivos sem fazer quaisquer condicionamentos em relação aos fins ou aos meios de empreendê-las, como ocorre, por exemplo, no caso dos direitos à prestação de assistência religiosa (art. 5.º, VIII), do direito à liberdade de locomoção (art. 5.º, XV) e do direito à individualização da pena (art. 5.º, XLVI). Já as reservas qualificadas são aquelas em que a autorização para a intervenção legislativa restritiva é acompanhada de um ou alguns critérios, exigências, ou mesmo meios específicos a serem considerados no momento de elaboração da lei restritiva, a exemplo do que ocorre nas previsões normativas dos direitos à liberdade de profissão (art. 5.º, XIII), à inviolabilidade do sigilo das correspondências (art. 5.º, XII) e à publicidade dos atos processuais (art. 5.º, LX). Além disso, também se considera uma reserva legal qualificada a situação na qual o constituinte exige a edição de lei complementar.

A constatação de que parte dos direitos fundamentais amparados na Constituição brasileira – de modo não dessemelhante do que ocorre também em outros países – é desprovida de reservas de lei tem conduzido à conclusão de que tais reservas se prestam apenas em caráter limitado para fundamentar a atuação restritiva dos direitos fundamentais por parte do legislador, além do fato – por vezes esquecido – de que a ausência de uma expressa reserva legal não implica o caráter absoluto de um direito fundamental, no sentido de absolutamente imune a restrições.[339]

Note-se, assim, que, ao fim e ao cabo, as colisões de direitos fundamentais (ou de direitos fundamentais e outros bens jurídico-constitucionais) operam como fundamento constitucional que legitima o estabelecimento de restrições, ainda que não expressamente autorizadas pela Constituição.[340] Em outras palavras, direitos fundamentais formalmente ilimitados (isto é, desprovidos de reserva de lei) podem ser restringidos caso isso se revele imprescindível para a garantia de outros direitos constitucionais,[341] de tal sorte que há mesmo quem tenha chegado a sustentar a existência de uma verdadeira "reserva geral imanente de ponderação".[342]

Seja como for, a previsão de reservas legais, ao mesmo tempo que traz à superfície a possibilidade de restringir direitos fundamentais, compreende uma limitação, sobre cujo sentido e alcance se instaura uma controvérsia. Trata-se da extensão do sentido de "lei" nesse contexto. Assim, há que definir se, quando a Constituição reserva à lei a competência

---

339. Cf., por todos, SILVA, Virgílio Afonso. *Direito constitucional brasileiro*, op. cit., p. 119.

340. LERCHE, Peter. Grundrechtsschranken. In: ISENSEE, Josef; KIRCHHOF, Paul (Orgs.). *Handbuch des Staatsrechts der Bundesrepublik Deutschland*. v. V. 3 ed. Heidelberg: Müller, 2007, p. 789-790.

341. Cf., por todos, NEUNER, Jörg. O Código Civil da Alemanha (BGB) e a lei fundamental. In: SARLET, Ingo Wolfgang (Org.). *Constituição, direitos fundamentais e direito privado*. 2 ed. Porto Alegre: Livraria do Advogado, 2006, p. 247-271.

342. NOVAIS, Jorge Reis. *As restrições aos direitos fundamentais não expressamente autorizadas pela Constituição...*, op. cit., p. 570 ss.

de restringir o conteúdo de um direito fundamental, deve-se considerar exclusivamente a lei em sentido formal, oriunda do Poder Legislativo, pelo que as reservas legais equivaleriam a reservas ao Parlamento, ou se, numa interpretação mais afrouxada, a expressão comportaria também a emissão de atos de matiz normativa oriundos dos demais poderes, a saber, atos administrativos e decisões judiciais originalmente restritivos.

A compreensão estrita, conforme a qual, na lição de Jorge Miranda, a previsão de reservas legais veda qualquer interferência, pelo menos à maneira principal e inaugural, por parte da Administração e da Jurisdição,[343] encontra cobertura na jurisprudência do STF. Assim, servem à maneira ilustrativa as seguintes decisões organizadas em ordem cronológica, da mais recente à mais antiga:

"(...) Ninguém pode ignorar, consoante adverte autorizado magistério doutrinário, que 'existe reserva de lei quando a Constituição prescreve que o regime jurídico de determinada matéria seja regulado por lei e só por lei, com exclusão de outras fontes normativas' (J. J. GOMES CANOTILHO, 'Direito Constitucional e Teoria da Constituição', p. 633, 1998, Almedina – grifei). Não constitui demasia observar, ainda, a propósito da reserva de lei – consoante adverte JORGE MIRANDA ("Manual de Direito Constitucional", tomo V/217-220, item n. 62, 2. ed., 2000, Coimbra Editora) –, que *se trata de postulado revestido de função excludente, de caráter negativo (que veda, nas matérias a ela sujeitas, quaisquer intervenções, a título primário, de órgãos estatais não legislativos), e cuja incidência também reforça, positivamente, o princípio que impõe à administração e à jurisdição a necessária submissão aos comandos fundados em norma legal,* de tal modo que, conforme acentua o ilustre Professor da Universidade de Lisboa, 'quaisquer intervenções – tenham conteúdo normativo ou não normativo – de órgãos administrativos ou jurisdicionais só podem dar-se a título secundário, derivado ou executivo, nunca com critérios próprios ou autônomos de decisão'."[344] [grifamos]

"(...) O princípio constitucional da reserva de lei formal traduz limitação ao exercício das atividades administrativas e jurisdicionais do Estado. *A reserva de lei – analisada sob tal perspectiva – constitui postulado revestido de função excludente, de caráter negativo, pois veda, nas matérias a ela sujeitas, quaisquer intervenções normativas, a título primário, de órgãos estatais não-legislativos.* Essa cláusula constitucional, por sua vez, projeta-se em uma dimensão positiva, eis que *a sua incidência reforça o princípio, que, fundado na autoridade da Constituição, impõe, à administração e à jurisdição, a necessária submissão aos comandos estatais emanados, exclusivamente, do legislador. Não cabe, ao Poder Executivo, em tema regido pelo postulado da reserva de lei, atuar na anômala (e inconstitucional) condição de legislador, para, em assim agindo, proceder à imposição de seus próprios critérios, afastando, desse modo, os fatores que, no âmbito de nosso sistema constitucional, só podem ser legitimamente definidos pelo Parlamento.* É que, se tal fosse possível, o Poder Executivo passaria a desempenhar atribuição que lhe é institucionalmente estranha (a de legislador), usurpando, desse modo, no contexto de um sistema de poderes essencialmente

---

343. Miranda, Jorge. Sobre a reserva constitucional da função legislativa. In: Miranda, Jorge (Org.). *Perspectivas constitucionais nos 20 anos da constituição de 1976.* v. II. Coimbra: Coimbra Editora, 1997, p. 886.

344. Brasil, STF, *ADI 4015 MC*, rel. Min. Celso de Mello, Tribunal Pleno, data de julgamento: 16.04.2008, *DJe* 025.

limitados, competência que não lhe pertence, com evidente transgressão ao princípio constitucional da separação de poderes".[345] [grifamos]

Uma atenta observação da abordagem jurisprudencial conduz à conclusão de que o entendimento encampado pelo STF se insere num meio-termo entre a integral negativa da possibilidade de direitos fundamentais serem restringidos por atos normativos que não sejam lei em sentido formal (aqueles previstos no art. 59, CF), e a sua absoluta e irrestrita permissão. A bem dizer, é o caso de considerar que, em determinadas circunstâncias, é legítimo e constitucional que um ato administrativo, por exemplo, restrinja um direito fundamental, desde que acoplado numa cadeia de fundamentação da qual decorra, para o Executivo, uma competência que advém em primeira linha da Constituição e, em seguida, da lei em sentido formal, como se dá, por exemplo, no caso das leis delegadas (art. 68, CF).

Na doutrina, é o que se encontra na posição ponderada de Gustavo Binenbojm:

"(...) *Levar as reservas constitucionais de lei a sério não significa fechar os olhos para a imprescindível necessidade prática de atuação administrativa – concreta ou normativa – que envolva alguma margem de inovação.* Mesmo na seara das restrições a direitos fundamentais, *deve-se exigir a máxima determinabilidade possível das normas legislativas, mas, ao mesmo tempo, a abertura para o mínimo incomprimível de margem de livre decisão ou apreciação da Administração.* Tal medida de prudência é especialmente relevante no campo do poder de polícia, em que as prognoses de perigo envolvem, não raro, avaliações técnicas e lastreadas na experiência dos administradores públicos. *Com efeito, a ordenação sistêmica dos direitos fundamentais suscita, em certas situações, a necessidade imperiosa de a Administração compor colisões não constitucionalmente previstas e não integralmente reguladas pela lei entre bens constitucionais, sobretudo em hipóteses de conflitos entre direitos fundamentais. Em qualquer caso, legisladores e administradores devem pautar-se por juízos de ponderação proporcional* que viabilizem o desfrute de direitos fundamentais e o seu convívio, em concordância prática, com outros direitos fundamentais e com interesses e aspirações coletivas democraticamente estabelecidos".[346] [grifamos]

Ainda nesse contexto, calha agregar a lição de Leonardo Martins e Dimitri Dimoulis, no sentido de que a Constituição, no caso, as normas de direitos fundamentais, faz referência à lei de modo negativo e positivo, ou proibindo a edição de intervenção restritiva veiculada por lei (por exemplo, o art. 5.º, XXXVI, que veda que a lei prejudique a coisa julgada), ou então autorizando o legislador a restringir o direito, situação na qual se está diante das típicas reservas legais, já acima apresentadas.[347]

Um critério que poderia ser também adotado no sistema jurídico-constitucional brasileiro, feitas as indispensáveis adequações, é o desenvolvido na Alemanha sob o rótulo de teoria da essencialidade, de acordo com a qual a deleção ao Poder Executivo da possibilidade de restringir direitos fundamentais deve observar três exigências: a) existência de uma lei que preveja a delegação e que esteja de acordo com a Constituição; b) as decisões essenciais, em especial as que versam sobre os pressupostos, contextos e consequências das restrições

---

345. BRASIL, STF, *ADI 2075 MC*, rel. Min. Celso de Mello, Tribunal Pleno, data de julgamento: 07.02.2001, *DJ* 27.06.2003.

346. BINENBOJM, Gustavo. *Poder de polícia, ordenação, regulação*: transformações político-jurídicas, econômicas e institucionais do direito administrativo ordenador. Belo Horizonte: Fórum, 2016, p. 89-90.

347. MARTINS, Leonardo; DIMOULIS, Dimitri. *Teoria geral dos direitos fundamentais*, op. cit., p. 202-202.

devem ser reguladas pelo legislador democraticamente legitimado; c) a essencialidade das intervenções restritivas é aferida a partir do critério da intensidade da restrição, ou seja, do seu impacto sobre o âmbito de proteção dos direitos fundamentais atingidos.[348]

Importa sublinhar, mais uma vez, que, mesmo nos casos em que a lei ou o ato normativo (aqui no sentido de lei apenas em sentido material) atendam rigorosamente os requisitos das reservas legais, isso não garante, por si só, a legitimidade constitucional das restrições impostas, porquanto ainda se faz necessário observar as exigências da proporcionalidade e assegurar a integridade do núcleo essencial dos direitos alvos das restrições.

3.9.4.3 *Proporcionalidade e razoabilidade como limites dos limites*

a) Do princípio da proporcionalidade e sua dupla função como proibição de excesso e proibição de proteção insuficiente

Embora as ideias de proporção e de razoabilidade, vinculadas à própria noção de justiça e equidade, sempre tenham estado presentes no âmbito do fenômeno jurídico, permeando, em termos gerais, o direito contemporâneo,[349] nem todas as manifestações suscitadas pela ideia de proporção dizem respeito ao princípio da proporcionalidade em seu sentido técnico-jurídico,[350] tal qual desenvolvido no direito público alemão.[351] Da mesma forma, segue existindo acirrada controvérsia doutrinária e jurisprudencial sobre o conteúdo jurídico e o significado da proporcionalidade e da razoabilidade.

Embora não se pretenda sobrevalorizar a identificação de um fundamento constitucional para os princípios da proporcionalidade e da razoabilidade no ordenamento jurídico brasileiro, em termos gerais, é possível reconduzir ambos os princípios a um ou mais dispositivos constitucionais. Assim, de acordo com a vertente germânica, o ponto de referência é o princípio do Estado de Direito (art. 1.º da CF), notadamente naquilo que veda o arbítrio, o excesso de poder, entre outros desdobramentos. Já para quem segue a orientação do direito norte-americano, a proporcionalidade guarda relação com o art. 5.º, LIV, da CF, no que assegura um devido processo legal substantivo.[352] No plano da legislação infraconstitucional,

---

348. Cf., por todos, MARTINS, Leonardo; DIMOULIS, Dimitri. *Teoria geral dos direitos fundamentais*, op. cit., p. 203. Sobre a teoria da essencialidade v., ainda, ABRAHÃO, Marcela. *As restrições a direitos fundamentais por ato normativo do Poder Executivo*, Coimbra: Almedina, 2018, p. 135 e ss.

349. Cf., para uma descrição dos antecedentes filosóficos da ideia de proporcionalidade, bem como da evolução do conceito na história do direito: GUERRA FILHO, Willis Santiago. *Teoria processual da constituição*, p. 71-80.

350. Discute-se, há bastante tempo, sobre a correta qualificação jurídico-normativa da proporcionalidade. Assim, ao passo que a maioria da doutrina ainda prefira falar na proporcionalidade como princípio ou mesmo como regra (tomando-se aqui ambas as noções tais qual formuladas teoricamente por Robert Alexy e seus seguidores), há quem questione tal modelo, vislumbrando na proporcionalidade uma figura substancialmente distinta das regras e dos princípios, qualificando-a como sendo um postulado normativo-aplicativo, razão pela qual se faz também referência a um dever de proporcionalidade. Cf., neste sentido, a contribuição crítica de ÁVILA, Humberto. *Teoria dos princípios*: d*a definição à aplicação dos princípios jurídicos*. 19. ed. São Paulo: Malheiros, 2019, especialmente p. 163 e ss., sem que se esteja aqui a aderir à terminologia (postulado normativo-aplicativo) proposta pelo autor. Para um diálogo com Humberto Ávila, designadamente no que diz com as críticas por este endereçadas à concepção de Robert Alexy, v., por todos, SILVA, Virgílio Afonso da. *O conteúdo essencial dos direitos fundamentais e a eficácia das normas constitucionais*, p. 167 e ss.

351. GUERRA FILHO, Willis Santiago. *Teoria processual da constituição*, p. 75.

352. Nesse sentido a jurisprudência do STF. Cf., na doutrina, dentre muitos: MENDES, Gilmar Ferreira. *Direitos fundamentais e controle de constitucionalidade*: estudos de direito constitucional, p. 83; BARROSO, Luís Roberto.

por sua vez, os princípios da proporcionalidade e da razoabilidade foram positivados em vários momentos, destacando-se o art. 2.º da Lei 9.784/1999, que regulamenta o processo administrativo no âmbito da Administração Federal direta e indireta. É bom frisar, contudo, que, independentemente de sua expressa previsão em textos constitucionais ou legais, o que importa é a constatação, amplamente difundida, de que *a aplicabilidade dos princípios da proporcionalidade e da razoabilidade não está excluída de qualquer matéria jurídica, o que, aliás, tem sido recorrentemente reconhecido pelo STF*[353].

O princípio da proporcionalidade, que constitui um dos pilares do Estado Democrático de Direito brasileiro,[354] desponta como instrumento metódico de controle dos atos – tanto comissivos quanto omissivos – dos poderes públicos, sem prejuízo de sua eventual aplicação a atos de sujeitos privados. Neste contexto, assume relevância a conhecida e já referida distinção entre as dimensões negativa e positiva dos direitos fundamentais, com destaque para a atuação dos direitos fundamentais como *deveres de proteção* ou *imperativos de tutela*, implicando uma atuação positiva do Estado, obrigando-o a intervir, tanto preventiva quanto repressivamente, inclusive quando se trata de agressões oriundas de particulares.

Para a efetivação de seus deveres de proteção, corre o Estado – por meio de seus órgãos ou agentes – o risco de afetar de modo desproporcional outro(s) direito(s) fundamental(is), inclusive o(s) direito(s) de quem esteja sendo acusado de violar direitos fundamentais de terceiros. Esta hipótese corresponde às aplicações correntes do princípio da proporcionalidade como critério de controle de constitucionalidade das medidas restritivas de direitos fundamentais – atuantes, nesta perspectiva, como direitos de defesa. O princípio da proporcionalidade atua aqui, no plano da proibição de excesso, como um dos principais limites às limitações dos direitos fundamentais.

Interpretação e aplicação da Constituição: fundamentos de uma dogmática constitucional transformadora, p. 237.

353. Cf., em caráter ilustrativo, a decisão proferida no RE 1.185.293 AgR, rel. Min. Edson Fachin, j. em 18.08.2020, ressaltando que o controle dos atos do poder público (no caso, ato administrativo) com base nos princípios da proporcionalidade e razoabilidade não ofende o princípio da separação de poderes. Ainda, sobre o princípio da proporcionalidade, com destaque para as decisões administrativas, há que referir o julgamento da Medida Cautelar na ADI 6.421/DF, rel. Min. Roberto Barroso, j. em 21.05.2020, onde se entendeu que nas decisões administrativas relacionadas à proteção à vida, à saúde e ao meio ambiente, deverão ser observados standards, normas e critérios científicos e técnicos, com sujeição aos princípios da precaução e da prevenção e mediante um juízo de proporcionalidade, inclusive com a não adoção de protocolos ou medidas sobre os quais existam dúvidas sobre impactos adversos. Reconhecendo limites ao controle de atos administrativos, v. ADPF 671 AgR/DF, rel. Min. Ricardo Lewandowski, j. 16.06.2020, em que foi negada ação que pedia utilização de leitos de UTIs privadas pelo SUS, tendo como um dos fundamentos se tratar de matéria de competência privativa do Poder Executivo, excetuando-se o controle de constitucionalidade e legalidade *a posteriori* pelo Poder Judiciário, inclusive em relação ao princípio da razoabilidade e da proporcionalidade. v. ADI 3.092/SP, rel. Min. Marco Aurélio, j. 22.06.2020, em que foram julgadas desproporcionais as medidas adotadas em termos licitatórios proibindo a contratação de empresas que tenham tido empregado condenado por crime ou contravenção relacionados à prática de atos discriminatórios. V. ADI 4.911/DF, rel. Min. Edson Fachin, j. 23.11.2020, que reconheceu a violação aos princípios da proporcionalidade, da razoabilidade e da presunção de inocência, do art. 17-D da Lei n. 9.613/1998, que estabelece o afastamento automático de servidores públicos indiciados em inquérito policial instaurado em razão de crimes de lavagem de dinheiro ou ocultação de bens, direitos e valores.

354. Para um conceito constitucionalmente adequado de Estado Democrático de Direito, v., por todos, STRECK, Lenio Luiz; MORAIS, José Luis Bolzan de. *Ciência política e teoria geral do Estado*.

Por outro lado, poderá o Estado frustrar seus deveres de proteção atuando de modo insuficiente, isto é, ficando aquém dos níveis mínimos de proteção constitucionalmente exigidos ou mesmo deixando de atuar – hipótese, por sua vez, vinculada (ao menos em boa parte) à problemática das omissões inconstitucionais. É neste sentido – como contraponto à assim designada proibição de excesso – que expressiva doutrina e inclusive jurisprudência têm admitido a existência daquilo que se convencionou chamar de proibição de insuficiência (no sentido de insuficiente implementação dos deveres de proteção do Estado e como tradução livre do alemão *Untermaßverbot*).[355]

É por tal razão que também a doutrina brasileira (e, em alguns casos, a própria jurisprudência), em que pese não ser pequena a discussão a respeito, em geral já aceita a ideia de que o princípio da proporcionalidade possui como que uma *dupla face*, atuando simultaneamente como critério para o controle da legitimidade constitucional de medidas restritivas do âmbito de proteção de direitos fundamentais[356], bem como para o controle da omissão ou atuação insuficiente do Estado no cumprimento dos seus deveres de proteção. Em suma, desproporções – para mais ou para menos – caracterizam violações ao princípio em apreço e, portanto, antijuridicidade, no sentido de uma inconstitucionalidade da ação estatal.[357]

De acordo com a posição corrente e amplamente recepcionada pela doutrina e também acolhida em sede jurisprudencial (embora nem sempre corretamente aplicada!), na sua função como critério de controle da legitimidade constitucional de medidas restritivas do âmbito de proteção dos direitos fundamentais, o princípio da proporcionalidade costuma ser desdobrado em três elementos (subcritérios ou subprincípios constitutivos, como prefere Gomes Canotilho): (a) adequação ou conformidade, no sentido de um controle da viabilidade (isto é, da idoneidade técnica) de que seja em princípio possível alcançar o fim almejado

---

355. Cf., especialmente, na doutrina nacional, Streck, Lenio Luiz. Bem jurídico e constituição: da proibição de excesso (*Übermassverbot*) à proibição de proteção deficiente (*Untermassberbot*): de como não há blindagem contra normas penais inconstitucionais. *Boletim da Faculdade de Direito de Coimbra* 80/303-345, 2004; Feldens, Luciano. *A constituição penal – A dupla face da proporcionalidade no controle de normas penais*; Sarlet, Ingo Wolfgang. Constituição, proporcionalidade e direitos fundamentais. O direito penal entre a proibição de excesso e de insuficiência. *Boletim da Faculdade de Direito da Universidade de Coimbra* 81/325-386, Rothenburg, Walter Claudius. Princípio da proporcionalidade. In: Oliveira Neto, Olavo de; Lopes, Maria Elizabeth de Castro (Org.). *Princípios processuais civis na constituição*, p. 309 e ss. No âmbito da manualística, v., por todos, Mendes, Gilmar Ferreira; Branco, Paulo Gustavo Gonet; Coelho, Inocêncio Mártires. *Curso de direito constitucional*, p. 323. Mais recentemente, na doutrina brasileira, v. as relevantes contribuições de Andrade, Adriano. *Proibição de proteção insuficiente e responsabilidade civil*, op. cit., p. 193 e ss. Leal, Mônia Clarissa Hennig; Maas, Rosana Helena. "Dever de proteção estatal", "proibição de proteção insuficiente" e controle jurisdicional de políticas Públicas, 2020. No âmbito da jurisprudência do STF, em caráter meramente ilustrativo, v. decisão que considerando, dentre outros fundamentos, a proibição de insuficiência de proteção, a proporcionalidade e os imperativos de preservação e defesa do meio ambiente, julgou constitucional a regulamentação, em nível estadual, da pesca industrial de arrasto (ADI 861, rel. Min. Rosa Weber, j. em 06.03.2020), bem como a ADI 5.312, rel. Min. Alexandre de Moraes, j. em 25.10.2018.

356. Sobre o tema, v. decisão do STF que entendeu ser legítimo o compartilhamento com o Ministério Público e as autoridades policiais, para fins de investigação criminal, da integralidade de dados bancários e fiscais de contribuintes obtidos pela Receita Federal e pela Unidade de Inteligência Financeira, sem a necessidade de autorização prévia pelo Poder Judiciário, ocasião em que se tem por possível a relativização destas inviolabilidades em situações excepcionais, razoáveis e proporcionais. Cf. RE 1.055.941, rel. Min. Dias Toffoli, j. 04.12.2019.

357. Cf. Freitas, Juarez. Responsabilidade objetiva do estado, proporcionalidade e precaução. *Direito e Justiça* – Revista da Faculdade de Direito da Pontifícia Universidade Católica do Rio Grande do Sul, n. 31, p. 14.

por aquele(s) determinado(s) meio(s), muito embora, para alguns, para que seja atendido o critério, bastaria que o Poder Público (mediante a ação restritiva) cumprisse com o dever de fomentar o fim almejado;[358] (b) necessidade ou exigibilidade, em outras palavras, a opção pelo meio restritivo menos gravoso para o direito objeto da restrição, exame que envolve duas etapas de investigação: o exame da igualdade de adequação dos meios (a fim de verificar se os meios alternativos promovem igualmente o fim) e, em segundo lugar, o exame do meio menos restritivo (com vista a verificar se os meios alternativos restringem em menor medida os direitos fundamentais afetados).[359] Como bem destaca Humberto Ávila, o exame da necessidade envolve duas fases, iniciando pela aferição da igualdade de adequação dos meios (visto que alguns meios promovem mais do que outros os fins almejados) e seguindo com o exame do meio menos restritivo;[360] (c) proporcionalidade em sentido estrito (que exige a manutenção de um equilíbrio (proporção) e, portanto, de uma análise comparativa) entre os meios utilizados e os fins colimados, no sentido do que por muitos têm sido também chamado de razoabilidade ou justa medida,[361] já que mesmo uma medida adequada e necessária poderá ser desproporcional.[362] É nesse plano que se realiza a comparação entre a

---

358. Nesse sentido, cf., entre muitos, ÁVILA, Humberto. *Teoria dos princípios*: d*a definição à aplicação dos princípios jurídicos*. 19. ed. São Paulo: Malheiros, 2019, p. 211 e ss.

359. Ibidem, p. 217 e ss.

360. Idem. Da jurisprudência recente do STF, em caráter exemplificativo, v. o julgamento do RE 607.107, rel. Min. Roberto Barroso, de 02.02.2020, onde foi reconhecida a constitucionalidade da pena de suspensão do direito de dirigir do motorista profissional condenado por homicídio culposo, mediante o argumento de que tal suspensão não o impossibilita de prover o seus sustento por outros meios, tratando-se, ademais disso, de sanção menos gravosa que a representada pela pena principal, no caso substituída, que é a privação da liberdade. V. também, decisão do STF que reconheceu a inconstitucionalidade da previsão de requisitos para o exercício da profissão de músico, bem como a incompatibilidade do exercício do poder de polícia sobre a atividade artística, por não se relevarem adequadas e razoáveis em razão dos direitos decorrentes da liberdade de expressão e da liberdade profissional, cf. ADPF 183, rel. Min. Alexandre de Moraes, j. em 27.09.2019. Além disso, calha invocar a decisão do STF que declarou a inconstitucionalidade da suspensão realizada por conselho de fiscalização profissional do exercício laboral de seus inscritos por inadimplência de anuidades, tendo em conta o fato de tal medida consistir em sanção política em matéria tributária e revelar-se, dentre os fundamentos, como afronta à razoabilidade e a proporcionalidade, v. RE 647.885/RS, rel. Min. Edson Fachin, j, 27.04.2020, *leading case* do Tema de Repercussão Geral 732.

361. Importa registrar, neste ponto, a discussão doutrinária a respeito da fungibilidade dos princípios da proporcionalidade e da razoabilidade, especialmente a existência de fortes posições que, também entre nós, sustentam a ausência de identidade entre ambos, notadamente quanto ao fato de que o princípio da proporcionalidade, tal como desenvolvido dogmaticamente na Alemanha (embora também lá não de modo completamente uniforme e incontroverso quanto a uma série de aspectos), não equivale pura e simplesmente à razoabilidade dos americanos (como, por exemplo, chega a sugerir BARROS, Suzana de Toledo. *O princípio da proporcionalidade*, p. 57), possuindo, portanto, sentido e conteúdo distintos (pelo menos parcialmente, considerando especialmente as noções de proporcionalidade em sentido amplo e em sentido estrito dos alemães). A respeito deste ponto, remetemos especialmente aos estudos de STEINMETZ, Wilson Antônio. *Colisão de direitos fundamentais e princípio da proporcionalidade*, p. 173 e ss.; e SILVA, Virgílio Afonso da. O proporcional e o razoável. *RT* 798/23-50, especialmente p. 27 e ss., bem como as diversas possibilidades de distinção apresentadas por ÁVILA, Humberto. *Teoria dos princípios*: d*a definição à aplicação dos princípios jurídicos*, 19. ed., em especial p. 194 e ss.

362. A respeito destes três critérios e sua aplicação, v., dentre tantos, SCHOLLER, Heinrich. O princípio da proporcionalidade no direito constitucional e administrativo da Alemanha. *Revista Interesse Público* 2/97 e ss. Entre nós, v., entre outros, também neste sentido (pelo menos em linhas gerais e no que diz com a adoção deste exame da proporcionalidade em três níveis, consoante o paradigma germânico), as já clássicas contribuições de BONAVIDES, Paulo. *Curso de direito constitucional*, 7. ed., p. 360 e ss., BARROS, Suzana de Toledo. *O princípio da proporcionalidade*; GUERRA FILHO, Willis Santiago. Direitos fundamentais, proces-

importância da realização do fim e a intensidade da restrição dos direitos fundamentais, pois o que se busca é responder à pergunta sobre se as vantagens causadas pela promoção de determinado fim (ou fins) são proporcionais às desvantagens causadas pela adoção do meio, ou seja, as restrições impostas aos direitos fundamentais.[363]

Cumpre anotar, neste contexto, que, embora não se trate propriamente de um critério interno, a aferição da proporcionalidade de uma medida restritiva há de partir do pressuposto de que a compressão de um direito encontra sua razão de ser na tutela de outro bem jurídico constitucionalmente relevante (não necessariamente outro direito fundamental), ou seja, a restrição deve ter uma finalidade constitucionalmente legítima.[364] De outra parte, há quem questione a utilização da terceira exigência interna, qual seja a da proporcionalidade em sentido estrito, sob o argumento central (aqui apresentado em apertada síntese e de modo simplificado) de que as etapas da adequação e da necessidade são suficientes para assegurar a aplicação da proporcionalidade, e que justamente a terceira fase (na qual se daria, segundo Alexy, a ponderação propriamente dita) é responsável pelos excessos de subjetivismo cometidos por conta da proporcionalidade, expondo-a, neste sentido justificadamente, aos seus críticos.[365]

Sem que se possa aprofundar o debate, parece-nos que tal proposta, a despeito de apontar com razão para os riscos inerentes ao terceiro momento, o da proporcionalidade em

---

so e princípio da proporcionalidade. In: _____ (Coord.). *Dos direitos humanos aos direitos fundamentais*, p. 25 e ss. (o autor possui outros estudos importantes sobre o tema); SCHÄFER, Jairo Gilberto. *Direitos fundamentais:* proteção e restrições; STEINMETZ, Wilson Antônio. *Colisão de direitos fundamentais e princípio da proporcionalidade*, p. 137 e ss.; ÁVILA, Humberto. *Teoria dos princípios:* da *definição à aplicação dos princípios jurídicos*, 19. ed., p. 205 e ss., SILVA, Virgílio Afonso da. *O conteúdo essencial dos direitos fundamentais e a eficácia das normas constitucionais*, p. 222 e ss., PEREIRA, Jane Reis Gonçalves. *Interpretação constitucional e direitos fundamentais – Uma contribuição ao estudo das restrições aos direitos fundamentais na perspectiva da teoria dos princípios*, p. 324 e ss.; FREITAS, Luiz Fernando Calil de. *Direitos fundamentais:* limites e restrições, p. 205 e ss., DIMOULIS, Dimitri; MARTINS, Leonardo. *Teoria geral dos direitos fundamentais*, 7. ed., p. 219 e ss. (embora a divergência quanto ao critério da proporcionalidade em sentido estrito). Por último, v. MENDES, Gilmar Ferreira; BRANCO, Paulo Gustavo Gonet; COELHO, Inocêncio Mártires. *Curso de direito constitucional*, p. 320 e ss.

363. Cf., por todos, ÁVILA, Humberto. *Teoria dos princípios:* da *definição à aplicação dos princípios jurídicos*, 19. ed., p. 220 e ss. Na jurisprudência do STF, v., para referir exemplo recente, a decisão na ADI 3.092, rel. Min. Marco Aurélio, j. em 22.06.2020. No caso, o STF entendeu ser inconstitucional vedação imposta por Lei Estadual (SP) ao poder público no sentido de não poder contratar empresas cujos quadros sejam integrados por pessoas condenadas por prática de crime ou contravenção envolvendo atos de discriminação. Dentre as razões invocadas no julgamento, destaca-se a alegação de que tal vedação viola o princípio da intransmissibilidade da pena e ofende o disposto no art. 37, XXI, CF. Em especial, no que diz com o teste de proporcionalidade, refere-se o voto do Ministro Roberto Barroso, para quem a restrição, além de não ser necessária (pela existência de meios alternativos menos restritivos à competitividade nas licitações, mas aptos a alcançar a finalidade almejada pelo legislador), também desatende ao requisito da proporcionalidade em sentido estrito, porquanto a ampla abrangência atribuída pelo legislador estadual estabeleceu restrição que limitou de modo exacerbado, portanto, excessivo, a competitividade nas licitações levadas a efeito pelo poder público.

364. Cf., por todos e entre nós, DIMOULIS, Dimitri; MARTINS, Leonardo. *Teoria geral dos direitos fundamentais*, 7. ed., p. 232 e ss.

365. Nesse sentido, seguindo o magistério de Bernhard Schlink, na Alemanha, v., entre nós, DIMOULIS, Dimitri; MARTINS, Leonardo. *Teoria geral dos direitos fundamentais*, 7. ed., p. 268 e ss., argumentando que falta uma medida objetiva para a ponderação. Por último, aderindo, mas não exatamente pelos mesmos fundamentos, v. ROTHENBURG, Walter Claudius. Princípio da proporcionalidade. In: OLIVEIRA NETO, Olavo de; LOPES, Maria Elizabeth de Castro (Org.). *Princípios processuais civis na constituição*, p. 303 e ss.

sentido estrito, acaba subestimando o fato de que a ponderação, seja qual for o nome que se atribua ao procedimento de sopesamento dos bens e alternativas em pauta, apenas acaba sendo deslocada e concentrada nas primeiras duas etapas, visto que a supressão do exame da relação entre os meios e os fins ínsita ao terceiro momento (da proporcionalidade em sentido estrito) poderá resultar na própria violação do princípio da razoabilidade, que não se confunde com o da proporcionalidade, mas com este guarda íntima relação. Há de se levar em conta, neste contexto, que resta enfrentar o problema de até que ponto medidas adequadas e necessárias podem, ainda assim, resultar em compressão excessiva do bem afetado pela restrição, sendo questionável se a categoria do núcleo essencial por si só pode dar conta do problema.

Além disso, a aceitação de que os direitos fundamentais possuem um núcleo essencial remete novamente ao problema de saber se este núcleo é o que resulta do processo de ponderação (para o que fica difícil a dispensa da proporcionalidade em sentido estrito ou outro nome que se atribua a esta terceira fase), a exemplo do que, em linhas gerais, preconiza Alexy e, entre nós, Virgílio Afonso da Silva.[366] Cuida-se, sem dúvida, de debate a ser aprofundado, revelando que também a dogmática constitucional brasileira está engajada em avançar quanto a este ponto, de tal sorte que aqui nos limitamos a referir a controvérsia, dada a sua relevância, visto que o que se busca é aprimorar os mecanismos de controle das restrições e reduzir os níveis de subjetivismo e irracionalidade na aplicação da proporcionalidade.

A aplicação da proporcionalidade como proibição de proteção insuficiente (ou deficiente, como preferem outros) utiliza-se, em termos gerais, da mesma análise trifásica (em três níveis ou etapas) – já de todos conhecida – aplicada no âmbito da proibição de excesso, guardadas, é claro, as peculiaridades que decorrem da finalidade do exame do devido cumprimento dos deveres de proteção.

Valendo-nos aqui das lições de Christian Calliess[367] (que sustenta uma distinção dogmática e funcional entre proibição de excesso e insuficiência), uma vez determinada a existência de um dever de proteção e o seu respectivo objeto, o que constitui um pressuposto de toda a análise posterior, é possível descrever as três etapas da seguinte maneira:

a) no que diz com o exame da adequação ou idoneidade, é necessário verificar se a(s) medida(s) – e a própria concepção de proteção – adotada(s) ou mesmo prevista(s) para a tutela do direito fundamental é(são) apta(s) a proteger de modo eficaz o bem protegido;

b) em sendo afirmativa a primeira resposta, cuida-se de averiguar se existe uma concepção de segurança (proteção) mais eficaz, sem que com isso se esteja a intervir de modo mais rigoroso em bens fundamentais de terceiros ou interesses da coletividade. Em outras palavras, existem meios de proteção mais eficientes, mas pelo menos tão pouco interventivos em bens de terceiros? Ainda, anota o autor referido que se torna possível controlar medidas isoladas no âmbito de uma concepção mais abrangente de proteção, por exemplo, quando esta envolve uma política pública ou um conjunto de políticas públicas;

---

366. Cf. Silva, Virgílio Afonso da. *O conteúdo essencial dos direitos fundamentais e a eficácia das normas constitucionais*, especialmente, em síntese, p. 183 e ss.

367. Cf. Calliess, Christian. Die grundrechliche Schutzpflicht im mehrpoligen Verfassungsrechtsverhältnis. *JZ*, 2006, p. 329. Na literatura brasileira, sobre o ponto (desenvolvendo uma perspectiva crítica), v. Andrade, Adriano. *Proibição de proteção insuficiente e responsabilidade Civil*, op. cit., p. 239 e ss.

c) no âmbito da terceira etapa (que corresponde ao exame da proporcionalidade em sentido estrito ou razoabilidade, como preferem alguns), é preciso investigar se o impacto das ameaças e riscos remanescentes após a efetivação das medidas de proteção é de ser tolerado em face de uma ponderação com a necessidade de preservar outros direitos e bens fundamentais pessoais ou coletivos. É justamente aqui, aliás, que, segundo o autor, se verifica a confluência entre as proibições de excesso e de insuficiência, já que no âmbito das duas primeiras etapas é necessário efetuar o controle considerando as peculiaridades de cada instituto (embora as etapas em si, adequação ou idoneidade e necessidade ou exigibilidade, sejam as mesmas), ao passo que na terceira etapa é que, no quadro de uma argumentação e de uma relação jurídica multipolar, é necessário proceder a uma ponderação que leve em conta o quadro global, ou seja, tanto as exigências do dever de proteção quanto os níveis de intervenção em direitos de defesa de terceiros ou outros interesses coletivos (sociais), demonstrando a necessidade de se estabelecer uma espécie de "concordância prática multipolar".[368]

b) Da relação entre proporcionalidade e razoabilidade e da possível distinção entre ambas

Importa registrar, neste ponto, a discussão doutrinária a respeito da "fungibilidade" dos princípios da proporcionalidade e da razoabilidade, especialmente a existência de fortes posições que, também entre nós, sustentam a ausência de identidade entre ambos, notadamente quanto ao fato de que o princípio da proporcionalidade, tal como desenvolvido dogmaticamente na Alemanha (embora também lá não de modo completamente uniforme e incontroverso quanto a uma série de aspectos), não equivale pura e simplesmente à razoabilidade dos americanos,[369] possuindo, portanto, sentido e conteúdo distintos (pelo menos parcialmente, considerando especialmente as noções de proporcionalidade em sentido amplo e em sentido estrito dos alemães).[370]

Vale referir, ademais, haver quem atribua ao critério da proporcionalidade em sentido estrito (inclusive com base na prática jurisprudencial do Tribunal Constitucional Federal da Alemanha) significado mais teórico do que prático, sustentando que, em geral, é no plano do exame da necessidade da medida restritiva que se situa a maior parte dos problemas, pois é neste nível que se dá o teste decisivo da constitucionalidade da restrição,[371] aspecto que reclama uma digressão calcada na análise sistemática da jurisprudência constitucional e que aqui não será desenvolvida.

Retomando a controvérsia a respeito da relação entre proporcionalidade e razoabilidade, convém lembrar que, no campo da proporcionalidade em sentido estrito, exige-se a comparação entre a importância da realização do fim e a intensidade da restrição aos direitos fundamentais, examinando, em síntese, se as vantagens produzidas pela adoção do meio superam as desvantagens advindas da sua utilização.[372]

---

368. Idem, p. 330.
369. Cf., v.g., BARROS, Suzana de Toledo. *O princípio da proporcionalidade*, p. 57.
370. A respeito deste ponto, cf., especialmente, STEINMETZ, Wilson Antônio. *Colisão de direitos fundamentais e princípio da proporcionalidade*, p. 173 e ss., e SILVA, Virgílio Afonso da. O proporcional e o razoável. *RT* 798/27 e ss.
371. Cf. SCHOLLER, Heinrich. O princípio da proporcionalidade no direito constitucional e administrativo da Alemanha. *Revista Interesse Público* 2/101-102.
372. Cf. ÁVILA, Humberto. *Teoria dos princípios*: da *definição à aplicação dos princípios jurídicos*. 19. ed. São Paulo: Malheiros, 2019, p. 220. Em sentido aproximado, a definição oferecida ao exame da proporcionali-

Precisamente quanto a este ponto assume relevo a conexão dos princípios da proporcionalidade em sentido estrito e da razoabilidade com o método da ponderação de bens.[373] Tendo em conta que o juízo de ponderação se verifica, com toda a sua extensão, no assim designado terceiro nível da aplicação da proporcionalidade (seguindo-se a metódica trifásica da proporcionalidade), o fato é que, mesmo a ponderação sendo considerada simplesmente como coincidente com o raciocínio requisitado pelo princípio da razoabilidade como parâmetro da atuação normativa estatal, é este seguramente o ponto de contato mais importante entre a proporcionalidade e a razoabilidade. É por esta razão que a razoabilidade é também identificada com a proporcionalidade em sentido estrito, o que, todavia, não significa necessariamente que se trate de noções integralmente fungíveis e que não tenham uma aplicação autônoma.

Sem que se possa aqui adentrar o terreno conceitual, avaliando todas as possíveis diferenças e semelhanças, assim como eventuais distinções conceituais entre proporcionalidade e razoabilidade, é certo que, se a proporcionalidade não for aplicada na sua integralidade, mediante consideração, ainda que sumária, de seus três elementos (critérios), não será a proporcionalidade que estará efetivamente em causa. A razoabilidade, por sua vez, não reclama tal procedimento trifásico, e é assim que tem sido aplicada. É preciso ter em conta que a utilização indistinta das expressões proporcionalidade e razoabilidade (como se as noções fossem coincidentes) não pode ser justificada pelo simples fato de que isso corresponde a uma prática usual, visto que a reiterada prática de um equívoco não o torna necessariamente menos equivocado.

Note-se que o uso equivalente dos termos apenas encontraria explicação eficiente se de fato existisse a – por alguns – reclamada equivalência substancial entre os dois princípios. O que de fato ocorre – e a jurisprudência brasileira bem o atesta – é que em muitos casos, por não ser aplicada a análise trifásica exigida pela proporcionalidade, a ponderação ocorre essencialmente no plano da "mera" razoabilidade, o que justamente constitui prova evidente de que, a despeito do importante elo comum (razoabilidade e proporcionalidade em sentido estrito), não se trata de grandezas idênticas em toda a sua extensão.

A técnica da ponderação (aqui não se fará sequer a tentativa de distinção em relação a outros termos de uso corrente, como a hierarquização, o sopesamento, entre outras), tanto no âmbito do direito público quanto na seara do direito privado, a despeito das toneladas de papel e dos verdadeiros oceanos de tinta gastos com o tema, não chega a apresentar maiores novidades, visto que, com o passar do tempo, consolidou sua posição como instrumento apto a determinar a solução juridicamente correta em cada caso, com destaque para a solução dos conflitos entre direitos e princípios fundamentais, embora não se aplique exclusivamente nesta esfera. Isso não afasta, contudo, a necessidade de serem encontradas vias por meio das quais sejam mitigados ou evitados os perigos e excessos que tradicionalmente são

---

dade em sentido estrito por SILVA, Luís Virgílio Afonso da. O proporcional e o razoável. *RT* 798/40 e ss., para quem o referido exame "consiste em um sopesamento entre a intensidade da restrição ao direito fundamental atingido e a importância da realização do direito fundamental que com ele colide e que fundamenta a adoção da medida restritiva".

373. Cf., entre muitos, ALEXY, Robert. *Teoría de los derechos fundamentales*, p. 161 ("cuanto mayor es el grado de la no satisfacción de un principio, tanto mayor tiene que ser la importancia de la sastisfacción del otro"). Neste caso, faz-se necessário averiguar a relação de precedência entre os direitos fundamentais em tensão no caso concreto.

TEORIA GERAL DOS DIREITOS FUNDAMENTAIS 343

imputados à ponderação,[374] com o intuito de lhe conferir suporte racional e disciplinado, renunciando, todavia, à sua redução a uma fórmula matemática, esta, sim, seguramente condenada ao fracasso.[375] Assim, a despeito da existência de uma série de teorizações a respeito dos meios de controle da utilização não abusiva da própria proporcionalidade e da razoabilidade, assim como dos princípios em geral, não é aqui que tais questões serão desenvolvidas.

3.9.4.4 A assim chamada garantia do núcleo essencial dos direitos fundamentais

A garantia de proteção do núcleo essencial dos direitos fundamentais aponta para a parcela do conteúdo de um direito sem a qual ele perde a sua mínima eficácia, deixando, com isso, de ser reconhecível como um direito fundamental.[376] A ideia fundamental deste requisito é a de que existem conteúdos invioláveis dos direitos fundamentais que se reconduzem a posições indisponíveis às intervenções dos poderes estatais, mas que também podem ser opostas a particulares, embora quanto a este último aspecto exista divergência doutrinária relevante. Mesmo quando o legislador está constitucionalmente autorizado a editar normas restritivas, ele permanece vinculado à salvaguarda do núcleo essencial dos direitos restringidos.[377]

Não cabe aqui avaliar se o núcleo essencial seria, ou não, determinado com base num processo de ponderação, dando origem a duas teorias sobre o núcleo essencial: a absoluta e a relativa.[378] Na primeira hipótese, o respeito ao núcleo intangível dos direitos fundamentais poderia desempenhar o papel de um "filtro" (muitas vezes subsidiário) ao exame de

---

374. SANTIAGO, José María Rodríguez de. *La ponderación de bienes e intereses en el derecho administrativo*, p. 12: "La mayor parte de las opiniones descalificadoras del método de la ponderación incidan, casi siempre, en las mismas ideas: la *imprevisibilidad* de sus resultados, la remisión a la *justicia del caso concreto*, con lo que eso supone de pérdida en *seguridad jurídica*, la utilización de esa técnica como brecha a través de la cual se amplía el poder de quien tiene la competencia para decidir en último término etc.". Material para aprofundamento a respeito da polêmica envolvendo a ideia de ponderação no pensamento jurídico contemporâneo poderá ser encontrado, dentre muitos, em LEISNER, Walter. *Der Abwägungsstaat – Verhältnismässigkeit als Gerechtigkeit?*, especialmente p. 11-45. Na literatura jurídica brasileira, dentre muitos, SARMENTO, Daniel. *A ponderação de interesses na Constituição Federal*; STEINMETZ, Wilson Antônio. *Colisão de direitos fundamentais e princípio da proporcionalidade*, p. 193-207, bem como, mais recentemente, BARCELLOS, Ana Paula de. *Ponderação, racionalidade e atividade jurisdicional*; STRECK, Lenio Luiz. *Verdade e consenso: Constituição, hermenêutica e teorias discursivas – Da possibilidade à necessidade de respostas corretas no direito*.

375. SANTIAGO, José María Rodríguez de. *La ponderación de bienes e intereses en el derecho administrativo*, p. 16. No mesmo sentido, a lição de SARMENTO, Daniel. *A ponderação de interesses na Constituição Federal*, p. 146-147: "A realidade dos fatos desmente a crença, algo pueril, de que seja possível equacionar *more geometrico* todos os contrastes potenciais entre as normas da Constituição, delimitando rigidamente os campos normativos de cada uma. Por isso, está certo Klaus Stern ao afirmar que '*en ninguna parte un ordenamiento jurídico pode prescindir de la ponderación de bienes jurídicos*'".

376. ÁVILA, Humberto Bergmann. Conteúdo, limites e intensidade dos controles de razoabilidade, de proporcionalidade e de excessividade das leis. *Revista de Direito Administrativo* 236/374.

377. CANOTILHO, J. J. Gomes. *Direito constitucional*, p. 456.

378. Cf., a favor da teoria absoluta, STERN, Klaus; SACHS, Michael. *Das Staatsrecht der Bundesrepublik Deutschland*, vol. 3/2, p. 865 e ss.; a favor da teoria relativa, MAUNZ, Theodor; DÜRIG, Günter (Org.). *Grundgesetz-Kommentar. Art. 19 Abs. 2*, p. 1 ss. Para uma exposição densa e sucinta da matéria na literatura jurídica alemã, cf., por todos, HESSE, Konrad. *Grundzüge des Verfassungsrecht der Bundesrepublik Deutschland*, p. 266-268.

proporcionalidade; na segunda, estaria muito provavelmente fadado a ser absorvido por este exame.[379] Cumpre, no entanto, ressaltar o objetivo comum que ambas as teorias, mesmo que por caminhos diversos, se esforçam em alcançar: a garantia de uma maior proteção dos direitos fundamentais.[380] Daí referir Peter Lerche que, não obstante os posicionamentos não se encaixem bem uns com os outros do ponto de vista formal, permanecem "avizinhados" no que toca aos seus efeitos práticos.[381]

No direito constitucional brasileiro, em termos gerais, segue correta a observação de que, a despeito de importantes contribuições doutrinárias, não existem – salvo exceções –[382] trabalhos mais extensos exclusivamente dedicados ao tema, o que, ainda mais considerando a frequência com que a garantia do núcleo essencial tem sido referida na jurisprudência, com destaque para o STF, não deixa de causar espécie, como, aliás, bem apontou Virgílio Afonso da Silva, autor da mais importante obra brasileira sobre o tema.[383]

Diversamente de outras ordens constitucionais (como é o caso da Alemanha, da Grécia, de Portugal e da Espanha, para referir apenas as que mais influenciaram o nosso constituinte), a Constituição Federal de 1988 não agasalhou expressamente uma garantia do núcleo essencial, o que, pelo perfil eminentemente declaratório de tais cláusulas expressas, nunca impediu – nem teria como – o reconhecimento, entre nós, de tal garantia.[384] Neste contexto, vale realçar que a ideia de núcleo essencial tem sido utilizada pelo STF, por exemplo, para interpretar as limitações materiais ao poder constituinte de reforma, enumeradas pelo art. 60, § 4.º, da CF/1988.[385] Por ocasião da arguição da inconstitucionalidade de preceito supostamente tendente a abolir a "forma federativa de Estado" (CF, art. 60, § 4.º, I), firmou-se o entendimento de que "as limitações materiais ao poder constituinte de reforma (...) não significam a intangibilidade literal da respectiva disciplina na Constituição originária, mas apenas a proteção do núcleo essencial dos princípios e institutos cuja preservação nelas se protege".[386]

---

379. Bacigalupo, Mariano. La aplicación de la doctrina de los "límites inmanentes" a los derechos fundamentales sometidos a reserva de limitación legal. *Revista Española de Derecho Constitucional* 38/301 e ss., 1993.

380. Cf. Mendes, Gilmar Ferreira. *Direitos fundamentais e controle de constitucionalidade:* estudos de direito constitucional, p. 244.

381. Lerche, Peter. Das Bundesvergassungericht und die Verfassungsdirektiven. *Archiv des öffentlichen Rechts* 90/791.

382. Cf., por exemplo, Lopes, Ana Maria D'Ávila, *Os direitos fundamentais como limites ao poder de legislar*, Porto Alegre: Sérgio Antonio Fabris Editor, 2001, especialmente p. 167 e ss., bem como Biagi, Claudia Perotto. *A garantia do conteúdo essencial dos direitos fundamentais na jurisprudência constitucional brasileira.*

383. Cf. Silva, Virgílio Afonso da. *O conteúdo essencial dos direitos fundamentais e a eficácia das normas constitucionais*, p. 19-22.

384. Idem, p. 266 e ss.

385. Cf. Sarlet, Ingo Wolfgang. *A eficácia dos direitos fundamentais*. 13. ed., p. 450 e ss., bem como, mais recentemente, Brandão, Rodrigo. *Direitos fundamentais, democracia e cláusulas pétreas*, especialmente p. 241 e ss.

386. STF, ADIn 2.024, rel. Min. Sepúlveda Pertence, j. 03.05.2007, *DJ* 22.06.2007. Também, vale mencionar como exemplo de julgamento do STF sobre o tema, a necessidade de controle judicial *a posteriori* do ingresso forçado em domicílio sem determinação judicial nos casos de flagrante delito, sob pena do esvaziamento do núcleo fundamental da garantia contra a inviolabilidade de domicílio prevista no art. 5.º, XI, da CF. V., a título ilustrativo, o julgamento do HC 182.568 AgR, rel. Min. Gilmar Mendes, Segunda Turma, j. em 22.05.2020. A respeito da salvaguarda do núcleo essencial em casos concretos, pode-se mencionar a proteção determinada pelo Min. Alexandre de Moraes no julgamento da ADPF 672, em 08.04.2020, contra uma ameaça séria, iminente e incontestável ao funcionamento de todas as políticas públicas que visam a

Embora nós mesmos tenhamos lançado mão de tal linha argumentativa, no sentido de que a dicção do art. 60, § 4.º, da CF, dispondo que não será objeto de deliberação proposta de emenda constitucional *tendente a abolir (grifo nosso)*, implica uma manifestação constitucional em prol da tutela do núcleo essencial, no sentido de que também restrições que possam ser consideradas equivalentes a uma efetiva supressão encontram-se vedadas,[387] parece correto que o significado da tutela assegurada por conta de uma garantia (implícita) do núcleo essencial não pode ser simplesmente equiparado à função dos limites materiais do poder de reforma constitucional, o que não impede a aplicação da noção de núcleo essencial, assim nos parece, nesta seara, ainda que, a prevalecer esta tese, no contexto da tutela contra emendas constitucionais, se esteja, em princípio, em face da dimensão objetiva da garantia do núcleo essencial, onde se busca impedir restrições que tornem o direito tutelado sem significado para a vida social como um todo.[388]

Para além de outras considerações, insistimos aqui na tese de que o núcleo essencial dos direitos fundamentais não se confunde com o maior ou menor conteúdo em dignidade da pessoa humana dos direitos fundamentais, assim como também a assim designada garantia do mínimo existencial, mesmo no caso dos direitos sociais, não pode ser pura e simplesmente identificada com o núcleo essencial de tais direitos, pelo menos não no sentido de que se trata de categorias absolutamente idênticas, o que, todavia, não significa que não haja uma relação entre tais figuras jurídicas.[389]

Por outro lado, é preciso enfatizar que a garantia do conteúdo (ou núcleo) essencial não equivale, pelo menos não necessariamente, a uma salvaguarda de um conteúdo mínimo, em outras palavras, como bem averba Ignacio Villaverde Menéndez, a qualificação do conteúdo protegido em face das restrições se dá precipuamente não pelo fato de ser um conteúdo

---

proteger a vida, saúde e bem-estar da população, assegurando-se aos governos estaduais, distrital e municipal, no exercício de suas atribuições e no âmbito de seus territórios, a competência para a adoção ou manutenção de medidas restritivas durante a pandemia da Covid-19, determinando-se a observância dos arts. 23, II e IX; 24, XII; 30, II e 198, todos da CF, na aplicação da Lei n. 13.979/2020. Também sobre a proteção do núcleo essencial em situações concretas, v. julgamento de inconstitucionalidade das normas contidas nos incisos II e III do art. 394-A, da CLT, inseridas pela Reforma Trabalhista (Lei n. 13.467/2017), que permitiam o trabalho de grávidas e lactantes em atividades insalubres, resguardando-se, assim, o direito social instrumental protetivo tanto da mulher quanto da criança, cf. ADI 5.938, rel. Min. Alexandre de Moraes, j. em 29.05.2019.

Na doutrina nacional, v., sobre o princípio da proteção do núcleo essencial, especialmente as mais recentes contribuições de Biagi, Claudia Perotto. *A garantia do conteúdo essencial dos direitos fundamentais na jurisprudência constitucional brasileira*; Pereira, Jane Reis Gonçalves. *Interpretação constitucional e direitos fundamentais – Uma contribuição ao estudo das restrições aos direitos fundamentais na perspectiva da teoria dos princípios*, p. 366 e ss.; Freitas, Luiz Fernando Calil de. *Direitos fundamentais:* limites e restrições, p. 192 e ss.; Silva, Virgílio Afonso da. *Núcleo essencial dos direitos fundamentais e eficácia das normas constitucionais*, p. 23-51; Mendes, Gilmar Ferreira; Branco, Paulo Gustavo Gonet. *Curso de direito constitucional*, 15. ed., p. 215 e ss.

387. Cf. o nosso Sarlet, Ingo Wolfgang. *A eficácia dos direitos fundamentais*, 13. ed., p. 449 e ss., mediante referência a estudo anterior, entre nós, da lavra de Flávio B. Novelli.

388. Silva, Virgílio Afonso da. *O conteúdo essencial dos direitos fundamentais e a eficácia das normas constitucionais*, p. 244 e ss.

389. Cf. já o nosso Sarlet, Ingo Wolfgang. *Dignidade da pessoa humana e direitos fundamentais*, p. 124. No mesmo sentido, ao que tudo indica, também Silva, Virgílio Afonso da. *O conteúdo essencial dos direitos fundamentais e a eficácia das normas constitucionais*, p. 252 e ss.

mínimo, mas, sim, pela circunstância de que está imune à ação do Poder Público, e, portanto, segue à disposição do titular do direito.[390]

De qualquer sorte, reafirmando o intento de não aprofundarmos aqui o debate, colocamos em destaque algumas assertivas de crucial relevância para o tema e o seu adequado tratamento doutrinário e jurisprudencial, que, a se considerar a ausência especialmente de uma jurisprudência pelo menos tendencialmente uniforme, pelo menos no que diz com a adoção da teoria absoluta ou relativa do núcleo essencial, deverão ainda ser objeto de acirrada controvérsia. Com efeito, resulta elementar que *a exata determinação de qual o núcleo essencial de um direito dificilmente poderá ser estabelecida em abstrato e previamente*, de tal sorte que, ainda que se possa controverter sobre aspectos importantes de sua formulação doutrinária, a razão de fato parece estar com Virgílio Afonso da Silva, ao afirmar que "o conteúdo essencial dos direitos fundamentais é definido a partir da relação entre diversas variáveis – e de todos os problemas que as cercam –, como o suporte fático dos direitos fundamentais (amplo ou restrito) e a relação entre os direitos e suas restrições (teorias externa ou interna)".

---

390. Cf. Villaverde Menéndez, Ignacio. Los limites a los derechos fundamentales. In: _____; Bastida Freijedo, Francisco J.; Requejo Rodrígues, Paloma et al. *Teoría general de los derechos fundamentales en la Constitución española de 1978*, p. 134.

4

DIREITOS FUNDAMENTAIS EM ESPÉCIE

Ingo Wolfgang Sarlet

4.1 O direito à vida

4.1.1 Breve histórico: da noção de "direito natural" à consagração como direito humano e fundamental

A vida – já por força do instinto de sobrevivência – sempre foi um bem caro para o ser humano, no contexto de sua organização social, política e jurídica, tanto é que a proteção da vida e da integridade física do ser humano foi considerada um dos fins essenciais do Estado e razão de sua existência, o que, por exemplo, se constata na obra de Thomas Hobbes (1588-1679). Além disso, a noção de um direito à vida foi (e ainda é) muitas vezes associada à noção de um direito natural, no sentido de um direito inato e inalienável do ser humano, como bem ilustra a obra de John Locke (1632-1704).[1] O reconhecimento – na perspectiva do direito positivo – de um direito à vida, como direito humano e fundamental, todavia, não pode ser confundido com a noção de necessidades ou mesmo de instintos (inclusive o de defesa e de sobrevivência), que recebem proteção jurídica, mas não justificam, necessariamente por isso (ou apenas por isso), uma concepção de direitos naturais. Por outro lado, não sendo o nosso intento desenvolver a digressão na perspectiva de uma doutrina do direito natural, especialmente considerando o foco da presente obra, o fato é que, no plano do direito constitucional positivo e do direito internacional dos direitos humanos, o reconhecimento de um direito à vida remonta aos primórdios do constitucionalismo moderno.

---

1. Cf. Sachs, Michael. Der Schutz der physischen Existenz. In: Stern, Klaus. *Das Staatsrecht der Bundesrepublik Deutschland*, vol. 4/1, p. 121.

O primeiro documento a consagrar um direito à vida, numa acepção que já pode ser considerada próxima da moderna noção de direitos humanos e fundamentais, foi a Declaração de Direitos da Virgínia, de 1776, que, no seu art. 1.°, incluía a vida no rol dos direitos inerentes à pessoa humana. A Constituição Federal norte-americana de 1787, por sua vez, não contemplava um "catálogo" de direitos e garantias, tendo sido apenas mediante a aprovação da Quinta Emenda, de 1791, que o direito à vida passou a assumir a condição de direito fundamental na ordem jurídico-constitucional dos Estados Unidos da América, de resto, a primeira consagração do direito à vida como direito fundamental (de matriz constitucional) da pessoa humana na história constitucional. De acordo com a dicção da Quinta Emenda, "nenhuma pessoa (...) será desprovida de sua vida, liberdade ou propriedade sem o devido processo legal".

Ainda no contexto da fase inaugural do constitucionalismo moderno, importa anotar que as constituições da Revolução Francesa, bem como a posterior Carta Constitucional de 1814, não faziam menção explícita ao direito à vida, utilizando apenas o conceito de uma garantia da segurança. Desde então, ressalvadas algumas exceções, o direito à vida acabou não merecendo, durante muito tempo, um reconhecimento no plano do direito constitucional positivo da maior parte dos Estados, o que apenas acabou com a viragem provocada pela II Grande Guerra Mundial, que não apenas alterou a ordem mundial, mas também afetou profundamente o próprio conteúdo e em parte também o papel das constituições, além da influência gerada pela Declaração dos Direitos Humanos da ONU (1948) e dos posteriores pactos internacionais para proteção dos direitos humanos (com destaque, numa primeira fase, para o Pacto Internacional de Direitos Civis e Políticos, de 1966) sobre as constituições promulgadas na segunda metade do século XX. Neste período, destaca-se a Lei Fundamental da Alemanha, de 1949, que não apenas reconheceu o direito à vida como direito fundamental, mas também foi a primeira a vedar completamente, em qualquer hipótese, a pena de morte.

No plano internacional, a partir da sua consagração na Declaração Universal dos Direitos do Homem, de 1948, no artigo III ("toda pessoa tem o direito à vida, à liberdade e à segurança pessoal"), diversos outros documentos internacionais positivaram um direito específico à vida, como dá conta, num primeiro momento, o Pacto Internacional de Direitos Civis e Políticos de 1966, quando, no seu art. 6.°, 1, dispõe que "o direito à vida é inerente à pessoa humana. Este direito deverá ser protegido pela lei. Ninguém poderá ser arbitrariamente privado de sua vida", além de prever uma série de limitações à imposição da pena de morte, tais como a previsão da pena de morte apenas para os crimes mais graves, mediante sentença judicial final, a previsão da possibilidade de indulto ou comutação da pena, a vedação da pena de morte para menores de 18 anos de idade e para mulheres grávidas (art. 6.°, 2 a 6). Importa sublinhar que, mediante o Segundo Protocolo Facultativo ao Pacto Internacional de Direitos Civis e Políticos, de 1989, foi aprovada a abolição da pena de morte pelos Estados aderentes, à exceção dos casos de punição militar em períodos de guerra, documento que foi ratificado pelo Brasil em 2003, mas cujo teor já tinha sido incorporado pelo texto da Constituição Federal.

Já na *esfera regional*, assumem relevo, dentre outros instrumentos que poderiam ser colacionados, a Convenção Americana de Direitos Humanos (1969), que, no seu art. 4.°, 1, dispõe que "toda pessoa tem o direito de que se respeite sua vida. Esse direito deve ser protegido pela lei e, em geral, desde o momento da concepção. Ninguém pode ser privado da vida arbitrariamente". Além disso, o Pacto de São José da Costa Rica assegura que, nos países onde a pena de morte não foi abolida, ela apenas poderá ser aplicada a delitos mais graves, com base em sentença judicial final e nos termos da lei (art. 4.º, 2), bem como veda a reintrodução da pena de morte em países onde foi abolida (art. 4.º, 3). O Protocolo Adicional à Convenção Americana de Direitos Humanos, de 1990, estabelece a abolição da pena de morte, ressalvada a possibilidade de exceções em caso de guerra, aditivo ratificado pelo Brasil em 1998.

No plano europeu, contudo, a vedação da pena de morte ganhou contornos ainda mais incisivos, embora, na sua versão inicial, a Convenção Europeia dos Direitos Humanos (1950) não tivesse proibido a pena de morte (registre-se, apenas para ilustrar, que a França ainda se valia do método da decapitação pela guilhotina até meados da década de 1950, e a Inglaterra, na ocasião, ainda praticava a pena de morte mediante enforcamento), isso veio a ser alterado gradativamente. Numa primeira etapa, por força do 6.º Protocolo Adicional de 1983, a pena de morte passou a ser permitida apenas nos casos de guerra externa ou de atos praticados nos casos de iminente ameaça de guerra, tendo sido somente mediante a aprovação do 13.º Protocolo Adicional à Convenção Europeia de Direitos Humanos, em vigor desde 2003, que a pena de morte foi proscrita em qualquer circunstância.

No âmbito da *evolução constitucional brasileira*, verifica-se que na Constituição de 1824, a exemplo do paradigma da França de então, não havia previsão de um direito à vida, mas apenas de um direito à segurança individual, o mesmo ocorrendo com a Constituição de 1891. Na Constituição de 1934, embora o direito à vida não tenha sido expressamente agasalhado, a pena de morte, salvo em caso de guerra com país estrangeiro e nos termos da legislação militar, foi abolida (art. 113, 29). Também na Constituição de 1937 o direito à vida não foi contemplado, ampliando-se, além disso, as hipóteses de aplicação da pena de morte (art. 122, 13). Foi apenas na Constituição de 1946 que o direito à vida mereceu reconhecimento e proteção como direito individual (art. 141, *caput*), retomando-se a técnica da Constituição de 1934, no que diz com o banimento da pena de morte salvo nos casos de guerra com nação estrangeira e nos termos da legislação militar, o que foi mantido na Constituição de 1967 (art. 150, *caput* e § 11), com a ressalva de que o texto constitucional se refere ao caso de guerra externa (e não de guerra com outro país), embora a equivalência das situações, o que, por sua vez, foi reproduzido no texto resultante da alteração promovida pela EC 1/1969 (art. 153, *caput* e § 11).

Na Constituição Federal de 1988, o direito à vida foi expressamente contemplado no elenco do art. 5.º, *caput*, na condição mesma – a teor do texto constitucional – de direito "inviolável". Além da proteção genérica já referida, a vida encontrou proteção constitucional adicional, mediante a proibição da pena de morte, salvo em caso de guerra declarada (art. 5.º, XLVII, *a*), guardando, portanto, sintonia textual com o sistema internacional (Pacto de Direitos Civis e Políticos e Protocolo Adicional) e regional (interamericano) de proteção dos direitos humanos. Em termos de direito constitucional comparado, a fórmula utilizada pela Constituição Federal, todavia, diferencia-se de outras Constituições, mesmo anteriores, tal como ilustra o caso da Constituição portuguesa, de 1976, que, no seu art. 24, afirma solenemente que a vida humana é inviolável e veda categoricamente qualquer modalidade de pena de morte, vedação esta que já constava na versão original da Lei Fundamental da Alemanha (art. 102), que, neste particular, ainda que como reação ao passado recente marcado pela barbárie nacional-socialista e seu descaso com a vida humana, foi pioneira no âmbito do constitucionalismo ocidental.[2]

Dada a sua formulação genérica, além de considerada sua relevância, o conteúdo do direito à vida como direito fundamental e o alcance de sua proteção jurídico-constitucional (incluindo a vedação da pena de morte), assim como, em linhas gerais, a sua relação com outros direitos fundamentais, serão objeto de atenção ao longo dos próximos itens, iniciando-se pelo âmbito de proteção do direito à vida.

4.1.2 Âmbito de proteção do direito à vida: o conceito de vida para efeitos da tutela jurídica

O conceito de "vida", para efeitos da proteção jusfundamental, é aquele de existência física. Cuida-se, portanto, de critério meramente biológico, sendo considerada vida humana toda aquela baseada no código genético humano. Em apertada síntese, é possível afirmar que o direito à vida consiste no direito de todos os seres humanos de viverem, abarcando a existência corporal no sentido da existência biológica e fisiológica do ser humano.[3] Com isso, busca-se afastar toda e qualquer concepção de ordem moral, social, política, religiosa ou racial acerca da vida humana, especialmente aquelas que pretendem uma diferenciação entre uma vida digna e a vida indigna de ser vivida e, neste sentido, reconhecida e protegida pela ordem jurídica.[4] A noção de vida digna (que pode assumir uma feição positiva, como se verá mais adiante), portanto, não poderá servir de fundamento para a imposição de uma condição de inferioridade a determinados indivíduos, tal qual ocorreu, em tempos mais recentes, sob a égide da ideologia nacional-socialista, mas que já era praticada em diversos ambientes bem antes da instauração do nazismo, guardando, além disso, relação com a existência de práticas eugênicas já na Antiguidade (bastaria lembrar a eliminação dos recém-nascidos defeituosos em Esparta, tidos como imprestáveis para assumir seu papel na sociedade) e que ainda seriam encontradas, mesmo na Europa, após a Segunda Grande Guerra. O que importa sublinhar, no contexto, é que a noção de uma vida indigna deve ser tida como completamente dissociada da ordem constitucional.[5] De qualquer sorte, sem que se possa aqui aprofundar a questão, pelo menos merece referência o fato de que, no campo da proteção da vida intrauterina e da reprodução assistida, apenas para ilustrar com os exemplos mais emblemáticos na atualidade, mas também no que concerne à discussão sobre a eutanásia, o problema ético e jurídico da eugenia segue tendo relevância, ainda que evidentemente de modo muito distinto das práticas eugênicas baseadas em critérios de pureza racial ou similares.

Com tal valoração negativa da vida humana não se confunde, à evidência, a noção de um direito a uma vida digna, que resulta da ligação (mas não confusão) entre o direito à vida e a dignidade da pessoa humana, e diz respeito, ademais, às obrigações positivas do Estado e da sociedade para com o indivíduo (inclusive no campo da garantia de um mínimo existencial), aspectos que voltarão a ser referidos.

---

2. Cf., por todos, HUFEN, Friedhelm. *Staatsrecht II – Grundrechte*, p. 210.
3. Cf. KLOEPFER, Michael. *Verfassungsrecht II*, p. 167.
4. Cf. STARCK, Christian. *Kommentar zum Grundgesetz*, p. 255.
5. Cf. KLOEPFER, Michael. *Verfassungsrecht II*, p. 167.

Certo é que o direito à vida opera, para além de sua condição de direito fundamental autônomo, como "pressuposto fundante de todos os demais direitos fundamentais",[6] "verdadeiro pré-requisito da existência dos demais direitos consagrados constitucionalmente",[7] ou, como enfatizado pelo Tribunal Constitucional Federal da Alemanha, como base vital da própria dignidade da pessoa humana.[8] Além e independentemente disso, a relação entre o direito à vida e os outros direitos fundamentais é diversificada e evidentemente não se verifica em todos os casos, o que será objeto de sumária análise logo a seguir.

4.1.3 Relação do direito à vida com outros direitos fundamentais

A relação mais forte, como já foi possível verificar, é a que se estabelece entre o direito à vida e a *dignidade da pessoa humana*, precisamente em função do valor da vida para a pessoa e para a ordem jurídica, ademais do fato de que a vida é o substrato fisiológico (existencial no sentido biológico) da própria dignidade, mas também de acordo com a premissa de que toda vida humana é digna de ser vivida.[9] Todavia, é preciso enfatizar que, por mais forte que seja a conexão, *dignidade e vida não se confundem! Cuida-se de direitos humanos e fundamentais autônomos*, que, além disso, *podem estar em relação de tensão e mesmo de eventual conflito*, por exemplo, quando se cuida de, em nome da dignidade da pessoa humana, autorizar a interrupção da gravidez ou mesmo a eutanásia, tópicos que serão objeto de abordagem específica mais adiante.

De qualquer sorte, a necessária diferenciação entre o direito à vida e a dignidade da pessoa humana também serve ao propósito de se evitarem os riscos de uma "biologização" da dignidade,[10] o que assume relevo especialmente quando em causa a proteção da vida e da dignidade nos limites da vida. Importante é que se deixe assente que vida e dignidade são grandezas (valores, princípios, direitos) que não podem ser hierarquizados em abstrato, respeitando-se, ademais, a sua pelo menos parcial autonomia no que diz com seus respectivos âmbitos de proteção.[11] Para ilustrar, bastaria recordar que a dignidade da pessoa humana não exige necessariamente uma proteção absoluta do direito à vida.[12]

Outro direito fundamental fortemente conectado com o direito à vida é o direito à integridade física (corporal) e psíquica, o qual, diversamente do direito à vida, protege a integridade corporal e psíquica, proteção esta que se agrega à proteção da existência física (direito de viver), mas com esta não se confunde. O direito à integridade física e psíquica tem desenvolvimento histórico similar ao do direito à vida, de tal sorte que a doutrina aponta uma quase identidade desses dois direitos e dos seus âmbitos de proteção, muito embora também aqui se trate de direitos autônomos. Nessa perspectiva, a violação do direito à vida sempre abrange uma afetação da integridade física e corporal, ao passo que uma

---

6. Cf. MIRANDA, Jorge; MEDEIROS, Rui. *Constituição portuguesa anotada*, vol. 1, p. 223.

7. Cf. TAVARES, André Ramos. *Curso de direito constitucional*, 18. ed., p. 437.

8. Cf. *BVerfGE* 39, p. 42.

9. Cf. DÍEZ-PICAZO, Luís María. *Sistema de derechos fundamentales*, p. 215.

10. Sobre o tópico, v., por todos, NEUMANN, Ulfried. A dignidade humana como fardo humano – ou como utilizar um direito contra o respectivo titular. In: SARLET, Ingo Wolfgang (Org.). *Dimensões da dignidade – Ensaios de filosofia do direito e direito constitucional*, p. 228 e ss.

11. Cf., por todos, KLOEPFER, Michael. Vida e dignidade da pessoa humana. In: SARLET, Ingo Wolfgang (Org.). *Dimensões da dignidade – Ensaios de filosofia do direito e direito constitucional*, p. 171 e ss.

12. Cf. HORN. In: STERN, Klaus. *Das Staatsrecht der Bundesrepublik Deutschland*, p. 181.

intervenção nesta muitas vezes coloca em risco a vida e em outros casos leva à morte, muito embora o direito à integridade física e corporal também abarque intervenções que não geram risco à vida.[13]

O direito à saúde (que igualmente será objeto de item próprio, na parte relativa aos direitos sociais), embora também apresente uma forte ligação com o direito à vida, com este não se confunde. Com efeito, o direito à vida não pode ser lido de forma a abranger a ampla proteção da saúde, o que é relevante especialmente em ordens constitucionais como a alemã ou a norte-americana, em que, apesar de estar consagrado o direito à vida, não há menção explícita a um direito à saúde. Por outro lado, *a ligação cresce em importância quando, diante da ausência de previsão de um direito à saúde*, o direito à vida (naquilo que evidentemente guarda relação com o direito à saúde) opera como fundamento para o reconhecimento de obrigações com a saúde. Isso ocorre, por exemplo, no âmbito da Convenção Europeia de Direitos Humanos, quando, com base no direito à vida e no direito à integridade física (consubstanciado na proibição de tortura), o Tribunal Europeu de Direitos Humanos reconhece obrigações de cuidados médicos por parte do Estado em determinadas circunstâncias. *Em síntese, isso significa que a partir do direito à vida (o mesmo no caso do direito à integridade corporal) são deduzidos deveres estatais de proteção e promoção da saúde.*[14]

Apenas em caráter ilustrativo, podem ser colacionados dois casos apreciados pelo Tribunal Europeu de Direitos Humanos. A Corte sustentou, em casos envolvendo alegações de más práticas médicas, que o Estado tem uma obrigação positiva de proteção à vida, que inclui o requisito de que hospitais tenham regulamentações no sentido de proteger a vida dos pacientes. Além disso, considerou que colocar a vida de um paciente em risco, por negar acesso a tratamento médico, que deve ser disponível para a população em geral, importa na violação do direito à vida.[15] Embora os países disponham de liberdade para decidir como configurar seu respectivo sistema de saúde, a falta de uma proteção mínima, todavia, viola o direito à vida.[16] Já no caso *Anguelova v. Bulgária* (2002), foi ressaltado que o Estado tem uma obrigação de fornecer tratamento médico aos seus apenados por força do direito à vida,

---

13. Cf., por todos, Schulze-Fielitz, Helmuth. Art. 2 II – Recht auf Leben und körperliche Unversehrtheit, Freiheit der Person. In: Dreier, Horst (Ed.). *Grundgesetz Kommentar*, p. 207.

14. Sobre a relação do direito à vida com o direito à saúde e mesmo o direito ao meio ambiente como será visto logo a seguir, v. julgamento da Medida Cautelar da ADI 6.421/DF, rel. Min. Roberto Barroso, j. em 21.05.2020, que conferiu interpretação conforme a CF da Medida Provisória n. 966/2020 que tratava da responsabilização de agentes públicos. No julgamento, entendeu-se pelo dever de adoção de standards, normas e critérios científicos e técnicos quando da tomada de decisões que envolvam a proteção à vida, à saúde e ao meio ambiente. Nesta oportunidade, o STF expressou as seguintes teses: "1. Configura erro grosseiro o ato administrativo que ensejar violação ao direito à vida, à saúde ou ao meio ambiente equilibrado, por inobservância: (i) de normas e critérios científicos e técnicos; ou (ii) dos princípios constitucionais da precaução e da prevenção. 2. A autoridade a quem compete decidir deve exigir que as opiniões técnicas em que baseará sua decisão tratem expressamente: (i) das normas e critérios científicos e técnicos aplicáveis à matéria, tal como estabelecidos por organizações e entidades médicas e sanitárias internacional e nacionalmente reconhecidas; e (ii) da observância dos princípios constitucionais da precaução e da prevenção, sob pena de se tornarem corresponsáveis por eventuais violações a direitos". Também sobre a relação do direito à vida com o direito a saúde, destaca-se o reconhecimento, pelo STF, de um direito ao fornecimento de medicamento de alto custo (Zolgensma) a crianças com doença grave (AME), incluindo as que possuem idade acima do marco legal de dois anos, cf. julgamento do RE 1.399.165/PR AgR, rel. Min. Edson Fachin, j. em 03.05.2023.

15. *Zdzislaw Nitecki v. Poland,* Application 65653/01, First Section, Decision as to the admissibility, 21.03.2002.

16. Idem.

hipótese que voltou a ser objeto de reconhecimento pelo Tribunal em julgamentos mais recentes.[17]

Neste mesmo contexto, a doutrina alemã entende que a partir do direito à vida e do princípio do Estado Social pode ser reconhecida a obrigação estatal de estabelecer um sistema de saúde pública, muito embora o espaço de conformação do legislador seja tão amplo, a ponto de não ser possível reconhecer um direito originário – posição individual subjetiva sem prévia interposição legislativa – a prestações de saúde.[18] Assim, pelo Tribunal Federal Constitucional Federal alemão, apenas de forma isolada são reconhecidas certas pretensões relacionadas ao direito à saúde com base no direito fundamental à vida, como, por exemplo, o direito a um tratamento não convencional, em caso de doença letal e para a qual não há tratamento médico amplamente reconhecido.[19]

O que se constata, a partir das situações relatadas, é que o direito à vida (assim como o direito à integridade corporal) pode – em virtude de sua relação com a proteção e promoção da saúde – assumir um papel de destaque também na seara dos direitos sociais, o que, aliás, tem sido o caso em diversos ambientes, mesmo onde os direitos sociais não foram expressamente previstos na Constituição, como dá conta, por exemplo, a experiência europeia, em que nem todas as constituições albergaram direitos sociais.[20] *Aqui assume relevância a noção de um mínimo existencial*, ou seja, o Estado tem a obrigação de assegurar a todos as condições materiais mínimas para uma vida com dignidade, aspecto que também diz respeito às relações entre o direito à vida e a dignidade da pessoa humana (mas também aos direitos sociais, dentre os quais o já referido direito à saúde), além de implicar obrigações positivas para o Estado relacionadas com a vida humana.[21] Esse ponto, contudo, será objeto de maior atenção no item destinado à dupla dimensão objetiva e subjetiva do direito à vida.

No contexto da proteção ambiental, o direito à vida impõe também medidas de proteção contra a degradação ambiental, notadamente quando colocada em risco de forma imediata a vida dos indivíduos, de modo que, também aqui – na relação entre direito à vida e proteção ambiental –, há fortes pontos de contato, ainda que se trate de direitos e deveres autônomos entre si.[22] Já outras formas de poluição, ainda que não coloquem a vida em risco direto, violam a integridade física e o direito à saúde, deslocando a relação para outra esfera.

Ainda que se pudesse ampliar o leque de direitos que guardam maior ou menor relação com o direito à vida, os exemplos referidos bem ilustram a transversalidade do direito à vida e sua relevância para o sistema de direitos humanos e fundamentais, marcado por zonas de convergência (superposição) inquestionáveis, mas ao mesmo tempo indicam a necessidade de uma rigorosa observância de algumas fronteiras, de modo a não se dissolver o direito à vida no conjunto mais amplo dos direitos fundamentais, nem se retirar do

---

17. *Anguelova v. Bulgaria*, Application 38361/97, Final Section, 13.09.2002.
18. Cf., por todos, MURSWIEK, Dietrich. Art. 2. In: SACHS, Michael (Ed.). *Grundgesetz Kommentar*, p. 160.
19. Em caráter excepcional, o Tribunal Constitucional Federal reconheceu um direito subjetivo a tratamento alternativo não previsto no âmbito do sistema de saúde (decisão de 06.12.2005).
20. Fala-se, neste sentido, de uma proteção indireta dos direitos sociais, como a praticada, por exemplo, na jurisprudência do Tribunal Europeu de Direitos Humanos. Nesse sentido, v., por todos, BREMS, Eva. Indirect protection of social rights by the European Court of Human Rights. In: BARAK-EREZ, Daphne; GROSS, Aeyal M. (Ed.). *Exploring social rights – Between theory and practice*, p. 135 e ss.
21. Cf. LANDA ARROYO, César. *Los derechos fundamentales*. Lima: Fondo Editorial Pontifícia Universidad Católica del Perú, 2017, p. 24-25.
22. Cf., por todos, MURSWIEK, Dietrich. Art. 2. In: SACHS, Michael (Ed.). *Grundgesetz Kommentar*, p. 154.

direito à vida a sua "integridade" como direito fundamental autônomo, com um âmbito particular de proteção.

4.1.4 A titularidade do direito à vida e o problema do início e fim da proteção jurídico-constitucional da vida humana

A titularidade do direito à vida é a mais ampla possível e é assegurada a qualquer pessoa natural, portanto, qualquer ser humano, independentemente de ser nacional ou estrangeiro, visto que se trata de direito cuja titularidade inequivocamente se rege pelo princípio da universalidade e não pode ser reservada apenas aos brasileiros e estrangeiros residentes no Brasil.[23] Sem que aqui se vá aprofundar o ponto (pelo que remetemos ao tópico correspondente da parte geral dos direitos fundamentais), o direito à vida constitui exemplo evidente de que o enunciado do art. 5.º, *caput*, da CF/1988, no que dispõe sobre a titularidade dos direitos fundamentais, não pode ser lido de modo "literal" e restritivo. A tutela da vida, a correlata proibição da pena de morte, assim como a tutela da dignidade da pessoa humana são evidentemente asseguradas, na condição de direitos fundamentais, aos estrangeiros não residentes no País.

Em razão da absoluta incompatibilidade, não são titulares do direito à vida as pessoas jurídicas. Questões relacionadas à proteção de sua existência (como pessoas jurídicas) estão abrangidas pelo direito de associação ou outros direitos que asseguram as pessoas jurídicas contra sua extinção arbitrária.[24]

Embora haja consenso acerca do fato de que o direito à vida abrange a vida humana durante o lapso temporal que medeia o início da vida humana até a morte, segue sendo problemática a definição de quando inicia e termina a vida humana, e, atrelada a isso, a decisão sobre quando começa e cessa a proteção jurídico-constitucional da vida humana.

É neste contexto que se coloca, por exemplo, a pergunta sobre se o feto ou mesmo o embrião são titulares (sujeitos ativos) do direito à vida, e/ou se existe uma correspondência entre a existência de vida (por exemplo, na questão das células-tronco) e a titularidade do direito à vida como direito humano e fundamental. Consoante já referido na parte geral dos direitos fundamentais, no item relativo aos titulares dos direitos fundamentais, a questão segue polêmica, já pelo fato de que a Constituição Federal, assim como ocorre em outras ordens jurídicas, não dispõe expressamente sobre o início da proteção da vida humana, notadamente se esta abarca o nascituro.

No Brasil, *de acordo com o STF* (a depender do voto do Min. Carlos Britto, na ADIn 3.510, versando sobre os dispositivos da Lei de Biossegurança que tratam da pesquisa com células-tronco e o uso de embriões), não haveria titularidade de um direito à vida antes do nascimento com vida! Com efeito, ao que tudo indica, o STF – visto que a maioria dos ministros acompanhou o voto do relator – parte do pressuposto de que a Constituição não faz de todo e qualquer estágio da vida humana um bem jurídico autônomo assegurado na condição de direito (subjetivo) fundamental, mas da vida que já é própria de uma concreta

---

23. Cf., por todos, MENDES, Gilmar Ferreira; BRANCO, Paulo Gustavo Gonet. *Curso de direito constitucional*, 15. ed., p. 261.

24. Cf. CANOTILHO, J. J. Gomes; MOREIRA, Vital. *Constituição da República Portuguesa anotada*, p. 452.

pessoa, porquanto nascida com vida, de tal sorte que a inviolabilidade da qual trata o art. 5.º, *caput*, diz respeito exclusivamente a um indivíduo já personalizado.[25]

Por outro lado, é possível extrair da decisão referida que a proteção jurídico-constitucional da vida intrauterina, portanto, da vida antes do nascimento, se dá por conta da extensão do âmbito subjetivo (pessoal) de proteção da dignidade da pessoa humana, no sentido de que, embora não se possa falar de uma pessoa, na condição de sujeito de direitos fundamentais, existe uma proteção que atinge todo o processo vital, compreendido como um processo indivisível de formação do ser humano, que deságua no indivíduo-pessoa resultante do nascimento com vida. Já os embriões derivados de uma fertilização artificial (extrauterina), dos quais tratam os dispositivos questionados da Lei de Biossegurança, não se inserem no âmbito da proteção legal que incrimina o aborto, visto que tal proteção abrange apenas um organismo ou entidade pré-natal sempre no interior do corpo feminino.

Se o embrião humano de que trata o art. 5.º da Lei da Biossegurança é um ente absolutamente incapaz de qualquer resquício de vida encefálica, a afirmação de incompatibilidade daquele diploma legal com a Constituição haveria então de ser afastada, conforme o entendimento majoritário formado no STF quando do julgamento da ADIn 3.510, já referido. Também o direito ao livre planejamento familiar, ancorado no art. 226, § 7.º, da CF, foi esgrimido como argumento contrário a uma obrigação de aproveitamento de todos os embriões resultantes da tentativa de engravidar por parte dos pretensos pais, o mesmo valendo para o direito à saúde (que estaria sendo promovido mediante a autorização das pesquisas com células-tronco) e o direito à livre expressão da atividade científica.

A partir do exposto, verifica-se que o reconhecimento da titularidade do direito à vida antes do nascimento (com vida) segue sujeito a controvérsia, não sendo o caso aqui de aprofundar tal debate, ainda mais que a titularidade dos direitos fundamentais constitui objeto de item próprio, no âmbito da parte geral dos direitos fundamentais. Tal controvérsia se reveste de grande atualidade também no caso brasileiro especialmente para os casos de interrupção voluntária da gravidez (abortamento), igualmente submetidos ao crivo do STF, que, como já referido no capítulo sobre a titularidade dos direitos fundamentais pelas pessoas naturais, embora tenha chancelado a prática do aborto nos casos de anencenfalia (quando do julgamento da ADPF 54, em abril de 2012), também aqui não adotou posição conclusiva sobre o tema, o mesmo ocorrendo no julgamento do *habeas corpus* 124.306/RJ, em 09.08.2016, quando foi reconhecida a possibilidade do abortamento livre durante as doze primeiras semanas de gravidez.

De qualquer modo, mesmo que se parta do pressuposto de que a titularidade do direito à vida, na condição de um direito subjetivo, inicia apenas com o nascimento com vida, isso não significa ausência de proteção constitucional da vida antes do nascimento, visto que tal proteção poderá ocorrer no âmbito de uma proteção objetiva, por meio da figura dos deveres de proteção estatais, solução que, de resto, tem sido também bastante prestigiada no âmbito da jurisprudência constitucional estrangeira, com destaque para a problemática da interrupção da gravidez e mesmo de outras formas de intervenção na vida (e mesmo dignidade) humana. Como tais questões serão objeto de análise em separado, aqui não serão mais desenvolvidas.

---

25. Cf. voto do relator, Min. Carlos Britto.

No que diz respeito ao fim da proteção constitucional, o direito à vida cessa com a morte de seu titular, muito embora a definição precisa do evento morte seja também objeto de alguma controvérsia, considerando-se a ausência de critérios uniformes, muito embora o reconhecimento do critério da morte cerebral, que permite a utilização dos órgãos do falecido para efeitos de transplantes. O critério de morte cerebral para o estabelecimento do final da vida, adotado pelo legislador tanto no Brasil[26] quanto, apenas para ilustrar, em Portugal e na Alemanha, é constitucionalmente adequado. Embora existam outros critérios e a despeito das críticas veiculadas em relação ao critério da morte cerebral,[27] tal opção situa-se dentro dos limites da liberdade de conformação legislativa, situando-se entre as fronteiras da proibição de proteção insuficiente e da proibição de intervenção excessiva, visto que o critério da morte cerebral, como já frisado, ao mesmo tempo em que permite aferir a cessação da possibilidade de vida autônoma (a morte cerebral implica a completa e irreversível cessação da atividade cerebral), permite a utilização dos órgãos para salvar vidas de terceiros.

Critérios mais restritivos para o reconhecimento do final da vida não podem (ou não poderiam), de qualquer forma, emanar de resoluções de conselhos médicos ou outras fontes normativas que não uma lei em sentido formal e material, temática que, todavia, aqui não temos como desenvolver. Por outro lado, a opção pelo critério da morte cerebral há de vir acompanhada, aqui também por força do dever de proteção estatal da vida humana, de regulamentação adequada das técnicas e do procedimento para a fixação da morte cerebral e da sua respectiva segurança.

Já no que diz respeito à proteção do cadáver (do corpo humano sem vida), esta se dá não mais no âmbito do direito à vida, mas, sim, na esfera da dimensão objetiva da dignidade da pessoa humana ou do direito à imagem e à honra, o que será examinado no tópico relativo aos direitos de personalidade.

4.1.5 Destinatários (sujeitos passivos): órgãos estatais e particulares

Destinatário direto e inquestionável do direito fundamental à vida é o Estado em todas as suas formas de atuação, no sentido do que se chamou, na parte geral dos direitos fundamentais, de uma vinculação isenta de lacunas (que alcança os órgãos, as funções, os agentes e os atos), ainda que o Estado atue mediante delegação.

Mas a vinculação sempre direta do Estado exclui a vinculação, direta ou indireta, dos particulares? A dignidade da pessoa e o direito à vida são a base estrutural de toda comunidade humana e devem ser respeitados também pelos demais sujeitos de direito. O que se revela controverso é como os particulares figuram no polo passivo do direito à vida, ou seja, se tal vinculação opera apenas por meio da dimensão objetiva dos direitos fundamentais (no sentido de que o Estado deve criar normas de sanção e proibição endereçadas a particulares), ou se, além disso, ocorre uma vinculação direta. Como a vinculação dos particulares aos direitos fundamentais integra o respectivo tópico na parte geral dos direitos fundamentais,

---

26. Cf. disposto no art. 3.º da Lei 9.434/1997.

27. Dentre as críticas, há referências, por exemplo, à alegação de que a proteção constitucional da vida não poderia ser condicionada por critérios eminentemente pragmáticos, como a salvaguarda da possibilidade de utilização dos órgãos de alguém que, embora em fase terminal, ainda vive. Para um inventário resumido das objeções ao critério da morte cerebral, v.: MURSWIEK, Dietrich. Art. 2. In: SACHS, Michael (Ed.). *Grundgesetz Kommentar*, p. 144.

aqui deixaremos de desenvolver o ponto, destacando, todavia, que uma vinculação (direta ou indireta, a depender do caso) dos particulares é de ser afirmada.

4.1.6 O direito à vida e sua dupla dimensão objetiva e subjetiva como dever de proteção e complexo de posições subjetivas de conteúdo negativo e positivo

4.1.6.1 Considerações gerais

Assim como ocorre com a dignidade da pessoa humana e mesmo com o direito à saúde, sem prejuízo de outros que poderiam ser lembrados, a utilização da fórmula de um direito à vida há de ser devidamente compreendida, visto que não se cogita de um direito à vida no sentido de um direito a viver por força de uma prestação de alguém (destinatário – sujeito passivo – do direito), mas, sim, de não ter sua vida interrompida e, portanto, o direito de ter a sua vida respeitada (direito de não ser morto), assim como o direito de ter a sua vida protegida pelo Estado, tratando-se de intervenções por parte de terceiros,[28] ou mesmo contra o Estado,[29] como no caso da proibição da pena de morte. Assim, o mais apropriado será falar não de um direito à vida, mas, sim, de um direito ao respeito e à proteção da vida humana. Tais dimensões (respeito e proteção), por sua vez, guardam relação com as posições jurídicas (negativas e positivas) vinculadas às dimensões subjetiva e objetiva do direito à vida e dos direitos fundamentais de um modo geral, de tal sorte que serão desenvolvidas a seguir.

4.1.6.2 Dimensões subjetiva e objetiva do direito à vida

Na condição de direito subjetivo, o direito à vida situa-se no âmbito da clássica formulação dos direitos fundamentais como posições jurídicas subjetivas atribuídas a um titular (no caso, a pessoa física), a exigir determinadas abstenções ou prestações – fáticas ou jurídicas – de um destinatário, que em regra é o Estado não excluindo a vinculação indireta e/ou direta dos particulares. Assim, compreendido como um direito fundamental em sentido amplo, também o direito à vida abrange um complexo de posições subjetivas de cunho negativo

---

28. Um claro exemplo se encontra na jurisprudência de nossa Corte Suprema, porquanto o Supremo Tribunal Federal, em tutela provisória, ordenou que a União adotasse todas as medidas necessárias cabíveis à proteção da vida, da saúde e da segurança das populações indígenas (ADPF 709/DF, rel. Min. Roberto Barroso, j. 18.06.2021). No mesmo sentido, na ADPF 742, rel. Min. Marco Aurélio, j. 24.02.2021, que determinaram que a União elaborasse um plano de combate à Covid-19 para a população quilombola. Ainda sobre a proteção em face de terceiros, possível mencionar a decisão na ADI 6.119/DF, rel. Min. Edson Fachin, j. em 03.07.2023, na qual o STF declarou a inexistência, na ordem constitucional brasileira, de um direito fundamental ao acesso a armas de fogo pelos cidadãos, concluindo que a aquisição e o porte devem estar sempre marcados pelo caráter excepcional e pela exigência de demonstração de necessidade concreta, bem como que decorre do direito à vida um dever do Estado em promover uma política de controle da circulação de armas de fogo.

29. Na ADPF 754/DF, rel. Min. Ricardo Lewandowski, j. 01.03.2021, que, liminarmente, determinou que o Governo Federal divulgasse no prazo de cinco dias um plano de vacinação para a população brasileira contra o novo Coronavírus, para que possa afastar a omissão violadora aos direitos fundamentais à vida e à saúde. No mesmo sentido, v. decisão do rel. Min. Alexandre de Moraes na ADPF 676/DF, j. 21.10.2020. Ademais, na ACO 3.518/DF, rel. Min. Ricardo Lewandowski, j. 15.09.2021, o STF referendou a decisão liminarmente estabelecida obrigando a União a enviar a segunda dose da vacina contra o novo Coronavírus para o Estado de São Paulo, uma vez que evidenciada a possibilidade de frustração do planejamento sanitário estabelecido pelos entes federados pela modificação abrupta da sistemática de distribuição de imunizantes pela União.

(defensivo) e positivo (prestacional). Nessa perspectiva, o direito à vida tem uma dimensão negativa, quando assume a condição de direito de defesa, cujo objeto é uma obrigação de abstenção por parte do Estado e dos particulares, gerando, portanto, uma obrigação de respeito e de não intervenção no âmbito do direito à vida, muito embora o objeto do direito de defesa inclua também situações de ameaça e mesmo riscos para a vida.[30] Mas o direito à vida também apresenta uma dimensão positiva, de um direito a prestações fáticas ou normativas, implicando a obrigação, por parte do Estado e mesmo de particulares (a depender do caso), de medidas ativas de proteção da vida, como se verá quando da decodificação dos deveres de proteção estatal e dos correspondentes direitos à proteção, logo a seguir.

Já na dimensão objetiva, o direito à vida representa um valor, um bem jurídico também objetivamente reconhecido e protegido, donde decorrem efeitos jurídicos autônomos, que, por sua vez, refletem na própria esfera subjetiva, ampliando as possibilidades de proteção e promoção dos direitos fundamentais. Com efeito, os deveres de proteção do Estado em relação à vida projetam-se muito além da simples proibição direta de violação, impondo diversas obrigações de agir positivo, que, por sua vez, especialmente no caso da ordem constitucional brasileira, correspondem, na esfera subjetiva e em diversas hipóteses, a direitos subjetivos a prestações. As obrigações estatais derivadas do dever de proteção abrangem:[31]

a) *o dever de proteção da vida por meio de medidas positivas*, como, por exemplo, em situações nas quais a vida dos cidadãos está submetida a ameaças de violação por parte de terceiros, muito embora ao Poder Público seja reservada uma ampla margem de liberdade para determinação de quais os meios a serem utilizados para a proteção da vida[32]. Tal margem de liberdade para os órgãos estatais é tanto mais reduzida quanto mais as alternativas de uma proteção eficaz da vida forem também reduzidas;[33]

b) *dever de amparo financeiro (em espécie ou bens e serviços)*, como é o caso de prestações para garantia da sobrevivência física[34] ou mesmo na esfera mais ampliada de um mínimo existencial ou no caso de assegurar tratamentos de saúde imprescindíveis à salvaguarda da vida, muito embora neste caso a previsão de um direito à saúde na Constituição Federal já pudesse cobrir tais hipóteses;

c) *estabelecimento de normas de direito organizacional e processual*. Tal obrigação implica que o Estado ofereça uma adequada proteção da vida dos indivíduos ao estabelecer normas processuais. Exemplo disso é a garantia de proteção de testemunhas cujo depoimento implica grave ameaça à sua vida, ou mesmo a obrigação de garantir a devida proteção do réu no processo criminal.[35] Mais especificamente, no caso de estrangeiros, o Estado brasileiro não extradita indivíduos que, em seu país de origem, serão ou já foram sentenciados com a pena de morte, de acordo com reiterada jurisprudência do STF;[36]

---

30. Cf., por todos, SCHULZE-FIELITZ, Helmuth. Art. 2 II – Recht auf Leben und körperliche Unversehrtheit, Freiheit der Person. In: DREIER, Horst (Ed.). *Grundgesetz Kommentar*, p. 210-211.

31. Cf. STARCK, Christian. *Kommentar zum Grundgesetz*, p. 262.

32. Cf. STARCK, Christian. *Kommentar zum Grundgesetz*, p. 262.

33. Idem, p. 262-263.

34. Idem, p. 263.

35. Idem, p. 263-264.

36. A respeito das hipóteses de extradição, v., por todos, MENDES, Gilmar Ferreira. Direitos fundamentais de caráter judicial e garantias constitucionais do processo. In: _____; BRANCO, Paulo Gustavo G. *Curso de direito constitucional*, 15. ed., p. 563 e ss.

d) *deveres de criminalização e responsabilidade civil e administrativa*. Uma das principais modalidades de o Estado levar a efeito o seu dever de proteção com a vida humana reside no papel (direcionado aqui ao legislador) de criminalização de condutas atentatórias ao direito à vida, ainda que também aqui o Estado-Legislador detenha ampla margem de conformação no que diz com aspectos específicos, como, por exemplo, o montante da pena. Também a responsabilidade civil (e administrativa, a depender do caso) do Estado é decorrência da violação de seus deveres de proteção, o que se manifesta de forma particularmente aguda quando se trata de pessoas sujeitas (sem alternativa) à custódia direta estatal, como ocorre no caso dos presos. Nesse sentido, aliás, colaciona-se julgado do STF (RE 841.526, rel. Min. Luiz Fux, j. 30.03.2016), de acordo com o qual, na hipótese de violação do seu dever específico de proteção previsto no art. 5.º, XLIX, da Constituição Federal, o Estado é responsável civilmente pela morte do detento. Seguindo a mesma orientação geral, o STF, no ARE 1.385.315, rel. Min. Edson Fachin, julgado em 11.04.2024, entendeu que: "(i) O Estado é responsável, na esfera cível, por morte ou ferimento decorrente de operações de segurança pública, nos termos da Teoria do Risco Administrativo; (ii) é ônus probatório do ente federativo demonstrar eventuais excludentes de responsabilidade civil; (iii) a perícia inconclusiva sobre a origem de disparo fatal durante operações policiais e militares não é suficiente, por si só, para afastar a responsabilidade civil do Estado, por constituir elemento indiciário".

e) *proibições e sanções estatais direcionadas aos particulares*, no âmbito das quais o Estado tem a obrigação de uma prestação jurídica no sentido de vincular, por meio da legislação, entes particulares ao respeito ao direito à vida. Nessa seara se enquadram a tipificação no direito penal de condutas que trazem dano ou ameaça de dano à vida, como, por exemplo, a proibição da interrupção da gravidez, da eutanásia, bem como as normas de responsabilidade civil extracontratual.[37]

Importa frisar, ainda, que tais manifestações decorrentes do dever de proteção estatal da vida humana não representam um catálogo fechado de alternativas. Além disso, o controle da legitimidade constitucional das omissões e ações estatais nessa seara deverá observar sempre o balanceamento entre o excesso de intervenção na esfera de direitos e garantias fundamentais e, com particular relevância para os deveres de proteção, a assim chamada proibição de proteção insuficiente ou deficiente, que aqui não será tematizada, porquanto abordada na parte geral dos direitos fundamentais.

4.1.7 Limites das intervenções no direito à vida: uma análise a partir de alguns exemplos

4.1.7.1 *Considerações gerais*

A despeito de ter sido consagrado no art. 5.º, *caput*, no qual lhe foi solenemente assegurada inviolabilidade, não se poderá reconhecer que o direito à vida assume a condição de um direito absoluto, no sentido de absolutamente imune a intervenções legítimas sob o ponto de vista jurídico-constitucional. Diversamente do que ocorreu na Alemanha, onde a Lei Fundamental estabeleceu uma expressa reserva legal, a Constituição Federal, como já frisado, assegurou uma proteção aparentemente mais forte ao direito à vida, o que, todavia, não procede,

---

37. Cf. STARCK, Christian. *Kommentar zum Grundgesetz*, p. 264-265.

visto que bastaria apontar para a exceção, prevista na própria Constituição, de que, em caso de guerra declarada, nos casos regulamentados pela legislação infraconstitucional, cabível a aplicação da pena de morte. Da mesma forma, a mera previsão, ainda que de modo limitado, de hipóteses legais admitindo a interrupção da gravidez igualmente demonstra que a ordem jurídica reconhece situações nas quais a supressão da vida de um ser humano (sem prejuízo, no caso da interrupção da gravidez, da discussão sobre a existência de um direito à vida e mesmo de um dever objetivo de proteção da vida nesta fase) é pelo menos tolerada, no sentido de não implicar sanção, o mesmo ocorrendo nos casos de legítima defesa, exercício regular de um direito etc., em que a ilicitude do ato de matar é afastada.

O exemplo do direito à vida, diversamente da generalidade dos direitos fundamentais, revela também que a assim chamada garantia do núcleo essencial poderá coincidir com o próprio conteúdo do direito, visto que qualquer intervenção no direito à vida implica a morte de seu titular. Por outro lado, também são classificadas como intervenções no direito à vida hipóteses de grave ameaça e risco para a vida, que, em sendo ultimadas, levariam à morte e, portanto, teriam caráter irreversível.[38] A questão, portanto, não é a de discutir a legitimidade de intervenções restritivas, no sentido próprio do termo, mas sim a de verificar a consistência jurídico-constitucional de medidas que, para a proteção de bens fundamentais individuais ou coletivos de terceiros ou mesmo (no caso da eutanásia) para a salvaguarda da dignidade do titular do direito à vida, implicam a cessação da vida.

No que se verifica substancial consenso é no sentido de que, embora não se trate de um direito absoluto propriamente dito, intervenções no direito à vida somente poderão ser juridicamente justificadas em caráter excepcional e mediante requisitos materiais e formais rigorosos e sujeitos a forte controle. Passemos a analisar alguns casos mais frequentes e que seguem gerando intensa discussão em sede doutrinária, legislativa e jurisprudencial.

4.1.7.2 Existe um direito de matar? O caso da pena de morte e de outras intervenções similares

No caso do direito constitucional brasileiro, a pena de morte, salvo em caso de guerra declarada, é expressamente vedada, de tal sorte que mesmo mediante emenda constitucional não seria possível introduzir a pena de morte no ordenamento nacional, visto que a sua proibição integra o conjunto dos limites materiais à reforma constitucional. O quanto a própria exceção à vedação, isto é, a possibilidade de aplicação da pena de morte em caso de guerra declarada, pode passar por um crivo com base na Constituição depende, em última análise, do conteúdo da sua regulação infraconstitucional, pois, embora a pena de morte não seja inconstitucional nessa hipótese, poderá ser inconstitucional a forma de sua aplicação.

Ao prever a pena de morte em caso de guerra declarada, a Constituição Federal, consoante sinalado, encontra-se em harmonia com o Pacto Internacional de Direitos Civis e Políticos e a Convenção de São José da Costa Rica, que também reconhecem a possibilidade da pena de morte nessa circunstância. De qualquer sorte, à luz tanto da evolução do entendimento sobre o tema na esfera internacional, quanto das diretrizes da Constituição Federal, os fundamentos para a imposição, no caso de guerra (externa!) declarada, de uma pena de morte, os destinatários de tal pena e os meios de execução da pena eventualmente aplicada

---

38. Cf. Schulze-Fielitz, Helmuth. Art. 2 II – Recht auf Leben und körperliche Unversehrtheit, Freiheit der Person. In: Dreier, Horst (Ed.). *Grundgesetz Kommentar*, p. 212-213.

podem e devem passar por um rigoroso teste quanto à sua consistência constitucional (o que inclui o exame dos critérios da proporcionalidade), impondo-se, em qualquer caso, uma interpretação restritiva quanto a tal possibilidade. Nesse contexto, vale conferir o alerta de Virgílio Afonso da Silva, relativamente ao fato de que o Código Penal Militar do Brasil prevê a possibilidade de aplicação da pena de morte em mais de trinta situações, além de estabelecer que a pena, em todos os casos, deve ser executada mediante fuzilamento,[39] forma de execução, que, é de se recordar, nos EUA foi de há muito proscrita pela Suprema Corte, ao menos para os casos envolvendo civis. Que mediante uma reforma constitucional possa vir a ser suprimida tal exceção não apenas se revela como algo viável, mas acima de tudo desejável, a exemplo do que ocorreu no âmbito europeu.

A proibição da pena de morte, contudo, não implica que o direito à vida tenha um caráter absoluto nem impede que, em determinadas circunstâncias, a vida de alguém seja tomada sem que daí resulte uma sanção da ordem jurídica. Assim, o soldado em tempo de guerra que em situação de combate vem a tirar a vida de alguém não pratica crime, salvo se o fizer mediante violação de alguma regra em particular. Também o cidadão que obra em legítima defesa (ou em estado de necessidade, sem prejuízo de outras excludentes da ilicitude), portanto, atendendo aos critérios estabelecidos pela legislação penal, não comete crime e não poderá ser punido pela morte que causou, embora não seja propriamente o caso de se aceitar aqui a ideia de um direito (fundamental) de matar alguém.

Situações relativamente corriqueiras, especialmente no Brasil, dizem respeito aos casos em que integrantes das forças policiais, quando em ação no combate ao crime, tiram a vida de alguém ou o colocam gravemente em risco. As estatísticas brasileiras são altamente preocupantes, considerando o número de mortos civis pela ação da polícia. Tirante os casos de legítima defesa própria, que recaem sob o manto da excludente específica e universalizável de ilicitude, é controverso o que significa o exercício regular de um direito ou mesmo a legítima defesa de terceiro nesse contexto, notadamente quando se trata de o Estado, por meio de seus órgãos e agentes, cumprir com os seus deveres de proteção da vida humana.

Hipótese bastante comum e que encontra suporte na ordem jurídica é a da morte, pela autoridade policial, de um sequestrador para salvamento do sequestrado, desde que o evento morte do sequestrador seja o único meio para salvar a vida do refém.[40] O quanto, todavia, é exigível do Poder Público que liberte presos, especialmente quando acusados ou mesmo já condenados pela prática de crimes graves (homicídio, terrorismo etc.), ou tome determinadas providências para assegurar a libertação de pessoa sequestrada diz respeito à maior ou menor margem de liberdade dos órgãos e agentes estatais no cumprimento de seu dever de proteção da vida humana, problema que pode assumir dimensões dramáticas a depender das circunstâncias. Particularmente controversos são os casos nos quais se discute se a morte de pessoas inocentes (ou a colocação em risco de vida de inocentes) se justifica como medida para salvar a vida de outros inocentes. Dois exemplos extraídos da jurisprudência do Tribunal Constitucional Federal da Alemanha são altamente elucidativos e podem contribuir para o desenvolvimento, compreensão e mesmo solução do problema.

No primeiro caso, julgado em 1977, o famoso caso "Schleyer",[41] no qual se analisou a obrigação, por força do dever estatal de proteção da vida, do Poder Público (autoridade

---

39. SILVA, Virgílio Afonso da. *Direito constitucional brasileiro*, op. cit., p. 155.
40. Cf., por todos, HUFEN, Friedhelm. *Staatsrecht II – Grundrechte*, p. 220.
41. Cf. *BVerfGE* 46, 160.

policial alemã), no sentido de libertar um grupo de terroristas que haviam sido presos pela polícia, como pagamento do resgate exigido para libertação do industrial Hans-Martin Schleyer, que havia sido sequestrado pelo grupo ao qual pertenciam os presos cuja libertação era exigida. No caso, o Tribunal entendeu que a autoridade policial não poderia ser obrigada a libertar criminosos que, uma vez postos em liberdade, poderiam novamente colocar em risco a vida de inocentes, e que a existência de um dever de proteção da vida do industrial sequestrado não leva necessariamente ao dever do Estado de tomar uma medida determinada, de tal sorte que não deixou de haver uma espécie de contraposição entre o direito à vida do sequestrado e de terceiros.

Por ocasião de um julgamento mais recente, no âmbito de um conjunto de decisões a respeito da legitimidade constitucional de medidas estatais destinadas ao combate do terrorismo e do crime organizado, o Tribunal Constitucional Federal alemão teve de apreciar se o abatimento de um avião sequestrado por terroristas e destinado a ser utilizado como arma para ceifar a vida de inocentes implica violação da dignidade da pessoa humana e/ou de direitos fundamentais. Aqui o Tribunal entendeu que a vida não poderia pura e simplesmente ser ponderada com outras vidas humanas, de tal sorte que configurada, além de uma violação do direito à vida, uma ofensa à dignidade da pessoa humana dos reféns e mesmo dos sequestradores, já que reduzidos a mero objeto da ação estatal, ainda que voltada à salvaguarda da vida de terceiros.[42] A decisão não deixou de ser alvo de críticas, pois houve quem argumentasse que os passageiros não seriam, no caso, intencionalmente mortos, visto que sua morte seria a consequência obrigatória e indesejada da ação estatal voltada à proteção da vida de terceiros. Além do mais, os passageiros perderiam suas vidas de qualquer forma na sequência, pelas mãos dos terroristas, caso o avião realmente fosse jogado contra um alvo em terra. Por outro lado, o uso do critério da "coisificação da vida humana" nesse caso tornaria o Estado inapto a proteger a vida de terceiros sem, contudo, trazer qualquer benefício aos passageiros, já que esses seriam mortos de qualquer modo.

Todavia, por mais que as críticas ao julgado do Tribunal Constitucional possam soar racionais e razoáveis, o fato é que a morte certa de inocentes (no caso, dos reféns) para salvar a vida de terceiros, que apenas perderiam sua vida se o avião efetivamente fosse projetado contra um alvo e atingisse inocentes, portanto, para além da por si só já controversa ponderação entre vidas humanas, o dilema "morte certa por morte duvidosa", por si só já fragiliza o argumento dos críticos.

Ainda no tocante aos deveres de proteção da vida humana calha referir julgado do STF, no âmbito do qual foram suspensas – decisão exarada pelo Ministro Edson Fachin –, com o intuito de proteção da vida e da integridade da população, operações policiais em comunidades do Rio de Janeiro durante a pandemia do coronavírus, exceto em casos excepcionais devidamente justificados por escrito pela autoridade competente e comunicados ao Ministério Público estadual, órgão responsável pelo controle externo da atividade policial, com especiais cuidados para não colocar em risco ainda maior a população, a prestação de serviços públicos sanitários e o desempenho de atividades de ajuda humanitária[43].

---

42. Cf. *BVerfGE* 115, 118.

43. Tutela Provisória Incidental na Medida Cautelar na ADPF 635/RJ, rel. Mín. Edson Fachin, j. 05.06.2020, decisão referendada pelo Plenário em sessão virtual de 26.06.2020 a 04.08.2020, vencidos os Ministros Alexandre de Moraes e Luiz Fux.

Outro exemplo digno de nota é o da ADPF 635 MC-ED, de relatoria do Ministro Edson Fachin, julgado em 03.02.2022, na qual o STF determinou ao Estado do Rio de Janeiro, no prazo de noventa dias, a elaboração de um plano de redução da letalidade policial e de controle de violações de direitos humanos pelas forças de segurança pública, plano este que deverá apresentar medidas objetivas, acompanhadas de cronogramas específicos e da respectiva previsão de recursos para sua adequada implementação.

A teor do constante da Ementa do Acórdão, que aqui se transcreve em parte,

"(...) A interpretação constitucionalmente adequada do direito à vida somente autorizaria o uso de força letal por agentes de Estado em casos extremos quando, (i) exauridos todos os demais meios, inclusive os de armas não letais, ele for (ii) necessário para proteger a vida ou prevenir um dano sério, (iii) decorrente de uma ameça concreta e iminente. Em qualquer hipótese, colocar em risco ou mesmo atingir a vida de alguém somente será admissível se, após minudente investigação imparcial, feita pelo Ministério Público, concluir-se ter sido a ação necessária para proteger exclusivamente a vida – e nenhum outro bem – de uma ameaça iminente e concreta. Cabe às forças de segurança examinarem diante das situações concretas a proporcionalidade e a excepcionalidade do uso da força, servindo os princípios como guias para o exame das justificativas apresentadas *a fortiori*. 5. Os protocolos de atuação policial devem ser públicos e transparentes, porque asseguram a confiabilidade das instituições de aplicação da lei e amparam os agentes de Estado na sua atividade, dando a eles a necessária segurança jurídica de sua atuação. Só é possível avaliar a atuação policial caso se saiba com antecedência quais são precisamente os parâmetros que governam a atuação dos agentes de Estado (...)."

À vista do julgado ora apresentado em apertada síntese, é possível perceber como o STF tem gradualmente investido no estabelecimento de balizas organizatórias e procedimentais destinadas a concretizar os deveres de proteção estatais relativamente ao direito à vida e outros direitos humanos e fundamentais, inclusive mediante recurso às assim chamadas medidas estruturantes.

4.1.7.3 *A discussão em torno da legitimidade constitucional da interrupção da gravidez*

A discussão sobre a descriminalização da prática do aborto, ou seja, da interrupção voluntária da gravidez, ou mesmo a controvérsia sobre a existência de um direito fundamental à interrupção da gravidez, segue polarizando as opiniões na esfera doutrinária, legislativa e jurisprudencial.

No Brasil, onde, para efeitos da legislação infraconstitucional (à míngua de decisão expressa do constituinte sobre a matéria), a prática voluntária do aborto, salvo nos casos em que se verifique risco de vida para a mãe ou que esta tenha sido vítima de delito sexual (estupro), segue sendo crime, o problema está longe de ser equacionado, mesmo com a decisão do STF na ADPF 54, em que foi considerada legítima a interrupção da gravidez nos casos de anencefalia fetal.

Muito embora o STF – como se depreende do já referido julgamento sobre as pesquisas com células-tronco – entenda que a vida intrauterina esteja protegida pela legislação em razão da dimensão objetiva do princípio da dignidade da pessoa humana, ainda não houve uma tomada de posição conclusiva acerca da obrigatoriedade (resultante dessa dimensão objetiva) de determinado nível de proteção, como, por exemplo, a necessidade de que tal proteção seja efetuada mediante a criminalização de determinadas condutas, no caso, da interrupção da gravidez.

No âmbito do direito comparado, diferentemente da solução adotada pela Suprema Corte dos Estados Unidos, que reconheceu um direito da mulher à prática do aborto nos primeiros meses de gestação,[44] o Tribunal Constitucional Federal alemão afirmou que a proteção da dimensão objetiva do direito à vida não requer que o Estado efetue a salvaguarda da vida intrauterina por meio do direito penal, pois a decisão específica relativa ao "como" proteger a vida humana (e não apenas nessa fase) estaria reservada ao legislador, no âmbito de sua liberdade democrática de conformação.[45]

No plano do direito internacional dos direitos humanos, é preciso atentar para o fato de que, embora a Convenção Americana dos Direitos Humanos (Pacto de São José da Costa Rica) disponha que a vida humana é protegida desde a concepção, disso não resulta necessariamente que tal proteção se dá na forma de um direito subjetivo do nascituro, podendo, portanto, ser justificada no plano da dimensão objetiva. De qualquer sorte, a dimensão objetiva não determina a maneira específica como o Estado deve realizar essa proteção nem implica necessariamente que a vida tenha exatamente o mesmo grau de proteção em todas as suas fases.

Independentemente de qual venha a ser a posição adotada pelo STF, que ainda não se pronunciou de modo conclusivo sobre o tema, entendemos ser difícil sustentar, no caso brasileiro, a existência de um direito fundamental ao aborto, o que, por sua vez, não significa que a prática do aborto deva (necessariamente!) ser sancionada na esfera criminal. Mesmo para quem entende que existe um direito ao aborto, é preciso considerar que, no plano da colisão da liberdade individual da mulher com outros direitos e/ou bens jurídico-constitucionais, notadamente a vida do nascituro, tal direito não se revela absoluto.

Em qualquer caso, a descriminalização da interrupção da gravidez deverá guardar sintonia com os critérios da proporcionalidade e da razoabilidade, inclusive no que diz respeito a uma proibição de proteção insuficiente da vida humana, ainda mais quando a capacidade de autoproteção é inexistente, de modo que a supressão da proteção pela via do direito penal deve ser compensada de algum modo (com alguma eficácia) por outros tipos de medidas de proteção, que tenham por escopo a redução tanto dos casos de interrupção de gravidez quanto de seus riscos colaterais, inclusive para as mulheres que decidem pelo aborto, tal como se deu na Alemanha e em Portugal.

Por derradeiro, sem que se pretenda aqui aprofundar o debate, verifica-se que nem mesmo a decisão tomada pelo STF no caso da interrupção da gravidez em casos de

---

44. Cf. o famoso caso *Roe vs. Wade*, julgado em 1973, onde se entendeu que o direito à privacidade abrange a liberdade da mulher de decidir sobre a continuação da gravidez nos primeiros três meses de gestação, ao passo que, no segundo trimestre, embora ainda cabível o aborto por decisão da gestante, o Estado poderia regulamentar o exercício do direito objetivando a proteção da saúde da própria gestante. A respeito da discussão sobre o aborto nos EUA v., por todos, Dworkin, Ronald. *O domínio da vida*.

45. No que diz com a descriminalização do aborto na Alemanha, houve três importantes momentos na esfera legislativa, submetidos ao crivo do Tribunal Constitucional Federal (destaque para as decisões Aborto I e II, de 1975 e 1993, respectivamente), que acabaram conduzindo a uma progressiva descriminalização, muito embora a legalização generalizada e o reconhecimento de um direito fundamental ao abortamento não tenham sido chancelados pelo Tribunal, especialmente a decisão conhecida como Aborto II.

anencefalia fetal[46] resolveu em definitivo o debate, visto que se trata de situação peculiar, que não implica a descriminalização de toda e qualquer hipótese de interrupção da gravidez voluntária no Brasil, muito embora já tenha sido reconhecida tal possibilidade (abortamento livre no decurso das doze primeiras semanas da gestação) em decisão proferida no âmbito de controle difuso a partir de caso concreto.[47]

Além disso, embora a ADPF na qual se discutira a possibilidade de legitimação do aborto nos casos de microcefalia tenha sido julgada prejudicada por perda de seu objeto, ainda, segue aguardando julgamento a descriminalização da interrupção voluntária da gravidez nas doze primeiras semanas da gestação[48], de modo que a depender do resultado deste julgamento, caso reconhecido o direito à interrupção da gravidez nessa fase, o STF estará incluindo – para além do modelo de indicações (estupro, risco de vida e anencefalia) o modelo de prazos (12 semanas de gravidez) mesmo sem uma decisão do legislador nesse sentido.

Voltando-nos ao caso da anencefalia fetal, importa destacar que, uma vez diagnosticada, e de acordo com o voto do relator do caso, Min. Marco Aurélio, não se trataria sequer de uma hipótese típica de aborto, mas sim de uma antecipação terapêutica do parto, pois, em virtude da inviabilidade da sobrevivência do feto após o nascimento (ainda que possa viver por algum tempo), o que ocorre é uma morte certa, que não pode merecer maior proteção do que a dignidade e a liberdade de opção da mãe ou dos pais, agregando, entre outros argumentos, que, se a ponderação entre os direitos da mulher e os de um feto saudável já é chancelada pela ordem jurídica (casos de estupro e risco de vida para a mulher), deverá ser também nos casos de anencefalia. Em sentido parcialmente diverso, o Min. Gilmar Mendes, embora tendo votado pela procedência da ação e acompanhado o relator, considerou tratar-se de hipótese de abortamento, mas incluída no elenco das exclusões de ilicitude previstas no Código Penal.

Dos demais ministros, seis votaram pela possibilidade de interrupção da gravidez no caso de anencefalia diagnosticada, ao passo que dois, nomeadamente os Ministros Ricardo Lewandowski e Cezar Peluso, votaram pela improcedência da ADPF, argumentando, em síntese, que a matéria deveria ser decidida na esfera do processo legislativo, dada a sua magnitude e a existência de amplo dissídio no âmbito de opinião pública, enfatizando tratar-se, sim, de uma hipótese de aborto e alertando para o risco da ampliação dos casos de interrupção da gravidez, muito embora tenha a Ministra Cármen Lúcia referido, em seu voto, que o STF não estaria introduzindo um direito ao aborto no Brasil nem estendendo a possibilidade de interrupção da gravidez a todo e qualquer caso de anomalia fetal.

Dentre os diversos tópicos que poderiam ser destacados, assume relevo a circunstância de que boa parte dos ministros, valendo-se dos critérios da morte cerebral, entendeu que não estaria propriamente em causa o direito à vida do feto, pois destinado à morte por falta de massa encefálica suficiente para lograr desenvolvimento autônomo. Tal circunstância, contudo, merece um contraponto. Com efeito, a existência de resolução do Conselho Federal de Medicina (em especial a de n. 1.949, de 2010), que disciplinava que os critérios da

---

46. Cf. ADPF 54, rel. Min. Marco Aurélio, j. 12.04.2004.
47. Cf. HC 124.306/RJ rel. Min. Marco Aurélio (Rel. para o Acórdão, Min. Roberto Barroso), j. 09.08.16. Na literatura nacional, v., por todos, SARMENTO, Daniel. Legalização do aborto e constituição. In: SARMENTO, Daniel; PIOVESAN, Flávia (Coord.). *Nos limites da vida:* aborto, clonagem humana e eutanásia sob a perspectiva dos direitos humanos, especialmente p. 23 e ss.
48. V. ADPF 442-DF, rel. Min. Rosa Weber, no bojo da qual foi convocada Audiência Pública, que acabou sendo realizada de 03 a 06 de agosto de 2018, estando a ação ainda pendente de julgamento.

morte cerebral seriam inaplicáveis ao feto anencéfalo, pois os fetos e recém-nascidos com anencefalia, embora a ausência de estruturas cerebrais, apresentam partes do cérebro em funcionamento, sugere que tal linha argumentativa (a de que não haveria vida viável) não é a melhor para deslindar a questão.

De todo modo, o julgamento do STF, que aqui não poderá ser mais analisado, desafia uma reflexão crítica, não tanto quanto à decisão em si, que assegurou, nos estritos e bem documentados casos de anencefalia, a possibilidade de uma interrupção voluntária da gravidez, mas, sim, no concernente à consistência de alguns dos argumentos esgrimidos (v.g., o critério da morte cerebral) e até mesmo a nem sempre adequada utilização de argumentos juridicamente não qualificados, que acabaram conferindo certo ar retórico ao julgado, que nem sempre contribui para a legitimação das decisões judiciais.

A discussão em torno da legitimidade jurídico-constitucional da interrupção da gravidez foi novamente submetida ao crivo do STF no HC 220431, Segunda Turma, relatado pelo Ministro André Mendonça, julgado em 11.10.2022. Em decisão que gerou alguma controvérsia, a Corte, por maioria (vencido o Ministro Edson Fachin), manteve decisão do relator que rejeitara pedido de interrupção da gestação de uma grávida de gêmeos siameses, entendendo não ter ocorrido o esgotamento das vias disponíveis nas instâncias ordinárias.

A ação, proposta pela Defensoria Pública do Rio Grande do Sul, não alcançou o seu objetivo, designadamente, que o abortamento fosse realizado por indicação médica e que a mulher não fosse criminalizada, porquanto os pedidos foram rejeitados na primeira instância, no TJRS e pelo STJ. Para além da questão ligada à supressão de instâncias, ligada ao fato de que o STJ não havia analisado o mérito em si do pedido, o relator, Ministro André Mendonça, entendeu não existir a alegada coação ilegal, tendo em conta que, existindo risco de vida para a gestante, a decisão pela interrupção da gravidez cabe aos médicos, desnecessária até mesmo prévia autorização judicial.

Aspecto digno de nota, por sua vez, diz respeito ao argumento sustentado pelo Ministro André Mendonça, no sentido de que o caso não poderia ser legitimamente comparado com o da ADPF 54, que versava sobre a interrupção da gravidez em casos de anencefalia fetal, pois não seria possível examinar, em sede de *habeas corpus*, com a profundidade e a complexidade (e que marcou os debates do julgamento referido) que a matéria exige.

Em sentido divergente, o Ministro Edson Fachin advogou no sentido do acolhimento do pleito, por tratar-se de hipótese em que a interrupção da gravidez tem por escopo resguardar a vida e a dignidade da gestante, não cabendo ao STF estabelecer uma lista exaustiva de todas as situações nas quais se configuram riscos à saúde e à vida de fetos e grávidas, sendo que o julgamento da ADPF 54 não alcança apenas o caso da anencefalia, mas, sim, todos os casos em que verificada a inviabilidade da vida fora do útero, bem como as respectivas consequências para a gestante.

4.1.7.4 O problema de um direito ao suicídio e a discussão em torno das possibilidades e limites da eutanásia

O reconhecimento de um *direito fundamental ao suicídio* tem sido objeto de acirrada controvérsia. Muito embora a doutrina majoritária entenda que o direito à vida não abrange um direito de sua livre disposição, no sentido de um direito ao suicídio,[49] há quem sustente

---

49. Em termos de direito comparado e internacional, vale registrar que o Tribunal Constitucional da Espanha decidiu que o direito à vida não abrange um direito subjetivo à própria morte (STC 120/1990 e STC

que o direito geral de liberdade e, especialmente, o direito geral da personalidade incluem um direito a tomar a própria vida, que, portanto, não seria um bem absolutamente indisponível ao seu titular. De acordo com a lição de Klaus Stern, por exemplo, restrições legislativas a esse direito não podem ser legitimadas a impor uma vida contra a vontade de um titular de direitos fundamentais, caso este esteja de posse de sua sanidade mental e tome a decisão acerca de sua morte de forma livre e responsável, independentemente de interesses sociais alheios a sua pessoa, de tal sorte que a dimensão objetiva do direito à vida não pode ser oposta a isso e justificar a supressão da vontade individual, ou seja, da dimensão subjetiva do direito fundamental.[50] De qualquer sorte, trate-se, ou não, de um direito fundamental, a ordem jurídica – por razões que resultam elementares, já que o evento morte acarreta a extinção da punibilidade – não sanciona criminalmente o autor de sua própria morte (salvo, eventualmente, nos casos de tentativa de suicídio), de modo que apenas se pode considerar a criminalização de atos (ações ou omissões) praticados por terceiros e que tenham contribuído para o evento morte, tal como a instigação ao suicídio, o auxílio prestado ao suicida etc., consoante, aliás, ocorre no direito brasileiro.[51]

Associada ao problema de um direito ao suicídio situa-se a controvérsia em torno da assim chamada *eutanásia*. Por eutanásia – termo que tem sido utilizado de forma genérica – compreendem-se as situações que abarcam tanto condutas omissivas quanto comissivas – nas quais se recorre a um auxílio médico para alcançar a morte de um paciente que já se encontra em processo de sofrimento e cujo estado de saúde é tão precário que o levará inevitavelmente à morte, pelo menos de acordo com os conhecimentos da ciência médica naquele momento e com base em um prognóstico médico, sendo que esse auxílio médico determinará uma diminuição do tempo de vida do paciente.[52]

Para reforçar a complexidade do problema, não existe clareza sobre as diversas modalidades de eutanásia e sua diferenciação, inclusive no que diz com os seus respectivos efeitos jurídicos, o que se torna ainda mais problemático em virtude de certa confusão terminológica que se verifica – também – nessa seara.[53] De qualquer sorte, uma primeira distinção importante diz respeito à diferenciação entre a assim chamada distanásia, que consiste na tentativa de retardar a morte o máximo possível, utilizando-se, para tanto, todos os meios disponíveis, no sentido mesmo de um prolongamento artificial da vida humana sem

---

137/1990), o mesmo tendo sido decidido pelo Tribunal Europeu de Direitos Humanos, no caso *Pretty v. Reino Unido*, de 29.04.2002, muito embora tais decisões não sejam inconciliáveis com um poder autônomo de disposição sobre aspectos relacionados ao fim da existência. Nesse sentido, v., por todos, BASTIDA FREIJEDO, Francisco J. El derecho fundamental a la vida y la autonomía del paciente. In: PRESNO LINERA, Miguel Ángel (Coord.). *Autonomía personal, cuidados paliativos y derecho a la vida*, Procura n. 1, p. 57 e ss., de onde foram extraídas as decisões aqui citadas.

50. Cf. STERN, Klaus; BECKER, Florian. *Grundrechte Kommentar*, p. 240. No mesmo sentido, v. ROYO, Javier Pérez. *Curso de derecho constitucional*, 12. ed., p. 254, para quem a vida se situa no âmbito da liberdade pessoal e não há razão jurídica para negar a alguém o direito de pôr fim à sua própria vida.

51. Cf. art. 122 do CP (Dec.-Lei 2.848, de 07.12.1940).

52. Cf. MIRANDA, Jorge; MEDEIROS, Rui. *Constituição portuguesa anotada*, t. I, p. 249. Na literatura constitucional brasileira v., por todos, BARROSO, Luís Roberto; MARTEL, Letícia Campos Velho. A morte como ela é: dignidade e autonomia individual no final da vida. In: GOZZO, Débora; LIGIERA, Wilson Ricardo (Org.). *Bioética e direitos fundamentais*, p. 23 e ss.

53. Cf. MIRANDA, Jorge; MEDEIROS, Rui. *Constituição portuguesa anotada*, t. I, p. 249 e ss.

consideração do eventual sofrimento causado, situação que guarda conexão com os assim chamados "obstinação terapêutica" e "tratamento fútil".[54]

No caso da eutanásia (ainda considerada em sentido amplo), a despeito de a diferença entre ambas as suas modalidades não ser totalmente precisa, segue sendo possível distinguir entre duas formas básicas de eutanásia: ao passo que a assim chamada eutanásia ativa (ou eutanásia em sentido estrito) consiste na ação deliberada de matar, por exemplo, ministrando algum medicamento, ou mediante a supressão de um tratamento já iniciado, tomando, em qualquer caso, providências diretas para encurtar a vida do paciente, a eutanásia passiva consiste na omissão de algum tratamento que poderia assegurar a continuidade da vida, caso ministrado. No caso da eutanásia ativa, é preciso, ainda, distinguir entre as modalidades direta, consistente na utilização de meios eficazes para produzir a morte de doente terminal, e indireta, também designada de ortotanásia, mediante a qual se utiliza tratamento com o intuito de aliviar a dor e o sofrimento do paciente, sabendo-se que com isso se abrevia a sua vida.[55]

Se na esfera da eutanásia passiva ou mesmo – a depender das circunstâncias – da eutanásia ativa indireta (ortotanásia) já se tem admitido – especialmente no plano do direito comparado e internacional dos direitos humanos – a legitimidade jurídica de sua prática, desde que voluntária, isto é, quando puder ser reconduzida à vontade do paciente, nas hipóteses da eutanásia ativa direta a situação se revela mais complexa, ainda que presente um pedido (livre e informado) da pessoa no sentido de que terceiros lhe provoquem a morte, situação também designada de homicídio a pedido da vítima. A Constituição Federal não estabelece qualquer parâmetro direto quanto a tais aspectos, mas, em homenagem ao princípio da dignidade da pessoa humana e da liberdade individual, o reconhecimento do direito de morrer com dignidade (ou de um direito de organizar a própria morte)[56] não pode ser pura e simplesmente desconsiderado. Do contrário, o direito à vida resultaria transformado em um dever de viver sob qualquer circunstância e a sua condição de direito subjetivo restaria funcionalizada em detrimento de sua dimensão objetiva. Por outro lado, o direito à vida (e dever de viver) prevaleceria sempre sobre a própria autonomia e dignidade da pessoa humana, notadamente em situações em que as pessoas, pela sua vulnerabilidade, encontram-se submetidas integralmente às decisões de terceiros.[57]

O embate que se estabelece entre a dignidade humana como autonomia pessoal e a dignidade como heteronomia, ou seja, entre o que cada pessoa entende corresponder à sua própria dignidade e o que fazer ou deixar de fazer em relação ao desenvolvimento e proteção de sua vida e personalidade, e o que o Estado e seus agentes (ou mesmo terceiros) entendam seja uma exigência da dignidade alheia, revela-se particularmente agudo também nesse contexto, demandando um equacionamento que não pode ser resolvido com base na lógica

---

54. Cf., por todos, BARROSO, Luís Roberto; MARTEL, Letícia Campos Velho. A morte como ela é: dignidade e autonomia individual no final da vida. In: GOZZO, Débora; LIGIERA, Wilson Ricardo (Org.). *Bioética e direitos fundamentais*, p. 25.

55. Sobre tais distinções v. KLOEPFER, Michael. *Verfassungsrecht II*, p. 174.

56. Cf. CANOTILHO, J. J. Gomes; MOREIRA, Vital. *Constituição da República Portuguesa anotada*, p. 450.

57. Esta, todavia, parece ser a posição, no direito constitucional brasileiro, de TAVARES, André Ramos. *Curso de direito constitucional*, 18. ed., p. 440-441, que preconiza uma absoluta prioridade do "direito" à vida. Defendendo um direito de morrer dignamente, v. MARTINS, Flávio. Curso de direito Constitucional, 4. ed., p. 721 e ss.

do "tudo ou nada" e, portanto, não pode conduzir a uma anulação do âmbito da autonomia individual, tema que aqui não poderá ser desenvolvido.[58]

Além disso, o problema da criminalização de todas as formas de eutanásia (mesmo que se trate da ativa indireta e da passiva) é de que tal criminalização, a pretexto de salvaguardar um caráter absoluto do direito à vida, esbarra em algumas contradições, que, inclusive, são de ordem lógica e prática. Assim, para ilustrar o argumento, verifica-se que, mesmo que não exista (melhor formulado, que não se reconheça!) um direito ao suicídio, quem estiver em condições de causar a sua própria morte, uma vez que assim o queira, não pode ser impedido, ao passo que alguém que, em virtude de seu sofrimento e desespero, queira pôr fim à sua vida, mas por estar enfermo e se encontrar na dependência de terceiros não pode, por sua própria força, chegar ao resultado, resta obrigado a se submeter, sem qualquer alternativa, ao que o Estado, a família e os médicos consideram seja o mais adequado. Em suma, se dignidade e vida são valores e direitos autônomos (em que pese a conexão entre ambos) e se não há hierarquia entre os mesmos, dificilmente se poderá justificar que até mesmo a eutanásia passiva (voluntária) seja criminalizada, ainda mais mediante recurso ao argumento de que aqui se faz necessário proteger a pessoa contra si própria.

Independentemente de um desenvolvimento mais detalhado da matéria, que aqui não poderemos empreender, o que resulta importante destacar é que a Constituição Federal, ao consagrar tanto o direito à vida quanto a dignidade da pessoa humana, assegura – como tem sido reconhecido em diversos países ao longo do tempo[59] – ao legislador e mesmo aos demais órgãos encarregados da interpretação e aplicação do direito suficiente margem de liberdade para definir quais as possibilidades e os limites da eutanásia, desde que tal prática não tenha qualquer finalidade eugênica, mas se restrinja a assegurar aos indivíduos, sob determinadas circunstâncias (pelo menos nos casos de ortotanásia e de eutanásia passiva voluntárias e com estrita observância de critérios de segurança e responsabilidade), a possibilidade de uma morte com dignidade.

4.2 O direito à integridade física e psíquica

4.2.1 Considerações gerais

Embora forte a sua conexão com o direito à vida, o direito à integridade pessoal – como já sinalado quando da abordagem do direito à vida – com aquele não se confunde, sendo, ademais, desdobrado em diversas manifestações. Por outro lado, diferentemente de outras constituições, a Constituição Federal não contemplou expressamente nem um direito à

---

58. Sobre o tópico, v., por último, Barroso, Luís Roberto; Martel, Letícia Campos Velho. A morte como ela é: dignidade e autonomia individual no final da vida. In: Gozzo, Débora; Ligiera, Wilson Ricardo (Org.). *Bioética e direitos fundamentais*, p. 28 e ss.

59. É o caso, por exemplo, da Bélgica, da Holanda, Canadá, Colômbia, Coreia do Sul, Espanha, Luxemburgo, Nova Zelândia, e, mais recentemente (janeiro de 2021), de Portugal. Note-se que no caso português a proposta de lei foi submetida ao Tribunal Constitucional no âmbito da fiscalização preventiva de constitucionalidade, tendo esta sido reconhecida. Também digno de nota é o caso da Áustria, onde, em dezembro de 2020, o Tribunal Constitucional considerou inconstitucional a proibição pura e simples da eutanásia, o que resultou em proposta de regulamentação por parte do governo austríaco, prevista para entrar em vigor em 2022.

integridade pessoal, nem um direito à integridade física ou corporal, o que não significa que a integridade (e mesmo identidade) pessoal – com destaque aqui para a integridade corporal (física) – não tenha sido objeto de reconhecimento e proteção pelo constituinte, mas indica a necessidade de se recorrer a uma análise sistemática, que considere o conjunto dos dispositivos constitucionais relacionados com a integridade pessoal e o bloco de constitucionalidade, incluindo os tratados internacionais de direitos humanos ratificados pelo Brasil. De outra parte, considerando a sua relevância para a proteção da dignidade da pessoa humana e da integridade e identidade pessoais, justifica-se a opção de se adotar uma perspectiva mais ampliada. Assim, embora em item apartado, será também abordada a proibição da tortura e de todo e qualquer tratamento desumano ou degradante, assim como a proibição de penas cruéis. Na medida em que houver dispositivos constitucionais específicos protegendo a integridade física e psíquica (é o caso, por exemplo, do direito dos presos ao respeito de sua integridade física e moral, assegurado no art. 5.º, XLIX, da CF), serão tidos como abrangidos pelo presente comentário.

4.2.2 Direito constitucional estrangeiro e direito internacional dos direitos humanos

O direito à integridade física (corporal) passou a constar em um número expressivo de constituições especialmente a partir da Segunda Grande Guerra Mundial e por força do seu reconhecimento na esfera do direito internacional dos direitos humanos. A primeira constituição a consagrar de forma expressa o direito foi a Lei Fundamental da Alemanha, de 1949, que, no seu art. 2.º, assegura a qualquer pessoa o direito à vida e à integridade corporal. A Constituição da República Portuguesa, de 1976, no âmbito do direito à integridade pessoal, dispõe que a integridade moral e física das pessoas é inviolável (art. 25, 1), o que também se verifica no caso da Constituição da Espanha, de 1978, assegurando a todos o direito à vida e à integridade física e moral, proibindo categoricamente a tortura e todo e qualquer tratamento desumano e degradante (art. 15). No âmbito latino-americano, calha referir o exemplo da Constituição chilena, cujo art. 19, n. 1, assegura a todas as pessoas o direito à vida e à integridade física e psíquica.

No plano internacional, a Declaração dos Direitos Humanos da ONU, de 1948, embora não contemple expressamente um direito à integridade física e psíquica, estabelece que ninguém será submetido a tortura, nem a tratamento ou castigo cruel, desumano ou degradante (art. V). O Pacto Internacional de Direitos Civis e Políticos, de 1966, igualmente não contempla expressamente o direito à integridade física e psíquica, mas foi mais além do que a Declaração da ONU, ao vedar não apenas a tortura e penas e tratamentos cruéis, desumanos e degradantes, mas também proibindo, no mesmo dispositivo, que as pessoas sejam submetidas, sem o seu consentimento, a experiências médicas ou científicas (art. 7.º). Ainda no plano internacional, sem prejuízo de outros documentos e da relação de diversos outros direitos com a integridade física e psíquica (por exemplo, a proibição da escravidão, dos trabalhos forçados, a intimidade, o direito à saúde, entre outros), assume relevância a Convenção contra a Tortura e outros Tratamentos ou Penas Cruéis, Desumanos ou Degradantes (1984). No que diz com os sistemas regionais, a Convenção Americana sobre Direitos Humanos, de 1969, no seu art. 5.º, afirma que toda pessoa tem o direito a que se respeite sua integridade física, psíquica e moral, além de estabelecer que ninguém será submetido a torturas ou penas e tratos cruéis, desumanos ou degradantes. Mais minuciosa, porquanto mais recente e já afinada com uma série de desafios postos pelo avanço tecnológico e pelo assim chamado biodireito, é a Carta de Direitos Fundamentais da Europa, do ano 2000, cujo art. 3.º assegura o direito à integridade do ser humano, nos seguintes termos: 1. Todas as pessoas têm direito ao respeito pela sua integridade física e mental. 2. No domínio da medicina e da biologia, devem ser respeitados, designadamente: (a) o consentimento livre e esclarecido da pessoa, nos termos da lei; (b) a proibição das práticas eugênicas, nomeadamente das que têm por finalidade a selecção das pessoas; (c) a proibição de transformar o corpo humano ou as suas partes, enquanto tais, numa fonte de lucro; (d) a proibição da clonagem reprodutiva dos seres humanos.

4.2.3 O direito à integridade física e psíquica na Constituição Federal

4.2.3.1 Observações gerais e relação com outros direitos fundamentais

Conforme já referido, a Constituição Federal não reconheceu de modo expresso e direto um direito à integridade física ou corporal como direito autônomo, muito embora não se questione que, na condição de elemento essencial à dignidade da pessoa humana e identidade e integridade pessoal, a proteção da integridade corporal (física e psíquica) assume a condição de direito fundamental da mais alta significação. Considerando que o direito à integridade corporal não se confunde com o direito à vida – embora a relação de complementaridade entre ambos –, não é no direito à vida que se achará, s.m.j., o fundamento constitucional adequado para um direito fundamental à integridade corporal, até mesmo pelo fato de o direito à integridade corporal cobrir precisamente as situações que dizem respeito a intervenções na estrutura física e psíquica da pessoa humana que não têm por consequência a morte ou que não colocam efetivamente em risco a vida no sentido da sobrevivência física.[60]

Numa perspectiva diferente, é possível traçar uma distinção entre o direito à vida e o direito à integridade física na perspectiva de sua dimensão subjetiva, visto que as pessoas – de acordo com a lição de Javier Pérez Royo – são titulares do direito à vida independentemente de sua própria vontade, ao passo que o direito à integridade física protege a inviolabilidade da pessoa contra toda e qualquer intervenção que careça de consentimento do titular do direito.[61] Por sua vez, ainda que particularmente intensa a relação com a proibição da tortura, de tratamentos desumanos e degradantes e mesmo de penas cruéis, mas também com outros direitos fundamentais expressamente contemplados em dispositivo constitucional específico, como é o caso do direito à segurança, direito à intimidade e do direito à saúde, para referir os mais relevantes, cuida-se, como já sinalizado, de direito autônomo, objeto mesmo de um regime de proteção particular, mas que há de ser articulado, na sua compreensão e aplicação, com um conjunto de outros direitos fundamentais, designadamente os que foram objeto de referência.[62]

Em síntese, antes de avançarmos quanto ao conteúdo (âmbito de proteção) do direito fundamental, o direito à integridade física (corporal) e psíquica abarca a proteção da integridade externa pessoal, ou seja, a esfera corporal no sentido biológico, bem como a integridade

---

60. Cf. Starck, Christian. Art. 2 Abs. 2, op. cit., p. 253, referindo que o direito à vida abrange o direito à integridade corporal, mas a recíproca não é verdadeira.

61. Cf. Royo, Javier Pérez. *Curso de derecho constitucional*, 12. ed., p. 257.

62. Nesse sentido, v., também, Miranda, Jorge; Medeiros, Rui. *Constituição portuguesa anotada*, p. 268.

pessoal interna no que diz com o funcionamento da esfera psíquica, incluindo a sensibilidade à dor e ao sofrimento físico e psíquico.[63] Assim, o direito à integridade física e psíquica possui, em parte, o mesmo objeto do direito à saúde, do qual – nesse sentido – acaba sendo mais próximo do que o é em relação ao próprio direito à vida, embora também com o direito à saúde não se confunda, pois nem toda intervenção na integridade física resulta em dano para a saúde.[64] A relação íntima entre o direito à integridade corporal e psíquica e o direito à saúde já se vislumbra na circunstância de que uma intervenção médica no corpo humano (por exemplo, uma cirurgia, a injeção de um medicamento etc.) é sempre (embora requerida e justificada à luz do direito à saúde) uma intervenção – ainda que em geral legítima – no direito à integridade corporal, do que voltaremos a nos ocupar logo adiante, no contexto dos limites e restrições. Por derradeiro, é preciso distinguir o direito à integridade física e psíquica do direito à integridade moral, que, juntamente com as duas primeiras manifestações, compõe o direito à integridade pessoal, mas será objeto de tratamento em separado, quando do exame dos direitos à honra e imagem, a despeito dos fortes pontos de contato entre as diversas dimensões da integridade pessoal.

4.2.3.2 A dupla dimensão subjetiva (negativa e positiva) e objetiva do direito à integridade física e psíquica

Na condição de direito subjetivo, o direito à integridade física e psíquica opera, em primeira linha, como *direito de defesa, no sentido de um direito a não ser agredido ou ofendido em termos de integridade física e psíquica,* ou seja, assume a condição de um direito à não intervenção por parte do Estado e de terceiros na esfera do bem jurídico protegido.[65] Considerando que o livre consentimento do titular do direito justifica intervenções na esfera corporal (por exemplo, realizadas por médicos, o corte de cabelo, a colocação de brincos e *piercings*, tatuagens etc.), é possível sustentar que o espectro das posições subjetivas abarcado pelo direito na sua face negativa (defensiva) inclui também – em certo sentido – a *liberdade de decidir sobre tais intervenções,* e, portanto, sobre a própria integridade corporal e psíquica. O quanto se pode admitir a existência de um direito a dispor sobre o próprio corpo e o quanto há como sustentar um dever de conduzir uma vida saudável são questões controversas, que serão abordadas mais adiante.

Por outro lado, a dimensão positiva do direito, ou seja, a existência de um direito subjetivo a prestações estatais revela-se mais difícil de apresentar e equacionar. Com efeito, pela sua interface com o direito à saúde em geral, um direito a prestações destinadas a assegurar a integridade corporal e psíquica será sempre também um direito a prestações – derivadas e mesmo originárias – de saúde (bens e serviços), que constitui direito autônomo. Mas a dimensão positiva do direito, que guarda vínculo com a sua dimensão objetiva, abarca a existência de um dever de prestações normativas, com destaque para a organização e o procedimento como meios de garantir os direitos fundamentais, de modo a assegurar a efetiva proteção material do direito.[66] Apenas para indicar um exemplo, a legislação dispondo sobre os transplantes e as doações de órgãos é um meio de o Estado regular a proteção

---

63. Cf., por todos, KLOEPFER, Michael. *Verfassungsrecht II*, p. 168.
64. Cf. ROYO, Javier Pérez. *Curso de derecho constitucional*, 12. ed., p. 258.
65. Cf., por todos, CANOTILHO, J. J. Gomes; MOREIRA, Vital. *Constituição da República Portuguesa anotada*, p. 454.
66. Cf., por todos, MIRANDA, Jorge; MEDEIROS, Rui. *Constituição portuguesa anotada*, p. 269.

do direito à integridade corporal (assim como do próprio direito à vida) e de estabelecer procedimentos e critérios para resguardar os envolvidos no processo. A proteção na esfera penal, mediante a criminalização de condutas atentatórias à integridade física e psíquica (por exemplo, a figura típica da lesão corporal), constitui via importante de o Estado cumprir com seu dever de proteção, embora a controvérsia sobre os limites e possibilidades da criminalização nessa seara.[67]

Ainda quanto aos deveres de proteção estatal – no âmbito dos quais os órgãos estatais estão obrigados a proteger e promover o direito, especialmente em face de intervenções ilícitas por parte de terceiros –, é preciso acrescentar que, a exemplo do que ocorre com o direito à vida, não é apenas nas hipóteses de violação do direito (intervenção efetiva no bem jurídico), mas também nos casos de ameaça e risco de afetação da integridade física e psíquica que o Estado estará vinculado na esfera do seu dever de proteção.[68] De qualquer sorte, também aqui vale a premissa de que o Estado possui ampla liberdade de conformação (especialmente quando se trata do legislador) na concretização dos deveres de proteção, estando, todavia, sujeito a um controle com base nos critérios da proporcionalidade, em especial da proibição de proteção insuficiente, cujos contornos foram abordados na parte geral dos direitos fundamentais.[69]

Calha agregar que, no caso da jurisprudência constitucional brasileira, muito embora não focada apenas no direito à integridade física e psíquica (por ter sido invocada também violação da dignidade da pessoa humana e do direito à saúde), o STF, em paradigmática decisão envolvendo as condições de execução da pena privativa de liberdade na grande maioria das prisões brasileiras, reconheceu a existência de um estado de coisas inconstitucional e chegou mesmo, numa decisão do tipo estruturante, a determinar ao poder público a adoção e o controle de um conjunto de medidas concretas.[70]

---

67. Cf. as ponderações de Canotilho, J. J. Gomes; Moreira, Vital. *Constituição da República Portuguesa anotada*, p. 454.

68. Cf., por todos, Kloepfer, Michael. *Verfassungsrecht II*, p. 169.

69. Com relação à temática, destacam-se alguns dos julgamentos do STF, como a RE 592.581/RS, rel. Min. Ricardo Lewandowski, j. 13.08.2015, em que, ao apreciar o Tema 220, o STF estabeleceu que é lícito ao Poder Judiciário determinar ao Poder Executivo a realização de obras em estabelecimentos prisionais para assegurar a integridade física dos detentos, afastando as alegações de reserva do possível e violação ao princípio da separação dos poderes. Tal entendimento foi recentemente reafirmado no julgamento do ARE 1.403.193/AgR, rel. Min. Alexandre de Moraes, j. em 19.12.2022. Ademais, na RE 12.467.663/SP, rel. Min. Ricardo Lewandowski, j. 28.09.2020, onde, recentemente, o STF identificou a responsabilidade objetiva do Estado pela integridade física dos detentos e consequentemente o resultado morte. Além disso, na ADI 5.112/BA e ADI 5.460/MG, ambas de relatoria do Min. Edson Fachin e julgadas em 17.08.2021, o STF reconheceu a constitucionalidade de lei baiana que proibia a venda de bebidas alcoólicas em estádios e arenas desportivas, por entender que, em virtude da garantia da integridade física, os estados podem buscar medidas eficientes para evitar atos de violência. O STF também se pronunciou em favor da responsabilidade civil objetiva do Estado relativamente aos danos causados aos profissionais de imprensa feridos por policiais durante cobertura de manifestações públicas, desde que não tenha, o jornalista, descumprido advertência quanto ao acesso a áreas definidas como de grave risco à sua integridade física. Especificamente com relação à integridade psíquica, cabe destacar decisão no julgamento da ADI 6.366/AM, rel. Min. Luís Roberto Barroso, j. em 22.02.2023, em que o STF conferiu interpretação conforme a Constituição a dispositivos da Lei Orgânica do Ministério Público do Estado do Amazonas que estabelecem o requisito de "saúde mental" para aquisição de vitaliciedade, de modo a permitir que o vitaliciamento do membro do Ministério Público apenas seja obstado quando constatado transtorno mental que revele inaptidão permanente para o exercício do cargo.

70. Cf. ADPF 347 MC/DF, rel. Min. Marco Aurélio, j. 9.9.2015. No mesmo sentido, RE 580.252/MG, rel. orig. Min. Teori Zavascki, Acórdão redigido pelo Min. Gilmar Mendes (j. 16.02.2017); Rcl 29303, rel. Min. Edson Fachin,

4.2.3.3 Titulares e destinatários

Dada a sua natureza, de direito personalíssimo e fundado na própria dignidade da pessoa humana, a titularidade do direito à integridade física é universal, de modo a abranger brasileiros e estrangeiros, sejam, ou não, residentes no Brasil. Pelas suas peculiaridades, apenas pessoas naturais podem ser titulares do direito, incluindo-se o nascituro, muito embora também aqui devam ser consideradas as observações feitas sobre a titularidade do direito à vida no item respectivo. No que diz respeito ao início e fim da titularidade do direito na condição de direito subjetivo, remetemo-nos aqui às observações feitas no capítulo sobre o direito à vida, em geral aplicáveis à integridade corporal, com a ressalva de que não se pode falar em intervenção na integridade física e corporal de uma pessoa morta, mas, sim, em eventual violação da dignidade humana e de projeções da personalidade.[71] Destinatários do direito são tanto os órgãos estatais quanto os particulares, pois a proteção da integridade física e psíquica é também objeto de concretização pela legislação cível (como na esfera dos direitos de personalidade), muito embora na esfera das relações privadas uma eficácia direta (portanto, sem a mediação legislativa) careça de cuidadoso equacionamento de acordo com as circunstâncias do caso, temática que aqui não será aprofundada, remetendo-se à parte geral dos direitos fundamentais nesta obra.

4.2.3.4 Intervenções no direito à integridade corporal, limites e restrições: a controvérsia em torno de um direito à disposição do próprio corpo

São consideradas intervenções no direito à integridade física e psíquica todas as formas de afetação (normativa, fática, direta ou indireta) do bem jurídico protegido, portanto, toda ação estatal e de terceiros que afete de algum modo a integridade física e psíquica, que resulte em dano efetivo ou risco à saúde física e psíquica ou que pelo menos inflija dor e sofrimento físico e/ou psíquico.[72] A extração de sangue e material para testes genéticos, a colocação de sondas para lavagem estomacal, entre outros exemplos que poderiam ser citados, constituem, portanto, intervenções na integridade corporal, mas não o corte (temporário) de cabelo ou da barba para fins de identificação policial e muito menos para fins estéticos.[73] Embora para setores da doutrina os tratamentos médicos devidamente consentidos não constituam sequer uma intervenção no âmbito de proteção do direito,[74] tal entendimento é pelo menos questionável, pois se trata de compreensão que não assegura os melhores níveis de proteção do direito afetado, visto que dispensaria o controle da legitimidade constitucional da intervenção em tais hipóteses. Toda e qualquer intervenção, consentida ou não, é uma intervenção na esfera da integridade corporal, de tal sorte que o consentimento tem o condão de afastar, em geral e atendidos os seus requisitos (pois nem sempre o consentimento é aceitável), a ilicitude da intervenção, mas não deixa de ser, em princípio, uma intervenção.[75]

Tribunal Pleno(j. 06.03.2023).

71. Cf., por todos, Starck, Christian. Art. 2 Abs. 2. In: Magoldt-Klein-Starck. *Kommentar zum Grundgesetz*, p. 257.

72. Cf., entre tantos, Kloepfer, Michael. *Verfassungsrecht II*, p. 175.

73. Cf. Hufen, Friedhelm. *Staatsrecht II – Grundrechte*, p. 214.

74. Cf. Pieroth, Bodo; Schlink, Bernhard. *Staatsrecht II – Grundrechte*, 20. ed., p. 98.

75. Cf., por todos: Hufen, Friedhelm. *Staatsrecht II – Grundrechte*, p. 214.

O problema que se coloca, neste contexto, é o de distinguir quando uma intervenção no direito será constitucionalmente legítima e quando se trata de uma violação do direito. Nesse sentido, de acordo com a concepção dominante, o direito à integridade física e psíquica, na condição de direito personalíssimo e refração da dignidade (da pessoa) humana, embora seja – de regra – irrenunciável, poderá eventualmente ser objeto de autolimitação, especialmente nos casos em que for cabível o consentimento por parte do titular do direito (por exemplo, para a colocação de *piercings*, brincos, a realização de tatuagens) ou para efeitos de intervenção médica.[76] Precisamente aqui se situa, como já sinalizado, um dos aspectos mais polêmicos em matéria do direito à integridade corporal, qual seja o que concerne ao debate em torno da existência de um direito à disposição do próprio corpo.[77]

Dadas as limitações do presente tópico, nos limitaremos a afirmar a existência de tal direito, muito embora também o direito de qualquer pessoa capaz de dar seu consentimento de modo livre e informado encontre limites na dignidade do próprio titular do direito (no sentido de um dever de proteção por parte do Estado, que pode limitar a autonomia individual) e em interesses da coletividade. De qualquer sorte, ressalvadas exceções em que nem mesmo a vontade do titular do direito é aceitável (ou, pelo menos, se pode discutir a questão, como no caso das automutilações de caráter permanente com auxílio de terceiros), é amplamente aceito – em sede doutrinária e jurisprudencial – que o consentimento do titular do direito, desde que consciente e livre, além de adequadamente informado, quando necessário, afasta, em princípio, a ilegitimidade da intervenção.[78] Sem o consentimento do titular do direito, eventuais intervenções apenas são admissíveis em caráter excepcional, quando o paciente (na hipótese de um tratamento médico) se encontra em estado de inconsciência e é possível recorrer, de acordo com as circunstâncias, a uma legítima presunção do seu consentimento.[79]

Além de intervenções legitimadas pelo consentimento (livre e informado) do titular do direito, existem intervenções impostas pelo legislador e mesmo por ato administrativo (no exercício do poder de polícia) e judicial, que nem sempre contam com a concordância de quem é afetado por tais intervenções na integridade física e psíquica. Situam-se nessa hipótese a extração compulsória de sangue ou líquido da coluna, ou mesmo de outro tecido corporal para fins de produção de prova em processos judiciais (ou administrativos) ou mesmo para efeitos de tratamento médico não consentido pelo titular do direito (caso da transfusão de sangue de integrantes da congregação religiosa "Testemunhas de Jeová"), bem como a vacinação compulsória,[80] apenas para citar alguns exemplos.

Como também o direito à integridade física e corporal, embora sua estreita conexão com a dignidade da pessoa humana e em se tratando de um direito personalíssimo, não é

---

76. Cf., por todos, MIRANDA, Jorge; MEDEIROS, Rui. *Constituição portuguesa anotada*, p. 268; e CANOTILHO, J. J. Gomes; MOREIRA, Vital. *Constituição da República Portuguesa anotada*, p. 454-555.

77. Sobre o tema, v., por todos, a alentada e bem documentada tese de NETO, Luísa. *O direito fundamental à disposição sobre o próprio corpo*.

78. Cf., por todos, HORN, Hans-Detlef. Allgemeines Freiheitsrecht, Recht auf Leben u.a. In: STERN, Klaus; BECKER, Florian. *Grundrechte Kommentar*, p. 241.

79. Cf. KLOEPFER, Michael. *Verfassungsrecht II*, p. 178.

80. Sobre o tema, vale destacar as ADIns 6.586/DF e 6.587/DF, rel. Min. Ricardo Lewandowski, j. 17.12.2020, em que, na constância da pandemia da Covid-19, o STF esclareceu que a vacinação compulsória não significa vacinação forçada, pois é imprescendente o consentimento do usuário, podendo, entretanto, ser implementadas medidas indiretas, como a restrição ao exercício de certas atividades ou a frequência de determinados lugares, atendendo aos critérios da razoabilidade e proporcionalidade.

um direito absoluto, por mais excepcionais que devam ser eventuais intervenções não consentidas pelo titular do direito, não se poderá afastar por completo tal possibilidade, o que, contudo, demanda um controle rigoroso da proporcionalidade da intervenção e apenas se justifica quando imprescindíveis à proteção de direitos fundamentais individuais e coletivos da mesma estatura, como se dá com os casos de grave ameaça para a saúde pública.[81]

De qualquer sorte, a regra há de ser que eventual dever do cidadão de se submeter a intervenção na esfera corporal não poderá resultar no caráter compulsório do procedimento, no sentido de sua imposição forçada, contra a vontade do titular do direito, sem prejuízo das sanções previstas na esfera administrativa e mesmo penal.[82] Em tal situação se enquadra, por exemplo, a discussão a respeito da obrigação de alguém se submeter ao exame do bafômetro (embora questionável que, considerando a natureza da intervenção, se trate de afetação do âmbito de proteção do direito à integridade física e psíquica) ou, como já foi objeto de julgamento pelo STF, a condução coercitiva para a realização de exame de DNA mediante extração compulsória de sangue para fins de obter prova em processo judicial.[83] Tal orientação se justifica já pelo fato de o direito à integridade física e psíquica ter um conteúdo bastante visível em dignidade da pessoa humana, revelando extrema "sensibilidade" diante de eventuais intervenções.[84]

Por outro lado, há que diferenciar as situações especiais nas quais se podem encontrar determinadas pessoas, em que, por força dos deveres de proteção estatal e mesmo dos deveres de guarda e cuidado por parte de particulares, impõe-se maior nível de intervenção protetiva, mesmo eventualmente sem o consentimento do titular do direito, o que se verifica nos casos de menores de idade, pessoas com deficiência, internos em estabelecimento prisional e toda e qualquer circunstância que reduza a capacidade de uma defesa pessoal e de consentir de modo livre, de forma a legitimar a intervenção. O exemplo da transfusão de sangue levada a efeito em crianças, para salvar-lhes a vida, mesmo contra a vontade dos pais ("testemunhas de Jeová"), contrastado com a hipótese da decisão de uma pessoa maior e plenamente capaz, que, a despeito de orientada sobre as consequências de sua recusa, prefere ainda assim não se submeter à transfusão, é digno de registro, muito embora aqui não se possa desenvolver o tema.

---

81. Cf., por todos, Horn, Hans-Detlef. *Allgemeines Freiheitsrecht, Recht auf Leben u.a.* In: Stern, Klaus; Becker, Florian. *Grundrechte Kommentar*, p. 241. Também Miranda, Jorge; Medeiros, Rui. *Constituição portuguesa anotada*, p. 269 e ss., à luz de diversos exemplos, sustentam a existência de "limites estritos a quaisquer intervenções não consentidas das autoridades públicas" (p. 277).

82. Cf., por todos, Canotilho, J. J. Gomes; Moreira, Vital. *Constituição da República Portuguesa anotada*, p. 456.

83. "DNA. Submissão compulsória ao fornecimento de sangue para a pesquisa do DNA. Estado da questão no direito comparado. Precedente do STF que libera do constrangimento o réu em ação de investigação de paternidade (HC 71.373) e o dissenso dos votos vencidos. Deferimento, não obstante, do *habeas corpus* na espécie, em que se cuida de situação atípica na qual se pretende – de resto, apenas para obter prova de reforço – submeter ao exame o pai presumido, em processo que tem por objeto a pretensão de terceiro de ver-se declarado o pai biológico da criança nascida na constância do casamento do paciente. Hipótese na qual, à luz do princípio da proporcionalidade ou da razoabilidade, se impõe evitar a afronta à dignidade pessoal que, nas circunstâncias, a sua participação na perícia substantivaria" (HC 76.060/SC, j. 31.03.1998, rel. Min. Sepúlveda Pertence). Veja, também, Sarlet, Ingo. Notas sobre a dignidade da pessoa humana na jurisprudência do Supremo Tribunal Federal. In: _____; Sarmento, Daniel (Coord.). *Direitos fundamentais no Supremo Tribunal Federal*: balanço e crítica, p. 37 e ss.

84. Cf. corretamente destacado por Pieroth, Bodo; Schlink, Bernhard. *Staatsrecht II – Grundrechte*, 20. ed., p. 100.

Nessa linha de entendimento, calha referir uma situação que envolve tanto um assim chamado direito à disposição do próprio corpo quanto a liberdade de expressão, ambos sujeitos a determinadas restrições num contexto marcado pelas também assim designadas "relações especiais de poder".[85] Tal problema foi enfrentado pelo STF ao decidir pela legitimidade constitucional da exclusão de concurso público para a polícia militar de candidatos ostentando tatuagens, sejam elas expostas ou não. No âmbito do RE 898.450, julgado em 17.08.2016, tendo como relator o Ministro Luiz Fux, o STF, por unanimidade, entendeu ser inconstitucional a imposição, nos editais de concurso público, de restrições a candidatos com tatuagem, salvo em situações excepcionais, em razão do conteúdo das tatuagens, na medida em que representarem afronta a valores constitucionais, pois se trata de legítima forma de expressão do indivíduo. Afirmou ainda o Relator que, em se tratando de tatuagens que expressem conteúdos racistas, discriminatórios, ofensivos e que incitem ao ódio e à violência (apologia ao crime ou de organizações criminosas, por exemplo), essas tatuagens podem ser coibidas, o que se revela ainda mais importante quando se trata de agentes públicos.

Note-se, contudo, que, embora em termos gerais a decisão mereça aplausos, tanto na perspectiva de um direito à livre disposição do corpo quanto – o que acabou sendo o aspecto destacado no julgado – no que diz com a liberdade de expressão, não se poderá afastar algum risco de manipulação do limite posto pelo STF ao afirmar que devem ser coibidas tatuagens cujo teor atente contra valores constitucionais, atribuindo, assim, relativamente grande margem de discricionariedade quando da confecção dos editais de concurso e especialmente quando da apreciação, pela autoridade responsável, do atendimento de tais requisitos, o que foi objeto de referência por parte do Ministro Edson Fachin em seu voto concorrente.

A proteção da vida, saúde e integridade física foi também objeto de um número significativo de decisões do STF em casos relacionados ao combate da pandemia da Covid-19. Além dos julgados até o momento referidos, vale destacar, pela polêmica gerada não somente no Brasil, mas no mundo todo (onde se verificaram muitos julgamentos sobre o tema), as decisões proferidas sobre a legitimidade constitucional da vacinação compulsória contra o assim chamado coronavírus. Nesse sentido, destaca-se a decisão proferida nas ADIs 6.586 e 6.587 (julgamento conjunto), rel. Min. Ricardo Lewandowski, julgadas em 17.12.2020. De acordo com trecho extraído da ementa, "*a vacinação compulsória não significa vacinação forçada, por exigir sempre o consentimento do usuário, podendo, contudo, ser implementada por meio de medidas indiretas, as quais compreendem, dentre outras, a restrição ao exercício de certas atividades ou à frequência de determinados lugares, desde que previstas em lei, ou dela decorrentes, e (i) tenham como base evidências científicas e análises estratégicas pertinentes, (ii) venham acompanhadas de ampla informação sobre a eficácia, segurança e contraindicações dos imunizantes, (iii) respeitem a dignidade humana e os direitos fundamentais das pessoas; (iv) atendam aos critérios de razoabilidade e proporcionalidade, e (v) sejam as vacinas distribuídas universal e gratuitamente; e (B) tais medidas, com as limitações acima expostas, podem ser implementadas tanto pela União como pelos Estados, Distrito Federal e Municípios, respeitadas as respectivas esferas de competência*".

---

85. Sobre o tópico das restrições a direitos fundamentais em sede das assim chamadas relações especiais de poder (ou de sujeição) e com foco no caso dos agentes públicos v., na literatura brasileira, em especial Silva, Clarissa Sampaio. *Direitos fundamentais e relações especiais de sujeição. O caso dos agentes públicos.* Belo Horizonte: Fórum, 2009.

Por derradeiro, importa frisar que a possibilidade de eventuais restrições ao direito à integridade corporal e psíquica não legitima a prática da tortura nem a imposição de tratamentos desumanos e degradantes ou penas cruéis, o que, tendo sido objeto de previsão específica na Constituição Federal, será analisado na sequência.

4.2.3.5 O caso da proibição da tortura, de todo e qualquer tratamento desumano e degradante, incluindo a proibição das penas cruéis

Muito embora a proibição da tortura e de todo e qualquer tratamento desumano e degradante (art. 5.º, III, da CF), assim como a proibição de penas cruéis (art. 5.º, XLVII, *e*, da CF), tenham sido objeto de expressa previsão constitucional, cuida-se de manifestações especiais e intrinsecamente relacionadas com as exigências do respeito e proteção da dignidade da pessoa humana e do direito à segurança e integridade pessoal, que, consoante já visto, abarca a integridade física, a integridade psíquica e mesmo a integridade moral. Assim, mesmo que não houvesse dispositivo na Constituição Federal específico a respeito, tais regras proibitivas, a exemplo do que ocorreu em outros países, poderiam ser diretamente deduzidas do princípio da dignidade da pessoa humana e mesmo do direito à integridade corporal, psíquica e moral.

Especialmente desde a Segunda Grande Guerra, a proibição da tortura e dos tratamentos desumanos e degradantes (incluindo penas cruéis) tem estado presente no direito internacional dos direitos humanos e em várias constituições,[86] tendo sido mesmo objeto de convenção internacional específica,[87] igualmente ratificada pelo Brasil, de modo que a Constituição Federal apenas, e de modo correto, incorporou tais proibições ao seu texto, com o especial cuidado de inseri-las no título dos direitos e garantias fundamentais.

No que diz com a estrutura normativa, é correto afirmar que, nas hipóteses do art. 5.º, III e XLVII, da CF, se está diante de regras e não de princípios, que, em função de sua natureza, demandariam uma "otimização" de sua eficácia e efetividade, admitindo níveis diferenciados de realização, aptos a serem ponderados. Ainda assim, a Constituição Federal não define o que entende por tortura, tratamento desumano ou degradante e mesmo o que considera ser uma pena cruel, de modo a deixar esta decisão para os poderes constituídos, com destaque para o legislador e o Poder Judiciário, o que, posto de outro modo, implica delegar a definição do que viola e do que não viola a dignidade da pessoa humana. Por tal razão, a vedação da tortura e de todo e qualquer tratamento desumano e degradante, a exemplo de outros direitos veiculados e assegurados por normas do tipo regras, tem sido também considerada um direito de caráter absoluto, não passível de sopesamento (ponderação) com outros direitos e bens de estatura constitucional.[88]

Com isso, contudo, não se está a admitir que a tortura ou a proibição de tratamentos desumanos, degradantes e cruéis esteja à livre disposição de legisladores, administradores e juízes, pois em qualquer caso inadmissível que, em prol da proteção da dignidade e de

---

86. Exemplificando, art. 25 (2) da Constituição portuguesa, art. 15 da Constituição espanhola, art. 20 (A) II da Constituição mexicana.

87. Exemplificando, a Convenção contra a Tortura e Outras Penas ou Tratamentos Cruéis, Desumanos ou Degradantes, ONU, 1984; seu protocolo opcional de 2002; a Convenção Interamericana para Prevenir e Punir a Tortura, 1985; a Convenção Europeia para Prevenção da Tortura e Tratamentos ou Punições Inumanos ou Degradantes, 1987. Importante, também, a 3.ª e a 4.ª Convenção de Genebra, 1949.

88. Nesse sentido, v. SILVA, Virgílio Afonso. *Direito constitucional brasileiro*, op. cit., p. 161-162.

direitos fundamentais de terceiros, se venha a ter como justificados comportamentos categoricamente vedados pelo Estado. Embora não se trate de situações idênticas (daí por que referidas em separado) no plano fático, em termos jurídico-constitucionais as situações (tortura, tratamento desumano e degradante e penas cruéis) são tidas como equivalentes, pois em qualquer caso se trata de provocar um sofrimento físico ou psíquico, consistente na humilhação da vítima diante de terceiros ou de si própria ou obrigando-a a atuar contra a sua vontade e consciência, sendo a tortura apenas o nível mais grave e cruel de todo e qualquer tipo de tratamento desumano ou degradante.[89]

O exemplo da vedação da tortura bem ilustra a já referida função da dignidade da pessoa humana como cláusula (ética e jurídica) de barreira, que fundamenta uma espécie de "sinal de pare", inclusive no sentido de operar como um "tabu" (no sentido de não ter sua validade absoluta condicionada a qualquer justificativa de matriz dogmática, não estar sujeito a uma ponderação e dela não necessitar para efeitos de ter sua eficácia jurídica e de regulação reconhecida),[90] a estabelecer um "território proibido", onde o Estado não pode intervir e onde, além disso, lhe incumbe assegurar a proteção da pessoa (e sua dignidade) contra terceiros

A proibição da tortura e de tratamentos desumanos e degradantes, incluindo a proibição de penas cruéis, corresponde, no plano jurídico-constitucional, ao imperativo categórico kantiano de que o ser humano é um fim em si mesmo e jamais simples meio (mero objeto) na esfera das relações pessoais, noção que, na jurisprudência do Tribunal Constitucional Federal da Alemanha, passou a ser conhecida como a "fórmula objeto", linha de entendimento que – embora nem sempre mediante referência à jurisprudência alemã – foi também consagrada pelo STF.

Dentre as decisões posteriores ao advento da Constituição Federal colaciona-se julgado relatado pelo Ministro Celso de Mello, no qual estava em causa a prática de tortura contra criança e adolescente por parte de policiais, e onde restou consignada a absoluta vedação da tortura na ordem jurídico-constitucional brasileira.[91] Da ementa da decisão colacionada extrai-se a afirmação de que a tortura constitui "prática inaceitável de ofensa à dignidade da pessoa", além de se tratar de "negação arbitrária dos direitos humanos, pois reflete – enquanto prática ilegítima, imoral e abusiva – um inaceitável ensaio de atuação estatal tendente a asfixiar e, até mesmo, a suprimir a dignidade, a autonomia e a liberdade com que o indivíduo foi dotado, de maneira indisponível, pelo ordenamento positivo".

Da jurisprudência internacional, destacamos um dos julgamentos da Corte Europeia de Direitos Humanos, designadamente, o caso Selmouni contra a França (28.07.1999), no qual – em que pese ter a Corte se declarado incompetente para o efeito de estabelecer uma indenização pelos danos causados – foi reconhecido que o uso da força por ocasião de um interrogatório, especialmente (mas não exclusivamente) quando caracterizada a tortura, é manifestamente incompatível com a vedação estabelecida pelo art. 3.º da Convenção Europeia de Direitos Humanos, que proíbe a tortura e qualquer tratamento desumano ou degradante, assim como se trata de ato incompatível com a dignidade da pessoa humana.[92]

---

89. Cf. a definição proposta por Díez-Picazo, Luís María. *Sistema de derechos fundamentales*, p. 229.

90. Sobre a dignidade da pessoa humana como "tabu" v., por todos, Poscher, Ralf. Die Würde des Menschen ist Unantastbar, *JZ* 2004, p. 756 e ss.

91. Cf. HC 70.389/SP, rel. Min. Celso de Mello, *DJ* 23.06.1994.

92. Cf. decisão citada na *Revue Trimmestrielle des Droits de L'Homme*, 2000, p. 123 e ss., seguida de um comentário de Pierre Lambert.

Também o Tribunal Constitucional Federal da Alemanha, desde o início de sua profícua judicatura, situa a hipótese da tortura e do tratamento desumano e degradante (inclusive mediante referência reiterada aos métodos utilizados no período nacional-socialista) como absolutamente vedada com base na dignidade da pessoa humana. Nesse sentido, colaciona--se, em caráter ilustrativo, decisão mais recente onde estava em causa a prática de tortura na esfera de investigação policial, o conhecido caso "Daschner", no qual o Tribunal afirmou que a utilização da tortura reduz a pessoa inquirida à condição de mero objeto do combate ao crime, representando violação de sua pretensão de respeito e consideração constitucionalmente tutelada, além de destruir pressupostos fundamentais da existência individual e social do ser humano.[93]

Assim, importa firmar posição que não é de se admitir o recurso à ponderação, e, portanto, a utilização da proporcionalidade, para, no conflito entre a proibição da tortura e de tratamentos desumanos e degradantes e outros direitos fundamentais e bens constitucionalmente assegurados, admitir eventual relativização de tal proibição, pois esta assume caráter absoluto tendo em conta assegurar o núcleo essencial do direito à integridade pessoal, o que não significa que o legislador infraconstitucional, no âmbito da valoração concreta das condutas, não possa estabelecer diferenças quanto a eventual qualificação do fato e sua respectiva sanção,[94] como se verifica – no caso brasileiro – com a hipótese de maus-tratos.

Da mesma forma, nem sempre é líquido o que se entende por tortura e tratamento desumano ou degradante, ou mesmo quais as penas que são passíveis de serem consideradas cruéis, o que, especialmente na esfera da criminalização de tais condutas, pode levar a uma erosão – a depender da abertura do tipo penal – do princípio da legalidade estrita. Aqui assume, por outro lado, particular relevo a Convenção contra a Tortura e outras Penas ou Tratamentos Cruéis, Desumanos e Degradantes, ratificada pelo Brasil, que, incorporada ao direito interno e hoje com hierarquia supralegal, deve servir de referencial aos órgãos estatais brasileiros, seja para a definição legal de tais condutas, seja para a interpretação e aplicação, pelos órgãos jurisdicionais, de tais proibições nos casos concretos.

Por fim, no que diz com sua titularidade, portanto, o sujeito do direito a não ser torturado, submetido a tratamento desumano ou degradante ou à imposição de penas cruéis, cuida-se de toda e qualquer pessoa humana viva, por ser direito de titularidade universal, já pelo fato de se tratar de projeção essencial à própria dignidade humana. Quanto aos destinatários, ao passo que a proibição de penas cruéis tem por destinatário exclusivo o Estado, a proibição de tortura e tratamentos desumanos e degradantes, embora em primeira linha destinada a proteger a integridade individual em face do Estado, também se projeta nas relações entre particulares, pois se cuida de comportamentos que não são reservados aos agentes do Poder Público, de tal sorte que a eficácia nas relações privadas é essencial para assegurar uma proteção o mais ampla possível e eficaz. Por outro lado, resulta evidente que é o caso concreto que permitirá, à luz das circunstâncias, uma solução adequada.

---

93. Cf., BVerfg (K), NJW 2005, 656 (657), tradução livre da seguinte passagem no original: "Die Anwendung von Folter macht die Vernehmungsperson zum blossen Objekt der Verbrechensbekämpfung unter Verletzung ihres verfassungsrechtlich geschützten sozialen Wert-und Achtungsanspruchs und zerstört grundlegende Voraussetzungen der individuellen und sozialen Existenz des Menschen".

94. Cf., por todos, MIRANDA, Jorge; MEDEIROS, Rui. *Constituição portuguesa anotada*, p. 278.

4.3 Demais direitos à identidade e integridade pessoal – O direito ao livre desenvolvimento da personalidade e os direitos especiais de personalidade

4.3.1 Os direitos fundamentais vinculados à proteção da personalidade e os contornos de seu regime jurídico-constitucional

4.3.1.1 Considerações gerais

Embora os direitos fundamentais sejam sempre direitos atribuídos à pessoa humana (ressalvada a controvérsia sobre a atribuição de direitos subjetivos à natureza não humana), corresponde ao entendimento dominante que, embora muitos direitos fundamentais sejam direitos de personalidade, nem todos os direitos fundamentais são direitos de personalidade,[95] como é o caso, entre outros, da propriedade, da proteção dos direitos adquiridos, da garantia da razoável duração do processo.[96] Se todos os assim chamados direitos de personalidade – na medida em que correspondem a exigências da proteção e promoção da dignidade da pessoa humana e do livre desenvolvimento da personalidade – são direitos fundamentais, segue sendo objeto de alguma discussão, pois, a despeito da existência de significativas zonas de coincidência, direitos fundamentais e direitos de personalidade não são de todo assimiláveis.[97]

Considerando, contudo, o fundamento e a função dos direitos de personalidade, sem que se tome por referência o critério do seu plano de reconhecimento expresso pelo direito positivo, parece acertado afirmar que os direitos pessoais ou de personalidade (utilizando-se aqui os termos como sinônimos) são sempre direitos fundamentais, embora nem todo direito fundamental, como já sinalado, seja um direito de personalidade. Por outro lado, ainda que não se possa aqui desenvolver o ponto, é preciso enfatizar que no plano constitucional a utilização da designação direitos de personalidade não é comum, tendo sido inicialmente consagrada na esfera do direito civil, o que não impede que aqui, ao nos referirmos aos direitos pessoais positivados expressa e implicitamente como direitos fundamentais ao nível da Constituição Federal, estejamos a utilizar as expressões direitos fundamentais pessoais e direitos de personalidade como sinônimas, até mesmo pelo fato de que todos os direitos de personalidade reconhecidos pela legislação civil brasileira encontram correspondente direto e expresso na Constituição Federal (vida, integridade corporal, privacidade, intimidade, honra e imagem) ou dela podem ser deduzidos como direitos implicitamente positivados, como é o caso, em caráter ilustrativo, do direito ao nome e à identidade de gênero, consoante, aliás, já decidiu o STF,[98] bem como o assim chamado direito ao esquecimento,

---

95. Cf., por todos, CANOTILHO, J. J. Gomes. *Direito constitucional e teoria da constituição*, p. 396.

96. Com isso, é bom frisar, não se está a dizer que tais direitos não guardam relação com os direitos de personalidade e/ou com a própria dignidade da pessoa humana.

97. Cf., por todos, MIRANDA, Jorge. *Manual de direito constitucional*, 4. ed., vol. 4, p. 66 e ss.

98. Cf. decisão STF, RE 454.903/SP, j. 07.12.2009, rel. Min. Joaquim Barbosa: "O direito ao nome insere-se no conceito de dignidade da pessoa humana e traduz a sua identidade, a origem de sua ancestralidade, o reconhecimento da família, razão pela qual o estado de filiação é direito indisponível, em função do bem comum maior a proteger, derivado da própria força impositiva dos preceitos de ordem pública que regulam a matéria (Estatuto da Criança e do Adolescente, art. 27)". Quanto ao direito ao nome e o reconhecimento de um

amplamente sufragado na doutrina brasileira (ainda que com uma série de ressalvas por parte de diversos autores) e já admitido em diversos casos na jurisprudência do STJ. No âmbito do STF, contudo, foi reconhecida a repercussão geral da matéria, e, depois de um longo percurso, que incluiu realização de audiência pública, sobreveio julgamento de mérito afastando a possibilidade do reconhecimento de tal direito na ordem jurídica brasileira, o que ainda se terá ocasião de comentar mais adiante.[99]

No plano da evolução do direito constitucional positivo, bem como do direito internacional dos direitos humanos, os direitos que atualmente costumam ser enquadrados no elenco dos direitos pessoais ou de personalidade foram objeto de relativamente tardia recepção, ao menos na condição de direitos direta e expressamente positivados, muito embora a existência de importantes exemplos já quando do surgimento do constitucionalismo moderno.

Nas primeiras grandes declarações de direitos, como é o caso das declarações inglesas do século XVII, da Declaração da Virgínia, de 1776, e da Declaração dos Direitos do Homem e do Cidadão, de 1789, afora a referência à liberdade (incluindo a liberdade religiosa e de imprensa) e à segurança, ou mesmo o direito à vida, numa perspectiva ainda aferrada à doutrina do direito natural (de direitos inatos e inalienáveis do ser humano), os demais direitos pessoais (ou de personalidade) não foram como tais reconhecidos, o que, à evidência, não significa que a proteção da pessoa e de sua dignidade não estivesse subjacente ao discurso das primeiras declarações de direitos e das primeiras constituições, *com destaque para a Constituição norte-americana* de 1787 e suas respectivas emendas, que integraram um conjunto de direitos fundamentais ao texto constitucional, direitos que mais tarde fariam parte do conjunto dos assim chamados direitos de personalidade.

Foi na esfera do direito civil, já no século XIX, mas especialmente no decurso do século XX, que tanto a teorização (inclusive da noção de direitos de personalidade) quanto a concreta regulação da proteção da personalidade, mediante inclusive o reconhecimento de dimensões específicas da personalidade (na forma de direitos subjetivos privados), teve o seu principal impulso e desenvolvimento,[100] passando a dialogar cada vez mais com o plano constitucional, até resultar – após a Segunda Grande Guerra Mundial (1945) – na incorporação (gradativa) de cláusulas gerais de proteção e promoção da personalidade nas constituições e de direitos especiais de personalidade nos textos constitucionais e tratados internacionais de direitos humanos, sem prejuízo da evolução no plano infraconstitucional.[101]

---

direito à identidade e expressão de gênero, v. a ADI 4275/DF, Relator originário Ministro Marco Aurélio, Redator p/ o Acórdão Min. Edson Fachin, julgamento em 28-2 e 1.º-3-2018. Nesse julgamento, o STF, com base no princípio da dignidade da pessoa humana e nos direitos fundamentais à liberdade pessoal, ao livre desenvolvimento da personalidade, bem como nos direitos ao nome e à identidade e expressão de gênero, reconheceu às pessoas transgêneras o direito de, mediante autodeclaração e sem necessidade de realização prévia de cirurgia de transgenitalização e/ou tratamentos hormonais ou patologizantes, de alterar, no seu registro civil, o seu prenome e sexo (gênero).

99. Cf. RE 1.010.606/RJ, rel. Min. Dias Toffoli, j. 11.02.2021. Para maior desenvolvimento do tema, v. SARLET, Ingo Wolfgang; FERREIRA NETO, Arthur. *O direito ao "esquecimento" na sociedade de informação*, Porto Alegre: Livraria do Advogado, 2018.

100. Cf., por todos, ANDRADE, Fabio Siebeneichler de. Considerações sobre a tutela dos direitos da personalidade no código civil de 2002. In: SARLET, Ingo Wolfgang (Org.). *O novo código civil e a constituição*, 2. ed., p. 101 e ss.

101. Cf., por todos, MELLO, Cláudio Ari. Contribuição para uma teoria híbrida dos direitos de personalidade. In: SARLET, Ingo Wolfgang (Org.). *O novo código civil e a constituição*, 2. ed., p. 76 e ss., destacando que na Declaração de Independência dos Estados Unidos da América e na Declaração de Direitos da Virgínia,

Além disso, é preciso registrar que os direitos de personalidade são considerados como constituindo o principal ponto de contato entre o direito constitucional e o direito civil (direito privado),[102] não só, mas também por serem "o correspondente privatístico dos direitos pessoais" previstos nas constituições.[103] Convém enfatizar, neste contexto, que, mesmo no caso de apenas terem sido previstos expressamente na legislação infraconstitucional, os direitos de personalidade seriam direitos materialmente fundamentais, já que radicados na dignidade da pessoa humana e essenciais ao livre desenvolvimento da personalidade, cuidando-se, nesse sentido, sempre e pelo menos de direitos fundamentais (e, portanto, de matriz constitucional) implícitos.[104]

Por outro lado, independentemente de terem sido designados de direitos de personalidade ou inseridos em eventual dispositivo ou capítulo destinado a tais direitos, os direitos de personalidade, na condição de direitos fundamentais, qualificam-se pelo seu conteúdo, ou seja, pelo seu âmbito de proteção. Além disso, a sua previsão nos textos constitucionais e internacionais se revela bastante diversificada, pois nem todos os direitos de personalidade foram objeto de positivação, e quando o foram, nem sempre da mesma forma. O reconhecimento no plano internacional e constitucional, por sua vez, convive com uma positivação na esfera infraconstitucional, onde por vezes são assegurados direitos que não constam do texto da constituição e vice-versa, como, aliás, se dá no caso brasileiro, visto que foi apenas no Código Civil de 2002 que os direitos de personalidade ganharam um espaço de reconhecimento direto em nível de legislação ordinária,[105] mas o elenco de direitos ali reconhecidos (de qualquer modo, em caráter ilustrativo) contempla direitos não expressamente nominados na Constituição Federal.[106]

Importante é que se tenha sempre presente que, a despeito de sua quantidade e diversidade, os direitos de personalidade apresentam como aspecto comum o fato de estarem todos vinculados com a proteção da esfera nuclear da personalidade, dignidade e liberdade humanas,[107] o que permite colocar, lado a lado, tanto os direitos à vida e integridade física e psíquica, que, considerada a sua relevância, foram tratados em item apartado, quanto os demais direitos de caráter pessoal (livre desenvolvimento da personalidade, privacidade, intimidade, honra e imagem, nome etc.), de modo a demarcar um regime jurídico-constitucional comum, muito embora algumas distinções importantes que precisam ser consideradas.

Tendo em conta tal diversidade e considerando que os direitos à vida e integridade corporal já foram versados em item próprio, ao passo que os principais direitos especiais de

---

ambas de 1776 já se fazia presente, nos seus elementos nucleares, a preocupação com a liberdade, a vida e a felicidade, como direitos intrínsecos e inalienáveis da pessoa humana.

102. Idem, p. 83 e ss.

103. Cf. a afirmação de Mota Pinto, Paulo. O direito ao livre desenvolvimento da personalidade. *Portugal-Brasil Ano 2000*, p. 226.

104. Hufen, Friedhelm. *Staatsrecht II – Grundrechte*, p. 178.

105. Cf., por último, Andrade, Fábio Siebeneichler. O desenvolvimento da tutela dos direitos de personalidade nos dez anos de vigência do código civil de 2002. In: Lotufo, Renan; Nanni, Giovanni Ettore; Martins, Fernando Rodrigues (Coord.), *Temas relevantes do direito civil contemporâneo*, p. 51 e ss.

106. Por exemplo, os arts. 13, *caput*, e 15 ("Salvo por exigência médica, é defeso o ato de disposição do próprio corpo, quando importar diminuição permanente da integridade física, ou contrariar os bons costumes"; "Ninguém pode ser constrangido a submeter-se, com risco de vida, a tratamento médico ou a intervenção cirúrgica").

107. Cf., por todos, Canotilho, J. J. Gomes; Moreira, Vital. *Constituição da República Portuguesa anotada*, p. 461.

liberdade (que, a exemplo da liberdade de consciência e de religião, manifestação do pensamento, entre outros, situam-se na esfera da proteção da personalidade em um sentido mais amplo), bem como o direito de igualdade e as proibições de discriminação serão igualmente abordadas em item específico, optamos por aqui discorrer sobre o direito ao livre desenvolvimento da personalidade, sua função como cláusula geral e interface com os demais direitos de personalidade, para, na sequência, uma vez apresentados os contornos gerais do regime jurídico dos direitos de personalidade, abordar os principais direitos especiais de personalidade, nomeadamente, os direitos à privacidade e intimidade, honra e imagem, inviolabilidade do domicílio, sigilo da correspondência e das comunicações, sigilos fiscal e bancário e proteção de dados pessoais.

Ainda nesse contexto, importa sublinhar que, ao se excluírem – para efeitos de identificação dos direitos de caráter pessoal (direitos à integridade e identidade pessoal) – o direito geral de liberdade e os respectivos direitos especiais de liberdade, assim como os direitos de igualdade e mesmo o direito de nacionalidade e os direitos sociais em geral, está se adotando uma noção mais estrita de direitos pessoais (de personalidade).

4.3.1.2 Direito internacional dos direitos humanos e constituições estrangeiras

No plano do direito internacional, o reconhecimento e proteção dos direitos vinculados à identidade e integridade pessoal (os assim chamados direitos de personalidade) coincidem com o próprio surgimento e a trajetória evolutiva da proteção internacional dos direitos humanos. Em termos cronológicos, o primeiro documento digno de nota é a Declaração Americana dos Direitos e Deveres do Homem (abril de 1948), cujo art. V dispõe que "toda pessoa tem direito à proteção da lei contra os ataques abusivos à sua honra, à sua reputação e à sua vida particular e familiar". Logo na sequência (dezembro de 1948), a Declaração Universal dos Direitos Humanos preceitua (art. XII) que "ninguém será sujeito a interferências na sua vida privada, na sua família, no seu lar ou na sua correspondência, nem a ataques à sua honra e reputação. Toda pessoa tem direito à proteção da lei contra tais interferências ou ataques". A Convenção Europeia de Direitos Humanos (abril de 1950), no seu art. 8.º, n. 1, assegura a qualquer pessoa o direito ao respeito da sua vida privada e familiar, do seu domicílio e da sua correspondência. Já o art. 17, n. 1, do Pacto Internacional sobre Direitos Civis e Políticos (dezembro de 1966) dispõe que "ninguém poderá ser objeto de ingerências arbitrárias ou ilegais em sua vida privada, em sua família, em seu domicílio ou em sua correspondência, nem de ofensas ilegais à sua honra e reputação". Por sua vez, a Convenção Americana de Direitos Humanos – Pacto de São José da Costa Rica (novembro de 1969) assegura, no seu art. 11, n. 1 e 2, que toda pessoa tem direito ao respeito da sua honra e ao reconhecimento de sua dignidade, e que ninguém pode ser objeto de ingerências arbitrárias ou abusivas em sua vida privada, em sua família, em seu domicílio ou em sua correspondência, nem de ofensas ilegais à sua honra ou reputação. Por fim, assume relevo a Carta dos Direitos Fundamentais da União Europeia (2000, incorporada ao Tratado de Lisboa, 2009), que, no art. 7.º, enuncia o direito de todas as pessoas ao respeito pela sua vida privada e familiar, pelo seu domicílio e pelas suas comunicações, prevendo também a proteção dos dados pessoais no seu art. 8.º.

Nas constituições estrangeiras, os direitos de personalidade também passaram a ser objeto de crescente reconhecimento e proteção. A Lei Fundamental da Alemanha, ao que consta, foi a primeira a reconhecer, no seu art. 2.º, um direito ao livre desenvolvimento da personalidade. A Constituição da República Portuguesa, no art. 26, refere "outros direitos pessoais", tais como o direito à identidade pessoal, à imagem e à palavra. A Constituição da Espanha, de 1978, no art. 10, 1, dispõe que "la dignidad de la persona, los derechos inviolables que le son inherentes, el libre desarrollo de la personalidad, el respeto a la Ley y a los derechos de los demás son fundamento del orden político y de la paz social". No art. 16 da Constituição da Colômbia também é garantido o direito ao livre desenvolvimento da personalidade, após assegurar a proteção de diversos direitos pessoais, como é o caso do direito à intimidade pessoal e familiar e o direito ao nome (art. 15). Também a Constituição do Chile contempla um direito geral de personalidade (art. 19), proteção da personalidade que, no caso da Argentina, é prevista no Preâmbulo da Constituição.

4.4 O direito ao livre desenvolvimento da personalidade: sua função como cláusula geral e sua relação com os direitos especiais de personalidade

Muito embora a inexistência, na Constituição Federal, de expressa menção a um direito geral de personalidade, no sentido de uma cláusula geral inclusiva de todas as manifestações particulares da personalidade humana, tanto a doutrina quanto a jurisprudência têm recorrido ao princípio da dignidade da pessoa humana como principal fundamento de um direito (implícito) geral de personalidade no ordenamento jurídico-constitucional brasileiro.[108]

Em outras ordens constitucionais, como é o caso da Alemanha, da Espanha e de Portugal (aqui mediante inserção via revisão constitucional), o direito geral de personalidade nem sempre foi previsto da mesma forma, ao menos não quanto ao teor literal do texto constitucional. No caso da Alemanha, o texto da Lei Fundamental (art. 2.º) refere-se a um direito ao livre desenvolvimento da personalidade, do qual foi desenvolvido, pela doutrina e jurisprudência do Tribunal Constitucional Federal, um direito geral de personalidade.[109] A Constituição espanhola, no seu art. 10, assegura o direito ao livre desenvolvimento da personalidade logo após (mas no mesmo dispositivo) ter consagrado a dignidade da pessoa humana. Já o art. 26 da Constituição da República Portuguesa, na versão resultante da quarta revisão constitucional, refere um direito ao desenvolvimento da personalidade, sem, contudo, repetir na íntegra a fórmula alemã e espanhola, mas também com o intuito de assegurar, mediante uma cláusula geral, uma proteção da personalidade isenta de lacunas.[110]

Não é, por outro lado, à toa que, nas experiências constitucionais referidas, enfatiza-se o nexo entre o direito de liberdade pessoal e a proteção da personalidade, posto que o direito de personalidade, embora tenha por objeto a proteção contra intervenções na esfera pessoal, é também um direito de liberdade, no sentido de um direito de qualquer pessoa a não ser impedida de desenvolver sua própria personalidade e de se determinar de acordo com suas opções.

---

108. Cf., por exemplo, TEPEDINO, Gustavo. *Temas de direito civil*, p. 44 e ss.; MORAES, Maria Celina Bodin de. *Danos à pessoa humana*, p. 117 e ss. Mais recentemente, CANTALI, Fernanda Borguetti. *Direitos da personalidade*, p. 84 e ss.; e SCHREIBER, Anderson. *Direitos da personalidade*, p. 14 e ss.

109. Cf., por todos, PIEROTH, Bodo; SCHLINK, Bernhard. *Staatsrecht II – Grundrechte*, 20. ed., p. 91.

110. Cf., por todos, MOTA PINTO, Paulo. O direito ao livre desenvolvimento da personalidade. *Portugal-Brasil Ano 2000*, especialmente p. 151-186.

Em síntese, é possível afirmar que o direito geral de personalidade (ou direito ao livre desenvolvimento da personalidade) implica uma proteção abrangente em relação a toda e qualquer forma de violação dos bens da personalidade, estejam eles, ou não, expressa e diretamente reconhecidos ao nível da constituição.[111]

É, portanto, em virtude da existência de uma cláusula geral e aberta de proteção e promoção da personalidade, que, no caso brasileiro, tem sido fundada especialmente no princípio da dignidade da pessoa humana, que se adota o entendimento de que o rol de direitos especiais de personalidade (sejam eles previstos na legislação infraconstitucional, sejam eles objeto de reconhecimento expresso na Constituição Federal) não é de cunho taxativo.[112]

Tal a importância do direito geral de personalidade, especialmente em ordens constitucionais que não dispõem de uma cláusula geral inclusiva em matéria de direitos fundamentais a exemplo da contida no art. 5.º, § 2.º, da CF, que ele costuma operar como cláusula de abertura a direitos fundamentais não expressamente positivados, o que pode ser bem ilustrado mediante recurso ao exemplo do direito ao livre desenvolvimento da personalidade na Alemanha,[113] em torno da qual se aglutinou uma série de posições jusfundamentais, mas também ocorreu no direito constitucional norte-americano, no que diz com o direito à privacidade (ela própria como tal não expressamente positivada), como se verá logo adiante.

A existência de uma série de direitos especiais de personalidade consagrados textualmente e de forma autônoma no texto constitucional (v.g., no caso da Constituição Federal, os direitos à privacidade, intimidade, honra, imagem) não faz com que a cláusula geral de proteção da personalidade tenha um caráter meramente complementar ou até mesmo simbólico, pois, muito antes pelo contrário, assume a condição de direito fundamental autônomo, destinado a assegurar a livre formação e desenvolvimento da personalidade, a proteção da liberdade de ação individual e a proteção da integridade pessoal em sentido integral e não reduzida às refrações particulares que representam o âmbito de proteção dos direitos especiais de personalidade.[114]

Por outro lado, tendo em conta que uma série de dimensões essenciais à dignidade pessoal não foi contemplada (direta e expressamente) no texto constitucional, é preciso ter presente que o direito ao livre desenvolvimento da personalidade e o direito geral de personalidade que dele resulta, sendo "expressão direta do postulado básico da dignidade humana",[115] abarcam toda manifestação essencial à personalidade, de modo especial o direito à identidade pessoal e moral, que, por sua vez, inclui o direito à identidade genética[116] do ser humano, o direito ao nome, o direito ao conhecimento da paternidade, o assim chamado

---

111. Nesse sentido, v., em especial, MIRANDA, Jorge; MEDEIROS, Rui. *Constituição portuguesa anotada*, p. 283, cuja definição vai aqui acolhida, de maneira ligeiramente alterada.

112. Cf., por todos, propondo uma leitura conjugada com o art. 5.º, § 2.º, da CF, TEPEDINO, Gustavo. *Temas de direito civil*, p. 48. Em sentido similar, priorizando a dignidade da pessoa humana como fundamento, v. novamente SCHREIBER, Anderson. *Direitos da personalidade*, p. 14 e ss.

113. Cf., por todos, KLOEPFER, Michael. *Verfassungsrecht II*, p. 149.

114. Cf., por todos, CANOTILHO, J. J. Gomes; MOREIRA, Vital. *Constituição da República Portuguesa anotada*, p. 463.

115. Cf. as palavras de MIRANDA, Jorge; MEDEIROS, Rui. *Constituição portuguesa anotada*, p. 282.

116. Cf. decisões no RE 898.060, rel. Min. Luiz Fux, Tribunal Pleno, j. em 21.09.2016, e, mais recentemente, na ADI 5.545/RJ, rel. Min. Luiz Fux, j. em 13.04.2023, em que o STF assentou que o direito fundamental à busca da identidade genética emana do direito à personalidade.

direito à identidade (e autodeterminação) sexual,[117] entre outros, de tal sorte que, embora sempre presentes zonas – maiores ou menores – de confluência com os direitos especiais de personalidade, o direito geral de personalidade, como já referido, segue sendo um direito autônomo e indispensável à proteção integral e sem lacunas da personalidade.

Ainda nesse contexto, vem, portanto, a calhar a lição de Paulo Mota Pinto, ao afirmar que "o direito geral de personalidade é, neste sentido, também 'aberto', sincrônica e diacronicamente, permitindo a tutela de novos bens, e face a renovadas ameaças à pessoa humana, sempre tendo como referente o respeito pela personalidade, quer numa perspectiva estática, quer na sua dimensão dinâmica de realização e desenvolvimento".[118]

No plano da metódica jurídico-constitucional isso significa, em primeira linha, que se haverá – em sendo o caso – de invocar um direito especial de personalidade, visto que se estará diante de um recorte prévio e mais ou menos consolidado na tradição jurídica no que diz com aspectos essenciais da personalidade. Além disso, normalmente já terá havido maior delimitação em nível infraconstitucional (pelo legislador e pela jurisprudência), de modo que o recurso ao direito geral de personalidade será necessário apenas quando não incidente um direito especial ou para uma adequada interpretação e aplicação da manifestação particular da personalidade que estiver em causa.[119]

No caso da Constituição Federal – diferentemente do que se dá na Alemanha –, a existência de diversos direitos especiais de personalidade positivados no plano constitucional reforça ainda mais tal entendimento, de modo a preservar ao máximo as potencialidades de cada direito em espécie, sem prejuízo da autonomia (não havendo direito especial) do direito ao livre desenvolvimento da personalidade.

4.5 Contornos do regime jurídico-constitucional dos direitos de personalidade

Como direitos fundamentais, tanto o direito ao livre desenvolvimento da personalidade quanto os direitos especiais de personalidade encontram-se, em geral, submetidos ao mesmo regime jurídico que se aplica aos demais direitos fundamentais, com destaque para os aspectos relacionados com sua titularidade, destinatários e proteção contra intervenções por parte do Estado e de terceiros, de tal sorte que aqui se remete essencialmente ao que foi versado na parte geral dos direitos fundamentais quanto a tais aspectos. Todavia, dadas algumas peculiaridades, seguem algumas notas acerca de aspectos de particular relevância para os direitos de personalidade.

No que diz respeito aos seus titulares, os direitos de personalidade, já por sua íntima conexão com a vida e a dignidade humana, são direitos de todos e de qualquer um, portanto, de titularidade universal, o que inclui os estrangeiros não residentes, mas também toda

---

117. Cf. decisão do STF no RE 845.779-RG/SC, rel. Min. Roberto Barroso, j. 10.03.2015, em que, além da afirmação de um direito à identidade sexual, foi acentuada a vinculação de tal direito à dignidade da pessoa humana e aos direitos de personalidade. No caso concreto, cuidava-se do reconhecimento da repercussão geral da proibição de uso de banheiro feminino em *shopping center* por transexual.

118. Cf. MOTA PINTO, Paulo. O direito ao livre desenvolvimento da personalidade. *Portugal-Brasil Ano 2000*, p. 173.

119. Cf., por todos, PIEROTH, Bodo; SCHLINK, Bernhard. *Staatsrecht II – Grundrechte*, 20. ed., p. 90.

e qualquer pessoa nascida com vida, independentemente de seu estado físico ou mental e mesmo não tendo completado a maioridade civil.[120] Mais complexa é a questão relativa ao início e fim da titularidade, pois, como se trata de direitos personalíssimos, a condição de sujeito de tais direitos estaria vinculada – pelo menos na condição de direitos subjetivos – à existência de tal sujeito, no caso, um ser humano pessoa, o que, para muitos, identificaria a condição de titular dos direitos de personalidade com a personalidade jurídica, tal como conferida e reconhecida nos termos da legislação civil, ou seja, com o nascimento com vida. De qualquer sorte, por força de seu conteúdo em dignidade humana no mínimo se haverá de reconhecer pelo menos – quando for o caso – uma proteção a partir da dimensão objetiva dos direitos fundamentais no âmbito do período anterior ao nascimento com vida, o mesmo se verificando quanto ao fim da titularidade, que, de regra, se dá com o evento morte, ressalvadas, contudo, eventuais projeções após a morte, tal como admitidas na esfera doutrinária e jurisprudencial, como também já analisado na parte geral dos direitos fundamentais, para onde remetemos o leitor.

Já no que diz com a *titularidade de pessoas jurídicas*,[121] esta, de regra – precisamente por se tratar de direitos diretamente relacionados com esferas da vida pessoal –, é afastada, muito embora a existência de exceções, como se verifica no caso do direito à honra e à imagem, com a ressalva de que no direito brasileiro se optou por distinguir entre honra objetiva e subjetiva, de tal sorte que apenas a primeira é assegurada, na condição de direito fundamental, às pessoas jurídicas, matéria inclusive sumulada no STJ,[122] registrando-se – convém frisar – importantes críticas quanto a tal solução.[123]

Destinatários dos direitos de personalidade são, em primeira linha, os órgãos estatais, mas nessa seara a vinculação dos particulares se revela especialmente relevante, pois tais direitos são também altamente expostos à violação e ameaça de violação na esfera das relações privadas. Além das considerações já tecidas na parte geral dos direitos fundamentais, convém registrar, neste contexto, que, por serem em regra irrenunciáveis, os direitos de personalidade implicariam – segundo importantes representantes da doutrina – uma vinculação direta dos particulares apenas naquilo que diz respeito precisamente ao seu conteúdo irrenunciável, ou seja, seu conteúdo em dignidade humana, de modo que, quanto às suas demais manifestações, se verificaria apenas uma eficácia indireta.[124]

Independentemente do acerto dessa tese para o caso brasileiro, visto que há de ser recebida com cautela, pelo menos naquilo em que nega uma eficácia direta *prima facie* (remete-se, aqui também, à parte geral dos direitos fundamentais), o fato é que não há como

---

120. Cf., por todos, Horn, Hans-Detlef. *Allgemeines Freiheitsrecht, Recht auf Leben u.a.* In: Stern, Klaus; Becker, Florian. *Grundrechte Kommentar*, p. 208.

121. Cf. Andrade, Fábio Siebeneichler de. Notas sobre a aplicabilidade dos direitos da personalidade à pessoa jurídica como evolução da dogmática civil, in: RJLB, ano 4, n. 5 (2018), p. 805-837, onde o autor apresenta uma síntese muito bem elaborada da evolução do reconhecimento da aplicação dos direitos de personalidade à pessoa jurídica no direito estrangeiro e brasileiro, à luz da doutrina e da jurisprudência, bem como discute, de modo inovador no direito pátrio, a possibilidade de uma aplicação extensiva a algumas dimensões do direito à vida privada.

122. Súmula 227 do STJ: "A pessoa jurídica pode sofrer dano moral".

123. Cf., no direito brasileiro, especialmente as ponderações de Schreiber, Anderson. *Direitos da personalidade*, p. 21-23.

124. Nesse sentido, v., por todos, Mota Pinto, Paulo. *O direito ao livre desenvolvimento da personalidade. Portugal-Brasil Ano 2000*, p. 236.

desconsiderar que em vista de suas características, em especial o seu caráter irrenunciável, os direitos de personalidade devem ter uma especial projeção nas relações privadas e atrair um controle extremamente rigoroso quando se cuida de lhes impor limites e restrições. Assim, necessária uma estrita observância dos critérios da proporcionalidade, além da cuidadosa salvaguarda do núcleo essencial dos direitos de personalidade, que somente poderão ser limitados em circunstâncias especiais, embora o rigor do controle das restrições seja tanto maior quanto mais próximo o direito se situar da dignidade humana.

Quanto às *características habitualmente atribuídas aos direitos de personalidade* (mas nem sempre – ou pelo menos não da mesma forma – aos demais direitos fundamentais!), podem ser elencadas quatro, que, em termos gerais, têm sido objeto de substancial consenso: (a) a universalidade; (b) o seu caráter absoluto; (c) o seu caráter extrapatrimonial; (d) a sua indisponibilidade.[125]

Sem qualquer pretensão de aprofundar o exame de cada atributo dos direitos de personalidade, *a universalidade* diz respeito aos sujeitos (titulares) de tais direitos, no sentido já referido, ou seja, de que se trata de direitos de toda e qualquer pessoa natural e, a depender do caso, de pessoas jurídicas (coletivas).

Quanto ao seu *caráter absoluto*, o que está em causa é a circunstância de que se cuida de direitos oponíveis a todos, isto é, tanto aos órgãos estatais quanto em relação a particulares (oponibilidade *erga omnes*), valendo aqui as ressalvas feitas quando da abordagem dos destinatários dos direitos fundamentais em geral e dos direitos de personalidade, em especial naquilo que está em causa a eficácia de tais direitos nas relações privadas, portanto, num ambiente marcado pela convivência e colisão de direitos, aspecto que também guarda relação com o problema dos limites e restrições aos direitos fundamentais e a sua disponibilidade pelo seu respectivo titular.

Já o *caráter extrapatrimonial* dos direitos de personalidade diz respeito ao seu respectivo objeto, que, diferentemente do que ocorre com o direito de propriedade, não é um bem patrimonial economicamente apreciável, mas sim um valor, bem ou interesse ligado à subjetividade de cada pessoa, ainda que a lesão do direito seja reparável economicamente, no sentido de se admitirem reflexos patrimoniais (econômicos) dos direitos pessoais.[126]

De mais difícil compreensão e aplicação prática é, sem dúvida, a característica da indisponibilidade dos direitos de personalidade. Em síntese, afirma-se que se cuida de direitos irrenunciáveis, no sentido de indisponíveis ao próprio titular do direito, já que, quanto à possibilidade de restrições por meio de ato do Poder Público, se cuida, como em geral se verifica com os direitos fundamentais, de direitos que são em princípio submetidos a limites

---

125. Cf., por todos, a síntese de Mello, Cláudio Ari. Contribuição para uma teoria híbrida dos direitos de personalidade. In: Sarlet, Ingo Wolfgang (Org.). *O novo código civil e a constituição*, p. 92 e ss. Registre-se que existem autores que afirmam a existência de outros atributos intrínsecos aos direitos de personalidade, como seu caráter originário (alguns ainda afirmam se tratar de direitos inatos), seu caráter vitalício e necessário, sua essencialidade e sua imprescritibilidade, características ou atributos que, todavia, não são aceitos por todos os autores e que, de resto, nem sempre se aplicam a todos os direitos de personalidade. Sem que se pretenda aprofundar o tópico, remete-se ao elenco trazido, dentre outros, por Cantalli, Fernanda Borguetti. *Direitos da personalidade*, p. 129 e ss.

126. Nesse sentido, na literatura brasileira, v., por exemplo, Mello, Cláudio Ari. Contribuição para uma teoria híbrida dos direitos de personalidade. In: Sarlet, Ingo Wolfgang (Org.). *O novo código civil e a constituição*, p. 95; e Cantalli, Fernanda Borguetti. *Direitos da personalidade*, p. 133.

e restrições, temática versada na parte geral dos direitos fundamentais, para a qual aqui re-metemos. Para um adequado enfrentamento do problema é preciso distinguir com precisão as diversas situações que podem se oferecer, pois a renúncia ao direito não se confunde nem com a possibilidade (legítima) de se transferirem seus efeitos patrimoniais, nem com a possibilidade, igualmente chancelada pela ordem jurídico-constitucional brasileira, de uma autolimitação, que também pode ser designada de renúncia parcial ou de uma espécie de indisponibilidade relativa. Com efeito, assume-se aqui como correta a premissa de que a titularidade de um direito abrange, tal como sugere Jorge Reis Novais e na esfera do que se designa de renúncia a direitos fundamentais, o poder de disposição sobre as diversas possibilidades que envolvem o exercício do direito.[127] Assim, há que distinguir a renúncia ao próprio direito (renúncia total e irrevogável em relação a qualquer forma de exercício do direito) da renúncia (disposição) sobre aspectos relativos ao exercício do direito no âmbito da dimensão subjetiva do direito fundamental, que, portanto, assume feição sempre mais ou menos parcial, podendo, de resto, ser revogada pelo próprio titular do direito.[128]

Também para o caso dos direitos fundamentais de personalidade (vida, integridade corporal e demais direitos pessoais, como a privacidade, a honra e a imagem, o direito ao nome, entre outros), vale, em princípio a premissa de que não é possível, em termos abstratos e genéricos, afirmar a sua disponibilidade ou indisponibilidade, pois essa depende de um conjunto de circunstâncias e pressupostos objetivos e subjetivos, inclusive e especialmente a repercussão do ato individual de renúncia em relação a interesses e direitos fundamentais de terceiros ou mesmo interesses coletivos.[129] Assim como existem casos em que a própria Constituição Federal impede a plena disposição do direito fundamental, existem outros em que a disponibilidade depende não apenas da natureza do direito em causa, mas também de outros fatores.

Em caráter de síntese, pois em relação a cada direito em espécie se haverá de considerar suas peculiaridades e mesmo as circunstâncias da situação concreta, é possível afirmar que, além de a renúncia, no plano subjetivo, pressupor a capacidade do titular e o seu livre consentimento (inclusive informado, quando for o caso), uma renúncia a direito fundamental encontra limites especialmente – para além de sua prévia interdição pela ordem jurídico--constitucional objetiva – na dignidade da pessoa humana e no conteúdo essencial do direito renunciado, além da necessária satisfação das exigências da proporcionalidade e da razoabilidade, mormente quando afetar bens e interesses jusfundamentais de terceiros.[130]

---

127. Cf. Novais, Jorge Reis. *Direitos fundamentais:* trunfos contra a maioria, p. 233-34.

128. Sobre o tópico, v., no direito brasileiro, inclusive referindo as principais críticas feitas por parte da doutrina a tal distinção, Adamy, Pedro Augustin. *Renúncia a direito fundamental*, p. 55 e ss., que, aceitando a distinção, filia-se, em linhas gerais, ao entendimento de Novais, Jorge Reis. *Direitos fundamentais:* trunfos contra a maioria, p. 226 e ss.

129. Cf., por todos, Novais, Jorge Reis. *Direitos fundamentais:* trunfos contra a maioria, p. 270 e ss., acompanhado, na doutrina brasileira, por Adamy, Pedro Augustin. *Renúncia a direito fundamental*, p. 76 e ss.

130. Sobre tais requisitos v., para o caso brasileiro, Adamy, Pedro Augustin. *Renúncia a direito fundamental*, p. 59-124 (pressupostos e elementos da renúncia) e p. 125-174 (limites da renúncia). Versando especificamente sobre os direitos de personalidade, v., igualmente no âmbito da literatura brasileira, Cantalli, Fernanda Borguetti. *Direitos da personalidade*, p. 139 e ss. Na literatura estrangeira mais acessível ao leitor brasileiro, v. em especial o já referido texto de Jorge Reis Novais, bem como Frumer, Philippe; Villaverde Menéndez, Ignácio. *La renunciabilidad de los derechos fundamentales y libertades públicas*, Madrid: Fundación Coloquio Jurídico Europeo, 2013, e, por último, MacCrorie, Benedita Ferreira da Silva. *Os limites da renúncia a direitos fundamentais nas relações entre particulares*. Coimbra: Almedina, 2017.

Convém sublinhar, ademais disso, que a dignidade da pessoa humana, na sua dimensão autonômica, constitui, por um lado, o próprio fundamento da possibilidade de renúncia (a pessoa que deseja se submeter a uma operação de mudança de sexo ou a uma esterilização para não ter mais filhos), mas, por outro, também opera como seu limite, a exemplo do que se verificaria na hipótese de uma voluntária submissão a trabalho escravo ou tortura pelo Estado, o que não afasta o problema de o quanto a decisão sobre o que viola, ou não, a dignidade da pessoa humana pode ser transferida aos órgãos estatais (ou mesmo a terceiros), no sentido de uma decisão heterônoma, implicando, de certo modo, um dever de dignidade, que legitima a proteção da pessoa contra si própria,[131] controvérsia em que aqui não temos condições de adentrar.

Uma vez estabelecidos os contornos gerais da noção de direitos pessoais (de personalidade) como direitos fundamentais, assim como seu respectivo regime jurídico, seguem algumas notas sobre os principais direitos pessoais, que, além dos direitos à vida e à integridade física e psíquica, compõem o leque abrangente e diferenciado de direitos fundamentais destinados à proteção e promoção dos diversos aspectos da personalidade humana.

4.6 O direito à vida privada (privacidade e intimidade)

4.6.1 Considerações gerais

Dos direitos fundamentais que dizem respeito à proteção da dignidade e personalidade humanas, o direito à privacidade (ou vida privada) é um dos mais relevantes, embora nem sempre tenha sido contemplado nas constituições, ao menos, não expressamente.[132] É o caso, por exemplo, do direito constitucional norte-americano, em que, a despeito de inexistir referência expressa ao termo privacidade no texto da Constituição e das subsequentes emendas contendo os diversos direitos e garantias fundamentais, o direito à privacidade, na acepção cunhada pelo então Juiz da Suprema Corte Louis Brandeis, seria o mais abrangente e valioso de todos os direitos para o homem civilizado.[133]

No caso da evolução constitucional brasileira, foi apenas na CF que a proteção da vida privada e da intimidade foi objeto de reconhecimento de modo expresso. Por outro lado, o

---

131. Cf., por todos, as ponderações de Novais, Jorge Reis. *Direitos fundamentais:* trunfos contra a maioria, p. 273 e ss.

132. Sobre a evolução do reconhecimento de um direito à privacidade, v., entre outros, na literatura brasileira, a síntese de Teixeira, Eduardo Didonet; Haeberlin, Martin. *A proteção da privacidade – Aplicação na quebra do sigilo bancário e fiscal*, p. 37 e ss.; Doneda, Danilo. *Da privacidade à proteção de dados pessoais*, p. 7 e ss. Numa perspectiva mais crítica, sugerindo uma dimensão cada vez mais retórica do direito à privacidade em face dos desafios da tecnologia, v. Bedê Júnior, Américo. *A retórica do direito fundamental à privacidade. A validade da prova obtida mediante filmagens nos ambientes público e privado*, em especial p. 71 e ss.

133. Cf. o texto original em inglês, extraído da decisão da Suprema Corte no caso *Olmstead v. United States* (1929), "the most comprehensive of rights and the right most valued by civilized men", citado por Solove, Daniel. *Understanding privacy*, p. 1. V. ainda, do próprio Louis Brandeis, *The right to privacy*, 1890, quando ainda não era Juiz da Suprema Corte estadunidense. No âmbito da literatura brasileira, v. dentre outros, a síntese oferecida por Cachapuz, Maria Cláudia. *Intimidade e vida privada no novo código civil brasileiro – Uma leitura orientada no discurso jurídico*, p. 80-98, analisando a evolução da noção de privacidade no direito anglo-saxão.

direito à vida privada articula-se com outros direitos fundamentais, como é o caso, para efeitos do presente comentário, da proteção da intimidade (vida íntima) e também da inviolabilidade do domicílio, que é o espaço onde se desenvolve a vida privada. Também tais direitos, em especial a intimidade, nem sempre são expressamente positivados nos textos constitucionais e internacionais, pois em geral a intimidade constitui uma dimensão (esfera) da privacidade.

Na CF, todavia, embora ambas as dimensões (privacidade e intimidade) tenham sido expressamente referidas, haverão de ser analisadas em conjunto, pois se cuida de esferas (níveis) do direito à vida privada. Dada a sua relação "íntima" com aspectos da vida privada, também serão comentados neste capítulo a proteção do domicílio, o sigilo fiscal e o sigilo bancário. Por outro lado, muito embora também exista uma forte conexão com os direitos à honra e à imagem, esses dizem mais de perto com a identidade e integridade moral da pessoa humana, razão pela qual serão versados em item apartado. Já os sigilos da correspondência e das comunicações, assim como a proteção de dados pessoais, dada a sua importância e maior autonomia em relação à intimidade e à vida privada, igualmente serão analisados em separado. De qualquer sorte, os pontos de contato entre o direito à privacidade e os demais direitos ora referidos não afastam importantes conexões entre a privacidade e outros direitos fundamentais.[134]

4.6.2 Conteúdo (âmbito de proteção) do direito à vida privada

Como já referido, diversamente de outras ordens constitucionais, a Constituição Federal não reconheceu apenas um genérico direito à privacidade (ou vida privada), mas optou por referir tanto a proteção da privacidade, quanto da intimidade, como bens autônomos, tal como no caso da honra e da imagem. Todavia, o fato de a esfera da vida íntima (intimidade) ser mais restrita que a da privacidade, cuidando-se de dimensões que não podem pura e simplesmente ser dissociadas, recomenda um tratamento conjunto de ambas as situações. Por outro lado, é preciso reconhecer que, dadas as peculiaridades da ordem constitucional brasileira, especialmente à vista do reconhecimento de outros direitos pessoais no plano constitucional e da cláusula geral representada pela dignidade da pessoa humana, o direito à privacidade – a exemplo do que ocorre também em Portugal – não merece a abrangência que lhe foi dada no direito constitucional norte-americano, em que assumiu a função equivalente a um direito geral de personalidade.[135] Com isso, todavia, não se lhe está a negar relevância, notadamente pelos já referidos pontos de contato com outros direitos fundamentais, mas em especial com a dignidade da pessoa humana, pois é líquido que a preservação de uma esfera da vida privada é essencial à própria saúde mental do ser humano e lhe assegura as condições para o livre desenvolvimento de sua personalidade.[136]

Embora exista quem – no direito constitucional brasileiro e em virtude do texto da CF – busque traçar uma distinção entre o direito à privacidade e o direito à intimidade, de

---

134. Assim, por exemplo, a proteção da vida privada coincide com diversos elementos de outros direitos fundamentais, como é o caso dos direitos à segurança, à liberdade de imprensa, à liberdade de expressão do pensamento. Nesse sentido, v., também, RIVERO Jean; MOUTOUH, Hughes. *Liberdades públicas*, p. 450-451.

135. Cf., por todos, MIRANDA, Jorge; MEDEIROS, Rui. *Constituição portuguesa anotada*, p. 290.

136. Cf. MENDES, Gilmar Ferreira; BRANCO, Paulo Gustavo Gonet. *Curso de direito constitucional*, 15. ed., p. 286.

tal sorte que o primeiro trataria de reserva sobre comportamentos e acontecimentos atinentes aos relacionamentos pessoais em geral, incluindo as relações comerciais e profissionais, ao passo que o segundo guardaria relação com a proteção de uma esfera mais íntima da vida do indivíduo, envolvendo suas relações familiares e suas amizades etc.,[137] tal distinção é difícil de sustentar, especialmente em virtude da fluidez entre as diversas esferas da vida privada (incluindo a intimidade), de modo que também aqui adotaremos uma noção abrangente, incluindo a intimidade no âmbito de proteção mais amplo do direito à vida privada (privacidade).[138]

A noção, desenvolvida por setores da doutrina e pela jurisprudência constitucional alemã, de que se podem, no âmbito do direito à privacidade, distinguir três esferas (a assim chamada teoria das esferas), uma esfera íntima (que constitui o núcleo essencial e intangível do direito à intimidade e privacidade), uma esfera privada (que diz com aspectos não sigilosos ou restritos da vida familiar, profissional e comercial do indivíduo, sendo passível de uma ponderação em relação a outros bens jurídicos) e uma esfera social (em que se situam os direitos à imagem e à palavra, mas não mais à intimidade e à privacidade), tem sido criticada como insuficiente para dar conta da diversidade de casos que envolvem a proteção da vida privada,[139] por mais que possa servir de referencial importante – mas não rígido – para a distinção das diversas situações concretas e seu enquadramento no âmbito de proteção do direito. De qualquer sorte, é preciso levar em conta a dificuldade que se enfrenta quando se busca reduzir a privacidade a um sentido bem definido, pois não raras vezes a privacidade se presta a certa manipulação pelo próprio ordenamento, sendo até mesmo utilizada para suprir algumas de suas necessidades estruturais, assumindo sentidos diversos em função das características de um ordenamento e dificultando ainda mais a identificação de um sentido comum.[140] Assim, a despeito da existência de parâmetros já bastante consolidados e de ser possível visualizar âmbitos mais íntimos e mais abertos da vida privada (tal como sugerido pela teoria das esferas), o fato é que uma violação do direito à privacidade somente poderá ser adequadamente aferida à luz das circunstâncias do caso concreto.[141]

As considerações precedentes apenas reforçam a tese de que não se logrou até o momento definir com precisão em que consiste o direito à privacidade (e intimidade)[142] e que se deve refutar toda e qualquer catalogação prévia e fechada de situações que possam se enquadrar no seu âmbito de proteção. Com isso, contudo, não se afasta, como já referido, a possibilidade de identificar alguns parâmetros e elementos do direito que tem sido objeto de ampla aceitação, seja no direito estrangeiro, seja no âmbito do direito brasileiro, além de reconhecidos ao nível do direito internacional dos direitos humanos.

Assim, não se coloca em causa que o direito à vida privada consiste, a exemplo do que emblematicamente já se disse no direito norte-americano, no direito de se estar só e de se

---

137. Idem, p. 286.
138. Cf., por todos, para o direito brasileiro, TAVARES, André Ramos. *Curso de direito constitucional*, 18. ed., p. 551.
139. Cf. bem anotam MIRANDA, Jorge; MEDEIROS, Rui. *Constituição portuguesa anotada*, p. 290.
140. Cf. DONEDA, Danilo. *Da privacidade à proteção de dados pessoais*, p. 101 e ss.
141. Cf., por todos, HORN, Hans-Detlef. Allgemeines Freiheitsrecht, Recht auf Leben u.a. In: STERN, Klaus; BECKER, Florian. *Grundrechte Kommentar*, p. 197.
142. Cf. ROYO, Javier Pérez. *Curso de derecho constitucional*, p. 303.

ser deixado só (*the right to be let alone*),[143] no sentido, portanto, de um direito a viver sem ser molestado pelo Estado e por terceiros no que toca aos aspectos da vida pessoal (afetiva, sexual etc.) e familiar.[144] Em causa, portanto, está o controle por parte do indivíduo sobre as informações que em princípio apenas lhe dizem respeito, por se tratar de informações a respeito de sua vida pessoal, de modo que se poderá mesmo dizer que se trata de um direito individual ao anonimato.[145] Dito de outro modo, o direito à privacidade consiste num direito a ser deixado em paz, ou seja, na proteção de uma esfera autônoma da vida privada, na qual o indivíduo pode desenvolver a sua individualidade, inclusive e especialmente no sentido da garantia de um espaço para seu recolhimento e reflexão, sem que ele seja compelido a determinados comportamentos socialmente esperados.[146]

À vista do exposto, é possível acompanhar a lição de J. J. Canotilho e Vital Moreira, quando sustentam, em passagem aqui transcrita, que "o direito à reserva da intimidade da vida privada e familiar analisa-se principalmente em dois direitos menores: (a) o direito a impedir o acesso de estranhos a informações sobre a vida privada e familiar e (b) o direito a que ninguém divulgue as informações que tenha sobre a vida privada e familiar de outrem. Alguns outros direitos fundamentais funcionam como garantias deste: é o caso do direito à inviolabilidade do domicílio e da correspondência, da proibição de tratamento informático de dados referentes à vida privada. Instrumentos jurídicos privilegiados de garantia deste direito são igualmente o sigilo profissional e o dever de reserva das cartas confidenciais e demais papéis pessoais".[147]

Não sendo fácil, como em geral admitido, distinguir os diversos níveis de proteção do direito à privacidade, em especial o âmbito que diz respeito ao campo mais reservado da intimidade da vida pessoal e familiar (aquilo que em princípio não interessa ao Estado e às demais pessoas), da esfera mais aberta, ou seja, que diz com a inserção social do indivíduo, e desde logo reforçando a tese da insuficiência de qualquer categorização fechada, é possível, contudo, distinguir um âmbito que, ao menos em princípio, é – já pela sua conexão com a dignidade da pessoa humana – absolutamente protegido, insuscetível, portanto, de intervenção estatal, e uma esfera mais aberta, em que a pessoa se encontra entre pessoas e com elas interage[148], que, por sua vez, é passível de intervenção, desde que mediante estrita observância dos critérios da proporcionalidade e para salvaguardar outros direitos fundamentais ou bens e interesses constitucionalmente assegurados.[149]

---

143. Cf., conhecido artigo publicado por Warren, Samuel D.; Brandeis, Louis D. The Right to Privacy. *Harvard Law Review*, vol. 4, n. 5, 1890, p. 193–220.

144. Cf., por exemplo, Rivero Jean; Moutouh, Hughes. *Liberdades públicas*, p. 447-448: "A vida privada é esfera de cada existência em que ninguém pode imiscuir-se sem ser convidado. A liberdade da vida privada é o reconhecimento, em proveito de cada qual, de uma zona de atividade que lhe é própria, e que ele pode vedar a outrem".

145. Cf. Mendes, Gilmar Ferreira; Branco, Paulo Gustavo Gonet. *Curso de direito constitucional*, 15. ed., p. 287.

146. Horn, Hans-Detlef. Allgemeines Freiheitsrecht, Recht auf Leben u.a. In: Stern, Klaus; Becker, Florian. *Grundrechte Kommentar*, p. 195.

147. Cf. Canotilho, J. J. Gomes; Moreira, Vital. *Constituição da República Portuguesa anotada*, p. 467-468.

148. Cf. RE 1.292.275/RJ AgR, rel. Min. Dias Toffoli, j. em 03.05.2023, em que o STF, mediante o uso da técnica da ponderação, definiu que a exposição de imagem de preso provisório deve ser desacompanhada do respectivo nome, endereço ou profissão e apenas de forma excepcional e motivada.

149. Cf., por todos, Kloepfer, Michael. *Verfassungsrecht II*, p. 151.

Por outro lado, sendo possível distinguir dados (informações) que dizem respeito, em primeira linha, a situações pessoais, tais como a orientação e as preferências sexuais, anotações em diários, entre outras, de informações em princípio mais triviais, necessário que não se sucumba à tentação de considerar os dados de forma isolada, mas, sim, a partir de uma perspectiva integrada, que perceba os dados pessoais a partir da relação que possa existir entre eles, pois há casos em que dados (informações) aparentemente triviais podem, no âmbito de uma combinação de dados aparentemente aleatórios, implicar uma lesão do direito à privacidade.[150]

Por derradeiro, é de se adotar o entendimento de que o critério (principal) de determinação do âmbito de proteção do direito à privacidade deverá ser material e não formal. Com efeito, ao passo que, numa perspectiva estritamente formal, privado (ou íntimo) seria tudo aquilo que uma pessoa decide excluir do conhecimento alheio, de tal sorte que o âmbito de proteção da privacidade seria variável consoante a particular visão do titular do direito, de um ponto de vista material o direito à privacidade cobre os aspectos da vida pessoal que, de acordo com as pautas sociais vigentes, costuma ser tido como reservado e indisponível ao legítimo interesse do Estado e de terceiros, especialmente tudo que tiver de ficar oculto para assegurar ao indivíduo uma vida com um mínimo de qualidade.[151] Que tal orientação não dispensa uma cuidadosa avaliação das circunstâncias de cada caso convém seja aqui relembrado.

Dada a sua dupla dimensão objetiva e subjetiva, o direito à privacidade opera, na condição de direito subjetivo, em primeira linha como direito de defesa, portanto, como direito à não intervenção por parte do Estado e de terceiros no respectivo âmbito de proteção do direito[152] e, como expressão também da liberdade pessoal, como direito a não ser impedido de levar sua vida privada conforme seu projeto existencial pessoal e de dispor livremente das informações sobre os aspectos que dizem respeito ao domínio da vida pessoal e que não interferem em direitos de terceiros. Assim, o direito à privacidade é também direito de autodeterminação do indivíduo.

Por sua vez, da perspectiva objetiva decorre, além da assim chamada eficácia irradiante e interpretação da legislação civil (notadamente no campo dos direitos de personalidade), em sintonia com os parâmetros normativos dos direitos fundamentais, um dever de proteção estatal, no sentido tanto da proteção da privacidade na esfera das relações privadas, ou seja, contra intervenções de terceiros, quanto no que diz com a garantia das condições constitutivas da fruição da vida privada.[153]

Em sinergia com a decisão proferida na ADI 6.387/DF, que suspendeu a eficácia da Medida Provisória n. 954/2020, editada em decorrência da pandemia da Covid-19, e que determinou ao IBGE que se abstivesse de requerer a disponibilização de dados objeto da referida medida provisória, cumpre ainda diferenciar o direito à vida privada, quanto à

---

150. Cf. CALLEJÓN, Maria Luisa Balaguer. *Principio de igualdad y derechos individuales*. In: CALLEJÓN, Francisco Balaguer (Coord.). *Manual de derecho constitucional*, 5. ed., vol. 2, p. 135.

151. Cf., para o direito espanhol, DÍEZ-PICAZO, Luís María. *Sistema de derechos fundamentales*, p. 289.

152. Sobre o tema, v. decisão da Primeira Turma do STF que assegurou direitos fundamentais de terceiros, à intimidade e ao sigilo de dados, ao restringir o acesso de investigados ou acusados às informações de caráter privado de diversas pessoas que não dizem respeito ao seu direito de defesa, cf. Rcl 25.872 AgR-AgR/SP, rel. Min. Rosa Weber, j. 17.12.2019.

153. Cf. KLOEPFER, Michael. *Verfassungsrecht II*, p. 152.

privacidade e à intimidade, do direito à proteção de dados. Enquanto a proteção de dados se destina a garantir a salvaguarda sem lacunas de todas as dimensões que envolvem a coleta, armazenamento, tratamento, utilização e transmissão de dados pessoais, inclusive com vistas ao livre desenvolvimento da personalidade do indivíduo, na proteção à vida privada, quando se trata da manipulação de dados pessoais digitalizados, existe a imposição de limites constitucionais constantes em cláusulas assecuratórias da liberdade individual (art. 5.º, *caput*, da CF), da privacidade e do livre desenvolvimento da personalidade (art. 5.º, X e XII, também da CF). De acordo com o colegiado, por não prever exigência alguma quanto a mecanismos e procedimentos para assegurar o sigilo, a higidez e o anonimato dos dados compartilhados, a Medida Provisória n. 954/2020 não satisfez as exigências que exsurgem do texto constitucional no tocante à efetiva proteção de direitos fundamentais dos brasileiros. Apesar de vencido, vale reportar o voto vencido do Ministro Marco Aurélio, que manteve hígida a medida provisória sob o fundamento de que esta serve como solução ante as dificuldades de coleta de dados pela impossibilidade de circulação de pessoas durante a pandemia do novo coronavírus, além de referir se tratar, a medida provisória, de ato precário e efêmero passível de análise pelo Congresso Nacional.

Ainda sobre os pontos de contato entre o direito à privacidade e intimidade e o direito à proteção de dados pessoais, cabe destacar importante decisão da Suprema Corte no julgamento da ADI 5.545/RJ. A controvérsia envolvia a constitucionalidade de dispositivos da Lei n. 9.990/2002 do Estado do Rio de Janeiro, que determinava a coleta compulsória de material genético de mães e bebês no momento do parto em hospitais, casas de saúde e maternidades para posterior armazenamento, com o objetivo de realizar exames de DNA comparativo em caso de dúvida e evitar eventual troca de bebês. O Plenário, à unanimidade, declarou a inconstitucionalidade dos dispositivos da Lei fluminense, entendendo que as normas violavam as exigências da proporcionalidade, na medida em que impunham a coleta de material genético à revelia da vontade da mãe (violação ao direito ao consentimento livre e informado); não estabeleciam prazo ou possibilidade de os interessados requererem a retirada de seu material e dados genéticos do banco de dados (violação ao direito à limitação temporal do tratamento e à exclusão de dados pessoais armazenados em bancos de dados); e não impediam que as amostras de DNA fossem utilizadas em finalidades estranhas à constatação da filiação (violação ao direito ao conhecimento e limitação da finalidade da coleta dos dados). Nesse sentido, ainda foi destacada a existência de medidas menos gravosas aos direitos fundamentais colidentes, como a identificação da gestante no momento da admissão em conjunto com a posterior identificação do recém-nascido no momento do nascimento, e a permissão da permanência do pai no momento do parto.

4.6.3 Limites e restrições

Assim como os demais direitos pessoais, também o direito à privacidade não se revela ilimitado e imune a intervenções restritivas. Todavia, ao não prever, para a privacidade e intimidade, uma expressa reserva legal, além de afirmar que se cuida de direitos invioláveis, há que reconhecer que a Constituição Federal atribuiu a tais direitos um elevado grau de proteção, de tal sorte que uma restrição apenas se justifica quando necessária a assegurar a proteção de outros direitos fundamentais ou bens constitucionais relevantes (no caso, portanto, de uma restrição implicitamente autorizada pela Constituição Federal), de modo que é em geral na esfera dos conflitos com outros direitos que se pode, em cada caso, avaliar a legitimidade constitucional da restrição. De outra parte, no que diz com a possibilidade de renúncia total ou parcial, remete-se aqui às considerações já tecidas quando do estabelecimento dos contornos gerais do regime jurídico dos direitos pessoais. De qualquer sorte, impende consignar que o quanto a vida privada é, em cada caso, protegida também guarda relação com o próprio modo de vida individual (pessoas com vida pública, tais como artistas e políticos, naturalmente estão mais expostas), de modo que é possível aceitar, em determinadas circunstâncias, uma redução, mas jamais uma anulação dos níveis de proteção individual na esfera da privacidade e intimidade.[154]

Uma garantia adicional do direito à privacidade, o direito à indenização pelo dano material e/ou moral decorrente de sua violação, foi expressamente assegurado pela Constituição Federal no mesmo dispositivo (art. 5.º, X), remetendo-se aqui, para o desenvolvimento do ponto, às considerações tecidas quando do exame da liberdade de expressão.

Por outro lado, não se desconhece nem se desconsidera o quanto cada vez mais parece confirmar-se a tese, amplamente difundida, de que estamos vivenciando o "fim da privacidade", seja por conta da constante e intensa auto exposição nas mídias sociais, na comunicação eletrônica em geral, na utilização de aplicativos diversos por meio dos quais permitimos o acesso a um conjunto de dados (informações pessoais de toda natureza), isso sem falar na ampliação dos mecanismos de vigilância e monitoramento da vida individual e coletiva, ainda que motivada por razões de segurança, acesso a toda uma gama de bens, serviços e informações, entre outros aspectos a serem considerados. Assim, por evidente que se há de reconhecer que se está a experimentar um gradual esvaziamento da privacidade, especialmente das possibilidades efetivas de sua real proteção, o que não significa que não continuem existindo espaços de maior blindagem e ao menos, ainda que corriqueiras as intervenções na esfera privada, mecanismos de reparação *a posteriori*.

4.7 A salvaguarda do sigilo fiscal e bancário

O sigilo em relação às operações bancárias (empréstimo e guarda de dinheiro) já integra, desde a Antiguidade, mas especialmente a partir da Idade Média, um expressivo número de ordens jurídicas, alcançando inclusive – embora não de forma generalizada e não da mesma forma – relevância constitucional, mas em geral não mediante expressa previsão no texto constitucional, o que também se deu no caso brasileiro.[155] No caso da Constituição Federal, a proteção do sigilo fiscal e bancário, de acordo com a voz majoritária no direito brasileiro, foi deduzida dos direitos à privacidade e à intimidade, constituindo uma particular manifestação destes,[156] em que pese alguma controvérsia inicial sobre a sede mais adequada de tais direitos.[157] A própria discussão sobre o caráter fundamental do sigilo fiscal e bancário

---

154. Cf., por todos, MENDES, Gilmar Ferreira; BRANCO, Paulo Gustavo Gonet. *Curso de direito constitucional*, 15. ed., p. 289.

155. Sobre tal evolução v., na literatura brasileira, a síntese de SAMPAIO, José Adércio Leite. A suprema inviolabilidade: a intimidade informática e o sigilo bancário. In: SARMENTO, Daniel; SARLET, Ingo Wolfgang (Coord.). *Direitos fundamentais no Supremo Tribunal Federal:* balanço e crítica, p. 544 e ss.

156. Cf., por exemplo, o julgamento do RE 215.301/CE, j. 13.04.2009, rel. Min. Carlos Velloso.

157. Há quem pretenda ver o sigilo fiscal e bancário abrangido pelo âmbito de proteção do art. 5.º, XII, da CF, que diz respeito ao sigilo das comunicações. Nesse sentido, v., por todos, CORRÊA, Luciane Amaral. O princípio da proporcionalidade e a quebra do sigilo bancário e do sigilo fiscal nos processos de execução. In: SARLET, Ingo Wolfgang (Org.). *A constituição concretizada – Construindo pontes entre o público e o*

– discussão que se legitima pelo fato de não se tratar de direito expressamente consagrado no texto constitucional[158] – coloca algumas questões dignas de nota, pois há quem encare com reservas o fato de se incluir na esfera dos direitos pessoais, além de um "direito ao segredo de ser", também um "direito ao segredo de ter", ainda mais em virtude da magnitude dos direitos e interesses, especialmente públicos, colidentes com tal segredo em matéria patrimonial, fiscal e bancária, o que não afetaria os casos de sigilo profissional (médicos, psiquiatras, psicoterapeutas, advogados etc.), que guardam relação com a privacidade de quem deposita legítima (e mesmo necessária) confiança em tal segredo.[159]

Independentemente das possíveis objeções ao reconhecimento de um direito (garantia) fundamental ao sigilo fiscal e bancário, doutrina e jurisprudência, como já sinalado, como tal o consagraram na ordem constitucional brasileira. Considerando, todavia, as expressivas limitações estabelecidas a tais sigilos, bem como a relativa facilidade com que são determinadas quebras de sigilo fiscal e bancário no Brasil, é mesmo de se indagar o quanto de fato é possível falar aqui de direitos fundamentais. De qualquer sorte, cuida-se de uma dimensão relativamente mais fraca da proteção da vida privada, visto que se tem admitido uma ampla possibilidade de intervenções legítimas.

Quanto ao âmbito de proteção do sigilo fiscal e bancário, não se efetua, em princípio, diferença entre os diversos dados (informações) constantes nos cadastros fiscais e bancários, de tal sorte que é, em regra, a integralidade de tais dados que se encontra protegida. Aqui, contudo, é possível aventar a conveniência de se diferenciar, quando de eventual intervenção restritiva, entre a qualidade das informações requisitadas, especialmente quando por meio de registros fiscais e bancários se tem acesso a outras informações que dizem respeito à esfera da intimidade pessoal e familiar. De qualquer sorte, doutrina e jurisprudência do STF[160] reconhecem que o direito ao sigilo bancário e fiscal não tem caráter absoluto, tendo

---

privado, p. 165 e ss. Por outro lado, existem os que (cf. Teixeira, Eduardo Didonet; Haeberlin, Martin. *A proteção da privacidade – Aplicação na quebra do sigilo bancário e fiscal*, p. 91-92) sustentam uma fundamentação mais ampliada, sugerindo a existência de três explicações para o reconhecimento do direito fundamental ao sigilo fiscal e bancário na Constituição: "1) as operações bancárias e as informações do Fisco sobre os contribuintes são armazenadas, atualmente, em bancos de dados (os sigilos bancário e fiscal estariam, assim, abrangidos no sigilo de dados disposto no art. 5.º, XII, da CF); 2) a garantia da inviolabilidade da intimidade e da vida privada (art. 5.º, X, da CF) abriga, como princípios, o sigilo, sendo este derivado daqueles; 3) o sigilo bancário e o fiscal são imposições legais aos profissionais, respectivamente, de bancos e da Fazenda Pública (como necessário à profissão, estes sigilos estariam resguardados pelo art. 5.º, XIV, da CF).

158. Sobre tal controvérsia, v., entre nós, Sampaio, José Adércio Leite. A suprema inviolabilidade: a intimidade informática e o sigilo bancário. In: Sarmento, Daniel; Sarlet, Ingo Wolfgang (Coord.). *Direitos fundamentais no Supremo Tribunal Federal:* balanço e crítica, p. 547 e ss., mediante referência ao debate travado no STF.

159. Cf. as ponderações de Canotilho, J. J. Gomes; Moreira, Vital. *Constituição da República Portuguesa anotada*, p. 469. Em sentido crítico, refutando tal distinção, v., na literatura brasileira, Sampaio, José Adércio Leite. A suprema inviolabilidade: a intimidade informática e o sigilo bancário. In: Sarmento, Daniel; Sarlet, Ingo Wolfgang (Coord.). *Direitos fundamentais no Supremo Tribunal Federal:* balanço e crítica, p. 542-543.

160. Cf., por exemplo, o 23168/DF - AgR. Relatora Ministra Rosa Weber, julgado em 28.06.2019, negando às sociedades de economia mista a invocação do sigilo fiscal e bancário (no caso, do Banco do Brasil) e o HC 135853/ES, rel. Min. Alexandre de Moraes, julgado em 10.09.2018, quando o STF reafirmou que a inviolabilidade dos sigilos bancário e fiscal não é absoluta, podendo ser afastada quando eles estiverem sendo utilizados para ocultar a prática de atividades ilícitas.

estabelecido alguns parâmetros para o controle da legitimidade constitucional da quebra do sigilo fiscal e bancário.[161]

Uma primeira diretriz diz respeito ao caráter excepcional da restrição, que, a exemplo das demais intervenções em direitos fundamentais, deve ser justificável a partir da necessidade de salvaguarda de outro direito fundamental ou interesse coletivo constitucionalmente assegurado,[162] devendo, além disso, observar o devido processo legal e os requisitos da razoabilidade e da proporcionalidade.[163] Na prática, contudo, especialmente observando a jurisprudência das instâncias ordinárias, é possível questionar o quanto tal excepcionalidade tem sido observada, dada a relativa facilidade com que se autoriza a quebra do sigilo fiscal e bancário, mesmo na esfera judicial, pois a motivação não se prende, como no caso do sigilo das comunicações, a garantir uma investigação criminal.

Outro aspecto relevante guarda relação com a existência, ou não, de uma reserva de jurisdição para efeitos de autorizar a quebra do sigilo. Por um lado, é possível afirmar que a inclusão do sigilo fiscal e bancário no âmbito de proteção mais alargado do direito à privacidade afasta a incidência da reserva legal qualificada que foi expressamente prevista para o sigilo das comunicações (art. 5.º, XII), por exemplo, a exigência de autorização judicial para toda e qualquer medida interventiva no direito; por outro lado, o STF, assim como de modo geral a doutrina, tem sido resistente no que diz com a liberação geral da possibilidade de determinar a quebra do sigilo a outros órgãos e agentes estatais, exigindo, de regra, seja requerida autorização judicial[164] e que se cuide de hipótese regulada por lei.[165] Em geral, portanto, dispensa-se autorização judicial apenas nas seguintes situações: (a) quando a quebra do sigilo é requisitada, devidamente motivada, por comissão parlamentar de inquérito no âmbito do seu poder de investigação;[166] (b) pela autoridade fiscal, nos termos da LC 105/2001, embora a controvérsia estabelecida em torno da legitimidade constitucional de dispositivos da referida lei, por alegada ofensa ao sigilo fiscal e bancário,[167] tendo o STF reiteradamente

---

161. Na esfera manualística, v., entre tantos, MENDES, Gilmar Ferreira; BRANCO, Paulo Gustavo Gonet. *Curso de direito constitucional*, 15. ed., p. 293 e ss.; CARVALHO, Kildare Gonçalves. *Direito constitucional*: teoria do estado e da constituição – Direito constitucional positivo, p. 790 e ss.; FERRARI, Regina Maria Macedo Nery. *Direito constitucional*, p. 620 e ss.; LENZA, Pedro. *Direito constitucional esquematizado*, p. 603-604; PIVA, Otávio. *Comentários ao art. 5.º da Constituição Federal de 1988 e teoria dos direitos fundamentais*, p. 77 e ss; MARTINS, Flávio. Curso de direito constitucional, 4. ed., p. 792 e ss.

162. Cf., em caráter ilustrativo, o HC 84.758, j. 25.05.2006, rel. Min. Celso de Mello. No âmbito da doutrina, v., por todos, MENDES, Gilmar Ferreira; BRANCO, Paulo Gustavo Gonet. *Curso de direito constitucional*, 15. ed., p. 294 ("O sigilo haverá de ser quebrado em havendo necessidade de preservar um outro valor com *status* constitucional, que se sobreponha ao interesse na manutenção do sigilo. Além disso, deve estar caracterizada a adequação da medida ao fim pretendido, bem como a sua efetiva necessidade – i.e., não se antever outro meio menos constritivo para alcançar o mesmo fim").

163. Nesse sentido, v., na jurisprudência do STF, o julgamento do AgIn 655.298-AgRg, j. 04.09.2007, rel. Min. Eros Grau.

164. Cf., por todos, MARMELSTEIN, George. *Curso de direitos fundamentais*, p. 122.

165. Cf., por todos, MENDES, Gilmar Ferreira; BRANCO, Paulo Gustavo Gonet. *Curso de direito constitucional*, 15. ed., p. 294.

166. Cf., por exemplo, no julgamento do MS 23.452/RJ, j. 16.09.1999, rel. Min. Celso de Mello, considerado o principal precedente na matéria.

167. Embora em vigor e sendo aplicada, diversos dispositivos da LC 105/2001 foram objeto de controle de constitucionalidade no STF no âmbito das Ações Diretas de Inconstitucionalidade 2.386, 2.389, 2.390, 2.397, 2.406 e 2.859-6.

reconhecido a possibilidade de a administração tributária requisitar (observados os requisitos objetivos previstos em lei) informações às instituições financeiras.[168]

A possibilidade de o Ministério Público requisitar diretamente informações bancárias e fiscais tem sido em geral refutada pelo STF,[169] a despeito de precedente isolado que autorizava tal requisição envolvendo recursos públicos.[170] Um dos principais motivos do afastamento da legitimidade do Ministério Público residiria no fato de que não tem ele o dever da imparcialidade e atua como parte,[171] argumento que, todavia, não tem convencido a todos, pois há quem entenda que o que se haveria de exigir seria o atendimento dos requisitos da impessoalidade e não da imparcialidade.[172] Importa destacar, contudo, que, de acordo com o art. 9.º da LC 105/2001, se o Banco Central do Brasil ou a Comissão de Valores Mobiliários, no exercício de suas atribuições, verificarem a ocorrência de crime definido em lei como de ação pública ou constatarem indícios da prática de tais crimes, deverão informar o Ministério Público.[173]

Além disso, em sendo a prova utilizada pelo Ministério Público, este deverá ter obtido a informação de comissão parlamentar de inquérito ou por força de autorização judicial.[174] Ainda de acordo com o entendimento do STF, consolidado ao longo de uma intensa prática decisória, a autoridade policial, o Banco Central,[175] outros órgãos do Poder Executivo, bem como os Tribunais de Contas[176] não estão legitimados a quebrar o sigilo fiscal e bancário e devem acessar a autoridade judiciária competente. Tal quadro, como se pode perceber, revela que o STF acabou, na prática, consagrando uma espécie de reserva de jurisdição relativa, objetivando um maior controle e rigor no campo das intervenções na esfera do sigilo fiscal e bancário.

Além dos requisitos já expostos, o STF tem estabelecido critérios adicionais, ligados ao próprio procedimento da quebra do sigilo fiscal e bancário, entre os quais assume destaque a criteriosa fundamentação da decisão, seja qual for a autoridade competente. Ademais, como se extrai de decisão relatada pelo Min. Celso de Mello:

"A quebra de sigilo não pode ser manipulada, de modo arbitrário, pelo Poder Público ou por seus agentes. É que, se assim não fosse, a quebra de sigilo converter-se-ia, ilegitimamente, em instrumento de busca generalizada e de devassa indiscriminada da esfera de intimidade das pessoas, o que daria ao Estado, em desconformidade com os postulados que informam o regime democrático, o poder absoluto de vasculhar, sem quaisquer limitações, registros sigilosos alheios. Doutrina. Precedentes. Para que a medida excepcional da quebra de sigilo bancário não se descaracterize em sua finalidade legítima, torna-se imprescindível que o ato estatal que a decrete, além de adequadamente fundamentado, também indique, de

---

168. Cf. julgamento no RE 601.314-SP, rel. Min. Edson Fachin, j. 24.02.2016.

169. Cf., por exemplo, RE (AgRg) 318.136/RJ, j. 12.09.2006, rel. Min. Cezar Peluso, e, mais recentemente, no Inq 2.593 AgRg/DF, j. 09.12.2010, rel. Min. Ricardo Lewandowski.

170. Cf. o julgamento do MS 21.729/DF, j. 05.10.1995, rel. Min. Marco Aurélio.

171. Nesse sentido, v. MARMELSTEIN, George. Curso de direitos fundamentais, p. 123.

172. Por exemplo, as ponderações de SAMPAIO, José Adércio Leite. A suprema inviolabilidade: a intimidade informática e o sigilo bancário. In: SARMENTO, Daniel; SARLET, Ingo Wolfgang (Coord.). Direitos fundamentais no Supremo Tribunal Federal: balanço e crítica, p. 551.

173. Cf., por todos, NOVELINO, Marcelo. Direito constitucional, p. 279.

174. Cf. Inq 2.245, j. 28.08.2007, rel. Min. Joaquim Barbosa.

175. Cf. RE 461.366, j. 03.08.2007, rel. Min. Marco Aurélio.

176. Cf. MS 22.801, j. 17.12.2007, rel. Min. Menezes Direito.

modo preciso, dentre outros dados essenciais, os elementos de identificação do correntista (notadamente o número de sua inscrição no CPF) e o lapso temporal abrangido pela ordem de ruptura dos registros sigilosos mantidos por instituição financeira".[177]

Da mesma forma, deve a decisão requisitória (seja emanada por CPI, seja de autoridade judicial) especificar os dados que pretende obter, de modo a minimizar o impacto da decisão, pois, em sendo necessário apenas o endereço, não cabe, por exemplo, obter a declaração de bens da pessoa investigada.[178] A preservação da manutenção do sigilo em relação às pessoas estranhas à investigação e a utilização restrita dos dados obtidos para a finalidade da investigação que deu causa à quebra do sigilo são exigências adicionais a serem consideradas, de modo a assegurar o devido processo da intervenção restritiva no direito.[179]

Cuidando-se de medida restritiva de direito fundamental, há que efetuar rigoroso controle com base nas *exigências da proporcionalidade.* Com efeito, recolhendo-se aqui lição de Gilmar Ferreira Mendes e Paulo Gustavo Gonet Branco, que tomamos a liberdade de transcrever, "o sigilo haverá de ser quebrado em havendo necessidade de preservar um outro valor com *status* constitucional, que se sobreponha ao interesse na manutenção do sigilo. Além disso, deve estar caracterizada a adequação da medida ao fim pretendido, bem como a sua efetiva necessidade – i.e., não se antever outro meio menos constritivo para alcançar o mesmo fim".[180]

Ao critério da adequação e da necessidade soma-se o critério da proporcionalidade em sentido estrito, especialmente quando por meio da quebra do sigilo fiscal e bancário se possam colocar em causa elementos nucleares do direito à privacidade, situação que, embora possa ser considerada rara, não deveria ser descartada de plano. Por outro lado, a natureza dos dados acessados deve ser tal de modo a preservar ao máximo a esfera privada. Assim, se é possível admitir maior flexibilidade quanto a informações sobre a renda e a declaração de bens, dados sobre as despesas realizadas, especialmente quando dizem respeito a operações de caráter particular, deveriam ter sua abertura condicionada a situações excepcionais e indispensáveis à investigação criminal ou quando tal informação se revelar a única forma de assegurar direito conflitante.

Impõe-se, ainda, o registro de que a pendência do julgamento de algumas ações diretas de inconstitucionalidade e mesmo a existência de alguma instabilidade verificada em relação ao posicionamento do STF sobre alguns dos aspectos que envolvem especialmente as possibilidades e limites das restrições ao sigilo fiscal e bancário[181] não permitem que se formulem, em geral, juízos de valor conclusivos sobre a matéria, que, dada a sua relevância e dinamicidade, se encontra em processo de definição. De qualquer sorte, à vista das características do sigilo fiscal e bancário, assume ares exagerados a exigência generalizada

---

177. Cf. HC 84.758, j. 25.05.2006, rel. Min. Celso de Mello.

178. Nesse sentido, v. a observação de MENDES, Gilmar Ferreira; BRANCO, Paulo Gustavo Gonet. *Curso de direito constitucional*, 15. ed., p. 295.

179. Cf., por todos, MORAES, Alexandre de. *Direitos humanos fundamentais – Teoria geral*, p. 142.

180. Cf. MENDES, Gilmar Ferreira; BRANCO, Paulo Gustavo Gonet. *Curso de direito constitucional*, 15. ed., p. 294.

181. Nesse sentido, apontando para certa inconsistência por parte do STF, especialmente quanto aos agentes autorizados a promover a quebra do sigilo fiscal, v., também, SAMPAIO, José Adércio Leite. A suprema inviolabilidade: a intimidade informática e o sigilo bancário. In: SARMENTO, Daniel; SARLET, Ingo Wolfgang (Coord.). *Direitos fundamentais no Supremo Tribunal Federal:* balanço e crítica, em especial p. 552 e ss.

de autorização judicial, criando-se, como está a fazer o STF, uma reserva de jurisdição onde ela não foi sequer prevista pela Constituição Federal.

Por outro lado, não está em princípio vedado ao legislador, como já sinalado, estabelecer hipóteses de quebra do sigilo fiscal e bancário por autoridade não judicial, desde que assegurada a impessoalidade da medida e observadas as exigências da segurança jurídica e da proporcionalidade, portanto, de um procedimento constitucionalmente adequado. Com isso, por sua vez, estará atendido ao dever de proteção estatal na esfera dos deveres em matéria de organização e procedimento.

Sobre os limites do sigilo bancário, assume relevância decisão do STF (MS 23168/DF – AgR. Relatora Ministra Rosa Weber, julgado em 28.06.2019), de acordo com a qual – em caso de requisição do Tribunal de Contas da União ao Banco do Brasil – tal sigilo não se aplica a dados de sociedade de economia mista, porquanto sendo entidade integrante da administração pública indireta. De acordo com a Corte, quando o alvo da investigação (auditoria) são apenas dados operacionais da sociedade de economia mista – no caso, operações de crédito que envolvam recursos públicos –, sem identificação de dados pessoais ou de movimentações individuais dos correntistas, não há que falar em sigilo bancário como razão legítima para a recusa ao fornecimento dos documentos de auditoria interna requisitados pelo TCU. Com isso, é possível conciliar – no âmbito de uma concordância prática (Hesse) – a proteção dos dados individuais dos correntistas, acobertados pela garantia do sigilo bancário, ao mesmo tempo em que se assegura a constitucionalmente imposta transparência e publicidade dos dados inerentes à atuação operacional e aos recursos de titularidade da sociedade de economia mista.

Além disso, o plenário do STF decidiu ser legítimo o compartilhamento com o Ministério Público e as autoridades policiais, para fins de investigação criminal, da integralidade de dados bancários e fiscais de contribuintes obtidos pela Receita Federal e pela Unidade de Inteligência Financeira, sem a necessidade de autorização prévia pelo Poder Judiciário. Na ocasião, prevaleceu o voto do Ministro Alexandre de Moraes, segundo o qual, embora a regra constitucional seja a proteção à inviolabilidade da intimidade e da vida privada (art. 5.º, X), bem como à inviolabilidade de dados (art. 5.º, XII), que incluem os dados financeiros, sigilos bancário e fiscal, tal norma não é absoluta. Deste modo, entendeu-se não haver inconstitucionalidade ou ilegalidade no compartilhamento entre Receita e Ministério Público das provas e dados imprescindíveis à conformação e ao lançamento do tributo, assim como no compartilhamento pela UIF dos seus relatórios com os órgãos de persecução penal para fins criminais. Foram vencidos os Ministros Marco Aurélio e Celso de Mello, ambos sendo favoráveis à cláusula de reserva de jurisdição[182].

---

182. RE 1.055.941, rel. Min. Dias Toffoli, j. 04.12.2019. Foi afirmada a seguinte tese de repercussão geral quanto ao Tema 990: "1 – É constitucional o compartilhamento dos relatórios de inteligência financeira da UIF e da íntegra do procedimento fiscalizatório da Receita Federal do Brasil, que define o lançamento do tributo, com os órgãos de persecução penal, para fins criminais, sem a obrigatoriedade de prévia autorização judicial, devendo ser resguardado o sigilo das informações em procedimentos formalmente instaurados e sujeitos a posterior controle jurisdicional. 2 – O compartilhamento pela UIF e pela Receita Federal do Brasil, referente ao item anterior, deve ser feito unicamente por meio de comunicações formais, com garantia de sigilo, certificação do destinatário e estabelecimento de instrumentos efetivos de apuração e correção de eventuais desvios".

Igualmente versando sobre hipóteses de compartilhamento de dados bancários, o STF, no bojo da ADI 5729, rel. Min. Roberto Barroso, j. em 08.03.2021, decidiu serem constitucionais os §§ 1.º e 2.º do art. 7.º da Lei n. 13.254/2016, que versa sobre a repatriação de recursos. De acordo com a decisão, o legislador, ao proibir o compartilhamento de informações prestadas pelos aderentes ao Regime Especial de Regularização Cambial e Tributária – RERCT, entre os órgãos intervenientes e com os Estados e Municípios, agiu no âmbito de sua liberdade de conformação, criando restrição pontual e específica, que, ademais, envolve informações sensíveis que, caso necessário, podem ser fornecidas mediante ordem judicial.

Ainda sobre o tema, colaciona-se a decisão no RE 1.372.583 AgR, Primeira Turma, rel. Min. Rosa Weber, julgamento em 04.07.2022, em que ficou assente ser constitucional a requisição, sem prévia autorização judicial, de dados bancários e fiscais considerados imprescindíveis pelo Corregedor Nacional de Justiça para apurar infração de sujeito determinado, desde que em processo regularmente instaurado mediante decisão fundamentada e baseada em indícios concretos da prática do ato.

Da jurisprudência mais recente do STF, vale referir decisão proferida na ADI 7.276, rel. Min. Cármen Lúcia, julgada em 09.09.2024, no sentido de que "não se caracteriza quebra de sigilo bancário o acesso, pelas autoridades fiscais, a dados de caráter sigiloso fornecidos por instituições financeiras e de pagamento, no interesse da arrecadação e fiscalização tributária".

4.8 Inviolabilidade do domicílio

4.8.1 Notícia histórica e generalidades

A conhecida imagem de que a casa de alguém é o seu castelo (*my home is my castle*, como de há muito dizem ingleses e americanos) dá conta da importância da inviolabilidade do domicílio para a dignidade e o livre desenvolvimento da pessoa humana. Com efeito, a íntima conexão da garantia da inviolabilidade do domicílio com a esfera da vida privada e familiar lhe assegura um lugar de honra na esfera dos assim chamados direitos da integridade pessoal. Já por tal razão não é de surpreender que a proteção do domicílio foi, ainda que nem sempre da mesma forma e na amplitude atual, um dos primeiros direitos assegurados no plano das declarações de direitos e dos primeiros catálogos constitucionais.

A proteção contra ordens gerais de buscas domiciliares já constava da Declaração dos Direitos do Homem da Virgínia, de 1776 (art. X), e na Constituição americana (4.ª Emenda à Constituição de 1791). Embora a Declaração dos Direitos do Homem e do Cidadão, de 1789, não contivesse garantia do domicílio ou equivalente, a primeira Constituição da França, de 1791, já contemplava uma prescrição de acordo com a qual as forças militares e policiais apenas poderiam adentrar na casa de algum cidadão mediante ordem expedida pela autoridade civil competente (Título Primeiro).

A certidão de nascimento de uma expressa garantia da inviolabilidade do domicílio, tal como difundida pelas constituições da atualidade, teria sido passada pela Constituição belga de 1831, que, no seu art. 10, solenemente declarava que "le domicile est inviolable",[183] muito embora, ainda que sem referência ao termo domicílio, tal proteção já tenha sido prevista na Carta Imperial brasileira de 1824, onde se falava na casa como asilo inviolável do indivíduo. De lá para cá o direito à inviolabilidade do domicílio passou a ser presença constante nos catálogos constitucionais de direitos fundamentais e mesmo do direito internacional dos direitos humanos, como se verá logo a seguir.

4.8.2 Direito internacional dos direitos humanos e evolução constitucional brasileira anterior à Constituição Federal

No plano do direito internacional dos direitos humanos, a primeira previsão a respeito de um direito à inviolabilidade do domicílio foi inserida na Declaração Americana dos Direitos e Deveres do Homem (maio de 1948), cujo art. IX dispõe que "toda pessoa tem direito à inviolabilidade do seu domicílio". Na Declaração Universal dos Direitos Humanos (10.11.1948), a proteção do domicílio foi reconhecida juntamente com outros direitos pessoais ligados à vida privada e familiar, como dá conta o art. XII, de acordo com o qual "ninguém será sujeito a interferências na sua vida privada, na sua família, no seu lar ou na sua correspondência, nem a ataques à sua honra e reputação. Toda pessoa tem direito à proteção da lei contra tais interferências ou ataques". O mesmo ocorreu no caso da Convenção para a Proteção dos Direitos do Homem e das Liberdades Fundamentais, a assim chamada Convenção Europeia de Direitos Humanos (04.11.1950), cujo art. 8.º, que versa sobre o direito ao respeito pela vida privada e familiar e dispõe que (1) "qualquer pessoa tem direito ao respeito da sua vida privada e familiar, do seu domicílio e da sua correspondência" e que (2) "não pode haver ingerência da autoridade pública no exercício deste direito senão quando esta ingerência estiver prevista na lei e constituir uma providência que, numa sociedade democrática, seja necessária para a segurança nacional, para a segurança pública, para o bem-estar econômico do país, a defesa da ordem e a prevenção das infrações penais, a proteção da saúde ou da moral, ou a proteção dos direitos e das liberdades de terceiros".

O Pacto Internacional sobre Direitos Civis e Políticos (19.12.1966), ratificado pelo Brasil (Dec. 592, de 06.07.1992), estabelece, no art. 17, n. 1 e 2, que "ninguém poderá ser objetivo de ingerências arbitrárias ou ilegais em sua vida privada, em sua família, em seu domicílio ou em sua correspondência, nem de ofensas ilegais às suas honra e reputação" e que "toda pessoa terá direito à proteção da lei contra essas ingerências ou ofensas".

Redação similar foi adotada pela Convenção Americana sobre Direitos Humanos – Pacto de São José (22.11.1969), ratificada pelo Brasil pelo Dec. 678, de 06.11.1992. De acordo com o art. 11, n. 2 e 3, da Convenção Americana, "ninguém pode ser objeto de ingerências arbitrárias ou abusivas em sua vida privada, em sua família, em seu domicílio ou em sua correspondência, nem de ofensas ilegais à sua honra ou reputação" e "toda pessoa tem direito à proteção da lei contra tais ingerências ou tais ofensas".

Por derradeiro, assume relevo a Carta dos Direitos Fundamentais da União Europeia (2000), que também reconheceu um direito à proteção do domicílio, tal como dispõe o seu art. 7.º, de acordo com o qual "todas as pessoas têm direito ao respeito pela sua vida privada e familiar, pelo seu domicílio e pelas suas comunicações".

---

183. Cf. referência feita por HUFEN, Friedhelm. *Staatsrecht II – Grundrechte*, p. 240.

No que diz com a evolução constitucional brasileira, cabe destacar que já na Carta Imperial de 1824 havia previsão, na esfera dos direitos civis e políticos dos brasileiros (art. 179, VII), que "todo o Cidadão tem em sua casa um asylo inviolavel. De noite não se poderá entrar nella, senão por seu consentimento, ou para o defender de incendio, ou inundação; e de dia só será franqueada a sua entrada nos casos, e pela maneira, que a Lei determinar". Na primeira constituição republicana, de 1891, repetiram-se, em linhas gerais, os termos da Carta de 1824, pois, de acordo com o art. 72, § 11, da Constituição de 1891, "a casa é o asilo inviolável do indivíduo; ninguém pode aí penetrar, de noite, sem consentimento do morador, senão para acudir as vítimas de crimes, ou desastres, nem de dia senão nos casos e pela forma prescritos na lei".

O mesmo sucedeu com a Constituição de 1934, art. 113, n. 16, de acordo com o qual "a casa é o asilo inviolável do indivíduo. Nela ninguém poderá penetrar, de noite, sem consentimento do morador, senão para acudir a vítimas de crimes ou desastres, nem de dia, senão nos casos e pela forma prescritos na lei". Tal situação, contudo, mudou significativamente com o advento da Constituição do Estado Novo, de 1937, cujo art. 122, n. 6, embora tenha assegurado a inviolabilidade do domicílio (juntamente com o sigilo da correspondência), o fez de modo genérico, sem proibir o ingresso durante o período noturno e deixando para o legislador regulamentar as hipóteses que autorizavam a intervenção no direito mesmo sem o consentimento do seu titular. Com efeito, de acordo com o referido dispositivo, a constituição assegura "a inviolabilidade do domicílio e de correspondência, salvas as exceções expressas em lei".

Com a redemocratização, a proteção do domicílio novamente foi objeto de reforço, de tal sorte que a Constituição de 1946, a exemplo da tradição anterior a 1937, no seu art. 141, § 15, dispôs que "a casa é o asilo inviolável do indivíduo. Ninguém poderá nela penetrar à noite, sem consentimento do morador, a não ser para acudir a vítimas de crime ou desastre, nem durante o dia, fora dos casos e pela forma que a lei estabelecer".

Mesmo elaboradas na época do regime militar, a Constituição de 1967 (art. 150, § 10) e a Emenda n. 1 de 1969 (art. 153, § 10) mantiveram em geral os termos da proteção assegurada pela Carta de 1946, pois ambos os dispositivos referidos (1967 e 1969) dispunham que "a casa é o asilo inviolável do indivíduo; ninguém pode penetrar nela, à noite, sem consentimento do morador, a não ser em caso de crime ou desastre, nem durante o dia, fora dos casos e na forma que a lei estabelecer". Que a previsão constitucional, como costuma ocorrer em períodos de exceção, nem sempre foi levada a sério pelas autoridades policiais, judiciárias e administrativas é aspecto que aqui não temos como desenvolver.

4.8.3 Conteúdo e limites do direito à inviolabilidade do domicílio na Constituição Federal

A evolução da proteção do domicílio na esfera do direito constitucional e comparado acabou influenciando significativamente o constituinte de 1988. De acordo com o art. 5.º, XI, da CF, "a casa é asilo inviolável do indivíduo, ninguém nela podendo penetrar sem consentimento do morador, salvo em caso de flagrante delito ou desastre, ou para prestar socorro, ou, durante o dia, por determinação judicial". Muito embora a Constituição Federal não tenha utilizado a expressão "domicílio", substituindo-a por "casa", os termos hão de ser tomados como equivalentes, pois a proteção do domicílio, em que pese alguma variação encontrada no direito comparado no que diz com sua amplitude e eventuais pressupostos para sua restrição, é tomada em sentido amplo e não guarda relação necessária com a propriedade, mas, sim, com a posse para efeitos de residência e, a depender das circunstâncias, até mesmo não de forma exclusiva para fins residenciais.

Dentre os diversos problemas interpretativos que se colocam à vista da fórmula adotada pela Constituição Federal se situam basicamente os seguintes: (a) qual o conceito de domicílio para efeito da proteção constitucional; (b) quais os titulares e destinatários do direito; (c) quais os seus limites e restrições, incluída aqui (pois não se trata apenas disso) a compreensão adequada das exceções previstas pela própria Constituição Federal, quais sejam o consentimento do morador, em caso de desastre ou flagrante delito, para prestação de socorro ou – durante o dia (?) – por ordem judicial.[184]

Quanto ao primeiro ponto, ou seja, qual o conceito de domicílio para efeitos da delimitação da proteção com base no art. 5.º, XI, da CF, há que retomar a vinculação da inviolabilidade do domicílio com a proteção da vida privada e garantia do livre desenvolvimento da personalidade. A inviolabilidade do domicílio constitui direito fundamental atribuído às pessoas em consideração à sua dignidade e com o intuito de lhes assegurar um espaço elementar para o livre desenvolvimento de sua personalidade, além de garantir o seu direito de serem deixadas em paz, de tal sorte que a proteção não diz respeito ao direito de posse ou propriedade, mas com a esfera espacial na qual se desenrola e desenvolve a vida privada.[185] Por tal razão, o direito do domicílio, isto é, a garantia de sua inviolabilidade, não implica um direito ao domicílio.[186]

Tal noção corresponde, em termos gerais, ao entendimento dominante na esfera tanto do direito internacional dos direitos humanos, quanto ao que se pratica no direito constitucional comparado, pelo menos, cuidando-se de autênticos Estados Democráticos de Direito. Assim, apenas em caráter ilustrativo, doutrina e jurisprudência constitucional espanhola afirmam a existência de um nexo indissolúvel entre a inviolabilidade do domicílio e o direito à intimidade, que implica, em princípio, um conceito constitucional mais ampliado de domicílio que o convencional conceito jurídico-privado ou mesmo jurídico-administrativo,[187] o que também se constata no caso do direito português e alemão, sempre a privilegiar um conceito amplo de domicílio e destacando sua conexão com a garantia da dignidade humana e de um espaço indevassável para a fruição da vida privada.[188]

---

184. Tomamos como referência, considerando a similitude dos problemas relativos à interpretação do alcance da inviolabilidade do domicílio no direito comparado, os desafios apontados por Royo, Javier Pérez. *Curso de derecho constitucional*, p. 313.
185. Cf. Kloepfer, Michael. *Verfassungsrecht II*, p. 377, com base em precedentes do Tribunal Constitucional Federal da Alemanha, designadamente *BVerfGE* 51, 97 (110) e 89, 1 (12).
186. Cf. a correta ponderação de Michael, Lothar; Morlok, Martin. *Grundrechte*, p. 195.
187. Cf., na doutrina – sempre com referência a decisões do Tribunal Constitucional –, entre outros, Royo, Javier Pérez. *Curso de derecho constitucional*, p. 313; Díez-Picazo, Luís María. *Sistema de derechos fundamentales*, p. 304-305 e p. 308 e ss.; bem como Callejón, Maria Luisa Balaguer. Derechos individuales (II). In: Callejón, Francisco Balaguer (Coord.). *Manual de derecho constitucional*, vol. 2, p. 179 e ss.
188. Para o caso de Portugal, v., por todos, Miranda, Jorge; Medeiros, Rui. *Constituição portuguesa anotada*, p. 37; e Canotilho, J. J. Gomes; Moreira, Vital. *Constituição da República Portuguesa anotada*, p. 539-540. Da farta doutrina alemã, destaquem-se, dentre tantos, Hufen, Friedhelm. *Staatsrecht II – Grundrechte*, p. 241 e ss.; Stern, Klaus. Unverletzlichkeit der Wohnung. In: _____; Becker, Florian. *Grundrechte Kommentar*, p. 1.065; Michael, Lothar; Morlok, Martin. *Grundrechte*, p. 195-196; Kloepfer, Michael. *Verfassungsrecht II*, p. 377-378; Pieroth, Bodo; Schlink, Bernhard. *Staatsrecht II – Grundrechte*, 20. ed., p. 231-232.

No Brasil, ainda mais em face dos abusos praticados especialmente (mas lamentavelmente não só) nos períodos autoritários que antecederam a Constituição Federal, não haveria de ser diferente, e a expressão "casa", utilizada como substitutiva de "domicílio", tem sido compreendida, tanto pela doutrina quanto pela jurisprudência do STF, em sentido amplo, como abrangendo o espaço físico onde o indivíduo deve poder fruir de sua privacidade nas suas diversas manifestações.[189] Assim, a casa (domicílio) que constitui o objeto de proteção da garantia da inviolabilidade consagrada pelo art. 5.º, XI, da CF é todo aquele espaço (local) delimitado e separado que alguém ocupa com exclusividade, seja para fins de residência, seja para fins profissionais, de modo que mesmo um quarto de hotel, o escritório, qualquer dependência de casa mais ampla, desde que utilizada para fins pessoais (aposento de habitação coletiva), são considerados abrangidos pela proteção constitucional.[190] O caráter temporário e mesmo provisório da ocupação, desde que preservada a exclusividade no sentido de sua privacidade, não afasta a proteção constitucional, pois esta, como já frisado, busca em primeira linha assegurar o direito à vida privada.[191]

O STF também tem adotado um conceito amplo de casa (domicílio), nele incluindo qualquer compartimento habitado, mesmo que integrando habitação coletiva (pensão, hotel etc.), e qualquer compartimento privado onde alguém exerce profissão ou qualquer outra atividade pessoal,[192] com direito próprio e de maneira exclusiva, ainda que não o seja em caráter definitivo ou habitual.[193] Assim, é possível afirmar que também no direito

---

189. Nesse sentido, por exemplo, a proposição de FERNANDES, Bernardo Gonçalves. *Curso de direito constitucional*, p. 316-317.

190. Cf., no âmbito da produção monográfica especializada, v., por todos, GROTTI, Dinorá Adelaide Musetti. *Inviolabilidade do domicílio na Constituição*, p. 76 e ss. No que diz com a manualística, v., dentre tantos: TAVARES, André Ramos. *Curso de direito constitucional*, 18. ed., p. 553 e ss.; CUNHA JÚNIOR, Dirlei da. *Curso de direito constitucional*, p. 687; MENDES, Gilmar Ferreira; BRANCO, Paulo Gustavo G. *Curso de direito constitucional*, 15. ed., p. 296-297; SILVA, José Afonso da. *Comentário contextual à constituição*, 2. ed., p. 102-103; CARVALHO, Kildare Gonçalves. *Direito constitucional*: teoria do estado e da constituição – Direito constitucional positivo, p. 778-779; ARAÚJO, Luiz Alberto David; NUNES JUNIOR, Vidal Serrano. *Curso de direito constitucional*, p. 187-188; NOVELINO, Marcelo. *Direito constitucional*, p. 290; PIVA, Otávio. *Comentários ao art. 5.º da Constituição Federal de 1988 e teoria dos direitos fundamentais*, p. 82-83; LENZA, Pedro. *Direito constitucional esquematizado*, p. 602-603; FERRARI, Regina Maria Macedo Nery. *Direito constitucional*, p. 611-612; MARTINS, Flávio. Curso de direito constitucional, 4. ed., p. 799-801.

191. Cf., por todos, GROTTI, Dinorá Adelaide Musetti. *Inviolabilidade do domicílio na Constituição*, p. 75-76.

192. Cf., por todos, o RE 251.445-4/GO, j. 21.06.2000, rel. Min. Celso de Mello, de cuja ementa se transcreve a parte que segue: "Para os fins da proteção constitucional a que se refere o art. 5.º, XI, da Carta Política, o conceito normativo de 'casa' revela-se abrangente e, por estender-se a qualquer compartimento privado onde alguém exerce profissão ou atividade (CP, art. 150, § 4.º, III), compreende os consultórios profissionais dos cirurgiões-dentistas. Nenhum agente público pode ingressar no recinto de consultório odontológico, reservado ao exercício da atividade profissional de cirurgião-dentista, sem consentimento deste, exceto nas situações taxativamente previstas na Constituição (art. 5.º, XI). A imprescindibilidade da exibição de mandado judicial revelar-se-á providência inafastável, sempre que houver necessidade, durante o período diurno, de proceder-se, no interior do consultório odontológico, a qualquer tipo de perícia ou à apreensão de quaisquer objetos que possam interessar ao Poder Público, sob pena de absoluta ineficácia jurídica da diligência probatória que vier a ser executada em tal local". Em sentido similar, v. o RHC 90.376/RJ, rel. Min. Celso de Mello, j. 02.04.2007, onde se tratava de quarto de hotel ainda ocupado. De acordo com trecho extraído da decisão "(...) para os fins da proteção jurídica a que se refere o art. 5.º, XI, da Constituição da República, o conceito normativo de 'casa' revela-se abrangente e, por estender-se a qualquer aposento de habitação coletiva, desde que ocupado (CP, art. 150, § 4.º, II), compreende, observada essa específica limitação espacial, os quartos de hotel".

193. Cf. MS 23.595, rel. Min. Celso de Mello, j. 17.12.1999.

constitucional brasileiro trata-se de um conceito funcional de domicílio (casa), que serve a uma dupla finalidade de proteção: (a) como espaço de fruição da esfera privada o domicílio abrange não apenas habitações fixas, mas também espaços móveis, que servem ao recolhimento à privacidade, como uma barraca num acampamento, um barco ou um *trailer*; (b) a noção de domicílio também protege um espaço livre de intervenção que diz respeito à ocupação (mediante exclusão de terceiros e da autoridade estatal) para o exercício de atividades profissionais ou outras atividades lícitas.[194]

Por outro lado, o fato de escritórios profissionais serem abrangidos pela proteção da inviolabilidade do domicílio não faz com que tal garantia – a despeito da conexão existente – se confunda com a preservação do sigilo profissional, tutelada por outra norma de direito fundamental (art. 5.º, XIV, da CF), o que, por sua vez, traz consequências relevantes no que diz com as peculiaridades das autorizações judiciais para a realização de buscas e apreensões, entre outros aspectos, mas que aqui não serão desenvolvidos.[195]

Titulares (portanto, sujeitos do direito) da garantia da inviolabilidade são, em princípio, tanto as pessoas físicas (nacionais e estrangeiros) quanto as pessoas jurídicas, visto que se cuida de direito compatível com a sua condição.[196] No caso das pessoas físicas a titularidade estende-se a todos os membros da família que residem no local, assim como em geral toda e qualquer pessoa que habita ou exerce sua atividade no local, alcançando até mesmo presos e internados nos limites de seu local de internação, ressalvadas eventuais intervenções previstas em lei.[197]

Importa destacar que a titularidade do direito à inviolabilidade do domicílio não depende da condição de proprietário, pois basta a posse provisória, como no caso do quarto de hotel, da barraca instalada num *camping* etc. Por outro lado, existem casos de titularidade compartida (múltipla), pois todos os residentes de determinada casa estão, em princípio, aptos a autorizar o ingresso de terceiros sendo maiores e capazes, de tal sorte que, em caso de conflito, a palavra final sobre a autorização do ingresso na casa cabe ao respectivo chefe da casa (tanto o homem quanto a mulher) ou representante legal da entidade, cabendo aos dependentes e subordinados a garantia da inviolabilidade das dependências que lhes são

---

194. Cf. MICHAEL, Lothar; MORLOK, Martin. *Grundrechte*, p. 195-196.

195. Nesse sentido colaciona-se trecho extraído de decisão do STF: "O sigilo profissional constitucionalmente determinado não exclui a possibilidade de cumprimento de mandado de busca e apreensão em escritório de advocacia. O local de trabalho do advogado, desde que este seja investigado, pode ser alvo de busca e apreensão, observando-se os limites impostos pela autoridade judicial. Tratando-se de local onde existem documentos que dizem respeito a outros sujeitos não investigados, é indispensável a especificação do âmbito de abrangência da medida, que não poderá ser executada sobre a esfera de direitos de não investigados. Equívoco quanto à indicação do escritório profissional do paciente, como seu endereço residencial, deve ser prontamente comunicado ao magistrado para adequação da ordem em relação às cautelas necessárias, sob pena de tornar nulas as provas oriundas da medida e todas as outras exclusivamente dela decorrentes. Ordem concedida para declarar a nulidade das provas oriundas da busca e apreensão no escritório de advocacia do paciente, devendo o material colhido ser desentranhado dos autos do Inq 544 em curso no STJ e devolvido ao paciente, sem que tais provas, bem assim quaisquer das informações oriundas da execução da medida, possam ser usadas em relação ao paciente ou a qualquer outro investigado, nesta ou em outra investigação" (HC 91.610, j. 08.06.2010, rel. Min. Gilmar Mendes).

196. Cf., por todos, MENDES, Gilmar Ferreira; BRANCO, Paulo Gustavo G. *Curso de direito constitucional*, 15. ed., p. 297.

197. Cf., por todos, CANOTILHO, J. J. Gomes; MOREIRA, Vital. *Constituição da República Portuguesa anotada*, p. 541.

destinadas, ressalvado o direito do chefe da casa ou superior de negar o ingresso de terceiros na residência ou estabelecimento.[198]

No que toca às pessoas jurídicas, impõe-se um registro adicional. Considerando que em primeira linha a proteção do domicílio busca assegurar o direito à privacidade, no caso das pessoas jurídicas a inviolabilidade alcança apenas os espaços físicos indispensáveis ao desenvolvimento das atividades essenciais da pessoa jurídica sem estar sujeita a intromissões de terceiros, portanto apenas os espaços físicos onde se situam os centros de direção da sociedade e onde são guardados documentos e outros bens que são afastados do conhecimento de outras pessoas físicas e jurídicas.[199]

De qualquer sorte, parece adequado que uma noção necessariamente ampliada de casa (domicílio), destinada a assegurar níveis mais eficazes de proteção, inclua as pessoas jurídicas, dadas as circunstâncias, no rol dos titulares do direito. No que concerne aos destinatários, muito embora se cuide, em primeira linha, de norma que busca proteger o indivíduo da ação estatal, também os particulares são abrangidos pelo elenco dos vinculados pelo direito fundamental, sendo-lhes vedado o ingresso na casa sem o consentimento do titular, possuidor ou ocupante, sem prejuízo da criminalização de tal conduta, representada pelo delito de violação do domicílio, além da possibilidade de uso do desforço próprio e ações civis para afastar o intruso.

No que diz com as intervenções no âmbito de proteção da inviolabilidade do domicílio, este não é apenas violado quando se ingressa na moradia ou escritório de alguém sem o seu consentimento, mas também quando é o caso de invasão promovida mediante a utilização de recursos tecnológicos, como na hipótese da escuta ambiental ou mesmo filmagens com as quais se acessam as conversas e a vida privada dos moradores, excluindo-se, todavia, perturbações provocadas por poluição sonora ou de outra natureza ou quando se tiram fotografias da casa e se controla o ingresso dos moradores e visitantes, visto que tais situações são cobertas por outros direitos fundamentais.[200]

Por outro lado, uma intervenção no âmbito de proteção é desde logo afastada na hipótese em que o ingresso no domicílio (moradia ou escritório) se deu com o livre consentimento do respectivo titular ou mesmo nas hipóteses de alienação do imóvel ou rescisão do contrato de locação ou arrendamento, se for o caso. De qualquer modo, presente o livre e pessoal consentimento do titular do direito, não há falar em violação do domicílio, independentemente de o ingresso ocorrer no horário diurno ou noturno. O consentimento, além disso, não necessita ser expresso (podendo, portanto, ser tácito) nem por escrito, mas há de ser prévio e inequívoco.[201] Já pelo fato de ser exigido o consentimento livre e prévio do titular do direito, eventual recusa em permitir o ingresso de autoridade estatal (policial ou administrativa), a não ser no caso das hipóteses excepcionais previstas no art. 5.º, XI, da CF

---

198. Cf., por todos, Mendes, Gilmar Ferreira; Branco, Paulo Gustavo G. *Curso de direito constitucional*, p. 297-298.

199. Cf., por todos, Callejón, Maria Luisa Balaguer. Derechos individuales (II). In: Callejón, Francisco Balaguer (Coord.). *Manual de derecho constitucional*, vol. 2, p. 179. Revelando maior reserva, v. Canotilho, J. J. Gomes; Moreira, Vital. *Constituição da República Portuguesa anotada*, p. 540, ao ponderarem ser duvidoso que a proteção da sede das pessoas jurídicas ainda possa ser enquadrada no âmbito de proteção da inviolabilidade do domicílio, precisamente por não estar em causa a esfera da intimidade pessoal e familiar.

200. Cf. Canotilho, J. J. Gomes; Moreira, Vital. *Constituição da República Portuguesa anotada*, p. 540.

201. Cf., por todos, Royo, Javier Pérez. *Curso de derecho constitucional*, p. 314.

(flagrante delito, desastre, prestação de socorro ou ordem judicial), afasta a configuração do delito de resistência ou desobediência.[202]

Nesse ponto, cabe destacar que discussão em torno dos pressupostos de validade do consentimento do morador para a busca e apreensão domiciliar vem ganhando novos contornos na jurisprudência brasileira, especialmente a partir da decisão da Sexta Turma do STJ no julgamento do HC 598.051/SP[203], de relatoria do Ministro Rogério Schietti, em que a Corte determinou a necessidade de registro do consentimento em áudio e vídeo, bem como, sempre que possível, por escrito. A matéria chegou ao STF por meio do RE 1.368.160/RS[204], que, à unanimidade, reconheceu a existência de repercussão geral da questão constitucional suscitada.

Além das hipóteses em que se verifica o prévio e livre consentimento do titular, apenas é possível ingressar no domicílio (casa, escritório ou equivalente) nos casos expressamente previstos pela Constituição Federal, quais sejam flagrante delito, desastre, prestação de socorro ou, durante o dia, mediante ordem judicial.

No primeiro caso, embora as hipóteses de flagrante delito estejam definidas na legislação (o ingresso no domicílio se legitima apenas quando e se configurada a figura do flagrante), nem todas as situações se revelam tão claras e reclamam contextualização e adequada interpretação. Possivelmente a hipótese mais recorrente seja a da configuração da flagrância nos casos dos assim chamados crimes permanentes, como se dá no tráfico de drogas, quando o estado de flagrância se protrai no tempo. Aqui, o STF consolidou o entendimento de que, embora o flagrante delito legitime o ingresso, sem mandado judicial e a qualquer hora, no domicílio, há que ocorrer o controle jurisdicional posterior, sem o qual restaria esvaziada a correspondente garantia constitucional. Assim, os agentes estatais devem demonstrar a ocorrência de elementos mínimos caracterizadores do flagrante, de modo a justificar a medida – no caso, fundadas razões de que no interior da casa esteja ocorrendo um flagrante delito.[205] Importa agregar que, embora tal orientação esteja afinada, em termos gerais, com entendimento já advogado pelo signatário em outra publicação,[206] é preciso reforçar a necessidade de cautela e acurado exame das circunstâncias fáticas que configuram as razões invocadas pela autoridade policial, de modo a evitar a erosão substancial da garantia e do direito à inviolabilidade do domicílio.

---

202. Nesse sentido, v., da jurisprudência do STF, o RE 460.880/RS, j. 25.09.2007, rel. Min. Marco Aurélio, de cuja ementa se transcreve o trecho que segue: "Domicílio. Inviolabilidade noturna. Crime de resistência. Ausência de configuração. A garantia constitucional do inciso XI do art. 5.º da Carta da República, a preservar a inviolabilidade do domicílio durante o período noturno, alcança também ordem judicial, não cabendo cogitar de crime de resistência". Na doutrina, v., no mesmo sentido, Moraes, Alexandre de. *Direitos humanos fundamentais – Teoria geral*, p. 147.

203. HC 598.051/SP, rel. Min. Rogerio Schietti Cruz, j. em 02.03.2021.

204. RE 1368160 RG, rel. Min. Luiz Fux, j. em 31.03.2022.

205. Cf. RE 603.616/RO (RG), rel. Min. Gilmar Mendes, j. 05.11.2015. No mesmo sentido a respeito da necessidade de controle judicial a posteriori, v. RE 1.199.565 AgR, rel. Min. Celso de Mello, Segunda Turma, j. em 31.05.2019; HC 175.075 AgR, rel. Min. Alexandre de Moraes, Primeira Turma, j. em 18.10.2019; e, HC 182.568 AgR, rel. Min. Gilmar Mendes, Segunda Turma, j. em 22.05.2020. No mesmo sentido, v. Rcl 49.363 AgR, rel. Min. Cármen Lúcia, j. em 19.10.2021, bem como, mais recentemente, o HC 215081 AgR, rel. Min. Nunes Marques, j. em 10.10.2022.

206. Cf. Sarlet, Ingo Wolfgang; Weingartner Neto, Jayme. A inviolabilidade do domicílio e seus limites: o caso do flagrante delito, *Revista de Direitos Fundamentais e Democracia*, Curitiba, vol. 14, n. 14, p. 544-562, jul./dez. 2013.

Ainda no que diz respeito às hipóteses de ingresso domiciliar por forças policiais sem prévia autorização judicial, causa espécie o teor – ressalvado o mérito inquestionável (já referido quando do exame do direito à vida) de várias outras questões apreciadas pelo STF – do julgamento da ADPF 635, conhecida como "ADPF das Favelas", mais especificamente, o que foi decidido nos embargos declaratórios proferidos na medida cautelar, decisão publicada no *DJe* 03.06.2022.

Note-se que, a teor do disposto no item 6 da respectiva ementa, "segundo a maioria do Colegiado, a entrada forçada em domicílio sem mandado judicial só é lícita, mesmo em período noturno, quando amparada em fundadas razões, devidamente justificadas *a posteriori*, que indiquem que dentro da casa ocorre situação de flagrante delito, sob pena de responsabilidade disciplinar, civil e penal do agente ou da autoridade e de nulidade dos atos praticados", destacando-se, ainda, que o Relator, Ministro Edson Fachin, restou vencido quanto ao ponto.

Muito embora possa soar razoável, para alguns, que com a decisão ora referida o STF tenha flexibilizado a orientação anterior, no sentido da existência de fundadas razões para justificar o ingresso domiciliar sem mandado judicial em casos de crime permanente, o entendimento que aqui se sustenta é que o alcance da decisão proferida na ADPF 635 deve ser interpretado de modo restritivo. Isso se deve ao fato de que, diferentemente da absoluta maioria dos casos concretos, na ADPF 635 estava em causa uma situação de cunho excepcional, posto que envolvendo medida estruturante estabelecida com o objetivo de reduzir a letalidade policial no RJ em operações de amplo espectro, com todo um aparato e requisitos específicos.

Já as hipóteses de desastre e prestação de socorro são de definição mais difícil, não havendo parâmetro normativo fechado para sua devida compreensão e aplicação. É certo que por *desastre* se deve ter acontecimento (acidente humano ou natural) que efetivamente coloque em risco a vida e saúde de quem se encontra na casa, sendo o ingresso a única forma de evitar o dano. Algo semelhante se passa no caso da *prestação de socorro*, em que a entrada no domicílio apenas se justifica quando alguém no seu interior está correndo sério risco e não haja como obter a autorização prévia.[207] Em tais situações, importa frisar, o ingresso no domicílio poderá ocorrer também no período da noite.[208]

Além das hipóteses referidas, a Constituição Federal apenas permite uma intervenção do direito na inviolabilidade do domicílio mediante ordem judicial, restringindo tal possibilidade ao período diurno. Cuida-se, portanto, de uma reserva absoluta de jurisdição que impede seja atribuída a qualquer outra autoridade pública a possibilidade de determinar o ingresso na esfera domiciliar, o que, por sua vez, corresponde ao entendimento dominante na seara da doutrina e na jurisprudência do STF,[209] de modo que outras hipóteses, ainda que previstas em lei, que permitam o ingresso no domicílio (mesmo quando se trata de agentes sanitários) ou não foram recepcionadas pela Constituição Federal – sendo anteriores – ou

---

207. Cf., por todos, MENDES, Gilmar Ferreira; BRANCO, Paulo Gustavo G. *Curso de direito constitucional*, 15. ed., p. 298.

208. Cf. CANOTILHO, J. J. Gomes; MOREIRA, Vital. *Constituição da República Portuguesa anotada*, p. 543.

209. Cf., por exemplo, o MS 23.642/DF, j. 29.11.2000, rel. Min. Néri da Silveira, no qual se afastou até mesmo a legitimidade de comissão parlamentar de inquérito para determinar a busca domiciliar.

serão inconstitucionais.[210] Por outro lado, vale ressaltar que a Constituição Federal não limitou a determinação judicial de quebra da inviolabilidade de domicílio aos processos criminais, de tal sorte que também para outros fins o Poder Judiciário, desde que mediante decisão fundamentada, poderá determinar a entrada no domicílio.[211]

Tendo em conta que a própria Constituição Federal restringe inclusive a atuação do Poder Judiciário no que diz com a autorização da quebra da inviolabilidade do domicílio, assume relevo a discussão em torno de qual o período que pode ser considerado como diurno. Quanto a tal aspecto, contudo, doutrina e jurisprudência não oferecem resposta unânime, havendo quem diga que o ingresso por ordem judicial somente poderá ocorrer entre as 6 e 18 horas,[212] ao passo que para outros se trata do período entre o nascer e o pôr do sol.[213] Em caráter alternativo, argumenta-se que o período diurno não poderá ultrapassar doze horas (metade do total de horas que compõem um dia) ainda que exista luminosidade, evitando-se a insegurança (e as arbitrariedades que daí podem decorrer)[214] de um controle baseado no critério da luminosidade solar, portanto, do nascer e do pôr do sol.[215]

Tendo em conta o critério da máxima proteção do direito e da segurança jurídica que, de resto, constitui direito fundamental autônomo, a adoção do critério das 6 às 18 horas (de resto, adequada às variações provocadas pelo assim chamado horário de verão ou fuso horário) ou outro parâmetro uniforme que a lei venha a estabelecer, desde que preservado o espírito da Constituição Federal de que o ingresso deve ocorrer durante o dia, se revela como o mais adequado.

Mas o próprio Poder Judiciário tem revelado preocupação quanto ao rigor procedimental que deve atender mesmo aos casos nos quais o ingresso domiciliar se dá com base em decisão judicial. Nesse sentido transcrevem-se trechos de decisão do STF que bem expressam a preocupação que de modo geral tem sido veiculada em outros julgados: "De que vale declarar a Constituição que 'a casa é asilo inviolável do indivíduo' (art. 5.º, XI) se moradias são invadidas por policiais munidos de mandados que consubstanciem verdadeiras cartas brancas, mandados com poderes de a tudo devassar, só porque o habitante é suspeito de um crime? Mandados expedidos sem justa causa, isto é, sem especificar o que se deve buscar e sem que a decisão que determina sua expedição seja precedida de perquirição quanto à possibilidade de adoção de meio menos gravoso para chegar-se ao mesmo fim. A polícia é autorizada, largamente, a apreender tudo quanto possa vir a consubstanciar prova de qualquer crime, objeto ou não da investigação. Eis aí o que se pode chamar de autêntica 'devassa'. Esses mandados ordinariamente autorizam a apreensão de computadores, nos quais fica

---

210. Cf., por todos, MENDES, Gilmar Ferreira; BRANCO, Paulo Gustavo Gonet. *Curso de direito constitucional*, 15. ed., p. 299.

211. Nesse sentido, v. MARMELSTEIN, George. *Curso de direitos fundamentais*, p. 133.

212. Esta a posição, entre outros, de CUNHA JÚNIOR, Dirley da. *Curso de direito constitucional*, p. 689, e SILVA, José Afonso da. *Comentário contextual à constituição*, 2. ed., p. 103; FERRARI, Regina Maria Macedo Nery. *Direito constitucional*, p. 613; bem como AGRA, Walber de Moura. *Curso de direito constitucional*, p. 135; MARTINS, Flávio. *Curso de direito constitucional*, 4. ed., p. 803.

213. Cf. GROTTI, Dinorá Adelaide Musetti. *Inviolabilidade do domicílio na constituição*, p. 114; MENDES, Gilmar Ferreira; BRANCO, Paulo Gustavo G. *Curso de direito constitucional*, 15. ed., p. 299; e NOVELINO, Marcelo. *Direito constitucional*, p. 289.

214. Cf. as ponderações de AGRA, Walber de Moura. *Curso de direito constitucional*, p. 135.

215. Cf., entre outros, TAVARES, André Ramos. *Curso de direito constitucional*, 18. ed., p. 557-558; ARAÚJO, Luiz Alberto David; NUNES JUNIOR, Vidal Serrano. *Curso de direito constitucional*, p. 188-189.

indelevelmente gravado tudo quanto respeite à intimidade das pessoas e possa vir a ser, quando e se oportuno, no futuro, usado contra quem se pretenda atingir" (HC 95.009, j. 06.11.2008, rel. Min. Eros Grau).

Situação particularmente delicada diz respeito aos mandados de busca e apreensão domiciliar coletivos e/ou genéricos, que se revelam altamente controversos, porquanto por vezes abarcam bairros ou regiões inteiras, estigmatizando toda a população como potencialmente suspeita e submetida ao ingresso da autoridade policial ou judiciária no domicílio.[216]

Importante consequência resultante do desatendimento dos critérios estabelecidos pela Constituição Federal é que prova obtida em situação que configure violação do domicílio tem sido considerada como irremediavelmente contaminada e ilícita, não podendo ser utilizada, ainda que o Poder Público não tenha participado do ato da invasão.[217] Todavia, muito embora este seja o entendimento dominante, há que registrar a existência de caso apreciado pelo STF em que, na hipótese de ingresso durante o período noturno e de instalação de instrumento de captação acústica em escritório de advocacia, com o intuito de obter prova de crime atribuído ao próprio titular do escritório (portanto, titular do direito à inviolabilidade do domicílio), acabou – mediante recurso aos critérios da concordância prática e da proporcionalidade – sendo autorizada a utilização da prova obtida.[218] Tal precedente – somado à falta de uma expressa reserva legal no texto do art. 5.º, XI, da CF – alimenta a discussão sobre a possibilidade de restrições não expressamente autorizadas no âmbito de proteção da garantia da inviolabilidade do domicílio, a exemplo do que ocorre no caso dos direitos à privacidade, intimidade, honra e imagem, discussão que aqui não iremos desenvolver.

4.9 A inviolabilidade da correspondência e o sigilo das comunicações em geral

A inviolabilidade do sigilo da correspondência – já na fase inaugural do constitucionalismo – e, mais recentemente, considerando a evolução tecnológica, a inviolabilidade das comunicações telegráficas, telefônicas e de dados, constitui direito fundamental vinculado à proteção da privacidade e intimidade. Por outro lado, o sigilo (segredo) das comunicações é instrumental em relação à liberdade de expressão e comunicação, pois se garante o segredo das comunicações para que elas possam se realizar com a indispensável liberdade.[219]

No caso da Constituição Federal, o sigilo das comunicações está protegido expressamente pelo art. 5.º, XII, de acordo com o qual "é inviolável o sigilo da correspondência e das comunicações telegráficas, de dados e das comunicações telefônicas, salvo, no último caso, por ordem judicial, nas hipóteses e na forma que a lei estabelecer para fins de investigação

---

216. Cf. SILVA, Virgílio Afonso da. *Direito constitucional brasileiro*, op. cit., p. 210. Note-se que sobre a legitimidade constitucional dos mandados de busca e apreensão coletivos e/ou genéricos encontra-se pendente julgamento no STF (HC 154.118).

217. Nesse sentido, v. os precedentes em RE 251.445/GO, rel. Min. Celso de Mello, j. 21.06.2000; HC 82.788/RJ, j. 12.04.2005, rel. Min. Celso de Mello; e RHC 90.376/RJ, j. 03.04.2007, rel. Min. Celso de Mello.

218. Cf. Inq 2.424/RJ, j. 26.11.2008, rel. Min. Cezar Peluso.

219. Cf., por todos, DÍEZ-PICAZO, Luís María. *Sistema de derechos fundamentales*, p. 311.

criminal ou instrução processual penal".[220] Assim, também para o caso brasileiro é possível afirmar, dada a amplitude do dispositivo constitucional referido, que a proteção abrange todas as espécies de comunicação pessoal, seja ela escrita ou oral, cobrindo tanto o conteúdo quanto o próprio meio (instrumento) da comunicação, portanto, a espécie, a hora, a duração etc., mas também a identidade dos comunicantes.[221]

Além disso, embora a proteção seja mais elevada quando se cuida de informações relacionadas com a esfera íntima dos comunicantes, o que se protege constitucionalmente é em primeira linha o processo comunicativo intersubjetivo, no sentido da reserva das comunicações pessoais em face do conhecimento pelo Estado ou por terceiros, independentemente da maior ou menor importância do conteúdo da comunicação.[222]

A noção de sigilo (segredo) das comunicações assume, portanto, um caráter eminentemente formal, partindo-se de uma presunção absoluta de que o objeto da comunicação é sigiloso,[223] o que parece corresponder (pelo menos quanto a alguns aspectos) ao entendimento consagrado no direito brasileiro, seja na doutrina,[224] seja no âmbito da jurisprudência do STF.[225] Por outro lado, cuidando-se essencialmente de um direito de liberdade (em vista de sua relevância para a liberdade de comunicação e expressão), o âmbito de proteção do direito deve ser interpretado de modo extensivo, restringindo-se, em contrapartida, as possibilidades de sua limitação.[226]

No que diz com as posições subjetivas asseguradas com base no sigilo das comunicações, trata-se tanto de um direito a que ninguém (o Estado ou terceiros) viole tal sigilo, mas também do direito a que quem tenha acesso ao conteúdo das comunicações não as divulgue, implicando, portanto, um dever de sigilo.[227] Cumpre sublinhar, contudo, que apenas a comunicação indireta, ou seja, a utilização de algum meio técnico (postal, telefônico etc.) integra o âmbito de proteção do direito, pois a comunicação verbal ou não verbal direta, que depende essencialmente dos próprios participantes da comunicação no sentido de impedir a intervenção de terceiros, é coberta pelo direito à privacidade e intimidade.[228]

Da mesma forma, tendo em conta que o objetivo da proteção é precisamente o de impedir que o Estado ou terceiros tenham acesso ao conteúdo da mensagem, eventual

---

220. Cf. HC 139.749/MG, rel. Min. Marco Aurélio, j. 16.06.2020, que esclarece atender as disposições legais a quebra de sigilo de comunicações telefônicas quando da ausência de outros meios de investigação e indícios de autoria ou participação, conforme a Lei n. 9.296/96.

221. Cf. MIRANDA, Jorge; MEDEIROS, Rui. *Constituição portuguesa anotada*, p. 373, assim como CANOTILHO, J. J. Gomes; MOREIRA, Vital. *Constituição da República Portuguesa anotada*, p. 544.

222. Cf. CALLEJÓN, Maria Luisa Balaguer. Derechos individuales (II). In: CALLEJÓN, Francisco Balaguer (Coord.). *Manual de derecho constitucional*, vol. 2, p. 175.

223. Cf., em especial, ROYO, Javier Pérez. *Curso de derecho constitucional*, p. 316.

224. Cf., por todos, NOVELINO, Marcelo. *Direito constitucional*, p. 280.

225. Cf. Pet. (MC) 2.702/RJ, j. 18.09.2002, rel. Min. Sepúlveda Pertence. Outrossim, v. decisão do STF que entendeu ser possível controle judicial da liberdade de informação jornalística com a finalidade de garantir o sigilo das comunicações telefônicas quando verificada ofensa à liberdade de comunicação alheia, em razão do meio ilícito em que foram obtidas as informações sigilosas, cf. RE 638.360 AgR-segundo, rel. Min. Dias Toffoli, Segunda Turma, j. em 27.04.2020.

226. Cf. ROYO, Javier Pérez. *Curso de derecho constitucional*, p. 315. Na doutrina brasileira, v., entre tantos, NOVELINO, Marcelo. *Direito constitucional*, p. 281.

227. Cf., por todos, CANOTILHO, J. J. Gomes; MOREIRA, Vital. *Constituição da República Portuguesa anotada*, p. 544-545.

228. Cf. DÍEZ-PICAZO, Luís María. *Sistema de derechos fundamentales*, p. 311.

utilização da comunicação pelos próprios comunicantes (por exemplo, a gravação da conversa telefônica por um dos interlocutores) não implica violação do direito ao sigilo das comunicações, embora possa violar outro direito, como é o caso do direito à privacidade.[229]

Embora se trate de um direito em primeira linha de caráter defensivo (negativo), que gera uma pretensão de respeito e não intervenção, cabe ao Estado, no âmbito do seu dever de proteção dos direitos fundamentais, assegurar, por meio da organização e procedimento, e, também, no campo da responsabilidade civil e penal, níveis eficazes de proteção do sigilo das comunicações.

Titulares do direito ao sigilo são tanto pessoas físicas (nacionais e estrangeiros) quanto pessoas jurídicas, pois a proteção do sigilo, como já visto, não se dá em primeira linha como garantia da intimidade. Na condição de destinatários figura em primeira linha o Poder Público, pois os órgãos estatais estão desde logo diretamente vinculados pela norma de direito fundamental. A vinculação dos particulares será, a depender do caso, direta ou indireta, mas considerando a crescente relevância do sigilo das comunicações também em relação ao poder privado (por exemplo, nas relações de trabalho), há que diferenciar as situações de modo a assegurar níveis eficazes de proteção do direito também na esfera das relações privadas.

É possível falar em uma violação do sigilo das comunicações quando forem divulgadas informações sobre a forma ou conteúdo da comunicação, sobre a pessoa do emissário ou do receptor, ou mesmo sobre detalhes relativos ao envio da mensagem ou correspondência, e também quando se cuida de, à distância, vigiar, gravar e acessar informações transmitidas pelos meios de comunicação,[230] como se dá nos casos de escutas telefônicas, busca e apreensão e leitura de cartas, monitoramento de e-mails etc.

Também o segredo das comunicações não se revela como absoluto. Embora a Constituição Federal, no art. 5.º, XII, apenas tenha expressamente previsto a quebra do sigilo das comunicações telefônicas, nos limites, aliás, de uma reserva legal qualificada, isso não significa que nas demais modalidades de comunicação (correspondência, dados, telegráficas) não se possa legitimar do ponto de vista constitucional o rompimento do sigilo, o que, todavia, implica uma análise um pouco mais detida e diferenciada.

Em primeiro lugar, importa frisar que a reserva legal qualificada do art. 5.º, XII, da CF diz respeito às comunicações telefônicas, para as quais foram fixados, já no plano constitucional, dois requisitos: (a) a necessidade de ordem judicial (uma reserva de jurisdição); (b) que a quebra do sigilo tenha por escopo fornecer elementos para a investigação criminal ou instrução processual penal.

Assim, não se admite que, mesmo mediante prévia autorização judicial, seja quebrado o sigilo das comunicações telefônicas para finalidade não prevista no art. 5.º, XII, da CF, como, por exemplo, para instruir processo cível ou administrativo, muito embora, em situações excepcionais e considerada a relevância da causa, o STF tenha admitido o traslado da

---

229. Cf. Royo, Javier Pérez. *Curso de derecho constitucional*, p. 316.
230. Nesse sentido, v., por todos, Hesse, Konrad. *Grundzüge des Verfassungsrecht der Bundesrepublik Deutschland*, p. 165.

prova obtida por meio de interceptação telefônica em sede de investigação criminal para ser utilizada em procedimento administrativo.[231]

Além disso, tratando-se de conversa gravada por um dos interlocutores, ainda que sem autorização judicial, o STF tem afastado a ilicitude da prova obtida mediante a interceptação telefônica, especialmente quando se trata de gravação realizada em sede de legítima defesa, designadamente quando o autor da gravação partícipe direto da comunicação interceptada (na condição de interlocutor) esteja sendo vítima de ameaça, extorsão, chantagem ou outro tipo de ato ilícito,[232] ou mesmo – também quando se tratar de interceptação realizada por um dos comunicantes – com o intuito de documentação futura, para o caso de negativa da conversa ou de seu teor por parte do outro interlocutor.[233]

Ainda a esse respeito, registre-se que, de modo geral, a gravação clandestina, realizada por um dos interlocutores sem o conhecimento do outro, vinha sendo considerada como constituindo prova ilícita pelo STF (exceção feita aos casos de legítima defesa), mas tal orientação sofreu alteração, reconhecendo-se, inclusive, a repercussão geral da matéria, argumentando-se que a prova consistente em gravação ambiental realizada por um dos interlocutores sem o conhecimento do outro, inexistindo causa legal específica de sigilo ou de reserva da conversação, é licita, especialmente quando destinada a fazer prova em favor de quem efetuou a gravação.[234]

Relacionada à proibição do anonimato estabelecida pela CF em relação ao direito à livre manifestação do pensamento (art. 5.º, IV), o STF tem entendido que a quebra do sigilo das comunicações telefônicas exclusivamente a partir de denúncia anônima implica a ilicitude da prova assim produzida e obtida.

Também merece referência que, de acordo com o STF, em se tratando de interceptação telefônica realizada por autoridade judicial incompetente, são ilícitas também as provas derivadas da interceptação ilicitamente realizada, sendo, contudo, válida a prova encontrada fortuitamente durante a investigação criminal, salvo se for comprovado vício ensejador de sua nulidade.[235]

Tendo a Constituição Federal (art. 5.º, XII) deferido a regulamentação, para efeito de definição do devido processo da interceptação telefônica nos casos de autorização judicial, ao legislador infraconstitucional, foi editada a Lei 9.296/1996, de acordo com a qual somente será admitida a interceptação quando houver indícios razoáveis de autoria ou participação em infração penal, quando a prova não puder ser feita por outros meios disponíveis e quando o fato investigado constituir crime punido com pena de reclusão, o que demonstra a sintonia com as exigências da proporcionalidade, já embutidas na própria regulamentação legal.

---

231. Cf. decisão no Inq 2.424-QO, j. 25.04.2007, rel. Min. Cezar Peluso, bem como Inq 2.725-QO, j. 25.06.2008, rel. Min. Carlos Britto, e AgIn 761.706 AgRg/SP, j. 06.04.2010, rel. Min. Cármen Lúcia.
232. Nesse sentido, v. os precedentes em RE 212.081/RO, j. 24.06.1997, rel. Min. Octávio Gallotti; e HC 75.338/RJ, j. 11.03.1998, rel. Min. Nelson Jobim; bem como, mais recentemente, HC 84.046/SP, rel. Min. Joaquim Barbosa, j. 12.04.2005, e AgIn-AgRg 666.459/SP, j. 06.11.2007, rel. Min. Ricardo Lewandowski.
233. Cf. RE 402.035-AgRg/SP, j. 09.12.2003, rel. Min. Ellen Gracie.
234. Cf. RE 402.717/PR, j. 02.12.2008, rel. Min. Cezar Peluso, e RE 583.937 QO-RG/RJ, com reconhecimento da repercussão geral na questão de ordem, rel. Min. Cezar Peluso, j. 19.11.2009.
235. Cf. Inquérito 3.732, rel. Min. Cármen Lúcia, j. 08.03.2016.

Com efeito, a existência de expressa reserva legal, ou seja, de uma autorização constitucional para a regulação de restrições a direito fundamental, não dispensa a lei do atendimento de outros requisitos, na esfera dos assim chamados limites aos limites dos direitos fundamentais, com destaque para a proporcionalidade e razoabilidade. Além disso, no que diz com o devido processo da interceptação telefônica, assume importância a Res. 59 do Conselho Nacional de Justiça (CNJ), editada em 09.09.2008, que disciplina e uniformiza o procedimento judicial em casos de quebra do sigilo, criando, de resto, um sistema nacional de monitoramento e controle de tais atos judiciais.

Os requisitos para a interceptação telefônica aplicam-se, nos termos do art. 1.º, parágrafo único, da Lei 9.296/1996, para a interceptação das comunicações em sistemas de informática e telemática, o que, considerando o escopo da proteção constitucional do sigilo das comunicações e a natureza das demais modalidades de comunicação incluídas na previsão legal (além das comunicações telefônicas), se revela como o entendimento constitucionalmente adequado, afastando-se, por via de consequência, a inconstitucionalidade da lei neste particular,[236] ainda que exista – embora se cuide cada vez mais de vozes isoladas – quem sustente a inconstitucionalidade, argumentando que a comunicação de dados (e, portanto, informática e telemática) estaria excluída do permissivo constitucional.[237]

Há que distinguir, contudo, a quebra (interceptação) da comunicação de dados (comunicação informática e telemática) da apreensão da base física (computador, HD) na qual se encontram armazenados os dados,[238] situação na qual (ao contrário da comunicação, que se enquadra nas hipóteses do art. 5.º, XII, da CF) incide a proteção, se e quando for o caso, com base no direito à privacidade e intimidade, pois aqui se cuida da proteção de dados e não do sigilo das comunicações.

Se no caso das comunicações telefônicas (incluindo a comunicação de dados e também o acesso direto pela autoridade policial aos dados e conversas por WhatsApp em celulares apreendidos) em princípio não se admite exceção ao requisito de que a interceptação apenas poderá ser determinada por autoridade judicial e ainda assim nos limites da legislação específica[239] – mediante as ressalvas relativas à gravação por um dos interlocutores (a assim chamada gravação clandestina) e de excepcional "empréstimo" da prova obtida para fins não penais[240] –, para os demais tipos de comunicação, quais sejam a comunicação telegráfica, cartas e escritos de qualquer natureza, a controvérsia quanto a alguns aspectos essenciais é

---

236. Nesse sentido, v., entre tantos, STRECK, Lenio Luiz. *As interceptações telefônicas e os direitos fundamentais*, p. 42 e ss. Dentre os autores de cursos, manuais e comentários, v., por exemplo, MORAES, Alexandre de. *Direitos humanos fundamentais – Teoria geral*, p. 168 e ss., bem como NOVELINO, Marcelo. *Direito constitucional*, p. 287.

237. No sentido da inconstitucionalidade, e, portanto, da limitação da possibilidade de quebra do sigilo apenas à hipótese das comunicações telefônicas, v., entre outros, GRECO FILHO, Vicente. *Interceptação telefônica*, p. 12 e ss.

238. Nesse sentido a orientação do STF, representada pelo RE 418.416, rel. Min. Sepúlveda Pertence, j. 10.05.2006.

239. A reserva de jurisdição para efeitos de autorização da quebra do sigilo das comunicações telefônicas é absoluta, não podendo sequer e em caráter excepcional ser decretada por comissão parlamentar de inquérito ou pelo Ministério Público, que, contudo, poderão representar nesse sentido ao órgão jurisdicional competente. V., nesse sentido, o RE 449.206/PR, rel. Min. Carlos Velloso, j. 18.10.2005, admitindo quebra por decisão judicial a requerimento do Ministério Público.

240. Sobre tais modalidades, v., por todos, a síntese didática oferecida por MARMELSTEIN, George. *Curso de direitos fundamentais*, p. 128 e ss.

mais intensa e não se pode falar em um entendimento uníssono e pacificado em sede doutrinária e jurisprudencial[241].

Relativamente à jurisprudência do STF sobre a matéria, calha referir a decisão proferida no MS 38.242 MC, rel. Min. Roberto Barroso, j. em 19.10.2021, no qual a Corte se pronunciou sobre a legitimidade constitucional de determinação de Comissão Parlamentar de Inquérito, no sentido da transferência dos sigilos fiscal, bancário, telefônico e telemático, de empresário e sociedade supostamente envolvidos em atos ilícitos que teriam ocorrido no âmbito de contratações realizadas com o Ministério da Saúde, no contexto da pandemia da Covid-19. No entendimento do relator (que decidiu de modo monocrático), embora em geral devidamente justificada a necessidade e o alcance das intervenções restritivas, quanto ao seu limite temporal a exigência da CPI não se revela como sendo consistente do ponto de vista constitucional, visto que a investigação diz respeito a eventuais ilícitos ocorridos durante a pandemia, de modo que as informações a serem acessadas devem se restringir ao período de abril de 2020 em diante.

Situação que se distingue da interceptação telefônica ou da gravação de comunicação telefônica por um dos interlocutores (gravação clandestina) é a da assim chamada escuta ou interceptação ambiental, que também pode ser captada por um dos envolvidos na comunicação ou ser realizada por terceiros. Nesse caso, contudo, não se trata de conversa telefônica, mas, sim, de comunicação verbal entre pessoas que se encontram em determinado local. A interceptação ambiental foi regulamentada pelo art. 2.º da Lei 9.034/1995 (revogada pela Lei n. 12.850/2013), a assim chamada Lei de Combate ao Crime Organizado, que, no seu inciso IV, mencionava a captação e interceptação de sinais eletromagnéticos, óticos ou acústicos, bem como o seu registro e análise mediante circunstanciada autorização judicial. Assim, constata-se que nos casos da interceptação ambiental, ainda que não por força de expressa previsão constitucional (que não se refere a tal modalidade), o diploma legal que regulamentou tal procedimento exige, a exemplo da interceptação telefônica, uma autorização judicial, ampliando, portanto, a reserva de jurisdição para tal hipótese.

Por outro lado, tal como já decidiu o STF, não se considera ilícita a instalação de equipamento de filmagem nas dependências do próprio imóvel, quando a gravação (do som e da imagem) não é levada a efeito com o intuito de devassar a vida privada de terceiros, mas sim com a intenção de prevenir e/ou identificar a autoria de danos criminosos ou outros delitos contra a pessoa e patrimônio do autor da gravação,[242] aplicando-se, portanto, o mesmo raciocínio utilizado nos casos de gravação telefônica clandestina realizada por um dos interlocutores.[243]

---

241. A matéria foi analisada no julgamento do HC 168.052/SP, rel. Min. Gilmar Mendes, j. em 11.06.2019, que – realizando um *overruling* do entendimento firmado no HC n. 91.867/PA – concedeu liminarmente a ordem para anular as provas obtidas mediante acesso indevido ao aplicativo WhatsApp, que havia sido apreendido sem prévia autorização judicial, mas cujo teor (mensagens trocadas) acabou levando a autoridade policial a ingressar no domicílio do paciente, onde foram encontradas drogas e armas. De acordo com o relator, a modificação das circunstâncias fáticas e jurídicas, a promulgação de leis posteriores e o desenvolvimento das tecnologias da comunicação, tráfego de dados e uso dos *smartphones* impõem solução diversa da que vinha sendo praticada pelo STF e patrocinada pela doutrina dominante, qual seja, a de não se aplicar a inviolabilidade das comunicações aos dados registrados.

242. Cf. HC 84.203/RS, rel. Min. Celso de Mello, j. 19.10.2004.

243. Cf., por todos, MARMELSTEIN, George. *Curso de direitos fundamentais*, p. 130-131.

Uma situação especial diz com a possibilidade de interceptação e abertura da correspondência e do sigilo das comunicações em geral entre os reclusos de estabelecimento prisional e entre os reclusos e o mundo exterior. Tanto no Brasil – com base em previsão da Lei de Execução Penal,[244] cuja constitucionalidade foi reconhecida pelo STF[245] – quanto em outras ordens jurídicas, admite-se que, dada a natureza da situação, a intervenção na comunicação não é vedada à autoridade penitenciária, mas há de ser devidamente motivada e comunicada ao preso e autoridade judiciária responsável pela execução penal, além de não poder se tratar de uma medida de caráter geral, e sim tópica e individualmente justificada e aplicada.[246]

Especialmente quando se trata de comunicações por escrito (cartas, impressos, e-mails, telegramas etc.), verifica-se que a proteção constitucional é em geral menos robusta do que no caso das comunicações telefônicas ou mesmo para efeitos da assim chamada escuta ambiental, pois a Constituição Federal, ao menos não expressamente, não estabeleceu uma reserva de jurisdição. Todavia, tratando-se de apreensão de cartas em cumprimento de mandado judicial de busca domiciliar, o STF exige que haja previsão de determinação específica no mandado no sentido de que cartas e outras correspondências sejam apreendidas, ou que a correspondência apreendida tenha relação com o crime objeto da investigação.[247]

Por outro lado, especialmente nos casos de cartões postais ou outras formas de comunicação de caráter mais exposto, em que o acesso ao conteúdo é praticamente franqueado a terceiros sem que se tenha de devassar o instrumento da comunicação (abertura da carta etc.), é mesmo questionável que se possa falar em sigilo da comunicação, pois hão de ser consideradas as legítimas expectativas em termos de reserva em relação ao conteúdo da comunicação a depender do meio técnico utilizado.[248]

Embora se trate de hipótese excepcional, é preciso lembrar que a Constituição Federal também prevê a possibilidade de suspensão do sigilo das comunicações (de correspondência, telefônica etc.) durante a vigência de estado de defesa (art. 136, § 1.º, I, *b* e *c*) e de estado de sítio (art. 139, III) sem que se tenha feito qualquer distinção em relação aos meios de comunicação.

Com a sofisticação das tecnologias de informação e comunicação, uma série de novas situações a serem equacionadas do ponto de vista jurídico-constitucional também tem surgido e gerado uma série de perplexidades.

Se, por um lado, é correto o entendimento de que a circunstância de que algumas modalidades de comunicação, como é o caso dos fluxos informacionais em sistemas de telemática e informática, não se encontram previstas expressamente na Constituição, não torna por isso (só por isso) inconstitucionais eventuais intervenções restritivas, também é certo, por outro lado, que tais medidas devem observar as exigências constitucionais para uma restrição legítima e serem aferidas com particular rigor.[249]

---

244. De acordo com o art. 41 da Lei de Execução Penal, no seu parágrafo único, o diretor do estabelecimento prisional poderá, mediante ato motivado, suspender ou restringir o segredo da correspondência escrita.

245. Cf. HC 70.814/SP, j. 01.03.1994, rel. Min. Celso de Mello.

246. Cf. Díez-Picazo, Luís María. *Sistema de derechos fundamentales*, p. 313, com referência a decisões do Tribunal Constitucional da Espanha e do Tribunal Europeu de Direitos Humanos.

247. Cf., por exemplo, a decisão no RE 418.416/SC, j. 10.05.2006, rel. Min. Sepúlveda Pertence.

248. Cf., por todos, as ponderações de Díez-Picazo, Luís María. *Sistema de derechos fundamentales*, p. 312.

249. Silva, Virgílio Afonso da. *Direito constitucional brasileiro*, op. cit., p. 214.

Consequência da violação do sigilo das comunicações, seja de correspondência, seja das demais modalidades de comunicação, será, sem prejuízo da eventual responsabilização na esfera cível e/ou criminal dos autores da interceptação ilegítima, a ilicitude de eventual prova obtida mediante a quebra indevida do sigilo, o que, todavia, não implica necessariamente a nulidade de todo o processo, no caso da existência de provas autônomas, que sejam independentes em relação à prova obtida de forma ilícita,[250] ressalvadas, ainda, as hipóteses de interceptação feita em legítima defesa, já referidas. Que os aspectos aqui ventilados se tornam ainda mais complexos quando se cuida da comunicação digital, notadamente no ambiente da rede (internet), não será aqui (ainda) objeto de desenvolvimento, mas cuida-se de tema do qual já se tem ocupado intensamente também a doutrina e a jurisprudência brasileiras.[251]

4.10 Proteção dos dados pessoais

A proteção dos dados pessoais alcançou uma dimensão sem precedentes no âmbito da sociedade tecnológica, notadamente a partir da introdução do uso da tecnologia da informática. Embora a proteção dos dados não se restrinja aos dados armazenados, processados e transmitidos na esfera da informática, pois em princípio ela alcança a proteção de todo e qualquer dado pessoal independentemente do local (banco de dados) e do modo pelo qual é armazenado, cada vez mais os dados disponíveis são inseridos em bancos de dados informatizados. A facilidade de acesso aos dados pessoais, somada à velocidade do acesso, da transmissão e do cruzamento de tais dados, potencializa as possibilidades de afetação de direitos fundamentais das pessoas, mediante o conhecimento e o controle de informações sobre a sua vida pessoal, privada e social.[252]

A Constituição Federal, como ainda ocorre com grande parte das constituições em vigor,[253] embora faça referência, no art. 5.º, XII, ao sigilo das comunicações de dados (além do sigilo da correspondência, das comunicações telefônicas e telegráficas), não contemplou, na sua versão original, expressamente um direito fundamental à proteção e livre disposição dos dados pelo seu respectivo titular.

---

250. Cf., por todos, MENDES, Gilmar Ferreira; BRANCO, Paulo Gustavo G. *Curso de direito constitucional*, 15. ed., p. 300. Da numerosa jurisprudência do STF, v., por exemplo, HC 74.599/SP e HC 74.081/SP, ambos de relatoria do Min. Ilmar Galvão, julgados em 03.12.1996, e HC 93.050/RJ, rel. Min. Celso de Mello, j. 10.06.2008.

251. Sobre o tema, v., por todos, LEONARDI, Marcel. *Tutela e privacidade na internet*.

252. Cf. lembram: MIRANDA, Jorge; MEDEIROS, Rui. *Constituição portuguesa anotada*, p. 379-380. No Brasil, v., entre outros, a síntese de LIMBERGER, Têmis. Direito e informática: o desafio de proteger os direitos do cidadão. In: SARLET, Ingo Wolfgang (Org.). *Direitos fundamentais, informática e comunicação – Algumas aproximações*, p. 195 e ss. No âmbito da produção monográfica brasileira, v. DONEDA, Danilo. *Da privacidade à proteção de dados pessoais*; CACHAPUZ, Maria Cláudia. *Intimidade e vida privada no novo código civil brasileiro – Uma leitura orientada no discurso jurídico*, p. 245-285, bem como LIMBERGER, Têmis. *O direito à intimidade na era da informática*.

253. Entre as exceções dignas de nota, pelo caráter minucioso com que tratam do tema (ainda que em virtude de sucessivas alterações do texto constitucional), vale citar o art. 35 da Constituição da República Portuguesa, de 1976, mas preceitos similares, dispondo sobre o uso da informática e a proteção dos dados pessoais, podem ser também encontrados na Constituição espanhola, de 1978, e, mais recentemente, no caso da Constituição da Grécia, que, em 2001, mediante uma reforma constitucional, inseriu dispositivo sobre a matéria.

A proteção dos dados pessoais, por outro lado, encontrou salvaguarda parcial e indireta mediante a previsão da ação de *habeas data* (art. 5.º, LXXII, da CF), ação constitucional, com *status* de direito-garantia fundamental autônomo, que precisamente busca assegurar ao indivíduo o conhecimento e mesmo a possibilidade de buscar a retificação de dados constantes de registros ou bancos de dados de entidades governamentais ou de caráter público. Contudo, na medida em que o *habeas data* será objeto de desenvolvimento na parte deste curso destinada às ações constitucionais, deixaremos aqui de aprofundar o tópico, pois o que aqui está em causa é a fundamentação jurídico-constitucional de um direito à proteção dos dados e a definição do seu âmbito de proteção.

À míngua de expressa previsão de tal direito no texto da Constituição Federal e a exemplo do que ocorreu em outras ordens constitucionais, o direito à proteção dos dados pessoais passou a ser associado ao direito à privacidade (no sentido de uma "intimidade informática")[254] e ao direito ao livre desenvolvimento da personalidade, que inclui o direito à livre disposição sobre os dados pessoais, de tal sorte que não se trata apenas de uma proteção dos dados contra o conhecimento e uso por parte de terceiros, razão pela qual – a exemplo do que se deu no direito alemão e espanhol – *se fala em um direito à autodeterminação informativa.*[255]

Em conhecida e influente decisão sobre a constitucionalidade de aspectos ligados ao censo populacional, o Tribunal Constitucional Federal da Alemanha, em 1983, afirmou ser incompatível com a dignidade humana e o direito ao livre desenvolvimento da personalidade que o indivíduo não seja protegido contra uma ilimitada coleta, armazenamento, aproveitamento, transferência e divulgação de seus dados pessoais.[256] Considerando, contudo, as limitações decorrentes do uso da expressão "autodeterminação informativa" e mesmo as críticas direcionadas ao conceito,[257] opta-se por falar apenas em um direito fundamental à proteção dos dados pessoais, designação que, além disso, guarda maior sintonia com a ordem jurídico-constitucional brasileira, dando conta, pela sua abrangência, tanto da essencial vinculação de tal proteção com salvaguarda da privacidade e da intimidade (de onde, em termos gerais, foi deduzida a proteção de dados pessoais na seara da jurisprudência e da doutrina),[258] quanto de sua conexão com o direito ao livre desenvolvimento da personalidade, sem descurar do fato de que o direito à proteção de dados pessoais guarda uma condição autônoma tendo um seu próprio núcleo essencial.

---

254. Cf., por exemplo, Sampaio, José Adércio Leite. A suprema inviolabilidade: a intimidade informática e o sigilo bancário. In: Sarmento, Daniel; Sarlet, Ingo Wolfgang (Coord.). *Direitos fundamentais no Supremo Tribunal Federal:* balanço e crítica, p. 531 e ss.

255. Sobre o tema, apresentando tanto a perspectiva alemã quanto a espanhola, v., por todos, Cueva, Pablo Lucas Murillo de la; Piñar Mañas, José Luis. *El derecho a la autodeterminación informativa.*

256. Cf., por todos, Kloepfer, Michael. *Verfassungsrecht II*, p. 154, mediante referência ao famoso julgado do Tribunal Constitucional (*Volkszählungsurteil*) publicado no volume n. 65, p. 1 e ss., da coletânea oficial das decisões do Tribunal (*BVerfGE – Bundesverfassungsgerichtsentscheidungen*). Na literatura brasileira uma síntese do caso e dos argumentos do Tribunal Constitucional pode ser encontrada em Sampaio, José Adércio Leite. A suprema inviolabilidade: a intimidade informática e o sigilo bancário. In: Sarmento, Daniel; Sarlet, Ingo Wolfgang (Coord.). *Direitos fundamentais no Supremo Tribunal Federal:* balanço e crítica, p. 532-533.

257. Cf., novamente, Kloepfer, Michael. *Verfassungsrecht II*, p. 155.

258. A Carta dos Direitos Fundamentais da União Europeia, elaborada em 2000, recepcionou tal orientação, visto que, no seu art. 8.º, se refere a um direito à proteção dos dados pessoais.

A doutrina especializada brasileira, a exemplo e por influência do que se deu em outras ordens jurídicas, também já vinha de há muito tempo e com crescente intensidade, advogando a necessidade de, mediante uma leitura harmônica e sistemática do texto constitucional de 1988, se reconhecer um direito fundamental autônomo implicitamente positivado à proteção de dados pessoais,[259] o que veio a ser confirmado, em abril e maio de 2020, pelo STF, em histórico e paradigmático julgado, tal como já referido.

No citado julgamento, da ADI 6.387-DF, Relatora Ministra Rosa Weber, foi discutida a constitucionalidade da Medida Provisória n. 954, de 17.04.2020, da Presidência da República, que atribuiu às empresas de telecomunicações (fixas e móveis) o dever de disponibilizar os nomes completos, endereços e números de telefone dos usuários PN e PJ para o IBGE durante a pandemia do Covid-19 para efeitos de uso direto e exclusivo de produção de estatísticas oficiais mediante entrevistas domiciliares. O STF, acolhendo a tese da inconstitucionalidade da exigência feita pela Medida Provisória impugnada, reconheceu a ocorrência de violação, pela desproporcionalidade da medida, do direito fundamental à proteção de dados pessoais, na condição de direito autônomo implicitamente positivado, seguindo, no que diz respeito à fundamentação, a orientação geral protagonizada pela doutrina jurídica acima referida.

De acordo com a redação dada pela PEC 17/2019, promulgada pelo Congresso Nacional pela EC n. 115/2022, o *caput* do art. 5.º da CF passa a vigorar acrescido do seguinte inciso LXXIX: "é assegurado, nos termos da lei, o direito à proteção dos dados pessoais, inclusive nos meios digitais". No que diz respeito ao sistema de repartição de competências, o *caput* do art. 21 da Constituição Federal passa a vigorar acrescido do seguinte inciso XXVI: "organizar e fiscalizar a proteção e o tratamento de dados pessoais, nos termos da lei", ao passo que o *caput* do art. 22 da Constituição Federal passa a vigorar acrescido do seguinte inciso XXX: "proteção e tratamento de dados pessoais".

Com a aprovação da PEC 17/2019, em 20.10.2021, posterior promulgação pelo Congresso Nacional pela EC n. 115/2022, em 10.02.2022, e a inserção, de um direito fundamental autônomo, inclusive, diversamente da redação inicial da PEC, contemplando-o com um inciso próprio, acrescido ao art. 5.º, da CF, a própria decisão do STF acabou sendo não somente chancelada, mas também saiu fortalecida pela expressiva legitimação democrática de uma emenda constitucional. Outrossim, independentemente aqui de se aprofundar a discussão sobre a conveniência, necessidade e bondade intrínseca de uma consagração textual de um direito fundamental autônomo à proteção de dados na CF, ou mesmo adentrar a querela sobre se tratar, ou não, de um direito "novo", o fato é que a opção do Congresso Nacional deve ser saudada.

---

259. Cf., em especial, o já referido DONEDA, Danilo. *Da privacidade à proteção dos dados pessoais*, op. cit, 2006, mas também, na sequência, entre outros, LIMBERGER, Têmis. *O Direito à Intimidade na Era da Informática*. Porto Alegre: Livraria do Advogado, 2007; RUARO, Regina Linden; RODRIGUEZ, Daniel Piñeiro. O direito à proteção de dados pessoais na sociedade de informação. *Direito, Estado Sociedade*, n. 36, jan/jun. 2010, MENDES, Laura Schertel. *Privacidade, Proteção de Dados e Defesa do Consumidor*. São Paulo: Saraiva, 2013, BIONI, Bruno Ricardo. *Proteção de Dados Pessoais:* A Função e os Limites do Consentimento. Rio de Janeiro: Forense, 2019, p. 90 e ss.; SARLET, Proteção de dados como direito fundamental na Constituição Federal Brasileira de 1988, Direitos Fundamentais & Justiça | Belo Horizonte, ano 14, n. 42, p. 175-214, jan./jun. 2020. Por último, v. RODRIGUEZ, Daniel Piñeiro. *O Direito Fundamental à Proteção de Dados. Vigilância, Privacidade e Regulação*. Rio de Janeiro: Lumen Juris, 2021; SOUZA, Liziane Menezes de. *Direito Fundamental à Proteção de Dados Pessoais*. Uma Abordagem a Partir do Constitucionalismo Garantista, 2023..

Dentre as razões que aqui poderiam ser colacionadas, destacam-se:

a) a despeito das interseções e articulações com outros direitos, fica assegurada – do ponto de vista também formal (textual) - à proteção de dados a condição de direito fundamental autônomo, com âmbito de proteção próprio;

b) ao direito à proteção de dados passa a ser atribuído de modo inquestionável o pleno regime jurídico-constitucional relativo ao seu perfil de direito fundamental em sentido material e formal já consagradas no texto da CF, bem como na doutrina e na jurisprudência constitucional brasileira, ou seja:

1) como parte integrante da constituição formal, os direitos fundamentais possuem *status* normativo superior em relação a todo o restante do ordenamento jurídico nacional;

2) na condição de direito fundamental, assume a condição de limite material à reforma constitucional, devendo, ademais disso, serem observados os assim chamados limites formais, circunstanciais e temporais, nos termos do art. 60, § 1.º a 4.º, da CF;[260]

3) também as normas relativas ao direito à proteção de dados são – nos termos do art. 5.º, § 1.º, CF – dotadas de aplicabilidade imediata (direta) e vinculam diretamente todos os atores públicos, bem como – sopesadas as devidas ressalvas – os atores privados.

À vista disso, é de se acompanhar o entendimento de Carlos Alberto Molinaro e Gabrielle Bezerra S. Sarlet, no sentido de que a proteção de dados pessoais – e o reconhecimento de um direito fundamental correspondente –, de certo modo, "confere um novo e atual sentido à proteção da pessoa humana e da dignidade, da autonomia e das esferas de liberdade que lhes são inerentes".[261]

Dada a sua proximidade[262] e mesmo, a depender do caso, a parcial superposição com o âmbito de proteção de outros direitos fundamentais, a determinação da esfera autônoma de incidência do direito à proteção dos dados nem sempre é fácil, pois a utilização de determinados dados pode violar simultaneamente mais de um direito.[263]

---

260. Destaque-se, contudo, que inexiste unanimidade respeitante à possibilidade de se atribuir a condição de "cláusula pétrea" quando se tratar de direito incluído por emenda constitucional. De todo modo, adere-se aqui ao entendimento favorável quando a inserção por emenda apenas formalizar o que pode ser tido como um direito fundamental implícito, caso precisamente da proteção de dados pessoais.

261. MOLINARO, Carlos Alberto; SARLET, Gabrielle Bezerra Sales. Questões tecnológicas, éticas e normativas da proteção de dados pessoais na área da saúde em um contexto de big data. *Direitos Fundamentais & Justiça*, ano 13, n. 41, p. 183-212, jul./dez. 2019.

262. A proteção dos dados guarda também (além da dignidade da pessoa humana, da proteção da personalidade e da privacidade) importante relação com o direito de propriedade e o direito à segurança, como bem aponta SAMPAIO, José Adércio Leite. A suprema inviolabilidade: a intimidade informática e o sigilo bancário. In: SARMENTO, Daniel; SARLET, Ingo Wolfgang (Coord.). *Direitos fundamentais no Supremo Tribunal Federal:* balanço e crítica, p. 531.

263. No sentido de confirmar o caráter autônomo do direito fundamental à proteção de dados em relação ao direito à privacidade, justamente por açambarcar questões que não se limitam ao âmbito do direito à privacidade, pode-se mencionar a decisão proferida na ADI 6.387/DF, que suspendeu a eficácia da Medida Provisória n. 954/2020, editada em decorrência da pandemia da Covid-19, e determinou ao IBGE que se abstivesse de requerer a disponibilização de dados objeto da referida medida provisória. Com a decisão, além de estabelecer uma clara divisão entre os referidos direitos, o STF afirmou a existência de um direito fundamental à proteção de dados como implicitamente previsto na CF. Para mais informações sobre a decisão remetesse ao tópico anteriormente visto "4.6.2 Conteúdo (âmbito de proteção) do direito à vida privada". No mesmo sentido, o

De modo a assegurar uma proteção sem lacunas de todas as dimensões que envolvem a coleta, armazenamento, tratamento, utilização e transmissão de dados pessoais, é possível afirmar que o âmbito de proteção do direito à proteção dos dados pessoais abarca as seguintes posições jurídicas: (a) o direito ao acesso e ao conhecimento dos dados pessoais existentes em registros (bancos de dados) públicos ou privados; (b) o direito ao não conhecimento, tratamento e utilização e difusão de determinados dados pessoais pelo Estado ou por terceiros, aqui incluído um direito de sigilo quanto aos dados pessoais; (c) o direito ao conhecimento da identidade dos responsáveis pela coleta, armazenamento, tratamento e utilização dos dados; (d) o direito ao conhecimento da finalidade da coleta e da eventual utilização dos dados; (e) o direito à retificação e, a depender do caso, à exclusão de dados pessoais armazenados em bancos de dados.[264]

Note-se, outrossim, que o rol de posições jurídicas vinculadas à dimensão subjetiva do direito à proteção de dados pessoais não se esgota nas acima referidas, sendo, em regra, regulado na esfera infraconstitucional, como se dá, no caso brasileiro, com os artigos da Lei Geral de Proteção de Dados Pessoais (LGPD) que dispõe sobre os direitos do titular dos dados pessoais. Também o catálogo legal de posições subjetivas não configura um *numerus clausus*, visto que tanto o próprio legislador poderá ampliá-lo (ou mesmo corrigi-lo) quanto outras posições jurídicas poderão ser deduzidas da Constituição, destaque para o direito fundamental à proteção de dados pessoais.

Além da dimensão negativa do direito à proteção dos dados, assume relevo – especialmente considerando o impacto da utilização da tecnologia informática e a crescente necessidade de proteção dos dados pessoais contra acesso e uso por meio de terceiros – a circunstância de que ao Estado incumbe um dever de proteção a ser concretizado mediante prestações normativas e fáticas, notadamente, por meio da regulação infraconstitucional dos diversos aspectos relacionados às posições jusfundamentais referidas, assegurando-lhes a devida efetividade.

A própria previsão de uma ação de *habeas data* assegura – sob o ponto de vista procedimental – via importante de realização da proteção constitucional, notadamente, do acesso, conhecimento e mesmo retificação de dados pessoais, que, de resto, já foi devidamente regulamentada pelo legislador. A criação e estruturação de uma agência (órgão) independente para a vigilância do sistema de proteção de dados igualmente é medida que, tanto no plano da organização quanto do procedimento, assume particular relevo para a efetivação do direito.

STF julgou constitucional a vedação ao compartilhamento de informações dos §§ 1.º e 2.º do art. 7.º do Programa de Repatriação de Recursos (Lei n.13.254/2016) por entender a sensibilidades das informações prestadas e o dever de proteção constitucional, que nada impede ou limite que sejam prestadas por determinação judicial (ADI 5.729/DF, rel. Min. Roberto Barroso, j. 08.03.2021). Também, v. o julgamento da ADI 6.529/DF, rel. Min. Cármen Lúcia, j. 08.10.2021, onde se deu interpretação conforme a Constituição ao parágrafo único do art. 4.º da Lei n. 9.883/99 no sentido de, entre outras coisas, que "os órgãos componentes do Sistema Brasileiro de Inteligência somente podem fornecer dados e conhecimentos específicos à ABIN quando comprovado o interesse público da medida". Mais recentemente, julgado da ADI 6.561/TO, rel. Min. Edson Fachin, j. em 01.09.2023, em que o STF declarou a inconstitucionalidade de lei estadual que criava cadastro de usuários e dependentes de drogas, com informações concernentes ao registro de ocorrência policial, inclusive sobre reincidência.

264. Tal lista de posições jusfundamentais, que não pretende ser exaustiva, foi inspirada nos direitos elencados por CANOTILHO, J. J. Gomes; MOREIRA, Vital. *Constituição da República Portuguesa anotada*, p. 551 e ss.

Titulares do direito são, em primeira linha, as pessoas físicas, mas também as pessoas jurídicas e entes sem personalidade jurídica, desde que, nos dois últimos casos, o acesso, conhecimento, utilização e difusão dos dados que tenham sido armazenados possam afetar direitos e interesses de terceiros, no caso, de pessoas físicas,[265] mas há quem prefira proteger os dados da pessoa jurídica por conta do segredo empresarial.[266] Destinatários do direito (vinculados pelo direito) são tanto o Estado quanto os particulares, pois a devassa da vida privada, incluindo o acesso e utilização de dados pessoais, é algo que atualmente decorre tanto de ações (ou, a depender do caso, de omissões) de órgãos e agentes estatais quanto das de entidades privadas ou pessoas físicas.

Ainda sobre a dupla dimensão subjetiva e objetiva do direito fundamental à proteção de dados pessoais, calha mencionar decisão proferida pelo Ministro Gilmar Mendes no âmbito da ADPF 695, sustentando que a dimensão subjetiva do referido direito importa na proteção do indivíduo contra riscos que ameacem sua personalidade em face da coleta, processamento, utilização e circulação de dados pessoas, ao passo que a dimensão objetiva implica a atribuição ao indivíduo da garantia de controlar o fluxo de seus dados.[267]

Quanto aos limites e restrições, toda e qualquer captação (levantamento), armazenamento, utilização e transmissão de dados pessoais, em princípio, constitui uma intervenção no âmbito de proteção do direito, que, portanto, não prescinde de adequada justificação.[268] Embora não se trate de direito absoluto, o direito à proteção dos dados, especialmente na medida de sua conexão com a dignidade humana, revela-se como um direito bastante sensível, tanto mais sensível quanto mais a sua restrição afeta a intimidade e pode implicar violação da dignidade da pessoa humana.

Por evidente, de outra parte, que a necessidade de assegurar a proteção de outros direitos fundamentais ou interesses da coletividade poderá justificar, seja por lei, seja mediante decisão judicial, eventual restrição do direito à proteção de dados, sendo especialmente relevante, nesse contexto, a preservação da segurança pública. A estrita observância dos critérios da proporcionalidade e da salvaguarda do núcleo essencial do direito são aspectos que não podem ser desconsiderados, cuide-se de intervenção legislativa, cuide-se de restrição levada a efeito pelo administrador ou pelo juiz.

Nesse contexto – das restrições ao direito à proteção dos dados pessoais – assume relevo a distinção entre dados considerados sensíveis, que dizem mais de perto com aspectos da vida íntima (dados sobre a orientação sexual, religiosa, a opção política, vida familiar, entre outros) e dados mais "distantes" desse núcleo mais sensível, como é o caso de informações sobre nome, filiação, endereço, CPF etc. Cuidando-se de dados relativos ao sigilo profissional, ou mesmo dados fiscais e bancários, importa levar em conta as diretrizes existentes para tais situações, submetidas, como direitos fundamentais autônomos, a um regime próprio, em que pese um conjunto de aspectos comuns.

Ainda no contexto do direito à privacidade, da proteção dos dados pessoais e seus respectivos limites, *assume crescente relevo o problema da colisão de tais direitos com outros direitos fundamentais, notadamente no âmbito da assim chamada "sociedade de vigilância"*

---

265. Cf., por todos, IPSEN, Jörn. *Staatsrecht II – Grundrechte*, p. 78.
266. Cf. é o caso de KLOEPFER, Michael. *Verfassungsrecht II*, p. 156.
267. Medida Cautelar na ADPF 695/DF, rel. Min. Gilmar Mendes, j. em 24.06.2020.
268. Idem, p. 158.

e no ambiente da internet, bem como em face do direito de acesso às informações, especialmente quando se cuida de informações detidas pelo poder público e quando referentes aos atos e agentes estatais.

Aqui se situa, por exemplo, a problemática do assim chamado "direito ao esquecimento", que, a despeito de encontrar raízes no clássico conflito entre liberdade de expressão e informação e proteção da vida privada, adquire contornos especiais na esfera da internet, em que o acesso às informações é facilitado de modo exponencial, tanto quantitativa quanto qualitativamente.

No Brasil, embora o entendimento majoritariamente favorável por parte da doutrina, o STF, no RE 1.010.606/RJ, rel. Min. Dias Toffoli, j. 11.02.2021, depois de já ter reconhecido a repercussão geral da matéria, no julgamento de mérito, ocorrido na data referida, entendeu, por maioria, que o direito ao esquecimento é incompatível com a Constituição Federal. Na concepção da corte, a proteção ao esquecimento seria uma clara restrição às liberdades de expressão, manifestação de pensamento e ao direito à informação. O fato – e isso deve ser aqui sublinhado – é que o STF não decidiu sobre todos os aspectos e formas de manifestações do assim chamado direito ao esquecimento, como é o caso de um direito a desindexação dos mecanismos de busca na internet[269], ademais de ter deixado expressamente (e isso foi reiterado nos votos dos Ministros) que situações que envolvam violações da lei e de direitos fundamentais devem ser examinadas e equacionadas com base nas alternativas disponibilizadas pela ordem jurídico-constitucional brasileira. Assim, o que se pode dizer, em apertada síntese, é que o STF, no julgamento colacionado, decidiu basicamente pela negativa do rótulo "direito ao esquecimento" do que pela impossibilidade de eventuais restrições à liberdade de expressão e de informação[270]. Além disso, a prevalecer o entendimento de que em hipótese alguma informações verídicas não possam ter sua publicação negada ou restringida, a própria Lei Geral de Proteção de Dados (assim como o Marco Civil da Internet) seriam inconstitucionais naquilo em que asseguram um direito a requerer a retificação e exclusão de dados, ou mesmo seria inconstitucional o Código de Defesa do Consumidor, que impõe a retirada de informações negativas dos cadastros públicos, entre outras situações que poderiam ser aqui referidas. Por tais razões, o que se divisa é que o STF ainda terá de se pronunciar – e mais de uma vez – sobre a matéria.

No plano internacional, a decisão mais relevante a ser colacionada – por ser um *leading case* – prolatada pelo Tribunal de Justiça da União Européia no caso *Google vs. Agência Espanhola de Proteção de Dados e Mario C. González*, julgado em 13.05.2014, no qual foi reconhecida a responsabilidade do Google como promotor dos motores de busca e não mero intermediário das informações inseridas nas páginas de origem da internet, pelo fato de a criação de mecanismos de busca, mediante algoritmos criados pelo Google, constituir um processo independente de manipulação de dados, já que não apenas ordena as informações, mas também facilita o acesso a elas, aplicando-se, portanto, as diretivas da União Europeia na matéria. Além disso, embora não tenha sido reconhecido o direito de retirada de informações (no caso, informações sobre a alienação forçada de imóvel em virtude de dívidas com a seguridade social de cidadão espanhol) da página on-line original de órgão de

---

269. V. sobre o ponto SANTOS, Ana Luiza Liz dos. *Direito à desindexação*, 2023.

270. Sobre a polêmica decisão do STF, v., dentre outros, ANDRADE, Fábio Siebeneichler. A rejeição do direito ao esquecimento como instrumento de tutela da privacidade no direito brasileiro: um exemplo de americanização do direito, 2023.

imprensa, foi assegurada a exclusão do acesso à página com tais informações dos mecanismos de busca do *Google-Research*, de modo a dificultar o acesso às informações e propiciar, com isso, o seu "esquecimento".

Por evidente, tal decisão – como outras já tomadas em sentido similar – tem sido objeto de ampla polêmica, especialmente por se estar ampliando as possibilidades de restrição da liberdade de informação e do acesso à informação, especialmente – como no caso relatado (Google) – de informações verdadeiras, situação que, por outro lado, não se confunde com a prerrogativa de quem forneceu determinadas informações requerer a sua exclusão de determinados bancos de dados, como previsto na legislação brasileira (Lei do Marco Civil da Internet e LGPD).

Já no embate entre direito de acesso a informações de caráter público e em poder de órgãos públicos (objeto de regulação, no Brasil, pela Lei 12.527/2011), embora prevista a salvaguarda dos dados pessoais sensíveis (ligados à privacidade), a conjugação do direito de acesso à informação, com os princípios constitucionais da publicidade e da transparência, levou o STF a reconhecer que a proteção da privacidade dos servidores públicos é menor do que a do cidadão comum, de modo a considerar constitucionalmente legítima (proporcional) a divulgação nominal e individualizada dos seus vencimentos e benefícios.[271]

Outra importante decisão sobre a matéria foi a proferida na ADPF 509, rel. Min. Marco Aurélio, j. 16.09.2020, que reconheceu a constitucionalidade da chamada "lista suja" do trabalho escravo, uma vez que os autos de infração de auditores fiscais são públicos, conferindo publicidade às decisões definitivas, com a finalidade de garantir o acesso à informação sobre as políticas de combate ao trabalho escravo, não sendo de natureza sancionatória a publicidade de atos administrativos de inequívoco interesse público.

Como contraponto, ou seja, caso no qual o STF considerou inconstitucional a restrição do direito fundamental à proteção de dados pessoais, vale invocar o acima já citado julgamento da ADI 6.387, que entendeu pela desproporcionalidade da determinação do compartilhamento, pelas empresas de telecomunicação fixa e móvel, dos contados de pessoas naturais e jurídicas com o IBGE.

Noutro caso apreciado pela Suprema Corte brasileira, Rcl 48.529 AgR, rel. Min. Ricardo Lewandowski, julgado em 09.10.2021, a questão de fundo estava ligada ao vazamento de dados da Secretaria de Gestão do Trabalho e da Educação na Saúde, investigada na CPI da Pandemia de Covid-19. De acordo com a tese esgrimida na reclamação, teria ocorrido violação do disposto no MS 37.963/DF, no qual se decidiu sobre a necessidade de, nos casos de quebra de sigilo, ser preservada a confidencialidade do material para o grande público, protegendo-se os dados coletados. No caso ora referido, contudo (Rcl. 48.529 AgR), o relator, que votou acompanhado dos demais integrantes da Segunda Turma, sublinhou o fato de que os documentos que vieram a público não têm caráter privado, pelo fato de terem relação com suposta violação, pela reclamante, de seus deveres éticos e profissionais.

Dada a sua grande relevância para a proteção de dados pessoais, não há como deixar de referir o julgamento do mérito da ADI 6.529, rel. Min. Cármen Lúcia, j. em 11.10.2021. De acordo com trecho da ementa do Acórdão, aqui transcrita, a ADI foi julgada parcialmente procedente para, "confirmando-se o julgado cautelar, dar interpretação conforme ao parágrafo único do art. 4.º da Lei n. 9.883/1999 estabelecendo-se que: a) os órgãos componentes

---

271. Cf. julgamento na SS 3.902, rel. Min. Teori Zavascki, j. 23.04.2015.

do Sistema Brasileiro de Inteligência somente podem fornecer dados e conhecimentos específicos à ABIN quando comprovado o interesse público da medida, afastada qualquer possibilidade de o fornecimento desses dados atender a interesses pessoais ou privados; b) qualquer solicitação de dados deverá ser devidamente motivada para eventual controle de legalidade pelo Poder Judiciário; c) mesmo presente interesse público, os dados referentes às comunicações telefônicas ou dados sujeitos à reserva de jurisdição não podem ser compartilhados na forma do dispositivo legal, decorrente do imperativo de respeito aos direitos fundamentais; d) nas hipóteses cabíveis de fornecimento de informações e dados à ABIN, são imprescindíveis procedimento formalmente instaurado e existência de sistemas eletrônicos de segurança e registro de acesso, inclusive para efeito de responsabilização em caso de eventual omissão, desvio ou abuso".

Mediante tal decisão, o STF reafirma não apenas a jusfundamentalidade do direito à proteção de dados pessoais, como agrega importantes critérios e diretrizes para a sua compreensão e aplicação, em especial no que diz com o controle judicial das medidas restritivas e dos seus respectivos requisitos.

Mais recentemente, o STF julgou parcialmente procedentes a ADI 6649 e a ADPF 695, para o efeito de conferir interpretação conforme a normas veiculadas pelo Decreto 10.046/2019. Segundo se extrai do voto do Ministro Gilmar Mendes, relator das ações, o compartilhamento de dados passa a ter cada vez mais uma posição central na atuação do Estado, sobretudo no que se refere às políticas públicas, de tal sorte que pressupõe a conformidade com a LGPD, notadamente do ponto de vista da indicação de propósitos legítimos, específicos, e explícitos para todas as etapas do tratamento. Assim, as finalidades primárias e secundárias, caso necessário, devem ser devidamente compatibilizadas, vez que o compartilhamento, em si, deve ser restrito ao mínimo e balizados pelo cumprimento dos requisitos, das garantias e dos procedimentos legais.[272]

Ainda segundo o voto do relator, o compartilhamento dos dados pessoais entre os órgãos públicos exige o enquadramento no que dispõe o art. 23, I, da LGPD, notadamente quanto à publicidade das hipóteses nas quais cada entidade governamental compartilha ou tem acesso aos dados. Em suma, o entendimento do Ministro Relator foi de que o acesso de órgãos e de entidades governamentais ao Cadastro Base do Cidadão fica condicionado ao que outrora foi referido.

Outro ponto relevante são as competências do Comitê Central de Governança de Dados, na medida em que, segundo o Relator, deveriam ser restringidas às que foram expressas no art. 21, VI, VII e VIII, do Decreto n. 10.046/2019, desde que se atue no estabelecimento e na prevenção de mecanismos rigorosos no controle de acesso ao Cadastro Base do Cidadão, ou seja, dito de outro modo, que os órgãos e entidades públicas têm o dever de demonstrar a real necessidade de acesso e de compartilhamento dos dados. Para tanto – ainda de acordo com o que se extrai do voto –, a referida permissão somente deverá ser concedida para que sejam alcançados propósitos legítimos, específicos e explícitos, sendo limitada às informações que sejam indispensáveis ao

---

272. Nesse mesmo sentido, decisão que confirmou a medida liminar no MS 36.150/DF, rel. Min. Luís Roberto Barroso, j. em 10.10.2022, anulando a determinação do TCU ao INEP para entrega de dados individualizados do Censo Educacional e do ENEM dos anos de 2013 a 2016, requisitados para auditoria do Programa Bolsa Família, assim como as sanções impostas à autoridade responsável pela entrega dos dados.

atendimento do interesse público, nos termos do art. 7, III, bem como do art. 23, *caput*, I, da Lei n. 13.709/2018.

Além disso, para fins de compartilhamento de dados, foi estabelecida a obrigação de formulação de uma justificativa prévia e minudente, baseada no emprego da proporcionalidade, da razoabilidade e da principiologia da LGPD, tanto para a necessidade de inclusão de novos dados pessoais na base integradora quanto no que toca à escolha das bases temáticas do Cadastro Base do Cidadão.

Outro ponto a ser destacado é o fato de que o Ministro Gilmar Mendes fixou orientação no sentido da adoção de medidas de segurança, designadamente, de um sistema eletrônico de registro de acesso para efeitos de responsabilização em casos abusivos. Agregou, ainda, que o compartilhamento nas atividades de inteligência deve seguir os critérios estabelecidos em legislação própria, bem como parametrizados pela decisão do STF no já analisado caso envolvendo a Abin. Importa destacar, na mesma toada, a reponsabilidade civil do Estado pelos danos causados aos particulares em consonância com a dicção do art. 42 e ss. da LGPD, inclusive com o direito de regresso contra os servidores e agentes públicos responsáveis pelo ato ilícito, em caso de culpa ou de dolo.

À vista do exposto, é possível afirmar que o STF, embora sem ainda ter desenvolvido o tema e sem se pronunciar diretamente sobre ele, já está dando guarida ao que se tem designado de um princípio – e correspondente dever – de separação informacional dos poderes, que tem por objetivo impor limites ao compartilhamento irrestrito e descontrolado de dados pessoais, em especial limitando o fenômeno da concentração informacional de poderes.[273]

Tal linha de entendimento, contudo, parece ter sido flexibilizada quando do julgamento da ADI 4.906, rel. Min. Nunes Marques, julgada em 11.09.2024, quando o STF, ao mesmo tempo reconhecendo que "o direito fundamental à proteção de dados e à autodeterminação informativa (CF, art. 5.º, LXXIX) impõe a adoção de mecanismos capazes de assegurar a proteção e a segurança dos dados pessoais manipulados pelo poder público e por terceiros", considerou constitucionalmente legítimo o "compartilhamento direto de dados cadastrais genéricos com os órgãos de persecução penal, para fins de investigação criminal, mesmo sem autorização da Justiça", de modo a afastar inclusive uma reserva de Jurisdição nesses casos.

4.11 Os direitos à honra e à imagem

4.11.1 Considerações gerais

Os direitos à honra, à imagem, juntamente com o direito à privacidade, o direito à palavra, o direito ao nome, o direito ao conhecimento da paternidade (origem), entre outros, ocupam lugar de destaque na constelação dos direitos pessoais (ou de personalidade),

---

273. Para maior desenvolvimento do tema, v. SARLET, Ingo Wolfgang; SARLET, Gabrielle Bezerra Sales. *Separação Informacional de Poderes no Direito Constitucional Brasileiro*, 74 p., 2022, parecer publicado na página do Data PrivacyBR Research. Disponível em: https://www.dataprivacybr.org/documentos/separacao-informacional-de-poderes-no-direito-constitucional-brasileiro/. Acesso em: 20 nov. 2022.

mas, a despeito dos pontos de contato com outros direitos fundamentais, distinguem-se pelo fato de dizerem respeito mais propriamente à integridade e identidade moral da pessoa, não tendo, portanto, âmbito de proteção coincidente com os direitos à privacidade e à intimidade.[274] Além disso, convém lembrar – pois não se trata de aspecto irrelevante mesmo para uma perspectiva constitucional – que os direitos à honra e à imagem foram previstos no capítulo do Código Civil relativo aos direitos de personalidade (art. 20, *caput*). Por outro lado, como as expressões "honra" e "imagem" não são sinônimas, não se tratando também de um mesmo direito fundamental, a despeito do elo em comum, ambos os direitos serão abordados em item próprio, lhes aplicando, pelo menos em regra, o regime geral dos direitos de personalidade, ressalvadas algumas peculiaridades, que serão devidamente consideradas.

4.11.2 O direito à honra

A honra de uma pessoa (tal qual protegida como direito fundamental pelo art. 5.º, X, da CF) consiste num bem tipicamente imaterial, vinculado à noção de dignidade da pessoa humana, pois diz respeito ao bom nome e à reputação dos indivíduos. A esse propósito convém relembrar, a exemplo do que se deu de modo geral com os direitos de personalidade, que o direito à honra, na condição de direito fundamental expressamente positivado, não constituiu, durante muito tempo, figura amplamente representada nos catálogos constitucionais de direitos, o que se deu mesmo no plano internacional, onde, para além da Declaração Universal da ONU (art. 12) e do art. 17 do Pacto Internacional de Direitos Civis e Políticos, o direito à honra nem sempre se faz presente, visto ser comum que os textos constitucionais e documentos internacionais se refiram – quando é o caso – ao direito ao bom nome e/ou à reputação.

Assim, quando aqui se falar em honra, estar-se-á fazendo-o nessa perspectiva, de um direito ao bom nome e reputação, que, contudo, não se confunde, como frisado, com o direito à imagem e o direito ao nome, aqui compreendidos como o direito a portar um nome e o direito a uma identidade pessoal. Por outro lado, há que ter em conta que o conceito de honra, na sua origem e durante muito tempo (e, de certo modo, ainda hoje), guarda uma forte relação com uma organização e uma estrutura aristocrática da sociedade, não tendo um caráter igualitário, visto que se prestava, pelo contrário – assim como também ocorria com a dignidade da pessoa humana –, para destacar alguns membros do corpo social (os honrados, tais como os nobres) de outros, menos ou mesmo não honrados.[275] Com a evolução da noção de dignidade da pessoa humana – não se deve olvidar que, especialmente no período clássico, dignidade e honra como valor social do indivíduo era a versão prevalente! – e sua definição como atributo de todos os seres humanos, o direito à honra foi universalizado e passou a ser considerado como elemento importante da igual dignidade de todas as pessoas, afastando-se, na quadra atual do Estado Constitucional, toda e qualquer interpretação reducionista e de cunho nobiliárquico, que restrinja o direito à honra aos que são "mais dignos" do que outros.[276] A vinculação com a dignidade da pessoa humana, por outro lado, não afasta (pelo contrário, reforça) a dificuldade de se definir com alguma precisão e em

---

274. Cf., por todos, TAVARES, André Ramos. *Curso de direito constitucional*, 18. ed., p. 569.
275. Cf. a oportuna lembrança de ROYO, Javier Pérez. *Curso de derecho constitucional*, p. 300.
276. Cf., também, ROYO, Javier Pérez. *Curso de derecho constitucional*, p. 300-301.

abstrato o conteúdo do direito à honra, já que se cuida de uma noção marcada por forte dose de subjetividade.[277]

O direito à honra, à defesa do bom nome e à reputação insere-se no âmbito da assim chamada integridade e inviolabilidade moral.[278] Se, em um sentido objetivo, o bem jurídico protegido pelo direito à honra é o apreço social, a boa fama e a reputação do indivíduo, ou seja, seu merecimento aos olhos dos demais,[279] o que se costuma designar de honra objetiva (o conceito social sobre o indivíduo), de um ponto de vista subjetivo (que, à evidência, guarda relação com a face objetiva), a honra guarda relação com o sentimento pessoal de autoestima, ou seja, do respeito de cada um por si próprio e por seus atributos físicos, morais e intelectuais.[280]

Ainda que se possa aceitar tal distinção, parece certo que uma concepção fática de honra, seja na vertente subjetiva (de autoestima) ou objetiva (consideração social de que goza uma pessoa), se revela insuficiente, sendo de se privilegiar um conceito normativo--pessoal de honra, cuja pretensão de respeito radica na personalidade de cada indivíduo.[281]

O direito à honra protege, nessa perspectiva, a reputação da pessoa e a consideração de sua integridade como ser humano por terceiros e pelo próprio titular do direito (honra subjetiva), destinando-se a salvaguardar o indivíduo de expressões ou outras formas de intervenção no direito que possam afetar o crédito e o sentimento de estima e inserção social de alguém.[282]

A partir daí também se percebe a razão pela qual o direito à honra não se sobrepõe ao direito à intimidade ou mesmo aos direitos (mais próximos!) à imagem e ao nome, pois a violação da intimidade (que assegura um âmbito reservado ao indivíduo e o direito à não intromissão por terceiros) nem sempre implica ofensa a honra, a imagem e ao nome, nem a ofensa a honra constitui sempre uma violação do direito ao nome e à imagem.[283]

Também o direito à honra, em função da sua dupla dimensão subjetiva e objetiva, opera tanto como direito de defesa (direito negativo) quanto como direito a prestações (direito positivo), em que pese a prevalência do perfil "negativo", visto que, em primeira linha, o direito à honra, como direito subjetivo, implica o poder jurídico de se opor a toda e qualquer afetação (intervenção) ilegítima na esfera do bem jurídico protegido. Dito de outro modo, cuida-se do direito a não ser ofendido ou lesado na sua honra, dignidade ou consideração social mediante imputação feita por terceiros, bem como do direito de

---

277. Cf. Hufen, Friedhelm. *Staatsrecht II – Grundrechte*, p. 185.

278. Cf. Vasconcelos, Pedro Pais de. *Direito de personalidade*, p. 76.

279. Cf. Díez-Picazo, Luís María. *Sistema de derechos fundamentales*, p. 299.

280. Cf., por todos, no âmbito da manualística brasileira, Araújo, Luiz Alberto David; Nunes Junior, Vidal Serrano. *Curso de direito constitucional*, p. 185. De acordo com Vasconcelos, Pedro Pais de. *Direito de personalidade*, p. 76, a "perda ou lesão da honra – a desonra – resulta, ao nível pessoal, subjectivo, na perda do respeito e consideração que a pessoa tem por si própria, e ao nível social, objectivo, pela perda do respeito e consideração que a comunidade tem pela pessoa". V., também, Martins, Flávio. Curso de direito constitucional, 4. ed., p. 789.

281. Nesse sentido a lição, ancorada na experiência jurídico-constitucional portuguesa, de Weingartner Neto, Jayme. *Honra, privacidade e liberdade de imprensa:* uma pauta de justificação penal, p. 60.

282. Cf. Callejón, Maria Luisa Balaguer. *Principio de igualdad y derechos individuales*. In: Callejón, Francisco Balaguer (Coord.). *Manual de derecho constitucional*, vol. 2, p. 133.

283. Idem, ibidem.

defender-se em relação a tais ofensas e obter a competente reparação,[284] que, de acordo com a ordem jurídica brasileira, abrange tanto a reparação na esfera criminal (por conta, em especial, dos delitos de calúnia, injúria e difamação, tipificados no Código Penal) quanto em sede cível, de vez que o próprio art. 5.º, X, da CF, que assegura o direito à honra, também contempla o direito à indenização pelo dano material e moral decorrente de sua violação.

Uma "face positiva" do direito à honra encontra fundamento no dever de proteção estatal em relação à dignidade da pessoa humana e aos direitos à integridade pessoal e moral que lhe são correspondentes, embora não seja líquido que daí decorra um dever de criminalização, de tal sorte que uma descriminalização ou despenalização – pelo menos não necessariamente (existindo outros meios de proteção da honra) – incorreria em uma violação do dever de proteção suficiente do Estado. De qualquer modo, é pelo menos questionável se a opção do legislador no sentido de criminalizar ofensas a honra é inconstitucional.[285] Todavia, independentemente da criminalização de condutas ofensivas a honra, certo é que ao Estado incumbe, mediante organização e procedimento, assegurar a efetividade da proteção da honra e dos direitos pessoais.

Titulares do direito à honra são em primeira linha os indivíduos, ou seja, as pessoas físicas, cuidando-se também de um direito de titularidade universal, portanto, atribuído aos brasileiros e estrangeiros, ainda que não residentes no Brasil, já por força de seu vínculo com a dignidade da pessoa humana. A titularidade *post mortem* é reconhecida, especialmente, quando afetadas a dignidade e a honra dos descendentes e demais legitimados.[286]

O quanto as pessoas jurídicas podem ser titulares de um direito à honra é discutível e não é objeto de igual aceitação no direito comparado, pois é comum que o direito à honra seja reservado às pessoas físicas, embora a pessoa jurídica possa ter um direito à reputação.[287] De qualquer sorte, no direito brasileiro, em função da distinção entre honra subjetiva e objetiva, consolidou-se o entendimento de que a pessoa jurídica é titular de um direito à proteção da honra objetiva, incluindo o direito à respectiva indenização por dano moral.[288]

---

284. Cf., por todos, Canotilho, J. J. Gomes; Moreira, Vital. *Constituição da República Portuguesa anotada*, p. 466.

285. Nesse sentido, v. as ponderações de Weingartner Neto, Jayme. *Honra, privacidade e liberdade de imprensa:* uma pauta de justificação penal, p. 325: "O fato de o bem jurídico protegido ter natureza privada, por óbvio, não transfere a questão para a órbita do direito civil. Pelo absurdo, bastaria exemplificar com a tutela penal do patrimônio, bem essencialmente privado e disponível", de modo que, de acordo com a afirmação do mesmo autor, "não parece tão clara a fidelidade do texto constitucional à descriminalização/despenalização etc." (p. 326).

286. No Brasil, v., entre tantos, sobre a regulamentação na esfera legal (arts. 12 e 20 do CC), Andrade, Fabio Siebeneichler de. Considerações sobre a tutela dos direitos da personalidade no código civil de 2002. In: Sarlet, Ingo Wolfgang (Org.). *O novo código civil e a constituição*, 2. ed., p. 108 e ss.

287. Cf., por exemplo, para o caso da Alemanha, Hufen, Friedhelm. *Staatsrecht II – Grundrechte*, p. 185-187.

288. Cf. a Súmula 227 do STJ: "A pessoa jurídica pode sofrer dano moral". Neste ponto, há que se considerar a necessidade de que a pessoa jurídica seja a real destinatária de atentados contra a honra, não gozando de legitimidade para atuar em favor de direitos difusos e coletivos, conforme decidido pelo STF no AgReg. na Petição 8.321/ DF, rel. Min. Rosa Weber, j. em 13.12.2019.

Destinatários são tanto os órgãos estatais quanto os particulares, admissível a eficácia direta, especialmente naquilo em que reconhecido um direito a indenização por dano moral, que, consagrado por norma constitucional diretamente aplicável, não dependeria, para o reconhecimento do direito em caso de violação da honra (e demais direitos previstos no art. 5.°, X, da CF), de legislação específica, cuidando-se de norma evidentemente voltada a todo e qualquer agente que possa ofender o direito à honra.

O direito à honra, no quadro dos limites aos direitos fundamentais, também não se reveste de caráter absoluto,[289] mas desempenha papel relevante na condição de limite ao exercício de outros direitos fundamentais, em especial das liberdades de expressão (informação, imprensa, manifestação do pensamento).[290] Embora no plano do direito à honra, diferentemente do que se dá com o direito à privacidade, não se justifique uma proteção em princípio menos intensa do direito à honra na esfera política do que na esfera pessoal,[291] o direito à informação favorece uma interpretação generosa, sempre à luz do caso concreto, em relação à liberdade de expressão.

Há quem diga, contudo, que tal questão estaria mal colocada, na medida em que a possibilidade de excluir a ilicitude da ofensa à honra resultaria do interesse público na questão revelada e não no caráter público da pessoa atingida ou de sua exposição na esfera pública.[292] No limite, mesmo que a mensagem divulgada possa ser ofensiva (especialmente na ótica do titular do direito à honra), se os termos empregados na divulgação tida como ofensiva forem condizentes com o intuito de informar assunto de interesse público, há de prevalecer a liberdade de expressão.[293] Todavia, quando a opinião emitida não apresentar interesse público, além de ter caráter manifestamente ofensivo e violador da dignidade da pessoa humana do ofendido, o direito à honra se transforma em limite da liberdade de expressão e dá ensejo à responsabilização civil e mesmo penal (atendidos os pressupostos legais) dos autores da ofensa.[294]

No âmbito da jurisprudência do STF, contudo, observa-se uma relativamente forte adesão à doutrina da preferência da liberdade de expressão e certa condescendência com manifestações que sejam ofensivas à honra pessoal quando o ofendido for agente estatal.[295] De qualquer modo, embora a condição de agente estatal possa – de acordo com o STF – até mesmo servir de fundamento para atenuar o grau de reprovabilidade da conduta do autor das ofensas à honra, acusações graves e infundadas, desacompanhadas de prova de sua

---

289. No âmbito da jurisprudência do STF, v., por exemplo, o HC 87.341, j. 07.02.2006, rel. Min. Eros Grau, em que foi afirmado que o direito à honra não tem caráter absoluto e deve ceder em face do interesse público. No mesmo sentido, v. o RHC 108.156, j. 28.06.2011, rel. Min. Luiz Fux.

290. Cf., por todos, Canotilho, J. J. Gomes; Moreira, Vital. *Constituição da República Portuguesa anotada*, p. 466.

291. Idem, ibidem.

292. Cf. sugere Vasconcelos, Pedro Pais de. *Direitos de personalidade*, p. 78.

293. Cf. Mendes, Gilmar Ferreira; Branco, Paulo Gustavo Gonet. *Curso de direito constitucional*, 15. ed., p. 282-283.

294. Cf., por todos, Pieroth, Bodo; Schlink, Bernhard. *Staatsrecht II – Grundrechte*, 20. ed., p. 156.

295. Nesse sentido, v., em caráter ilustrativo, ADPF 130, j. 30.04.2009, rel. Min. Ayres Britto, e AC 2.695-MC, decisão monocrática, j. 25.11.2010, rel. Min. Celso de Mello.

veracidade, configuram dano moral indenizável.[296] Além disso, conforme decisão do RE 685.493, na esteira do voto do relator, Min. Marco Aurélio, entendeu o STF que os servidores públicos têm permissão constitucional para se pronunciarem sobre fatos relacionados ao exercício da função pública, com um campo de imunidade relativa relacionada à liberdade de expressão, prevalecendo o interesse coletivo ante os direitos de terceiros à honra.[297]

Além disso, também no que diz com a jurisprudência do STF, é de se agregar aqui a decisão na ADPF 779, rel. Min. Dias Toffoli, j. 01.08.2023, que enfatizou a ilegitimidade constitucional da assim chamada legítima defesa da honra, instituto tido por muitos como fonte de perpetuação especialmente da violência contra a mulher e do feminicídio, por buscar justificar o adultério como uma agressão injusta à honra, e, portanto, autorizar a tese da legítima defesa para afastar a ilicitude da conduta (homicídio ou outra forma de violência tipificada como delito na esfera criminal).

4.11.3 O direito à (própria) imagem

O direito à imagem integra, juntamente com o direito à honra, o direito ao nome e o direito à palavra (sem prejuízo de outras dimensões da personalidade), o direito à identidade pessoal,[298] tendo, a exemplo dos demais direitos referidos, forte conexão com o direito à intimidade e a dignidade da pessoa humana, sem, no entanto, perder sua condição de direito autônomo.[299] No âmbito da Constituição Federal, o direito à imagem (no sentido de um direito à própria imagem) foi consagrado no art. 5.º, X, mas encontra expressa referência também no art. 5.º, V (onde está assegurado um direito a indenização por dano material, moral ou à imagem), e no art. 5.º, XXVIII, *a*, em que está prevista a proteção contra a reprodução da imagem e da voz humana.

O direito à imagem, na condição de direito de personalidade, encontrou também proteção na esfera infraconstitucional, com destaque aqui para o art. 20 do CC. Por sua vez, o próprio regramento legal do direito à imagem dá conta, como já adiantado, de que se trata de um direito com âmbito de proteção autônomo. Com efeito, mesmo que mediante a captação e reprodução da imagem de alguém se possa simultaneamente violar sua honra e intimidade, a peculiaridade do direito à própria imagem reside na proteção contra a reprodução da imagem ainda que não necessariamente com isso se tenha afetado o bom nome ou a reputação ou divulgado aspectos da vida íntima da pessoa.[300]

---

296. Cf. AO 1.390/PB, j. 12.05.2011, rel. Min. Dias Toffoli. V., ainda, para ilustrar os limites da liberdade de expressão tendo como um dos fatores o direito à honra, a decisão do STF que mesmo reconhecendo a posição preferencial da liberdade de expressão, destacou seus limites diante da alteridade e da democracia. No julgamento, o STF entendeu como válido o inquérito (INQ 4.781) para investigar a disseminação de fake news, denunciações caluniosas e ameaças contra o próprio STF, seus Ministros e familiares. Cf. ADPF 572, rel. Min. Edson Fachin, j. em 18.06.2020.

297. RE 685.493, rel. Min. Marco Aurélio, j. em 22.05.2020. *Leading case do* Tema de Repercussão Geral 562. Os votos contrários dos Ministros Alexandre de Moraes e Rosa Weber, vencidos quando do julgamento, consideraram que os ministros de Estado, em razão de não estarem abrangidos pela imunidade material, estariam sujeitos ao dever de reparação previsto na Constituição Federal em razão do direito à honra.

298. Cf. Miranda, Jorge; Medeiros, Rui. *Constituição portuguesa anotada*, p. 290.

299. Cf., por todos, Royo, Javier Pérez. *Curso de derecho constitucional*, p. 308.

300. Idem, ibidem, invocando precedentes do Tribunal Constitucional da Espanha.

O direito à imagem, portanto, não tem por objeto a proteção da honra, reputação ou intimidade pessoal, mas sim a proteção da imagem física da pessoa e de suas diversas manifestações, seja em conjunto, seja quanto a aspectos particulares, contra atos que a reproduzam ou representem indevidamente.[301]

Quanto ao seu conteúdo (âmbito de proteção), o direito à imagem abrange, para efeitos da proteção constitucional, tanto o direito de definir e determinar a autoexposição pessoal, ou seja, o direito de não ser fotografado ou de ter o seu retrato exposto em público sem o devido consentimento, quanto o direito de não ver a imagem pessoal representada e difundida em forma gráfica ou montagem ofensiva ou mesmo distorcida, no sentido do que se pode designar de uma "falsificação da personalidade",[302] o que implica um direito (e correspondente dever) de divulgação da imagem com rigor e autenticidade.[303] À vista do exposto, o que está em causa é essencialmente a proteção da assim chamada imagem-retrato, mas não da imagem-atributo, pois esta está ligada à imagem "social" da pessoa, sua imagem como chefe de família, pai, profissional etc., portanto, aspectos vinculados à noção de honra.[304]

Diferentemente do direito à honra (onde a exposição pública não afasta por si só a proteção do direito à honra), o direito à imagem, quando em causa o direito de não ser fotografado ou retratado sem o devido consentimento, não é digno, em princípio, da mesma proteção constitucional, quando se trata de pessoa ocupante de cargo ou função ou que exerça atividade pública, no sentido de uma atividade em que a publicidade seja algo essencial, pois em tais situações se presume um acordo tácito, no sentido de um consentimento implícito, o que deve ser levado em consideração especialmente no plano da colisão entre direitos fundamentais.[305]

Mesmo quando se trata da legítima retratação de pessoas em veículos de comunicação, em situações de exposição pública em eventos abertos ou mesmo em eventos privados, mas em espaços públicos, hipóteses nas quais se dispensa prévia e expressa autorização, a imagem estará protegida contra a sua divulgação distorcida ou descontextualizada, salvo que tal veiculação conte com a aprovação do titular do direito.[306] Com isso já se verifica, por outro lado, que o direito à imagem é protegido não apenas contra a divulgação (sem autorização do titular) para fins comerciais, mas envolve uma proteção bem mais ampla, digna de seu enquadramento na esfera dos direitos de personalidade.

Também para o direito à imagem se aplica a noção de que se cuida simultaneamente de um direito negativo, tanto no sentido do direito a coibir e se proteger contra o uso indevido

---

301. Nesse sentido, v., por todos, no âmbito da produção monográfica, FACHIN, Zulmar Antonio. *A proteção jurídica da imagem*, p. 47 e ss.

302. Cf. a lição de CANOTILHO, J. J. Gomes; MOREIRA, Vital. *Constituição da República Portuguesa anotada*, p. 467.

303. Cf. parecem sugerir MIRANDA, Jorge; MEDEIROS, Rui. *Constituição portuguesa anotada*, p. 290.

304. Sobre a possível (embora não propriamente incontroversa) distinção entre imagem-atributo e imagem-retrato v., por todos, ARAÚJO, Luiz Alberto David. *A proteção constitucional da própria imagem*, p. 31 e ss., para quem a noção de imagem-atributo integra a noção de honra, propondo uma equivalência entre a noção de honra subjetiva e a de imagem-atributo.

305. Cf. CANOTILHO, J. J. Gomes; MOREIRA, Vital. *Constituição da República Portuguesa anotada*, p. 467. Em sentido similar, v., também, MIRANDA, Jorge; MEDEIROS, Rui. *Constituição portuguesa anotada*, p. 289-290.

306. Cf., por todos, TAVARES, André Ramos. *Curso de direito constitucional*, 18. ed., p. 570.

da imagem pessoal (direito a não intervenção ou afetação), quanto na faculdade (liberdade) do titular do direito no sentido de autorizar, ou não, a captação e veiculação, inclusive de modo descontextualizado e distorcido, da própria imagem[307]. Na sua dimensão positiva, o direito à imagem implica prestações de proteção por parte do Estado, especialmente na esfera da organização e procedimento, o que se pode dar mediante uma proteção penal ou cível, além da proteção judiciária.

No plano constitucional, a expressa previsão de um direito à indenização por danos morais e materiais (art. 5.º, V, X), o dever constitucional de proteção contido no art. 5.º, XXVIII, *a*, somado ao complexo legislativo infraconstitucional, com destaque aqui para a tutela penal e na esfera do Código Civil, são exemplos de como se dá tal proteção. Até que ponto (para além da indenização por dados causados) é possível deduzir, do direito à imagem, um direito a prestações materiais é, contudo, de mais difícil fundamentação.

A titularidade do direito à imagem, naquilo em que está em causa a representação da figura física de alguém (da assim chamada imagem-retrato), é exclusiva das pessoas físicas.[308] Em termos gerais, uma titularidade *post mortem* do direito à imagem (assim como no caso da honra) é admitida no sentido de uma proteção da personalidade após a morte por força da dignidade da pessoa humana, especialmente quando também são afetados direitos próprios dos herdeiros. Além disso, o Código Civil brasileiro, no seu art. 20, parágrafo único, expressamente dispõe sobre a legitimidade de cônjuge, ascendentes ou descendentes para buscarem indenização pelos danos causados à imagem de pessoa falecida.

Por sua vez, no que diz com as pessoas jurídicas, para os que admitem uma proteção autônoma de uma imagem social e mesmo de uma imagem autoral,[309] no sentido de um âmbito de proteção não coincidente com os direitos à honra ou mesmo intimidade ou de um direito à identidade pessoal, a depender das circunstâncias também será possível atribuir a titularidade do direito à imagem às pessoas jurídicas, o que, contudo, não se revela plausível quando se tratar do direito à imagem física.

O direito à imagem, como já visto, pode ser violado pela captação, sem a devida autorização, da imagem física de alguém, bem como pela veiculação desautorizada ou injustificada da imagem (seja ela integral ou parcial), mas também pela distorção e mesmo falsificação da imagem quando de sua veiculação. O direito à imagem, por sua vez, também não é absoluto e frequentemente entra em linha de colisão com outros direitos fundamentais, com destaque – da mesma forma como se verifica com o direito à honra – para a liberdade de expressão. Nesse sentido já se viu também que, quando se trata de pessoas públicas em local público ou mesmo de pessoas que estão em local privado, mas de acesso público, é possível presumir uma autorização implícita, que, em sendo o caso, afasta a ilicitude (cível e penal) do uso da imagem, desde que não de modo distorcido.

Na mesma linha, resolvendo a colisão entre o direito à imagem (mas também os direitos à honra, intimidade e privacidade) e a liberdade de expressão em favor desta, colaciona-se decisão do STF no ARE 892127 AgR/SP, Relatora Ministra Cármen Lúcia,

---

307. Cf. RE 1.292.275/RJ AgR, rel. Min. Dias Toffoli, j. em 03.05.2023, em que o STF definiu que os agentes públicos apenas excepcionalmente e de forma motivada podem promover a exposição de imagem de preso provisório, a qual, nesse caso, deve ser desacompanhada do respectivo nome, endereço ou profissão, a fim de minimizar os danos provocados pela exposição midiática da imagem.

308. Cf., por todos, no direito brasileiro, Ferrari, Regina Maria Macedo Nery. *Direito constitucional*, p. 625.

309. É o caso, no direito brasileiro, de Bulos, Uadi Lammêgo. *Curso de direito constitucional*, p. 429 e ss.

julgamento em 23-10-2018, que desacolheu pedido de indenização por danos morais formulado por familiares de pessoa morta em tiroteio ocorrido em via pública. No caso concreto, tratava-se de ação de indenização movida pelos familiares da vítima contra empresa jornalística, pelo fato de ter divulgado a fotografia do local da cena do crime, bem como da imagem da vítima ensanguentada em seu veículo, sem os devidos cuidados de edição. Embora na primeira instância a ação tenha sido julgada procedente, o STF entendeu que o juiz realizou censura da imprensa. Além disso, a inocorrência do fato não foi demonstrada e o que se discutiu foi apenas o não sombreamento que teria sido necessário na análise subjetiva do julgador.

Ainda, mesmo eventual distorção da imagem, mediante uma caricatura, veiculada em órgão de imprensa, apenas para citar um exemplo comum, poderá ser justificada e não gerar nenhum direito a indenização nem ensejar a responsabilização na esfera penal.[310] Especialmente no direito comparado podem ser encontradas decisões sobre a publicação de caricaturas com o propósito claro de expressar, de modo irônico, críticas sociais e políticas, situação que deve ser distinguida da publicação de charges com intuito voltado à comercialização ou mesmo com a intenção evidente de difamação ou injúria.[311] Por derradeiro, é preciso avaliar criteriosamente o quanto eventuais restrições ao direito à imagem, ainda que reguladas na esfera da legislação infraconstitucional, são dotadas de consistência constitucional, ou seja, não correspondem a violações do direito. É o caso, por exemplo, da possibilidade, regrada no art. 20 do CC, de divulgação da imagem alheia quando necessário à administração da justiça e da ordem pública, que são termos de extrema indeterminação e que se prestam para justificar uma no mínimo perigosa flexibilização do uso da imagem.[312] Por outro lado, vale mencionar decisão proferida no RE 638.360, onde ao analisar os limites da liberdade de informação jornalística com relação ao direito à imagem (dentre outras balizas como o direito à intimidade, à vida privada e à honra), entendeu o STF que não detém a imprensa legitimidade para veicular informações sigilosas que foram obtidas ilicitamente.[313]

De qualquer sorte, o que importa sublinhar é que eventuais restrições ao direito à imagem, sejam elas estabelecidas por decisão judicial no caso concreto, sejam elas veiculadas pelo legislador (mas sempre justificadas com base na proteção de outro direito fundamental ou bem jurídico de estatura constitucional), devem ser examinadas, à míngua de uma expressa reserva legal, com base nos critérios da proporcionalidade e da razoabilidade (a depender do caso, visto que ambas as noções não se confundem), atentando-se, em todo e qualquer caso, para a salvaguarda da dignidade da pessoa humana.

---

310. Sobre o tema, v., por todos, Weingartner Neto, Jayme. *Honra, privacidade e liberdade de imprensa:* uma pauta de justificação penal.

311. V., em caráter ilustrativo, o caso da Espanha, cf. Royo, Javier Pérez. *Curso de derecho constitucional*, p. 309, mediante referência a sentenças do Tribunal Constitucional espanhol (STC 23/2010) e decisão do Tribunal Europeu de Direitos Humanos no caso Aguilera Jiménez e outros contra a Espanha, apenas para mencionar as decisões mais recentes citadas pelo autor.

312. Nesse sentido v. as ponderações de Andrade, Fabio Siebeneichler de. Considerações sobre a tutela dos direitos da personalidade no código civil de 2002. In: Sarlet, Ingo Wolfgang (Org.). *O novo código civil e a constituição*, 2. ed., p. 114-115.

313. RE 638.360 AgR-segundo, rel. Min. Dias Toffoli, Segunda Turma, j. em 27.04.2020.

4.12 Direitos de liberdade

4.12.1 Algumas notas sobre um direito geral de liberdade na Constituição Federal e o sistema constitucional das liberdades fundamentais[314]

De acordo com o que se verifica a partir da dicção do art. 5.º, *caput*, da CF, a liberdade constitui, juntamente com a vida, a igualdade, a propriedade e a segurança, um conjunto de direitos fundamentais que assume particular relevância no sistema constitucional brasileiro. Tendo em conta que o atual texto constitucional aderiu, em termos gerais, ao que já vinha sendo parte integrante da tradição do constitucionalismo brasileiro, verifica-se que também para o caso do Brasil é possível afirmar a existência não apenas de um elenco de direitos de liberdade específicos (ou direitos especiais de liberdade), como é o caso das liberdades de expressão, liberdades de reunião e manifestação, entre outras, mas também de um direito geral de liberdade. Assim, verifica-se que o destaque outorgado à liberdade e aos demais direitos tidos como "invioláveis" no art. 5.º, *caput*, da CF traduz uma aproximação evidente com o espírito que orientou, já no seu nascedouro, as primeiras declarações de direitos, bem como reproduz o catálogo de direitos da pessoa humana difundidos pela literatura política e filosófica de matriz liberal. A Constituição Federal é, portanto, também e em primeira linha, uma constituição da liberdade.

Por outro lado, é possível afirmar que o reconhecimento de um direito geral de liberdade não corresponde a uma tendência uníssona e uniforme nos diversos ordenamentos constitucionais. A Constituição portuguesa, por exemplo, não garante um direito geral de liberdade, mas apenas consagra as principais liberdades em espécie.[315] Em algumas ordens jurídicas, por sua vez, o reconhecimento de um direito geral de liberdade não decorre da positivação no texto constitucional, mas da interpretação de outros direitos fundamentais pelos tribunais constitucionais, como se verificou na Alemanha, onde o Tribunal Constitucional Federal, ao decidir o famoso *caso Elfes*, identificou um direito à *liberdade geral de ação* (*allgemeine Handlungsfreiheit*) a partir do art. 2.º da Lei Fundamental, o qual assegura o direito ao livre desenvolvimento da personalidade.[316]

Todavia, mesmo diante de uma já sólida jurisprudência, construída e aplicada pelo Tribunal Constitucional, a ideia de um direito geral de liberdade segue sendo objeto de contestações por parte de alguns juristas alemães, pois – pelo menos é este um dos principais argumentos esgrimidos – ele constituiria um direito vazio de conteúdo, dito de outro modo, um direito sem suporte fático determinável.[317] Em sentido similar situa-se a nota crítica de Ronald Dworkin, para quem uma concepção forte de direitos individuais não pode aceitar a noção de um direito geral de liberdade, mas apenas a de liberdades específicas ou concretas, pois a ideia de um direito abstrato à liberdade em geral estaria em conflito permanente com o direito à igual consideração e respeito, que constitui a base de uma teoria deontológica

---

314. O presente verbete sobre o direito geral de liberdade reproduz, em parte, mediante ajuste e reconstrução do texto, o comentário elaborado pelo autor em parceria com Vale, André Rufino do. Direito geral de liberdade. In: Canotilho, J. J. Gomes; Mendes, Gilmar Ferreira; Sarlet, Ingo Wolfgang; Streck, Sarlet e Lenio Luiz (Coord.). *Comentários à Constituição do Brasil*. 2. ed. São Paulo: Saraiva Educação, 2018, p. 218-223.

315. Cf. Canotilho, J. J. Gomes; Moreira, Vital. *Constituição da República portuguesa anotada*, p. 478.

316. Cf. *BVerfGE* 6, 32, decisão de 16.01.1957.

317. Cf. Alexy, Robert. *Theorie der Grundrechte*, p. 309 e ss.

dos direitos.[318] Além disso, é possível questionar a necessidade de positivação no texto constitucional de uma ideia que decorre da própria instituição do Estado de Direito e que seria dispensável para a efetiva proteção das liberdades em espécie.

Apesar das controvérsias em torno do significado do direito geral de liberdade, sua positivação em todas as Constituições brasileiras não tem sido objeto de contestação, podendo ser vista como uma vantagem institucional que tem o condão de reforçar a proteção das liberdades ao oferecer um apoio normativo sólido em nível constitucional. Uma breve mirada sobre o elenco das liberdades especiais positivadas ao longo dos incisos do art. 5.º da CF evidencia que o constituinte brasileiro agasalhou um catálogo minucioso de liberdades, incluindo a liberdade de ir e vir (art. 5.º, XV), que, a exemplo do que ocorre em Portugal e mesmo na Alemanha, costuma ser reconduzida ao dispositivo que consagra o direito de liberdade de forma mais genérica, especialmente quando não admitida a existência de um direito geral de liberdade propriamente dito.

Por outro lado, a exemplo do que ocorre com a dignidade da pessoa humana, que tem na liberdade (assim como na igualdade) um de seus elementos centrais – para muitos, liberdade e dignidade praticamente convergem, especialmente quando se reduz a dignidade ao princípio da autonomia –, o direito geral de liberdade atua como critério material para a identificação de outras posições jurídicas fundamentais, em especial, como parâmetro para a dedução de liberdades específicas que não foram objeto de direta e expressa previsão pelo constituinte. Nessa perspectiva, o direito geral de liberdade pode ser interpretado em conjunto com o § 2.º do art. 5.º da CF, o qual estabelece um *sistema aberto* de direitos e garantias fundamentais, consagrando outros direitos não previstos de forma explícita no texto constitucional.

Dessa forma, o direito geral de liberdade (ou liberdade geral) também está aberto à integração com outras liberdades previstas nas declarações de direitos no plano internacional, além de guardar sintonia com a ideia de liberdades implícitas. Apenas para ilustrar a afirmação, é possível relacionar, por exemplo, a liberdade de utilização da informática, o livre e igual acesso à rede de comunicação, a livre disposição dos dados pessoais (para os alemães, o direito à autodeterminação informativa), entre outros que poderiam ser nominados e que não encontram previsão direta e expressa no texto constitucional. O direito geral de liberdade, nesse contexto, atua como uma espécie de cláusula de abertura constitucional para liberdades fundamentais especiais não nominadas.

Dito de outro modo, o direito geral de liberdade funciona como um princípio geral de interpretação e integração das liberdades em espécie e de identificação de liberdades implícitas na ordem constitucional. Assim sendo, para reforçar a linha argumentativa já lançada, a positivação de um direito geral de liberdade tem a vantagem de introduzir no ordenamento jurídico uma cláusula geral que permite dela derivar, por meio de interpretação extensiva, outras liberdades não expressamente consagradas no texto constitucional. Com efeito, a liberdade, como faculdade genérica de ação ou de omissão, concede ao indivíduo um amplíssimo leque de possibilidades de manifestação de suas vontades e preferências e de expressão de sua autonomia pessoal que não pode ser apreendido por meio de liberdades específicas previstas em textos normativos.

---

318. Cf. Dworkin, Ronald. *Los derechos en serio*, especialmente p. 380 e ss.

Quanto a tal função do direito geral de liberdade, compreendido como cláusula de abertura material, importa registrar, contudo, que metodologicamente não se haverá de recorrer ao direito geral de liberdade quando se tratar da aplicação de uma cláusula especial já consagrada no texto constitucional, inclusive para a necessária salvaguarda do âmbito de proteção de cada liberdade.[319] Em síntese, o direito geral de liberdade assume relevância jurídico-constitucional, para efeitos de aplicação às situações da vida, quando e na medida em que não esteja em causa o âmbito de proteção de uma liberdade em espécie.[320] O direito geral de liberdade também cumpre, portanto, a função de assegurar uma proteção isenta de lacunas da liberdade e das liberdades.[321] De qualquer sorte, considerando que os direitos especiais de liberdade serão objeto de comentário próprio, aqui se busca apenas tecer algumas considerações de ordem geral, com destaque para a demonstração do sentido de um direito geral de liberdade no esquema constitucional e a sua articulação com as cláusulas especiais de liberdade.

No que diz com sua vertente constitucional mais importante e remota, o direito fundamental de liberdade tem origem na ideia de liberdade geral contida no art. 4.º da Declaração dos Direitos do Homem e do Cidadão, de 1789: "A liberdade consiste em poder fazer tudo o que não prejudica ao outro". O preceito consagra a ideia liberal originariamente presente no pensamento dos autores clássicos do liberalismo, segundo a qual todo ser humano possui uma área ou esfera de liberdade pessoal que não pode ser de qualquer modo violada e na qual pode desenvolver suas faculdades e vontades naturais livres de qualquer interferência externa. Já no âmbito do constitucionalismo brasileiro, nos comentários ao art. 72, *caput*, da Constituição de 1891, Carlos Maximiliano conceituava a liberdade como "o direito que tem o homem de usar suas faculdades naturais ou adquiridas pelo modo que melhor convenha ao mais amplo desenvolvimento da personalidade própria, sem outro limite senão o respeito ao direito idêntico atribuído aos seus semelhantes.[322]

Feito o registro e sem que se vá aqui recorrer a outros conceitos, antigos ou mais recentes, o fato é que a noção de um direito geral de liberdade guarda íntima relação com a ideia de um direito ao livre desenvolvimento da personalidade, por sua vez, também compreendido, nos ordenamentos que o consagram (como é o caso de Alemanha, Portugal, Espanha, entre outros), como uma cláusula geral que permite a dedução de direitos especiais de personalidade, tudo tendo a dignidade da pessoa humana como fio condutor. Tal direito, em que pese sua forte articulação com o direito geral de liberdade, será objeto de comentário específico na parte dedicada aos direitos de caráter pessoal (direitos de personalidade).

Na esteira das considerações precedentes, percebe-se também o lugar de destaque que a liberdade, na condição de valor, princípio e direito (mas também como dever), ocupa na arquitetura jurídico-constitucional e política brasileira, construída em torno e com base da noção de um Estado Democrático de Direito, com o qual guardam conexão direta o direito geral de liberdade, os direitos especiais de liberdade (incluindo as liberdades políticas e sociais) e os demais direitos fundamentais.

---

319. Cf., por todos, Miranda, Jorge; Medeiros, Rui. *Constituição portuguesa anotada*, t. I, p. 300.
320. Cf. Pieroth, Bodo; Schlink, Bernhard. *Staatsrecht II – Grundrechte*, 26. ed., p. 90 e ss.
321. Cf. Stern, Klaus. *Das Staatsrecht der Bundesrepublik Deutschland*, vol. 4/1, p. 893 e ss.
322. Maximiliano, Carlos. *Comentários à Constituição brasileira de 1891*, p. 691.

No que diz respeito ao conteúdo do direito geral de liberdade, especialmente no que concerne a sua relação com os direitos especiais de liberdade, remete-se aqui aos comentários das liberdades fundamentais em espécie, evitando, assim, desnecessária superposição. O mesmo vale para o conjunto de questões que dizem com a teoria geral dos direitos fundamentais, notadamente a dimensão subjetiva e objetiva dos direitos fundamentais, a titularidade, os destinatários, a eficácia e aplicabilidade e o problema dos limites e restrições, visto que, em termos gerais, também se aplicam ao direito geral de liberdade.

Em termos gerais, no que diz com os seus contornos dogmáticos, o direito geral de liberdade pode ser descrito recorrendo-se à formulação de Robert Alexy, que aqui vai transcrita: "A liberdade geral de ação é uma liberdade de se fazer ou deixar de fazer o que se quer... De um lado, a cada um é *prima facie* – ou seja, caso nenhuma restrição ocorra – *permitido* fazer ou deixar de fazer o que quiser (norma permissiva). De outro, cada um tem *prima facie* – ou seja, caso nenhuma restrição ocorra – o *direito*, em face do Estado, a que este não embarace sua ação ou sua abstenção, ou seja, a que o Estado nelas não intervenha (norma de direitos)".[323] Nessa perspectiva, a assim designada liberdade negativa implica – para o sujeito (titular) do direito de liberdade – a prerrogativa de não fazer algo sem que lhe seja imposto, em princípio, tal conduta positiva, ou de fazer algo sem que lhe seja imposto um impedimento.

Embora tal definição tenha sido formulada a partir do dispositivo que consagra uma liberdade geral de ação (o direito ao livre desenvolvimento da personalidade) na Lei Fundamental da Alemanha (art. 2.º, § 1.º), ela pode ser, em princípio, trasladada para o ambiente constitucional brasileiro, visto que, de modo ainda mais explícito do que ocorreu no caso da Alemanha, a Constituição Federal consagrou, como já visto, um direito geral de liberdade. Por outro lado, quanto aos aspectos relacionados com a definição do âmbito de proteção, limites e restrições no âmbito do direito geral de liberdade, já foi feita remissão a outros comentários, de modo que o que aqui deve ser sublinhado é que também para a ordem jurídico-constitucional brasileira importa reconhecer que o direito geral de liberdade abarca uma liberdade negativa e uma liberdade positiva, que, por sua vez, implica um complexo de posições jurídicas que dialogam com cada uma das duas dimensões. Sem que se possa aqui aprofundar tais aspectos, é de se registrar, contudo, que as duas dimensões da liberdade em geral (negativa e positiva) acabam funcionando como vetores interpretativos do conteúdo das posições jurídicas protegidas pelas liberdades específicas.

O direito fundamental de associação, por exemplo, visto como expressão do direito geral de liberdade, inclui, primordialmente, dois âmbitos ou faces, que podem ser assim divididos: *liberdade positiva* de associação, consistente no direito de constituir e organizar novas associações, assim como de ingressar e participar de associações já existentes (art. 5.º, XVII); *liberdade negativa* de associação, que se expressa no direito de não se associar e de abandonar a associação da qual se é membro (art. 5.º, XX). Essa, aliás, a interpretação do direito fundamental de associação acolhida pelo STF, que leva em conta as duas dimensões, negativa e positiva, da liberdade e que aqui vai colacionada como exemplo para o sistema das liberdades em geral.[324]

---

323. Cf. ALEXY, Robert. *Theorie der Grundrechte*, p. 311 (adotou-se aqui a notável tradução para o português levada a efeito por Virgílio Afonso da Silva, sob o título *Teoria dos direitos fundamentais*, p. 343).

324. Cf. ADIn 2.054, rel. p/ o acórdão Min. Sepúlveda Pertence, j. 02.04.2003.

Também assume relevância a circunstância de que, além da liberdade formal, existe uma liberdade material, pois apenas o reconhecimento e a proteção de ambas as dimensões da liberdade correspondem, na íntegra, às exigências da dignidade da pessoa humana, tal como compreendida no sistema constitucional brasileiro, onde, de resto, opera como fundamento do Estado Democrático de Direito. Com efeito, a liberdade formal assume a feição de uma liberdade jurídica, no sentido de uma liberdade de matriz liberal, ou seja, quando, nas palavras de Robert Alexy, "é permitido tanto fazer algo quanto deixar de fazê-lo, isso ocorre exatamente quando algo não é nem obrigatório, nem proibido". Ainda para Alexy, a liberdade material, por sua vez, além da liberdade liberal (liberdade formal ou jurídica), abarca uma liberdade econômico-social, que implica a ausência de barreiras econômicas que tenham por consequência o embaraço e mesmo o impedimento do exercício de alternativas de ação.[325]

Outra relação crucial é a que se estabelece entre liberdade e legalidade. A Constituição Federal torna explícita a intrínseca relação entre *legalidade* e *liberdade*, designadamente no art. 5.º, II, ao estabelecer que "ninguém será obrigado a fazer ou deixar de fazer alguma coisa senão em virtude de lei", dispositivo, aliás, objeto de comentário específico. A lei é o instrumento por excelência de que dispõe o Estado de Direito para garantir e ao mesmo tempo regular a liberdade. Incorpora-se, assim, a ideia de liberdade oriunda do ideário liberal-burguês do século XVIII, com destaque para a Revolução Francesa, traduzida de modo emblemático e solene no art. 4.º da Declaração de Direitos de 1789: "A liberdade consiste em poder fazer tudo o que não prejudica o outro. O exercício dos direitos naturais de cada homem não tem mais limites que os que asseguram a outros membros da sociedade o gozo desses mesmos direitos. *Estes limites somente podem ser estabelecidos pela lei*".

A legalidade também representa a existência e a permanência da ordem jurídica do Estado, edificada por um corpo coeso de normas, organismos e procedimentos que funcionam como garantias constitucionais da liberdade dos cidadãos. No Estado de Direito, a liberdade somente é assegurada mediante uma série de garantias constitucionais calcadas na organização política e administrativa dos poderes, de acordo com as leis e a Constituição. A ordem jurídico-constitucional, dessa forma, torna-se condição necessária da possibilidade de pleno exercício da liberdade. Portanto, o direito de liberdade garantido pelo art. 5.º, *caput*, deve ser interpretado em conjunto (sistematicamente) com o princípio da legalidade assegurado pelo inciso II do mesmo artigo, que contém a tradicional fórmula garantidora da liberdade: *"Ninguém será obrigado a fazer ou deixar de fazer alguma coisa senão em virtude de lei".* O princípio da legalidade constitui, portanto, uma garantia (fundamental) constitucional da liberdade.

Por outro lado, considerando que a lei é o instrumento por excelência de limitação ou restrição da liberdade, ao mesmo tempo ela representa uma permanente ameaça a essa mesma liberdade, de forma que a ordem constitucional deve prever mecanismos de *controle da constitucionalidade da lei*. A garantia da fiscalização formal e material da lei em face da Constituição, mais especialmente no que diz com a afetação de direitos fundamentais, veio a complementar o conjunto de garantias constitucionais da liberdade, avançando no processo de racionalização do poder, especialmente a partir da Revolução Francesa e – no que diz com o controle de constitucionalidade – do constitucionalismo norte-americano,

---

325. Cf. ALEXY, Robert. *Theorie der Grundrechte*, p. 318 (confira-se a edição em língua portuguesa, já citada, p. 351).

fruto do mesmo espírito no que diz respeito à proteção das liberdades constitucionalmente asseguradas. Tais questões (do controle de constitucionalidade e mesmo dos limites e restrições a direitos fundamentais) são, contudo, versadas em capítulo próprio na presente obra, de modo que aqui não serão desenvolvidas.

Em síntese, o que importa para a apresentação do sistema das liberdades fundamentais da Constituição Federal é que o direito geral de liberdade não esvazia, pelo contrário, reforça o conjunto dos direitos de liberdade em espécie, que representam direitos fundamentais autônomos com seu respectivo âmbito de proteção. Iniciaremos a parte relativa às liberdades em espécie com a liberdade de expressão.

4.12.2 Liberdade de expressão

4.12.2.1 Notas introdutórias: breve mirada sobre a evolução constitucional brasileira pretérita e o direito internacional

Ao contrário de outras ordens constitucionais,[326] a Constituição Federal de 1988 não adotou o termo *liberdade de expressão* como o gênero que abarca as diversas manifestações específicas, tais como a livre manifestação do pensamento, a liberdade de consciência e de crença, a liberdade de comunicação (incluindo a liberdade de imprensa), a livre expressão artística, intelectual e científica, muito embora se possa considerar a livre manifestação do pensamento como assumindo tal condição, visto que a manifestação do pensamento poderá ocorrer na esfera da comunicação social, no exercício da atividade intelectual ou artística, ou mesmo dizer respeito à livre manifestação das opções religiosas.

Assim, tendo em conta o desiderato do presente texto, bem como a necessidade de guardar sintonia com as peculiaridades do direito positivo, seguir-se-ão o esquema e a terminologia consagrados no texto constitucional, atentando, contudo, para a circunstância de que o que está em causa é a liberdade de expressão, compreendida em sentido amplo, e que se decodifica em uma série de liberdades especiais.

---

326. Cf., por exemplo, a Constituição da República Portuguesa de 1976, que, no art. 37.º, 1, dispõe que "todos têm o direito de exprimir e divulgar livremente o seu pensamento pela palavra, pela imagem ou por qualquer outro meio, bem como o direito de informar, de se informar e de ser informados, sem impedimentos nem discriminações; 2. O exercício destes direitos não pode ser impedido ou limitado por qualquer tipo ou forma de censura". Em sentido similar, v., ainda, a Constituição espanhola, de 1978, cujo art. 20, §§ 1.º e 2.º, estabelecem: "Se reconocen y protegen los derechos: a. A expresar y difundir libremente los pensamientos, ideas y opiniones mediante la palabra, el escrito o cualquier otro medio de reproducción; b. A la producción y creación literaria, artística, científica y técnica; d. A comunicar o recibir libremente información veraz por cualquier medio de difusión. La Ley regulará el derecho a la cláusula de conciencia y al secreto profesional en el ejercicio de estas libertades. 2. El ejercicio de estos derechos no puede restringirse mediante ningún tipo de censura previa". No art. 21 da Constituição da República Italiana consta que "tutti hanno diritto di manifestare liberamente il proprio pensiero con la parola, lo scritto e ogni altro mezzo di diffusione. La stampa non può essere soggetta ad autorizzazioni o censure". Já na Constituição da Quinta República Francesa (Preâmbulo da Constituição de 1946, combinado com o art. 11 da Declaração dos Direitos do Homem e do Cidadão de 1789) está enunciado que "la libre communication des pensées et des opinions est un des droits les plus précieux de l'Homme: tout Citoyen peut donc parler, écrire, imprimer librement, sauf à répondre de l'abus de cette liberté, dans les cas déterminés par la Loi". Em todos os casos referidos, a despeito da variação terminológica, percebe-se que a liberdade de expressão assume a condição de gênero, incluindo a liberdade de manifestação do pensamento e seus diversos desdobramentos.

Embora se possa afirmar que foi apenas sob a égide da atual Constituição Federal que as liberdades de expressão encontraram o ambiente propício para a sua efetivação,[327] é preciso registrar que tais liberdades se fazem presentes na trajetória constitucional brasileira desde a Carta Imperial de 1824. Com efeito, de acordo com o art. 179, IV, daquela Constituição, "todos podem communicar os seus pensamentos, por palavras, escriptos, e publical-os pela Imprensa, sem dependencia de censura; com tanto que hajam de responder pelos abusos, que commetterem no exercicio deste Direito, nos casos, e pela fórma, que a Lei determinar". Na Constituição de 1891, art. 72, § 12, constava que "em qualquer assunto é livre a manifestação do pensamento pela imprensa ou pela tribuna, sem dependência de censura, respondendo cada um pelos abusos que cometer nos casos e pela forma que a lei determinar. Não é permitido o anonimato".

O texto da Constituição de 1934, todavia, foi mais detalhado, como se percebe da redação do art. 113, n. 9: "Em qualquer assunto é livre a manifestação do pensamento, sem dependência de censura, salvo quanto a espetáculos e diversões públicas, respondendo cada um pelos abusos que cometer, nos casos e pela forma que a lei determinar. Não é permitido o anonimato. É assegurado o direito de resposta. A publicação de livros e periódicos independe de licença do Poder Público. Não será, porém, tolerada propaganda de guerra ou de processos violentos para subverter a ordem política ou social".

Inserido no contexto da assim chamada ditadura do Estado Novo, o texto da Constituição de 1937 já reflete uma ideologia menos liberal, estabelecendo fortes limitações ao exercício da liberdade de expressão, como se percebe da redação do art. 122, n. 15 e alíneas *a, b* e *c*, de acordo com o qual "todo cidadão tem o direito de manifestar o seu pensamento, oralmente, por escrito, impresso ou por imagens, mediante as condições e nos limites prescritos em lei. A lei pode prescrever: *a)* com o fim de garantir a paz, a ordem e a segurança pública, a censura prévia da imprensa, do teatro, do cinematógrafo, da radiodifusão, facultando à autoridade competente proibir a circulação, a difusão ou a representação; *b)* medidas para impedir as manifestações contrárias à moralidade pública e aos bons costumes, assim como as especialmente destinadas à proteção da infância e da juventude; *c)* providências destinadas à proteção do interesse público, bem-estar do povo e segurança do Estado".

Fruto da derrocada do período autoritário anterior, mas ainda assim estabelecendo algumas limitações ao exercício da liberdade de expressão, a Constituição de 1946, no seu art. 141, § 5.º, estabelecia que "é livre a manifestação do pensamento, sem que dependa de censura, salvo quanto a espetáculos e diversões públicas, respondendo cada um, nos casos e na forma que a lei preceituar, pelos abusos que cometer. Não é permitido o anonimato. É assegurado o direito de resposta. A publicação de livros e periódicos não dependerá de licença do Poder Público. Não será, porém, tolerada propaganda de guerra, de processos violentos para subverter a ordem política e social, ou de preconceitos de raça ou de classe". Tal fórmula foi seguida quase que integralmente pela Constituição de 1967, como se verifica mediante a leitura do art. 150, § 8.º: "É livre a manifestação de pensamento, de convicção política ou filosófica e a prestação de informação sem sujeição a censura, salvo quanto a espetáculos e diversões públicas, respondendo cada um, nos termos da lei, pelos abusos que cometer. É

---

327. Cf. KOATZ, Rafael Lorenzo-Fernandez. As liberdades de expressão e de imprensa na jurisprudência do Supremo Tribunal Federal. In: SARMENTO, Daniel; SARLET, Ingo Wolfgang (Coord.). *Direitos fundamentais no Supremo Tribunal Federal:* balanço e crítica, p. 391 e ss.

assegurado o direito de resposta. A publicação de livros, jornais e periódicos independe de licença da autoridade. Não será, porém, tolerada a propaganda de guerra, de subversão da ordem ou de preconceitos de raça ou de classe".

Por fim, mediante alteração introduzida pela EC 1/1969, o art. 153, § 8.º (antigo art. 150), passou a ser redigido da seguinte maneira: "É livre a manifestação de pensamento, de convicção política ou filosófica, bem como a prestação de informação independentemente de censura, salvo quanto a diversões e espetáculos públicos, respondendo cada um, nos termos da lei, pelos abusos que cometer. É assegurado o direito de resposta. A publicação de livros, jornais e periódicos não depende de licença da autoridade. Não serão, porém, toleradas a propaganda de guerra, de subversão da ordem ou de preconceitos de religião, de raça ou de classe, e as publicações e exteriorizações contrárias à moral e aos bons costumes".

Embora não seja o caso de aqui explorarmos tal vereda, importa destacar que, ressalvadas eventuais peculiaridades, também no que diz com a liberdade de pensamento e de expressão, a Constituição Federal de 1988 guarda sintonia com a evolução registrada, notadamente a contar da Declaração Universal dos Direitos Humanos da ONU, de 1948, no âmbito do direito internacional dos direitos humanos.

Assim, apenas para referir os documentos mais importantes, com ênfase, além da Declaração Universal, nos principais tratados ratificados pelo Brasil, verifica-se que, de acordo com o art. 19 da Declaração, "toda pessoa tem direito à liberdade de opinião e expressão; este direito inclui a liberdade de, sem interferência, ter opiniões e de procurar, receber e transmitir informações e ideias por quaisquer meios e independentemente de fronteiras." Já o Pacto Internacional dos Direitos Civis e Políticos, de 1966, ratificado pelo Brasil, mediante sua incorporação ao direito interno em 1992, dispõe no seu art. 19.1 que "ninguém poderá ser molestado por suas opiniões. 2. Toda pessoa terá direito à liberdade de expressão; esse direito incluirá a liberdade de procurar, receber e difundir informações e ideias de qualquer natureza, independentemente de considerações de fronteiras, verbalmente ou por escrito, em forma impressa ou artística, ou qualquer outro meio de sua escolha".

Por derradeiro, cita-se o art. 13.1 da Convenção Americana de Direitos Humanos (Pacto de São José da Costa Rica) – igualmente ratificada pelo Brasil –, de acordo com o qual "toda pessoa tem o direito à liberdade de pensamento e de expressão. Esse direito inclui a liberdade de procurar, receber e difundir informações e ideias de qualquer natureza, sem considerações de fronteiras, verbalmente ou por escrito, ou em forma impressa ou artística, ou por qualquer meio de sua escolha".[328] Também no plano europeu, embora não se trate de uma normativa vinculante para o caso brasileiro, registra-se uma forte proteção da liberdade

---

328. Na sequência, o mesmo dispositivo da Convenção de São José da Costa Rica dispõe: "2. O exercício do direito previsto no inciso precedente não pode estar sujeito à censura prévia, mas a responsabilidades ulteriores, que devem ser expressamente previstas em lei e que se façam necessárias para assegurar: *a)* o respeito dos direitos e da reputação das demais pessoas; *b)* a proteção da segurança nacional, da ordem pública, ou da saúde ou da moral públicas. 3. Não se pode restringir o direito de expressão por vias e meios indiretos, tais como o abuso de controles oficiais ou particulares de papel de imprensa, de frequências radioelétricas ou de equipamentos e aparelhos usados na difusão de informação, nem por quaisquer outros meios destinados a obstar a comunicação e a circulação de ideias e opiniões. 4. A lei pode submeter os espetáculos públicos a censura prévia, com o objetivo exclusivo de regular o acesso a eles, para proteção moral da infância e da adolescência, sem prejuízo do disposto no inciso 2. 5. A lei deve proibir toda propaganda a favor da guerra, bem como toda apologia ao ódio nacional, racial ou religioso que constitua incitamento à discriminação, à hostilidade, ao crime ou à violência".

de expressão e de manifestação, com uma preferência evidente pela fórmula genérica da liberdade de expressão, como dá conta o art. 10.1 da Convenção Europeia de Direitos Humanos ("Qualquer pessoa tem direito à liberdade de expressão. Este direito compreende a liberdade de opinião e a liberdade de receber ou de transmitir informações ou ideias sem que possa haver ingerência de quaisquer autoridades públicas e sem considerações de fronteiras"), bem como o art. 11.1 da Carta de Direitos Fundamentais da União Europeia ("Todas as pessoas têm direito à liberdade de expressão. Este direito compreende a liberdade de opinião e a liberdade de receber e de transmitir informações ou ideias, sem que possa haver ingerência de quaisquer poderes públicos e sem consideração de fronteiras"), que, por força da entrada em vigor do Tratado de Lisboa, o qual integra, na condição de catálogo europeu de direitos fundamentais, passou a vincular os países integrantes da União Europeia.

4.12.2.2 A liberdade de expressão na Constituição Federal

a) Aspectos gerais

No âmbito da Constituição Federal de 1988, as liberdades de expressão foram não apenas objeto de mais detalhada positivação, mas também passaram a corresponder, pelo menos de acordo com texto constitucional, ao patamar de reconhecimento e proteção compatível com um autêntico Estado Democrático de Direito. Com efeito, apenas para ilustrar tal assertiva mediante a indicação dos principais dispositivos constitucionais sobre o tema, já no art. 5.º, IV, foi solenemente enunciado que "é livre a manifestação do pensamento, sendo vedado o anonimato". Tal dispositivo, que, é possível arriscar, faz as vezes, no caso brasileiro, de uma espécie de cláusula geral, foi complementado e guarda relação direta com uma série de outros dispositivos da Constituição, os quais, no seu conjunto, formam o arcabouço jurídico-constitucional que reconhece e protege a liberdade de expressão nas suas diversas manifestações. Assim, logo no dispositivo seguinte, art. 5.º, V, "é assegurado o direito de resposta, proporcional ao agravo, além da indenização por dano material, moral ou à imagem". No inciso VI do mesmo artigo consta que "é inviolável a liberdade de consciência e de crença, sendo assegurado o livre exercício dos cultos religiosos e garantida, na forma da lei, a proteção aos locais de culto e a suas liturgias".[329] De alta relevância para a liberdade de expressão é o art. 5.º, IX, de acordo com o qual "é livre a expressão da atividade intelectual, artística, científica e de comunicação, independentemente de censura ou licença".

Dentre os dispositivos diretamente relacionados com a liberdade de expressão, situam-se diversos enunciados dispersos na Constituição, alguns formulados de modo a assegurar expressamente direitos de liberdade da pessoa humana. É o caso, por exemplo, do art. 206, II, que dispõe sobre a liberdade de aprender, ensinar, pesquisar e divulgar o pensamento, a arte e o saber, no âmbito das diretrizes do ensino. Já no art. 220, no capítulo da comunicação social, está consignado que "a manifestação do pensamento, a criação, a expressão e a informação, sob qualquer forma, processo ou veículo não sofrerão qualquer restrição, observado o disposto nesta Constituição".

Tais exemplos não esgotam o elenco de disposições constitucionais relacionadas com a liberdade de expressão,[330] mas já demonstram o lugar de destaque e o alto nível de proteção

---

329. Tal dispositivo foi complementado pelos incisos VII e VIII do art. 5.º, voltados à proteção, mas também à delimitação, da liberdade religiosa e de consciência.

330. São também relacionados à liberdade de expressão: art. 5.º, X – são invioláveis a intimidade, a vida privada, a honra e a imagem das pessoas, assegurado o direito a indenização pelo dano material ou moral decorrente de

que tais liberdades experimentam na atual Constituição Federal, devendo ser objeto de referência e algum desenvolvimento no momento oportuno, quando for o caso. Por outro lado, considerando algumas peculiaridades da liberdade de consciência e de crença, tais direitos serão abordados em item próprio.

b) Conteúdo (âmbito de proteção) da liberdade de expressão: uma definição inclusiva

Como ponto de partida, importa destacar que a ausência de uma terminologia uniforme na Constituição Federal, que fala tanto em livre manifestação do pensamento quanto em liberdade de expressão, não impede uma abordagem conjunta de tais liberdades, que, como em outras ordens constitucionais, compõem um complexo de liberdades comunicativas e que, mediante a devida ressalva das peculiaridades relativas às diversas manifestações da liberdade de expressão, podem (e é mesmo recomendável que assim seja, em virtude de uma melhor sistematização e articulação) ser tratadas em bloco. Por outro lado, optamos por utilizar o termo genérico liberdade de expressão, como noção que abrange tanto a livre manifestação do pensamento prevista no art. 5.º, IV, da CF, quanto as demais dimensões da liberdade de expressão, já referidas acima e que serão objeto de nossa análise mais detida na sequência.

A liberdade de expressão, portanto, tal como o sugeriu Jónatas Machado, será aqui tratada como uma espécie de "direito mãe",[331] refutando-se uma abordagem compartimentada, tal como alguns costumam estabelecer entre as liberdades de comunicação e de expressão, como sugere parte da literatura especializada,[332] muito embora existam diferenças (seja no que diz respeito ao âmbito de proteção, seja no concernente aos limites e

---

sua violação; art. 5.º, XIV (liberdade de informação) – é assegurado a todos o acesso à informação e resguardado o sigilo da fonte, quando necessário ao exercício profissional; art. 5.º, XLII (criminalização do racismo) – a prática do racismo constitui crime inafiançável e imprescritível, sujeito à pena de reclusão, nos termos da lei. Neste contexto, das disposições constitucionais relacionadas à liberdade de expressão, importa colacionar o art. 139 da CF, que dispõe sobre restrições de tal liberdade durante a vigência do estado de sítio: "Art. 139. Na vigência do estado de sítio decretado com fundamento no art. 137, I, só poderão ser tomadas contra as pessoas as seguintes medidas: (...) III – restrições relativas à inviolabilidade da correspondência, ao sigilo das comunicações, à prestação de informações e à liberdade de imprensa, radiodifusão e televisão, na forma da lei". No âmbito da ordem social da Constituição, destaca-se o art. 215, que estabelece diretrizes para a proteção e promoção da cultura, dispondo que "o Estado garantirá a todos o pleno exercício dos direitos culturais e acesso às fontes da cultura nacional, e apoiará e incentivará a valorização e a difusão das manifestações culturais. Já no campo das diretrizes da comunicação social, o art. 220 dispõe que "a manifestação do pensamento, a criação, a expressão e a informação, sob qualquer forma, processo ou veículo, não sofrerão qualquer restrição, observado o disposto nesta Constituição. § 1.º Nenhuma lei conterá dispositivo que possa constituir embaraço à plena liberdade de informação jornalística em qualquer veículo de comunicação social, observado o disposto no art. 5.º, IV, V, X, XIII e XIV". Proibição de censura: "§ 2.º É vedada toda e qualquer censura de natureza política, ideológica e artística". Regulamentação de espetáculos públicos e programas de televisão ou rádio: "§ 3.º Compete à lei federal: I – regular as diversões e espetáculos públicos, cabendo ao Poder Público informar sobre a natureza deles, as faixas etárias a que não se recomendem, locais e horários em que sua apresentação se mostre inadequada; II – estabelecer os meios legais que garantam à pessoa e à família a possibilidade de se defenderem de programas ou programações de rádio e televisão que contrariem o disposto no art. 221, bem como da propaganda de produtos, práticas e serviços que possam ser nocivos à saúde e ao meio ambiente". Competência da União para exercer a classificação de diversões públicas e programas de rádio e televisa: "Art. 21. Compete à União: (...) XVI – exercer a classificação, para efeito indicativo, de diversões públicas e de programas de rádio e televisão".

331. Cf. MACHADO, Jónatas E. M. *Liberdade de expressão:* da esfera pública no sistema social, p. 370 e ss.
332. Cf., por exemplo, a senda trilhada, no caso da literatura especializada brasileira, por FARIAS, Edilsom. *Liberdade de expressão e comunicação – Teoria e proteção constitucional,* em especial p. 52 e ss., muito em-

restrições) entre as diversas manifestações da liberdade de expressão consideradas especificamente, como é o caso da liberdade de expressão artística, científica, liberdade de imprensa, liberdade de informação, entre outras. Por isso, como já se disse relativamente ao direito constitucional alemão, as diversas posições jusfundamentais vinculadas à liberdade de expressão serão analisadas não como um mero conglomerado, mas como partes interligadas de uma concepção geral, que reclama uma abordagem sistemática e integrada, preservadas, todavia, as peculiaridades de cada direito fundamental em espécie,[333] o que será considerado nos desenvolvimentos posteriores, quando serão examinados em destaque, após uma parte geral da liberdade de expressão, os aspectos mais relevantes de cada liberdade (direito) em particular.

Para uma compreensão geral das liberdades em espécie que podem ser reconduzidas à liberdade de expressão (gênero), e considerando as peculiaridades do direito constitucional positivo brasileiro, é possível apresentar o seguinte esquema: (a) liberdade de manifestação do pensamento (incluindo a liberdade de opinião); (b) liberdade de expressão artística; (c) liberdade de ensino e pesquisa[334]; (d) liberdade de comunicação e de informação (liberdade de "imprensa"); (e) liberdade de expressão religiosa[335].

É amplamente reconhecido que a liberdade de manifestação do pensamento e a liberdade de expressão, compreendidas aqui em conjunto, constituem um dos direitos fundamentais mais preciosos e correspondem a uma das mais antigas exigências humanas, de tal sorte que integram os catálogos constitucionais desde a primeira fase do constitucionalismo moderno.[336] Assim como a liberdade de expressão e manifestação do pensamento encontra um dos seus principais fundamentos (e objetivos) na dignidade da pessoa humana, naquilo que diz respeito à autonomia e ao livre desenvolvimento da personalidade do indivíduo, ela também guarda relação, numa dimensão social e política, com as condições e a garantia da democracia e do pluralismo político, assegurando uma espécie de livre mercado das ideias, assumindo, neste sentido, a qualidade de um direito político e revelando ter também uma dimensão nitidamente transindividual,[337] já que a liberdade de expressão e os seus respectivos limites operam essencialmente na esfera das relações de comunicação e da vida social.

---

bora o necessário registro de que o autor também sustenta um âmbito de proteção amplo de ambas as liberdades, apresentando um leque minucioso de posições jurídicas por elas abrangido.

333. Cf. FECHNER, Frank. Art. 5, Meinungsfreiheit, Pressefreiheit u.a. In: STERN, Klaus; BECKER, Florian. *Grundrechte Kommentar*, p. 530.

334. Sobre o tema, v. declaração de inconstitucionalidade da Lei n. 3.491/2015, do Município de Ipatinga (MG) que proibia ensino sobre gênero e orientação sexual, cf. ADPF 467/MG, rel. Min. Gilmar Mendes, j. em 29.05.2020. E, no mesmo sentido, o julgamento da ADPF 460/PR, rel. Min. Luiz Fux, j. em 29.06.2020. V., ainda, decisão da ADPF 548, rel. Min. Cármen Lúcia, j. em 15.05.2020, que declarou nulas as decisões da Justiça Eleitoral em cinco Estados que impuseram a interrupção de manifestações públicas de apreço ou reprovação a candidatos em ambiente virtual ou físico de universidades às vésperas do segundo turno da eleição de 2018, resguardando, dentre outros aspectos, a liberdade de manifestação e a autonomia universitária.

335. V., a esse respeito, a declaração de inconstitucionalidade de dispositivo da Lei n. 9.612/1998 (art. 4.º, § 1.º), assegurando o direito de manifestação de discurso proselitista como inerente à liberdade de expressão religiosa. Cf. ADI 2.566, rel. Min. Alexandre de Moraes, rel. p/ Acórdão Min. Edson Fachin, j. em 16.05.2018.

336. Cf., por todos, MENDES, Gilmar Ferreira; BRANCO, Paulo Gustavo G. *Curso de direito constitucional*, 15. ed., p. 267.

337. Nesse sentido, v., por todos, MACHADO, Jónatas E. M. *Liberdade de expressão*: dimensões constitucionais da esfera pública no sistema social, p. 237 e ss., que atribui à liberdade de expressão um caráter essencialmente instrumental, portanto, não de um fim em si mesmo.

Quanto a este aspecto, embora não seja o caso aqui de aprofundar a questão, importa sublinhar que a relação entre democracia e liberdade de expressão é de um recíproco condicionamento e assume um caráter complementar, dialético e dinâmico, de modo que, embora mais democracia possa muitas vezes significar mais liberdade de expressão e vice-versa (mais liberdade de expressão indica mais democracia), também é correto que a liberdade de expressão pode acarretar riscos para a democracia e que a democracia pode colocar em risco a liberdade de expressão.[338]

Já pelas razões articuladas – para que a liberdade de expressão possa cumprir com sua função numa ordem democrática e plural –, é de se sublinhar que, quanto ao seu âmbito de proteção, a liberdade de expressão abarca um conjunto diferenciado de situações, cobrindo, em princípio, uma série de liberdades (faculdades) de conteúdo espiritual, incluindo expressões não verbais, como é o caso da expressão musical, da comunicação pelas artes plásticas, entre outras.[339] A liberdade de expressão consiste, mais precisamente, na liberdade de exprimir opiniões, portanto, juízos de valor a respeito de fatos, ideias, portanto, juízos de valor sobre opiniões de terceiros etc.[340] Assim, é a liberdade de opinião que se encontra na base de todas as modalidades da liberdade de expressão,[341] de modo que o conceito de opinião (que, na linguagem da Constituição Federal, acabou sendo equiparado ao de pensamento) há de ser compreendido em sentido amplo, de forma inclusiva, abarcando também, apenas para deixar mais claro, manifestações a respeito de fatos e não apenas juízos de valor.[342] Importa acrescentar que, além da proteção do conteúdo, ou seja, do objeto da expressão, também estão protegidos os meios de expressão, cuidando-se, em qualquer caso, de uma noção aberta, portanto inclusiva de novas modalidades, como é o caso da comunicação eletrônica,[343] sobretudo nas redes sociais e em períodos eleitorais, o que será objeto de maior atenção mais adiante.

Para assegurar a sua máxima proteção e sua posição de destaque no âmbito das liberdades fundamentais, o âmbito de proteção da liberdade de expressão deve ser interpretado como o mais extenso possível, englobando tanto a manifestação de opiniões, quanto de ideias, pontos de vista, convicções, críticas, juízos de valor sobre qualquer matéria ou assunto e

---

338. Sob tal perspectiva, v. MICHELMAN, Frank. Relações entre democracia e liberdade de expressão: discussão de alguns argumentos. In: SARLET, Ingo Wolfgang (Org.). *Direitos fundamentais, informática e comunicação*, p. 49 e ss.

339. Cf. MICHAEL, Lothar; MORLOK, Martin. *Grundrechte*, p. 126; e, no direito brasileiro, MENDES, Gilmar Ferreira; BRANCO, Paulo Gustavo G. *Curso de direito constitucional*, 15. ed., p. 272-273.

340. Cf. EPPING, Volker. *Grundrechte*, p. 86.

341. Cf. SILVA, José Afonso da. *Curso de direito constitucional positivo*, 28. ed. rev. e atual., a liberdade de opinião "resume a própria liberdade de pensamento em suas várias formas de expressão. Por isso é que a doutrina a chama de liberdade primária e ponto de partida das outras. Trata-se da liberdade de o indivíduo adotar a atitude intelectual de sua escolha: quer um pensamento íntimo, quer seja a tomada de posição pública; liberdade de pensar e dizer o que se crê verdadeiro" (p. 241). Para o autor, aderindo a uma conceituação ampla, a liberdade de opinião "se exterioriza pelo exercício das liberdades de comunicação, de religião, de expressão intelectual, artística, científica, cultural e de transmissão e recepção do conhecimento" (p. 243).

342. Cf., por todos, MICHAEL, Lothar; MORLOK, Martin. *Grundrechte*, p. 128. Na literatura brasileira, v., a respeito da distinção entre fatos e juízos de valor, em especial a contribuição de BORNHOLD, Rodrigo Meyer. *Liberdade de expressão e direito à honra – Uma nova abordagem no direito brasileiro*, p. 131 e ss.

343. Cf. CANOTILHO, J. J. Gomes; MOREIRA, Vital. *Constituição da República Portuguesa anotada*, p. 572, adotando uma concepção ampliada do âmbito de proteção da liberdade de expressão.

mesmo proposições a respeito de fatos.[344] Neste sentido, em princípio todas as formas de manifestação, desde que não violentas, estão protegidas pela liberdade de expressão, incluindo "gestos, sinais, movimentos, mensagens orais e escritas, representações teatrais, sons, imagens, bem como as manifestações veiculadas pelos modernos meios de comunicação, como as mensagens de páginas de relacionamento, *blogs* etc".[345]

Uma compreensão elástica do âmbito de proteção esbarra, todavia, em algumas questões polêmicas, como, por exemplo, a negativa de fatos históricos ou mesmo no que diz com a existência de um dever de verdade quanto aos fatos, bem como no tocante aos assim chamados delitos de opinião, visto que nesses casos verifica-se maior controvérsia sobre a sua inclusão no âmbito de proteção da liberdade de expressão.

Quanto a tais questões, adota-se aqui a linha de entendimento sustentada por J. J. Gomes Canotilho e Vital Moreira, naquilo em que negam a existência de um dever de verdade quanto aos fatos, assim como afastam, em princípio, qualquer tipo de "delito de opinião", ainda que se cuide de opiniões que veiculem posições contrárias à ordem constitucional democrática, ressalvando, contudo, que eventuais distorções dos fatos e manifestações que atinjam direitos fundamentais e interesses de terceiros e que representem incitação ao crime devem ser avaliadas quando da solução dos conflitos entre normas de direitos fundamentais.[346]

Ainda quanto ao "conteúdo" (âmbito de proteção) da liberdade de expressão, importa destacar alguns aspectos, como, por exemplo, o da inclusão da publicidade comercial. Neste sentido, argumenta-se que, assim como o debate político é essencial para a ordem democrática, a publicidade comercial é relevante para a ordem econômica, não se justificando uma divisão estrita entre tais esferas.[347] Embora se trate de questão controvertida, seja no direito norte-americano, seja na Europa, o fato é que a publicidade comercial tem sido, em várias situações, incluída no espectro de proteção da liberdade de expressão, como, por exemplo, ocorreu no caso *Casado Coca v. Espanha*, julgado em 1994, em que o Tribunal Europeu de Direitos Humanos entendeu que não haveria motivos para tal exclusão,

---

344. Cf. Canotilho, J. J. Gomes; Moreira, Vital. *Constituição da República Portuguesa anotada*, p. 572. Consigna-se que, para os autores, "a liberdade de expressão não pressupõe sequer um dever de verdade perante os factos embora isso possa vir a ser relevante nos juízos de valoração em caso de conflito com outros direitos ou fins constitucionalmente protegidos".

345. Cf., por todos, Koatz, Rafael Lorenzo-Fernandez. As liberdades de expressão e de imprensa na jurisprudência do Supremo Tribunal Federal. In: Sarmento, Daniel; Sarlet, Ingo Wolfgang (Coord.). *Direitos fundamentais no Supremo Tribunal Federal:* balanço e crítica, p. 399. Para ilustrar, v. o reconhecimento, pelo STF, de proteção para manifestações não verbais: no HC 83.996/RJ, rel. Min. Gilmar Mendes, j. 17.08.2004, tratava-se de *habeas corpus* impetrado por um réu em ação penal, o qual se utilizou de gestos obscenos após um espetáculo teatral, incorrendo no art. 288 do CP. O STF decidiu, por maioria, que manifestações não verbais, como gestos e exibições, podem ser abarcadas pelo âmbito de proteção da liberdade de expressão, sobretudo quando considerado o contexto em que se insere a manifestação. Segundo o relator para o acórdão, Min. Gilmar Mendes, "um exame objetivo da querela há de indicar que a discussão está integralmente inserida no contexto da liberdade de expressão, ainda que inadequada ou deseducada". Pela sua relação com a liberdade de expressão, à qual também se aplica tal linha de entendimento, vale também citar a ADIn 1.969-4, rel. Min. Marco Aurélio, j. 24.03.1999, em que se declarou a inconstitucionalidade de decreto que havia proibido o uso de carros de som, aparelhos e objetos sonoros nas manifestações realizadas na Praça dos Três Poderes, registrando-se, contudo, que o STF entendeu ter havido violação da liberdade de reunião e de manifestação.

346. Canotilho, J. J. Gomes; Moreira, Vital. *Constituição da República Portuguesa anotada*, p. 572.

347. Hufen, Friedhelm. *Staatsrecht II – Grundrechte*, p. 405-406.

somente pelo mero fato de a expressão estar motivada pelo interesse de lucro.[348] De qualquer modo, tal como ocorre em outras esferas, a publicidade comercial é submetida a um conjunto de restrições, destacando-se as medidas de proteção do consumidor (v. o caso da proibição legal da publicidade abusiva ou enganosa), bem como as restrições impostas pela própria Constituição Federal – art. 220, § 4.º – para a publicidade do tabaco e outros produtos do gênero que possam afetar a saúde pública.[349]

A liberdade de expressão, nas suas diversas manifestações, engloba tanto o direito (faculdade) de a pessoa se exprimir quanto o de não se expressar ou mesmo de não se informar.[350] Assim, em primeira linha, a liberdade de expressão assume a condição precípua de direito de defesa (direito negativo), operando como direito da pessoa de não ser impedida de exprimir e/ou divulgar suas ideias e opiniões, sem prejuízo, todavia, de uma correlata dimensão positiva, visto que a liberdade de expressão implica um direito de acesso aos meios de expressão, o que não significa necessariamente um direito de acesso livre aos meios de comunicação social,[351] muito embora tal componente também tenha adquirido uma crescente relevância em vários momentos (no caso brasileiro, por exemplo, o acesso dos partidos políticos aos meios de comunicação para efeitos de divulgação de seus programas, candidatos etc.), o que será objeto de alguma atenção logo adiante, especialmente no que diz respeito à dimensão objetiva da liberdade de expressão.

Com efeito, também em relação à liberdade de expressão importa enfatizar que ela apresenta uma dupla dimensão subjetiva e objetiva, ou seja, operando como direito subjetivo individual (e mesmo coletivo, a depender do caso), tanto de matriz negativa (implicando deveres de abstenção, ou seja, de não impedimento de ações, como já frisado) e, a depender do caso, direitos subjetivos a prestações, por sua vez, fortemente vinculados à dimensão objetiva, que importa em deveres estatais de proteção, em parte satisfeitos mediante a edição de normas de cunho procedimental e criação e regulamentação de instituições (órgãos) que atuam na proteção e promoção dos direitos, como é o caso, por exemplo, da criação, no plano constitucional, do Conselho de Comunicação Social (art. 224 da CF). Tais deveres de proteção, todavia, também vinculam os órgãos judiciais, aos quais incumbe não apenas zelar para devida consideração dos direitos e interesses postos em causa concretamente no âmbito das relações entre sujeitos privados, mas também controlar a constitucionalidade dos atos estatais que interferem na liberdade de expressão.

Ainda no que diz com a sua *dimensão objetiva*, a liberdade de expressão, para além de um direito individual (na condição de direito subjetivo), representa, como já frisado, um valor central para um Estado Democrático de Direito e para a própria dignidade humana, na qual, como já visto, encontra um dos seus principais fundamentos (senão o seu principal fundamento). Assim, em função de tal circunstância, cuida-se de um valor da comunidade política como um todo, e nesta perspectiva a liberdade de expressão adquire uma dimensão

---

348. Cf. Díez-Picazo, Luís María. *Sistema de derechos fundamentales*, p. 325.

349. Sobre o tema, v., na literatura brasileira, especialmente Pasqualotto, Adalberto (Org.), *Publicidade de tabaco – Frente e verso da liberdade de expressão comercial*, São Paulo: Atlas, 2015, contendo diversas contribuições de autores nacionais e estrangeiros sobre o tema.

350. Cf., por todos, Mendes, Gilmar Ferreira; Branco, Paulo Gustavo G. *Curso de direito constitucional*, 15. ed., p. 269.

351. Cf., por todos, Canotilho, J. J. Gomes; Moreira, Vital. *Constituição da República Portuguesa anotada*, p. 572-573.

transindividual, como, de resto, já se verificou, ocorre em termos gerais com os direitos fundamentais na sua perspectiva objetiva.

No que diz com a jurisprudência do STF, é possível associar à dimensão objetiva da liberdade de expressão a fixação da responsabilidade objetiva do Estado pelos danos causados a profissionais de imprensa feridos por policiais, quando da realização de cobertura jornalística de reuniões e manifestações públicas e nas quais ocorram tumultos e/ou conflitos, desde que os jornalistas eventualmente lesados não tenham descumprido advertências ostensivas e claras por parte da autoridade pública, no que diz com o acesso a áreas definidas como sendo de grave risco para as suas respectivas integridades físicas, hipótese na qual resta afastada a responsabilidade estatal por culpa exclusiva da vítima.[352]

c) Titulares e destinatários da liberdade de expressão

Titular das liberdades de expressão é, em primeira linha, a pessoa natural, o indivíduo, não sendo o caso de limitar o exercício da liberdade de expressão aos brasileiros e estrangeiros residentes no País, em virtude do princípio da universalidade, consoante desenvolvido na parte geral dos direitos fundamentais. De outra parte, cuida-se de direitos compatíveis com a condição de pessoas jurídicas, inclusive de direito público. Quanto aos destinatários (sujeitos passivos), verifica-se a possibilidade, para além da vinculação (direta) de todos os poderes públicos, de uma eficácia (direta ou indireta, a depender do caso) nas relações entre particulares, cujo alcance aqui não será examinado, pois igualmente analisado em capítulo próprio da parte geral dos direitos fundamentais. Especialmente os direitos de resposta e de indenização por dano imaterial causado pelo uso abusivo da liberdade de expressão constituem exemplos de refrações da liberdade de expressão na esfera das relações privadas. Outra situação na qual se coloca o problema diz respeito às relações internas das empresas (órgãos) de comunicação social, notadamente quando se verifica dissenso entre a orientação dos órgãos diretivos da empresa e o jornalista responsável pela matéria, o que, pelo menos, poderá implicar, por parte do jornalista, um motivado rompimento do contrato, a depender das circunstâncias.[353]

d) Limitações à liberdade de expressão e conflitos (colisões) com outros direitos fundamentais

1. Aspectos gerais

Dada a sua relevância para a democracia e o pluralismo político, a liberdade de expressão – pelo menos de acordo com significativa doutrina – assume uma espécie de posição preferencial (*preferred position*), quando da resolução de conflitos com outros princípios constitucionais e direitos fundamentais,[354] o que tem sido, em regra, confirmado pelo STF em especial a partir do julgamento da ADPF 130, no qual foi declarado que a Lei de Imprensa editada no período da ditadura militar não foi recepcionada pela CF.

De qualquer modo, não se trata de atribuir à liberdade de expressão (em qualquer uma de suas manifestações particulares) a condição de direito absolutamente imune a qualquer

---

352. Cf. RE 1.209.429/SP, rel. Min. Marco Aurélio, redator do Acórdão Min. Alexandre de Moraes, j. em 10.06.2021.

353. Sobre o tópico, v. BRANCO, Paulo Gustavo G. *Liberdades*, 15. ed., p. 270.

354. Cf., por todos, na doutrina brasileira, BARROSO, Luís Roberto. Liberdade de expressão *versus* direitos da personalidade – Colisão de direitos fundamentais e critérios de ponderação. *Temas de direito constitucional*, t. III, p. 105-106.

limite e restrição, nem de estabelecer uma espécie de hierarquia prévia entre as normas constitucionais.[355]

Assim, quando se fala de uma posição preferencial – pelo menos no sentido em que aqui se admite tal condição –, tem-se a finalidade de reconhecer à liberdade de expressão uma posição de vantagem no caso de conflitos com outros bens fundamentais no que diz com a hierarquização das posições conflitantes no caso concreto, de tal sorte que também nessa esfera – da solução para eventual conflito entre a liberdade de expressão e outros bens fundamentais individuais e coletivos – não há como deixar de considerar as exigências da proporcionalidade e de outros critérios aplicáveis a tais situações.

Embora seja inviável esgotar todas as possibilidades, algumas hipóteses envolvendo o problema dos limites e restrições à liberdade de expressão serão analisadas na sequência. A primeira e sem dúvida mais relevante é a que diz respeito ao problema da possibilidade de censura prévia ou de outra modalidade de controle da liberdade de expressão.

2. Vedação absoluta da censura, mas existência de limites e restrições que justificam o controle do abuso da liberdade de expressão

Uma primeira questão diz respeito à (im)possibilidade do estabelecimento de qualquer tipo de censura, proibição expressamente prevista no art. 5.º, IX, da CF, associada à livre expressão da atividade intelectual, artística, científica e de comunicação, proibição que representa uma forte reação do constituinte ao passado recente, nomeadamente aos excessos praticados durante o período da ditadura militar, proibição reiterada no art. 220, § 2.º, da CF, de acordo com o qual "é vedada toda e qualquer censura de natureza política, ideológica e artística". De qualquer sorte, é preciso reconhecer que, a despeito de a censura já ter sido objeto de vedação constitucional anterior, isso não impediu que viesse a ser amplamente praticada, como também ocorreu na vigência da assim chamada ditadura do Estado Novo (1937-1945).[356] A proibição da censura é de tal sorte relevante para a liberdade de expressão que, de acordo com o noticiado por Jónatas Machado, "a liberdade de imprensa é, historicamente, a liberdade perante a censura prévia."[357]

A absoluta vedação da censura que se infere da Constituição Federal não dispensa uma definição do que seja censura, até mesmo para que seja possível diferenciar as situações à luz do ordenamento jurídico-constitucional. Numa primeira aproximação, por se tratar de uma noção amplamente compartilhada e em relação à qual existe um alto grau de consenso,

---

355. Nesse sentido, v. a decisão do STF nos Embargos de Declaração no Recurso Extraordinário com Agravo n. 891.647-SP, rel. Min. Celso de Mello, j. 15.09.2015, em que na ementa restou enunciado que "o direito à livre manifestação do pensamento, embora reconhecido e assegurado em sede constitucional, não se reveste de caráter absoluto nem ilimitado, expondo-se, por isso mesmo, às restrições que emergem do próprio texto da Constituição, destacando-se, entre essas, aquela que consagra a intangibilidade do patrimônio moral de terceiros (...)". Mais recentemente, a Corte reafirmou tal entendimento, destacando-se – inclusive pela expressa referência ao direito internacional dos direitos humanos – a decisão sobre a constitucionalidade do crime de desacato, proferida na ADPF 496, rel. Min. Roberto Barroso, j. 22.06.2020, onde restou assentado que: "De acordo com a jurisprudência da Corte Interamericana de Direitos Humanos e do Supremo Tribunal Federal, a liberdade de expressão não é um direito absoluto e, em casos de grave abuso, faz-se legítima a utilização do direito penal para a proteção de outros interesses e direitos relevantes".

356. Cf. aponta FARIAS, Edilsom. *Liberdade de expressão e comunicação – Teoria e proteção constitucional*, p. 186-187.

357. Cf. MACHADO, Jónatas E. M. *Liberdade de expressão:* dimensões constitucionais da esfera pública no sistema social, p. 487.

a censura que se pode ter como absolutamente vedada pela Constituição Federal, de plano e em qualquer caso, consiste, de acordo com a lição de Jónatas Machado, na restrição prévia à liberdade de expressão realizada pela autoridade administrativa e que resulta na proibição da veiculação de determinado conteúdo.[358] O quanto outras intervenções prévias (por exemplo, as estabelecidas por conta da proteção de outros bens fundamentais no caso de uma colisão entre estes e a liberdade de expressão) se enquadram na noção de censura e em que medida podem ser (ou não) constitucionalmente legítimas tem sido objeto de acirrado debate, prevalecendo o entendimento de que, para assegurar a proteção das liberdade de expressão, a proibição de censura e de licença deve ser compreendida em sentido amplo, de modo a abarcar não apenas a típica censura administrativa, mas também outras hipóteses de proibição ou limitação da livre expressão e circulação de informações e de ideias.[359]

O problema de uma definição demasiadamente ampla de censura, como abarcando toda e qualquer restrição à liberdade de expressão, é de que ela acabaria por transformar a liberdade de expressão em direito absoluto, o que não se revela como sustentável pelo prisma da equivalência substancial e formal entre a liberdade de expressão e outros bens fundamentais, pelo menos a dignidade da pessoa humana e os direitos de personalidade. Por outro lado, tomando-se também a liberdade de expressão como abarcando as diversas manifestações que lhe são próprias, a liberdade de manifestação do pensamento, a liberdade de comunicação e de informação (relacionadas com a liberdade de imprensa), a liberdade de expressão artística, apenas para citar as mais importantes, verifica-se que uma distinção entre censura e outras modalidades de restrição (que poderão, a depender do caso, ser constitucionalmente justificadas) é necessária até mesmo para preservar as peculiaridades de cada modalidade da liberdade de expressão.

De qualquer modo, na esteira do que entre nós lembra Daniel Sarmento, uma orientação geral importante a ser observada é a de que apenas em hipóteses absolutamente excepcionais são admissíveis restrições prévias ao exercício da liberdade de expressão, quando em causa a proteção de direitos ou outros bens jurídicos contrapostos, visto que a regra geral que se infere da Constituição Federal é a de que os eventuais abusos e lesões a direitos devem ser sancionados e compensados posteriormente.[360] Logo adiante, teremos ocasião de desenvolver um pouco mais o tópico quando da abordagem de alguns casos de colisão entre a liberdade de expressão e outros direitos fundamentais.

Por ora, considerado o contexto e por se tratar de situação corriqueira e prevista na Constituição Federal, convém destacar que a classificação indicativa de espetáculos e diversões públicas pela autoridade pública não se confunde com a censura. Com efeito, basta a leitura do texto constitucional para que se perceba que este não abre margem para a proibição de um espetáculo, ainda que com o objetivo de proteção de crianças e adolescentes, visto que, a teor do art. 220, § 3.º, I, da CF, apenas é conferida competência às autoridades responsáveis para que indiquem a faixa etária adequada para cada espetáculo, sugerindo horários e locais para sua apresentação.[361] Depois de longo embate e tramitação,

---

358. Idem, p. 486-487.
359. Cf., por todos, FARIAS, Edilsom. *Liberdade de expressão e comunicação – Teoria e proteção constitucional*, p. 188.
360. Cf. SARMENTO, Daniel. Comentários ao art. 5.º, incisos IV, V e IX. In: CANOTILHO, J. J. Gomes; MENDES, Gilmar Ferreira; SARLET, Ingo Wolfgang, STRECK, Lenio Luiz (Coord.). *Comentários à Constituição do Brasil, 2. ed.*, São Paulo: Saraiva Educação, 2018.
361. Cf. BRANCO, Paulo Gustavo G. *Liberdades*, 15. ed., p. 275.

o STF acabou por decidir, sobre o ponto, que a classificação etária assume caráter meramente indicativo, portanto, não obrigatório. Com efeito, por ocasião do julgamento da ADIn 2.404/2001, rel. Min. Dias Toffoli, o STF julgou procedente a ação direta para declarar a inconstitucionalidade da expressão "em horário diverso do autorizado", contida no art. 254 do ECA, que estabelecia uma punição para a transmissão de "espetáculo em horário diverso do autorizado", ou seja, contrariando a classificação indicativa do espetáculo ou programa.

De qualquer modo, considerando a prioridade absoluta assegurada pela Constituição Federal aos interesses e direitos das crianças e dos adolescentes e o fato de inexistir direito de caráter absoluto, há que levar a sério a possibilidade de se limitar, mediante lei e observados, com todo o rigor, os critérios da proporcionalidade e salvaguarda do núcleo essencial, a liberdade de expressão ao nível do controle posterior,[362] sem que tal restrição, motivada por força de conflito com outros direitos fundamentais de alta densidade axiológica, venha a configurar a hipótese de censura prévia, esta, sim, categoricamente vedada. Ainda no caso da limitação da liberdade de expressão por conta da salvaguarda de direitos das crianças e adolescentes, verifica-se que o STF tem admitido restrições legais à liberdade de expressão, como, por exemplo, a proibição de divulgação de nome ou fotografia de adolescente infrator, mas no âmbito de uma ponderação pautada pela proporcionalidade, coibindo, portanto, excessos na intervenção na liberdade de expressão.[363]

Noutro julgado, que coloca em evidência o dissídio sobre o que constitui, ou não, censura prévia, designadamente na Rcl. 28747/PR, Relator Ministro Alexandre de Moraes, redator para o Acórdão Ministro Luiz Fux, julgamento em 05-06-2018, a Primeira Turma do STF, por maioria, deu provimento a agravo regimental para julgar procedente a reclamação ajuizada, fulminando decisão que, em sede de medida cautelar, determinou a retirada de matéria de *blog* jornalístico, bem como proibiu novas publicações, em virtude do fato de que tal notícia seria ofensiva à honra de delegado da Polícia Federal. Além de o colegiado ter chancelado a possibilidade de se manejar o julgado da ADPF 130/DF (não recepção da assim chamada Lei de Imprensa pela CF) como parâmetro para reclamações que versem sobre conflitos entre a liberdade de expressão e de informação e os direitos de personalidade, no mérito reconheceu que a decisão reclamada, ao determinar retirada de matéria jornalística, afrontou a liberdade de expressão e constitui uma espécie de censura prévia.

Note-se, todavia, que a decisão foi por maioria, tendo sido vencidos os Ministros Alexandre de Moraes (Relator) e Marco Aurélio, que negaram provimento ao agravo pelo fato de ser inadmissível a Reclamação por falta de estrita aderência entre a decisão impugnada e a ADPF 130, ademais de ter inexistido cerceamento da liberdade de expressão.

Ainda no que diz com a liberdade de informação jornalística, é de destacar que o STF decidiu ser possível controle judicial que garanta o sigilo das comunicações telefônicas quando verificada ofensa à liberdade de comunicação alheia, de modo que a liberdade de

---

362. Nesse sentido v. as ponderações de BRANCO, Paulo Gustavo G. *Liberdades*, 15. ed., p. 276-277.

363. É o que se constata, por exemplo, no caso da ADIn 869-2/DF, Plenário do STF, rel. Min.Ilmar Galvão, j. 04.08.1999, na qual foi reconhecida a inconstitucionalidade de dispositivo legal que impunha pena de suspensão de programação de emissora (por até dois dias) ou de publicação de periódico por até dois números, caso divulgado nome ou imagem de criança ou adolescente infrator. Mais recentemente, o STF reconheceu a constitucionalidade da lei n. 13.582/2016 da Bahia, que proíbe toda e qualquer publicidade dirigida às crianças nos estabelecimentos de educação básica (ADI 5.631/BA, rel. Min. Edson Fachin, j. 25.03.2021).

informação jornalística não legitima a utilização de informações sigilosas obtidas por meios ilícitos.[364]

3. A vedação do anonimato

A vedação do anonimato foi prevista no texto constitucional associada ao direito à livre manifestação do pensamento (art. 5.º, IV, da CF), mas aplica-se às liberdades de expressão em geral. Do contrário, como já decidiu o STF, eventual responsabilização civil ou penal do autor de alguma manifestação ofensiva ou apócrifa poderia ficar inviabilizada.[365] Que a vedação do anonimato não exclui o sigilo da fonte (art. 5.º, XIV, da CF), e com tal garantia (igualmente fundamental) da atividade dos jornalistas e agentes da comunicação social deve ser harmonizada, resulta evidente, mas nem sempre é de fácil realização na prática.

Muito embora as situações não sejam idênticas, a hipótese da denúncia anônima, como base para a investigação criminal e mesmo como prova em processo criminal, tem sido corretamente associada à proibição do anonimato, de tal sorte que o STF, com base no art. 5.º, IV, da CF, decidiu que escritos ou notícias sem identificação da fonte, portanto, de caráter anônimo, não podem, por si sós (ou seja, desacompanhados de outros elementos), justificar a persecução criminal, a não ser quando se trata de documentos produzidos pelo próprio acusado ou quando os documentos representarem, eles próprios, o corpo de delito.[366] Por outro lado, entendeu o STF que a denúncia anônima pode justificar medidas informais que, por sua vez, ao resultarem na coleta de outras informações, podem atestar a verossimilhança do conteúdo da delação anônima.[367]

4. O direito de resposta proporcional ao agravo

Ao mesmo tempo em que a Constituição Federal reconhece e protege a liberdade de expressão, ela assegura (art. 5.º, V) um direito de resposta proporcional ao agravo, de tal sorte que manifestações que venham a afetar bens jurídicos e direitos fundamentais de terceiros geram para o prejudicado o direito de apresentar as suas razões. De acordo com J. J. Gomes Canotilho e Vital Moreira, o direito de resposta consiste no "instrumento de defesa das pessoas contra qualquer opinião ou imputação de caráter pessoal ofensiva ou prejudicial, ou contra qualquer notícia ou referência pessoal inverídica ou inexacta e é independente, quer do possível direito à indemnização dos danos sofridos (...), quer da eventual responsabilidade envolvida".[368] Nessa perspectiva, o direito de resposta constitui meio de assegurar o contraditório no processo público da comunicação e atua, portanto, também como garante da democracia,[369] de tal sorte que o direito de resposta, para além de sua dimensão individual,

---

364. RE 638.360 AgR-segundo, rel. Min. Dias Toffoli, Segunda Turma, j. em 27.04.2020,

365. Cf. decidido no MS 24.369, j. 10.10.2002, rel. Min. Celso de Mello.

366. Cf., por exemplo, o julgamento do MS 24.405-4/DF, rel. Min. Carlos Velloso, j. 03.12.2003, no qual foi reconhecida (de modo incidental) a inconstitucionalidade de dispositivo da Lei 8.433/1992, que previa a manutenção em segredo do nome do autor de denúncias ao TCU. Para a esfera criminal, v. o HC 84.827/TO, rel. Min. Marco Aurélio, j. 07.08.2007, em que se trancou notícia-crime formulada pelo Ministério Público Federal junto ao STJ, por basear-se em denúncia anônima.

367. Cf. Inq 1.957, j. 11.05.2005, em especial o voto do Min. Celso de Mello. Mais recentemente, no mesmo sentido, v. HC 106.152, rel. Min. Rosa Weber, j. 29.03.2016, no qual restou consignado na ementa que "notícias anônimas de crime, desde que verificada a sua credibilidade por apurações preliminares, podem servir de base válida à investigação e à persecução criminal".

368. Cf. Canotilho, J. J. Gomes; Moreira, Vital. *Constituição da República Portuguesa anotada*, p. 575-576.

369. Cf., por todos, Germano, Luiz Paulo. *Direito de resposta*, p. 138 e ss., que chega a afirmar que "o direito de resposta é a própria liberdade de expressão".

possui também um forte componente transindividual, operando, neste contexto, a serviço da dimensão objetiva da liberdade de expressão.[370] Como frisa Jónatas Machado, ainda que o direito de resposta restrinja a liberdade editorial dos agentes da comunicação social,[371] "ele encontra uma forte justificação no princípio liberal de que as lesões resultantes do discurso devem ser combatidas, preferencialmente, com mais discurso."[372]

A despeito de o STF (na ADPF 130) ter decidido pela não recepção da Lei de Imprensa, que regulamentava o direito de resposta, o direito de resposta encontra-se consagrado como direito fundamental na Constituição Federal, cuidando-se de norma de aplicação imediata, de tal sorte que a falta de legislação específica que o regulamente não pode servir de obstáculo ao seu exercício, ainda mais que se cuida de meio de exercer a liberdade de expressão, entendimento, aliás, que já foi objeto de acolhida no próprio STF em decisão posterior ao julgamento da ADPF 130.[373] De qualquer sorte, como o direito de resposta foi objeto de previsão em tratado internacional ratificado pelo Brasil (no caso, o art. 14 da Convenção Americana sobre Direitos Humanos, o assim chamado Pacto de São José da Costa Rica), cuja hierarquia supralegal foi reconhecida pelo STF, também as diretrizes constantes de tal diploma normativo, desde que harmonizadas com o disposto no art. 5.º, V, da CF, servem de parâmetro ao intérprete nacional, sem prejuízo de utilização da legislação eleitoral, que igualmente dispõe sobre o tema (Lei 9.504/1997), mas que também há de ser aplicada de modo compatível com o parâmetro estabelecido pela Constituição Federal e pela Convenção Americana de Direitos Humanos, que lhe são hierarquicamente superiores.

No que diz com sua abrangência, tanto a Constituição Federal quanto o Pacto de São José da Costa Rica indicam que o direito de resposta há de ser interpretado de forma ampla, aplicando-se a toda e qualquer ofensa e manifestação que tenha como efeito a distorção de fatos, opiniões etc., o que já se justifica pela própria amplitude atribuída à liberdade de expressão.[374] Em qualquer caso, o critério principal estabelecido pela Constituição Federal, e que haveria de ser observado ainda que assim não fosse o caso, é o da proporcionalidade do direito de resposta. O fato de que o direito de resposta deva ser proporcional ao agravo não significa que o desagravo deva ser necessariamente veiculado na principal página ou programa do órgão de comunicação que divulgou a notícia original, nem implica automaticamente a publicação na íntegra da sentença que reconheceu o direito de resposta. Isso se verifica pelo fato de que a proporcionalidade não se estabelece apenas em relação ao agravo, mas também deve ser aferida no plano das consequências do exercício do direito de resposta, pois, a depender do caso, poderá tal direito gerar o tolhimento da liberdade de expressão se os encargos impostos pelo exercício da resposta forem também desproporcionais. Importante

---

370. Cf., por todos, Farias, Edilsom. *Liberdade de expressão e comunicação – Teoria e proteção constitucional*, p. 234.

371. Em sentido diverso, afirmando que o direito de resposta não constitui limite ou restrição à liberdade de comunicação e expressão, v. Farias, Edilsom. *Liberdade de expressão e comunicação – Teoria e proteção constitucional*, p. 234.

372. Cf. Machado, Jónatas E. M. *Liberdade de expressão:* dimensões constitucionais da esfera pública no sistema social, p. 694.

373. Cf. o julgamento da AC 2.695, rel. Min. Celso Mello (*DJe* 30.11.2010), decisão monocrática na qual foi reconhecida, com base na aplicabilidade imediata da norma constitucional, a possibilidade do exercício do direito de resposta mesmo após o reconhecimento da não recepção da Lei de Imprensa.

374. Cf. Germano, Luiz Paulo. *Direito de resposta*, p. 141 e ss.

é destacar que, em qualquer hipótese, o direito de resposta não poderá cobrir ilícitos, de modo a converter o ofendido em ofensor.

Outro princípio que informa o regime jurídico do direito de resposta é o da imediaticidade, pois, para preservar a sua utilidade, a divulgação da resposta deve ser realizada com a maior brevidade possível,[375] o que, considerando a evolução tecnológica e a utilização, por exemplo, da internet para o exercício da liberdade de expressão, demanda uma capacidade de reação e adaptação dificilmente compatível com os limites de um processo judicial, por mais ágil que este seja.

Explicitando o conteúdo e alcance do direito de resposta, colaciona-se, da jurisprudência recente do STF sobre a matéria, a decisão proferida quando do julgamento conjunto das ADIs 5.414/DF, 5.418/DF e 5.436/DF, todas de relatoria do Ministro Dias Toffoli e julgadas em 11.03.2021, a retratação ou retificação espontânea e proporcional não impede o exercício do direito de resposta nem prejudica a ação de reparação por ano moral. Além disso, a Corte decidiu que o efeito suspensivo do recurso em sede de direito de resposta pode ser estabelecido em decisão monocrática, tornando inconstitucional o dispositivo do art. 10 da Lei n. 13.188/2015.

Quanto à sua titularidade, também o direito de resposta tem como sujeito toda e qualquer pessoa física, nacional ou estrangeira, de modo a guardar a necessária simetria com a liberdade de expressão, devendo ser também atribuído às pessoas jurídicas (coletivas).[376]

5. O direito fundamental à indenização por danos materiais e imateriais causados com base no exercício da liberdade de expressão

Em sentido amplo, a previsão, no art. 5.º, V, da CF, juntamente com o direito de resposta, de um direito à "indenização por dano material, moral ou à imagem" opera como um limite à liberdade de expressão, embora não impeça o seu exercício. A fixação, na esfera de demandas judiciais, de valores altos a título de indenização, poderá não apenas inibir a liberdade de expressão como mesmo levar, em situações-limite, à sua inviabilidade, de tal sorte que também nessa esfera há que respeitar os critérios da proporcionalidade e razoabilidade. O direito à indenização, neste contexto, há de ser reconhecido com prudência, sob pena de – apesar de posterior à veiculação do discurso ofensivo – se transformar em limitação ilegítima da liberdade de expressão, o que, aliás, corresponde à orientação dominante no STF, que condiciona a indenização aos critérios da proporcionalidade.[377]

Quanto aos seus titulares, cuida-se de direito cuja titularidade é universal (direito de todos e de qualquer um), sendo mesmo deferido às pessoas jurídicas, quando violados sua imagem e bom nome comercial, ou mesmo a sua honra objetiva, tal como amplamente consagrado no ordenamento jurídico brasileiro. No que diz com seus destinatários, o direito fundamental e autônomo à indenização pelos abusos no exercício da liberdade de expressão é, em geral, oponível diretamente nas relações privadas, inclusive por se tratar de direito consagrado em norma diretamente aplicável e que independe de regulamentação legal para a sua incidência nos casos concretos. Nesse sentido, o STF já havia reconhecido a não recepção da limitação estabelecida na Lei de Imprensa (que também acabou sendo

---

375. Idem, p. 148.
376. Cf., por todos, CANOTILHO, J. J. Gomes; MOREIRA, Vital. *Constituição da República Portuguesa anotada*, p. 576.
377. Cf. Rcl. 18.776/RJ, rel. Min. Dias Toffoli, j. 03.10.2014.

considerada como não recepcionada em face da Constituição Federal pelo STF em julgamento posterior, na ADPF 130, já referida) quanto ao montante da indenização por dano moral.[378] Por outro lado, o STF tem adotado postura cautelosa no que diz com o reconhecimento de um direito a indenização, valorizando a doutrina da posição preferencial da liberdade de expressão, mormente no caso da liberdade de informação nos meios de comunicação social.[379]

Importa destacar, dada a relevância do tópico, na esteira do que sustenta Daniel Sarmento, que a responsabilidade pelo exercício da liberdade de expressão (ainda mais no âmbito da liberdade de comunicação e de informação jornalística) há de ser uma responsabilidade subjetiva, focada na análise sobre a existência de dolo ou culpa na ação do agente causador do dano, o que, por sua vez, implica a consideração de diversos fatores, tais como a posição da vítima (por exemplo, se é ou não uma personalidade pública, hipótese em que só ensejará responsabilidade a culpa grave), a intenção e a diligência empregadas por quem apurou os fatos, quando o caso envolver a divulgação de notícias inverídicas, a existência de algum interesse social na questão, quando a hipótese resvalar no direito de privacidade, bem como a intensidade da lesão aos direitos fundamentais do ofendido.[380]

6. Limitações não expressamente autorizadas pela Constituição Federal: a liberdade de expressão e a proteção de direitos e bens jurídicos fundamentais conflitantes

Que também a liberdade de expressão, incluindo a liberdade de informação e de imprensa (comunicação social), não é absoluta e encontra limites no exercício de outros direitos fundamentais e salvaguarda, mesmo na dimensão objetiva (por via dos deveres de proteção estatal), de outros bens jurídico-constitucionais, praticamente não é contestada no plano do direito constitucional contemporâneo e mesmo no âmbito do direito internacional dos direitos humanos. Contudo, a controvérsia a respeito de quais são tais limites e de como e em que medida se pode intervir na liberdade de expressão segue intensa e representa um dos maiores desafios, especialmente para o legislador, mas também para os órgãos do Poder Judiciário, a quem compete, no caso concreto e mesmo na esfera do controle abstrato de

---

378. Cf. RE 447.584-7/RJ, rel. Min. Cezar Peluso, j. 28.11.2006.

379. Cf., por exemplo, o RE 208.685-1/RJ, Plenário do STF, rel. Min. Ellen Gracie, j. 02.12.2003, em que foi afastada a indenização pleiteada contra jornalista que apenas reproduziu acusação de mau uso de verba pública, nepotismo e tráfico de influência feita contra magistrado, por considerar-se prevalente o direito à informação (aqui também valorizada a dimensão metaindividual do direito de informação e da liberdade de expressão). Mais recentemente, decisão no âmbito da Rcl 50905, rel. Min. Dias Toffoli, j. em 27.03.2023, na qual a Primeira Turma julgou procedente a demanda de jornalista por afronta ao paradigma da ADPF 130, estabelecendo que a decisão reclamada gera um "fator de inibição da liberdade de imprensa", na medida em que penaliza a atuação profissional referente a comportamento de figura pública em contexto eleitoral. A matéria parece ganhar novos contornos a partir do julgamento do Tema 995, em que o Plenário estabeleceu que a plena proteção constitucional à liberdade de imprensa é consagrada pelo binômio liberdade com responsabilidade, de modo que deve coexistir com a proteção aos direitos à honra, intimidade, vida privada e à própria imagem – que formam a proteção constitucional à dignidade da pessoa humana. Dessa forma, apesar de reafirmar que é vedada qualquer espécie de censura prévia, assentou que é admitida a análise e responsabilização posterior, inclusive com remoção de conteúdo, por informações comprovadamente injuriosas, difamantes, caluniosas, mentirosas, e em relação a eventuais danos materiais e morais, desde que existentes indícios concretos de falsa imputação e violação ao dever de cuidado na verificação dos fatos.

380. Cf. Sarmento, Daniel. Comentários ao art. 5.º, incisos IV, V e IX. In: Canotilho, J. J. Gomes; Mendes, Gilmar Ferreira; Sarlet, Ingo Wolfgang, Streck, Lenio Luiz (Coord.). Comentários à Constituição do Brasil, 2. ed., São Paulo: Saraiva Educação, 2018.

constitucionalidade e da legalidade, decidir a respeito. Embora expressamente vedada a censura de cunho ideológico, político e artístico – o que em hipótese alguma aqui se coloca em causa –, a própria definição do que é censura para efeitos da vedação constitucional já levanta problemas que não são fáceis de equacionar. Mesmo que se adote uma noção ampliada de censura, não há como deixar de admitir que a censura, por mais que constitua uma forte (e proibida) intervenção na liberdade de expressão, não equivale, em termos gerais, à noção de limites e restrições. Controle do abuso da liberdade de expressão e censura são, portanto, noções que devem ser cuidadosamente diferenciadas.

De acordo com precisa e oportuna síntese de Daniel Sarmento, muito embora a posição adotada pelo Min. Carlos Ayres de Britto, no julgamento da ADPF 130, quando sustentou que nenhum limite legal poderia ser instituído em relação à liberdade de expressão, pois as limitações existentes seriam apenas aquelas já contempladas no texto constitucional, cabendo tão somente ao Poder Judiciário fazer as ponderações pertinentes em caso de tensões com outros direitos, o Min. Gilmar Ferreira Mendes, no voto condutor que proferiu no RE 511.961/SP, observou que as restrições à liberdade de expressão em sede legal são admissíveis, desde que visem a promover outros valores e interesses constitucionais também relevantes e respeitem o princípio da proporcionalidade.[381]

Com efeito, ainda que excepcionais, restrições legislativas não expressamente autorizadas, mas que podem ser reconduzidas à Constituição Federal, pelo fato de terem por fundamento a proteção de outros bens constitucionais relevantes, não podem, pelo menos não de plano, ser afastadas sob o argumento de que são sempre constitucionalmente ilegítimas. O mesmo se verifica – e a prática nacional, estrangeira e internacional o tem demonstrado – no caso de restrições impostas por decisões judiciais que, normalmente na solução de conflitos em concreto, buscam promover a concordância prática (harmonização) entre os direitos e princípios conflitantes, aplicando-se sempre a noção dos limites aos limites dos direitos fundamentais e os critérios daí decorrentes, para o que, contudo, se remete ao item próprio da parte geral dos direitos fundamentais.

De particular relevância no contexto da liberdade de expressão é a prática do assim chamado discurso do ódio ou de incitação ao ódio (*hate speech*).[382] Sem que aqui se possa adentrar nos detalhes da problemática e rastrear as diversas formas de enfrentamento doutrinário e jurisprudencial do tema no direito comparado e internacional, corresponde ao entendimento dominante, no Brasil e em geral no direito comparado, que a liberdade de expressão encontra limites na dignidade da pessoa humana de todas as pessoas e grupos afetados quando utilizada para veicular mensagens de teor discriminatório e destinadas a incitar o ódio e até mesmo a violência.

No âmbito do STF, o julgamento mais relevante, e que gerou acirrada discussão no próprio tribunal, foi o famoso caso "Ellwanger", no qual se avaliou a possibilidade, mesmo em face da liberdade de expressão, de condenar editor de obras de teor antissemita pela prática do crime de racismo.[383] O paciente do *habeas corpus* julgado pelo STF alegava,

---

381. Idem.

382. Sobre o tema, v., entre outros, SARMENTO, Daniel. A liberdade de expressão e o problema do "hate speech". In: _____. *Livres e iguais – Estudos de direito constitucional*, p. 207-262, bem como, no âmbito da produção monográfica especializada, PFLUG, Samantha Meyer. *Liberdade de expressão e discurso do ódio*; e OMMATI, José Emílio Medauar. *Liberdade de expressão e discurso do ódio na Constituição de 1988*.

383. Cf. HC 82.424/RS, rel. Min. Maurício Corrêa, j. 17.09.2003, *habeas corpus* impetrado por réu em ação penal na qual estava sendo acusado do crime de racismo em virtude de ter publicado livros contendo manifestações

entre outros argumentos, que eventual antissemitismo não poderia ser qualificado como racismo, pois de raça não se trata no caso do povo e da religião judaicas. De acordo com o entendimento prevalente, a condenação criminal imposta ao paciente do *habeas corpus* impetrado perante o STF teria sido legítima. O voto do relator, Min. Maurício Corrêa, entre outros aspectos, buscou desconstruir a noção convencional de "raça" humana, propondo a adoção de um conceito mais amplo, de matriz sociológica, etnológica, antropológica e cultural. Para o Min. Gilmar Mendes, cuida-se de uma hipótese de colisão entre direitos e princípios, tendo sido atendidos os critérios da proporcionalidade. De acordo com outra linha argumentativa, a liberdade de expressão não abarca manifestações que configuram ato ilícito penal, não sendo o caso de uma ponderação entre princípios conflitantes (Min. Celso de Mello). Divergindo da posição majoritária, destacam-se os votos do Min. Carlos Britto, para quem a obra, a despeito de defender a causa da Alemanha, não pregou a superioridade racial alemã nem a inferioridade do povo judeu, e do Min. Marco Aurélio, para quem a liberdade de expressão não protegeria manifestações agressivas e que pudessem incitar ao ódio e preconceito, o que não se verificava no caso das obras editadas pelo paciente, de modo a prevalecer a liberdade de expressão, sendo, pelo contrário, desproporcional a condenação criminal.

Em julgado mais recente – embora também e mesmo essencialmente vinculado ao âmbito de proteção das liberdades de reunião e manifestação –, o STF, no caso conhecido como a "marcha da maconha",[384] ao apreciar a configuração de ilícito penal em virtude de a liberdade de expressão (coletiva, mediante reunião e manifestação) ter sido utilizada para buscar, mediante sensibilização da opinião pública, a descriminalização do uso de drogas leves para consumo próprio, afastou a figura típica da apologia de crime, por considerar tal manifestação como coberta pelas liberdades de expressão, reunião e manifestação, não se podendo confundir, como decorre da fundamentação da decisão, manifestação pública em prol da descriminalização de determinado comportamento com a incitação à prática de tal ato, que, por sua vez, poderia, sim, configurar uma hipótese de discurso do ódio ou incitação ao crime não coberta pela liberdade de expressão.

De qualquer sorte, ainda que se possa controverter – como dá conta produção bibliográfica que se produziu sobre o julgado – a respeito dos acertos e dos equívocos da decisão no caso concreto,[385] o fato é que o julgado do STF aponta – e quanto a isso de modo correto – no sentido da ilegitimidade constitucional do discurso do ódio e da incitação à violência, preconceito e discriminação, considerando que a liberdade de expressão não contempla "manifestações de conteúdo imoral que implicam ilicitude penal",[386] desde que, é claro, devidamente configuradas. Como bem pontua Paulo Gustavo Gonet Branco, em passagem que tomamos a liberdade de transcrever, "contra o discurso de ódio – e também contra a ideia de que a pornografia possa estar incluída no âmbito normativo da liberdade de expressão –,

---

de incitação de ódio contra os judeus, além de buscar desacreditar a ocorrência do genocídio praticado contra povo judeu (holocausto) durante a Segunda Guerra Mundial.

384. Cf. o julgamento da ADPF 187, rel. Min. Celso Mello, j. 15.06.2011.

385. Para uma síntese do julgamento e mesmo com notas críticas sobre a dispersiva fundamentação e a dificuldade de se considerar o julgado como autêntico precedente apto a dar conta do problema do discurso do ódio e situações similares, v. Koatz, Rafael Lorenzo-Fernandez. As liberdades de expressão e de imprensa na jurisprudência do Supremo Tribunal Federal. In: Sarmento, Daniel; Sarlet, Ingo Wolfgang (Coord.). *Direitos fundamentais no Supremo Tribunal Federal:* balanço e crítica, p. 434 e ss.

386. Cf. referência extraída da ementa (item 13) do acórdão do HC 82.424 (Caso Ellwanger).

há de se considerar, ainda mais, o efeito inibidor dessas práticas à plena participação dos grupos discriminados em diversas atividades da sociedade civil. A contumaz desqualificação que o discurso de ódio provoca tende a reduzir a autoridade dessas vítimas nas discussões de que participam, ferindo a finalidade democrática que inspira a liberdade de expressão".[387]

Se quanto ao discurso do ódio e a manifestações de cunho claramente antidiscriminatório se verifica – ressalvada, evidentemente, controvérsia sobre quando configuradas tais manifestações – substancial consenso no sentido de admitir restrições mais fortes na liberdade de expressão, outras hipóteses em que a liberdade de expressão entra em conflito com direitos fundamentais de terceiros e outros bens constitucionais individuais e coletivos são de mais difícil equacionamento.

Dentre as situações mais corriqueiras e que já geraram farta jurisprudência no Brasil e no exterior, incluindo a atuação dos Tribunais Internacionais, está a proibição de manifestações (publicações, filmes etc.) de cunho pornográfico e de manifestações culturais e artísticas consideradas ofensivas à moral, aos bons costumes e mesmo à dignidade da pessoa humana e direitos de personalidade de terceiros. Ao passo que cláusulas gerais como a moral e os bons costumes se revelam como extremamente perigosas para justificar restrições à liberdade de expressão (salvo eventualmente no campo das indicações das faixas etárias, a título de recomendação aos pais de crianças e adolescentes), em geral não se coloca em questão o fato de que a dignidade da pessoa humana, como princípio e direito fundamental, bem como a afetação desproporcional de direitos fundamentais de terceiros, especialmente quando se trata de direitos de personalidade, hão de ser sempre consideradas na esfera de uma ponderação à luz das circunstâncias do caso.

Ainda assim, o risco, por conta da abertura e polissemia da noção de dignidade da pessoa humana, de nela serem embutidas valorações de ordem moral, religiosa e ideológica nem sempre compartilhadas no âmbito do corpo social, por exemplo, quando se trata de distinguir o "lixo cultural" da "verdadeira e saudável cultura", não é insignificante, pois, pelo contrário, não raro se percebe, na prática jurisprudencial e mesmo na doutrina, uma hipertrofia da dignidade.[388] Assim, em homenagem à liberdade de expressão, ela própria uma das mais elementares manifestações da dignidade da pessoa humana e da democracia na condição de pressuposto e ao mesmo tempo de garantia política, estrutural e procedimental da dignidade e dos direitos fundamentais, também nessa seara, como já indicado, haverá de se respeitar a posição preferencial (embora não absoluta) da liberdade de expressão.

Avaliando-se, neste contexto, a jurisprudência do STF, verifica-se que este em geral tem sido adequadamente deferente à liberdade de expressão, admitindo intervenções em situações excepcionais e em regra constitucionalmente justificadas (o que não significa que não se possa questionar o acerto de alguns julgados ou avaliar criticamente os fundamentos das decisões). Com efeito, apenas para referir alguns exemplos, têm sido aceitas manifestações eventualmente impopulares e que podem mesmo ofender o senso comum na esfera da opinião pública, como se deu no caso da "marcha da maconha",[389] assim como admitidas

---

387. Cf. MENDES, Gilmar Ferreira; BRANCO, Paulo Gustavo G. *Curso de direito constitucional*, 15. ed., p. 279.

388. Cf. CANOTILHO, Gomes J. J.; MACHADO, Jónatas. *"Reality schows" e liberdade de programação*, p. 41 e ss.

389. Cf. o julgamento da ADPF 187, rel. Min. Celso Mello, j. 15.06.2011, em que foi afastada, em homenagem às liberdades de reunião e manifestação, qualquer interpretação do Código Penal que pudesse importar na criminalização da realização da chamada "Marcha da Maconha", que defende a legalização da referida

manifestações de cunho humorístico e crítico (charges, publicidade, literatura em geral).[390] Até mesmo manifestações que, em outro contexto (v.g., na via pública, em meio a crianças), poderiam ser tidas como ilícitas, por seu tom obsceno e/ou pornográfico, devem ser abarcadas pela liberdade de expressão, ainda que, na perspectiva dominante, pudessem ser no mínimo rotuladas como impróprias ou de "mau gosto".[391]

Diferente, contudo, é o caso em que a liberdade de expressão é utilizada com o objetivo de atacar e até mesmo derrubar as estruturas do Estado Democrático de Direito, conforme decidiu o STF ao julgar improcedente a ADPF 572, que tinha por objeto a Portaria n. 69/2019 da Presidência do STF, que havia determinado a instauração de inquérito (INQ 4.781) para investigar a existência de notícias fraudulentas (*fake news),* denunciações caluniosas e ameaças contra a Corte, seus ministros e familiares. Vale destacar o voto do Ministro Celso de Mello, segundo o qual não haveria sentido em retirar do Tribunal os instrumentam que viabilizam, de forma efetiva, proteger a ordem democrática, o Estado Democrático de Direito e a própria instituição. Ainda segundo o Ministro, a incitação ao ódio público e a propagação de ofensas e ameaças não estão abrangidas pela cláusula constitucional que protege a liberdade de expressão e do pensamento.[392]

Tal linha de entendimento passou a prosperar no STF, destacando-se aqui, à guisa de exemplo, o julgamento do INQ 4.781 Ref., de 17.02.2022, rel. Ministro Alexandre de Moraes, no qual restou consignado que manifestações que visem atacar a Democracia e o Estado de Direito não encontram abrigo na imunidade parlamentar prevista no art. 53, *caput,* CF.

Ainda no bojo do INQ 4.781, mas em recurso apresentado em sede de Petição (Pet 10.391), o Pleno do STF, por maioria de votos, manteve o bloqueio de contas do Partido da Causa Operária (PCO) nas plataformas Twitter, Instagram, Facebook, Youtube, TikTok e Telegram, em razão de conteúdos gerados pelo partido, a partir dos quais se reivindicava a dissolução do STF, atribuindo falsamente aos Magistrados a prática de crimes, além de acusações endereçadas ao TSE. Para os Ministros André Mendonça e Nunes Marques, que votaram em sentido divergente, a medida de bloqueio é desproporcional e vai de encontro à liberdade de expressão, configurando censura prévia.[393]

Quanto à imunidade parlamentar, desta vez em sede de ação penal (AP 1.044), o Pleno do STF reafirmou que opiniões criminosas, discursos de ódio ou atentados contra o Estado Democrático de Direito não estão protegidos pela imunidade parlamentar nem pelo direito

---

droga. Importa notar que STF distinguiu a proposta de descriminalização de um ilícito penal da incitação ou apologia à prática dos atos que se pretende ver, por meio da manifestação, descriminalizados.

390. Em caráter ilustrativo, cabe referir o julgamento da ADIn 4.451, rel. Min. Ayres Britto, j. 02.09.2010, em que a Corte, por maioria, declarou a inconstitucionalidade de dispositivos da Lei 9.504/1997, que restringiam o humor nos veículos de telecomunicação, quando se tratasse de programas envolvendo candidatos a cargos eletivos dentro do período eleitoral.

391. Nesse sentido, v., por exemplo, o caso do HC 83.996-7/RJ, rel. Min. Gilmar Mendes, j. 17.08.2004, no qual, por maioria, foi determinado o trancamento de ação penal por atentado ao pudor instaurada contra diretor teatral que, em protesto contra vaias proferidas pela plateia, expôs suas nádegas ao público. Note-se que o tribunal considerou o ato atípico, entendendo estar abrangido pelo âmbito de proteção da liberdade de expressão. No âmbito da literatura mais recente, v., entre outros, CAPELOTTI, João Paulo. *O Humor e os Limites da Liberdade de Expressão.* Teoria e Jurisprudência, 2022.

392. ADPF 572, rel. Min. Edson Fachin, j. em 18.06.2020.

393. Pet 10.391, rel. Min. Alexandre de Moraes, j. virtual finalizado em 11.11.2022.

fundamental à liberdade de expressão.[394] Ainda sobre a extensão da imunidade parlamentar, registra-se a decisão proferida em sede de tutela provisória antecedente (TPA 39 MC-Ref), no bojo do assim chamado "Caso Francischini", ocasião em que o Pleno do STF referendou a decisão do TSE que havia cassado o mandato do parlamentar, estabelecendo sua inelegibilidade por oito anos, contados das Eleições de 2018, por ter divulgado, em *live* promovida em perfil de rede social, fatos sabidamente inverídicos e com consequências eleitorais negativas, configurando, de tal sorte, abuso de poder político, ademais do uso indevido dos meios de comunicação social (art. 22 da LC 64/90). De acordo com o Pleno do STF, ainda que o parlamentar fosse, à época dos fatos, deputado federal e candidato a deputado estadual (eleito), suas manifestações de caráter desinformativo não encontram respaldo na imunidade parlamentar e nem estão ao abrigo do direito fundamental à liberdade de expressão.[395]

Situações particularmente relevantes e que envolvem corriqueiro embate entre a liberdade de expressão e outros direitos fundamentais dizem com os direitos à honra, imagem, intimidade e vida privada.[396] No que dizem com os direitos à honra e à imagem (incluindo a reputação), direitos personalíssimos cuja violação inclusive configura ilícito penal, distinguem-se, de plano, os casos que envolvem personalidades públicas, como o de artistas famosos, políticos e outras pessoas, cuja atividade e modo de se portar na esfera pública (v. os casos de pessoas que se expõem – inclusive quanto a aspectos de sua vida íntima – reiterada e voluntariamente nos meios de comunicação) diferem das demais pessoas, de modo a serem assegurados também níveis diferenciados de proteção da personalidade, a depender do caso concreto de quem é atingido pelo exercício da liberdade de expressão e de como é atingido.[397]

Por isso, onde houver maior interesse (legítimo) da opinião pública sobre informações a respeito das ações e da vida privada de alguém, ou mesmo, como já frisado, o próprio titular dos direitos de personalidade tenha já voluntariamente exposto sua vida privada, justifica-se uma menor proteção – mas não supressão! – da honra, da imagem e da vida íntima e privada e um maior espaço para a liberdade de informação e expressão.[398] Questão altamente polêmica, como de resto costuma ser o caso em matéria de limites à liberdade de expressão, relaciona-se com a proibição da divulgação de dados sobre o conteúdo de

---

394. AP 1.044, rel. Min. Alexandre de Moraes, j. 20.04.2022.

395. TPA 39 MC-Ref, rel. Min. Nunes Marques, rel. para o acórdão Edson Fachin, j. 07.06.2022.

396. Sobre o tópico, v., entre outros, FARIAS, Edilsom Pereira de. *Colisão de direitos:* a honra, a intimidade, a vida privada e a imagem *versus* a liberdade de expressão e informação; GUERRA, Sidney Cesar Silva. *A liberdade de imprensa e o direito à imagem*; WEINGARTNER NETO, Jayme. *Honra, privacidade e liberdade de imprensa*; BORNHOLDT, Rodrigo Meyer. *Liberdade de expressão e direito à honra – Uma nova abordagem no direito brasileiro*, especialmente p. 223 e ss.

397. Sobre o tema, v. o Agravo interno no MS 34493/BA, rel. Min. Luiz Fux, julgado em 06-05-2019, onde estava em causa a alegação de abuso do direito de livre expressão do pensamento de membro do Ministério Público por ocasião de processo disciplinar processado no CNMP. De acordo com o Colegiado, a liberdade de expressão, embora sua posição preferencial, pode sofrer restrições, para salvaguardar outros direitos fundamentais, visto que tal liberdade não pode ser invocada para excluir a possibilidade de responsabilização disciplinar dos membros do Ministério Público que se portem de forma a violar os direitos fundamentais de qualquer pessoa ou revelem, através de manifestações, absoluta inadequação aos vetores axiológicos e aos parâmetros éticos e jurídicos que regem a atuação dos membros do *Parquet*.

398. Cf., por todos, BARROSO, Luís Roberto. Liberdade de expressão *versus* direitos da personalidade. Colisão de direitos fundamentais e critérios de ponderação. *Temas de direito constitucional*, t. III, p. 115, elencando ainda outros critérios de aferição dos níveis de proteção e realização dos direitos colidentes.

processo judicial envolvendo políticos ou personalidades públicas. Quanto a isso, em que pesem as afirmações contundentes em prol do caráter absolutamente prevalente da liberdade de expressão por ocasião do julgamento da ADPF 130 (pelo menos, no que diz com a maioria dos ministros), o STF acabou admitindo que, no plano da atuação jurisdicional, fosse – a depender do caso – proibida a divulgação de dados constantes em processo judicial prejudiciais à honra e imagem das partes do processo.[399]

Ainda nesse contexto, calha invocar julgado do STF no âmbito do qual foi destacada a relevância, para o efeito de uma solução constitucionalmente adequada do conflito, de qual a posição de quem está exercendo a liberdade de expressão, bem como sob que circunstâncias poderá prevalecer a liberdade de expressão do agente político em defesa da coisa pública ainda que afetando o direito à honra de terceiros. Nesse sentido, a Corte Suprema, no âmbito do RE 685.493/SP, de acordo com o relator, Min. Marco Aurélio, entendeu que a Constituição Federal permite reconhecer aos servidores públicos, ao se pronunciarem sobre fatos relacionados ao exercício da função pública, um campo de imunidade relativa relativamente ao exercício da liberdade de expressão.[400]

Quanto ao ponto ora versado, é de se invocar o julgamento de dois Agravos Regimentais em sede de Petição (Pet 8.242 AgR e Pet 8.483 AgR). No primeiro, julgado pela Segunda Turma do STF, foi analisada a legitimidade jurídica da conduta de parlamentar que proferiu manifestações difamatórias e injuriosas em vídeo publicado na rede social Facebook. Na ocasião, restou consignado que não estão protegidas pela imunidade parlamentar, com base na teoria funcional, manifestações de cunho difamatório, juízos depreciativos de mero valor, além de injúrias e de críticas aviltantes na medida em que esta não alcança discursos proferidos sem nexo claro de vinculação recíproca entre a manifestação e o desempenho da função de parlamentar.[401]

No julgamento da Pet 8.483 AgR, por sua vez, estava em questão a imunidade funcional de Ministros do STF, em razão de manifestações proferidas durante julgamentos e

---

399. Cf., por exemplo, o julgamento da Rcl 9.428, rel. Min. Cezar Peluso, j. 10.12.2009, em que a Corte, por maioria (vencidos os Ministros Carlos Ayres de Britto e Celso Mello, justamente os mais enfáticos defensores da liberdade de expressão no julgamento da ADPF 130), decidiu não suspender decisão judicial impeditiva da publicação, em veículo da imprensa, de dados de um processo judicial tramitando em segredo de justiça, dados que poderiam prejudicar a honra e imagem de um político.

400. RE 685.493, rel. Min. Marco Aurélio, j. em 22.05.2020. *Leading case do* Tema de Repercussão Geral 562. Vale ressaltar os votos contrários, vencidos por ocasião do julgamento, dos Ministros Alexandre de Moraes e Rosa Weber, que consideraram que os ministros de Estado, em razão de não estarem abrangidos pela imunidade material, estão sujeitos ao dever de reparação previsto na Constituição Federal. Ainda sobre o tema, cabe destacar o julgamento da ADI 4.652, rel. Min. Luís Roberto Barroso, j. em 13.06.2023, em que o STF conferiu interpretação conforme à Constituição a dispositivos da Lei Orgânica da Advocacia-Geral da União e fixou a tese de que é constitucional a necessidade de ordem ou autorização expressa do Advogado--Geral da União para manifestação do advogado público sobre assunto pertinente às suas funções, ressalvadas a liberdade de cátedra e a comunicação às autoridades competentes acerca de ilegalidades constatadas.

401. Pet 8.342 AgR, rel. Min Celso de Mello, rel. para o acórdão Min. Gilmar Mendes, j. 03.05.2022. Esse entendimento foi reforçado no recebimento de queixa-crime por difamação contra deputado federal no âmbito da PET 10.001/DF AgR, Redator p/ acórdão Min. Alexandre de Moraes, j. em 06.03.2023, na qual, por maioria, a Corte enfatizou que a Constituição consagra o binômio liberdade-responsabilidade, e que a imunidade parlamentar material somente incide no caso de manifestações que guardem conexão ou sejam proferida em razão da função legislativa, não sendo possível utilizá-la como escudo protetivo para a prática de discursos de ódio, antidemocráticos, ameaças, agressões ou atividades ilícitas.

entrevistas. Em suma, com base na inviolabilidade da função jurisdicional, restou consignado pelo Pleno da Suprema Corte que as palavras então proferidas não configuraram crimes contra a honra, ademais de os discursos possuírem relação com a atividade funcional exercida pelos magistrados, razão pela qual foi reconhecido o nexo de causalidade entre as expressões usadas e os respectivos julgamentos.[402]

Outro tema que tem ocupado o STF diz respeito à liberdade de expressão artística, designadamente em relação à veiculação de sátiras (manifestações de humor) no período da propaganda eleitoral. Com efeito, em 20-21.06.2018, mediante decisão proferida por unanimidade pelo plenário do STF, por ocasião do julgamento da ADIn 4.451/DF, rel. Min. Alexandre de Moraes, foi afastada – por inconstitucional – a vedação legal imposta às emissoras de rádio e televisão de veicular programas de humor envolvendo candidatos, partidos e coligações nos três meses anteriores ao pleito, como forma de evitar que sejam ridicularizados ou satirizados.

A teor do voto do Ministro Alexandre de Moraes, relator, a CF proíbe toda e qualquer forma de censura à liberdade de expressão e de informação, incluindo aqui a liberdade, de criação (liberdade artística), destacando, ainda, inexistir permissão que possa ser deduzida do texto constitucional para o efeito de limitar preventivamente o conteúdo do debate público por conta de conjecturas em torno de eventuais efeitos que a divulgação de determinados conteúdos possa vir a ter na esfera pública.

Ainda para o relator, a liberdade de crítica deve ser plena e irrestrita, abarcando também manifestações de caráter humorístico e satírico, inclusive mediante a utilização de trucagem, montagem ou outros recursos de áudio e vídeo, não havendo razão para que tais práticas sejam interrompidas no período eleitoral, até mesmo pelo fato de que eventuais abusos serão sempre passíveis de eventual responsabilização cível ou mesmo criminal por terem cunho injurioso, difamatório ou mesmo configurarem calúnia.

Particularmente enfáticas foram as palavras do Ministro Celso de Mello, que no seu voto (este já disponibilizado) afirmou que: "Nenhuma autoridade, mesmo a autoridade judiciária, pode prescrever o que será ortodoxo em política ou em outras questões que envolvam temas de natureza filosófica, ideológica ou confessional, nem estabelecer padrões de conduta cuja observância implique restrição aos meios de divulgação do pensamento". Para o Decano do STF: "O riso, por isso mesmo, deve ser levado a sério, pois constitui, entre as várias funções que desempenha, o papel de poderoso instrumento de reação popular e de resistência social a práticas que caracterizam ensaios de dominação governamental, de opressão do poder político, de abuso de direito ou de desrespeito aos direitos dos cidadãos (...). O recurso à derrisão, no âmbito político-eleitoral, constitui, na perspectiva de uma dialética do humor, verdadeira antítese ao que é grotesco, ao que é desonesto, ao que é fraudulento, ao que é abusivo, ao que é enganador. Em uma palavra: o riso e o humor são expressões de estímulo à prática consciente da cidadania e ao livre exercício da participação política, enquanto configuram, eles próprios, manifestações de criação artística. O riso e o humor, por isso mesmo, são transformadores, são renovadores, são saudavelmente subversivos, são esclarecedores, são reveladores. É por isso que são temidos pelos detentores do poder ou por aqueles que buscam ascender, por meios desonestos, na hierarquia governamental".

---

402. Pet 8.483 AgR, rel. Min. Ricardo Lewandowski, j. 06.06.2022.

Importa ainda acrescentar, que o Ministro Gilmar Mendes, aderindo ao voto do relator, destacou que é no caso concreto que os juízes eleitorais devem aferir a ocorrência de abusos passíveis de sanção, posto que não se estaria a permitir uma espécie de vale-tudo, o que, ao fim e ao cabo, guarda sintonia com a posição do relator quando sublinha a possibilidade de uma responsabilização por eventuais abusos.

Da mesma forma há que frisar a distinção traçada pelo Ministro Luiz Fux entre o exercício legítimo da liberdade de expressão, que abarca a veiculação de opiniões e críticas mediante charges e sátiras, do falseamento doloso da verdade que causa danos graves e mesmo irreversíveis aos candidatos e ao próprio processo eleitoral, as assim designadas *fake news*, que devem ser repudiadas e combatidas pela Justiça Eleitoral.

Muito embora seja de se aplaudir a decisão, à medida que libera manifestações de humor (e, ao menos de acordo com alguns votos, proscreve as assim chamadas *fake news*), há que atentar para alguns aspectos que carecem de maior equacionamento.

Um dos problemas, nesse contexto, é traçar, de modo relativamente seguro, uma linha distintiva entre a sátira e/ou charge legítima e a abusiva e que, portanto, venha a configurar uma típica calúnia, injúria ou difamação. Particularmente difícil se revela a situação em que embora se possa compreender (interpretar) determinada sátira como tendo caráter ofensivo, ela simultaneamente veicula crítica legítima e, portanto, protegida do ponto de vista da liberdade de expressão.

Muito embora a distinção entre uma manifestação artística que tenha um teor crítico legítimo e uma que não passe de uma mera ofensa seja muito difícil de ser traçada, soa intuitivo que em sendo evidente o teor ofensivo é possível, em princípio, acionar os mecanismos de responsabilização previstos na própria CF e na legislação infraconstitucional.

Por outro lado, precisamente a dificuldade de se distinguir o que pode ser considerado uma mera ofensa pessoal e não mais uma crítica, reforça a necessidade de se receber com muita reserva tal critério, que deve ser utilizado com extrema parcimônia, não desvirtuando o mandamento constitucional de que restrições a direitos fundamentais devem ser interpretadas de forma restritiva, ademais de seu caráter excepcional, o que assume ainda maior relevância quando se trata de crítica de natureza política, porquanto em causa diretamente a salvaguarda do processo democrático.

Mais apropriada do que a distinção entre uma crítica e uma mera ofensa, para efeitos do processo político-eleitoral, nos parece que é de fato a já referida diferenciação entre sátiras e manifestações de humor de um modo geral e distorções evidentes e dolosas da realidade (as assim chamadas *fake news*) com potencial efetivo de violação da isonomia no embate eleitoral, o critério que deve prevalecer, ainda que também aqui isso apenas possa ser verificado caso a caso e sempre de modo deferente para com a posição tendencialmente preferencial da liberdade de expressão.

No concernente à controvérsia em torno da regulação das mídias sociais e da internet em períodos eleitorais, destaca-se a Resolução n. 23.714/2022, editada pelo TSE em 20.10.2022, às vésperas do segundo turno das eleições gerais de 2022. Em suma, dando-se ênfase aqui aos seus pontos mais sensíveis, a referida Resolução teve o condão de facilitar a remoção de conteúdo desinformativo (*fake news*), que tenha consequências eleitorais, de plataformas de redes sociais. A partir da regulação proposta pelo TSE, até o fim do período eleitoral, restou consignada a desnecessidade de ser emanada uma nova decisão judicial específica para remoção/suspensão de conteúdos – envolvendo especificamente fatos sabidamente inverídicos por quem os compartilhou, ou gravemente descontextualizados, que atinjam a integridade do processo eleitoral –, que tenham sido replicados em diferentes URLs (*Uniform Resource Locator*), URIs (*Uniform Resource Identifier*) ou URNs (*Uniform Resource Name*) e que já tenham sido objeto de ordem judicial específica para sua remoção/suspensão anteriormente. Sendo assim, os provedores de plataformas de redes sociais, a partir da notificação de despacho da Presidência do TSE sobre o conteúdo infringente replicado, teriam até duas horas para realizar a remoção/suspensão do conteúdo, sob pena de multa.

A Resolução do TSE foi submetida ao escrutínio do STF mediante a propositura da ADI 7.261, relatada pelo Min. Edson Fachin. Em 22.10.2022, o relator, Min. Edson Fachin, em sede de medida cautelar, manteve a eficácia da Resolução, tendo o Pleno do STF, em 03.11.2022, referendado a decisão, por maioria, com fundamento na edição legítima da Resolução em razão do poder de polícia conferido ao TSE e de sua missão institucional, destacando que não se trata de autorizar a censura prévia. A divergência foi iniciada pelo Min. Nunes Marques, que pediu o deferimento da medida liminar para suspensão da Resolução, em razão de que ela extrapolaria a competência do TSE e não estaria em harmonia com a proteção constitucional de direitos e garantias fundamentais. A divergência foi acompanhada pelo Min. André Mendonça, que votou pelo deferimento parcial do pedido de suspensão da Resolução, apenas dos arts. 4.º e 5.º, uma vez que, segundo o Ministro, estaria configurada censura prévia nos referidos dispositivos.

À vista de mais este julgado, o que se pode afirmar, em caráter de síntese e retomando a perspectiva adotada já na parte inicial deste item, é que doutrina e jurisprudência, notadamente o STF, embora adotem a tese da posição preferencial da liberdade de expressão, admitem não se tratar de direito absolutamente infenso a limites e restrições, desde que eventual restrição tenha caráter excepcional, seja promovida por lei e/ou decisão judicial (visto que vedada toda e qualquer censura administrativa) e tenha por fundamento a salvaguarda da dignidade da pessoa humana (que aqui opera simultaneamente como limite e limite aos limites de direitos fundamentais) e de direitos e bens jurídico-constitucionais individuais e coletivos fundamentais, observados os critérios da proporcionalidade e da preservação do núcleo essencial dos direitos em conflito.[403]

Isso também se verifica em relação ao julgamento do STF na ADIn 4.815, junho de 2015, rel. Min. Cármen Lúcia, em que se deu interpretação conforme à constituição aos arts. 20 e 21 do Código Civil para o efeito de afastar a exigência de autorização prévia para biografias de pessoas com vida, ressalvando-se, contudo, eventuais conflitos com outros direitos fundamentais, que poderiam, em caso de uso abusivo da liberdade de expressão, ensejar reparação na esfera cível ou penal, a depender das circunstâncias.[404]

Ainda sobre a liberdade de expressão artística, tem-se como válido mencionar a tutela de urgência deferida pelo então Presidente do STF, Min. Dias Toffoli, na Rcl. 38.782/RJ, que suspendeu a decisão de Desembargador do TJ/RJ que havia determinado a censura da exibição do especial de Natal do programa Porta dos Fundos na plataforma de *streaming* Netflix. Na ocasião, o Presidente da Suprema Corte brasileira referiu ser a liberdade de expressão uma condição inerente à racionalidade humana, como direito fundamental do indivíduo

---

403. Cf. reafirmado na ADI 5.136/DF, rel. Min. Gilmar Mendes, j. 01.07.2014.
404. Discutindo o conflito entre os direitos de personalidade (destaque para a privacidade e a intimidade) e a liberdade de expressão, com foco na decisão do STF na ADIn 4.815, v. QUINTIERE, Victor Minervine. *Intimidade vs. liberdade de expressão*: os critérios axiológicos na jurisdição constitucional brasileira. Belo Horizonte: D'Plácido, 2016, p. 137 e ss.

e corolário do regime democrático. Além disso, salientou-se que a democracia somente se firma e progride em ambiente no qual diferentes convicções e visões de mundo possam ser expostas, defendidas e confrontadas umas com as outras, no âmbito de um debate rico, plural e resolutivo.[405] Tal decisão foi mantida por ocasião do julgamento do mérito da Reclamação, em 03.11.2020, tendo como relator o Ministro Gilmar Mendes, agregando-se aqui o argumento esgrimido pela Corte, no sentido da prevalência da liberdade de expressão quando se trata da circulação de produto audiovisual em plataforma de "streaming" que desagrade parcela da população, ou mesmo seja tida majoritariamente inconveniente, uma vez que o acesso ao conteúdo é voluntário e controlado pelo próprio usuário.

Aspecto que assume cada vez maior relevância, já evidenciado por alguns dos julgados do STF acima referidos, é o da regulação dos abusos discursivos no contexto da assim chamada era digital, inclusive no que diz respeito às possibilidades e limites do controle judicial, destacando-se aqui, dentre outros, os desafios relativos à disseminação do discurso do ódio e das assim chamadas *fake news*, em especial na esfera das plataformas sociais online.[406]

Especialmente no concernente aos limites da liberdade de expressão no ambiente digital, com foco na jurisprudência do STF, imperioso mencionar o julgamento da ADI 6.991 (que ocorreu juntamente com as ADIs 6.992, 6.993, 6.994 6.995, 6.996 e 6.998), no bojo da qual, em sede de medida cautelar, no dia 14.09.2021, a rel. Min. Rosa Weber suspendeu a eficácia da MP n. 1.068/2021, em sua integralidade, com o fundamento de que os direitos fundamentais, especialmente as liberdades públicas, com ênfase na liberdade de expressão, uma vez que são pressupostos para a cidadania, não podem ser objeto de regulação por meio de medidas provisórias.

Note-se que a referida MP – popularmente conhecida como "MP da Moderação de Conteúdo" – visou alterar e acrescentar diversas disposições ao Marco Civil da Internet (Lei n. 12.965/2014). Em suma, sublinhando aqui os seus elementos essenciais, a referida MP determinava que os provedores de aplicações (inseridas, nessa nomenclatura, as plataformas de redes sociais) apenas poderiam moderar conteúdos caso estivesse configurada justa causa para bloqueio ou suspensão da conta de determinado usuário ou do conteúdo por ele gerado, de modo que os demais conteúdos apenas poderiam ser moderados mediante determinação judicial, criando-se, assim, uma hierarquia entre os conteúdos a serem moderados. Apesar de a MP da Moderação de Conteúdo ter sido rejeitada uma semana após a sua publicação, o debate sobre suas disposições e alcance de suas normas segue atual, porquanto um PL com seu exato teor foi submetido para a análise no Congresso Nacional Brasileiro (PL n. 3.227/2021).

---

405. Medida Cautelar na Rcl. 38.782/RJ, rel Min. Gilmar Mendes, decidido pelo então Presidente do STF, Min. Dias Toffoli, em 09.01.2020. E, no mesmo sentido, v. decisão proferida na Medida Cautelar na SL 1.248/RJ, rel. Min. Dias Toffoli, j. 08.09.2019, que suspendeu a decisão que permitia apreensão de livros na Bienal do Estado do Rio de Janeiro.

406. No âmbito da volumosa produção bibliográfica já existente sobre o tema somente no Brasil, v., dentre outros, as importantes obras coletivas de ABBOUD, Georges; NERY Jr., Nelson; CAMPOS, Ricardo (Coord.). *Fake news e regulação*. São Paulo: Revista dos Tribunais, 2018; KELLER, Clara Iglesias. *Regulação nacional de serviços na internet. Exceção, legitimidade e o papel do Estado*. Rio de Janeiro: Lumen Juris, 2019; SCHREIBER, Anderson; MORAES, Bruno Terra de; TEFFÉ, Chiara Spadaccini de (Coord.). *Direito e mídia. Tecnologia e liberdade de expressão*. São Paulo: Foco, 2020; MENEZES, Paulo Brasil. *Fake news. Modernidade, metodologia e regulação*. Rio de Janeiro: JusPodivm, 2020; MENDES, Laura Schertel; ALVES, Sérgio Garcia; DONEDA, Danilo (Coord.). *Internet & Regulação*. São Paulo: Saraiva, 2021.

Importa frisar, ainda, que no mesmo dia da decisão proferida pela Min. Rosa Weber, o Senador Rodrigo Pacheco, na condição de Presidente do Senado, devolveu a MP, assim declarando o encerramento da sua tramitação no Congresso Nacional. Desse modo, no dia seguinte (15.09.2022), a Min. Rosa Weber julgou as pretensões deduzidas nas referidas ações diretas como prejudicadas em razão da perda do objeto (ADI 6.991, rel. Min. Rosa Weber, j. 15.09.2022).

Tema particularmente atual e relevante, mas ao mesmo tempo muito complexo e sensível, é o da legitimidade constitucional da interdição ou sancionamento de manifestações que tenham por escopo a derrubada da Democracia e de suas instituições. Nesse sentido, o STF, não só, mas em especial a partir do incidente de suma gravidade e sem precedentes verificado em 08.01.2023, tem consolidado, em múltiplos julgados, que manifestações de tal natureza não se encontram protegidas pela liberdade de expressão. Nesse sentido, v., em caráter meramente ilustrativo, a decisão proferida na Ação Penal 1.512, rel. Min. Alexandre de Moraes, julgada em 07.05.2024.

Ao fim e ao cabo, o que se pode afirmar à vista da evolução jurisprudencial e doutrinária nos últimos dez anos em especial é que, no tocante aos limites da liberdade de expressão, dada a sua posição preferencial (ainda que mitigada caso comparada com o modelo norte--americano) na arquitetura constitucional, em qualquer caso, existindo dúvida a respeito da legitimidade constitucional da restrição, é de se privilegiar a liberdade de expressão.

4.12.3 Liberdade de consciência e de crença (liberdade religiosa)

4.12.3.1 Notas introdutórias e breve mirada sobre a evolução no âmbito do direito internacional, direito constitucional estrangeiro e evolução constitucional brasileira

As liberdades de consciência, de crença e de culto, as duas últimas usualmente abrangidas pela expressão genérica "liberdade religiosa", constituem uma das mais antigas e fortes reivindicações do indivíduo, e, levando em conta o seu caráter sensível e mesmo a sua exploração política, sem falar nas perseguições e mesmo atrocidades cometidas em nome da religião e por conta da intolerância religiosa ao longo dos tempos, a liberdade religiosa foi uma das primeiras liberdades asseguradas nas declarações de direitos e a alcançar a condição de direito humano e fundamental consagrado na esfera do direito internacional dos direitos humanos e nos catálogos constitucionais de direitos. Não é à toa que um autor do porte de um Georg Jellinek, em famoso estudo sobre a origem da Declaração dos Direitos do Homem e do Cidadão (1789), chegou a sustentar que a liberdade religiosa, especialmente tal como reconhecida nas declarações de direitos das ex-colônias inglesas na América do Norte, foi a primeira expressão da ideia de um direito universal e fundamental da pessoa humana.[407] Independentemente de a posição de Jellinek estar, ou não, correta em toda a sua extensão, o fato é que a proteção das opiniões e cultos de expressão religiosa, que guarda direta relação com a espiritualidade e o modo de conduzir a vida dos indivíduos e mesmo de comunidades inteiras, sempre esteve na pauta preferencial das agendas nacionais e supranacionais em matéria de direitos humanos e fundamentais.

---

407. Cf. Jellinek, Georg. *La declaración de los derechos del hombre y del ciudadano*, especialmente p. 115 e ss.

Todavia, o modo pelo qual a liberdade de consciência e a liberdade religiosa foram reconhecidas e protegidas nos documentos internacionais e nas constituições ao longo do tempo é bastante variável, especialmente no que diz com o conteúdo e os limites de tais liberdades. Bastaria, para tanto, elencar alguns exemplos que dizem respeito aos documentos supranacionais. De acordo com a Declaração Universal dos Direitos do Homem, de 1948, no seu art. XVIII, "toda pessoa tem direito à liberdade de pensamento, consciência e religião; este direito implica a liberdade de mudar de religião ou crença e a liberdade de manifestar essa religião ou crença, pelo ensino, pela prática, pelo culto e pela observância, isolada ou coletivamente, em público ou em particular".

O Pacto Internacional dos Direitos Civis e Políticos, de 1966, por sua vez, embora tenha reproduzido em termos gerais o texto da Declaração de 1948, foi mais além, como dá conta a redação do art. 18: "1. Toda pessoa terá direito à liberdade de pensamento, de consciência e de religião. Esse direito implicará a liberdade de ter ou adotar uma religião ou crença de sua escolha e a liberdade de professar sua religião ou crença, individual ou coletivamente, tanto pública como privadamente, por meio do culto, da celebração de ritos, de práticas e do ensino. 2. Ninguém poderá ser submetido a medidas coercitivas que possam restringir sua liberdade de ter ou de adotar uma religião ou crença de sua escolha. 3. A liberdade de manifestar a própria religião ou crença estará sujeita apenas às limitações previstas em lei e que se façam necessárias para proteger a segurança, a ordem, a saúde ou a moral pública ou os direitos e as liberdades das demais pessoas. 4. Os Estados-partes no presente Pacto comprometem-se a respeitar a liberdade dos pais – e, quando for o caso, dos tutores legais – de assegurar aos filhos a educação religiosa e moral que esteja de acordo com suas próprias convicções".

A fórmula, nos seus traços essenciais, foi retomada, no plano regional, pela Convenção Americana de Direitos Humanos (Pacto de São José da Costa Rica), de 1969, cujo art. 12 dispõe: "1. Toda pessoa tem direito à liberdade de consciência e de religião. Esse direito implica a liberdade de conservar sua religião ou suas crenças, ou de mudar de religião ou de crenças, bem como a liberdade de professar e divulgar sua religião ou suas crenças, individual ou coletivamente, tanto em público como em privado. 2. Ninguém pode ser submetido a medidas restritivas que possam limitar sua liberdade de conservar sua religião ou suas crenças, ou de mudar de religião ou de crenças. 3. A liberdade de manifestar a própria religião e as próprias crenças está sujeita apenas às limitações previstas em lei e que se façam necessárias para proteger a segurança, a ordem, a saúde ou a moral pública ou os direitos e as liberdades das demais pessoas. 4. Os pais e, quando for o caso, os tutores têm direito a que seus filhos e pupilos recebam a educação religiosa e moral que esteja de acordo com suas próprias convicções".

Traçando uma rápida comparação com outro documento de abrangência regional, mais antigo, no caso a Convenção Europeia de Direitos Humanos, de 1950, verifica-se que esta não foi tão detalhada quanto o documento americano, que já é posterior ao Pacto Internacional de 1966, portanto, já tomou este como parâmetro. Com efeito, de acordo com o art. 9.º da Convenção Europeia: "1. Qualquer pessoa tem direito à liberdade de pensamento, de consciência e de religião; este direito implica a liberdade de mudar de religião ou de crença, assim como a liberdade de manifestar a sua religião ou a sua crença, individual ou coletivamente, em público e em privado, por meio do culto, do ensino, de práticas e da celebração de ritos. 2. A liberdade de manifestar a sua religião ou convicções, individual ou coletivamente, não pode ser objeto de outras restrições senão as que, previstas na lei, constituírem disposições necessárias, numa sociedade democrática, à segurança pública, à proteção da ordem, da saúde e moral públicas, ou à proteção dos direitos e liberdades de outrem".

Bem mais sintética é a Carta Africana de Direitos Humanos e dos Povos, de 1981, em matéria de liberdade religiosa, visto que, a teor do art. 8.º, "a liberdade de consciência, a profissão e a prática livre da religião são garantidas. Sob reserva da ordem pública, ninguém pode ser objeto de medidas de constrangimento que visem restringir a manifestação dessas liberdades".

Por derradeiro, merece registro a Carta de Direitos Fundamentais da União Europeia, de 2000, cujo art. 10 dispõe: "1. Todas as pessoas têm direito à liberdade de pensamento, de consciência e de religião. Este direito implica a liberdade de mudar de religião ou de convicção, bem como a liberdade de manifestar a sua religião ou a sua convicção, individual ou coletivamente, em público ou em privado, por meio do culto, do ensino, de práticas e da celebração de ritos. 2. O direito à objeção de consciência é reconhecido pelas legislações nacionais que regem o respectivo exercício".

Importa, no âmbito do sistema internacional, referir que a liberdade religiosa foi objeto de proteção por meio de um documento específico, designadamente, da Declaração da ONU sobre a eliminação de todas as formas de intolerância e discriminação baseadas na religião ou na convicção, proclamada pela Assembleia Geral em 1981, mediante a Res. 36/55.

Embora os fortes elementos em comum, também na esfera dos textos constitucionais se registram significativas diferenças quanto ao modo de positivação da liberdade religiosa. A Constituição dos Estados Unidos da América, Primeira Emenda (1791), é a mais antiga em vigor, limitando-se a afirmar que o Congresso não pode editar lei dispondo sobre estabelecimentos religiosos e proibindo o livre exercício da liberdade religiosa: "Congress shall make no law respecting an establishment of religion, or prohibiting the free exercise thereof (...)". Já na Constituição Política dos Estados Unidos Mexicanos, de 1917, art. 24, consta que "todo hombre es libre para profesar la creencia religiosa que más le agrade y para practicar las ceremonias, devociones o actos del culto respectivo, siempre que no constituyan un delito o falta penados por la ley. El Congreso no puede dictar leyes que establezcan o prohiban religión alguna. Los actos religiosos de culto público se celebrarán ordinariamente en los templos. Los que extraordinariamente se celebren fuera de éstos se sujetarán a la ley reglamentaria". Dentre as constituições do Segundo Pós-Guerra, que já se situam num contexto marcado por uma exigência maior de tolerância e respeito às diferenças, destaca-se a Lei Fundamental da República Federal da Alemanha, de 1949, cujo art. 4.º dispõe, em síntese, que a liberdade de crença, de consciência e a liberdade de convicção religiosa são invioláveis, sendo assegurado o exercício da religião livre de perturbações, além da garantia de que ninguém pode ser obrigado a prestar serviço militar armado contra a sua consciência. Pela proximidade com a ordem constitucional brasileira, convém referir o exemplo da Constituição da República Portuguesa, de 1976, cujo art. 41.º assim dispõe: "1. A liberdade de consciência, de religião e de culto é inviolável. 2. Ninguém pode ser perseguido, privado de direitos ou isento de obrigações ou deveres cívicos por causa das suas convicções ou prática religiosa. 3. Ninguém pode ser perguntado por qualquer autoridade acerca das suas convicções ou prática religiosa, salvo para recolha de dados estatísticos não individualmente identificáveis, nem ser prejudicado por se recusar a responder". A Constituição espanhola, de 1978, ao contrário da Carta Constitucional Portuguesa, já não afirma o caráter inviolável da liberdade religiosa, embora garanta o direito como fundamental, a teor do disposto no art. 16, §§ 1.º e 2.º: "Se garantiza la libertad ideológica, religiosa y de culto de los individuos y las comunidades sin más limitación, en sus manifestaciones, que la necesaria para el mantenimiento del orden público protegido por la Ley. 2. Nadie podrá ser obligado a declarar sobre su ideología, religión o creencias".

Tal quadro, meramente ilustrativo, apenas revela que são várias as diferenças a serem consideradas, e que cabe ao labor da legislação infraconstitucional (e em grande medida ao papel exercido pelos juízes e tribunais) a tarefa de determinar o efetivo e sempre atual conteúdo e alcance da liberdade religiosa e de consciência, com significativa margem de liberdade em cada região ou ordem estatal individualmente considerada, o que também se verifica no caso brasileiro, onde a liberdade religiosa também foi objeto de regulação constitucional bastante distinta quanto a alguns aspectos.

Com efeito, no âmbito da evolução constitucional brasileira pretérita, a liberdade religiosa se faz presente desde a Carta Imperial de 1824, mais precisamente, no art. 179, V, de acordo com o qual "ninguem póde ser perseguido por motivo de Religião, uma vez que respeite a do Estado, e não offenda a Moral Publica", não tendo sido feita referência expressa à liberdade de consciência ou mesmo à objeção de consciência.

A Constituição de 1891, art. 72, § 3.º, dispunha que "todos os indivíduos e confissões religiosas podem exercer pública e livremente o seu culto, associando-se para esse fim e adquirindo bens, observadas as disposições do direito comum", contendo, todavia, uma série de outros dispositivos que versavam sobre o reconhecimento apenas do casamento civil (art. 72, § 4.º), o caráter secular dos cemitérios e a garantia do acesso para os cultos de todas as ordens religiosas (art. 72, § 5.º), a proibição de subvenções oficiais (públicas) para igrejas ou cultos (art. 72, § 7.º). Embora a Constituição de 1891 não tenha feito uso da expressão liberdade de consciência ou objeção de consciência, ela previa que nenhum cidadão poderia ser privado de seus direitos civis e políticos nem se eximir do cumprimento de qualquer dever cívico por motivo de crença ou função religiosa (art. 72, § 28), além de impor a perda dos direitos políticos por parte daqueles que alegassem motivos de crença religiosa para se eximir do cumprimento de obrigação imposta pelas leis da República (art. 72, § 29).

A Constituição de 1934 manteve a previsão do caráter secular dos cemitérios, agregando, todavia, que as associações religiosas poderiam manter cemitérios particulares, sujeitos a controle pelo Poder Público (art. 113, n. 7). Quanto ao direito à liberdade religiosa, este foi enunciado no art. 113, n. 5, onde consta que "é inviolável a liberdade de consciência e de crença, e garantido o livre exercício dos cultos religiosos, desde que não contravenham à ordem pública e aos bons costumes. As associações religiosas adquirem personalidade jurídica nos termos da lei civil", de modo que, pela primeira vez, foi feita referência à liberdade de consciência.

Já de acordo com o art. 122, n. 4, da Constituição de 1937, "todos os indivíduos e confissões religiosas podem exercer pública e livremente o seu culto, associando-se para esse fim e adquirindo bens, observadas as disposições do direito comum, as exigências da ordem pública e dos bons costumes", novamente não havendo menção expressa à liberdade de consciência.

Esta voltou a ser contemplada na Constituição de 1946, no art. 141, § 7.º, que dispunha ser "inviolável a liberdade de consciência e de crença e assegurado o livre exercício dos cultos religiosos, salvo o dos que contrariem a ordem pública ou os bons costumes. As associações religiosas adquirirão personalidade jurídica na forma da lei civil", fórmula que, em termos gerais, foi retomada na Constituição de 1967, cujo art. 150, § 5.º, dispunha que "é plena a liberdade de consciência e fica assegurado aos crentes o exercício dos cultos religiosos, que não contrariem a ordem pública e os bons costumes", texto mantido na íntegra na EC 1/1969 (art. 153, § 5.º).

4.12.3.2 A liberdade religiosa e a liberdade de consciência na Constituição Federal de 1988

a) Aspectos textuais

A liberdade religiosa e a liberdade de consciência foram contempladas em três dispositivos no âmbito do título "Dos direitos e garantias fundamentais":

Art. 5.º, VI: "É inviolável a liberdade de consciência e de crença, sendo assegurado o livre exercício dos cultos religiosos e garantida, na forma da lei, a proteção aos locais de culto e a suas liturgias".

Art. 5.º, VII: "É assegurada, nos termos da lei, a prestação de assistência religiosa nas entidades civis e militares de internação coletiva".

Art. 5.º, VIII: "Ninguém será privado de direitos por motivo de crença religiosa ou de convicção filosófica ou política, salvo se as invocar para eximir-se de obrigação legal a todos imposta e recusar-se a cumprir prestação alternativa, fixada em lei".

Dentre os dispositivos constitucionais diretamente relacionados, assumem destaque os seguintes:

"Art. 19. É vedado à União, aos Estados, ao Distrito Federal e aos Municípios: I – estabelecer cultos religiosos ou igrejas, subvencioná-los, embaraçar-lhes o funcionamento ou manter com eles ou seus representantes relações de dependência ou aliança, ressalvada, na forma da lei, a colaboração de interesse público".

"Art. 143. O serviço militar é obrigatório nos termos da lei. § 1.º Às Forças Armadas compete, na forma da lei, atribuir serviço alternativo aos que, em tempo de paz, após alistados, alegarem imperativo de consciência, entendendo-se como tal o decorrente de crença religiosa e de convicção filosófica ou política, para se eximirem de atividades de caráter essencialmente militar".

"Art. 15. É vedada a cassação de direitos políticos, cuja perda ou suspensão só se dará nos casos de: (...) IV – recusa de cumprir obrigação a todos imposta ou prestação alternativa, nos termos do art. 5.º, VIII".

"Art. 210. Serão fixados conteúdos mínimos para o ensino fundamental, de maneira a assegurar formação básica comum e respeito aos valores culturais e artísticos, nacionais e regionais. § 1.º O ensino religioso, de matrícula facultativa, constituirá disciplina dos horários normais das escolas públicas de ensino fundamental".

"Art. 226. A família, base da sociedade, tem especial proteção do Estado. (...) § 2.º O casamento religioso tem efeito civil, nos termos da lei".

b) Notas a respeito da distinção entre liberdade de consciência e liberdade religiosa

Embora a liberdade de consciência tenha forte vínculo com a liberdade religiosa, ambas não se confundem e apresentam dimensões autônomas. A liberdade de consciência assume, de plano, uma dimensão mais ampla, considerando que as hipóteses de objeção de consciência, apenas para ilustrar com um exemplo, abarcam hipóteses que não têm relação direta com opções religiosas, de crença e de culto.[408] Bastaria aqui citar o exemplo daqueles que se recusam a prestar serviço militar em virtude de sua convicção (não necessariamente fundada em razões religiosas) de participar de conflitos armados e eventualmente vir a matar alguém. Outro caso, aliás, relativamente frequente, diz com a recusa de médicos a praticarem a interrupção da gravidez e determinados procedimentos, igualmente nem sempre por força de motivação religiosa.

Assim, amparados na lição de Konrad Hesse, é possível afirmar que a liberdade de crença e de confissão religiosa e ideológica aparece como uma manifestação particular do direito fundamental mais geral da liberdade de consciência, que, por sua vez, não se restringe à liberdade de "formação" da consciência (o foro interno), mas abarca a liberdade de "atuação" da consciência, protegendo de tal sorte, para efeitos externos, a decisão fundada na consciência, inclusive quando não motivada religiosa ou ideologicamente.[409] Ainda de acordo com Konrad Hesse, é nisso que se corporifica a negação, pela ordem constitucional, de uma intervenção estatal no que diz com a definição do que é verdadeiro ou correto, de modo a assegurar a cada indivíduo a proteção da sua personalidade espiritual e moral e garantir a livre discussão e formação do consenso sobre o que é certo ou errado.[410]

Considerada em separado, a liberdade de consciência pode ser definida, com Jayme Weingartner Neto, como a faculdade individual de autodeterminação no que diz com os padrões éticos e existenciais das condutas próprias e alheias e a total liberdade de autopercepção em nível racional ou mítico-simbólico, ao passo que a liberdade religiosa (ou de religião) engloba no seu núcleo essencial tanto a liberdade de ter, quanto a de não ter ou deixar de ter uma religião, desdobrando-se em diversas outras posições fundamentais, que serão, pelo menos em parte, objeto de atenção logo adiante.[411]

Para efeitos de proteção da liberdade religiosa e mesmo para a diferenciação entre esta e a liberdade de consciência, assume relevo a própria *definição do que se considera uma religião*. Desde logo há que reconhecer o acerto da lição de Erwin Chemerensky, para quem parece impossível formular uma definição de religião que englobe a ampla gama de crenças espirituais e práticas que se fazem presentes em uma sociedade plural como é a do Brasil (o autor se refere aos Estados Unidos, mas a afirmação, ainda que talvez não na mesma dimensão, aplica-se ao Brasil), pois não há uma característica particular ou um plexo de características que todas as religiões tenham em comum, a fim de que seja possível defini-la(s) como religião(ões), definição ampla que se revela particularmente importante para maximizar a proteção das manifestações religiosas.[412]

---

408. Na literatura brasileira v., entre outros, SORIANO, Aldir Guedes. *Liberdade religiosa no direito constitucional e internacional*, p. 11-12, sustentando que a liberdade de consciência é uma liberdade mais ampla do que a liberdade de crença, já que mesmo o descrente possui aquela, e pode exigir sua tutela. Portanto, a liberdade de consciência "abarca tanto a liberdade de se ter como a de não se ter uma religião". Mais recentemente e para maior desenvolvimento da diferenciação entre a liberdade religiosa e a liberdade de consciência e de pensamento, v. WEINGARTNER NETO, Jayme. *Liberdade religiosa na Constituição*, p. 79 e ss.

409. Cf. HESSE, Konrad. *Grundzüge des Verfassungsrecht der Bundesrepublik Deutschland*, 20. ed., p. 168.

410. Idem, ibidem.

411. Cf. WEINGARTNER NETO, Jayme. Liberdade religiosa na jurisprudência do STF. In: SARMENTO, Daniel; SARLET, Ingo Wolfgang (Coord.). *Direitos fundamentais no Supremo Tribunal Federal:* balanço e crítica, p. 481-482.

412. Cf. CHEMERINSKY, Erwin. *Constitucional law: principles and policies*, p. 1.187.

c) A dupla dimensão objetiva e subjetiva das liberdades de consciência e de religião

Tanto a liberdade de consciência quanto a liberdade religiosa, tal como os demais direitos fundamentais, apresentam uma dupla dimensão subjetiva e objetiva. Na condição de direitos subjetivos, elas, aqui ainda em termos muito gerais, asseguram tanto a liberdade de confessar (ou não) uma fé ou ideologia, quanto geram direitos à proteção contra perturbações ou qualquer tipo de coação oriunda do Estado ou de particulares.[413] Já como elementos fundamentais da ordem jurídico-estatal objetiva, tais liberdades fundamentam a neutralidade religiosa e ideológica do Estado, como pressuposto de um processo político livre e como base do Estado Democrático de Direito.[414] Dessa dupla dimensão subjetiva e objetiva decorrem tanto direitos subjetivos, tendo como titulares tanto pessoas físicas quanto jurídicas (neste caso, apenas a liberdade religiosa e não todos os seus aspectos), quanto princípios, deveres de proteção e garantias institucionais que guardam relação com a dimensão objetiva,[415] tudo conforme ainda será objeto de maior desenvolvimento.

Por outro lado, no que diz especificamente com a neutralidade religiosa e ideológica do Estado,[416] esta se constitui, especialmente no tocante ao aspecto religioso, em elemento central das ordens constitucionais contemporâneas, mas com raízes na vertente do constitucionalismo, especialmente de matriz francesa, o que foi incorporado à tradição brasileira a contar da Constituição Federal de 1891. Na Constituição Federal de 1988, tal opção (do Estado laico) encontra sua previsão expressa no já referido art. 19, que veda aos entes da Federação que estabeleçam, subvencionem ou embaracem o funcionamento de cultos religiosos ou igrejas.

A referência feita a Deus no Preâmbulo, além de não ter caráter normativo, não compromete o princípio da neutralidade religiosa do Estado,[417] que, por sua vez, não implica – ainda mais se consideradas as peculiaridades da ordem constitucional brasileira – um total distanciamento por parte do Estado da religião, distanciamento que – na acepção de André Ramos Tavares que aqui se partilha – não se revela sequer como desejável.[418] Com efeito, como bem pontua Jorge Miranda, há que distinguir entre laicidade e separação (no sentido de independência) entre Estado e Igreja (e comunidades religiosas em geral) de laicismo e de uma postura de menosprezo e desconsideração do fenômeno religioso (das religiões e das entidades religiosas) por parte do Estado, pois uma coisa é o Estado não professar nenhuma

---

413. Cf. Hesse, Konrad. *Grundzüge des Verfassungsrecht der Bundesrepublik Deutschland*, p. 167.

414. Idem, ibidem.

415. Weingartner Neto, Jayme. Liberdade religiosa na jurisprudência do STF. In: Sarmento, Daniel; Sarlet, Ingo Wolfgang (Coord.). *Direitos fundamentais no Supremo Tribunal Federal:* balanço e crítica, p. 482.

416. Sobre o tópico, embora privilegiando uma perspectiva judaico-cristã, v. Machado, Jónatas. *Estado constitucional e neutralidade religiosa:* entre o teísmo e o (neo)ateísmo, 2012. Para uma abordagem balizada pela filosofia política e pelo embate entre liberais e comunitários, v. Cruz, Álvaro Ricardo de Souza; Duarte, Bernardo Augusto Ferreira; Teixeira, Alessandra Sampaio. *A Laicidade para além de liberais e comunitaristas*, 2017.

417. No âmbito da jurisprudência do STF, destaca-se o julgamento da ADIn 2.076, de 08.08.2003, proposta pelo Partido Social Liberal, que ajuizou ação direta de inconstitucionalidade em face da Assembleia Legislativa do Estado do Acre por omissão da expressão "sob a proteção de Deus" no Preâmbulo da Constituição Estadual. Alegou o requerente que o preâmbulo da Constituição Federal integraria o seu texto, possuindo suas disposições verdadeiro valor jurídico. O STF, todavia, entendeu que ao Preâmbulo não assiste qualquer *relevância* jurídica, destacando que o Estado brasileiro é laico, sendo vedada a distinção entre deístas, agnósticos ou ateístas.

418. Cf. Tavares, André Ramos. *Curso de direito constitucional*, 18. ed., p. 513.

religião e não assumir fins religiosos, mantendo uma posição equidistante e neutra,[419] outra coisa é assumir uma posição hostil em relação à religião e mesmo proibitiva da religiosidade.[420]

Importa destacar que o laicismo e toda e qualquer postura oficial (estatal) hostil em relação à religião revelam-se incompatíveis tanto com o pluralismo afirmado no Preâmbulo da Constituição Federal, quanto com uma noção inclusive de dignidade da pessoa humana e liberdade de consciência e de manifestação do pensamento, de modo que a necessária neutralidade se assegura por outros meios, tal como bem o demonstra o disposto no art. 19, I, bem como um conjunto de limites e restrições à liberdade religiosa, aspecto que aqui não será desenvolvido. Outras manifestações que podem ser extraídas da Constituição Federal, no sentido de uma postura aberta e sensível para com as religiões, sem assumir qualquer compromisso com determinada religião e igreja, podem ser ilustradas com os exemplos da previsão, ainda que em caráter facultativo, de ensino religioso em escolas públicas de ensino fundamental (art. 210, § 1.º) e a possibilidade de reconhecimento de efeitos civis ao casamento religioso (art. 226, §§ 1.º e 2.º). Também os benefícios fiscais reconhecidos às entidades religiosas são um importante indicador do caráter laico mitigado adotado no âmbito da atual ordem constitucional brasileira, o qual foi ainda mais desenvolvido (sem aqui adentrar a polêmica correspondente) mediante a promulgação, pelo Congresso Nacional, da EC n. 116, de 17.02.2022, que acrescentou o § 1.º-A ao art. 156, da CF, prevendo a não incidência sobre templos de qualquer culto do Imposto sobre a Propriedade Predial e Territorial Urbana (IPTU), ainda que as entidades abrangidas pela referida imunidade tributária sejam apenas locatárias do bem imóvel.

d) Conteúdo da liberdade religiosa como direito fundamental em sentido amplo: direito de defesa e direito a prestações

Também a liberdade religiosa deve ser compreendida como um direito fundamental em sentido amplo, que se decodifica, no âmbito de sua dimensão subjetiva e objetiva, em um complexo diferenciado de efeitos jurídicos objetivos e de posições jurídicas subjetivas.[421]

Como direito subjetivo, a liberdade religiosa opera tanto como direito de defesa, portanto, de cunho negativo, quanto como direito a prestações (direito "positivo") fáticas e jurídicas, muito embora, como já frisado, a dimensão subjetiva não possa ser reduzida a um único tipo de posições negativas ou positivas. Aqui não teremos condição senão de selecionar alguns exemplos, notadamente os que têm assumido maior relevância em termos teóricos e práticos na ordem constitucional brasileira, remetendo, para uma análise mais minuciosa, à literatura especializada.[422]

---

419. Quanto ao dever de neutralidade, destaca-se o julgamento da ADI 5.258/AM, rel. Min. Cármen Lúcia, j. 12.04.2021, em que o STF reconheceu a inconstitucionalidade da Lei n. 74/2010 do Amazonas, que obrigava as escolas e bibliotecas públicas estaduais a terem e manterem exemplares da Bíblia em seus acervos. Para a Corte, a norma configuraria clara violação à laicidade estatal e à liberdade religiosa.

420. Cf. MIRANDA, Jorge; MEDEIROS, Rui. *Constituição portuguesa anotada*, t. I, cit., p. 448-449. Sobre o tópico v. também, entre outros, RODRIGUES, Eder Bomfim. *Estado laico e símbolos relgiosos no Brasil. As relações entre Estado e religião no constitucionalismo contemporâneo*, p. 266 e ss.

421. Cf., por todos, na literatura brasileira, WEINGARTNER NETO, Jayme. *Liberdade religiosa na Constituição*, p. 72 e ss., apresentando um pioneiro, original e analítico catálogo de posições fundamentais vinculadas à liberdade religiosa.

422. Cf., em especial, o já referido inventário de posições subjetivas sugerido por WEINGARTNER NETO, Jayme. *Liberdade religiosa na Constituição*, p. 72 e ss.

Na sua condição de *direito negativo*, a liberdade religiosa desdobra-se, numa primeira aproximação quanto ao seu conteúdo, em uma liberdade de crença, que diz com a faculdade individual de optar por uma religião ou de mudar de religião ou de crença, ao passo que a liberdade de culto, que guarda relação com a exteriorização da crença, diz com os ritos, cerimônias, locais e outros aspectos essenciais ao exercício da liberdade de religião e de crença.[423] Também a liberdade de organização religiosa encontra-se incluída no âmbito de proteção da liberdade religiosa, de tal sorte que ao Estado é vedado, em princípio, interferir na esfera interna das associações religiosas.[424]

Na sua condição de *direito positivo*, podem também ser destacadas várias manifestações. Assim, em caráter ilustrativo, verifica-se que o art. 5.º, VII, da CF assegura, "nos termos da lei, a prestação de assistência religiosa nas entidades civis e militares de internação coletiva". Quanto a tal aspecto, entende-se que o Estado não pode impor aos internos sob sua responsabilidade, nessas entidades, o atendimento a serviços religiosos (o que violaria a liberdade de professar uma religião e de participar ou não dos respectivos cultos), mas deve, sim, colocar à disposição o acesso efetivo ao exercício da liberdade de culto e de crença aos que assim desejarem.[425]

No sentido da existência de deveres de natureza prestacional associados à liberdade de expressão, calha referir, em caráter ilustrativo, as decisões proferidas pelo STF no RE 611.874/DF, rel. Min. Dias Toffoli, j. 09.11.2020, e no ARE 1.099.099/SP, rel. Min. Edson Fachin, j. 19.11.2020, reconhecendo o dever do Estado de implementar prestações positivas que assegurem a plena liberdade religiosa, devendo adequar a atividade administrativa a horários alternativos, permitindo que o indivíduo, mediante exercício da escusa de consciência por motivo de crença religiosa, possa realizar certame público ou exercer os deveres funcionais inerentes de seu cargo público.

A liberdade religiosa engloba tanto direitos individuais como direitos coletivos de liberdade religiosa, pois, além dos direitos individuais de ter, não ter, deixar de ter, escolher uma religião (entre outras manifestações de caráter individual), existem direitos coletivos, cuja titularidade é das Igrejas e organizações religiosas, direitos que dizem com a auto-organização, a autodeterminação, direito de prestar ensino e assistência religiosa, entre outros,[426] aspectos que, por sua vez, são relacionados ao problema da titularidade e dos destinatários do direito fundamental.

e) Titulares e destinatários

Titulares da liberdade religiosa são, em primeira linha, as pessoas físicas, incluindo os estrangeiros não residentes, pois, dada a sua conexão com a liberdade de consciência e dignidade da pessoa humana, aplica-se aqui o princípio da universalidade. Como a liberdade religiosa contempla uma dimensão institucional e abarca a liberdade de organização religiosa, naquilo que for compatível, cuida-se também de direito das pessoas jurídicas, ainda que

---

423. SORIANO, Aldir Guedes. *Liberdade religiosa no direito constitucional e internacional*, p. 12-13.
424. Sobre o tema, v. a monografia de SANTOS JUNIOR, Aloisio Cristovam dos. *A liberdade de organização religiosa e o Estado laico brasileiro*, especialmente p. 59 e ss.
425. Cf. MENDES, Gilmar Ferreira; BRANCO, Paulo Gustavo Gonet. *Curso de direito constitucional*, 15. ed., p. 24.
426. Cf., por todos, CANOTILHO, J. J. Gomes; MOREIRA, Vital. *Constituição da República Portuguesa anotada*, p. 611-612. No mesmo sentido, v. MIRANDA, Jorge; MEDEIROS, Rui. *Constituição portuguesa anotada*, p. 447 e ss.

as pessoas jurídicas não sejam titulares, por exemplo, do direito de professar, ou não, uma religião.[427] Quanto aos destinatários, em que pese seja também aqui o Estado o principal destinatário, vinculado que está (diretamente) às normas de direitos fundamentais e mesmo aos deveres de proteção estabelecidos pela Constituição Federal, o direito de liberdade religiosa projeta-se nas relações privadas, o que se pode dar de maneira direta e indireta. Apenas em caráter ilustrativo, bastaria aqui recordar o ambiente de trabalho e escolar, onde também o empregador, os professores e a direção devem abster-se de intervir no âmbito da livre opção religiosa, salvo para assegurar o exercício do mesmo direito por parte de outros trabalhadores ou alunos (estudantes) ou mesmo para a proteção de outros direitos. A liberdade de consciência e a liberdade religiosa podem, portanto, operar como limites ao poder de direção do empregador e da empresa, dos professores e escolas e mesmo em outras situações nas quais se coloca o problema.

f) Limites e restrições

Embora sua forte conexão com a dignidade da pessoa humana, a liberdade religiosa, mas também a liberdade de consciência, notadamente naquilo em que se projeta para o exterior da pessoa,[428] mediante atos que afetam terceiros ou levem (ainda que em situação extrema) a um dever de proteção estatal da pessoa contra si própria, como no caso de uma greve de fome por razões de consciência, ou a recusa de tomar vacina por convicções filosóficas ou políticas,[429] são, como os demais direitos fundamentais, limitados e, portanto, sujeitos a algum tipo de restrição.

Modalidade que é da liberdade de expressão (manifestação do pensamento) e especialmente da liberdade de consciência (que é mais ampla), a liberdade religiosa, embora como tal não submetida a expressa reserva legal (no art. 5.º, VI, a CF estabelece ser inviolável a liberdade de consciência e de crença, sendo assegurado o livre exercício dos cultos religiosos), encontra limites em outros direitos fundamentais e na dignidade da pessoa humana, o que implica, em caso de conflito, cuidadosa ponderação e atenção, entre outros aspectos, aos critérios da proporcionalidade[430].

Já a proteção aos locais de culto (como dever estatal que é) e a prestação de assistência religiosa nas entidades civis e militares de internação coletiva são, nos termos da Constituição Federal, sujeitos a regulamentação legal (v., para a prestação de assistência religiosa, o caso das Leis 6.923/1981 e 9.982/2000), mas a legislação deverá, de qualquer modo, atender

---

427. Cf. CANOTILHO, J. J. Gomes; MOREIRA, Vital. *Constituição da República Portuguesa anotada*, p. 611-612 e 617.

428. Cf., por todos, ISRAEL, Jean-Jacques. *Direitos das liberdades fundamentais*, p. 497-502, as liberdades de pensamento, de consciência e de religião, interiorizadas, por sua vez, são absolutas, de tal sorte que apenas seu exercício pode suscitar discussões e justifica que sejam fixados limites.

429. No julgamento da ARE 1.267.879/SP, rel. Min. Roberto Barroso, j. 17.12.2020, o STF estabeleceu, na constância da pandemia da Covid-19, que é constitucional a obrigatoriedade de imunização por meio de vacinas de filhos menores, não havendo a violação à liberdade de consciência e de convicção filosófica dos pais ou responsáveis, tampouco invasão do poder familiar, uma vez que a medida afeta diretamente direitos fundamentais de terceiros ou de toda a coletividade.

430. Sobre o tópico, imprescindível a leitura da excelente e paradigmática obra de WEINGARTNER NETO, *Liberdade religiosa na Constituição*, 2007. Na literatura mais recente, v., dentre outros, o igualmente relevante contributo de SOUZA, Rodrigo Lobato Oliveira de. *Liberdade religiosa*. Direito fundamental numa sociedade democrática e pluralista, 2021.

aos critérios da proporcionalidade e não poderá em hipótese alguma afetar o núcleo essencial do direito de liberdade religiosa e esvaziar a garantia da organização religiosa.[431]

Por outro lado, a própria Carta Magna estabelece limites para a liberdade religiosa e de consciência, quando, no art. 5.º, VIII, dispõe que "ninguém será privado de direitos por motivo de crença religiosa ou de convicção filosófica ou política, salvo se as invocar para eximir-se de obrigação legal a todos imposta e recusar-se a cumprir prestação alternativa, fixada em lei". O princípio do Estado laico, por sua vez, também interfere no exercício da liberdade religiosa, pois o Poder Público não poderá privilegiar determinada orientação religiosa, ainda que majoritária, como, por exemplo, se verifica na discussão em torno da colocação, ou não, de crucifixo em escolas e repartições públicas, que tem dividido a doutrina.

Os conflitos da liberdade religiosa com outros direitos fundamentais e bens jurídico-constitucionais são múltiplos. Assim, podem ser justificadas, a depender do caso, restrições quanto ao uso da liberdade religiosa para fins de prática do curandeirismo e exploração da credulidade pública, especialmente quando com isso se estiver incorrendo em prática de crime ou afetando direitos de terceiros ou interesse coletivo.[432]

Situação que já mereceu atenção da doutrina e jurisprudência no plano nacional e internacional, diz respeito aos possíveis conflitos entre a liberdade de consciência e de crença com os direitos à vida e à saúde, como se verifica de forma particularmente aguda no caso dos integrantes da comunidade religiosa das "Testemunhas de Jeová", cujo credo proíbe transfusões de sangue, mas também foi evidenciado no contexto da pandemia da Covid-19, em diversas situações.

Nesse contexto, calha atentar para o fato de que se para o caso de menores de idade se revela legítima a intervenção estatal para, em havendo manifestação contrária dos pais ou responsáveis, determinar o procedimento médico quando tido como indispensável, no que se verifica substancial consenso, é pelo menos questionável que se queira impor a pessoas maiores e capazes algo que seja profundamente contrário às suas convicções, por mais que tais convicções sejam resultado de um processo de formação que se inicia na mais tenra idade. De qualquer sorte, quanto ao caso das pessoas maiores e capazes, não existe uma orientação definida, havendo entendimentos em ambos os sentidos.[433]

---

431. Sobre os limites e restrições em matéria de liberdade religiosa, v., no Brasil e por todos, Weingartner Neto, Jayme. *Liberdade religiosa na Constituição*, p. 187 e ss.

432. Nesse sentido, v. o precedente do STF representado pelo RMS 16.857, rel. Min. Eloy da Rocha, j. 22.10.1969, que versa sobre recurso em mandado de segurança impetrado em face de ato da delegacia de polícia de Costume de Belo Horizonte-MG, consistente na apreensão de bens da Igreja Evangélica Pentecostal "O Brasil para Cristo" e na proibição do exercício do culto religioso. A constrição foi justificada na existência de exploração da credulidade pública, eis que dois pastores estariam anunciando publicamente a cura de "enfermos e aleijados, através do 'milagre da benção e da oração da fé'". Legitimou-se, na ocasião, o poder de polícia para "evitar a exploração da credulidade pública", deferindo-se, contudo, o *writ* em parte, a fim de assegurar tão somente o exercício de culto religioso, "enquanto não contrariar a ordem pública e os bons costumes". Acerca do crime de curandeirismo e liberdade religiosa, v., ainda, RHC 62.240, rel. Min. Francisco Rezek, j. 13.12.1984.

433. Sobre o tópico, com uma atualizada amostra em termos de decisões judiciais no Brasil e exterior e uma boa síntese da discussão, v., por todos, Leite, Fábio Carvalho. Liberdade de crença e objeção à transfusão de sangue por motivos religiosos. In: Sarmento, Daniel; Sarlet, Ingo Wolfgang (Coord.). *Direitos fundamentais no Supremo Tribunal Federal:* balanço e crítica, p. 449-479.

Ainda no que diz respeito ao problema relativo à recusa de transfusões de sangue e sua negativa por motivos religiosos, é de se consignar que o STF reconheceu sua Repercussão Geral, fixando a seguinte tese: "1. Testemunhas de Jeová, quando maiores e capazes, têm o direito de recusar procedimento médico que envolva transfusão de sangue, com base na autonomia individual e na liberdade religiosa. 2. Como consequência, em respeito ao direito à vida e à saúde, fazem jus aos procedimentos alternativos disponíveis no Sistema Único de Saúde – SUS, podendo, se necessário, recorrer a tratamento fora de seu domicílio" (RE 979.742, Relator Ministro Luís Roberto Barroso, julgado em 25.09.2024.

Versando sobre o mesmo tema, destaca-se o julgamento do RE 1.212.272, rel. Min. Gilmar Mendes, julgado em 25.09.2024, no qual restou acentado, em trecho da ementa que nos permitimos transcrever, que "é permitido ao paciente, no gozo pleno de sua capacidade civil, a recusa, por motivos religiosos, de submeter-se a tratamento de saúde. A recusa, por razões religiosas, a tratamento de saúde é condicionada à decisão inequívoca, livre, informada e esclarecida do paciente, inclusive, quando veiculada por meio de diretivas antecipadas de vontade. 2. É possível a realização de procedimento médico, disponibilizado a todos pelo sistema público de saúde, com a interdição da realização de transfusão sanguínea ou outra medida excepcional, caso haja viabilidade técnico-científica de sucesso, anuência da equipe médica com a sua realização e decisão inequívoca, livre, informada e esclarecida do paciente".

Outrossim, como já adiantado, durante a pandemia da Covid-19, as situações nas quais se pôde verificar a existência de um conflito entre a liberdade religiosa e os direitos à vida, integridade corporal e saúde se multiplicaram. Nesse sentido, invoca-se decisão do STF que julgou a constitucionalidade de decreto do estado de São Paulo, que restringiu temporariamente a realização presencial de cultos, missas e demais atividades religiosas de caráter coletivo, em virtude do elevado risco ambiental de contágio, considerando a medida como sendo compatível com as exigências da proporcionalidade (APDF 811/SP, rel. Min. Gilmar Mendes, j. 25.06.2021).

Outro tema de relativo impacto no direito estrangeiro, mas com importantes reflexos no Brasil, é o que trata do conflito entre liberdade religiosa e a proteção dos animais. Ainda que não se atribua aos animais a titularidade de direitos subjetivos, o fato é que existe um dever constitucional de proteção da fauna e uma vedação expressa de crueldade com os animais, que, pelo menos em princípio, poderá justificar restrições ao exercício de direitos fundamentais, incluindo a liberdade religiosa.

Para ilustrar a questão, vale citar o exemplo da Alemanha, onde o Tribunal Constitucional Federal entendeu que deveria prevalecer a liberdade de profissão em combinação com a liberdade religiosa, tendo em conta que se tratava de caso envolvendo açougueiro turco, adepto do ramo sunita do islamismo, que teve o seu estabelecimento interditado pela autoridade administrativa por estar abatendo animais para consumo sem a prévia sedação.[434]

No Brasil a hipótese seguramente mais frequente é a que envolve os rituais afro-brasileiros do candomblé e da umbanda,[435] em que também são sacrificados animais. A respeito de tal prática, encontra-se decisão do STF (RE 494601-RS, Relator orig. Ministro Marco Aurélio, redator para o Acórdão Ministro Edson Fachin, julgado em 28-03-2019) que

---

434. Cf. *BVerfGE* 104, 337.

435. Cf., por todos, SILVA NETO, Manoel Jorge. A proteção constitucional da liberdade religiosa. *Revista de Informação Legislativa* 160/120 e ss., que fala em uma "liberdade de sacrifício de animais no ritual".

reconheceu – mantendo assim julgado do TJRS – a legitimidade constitucional de lei estadual que admite a prática do abate para fins religiosos, desde que mediante consideração dos aspectos levando em conta a saúde pública e a proibição de crueldade com os animais.[436]

No caso, a Suprema Corte, julgando improcedente o recurso oposto pelo Ministério Público do RS, refutou tanto a alegação de inconstitucionalidade formal (vício de iniciativa), quanto de incompatibilidade material com a CF.

Para melhor compreender os argumentos principais colacionados quando do julgamento, calha transcrever o teor do dispositivo da Lei objeto da irresignação veiculada pela Procuradoria Geral de Justiça do Rio Grande do Sul mediante o RE ora comentado, em relação à decisão do TJRS que havia, por maioria dos votos dos integrantes do seu Órgão Especial, reconhecido a constitucionalidade da legislação.

Assim, a teor do art. 2.º da Lei 11.915/2003 do estado do RGS, "É vedado: I – ofender ou agredir fisicamente os animais, sujeitando-os a qualquer tipo de experiência capaz de causar sofrimento ou dano, bem como as que criem condições inaceitáveis de existência; II – manter animais em local completamente desprovido de asseio ou que lhes impeçam a movimentação, o descanso ou os privem de ar e luminosidade; III – obrigar animais a trabalhos exorbitantes ou que ultrapassem sua força; IV – não dar morte rápida e indolor a todo animal cujo extermínio seja necessário para consumo; V – exercer a venda ambulante de animais para menores desacompanhados por responsável legal; VI – enclausurar animais com outros que os molestem ou aterrorizem; VII – sacrificar animais com venenos ou outros métodos não preconizados pela Organização Mundial da Saúde – OMS –, nos programas de profilaxia da raiva. *Parágrafo único (**objeto precípuo da controvérsia judicializada**). Não se enquadra nessa vedação o livre exercício dos cultos e liturgias das religiões de matriz africana*" (grifo nosso).

Como bem pontuado no julgamento, trata-se de mais uma hipótese (como se verificou, guardadas as relevantes diferenças) de uma situação de conflito entre o dever estatal de proteção do ambiente, em particular – para o caso – da proteção dos animais e correlata proibição de crueldade para com os mesmos (art. 225, § 1.º, VII, CF), desta feita não apenas com os deveres (e direitos) gerais relativos à proteção – e promoção – do pleno exercício dos direitos culturais e acesso às fontes de cultura nacional, ademais do dever de apoio, incentivo e difusão das manifestações culturais (art. 215, *caput*, CF), mas, de modo especial, com o dever do Estado no sentido de – § 1.º, CF – proteger "as manifestações das culturas populares, indígenas e afro-brasileiras, e das de outros grupos participantes do processo civilizatório nacional".

Além disso, diferentemente do que se deu nos julgamentos emblemáticos da "Farra do Boi", da "Rinha de Galo" e da "Vaquejada", nos quais o STF reconheceu a ilegitimidade constitucional das respectivas práticas e manifestações de "natureza cultural e desportiva" (?), no presente caso o que estava em causa é – e por isso o particular destaque a ser dado ao julgamento – a proteção/garantia da liberdade religiosa plenamente assegurada pela CF, no seu art. 5.º, VI, a teor do qual "é inviolável a liberdade de consciência e de crença, sendo assegurado o livre exercício dos cultos religiosos e garantida, na forma da lei, a proteção aos locais de culto e a suas liturgias" (grifo nosso).

---

436. Na doutrina brasileira, v., por todos, WEINGARTNER NETO, Jayme. *Liberdade religiosa na constituição*, p. 279 e ss.

Note-se, ainda, que a decisão ora comentada, como já adiantado, apresenta outro diferencial de relevo em relação aos referidos precedentes, qual seja, o elemento étnico-racial (e a correspondente proibição constitucional de toda e qualquer forma de discriminação – art. 5.º, *caput*) e, nessa mesma toada, a proteção e promoção de particular manifestação e prática religiosa-cultural de matriz africana, ainda que não exercida apenas por integrantes da comunidade afro-brasileira.

Em linhas centrais e aqui sumariamente apresentadas, importa sublinhar que o STF estruturou seu entendimento em prol da constitucionalidade material da exceção inserida pela Lei Gaúcha em torno de alguns eixos argumentativos, sem que aqui se possa reproduzir todos e nem adentrar em diversas das peculiaridades envolvendo os votos de todos os Ministros, a maior parte (exceção de três) ainda não liberada para o público.

Numa primeira aproximação, é de se destacar o peso atribuído pelo STF ao princípio e dever de laicidade implicitamente (porquanto não expressamente previsto) estabelecido pela CF e à posição da liberdade religiosa, incluindo a de culto e de ritos, na arquitetura constitucional brasileira. Vinculando, outrossim, o dever de laicidade com o princípio geral da igualdade e o dever de neutralidade em matéria religiosa, consubstanciado principalmente – entre outros aspectos – pelo dever de abstenção e independência estatal nessa seara e de tratamento paritário e sem privilégios de toda e qualquer manifestação religiosa (art. 19, I, CF), a Corte considerou também não existir inconstitucionalidade com base nesse fundamento.

Nesse contexto, os julgadores pontuaram que a proteção legal (acrescente-se, o dever constitucional de proteção) assegurada às manifestações religiosas de matriz africana não representa uma modalidade de privilégio, mas, sim, encontra suporte, não apenas na liberdade religiosa como tal, mas em especial no § 1.º do art. 225 da CF acima referido (proteção das culturas populares das populações indígenas e afro-brasileiras). Ainda nessa senda, foi sublinhado pelos Ministros o alto nível de preconceito e estigmatização que atinge a população afro-brasileira, o que deve ser computado no conjunto de argumentos a indicarem que se trata de cultos e rituais a merecerem particular atenção e proteção.

Outrossim, possivelmente a parte mais delicada e de difícil equacionamento diz respeito ao juízo de ponderação levado a efeito pelo STF ao colocar na balança – em relação à proteção da liberdade religiosa – o dever constitucional de proteção da fauna e a proibição de crueldade com os animais.

Para a corte, novamente em apertada síntese, a negação da constitucionalidade da lei estadual Rio-Grandense, permitindo sacrifício de animais em rituais religiosos, implicaria uma afetação desproporcional da liberdade religiosa quando se trata de um rito central de uma cultura e tradição religiosa, ainda mais quando o abate de animais para fins de consumo da carne é, em regra, atendidos parâmetros legais, permitida.

Além disso, o que também foi objeto de referência na decisão, outro ingrediente de alto impacto e que imprime contornos diferenciados ao problema e ao seu equacionamento é o da discriminação de natureza étnico-racial, associado aos níveis sabidamente muito mais elevados de estigmatização das manifestações religiosas de matriz africana em relação a outras orientações religiosas. Pior do que isso, de acordo com dados publicados pela revista *IstoÉ* de 17.10.2018, entre 2011 e 2016 houve um crescimento de 4.960% no que diz com registros de casos de intolerância religiosa no Brasil, dos quais 63% envolvendo religiões afro-brasileiras,[437] sinalizando que a questão se transformou em agenda atual e urgente a ser equacionada.

Tendo sido pontuado pela Corte que a decisão pela constitucionalidade da Lei Gaúcha inclui a necessidade de respeito à proibição constitucional de crueldade com os animais e de salvaguardar a saúde pública, o Tribunal não abriu mão de sua posição consolidada na matéria, promovendo uma sustentável – na perspectiva dos critérios da proporcionalidade – concordância prática entre os direitos e bens jurídicos em causa.

Ademais disso, questões tão profundamente enraizadas em manifestações e práticas culturais e, no caso, religiosas centenárias e mesmo milenares exigem uma particular posição prudencial e equilibrada pelo Estado e mesmo pela sociedade civil quanto à sua regulamentação e equacionamento de eventuais tensões e mesmo conflitos com outras manifestações de natureza similar, ou mesmo outros interesses, direitos e bens jurídicos.

A liberdade religiosa (incluindo a liberdade de culto e de organização religiosa) também pode entrar em conflito com a própria liberdade de expressão e comunicação inclusive a liberdade artística, como se verifica no caso de charges ofensivas a determinada orientação ou prática religiosa, ou mesmo obras literárias e outras formas de expressão[438]. Problemas como o proselitismo no ambiente do trabalho ou mesmo o assédio religioso,[439] a possibilidade de distribuição de panfletos e outros meios de divulgação da crença em espaços públicos, a possibilidade do uso do véu ou outros símbolos religiosos em estabelecimentos de ensino ou no local de trabalho, a legitimidade constitucional dos feriados religiosos e a discussão em torno do quanto a objeção de consciência, especialmente por motivos religiosos, deve assegurar a realização de provas e concursos públicos em horário apartado, são apenas alguns dos conflitos e problemas de interpretação que se tem oferecido ao debate na esfera da política e do direito, resultando em decisões judiciais nem sempre simétricas quando se observa o cenário internacional.

Também os limites da liberdade religiosa no que diz com a justificação de manifestações públicas por representantes de instituições religiosas (em especial ministros de Igrejas) de caráter discriminatório, inclusive em relação a outras correntes religiosas, envolvem questões sensíveis, destacando-se aqui decisão do STF entendendo pelo trancamento de ação penal na qual foi imputada a sacerdote da Igreja Católica a prática de crime de racismo em virtude de publicação de obra que teria veiculado conteúdo discriminatório contra a doutrina espírita.

Em apertadíssima síntese, entendeu o STF (decisão da Primeira Turma[440]) que a mensagem religiosa não pode ser tratada da mesma forma que a não religiosa, devendo ser

---

437. Cf. Vargas, André; Lavieri, Fernando. Violência em nome de Deus, *IstoÉ*, p. 54-56, 17 out. 2018.

438. V., por exemplo, a suspensão, pelo STF, na Medida Cautelar deferida na Rcl. 38.782/RJ, julgada em 09.01.2020, da decisão de desembargador do TJ/RJ que havia determinado a censura da exibição do especial de Natal do Porta dos Fundos na plataforma de *streaming* Netflix. Na ocasião, embora o teor tido como altamente ofensivo à religião cristã, ficou assente que a liberdade religiosa não apresenta caráter absoluto, podendo ser restringida – como no caso – em face da liberdade de expressão, designadamente, da liberdade de expressão artística.

439. Sobre o tópico da liberdade religiosa (seu conteúdo e limites) nas relações de trabalho v., no direito brasileiro, o texto referencial de Santos Junior, Aloísio Cristovam dos. *Liberdade religiosa e contrato de trabalho*. Niterói: Impetus, 2013.

440. Cf. RHC 134.682/BA, rel. Min. Edson Fachin, j. 29.11.2016. No mesmo sentido, v. o julgamento da ADIn 2.566/DF, rel. original Min. Alexandre de Moraes e redator para o acórdão, Min. Edson Fachin, j. em 16.05.2018. De acordo com este julgado, a restrição ao proselitismo, tal como disposto na regra atacada,

levada em conta a existência de doutrinas religiosas de caráter universalista, que buscam converter o maior número de pessoas possível, mediante inclusive a afirmação da superioridade de sua religião em face das demais, de modo que para tais religiões (como é o caso do Cristianismo e do Catolicismo) a prática do proselitismo é elemento essencial da liberdade de expressão religiosa, desde que não configuradas manifestações e atos de caráter notadamente discriminatório e ofensivo. No caso concreto, considerou o STF que a publicação se dedica à pregação da fé católica, mas sem que se possa dela inferir a intenção de ofender os adeptos da doutrina espírita, mas sim orientar a população católica sobre a impossibilidade de conciliar o credo católico com o espírita. Todavia, não sendo o caso de aqui desenvolver tais questões, remete-se à literatura especializada.[441]

Discursos de natureza proselitista e persuasória, contudo – tal como decidiu o STF no RHC 146.303/RJ, rel. Min. Edson Fachin e Redator para o acórdão Min. Dias Toffoli, j. em 06.03.2018 – não se confundem com manifestações de caráter eminentemente ofensivo e discriminatório, de tal sorte que a liberdade de expressão, incluindo (e no caso é o que se destaca) a liberdade de expressão religiosa, não pode servir para veicular o assim chamado discurso do ódio, incitações à violência e práticas intolerantes.

A restrição da liberdade religiosa por conta da salvaguarda do interesse público, incluindo a segurança pública e outros interesses e bens jurídico-constitucionais de feição coletiva e transindividual, também ocupa a pauta da doutrina e da jurisprudência, como se verifica no já citado caso do crucifixo (neutralidade do Estado em matéria religiosa), da saúde pública (testemunhas de Jeová e sacrifício de animais), entre outros. Isso se revelou de grande importância no contexto da pandemia da Covid-19, onde foram editadas medidas legislativas e administrativas em todos os níveis da Federação, no sentido de restringir o acesso aos locais de culto e igrejas em virtude do isolamento social imposto para o combate ao coronavírus e salvaguarda da saúde e da vida das pessoas numa perspectiva comunitária.[442]

---

não se amolda a qualquer das cláusulas que legitimam a restrição às liberdades de expressão e de religião e a finalidade de alcançar o outro, mediante persuasão, configura comportamento intrínseco dessas religiões. Concluiu que isso seria simplesmente inviável se fosse impedido o discurso que se denomina proselitista. Dessa forma, a liberdade de pensamento inclui o discurso persuasivo, o uso de argumentos críticos, o consenso e o debate público informado e pressupõe a livre troca de ideias e não apenas a divulgação de informações.

441. No âmbito do direito brasileiro, v., por todos, WEINGARTNER NETO, Jayme. *Liberdade religiosa na Constituição*, p. 187 e ss., bem como, por último, do mesmo autor, Liberdade religiosa na jurisprudência do STF, especialmente p. 488 e ss., apresentando um excelente e atualizado inventário da jurisprudência do STF (p. 494 e ss.).

442. Sobre o tema, v. a decisão proferida na ADPF 672 pelo Min. Alexandre de Moraes, j. em 08.04.2020, em que se assegurou aos governos estaduais, distrital e municipais, no exercício de suas atribuições e no âmbito de seus territórios, a competência para a adoção ou manutenção de medidas restritivas durante a pandemia da Covid-19, questão que diz respeito mesmo às atividades religiosas, diante da imposição de medidas restritivas que são reconhecidamente eficazes para a redução do número de infectados e de óbitos. Da jurisprudência mais recente do STF, calha referir a decisão proferida na ADPF 811/SP, rel. Min. Gilmar Mendes, j. em 08.04.2021, no sentido de ser compatível com a CF a imposição de restrições a cultos, missas e demais atividades religiosas de caráter coletivo, como meio para evitar aglomerações, assegurando o necessário distanciamento social, como medidas destinadas ao combate à pandemia da Covid-19. Sobre o tema, v. SARLET, Ingo Wolfgang; WEINGARTNER NETO, Jayme. Direitos fundamentais em tempos de pandemia III: o fechamento de igrejas, *Conjur*, 20.04.2020. Disponível em https://www.conjur.com.br/2020-abr-20/direitos-fundamentais-tempos-pandemia-iii.

Questão importante, diz respeito ao uso de hábito religioso cobrindo no todo ou em parte a cabeça ou rosto em fotografia de documento de habilitação e identificação civil. Sobre o tópico, pende de julgamento o RE (RE/RG 859.376-PR, rel. Min. Roberto Barroso, no qual o STF (29.06.2017) reconheceu a repercussão geral da matéria, porquanto se trata de recurso de decisão das instâncias ordinárias que afastou norma administrativa que veda o uso de hábitos religiosos nesses casos (fotografia em documento de identidade ou habilitação). Em suma, o que está sendo objeto da controvérsia, é decidir se é possível, por conta do direito à liberdade religiosa, afastar obrigação geral relativa à identificação civil. Aqui, cuida-se da possível colisão entre o exercício da liberdade de crença e de religião com as exigências da segurança pública, problema, aliás, que se tem feito agudo em muitos outros países e contextos, como, apenas para ilustrar, o caso da proibição do uso da Burka por mulheres de religião islâmica na França (querela que alcança outros Estados europeus), chancelada pela Corte Europeia de Direitos Humanos.

4.12.4 Liberdade de locomoção

4.12.4.1 Considerações gerais e reconhecimento no plano do direito internacional e direito constitucional estrangeiro

A liberdade de locomoção, também chamada de liberdade de ir e vir, sempre foi uma figura central para o sistema das liberdades fundamentais, de tal sorte que se constitui em presença constante desde a fase inaugural do constitucionalismo e mesmo na esfera de declarações de direitos anteriores, que a asseguravam (como já o fazia a Magna Carta Inglesa, de 1215) mediante a garantia do *habeas corpus*.

Após a Segunda Grande Guerra, a liberdade de locomoção passou a ser objeto de consagração também no plano do direito internacional. Assim, já a Declaração Universal dos Direitos Humanos, de 1948, dispõe, no seu art. XIII, que toda pessoa tem direito à liberdade de locomoção e residência dentro das fronteiras dos Estados, assegurando inclusive o direito das pessoas de deixar qualquer país, inclusive o seu, bem como o direito de regresso. A Convenção Relativa ao Estatuto dos Refugiados, de 1951, contempla a liberdade de locomoção e circulação, dispondo, no art. 26, que "cada Estado Contratante dará aos refugiados que se encontrem no seu território o direito de nele escolher o local de sua residência e de nele circular, livremente, com as reservas instituídas pela regulamentação aplicável aos estrangeiros em geral nas mesmas circunstâncias". O Pacto de Direitos Civis e Políticos, de 1966, por sua vez, assegura a liberdade de locomoção e residência, bem como a de sair e retornar ao seu país, no art. 12.

No plano regional, a Convenção Americana sobre Direitos Humanos, no art. 22, assegura o direito de circulação e de residência, nos seguintes termos: "1. Toda pessoa que se encontre legalmente no território de um Estado tem o direito de nele livremente circular e de nele residir, em conformidade com as disposições legais. 2. Toda pessoa terá o direito de sair livremente de qualquer país, inclusive de seu próprio país. 3. O exercício dos direitos supracitados não pode ser restringido, senão em virtude de lei, na medida indispensável, em uma sociedade democrática, para prevenir infrações penais ou para proteger a segurança nacional, a segurança ou a ordem públicas, a moral ou a saúde públicas, ou os direitos e liberdades das demais pessoas. 4. O exercício dos direitos reconhecidos no inciso 1 pode também ser restringido pela lei, em zonas determinadas, por motivo de interesse público. 5.

Ninguém pode ser expulso do território do Estado do qual for nacional e nem ser privado do direito de nele entrar. 6. O estrangeiro que se encontre legalmente no território de um Estado-parte na presente Convenção só poderá dele ser expulso em decorrência de decisão adotada em conformidade com a lei. 7. Toda pessoa tem o direito de buscar e receber asilo em território estrangeiro, em caso de perseguição por delitos políticos ou comuns conexos com delitos políticos, de acordo com a legislação de cada Estado e com as Convenções internacionais. 8. Em nenhum caso o estrangeiro pode ser expulso ou entregue a outro país, seja ou não de origem, onde seu direito à vida ou à liberdade pessoal esteja em risco de violação em virtude de sua raça, nacionalidade, religião, condição social ou de suas opiniões políticas. 9. É proibida a expulsão coletiva de estrangeiros".

A Convenção Europeia dos Direitos do Homem (1950), no art. 2.º, igualmente contempla a liberdade de circulação: "1. Qualquer pessoa que se encontra em situação regular em território de um Estado tem direito a nele circular livremente e a escolher livremente a sua residência. 2. Toda pessoa é livre de deixar um país qualquer, incluindo o seu próprio. 3. O exercício destes direitos não pode ser objeto de outras restrições senão as que, previstas pela lei, constituem providências necessárias, numa sociedade democrática, para a segurança nacional, a segurança pública, a manutenção da ordem pública, a prevenção de infrações penais, a proteção da saúde ou da moral ou a salvaguarda dos direitos e liberdades de terceiros. 4. Os direitos reconhecidos no § 1.º podem igualmente, em certas zonas determinadas, ser objeto de restrições que, previstas pela lei, se justifiquem pelo interesse público numa sociedade democrática". Em sentido similar ao disposto na Convenção Europeia e na Convenção Americana, também a Carta de Banjul, 1981, art. 12, reconhece e assegura o direito de circulação, o mesmo se verificando no caso da Carta de Direitos Fundamentais da União Europeia, de 2000, art. 45.

No âmbito do direito constitucional estrangeiro, a liberdade de circulação é assegurada, por exemplo, pela Constituição italiana (1947), art. 16, assegurando a livre circulação no território da República, bem como pela Lei Fundamental da Alemanha de 1949, no seu art. 11, que igualmente assegura a livre circulação em todo o território do país. A Constituição da República Portuguesa (1976) contempla a liberdade de locomoção no art. 44, que dispõe sobre o direito de deslocação e de emigração: "1. A todos os cidadãos é garantido o direito de se deslocarem e fixarem livremente em qualquer parte do território nacional. 2. A todos é garantido o direito de emigrar ou de sair do território nacional e o direito de regressar". A Constituição da Espanha (1978), por sua vez, no art. 19, assegura que "los españoles tienen derecho a elegir libremente su residencia y a circular por el territorio nacional. Asimismo, tienen derecho a entrar y salir libremente de España en los términos que la Ley establezca. Este derecho no podrá ser limitado por motivos políticos o ideológicos".

4.12.4.2 A liberdade de locomoção na evolução constitucional brasileira pretérita

Aderindo ao modelo do constitucionalismo liberal, a Constituição Política do Império do Brasil, de 1824, art. 179, VI, dispunha que "qualquer póde conservar-se, ou sahir do Imperio, como lhe convenha, levando comsigo os seus bens, guardados os Regulamentos policiaes, e salvo o prejuizo de terceiro". Na Constituição da República dos Estados Unidos do Brasil de 1891, a liberdade de locomoção estava consagrada no art. 72, § 10: "Em tempo de paz, qualquer pode entrar no território nacional ou dele sair, com a sua fortuna e bens, quando e como lhe convier, independentemente de passaporte". A Constituição de 1934, art.

113, n. 14, preceituava: "Em tempo de paz, salvas as exigências de passaporte quanto à entrada de estrangeiros, e as restrições da lei, qualquer pode entrar no território nacional, nele fixar residência ou dele sair". O texto constitucional de 1946, por sua vez, reconheceu o direito no art. 142: "Em tempo de paz, qualquer pessoa poderá com os seus bens entrar no território nacional, nele permanecer ou dele sair, respeitados os preceitos da lei". A fórmula foi mantida pela Constituição de 1967, art. 150, § 26, "Em tempo de paz, qualquer pessoa poderá entrar com seus bens no território nacional, nele permanecer ou dele sair, respeitados os preceitos da lei". O mesmo se deu com a redação dada pela EC 1/1969, art. 153, § 26: "Em tempo de paz, qualquer pessoa poderá entrar com seus bens no território nacional, nele permanecer ou dele sair, respeitados os preceitos da lei", muito embora, no plano da realidade do regime militar, a liberdade de locomoção não tenha sido propriamente respeitada em sua plenitude, o que, contudo, aqui não será objeto de desenvolvimento.

4.12.5 A liberdade de locomoção na Constituição Federal

4.12.5.1 Considerações gerais

De acordo com o art. 5.º, XV, da CF, "é livre a locomoção no território nacional em tempo de paz, podendo qualquer pessoa, nos termos da lei, nele entrar, permanecer ou dele sair com seus bens". Tal dispositivo, a exemplo do que ocorreu nas Constituições anteriores, consagra, no plano do direito constitucional positivo brasileiro, uma das mais elementares e importantes liberdades individuais, que representa, além disso, uma manifestação essencial da liberdade geral assegurada pela Constituição Federal a qualquer pessoa (art. 5.º, *caput*). A sua relevância para o exercício da liberdade pessoal (e para os demais direitos fundamentais) é de tal ordem que, mesmo se não houvesse disposição constitucional expressa que a garantisse como direito fundamental, a liberdade de ir e vir (como também é designada a liberdade de locomoção) estaria abarcada pelo âmbito de proteção do direito geral de liberdade, que, como visto no item respectivo, opera como cláusula geral e de abertura para o sistema das liberdades fundamentais.[443] Por outro lado, diversamente de outras ordens constitucionais, em que a liberdade de locomoção é decomposta em diversas posições fundamentais (como o direito de sair e entrar no território nacional, a livre circulação econômica, entre outros), a Constituição Federal acabou por consagrar o direito de modo genérico, compreendendo, portanto, todas as possíveis manifestações da liberdade de ir e vir.[444] Com efeito, especialmente no âmbito do constitucionalismo europeu, verifica-se que o direito geral de liberdade e o direito de não ser detido ou preso arbitrariamente são assegurados em dispositivo próprio, ao passo que as liberdades de circulação (locomoção de bens e pessoas) e de residência são contempladas em outros dispositivos.[445]

---

443. Nessa linha de entendimento, v., também, CANOTILHO, J. J. Gomes; MOREIRA, Vital. *Constituição da República Portuguesa anotada*, p. 631-632, registrando que a liberdade de deslocação interna e externa e a liberdade de residência constituem, em certa medida, meros desdobramentos do direito geral de liberdade.

444. Cf. anota STEINMETZ, Wilson. Comentário ao art. 5.º, XV, da CF. In: CANOTILHO, J. J. Gomes; MENDES, Gilmar Ferreira; SARLET, Ingo Wolfgang; STRECK, Lenio. *Comentários à Constituição do Brasil*. 2. ed. São Paulo: Saraiva Educação, 2018, p. 324-327.

445. Apenas a título de exemplo, v. os casos da Constituição da República Portuguesa (arts. 27 e 44) e da Constituição espanhola, de 1978 (arts. 17 e 19).

Por outro lado, importa ter presente que a liberdade de locomoção articula-se com outros direitos e garantias fundamentais e outros dispositivos da Constituição Federal, que tanto se destinam à sua proteção (é o caso, por exemplo, do instituto do *habeas corpus* e das limitações constitucionais da prisão), quanto, a depender do caso, atuam como limites da própria liberdade de locomoção ou autorizam o legislador a restringir tal liberdade, o que será objeto de atenção logo mais adiante, no item reservado aos limites da liberdade de locomoção. O caráter abrangente da liberdade de locomoção na Constituição Federal, por sua vez, não nos parece conciliável com uma definição fechada, no sentido do direito de toda e qualquer pessoa a não ser presa ou detida arbitrariamente, a não ser que também tal fórmula seja compreendida em sentido aberto, ainda mais em face da existência de dispositivos específicos, no título "Dos direitos e garantias fundamentais", assegurando a pessoa contra prisões arbitrárias.

4.12.5.2 Âmbito de proteção da liberdade de locomoção: sua dimensão objetiva e subjetiva

Na sua dimensão subjetiva, ou seja, como direito subjetivo individual, a liberdade de locomoção, como em geral se dá com os demais direitos fundamentais, constitui um direito fundamental em sentido amplo, que abarca e protege, em princípio, um feixe complexo e diferenciado de posições subjetivas, consistentes em faculdades e ações. A despeito de ter também uma dimensão positiva, a liberdade de locomoção opera, em primeira linha, como um direito de defesa (de conteúdo negativo), que tem por objeto precisamente a abstenção por parte do Estado e de terceiros em relação à livre circulação das pessoas no território nacional. Assim, a liberdade de locomoção compreende, desde logo, o direito (faculdade) de qualquer pessoa, em tempo de paz (como decorre já do teor do art. 5.º, XV, da CF), de se deslocar livremente, sem embaraços, em todo o território nacional, ou seja, sem que seja imposta qualquer restrição no âmbito interno das fronteiras territoriais brasileiras. A liberdade de locomoção, à míngua de dispositivo específico que proteja tal dimensão, abrange também a livre permanência no território nacional e o direito de nele fixar residência em caráter definitivo ou temporário, assim como contempla o direito de qualquer pessoa sair, ingressar e retornar ao território nacional, inclusive o direito de emigração e imigração. A livre circulação de bens (de que qualquer pessoa possa circular no território nacional, dele sair e nele ingressar com seus próprios bens!), por sua vez, também costuma ser reconduzida ao âmbito de proteção da liberdade de locomoção.[446]

---

446. No direito constitucional brasileiro, ainda que nem sempre com uma fundamentação dogmática mais apurada, verifica-se que a grande maioria dos autores compartilha a noção de que a liberdade de locomoção do art. 5.º, XV, da CF é uma liberdade em sentido amplo e que abarca tanto a livre circulação das pessoas e dos seus bens em todo o território nacional, quanto o direito de dele sair e nele ingressar, assim como o direito de livre fixação de residência. Nesse sentido, v., em caráter ilustrativo, TAVARES, André Ramos. *Curso de direito constitucional*, 18. ed., p. 527-528, reconhecendo um âmbito de proteção amplo, que abarca o direito de ingresso no território nacional, o direito de nele permanecer, o direito de deslocamento no território nacional e o direito de deslocamento para outros Estados. Em sentido similar, v. MORAES, Alexandre de. *Direitos humanos fundamentais – Teoria geral*, p. 184, que refere quatro situações englobadas pela liberdade de locomoção: (a) direito de acesso e ingresso no território nacional; (b) direito de saída do território nacional; (c) direito de permanência no território nacional; (d) direito de deslocamento dentro do território nacional. Igualmente adotando um conceito amplo, v., ainda, CUNHA JÚNIOR, Dirley da. *Curso de direito constitucional*, p. 667; MORAES, Guilherme Peña de. *Curso de direito constitucio-*

A dimensão positiva (portanto, a sua função como direito a prestações) da liberdade de locomoção está intimamente associada à sua dimensão objetiva, de onde decorre que ao Estado, no âmbito de seu dever de proteção dos direitos fundamentais, incumbe não apenas uma abstenção de intervenção (obrigação de respeitar a liberdade de locomoção), mas sim um conjunto de obrigações de atuação, representadas por prestações de caráter normativo e mesmo fático, as quais, em boa parte, dizem respeito a outros direitos e deveres fundamentais, como o direito à segurança, apenas para referir um dos mais importantes. Além da proteção da liberdade de locomoção em relação ao próprio Estado, mais especialmente no que diz com a proteção na esfera das relações privadas, cabe ao Poder Público assegurar as condições materiais do exercício de tal liberdade, especialmente na esfera da organização e do procedimento, como dão conta, em caráter ilustrativo, toda a regulamentação do trânsito nacional e internacional de pessoas e bens, as regras e princípios em matéria de prisão e detenção (boa parte das quais foi objeto de previsão constitucional específica), apenas para referir algumas. A própria disponibilização de transporte público (inclusive de modo subsidiado, como no caso dos idosos e outras hipóteses), a criação e manutenção de vias públicas de deslocamento situam-se no âmbito de tais medidas que asseguram o efetivo exercício da liberdade de locomoção, dada a sua relevância para o exercício e fruição de outros direitos.[447]

4.12.5.3 Titulares e destinatários

Toda e qualquer pessoa física é titular (sujeito ativo) da liberdade de locomoção, o que abarca tanto os brasileiros natos ou naturalizados quanto os estrangeiros, ainda que não residentes no Brasil, muito embora para os estrangeiros a liberdade de locomoção esteja sujeita a condições e limites em parte diferenciados e previstos em legislação própria, com destaque para a Lei 6.815/1980.[448] A titularidade do direito, portanto, é universal, o que pode ser creditado à relevância da liberdade de locomoção para o exercício das liberdades em geral e para a própria dignidade da pessoa humana. Pessoas jurídicas estão, por absoluta incompatibilidade, excluídas do rol dos titulares do direito. De qualquer sorte, cuida-se de questões já desenvolvidas na parte geral dos direitos fundamentais, sendo que no tocante aos limites e restrições ainda teremos ocasião de nos manifestar.

Destinatários (sujeitos passivos) da liberdade de locomoção são, em primeira linha, os órgãos e agentes estatais, mas, considerando que intervenções na liberdade de locomoção são frequentemente levadas a efeito por particulares (pessoas jurídicas e naturais), também a liberdade de locomoção gera efeitos (diretos ou indiretos, a depender do caso) nas relações privadas.

---

nal, p. 513; SILVA, José Afonso da. *Comentário contextual à constituição*, 2. ed., p. 110 e ss.; NOVELINO, Marcelo. *Direito constitucional*, p. 307; PIVA, Otávio. *Comentários ao art. 5.º da Constituição Federal de 1988 e teoria dos direitos fundamentais*, p. 101 e ss.; FERRARI, Regina Maria Macedo Nery. *Direito constitucional*, p. 604-605; MARTINS, Flávio. Curso de direito constitucional, 4. ed., p. 821.

447. No sentido de que a liberdade de locomoção abarca o dever por parte do Estado de assegurá-la também no plano material, inclusive mediante menção a um sistema de transporte público eficiente, v. CARVALHO, Kildare Gonçalves. *Direito constitucional:* teoria do estado e da constituição – Direito constitucional positivo, p. 794-795.

448. Quanto a isso, v. reconhecimento da liberdade de locomoção de diplomatas venezuelanos assegurada pela decisão liminar em *habeas corpus* que entendeu pela ilegitimidade da retirada compulsória imediata de diplomatas venezuelanos em meio à pandemia da Covid-19, por colocar-se em risco a integridade física e psíquica dos pacientes, cf. Medida Cautelar no HC 184.828/DF, rel. Min. Roberto Barroso, j. 16.05.2020.

4.12.5.4 Limites da liberdade de locomoção

Como qualquer outro direito fundamental, notadamente no campo das liberdades, também a liberdade de locomoção não constitui um direito absoluto, no sentido de imune a limites e restrições. Alguns limites já se encontram estabelecidos no plano constitucional, ao passo que outros são impostos pelos poderes constituídos, com destaque para a ação do legislador.

Uma primeira indagação que se faz necessária é a de saber se o fato de a Constituição Federal, no art. 5.º, XV, fazer referência a que o direito será exercido em tempos de paz afasta, por si só, a possibilidade de invocar tal liberdade em tempos de guerra. Com o devido respeito a eventual entendimento divergente, a liberdade de locomoção não deixa de ser fundamental em caso de guerra, mas o seu exercício poderá, enquanto perdurar tal estado, sofrer limitações mais rigorosas e se tornar até mesmo faticamente inviabilizado.

De qualquer modo, assim como em tempo de paz, o Poder Público poderá sempre autorizar a livre locomoção em território nacional e até mesmo a entrada e saída do País durante a ocorrência de um conflito armado. Considerando que a hipótese de guerra externa constitui uma das situações que ensejam o estado de sítio, há que resolver o problema – da maior ou menor limitação da liberdade de locomoção – mediante uma interpretação sistemática, que articule o disposto no art. 5.º, XV, da CF com o conjunto de disposições constitucionais que estabelecem limites ou autorizam limites à liberdade de locomoção. Com efeito, na vigência de estado de sítio regularmente decretado, a Constituição Federal (art. 139, I e II) autoriza uma série de medidas que afetam diretamente a liberdade de locomoção dos indivíduos (obrigação de permanecer em local determinado e detenção em edifício não destinado a acusados ou condenados por crimes comuns), mas em nenhum momento, mesmo na pendência de estado de sítio, a Constituição prevê a completa suspensão da liberdade de locomoção.[449]

As restrições cabíveis no caso de estado de sítio (que abrange a hipótese de um estado de guerra externa) são, todavia, excepcionais e se justificam apenas na vigência de tal estado de exceção. Há, ainda, um leque significativo de restrições das mais variadas naturezas e que não assumem tal feição excepcional.

Um conjunto de restrições decorre da necessidade de salvaguardar outros direitos fundamentais ou mesmo bens jurídico-constitucionais, como é o caso do direito de propriedade, visto que a liberdade de locomoção não abrange o direito de livre ingresso na propriedade particular, notadamente em se tratando da residência de alguém, situação que chega a configurar ilícito penal,[450] mas também existem restrições fundadas e justificadas na necessidade de salvaguardar a saúde (como se verificou de modo particularmente frequente e intenso durante a pandemia da Covid-19), a segurança e a ordem públicas, impondo-se a ressalva de que, em qualquer caso, a legitimidade constitucional de tais restrições está condicionada à satisfação das exigências da proporcionalidade e/ou da razoabilidade, já pelo fato de que, a teor do art. 5.º, LIV, da CF, ninguém será privado de sua liberdade sem o devido

---

449. Nesse sentido, v., Tavares, André Ramos. *Curso de direito constitucional*, 18. ed., p. 528-529, que também refere a possibilidade de restrições mais contundentes em caso de guerra e nas demais circunstâncias nas quais cabe decretação do estado de sítio.

450. Cf., por todos, Tavares, André Ramos. *Curso de direito constitucional*, 18. ed., p. 528.

processo legal.[451] Tal entendimento corresponde, em linhas gerais, à orientação adotada pelo STF, que, ao mesmo tempo em que reconhece que a liberdade de locomoção não é absoluta, tem sido muito exigente no que diz com o controle da legitimidade constitucional das restrições, inclusive quanto à possibilidade de restrição da liberdade nas hipóteses previstas em lei, com destaque para os casos de prisão.[452]

A possibilidade de condução coercitiva de testemunhas ou mesmo a internação compulsória para tratamento médico (inclusive psiquiátrico), esta última objeto de acirrada controvérsia, também representam restrições da liberdade de locomoção, o mesmo se podendo falar da exigência de passaporte para o exercício da liberdade de deixar o País ou nele ingressar, a cobrança de pedágio para uso de estradas mantidas pelo Poder Público (art. 150, V, da CF), dentre tantos outros exemplos que poderiam ser colacionados.

A respeito da condução coercitiva, prática que passou a ser reiteradamente utilizada no Brasil e que ganhou destaque nos últimos anos em virtude dos diversos casos em que pessoas de certa expressão social (políticos, empresários, dentre outros) foram alvo de medidas dessa natureza, o STF proferiu julgamento de grande impacto e que dividiu a Corte, designadamente no bojo da ADPF 395/DF e ADPF 444/DF, rel. Min. Gilmar Mendes, julgado em 14.06.2018. Em apertada síntese, a Corte, por maioria, julgou procedente a ADPF para o efeito de pronunciar como não recepcionada pela CF a expressão *para o interrogatório* constante do art. 260 do CPP, e declarar a incompatibilidade com a Constituição Federal da condução coercitiva de investigados ou de réus para interrogatório, sob pena de responsabilidade disciplinar, civil e penal do agente ou da autoridade e de ilicitude das provas obtidas, sem prejuízo da responsabilidade civil do Estado.

A querela posta no julgamento é altamente controversa, mas, em regra, conduções dessa natureza – ainda mais sem prévia intimação e recusa de comparecimento – de fato não soam constitucionalmente legítimas quando se tratar de interrogatório do preso na fase jurisdicional de processo criminal, visto que ao acusado é dado o direito de nada declarar e responder (por isso o argumento de que se trataria de ofensa ao direito à não autoincriminação não parece ser o mais robusto). Na fase inquisitorial e para eventual reconhecimento ou outra medida que seja indispensável para a coleta da prova e instrução do processo, a condução coercitiva, contudo, tomadas as devidas precauções (por exemplo, respeito à integridade física e moral do conduzido, incluindo a sua exposição desnecessária) e em caráter excepcional e devidamente fundamentado, há de ser admitida.

Quanto ao estrangeiro (inclusive o não residente no Brasil), embora seja ele titular da liberdade de locomoção, encontra-se submetido a um *status* jurídico em parte diferenciado também quanto à sua liberdade de ir e vir e de fixar residência e atuar profissionalmente,

---

451. Cf. STEINMETZ, Wilson. Comentário ao art. 5.º, XV, da CF. In: CANOTILHO, J. J. Gomes; MENDES, Gilmar Ferreira; SARLET, Ingo Wolfgang; STRECK, Lenio. *Comentários à Constituição do Brasil. 2. ed. São Paulo: Saraiva Educação, 2018*, p. 324-327.

452. Por exemplo, de acordo com decisão do STF, "para que a liberdade dos cidadãos seja legitimamente restringida, é necessário que o órgão judicial competente se pronuncie de modo expresso, fundamentado e, na linha da jurisprudência deste STF, com relação às prisões preventivas em geral, deve indicar elementos concretos aptos a justificar a constrição cautelar desse direito fundamental" (CF, art. 5.º, XV – HC 84.662/ BA, rel. Min. Eros Grau, 1.ª T., v.u., *DJ* 22.10.2004; HC 86.175/SP, rel. Min. Eros Grau, 2.ª T., v.u., *DJ* 10.11.2006; HC 87.041/PA, rel. Min. Cezar Peluso, 1.ª T., m.v., *DJ* 24.11.2006; e HC 88.129/SP, rel. Min. Joaquim Barbosa, 2.ª T., v.u., *DJ* 17.08.2007).

mas isso diz respeito essencialmente aos limites da liberdade de locomoção, não excluindo a sua titularidade propriamente dita.

No que diz com os instrumentos de garantia da liberdade de locomoção, muito embora a Constituição Federal (na esteira da tradição constitucional brasileira pretérita) tenha previsto uma ação constitucional própria para tal finalidade, designadamente, a ação de *habeas corpus* (art. 5.º, LXVIII), que, além disso, independe do pagamento de custas judiciais (art. 5.º, LXXVII) e obedece a um rito extremante informal, a abrangência da liberdade de locomoção na ordem jurídico-constitucional brasileira, que engloba até mesmo a liberdade de residência, implica que a ação de *habeas corpus* não seja a única via processual de defesa da liberdade de locomoção. De qualquer modo, como a ação de *habeas corpus* será analisada no capítulo das ações constitucionais, aqui basta sua referência no contexto da liberdade de locomoção.

Dada a sua relevância para a liberdade de locomoção, a problemática da prisão como modo de intervenção nesta liberdade (visto que a prisão constitui pena e mesmo medida na esfera cível expressamente prevista na Constituição Federal) será analisada em item próprio, logo a seguir.

4.12.6 O direito à informação e o direito de acesso à informação

4.12.6.1 Considerações iniciais

O direito à informação (no sentido de direito a ser informado), que inclui o direito de acesso à informação (a prerrogativa de poder acessar informações), não se confunde com a liberdade de informação (o direito de informar), embora tenha com ela fortes pontos de contato e corresponda a uma particular dimensão desta última. As três figuras se fazem presentes atualmente tanto nos catálogos de direitos e fundamentais das constituições democráticas e encontram previsão no sistema internacional de reconhecimento dos direitos humanos. Embora não tenham sido expressamente previstos no Pacto Internacional dos Direitos Civis e Políticos (1966) a liberdade de informação e o direito à informação são considerados como implicitamente abrangidos pela liberdade de expressão, em sede regional, em particular na Europa (Convenção Europeia de Direitos Humanos e Carta Europeia dos Direitos Fundamentais[453]) e na América (Convenção Interamericana de Direitos Humanos[454]),

---

453. De acordo com o art. 10, n. 1, da Convenção Europeia: "Qualquer pessoa tem direito à liberdade de expressão. Este direito compreende a liberdade de opinião e a liberdade de receber ou de transmitir informações ou ideias sem que possa haver ingerência de quaisquer autoridades públicas e sem considerações de fronteiras(...)". O art. 11 da Carta Europeia de Direitos Fundamentais, por sua vez, dispõe que: "Todas as pessoas tem direito à liberdade de expressão. Este direito compreende a liberdade de opinião e a liberdade de receber e de transmitir informações ou ideias, sem que possa haver ingerência de quaisquer poderes públicos e sem consideração de fronteiras".

454. A teor do art. 13 da Convenção Americana, "toda pessoa tem direito à liberdade de pensamento e de expressão. Esse direito compreende a liberdade de buscar, receber e difundir informações e ideias de toda natureza, sem consideração de fronteiras, verbalmente ou por escrito, ou em forma impressa ou artística, ou por qualquer outro processo de sua escolha(...)".

o direito à informação foi objeto de consagração textual. Além disso, o direito de acesso à informação acabou sendo contemplado em documentos internacionais especiais, com destaque aqui para o direito à informação na esfera ambiental.[455]

O direito à informação, aqui na perspectiva do direito de ser informado e do acesso à informação, passou, outrossim, a operar como elemento central de um Estado Democrático de Direito, seja pelo fato de permitir o exercício consciente e responsável da cidadania e dos direitos políticos, seja como meio de assegurar o controle social e a transparência e publicidade por parte do poder público e dos seus atos.

Na trajetória constitucional brasileira pretérita, muito embora o reconhecimento da liberdade de expressão (desde 1824), o direito de acesso à informação e a garantia do sigilo das fontes não foram expressamente previstos nos textos constitucionais anteriores ao da atual CF, onde o direito à informação foi expressamente contemplado no art. 5.º, em dois momentos distintos, nos incisos XIV e XXXIII.

Com efeito, ao passo que no inciso XIV, cujo teor reza que *"é assegurado a todos o acesso à informação e resguardado o sigilo da fonte, quando necessário ao exercício profissional"*, o inciso XXXIII garante que *"todos têm direito a receber dos órgãos públicos informações de seu interesse particular, ou de interesse coletivo ou geral, que serão prestadas no prazo de lei, sob pena de responsabilidade, ressalvadas aquelas cujo sigilo seja imprescindível à segurança da sociedade e do Estado"*. Isso evidencia o fato de que na CF *o direito de acesso à informação assume a condição de um direito fundamental autônomo submetido, em parte, a regime jurídico-constitucional próprio*, que será objeto de atenção logo mais adiante.

Ainda do ponto de vista do direito constitucional positivo, há que lembrar do assim chamado *habeas data* (instituído pelo art. 5.º, LXXII, da CF), que corresponde a uma ação constitucional mediante a qual as pessoas titulares do direito à informação têm assegurada a possibilidade de obter informações relativas aos seus interesses particulares (pessoais) que constem em bancos de dados mantidos por entidades governamentais ou bancos de dados de caráter público.

O conteúdo e o alcance (portanto, também os limites) do direito à informação na CF apenas poderão ser devidamente compreendidos mediante uma análise sistemática, que deve levar em conta também sua articulação com outros direitos e princípios fundamentais. Além disso, não se poderá dispensar um olhar, ainda que limitado, sobre a sua concretização legislativa e jurisprudencial, em especial a Lei Federal de Acesso à Informação (Lei 12.527/2011).[456] Importante, todavia, é sublinhar que neste item não será objeto de análise a liberdade de informação, no sentido de um direito a informar (seja individual, seja no campo da liberdade de informação jornalística ou liberdade de comunicação em geral), mas sim apenas o direito à informação (de receber e acessar informações).

---

455. É o caso, por exemplo, da Declaração do Rio de Janeiro sobre Meio Ambiente e Desenvolvimento, de 1992, bem como da Convenção de Aarhus sobre o acesso à informação e participação do público no processo decisório e o acesso à justiça em matéria ambiental (1998).

456. Sobre o ponto, desenvolvendo o processo de regulamentação do acesso à informação no Brasil, v. em especial CHAGAS, Cláudia Maria de Freitas. *O dilema entre o acesso à informação e a intimidade*. Belo Horizonte: Plácido, 2017, p. 33-66.

4.12.6.2 Conteúdo e alcance do direito à informação

4.12.6.2.1 Anotações gerais sobre o objeto do direito à informação

O direito à informação, aqui compreendido como direito a ser informado, e o direito de acesso à informação, que constituem a face positiva do direito de se informar, abarcam, nas suas diversas refrações subjetivas, um direito de não ser impedido de se informar, seja no que diz com a liberdade individual de recolher informações, seja no que diz respeito à liberdade de busca e escolha das fontes de informação.[457]

Importa destacar, ainda nesse contexto, que embora a CF não defina especificamente o que seja informação para efeitos da determinação do objeto do direito (e correspondente dever) de acesso à informação (direto de ser informado), a melhor exegese é a que advoga uma concepção alargada que inclui toda e qualquer informação,[458] incluindo todas as modalidades cobertas pela liberdade de expressão em geral, assim como o direito de acesso às informações em poder do Estado e entidades públicas ou, como definido pela legislação específica que regula o acesso a tais informações, desde que não importe em restrição ilegítima sob o ponto de vista constitucional do objeto do direito.

Isso, por outro lado, não quer dizer que a legislação não possa estabelecer distinções entre o direito de ser informado em termos gerais (que se relaciona diretamente com a liberdade de expressão e informação, no sentido de liberdade de informar) e o direito de acesso à informações detidas pelo Estado e de interesse público, o que, contudo, será objeto de anotação logo mais adiante.

4.12.6.2.2 Titulares e destinatários

Titulares do direito à informação são tanto pessoas naturais, incluindo os estrangeiros,[459] *quanto pessoas jurídicas*, o que não significa que não possam ser estabelecidas eventuais restrições também quanto a titularidade em determinadas situações, em especial quando se trata de acesso a informações em poder dos órgãos estatais. Cuida-se, portanto, de um direito de titularidade universal, assim como se dá com as liberdades fundamentais em geral, a teor do entendimento já consagrado pela doutrina e jurisprudência dominante tanto no Brasil quanto em nível de direito constitucional estrangeiro e internacional, de tal sorte que aqui se remete ao item próprio na parte geral dos direitos fundamentais. Note-se, ademais disso, que a legislação nacional, em especial a Lei de Acesso à Informação (já referida), não estabelece restrição particular quanto à qualidade do titular do direito subjetivo de acesso à informação.

---

457. Cf. CANOTILHO, José Joaquim Gomes; MOREIRA, Vital. *Constituição da República Portuguesa Anotada*, 4. ed., vol. I, p. 573. Em sentido similar, v. ALEXANDRINO, José de Melo. Art. 37. In: MIRANDA, Jorge; MEDEIROS, Rui. *Constituição portuguesa Anotada*, t. I, 2. ed. Coimbra: Wolters Kluwer-Coimbra, 2010, p. 852.

458. Cf., por todos, STEINMETZ, Wilson. Art. 5.º, XIV. In: CANOTILHO, José Joaquim Gomes; MENDES, Gilmar Ferreira; SARLET, Ingo Wolfgang; STRECK, Lenio Luiz (Coord.), *Comentários à Constituição do Brasil*, 2. ed., p. 323.

459. Em sentido aqui aparentemente mais restritivo, limitando a titularidade aos estrangeiros residentes no Brasil, v. STEINMETZ, Wilson. Art. 5.º, XIV, op. cit., p. 324.

Destinatários do direito de acesso à informação, portanto, do direito de ser informado em sentido amplo, *são tanto particulares quanto órgãos estatais*, muito embora distinto o nível de vinculação de acordo com a natureza do destinatário, o que decorre, em parte, já do próprio texto constitucional (arts. 5.º, XXXIII, e 139, III), assim como da legislação infraconstitucional e da jurisprudência, destacando-se aqui o fato de a Lei de Acesso à Informação (Lei 12.527/2011) dispor que o dever de disponibilizar e prestar informações abarca todos os órgãos públicos da administração direta e indireta de todos os níveis da Federação, de todos os órgãos estatais, empresas públicas, fundações, sociedades de economia mista, assim como entidades privadas que de algum modo tenham recebido ou recebam recursos públicos, neste caso apenas no que diz respeito às informações relativas aos recursos recebidos (arts. 1.º e 2.º). Com isso, ainda que de modo mediato (por intermédio da legislação ordinária), também os particulares se encontram vinculados, como destinatários (sujeitos passivos), ao direito de acesso à informação.

4.12.6.2.3 Dimensão objetiva e subjetiva (negativa e positiva)

Assim como os direitos fundamentais em geral, também o direito à informação tem uma dupla dimensão objetiva e subjetiva.

Na perspectiva da sua dimensão objetiva o direito à informação densifica, no plano constitucional e dos direitos fundamentais, um valor essencial de natureza coletiva, porquanto indispensável a um Estado Democrático de Direito, para o qual a publicidade e a transparência dos atos dos órgãos estatais viabilizam o controle social e uma cidadania ativa e consciente, assim como o papel social da liberdade de informação em geral, igualmente estruturante para a Democracia. Ademais disso, cuida-se de direito essencial à garantia do pluralismo político.[460]

Ademais disso, o direito de acesso à informação implica, *na perspectiva objetiva, tanto a existência de um dever de proteção estatal e correlatos deveres na seara organizatória e procedimental*, traduzindo aqui também a função de um *dever de natureza prestacional*. Isso significa que o *Estado, como garante do direito geral de ser informado e do direito de acesso à informação, deve assegurar um sistema informacional funcional*, de modo que cada cidadão possa efetivamente ter condições de se informar sobre os assuntos essenciais para o Estado Democrático.[461] Dito de modo e numa perspectiva constitucionalmente adequados, associada ao dever de publicidade da administração (que se estende aos poderes estatais em geral,

---

460. Como bem lembra Steinmetz, Wilson. Art. 5.º, XIV, op. cit., p. 324.

461. Cf., por todos, Michael, Lothar; Morlok, Martin. *Grundrechte*, 3. ed. Baden-Baden: Nomos, 2012, p. 129. Nesse sentido, da jurisprudência do STF mais recente, refere-se a decisão proferida na ADPF 690 MC-Ref, rel. Min. Alexandre de Moraes, j. em 19.03.2021, enfatizando o dever de transparência e de informação do Estado no que diz respeito aos dados referentes à pandemia, e o correspondente direito subjetivo dos cidadãos de ter tais informações adequadamente prestadas. Em síntese, de acordo com o STF, indispensável a manutenção da divulgação diária integral dos dados epidemiológicos relativos à pandemia da Covid-19, necessária para a análise da evolução da pandemia e adoção das respectivas medidas de prevenção e combate.

no que é compatível),[462] é possível sustentar, na CF, a existência de um dever constitucional de gestão transparente da informação.[463]

Ademais disso, calha sublinhar que o dever constitucional de transparência, publicidade e informação, além de permitir o controle social, imprescindível a um Estado Democrático de Direito, assegura (ou facilita) a fruição (e proteção) de outros direitos fundamentais (não apenas, mas em especial os direitos de participação política e de crítica, e também os direitos sociais), pois o acesso a informações atuais, corretas e completas, por exemplo, em matéria orçamentária, permite fiscalizar a destinação de recursos para os fins constitucionalmente previstos, como é o caso dos direitos à saúde e à educação, os quais inclusive têm assegurado investimento mínimo de recursos públicos[464]. Com os recursos cada vez mais desenvolvidos e eficazes das tecnologias de informação, já há algum tempo se fala no estabelecimento de uma espécie de cibercidadania, que permite que mais pessoas possam de modo mais eficaz, e mesmo mais simples e econômico, exercer um controle social da administração.[465]

Do ponto de vista da assim chamada *dimensão subjetiva*, o direito à informação, na condição de um direito fundamental em sentido amplo, decodifica-se em um conjunto de posições subjetivas de natureza negativa (defensiva), como é o caso do direito de não ser impedido de se informar e a faculdade de não se informar, como também um direito de caráter positivo, no sentido de um direito a prestações de natureza informativa e um direito à proteção e mesmo participação na organização e no procedimento, visto que também o direito à informação pode ser incluído no conjunto de direitos e deveres que formatam o que Peter Häberle designou de um *status activus processualis*, ou seja, uma cidadania ativa processual, visto que viabiliza um controle social indispensável a um Estado Democrático

---

462. Cf., para aprofundamento, o entendimento sedimentado na ADI 5.371, em que foi firmada a tese de que o princípio da publicidade deve ser obedecido ao longo da tramitação de processos administrativos sancionadores instaurados por agências reguladoras contra concessionárias de serviço público, excetuadas as hipóteses de sigilo previstas na legislação e na CF, de modo que a imposição do sigilo como regra nesses casos é incompatível com a ordem constitucional brasileira (ADIn 5.371, rel. Min. Roberto Barroso, j. 25.02.2022). No mesmo sentido, cf. ADPF 872/DF, rel. Min. Cármen Lúcia, j. em 15.08.2023, em que o STF declarou a nulidade de ato de órgão vinculado ao Ministério da Justiça que estabeleceu que todas as informações e documentos do sistema eletrônico da Polícia Federal seriam restritos ou sigilosos, sem acesso público. De outro lado, o Pleno do STF, por unanimidade, declarou a inconstitucionalidade de norma do Distrito Federal que havia criado a obrigação de ser publicada na Internet, pelos sindicatos, a prestação de contas de valores recebidos a título de contribuição confederativa, sindical e de outros recursos do ente distrital, porquanto a criação de obrigação tributária acessória a entes destinatários de exação é competência exclusiva da União (art. 149 da CF).

463. Cf. SARLET, Ingo Wolfgang; MOLINARO, Carlos Alberto. O direito à informação na ordem constitucional brasileira: breves apontamentos. In: SARLET, Ingo Wolfgang; MONTILLA MARTOS, José Antonio; RUARO, Regina Linden (Coord.). *Acesso à informação como direito fundamental e dever estatal*. Porto Alegre: Livraria do Advogado, 2016.

464. Cf., para aprofundamento, o julgamento da ADPF 854 MC-Ref (juntamente com as ADPFs 850 e 851 MC-Ref), em que restou consignado, por maioria, que as emendas do relator-geral do orçamento não estão em sintonia com a CF, configurando violação ao princípio republicano e aos deveres de transparência no uso dos recursos financeiros do Estado. Os Ministros Gilmar Mendes e Nunes Marques compõem a divergência (ADPF 854 MC-Ref, rel. Min. Rosa Weber, j. 10.11.2021).

465. Sobre o tema, v., no Brasil, em especial LIMBERGER, Têmis. *Cibertransparência – Informação pública em rede. A virtualidade e suas repercussões na realidade*. Porto Alegre: Livraria do Advogado, 2017, p. 84 e ss., adotando aqui a terminologia cunhada por Pérez Luño na Espanha.

de Direito e a possibilidade de exercício consciente e informado da liberdade de crítica e participação política.

4.12.6.2.4 Limites e restrições do direito de acesso à informação

Assim como os demais direitos fundamentais, também o direito geral de ser informado e o direito de acesso à informação não são imunes a limites e restrições de natureza diversa, pois não raras vezes entram em processo de tensão e mesmo colisão com outros princípios, direitos, assim como com outros bens jurídicos de estatura constitucional. Tendo em conta que a problemática em si dos limites e restrições a direitos fundamentais foi objeto de capítulo próprio na parte dedicada à teoria geral dos direitos fundamentais, iremos focar aqui apenas nas peculiaridades dos limites específicos do direito à informação.

Nesse contexto, há que destacar, em primeiro plano, os limites diretamente (expressamente) estabelecidos pelo constituinte originário, designadamente, a salvaguarda do sigilo profissional (art. 5.º, XIV, CF), a garantia de sigilo imprescindível à segurança da sociedade e do Estado (art. 5.º, XXXIII, CF), bem como a possibilidade de restrições excepcionais por força do Estado de Sítio (art. 139, III, CF), neste caso, contudo, pelo legislador ordinário no âmbito de uma reserva legal simples estabelecida no dispositivo constitucional referido. Além disso, assumem relevo outras restrições veiculadas pela legislação ordinária (como é o caso, entre outros diplomas, da Lei de Acesso à Informação) e mesmo de natureza jurisprudencial, que, em geral, devem ser passíveis de recondução a limites constitucionais de natureza implícita, indispensáveis ao estabelecimento de uma concordância prática entre direitos e outros bens constitucionais. Ocupemo-nos, ainda que sumariamente, das principais.

A *salvaguarda do sigilo da fonte, quando necessário ao exercício profissional* (art. 5.º, XIV, CF), é uma restrição importante, mas que se revela indispensável ao próprio exercício da liberdade de expressão (comunicação social-liberdade de imprensa) quanto em outros casos que envolvem a preservação da privacidade necessária ao exercício profissional, como é o caso, entre outros, especialmente de médicos, psicólogos, advogados. No que diz com a liberdade de expressão jornalística (comunicação social) a jurisprudência do STF tem assegurado de modo particularmente robusto a garantia da salvaguarda do sigilo da fonte, destacando-se o precedente do Inquérito n. 870-RJ, julgado em 08.04.1996, tendo como relator o Min. Celso de Mello, que destacou ser desautorizada qualquer medida que venha a pressionar ou constranger o jornalista a revelar a fonte da informação utilizada como base de matéria divulgada.

Outra situação que envolve uma restrição quanto ao acesso a informações encontra-se estabelecida no art. 93, IX, CF, que dispõe sobre o assim chamado *segredo de Justiça*. Reza o citado preceito que *"todos os julgamentos dos órgãos do Poder Judiciário serão públicos, e fundamentadas todas as decisões, sob pena de nulidade, podendo a lei limitar a presença, em determinados atos, às próprias partes e a seus advogados, ou somente a estes, em casos nos quais a preservação do direito à intimidade do interessado no sigilo não prejudique o interesse público à informação"*. Como tal tema integra o capítulo dedicado ao Poder Judiciário, aqui não será objeto de exame detido. Note-se, apenas, que a extensão do segredo de justiça é objeto de regulação infraconstitucional e desenvolvimento jurisprudencial, como, por exemplo, o art. 143 do Estatuto da Criança e do Adolescente, que dispõe não serem passíveis de divulgação atos judiciais, policiais e administrativos relativos a crianças e adolescentes a quem é atribuída a autoria de ato infracional, vedada ainda a identificação da criança adolescente sobre a qual seja veiculada notícia.

Em caso de *Estado de Sítio,* a CF, no seu art. 139, III, prevê que, na forma da lei (*reserva legal simples, portanto, por meio de lei ordinária com ampla margem de conformação), poderão ser estabelecidas restrições tanto ao sigilo das comunicações e à liberdade de imprensa quanto ao direito à prestação de informações.* Cuida-se, é claro, de hipótese de natureza excepcional e que pressupõe a regular decretação do Estado de Sítio nos termos da própria CF. Ademais disso, *as restrições legais eventualmente impostas nessas circunstâncias nem por isso quedam imunes ao controle jurisdicional* de sua constitucionalidade, devendo atender aos critérios da proporcionalidade e salvaguardar o núcleo essencial dos direitos afetados.

O direito de acesso a informações detidas pelo Poder Público (art. 5.º, XXXIII, CF), seja na perspectiva imediatamente constitucional (um direito originário a prestações de natureza informativa), seja com apoio na legislação infraconstitucional, embora em si chancelado pelo STF, ainda carece de maior desenvolvimento doutrinário e jurisprudencial, inclusive no que diz com o exame da constitucionalidade de dispositivos da Lei de Acesso à Informação e do decreto que a regulamentou. Todavia, importantes avanços podem ser apontados.

Nessa perspectiva, colaciona-se julgado do STF (Rcl. 11.949/RJ), datado de 15.03.2017 e relatado pela Ministra Cármen Lúcia, reafirmando, em sede de Reclamação, a autoridade de decisão anterior (RMS 23.036/RJ, de 2006) que havia determinado – ordem concedida em Mandado de Segurança – fosse assegurado o acesso dos então impetrantes a registros documentais de sessões de julgamento do Superior Tribunal Militar realizadas na década de 1970, acesso que, embora determinado pelo STF, não foi assegurado de modo amplo pela Corte Militar, que liberou apenas documentos e arquivos fonográficos relacionados às sessões públicas. Importa frisar, ainda, que, de acordo com o STF, o conhecimento da verdade histórica integra o patrimônio jurídico de qualquer cidadão e implica um correspondente dever do Estado, ressalvando-se apenas as informações indispensáveis ao resguardo do interesse público legítimo e da intimidade, assim como para a proteção da sociedade e do Estado, o que, todavia, deverá ser objeto de motivação detalhada, viabilizando o controle judicial da recusa.

Ainda no que diz com a jurisprudência – embora já existam algumas decisões importantes do STJ[466] – no caso do STF, parco é ainda o número de julgados sobre a matéria. Um importante – mas também polêmico julgamento – trata do dever de publicação dos vencimentos dos servidores públicos de todos os quadros acompanhado do respectivo nome do servidor. Cuida-se do ARE 652.777/SP, tendo como rel. Min. Teori Zavascki, julgado em 23.04.2015, onde se consignou não apenas ser legítima como devida, do ponto de vista jurídico-constitucional, a publicação nominal dos vencimentos dos servidores públicos, não importando tal obrigação uma intervenção desproporcional na esfera da vida privada e íntima. A polêmica, em apertada síntese, gravitou em torno da argumentação de que, para atender o legítimo interesse público de ser informado e ao mesmo tempo preservar a privacidade dos servidores, bastaria publicar de modo completo e acessível todos os vencimentos e benefícios inerentes a cada cargo, sem, contudo, revelar o nome do servidor, atendendo-se assim aos critérios da proporcionalidade, em especial, ao requisito da necessidade. De todo

---

466. Em caráter ilustrativo v. o MS 16.179/2014 (empresa Folha da Manhã contra ato do Ministro das Relações Exteriores, envolvendo pedido de informações sobre o número de passaportes diplomáticos e respectivos beneficiários), o MS 16.903/2012 (envolvendo a mesma empresa como impetrante), e o MS 20.895/2014 (impetrante empresa Infoglobo tendo por objeto informações sobre gastos com cartão corporativo).

modo, ao menos por ora, prevalece a decisão do STF, embora ainda carente de ser implantada em todos os setores e sempre passível de eventual aperfeiçoamento.

Noutro julgamento relevante sobre o tema, designadamente no RE 865.401/MG, rel. Min. Dias Toffoli, julgado em 25.04.2018 (Pleno), em sede de Repercussão Geral, estabeleceu-se que: "O parlamentar, na condição de cidadão, pode exercer plenamente seu direito fundamental de acesso a informações de interesse pessoal ou coletivo, nos termos do art. 5.º, XXXIII, da CF e das normas de regência desse direito". Tal direito, segundo o entendimento da SC, não pode ter cerceado o seu exercício, devendo o parlamentar ter acesso, via requerimento administrativo ou judicial, a documentos e informações sobre a gestão pública, desde que não estejam, excepcionalmente, sob regime de sigilo ou sujeitos à aprovação de Comissão Parlamentar de Inquérito (CPI). Aduz a Corte, que o fato de as Casas Legislativas, em determinadas situações, agirem de forma colegiada, por intermédio de seus órgãos, não afasta, tampouco restringe, os direitos fundamentais (no caso o direito de acesso à informação) assegurados ao parlamentar como indivíduo.[467]

Vale mencionar, também, a decisão proferida na ADPF 129, na qual o STF julgou inconstitucional o art. 86 do Decreto-lei n. 200/1967 que tratava de despesas confidenciais, por conter termos genéricos e insuficientes para amparar a restrição ao direito de acesso à informação.[468]

Ainda nesse contexto, é de se referir a decisão proferida na ADPF 669/DF, com relação à pandemia do novo coronavírus, que, ao mesmo tempo, representa importante precedente sobre o dever dos entes públicos de prestarem informações verdadeiras e baseadas em evidências. O relator, Min. Roberto Barroso, decidiu cautelarmente pela vedação da produção e circulação, por qualquer meio, de qualquer campanha que pregue que "O Brasil Não Pode Parar" ou que sugira que a população deve retornar às suas atividades plenas, ou que expresse que a pandemia constitui evento de diminuta gravidade para a saúde e a vida da população. Segundo o Ministro Barroso, a campanha publicitária não era informativa, educativa ou de orientação social e, portanto, não estava em concordância com o art. 37, § 1.º, da CF.[469]

Na seara das restrições impostas pelo legislador ordinário há que focar na Lei de Acesso à Informação (Lei n. 12.527/2011) e no decreto que a regulamentou (Decreto n. 7.724/2012), posto que ambos veiculam uma série de intervenções restritivas importantes, mas em parte questionáveis quanto à sua legitimidade jurídico-constitucional. Aliás, é de se sublinhar que o decreto chegou mesmo a criar restrições sequer previstas na lei, desbordando assim, em parte, do seu espaço legal de regulação.

A Lei de Acesso à Informação, como já adiantado, estabelece determinadas restrições ao direito de acesso à informação. Destacam-se aqui as informações classificadas como

---

467. Com base na jurisprudência firmada no RE 865.401/MG, tal entendimento foi reforçado, por unanimidade, no julgamento de Agravo Regimental em Suspensão de Segurança (SS 5.503 AgR), em que foi considerada como indevida obstaculização do exercício do poder fiscalizatório da Câmara Municipal, em sede de Comissão Parlamentar de Inquérito, sobre os atos do Poder Executivo Municipal, a fim de que fossem apresentados documentos e contratos de gestões anteriores (SS 5.503 AgR, rel. Min. Luiz Fux, j. 27.09.2021).

468. ADPF 129, rel. Min. Edson Fachin, j. em 05.11.2019.

469. Medida Cautelar na ADPF 669/DF, rel. Min. Roberto Barroso, j. 31.03.2020. Posteriormente a ação foi julgada extinta junto com a ADPF 668 (que tratava do mesmo tema), entendendo o Ministro Barroso que houve a perda do objeto, uma vez que não constaram comprovações da existência da campanha publicitária.

sigilosas, elencadas no art. 23 (tais como informações que colocam em risco a soberania nacional, a condução de negociações internacionais, a vida e a saúde da população, entre outras), informações que, de acordo com a sua relevância, nos termos da lei, podem ser classificadas em três categorias: ultrassecretas, secretas ou reservadas, cada qual com um regime próprio e prazo diferenciado para liberação do acesso para o público (art. 24).

Trata-se de restrições que têm por objetivo assegurar diversas dimensões do interesse público e que, segundo abalizada doutrina, correspondem a rol de natureza taxativa,[470] muito embora a lei não esteja a afastar expressamente a possibilidade da criação, pela via legislativa, de outras hipóteses, nem mesmo se possa afastar de plano uma intervenção judiciária seja corrigindo ou mesmo fulminando as opções legislativas, mas também eventualmente estabelecendo novas restrições por força da existência de colisões entre direitos fundamentais e outros bens constitucionais, o que, por ora, não se verifica.

Ainda no tocante às restrições estabelecidas ao acesso à informação, há que considerar, por fim, que tais exceções devem ser compreendidas de modo restritivo, principalmente considerando o direito de acesso à informação como sendo um importante instrumento de controle social. Neste sentido, menciona-se como exemplo decisão proferida no âmbito da ADPF 690 em que o Ministro Alexandre de Moraes determinou ao Ministro da Saúde que mantivesse em sua integralidade a divulgação diária dos dados epidemiológicos relativos à pandemia do novo coronavírus, inclusive no sítio do Ministério da Saúde e com os números acumulados de ocorrências, fundamentando sua decisão no grave risco de uma interrupção abrupta da coleta e divulgação de importantes dados epidemiológicos imprescindíveis para a manutenção da análise da série histórica de evolução da pandemia.[471]

4.12.7 As garantias constitucionais relativas à prisão: o caso da prisão civil

4.12.7.1 Generalidades

Dentre as garantias da liberdade de locomoção assumem relevo as garantias da pessoa em face de detenções e prisões impostas pelo Estado ou mesmo da privação da liberdade por parte de terceiros. Conquanto a imposição de medidas restritivas da liberdade não seja, por si só, considerada ilegítima na perspectiva do direito constitucional e do sistema internacional de proteção dos direitos humanos, tanto no plano constitucional, quanto no direito internacional existe uma série de restrições ao estabelecimento de medidas privativas da liberdade de locomoção. Assim, ao longo da evolução do constitucionalismo e de um direito internacional dos direitos humanos, um conjunto de garantias fundamentais da pessoa contra medidas privativas da liberdade foi sendo construído. Tais garantias (ou melhor, direitos-garantia) englobam tanto limitações quanto ao agente competente para determinar a privação da liberdade, quanto ao fundamento de tal privação e o seu procedimento. No caso da Constituição Federal, importa distinguir os casos de prisão em matéria penal e cível, que receberam tratamento distinto do constituinte. Para efeitos deste capítulo, analisaremos, por ora, apenas o caso da prisão civil.

---

470. Cf. CHAGAS, Cláudia Maria de Freitas. *O dilema entre o acesso à informação e a intimidade*, op. cit., p. 109.

471. Medida Cautelar na ADPF 690/DF, rel. Min. Alexandre de Moraes, j. em 08.06.2020. No mesmo sentido, v. decisão cautelar referendada pelo Plenário na ADI 6.347, rel. Min. Alexandre de Moraes, j. em 30.04.2020 (julgamento conjunto das ADIs 6.347, 6.351 e 6.353).

4.12.7.2 A prisão civil: possibilidade e limites na Constituição Federal[472]

4.12.7.2.1 Generalidades e evolução constitucional pretérita

A teor do disposto no art. 5.º, LXVII, da CF, é vedada a prisão civil por dívida, ressalvadas duas hipóteses: (a) a do responsável pelo inadimplemento, voluntário e inescusável, de obrigação alimentícia; (b) do depositário infiel. A despeito de ser em geral proibida, a possibilidade, em alguns casos, da prisão civil corresponde, de certo modo, a uma tradição no ordenamento jurídico-constitucional brasileiro, que já há muito tempo admite a prisão civil, especialmente nas hipóteses de depositário infiel e suas variações. Embora as duas primeiras Constituições (1824, 1891), assim como a Constituição de 1937, não tenham disposto sobre o tema, a legislação vigente na época assegurava a possibilidade da prisão, acrescida, posteriormente, da prisão por dívida de natureza alimentar. Assim, por exemplo, o antigo Código Comercial, de 1850 (art. 20: prisão de comerciante para apresentação de livros em juízo; art. 90: prisão de trapicheiros e administradores de armazéns de depósito; art. 284: prisão de depositário intimado que não entrega a coisa depositada), bem como o Código Civil de 1916 (art. 1.287: prisão civil do depositário). No plano constitucional, a proibição de prisão civil por dívida foi consagrada, pela primeira vez no Brasil, na Constituição de 1934 (art. 113, n. 30: "Não haverá prisão por dívidas, multas ou custas"), de 1946 (art. 141, § 32: "Não haverá prisão civil por dívida, multa ou custas, salvo o caso do depositário infiel e o de inadimplemento de obrigação alimentar na forma da lei"), dispositivo que foi reproduzido pela Constituição de 1967 (art. 150, § 17), assim como pela EC 1/1969 (art. 153, § 17), até que se chegasse à formula atualmente consagrada, já referida.

No direito constitucional estrangeiro, não se pode afirmar que exista uma tendência uniforme, visto que diversas constituições não se referem expressamente à prisão civil, como é o caso, no âmbito sul-americano, da Constituição da Argentina (art. 19), da Constituição chilena (art. 19, 7.º, *b*) e da Constituição da Venezuela (art. 60, 2), em que a privação da liberdade está mais estreitamente vinculada ao princípio da legalidade. No âmbito europeu, ao passo que a Constituição da Suíça aboliu expressamente a prisão por dívida (art. 59, 3), em outros países a possibilidade de restrição das liberdades, independentemente de ser, ou não, na esfera civil, é reconhecida somente nos casos e na forma previstas em lei. Esse é o caso, por exemplo, das Constituições da Espanha (art. 17, 1), da Constituição portuguesa (art. 27, 2), da Constituição alemã (art. 2.2) e da Constituição italiana (art. 13).

Já no plano do direito internacional dos direitos humanos, as limitações postas em relação à prisão civil, especialmente no caso da prisão por dívidas, são mais contundentes. O Pacto Internacional sobre Direitos Civis e Políticos, de 1966, veda que alguém seja preso apenas por não poder cumprir com uma obrigação contratual (art. 11), ao passo que a Convenção Americana sobre Direitos Humanos (Pacto de São José da Costa Rica, de 1969), no seu art. 7.º, n. 7, dispõe que ninguém deve ser detido por dívidas, ressalvando os casos de

---

472. O item relativo à prisão civil foi elaborado mediante o aproveitamento de boa parte dos comentários ao art. 5.º, LXVII, da CF, de nossa autoria, que integram os *Comentários à Constituição do Brasil*, atualmente em segunda edição (2008), publicado pela Editora Saraiva e coordenado por J. J. Gomes Canotilho, Gilmar Ferreira Mendes, Ingo Wolfgang Sarlet e Lenio Luiz Streck. Pela sua valiosa contribuição, quando da confecção do texto para os comentários, na pesquisa doutrinária, legislativa e jurisprudencial, agradecemos à mestre e doutoranda em Direito pela PUC-RS, advogada e professora universitária, Selma Rodrigues Petterle.

DIREITOS FUNDAMENTAIS EM ESPÉCIE   503

prisão por dívida alimentar devidamente decretados por autoridade judiciária competente. A Convenção Europeia dos Direitos Humanos (art. 1.º do Protocolo 4), por sua vez, a exemplo do Pacto Internacional de Direitos Civis e Políticos, afirma que ninguém pode ser privado da sua liberdade pela única razão de não poder cumprir uma obrigação contratual.

A partir do exposto, é possível perceber que, embora a tendência de uma generalizada proscrição dos casos de prisão por dívida (salvo de caráter alimentar) e com base em disposição contratual, a prisão civil (que abarca toda e qualquer modalidade de prisão que não tenha natureza penal ou administrativa, como ocorre na esfera da hierarquia militar) não foi completamente afastada sequer com base no sistema internacional de direitos humanos. Como o nosso intento é o de comentar, de modo sumário, o que diz a Constituição Federal a respeito do tópico, é com base no direito brasileiro, com destaque para a perspectiva constitucional, que iremos abordar o assunto.

4.12.7.2.2 Conteúdo e âmbito de proteção da proibição da prisão civil na Constituição Federal

Segundo a norma contida no inciso LXVII do art. 5.º, não haverá prisão civil por dívida, salvo nos casos expressamente autorizados pela própria Constituição, que, por sua vez, não tendo caráter de pena, constituem meio processual excepcional e de cunho coercitivo destinado a cumprir duas finalidades: (a) obrigar o devedor de alimentos a cumprir com a sua obrigação alimentar; (b) compelir o depositário infiel a entregar o bem que lhe foi confiado ou, em caráter alternativo, efetuar a sua substituição por outro ou pelo seu equivalente em espécie.

Na perspectiva da dupla dimensão defensiva e prestacional dos direitos fundamentais, a vedação da prisão civil, em primeira linha, consiste no direito de qualquer pessoa de não ser privado da liberdade em virtude do descumprimento de obrigação, direito este que exige uma posição de respeito e de abstenção do Estado e dos particulares. Assim, como direito de defesa, a proibição de prisão civil opera como uma barreira, invalidando todos os atos atentatórios a esta garantia constitucional, independentemente da natureza pública ou privada destes atos, sejam eles normativos ou não.

A dimensão defensiva (negativa), como é sabido, não dispensa uma postura ativa do Estado, justamente para proteger a liberdade da pessoa, impedindo que esta seja violada, inclusive pelo próprio Estado ou por iniciativa de particulares, com destaque para o dever de tutela jurisdicional, mas também por meio de prestações jurídicas (normativas) ou mesmo por meio de outras formas de tutela da liberdade pessoal e meios alternativos de proteção dos direitos que se pretendeu tutelar com a possibilidade da prisão. No que diz com o conteúdo literal e, portanto, neste sentido previamente determinado da incidência da proibição da prisão, cuida-se de norma (regra) tipicamente proibitiva e que, em princípio, admite apenas duas exceções: a do responsável pelo inadimplemento voluntário e inescusável de obrigação alimentar e a do depositário infiel. Ambas as hipóteses, inclusive por serem, por sua vez, instrumentos de tutela de outros bens e/ou direitos com assento constitucional direto ou indireto, vinham sendo objeto de acirrada discussão doutrinária e jurisprudencial, inclusive no que diz com a manutenção da possibilidade da prisão civil no sistema constitucional brasileiro, especialmente no caso da prisão do depositário infiel. Todavia, com a edição da Súmula Vinculante 25 do STF, pelo menos no que diz com a posição dos tribunais, o debate praticamente se limita a uma ou outra voz crítica, inclusive refutando o alcance da decisão do STF, o que voltará a ser objeto de atenção nos próximos itens, que dizem respeito aos mais importantes aspectos envolvendo ambas as exceções previstas (pelo menos textualmente) pela Constituição.

4.12.7.2.3 A prisão civil no caso de inadimplemento voluntário e inescusável de obrigação alimentar

As exceções à norma constitucional proibitiva da prisão civil enquadram-se, dentro de uma tipologia das restrições aos direitos fundamentais, no âmbito das restrições diretamente estabelecidas pela Constituição Federal, muito embora caiba ao legislador infraconstitucional concretizar tais hipóteses. No caso específico da prisão civil por inadimplemento de dívida de alimentos, o corpo legislativo que regulamenta as hipóteses e o procedimento da prisão civil abarca tanto os diversos tratados internacionais ratificados pelo Brasil e incorporados ao direito interno (com destaque para o Pacto Internacional sobre Direitos Civis e Políticos e a Convenção de São José da Costa Rica), quanto dispositivos previstos no Código Civil, Código de Processo Civil e Lei de Alimentos. Um aspecto digno de nota relaciona-se com o fato de que, no caso da prisão do devedor de alimentos, a Constituição Federal, diferentemente dos tratados internacionais, foi mais restritiva e protetiva do devedor, já que limitou a liberdade de conformação do legislador infraconstitucional para regular a matéria ao dispor que a prisão do devedor de alimentos somente será legítima se a dívida for voluntária e inescusável, ao passo que os tratados internacionais deixaram uma maior margem de liberdade aos legisladores nacionais.

A respeito da possibilidade de se utilizar a prisão civil como meio coercitivo excepcional nas hipóteses de inadimplemento de dívidas trabalhistas, já que o salário tem natureza alimentar e é um bem jurídico que goza de especial proteção constitucional (art. 7.º, X), bem como em outras situações, como no caso de créditos indenizatórios decorrentes de acidente de trabalho, benefícios previdenciários, honorários profissionais, dentre outras, é preciso enfatizar que, em termos gerais, a resposta majoritária tem sido negativa, especialmente quando, mesmo evidente a natureza alimentar, não há previsão legal expressa admitindo a prisão, exigência que decorre do disposto no inciso II do art. 5.º da CF. É preciso destacar, nesse contexto, que pelo não pagamento, por parte dos entes federativos, dos precatórios de natureza alimentar (art. 100, §§ 1.º e 5.º, da CF) não cabe decretação da prisão civil do governante, já que há de ser observada também a ordem de pagamento dos precatórios alimentares. Assim, ainda que se possa controverter sobre a natureza alimentar da obrigação, a prisão civil, como medida restritiva de liberdade excepcionalmente autorizada pela Constituição, não pode ter – pelo menos segundo o entendimento dominante – o seu âmbito alargado sem prévia norma infraconstitucional que venha a lhe dar exata conformação. Aliás, a própria edição de legislação ampliando as hipóteses de prisão civil teria de ser rigorosamente controlada à luz dos parâmetros que regem as limitações dos direitos fundamentais, designadamente, os princípios da proporcionalidade e da razoabilidade, bem como a garantia da salvaguarda no núcleo essencial dos direitos fundamentais, visto que o legislador não está autorizado a transformar a norma constitucional proibitiva de prisão civil em letra morta. Evidentemente, tal argumentação não afasta por si só e de modo categórico a controvérsia, visto que sempre seria possível argumentar que, à míngua de alternativas plausíveis, eventual conflito entre a restrição da liberdade pessoal e a satisfação de obrigação de caráter inequivocamente alimentar poderia justificar, à luz da proporcionalidade, uma superação excepcional da exigência prévia de lei, o que, pelo menos em função dos limites do presente comentário, aqui vai referido apenas em caráter meramente argumentativo.

Muito embora quanto ao cabimento em si da prisão civil por inadimplemento voluntário e inescusável de dívida alimentar não paire controvérsia, existem questões que têm merecido a atenção da doutrina e da jurisprudência. No que diz com a jurisprudência do STF (a grande massa das decisões é, dada a natureza da matéria, concentrada nas instâncias ordinárias e no STJ), verifica-se que, em termos gerais, tem sido afirmada a inadequação do *habeas corpus* para rediscutir o binômio necessidade-possibilidade e o cabimento da reiteração do mandado de prisão civil, quando configurado novo descumprimento da obrigação alimentícia.[473] Já com relação ao acúmulo de parcelas vencidas, o entendimento da Suprema Corte é de que cabe a ordem de prisão civil quando o acúmulo de parcelas não se deu por inércia do credor,[474] sendo inadequada esta via quando o acúmulo de parcelas se deu por inércia do alimentando, por longo tempo.[475] Por outro lado, superada a divergência em torno de saber se o rito da prisão civil aplicar-se-ia, no ordenamento jurídico brasileiro, apenas aos alimentos provisionais (aqueles deferidos em sede da ação cautelar de alimentos provisionais, arts. 852 a 854 do CPC) ou também aos alimentos provisórios e aos alimentos definitivos, em prol da admissibilidade para quaisquer dessas "espécies" do "gênero" alimentos (sejam eles deferidos provisória ou definitivamente),[476] aplica-se o prazo de 60 dias aos alimentos definitivos, conforme a lei especial (art. 19 da Lei 5.478/1968) e o prazo de 1 (um) a 3 (três) meses aos alimentos provisórios, conforme a lei processual civil (art. 733, § 1.º, do CPC), tendo em vista a natureza da obrigação alimentar e sua vinculação direta com a proteção dos direitos fundamentais. Importa destacar que o direito (e correspondente dever fundamental) de assistência familiar constitui um bem jurídico que goza de tutela penal (art. 244 do CP), podendo a sua violação configurar delito de abandono material, o que apenas reforça a necessidade de se analisar todo o complexo de questões vinculadas ao tema à luz de um sistema de direitos fundamentais, que prioriza a promoção e proteção da dignidade da pessoa humana, ainda mais naquilo que diz respeito às crianças e aos idosos, em face de sua maior vulnerabilidade nestas fases da vida.

Questão relevante sob a perspectiva constitucional diz com o regime prisional da prisão civil do devedor de alimentos. Muito embora as regras contidas na Lei de Execução Penal (Lei 7.210, de 11.07.1984) não se apliquem à prisão civil, já que não se trata de pena, admite-se a possibilidade de que, excepcionalmente, em virtude das circunstâncias do caso concreto, o regime da prisão civil possa ser o aberto (prisão albergue) e até mesmo a prisão domiciliar, ainda que a regra, pelo fundamento diverso, deva ser o regime comum, no caso,

---

473. HC 78.071/RJ, rel. Min. Maurício Corrêa, 2.ª T., *DJ* 14.05.1999.

474. HC 87.134/SP, rel. Min. Sepúlveda Pertence, 1.ª T., *DJ* 29.09.2006; HC 86.503/SP, rel. Min. Carlos Velloso, 2.ª T., *DJ* 03.02.2006; HC 83.734/SP, rel. Min. Sepúlveda Pertence, 1.ª T., *DJ* 28.05.2004; HC 82.780/PR, rel. Min. Nelson Jobim, 2.ª T., *DJ* 02.04.2004; HC 82.839/RS, rel. Min. Carlos Velloso, 2.ª T., *DJ* 22.08.2003; RHC 82.984/SP, rel. Min. Ellen Gracie, 1.ª T., *DJ* 20.06.2003; HC 82.544/RS, rel. Min. Sepúlveda Pertence, 1.ª T., *DJ* 28.02.2003; HC 76.377/DF, rel. Min. Nelson Jobim, *DJ* 23.10.1998; HC 81.391/SP, rel. Min. Sydney Sanches, 1.ª T., *DJ* 01.03.2002.

475. HC 74.663/RJ, rel. Min. Maurício Corrêa, 2.ª T., *DJ* 06.06.1997; HC 75.180/MG, rel. Min. Moreira Alves, 1.ª T., *DJ* 01.08.1997.

476. RE 88.005/RS, rel. Min. Xavier de Albuquerque, 1.ª T., *DJ* 11.09.1978; RHC 56.176/CE, rel. Min. Xavier de Albuquerque, 1.ª T., *DJ* 01.09.1978.

o regime fechado. Nesse sentido, mesmo que o STJ[477] tenha reconhecido que idosos de idade avançada e gravemente enfermos podem cumprir a prisão civil em regime domiciliar, se cumpridos os requisitos legais contidos na Lei de Execução Penal (embora a prisão civil deva, em regra, ser executada em regime fechado),[478] o STF,[479-480] argumentando a partir do caráter constritivo da prisão civil, não admite o seu cumprimento em regime domiciliar nem mesmo o seu cumprimento em regime de prisão-albergue, assegurando ao paciente o cumprimento da prisão civil em cela separada. Quanto às divergências apontadas, há que considerar, no exame de cada caso concreto, que outros direitos fundamentais estão em jogo, o que poderá justificar inclusive o cumprimento da prisão civil pelo regime da prisão domiciliar, ainda que a sua natureza não seja a de uma pena. Além disso, examinando-se a questão à luz do princípio da proporcionalidade, dentre outros argumentos que poderiam ser esgrimidos, verifica-se que o cumprimento da prisão civil em regime aberto, admitido sempre o trabalho externo (mesmo informal), desde que plausivelmente justificado, deveria ser a regra e não mera exceção, ainda mais que o impedimento de atividade laboral (até mesmo a procura por um trabalho) pode acarretar a impossibilidade do alimentante de prestar os alimentos.[481] Importa considerar, ainda, que o objetivo da prisão (justamente por não ser pena) é o de compelir o devedor à satisfação dos créditos alimentares e não impedi-lo de efetuar o pagamento. Assim, a não ser em caso de reincidência (mesmo assim, com o exame do caso concreto), quando se pode partir da premissa de que a prisão em regime aberto não logrou ser um meio apto a cumprir sua finalidade, a aplicação do meio constritivo da liberdade pessoal em regime fechado (mas sempre em instituição prisional adequada à prisão civil) poderia ser cogitada.

---

477. HC 57.915/SP, rel. Min. Humberto Gomes de Barros, 3.ª T., *DJ* 14.08.2006; HC 44.754/SP, rel. Min. Humberto Gomes de Barros, 3.ª T., *DJ* 10.10.2005; HC 44.580/SP, rel. Min. Humberto Gomes de Barros, 3.ª T., *DJ* 12.09.2005; HC 45.238/GO, 4.ª T., rel. Min. Fernando Gonçalves, *DJ* 17.10.2005; HC 35.171/RS, rel. Min. Humberto Gomes de Barros, 3.ª T., *DJ* 23.08.2004; RHC 13.165/SP, rel. Min. Laurita Vaz, 2.ª T., *DJ* 14.04.2003; REsp 19.9802/RS, rel. Min. Carlos Alberto Menezes Direito, 3.ª T., *DJ* 26.06.2000; REsp 70.400/ PR, rel. Min. Eduardo Ribeiro, 3.ª T., *DJ* 22.03.1999.

478. HC 104.454/RJ, rel. Min. Nancy Andrighi, 3.ª T., *DJ* 23.06.2008; RHC 16.824/SC, rel. Min. Barros Monteiro, 4.ª T., *DJ* 07.03.2005.

479. HC 70.101/PR, rel. Min. Néri da Silveira, 2.ª T., *DJ* 13.08.1993; RHC 66.627/SP, rel. Min. Octavio Gallotti, 1.ª T., *DJ* 07.04.1989; RHC 59.643/SP, rel. Min. Firmino Paz, 2.ª T., *DJ* 02.04.1982; HC 58.788/PR, rel. Min. Cordeiro Guerra, 2.ª T., *DJ* 22.06.1981.

480. HC 83.000/RS, rel. Min. Ellen Gracie, 2.ª T., *DJ* 01.08.2003, com o entendimento de que não há nulidade em decreto prisional que não fixa o regime de cumprimento da prisão decorrente do inadimplemento de prestações alimentícias em atraso, já que a natureza e a finalidade da prisão civil não se confundem com a prisão decorrente de condenação criminal, indeferindo a ordem.

481. A jurisprudência do Tribunal de Justiça do Rio Grande do Sul tem assegurado o cumprimento da prisão civil preferencialmente em regime aberto, justamente para que o devedor possa trabalhar, acolhendo recomendações da Corregedoria Geral de Justiça (Ofício Circular 21/93, republicado pelo Ofício Circular 59/99; e Ofício Circular 211/06): HC 70022582639, rel. Des. Ricardo Raupp Ruschel, 7.ª Câm. Civ., *DJ* 03.01.2008; HC 70022519698, rel. Des. Sérgio Fernando de Vasconcellos Chaves, 7.ª Câm. Civ., *DJ* 15.01.2008; HC 70022273486, rel. Des. Maria Berenice Dias, 7.ª Câm. Civ., *DJ* 10.01.2008; HC 70022438741, rel. Des. José Ataídes Siqueira Trindade, 8.ª Câm. Civ., *DJ* 10.01.2008; HC 70022348080, rel. Des. Luiz Ari Azambuja Ramos, 8.ª Câm. Civ., *DJ* 15.01.2008; HC 70022249502, rel. Des. Luiz Felipe Brasil Santos, 7.ª Câm. Civ., *DJ* 14.12.2007.

4.12.7.2.4 A controvérsia em torno da prisão civil do depositário infiel

Como já referido, a prisão civil do depositário infiel é a segunda exceção (constitucional expressa) à norma que proíbe a prisão civil por dívida, mas o STF, especialmente após ter sumulado a matéria, passou a chancelar o entendimento de que nem mesmo nos casos de depósito judicial seria possível a legislação infraconstitucional prever a prisão civil do depositário. A matéria, contudo, foi objeto de longo e acalorado debate na doutrina e na jurisprudência. Com efeito, é preciso recordar que, de acordo com a orientação consagrada pelo STF até há pouco tempo, em que pesem alguns votos dissidentes, o Dec.-lei 911/1969 teria sido recepcionado pela nova ordem constitucional e a equiparação do devedor fiduciário ao depositário infiel não afrontaria a Constituição, autorizando a expedição de decreto de prisão civil no caso da alienação fiduciária em garantia, tendo o STF inclusive cassado decisões proferidas pelo STJ, que consideravam descabida a prisão.[482] Tal orientação já foi reavaliada pelo Plenário do STF no âmbito do julgamento dos Recursos Extraordinários 466.343/SP e 349.703/RS, no sentido de reconhecer a inconstitucionalidade da prisão civil no que diz respeito aos contratos de alienação fiduciária em garantia, inclusive alterando a orientação anteriormente vigente sobre a hierarquia dos tratados internacionais de direitos humanos, no sentido de passar a afirmar a prevalência dos tratados sobre qualquer diploma legal interno, cedendo apenas em face da Constituição, o que também foi discutido no julgamento dos *Habeas Corpus* 87.585/TO e 92.566/SP. Em apertada síntese, eis os fundamentos para a nova orientação do STF: (a) inconstitucionalidade da prisão civil do devedor fiduciante, por violação dos princípios da proporcionalidade e da reserva legal proporcional; (b) a superação da anacrônica tese da legalidade ordinária dos tratados internacionais, incompatível com a tendência do constitucionalismo contemporâneo, em prol da proteção e promoção da pessoa humana, mediante a adoção da tese da supralegalidade dos tratados internacionais que versem sobre direitos humanos; (c) a autorização constitucional para prisão civil do depositário infiel não foi revogada pelos tratados internacionais, mas deixa de ter aplicabilidade, paralisando todos os efeitos da legislação infraconstitucional em sentido contrário, de modo que não subsiste base legal para que seja decretada a prisão civil do depositário; (d) além disso, de acordo com o ventilado nos julgamentos, independentemente da existência dos tratados proibindo a prisão por dívida, nos casos de alienação fiduciária inexiste a figura do depositário, o que, por si só, implica o descabimento da prisão.

Na sequência de tal decisão e após uma série de outros julgados, tanto o STF (Súmula Vinculante 25, de 16.12.2009) quanto o STJ (Súmula 419, de 03.03.2010) sumularam a matéria, no sentido de ter por vedada qualquer modalidade de prisão de depositário infiel na ordem jurídica brasileira, inclusive em caso de depósito judicial, aspecto que, pelas suas peculiaridades, será analisado a seguir, já que a decisão do STF não se revela de todo imune a controvérsias.

---

482. RE 345.345/SP, rel. Min. Sepúlveda Pertence, 1.ª T., *DJ* 11.04.2003; RE 344.585/RS, rel. Min. Moreira Alves, 1.ª T., *DJ* 13.09.2002; RE-EDcl 205.245/SP, rel. Min. Néri da Silveira, 2.ª T., *DJ* 12.04.2002; HC 71.286/MG, rel. Min. Francisco Rezek, 2.ª T., *DJ* 04.08.1995; HC 81.319/GO, rel. Min. Celso de Mello, Pleno, *DJ* 19.08.2005; RE 280.398/GO, rel. Min. Marco Aurélio, rel. p/ acórdão Min. Nelson Jobim, 2.ª T., *DJ* 20.09.2002; HC 72.131/RJ, rel. Min. Marco Aurélio, rel. p/ acórdão Min. Moreira Alves, Pleno, *DJ* 01.08.2003; HC 76.561/SP, rel. Min. Carlos Velloso, rel. p/ acórdão Min. Nelson Jobim, 2.ª T., *DJ* 02.02.2001; RE 206.482/SP, rel. Min. Maurício Corrêa, Pleno, *DJ* 05.09.2003.

Com efeito, se é possível aceitar a bondade intrínseca e correção da tese da inconstitucionalidade da prisão civil nos casos de alienação fiduciária em garantia ou hipóteses similares, o mesmo já não pode ser afirmado, pelo menos não sem alguma reflexão adicional, em relação aos casos do depositário judicial infiel. Não é demais lembrar que durante muito tempo, e mesmo após o reconhecimento da ilegitimidade da prisão civil nos casos de alienação fiduciária, existiam julgados (atualmente superados) no sentido de que a proibição de prisão civil constante no Pacto de São José da Costa Rica não se aplica ao depositário judicial infiel. Os motivos que levam ao questionamento da nova orientação do STF, pelo menos quanto a alguns aspectos, são vários.

Por um lado, resulta evidente que, no caso do depósito judicial, não se trata de uma prisão decorrente – pelo menos não diretamente e em parte das situações – de uma obrigação contratual, o que afasta, em princípio, quaisquer digressões quanto à violação do Dec. Legislativo 226/1991 (art. 11 do Pacto Internacional sobre Direitos Civis e Políticos), argumentos que, todavia, não podem ser esgrimidos com relação ao Decreto Legislativo 27/1992 (art. 7, n. 7, do Pacto de São José da Costa Rica). É preciso recordar, neste contexto, que a jurisprudência, tanto do STJ quanto do próprio STF,[483] vinha sustentando que a obrigação do depositário judicial não decorre de uma relação contratual (depósito voluntário), e sim do exercício de um encargo público (depósito necessário), já que o depositário judicial, como auxiliar da autoridade judiciária que está prestando jurisdição, tem a obrigação de guardar, com zelo, o bem que lhe foi confiado em depósito.

Em segundo lugar, verifica-se manifesto conflito entre a liberdade pessoal do depositário judicial infiel (sujeita a restrição pela prisão civil) e a garantia de efetividade do processo, assim como com o próprio direito deduzido judicialmente, que encontra, na constrição e depósito de determinado bem, muitas vezes a única garantia de que, após longos anos de disputa judicial, seja satisfeita a obrigação reclamada. De outra parte, resulta pelo menos questionável o entendimento de que aqui se trate de típica prisão por dívida, visto que o que se busca coibir é uma forma de fraude à efetividade do processo, ainda mais ausentes outras formas de execução e, evidentemente, preservado o contraditório e a possibilidade de demonstração da ausência de responsabilidade pelo perecimento do bem depositado. Aliás, cabe retomar aqui a discussão em torno da própria definição de prisão civil, que, consoante já adiantado, não se confunde com a figura da prisão por dívida, de tal sorte que diversos países igualmente signatários do Pacto Internacional de Direitos Civis e Políticos e de outras convenções internacionais (pactos que não vedam de modo genérico a prisão civil, mas apenas a prisão por dívida e a prisão com base em disposição contratual) mantêm a possibilidade da prisão civil nos seus ordenamentos.

Embora não seja possível avançar com a análise, cuida-se de discussão a ser aprofundada à luz de outras variáveis a serem consideradas. Apenas para ilustrar, há que enfrentar o problema de, em sendo completamente banida a prisão civil, ser criado algum tipo de garantia para que as pessoas que ainda buscam solver na esfera judicial os seus conflitos tenham o direito efetivado, pois, do contrário, o dever de proteção do Estado poderá estar pendendo em favor apenas de um dos interesses em causa. Além disso, o argumento corrente de que se trata da contraposição entre meros interesses patrimoniais (da parte credora) e a

---

483. RHC 90.759/MG, 1.ª T., rel. Min. Ricardo Lewandowski, *DJ* 22.06.2007; HC 84.484/SP, 1.ª T., rel. Min. Carlos Britto, *DJ* 07.10.2005.

dignidade (do devedor/depositário) igualmente merece ser mais bem debatido. A tese da integral convergência entre o direito de liberdade e a dignidade da pessoa humana faria com que qualquer restrição da liberdade (mesmo de cunho penal) sempre representasse uma violação da dignidade da pessoa humana, quando, em verdade, apenas a prisão perpétua e a execução da restrição da liberdade em condições indignas (este, sim, fenômeno comum entre nós) costumam ser consideradas ofensivas à dignidade ou mesmo ao núcleo essencial do direito de liberdade. Da mesma forma, não é apenas o interesse, nem sempre "meramente" patrimonial do credor, que está em causa (basta apontar para o exemplo de dívidas de cunho alimentar ou existencial, não enquadradas nas hipóteses legais que admitem a prisão civil, mas que resultaram em penhora e depósito judicial!), mas, como já referido, a dimensão objetiva da garantia (fundamental) do direito a ter direitos efetivos, que, se não puder ser, em caráter excepcional, assegurada mediante a aplicação da prisão civil, deveria pelo menos encontrar outra forma de satisfação por parte do Estado – a quem incumbe o dever de proteção eficiente dos direitos fundamentais –, questão que desafia maior investimento e se situa na esfera do problema mais amplo do acesso efetivo à Justiça.

4.12.7.2.5 Liberdade de profissão

1. Considerações gerais

A liberdade de exercício de profissão é uma das liberdades fundamentais mais importantes do catálogo constitucional brasileiro, dada a sua conexão com uma série de outros princípios e direitos fundamentais. Já no período inaugural do constitucionalismo moderno, fortemente marcado pelo iluminismo, a liberdade de escolha e exercício profissional era considerada como um meio essencial para a autorrealização do homem e tida, especialmente para os grandes economistas da época, como era o caso de Adam Smith, como condição essencial para a economia e a realização do bem comum.[484] Mesmo na quadra atual, é possível afirmar que a liberdade de exercício profissional diz respeito ao desenvolvimento da personalidade na perspectiva econômica, muito embora a maior ou menor intensidade da faceta econômica e do lado existencial dependam de cada ordem jurídico-constitucional.[485] É recorrendo às lições de Konrad Hesse que se pode compreender melhor tal caráter dúplice da liberdade de exercício profissional. Com efeito, de acordo com o festejado constitucionalista alemão, no que diz com a sua dimensão pessoal, a liberdade de profissão é sempre um aspecto essencial da livre formatação da própria existência, sem a qual o livre desenvolvimento da personalidade não seria sequer concebível; por outro lado, na perspectiva econômica, a liberdade de profissão constitui elemento essencial de uma ordem social e econômica livre.[486]

Tendo em conta que também a ordem constitucional brasileira tem por fundamento a dignidade da pessoa humana, mas também os valores sociais do trabalho e da livre-iniciativa, numa perspectiva simétrica, é possível recolher as diretrizes cunhadas pelo Tribunal Constitucional Federal da Alemanha, no sentido de que a liberdade de escolha do exercício profissional guarda forte relação com o direito ao desenvolvimento da personalidade, pelo fato de que se trata tanto de uma finalidade quanto de um fundamento da vida pessoal, ao mesmo tempo viabilizando que o indivíduo possa contribuir para a vida social como um

---

484. Cf. HUFEN, Friedhelm. *Staatsrecht II – Grundrechte*, p. 589.
485. Cf. MICHAEL, Lothar; MORLOK, Martin. *Grundrechte*, p. 184.
486. Cf. HESSE, Konrad. *Grundzüge des Verfassungsrecht der Bundesrepublik Deutschland*, p. 181.

todo.[487] O fato é que, ao longo da evolução constitucional, a liberdade de exercício profissional foi não apenas ganhando importância, difundindo-se entre as constituições, mas sendo também integrada ao sistema internacional dos direitos humanos. Além disso, seu objeto e seus limites foram sendo articulados com outros direitos e bens jurídico-constitucionais, implicando um câmbio tanto qualitativo quanto quantitativo, de modo que também a liberdade de exercício profissional assume atualmente a feição de um direito fundamental complexo e multidimensional, o que será desenvolvido logo adiante, após breves notícias sobre o seu reconhecimento no direito constitucional positivo e nos documentos internacionais.

2. A liberdade de profissão, o direito internacional dos direitos humanos e o constitucionalismo estrangeiro

Já tendo sido reconhecida em diversas Constituições nacionais, a liberdade de profissão acabou sendo agasalhada também na esfera do direito internacional dos direitos humanos, a começar pela Declaração Universal dos Direitos Humanos da ONU, de 1948, cujo art. XXIII, n. 1, dispõe que "toda pessoa tem direito ao trabalho, à livre escolha de emprego, a condições justas e favoráveis de trabalho e à proteção contra o desemprego". O Pacto Internacional sobre os Direitos Econômicos, Sociais e Culturais de 1966, por sua vez, traz no art. 6.º o reconhecimento dos Estados-Membros do direito de toda pessoa de ter a possibilidade de ganhar a vida mediante um trabalho livremente escolhido ou aceito. A Carta Africana dos Direitos Humanos e dos Povos, de 1981, dispõe: "Art. 8.º A liberdade de consciência, a profissão e a prática livre da religião são garantidas. Sob reserva da ordem pública, ninguém pode ser objeto de medidas de constrangimento que visem restringir a manifestação dessas liberdades". Por fim, mas não menos importante, no âmbito da União Europeia, a Carta de Direitos Humanos (2000) também incorpora a liberdade profissional e o direito de trabalhar, assegurando a todas as pessoas o direito de trabalhar e exercer uma profissão livremente escolhida ou aceite, e, ainda, dispõe que todos os cidadãos da UE têm a liberdade de procurar emprego, de trabalhar, de se estabelecer ou de prestar serviços em qualquer Estado-Membro.

Constituição portuguesa:

"Art. 47.º Liberdade de escolha de profissão e acesso à função pública

"1. Todos têm o direito de escolher livremente a profissão ou o género de trabalho, salvas as restrições legais impostas pelo interesse colectivo ou inerentes à sua própria capacidade.

"2. Todos os cidadãos têm o direito de acesso à função pública, em condições de igualdade e liberdade, em regra por via de concurso."

Constituição espanhola:

"Art. 35. 1. Todos los españoles tienen el deber de trabajar y el derecho al trabajo, a la libre elección de profesión u oficio, a la promoción a través del trabajo y a una remuneración suficiente para satisfacer sus necesidades y las de su familia, sin que en ningún caso pueda hacerse discriminación por razón de sexo.

"3. La Ley regulará un Estatuto de los Trabajadores."

Lei Fundamental Alemã:

"Art. 12. (1) Alle Deutschen haben das Recht, Beruf, Arbeitsplatz und Ausbildungsstätte frei zu wählen. Die Berufsausübung kann durch Gesetz oder auf Grund eines Gesetzes geregelt werden.

---

487. Cf. KLOEPFER, Michael. *Verfassungsrecht II*, p. 451.

"(2) Niemand darf zu einer bestimmten Arbeit gezwungen werden, außer im Rahmen einer herkömmlichen allgemeinen, für alle gleichen öffentlichen Dienstleistungspflicht.

"(3) Zwangsarbeit ist nur bei einer gerichtlich angeordneten Freiheitsentziehung zulässig."

Constituição mexicana:

"Art. 5.º A ninguna persona podrá impedirse que se dedique a la profesión, industria, comercio o trabajo que le acomode, siendo lícitos. El ejercicio de esta libertad sólo podrá vedarse por determinación judicial, cuando se ataquen los derechos de tercero, o por resolución gubernativa, dictada en los términos que marque la ley, cuando se ofendan los derechos de la sociedad. Nadie puede ser privado del producto de su trabajo, sino por resolución judicial".

Constituição italiana:

"Art. 4. La Repubblica riconosce a tutti i cittadini il diritto al lavoro e promuove le condizioni che rendano effettivo questo diritto.

"Ogni cittadino ha il dovere di svolgere, secondo le proprie possibilità e la propria scelta, una attività o una funzione che concorra al progresso materiale o spirituale della società."

Constituição chilena:

"Art. 19. (...) 16.º La libertad de trabajo y su protección.

"Toda persona tiene derecho a la libre contratación y a la libre elección del trabajo con una justa retribución".

3. Direito constitucional brasileiro anterior

Pela sua importância para a liberdade individual e mesmo para a ordem econômica do liberalismo, a liberdade de profissão já se fazia presente na primeira Constituição brasileira de 1824, que, no seu art. 179, XXIV, dispunha que "nenhum genero de trabalho, de cultura, industria, ou commercio póde ser prohibido, uma vez que não se opponha aos costumes publicos, á segurança, e saude dos Cidadãos". A primeira Constituição da República de 1891, no seu art. 72, § 24, preceituava: "É garantido o livre exercício de qualquer profissão moral, intelectual e industrial". O texto constitucional de 1934, por sua vez, que já se enquadrava nos moldes de um constitucionalismo social, reconheceu a liberdade de profissão, mas a condicionou ao interesse público. Com efeito, de acordo com o art. 113, n. 13, da Carta de 1934, "é livre o exercício de qualquer profissão, observadas as condições de capacidade técnica e outras que a lei estabelecer, ditadas pelo interesse público". A mesma constituição, no seu art. 133, reservou, salvo exceções, o exercício de profissões liberais aos brasileiros natos e naturalizados que tenham prestado serviço militar no Brasil, o que, em linhas gerais, foi mantido no texto constitucional do Estado Novo, de 1937, cujo art. 122, n. 8, garantia "a liberdade de escolha de profissão ou do gênero de trabalho, indústria ou comércio, observadas as condições de capacidade e as restrições impostas pelo bem público, nos termos da lei", mantida também a restrição do exercício de profissões liberais aos brasileiros natos e naturalizados (art. 150). A Constituição Federal de 1946, por sua vez, no seu art. 141, § 14, dispunha ser "livre o exercício de qualquer profissão, observadas as condições de capacidade que a lei estabelecer", ao passo que a Constituição de 1967 (art. 150, § 23) assegurava ser "livre o exercício de qualquer trabalho, ofício ou profissão, observadas as condições de capacidade que a lei estabelecer", texto que foi mantido na versão da Constituição alterada pela EC 1, de 17.10.1969, no art. 153, § 23.

4.12.7.2.6 A liberdade de profissão na Constituição Federal

1. Considerações gerais

De acordo com o disposto no art. 5.º, XIII, da CF, "é livre o exercício de qualquer trabalho, ofício ou profissão, atendidas as qualificações profissionais que a lei estabelecer", enunciado textual que, como ocorre em muitas outras situações, diz menos (diretamente) do que de fato corresponde ao conteúdo e alcance do direito fundamental, já pelo simples fato de a liberdade de exercício profissional abarcar, de plano (aqui ainda desconsiderados outros aspectos), também a liberdade de escolha de determinada profissão, razão pela qual em diversos lugares, como é o caso da Alemanha, não se fala em liberdade de exercício de profissão, mas, sim, tal como disposto no art. 12 da Lei Fundamental, genericamente em liberdade de profissão ou liberdade profissional (*Berufsfreiheit*). Em sentido diverso, a Constituição portuguesa de 1976 contempla (no plano textual) uma liberdade de escolha da profissão (art. 47), que, todavia, abrange a liberdade de exercício da profissão escolhida, sendo, por sua vez, considerada uma componente da liberdade de trabalho, mais ampla, mas que não encontrou previsão expressa e autônoma no texto constitucional português.[488] Considerando o caráter amplo da liberdade de exercício da profissão na Constituição Federal, a despeito da terminologia adotada pelo constituinte, passaremos a utilizar a expressão mais genérica liberdade de profissão.[489]

Ainda neste contexto preliminar, importa enfatizar que a liberdade de profissão não se confunde com a livre-iniciativa (art. 1.º, IV, e art. 170, *caput*, da CF) nem com a liberdade de exercício de qualquer atividade econômica (art. 170, parágrafo único, da CF),[490] embora a existência de pontos de contato que aqui não serão explorados.

2. Conteúdo e âmbito de proteção

Como já referido na parte introdutória, também a liberdade de profissão é um direito fundamental complexo, abarcando uma dupla dimensão objetiva e subjetiva,[491] além de ter tanto uma função defensiva (negativa) quanto positiva (prestacional).[492]

Assim, o âmbito de proteção da liberdade de profissão há de ser tomado em sentido amplo, compreendendo, na condição de direito de defesa (direito negativo), a liberdade de não ser impedido de escolher e exercer qualquer profissão para a qual se tenham atendido os requisitos necessários, mas também o direito de não ser compelido (forçado) a escolher e exercer determinada profissão.[493] No âmbito da sua função defensiva, o que está em causa,

---

488. Cf. Canotilho, J. J. Gomes; Moreira, Vital. *Constituição da República Portuguesa anotada*, p. 683-684.
489. No âmbito da manualística brasileira, v., neste sentido, igualmente utilizando a expressão liberdade de profissão, Lenza, Pedro. *Direito constitucional esquematizado*, p. 604-605; e Piva, Otávio. *Comentários ao art. 5.º da Constituição Federal de 1988 e teoria dos direitos fundamentais*, p. 94 e ss.; Marmelstein, George. *Curso de direitos fundamentais*, p. 100 e ss.; bem como Tavares, André Ramos. *Curso de direito constitucional*, 18. ed., p. 517.
490. Aparentemente em sentido diverso, referindo a liberdade econômica juntamente com a liberdade de profissão, v. Marmelstein, George. *Curso de direitos fundamentais*, p. 100-101.
491. Cf. Hufen, Friedhelm. *Staatsrecht II – Grundrechte*, p. 610 e ss.
492. Cf., por todos, Canotilho, J. J. Gomes; Moreira, Vital. *Constituição da República Portuguesa anotada*, p. 653-654.
493. Cf., por todos, Canotilho, J. J. Gomes; Moreira, Vital. *Constituição da República Portuguesa anotada*, p. 653. De acordo com Miranda, Jorge; Medeiros, Rui. *Constituição portuguesa anotada*, p. 476-478, a liberdade de escolha de profissão decompõe-se em: 1. direito de escolher livremente, sem impedimentos, nem discriminações, qualquer profissão; 2. direito de acesso à formação escolar correspondente; 3. direito

portanto, é assegurar ao indivíduo a possibilidade de uma realização autônoma das condições materiais de sua própria existência e desenvolvimento, mediante uma blindagem contra uma intervenção e regulação indevida e desnecessária por parte do Estado.[494] Embora se possa partir da premissa de que a liberdade de profissão é também uma liberdade negativa, que tem por objeto a prerrogativa de se optar por não exercer uma profissão e de prover a existência por outros meios lícitos, por exemplo, a manutenção por terceiros ou viver de rendimentos do patrimônio, o reconhecimento de um direito à preguiça é no mínimo controverso, especialmente em ordens jurídicas onde a "vadiagem" é sancionada até mesmo na esfera criminal, por mais questionável que seja, por sua vez, tal criminalização. De qualquer modo, é certo que a liberdade negativa de profissão implica também um direito humano e fundamental, no sentido de um direito de todos e de qualquer um, a não ser forçado ao trabalho,[495] visto que proibida qualquer hipótese de trabalho forçado ou escravo, inclusive como penalidade imposta por força de condenação criminal, de acordo, no caso brasileiro, com o disposto no art. 5.º, XLVII, *c*, da CF, proibição que já poderia ser deduzida da própria dignidade da pessoa humana.

Numa perspectiva positiva, a liberdade de profissão guarda relação com o direito ao trabalho e o direito à educação, no sentido de um direito à obtenção dos requisitos legais para o exercício profissional e de um direito de igualdade de condições no que diz com o acesso às profissões.[496] O quanto se pode deduzir da liberdade de profissão posições subjetivas positivas originárias, como é o caso de subsídios para a preparação profissional (cursos, estágios etc.), é no mínimo discutível, embora se possa também aqui falar em um direito (no sentido de um direito derivado a prestações) de igual acesso às prestações disponibilizadas nesta seara.[497] É de se excluir a possibilidade de deduzir (o que já corresponde ao entendimento em relação ao próprio direito ao trabalho) da liberdade de profissão um direito

---

de acesso à preparação técnica e às modalidades de aprendizagem e de prática profissional que sejam necessárias; 4. direito de acesso aos requisitos necessários à promoção na carreira profissional; 5. direito de escolher uma especialidade profissional e de obter as necessárias habilitações; 6. direito de mudar de profissão (p. 475). Quanto à liberdade de exercício, por seu turno, ela se desdobra em: 1. direito de obter, sem impedimentos, nem discriminações, as habilitações legais (não somente as escolares) e os restantes requisitos para o exercício da profissão; 2. direito de adotar a modalidade jurídica de exercício da profissão que se prefira, contanto que compatível com a natureza das coisas e com os circunstancialismos econômico-sociais; 3. direito de escolher o lugar, no país ou no estrangeiro, de exercício da profissão; 4. direito da prática não só de actos materiais mas também de actos jurídicos, sejam actos constitutivos de relações de trabalho, sejam actos impostos pela necessidade de exercício profissional, e, bem assim, direito de prática de actos jurídicos de desvinculação de relações de trabalho, observadas as respectivas regras; 5. inviolabilidade do domicílio profissional; 6. direito de sigilo profissional no âmbito correspondente à natureza e à deontologia de cada profissão; 8. quando se trate de trabalhadores por conta de outrem, direito de inscrição, e de não inscrição, em associações sindicais e de participação, através delas, na contratação colectiva e na organização econômica e social do País; 9. direito de não ser privado, senão nos casos e nos termos da lei e com todas as garantias, do exercício da profissão (p. 475-476).

494. Cf. Kloepfer, Michael. *Verfassungsrecht II*, p. 452.

495. Cf., por todos, Michael, Lothar; Morlok, Martin. *Grundrechte*, p. 192-193. Na literatura brasileira, v., embora de modo diferenciado, porquanto referindo apenas que o Poder Público não pode constranger o indivíduo a escolher determinada profissão, Silva, José Afonso da. *Comentário contextual à constituição*, 2. ed., p. 108.

496. Cf. Canotilho, J. J. Gomes; Moreira, Vital. *Constituição da República Portuguesa anotada*, p. 653.

497. Cf. Hufen, Friedhelm. *Staatsrecht II – Grundrechte*, p. 610-611.

subjetivo a um lugar de trabalho,[498] até mesmo pelo fato de, na Constituição Federal, o reconhecimento de um direito específico ao trabalho exigir – a despeito da existência de pontos de contato – um tratamento autônomo dos respectivos âmbitos de proteção dos dois direitos fundamentais. Muito embora a liberdade de profissão não se confunda com o direito ao trabalho, é preciso considerar que é para que as pessoas possam trabalhar e assegurar sua subsistência que se garante a liberdade de escolher uma profissão ou ocupação, de tal sorte que o direito ao trabalho não pode implicar o esvaziamento da liberdade de profissão, ou seja, o Estado não pode impor ou impedir determinada atividade apenas com base no pretexto da realização do direito ao trabalho.[499]

Se o princípio da igualdade, na condição de proibição de discriminação, opera como direito de defesa, na sua dimensão positiva é possível vincular ao tópico a discussão em torno da existência de um direito a medidas de discriminação inversa (positiva), no sentido de políticas de ações afirmativas que tenham por escopo fomentar a integração, mediante acesso a determinadas profissões ou ao mercado de trabalho em geral (inclusive na esfera do serviço público), de determinadas categorias de pessoas (mulheres, pessoas com deficiência, negros etc.), especialmente quando se cuida da reserva de cotas.[500] Tais aspectos, contudo, aqui não serão desenvolvidos, dizendo mais de perto com o princípio da igualdade, objeto de capítulo próprio.

Como em matéria de liberdade de profissão também se faz presente um dever de proteção estatal (deduzido da respectiva dimensão objetiva do direito fundamental), que implica ações positivas, que incluem medidas na esfera da organização e procedimento, a exemplo do estabelecimento de provas no momento do acesso ao exercício de uma profissão,[501] verifica-se que a dimensão positiva do direito resulta ampliada, ainda que se possa discutir sobre a existência de autênticas posições subjetivas a tais medidas, aspecto que aqui não será enfrentado e que diz respeito ao debate sobre os direitos a prestações como direitos subjetivos.

A liberdade de profissão, especialmente à vista do texto constitucional brasileiro, que se refere também à liberdade de exercício de ofício e trabalho, abrange qualquer modalidade de trabalho, profissão e ocupação suscetível de constituir ocupação ou modo de vida, considerando a categoria profissão em sentido aberto, incluindo profissões atípicas, profissões livres e até mesmo o direito de criação de novas profissões.[502]

Por outro lado, que apenas ocupações, profissões e trabalhos lícitos estão cobertos pela liberdade de profissão corresponde, ao que tudo indica, ao entendimento dominante, muito embora a noção de ocupação lícita, como toda e qualquer ocupação não reprovada pela

---

498. Cf. Kloepfer, Michael. *Verfassungsrecht II*, p. 452-453.
499. Cf. Miranda, Jorge; Medeiros, Rui. *Constituição portuguesa anotada*, p. 474.
500. Cf. Canotilho, J. J. Gomes; Moreira, Vital. *Constituição da República Portuguesa anotada*, p. 654.
501. Cf. Hufen, Friedhelm. *Staatsrecht II – Grundrechte*, p. 610-612.
502. Cf. Canotilho, J. J. Gomes; Moreira, Vital. *Constituição da República Portuguesa anotada*, p. 654, bem como Hufen, Friedhelm. *Staatsrecht II – Grundrechte*, p. 592-593, que se refere a um direito de invenção de uma nova profissão por parte do cidadão ("*Berufserfindungsrecht des Bürgers*"); e Pieroth, Bodo; Schlink, Bernhard. *Staatsrecht II – Grundrechte*, p. 215 e ss.

ordem jurídica, demande uma explicitação, especialmente considerando algumas hipóteses controversas, como é o caso da prostituição.[503]

Em síntese, é possível afirmar que a liberdade de profissão, tanto na perspectiva negativa, quanto positiva, abrange, em termos gerais e não exaustivos: (a) a possibilidade de escolher (ou não) qualquer profissão, trabalho ou ocupação; (b) a garantia do livre exercício da profissão, trabalho ou ocupação escolhido; (c) igualdade de condições de acesso à profissão escolhida, desde que preenchidos os requisitos legais.[504]

3. Titularidade e destinatários

Titular da liberdade de profissão é, em primeira linha, a pessoa natural, o indivíduo, mas também as pessoas jurídicas podem ser titulares da liberdade de profissão, no caso das últimas na medida em que a atividade possa ser exercida por uma pessoa jurídica.[505] Até que ponto estrangeiros não residentes no Brasil podem ser titulares da liberdade de profissão já demanda maior atenção, embora a resposta, pelo menos em princípio, deva ser afirmativa, especialmente considerando que o conteúdo da liberdade de profissão envolve a possibilidade de exercer e mesmo não exercer qualquer ocupação lícita, ou seja, não apenas um trabalho (emprego) no sentido formal. Pelo menos o direito de não exercer uma profissão e não ser forçado a tanto (embora aqui se pudesse questionar a incidência de outro direito fundamental), notadamente por se tratar aqui de uma exigência da própria dignidade da pessoa humana, há de ser assegurado também ao estrangeiro não residente.

Quanto aos destinatários, além da vinculação sempre direta dos órgãos estatais, a liberdade de profissão projeta-se no plano das relações privadas, podendo aqui se distinguir entre uma vinculação direta e indireta, aspectos que aqui não serão desenvolvidos, remetendo-se ao tópico respectivo da parte geral dos direitos fundamentais.

4. Limites e restrições

A liberdade de profissão, nos termos do art. 5.º, XIII, da CF, encontra-se submetida a uma expressa reserva legal simples, pois atribui ao legislador a possibilidade de estabelecer as exigências para o exercício da profissão, sem qualquer diretriz ou condicionamento adicional, razão pela qual a norma que a consagra costuma ser enquadrada na categoria das habitualmente (embora de forma equivocada, no nosso sentir) assim chamadas normas de eficácia contida.[506] Cuida-se, portanto, de um direito restringível por lei, sem que para tanto

---

503. Cf., por todos, HUFEN, Friedhelm. *Staatsrecht II – Grundrechte*, p. 593-94. Na doutrina em língua portuguesa, v., especialmente, CANOTILHO, J. J. Gomes; MOREIRA, Vital. *Constituição da República Portuguesa anotada*, p. 655-656. Embora na literatura brasileira, notadamente no que diz com os cursos e manuais, em geral não se tenha feito referência a tal aspecto (licitude da ocupação ou profissão), de modo indireto tal requisito parece ter sido reconhecido. Nesse sentido, colaciona-se julgado do STF (HC 92.183, rel. Min. Carlos Britto, j. 18.03.2008) no qual se considerou que a não regulamentação de uma atividade afasta persecução criminal por exercício ilegal de profissão.

504. Em sentido diverso, PIVA, Otávio. *Comentários ao art. 5.º da Constituição Federal de 1988 e teoria dos direitos fundamentais*, p. 94, refere ainda um direito de admissão à profissão, que poderá ser limitado no caso de exigência especial, como é o caso do Exame de Ordem da OAB. Consideramos, todavia, que a admissão a determinada função ou carreira, salvo quando se trata do acesso a cargos públicos, está abrangido pelo exercício da profissão, visto que o que está em causa são critérios que àquele dizem respeito.

505. Cf., por todos, KLOEPFER, Michael. *Verfassungsrecht II*, p. 463.

506. Muito embora a crítica pessoal que também formulamos em relação à classificação difundida por José Afonso da Silva (normas de eficácia plena, contida e limitada), a absoluta maioria da doutrina nacional – mas especialmente os cursos e manuais – segue prestigiando tal classificação, enquadrando a liberdade de

o legislador careça de especial justificação, embora quanto ao conteúdo e alcance da restrição se imponha um exame de sua legitimidade constitucional.

Antes, contudo, de avançarmos no que diz com as restrições à liberdade de profissão e seus respectivos limites, é preciso indagar até que ponto é possível aceitar a ideia de limitações imanentes, notadamente quando se cuida de avaliar se desde logo a ilicitude da ocupação (trabalho ou profissão) resta afastada do âmbito de proteção do direito. Assim, embora a Constituição Federal não tenha feito referência explícita a tal requisito, a licitude da atividade profissional, ainda que se trate de uma categoria aberta e inclusiva, que exige uma interpretação em sentido amplo, constitui uma exigência imanente, soando mesmo contraditório que se pudesse falar em um direito a exercer ocupação vedada pelo legislador e mesmo cuja prática seja tipificada como crime ou contravenção, o que, de resto, já foi objeto de referência na parte relativa ao âmbito de proteção da liberdade de profissão.[507]

Na esfera das intervenções restritivas, mediante atuação do legislador ou mesmo mediante atos do Poder Executivo ou do Poder Judiciário (aqui em especial por força da colisão com outros direitos fundamentais ou bens de hierarquia constitucional), é preciso diferenciar as situações, pois não se trata da mesma coisa interferir na escolha de determinada profissão e estabelecer regras relativas ao seu exercício, seja no concernente aos requisitos para o acesso à profissão, seja no que diz com o exercício propriamente dito, de tal sorte que é possível falar em uma graduação no que diz com a intensidade das restrições.[508]

Assim, ao passo que no tocante à escolha profissional, ou seja, a opção de cada um de ser policial, juiz, médico ou professor, a decisão pessoal e autônoma de cada indivíduo encontra-se, em regra, blindada contra uma decisão heterônoma, seja do Poder Público, seja da comunidade, família ou outros indivíduos, cuidando-se aqui daquela esfera que diz respeito também à própria dignidade da pessoa humana, no que diz com a regulamentação dos critérios para o exercício da atividade (seja quanto ao acesso, seja quanto ao exercício propriamente dito), a Constituição Federal desde logo autorizou o legislador a cuidar da matéria, de modo que o que poderá estar em causa é apenas em que medida o legislador atuou de modo constitucionalmente legítimo.

Por outro lado, é preciso considerar que, no plano dos pressupostos sociais, econômicos, culturais (educacionais) e mesmo físicos e psíquicos, a própria liberdade de opção (escolha) profissional encontra-se, mais ou menos, submetida a limites, seara que também, em certa medida, está submetida a alguma influência (regulação) por parte do legislador e outras medidas, como, por exemplo, a amplamente praticada orientação vocacional e profissional (inclusive mediante testes especializados), dentre outras que aqui poderiam ser mencionadas. Também a exigência de determinados requisitos para o acesso e exercício profissional opera no plano da opção por uma ou outra profissão, de tal sorte que parece exagero falar, mesmo no caso da liberdade de escolha, de um direito inviolável.[509] Uma inviolabilidade (no

---

profissão na categoria das normas de eficácia contida. Nesse sentido, v., por todos, TAVARES, André Ramos. *Curso de direito constitucional*, 18. ed., p. 518.

507. Sobre o tópico, v., por todos, CANOTILHO, J. J. Gomes; MOREIRA, Vital. *Constituição da República Portuguesa anotada*, p. 655-656.

508. Cf. MIRANDA, Jorge; MEDEIROS, Rui. *Constituição portuguesa anotada*, p. 477.

509. Referindo-se a uma inviolabilidade neste plano, da escolha da profissão, v., contudo, PIVA, Otávio. *Comentários ao art. 5.º da Constituição Federal de 1988 e teoria dos direitos fundamentais*, p. 94.

sentido jurídico, compreendida como blindagem contra intervenções restritivas) somente poderia ser aceita se ela significar que no plano da liberdade de opção (escolha) se está diante do núcleo essencial da liberdade (em sentido amplo) de profissão.[510] Ainda assim, por mais que se tenha a liberdade de escolha como o âmbito mais reforçado (mais protegido) da liberdade de profissão, é preciso ter em conta a possibilidade de alguma restrição justificada por força de direitos e bens constitucionais colidentes, mesmo que aqui se trate de hipótese mais excepcional.[511]

De qualquer sorte, percebe-se que mesmo uma regulamentação no plano do acesso e exercício profissional interfere na esfera da opção por determinada profissão, visto que a falta do preenchimento de determinados pressupostos impede, na perspectiva objetiva, que determinada motivação (subjetiva) pessoal de optar por uma profissão ou trabalho se concretize. Além disso, a opção por uma profissão ou ocupação ilícita igualmente resta afastada desde logo, visto que não integra sequer o âmbito de proteção da liberdade.

Por outro lado, ainda no que diz com a justificação de medidas restritivas, é preciso ter presente que, se a reserva de lei (simples) enunciada no art. 5.º, XIII, da CF for compreendida como abrangendo a liberdade de profissão como um todo, a própria liberdade de escolha (e não apenas a de exercício) poderá ser restringida pelo legislador infraconstitucional, de modo que uma maior ou menor contenção do legislador apenas poderá ocorrer por força da compreensão, a cada caso, dos limites dos limites, ou seja, dos critérios da proporcionalidade, razoabilidade, proibição de excesso, bem como a proteção do assim chamado núcleo essencial, apenas para referir os mais importantes.[512]

No que diz com as restrições estabelecidas ao acesso e exercício profissional, tais restrições, especialmente considerando a reserva legal do art. 5.º, XIII, da CF, deverão ser veiculadas por lei, no sentido de lei em sentido formal e material, muito embora não haja necessidade de que se trate de lei complementar.[513] Portanto, restrições não poderão, de regra, ser impostas por meio de lei apenas em sentido material, ou seja, atos normativos editados pelo Executivo ou mesmo atos emanados de outros órgãos, como é o caso dos conselhos profissionais (v.g., OAB, OMB) ou similares.[514] Embora se registrem julgados do STF nesse sentido (pela exigência de lei em sentido formal e material),[515] percebe-se, como, aliás, em uma série de outras situações que envolvem restrições a direitos fundamentais, que o STF, por vezes, tem tolerado que requisitos para o exercício profissional sejam estabelecidos por atos que não são emanados do legislador, como é o caso, v.g., de resoluções do CNJ e do

---

510. Cf. MIRANDA, Jorge; MEDEIROS, Rui. *Constituição portuguesa anotada*, p. 476-477.

511. Cf. CANOTILHO, J. J. Gomes; MOREIRA, Vital. *Constituição da República Portuguesa anotada*, p. 656.

512. Nesse sentido, v. também a posição majoritária na doutrina e jurisprudência alemãs, onde o entendimento de que se cuida de um direito único, complexo, fez com que se considerasse a reserva legal como sendo também aplicável ao direito como um todo (cf., por todos, KLOEPFER, Michael. *Verfassungsrecht II*, p. 467).

513. Cf., por todos, MARMELSTEIN, George. *Curso de direitos fundamentais*, p. 101; e PIVA, Otávio. *Comentários ao art. 5.º da Constituição Federal de 1988 e teoria dos direitos fundamentais*, p. 95.

514. Cf., por todos, MARMELSTEIN, George. *Curso de direitos fundamentais*, p. 101; e PIVA, Otávio. *Comentários ao art. 5.º da Constituição Federal de 1988 e teoria dos direitos fundamentais*, p. 95.

515. Cf., por exemplo, no RE 232.571, rel. Min. Carlos Velloso, j. 17.11.1998, quando estava em causa a exigência de exame psicotécnico para ingresso no serviço público por ato administrativo, o que foi considerado inconstitucional.

CNMP, notadamente no que diz com a fixação do que se considera atividade jurídica para efeitos de realização de concurso de ingresso na Magistratura e Ministério Público.[516]

Nesse contexto, oportuno referir a decisão do STF quando da apreciação do Tema 969 de repercussão geral do RE 902.261/SP, rel. Min. Marco Aurélio, j. 22.09.2020, em que foi fixada a tese de que a Comissão de Valores Mobiliários (CVM) pode regulamentar, mediante restrições que guardem sintonia com as exigências da proporcionalidade e da razoabilidade, o exercício da atividade de auditoria independente.[517]

Considerando a finalidade da autorização constitucional para a restrição da liberdade de profissão, a fixação de exigências e qualificações profissionais[518] evidentemente deverá guardar relação com a peculiaridade das funções a serem desempenhadas, não se tolerando, de resto, condições de caráter discriminatório.[519] Tal também parece ser a linha de entendimento adotada pelo STF, já desde a ordem constitucional anterior, como dá conta importante caso julgado em 05.05.1976, tendo como relator o Min. Rodrigues Alckmin (RP 930/DF), onde se entendeu ser inconstitucional lei que restrinja o exercício de profissão que não pressupõe determinadas condições de capacidade, pois na hipótese a legislação declarada inconstitucional (Lei 4.116/1962) havia exigido que todos os corretores de imóveis fizessem sua inscrição no Conselho Regional de Corretores de Imóveis (Creci).[520] Já sob a égide da Constituição Federal, a noção de que a legislação apenas poderá estabelecer condições de capacidade que mantenham um nexo lógico com as funções a serem exercidas, vedado, portanto, o estabelecimento de requisitos abusivos, colaciona-se decisão no AgRg no AgIn 134.449/SP, rel. Min. Sepúlveda Pertence, *DJU* 21.09.1990. No mesmo sentido situam-se os julgados do STF que consideram inconstitucional a exigência de que o exercício da atividade como músico pressuponha a inscrição na Ordem dos Músicos do Brasil. Com efeito, no RE 414.426/SC, julgado em 17.11.2009, rel. Min. Ellen Gracie, ficou estabelecido que a atividade de músico independe de registro ou licença, não podendo a sua livre expressão e exercício ser impedidos por interesses dos órgãos de classe, especialmente quando a cobrança de anuidades devidas poderá ocorrer por outro meios que não a proibição do exercício da profissão.[521] Note-se que, no caso, o STF acabou por considerar as exigências da proporcionalidade, designadamente, o critério da necessidade, que impõe seja refutado determinado meio de alcançar o resultado (a cobrança da anuidade) caso disponível alternativa menos gravosa.

---

516. Em sentido crítico, justamente afirmando a necessidade de lei e não mera resolução do CNJ ou CNMP, v., por todos, PIVA, Otávio. *Comentários ao art. 5.º da Constituição Federal de 1988 e teoria dos direitos fundamentais*, p. 96-97.

517. No mesmo sentido, v. a ADI 3.033/SP, rel. Min. Gilmar Mendes, j. 11.11.2020, que reconheceu a inexistência de afronta à livre iniciativa, à livre concorrência e à liberdade ao exercício profissional pelo art. 31 da Instrução n. 308 da CVM.

518. Cf. ADPF 131/DF, rel. Min. Gilmar Mendes, j. 29.06.2020, estabelecendo que as limitações impostas à atuação dos optometristas não se aplicam aos profissionais qualificados por instituição de ensino superior reconhecida pelo Poder Público.

519. Cf., por todos, TAVARES, André Ramos. *Curso de direito constitucional*, 18. ed., p. 518.

520. Cf. MARMELSTEIN, George. *Curso de direitos fundamentais*, p. 101-102.

521. Tal entendimento foi reafirmado nos Embargos de Declaração no Recurso Extraordinário 753.777-SP, rel. Min. Rosa Weber, j. 12.05.2015. V., com semelhante teor, ADPF 183, rel. Min. Alexandre de Moraes, j. em 20.09.2019.

Um dos casos que mais atenção despertaram nos meios de comunicação, possivelmente pelo fato de estar em causa a atividade dos próprios profissionais da área (jornalistas), foi a discussão a respeito da legitimidade constitucional da exigência prevista no Dec.-Lei 972/1969, que estabelecia ser necessária a conclusão de curso superior de jornalismo para o exercício da respectiva profissão. No RE 511.961, rel. Min. Gilmar Mendes, julgado em 17.06.2009, o STF, inclusive invocando o precedente, já referido, da Representação 930, julgada quando ainda em vigor a Constituição anterior, além de precedente da Corte Interamericana de Direitos Humanos de São José da Costa Rica, chegou à conclusão de que tal exigência é inconstitucional.

Dada a importância do julgado, transcrevem-se os trechos que seguem, extraídos da ementa do acórdão:

"4. Âmbito de proteção da liberdade de exercício profissional (art. 5.º, XIII, da CF). Identificação das restrições e conformações legais constitucionalmente permitidas. Reserva legal qualificada. Proporcionalidade. A Constituição de 1988, ao assegurar a liberdade profissional (art. 5.º, XIII), segue um modelo de reserva legal qualificada presente nas Constituições anteriores, as quais prescreviam à lei a definição das 'condições de capacidade' como condicionantes para o exercício profissional. No âmbito do modelo de reserva legal qualificada presente na formulação do art. 5.º, XIII, da CF/1988, paira uma imanente questão constitucional quanto à razoabilidade e proporcionalidade das leis restritivas, especificamente das leis que disciplinam as qualificações profissionais como condicionantes do livre exercício das profissões. Jurisprudência do STF: Representação 930, redator p/ o acórdão Min. Rodrigues Alckmin, *DJ* 02.09.1977. A reserva legal estabelecida pelo art. 5.º, XIII, não confere ao legislador o poder de restringir o exercício da liberdade profissional a ponto de atingir o seu próprio núcleo essencial.

"5. Jornalismo e liberdades de expressão e de informação. Interpretação do art. 5.º, XIII, em conjunto com os preceitos do art. 5.º, IV, IX, XIV, e do art. 220 da CF. O jornalismo é uma profissão diferenciada por sua estreita vinculação ao pleno exercício das liberdades de expressão e de informação. O jornalismo é a própria manifestação e difusão do pensamento e da informação de forma contínua, profissional e remunerada. Os jornalistas são aquelas pessoas que se dedicam profissionalmente ao exercício pleno da liberdade de expressão. O jornalismo e a liberdade de expressão, portanto, são atividades que estão imbricadas por sua própria natureza e não podem ser pensadas e tratadas de forma separada. Isso implica, logicamente, que a interpretação do art. 5.º, XIII, da CF, na hipótese da profissão de jornalista, se faça, impreterivelmente, em conjunto com os preceitos do art. 5.º, IV, IX, XIV, e do art. 220 da CF, que asseguram as liberdades de expressão, de informação e de comunicação em geral.

"6. Diploma de curso superior como exigência para o exercício da profissão de jornalista. Restrição inconstitucional às liberdades de expressão e de informação. As liberdades de expressão e de informação e, especificamente, a liberdade de imprensa, somente podem ser restringidas pela lei em hipóteses excepcionais, sempre em razão da proteção de outros valores e interesses constitucionais igualmente relevantes, como os direitos à honra, à imagem, à privacidade e à personalidade em geral. Precedente do STF: ADPF 130, rel. Min. Carlos Britto. A ordem constitucional apenas admite a definição legal das qualificações profissionais na hipótese em que sejam elas estabelecidas para proteger, efetivar e reforçar o exercício profissional das liberdades de expressão e de informação por parte dos jornalistas. Fora desse quadro, há patente inconstitucionalidade da lei. A exigência de diploma de curso superior para a prática do jornalismo – o qual, em sua essência, é o desenvolvimento profissional das liberdades de expressão e de informação – não está autorizada pela ordem constitucional, pois constitui uma restrição, um impedimento, uma verdadeira supressão do pleno, incondicionado e efetivo exercício da liberdade jornalística, expressamente proibido pelo art. 220, § 1.º, da CF.

"7. Profissão de jornalista. Acesso e exercício. Controle estatal vedado pela ordem constitucional. Proibição constitucional quanto à criação de ordens ou conselhos de fiscalização profissional. No campo da profissão de jornalista, não há espaço para a regulação estatal quanto às qualificações profissionais. O art. 5.º, IV, IX, XIV, e o art. 220 não autorizam o controle, por parte do Estado, quanto ao acesso e exercício da profissão de jornalista. Qualquer tipo de controle desse tipo, que interfira na liberdade profissional no momento do próprio acesso à atividade jornalística, configura, ao fim e ao cabo, controle prévio que, em verdade, caracteriza censura prévia das liberdades de expressão e de informação, expressamente vedada pelo art. 5.º, IX, da CF. A impossibilidade do estabelecimento de controles estatais sobre a profissão jornalística leva à conclusão de que não pode o Estado criar uma ordem ou um conselho profissional (autarquia) para a fiscalização desse tipo de profissão. O exercício do poder de polícia do Estado é vedado nesse campo em que imperam as liberdades de expressão e de informação. Jurisprudência do STF: Representação 930, redator p/ o acórdão Min. Rodrigues Alckmin, *DJ* 02.09.1977.

"8. Jurisprudência da Corte Interamericana de Direitos Humanos. Posição da Organização dos Estados Americanos – OEA. A Corte Interamericana de Direitos Humanos proferiu decisão, no dia 13.11.1985, declarando que a obrigatoriedade do diploma universitário e da inscrição em ordem profissional para o exercício da profissão de jornalista viola o art. 13 da Convenção Americana de Direitos Humanos, que protege a liberdade de expressão em sentido amplo (caso 'La colegiación obligatoria de periodistas' – Opinião Consultiva OC-5/85, de 13.11.1985). Também a Organização dos Estados Americanos – OEA, por meio da Comissão Interamericana de Direitos Humanos, entende que a exigência de diploma universitário em jornalismo, como condição obrigatória para o exercício dessa profissão, viola o direito à liberdade de expressão (*Informe Anual da Comissão Interamericana de Direitos Humanos*, de 25.02.2009)".

Outro caso que gerou intensa polêmica e acabou sendo julgado pelo STF envolve a discussão sobre a constitucionalidade da exigência do exame de ordem, isto é, da submissão, por parte dos graduados em direito, a um exame específico regulamentado pelo Conselho Federal da Ordem dos Advogados do Brasil. A exigência da realização de tal exame de cuja aprovação depende a concessão do registro profissional, condição de possibilidade do exercício da advocacia, foi objeto de impugnação judicial. Argumentam os adversários do exame que esse serviria apenas como reserva de mercado de trabalho, que somente a instituição de ensino poderia certificar sobre a aptidão dos bacharéis, entre outros argumentos. No entanto, o STF, em decisão de relatoria do Min. Marco Aurélio, julgou a matéria e se posicionou pela constitucionalidade do exame: "O Plenário desproveu recurso extraordinário em que discutida a constitucionalidade dos arts. 8.º, IV e § 1.º; e 44, II, ambos da Lei 8.906/1994, que versam sobre o Exame da Ordem dos Advogados do Brasil (OAB) (...). No tocante à proporcionalidade e compatibilidade entre o exame de conhecimentos jurídicos e a garantia do livre exercício profissional, inicialmente reputou-se que, a fim de assegurar a liberdade de ofício, impor-se-ia ao

Estado o dever de colocar à disposição dos indivíduos, em condições equitativas de acesso, os meios para que aquela fosse alcançada. Destacou-se que esse dever entrelaçar-se-ia sistematicamente com a previsão do art. 205, *caput*, da CF (...). Frisou-se que a obrigação estatal seria a de não opor embaraços irrazoáveis ou desproporcionais ao exercício de determinada profissão, e que existiria o direito de se obterem as habilitações previstas em lei para a prática do ofício, observadas condições equitativas e qualificações técnicas previstas também na legislação. Sublinhou-se que essa garantia constitucional não se esgotaria na perspectiva do indivíduo, mas teria relevância social (CF, art. 1.º, IV). Assim, nas hipóteses em que o exercício da profissão resultasse em risco predominantemente individual, como, por exemplo, mergulhadores e técnicos de rede elétrica, o sistema jurídico buscaria compensar danos à saúde com vantagens pecuniárias (adicional de insalubridade, de periculosidade) ou adiantar-lhes-ia a inativação. Essas vantagens, entretanto, não feririam o princípio da isonomia. Quando, por outro lado, o risco suportado pela atividade profissional fosse coletivo, hipótese em que incluída a advocacia, caberia ao Estado limitar o acesso à profissão e o respectivo exercício (CF, art. 5.º, XIII). Nesse sentido, o exame de suficiência discutido seria compatível com o juízo de proporcionalidade e não alcançaria o núcleo essencial da liberdade de ofício. No concernente à adequação do exame à finalidade prevista na Constituição – assegurar que as atividades de risco sejam desempenhadas por pessoas com conhecimento técnico suficiente, de modo a evitar danos à coletividade –, aduziu-se que a aprovação do candidato seria elemento a qualificá-lo para o exercício profissional".[522]

Mais recentemente foi submetida ao crivo do STF outra questão relativa aos limites da liberdade de exercício profissional, designadamente, a polêmica em torno da proibição ou restrição da atividade de transporte privado individual por motorista cadastrado em aplicativo, questionada na ADPF 449/DF, Relator Ministro Luiz Fux, e no RE 1054110/SP, Relator Ministro Roberto Barroso, ambos julgados em 08 e 09.05.2019.

No âmbito do RE 1.054.110/SP, a Corte Suprema reconheceu a repercussão geral da questão e fixou a seguinte tese: "1. A proibição ou restrição da atividade de transporte privado individual por motorista cadastrado em aplicativo é inconstitucional, por violação aos princípios da livre iniciativa e da livre concorrência"; e 2. "No exercício de sua competência para regulamentação e fiscalização do transporte privado individual de passageiros, os Municípios e o Distrito Federal não podem contrariar os parâmetros fixados pelo legislador federal (CF/1988, art. 22, XI)", nos termos do voto do Relator, vencido o Ministro Marco Aurélio. Presidência do Ministro Dias Toffoli. Plenário, 09-05-2019.

Dos argumentos esgrimidos pelos Ministros que participaram do julgamento, vale colacionar parte do sustentado pelo Ministro Luiz Fux em seu voto. De acordo com o seu entendimento, o motorista particular é protegido, em sua atividade laboral, pela liberdade de exercício profissional assegurada no art. 5.º, XIII, da CF e se submete apenas à regulação proporcionalmente definida em lei federal. Para o Ministro, o art. 3.º, VIII, da Lei 12.965/2014 (Marco Civil da Internet) e a Lei 12.587/2012 garantem a operação, por aplicativo, de serviços remunerados de transporte de passageiros. Além disso, a necessidade de regular e aperfeiçoar o funcionamento e uso das vias públicas não pode implicar a criação de oligopólios

---

522. Cf. RE 603.583, rel. Min. Marco Aurélio, j. 26.10.2011, Plenário, *Informativo* 646, com repercussão geral.

em prejuízo tanto de consumidores quanto de outros prestadores de serviço no setor de transportes, em especial quando da existência de alternativas para que se possa atingir a mesma finalidade. Em que pese legítima a intervenção reguladora do poder público, não podem os Municípios, valendo-se da competência que lhes foi constitucionalmente atribuída para regulamentar e fiscalizar o transporte e trânsito, valer-se de tal prerrogativa para direta ou indiretamente proibir ou – o que dá no mesmo – impedir na prática a prestação de tais serviços.

Outra questão relevante e polêmica trata da possibilidade de cancelamento automático de registro profissional ou de pessoa jurídica em casos de inadimplência de anuidade sem a prévia oitiva do associado. A esse respeito, conforme decidido pelo STF no RE 808.424/PR, foi declarada a inconstitucionalidade do art. 64 da Lei n. 5.194/1966, que previa o cancelamento automático de inscrição em razão da inadimplência da anuidade por dois anos consecutivos, do registro em conselho profissional, sem a prévia manifestação do profissional ou da pessoa jurídica, por haver violação do direito/garantia ao devido processo legal.[523]

Da jurisprudência mais recente do STF sobre as intervenções restritivas na liberdade de profissão, destaca-se a ADI 5.235/DF, rel. Min. Rosa Weber, j. 11.06.2021, no bojo da qual foi reconhecida a constitucionalidade – dada a observância das exigências da proporcionalidade e da razoabilidade – das restrições ao exercício da Advocacia aos servidores do Poder Judiciário e do Ministério Público, mesmo que em causa própria ou em nível de consultoria jurídica. Para a Corte, a medida é razoável e proporcional com o texto constitucional.

Noutro julgado de grande relevância, o STF considerou constitucionalmente legítima, por ser compatível com o disposto no art. 5.º, XIII, CF, a exigência de garantia (fiança) para o exercício da profissão de leiloeiro, prevista nos arts. 6.º a 8.º, do Decreto n. 21.981/32, visto que os leiloeiros lidam diuturnamente com o patrimônio de terceiros e a prestação de fiança tem por escopo mitigar os riscos de danos aos proprietários dos bens leiloados (RE 1.263.641, rel. Min. Marco Aurélio, j. em 13.10.2020).

4.12.7.2.7 Liberdade de associação

I – Notas introdutórias

As associações são instituições e formas de organização antigas, que podem ser reconduzidas pelo menos ao medievo, especialmente as grandes companhias de mercadores, corporações de ofício, entre outras. As associações sob a forma de cooperativas, por sua vez, têm história mais recente, tendo surgido, ao que tudo indica, na Inglaterra, ainda na primeira metade do século XIX, notadamente por influência do pensamento de Robert Owen (1771-1858), que nos anos 1820 a 1830 imprimiu à cooperação (e à forma cooperativa de sociedade) uma ideologia sistemática e que serviu de inspiração ao modelo das cooperativas que vieram a se formar na sequência, seja na Inglaterra, seja na França ou na Alemanha, onde a primeira cooperativa foi fundada em 1848 (no caso, uma cooperativa de sapateiros),

---

523. RE 808.424, rel. Min. Marco Aurélio, j. em 19.12.2019, *leading case* do Tema de Repercussão Geral 757. No mesmo sentido, mas em relação a Ordem dos Advogados do Brasil, v. RE 647.885/RS, rel. Min. Edson Fachin, j. 27.04.2020, *leading case* do Tema de Repercussão Geral 732.

passando, a partir de então, a se expandir pelo mundo afora, até chegar ao Brasil, já no final do século XIX, quando foram criadas as primeiras associações cooperativas.[524]

II – A liberdade de associação nos textos de direito internacional de direitos humanos, nas constituições estrangeiras e nos textos constitucionais brasileiros

No plano do direito internacional dos direitos humanos, a liberdade de associação foi consagrada no art. XXII da Declaração Americana dos Direitos e Deveres do Homem (1948), no art. XX da Declaração Universal de Direitos Humanos de 1948 e em outros muitos tratados e convenções internacionais, tais como – e a listagem não é exaustiva – nos arts. 21 e 22 do Pacto Internacional de Direitos Civis e Políticos (1966), no art. 8.º do Pacto Internacional de Direitos Econômicos, Sociais e Culturais (1966), nos arts. 15 e 16 da Convenção Americana sobre Direitos Humanos (1969) e no art. 12 da Carta dos Direitos Fundamentais da União Europeia, atualmente integrada ao Tratado de Lisboa. Particularmente relevante para a ordem jurídica brasileira é a Convenção Americana sobre Direitos Humanos (Pacto de São José), incorporada ao ordenamento jurídico brasileiro pelo Dec. 678, de 1992.

No plano do direito constitucional positivo, ressalvada a experiência inglesa e norte-americana,[525] o reconhecimento da liberdade de associação, na condição de direito fundamental, é mais recente, sendo, em geral (ressalvadas algumas exceções), um fenômeno do século XX, notadamente a partir da Segunda Grande Guerra.

Atualmente, a liberdade de associação é amplamente reconhecida, tanto na esfera internacional quanto na esfera constitucional.

Importante frisar, dada a crescente relevância da matéria, que a liberdade de associação cooperativa, embora seja uma manifestação da própria liberdade de associação, passou a receber tratamento em parte distinto em diversas ordens constitucionais.

Merece destaque, neste contexto, o exemplo da Constituição mexicana de 1917, que, embora não tenha cláusula prevendo expressamente o direito à liberdade de associação, prevê no seu art. 25 as organizações cooperativas, como forma de associação livre, destacando a sua importância para o conjunto da sociedade, designando sua essencialidade para a atividade econômica, bem como seu caráter de agente de inclusão social. Também a Constituição italiana de 1947, além de reconhecer a liberdade geral de associação, no seu art. 18, agasalha em dispositivo distinto (art. 45) a forma de associação cooperativa de caráter mutualístico, distinta de outras formas de união cooperativa, destacando a função social da cooperação. Na Constituição de Espanha, de 1978, a liberdade de associação está inscrita no

---

524. Cf. MENDES, Gilmar Ferreira; BRANCO, Paulo Gustavo Gonet. *Curso de direito constitucional*, 15. ed., p. 308-309; RIVERO Jean; MOUTOUH, Hughes. *Liberdades públicas*, p. 657-658; RIXEN, Stephan. Art. 9 – Vereinigungsfreiheit. In: STERN/BECKER (Org.) *Grundrechte Kommentar*, p. 835-839; HUFEN, Friedhelm. *Staatsrecht II – Grundrechte*, p. 491-492; DÍEZ-PICAZO, Luís María. *Sistema de derechos fundamentales*, p. 349-350; RUOTOLO, Marco. Le liberta di riunione e di associazione. In: NANIA, Roberto; RIDOLA, Paolo (Org.). *I diritti costituzionali*, p. 696 e ss.

525. Interessante, nesse sentido, o precedente *National Association for the Advancement of Colored People v. Alabama – 357 U.S. 449 (1958)*, em que a Suprema Corte entende que a liberdade de associação estaria contida da liberdade de expressão: "It is beyond debate that freedom to engage in association for the advancement of beliefs and ideas is an inseparable aspect of the 'liberty' assured by the Due Process Clause of the Fourteenth Amendment, which embraces freedom of speech". Em mesmo sentido, apontando o desenvolvimento do direito em seara jurisprudencial, DÍEZ-PICAZO, Luís María. *Sistema de derechos fundamentales*, p. 350; e, entre nós, MENDES, Gilmar Ferreira; BRANCO, Paulo Gustavo Gonet. *Curso de direito constitucional*, 15. ed., p. 308-309.

art. 22 e o art. 129 disciplina o dever de fomento às cooperativas no âmbito da previdência social. A Constituição da República Portuguesa (1976), por sua vez, igualmente reconhece a liberdade de associação (art. 46) e o direito à livre constituição de cooperativas (art. 61). A Constituição da Venezuela, de 1999, ainda que não se refira à liberdade de associação como tal, a garante por meio do art. 112, que afirma a liberdade de trabalho, empresa, comércio e indústria, fazendo especial referência, nos arts. 70, 118, 184, à importância das associações cooperativistas em todas as suas formas, inclusive as de crédito e comunitárias na gestão da cooperação e da solidariedade, impondo, inclusive, ao Estado o dever de fomentá-las, a teor do art. 308, sob o regime de propriedade coletiva, com o fim específico de fortalecer o desenvolvimento econômico do país. Ainda, a Lei Fundamental alemã de 1949, no art. 9.º, garante o direito de constituição de associações e sociedades.

III – Liberdade de associação na Constituição Federal de 1988

1. Considerações gerais

Na esfera da evolução constitucional brasileira, a partir da Primeira República, todas as Constituições asseguraram a liberdade de associação: (a) Constituição de 1891,[526] art. 72, §§ 3.º e 8.º; (b) Constituição de 1934,[527] art. 113, n. 5, 7 e 12; (c) Constituição de 1937,[528] art. 122, n. 3 e 9; (d) Constituição de 1946,[529] art. 141, §§ 7.º, 10, 12 e 13; (e) Constituição de 1967,[530]

---

526. "A Constituição assegura a brasileiros e a estrangeiros residentes no paiz a inviolabilidade dos direitos concernentes á liberdade, á segurança individual e á propriedade nos termos seguintes: (...) § 3.º Todos os individuos e confissões religiosas podem exercer publica e livremente o seu culto, associando-se para esse fim e adquirindo bens, observadas as disposições do direito comum; (...) § 8.º A todos é licito associarem-se e reunirem-se livremente e sem armas; não podendo intervir a policia, sinão para manter a ordem publica."

527. "A Constituição assegura a brasileiros e a estrangeiros residentes no paiz a inviolabilidade dos direitos concernentes á liberdade, á subsistencia, á segurança individual e á propriedade, nos termos seguintes: (...) 5) É inviolavel a liberdade de consciencia e de crença, e garantido o livre exercicio dos cultos religiosos, desde que não contravenham á ordem publica e aos bons costumes. As associacções religiosas adquirem personalidade juridica nos termos da lei civil. (...) 7) Os cemitérios terão caracter secular e serão administrados pela autoridade municipal, sendo livre a todos os cultos religiosos a pratica dos respectivos ritos em relação aos seus crentes. As associações religiosas poderão manter cemiterios particulares, sujeitos, porém, á fiscalização das autoridades competentes. É-lhes prohibida a recusa de sepultura onde não houver cemiterio secular. (...) 12) É garantida a liberdade de associação para fins licitos. Nenhuma associação será compulsoriamente dissolvida senão por sentença judiciaria."

528. "A Constituição assegura aos brasileiros e estrangeiros residentes no país o direito à liberdade, à segurança individual e à propriedade, nos termos seguintes: (...) 3. Os cargos públicos são igualmente accessíveis a todos os brasileiros, observadas as condições de capacidade prescritas nas leis e regulamentos; (...) 9. A liberdade de associação, desde que os seus fins não sejam contrarios à lei penal e aos bons costumes."

529. "A Constituição assegura aos brasileiros e aos estrangeiros residentes no país a inviolabilidade dos direitos concernentes à vida, à liberdade, à segurança individual e à propriedade, nos têrmos seguintes: (...) § 7.º É inviolável a liberdade de consciência e de crença e assegurado o livre exercício dos cultos religiosos, salvo o dos que contrariem a ordem pública ou os bons costumes. As associações religiosas adquirirão personalidade jurídica na forma da lei civil. (...) § 10 Os cemitérios terão caráter secular e serão administrados pela autoridade municipal. É permitido a tôdas as confissões religiosas praticar nêles os seus ritos. As associações religiosas poderão, na forma da lei, manter cemitérios particulares. (...) § 12 É garantida a liberdade de associação para fins lícitos. Nenhuma associação poderá ser compulsòriamente dissolvida senão em virtude de sentença judiciária. § 13 É vedada a organização, o registro ou o funcionamento de qualquer partido político ou associação, cujo programa ou ação contrarie o regime democrático, baseado na pluralidade dos partidos e na garantia dos direitos fundamentais do homem."

530. "A Constituição assegura aos brasileiros e aos estrangeiros residentes no País a inviolabilidade dos direitos concernentes à vida, à liberdade, à segurança e à propriedade, nos têrmos seguintes: (...) § 28. É garantida a liberdade de associação. Nenhuma associação poderá ser dissolvida, senão em virtude de decisão judicial."

art. 150, § 28; (f) EC 1/1969,[531] art. 153, § 28. Na atual Constituição Federal a liberdade de associação alcançou um reconhecimento e uma proteção particularmente generosos, já à vista do que dispõe o texto constitucional, que, sem contar os dispositivos sediados em outros capítulos, apenas no art. 5.º contempla cinco incisos:

"XVII – É plena a liberdade de associação para fins lícitos, vedada a de caráter paramilitar."

"XVIII – A criação de associações, e, na forma da lei, a de cooperativas independem de autorização, sendo vedada a interferência estatal em seu funcionamento."

"XIX – As associações só poderão ser compulsoriamente dissolvidas ou ter suas atividades suspensas por decisão judicial, exigindo-se, no primeiro caso, o trânsito em julgado."

"XX – Ninguém poderá ser compelido a associar-se ou a permanecer associado."

"XXI – As entidades associativas, quando expressamente autorizadas, têm legitimidade para representar seus filiados judicial e extrajudicialmente."

Já no que diz com as associações cooperativas, a Constituição Federal foi a primeira a contemplar tal modalidade associativa, assegurando, além disso, não apenas uma genérica liberdade de criação e participação de cooperativas, mas também prevendo para as cooperativas um regime constitucional diferenciado e em determinados aspectos privilegiado, o qual compreende:

a) tratamento tributário adequado para os atos cooperativos praticados pelas sociedades cooperativas (art. 146, c), a ser disciplinado por lei complementar;

b) atribuição ao Estado do "dever fundamental" de apoiar e estimular o cooperativismo e outras formas de associativismo (art. 174, § 2.º);

c) fomento do desenvolvimento das atividades garimpeiras na forma de cooperativas, com o objetivo de promover a promoção socioeconômica dos garimpeiros, inclusive atribuindo-lhes prioridade de tratamento na autorização ou concessão para pesquisa e lavra dos recursos e jazidas de minerais garimpáveis, bem como evitar que o exercício das suas atividades extrativas venha a degradar o meio ambiente (art. 174, §§ 3.º e 4.º);

d) no art. 187, que dispõe sobre a política agrícola, seu planejamento e execução, é imposta especial atenção ao cooperativismo, dentre outros fatores (inciso VI);

e) no art. 192 integra as cooperativas de crédito ao sistema financeiro nacional;

f) também no ADCT, conjunto normativo transitório (STF), garantidor do espaço de transição do regime constitucional, as cooperativas foram contempladas no seu art. 47, que dispôs sobre o tratamento favorecido às cooperativas de crédito relativamente à incidência da correção monetária sobre suas operações, flagelo bem conhecido daqueles que viveram sobre o jugo inflacionário.

A partir da simples leitura do texto constitucional, é possível perceber a relevância das cooperativas como particular modo de organização social e meio de exercer a liberdade de associação. Todavia, cuidando-se de uma modalidade especial da liberdade de associação, a liberdade de criação e participação de cooperativas, ressalvadas as suas peculiaridades (tais

---

531. "A Constituição assegura aos brasileiros e aos estrangeiros residentes no País a inviolabilidade dos direitos concernentes à vida, à liberdade, à segurança e à propriedade, nos têrmos seguintes: (...) § 28. É assegurada a liberdade de associação para fins lícitos. Nenhuma associação poderá ser dissolvida senão em virtude de decisão judicial."

como as que formam o regime jurídico acima referido), será abordada no contexto mais amplo da liberdade geral de associação, da qual também são modalidades particulares a livre associação sindical (art. 8.º) e a liberdade de criação e participação em partidos políticos (art. 17), mas que, dadas as suas notas específicas e o fato de terem sido previstas em capítulo próprio, não serão aqui consideradas.[532]

2. Conteúdo da liberdade de associação

A liberdade de associação, da qual é espécie a liberdade de criação e participação de cooperativas, é reconhecida e protegida na condição de um direito fundamental, sendo-lhe aplicável o regime jurídico reforçado dos direitos e garantias fundamentais. Assim, de acordo com o que já foi examinado na parte geral dos direitos fundamentais, cuida-se de direito (mais precisamente de normas) diretamente aplicável, no sentido de que a ausência de lei não impede a proteção do direito de livre associação, além de a abolição da liberdade de associação (incluindo a criação de cooperativas) estar protegida, na condição de "cláusula pétrea", contra o poder de reforma constitucional, sem prejuízo das demais garantias, com destaque para os critérios de controle de constitucionalidade de medidas restritivas do direito de livre associação. É precisamente nessa esfera (a dos limites e restrições ao direito) que a Constituição Federal traçou uma diferença entre o direito de associação cooperativa e a liberdade associativa em geral, visto que, pelo menos se considerado o texto constitucional (art. 5.º, XVIII), o direito de criação de cooperativas (diversamente do que ocorre com a liberdade de associação em geral) está submetido a uma expressa reserva legal, traduzida pela expressão "na forma da lei", o que implicaria, em sendo levada a sério a distinção, um regime em parte diferenciado no que diz com as restrições ao direito, já que a liberdade de associação em geral (quando não se tratar de cooperativas) apenas estaria submetida a limites por força de eventual colisão com outros bens constitucionais relevantes, no âmbito das assim chamadas restrições não expressamente autorizadas a direitos fundamentais.

Embora os fortes elementos de contato com o direito de reunião, a liberdade de associação com este não se confunde, já pelo fato de que no caso do direito de reunião se cuida do direito ao encontro físico de diversas pessoas, encontro de caráter mais ou menos transitório, ao passo que, no caso da liberdade de associação, o que está em causa é a reunião de pessoas em torno de fins comuns e de modo estável, mediante a criação de um ente coletivo, que é a pessoa jurídica (a associação).[533]

Por outro lado, há que destacar a vinculação da liberdade de associação de outros direitos de liberdade.[534] Com efeito, de acordo com a lição de J. J. Gomes Canotilho e Vital Moreira, a expressão mais qualificada da liberdade de organização coletiva privada é, portanto, também um instrumento de garantia da liberdade política, religiosa, de fruição

---

532. Note-se que o STF, no RE 207.858, j. 27.10.1998, rel. Min. Marco Aurélio, distingue a liberdade geral de associação das liberdades especiais. No caso, tratava-se da liberdade sindical, que, pela sua especialidade, está submetida ao disposto no art. 8.º, II, da CF.

533. Cf., por todos, CARBONELL, Miguel. La libertad de asociación en el constitucionalismo de América Latina. *Direitos Fundamentais & Justiça* 12/15.

534. Nesse sentido, calha colacionar o seguinte julgado do STF: "O direito à plena liberdade de associação (art. 5.º, XVII, da CF) está intrinsecamente ligado aos preceitos constitucionais de proteção da dignidade da pessoa, de livre-iniciativa, da autonomia da vontade e da liberdade de expressão. Uma associação que deva pedir licença para criticar situações de arbitrariedades terá sua atuação completamente esvaziada." (2.ª T., HC 106.808, rel. Min. Gilmar Mendes, j. 09.04.2013, *DJe* 24.04.2013.)

cultural, entre outras, o que, por sua vez, indica o seu valor para uma ordem democrática.[535] Aliás, é no seu significado para a democracia que a liberdade de associação alcança a sua maior repercussão, notadamente na esfera não estritamente individual. Mediante a possibilidade de as pessoas formarem agregados interpessoais de interesses para a consecução, na condição de entes coletivos, de objetivos comuns, a liberdade de associação, tal como propõe Miguel Carbonell, assume um papel essencial na conformação das democracias modernas.[536]

Importante é que se tenha presente que a liberdade de associação abarca toda e qualquer forma associativa, incluindo, além das cooperativas (expressamente contempladas pelo texto constitucional), as sociedades comerciais, de natureza cultural, esportiva etc., não importando a nomenclatura, de modo a assegurar uma proteção mais ampla possível da liberdade.[537] Os elementos constitutivos da liberdade de associação são essencialmente três: (a) a associação deve ser espontânea, portanto, ser o resultado da livre opção de criar uma associação ou dela participar; (b) a associação serve a uma finalidade ou a finalidades em comum; (c) a associação reúne várias pessoas físicas ou jurídicas mediante certa estabilidade temporal e organizatória, resultado de uma manifestação de vontade e de um regramento escrito ou não escrito em comum.[538] Há que sublinhar, fazendo coro com Paulo Gonet Branco, que, embora não exista um número mínimo de pessoas para constituir uma associação, resulta impossível falar de associação unipessoal, assim como não há modo de considerar as fundações como associações, visto que são apenas patrimônios dotados de personalidade jurídica, faltando, no caso, a "união de pessoas".[539]

3. Titularidade: a dupla dimensão individual e coletiva

Este direito, como direito subjetivo e no que diz com sua titularidade, apresenta duas dimensões: uma de natureza individual e outra de natureza coletiva. Na primeira dimensão o que se observa diz com o direito de associação da pessoa, membro de uma associação, a titularidade que lhe corresponde, na qualidade de pessoa natural, mas também de pessoas jurídicas que, por sua vez, também podem criar e integrar uma associação.[540]

Cuidando-se de uma manifestação essencial da liberdade pessoal, a titularidade da liberdade de associação há de ser interpretada em sentido extensivo, podendo, em princípio, ser atribuída até mesmo, forte no princípio da universalidade, ao estrangeiro não residente, sem prejuízo de eventuais limitações compatíveis com a Constituição Federal.

Na segunda dimensão, trata-se do direito de associação da associação, isto é, da associação enquanto pessoa jurídica, situação na qual titular do direito fundamental é a própria associação como pessoa jurídica. Neste sentido é possível também falar em uma garantia

---

535. Cf. Canotilho, J. J. Gomes; Moreira, Vital. *Constituição da República Portuguesa anotada*, p. 643.

536. Cf. Carbonell, Miguel. La libertad de asociación en el constitucionalismo de América Latina. *Direitos Fundamentais & Justiça* 12/14.

537. Cf. Mendes, Gilmar Ferreira; Branco, Paulo Gustavo Gonet. *Curso de direito constitucional*, 15. ed., p. 311-312, sobre a não limitação ao feitio predefinido em legislação.

538. Cf. Pieroth, Bodo; Schlink, Bernhard. *Staatsrecht II – Grundrechte*, p. 193; Piva, Otávio. *Comentários ao art. 5.º da Constituição Federal de 1988 e teoria dos direitos fundamentais*, p. 109-111; Mendes, Gilmar Ferreira; Branco, Paulo Gustavo Gonet. *Curso de direito constitucional*, 15. ed., p. 310-312.

539. Cf., por todos, Mendes, Gilmar Ferreira; Branco, Paulo Gustavo Gonet. *Curso de direito constitucional*, 15. ed., p. 310.

540. Idem, ibidem.

institucional, tendo em conta a relevância da figura das associações para a ordem social, econômica e política do Estado Constitucional Democrático.[541]

Já em outro sentido, a liberdade de associação constitui o que se costuma designar de direito individual de expressão coletiva,[542] visto que uma associação, como pressuposto de sua própria existência, exige o concurso de vontades individuais.

Em síntese, para além de ser em primeira linha direito individual (embora de expressão coletiva) da pessoa natural, a titularidade da liberdade de associação inclui as pessoas jurídicas, como é o caso, por exemplo, das confederações sindicais.[543]

4. Destinatários: órgãos estatais e particulares

Sujeitos passivos da liberdade de associação são em primeira linha os órgãos estatais, mas também os particulares. Se em geral os direitos fundamentais geram efeitos nas relações privadas (direta ou indiretamente), no caso da liberdade de associação tal eficácia há de ser particularmente acentuada. Posto de outro modo, as associações são tanto titulares quanto destinatárias de direitos fundamentais. Aliás, no caso da liberdade de associação sindical (como manifestação especial da liberdade geral de associação), mesmo no caso da Alemanha, onde prevalece a teoria da eficácia indireta dos direitos fundamentais nas relações privadas, a eficácia é direta, gerando uma vinculação direta dos particulares.[544] No caso brasileiro, o principal precedente julgado pelo STF, admitindo uma eficácia direta dos direitos fundamentais nas relações privadas, foi precisamente um caso envolvendo a liberdade de associação e seus limites. Com efeito, no julgamento do RE 201.819, julgado em 11.10.2005 e tendo como relator para o acórdão o Min. Gilmar Mendes, o STF, por ampla maioria, reconheceu a necessária observância, no âmbito de uma associação privada (União Brasileira de Compositores), das garantias do contraditório, da ampla defesa e do devido processo legal, sufragando, no caso, a tese da eficácia (direta, na hipótese) de tais direitos fundamentais nas relações privadas, notadamente considerando se tratar de uma associação com finalidade de defesa dos interesses econômicos dos associados.

Neste contexto, é possível acompanhar o entendimento de que, quanto menos "privada" for a associação, ou seja, quanto mais a sua finalidade for a de atender também ao interesse público e social, mais sujeita à intervenção legislativa e judicial será a liberdade de associação e maior será a eficácia dos direitos fundamentais de terceiros em relação aos direitos da associação e dos associados.[545]

O que se constata é que, quando se trata de associações com finalidade social, que buscam representar interesses de seus associados, cresce a intensidade de controle sobre o afastamento de associados e eventuais exigências estabelecidas para o seu ingresso na

---

541. Cf., por todos, Pieroth, Bodo; Schlink, Bernhard. *Staatsrecht II – Grundrechte*, p. 192.
542. Cf., por todos, Tavares, André Ramos. *Curso de direito constitucional*, 18. ed., p. 522, e, por último, Moraes, Alexandre de. *Direitos humanos fundamentais*, 9. ed., p. 189.
543. Cf. Mendes, Gilmar Ferreira; Branco, Paulo Gustavo Gonet. *Curso de direito constitucional*, 15. ed., p. 310. Em sentido diverso, v. Piva, Otávio. *Comentários ao art. 5.º da Constituição Federal de 1988 e teoria dos direitos fundamentais*, p. 109, aduzindo que associação é toda "coligação voluntária de algumas ou de muitas pessoas naturais", de forma que, ao menos aparentemente, o autor exclui associações de pessoas jurídicas.
544. Cf., por todos, Pieroth, Bodo; Schlink, Bernhard. *Staatsrecht II – Grundrechte*, p. 192 e 195 e ss.
545. Cf. Ubillos, Juan Maria Bilbao; Martínez, Fernando Rey; Zapatero, José Miguel Vidal. *Lecciones de derecho constitucional*, 1997, p. 27 e ss.

associação, ou seja, aumenta em intensidade a eficácia de determinados direitos fundamentais nas relações privadas. Há casos, todavia, em que a possibilidade de afastamento de associados pode ser limitada a um controle de natureza mais procedimental, como, por exemplo, na hipótese de uma sociedade religiosa católica, que esteja a afastar um religioso que publicamente se posicione favoravelmente ao casamento dos membros da associação.[546]

5. A dupla dimensão negativa e positiva da liberdade de associação

Desde logo, à vista já do conjunto de dispositivos previstos na Constituição Federal, a liberdade de associação e o direito de criação de cooperativas é também um direito fundamental complexo, que, considerado em sentido amplo, abrange, na condição de direito subjetivo, um conjunto de posições jurídicas subjetivas (exigíveis pelos titulares em face dos destinatários) e implica um conjunto diferenciado de efeitos jurídicos objetivos.[547] É nesse sentido que se fala também de múltiplas dimensões da liberdade de associação, notadamente do seu âmbito de proteção, que implica um balanceamento da dimensão objetiva e subjetiva, de modo a não afastar a dimensão subjetiva e os seus efeitos, o que, por sua vez, também reflete numa ampliação da dimensão subjetiva, naquilo em que à dimensão objetiva correspondem também direitos subjetivos, como é o caso de direitos à proteção e participação na organização e procedimento.[548]

Assim, o âmbito de proteção do direito deve ser interpretado em sentido alargado, tornando ao máximo "produtivo" o seu âmbito de proteção subjetivo (titulares) e o seu conteúdo.

Como direito negativo (de defesa), a liberdade de associação abarca posições subjetivas que têm por objeto a não afetação (intervenção) de posições, o não impedimento de faculdades de agir ou não agir e até mesmo a não eliminação de posições jurídicas, que, a despeito de serem habitualmente decompostas em quatro faculdades (liberdades),[549] podem ser ampliadas, de acordo com a listagem a seguir:

a) *direito de constituir associações e cooperativas*, aqui compreendidas em sentido amplo, de qualquer sociedade civil e comercial;

b) *direto de não constituir* uma associação;

---

546. Cf., por todos, MENDES, Gilmar Ferreira; BRANCO, Paulo Gustavo Gonet. *Curso de direito constitucional*, 15. ed., p. 315-316.

547. Cf., por todos: MIRANDA, Jorge; MEDEIROS, Rui. *Constituição portuguesa anotada*, t. I, 2005, p. 468: "O direito de associação apresenta-se como um direito complexo, com múltiplas dimensões – individual e institucional, positiva e negativa, interna e externa –, cada qual com a sua lógica própria, complementares umas das outras, e a harmonizar e desenvolver".

548. Cf., RIXEN, Stephan. Art. 9 – Vereinigungsfreiheit. In: STERN, Klaus; BECKER, Florian. *Grundrechte Kommentar*, p. 860-867 ("Charakteristisch für Art. 9 Abs. 1 und insbesondere für Art. 9 Abs. 3 ist die "Mehrschichtigkeit des Gewährleistungsinhalts", die es vornehmlich bei Art. 9 Abs. 3 erforderlich macht, die objektiv-rechtlichen Dimensionen nicht gegen die "klassisch" abwehrrechtliche Dimension auszuspielen., p. 860-861).

549. Buscando demonstrar as diversas posições jurídicas vinculadas à dimensão negativa da liberdade de associação, v., na literatura brasileira, MENDES, Gilmar Ferreira; BRANCO, Paulo Gustavo Gonet. *Curso de direito constitucional*, 15. ed., p. 310, no sentido de que a liberdade de associação abarca distintas faculdades: a de constituir associações; a de nelas ingressar; a de delas se retirar ou a elas não se associar; de auto-organização por parte dos associados. No mesmo sentido: TAVARES, André Ramos. *Curso de direito constitucional*, 18. ed., p. 522, bem como PIVA, Otávio. *Comentários ao art. 5.º da Constituição Federal de 1988 e teoria dos direitos fundamentais*, p. 110.

c) *direito de ingressar*, ou seja, de pertencer a uma associação;

d) *direito de não ingressar e de retirar-se*;

e) *direito de manter a condição de associado*, o que corresponde ao direito a não ser excluído arbitrariamente da condição de associado;

f) *direito de gozar dos direitos derivados* – da lei ou das normas estatutárias – da condição de associado ou, ainda, de membro de uma associação;

g) *proibição de afetar a autonomia, a autogestão e a auto-organização* da associação, direito este da associação como pessoa jurídica, mas não da pessoa natural (associado). Importa averbar que a liberdade de auto-organização e de autogestão não prejudica a fixação normativa de regras gerais de organização e gestão, desde que não afetem substancialmente a liberdade de associação, nomeadamente os requisitos mínimos de uma organização democrática interna;[550]

h) *direito à não dissolução arbitrária da própria associação*, de modo que a dissolução poderá ocorrer apenas por força de decisão judicial (quando não for voluntária), donde se falar em um direito da associação à garantia de sua existência na condição de associação;

i) é possível também falar de um *direito de aquisição da personalidade jurídica como pessoa coletiva, mas no sentido de um direito condicionado pela legislação que fixa requisitos para a criação de pessoas jurídicas*, desde que tal legislação não afete a consecução dos fins sociais lícitos e não deixe a criação da pessoa jurídica recair no âmbito da discricionariedade arbitrária.[551]

A liberdade de associação (incluindo as cooperativas) tem também uma face positiva, e, em certo sentido, assume a condição de um direito a prestações (direito "positivo"), especialmente de cunho normativo. A dimensão positiva se revela particularmente relevante no contexto dos assim chamados deveres de proteção do Estado, mas particularmente no campo dos deveres e direitos a organização e procedimento, visto que também a liberdade de associação depende, pelo menos em parte, de normas que disciplinam o direito de sociedade, regulam as relações dos associados, mas especialmente dizem respeito às relações da associação com outras instituições, apenas para mencionar os aspectos mais relevantes.[552]

A existência de obrigações positivas vinculadas à liberdade de associação foi objeto de reconhecimento também pela Corte Interamericana da Costa Rica, que vela pela aplicação, no âmbito interno dos Estados, da Convenção Americana de Direitos Humanos. Precisamente num caso envolvendo o Brasil, a Corte entendeu que tais obrigações positivas englobam a prevenção de atentados contra o direito de associação, a proteção daqueles que exercem a liberdade associativa, bem como a investigação (incluindo a imposição de eventual sanção) dos que violam a liberdade de associação.[553]

---

550. Cf. Canotilho, J. J. Gomes; Moreira, Vital. *Constituição da República Portuguesa anotada*, p. 646-647.

551. Idem, p. 645.

552. Cf., por todos, Mendes, Gilmar Ferreira; Branco, Paulo Gustavo Gonet. *Curso de direito constitucional*, 15. ed., p. 312-313, no sentido de um direito à prestação normativa da liberdade de associação. Todavia, ainda para os autores, outras pretensões positivas, que demandem comportamento ativo do Estado, mais especialmente um direito a subvenções pelo Poder Público, não decorrem da liberdade de associação nem dos correspondentes deveres estatais, pois não é pelo fato de a associação poder existir que o Estado se vê obrigado a assumir posições específicas para que os fins por ela almejados sejam de fato atingidos.

553. Cf. Carbonell, Miguel. La libertad de asociación en el constitucionalismo de América Latina. *Direitos Fundamentais & Justiça* 12/23, mediante referência ao caso Escher e outros *vs*. Brasil.

6. Limites e restrições da liberdade de associação

A Constituição Federal, ao mesmo tempo em que reconhece e protege uma ampla liberdade de associação, desde logo estabelece dois limites, quais sejam a vedação de associações com finalidade ilícita e a proibição de associações de caráter paramilitar.

Os fins ilícitos abarcam, em primeira linha, qualquer finalidade ou atuação ofensiva da legislação criminal, mas também incluem fins e atos contrários aos bons costumes e mesmo ofensivos à ordem pública, visto que a ilicitude vai tomada em sentido mais amplo, como contrariedade ao direito, devendo o controle da licitude incidir tanto sobre os documentos constitutivos da associação quanto sobre as atividades desenvolvidas por ela, o mesmo valendo para a vedação de associações de caráter paramilitar, sendo que tal caráter poderá ser aferido com base no modo de atuação e desenvolvimento das associações.[554] Note-se que, para a caracterização das atividades de cunho paramilitar, basta que se trate de uma estrutura hierarquizada, marcada pelo dever de obediência e por manter treinamento, não sendo necessário o uso de armas ou mesmo de uniformes.[555]

A utilização dos critérios dos bons costumes e da ordem pública, todavia, deve ser feita com cautela, em situações especiais e muito bem caracterizadas, assumindo, de resto, caráter residual, em virtude do considerável risco de estar a se esvaziar, com base em tais argumentos, a liberdade de associação, por conta de uma constitucionalmente injustificada e desproporcional compressão da liberdade.[556]

Uma das questões mais comuns em matéria de restrições à liberdade de associação diz com a exigência legal de formalização da inscrição e do registro da entidade associativa para o seu regular funcionamento e exercício legítimo do direito de associação. Em termos gerais, a exigência da inscrição não constitui por si só uma restrição ilegítima da liberdade de associação, embora o controle pela autoridade responsável deva estar restrito a um exame da legalidade externa, ou seja, da documentação acostada, sem apreciar o mérito dos aspectos alheios aos requisitos formais.[557] Note-se que a criação em si de uma associação independe, nos termos da Constituição Federal, de autorização prévia, de modo que a exigência legal de inscrição, para efeitos de legitimidade da associação e de representar os seus associados, não se confunde com a figura da autorização prévia.

---

554. Cf. Díez-Picazo, Luís María. *Sistema de derechos fundamentales*, p. 345.

555. Piva, Otávio. *Comentários ao art. 5.º da Constituição Federal de 1988 e teoria dos direitos fundamentais*, p. 111.

556. Cf. Carbonell, Miguel. La libertad de asociación en el constitucionalismo de América Latina. *Direitos Fundamentais & Justiça* 12/19, "si revisamos la regulación constitucional que acabamos de citar (y las otras pertinentes), veremos que la libertad asociativa se limita por sus objetivos (licitud de los fines) y por razones incluso más etéreas y difíciles de definir. Por ejemplo, en Chile se prohíben las asociaciones contrarias a "la moral" (artículo 19). En Honduras la libertad de asociación debe ser compatible con "las buenas costumbres" (artículo 78). La licitud aparece en varios textos constitucionales (en el mexicano, por ejemplo: artículo 9). Lo que signifiquen ese tipo de conceptos tan vagos e indeterminados es algo que habrá que ir descifrando, pero cabe apuntar que no resulta un modelo de buena técnica legislativa y más bien abren la puerta para interpretaciones subjetivas... La Convención Americana, en su artículo 16, no se libra de una enunciación ciertamente amplia de los límites, pues agrega en su párrafo segundo la posibilidad de considerar cuestiones vinculadas con la seguridad nacional, la seguridad pública, el orden público, la moral pública o los derechos de los demás, para efecto de configurar el perímetro jurídicamente protegido de la libertad asociativa".

557. Díez-Picazo, Luís María. *Sistema de derechos fundamentales*, p. 356-359.

Outro problema constantemente debatido diz respeito à dimensão negativa da liberdade de associação, mais precisamente, da possibilidade de a lei exigir que os integrantes de algumas categorias se vinculem a determinadas entidades setoriais (por exemplo, os Conselhos de Medicina, Odontologia, Engenharia, Advogados etc.), mas o pressuposto para a legitimidade constitucional de tal exigência é de que a associação exerça uma função pública, para cujo cumprimento a filiação constitui exigência.[558] Por outro lado, a lei poderá conferir prerrogativas a apenas algumas associações,[559] como é o caso do Ecad, o que também corresponde ao entendimento do STF de considerar legítimo o sistema de gestão coletiva de arrecadação e distribuição de direitos autorais por meio de um escritório único de arrecadação, no caso, o próprio Ecad.[560]

Ainda no que diz respeito aos limites da liberdade de associação, é de se referir a decisão proferida pelo STF quando do julgamento do RE 695.911/SP, rel. Min. Dias Toffoli, j. 15.12.2020, ocasião na qual restou assentado que "o princípio da legalidade funciona como instrumento de contrapeso ao princípio da liberdade de associação", no sentido de vedar às associações de moradores que possam cobrar taxas de manutenção e conservação de loteamento imobiliário urbano, de proprietário não associado, até a data do advento da Lei n. 12.465/2017.

Na linha do exposto, é de se invocar importante precedente da Corte Interamericana de Direitos Humanos, designadamente, a decisão proferida na Opinião Consultiva 5/85, onde estava em causa a exigência legal de associação compulsória para todos os que quisessem exercer a profissão de jornalista, incluindo a função de repórter. No caso, a Corte entendeu que tal exigência acabaria por afetar a própria liberdade de expressão e comunicação dos jornalistas e repórteres, que, neste contexto, por se tratar de assegurar a mais ampla liberdade de expressão, devem também ser submetidos a um regime mais aberto e não ter sua atuação embaraçada de modo desproporcional. Além disso, a situação dos jornalistas e repórteres não se confunde, por exemplo, com a dos profissionais do direito ou da medicina, que, por sua vez, não são atividades especificamente asseguradas pela Convenção Americana de Direitos Humanos.[561]

4.12.7.2.8 Liberdade de reunião

I – Considerações gerais e introdutórias

A liberdade de reunião guarda relação forte com a liberdade de expressão. Neste contexto, Konrad Hesse destaca a relevância da liberdade de reunião para uma ordem jurídico-constitucional democrática, pois a formação da opinião e mesmo a formação da vontade política pressupõem uma comunicação que em grande parte se processa mediante reuniões.[562] Além disso, é por meio de reuniões que o exercício coletivo da liberdade de expressão e manifestação do pensamento pode servir como instrumento eficiente para a luta política e

---

558. Idem.
559. Na doutrina, v., por todos, MENDES, Gilmar Ferreira; BRANCO, Paulo Gustavo Gonet. *Curso de direito constitucional*, 15. ed., p. 313.
560. Cf. ADIn 2.054, rel. p/ acórdão Min. Ilmar Galvão, j. 02.04.2003.
561. Cf. a síntese da OC 5/85 apresentada por CARBONELL, Miguel. La libertad de asociación en el constitucionalismo de América Latina. *Direitos Fundamentais & Justiça* 12/20-21, aqui apenas parcialmente reproduzida.
562. Cf. HESSE, Konrad. *Grundzüge des Verfassungsrecht der Bundesrepublik Deutschland*, p. 176.

assegurar a possibilidade de influenciar o processo político, de tal sorte que a liberdade de reunião representa um elemento de democracia direta.[563] A liberdade de reunião também fortalece o direito de expressão das minorias e o exercício da oposição no embate político--democrático.[564] Assim, o direito de reunião, bem como os direitos de manifestação e de associação, integram o conjunto dos assim chamados direitos fundamentais democráticos, cuidando-se, nesse sentido, de um direito de liberdade tipicamente comunicativo, que tanto serve ao livre desenvolvimento da personalidade (que pressupõe e exige o interagir com os outros), como opera como garante de outros direitos fundamentais, tais como a liberdade política, a liberdade sindical, a liberdade religiosa e a liberdade de associação.[565]

Por tais razões, não surpreende que a liberdade de reunião tenha sido precocemente contemplada nos textos de algumas das principais declarações de direitos e das constituições da primeira fase do constitucionalismo, embora sua proscrição ou compressão em períodos autoritários, que, em maior ou menor medida, sempre se fez presente. Já a Primeira Emenda da Constituição norte-americana, de 1791, previa o direito do cidadão de se reunir pacificamente, o que também constou da Constituição francesa de 1791. De lá para cá, a liberdade de reunião (em vários casos em combinação com o direito de manifestação) passou a ser figura presente nas constituições e textos internacionais em matéria de direitos humanos, o que será objeto de atenção no próximo segmento.

II – Direito internacional dos direitos humanos

A Declaração Universal de Direitos Humanos de 1948, no art. 20, traz o direito de toda pessoa à liberdade de reunião e associação pacíficas. Por outro lado, isto é, em nível regional, a Convenção Europeia de 1950, no art. 11, também traz o direito a essa liberdade na seguinte disposição: "1. Qualquer pessoa tem direito à liberdade de reunião pacífica e à liberdade de associação, incluindo o direito de, com outrem, fundar e filiar-se em sindicatos para a defesa dos seus interesses. 2. O exercício deste direito só pode ser objeto de restrições que, sendo previstas na lei, constituírem disposições necessárias, numa sociedade democrática, para a segurança nacional, a segurança pública, a defesa da ordem e a prevenção do crime, a proteção da saúde ou da moral, ou a proteção dos direitos e das liberdades de terceiros. O presente artigo não proíbe que sejam impostas restrições legítimas ao exercício destes direitos aos membros das forças armadas, da polícia ou da administração do Estado".

Entre nós, ainda, a Convenção Americana dispõe, no art. 15, que "é reconhecido o direito de reunião pacífica e sem armas. O exercício desse direito só pode estar sujeito às restrições previstas em lei e que se façam necessárias, em uma sociedade democrática, ao interesse da segurança nacional, da segurança ou da ordem públicas, ou para proteger a saúde ou a moral pública ou os direitos e as liberdades das demais pessoas".

Já no sistema de proteção da região africana, a Carta de Banjul, de 1981, conhecida como Carta Africana dos Direitos Humanos e dos Povos, dispõe que "toda pessoa tem direito de se reunir livremente com outras pessoas. Este direito exerce-se sob a única reserva das restrições necessárias estabelecidas pelas leis e regulamentos, nomeadamente no interesse da segurança nacional, da segurança de outrem, da saúde, da moral ou dos direitos e liberdades das pessoas".

---

563. Idem, ibidem.
564. Cf. Hufen, Friedhelm. *Staatsrecht II – Grundrechte*, p. 474.
565. Cf. Canotilho, J. J. Gomes; Moreira, Vital. *Constituição da República Portuguesa anotada*, p. 636.

No âmbito da União Europeia, a Carta de Direitos Humanos de 2000, e hoje incorporada ao direito comunitário, traz, no art. 12, o seguinte: "Todas as pessoas têm direito à liberdade de reunião pacífica e à liberdade de associação em todos os níveis, nomeadamente nos domínios político, sindical e cívico, o que implica o direito de, com outrem, fundarem sindicatos e de a eles se filiarem para a defesa dos seus interesses".

III – A liberdade de reunião na Constituição Federal

1. Aspectos gerais: conceito e elementos da noção de reunião para efeitos da proteção constitucional

De acordo com o art. 5.º, XVI, da CF, "todos podem reunir-se pacificamente, sem armas, em locais abertos ao público, independentemente de autorização, desde que não frustrem outra reunião anteriormente convocada para o mesmo local, sendo apenas exigido prévio aviso à autoridade competente". Diferentemente do que ocorreu em Portugal (art. 45 da Constituição da República Portuguesa, de 1976), a Constituição Federal não contemplou a liberdade de reunião juntamente com a liberdade (direito) de manifestação, tal como se verifica na maior parte dos textos constitucionais, como é o caso, em caráter ilustrativo, da Alemanha (art. 8.º da Lei Fundamental de 1949) e da Espanha (art. 21 da Constituição de 1978), dispondo apenas sobre o direito de reunião.

Muito embora sua conexão com outras liberdades comunicativas e democráticas, como é o caso dos direitos de manifestação e associação, o direito de reunião com esses não se confunde, assumindo importante dimensão autônoma.[566] Ao passo que o direito de reunião (assim como o de associação) é sempre de ação coletiva, no sentido de um direito individual de exercício coletivo, podendo ser de exercício privado ou público e não exigindo a expressão de uma mensagem dirigida a terceiros, o direito de manifestação pode ser exercido individualmente e se reveste necessariamente de um caráter público, pois tem por objeto o exercício da liberdade de expressão com a finalidade de dirigir uma mensagem contra ou em direção a terceiros, de tal sorte que uma manifestação é quase sempre uma reunião, mas uma reunião nem sempre é uma típica manifestação.[567]

A distinção traçada, por sua vez, revela que o direito de manifestação não se confunde integralmente com a liberdade de manifestação do pensamento. Por outro lado, o direito de reunião não é idêntico ao direito de associação, pois este pressupõe a coligação entre pessoas, em caráter estável, sob uma direção comum,[568] ao passo que reuniões são encontros de duas ou mais pessoas em caráter não estável e não necessariamente voltados à criação de uma entidade comum, que é a associação, que assume a feição de uma pessoa coletiva.

O exercício do direito de reunião, por sua vez, embora implique em geral a manifestação do pensamento (liberdade de expressão) e seja mesmo um instrumento de garantia dessa mesma liberdade de expressão, na sua forma coletiva, igualmente com ela não se confunde, pois são diferentes os âmbitos de proteção do direito, de tal sorte que o conteúdo da expressão veiculada por ocasião de uma reunião será avaliado a partir dos parâmetros da liberdade de expressão, o que significa, dito de outro modo, que o direito de reunião não oferece uma

---

566. Sobre a distinção entre os direitos de reunião e manifestação e outros direitos fundamentais, v., por todos, Correia, Sérvulo. *O direito de manifestação – Âmbito de proteção e restrições*, p. 31 e ss., bem como Sousa, António Francisco de. *Direito de reunião e manifestação*, p. 14 e ss.

567. Cf. Canotilho, J. J. Gomes; Moreira, Vital. *Constituição da República Portuguesa anotada*, p. 636.

568. Cf. Mendes, Gilmar Ferreira; Branco, Paulo Gustavo G. *Curso de direito constitucional*, 15. ed., p. 308.

proteção adicional à liberdade de expressão pelo simples fato de se tratar do exercício coletivo do direito.[569] Outra diferença reside na circunstância de que, enquanto a liberdade de expressão costuma ser exercida de modo individual, a manifestação de opiniões e qualquer outra modalidade de expressão que resulte de uma reunião são necessariamente de exercício coletivo.[570]

Uma primeira dificuldade reside na definição de reunião para o propósito da proteção constitucional. Por isso, necessário distinguir a reunião de um mero aglomerado fortuito de pessoas em um mesmo local, como é o caso da frequência coletiva a um cinema, restaurante ou qualquer outro tipo de espetáculo artístico e esportivo, ou mesmo a reunião de curiosos quando de um acidente de trânsito.[571]

Assim, à míngua de diretrizes constitucionais expressas sobre o conceito de reunião, doutrina e jurisprudência (sem prejuízo de legislação regulamentadora, que pode definir em que consiste uma reunião)[572] passaram a desenvolver alguns critérios, que permitem identificar os elementos que determinam uma reunião e a distinguem de outros fenômenos de junção de pessoas. Dentre tais elementos, é possível colacionar os que seguem, por encontrarem ampla aceitação, ressalvado algum aspecto objeto de controvérsia.

Um primeiro elemento é de caráter subjetivo, pois uma reunião não passa, ao fim e ao cabo, de um agrupamento de pessoas que decidem reunir-se para algum fim, de modo que existe uma manifestação coletiva e prévia na base de qualquer reunião.[573] Há que existir, portanto, um vínculo interno, consubstanciado por uma finalidade (ou finalidades) em comum.[574] Dito de outro modo, uma reunião exige uma consciência e uma vontade coletiva de reunião, bem como um laço comum entre os seus respectivos participantes.[575] O quanto a finalidade deverá envolver sempre o propósito de uma manifestação coletiva, portanto, de uma reunião voltada à comunicação na esfera pública, é algo que merece uma atenção especial e se revela controverso.[576] Uma reunião, portanto, apresenta um elemento teleológico (ou finalista),[577] pois envolve alguma finalidade em comum.[578] A tais elementos agrega-se uma dimensão temporal, pois a reunião, ao contrário da liberdade de associação (que é de natureza duradoura), é necessariamente transitória, de duração limitada e caráter episódico.[579] Além disso, como já se depreende dos demais elementos, sendo direito individual de exercício coletivo, a reunião exige sempre um agrupamento de pessoas, ou seja, a pluralidade de agentes.[580] A tais elementos se soma um elemento espacial, pois a reunião

---

569. Cf. HUFEN, Friedhelm. *Staatsrecht II – Grundrechte*, p. 479.
570. Nesse sentido, v. DÍEZ-PICAZO, Luís María. *Sistema de derechos fundamentales*, p. 373.
571. Cf., por todos, PIEROTH, Bodo; SCHLINK, Bernhard. *Staatsrecht II – Grundrechte*, p. 184.
572. Este é o caso da Espanha, onde existe uma lei orgânica (a LO 9/1983) que define e regula o direito de reunião.
573. Cf., por todos, ROYO, Javier Pérez. *Curso de derecho constitucional*, p. 347.
574. Cf., por todos, PIEROTH, Bodo; SCHLINK, Bernhard. *Staatsrecht II – Grundrechte*, p. 184.
575. Cf. CANOTILHO, J. J. Gomes; MOREIRA, Vital. *Constituição da República Portuguesa anotada*, p. 637. Na literatura brasileira, v., por todos, MENDES, Gilmar Ferreira; BRANCO, Paulo Gustavo Gonet. *Curso de direito constitucional*, 15. ed., p. 302.
576. Cf. KLOEPFER, Michael. *Verfassungsrecht II*, p. 329.
577. Cf. ROYO, Javier Pérez. *Curso de derecho constitucional*, p. 348.
578. Cf., também, MENDES, Gilmar Ferreira; BRANCO, Paulo Gustavo G. *Curso de direito constitucional*, p. 302-304.
579. Idem, p. 304.
580. Idem, ibidem.

se desenvolve sempre em local determinado.[581] Todavia, é preciso ter presente que o direito de reunião envolve tanto manifestações de natureza estática, ou seja, confinadas a determinado ambiente, quanto de natureza dinâmica, quando se verifica o deslocamento das pessoas envolvidas por vias públicas, podendo, além do mais, se dar tanto em locais fechados quanto abertos.[582]

Por derradeiro, existe um elemento de natureza objetiva (ou formal), vinculado ao modo de exercício do direito de reunião, pois a Constituição Federal (a exemplo do que em geral ocorre no direito internacional e comparado) exige que a reunião seja pacífica e sem o uso de armas, o que será objeto de maior desenvolvimento logo adiante, ao discorrermos sobre os limites do direito de reunião. Aqui também é possível enquadrar o requisito da exclusividade, pois a Constituição Federal veda que uma reunião frustre outra previamente convocada para o mesmo local, de modo que o elemento espacial diz também com um espaço territorial que, em caráter transitório, enquanto durar a reunião, será usado de modo exclusivo para tal finalidade, o que, todavia, não exclui necessariamente a presença de outras pessoas no local.

Da mesma forma, a Constituição Federal exige aviso prévio à autoridade competente, o que, todavia, há de ser examinado com mais atenção, considerando algumas peculiaridades das reuniões. Tais elementos (requisitos) que configuram uma reunião como tal admitida e protegida pela Constituição são, em geral, admitidos pela absoluta maioria da doutrina, não havendo maior divergência quanto a eles, salvo em relação a aspectos internos de cada um dos elementos.[583]

2. Âmbito de proteção do direito de reunião

Na sua condição de direito subjetivo, o direito de reunião (liberdade de reunião) é, *em primeira linha, um direito negativo*, no sentido de um direito de defesa, voltado ao não impedimento (por parte do Estado e de terceiros) de uma ação (a reunião e a manifestação que lhe é inerente), portanto, de uma faculdade atribuída aos titulares do direito[584]. No âmbito de sua função como direito negativo, o direito de reunião abarca um direito à não intervenção do Estado, tanto na fase preparatória, incluindo a convocação para a reunião, quanto no seu exercício.[585] Também a assim chamada liberdade negativa é incluída no âmbito de

---

581. Cf., por todos, Royo, Javier Pérez. *Curso de derecho constitucional*, p. 348.
582. Cf. Mendes, Gilmar Ferreira; Branco, Paulo Gustavo G. *Curso de direito constitucional*, 15. ed., p. 304.
583. Confiram-se, em caráter ilustrativo, na doutrina brasileira, Moraes, Alexandre de. *Direitos humanos fundamentais*, p. 187-188; Tavares, André Ramos. *Curso de direito constitucional*, 18. ed., p. 524-525; Fernandes, Bernardo Gonçalves. *Curso de direito constitucional*, p. 288-290; Mendes, Gilmar Ferreira; Branco, Paulo Gustavo G. *Curso de direito constitucional*, 15. ed., p. 302 e ss.; Silva, José Afonso da. *Comentário contextual à constituição*, 2. ed., p. 113; Carvalho, Kildare Gonçalves. *Curso de direito constitucional*, p. 817; Araujo, Luiz Alberto David; Nunes Junior, Vidal Serrano. *Curso de direito constitucional*, p. 195; Novelino, Marcelo. *Direito constitucional*, p. 307; Piva, Otávio. *Comentários ao art. 5.º da Constituição Federal de 1988 e teoria dos direitos fundamentais*, p. 104-105; Lenza, Pedro. *Direito constitucional esquematizado*, p. 606; Ferrari, Regina Maria Macedo Nery. *Direito constitucional*, p. 597; Agra, Walber de Moura. *Curso de direito constitucional*, p. 138-139.
584. A respeito da dimensão negativa da liberdade de reunião, v. ADPF 548, rel. Min. Cármen Lúcia, j. em 15.05.2020, que declarou nulas as decisões da Justiça Eleitoral em cinco Estados que impuseram a interrupção de manifestações públicas de apreço ou reprovação a candidatos em ambiente virtual ou físico de universidades às vésperas do segundo turno da eleição de 2018.
585. Cf. Mendes, Gilmar Ferreira; Branco, Paulo Gustavo G. *Curso de direito constitucional*, 15. ed., p. 307.

proteção do direito, no caso, a faculdade de não participar de uma reunião e o direito de não ser *forçado à participação*, vedada, portanto, toda e qualquer modalidade de coação pública ou privada.[586]

A dimensão negativa do direito (liberdade de reunião) pode ser sintetizada da seguinte forma: (a) direito de reunir-se com outrem sem impedimento; (b) direito de convocar uma reunião; (c) direito de participar de uma reunião; (d) direito de não participar de uma reunião; (e) direito de não ser perturbado por outrem no exercício da liberdade de reunião.[587]

Uma função positiva do direito de reunião guarda relação com a assim chamada dimensão objetiva dos direitos fundamentais, consubstanciando-se nos deveres de proteção estatais, que envolvem prestações de segurança para o exercício do direito de reunião, bem como aspectos de cunho organizacional e procedimental. O dever de proteção estatal envolve mesmo a segurança do exercício da reunião, devendo o Poder Público assegurar aos participantes da reunião o livre exercício e sem perturbações do seu direito, o que envolve a proteção contra grupos de oposição (manifestações e reuniões contrárias, evitando sejam os participantes da reunião agredidos ou submetidos a riscos), bem como protegendo contra a perturbação da reunião,[588] o que, por sua vez, implica uma projeção do direito de reunião na esfera das relações privadas. Com efeito, o dever de proteção é voltado em primeira linha contra intervenções por parte de terceiros, havendo mesmo o direito dos participantes de uma reunião de excluir outras pessoas que não comungam dos mesmos objetivos.[589] No âmbito dos deveres estatais de proteção fala-se também em um princípio da simpatia (de uma postura ou atitude amistosa) para com a reunião (*Grundsatz der Versammlungsfreundlichkeit*), que abarca um dever de cooperação entre autoridade pública (especialmente no exercício do poder de polícia) e os manifestantes.[590] Por outro lado, o direito de reunião abrange, ainda na sua dimensão positiva, um direito de acesso a lugares públicos para viabilizar a realização da reunião e manifestação, ainda que possa existir alguma limitação quanto a tal direito de acesso, já que não se cuida de direito ilimitado.[591]

Quanto ao âmbito de proteção subjetivo, ou seja, no que concerne aos titulares do direito, cuida-se de direito assegurado em primeira linha às pessoas físicas, nacionais e estrangeiras, não sendo excluída a titularidade por parte de estrangeiros não residentes, pois se trata de direito (como é o caso da liberdade de expressão) fortemente associado ao princípio da dignidade da pessoa humana e ao direito geral de liberdade.[592] Em caráter ilustrativo, vale referir decisão do Tribunal Constitucional da Espanha que declarou a inconstitucionalidade de dispositivos legais que, por exemplo, condicionavam a participação de estrangeiros em

---

586. Cf., por todos: Canotilho, J. J. Gomes; Moreira, Vital. *Constituição da República Portuguesa anotada*, p. 638.
587. Tomamos por base a síntese de Canotilho, J. J. Gomes; Moreira, Vital. *Constituição da República Portuguesa anotada*, p. 638.
588. Cf. Hufen, Friedhelm. *Staatsrecht II – Grundrechte*, p. 485.
589. Cf., por todos, Mendes, Gilmar Ferreira; Branco, Paulo Gustavo G. *Curso de direito constitucional*, 15. ed., p. 307.
590. Cf., por todos, Hufen, Friedhelm. *Staatsrecht II – Grundrechte*, p. 485.
591. Cf., por todos: Miranda, Jorge; Medeiros, Rui. *Constituição portuguesa anotada*, p. 465. No mesmo sentido, v. Canotilho, J. J. Gomes; Moreira, Vital. *Constituição da República Portuguesa anotada*, p. 638.
592. Cf., por todos, Díez-Picazo, Luis María. *Sistema de derechos fundamentales*, p. 374.

reuniões e manifestações à prévia autorização de estada ou residência na Espanha.[593] Ainda no que diz com os estrangeiros, há quem, embora admitindo a titularidade, efetue a ressalva de que podem existir limites quando, tendo em conta o objeto e a finalidade da reunião, houver regra restritiva à participação no estatuto jurídico dos estrangeiros.[594]

As pessoas jurídicas também podem ser titulares do direito de reunião, participando de sua convocação, promoção, direção e organização, mas quanto à participação, ainda que em princípio possível por meio de representantes, em geral não se admite a titularidade por parte de pessoas jurídicas, pois a participação como tal seria incompatível com a natureza das pessoas coletivas.[595]

Quanto aos destinatários, a liberdade de reunião vincula tanto o Poder Público (órgãos estatais) quanto os particulares, pois se volta também à não intervenção por parte de terceiros nas diversas fases que envolvem o exercício do direito (convocação, publicidade, organização, exercício), sendo, todavia, controverso o quanto a vinculação dos particulares é direta ou apenas indireta, por força e na medida apenas dos deveres de proteção estatal, tal como já sinalizado acima. No caso brasileiro, considerando o déficit de regulamentação legal do direito de reunião, a tese de uma eficácia direta *prima facie* acaba ganhando mais força, mas aqui se cuida de temática desenvolvida na parte geral dos direitos fundamentais, à qual remetemos.

3. Limites do direito de reunião

Também o direito de reunião está submetido a limites e pode ser objeto de intervenções restritivas. Além dos limites já estabelecidos pela própria Constituição Federal, é possível cogitar de restrições impostas pela lei e mesmo por decisão judicial, no caso de colisão com outros direitos fundamentais. Iniciaremos a análise com uma breve abordagem dos limites e requisitos previstos no texto constitucional.

Os primeiros dois limites, que assumem a condição também de elementos do direito de reunião, é o de que a reunião deverá ter caráter pacífico, não sendo admitido o uso de armas, o que se aplica a qualquer tipo de reunião ou manifestação. Embora os dois elementos não sejam idênticos (pois a reunião poderá ocorrer sem o uso de armas e ao mesmo tempo não ser pacífica, desde que haja atos de violência moral ou física), o nexo resulta evidente, pois a proibição do uso de armas é instrumental em relação ao caráter pacífico que deverá ter a reunião para merecer a proteção constitucional. Assim, uma reunião de pessoas armadas desde logo será tida como não pacífica.[596]

Ao referir-se a reuniões armadas, a Constituição Federal não fez menção expressa ao tipo de armas, de modo que em geral a doutrina e a jurisprudência interpretam o conceito

---

593. Cf. Royo, Javier Pérez. *Curso de derecho constitucional*, p. 350, com referência às sentenças n. 236 e n. 260 do Tribunal Constitucional, ambas do ano de 2007.

594. Nesse sentido, v., por exemplo, Canotilho, J. J. Gomes; Moreira, Vital. *Constituição da República Portuguesa anotada*, p. 641.

595. Cf., dentre tantos, Kloepfer, Michael. *Verfassungsrecht II*, p. 328-329, bem como Miranda, Jorge; Medeiros, Rui. *Constituição portuguesa anotada*, p. 465, que igualmente limitam o direito de participar ou de não participar às pessoas físicas, como sendo necessariamente de exercício individual. Em sentido contrário, admitindo um direito de participação (por meio de representantes) das pessoas jurídicas, mas com a ressalva do princípio da especialidade, quanto aos fins, do cabimento nas atribuições das pessoas em causa, v. Canotilho, J. J. Gomes; Moreira, Vital. *Constituição da República Portuguesa anotada*, p. 641.

596. Cf., por todos, Miranda, Jorge; Medeiros, Rui. *Constituição portuguesa anotada*, p. 466.

de armas em sentido amplo, abrangendo, além de típicas armas de fogo e armas brancas (facas, lanças etc.), todo e qualquer instrumento que possa ser utilizado como meio de agressão.[597] Já o uso de instrumentos destinados à proteção, tais como elmos, escudos, máscaras, que objetivam em primeira linha resguardar os participantes da reunião e não são utilizados para fins de agressão, não se enquadra na noção de armas e não desnatura o caráter pacífico de uma reunião.[598]

Todavia, em que pese o uso de máscaras e elmos ou capacetes ou véus e outros modos de cobertura do rosto por parte dos integrantes de uma reunião ou manifestação não poder ser enquadrada no conceito, mesmo alargado, de armas, e mesmo não inquinando, por si só, o caráter pacífico da reunião, a questão apresenta relevância constitucional. Com efeito, questiona-se se o uso de máscaras não poderá ser vedado pelo fato de permitir o anonimato (constitucionalmente vedado no Brasil) e impedir ou pelo menos dificultar a identificação de indivíduos que, sozinhos, mas normalmente atuando em grupos (veja-se o fenômeno dos *black blocks*), aproveitam-se disso para a prática de violência física (contra pessoas ou patrimônio público e privado) ou moral, inclusive o discurso do ódio.

No Brasil, considerando-se, especialmente a contar de junho de 2015, o aumento do número de incidentes dessa natureza, dispersos por todo o território nacional, a discussão sobre o ponto aumentou, gerando iniciativas legislativas e chegando ao STF, que, no ARE 905.149 RG/RJ (no Rio de Janeiro foi aprovada lei proibindo o uso de máscaras), rel. Min. Roberto Barroso, j. 25.08.2016, foi reconhecida a Repercussão Geral da matéria, ainda pendente de julgamento em caráter definitivo pelo Plenário.

Quanto ao caráter pacífico, que é em geral exigido no direito internacional e comparado, entende-se por reunião pacífica toda aquela que, além de não ser exercida por pessoas armadas, não envolve atos de violência física e moral contra terceiros. Se com relação ao uso de armas não existem ressalvas quanto à não configuração do caráter pacífico, o mesmo valendo para atos de violência física contra terceiros, é preciso considerar, todavia, que a mera previsão pelas autoridades de que possam ocorrer atos de violência ou tumultos não basta para legitimar a proibição da reunião, sendo necessário que existam atos de violência que caracterizem a reunião como tal e que não advenham de uma minoria de participantes.[599] Por outro lado, cuidando-se de atos de violência praticados por terceiros, que não integram a reunião, não se justifica a sua proibição, pois não é violenta a reunião que atrai uma reação violenta de outrem.[600]

Mais problemática é a definição de quando o caráter pacífico é afastado por conta de agressões de cunho moral e ideológico, pois, ao passo que para alguns mesmo a violência moral, portanto, manifestações que buscam a intimidação de terceiros, que incitem atos de violência ou tenham teor ofensivo, justificaria a proibição da reunião ou a declaração de sua ilegitimidade, outros entendem que o teor ofensivo da manifestação coletiva e mesmo a

---

597. Cf., por todos, MENDES, Gilmar Ferreira; BRANCO, Paulo Gustavo G. *Curso de direito constitucional*, 15. ed., p. 303.

598. Cf. CANOTILHO, J. J. Gomes; MOREIRA, Vital. *Constituição da República Portuguesa anotada*, p. 639.

599. Idem, ibidem, por todos. No Brasil, v., por todos, PIVA, Otávio. *Comentários ao art. 5.º da Constituição Federal de 1988 e teoria dos direitos fundamentais*, p. 105, acompanhando o magistério de Celso Ribeiro Bastos.

600. Cf. MENDES, Gilmar Ferreira; BRANCO, Paulo Gustavo G. *Curso de direito constitucional*, 15. ed., p. 303.

incitação à violência não são por si só impeditivos da proteção constitucional do direito de reunião.[601] Aqui partilhamos do entendimento de que a eventual ilicitude penal ou ilegalidade dos atos dos participantes da reunião não resulta necessariamente em violação do requisito do seu caráter pacífico, pois reações com resistência passiva, bloqueios com manifestantes sentados, podem ser sancionados na esfera criminal, mas não (ao menos não necessariamente) desvirtuam o direito de reunião como tal.[602] Assim, uma determinação do Poder Público no sentido de proibir ou suspender a reunião, inclusive mediante o uso da força policial, deverá sempre ter caráter excepcional e apenas se justifica quando os atos praticados durante a reunião afetem direitos fundamentais de terceiros de modo significativo ou coloquem em risco a ordem pública, sem que, contudo, se interprete a noção de ordem pública de modo genérico. Apenas a clara indicação de que a reunião está afetando concretamente a segurança pública poderá justificar as restrições mais gravosas do direito de reunião, como é o caso da proibição e da dissolução.[603] Esse foi o caso, por exemplo, no julgamento da ADPF 519, em que o STF referendou medida cautelar concedida pelo Min. Alexandre de Moraes para determinar a imediata desobstrução de todas as vias públicas ocupadas por manifestantes contrários ao resultado do pleito eleitoral proclamado pelo TSE, consignando, expressamente, que constitui abuso do direito de reunião o seu exercício direcionado a, ilícita e criminosamente, propagar o desrespeito ao processo eleitoral.[604]

Nesse contexto situam-se hipóteses de concorrência entre o direito de reunião e a liberdade de expressão, como nos casos em que a liberdade de reunião implica, como já referido, a expressão de opiniões e afirmações que tenham caráter ofensivo e mesmo possam ser enquadradas no assim chamado "discurso do ódio". O problema não encontra resposta uniforme no direito comparado e envolve, por exemplo, a discussão sobre o quanto devem ser admitidas reuniões e manifestações de caráter racista, xenófobo, ou mesmo, como se deu recentemente no Brasil, discursos que se situam na linha limítrofe da instigação ao crime, o que foi apreciado pelo STF no assim chamado julgamento da "marcha da maconha".[605]

Por ocasião desse julgamento, que opera como importante *leading case* para o direito brasileiro, o STF considerou – mediante provocação do Procurador-Geral da República – legítima e não sancionável na esfera penal passeata destinada a sensibilizar as autoridades públicas no sentido de obter a descriminalização do consumo de drogas leves, como é o caso especialmente da maconha, concluindo pela interpretação conforme à Constituição do art. 287 do CP, que deve ser compreendido de modo a não impedir manifestações públicas em defesa da legalização de drogas.

---

601. Cf. ADI 5.852/MS, rel. Min. Dias Toffoli, j. 24.08.2020, que discutiu as medidas restritivas de Decreto do estado de Mato Grosso do Sul e estabeleceu que a vedação da prática de qualquer ato que possa acarretar perturbação à execução de atividade laboral de servidores e autoridades públicas localizadas no Parque dos Poderes (onde se concentra a organização político-administrativa do Estado) foge à proporcionalidade, já que em atos de manifestações se pressupõe algum grau de afetação a direitos de terceiros, porém, quando razoáveis e não violentos, os protestos devem ser tolerados pelo Estado e pela sociedade.

602. Cf. Canotilho, J. J. Gomes; Moreira, Vital. *Constituição da República Portuguesa anotada*, p. 639.

603. Nesse sentido, v., também, Canotilho, J. J. Gomes; Moreira, Vital. *Constituição da República Portuguesa anotada*, p. 641.

604. ADPF 519, rel. Min. Alexandre de Moraes, j. em 02.11.2022.

605. Cf. o julgamento da ADPF 187/DF, rel. Min. Celso de Mello, j. 15.06.2011, *Informativo STF* 631. No julgamento da ADIn 4.274, rel. Min. Ayres Britto, j. 23.11.2011, o STF entendeu de dar interpretação conforme à Constituição Federal também ao art. 33 da Lei 11.343/2006.

De acordo com a decisão do STF, a mera proposta de descriminalização de uma conduta não se confunde com a incitação à prática delitiva nem configura apologia de crime, sublinhando-se (o que se verifica no voto do relator, Min. Celso de Mello, e de diversos outros ministros que o acompanharam) que os movimentos conhecidos como "marcha da maconha" são movimentos sociais espontâneos e que, mediante a livre expressão do pensamento e da opinião, reivindicam o debate público e democrático a respeito da criminalização do consumo de drogas. Chama a atenção – ainda quanto ao referido julgamento – a ênfase colocada na combinação do direito de reunião com a liberdade de expressão, pois vários ministros justificaram a decisão com base no livre exercício do direito de expressão. Aliás, a própria inicial da ADPF invocou tanto uma violação da liberdade de expressão quanto da liberdade de reunião, o que também ilustra a hipótese de uma concorrência de direitos e de que determinadas intervenções podem afetar simultaneamente mais de um direito fundamental.

Embora a Constituição Federal não exija autorização prévia, ainda que a reunião se realize em espaço aberto, o texto constitucional refere a necessidade de aviso prévio à autoridade competente por parte dos promotores da reunião. Tal aviso não apenas cumpre a função de assegurar o direito de preferência quanto ao local de realização da reunião (já que o direito de uns não pode afetar reunião já previamente agendada para o mesmo local, de acordo com a própria Constituição),[606] mas também permite que se venha a assegurar de maneira mais eficaz os direitos de terceiros e mesmo que o Estado possa melhor cumprir com o seu dever de proteção em relação ao próprio direito de reunião. De acordo com o entendimento dominante na doutrina, a ausência do aviso prévio por si só não justifica a dissolução da reunião, sem prejuízo de eventual responsabilização cível ou mesmo criminal dos responsáveis, especialmente quando a reunião é pacífica, em homenagem aos critérios da proporcionalidade e mesmo de razoabilidade.[607]

Ainda com relação ao requisito do aviso prévio, importa frisar que o STF reconheceu a repercussão geral da matéria no bojo do Recurso Extraordinário 806.339/SE, rel. Min. Marco Aurélio, j. 18.10.2015. Quando do julgamento do mérito, em 15.12.2020 (Redator do Acórdão Min. Edson Fachin), a Corte, reconhecendo a legitimidade constitucional de reuniões e manifestações espontâneas, assentou que "a exigência constitucional de aviso prévio relativamente ao direito de reunião é satisfeita com a veiculação de informação que permita ao poder público zelar para que seu exercício se dê de forma pacífica ou para que não frustre outra reunião no mesmo local".

Por outro lado, embora a Constituição Federal não tenha traçado expressamente a distinção entre reuniões em locais abertos (vias públicas, praças etc.) e fechados, a exigência do aviso prévio se revelará como no mínimo questionável quando se tratar de reuniões fechadas em espaços privados, já que em princípio não poderá ocorrer colisão de reuniões no mesmo espaço privado e também interesses de terceiros estarão salvaguardados.[608] Uma

---

606. Cf., por exemplo, MENDES, Gilmar Ferreira; BRANCO, Paulo Gustavo G. *Curso de direito constitucional*, 15. ed., p. 305.

607. Cf., dentre tantos, CANOTILHO, J. J. Gomes; MOREIRA, Vital. *Constituição da República Portuguesa anotada*, p. 640, MIRANDA, Jorge; MEDEIROS, Rui. *Constituição portuguesa anotada*, p. 466. Na doutrina brasileira, v., por todos, MENDES, Gilmar Ferreira; BRANCO, Paulo Gustavo G. *Curso de direito constitucional*, 15. ed., p. 305-306.

608. Cf. as acertadas ponderações de MENDES, Gilmar Ferreira; BRANCO, Paulo Gustavo G. *Curso de direito constitucional*, 15. ed., p. 304.

intervenção nesses casos, por sua vez, terá necessariamente caráter ainda mais excepcional do que quando se tratar de reuniões em locais abertos.

A exigência do aviso prévio, que não equivale em hipótese alguma a uma prévia autorização, assume função de dar publicidade ao ato e de assegurar medidas de proteção ou mesmo permitir, em casos justificados, uma interdição da reunião, mas não constitui requisito autônomo impeditivo da reunião.

Tendo em conta que a norma constitucional que exige o aviso prévio é de eficácia plena, portanto, diretamente aplicável, não se faz necessária edição de lei regulamentando tal exigência, ainda que a lei possa contribuir em muito para o adequado exercício do direito de reunião. Por outro lado, o fato de se tratar de norma constitucional de aplicação imediata (direta) não acarreta, por si só, a revogação de toda e qualquer norma legal ou infralegal anterior, pois isso somente ocorrerá quando a legislação anterior for manifestamente incompatível com o teor da Constituição nova. Assim, muito embora se possa considerar revogado o art. 3.º da Lei 1.207/1950, que atribuía à autoridade de maior categoria do Distrito Federal e das cidades fixar, ao começo de cada ano, as praças destinadas aos comícios,[609] isso não significa que toda a lei tenha sido revogada, pois a revogação apenas se dá, convém reiterar, nos casos de incompatibilidade com as exigências da Constituição em vigor, que não proíbe a regulamentação do aviso prévio nem de aspectos relativos ao direito de reunião.[610]

Quanto à incidência, no caso de reuniões em vias públicas e que causem transtornos para o fluxo de veículos e de pessoas, da prescrição contida no art. 95 do Código Brasileiro de Trânsito, que refere a necessidade de permissão prévia por parte do órgão ou entidade de trânsito com circunscrição sobre a respectiva via pública, deve ser interpretada em sentido compatível com a Constituição Federal, afastando-se a exigência de autorização prévia nos casos (mas apenas nesses) em que se configurar uma reunião.[611]

Limitações quanto ao modo de exercício do direito de reunião (ressalvada, é claro, a proibição do uso de armas e o seu caráter pacífico) são, em princípio, ilegítimas sob o ponto de vista constitucional. Nesse sentido, situa-se, por exemplo, decisão do STF que considerou inconstitucional decreto expedido pelo Governador do Distrito Federal que proibia a realização de reuniões na área da Praça dos Três Poderes com o uso de carros de som.[612]

O *uso de máscaras por parte dos manifestantes*, no contexto de uma reunião e manifestação, constitui – como já destacado acima – situação altamente polêmica (inclusive ensejando o reconhecimento de sua repercussão geral pelo STF, como igualmente referido) e que se situa numa zona limítrofe, visto que *como regra também aqui não se vislumbra ser legítima uma proibição prévia e generalizada*, seja pelo fato de que o uso de máscara não impede a abordagem para identificação de eventual autor de excessos, seja pelo fato de que a depender da manifestação a máscara pode assumir o papel de veículo de determinadas formas de

---

609. Cf. o entendimento de MENDES, Gilmar Ferreira; BRANCO, Paulo Gustavo G. *Curso de direito constitucional*, 15. ed., p. 305.

610. Equivocada em parte, portanto, a posição de PIVA, Otávio. *Comentários ao art. 5.º da Constituição Federal de 1988 e teoria dos direitos fundamentais*, p. 106, pois, além de referir que se trata da posição majoritária da doutrina, citando apenas dois autores, ainda que expressivos, não observou que um dos autores citados, no caso Gilmar Ferreira Mendes, e outros não afirmaram a revogação integral da Lei 1.207/1950, mas apenas do seu art. 3.º.

611. Cf., por todos, PIVA, Otávio. *Comentários ao art. 5.º da Constituição Federal de 1988 e teoria dos direitos fundamentais*, p. 106-107.

612. Cf. ADIn 1.969, rel. Min. Ricardo Lewandowski, j. 28.06.2007.

expressão.[613] Nesse contexto, vale colacionar o julgamento, no STF, da ADIn 5.136, que teve por objeto impugnação do § 1.º do art. 28 da Lei 12.663/2012 – Lei Geral da Copa, quando foi destacado que a liberdade de expressão (aqui no âmbito da liberdade de manifestação) não é absoluta, sendo necessário, caso a caso, um exame criterioso dos direitos e interesses em conflito à luz dos critérios da proporcionalidade.[614]

Caso de alta repercussão e relevância diz respeito a intervenção da autoridade policial e de servidores do Poder Judiciário na esfera de reuniões e manifestações, acompanhadas de protestos de natureza política durante período de campanha eleitoral, inclusive mediante o ingresso em Universidades e estabelecimentos de ensino em geral. Embora se trate de situação que diga respeito a diversos direitos e garantias fundamentais (v.g., liberdade de expressão, autonomia universitária, liberdade acadêmica, buscas e apreensões ilegítimas, cumprimento da legislação eleitoral, etc.), é no contexto da liberdade de reunião (e manifestação) que se fará referência ao caso mais emblemático julgado pelo STF nesse domínio nos últimos anos.

Cuida-se do julgamento da ADPF 548 MC-Ref/DF, rel. Min. Cármen Lúcia, ocorrido em 31-10-2018. Por ocasião do julgamento e de acordo com transcrição de tre-cho do *Informativo* n. 922 do STF:

"O Plenário referendou, com efeito vinculante e eficácia contra todos, decisão mono-crática que, em arguição de descumprimento de preceito fundamental (ADPF), suspendeu os efeitos de atos judiciais ou administrativos emanados de autoridade pública que possibilitem, determinem ou promovam o ingresso de agentes públicos em universidades públicas e privadas, o recolhimento de documentos, a interrupção de aulas, debates ou manifestações de docentes e discentes universitários, a atividade disciplinar docente e discente e a coleta irregular de depoimentos desses cidadãos pela prática de manifestação livre de ideias e divulgação do pensamento em ambientes universitários ou em equipamentos sob a administração de universidades públicas e privadas e serventes a seus fins e desempenhos".

Mediante o manejo da ADP foram impugnadas decisões proferidas por juízes eleitorais que determinaram a busca e apreensão de "panfletos" e materiais de campanha eleitoral em universidades e nas dependências das sedes de associações de docentes, bem como decisões que proibiram aulas com temática eleitoral e reuniões e assembleias de natureza política, impondo a interrupção de manifestações públicas de apreço ou reprovação a candidatos nas eleições gerais de 2018, em ambiente virtual ou físico de universidades federais e estaduais. Em alguns casos, policiais executaram tais ações sem comprovação da respectiva autorização judicial que o respaldasse.

No mérito, o Plenário entendeu que os atos impugnados violam os princípios constitucionais assecuratórios da liberdade de manifestação do pensamento, ademais de violarem a autonomia universitária. Além disso, afirmou a necessidade de interpretação e aplicação das normas eleitorais de modo a não transgredir princípios fundamentais e assegurar a livre manifestação de pensamento e de expressão, porquanto o escopo do disposto no art. 37 da Lei 9.504/1997, que regulamenta a propaganda eleitoral e proíbe alguns comportamentos durante o processo eleitoral, é o de impedir o abuso de poder econômico e assegurar a

---

613. Sobre o tópico v., por todos, SARLET, Ingo Wolfgang; WEINGARTNER, Jayme. *Constituição e direito penal*. Porto Alegre: Livraria do Advogado, 2016, no capítulo dedicado à liberdade de reunião e seus aspectos penais.

614. Cf. ADIn 5.136/DF, rel. Min. Gilmar Mendes, j. 01.07.2014.

isonomia dos candidatos no pleito, de tal sorte que tudo o que extrapolar tal finalidade constitucional e limitar a liberdade de expressão constitui abuso por parte da autoridade pública.

Embora a em regra necessária interpretação restritiva das intervenções restritivas na liberdade de reunião, também este direito fundamental, assim como ocorre em relação a outros direitos fundamentais, está sujeito – a depender das circunstâncias – a restrições mais fortes, inclusive a possibilidade de suspensão temporária do exercício do direito, nos casos excepcionais em que configurado o estado de defesa (art. 136, § 1.º, I, *a*, da CF) ou o estado de sítio (art. 139, IV, da CF).

Por derradeiro, no que diz com os instrumentos processuais adequados à salvaguarda do direito de reunião, prevalece – tanto na esfera da jurisprudência do STF, quanto em sede doutrinária – o entendimento de que a ação constitucional própria é o mandado de segurança e não o *habeas corpus*, pois no caso do direito de reunião a liberdade de locomoção eventualmente afetada é apenas um meio para o exercício do direito de reunião,[615] a menos, contudo, que a ação das autoridades públicas importe ameaças de prisão e não apenas a dissolução da reunião ou outras sanções.[616]

4.13 Direito(s) de igualdade: direito geral de igualdade, cláusulas especiais de igualdade e políticas orientadas para a igualdade

4.13.1 Considerações introdutórias

Igualdade e justiça são noções que guardam uma conexão íntima, que pode ser reconduzida, no plano filosófico, ao pensamento grego clássico, com destaque para o pensamento de Aristóteles, quando este associa justiça e igualdade e sugere que os iguais devem ser tratados de modo igual ao passo que os diferentes devem ser tratados de modo desigual,[617] muito embora – convém lembrar – a justiça não se esgote na igualdade nem com ela se confunda.[618] Desde então o princípio da igualdade (e a noção de isonomia) guarda relação íntima com a noção de justiça e com as mais diversas teorizações sobre a justiça, posto que, além de outras razões que podem ser invocadas para justificar tal conexão, a justiça é sempre algo que o indivíduo vivencia, em primeira linha, de forma intersubjetiva e relativa, ou seja, na sua relação com outros indivíduos e na forma como ele próprio e os demais são tratados.[619]

Além disso – mas também por isso mesmo –, a igualdade passou a constituir valor central para o direito constitucional contemporâneo, representando verdadeira "pedra

---

615. Cf., dentre tantos, Tavares, André Ramos. *Curso de direito constitucional*, 18. ed., p. 526, Moraes, Alexandre de. *Direitos humanos fundamentais*, p. 188-189; Mendes, Gilmar Ferreira; Branco, Paulo Gustavo G. *Curso de direito constitucional*, 15. ed., p. 307.

616. Cf. a ressalva de Mendes, Gilmar Ferreira; Branco, Paulo Gustavo G. *Curso de direito constitucional*, 15. ed., p. 307.

617. Destaca-se aqui a obra *Ética a Nicômaco*, tradução do grego por Mário da Gama Kury, 3. ed., Brasília, UnB, 1992, p. 96 ("[...] se as pessoas não forem iguais elas não terão uma participação igual nas coisas"), muito embora a justiça também para Aristóteles não se restrinja à igualdade.

618. Cf., por tantos, Bobbio, Norberto. *Igualdade e liberdade*, p. 14.

619. Cf., por todos, Kloepfer, Michael. *Verfassungsrecht II*, p. 199.

angular" do constitucionalismo moderno,[620] porquanto parte integrante da tradição constitucional inaugurada com as primeiras declarações de direitos e sua incorporação aos catálogos constitucionais desde o constitucionalismo de matriz liberal-burguesa. Desde então – e cada vez mais (embora os importantes câmbios na compreensão e aplicação da noção de igualdade ao longo do tempo) –, de acordo com a oportuna dicção de José Joaquim Gomes Canotilho e Vital Moreira, "o princípio da igualdade é um dos princípios estruturantes do sistema constitucional global, conjugando dialecticamente as dimensões liberais, democráticas e sociais inerentes ao conceito de Estado de direito democrático e social",[621] tal como (também) o é o Estado projetado pela Constituição Federal brasileira, de 1988.

Já no que se pode designar de momento da fundação do constitucionalismo moderno, a igualdade passou a figurar nas declarações de direitos e primeiras constituições, mas o destaque vai para a Declaração dos Direitos da Virgínia, de 1776, cujo primeiro artigo afirmava que todos os homens nascem igualmente livres e independentes, bem como a Declaração francesa dos Direitos do Homem e do Cidadão, de 1789, de acordo com a qual "os homens nascem e são livres e iguais em direitos" (art. 1.º). Embora a Declaração em si mesma, antes de ser integrada ao bloco de constitucionalidade, não fosse uma constituição, a sua relevância para a evolução constitucional (como já demonstrado na parte sobre a história do constitucionalismo) e para o reconhecimento da igualdade no campo do direito positivo é inquestionável. Aliás, a igualdade também foi contemplada em outra passagem da Declaração, mais precisamente, na relação com o postulado da generalidade da lei. Com efeito, de acordo com o art. 6.º da Declaração, "a lei é a expressão da vontade geral (...). Ela deve ser a mesma para todos, seja para proteger, seja para punir", enunciado que expressa a superação da sociedade de privilégios hereditários e estamentais que caracterizava o assim chamado Antigo Regime na França pré-revolucionária.[622]

A partir de então, a igualdade perante a lei (embora nem sempre a dicção dos textos constitucionais tenha sido idêntica) e a noção de que, "em princípio, direitos e vantagens devem beneficiar a todos; e os deveres e encargos devem impender sobre todos",[623] passou a constar gradativamente nos textos constitucionais, presença que alcançou sua máxima expansão, em termos quantitativos e qualitativos, no constitucionalismo do Segundo Pós-Guerra e com a inserção do princípio da igualdade e dos direitos de igualdade no sistema internacional de proteção dos direitos humanos,[624] a começar pela própria Declaração da ONU, de 1948, quando, no seu art. I, solenemente, a exemplo do que havia feito a Declaração francesa praticamente 150 anos antes, afirma que "todas as pessoas nascem livres e iguais em dignidade e direitos", para, no art. VII, declarar, numa perspectiva já afinada com o que se convencionou designar de igualdade material, que "todos são iguais perante a lei e têm direito, sem qualquer distinção, a igual proteção da lei. Todos têm direito a igual proteção

---

620. Cf., dentre tantos, Rosenfeld, Michel. Hacia una reconstrución de la igualdade constitucional. In: Carbonell, Miguel (Org.). El principio constitucional de igualdad – Lecturas de introducción, p. 69.
621. Cf. Canotilho, J. J. Gomes; Moreira, Vital. Constituição da República Portuguesa anotada, p. 336-337.
622. Cf. Díez-Picazo, Luís María. Sistema de derechos fundamentales, p. 191-192.
623. Cf. a dicção de Canotilho, J. J. Gomes; Moreira, Vital. Constituição da República Portuguesa anotada, p. 338.
624. Para uma mirada sobre o princípio e o direito à igualdade no direito internacional dos direitos humanos, v., por todos, no âmbito da produção monográfica brasileira, Guedes, Jefferson Carús. Igualdade e desigualdade. Introdução conceitual, normativa e histórica dos princípios, São Paulo, Revista dos Tribunais, 2014, p. 77-88.

contra qualquer discriminação que viole a presente Declaração e contra qualquer incitamento a tal discriminação".

Ainda no plano do direito internacional, verificou-se um processo de amplo reconhecimento de direitos de igualdade mediante sua incorporação em diversos tratados ou convenções, sejam eles de amplitude universal (como no caso art. 26 do Pacto Internacional de Direitos Civis e Políticos, de 1966, de acordo com o qual todas as pessoas são iguais perante a lei e têm direito, sem discriminação alguma, a igual proteção da lei), sejam eles de abrangência regional, como é o caso da Convenção Americana de Direitos Humanos (1969), cujo art. 24, de modo quase idêntico ao disposto no Pacto de Direitos Civis e Políticos, preceitua que "todas as pessoais são iguais perante a lei. Por conseguinte, têm direito, sem discriminação alguma, à igual proteção da lei".

Tais documentos supranacionais, que, uma vez ratificados pelos Estados (não é o caso, portanto, da Declaração da ONU, de 1948, que, contudo, integra o conjunto dos princípios do direito internacional), assumem a condição de normas de caráter vinculante, além de preverem cláusulas gerais, em parte também preveem cláusulas especiais de igualdade ou foram complementados por outros documentos destinados a combater as mais diversas modalidades de discriminação, como é o caso das Convenções sobre a eliminação de todas as formas de discriminação racial (1965) e da mulher (1979), bem como, mais recentemente, da Convenção sobre pessoas com deficiência, apenas para citar os exemplos mais conhecidos.

No plano do constitucionalismo, o Brasil, como se sabe, não configura exceção à regra, visto que a Carta Imperial de 1824, no seu art. 179, XIII, replicando o enunciado da Declaração francesa, dispunha que "a Lei será igual para todos, quer proteja, quer castigue, e recompensará em proporção dos merecimentos de cada um". Já no dispositivo seguinte (art. 179, XIV), a Constituição assegurava que "todo o Cidadão pode ser admitido aos cargos públicos civis, políticos ou militares, sem outra diferença, que não seja dos seus talentos e virtudes", vinculando a igualdade a determinados critérios de justiça e merecimento.

Desde então, todas as Constituições brasileiras contemplaram a igualdade perante a lei, além de outras referências à igualdade. No caso da Constituição de 1891, o art. 72, § 2.º, dispunha que "todos são iguais perante a lei", além de banir todo e qualquer privilégio de nascimento, títulos nobiliárquicos, ordens honoríficas, expressão do momento inaugural da República no Brasil. Já a Constituição de 1934, no art. 113, n. 1, dispunha que "todos são iguais perante a lei. Não haverá privilégios, nem distinções, por motivo de nascimento, sexo, raça, profissões próprias ou dos pais, classe social, riqueza, crenças religiosas ou ideias políticas", avançando, portanto, no que diz com a proscrição das discriminações e já traduzindo uma compreensão mais complexa e avançada do princípio da igualdade. Na seara da ordem econômica e social, ao versar sobre os direitos dos trabalhadores, a Constituição de 1934 vedou diferenciação de salário para o mesmo trabalho em função da idade, sexo, nacionalidade ou estado civil (art. 121, § 1.º, *a*). A Constituição de 1937, outorgada por Getúlio Vargas, limitava-se a contemplar a igualdade perante a lei em termos genéricos (art. 122, n. 1) e assegurar o igual acesso aos cargos públicos (art. 122, n. 3), fórmula que acabou sendo repetida pela Constituição de 1946, quando, no seu art. 141, § 1.º, enuncia que "todos são iguais perante a lei", mas, quando trata dos direitos dos trabalhadores, a exemplo do que já dispunha a Constituição de 1934, veda diferenças de salário em virtude da idade, sexo, nacionalidade ou estado civil (art. 157, II). A Constituição de 1967-1969, promulgada e emendada substancialmente sob a égide do regime militar, assegurava a igualdade de todos perante a lei, sem distinção de sexo, raça, trabalho, credo religioso e convicções políticas, além de prever a punição pela lei do preconceito racial (art. 153, § 1.º), de modo que, pelo menos no que diz com o texto constitucional, houve avanços em relação à função impeditiva de discriminações exercida pelo princípio e pelo direito de igualdade. No campo das relações de trabalho, além da proibição de diferenciação salarial, também foi prevista a proibição de diferenciação quanto aos critérios de admissão (art. 158, III).

A Constituição de 1988, por sua vez, avançou significativamente no que diz com o princípio e os direitos de igualdade, o que será objeto de exame logo adiante. Por outro lado, embora não seja o caso de mapear todos os textos constitucionais e internacionais, importante é que se perceba que o princípio da igualdade e o direito de igualdade sofreram uma significativa mutação quanto ao seu significado e alcance, especialmente quanto ao trânsito de uma concepção estritamente formal de igualdade para uma noção material, muito embora tal mudança não se tenha processado da mesma forma em todos os lugares.

Nesta perspectiva, é possível, para efeitos de compreensão da evolução acima apontada, identificar três fases que representam a mudança quanto ao entendimento sobre o princípio da igualdade, quais sejam: (a) a igualdade compreendida como igualdade de todos perante a lei, onde a igualdade também implica a afirmação da prevalência da lei; (b) a igualdade compreendida como proibição de discriminação de qualquer natureza; (c) a igualdade como igualdade da própria lei, portanto, uma igualdade "na" lei.[625]

As três fases serão tratadas, doravante, no âmbito da distinção entre igualdade formal e igualdade material, distinção que segue sendo central para a compreensão, no seu conjunto, do princípio da igualdade e do direito de igualdade na condição de direito e garantia humana e fundamental. De qualquer sorte, como bem lembra Oscar Vilhena Vieira, a afirmação de que todos são iguais perante a lei não pode ser compreendida como uma proposição de fato, mas, sim, como uma reivindicação de natureza moral, de modo que a igualdade constitui uma reivindicação social e politicamente construída, que, no plano jurídico, se traduz em um dever ser, um dever de igual tratamento, de igual respeito e consideração.[626] É nessa perspectiva, à vista da amplitude e transformação também ao longo da evolução jurídico-constitucional, que buscaremos apresentar e analisar, embora de forma sumária, o modo pelo qual o princípio e direito fundamental de igualdade opera como instrumento para a concretização dessa promessa moral, a começar pela distinção convencional entre uma igualdade formal e uma igualdade material.

4.13.2 Da igualdade formal à igualdade material

Na sua primeira fase de reconhecimento, o princípio da igualdade, como já anunciado, correspondia à noção de que todos os homens são iguais, compreendida no sentido de uma igualdade absoluta em termos jurídicos, correspondendo ao direito de toda e qualquer pessoa estar sujeita ao mesmo tratamento previsto na lei, independentemente do conteúdo do tratamento dispensado e das condições e circunstâncias pessoais, razão pela qual, nesta perspectiva, o princípio da igualdade de certo modo correspondia à exigência da generalidade e prevalência da lei, típica do Estado constitucional de matriz liberal.[627]

---

625. Cf. a síntese de GARCIA, Maria Glória F. P. D. *Estudos sobre o princípio da igualdade*, p. 36.
626. Cf. VIEIRA, Oscar Vilhena. *Direitos fundamentais*: uma leitura da jurisprudência do STF, p. 282-283.
627. Cf. GARCIA, Maria Glória F. P. D. *Estudos sobre o princípio da igualdade*, p. 36-37.

A igualdade perante a lei, que corresponde à igualdade formal, habitualmente veiculada pela expressão "todos são iguais perante a lei",[628] é, de acordo com Pontes de Miranda, em primeira linha destinada ao legislador, estabelecendo uma proibição de tratamentos diferenciados, o que, todavia, embora sirva para coibir desigualdades no futuro, não é suficiente para "destruir as causas" da desigualdade numa sociedade.[629]

A igualdade formal, portanto, como postulado da racionalidade prática e universal, que exige que todos que se encontram numa mesma situação recebam idêntico tratamento (portanto, compreendida como igualdade na aplicação da lei), passou a ser complementada pela assim chamada igualdade material, embora se deva anotar que as noções de igualdade formal e material não são sempre compreendidas do mesmo modo.[630] Com efeito, a circunstância de que a lei deveria ser a mesma para todos não era, na primeira fase do reconhecimento do princípio da igualdade, tida como incompatível com a desigualdade em matéria de direitos e obrigações decorrente de desigualdades sociais e econômicas, como bem ilustra o exemplo das limitações impostas na esfera dos direitos políticos, visto que durante considerável período de tempo era difundida a prática de se exigir, tanto para votar quanto para concorrer a cargos eletivos, a demonstração de determinado patrimônio e/ou rendimento.[631]

Também a "chancela legal" da escravidão, tal como ocorreu, mesmo após a promulgação da Constituição, nos Estados Unidos da América (embora a peculiar formulação da igualdade na Décima Quarta Emenda, integrada à declaração de direitos, gradativamente ampliada a partir da sua primeira formatação, em 1791) e no Brasil (a despeito do conteúdo da declaração de direitos inserta na Carta Imperial de 1824), se revelava, por algum tempo e lamentavelmente para não poucos, compatível com a igualdade de todos (cidadãos, não "escravos", pois apenas os "libertos" detinham então o *status* da cidadania) perante a lei, até vir a ser proscrita bem mais tarde.

A atribuição de um sentido material à igualdade, que não deixou de ser (também) uma igualdade de todos perante a lei, foi uma reação precisamente à percepção de que a igualdade formal não afastava, por si só, situações de injustiça, além de se afirmar a exigência de que o próprio conteúdo da lei deveria ser igualitário, de modo que de uma igualdade perante a lei e na aplicação da lei se migrou para uma igualdade também "na lei".[632] Igualdade em sentido material, além disso, significa proibição de tratamento arbitrário, ou seja, a vedação da utilização, para o efeito de estabelecer as relações de igualdade e desigualdade, de critérios intrinsecamente injustos e violadores da dignidade da pessoa humana, de tal sorte que a igualdade, já agora na segunda fase de sua compreensão na seara jurídico-constitucional, opera como exigência de critérios razoáveis e justos para determinados tratamentos desiguais.[633]

A compreensão material da igualdade, por sua vez, na terceira fase que caracteriza a evolução do princípio no âmbito do constitucionalismo moderno, passou a ser referida a um dever de compensação das desigualdades sociais, econômicas e culturais, portanto, no

---

628. Cf., por todos, Guedes, Jefferson Carús. *Igualdade e desigualdade*, op. cit., p. 140 e ss.
629. Pontes de Miranda, F. C. *Democracia, liberdade, igualdade*: os três caminhos, p. 530.
630. Cf. Garcia, Maria Glória F. P. D. *Estudos sobre o princípio da igualdade*, p. 48.
631. Cf. Díez-Picazo, Luís María. *Sistema de derechos fundamentales*, p. 192.
632. Idem, p. 193. V., também, Guedes, Jefferson Carús. *Igualdade e desigualdade*, op. cit., p. 146 e ss.
633. Cf. Garcia, Maria Glória F. P. D. *Estudos sobre o princípio da igualdade*, p. 62.

sentido do que se convenciona chamar de uma igualdade social ou de fato,[634] embora também tais termos nem sempre sejam compreendidos da mesma forma.

De qualquer sorte, considerando que tais dimensões (formal e material) serão analisadas com mais detalhamento quando do exame do significado e alcance do princípio da igualdade e dos direitos de igualdade na Constituição Federal de 1988, importa ainda registrar, nesta quadra, que as três dimensões da igualdade e que integram a igualdade formal e material levaram a uma reconstrução da noção de igualdade e de seu significado e alcance em termos jurídico-constitucionais. Particularmente relevante para tal evolução foi o modo pelo qual passou a ser compreendida a relação entre a igualdade e os valores (princípios e direitos) da dignidade da pessoa humana e da liberdade.

4.13.3 Breves notas a respeito da relação entre dignidade, liberdade e igualdade

Liberdade e igualdade andam "abraçadas" pelo menos desde que ambas as noções foram objeto de expresso reconhecimento pelo movimento revolucionário francês (1789), sendo que, na evolução subsequente, a relação entre liberdade e igualdade passou a ser considerada como de certo modo indissociável e constitutiva do constitucionalismo moderno.

Embora a relação entre ambas as noções e princípios, igualdade e liberdade, assim como os direitos de igualdade e direitos de liberdade que lhes são correlatos, tal relação não é isenta de tensões, visto que, por um lado, a liberdade (e os direitos de liberdade) assegura ao indivíduo uma liberdade para a diferença e para a desigualdade, gerando um potencial conflito entre a pretensão de liberdade na esfera da vida social, por um lado, e, por outro, uma exigência de igualdade social.[635] Dito de outro modo, a exigência política da maior liberdade social possível conflita com a exigência política de maior igualdade social possível, visto que a liberdade social também é a liberdade do mais forte e a igualdade social é justamente a igualdade de oportunidades por parte do mais fraco.[636]

Todavia, quando se trata de assegurar ambos os valores na condição de direitos fundamentais da pessoa humana, ambos fundados na noção da igual dignidade de todos os seres humanos, tal como emblematicamente enunciado também na Declaração dos Direitos Humanos da ONU, que, no seu art. 1.º, enuncia que "todas as pessoas nascem livres e iguais em dignidade e em direitos", é possível partir do pressuposto de que igualdade e liberdade não conflitam necessariamente entre si, mas se complementam e implicam um equilíbrio entre as posições fundamentais de todos os indivíduos. Com efeito, de acordo com a lição de José Joaquim Gomes Canotilho, o princípio da igualdade está intrinsecamente ligado à liberdade individual, visto que constitui pressuposto para a uniformização dos regimes das liberdades individuais a favor de todos os sujeitos de determinado ordenamento jurídico.[637]

Por outro lado, a proibição de qualquer tipo de discriminação arbitrária e contrária à igual dignidade de cada ser humano e a pretensão de igual respeito e consideração, inclusive de suas qualidades e circunstâncias pessoais, indicam como o princípio da dignidade da pessoa humana passou a integrar a própria concepção de igualdade constitucional,

---

634. Cf. MIRANDA, Jorge; MEDEIROS, Rui. *Constituição portuguesa anotada*, t. I, p. 120.
635. Cf. KLOEPFER, Michael. *Verfassungsrecht II*, p. 199.
636. Cf. PIEROTH, Bodo; SCHLINK, Bernhard. *Grundrechte, Staatsrecht II*, p. 108.
637. Cf. CANOTILHO, J. J. Gomes. *Direito constitucional e teoria da constituição*, 7. ed., p. 426.

operando como critério (material) de valoração, notadamente no que diz com a definição das discriminações materialmente não razoáveis, ou seja, a proibição de tratamentos diferenciados com base em critérios que violam a dignidade da pessoa humana.[638] Que com isso não se está a esgotar o papel da dignidade da pessoa humana para a compreensão do princípio da igualdade e dos direitos de igualdade resulta evidente, devendo ser objeto de alguma atenção adicional logo adiante, em especial no contexto das proibições de discriminação.

4.13.4 Conteúdo e significado do princípio da igualdade e do(s) direito(s) de igualdade na Constituição Federal de 1988

4.13.4.1 Generalidades

Na Constituição Federal de 1988, objeto imediato de nossa atenção, a igualdade obteve lugar de acentuado destaque em várias passagens do texto constitucional, a começar pelo Preâmbulo, onde a igualdade (ao lado da justiça) e o valor de uma sociedade pluralista e sem preconceitos integram os valores centrais da ordem jurídico-constitucional. Além disso, a igualdade se apresenta no texto constitucional tanto como princípio estruturante do próprio Estado Democrático de Direito quanto na condição de norma impositiva de tarefas para o Estado, bastando, neste contexto, referir o disposto no art. 3.º, que, no âmbito dos objetivos fundamentais (com destaque para os incisos III e IV), elenca a redução das desigualdades regionais e a promoção do bem de todos, sem preconceitos de origem, raça, sexo, cor, idade e quaisquer outras formas de discriminação. Além disso, a igualdade constitui uma peça-chave no catálogo constitucional dos direitos fundamentais.

Assim como se deu em outras ordens constitucionais contemporâneas, também a Constituição Federal não se limitou a enunciar um direito geral de igualdade, como ocorreu no art. 5.º, *caput* ("todos são iguais perante a lei, sem distinção de qualquer natureza..."), mas, sim, estabelece, ao longo do texto, uma série de disposições impositivas de um tratamento igualitário e proibitivas de discriminação, como é o caso da igualdade entre homens e mulheres (art. 5.º, I), da proibição de diferença de salários, de exercício de funções e de critério de admissão por motivo de sexo, idade, cor ou estado civil (art. 7.º, XXX), proibição de qualquer discriminação no tocante a salário e critérios de admissão do trabalhador portador de deficiência (art. 7.º, XXXI), igualdade de direitos entre o trabalhador com vínculo empregatício permanente e o trabalhador avulso (art. 7.º, XXXIV), acesso igualitário e universal aos bens e serviços em matéria de saúde (art. 196, *caput*), igualdade de condições para o acesso e permanência na escola (art. 206, I), igualdade de direitos e deveres entre os cônjuges (art. 226, § 5.º), proibição de discriminação em razão da filiação (art. 227, § 6.º). Da mesma forma, já no plano constitucional, presente o dever de promover políticas de ações afirmativas, como é o caso, em caráter ilustrativo, do art. 37, VIII, estipulando que a lei deverá reservar percentual dos cargos e empregos públicos para pessoas com deficiência.

Portanto, também no caso brasileiro, há que diferenciar, no que couber, uma cláusula geral de igualdade, no sentido de um direito geral de igualdade, de manifestações especiais, que dizem respeito a determinados grupos de pessoas, determinadas circunstâncias, entre outros, como é o caso da igualdade entre homens e mulheres, entre os filhos havidos na e

---

638. Cf. Garcia, Maria Glória F. P. D. *Estudos sobre o princípio da igualdade*, p. 61.

fora da constância do casamento, proibições especiais de discriminação nas relações de trabalho, igualdade de acesso e permanência na escola, ou mesmo de normas impositivas de políticas de ações afirmativas, com o fito de compensar desigualdades fáticas, apenas para referir as mais comuns, tudo a revelar a complexidade da matéria e a necessidade de uma abordagem afinada com as peculiaridades do direito constitucional positivo.

Por outro lado, tendo em conta a conexão entre o direito geral e as cláusulas especiais de igualdade, o nosso intento é o de tratar do tópico igualdade, na perspectiva dos direitos fundamentais, de modo concentrado e sistemático, sem, contudo, deixar de apontar para as peculiaridades das cláusulas (ou direitos) especiais de igualdade, visto que apresentam uma dimensão em parte diferenciada, ainda que articulada com a noção geral de igualdade, reservando, por fim, alguma atenção para o problema das assim chamadas ações afirmativas, que operam no contexto de uma compensação das desigualdades fáticas, correspondentes ao terceiro ciclo (ou dimensão) que caracteriza, tal como sumariamente noticiado na parte introdutória do presente texto, a evolução no tocante à compreensão do princípio da igualdade.

4.13.4.2 Âmbito de proteção: conteúdo e alcance do princípio e do direito geral de igualdade

Desde logo merece destaque a circunstância de que a estrutura dogmática dos direitos de liberdade, compreendidos como faculdades de agir ou não agir e de não ser impedido (salvo nos limites da ordem jurídico-constitucional) no exercício dessas faculdades, não se deixa transpor de modo direto para os direitos de igualdade, pois a proteção concreta com base no direito de igualdade (por implicar um juízo relacional) não se encontra predeterminada na esfera constitucional, a não ser no sentido de que a Constituição exige um tratamento igual em situações substancialmente iguais, proibindo discriminações arbitrárias, de tal sorte que *uma intervenção no direito de igualdade se verifica apenas* quando se estiver diante de um tratamento igual de situações essencialmente desiguais ou de um tratamento desigual de situações essencialmente iguais.[639]

Nessa perspectiva, mas considerando a arquitetura constitucional positiva brasileira, já delineada, é possível afirmar que também no Brasil o princípio (e direito) da igualdade abrange pelo menos três dimensões: (a) proibição do arbítrio, de modo que tanto se encontram vedadas diferenciações destituídas de justificação razoável com base na pauta de valores constitucional, quanto proibido tratamento igual para situações manifestamente desiguais; (b) proibição de discriminação, portanto, de diferenciações que tenham por base categorias meramente subjetivas; (c) obrigação de tratamento diferenciado com vistas à compensação de uma desigualdade de oportunidades, o que pressupõe a eliminação, pelo Poder Público, de desigualdades de natureza social, econômica e cultural.[640]

De modo similar – mas não coincidente! –, Jorge Miranda e Rui Medeiros referem um sentido negativo do princípio da igualdade, no que implica a proibição de privilégios e discriminações, ao passo que o sentido positivo, segundo os autores, está, entre outros aspectos, atrelado ao dever de tratamento igual em situações desiguais (ou tratamento semelhante em

---

639. Cf. KLOEPFER, Michael. *Verfassungsrecht II*, p. 201.
640. Aqui adota-se a síntese de CANOTILHO, J. J. Gomes; MOREIRA, Vital. *Constituição da República Portuguesa anotada*, vol. 1, p. 339.

situações semelhantes) e de tratamento desigual para situações desiguais (situações substancial e objetivamente desiguais), bem como, numa perspectiva prospectiva, um tratamento das situações não apenas como existem, mas como devem existir, no sentido, portanto, de uma igualdade mediante a lei.[641]

Nas próximas linhas tentaremos "decodificar" tais dimensões e explicitar o seu conteúdo e alcance, sempre buscando manter a sintonia com o direito constitucional positivo brasileiro, muito embora sem descurar da interação com outras culturas constitucionais, visto que o princípio da igualdade, assim como as proibições de discriminação e as imposições de políticas de igualdade e de ações afirmativas integram já de há muito uma gramática universal do direito constitucional, da dogmática dos direitos fundamentais e do direito internacional dos direitos humanos.

Desde logo, é preciso atentar para o fato de que também o direito de igualdade apresenta uma dupla dimensão objetiva e subjetiva, e, no âmbito desta última, portanto, na condição de direito subjetivo, compreende uma face negativa (defensiva) e positiva (prestacional). No âmbito da dimensão objetiva, a igualdade, como já anunciado, constitui valor (e princípio) estruturante do Estado Constitucional na condição de Estado Democrático e Social de Direito, muito embora controversa a possibilidade de dedução, diretamente do princípio da igualdade, de deveres de proteção dos órgãos estatais.[642] Ainda que se possam compreender as reservas com relação à dedução de deveres de proteção do princípio da igualdade, especialmente no que concerne à liberdade de conformação do legislador, a existência de um dever estatal de proteção das pessoas (inclusive vinculado ao princípio da dignidade da pessoa humana) contra atos de discriminação, inclusive na esfera penal, guarda consonância com o direito constitucional positivo brasileiro, que não apenas proíbe discriminações, mas impõe ao legislador a sua punição (de acordo com o art. 5.º, XLI, "a lei punirá qualquer discriminação atentatória dos direitos e liberdades fundamentais"), inclusive em sede criminal, chegando mesmo ao ponto de afirmar o caráter imprescritível dos delitos de discriminação racial, além de limitar o legislador penal na esfera da fixação da pena, predeterminando que tais delitos sejam sancionados com pena de reclusão (art. 5.º, XLII).

Na condição de direito subjetivo, o direito de igualdade opera como fundamento de posições individuais e mesmo coletivas que tem por objeto, na perspectiva negativa (defensiva), a proibição de tratamentos (encargos) em desacordo com as exigências da igualdade, ao passo que na perspectiva positiva ele opera como fundamento de direitos derivados a prestações, isto é, de igual acesso às prestações (bens, serviços, subvenções etc.), disponibilizados pelo Poder Público ou por entidades privadas na medida em que vinculadas ao princípio e direito de igualdade.[643] Também a exigência de medidas que afastem desigualdades de fato e promovam a sua compensação, ou seja, de políticas de igualdade e mesmo de políticas de ações afirmativas pode ser reconduzida à função positiva (prestacional) da igualdade, que implica um dever de atuação estatal, seja na esfera normativa, seja na esfera fática, de modo que é possível falar em uma imposição constitucional de uma igualdade de oportunidades.[644]

---

641. Cf. Miranda, Jorge; Medeiros, Rui. *Constituição portuguesa anotada*, p. 120-121.
642. Cf. Kloepfer, Michael. *Verfassungsrecht II*, p. 202-203.
643. Idem, ibidem.
644. Cf., por todos, Canotilho, J. J. Gomes; Moreira, Vital. *Constituição da República Portuguesa anotada*, p. 342.

Titulares do direito são tanto pessoas físicas quanto jurídicas, evidentemente, quanto a essas, de acordo com as circunstâncias e naquilo em que houver compatibilidade com a condição de pessoa jurídica, o que, especialmente no caso das proibições de discriminação (entre os filhos, por motivo de sexo, raça, idade, deficiências etc.), não é o caso.[645] Também os estrangeiros não residentes, considerando o teor do art. 5.º, *caput*, da CF e a sua interpretação extensiva (inclusiva) privilegiada pela doutrina e jurisprudência brasileiras, são titulares do direito de igualdade, em especial do direito a não serem arbitrariamente discriminados, ou seja, quando se cuida de situações que implicam violação da dignidade humana, sem prejuízo de serem levadas em conta peculiaridades relativas à sua condição jurídica de estrangeiros.

Destinatários são *em primeira linha os órgãos estatais*, visto que a igualdade perante a lei implica um dever de aplicação igual do direito para os órgãos jurisdicionais e administrativos, mas também uma igualdade na lei e pela lei, que, por sua vez, vincula os órgãos legislativos. De qualquer sorte, os direitos fundamentais, portanto, também os direitos de igualdade, terão plena eficácia e aplicabilidade apenas se vincularem diretamente todos os órgãos, funções e ações estatais.[646] Todavia, é preciso considerar que a vinculação dos órgãos estatais se verifica apenas no âmbito da sua respectiva e concreta esfera de competências e/ou atribuições, visto que o princípio da igualdade deve guardar sintonia com a arquitetura constitucional federativa, como se dá também no âmbito da Constituição Federal.[647] Tal premissa, por sua vez, articula-se com o disposto no art. 19, III, da CF, que veda à União, aos Estados, ao Distrito Federal e aos Municípios a criação de distinções entre brasileiros ou preferências entre si. Tal concepção tem encontrado guarida na jurisprudência do STF, que, além de reconhecer a vinculação de todos os entes estatais ao princípio da igualdade, consagrou a noção de que este abrange duas manifestações, quais sejam a igualdade na lei, no sentido de exigência em relação ao legislador que não poderá criar fatores de discriminação ilegítimos, e a igualdade perante a lei, que diz respeito à sua aplicação pelos demais órgãos estatais, que não poderão, quando da aplicação da lei, utilizar critérios de cunho seletivo ou discriminatório.[648]

No que diz com a vinculação dos particulares, seja na condição de pessoas naturais, seja na condição de pessoas jurídicas, não se pode deixar de ter presentes as peculiaridades das relações privadas, onde – embora de modo não absoluto – vige o princípio da autonomia privada e da liberdade contratual. Em princípio, a projeção do direito geral de igualdade e mesmo das cláusulas especiais de igualdade na esfera das relações privadas será mediada pelo legislador, pois é este quem regula tais relações, inclusive na esfera de um direito contra a discriminação. Assim, na condição de princípio objetivo da ordem jurídica, o princípio da igualdade informa também toda a ordem jurídica privada, impondo uma igualdade de tratamento e impedindo toda e qualquer discriminação por parte do legislador, mas também por parte de atores privados dotados de poder social e que, por tal razão, encontram-se em situação de vantagem (desigualdade econômica e social) na sua relação com outros

---

645. Cf., por todos, HUFEN, Friedhelm. *Staatsrecht II – Grundrechte*, p. 685.
646. Cf. KLOEPFER, Michael. *Verfassungsrecht II*, p. 205.
647. Idem, p. 206.
648. Cf., por exemplo, a decisão no AgIn 360.461-AgRg, rel. Min. Celso de Mello, j. 06.12.2005, replicando, quanto à doutrina de base, o conhecido precedente do MI 58, rel. Min. Celso de Mello, j. 14-12-1990.

particulares, vinculando também particulares que explorem serviços ou estabelecimentos abertos ao público, como é o caso de farmácias, táxis, escolas, restaurantes, hotéis etc.[649]

O quanto, contudo, o direito geral de igualdade e as proibições de discriminação vinculam diretamente as relações entre particulares que não se enquadram nas categorias mencionadas, projetando-se também em relação a atos jurídicos praticados por particulares e que tenham caráter discriminatório, constitui aspecto relativamente controverso.

Assim, à míngua de uma legislação que regule o dever constitucional de igual tratamento e a proibição de discriminações (pois é esta que será aplicada aos atos praticados pelos particulares), uma eficácia direta dos direitos de igualdade nas relações privadas se dará apenas em casos de evidente violação das proibições constitucionais de discriminação, visto que por conta do princípio da igualdade não se poderá esvaziar por completo a autonomia privada.[650]

Na esfera das relações de trabalho, onde vigem cláusulas especiais proibitivas de discriminação (por exemplo, art. 7.º, XXX e XXXI), mas também por força de um desnível (ainda que nem sempre igual) de poder econômico, uma eficácia direta, especialmente tendo em conta que o empregador é o sujeito passivo principal do direito subjetivo, é, em princípio, de ser reconhecida. O próprio STF, em precedente muito citado – e sem que se vá aqui adentrar no mérito da querela em torno de uma eficácia direta ou indireta nas relações privadas –, chancelou a aplicação do princípio da igualdade quando em causa uma diferenciação de tratamento entre empregados brasileiros e estrangeiros de determinada empresa multinacional, tendo considerado inconstitucional a não extensão ao empregado brasileiro de vantagens previstas no estatuto de pessoal da empresa *Air France* e que eram concedidas apenas aos empregados estrangeiros.[651]

No mesmo sentido, embora se trate mais propriamente de um caso da assim chamada eficácia indireta dos direitos fundamentais na esfera das relações privadas, situa-se decisão do STF (ADIn 5.357/MC-Ref-ED/DF, rel. Min. Edson Fachin, j. 17.02.2017, referendo da medida cautelar) entendendo ser constitucional a exigência legal (estatuto das pessoas com deficiência, resultante da conversão ao direito interno da respectiva convenção internacional da ONU) de adequação dos estabelecimentos de ensino privados às exigências legais em termos de acessibilidade, sem possibilidade de repasse dos custos para as mensalidades escolares. Nesse mesmo contexto, pode ser referida decisão no julgamento da ADI 6.989, na qual o STF declarou constitucional norma estadual que atribuía a empresas do setor têxtil a obrigação de produzir peças de vestuário que contenham etiquetas em braile ou qualquer outro meio acessível à compreensão das pessoas com deficiência visual, assentando a inexistência de violação aos princípios da livre iniciativa, do livre exercício econômico, da livre concorrência, da isonomia e da propriedade[652].

Outro caso que diz respeito à repercussão do princípio da igualdade – aqui compreendido como proibição de discriminação arbitrária – foi apreciado pelo STF no RE 646.721/RS – Repercussão Geral, rel. Min. Marco Aurélio e relator para o Acórdão Min. Roberto Barroso, julgado em 10.05.2017 pelo Tribunal Pleno. De acordo com a nossa SC, reconhecendo a

---

649. Cf., por todos, CANOTILHO, J. J. Gomes; MOREIRA, Vital. *Constituição da República Portuguesa anotada*, p. 347.

650. Idem, p. 348-349.

651. Cf. RE 161.243-6-3/DF (caso Air France), rel. Min. Carlos Velloso, j. 29.10.1996.

652. ADI 6.989/PI, rel. Min. Rosa Weber, j. em 19.06.2023.

Repercussão Geral da matéria: "No sistema constitucional vigente, é inconstitucional a distinção de regimes sucessórios entre cônjuges e companheiros, devendo ser aplicado, em ambos os casos, o regime estabelecido no art. 1.829 do CC/2002".

Por outro lado, compreendem-se as razões pelas quais não é necessariamente vedado a um hotel destinado ao repouso de pessoas idosas – sem ser por isso chamado à responsabilização em nome da igualdade – se recusar a hospedar crianças quando existente alternativa efetiva em local próximo e que não resulta em encargo desproporcional para terceiros eventualmente afetados. Da mesma forma não se poderá impedir que alguém deixe de vender seu imóvel para alguém pelo preço inicialmente proposto, alienando-o a outrem por valor menor, desde que não configurada conduta eminentemente discriminatória, sem prejuízo de eventual impacto desproporcional sobre direitos e interesses coletivos e de terceiros.

Outro ponto de cimeira relevância no que diz com a vedação de discriminações de qualquer natureza é o fato de esta cláusula operar como fundamento para a concretização legislativa e da interpretação judicial de proibições específicas de discriminação não expressamente elencadas no catálogo constitucional de direitos. Isso se pode dar tanto com base no direito geral de igualdade, como também – e de modo mais consistente – em combinação daquele com outros princípios e direitos fundamentais, inclusive outras cláusulas especiais de proibição de discriminação e/ou impositivas de ações afirmativas.

Exemplo disso são os casos julgados pelo STF no sentido de reconhecer a equiparação das uniões homoafetivas com as existentes entre homens e mulheres para efeito de considerá-las como representando uma entidade familiar (ADI 4.277/DF e ADPF 132, rel. Min. Ayres Britto, julgadas em 04-05.05.2011) e a decisão em prol da extensão do tipo penal da discriminação racial para as condutas homofóbicas (MI 4.733/DF, rel. Min. Edson Fachin, julgamento em 13 e 14.02.2019, e ADO/DF 26, rel. Min. Celso de Mello, também julgada em 13-14.02.2019).[653]

No primeiro caso, relativo a união homoafetiva, o STF decidiu por atribuir interpretação conforme a CF para o efeito de excluir qualquer significado do art. 1.723 do Código Civil que impeça o reconhecimento da união entre pessoas do mesmo sexo como entidade familiar. O Ministro Ayres Britto argumentou que o art. 3.º, IV, da CF veda qualquer discriminação em virtude de sexo, raça, cor e que, nesse sentido, ninguém pode ser diminuído ou discriminado em função de sua preferência sexual. Além do argumento referido, é de se destacar o fato de que – corretamente no nosso entender – foi trazida à colação o princípio da dignidade da pessoa humana, seja na sua articulação com o princípio/direito de igualdade, já naquilo em que implica um dever de tolerância e de reconhecimento.

Já no caso do MI 4.733/DF – versando sobre a criminalização da homofobia – o STF, por maioria, vencidos o Ministro Marco Aurélio (que não entendia adequado, na hipótese, a via do mandado de injunção) e os Ministros Ricardo Lewandowski e Dias Toffoli (que acolheram o pedido em menor extensão) conheceu e julgou procedente, nos termos do voto do Relator, Ministro Edson Fachin, o mandado de injunção, reconhecendo a omissão

---

653. Mais recentemente, é de considerar, também, a declaração de inconstitucionalidade dos dispositivos de normas do Ministério da Saúde e da Agência Nacional de Vigilância Sanitária (Anvisa) que excluíam do rol de habilitados para doação de sangue os "homens que tiveram relações sexuais com outros homens e/ou as parceiras sexuais destes nos 12 meses antecedentes", por utilizarem tratamento não igualitário em relação aos homossexuais, inclusive com critérios ofensivos à dignidade da pessoa humana, cf. ADI 5.543/DF, rel. Min. Edson Fachin, j. em 11.05.2020.

legislativa e a mora do Congresso Nacional, determinando a aplicação com efeitos prospectivos e até o momento de regulação pelo Congresso, da Lei n. 7.716/89, para o efeito de estender a tipificação prevista para os crimes resultantes de discriminação ou preconceito de raça, cor, etnia, religião ou procedência nacional à discriminação por orientação sexual ou identidade de gênero.

Na ADO 26/DF, Relator Ministro Celso de Mello, julgada na mesma ocasião, em 13 e 14.02.2019, o STF conheceu parcialmente a ação e, por maioria (na extensão do conhecimento), a julgou procedente, para: (a) reconhecer o estado de mora inconstitucional do Congresso Nacional na implementação da prestação legislativa destinada a cumprir o mandado de incriminação a que se referem os incisos XLI e XLII do art. 5.º da Constituição, para efeito de proteção penal aos integrantes do grupo LGBT; (b) declarar, em consequência, a existência de omissão normativa inconstitucional do Poder Legislativo da União e determinar seja o Congresso Nacional cientificado para os fins e efeitos a que se refere o art. 103, § 2.º, da Constituição c/c o art. 12-H, *caput*, da Lei n. 9.868/99; (c) dar interpretação conforme à CF, em face dos mandados constitucionais de criminalização contidos nos incisos XLI e XLII do art. 5.º da CF, para enquadrar a homofobia e a transfobia, qualquer que seja a forma de sua manifestação, nos diversos tipos penais definidos na Lei n. 7.716/89, até que sobrevenha legislação autônoma, editada pelo Congresso Nacional; (d) declarar que os efeitos da interpretação conforme somente se aplicarão a partir da data da conclusão do julgamento.

É de se sublinhar que quando do julgamento a Plenário, o STF aprovou algumas teses, aqui apresentadas em caráter sumário.

Em primeiro lugar, como já referido, a Corte decidiu pelo enquadramento – enquanto perdurar a mora legislativa – das condutas homofóbicas e transfóbicas, reais ou supostas, que envolvem aversão odiosa à orientação sexual ou à identidade de gênero de alguém, por traduzirem expressões de racismo, compreendido este em sua dimensão social, nas condutas típicas definidas na Lei n. 7.716, de 08.01.1989, constituindo, também, na hipótese de homicídio doloso, circunstância que o qualifica, por configurar motivo torpe (Código Penal, art. 121, § 2.º, I, *in fine*).

Além disso, foi decidido que a criminalização da homotransfobia não se aplica e não restringe o exercício da liberdade religiosa, seja qual for a orientação adotada, de tal sorte que aos respectivos fiéis e ministros/clérigos é assegurado o direito de pregar e de divulgar, livremente, pela palavra, pela imagem ou por qualquer outro meio, o seu pensamento e de externar suas convicções de acordo com o que se contiver em seus livros e códigos sagrados, bem assim o de ensinar segundo sua orientação doutrinária e/ou teológica, desde que tais manifestações não configurem discurso de ódio, assim entendidas aquelas exteriorizações que incitem a discriminação, a hostilidade ou a violência contra pessoas em razão de sua orientação sexual ou de sua identidade de gênero.

Outrossim, reafirmou o STF a adoção de um conceito de racismo, compreendido em sua dimensão social, que se projeta para além de aspectos estritamente biológicos ou fenotípicos, porquanto resultante, na condição de típica manifestação de poder, de uma construção de índole histórico-cultural motivada pelo objetivo de justificar a desigualdade e destinada ao controle ideológico, à dominação política, à subjugação social e à negação da alteridade, da dignidade e da humanidade das pessoas que integram o grupo vulnerável LGBTI+.

De particular relevância, no que diz com a fundamentação da decisão, é a consideração invocada no julgamento da necessidade de proteção daqueles que, por não pertencerem ao estamento social que detém posição hegemônica, são considerados estranhos e diferentes, degradados à condição de marginais do ordenamento jurídico, expostos, em consequência de odiosa inferiorização e de perversa estigmatização, a uma injusta e lesiva situação de exclusão do sistema geral de proteção do Direito.

Note-se que também no caso da criminalização da homofobia, e a despeito de compreensível querela em torno da legitimidade do Poder Judiciário para criminalizar condutas não tipificadas expressamente à revelia do Poder Legislativo, o STF empreendeu um esforço hermenêutico no sentido de aplicar o princípio geral da igualdade mediante uma interpretação sistemática, articulando igualdade, proibição de discriminação de qualquer natureza, com o princípio da dignidade da pessoa humana. Com isso se está também reafirmando a dimensão material do princípio e direito de igualdade no contexto de um direito antidiscriminatório.

4.13.4.3 Metódica de aplicação do princípio (direito) da igualdade e efeitos de sua violação na condição de direito subjetivo

Também no que diz com a aplicação do princípio da igualdade é preciso partir da premissa de que igualdade é um conceito relacional e comparativo, pois toda afirmação de uma igualdade ou desigualdade pressupõe uma comparação.[654] Por mais que se considere correta a noção aristotélica de tratar igualmente os iguais e desigualmente os desiguais, a proposição, em si mesma, é insuficiente para que se possa responder à indagação sobre quais sujeitos deverão ser tratados desigualmente ou, sendo o caso, de modo igual.[655] Assim, na esteira do que sugere Celso Antonio Bandeira de Mello, para que se possa alcançar a prática efetiva da igualdade, é necessário que se considere que o princípio da igualdade estabelece, em primeira linha, uma proibição de tratamento diferenciado aos cidadãos, tanto frente ao legislador quanto ao aplicador da lei, o que, dito de outro modo, significa que toda e qualquer distinção, que não aquela contida na própria norma, é, em princípio, proibida, de tal sorte que se torna *indispensável perquirir o que deve ser considerado uma discriminação juridicamente intolerável,* sobretudo porque a função precípua da própria lei, segundo o autor, é criar tratamentos desiguais na medida das desigualdades das situações de vida e das pessoas às quais se destina o regramento legal.[656]

À vista do exposto, é possível afirmar que o princípio da igualdade encerra tanto um dever jurídico de tratamento igual do que é igual quanto um dever jurídico de tratamento desigual do que é desigual. Tais deveres, na acepção de Robert Alexy, implicam um ônus argumentativo no sentido de uma justificação, na perspectiva jurídico-constitucional, de eventual tratamento desigual, visto que o que é vedado, como já sinalado, é toda e qualquer desigualdade de caráter arbitrário, portanto, não justificável, já que o princípio da igualdade não exige que o legislador deva tratar todos da mesma maneira, ou que todos devam ser iguais em todos os aspectos. Assim, ainda para Alexy, o princípio geral da igualdade pode

---

654. Cf., por todos, GARCIA, Maria Glória F. P. D. *Estudos sobre o princípio da igualdade,* p. 46.

655. Cf., por todos, BANDEIRA DE MELLO, Celso Antonio. O *conteúdo jurídico do princípio da igualdade.* 3. ed. São Paulo: Malheiros, 2017, p. 10-11.

656. Idem, p. 11-12.

ser estruturado com base nos seguintes enunciados: (a) se não houver razão suficiente que permita um tratamento desigual, o tratamento igual é obrigatório; (b) se não houver razão suficiente para permitir um tratamento igual, o tratamento desigual será obrigatório.[657] Com isso, todavia, não está respondida a pergunta em relação ao que configura uma razão suficiente (no entendimento de Celso Antonio Bandeira de Mello, necessário um fundamento lógico, uma justificativa racional)[658] para afastar o caráter arbitrário, e, nesse sentido, intolerável do ponto de vista jurídico-constitucional, de eventual tratamento desigual, isto é, de tratar os iguais de forma desigual e os desiguais de forma igual.

Para uma resposta constitucionalmente adequada, é preciso, entre outros fatores, diferenciar entre o princípio (e direito) geral de igualdade e as assim chamadas cláusulas especiais de igualdade, pois a intensidade de vinculação dos órgãos estatais, especialmente do legislador, é mais intensa no caso das proibições especiais de discriminação do que a partir do parâmetro do direito geral de igualdade, implicando uma maior limitação da liberdade de conformação legislativa.[659] Ao proibir diferença salarial com base na diferença de gênero, por exemplo, a Constituição Federal não deixa margem de liberdade que eventualmente se poderia buscar, em termos de uma tentativa de justificar um tratamento distinto por conta, por exemplo, de eventual diferença biológica ou outro argumento.

Convém registrar que as cláusulas especiais de igualdade justamente foram uma resposta ao modelo da igualdade formal, no sentido de uma mera igualdade perante a lei. Além disso, tais cláusulas especiais cumprem a função de afastar os argumentos daqueles que buscavam, mediante uma demonstração da desigualdade entre diversas categorias de pessoas (filhos ilegítimos e filhos legítimos, homens e mulheres, negros e brancos, adeptos de determinada religião e os demais, não adeptos, nacionais e estrangeiros etc.), justificar como juridicamente legítima toda sorte de tratamentos desiguais, pois, uma vez proibida constitucionalmente a adoção do critério de discriminação, em princípio este já não poderá mais ser invocado como razão suficiente ou como motivo lógico ou racional, seja qual for a fórmula que se preferir adotar para designar um motivo que afaste a inconstitucionalidade do tratamento desigual.

Importa registrar que também para efeitos de uma adequada metódica de aplicação dos direitos de igualdade, em princípio, é de se examinar (se for o caso) a situação concreta a partir das exigências mais rigorosas do direito especial de igualdade, assumindo o direito geral um papel complementar, a exemplo do que ocorre com os direitos de liberdade e de personalidade, em relação ao direito geral de liberdade e ao direito ao livre desenvolvimento da personalidade.

Se uma metódica embasada na diferença entre o direito geral de igualdade e as cláusulas especiais se revela consistente e útil, ao mesmo tempo não se poderá afirmar que a proibição de diferenciação com base em determinado critério (idade, gênero, orientação religiosa etc.) impede, de modo absoluto, que algum tratamento desigual seja justificado, sendo até mesmo exigido, a depender do caso. Assim, se em geral sobre qualquer diferença estabelecida entre homens e mulheres paira, desde logo, uma forte suspeita de inconstitucionalidade,

---

657. Cf. ALEXY, Robert. *Teoria dos direitos fundamentais*, p. 401 e ss. (no original alemão, *Theorie der Grundrechte*, p. 364 e ss.).

658. Cf. BANDEIRA DE MELLO, Celso Antonio. *O conteúdo jurídico do princípio da igualdade*. 3. ed. São Paulo: Malheiros, 2017.

659. Cf., por todos, PIEROTH, Bodo; SCHLINK, Bernhard. *Staatsrecht II – Grundrechte*, p. 114.

isso não significa que não possam existir razões suficientes também a justificar alguma diferença de tratamento nesse âmbito, como, por exemplo, a proibição da mulher de exercer durante a gravidez determinadas funções que possam colocar em risco a vida do nascituro ou a sua própria.

Da mesma forma não se pretenderá ter como ilegítima eventual diferenciação entre pessoas com deficiência quando a natureza do problema físico ou psíquico impede o exercício de determinada atividade, como é o caso do cego que não poderá ser piloto de uma aeronave. Nos casos das cláusulas especiais de igualdade, o que se verifica é que o ônus argumentativo, portanto, a consistência das razões para justificação do tratamento desigual, deverá ser muito mais elevado, de modo que eventual diferenciação terá caráter ainda mais excepcional. Nesse sentido, há que atentar para o fato de que o elemento discriminatório (como em geral se dá na metódica de aplicação da igualdade) não é autônomo em face da finalidade do ato (finalidade que deve ser sempre constitucionalmente legítima e justificada) do qual resulta um tratamento desigual, de modo que se deverá guardar uma relação lógica e racional com a finalidade, como, por exemplo, no caso de edital de concurso público para as funções de salva-vidas, que exigem destreza em termos de natação e determinado nível de vigor atlético.[660]

No que diz com a jurisprudência do STF, que, especialmente no período anterior à CF, ainda se mantinha mais preso (embora a evolução registrada ao longo do tempo) a critérios de igualdade formal, a adoção de uma concepção material de igualdade (de uma "igualdade justa", como chegou a sugerir o Min. Gilmar Mendes em determinado julgamento)[661] marca a sua trajetória na fase posterior a 1988.[662] Nessa perspectiva e em síntese, é possível afirmar que o STF tem adotado o entendimento de que o princípio da igualdade exige uma relação de razoabilidade e congruência para justificar um tratamento desigual, banindo toda e qualquer diferenciação arbitrária, exigindo, portanto, no âmbito de um controle mais rigoroso, a demonstração da congruência lógica entre o fator de discrímen e a discriminação questionada em juízo como violadora da igualdade (no sentido de uma justificação suficiente do fator de desigualdade em face do objetivo almejado e a compatibilidade do objetivo com a ordem jurídico-constitucional), ao passo que, na esfera de uma modalidade menos intensa de controle, é necessário que a violação do princípio da igualdade seja flagrante, ou seja, basta a inexistência de flagrante desigualdade para legitimar o tratamento desigual.[663]

Ainda no âmbito de uma concepção material (e mesmo positiva) de igualdade, registra-se que *o princípio da igualdade também pode operar como exigência de uma igualdade de*

---

660. Nesse sentido a ponderação de Bastos, Celso Ribeiro; Martins, Ives Gandra da Silva. *Comentários à Constituição do Brasil*, vol. 2, 1989, p. 10.

661. Cf. o voto do Min. Gilmar Mendes na ADIn 3.128-7, rel. Min. Ellen Gracie, rel. p/ o acórdão Min. Cezar Peluso, *DJ* 18.08.2004.

662. Sobre a evolução do princípio da igualdade na jurisprudência do STF, v., por todos, a atualizada e excelente síntese e análise de Rios, Roger Raupp. O princípio da igualdade na jurisprudência do STF. In: Sarmento, Daniel; Sarlet, Ingo Wolfgang (Org.). *Direitos fundamentais no Supremo Tribunal Federal*: balanço e crítica, p. 289-329, com um levantamento minucioso e articulado das principais decisões sobre o tema.

663. Cf., também, Rios, Roger Raupp. O princípio da igualdade na jurisprudência do STF. In: Sarmento, Daniel; Sarlet, Ingo Wolfgang (Org.). *Direitos fundamentais no Supremo Tribunal Federal*: balanço e crítica, p. 305 e ss., colacionando exemplos de um controle mais rigoroso e de um exame menos exigente no que diz com a justificação de desigualdades.

oportunidades (ou igualdade de chances),[664] com o intuito de assegurar uma concorrência livre e equilibrada não apenas na esfera da vida política (em que o princípio da igualdade assume uma relevância particular, como, por exemplo, o tratamento isonômico de partidos políticos, candidatos e eleitores),[665] mas também para a vida social e econômica, como se dá no campo da tributação, da intervenção no domínio econômico e da liberdade empresarial,[666] ressaltando-se que uma consideração da igualdade de oportunidades não implica um abandono da igualdade jurídica em prol de uma igualdade eminentemente fática, posto que a igualdade material, apenas para enfatizar, não se confunde com a noção de igualdade de fato, de modo que igualdade jurídica e igualdade fática devem ser conciliadas mediante uma relação (complexa e diferenciada) de consideração recíproca e adequada ponderação.[667]

No tocante à condição da igualdade como direito subjetivo, é possível afirmar que enquanto no caso dos direitos de liberdade uma intervenção ilegítima tem por consequência uma pretensão de que tal intervenção seja interrompida e de que o titular do direito possa fruir das faculdades que lhe são asseguradas com base no direito fundamental, tratando-se de um tratamento desigual constitucionalmente ilegítimo, as consequências são diferentes, pois nesse caso a pessoa ou grupo atingido pelo tratamento desigual, que pode consistir em um encargo imposto a um e não aos demais, ou mesmo na negação de um benefício concedido a outrem, terá três alternativas para ver corrigida a situação: (a) que a pessoa ou grupo seja tratada como a outra pessoa ou o outro grupo; (b) que a outra pessoa ou grupo seja tratada como o primeiro; (c) que ambos os grupos (ou pessoas) sejam tratados igualmente mas de uma forma diferente da que é tida como ilegítima pela ótica do direito de igualdade.[668]

No âmbito da jurisprudência mais recente do STF sobre o tema, calha referir a decisão proferida no RE 659.424/RS, rel. Min. Celso de Mello, j. 09.10.2020, em que, no que diz respeito à igualdade entre homens e mulheres, julgou-se inconstitucional a exigência de requisitos que comprovem a invalidez e a dependência econômica do cônjuge varão supérstite, não exigidos à mulher ou companheira, por se entender tratar-se de afronta ao princípio da isonomia entre homens e mulheres a já ultrapassada presunção de exclusiva dependência econômica de mulheres. Ainda no campo da igualdade de gênero, o STF assentou, em sede de Repercussão Geral, no RE 639.138, rel. Min. Gilmar Mendes, rel. para o Acórdão Min. Edson Fachin, j. em 18.08.2020, a tese de que é inconstitucional, por ofensa ao princípio da igualdade, cláusula de contrato de previdência privada (complementar) que, ao prever regras distintas entre homens e mulheres, venha a estabelecer benefício em valor inferior para as

---

664. Sobre o tema, v., no que diz com a definição de uma igualdade de chances, a pioneira contribuição de SCHOLLER, Heinrich. *Die Interpretation des Gleichheitssatzes als Willkürverbot oder als Gebot der Chancengleichheit*. No mesmo sentido, v. a análise de ALEXY, Robert. *Theorie der Grundrechte*, p. 377 e ss. (na edição em língua portuguesa, já citada, v. p. 415 e ss.), no âmbito da distinção e relação entre igualdade jurídica e igualdade fática. Por último, na literatura brasileira, destaca-se SILVA, Virgílio Afonso da. *Direito constitucional brasileiro*, op. cit., p. 132-134.

665. V., com referência à jurisprudência do STF, RIOS, Roger Raupp. O princípio da igualdade na jurisprudência do STF. In: SARMENTO, Daniel; SARLET, Ingo Wolfgang (Org.). *Direitos fundamentais no Supremo Tribunal Federal*: balanço e crítica, p. 311-313.

666. Sobre o tema, v., por todos, a alentada tese de livre docência de ENGLISCH, Joachim. *Wettbewerbsgleichheit im grenzüberschreitenden Handel*, especialmente p. 193 e ss. (quanto ao significado da igualdade na esfera da livre concorrência num sistema multinível).

667. Nesse sentido, por todos, ALEXY, Robert. *Theorie der Grundrechte*, p. 380 e ss. (na versão em português, p. 419 e ss.).

668. Cf. PIEROTH, Bodo; SCHLINK, Bernhard. *Staatsrecht II – Grundrechte*, p. 123.

mulheres, tendo em conta o menor tempo de contribuição. Mais recentemente, no julgamento do ARE 1.424.503/SE, após reafirmar o entendimento sobre a constitucionalidade de ações afirmativas de reserva de vagas policiais para candidatos do sexo feminino, a Corte declarou a inconstitucionalidade de norma que restringia o acesso de atuação da mulher a determinadas áreas de menor perigo, por representar discriminação manifestamente sexista.[669]

Tema que tem sido igualmente submetido com frequência ao crivo do STF é o que diz respeito ao estatuto jurídico-constitucional das pessoas com deficiência, em especial em face de tratamentos discriminatórios. Nesse sentido, no julgamento da ADI 6.590/DF, rel. Min. Dias Toffoli, j. 11.12.2020 a 18.12.2020, o STF referendou a medida cautelar deferida pelo Relator, para o efeito de reconhecer a inconstitucionalidade da Política Nacional de Educação Especial: Equitativa, Inclusiva e com Aprendizado ao Longo da Vida (Decreto n. 10.502/2020), por ser contrária aos princípios estabelecidos pela Constituição e pela Convenção Internacional sobre Direitos das Pessoas com Deficiência, em especial ao direito das pessoas com deficiência à educação livre de discriminações e segregações, e à igualdade, própria de um sistema educacional inclusivo. Ainda sobre o estatuto das pessoas com deficiência, registra-se a decisão proferida pelo STF na ADI 5.583/DF, rel. Min. Marco Aurélio, j. 14.05.2021, no sentido de que, quando da apuração do imposto sobre a renda de pessoa física – IRPF –, a pessoa com deficiência que supere o limite etário e seja capacitada para o trabalho pode ser considerada como dependente para efeitos fiscais, desde que a sua remuneração não seja superior às deduções autorizadas por Lei. Por último, não há como deixar de consignar que, na ADI 6.476, rel. Min. Roberto Barroso, j. em 08.09.2021, a Suprema Corte brasileira entendeu ser inconstitucional interpretação que exclua o direito de candidatos com deficiência à adaptação razoável em provas físicas de concursos públicos, vedada a submissão genérica de candidatos com ou sem deficiência aos mesmos critérios quando da realização de provas físicas, sem que seja demonstrada a sua necessidade para o exercício da função pública.

Já em outro contexto, o STF, na ADI 5.358/PA, rel. Min. Roberto Barroso, j. 30.11.2020, julgou inconstitucional Lei do estado do Pará, por violação dos princípios da isonomia e da impessoalidade, que estabeleceu preferência classificatória em concursos públicos em favor de candidatos já pertencentes ao serviço público.

Outro grupo vulnerável, o das pessoas LGBT, obteve no STF, na ADPF 527 MC, rel. Min. Roberto Barroso, j. em 18.03.2021, em demanda proposta pela Associação Brasileira de Lésbicas, Gays, Bissexuais, Travestis e Transexuais (ALGBT), decisão no sentido de assegurar o direito às pessoas presas transgênero e travestis de optar pelo cumprimento das respectivas penas em presídios masculinos ou femininos, com a ressalva de que no caso de pessoas presas travestis a prisão deverá se dar em área do estabelecimento prisional reservada para tal finalidade, como garantia da segurança pessoal do optante.

Tal configuração também revela a razão pela qual as consequências de um tratamento desigual constitucionalmente ilegítimo geram dificuldades no que diz com os modos de sua superação (correção), especialmente nas hipóteses onde se cuida não de afastar um encargo ilegítimo, mas, sim, de estender a alguém (pessoa física ou grupo) um benefício do qual foi arbitrariamente excluído, embora concedido a outro grupo ou grupos. Assim, não se verifica maior dificuldade em reconhecer que qualquer ato legislativo que impuser um encargo em violação do princípio da igualdade será inconstitucional, podendo, a depender do caso

---

669. ARE 1.424.503/SE AgR, rel. Min. Alexandre de Moraes, j. em 03.07.2023.

(notadamente na esfera do controle abstrato), ser declarado nulo, cassando-se também o encargo imposto e repondo a situação no seu devido lugar. No caso da exclusão arbitrária de um benefício, contudo, coloca-se o problema de se o Poder Judiciário, sem prévia decisão legislativa e mesmo previsão orçamentária (fonte de financiamento), pode obrigar o Estado a conceder o benefício aos que inicialmente dele tinham sido excluídos, considerando que o benefício como tal é legítimo, mas ilegítima foi a exclusão de alguém, em violação do direito de igualdade, do círculo dos beneficiários. A declaração de inconstitucionalidade acompanhada da pronúncia de nulidade não apenas não beneficiará quem tiver sido ilegitimamente excluído, como causará prejuízo a quem tiver recebido um benefício constitucionalmente legítimo.[670]

A extensão do benefício (ou da vantagem) a quem não o recebeu e, por razões de igualdade, deveria tê-lo recebido gera o problema não apenas de um Poder Judiciário que opera como legislador positivo, mas poderá implicar a já referida afetação de outros princípios e direitos fundamentais. No âmbito da jurisprudência do STF, que aqui se inspirou muito na prática decisória do Tribunal Constitucional Federal da Alemanha, tratando-se de benefício legítimo e de cuja fruição algum grupo ou categoria foi inconstitucionalmente (por ofensa ao princípio da igualdade) excluído, a solução habitual tem sido o reconhecimento de violação do princípio da igualdade, mas sem que seja pronunciada a nulidade do ato normativo declarado inconstitucional, apelando-se ao legislador para que, mediante regulação própria, venha a corrigir o estado de coisas, estendendo o benefício ou vantagem a quem foi ilegitimamente excluído, na esteira da Súmula 339, de 1963, do STF, de acordo com a qual não cabe ao Poder Judiciário majorar vencimentos em virtude de ofensa ao princípio da isonomia.[671]

Com a vigência da Constituição Federal, que, ademais, afirma a aplicabilidade imediata das normas de direitos fundamentais e tendo em conta o conteúdo material do princípio da igualdade, é possível sustentar, na esteira da lição de Roger Raupp Rios, que houve uma recepção do enunciado literal da Súmula 339, em consideração aos princípios da separação dos poderes e da reserva legal, mas sem prejuízo de uma necessária aplicação da dimensão material da igualdade em algumas hipóteses, como tem sido o caso da solução preconizada pelo STF em determinados julgados, especialmente quando existente comando constitucional expresso quanto à revisão geral de vencimento, no caso, o art. 37, X, da CF, ainda mais quando se cuida de ato legislativo que viola preceito constitucional cogente e que também se revela como corolário (e exigência) do próprio princípio da igualdade.[672]

4.13.4.4 Igualdade, diferença e as assim chamadas "ações afirmativas" como promotoras da igualdade material e de políticas de inclusão e reconhecimento

A relação entre igualdade jurídica e igualdade fática assume particular relevância no campo das atualmente disseminadas – embora em maior ou menor medida controversas – políticas de ações afirmativas. Neste contexto, tem sido amplamente aceita a distinção entre uma modalidade direta de discriminação e os casos da assim chamada discriminação

---

670. Idem, p. 123-124 (por todos).

671. Cf. Rios, Roger Raupp. O princípio da igualdade na jurisprudência do STF. In: Sarmento, Daniel; Sarlet, Ingo Wolfgang (Org.). *Direitos fundamentais no Supremo Tribunal Federal*: balanço e crítica, p. 313-314.

672. Idem, p. 314-317, invocando, dentre outros julgados, o RMS 22.307-7, de 1997, e o RE 393.679, de 2005.

indireta, no sentido de que ambas as formas de discriminação são, quando não justificáveis do ponto de vista constitucional, ofensivas ao princípio da igualdade. No caso da discriminação indireta, o que se verifica é que de medidas aparentemente neutras sob o ponto de vista discriminatório, quando de sua aplicação, resultam efeitos nocivos e particularmente desproporcionais para determinadas categorias de pessoas.[673]

Desenvolvida no âmbito da jurisprudência norte-americana, a assim chamada teoria do impacto desproporcional levou à adoção gradativa de políticas de ações afirmativas, de modo especial na esfera da discriminação racial, ao passo que em outros ambientes, como foi o caso da Europa, se desenvolveu particularmente no campo da discriminação em razão do gênero, passando a ser adotada em outras áreas em que se registra o fenômeno. O que importa, ao fim e ao cabo, é que, independentemente da demonstração da intenção de discriminar, o impacto real de medidas em si neutras não venha a prejudicar, de modo desproporcional, determinados grupos, colocando-os em situação de efetiva desvantagem em relação aos demais segmentos sociais, pena de tais medidas serem consideradas incompatíveis com o princípio da igualdade.[674]

Na esfera da jurisprudência do STF, a noção da discriminação indireta e a sua incompatibilidade com o princípio isonômico já foi objeto de consideração, destacando-se a decisão proferida na ADIn 1.946/DF, na qual, ao examinar a constitucionalidade da incidência do limite estabelecido para os benefícios previdenciários pela EC 20 sobre o salário-maternidade, o Tribunal entendeu que, em virtude da aplicação do referido teto, quem passaria a arcar com a diferença salarial seria o empregador, o que, por sua vez, levaria a uma redução da oferta de empregos (ou seja, a um impacto desproporcional) para mulheres. Em outras palavras, levaria a um aumento da discriminação contra a mulher no mercado de trabalho.[675]

À vista do exposto, a CF, em vários momentos, impõe ao Poder Público a promoção de medidas (normativas e fáticas) com vistas à redução das desigualdades, ou seja, o que, dito de outro modo, implica um dever de adotar políticas de ações afirmativas, no sentido de uma imposição constitucional cujo descumprimento poderá levar a um estado de omissão inconstitucional.[676] Como revela a evolução brasileira nessa seara, que abarca desde a promoção da igualdade de gênero, por orientação sexual, pessoas com deficiência, em função da idade, mas especialmente, consideradas determinadas peculiaridades, em virtude de discriminação racial (raça tomada aqui como conceito normativo), uma série de políticas de ações afirmativas (ou de discriminação positiva ou inversa, como também se costuma designar tais medidas) tem sido levada a efeito, vez por outra gerando alguma querela em sede judicial, particularmente no caso das políticas de cotas para afrodescendentes, já implantadas em dezenas de universidades públicas e mesmo privadas, ou por força de legislação federal, como se deu no caso do Programa Universidade para Todos, o conhecido ProUni.

---

673. Cf. a definição de GOMES, Joaquim Barbosa. *Ação afirmativa e princípio constitucional da igualdade*, p. 24.
674. V., por todos, a síntese de SARMENTO, Daniel. *Livres e iguais – Estudos de direito constitucional*, p. 147 e ss.
675. Cf. julgamento da ADIn 1.946/DF, rel. Min. Sidney Sanches, j. 03.04.2003. Mais recentemente, v. julgamento do STF que entendeu pela inconstitucionalidade da incidência de contribuição previdenciária a cargo do empregador sobre o salário maternidade, por impor uma desequiparação das mulheres e mães em relação aos homens e criar discriminações na contratação. Cf. RE 576.967, rel. Min. Roberto Barroso, j. em sessão virtual de 26.06.2020 a 04.08.2020, *leading case* do Tema de Repercussão Geral 72. E, em sentido similar, v. RE 639.138, rel. Min. Gilmar Mendes, Red. p/ o Acórdão Min. Edson Fachin, j. em sessão virtual de 07.08.2020 a 17.08.2020, *leading case* do Tema de Repercussão Geral 452.
676. Cf., por todos, CANOTILHO, J. J. Gomes; MOREIRA, Vital. *Constituição da República Portuguesa anotada*, p. 342.

Diversas dessas medidas foram impugnadas, mas em geral não se discute em si a possibilidade de serem adotadas ações afirmativas (ou seja, o "se"), mas, sim, o modo e especialmente os critérios utilizados para aferir o rol de beneficiários de tais medidas, pois é notório que a adoção de cotas, isso é, a destinação de determinado percentual de vagas (para mulheres, pessoas com deficiência, afrodescendentes) em escolas, universidades, no serviço público, em empresas privadas etc., não constitui a única modalidade do gênero ações afirmativas. Convém registrar, ainda, que a matéria já chegou ao STF, que inclusive, após realização de audiência pública sobre o tema, propiciando amplo e representativo debate, julgou improcedentes as demandas veiculadas contra algumas das principais políticas de ações afirmativas no campo do acesso ao ensino superior, designadamente o Programa Universidade para Todos (ProUni)[677] e políticas de cotas implantadas por universidades públicas.[678] Tendo em conta o caráter temporário que costumam ter tais políticas de ações afirmativas e o processo de gradual ajuste, ampliação e avaliação a que têm sido submetidas também no Brasil, cuida-se de um debate sempre atual (pelo menos enquanto a questão da compensação de desigualdades fáticas e da discriminação indireta for relevante) e que revela o quanto o princípio da igualdade e os direitos de igualdade seguem exigindo, dada a sua complexidade e impacto, mas também em virtude de sua relação com outros princípios e direitos fundamentais, uma teoria e prática comprometidas com a causa da justiça.[679]

Ainda no contexto das políticas de ações afirmativas na modalidade de cotas para o efeito de reserva de vagas, *assume posição de destaque a exigência constitucional e legal de reserva de vagas para o preenchimento de cargos assegurados para pessoas com deficiência tanto no setor público quanto na iniciativa privada*. Aliás, trata-se da única hipótese prevista expressamente no texto constitucional, mas que nem por isso deixa de trazer algumas dificuldades e ainda carece de aperfeiçoamento quanto aos seus níveis de eficácia social.

Além disso, já quanto ao parâmetro a ser considerado pelos órgãos estatais brasileiros na matéria, na esfera de suas respectivas competências e atribuições, cabe recordar que a Convenção das Pessoas com Deficiência, ratificada pelo Brasil, foi aprovada pelo Congresso Nacional mediante o procedimento previsto no § 3.º do art. 5.º da CF, cuidando-se de estatuto normativo com hierarquia equivalente ao das emendas constitucionais, servindo, por conseguinte, de parâmetro para o controle da constitucionalidade e convencionalidade da normativa infraconstitucional. Isso significa que o próprio conceito de pessoa com deficiência a ser observado é o estabelecido na referida convenção, até mesmo pelo fato de a CF não veicular, ela própria, nenhuma definição. Nesse sentido, o STF já reconheceu que na interpretação da legislação interna deve, pelas razões citadas, prevalecer a que torne mais efetiva a proteção das pessoas e dos grupos vulneráveis.[680]

---

677. Cf. julgamento da ADIn 3.330/DF (à qual foi apensada a ADIn 3.314/DF), rel. Min. Carlos Ayres Britto, j. 03.05.2012.

678. Cf. julgamento da ADPF 186-2/DF, rel. Min. Ricardo Lewandowski, j. 26.04.2012. Sobre o tema, v. ainda ADPF 699, rel. Min. Gilmar Mendes, j. em 24.06.2020.

679. Sobre as projeções da igualdade e da proibição de discriminação em diversos ambientes e a partir de diversas perspectivas, v. o conjunto das contribuições contidas na coletânea de SARMENTO, Daniel; IKAWA, Daniela; PIOVESAN, Flávia. *Igualdade, diferença e direitos humanos*.

680. RMS 32.732-TA/DF, rel. Min. Celso de Mello, j. 13.05.2014. No caso julgado, foi considerada ilegítima a inserção de cláusula em edital de concurso público no sentido de afastar a candidatura da pessoa com deficiência cuja situação gere dificuldades para o desempenho das funções do cargo, pois apenas a incapacidade absoluta pode servir de obstáculo legítimo, além de preservada a diretriz de que deve existir relação entre a

Na evolução subsequente, o STF tem seguido com sua tendência de chancelar as políticas de ações afirmativas em diversos ambientes, em especial no que diz com a inclusão das pessoas com deficiência e em matéria das assim chamadas *cotas raciais* (visto que o conceito de raça é normativo e não biológico), que, no Brasil, destinam-se em particular aos afrodescendentes (negros e pardos) e aos indígenas. Como mostra disso, calha invocar, em caráter ilustrativo, a já referida decisão sobre a aplicação das exigências de acessibilidade do estatuto (e respectiva Convenção) das pessoas com deficiência a estabelecimentos privados de ensino (ADIn 5.357, rel. Min. Edson Fachin)[681] e a decisão na ADC 41/DF, rel. Min. Roberto Barroso, j. 08.06.2017, na qual se declarou a constitucionalidade da reserva, por exigência da Lei Federal 12.990/2014, de 20% das vagas em concursos públicos para candidatos autodeclarados negros ou pardos, entendendo, em síntese, que tal exigência (inclusive o critério da autodeclaração) atende os reclamos da igualdade formal e material, bem como a necessidade da inclusão em termos de políticas de reconhecimento e proporcional representação nas diversas esferas da vida social, política, econômica e cultural do grupo das pessoas afrodescendentes, inclusive no que diz com o impacto proporcional da reserva de vagas, também no que diz com o atendimento de vagas para pessoas com deficiência.

Ainda quanto às política públicas de ações afirmativas chanceladas pelo STF, calha mencionar a decisão cautelar referendada na ADPF 738[682], em que o rel. Min. Ricardo Lewandowksi determinou a imediata aplicação dos incentivos para candidatos afrodescendentes, de modo a ser observada já nas eleições municipais de 2020 a decisão do TSE (Consulta TSE 600306-47), originalmente obrigatória a partir das eleições gerais de 2022, que definiu o direito dos candidatos afrodescendentes a distribuição de verbas públicas e tempo de propaganda eleitoral gratuita no rádio e na televisão em patamares mínimos e proporcionais.

Dentre a jurisprudência mais recente do STF sobre o tema, destaca-se a ADPF 787/DF, rel. Min. Gilmar Mendes, j. em 28.06.2021, em que, em sede de decisão monocrática e por ocasião do julgamento da medida cautelar requerida, foi concedida liminar, para, no concernente ao sistema para agendamento de tratamentos médicos pela pessoa transexual, determinando "que o Ministério da Saúde, no prazo de 30 (trinta) dias, proceda a todas as alterações necessárias nos sistemas de informação do SUS, para que marcações de consultas e de exames de todas as especialidades médicas sejam realizadas independentemente do registro do sexo biológico; i.b. Ordenar ao Ministério da Saúde que, também no prazo de 30 (trinta) dias, informe se os Sistemas de Informação do SUS (Sistema Informações Hospitalares do SUS (SIH/SUS), Sistema de Informações Ambulatoriais do SUS (SIA/SUS), Sistema de Informações em Saúde da Atenção Básica (SISAB), e-SUS 2.1.3.1 e o Sistema de

---

modalidade (estado) de deficiência e o conteúdo funcional do cargo disputado em concurso público. V., também, a já referida ADI 6.476/DF, rel. Min. Roberto Barroso, j. 08.09.2021, que estabeleceu nova interpretação aos arts. 3.º, VI, e 4.º, § 4.º, do Decreto n. 9.508/2018 no sentido de reconhecer "o direito do candidato com deficiência à adaptação razoável em provas físicas de concursos públicos" e a possibilidade de estabelecer critérios diferenciados em provas físicas para candidatos com e sem deficiência, a não ser que a exigência seja indispensável ao exercício das funções próprias do cargo público.

681. *Vide*, ainda, a ADI 4.388/GO, rel. Min. Rosa Weber, j. em 03.03.2020, em que o STF julgou inconstitucional a exclusão de pessoas com deficiências auditivas passíveis de correção do direito à reserva de vagas no serviço público de Goiás. Ocasião em que se entendeu igualmente pela fragilização da proteção da dignidade da pessoa humana, mencionada anteriormente no tópico "2.1.2 Breves notas sobre a forma de positivação (reconhecimento) da dignidade da pessoa humana na Constituição Federal".

682. Referendo na Cautelar na ADPF 738, rel. Min. Ricardo Lewandowski, j. 05.10.2020.

Gerenciamento da Tabela de Procedimentos, Medicamentos e OPM do SUS/SIGTA) devidamente adaptados e atualizados para garantir o acesso a tratamentos médicos com base na autodeclaração de gênero dos pacientes; ii. Quanto à Declaração de Nascido Vivo: ii.a. Determinar ao Ministério da Saúde, por meio da Secretaria de Vigilância da Saúde (SVS-MS), que, no prazo de 30 (trinta) dias: proceda à alteração do layout da DNV para que faça constar da declaração a categoria 'parturiente', independente dos nomes dos genitores de acordo com sua identidade de gênero. Isso possibilitará, ao mesmo tempo, o recolhimento de dados para a formulação de políticas públicas pertinentes e o respeito à autodeclaração de gênero dos ascendentes; ii.b. Ordenar ao Ministério da Saúde que, no prazo de 30 (trinta) dias: estabeleça diretrizes para, em conjunto com as Secretarias de Estado da Saúde e com as Secretarias Municipais de Saúde, gestoras estaduais do SIM e do SINASC, orientar as unidades notificadoras a alimentarem os registros pertinentes considerando a categoria 'parturiente', independente dos nomes dos genitores de acordo com sua identidade de gênero".

Com tal decisão (que, ao fim e ao cabo, determinou o cumprimento de decisões pretéritas), ainda pendente de julgamento do mérito, o STF deu mais um passo importante no que diz com a proteção de minorias e grupos vulneráveis, assegurando a fruição de direitos fundamentais às pessoas integrantes do grupo populacional LGBTQIA+.

4.14 Dos direitos fundamentais sociais[683]

4.14.1 Aspectos gerais relativos aos direitos sociais como direitos fundamentais

4.14.1.1 Generalidades: os direitos sociais no quadro da evolução constitucional brasileira

A Constituição Federal, consoante já referido, foi a primeira na história constitucional brasileira a prever um título específico para os chamados direitos e garantias fundamentais – Título II –, onde foram também consagrados direitos sociais básicos e de caráter mais geral, bem como foi previsto um extenso elenco de direitos dos trabalhadores, igualmente sediado no capítulo dos direitos sociais. Embora na evolução constitucional precedente já houvesse previsão de algumas normas – especialmente no âmbito da ordem social e econômica da Constituição – versando sobre justiça social e mesmo de alguns direitos sociais (com destaque para os direitos dos trabalhadores), foi apenas no texto promulgado em 05.10.1988 que os direitos sociais foram efetivamente positivados na condição de direitos fundamentais, pelo menos de acordo com expressa previsão do texto constitucional, já que na doutrina, como já referido no âmbito da parte geral dos direitos fundamentais, registra-se alguma divergência sobre a fundamentalidade de alguns dos direitos previstos no Título II, de modo especial no que diz respeito aos direitos sociais, aspecto que será objeto de atenção logo adiante.

---

683. Agradecemos a Mariana F. Figueiredo, advogada da União, mestre e doutoranda em Direito pela PUC-RS, bem como a Tiago Fensterseifer, defensor público em São Paulo e mestre em Direito pela PUC-RS, pelo auxílio na seleção de material bibliográfico e jurisprudencial e na formatação do texto, que, em boa parte, tem origem em escritos anteriores do autor (Ingo W. Sarlet) sobre o tema.

No que diz com *a evolução constitucional pretérita brasileira*, observa-se que, em geral, as Constituições anteriores faziam referência a alguns direitos sociais (assistência jurídica, proteção à maternidade e à infância, direito à educação, entre outros) mediante dispositivos esparsos, geralmente elencados no catálogo dos direitos individuais ou por meio de preceitos inseridos nos títulos da ordem econômica e social. Feita essa ressalva, é possível identificar, já na nossa *Carta Imperial, de 1824*, o art. 179, que, assegurava, respectivamente, a garantia dos socorros públicos e o direito à instrução primária gratuita (incisos XXXI e XXXII), uma precoce manifestação da influência do constitucionalismo francês revolucionário, com destaque para a Constituição de 1793.[684] Em virtude de seu caráter eminentemente liberal, *a Constituição de 1891 não contemplava direitos sociais*, tendo sido apenas com a promulgação da Constituição de 1934, fortemente influenciada pelas primeiras constituições do Estado Social (com destaque para a Constituição de Weimar), que os direitos sociais e em geral as normas definidoras de fins e tarefas do Estado em matéria social foram inseridos na tradição constitucional brasileira. Com efeito, a *Constituição de 1934* contemplava, dentre outros, a inviolabilidade do direito à subsistência (art. 113, *caput*), bem como os direitos à assistência judiciária gratuita (n. 32), direitos ao trabalho e à assistência dos indigentes (n. 34), além de afirmar a existência digna como objetivo da ordem econômica (art. 115) e dispor sobre assistência social e saúde pública (art. 138), proteção à maternidade e à infância (art. 141) e o direito à educação (art. 149). *A Constituição do Estado Novo, de 1937*, contemplava, por sua vez, dentre outros, o dever de educação dos filhos (art. 125), a proteção da infância e da juventude (art. 127), a gratuidade e obrigatoriedade do ensino primário (art. 130), o dever social do trabalho e o direito à subsistência mediante o trabalho (art. 136). *A Constituição de 1946*, representativa do constitucionalismo do Segundo Pós--Guerra, mas ainda assim afinada com a nossa evolução anterior, assegurava, dentre outros exemplos, o direito dos necessitados à assistência judiciária (art. 141, § 35), estabelecendo a justiça social como objetivo da ordem econômica (art. 145), além de prever o direito ao trabalho (art. 145, parágrafo único), a assistência à maternidade e à infância (art. 164) e o direito à educação (art. 166). *A Constituição de 1967*, promulgada em pleno regime militar, manteve, contudo, o conteúdo social dos textos anteriores, ainda que com algumas variações, como demonstram os exemplos do art. 150, § 32 (direito dos necessitados à assistência judiciária), art. 157, *caput* (justiça social como objetivo da ordem econômica), art. 157, II ("valorização do trabalho como condição da dignidade humana"), e art. 168, que tratava do direito à educação. Tais direitos e objetivos sociais foram, ainda que alterada a localização no texto constitucional, mantidos pela EC 1/1969.

Voltando-nos ao texto da Constituição Federal (1988), é facilmente perceptível que o art. 6.º, onde estão sediados os direitos sociais básicos (sem prejuízo dos direitos específicos dos trabalhadores e outros direitos sociais), insere-se num contexto mais amplo no plano constitucional. Com efeito, o Preâmbulo já evidencia o forte compromisso com a justiça social, comprometimento este reforçado pelos princípios fundamentais elencados no Título I da CF, dentre os quais se destaca a dignidade da pessoa humana (art. 1.º, III), positivada como fundamento do próprio Estado Democrático de Direito. Tal princípio, para além de outros aspectos dignos de nota, atua como verdadeiro fio condutor relativamente aos

---

684. Cf., por todos, HERRERA, Carlos Miguel. *Les droits sociaux*, p. 38 e ss., onde se pode encontrar uma excelente síntese da evolução dos direitos sociais no âmbito do constitucionalismo francês.

diversos direitos fundamentais, reforçando a existência de uma recíproca complementaridade entre os direitos civis e políticos (por muitos, designados de direitos individuais ou direitos de liberdade) e os direitos sociais, na medida em que os direitos fundamentais (ainda que não todos e não da mesma forma) expressam parcelas do conteúdo e dimensões do princípio da dignidade humana.[685] Além disso, a busca da justiça social, portanto, o compromisso com a realização dos direitos sociais, guarda sintonia com os objetivos fundamentais da República elencados no art. 3.º da CF, que estabelece como norte, dentre outros, a construção de uma sociedade livre, justa e solidária, assim como a erradicação da pobreza e da marginalização, além da redução das desigualdades sociais. O mesmo ideário consta do art. 170, que explicita a valorização do trabalho humano e a livre-iniciativa como fundamentos da ordem econômica, vinculando esta última à garantia de uma existência digna para todos, conformada aos ditames da justiça social, de tal sorte que se pode afirmar que a dignidade da pessoa humana é também o fundamento e o fim da ordem econômica na Constituição.[686]

Muito embora os direitos fundamentais sociais não estejam apenas sediados no art. 6.º da CF, é neste dispositivo que foram concentrados os direitos fundamentais sociais básicos (educação, saúde, alimentação, trabalho, moradia, lazer, segurança, previdência social, proteção à maternidade e à infância e assistência aos desamparados), sendo de registrar que o direito à moradia foi incorporado ao texto original apenas posteriormente, por meio da EC 26, de 14.02.2000, ao passo que o direito à alimentação foi inserido por meio da EC 64, de 04.02.2010, tudo a demonstrar uma cada vez maior sinergia do direito constitucional positivo brasileiro com a agenda do direito internacional (seja no plano regional, seja no plano universal) dos direitos humanos, onde os direitos humanos à moradia e à alimentação já se faziam presentes antes de serem incorporados ao texto da Constituição Federal.[687]

Além disso, convém relevar que boa parte dos direitos sociais consagrados, em termos gerais, no art. 6.º da CF foi objeto de densificação por meio de dispositivos diversos ao longo do texto constitucional, especialmente nos títulos que tratam da ordem econômica (por exemplo, no que diz com aspectos ligados à função social da propriedade urbana e rural) e da ordem social (normas sobre o sistema de seguridade social, designadamente, saúde, assistência e previdência social, bens culturais, família, proteção do idoso, meio ambiente, educação etc.), destacando-se os diversos direitos dos trabalhadores enunciados nos arts. 7.º a 11, que constituem um conjunto de direitos e garantias que concretizam o direito geral ao trabalho e à proteção do trabalhador (contemplado no art. 6.º, em condição de igualdade em relação aos demais direitos sociais), especialmente no sentido de imposição

---

685. Para maiores desenvolvimentos, v. SARLET, Ingo Wolfgang. 10. ed. Porto Alegre: Livraria do Advogado, 2015.

686. Sobre os princípios da ordem econômica na Constituição Federal, v., especialmente, GRAU, Eros Roberto. *A ordem econômica na Constituição de 1988 (interpretação e crítica)*, 3. ed. (existe edição mais recente); PETTER, Lafayete Josué. *Princípios constitucionais da ordem econômica*: o significado e o alcance do art. 170 da Constituição Federal. Para uma abordagem mais ampla, não dedicada à análise dos diversos princípios da ordem econômica considerados individualmente, v. BERCOVICI, Gilberto. *Constituição econômica e desenvolvimento*: uma leitura a partir da Constituição de 1988, especialmente p. 11-44.

687. Com efeito, no plano internacional, tais direitos já constavam do art. 11/1 do Pacto Internacional de Direitos Econômicos, Sociais e Culturais (1966), tendo sido expressamente referidos no âmbito de um direito de toda pessoa a um nível de vida adequado para si própria e sua família.

dos deveres de promoção e proteção do trabalho e dos trabalhadores, além de uma série de garantias específicas.

Feita esta primeira apresentação, é preciso enfatizar que os direitos sociais somente podem ser compreendidos (e aplicados) de modo adequado a partir de uma análise conjunta e sistemática de todas as normas constitucionais que direta e indiretamente a eles se vinculam, bem como à luz de toda a legislação infraconstitucional e da jurisprudência que os concretiza. Além disso, na sua condição de direitos fundamentais (pelo menos esta é a perspectiva adotada), os direitos sociais exigem uma abordagem que esteja em permanente diálogo com a teoria geral dos direitos fundamentais. Assim sendo, fica desde logo esclarecido que, a despeito da opção por uma abordagem (para efeitos didáticos e em homenagem à opção do constituinte no que diz com a distribuição dos direitos fundamentais no Título II) em separado dos direitos sociais, a circunstância de que a Constituição Federal contempla – pelo menos de acordo com a perspectiva adotada e o entendimento dominante no Brasil – um regime comum (embora não idêntico em todos os seus aspectos) para os direitos fundamentais[688] justifica seja feita remissão frequente a outras partes da presente obra, com destaque para a parte geral dos direitos e garantias fundamentais, na qual, afinal, também (ainda que com algumas peculiaridades) se inserem os direitos sociais. Antes, contudo, de adentrarmos no exame do regime jurídico-constitucional dos direitos sociais como direitos fundamentais na Constituição Federal e apresentar, em síntese, os principais direitos sociais em espécie, calha lançar um breve olhar sobre o panorama que se apresenta no direito estrangeiro.

4.14.2 Breves notas sobre os direitos sociais no âmbito do direito constitucional estrangeiro

Uma análise comparativa entre o direito brasileiro e outros ordenamentos constitucionais, especialmente no que concerne aos direitos sociais, revela, de certo modo, uma posição de vanguarda da Constituição Federal de 1988, que, ao consagrar os direitos sociais como direitos fundamentais – na perspectiva aqui adotada –, lhes assegurou supremacia normativa, decorrente exatamente desta positivação no texto constitucional, o que resultou na tendência de se reconhecer aos direitos sociais, pelo menos em termos gerais, o mesmo regime jurídico-constitucional estabelecido para os demais direitos fundamentais, observadas as peculiaridades de cada direito, tópico que ainda será mais desenvolvido. Esse regime jurídico reforçado, que corresponde à compreensão dominante no cenário jurídico-constitucional brasileiro, é, todavia, bastante distinto do quadro normativo vigente em outros países, onde, ainda que contemplados no texto constitucional, tais direitos são vistos como tendo (no que diz com a força jurídica das normas que os consagram) uma eficácia bastante mais restrita e, em outros casos, chega-se mesmo a lhes negar o caráter de autênticos direitos fundamentais ou mesmo atribuir a tais dispositivos constitucionais a função de

---

688. Para maior desenvolvimento do regime jurídico dos direitos fundamentais, que abrange os direitos sociais, v., além das considerações tecidas na Parte Geral dos Direitos Fundamentais, SARLET, Ingo Wolfgang. *A eficácia dos direitos fundamentais*, 13. ed., p. 147 e ss. (Capítulo 5 da Parte I) e p. 265 e ss. (Capítulo 3 da Parte II), onde, já desde a 1.ª edição (1998), os direitos sociais foram tratados como direitos fundamentais e em geral sujeitos ao mesmo regime jurídico dos direitos civis e políticos, partindo-se, portanto, da premissa de uma unicidade de regime e tratamento. No mesmo sentido, v., por último, ROTHENBURG, Walter Claudius. *Direitos sociais são direitos fundamentais*, op. cit., p. 24 e ss.

normas impositivas de fins e tarefas estatais. Essa limitação da eficácia das normas de direitos sociais, tal como tem sido amplamente sustentado em boa parte dos sistemas constitucionais, decorreria, principalmente, de uma densidade normativa alegadamente mais baixa dos preceitos que dispõem sobre direitos sociais, no sentido de que tais normas exigiriam uma prévia atuação do legislador para alcançarem sua eficácia, especialmente no sentido de posições subjetivas exigíveis em face do Estado. Em outras palavras, a conformação do âmbito de proteção dos direitos sociais estaria, segundo tal orientação, em sua maior medida, nas mãos do legislador infraconstitucional.[689]

Em países como Alemanha, França, Portugal, Espanha e Itália (e tal perfil pode ser ampliado para a grande maioria dos países europeus), isso tem impedido, de modo geral e ressalvadas exceções, a admissão de uma aplicabilidade direta das normas constitucionais de direitos sociais, o que – pelo menos em regra! – os torna exigíveis, na condição de direitos subjetivos, apenas na forma e de acordo com os limites da legislação ordinária conformadora. Em termos de eficácia imediata e originária, verifica-se que as principais funções atribuídas aos direitos sociais no direito comparado direcionam-se em dois sentidos, quais sejam: (a) operarem como limites aos demais direitos, fundamentais ou não, implicando restrições ao âmbito de proteção de outros direitos, demarcando-lhes concretamente a eficácia, e atuando, por conseguinte, num sentido eminentemente negativo; e (b) incidirem, já numa acepção objetiva, como parâmetro de avaliação da (in)constitucionalidade de atos normativos, por fixarem um *standard* mínimo a ser observado, no sentido de uma eficácia "dirigente", que vincula e limita, em maior ou menor medida, a discricionariedade do legislador e da própria administração pública.

É nessa perspectiva que, por exemplo, a *Constituição da República Portuguesa, de 1976*, não outorgou – de acordo com a orientação ainda prevalente na doutrina e jurisprudência constitucional lusitana – aos direitos econômicos, sociais e culturais o mesmo regime jurídico traçado para a tutela dos direitos, liberdades e garantias, visto que apenas os direitos, liberdades e garantias (assim como os direitos análogos) são diretamente aplicáveis e vinculam os órgãos estatais e mesmo as entidades privadas (art. 18.º), estando, portanto, sujeitos a um regime reforçado em relação ao dos direitos sociais.[690] De modo semelhante, a *Constituição do Reino de Espanha, de 1978*, não estendeu o regime jurídico de proteção reforçada do art. 53.1 aos direitos sociais (exceção feita ao direito à educação, explicitado no art. 27, bem como a algumas liberdades sociais, como é o caso do direito de livre associação sindical), mas, em vez de reconhecer direitos sociais, optou por positivar expressamente os assim chamados "principios rectores de la política social y económica" (art. 39 e ss.), cuja garantia dependerá sempre da legislação conformadora, inclusive quanto à respectiva exigibilidade judicial (art. 53.3).[691] No âmbito do direito francês, os direitos sociais atualmente não se

___

689. Sobre os argumentos favoráveis e contrários ao reconhecimento de uma eficácia plena e aplicabilidade direta às normas de direitos sociais, v., no Brasil e por todos, SARLET, Ingo Wolfgang. *A eficácia dos direitos fundamentais*, 13. ed., p. 300 e ss. No âmbito da literatura estrangeira, v., dentre tantos, ABRAMOVICH, Victor; COURTIS, Christian. *Los derechos sociales como derechos exigibles*; PISARELLO, Gerardo. *Los derechos sociales y sus garantías – Elementos para una reconstrucción*; e HERRERA, Carlos Miguel. *Les droits sociaux*.

690. Importa consignar, contudo, a existência de orientação dissonante, como a de NOVAIS, Jorge Reis. *Direitos sociais. Teoria jurídica dos direitos sociais enquanto direitos fundamentais*, em que se desenvolve a tentativa de construção de um regime dogmático unitário para os direitos fundamentais, inclusivo dos direitos sociais.

691. Para o caso da Espanha, v., por todos, CALLEJÓN, Francisco Balaguer (Coord.). *Manual de derecho constitucional*, vol. 2, 5. ed., p. 54 e ss. e 328 e ss. Sobre os direitos sociais como direitos fundamentais na Constituição espanhola v.,

encontram no corpo principal do texto constitucional, visto que a *Constituição da República Francesa de 1958* remete a matéria relativa aos direitos sociais em geral ao *Preâmbulo da Constituição de 1946* e aos princípios econômicos e sociais ali consagrados.[692] Por meio da identificação dos denominados "objetivos de valor constitucional", o Conselho Constitucional francês admite a existência de direitos sociais, porém os restringe a uma função objetiva, no sentido de atuarem como limites aos demais direitos, sem a capacidade de geração de direitos subjetivos – exceção feita à garantia de condições materiais mínimas de sobrevivência, expressamente outorgada.[693] Na Itália, os direitos sociais também se apresentam precipuamente sob a forma objetiva, encontrando seu fundamento no art. 3.º, n. 2, da *Constituição da República Italiana de 1947*, que impõe ao Poder Público o dever de afastar os obstáculos de ordem econômica e social que impedem o pleno desenvolvimento das pessoas. Em termos gerais, também na Itália os direitos sociais não dão origem – em princípio e sem a prévia interposição do legislador – a posições subjetivas exigíveis judicialmente, sendo tutelados na esfera do contencioso administrativo, na condição de "interesses legítimos".[694] Já a *Lei Fundamental da República Federal da Alemanha, de 1949*, com exceção do disposto no art. 6, 4 (direito à proteção da maternidade) e da garantia da liberdade sindical (art. 9.º), não previu expressamente direitos fundamentais sociais, motivo pelo qual a jurisprudência tem exercido um papel essencial, de modo especial, mediante interpretação da cláusula do Estado Social (art. 20, 1), do princípio da dignidade da pessoa humana (art. 1, 1) e do direito ao livre desenvolvimento da personalidade (art. 2, 1), dos quais foram deduzidos "verdadeiros" direitos sociais, com destaque para o direito a um mínimo existencial, o direito ao trabalho, o direito a uma habitação adequada, o direito de acesso dos socialmente débeis a possibilidades de desenvolvimento social e cultural, o direito à seguridade social (abrangido aqui um direito à assistência social), muito embora altamente controversa a força jurídica de tais direitos sociais, pelo menos na condição de direitos de matriz constitucional, já que o princípio do Estado Social foi objeto de intensa concretização no plano infraconstitucional.[695] Por outro lado, é preciso enfatizar que também na Alemanha o reconhecimento de posições

---

ainda, o estudo específico de Bastida Freijedo, Francisco J. Concepto y modelos históricos de los derechos fundamentales. In: ____; Villaverde Menéndez, Ignacio; Requejo Rodrígues, Paloma et al. *Teoría general de los derechos fundamentales en la Constitución española de 1978*, p. 40 e ss.

692. Eis o texto do dispositivo: "[l]a Nation assure à l'individu et à la famille les conditions nécessaires à leur développement. Elle garantit à tous, notamment à l'enfant, à la mère et aux vieux travailleurs, la protection de la santé, la sécurité matérielle, le repos et les loisirs. Tout être humain qui, en raison de son âge, de son état physique ou mental, de la situation économique, se trouve dans l'incapacité de travailler a le droit d'obtenir de la collectivité des moyens convenables d'existence". Sobre os direitos sociais no constitucionalismo francês contemporâneo, v., por todos, Herrera, Carlos Miguel. *Les droits sociaux*, p. 62 e ss.

693. Cf., entre outros, Gaudu, F. Les droits sociaux. *Libertés & droits fondamentaux*, p. 593-608.

694. Cf. Corso, G. I diritti sociali nella Costituzione italiana. *Rivista Trimestrale di Diritto Pubblico* 3/755-784. A respeito dos direitos sociais no constitucionalismo italiano, v., ainda, entre tantos, Baldassare, Antonio. *Los derechos sociales* (cuida-se de parte de outra obra do autor traduzida como livro para o espanhol); e Politi, Fabrizio. I diritti sociali. In: Nania, Roberto; Ridola, Paolo (Ed.). *I diritti costituzionali*, p. 1019 e ss., especialmente p. 1035 e ss.

695. Cf., entre muitos, Schmidt, Walter. Soziale Grundrechte im Verfassungsrecht der Bundesrepublik Deutschland. *Der Staat*, Beiheft 5/9 e ss., 1981 (existe versão em italiano: I diritti fondamentali sociali nella Repubblica Federale Tedesca. *Rivista Trimestrale di Diritto Pubblico*, n. 3, p. 786-787, 1981. Para uma análise comparativa entre os direitos sociais no Brasil e na Alemanha, v. Sarlet, Ingo Wolfgang. *Die Problematik der sozialen Grundrechte in der brasilianischen Verfassung und im deutschen Grundgesetz*, especialmente p. 273 e ss., que corresponde à parte alemã da obra (a partir da p. 521 encontra-se uma sistematização comparativa).

subjetivas originárias (no sentido de deduzidas direta e autonomamente da Constituição), tendo por objeto prestações materiais por parte do Poder Público, é limitado a situações excepcionais, visto que mesmo no caso da garantia do mínimo existencial é deferida ao legislador a primazia e uma ampla liberdade no que diz com a sua delimitação.[696]

Ainda no que diz com o cenário europeu, é preciso destacar que, para além da grande diversidade registrada entre as várias Constituições nacionais (refiram-se especialmente as novas Constituições do ciclo que sucedeu o término da Guerra Fria e a dissolução da União Soviética e de sua forte e relativamente hermética área de influência), seja quanto ao número dos direitos sociais reconhecidos, seja quanto a sua forma de positivação e regime jurídico, também nessa seara – da justiça social e dos direitos sociais – tem sido crescente a relevância da normativa supranacional (com destaque para a dimensão regional), visto que, a despeito de uma forte autonomia dos Estados no que toca ao modo e níveis de concretização da justiça e segurança social, verifica-se a formação, mediante a articulação entre o direito interno e a legislação supranacional, assim como com a jurisprudência das instâncias judiciárias comunitárias, de uma espécie de ordem social europeia, o que se percebe já em função do conteúdo social do Tratado de Lisboa, que, da mesma forma que a Carta dos Direitos Fundamentais da União Europeia, que também contém disposições em matéria de segurança social e de direitos sociais, alcançou força vinculativa.

Quanto às demais regiões do Planeta, a expansão do constitucionalismo em geral e dos direitos sociais em particular também se fez sentir especialmente ao longo do último quartel do século XX, processo em muito influenciado pela consagração, no plano do sistema internacional de proteção dos direitos humanos, do Pacto Internacional de Direitos Sociais, Econômicos e Culturais (1966), com evidentes reflexos em perspectiva regional, como dá conta o exemplo, no ambiente americano, do Protocolo Adicional à Convenção Americana sobre Direitos Humanos em Matéria de Direitos Econômicos, Sociais e Culturais (Protocolo de San Salvador). Independentemente do valor jurídico atribuído a tais documentos supranacionais no âmbito interno, e sem considerar aqui a questão da efetividade dos direitos sociais, o fato é que atualmente grande parte das Constituições contempla – em maior ou menor medida – direitos sociais nos seus textos, processo que encontrou sua maior expansão a partir das décadas de 1980 e 1990, mesmo após a derrocada do regime socialista na União Soviética, ou seja, após o marco da "Queda do Muro" (Berlim, 1989), como é o caso, em caráter ilustrativo, das Constituições da Colômbia, da Venezuela, da Bolívia, do Equador, no caso do continente sul-americano, ou, para referir um exemplo amplamente citado e analisado na literatura, da Constituição da África do Sul (1996). Importa agregar que a força jurídica emprestada aos direitos sociais em tais ordens constitucionais, inclusive a sua exigibilidade pela via judicial, tem sido bem mais intensa do que no caso dos exemplos referidos para a Europa (Alemanha, Espanha, Portugal, França etc.).[697]

---

696. Cf., em caráter excepcional, mas apontando para a possibilidade de o Poder Judiciário assegurar uma posição jurídica prestacional sem amparo legal direto, v. o caso julgado (dezembro de 2005) pelo Tribunal Constitucional Federal da Alemanha, versando sobre o reembolso, pelo sistema do seguro público da saúde, de despesas efetuadas para tratamento não previsto no sistema de saúde como adequado. De outra parte, na relativamente recente decisão sobre o mínimo existencial, de 09.02.2010, o Tribunal Constitucional Federal reconheceu novamente um direito ao mínimo existencial como indisponível, mas cujo conteúdo, em primeira linha, deve ser definido pelo legislador infraconstitucional.

697. Para o caso da América Latina, v., por todos, FERNÁNDEZ, Albert Noguera. *Los derechos sociales en las nuevas constituciones latinoamericanas*; bem como COURTIS, Christian; SANTAMARÍA, Ramiro Ávila (Ed.).

No Brasil, a inserção de um leque de direitos sociais no título dos direitos fundamentais, somada ao regime jurídico-constitucional dos direitos fundamentais, ainda mais em face de seu desenvolvimento doutrinário e jurisprudencial, asseguraram aos direitos sociais um lugar de destaque na agenda jurídica e política. Embora seja inviável desenvolver de modo minucioso todos os aspectos ligados aos direitos sociais, seguem algumas observações sobre o seu conceito e o seu regime jurídico na Constituição Federal.

4.14.3 Os direitos sociais como direitos fundamentais e seu regime jurídico na Constituição Federal

4.14.3.1 Aspectos gerais

Partindo do pressuposto de que na Constituição Federal, a despeito de alguma resistência por parte de setores da doutrina e da jurisprudência, os direitos sociais são direitos fundamentais, estando, em princípio, sujeitos ao mesmo regime jurídico dos demais direitos fundamentais (ainda que não necessariamente de modo igual quanto ao detalhe e em alguns casos), é preciso, numa primeira aproximação, destacar que o elenco dos direitos sociais (termo que aqui é utilizado como gênero) não se resume ao rol enunciado no art. 6.º da CF, abrangendo também, nos termos do art. 5.º, § 2.º, da CF, direitos e garantias de caráter implícito, bem como direitos positivados em outras partes do texto constitucional (portanto, fora do Título II) e ainda direitos previstos em tratados internacionais, temática que aqui não será desenvolvida, visto que o sentido e alcance da cláusula de abertura material consagrada pelo dispositivo citado já foi objeto de detalhado exame no âmbito da parte geral dos direitos fundamentais.[698]

Aos direitos sociais também se aplica, consoante já sinalado na parte geral dos direitos fundamentais, o disposto no art. 5.º, § 1.º, da CF, de tal sorte que, a exemplo das demais normas de direitos fundamentais, as normas consagradoras de direitos sociais possuem aplicabilidade direta, ainda que o alcance de sua eficácia deva ser avaliado sempre no contexto de cada direito social e em harmonia com outros direitos fundamentais (sociais ou não), princípios e mesmo interesses públicos e privados.[699]

Assim, ainda que se possa falar, no caso de alguns direitos sociais, especialmente em virtude do modo de sua positivação no texto constitucional, em uma maior relevância de uma concretização legislativa, essa peculiaridade não afasta o dever de se atribuir também às normas de direitos sociais uma máxima eficácia e efetividade, obrigação cometida a todos os órgãos estatais, no âmbito de suas respectivas competências, dever ao qual se soma o dever de aplicação direta de tais normas por parte dos órgãos do Poder Judiciário. Tal

---

La protección judicial de los derechos sociales, contendo, além de contribuições de caráter mais geral, artigos sobre Argentina, Brasil, Colômbia, Costa Rica, Equador, entre outros). Para o caso da África do Sul, v., por todos, LIEBENBERG, Sandra. *Socio-economic rights. Adjudication under a transformative constitution*. Contendo análises voltadas aos sistemas internacional e regional, mas também abordando os direitos sociais em nível nacional, para os casos da África do Sul, Canadá, Índia, v. EREZ, Daphne Barak; GROSS, Aeyal M. (Ed.). *Exploring social rights – Between theory and practice*.

698. No mesmo sentido, v., por todos, a importante contribuição de ROTHENBURG, Walter Claudius. *Direitos sociais são direitos fundamentais*, op. cit., em especial p. 23 e ss.

699. Idem, p. 116 e ss.

aspecto, contudo, não pode ser confundido com a existência de limites fáticos e jurídicos aos direitos sociais, limites que, de resto, atingem os direitos fundamentais de um modo geral, já que em princípio inexiste direito fundamental imune a qualquer tipo de restrição ou limite. Por outro lado, a maior ou menor abertura semântica (indeterminação do conteúdo) e mesmo eventual remissão expressa à lei não poderão consistir, portanto, em obstáculo intransponível à sua aplicação imediata e exigibilidade judicial, ainda que os efeitos concretos a serem extraídos das normas de direitos sociais possam, em alguns casos, ser bem mais modestos. De qualquer modo, para um maior desenvolvimento quanto ao sentido e alcance da norma contida no art. 5.º, § 1.º, da CF, remetemos, aqui também, ao item correspondente da parte geral (teoria geral) dos direitos fundamentais.[700]

Outro tópico que diz respeito ao regime jurídico dos direitos sociais na condição de direitos fundamentais é o de sua *proteção contra o poder de reforma constitucional e contra intervenções restritivas por parte dos órgãos estatais*. Tendo em conta que tais questões foram tratadas no capítulo sobre a reforma constitucional (no âmbito dos limites materiais) e no item sobre os limites e restrições a direitos fundamentais (parte geral dos direitos fundamentais), deixaremos aqui de enfrentar o tema, apenas enfatizando que também quanto a tais aspectos adotamos a posição segundo a qual os direitos fundamentais sociais (estejam eles sediados no Título II da CF, estejam localizados em outras partes do texto constitucional, ou mesmo tenham sido incorporados à Constituição mediante emendas) não podem ser objeto de abolição efetiva ou tendencial, aplicando-se aos direitos sociais também, ressalvadas eventuais peculiaridades, o sistema constitucional de limites e limites dos limites. Todavia, levando em conta que na seara dos direitos fundamentais sociais passou a ganhar espaço, especialmente em sede doutrinária, a ideia de uma proibição de retrocesso (ou proibição de regressividade), não deixaremos de tecer algumas considerações sobre a tal "garantia implícita" dos direitos sociais, logo mais adiante, em item próprio.

Ainda no concernente ao regime jurídico dos direitos sociais, importa destacar que, sob o rótulo genérico de direitos sociais, a Constituição Federal abrange uma gama variada de direitos fundamentais, que, numa perspectiva mais ampla (integrando o Título II com as demais partes da Carta Magna), correspondem aos direitos econômicos, sociais, culturais e ambientais, o que contribui ainda mais para uma necessária cautela no que diz com uma aplicação demasiado rigorosa (embora correta, em termos gerais) da unicidade de regime jurídico-constitucional em matéria de direitos fundamentais, o que deverá ser objeto de atenção quando da análise dos direitos sociais em espécie.

Além disso, como ocorre com os direitos fundamentais em geral, também os direitos sociais apresentam uma dupla dimensão subjetiva e objetiva. No que diz com a primeira, ou seja, quando os direitos sociais operam como direitos subjetivos, está em causa a possibilidade de serem exigíveis (em favor de seus respectivos titulares) em face de seus destinatários. A despeito das dificuldades e objeções que se registram nessa esfera (v.g., menor densidade das normas definidoras de direitos sociais, limites ao controle judicial das políticas públicas, dependência da disponibilidade de recursos, em outras palavras, do impacto da assim chamada reserva do possível), constata-se, no caso brasileiro, uma forte tendência doutrinária e jurisprudencial (com destaque aqui para a jurisprudência do STF) no sentido do

---

700. Para um maior desenvolvimento da concepção aqui adotada e sumariamente exposta, v. Sarlet, Ingo Wolfgang. *A eficácia dos direitos fundamentais*, 13. ed., p. 269 e ss.

reconhecimento de um direito subjetivo definitivo (portanto, gerador de uma obrigação de prestação por parte do destinatário) pelo menos no plano do mínimo existencial, concebido como garantia (fundamental) das condições materiais mínimas para uma vida com dignidade, o que, em termos de maior incidência, se verifica especialmente nos casos do direito à saúde e à educação.[701]

---

701. Em caráter meramente ilustrativo colacionam-se três exemplos extraídos da jurisprudência do STF. No caso da conhecida decisão na ADPF 45/DF (*DJ* 04.05.2004), embora extinta a ação por superveniente perda de objeto, estabeleceu-se que a efetivação do direito à saúde liga-se à garantia de proteção ao mínimo existencial, devendo-se interpretar "com reservas" a alegação, por parte do Estado, de violação à reserva do possível. Já na STA 318/RS (*DJe* 76, de 24.04.2009) tratou-se de decisão que suspendeu apenas a multa diária imposta, mantendo, porém, liminar deferida em ação civil pública, pela qual se impôs ao Estado do Rio Grande do Sul a obrigação de disponibilizar, num prazo de 30 (trinta) dias, aos alunos matriculados (com até 18 anos de idade) na Rede Estadual de Ensino Médio no Município de Lajeado, o fornecimento de passagem escolar ou a prestação do serviço de transporte escolar gratuito, permanente e contínuo, como forma de assegurar o acesso desses adolescentes à escola e à própria educação, especialmente no período noturno, e para aqueles que residem a mais de 3 km de distância da escola. Esse dever decorreria, entre outros, da Constituição Federal (arts. 23, 205 e 208, VI), do Estatuto da Criança e do Adolescente – Lei 8.069/1990 (ECA) e da Lei de Diretrizes e Bases da Educação – Lei 9.394/1996 (LDB). A decisão ainda destacou a dimensão objetiva dos direitos fundamentais à educação e à proteção da criança e do adolescente, que impõe ao Estado "a obrigação constitucional de criar condições objetivas que possibilitem, de maneira concreta, a efetiva proteção de direitos constitucionalmente assegurados". Na STA 175/CE, julgada em março de 2010, rel. Min. Gilmar Mendes, foi mantida decisão impondo fornecimento de medicamento novo (ainda não incluído na lista elaborada pelo Ministério da Saúde), de alto custo, inclusive mediante invocação do direito à vida e do mínimo existencial. Tal orientação, em termos gerais – no que diz com a excepcionalidade da imposição ao poder público de prestações (em especial medicamentos) não previstas no sistema de políticas públicas já praticadas (com destaque para a legislação do SUS), tem sido mantida pelo STF, que segue sendo constantemente provocado a se posicionar sobre o tema. Todavia, importa consignar, que no âmbito do RE 566.471/RN, rel. Min. Marco Aurélio, ainda pendente de julgamento, mas com voto já prolatado pelo Relator (julgamento suspenso em virtude de pedido de vista), bem como no RE 657.718/MG, igualmente relatado pelo Ministro Marco Aurélio, também com julgamento suspenso em virtude de pedido de vista, é possível que o STF ajuste ao menos em alguns pontos o seu entendimento, designadamente para enriquecer os critérios para o reconhecimento de um direito subjetivo a prestações de saúde. Em ambos os casos, o voto do Relator foi pelo reconhecimento do pedido do autor da ação na origem e desprovimento do Recurso Extraordinário. No primeiro caso (RE 566.471) o Relator considerou que presentes os requisitos da indispensabilidade do medicamento e da incapacidade financeira do autor e de sua família, pois há de ser demonstrado que em causa está a garantia do mínimo existencial e demonstrada a efetiva necessidade e impossibilidade de custeio pelo requerente ou familiares (em termos analógicos ao da obrigação alimentar civil), em homenagem ao princípio (e dever) de solidariedade, o que resultou atendido no caso concreto, em regra todavia, devendo ser mínima e excepcional a intervenção do Poder Judiciário na esfera das políticas públicas. Já o Ministro Roberto Barroso, em voto-vista, desproveu o recurso pelo fato de, no curso da ação, o medicamento ter sido aprovado pela ANVISA e incorporado à lista de medicamentos do SUS, mas frisou que no caso de medicamentos não incorporados ao sistema, deverá ser observado rigorosamente, para manter o caráter excepcional de tal tipo de situação, um conjunto de critérios materiais e procedimentais. Por sua vez, o Min. Edson Fachin deu parcial provimento ao RE, entendendo ser procedente a alegação do Estado-membro no sentido de que não poderia ser condenado a custear sozinho o medicamento, sendo necessário que a União integre o polo passivo. Ademais disso, além de sugerir critérios (em parte distintos e complementares daqueles sugeridos pelos Ministros que o antecederam), propôs que fossem preservados os efeitos das decisões prolatadas pelas instâncias ordinárias que versem sobre questão constitucional submetida à Repercussão Geral, inclusive as sobrestadas até a data do respectivo julgamento. No segundo caso (RE 566.471), os votos do Relator e o voto-vista do Min. Barroso seguem, em termos gerais, a orientação já exposta no RE 566.471. Frise-se, ainda, que ambas as matérias resultaram no reconhecimento de sua Repercussão Geral por decisão unânime do Plenário do STF, seja no RE 56.6471 RG/RN, seja no RE 657.718 RG/MG, ambas relatadas pelo Min. Marco Aurélio.

Já a perspectiva objetiva das normas de direitos sociais reflete o estreito liame desses direitos com o sistema de fins e valores constitucionais a serem respeitados e concretizados por toda a sociedade (princípio da dignidade da pessoa humana, superação das desigualdades sociais e regionais, construção de uma sociedade livre, justa e solidária).[702] Nesta esfera, como já sinalado na parte geral dos direitos fundamentais, também as normas de direitos sociais (sendo normas de direitos fundamentais) possuem uma eficácia dirigente ou irradiante, decorrente da perspectiva objetiva, que impõe ao Estado o dever de permanente realização dos direitos sociais, além de permitir às normas de direitos sociais operarem como parâmetro, tanto para a aplicação e interpretação do direito infraconstitucional quanto para a criação e o desenvolvimento de instituições, organizações e procedimentos voltados à proteção e promoção dos direitos sociais. Daí também resulta, entre outros aspectos, a eficácia dos direitos fundamentais sociais nas relações privadas (e, em termos mais amplos, a interpretação do ordenamento jurídico de acordo com o marco dos direitos fundamentais, incluindo os direitos sociais).

Além disso, não se pode olvidar que também em matéria de direitos sociais assumem relevo os deveres de proteção que vinculam os órgãos estatais, inclusive no que diz com uma atuação em caráter preventivo e que ensejam um dever de proteção suficiente, pena de violação da assim chamada proibição de insuficiência de proteção, isto sem falar na existência de deveres fundamentais (sociais) dos particulares. Finalmente, a perspectiva objetiva permite a tutela das garantias institucionais, ou seja, a proteção de determinadas instituições de direito público e institutos de direito privado (sem desconsiderar aqui que o público e o privado se conectam e não constituem esferas isoladas) que, por sua relevância, necessitam ser protegidos contra a ação erosiva do legislador, como dão conta, entre outros, os exemplos do Sistema Único de Saúde (SUS) e da autonomia universitária,[703] muito embora esta última, individualmente considerada, não costume ser enquadrada na noção de direitos sociais, apesar de ter sido incluída no contexto mais amplo do direito à educação e integrar o título da ordem social.

Ainda no que diz com a inserção dos direitos sociais no marco de um regime comum aos direitos fundamentais, é possível apontar para uma dupla dimensão negativa (defensiva) e positiva (prestacional) também no caso das normas de direitos sociais, abrangendo, portanto, um leque diferenciado de posições jurídico-subjetivas que podem estar vinculadas a um mesmo direito fundamental (social) compreendido em sentido amplo.[704] Neste contexto, convém sublinhar que os direitos sociais, embora habitualmente referidos ao princípio da igualdade na sua vertente substantiva, não se limitam à função de direitos a prestações materiais, de tal sorte que também para os direitos sociais vale a premissa de que todos os direitos fundamentais apresentam uma perspectiva (ou dimensão) positiva e negativa.[705] Assim,

---

702. No âmbito da literatura jurídica brasileira mais recente sobre o ponto – dimensão objetiva dos direitos sociais –, v., por todos, ROTHENBURG, Walter Claudius, *Direitos sociais são direitos fundamentais*, op. cit., p. 200 e ss.

703. Para maior aprofundamento, cf. SARLET, Ingo Wolfgang. *A eficácia dos direitos fundamentais*, 13. ed., p. 154 e p. 187 e ss.

704. Nesse sentido, por último e dentre tantos, PANSIERI, Flávio. *Eficácia e vinculação dos direitos sociais – Reflexões a partir do direito à moradia*, p. 69 e ss.

705. Na mesma linha do entendimento aqui adotado, sobre a dupla função como direitos de defesa e direitos a prestações, v., por último, em especial as bem lançadas e exemplificadas considerações de ROTHENBURG, Walter Claudius, *Direitos sociais são direitos fundamentais*, op. cit., p. 42 e ss.

nada obstante sua evidente importância, a função dos direitos sociais como direitos a prestações materiais é somente uma das espécies no âmbito das possíveis posições subjetivas decorrentes das normas de direitos sociais, visto que também assumem uma nítida função defensiva (negativa), atuando como proibições de intervenção, além de implicarem prestações do tipo normativo (prestações jurídicas), inclusive de feição organizacional e procedimental, como já sinalado.[706]

Valendo-nos do exemplo do direito à saúde, este apresenta uma evidente dimensão defensiva, no sentido de gerar um dever de não interferência, ou seja, uma vedação a atos (estatais e privados) que possam causar dano ou ameaçar a saúde da pessoa, sem prejuízo de sua simultânea função prestacional (positiva), pois ao Estado incumbe a criação de todo um aparato de proteção (v.g., as normas penais que vedam lesões corporais, morte, charlatanismo etc.), assim como a criação de uma série de instituições, organizações e procedimentos dirigidos à prevenção e promoção da saúde (campanhas de vacinação pública, atuação da vigilância sanitária, controle de fronteiras, participação nos conselhos e conferências de saúde, entre outros), além do dever estatal de fornecimento de prestações no campo da assistência médico-hospitalar, medicamentos, entre outras.[707] Em síntese, os direitos sociais, na condição de direitos subjetivos, operam como direitos de defesa e direitos a prestações, que podem ser tanto direitos a prestações fáticas quanto direitos a prestações normativas, de caráter organizatório e procedimental.

Uma vez compreendida esta dúplice função (negativa e positiva) também dos direitos sociais, é preciso levar em conta outra distinção, oriunda da dogmática constitucional alemã, que refere a existência, no plano da dimensão positiva (prestacional), de duas categorias de direitos subjetivos a prestações materiais do Estado, quais sejam os direitos derivados a prestações e os direitos originários a prestações.[708] De acordo com tal distinção, direitos derivados a prestações seriam posições jurídicas que asseguram ao indivíduo o direito de participação igual no sistema de prestações sociais (públicas) já concretizado, portanto, direitos já assegurados em nível de legislação e de políticas públicas, ao passo que direitos originários a prestações correspondem ao direito de exigir do Estado o fornecimento de prestações diretamente deduzidas do plano constitucional, ainda que não tenham sido objeto de regulação infraconstitucional.[709]

---

706. Sobre a dimensão objetiva e seus desdobramentos, v. o item correspondente na parte geral dos direitos fundamentais, bem como, para maior desenvolvimento, SARLET, Ingo Wolfgang. *A eficácia dos direitos fundamentais*, 13. ed., p. 148 e ss.

707. Cf. FIGUEIREDO, Mariana Filchtiner. *Direito fundamental à saúde – Parâmetros para a sua eficácia e efetividade*, p. 84 e ss. Da mesma autora, v., também, *Direito à saúde*, 2. ed., p. 33 e ss.

708. Tal distinção, no que diz com seu tratamento científico e dogmático, pode ser reconduzida aos textos de Wolfgang Martens e Peter Häberle, ambos versando sobre o tema dos direitos fundamentais no Estado prestacional (*Grundrechte im Leistungstaat*, VVdStRL, n. 30, 1972), encontrando receptividade e tendo sido difundida no ambiente luso-brasileiro por CANOTILHO, J. J. Gomes. *Direito constitucional e teoria da constituição*, p. 408-409.

709. Cf., em apertada síntese, CANOTILHO, J. J. Gomes. *Direito constitucional e teoria da constituição*, p. 408. Para maior desenvolvimento, v. SARLET, Ingo Wolfgang. *A eficácia dos direitos fundamentais*, 13. ed., p. 194 e p. 313 e ss.

4.14.3.2 Titulares e destinatários dos direitos sociais

Em princípio, toda pessoa pode ser titular de direitos sociais, o que não significa a inexistência de restrições, como aquelas impostas em função de específicas condições do titular do direito (caso dos direitos dos trabalhadores, dirigidos a determinado grupo de pessoas) ou em decorrência de condicionamentos fáticos e jurídicos contrapostos à eficácia dos próprios direitos sociais (caso da limitação da gratuidade de prestações apenas às pessoas comprovadamente carentes). De modo geral – como já sinalado na parte geral dos direitos fundamentais –, vige o princípio da universalidade, de acordo com o qual, ainda mais quando se trata de direitos com forte vínculo com a dignidade da pessoa humana e com o direito à vida, todas as pessoas são, na condição de pessoas humanas, titulares dos direitos sociais.

Ainda no que diz com a titularidade, importa frisar que os direitos sociais não se confundem com a figura dos direitos coletivos, pelo menos não podem ser identificados apenas com a figura de direitos coletivos. A partir justamente da dimensão sempre em primeira linha individual da dignidade da pessoa humana e do próprio mínimo existencial, os direitos sociais têm por titular a pessoa individual, o que, todavia, não afasta uma dimensão transindividual, conforme, aliás, também tem sido destacado em diversas decisões do STF, especialmente, mas não exclusivamente, no caso do direito à saúde.[710] Eventual preferência por uma tutela processual coletiva não pode servir de argumento para refutar a titularidade individual dos direitos sociais, visto que não se pode confundir a condição de titular (sujeito) de direitos fundamentais com a técnica processual de sua efetivação.[711] Além disso, importa sublinhar que a titularidade de direitos sociais também deve, ao menos em determinados casos (destaque aqui para os direitos à saúde, assistência social, educação e direitos trabalhistas), ser reconhecida aos estrangeiros, embora polêmica a delimitação do conteúdo de tais direitos em concreto e os requisitos para tanto, o que aqui não será objeto de aprofundamento. Em termos gerais, considera-se que tal reconhecimento deverá se dar pelo menos quando em causa o comprometimento em concreto do direito à vida e do mínimo existencial.[712]

Quanto aos destinatários, não se questiona que os direitos sociais vinculam e obrigam os órgãos estatais, no sentido de uma vinculação isenta de lacunas, que, de resto, como já salientado no item próprio da parte geral dos direitos fundamentais, se verifica no caso de todos os direitos fundamentais, ainda que existam variações quanto a aspectos específicos e no que concerne a peculiaridades da função legislativa, judiciária e executiva, o que aqui não será objeto de desenvolvimento. Neste contexto, registra-se que tem sido particularmente intenso, também no Brasil, o debate sobre a legitimidade, a competência, as possibilidades e

---

710. STA 175/CE, rel. Min. Gilmar Mendes, j. 29.04.2010.

711. Nesse sentido, v. SARLET, Ingo Wolfgang. A titularidade simultaneamente individual e coletiva dos direitos sociais analisada à luz do exemplo do direito à proteção e promoção da saúde. *Revista Direitos Fundamentais & Justiça*, ano 4, n. 10, p. 205-229, jan.-mar. 2010. No mesmo sentido, v. LINS, Litiane Cipriano Barbosa. *Direitos socioambientais*: titularidade e exigibilidade judicial a partir da análise do direito fundamental à saúde, p. 83 e ss. Além disso, vale conferir a relevante contribuição de HACHEN, Daniel Wunder. A dupla titularidade (individual e transindividual) dos direitos fundamentais econômicos, sociais, culturais e ambientais. *Revista de Direitos Fundamentais e Democracia*, vol. 14, n. 14, Curitiba, p. 618-688, jul./dez. 2013.

712. Refira-se aqui, em caráter ilustrativo, a já referida decisão do STF entendendo serem os estrangeiros residentes no País beneficiários (titulares) do direito à assistência social (RE 587.970/SP, rel. Min. Marco Aurélio, j. 20.04.2017).

os limites do controle do "se", mas especialmente do "como" os órgãos estatais se desincumbem de seus deveres e tarefas em matéria de direitos sociais, bem como quais os limites de tal controle, notadamente quando se trata do controle judicial das ações e omissões por parte dos demais órgãos estatais, mas tais aspectos serão, ainda que de modo sumário, examinados no contexto do problema da exigibilidade dos direitos sociais, logo adiante.

Por outro lado, ainda na esfera dos destinatários das normas de direitos sociais, conquanto se admita que as normas de direitos sociais incidam nas relações entre particulares, doutrina e jurisprudência ainda debatem se realmente há uma vinculação e, em caso afirmativo, como esta opera, notadamente quando se cuida da dimensão positiva dos direitos sociais, compreendidos como direitos a prestações.[713] Ressalve-se que tal controvérsia deve levar em conta as diferenças evidentes que se verificam quando se trata de direitos sociais que, por sua natureza, têm por destinatário precípuo os órgãos estatais (direitos à assistência social e à previdência social, por exemplo), assim como quando em causa os direitos sociais que se dirigem essencialmente, ainda que não de modo exclusivo, aos particulares (direitos dos trabalhadores, e.g.).

Retomando aqui as ponderações já tecidas com relação à dupla dimensão negativa (defensiva) e positiva (prestacional) dos direitos fundamentais sociais, importa destacar que se parte do pressuposto de que em ambas as dimensões os direitos sociais geram efeitos nas relações entre particulares. Nesse sentido, na primeira ocasião em que tivemos a oportunidade de nos pronunciar a respeito, restou consignado que todos os direitos fundamentais, inclusive de cunho prestacional, "são (...) eficazes (vinculantes) no âmbito das relações entre particulares, inexistindo, em princípio, distinção entre os direitos de cunho defensivo e os prestacionais, em que pese o seu objeto diverso e a circunstância de que os direitos fundamentais do último grupo possam até vincular, na condição de obrigados em primeira linha, os órgãos estatais".[714] Tal posição foi compartilhada, desenvolvida e reforçada especialmente por Daniel Sarmento, que avançou significativamente na discussão,[715] da mesma forma como também tivemos a ocasião, em momento posterior, de enfrentar o tema de modo mais detido.[716]

---

713. Sobre o ponto, admitindo uma eficácia (inclusive imediata, a depender do caso) dos direitos sociais na esfera das relações privadas, v., por todos, SARMENTO, Daniel. *Direitos fundamentais e relações privadas*, p. 332 e ss.; e SARLET, Ingo Wolfgang. Direitos fundamentais sociais, mínimo existencial e direito privado: breves notas sobre alguns aspectos da possível eficácia dos direitos sociais nas relações entre particulares. In: SARMENTO, Daniel; GALDINO, Flávio (Org.). *Direitos fundamentais*: Estudos em homenagem ao Professor Ricardo Lobo Torres, p. 551-602. Na sequência, igualmente defendendo uma possível eficácia direta, v., ainda, MATEUS, Cibele Gralha. *Direitos fundamentais sociais e relações privadas – O caso do direito à saúde na Constituição brasileira de 1988*. Em sentido em parte diverso, refutando uma eficácia direta dos direitos sociais como direitos a prestações nas relações privadas, confira-se a posição de STEINMETZ, Wilson. *Vinculação dos particulares a direitos fundamentais*, 2004, p. 274 e ss.

714. Cf. SARLET, Ingo Wolfgang. Direitos fundamentais e direito privado: algumas considerações em torno da vinculação dos particulares aos direitos fundamentais. In: _____ (Org.). *A Constituição concretizada – Construindo pontes para o público e o privado*, p. 107-163.

715. Cf. SARMENTO, Daniel. *Direitos fundamentais e relações privadas*, p. 332 e ss.

716. Cf. SARLET, Ingo Wolfgang. Direitos fundamentais sociais, mínimo existencial e direito privado: breves notas sobre alguns aspectos da possível eficácia dos direitos sociais nas relações entre particulares. In: SARMENTO, Daniel; GALDINO, Flávio (Org.). *Direitos fundamentais*: Estudos em homenagem ao Professor Ricardo Lobo Torres, p. 579 e ss.

A eficácia direta (ainda que não absoluta) dos direitos sociais na esfera das relações privadas, notadamente no que diz com a dimensão prestacional, foi, contudo, alvo de críticas bem articuladas por Wilson Steinmetz, que, a despeito de adotar posição divergente, contribuiu para o enriquecimento do debate no âmbito da doutrina brasileira.[717] Assim, é de se aproveitar o ensejo para, à luz dos argumentos esgrimidos especialmente pelos autores citados, mas também por outros doutrinadores, bem como com base em algumas situações concretas, analisadas também a partir de alguma jurisprudência, enfrentar as críticas e demonstrar a razão pela qual também as normas de direitos sociais, seja de modo direto, seja indiretamente, geram efeitos nas relações privadas.

Para tanto, há que retomar a distinção entre os direitos fundamentais sociais como direitos negativos e positivos, lembrando que a problemática da vinculação e, portanto, da eficácia dos direitos sociais na esfera privada necessariamente haverá de considerar os aspectos peculiares de cada uma das dimensões. É de recordar, ainda, que os direitos sociais podem assumir tanto a condição de "liberdades sociais", como é o caso dos direitos de greve e de associação sindical, por exemplo, quanto a forma de direitos a prestações, como é o caso do direito à saúde, à educação, à moradia, ou de alguns direitos dos trabalhadores, como a garantia do salário-mínimo, a remuneração das férias, entre outros, sem prejuízo, também nesses casos, de uma dimensão defensiva (negativa). Além disso, importa reafirmar que ambas as dimensões – negativa e positiva – pressupõem deveres de proteção do Estado, que, por sua vez, na condição de direitos à proteção, assumem a feição de direitos a prestações, em geral de cunho normativo (organizatório e procedimental), mas também prestações de caráter fático.

Levando em conta que mesmo a vinculação dos órgãos estatais carece de diferenciação a depender do direito fundamental em causa e que a eficácia e a aplicabilidade das normas de direitos fundamentais são variáveis, também para as normas de direitos sociais há de valer o que se afirmou no tocante ao problema da eficácia dos direitos fundamentais em geral nas relações entre particulares, isto é, que tal eficácia reclama a adoção de uma metódica diferenciadora que assume tanto aspectos de uma eficácia vertical e horizontal quanto de uma eficácia direta e indireta, de tal sorte que diferenciações não são apenas possíveis, mas necessárias.[718]

Nesta mesma linha de entendimento, quando se afirma que todos os direitos fundamentais vinculam – de algum modo – os particulares, e geram – também de algum modo – efeitos diretamente nas relações entre agentes privados e em relação aos atos por estes praticados, evidentemente se há de tomar tal afirmação no sentido de uma eficácia direta *prima facie*, isto é, como em princípio aplicável, já que existem direitos fundamentais cujo destinatário principal é o Estado e outros direcionados diretamente e em primeira linha (o que não quer necessariamente dizer de modo exclusivo!) aos particulares, o que ocorre, por exemplo, com os direitos dos trabalhadores, consoante, aliás, já referido.

O fato de se reconhecer – com Daniel Sarmento – a necessidade de elevada dose de prudência no reconhecimento de direitos subjetivos a prestações tendo por destinatários

---

717. CF. Steinmetz, Wilson. *Vinculação dos particulares a direitos fundamentais*, p. 274 e ss.

718. Cf. o nosso Direitos fundamentais sociais, mínimo existencial e direito privado: breves notas sobre alguns aspectos da possível eficácia dos direitos sociais nas relações entre particulares. In: Sarmento, Daniel; Galdino, Flávio (Org.). *Direitos fundamentais*: Estudos em homenagem ao Professor Ricardo Lobo Torres, p. 579 e ss.

particulares,[719] isso não poderá, por sua vez, levar à negação (total) de tais posições jurídicas como oponíveis entre atores privados. Ademais, a eficácia – inclusive, a depender do caso, direta – das normas de direitos fundamentais sociais na esfera das relações entre particulares não se resume (nem poderia) ao reconhecimento de posições jurídico-subjetivas de cunho prestacional, como, de resto, igualmente demonstrou Daniel Sarmento, referindo-se, entre outras possibilidades, a efeitos negativos, como ocorre com a aplicação do princípio da proibição de retrocesso, aqui citada apenas para ilustrar a assertiva.[720]

Para efeitos de uma possível eficácia direta dos direitos sociais nas relações entre particulares, assume relevo a figura do mínimo existencial, que também nesta seara se revela como importante critério material a ser aplicado. Se uma eficácia "prestacional" já é possível até mesmo fora do âmbito do que tem sido considerado o mínimo existencial (poder-se-á aqui citar o exemplo atual da disponibilização, ainda que cogente, por imposta pelo Poder Público, de vagas – portanto, de um acesso a prestações no campo do direito à educação também por instituições particulares de ensino superior), o que não dizer quando estiverem em causa prestações indispensáveis à satisfação das condições mínimas para uma vida com dignidade, com apoio também – mas como argumento adicional tão somente! – no princípio da solidariedade, que, à evidência, não vincula apenas aos órgãos estatais, mas a sociedade como um todo, como, de resto, bem destacou Daniel Sarmento ao explorar este aspecto.[721] No caso do direito à saúde, citado por Wilson Steinmetz quando da sua já referida crítica, também já se registram casos de uma imposição – inclusive na esfera jurisdicional – de prestações materiais a entidades privadas, em favor de outros particulares. Isto se verifica com certa frequência (e, é claro, em determinadas circunstâncias e sob determinados pressupostos) em hipóteses envolvendo empresas mantenedoras de planos de saúde que, mesmo alegando não haver cobertura contratual, são obrigadas, com base nos direitos fundamentais à proteção do consumidor e à saúde, a arcar com as despesas médico-hospitalares relativas a seus segurados.[722]

Por outro lado, importante (re)enfatizar que o reconhecimento – especialmente quando efetuado diretamente e, portanto, sem mediação legislativa – de direitos subjetivos a prestações sociais contra entidades privadas deve ser encarado com cautela e passar por um rigoroso controle no que diz com os critérios que presidem a solução de conflitos de direitos. Justamente em virtude dessa necessidade, importa construir critérios materiais robustos para uma adequada ponderação à luz do caso concreto, com destaque para as exigências da

---

719. Cf. Sarmento, Daniel. *Direitos fundamentais e relações privadas*, p. 342 e ss.

720. Idem, p. 341.

721. Idem, p. 337 e ss., ressaltando, com correção, o caráter de modo geral secundário da obrigação da sociedade e, portanto, reconhecendo – ao que parece – uma espécie de subsidiariedade no que diz com a invocação (direta e exclusiva) do princípio da solidariedade, em mais de um momento enunciado na Constituição Federal de 1988.

722. Sobre o tema v., além dos exemplos citados por Sarmento, Daniel. *Direitos fundamentais e relações privadas*, p. 343-344, o ensaio de Marques, Claudia Lima. Solidariedade na doença e na morte: sobre a necessidade de "ações afirmativas" em contratos de planos de saúde e de planos funerários frente ao consumidor idoso. In: Sarlet, Ingo Wolfgang (Org.). *Constituição, direitos fundamentais e direito privado*, p. 185-222. A respeito da proteção do consumidor como direito fundamental, v., entre outros, Miragem, Bruno. O direito do consumidor como direito fundamental – Consequências jurídicas de um conceito. *Revista de Direito do Consumidor* 43/111-132; assim como Pezzella, Maria Cristina Cereser. *A eficácia jurídica na defesa do consumidor*.

proporcionalidade, o que, de resto, corresponde ao entendimento seguramente dominante na literatura brasileira.[723]

4.14.3.3 O problema da eficácia e efetividade das normas de direitos sociais, com destaque para a controvérsia acerca da exigibilidade dos direitos sociais como direitos a prestações

O fato de que, em princípio, é possível partir do pressuposto de que os direitos sociais, na condição de direitos fundamentais, estão sujeitos ao regime do art. 5.º, § 1.º, da CF, ou seja, de que também as normas constitucionais que enunciam direitos sociais são normas diretamente (imediatamente) aplicáveis, não afasta, por si só e de plano, uma série de questões controversas, amplamente debatidas nas esferas doutrinária e jurisprudencial.

Dada a heterogeneidade das normas de direitos sociais (aspecto, aliás, comum aos direitos fundamentais em geral), resulta ainda mais evidente a necessidade de considerar tal diversidade, especialmente quando da aplicação, aos direitos sociais, notadamente quando compreendidos na sua dimensão positiva, como direitos subjetivos a prestações estatais, da noção de que as normas de direitos fundamentais são – de acordo com a terminologia mais difundida no Brasil – normas de eficácia plena, no sentido de que por mais relevante que seja o papel do legislador infraconstitucional (o que, no caso dos direitos sociais, é de ser ainda mais enfatizado), não se poderá deixar a decisão sobre o conteúdo dos direitos sociais na esfera plena e ilimitada de atuação do legislador. Dito de outro modo, também os direitos sociais não podem ter sua eficácia e efetividade, mesmo como direitos a prestações, integralmente, portanto, exclusivamente, condicionadas por uma interposição legislativa, cuidando-se, nesta perspectiva, também de autênticos trunfos contra a maioria.[724]

Assim, também para os direitos sociais, por força do disposto no art. 5.º, § 1.º, da CF, vale a premissa de que não é possível reduzir as normas que os consagram a normas programáticas, de eficácia diferida, dependente sempre e integralmente da atuação complementar do legislador infraconstitucional. O problema da exigibilidade dos direitos sociais, contudo, se revela especialmente delicado (e a controvérsia na doutrina e mesmo em nível da jurisprudência assim o atesta) quando se trata de avaliar em que medida é possível, por intermédio do Poder Judiciário, impor ao Poder Público uma prestação diretamente fundada na Constituição, isto é, quando se cuida de verificar a exigibilidade dos direitos sociais na condição de direitos originários a prestações, ou seja, de uma prestação não previamente assegurada por lei infraconstitucional e/ou já disponibilizada no sistema de bens e serviços por força de políticas públicas já existentes.

Com efeito, é de se reiterar, nesta quadra, que a situação na qual se busca a manifestação do Poder Judiciário para impor ao Poder Público uma prestação que não pode ser reconduzida a uma prévia opção legislativa ou mesmo a uma política pública ou medida administrativa incorporada ao sistema de políticas públicas (hipótese que corresponde aos assim

---

723. Cf., por todos, SARMENTO, Daniel. *Direitos fundamentais e relações privadas*, p. 349, ao frisar a "necessidade de estabelecimento de *standards* para esta vinculação".

724. Nesse sentido, utilizando a figura dos trunfos contra a maioria também para os direitos fundamentais sociais, v., em especial, NOVAIS, Jorge Reis. *Direitos sociais. Teoria jurídica dos direitos sociais enquanto direitos fundamentais*, p. 16. Em sentido similar, v., mais recentemente, na literatura brasileira, ROTHENBURG, Walter Claudius, *Direitos sociais são direitos fundamentais*, op. cit., p. 116 e ss.

chamados direitos derivados a prestações), não é idêntica, embora haja questões polêmicas e de difícil equacionamento em cada uma das categorias (direitos derivados e direitos originários a prestações).

A objeção mais comum, embora atualmente menos utilizada, diz respeito ao argumento de que as normas de direitos sociais, especialmente na sua condição de direitos a prestações, seriam normas de cunho meramente programático, ou, quando muito, normas impositivas de programas, fins ou tarefas, que (diversamente das normas meramente programáticas) teriam alguma eficácia vinculativa, mas não poderiam, sem prévia manifestação legislativa, servir de fundamento para a dedução direta (da Constituição) de deveres cogentes de prestação por parte do Estado e um correspondente direito originário a prestação.

Tal linha argumentativa, especialmente no que exclui qualquer possibilidade de dedução em juízo de um direito subjetivo originário a prestações (notadamente no caso das prestações de caráter material), não pode subsistir, seja em face do teor literal e compreensão dominante da norma contida no art. 5.º, § 1.º, da CF, seja pelo fato de que os direitos sociais perderiam a sua condição de direitos fundamentais, caso seu objeto e a decisão sobre sua eficácia e efetividade ficassem integralmente (ainda que se reconheça o papel prioritário e indispensável do legislador para a efetividade dos direitos sociais) subordinados ao legislador, transformando-se tais direitos em direitos apenas na medida da lei.

Além disso, ainda que observada uma série de aspectos, não se deve perder de vista que aos direitos sociais se aplica o disposto no art. 5.º, § 1.º, da CF, o que, a despeito de uma possível – concomitante, mas não reciprocamente excludente – dimensão "programática" (no sentido de impositiva de tarefas e deveres vinculantes) dos direitos sociais, faz com que não se possa afastar a condição de um direito subjetivo a prestações, por mais que tal direito subjetivo esteja submetido a limites, decorrentes de outros princípios e direitos em nível constitucional e mesmo restrições (que sempre têm por base uma justificação constitucional) pelo legislador.

O ponto possivelmente mais polêmico em termos de exigibilidade dos direitos sociais como direitos subjetivos e fundamento para o controle jurisdicional de políticas públicas (ambas as situações, apesar de seus pontos de contato, não se confundem) diz respeito à assim chamada "reserva do possível", ou seja, com a dimensão economicamente relevante dos direitos sociais (embora já se reconheça que tal relevância econômica não é apenas dos direitos sociais) na condição de direitos a prestações estatais, de modo especial, naquilo que guardam relação com a destinação, criação e (re)distribuição de recursos materiais e humanos, com destaque para os aspectos econômicos, financeiros e tributários que dizem respeito à efetividade dos direito sociais.[725]

---

725. A respeito da reserva do possível, v., em especial, SARLET; Ingo Wolfgang; TIMM, Luciano (Org.). *Direitos fundamentais, orçamento e reserva do possível*, reunindo diversas contribuições sobre o tema. No âmbito da produção monográfica específica, v. OLSEN, Ana Carolina Lopes. *Direitos fundamentais sociais*: efetividade frente à reserva do possível, bem como, KELBERT, Fabiana Okchstein. *Reserva do possível e a efetividade dos direitos sociais no direito brasileiro*. Porto Alegre: Livraria do Advogado, 2011; SCAFF, Fernando Facury, *Orçamento republicano e liberdade igual. Ensaio sobre o direito financeiro, República e direitos fundamentais no Brasil*; Belo Horizonte: Fórum, 2018, p. 295 e ss.; VAZ, Paulo Afonso Brum. *Judicialização dos direitos da seguridade social*, Curitiba: Alteridade, 2021, p. 140 e ss.; ROTHENBURG, Walter Claudius. *Direitos sociais são direitos fundamentais*, op. cit., p. 97 e ss.

Conquanto se reconheça que todos os direitos sempre acarretam "custos" para sua efetivação e proteção, sejam direitos civis, sejam direitos políticos ou sociais,[726] o fato é que, em termos de exigibilidade judicial, o apontado "fator custo" nunca constituiu elemento impeditivo de efetivação da dimensão negativa (função de defesa) dos direitos sociais, pelo menos não no sentido de se advogar a impossibilidade de provimento judicial com base nos direitos civis e políticos, pelo menos quando não em causa pretensões de objeto positivo, ou seja, implicando prestações estatais. A concessão de uma ordem de *habeas corpus*, por exemplo, não é colocada na dependência do fato de que há poucos juízes disponíveis ou pouco investimento em segurança pública, ou seja, o reconhecimento da pretensão (e do direito subjetivo negativo) fundada na liberdade de locomoção, embora também dependa, em parte, de pressupostos de ordem fática, entre outros, não é obstado em virtude de tal circunstância e não se questiona também a aplicabilidade imediata e eficácia plena da norma que assegura a liberdade de locomoção.

Diversamente, o "custo" das prestações materiais assume uma importância crescente na análise da eficácia e efetividade dos direitos sociais na condição de direitos a prestações, sustentando parte da doutrina que, se a alocação de recursos públicos é sempre necessária para assegurar o fornecimento das prestações materiais, a efetividade dos direitos sociais se mostraria então dependente da conjuntura econômica, o que deslocaria o debate para o problema da possibilidade, ou não, de o Poder Judiciário impor aos demais atores estatais a satisfação das prestações reclamadas, aspecto (possibilidade de controle judicial) do qual nos ocuparemos logo a seguir.

Por outro lado, *a assim chamada reserva do possível também poderá impactar na esfera dos direitos derivados a prestações*, ou seja, quando se cuida de assegurar o fornecimento de bens e serviços que integram o esquema já regulado de políticas públicas, por exemplo, o acesso universal aos serviços de saúde oficialmente disponibilizados pelo SUS, o acesso à educação em estabelecimentos públicos, pelo menos, de forma universal, na esfera do ensino fundamental, apenas para mencionar os casos mais correntes. Nesses casos, embora a prestação a ser alcançada ao particular esteja prevista na legislação, o problema segue sendo o de que, mesmo a lei tendo definido claramente o conteúdo das prestações, pode o acesso a tais bens e serviços ser interrompido, reduzido, ou mesmo negado em função da alegação da efetiva indisponibilidade, situações, de resto, muito comuns e que têm abarrotado os tribunais brasileiros. Conquanto em tais casos o argumento da falta de competência e de legitimidade dos juízes para definirem o conteúdo do direito, bem como a própria separação dos poderes, se revele mais frágil, a problemática da escassez e de sua gestão segue relevante, ainda eventualmente não da mesma forma como no caso dos direitos originários a prestações.

A assim chamada limitação (objeção) da reserva do possível abarca uma série de aspectos, de cunho fático e jurídico. Numa primeira perspectiva, a escassez de recursos assume

---

726. Cf., nessa linha, HÄBERLE, Peter. Grundrechte im Leistungsstaat, *VVdStRL* 30/43 e ss., em que o autor já sustentava que todos os direitos fundamentais, em certo sentido, por dependerem de prestações e investimentos econômicos, são direitos sociais. Desenvolvendo o tópico, v., ainda, HOLMES, Stephen; SUNSTEIN, Cass. *The cost of rights:* why liberty depends on taxes, assim como, na doutrina brasileira; AMARAL, Gustavo. *Direito, escassez & escolha*; GALDINO, Flávio. *Introdução à teoria do custo dos direitos*; CALIENDO, Paulo. *Direito tributário e análise econômica do direito*, p. 167 e ss.; bem como, por último, PINTO, Élida Graziane. *Financiamento de direitos fundamentais*.

relevo na sua dimensão fática, ou seja, vinculada ao problema da falta efetiva (em maior ou menor medida) de recursos econômicos, mas também de outros recursos, por exemplo, recursos humanos e técnicos, muito embora tais recursos possam novamente ser reconduzidos, em grande medida, ao aspecto econômico-financeiro. Por outro lado, a escassez considerada na sua feição fática envolve aspectos jurídico-constitucionais, convivendo com uma forte dimensão jurídica da assim chamada reserva do possível, a exigir que o destinatário das normas de direitos sociais tenha a capacidade jurídica e o poder de disposição (isto é, a competência), sem os quais de nada adiantam os recursos existentes, o que, por sua vez, remete tanto ao problema da gestão e definição das prioridades na esfera do gasto público, como a questões vinculadas a conflitos com outros direitos fundamentais, aspectos orçamentários, financeiros e tributários, apenas para referir alguns.

Neste contexto, argumenta parte da doutrina que, estando em causa a opção quanto à afetação de recursos públicos no contexto da conjuntura socioeconômica geral, e diante da ausência ou insuficiência de critérios preestabelecidos pela Constituição, o exercício dessa competência caberia aos órgãos políticos, sobretudo ao legislador,[727] motivo pelo qual a realização dos direitos sociais na condição de direitos subjetivos a prestações materiais implicaria sempre um problema de competências constitucionais, como expõe Gomes Canotilho.[728]

Em vista tanto da dimensão fática, quando da faceta jurídica da "reserva do possível", passou-se a sustentar que os direitos sociais a prestações materiais estariam sob uma "reserva do possível", caracterizada por uma tríplice dimensão, a saber: (a) a real disponibilidade fática dos recursos para a efetivação dos direitos sociais; (b) a disponibilidade jurídica dos recursos materiais e humanos, que guarda conexão com a distribuição das receitas e competências tributárias, orçamentárias, legislativas e administrativas, e, em países como o Brasil, ainda reclama equacionamento em termos de sistema federativo; e (c) o problema da proporcionalidade da prestação, em especial quanto à sua exigibilidade e razoabilidade, no que concerne à perspectiva própria e peculiar do titular do direito.[729] Todos esses aspectos vinculam-se entre si e, além disso, guardam relação com outros princípios e regras constitucionais, exigindo, assim, uma solução sistemática e constitucionalmente adequada, para que, na perspectiva do princípio da máxima eficácia e efetividade de todos os direitos fundamentais, não sirvam como barreira instransponível, mas como instrumentário que se soma às demais garantias de proteção dos direitos fundamentais (e sociais) – como na hipótese de conflito de direitos em que se tiver a invocação, e desde que observados os critérios da proporcionalidade e da garantia do mínimo existencial, da indisponibilidade de recursos com o intuito de salvaguardar o núcleo essencial de outro direito fundamental.

Por tudo isso, é possível sustentar a existência de uma obrigação, por parte dos órgãos estatais e dos agentes políticos, de maximizarem os recursos e minimizarem o impacto da reserva do possível, naquilo que serve de obstáculo à efetividade dos direitos sociais. A reserva do possível, portanto, não poderá ser esgrimida como obstáculo intransponível à

---

727. Nesse sentido posiciona-se ANDRADE, José Carlos Vieira de. *Os direitos fundamentais na Constituição portuguesa de 1976*, 2. ed., p. 200 e ss.

728. Cf. CANOTILHO, J. J. Gomes. *Constituição dirigente e vinculação do legislador – Contributo para a compreensão das normas constitucionais programáticas*, p. 369.

729. Cf., sobre as dimensões da assim chamada reserva do possível, v., por todos, SARLET, Ingo Wolfgang. *A eficácia dos direitos fundamentais*, 13. ed., p. 293 e ss.

realização dos direitos sociais pela esfera judicial,[730] devendo, além disso, ser encarada com reservas.[731] Também é certo que as limitações vinculadas à reserva do possível não são em si mesmas uma falácia – o que de fato é falaciosa é a forma pela qual o argumento tem sido por vezes utilizado entre nós, como óbice à intervenção judicial e desculpa genérica para uma eventual omissão estatal no campo da efetivação dos direitos fundamentais, especialmente daqueles de cunho social.[732]

Ainda nessa perspectiva, a prática jurisprudencial brasileira, ainda que se possa controverter a respeito do acerto das decisões em cada caso, de certo modo busca implantar a noção de que também em matéria de direitos sociais a prestações, designadamente quando na sua perspectiva subjetiva, não há como adotar uma lógica pautada pelo "tudo ou nada", de modo que para os direitos sociais é possível reconhecer, como sustentado por Jorge Reis Novais, uma "reserva geral de ponderação",[733] muito embora a necessária "reserva" com que também tal "reserva" (assim como ocorre com a reserva do possível) deve ser compreendida, o que, todavia, aqui não será desenvolvido.

Além disso, tal como bem observa Walter Claudius Rothenburg, recuperando com felicidade particular lição de Luigi Ferrajoli, os direitos sociais, embora impliquem alocação de expressivos recursos, ao mesmo tempo custam menos do que a indigência provocada por sua ausência (ou presença e falta de efetividade, é possível agregar) e, além disso, asseguram a capacidade produtiva das pessoas.[734]

Assim, o que importa ser enfatizado neste contexto é que direitos sociais não são também direitos absolutos, submetendo-se a um sistema de limites e limites dos limites, no âmbito do qual a assim chamada reserva do possível e suas manifestações, assim como a reserva legal e os critérios da proporcionalidade e razoabilidade, ocupam um lugar de destaque.

Outro argumento habitualmente assacado contra a exigibilidade dos direitos sociais como direitos subjetivos a prestações, especialmente de direitos originários a prestações, diz com a *alegação da impossibilidade do controle judicial das políticas públicas* destinadas a garantir a efetividade desses direitos, visto que tais políticas e decisões da Administração e do Legislativo constituiriam matéria afeta à discricionariedade administrativa e/ou

---

730. Cf., por todos, KRELL, Andreas. *Direitos sociais e controle judicial no Brasil e na Alemanha*: os (des)caminhos de um direito constitucional "comparado", p. 51 e ss., referindo-se a uma "falácia" da reserva do possível e apontando para a muitas vezes equivocada transposição de categorias importadas do direito estrangeiro (como é o caso da própria reserva do possível) para o direito e o ambiente brasileiros. Sobre o tema, v. a determinação de manutenção de decisão que obrigou município a alocar crianças em creches próximas à residência, com base na priorização de políticas voltadas à educação infantil, mesmo em momentos de dificuldades orçamentárias, cf. SL 1.314/PR, rel. Min. Dias Toffoli, j. em 16.04.2020.

731. Cf. a advertência de FREITAS, Juarez. *A interpretação sistemática do direito*, p. 211.

732. Por outro lado, é interessante considerar que a ideia de reserva do possível poderia ser observada como um critério favorável para suspender gastos que impactem em direitos fundamentais sociais, como ocorreu na sustação, pelo Ministro Dias Toffoli, dos pagamentos de financiamentos da Prefeitura do Rio de Janeiro com a Caixa Econômica Federal até o final do ano de 2020 em decorrência da pandemia do novo coronavírus, sob pena de o ente federativo não ter condições de fazer frente às despesas imprevistas que surgiram, cf. a decisão na Medida Cautelar na SL 1.327 – RJ, rel. Min. Dias Toffoli, j. 11.08.2020. No mesmo sentido, v. decisão cautelar na ACO 3.363/SP, rel. Min. Alexandre de Moraes, j. em 22.03.2020.

733. Cf. NOVAIS, Jorge Reis. *Direitos sociais. Teoria jurídica dos direitos sociais enquanto direitos fundamentais*, p. 103 e ss.

734. *Direitos Sociais são Direitos Fundamentais*, op. cit., p. 98.

liberdade de conformação do legislador, portanto, sujeitas apenas a critérios de conveniência e oportunidade, sobre os quais não caberia intervenção judicial. Conquanto não se vá aqui adentrar no exame da problemática da legitimidade da atuação do Judiciário, importa assinalar, contudo, que a consagração da garantia fundamental da inafastabilidade da jurisdição (CF, art. 5.º, XXXV) por si só bastaria para fragilizar o argumento da inviabilidade de controle judicial das políticas públicas, mais ainda quando se trata de dar eficácia e efetividade à perspectiva objetiva dos direitos sociais. Neste contexto, reitera-se a lição de Jorge Reis Novais, no sentido de que também os direitos fundamentais sociais configuram "trunfos contra a maioria", pois, num Estado fundado na dignidade da pessoa humana – como é o caso de Portugal, e também do Brasil –, cada pessoa tem a si assegurada uma esfera de autonomia e liberdade individual que não pode ser comprimida nem restringida pelo só fato de um ato normativo ou política pública ser decorrente de uma decisão majoritária.[735]

Ainda no que diz com a controvérsia sobre se e como os direitos sociais operam como direitos subjetivos a prestações oponíveis ao Poder Público e exigíveis pela via judicial, é possível afirmar que, ao longo dos anos, a doutrina e a jurisprudência passaram a desenvolver critérios para a solução dos diferentes problemas relacionados aos casos que envolvem o acesso ao Poder Judiciário em matéria de efetivação dos direitos sociais. Assim, sem que se pretenda aqui esgotar o elenco, seguem algumas diretrizes que têm encontrado cada vez maior receptividade, seja na esfera doutrinária,[736] seja na esfera jurisprudencial, com destaque aqui para as decisões do STF.

De acordo com reiterada jurisprudência, o STF aponta para a circunstância de que se deve distinguir a maioria expressiva dos casos levados a juízo, nos quais se busca apenas coibir omissões do Poder Legislativo e Executivo, ou exigir o cumprimento de legislação e políticas públicas já existentes, hipótese na qual se enquadra a noção de direitos derivados a prestações, das situações nas quais está em causa a exigência de prestações originárias. Com efeito, importa considerar que pelo menos no primeiro caso não se pode falar sequer de uma "judicialização da política" propriamente dita, tampouco de uma afetação do princípio da separação dos poderes ou do princípio democrático.[737]

No que diz com a assim chamada reserva do possível, que vinha sendo considerada, no mais das vezes, como mero entrave burocrático, a evolução mais recente tende a reverter este quadro, admitindo-se que os direitos sociais encontram-se submetidos a limites fáticos e jurídicos, mas ao mesmo tempo se afirmando que a impossibilidade de atendimento da demanda (de fornecimento das prestações) deve ser demonstrada pelo Poder Público, a quem incumbe o ônus da prova.[738]

---

735. Cf. Novais, Jorge Reis. *Direitos fundamentais*: trunfos contra a maioria, p. 30-31. Cuidando especificamente dos direitos sociais, v., do mesmo autor, *Direitos sociais*, p. 319 e ss.

736. Para uma visão geral dos principais critérios, v., em especial, as contribuições de Daniel Sarmento, Claudio Pereira Souza Neto e Luís Roberto Barroso, que integram a obra coletiva de Souza Neto, Cláudio Pereira de; Sarmento, Daniel (Org.). *Direitos sociais*: fundamentos, judicialização e direitos sociais em espécie. Sobre o tema, v., também, dentre a literatura mais recente, as relevantes contribuições de Rothenburg, Walter Claudius, *Direitos sociais são direitos fundamentais*, op. cit., p. 141 e ss., e, por último, de Vaz, Paulo Afonso Brum. *A judicialização dos direitos da seguridade social*, op. cit., especialmente p. 291 e ss.

737. Cf. a já citada decisão na STA 175/CE, rel. Min. Gilmar Mendes, j. 29.04.2010.

738. Cf., na jurisprudência do STF, bem ilustra a decisão na STA 268-9/RS, rel. Min. Gilmar Mendes, j. 22.10.2008. Na doutrina, v., por todos, Sarmento, Daniel. A proteção judicial dos direitos sociais: alguns parâmetros ético-jurídicos. In: _____; Souza Neto, Cláudio Pereira (Coord.). *Direitos sociais*: fundamen-

Outro critério que segue tendo relevância diz respeito à utilização da noção de uma garantia do mínimo existencial, pois são inúmeras as decisões judiciais que deferem pleitos de caráter prestacional, mediante o argumento de que, quando em causa o direito à vida e o mínimo existencial, não podem prevalecer as objeções habituais da reserva do possível, bem como da separação dos poderes, tudo a demonstrar que o direito à vida e o mínimo existencial assumem a condição de critério material de ponderação, ainda que a definição do alcance da noção de mínimo existencial não tenha encontrado uma resposta unívoca e não resolva, pelo menos em parte, as dificuldades que se verificam quando se trata de exigir pela via judicial a satisfação dos direitos sociais e mesmo do mínimo existencial.[739]

Mesmo que se restrinja a exigibilidade dos direitos sociais a um mínimo existencial, mediante o argumento de que nesses casos, estando em causa a vida e a dignidade humana, as objeções fundadas no argumento da distribuição de competências e da reserva do possível, entre outros, teriam de ceder, prevalecendo a posição jurídica do indivíduo, tal solução, que pode ser reconduzida à obra de Robert Alexy (quando este fala em um direito definitivo a prestações),[740] não afasta, contudo, pelo menos três questões a merecerem maior atenção. A primeira diz respeito ao fato – notado pelo próprio Alexy – de que mesmo prestações na esfera de um mínimo existencial podem implicar alto investimento público e afetar outras posições dos cidadãos. A segunda guarda relação com os riscos que decorrem de uma superposição do núcleo essencial dos direitos sociais e do mínimo existencial, especialmente quando se leva em conta o amplo leque de direitos sociais positivados na Constituição Federal. Outro aspecto problemático envolve a própria definição do conteúdo do mínimo existencial, que remete novamente ao problema da distribuição das competências, visto que também na esfera de um mínimo existencial se coloca o problema de qual o papel reservado aos órgãos judiciais.

Embora se trate de tópico controverso, outro critério digno de nota é o que aposta na valorização do princípio da subsidiariedade, no sentido de que o acesso aos bens sociais por intermédio da ação judicial deve ser reservado a quem faltam os meios materiais necessários para a obtenção, por esforço próprio, dos bens e serviços sociais essenciais. Todavia, importa ter em conta não apenas a complexidade do tema, mas também a necessidade de dialogar com as peculiaridades que se verificam no âmbito de cada direito social em espécie, como,

---

tos, judicialização e direitos sociais em espécie, p. 572. Na literatura estrangeira, v., entre tantos, PISARELLO, Gerardo. *Los derechos sociales y sus garantías – Elementos para una reconstrucción*, p. 102.

739. Sobre o critério do mínimo existencial no contexto de uma "relativização" do obstáculo gerado pela "reserva do possível" no âmbito do controle judicial das políticas públicas e da realização dos direitos sociais, v., no direito brasileiro, por todos e dentre tantos, BARCELLOS, Ana Paula de. *A eficácia jurídica dos princípios constitucionais: o princípio da dignidade da pessoa humana. 3. ed. Rio de Janeiro: Renovar, 2011*. Adotando uma perspectiva crítica e apresentando alguns estudos de casos, dialogando com a jurisprudência, v., também, LEAL, Rogério Gesta. *Condições e possibilidades eficaciais dos direitos fundamentais sociais*, especialmente p. 91 e ss. No âmbito da literatura brasileira mais recente, destacam-se os contributos de SCAFF, Fernando Facury, *Orçamento republicano e liberdade igual. Ensaio sobre o direito financeiro, República e direitos fundamentais no Brasil*, op. cit., especialmente p. 316 e ss, (com foco na sustentabilidade orçamentária); RODRIGUES, Ricardo Schneider. *Os Tribunais de Contas e o mínimo existencial em educação. Fundamentos para uma atuação forte*. Belo Horizonte: Fórum, 2021 (com foco na construção de critérios para a atuação dos Tribunais de Contas, no âmbito do controle externo); ROTHENBURG, Walter Claudius. *Direitos sociais são direitos fundamentais*, op. cit., p. 209 e ss.; VAZ, Paulo Afonso Brum. *Judicialização dos direitos da seguridade social*, op. cit., p. 144 e ss.

740. Cf. ALEXY, Robert. *Theorie der Grundrechte*, p. 454 e ss., cuidando dos direitos a prestações sociais.

por exemplo, é o caso dos direitos à saúde e à educação, onde, no primeiro caso, o texto constitucional fala em acesso universal e igualitário, e, no segundo, estabelece a gratuidade do ensino público, independentemente da condição financeira do usuário dos serviços públicos. O problema, especialmente à vista do texto constitucional, demanda maior digressão e eventualmente uma reforma constitucional e legislativa, não sendo o caso de se desenvolver aqui o ponto. De qualquer modo, uma equação mais justa na distribuição das responsabilidades entre setor público e privado, entre Estado e indivíduos, constitui temática central e desafio até mesmo em termos de uma sustentabilidade intra e intergeneracional.[741]

A aplicação, como pauta de solução do caso, da assim chamada "dupla face" do princípio da proporcionalidade e de suas exigências (critérios), compreendida como impeditiva de intervenções excessivas na esfera dos direitos fundamentais, mas também como proibitiva de ações insuficientes por parte dos órgãos estatais na sua tarefa de assegurar direitos sociais efetivos, igualmente tem sido enfatizada, embora a falta, em diversos casos, de uma cuidadosa e bem motivada utilização de tais categorias pela jurisprudência, o que, por sua vez, poderá levar a uma maior intervenção judicial na esfera da liberdade de conformação legislativa.[742] De qualquer sorte, considerando a evolução mais recente, verifica-se que a noção de que ao Estado, também na esfera da proteção social, notadamente no caso do "mínimo existencial", incumbe um dever de proteção suficiente tem sido objeto de reconhecimento pelo STF.[743]

Dentre os demais aspectos apontados no campo da realização dos direitos a prestações, situa-se a (alegada) necessidade de um "diálogo institucional", fundado, por um lado, na noção de um déficit em termos de capacidade institucional (técnica) por parte do Poder Judiciário (o mesmo se aplica aos demais agentes da esfera jurídica, como é o caso do Ministério Público, da Defensoria Pública, entre outros) no sentido de lidar de forma proficiente com certas demandas, mas que também pode, além disso, ser reconduzido à noção de uma necessidade de cooperação produtiva entre os órgãos (poderes) estatais.[744] Por outro lado, ainda na perspectiva dos instrumentos (mecanismos) de realização dos direitos fundamentais, aqui com destaque para os direitos sociais, importa saudar uma crescente aposta nos deveres de informação, na transparência das ações dos órgãos estatais[745] e nos mecanismos de controle social das políticas públicas, do orçamento e dos investimentos estatais,[746] medidas que, embora também envolvam, por um lado, intervenção pela via judicial, de

---

741. Sobre o problema, v., por exemplo, NEUNER, Jörg. Los derechos humanos sociales. *Anuário Iberoamericano de Justicia Constitucional* 9/239 e ss.

742. Aqui remetemos à literatura colacionada no item reservado à proporcionalidade na parte geral dos direitos fundamentais.

743. Cf., em caráter exemplificativo, novamente o julgamento na STA 175/CE, rel. Min. Gilmar Mendes.

744. Cf., por todos, SOUZA NETO, Cláudio Pereira de. A justiciabilidade dos direitos sociais: críticas e parâmetros. In: _____; SARMENTO, Daniel (Coord.). *Direitos sociais*, p. 525 e ss. A respeito do problema das capacidades institucionais no esquema mais amplo da interpretação constitucional, v. SARMENTO, Daniel. *Por um constitucionalismo inclusivo – História constitucional brasileira, teoria da constituição e direitos fundamentais*, p. 217 e ss.

745. Sobre o tópico, v., por exemplo, BARCELLOS, Ana Paula de. Neoconstitucionalismo, direitos fundamentais e controle das políticas públicas. In: SARMENTO, Daniel; GALDINO, Flávio (Org.). *Direitos fundamentais*: estudos em homenagem ao professor Ricardo Lobo Torres, p. 31 e ss.

746. Cf., entre tantos, LEAL, Rogério Gesta. *Estado, administração pública e sociedade – Novos paradigmas*, p. 57 e ss. No tocante à vinculação constitucional do orçamento e das finanças públicas, v. MENDONÇA, Eduardo Bastos Furtado de. *A constitucionalização das finanças públicas no Brasil*. Por último, v. PINTO, Élida

longo a ela não se restringem e apontam para uma perspectiva mais ampla da própria noção de exigibilidade dos direitos sociais.

Relevante, ainda nesse contexto (ainda que não se possa desenvolver o tema) é o problema dos modos de – em sendo o caso de acessar o Poder Judiciário – efetivar os direitos sociais, ou seja, a natureza das medidas e os seus possíveis efeitos, do ponto de vista processual. Nisso se inclui tanto a querela em torno do recurso a ações individuais e coletivas, existindo os que refutam a primeira alternativa, ao passo que outros advogam a prioridade da tutela coletiva, como a utilização de ações das quais emanem decisões que imponham medidas de caráter estruturante, de caráter mandamental e acompanhadas de mecanismos de controle e sanções de natureza diversificada.[747]

Por derradeiro, as questões postas, que seguem atuais, tornam-se ainda mais agudas e de difícil equacionamento não apenas político e econômico (foro por excelência de sua deliberação, formatação e execução), mas também jurídico-constitucional, em tempos de crise, crise que cada vez mais se torna onipresente e mesmo de cunho quase permanente – embora significativas oscilações temporais e espaciais –, inclusive quanto ao efetivo papel que o Direito, particularmente o direito constitucional e a teoria dos direitos fundamentais, pode exercer nesse contexto.[748]

4.14.3.4 O problema da proteção dos direitos sociais e o assim designado "princípio da proibição de retrocesso"

A opção por um regime geral e em princípio unificado para os direitos fundamentais implica a aplicação, aos direitos fundamentais sociais, das categorias dogmáticas dos limites e restrições, apresentada na parte geral dos direitos fundamentais, ainda que sem desenvolvimento específico para os direitos sociais. Com efeito, também os direitos sociais estão submetidos a medidas restritivas, que os afetam tanto na perspectiva objetiva quanto subjetiva, de tal sorte que também para os direitos sociais se impõe a necessidade de controlar a legitimidade constitucional de tais restrições, com base nos critérios já integrados à prática doutrinária e jurisprudencial, como é o caso, dentre outros, da observância das exigências da proporcionalidade. Também neste contexto, da proteção dos direitos sociais, já se discorreu sobre a inclusão de tais direitos, juntamente com os demais direitos fundamentais, no âmbito dos limites materiais à reforma constitucional, portanto, das assim chamadas "cláusulas pétreas", de tal sorte que quanto a tal aspecto remetemos para o capítulo relativo ao poder de reforma da Constituição.

Graziane. *Financiamento dos direitos à saúde e à educação. Uma perspectiva constitucional.* Belo Horizonte: Fórum, 2015.

747. Sobre o tema v., em especial, no Brasil, a obra monográfica (tese de doutoramento) de JOBIM, Marco Félix. *Medidas estruturantes. Da Suprema Corte Estadunidense ao Supremo Tribunal Federal*, 2013 (2. ed. atualizada publicada em 2021), a coletânea organizada por ARENHART, Sérgio Cruz; JOBIM, Marco Félix. *Processosestruturais.* 3. ed. Salvador: JusPodivm, 2021, abarcando um conjunto expressivo e atual de contribuições estrangeiras e nacionais, abordando diversas dimensões do tema, bem como ARENHART, Sérgio Cruz; OSNA, Gustavo; JOBIM, Marco Félix. *Curso de processo estrutural.* São Paulo: Revista dos Tribunais, 2021.

748. Para uma atual e profunda abordagem da problemática dos direitos sociais nessa perspectiva, v., especialmente, BOTELHO, Catarina Santos. *Os direitos sociais em tempos de crise. Ou revisitar as normas programáticas*, Coimbra: Almedina, 2015.

Todavia, o fato é que, para a proteção dos direitos sociais, especialmente em face do legislador, mas também diante de atos administrativos, ganhou notoriedade, inclusive e de modo particularmente intensivo no Brasil, a noção de uma proibição jurídico-constitucional de retrocesso, como mecanismo de controle para coibir e/ou corrigir medidas restritivas ou mesmo supressivas de direitos sociais. Com efeito, no que diz com as garantias dos direitos sociais contra ingerências por parte de atores públicos e privados, importa salientar que, tanto a doutrina, quanto, ainda que muito paulatinamente, a jurisprudência[749], vêm reconhecendo a vigência, como garantia constitucional implícita, do princípio da vedação de retrocesso social, a coibir medidas que, mediante a revogação ou alteração da legislação infraconstitucional (apenas para citar uma forma de intervenção nos direitos sociais), venham a desconstituir ou afetar gravemente o grau de concretização já atribuído a determinado direito fundamental (e social), o que equivaleria a uma violação da própria Constituição Federal e de direitos fundamentais nela consagrados.[750]

No que diz com sua justificação e fundamentação jurídico-constitucional, apresentada aqui de modo sumário,[751] a proibição de retrocesso social costuma ser vinculada também ao dever de realização progressiva dos direitos sociais, tal como previsto no art. 2.º do Pacto Internacional de Direitos Econômicos, Sociais e Culturais de 1966, ratificado pelo Brasil. Além disso, a proibição de retrocesso social guarda relação com o princípio da segurança jurídica (consagrado, entre outros, no Preâmbulo da Constituição Federal e no *caput* dos

---

749. A título de exemplo, v. decisão do Min. Gilmar Mendes, sobre o julgamento da ADPF 699, j. em 24.06.2020, em que se reconheceu que a Portaria Normativa n. 545 do Ministério da Educação, publicada em 18 de junho de 2020, por revogar a Portaria Normativa n. 13, de 11 de maio de 2016, que versava sobre a aplicação de ações afirmativas para a "inclusão de negros (pretos e pardos), indígenas e pessoas com deficiência" nos programas de pós-graduação das Instituições Federais de Ensino Superior, representou verdadeiro retrocesso social. Ao final, porém, a ADPF foi julgada prejudicada pelo fato de a Portaria n. 545/2020 ter sido revogada. É o caso, também, do julgamento de inconstitucionalidade das normas contidas nos incisos II e III do art. 394-A da CLT, inseridas pela Reforma Trabalhista (Lei n. 13.467/2017), que permitiam o trabalho de grávidas e lactantes em atividades insalubres e, conforme expressado pela Ministra Rosa Weber em seu voto, implicavam em inegável retrocesso social, cf. ADI 5.938, rel. Min. Alexandre de Moraes, j. em 29.05.2019. Ainda no campo dos direitos sociais do trabalho, cabe destacar o julgamento do RE 964659, rel. Min. Dias Toffoli, j. em 08.08.2022, no qual a vedação ao retrocesso foi um dos fundamentos para a fixação da tese de vedação de pagamento de remuneração ao servidor público em valor inferior ao salário-mínimo, ainda que labore em jornada de trabalho reduzida.

750. Na perspectiva internacional e comparada, v., por todos, COURTIS, Christian (Org.). *Ni un paso atrás – La prohibición de regresividad en materia de derechos sociales*. Na literatura brasileira, v. SARLET, Ingo Wolfgang. *A eficácia dos direitos fundamentais*, 13. ed., p. 452 e ss., registrando-se que nos últimos anos foram lançados diversos títulos monográficos contemplando especificamente o tema. Segue relação não exaustiva: DERBLI, Felipe. *O princípio da proibição de retrocesso social na Constituição de 1988*; MOLINARO, Carlos Alberto. *Direito ambiental*: proibição de retrocesso; CONTO, Mario de. *O princípio da proibição de retrocesso social – Uma análise a partir dos pressupostos da hermenêutica filosófica*; FILETI, Narbal Antônio Mendonça. *A fundamentalidade dos direitos sociais e o princípio da proibição de retrocesso social*; MIOZZO, Pablo Castro. *A dupla face do princípio da proibição de retrocesso social e os direitos fundamentais no Brasil – Uma análise hermenêutica*; PINTO E NETTO, Luísa Cristina. *O princípio de proibição de retrocesso social*, SCHIER, Adriana Costa Ricardo. *Serviço público. Garantia fundamental e cláusula de retrocesso social*, 2015; ZUBA, Thais Maria Riedel de Resende. *O direito previdenciário e o princípio da vedação do retrocesso*; BELLEGARDE, Marina Tanganelli. *O direito financeiro e a proibição de retrocesso social na jurisprudência do Supremo Tribunal Federal*. Belo Horizonte/São Paulo: D'Plácido, 2021.

751. Cf., por todos, SARLET, Ingo Wolfgang. *A eficácia dos direitos fundamentais*, 13. ed., p. 457 e ss., mediante farta e atualizada indicação bibliográfica.

arts. 5.º e 6.º) e, assim, com os princípios do Estado Democrático e Social de Direito e da proteção da confiança, na medida em que tutela a proteção da confiança do indivíduo e da sociedade na ordem jurídica, e de modo especial na ordem constitucional, enquanto resguardo de certa estabilidade e continuidade do direito, notadamente quanto à preservação do núcleo essencial dos direitos sociais. Ao mesmo tempo, a proibição de medidas retrocessivas reconduz-se ao princípio da máxima eficácia e efetividade das normas definidoras de direitos e garantias fundamentais (art. 5.º, § 1.º, da CF), assim como, numa perspectiva defensiva do princípio da dignidade da pessoa humana, objetiva impedir a afetação dos níveis de proteção já concretizados das normas de direitos sociais, sobretudo no que concerne às garantias mínimas de existência digna. Destaque-se, aliás, que o conjunto de prestações básicas, especialmente aquelas que densificam o princípio da dignidade da pessoa humana e correspondem ao mínimo existencial, não poderá ser suprimido nem reduzido, mesmo se ressalvados os direitos adquiridos, já que a violação de medidas de concretização do núcleo essencial da dignidade humana é injustificável sob o ponto de vista da ordem jurídica e social.

A necessidade de adaptação dos sistemas de prestações sociais às constantes transformações da realidade não justifica o descompasso entre os níveis de proteção já alcançados às prestações que compõem o mínimo existencial e a legislação reguladora superveniente que os comprometa, suprimindo ou reduzindo posições sociais existentes, pois, em sendo este o caso, poderá ser considerada inconstitucional, vindo a ser assim declarada pelo Poder Judiciário, como já se deu também no STF.[752] Nesse contexto, como um dos critérios a ser manejado para avaliar a ocorrência de um retrocesso, portanto, de uma restrição constitucionalmente ilegítima de direitos sociais, é possível agregar a necessária demonstração da ocorrência – numa perspectiva coletiva (atrelada à dimensão objetiva dos direitos) de efetivo e significativo risco social, não suscetível de ser compensado por outras medidas.[753] Tal critério, é claro, há de ser associado e aferido juntamente com outros, como a salvaguarda do mínimo existencial, proporcionalidade etc., ademais de sua cuidadosa verificação em cada caso.

De qualquer sorte, independentemente do reconhecimento, ou não, de uma proibição de retrocesso social (já que há quem critique a utilização de tal expressão), o fato é que, na condição de direitos fundamentais, os direitos sociais não se encontram à disposição plena dos poderes constituídos. Embora não sejam (assim como os demais direitos fundamentais) direitos absolutos, visto que passíveis de restrição, os direitos sociais encontram-se, todavia, submetidos ao regime dos limites e dos limites aos limites dos direitos fundamentais (ou seja, dos critérios que devem observar as medidas restritivas de direitos fundamentais), guardadas as peculiaridades, especialmente no que concerne aos limites da liberdade de conformação legislativa, além de estarem (no sentido adotado neste *Curso*) albergados contra o poder de reforma constitucional, consoante já frisado.

Com base no exposto, percebe-se que, no âmbito daquilo que tem sido rotulado de uma proibição de retrocesso, mas que se insere no contexto de um conjunto de princípios, regras

---

752. V., em caráter meramente ilustrativo, a decisão proferida em sede de medida cautelar nas ACOs 3.473/DF, 3.474/SP, 3.475/DF, 3.478/PI, 3483/DF, rel. Min. Rosa Weber, j. 07.04.2021, quando julgada inconstitucional a supressão de leitos de UTIs durante o recrudescimento da pandemia ocasionada pelo novo coronavírus, medida que, para a Corte, configuraria um verdadeiro retrocesso em matéria de políticas públicas de saúde.

753. Cf. ZUBA, Thaís Maria Riedel de Resende. *O direito previdenciário e o princípio da vedação do retrocesso*, op. cit., p. 128 e ss.

e critérios em matéria de limitação dos direitos sociais e seu controle, a primeira consequência relevante é a de que toda e qualquer medida que suprima ou restrinja o âmbito de proteção de um direito social é, de plano, considerada "suspeita" de implicar uma violação do direito, devendo ser submetida ao crivo de um controle de legitimidade constitucional.[754]

Admitida a possibilidade de limitações em matéria de direitos sociais, é, por outro lado, corrente a compreensão de que eventuais restrições haverão de observar, em termos gerais, o sistema de limites aos limites, o que pode ser traduzido, em caráter sumário, do seguinte modo:

a) *a medida estatal* que eventualmente restringe ou suprime um bem e/ou serviço protegido com base em direito social (fundamental) *deve buscar atender finalidade constitucionalmente legítima*, portanto, ter por objetivo a proteção ou promoção de outro direito fundamental ou a salvaguarda de interesse constitucionalmente relevante;

b) *a medida restritiva não poderá afetar o núcleo essencial do direito social*, núcleo que compreende o conjunto de elementos essenciais à configuração de um direito como tal, insuscetíveis de supressão ou alteração sem que, com isso, ocorra a descaracterização do conteúdo e/ou estrutura do direito.[755] Importa frisar que, no contexto do sistema pátrio, não há como sustentar uma absoluta identidade entre o núcleo essencial e o conteúdo em dignidade humana dos direitos fundamentais, pena de uma perda de autonomia dos direitos fundamentais em geral e dos direitos sociais em particular, de sorte que, se todos os direitos sociais têm um núcleo essencial, tal conteúdo não pode ser reconduzido, pelo menos não exclusivamente, ao princípio da dignidade da pessoa humana. Outrossim, se o desenho definitivo do que seja o núcleo essencial somente ocorre no caso concreto, diante de um juízo de ponderação envolvendo a avaliação da natureza das restrições (especialmente se não incorrem numa vedação do excesso) ou da insuficiência das medidas de efetivação em relação ao âmbito de proteção resguardado pela norma jusfundamental, também é verdade que a garantia do núcleo essencial não se reduz a uma análise da proporcionalidade.[756] Cabe destacar, por fim, que a garantia de condições materiais mínimas à vida com dignidade e certa qualidade pode ser indicada como um primeiro parâmetro material (mas não único) a ser utilizado na definição do núcleo essencial de cada direito fundamental social, pois evidentemente congruente ao sistema de princípios, valores e fins explicitados pela Constituição Federal;

c) da mesma forma, ainda no campo dos limites aos limites, *indispensável a observância das exigências da proporcionalidade (tanto no que proíbe excessos quanto naquilo que veda a proteção insuficiente)* e da razoabilidade, assim como elementar, para o que se remete ao capítulo específico constante da parte geral dos direitos fundamentais neste *Curso*[757];

---

754. Cf., por todos, Novais, Jorge Reis. *Direitos fundamentais*: trunfos contra a maioria, p. 201. No mesmo sentido e ilustrando o argumento com jurisprudência do Tribunal Constitucional da Colômbia, v. Uprimny, Rodrigo; Guarnizo, Diana. Es posible una dogmática adecuada sobre la prohibición de regresividade? Un enfoque desde la jurisprudencia constitucional colombiana. *Revista Direitos Fundamentais & Justiça* 3/37-64.

755. Sobre o núcleo essencial dos direitos sociais, v., entre nós (e sem que aqui se esteja a aderir integralmente a todas as posições do autor) a recente e bem elaborada obra monográfica de Sampaio, Marcos. *O conteúdo essencial dos direitos sociais*. São Paulo: Saraiva, 2013.

756. Sobre o ponto, cf. Canotilho, J. J. Gomes. *Direito constitucional e teoria da constituição*, p. 458 e ss.

757. Contestando a aplicação da técnica da ponderação e da teoria dos princípios aos direitos sociais, v. a importante contribuição de Miozzo, Pablo. *Soziale Grundrechte ohne Prinzipien und Abwägungen, Entwickelt am*

d) quando couber, necessário ainda controlar o respeito às reservas legais e ao conteúdo do princípio da segurança jurídica e das respectivas garantias da coisa julgada, do ato jurídico perfeito e do direito adquirido, mas também aos requisitos da proteção à confiança legítima.

4.14.3.5 Algumas notas acerca do problema do financiamento dos direitos sociais, das "cláusulas pétreas" e as EC 94 e 95, de 2016

Os direitos sociais, assim como os direitos fundamentais de um modo geral, são dependentes, para efeitos de sua efetividade, da alocação de recursos materiais e humanos, assumindo, portanto, significativa (maior ou menor, a depender do direito em causa) relevância econômico-financeira. O financiamento dos direitos sociais é, portanto, aspecto central para assegurar a tais direitos níveis adequados de efetividade, de tal sorte que a sua previsão no orçamento público e cobertura pelo sistema tributário (mediante a arrecadação de tributos, taxas e/ou contribuições sociais) ocupa um papel de destaque nas agendas dos diversos Estados, ademais de adquirir maior ou menor relevância constitucional. No caso do Brasil, a CF, além de dispor sobre o orçamento e as finanças em termos gerais, prevê, no título "Da Ordem Social", regras específicas para o financiamento da Seguridade Social, bem como um piso constitucional de gastos públicos para a saúde e a educação.

A previsão de investimentos mínimos em saúde e educação para os três níveis da Federação (União, Estados e Municípios), apesar de constituir para alguns uma particularidade da CF, considerando a ausência de paralelos (ao menos de acordo com o que se sabe) no âmbito do constitucionalismo contemporâneo, revela o quanto o constituinte de 1988 apostou na saúde e na educação como meios para realizar os objetivos fundamentais do Estado Democrático brasileiro, tal como enunciado no art. 3.º da CF, dentre os quais construir uma sociedade justa e solidária, erradicar a pobreza e as desigualdades. Por tal razão, é possível afirmar que saúde e educação são direitos sociais que assumem uma posição preferencial no ordenamento constitucional brasileiro, o que há de ser considerado quando da discussão de medidas que tenham como fim estabelecer limites a tais direitos, inclusive mediante eventual relativização dos pisos de gasto público, que, ao fim e ao cabo, assumem a condição de garantias dos direitos à saúde e à educação.

Com a promulgação e publicação da EC 95 (respectivamente, em 15 e 16.12.2016), que veio a estabelecer e regular um teto de gastos para o poder público, além de acrescer diversos artigos ao Ato das Disposições Constitucionais Transitórias (arts. 106 a 114 do ADCT), torna-se ainda mais atual o debate em torno do tema, em especial pelo fato de setores da doutrina especializada, mas também comentaristas na mídia e setores da sociedade, estarem, desde a tramitação da EC 95 no Congresso, mobilizando argumentos em prol de sua inconstitucionalidade, ao menos parcial.

Beispiel des Rechts auf Sozialversicherung in Brasilien, 2021. A obra, que corresponde à tese de doutoramento do autor realizada na Universidade de Freiburg a. B., desenvolve um alentado, inovativo e substancial contraponto à concepção dominante, mas que, com todo o respeito que temos para com o autor e sua obra, não soa, pelo menos em parte, consistente com o direito constitucional positivo, onde os direitos sociais de longe não se limitam aos direitos da seguridade social, ademais de a tese não se revelar adequada à formulação dos direitos sociais básicos consagrados no art. 6.º, CF, onde estão enunciados de modo genérico e em parte sem mesmo uma maior densificação por outras regras no Título da Ordem Social. De todo modo, não há como aqui desenvolver o ponto, recomendando-se, contudo, a leitura da obra aqui referida.

Com efeito, ao menos do ponto de vista dos direitos sociais, com destaque para a Saúde e a Educação (mas com reflexos também para outros direitos fundamentais), há quem argumente no sentido de advogar a inconstitucionalidade da EC 95 em virtude de violar tanto "cláusulas pétreas" (por afetar o núcleo essencial dos direitos à saúde e à educação) quanto da assim chamada "proibição de retrocesso", figuras que – embora não se confundam – guardam afinidade entre si e que foram desenvolvidas em itens próprios deste *Curso*, para os quais remetemos para melhor compreensão por parte do leitor.

Possivelmente um dos principais argumentos (defendido, entre outros, com impactante sustentação por Élida Graziane Pinto, em diversas colunas do *Conjur* ao longo de 2016) vai no sentido de que ainda que a saúde e a educação não tenham sido diretamente (formalmente) afetadas, tendo em conta a expressa disposição (na EC 95) de que os pisos constitucionais devem ser respeitados, eventual congelamento dos gastos por até vinte anos (o mesmo poderá ocorrer com a reformatação do montante das receitas sobre as quais incidem os percentuais mínimos) indica claramente um movimento regressivo, ou, melhor dizendo, retrocessivo, visto que o aumento da demanda e dos custos fatalmente em pouco tempo implicará redução dos investimentos do ponto de vista real. Segundo a autora, é essencial preservar, pelo menos, os investimentos em saúde e em educação do ponto de vista material.

Por outro lado, consoante já foi objeto de nossa atenção quando falamos da proteção dos direitos sociais em face do legislador (incluído aqui o poder de reforma da Constituição), direitos sociais, assim como os direitos fundamentais em termos gerais, não são absolutos, no sentido de blindados contra toda e qualquer limitação. O problema, portanto, é aferir se e, em que medida, determinada limitação pode ou não ser tolerada do ponto de vista constitucional.

De acordo com a jurisprudência do STF, uma restrição imposta por emenda constitucional necessariamente deverá manter a salvo o núcleo essencial do direito ou princípio objeto da restrição. Ora, de acordo com tal entendimento, é possível sustentar que, em sendo o caso de se configurar uma progressiva diminuição nos investimentos em saúde e educação em virtude da aplicação das regras veiculadas pela EC 95, os direitos à educação e à saúde poderão vir a ter o seu núcleo essencial colocado em sério risco, visto que, enquanto não atingidos os patamares minimamente suficientes para assegurar, a todos, pelo menos o mínimo existencial e uma posição competitiva em termos internacionais (vale lembrar a péssima posição ocupada pelo Brasil nas diversas pesquisas), o congelamento dos gastos e mesmo a proibição de seu aumento devem ser censurados por inconstitucionais.

O que chama a atenção, ademais disso, é a exclusão do teto de uma série de itens, como é o caso de diversas empresas públicas, gastos com a dívida pública, entre outros. Da mesma forma, causa espécie a falta de implantação de medidas alternativas mais justas no que diz com a distribuição dos encargos pela população, em especial para o financiamento de políticas de Estado impostas pela CF. Tais medidas incluem a criação e regulamentação do imposto sobre grandes fortunas, da tributação de lucros e dividendos, de impostos progressivos e mais altos sobre a herança (como ocorre nas grandes democracias, inclusive nos EUA), do corte das renúncias fiscais, dentre tantas outras.

Isso, por sua vez, indica que, naquilo em que poderá estrangular e mesmo condenar à redução de fato os gastos com saúde e educação, portanto, vindo assim a fraudar os respectivos pisos constitucionais de gastos, a EC 95 viola também as exigências da proporcionalidade, dada a existência de meios alternativos de promover o financiamento e controlar os gastos públicos sem, com isso, deixar de atender ao dever de progressividade em matéria de efetividade dos direitos econômicos, sociais e culturais (de acordo com o previsto no respectivo pacto da ONU, ratificado pelo Brasil), ao menos, contudo, sem deixar de respeitar a proibição de regressividade (retrocesso) que opera como garantia dos direitos sociais em face do legislador.

De todo modo, os rumos tomados quanto aos pontos sumariamente elencados demonstram que o Estado Social e Democrático de Direito projetado e formatado pela CF de 1988 não tem sido levado a sério, em especial pelos Poderes Legislativo e Executivo, dada a manutenção e mesmo o agravamento dos níveis de desigualdade econômica e social, especialmente quando disponíveis e mesmo constitucionalmente exigidas medidas e políticas que venham a corrigir tal estado de coisas.

Ademais disso, não se poderia deixar de referir que mesmo os adeptos de uma interpretação liberal (do ponto de vista econômico) da CF, em geral, valem-se de exemplos alienígenas de modo distorcido, em especial considerando que mesmo países assumidamente liberais praticam uma política tributária mais justa, como, aliás, já referido.

Já a EC 94, promulgada e publicada nas mesmas datas, veio a alterar dispositivos constitucionais que versam sobre os precatórios, chamando a atenção para o fato de que, de acordo com a nova redação do art. 100, § 2.º, as dívidas de caráter alimentar serão pagas com prioridade, o que, embora não necessariamente implique a indispensável rapidez no pagamento, ao menos faz jus à necessária posição preferencial da garantia do mínimo existencial, tal como afirmado na CF (art. 170, *caput*), ao dispor que a ordem econômica tem por objetivo assegurar a todos uma vida com dignidade.

Por outro lado, o instituto do precatório segue sendo um mecanismo burocratizado e lento e que deveria ser substituído, ao menos para as dívidas de caráter alimentar – que se enquadram na noção de direitos sociais em sentido ampliado –, por alternativas mais ágeis e eficazes, por exemplo, a instituição de um fundo gerido pelo Poder Judiciário para o repasse, uma vez transitada em julgado a decisão, dos recursos correspondentes.

De qualquer sorte, as EC 94 e 95, particularmente a última, seguirão sendo objeto de intensa polêmica, tanto é que já está sendo mobilizada (por ora, no caso da EC 95) a propositura de ações diretas de inconstitucionalidade. O que já se pode anunciar, portanto, é que mais uma vez caberá ao STF se pronunciar a respeito, sem que se possa, por ora, antever eventual resultado, mesmo à luz de precedentes daquela Corte.

Insta salientar que dispositivos incluídos pela referida EC 94/2016 foram recentemente alterados pela EC 99/2017, para instituir novo regime especial de pagamento de precatórios.

4.15 Dos direitos sociais em espécie

4.15.1 Considerações preliminares

Tendo em conta o extenso leque de direitos sociais, cumpre advertir que uma análise detalhada dos diversos direitos sociais consagrados no art. 6.º da CF não será aqui levada a efeito. O objetivo, pelo contrário, é, em traços gerais, apresentar os principais aspectos relacionados à teoria e prática de cada direito social individualmente considerado, com destaque para os direitos mais discutidos no que diz com o seu regime jurídico-constitucional, sem prejuízo da ampliação do leque de direitos individualmente comentados em futuras edições da obra. Assim, apenas serão apresentados alguns aspectos centrais relativos aos principais direitos sociais, no caso, os direitos à saúde, à educação, à moradia, à alimentação, ao lazer, ao trabalho, à assistência social e à previdência social. Antes, contudo, importa lançar pelo menos algumas linhas sobre o que tem sido concebido como uma espécie de fio condutor da problemática dos direitos sociais, no caso, a garantia de um mínimo existencial.

4.15.2 O direito ao (e a garantia do) mínimo existencial como espécie de categoria transversal

A vinculação dos direitos (fundamentais) sociais com o que se designou de uma garantia do mínimo existencial é considerada, na atual quadra da evolução, algo evidente, embora a natureza e o grau de tal relação sejam objeto de controvérsia doutrinária e jurisprudencial. No Brasil, contudo, a recepção da figura de um mínimo existencial (na condição de direito e garantia fundamental) ainda pode ser considerada relativamente recente, conquanto o objetivo de uma existência digna já tenha sido precocemente consagrado no plano do direito constitucional positivo.[758] A noção de um direito fundamental (e, portanto, de uma garantia fundamental) às condições materiais para uma vida com dignidade teve sua primeira importante elaboração dogmática na Alemanha do Segundo Pós-Guerra, com Otto Bachof,[759] para quem o princípio da dignidade da pessoa humana não reclamaria somente a garantia da liberdade, mas também um mínimo de segurança social, já que, sem os recursos materiais para uma existência digna, a própria dignidade ficaria sacrificada. A tese foi inicialmente acolhida pelo Tribunal Federal Administrativo[760] e, mais tarde, pelo Tribunal Constitucional Federal, consagrando-se, então, um direito fundamental à garantia das condições mínimas para uma existência digna.[761] Atualmente a doutrina alemã compreende que a garantia integra o conteúdo essencial do princípio do Estado Social de Direito, constituindo uma de suas principais tarefas e obrigações.[762]

De outra parte, o conteúdo do mínimo existencial é limitado por condições de espaço e tempo, bem como implica diálogo com o padrão socioeconômico vigente.[763] De qualquer modo, a garantia efetiva de uma existência digna abrange, de acordo com a compreensão

---

758. No Brasil o primeiro artigo, pelo menos ao que consta, foi escrito por Torres, Ricardo Lobo. O mínimo existencial e os direitos fundamentais. *Revista de Direito Administrativo* 177/20-49, que posteriormente revisitou a temática em outras oportunidades, culminando na publicação de obra monográfica, designadamente: Torres, Ricardo Lobo. *O direito ao mínimo existencial*. Ao longo do tempo, surgiram outros trabalhos monográficos relevantes, como é o caso de Barcellos, Ana Paula de. *A eficácia jurídica dos princípios constitucionais*, 3 ed.; Bitencourt Neto, Eurico. *O direito ao mínimo para uma existência digna*, e, por último, Cordeiro, Karine da Silva. *Direitos fundamentais sociais. Dignidade da pessoa humana e mínimo existencial. O papel do Poder Judiciário*.

759. Cf. Bachof, Otto. Begriff und Wesen des sozialen Rechtsstaates. *VVDStRL* 12/42-43.

760. Cf. *BVerwGE* 1, 159 (p. 161 e ss.), decisão proferida em 24.06.1954.

761. Cf. *BVerfGE* 40, 121 (133).

762. Cf., novamente e por todos, Neumann, V. Menschenwürde und Existenzminimum. *NVwZ*, 1995, p. 428-429.

763. Cf. Starck, C. Staatliche Organisation und Staatliche Finanzierung als Hilfen zur Grundrechtsverwirklichungen? In: _____ (Org.). *Bundesverfassungsgericht und Grundgesetz, Festgabe aus Anlass des 25 jëhrigen Bestehens des Bundesverfassungsrerichts* (BVerfG und GG II), vol. 2, p. 522. No Brasil, v., por último, Leal, Rogério Gesta. *Condições e possibilidades eficaciais dos direitos fundamentais sociais*, p. 91 e ss., bem como Bitencourt Neto, Eurico. *O direito ao mínimo existencial para uma existência digna*, p. 119.

prevalente, mais do que a garantia da mera sobrevivência física, situando-se, portanto, além do limite da pobreza absoluta e não se reduzindo à mera existência física, ou seja, aquilo que alguns designam como mínimo existencial fisiológico, mas alcançando também a garantia de um mínimo de integração social, bem como acesso aos bens culturais e participação na vida política, aspectos que dizem respeito a um mínimo existencial sociocultural.[764]

Tal linha de argumentação também tem sido privilegiada no direito brasileiro, excetuada alguma controvérsia em termos de fundamentação liberal ou social do mínimo de existência e em relação a problemas quanto à determinação do seu conteúdo.[765] Assim, muito embora também na doutrina e jurisprudência constitucional brasileira não se possa falar da existência de unanimidade no que diz com a noção de um mínimo existencial, a tendência amplamente majoritária converge no sentido de afirmar que o conteúdo do mínimo existencial ultrapassa a noção de um mínimo meramente vital ou de sobrevivência, para resguardar não só a vida humana em si, mas uma vida saudável,[766] portanto, uma vida com certa qualidade.[767] Não se pode negligenciar que o princípio da dignidade da pessoa humana também implica uma dimensão sociocultural que não pode ser desconsiderada, mas que constitui elemento nuclear a ser respeitado e promovido,[768] razão pela qual determinadas prestações em termos de direitos culturais (notadamente, embora não de modo exclusivo, no caso da educação fundamental) deverão integrar o conteúdo do mínimo existencial.[769]

Em termos de fundamentação constitucional, a ausência de explicitação da garantia (e do direito) ao mínimo existencial pela Constituição Federal é superada pela inserção da garantia de existência digna dentre os princípios e objetivos da ordem constitucional econômica (art. 170, *caput*, da CF), assim como pela via da proteção à vida e à dignidade da

---

764. Esta a lição de Neumann, V. Menschenwürde und Existenzminimum. *NVwZ*, p. 428 e ss. Mais recentemente, v., também no direito alemão, Soria, J. M. Das Recht auf Sicherung des Existenzminimums. *JZ*, 2005, p. 644 e ss., bem como Wallerath, M. Zur Dogmatik eines Rechts auf Sicherung des Existenzminimums. *JZ*, 2008, p. 157 e ss.

765. Para além da paradigmática formulação de Ricardo Lobo Torres e da literatura já referida, vale conferir, ainda, o ensaio de Scaff, F. F. Reserva do possível, mínimo existencial e direitos humanos. *Revista Interesse Público* 32/213 e ss., 2005 (aderindo ao conceito e fundamento proposto por Ricardo Lobo Torres). Em sentido semelhante àquele desenvolvido no texto, v. Figueiredo, M. F. *Direito fundamental à saúde – Parâmetros para a sua eficácia e efetividade*, especialmente p. 188 e ss.

766. Cf. Sarlet, Ingo Wolfgang. *Dignidade da pessoa humana e direitos fundamentais na Constituição Federal de 1988*. 10. ed. Porto Alegre: Livraria do Advogado, 2015, p. 136-137.

767. A interpretação do conteúdo do mínimo existencial como o conjunto de condições materiais para uma vida digna tem prevalecido na jurisprudência comparada, e não somente alemã, como dá conta, por exemplo, a decisão do Tribunal Constitucional de Portugal no Acórdão 509, de 2002 (versando sobre o rendimento social de inserção). Cf., também, os comentários tecidos por Andrade, José Carlos Vieira de. *Os direitos fundamentais na constituição portuguesa de 1976*, p. 403 e ss.; e, mais recentemente, por Medeiros, Rui; Miranda, Jorge. *Constituição portuguesa anotada*, t. I, p. 639-640.

768. V., por todos, Häberle, P. A dignidade humana como fundamento da comunidade estatal. In: Sarlet, I. W. (Org.). *Dimensões da dignidade – Ensaios de filosofia do direito e direito constitucional*, especialmente p. 116 e ss.

769. Mesmo autores que preferem uma fundamentação mais liberal acerca do conteúdo do mínimo existencial posicionam-se nesse sentido. Além de Ricardo Lobo Torres, conferir: Barcellos, Ana Paula de. O mínimo existencial e algumas fundamentações: John Rawls, Michael Walzer e Robert Alexy. In: Torres, R. L. (Org.). *Legitimação dos direitos humanos*, p. 11 e ss.; e, mais recentemente, da mesma autora, Barcellos, Ana Paula de. *A eficácia jurídica dos princípios constitucionais*, 3. ed. Explorando já uma fundamentação vinculada às necessidades humanas, v. a contribuição de Leivas, P. G. C. *Teoria dos direitos fundamentais sociais*, especialmente p. 123 e ss.

pessoa humana, revelando a similaridade, neste particular, com o direito constitucional alemão e a fundamentação lá desenvolvida e acima referida. De outra parte, verifica-se que os direitos sociais em espécie (como a assistência social, a saúde, a moradia, a previdência social, o salário-mínimo) acabam por abarcar certas dimensões do mínimo existencial, ainda que não se reduzam a meras concretizações do mínimo existencial, como, aliás, parece sustentar parcela da doutrina.[770]

Quanto a este ponto, importa sublinhar que comungamos do ponto de vista de que *os direitos fundamentais sociais não se reduzem ao mínimo existencial (ou à dignidade humana)*, conquanto as dimensões que densificam o mínimo existencial certamente guardem (maior ou menor) relação com o núcleo essencial de grande parte dos direitos sociais, ainda mais se consideradas as peculiaridades e a extensão com que foram positivados pela Constituição Federal. Em síntese, embora o mínimo existencial esteja em contato com os diversos direitos sociais individualmente considerados e existam zonas de convergência quanto aos respectivos conteúdos (âmbitos de proteção), não se pode afirmar que o mínimo existencial equivale (isto é, se confunde com) ao conteúdo essencial dos direitos sociais. Aliás, aplica-se aqui (embora as peculiaridades dos direitos sociais) linha de argumentação similar à que se utiliza para a relação da dignidade da pessoa humana com o conteúdo essencial dos direitos fundamentais: ambos guardam maior ou menor relação (por vezes nenhuma!), mas não se confundem.

Aspecto digno de nota diz respeito ao questionamento sobre se a existência, no âmbito da Constituição Federal, de um extenso catálogo de direitos sociais em espécie, que, em geral, cobre o conteúdo que usualmente se atribui ao mínimo existencial (ainda mais quando se trata de uma compreensão ampliada, na perspectiva de um mínimo existencial que abrange a dimensão sociocultural), não torna este último desnecessário, pelo menos, no sentido de um direito social autônomo, deduzido do regime e dos princípios, assim como dos direitos fundamentais sociais expressamente positivados. Não se pode olvidar, neste contexto, que na Alemanha, onde o mínimo existencial foi objeto de construção e desenvolvimento doutrinário e jurisprudencial, os direitos sociais não foram contemplados no texto da Lei Fundamental, o que apenas serve para realçar ainda mais o questionamento. A resposta a tal pergunta, embora aqui não possa ser aprofundada, pode ser formulada nos seguintes termos e desdobrada em dois argumentos principais: por um lado, assim como a dignidade da pessoa humana não se torna desnecessária e não deixa de ter autonomia em função da positivação de um extenso catálogo de direitos fundamentais, também o mínimo existencial, que, como visto, convive, mas não se confunde, com os direitos sociais, não perde sua possível autonomia na arquitetura constitucional. Além disso, a noção de um mínimo existencial pode servir (e tem servido) de parâmetro para definir o alcance do objeto dos direitos sociais, inclusive para a determinação de seu conteúdo exigível, fornecendo, portanto, critérios materiais importantes para o intérprete e para o processo de concretização dos direitos sociais. De qualquer modo, percebe-se que a relação entre o mínimo existencial (como, aliás, a própria noção de mínimo existencial) e os direitos sociais

---

770. Cf., por exemplo, seguindo esta linha argumentativa, MARTINS, Patrícia do C. V. A. A proibição do retrocesso social como fenômeno jurídico. In: GARCIA, Emerson (Coord.). *A efetividade dos direitos sociais*, p. 412 e ss. (referindo-se, todavia, à noção de necessidades básicas como núcleo essencial dos direitos sociais [noção esta similar à de um mínimo existencial], núcleo este blindado contra medidas de cunho retrocessivo).

exige permanente atenção e desenvolvimento por parte da doutrina e da jurisprudência constitucional.

Por outro lado, assim como ocorre com os direitos fundamentais em geral, também o direito ao mínimo existencial apresenta uma dupla dimensão defensiva e prestacional. Nesse sentido, o conteúdo do mínimo existencial deve compreender o conjunto de garantias materiais para uma vida condigna, no sentido de algo que o Estado não pode subtrair ao indivíduo (dimensão negativa) e, ao mesmo tempo, algo que cumpre ao Estado assegurar, mediante prestações de natureza material (dimensão positiva). Já no que concerne à forma de realização do mínimo existencial, sobremodo quanto ao conteúdo das prestações materiais, a doutrina e a jurisprudência estrangeiras afirmam que se trataria de incumbência precípua do legislador o estabelecimento da forma da prestação, seu montante, as condições para sua fruição etc., restando aos tribunais decidir sobre o padrão existencial mínimo nos casos de omissão ou desvio de finalidade por parte dos órgãos legislativos, muitas vezes sob o argumento de um direito de/à igual proteção.[771] Ao mesmo tempo, consentem que a garantia de condições materiais mínimas à vida digna atua como limite à atividade legislativa conformadora, vedando, inclusive, medidas normativas aquém desta fronteira.[772]

No que diz com a recepção do mínimo existencial no âmbito da jurisprudência brasileira, destaca-se também aqui a atuação do STF, que reconhece proteção ao mínimo existencial tanto na perspectiva de um direito de defesa, quanto no que toca à sua vocação prestacional. Como exemplo da primeira função, ou seja, de um direito à não afetação (não intervenção), podem ser referidas decisões relativas à proibição de confisco (atos com efeito confiscatório).[773] Embora não se trate da posição majoritária, importa consignar a emblemática manifestação dos Ministros Eros Grau, Celso de Mello e Carlos Britto, quando, por ocasião do julgamento do RE 407.688-8/SP, em 08.02.2006, divergiram da maioria dos seus pares, ao sustentar que a moradia é necessidade vital do trabalhador e de sua família, cuidando-se, portanto, de direito indisponível e não sujeito a expropriação via penhora embasada em contrato de fiança.

Já no que diz respeito à assim chamada dimensão positiva (prestacional) do direito ao mínimo existencial, o STF tem consolidado o entendimento de que nesta seara incumbe ao Estado, em primeira linha, o dever de assegurar as prestações indispensáveis ao mínimo existencial, de tal sorte que em favor do cidadão há que reconhecer um direito subjetivo, portanto, judicialmente exigível, à satisfação das necessidades vinculadas ao mínimo existencial, e, portanto, à dignidade da pessoa humana. Sem que se tenha aqui a pretensão de

---

771. Cf., por exemplo, BREUER, R. Grundrechte als Anspruchsnormen. *Verwaltungsrecht zwischen Freiheit, Teilhabe und Bindung. Festgabe aus Anlass des 25 jährigen Bestehens des Bundesverwaltungsgerichts*, p. 97. Também o Tribunal Federal Constitucional atribui ao legislador a competência precípua de dispor sobre o conteúdo da prestação. Nesse sentido, v. *BVerfGE* 40, 121 (133) e 87, 153 (170-1). Tal concepção também se encontra nos desenvolvimentos mais recentes, como é o caso, no âmbito da jurisprudência do Tribunal Constitucional Federal, da decisão proferida em 09.02.2010.

772. Cf. o já referido *leading case* do Tribunal Constitucional Federal – *BVerfGE* 40, 121 [133].

773. V., a título exemplificativo, RE 397.744, rel. Min. Joaquim Barbosa, fundamentando a proibição constitucional do confisco em matéria tributária, dentre outros, no exercício do direito a uma existência digna, através de atividade profissional que satisfaça necessidades vitais, como saúde, educação e habitação (j. 15.10.2009). Da mesma forma, na decisão do RE 964659, rel. Min. Dias Toffoli, j. em 08/08/2022, o STF estabeleceu que a remuneração de servidor público em valor inferior ao salário-mínimo – ainda que trabalhe em jornada reduzida – viola o direito ao mínimo existencial.

avaliar se e em que medida o STF tem julgado de modo uniforme e mesmo coerente tais questões, o fato é que, pelo menos no que diz com o direito à saúde e o direito à educação (no caso do direito à moradia não se registra julgado assegurando um direito subjetivo à construção de uma moradia digna por parte do Estado), já são várias as decisões reconhecendo um dever de prestação, inclusive em caráter originário, ou seja, não necessariamente dependente de prévia política pública ou previsão legal. Nesse sentido, adotando linha argumentativa similar (e em parte idêntica) à que foi esgrimida no bojo da conhecida ADPF 45,[774] podem ser referidas, em caráter meramente ilustrativo, decisões que asseguram às crianças com menos de seis anos de idade o acesso gratuito a creches mantidas pelo Poder Público, bem como, entre outras, uma série significativa de decisões assegurando prestações na área da saúde, relativizando, em favor da vida e da dignidade, limitações de ordem organizacional, orçamentária.[775]

Ainda sobre o conteúdo da garantia, assinale-se a impossibilidade de se determinar, de forma prévia e de modo taxativo, portanto, no sentido de um rol fechado, as posições subjetivas, negativas e positivas, correspondentes ao mínimo existencial. O que compõe o mínimo existencial reclama, portanto, uma análise (ou pelo menos a viabilidade de uma averiguação) à luz das necessidades de cada pessoa e de seu núcleo familiar, quando for o caso, o que não afasta a possibilidade de se inventariar todo um conjunto de conquistas já sedimentadas e que, em princípio e sem excluírem outras possibilidades, servem como uma espécie de roteiro a guiar o intérprete e de modo geral os órgãos vinculados à concretização da garantia do mínimo existencial.[776]

O mínimo existencial, como já sublinhado, guarda relação com outros direitos sociais, ainda que não necessariamente com todos e não da mesma forma[777]. Por outro lado, um

---

774. Rel. Min. Celso de Mello, j. 29.04.2004. No mesmo sentido, v SL 1.314/PR, rel. Min. Dias Toffoli, j. em 16.04.2020.

775. Cf., por exemplo, a decisão proferida no RE 573.061, j. 28.08.2009, rel. Min. Carlos Britto, onde estava em causa a manutenção do direito ao Programa Hucan, que prevê acompanhamento clínico e psicológico destinado a aferir a viabilidade de cirurgia de transgenitalização de caráter terapêutico, assegurado pelas instâncias ordinárias, que restou chancelado pelo STF. Também, mesmo que julgada prejudicada a ação pela aprovação no Congresso Nacional de um auxílio emergencial, o STF entendeu cabível ADO para determinar ao Governo Federal a proposição de medidas voltadas a assegurar a alimentação, o mínimo existencial e a dignidade da pessoa humana, em decorrência da pandemia da Covid-19, cf. ADO 56/DF, rel. Min. Marco Aurélio, red. p/ o ac. Min. Roberto Barroso, j. em 30.04.2020. V., outrossim, decisão do Ministro Marco Aurélio no ARE 1.269.994/PR, j. em 14.08.2020. No julgamento da ADPF 664/ES, rel. Min. Alexandre de Moraes, j. 16.04.2021, reconheceu-se a ilegalidade de decisões judiciais que determinam o bloqueio de verbas vinculadas ao Fundo Estadual de Saúde (FES) do Espírito Santo. Exigindo uma atuação fortemente proativa dos agentes públicos de todos os níveis governamentais, o STF estabeleceu liminarmente, na ACO 3.451/DF, rel. Min. Ricardo Lewandowski, j. 30.04.2021, a possibilidade de ente federado proceder com a importação e distribuição, excepcional e temporária, de vacina contra a Covid-19, no caso de ausência de manifestação da Agência Nacional de Vigilância Sanitária (ANVISA) no prazo da Lei n. 14.124/2021.

776. É precisamente neste sentido que compreendemos a proposta de BARCELLOS, Ana Paula de. *A eficácia jurídica dos princípios constitucionais*, 3. ed., p. 291 e ss., ao incluir no mínimo existencial a garantia da educação fundamental, da saúde básica, da assistência aos desamparados e do acesso à Justiça, pena de fecharmos de modo constitucionalmente ilegítimo (ou, pelo menos, problemático) o acesso à satisfação de necessidades essenciais, mas que não estejam propriamente vinculadas (pelo menos, não de forma direta) às demandas colacionadas pela ilustre autora.

777. Não se pode excluir, porém, uma relação do mínimo existencial com direitos de liberdade, como se depreende da decisão proferida no RE 647885/RS, rel. Min. Edson Fachin, j, 27.04.2020, *leading case* do Tema

direito ao mínimo existencial não tem o condão de substituir os direitos sociais expressamente positivados e constantes do elenco (sem prejuízo de outros) do art. 6.º da CF. Soma-se a isso (na esteira de posição que sustentamos já de há muito e já exposta acima) que o mínimo existencial não poderá ser sequer equiparado ao núcleo essencial dos direitos fundamentais sociais, pena de, na prática, correr-se o risco de esvaziar a sua (dos direitos em espécie) autonomia e mesmo relevância, embora possa servir de critério material para auxiliar na concretização do núcleo essencial (que, em maior ou menor medida guarda convergência com o mínimo essencial, embora não sempre) e para justificar decisões que imponham ao Estado obrigações positivas e negativas na esfera dos direitos sociais, tal como já ilustrado acima. É por tais razões que, na sequência, é dos direitos sociais em espécie que nos ocuparemos individualmente. Pela sua relevância e pelo impacto no campo da produção doutrinária e jurisprudencial, iniciamos pelo direito à saúde.

4.15.3 O direito à proteção e promoção da saúde

É no âmbito do direito à saúde[778] que se manifesta de forma mais contundente a vinculação do seu respectivo objeto (no caso da dimensão positiva, trata-se de prestações materiais na esfera da assistência médica, hospitalar etc.) com o direito à vida e o princípio da dignidade da pessoa humana. A despeito do reconhecimento de certos efeitos decorrentes da dignidade da pessoa humana mesmo após a sua morte, o fato é que a dignidade atribuída ao ser humano é essencialmente da pessoa humana viva. O direito à vida (e, no que se verifica a conexão, também o direito à saúde) assume, no âmbito desta perspectiva, a condição de verdadeiro direito a ter direitos, constituindo, além disso, pré-condição da própria

---

de Repercussão Geral 732, ocasião em que se julgou inconstitucional a suspensão realizada por conselho de fiscalização profissional do exercício laboral de seus inscritos por inadimplência de anuidades, tendo por um dos fundamentos que referida medida obstaculizaria a percepção de verbas alimentares e atentaria contra a inviolabilidade do mínimo existencial.

778. Sobre o direito à saúde, v., no plano do direito internacional e comparado, entre outros: Escobar, Guillermo (dir.). *Protección de la salud. IV Informe sobre Derechos Humanos, Federación Iberoamericana de Ombudsman*; Loureiro, João. *Direito à (protecção da) saúde. Estudos em homenagem ao Professor Doutor Marcello Caetano no Centenário do seu Nascimento*, p. 657-692; Añon, Carlos Lema. *Salud, justicia, derechos*: el derecho a salud como derecho social. No Brasil, v., apenas no âmbito da produção monográfica e em caráter exemplificativo: Schwartz, Germano. Direito à saúde: efetivação em uma perspectiva sistêmica. In: _____ (Org.). *A saúde sob os cuidados do direito*; Weichert, Marlon A. *Saúde e federação na Constituição brasileira*; Assis, Araken de (Coord.). *Aspectos polêmicos e atuais dos limites da jurisdição e do direito à saúde*; Figueiredo, Mariana F. *Direito fundamental à saúde – Parâmetros para sua eficácia e efetividade*; Silva, Ricardo Augusto Dias da. *Direito fundamental à saúde*: o dilema entre o mínimo existencial e a reserva do possível; Riboli Cesar. *O direito fundamental à saúde e os limites materiais do Estado*. Frederico Westphalen: URI, 2013; Alves, *Direito à saúde. Efetividade e proibição de retrocesso social*. Belo Horizonte: D'Plácido, 2013; Asensi, Felipe Dutra. *Direito à saúde. Práticas sociais reivindicatórias e sua efetivação*. Curitiba: Juruá, 2013; Carlini, Angélica. *Judicialização da saúde pública e privada*. Porto Alegre: Livraria do Advogado, 2014; Barbosa, Jeferson Ferreira. *Direito à saúde de solidariedade na Constituição brasileira*. Porto Alegre: Livraria do Advogado, 2014; Gouvêa, Carina Barbosa. *O direito fundamental à saúde, um olhar para além do reconhecimento*. Brasília: Gomes & Oliveira, 2015. Por último, v. Figueiredo, Mariana F. *Direito à saúde*. Leis 8.080/90 e 8.142/90, arts. 6.º e 196 a 200 da Constituição Federal. 5. ed., Salvador: JusPodivm, 2018; e Pivetta, Saulo Lindorfer. *Direito fundamental à saúde*. Regime Jurídico, políticas públicas e controle judicial, São Paulo: Revista dos Tribunais, 2015; Almeida, Luís Antônio Freitas de Almeida, *A Tutela Ponderada do Direito à Saúde*, 2021; Freitas Filho, Roberto (Coord.), *Direito à Saúde*. Questões Teóricas e Prática dos Tribunais, 2021.

dignidade da pessoa humana.[779] Para além da vinculação com o direito à vida, o direito à saúde (aqui considerado num sentido amplo) encontra-se umbilicalmente atrelado à proteção da integridade física (corporal e psíquica) do ser humano, igualmente posições jurídicas de fundamentalidade indiscutível.

Em face do exposto, já se vislumbra a razão pela qual, precisamente no caso do direito à saúde, merece tanto destaque a circunstância – comum, em termos gerais (mas com significativas variações), a outros direitos fundamentais (como é o caso da moradia, do ambiente, dentre tantos) – tão bem lembrada por João Loureiro, no sentido de que a saúde é um bem fortemente marcado pela interdependência com outros bens e direitos fundamentais, apresentando, de tal sorte, "zonas de sobreposição com esferas que são autonomamente protegidas", como é o caso da vida, integridade física e psíquica, privacidade, educação, ambiente, moradia, alimentação, trabalho, dentre outras.[780]

Consagrado no art. 6.º de nossa Constituição, é no art. 196 e ss. que o direito à saúde encontrou sua maior concretização em nível normativo-constitucional, para além de uma significativa e abrangente regulamentação normativa na esfera infraconstitucional, com destaque para as leis que dispõem sobre a organização e os benefícios do SUS e o fornecimento de medicamentos.[781] Mesmo assim, basta uma leitura superficial dos dispositivos pertinentes (arts. 196 a 200) para que se perceba que nos encontramos, em verdade, no que diz com a forma de positivação, tanto em face de uma norma definidora de direito (direito à saúde como direito subjetivo, de todos, portanto de titularidade universal), quanto diante de normas de cunho impositivo de deveres e tarefas, pois o art. 196 enuncia que a saúde é direito de todos e dever do Estado, além de impor aos poderes públicos uma série de tarefas nesta seara (como a de promover políticas sociais e econômicas que visem à redução do risco de doença e de outros agravos, além de estabelecer o acesso universal e igualitário às

---

779. Valemo-nos, aqui, da ideia de LAFER, Celso. *A reconstrução dos direitos humanos*, com a ressalva de que este conceituado autor utiliza (diga-se, de passagem, oportunamente) a expressão direito a ter direitos relativamente à cidadania. Entendemos, todavia, que é relativamente ao direito à vida que a expressão revela uma ainda maior pertinência. Para o Tribunal Constitucional espanhol (STC 53/1985), "el derecho a la vida reconocido y garantizado en su doble significación física y moral por el art. 15 de la Constitución, es la proyección de un valor superior del ordenamiento jurídico constitucional – la vida humana – y constituye el derecho fundamental esencial y troncal en cuanto es el supuesto ontológico sin el que los restantes derechos no tendrían existencia posible" (apud LLORENTE, Franciso R. (Org.). *Derechos fundamentales y principios constitucionales*, p. 140-141).

780. Cf. LOUREIRO, João. *Direito à (protecção da) saúde. Estudos em homenagem ao Professor Doutor Marcello Caetano no Centenário do seu Nascimento*, p. 660 e ss. (especialmente p. 666). Para ilustrar essa interdependência, v. julgamento de inconstitucionalidade das normas contidas nos incisos II e III do art. 394-A da CLT, inseridas pela Reforma Trabalhista (Lei n. 13.467/2017), que permitiam o trabalho de grávidas e lactantes em atividades insalubres, resguardando-se o direito ao trabalho em sentido amplo, o direito à segurança no emprego, os direitos sociais da mulher e a efetivação integral da proteção ao recém-nascido, cf. ADI 5.938, rel. Min. Alexandre de Moraes, j. em 29.05.2019. Sobre a relação entre o direito à saúde e o direito ao meio ambiente, v. ilustrativo sobre o tema, v. decisão do STF que suspendeu a liberação de agrotóxicos sem estudos sobre impactos à saúde e ao meio ambiente, cf. ADPF 658 MC, rel. Min. Ricardo Lewandowski, j. em 22.06.2020. Neste sentido, v. também ADI 5.592, rel. Min. Cármen Lúcia, Rel. p/ Acórdão Min. Edson Fachin, j. em 11.09.2019.

781. Para um quadro panorâmico, embora sumário, do sistema de proteção e promoção da saúde na ordem jurídico-constitucional brasileira, na perspectiva dos direitos fundamentais, v., por último, SARLET, I. W.; FIGUEIREDO, M. F. Algumas considerações sobre o direito fundamental à proteção e promoção da saúde aos 20 anos da Constituição Federal de 1988. *Revista de Direito do Consumidor* 67/125 e ss.

ações e prestações nesta esfera).[782] Num segundo momento, a Constituição remete a regulamentação das ações e serviços de saúde ao legislador (art. 197), além de criar e fixar as diretrizes do sistema único de saúde (art. 198),[783] oportunizando a participação (em nível complementar) da iniciativa privada na prestação da assistência à saúde (art. 199), bem como estabelecendo, em caráter exemplificativo, as atribuições (nos termos da lei) que competem ao sistema único de saúde (art. 200).

Uma das grandes dificuldades com as quais nos deparamos diz respeito à tarefa de identificar quais os efeitos que podem ser extraídos das normas constitucionais que conformam o direito à saúde. Além disso, resulta problemático estabelecer os contornos do que constitui o objeto do direito à saúde e os seus limites objetivos e subjetivos. Especialmente controversa, embora a farta jurisprudência nesta seara, segue sendo a discussão em torno da possibilidade do reconhecimento de um direito subjetivo individual (ou coletivo) a prestações na área da saúde. Além disso, assume relevo (também aqui) o questionamento a respeito do limite da prestação reclamada do particular perante o Estado. Em outras palavras, cuida-se de saber se os poderes públicos são devedores de um atendimento global (toda e qualquer prestação na área da saúde) e, independentemente deste aspecto, qual o nível dos serviços a serem prestados. Em suma, pergunta-se se o particular (qualquer um ou apenas os que comprovarem carência de recursos para manutenção de um plano de saúde privado?) poderá ter acesso, por exemplo, além de aos serviços essenciais na esfera médica, a atendimento odontológico, psicológico, serviços de fisioterapia etc. Ademais, será o Estado obrigado a prestar saúde de acordo com padrões mínimos, suficientes, em qualquer caso, para assegurar a eficácia das prestações, ou terão os particulares direito a serviços gratuitos da melhor qualidade (equipamento de última geração, quarto privativo em hospitais etc.)? Cuida-se, também neste particular, do clássico dilema do Estado Social no que concerne às suas funções precípuas, isto é, se deve limitar-se à tarefa de assegurar um patamar mínimo em prestações materiais, destinadas a promover a igualdade material no sentido de uma

---

782. Com base no julgamento da Medida Cautelar da ADI 6.421/DF, rel. Min. Roberto Barroso, j. em 21.05.2020, há mesmo que se colocar como uma tarefa do poder público, em atenção à proteção à vida, à saúde e ao meio ambiente, a devida observância de standards, normas e critérios científicos e técnicos quando da tomada de decisões que envolvam a proteção à vida, à saúde e ao meio ambiente, inclusive mediante a consideração dos princípios da prevenção e da precaução. Maiores detalhes sobre a decisão, v. citação no tópico "4.1.3 Relação do direito à vida com outros direitos fundamentais". Ainda sobre a adoção de critérios científicos no âmbito da saúde, v. ADI 6.343, rel. Min. Marco Aurélio, Redator p/ Acórdão Alexandre de Moraes, j. em 06.05.2020. E, sobre a observância aos princípios da prevenção e da precaução na proteção da saúde, v. decisão do rel. Min. Roberto Barroso da Medida Cautelar na ADPF 709/DF, j. 08.07.2020, referendada pelo pleno em 05.08.2020, que impôs uma série de medidas a serem adotadas pelo Poder Público no combate à pandemia da Covid-19 entre os povos indígenas, com alto risco de contágio e de extermínio de etnias. No mesmo sentido, v. o julgamento do HC 18.8820/DF, rel. Min. Edson Fachin, j. 24.02.2021, em que, em sede de medida liminar, foi determinada a adoção de medidas tendentes a evitar a propagação do novo coronavírus nos estabelecimentos prisionais, incluindo, a progressão antecipada da pena.

783. Ao longo da vigência da CF, houve diversas mudanças introduzidas por emendas constitucionais no que diz respeito a estrutura, funcionamento, financiamento etc. do SUS, alterando o texto do art. 198, registrando-se aqui a EC n. 120, de 05.05.2022, que acrescentou os §§ 7.º, 8.º, 9.º, 10 e 11, dispondo sobre a responsabilidade financeira da União na política remuneratória e na valorização dos profissionais que exercem atividades como agentes comunitários de saúde e agentes de combate à pandemia. Também a EC n. 124, de 14.07.2022, deve ser referida, posto que introduziu dois novos parágrafos (12 e 13) no art. 198, da CF, instituindo o piso nacional do enfermeiro, do técnico de enfermagem, do auxiliar de enfermagem e da parteira.

igualdade de oportunidades (ajuda para a autoajuda), ou se deve (a despeito da efetiva possibilidade de alcançar tal objetivo) almejar um padrão ótimo nesta seara.[784]

Por mais que os poderes públicos, como destinatários precípuos de um direito à saúde, venham a opor – além da já clássica alegação de que o direito à saúde (a exemplo dos direitos sociais prestacionais em geral) foi positivado como norma de eficácia limitada – os habituais argumentos da ausência de recursos e da incompetência dos órgãos judiciários para decidirem sobre a alocação e destinação de recursos públicos, não nos parece que esta solução possa prevalecer, ainda mais nas hipóteses em que está em jogo a preservação do bem maior da vida humana. O que se pretende realçar, por ora, é que, principalmente no caso do direito à saúde, o reconhecimento de um direito originário a prestações, no sentido de um direito subjetivo (individual ou mesmo coletivo, a depender do caso) a prestações materiais (ainda que limitadas ao estritamente necessário para a proteção da vida humana), diretamente deduzido da Constituição, constitui exigência inarredável da própria condição do direito à saúde como direito fundamental, ou seja, como trunfo contra a maioria, muito embora com isso não se esteja a sustentar que o direito à saúde possa ser considerado como um direito ilimitado a qualquer tipo de prestação estatal.[785]

Considerando o exposto, convém registrar que, se a posição adotada é, de fato, em prol do reconhecimento, no caso concreto e a depender das circunstâncias, até mesmo de um direito originário a prestações na esfera da saúde, não se está a chancelar aqui – pelo menos não automaticamente – a tese da gratuidade absoluta dos serviços públicos de saúde, no sentido de uma impossibilidade de qualquer tipo de cobrança pelo uso do sistema público de saúde. Ao contrário do que pretende expressiva doutrina,[786] não há como deduzir (pelo menos não de modo cogente) do princípio da universalidade um princípio da gratuidade do acesso, visto que acesso igualitário e universal (como expressamente enuncia o art. 196 da CF) não se confunde – pelo menos não necessariamente – com um acesso totalmente gratuito, e isso por mais de uma razão.

Em primeiro plano, a garantia do direito à saúde para todos (universalidade) e em igualdade de condições (acesso igualitário) não se identifica com os benefícios no âmbito da assistência social (prestação completamente desvinculada de qualquer contraprestação específica por parte do beneficiário, nos termos expressos pela Constituição Federal). Além disso, o que a Constituição assegura é que todos tenham, em princípio, as mesmas condições de acessar o sistema público de saúde, mas não que qualquer pessoa, em qualquer circunstância, tenha um direito subjetivo definitivo a qualquer prestação oferecida pelo

---

784. Sobre o tema, v. especialmente, entre nós, FIGUEIREDO, M. F. *Direito fundamental à saúde*, p. 188 e ss.

785. Nesta mesma linha situa-se o posicionamento de SCHWARTZ, Germano. *Direito à saúde*: efetivação em uma perspectiva sistêmica, especialmente p. 56 e ss., desenvolvendo o ponto e sustentando, em síntese, que a saúde é direito fundamental subjetivo de cada pessoa humana. A respeito do tema, apontando para a dupla dimensão negativa e positiva também do direito à saúde, v. SARLET, I. W. Algumas considerações em torno do conteúdo, eficácia e efetividade do direito à saúde na Constituição de 1988, *Revista IP* 12 (2001), p. 91 e ss. (especialmente p. 97 e ss.), explorando a ideia de que o direito à saúde possui uma dupla dimensão positiva e negativa, abrangendo um complexo de direitos subjetivos de caráter defensivo e prestacional. No mesmo sentido, versando justamente sobre o exemplo do direito à saúde, v. FABRE, C. *Social rights under the Constitution*, p. 53 e ss. Inserindo o direito à saúde no contexto da sociedade de risco e priorizando uma perspectiva sistêmica, v. a obra de SCHWARTZ, Germano. *O tratamento jurídico do risco no direito à saúde*.

786. Nesse sentido, v., dentre outros, o entendimento de WEICHERT, M. A. *Saúde e federação na Constituição brasileira*, p. 161 e ss.

Estado ou mesmo a qualquer prestação que envolva a proteção de sua saúde. Considerando que a própria Constituição autoriza a existência de sistemas privados de prestação de serviços de saúde (pagos diretamente pelas pessoas que a estes sistemas resolvem aderir), além do fato de cada vez mais vozes sustentarem que o particular que contribui para plano de saúde privado não poderá ser atendido pelo SUS, já se vislumbra que a gratuidade em qualquer caso se revela como questionável.[787]

Seguindo esta linha argumentativa, não se poderá olvidar que o princípio da proporcionalidade também opera nesta esfera, de modo que se pode questionar o quanto se afigura como proporcional (e até mesmo razoável) que um particular que disponha de recursos suficientes para financiar um bom plano de saúde privado (sem o comprometimento de um padrão digno de vida para si e sua família, e sem prejuízo, portanto, do acesso a outros bens fundamentais, como educação, moradia etc.) possa acessar, sem qualquer tipo de limitação ou condição, o sistema público de saúde nas mesmas condições que alguém que não esteja apto a prover com recursos próprios a sua saúde pessoal. O simples argumento de que quem contribui (impostos) já está a pagar pelo acesso à saúde pública não pode vingar no contexto de uma sociedade acentuadamente desigual e onde a maioria da população se encontra na faixa isenta de imposto sobre a renda. Em termos de direitos sociais (e, neste caso, existenciais) básicos, a efetiva necessidade haverá de ser um parâmetro a ser levado a sério, juntamente com os princípios da solidariedade e da proporcionalidade. Assim, a conexão entre o princípio da isonomia (que impõe um tratamento desigual aos desiguais) – compreendido, por óbvio, na sua perspectiva substancial – e o princípio da proporcionalidade, operante não apenas pelo prisma do Estado e da sociedade, mas também pelo prisma do indivíduo (no sentido daquilo que este pode esperar do Estado), revela que no mínimo o tema da gratuidade do acesso a prestações na área da saúde (que não constitui a regra no direito comparado) merece ser cada vez mais discutido, como, de resto, já vem ocorrendo em parte da doutrina e até mesmo na esfera jurisprudencial.[788]

Ainda nessa perspectiva e para ilustrar, vale lembrar que, no concernente ao fornecimento de medicamentos pelo Poder Público (embora não se cuide de matéria afeta ao SUS), a própria legislação – que, à evidência, sempre poderá ser questionada quanto à sua legitimidade constitucional – já exige a prova prévia da carência (no sentido socioeconômico) por parte do cidadão, como pressuposto para a concessão da prestação almejada, como dá conta, no plano estadual, a Lei 9.908, de 16.06.1993, do Rio Grande do Sul, que dispõe sobre o fornecimento gratuito de medicamentos excepcionais àqueles que demonstrarem a insuficiência de recursos para aquisição dos medicamentos.[789] Além disso, importa registrar que

---

787. Desenvolvendo o ponto, FIGUEIREDO, M. F. *Direito fundamental à saúde*, p. 165 e ss. Por último, v. SARLET, I. W.; FIGUEIREDO, M. F. Reserva do possível, mínimo existencial e direito à saúde: algumas aproximações. *Direitos Fundamentais & Justiça – Revista do Programa de Pós-Graduação, Mestrado e Doutorado em Direito da PUC-RS*, ano 1, n. 1, p. 201 e ss.

788. Precisamente explorando o problema dos critérios utilizados em demandas judiciais e enfocando, entre outros pontos, a perspectiva vinculada à justiça distributiva e aos efeitos das decisões judiciais que privilegiam o interesse individual de quem logra obter do Estado, por força de decisão judicial, uma prestação, em possível detrimento dos demais indivíduos: LOPES, J. R. L. *Direitos sociais. Teoria e prática*, p. 221 e ss., que, em instigante ensaio, refere, com propriedade (ainda que não se concorde, em toda a extensão, com seus argumentos), a necessidade de investir mais nestes aspectos da discussão.

789. Na doutrina, v. FIGUEIREDO, M. F. *Direito fundamental à saúde*, p. 170 e ss. No mesmo sentido, v. AZEM, G. B. N. Direito à saúde e comprovação da hipossuficiência. In: ASSIS, Araken de (Coord.). *Aspectos polê-*

o tópico ora problematizado – que diz com a legitimidade para pleitear em face do Estado uma prestação de natureza social, na condição de direito subjetivo positivo – assume relevo também no caso de outros direitos sociais, como é o caso da assistência social – que independe de uma direta contraprestação do beneficiário e do direito ao ensino público gratuito, apenas para ficar nos exemplos mais corriqueiros.

Ainda no concernente à questão da gratuidade das prestações sociais, não se desconhece a objeção de Flávio Galdino, no sentido de que inexiste, de fato, "direito gratuito",[790] já que todos os direitos fundamentais possuem um custo. Todavia, se é verdade que não existe direito propriamente gratuito (já que toda e qualquer prestação de natureza pública – mesmo fornecida por delegação – pressupõe o financiamento pela sociedade), isso não significa que se haverá de impor um ônus direto e específico a todo aquele que pretender usufruir uma prestação, pena de uma negativa de prestação, até mesmo pelo fato de que, em regra, terá havido contraprestação pessoal (no mínimo por meio de tributos indiretos) ou, à luz do princípio da solidariedade (e da distribuição proporcional dos benefícios e encargos), um financiamento por parte de terceiros, o que nos remete ao tema correlato da justiça fiscal[791] e do modo de financiamento do sistema de prestações sociais e, portanto, em larga medida, dos direitos sociais, temática que refoge aos limites da presente investigação.[792]

De qualquer sorte, saudável a preocupação do autor – também compartilhada *neste ponto* – com a eficiente e proba prestação estatal e com a necessidade de maximizar os recursos para melhor atender às necessidades da população. Neste contexto, é possível referir que existem situações drásticas que exigem, em prol do direito fundamental à saúde, medidas excepcionais em relação aos gastos públicos, como ocorreu mediante a edição da Emenda Constitucional n. 106/2020, que instituiu um regime extraordinário fiscal, financeiro e de contratações para enfrentamento da calamidade pública decorrente da pandemia do novo coronavírus.

De toda forma, sabe-se que o tema é complexo e apresenta diversas variáveis a serem consideradas e equacionadas, já que, à evidência, embora não se trate de exigência constitucional direta e expressa, a opção legislativa pela gratuidade do acesso ao SUS não poderá ser tida como inconstitucional. O que está em causa é a busca pelo aperfeiçoamento do modelo adotado para torná-lo mais eficaz para o maior número de pessoas. Além disso, não se pode desprezar a objeção de muitos (quanto a uma eventual participação direta do cidadão, a depender da renda e do serviço, no financiamento do SUS), de que se corre o risco de criar um sistema público discriminatório, entre os que pagam e os que não pagam. De qualquer sorte, tais questões demandam atenção que aqui não poderá ser dada e em primeira linha devem ser decididas na esfera política. Isso não significa, contudo, que mesmo nessa seara já não se registrem casos levados ao Judiciário, envolvendo até mesmo as relações

---

micos e atuais dos limites da jurisdição e do direito à saúde, p. 13 e ss., discutindo especialmente o problema no que diz com o acesso à prestação jurisdicional no âmbito do direito à saúde.

790. Cf. GALDINO, F. *Introdução à teoria dos custos dos direitos*, especialmente p. 283 e ss.

791. Sobre o tema, cabe destacar que a reforma tributária (EC 132) prevê a possibilidade alíquota zero para aquisição de medicamentos, serviços e dispositivos médicos pela Administração Pública e por entidades de assistência social sem fins lucrativos (art. 9.º, § 3.º, II, "a").

792. Sobre o ponto, v., no âmbito da produção monográfica nacional, os notáveis contributos de CALIENDO, P. *Direito tributário e análise econômica do direito*, em especial os capítulos 2 a 4, bem como, por último, PINTO, Élida Graziane. *Financiamento dos direitos à saúde e à educação*, op. cit., em especial os capítulos 3 e 4.

entre o SUS e os planos de saúde privados, como se verifica na hipótese da assim chamada "diferença de classe", em que o STF, no Recurso Extraordinário 581.488, rel. Min. Dias Toffoli, j. 03.12.2015, decidiu ser constitucional a regra que veda ao paciente internado pelo SUS a possibilidade de melhora do tipo de acomodação recebida, mas também atendimento médico, mediante o pagamento de alguma diferença.

Outro ponto crucial vinculado ao direito à saúde (mas também a outras prestações na esfera do que se pode designar de um mínimo existencial) é o do fornecimento de bens e serviços essenciais pelo Poder Público ou por sua delegação, como é o caso do saneamento básico (incluindo especialmente o acesso às fontes de água potável)[793] e do fornecimento de energia elétrica,[794] de resto, crucial ponto de contato entre o direito público e privado, do que dá conta especialmente a inserção da matéria no Código de Defesa do Consumidor.[795] Que se cuida de prestações indispensáveis para qualquer pessoa resulta inquestionável, de tal sorte que não se deveria, em princípio, questionar que se está diante de bens jusfundamentais assegurados direta ou indiretamente pela ordem constitucional.

De outra parte, também no que diz com tal tipo de prestações assumem relevo as objeções já apontadas em relação à eficácia dos direitos sociais como direitos subjetivos a prestações e, portanto, sua exigibilidade judicial, o que inclui o igualmente referido problema da gratuidade destas prestações e da garantia (como ocorre no caso de vários medicamentos e serviços na área de saúde) da sua continuidade, por mais que se trate de prestações que envolvem uma contraprestação por parte do beneficiário.

A despeito das considerações já referidas na parte geral dos direitos sociais, onde desenvolvemos o tópico de sua eficácia e efetividade, quanto ao direito à saúde e sua exigibilidade pela via judicial, importa frisar que, após uma postura inicial mais contida, mesmo os Tribunais Superiores, com destaque aqui para o STF, passaram a reconhecer a saúde como direito subjetivo (e fundamental) exigível em juízo e não mais como direito enunciado de modo eminentemente programático.[796] Embora o Brasil, juntamente com a Colômbia e alguns

---

793. Sobre o tema, v., em especial, a contribuição de DEMOLINER, K. S. *Água e saneamento básico. Regimes jurídicos e marcos regulatórios no direito brasileiro*; bem como FACHIN, Zulmar; SILVA, Deise Marcelino da. *Acesso à água potável*: direito fundamental de sexta dimensão.

794. Ao analisar a Lei n. 1.389/2020 de Roraima e as Leis n. 5.143/2020 e n. 5.145/2020 do Amazonas, o Supremo Tribunal Federal decidiu pela constitucionalidade de normas estaduais que, em caráter excepcional e transitório, proíbam a suspensão do fornecimento de serviços de energia elétrica em razão da pandemia causada pelo novo coronavírus, uma vez que a medida serve para assegurar, entre outros, o direito à saúde (respectivamente, ADI 6.432/RR, rel. Min. Cármen Lúcia, j. 07.04.2021, e ADI 6.588/AM, rel. Min. Marco Aurélio, j. 28.05.2021).

795. Sobre o direito do consumidor como direito fundamental v., dentre outros, o belo ensaio de MIRAGEM, Bruno. O direito do consumidor como direito fundamental – Consequências jurídicas de um conceito. *Revista de Direito do Consumidor* 43/111-132. No âmbito da jurisprudência do STF sobre o tema, v. a ADI 4.619/SP, rel. Min. Rosa Weber, j. 09.10.2020, em que foi reconhecida a constitucionalidade de Lei paulista que cria a obrigatoriedade de constar, na rotulagem de produtos alimentícios destinados ao consumo por humanos e animais, informação no sentido de serem constituídos ou produzidos a partir de organismos geneticamente modificados, criando critérios mais protetivos e favoráveis ao consumidor e à proteção à saúde.

796. Considerando o grande número de decisões envolvendo o direito à saúde, limitamo-nos aqui a referir a posição inicialmente prevalente no Superior Tribunal de Justiça, representada por acórdão da lavra do Min. Demócrito Reinaldo (ROMS 6.564/RS, *DJU* 17.06.1996), considerando o direito à saúde como veiculado em norma meramente programática, que não confere aos beneficiários um direito subjetivo, visto que protetiva apenas de um interesse de cunho geral. Mais recentemente, contudo, houve um significativo e

outros países, ocupe seguramente uma posição de destaque no que diz com o número e a diversidade de ações judiciais na área do direito à saúde e mesmo em termos do número de condenações impostas ao Poder Público, a assim chamada "judicialização da saúde" representa fenômeno em escala mundial, o que convém seja registrado, ainda que aqui não se possa adentrar no exame de outras experiências nessa seara.[797]

Não sendo o caso aqui de apresentar um inventário minucioso da jurisprudência do STF sobre o direito à saúde (e o sistema de saúde como um todo), aproveitamos, contudo, para referir, em caráter ilustrativo, mas representativo da orientação atualmente prevalente, o julgamento da STA 175, em março de 2010[798]. Neste caso, embora não se tenha tratado de decisão final, já que proferido em sede de suspensão de tutela antecipada, confirmando decisão precária das instâncias ordinárias, foram revisitados, agregados e sistematizados importantes argumentos e critérios no que diz com a exigibilidade do direito à saúde como direito subjetivo. Em síntese, podem ser destacados os seguintes pontos:

a) o direito à saúde, na condição de direito subjetivo, assume uma dupla dimensão individual e coletiva (transindividual), cabível, portanto, sua tutela jurisdicional individual, inclusive mediante ação proposta pelo Ministério Público (cuidando-se de direito individual indisponível);

b) a responsabilidade do Estado é solidária, abrangendo todos os entes da Federação;[799]

---

saudável (para utilizar um termo apropriado ao tema) redirecionamento das decisões. Assim, no âmbito do Superior Tribunal de Justiça, colacionamos acórdão relatado pelo Min. José Delgado (ROMS 11.183/PR, *DJU* 04.09.2000), reconhecendo um direito "líquido e certo" à saúde e chancelando a decisão das instâncias ordinárias que impuseram, via mandado de segurança, o fornecimento pelo Poder Público de medicamento para esclerose lateral amiotrófica. Da mesma forma, cumpre destacar a decisão emblemática do STF, relatada pelo Min. Celso de Mello (AgRg no RE 271.286-8/RS, *DJU* 24.11.2000), onde restou consignado – igualmente em hipótese que versava sobre o fornecimento de medicamentos pelo Estado (no caso, para paciente portador de HIV) – que a saúde é direito público subjetivo, não podendo ser reduzida a "promessa constitucional inconsequente". No âmbito da jurisprudência do STF, indispensável, ainda, referir a decisão na STA 175/CE, julgada em março de 2010, rel. Min. Gilmar Ferreira Mendes, em que foram estabelecidos importantes critérios a serem observados quando da análise da existência, ou não, de obrigação do poder público no sentido de fornecer medicamentos.

797. Para maior desenvolvimento, v. YAMIM, Alicia Ely; GLOPPEN, Siri (Ed.). *Litigating health rights*: can courts bring more justice to health?, contendo ensaios sobre Argentina, Brasil, Colômbia, Costa Rica, Índia e África do Sul. Especificamente sobre o caso do Brasil, v., dentre tantos, NUNES, António José Avelãs; SCAFF, Fernando Facury. *Os tribunais e o direito à saúde* (adotando postura mais restritiva), e o texto resultante da consolidação e avaliação dos dados obtidos em pesquisa realizada no âmbito de edital lançado pelo Ministério da Justiça e Secretaria de Reforma do Judiciário, em parceria com o Observatório da Justiça Brasileira e o Centro de Estudos Sociais América Latina: SARLET, I. W.; MOLINARO, C. A. (*Democracia – Separação de poderes – Eficácia e efetividade do direito à saúde no Judiciário brasileiro – Observatório do direito à saúde*.

798. V., em sentido similar, ARE 1.269.994/PR, rel. Min. Marco Aurélio, j. em 14.08.2020.

799. Tal entendimento foi reafirmado pelo STF no RE 855.178/SE, Relator originário Ministro Luiz Fux, Redator Ministro Edson Fachin, julgado em 23-05-2019, onde venceu da tese de que, em decorrência da competência comum, os entes da Federação são solidariamente responsáveis para responder as demandas prestacionais na área da saúde, competindo ao Poder Judiciário, em face dos critérios constitucionais de descentralização e hierarquização, direcionar o cumprimento conforme as regras de repartição de competências e determinar o ressarcimento a quem suportou o ônus financeiro. Note-se que restaram vencidos, no mérito, o Relator, que reformulou seu voto, bem como os Ministros Alexandre de Moraes, Roberto Barroso e Dias Toffoli (presidente), segundo os quais a demanda que veicular pedido de medicamento, material, procedimento ou tratamento, constante das políticas públicas, deve ser proposta em face da pessoa política com competência

c) embora em regra o objeto do direito à saúde deva ser estabelecido pelos órgãos politicamente legitimados (Legislativo e Executivo), no sentido de que aos cidadãos é assegurado um acesso igualitário e universal às prestações disponibilizadas pelo SUS, em caráter excepcional, notadamente quando em causa o direito à vida com dignidade, o Estado tem o dever de disponibilizar os bens e serviços correspondentes;

d) a desproporcional afetação do sistema de saúde e o comprometimento da ordem pública (inclusive das diversas dimensões da reserva do possível) devem ser demonstrados pelo Poder Público;

e) há que distinguir entre medicamento novo e experimental, no sentido de que novo é o medicamento já liberado para comercialização e devidamente testado no país de origem, ao passo que medicamentos experimentais são os que ainda se encontram em fase de testes (protocolos de pesquisa) e não liberados para venda. A partir de tal distinção, o STF entendeu que o medicamento novo, ainda que não tenha sido aprovado pela Anvisa ou inserido na lista pelas autoridades da área da saúde nacionais, poderá, em caráter excepcional (v. item *c, supra*), ser concedido mediante ação judicial, vedada, todavia, a imposição do fornecimento de medicamento experimental, até mesmo pelo fato de não haver certeza quanto à segurança para o próprio autor da demanda.

Aliás, especialmente quanto ao critério acima referido (distinção entre medicamento novo e experimental) e à necessidade, em regra, de análise e autorização pela ANVISA, calha invocar recente e paradigmática decisão do STF (ADI 5.501 MC/DF, rel. Min. Marco Aurélio, medida liminar julgada em 19.05.2016 e confirmada quando do julgamento do mérito em 26.10.2020) suspendendo, em sede de liminar e por maioria de votos, a eficácia da Lei 13.269/2016, que autoriza o uso do medicamento fosfoetanolamina (a assim chamada "pílula do câncer", como ficou difundido pelos meios de comunicação) por pacientes diagnosticados com neoplasia maligna, a despeito da inexistência de estudos conclusivos no tocante aos efeitos colaterais em seres humanos, bem como da ausência de registro sanitário perante o órgão competente. No caso, o medicamento referido – quando de sua dispensação anterior com base em decisão monocrática anterior do STF e uma série de decisões judiciais nas instâncias ordinárias – sequer estava sendo testado com base nos protocolos oficiais para pesquisas em seres humanos e de certo modo não poderia ser designado propriamente de experimental no sentido técnico do termo, contrariando, de tal sorte, os próprios precedentes do STF, designadamente a STA 175, já referida.

Convém sublinhar que tal orientação, em termos gerais – no que diz com a excepcionalidade da imposição ao Poder Público de prestações (em especial medicamentos) não previstas no sistema de políticas públicas já praticadas (com destaque para a legislação do SUS), tem sido mantida pelo STF, que segue sendo constantemente provocado a se posicionar sobre o tema, como dão conta os julgamentos do RE 566.471/RN, Relator Ministro Marco Aurélio, bem como do RE 657.718/MG, igualmente relatado pelo Ministro Marco

---

administrativa para o fornecimento, dispensação daquele medicamento, tratamento ou material, ressalvada, em todos os casos, a responsabilidade subsidiária da União. Acrescente-se que sempre divergimos da orientação dominante em prol da solidariedade passiva tal como afirmada no julgamento referido, porquanto tal solidariedade é mitigada e carece de ser conciliada com a repartição de competências legislativas e administrativas e densificada pela legislação infraconstitucional, de modo a racionalizar e dar eficácia ao sistema de saúde em observância aos princípios diretivos do SUS. Nessa linha, v. a obra resultante de dissertação de mestrado, por nós orientada, de BARBOSA, Jeferson Ferreira. *Direito à saúde e solidariedade na Constituição brasileira.*

Aurélio. Em ambos os casos foi reconhecida a Repercussão Geral das matérias discutidas, designadamente a possibilidade de se obrigar o Poder Público, pela via judicial, a dispensar medicamentos de alto custo para doenças raras não incorporadas à lista correspondente elaborada pelo Ministério da Saúde e veiculada mediante Portaria (RE 566.471/RN) e medicamentos não aprovados e registrados pela ANVISA (RE 657.718/MG).

No primeiro recurso (RE 566.471), julgado em 11.03.2020, o Relator – Ministro Marco Aurélio – considerou que, de modo a ser possível obrigar o Poder Público a prover medicamentos de alto custo não incorporados ao sistema do SUS, devem estar presentes os requisitos da indispensabilidade do medicamento e da incapacidade financeira do autor e de sua família, pois há de ser demonstrado que em causa está a garantia do mínimo existencial, o que exige, além disso, a demonstração da efetiva necessidade e impossibilidade de custeio pelo requerente ou familiares (em termos analógicos ao da obrigação alimentar civil), em homenagem ao princípio (e dever) de solidariedade. Ainda de acordo com o Relator, no caso concreto tais requisitos foram atendidos, mas ressaltou que em regra a intervenção do Poder Judiciário nas políticas públicas deve ser mínima e excepcional.

Já o Ministro Roberto Barroso, em voto-vista, desproveu o recurso pelo fato de, no curso da ação, o medicamento ter sido aprovado pela ANVISA e incorporado à lista de medicamentos do SUS, mas frisou que, no caso de medicamentos não incorporados ao sistema, deverá ser observado rigorosamente, para manter o caráter excepcional de tal tipo de situações, um conjunto de critérios materiais e procedimentais.

Por sua vez, o Ministro Edson Fachin deu parcial provimento ao RE, entendendo ser procedente a alegação do Estado-membro no sentido de que não poderia ser condenado a custear sozinho o medicamento, sendo necessário que a União integre o polo passivo. Ademais disso, além de sugerir critérios (em parte distintos e complementares daqueles sugeridos pelos Ministros que o antecederam), propôs que fossem preservados os efeitos das decisões prolatadas pelas instâncias ordinárias que versem sobre questão constitucional submetida à Repercussão Geral, inclusive as sobrestadas até a data do respectivo julgamento do mérito, ainda não concluído.

No julgamento do RE 657.718/MG. Relator originário Ministro Marco Aurélio, Redator Ministro Roberto Barroso, julgado em 22.05.2019, esteve em causa a possibilidade de o Poder Público ser compelido ao fornecimento de medicamentos não previamente aprovados pela ANVISA. Em apertada síntese, por maioria de votos,[800] o STF decidiu que "1. O Estado não pode ser obrigado a fornecer medicamentos experimentais. 2. A ausência de registro na Agência Nacional de Vigilância Sanitária (Anvisa) impede, como regra geral, o fornecimento de medicamento por decisão judicial. 3. É possível, excepcionalmente, a concessão judicial de medicamento sem registro sanitário, em caso de mora irrazoável da Anvisa em apreciar o pedido (prazo superior ao previsto na Lei 13.411/2016), quando preenchidos três requisitos: (i) a existência de pedido de registro do medicamento no Brasil (salvo no caso de medicamentos órfãos para doenças raras e ultrarraras); (ii) a existência de registro do medicamento em renomadas agências de regulação no exterior; e (iii) a inexistência de substituto

---

800. Os ministros Marco Aurélio e Dias Toffoli (Presidente) negaram provimento ao recurso, mediante o argumento de que o registro do medicamento na ANVISA é condição inafastável para se concluir pela obrigação do Estado ao fornecimento.

terapêutico com registro no Brasil. 4. As ações que demandem fornecimento de medicamentos sem registro na Anvisa deverão necessariamente ser propostas em face da União".

Note-se, ainda, que – de acordo com o STF no mesmo julgamento – em se tratando de doenças raras e ultrarraras, é possível, em caráter excepcional, que o Estado seja compelido a fornecer o medicamento independentemente do registro, porquanto também se verifica, em muitos casos, que o laboratório não tem interesse comercial em pedir o registro.

No mesmo sentido, calha ainda referir a decisão proferida no RE 1.165.959/SP, rel. Min. Marco Aurélio, j. 08.07.2021, no qual restou fixada a seguinte tese: "Cabe ao Estado fornecer, em termos excepcionais, medicamento que, embora não possua registro na ANVISA, tem a sua importação autorizada pela agência de vigilância sanitária, desde que comprovada a incapacidade econômica do paciente, a imprescindibilidade clínica do tratamento, e a impossibilidade de substituição por outro similar constante das listas oficiais de dispensação de medicamentos e os protocolos de intervenção terapêutica do SUS".[801]

No caso do RE 566.471, cujo julgamento encerrou em 20.09.2024, o STF considerou que, de modo a ser possível obrigar o Poder Público a prover medicamentos de alto custo não incorporados ao sistema do SUS, devem estar presentes os requisitos da indispensabilidade do medicamento e da incapacidade financeira do autor e de sua família, pois há de ser demonstrado que em causa está a garantia do mínimo existencial. Exige, além disso, a demonstração da efetiva necessidade e impossibilidade de custeio pelo requerente ou familiares (em termos analógicos ao da obrigação alimentar civil), em homenagem ao princípio (e dever) de solidariedade. Ainda no caso concreto, tais requisitos foram atendidos, mas ressaltou que em regra a intervenção do Poder Judiciário nas políticas públicas deve ser mínima e excepcional.

No julgamento houve voto-vista pelo desprovimento do recurso pelo fato de, no curso da ação, o medicamento ter sido aprovado pela Anvisa e incorporado à lista de medicamentos do SUS. Mas frisou que, no caso de medicamentos não incorporados ao sistema, deverá ser observado rigorosamente, para manter o caráter excepcional de tal tipo de situações, um conjunto de critérios materiais e procedimentais. Por sua vez, outro ministro se posicionou pelo parcial provimento do RE, entendendo ser procedente a alegação do estado-membro no sentido de que não poderia ser condenado a custear sozinho o medicamento, sendo necessário que a União integre o polo passivo. Ademais disso, além de sugerir critérios (em parte distintos e complementares daqueles sugeridos pelos Ministros que o antecederam), propôs que fossem preservados os efeitos das decisões prolatadas pelas instâncias ordinárias que versem sobre questão constitucional submetida à Repercussão Geral, inclusive as sobrestadas até a data do respectivo julgamento do mérito, ainda não concluído.

Na mesma ocasião, considerando o julgamento conjunto dos dois recursos, o colegiado do STF, no RE 1.366.243, fixou, em sede de repercussão geral, a sua tese no Tema 1.234, que trata sobre os critérios de custeio dos medicamentos de alto custo ainda não incorporados pelo SUS. A partir desses julgamentos, o STF publicou duas novas Súmulas Vinculantes.

---

801. No mesmo sentido a decisão no julgamento da SL 1022 AgR-segundo, rel. Min. Rosa Weber, j. em 05.12.2022, na qual o Plenário assentou intervenção judicial para a concretização do direito à saúde no âmbito SUS deve observar os princípios informadores da medicina baseada em evidências, apoiada no conhecimento científico aliado às boas práticas clínicas que levam à descoberta dos tratamentos médicos mais eficientes e mais seguros, justificando-se a adoção de critérios estranhos aos padrões oficiais apenas em duas hipóteses: (a) quando comprovada a ineficácia do tratamento devido a condições físicas específicas do paciente ou (b) quando evidenciada, sempre com base em dados científicos, a impropriedade da política de saúde existente.

De acordo com a Súmula Vinculante 60, "o pedido e a análise administrativos de fármacos na rede pública de saúde, a judicialização do caso, bem ainda seus desdobramentos (administrativos e jurisdicionais) devem observar os termos dos três acordos interfederativos (e seus fluxos) homologados pelo Supremo Tribunal Federal, em governança judicial colaborativa, no Tema 1.234 da sistemática da repercussão geral".

A Súmula consolida as teses definidas pelo relator, Ministro Gilmar Mendes, e estabeleceram que, quando for reconhecida a necessidade de fornecimento, o custeio deverá seguir os seguintes padrões: a) medicamentos não incorporados cujo custo anual unitário seja igual ou superior a 210 salários-mínimos serão custeados integralmente pela União; b) no caso de medicamentos com custo anual unitário superior a 7 salários-mínimos e inferior a 210 salários-mínimos, a União custeará 65% do valor; e c) em se tratando de fármacos oncológicos não incorporados, o percentual de ressarcimento será de 80% se o custo for superior a 7 salários-mínimos.

Já nos termos da Súmula 61, "a concessão judicial de medicamento registrado na Anvisa, mas não incorporado às listas de dispensação do Sistema Único de Saúde, deve observar as teses firmadas no julgamento do Tema 6 da Repercussão Geral (RE 566.471)". Note-se que, de acordo com as teses estabelecidas no Tema 6, o fornecimento de medicamentos mediante ordem judicial somente será possível quando satisfeitos, cumulativamente, os seguintes requisitos: a) negativa administrativa de fornecimento do medicamento pelos canais oficiais do SUS; b) demora na apreciação ou ausência de pedido de incorporação na Conitec; c) impossibilidade de substituição terapêutica; d) comprovação de eficácia e segurança do medicamento por ensaios clínicos randomizados e revisões sistemáticas ou meta-análises; e) imprescindibilidade clínica, demonstrada por laudo médico detalhado que ateste por que o medicamento é essencial para o paciente; e f) comprovação pelo paciente de que não tem condições financeiras de arcar com os custos do medicamento.

Importante ainda destacar, no âmbito da chamada eficácia horizontal dos direitos fundamentais, a jurisprudência do STF a respeito do alcance das obrigações dos planos privados de assistência à saúde. A matéria foi submetida à análise do STF por meio das ADIs 7193, 7088 e 7183 e das ADPFs 986 e 990, que impugnavam a taxatividade do Rol de Procedimentos e Eventos em Saúde elaborado pela ANS. Nos termos do voto do Ministro Relator Luís Roberto Barroso, a Corte julgou as demandas prejudicadas[802], em razão da superveniência da Lei n. 14.454/2022, que prevê o dever de cobertura de tratamento ou procedimento não previsto no rol desde que sua eficácia seja comprovada à luz medicina baseada em evidências ou haja recomendações à sua prescrição feitas por órgãos de avaliação de tecnologias em saúde de renome internacional. Não obstante, cabe ressaltar o voto divergente do Ministro Edson Fachin – acompanhado por outros três ministros –, que enfrentou o mérito da questão e se manifestou no sentido da inconstitucionalidade de uma interpretação taxativa do rol, com base em três fundamentos principais: i) violação do direito constitucional à vida, à saúde integral, à informação e liberdade de contratar; ii) afronta ao direito à saúde numa dimensão coletiva, pois alija de cobertura novas doenças que podem surgir; e iii) discriminação indireta, ocasionando impacto diferenciado sobre a população com deficiência e que possui doenças raras e complexas.

---

802. ADI 7088, rel. Min. Roberto Barroso, j. em 10.11.2022.

À vista do exposto, verifica-se, consoante já sinalizado, que mesmo com os avanços já alcançados no concernente a uma especificação maior e mesmo alguma sofisticação dos critérios adotados na esfera das decisões judiciais no Brasil quando em causa a exigibilidade pela via judicial de prestações estatais em matéria de saúde, existem outros parâmetros propostos na esfera doutrinária, para o que se remete à parte geral dos direitos sociais. Por outro lado, é no campo do direito à saúde, em função da natureza do próprio direito e de sua relevância para a vida e dignidade humana, mas especialmente em virtude do impacto das decisões sobre o sistema de políticas públicas e o orçamento público (sem prejuízo de outros aspectos de relevo), que se verifica ser mais aguda a controvérsia em torno da exigibilidade dos direitos sociais e de sua dupla dimensão objetiva e subjetiva, notadamente quanto aos efeitos jurídicos que dela decorrem.

Ainda nesse contexto, importa consignar que os critérios que têm sido estabelecidos pelo STF, assegurando em princípio uma orientação mais sólida para os demais Juízes e Tribunais, tornando suas decisões em geral mais solidamente fundamentadas, previsíveis e controláveis – o que por si só já representa um ganho substancial –, não necessariamente implicam redução do número de ações e mesmo afastam a correção de parte das críticas que têm sido esgrimida em relação à assim chamada judicialização da saúde.

Assim, apenas para ilustrar o ponto, é possível afirmar que o manejo do parâmetro do mínimo existencial ainda deixa em aberto a pergunta sobre quem é o ator estatal legitimado para decidir sobre o seu conteúdo, em especial quando se cuida de conceito tão aberto. De outra parte, não fica resolvido o problema do impacto econômico do financiamento de medicamentos de alto custo, que representa mais do que 80% do volume de recursos investidos com demandas judiciais em matéria de prestações de saúde que têm por objeto o fornecimento de fármacos. Mesmo que não se eleve tal circunstância a uma barreira intransponível para a atuação do Poder Judiciário (o que se considera correto em primeira linha), ainda é de se ter em conta o fato de que o aumento da desigualdade de renda e queda de poder aquisitivo, eventual queda na arrecadação de recursos pelo Estado, a ausência de incorporação de medicamentos de eficácia superior aos constantes da lista do Ministério da Saúde, entre outros fatores, não necessariamente diminuirão o número de ações judiciais. Portanto, não apenas é possível como soa até provável, que – em se aplicando os critérios acima colacionados – o que deveria ser (segundo o STF) a exceção possa vir a ser menos excepcional.

Registre-se, ainda, que as objeções/críticas referidas não afastam, segundo o nosso entendimento, a possibilidade de se pleitear em Juízo a satisfação de bens e serviços destinados a salvaguardar o direito à saúde, mesmo nos casos de medicamentos não incorporados ao SUS e/ou não aprovados pela ANVISA, mas apontam para a necessidade de contínua reflexão e aperfeiçoamento de critérios e instrumentos. De especial relevância são medidas (de todos os atores públicos, mas também da sociedade civil) destinadas a combater a má governança, incluindo a corrupção, o desperdício, a falta de racionalização e de planejamento, o adequado financiamento, a falta de informações adequadas e de transparência, entre outros fatores, sem o que uma efetividade desejável do direito à saúde (aliás, de todos os direitos fundamentais) não será jamais – com ou sem atuação do Poder Judiciário – alcançada.

Uma evolução relevante no âmbito da jurisprudência do STF – que se evidenciou de modo bastante significativo no contexto da pandemia do Covid-19 – diz respeito à maior deferência e valorização, por parte da Corte, de critérios técnicos e científicos. Nesse sentido, à guisa de exemplo, colaciona-se julgado no qual, ao examinar a constitucionalidade de medida provisória que limita a responsabilização dos agentes públicos durante a pandemia aos erros grosseiros, o STF qualificou os atos administrativos que dão lugar a violações do direito à vida, à saúde, ao meio ambiente equilibrado ou a impactos adversos sobre a economia como erros grosseiros e determinou que se requeira opiniões que atendam aos critérios técnicos e científicos de reconhecidas instituições nacionais e internacionais e os princípios da prevenção e da precaução.[803]

A mesma linha de entendimento se faz presente em outra decisão, designadamente, num julgamento em que estavam em causa os limites da liberdade religiosa, no qual o STF considerou constitucional a interdição de cultos, missas e demais atividades religiosas presenciais coletivas por estado da federação, tendo em vista a contenção da pandemia, a existência de maior risco e a presença de análise técnica.[804]

4.15.4 O direito à alimentação

O direito à alimentação foi recentemente incorporado ao *caput* do art. 6.º da CF, por intermédio da EC 64, de 04.02.2010. Tal inovação constitucional sedimentou o reconhecimento do direito à alimentação como direito fundamental social integrante do nosso sistema constitucional. Do ponto de vista material, mesmo antes da positivação formal do direito à alimentação no art. 6.º da CF, já seria adequado o seu reconhecimento como integrante do nosso catálogo de direitos fundamentais, por força da indivisibilidade dos direitos fundamentais, da abertura material do catálogo de direitos prevista no art. 5.º, § 2.º, da CF, na condição de direito humano consagrado em tratado internacional ratificado pelo Brasil (é o caso do Pacto Internacional de Direitos Econômicos, Sociais e Culturais, de 1966). Ainda no que diz com a justificação constitucional do direito à alimentação, esse já constava no texto da CF como parte das necessidades a serem atendidas pelo salário-mínimo (art. 7.º, IV, da CF), ou seja, das "necessidades vitais básicas", ao lado da moradia, educação, saúde, lazer, vestuário, higiene, transporte e previdência social. Portanto, a inserção do direito à alimentação no art. 6.º da CF resultou na incorporação apenas formal de tal direito ao nosso texto constitucional, uma vez que materialmente ele já tinha sede constitucional, como direito fundamental decorrente do regime e dos princípios da Constituição Federal, designadamente do direito à vida, direito à saúde, dignidade da pessoa humana e da noção de uma garantia do mínimo existencial.

Ainda no tocante à perspectiva da indivisibilidade e interdependência dos direitos fundamentais, não restam dúvidas a respeito da impossibilidade de o indivíduo desfrutar dos seus direitos fundamentais (civis, políticos, sociais e culturais) sem o acesso à alimentação adequada na sua jornada de vida cotidiana. Talvez o exemplo mais elucidativo do que se está a afirmar esteja na merenda escolar servida às crianças e adolescentes nos estabelecimentos de ensino público. Sem uma refeição nutritiva, o aprendizado delas resultará sobremaneira limitado, senão mesmo inviabilizado, e, por consequência, toda a cadeia de direitos fundamentais restará comprometida e violada. O mesmo ocorreria em questões envolvendo situações de subnutrição – e mesmo de fome crônica – implicando violação do direito à

---

803. Acórdão do STF; ADI 6421 Medida Cautelar (MC), 21.05.2020, *Case Law Compilation Covid-19*. Brasília: STF, 2020, p. 29-31. Disponível em: https://tinyurl.com/afpzmmtf. Acesso em: 24 mar. 2021.

804. Acórdão do STF; ADPF 811 São Paulo, 08.04.2021, *DJe* 123, 24.06.2021.

saúde e do direito à integridade física. Em casos mais extremos, a ausência ou precariedade da alimentação coloca em risco o próprio direito à vida. Por tal razão, o acesso à alimentação adequada – como direito do indivíduo e da coletividade e dever do Estado[805] – conforma, de modo bastante expressivo, a ideia em torno da interdependência e indivisibilidade dos direitos fundamentais – e humanos –, sendo pré-requisito para o desfrute de uma vida digna e saudável.[806]

No âmbito do direito internacional dos direitos humanos, o direito à alimentação[807] tomou assento definitivo desde a Declaração Universal dos Direitos Humanos (1948), resultando consignado no seu art. XXV, n. 1, ao dispor que "toda pessoa tem direito a um padrão de vida capaz de assegurar a si e a sua família saúde e bem-estar, inclusive *alimentação*, vestuário, habitação, cuidados médicos e os serviços sociais indispensáveis, o direito à segurança, em caso de desemprego, doença, invalidez, viuvez, velhice ou outros casos de perda dos meios de subsistência fora de seu controle". Também o art. 11, n. 1, do Pacto Internacional dos Direitos Econômicos, Sociais e Culturais (1966), reproduzindo em parte o dispositivo da Declaração da ONU, já citado, consagrou o direito à alimentação ao delinear o direito a um nível de vida adequado, asseverando que "os Estados-partes no presente Pacto reconhecem o direito de toda pessoa a um nível de vida adequado para si próprio e para sua família, inclusive à *alimentação*, vestimenta e moradia adequadas, assim como uma melhoria contínua de suas condições de vida. Os Estados-partes tomarão medidas apropriadas para assegurar a consecução desse direito, reconhecendo, nesse sentido, a importância essencial da cooperação internacional fundada no livre consentimento". Ainda na perspectiva do Sistema Global de Proteção dos Direitos Humanos, registra-se a Convenção sobre os Direitos das Crianças (1989), notadamente sobre a responsabilidade dos Estados de tomar medidas para combater a desnutrição infantil e assegurar o direito à saúde das crianças. Sobre o tema, dispõe o seu art. 24, n. 2, *c*, como dever estatal "combater as doenças e a desnutrição, dentro do contexto dos cuidados básicos de saúde mediante, *inter alia*, a aplicação

---

805. Nesse ponto, destaca-se que a reforma tributária (EC 132) criou a Cesta Básica Nacional de Alimentos, que deverá considerar a diversidade regional e cultural da alimentação do País e garantir a alimentação saudável e nutricionalmente adequada (art. 8.º), bem como previu redução de 60% das alíquotas dos tributos sobre alimentos e isenção para os tributos que incidem sobre produtos hortícolas, frutas e ovos (art. 9.º, § 3.º, II, "b").

806. No plano internacional, de modo a consagrar o direito à alimentação pela perspectiva da indivisibilidade e interdependência dos direitos humanos em vista da proteção da dignidade da pessoa humana, merece registro a Recomendação Geral 12 do Comitê dos Direitos Econômicos, Sociais e Culturais, referente ao direito à alimentação adequada.

807. Sobre o direito à alimentação na perspectiva do direito internacional dos direitos humanos, v. PIOVESAN, Flávia. Proteção dos direitos econômicos, sociais e culturais e do direito à alimentação adequada: mecanismos nacionais e internacionais. In: _____; CONTI, Irio Luiz (Coord.). *Direito humano à alimentação adequada*, p. 17-48. Cuidando do tema no plano da responsabilidade do Estado, v. BEURLEN, Alexandra. O Estado brasileiro e seu dever de realizar o direito social à alimentação. In: SCAFF, Fernando Facury (Org.). *Constitucionalismo, tributação e direitos humanos*, p. 189-222. Desenvolvendo o tema no âmbito da perspectiva jurídico-constitucional, v. MIRANDA NETTO, Fernando Gama de. Aspectos materiais e processuais do direito fundamental à alimentação. In: SOUZA NETO, Cláudio Pereira de; SARMENTO, Daniel (Coord.). *Direitos sociais*: fundamentos, judicialização e direitos sociais em espécie, p. 1083-1121. Priorizando a interface com o direito à saúde e à segurança, v. NUNES, Mérces da Silva. *O direito fundamental à alimentação e o princípio da segurança*.

de tecnologia disponível e o fornecimento de *alimentos* nutritivos e de água potável, tendo em vista os perigos e riscos da poluição ambiental".[808]

No Sistema Interamericano de Proteção dos Direitos Humanos, o principal diploma normativo a tratar da questão é o Protocolo Adicional à Convenção Americana sobre Direitos Humanos em Matéria de Direitos Econômicos, Sociais e Culturais (1989) – Protocolo de San Salvador –, ao consagrar, em dispositivo específico sobre o direito à alimentação (art. 12): "1. Toda pessoa tem direito a uma nutrição adequada que assegure a possibilidade de gozar do mais alto nível de desenvolvimento físico, emocional e intelectual. 2. A fim de tornar efetivo esse direito e de eliminar a desnutrição, os Estados-partes comprometem-se a aperfeiçoar os métodos de produção, abastecimento e distribuição de alimentos, para o que se comprometem a promover maior cooperação internacional, com vistas a apoiar as políticas nacionais sobre o tema". Há, de tal sorte, um regime normativo internacional, tanto sob o plano global quanto regional (interamericano),[809] consolidado gradativamente após a Segunda Guerra Mundial, o que serviu sobremaneira como fonte para que os sistemas constitucionais acompanhassem tal evolução normativa e incorporassem o direito à alimentação nas suas legislações nacionais, como o fez recentemente a Constituição Federal.

No plano infraconstitucional, merece registro a Lei 11.346, de 15.09.2006, que cria o Sistema Nacional de Segurança Alimentar e Nutricional, com vistas a assegurar o direito humano à alimentação adequada. É importante ressaltar que tal diploma legislativo antecipou a própria modificação constitucional ocorrida somente em 2010, reconhecendo, no seu texto, o direito à alimentação adequada como direito fundamental. De acordo com o art. 2.º da referida lei, "a alimentação adequada é *direito fundamental* do ser humano, inerente à *dignidade da pessoa humana* e *indispensável à realização dos direitos consagrados na Constituição Federal*, devendo o Poder Público adotar as políticas e ações que se façam necessárias para promover e garantir a segurança alimentar e nutricional da população". De modo a complementar tal conceito, merece registro o disposto no art. 3.º, ao pontuar que "a segurança alimentar e nutricional consiste na realização do direito de todos ao acesso regular e permanente a alimentos de *qualidade*, em *quantidade suficiente*, sem comprometer o acesso a outras *necessidades essenciais*, tendo como base práticas alimentares promotoras de saúde que respeitem a diversidade cultural e que sejam ambiental, cultural, econômica e socialmente sustentáveis". O último dispositivo analisado aponta para a questão da *qualidade* e da *quantidade* dos alimentos, de modo a atender satisfatoriamente às necessidades básicas do indivíduo e, em última instância, proporcionar condições para o seu pleno desenvolvimento em um quadrante normativo de dignidade e salubridade. Outro aspecto importante contido no texto normativo analisado diz respeito à abordagem da matéria sob

---

808. Também o art. 27 da Convenção sobre os Direitos da Criança, acerca do direito a um nível de vida adequado, dispõe: "1. Os Estados-partes reconhecem o direito de toda criança a um nível de vida adequado ao seu desenvolvimento físico, mental, espiritual, moral e social. (...) 3. Os Estados-partes, de acordo com as condições nacionais e dentro de suas possibilidades, adotarão medidas apropriadas a fim de ajudar os pais e outras pessoas responsáveis pela criança a tornar efetivo esse direito e, caso necessário, proporcionarão assistência material e programas de apoio, especialmente no que diz respeito à *nutrição*, ao vestuário e à habitação".

809. Além dos dispositivos citados no corpo do texto, destacam-se, entre outros, ainda no plano internacional, a Declaração sobre o Direito ao Desenvolvimento (1986), art. 8.º; a Declaração e Programa de Ação de Viena (1993), n. 47; a Declaração Americana dos Direitos e Deveres do Homem (1948), art. XI; bem como a Declaração do Milênio das Nações Unidas (2000) e os Objetivos do Milênio, sendo o Objetivo 1: "Erradicar a pobreza extrema e a fome".

a perspectiva da indivisibilidade dos direitos fundamentais (liberais, sociais e ecológicos), inclusive como já destacado anteriormente, o que pode ser facilmente identificado no art. 2.º, § 1.º, do mesmo diploma, ao dispor que "a adoção dessas políticas e ações deverá levar em conta as *dimensões ambientais, culturais, econômicas, regionais e sociais*". Importa destacar, ainda no que diz com o estatuto legislativo aqui sumariamente apresentado, a previsão de *deveres de proteção* do Estado em matéria alimentar. Com efeito, de acordo com o art. 2.º, § 2.º, "é dever do Poder Público respeitar, proteger, promover, prover, informar, monitorar, fiscalizar e avaliar a realização do direito humano à alimentação adequada, bem como garantir os mecanismos para sua exigibilidade". Tal dispositivo, em sintonia com o regime jurídico-constitucional dispensado aos direitos fundamentais em geral, mais especialmente na perspectiva dos direitos sociais, aponta para o imperativo estatal de promover *políticas públicas* suficientes em matéria alimentar, de modo a assegurar o desfrute do direito em questão, erradicando a fome e garantindo o acesso de todos a alimentos adequados ao seu desenvolvimento saudável e bem-estar.

No tocante à eficácia do direito à alimentação, cumpre salientar que a sua intensidade normativa se verifica de modo contundente nas situações de extrema pobreza e vulnerabilidade social, o que ocorre, por exemplo, em situações de subnutrição infantil, ainda hoje verificada em várias regiões do País. Como referido anteriormente, é a dignidade e a vida de tais indivíduos que se encontram em situação de violação, dado ser a alimentação adequada elementar a tais direitos. Por tal razão, cabível o controle judicial de políticas públicas voltadas a assegurar aos indivíduos e grupos sociais vulneráveis o acesso à alimentação adequada, bem como, no limite, até mesmo a possibilidade de reconhecer posições subjetivas originárias[810]. Com efeito, não se questiona seriamente que o direito à alimentação integra o conteúdo do *direito-garantia ao mínimo existencial*, integrando, por assim dizer, o núcleo intangível da dignidade da pessoa humana.[811]

Como se percebe, a partir da teia normativa internacional, constitucional e legal apresentada em caráter sumário, o direito à alimentação, como direito humano e fundamental, integra o catálogo constitucional, compartilhando, com particular intensidade, à vista da relevância de uma alimentação saudável para a própria vida humana, do pleno regime jurídico dos direitos fundamentais, inclusive a sua condição de direitos exigíveis, no âmbito da dimensão subjetiva dos direitos fundamentais sociais.

---

810. Cf. decisão no julgamento do AgR em ARE 1417026, rel. Min. Cármen Lúcia, j. em 03.07.2023, em que a Primeira Turma do STF, ao constatar a tutela insuficiente do direito à alimentação de crianças de escolas de comunidades indígenas, assentou a possibilidade de intervenção judicial para implementação de políticas públicas.

811. Para uma abordagem do direito à alimentação como integrante do conteúdo do direito-garantia ao mínimo existencial, v. Leivas, Paulo Cogo. O direito fundamental à alimentação: da teoria das necessidades ao direito ao mínimo existencial. In: Conti, Irio Luiz; Piovesan, Flávia (Coord.). *Direito humano à alimentação adequada*, p. 79-92. A título de exemplo, mesmo que julgada prejudicada a ação pela aprovação no Congresso Nacional de um auxílio emergencial, o STF entendeu cabível ADO para determinar ao Governo Federal a proposição de medidas voltadas a assegurar a alimentação, o mínimo existencial e a dignidade da pessoa humana, em decorrência da pandemia da Covid-19, cf. ADO 56/DF, rel. Min. Marco Aurélio, red. p/ o ac. Min. Roberto Barroso, j. em 30.04.2020. V., ainda, a decisão monocrática proferida na PET 9.700, rel. Min. Edson Fachin, determinando, no prazo de 15 dias, que a União adote providências para assegurar o fornecimento de água potável e garantir a segurança alimentar da população quilombola.

4.15.5 O direito à moradia

Nada obstante anteriores referências ao longo do texto constitucional na sua redação original, o direito à moradia só veio a ser positivado expressamente com a EC 26, de 14.02.2000, transcorridos, pois, doze anos da promulgação da Constituição Federal, o que, em parte, é atribuído às resistências do Brasil em relação a diversos aspectos regulados pelos instrumentos internacionais concernentes à moradia.[812] Isso não impediu que já se viesse defendendo o reconhecimento de um direito fundamental implícito à moradia, como consequência da proteção à vida e à dignidade humana, já que vinculado à garantia das condições materiais básicas para uma vida com dignidade e com certo padrão de qualidade, consoante, aliás, ocorreu por parte do Conselho Constitucional da França.[813] Hoje, contudo, não há mais dúvidas de que o direito à moradia é um direito fundamental autônomo, de forte conteúdo existencial, considerado, por alguns, até mesmo um direito de personalidade (pelo menos naquilo em que vinculado à dignidade da pessoa humana e às condições para o pleno desenvolvimento da personalidade),[814] não se confundindo com o direito à (e de) propriedade, já que se trata de direitos distintos.[815]

Se o texto constitucional não traz parâmetros explícitos quanto à definição do conteúdo do direito à moradia, cumpre registrar o esforço legislativo e jurisprudencial no sentido de recepcionar e, em alguns casos, adequar ao contexto interno os critérios materiais desenvolvidos no âmbito do sistema internacional, como dão conta os exemplos da segurança jurídica da posse, a disponibilidade de infraestrutura básica capaz de assegurar condições de habitabilidade, o acesso a serviços essenciais e o respeito às peculiaridades locais, inclusive em termos de identidade e diversidade cultural da população, como propõem os órgãos da Organização das Nações Unidas (ONU).[816] De qualquer sorte, a definição do conteúdo concreto do direito à moradia não poderá prescindir da relação estreita com o princípio da dignidade humana e com a garantia de padrões qualitativos mínimos a uma vida saudável,

---

812. Sobre a evolução constitucional do reconhecimento do direito à moradia, v., por todos, PANSIERI, Flávio. *Eficácia e vinculação dos direitos sociais – Reflexões a partir do direito à moradia*, p. 21 e ss.

813. Cf. Decisão 94.359, de 19.01.1995. Desde 1982 a legislação francesa já fazia referência a um *droit à l'habitat*, depois compreendido como *le droit au logement*, no sentido de um local para habitação, em condições adequadas ao respeito da dignidade humana (Loi Besson, de 31.03.1990). Cf. CROCQ, P. Le droit ao logement. In: CABRILLAC, R.; FRISON-ROCHE, M-A; REVET, T. *Libertés et droits fondamentaux*, p. 651-662.

814. Nesse sentido, SARLET, Ingo Wolfgang. Supremo Tribunal Federal, o direito à moradia e a discussão em torno da penhora do imóvel do fiador. *Revista da Ajuris* 107/123-144. V., ainda, enfatizando o caráter existencial, LOPES, J. R. de L. Cidadania e propriedade: perspectiva histórica do direito à moradia. *Revista de Direito Alternativo*, n. 2, p. 121 e ss.; CUNHA, S. S. da. Direito à moradia. *Revista de Informação Legislativa*, n. 127, p. 49 e ss. VIANA, R. G. C. O direito à moradia. *Revista de Direito Privado*, p. 9 e ss., destaca a vinculação do direito à moradia com o direito à vida e uma existência digna. No âmbito da produção monográfica nacional mais recente, v. NOLASCO, Loreci Gottschalk. *Direito fundamental à moradia*; PAGANI, Elaine Adelina. *O direito de propriedade e o direito à moradia*, p. 93 e ss., bem como, por último, PANSIERI, Flávio. *Eficácia e vinculação dos direitos sociais – Reflexões a partir do direito à moradia*, p. 44 e ss. e 165 e ss.

815. Cf., por todos, SARLET, Ingo. Notas sobre a dignidade da pessoa humana na jurisprudência do Supremo Tribunal Federal. In: ____; SARMENTO, Daniel (Coord.). *Direitos fundamentais no Supremo Tribunal Federal*: balanço e crítica, p. 698 e ss.

816. Cf. SARLET, Ingo Wolfgang. O direito fundamental à moradia na Constituição: algumas anotações a respeito de seu contexto, conteúdo e possível eficácia. *Revista de Direito e Democracia*, vol. 4, n. 2, p. 327-383.

tudo a revelar a importância, também neste contexto, dos critérios vinculados ao mínimo existencial, numa perspectiva afinada com os parâmetros internacionais.[817]

Como os demais direitos fundamentais, o direito social à moradia abrange um complexo de posições jurídicas objetivas e subjetivas, de natureza negativa (direito de defesa) e positiva (direito a prestações). Na condição de direito de defesa (negativo), o direito à moradia impede que a pessoa seja privada arbitrariamente e sem alternativas de uma moradia digna, por ato do Estado ou de outros particulares. Nesse contexto, destaca-se a legislação que proíbe a penhora do chamado bem de família, como tal considerado o imóvel que serve de moradia ao devedor e sua família (Lei 8.009/1990, art. 3.º), a cujo respeito existem inúmeras decisões judiciais, inclusive no âmbito do Superior Tribunal de Justiça, das quais boa parte favorável à proteção do direito à moradia.[818]

Nessa seara, um caso bastante polêmico – muito embora a existência de decisão do STF sobre o ponto (ainda não sumulada) – é o que envolve a constitucionalidade das exceções legais à regra geral da impenhorabilidade do único imóvel residencial (com destaque para o imóvel de propriedade do fiador em contrato de locação), pois, apesar da tendência anterior no sentido da inconstitucionalidade da previsão legal que permite a penhora do imóvel do fiador em contratos de locação, o STF, em decisão de fevereiro de 2006, reconheceu a compatibilidade da penhora com a salvaguarda do direito à moradia, afirmando a necessidade de assegurar-se o acesso à moradia por meio da oferta de imóveis para serem alugados, mesmo que se venha a penhorar o único imóvel do fiador, ainda mais quando este tenha dado livremente o bem em garantia.[819]

As críticas que se podem tecer à decisão foram em boa parte formuladas nos votos divergentes, onde se apontou para a violação da dignidade da pessoa humana e mesmo quebra de isonomia em relação à situação do devedor principal, ademais da problemática (por não demonstrada) utilização de critérios baseados em supostas evidências do mercado imobiliário.[820] Por outro lado, não se cuidando de matéria sumulada e dada a relevância do impacto da expropriação do único imóvel para a vida do fiador ou devedor e de sua família,

---

817. Cf. por todos, ZANETTE, Valéria R. *Direito humano à habitação condigna*. Rio de Janeiro, Lumen Juris, 2014, especialmente p. 51 e ss.

818. Em caráter ilustrativo, v., no âmbito do TRF da 1.ª Reg., as decisões proferidas na AC 2001.01.00.026452-3/MA, rel. Des. Federal Fagundes de Deus (*DJ* 26.10.2006); e na AC 95.01.23028-7/BA, rel. Juiz Leão Aparecido Alves (*DJ* 23.01.2002). No TJRS, v. a decisão exarada na AC 7000757571813, rel. Des. Roque Volkweiss (27.09.2006).

819. Trata-se da posição majoritária sustentada pelo Min. Cezar Peluso, que atuou como relator no julgamento do RE 407.688/SP, em 14.02.2006 (*DJ* 06.10.2006). Cuida-se do *leading case* sobre a matéria, que, como já frisado, considera legítima a exceção legal permissiva da penhora do imóvel do fiador (Lei 8.009/1990, art. 3.º), voluntariamente dada em garantia, sob o argumento de que ao legislador é assegurada ampla liberdade no tocante à eleição do modo de efetivar o direito à moradia e que a falta de segurança dos contratos de locação, acarretada pela impossibilidade da penhora, desestimula os investimentos na construção civil, reduzindo a oferta de imóveis e dificultando o acesso à moradia para grandes segmentos da população. Aplicando o precedente: AgRg-AgIn 584.436/RJ (*DJe* 03.02.2009), AgIn-AgRg 585.772/RJ (*DJ* 13.10.2006), RE-AgRg 415.626 (*DJ* 29.09.2006), RE-AgRg 464.586/SP (*DJ* 24.11.2006). Sobre o tema, v., no âmbito da produção monográfica, AINA, Eliane Maria Barreiros. *O fiador e o direito à moradia*.

820. Em perspectiva crítica e para maior desenvolvimento, v., por todos, SARLET, Ingo. Notas sobre a dignidade da pessoa humana na jurisprudência do Supremo Tribunal Federal. In: _____; SARMENTO, Daniel (Coord.). *Direitos fundamentais no Supremo Tribunal Federal*: balanço e crítica, p. 687-721.

não se afastam desenvolvimentos que venham a temperar uma interpretação fechada e mitigar a orientação aparentemente consolidada no STF, ainda que em casos similares.[821]

Foi isso, aliás, que se deu na evolução jurisprudencial mais recente sobre o direito à moradia (aqui novamente na sua condição de direito de defesa – negativo), porquanto o STF – decisão da 1.ª Turma – em sessão realizada no dia 12.06.2018, quando da conclusão do julgamento do RE 605.709, iniciado em outubro de 2014, tendo como relator o Ministro Dias Toffoli, então ainda integrante da Turma, decidiu, por maioria de votos (3×2) pela impenhorabilidade do bem de família do fiador em contrato de locação comercial.[822]

No caso concreto, de acordo com o noticiário do STF (15.06.2018), o recorrente invocava a nulidade da arrematação de sua casa em virtude de se tratar de sua única propriedade e ser ele responsável pelo sustento da família. Para o Ministro Dias Toffoli, relator, bem como para o Ministro Luís Roberto Barroso, aplica-se à penhora do bem de família em contratos de locação o entendimento pacificado no STF no sentido da penhorabilidade do bem de família do fiador no contrato de locação residencial, porquanto embora não esteja em causa o direito à moradia dos locatários, envolve restrição à livre-iniciativa que também é protegida constitucionalmente. Da mesma forma a possibilidade de penhora do único imóvel do fiador, que o oferece voluntariamente em garantia do débito, tem o efeito de estimular o empreendedorismo viabilizando a celebração de contratos em termos mais favoráveis.

Todavia, acabou por prevalecer a divergência aberta pela Ministra Rosa Weber, acompanhada pelos Ministros Marco Aurélio e Luiz Fux, no sentido de que além de ser necessária a manifestação de vontade do fiador tanto na locação residencial quanto na comercial, a legislação não distingue entre as duas modalidades de locação quanto à impenhorabilidade do bem de família e que o direito à moradia, como direito social fundamental e no caso protegido para beneficiar a família, não pode ser sacrificado em prol da potencialização da livre-iniciativa.

Além disso – e isso aqui assume particular importância – com o julgamento concluído no dia 12.06.2018 e vindo a prevalecer a orientação adotada pela maioria dos Ministros da 1.ª Turma, o STF – pelo menos é o que na ocasião se esperava – poderia ter promovido, ao menos em parte substancial, uma revisão da sua jurisprudência sobre o tema até então consolidada (Recurso Extraordinário 407.688-8, rel. Min. Cezar Peluso, j. 08.02.2006) que, sem ressalva de alguma exceção, vinha entendendo ser constitucional a penhora do único imóvel e bem de família do fiador em contrato de locação residencial, tal como previsto no art. 3.º, VII, da Lei 8.009/1990, de acordo com o qual: "A impenhorabilidade é oponível em qualquer

---

821. V., por exemplo, o caso da AC 2.350/RS (*DJe* 85, de 08.05.2009), onde, em decisão monocrática, o Min. Carlos Ayres Britto deferiu liminar atribuindo efeito suspensivo a recurso extraordinário interposto em sede de embargos à execução, para afirmar a impenhorabilidade do imóvel dos recorrentes, dado em hipoteca como garantia pelo pagamento de débitos resultantes de negócios comerciais – hipótese que seria diversa, portanto, da jurisprudência firmada acerca da penhorabilidade do imóvel residencial do fiador, dado em garantia de contrato de locação residencial. Mais recentemente, v. o ARE 1.038.507, rel. Min. Edson Fachin, j. 21.10.2020, em que ficou estabelecida impenhorabilidade de pequena propriedade rural com área entre 1 e 4 módulos fiscais, de acordo com o conceito do art. 4.º, II, *a*, da Lei n. 8.629/93 , quando a família tenha contraído dívidas em virtude de atividade produtiva a ser desenvolvida no próprio local.

822. No mesmo sentido, v. RE 1.278.427/SP, rel. Min. Cármen Lúcia, j. em 31.07.2020.

processo de execução civil, fiscal, previdenciária, trabalhista ou de outra natureza, salvo se movido: (...) VII – por obrigação decorrente de fiança concedida em contrato de locação".

Não é, contudo, o que veio a ocorrer, visto que quando do julgamento do RE 1307334, relatado pelo Ministro Alexandre de Moraes, em 09.03.2022, o STF fixou a seguinte tese em sede de Repercussão Geral (Tema 1127), ainda que se tratasse de discussão vinculada à penhorabilidade de imóvel único residencial de fiador em contrato de locação comercial:

"É constitucional a penhora de bem de família pertencente a fiador de contrato de locação, seja residencial, seja comercial."

Em caráter complementar, coladiona-se extratos da Ementa do Acórdão:

"(...) 1. Os fundamentos da tese fixada por esta CORTE quando do julgamento do Tema 295 da repercussão geral (É constitucional a penhora de bem de família pertencente a fiador de contrato de locação, em virtude da compatibilidade da exceção prevista no art. 3.°, VII, da Lei 8.009/1990 com o direito à moradia consagrado no art. 6.° da Constituição Federal, com redação da EC 26/2000), no tocante à penhorabilidade do bem de família do fiador, aplicam-se tanto aos contratos de locação residencial, quanto aos contratos de locação comercial. 2. O inciso VII do artigo 3.° da Lei 8.009/1990, introduzido pela Lei 8.245/1991, não faz nenhuma distinção quanto à locação residencial e locação comercial, para fins de excepcionar a impenhorabilidade do bem de família do fiador, (...) 4. No pleno exercício de seu direito de propriedade, o fiador, desde a celebração do contrato (seja de locação comercial ou residencial), já tem ciência de que todos os seus bens responderão pelo inadimplemento do locatário – inclusive seu bem de família, por expressa disposição do multicitado artigo 3.°, VII, da Lei 8.009/1990. Assim, ao assinar, por livre e espontânea vontade, o contrato de fiança em locação de bem imóvel – contrato este que só foi firmado em razão da garantia dada pelo fiador –, o fiador abre mão da impenhorabilidade de seu bem de família, conferindo a possibilidade de constrição do imóvel em razão da dívida do locatário, sempre no pleno exercício de seu direito de propriedade. 5. Dentre as modalidades de garantia que o locador poderá exigir do locatário, a fiança é a mais usual e mais aceita pelos locadores, porque menos burocrática que as demais, sendo a menos dispendiosa para o locatário e mais segura para o locador. Reconhecer a impenhorabilidade do imóvel do fiador de locação comercial interfere na equação econômica do negócio, visto que esvazia uma das principais garantias dessa espécie de contrato. 6. A proteção à moradia, invocada pelo recorrente, não é um direito absoluto, devendo ser sopesado com (a) a livre iniciativa do locatário em estabelecer seu empreendimento, direito fundamental também expressamente previsto na Constituição Federal (artigos 1.°, IV e 170, *caput*); e (b) o direito de propriedade com a autonomia de vontade do fiador que, de forma livre e espontânea, garantiu o contrato. 7. Princípio da boa-fé. Necessária compatibilização do direito à moradia com o direito de propriedade e direito à livre iniciativa, especialmente quando o detentor do direito, por sua livre vontade, assumiu obrigação apta a limitar sua moradia. 8. O reconhecimento da impenhorabilidade violaria o princípio da isonomia, haja a vista que o fiador de locação comercial, embora também excepcionado pelo artigo 3.°, VII, da Lei 8.009/1990, teria incólume seu bem de família, ao passo que o fiador de locação residencial poderia ter seu imóvel penhorado (...)."

De qualquer sorte, mesmo que no caso da penhora do único imóvel do fiador o STF tenha admitido como legítima tal possibilidade (penhora), como um limite imposto em determinadas circunstâncias, também importa destacar que o STF reconheceu, na mesma decisão (aqui com particular destaque para o precedente de 2006), não apenas o fato de o direito à moradia ser um direito fundamental, como a circunstância de que tal direito não se confunde com o direito de propriedade (o que, aliás, foi um dos argumentos justificadores da decisão), além de afirmar, neste ponto ainda de modo afinado com as recomendações dos organismos internacionais e a sua interpretação do conteúdo e alcance do direito à moradia, que existem diversas possibilidades legítimas na perspectiva constitucional de o Estado assegurar o acesso à moradia condigna.

A despeito disso, o entendimento aqui sustentado não coincide com a orientação imposta de modo vinculante pelo STF, naquilo em que, de modo genérico e sem ao menos prever algumas exceções, declarou a constitucionalidade da legislação estabelecendo a penhorabilidade do bem de família do fiador em contrato de locação residencial ou comercial. Trata-se de decisão que admite, ao fim e ao cabo, restrições desproporcionais ao direito à moradia e, por via de consequência, a depender do caso, do próprio mínimo existencial e da dignidade da pessoa humana.

Ainda no que diz respeito à dimensão negativa (defensiva) do direito à moradia, imprescindível destacar posicionamento protetivo – em especial das pessoas mais vulneráveis – adotado pelo STF durante a pandemia do Covid-19, a exemplo do que se deu no julgamento da ADPF 828, relatada pelo Ministro Roberto Barroso, em 19.12.2021. Por ocasião do julgamento, o STF ratificou a prorrogação, pelo prazo de um ano, da medida cautelar anteriormente deferida, de modo a manter a suspensão de desocupações coletivas e despejos enquanto perdurarem os efeitos da crise sanitária da Covid-19.

Relativamente ao julgado colacionado, existem algumas peculiaridades dignas de destaque, visto que, depois de concedida a medida cautelar houve a edição da Lei n. 14.216/2021, que determinou a suspensão das ordens de desocupação e despejo até 31.12.2021, estabelecendo – em grande medida – regime inclusive mais favorável às populações vulneráveis, restringindo, contudo, sua aplicação nas áreas urbanas.

À vista disso, o STF decidiu pela prevalência dos critérios legais supervenientes naquilo em que mais favoráveis às pessoas em situação de vulnerabilidade, mas, ao mesmo tempo, apontou para a existência de inconstitucionalidade por omissão no concernente aos imóveis localizados em zonas rurais, prorrogando, por conta disso, a vigência – nas áreas rurais – da medida cautelar até 31.03.2022, ademais de determinar a suspensão das ordens de desocupação e despejo, atendendo-se aos parâmetros fixados na referida legislação.

Terminado o prazo estabelecido na decisão cautelar, o STF foi instado a se manifestar novamente sobre a questão por meio de pedido de nova extensão de efeitos. Em 02.11.2022, o Plenário definiu que, com a alteração do cenário epidemiológico no Brasil e com o arrefecimento dos efeitos da pandemia, não mais se justificava a suspensão das ordens de desocupação e despejo. Todavia, a fim de resguardar o direito à moradia de pessoas vulneráveis em caso de remoções coletivas, foi determinado na decisão a necessidade de adoção de um regime de transição, consistente na obrigatoriedade de criação de Comissões de Conflitos Fundiários – competentes para realizar visitas técnicas, audiências de mediação e, principalmente, propor a estratégia de retomada da execução de decisões suspensas de maneira gradual e escalonada –, bem como foram estabelecidos requisitos para a intervenção do Poder Público, como i) ciência prévia e oitiva dos representantes das comunidades afetadas; ii) prazo razoável para a desocupação; e iii) garantia de encaminhamento para abrigos públicos ou medida análoga que garanta os direitos das famílias.

Por sua vez, em termos de efetivação da dimensão prestacional do direito à moradia, é preciso relembrar que, na condição de direito positivo, também o direito à moradia abrange prestações fáticas e normativas, que se traduzem em medidas de proteção e de caráter organizatório e procedimental.[823] Um bom exemplo disso é o assim chamado "Estatuto da Cidade", que representou, apesar do lapso temporal bastante longo, uma resposta do legislador ao dever (prestação) de legislar nessa matéria, com fundamento na Constituição Federal.

Com a edição do Estatuto da Cidade (Lei 10.257, de 10.07.2001), cuja principal meta é dar efetividade às diretrizes constitucionais sobre política urbana, estando a contribuir para a difusão de um verdadeiro direito à cidade, foi dado um passo significativo para dar vida efetiva ao direito a uma moradia condigna no Brasil. Além de uma série de princípios, o Estatuto da Cidade é rico em instrumentos que objetivam a realização prática do direito à moradia, destacando-se os seguintes: (a) operações urbanas consorciadas, em que Poder Público e particulares atuam de forma conjunta, "com o objetivo de alcançar em uma área transformações urbanísticas estruturais, melhorias sociais e valorização ambiental"; (b) Estudo de Impacto de Vizinhança (EIV), cujo conteúdo mínimo é previsto pelo art. 37 da Lei, que tem por meta verificar os aspectos positivos e negativos do empreendimento ou atividade que se pretenda implementar sobre a qualidade de vida da população residente na área e nas proximidades, ficando à disposição para consulta de qualquer interessado junto ao órgão municipal competente; (c) usucapião coletivo das áreas urbanas ocupadas por população de baixa renda e nas quais não seja possível a individualização dos terrenos, sendo declarada judicialmente e constituindo, a partir de então, condomínio indivisível, com estabelecimento da propriedade de uma fração para cada indivíduo.

Também guarda relação com uma dimensão positiva do direito à moradia a previsão, já no plano constitucional, o instituto do usucapião especial urbano, onde o que está em causa, na sua essência, é um direito à obtenção do título de propriedade por parte do detentor da posse para fins de moradia, a teor do disposto no art. 183 da CF, bem como nos termos da regulamentação infraconstitucional do instituto, especialmente pela Lei 10.257/2001, arts. 4.º, V, *j*, e 9.º a 14, bem como pelo Código Civil (Lei 10.406/2002), art. 1.240.[824] No que diz com a regulamentação pelo Código Civil, vale destacar também a previsão, em termos similares ao usucapião especial ou constitucional urbano, do usucapião especial rural, conforme se pode apreender do seu art. 1.239.[825] Mais recentemente, também com forte expressão em termos de assegurar a moradia na perspectiva familiar, o Código Civil inovou por intermédio da Lei 12.424, de 16.06.2011, ao assegurar, no seu art. 1.240-A, que "aquele que exercer, por 2 (dois) anos ininterruptamente e sem oposição, posse direta, com exclusividade, sobre imóvel urbano de até 250 m² (duzentos e cinquenta metros quadrados) cuja propriedade dividia com ex-cônjuge ou ex-companheiro que abandonou o lar, utilizando-o para sua moradia ou de sua

---

823. Cf., por todos, Pansieri, Flávio. *Eficácia e vinculação dos direitos sociais – Reflexões a partir do direito à moradia*, p. 46 e ss.

824. "Art. 1.240. Aquele que possuir, como sua, área urbana de até 250 m² (duzentos e cinquenta metros quadrados), por 5 (cinco) anos ininterruptamente e sem oposição, utilizando-a para sua moradia ou de sua família, adquirir-lhe-á o domínio, desde que não seja proprietário de outro imóvel urbano ou rural. § 1.º O título de domínio e a concessão de uso serão conferidos ao homem ou à mulher, ou a ambos, independentemente do estado civil. § 2.º O direito previsto no parágrafo antecedente não será reconhecido ao mesmo possuidor mais de uma vez."

825. "Art. 1.239. Aquele que, não sendo proprietário de imóvel rural ou urbano, possua como sua, por 5 (cinco) anos ininterruptos, sem oposição, área de terra em zona rural não superior a 50 (cinquenta) hectares, tornando-a produtiva por seu trabalho ou de sua família, tendo nela sua moradia, adquirir-lhe-á a propriedade."

família, adquirir-lhe-á o domínio integral, desde que não seja proprietário de outro imóvel urbano ou rural". À vista do exposto, verifica-se que todo o elenco de usucapiões especiais tem por objetivo e reflete diretamente na proteção do direito à moradia.

Em que medida o direito à moradia se traduz em direito subjetivo à construção, pelo Poder Público, de uma moradia digna (ainda que não na condição de propriedade), ou, em caráter alternativo, em direito (exigível) de fornecimento de recursos para tanto ou para, por exemplo, obras que assegurem à moradia sua condição de habitabilidade, sem prejuízo de todo um leque de aspectos a serem explorados na seara do direito à moradia na perspectiva de sua função de direito a prestações, é seguramente algo longe de estar bem sedimentado na doutrina[826] e na jurisprudência.[827] Note-se, contudo, que o STF não tem afastado, pelo contrário, afirmado, que em determinados casos o Poder Público poderá ser compelido, sem que com isso reste configurada ofensa ao princípio da separação de poderes, a promover medidas emergências (de natura positiva, portanto) em termos de políticas públicas relativas aos direitos à segurança e à moradia.[828] De qualquer modo, não é nossa intenção, dados os limites da abordagem, aprofundar tal tópico.

Note-se que, no caso de pessoas em situação de vulnerabilidade (pessoas em situação de rua), o STF, em sede de mandado de injunção (MI 7.416 AgR, relatoria do Ministro Gilmar Mendes, julgado em 21.02.2024), reconheceu a existência de extenso arcabouço normativo a proteger pessoas em situação de vulnerabilidade, no que se inserem pessoas sem acesso à moradia, entendendo inexistir omissão legislativa no que se refere à garantia à moradia, porquanto a controvérsia quanto à efetividade da legislação existente não atrai a adequação da via do mandado de injunção.

4.15.6 O direito à educação

Também o direito fundamental à educação obteve reconhecimento expresso no art. 6.º da CF,[829] integrando, portanto, o catálogo dos direitos fundamentais e sujeito ao regime jurídico reforçado que lhes foi atribuído pelo constituinte (especialmente art. 5.º, § 1.º, e art. 60, § 4.º, IV). Relembre-se que a educação foi merecedora de expressa previsão

---

826. Sobre o tema, inclusive a respeito da perspectiva positiva ou prestacional do direito à moradia, v. PISAREL-LO, Gerardo. *Vivienda para todos*: un derecho en (de)construcción. El derecho a una vivienda digna y adecuada como derecho exigible. Na doutrina brasileira, admitindo a dimensão positiva do direito à moradia, v. SILVA, José Afonso da. *Comentário contextual à constituição*, 2005, especialmente p. 186 e 275.

827. No sentido de reconhecer o direito à locação social a ser prestado por ente estatal (Município), no âmbito da dimensão positiva do direito à moradia (moradia como direito a prestações), e admitindo a sua exigibilidade pela via judicial por integrar o conteúdo do mínimo existencial, v. decisão do TJSP, Câmara Especial, AgIn 0462165-72.2010.8.26.0000/Santos, rel. Des. Luiz Antonio Ganzerla, *DJ* 25.04.2011.

828. Cf., por exemplo, o que dá conta o RE 909.943 AgR/SE, rel. Min. Edson Fachin, j. 02.06.2017, onde estava em causa a determinação judicial da adoção de medidas pelo Poder Público em virtude do risco de desabamentos em encostas e com isso preservar a segurança e a moradia das pessoas ali assentadas.

829. Sobre o direito à educação na Constituição de 1988, v., entre outros: MALISKA, Marcos A. *O direito à educação e a constituição*; LIMA, Maria Cristina de Brito. *A educação como direito fundamental*; GARCIA, Emerson. *O direito à educação e suas perspectivas de efetividade. A efetividade dos direitos sociais*, p. 149-198; RIBEIRO, Lauro Luiz Gomes. *Direito educacional. Educação básica e federalismo*; BARCELLOS, Ana Paula de. O direito à educação e o STF. In: SARMENTO, Daniel; SARLET, Ingo Wolfgang (Coord.). *Os direitos fundamentais no Supremo Tribunal Federal*: balanço e crítica, p. 609-634; COSTA, Denise Souza. *Direito fundamental à educação, democracia e desenvolvimento sustentável*.

constitucional já na Carta Imperial de 1824, que, no seu art. 179, XXXII, previa o direito à instrução primária e gratuita para todos os cidadãos. Embora a supressão de tal direito do texto constitucional em 1891, a contar de 1934 o direito à educação passou a figurar de forma contínua e progressiva, em termos quantitativos e qualitativos, nas demais Constituições, ainda que com alguma variação, até alcançar, pelo menos em termos de quadro evolutivo nacional, o máximo nível de regulação constitucional na atual Constituição Federal.

Com efeito, além da previsão, como direito fundamental básico e de caráter geral, no art. 6.º da CF, a educação (como complexo de deveres e direitos) foi objeto de regulamentação mais detalhada no Capítulo III (arts. 205 a 214), razão pela qual também aqui se coloca a questão preliminar de quais os dispositivos que efetivamente podem ser considerados como fundamentais, à luz do disposto no art. 5.º, § 2.º, de nossa Carta. Não há como deixar de considerar que a problemática da eficácia e efetividade do direito social à educação depende, em boa parte, de uma opção a respeito do regime jurídico atribuível aos diversos preceitos constitucionais que integram o capítulo da educação, especialmente se está a se tratar de normas de direitos fundamentais, ou não.

Em suma, cuida-se de saber qual o complexo de normas que constituem o núcleo essencial do direito à educação, aqui tido no seu sentido amplo. Por esta razão, partiremos aqui da análise dos quatro primeiros dispositivos do Capítulo III da ordem social (arts. 205 a 208), já que entendemos que quanto a eles não se verifica maior dificuldade em considerá-los como integrantes do que se poderá designar de complexo normativo constitucional essencial nesta matéria.

Quanto aos demais dispositivos, poder-se-á sustentar que, pelo menos em geral (uma exceção digna de nota poderá ser a previsão de um percentual mínimo de investimento público na seara da educação e da garantia da participação da iniciativa privada), constituem normas de cunho organizacional e procedimental, com *status* jurídico-positivo idêntico ao das demais normas constitucionais, assegurada, portanto, sua primazia em face do direito infraconstitucional.

Com efeito, constata-se que os arts. 209 a 211 estabelecem as condições, organização e estrutura das instituições públicas e privadas no âmbito do sistema nacional educacional, ao passo que no art. 212 se encontram regras sobre a participação dos diversos entes federativos no financiamento do sistema de ensino[830]. O mesmo art. 212, assim como o art. 213, contém normas estabelecendo metas, prioridades e diretrizes para a aplicação e distribuição dos recursos públicos na esfera educacional, enquanto no art. 214 se encontram previstos a instituição do plano nacional de educação e seus objetivos. Além disso, é de se referir a letra A inserida junto ao art. 212 pela Emenda Constitucional n. 108/2020, que ampliou o alcance e tornou permanente o Fundo de Manutenção e Desenvolvimento da Educação Básica e de Valorização dos Profissionais da Educação (Fundeb), ademais de – dentre outras

---

830. No contexto da pandemia do Covid-19, houve, contudo, um ajuste provisório no tocante às responsabilidades pela aplicação dos recursos na esfera da educação. Nesse sentido, de acordo com o disposto na EC n. 119, de 27.04.2022, foi determinada a impossibilidade de responsabilização dos Estados, do Distrito Federal, dos Municípios e dos respectivos agentes públicos pelo descumprimento, nos exercícios financeiros de 2020 e 2021, do disposto no *caput* do art. 212 da CF.

novidades – incluir o aumento gradativo da participação da União no Fundeb, estabelecendo novos critérios de distribuição dos recursos do Fundo[831].

Ainda que nem todas as normas integrantes do capítulo da ordem social, apenas pelo fato de guardarem relação direta com determinado direito fundamental social, passem a integrar os elementos essenciais de determinado direito fundamental, no caso, do direito à educação, isso não significa que os níveis de eficácia e efetividade de tais normas constitucionais sejam baixos, ou mesmo, como sempre há quem o sustente, dependentes exclusivamente de intermediação legislativa. Será possível, por exemplo, sustentar que nem mesmo uma reforma constitucional poderá pura e simplesmente suprimir o dispositivo que assegura à iniciativa privada a possibilidade de participação na educação (art. 209) ou a previsão de um percentual mínimo da receita em matéria de impostos a ser aplicada em educação pela União, Distrito Federal, Estados e Municípios (art. 212), seja por força da proibição de regressividade (retrocesso) em matéria de proteção e promoção de direitos fundamentais, seja por força, dentre outros aspectos, das exigências da proporcionalidade, mas em especial se estiverem sendo afetados, de modo indireto (não pela supressão direta de dispositivo constitucional), aspectos relativos ao núcleo essencial do direito à educação considerado como um direito em sentido amplo.

O art. 6.º da CF, tal como ocorreu com os demais direitos ali enunciados, apenas se limita a enunciar que a educação é um direito fundamental social e nada mais acrescenta que possa elucidar o conteúdo e alcance do direito, o que, como já sinalado, demanda uma interface com o disposto especialmente nos arts. 205 a 208, onde, adotando-se o critério referido, encontram-se delineados os contornos essenciais deste direito fundamental à educação. Basta lançar um breve olhar sobre estes dispositivos para que se percebam as contundentes distinções no que concerne à sua técnica de positivação, à sua função como direitos fundamentais, bem como – por consequência – à sua eficácia.

O art. 205, ao dispor que "a educação, direito de todos e dever do Estado e da família, será promovida e incentivada com a colaboração da sociedade", assume, de plano, uma dupla dimensão, pois tanto reconhece e define um direito (fundamental) de titularidade universal (de todos!), quanto possui um cunho impositivo, na condição de norma impositiva de deveres, que, dadas as suas características (e sem prejuízo de a educação ser em primeira linha um direito fundamental exigível como tal), situa-se na esfera das normas de eficácia limitada ou dependentes de complementação, já que estabelece fins genéricos a serem alcançados e diretrizes a serem respeitadas pelo Estado e pela comunidade na realização do direito à educação, quais sejam "o pleno desenvolvimento da pessoa, seu preparo para o exercício da

---

831. Note-se, nesse contexto, que a EC 135/2024, inseriu dois incisos no art. 212-A, com a seguinte redação: De acordo com o novel inciso XIV, "no exercício de 2025, da complementação de que trata o inciso V do *caput*, até 10% (dez por cento) dos valores de cada uma das modalidades referidas nesse dispositivo poderão ser repassados pela União para ações de fomento à criação de matrículas em tempo integral na educação básica pública, considerados indicadores de atendimento, melhoria da qualidade e redução de desigualdades, mantida a classificação orçamentária do repasse como Fundeb, não se aplicando, para fins deste inciso, os critérios de que tratam as alíneas *a*, *b* e *c* do inciso V deste artigo"; Já o novo inciso XV dispõe que "a partir do exercício de 2026, no mínimo 4% (quatro por cento) dos recursos dos fundos referidos no inciso I do *caput* deste artigo serão destinados pelos Estados, pelo Distrito Federal e pelos Municípios à criação de matrículas em tempo integral na educação básica, conforme diretrizes pactuadas entre a União e demais entes da Federação, até o atingimento das metas de educação em tempo integral estabelecidas pelo Plano Nacional de Educação".

cidadania e sua qualificação para o trabalho". Por outro lado, tais parâmetros podem servir de critérios para a definição do conteúdo do direito à educação como direito subjetivo, demonstrando que dimensão subjetiva e dimensão objetiva se retroalimentam.

Em contrapartida, vislumbra-se que o art. 207 se caracteriza como típica garantia institucional fundamental, assegurando a autonomia universitária,[832] o que já foi objeto de reconhecimento até mesmo pelo STF[833], não obstante tenha ficado claro que esta autonomia não assegura às universidades uma absoluta independência em face do Estado, de modo especial no que diz com a possibilidade da edição de atos normativos autônomos.[834] Vê-se, pois, que, enquanto o art. 205 também assume a feição de norma impositiva de tarefas e objetivos aos órgãos públicos e, em especial, ao legislador, servindo, além disso, como parâmetro obrigatório para a aplicação e interpretação das demais normas jurídicas, a garantia institucional contida no art. 207, que, a toda evidência, constitui norma plenamente eficaz e diretamente aplicável, atua como limite expresso contra atos que coloquem em risco o conteúdo essencial da autonomia da instituição protegida, atuando, assim, como direito fundamental de natureza defensiva.[835]

Já no art. 206 da nossa Constituição, que contém normas sobre os princípios que embasam o ensino, encontram-se diversos dispositivos que são diretamente aplicáveis e dotados

---

832. A respeito da autonomia universitária, v., entre outros: RANIERI, N. *Autonomia universitária*: as universidades públicas e a Constituição Federal de 1988. V. também, num contexto mais amplo, MALISKA, Marcos A. *O direito à educação e a Constituição*, especialmente p. 266 e ss. Por último, confira-se: TRINDADE, André (Coord.). *Direito universitário e educação contemporânea*, com destaque para o caso da autonomia universitária, da contribuição de André Trindade e Edval Luiz Mazzari Junior (p. 66 e ss.).

833. V. sobre o tema o julgamento da ADPF 548/DF, rel. Min. Cármen Lúcia, j. em 15.05.2020, em que por unanimidade o STF declarou nulas as decisões da Justiça Eleitoral em cinco Estados que impuseram a interrupção de manifestações públicas de apreço ou reprovação a candidatos em ambiente virtual ou físico de universidades às vésperas do segundo turno da eleição de 2018, tendo, dentre os fundamentos, a não violação do princípio constitucional da autonomia universitária e da autonomia dos espaços de ensinar e aprender.

834. Cf. decisão de 25.10.1989, prolatada na ADIn 51/RJ, tendo como relator o Min. Paulo Brossard (*RTJ* 148/3 e ss., 1995). Ressalte-se que, no caso concreto, se tratava de universidade federal que, mediante ato normativo interno e em afronta à lei federal, estabeleceu regras sobre a indicação e forma de provimento do cargo de reitor. A íntima vinculação entre este dispositivo e o direito à educação foi objeto de destaque no voto do Min. Celso de Mello (*RTJ* 148/9-11, 1995). No mesmo sentido, v. a ADIn 51/RJ (*DJ* 17.09.1993), especialmente o voto do então Min. Sepúlveda Pertence, afirmando que a autonomia universitária constitui garantia institucional (*RTJ* 148/14, 1995), cujo núcleo essencial não pode ser destruído pelo legislador ordinário, ainda que esteja habilitado a regulamentar o dispositivo constitucional. De outra parte, restou destacado que a autonomia universitária não corresponde a um direito subjetivo absoluto de autorregulamentação das universidades. Nesse sentido, no âmbito da jurisprudência mais recente do STF, v. a decisão proferida na ADPF 759/DF, rel. Min. Edson Fachin, j.06.02.2021, que reconheceu liminarmente a constitucionalidade do ato do Chefe do Poder Executivo relativo à escolha, dentre os integrantes da respectiva lista tríplice, do reitor de Universidade Federal, não sendo cogente a escolha do candidato mais votado, inexistindo, no caso, violação da autonomia universitária. Na ADI 5.946/RR, rel. Min. Gilmar Mendes, j. 21.05.2021, por sua vez, foi reconhecida a inconstitucionalidade de Emenda à Constituição do Estado de Roraima, pelo fato de ter ampliado a autonomia universitária para além dos parâmetros assegurados pelo art. 207, CF, no caso, pelo fato de a referida Emenda ter conferido à Universidade Estadual autonomia administrativa, financeira e orçamentária própria de órgão de poder e entes da Federação.

835. A garantia institucional da autonomia universitária também se encontra prevista, apenas a título ilustrativo, na Constituição da Espanha (art. 27.10) e na Constituição portuguesa (art. 76, n. 2). Entre as Constituições do Mercosul, foi contemplada também na Constituição do Paraguai (art. 79), não tendo sido prevista nas Constituições da Argentina e do Uruguai.

de plena eficácia. É o caso, por exemplo, da garantia da igualdade de condições para o acesso e permanência na escola (art. 206, I), que constitui concretização do princípio da isonomia, ainda que se possa – mesmo sem esta norma – cogitar de um direito social derivado de igual acesso às instituições e ao sistema de ensino, deduzido com base no direito geral de igualdade (art. 5.º, *caput*)[836]. No mesmo contexto pode ser citado o art. 206, II, que consagra a liberdade de aprendizado, de ensino, de pesquisa e de divulgação do pensamento, da arte e do saber, que, por tratar-se de autêntico direito de liberdade, gera, desde já, direitos subjetivos para os particulares[837].

Também a norma contida no art. 206, IV, que prevê a gratuidade do ensino público em estabelecimentos oficiais, não reclama qualquer ato de mediação legislativa, gerando um direito subjetivo à gratuidade (não cobrança) do ensino público. Todavia, no tocante à garantia da gratuidade do ensino público, instalou-se controvérsia que aportou no STF (RE 597.854/GO, rel. Min. Edson Fachin, j. 26.04.2017) envolvendo a possibilidade de cobrança de taxas (mensalidades) para frequência de cursos de especialização oferecidos por Instituições Públicas de Ensino Superior, tendo o STF chancelado tal possibilidade, considerando, numa primeira linha de fundamentação, que existe um espaço de conformação assegurado pelo constituinte, porquanto impossível afirmar, com base numa leitura estrita da CF, que as atividades em nível de pós-graduação estejam abrangidas pelo conceito de manutenção e desenvolvimento do ensino para efeitos da destinação, com exclusividade, de recursos públicos, devendo ser avaliado se a garantia da gratuidade se aplica também aos cursos de pós-graduação. Segundo o STF, há margem para que as Universidades, no âmbito de sua autonomia constitucional, possam decidir quais cursos se destinam à manutenção do desenvolvimento do ensino, ademais de não ser vedada em princípio a captação de recursos privados, sendo deferido às Universidades, na esfera de sua autonomia didático-científica, sempre em harmonia com a legislação vigente, as atividades de extensão, passíveis de instituição de taxas (mensalidades).

Percebe-se, portanto, que, no âmbito de um direito geral à educação (compreendido como um direito em sentido amplo), coexistem diversas posições fundamentais de natureza jurídico-objetiva e subjetiva, ainda que se possa discutir em que medida se trata de direitos originários a prestações ou apenas de direitos derivados, ou seja, de igual acesso às prestações em matéria educacional disponibilizadas pelo Poder Público.

Para a assim chamada dimensão positiva do direito à educação, ou seja, educação como direito a prestações, indispensável um rápido exame do disposto no art. 208 da CF. Desde logo se impõe a observação de que também aqui não se podem descurar dos

---

836. Ainda, quanto ao direito geral à educação, pode-se mencionar decisão proferida no âmbito da ADPF 699, rel. Min. Gilmar Mendes, j. em 24.06.2020, onde foi evidenciada a existência de uma relação entre as posições fundamentais concernentes ao direito à educação e o acesso igualitário à educação mediante a política de cotas, de modo que reduzir ou dificultar o pleno acesso de negros, indígenas, e pessoas com deficiência à cursos de pós-graduação é ilegítimo do ponto de vista constitucional.

837. Quanto à posição fundamental relativa à liberdade de ensino, por exemplo, vale mencionar a declaração de inconstitucionalidade da Lei n. 3.491/2015, do Município de Ipatinga (MG), que proibia ensino sobre gênero e orientação sexual, por contrariar o pluralismo de ideias e o fomento à liberdade e à tolerância, e violar, ainda, a liberdade de ensinar, aprender, pesquisar e divulgar o pensamento, a arte e o saber, diretrizes fundamentais da educação, estabelecidas pelo art. 206, inciso II. Cf. ADPF 467/MG, rel. Min. Ministro Gilmar Mendes, j. em 29.05.2020. No mesmo sentido, v. julgamento da ADPF 461/PR, Rel. Min. Roberto Barroso, j. 24.08.2020.

parâmetros postos nos arts. 205 e 206, no âmbito de uma interpretação sistemática. Enquanto o art. 205 enuncia que a educação é um direito de todos e obrigação do Estado e da família, o art. 206, em seus diversos incisos, estabelece uma série de diretrizes que devem ser observadas pelo Estado e pela família na realização do direito à educação, dentre as quais destacamos a já citada gratuidade do ensino público em estabelecimentos oficiais, assim como a garantia da igualdade de condições para o acesso e permanência na escola, que nada mais consagra do que o dever específico de garantir a igualdade de oportunidades nesta seara, norma que seguramente apresenta também uma dimensão impositiva de condutas ativas por parte do Estado, da sociedade e da família. Tal aspecto guarda relação com as assim chamadas políticas de ações afirmativas, que, a exemplo do que ocorreu em outros países (com destaque para o precedente dos EUA), também foram implantadas no Brasil e têm sido objeto de acirrada controvérsia, inclusive na esfera jurisdicional, resultando em decisões do STF reconhecendo a legitimidade constitucional do Programa Universidade para Todos (ProUni)[838] e de algumas políticas de cotas criadas em universidades públicas.[839] Em virtude de sua relação com o princípio da igualdade na sua vertente material, aqui não será desenvolvido o tema.

Por sua vez, verifica-se que no art. 208 o constituinte cuidou de estabelecer certos mecanismos e diretrizes a serem adotados na efetivação de seu dever com a educação, salientando-se a garantia do ensino fundamental obrigatório e gratuito, inclusive para os que a ele não tiveram acesso na idade própria (art. 208, I). Além disso, o art. 208, em seu § 1.º, contém a inequívoca declaração de que "o acesso ao ensino obrigatório e gratuito é direito público subjetivo." Cumpre referir, também, a norma que estabelece a possibilidade de responsabilização da autoridade competente pelo não oferecimento ou pela oferta irregular deste ensino obrigatório gratuito (art. 208, § 2.º). É justamente com apoio nesta constelação normativa que na doutrina não se verifica maior controvérsia quanto ao reconhecimento de um direito subjetivo individual a uma vaga em estabelecimento oficial, no âmbito do ensino obrigatório e gratuito.[840]

Levando-se em conta, por um lado, a obrigatoriedade do ensino fundamental e, por outro, ao mesmo tempo, a garantia expressa de se tratar de um direito subjetivo público a este ensino obrigatório (e gratuito), outra conclusão não parece sequer possível. Aliás, bastaria o caráter compulsório para que se pudesse deduzir, ainda mais em face do dever da família com a educação (art. 227), um correspondente direito subjetivo. A própria regra da gratuidade (ao menos para os que comprovadamente não dispõem de recursos) do ensino fundamental obrigatório pode ser tida como implícita nestas circunstâncias.

---

838. Cf. o julgamento da ADIn 3.330/DF (à qual foi apensada a ADIn 3.314/DF), rel. Min. Carlos Ayres Britto, j. 03.05.2012.

839. Cf. o julgamento da ADPF 186-2/DF, rel. Min. Ricardo Lewandowski, j. 26.04.2012.

840. Cf. BARROSO, Luís Roberto. *O direito constitucional e a efetividade de suas normas*, p. 150 e ss. No âmbito da bibliografia mais recente, v., a respeito de um direito à educação básica: LIMA, M. C. de Brito. *A educação como direito fundamental*, p. 5 e ss., sustentando inclusive a exigibilidade judicial deste direito fundamental na sua dimensão prestacional; DUARTE, Clarisse S. Direito público subjetivo e políticas educacionais. In: BUCCI, M. P. D. (Org.). *Políticas públicas – Reflexões sobre o conceito jurídico*, p. 267 e ss., enfatizando a relevância de se apostar também num direito às políticas públicas educacionais e seu controle; BARCELLOS, Ana Paula de. O direito à educação e o STF. In: SARMENTO, Daniel; SARLET, Ingo Wolfgang (Coord.). *Os direitos fundamentais no Supremo Tribunal Federal*: balanço e crítica, p. 615 e ss.

Além do mais, é preciso ressaltar que esta obrigação geral da família, da sociedade e do Estado com a educação foi novamente enunciada no art. 227, *caput*, da CF. Mais adiante, no art. 227, § 3.º, I e III, no âmbito do direito (fundamental) à proteção especial por parte da criança e do adolescente, bem como no art. 229 (dever dos pais de criar e educar os filhos menores), esta obrigação do Estado e da família (e dos pais) foi alvo de especial atenção pela Constituição Federal. Assim, se atentarmos para a regra que estipula em 14 anos a idade mínima para admissão ao trabalho (ressalvada a hipótese do art. 7.º, XXXIII, da CF), além das normas infraconstitucionais (com destaque para o avançado Estatuto da Criança e do Adolescente), que preveem a possibilidade de responsabilização civil e penal (a das autoridades, como se viu, tem até mesmo base constitucional) dos pais e responsáveis que deixarem de zelar pelo acesso de seus filhos ao ensino fundamental, não resta a menor dúvida que existe, sim, um direito fundamental originário (e subjetivo) à prestação estatal do ensino fundamental gratuito em estabelecimentos oficiais.

A habitual ponderação relativa à ausência de recursos (limite da reserva do possível), assim como a ausência de competência dos tribunais para decidir sobre destinação de recursos públicos, aqui se revelam de ainda mais difícil aceitação. Note-se que, de acordo com o art. 212 da Constituição, a União não poderá aplicar menos de 18%, e os Estados, o Distrito Federal e os Municípios menos de 25% da receita resultante dos impostos, na manutenção e desenvolvimento do ensino. O montante da verba orçamentária mínima (o legislador poderá estabelecer valores superiores), seguramente representando a maior fatia do orçamento público, demonstra a importância atribuída à educação. No § 3.º do mesmo artigo, encontra-se, por sua vez, regra que prioriza a distribuição dos recursos para o ensino obrigatório (fundamental). Já considerada a alteração resultante da EC n. 53/2006, o art. 212, § 5.º, ressaltando a prioridade da educação básica pública, prevê que ele contará, como fonte adicional de financiamento, com os recursos decorrentes da contribuição social do salário-educação.

Também merecem destaque outros dispositivos que ressaltam a especial relevância do ensino público fundamental. Assim, o art. 211, §§ 2.º e 3.º, prevê que os Municípios e Estados deverão ambos atuar prioritariamente no ensino fundamental, cabendo aos Municípios operarem no plano da educação fundamental e aos Estados no ensino médio). Tudo isso demonstra que as competências na esfera do ensino, a origem e a destinação das verbas, bem como as prioridades e metas da política de ensino, já estão definidas em nível constitucional, de tal sorte que tais aspectos não podem ser invocados como objeções ao reconhecimento de um direito subjetivo à educação fundamental.

Com apoio na argumentação desenvolvida, é possível admitir, tal como sugerido por Luís Roberto Barroso, que, na hipótese de não ser possível o reconhecimento de um direito de acesso ao ensino fundamental público gratuito, no caso de inexistentes ou comprovadamente insuficientes os recursos materiais disponíveis (escolas, salas de aula, vagas, professores etc.), o Poder Público, numa demanda de natureza cominatória, possa ser condenado a uma obrigação de fazer, por exemplo, determinando-se a construção de uma escola ou mesmo a matrícula em escola particular às expensas do Poder Público, restando, ainda, a insatisfatória possibilidade de exigir-se do Estado o pagamento de uma indenização pela omissão, que, no entanto – como bem reconhece o autor –, não tem o condão de substituir adequadamente a falta de estudo.[841]

Além dos argumentos já colacionados, verifica-se que um direito subjetivo (inclusive originário) a prestações em matéria educacional, especialmente no campo do ensino fundamental, situa-se na esfera da garantia do mínimo existencial,[842] especialmente naquilo em que este, como já sinalado no capítulo próprio, abrange uma dimensão sociocultural e não se limita a um mínimo vital, fundamentação amplamente prestigiada na doutrina e jurisprudência, inclusive do STF, situações que abrangem o reconhecimento de um direito subjetivo de acesso à educação infantil em creches disponibilizadas pelo Poder Público para crianças de até cinco anos de idade.[843]

Especificamente no que diz respeito a um direito subjetivo das crianças de até cinco anos de idade de acesso ao atendimento em creches e pré-escolas mantidas pelo poder público, o STF, em 22.09.2022, no âmbito do RE 1008166, com Repercussão Geral, relatado pelo Ministro Luiz Fux, fixou o entendimento de que tal direito, bem como o correspondente dever estatal, é de aplicação direta e imediata, e que independe de prévia regulamentação legislativa, ademais de estabelecer a possibilidade do manejo de ações individuais para reivindicar tal direito na esfera judiciária. De acordo com a tese que acabou sendo afirmada pelo STF, aqui transcrita, "(...) 1 – A educação básica em todas as suas fases, educação infantil, ensino fundamental e ensino médio, constitui direito fundamental de todas as crianças e jovens, assegurado por normas constitucionais de eficácia plena e aplicabilidade direta e imediata; 2 – A educação infantil compreende creche, de 0 a 3 anos, e a pré-escola, de 4 a 5 anos. Sua oferta pelo poder público pode ser exigida individualmente, como no caso examinado neste processo; 3 – O poder público tem o dever jurídico de dar efetividade integral às normas constitucionais sobre acesso à educação básica".

---

841. Cf. BARROSO, Luís Roberto. *O direito constitucional e a efetividade de suas normas*, p. 151.

842. Nesse sentido, por todos, ZOCKUN, Carolina Zancaner. *Da intervenção do Estado no domínio social*. São Paulo: Malheiros, 2013, p. 64.

843. Sobre o direito à educação na perspectiva da jurisprudência do STF, v., em especial: BARCELLOS, Ana Paula de. O direito à educação e o STF. In: SARMENTO, Daniel; SARLET, Ingo Wolfgang (Coord.). *Os direitos fundamentais no Supremo Tribunal Federal*: balanço e crítica, p. 609-635. Dentre os precedentes do STF que podem ser referidos em caráter ilustrativo, destaca-se, pelo seu pioneirismo, o RE 436.996/SP (*DJ* 26.10.1995): reconhece a existência de um dever constitucional do Poder Público (notadamente do Município) em assegurar o atendimento gratuito de crianças até seis anos de idade em nível de pré-escola, a partir de uma compreensão ampla do direito à educação. Em sentido idêntico, v. RE 472.707/SP, *DJ* 04.04.2006; RE 467.255/SP, *DJ* 14.03.2006; e RE 410.715/SP, *DJ* 08.11.2005. No que diz com o vínculo entre o direito à educação infantil e o mínimo existencial, v., em especial, o AgIn 564.035/SP (*DJ* 15.05.2007), que assegura o direito da criança de obter vaga em creche municipal, acentuando que "a educação compõe o mínimo existencial, de atendimento estritamente obrigatório pelo Poder Público, dele não podendo se eximir qualquer das entidades que exercem as funções estatais. O mínimo existencial afirma o conjunto de direitos fundamentais sem os quais a dignidade da pessoa humana é confiscada. E não se há de admitir ser esse princípio mito jurídico ou ilusão da civilização, mas dado constitucional de cumprimento incontornável, que encarece o valor de humanidade que todo ser humano ostenta desde o nascimento e que se impõe ao respeito de todos" (rel. Min. Cármen Lúcia Antunes Rocha). No mesmo sentido, v., ainda, o AgRg-RE 592.937/SC (*DJe* 12.05.2009) e o RE 600.419 (*DJe* 182, de 03.09.2009). V. outrossim, inclusive com relação ao mínimo existencial, a determinação de manutenção de decisão que obrigou município a alocar crianças em creches próximas à residência, com base na priorização de políticas voltadas à educação infantil, mesmo em momentos de dificuldades orçamentárias, cf. SL 1.314/PR, rel. Min. Dias Toffoli, j. em 16.04.2020.

Mediante tal decisão, o STF não apenas consolidou seu entendimento em prol de um direito fundamental das crianças à vagas em creches públicas, mas também reafirmou que os direitos fundamentais sociais, particularmente quando associados ao mínimo existencial, não podem ter sua eficácia e efetividade pura e simplesmente condicionada à prévia interposição legislativa, ademais de sublinhar que tal intervenção do Poder Judiciário não configura violação do princípio da separação dos poderes.

Ainda no contexto mais amplo de um direito à educação como direito a prestações situa-se a problemática do acesso ao ensino médio e superior. Diversamente dos casos do ensino fundamental e do direito à educação infantil, a Constituição Federal, no art. 208, II, previu a garantia da "progressiva universalização do ensino médio gratuito", além de assegurar o "acesso aos níveis mais elevados do ensino, da pesquisa e da criação artística, segundo a capacidade de cada um" (art. 208, V). Assim, pelo menos não expressamente, a Constituição Federal não consagra um direito subjetivo a uma vaga no ensino médio gratuito (em estabelecimento oficial de ensino), muito menos o direito a uma vaga em instituição de ensino superior mantida pelo Poder Público.

O quanto os argumentos esgrimidos em favor de um direito subjetivo, inclusive originário, de acesso ao ensino infantil e fundamental podem ser transportados para a seara do ensino médio e superior, ainda mais considerando as peculiaridades do texto constitucional (art. 208, II e V), se revela no mínimo digno de maior reflexão. O mesmo vale para a invocação, como fundamento de um direito subjetivo, do direito e garantia do mínimo existencial, já que, por mais alargada que possa vir a ser sua compreensão, é dificilmente compatível com a inclusão de um direito definitivo a uma vaga no ensino superior, pelo menos quando se tomam como referenciais os desenvolvimentos mais recentes em nível de direito comparado.

No caso do ensino médio, dada a sua relevância para o ingresso no mercado profissional e o próprio acesso aos níveis superiores, bem como considerando as crescentes demandas em termos de formação num mundo complexo e marcado pela utilização da tecnologia, a sua relevância para o exercício efetivo do direito ao livre desenvolvimento da personalidade e garantia de níveis de autonomia significativos para o indivíduo não pode ser desconsiderada. De outra parte, o dever de progressividade não poderá ser estendido *ad infinitum*, de tal sorte que, ante um descumprimento injustificado da meta da progressiva universalização do ensino médio gratuito, o reconhecimento de um direito subjetivo a uma vaga na rede pública ou de cursar o ensino médio em entidade de ensino privada mediante custeio pelo Poder Público, tal como no caso do ensino fundamental, há de ser saudado pelo menos como alternativa a ser levada a sério.

No âmbito do ensino fundamental e médio é possível sustentar também um dever do Poder Público no sentido de assegurar condições efetivas de acessibilidade dos respectivos usuários às instalações de ensino (escolas), mediante garantia de adequado transporte público, o que tem, aliás, sido objeto de reconhecimento reiterado pelo STF em diversas decisões.[844] Com isso se consolida o entendimento de que o direito à educação engloba um conjunto de deveres para o Poder Público que correspondem, na dimensão subjetiva, a direitos subjetivos e, portanto, exigíveis pelo cidadão inclusive pela via judiciária, embora aqui também assumam relevância as diversas objeções ao reconhecimento de direitos subjetivos

---

844. Cf., em caráter ilustrativo, o ARE 990.934 AgR/PB, rel. Min. Ricardo Lewandowski, j. 24.03.2017.

a prestações sociais, que, contudo, já foram levadas em conta na parte geral dos direitos sociais.

O caso do ensino superior, todavia, merece um exame mais detido, valendo a pena lançar um olhar sobre o direito comparado. Apenas para referir um precedente ilustre, calha recordar a discussão que se travou na Alemanha, já no início dos anos 1970, sobre um direito de acesso ao ensino superior, debate que, aliás, forneceu importantes subsídios para a controvérsia em torno dos direitos sociais como direitos a prestações. Na sua afamada e inúmeras vezes citada decisão *numerus clausus*, o Tribunal Constitucional Federal, com base na constatação de que a liberdade fundamental de escolha da profissão não teria valor algum caso não existissem as condições fáticas para a sua fruição, entendeu que este direito fundamental tem por escopo assegurar também o livre acesso às instituições de ensino.[845]

De fato, acabou o Tribunal da Alemanha reconhecendo que, a partir da criação de instituições de ensino pelo Estado, de modo especial em setores onde o Poder Público exerce um monopólio e onde a participação em prestações estatais constitui pressuposto para a efetiva fruição de direitos fundamentais, a garantia da liberdade de escolha de profissão (art. 12, I, da LF), combinada com o princípio geral da igualdade (art. 3.º, I) e com o postulado do Estado Social (art. 20), garante um direito de acesso ao ensino superior de sua escolha a todos os que preencherem os requisitos subjetivos para tanto.[846] Remanesceu em aberto, contudo, eventual possibilidade de se admitir um direito fundamental originário a prestações, isto é, não apenas o tratamento igualitário no que tange ao acesso, mas também o direito a uma vaga no âmbito do ensino superior. Tal hipótese foi aventada pelo Tribunal Federal Constitucional, que, mesmo sem posicionar-se de forma conclusiva a respeito da matéria, admitiu que os direitos a prestações não se limitam ao previamente existente, embora o Tribunal tenha condicionado esse direito de acesso ao limite da reserva do possível.[847]

A doutrina majoritária, em que pese a argumentação referida, optou por se posicionar contrariamente a um direito originário a prestações, limitando-se a acolher um direito fundamental derivado (e, portanto, relativo), consistente na garantia de igual acesso ao ensino superior, na medida das instituições e vagas existentes.[848] De qualquer modo, para além do reconhecimento de um direito derivado a prestações, houve quem atribuísse manifesto efeito didático à decisão do Tribunal Federal Constitucional nesta seara, uma vez que resultou em medidas concretas objetivando a ampliação das capacidades existentes na esfera do ensino superior,[849] além de atuar – numa dimensão jurídico-objetiva – como apelo às instâncias políticas para atuarem concretamente na realização do direito ao ensino superior.[850]

Calcada em linha semelhante de argumentação, situa-se a solução proposta na doutrina lusitana por Gomes Canotilho, que, referindo-se às Constituições portuguesa (art. 74) e espanhola (art. 27), desenvolveu a concepção de um direito subjetivo ao ensino, na sua

---

845. Cf. *BVerfGE* 33, 303 (330 e ss.), posteriormente confirmada em *BVerfGE* 39,258 e 39, 276, assim como em *BVerfGE* 43, 29, e 59, 1.

846. Cf. *BVerfGE* 33, 303 (331-2).

847. Cf. *BVerfGE* 33, 303 (333).

848. Esta a lição de Scholz, R. Art. 12, I GG. In: Maunz/Dürig/Herzog/Scholz. *Grundgesetz Kommentar*, p. 58 e ss., ressaltando que, apesar do monopólio estatal na esfera do ensino superior, este não integra o âmbito do ensino estatal obrigatório.

849. Cf. Häberle, P., *DÖV 1972*, p. 732, e Sendler, H., *DÖV 1978*, p. 585.

850. Nesse sentido, a oportuna referência de Häberle, P. Grundrechte im Leistungsstaat, *VVdStRL* 30/114, 1972.

dimensão específica de um direito de acesso ao ensino universitário, com base na noção, oriunda da doutrina alemã, de que determinada posição jurídica prestacional pode estar abrangida pelo âmbito normativo de um direito, liberdade e garantia, já que um direito a prestações na esfera da educação e do ensino se destina a assegurar o pleno exercício, por exemplo, da liberdade de escolha de profissão e da liberdade de aprender.[851] Argumenta o mestre de Coimbra que tanto a Constituição portuguesa, quanto a espanhola, ao estabelecerem que ao Poder Público cabe garantir o acesso ao ensino, estão conferindo ao Estado uma competência (poder de atuar no campo do acesso ao ensino superior, no caso) à qual corresponde um dever não relacional do Estado no sentido de criar condições de acesso ao ensino superior. Para os particulares emerge, por sua vez, não um direito subjetivo definitivo (como no caso das condições mínimas existenciais), mas, sim, um direito subjetivo *prima facie* (a norma justifica um direito a prestações, mas não tem por resultado obrigatório uma decisão individual), já que – em virtude do limite da reserva do possível e da necessária ponderação por parte dos poderes públicos quanto ao modo de realizar o direito – o problema do acesso à universidade não pode, ainda consoante Gomes Canotilho, resolver-se em termos de "tudo ou nada".[852]

À vista dos casos da Alemanha e de Portugal, especialmente considerando os argumentos colacionados, entendemos, contudo, que a solução preconizada à luz do direito constitucional positivo pátrio oferece uma base e parâmetros bem mais sólidos quando se trata de reconhecer um direito fundamental originário ao ensino fundamental obrigatório público e gratuito.[853]

Já para o ensino médio, para além do dever do Estado no sentido de, em ritmo progressivo, assegurar de forma universal o ensino médio gratuito em estabelecimentos oficiais de ensino ou mediante um sistema de bolsas de estudo ou outro mecanismo com efeitos similares, no mínimo se poderá sustentar a existência de um direito subjetivo (derivado) de igual

---

851. Cf. CANOTILHO, J. J. Gomes. *Tomemos a sério os direitos económicos, sociais e culturais*, *Temas de direitos fundamentais*, p. 37 e ss. Ressalte-se que a Constituição portuguesa, além de efetuar a distinção entre um direito à educação (art. 73) e um direito ao ensino (art. 74), trata destes direitos fundamentais em diversos dispositivos no âmbito dos direitos económicos, sociais e culturais, que não gozam do mesmo regime jurídico dos direitos, liberdades e garantias do Título II. Aliás, tendo em vista esta distinção quanto ao regime jurídico, o constituinte lusitano optou por incluir as liberdades de ensinar e aprender (art. 43/1 e 3), assim como o direito de criação de escolas particulares (art. 43/4), no Título II, assegurando-lhes, portanto, o regime pleno da fundamentalidade material e formal reforçada. Esta distinção, entre direito à educação e direito ao ensino, por sua vez, não foi adotada na Constituição espanhola, que cuida apenas do primeiro, outorgando-lhe, contudo, dimensão ampla.

852. Cf. CANOTILHO, J. J. Gomes. *Tomemos a sério os direitos económicos, sociais e culturais*, *Temas de direitos fundamentais*, p. 39-42, que buscou inspiração principalmente na doutrina alemã, destacando-se as obras de F. Müller, B. Pieroth e L. Fohmann, sobre os direitos a prestações no âmbito de uma garantia de liberdade (*Leistungsrechte im Normbereich einer Freiheitsgarantie*), e de R. Alexy, além de marcada influência inglesa, ressaltando-se, particularmente, a obra de DWORKIN, Ronald. *Los derechos en serio*.

853. Convém observar, neste contexto, que também na Constituição espanhola o ensino básico é obrigatório e gratuito (art. 27/4), assim como a Constituição portuguesa (art. 74/3a) dispõe que ao Estado compete assegurar o ensino básico universal, obrigatório e gratuito, razão pela qual se poderia desenvolver, relativamente a estas ordens constitucionais, raciocínio similar ao propugnado para o direito pátrio. A título ilustrativo, refiram-se, ainda, os exemplos extraídos das Constituições dos países integrantes do Mercosul. Assim, verifica-se que a Constituição do Uruguai, em seu art. 70, dispõe sobre a obrigatoriedade do ensino primário e médio. Já a Constituição do Paraguai, em seu art. 76, dispõe ser gratuita e obrigatória a educação fundamental.

acesso às vagas disponibilizadas, sem prejuízo da evolução para um direito subjetivo a uma vaga no ensino médio, tal como sugerido acima. No caso do ensino superior, a despeito da ausência de previsão expressa na Constituição Federal, mas em sintonia com o dever de progressiva realização dos direitos sociais, econômicos e culturais, dentre outros argumentos, é possível sustentar, além do direito subjetivo de igual acesso às vagas já disponibilizadas, um dever constitucional de progressiva criação de cursos e vagas ou da criação de outros meios de acesso efetivo ao ensino superior, como dá conta, por exemplo, considerando o seu impacto positivo em termos quantitativos e qualitativos, a experiência com o ProUni (Programa Universidade para Todos).

Tema que se insere na problemática mais ampla do direito à educação e se manifesta do ponto de vista tanto da dimensão objetiva quanto da dimensão subjetiva, ademais de defensiva e prestacional, é o de que não basta assegurar um direito de igual acesso à educação de modo a cobrir ao menos na esfera do ensino fundamental e médio todos os possíveis e necessários beneficiários (sem prejuízo do dever de progressividade também no ensino superior), e também o da qualidade do ensino e da pesquisa, crucial não apenas para impedir a saída de analfabetos funcionais do sistema de ensino (público e privado), mas para garantir um nível de formação suficiente para uma inserção eficaz e produtiva na vida profissional, política, social, econômica e cultural, no sentido de uma cidadania ativa qualificada. Dito de outro modo, o direito à educação deverá sempre ser (ou buscar sê-lo) um direito subjetivo à educação de qualidade, ademais de (na perspectiva objetiva) um dever do Estado e da sociedade de prover políticas e arranjos institucionais e organizacionais, incluindo a provisão de recursos financeiros e humanos para tanto.[854]

Nesse mesmo contexto, embora com peculiaridades a serem consideradas, situa-se o problema do controle judicial das opções políticas no que diz com a regulação estatal dos requisitos de acesso ao ensino (educação) e mesmo, dentre outros aspectos, do conteúdo programático. Para ilustrar o ponto, colaciona-se decisão do STF proferida em julgamento conjunto da ADPF 292-DF e da ADC 17/DF, respectivamente relatadas pelos Ministros Luiz Fux e Edson Fachin, em 25.05.2018, no bojo das quais se discutia a idade mínima para o ingresso na educação infantil e ensino fundamental. Em suma, foi, por maioria, declarada a constitucionalidade de Resolução do CNE (Conselho Nacional de Educação) que estabelece que a criança deve ter completado seis anos até o dia 31 de março para ser admitida, o que, segundo a Corte, corresponderia, segundo parecer do Conselho Federal de Psicologia, ao melhor interesse da criança e, além disso, considera a capacidade institucional do Poder Executivo em regular a matéria de modo adequado e isonômico, apenas para citar alguns dos argumentos invocados pelos Ministros que participaram do julgamento. Além disso, especificamente digno de nota, que, de acordo com o Ministro Roberto Barroso, intervenção judiciária de modo a permitir o ingresso de crianças com cinco anos (e não seis) implicaria alteração de toda a base nacional comum curricular, ademais do problema da identificação e equacionamento de casos nos quais foi demonstrada a falta de capacidade emocional de aprendizado e avaliação.

---

854. Sobre o tema, v., entre outros, KIM, Richard Pae; FERREIRA, Luiz Antonio Miguel (Org.). *Justiça pela qualidade na educação*. São Paulo: Saraiva, 2013, publicação da Associação Brasileira de Magistrados, Promotores de Justiça e Defensores Públicos da Infância e da Juventude, com diversas contribuições sobre o tema.

Assim, a partir do caso sumariamente retratado, é possível afirmar que – a despeito de ser julgada improcedente a demanda – o problema da eficácia e efetividade do direito à educação em sentido amplo, inclui também a possibilidade de controle da própria regulação e, portanto, da execução adequada pelo Estado das medidas para tanto.

Tema polêmico, apreciado pelo STF no RE 888.815/RS, Relator Ministro Roberto Barroso (Redator para o Acórdão, Ministro Alexandre de Moraes), em julgamento realizado em 06-09-2019, diz respeito a existência de um direito subjetivo ao ensino domiciliar, tendo a Corte entendido, por maioria, não ser absolutamente vedada tal possibilidade, em se procedendo a uma interpretação sistemática da CF no tocante aos preceitos que tratam da família, da criança, do adolescente e do jovem, em combinação com os dispositivos relativos que versam sobre a educação.

De acordo com voto do Ministro Alexandre de Moraes – acompanhado pela maioria dos seus pares[855] – o próprio texto constitucional permite a coexistência de instituições públicas e privadas como um dos princípios regentes do ensino [art. 206, III (7)], ademais de estabelecer uma parceria obrigatória entre a família e o Estado na esfera educacional, desde que observados os requisitos constitucionais cogentes na matéria, o que, por sua vez, independe da modalidade de ensino, como é o caso do ensino básico obrigatório, a existência de um núcleo curricular mínimo e a convivência familiar e comunitária. Assim, embora resulte evidente que a CF veda algumas espécies de ensino domiciliar (a desescolarização e o ensino domiciliar puro), o mesmo não ocorre com o assim chamado *homeschooling* ou ensino domiciliar utilitarista, que pode ser estabelecido e regulado pelo Congresso Nacional. Assim, ainda segundo o Ministro Alexandre de Moraes, o ensino domiciliar exige regulamentação prévia pelo legislador, prevendo os modos de avaliação e fiscalização indispensáveis ao cumprimento das exigências e princípios constitucionais correspondentes.

Independentemente de se concordar, ou não, com a decisão do STF sobre ensino domiciliar, trata-se de matéria de particular relevância e atualidade e que guarda relação com diversos aspectos do direito à educação, mas também com outros princípios e direitos fundamentais. De todo modo, para não deixar de pelo menos esboçar uma posição pessoal, a proibição absoluta de alguma modalidade de ensino domiciliar não soa legítima do ponto de vista constitucional, carecendo, todavia – conforme, aliás, bem pontuado nos votos dos Ministros Alexandre de Moraes e Roberto Barroso (pois ambos se posicionaram nesse sentido, a despeito das substanciais diferenças) –, da consideração e atendimento de determinados pressupostos, critérios e condições, dentre as quais o cumprimento das exigências em termos de currículo (conteúdos) e avaliações.

Temática que passou a ocupar considerável espaço nas mídias, em especial nas mídias sociais e no debate político, desembocando também no Poder Judiciário, é a do conteúdo programático e dos seus limites, como se verifica no caso da querela em torno da obrigação (ou proibição) da incorporação da linguagem neutra pelas instituições de ensino, bancas examinadoras de seleção e concursos públicos, dentre outros. Sobre o tema já se pronunciou o STF (ADPF 1.159 MC, relatoria do Ministro Flávio Dino, julgada em 07.08.2024, quando

---

855. Note-se que os Ministros Luiz Fux e Ricardo Lewandovski entenderam que o ensino domiciliar é absolutamente incompatível com a CF, ao passo que o Ministro Roberto Barroso deu provimento ao RE por reconhecer um direito subjetivo à educação domiciliar, desde que atendidos determinados requisitos (estabelecidos em seu voto). Já o Ministro Edson Fachin votou no sentido do provimento parcial do RE, apelando-se ao Congresso Nacional para que, em prazo a ser fixado pela Corte, editasse lei regulamentando o ensino domiciliar.

examinou a constitucionalidade formal e material de Lei do Município de Navegantes, SC, que proibiu o uso de linguagem neutra pelos órgãos públicos municipais. De acordo com o STF, no caso, "a Lei Municipal impugnada afasta a inclusão da linguagem neutra não só dos documentos oficiais, mas também nos ambientes formais de ensino e educação, sob fundamento na corrupção das regras gramaticais". Ainda de acordo com a decisão referida, "a liberdade de ensinar não é absoluta, encontrando limites nas normas regentes da educação debatidas em espaços públicos, em ambiente democrático, com ampla participação da sociedade e da comunidade científica em geral". Todavia, embora tenha a Suprema Corte feito referência a aspectos relacionados à inconstitucionalidade material, a conclusão foi a de que a "matéria somente pode ser regulada pelo Congresso Nacional, sendo vedada a edição de leis estaduais ou municipais, contra ou a favor da linguagem neutra em sistemas de ensino".

4.15.7 O direito ao trabalho

O direito fundamental ao trabalho, como direito social básico e formulado em termos amplos, está sediado no Capítulo II (Dos direitos sociais) da CF, no *caput* do art. 6.º. A esse enunciado geral soma-se um rol significativo de disposições constitucionais, igualmente sediado no título dos direitos fundamentais, versando sobre aspectos mais ou menos específicos da proteção ao trabalhador e de direitos dos trabalhadores, com destaque para o art. 7.º, contemplando um extenso elenco de direitos e garantias dos trabalhadores urbanos e rurais, e que, em combinação com os arts. 8.º a 11 (liberdade sindical, direito de greve e participação dos trabalhadores na gestão da empresa), formam, no seu conjunto, as linhas mestras do regime constitucional do direito fundamental ao trabalho.[856]

De modo exemplificativo, podem-se citar os seguintes direitos e garantias assegurados ao trabalhador no art. 7.º da CF: proteção contra despedida arbitrária ou sem justa causa (I), seguro-desemprego, em caso de desemprego involuntário (II), irredutibilidade do salário (VI), décimo terceiro salário (VIII), remuneração do trabalho noturno superior à do diurno (IX), participação nos lucros, ou resultados, desvinculada da remuneração, e, excepcionalmente, participação na gestão da empresa (XI), salário-família pago em razão do dependente do trabalhador de baixa renda (XII), duração do trabalho normal não superior a oito horas diárias e quarenta e quatro semanais (XIII), repouso semanal remunerado (XV), gozo de férias anuais remuneradas (XVII), licença à gestante, sem prejuízo do emprego e do salário, com a duração de cento e vinte dias (XVIII), licença-paternidade (XIX), proteção do mercado de trabalho da mulher, mediante incentivos específicos (XX), aviso prévio proporcional ao tempo de serviço, sendo no mínimo de trinta dias (XXI), redução dos riscos

---

856. Sobre o direito fundamental ao trabalho na ordem jurídico-constitucional brasileira, v., entre outros, Gomes, Fábio Rodrigues. *O direito fundamental ao trabalho – Perspectivas histórica, filosófica e dogmático-analítica*, bem como, do mesmo autor, *Direitos fundamentais dos trabalhadores*: critérios de identificação e aplicação prática; Cavalcante, Ricardo Tenório. *Jurisdição, direitos sociais e proteção do trabalhador*; Delgado, Gabriela Neves. *Direito fundamental ao trabalho digno*; Wandelli, Leonardo Vieira. *Despedida abusiva*: o direito (do trabalho) em busca de uma nova racionalidade, bem como, do mesmo autor, *O direito humano e fundamental ao trabalho. Fundamentação e exigibilidade*; Ledur, José Felipe. *A realização do direito ao trabalho*; Sarlet, Ingo Wolfgang, Os direitos dos trabalhadores como direitos fundamentais na Constituição Federal Brasileira de 1988. In: Sarlet, Ingo Wolfgang; Mello Filho, Luiz Philippe Vieira de; Frazão, Ana de Oliveira (Coord.), *Diálogos entre o direito do trabalho e o direito constitucional. Estudos em homenagem à Rosa Maria Weber*, São Paulo: Saraiva, 2014, p. 15-74.

inerentes ao trabalho, por meio de normas de saúde, higiene e segurança (XXII), adicional de remuneração para as atividades penosas, insalubres ou perigosas (XXIII), aposentadoria (XXIV), seguro contra acidentes de trabalho (XXVIII), proibição de diferença de salários, de exercício de funções e de critério de admissão por motivo de sexo, idade, cor ou estado civil (XXX), proibição de qualquer discriminação no tocante a salário e critérios de admissão do trabalhador portador de deficiência (XXXI), proibição de trabalho noturno, perigoso ou insalubre a menores de dezoito e de qualquer trabalho a menores de dezesseis anos, salvo na condição de aprendiz, a partir de quatorze anos (XXXIII).

Convém recordar, na perspectiva do direito constitucional positivo brasileiro, que normas constitucionais dispondo sobre o direito ao trabalho e a proteção do trabalhador já podem ser encontradas no âmbito da evolução constitucional anterior, pelo menos desde a Constituição de 1934, muito embora em termos quantitativos e qualitativos, ou seja, no que diz com o número de posições fundamentais atribuídas ao trabalhador e no concernente à intensidade da proteção constitucional, a Constituição Federal de 1988, até mesmo por ter incluído os direitos dos trabalhadores no título dos direitos fundamentais, inovou e avançou significativamente, ainda que aos olhos de muitos o constituinte tenha aqui também pecado pelo excesso, aspectos que não serão objeto de nossa atenção.

No plano do direito internacional dos direitos humanos, o direito ao trabalho aparece consagrado nos arts. XXIII e XXIV da Declaração Universal dos Direitos Humanos (1948), ao dispor: "Art. XXIII – 1. Toda pessoa tem direito ao trabalho, à livre escolha de emprego, a condições justas e favoráveis de trabalho e à proteção contra o desemprego. 2. Toda pessoa, sem qualquer distinção, tem direito a igual remuneração por igual trabalho. 3. Toda pessoa que trabalha tem direito a uma remuneração justa e satisfatória, que lhe assegure, assim como à sua família, uma existência compatível com a dignidade humana, e a que se acrescentarão, se necessário, outros meios de proteção social. 4. Toda pessoa tem direito a organizar sindicatos e a neles ingressar para a proteção de seus interesses"; "Art. XXIV – Toda pessoa tem direito a repouso e lazer, inclusive a limitação razoável das horas de trabalho e a férias remuneradas periódicas".

A Declaração Universal é precisa ao reconhecer em favor do trabalhador o "direito a uma remuneração justa e satisfatória, que lhe assegure, assim como à sua família, uma existência compatível com a dignidade humana", ou seja, deve ser garantido ao trabalhador – e tal norma volta-se tanto ao empregador particular quanto ao Estado – um padrão remuneratório que atenda às suas necessidades básicas. Na Declaração Universal há, por certo, nítida preocupação com a proteção do trabalhador em face de práticas abusivas e degradantes. Tal *standard* normativo foi seguido no âmbito do Pacto Internacional dos Direitos Econômicos, Sociais e Culturais (PIDESC), de 1966,[857] bem como na Declaração Americana de Direitos e Deveres do Homem (1948)[858] e no Protocolo de "San Salvador" Adicional à Convenção Americana sobre Direitos Humanos em Matéria de Direitos Econômicos, Sociais e Culturais (1988),[859] sem prejuízo de outros diplomas, como, por exemplo, a Carta Social Europeia e a Carta dos Direitos Fundamentais da União Europeia, apenas para referir alguns exemplos.

---

857. Arts. 6.º, 7.º e 8.º.
858. Arts. XIV, XV e XXXVII.
859. Arts. 6.º, 7.º e 8.º.

Mas é na esfera da Organização Internacional do Trabalho (OIT) – que é inclusive anterior à Declaração da ONU – que se localiza a maior e mais eficaz fonte normativa de matriz internacional para o direito ao trabalho e a proteção do trabalhador, visto que se cuida do subsistema (em nível internacional) dedicado à produção de normas vinculantes, diretrizes e um conjunto de critérios e sanções em termos do controle do cumprimento do teor das convenções por parte dos Estados aderentes.[860] Nessa seara, dada a hierarquia supralegal das Convenções da OIT (considerando-as como sendo de direitos humanos), além da aplicação de tais convenções – uma vez incorporadas ao direito interno – como direito federal vigente, válido e eficaz, também importa realizar um controle de convencionalidade dos atos normativos internos (nacionais) de modo a assegurar a observância das convenções e a não aplicação ou interpretação conforme em caso de incompatibilidade. Um exemplo disso (embora ainda não apreciado pelo STF) é o reconhecimento do caráter cumulativo dos adicionais (previstos na CF no capítulo dos direitos fundamentais dos trabalhadores) de insalubridade e periculosidade por parte do TST. Ademais disso, forte nos arts. 5.º, § 2.º, e 7.º, *caput*, da CF, as convenções da OIT e demais tratados internacionais de direitos humanos aplicáveis às relações de trabalho integram o conjunto dos direitos fundamentais da CF, no âmbito da assim chamada abertura material do catálogo, aspecto que aqui, contudo, não será mais desenvolvido.[861]

Também no caso do direito ao trabalho é possível identificar a forte conexão com outros direitos fundamentais, reforçando a tese da interdependência e indivisibilidade dos direitos fundamentais. Exemplo digno de nota é o que pode ser vislumbrado no art. 7.º, IV, da CF, de acordo com o qual deve ser assegurado ao trabalhador salário "capaz de atender a suas necessidades vitais básicas e às de sua família com moradia, alimentação, educação, saúde, lazer, vestuário, higiene, transporte e previdência social". Isso significa que o salário percebido pelo trabalhador, aqui estabelecido um patamar mínimo, deve ser suficiente para assegurar condições mínimas de bem-estar ao trabalhador e sua família, de modo a garantir o acesso aos bens sociais descritos no dispositivo citado acima. O vínculo com o direito-garantia ao mínimo existencial resulta evidente, assim como não se pode desprezar o quanto a garantia da possibilidade de trabalhar, e com isso assegurar seu próprio sustento e dos seus dependentes, constitui dimensão relevante para um direito ao livre desenvolvimento da personalidade e da própria noção de autonomia, do ser humano construtor de seu próprio destino. Não é à toa que o direito ao trabalho e a proteção do trabalhador estão entre as pautas de reivindicação mais antigas da sociedade e, no campo da definição dos catálogos constitucionais de direitos (e do sistema internacional), já podem ser encontrados quando da fase inicial do constitucionalismo e ao longo do século XIX, ainda mais a partir da difusão da ideologia socialista, da organização do movimento operário, entre tantos outros fatores, até a sua consagração durante o século XX.

O direito ao trabalho, compreendido como um direito fundamental em sentido amplo, é dotado de dupla dimensão objetiva e subjetiva, também assume, tal como os demais direitos fundamentais, uma função negativa e positiva.

---

860. Sobre o direito internacional do trabalho e as convenções da Organização Internacional do Trabalho (OIT), v., por todos, Mazzuoli, Valerio de Oliveira. *Curso de direito internacional público*, 3. ed., p. 881-912.

861. Especificamente sobre o tema, v. Sarlet, Ingo Wolfgang; Goldschmidt, Rodrigo. A assim chamada abertura material do catálogo de direitos fundamentais: uma proposta de aplicação às relações de trabalho. *Revista Direitos Fundamentais e Democracia*, Curitiba, vol. 17, n. 17, p. 25-42, jan./jun. 2015.

Na sua função positiva o direito ao trabalho poderá não implicar um direito subjetivo a um lugar de trabalho (um emprego) remunerado na iniciativa privada ou disponibilizado pelo Poder Público, mas certamente se traduz na exigência (no dever constitucional) de promover políticas de fomento da criação de empregos (postos de trabalho), de formação profissional e qualificação do trabalhador, entre outras tantas que poderiam ser referidas e que são veiculadas por lei ou programas governamentais ou mesmo no setor privado.

Por outro lado, o direito à proteção do trabalho e do trabalhador se decompõe, como já referido, em um leque de normas atributivas de direitos, liberdades e garantias do trabalhador, bem como por meio de um conjunto de princípios e regras de cunho organizacional e procedimental, como é o caso do direito a um salário-mínimo, da garantia de determinada duração da jornada de trabalho, proibições de discriminação, liberdade sindical e direito de greve, que, no seu conjunto, asseguram um direito ao trabalho em condições dignas.[862]

Quanto à eficácia e efetividade das normas constitucionais definidoras de direitos e garantias do trabalhador, dada a heterogeneidade do catálogo de direitos dos trabalhadores, remetemos ao comentário geral da parte introdutória dos direitos sociais, notadamente no que diz com o seu regime jurídico-constitucional em termos de aplicabilidade, eficácia e proteção. Embora em termos gerais se possa partir das mesmas premissas, é preciso reconhecer que na esfera dos direitos dos trabalhadores situam-se exemplos extremamente controversos e que, nos últimos anos, passaram a receber atenção cada vez maior por parte da doutrina e da jurisprudência, inclusive do STF.[863] Cuida-se, em geral, de situações nas quais a

---

862. A esse respeito, v. como exemplo o julgamento de inconstitucionalidade das normas contidas nos incisos II e III do art. 394-A da CLT, inseridas pela Reforma Trabalhista (Lei n. 13.467/2017), que permitiam o trabalho de grávidas e lactantes em atividades insalubres, resguardando-se, por ocasião da decisão, o direito social instrumental protetivo tanto da mulher quanto da criança Cf. ADI 5.938, rel. Min. Alexandre de Moraes, j. em 29.05.2019. Sobre a proteção da maternidade e da infância, v. também Medida Cautelar na ADI 6.327, rel. Min. Edson Fachin, j. em 03.04.2020. Ainda, vale mencionar o reconhecimento por parte do STF da possibilidade de responsabilização objetiva do empregador por danos decorrentes de acidente de trabalho, reconhecendo-se a compatibilização entre o art. 927, parágrafo único, do Código Civil e o art. 7.º, XXVIII, da CF. Cf. RE 828.040, rel. Min. Alexandre de Moraes, j. em 12.03.2020, *leading case* do Tema de Repercussão Geral 932. V. também a decisão proferida na ADI 2.096/DF, rel. Min. Celso de Mello, j. 09.10.2020, o STF, por unanimidade, reconheceu a constitucionalidade da proibição de qualquer tipo de trabalho de menores de 16 anos, salvo na condição de aprendiz, neste caso, a partir dos 14 anos de idade.
863. A título de exemplo, v. decisão do STF que declarou a constitucionalidade da Lei da Terceirização (Lei n. 13.429/2017) e permitiu a terceirização do trabalho temporária de atividade-fim, ocasião em que foram julgadas improcedentes cinco ADIs (5.685, 5.686, 5.687, 5.695, 5.735). Cf. ADI 5.685, rel. Min. Gilmar Mendes, j. em 16.06.2020. Revela-se polêmica a decisão pelo fato de que a prática irrestrita da terceirização e do trabalho temporário em atividades tidas como ordinários nas empresas pode vir a causar a violação de direitos sociais fundamentais relativos ao trabalho, propiciando até mesmo um tratamento jurídico diferenciado aos empregados direitos e terceirizados dentro de um mesmo ambiente laboral. Não deixa de ser interessante, também, o julgamento da Medida Cautelar na ADI 6.342/DF, rel. Min. Marco Aurélio, red. p/ o ac. Min. Alexandre de Moraes, j. em 29.04.2020 (julgados correlatos v. ADIs 6.344, 6.346, 6.348, 6.349, 6.352, 6.354), a respeito da constitucionalidade da Medida Provisória n. 927/2020 (com prazo de vigência encerrado em 19 de junho de 2020 sem aprovação), que dispunha sobre a celebração de acordo individual com a finalidade de estabelecer a permanência do vínculo empregatício durante o período da pandemia do novo coronavírus, além de outras providências sobre o contrato de trabalho. No julgamento, embora a medida provisória tenha sido julgada constitucional, o que não deixa de ser altamente polêmico e controverso por permitir diversas flexibilizações nas relações trabalhistas, há que se ressalvar que foi declarada a inconstitucionalidade dos arts. 29 e 31, sob o fundamento de não guardarem razoabilidade, o primeiro por prever a necessidade de comprovação de nexo causal para que a contaminação de Covid-19

Constituição Federal remete expressamente ao legislador infraconstitucional e onde o reconhecimento de uma aplicabilidade imediata, em especial para atribuição de posições subjetivas não previstas em lei e que ultrapassem eventuais patamares mínimos expressamente estabelecidos no plano constitucional, encontra forte resistência, inclusive pelos riscos em termos de segurança jurídica e tratamento isonômico, além dos impactos sobre a economia pública e privada. Dentre tais situações, destacam-se o direito de greve dos servidores públicos, o aviso prévio proporcional e a proteção contra a despedida arbitrária, onde a contumaz omissão legislativa (ora superada – ainda que, em parte, controversa a solução adotada pelo legislador) durante anos foi tida como obstáculo à fruição plena dos direitos constitucionalmente assegurados. Todavia, é também em relação aos casos referidos (dentre outros) que se verificaram expressiva produção e dissídio doutrinário e jurisprudencial, desembocando, mais recentemente, em decisões impactantes do STF em sede de mandado de injunção, atribuindo-lhe efeitos concretos a despeito da omissão legislativa.[864] De qualquer modo, não será aqui que teremos condições de desenvolver o ponto, remetendo, como já frisado, à parte geral dos direitos fundamentais e dos direitos sociais e à literatura especializada.[865]

4.15.8 O direito ao lazer

O direito ao lazer, à semelhança do que acontece com outros direitos sociais, não teve seu conteúdo definido no texto constitucional, ainda que deste possam ser extraídas algumas diretrizes. Com efeito, na sua articulação com outros princípios e direitos consagrados na Constituição Federal (por exemplo, a referência ao lazer como um dos elementos a ser assegurado pela prestação do salário-mínimo, bem como a garantia do pagamento de um terço sobre o valor das férias, o repouso remunerado, a limitação da jornada de trabalho etc.),

---

fosse considerada ocupacional; e, o segundo, por impor a suspensão dos auditores-fiscais do trabalho por 180 dias a contar da vigência da medida provisória. No que diz respeito ao direito coletivo do trabalho, cabe destacar o julgamento do RE 999435, rel. p/ Acórdão Min. Edson Fachin, j. em 08.06.2022, no qual o STF estabeleceu que "a intervenção sindical prévia é exigência procedimental imprescindível para a dispensa em massa de trabalhadores, que não se confunde com autorização prévia por parte da entidade sindical, ou celebração de convenção o acordo coletivo". Mais recentemente, dentre outros julgados relevantes, o STF, no RE 646.104, relatoria do Ministro Dias Toffoli, julgado em 29.05.2024, foi fixada a seguinte tese de repercussão geral: "Em observância ao princípio da unicidade sindical, previsto no art. 8.º, inciso II, da Constituição Federal de 1988, a quantidade de empregados, ou qualquer outro critério relativo à dimensão da empresa, não constitui elemento apto a embasar a definição de categoria econômica ou profissional para fins de criação de sindicatos de micros e pequenas empresas".

864. A respeito do direito de greve dos servidores públicos, v. especialmente os MI 670 (*DJ* 06.11.2007), 708 (*DJ* 06.11.2007) e 712 (*DJ* 23.11.2007), onde foi reconhecida omissão legislativa no tocante à regulamentação do exercício do direito de greve dos servidores públicos civis, assegurado pelo art. 37, VII, da CF, o que justifica a aplicação supletiva da Lei 7.783/1989, que regula o exercício do direito de greve pelos trabalhadores da iniciativa privada, como forma de assegurar a liberdade social. Para o caso do aviso prévio proporcional, v. o julgamento do MI 695/MA, rel. Min. Sepúlveda Pertence, em 01.03.2007, e MI 278/MG, rel. Min. Carlos Velloso, rel. p/ o acórdão Min. Ellen Gracie, em 03.10.2001.

865. Cf., entre tantos, para uma abordagem mais ampla, Romita, Arion Sayão *Direitos fundamentais nas relações de trabalho*; Gomes, Fábio Rodrigues. *O direito fundamental ao trabalho – Perspectivas histórica, filosófica e dogmático-analítica*; e Santos Júnior, Rubens Fernando Clamer dos. *A eficácia dos direitos fundamentais dos trabalhadores*. Versando sobre a despedida arbitrária, embora contendo parte importante sobre os direitos dos trabalhadores e o direito ao trabalho e do trabalho em geral, v. Wandelli, Leonardo Vieira. *Despedida abusiva*: o direito (do trabalho) em busca de uma nova racionalidade; e Severo, Valdete Souto. *O dever de motivação da despedida na ordem jurídico-constitucional brasileira*.

é possível identificar, já no plano da Constituição, um corpo normativo que, em alguma medida, objetiva assegurar a toda e qualquer pessoa, um mínimo de fruição do lazer, impondo ao Poder Público o dever de assegurar as condições (por prestações materiais e normativas) que viabilizem o acesso e o exercício de atividades de lazer pela população.

Nesse sentido, verifica-se que a jurisprudência tem entendido[866] que o direito ao lazer estaria vinculado aos direitos à cultura e ao desporto, seja na efetivação do direito à educação, ao permitir uma formação mais ampla das crianças e adolescentes, seja na concretização de políticas públicas de garantia de qualidade de vida ao idoso. O direito ao lazer, por outro lado, dialoga com o conceito de saúde como "estado de completo bem-estar físico, mental e social" (OMS), justificando, por isso, que possa integrar o conteúdo do mínimo existencial e da própria vida com dignidade, já que essencial à vida com (alguma) qualidade, pois se cuida de exigência para o próprio desenvolvimento (com plenitude) da personalidade humana.[867]

Convém enfatizar que a garantia de lazer, aqui compreendida como direito fundamental, por vezes desprezado, quando não ridicularizado, assume dimensão essencial para a construção da personalidade humana e, na esteira do que já foi referido, integra a noção de um mínimo existencial sociocultural, ainda que seja deferida ao Estado ampla margem de discricionariedade quanto ao modo de dar concretude ao direito ao lazer.[868]

A dupla dimensão objetiva e subjetiva do direito ao lazer também há de ser enfatizada, muito embora no plano da exigibilidade na condição de direito subjetivo há que ter a devida cautela, ainda mais quando se trata de um direito subjetivo individual e originário a prestações, pois é na condição de um direito de igual acesso a prestações públicas (direito derivado a prestações) e na sua dimensão transindividual, que, na esfera objetiva, implica um dever estatal de criação e acesso a estruturas e práticas de lazer, que a exigibilidade do direito ao lazer, como direito subjetivo, se revela mais produtiva.[869] De qualquer modo, ressalvadas as peculiaridades do direito ao lazer, remete-se também aqui – quanto ao problema da eficácia e efetividade dos direitos fundamentais em geral e dos direitos sociais em particular – às observações feitas na parte geral dos direitos fundamentais e aos apontamentos acerca do regime jurídico dos direitos sociais.

---

866. V., em caráter ilustrativo, a ADIn 1.950/RJ (*DJ* 02.06.2006), na qual foi confirmada a constitucionalidade de legislação estadual que determinava a redução do preço do ingresso ("meia entrada") para acesso a casas de diversão por parte dos estudantes regularmente matriculados em estabelecimentos de ensino, sob fundamento, entre outros, de que os direitos à cultura, ao esporte e ao lazer constituem meios de complementar a formação dos estudantes. ADIn 2.163/RJ. No mesmo sentido, v. a decisão do STF de 12.04.2018, relator original Min. Eros Grau e redator para o Acórdão Min. Ricardo Lewandowski. No âmbito da jurisprudência mais recente, destaca-se a ADI 3753, rel. Min. Dias Toffoli, j. 11.04.2022, na qual se decidiu ser constitucional lei estadual que concede aos professores das redes públicas estadual e municipais de ensino o benefício da meia-entrada nos estabelecimentos de lazer e entretenimento.

867. Sobre a relação entre o direito ao lazer e o direito à saúde, v., por todos, CARDOSO, Simone Tassinari. Existe saúde sem levar o lazer a sério? Interfaces entre o direito ao lazer e o direito à saúde. In: ZAVASCKI, Liane Tabarelli; JOBIM, Marco Félix (Org.). *Diálogos constitucionais de direito público e privado*, p. 225-238.

868. Cf., também, nesse sentido, ZOCKUN, Carolina Zancaner. *Da intervenção do Estado no domínio social*, op. cit., p. 132.

869. Cf., por todos, CARDOSO, Simone Tassinari. *O direito ao lazer no estado socioambiental*, especialmente p. 223 e ss.

4.15.9 O direito à segurança social: previdência e assistência aos desamparados

A Constituição Federal, além de inserir a assistência e previdência social no elenco dos direitos fundamentais sociais do art. 6.º, tratou de consagrar em seu texto um regime constitucional da seguridade social (arts. 194 a 204), que abarca os três eixos da *saúde*, da *previdência social* e da *assistência social*. Numa perspectiva ampliada, há até mesmo quem sustente a existência de um direito fundamental à seguridade social, que abarca as três dimensões referidas e arranca de um regime comum em termos de princípios e regras na esfera constitucional.[870] Assim, na esteira da evolução constitucional anterior, mas com muito maior amplitude, a Constituição Federal consolidou um regime constitucional para a seguridade social formatado para atender a padrões adequados de bem-estar social e, acima de tudo, com o nítido objetivo de assegurar a todos uma vida digna e saudável. Tal panorama constitucional guarda sintonia com o direito internacional dos direitos humanos, mais precisamente com a Declaração Universal dos Direitos Humanos (1948),[871] o Pacto Internacional dos Direitos Econômicos, Sociais e Culturais (1966),[872] assim como, no âmbito do Sistema Regional Interamericano, a Declaração Americana de Direitos e Deveres do Homem (1948)[873] e o Protocolo de "San Salvador" Adicional à Convenção Americana sobre Direitos Humanos em Matéria de Direitos Econômicos, Sociais e Culturais (1988),[874] sem prejuízo de outros documentos de matriz internacional, inclusive, naquilo em que aplicáveis as Convenções da OIT.

Diferentemente do que ocorre em relação à assistência social e à saúde – que, em virtude de sua relevância, mas especialmente dadas as suas peculiaridades, foram abordadas em item apartado neste mesmo capítulo –, o direito fundamental à previdência social obedece a uma dinâmica e concepção próprias.[875] Em especial, é preciso registrar que o sistema da *previdência social* é regido pela exigência de contribuição previdenciária para que se possa fazer jus a tal direito, inclusive na perspectiva de assegurar o equilíbrio financeiro e atuarial. Sobre a questão, Gilmar Ferreira Mendes, Inocêncio Mártires Coelho e Paulo Gustavo Gonet Branco, em passagem que tomamos a liberdade de transcrever, lecionam que, "ligado, direta e imediatamente, ao *princípio da responsabilidade* [grifo nosso], do qual em verdade é uma decorrência, o princípio do equilíbrio financeiro e atuarial aponta para a necessária correlação entre benefícios e serviços da previdência social, como sistema seguro, e as respectivas fontes de custeio, em ordem a lhe garantir continuidade e certeza de

---

870. Cf., por todos, SERAU JUNIOR, Marco Aurélio. *Seguridade social como direito fundamental material*, especialmente p. 149 e ss.
871. Art. XXV, n. 1.
872. Art. 9.º.
873. Art. XVI.
874. "Art. 9.º (Direito à previdência social) 1. Toda pessoa tem direito à previdência social que a proteja das consequências da velhice e da incapacitação que a impossibilite, física ou mentalmente, de obter os meios de vida digna e decorosa. No caso de morte do beneficiário, as prestações da previdência social beneficiarão seus dependentes. 2. Quando se tratar de pessoas em atividade, o direito à previdência social abrangerá pelo menos o atendimento médico e o subsídio ou pensão em caso de acidente de trabalho ou de doença profissional e, quando se tratar da mulher, licença remunerada para a gestante, antes e depois do parto."
875. Sobre o direito fundamental à previdência social no Brasil, v., por todos, as contribuições monográficas de TAVARES, Marcelo Leonardo. *Previdência e assistência social – Legitimação e fundamentação constitucional brasileira*; e de ROCHA, Daniel Machado da. *O direito fundamental à previdência social*.

longo alcance. Noutras palavras, à luz desse princípio, ou equilibramos receitas/despesas do sistema previdenciário – para tanto exigindo mais rigor nos cálculos atuariais e corrigindo as gritantes distorções em matéria de benefícios, como a concessão de aposentadorias que, além de precoces à vista da crescente expectativa de vida dos segurados, ainda são pagas, sobretudo no setor público, em quantias superiores ao valor das contribuições recolhidas para custeá-las –, ou inviabilizaremos a nossa mais extensa rede de proteção social, com efeitos que não podem ser antevistos nem pelos mais clarividentes cientistas sociais".[876]

Assim, a previdência social, conforme dispõe o art. 201 da CF, "será organizada sob a forma de regime geral, de caráter contributivo e de filiação obrigatória, observados critérios que preservem o equilíbrio financeiro e atuarial, e atenderá, nos termos da lei, a: I – cobertura dos eventos de doença, invalidez, morte e idade avançada; II – proteção à maternidade, especialmente à gestante; III – proteção ao trabalhador em situação de desemprego involuntário; IV – salário-família e auxílio-reclusão para os dependentes dos segurados de baixa renda; V – pensão por morte do segurado, homem ou mulher, ao cônjuge ou companheiro e dependentes, observado o disposto no § 2.°". Juntamente com o caráter contributivo e de filiação obrigatória, bem como o fato de o sistema previdenciário ser norteado com base no princípio do equilíbrio financeiro e atuarial, o dispositivo em questão arrola diversas situações de proteção contra riscos sociais, como, por exemplo, doença, invalidez, morte, entre outras.

Muito embora a aplicabilidade direta de diversas das normas constitucionais que regem o sistema de previdência social e definem os contornos do próprio direito à previdência social, a concessão de determinadas prestações previdenciárias (benefícios) se dá nos limites da previsão legal, portanto, predominantemente no âmbito do que se convencionou designar de direitos derivados a prestações, tal como adiantado na parte geral dos direitos sociais. Por outro lado, a doutrina e a jurisprudência[877] têm contribuído para uma reconstrução do direito à previdência social, que, como os demais direitos fundamentais, abarca um complexo de posições subjetivas, além de ter uma forte dimensão objetiva. Ao longo do tempo e para além das reformas legislativas (e constitucionais), é possível destacar uma ampliação do rol dos beneficiários, para o que a jurisprudência concorreu fortemente, destacando-se aqui a

---

876. MENDES, Gilmar Ferreira; COELHO, Inocêncio Mártires; BRANCO, Paulo Gustavo Gonet. *Curso de direito constitucional*, 2. ed., p. 1366.

877. V., por exemplo, a decisão do STF que determinou a fixação do prazo de cinco anos para o julgamento pelos Tribunais de Conta acerca da legalidade do ato de concessão inicial de aposentadoria, reforma ou pensão referentes aos servidores, começando a contar da chegada do processo à respectiva Corte de Contas preservando-se, por conseguinte, os princípios da segurança jurídica e da confiança legítima. Cf. RE 636.553, rel. Min. Gilmar Mendes, j. em 19.02.2020, *leading case* do Tema de Repercussão Geral 445. V., outrossim, julgamento do STF que entendeu pela inconstitucionalidade da incidência de contribuição previdenciária a cargo do empregador sobre o salário maternidade, por impor uma desequiparação das mulheres e mães em relação aos homens e criar discriminações na contratação. Cf. RE 576.967, rel. Min. Roberto Barroso, j. em sessão virtual de 26.06.2020 a 04.08.2020, *leading case* do Tema de Repercussão Geral 72. Ainda sobre a discriminação da mulher, o STF decidiu que a cláusula de plano de previdência privada complementar que estabelecer valor inferior do benefício inicial da complementação de aposentadoria para mulheres em razão de seu tempo de contribuição viola o princípio da isonomia, cf. RE 639.138, rel. Min. Gilmar Mendes, Red. p/ o Acórdão Min. Edson Fachin, j. em sessão virtual de 07.08.2020 a 17.08.2020, *leading case* do Tema de Repercussão Geral 452. E, a respeito da proteção da maternidade da maternidade e da infância, v. a confirmação do STF da liminar deferida pelo Ministro Edson Fachin na ADI 6.327, para considerar a data da alta da mãe ou do recém-nascido como marco inicial da licença-maternidade, cf. Medida Cautelar na ADI 6.327, rel. Min. Edson Fachin, j. em 03.04.2020.

inclusão dos companheiros no caso das uniões estáveis entre homens e mulheres e, mais recentemente, entre pessoas do mesmo sexo, o que aqui, contudo, não será objeto de maior desenvolvimento.

Quanto ao regime constitucional de *assistência social* ou *assistência aos desamparados*, configura-se como a expressão máxima do princípio da solidariedade e mesmo do respeito à dignidade da pessoa humana, porquanto representa proteção político-jurídica especial destinada a indivíduos e grupos sociais vulneráveis ou necessitados, cuidando-se, ademais disso, de direito titularizado por nacionais e estrangeiros.

De tal sorte, o art. 203 da CF dispõe que "a assistência social será prestada a quem dela necessitar, independentemente de contribuição à seguridade social, e tem por objetivos: I – a proteção à família, à maternidade, à infância, à adolescência e à velhice; II – o amparo às crianças e adolescentes carentes; III – a promoção da integração ao mercado de trabalho; IV – a habilitação e reabilitação das pessoas portadoras de deficiência e a promoção de sua integração à vida comunitária; V – a garantia de um salário-mínimo de benefício mensal à pessoa portadora de deficiência e ao idoso que comprovem não possuir meios de prover à própria manutenção ou de tê-la provida por sua família, conforme dispuser a lei". Com base nas hipóteses listadas pelo dispositivo constitucional, é possível verificar a preocupação por parte do constituinte com a proteção da criança, do adolescente, do idoso, das pessoas portadoras de deficiência, ao que se soma especialmente a situação de carência socioeconômica. Além disso, como destacado no texto constitucional, a obrigação estatal de prestar assistência social independe de contribuição à seguridade social, daí o *caráter solidário e redistributivo* de tal prática.

No plano infraconstitucional, os dispositivos constitucionais sobre assistência social foram regulamentados, entre outras, pela Lei 8.742, de 07.12.1993, que dispõe sobre a organização da Assistência Social e regulamentou o art. 203 da CF, especialmente dispondo sobre a concessão de um benefício assistencial no valor de um salário-mínimo aos idosos e pessoas com deficiência que comprovem não possuir os meios para assegurar a sua própria subsistência ou de tê-la provida por suas famílias. Embora se trate do principal benefício assistencial, de prestação continuada, o sistema da Assistência Social compreende, no seu conjunto, uma rede de políticas públicas, de ações e de serviços e benefícios, como é o caso, apenas para ilustrar, do Programa Bolsa Família e do mais recente Programa Brasil Carinhoso (desenvolvido a partir do Programa Brasil sem Miséria), dentre tantos que poderiam ser colacionados e que podem ser facilmente identificados mediante rápida consulta à página da internet do Ministério do Desenvolvimento Social e Combate à Fome.

Assim como no caso dos direitos à saúde e previdência social, o direito à assistência social depende, em grande medida, de uma complexa regulamentação infraconstitucional, que, naquilo em que assegura as condições para uma existência digna (o que, em virtude de se tratar de benefícios de baixo valor, mantém o direito à assistência social mais próximo da noção de um mínimo vital), passa a integrar e formatar o próprio núcleo essencial legislativamente concretizado do direito à assistência social, e que opera como direito de defesa (direito negativo) em relação aos poderes públicos.

Na sua dimensão positiva (como direito a prestações), muito embora se deva partir da premissa (amplamente consagrada na esfera jurisprudencial) de que, em regra, os benefícios pleiteados pelo cidadão devem estar previstos em lei (portanto, de que se trata em primeira linha de direitos derivados a prestações), registra-se interessante evolução quanto a algum conteúdo originário, designadamente por força da jurisprudência, inclusive no âmbito do STF.

Ademais, o principal conjunto de casos apreciados na esfera jurisprudencial diz respeito à legitimidade constitucional dos critérios estabelecidos pela legislação (Lei 8.742/1993) para a percepção do benefício mensal de um salário-mínimo atribuído aos idosos e pessoas com deficiência enquadrados nos critérios legais, por força do disposto no art. 203, V, da CF. Tanto no que diz com os requisitos objetivos (definição da condição de idoso e de pessoa com deficiência, tal qual disposto no art. 20, *caput* e § 2.º, da Lei 8.742/1993), quanto no tocante aos critérios para a comprovação da incapacidade da família para prover a manutenção do idoso ou pessoa com deficiência (art. 20, § 3.º, da Lei 8.742/1993), o STF, por ocasião do julgamento da ADIn 1.232-1/DF, rel. Min. Ilmar Galvão (*DJ* 01.06.2001), reconheceu a constitucionalidade dos critérios legais impugnados, mediante o argumento de que a própria Constituição Federal remeteu a questão ao legislador.

Todavia, em virtude de um número significativo de decisões das instâncias ordinárias flexibilizando os critérios, alguns ministros do STF, em decisões monocráticas, passaram a negar seguimento às reclamações do INSS, argumentando que a reclamação não seria a via adequada para avaliar e reexaminar o conjunto probatório e as circunstâncias fáticas nas quais se louvou a decisão impugnada para o efeito de conceder o benefício, o que, somado aos novos critérios introduzidos na ordem jurídica para a concessão de outros benefícios assistenciais, mas também à vista da profunda alteração do quadro econômico nacional, evidencia que os critérios originais, notadamente naquilo que excluem outros parâmetros para aferição, no caso concreto, da condição de miserabilidade, tudo a atestar, de acordo com a voz de Gilmar Mendes, "o processo de *inconstitucionalização* por que tem passado o § 3.º do art. 20 da LOAS (Lei 8.742/1993)", processo este que abarca a verificação de um estado de inconstitucionalidade por omissão parcial e um dever constitucional do legislador no sentido de corrigir tal estado.[878]

Em sintonia com a argumentação e tendência acima referida, o STF acabou finalmente alterando o entendimento adotado na ADIn 1.232-1/DF e, na linha de decisões monocráticas corretivas dos critérios legais objetivos estritos, de modo a permitir sejam considerados outros referenciais, tudo no sentido de assegurar uma aplicação mais afinada com o direito à assistência social previsto na CF. Nesse sentido, o STF acabou por declarar a inconstitucionalidade parcial, sem redução de texto, do art. 20, § 3.º, da Lei 8.742/1993, em sede de Repercussão Geral.[879]

No que diz respeito ao direito fundamental à assistência social, é de se fazer referência especial ao caso da renda básica de cidadania, instituída pela Lei n. 10.835 de 2004, que concedeu a todos os brasileiros residentes no país e estrangeiros residentes há pelo menos 5 (cinco) anos no Brasil, independentemente de sua condição socioeconômica, o direito de receberem, anualmente, um benefício monetário (art. 1.º, *caput*), que deverá ser pago igualmente a todos – sendo o valor definido pelo Poder Executivo, de acordo com os arts. 16 e 17 da Lei Complementar n. 101/2000, a Lei de Responsabilidade Fiscal (art. 2.º) e suficiente

---

878. Cf. MENDES, Gilmar Ferreira. Direitos sociais. In: _____; BRANCO, Paulo Gustavo Gonet. *Curso de direito constitucional*, 15. ed., p. 775 e ss.

879. Cf. Plenário, Rcl 4.374, rel. Min. Gilmar Mendes, j. 18.04.2013, *DJe* de 04.09.2013; Plenário, RE 567.985, rel. para o Acórdão Min. Gilmar Mendes, j. 18.04.2013, *DJe* de 03.10.2013, com Repercussão Geral.

para satisfazer às necessidades mínimas com alimentação, educação e saúde –, em parcelas iguais e mensais (art. 1.º, § 2.º). De acordo com a norma, a medida deveria ter sido executada em 2005, em etapas, priorizando as camadas mais necessitadas da população (art. 1.º, § 1.º). Contudo, sua implementação nunca se concretizou por omissão do Presidente da República em editar a norma regulamentadora.

Entretanto, em 27.04.2021, com o julgamento do MI 7.300/DF, rel. Min. Marco Aurélio, o STF reconheceu a inconstitucionalidade por omissão por parte do Poder Executivo Federal, sublinhando seu impacto negativo sobre a cidadania, a dignidade da pessoa humana e o combate à extrema pobreza, decidindo que a norma federal seja implementada no exercício fiscal seguinte ao da conclusão do julgamento, no ano de 2022, prazo suficiente para que as contas públicas não sejam comprometidas, apenas relativamente às pessoas em situação de vulnerabilidade socioeconômica (de pobreza e extrema pobreza, com renda *per capita* inferior a R$ 178 e R$ 89), uma vez que a Constituição Federal não determina a universalização da distribuição de renda a todos os brasileiros.

No que diz respeito à previdência social, é de se mencionar a aprovação da Emenda Constitucional n. 103/2019, que alterou o sistema de previdência social e estabeleceu regras de transição. Dentre as mudanças havidas, pode-se citar como principais aquelas referentes à idade mínima e ao tempo de contribuição, ao cálculo dos benefícios, à instituição das alíquotas progressivas e às novas regras para pensão por morte. Em vista da quantidade de alterações e seu caráter polêmico, diversos processos foram levados ao STF, seja envolvendo o regime previdenciário dos servidores públicos, seja no tocante ao regime geral do INSS, ações que, contudo, ainda se encontram pendentes de julgamento, razão pela qual aqui não serão por ora tecidas mais considerações sobre o tema.

4.15.10 O direito à proteção da maternidade, da infância, da juventude e do idoso

O direito fundamental social à *proteção à maternidade e à infância* encontra-se consagrado no art. 6.º, *caput*, da CF.[880] Uma adequada compreensão do âmbito de proteção do direito (considerado no seu conjunto) apenas se revela possível quando se leva a sério a relação com outros direitos fundamentais, como é o caso do direito à saúde, bem como do regime jurídico-constitucional de proteção dos direitos fundamentais da criança e do adolescente (art. 227 da CF),[881] apenas para ilustrar com alguns exemplos. Tem-se como parâmetro para a caracterização do âmbito normativo de tal direito todo o período compreendido entre a concepção, gestação (por exemplo, atendimento pré-natal), nascimento e primeiros anos de vida da criança, tanto sob a perspectiva da mulher quanto da criança, de modo a assegurar a proteção de todos os direitos fundamentais que permeiam a relação mãe-filho e o bem-estar de ambos, tudo no sentido de uma exegese compreensiva de todas

---

880. No cenário do direito internacional dos direitos humanos, o direito à proteção à maternidade e à infância encontra assento, entre outros diplomas internacionais, no art. XXV, n. 2, da Declaração Universal dos Direitos Humanos (1948), ao dispor que "a maternidade e a infância têm direito a cuidados e assistência especiais"; no art. 10 do Pacto Internacional dos Direitos Econômicos, Sociais e Culturais (1966); e no art. VII da Declaração Americana dos Direitos e Deveres do Homem (1948).

881. No plano infraconstitucional, os direitos da criança encontram-se regulamentados no âmbito do Estatuto da Criança e do Adolescente (Lei 8.069/1990).

as dimensões relacionadas à maternidade.[882] Por outro lado, muito embora aqui já não se possa mais falar propriamente em proteção à maternidade, no caso da proteção à infância o período há de abarcar a fase da adolescência, em virtude precisamente de uma *leitura conjugada do art. 6.º e do art. 227, ambos da CF.*

São *titulares do direito à proteção à maternidade e à infância* tanto a mulher, gestante e mãe, quanto o nascituro e a criança, que, de qualquer modo, poderão ser representados por terceiros, inclusive pelo Ministério Público, quando for o caso, por exemplo, na ausência dos pais ou em casos de conflito. Destinatários são tanto órgãos estatais, quanto particulares, aplicando-se, no mais, as diretrizes apresentadas no item sobre a vinculação dos particulares aos direitos fundamentais, seja na parte geral, seja na parte dedicada à eficácia dos direitos sociais na esfera das relações privadas.

No caso do *direito à proteção da maternidade*, verifica-se que já no plano constitucional tal direito articula-se com outros direitos fundamentais, como no caso da proteção do trabalhador, da assistência social, dentre outros. Com efeito, a licença-maternidade, consagrada no art. 7.º, XVIII,[883] da CF, como direito-garantia da mulher trabalhadora – urbana ou rural –, expressa concretização do direito à proteção à maternidade e à infância, dado a importância do acompanhamento e contato materno nos primeiros meses de vida para o pleno desenvolvimento da criança.[884] A Constituição Federal prevê, inclusive, no art. 10, II, *b*, do ADCT, a vedação de dispensa arbitrária ou sem justa causa da empregada gestante, desde a confirmação da gravidez até cinco meses após o parto.[885] Também o art. 201, II, da CF dispõe que, no âmbito do regime constitucional dispensado à previdência social, deverá ser assegurada a "proteção à maternidade, especialmente à gestante", bem como o art. 203, I, especificamente no tocante à assistência social, consagra que ela tem por objetivos "a proteção à família, à maternidade (...)".

---

882. Cf., nesse sentido, ZOCKUN, Carolina Zancaner. *Da intervenção do estado no domínio social*, op. cit., p. 115.

883. "Art. 7.º São direitos dos trabalhadores urbanos e rurais, além de outros que visem à melhoria de sua condição social: (...) XVIII – licença à gestante, sem prejuízo do emprego e do salário, com a duração de cento e vinte dias."

884. O STF tem agasalhado um direito fundamental e subjetivo à licença-maternidade. Nesse sentido, v., por exemplo, o RE 259.253/RS (*DJe* 207, de 04.11.2009), no qual, em decisão monocrática, a Min. Cármen Lúcia Antunes Rocha, com base na jurisprudência anterior do Tribunal, reconheceu o direito da mãe adotiva à fruição de licença-maternidade, pois benefício voltado não somente à proteção da saúde da mãe após o parto, mas também à garantia do convívio entre mãe e filho e à adaptação da família ao novo membro recém-chegado.

885. Sobre o tema já se manifestou o STF, inclusive no sentido de reconhecer como *direito subjetivo* da empregada gestante a norma inscrita no art. 10, II, *b*, do ADCT da CF: "Empregada gestante – Estabilidade provisória (ADCT, art. 10, II, *b*) – Convenção OIT 103/1952 – Proteção à maternidade e ao nascituro – Desnecessidade de prévia comunicação do estado de gravidez ao empregador – Especificação das verbas rescisórias devidas à empregada – Embargos de declaração acolhidos. O legislador constituinte, consciente das responsabilidades assumidas pelo Estado brasileiro no plano internacional (Convenção OIT 103/1952, art. VI) e tendo presente a necessidade de dispensar efetiva proteção à maternidade e ao nascituro, estabeleceu, em favor da empregada gestante, expressiva garantia de caráter social, consistente na outorga, a essa trabalhadora, de estabilidade provisória (ADCT, art. 10, II, *b*). A empregada gestante tem *direito subjetivo* à estabilidade provisória prevista no art. 10, II, *b*, do ADCT/1988, bastando, para efeito de acesso a essa inderrogável garantia social de índole constitucional, a confirmação objetiva do estado fisiológico de gravidez, independentemente, quanto a este, de sua prévia comunicação ao empregador, revelando-se írrita, de outro lado e sob tal aspecto, a exigência de notificação à empresa, mesmo quando pactuada em sede de negociação coletiva. Precedentes" (STF, EDcl em AgIn 448.572 /SP, 2.ª T., rel. Min. Celso de Mello, j. 30.11.2010).

O tema, como já visto, tem sido levado ao crivo do STF, envolvendo seguidamente de modo simultâneo a proteção da maternidade e da infância. No julgamento da ADI 5938/DF, Relator Ministro Alexandre de Moraes, julgado de 29.05.2019[886], o Plenário, por maioria, ratificou medida cautelar deferida pelo Relator e julgou parcialmente procedente o pedido formulado, no sentido de declarar inconstitucional a expressão "quando apresentar atestado de saúde, emitido por médico de confiança da mulher, que recomende o afastamento", contida nos incisos II e III do art. 394-A da Consolidação das Leis do Trabalho (CLT), inseridos pelo art. 1.º da Lei 13.467/2017. Note-se que, na redação anterior, o dispositivo legal estabelecia que a empregada gestante ou lactante seria afastada, enquanto durasse a gestação e a lactação, de quaisquer atividades, operações ou locais insalubres e deveria exercer suas atividades em local salubre.

Com a alteração implementada pela Lei 13.467/2017, que promoveu a "Reforma Trabalhista" de 2017, o art. 394-A passou a permitir que a mulher gestante continuasse a realizar suas atividades mesmo em condições insalubres em grau mínimo ou médio. Pior do que isso, a nova versão do preceito legal impugnado e declarado inconstitucional previa que, mesmo no caso da lactação, ela permanecesse a desempenhar as atividades, inclusive no caso de grau máximo de insalubridade. Além disso, a reforma legal impôs à gestante ou à lactante o ônus da apresentação de atestado de saúde, emitido por médico de sua confiança, que certificasse a necessidade do afastamento, expondo tais trabalhadoras a atividades insalubres.

Sublinhe-se, ainda, que na fundamentação do julgado o STF assinalou que o direito social à proteção da maternidade, em combinação com o princípio da dignidade da pessoa humana, informa diversos outros direitos sociais de caráter instrumental, como é o caso, entre outros, da licença-gestante, da proteção da gestante contra dispensa sem justa causa e da redução dos riscos inerentes ao trabalho. Por tais razões, a proteção da mulher grávida ou lactante caracteriza-se como direito/garantia tanto da mulher quanto da criança, guardando relação também com o mandamento constitucional da prioridade absoluta da criança, que abarca o dever de proteção integral inclusive do nascituro e do recém-nascido lactente.

Da jurisprudência mais recente do STF sobre a proteção da maternidade (com reflexos na proteção da infância) – aqui uma proteção indireta mediante a desoneração fiscal –, destaca-se o ARE 1344834 AgR, Relatora Min. Cármen Lúcia e Relator para o acórdão Min. Roberto Barroso, julgado em 09.05.2022, no qual foi fixada a seguinte tese de julgamento: "As contribuições ao salário-educação, SAT/RAT, SESI/SENAI/SESC/SENAC/SEBRAE não incidem sobre o salário-maternidade".

Nessa mesma perspectiva, colaciona-se também a decisão proferida no RE 1348854, Relator Min. Alexandre de Moraes, julgado em 12.05.2022. Nos termos da ementa do respectivo acórdão, que aqui se transcreve em parte,

"(...) A Constituição Federal, no art. 227, estabelece com absoluta prioridade a integral proteção à criança. A *ratio* dos artigos 6.º e 7.º da CF não é só salvaguardar os direitos sociais

---

886. Também sobre a proteção da maternidade e da infância, v. a confirmação do STF da liminar deferida pelo Ministro Edson Fachin na ADI 6.327, para considerar a data da alta da mãe ou do recém-nascido como marco inicial da licença-maternidade. Cf. Medida Cautelar na ADI 6.327, rel. Min. Edson Fachin, j. em 03.04.2020.

da mulher, mas também efetivar a integral proteção ao recém-nascido. 3. O art. 226, § 5.º, da Lei Fundamental estabelece que os direitos e deveres referentes à sociedade conjugal são exercidos igualmente pelo homem e pela mulher, não só em relação à sociedade conjugal em si, mas, sobretudo, no que tange ao cuidado, guarda e educação dos filhos menores. 4. A circunstância de as crianças terem sido geradas por meio da fertilização *in vitro* e utilização de barriga de aluguel mostra-se irrelevante, pois, se a licença adotante é assegurada a homens e mulheres indistintamente, não há razão lógica para que a licença e o salário-maternidade não seja estendido ao homem quando do nascimento de filhos biológicos que serão criados unicamente pelo pai. Entendimento contrário afronta os princípios do melhor interesse da criança, da razoabilidade e da isonomia (...)."

Outro julgado digno de nota também diz respeito à licença maternidade, tendo o STF, no RE 842.844, relatoria do Ministro Luiz Fux, julgado em 05.10.2023, assentado a seguinte tese em sede de repercussão geral: "A trabalhadora gestante tem direito ao gozo de licença-maternidade e à estabilidade provisória, independentemente do regime jurídico aplicável, se contratual ou administrativo, ainda que ocupe cargo em comissão ou seja contratada por tempo determinado, nos termos dos arts. 7.º, XVIII; 37, II; e 39, § 3.º; da Constituição Federal, e 10, II, *b*, do Ato das Disposições Constitucionais Transitórias". Na mesma linha, situa-se a decisão proferida em Recurso Extraordinário com Repercussão Geral (RE 1.211.446, relatoria também do Ministro Luiz Fux, julgada em 13.03.2024), ficando a tese de que "A servidora pública ou a trabalhadora regida pela CLT não gestante em união homoafetiva têm direito ao gozo da licença-maternidade. Caso a companheira tenha usufruído do benefício, fará jus a período de afastamento correspondente ao da licença-paternidade".

A *proteção da infância*, por sua vez, tal como expressamente referida no art. 6.º, deve ser compreendida em sentido ampliado, pois a proteção constitucional abarca tanto crianças quanto adolescentes, como se verifica a partir do disposto no art. 227, inserido no Capítulo VII da CF (Da família, da criança, do adolescente, do jovem e do idoso), que dispõe no sentido dos deveres de proteção do Estado e da prioridade do atendimento aos direitos da criança, bem como, no § 1.º, I, que o Estado promoverá programas de assistência integral à saúde da criança, com "aplicação de percentual dos recursos públicos destinados à saúde na assistência materno-infantil", onde novamente se verifica a vinculação entre o direito à proteção da maternidade e da criança.

O conjunto das disposições constitucionais específicas sobre a maternidade, a criança e os adolescentes, articulado com outros princípios e direitos fundamentais, forma o arcabouço e fundamento constitucional do sistema de proteção e promoção da maternidade e da infância (crianças e adolescentes).[887] No que diz com a concretização, no plano infraconstitucional, o destaque vai para o Estatuto da Criança e do Adolescente (Lei 8.069/1990), que dá contornos normativos precisos ao direito à proteção à maternidade e à infância em alguns dos seus dispositivos. No art. 9.º do diploma em questão, tem-se consagrado que "o Poder Público, as instituições e os empregadores propiciarão condições adequadas ao aleitamento materno, inclusive aos filhos de mães submetidas a medida privativa de liberdade". Também no art. 10 da mesma lei há previsão de que "os hospitais e demais estabelecimentos de atenção à saúde de gestantes, públicos e particulares, são obrigados a: I – manter registro das

---

887. Sobre o tema, v., por último, Costa, Ana Paula Motta. *Os adolescentes e seus direitos fundamentais – Da indivisibilidade à indiferença.*

atividades desenvolvidas, através de prontuários individuais, pelo prazo de 18 (dezoito) anos; II – identificar o recém-nascido mediante o registro de sua impressão plantar e digital e da impressão digital da mãe, sem prejuízo de outras formas normatizadas pela autoridade administrativa competente; III – proceder a exames visando ao diagnóstico e terapêutica de anormalidades no metabolismo do recém-nascido, bem como prestar orientação aos pais; IV – fornecer declaração de nascimento onde constem necessariamente as intercorrências do parto e do desenvolvimento do neonato; V – manter alojamento conjunto, possibilitando ao neonato a permanência junto à mãe". Tais medidas arroladas no âmbito infraconstitucional dão guarida normativa e concretizam o direito fundamental à proteção à maternidade e à infância.

Por fim, na perspectiva da eficácia do direito fundamental social à proteção à maternidade e à infância, há, inclusive, como atrelar medidas normativas e fáticas vinculadas à concretização de tal direito ao direito-garantia ao mínimo existencial, como ocorreria, por exemplo, em situações envolvendo atendimento médico materno-infantil (art. 227, § 1.º, I, da CF).[888] A sobreposição (parcial) de tais direitos com outros, como no caso do direito à saúde e educação (veja-se o caso do acesso a creches disponibilizadas pelo Poder Público), desde que bem compreendida e dogmaticamente consistente, mais do que uma desvantagem, constitui mesmo um reforço em termos de proteção, especialmente em virtude da aplicação, aos direitos à proteção da maternidade e da infância, do regime jurídico dos direitos fundamentais, inclusive e especialmente no que diz respeito à sua eficácia e efetividade.[889]

Situando-se numa zona de interface entre a proteção da maternidade e da infância calha referir a jurisprudência em matéria criminal, com amparo em decisões também do STF, ademais da previsão em sede legislativa infraconstitucional, da possibilidade de o Poder Judiciário deferir às mulheres com filhos menores de doze anos (crianças, portanto) o cumprimento da prisão preventiva em regime de prisão domiciliar, o que deverá ser verificado no caso em concreto (trata-se de ato judicial discricionário), mediante o exame da conduta e personalidade do agente e em especial a preservação do melhor interesse da criança, de tal sorte que se esses requisitos não se fizerem presentes o benefício poderá e mesmo deverá ser negado, ainda mais quando a convivência com a mãe se verifica danosa para os filhos.[890]

---

888. Reconhecendo o atendimento materno-infantil em questões vinculadas ao direito à saúde – por exemplo, atendimento no parto e acompanhamento pós-natal – como conteúdo do mínimo existencial, v. BARCELLOS, Ana Paula de. *A eficácia jurídica dos princípios constitucionais*, 3. ed., p. 329-330. No âmbito da jurisprudência do STF, v., entre tantos, o AgIn 583.136/SC (*DJe* 223, 24.11.2008), onde é enfatizada a vinculação entre a proteção da criança e do adolescente e o mínimo existencial, afirmando "o dever do Estado de implementar as medidas necessárias para que as crianças e os adolescentes fiquem protegidos de situações que as coloquem em risco, seja sob a forma de negligência, de discriminação, de exploração, de violência, de crueldade ou de opressão, situações que confiscam o mínimo existencial sem os quais a dignidade da pessoa humana é mera utopia" (rel. Min. Cármen Lúcia Antunes Rocha). Outro exemplo é o do RE 581.352 – AgR/AM, rel. Min. Celso de Mello, j. 29.10.2013, no âmbito do controle jurisdicional da omissão estatal na esfera das políticas públicas, quando o STF reconheceu o dever de ampliação e melhoria no atendimento materno-infantil como dever prestacional exigível.

889. A respeito da proteção das crianças e adolescentes na perspectiva dos direitos fundamentais, v., por todos, COSTA, Ana Paula Motta. A perspectiva constitucional brasileira da proteção integral de crianças e adolescentes e o posicionamento do Supremo Tribunal Federal. In: SARMENTO, Daniel; SARLET, Ingo Wolfgang (Coord.). *Direitos fundamentais no Supremo Tribunal Federal*, p. 855-887.

890. Cf. em caráter meramente exemplificativo o HC 142.279/CE, rel. Min. Gilmar Mendes, j. 20.06.2017.

Outro exemplo digno de nota é o da ADI 6039/RJ, Relator Ministro Edson Fachin, medida cautelar julgada em 13.03.2019, no bojo da qual se discutiu a constitucionalidade de lei do estado do Rio de Janeiro (Lei n. 8.008/2018) que exige, em caso de estupro praticado contra menor do sexo feminino, que o respectivo exame seja realizado por perito legista mulher. No caso, deferindo a cautelar pleiteada, além de refutar a tese de inconstitucionalidade formal, por violação do esquema de competências federativo, o Plenário afirmou – à luz da exigência de igualdade material, da doutrina da proteção integral e da prioridade absoluta – a constitucionalidade material e deferiu a medida cautelar para determinar que as vítimas de violência sexual, do sexo feminino e menores de idade, sejam submetidas a perícia médica realizada por mulheres, restando preservadas eventuais perícias porventura realizadas por profissionais do sexo masculino.

Em outra decisão mais recente, proferida na ADI 3446/DF, Relator Ministro Gilmar Mendes, julgada em 08.08.2019, julgada improcedente pelo Plenário do STF, foram impugnados diversos dispositivos do Estatuto da Criança e do Adolescente. Dentre os diversos pontos discutidos na ação, destacam-se três pela sua relevância para a compreensão do objetivo, conteúdo e alcance do marco jurídico-constitucional brasileiro vigente no que diz respeito à proteção da infância e juventude.

O primeiro aspecto a ser referido é o da impugnação da constitucionalidade do art. 16, I, do ECA, que consagra a liberdade de locomoção da criança e do adolescente, "ressalvadas as restrições legais". Para o STF, tal preceito guarda sintonia com a doutrina da proteção integral consagrada no art. 227 da CF, que assegura o direito à dignidade, ao respeito e à liberdade das pessoas em desenvolvimento, proibindo toda e qualquer forma de negligência, discriminação, violência, crueldade e opressão, razão pela qual inexiste a inconstitucionalidade apontada na ADI. Além disso, ainda segundo a decisão em pauta, o dispositivo legal questionado encontra-se em consonância com a normativa internacional relativa à proteção de crianças e adolescentes, designadamente a proibição de interferências ilegítimas e arbitrárias na vida particular das crianças, prevista no art. 16 da Convenção sobre Menores da ONU, com o dever de proteção integral estabelecido no art. 19 da Convenção Americana de Direitos Humanos e com as Regras Mínimas das Nações Unidas para a Administração da Justiça de Menores. Por tal razão as privações sofridas pelos menores que habitam as ruas não podem ser corrigidas mediante novas restrições a direitos e a antiga "doutrina menorista", que não reconhecia a condição de sujeitos de direitos, mas, sim, tratava tais pessoas como meros objetos da intervenção estatal.

Da mesma forma, não foi acolhido o pedido de declaração de inconstitucionalidade da previsão legal no sentido de criminalizar detenções arbitrárias de crianças e adolescentes, pois tal opção legislativa dá cumprimento ao mandado de criminalização constante do art. 227, § 4.º, da CF, que impõe ao legislador o dever de punir severamente atos de violência praticados contra crianças e adolescentes. Para o STF, a declaração de inconstitucionalidade do referido tipo penal representaria verdadeiro cheque em branco para que detenções arbitrárias, restrições indevidas à liberdade dos menores e violências de todo tipo pudessem ser livremente praticadas.

Quanto à impugnação da decisão do legislador no sentido da exclusividade das medidas de proteção e para afastar medidas mais severas, a Corte pontuou que tal orientação faz jus ao fato de que a criança é um ser em desenvolvimento e mais vulnerável, dispondo o legislador de considerável liberdade de conformação para definir qual o tratamento mais adequado a ser dispensado às crianças em situação de risco criado por seu próprio comportamento, não sendo desproporcional a opção pela exclusividade das medidas protetivas.

Por derradeiro, o STF afastou a alegação de que a atuação do conselho tutelar nos casos de atos infracionais praticados por crianças viola a CF e a garantia da inafastabilidade da jurisdição, porquanto se trata de órgão que permite (e mesmo exige, poderíamos agregar) a participação direta da sociedade na implementação das políticas públicas definidas no art. 227 da CF, voltadas para a promoção e proteção da infância, em consonância com as mais atuais teorias de justiça, democracia e participação popular direta.

O que se percebe, também e especialmente à vista da decisão colacionada, é que o STF tem mantido e mesmo aperfeiçoado a sua orientação já consolidada de zelar pela efetividade do marco normativo que consagra a doutrina da proteção integral da criança (como também se verifica no caso dos adolescentes) e do princípio/dever de privilegiar o seu melhor interesse e sua posição prioritária em termos de proteção.[891]

No âmbito da jurisprudência do STF concernente à proteção da infância e juventude, é de destacar o julgamento da ADI 5422, Relator Ministro Dias Toffoli, em 06.06.2022, no sentido da inconstitucionalidade da incidência de imposto de renda sobre a verba alimentar devida por força do direito de família. Nesse sentido, colaciona-se trecho da ementa do julgado:

"(...) Alimentos ou pensão alimentícia oriundos do direito de família não se configuram como renda nem proventos de qualquer natureza do credor dos alimentos, mas montante retirado dos acréscimos patrimoniais recebidos pelo alimentante para ser dado ao alimentado. A percepção desses valores pelo alimentado não representa riqueza nova, estando fora, portanto, da hipótese de incidência do imposto. 6. Na esteira do voto-vista do Ministro Roberto Barroso, '[n]a maioria dos casos, após a dissolução do vínculo conjugal, a guarda dos filhos menores é concedida à mãe. A incidência do imposto de renda sobre pensão alimentícia acaba por afrontar a igualdade de gênero, visto que penaliza ainda mais as mulheres. Além de criar, assistir e educar os filhos, elas ainda devem arcar com ônus tributários dos valores recebidos a título de alimentos, os quais foram fixados justamente para atender às necessidades básicas da criança ou do adolescente. 7. Consoante o voto-vista do Ministro Alexandre de Moraes, a tributação não pode obstar o exercício de direitos fundamentais, de modo que "os valores recebidos a título de pensão alimentícia decorrente das obrigações

---

891. Quanto a isso, vale mencionar entendimento do STF de que o art. 75, § 1.º, da Lei n. 6.815/1980 não foi recepcionado pela CF de 1988, motivo pelo qual se firmou a tese de vedação da expulsão de estrangeiro cujo filho brasileiro foi reconhecido ou adotado posteriormente ao fato ensejador do ato expulsório, desde que comprovado que a criança está sob a guarda do estrangeiro e deste depende economicamente. Com a decisão, resguardou-se o direito da criança ao convívio familiar e à conformação da sua identidade, além do acesso aos meios necessários à sua subsistência, cf. RE 608.898, rel. Min. Marco Aurélio, j. em 25.06.2020, *leading case* do Tema de Repercussão Geral 373. Para mais informações sobre o tema específico do julgamento, v. tópico "4.16.5.7.2 A exclusão do estrangeiro por iniciativa estatal: as hipóteses de deportação, expulsão e extradição". Da jurisprudência mais recente do STF sobre a matéria, destaca-se a ADI 2.096/DF, rel. Min. Celso de Mello, j. em 09.10.2021, reafirmando a vedação de qualquer trabalho a menores de 16 anos, salvo na condição de aprendiz, a partir dos 14 anos; também digna de nota é a decisão proferida quando do julgamento conjunto da ADI 4.878/DF e da ADI 5.083/DF, rel. Min. Gilmar Mendes, j. em 07.06.2021, quando se deu interpretação conforme à Constituição ao disposto no art. 16, § 2.º, da Lei n. 8.213/91, de modo a contemplar também os menores sob guarda na categoria de dependentes do Regime Geral da Previdência Social, desde que comprovada a dependência econômica.

DIREITOS FUNDAMENTAIS EM ESPÉCIE   655

familiares de seu provedor não podem integrar a renda tributável do alimentando, sob pena de violar-se a garantia ao mínimo existencial. (...)"

Já no concernente à *proteção do idoso,* a Constituição Federal consagra um dever especial de amparo das pessoas idosas por parte da família e da sociedade, com o intuito de garantir o direito à vida e defender a dignidade dos idosos, bem como de assegurar-lhes a participação na vida comunitária (art. 230, *caput*). Além disso, a Carta Magna determina que os programas de amparo aos idosos serão executados preferencialmente em seus lares, garantindo, ainda, a gratuidade dos transportes públicos urbanos aos maiores de 65 anos (respectivamente art. 230, §§ 1.º e 2.º, da CF). Os preceitos referidos, importa frisar, articulam-se com outros dispositivos constitucionais, especialmente no campo dos direitos sociais e da ordem social, como dão conta os direitos à saúde, previdência e assistência social, os dois últimos inclusive com particular aplicação aos idosos. Por outro lado, tal como ocorre com os demais direitos sociais e com os deveres de proteção estatal, é mediante uma rede de políticas públicas e, portanto, por meio de um conjunto de ações legislativas e administrativas que a proteção dos idosos, de matriz constitucional, se concretiza no plano da vida. O exemplo mais emblemático, notadamente pela sua abrangência, é o da Lei 10.741/2003, o assim chamado "Estatuto do Idoso", que não apenas realiza o programa constitucional no que diz com os aspectos acima referidos (art. 230 da CF), como avança e cumpre um papel inclusive promocional, ademais de concretizar, ressalvado um ou outro ponto carente de maior reflexão e aprimoramento, uma justiça entre gerações.[892]

Também no campo da proteção do idoso assume relevo o papel do Poder Judiciário, provocado pelos agentes legitimados (com destaque, a exemplo do que ocorre na esfera da infância e da juventude, para o Ministério Público e a Defensoria Pública), no sentido de velar pela consistência constitucional das ações dos órgãos estatais e mesmo da esfera privada, o que, em caráter meramente ilustrativo, pode ser demonstrado mediante referência ao já discutido caso da assistência social (que tem os idosos, ao lado das pessoas com deficiência, como destinatários), como no caso da garantia constitucional (e legal) do transporte coletivo, sobre o que também já existe manifestação do STF.[893]

Por derradeiro, sem que se possa aqui aprofundar o tópico, cumpre registrar, na esteira do que sugere Paulo Roberto Barbosa Ramos, que o programa constitucional de proteção e promoção do idoso é abrangente e carece de uma interpretação e concretização que dê conta do caráter heterogêneo da velhice (das diversas "velhices") que existem no Brasil, visto que a diversidade e as desigualdades sociais, econômicas e culturais, para além de outros

---

892. A respeito do Estatuto do Idoso e de seu conteúdo, v., por todos, RITT, Caroline F.; RITT, Eduardo. *O Estatuto do Idoso*: aspectos sociais, criminológicos e penais, 2008.

893. Cf. ADIn 3.768/DF (*DJ* 26.10.2007), onde foi reafirmada a constitucionalidade do art. 39 da Lei 10.741/2003 (Estatuto do Idoso), que assegura gratuidade nos transportes públicos urbanos e semiurbanos a pessoas com 65 anos ou mais, como parte integrante da garantia do mínimo existencial e forma de assegurar o princípio da dignidade humana, na qualidade de "condição mínima de mobilidade, a favorecer a participação dos idosos na comunidade". Para uma perspectiva de cunho mais crítico, avaliando a atuação do STF na esfera da proteção do idoso, v. DIAS, Jefferson Aparecido. Os direitos das pessoas idosas: da riqueza econômica para a riqueza urbana. In: SARMENTO, Daniel; SARLET, Ingo Wolfgang (Coord.). *Direitos fundamentais no Supremo Tribunal Federal*, p. 889-910; COSTA, Ana Paula Motta. A perspectiva constitucional brasileira da proteção integral de crianças e adolescentes e o posicionamento do Supremo Tribunal Federal. In: SARMENTO, Daniel; SARLET, Ingo Wolfgang (Coord.). *Direitos fundamentais no Supremo Tribunal Federal*, p. 855, embora mais focado no exemplo do benefício da assistência social.

aspectos, impactam fortemente na condição das pessoas idosas e reclamam políticas públicas e uma rede de ações diferenciada.[894]

Por outro lado – precisamente em virtude do quadro diferenciado que se apresenta na vida real –, como é possível detectar em algumas situações, é necessário indagar se não se está, por conta de um legítimo objetivo de proteção de pessoas em condição de vulnerabilidade, eventualmente – sem a devida diferenciação das situações –, promovendo uma espécie de "paternalismo jurídico-constitucional" (preocupação que, à evidência, não vale apenas para os idosos) ou mesmo correndo o risco de romper com parâmetros de justiça (o caso dos ingressos parcialmente subsidiados para espetáculos públicos ou mesmo a isenção de tarifa de transporte público para idosos de classe média alta ou mesmo alta é, nessa perspectiva, pelo menos digno de reflexão). Tal preocupação, contudo, não infirma a "bondade" do programa constitucional de proteção do idoso e de qualquer pessoa ou grupo de pessoas em situação de efetiva vulnerabilidade – muito antes pelo contrário, apenas reforça a necessidade de se levar a sério tais situações e corrigir eventuais distorções que possam levar a algum desequilíbrio.

4.15.11 O direito ao transporte

Com a promulgação da EC 90 (resultante da PEC 90/2011, de autoria da Deputada Luiza Erundina, SP), foi inserido mais um direito fundamental social no já significativo elenco de direitos consagrado no art. 6.º da Constituição Federal de 1988 (CF), totalizando agora doze direitos sociais, designadamente educação, saúde, trabalho, lazer, segurança, previdência social, proteção à maternidade, proteção à infância e assistência aos desamparados, que já constavam do catálogo original de 1988, bem como os direitos à moradia, alimentação e ao transporte, respectivamente incorporados em 2000, 2010 e 2015.

Que a inserção de um direito ao transporte guarda sintonia com o objetivo de assegurar a todos uma efetiva fruição de direitos (fundamentais ou não), mediante a garantia do acesso ao local de trabalho, bem como aos estabelecimentos de ensino (ainda mais no contexto da proteção das crianças e adolescentes e formação dos jovens), serviços de saúde e outros serviços essenciais, assim como ao lazer e mesmo ao exercício dos direitos políticos, sem falar na especial consideração das pessoas com deficiência (objeto de previsão específica no art. 227, § 2.º, da CF) e dos idosos, resulta evidente e insere o transporte no rol dos direitos e deveres associados ao mínimo existencial, no sentido das condições materiais indispensáveis à fruição de uma vida com dignidade. Quanto à sua fundamentalidade substancial, portanto, poucos teriam razões para questionar, nessa perspectiva, o reconhecimento desse "novo" direito social. Aliás, em se tratando de dimensão do mínimo essencial, a própria positivação textual poderia ser dispensada, justificando-se o reconhecimento do direito ao transporte na condição de direito fundamental implícito, o que aqui não será mais desenvolvido, mas terá reflexos em outro nível, como logo se verá.

Mas se quanto a tal ponto a questão ao menos aparentemente soa mais singela, a situação se revela mais complexa quando se trata de aplicar ao direito ao transporte o regime

---

894. Cf. Ramos, Paulo Roberto Barbosa. A velhice no século XXI. Considerações preliminares sobre os desafios dos velhos no século XXI para o reconhecimento de sua dignidade e garantia de seus direitos fundamentais. In: Novelino, Marcelo (Org.). *Leituras complementares de direito constitucional. Direitos humanos & direitos fundamentais*, p. 432 e ss.

jurídico-constitucional dos direitos fundamentais, sem o qual a própria condição de direito fundamental restaria esvaziada.

Da mesma forma, resta em aberto qual afinal o âmbito de proteção (e respectivos limites) do direito ao transporte e como se poderá tornar operativo na dupla perspectiva objetiva e subjetiva, assim como quanto à sua titularidade, aspectos que guardam conexão entre si e que igualmente dizem respeito ao regime jurídico dos direitos fundamentais.

Ora, se a premissa, há muito assumida por nós (ademais de correspondente ao entendimento majoritário no Brasil atualmente), é a de que os direitos fundamentais encontram-se submetidos a um regime jurídico-constitucional unificado, que lhes imprime uma força jurídica diferenciada e qualificada na arquitetura constitucional, não havendo, quanto a tal aspecto e ressalvada alguma matização, diferenças substanciais quanto aos direitos sociais e os demais direitos fundamentais, aparentemente não haveria quanto a tal ponto maior problema que aqui pudesse ser levantado.

Mas o fato é que a existência de um eixo comum não explica por si só as consequências propriamente ditas do referido regime jurídico nem dispensa considerações adicionais.

Com efeito, tendo em conta que os elementos centrais da assim chamada fundamentalidade em sentido formal, que se soma ao viés material, residem na aplicabilidade imediata das normas de direitos fundamentais e na proteção privilegiada contra intervenções por parte do Poder Público, mas também se consubstancia no fato de que os direitos fundamentais assumem a condição de limites materiais ao poder de reforma constitucional, resta avaliar como isso poderá se aplicar ao direito ao transporte, evitando, portanto, que se transforme em mais uma promessa constitucional carente em grande medida de efetividade.

Quanto ao primeiro aspecto, o da aplicabilidade imediata, está em causa a vinculação direta dos atores estatais (e, em certa medida, sempre também dos atores privados) ao direito ao transporte, que devem em todos os seus níveis de atuação e respeitadas as limitações quanto à competência, assegurar-lhe a máxima eficácia e efetividade.

De particular relevo nesse contexto é a discussão em torno da viabilidade de se assegurar, de modo individual e/ou transindividual, ao cidadão um direito subjetivo originário ao transporte gratuito, mesmo sem regulamentação legal ou política pública promovida pelo Poder Executivo, ou apenas limitar tal direito, na condição de posição subjetiva e exigível pela via jurisdicional, a um direito derivado a prestações, no sentido de um direito de igual acesso ao sistema de transporte já disponibilizado ou mesmo um direito a promoção pelo Poder Público de políticas de inclusão em matéria de transporte público, seja mediante subsídios alcançados a empresas particulares concessionárias, seja por meio de empresas públicas de transporte coletivo, em ambos os casos com tarifas diferenciadas e mesmo em caráter gratuito para determinados segmentos, a exemplo do que já se passa em sede do assim chamado "passe-livre" para idosos e pessoas com deficiência etc.[895]

Aliás, a discussão em torno da universalização do transporte público gratuito remete a outros dilemas, porquanto mais do que conhecido o caso do Sistema Único de Saúde, projetado como de acesso universal e gratuito (gratuidade estabelecida por lei a despeito de não exigida constitucionalmente de tal modo), com níveis de atendimento muito diferenciados

---

895. V. a respeito a já referida jurisprudência do STF no que concerne à garantia de direito subjetivo de transporte escolar para crianças e adolescentes pelo menos quando matriculados no ensino fundamental e médio (referência feita no item da proteção da maternidade e da infância).

e cada vez mais comprometidos no seu conjunto, ademais de um número impressionante de usuários dos planos de saúde privados, que já não mais suportam a qualidade do atendimento integral dispensado pelo SUS e buscam, mediante paga e encargos por vezes desproporcionais, considerando a renda familiar, assegurar as mínimas condições para prevenção e tratamento em termos de saúde.

Se atentarmos ao fato de que saúde e educação ao menos foram dotados, já do ponto de vista constitucional, de um percentual mínimo de investimento público, o restante da receita (ainda que as fontes e montantes sejam variáveis caso a caso) há de ser distribuída entre todos os demais direitos sociais, o que inevitavelmente poderá tensionar ainda mais os conflitos que se estabelecem nessa seara, mormente se o direito ao transporte for divulgado como sendo direito de todos o transporte público gratuito em todos os meios de transporte, arcando o Estado integralmente com os encargos que à evidência não tem logrado atender.

Por outro lado, impor aos particulares tal ônus sem contrapartida que assegure a manutenção da empresa, a aquisição e manutenção dos meios de transporte, pagamento de pessoal, demais despesas incidentes, igualmente não se revela solução compatível com o ordenamento constitucional e de qualquer sorte resultaria no abandono completo dessa via negocial, com graves consequências para a acessibilidade diuturna dos cidadãos.

Com isso já se percebe que a situação é mais complexa e demanda uma abordagem sistêmica e que não dispensa um conjunto de ações coordenadas de caráter legislativo e administrativo, bem como uma articulação em nível federativo, ademais de equacionamento no plano tributário, orçamentário e financeiro.

Um direito subjetivo originário, portanto, há de ter caráter excepcional e vinculado ao mínimo existencial, eventualmente ante a falta ou insuficiência da ação estatal. Por outro turno, a concessão (judicial) de transporte gratuito diretamente imposta a empresas privadas para além da regulação existente, ademais de harmônica com custos previamente calculados e pactuados, deverá levar em conta – como já se sugeriu no caso de compra de vagas pelo Poder Público junto ao ensino privado – eventual compensação por parte do Estado, visto que, do contrário, nem mais combustível poderá ser adquirido para acionar os motores que asseguram o acesso rápido aos bens e serviços.

Em suma, aos que bradam contra a assim chamada (no nosso sentir, de modo um tanto inadequado) judicialização da política e contra o ativismo judicial (outro termo que soa desconfortável), a inclusão de mais um direito social certamente fornecerá muito material e poderá levar a mais uma enxurrada de ações no Poder Judiciário.

Por outro lado, na esfera da assim chamada dimensão negativa dos direitos fundamentais, o novo direito ao transporte também não deixa de atrair questões interessantes e nem sempre de fácil equacionamento, designadamente quando em causa a supressão de políticas inclusivas ou de subsídios aplicadas ao sistema de transporte público e coletivo, entre outras, que podem ser impugnadas pela via judicial.

Além do problema do estabelecimento dos limites de tal direito, que evidentemente não é simples e convoca as categorias da reserva legal, do núcleo essencial e da proporcionalidade, ao menos para citar as mais relevantes, exsurge a indagação se o novo direito ao transporte ocupa a condição de limite material à reforma constitucional.

Também aqui as opiniões são fortemente diferenciadas. Como se trata de direito fundamental introduzido mediante emenda constitucional, as posições vão desde os que negam categoricamente tal condição, até os que a afirmam com toda a sua plenitude, sobressaindo aqui o entendimento de que em se tratando de direito que já poderia ser considerado implicitamente positivado, de modo que a previsão textual apenas a chancela, afastando toda e qualquer recusa por parte dos poderes públicos de dar cumprimento ao comando constitucional, o que nos faz remeter ao capítulo dedicado ao poder de reforma constitucional.

De qualquer sorte, em sua formatação mais modesta, a inserção de um direito fundamental ao transporte, considerando a sua condição de direito fundamental, deveria pelo menos servir de fundamento para ações judiciais impugnando toda e qualquer medida não justificada e desproporcional que tenha por escopo reduzir os níveis de acesso ao transporte.

No âmbito jurisprudencial, a despeito das questões sumariamente invocadas, registram-se evoluções importantes. Nesse sentido, a decisão do STF, proferida na ADI 5657, relatada pelo Ministro Luiz Fux, julgada em 17.11.2022, foi mantida a validade de norma contida no assim chamado Estatuto da Juventude (Lei n. 12.852/2013), que garante a jovens de baixa renda duas vagas gratuitas e duas com 50% de desconto em ônibus interestaduais. Dentre os argumentos esgrimidos pelo relator, acompanhado pelos demais julgadores, destaca-se a afirmação de que a gratuidade garante a esse grupo o direito ao transporte e o acesso a outros direitos fundamentais como educação, saúde, trabalho e lazer.

Além disso, importa sublinhar que a decisão não deixou de ferir a questão ligada aos impactos financeiros da gratuidade e do desconto assegurado, porquanto as resoluções da Agência Nacional de Transporte Terrestre (ANTT) sobre a prestação do serviço consideraram os impactos financeiros da implementação desses benefícios, com a possibilidade de as empresas demonstrarem eventuais prejuízos para efetuar a recomposição das tarifas, ademais da ciência por parte das empresas relativamente aos seus custos, que incluem a gratuidade prevista em lei.

Outra decisão relevante, em caráter ilustrativo, foi tomada pelo STF na ADPF 1.013, Relator Ministro Luís Roberto Barroso, julgada em 18.10.2023, onde restou assentado ser "inconstitucional a omissão do Poder Público em ofertar, nas zonas urbanas em dias das eleições, transporte público coletivo de forma gratuita e em frequência compatível com aquela praticada em dias úteis".

4.15.12 O direito fundamental a uma renda básica familiar[896]

Mediante a Emenda Constitucional n. 114, de 16.12.2021, foi inserido um parágrafo único no art. 6.º da CF, incluindo no rol dos direitos sociais fundamentais expressos a previsão de que "[t]odo brasileiro em situação de vulnerabilidade social terá direito a uma renda básica familiar, garantida pelo poder público em programa permanente de transferência de renda, cujas normas e requisitos de acesso serão determinados em lei, observada a legislação fiscal e orçamentária". A mesma EC inseriu entre os objetivos expressos da assistência social "a redução da vulnerabilidade socioeconômica de famílias em situação de pobreza ou de extrema pobreza" (art. 203, VI).

---

896. Agradecemos aqui a Thiago dos Santos Rocha, doutorando em regime de dupla titulação na Faculdade de Direito da Universidade de Oviedo, Espanha, e no Programa de Pós-Graduação em Direito da PUCRS, Brasil, por ter autorizado o uso do conteúdo de textos sobre a temática produzidos em coautoria com o autor deste *Curso de Direito Constitucional*.

À vista da inclusão do direito fundamental à renda básica familiar no texto constitucional, é possível afirmar que, nada obstante se tratar de um direito que opera ao nível da assistência social, cuida-se de direito autônomo, que não se confunde com o benefício de prestação continuada assegurado às pessoas idosas e às pessoas com deficiências, nos termos do disposto no art. 203, V, da CF.

Além disso, em que pese também a sua articulação com o direito a um mínimo existencial, que já foi abordado em outro capítulo, o direito à renda básica familiar com aquele também não se confunde, mas, como é o caso de outros instrumentos de proteção social, em especial no plano da assistência social, é um dos meios de assegurar a implementação do direito ao mínimo existencial, assim como se deu com o programa "Bolsa Família" e, mais recentemente, do assim chamado "Auxílio Brasil", apenas para citar dois exemplos de medidas de transferência de renda de grande alcance e impacto, pelo menos no que se refere ao número de pessoas beneficiadas e o volume de recursos públicos alocado.

Um primeiro aspecto a ser destacado no concernente ao direito à renda básica familiar diz respeito a quem é o seu titular, posto que, a prevalecer o sentido literal do texto constitucional, a titularidade do direito é atribuída de maneira indistinta a "todo brasileiro", embora condicionada à situação de vulnerabilidade social.

Tal previsão destoa do disposto no art. 5.º, *caput*, da CF, que assegura a titularidade de todos os direitos fundamentais tanto aos brasileiros quanto aos estrangeiros residentes no país, isso sem considerar aqui o fato de que, de acordo com a doutrina majoritária e um número significativo de decisões do STF – tudo como já visto no capítulo relativo à titularidade dos direitos fundamentais –, a titularidade de muitos direitos fundamentais é também assegurada a estrangeiros não residentes no Brasil.

É claro que nada impede à legislação estender tal direito às pessoas estrangeiras residentes no Brasil e mesmo as não residentes, visto que tanto a doutrina prevalente quanto a jurisprudência do STF já têm reconhecido que estrangeiros não residentes são, em determinados casos, titulares de direitos fundamentais, inclusive de alguns direitos sociais. Isso, de outra parte, guarda sinergia com a universalidade específica que decorre do disposto no art. 203 da CF, no sentido de que a assistência social "será prestada a quem dela necessitar".

Nessa mesma linha, veja-se, por exemplo, a decisão proferida pelo STF no caso paradigmático no RE 587.970, reconhecendo que a titularidade do Benefício de Prestação Continuada (art. 203, V, da CF) alcança não só os brasileiros natos e naturalizados, mas também os estrangeiros residentes no país, atendidos os requisitos constitucionais e legais.

Cumpre anotar que, ao mesmo tempo em que é certo que, entre as "normas e requisitos de acesso" se encontra o detalhamento dos requisitos de exercício do direito fundamental à renda básica familiar, tais requisitos não podem desvirtuar a titularidade do direito.

Ainda no que se refere ao sujeito (titular) desse direito, cabe ao Poder Legislativo definir o que se entende por "situação de vulnerabilidade social", sendo constitucionalmente legítimas tão somente as limitações relacionadas a este requisito, como a fixação de critérios objetivos para sua caracterização, a exigência de participação em um cadastro público, entre outras.

Tal como positivado pela EC n. 114/2021, o direito à renda básica familiar consiste em um direito que tem por foco as pessoas brasileiras em situação de vulnerabilidade social, mas incondicionado, ou seja, compete ao Legislativo definir qual parte da cidadania brasileira será considerada socialmente vulnerável, mas não impor qualquer outra condição para que a pessoa que comprove tal situação exerça o seu direito fundamental.

Desse modo, vincular o exercício de tal direito a, por exemplo, critérios relativos à participação no mercado laboral, no sistema de educação ou no sistema sanitário, não parecem ser elementos razoáveis para a caracterização da vulnerabilidade social, de tal sorte que a liberdade de conformação do legislador não inclui a prerrogativa de ampliar os requisitos para a fruição daquele direito fundamental.

Já no que diz respeito ao objeto do direito fundamental em questão, uma "renda básica familiar", impõe-se algumas observações, visto que a terminologia, por si só, não é capaz de dar a exata compreensão daquilo que o direito assegura a quem tenha sua titularidade. Pelo contrário, ela é bastante infeliz quando se compara o que a íntegra do enunciado constitui com aquilo que a doutrina especializada, nacional e internacional, entende por "renda básica".

A renda básica é definida pela doutrina especializada como um pagamento periódico, realizado pela comunidade política, em moeda corrente, em valor igual para todas as pessoas, a título individual, sem exigência de comprovação de insuficiência de recursos ou cumprimento de quaisquer condições. Assim, a renda básica, conforme já adiantado, não consiste em um substitutivo – ao menos não integral – das demais ferramentas do Estado social.

A própria nomenclatura adotada, renda básica familiar, indica que a prestação será concedida a uma pessoa titular, mas em benefício de todo o seu grupo familiar, o que implicaria a consideração das características de todos os membros de tal grupo para a aferição da situação de vulnerabilidade social. Assim, a escolha constitucional não se alinha à conceituação amplamente difundida de renda básica, que considera inerente ao objeto de tal direito o seu caráter individual, não sendo pertinente qualquer matiz relacionado ao grupo familiar.

Ademais, o direito fundamental em tela, como já mencionado, afasta-se da universalidade da renda básica ao impor como requisito de seu exercício a situação pessoal de vulnerabilidade social, ou seja, trata-se de uma prestação de assistência social focalizada.

Outro ponto a destacar diz respeito ao fato de que a tarefa de implementar o direito à renda básica familiar cabe, nos termos do parágrafo único do art. 6.º da CF, ao legislador infraconstitucional, dependendo também da alocação de recursos orçamentários próprios, o que remete – caso o Legislador e mesmo o Poder Executivo não venham a cumprir o mandamento constitucional – à discussão sobre se e até que ponto os órgãos do Poder Judiciário estão legitimados para assegurar a efetividade desse novo direito fundamental social.

De qualquer sorte, a partir do exposto, já é possível afirmar que a opção do poder de reforma constitucional, a despeito das ressalvas aqui postas em discussão, tem a virtude de tirar do âmbito de disponibilidade dos poderes constituídos a existência de um programa permanente de transferência de renda à população socialmente mais vulnerável, sem exigir para o exercício de tal direito fundamental outras condições além da própria situação de vulnerabilidade.

4.15.13 O direito-dever fundamental de proteção e promoção de um meio ambiente saudável

A inserção de um direito humano e fundamental à proteção do ambiente num texto constitucional brasileiro ocorreu apenas na CF, que, contudo, situa-se entre as primeiras a consagrarem expressamente tal direito, na esteira do que já havia ocorrido em Portugal (1976) e Espanha (1978). Com efeito, dispõe o art. 225, *caput*, da CF:

"Todos têm direito ao meio ambiente ecologicamente equilibrado, bem de uso comum do povo e essencial à sadia qualidade de vida, impondo-se ao Poder Público e à coletividade o dever de defendê-lo e preservá-lo para as presentes e futuras gerações.

§ 1.º Para assegurar a efetividade desse direito, incumbe ao Poder Público:

I – preservar e restaurar os processos ecológicos essenciais e prover o manejo ecológico das espécies e ecossistemas; II – preservar a diversidade e a integridade do patrimônio genético do País e fiscalizar as entidades dedicadas à pesquisa e manipulação de material genético; III – definir, em todas as unidades da Federação, espaços territoriais e seus componentes a serem especialmente protegidos, sendo a alteração e a supressão permitidas somente através de lei, vedada qualquer utilização que comprometa a integridade dos atributos que justifiquem sua proteção; IV – exigir, na forma da lei, para instalação de obra ou atividade potencialmente causadora de significativa degradação do meio ambiente, estudo prévio de impacto ambiental, a que se dará publicidade; V – controlar a produção, a comercialização e o emprego de técnicas, métodos e substâncias que comportem risco para a vida, a qualidade de vida e o meio ambiente; VI – promover a educação ambiental em todos os níveis de ensino e a conscientização pública para a preservação do meio ambiente; VII – proteger a fauna e a flora, vedadas, na forma da lei, as práticas que coloquem em risco sua função ecológica, provoquem a extinção de espécies ou submetam os animais a crueldade[897].

§ 2.º Aquele que explorar recursos minerais fica obrigado a recuperar o meio ambiente degradado, de acordo com solução técnica exigida pelo órgão público competente, na forma da lei.

§ 3.º As condutas e atividades consideradas lesivas ao meio ambiente sujeitarão os infratores, pessoas físicas ou jurídicas, a sanções penais e administrativas, independentemente da obrigação de reparar os danos causados.

§ 4.º A Floresta Amazônica brasileira, a Mata Atlântica, a Serra do Mar, o Pantanal Mato-Grossense e a Zona Costeira são patrimônio nacional, e sua utilização far-se-á, na forma da lei, dentro de condições que assegurem a preservação do meio ambiente, inclusive quanto ao uso dos recursos naturais.

§ 5.º São indisponíveis as terras devolutas ou arrecadadas pelos Estados, por ações discriminatórias, necessárias à proteção dos ecossistemas naturais.

§ 6.º As usinas que operem com reator nuclear deverão ter sua localização definida em lei federal, sem o que não poderão ser instaladas".

Por fim, registre-se a inclusão, mediante a EC 96, de 2017, de um § 7.º no art. 225, com a seguinte redação:

"Para fins do disposto na parte final do inciso VII do § 1.º deste artigo, não se consideram cruéis as práticas desportivas que utilizem animais, desde que sejam manifestações culturais,

---

897. A respeito da proibição de submissão de animais a crueldade, v. decisão que converteu liminar em julgamento de mérito na ADPF 640, rel. Min. Gilmar Mendes, j. em 20.09.2021, que suspendeu em nível nacional todas as decisões administrativas ou judiciais que autorizem o sacrifício de animais silvestres ou domésticos apreendidos em situação de maus-tratos em função de inadequada interpretação de dispositivos da Lei de Crimes Ambientais (Lei n. 9.605/1998). Para mais informações sobre esse tema, remete-se ao tópico "3.5.6 Direitos fundamentais da natureza, em especial a titularidade de direitos por parte dos animais não humanos".

conforme o § 1.º do art. 215 desta Constituição Federal, registradas como bem de natureza imaterial integrante do patrimônio cultural brasileiro, devendo ser regulamentadas por lei específica que assegure o bem-estar dos animais envolvidos".

A transcrição literal e integral do art. 225 com seus respectivos incisos e parágrafos, muito embora não se vá aqui comentar um a um, tem por objetivo demonstrar que o direito à proteção do meio ambiente, compreendido como um direito em sentido amplo, decodifica-se em um conjunto diversificado e heterogêneo de posições jurídicas, inclusive e particularmente impondo uma série de medidas (tarefas/objetivos) aos poderes públicos, traduzindo-se, portanto, em um dever geral objetivo de proteção do ambiente e um correlato leque de deveres específicos, a ser tematizado logo adiante, ademais de algumas outras garantias. Ademais disso, os preceitos que integram o art. 225 veiculam, ainda que não de modo direto, os mais importantes princípios e deveres em matéria da proteção e promoção ambiental, consagrados na normativa internacional e em boa parte objeto de regulamentação legal doméstica, tais como os deveres de precaução e prevenção, sustentabilidade, poluidor--pagador, entre outros.[898]

Nesse sentido, apenas à guisa de exemplo, colaciona-se julgado do STF na ADI 6808, relatada pela Ministra Cármen Lúcia, ocorrido em 28.04.2022, versando sobre a legitimidade da flexibilização das exigências, mediante instituição de procedimento automático e simplificado, para emissão de alvará de funcionamento e licenças ambientais para atividades de risco médio no sistema de integração. Na ocasião, o STF decidiu, com base no princípio da prevenção e no dever estatal de proteção ambiental, que "são inconstitucionais as normas pelas quais simplificada a obtenção de licença ambiental no sistema responsável pela integração (Redesim) para atividade econômica de risco médio e vedada a coleta adicional de informações pelo órgão responsável à realizada no sistema Redesim para a emissão das licenças e alvarás para o funcionamento do empresário ou da pessoa jurídica, referentes a empreendimentos com impactos ambientais. Não aplicação das normas questionadas em relação às licenças ambientais".

A célebre e ainda atual querela entre os defensores do posicionamento que advoga a existência de um direito subjetivo (individual e transindividual) fundamental à proteção do ambiente e os que advogam a sua condição de (exclusivo) dever de proteção objetivo e norma definidora de fins estatais, não deve ser hipertrofiada, mas carece de alguma anotação. Ao passo que no direito estrangeiro o debate perdura, como no caso, entre outros, de Alemanha, Portugal e Espanha, em particular nesta última, onde sequer a proteção do ambiente é tida como representando um direito fundamental propriamente dito,[899] o fato é que na doutrina e na jurisprudência brasileira – inclusive no STF – consolidou-se o entendimento de que se cuida em primeira linha de um direito subjetivo, portanto, dotado da correspondente exigibilidade até mesmo pela via judiciária, sem prejuízo de uma robusta dimensão objetiva, que implica um conjunto de deveres.[900]

---

898. Para uma compreensão mais detalhada de todos os princípios, gerais e especiais, v., por todos, SARLET, Ingo Wolfgang; FENSTERSEIFER, Tiago. *Princípios do direito ambiental*, 2. ed. São Paulo: Saraiva, 2017.

899. Cf., por todos, sobre tal discussão em particular (proteção ambiental como direito subjetivo), BELLO FILHO, Ney de Barros. *Direito ao ambiente. Da compreensão dogmática do direito fundamental na pós-modernidade*. Porto Alegre: Livraria do Advogado, 2012.

900. MEDEIROS, Fernanda Luiza Fontoura de. *Meio Ambiente – direito e dever fundamental*. Porto Alegre: Livraria do Advogado, 2004; GAVIÃO FILHO, Anízio Pires. *Direito fundamental ao ambiente*, Porto Alegre:

Assim, na perspectiva subjetiva, afirmou-se a posição da existência, na CF, de um direito à proteção e promoção de um meio ambiente equilibrado e saudável, no sentido de um direito fundamental em sentido amplo, ao qual se encontram associados um conjunto diferenciado e complexo de posições subjetivas específicas, de natureza prestacional (positiva) e defensiva (negativa).

No que diz com a sua condição de dever, reitere-se que a CF também consagrou um dever geral e uma série de deveres especiais, ademais de tarefas, impostos ao Poder Público[901], mas também direcionados, de modo imediato ou mediato, aos particulares. Com efeito, a teor do que dispõe o *caput* do art. 225 da CF/1988, incumbe ao Poder Público e à coletividade o dever de defender e preservar o meio ambiente para as presentes e futuras gerações, tudo indica que também os particulares estão juridicamente vinculados ao dever de proteção ambiental.

Assim, importa consignar que nessa perspectiva são atribuídos aos particulares tanto *direitos* quanto *deveres fundamentais* em matéria ambiental, deveres que, por sua vez, não se confundem com os *deveres de proteção e promoção* ambiental do Estado,[902] que também encontram supedâneo expresso ou implícito no texto constitucional (art. 225, *caput* e § 1.º). Ao fazer isso, conforme pontua Benjamin, "além de ditar o que o Estado não deve fazer (= dever negativo) ou o que lhe cabe empreender (= dever positivo), a norma constitucional estende seus tentáculos a todos os cidadãos, parceiros do pacto democrático, convencida de que só assim chegará à sustentabilidade ecológica".[903]

Tal cenário jurídico-constitucional, especialmente naquilo em que está delineado para a tutela ecológica, encontra forte justificação no (e guarda íntima relação com o) princípio (e dever) constitucional de solidariedade, sem prejuízo das possibilidades no campo da assim designada eficácia do direito (mais propriamente, do complexo de direitos e deveres) fundamental à proteção e à promoção do ambiente nas relações entre particulares, o que, no seu conjunto, e diante do quadro de risco existencial imposto pela degradação ecológica, impõe maior carga de responsabilidade no que diz com as ações e omissões dos particulares (pessoas físicas e jurídicas) que, de alguma forma, possam, mesmo que potencialmente – em face da aplicação do princípio e dever de precaução – comprometer o equilíbrio ecológico.

Tem-se, portanto, a superação do paradigma liberal-individual, em razão inicialmente da afirmação histórico-constitucional dos direitos fundamentais sociais e ecológicos que

---

Livraria do Advogado, 2005; TEIXEIRA, Orci Paulino Bretanha. *O direito ao meio ambiente ecologicamente equilibrado*. Porto Alegre: Livraria do Advogado, 2006; FENSTERSEIFER, Tiago. *Direitos fundamentais e proteção do ambiente*: a dimensão ecológica da dignidade humana no marco jurídico-constitucional do estado socioambiental de direito. Porto Alegre: Livraria do Advogado, 2008.

901. Nesse ponto, possível mencionar a alteração realizada pela EC 132 alçou a defesa do meio ambiente como um princípio estruturante do Sistema Tributário Nacional (art. 145, § 3.º).

902. Sobre os deveres de proteção ambiental do Estado, v., por todos, SCHMIDT, Reiner; KAHL, Wolfgang. *Umweltrecht*. 7. ed. München: C. H. Beck, 2006, p. 58 e ss. Importa notar, todavia, que na Alemanha, em virtude da dicção constitucional (art. 20a da Lei Fundamental), é voz dominante que apenas os órgãos estatais estão vinculados pelo dever de proteção ambiental e pelo objetivo estatal da proteção ambiental, na condição de norma definidora de um fim estatal. Nesse sentido, v., dentre tantos, MURSWIEK, Dietrich. In: SACHS, Michael (Org.). *Grundgesetz Kommentar*. 4. ed. München: C.H. BECK, 2007, p. 838 e ss.

903. BENJAMIN, Antônio Herman. Constitucionalização do ambiente e ecologização da Constituição brasileira. In: CANOTILHO, José Joaquim Gomes; MORATO LEITE, José Rubens (Org.). *Direito constitucional ambiental brasileiro*. 6. ed. São Paulo: Saraiva, 2015, p. 139.

acabam por fortalecer a dimensão dos deveres fundamentais e limitar os direitos de cunho liberal. De acordo com Nabais, o panorama liberal-clássico "vai alterar-se significativamente à medida que os direitos fundamentais deixam de ser apenas os clássicos direitos de liberdade (camada ou geração liberal) e passam a integrar também os direitos de participação política (camada ou geração democrática), os direitos (as prestações) sociais (camada ou geração social) e os direitos 'ecológicos' (camada ou geração 'ecológica'). Ora todos estes direitos, se, por um lado, como direitos que são, exprimem exigências do indivíduo face ao Estado, assim alargando e densificando a esfera jurídica fundamental do cidadão, por outro lado, também limitam de algum modo essa mesma esfera através da convocação de deveres que lhes andam associados ou coligados".[904]

De acordo com Gomes, "o cidadão é simultaneamente credor e devedor da tutela ambiental, devendo colaborar ativamente com os poderes públicos na preservação de um conjunto de bens essencial para a sobrevivência e desenvolvimento equilibrado dos membros da comunidade".[905]

Nesse ponto, merece referência a formulação de Canotilho, que, compartilhando de tal entendimento, afirma, à luz da temática ambiental, o necessário deslocamento do problema dos direitos fundamentais do campo dos *direitos* para o terreno dos *deveres*, o que implica "a necessidade de se ultrapassar a euforia do individualismo dos direitos fundamentais e de se radicar uma comunidade de responsabilidade de cidadãos e entes políticos perante os problemas ecológicos e ambientais".[906] À luz de tal contexto, Bosselmann destaca a influência recíproca entre direitos e deveres refletidos na realidade ambiental, em razão de que o ser humano, ao mesmo tempo que necessita explorar os recursos naturais, é completamente dependente deles, o que torna necessária uma "autolimitação do comportamento humano", não apenas em termos práticos, mas também em termos normativos.[907] O exercício de direitos em face dos recursos naturais e da qualidade do ambiente deve ser limitado por restrições ecológicas, sendo necessária a configuração de um dever fundamental para prevenir o dano ambiental. Para o jurista alemão, "direitos ambientais sem deveres deveria ser algo do nosso passado insustentável".[908]

Os assim chamados *direitos de solidariedade* encontram-se atrelados à ideia de *direitos-deveres*, de modo a reestruturar e reconstruir o tratamento normativo dispensado aos *deveres fundamentais* em face dos *direitos fundamentais*, com destaque, neste contexto, ao direito (e dever) de proteção e promoção do ambiente. A responsabilidade pela tutela ecológica, portanto, não incumbe apenas ao Estado, mas também aos particulares (pessoas físicas e jurídicas), os quais possuiriam, para além do direito a viver em um ambiente sadio,

---

904. NABAIS, José Casalta. *O dever fundamental de pagar impostos – Contributo para a compreensão constitucional do estado fiscal contemporâneo*. Coimbra: Almedina, 2015, p. 49-50.

905. GOMES, Carla Amado. *Risco e modificação do acto autorizativo concretizador de deveres de protecção do ambiente*. Coimbra: Almedina, 2007, p. 149.

906. CANOTILHO, José Joaquim Gomes. O direito ao ambiente como direito subjetivo. In: CANOTILHO, José Joaquim Gomes. *Estudos sobre direitos fundamentais*. Coimbra: Coimbra, 2004, p. 178.

907. BOSSELMANN, Klaus. Direitos humanos, meio ambiente e sustentabilidade. In: SARLET, Ingo W. (Org.). *Estado socioambiental e direitos fundamentais*. Porto Alegre: Livraria do Advogado, 2010.

908. BOSSELMANN, Klaus. *Environmental rights and duties*: the concept of ecological human rights. Artigo apresentado no 10.º Congresso Internacional de Direito Ambiental, em São Paulo, 05-08.06.2006, p. 12.

deveres para com a manutenção do equilíbrio ecológico. Com efeito, vale colacionar a lição de Nabais, que refere a designação de "direitos *boomerang*" ou de "direitos com efeito *boomerang*" atribuída aos direitos ecológicos, o que se dá justamente em razão da sua estrutura de direito-dever, ou seja, se, por um lado, eles constituem direitos, por outro, eles constituem deveres para o respectivo titular, e, de certo modo, acabam por se voltar contra os próprios titulares,[909] limitando seus direitos subjetivos a fim de ajustar o seu exercício ao comando constitucional de proteção do ambiente. Os deveres fundamentais de proteção do ambiente, de tal sorte, são expressões da solidariedade (política, econômica, social e ecológica), enquanto valor ou bem constitucional legitimador de compressões ou restrições em face dos demais direitos fundamentais.

No mesmo prisma, Mateo destaca a "transcendência individual" dos "direitos ambientais", que constituiriam mais fontes de deveres e responsabilidades do que propriamente de direitos subjetivos.[910]

A Carta da Terra (*The Earth Charter*),[911] por sua vez, destaca a existência de deveres e limitações de cunho ecológico impostos ao exercício de direitos. Reconhece o seu texto, a respeito dos deveres e limitações ambientais, que "todos os seres vivos são interdependentes e cada forma de vida tem valor, independentemente de sua utilidade para os seres humanos" (Princípio 1, "a"), que "com o direito de possuir, administrar e usar os recursos naturais vem o dever de impedir o dano causado ao meio ambiente e de proteger os direitos das pessoas" (Princípio 2, "a"), bem como que se deve "impor o ônus da prova àqueles que afirmarem que a atividade proposta não causará dano significativo e fazer com que os grupos sejam responsabilizados pelo dano ambiental" (Princípio 6, "b").

Mais recentemente, também na perspectiva do direito-dever inerente à tutela do ambiente, a Convenção de Aarhus sobre Acesso à Informação, Participação Pública na Tomada de Decisões e Acesso à Justiça em Matéria Ambiental (2001)[912] reconheceu, no plano

---

909. NABAIS, José Casalta. *O dever fundamental...*, p. 52-53. "Reciprocidade e solidariedade têm um conteúdo necessariamente definido em função do interesse comum, ao menos em tudo aquilo que ultrapasse a lesão directa de bens individuais". Idem, p. 123-124.

910. MATEO, Ramón Martín. *Manual de derecho ambiental*. 3. ed. Navarra: Thomson/Aranzadi, 2003, p. 58.

911. A Carta da Terra é uma declaração de princípios e valores fundamentais para a construção de uma sociedade global justa, sustentável e pacífica no século XXI, tendo a sua origem, em 1987, com a chamada da Comissão Internacional das Nações Unidas sobre Meio Ambiente e Desenvolvimento para a criação de uma nova Carta que deveria conjugar quatro princípios fundamentais para o desenvolvimento sustentável. Em 1997, foi criada a Comissão da Carta da Terra para levar adiante o projeto e uma Secretaria da Carta da Terra foi sediada na Costa Rica, tendo a sua versão final aprovada pela Comissão, em março de 2000, no encontro do Alto Comissariado (*headquarters*) da UNESCO, em Paris. Documento disponível em: http://earthcharter.org/discover/download--the-charter. Acesso em: 20.10.2016. Os princípios da Carta da Terra referidos são indicados por BOSSELMANN, Klaus. *Direitos humanos, meio ambiente...*, p. 108.

912. Embora tida inicialmente como uma Convenção Internacional de âmbito regional, iniciada pela Comissão Econômica das Nações Unidas para a Europa e que se restringia a países europeus, no final de 2007, a Convenção de Aarhus já havia sido assinada e ratificada por 40 países, primordialmente da Europa e da Ásia Central, bem como pela União Europeia. A Convenção está aberta para a adesão de países não europeus, sujeita à aprovação da Reunião das Partes. Disponível em: http://www.unece.org/fileadmin/DAM/env/pp/EU%20texts/conventioninportogese.pdf. Acesso em: 29.10.2016. Conforme pontua Bosselman, "embora seu escopo ainda seja regional, a importância da Convenção de Aarhus é global e ela representa o mais primoroso tratado do Princípio 10 da Declaração do Rio de Janeiro". BOSSELMANN, Klaus. *Direitos humanos, meio ambiente...*, p. 81.

internacional, que "todos os indivíduos têm o direito de viver num ambiente propício à sua saúde e bem-estar, e o dever, quer individualmente quer em associação com outros indivíduos, de proteger e melhorar o ambiente em benefício das gerações presentes e futuras", bem como "que, para poderem exercer esse direito e cumprir esse dever, os cidadãos devem ter acesso à informação, poder participar no processo de tomada de decisões e ter acesso à justiça no domínio do ambiente, e reconhecendo que, neste contexto, os cidadãos podem necessitar de assistência para poderem exercer os seus direitos". Tal contexto normativo internacional caminha alinhado com o tratamento constitucional de direito-dever empregado pela CF/1988 à proteção do ambiente.

Nesse ponto, é oportuno traçar a distinção entre *deveres conexos ou correlatos* (aos direitos) e os *deveres autônomos*. Tal diferença reside justamente no fato de que os últimos não estão relacionados (ao menos diretamente) à conformação de nenhum direito subjetivo, ao passo que os primeiros tomam forma a partir do direito fundamental a que estão atrelados materialmente. O direito fundamental ao ambiente e o direito fundamental à saúde são exemplos típicos de *direitos-deveres*, o que significa, posto de outra maneira, que os *deveres fundamentais* de proteção do ambiente e de promoção da saúde estão vinculados de forma direta aos preceitos constitucionais que consagram tais *direitos fundamentais*, conforme deflui, respectivamente, já do enunciado semântico (literal) dos dispositivos normativos do art. 225, *caput*, e do art. 196, *caput*, ambos da CF/1988.

No caso da proteção do ambiente, como pontua Canotilho, tem-se um *dever fundamental* conexo ou relacionado com o *direito fundamental* ao ambiente, da mesma forma como ocorre com o dever de defesa e promoção da saúde associado ao direito à proteção da saúde, o dever de escolaridade básica associado ao direito ao ensino, o dever de defesa do patrimônio relacionado com o direito à fruição e criação cultural etc.; e não um dever propriamente autônomo, como ocorre com o dever fundamental de pagar impostos, dever de colaborar na administração eleitoral, dever de serviço militar, dever de exploração da terra etc.[913] Assim, à luz dos desenvolvimentos precedentes, embora sumários, é possível identificar as primeiras diretrizes do regime jurídico-constitucional dos deveres fundamentais de proteção do ambiente, notadamente em relação à sua característica de ser um dever conexo ou associado ao direito fundamental ao ambiente, atentando-se, a partir de agora, para o aspecto da sua dupla fundamentalidade (formal e material).

Central para uma dogmática constitucionalmente adequada em matéria de deveres fundamentais, notadamente quando se trata de ter, para além de direitos, deveres efetivos, é a determinação de qual o regime jurídico-constitucional dos deveres fundamentais. Cuida-se, por certo, de tema difícil e que não se tem a pretensão de aprofundar, a não ser no que diz com a identificação de alguns problemas e diretrizes. Desde logo, convém salientar que a transposição do regime jurídico dos direitos fundamentais para a seara dos deveres deve ser realizada com a máxima cautela, seja em virtude da necessidade de se observar algumas peculiaridades dos deveres, seja (o que, de resto, também vale para os direitos) em homenagem ao contexto jurídico-constitucional brasileiro, que não é exatamente igual ao de outros Estados Constitucionais, por mais influentes que sejam na condição de parâmetros para a evolução constitucional.

---

913. CANOTILHO, José Joaquim Gomes. *Direito constitucional e teoria...*, p. 533.

A partir de tal enfoque, é possível afirmar que aos deveres fundamentais se aplica, tal qual aos direitos, a noção de uma dupla fundamentalidade, formal e material, que se traduz, por sua vez, em regime jurídico qualificado e diferenciado no contexto da ordem constitucional. Com efeito, quanto ao reconhecimento de uma fundamentalidade material (substancial) do dever de proteção ambiental não se verifica controvérsia no Brasil, o que corresponde ao entendimento amplamente majoritário e consolidado na esfera doutrinária,[914] bem como já foi objeto de reiterado reconhecimento por parte da jurisprudência. Aliás, tal exegese guarda sintonia com o art. 225 da CF/1988, especialmente em relação ao texto do seu *caput*, que dispõe de forma expressa a respeito do "dever de defender e preservar o ambiente" para as presentes e futuras gerações.

O Supremo Tribunal Federal, especialmente no âmbito de voto prolatado pelo Ministro Celso de Mello, destacou o *dever de solidariedade* projetado a partir do direito fundamental ao ambiente, implicando, para toda a coletividade (ou seja, entidades privadas e particulares), um dever de tutela do ambiente. Com efeito, de acordo com o STF, a proteção constitucional do ambiente enseja "especial obrigação – que incumbe ao Estado e à própria coletividade – de defendê-lo e de preservá-lo em benefício das presentes e futuras gerações, evitando-se, desse modo, que irrompam, no seio da comunhão social, os graves conflitos intergeracionais marcados pelo desrespeito ao *dever de solidariedade* na proteção da integridade desse bem essencial de uso comum de todos quantos compõem o grupo social".[915]

Se a justificação da fundamentalidade material da proteção ambiental resulta tranquila, a noção de uma abertura material do sistema constitucional de deveres fundamentais, por sua vez, poderá merecer maior investimento argumentativo. Basta, neste contexto, colacionar o magistério de Nabais, para o qual a consagração de deveres fundamentais pode dar-se de forma expressa ou implícita no texto constitucional,[916] obedecendo, no entanto, ao princípio da tipicidade (*numerus clausus*), diferentemente do que ocorre com os direitos fundamentais.[917]

No caso do direito fundamental ao ambiente, com base no texto constitucional brasileiro, tais considerações seriam facilmente superadas para a configuração do dever fundamental de proteção ambiental, já que se encontra consagrado de forma expressa no *caput* do art. 225, podendo-se, inclusive, destacar a existência de uma espécie de *cláusula geral* contida no referido dispositivo no sentido de um *dever fundamental geral de proteção do ambiente*. Os deveres ecológicos, a partir de tal compreensão, tomam as mais diversas formas, tanto de natureza defensiva (não fazer) quanto prestacional (fazer), de acordo com as exigências de uma tutela ampla e isenta de lacunas (pelo menos, em termos de proteção

---

914. A respeito da função mista de direito-dever consubstanciada na norma do *caput* do art. 225 da CF/1988, v. Medeiros, Fernanda L. F. *Meio ambiente*: direito e dever fundamental. Porto Alegre: Livraria do Advogado, 2004, p. 32-33. No mesmo sentido, considerando apenas a produção científica nacional, sufragando a existência de um dever fundamental (não apenas do Estado), v. Sarlet, Ingo W. *A eficácia dos direitos fundamentais*, 13. ed., p. 236 e ss.

915. STF, MC na ADIn 3.540-1/DF, Tribunal Pleno, rel. Min. Celso de Mello, j. 01.09.2005.

916. Nabais, José Casalta. *O dever fundamental...*, p. 62.

917. Idem, p. 87.

jurídico-constitucional) do ambiente[918], inclusive no que diz respeito à sua tutela preventiva, especialmente por meio da aplicação do princípio (e dever!) da precaução.[919]

Há, portanto, a partir da força normativa da cláusula geral citada, a possibilidade de caracterização de diversas formas de deveres ecológicos, inclusive de justificação, mediante a sua verificação a partir do caso concreto de violação ao bem jurídico ambiental. Haveria espaço, de acordo com tal entendimento, até mesmo para o reconhecimento jurisprudencial de novas manifestações concretas do dever fundamental de proteção do ambiente, desde que em sintonia com o sistema constitucional (notadamente no que diz com a observância das exigências do Estado de Direito) e se a situação concreta de agressão ao ambiente de fato justifique que tal medida se imponha. É bem verdade, todavia, que tal linha de entendimento reclama maior desenvolvimento e reflexão, de tal sorte que aqui vai enunciada de modo propositivo e afinada com a perspectiva adotada.

Por outro lado, está certo Vieira de Andrade ao acentuar que os deveres fundamentais, mesmo aqueles aparentemente associados ou conexos a direitos, constituem, na maioria dos casos, uma realidade autônoma e exterior ao direito subjetivo, embora, na medida em que são explicitações de valores comunitários, possam fundamentar a limitação dos direitos fundamentais em geral,[920] o que se aplica também aos deveres em matéria ambiental.

Há que considerar, ainda, a partir da perspectiva da fundamentalidade material e formal dos deveres fundamentais de proteção do ambiente, que, no que concerne ao seu núcleo essencial, tais direitos e deveres encontram-se protegidos em face de reformas (constitucionais ou legislativas) que objetivem a supressão ou esvaziamento do seu conteúdo.

---

918. Como exemplo da ampla tutela conferida ao meio ambiente, v. julgamento da RE 654.833, rel. Min. Alexandre de Moraes, j. em 20.04.2020, *leading case* do Tema de Repercussão Geral 999, em que se firmou a tese da imprescritibilidade da reparação civil de danos ambientais e se reconheceu a indisponibilidade do direito fundamental ao ambiente, a fim de evitar os prejuízos da coletividade em face de uma afetação a recurso natural. Sobre o tema, v. SARLET, Ingo Wolfgang; LEAL, Augusto Antônio Fontanive. Uma boa notícia em tempos difíceis: o STF e os danos ambientais, *Conjur*, 03.05.2020. Disponível em: https://www.conjur.com.br/2020-mai-03/direitos-funadamentais-boa-noticia-tempos--dificeis-stf-danos-ambientais. Mais recentemente, no julgamento do RE 1427694, rel. Min. Rosa Weber, j. em 24.08.2023, o STF reafirmou esse entendimento e firmou a tese de imprescritibilidade da pretensão de ressarcimento ao erário decorrente da exploração irregular do patrimônio mineral da União, definindo que o caráter ambiental de tal usurpação de bem público excepciona a regra da prescrição, uma vez que o ilícito não se dá meramente em prejuízo econômico para a União, mas lesa a coletividade em seu direito fundamental ao meio ambiente equilibrado. Para uma análise mais detalhada, v. https://www.conjur.com.br/2023-set-29/direitos-fundamentais--imprescritibilidade-dano-ambiental-decorrente-mineracao__trashed/.

919. A respeito do tema, v. interessante decisão do STJ, da lavra do Min. Herman Benjamin, que refere a necessidade de que a governança judicial ecológica tenha por paradigma o modelo de um "Juiz de Riscos" (ou "Juiz de Prevenção ou Precaução"), isto é, um Juiz ou Tribunal apto a evitar a ocorrência de danos ecológicos ao contrário de um modelo tradicional de "Juiz de Danos" ("constrangido a somente olhar para trás"). Cf. REsp 1.616.027/SP, 2.ª T., rel. Min. Herman Benjamin, j. 14.03.2017. Importante notar, também, que em conformidade com o julgamento da Medida Cautelar da ADI 6.421/DF, rel. Min. Roberto Barroso, j. em 21.05.2020, os princípios da prevenção e da precaução assumem relevante função balizadora a imporem um juízo de proporcionalidade às decisões administrativas, as quais, em atenção a proteção à vida, à saúde e ao meio ambiente, devem observar os standards, normas e critérios científicos e técnicos. Para maiores detalhes sobre a decisão, v. citação no tópico "4.1.3 Relação do direito à vida com outros direitos fundamentais". Sobre o princípio da precaução, v. também, ADI 5.592, rel. Min. Cármen Lúcia, Rel. p/ Acórdão Min. Edson Fachin, j. em 11.09.2019; ADPF-MC 658 MC, rel. Min. Ricardo Lewandowski, j. em 22.06.2020; ADPF 389, rel. Min. Roberto Barroso, j. por sessão virtual entre 15.05.2020 e 21.05.2020.

920. VIEIRA DE ANDRADE, José Carlos. *Os direitos fundamentais...*, p. 165.

Sob uma perspectiva material, houve uma decisão tomada pelo constituinte brasileiro ao consolidar o direito subjetivo (e o correlato dever fundamental) dos indivíduos e da coletividade a viverem em um (e não qualquer!) ambiente ecologicamente equilibrado, considerando ser ele "essencial à sadia qualidade de vida" (art. 225, *caput*, da CF/1988). Ao declarar ser a qualidade ambiental essencial a uma vida humana saudável e digna, o constituinte consignou no pacto constitucional sua escolha de incluir a proteção ambiental entre os valores permanentes e fundamentais da República brasileira. Portanto, eventual medida de caráter retrocessivo, ou seja, que resulte em limitação da proteção ambiental, há de passar por rigoroso exame no que diz com a sua legitimidade constitucional.

Conforme a lição de Silva, em razão da conexão entre o direito ao ambiente e o direito à vida, verifica-se a "contaminação" da proteção ambiental com uma qualidade que impede sua eliminação por via de emenda constitucional,[921] estando, por via de consequência, inserido materialmente no rol das matérias componentes dos limites materiais ao poder de reforma (art. 60, § 4.º, da CF/1988) de modo a conferir ao direito fundamental ao ambiente o *status* de *cláusula pétrea*. Como referido acima, o dever fundamental ou os deveres fundamentais de proteção do ambiente devem – ainda que eventualmente com intensidade variável – dispor do mesmo regime jurídico-constitucional dos direitos fundamentais, notadamente em relação à sua proteção contra os poderes de reforma constitucional. Outra não poderia ser a interpretação constitucional dada ao direito-de-ver de proteção do ambiente, em vista da consagração da sua jusfundamentalidade.

Mediante o reconhecimento da proteção ambiental como cláusula pétrea, a Constituição brasileira, na esteira da lição de Benjamin, conferiu um "valioso atributo de durabilidade" à proteção ambiental no âmbito de ordenamento jurídico-constitucional brasileiro, o qual "funciona como barreira à desregulamentação e a alterações ao sabor de crises e emergências momentâneas, artificiais ou não".[922] O reforço em termos de tutela constitucional que se pretende conferir ao dever (e correspondente direito) fundamental de proteção e promoção do ambiente por meio de seu reconhecimento como cláusula pétrea, guarda afinidade, ainda, com a garantia constitucional de *proibição de retrocesso socioambiental*, já que tal instituto jurídico-constitucional objetiva preservar (e, até certo ponto, blindar) o bloco normativo jurídico-constitucional em matéria socioambiental em face de eventuais retrocessos, especialmente no tocante à proteção conferida aos direitos fundamentais e à dignidade da pessoa humana, assim como, no plano ecológico, em face da redução dos níveis de proteção ambiental.

Aliás, o princípio da vedação de retrocesso em matéria ambiental já tem sido objeto de reiterado reconhecimento pelo STF, como dá conta, entre outros exemplos que poderiam ser colacionados, as decisões proferidas na ADIn 4.717-DF, rel. Ministra Cármen Lúcia, julgada em 05-04-2018[923], onde foi declarada a inconstitucionalidade, sem pronúncia de

---

921. Silva, José Afonso da. Fundamentos constitucionais da proteção do meio ambiente. *Revista de Direito Ambiental*, n. 27, jul.-set. 2002, p. 55. Com o mesmo entendimento, inclusive por força da interdependência e indivisibilidade dos direitos fundamentais, v. Alonso Jr., Hamilton. *Direito fundamental ao ambiente e ações coletivas*. São Paulo: RT, 2006, p. 49.

922. Benjamin, Antonio Herman. Constitucionalização do ambiente..., p. 79.

923. V. também a já mencionada neste tópico decisão proferida na ADPF 658 MC, rel. Min. Ricardo Lewandowski, j. em 22.06.2020. Nesse sentido v. ainda a decisão proferida na ADPF 747/DF, ADPF 748/DF, ADPF 749/DF, todas de relatoria da Min. Rosa Weber, com medida cautelar julgada em 27.11.2020, que reconhe-

nulidade, da Medida Provisória 558/2012, convertida na Lei 12.678/2012, no que concerne a alterações de limites de parques e florestas nacionais e de unidades de conservação promovidas com o escopo da construção de usinas hidrelétricas. Segundo a Corte, as alterações nos níveis de proteção afetaram o núcleo essencial do direito ao meio ambiente ecologicamente equilibrado, visto que os empreendimentos hidrelétricos que, segundo a MP, justificariam os ajustes, ainda dependiam, à época, de licenciamento ambiental.

O STF voltou a tratar do tema em matéria envolvendo o exercício da competência legislativa concorrente por parte de ente federativo estadual no julgamento da ADI 5016/BA, sob a relatoria do Ministro Alexandre de Moraes.[924] No julgamento, a Corte entendeu que, ao disciplinar regra de dispensa de outorga de direito de uso de recursos hídricos, o art. 18, § 5.º, da Lei n. 11.612/2009 do Estado da Bahia, com a redação dada pela Lei n. 12.377/2011, usurpou a competência da União, prevista no art. 21, XIX, da CF/1988, para definir critérios e regramento na matéria. Segundo o STF, a dispensa de outorga de direito de uso de recursos hídricos para perfuração de poços tubulares afronta a incumbência do poder público de

---

ceu a inconstitucionalidade da Resolução n. 500/2020 por revogar Resoluções anteriores do CONAMA, suprimindo com isso parâmetros necessários ao cumprimento da legislação ambiental sem sua substituição e/ou atualização, configurando retrocesso incompatível com a CF e o direito à proteção do meio ambiente e correspondentes deveres de proteção estatais.

924. "CONSTITUCIONAL. FEDERALISMO E RESPEITO ÀS REGRAS DE DISTRIBUIÇÃO DE COMPETÊNCIA. VIOLAÇÃO À COMPETÊNCIA ADMINISTRATIVA EXCLUSIVA DA UNIÃO (CF, ART. 21, XIX). AFRONTA AO ART. 225, §1.º, V, DA CONSTITUIÇÃO FEDERAL E AO PRINCÍPIO DEMOCRÁTICO. CONFIRMAÇÃO DA MEDIDA CAUTELAR. PROCEDÊNCIA. 1. As regras de distribuição de competências legislativas são alicerces do federalismo e consagram a fórmula de divisão de centros de poder em um Estado de Direito. *Princípio da predominância do interesse*. 2. Ao disciplinar regra de dispensa de outorga de direito de uso de recursos hídricos, o art. 18, § 5.º, da Lei n. 11.612/2009 do Estado da Bahia, com a redação dada pela Lei n. 12.377/2011, usurpa a competência da União, prevista no art. 21, XIX, da Constituição Federal, para definir critérios na matéria. 3. A dispensa de outorga de direito de uso de recursos hídricos para perfuração de poços tubulares afronta a incumbência do poder público de controlar o emprego de técnicas, métodos e substâncias que comportem risco para a vida, a qualidade de vida e o meio ambiente (CF, art. 225, § 1.º, V). 4. Os arts. 19, VI, e 46, XI, XVIII e XXI, da lei atacada dispensam a manifestação prévia dos Comitês de Bacia Hidrográfica para a atuação do Conselho Estadual de Recursos Hídricos – CONERH, o que reduz a participação da coletividade na gestão dos recursos hídricos, contrariando o princípio democrático (CF, art. 1.º). Da mesma maneira, o art. 21 da lei impugnada suprime condicionantes à outorga preventiva de uso de recursos hídricos, resultantes de participação popular. *Ferimento ao princípio democrático e ao princípio da vedação do retrocesso social*. 5. Medida Cautelar confirmada. Ação Direta de Inconstitucionalidade julgada procedente." (STF, ADI 5016/BA, Tribunal Pleno, rel. Min. Alexandre de Moraes, j. 11-10-2018). Veja-se, também, que o STF já declarou a constitucionalidade da Lei n. 289/2015 do Estado do Amazonas que proibiu a utilização de animais para desenvolvimento, experimentos e testes de produtos cosméticos, de higiene pessoal, perfumes e seus componentes, por não ter havido invasão da competência da União para legislar sobre normas gerais em relação à proteção da fauna. No mesmo sentido, em 27.05.2021, o Min. Gilmar Mendes reconheceu a constitucionalidade da Lei n. 7.814/2017 do Rio de Janeiro que proíbe a utilização de animais para testes de produtos cosméticos, entretanto, julgou inconstitucional trecho da norma que vedava a comercialização de cosméticos desenvolvidos a partir de testes em animais, por invadir a competência legislativa da União para editar normas gerais sobre produção e consumo (STF, ADI 5.995/RJ, Tribunal Pleno, rel. Min. Gilmar Mendes, j. 27.05.2021). Cf. ADI 5.996, rel. Min. Alexandre de Moraes, j. em 15.04.2020. Em outra decisão, sobre aparente conflito entre Estado e Municípios, entendeu o STF pela constitucionalidade da Lei n. 10.892 do Estado de São Paulo que implementou a Política de Desenvolvimento do Ecoturismo e do Turismo Sustentável, por não haver interferência na autonomia municipal, cf. ADI 3.754, rel. Min. Gilmar Mendes, j. em 16.06.2020. Neste sentido, v. também ADI 861, rel. Min. Rosa Weber, j. em 06.03.2020.

controlar o emprego de técnicas, métodos e substâncias que comportem risco para a vida, a qualidade de vida e o meio ambiente, em desacordo com o que dispõe o art. 225, § 1.º, V, da CF/1988. Também segundo a Corte, os arts. 19, VI, e 46, XI, XVIII e XXI, da lei estadual baiana atacada, ao dispensarem a manifestação prévia dos Comitês de Bacia Hidrográfica para a atuação do Conselho Estadual de Recursos Hídricos (CONERH) e, portanto, reduzirem a participação da coletividade na gestão dos recursos hídricos violam o *princípio democrático* (art. 1.º da CF/1988). Da mesma maneira, o art. 21 da lei impugnada suprime condicionantes à outorga preventiva de uso de recursos hídricos, resultantes de participação popular, ferindo, segundo entendimento da Corte, não apenas o princípio democrático, mas também o princípio da vedação do retrocesso social.

É importante pontuar sobre o tema que a abrangência dada ao princípio da proibição de retrocesso pelo STF não se limita à sua tradicional vertente social, como alguns poderiam pressupor na leitura apenas da ementa do julgado. Da mesma forma, a compreensão do referido princípio pela nossa Corte Constitucional também implica o reconhecimento do correlato *dever de progressividade* em matéria ambiental. Para não deixar pairar qualquer dúvida a respeito de tal entendimento, registra-se passagem do voto-relator do Min. Alexandre de Moraes, ao assinalar que "a lei atacada resultou em afronta ao *princípio da vedação do retrocesso*, que impossibilita qualquer supressão ou limitação de direitos fundamentais já adquiridos. Tal garantia se coaduna com os princípios da dignidade da pessoa humana e da segurança jurídica, estabelecendo um *dever de progressividade* em matérias sociais, econômicas, culturais e *ambientais*".

Outro ponto importante que se pode extrair da fundamentação do voto-relator diz respeito à aplicação tanto do princípio da proibição de retrocesso quanto do seu correlato dever de progressividade não apenas ao legislador em matéria ambiental, mas também à esfera administrativa, conforme se pode observar de passagem doutrinária citada no referido voto, reforçando a tese aqui sustentada. A decisão do STF, assim, coloca-se em perfeito alinhamento com a recente consagração tanto do *princípio da vedação de retrocesso* quanto do *dever de progressividade* em matéria ambiental consagrados expressamente no art. 3, c, do Acordo de Escazú (2018), revelando, por assim dizer, o necessário "diálogo de fontes normativas" na temática ecológica.

Ainda sobre a competência legislativa concorrente dos Estados no âmbito da proteção ambiental, calha referir o julgamento do STF na ADI 5.312, no qual se entendeu que a competência dos entes federativos na proteção ambiental não implica na possibilidade de que Estado-membro viabilize uma proteção deficiente do direito fundamental ao meio ambiente. Com base neste entendimento, foi declarada a inconstitucionalidade do art. 10 da Lei Estadual n. 2.713/2013, do Tocantins, que dispensava de licenciamento a realização de atividades agrossilvipastoris, independentemente do potencial de degradação e com a consequente dispensa do prévio estudo de impacto ambiental.[925]

---

925. ADI 5.312, rel. Min. Alexandre de Moraes, j. em 25.10.2018. Sobre o tema, vale observar também o julgamento da ADI 4.069, rel. Min. Edson Fachin, j. 08.09.2020, em que a Corte julgou inconstitucional dispositivos da Lei estadual 5.067/2007 do Rio de Janeiro, sob o fundamento de não caber aos Estados traçar diretrizes à preservação ambiental previstas em lei federal, de modo a não ser possível que o Estado do RJ dispensasse em norma que dispõe sobre o Zoneamento Ecológico-Econômico, em determinados casos, a realização do EIA/RIMA. No mesmo sentido, não cabe às entidades federativas afastar procedimentos ou critérios estabelecidos em normas federais, como no caso da dispensa da elaboração de EIA/RIMA (ADI

Nessa senda, calha colacionar o entendimento de Morato Leite pontuando que "o direito fundamental ao ambiente não admite retrocesso ecológico, pois está inserido como norma e garantia fundamental de todos, tendo aplicabilidade imediata, consoante art. 5.º, §§ 1.º e 2.º, da Constituição. Além do que o art. 60, § 4.º, IV, também da Carta Magna, proíbe proposta de abolir o direito fundamental ambiental, nesse sentido considerado cláusula pétrea devido à sua relevância para o sistema constitucional brasileiro".[926] Assim, constituindo os direitos e os deveres sociais e ecológicos (assim como os direitos civis e políticos) valores basilares de um Estado – Socioambiental e Democrático – de Direito, sua abolição acabaria por redundar na própria destruição da identidade da nossa ordem constitucional, o que, por evidente, se encontra em flagrante contradição com a finalidade precípua das *cláusulas pétreas*.

4.15.14 Notas acerca de um direito fundamental à integridade do sistema climático[927]

Embora se cuide de matéria passível de ser abordada no contexto mais amplo de um direito fundamental à proteção do meio ambiente, a atualidade e a relevância da questão climática e de sua transversalidade e onipresença, ademais de sua gradual especialização, indicam que também lhe seja atribuída a merecida atenção, não só, mas também neste *Curso*.

A atual crise climática decorrente do aquecimento global e das mudanças climáticas tem assumido uma dimensão tão significativa que alguns países decretaram um "estado de emergência climática", como feito recentemente pelo Parlamento Europeu.[928]

Além disso, o tema tem suscitado importante discussão doutrinária,[929] em especial, no que interessa a este capítulo, em torno do reconhecimento de um direito fundamental à integridade do sistema climático ou direito fundamental ao clima estável, limpo e seguro, como derivado do regime constitucional de proteção ecológica e, em particular, do direito fundamental ao meio ambiente (art. 225 da CF).[930]

4.069/RJ, rel. Min. Edson Fachin, j. 08.09.2020), ou criar modalidade mais simplificada de licenciamento ambiental (ADI 6.672/RR, rel. Min. Alexandre de Moraes, j. 15.09.2021).

926. MORATO LEITE, José Rubens. Sociedade de risco e Estado. In: CANOTILHO, José Joaquim Gomes; MORATO LEITE, José Rubens (Org.). *Direito constitucional ambiental brasileiro*. 6. ed. São Paulo: Saraiva, 2015, p. 236.

927. Agradecemos ao Prof. Dr. Tiago Fensterseifer por autorizar o uso de partes de textos produzidos em coautoria com o autor deste *Curso* e que já foram publicados.

928. O Parlamento Europeu declarou, no dia 28 de novembro de 2019, a "emergência climática" na União Europeia (UE), tornando a Europa o primeiro continente a decretar a medida. O ato é, em grande parte, simbólico, e se destina a aumentar a pressão sobre os agentes públicos por medidas concretas contra as mudanças climáticas. Disponível em: https://www.dw.com/pt-br/parlamento-europeu-declara-emerg%-C3%AAncia-clim%C3%A1tica/a-51450872.

929. WEDY, Gabriel. *Desenvolvimento sustentável na era das mudanças climáticas*: um direito fundamental. São Paulo: Saraiva, 2018; e WEDY, Gabriel. *Litígios climáticos*: de acordo com o direito brasileiro, norte-americano e alemão. São Paulo: Juspodivm, 2019.

930. Tramita no Congresso Nacional proposta de emenda constitucional (PEC n. 233/2019) que tem por escopo integrar a agenda climática expressamente no texto da CF/1988. A prevalecer a sua redação atual, a PEC n. 233/2019 acrescenta, respectivamente, o inciso X ao art. 170 e o inciso VIII ao § 1.º do art. 225, conforme redação que segue: "Art. 170 (...) X – manutenção da estabilidade climática, adotando ações de mitigação da mudança do clima e adaptação de seus efeitos adversos" e "Art. 225 (...) VIII – adotar ações de mitigação da mudança do clima e adaptação de seus efeitos adversos".

Nessa senda, a integridade e a estabilidade climática integrariam tanto o núcleo essencial do direito fundamental ao meio ambiente quanto o conteúdo do chamado mínimo existencial ecológico, podendo-se falar, inclusive, de um mínimo existencial climático. Assim, quando se fala em autonomia do bem jurídico-constitucional do sistema climático e de um correspondente direito fundamental, cumpre reiterar que não se está a sustentar uma dissociação entre o direito (geral) a um meio ambiente sadio e equilibrado e o direito a um clima estável, seguro e limpo, mas, sim, que o segundo apresenta peculiaridades e reclama um tratamento jurídico compatível.

De outra parte, assim como se dá no caso do direito fundamental ao meio ambiente, tal como já referido, também na seara climática há que reconhecer uma dupla dimensão subjetiva e objetiva, inclusive com o crescente acionamento do Poder Judiciário diante da omissão ou atuação insuficiente dos entes públicos.

A perspectiva subjetiva do direito fundamental ao clima, assim como se verifica no caso direito fundamental ao meio ambiente, assegura ao seu titular (indivíduo e sociedade) a possibilidade de reivindicar judicialmente a sua proteção na hipótese de violação ao seu âmbito de proteção, tanto da hipótese de ações quanto de omissões perpetradas por agentes públicos e privados. No caso brasileiro, há amplo leque de instrumentos processuais aptos a promover a tutela climática em tais situações, por exemplo, a ação civil pública (Lei n. 7.347/85), a ação popular (Lei n. 4.717/65 e art. 5.º, LXXIII, da CF[931]), as ações constitucionais, o *amicus curiae*, entre outros, inclusive possibilitando ao cidadão e às organizações não governamentais de proteção climática o ajuizamento direto de ações climáticas (como no caso da ação civil pública e da ação popular), fenômeno que tem sido designado de litigância climática.[932]

No concernente à dimensão jurídico-objetiva, por outro lado, destacam-se, para além dos deveres de proteção climática, conforme será abordado no tópico subsequente, também a perspectiva organizacional e procedimental do direito fundamental ao clima.

A existência de deveres estatais específicos de proteção do sistema climático, deriva diretamente da previsão do inciso I no § 1.º do art. 225 da CF/1988, que dispõe sobre a proteção dos "processos ecológicos essenciais". O sistema climático, nesse sentido, deve ser reconhecido como um novo bem jurídico de estatura constitucional, tal como defendido pelo Ministro Antônio Herman Benjamin do STJ, o que também encontra repercussão na esfera infraconstitucional, como se verifica no caso da consagração expressa da proteção da integridade do sistema climático no Novo Código Florestal (Lei n. 12.651/2012), art. 1.º-A, parágrafo único, e na Lei da Política Nacional sobre Mudança do Clima (Lei n. 12.187/2009), art. 4.º, I.

Já no que diz respeito à organização e ao procedimento, também vinculados à dimensão objetiva, o que está em causa é o fato de que os direitos fundamentais dependem, em maior ou menor medida, de estruturas organizatórias e de procedimentos adequados para a

---

931. "Art. 5.º (...) LXXIII – qualquer cidadão é parte legítima para propor ação popular que vise a anular ato lesivo ao patrimônio público ou de entidade de que o Estado participe, à moralidade administrativa, ao meio ambiente e ao patrimônio histórico e cultural, ficando o autor, salvo comprovada má-fé, isento de custas judiciais e do ônus da sucumbência."

932. Na doutrina, v. FABBRI, Amália Botter; SETZER, Joana; CUNHA, Kamyla. *Litigância climática*: novas fronteiras para o direito ambiental no Brasil. São Paulo: RT, 2019; e WEDY, Gabriel. *Litígios climáticos*: de acordo com o direito brasileiro, norte-americano e alemão. São Paulo: JusPodivm, 2019.

efetiva implementação dos deveres de proteção estatais. É ao Estado, por sua vez, que cabe a criação e a conformação de órgãos, setores ou repartições (direito à organização), bem como a criação ou mesmo o fortalecimento de instrumentos processuais eficazes para a proteção dos direitos fundamentais, no caso, do direito a um clima estável, seguro e limpo (direitos de acesso à Justiça, direitos de proteção judiciária, técnicas processuais diferenciadas – *v.g.*, a ação civil pública –, entre outros exemplos).[933]

É importante ressaltar o fortalecimento do regime jurídico dos denominados "direitos ambientais de participação" (acesso à informação, participação pública na tomada de decisão e acesso à justiça), como se pode observar, na esteira do Princípio 10 da Declaração do Rio (1992), por meio do Acordo Regional de Escazú para América Latina e Caribe sobre Acesso à Informação, Participação Pública na Tomada de Decisão e Acesso à Justiça em Matéria Ambiental (2018). Os direitos climáticos de participação – como inscritos no art. 7, item 5, e no art. 12 do Acordo de Paris (2015) – reforçam a defesa e a promoção do direito fundamental ao clima, na medida em que estabelecem um regime jurídico mais robusto e de maior autonomia ao titular (indivíduo e sociedade), em termos organizacionais e procedimentais, para a sua salvaguarda e reivindicação – extrajudicial e judicial – de proteção perante o Sistema de Justiça na hipótese de violação, tanto por ação ou omissão do Estado quanto de particulares.

No respeitante à assim chamada litigância climática no Brasil, é possível afirmar que esta começou a ingressar na agenda do STF no ano de 2020, com o ajuizamento de (pelo menos) três ações que pautaram a proteção do regime climático de forma direta, sendo que duas delas foram objeto de audiências públicas de grande repercussão realizadas pela Corte. Além das ADPF 708 (Caso Fundo Clima) e ADO 59 (Caso Fundo Amazônia), que tiveram audiências realizadas, respectivamente, nos meses de setembro e outubro de 2020, destaca-se também a última e mais abrangente das ações ajuizadas (ADPF 760 – Caso do Plano de Ação para Prevenção e Controle do Desmatamento na Amazônia Legal – PPCDAm), em que diversos partidos políticos, conjuntamente com a atuação a título de *amicus curiae* de entidades ambientalistas, apontam "graves e irreparáveis" lesões a preceitos fundamentais, decorrentes de atos comissivos e omissivos da União e dos órgãos públicos federais que impedem a execução de medidas voltadas à redução significativa da fiscalização e do controle do desmatamento na Amazônia, com suas consequências nefastas ao regime climático.

Também no campo da litigância climática, não há como deixar de considerar o necessário diálogo entre sistemas jurídicos, designadamente, entre o marco normativo internacional (de direitos humanos e ambiental) e a ordem jurídica nacional (constitucional e infraconstitucional), e também daquilo que se tem designado de um diálogo entre Cortes. Cuida-se, portanto, de uma abordagem constitucional de múltiplos níveis, o que, no tocante à proteção e à promoção de um meio ambiente equilibrado e saudável e, em particular, de condições climáticas íntegras, estáveis e seguras, assume especial relevância, dada a dimensão global do problema.

Nesse contexto, assume relevo o fato de que, como já adiantado, no plano internacional, tem sido sustentado o reconhecimento de um "direito humano ao ar limpo" e as obrigações estatais correlatas, como se deu no "Informe sobre a Questão das Obrigações de Direitos

---

933. MENDES, Gilmar Ferreira. *Direitos fundamentais e controle de constitucionalidade*. 3. ed. São Paulo: Saraiva, 2004, p. 8.

Humanos Relacionadas com o Gozo de um Meio Ambiente Seguro, Limpo, Saudável e Sustentável" (A/HRC/40/55), elaborado pelo Relator Especial sobre Direitos Humanos e Meio Ambiente do Alto Comissariado de Direitos Humanos da ONU, David R. Boyd, no início de 2019.[934]

De modo complementar, em informe mais recente apresentado à Assembleia Geral da ONU em que examina a necessidade urgente de ação para garantir um clima seguro para a humanidade (A/74/161), o Relator Especial para Direitos Humanos e Meio Ambiente destacou que:

"Em termos de obrigações substantivas, os Estados não devem violar o direito a um ambiente seguro através de suas próprias ações, devem impedir que esse direito seja violado por terceiros, especialmente empresas, e devem estabelecer, implementar e fazer cumprir leis, políticas e programas para implementar esse direito. Estados também devem evitar a discriminação e medidas retrocessivas. Todas as medidas relacionadas ao clima, incluindo as obrigações relacionadas à mitigação, adaptação, financiamento e perdas e danos, são regidas por esses princípios."[935]

Em crescente sintonia com o direito internacional do ambiente e os sistemas universal e regional de proteção dos direitos humanos, a doutrina já vinha sustentando o entendimento de que também os tratados internacionais em matéria ambiental e climática, tanto no tocante ao seu conteúdo material quanto procedimental, passariam a ter ao menos (salvo se aprovados pelo rito do art. 5.º, § 3.º, da CF) natureza hierárquico-normativa "supralegal", prevalecendo em face da legislação infraconstitucional.[936]

O STF, acabou por assumir a mesma orientação em 2017, no julgamento da ADI 4066, relatada pela Ministra Rosa Weber. Na ocasião, a Corte, decidindo sobre a constitucionalidade de legislação que proibiu o uso de amianto, atribuiu o *status* de supralegalidade à Convenção da Basileia sobre o Controle de Movimentos Transfronteiriços de Resíduos Perigosos e seu Depósito (1989), equiparando-a aos tratados internacionais de direitos humanos. Do ponto de vista da hierarquia normativa, o reconhecimento do *"status* supralegal" dos tratados internacionais em matéria ambiental e climática ratificados pelo Brasil, por exemplo, a Convenção-Quadro sobre Mudança Climática (1992), a Convenção-Quadro sobre Biodiversidade (1992) e o Acordo de Paris (2015), situa tais tratados internacionais acima de toda a legislação infraconstitucional brasileira.

Importa sublinhar, ainda, que também no campo da litigância climática o STF adotou esse entendimento, designadamente, quando do julgamento da ADPF 708 (Caso Fundo Clima), ocorrido em 1.º de julho de 2022. De acordo com o Relator, Ministro Roberto

---

934. Os demais informes e documentos elaborados pela Relatoria Especial sobre Direitos Humanos e Meio Ambiente do Alto Comissariado de Direitos Humanos da ONU se encontram disponíveis em: https://www.ohchr.org/en/Issues/environment/SRenvironment/Pages/SRenvironmentIndex.aspx. Acesso em: 20 nov. 2022.

935. RELATOR ESPECIAL SOBRE DIREITOS HUMANOS E MEIO AMBIENTE DO ALTO COMISSARIADO DE DIREITOS HUMANOS DA ONU. *Informe sobre a Questão das Obrigações de Direitos Humanos Relacionadas com o Gozo de um Meio Ambiente Seguro, Limpo, Saudável e Sustentável* (A/74/161), 2019, par. 65, p. 22. Disponível em: https://documents-dds-ny.un.org/doc/UNDOC/GEN/N19/216/45/PDF/N1921645.pdf?OpenElement. Acesso em: 20 nov. 2022.

936. Na doutrina brasileira, sustentando o mesmo entendimento, v. CAPPELLI, Sílvia; MARCHESAN, Ana Maria Moreira; STEIGLEDER, Annelise Monteiro. *Direito ambiental*. 7. ed. Porto Alegre: Verbo Jurídico, 2013, p. 40.

Barroso, não só, mas também pela perspectiva da interdependência entre os direitos humanos das diversas dimensões (civis, políticos, econômicos, sociais, culturais e ambientais), os "tratados sobre direito ambiental constituem espécie do gênero tratados de direitos humanos e desfrutam, por essa razão, de *status* supralegal".[937]

No caso da ADPF 760, relatora Ministra Cármen Lúcia e relator para o acórdão, Ministro André Mendonça, julgado em 14-03-2024, o STF acabou por não reconhecer um estado de coisas inconstitucional, mas sim, a violação dos princípios da prevenção, precaução e proibição de retrocesso, esbelecendo a "necessidade de assunção, pelo Governo Federal, de um "compromisso significativo" (*meaningful engagement*) referente ao desmatamento ilegal da Floresta Amazônica. Tese de julgamento: "Resguardada a liberdade de conformação do legislador infraconstitucional e dos órgãos do Poder Executivo de todas as esferas governamentais envolvidas no planejamento e estabelecimento de metas, diretrizes e ações relacionadas à preservação do meio ambiente em geral e da região amazônica em particular, afigura-se inconstitucional a adoção de postura estatal omissiva, deficiente, ou em níveis insuficientes para garantir o grau de eficácia, efetividade e eficiência mínimo necessário à substancial redução do cenário de desmatamento e degradação atualmente verificado".

Na mesma toada, quando do julgamento conjunto das ADPFs 743, 746 e 857, relator Ministro André Mendonça e relator para o acórdão, Ministro Flávio Dino, julgada em 20-03-2024, a Suprema Corte, também confrontada com a alegação da existência de um estado de coisas inconstitucional em matéria ambiental, entendeu não ser o caso de dar guarida ao pleito quanto a esse ponto, considerando a ocorrência de uma alteração fática no que diz respeito aos elementos caracterizadores do estado de coisas vigente quando da propositura das ações, ademais da gradual retomada da normalidade no âmbito das políticas públicas ambientais. Todavia, houve o reconhecimento da procedência parcial das demandas, no sentido da necessidade da adoção de um conjunto de medidas para o completo restabelecimento da normalidade constitucional. Segundo a Corte, "tratando-se da concretização de uma política pública transversal, a proteção ao meio ambiente ecologicamente equilibrado reclama a atuação coordenada de diversos órgãos e entidades da Administração Pública, na medida em que somente mediante atuação concertada de todo o Poder Público será alcançada a plena conformidade constitucional em matéria ambiental na Amazônia e Pantanal, inclusive com previsões orçamentárias e abertura de créditos extraordinários". Note-se, ademais, que o STF, no âmbito de uma perspectiva de processo de natureza estrutural, determinou a adoção de uma série de medidas por parte de diversos atores públicos, que, contudo, aqui não carecem de refência detalhada.

O que se percebe, contudo, é que o STF tem, no que diz respeito também à assim chamada litigância ambiental e climática, paulatinamente investido em decisões de caráter estruturante, dada a complexidade e transversalidade do tema, dos problemas a ele associados e os múltiplos desafios em termos de efetividade não somente da proteção do meio ambiente e da integridade do sistema climático, mas também da eficácia e efetividade de suas próprias decisões.

Na esfera legislativa, para além da PEC n. 133 já referida, a Emenda Constitucional n. 123/2022 inseriu um novo inciso VIII no § 1.º do art. 225 da CF, que passou a contemplar expressamente um dever específico de proteção estatal diretamente relacionada à questão

---

937. STF, ADPF 708, Tribunal Pleno, Rel. Min. Barroso, j. 01.07.2022.

climática, no sentido de determinar a manutenção de "regime fiscal favorecido para os bio-combustíveis destinados ao consumo final, na forma de lei complementar, a fim de assegu-rar-lhes tributação inferior à incidente sobre os combustíveis fósseis, capaz de garantir dife-rencial competitivo em relação a estes (...)".

A medida em questão expressa os deveres estatais de redução da emissão de gases do efeito estufa derivada da queima de combustíveis fósseis, inclusive estimulando mudanças e inovações tecnológicas na matriz energética brasileira rumo ao uso progressivo de energia limpa e à neutralidade climática.

4.15.15 O direito de acesso à Internet[938]

Ainda que os debates sobre o reconhecimento do direito de acesso à Internet não sejam mais novidade, há de se notar que os reveses enfrentados ao longo da pandemia de Covid-19 lançaram novos holofotes sobre a questão e evidenciaram novos desafios e mesmo caminhos a serem trilhados. As dificuldades enfrentadas no Mundo todo, em maior ou menor medida, especialmente (mas não só) no campo do acesso ao ensino, da proteção e promoção da saúde, no mundo do trabalho, colocaram o tema do acesso a uma Internet de qualidade, segura e estável, num novo patamar em termos de relevância e urgência.

No concernente à regulação da matéria na esfera internacional, já são cinco os docu-mentos elaborados no âmbito do Sistema ONU sobre o direito de acesso à Internet,[939] nos quais é apontada a relevância da conectividade à Internet para a promoção de direitos hu-manos e fundamentais já reconhecidos, como é o caso das liberdades de expressão e de in-formação, bem como do direito de acesso à informação.

Dentre tais documentos, destaca-se a versão final da *General Conference* 38 C/53, rea-lizada pela UNESCO, em 2015, no bojo da qual se apoiou, em termos gerais, a universaliza-ção da Internet. Da mesma forma, devem ser referidos os Relatórios das Relatorias Especiais para a Liberdade de Expressão da Assembleia Geral da ONU, de 2011, em nível global, e da Comissão Interamericana de Direitos Humanos da OEA, de 2013, em nível regional, nos quais se defendeu a necessidade de manter-se a Internet aberta, sem obstáculos tecnológicos, a fim de proteger e promover a liberdade de expressão e o livre acesso à informação dos usuários da rede.

Mais recentemente, agora lançando o olhar sobre o que se passa em outras ordens ju-rídicas nacionais, chamou a atenção em todo Mundo importante decisão da Suprema Cor-te da Índia, que, em janeiro de 2020, no julgamento do caso *Anuradha Bhasin v. Índia*, conferiu proteção constitucional ao uso da Internet no País, a fim de viabilizar a efetividade

---

938. O autor Ingo Sarlet agradece à Mestre e Doutoranda em Direito pela PUCRS, Andressa de Bittencourt Siqueira da Silva, pela permissão para reproduzir aqui – sem prejuízo de complementos feitos pelo autor para o presente capítulo deste Curso – texto publicado por ambos (Ingo Sarlet e Andressa Bittencourt) em coautoria na Coluna Direitos Fundamentais do CONJUR.

939. O primeiro documento, de 2011, consiste no Relatório do Relator Especial sobre a Promoção e Proteção do Direito à Liberdade de Opinião e Expressão, Frank La Rue, no âmbito da Assembleia Geral da ONU (Re-solução A/HRC/17/27). Em 2012 e 2016, respectivamente, foram aprovadas duas resoluções pelo Conse-lho de Direitos Humanos da ONU, Resolução A/HRC/20/L.1331 e Resolução A/HRC/32/L.20. Em 2013, a Assembleia Geral das Nações Unidas, por meio da Resolução A/RES/68/167, abordou o direito ao livre desen-volvimento da personalidade na era digital. Em 2015, a UNESCO, por meio da *General Conference* 38 C/53, apoiou a universalização da internet.

de direitos fundamentais *online*, especialmente a liberdade de expressão. No caso da Índia – o que foi também objeto de referência na decisão – os problemas relacionados às dificuldades com o acesso à Internet tem sido frequentes e agudos, tendo em vista os frequentes "apagões" na Internet, por sua vez decorrentes do vasto número de usuários da rede no País, que atinge 624 milhões de pessoas, equivalendo a 45% da população, estimada em 1,39 bilhões, tudo de acordo com pesquisa publicada em janeiro de 2021 pela HootSuite, em parceria com o We Are Social.[940]

A decisão da Suprema Corte indiana definiu que, em caso de suspensão do serviço de internet, tendo em vista que tal medida implica a restrição de direitos fundamentais, deve ser seguido um procedimento específico: além de a suspensão ser temporária e aplicada tão-somente em circunstâncias excepcionais, ela deve ser notificada com razoável antecedência, de modo a permitir a sua discussão perante os Tribunais. Todavia, apesar dos avanços protagonizados pela decisão da Suprema Corte, as suspensões do acesso à Internet na Índia seguem ocorrendo com frequência, evidenciando as dificuldades enfrentadas para o cumprimento e implementação das decisões da Suprema Corte no contexto indiano, conforme Tanmay Singh, Anandita Mishra e Krishnesh Bapat sublinham em coluna publicada no *Verfassungsblog* no último dia 26 de outubro.[941] Levando em conta os entraves para implementação da decisão, em dezembro de 2020 foi submetido um novo pedido para o seu cumprimento perante a Suprema Corte indiana, que, por ora, ainda não foi analisado.[942] Vale referir que as suspensões afetam os usuários de internet móvel, que correspondem principalmente aos usuários de baixa renda, os quais, por sua vez, não possuem condições financeiras para arcar com os serviços de internet banda larga.

No caso do Brasil, sabe-se que os problemas e desafios relacionados ao acesso à Internet não têm sido de baixa monta, tendo sido agudizados nos últimos anos, em especial, assim como em outros lugares, no contexto da pandemia do Covid-19.

Apenas para ilustrar com alguns dados o que se passa no Brasil, estima-se existirem 160 milhões de usuários da Internet, que correspondem a 75% da população, estimada em 213,3 milhões, percentual superior ao da Índia, igualmente de acordo com pesquisa publicada em janeiro 2021 pela HootSuite em parceria com o We Are Social.

Na perspectiva do Direito, chama a atenção que no Brasil já foram propostas quatro emendas à Constituição, com o intuito de incluir um direito de acesso à internet no rol de direitos fundamentais previsto na Constituição Federal de 1988 (CF). A primeira, PEC n. 6/2011, já foi arquivada e pretendia inserir o direito de acesso à internet entre os direitos sociais previstos no art. 6.º, CF. A segunda, de iniciativa da Câmara dos Deputados, desarquivada em 2019 e em tramitação no Congresso Nacional, a PEC n. 185/2015, busca "acrescentar o inciso LXXIX ao art. 5.º da Constituição Federal, para assegurar a todos o acesso universal a Internet entre os direitos fundamentais do cidadão". A terceira, PEC n. 8/2020, de iniciativa do Senado Federal, foi proposta em março de 2020, também tem o condão de inserir o direito de acesso à internet no rol previsto no art. 5.º. A quarta PEC n. 35/2020,

---

940. DATAREPORTAL. Digital 2021. Global Overview Report - India. WeAreSocial; Hootsuite, janeiro de 2021. Disponível em: https://datareportal.com/reports/digital-2021-india. Acesso em: 06 nov. 2021.

941. SINGH, Tanmay; MISHRA, Anandita; BAPAT, Krishnesh. Why don't they just stop stopping the internet? Verfassungsblog – On Matters Constitutional, 26 out. 2021. Disponível em: https://dx.doi.org/10.17176/20211026-183052-0. Acesso em 30 out. 2021.

942. Idem.

também originada no Senado Federal, por sua vez, visa alterar os arts. 5.º, 6.º e 215 da CF88, a fim de inserir o direito de acesso à internet no rol de direitos sociais, assim como o dever de assegurar acesso à internet a todos os residentes no País, tendo sido encaminhada ao Plenário do Senado ainda em 2020.

Na esfera infraconstitucional, registram-se os avanços já protagonizados pelo Marco Civil da Internet (Lei n. 12.965/2014) que reconhece, de modo expresso, o direito de acesso à Internet *a todos* dentre os objetivos do uso da Internet no Brasil (art. 4.º, inc. I, do Marco Civil da Internet).

No que diz com a atuação do Poder Judiciário nessa matéria, até o presente momento não houve decisão Supremo Tribunal Federal quanto ao reconhecimento de um direito fundamental de acesso à internet no ordenamento jurídico-constitucional brasileiro, podendo ser extraídos apenas posicionamentos esparsos de Ministros em julgamentos já realizados sobre a relevância democrática dos direitos comunicativos, sobretudo a liberdade de expressão e de informação.

Ainda nesse contexto, vale mencionar também – apesar de mais diretamente associada à repartição constitucional de competências dos entes federativos –, decisão proferida pelo Plenário da Suprema Corte brasileira, que, por maioria, julgou pela inconstitucionalidade formal de lei cearense que determinava a vedação de bloqueio de acesso à Internet, quando esgotada a franquia de dados, por invadir a competência privativa da União para legislar sobre telecomunicações (ADI 6089, rel. Min Marco Aurélio, rel. para o acórdão Min. Dias Toffoli, j. 08.02.2021).

Embora não se trate de casos onde esteja em causa um direito geral de acesso à Internet, não se poderia deixar de referir aqui, no que diz com a esfera jurisdicional, a ADPF 403, decisão da Presidência Min. Ricardo Lewandowski, j. 19.07.2016, em sede de decisão monocrática, foi concedida liminar reestabelecendo o serviço do WhatsApp que havia sido suspenso no Brasil pela decisão do Juiz da Vara Criminal de Lagarto (SE), que, apesar de não mencionar a relevância do acesso à internet em si, sustentou os indícios de violação ao direito fundamental da liberdade de expressão. Quanto à análise de mérito, em sessões plenárias realizadas em 27 e 28.05.2020, o relator Min. Edson Fachin votou no sentido de declarar a inconstitucionalidade parcial sem redução de texto dos incisos II e III do art. 7.º, do Marco Civil da Internet, que foram utilizados como fundamento para a suspensão do aplicativo, a fim de que não sejam admitas quaisquer ordens judiciais no sentido de exigir acesso excepcional a mensagens que estejam protegidas mediante criptografia em contexto que justifique a suspensão dos serviços no País. Na mesma ocasião, a Min. Rosa Weber acompanhou o Ministro relator, conferindo, a seu turno, interpretação conforme à Constituição a esses dispositivos, e o Min. Alexandre de Moraes pediu vista dos autos. Da mesma forma, relembra-se aqui da existência da ADI 5.527, rel. Min. Rosa Weber, que igualmente trata da legitimidade constitucional do bloqueio do WhatsApp, em que não houve decisão liminar, mas que já teve seu julgamento de mérito iniciado juntamente com a ADPF 403.

De todo modo, mirando-se aqui os fatores que a pandemia agregou à questão, a conectividade e o acesso a uma Internet estável, segura e de qualidade, tornou-se uma necessidade cada vez mais premente, impactando um conjunto significativo de outros direitos humanos e fundamentais, bastando aqui, em caráter ilustrativo, referir o direito à proteção da saúde (e o acesso aos bens e serviços nessa seara), incluindo o incremento da telemedicina, assim como o direito à educação, especialmente no respeitante à continuidade do ensino nas escolas de ensino fundamental e médio, e no ensino superior, o que se revelou de forma particularmente aguda na esfera do ensino público.

Tanto a exclusão total do acesso à Internet por ainda cerca de 25% da população brasileira, quanto os inúmeros problemas registrados em termos de qualidade do acesso, dificultando e mesmo impedindo a fruição de uma grande gama de direitos, demonstram o quanto também nessa esfera o Brasil apenas tem experimentado aumentar os catastróficos níveis de desigualdade social e econômica, com tudo o que implica em termos de impactos sobre o desenvolvimento humano e econômico.

Nesse contexto, calha referir que, no que diz respeito aos desafios para a assegurar a eficácia do direito à educação durante a pandemia do Covid-19, o Pleno do STF, quando do julgamento – em 06.07.2022 – da ADI 6.926, relator Ministro Dias Toffoli, referendou a liminar concedida em dezembro de 2021, para reconhecer a constitucionalidade de norma federal – Lei n. 14.172/2021 – que determina a transferência de recursos orçamentários pela União aos Estados e ao Distrito Federal para promover, com finalidades educacionais, o acesso à Internet a professores e alunos da educação básica durante o período pandêmico.

Isso tudo se dá em um cenário marcado pela falta de isonomia no que diz respeito a oferta dos serviços de acesso à Internet, correndo-se concreto risco de agravamento do problema com o início da oferta e implantação da rede 5G nas capitais brasileiras até julho de 2022. Se, por um lado, abrem-se inúmeras possibilidades, por outro, saltam aos olhos casos como o do Município Gaúcho de Herveiras, que tem a pior cobertura de rede de telefonia móvel em zonas urbanas do Brasil, cujos habitantes encontram obstáculos até para acessar serviços públicos básicos, como ambulância hospitalar e serviço policial. Tais situações, dada a falta de universalização e condições de acesso igualitário também quanto aos serviços da rede 5G no Brasil, pelo menos em se mantendo o prognóstico de sua instalação e oferta apenas nos grandes centros urbanos, apenas tendem a se agravar.

À vista das sumárias considerações acima tecidas, bem como tendo em conta a ausência, por ora, de uma política pública (de Estado, não somente de Governo) ampla e efetiva no sentido de assegurar um acesso universal e igualitário a uma Internet segura e de qualidade, a necessidade de se retomar e alavancar o debate sobre o reconhecimento de um correspondente direito fundamental torna-se cada vez mais premente.[943]

Aliás, nada impede que, como se deu no caso da Alemanha[944] o direito de acesso à Internet seja reconduzido ao direito a um mínimo existencial,[945] ou seja, de um direito a um conjunto de prestações materiais que assegurem a cada pessoa a possibilidade real de uma vida condigna.

---

943. Em artigo publicado pela Revista Eletrônica de Direito Público portuguesa, a segunda autora se posicionou, pelo reconhecimento da fundamentalidade *subordinada* do direito de acesso à internet, no sentido de que a fundamentalidade material do referido direito decorre da sua conexão com direitos fundamentais já reconhecidos, sobretudo os direitos comunicativos (SIQUEIRA, Andressa de Bittencourt. A fundamentalidade subordinada do direito de acesso à internet no cenário jurídico-constitucional brasileiro. *Revista Eletrónica de Direito Público*, v. 7, n. 2, p. 240-263, 2020).

944. BVerfG. 1 BvL 1/09, Rn. 1-220, Erster Senat, 09.02.2010. Disponível em: http://www.bverfg.de/e/ls20100209_1bvl000109.html. Acesso em: 07 nov. 2021.

945. Para uma análise mais detida nessa perspectiva, sobretudo quanto aos direitos sociais, referimos HARTMANN, Ivar. A right to free internet? On internet access and social rights. *Journal of High Technology Law*, v. 13, n. 2, 2013.

A inclusão do direito fundamental de acesso à Internet na parte da obra destinada aos direitos fundamentais sociais, decorre de sua natureza (pelo menos quanto a sua função central) de direito a prestações materiais compensatórias de desigualdades fáticas, que, por sua vez, impactam os níveis de acesso necessários tanto à fruição de direitos civis e políticos, quanto o acesso à fruição de determinados direitos sociais, como é o caso, dos já lembrados direitos à educação e saúde, além do acesso a uma gama imensa de bens e serviços indispensáveis para uma adequada inserção na vida política, social, econômica e cultural. À vista do avanço avalassador das tecnologias de informação e comunicação e dos processos de digitalização, assegurar um acesso igualitário e universal à Internet é, de certo modo, garantir o estar e atuar das pessoas no Mundo. A exclusão digital, como já se tem percebido em ampla escala, apenas tem feito acelerar e aumentar os níveis gerais de desigualdade.

4.16 Nacionalidade[946]

4.16.1 Considerações introdutórias

A nacionalidade é qualificada como um direito fundamental da pessoa humana, cuja outorga cabe ao Estado soberano, não se excluindo, mediante determinados pressupostos e circunstâncias, a possibilidade de o indivíduo optar por outra nacionalidade, nem a dimensão do direito do indivíduo à sua nacionalidade. Apesar de se considerar que o tema da nacionalidade é mais afeito ao direito público interno que ao direito internacional público, anota-se que existem instrumentos internacionais, a exemplo da Convenção de Haia sobre Conflitos de Nacionalidade, de 12 de abril de 1930, da Declaração Universal dos Direitos Humanos, de 1948, bem como de outros documentos supranacionais dispondo sobre a matéria, não existindo, portanto, uma liberdade ilimitada por parte dos Estados quanto ao estabelecimento das regras sobre nacionalidade.[947]

É considerada como "vínculo político e pessoal que se estabelece entre o Estado e o indivíduo, fazendo com que este integre uma dada comunidade política, o que faz com que o Estado distinga o nacional do estrangeiro para diversos fins".[948] Nesse sentido, nas palavras de Pontes de Miranda, "é o laço que une juridicamente o indivíduo ao Estado e, até certo ponto, o Estado ao indivíduo".[949] Assim, é, em determinado sentido, correta a afirmação de que, em face do Estado, *todo indivíduo ou é "nacional" ou "estrangeiro"*,[950] o que, por evidente, não significa que o estrangeiro não seja titular até mesmo de determinados direitos fundamentais em relação aos Estados, o que aqui não será objeto de atenção, remetendo-se ao capítulo sobre a titularidade dos direitos fundamentais, integrante da parte relativa à teoria geral dos direitos fundamentais.

---

946. Agradecemos a Jeferson Ferreira Barbosa, mestre em Direito (PUCRS) e doutorando pela Universidade de Regensburg, Alemanha, pelo relevante auxílio na reunião de material bibliográfico, legislativo e jurisprudencial, bem como na preparação do texto e revisão das referências.

947. Mazzuoli, Valerio de Oliveira. *Curso de direito internacional público*, 6. ed., p. 677-679.

948. Mendes, Gilmar Ferreira; Branco, Paulo Gustavo Gonet. *Curso de direito constitucional*, 15. ed., p. 783.

949. Pontes de Miranda, F. C. *Comentários à Constituição de 1967, com a Emenda n. 1, de 1969*, t. IV, p. 347 (a grafia, na parte citada, foi atualizada).

950. Ferreira Filho, Manoel Gonçalves. *Curso de direito constitucional*, p. 111.

Já em outra perspectiva, *a nacionalidade, compreendida como vínculo jurídico-político que une indivíduos estabelecidos sobre dado território e sob um governo independente, diz respeito ao elemento pessoal do Estado, qual seja o povo*, muito embora a necessária distinção entre as noções de povo e de população, mas também a diferenciação entre tais conceitos e o da Nação, tão relevantes para a teoria do Estado, mas que aqui não poderão ser desenvolvidas.[951] O povo, como conjunto dos indivíduos que detêm a nacionalidade em relação a determinado Estado (sendo, portanto, natos ou naturalizados), por sua vez, não se confunde (pelo menos não necessariamente) com a noção de cidadania. Esta, muito embora em regra vinculada à condição da nacionalidade, nem sempre a pressupõe. Com efeito, considerando que a cidadania diz com os aspectos relacionados à participação do indivíduo no processo do poder e à garantia de acesso ao espaço público, do que são exemplos o desempenho de funções públicas ou de atividades comerciais ou empresariais, o exercício do voto, a participação na vida pública ou na sociedade civil, prerrogativas em regra conferidas aos nacionais, nem sempre exclui os estrangeiros.[952]

Além disso, é preciso sublinhar que a nacionalidade, por constituir um critério relevante para o reconhecimento de direitos fundamentais no âmbito da ordem jurídica interna, reclama, pelo menos assim também o entendemos, uma interpretação inclusiva do seu âmbito de aplicação, de modo a assegurar uma maior fruição de direitos fundamentais por um maior número de pessoas,[953] o que será objeto de maior atenção mais adiante, quando das anotações em relação ao estatuto do estrangeiro e os modos de aquisição da nacionalidade.

4.16.2 A nacionalidade no âmbito do direito internacional, com destaque para o sistema de reconhecimento e proteção dos direitos humanos

A *nacionalidade passou a ser reconhecida como direito humano na Declaração Universal dos Direitos Humanos* (1948), que dispõe sobre *o direito do indivíduo a ter uma nacionalidade e de não poder ser dela arbitrariamente privado*, assim como o direito de alterar sua nacionalidade (art. XV). O Pacto Internacional de Direitos Civis e Políticos estabelece que toda criança tem o direito de adquirir uma nacionalidade (art. 24, n. 3). O Pacto de São José da Costa Rica (1969), a exemplo da Declaração Universal dos Direitos Humanos (1948) e do Pacto Internacional de Direitos Civis e Políticos, dispõe que toda pessoa tem direito a uma nacionalidade (art. 20, n. 1). Dispõe, igualmente, que "toda pessoa tem direito à nacionalidade do Estado em cujo território houver nascido, se não tiver direito a outra" (art. 20, n. 2).

No que diz respeito a documentos internacionais específicos, vale citar o Estatuto do Alto Comissariado das Nações Unidas para os Refugiados (1950) e a Convenção de Genebra

---

951. Sobre o elemento humano do Estado, v., por todos, DOEHRING, Karl. *Teoria do estado*, p. 45 e ss.; e ZIPPELIUS, Reinhold. *Teoria geral do estado*, p. 45 e ss.

952. Cf. MAZZUOLI, Valério de Oliveira. *Curso de direito internacional público*, 6. ed., p. 679, 682 e 683.

953. Nesse sentido, MAUÉS; Antonio Moreira. Comentário ao artigo 12, CF. In: CANOTILHO, J. J. Gomes; MENDES, Gilmar Ferreira; SARLET, Ingo Wolfgang; STRECK, Lenio Luiz (Coord.). *Comentários à Constituição do Brasil*, publicado pelas Editoras Almedina e Saraiva. Ainda sobre o tema, v. o entendimento de Arnaldo Sampaio de Moraes Godoy, que trata da nacionalidade como atribuição política e jurídica que confere direitos e deveres na ordem interna, cf. GODOY, Arnaldo Sampaio de Moraes. Comentário ao art. 12. In: CANOTILHO, J. J. Gomes; MENDES, Gilmar Ferreira; SARLET, Ingo Wolfgang; STRECK, Lenio Luiz (Coord.). *Comentários à Constituição do Brasil*. 2. ed. São Paulo: Brasil, 2018, p. 712-713.

relativa ao Estatuto dos Refugiados (1951), este último documento com vistas, em síntese, a alargar a aplicação de instrumentos anteriores e à proteção dos refugiados. A esse respeito também é de se referir o Protocolo sobre o Estatuto dos Refugiados (1966), que dá interpretação mais ampla ao termo *refugiados* utilizado na Convenção de 1951, conforme se depreende da leitura do art. 1.º, assim como a Declaração sobre Asilo Territorial, de 1967. Com relação ao problema da *apatria* (ou *apatridia*), importa mencionar a Convenção sobre o Estatuto dos Apátridas de 1954, que, dentre as suas disposições, estabelece, no art. 32, que os Estados-Membros devem facilitar a assimilação e a naturalização dos apátridas, além de prever alguns casos em que os apátridas devem ter tratamento igual ao dos nacionais (cf. art. 20, racionamento; art. 22, § 1.º, ensino fundamental; art. 23, assistência e auxílio público; art. 24, § 1.º, temas relativos à legislação do trabalho e seguros sociais; art. 29, tributos). A Convenção para a Redução dos Casos de Apatridia (1961) estabelece, no seu art. 1.º, n. 1, que o Estado Contratante deve atribuir sua nacionalidade à pessoa que nasceu em seu território e que de outro modo seria apátrida. Relacionada ao tema, existe, ainda, a Convenção sobre a Nacionalidade da Mulher Casada (1958), que busca fazer frente aos conflitos que surgem entre leis e práticas com relação à perda e aquisição da nacionalidade da mulher em decorrência do matrimônio, sua dissolução ou a mudança da nacionalidade do marido durante o matrimônio. Por derradeiro, ainda no âmbito do sistema internacional, assume relevo a Declaração sobre os direitos humanos dos indivíduos que não são nacionais do país em que vivem (1985), que surgiu como reação ao fato de que, cada vez mais, as pessoas vivem em país do qual não são nacionais, e de que também a elas devem ser garantidos os direitos humanos e as liberdades fundamentais reconhecidas pela Declaração da ONU e demais tratados que a concretizam.

Por outro lado, por força dos processos de integração supranacional ou por força de acordos bilaterais ou multilaterais entre os países, verifica-se uma gradativa extensão de direitos e prerrogativas outrora assegurados apenas aos nacionais de um Estado a determinados não nacionais em determinadas hipóteses. Nesse contexto, é possível destacar a noção de uma "cidadania supranacional", tal como prevista, por exemplo, no art. 9.º do Tratado da União Europeia (1992), que atribui certos direitos tradicionalmente vinculados à cidadania estatal, tais como os direitos de circular e permanecer livremente no território dos Estados- -Membros, direito de sufrágio, direito à proteção diplomática e consular, direito de petição. O mesmo ocorre com determinadas constituições nacionais, que, em sintonia com a ampliação da noção de cidadania, asseguram direitos típicos de cidadania a não nacionais. A título ilustrativo, a Constituição da República Portuguesa de 1976 (reformada para tal efeito em 2001), que defere aos cidadãos dos Estados de língua portuguesa com residência permanente em Portugal direitos em regra não conferidos a estrangeiros, dentre eles alguns direitos políticos.[954] Assim também se dá com a atual Constituição do Brasil, que, no seu art. 12, § 1.º, defere aos portugueses, desde que mediante reciprocidade, direitos privativos dos brasileiros (nacionais).

---

954. CANOTILHO, J. J. Gomes; MOREIRA, Vital. *Constituição da República Portuguesa anotada*, p. 223. Na p. 222 os autores retratam mudança na nomenclatura usada na Constituição portuguesa. Todavia, de pronto, já é possível antever a relação entre a nacionalidade e a cidadania.

4.16.3 A nacionalidade no direito constitucional estrangeiro

Como exemplo de ordem jurídica que não constitucionalizou o tema da nacionalidade pode-se citar a dos Estados Unidos da América, embora haja disposição apontando para a competência do Congresso no que se refere à regulação da naturalização (art. I, Seção 8), para questões relativas à elegibilidade para o posto de Presidente (art. II, Seção 1), para a reafirmação de que os nascidos ou naturalizados nos Estados Unidos são cidadãos, não podendo, em síntese, haver restrição de garantias previstas (XIV Emenda, 1868, Seção 1). A Constituição da África do Sul (1996) dispõe sobre a cidadania estabelecendo que lei nacional deve prever sua aquisição, perda e reaquisição (item 3, 3) e que a criança tem o direito a uma nacionalidade (item 28, 1, *a*). A Constituição espanhola (1978), igualmente, apesar de possuir disposições relacionadas à nacionalidade, remete à lei o aspecto mais central, que diz respeito a como adquiri-la, conservá-la ou perdê-la.

A regulação e proteção constitucional da nacionalidade tem sido, contudo, expressiva. A Constituição argentina (de 1853, com última reforma em 1994) contempla o tema da nacionalidade com maior minúcia, dispondo, por exemplo, que se obtém a naturalização residindo-se por dois anos contínuos no país e que os estrangeiros gozam de todos os direitos civis do cidadão (art. 20), além de prever que se fomente e não se restrinja a imigração europeia que tenha por finalidade cultivar a terra, melhorar a indústria, introduzir e ensinar as ciências e as artes (art. 25). No caso da Constituição portuguesa (1976), apesar de remeter à lei ou à convenção internacional a atribuição da cidadania portuguesa (art. 4.°), percebe-se uma forte constitucionalização do tema, a começar pela atribuição de alguns direitos que em princípio seriam reconhecidos apenas aos nacionais, conforme já comentado na seção anterior. Além disso, a Constituição portuguesa prevê garantias relativas à expulsão (art. 33, itens 1 e 2), à extradição (art. 33, itens 3, 4, 6, 7), ao asilo (art. 33, 8). A Constituição da Colômbia (1991), apenas para citar uma experiência constitucional mais recente e próxima da brasileira, igualmente regula de modo particularmente minucioso a matéria, mediante previsão de garantias relativas à extradição (art. 35), ao reconhecimento do asilo, nos termos da lei (art. 36), além de reconhecer um direito fundamental das crianças à nacionalidade (art. 44) e dispor sobre as formas de aquisição da nacionalidade (art. 96). No mais, a Constituição colombiana prevê também que os estrangeiros gozarão das garantias concedidas aos nacionais, salvo as limitações presentes na Constituição e na lei, destacando-se aqui a possibilidade de estender aos estrangeiros alguns direitos políticos (art. 100).

4.16.4 A nacionalidade no âmbito da evolução constitucional brasileira

O tema da nacionalidade, também no âmbito da evolução constitucional brasileira, tem assumido particular relevância, isso já desde a Carta Imperial de 1824, sendo que desde a Constituição de 1934 (com exceção da Carta de 1937)[955] passou a constar no título da declaração de direitos, o que também se verifica na atual Constituição, bastando, para tanto, uma breve mirada sobre o texto de nossas Constituições. Antes de nos debruçarmos sobre a nacionalidade na Constituição Federal de 1988, seguem algumas notas sobre as Constituições anteriores.

---

955. Na Constituição de 1937 o tópico era previsto na seção intitulada "Da nacionalidade e da cidadania", antes da seção dedicada aos direitos e garantias individuais.

A Carta Imperial de 1824, no que diz com os critérios de fixação da condição de nacional, adotou tanto o critério do *jus soli* quanto o do *jus sanguinis* (art. 6.º, I e II), destacando-se que foram considerados brasileiros os que, embora nascidos no exterior, eram filhos de pai brasileiro, se viessem a domiciliar-se no Brasil (art. 6.º, II). Quanto aos dois critérios de aquisição da nacionalidade originária, percebe-se que a Constituição Imperial comportou uma exceção, designadamente a dos filhos de pai brasileiro que estivesse em país estrangeiro a serviço do Império, embora não viessem depois a estabelecer domicílio no País (art. 6.º, III), hipótese que, com variações terminológicas, se manteve nas diversas Constituições. A nacionalidade também era atribuída aos nascidos em Portugal e suas possessões, residentes no Brasil à época da proclamação da independência e que às províncias aderiram expressa ou tacitamente pela continuação da residência (art. 6.º, IV). Por derradeiro, a Carta de 1824 também previu a possibilidade de naturalização por parte dos estrangeiros, remetendo à lei quanto às condições (art. 6.º, V). Já o art. 7.º regulava as hipóteses de perda dos direitos de cidadania brasileira, previsão que – salvo aspectos isolados – se manteve praticamente inalterada até Constituição de 1967, com Emenda de 1969.

No que diz com a Constituição de 1891, um dos pontos de destaque reside na previsão da naturalização dos estrangeiros que se achavam no Brasil em 15 de novembro de 1889 e que não declararam, dentro de seis meses da entrada em vigor da Constituição, o ânimo de conservar a nacionalidade de origem (art. 69, § 4.º), o que foi designado, pela doutrina, como a "grande naturalização".[956] Ademais, foram considerados cidadãos brasileiros os estrangeiros que possuíam bens imóveis no Brasil e os que eram casados com brasileiros ou tinham filhos brasileiros, mediante a condição de que residissem no Brasil, salvo se tivessem manifestado a intenção de não mudar de nacionalidade (art. 69, § 5.º).

A Constituição de 1934, por sua vez, previu, como hipótese de perda de nacionalidade, o cancelamento da naturalização, devido ao exercício de "atividade social ou política nociva ao interesse nacional, provado o fato por via judiciária, com todas as garantias de defesa" (art. 107, *c*). Além disso, modificou o regime dos nascidos em país estrangeiro, filhos de brasileiro ou de brasileira, assegurando-se a opção pela nacionalidade brasileira quando alcançada a maioridade (art. 106, *b*). A Constituição de 1937 trouxe regra prevendo perda da nacionalidade devido ao cancelamento da naturalização em decorrência do exercício de atividade social ou política nociva (art. 116, *c*), afastando-se a garantia de apreciação judicial mediante a utilização, no texto constitucional, da expressão "processo adequado".

A Constituição de 1946, nesse ponto como reação ao caráter autoritário do regramento do Estado Novo, retomou a previsão expressa de que era necessária sentença judicial para a perda da nacionalidade em decorrência de cancelamento da naturalização devido à atividade nociva (art. 130, III), o que, embora algum ajuste textual, foi mantido inclusive na atual Constituição. Também foi inserida modificação prevendo que, para efeitos de aquisição da nacionalidade, houvesse a fixação de residência no Brasil, e, uma vez atingida a maioridade, que a opção pela nacionalidade brasileira fosse realizada dentro de quatro anos (art. 129, II). Além disso, no que diz com a aquisição da nacionalidade mediante naturalização, a Carta de 1946 previa, no caso dos portugueses, apenas a comprovação da residência no Brasil por um ano ininterrupto, bem como a certificação da idoneidade moral e da saúde física (art. 129, IV).

---

956. MAUÉS, Antonio Moreira. *Comentário ao artigo 12, CF*, p. 6.

A Constituição de 1967 introduziu nova modificação no concernente à opção pela nacionalidade, exigindo o registro na repartição brasileira competente no exterior ou a fixação de residência no Brasil antes de atingida a maioridade, além da exigência de que, uma vez alcançada esta, fosse realizada a opção pela nacionalidade dentro de quatro anos (art. 140, I, c). Previram-se igualmente hipóteses concretas de naturalização, na forma da lei, como no caso dos admitidos em território nacional durante os primeiros cinco anos de vida e radicados definitivamente no território, os que faziam curso superior em estabelecimento nacional (art. 140, II, n. 2), além da naturalização dos portugueses, em relação aos quais foram mantidas as regras da Constituição anterior. Com a promulgação da EC 1, de 1969, sobreveio o aumento do número de cargos privativos de brasileiro nato (art. 145, parágrafo único), a eliminação da previsão que estabelecia que, além das restrições previstas na Constituição, nenhuma outra seria feita a brasileiro em virtude da condição de nascimento, acrescentando-se, ainda, a previsão de anulação por decreto do Presidente da República da aquisição de nacionalidade obtida em fraude contra a lei (art. 146, parágrafo único).

4.16.5 O regime da nacionalidade na Constituição Federal de 1988

4.16.5.1 Considerações gerais: a nacionalidade como direito e garantia fundamental

A relevância da nacionalidade no que diz com a própria condição de titular de direitos fundamentais no âmbito da ordem jurídico-constitucional interna e para efeitos também da proteção na perspectiva do direito internacional dos direitos humanos (especialmente no que diz respeito ao exercício de prerrogativas reconhecidas por tratados de direitos humanos ratificados pelos Estados) fez com que a condição de nacional passasse a ser, ela própria, como já verificado, considerada um direito humano e fundamental, o que não foi diferente no caso da atual Constituição Federal. Cuidando-se, em primeira linha, de direito individual (a nacionalidade de cada indivíduo como tal considerado), não existem maiores dúvidas quanto a se tratar não apenas de cláusula pétrea (limite material ao poder de reforma da Constituição), na forma do art. 60, § 4.º, IV, da CF, quanto também de norma submetida ao regime da aplicabilidade imediata previsto para as normas definidoras de direitos e garantias fundamentais (art. 5.º, § 1.º, da CF). Na sua condição de direito e garantia fundamental, a nacionalidade apresenta também uma dupla dimensão subjetiva e objetiva, ou seja, a ela tanto correspondem posições subjetivas, em parte definidas na própria Constituição, em parte reguladas pela legislação infraconstitucional, quanto uma forte dimensão objetiva, que, além de deveres de proteção estatal e deveres de organização e procedimento, abarca a condição de garantia institucional, de modo que a sua proteção, do ponto de vista constitucional, abrange também os aspectos essenciais de seu regime jurídico legislativamente concretizado. Esses aspectos serão objeto da análise mais detalhada, que segue.

4.16.5.2 Espécies de nacionalidade

De acordo com doutrina consolidada, a nacionalidade poderá ser primária ou secundária. A nacionalidade primária (também conhecida como nacionalidade originária ou pelo nascimento) é atribuída em razão do nascimento, podendo ser atribuída, de acordo com o direito interno de cada Estado, por meio de critérios sanguíneos, ou seja, determinados pelo nascimento e descendência biológica (o assim chamado *jus sanguinis*), territoriais, isto é, vinculados ao local do nascimento (o assim designado *jus soli*), ou mesmo critérios mistos.[957]

Embora tradicionalmente os Estados tenham optado pela adoção de apenas um critério, a depender de sua vocação – como se deu nos EUA – para a imigração (*jus soli*) ou emigração (*jus sanguinis*), como é o caso dos exemplos – referidos pela sua particular relevância para o Brasil – da Alemanha e Itália –, a tendência contemporânea tem sido a da adoção de modelos mistos, o que também se verifica no caso brasileiro. O que se percebe é que a adoção de um ou outro critério obedece a aspectos estratégicos definidos na esfera política, o que também se deu no caso brasileiro, onde se optou (já no século XIX), em regra, pelo critério territorial, notadamente com o objetivo de atrair imigrantes europeus, atribuindo-se a nacionalidade brasileira aos filhos de estrangeiros nascidos em território brasileiro.[958] Como também no caso do direito constitucional positivo brasileiro a nacionalidade poderá ser tanto primária quanto secundária, passaremos a analisar cada espécie em separado.

4.16.5.2.1 A nacionalidade primária: o brasileiro nato

As atuais previsões constitucionais que caracterizam os brasileiros natos estão no art. 12, I, que dispõe serem brasileiros natos: "*a*) os nascidos na República Federativa do Brasil, ainda que de pais estrangeiros, desde que estes não estejam a serviço de seu país; *b*) os nascidos no estrangeiro, de pai brasileiro ou mãe brasileira, desde que qualquer deles esteja a serviço da República Federativa do Brasil; *c*) os nascidos no estrangeiro de pai brasileiro ou de mãe brasileira, desde que sejam registrados em repartição brasileira competente ou venham a residir na República Federativa do Brasil e optem, em qualquer tempo, depois de atingida a maioridade, pela nacionalidade brasileira". Assim, à vista do texto constitucional, percebe-se a adoção, de um modelo misto, pois não mais se exige a fixação de residência no Brasil, antes da maioridade. Para facilitar a compreensão, as hipóteses do art. 12, I, da CF serão apresentadas e analisadas em separado.

A *primeira alternativa* do art. 12, I, da CF, prevista na sua alínea *a*, corresponde à adoção do critério territorial[959], abarcando todos os que forem nascidos em território brasileiro, inclusive os filhos de pais estrangeiros, excluindo apenas os casos em que os pais estejam no Brasil a serviço de seu país de origem, o que se verifica, por exemplo, nos casos de filhos de diplomatas ou outros agentes de Estado estrangeiros.[960] Nesta última hipótese, o que se percebe é que a Constituição estabeleceu uma exceção ao critério territorial, pois, ainda que nascidos no Brasil, os filhos de estrangeiros a serviço de seu país não adquirem a nacionalidade brasileira. Para que reste configurada a situação, exige-se que ambos os pais sejam

---

957. Cf., dentre tantos, Novelino, Marcelo. *Direito constitucional*, p. 382; Moraes, Alexandre de. *Direito constitucional*, p. 218; Tavares, André Ramos. *Curso de direito constitucional*, 18. ed., p. 679; Fernandes, Bernardo Gonçalves. *Curso de direito constitucional*, p. 482.

958. Cf., por todos, Fernandes, Bernardo Gonçalves. *Curso de direito constitucional*, p. 482-483.

959. Apesar do reconhecimento da inexistência de competência originária do STF, vale mencionar decisão proferida em Mandado de Segurança em que o impetrante buscava rever o cancelamento de registro de nascimento alegando possuir nacionalidade brasileira e ter havido óbito de um irmão libanês homônimo, situação em que entendeu o Min. Luiz Fux pela não existência de provas inequívocas de violação de direito líquido e certo, principalmente conforme a instrução probatória na origem que apontou não existirem quaisquer documentos que indicassem o nascimento do impetrante em São Paulo e o óbito de seu irmão com o mesmo nome. Cf. MS 35.974 AgR/SP, rel. Min. Luiz Fux, j. 04.05.2020.

960. Cf., por todos, Novelino, Marcelo. *Direito constitucional*, p. 383.

DIREITOS FUNDAMENTAIS EM ESPÉCIE ○ **689**

estrangeiros e que pelo menos um se encontre em território brasileiro a serviço de seu país de origem.[961] Se, contudo, um dos pais estrangeiros estiver a serviço de outro país que não o seu, o filho nascido no Brasil, de acordo agora com o critério territorial, será considerado nacional nos termos da Constituição.[962] Importa acrescentar que, se um dos pais for brasileiro (sendo o outro estrangeiro), o filho nascido no Brasil terá, em regra (salvo se assim não o admitir a legislação do Estado estrangeiro do qual um dos pais é nacional), a dupla nacionalidade, a brasileira – pois nascido em território brasileiro – e a do Estado a que pertence o pai (ou a mãe) estrangeiro.[963]

A *segunda hipótese* (art. 12, I, *b*, da CF) diz respeito aos nascidos no estrangeiro, de pai brasileiro ou mãe brasileira, desde que qualquer deles esteja a serviço da República Federativa do Brasil. Aqui o critério predominante é o da descendência, ou seja, o do *jus sanguinis*, combinado com um critério de natureza funcional, pois não basta que se cuide de filho de pai ou mãe brasileira, mas é necessário que um deles esteja exercendo função pública, compreendida esta no sentido amplo de serviço público, independentemente de sua natureza, desde que prestado a qualquer um dos entes federados brasileiros, seja no nível da administração centralizada ou da administração descentralizada.[964]

Já a *terceira hipótese*, contemplada na alínea *c* do art. 12, I, da CF, teve sua redação atribuída pela EC 54/2007, sendo oportuno lançar algumas notas sobre a evolução precedente, dada a sua relevância. Com efeito, a redação anterior, nos termos da ECR 3/1994, dispunha que eram brasileiros natos "os nascidos no estrangeiro, de pai brasileiro ou de mãe brasileira, desde que venham a residir na República Federativa do Brasil e optem, em qualquer tempo, pela nacionalidade brasileira", ao passo que a disposição originária, tal como prevista no texto constitucional promulgado em 05.10.1988, atribuía a condição de brasileiro nato nos seguintes termos: "os nascidos no estrangeiro, de pai brasileiro ou de mãe brasileira, desde que sejam registrados em repartição brasileira competente, ou venham a residir na República Federativa do Brasil antes da maioridade e, alcançada esta, optem, em qualquer tempo, pela nacionalidade brasileira".

Nota-se, ademais, que houve um período em que foi suprimida a possibilidade de registro do nascido no exterior, de modo a eliminar, desde logo, a possibilidade de garantir a condição de brasileiro nato. Aqui assume relevo o problema da apatria (a condição do apátrida), gerado pela privação da nacionalidade brasileira em relação aos nascidos em países que adotam a regra do *jus sanguinis*, situação que pode ser tida como intolerável frente à previsão da Declaração Universal dos Direitos Humanos de que todos têm direito a uma nacionalidade (art. XV),[965] ao que se soma o problema do grande dispêndio de recursos para vir ao Brasil e aqui propor ação para a obtenção da nacionalidade originária.[966]

Assim, para reger a situação transitória que se estabeleceu no período entre a ECR 03, de 1994 (de 07.07) e a EC 54, de 2007 (de 20.09), que introduziu a redação atualmente em

---

961. Cf., por todos, MORAES, Alexandre de. *Direito constitucional*, p. 220-221.
962. Cf., entre outros, NOVELINO, Marcelo. *Direito constitucional*, p. 383; MORAES, Alexandre de. *Direito constitucional*, p. 220-221; e FERNANDES, Bernardo Gonçalves. *Curso de direito constitucional*, p. 483-484.
963. Cf., também, NOVELINO, Marcelo. *Direito constitucional*, p. 383.
964. Cf., dentre tantos, NOVELINO, Marcelo. *Direito constitucional*, p. 384; MORAES, Alexandre de. *Direito constitucional*, p. 221; FERNANDES, Bernardo Gonçalves. *Curso de direito constitucional*, p. 484.
965. SILVA, José Afonso da. *Curso de direito constitucional positivo*, 27. ed., p. 330.
966. MAZZUOLI, Valério de Oliveira. *Curso de direito internacional público*, 6. ed., p. 701.

vigor, o art. 95 do ADCT dispôs que os nascidos no estrangeiro entre 7 de junho de 1994 e a data da promulgação da Emenda de 2007, em sendo "filhos de pai brasileiro ou mãe brasileira, poderão ser registrados em repartição diplomática ou consular brasileira competente ou em ofício de registro, se vierem a residir na República Federativa do Brasil". Com isso se buscou afastar o prejuízo para todos os que nasceram no exterior, filhos de pai ou mãe brasileiros, e que não vieram para o Brasil e não obtiveram a nacionalidade brasileira.

Além disso, o modo pelo qual a Constituição regula a matéria no art. 12, I, c, revela que se está diante de um requisito meramente formal, pois, de acordo com a nova redação dada ao dispositivo pela EC 54/2007, a Constituição passou a exigir, para a atribuição da nacionalidade originária aos filhos de pai ou mãe brasileiros nascidos no estrangeiro, o simples registro na repartição brasileira competente, com o que também restou afastada, nessa hipótese, a regra do *jus soli*.[967]

A partir do exposto e *em caráter de síntese*, retornando ao que dispõe atualmente o item c do art. 12, I, da CF, constata-se que este prevê duas possibilidades para atribuição da nacionalidade originária, ou seja, a condição de brasileiro nato: (a) o registro em repartição brasileira competente, com efeitos equivalentes ao registro de nascimento efetuado em cartório do Registro Civil no Brasil; (b) a opção pela nacionalidade após a maioridade, no caso de o indivíduo filho de pai ou mãe brasileira nascido no estrangeiro vir a residir no Brasil, hipótese na qual a opção pela nacionalidade brasileira poderá ser exercida a qualquer tempo.[968] Nesse caso, uma vez exercido o direito de opção, o Estado não pode negar o reconhecimento.[969]

No que diz com a interpretação dada pelo STF aos diversos casos que lhe são submetidos envolvendo a atribuição da nacionalidade originária com base no art. 12, I, da CF, convém referir alguns julgamentos relevantes, em caráter ilustrativo. É o caso do RE 418.096,[970] que trata de recurso extraordinário interposto pelo Ministério Público Federal contra decisão que manteve a extinção do processo sem resolução de mérito (art. 267, IV, do CPC) porque a ação foi ajuizada por menores impúberes, sendo que deveria ter sido ajuizada pelos pais. A decisão recorrida considerou também que a opção pela nacionalidade seria personalíssima, exigindo capacidade plena e, portanto, a maioridade, não obstante a falta de previsão constitucional, negando-se, de forma unânime, provimento ao recurso. Segundo esse julgado, vindo o menor a residir no Brasil, "passa a ser considerado brasileiro nato". "Atingida a maioridade, enquanto não manifestada a opção, esta passa a constituir-se em condição suspensiva da nacionalidade brasileira". A doutrina, contudo, questiona se semelhante raciocínio não poderia ser realizado com relação a menor que continue a residir no exterior, sendo que, de acordo com o STF, é de ser privilegiado o caráter protetivo e não restritivo da norma, levando-se em conta precisamente os efeitos severos da apatria, de forma que se recomenda reconhecer a nacionalidade brasileira com eficácia plena até chegar a maioridade, quando então poderão ser decididas todas as questões pertinentes.[971]

---

967. Cf. Novelino, Marcelo. *Direito constitucional*, p. 385.
968. Cf., por todos, a síntese de Fernandes, Bernardo Gonçalves. *Curso de direito constitucional*, p. 485-486.
969. Silva, José Afonso da. *Curso de direito constitucional positivo*, 27. ed., p. 328.
970. RE 418.096, rel. Min. Carlos Velloso, j. 22.03.2005.
971. Cf. Mendes, Gilmar Ferreira; Branco, Paulo Gustavo Gonet. *Curso de direito constitucional*, 15. ed., p. 786.

Já no RE 415.957,[972] em situação semelhante, o STF decidiu no mesmo sentido e também reconheceu a viabilidade do registro provisório, nos termos da Lei de Registros Públicos, art. 32, § 2.º. Aqui a situação incongruente encontrada pela doutrina é a de que tais julgamentos ocorreram antes da Emenda 54/2007, em um período em que não mais existia a possibilidade de registro na repartição brasileira competente. Com o surgimento da referida emenda, mudou o panorama porque novamente foi prevista tal possibilidade ao lado do direito de opção. Nesse sentido entende-se que, se os pais podem fazer operar, desde logo, a nacionalidade dos filhos registrando-os em repartição brasileira competente no exterior, não faria sentido impedi-los de assim proceder quando de volta ao Brasil.[973]

Ainda no contexto da evolução na regulação do tema, é de se recordar que, na Constituição de 1967, o art. 140, I, c, previa a necessidade de o indivíduo vir a residir no Brasil antes de atingir a maioridade, devendo, além disso, a opção pela nacionalidade ser realizada antes de quatro anos, depois de atingida a maioridade. O indivíduo era então considerado brasileiro nato sob condição resolutiva.[974] Levando em conta a atual previsão, que suprimiu o prazo, a jurisprudência tem entendido que a opção pela nacionalidade brasileira foi liberada do termo final e passou a ganhar, desde que a maioridade a faça possível, a eficácia de condição suspensiva da nacionalidade brasileira, sem prejuízo de gerar efeitos *ex tunc*.[975] Tal situação, por sua vez, guarda conexão com o instituto da extradição porque se entendeu que, na pendência da homologação judicial da opção já manifestada, suspende-se eventual processo de extradição, o que também encontra justificativa no âmbito de uma interpretação mais favorável à proteção da integridade pessoal.[976]

Hipótese diversa se verifica no caso de eventual adoção, à qual não são aplicáveis as situações previstas no art. 12, I, da CF. Dito de outro modo, a adoção não constitui critério juridicamente legítimo, pelo menos de acordo com a literalidade do texto constitucional, de atribuição da nacionalidade originária. Assim, de acordo com uma linha de entendimento, o estrangeiro adotado por brasileiro apenas poderá adquirir a nacionalidade brasileira mediante processo de naturalização.[977] Em sentido diverso, contudo, há quem proponha uma interpretação sistemática e – é possível acrescentar – pautada pelo critério da exegese mais inclusiva, consoante já noticiado na parte introdutória do presente capítulo, sugerindo que, por força do disposto no art. 227, § 3.º, da CF, também para efeitos de atribuição da nacionalidade originária os filhos adotivos terão os mesmos direitos que os outros filhos.[978]

4.16.5.2.2 A nacionalidade secundária: a naturalização como forma de aquisição da nacionalidade

A nacionalidade secundária caracteriza-se como aquela que é adquirida em virtude de um ato de vontade do indivíduo, portanto, não decorre de um fato natural, como se dá com

---

972. RE 415.957, rel. Min. Sepúlveda Pertence, j. 23.08.2005.

973. Cf. Mazzuoli, Valério de Oliveira. *Curso de direito internacional público*, 6. ed., p. 702-704.

974. Mendes, Gilmar Ferreira; Branco, Paulo Gustavo Gonet. *Curso de direito constitucional*, 15. ed., p. 785.

975. STF, AC 70-QO, rel. Min. Sepúlveda Pertence, j. 25.09.2003.

976. No mesmo sentido: STF, Extradição 880-QO, rel. Min. Sepúlveda Pertence, j. 18.03.2004. Nesse caso decidiu-se pela extinção de processo anteriormente suspenso, tendo em vista a homologação da opção, tornando certa a nacionalidade brasileira.

977. Cf., dentre tantos, Novelino, Marcelo. *Direito constitucional*, p. 385.

978. Nesse sentido, v. Fernandes, Bernardo Gonçalves. *Curso de direito constitucional*, p. 484.

o nascimento, seja em virtude de seu local, seja em virtude da descendência.[979] A naturalização, tal como também se verifica na evolução constitucional brasileira, poderá ser expressa ou tácita, mas, em ambos os casos, envolve um ato de vontade individual.[980]

A assim chamada naturalização tácita costuma ser uma opção do Estado que busca aumentar de forma significativa o número de nacionais.[981] No caso do Brasil, isso se deu com a Carta Imperial de 1824, que estendeu a nacionalidade brasileira a todos os portugueses residentes no Brasil à época da proclamação da independência, bem como com a Constituição de 1891, cujo art. 69, §§ 4.º e 5.º, atribuiu a nacionalidade brasileira a todos os estrangeiros que se encontravam no Brasil em 15 de novembro de 1889, caso não declarassem, no prazo de seis meses da entrada em vigor da Constituição, a intenção de preservar a nacionalidade de origem (§ 4.º), assegurando, também, a nacionalidade brasileira aos estrangeiros que possuíssem bens imóveis no Brasil e fossem casados com brasileiros ou tivessem filhos brasileiros, desde que residissem no Brasil e que não manifestassem expressamente a intenção de mudar a sua nacionalidade originária (§ 5.º).

Importa destacar que tal espécie de naturalização, de natureza tácita, não mais existe no ordenamento brasileiro, já que a atual Constituição Federal apenas contempla a modalidade expressa. De qualquer sorte, o fato é que, em termos de naturalização (ou nacionalidade secundária), *não pode haver imposição, mas apenas aceitação e concessão, por parte do Estado, de acordo com o direito interno, da nacionalidade brasileira* em substituição à nacionalidade originária. De outro lado, *a concessão pelo Estado é discricionária*: mesmo com o cumprimento de todos os requisitos pode haver recusa e não há obrigação de fundamentá-la.[982]

Como restou destacado em decisão do STF sobre o tema, "as hipóteses de outorga da nacionalidade brasileira, quer se trate de nacionalidade primária ou originária (da qual emana a condição de brasileiro nato), quer se cuide de nacionalidade secundária ou derivada (da qual resulta o *status* de brasileiro naturalizado), decorrem, exclusivamente, em função de sua natureza mesma, do texto constitucional, pois a questão da nacionalidade traduz matéria que se sujeita, unicamente, quanto à sua definição, ao poder soberano do Estado brasileiro".[983] De qualquer sorte, tal entendimento não afasta a conveniência e mesmo a necessidade de se refletir sobre os limites dessa discricionariedade, pelo menos os demarcados pelos critérios estabelecidos pela Constituição Federal.

Considerando que *a Constituição prevê apenas a modalidade expressa de naturalização*, no sentido de que a atribuição da nacionalidade brasileira a um estrangeiro ou mesmo apátrida depende de prévia manifestação (requerimento) do indivíduo interessado, são atualmente quatro as espécies contempladas no direito brasileiro, todas reguladas por lei, de acordo com o que estabelece o art. 12, II, a, primeira parte, da CF. Com efeito, de acordo com o art. 64 da Lei de Imigração (Lei 13.445, de 24.05.2017, e que substituiu o antigo

---

979. Cf., por todos, MORAES, Alexandre de. *Direito constitucional*, p. 226.
980. Cf., dentre tantos, MORAES, Alexandre de. *Direito constitucional*, p. 226; NOVELINO, Marcelo. *Direito constitucional*, p. 385; FERNANDES, Bernardo Gonçalves. *Curso de direito constitucional*, p. 486.
981. Cf., por todos, FERNANDES, Bernardo Gonçalves. *Curso de direito constitucional*, p. 486.
982. MAZZUOLI, Valério de Oliveira. *Curso de direito internacional público*, 6. ed., p. 683-684, 692-693.
983. Cf. HC 83.113-QO, rel. Min. Celso de Mello, j. 26.03.2003, decisão que talvez sintetize de forma apropriada o aparente contraste entre a discricionariedade e os seus limites.

Estatuto do Estrangeiro[984]), a naturalização pode ser *(1) ordinária; (2) extraordinária; (3) especial ou (4) provisória*.

É preciso chamar a atenção, desde logo, para a distinção traçada pela Constituição entre os estrangeiros em geral, aos quais se aplica o disposto na primeira parte do art. 12, II, *a*, na forma regulamentada pela Lei de Imigração, e os estrangeiros oriundos de países de língua portuguesa, para os quais a segunda parte do mesmo dispositivo constitucional apenas exige residência por um ano ininterrupto e idoneidade moral. Já os portugueses com residência permanente no Brasil encontram-se submetidos a outro regime de aquisição da nacionalidade brasileira, pois nesse caso, em havendo reciprocidade, a Constituição prevê a atribuição dos direitos inerentes ao brasileiro naturalizado, sem prejuízo da manutenção da nacionalidade portuguesa (art. 12, § 1.º, da CF), hipótese também designada pela doutrina de *quase nacionalidade*,[985] o que voltará a ser objeto de atenção logo adiante.

No que diz com as condições legais relativas às quatro espécies de naturalização (no regime do Estatuto anterior eram apenas duas, a ordinária e a especial), calha, em regime sumário, incorporar aqui os respectivos dispositivos da Lei de Imigração.

Para o caso da assim chamada naturalização ordinária, o art. 65 da lei exige o preenchimento dos seguintes requisitos: (1) ser civilmente capaz segundo a lei brasileira; (2) residência em território nacional pelo prazo mínimo de 4 (quatro) anos; (3) comunicar-se em língua portuguesa, consideradas as condições do naturalizando; e (4) não possuir condenação penal ou estar reabilitado, nos termos da lei. Todavia, a teor do art. 66 do mesmo diploma legal, "o prazo de residência fixado no inciso II do *caput* do art. 65 será reduzido para, no mínimo, 1 (um) ano se o naturalizando preencher quaisquer das seguintes condições: (1) ter filho brasileiro; (2) ter cônjuge ou companheiro brasileiro e não estar dele separado legalmente ou de fato no momento de concessão da naturalização; (3) haver prestado ou poder prestar serviço relevante ao Brasil; ou (4) a naturalização ser recomendada por sua capacidade profissional, científica ou artística.

No caso da *modalidade extraordinária*, esta encontra previsão no art. 12, II, *b*, da CF, que dispõe serem brasileiros naturalizados "os estrangeiros de qualquer nacionalidade residentes na República Federativa do Brasil há mais de quinze anos ininterruptos e sem condenação penal, desde que requeiram a nacionalidade brasileira". No que diz com esta modalidade, a doutrina refere inclusive a existência de um direito subjetivo à naturalização, porque se trata de hipótese prevista diretamente pela Constituição, o que limita a discricionariedade.[986] Além disso, é de se adotar o entendimento de que a lei não poderá ampliar as exigências previstas pela Constituição Federal.[987] Aliás, é precisamente por tal razão que o art. 67 da Lei de Imigração de certa forma apenas reproduz o texto constitucional quando trata da extradição extraordinária.

À vista do exposto, o que se constata é que, diferentemente da naturalização ordinária, que prevê certa margem de discricionariedade (que, como visto, também encontra limites

---

984. Lei 6.815, de 19.08.1980.

985. Cf., por todos, NOVELINO, Marcelo. *Direito constitucional*, p. 387.

986. Nesse sentido, v., entre outros, NOVELINO, Marcelo. *Direito constitucional*, p. 387; DOLINGER, Jacob. *Direito internacional privado – Parte geral*, p. 180-181; MAUÉS; Antonio Moreira. Comentário ao artigo 12, CF, p. 11. Na jurisprudência do STF, cf. o RE 264.848, rel. Min. Ayres Britto, j. 29.06.2005.

987. Cf., por todos, MORAES, Alexandre de. *Direito constitucional*, p. 230.

na Constituição e na própria legislação), a naturalização pela via extraordinária, uma vez preenchidos os requisitos por parte do requerente, seria de reconhecimento cogente por parte do Estado brasileiro.

A jurisprudência do STF também já enfrentou o tema da naturalização extraordinária no RE 264.848,[988] que tratou do caso de uma chilena que impetrou mandado de segurança contra ato que declarou nula a sua posse no cargo efetivo de enfermeira da Secretaria de Saúde do Estado de Tocantins, que havia conquistado mediante concurso. O Tribunal de Tocantins concedeu a ordem e o Estado recorreu dessa decisão por inadmitir nos seus quadros pessoa estrangeira que não tenha reconhecida a naturalização brasileira, embora formalmente requerida. A Suprema Corte entendeu, na ocasião, que o requerimento de aquisição de nacionalidade brasileira previsto no dispositivo constitucional antes citado seria suficiente para assegurar a posse no cargo, quando o requerente contar com quinze anos ininterruptos de residência fixa no Brasil, sem condenação penal. Entendeu igualmente que "a portaria de formal reconhecimento da naturalização, expedida pelo Ministro de Estado da Justiça, é de caráter meramente declaratório. Pelo que seus efeitos hão de retroagir à data do requerimento do interessado".

Já no que diz com a *naturalização especial* (também prevista no revogado Estatuto do Estrangeiro) poderá, de acordo com o art. 68 da Lei de Imigração, ser atribuída ao estrangeiro que se encontrar em uma das seguintes situações: (1) *seja cônjuge ou companheiro, há mais de 5 (cinco) anos, de integrante do Serviço Exterior Brasileiro em atividade ou de pessoa a serviço do Estado brasileiro no exterior*; ou (2) *seja ou tenha sido empregado em missão diplomática ou em repartição consular do Brasil por mais de 10 (dez) anos ininterruptos.*

Importa destacar, nesta quadra, que a exemplo do que já vigorava no regime legal anterior do Estatuto do Estrangeiro o casamento e/ou a união estável seguem não sendo, em regra, reconhecidos como critério para a aquisição da nacionalidade pela ordem jurídico-constitucional, o que também é chancelado pelo STF.[989] Assim, eventual casamento (ou união estável) de estrangeiro(a) com brasileira(o) não representa motivo para a atribuição da nacionalidade, salvo precisamente no caso da assim chamada naturalização especial tal como regulada pela Lei de Imigração.

Note-se, ainda, que também para a hipótese da *naturalização especial a Lei de Imigração impõe determinados requisitos*, designadamente, aqueles estabelecidos no seu art. 69 e que – salvo no concernente à naturalização recomendada em virtude da capacidade profissional, esportiva ou artística do requerente – coincidem com os da naturalização ordinária: (1) ter capacidade civil, segundo a lei brasileira; (2) comunicar-se em língua portuguesa, consideradas as condições do naturalizando; e (3) não possuir condenação penal ou estar reabilitado, nos termos da lei.

No caso da quarta modalidade, a assim chamada naturalização provisória (art. 70 da Lei de Imigração), esta poderá ser concedida aos migrantes que forem crianças ou adolescentes e que tenham fixado residência em território brasileiro antes de completar 10 (dez) anos de idade, devendo a naturalização ser requerida por intermédio de seu representante legal. Além disso, de acordo com o parágrafo único do citado dispositivo legal, a

---

988. RE 264.848, rel. Min. Ayres Britto, j. 29.06.2005.

989. Cf., também, a jurisprudência do STF, como bem ilustra o julgamento da Ext. 1.121, rel. Min. Celso de Mello, j. 18.12.2009.

naturalização em caráter provisório poderá ser convertida em definitiva caso isso seja requerido expressamente pelo naturalizando no prazo de dois anos após atingir a maioridade.

No que diz com o papel exercido pelo STF, é perceptível que tem auxiliado na reconstrução, numa perspectiva mais inclusiva, dos critérios para atribuição na nacionalidade secundária (naturalização), e, portanto, assegurado um controle da discricionariedade também administrativa nessa seara, visto que o processo de naturalização é, em primeira linha, um processo de natureza administrativa.[990] Todavia, há que sublinhar que, de acordo com o STF, as hipóteses de outorga, aquisição e perda da nacionalidade brasileira, quer de caráter primário, quer de natureza secundária (naturalização), decorrem exclusivamente do texto constitucional. Assim, nem mediante lei, nem por meio de tratados ou convenções internacionais (à exceção do disposto no § 3.º do art. 5.º da CF, ou seja, quando se cuidar de tratado equivalente a emenda constitucional), será possível inovar no tema, seja para ampliar, seja para restringir ou mesmo modificar as hipóteses que justificam o acesso à nacionalidade brasileira.[991]

4.16.5.3 Distinções entre os brasileiros natos e os naturalizados

De acordo com a regra geral prevista no art. 12, § 2.º, da CF, a lei não poderá estabelecer distinção entre brasileiros natos e naturalizados, salvo nos casos nela previstos. Assim, embora afirmada, como regra, a paridade entre brasileiros natos e naturalizados, a própria Constituição prevê algumas diferenças, sendo tido como vedadas outras diferenciações, sejam elas contempladas em lei, sejam elas deduzidas, no sentido de diferenças constitucionais implícitas, da Constituição Federal.[992] Ao todo, são quatro as hipóteses de tratamento diferenciado previstas expressamente na Constituição, ligadas: (a) ao exercício de determinados cargos; (b) ao exercício de determinadas funções; (c) em matéria de extradição; (d) no que diz com a propriedade de empresa jornalística e de radiodifusão sonora e de sons e imagens.

Com efeito, o art. 12, § 3.º, da CF estabelece de forma categórica um elenco fechado de cargos privativos de brasileiro nato, quais sejam de Presidente e Vice-Presidente da República; de Presidente da Câmara dos Deputados; de Presidente do Senado Federal; de Ministro do Supremo Tribunal Federal; da carreira diplomática; de oficial das Forças Armadas; de Ministro de Estado da Defesa. Quanto ao exercício de determinada função, o art. 89, VII, da CF determina que, dentre os membros do Conselho da República, haverá seis brasileiros natos. No que se refere à propriedade de empresa jornalística e de radiodifusão, por sua vez, a Constituição Federal (art. 222) prevê que, no caso dos brasileiros naturalizados, há uma restrição temporal, pois condiciona a aquisição de tal propriedade a um lapso temporal de 10 anos contados da naturalização. A última hipótese, já referida, diz respeito aos casos de extradição, pois, de acordo com a Constituição (art. 5.º, LI), o brasileiro nato não poderá ser extraditado, o que não se aplica ao brasileiro naturalizado. Convém anotar, contudo, que, de acordo com o STF, quem opta pela nacionalidade originária brasileira, na forma do art. 12,

---

990. Para uma descrição mais minuciosa, v., no âmbito da manualística constitucional, FERNANDES, Bernardo Gonçalves. *Curso de direito constitucional*, p. 487 e ss.

991. Ext. 1.121, rel. Min. Celso de Mello, j. 18.12.2009.

992. Nesse sentido aponta a doutrina de forma praticamente uníssona. Em caráter meramente ilustrativo, v. FERNANDES, Bernardo Gonçalves. *Curso de direito constitucional*, p. 490.

I, *c*, da CF, detém a condição de brasileiro nato, não podendo ser extraditado. Em outro julgado, o STF, afirmou a impossibilidade de a paciente do *habeas corpus* ser extraditada para Portugal, por ser qualificada constitucionalmente como brasileira nata, e que o impedimento absoluto de extradição nesses casos não resta afastado pela circunstância de que o extraditando tenha também a nacionalidade do país de origem, no caso, a portuguesa, o que não impede de o Estado brasileiro, mediante aplicação extraterritorial de sua lei penal, fazer instaurar a persecução criminal cabível, com o intuito de impedir a impunidade.[993]

4.16.5.4 Perda e reaquisição da nacionalidade brasileira

De acordo com lição uníssona na doutrina[994] e na jurisprudência,[995] a perda da nacionalidade apenas se dará nos casos expressamente previstos na Constituição. Esta, no texto original, estabelecia no art. 12, § 4.º, apenas duas hipóteses, ao dispor que "será declarada a perda da nacionalidade do brasileiro que: I – tiver cancelada sua naturalização, por sentença judicial, em virtude de atividade nociva ao interesse nacional; II – adquirir outra nacionalidade, salvo nos casos: a) de reconhecimento de nacionalidade originária pela lei estrangeira; b) de imposição de naturalização, pela norma estrangeira, ao brasileiro residente em Estado estrangeiro, como condição para permanência em seu território ou para o exercício de direitos civis".

Com a promulgação da Emenda Constitucional 131 em 3 de outubro de 2023 – oriunda da "PEC da Nacionalidade" (Proposta de Emenda Constitucional n. 6/2018) –, o Congresso Nacional alterou os incisos do art 12, § 4.º, definindo que a perda da nacionalidade ocorrerá somente se o cidadão brasileiro: I – tiver cancelada sua naturalização, por sentença judicial, em virtude de fraude relacionada ao processo de naturalização ou de atentado contra a ordem constitucional e o Estado Democrático; II – fizer pedido expresso de perda da nacionalidade brasileira perante autoridade brasileira competente, ressalvadas situações que acarretem apatridia.

Tais hipóteses serão, a seguir, objeto de consideração em particular.

A primeira hipótese contemplada na Constituição diz com a *perda da nacionalidade em virtude do cancelamento*, por decisão judicial, da naturalização, em determinadas circunstâncias. Assim, o art. 12, § 4.º, I, da CF veicula uma modalidade de perda da nacionalidade em caráter punitivo (uma espécie de perda-punição),[996] que teve sua primeira previsão na Constituição de 1934, com previsão nas Constituições posteriores, destacando-se que na Constituição de 1937 foi retirada a garantia de um processo judicial, tendo esta sido restabelecida em 1946. Que os destinatários de tal hipótese são apenas os brasileiros naturalizados resulta evidente, dispensando maiores comentários. O que, contudo, merece maior atenção são as situações que justificam, de acordo com a Constituição, a imposição de tal medida. Como se vê, o texto constitucional original, de modo genérico, referia a prática, pelo brasileiro naturalizado, de atividade nociva ao interesse nacional, que, segundo alguns,

---

993. Cf. HC 83.113-QO, rel. Min. Celso de Mello, j. 26.03.2003.
994. Cf., dentre tantos, Moraes, Alexandre de. *Direito constitucional*, p. 234-235; Fernandes, Bernardo Gonçalves. *Curso de direito constitucional*, p. 492, Novelino, Marcelo. *Direito constitucional*, p. 394; Cunha Júnior, Dirley da. *Curso de direito constitucional*, p. 763.
995. Cf. STF, HC 83.113-QO, rel. Min. Celso de Mello, j. 26.03.2003.
996. Cf., em caráter ilustrativo, Novelino, Marcelo. *Direito constitucional*, p. 395.

poderia ser traduzida em ações contrárias à ordem pública ou à segurança nacional.[997] Nesse sentido, o dispositivo era alvo de forte crítica da doutrina, notadamente quanto ao fato de que as expressões *atividade nociva* e *interesse nacional* serem expressões abertas e de conteúdo variável, dando margem inclusive a injustiças e perseguições, argumentando-se, ainda, que o cancelamento da naturalização não poderia ser uma arma por meio da qual o governo possa manifestar seu desagrado em relação à conduta de determinado cidadão.[998]

Dessa forma, ao definir que a perda da nacionalidade apenas poderá ocorrer por *fraude no processo de naturalização* ou *atentado contra a ordem constitucional e o Estado Democrático*, a EC 131 corrige a vagueza do texto e o harmoniza às exigências do sistema de proteção aos direitos humanos e fundamentais[999]. Importa acrescentar, ainda, que a naturalização somente poderá ser cancelada mediante processo iniciado pelo Ministério Público Federal[1000], por meio de sentença judicial transitada em julgado, decisão que não terá efeitos retroativos[1001], cuidando-se, além disso, de perda de caráter personalíssimo, atingindo, portanto, apenas a pessoa que respondeu o respectivo processo judicial, não afetando a posição jurídica de eventual cônjuge ou mesmo dos filhos[1002]. Além disso, é de se registrar que em tal hipótese é vedada a reaquisição da nacionalidade perdida em função do cancelamento judicial, exceto se tal cancelamento for desfeito por meio de ação rescisória, de acordo com os respectivos pressupostos legais[1003]. Por derradeiro, ainda que não conste expressamente na nova redação do § 4.º do art. 12, entendemos que a interpretação constitucional e convencionalmente mais adequada é no sentido de que o cancelamento não pode ocorrer se gerar apatridia, considerando, sobretudo, a noção de que a restrição de um direito tão relevante como o da nacionalidade deve ser interpretada de modo o mais restritivo possível[1004].

Já a *segunda hipótese* de *perda da nacionalidade pode atingir brasileiros natos e naturalizados*. A EC 131 extinguiu a hipótese, da designada *perda-mudança*[1005], que ocorria pela aquisição de nova nacionalidade. Agora, de acordo com o já referido art. 12, § 4.º, II, da CF, trata-se da perda da nacionalidade brasileira em virtude de *requerimento voluntário*. Aqui, ao contrário do que ocorre na perda em virtude de cancelamento, não se faz necessário processo judicial, pois a perda será decretada na esfera de processo administrativo e formalizada mediante decreto do Presidente da República, garantida ampla defesa[1006].

Como expresso na parte final do inciso II, não será admitido o requerimento em situações que ensejem apatridia. Trata-se de uma inovação que – conforme consignado na exposição de motivos da PEC – foi influenciada pelo julgamento do Caso Cláudia Hoerig[1007], em que o STF reconheceu a perda da nacionalidade originária brasileira pela aquisição da

---

997. Cf., em especial, FERNANDES, Bernardo Gonçalves. *Curso de direito constitucional*, p. 492.

998. LAFER, Celso. *A reconstrução dos direitos humanos*, 1988, p. 164-165.

999. MAUÉS; Antonio Moreira. *Comentário ao artigo 12*, CF, p. 12.

1000. A competência será também da Justiça Federal.

1001. Cf., por todos, TAVARES, André Ramos. *Curso de direito constitucional*, 18. ed., p. 690, com arrimo no magistério de Pontes de Miranda.

1002. Cf., por todos, FERNANDES, Bernardo Gonçalves. *Curso de direito constitucional*, p. 493.

1003. Cf., entre outros, NOVELINO, Marcelo. *Direito constitucional*, p. 396.

1004. Cf., também, CARVALHO RAMOS, André de. *Curso de direitos humanos*. 10. ed., São Paulo: Saraivajur, p. 1115.

1005. Cf., por todos, MORAES, Alexandre de. *Direito constitucional*, p. 236.

1006. Idem, ibidem.

1007. Cf. Ext. 1.462/DF, rel. Min. Roberto Barroso, j. 28.03.2017.

nacionalidade derivada, deferindo o pedido de extradição aos Estados Unidos da América. No caso concreto, a extraditanda havia tido a sua nacionalidade brasileira cancelada por decreto do Ministério da Justiça, decreto chancelado pelo próprio STF em demanda anterior. A extraditanda já detinha muito tempo antes de 1999 (quando requereu a nacionalidade norte-americana) o assim denominado *green card*, documento que assegura um visto de permanência inclusive para o efeito de trabalho, de tal sorte que desnecessária a obtenção da nacionalidade norte-americana. Por tal razão, entendeu o STF que mediante tal ato a extraditanda manifestou a expressa intenção de se integrar à comunidade norte-americana, preenchendo assim os requisitos estabelecidos pela CF para a perda da nacionalidade brasileira, tendo sido tal critério mantido hígido pela EC 3/1994, que introduziu as exceções previstas nas alíneas *a* e *b* do § 4.º do inciso II do art. 12 da CF, uma vez que tal naturalização não teria sido imposta como "condição de permanência no território" ou para o "exercício de direitos civis".

Como decorrência da perda (o que *se aplica tanto ao cancelamento quanto à perda por aquisição voluntária de outra nacionalidade*), uma vez que esta tenha sido oficializada, *haverá comunicação ao TSE para efeitos de efetivação automática da perda dos direitos políticos*[1008].

Por fim, merece destaque a *discussão em torno de eventual possibilidade de reaquisição da nacionalidade brasileira*, uma vez que tenha havido a perda em virtude de alguma das hipóteses constitucionalmente estabelecidas. A esse respeito, já se averbou que, em sendo a perda decorrente de ação de cancelamento da naturalização, portanto, por força de decreto judicial, a nacionalidade brasileira somente poderá ser readquirida por meio de ação rescisória. Diferentemente, caso a perda tenha sido decorrente da aquisição voluntária de outra nacionalidade, o § 5.º do art. 12 – incluído pela EC 131 – assentou que a *renúncia da nacionalidade, nos termos do inciso II do § 4.º deste artigo, não impede o interessado de readquirir sua nacionalidade brasileira originária, nos termos da lei*. Dessa forma, nada obsta a que a reaquisição se opere por meio de novo processo de naturalização, devendo, para tanto, o postulante estar domiciliado no Brasil, formalizada a reaquisição por novo decreto do Presidente da República. Nesse sentido, a inclusão do dispositivo eliminou a controvérsia doutrinária sobre a natureza da aquisição e definiu que é possível readquirir o *status* de brasileiro nato[1009].

4.16.5.5 O problema da assim chamada dupla nacionalidade

A diversidade de critérios acaba por gerar inúmeros conflitos normativos, tornando possível que um indivíduo nasça sem nacionalidade (apátrida) ou com mais de uma

---

1008. Cf. lembra MORAES, Alexandre de. *Direito constitucional*, p. 236, nota de rodapé.

1009. No sentido da impossibilidade de reaquisição da nacionalidade na modalidade originária, dentre outros, de MAZZUOLI, Valério de Oliveira. *Curso de direito internacional público*, 6. ed., p. 715, bem como de MORAES, Alexandre de. *Direito constitucional*, p. 237. Em posição contrária, também aqui defendida, DOLINGER, Jacob. *Direito internacional privado* – Parte geral, p. 192; SILVA, José Afonso da. *Curso de direito constitucional positivo*, 27. ed., p. 334; CUNHA JÚNIOR, Dirley da. *Curso de direito constitucional*, p. 764, para quem a reaquisição se dá com a manutenção da condição anterior, isto é, cuidando-se de brasileiro nato que tenha perdido a nacionalidade, este voltará a ser nato, ao passo que o naturalizado será novamente considerado naturalizado; bem como FERNANDES, Bernardo Gonçalves. *Curso de direito constitucional*, p. 494.

DIREITOS FUNDAMENTAIS EM ESPÉCIE ○ 699

nacionalidade (dupla nacionalidade).[1010] O problema da assim chamada dupla nacionalidade, por outro lado, tem sido objeto de atenção também na esfera jurisprudencial. Em caráter ilustrativo, refere-se decisão do STF no HC 83.450,[1011] em que se discutiu o conflito, ao menos aparente, entre a dupla nacionalidade e a proteção dos nacionais natos, de um lado, e o critério da nacionalidade efetiva, do outro. Na hipótese, tratava-se de um *habeas corpus* preventivo, no bojo do qual foi invocada, em favor do paciente, a condição de brasileiro nato, pois se tratava de filho de brasileira registrado na embaixada do Brasil. O paciente afirmava ter conhecimento da intenção do governo da Itália de pedir a sua extradição, tendo em conta prisão preventiva originária da Justiça de Milão. O relator, levando em conta a condição de brasileiro nato do paciente e latente o risco à liberdade, concedeu salvo-conduto em relação ao instituto da extradição. Todavia, o Min. Nelson Jobim, após pedir vista, suscitou a matéria relativa à dupla nacionalidade, pois a petição informava a cidadania italiana e a condição de filho de brasileira registrado na embaixada do Brasil. No seu voto, o Min. Nelson Jobim, após apontar que a Emenda de Revisão 3, de 1994, quebrou a tradição e passou a admitir a dupla nacionalidade, invocou precedente da Corte Internacional de Justiça (caso Nottebohm, envolvendo litígio entre Liechtenstein e Guatemala, julgado em 6 de abril de 1955), em que se concluiu que, em caso de dupla nacionalidade, haveria uma mais efetiva, confirmada pelos laços fáticos. No caso apreciado pelo STF, embora configurada a hipótese de dupla nacionalidade, não havia, segundo o Min. Nelson Jobim, elementos suficientes a apurar a existência de *laços fáticos fortes* quer com o Brasil, quer com a Itália. Por outro lado, embora a alegação de risco de pedido de extradição, transcorreram quase dois anos sem que tenha chegado ao tribunal pedido de prisão preventiva. Assim, em face da ausência de comprovação efetiva da causa do temor, não conheceu do *habeas corpus*, o que foi confirmado pela maioria, vencido o relator.

O que se constata, a partir do exame da decisão do STF, é que a dupla nacionalidade pode assumir relevância na discussão em torno do impedimento, ou não, da extradição. Dito de outro modo, é de se indagar se a proibição de extradição de brasileiro nato pode ser afastada em caso de dupla nacionalidade. O problema acabou sendo apreciado pelo STF no HC 83.113[1012], que versava sobre o caso de uma mulher que era brasileira nata porque nasceu no Brasil e portuguesa porque era filha de portugueses, tendo estabelecido residência em Portugal aos dois anos de idade, nunca mais retornando ao Brasil, a não ser após ser processada em Portugal por crimes contra o patrimônio público, quando fugiu para o Brasil e alegou não poder ser extraditada por ser brasileira nata.[1013] De qualquer sorte, o *habeas corpus* foi julgado prejudicado em virtude da perda superveniente de seu objeto, de modo que não houve, quanto ao mérito, posição adotada pelo STF. A motivação da perda de objeto foi a informação de que o Ministério das Relações Exteriores cientificou a Missão Diplomática da República Portuguesa da impossibilidade jurídico-constitucional de extraditar a paciente, tendo em vista a condição de brasileira nata. Embora o STF não tenha decidido o mérito, tendo em vista o que resolveu o Governo do Brasil já na fase administrativa do processo de

---

1010. Para mais detalhes, v. MAZZUOLI, Valério de Oliveira. *Curso de direito internacional público*, 6. ed., p. 685-689.

1011. Cf. HC 83.450, rel. p/ o acórdão Min. Nelson Jobim, j. 26.08.2004.

1012. Cf. HC 83.113, rel. Min. Celso de Mello, j. 26.06.2003.

1013. Esse precedente é retomado no julgamento do HC 83.450, anteriormente referido, no qual o relator tece comentários que nos auxiliaram a enriquecer a descrição do caso.

extradição, o relator considerou que o brasileiro nato não pode ser extraditado em nenhuma circunstância, pois a vedação constitucional não comporta exceção, contendo um impedimento absoluto. Agregou, ademais, que isso não é alterado pelo fato de um Estado estrangeiro também reconhecer o indivíduo como titular de nacionalidade originária de seu país (dupla nacionalidade). Por fim, aponta que o Estado brasileiro pode, mediante aplicação extraterritorial de sua lei penal, fazer instaurar a persecução criminal cabível, com o escopo de impedir a impunidade.

4.16.5.6 Um caso especial: a condição jurídico-constitucional dos cidadãos portugueses (a assim chamada quase nacionalidade)

De acordo com o art. 12, § 1.º, da CF, aos portugueses com residência permanente no País, se houver reciprocidade em favor de brasileiros, devem ser atribuídos os direitos inerentes ao brasileiro, salvo os casos nela previstos.[1014] A disposição anterior à redação atual, que foi dada pela ECR 3/1994, contemplava a expressão "direitos inerentes ao brasileiro nato", de tal sorte que o termo "nato" acabou sendo suprimido na versão atualmente em vigor. A doutrina,[1015] assim como a jurisprudência do STF,[1016] em termos gerais sustentam que, nesse caso, em que o cidadão português mantém a sua nacionalidade de origem e não adquire a brasileira, mas lhe é atribuído um *status* privilegiado, se está diante de uma hipótese excepcional de quase nacionalidade, de tal sorte que a norma não opera de modo imediato, já que se faz necessário o pronunciamento aquiescente do Estado brasileiro, fundado na sua soberania, dependente de requerimento do interessado, que deve preencher os requisitos da convenção sobre igualdade de direitos e deveres entre brasileiros e portugueses.[1017] Essa convenção, firmada em 1971, foi substituída pelo Tratado de Amizade, Cooperação e Consulta entre a República Federativa do Brasil e a República Portuguesa, celebrado em Porto Seguro em 22 de abril de 2000. O tratado foi promulgado no Brasil pelo Dec. 3.927, de 19.09.2001. O Título II, item 2, do Tratado consagra o Estatuto da Igualdade entre Brasileiros e Portugueses, destacando-se que são contemplados dois âmbitos: a igualdade de direitos e de obrigações e a igualdade de direitos civis. No caso de direitos e de obrigações civis, deverá o interessado, mediante requerimento dirigido ao Ministro da Justiça, munido de prova da sua nacionalidade, capacidade civil e admissão no Brasil em caráter permanente, pleitear a fruição desses direitos.[1018] No caso dos direitos políticos, deverá haver prova do seu gozo em Portugal e da residência no Brasil há pelo menos três anos.[1019] O exercício dos direitos políticos no Estado de residência acarreta a suspensão do exercício de tais direitos

---

1014. Para uma abordagem do tema no que se refere a Portugal, v. Miranda, Jorge; Medeiros, Rui. *Constituição portuguesa anotada*, p. 134-135.

1015. Cf., por todos, Carvalho, Kildare Gonçalves. *Direito constitucional*, p. 960-961.

1016. Extradição 890, rel. Min. Celso de Mello, j. 05.08.2004. Nesse caso, o pedido de extradição, realizado por Portugal, foi indeferido, em síntese, porque se constatou que o extraditando estava sendo submetido a procedimento penal no Brasil pelo mesmo fato que fundamentou o pedido de extradição, havendo uma vedação ao *bis in idem*.

1017. Cf. Mendes, Gilmar Ferreira; Branco, Paulo Gustavo Gonet. *Curso de direito constitucional*, 15. ed., p. 789-790.

1018. Cf., por todos, Carvalho, Kildare Gonçalves. *Direito constitucional*, p. 961.

1019. Cf. Mendes, Gilmar Ferreira; Branco, Paulo Gustavo Gonet. *Curso de direito constitucional*, 15. ed., p. 789. Cf. arts. 12, 15, 17 do Tratado de Amizade, Cooperação e Consulta entre a República Federativa do Brasil e a República Portuguesa.

no Estado de nacionalidade.[1020] O reconhecimento da igualdade plena assegura o direito de votar e de ser votado e também o acesso aos cargos públicos, com exceção dos assegurados aos brasileiros natos, o que, no Brasil, engloba o dever relativo à obrigação de votar.[1021]

O benefício é extinto se o indivíduo perder sua nacionalidade e se cessar a autorização para permanecer no Estado de residência. Se houver privação de direitos políticos no Estado de nacionalidade, haverá igualmente no de residência. Caso se ausente do Estado de residência, o beneficiário terá direito à proteção diplomática apenas do Estado da nacionalidade.[1022]

4.16.5.7 O regime jurídico do estrangeiro na Constituição Federal

4.16.5.7.1 Aspectos gerais

Em termos conceituais, estrangeiro é todo aquele que não é nacional (nato ou naturalizado) de acordo com os parâmetros da ordem jurídica brasileira, encontrando-se em caráter provisório ou definitivo no território brasileiro, incluindo-se as pessoas sem nacionalidade determinada, ou seja, os assim chamados apátridas.[1023] A distinção entre nacionais e estrangeiros tem como consequência a previsão, na Constituição e na legislação, de uma gama variada de diferenciações no que diz com o regime jurídico dos estrangeiros em relação ao dos nacionais. Todavia, especialmente quando se trata de direitos e garantias fundamentais, a tendência dominante é a de assegurar, também aos estrangeiros, um leque pelo menos mínimo de direitos. Nesse sentido, a previsão do *caput* do art. 5.º da CF, no sentido de garantir tanto aos brasileiros quanto aos estrangeiros residentes no País a inviolabilidade do direito à vida, à liberdade, à igualdade, à segurança e à propriedade, nos termos do dispositivo constitucional, já revela que a Constituição Federal, quanto à titularidade de direitos fundamentais, não estabelece, pelo menos não de modo generalizado (pois ela própria prevê exceções), a exclusão dos estrangeiros residentes. Um ponto particularmente importante aqui é que, mesmo com relação aos estrangeiros não residentes, não pode haver exclusão generalizada da proteção de direitos fundamentais, tópico que foi objeto de maior atenção no capítulo próprio, integrante da parte geral dos direitos fundamentais, razão pela qual aqui não será mais desenvolvido.[1024]

No que diz com as disposições constitucionais relativas aos estrangeiros, seguem as principais referências, não sendo o caso aqui de adentrar no exame pormenorizado do estatuto jurídico do estrangeiro, especialmente no que diz com a sua regulação infraconstitucional.[1025] Assim, os estrangeiros não podem se alistar como eleitores (art. 14, § 2.º); compete privativamente à União legislar sobre emigração e imigração, entrada, extradição e expulsão de estrangeiros (art. 22, XV); é facultado às universidades e às

---

1020. V. art. 17, n. 3, do Tratado de Amizade, Cooperação e Consulta.
1021. MENDES, Gilmar Ferreira; BRANCO, Paulo Gustavo Gonet. *Curso de direito constitucional*, 15. ed, p. 789.
1022. Arts. 16, 17, n. 2, 20 do Tratado de Amizade, Cooperação e Consulta.
1023. Cf. MAZZUOLI, Valério de Oliveira. *Curso de direito internacional público*, 6. ed., p. 719-720.
1024. Cf., por todos, para maior aprofundamento, SARLET, Ingo Wolfgang. *A eficácia dos direitos fundamentais*, 13. ed., p. 219 e ss.
1025. Para tanto remetemos à análise pormenorizada de MAZZUOLI, Valério de Oliveira. *Curso de direito internacional público*, 6. ed., p. 719 e ss., especialmente no que toca aos critérios para a admissão do estrangeiro no Brasil.

instituições de pesquisa científica e tecnológica admitir professores, técnicos e cientistas estrangeiros, na forma da lei (art. 207, §§ 1.º e 2.º)[1026]; os cargos, empregos e funções públicas são acessíveis aos estrangeiros, na forma da lei (art. 37, I); a lei deverá regular e limitar a aquisição ou o arrendamento de propriedade rural por pessoa física ou jurídica estrangeira e estabelecer os casos que dependerão de autorização do Congresso Nacional (art. 190)[1027]; há limitação quanto ao direito de propriedade, por parte de estrangeiros, no que se refere a empresas jornalísticas e de radiodifusão, posto que pelo menos 70% do capital total e do capital votante dessas empresas deverá pertencer, direta ou indiretamente, a brasileiros natos ou naturalizados há mais de 10 anos, que exercerão obrigatoriamente a gestão das atividades e estabelecerão o conteúdo da programação (art. 222, *caput* e § 1.º); a lei deve disciplinar os investimentos de capital estrangeiro e a remessa de lucros (art. 172); lei estabelecerá casos e condições para a efetivação da adoção por parte de estrangeiros (art. 227, § 5.º); a pesquisa e a lavra de recursos minerais e o aproveitamento dos potenciais de energia hidráulica somente poderão ser efetuados por brasileiros ou empresa constituída sob as leis brasileiras e que tenha sede e administração no País (art. 176, § 1.º).

Note-se que, além dos aspectos já referidos e dos que (a seguir enfrentados) envolvem a sua exclusão por iniciativa e determinação estatal, o regime jurídico do estrangeiro no Brasil tem sido gradualmente enrobustecido, pelo menos como se depreende da jurisprudência do STF. Nesse sentido, em caráter meramente ilustrativo, colaciona-se o RE 1018911 RG, relatado pelo Ministro Luiz Fux, julgado em 15.03.2018, no qual, em sede de repercussão geral, foi reconhecido que "É imune ao pagamento de taxas para registro da regularização migratória o estrangeiro que demonstre sua condição de hipossuficiente, nos termos da legislação de regência".

4.16.5.7.2   A exclusão do estrangeiro por iniciativa estatal: as hipóteses de deportação, expulsão e extradição

A retirada forçada (não voluntária) do estrangeiro do País pode ocorrer em três hipóteses, às quais correspondem três institutos jurídicos: a deportação, a expulsão e a extradição. Nas duas primeiras situações – que são sanções administrativas aplicadas ao estrangeiro –, cuida-se de iniciativa das autoridades locais onde se encontra o estrangeiro que se pretende afastar, ao passo que a hipótese de extradição ocorre quando um estrangeiro que se encontra em território brasileiro é afastado do País mediante requerimento formulado pelas autoridades de outro Estado.[1028]

1026. Nesse ponto, no julgamento do RE 1177699, rel. Min. Edson Fachin, j. em 27.03.2023, o STF firmou a tese de que "o candidato estrangeiro tem direito líquido e certo à nomeação em concurso público para provimento de cargos de professor, técnico e cientista em universidades e instituições de pesquisa científica e tecnológica federais, nos termos do art. 207, § 1.º, da Constituição Federal, salvo se a restrição da nacionalidade estiver expressa no edital do certame com o exclusivo objetivo de preservar o interesse público e desde que, sem prejuízo de controle judicial, devidamente justificada".

1027. Importante destacar que a constitucionalidade da Lei n. 5.709/71 – que regula o art. 190 da CF – está submetida à análise do STF no âmbito da ADPF 342 e da ACO 2463, especificamente quanto à validade do § 1.º do art. 1.º, que equipara a pessoa jurídica brasileira com a maioria do capital social estrangeiro à empresa estrangeira, para fins de restrição à aquisição de propriedades rurais.

1028. Cf., por todos, MAZZUOLI, Valério de Oliveira. *Curso de direito internacional público*, 6. ed., p. 727.

4.16.5.7.2.1 A *deportação* se apresenta como "forma de exclusão do território nacional do estrangeiro que nele entrou de forma irregular (entrada clandestina) ou cuja permanência se tornou irregular em razão de excesso de prazo ou de exercício de trabalho remunerado pelo turista".[1029] A deportação, por sua vez, uma vez voltando a estar em situação regular, não impede o futuro retorno do estrangeiro ao País.[1030] Por outro lado, a deportação não se confunde com o impedimento do ingresso do estrangeiro no País, por ausência de preenchimento dos requisitos válidos, como ocorre no caso de não ter visto válido ou não estar munido de documento essencial, como o passaporte. O instituto da deportação (o que vale também para a expulsão) não se aplica aos brasileiros, pois, do contrário, estaria configurada a hipótese do banimento, expressamente vedada pela Constituição (art. 5.º, XLVII, *d*).[1031] Por outro lado, importa destacar que não se procederá à deportação caso ela implique extradição não admitida pela ordem jurídica brasileira, consoante, aliás, expressamente estatuído no art. 63 do Estatuto do Estrangeiro.[1032] Tal vedação, ademais, decorre de uma vedação constitucional implícita.

4.16.5.7.2.2 A *expulsão* de estrangeiro configura uma medida político-administrativa, mas que possui um caráter repressivo. Diferentemente do que ocorre no caso da deportação, a expulsão assume o caráter de reação a condutas ilícitas ou inconvenientes praticadas em território brasileiro pelo estrangeiro.

Em substituição ao revogado art. 65 do Estatuto do Estrangeiro, a Lei de Migração (Lei 13.445/2017), no *caput* do art. 54, define o instituto da expulsão como a "(...) medida administrativa de retirada compulsória de migrante ou visitante do território nacional, conjugada com o impedimento de reingresso por prazo determinado".

O mesmo dispositivo legal, no seu § 1.º, estabelece novas causas à expulsão, preceituando que: "Poderá dar causa à expulsão a condenação com sentença transitada em julgado relativa à prática de: I – crime de genocídio, crime contra a humanidade, crime de guerra ou crime de agressão, nos termos definidos pelo Estatuto de Roma do Tribunal Penal Internacional, de 1998, promulgado pelo Decreto 4.388, de 25 de setembro de 2002; ou II – crime comum doloso passível de pena privativa de liberdade, consideradas a gravidade e as possibilidades de ressocialização em território nacional".

A possibilidade de expulsão, contudo, encontra limites, regulados pelo art. 55 da Lei de Migração, de acordo com o qual "não se procederá à expulsão quando: I – a medida configurar extradição inadmitida pela legislação brasileira; II – o expulsando: (a) tiver filho brasileiro que esteja sob sua guarda ou dependência econômica ou socioafetiva ou tiver pessoa brasileira sob sua tutela; (b) tiver cônjuge ou companheiro residente no Brasil, sem discriminação alguma, reconhecido judicial ou legalmente; (c) tiver ingressado no Brasil até os 12 (doze) anos de idade, residindo desde então no País; (d) for pessoa com mais de 70 (setenta) anos que resida no País há mais de 10 (dez) anos, considerados a gravidade e o fundamento da expulsão".

1029. MENDES, Gilmar Ferreira; BRANCO, Paulo Gustavo Gonet. *Curso de direito constitucional*, 15. ed., p. 791.
1030. Idem, ibidem.
1031. Cf., por todos, TAVARES, André Ramos. *Curso de direito constitucional*, 18. ed., p. 697.
1032. Cf., entre outros, TAVARES, André Ramos. *Curso de direito constitucional*, 18. ed., p. 697-698; FERNANDES, Bernardo Gonçalves. *Curso de direito constitucional*, p. 507.

Aqui impõe-se o registro de que *não foi incluído na Lei de Migração o disposto nos §§ 1.º e 2.º do art. 75 do já revogado estatuto do estrangeiro*, que previam, respectivamente, que a adoção ou o reconhecimento de filho brasileiro supervenientes ao fato que o motivar não teriam o condão de impedir a expulsão (§ 1.º), e que uma vez verificado o abandono do filho, o divórcio ou a separação, de fato ou de direito, a expulsão poderia efetivar-se a qualquer tempo (§ 2.º)[1033].

Tais disposições eram fortemente criticadas por setores significativos da doutrina brasileira, como é o caso de Valério de Oliveira Mazzuoli, para quem os filhos havidos depois da causa que dá ensejo à expulsão também deveriam obstar a sua efetivação, desde que comprovada a dependência econômica e em atenção à proteção da identidade, convivência familiar e assistência pelos pais.[1034]

No concernente ao entendimento prevalente no STF antes da entrada em vigor da Lei de Imigração, a existência de filho brasileiro somente obstaculiza a expulsão quando, comprovadamente, esteja sob a guarda e dependência do estrangeiro.[1035] Outrossim, calha frisar que o eventual reconhecimento da paternidade de filho por parte de estrangeiro após a expedição do decreto de expulsão não configurava, no regime jurídico anterior, impedimento ao ato expulsório.[1036] Todavia, como era de se esperar, o STF alterou o seu entendimento, destacando-se aqui a decisão proferida em sede de Tribunal Pleno no RHC 123.891 AgR/DF, rel. Min. Rosa Weber, j. em 23.02.2021, no sentido de ser inadmissível a expulsão de estrangeiro que possua filho brasileiro, dependente econômico ou socioafetivo, ainda que o crime ensejador da expulsão tenha ocorrido em data anterior ao reconhecimento ou adoção do filho.

No que concerne aos limites do controle judicial do processo de expulsão (o que também se aplica aos casos de deportação, s.m.j.) é preciso levar em conta que se, por um lado, não cabe ao Poder Judiciário intervir no mérito da decisão, em razão de certa liberdade dada ao Executivo (cuida-se de ato de natureza discricionária) para avaliar a conveniência e a oportunidade da expulsão, por outro não se trata de um ato que possa ser arbitrário, seja pelo fato de estar adstrito às hipóteses da lei, seja pela circunstância de que não pode resultar em violação de direitos fundamentais.[1037] A respeito desse ponto, dispõe o art. 54 da Lei de Imigração que à autoridade competente incumbe resolver sobre a expulsão, a duração do impedimento de reingresso e a suspensão ou a revogação de seus efeitos. Tal orientação, aliás, corresponde ao entendimento consolidado do STF, no sentido de que a expulsão consiste em ato discricionário do Estado brasileiro, de tal sorte que o controle jurisdicional se limita à aferição da legitimidade jurídica do ato, designadamente, a fiscalização da presença dos pressupostos legais da proibição de expulsão.[1038]

1033. O STF, inclusive, entendeu que o art. 75, § 1.º, da Lei n. 6.815/1980 não foi recepcionado pela CF de 1988, razão pela qual consagrou a tese de vedação da expulsão de estrangeiro cujo filho brasileiro foi reconhecido ou adotado posteriormente ao fato ensejador do ato expulsório, desde que seja comprovado estar a criança sob a guarda do estrangeiro e deste depender economicamente. Cf. RE 608.898, rel. Min. Marco Aurélio, j. em 25.06.2020, *leading case* do Tema de Repercussão Geral 373.

1034. MAZZUOLI, Valério de Oliveira. *Curso de direito internacional público*, 6. ed., p. 735.

1035. Cf. HC 100.793/SP, rel. Min. Marco Aurélio, j. 02.12.2010.

1036. Cf. HC 92.769/RJ, rel. Min. Celso de Mello, j. 19.05.2014.

1037. MAZZUOLI, Valério de Oliveira. *Curso de direito internacional público*, 6. ed., p. 730, 732.

1038. Cf. HC 92.769/RJ, rel. Min. Celso de Mello, j. 19.05.2014. Mais recentemente, v. decisão liminar em habeas corpus que entendeu pela ilegitimidade da retirada compulsória imediata de diplomatas venezuelanos em meio à pandemia da Covid-19, por colocar-se em risco a integridade física e psíquica dos pacientes, de modo que se

4.16.5.7.2.3 *A extradição* ocorre mediante requerimento de outro país, não necessariamente o da nacionalidade do estrangeiro. O Estado que recebe o pedido, caso o atenda, realizará o ato de extraditar, que consiste na entrega de indivíduo à Justiça repressiva do Estado requerente para que possa ser julgado criminalmente ou cumpra pena já imposta. Do processo de extradição participa necessariamente o Poder Judiciário, o que, no caso do Brasil, cabe ao STF, de acordo com o previsto no art. 102, I, *g*, da CF[1039].

Diversamente da expulsão e da deportação, o instituto da extradição se aplica somente na esfera penal, sendo condições básicas para a concessão da medida que haja processo penal em andamento no Estado que requer a extradição, que o fato imputado ao extraditando seja tipificado tanto na lei local (do Brasil) quanto na do Estado postulante e que o Estado seja competente para processar e julgar o caso.[1040] O instituto é aplicado aos crimes comuns e não alcança os crimes políticos. Aponta-se igualmente a necessidade de um mínimo de gravidade e de que não esteja extinta a punibilidade por decurso de tempo, seja pela lei do requerente, seja pela brasileira.[1041]

A CF, no art. 5.º, LI e LII, dispõe que "nenhum brasileiro será extraditado, salvo o naturalizado, em caso de crime comum, praticado antes da naturalização, ou de comprovado envolvimento em tráfico ilícito de entorpecentes e drogas afins, na forma da lei" e que "não será concedida extradição de estrangeiro por crime político ou de opinião"[1042].

Com relação à vedação de extradição de brasileiro nato, convém apontar a ressalva feita no HC 83.113,[1043] já referido, no sentido de que, nos casos de vedação, o Brasil pode realizar a persecução criminal. Além do que dispõe a Constituição, a extradição é regulada pela legislação infraconstitucional (no caso, a Lei de Imigração, que revogou o antigo Estatuto do Estrangeiro), mas as suas condições e limites são em boa parte determinados pela jurisprudência do STF sobre a matéria.

Nessa senda, a teor do que prevê o art. 82 da Lei de Imigração *a extradição não será concedida* quando: I – o indivíduo cuja extradição é solicitada ao Brasil for brasileiro nato; II – o fato que motivar o pedido não for considerado crime no Brasil ou no Estado requerente; III – o Brasil for competente, segundo suas leis, para julgar o crime imputado ao extraditando; IV – a lei brasileira impuser ao crime pena de prisão inferior a 2 (dois) anos; V – o extraditando estiver respondendo a processo ou já houver sido condenado ou absolvido no Brasil pelo mesmo fato em que se fundar o pedido; VI – a punibilidade estiver extinta pela prescrição, segundo a lei brasileira ou a do Estado requerente; VII – o fato constituir crime político ou de opinião; VIII – o extraditando tiver de responder, no Estado

---

reconheceu a impossibilidade, fática e transitória, da retirada dos agentes diplomáticos e consulares enquanto durasse os efeitos do estado de calamidade pública e da emergência sanitária reconhecido pelo Congresso Nacional. Cf. Medida Cautelar no HC 184.828/DF, rel. Min. Roberto Barroso, j. 16.05.2020.

1039. No plano infraconstitucional, o conceito de extradição é dado pelo art. 81 da Lei de Imigração, de acordo com o qual: "A extradição é a medida de cooperação internacional entre o Estado brasileiro e outro Estado pela qual se concede ou solicita a entrega de pessoa sobre quem recaia condenação criminal definitiva ou para fins de instrução de processo penal em curso".

1040. Mazzuoli, Valério de Oliveira. *Curso de direito internacional publico*, 6. ed., p. 735-736, 739.

1041. Rezek, José Francisco. *Direito internacional público – Curso elementar*, p. 194.

1042. Note-se que de acordo com o art. 82, § 4.º, da Lei de Imigração, o STF poderá deixar de considerar crime político o atentado contra chefe de Estado ou quaisquer autoridades, bem como crime contra a humanidade, crime de guerra, crime de genocídio e terrorismo.

1043. STF, HC 83.113-QO, rel. Min. Celso de Mello, j. 26.03.2003.

requerente, perante tribunal ou juízo de exceção; IX – o extraditando for beneficiário de refúgio, nos termos da Lei 9.474, de 22 de julho de 1997, ou de asilo territorial.[1044]

Mas a própria Lei de Imigração estabelece algumas exceções relacionadas às hipóteses acima colacionadas. Com efeito, de acordo com o § 1.º do mesmo art. 82, a previsão constante do inciso VII não impede a extradição quando o fato constituir, principalmente, infração à lei penal comum ou quando o crime comum, conexo ao delito político, constituir o fato principal, cabendo – agora consoante disposto no § 2.º – à autoridade judiciária competente a apreciação do caráter da infração.

De outra parte, em se tratando de pedido de extradição de brasileiro nato, dispõe o § 3.º do art. 82 que, para efeitos da determinação da incidência dessa hipótese, deverá ser observada, nos casos de aquisição de outra nacionalidade pela via da naturalização, a anterioridade do fato gerador da extradição.

Já de acordo com o § 4.º do citado preceito da Lei de Imigração, o STF poderá deixar de considerar crime político o atentado contra chefe de Estado ou quaisquer autoridades, bem como crime contra a humanidade, crime de guerra, crime de genocídio e terrorismo.

Embora não se trate de um caso de não concessão da extradição, calha referir, nesse contexto, que do ponto de vista processual, a eventual interposição de pedido de refúgio, implica a suspensão – nos termos do art. 34 da Lei 9.474/1997 (que regulamenta o instituto do refúgio), até decisão definitiva, qualquer processo de extradição pendente, seja na esfera administrativa, seja na jurisdicional, desde que o processo de extradição seja baseado nos fatos que fundamentam o pedido de refúgio. Esse é, aliás, o entendimento do STF (v. Ext. 1.424, Questão de Ordem, rel. Min. Dias Toffoli, j. em 27.06.2017) sobre a matéria, sendo que – também de acordo com a nossa Suprema Corte – nem mesmo o deferimento da extradição obsta a suspensão do respectivo processo, desde que o pedido de refúgio tenha sido formulado antes do trânsito em julgado da decisão que deferiu a extradição.

Ainda de acordo com a Lei de Migração, que regula a matéria, a teor do que dispõe o art. 83: "São *condições para concessão da extradição*: I – ter sido o crime cometido no território do Estado requerente ou serem aplicáveis ao extraditando as leis penais desse Estado; e II – estar o extraditando respondendo a processo investigatório ou a processo penal ou ter sido condenado pelas autoridades judiciárias do Estado requerente a pena privativa de liberdade".

Outro aspecto de suma relevância no que diz com a regulamentação da extradição diz respeito às *hipóteses em que, mesmo ela sendo admissível, a entrega do extraditando ao Estado requerente poderá ser recusada*. Nesse sentido, de acordo com o art. 96 da Lei de Imigração, "não será efetivada a entrega do extraditando sem que o Estado requerente assuma o compromisso de: I – não submeter o extraditando a prisão ou processo por fato anterior ao pedido de extradição; II – computar o tempo da prisão que, no Brasil, foi imposta por força da extradição; III – comutar a pena corporal, perpétua ou de morte em pena privativa de liberdade, respeitado o limite máximo de cumprimento de 30 (trinta) anos; IV – não entregar o extraditando, sem consentimento do Brasil, a outro Estado que o reclame; V – não

---

1044. Sobre o preenchimento dos requisitos para concessão de extradição mediante análise da regularidade formal e do atendimento dos requisitos legais, v. deferimento proferido no âmbito da Ext 1.502, rel. Min. Roberto Barroso, j. em 24.08.2020.

considerar qualquer motivo político para agravar a pena; e VI – não submeter o extraditando a tortura ou a outros tratamentos ou penas cruéis, desumanos ou degradantes".

Nesse contexto, importante notar que a Constituição veda tanto a pena de morte quanto a de caráter perpétuo, além de proscrever a imposição de trabalhos forçados, a tortura e tratamentos desumanos e degradantes. Com base em tais premissas, registra-se significativa evolução no que diz com a jurisprudência do STF sobre a matéria.[1045] Ainda sob a égide da CF/1967, designadamente no julgamento da Extradição 426,[1046] ficou assentado que a restrição legal relativa à não efetivação da entrega do extraditando se restringe aos casos de pena de morte e outras penas corporais, não estando previstas na lei especial ressalvas quanto à prisão perpétua.

Após a promulgação da atual Constituição, houve alteração importante no entendimento do STF na matéria, tornando bem mais rígidas as restrições no campo da extradição. Aqui é de ser destacado o julgamento da Extradição 855,[1047] que condicionou a efetivação da extradição a prévio compromisso diplomático de comutação das penas, inclusive nas hipóteses de cominação de prisão perpétua no Estado requerente, tendo em vista que a prisão perpétua é inadmissível na nossa ordem constitucional.

A extradição, por sua vez, não encontra obstáculo na circunstância de que o extraditando se encontra em processo de naturalização, desde que presentes, por óbvio, os demais requisitos, o que encontra respaldo na jurisprudência do STF, como dá conta o julgamento da Ext. 1.500/DF, rel. Ministro Roberto Barroso, ocorrido em 31.10.2017. No mesmo julgado, a Corte repisou que também o estado de saúde do extraditando não constitui impedimento ao deferimento do pedido, mas poderia operar como óbice à entrega, caso comprovado que a efetivação da medida pudesse colocar em risco a sua vida.

Ainda no que diz com a jurisprudência do STF na matéria, é perceptível que este tem efetuado um controle em geral rigoroso dos requisitos da extradição e privilegiado, no mais das vezes, o direito de liberdade e a maior proteção possível da dignidade do extraditando. Dentre os julgados que aqui poderiam ser colacionados, assume relevo a Extradição 1.121,[1048] no bojo da qual – embora deferido em parte o pedido – o STF considerou que, uma vez consumada a prescrição penal, seja em face da legislação do Estado requerente, seja à luz do ordenamento brasileiro, impõe-se o desatendimento da extradição, pois não satisfeito o princípio da dupla punibilidade.[1049] Além disso, na mesma ocasião, foi reafirmado que deve

---

1045. Nesse sentido v., em caráter ilustrativo, a Ext 1.462/DF, rel. Min. Roberto Barroso, j. 28.03.2017, na qual foi deferida extradição de cidadã que teve a perda de sua nacionalidade brasileira regularmente decretada, para os Estados Unidos da América, onde responde a acusação de homicídio, uma vez preenchidos os requisitos legais e constitucionais, assim como condicionada a efetiva entrega da extraditanda ao compromisso formal de não lhe ser aplicada nem a pena de morte nem a de prisão perpétua, além de não lhe ser imposta pena superior a trinta anos de tempo de cumprimento de pena de prisão e assegurada a detração do período de prisão já cumprido no Brasil durante o processo de extradição. Todavia, importa sublinhar que, de acordo com o decidido na Ext. 1.515, rel. Min. Gilmar Mendes, j. 20.09.2021, a simples alegação do indivíduo não configura motivos para crer que a extradição repercutiria em risco de vida.

1046. Extradição 426, rel. Min. Rafael Mayer, j. 04.09.1985.

1047. Extradição 885, rel. Min. Celso de Mello, j. 26.08.2004.

1048. Extradição 1.121, rel. Min. Celso de Mello, j. 18.12.2009.

1049. Nesse sentido, reafirmando a jurisprudência anterior, v. os julgamentos das Extradições 1.373-DF, rel. Min. Luiz Fux, em 12.05.2015, e 1.279-DF, rel. Min. Gilmar Mendes, em 22.09.2015, consignando-se em ambos os julgados, em termos gerais, que ao STF cabe aferir a dupla tipicidade, a inexistência de causa de

ser observado o critério da eficácia ultrativa da norma penal mais benéfica ao extraditando, seja no Brasil, seja no Estado requerente.

A respeito desse ponto (prescrição como critério impeditivo da extradição), importa seja referido importante julgado do STF (Ext 1.362/DF, rel. Min. Edson Fachin, j. 06.10.2016), no qual, embora tenha sido, por maioria (seis votos contra cinco), indeferido o pedido, precisamente pelo fato de ter sido implementado o lapso temporal da prescrição de acordo com a lei brasileira, porquanto em causa estava a alegação, por parte do Estado requerente (Argentina), de crimes contra a humanidade (o extraditando seria integrante de grupo terrorista envolvido em assassinatos e sequestro de cidadãos contrários ao regime militar), que seriam, segundo o Código Penal da Argentina, imprescritíveis, assim como também previsto na legislação internacional (Convenção da ONU sobre crimes de guerra e crimes contra a humanidade). O Estado requerente ainda argumentou que outra interpretação implicaria transformar o Brasil num abrigo de imunidade para autores das piores violações de direitos humanos, violando, além disso, jurisprudência da Corte Interamericana de Direitos Humanos e o sentido do princípio da prevalência dos direitos humanos contido no art. 4.º, II, da CF.

Note-se que de acordo com o voto do rel. Min. Edson Fachin, o pedido deveria ser deferido, dada a inexistência de um direito constitucional à prescrição, a submissão do Brasil à jurisdição do Tribunal Penal Internacional (cujo Estatuto prevê a imprescritibilidade dos crimes contra direitos humanos), bem como em face da necessária obediência à jurisprudência da Corte Interamericana e do disposto na Convenção de Viena sobre o Direito dos Tratados, que afirma a nulidade de tratado que conflite com norma imperativa do direito internacional, sendo vedado ao Estado que tenha ratificado a Convenção invocar limitações do direito nacional para justificar o não adimplemento de obrigações internacionais (art. 27 da Convenção de Viena). Tal entendimento foi acompanhado pelos Ministros Roberto Barroso, Rosa Maria, Ricardo Lewandowski e Cármen Lúcia.

A posição que, contudo, acabou vencedora, no sentido do indeferimento da extradição, fundou-se, em síntese, nos seguintes argumentos, em especial esgrimidos no voto do Ministro Teori Zavascki: (a) a necessidade de cumprimento do art. 77, VI, do Estatuto do Estrangeiro e do próprio tratado de extradição entre o Brasil e a Argentina, que veda a extradição quando extinta a punibilidade pela prescrição; (b) que a natureza dos crimes imputados ao extraditando não tem o condão de afastar a incidência do regramento referido; (c) a aplicação do precedente da ADPF 153/DF, no sentido da não incidência no Brasil da imprescritibilidade de crimes contra a humanidade por não ter o Brasil aderido à Convenção sobre Imprescritibilidade dos Crimes de Guerra e Crimes contra a Humanidade; (d) o fato de que apenas a lei nacional (interna) pode regular as hipóteses de prescrição ou imprescritibilidade da pretensão punitiva estatal; (e) que não houve reprodução no direito interno da norma de direito internacional no sentido da imprescritibilidade de crimes contra a humanidade; (f) que o Estatuto de Roma tem natureza de norma supralegal não elide a força normativa do art. 5.º, XV, da CF, que veda a retroatividade da lei penal, salvo quando para beneficiar o réu; (g) por derradeiro, não verificada ofensa ao art. 27 da Convenção de Viena, visto que

---

extinção da punibilidade e a vinculação do deferimento, se for o caso, à comutação de penas perpétuas ou pena de morte ao máximo permitido pelas leis brasileiras, ou seja, trinta anos de reclusão, mediante compromisso formal assumido pelo Estado que requer a extradição.

não se trata de invocar limitações de direito interno para justificar o seu descumprimento, mas sim a ocorrência de simples limitação prevista no Tratado de Extradição firmado pelo Brasil e pela Argentina.

Como se pode verificar, trata-se de caso complexo e delicado de harmonização entre o direito interno, inclusive constitucional, e o direito internacional dos direitos humanos. Há de se considerar ainda, sem que com isso se esteja a tomar partido de uma das duas correntes representadas na decisão do STF, que a proibição de retroatividade em prejuízo do réu constitui cláusula pétrea na ordem constitucional brasileira, sendo que a submissão à jurisdição do Tribunal Penal Internacional foi inserida no texto da CF pelo poder de reforma da Constituição, o que também se aplica (a condição de cláusula pétrea) a proibição da pena de prisão perpétua, igualmente admitida pelo Estatuto do Tribunal Penal Internacional.

A distinção sugerida entre extradição e entrega (aqui com base na normativa internacional) parece frágil do ponto de vista jurídico, embora recebida com bastante simpatia por setores importantes da doutrina, embora não invocada nos votos vencidos. De todo modo, cuida-se de tema de significativa relevância e que merece toda a atenção da literatura especializada. Além disso, considerando a apertada maioria formada quando do julgamento, não está afastada a possibilidade concreta de superação do entendimento que prevaleceu na decisão em casos futuros.

Nota-se, ademais disso, que o STF tem recorrentemente privilegiado uma interpretação extensiva das hipóteses legais que impedem a extradição, como dá conta, entre outros julgados, a Extradição n. 1428/DF, Relator Ministro Gilmar Mendes, julgada em 07.05.2019.[1050] [1051] Neste caso, tratava-se de pedido de extradição formulado pelo Governo da República Popular da China, de nacional acusada do crime de absorção ilegal de fundos públicos, previsto no art. 176 da Lei Criminal da República Popular da China, correspondente ao delito de "fazer operar, sem a devida autorização, ou com autorização obtida mediante declaração falsa, instituição financeira, inclusive de distribuição de valores imobiliários ou de câmbio", constante do art. 16 da Lei n. 7.492/1986 (2). O pedido foi indeferido em virtude do risco de não serem observados requisitos legais e constitucionais, em especial direitos humanos e fundamentais dos extraditandos, por conta da abertura demasiada dos tipos penais e pela possibilidade de imposição das penas de prisão perpétua ou de morte, inexistindo garantia da viabilidade da fiscalização e monitoramento da comutação da pena por parte do Estado brasileiro.

4.16.5.8 As hipóteses de asilo e refúgio

O asilo e o refúgio são dois institutos contemplados pelo direito internacional e pelo direito interno e que têm em comum, entre outros aspectos, o fato de terem como objetivo assegurar a possibilidade de acolhimento e permanência no território de determinado Estado de estrangeiros e apátridas em determinadas circunstâncias. Considerando que os institutos não se confundem entre si, apresentando características distintas e mesmo

---

1050. No mesmo sentido, v. Ext 1.442, rel. Min. Celso de Mello, j. em 20.12.2019; Ext 1.578, rel. Min. Edson Fachin, j. em 06.08.2019.

1051. Diferentemente da expulsão, destaca-se aqui a Súmula 41 do STF, no sentido de "não impedir a extradição a circunstância de ser o extraditando casado com brasileira ou ter filho brasileiro". V., ainda, Ext. 1.343, rel. Min. Celso de Mello, j. 21.10.2014, e Ext. 1.643, rel. Min. Rosa Weber, j. 22.09.2021.

obedecendo a um regramento distinto, ambos serão apresentados e brevemente analisados em separado.

4.16.5.8.1 O asilo

O instituto jurídico do asilo é regulado em primeira linha pelo direito internacional público, designadamente a Convenção sobre Asilo Territorial, assinada em Caracas, em 28.03.1954.[1052] Tal Convenção concretizou e tornou vinculante, para os Estados signatários, o que já dispunha a Declaração Universal dos Direitos da ONU (1948), que, no seu art. 14, reconhece a toda pessoa o direito de pedir asilo e de se beneficiar de asilo em outros países quando vítima de perseguição.

No plano do direito constitucional positivo brasileiro, a concessão de asilo político é um dos princípios fundamentais que regem o Brasil nas suas relações internacionais (art. 4.º, X, da CF). Em nível da legislação doméstica, é também a Lei de Imigração que regula a matéria, todavia, de modo significativamente distinto do que o fazia o já revogado Estatuto do Estrangeiro.

De acordo com o antigo Estatuto, o estrangeiro admitido no território nacional na condição de asilado político estava sujeito, além dos deveres impostos pelo direito internacional, a cumprir as disposições da legislação vigente e as que o Governo brasileiro eventualmente lhe viesse a fixar (art. 28/EE). Além disso, a teor do art. 29 do Estatuto revogado, o asilado não podia sair do País sem prévia autorização do Governo brasileiro. E mais, eventual inobservância da determinação anterior, importaria na renúncia ao asilo e impediria o reingresso nessa condição (art. 29, parágrafo único).

Conforme a atual Lei de Migração, contudo, o cenário passou a ser totalmente distinto.

Com efeito, logo no art. 27, a lei define que "o asilo político, que constitui ato discricionário do Estado, poderá ser diplomático ou territorial e será outorgado como instrumento de proteção à pessoa". Ainda, no parágrafo único, estabelece que o "regulamento disporá sobre as condições para a concessão e a manutenção de asilo".

Assim, segue atual a definição de asilo político (em sentido genérico) consagrada na melhor doutrina, que se desmembra nas modalidades *asilo territorial* e *asilo diplomático*.[1053] Por meio do asilo político, o Estado admite "estrangeiro perseguido em seu país de origem por razões ligadas a questões políticas, delitos de opinião ou crimes concernentes à segurança do Estado ou outros atos que não configurem quebra do direito penal comum".[1054]

É possível vislumbrar esse princípio como *obrigatoriedade* e como *concessão de asilo político sem quaisquer restrições*.[1055] Na ordem jurídico-constitucional brasileira prevalece o entendimento de que, embora possa haver recusa, esta deverá estar apenas fundada na

---

1052. Promulgada no Brasil pelo Decreto 42.628, de 13.11.1957.

1053. Mazzuoli, Valério de Oliveira. *Curso de direito internacional público*, 6. ed., p. 753. Em apertada síntese, é possível afirmar que o asilo territorial diferencia-se do diplomático pelo fato de que, enquanto o primeiro se refere ao recebimento de estrangeiro em território nacional, sem exigência dos requisitos de ingresso, para protegê-lo de perseguição por decorrência de crime político, o segundo ocorre no próprio território onde a perseguição acontece, mas em locais sob a jurisdição de outro Estado, como é o caso das embaixadas – o que também pode ser conferido na obra do autor ora referido.

1054. Mendes, Gilmar Ferreira; Branco, Paulo Gustavo Gonet. *Curso de direito constitucional*, 15. ed., p. 794.

1055. Cf. Mazzuoli, Valério de Oliveira. *Curso de direito internacional público*, 6. ed., p. 755.

inocorrência da hipótese prevista, podendo haver controle judicial.[1056] Pouco tempo depois de promulgada a atual Constituição, o STF se debruçou sobre o tema no julgamento da Extradição 524, rel. Min. Celso de Mello (DJ 08.03.1991), que envolveu o Governo do Paraguai e o extraditando Gustavo Adolfo Stroessner Mora, quando o Tribunal concluiu pela ocorrência de uma extradição política disfarçada. Nesse caso, o Tribunal reconheceu existir, frente à proibição de extraditar por motivo de crime político ou de opinião, um direito subjetivo público do cidadão estrangeiro, de modo a configurar uma limitação jurídica insuperável do poder de extraditar.

Com relação ao julgado e em geral no que diz respeito ao asilo político, relevante a conclusão de que não há contradição absoluta entre os institutos do asilo político e da extradição, não havendo vinculação do Poder Judiciário frente ao pronunciamento do Executivo, de tal sorte que a concessão de asilo não impede, mais adiante, eventual extradição, desde que presentes os requisitos, de modo que apenas haverá impedimento se configurado crime político ou de opinião.[1057] Convém frisar que o precedente é importante porque será retomado em julgados posteriores em diálogo com o instituto do refúgio, em que pesem as distinções existentes entre os institutos, como se verá logo a seguir.

Por derradeiro, importa destacar que, afinada com o § 4.º do art. 5.º da CF e mesmo com os princípios que regem as relações do Brasil na esfera internacional (art. 4.º), a Lei de Migração estabelece uma limitação na concessão de asilo: não se concederá asilo a quem tenha cometido crime de genocídio, crime contra a humanidade, crime de guerra ou crime de agressão, nos termos do Estatuto de Roma do Tribunal Penal Internacional, de 1998, promulgado pelo Decreto 4.388, de 25 de setembro de 2002 (art. 28).

4.16.5.8.2 O refúgio

A proteção dos refugiados encontra regulamentação, no plano internacional, na Convenção Relativa ao Estatuto dos Refugiados, de 1951, promulgada no Brasil pelo Dec. 50.215, de 1961, e pelo seu Protocolo Adicional de 1966, promulgado no Brasil pelo Dec. 70.946, de 1972. Na versão original da Convenção consta uma limitação temporal no sentido de abarcar somente fatos ocorridos até 1.º de janeiro de 1951, além de uma delimitação geográfica, que permitia somente às pessoas provenientes da Europa pedir refúgio, limitações que foram retiradas pelo Protocolo de 1966. Importa sublinhar que o instituto do refúgio pode ser objeto de ampliação, no que diz com os motivos de concessão, no âmbito regional, o que pode ser ilustrado recorrendo-se aos exemplos da Convenção Relativa aos Aspectos Específicos dos Refugiados Africanos, de 1969, e da Declaração de Cartagena sobre os Refugiados, de 1984, no âmbito da OEA.[1058]

O instituto acabou recebendo contornos mais amplos do que os que justificam a concessão de asilo, pois aplicável também a situações de guerra e de graves perturbações internacionais, que precisamente estimularam a elaboração da normativa internacional.[1059]

No Brasil, a CF não contempla o instituto do refúgio, de tal sorte que a matéria foi objeto de regulamentação no plano infraconstitucional, designadamente, pela Lei 9.474/1997,

---

1056. MENDES, Gilmar Ferreira; BRANCO, Paulo Gustavo Gonet. *Curso de direito constitucional*, 15. ed., p. 794.
1057. Cf., por todos, FERNANDES, Bernardo Gonçalves. *Curso de direito constitucional*, p. 508.
1058. Cf. MAZZUOLI, Valério de Oliveira. *Curso de direito internacional público*, 6. ed., p. 762-763.
1059. MENDES, Gilmar Ferreira; BRANCO, Paulo Gustavo Gonet. *Curso de direito constitucional*, 15. ed., p. 796.

cuja vigência não foi afetada pela Lei de Migração. Ademais disso, é de se sublinhar que o art. 121 da Lei de Migração dispõe que "a aplicação desta Lei [de Migração] não impede o tratamento mais favorável assegurado por tratado em que a República Federativa do Brasil seja parte".

A concessão de refúgio se opera pela via administrativa e a decisão é do Poder Executivo, por meio do Comitê Nacional para os Refugiados (CONARE), órgão vinculado ao Ministério da Justiça, que analisa os pedidos e decide sobre as solicitações de refúgio, inclusive no que diz com a sua cessação. A concessão do refúgio assegura ao beneficiário o respectivo *status* e proteção nos termos da lei interna e diplomas internacionais aplicáveis.[1060] Uma das principais consequências do reconhecimento da condição de refugiado, nos termos do art. 33 da Lei 9.474/1997, é a de que resulta obstado o seguimento de qualquer pedido de extradição baseado nos fatos que fundamentaram a concessão de refúgio. Todavia, como também a decisão sobre o refúgio não está imune ao controle jurisdicional, caberá aqui também ao STF se pronunciar sobre a matéria, especialmente para o efeito de aferir a legalidade do ato administrativo, que poderá vir a ser declarado nulo, quando então poderá ocorrer a extradição de quem solicitou o refúgio, cuja análise estará a cargo do STF.[1061]

Aliás, importa sublinhar que na esfera jurisprudencial houve oscilação significativa no que diz com a orientação adotada pelo STF na matéria. Assim, ao passo que na Extradição 785[1062] o STF entendeu que a decisão de reconhecimento da condição de refugiado seria causa absoluta de prejudicialidade das extradições fundadas nos mesmos fatos, tal entendimento foi objeto de alteração quando do julgamento das Extradições 1.008 e 1.085. Com efeito, na Extradição 1.008,[1063] o Min. Gilmar Mendes submeteu ao Plenário questão de ordem relativa à aplicabilidade, ou não, do art. 33 da lei antes referida. De acordo com o ministro, tratava-se do primeiro caso em que houve concessão administrativa de refúgio a extraditando. Apontou, ainda, que a Constituição atribui ao STF competência originária para apreciar pedido de extradição e a vedação constitucional de extradição em decorrência de crimes políticos ou de opinião, invocando igualmente disposições do Estatuto do Estrangeiro, no sentido de que compete ao STF avaliar o caráter da infração, além da existência de casos, previstos no Estatuto, em que o Tribunal pode deixar de considerar o delito como crime político. Concluiu que cabe ao STF avaliar a natureza política do delito imputado ao extraditando. Levando em conta a dinâmica de separação dos poderes, sugeriu o ministro fosse adotada a mesma posição praticada no caso de asilo político, para que a decisão administrativa a respeito da concessão de refúgio não obstasse de forma absoluta e generalizada qualquer pedido de extradição apresentado à Suprema Corte. Entendeu, na linha de precedente do Min. Celso de Mello (referente a asilo), que a extradição somente estará impedida se os fatos que a motivarem forem qualificados como crimes políticos ou de opinião, ou se as circunstâncias indicarem que se trata de extradição política disfarçada.

Em sentido diverso, o Min. Sepúlveda Pertence entendeu válido o art. 33 da Lei dos Refugiados, que, dentre outros elementos, indica ser de competência do Executivo a

---

1060. Especificamente quanto ao custeio das políticas públicas envolvendo imigrantes e refugiados, o STF estabeleceu, na ACO 3.113, rel. Min. Marco Aurélio, j. 13.10.2020, que a responsabilidade é distribuída pelos entes federados, inexistindo distinção de competência para assegurar os direitos daqueles.

1061. Cf., por todos, Mazzuoli, Valério de Oliveira. *Curso de direito internacional público*, 6. ed., p. 766.

1062. Extradição-QO-QO 785, rel. Min. Carlos Velloso, j. 13.09.2001.

1063. Extradição 1.008, rel. p/ o acórdão Min. Sepúlveda Pertence, j. 21.03.2007.

qualificação como crime político. No mesmo sentido se posicionou o Min. Joaquim Barbosa, que não vê proeminência do Judiciário nas relações internacionais, afirmando que a judicialização vem em benefício do extraditando. Já o Min. Cezar Peluso, em síntese, não vislumbrou óbice a que a lei estabeleça condições de admissibilidade da extradição (o caso em exame seria uma delas) e que não viu pertinência quanto ao argumento da separação dos poderes. A Ministra Cármen Lúcia sublinhou a possibilidade de o Executivo não remeter sequer a extradição ao STF e que, caso já enviada, o tribunal teria de julgar prejudicada a extradição por ausência de objeto. Também os Ministros Ricardo Lewandowski, Eros Grau, Carlos Britto, Marco Aurélio e Celso de Mello divergiram do relator, que restou vencido.

Já na Extradição 1.085,[1064] que trata do famoso Caso Battisti, o desfecho foi diferente. Por maioria, foi reconhecida ilegalidade no ato de concessão de refúgio ao extraditando pelo Ministro da Justiça. Também por maioria foi deferido o pedido de extradição e foi reconhecido que o deferimento não vincula o Presidente da República. Dentre os diversos aspectos que podem ser extraídos desse julgado, é possível destacar a conclusão de que não houve configuração de crime político e de que houve "homicídio praticado por membro de organização revolucionária clandestina, em plena normalidade institucional de Estado Democrático de Direito, sem nenhum propósito político imediato ou conotação de reação legítima a regime opressivo".

Independentemente de uma tomada de posição a respeito do acerto ou equívoco por parte do STF, a evolução aqui sumariamente retratada indica que se cuida de matéria altamente polêmica e que acarreta repercussão relevante inclusive em nível internacional, podendo até mesmo abalar as relações entre o Brasil e outros Estados. De qualquer sorte, é preciso enfatizar que eventual controle jurisdicional da decisão sobre o refúgio deverá ser excepcional e limitar-se, consoante já referido, a um estrito controle da legalidade do ato do Poder Executivo. A responsabilidade pela concessão do refúgio, e, portanto, pela não viabilidade da extradição, deverá ser assumida por quem detém também a prerrogativa de conduzir o Brasil no plano das relações internacionais. No caso de negativa do refúgio poderá, então, o STF, como guardião das liberdades fundamentais, avaliar criteriosamente se eventual pedido de extradição é cabível e compatível com a sua jurisprudência que privilegia a proteção da liberdade e da dignidade individual.

4.17 Direitos políticos

4.17.1 Considerações gerais: o significado jurídico da democracia e sua relação com os direitos políticos e os direitos fundamentais em geral

Se a nacionalidade representa o vínculo jurídico-político do indivíduo com o Estado e sua respectiva ordem jurídica, a cidadania, que, em regra, pressupõe a nacionalidade (mas

---

1064. STF, Extradição 1.085, rel. Min. Cezar Peluso, j. 16.12.2009. O Presidente da República, com arrimo em parecer da Advocacia-Geral da União, decidiu por não extraditar o cidadão italiano Cesare Battisti, tendo sido a primeira vez que um Presidente do Brasil não efetivou extradição julgada procedente pelo STF. Sobreveio reclamação por parte da Itália (Recl. 11.234), que não foi conhecida, e Petição Avulsa na Extradição 1.085, que foi indeferida por maioria – MAZZUOLI, Valério de Oliveira. *Curso de direito internacional público*, 6. ed., p. 746-747, nota de rodapé 200.

não necessariamente), bem como os direitos e deveres fundamentais que lhe são correlatos, guarda estreita relação com o assim designado *status activus* (da cidadania) do indivíduo, ou seja, com os seus direitos (competências) de participação ativa na formação da vontade política (estatal) e, nesse sentido, do processo democrático e decisório.[1065] Precisamente quanto a tal aspecto assume relevo a vinculação entre a democracia e os direitos políticos e a dignidade humana, pois, de acordo com a lição de Peter Häberle, a democracia é a garantia organizacional e política da dignidade da pessoa humana e do pluralismo, ao passo que esta assume a condição de premissa e pressuposto antropológico do Estado Democrático de Direito.[1066] Afinal, é mediante a fruição de direitos de participação política (ativos e passivos) que o indivíduo não será reduzido à condição de mero objeto da vontade estatal (mero súdito), mas terá assegurada a sua condição de sujeito do processo de decisão sobre a sua própria vida e a da comunidade que integra. Assim, os direitos políticos, ainda mais quando assumem a condição de direitos fundamentais (vinculando os órgãos estatais, incluindo o Poder Legislativo), exercem, nesse contexto, dúplice função, pois se, por um lado, são elementos essenciais (e garantes) da democracia no Estado Constitucional – aqui se destaca a função democrática dos direitos fundamentais –, por outro representam limites à própria maioria parlamentar, já que esta, no campo de suas opções políticas, há de respeitar os direitos fundamentais e os parâmetros estabelecidos pelos direitos políticos,[1067] de tal sorte que entre os direitos políticos e os direitos fundamentais em geral e a democracia se verifica uma *relação de reciprocidade e interdependência*,[1068] caracterizada por uma permanente e recíproca *implicação e tensão*.[1069]

Considerando, ademais, que no Estado Constitucional, no Brasil definido e formatado como um Estado Democrático de Direito, a relação entre democracia e direitos políticos está em primeira linha definida pela própria Constituição, necessário reconhecer que a democracia é um conceito jurídico-constitucional, cujo conteúdo e alcance devem ser compreendidos, avaliados e aplicados com um olhar voltado para as peculiaridades do sistema de direito constitucional positivo vigente, de modo a privilegiar uma concepção constitucionalmente adequada.[1070] Assim, é com base no sistema constitucional, de modo especial a partir dos direitos políticos, do modelo adotado com relação aos partidos políticos, na configuração do sistema eleitoral, na maior ou menor deferência em relação aos mecanismos de participação direta no processo político, entre outros indicadores, que se poderá encontrar uma definição constitucional de democracia.

Mas a democracia, como se sabe, não é apenas forma, ou seja, um processo de legitimação da aquisição e exercício do poder estatal com base na noção de soberania popular, muito embora tal dimensão siga sendo imprescindível e seja mesmo constitutiva da própria

---

1065. Cf. JELLINEK, Georg. *System der subjektiven öffentlichen Rechte*, especialmente p. 136 e ss.

1066. Cf. HÄBERLE, Peter. A dignidade humana e a democracia pluralista – Seu nexo interno. In: SARLET, Ingo Wolfgang (Org.). *Direitos fundamentais, informática e comunicação*, p. 12 e ss.

1067. Cf., dentre tantos, CANOTILHO, J.J. Gomes. *Direito constitucional e teoria da constituição*, p. 290-291.

1068. Cf., por todos, SARLET, Ingo Wolfgang. *A eficácia dos direitos fundamentais*, 13. ed., p. 62.

1069. Cf. GUEDES, Néviton. Capítulo IV – Dos Direitos Políticos. In: CANOTILHO, J. J. Gomes; MENDES, Gilmar Ferreira; SARLET, Ingo Wolfgang; STRECK, Lenio Luiz (Coord.). *Comentários à Constituição do Brasil*. 2. ed. São Paulo: Saraiva Educação, 2018, p. 721-722.

1070. Cf. HESSE, Konrad. *Grundzüge des Verfassungsrechts der Bundesrepublik Deutschland*, p. 58. No mesmo sentido, v., na doutrina brasileira, GUEDES, Néviton. Capítulo IV – Dos Direitos Políticos, p. 722-723.

democracia.[1071] Soma-se a isso uma dimensão material, pois, no contexto de um Estado Democrático de Direito, a própria democracia se descaracteriza sem o reconhecimento, respeito, proteção e promoção de determinados princípios (e valores) e direitos fundamentais, pois, do contrário, o governo do povo e pelo povo poderá eventualmente não ser um governo para o povo.[1072] Aliás, não é à toa que um Bertold Brecht se perguntava: Numa democracia todo o poder emana do povo, mas para onde mesmo ele vai...?[1073] Em todo caso, o que aqui está em pauta é que a democracia constitucional não poderá ser apenas formal, mas acima de tudo substancial, pois a própria democracia deve se (re)legitimar permanentemente, pois o governo democrático não deve ser legítimo apenas uma vez quando de algum ponto de partida.[1074] Vale frisar que, à assim chamada legitimação pelo título (origem) e pelo procedimento, sempre deverá ser acrescida uma legitimação pelo conteúdo, sendo nesse plano que os princípios fundamentais, com destaque para a separação dos poderes, a dignidade da pessoa humana, a soberania, a cidadania, o pluralismo político (no Brasil, expressamente elencados no art. 1.º da CF) não podem ser dissociados da compreensão concreta da democracia, assim como se dá com os direitos humanos e fundamentais em geral.[1075] Igualmente relevantes para uma democracia efetiva se revelam os princípios da constitucionalidade e da legalidade, a responsabilidade política dos detentores de poder, a independência do Poder Judiciário, precisamente para fazer valer os princípios e direitos fundamentais – incluindo os direitos políticos –, o que, tudo somado e devidamente articulado, assegura que se possa falar em autêntico Estado Democrático de Direito.[1076]

4.17.2 Os direitos políticos como direitos humanos e fundamentais

4.17.2.1 Considerações gerais

Os direitos políticos integram os catálogos constitucionais de direitos há muito tempo, sendo, além disso, reconhecidos e protegidos no âmbito do sistema internacional dos direitos humanos. Por outro lado, é preciso lembrar que, assim como se deu com outros direitos fundamentais, os direitos políticos experimentaram importante processo de mutação, em termos quantitativos e qualitativos, como se pode verificar, em caráter ilustrativo, a partir do exemplo da gradativa extensão do sufrágio, portanto, com a ampliação de sua titularidade a um círculo maior de pessoas, bem como com a ampliação das suas garantias, o aperfeiçoamento das condições de elegibilidade, o papel dos partidos políticos e a própria liberdade de associação partidária, entre outros que poderiam ser colacionados.

Por outro lado, os direitos políticos dizem respeito, em primeira linha, ao processo político interno dos Estados, de tal sorte que esses possuem uma relativamente grande margem de ação no que diz com a formatação, mediante o direito constitucional positivo e a legislação e jurisprudência nacional, de seu respectivo modelo democrático e do conteúdo e alcance dos

---

1071. Cf., por todos, KLOEPFER, Michael, *Verfassungsrecht*, vol. I, p. 154 e ss.

1072. Cf. GUEDES, Néviton. Capítulo IV – Dos Direitos Políticos, p. 722-723.

1073. Cf. referência encontrada em HÄBERLE, Peter. A dignidade humana e a democracia pluralista – Seu nexo interno, p. 11-12.

1074. Cf., por todos, HESSE, Konrad. *Grundzüge des Verfassungsrechts der Bundesrepublik Deutschland*, p. 69.

1075. Cf. GUEDES, Néviton. Capítulo IV – Dos Direitos Políticos, p. 723.

1076. Idem, p. 723.

respectivos direitos políticos. Assim, diversamente do que ocorre em outros setores, no que concerne aos direitos políticos e a sua formatação concreta, o direito internacional dos direitos humanos limita-se ao estabelecimento de algumas pautas mínimas voltadas especialmente à garantia do direito de sufrágio, à isonomia no processo eleitoral etc.

O fenômeno ora relatado se manifesta de forma particularmente clara no caso brasileiro, pois também na seara dos direitos políticos e dos partidos políticos a Constituição Federal foi relativamente minuciosa e incluiu regras bastante precisas inclusive no concernente às condições de elegibilidade etc., muito embora tal modelo não tenha sido incorporado pela expressiva maioria dos países. De qualquer sorte, para que se possa pelo menos visualizar, com base em alguns exemplos, como os direitos políticos foram reconhecidos no plano supranacional e no direito constitucional estrangeiro, seguem algumas informações.

4.17.2.2 Os direitos políticos no plano supranacional (internacional e regional)

Muito embora seja na esfera interna de cada Estado que os direitos políticos encontram sua formatação concreta, o valor da democracia para a comunidade internacional e a relevância da participação individual nos processos de decisão sobre os destinos da comunidade para cada pessoa e a afirmação de sua dignidade, também o direito internacional dos direitos humanos acabou consagrando uma pauta mínima em matéria de direitos políticos, a começar pela Declaração Universal dos Direitos Humanos, de 1948, cujo art. XXI dispõe: "1. Toda pessoa tem o direito de tomar parte no governo de seu país diretamente ou por intermédio de representantes livremente escolhidos. 2. Toda pessoa tem igual direito de acesso ao serviço público do seu país. 3. A vontade do povo será a base da autoridade do governo; esta vontade será expressa em eleições periódicas e legítimas, por sufrágio universal, por voto secreto ou processo equivalente que assegure a liberdade de voto".

Nos tratados internacionais posteriores (no âmbito do sistema da ONU e dos subsistemas regionais), tais diretrizes foram retomadas e reafirmadas na sua essência. Assim, por exemplo, o Pacto Internacional dos Direitos Civis e Políticos (1966), no seu art. 3.º, dispõe que "os Estados-partes no presente Pacto comprometem-se a assegurar a homens e mulheres igualdade no gozo de todos os direitos civis e políticos enunciados no presente Pacto", sendo que, no art. 25, consagra especificamente tais direitos políticos, enunciando que "todo cidadão terá o direito e a possibilidade, sem qualquer das formas de discriminação mencionadas no art. 2.º e sem restrições infundadas: *a*) de participar da condução dos assuntos públicos, diretamente ou por meio de representantes livremente escolhidos; *b*) de votar e ser eleito em eleições periódicas, autênticas, realizadas por sufrágio universal e igualitário e por voto secreto, que garantam a manifestação da vontade dos eleitores; *c*) de ter acesso, em condições gerais de igualdade, às funções públicas de seu país".

O Pacto de São José da Costa Rica (1969), por sua vez, no seu art. 23, 1, enuncia que "todos os cidadãos devem gozar dos seguintes direitos e oportunidades: *a*) de participar da condução dos assuntos públicos, diretamente ou por meio de representantes livremente eleitos; *b*) de votar e serem eleitos em eleições periódicas, autênticas, realizadas por sufrágio universal e igualitário e por voto secreto, que garantam a livre expressão da vontade dos eleitores; e *c*) de terem acesso, em condições gerais de igualdade, às funções públicas de seu país", acrescentando relevante regra geral sobre a regulamentação e restrição de tais direitos, pois no item 2 do mesmo art. 23 o Pacto de São José da Costa Rica dispõe que "a lei pode regular o exercício dos direitos e oportunidades, a que se refere o inciso anterior, exclusivamente por motivo de idade, nacionalidade, residência, idioma, instrução, capacidade civil ou mental, ou condenação, por juiz competente, em processo penal".

Por derradeiro, sem prejuízo de outros documentos que poderiam ainda ser colacionados, convém referir a Carta dos Direitos Fundamentais da União Europeia (2000), cujo art. 39 assegura o direito de eleger e ser eleito nas eleições para o Parlamento Europeu, nos seguintes termos: "1. Todos os cidadãos da União gozam do direito de eleger e de serem eleitos para o Parlamento Europeu no Estado-Membro de residência, nas mesmas condições que os nacionais desse Estado. 2. Os membros do Parlamento Europeu são eleitos por sufrágio universal direto, livre e secreto". Já no art. 40 da Carta encontra-se enunciado o direito de eleger e de ser eleito nas eleições municipais, no sentido de que "todos os cidadãos da União gozam do direito de eleger e de serem eleitos nas eleições municipais do Estado-Membro de residência, nas mesmas condições que os nacionais desse Estado". O que se percebe, no caso da Europa, é o reconhecimento de uma cidadania europeia (supranacional), que implica um direito ao sufrágio ativo e passivo, sem prejuízo dos direitos políticos assegurados no plano interno de cada Estado integrante da União, assunto que, embora a necessária sinergia com o plano europeu, é regulado pelas Constituições e pela legislação dos Estados integrantes da União.

4.17.3 Os direitos políticos no constitucionalismo brasileiro

4.17.3.1 Constituições anteriores

A Carta Imperial de 1824 tratou da perda e da suspensão dos direitos políticos nos seus arts. 7.º e 8.º, ao passo que os arts. 90 a 97, situados no Título IV (Do Poder Legislativo), trataram das eleições, destacando-se a previsão – como habitual naquela quadra da evolução constitucional mundial – de limitações de renda tanto para ser eleitor quanto para ser eleito (arts. 92, V, 93 e 95, I), além da própria característica de as eleições serem indiretas (art. 90). A Constituição de 1891, nos seus arts. 26 e ss., estabeleceu condições de elegibilidade para o Congresso Nacional e para o Poder Executivo (art. 47). A definição dos eleitores e as limitações quanto ao alistamento, bem como as inelegibilidades foram reguladas no art. 70, ao passo que os casos de perda e suspensão dos direitos políticos foram regrados no art. 71. Importa frisar que, embora tenha sido afastado o assim chamado voto censitário, a Constituição de 1891 estabeleceu a vedação do alistamento como eleitores com relação aos mendigos e aos analfabetos (art. 70, § 1.º). A Constituição de 1934, embora tenha mantido a vedação do alistamento dos mendigos e analfabetos, atribuiu o direito de sufrágio às mulheres, sendo, quanto a isso, a primeira na evolução constitucional brasileira, mas, em sentido mais restritivo, previu expressivo número de hipóteses de inelegibilidade (art. 112). Em termos gerais, exceção feita ao elenco (mais variável no tempo) das hipóteses de inelegibilidade, a Constituição de 1937 (ressalvadas as limitações fortes ao processo democrático, aos partidos políticos etc.) contemplava em geral idênticos direitos políticos ativos e passivos, o mesmo ocorrendo com as Constituições de 1946 e 1967-1969, neste último caso novamente presentes o caráter autoritário e uma série de restrições ao exercício dos direitos políticos e à atividade partidária. Particular destaque (mas em sentido não positivo do ponto de vista dos direitos fundamentais) merece o art. 151 da Constituição de 1967, que previu a suspensão dos direitos políticos quando do seu exercício abusivo. Outro aspecto de relevo é que até a entrada em vigor da EC 25, de 1985, os analfabetos estavam excluídos do alistamento eleitoral no âmbito do constitucionalismo brasileiro.

4.17.3.2 Os direitos políticos na Constituição Federal de 1988

4.17.3.2.1 Considerações gerais: o regime jurídico-constitucional dos direitos políticos na condição de direitos fundamentais

Os direitos políticos, como de resto os direitos fundamentais em geral, tiveram uma posição de destaque na Constituição Federal. Os direitos políticos em sentido estrito, no sentido de direitos e garantias diretamente destinados a assegurar uma livre e eficaz participação do cidadão nos processos de tomada de decisão política na esfera estatal, foram contemplados pela CF nos arts. 14 a 16, ao passo que o regime jurídico-constitucional dos partidos políticos foi objeto de previsão no art. 17, ainda no Título Dos direitos e garantias fundamentais. Assim, embora previstos em capítulo apartado, os partidos políticos integram o conjunto dos direitos políticos, em especial a liberdade de criação e de associação partidária, essencial à concepção de democracia representativa e partidária que é predominante na Constituição. Além disso, ninguém poderá eleger alguém que não esteja vinculado a partido político, sendo tal vinculação condição de exercício dos direitos políticos passivos. Ainda assim, pela sua relevância e pelas peculiaridades do regime jurídico dos partidos políticos, estes serão abordados em separado.

A circunstância de que os direitos políticos são, em primeira linha, direitos fundamentais é de crucial relevância em diversos aspectos, já que da condição de direitos fundamentais, como já desenvolvido na parte dedicada à teoria geral dos direitos fundamentais na Constituição, decorre uma série de consequências. Antes, contudo, de avançarmos quanto ao regime jurídico-constitucional dos direitos políticos, convém firmar posição quanto a um ponto preliminar de importância não secundária. Com efeito, a afirmação de que os direitos políticos são direitos fundamentais poderá ser até mesmo questionada, pois a CF, nos arts. 14 a 16, contempla dispositivos que não foram previstos em outras Constituições, não constam dos tratados de direitos humanos e não necessariamente – como ocorre em outros países – carecem de previsão constitucional, podendo ser até mesmo regulados no plano da legislação complementar ou ordinária, a depender da matéria. A indagação já faria sentido pelo fato de que, no art. 60, § 4.º, da CF, onde se encontram enunciados os limites materiais (expressos) ao poder de reforma constitucional, os direitos políticos, ao menos como categoria geral, não foram referidos, assim como os partidos políticos. Pelo contrário, apenas o voto e seus elementos essenciais lá foram expressamente considerados.

Assim, tendo em conta que os direitos e garantias individuais também foram previstos no elenco das "cláusulas pétreas" do art. 60, § 4.º, não seria de se afastar de plano uma argumentação restritiva, pois, em não sendo protegidos contra a reforma constitucional, na condição de limites fundamentais, é plausível que alguém possa justificar uma concepção mais estrita de direitos políticos, no sentido de que apenas o direito de voto (direto, secreto, universal e periódico) seria um "verdadeiro" direito fundamental, ao passo que os demais direitos políticos teriam *status* meramente constitucional.

A posição aqui adotada, contudo, busca manter coerência com a concepção alargada de direitos fundamentais apresentada no capítulo da respectiva teoria geral. Aliás, nem mesmo eventual afastamento da condição de limites materiais ao poder de reforma (com o que não concordamos) por si só seria suficiente, no entender de alguns, para justificar a exclusão de parte dos dispositivos dos arts. 14-16 da CF (mas também do art. 17) do grupo dos direitos fundamentais, até mesmo pelo fato de que tal condição não é necessariamente incompatível com um regime jurídico em parte distinto, como ocorre, por exemplo, em Portugal e na Espanha, muito embora não no concernente aos direitos políticos. Em caráter de síntese, afirma-se, portanto, que todos os direitos e garantias contemplados nos arts. 14-16 da CF são direitos fundamentais, dotados, em regra, de aplicabilidade imediata (art. 5.º, § 1.º), vinculando diretamente os atores estatais e, além disso, gozando da condição de "cláusulas pétreas" (seja por se tratar, em geral, de direitos e garantias individuais, seja pela possível invocação da noção de limites materiais implícitos), consoante reconhecido pelo próprio STF, por exemplo, quando do julgamento sobre a aplicação da assim chamada "Lei da Ficha Limpa", onde foi invocada a garantia estabelecida pelo art. 16 da CF e sustentado se tratar de limite à reforma constitucional.[1077]

Por outro lado, a condição de serem todos os direitos políticos direitos fundamentais (pelo menos aqueles previstos no Título II da CF) não afasta importantes diferenças de tratamento, que dependem, por um lado, da própria estrutura normativa (princípios e/ou regras), de limitações (ou mesmo exceções) estabelecidas pela própria Constituição, da maior ou menor liberdade de conformação deferida ao legislador infraconstitucional, dos assim chamados limites aos limites, entre outros que aqui poderiam ser mencionados, o que voltará a ser considerado no momento oportuno.

Por ora, antes de avançarmos, em caráter de síntese parcial, é o caso de apresentarmos seis diretrizes que reputamos centrais para um modo constitucionalmente adequado de compreender o que são os direitos políticos como direitos fundamentais, inclusive – e mesmo em especial – no que diz com as consequências que daí se hão de extrair:

1. *Todos os direitos políticos previstos no Título II da CF têm igual dignidade constitucional na condição de direitos fundamentais.*

2. Como direitos fundamentais, *todos os direitos políticos devem ser submetidos, em termos substanciais, ao mesmo regime jurídico-constitucional, com destaque para a aplicabilidade imediata de suas normas (art. 5.º, § 1.º, da CF), a vinculação direta e isenta de lacunas dos órgãos estatais,* a condição de *cláusulas pétreas* e a *aplicação do regime do controle das restrições em matéria de direitos fundamentais, com destaque para a observância das reservas legais simples e qualificadas, os critérios da proporcionalidade e a salvaguarda do núcleo essencial, para referir os mais relevantes.*

3. Como integrantes de um sistema de direitos fundamentais, com os quais estão em relação de coordenação e articulação, *os direitos políticos não têm* a priori *peso maior ou menor que os demais direitos e garantias fundamentais,* devendo ser *aplicados de modo sistemático e harmônico[1078],* mediante o estabelecimento da *maior concordância prática (Hesse) possível,* tanto quando em relação de tensão com outros direitos fundamentais quanto no caso de conflito com outros bens constitucionais.

1077. Cf. RE 631.102, rel. Min. Joaquim Barbosa, j. 27.10.2010, Plenário, *DJe* 20.06.2011; e RE 633.703, rel. Min. Gilmar Mendes, j. 23.03.2011, Plenário, *DJe* 18.11.2011, com repercussão geral.

1078. V., por exemplo, a relação da liberdade de expressão com os direitos políticos, conforme decidido pelo STF na ADPF 572, onde consta que a liberdade de expressão atua como exercício de direitos políticos e de controle da coisa pública quando for direcionada manifestação à agente público, especificamente no que diz respeito à ameaça. Cf. ADPF 572, rel. Min. Edson Fachin, j. 18.06.2020.

4. Os direitos políticos – na sua condição de direitos fundamentais – reúnem dois aspectos que definem tal condição. Ao passo que *na perspectiva material está em causa a sua posição de destaque para a dignidade da pessoa humana e a democracia, mas também para a fruição dos demais direitos fundamentais*, no plano formal tal condição (de direito fundamental) se traduz, como já antecipado, num *conjunto de garantias, ou seja, num regime jurídico-constitucional privilegiado e que assegura que tais direitos possam cumprir com as suas funções* no Estado Constitucional.

5. Como direitos fundamentais, *também os direitos políticos cumprem múltiplas funções no sistema constitucional*, o que, como já se averbou na parte relativa à teoria geral dos direitos fundamentais, guarda relação com a circunstância de *os direitos políticos possuírem tanto uma dimensão subjetiva quanto uma dimensão objetiva*, implicando um complexo de direitos (posições subjetivas) de caráter negativo e positivo e de deveres (vinculados à dimensão objetiva), o que, contudo, será objeto de maior atenção a seguir.

6. Embora o elenco de direitos políticos previsto na CF seja bem mais amplo que os consagrados nos tratados internacionais de direitos humanos, existem aspectos previstos no direito internacional que não encontram referência na nossa ordem constitucional, inclusive no que diz respeito às causas de inelegibilidade. Ademais disso, os parâmetros postos pelo sistema internacional devem ser objeto de observância pelo legislador e pelos órgãos judiciários internos, no contexto do assim chamado controle de convencionalidade, ainda e exatamente pelo fato de o direito internacional assumir o papel de um piso (mínimo) vinculante para o direito interno.[1079]

Retomando aqui a questão da dupla dimensão subjetiva e objetiva dos direitos políticos na condição de direitos fundamentais, é convencional iniciar pela primeira. Com efeito, *também os direitos políticos são, em primeira linha, direitos fundamentais, ou seja, direitos subjetivos dotados de um regime particularmente reforçado do ponto de vista constitucional, que abarcam um conjunto diferenciado de posições jurídicas (de titularidade individual e/ou coletiva) atribuídas ao cidadão*, muito embora – e aqui um aspecto vinculado à dimensão objetiva – a Constituição Federal tenha tornado obrigatório o alistamento eleitoral e o voto entre os 18 e os 70 anos de idade, razão pela qual aqui se fala numa figura híbrida de um direito-dever, o que será examinado mais adiante.

No que diz com a sua assim chamada *dimensão objetiva* (para além e independentemente de sua condição de direitos subjetivos), os direitos políticos, além de serem parâmetros vinculantes para a interpretação e aplicação do direito infraconstitucional, no âmbito de um dever de interpretação conforme à Constituição, poderão, quando isso não for possível, gerar a declaração de inconstitucionalidade das normas infraconstitucionais. Além disso, os direitos políticos poderão, em determinadas hipóteses, vincular não apenas os órgãos estatais (que são sempre diretamente vinculados aos direitos fundamentais), mas também gerar consequências jurídicas para os atores privados, com destaque aqui para os partidos políticos, que são pessoas jurídicas de direito privado, não sendo o caso de adentrar

---

1079. Sobre o controle de convencionalidade e a adequação da normativa brasileira em matéria de direitos políticos ao direito internacional dos direitos humanos, v., por todos, Peregrino, Marcelo Ramos. *O controle de convencionalidade da Lei da Ficha Limpa – direitos políticos e inelegibilidades*. 2 ed. Rio de Janeiro: Lumen Iuris, 2021; Cunha, Amanda Guimarães da; Bastos Jr., Luiz Magno P. *Direito eleitoral sancionador. O dever de imparcialidade da autoridade judicial*. São Paulo: Tirant lo blanch, 2021, em especial p. 18-65 e 117-172.

na discussão sobre se tal eficácia dos direitos políticos nas relações privadas é imediata ou mediata, para o que também remetemos às considerações tecidas na parte relativa à teoria geral dos direitos fundamentais.

De qualquer sorte, apenas com o intuito de ilustrar a relevância prática do problema da eficácia dos direitos fundamentais nas relações privadas, valemo-nos do exemplo colacionado por Néviton Guedes, para quem, não obstante a Justiça Eleitoral e a Lei Eleitoral costumem conferir maior liberdade à imprensa escrita (empresas privadas) em relação às empresas de rádio e televisão, no que tange à propaganda eleitoral, não se afigura possível que, à luz da Constituição Federal e uma vez atendidas as limitações legais (art. 43 da Lei 9.504/1997), um jornal impresso possa, quando veicula propaganda eleitoral em suas páginas, negar a publicação de propaganda paga por determinado candidato, partido ou coligação, sob a alegação de não concordar com suas propostas e perfil ideológico, pois isso implicaria violação do princípio da igualdade, que também nessa esfera alcança plena eficácia.[1080]

Por outro lado, impende agregar que também *os direitos políticos geram para os órgãos estatais deveres de proteção*, que, por sua vez, implicam deveres de atuação na esfera normativa (deveres de legislar) e fática, assim como *deveres no campo da organização e do procedimento*, por exemplo, a disponibilização de estruturas organizacionais (a Justiça Eleitoral) e procedimentais (inclusive de técnicas processuais) aptas a assegurar a fruição dos direitos políticos e evitar ou reprimir intervenções ilegítimas por parte do Estado e de terceiros, mas ao mesmo tempo salvaguardar os interesses e direitos fundamentais de terceiros e bens comunitários. Assim, como se verifica com os direitos fundamentais em geral, também os direitos políticos reclamam seja estabelecida uma equação proporcional entre excesso de intervenção em seu respectivo âmbito de proteção e insuficiência de proteção. Até mesmo a criminalização de condutas que violam os direitos políticos, como modo de realizar o dever de proteção estatal, mas também a proibição de descriminalização, notadamente quando ausentes mecanismos alternativos e eficazes para assegurar o exercício dos direitos políticos, assumem relevo nesse contexto, o que aqui, contudo, não poderá ser objeto de maior desenvolvimento.

A dimensão objetiva dos direitos políticos guarda relação com uma ampliação do espaço da dimensão subjetiva, pois, a exemplo do que foi versado na parte geral dos direitos fundamentais deste *Curso*, para *além de direitos de defesa* (*direitos negativos*), no sentido de posições subjetivas que têm por objeto bloquear a intervenção no âmbito de proteção do direito (no sentido de *proibições de intervenção*) ou, a depender do caso, assegurar o não impedimento de ações ou omissões por parte do seu titular, os direitos políticos *assumem a condição de direitos a prestações*, que, por sua vez, abarcam tanto prestações em sentido amplo (incluindo prestações normativas) quanto direitos a prestações materiais, por exemplo, que sejam colocadas à disposição dos eleitores as condições fáticas para o exercício de seu direito-dever. Assim, é possível perceber que assiste razão a Klaus Stern ao apontar que os direitos políticos não podem ser desvinculados dos demais direitos de liberdade, constituindo, juntamente com esses, uma espécie de *status global e abrangente da liberdade* (*Gesamtfreiheitstatus*), o que se manifesta especialmente em virtude do estreito vínculo entre

---

1080. Cf. GUEDES, Néviton. Capítulo IV – Dos Direitos Políticos, p. 727.

os direitos políticos e as liberdades de associação, reunião, informação e comunicação em geral, igualmente fundamentais para a ordem democrática.[1081]

Por derradeiro, ainda na esfera das considerações gerais, *o regime jurídico-constitucional dos direitos políticos inclui, além da condição de limites materiais à reforma constitucional, a proteção reforçada de tais direitos em relação às intervenções restritivas do legislador infraconstitucional, mas também dos demais atores estatais*. Eventuais limites, além dos expressamente previstos no próprio texto constitucional, devem observar, quando for o caso, as exigências da reserva legal simples ou qualificada (a exigência, por exemplo, de lei complementar em determinadas situações), portanto, operar nos limites da autorização constitucional para a imposição de restrições por meio da lei. Além disso, a legislação restritiva do âmbito de proteção dos direitos políticos, mas também as restrições veiculadas por ato administrativo (com ou sem caráter normativo) ou mesmo decisão judicial, devem ser submetidas a rigoroso controle quanto à sua legitimidade constitucional, incluindo a observância dos critérios da proporcionalidade, da segurança jurídica (com destaque para a proteção da confiança legítima), assim como a salvaguarda do núcleo essencial do direito.

Em todo caso, cuidando-se de intervenções restritivas não expressamente autorizadas pela Constituição Federal, a restrição do direito político, para além dos aspectos colacionados, apenas será legítima quando justificada pela necessidade de proteger outros direitos fundamentais ou bens de hierarquia constitucional. Tais questões, no que diz com a dogmática dos limites e restrições em geral, podem ser conferidas no respectivo item da teoria geral dos direitos fundamentais, sem prejuízo de alguma anotação específica no contexto particular dos direitos políticos que venha a ser feita.

4.17.3.2.2 O sufrágio e o direito de voto

De acordo com o disposto no art. 14 da CF, *a soberania popular será exercida pelo sufrágio universal e pelo voto direto e secreto, com valor igual para todos*. Aliás, nunca é demais frisar que no âmbito de um Estado Democrático, o direito fundamental ao voto (sufrágio) é de relevância central, contemplado nas Declarações de Direitos desde o século XVII, quando de sua incorporação no *Bill of Rights* na Inglaterra, em 1689, assegurando a livre eleição dos membros do Parlamento[1082]. Como bem alerta Néviton Guedes, embora no Brasil seja relativamente comum (mesmo no campo da literatura especializada) que os termos *voto* e *sufrágio* sejam utilizados como sinônimos, a Constituição (especialmente no art. 14) lhes atribuiu sentidos diversos, pois, ao passo que *o sufrágio consiste na essência do direito político subjetivo, podendo, como tal, ser ativo ou passivo*, sendo (ainda segundo o texto constitucional) universal, igual, livre e direto, o voto, conquanto seja uma das condutas abarcadas pelo âmbito de proteção do sufrágio, de forma alguma é a única expressão ou conduta protegida pela norma que protege o sufrágio, pois *o voto secreto é a forma pela qual o cidadão irá exercer o seu direito ao sufrágio*, consistindo, dito de outro modo, no exercício propriamente dito do direito de sufrágio.[1083] Assim, o sufrágio vai além do exercício do voto no âmbito da

---

1081. Cf. Stern, Klaus. Idee und Elemente eines Systems der Grundrechte. In: Isensee, Josef; Kirchhof, Paul (Coord.). *Handbuch des Staatsrechts*, vol. V, p. 73-74.

1082. Sobre o reconhecimento, evolução e conteúdo do direito de voto v. especialmente Presno Linera, Miguel Ángel. *El derecho de voto. Un derecho político fundamental*, México: Editorial Porruá, 2012.

1083. Cf. a precisa e oportuna explanação de Guedes, Néviton. Capítulo IV – Dos Direitos Políticos, p. 727-728, aqui sintetizada. No mesmo sentido v., ainda, Novelino, Marcelo. *Direito constitucional*, 7. ed., p. 672.

democracia representativa, abarcando, nos termos da CF, no seu art. 14, as modalidades do plebiscito, do referendo e da iniciativa popular,[1084] institutos que não serão aqui enfrentados[1085]. Já por tal razão, pela maior amplitude do sufrágio, *as garantias conferidas ao voto pela CF, art. 14, devem ser estendidas ao sufrágio*, que inclui o direito de voto.[1086] Além disso, de acordo com o disposto no art. 60, § 4.º, II, da CF, *tanto o sufrágio universal quanto o voto direto e secreto foram contemplados no elenco dos limites materiais explícitos à reforma constitucional*, estando assim equiparados em termos de proteção jurídico-constitucional.

Certo é que, como se dá em outras ordens jurídicas, também no direito constitucional brasileiro o sufrágio, na condição de direito subjetivo, engloba o direito de votar (o assim chamado direito eleitoral ativo) e o direito de ser votado, de modo a poder participar da formação e do exercício do poder estatal (direito eleitoral passivo).[1087] Considerando justamente a sua finalidade e amplitude, o direito de sufrágio implica a garantia jusfundamental de todo o processo eleitoral, sem o que a integridade do sufrágio poderia ficar comprometida, de tal sorte que o âmbito de proteção do sufrágio (ativo e passivo) abrange desde o alistamento eleitoral até as eleições propriamente ditas, incluindo a divisão dos cargos.[1088]

Antes de adentrarmos nos aspectos mais específicos do direito eleitoral (ou capacidade eleitoral) ativo e passivo, importa, em caráter sumário, *identificar e definir as principais características do sufrágio, incluindo o voto.*

A *universalidade (ou generalidade) do sufrágio*: a noção de que o sufrágio há de ser universal corresponde ao fato de que, *em princípio, todo e qualquer cidadão está apto a votar e ser votado*, independentemente de distinções fundadas na sua classe social, econômica, gênero, orientação sexual, raça, orientação religiosa e mesmo na sua capacidade intelectual, o que corresponde ao modelo adotado pelo art. 14 da CF. *O sufrágio universal, portanto, distingue-se do sufrágio restrito*, hipótese na qual a possibilidade de votar e/ou ser votado é deferida apenas aos que detêm determinada condição econômica (o assim chamado voto censitário), capacidade intelectual (determinado nível de formação, por exemplo), ou mesmo a exclusão da capacidade eleitoral em razão do gênero ou outro critério (pertença a uma minoria religiosa, a exclusão dos escravos e negros, em determinada época).[1089] O fato é que, ao longo da evolução do Estado Constitucional, houve significativo avanço nessa seara, pois a noção do sufrágio universal levou tempo considerável para ser afirmada na prática, inclusive no Brasil, pois sob a égide da Carta Imperial de 1824 ainda se praticava o

---

1084. Cf. MENDES, Gilmar Ferreira. Direitos políticos. In: ____; BRANCO, Paulo Gustavo G. *Curso de direito constitucional*, 15. ed., p. 801.

1085. Independentemente de aqui não se adentrar a matéria, impende referir a promulgação, pelo Congresso Nacional, da Emenda Constitucional n. 111, de 28.09.2021, que, dentre outras providências, alterou o art. 14 da CF para disciplinar a realização de consultas populares concomitantes às eleições municipais.

1086. Cf., aqui também, GUEDES, Néviton. Capítulo IV – Dos Direitos Políticos, p. 728.

1087. Cf., por todos, MENDES, Gilmar Ferreira. Direitos políticos, 15. ed., p. 801.

1088. Cf., por todos, GUEDES, Néviton. Capítulo IV – Dos Direitos Políticos, p. 728. A respeito da proteção do sufrágio, vale mencionar a reafirmação, pelo STF, da necessidade de novas eleições quando do indeferimento do registro de candidato eleito, fixando-se a tese de constitucionalidade do § 3.º do art. 224 do Código Eleitoral (Lei n. 4.737/1965) na redação dada pela Lei n. 13.165/2015, que determina a realização automática de novas eleições independentemente do número de votos anulados sempre que o candidato eleito no pleito majoritário for desclassificado por indeferimento do registro de sua candidatura em virtude de cassação do diploma ou mandato. Cf. RE 1.096.029, rel. Min. Dias Toffoli, j. em 04.03.2020, Tema de Repercussão Geral 986.

1089. Cf., por todos, TAVARES, André Ramos. *Curso de direito constitucional*, 18. ed., p. 701.

voto censitário e os escravos e mulheres eram excluídos da cidadania política, tendo as mulheres sido incluídas apenas por ocasião da aprovação do Código Eleitoral de 1932, o que foi confirmado pela Constituição de 1934. Importa sublinhar, todavia, que *a existência de determinados requisitos, tais como o alistamento eleitoral, a nacionalidade e a idade mínima, não é tida como incompatível com a universalidade do sufrágio,* que, nesse sentido, é sempre uma universalidade relativa.[1090]

A universalidade do sufrágio, portanto, *guarda relação com a dimensão substancial do princípio da igualdade,* sendo, ademais, uma *particular dimensão da igualdade eleitoral,* o que, em apertada síntese, significa, em regra, todos os que preenchem os pressupostos constitucionais e legais, desde que com isso não se esteja a recusar a alguém a capacidade eleitoral ativa e passiva em virtude de determinadas qualidades pessoais e de forma arbitrária (discriminatória).[1091]

O caráter direto do sufrágio (e do voto): é a exigência constitucional de que o sufrágio e o seu exercício, mediante o voto, devem ser diretos, o que, em síntese, significa que o titular da capacidade eleitoral ativa escolhe diretamente, sem intermediários, mediante o seu voto, o detentor do cargo eletivo, ou de modo direto se manifesta quando da realização de um plebiscito, ou de um referendo, ou adere a uma iniciativa popular legislativa, que, de resto, constituem manifestações da democracia participativa. O voto, portanto, é atribuído a um determinado candidato ou partido, sem que haja intermediários, o que corresponde ao *princípio da imediatidade* do voto.[1092]

A eleição não perde o caráter de direta em virtude da adoção do sistema proporcional, como se dá no caso das eleições para a Câmara dos Deputados, pois o que é decisivo para a configuração da imediatidade é que o voto seja sempre concedido a um determinado candidato, ainda que venha depois a beneficiar terceiros.[1093] Com isso, contudo, não se está a emitir um juízo de valor sobre o modelo atualmente praticado no Brasil, não se desconhecendo suas imperfeições, que, de resto, têm tido ampla repercussão na jurisprudência, mas especialmente na literatura especializada.[1094] Mas a regra da imediatidade não assume caráter absoluto, tendo sido excepcionada pela própria Constituição, que, no seu art. 81, § 1.º, prevê que a eleição para Presidente da República será indireta, mediante a intermediação de um Colégio Eleitoral integrado por deputados federais e senadores, caso ocorra a vacância do cargo nos últimos dois anos do mandato.[1095] Quanto ao tópico, convém agregar lição de Néviton Guedes, no sentido de que o princípio da imediatidade exige elevada dose de cautela quando se trata de decisão judicial que venha a alterar o resultado das eleições, pois uma medida dessa natureza apenas encontra justificativa na preservação de outros bens e interesses constitucionais, como, no caso da Constituição, dispõe o art. 14, §§ 9.º, 10 e 11, devendo, portanto, ser excepcional.[1096]

1090. Cf., dentre tantos, na literatura brasileira, NOVELINO, Marcelo. *Direito constitucional,* 7. ed., p. 673.
1091. Cf., por todos, GUEDES, Néviton. Capítulo IV – Dos Direitos Políticos, p. 731.
1092. Cf., por todos, MENDES, Gilmar Ferreira. Direitos políticos, 15. ed., p. 804.
1093. Cf., mais uma vez, MENDES, Gilmar Ferreira. Direitos políticos, 15. ed., p. 804.
1094. V., dentre outros, PORTO, Walter Costa. *A mentirosa urna.* No âmbito da manualística constitucional brasileira, destaca-se a explanação, rica em exemplos, de MENDES, Gilmar Ferreira. Direitos políticos, 15. ed., p. 809 e ss., especialmente quando descreve e comenta o sistema proporcional brasileiro.
1095. Cf. a lembrança de FERNANDES, Bernardo Gonçalves. *Curso de direito constitucional,* p. 519.
1096. Cf. GUEDES, Néviton. Capítulo IV – Dos Direitos Políticos, p. 733.

No que diz respeito à jurisprudência do STF relativamente ao ponto, calha referir o julgamento da ADI 1.057/BA, rel. Min. Dias Toffoli, j. 16.08.2021, em que se reconheceu a constitucionalidade de Lei do Estado da Bahia que previa a aplicação das regras estabelecidas no art. 81, § 1.º, da CF, no caso de dupla vacância dos cargos de Governador e Vice. Para a Corte, a reprodução do modelo em nível estadual é legítima do ponto de vista constitucional, porém não obrigatória, não ocorrendo, nesse caso, invasão da competência da União por parte dos Estados-membros, do Distrito Federal e dos Municípios.

O *caráter secreto do voto*: o que, em primeira linha, significa que o eleitor poderá manter em sigilo a sua manifestação, e assume também a função de garantia de que o eleitor, no momento de exercer sua vontade política, não estará sujeito a constrangimentos e pressões, ou seja, poderá escolher, ou não, determinado candidato ou se manifestar de determinada maneira quando de um plebiscito ou referendo.[1097] Como tal sigilo e, portanto, o segredo do voto são assegurados em concreto, dependem, contudo, de um conjunto de medidas de natureza fática e normativa, como, por exemplo, o isolamento físico quando do ato da votação (a utilização de cabines indevassáveis, nos termos da legislação eleitoral), mecanismos de segurança quanto às cédulas de votação e urnas, atualmente substituídas, no Brasil, pelas assim chamadas urnas eletrônicas, que, por sua vez, demandam outros tipos de instrumentos para a preservação do sigilo da opção do eleitor.

A *liberdade do sufrágio no ato de votar* guarda importante relação, mas não se confunde, com o voto secreto. Com efeito, é curial a afirmação de que a garantia do sigilo é também modo eficaz de assegurar a liberdade de opção do eleitor, seja ela qual for, além do que eleições livres pressupõem ausência de pressões e constrangimentos impostos aos eleitores e candidatos.[1098]

Numa outra perspectiva, quando aqui se sublinha a noção de um sufrágio livre e de uma liberdade de votar, é preciso compreender que *a obrigatoriedade do alistamento eleitoral e mesmo a existência de um dever de votar não se revelam inconciliáveis com a noção de liberdade nesse contexto*. Assim, embora o eleitor tenha o dever de se alistar quando preenchidos os requisitos do alistamento eleitoral obrigatório, tendo, ainda, o dever de comparecimento, no dia das eleições, à sua circunscrição eleitoral, quando deverá exercer o seu voto e lançar sua assinatura no respectivo relatório (ata de comparecimento), pena de eventual sanção administrativa e mesmo criminal, a depender do caso e nos termos da legislação eleitoral[1099], o fato é que não lhe pode ser imposta a sua opção em termos de em quem votar (liberdade de escolha do candidato e programa partidário), podendo mesmo votar em branco ou anular o seu voto. Já por tal razão se justifica a opção terminológica por um direito-dever de votar, que, por sua vez, encerra uma dimensão de liberdade significativa.

1097. Cf., dentre tantos, MENDES, Gilmar Ferreira. Direitos políticos, 15. ed., p. 805.

1098. Idem, ibidem.

1099. V. quanto a isso, decisão do STF que reforça a obrigatoriedade de voto aos maiores de dezoito anos, nos termos do inciso I do § 1.º do art. 14 da CF, sendo que o inciso II, do mesmo artigo, prevê a facultatividade para os analfabetos, os maiores de setenta e os maiores de dezesseis e menores de dezoito anos. Cf. MI 7.245/DF, rel. Min. Marco Aurélio, j. 19.11.2019. Também, no julgamento da ADI 4.467/DF, rel. Min. Rosa Weber, j. 20.10.2020, em que se confirmou o entendimento de que a ausência do título de eleitor no momento da votação não impede o exercício do voto, sendo necessária apenas a apresentação de documento oficial de identificação com foto.

Além disso, a *noção de um sufrágio livre estende-se à sua modalidade passiva*, pois a liberdade de convencimento e manifestação conferida aos eleitores é complementada pela liberdade dos candidatos no sentido de transmitir suas ideias e propostas, tudo no âmbito de um *processo eleitoral livre, aberto e igualitário*.[1100] Que liberdade e igualdade podem entrar em relação de tensão, verificando-se, ademais, conflitos significativos entre a liberdade de opção e a manifestação do pensamento no que diz com o sufrágio, inclusive em relação a outros direitos fundamentais, há de ser considerado e devidamente avaliado quando da sua configuração, como dão conta as discussões em torno da fidelidade partidária, da propaganda eleitoral, entre outros aspectos.

A assim chamada *igualdade de sufrágio*, como bem pontua Néviton Guedes, não pode ser pura e simplesmente reconduzida ao direito geral de igualdade, pois, assim como ocorre com as demais cláusulas especiais de igualdade, no âmbito dos direitos políticos a igualdade assume um caráter *formal* e *substancial* mais *estreito* e *reforçado, conferindo ao legislador uma margem muito menor de atuação* do que a daquela que dispõe quando em causa o princípio geral da igualdade.[1101] Mas o significado do princípio da igualdade no âmbito dos direitos políticos apenas poderá ser compreendido mediante as devidas diferenciações, observadas as peculiaridades, especialmente no que diz com o sufrágio ativo e passivo. No caso do primeiro, da assim chamada capacidade política ativa, é habitual se falar, na esteira de conhecido *slogan* aparentemente desenvolvido nos EUA, na fórmula "*one person, one vote*", isto é, uma pessoa, um voto, o que, dito de outro modo, significa que os votos de todos os eleitores (de cada um deles) têm em princípio o mesmo peso e assim devem ser considerados para efeitos de sua contabilização no processo eleitoral. Em função disso, os votos devem ter tanto igual valor numérico quanto igual valor no resultado, visto que a igualdade de sufrágio não admite qualquer forma de discriminação, seja quanto ao eleitor propriamente dito e ao valor individual de seu voto, seja quanto à própria eficácia de sua participação, que se traduz na observância paritária dos votos no momento da distribuição dos mandatos.[1102] Já no campo do sufrágio passivo o princípio da igualdade assume relevância no sentido de uma exigência de igualdade de chances (oportunidades) entre todos os competidores do processo eleitoral, o que abarca tanto os candidatos quanto os partidos políticos.

Para os candidatos, isso quer dizer que os votos por eles recebidos devem ser computados em igualdade de condições, ou seja, com o mesmo peso dos votos atribuídos aos demais candidatos, mas também significa igualdade de chances no que diz com a apresentação de propostas e participação em termos de propaganda política.[1103]

O direito de sufrágio é um *direito personalíssimo*, de tal sorte que não se admite o seu exercício por representação (procuração) de terceiro, sendo em geral vedado até mesmo o seu exercício por meio de correspondência.[1104] Aqui, contudo, cabem algumas observações, pois o exercício do voto por meio de correspondência não necessariamente afasta o seu caráter personalíssimo, desde que assegurado que o voto é mesmo do eleitor que enviou a correspondência, o que, contudo, não afasta outros problemas, relacionados, por exemplo, com o sigilo da votação. Por outro lado, há que considerar as hipóteses de pessoas com

---

1100. Cf., em especial, GUEDES, Néviton. Capítulo IV – Dos Direitos Políticos, p. 732.
1101. Idem.
1102. Cf., por todos, MENDES, Gilmar Ferreira. Direitos políticos, 15. ed., p. 808-809.
1103. Cf. GUEDES, Néviton. Capítulo IV – Dos Direitos Políticos, p. 731.
1104. Cf., por todos, FERNANDES, Bernardo Gonçalves. *Curso de direito constitucional*, p. 518.

deficiência, que, a depender das circunstâncias e para não verem frustrado seu direito de sufrágio em igualdade de condições, poderiam exercer o seu direito até mesmo por meio de representação, cuidando-se aqui de um problema a merecer maior reflexão, ainda mais em virtude da aprovação, com força jurídica de emenda constitucional, da Convenção da ONU sobre os Direitos das Pessoas com Deficiência, aprovada, no plano interno, pelo Decreto Legislativo 186, de 09.07.2008, e promulgada pelo Decreto 6.949, de 25.08.2009, destacando-se o art. 29 da Convenção, especialmente item *a*.[1105]

Nessa mesma toada, verifica-se que o direito ao voto pressupõe um mínimo de condições fáticas para o seu exercício, o que inclui a oferta regular e suficiente, ademais de eficiente, de transporte público gratuito disponibilizado aos eleitores nos dias das eleições. Nesse sentido, vale conferir a decisão do STF na ADPF 1.013, relatoria do Ministro Luís Roberto Barroso, julgada em 18.10.2023.

4.17.3.2.3 A titularidade dos direitos políticos

Titulares dos direitos políticos na perspectiva da Constituição Federal são, em regra, os nacionais, ou seja, os brasileiros natos e naturalizados. A titularidade, contudo, varia em se tratando de direitos políticos ativos e passivos, de acordo com o que dispõe a própria CF nos termos de seu art. 14, que, no concernente à capacidade eleitoral ativa, estabelece que todos os brasileiros acima de 16 anos são titulares de direitos políticos (art. 14, § 1.º). A possibilidade de exercício do direito de sufrágio ativo (assim como do passivo) pressupõe, todavia, o alistamento eleitoral, que é obrigatório para os maiores de 18 anos e facultativo para os analfabetos, os maiores de 70 anos e os maiores de 16 e menores de 18 anos (art. 14, § 1.º, I e II, da CF), de tal sorte que, em se cuidando da hipótese de alistamento facultativo, o eleitor, ainda que tenha optado pelo alistamento, não pode ser compelido a votar nem ser penalizado por não participar do processo eleitoral.[1106]

Por sua vez, de acordo com o § 2.º do art. 14 da CF, além dos estrangeiros, que, em regra, encontram-se sempre alijados da condição de titulares dos direitos políticos, vedado inclusive seu alistamento eleitoral,[1107] também os brasileiros que estão cumprindo serviço militar obrigatório e os conscritos, que incluem os que são engajados para atuar nas Forças Armadas

---

1105. Reza o art. 29 da Convenção: "Participação na vida política e pública. Os Estados-partes garantirão às pessoas com deficiência direitos políticos e oportunidade de exercê-los em condições de igualdade com as demais pessoas, e deverão: *a*) assegurar que as pessoas com deficiência possam participar efetiva e plenamente na vida política e pública, em igualdade de oportunidades com as demais pessoas, diretamente ou por meio de representantes livremente escolhidos, incluindo o direito e a oportunidade de votarem e serem votadas, mediante, entre outros: (i) garantia de que os procedimentos, instalações e materiais e equipamentos para votação serão apropriados, acessíveis e de fácil compreensão e uso; (ii) proteção do direito das pessoas com deficiência ao voto secreto em eleições e plebiscitos, sem intimidação, e a candidatar-se nas eleições, efetivamente ocupar cargos eletivos e desempenhar quaisquer funções públicas em todos os níveis de governo, usando novas tecnologias assistivas, quando apropriado; (iii) garantia da livre expressão de vontade das pessoas com deficiência como eleitores e, para tanto, sempre que necessário e a seu pedido, permissão para que elas sejam auxiliadas na votação por uma pessoa de sua escolha; (...)".

1106. Cf., dentre tantos, lembra NOVELINO, Marcelo. *Direito constitucional*, p. 674.

1107. Nada obstante a exclusão dos estrangeiros ainda corresponda à regra também no direito constitucional comparado, cuida-se de matéria polêmica e que tem vivenciado importante evolução, inclusive pela inclusão – em vários casos – de estrangeiros no rol dos eleitores. Nesse sentido, v. entre tantos, PRESNO LINERA, Miguel Ángel. *El derecho de voto. Un derecho político fundamental*, p. 59 e ss.

na condição de médicos, enfermeiros, engenheiros etc., não exercem (neste caso, enquanto vigorar a sua condição) seus direitos políticos, estando impedidos de participar de um processo eleitoral. Nesses casos, todavia, pode surgir uma situação peculiar, pois, em se tratando de alguém que tenha efetuado o alistamento militar aos 16 anos, mas posteriormente sido incorporado ao serviço militar ou engajado, há quem entenda que o título de eleitor não poderá perder sua validade, ficando suspenso até o término do serviço militar ou período de engajamento.[1108]

Além disso, particular atenção há de ser dada às situações que dizem respeito às pessoas com deficiência e aos indígenas. Na primeira hipótese, das *pessoas com deficiência*, a doutrina e o Tribunal Superior Eleitoral (TSE)[1109] têm entendido que, em se tratando de deficiência que torne impossível ou demasiadamente oneroso o cumprimento das obrigações eleitorais, seja quanto ao alistamento, mas em especial no que toca ao voto (o que abarca a ausência de condições adequadas de acesso para o deficiente), há de ser aplicada a mesma regra válida para os maiores de 70 anos, que ficam dispensados do alistamento ou, em optando por ele, não serão sancionados caso não compareçam e votem. No caso dos *indígenas*, o TSE, tendo em conta a existência de lacuna na legislação, considerou exigível a comprovação da quitação do serviço militar para fins de alistamento eleitoral apenas por parte dos indígenas considerados integrados, excluindo tal exigência para os isolados ou em vias de integração.[1110]

No concernente aos *direitos políticos passivos*, devem ser atendidas as *condições de elegibilidade previstas no art. 14, § 3.º, da CF*, condições que podem ser divididas em gerais e especiais. No caso das condições gerais, trata-se de requisitos a serem observados em todos os casos, seja qual for o cargo eletivo almejado no âmbito do sufrágio passivo, designadamente, *o pleno exercício dos direitos políticos, o alistamento eleitoral, o domicílio eleitoral na circunscrição e a filiação partidária*. No que diz com as condições especiais, a Constituição Federal estabelece determinados requisitos de acordo com o cargo eletivo.

Assim, de acordo com o art. 14, § 3.º, VI, podem candidatar-se para vereador os que alcançaram a idade de 18 anos (letra *d*), mas para concorrer a deputado federal, deputado estadual ou distrital, prefeito, vice-prefeito e juiz de paz, exige-se idade de 21 anos completos (letra *c*). Já para concorrer aos cargos de governador, vice-governador de Estado e do Distrito Federal, necessário ter completado 30 anos (letra *b*), ao passo que a possibilidade de disputar a Presidência e Vice-Presidência da República ou o cargo de senador pressupõe que o candidato tenha alcançado a idade mínima de 35 anos. É por tal razão que André Ramos Tavares refere a existência de uma espécie de escala constitucional progressiva no que diz com a aquisição dos direitos políticos, que arranca a possibilidade do alistamento eleitoral e do voto facultativo aos 16 anos de idade até chegar na plena capacidade eleitoral passiva.[1111]

Embora a capacidade eleitoral ativa e passiva seja, em regra, reservada aos nacionais (brasileiros natos e naturalizados), assume relevância, neste contexto, disposição constitucional relacionada com o tema da nacionalidade. Com efeito, de acordo com o que reza o art. 12, § 1.º, da CF, *aos portugueses com residência permanente no País, se houver*

1108. Cf., por todos, Fernandes, Bernardo Gonçalves. *Curso de direito constitucional*, p. 524.

1109. Destaque-se aqui a contribuição de Mendes, Gilmar Ferreira. Direitos políticos, 15. ed., p. 803-804, que foi o relator do caso no TSE, do qual resultou a Resolução 21.920, *DJ* 01.10.2004.

1110. Cf. Resolução 20.806, de 15.05.2001, rel. Min. Garcia Vieira.

1111. Cf. Tavares, André Ramos. *Curso de direito constitucional*, 18. ed., p. 703-704.

reciprocidade em favor de brasileiros, serão atribuídos os direitos inerentes ao brasileiro, salvo os casos previstos na Constituição. *Tais direitos incluem a titularidade de direitos políticos ativos e passivos,* salvo quando se cuidar de cargos reservados apenas aos brasileiros natos, como se dá com a Presidência e Vice-Presidência da República.

A partir do exposto, contudo, impõe-se uma advertência, visto que *a condição de titular, ou seja, de sujeito de direitos fundamentais (sejam eles direitos políticos, ou não), não se pode confundir com a capacidade de exercício dos direitos,* como, aliás, foi objeto de atenção na parte sobre a teoria geral dos direitos fundamentais. Assim, no que diz respeito aos direitos políticos, é de se invocar a lição de Néviton Guedes, no sentido de que *a exigência do alistamento eleitoral (requisito formal) não pode ser confundida com o próprio direito político (o sufrágio)*, pois o alistamento constitui apenas uma restrição formal prevista no texto constitucional a título de pressuposto (formal, de matriz procedimental) do exercício do direito político, podendo ser considerada, em termos meramente aproximativos, espécie de condição suspensiva do exercício da cidadania.[1112] Além disso, como sustenta o autor citado, embora se trate de condição formal necessária para o exercício dos direitos políticos, *o alistamento não é nem causa única nem causa suficiente para o seu regular exercício ou mesmo para a sua aquisição,* de tal sorte que incorreta a afirmação de que é o alistamento que faz nascer a cidadania ativa, o que também corresponde ao entendimento consagrado no âmbito do TSE, que chega a tratar o alistamento como simples exigência cartorária.[1113]

4.17.3.2.4 O sufrágio passivo: condições de elegibilidade

O exercício do sufrágio passivo, ou seja, da efetiva possibilidade de se lançar candidato no âmbito do processo eleitoral objetivando ocupar e exercer cargo eletivo, *está condicionado, num primeiro plano, pelo atendimento de determinados requisitos, as assim chamadas condições de elegibilidade,* impostas pela CF no art. 14, § 3.º. Tais *condições de elegibilidade não se confundem e apresentam notas distintivas das causas de inelegibilidade,* estabelecidas pela CF no art. 14, §§ 4.º a 7.º e 9.º, distinções que têm significativa repercussão no plano das consequências jurídicas de ambos os institutos e que serão devidamente destacadas na sequência. Iniciemos, pois, pelas condições de elegibilidade.

As *condições de elegibilidade* estão, em primeira linha, previstas no art. 14, § 3.º, da CF, mas podem ser objeto de regulamentação mediante lei ordinária. As condições de elegibilidade não se confundem com a elegibilidade como tal, pois, ao passo que esta (elegibilidade) consiste no direito de postular um cargo eletivo, a condição de elegibilidade consiste no *requisito positivo exigido pela ordem jurídica e que deve ser preenchido para que o cidadão possa exercer o seu direito de se candidatar* para concorrer a um cargo eletivo.[1114] Já as *causas de inelegibilidade consistem em pressupostos ou condições negativas, que, quando configuradas, impedem o exercício do sufrágio passivo,* pois o cidadão não poderá ser escolhido para ocupar cargo eletivo por meio do processo político-eleitoral.[1115]

Assim, de acordo com a lição de Néviton Guedes, tanto as condições de elegibilidade quanto as causas de inelegibilidade operam como limites da capacidade eleitoral passiva,

---

1112. Cf. GUEDES, Néviton. Capítulo IV – Dos Direitos Políticos, p. 738 e ss.
1113. Idem.
1114. Cf. GOMES, José Jairo. *Direito eleitoral,* p. 140.
1115. Cf., por todos, a definição e a distinção formuladas por GOMES, José Jairo. *Direito eleitoral,* p. 151-152.

mas, ao passo que no caso das condições de elegibilidade o suporte fático deve estar preenchido para que o cidadão possa ser candidato (daí a noção de requisitos positivos), no caso das causas de inelegibilidade, uma vez preenchido o seu respectivo suporte fático, resta impedida a candidatura (por isso se cuida de requisitos ou limites negativos).[1116]

A *primeira condição de elegibilidade* (art. 14, § 3.º, I) consiste em ser *nacional (nato ou naturalizado)*, ou, no caso dos nacionais de Portugal, ter, consoante já visto, *status equiparado ao dos brasileiros*, ressalvando-se, ainda, a exigência, para alguns cargos, da condição de brasileiro nato, nos termos do disposto no art. 12, § 3.º, da CF.

O pleno exercício dos direitos políticos, nos termos do que preceitua o art. 14, § 3.º, II, da CF, significa que não pode exercer a sua capacidade eleitoral passiva aquele que tiver tido suspensos seus direitos políticos ou tiver tido a perda de seus direitos políticos decretada. Nesse caso, aliás, tanto a capacidade eleitoral ativa quanto a passiva não poderão ser exercidas. Considerando, todavia, a relevância e a complexidade da matéria, objeto de algum dissídio doutrinário e jurisprudencial, remetemos, para maiores detalhes, ao item sobre perda e suspensão dos direitos políticos.

Também é condição de elegibilidade ter havido *o regular alistamento eleitoral do candidato (art. 14, § 3.º, III, da CF), condição, aliás, que se estende ao sufrágio ativo*, pois não havendo capacidade de votar também não haverá para ser votado. O alistamento eleitoral deverá ser comprovado mediante a inscrição eleitoral obtida perante a Justiça Eleitoral do domicílio do alistando, e, por parte do candidato, mediante apresentação do seu título de eleitor. Quanto às restrições constitucionais e legais relativas ao requisito do alistamento eleitoral (militares etc.), remetemos ao item próprio, onde já foram objeto de análise.

A quarta condição constitucional diz com a exigência (art. 14, § 3.º, IV, da CF) do *domicílio eleitoral na circunscrição eleitoral onde o candidato pretenda concorrer*. Importa sublinhar que o conceito de domicílio eleitoral não se confunde com o domicílio da pessoa natural tal qual previsto na legislação civil (art. 70 do CC), que é o local de residência da pessoa natural com ânimo definitivo, pois para a configuração do domicílio eleitoral os critérios são mais flexíveis e adequados ao propósito e natureza do processo eleitoral, podendo o domicílio recair no local indicado pelo eleitor e com o qual mantém vínculos de ordem afetiva ou material (comerciais, políticos etc.), não mais sendo exigida a prova do local onde a pessoa reside.[1117] Assim, uma vez configurados tais vínculos, que devem ser indicados pelo eleitor (candidato), prevalece o entendimento – com destaque aqui para a jurisprudência do TSE – de que o conceito e os requisitos mais estritos da legislação eleitoral quanto ao domicílio devem ser objeto de maior flexibilidade.[1118]

A *filiação partidária* é outra condição de elegibilidade imposta pela CF (art. 14, § 3.º, V), nos termos do disposto na legislação infraconstitucional, no caso, os arts. 18 e ss., da Lei Orgânica dos Partidos Políticos (Lei 9.096/1995), de tal sorte que no sistema brasileiro não se admitem candidaturas avulsas,[1119] pois, ao contrário do que ocorre em outros países, no Brasil os partidos políticos detêm o monopólio das candidaturas.[1120] Note-se, contudo,

---

1116. Cf. Guedes, Néviton. Capítulo IV – Dos Direitos Políticos, p. 740.
1117. Cf., por todos, Mendes, Gilmar Ferreira. Direitos políticos, 15. ed., p. 826-827.
1118. Cf., por exemplo, a Resolução 22.229 do TSE, de 08.08.2006.
1119. Cf., por todos, Fernandes, Bernardo Gonçalves. *Curso de direito constitucional*, p. 526.
1120. Cf. Guedes, Néviton. Capítulo IV – Dos Direitos Políticos, p. 741.

que a admissibilidade de candidaturas avulsas tem sido objeto de intenso debate no Brasil, tendo o STF inclusive reconhecido a repercussão da matéria no ARE 1.052.290-QO/RJ, rel. Min. Roberto Barroso, julgado em 05.10.2017, embora o julgamento do mérito em si siga pendente.[1121] Ainda sobre o tema, calha invocar decisão do STF proferida no MI 7.462 AgR, relatoria do Ministro Gilmar Mendes, julgado em 11.06.2024, onde, em apertada síntese, se estabeleceu que inexiste um dever constitucional de regulamentação de candidaturas avulsas, além do que a necessidade de filiação partidária como condição para a participação no pleito eleitoral não inviabiliza o exercício de direitos e liberdades inerentes à nacionalidade, à soberania e à cidadania.

O prazo de filiação está regulado pelo art. 18 da Lei 9.096/1995, devendo a filiação ocorrer até um ano antes do pleito, como tal considerada a data fixada para as eleições e não a data do registro da candidatura ou da posse.[1122] Importa sublinhar, além disso, que os partidos poderão estabelecer prazo maior para a filiação (art. 20 da Lei 9.096/1995), não sendo, ademais, admitida a dupla filiação, pois, uma vez verificada tal situação, a legislação (art. 22, parágrafo único, da Lei 9.096/1995) prevê o cancelamento das duas filiações. Em se tratando de filiados que ingressam na carreira militar ou assumem cargos na magistratura, Ministério Público e Tribunais de Contas, ocorre perda automática da filiação partidária. Quanto aos membros do Ministério Público, contudo, registra-se precedente do STF no qual foi reconhecido – em caráter excepcional e em virtude da peculiaridade do caso – direito de integrante do Ministério Público (licenciada) se recandidatar ao cargo de prefeito municipal pelo fato de já haver sido eleita prefeita antes da publicação da EC 45/2004.[1123]

Como última condição de elegibilidade prevista na CF (art. 14, § 3.º, VI) está a exigência de ter o candidato completado uma *idade mínima*, a depender do cargo eletivo para o qual pretenda concorrer, no caso, 18 anos para vereador, 21 anos para deputado federal, deputado estadual ou distrital, prefeito, vice-prefeito e juiz de paz; 30 anos para governador do Estado ou do Distrito Federal; e 35 anos para Presidente da República, Vice-Presidente e senador.

Nos termos da legislação, *o requisito da idade mínima deverá estar preenchido na data da posse* (art. 11, § 2.º, da Lei 9.504/1997). Muito embora no âmbito da doutrina, mas também em precedentes do TSE, tenha sido apontado que o critério legal é equivocado, pois, em se tratando de condição de elegibilidade, a idade mínima deveria ser aferida quando do registro da candidatura, o TSE, mais recentemente, pronunciou-se pela observância da legislação eleitoral, de tal sorte que, em caráter de síntese, *no caso da idade mínima se verifica uma exceção, já que as demais condições de elegibilidade são aferidas quando do registro da candidatura.*[1124]

1121. Sobre a relação das candidaturas avulsas com o princípio republicano, v., a título ilustrativo, o MI 7.003 AgR, rel. Min. Luiz Fux, j. em 20.09.2019.

1122. Cf. MENDES, Gilmar Ferreira. Direitos políticos, 15. ed., p. 827.

1123. Cf., na literatura, MENDES, Gilmar Ferreira. Direitos políticos, 15. ed., p. 828, bem como decisão do STF no RE 597.994, rel. Min. Ellen Gracie, rel. p/ o acórdão Min. Eros Grau, *DJ* 28.08.2009.

1124. Cf., entre tantos, MENDES, Gilmar Ferreira. Direitos políticos, 15. ed., p. 826; FERNANDES, Bernardo Gonçalves. *Curso de direito constitucional*, p. 527. Há mesmo quem, como é o caso de MORAES, Alexandre de. *Direito constitucional*, p. 248, nota de rodapé n. 1, sustente a inconstitucionalidade da previsão legal quanto à comprovação da idade mínima.

Além disso, *inadmissível que a exigência constitucional da idade mínima seja afastada por força de eventual emancipação*, pois não se pode afastar exigência constitucional por meio de norma de direito ordinário.[1125] Por derradeiro, merece registro que *a idade mínima é condição de elegibilidade, de tal sorte que não implica impedimento de alguém eleito vereador (estando no exercício da presidência da Casa) e não tendo ainda completado 21 anos assumir temporariamente o cargo de prefeito*, o mesmo sendo aplicável a hipóteses similares.[1126]

4.17.3.2.5 Ainda o sufrágio passivo: as causas de inelegibilidade

As causas de inelegibilidade, como já adiantado, distinguem-se das condições de elegibilidade, pois em vez de serem requisitos positivos, que devem estar satisfeitos para o exercício da capacidade eleitoral passiva, *as causas de inelegibilidade consistem em situações que, uma vez configuradas, impedem o exercício do sufrágio passivo.* São, em síntese, hipóteses que resultam na restrição da capacidade eleitoral passiva. Por tal razão as causas de inelegibilidade, assim como as hipóteses de perda e suspensão dos direitos políticos, por vezes são designadas de direitos políticos negativos,[1127] terminologia que, s.m.j., entendemos ser inadequada, pois não se trata de direitos, mas sim, como já adiantado, de restrições a direitos: quem incorre numa das causas de inelegibilidade justamente não poderá concorrer a cargo eletivo.

As inelegibilidades ou são de origem constitucional, sendo, nesse caso, chamadas de *inelegibilidades constitucionais* (art. 14, §§ 4.º a 7.º, da CF), ou são estabelecidas por lei, nesse caso chamadas de *infraconstitucionais ou legais*, nos termos, aliás, do que prevê a própria CF (art. 14, § 9.º), muito embora, nesse caso, a Constituição tenha estabelecido uma reserva legal qualificada, já que *outras causas de elegibilidade poderão ser criadas apenas por meio de lei complementar.* Uma distinção importante entre ambas as espécies de inelegibilidades reside na circunstância de que *no caso das constitucionais elas poderão ser apontadas a qualquer momento*, ao passo que em se tratando de causas *criadas por lei complementar deverão ser apontadas até o momento do registro da candidatura*, pena de preclusão.[1128]

As causas de inelegibilidade previstas no texto constitucional (art. 14, §§ 4.º e ss.) foram consagradas em normas constitucionais de eficácia plena, portanto, normas imediatamente aplicáveis, não carecendo, para o seu reconhecimento, de específica regulamentação legal.[1129] Outrossim, ainda em sede preliminar, importa registrar que as inelegibilidades podem ser *classificadas em dois grupos quanto ao seu caráter absoluto ou relativo.* No primeiro caso, das *inelegibilidades absolutas*, cuida-se de hipóteses taxativamente previstas na CF (art. 14, § 4.º) e que dizem respeito a qualquer pessoa, eleição ou cargo eletivo, de modo que quem nelas incorrer estará impedido de exercer, em qualquer situação, sua capacidade eleitoral passiva. Já as *inelegibilidades relativas* (previstas tanto na Constituição Federal quando em lei complementar) restringem a capacidade eleitoral passiva de forma apenas parcial,

---

1125. Cf. a oportuna lembrança de GUEDES, Néviton. Capítulo IV – Dos Direitos Políticos, p. 741.
1126. Cf., por todos, NOVELINO, Marcelo. *Direito constitucional*, 7. ed., p. 677.
1127. Cf., dentre tantos, se verifica em MORAES, Alexandre de. *Direito constitucional*, p. 248.
1128. Cf. GUEDES, Néviton. Capítulo IV – Dos Direitos Políticos, p. 746.
1129. Cf. MORAES, Alexandre de. *Direito constitucional*, p. 249.

guardando relação com o pleito ou o cargo a ser preenchido nas eleições, não impedindo, de forma generalizada, o exercício da capacidade eleitoral passiva.[1130]

Absolutamente inelegíveis, nos termos do art. 14, § 4.º, da CF, *são os inalistáveis e os analfabetos*. No que diz com a primeira hipótese, são *inalistáveis* os estrangeiros (salvo os portugueses quando equiparados aos nacionais), os conscritos (durante o período do serviço militar obrigatório), os menores de 16 anos, os que se encontrarem temporária ou definitivamente privados de seus direitos políticos e os absolutamente incapazes, tratando-se aqui de hipóteses que também dizem respeito à capacidade eleitoral ativa, pois quem não pode votar também não poderá ser eleito. Embora aqui possamos remeter às observações já tecidas quando se tratou da capacidade eleitoral ativa, vale acrescentar, quanto aos militares, que a restrição se aplica apenas aos que prestam serviço militar obrigatório, pois os demais devem alistar-se como eleitores e poderão mesmo concorrer a cargos eletivos, muito embora devam, para esse efeito, cumprir determinados requisitos previstos na própria CF (art. 14, § 8.º), que são de observância cogente.

Um tanto quanto *mais complicada é a situação dos analfabetos*. Muito embora a Constituição não deixe margem para dúvidas ao considerar os analfabetos – embora tenham a capacidade eleitoral ativa assegurada – como inelegíveis, a determinação (e comprovação) da condição de alfabetizado tem gerado alguma controvérsia, pois carente de interpretação. Com efeito, a depender do nível de escolaridade exigido e dos meios de sua comprovação, será possível limitar mais ou menos a capacidade eleitoral passiva dos analfabetos. Por tal razão, tratando-se de restrição a direito fundamental, doutrina e jurisprudência têm sido flexíveis na matéria, admitindo-se tanto comprovantes de escolaridade sem consideração do tempo efetivo de escolaridade, quanto declarações de próprio punho. Além disso, a depender do caso, poderá o juiz eleitoral realizar teste individual em caráter reservado, vedada a realização de testes coletivos ou abertos ao público e que possam submeter o candidato a constrangimento e humilhação.[1131]

As inelegibilidades de caráter relativo, como já frisado, não impedem o cidadão que preencha as condições de elegibilidade de concorrer a todo e qualquer cargo, mas dizem respeito a determinadas hipóteses. A primeira das inelegibilidades relativas está prevista no art. 14, § 5.º, da CF, que dispõe que *o Presidente da República, o Governador e o Prefeito poderão se reeleger apenas uma vez, vedada, portanto, a reeleição para um terceiro mandato consecutivo*. Lembre-se que todas as Constituições brasileiras republicanas, inclusive a Constituição Federal na sua versão original, proibiam a reeleição dos detentores de cargos do Executivo para um segundo mandato consecutivo, tendo tal vedação sido levantada pela EC 16, de 04.06.1997. Impende sublinhar que não fica vedada a possibilidade de reeleição por diversas vezes da mesma pessoa para o mesmo cargo, mas apenas a sua reeleição para mais de dois mandatos consecutivos, ou seja, dito de modo mais explícito, *a condição de inelegibilidade permite a reeleição para um único período subsequente*.[1132] A reeleição,

---

1130. Cf., por todos, FERNANDES, Bernardo Gonçalves. *Curso de direito constitucional*, p. 528-529.

1131. Idem, ibidem. Sobre o tópico v., ainda, o art. 28 da Resolução 21.608/2004 do TSE, bem como, do mesmo Tribunal, o Acórdão 318, de 17.08.2004, rel. Min. Luiz Carlos Madeira, invocando inclusive documentos internacionais de direitos humanos, no sentido da proibição de tratamento vexatório e da humilhação imposta aos que teriam de se submeter a tais exames públicos de escolaridade.

1132. Cf., por todos, MORAES, Alexandre de. *Direito constitucional*, p. 254.

portanto, será permitida quando respeitado um intervalo correspondente a um período equivalente ao exercício do mandato.[1133]

Por outro lado, a despeito da singeleza da redação do texto constitucional, tal hipótese – que configura uma inelegibilidade relativa do tipo funcional – tem merecido a atenção da doutrina e da jurisprudência. Assim, no caso do Presidente, do Governador e do Prefeito que estiverem já no exercício do segundo mandato eletivo, não poderão eles concorrer a um terceiro mandato caso renunciem antes do término do segundo, pois, ao assumirem o novo mandato, estariam, de fato, assumindo pela terceira vez consecutiva, o mesmo se verificando se estiverem concorrendo, na terceira vez, ao cargo de Vice-Presidente, Vice-Governador ou Vice-Prefeito, já que poderiam vir a substituir o titular e com isso passariam a ocupar o cargo, ainda que em caráter temporário, pela terceira vez consecutiva.[1134]

Outra situação peculiar, igualmente bloqueada pela Justiça Eleitoral, é a do assim chamado "Prefeito Itinerante", dada a tentativa de alguns Prefeitos eleitos para um segundo mandato consecutivo buscarem a reeleição para a Prefeitura de outro Município.[1135] Em síntese, a regra ora comentada implica vedação de toda e qualquer tentativa por parte daquele que tenha sido titular de cargo de chefia do Executivo de buscar o exercício, seja mediante reeleição ao mesmo cargo, seja por pretender suceder o novo chefe do Executivo.[1136]

A próxima inelegibilidade relativa a ser examinada diz com determinadas incompatibilidades e com a desincompatibilização dos que exercem determinados cargos, empregos ou funções públicas. Com efeito, de acordo com o disposto no art. 14, § 6.º, da CF, para concorrerem a outros cargos, o Presidente da República, os Governadores de Estado e do Distrito Federal e os Prefeitos devem renunciar aos respectivos mandatos até seis meses antes do pleito. Assim, o fato de um dos detentores dos cargos nominados no dispositivo constitucional não levar a efeito a sua desincompatibilização no prazo estipulado, ou seja, caso não renuncie tempestivamente, o torna inelegível. Desde logo, resulta evidente um aspecto nem sempre bem visto pela doutrina, pois, de acordo com a regra do art. 14, § 5.º, da CF (com a redação dada pela EC 16/1997), não foi exigida ao titular de mandato executivo a necessidade de renunciar ou de afastar-se temporariamente do cargo para que possa concorrer a sua própria reeleição, aparentemente em virtude da continuidade administrativa.[1137] Quanto a isso tem prevalecido o entendimento de que a opção do legislador de reforma foi

---

1133. Ainda, sobre o tema, importante destacar o julgamento da ADI 2.530/DF, rel. Min. Nunes Marques, j. 18.08.2021, que declarou a inconstitucionalidade do § 1.º do art. 8.º da Lei n. 9.504/97, que estabelecia a chama "candidatura nata", a hipótese que garantia ao detentor de mandato eleito o direito ao registro de candidatura para o mesmo cargo, independentemente da aprovação de convenção partidária. Também, as ADI 6.684/ES, ADI 6.707/ES, ADI 6.709/TO, ADI 6.710/SE, rel. Min. Ricardo Lewandowski, j. 18.09.2021, que estabeleceu o que se segue: "(i) a eleição dos membros das mesas das assembleias legislativas estaduais deve observar o limite de uma única reeleição ou recondução, limite cuja observância independe de os mandatos consecutivos referirem-se à mesma legislatura; (ii) a vedação à reeleição ou recondução aplica-se somente para o mesmo cargo da mesa diretora, não impedindo que membro da mesa anterior se mantenha no órgão de direção, desde que em cargo distinto; e (iii) o limite de uma única reeleição ou recondução, acima veiculado, deve orientar a formação das mesas das assembleias legislativas que foram eleitas após a publicação do acórdão da ADI 6.524, mantendo-se inalterados os atos anteriores".

1134. Cf., entre outros, FERNANDES, Bernardo Gonçalves. *Curso de direito constitucional*, p. 529-530; MORAES, Alexandre de. *Direito constitucional*, p. 255.

1135. Cf. o julgamento do AgRg em REsp Eleitoral 35.880/PI, rel. Min. Arnaldo Versiani, *DJe* 25.03.2011.

1136. Cf., por todos, a síntese de MORAES, Alexandre de. *Direito constitucional*, p. 256.

1137. Cf., por todos, FERNANDES, Bernardo Gonçalves. *Curso de direito constitucional*, p. 531.

consciente e clara, inexistindo tanto a possibilidade de aplicação do disposto no § 6.º do art. 14 da CF à hipótese, pois se cuida de outra inelegibilidade relativa, quanto a alternativa de, mediante legislação complementar, prever a desincompatibilização também nesses casos, pois, de acordo com o art. 14, § 9.º, da CF, a lei complementar poderá estabelecer outros casos de inelegibilidade relativa.[1138]

A partir do exposto e *nos termos do então disposto no art. 14, § 6.º, da CF, a desincompatibilização dos que ocupam cargo de chefe do Executivo no Brasil apenas é exigida como requisito positivo para que se possam candidatar a outros cargos*, pois, no caso de concorrerem ao mesmo cargo (atendendo, é claro, aos requisitos do art. 14, § 5.º, da CF), não terão de se desincompatibilizar. Em se tratando de detentores do cargo de Vice-Presidente, Vice-Governador ou Vice-Prefeito, contudo, tem sido admitido que eles não são obrigados a renunciar no prazo de seis meses antes da eleição, caso não tenham sucedido ou substituído o titular nesse mesmo período.

Outra causa constitucional de inelegibilidade relativa encontra-se prevista no art. 14, § 7.º, da CF. De acordo com este preceito, *"são inelegíveis, no território de jurisdição do titular, o cônjuge e os parentes consanguíneos ou afins, até o segundo grau ou por adoção, do Presidente da República, de Governador de Estado ou Território, do Distrito Federal, de Prefeito ou de quem os haja substituído dentro dos seis meses anteriores ao pleito, salvo se já titular de mandato eletivo e candidato à reeleição".* No entender da doutrina, cuida-se de uma *inelegibilidade indireta ou reflexa*, pois relacionada com outras pessoas, e que, portanto, apenas de modo indireto diz respeito àqueles a quem a causa de inelegibilidade se aplica.[1139] Uma primeira constatação diz respeito ao âmbito de aplicação espacial da regra, que expressamente se refere ao território de jurisdição do titular, ou seja, no caso do Prefeito, a circunscrição municipal; no caso do Governador, o território do seu Estado ou do Distrito Federal; ao passo que, no caso do Presidente da República, se trata de todo o território brasileiro. Tal causa de inelegibilidade, como já foi objeto de manifestação em julgado do STF, tem por escopo impedir o monopólio do poder político por grupos hegemônicos ligados por laços familiares.[1140] Nesse sentido, consoante orientação pacífica no TSE e no STF (Súmula 18), nem mesmo a separação judicial e o divórcio, caso verificados no curso do mandato, afastam a inelegibilidade do cônjuge para o mesmo cargo, mas o STF, em caso excepcional, entendeu que tal princípio poderá ser relativizado caso se comprove evidente animosidade entre os que antes eram unidos por laços familiares (no caso concreto se cuidava de ex-sogro e candidato).[1141]

Hipótese que foi levada ao crivo do Poder Judiciário envolve a aplicação da inelegibilidade aos companheiros, ou seja, aos casos de união estável, incluindo-se aqui as uniões entre pessoas do mesmo sexo, o que tem sido objeto de amplo reconhecimento tanto pelo TSE quanto pela doutrina. Com efeito, por decisão proferida em recurso especial, o TSE definiu que também no caso de configurada união entre pessoas do mesmo sexo é aplicável a causa de inelegibilidade.[1142] Dito de outro modo, *tanto o casamento quanto a configuração de união estável entre pessoas do mesmo ou de outro sexo impedem a candidatura.* Pela

---

1138. Nesse sentido, v., entre outros, Moraes, Alexandre de. *Direito constitucional*, p. 257.
1139. Cf., por todos, Novelino, Marcelo. *Direito constitucional*, 7. ed., p. 681.
1140. Cf. RE 446.999/PE, rel. Min. Ellen Gracie, j. 28.06.2005.
1141. Cf., também, o entendimento consagrado no RE 446.999/PE, rel. Min. Ellen Gracie, j. 28.06.2005.
1142. Cf. REsp 24.564, rel. Min. Gilmar Mendes, publ. 01.10.2004.

mesma razão, em homenagem ao dever de simetria, os parentes do companheiro, ou companheira, nos limites do previsto pelo § 7.º do art. 14 da CF, são considerados parentes afins do titular do mandato, não sendo, portanto, elegíveis.[1143] No que diz respeito aos casos de adoção (que igualmente geram uma inelegibilidade reflexa), tal inelegibilidade se estende aos *filhos de criação*, desde que comprovada a relação socioafetiva correspondente.[1144]

Outro aspecto digno de nota, ainda no que diz com a inelegibilidade relativa do art. 14, § 7.º, da CF, é o de que o dispositivo abre a exceção de que o parente que eventualmente seria atingido pela norma impeditiva escapa da inelegibilidade *quando já titular de mandato eletivo e candidato à reeleição*, de tal sorte que, em caráter ilustrativo, a esposa do Prefeito, se já ocupava o cargo de vereadora no Município, poderá candidatar-se *ao mesmo cargo* sem qualquer impedimento.[1145] Nesse mesmo contexto, é de se recordar que a Súmula 6 do TSE havia estabelecido que o cônjuge e os parentes do titular do mandato são inelegíveis para o cargo de Prefeito mesmo que este tenha renunciado no prazo de seis meses antes das eleições, previsão que se aplicava apenas para a hipótese de eleição para o mesmo cargo de chefe do Executivo, entendimento que, todavia, foi alterado pelo próprio TSE, que passou a permitir que o cônjuge e os parentes afins até segundo grau do chefe do Executivo, caso este venha a renunciar no prazo de seis meses antes do pleito, poderão candidatar-se a todo e qualquer cargo eletivo, inclusive pleiteando a chefia do Executivo, desde que o candidato possa concorrer à sua própria reeleição.[1146]

A nova orientação do TSE, como se pode perceber, guarda relação com as alterações promovidas pela EC 16/1997, razão pela qual, no caso de o chefe do Poder Executivo estar exercendo o seu segundo mandato consecutivo, por força de sua reeleição, a sua renúncia no prazo de seis meses antes do pleito apenas afastará a inelegibilidade do cônjuge, dos que são unidos estavelmente, dos parentes ou afins até o segundo grau, pois esses então poderão concorrer a outros cargos eletivos, vedada, todavia, a sua candidatura ao mesmo cargo do titular na chefia do Executivo.[1147] Em caráter complementar, merece referência o fato de que o TSE aplica a causa de inelegibilidade nos casos de cônjuge de chefe do Executivo em primeiro mandato que não exerceu o segundo mandato para o qual foi reeleito por força de cassação do seu diploma, pois o objetivo da inelegibilidade é precisamente o de impedir a continuidade no âmbito familiar.[1148]

Também calha referir a recente decisão do STF na ADPF 1.089, da relatoria da Ministra Cármen Lúcia, julgada em 05.06.2024, onde se entendeu que a prática da ocupação do cargo de Presidente das Casas Legislativas em qualquer esfera federativa, por cônjuge, companheiro ou parente direto ou colateral, até o segundo grau, do Chefe do Poder Executivo do respectivo ente federado, não viola o disposto no § 7.º do artigo 14 da CF, porquanto inexistente previsão constitucional nesse sentido.

1143. Cf. GUEDES, Néviton. Capítulo IV – Dos Direitos Políticos, p. 744.

1144. V., nesse sentido, tanto, no âmbito do TSE, decisão monocrática no REsp 5.410.103/PI, rel. Min. Arnaldo Versiani, j. 22.06.2010, quanto a posição da doutrina, no caso, em NOVELINO, Marcelo. *Direito constitucional*, 7. ed., p. 681.

1145. Cf. GUEDES, Néviton. Capítulo IV – Dos Direitos Políticos, p. 745.

1146. Cf. a síntese de MORAES, Alexandre. *Direito constitucional*, p. 266.

1147. Cf., por todos, FERNANDES, Bernardo Gonçalves. *Curso de direito constitucional*, p. 534.

1148. Cf. REsp Eleitoral 25.275/SP, rel. Min. José Delgado, *DJ* 09.06.2006.

A última causa de inelegibilidade relativa diretamente prevista na Constituição Federal encontra-se no art. 14, § 8.º, que diz respeito aos militares, que, embora não alistáveis nos casos de serviço militar obrigatório e demais hipóteses já referidas (engajamento), podem votar e mesmo ser eleitos, fruindo, portanto, ainda que com limitações, do seu direito de sufrágio ativo e passivo. Considerando que o art. 142, § 3.º, da CF veda aos membros das Forças Armadas, enquanto em atividade, a filiação partidária (proibição que se aplica também aos militares dos Estados, do Distrito Federal e dos Territórios, nos termos do art. 42, § 1.º, da CF), cria-se uma situação de conflito, pois ao mesmo tempo em que o militar pode ser candidato, devendo, para tanto, ter filiação partidária, a Constituição estabelece uma proibição de filiação partidária em relação aos militares em atividade. O conflito, todavia, não se revela insuperável, tendo sido objeto de pronunciamento por parte da Justiça Eleitoral (TSE)[1149] e também pelo STF,[1150] no sentido de que o militar, quando alistável, será elegível desde que atendidas as seguintes condições: (a) caso conte menos de 10 anos de serviço, deverá afastar-se em caráter definitivo de suas atividades; (b) caso tenha menos de 10 anos de serviço, será mantido na condição de agregado (temporariamente afastado) pela autoridade que lhe é superior e, em sendo eleito, passará automaticamente para a inatividade quando da diplomação.[1151] Ainda quanto a tal aspecto, convém acrescentar que a condição de agregado do militar da ativa se implementa apenas com o registro de sua candidatura.

As assim chamadas *causas relativas de inelegibilidade poderão, nos termos da autorização contida no art. 14, § 9.º, da CF, ser veiculadas por lei complementar.* Com efeito, de acordo com o texto do referido dispositivo constitucional, *"lei complementar estabelecerá outros casos de inelegibilidade e os prazos de sua cessação, a fim de proteger a probidade administrativa, a moralidade para exercício do mandato, considerada a vida pregressa do candidato, e a normalidade e legitimidade das eleições contra a influência do poder econômico ou o abuso do exercício de função, cargo ou emprego na administração direta ou indireta".* Diferentemente do que ocorre no caso das causas constitucionais de inelegibilidade, que podem ser apontadas a qualquer momento, as *causas previstas na legislação infraconstitucional deverão ser apontadas até o momento do registro da candidatura, pena de preclusão, o que também corresponde ao disposto no art. 11, § 10, da Lei 9.504/1997.*[1152] Além disso, importa relembrar que se está diante de uma *reserva legal qualificada pela exigência de lei complementar*, de tal sorte que *inadmissível a criação de causas de inelegibilidade mediante lei ordinária ou outros atos normativos infraconstitucionais.*[1153]

As *inelegibilidades previstas na legislação complementar foram criadas e reguladas pela LC 64, de 1990, na versão fortemente alterada por meio da LC 135, de 2010,* também conhecida como "Lei da Ficha Limpa", fruto de iniciativa popular legislativa que contava com mais de um milhão e seiscentas mil assinaturas de eleitores. Dentre as principais inovações introduzidas pela LC 135/2010, destacam-se a inelegibilidade de candidatos que tiverem sido condenados por órgão colegiado, ainda que pendente recurso (tratando-se de condenação em sede criminal, eleitoral ou por improbidade administrativa), além da ampliação do prazo

---

1149. Cf. a Resolução 17.904 do TSE, de 10.03.1992, rel. Min. Américo Luz.

1150. Cf. RE 279.469/RS, rel. p/ o acórdão Min. Cezar Peluso, j. 16.03.2011.

1151. Cf., entre outros, MORAES, Alexandre de. *Direito constitucional*, p. 268; NOVELINO, Marcelo. *Direito constitucional*, 7. ed., p. 682-683.

1152. Cf., por todos, GUEDES, Néviton. Capítulo IV – Dos Direitos Políticos, p. 746.

1153. Cf., entre outros, MORAES, Alexandre de. *Direito constitucional*, p. 269.

da inelegibilidade de três para oito anos após o cumprimento da pena relativa aos crimes referidos pela própria lei.

No que toca ao novo regramento legal das inelegibilidades, uma das discussões travadas no Poder Judiciário, tanto no TSE quanto no STF, dizia respeito à controvérsia sobre a aplicabilidade imediata das causas de inelegibilidade previstas na LC 135/2010, matéria que ensejou importante discussão e resultou em decisão definida pelo Presidente do STF, à vista do empate na votação, mantendo-se a inelegibilidade reconhecida pelo TSE.[1154]

Além disso, é preciso enfatizar que a LC 135/2010 introduziu hipóteses de inelegibilidade sem exigência do trânsito em julgado da decisão judicial da qual decorrer a causa de inelegibilidade, prevendo inclusive inelegibilidades decorrentes de decisão em processo administrativo, o que, segundo bem aponta Néviton Guedes, ensejou compreensível querela doutrinária (com reflexos em inúmeros processos judiciais, inclusive e principalmente perante o TSE e o STF) a respeito de eventual inconstitucionalidade de tais restrições à capacidade eleitoral passiva, ainda mais quando veiculadas por decisões não transitadas em julgado.[1155]

O ponto nodal da controvérsia gira em torno de dois aspectos, o primeiro – que já foi objeto de referência – relacionado com a possibilidade de aplicação imediata das novas causas de inelegibilidade para as eleições realizadas no mesmo ano da entrada em vigor da respectiva legislação. A segunda discussão, que igualmente teve ampla repercussão, inclusive nos meios de comunicação, gira em torno da eventual inconstitucionalidade de tais restrições à capacidade eleitoral passiva em virtude de violação da regra sobre a anterioridade (anualidade) eleitoral, tal como estabelecido no art. 16 da CF. Em todo caso, há que ser salientado que, em se tratando de causas infraconstitucionais de inelegibilidade, indispensável a observância, além da exigência de lei complementar, de requisitos adicionais, que ensejam um rigoroso controle de constitucionalidade de tais restrições à incapacidade eleitoral passiva, como se dá, por exemplo, com a regra da anualidade (ou anterioridade), com situações previstas em outros dispositivos constitucionais e com a observância dos critérios da proporcionalidade.

Quanto ao argumento da violação da presunção de inocência, é de se recordar que num primeiro importante julgamento, no âmbito da ADPF 144/DF, o STF, provocado pela AMB – Associação dos Magistrados Brasileiros, afirmou que apenas o trânsito em julgado da sentença condenatória teria o condão de acarretar a suspensão dos direitos políticos do cidadão, gerando, por consequência, a sua inelegibilidade.[1156] Na discussão sobre eventual violação da presunção de inocência por parte de dispositivos previstos na LC 135/2010, o TSE decidiu pela constitucionalidade dos dispositivos impugnados, invocando, no âmbito de uma ponderação entre os valores e princípios envolvidos, com destaque para a presunção de inocência e a moralidade administrativa, pela prevalência do segundo.[1157] No âmbito do STF, contudo, a discussão foi acirrada e se desenvolveu especialmente em dois importantes casos julgados pelo Tribunal. No primeiro, o assim chamado caso Joaquim Roriz,[1158] o STF apreciou a legitimidade constitucional do indeferimento, pelo STE, do registro de

---

1154. Cuida-se das decisões proferidas no RE 631.102/PA, rel. Min. Joaquim Barbosa, j. 27.10.2010.
1155. Cf. GUEDES, Néviton. Capítulo IV – Dos Direitos Políticos, p. 746-747.
1156. Cf. ADPF 144/DF, rel. Min. Celso de Mello, j. 06.08.2008.
1157. Cf. Consulta 1120-26.2010.6.00.00, rel. Min. Hamilton Carvalhido, j. 10.06.2010.
1158. Cf. RE 630.157/DF, rel. Min. Carlos Britto, j. 23.09.2010.

candidatura a Governador do DF, reconhecendo a repercussão geral, formando-se dois blocos divergentes no transcorrer do julgamento, pois, ao passo em que o relator e os Ministros Cármen Lúcia, Ricardo Lewandowski, Joaquim Barbosa e Ellen Gracie votaram pelo desprovimento do recurso, de modo a manter o indeferimento da candidatura, os Ministros Dias Toffoli, Gilmar Mendes, Marco Aurélio, Celso de Mello e Cezar Peluso (então Presidente do STF) votaram – embora mediante argumentos com amplitude em parte distintos – pelo provimento do recurso e pela inaplicação, no caso, da causa de inelegibilidade, por força do disposto no art. 16 da CF, mas também pelo fato de que, com a renúncia do primeiro recorrente ao cargo de parlamentar, de acordo com a legislação vigente na época, a situação não poderia ser alcançada pela LC 135/2010. Todavia, ocorrendo empate na votação e não tendo sido o caso de recurso aos critérios de desempate regimentais, o julgamento não foi concluído, resultando, mais adiante e em virtude da renúncia do candidato Joaquim Roriz de concorrer ao cargo de Governador, em julgamento de extinção pela perda de seu objeto.[1159]

O segundo caso levado ao STF foi o igualmente conhecido caso Jader Barbalho, julgado em 27.10.2010, onde estava em causa decisão do TSE que havia decidido pela inelegibilidade do senador eleito Jader Barbalho para as eleições de 2010. Nas suas razões, o recorrente invocou tanto a ofensa ao disposto no art. 16 da CF quanto aos princípios da segurança jurídica, da irretroatividade das leis, assim como a violação dos termos do art. 14, § 9.º, da CF e dos princípios da presunção de inocência e da não culpabilidade. Neste caso, o relator, Min. Joaquim Barbosa, reiterando os termos de seu voto proferido no RE 630.147, novamente se posicionou pelo desprovimento do recurso, tendo sido acompanhado pelos Ministros Cármen Lúcia, Ricardo Lewandowski, Carlos Britto e Ellen Gracie, que, em síntese, argumentaram que a legislação sobre inelegibilidades não se enquadra na categoria de legislação sobre processo eleitoral, razão pela qual não incide o disposto no art. 16 da CF, não sendo o caso, ainda, de prevalecer a presunção de inocência, pois não se trata de pena ou punição, mas, sim, de uma reprovação prévia e prejudicial às eleições, pautada pelo princípio da moralidade, nos termos, portanto, do que consagrou o art. 14, § 9.º, da CF. Já os Ministros Dias Toffoli, Gilmar Mendes, Marco Aurélio, Celso de Mello e Cezar Peluso novamente votaram em sentido divergente, reiterando, em termos substanciais, suas razões vertidas nos votos que proferiram quando do julgamento do RE 630.147, aduzindo, em apertado resumo, que uma lei posterior não poderia incidir sobre fato pretérito e dele extrair consequências para o presente, quando daí resulta uma restrição a direito fundamental, aduzindo, ademais, que o recorrente, após ter renunciado ao cargo de senador, teve sua candidatura a deputado federal deferida duas vezes e obtido ampla votação, não podendo agora ser tido como inelegível em virtude de renúncia que antes não impediu fosse candidato e eleito deputado federal. Por fim, entenderam que a decisão do TSE afrontou não apenas o disposto no art. 16 da CF, mas também as exigências da segurança jurídica. Apesar de novamente ter ocorrido empate na votação, o STF acabou decidindo o recurso ao utilizar uma das alternativas regimentais previstas para tal hipótese, precisamente a de que fosse mantida a decisão recorrida.[1160]

1159. Para uma boa síntese do caso e da discussão levada a efeito no STF, v. Fernandes, Bernardo Gonçalves. *Curso de direito constitucional*, p. 541-546.

1160. Aqui nos valemos, mais uma vez, da síntese de Fernandes, Bernardo Gonçalves. *Curso de direito constitucional*, p. 546-550.

Mas a inconstitucionalidade de dispositivos da assim chamada "Lei da Ficha Limpa" voltou a ser apreciada pelo STF. Um dos julgados decidiu, por maioria de seis votos contra cinco, que a LC 135/2010 não poderia ser aplicada às eleições gerais de 2010, tendo sido rejeitada a tese de que a lei teria sido publicada antes das convenções partidárias, pois esta seria a data na qual se iniciaria o processo eleitoral, prevalecendo, portanto, a posição sustentada pelo relator, Min. Gilmar Mendes, que considerava que havia, sim, ocorrido violação do princípio da anterioridade eleitoral consagrado pelo art. 16 da CF, pois a legislação impugnada teria afetado o processo eleitoral na sua fase preliminar, ou seja, pré-eleitoral, que inicia com a escolha e a apresentação das candidaturas na esfera político-partidária.[1161] Todavia, em julgamento posterior, o STF acabou chancelando a constitucionalidade dos dispositivos da LC 135/2010 que foram impugnados em sede de controle abstrato de normas por ofensa tanto ao princípio da irretroatividade quanto por violação da garantia da presunção de inocência, entendendo a maioria que a lei, que deveria ser avaliada pelo Poder Judiciário com particular deferência por ter origem em iniciativa legislativa popular, é aplicável mesmo aos condenados ou aos que renunciaram antes de sua vigência, mas, também, no âmbito de uma ponderação, considerou que a existência de condenação por órgão colegiado, embora ainda pendente recurso, não impacta de modo desproporcional a presunção de inocência, além do que, nos casos de condenação por improbidade administrativa, não se trata de condenação criminal a exigir a consideração da presunção de inocência, apenas para, em caráter de apertadíssima síntese, indicar alguns dos argumentos esgrimidos pelos votos vencedores.[1162]

Em termos de tomada de posição pessoal, sem qualquer pretensão de ampliar o debate, é possível compreender a tendência de se buscar a depuração moral do processo eleitoral e mesmo aceitar que também a presunção de inocência não assume a condição de direito-garantia de cunho absoluto, no sentido de absolutamente imune a limitações, estando essas a serviço da salvaguarda de outros bens constitucionais relevantes. Dito isso, contudo, o problema está em estabelecer critérios rigorosos para justificar constitucionalmente eventual restrição. Nesse sentido, a alegação de que a presunção de inocência não se aplica aos casos de condenação por improbidade administrativa (o mesmo se aplicaria às condenações em sede eleitoral) corresponde a uma leitura estrita da presunção de inocência na condição de regra apenas aplicável na seara criminal, não dando, no nosso sentir, suficiente peso à gravidade das sequelas oriundas de uma condenação por improbidade. Ainda que assim fosse, e mesmo afastando, no caso e em caráter argumentativo, a incidência da presunção de inocência, o estabelecimento de uma causa de inelegibilidade sempre corresponde a uma forte restrição de direitos políticos e, nesse sentido, do próprio princípio democrático, de modo a implicar forte teste da proporcionalidade de tal restrição e mesmo um exame da não afetação do núcleo essencial do direito político atingido pela medida.

1161. Cf. RE 633.703, rel. Min. Gilmar Mendes, j. 23.03.2011, assim como, pela doutrina, NOVELINO, Marcelo. *Direito constitucional*, 7. ed., p. 685.

1162. Cf. o julgamento das ADC 29 e 30/DF e da ADIn 4.578/DF, rel. Min. Luiz Fux, j. 15 e 16.02.2012. Ficaram vencidos o relator, Ministro Luiz Fux, que julgou parcialmente procedente a ação, e os Ministros Gilmar Mendes, Marco Aurélio, Celso de Mello e Cezar Peluso, que a julgaram improcedente, de tal sorte que, por apertada maioria, prevaleceu a posição dos Ministros Joaquim Barbosa, Dias Toffoli, Rosa Weber, Ricardo Lewandowski, Carlos Ayres Britto e Cármen Lúcia.

Outrossim, embora a alegação, sustentada pela posição dominante no STF, de que não há falar em violação da proporcionalidade, tal exame não poderá apenas ser efetuado tendo como parâmetro a presunção de inocência, mas, reitere-se, o próprio direito político (no caso, o sufrágio passivo) na condição de direito fundamental, visto que uma mesma medida restritiva poderá afetar simultaneamente mais de um direito fundamental. A própria diferenciação entre uma condenação em sede criminal e as condenações por improbidade e em sede eleitoral, embora arroladas como equivalentes pela LC 135/2010, deveria ser considerada no contexto do problema. Assim, para além da questão atinente à incidência do art. 16 da CF, em relação ao que partilhamos do ponto de vista de que eventual alteração legislativa, ainda mais agregando gravame da condição dos candidatos e interferindo no seu direito de sufrágio, somente poderá ser aplicada para as eleições futuras, no que diz com a proporcionalidade das novas causas de inelegibilidade (e não apenas da hipótese de condenação por órgão colegiado, ainda que não transitada em julgado a decisão), importa avançar no debate sobre o quanto é prudente e benéfico para o aperfeiçoamento do processo democrático limitar dessa maneira e a tal ponto os direitos políticos passivos. De qualquer sorte, reconhece-se que existem sólidos argumentos esgrimidos por ambos os lados que se formaram no STF, mas, considerando a apertada maioria (6 x 5) e a alteração da composição do STF, designadamente com as aposentadorias dos Ministros Cezar Peluso e Carlos Ayres Britto, ambos em 2012, é de se esperar que ocorram novas e acirradas rodadas de discussão no STF, podendo até mesmo ocorrer uma guinada quanto ao atual posicionamento.

Dentre outros julgados mais recentes do STF que poderiam ser invocados, calha destacar a ADI 6630, relator Ministro Nunes Marques e relator para o acórdão Ministro Alexandre de Moraes, julgada em 09.03.2022. De acordo com a decisão proferida na ocasião e mediante transcrição literal de trecho da Ementa do Acórdão,

"(...) Carece de fundamento legal a pretensão a subtrair do prazo de 8 (oito) anos de inelegibilidade posterior ao cumprimento da pena o tempo em que a capacidade eleitoral passiva do agente foi obstaculizada pela inelegibilidade anterior ao trânsito em julgado e pelos efeitos penais da condenação, conforme expressamente debatido e rejeitado pela CORTE no julgamento das ADCs 29 e 30 e da ADI 4578. 3. A fluência integral do prazo de 8 anos de inelegibilidade após o fim do cumprimento da pena (art. 1.º, I, "e", da LC 64/1990, com a redação da LC 135/2010) é medida proporcional, isonômica e necessária para a prevenção de abusos no processo eleitoral e para a proteção da moralidade e probidade administrativas (...)."

Outro aspecto digno de nota e que começa a chamar a atenção da doutrina brasileira diz respeito à compatibilidade entre diversas das hipóteses previstas na assim chamada "Lei da Ficha Limpa" e os Tratados Internacionais de Direitos Humanos ratificados pelo Brasil, especialmente o Pacto Internacional de Direitos Civis e Políticos e a Convenção Americana de Direitos Humanos (Pacto de San José da Costa Rica). Tais diplomas normativos, já incorporados ao direito interno, gozam de supremacia hierárquica em relação a toda e qualquer legislação infraconstitucional, incluindo as leis complementares, tendo em conta a posição do STF em prol da hierarquia supralegal de tais tratados. Por isso, no âmbito de um controle judicial da convencionalidade da legislação doméstica e considerando que a Convenção Americana, no seu art. 23.2, dispõe que eventuais restrições ao sufrágio ativo e passivo somente poderão se dar (e a Convenção usa o termo exclusivamente!) "por motivos de idade, nacionalidade, residência, idioma, instrução, capacidade civil ou mental, ou condenação, por juiz competente, em processo penal."

Por tal razão, há quem sustente que grande parte das inelegibilidades criadas pela "Lei da Ficha Limpa" infringe o disposto na Convenção Americana, sendo, portanto, inaplicável, especialmente naquilo que guardam relação com problemas de probidade administrativa, prestação de contas, entre outras[1163]. Nessa perspectiva, somada ao postulado de que restrições a direitos devem ser interpretadas restritivamente, urge que o legislador brasileiro se disponha a revisar a "Lei da Ficha Limpa" e, em não o fazendo, que os órgãos do Poder Judiciário, especialmente o TSE e o STF, exerçam o seu poder-dever quanto ao controle de convencionalidade e constitucionalidade da legislação restritiva, até mesmo pelo fato – já anunciado acima – de que também do ponto de vista da proporcionalidade e da razoabilidade é possível questionar seriamente diversas das hipóteses previstas atualmente na nossa ordem jurídica.

4.17.3.2.6 Os casos de perda, suspensão e reaquisição dos direitos políticos

4.17.3.2.6.1 Considerações gerais

De acordo com o que dispõe o art. 15 da CF, "é vedada a cassação de direitos políticos, cuja perda ou suspensão só se dará nos casos de: I – cancelamento da naturalização por sentença transitada em julgado; II – incapacidade civil absoluta; III – condenação criminal transitada em julgado, enquanto durarem seus efeitos; IV – recusa de cumprir obrigação a todos imposta ou prestação alternativa, nos termos do art. 5.º, VIII; V – improbidade administrativa, nos termos do art. 37, § 4.º".

Ao contrário do que se dá com as inelegibilidades, que afetam a capacidade eleitoral passiva, as hipóteses de perda e suspensão dos direitos políticos atingem tanto o direito de votar quanto o de ser votado, tendo, portanto, repercussão mais ampla sobre o estatuto jurídico da cidadania do indivíduo.[1164] Embora a Constituição proíba a cassação dos direitos políticos, ela admite as hipóteses tanto de perda como de suspensão, sendo habitual a distinção doutrinária entre os institutos. No que diz com a cassação, esta se distingue da perda pelo fato de que, enquanto a cassação implica o decreto da perda dos direitos por ato de autoridade, nos casos de perda constitucionalmente previstos a decisão não objetiva diretamente a perda dos direitos políticos, como sanção, mas, sim, que, por força de decisão judicial, podem ser atingidos os pressupostos do exercício dos direitos políticos, implicando indiretamente a sua perda, como se dá, em caráter ilustrativo, no caso do cancelamento da naturalização por sentença transitada em julgado, já que a perda dos direitos é a consequência da decisão que cancela a naturalização, mas não constitui o objeto propriamente dito da decisão.[1165] Já a distinção entre a perda e a suspensão se verifica em outro plano. Com efeito, enquanto a perda assume um caráter em princípio definitivo, de tal sorte que a única hipótese de voltar o indivíduo a fruir dos seus direitos políticos se dá por meio da reaquisição,

---

1163. Cf. para maior desenvolvimento, na perspectiva monográfica, FERREIRA, Marcelo Ramos Peregrino. *O controle de convencionalidade da lei da ficha limpa. Direitos políticos e inelegibilidades*, especialmente p. 113-146 e 177 e ss. Além disso, v. BASTOS JUNIOR, Luiz Magno; SANTOS, Rodrigo Mioto dos. "Levando a sério os direitos políticos fundamentais: inelegibilidade e controle de convencionalidade", texto disponibilizado para citação pelos autores.

1164. Nesse sentido, v., por todos, FERNANDES, Bernardo Gonçalves. *Curso de direito constitucional*, p. 550-551.

1165. Cf. a precisa formulação de GUEDES, Néviton. Capítulo IV – Dos Direitos Políticos, p. 748-749.

nos casos de suspensão o indivíduo fica temporariamente alijado da fruição dos seus direitos políticos, voltando a gozá-los assim que superados os motivos que ensejaram a suspensão, de tal sorte que a suspensão ocorre sempre em caráter temporário.[1166] Por outro lado, muito embora no plano conceitual os institutos da perda e da suspensão sejam facilmente diferenciados, é de se registrar que a Constituição não distinguiu entre as diferentes hipóteses enunciadas no art. 15, pois, ao contrário do que se verificou no constitucionalismo pretérito, contemplou os casos em conjunto, o que, aliás, tem sido objeto de crítica na esfera doutrinária.[1167]

Diante da ausência de uma distinção expressamente estabelecida pela Constituição Federal, doutrina e jurisprudência, levando em conta a natureza das hipóteses constitucionais, têm entendido que a perda dos direitos políticos se dá nos casos de cancelamento da naturalização por sentença transitada em julgado, de invocação da escusa de consciência para não cumprir obrigação alternativa, nos termos do disposto no art. 5.º, VIII, da CF, assim como na hipótese de perda da nacionalidade por aquisição voluntária de outra ou de anulação, mediante sentença transitada em julgado, do processo de naturalização. Já a suspensão dos direitos políticos poderá ocorrer em virtude de condenação criminal transitada em julgado, incapacidade civil absoluta e condenação por improbidade administrativa. Tanto os casos de perda quanto os de suspensão ora elencados serão objeto de atenção individualizada na sequência. Vale acrescentar que comum às duas situações, perda e suspensão, é a circunstância de que ambas somente poderão resultar de decisão judicial competente para proferir, nos diversos casos, o decreto de perda da nacionalidade, a incapacidade civil absoluta, a condenação criminal ou por improbidade administrativa, ou mesmo o decreto de perda dos direitos políticos por não cumprimento de obrigação alternativa.

4.17.3.2.6.2 Perda dos direitos políticos

A primeira hipótese de perda dos direitos políticos, tal como estabelecida no art. 15, I, da CF, decorre do *cancelamento da naturalização (caso configurada a hipótese prevista no art. 12, § 4.º, I, da CF) por sentença transitada em julgado*, pois, salvo sobrevenha sentença anulando o cancelamento, a perda será definitiva. Como já frisado nas considerações gerais, a perda dos direitos políticos é a consequência atrelada ao cancelamento da naturalização, pois é esta que deve ser promovida mediante sentença transitada em julgado, desnecessário até mesmo que na sentença tenha havido menção à perda dos direitos políticos, pois, retornando o indivíduo à condição de estrangeiro, perde ele a condição de eleitor, não atendendo mais às condições constitucionais de elegibilidade, tal como disposto, respectivamente, no art. 14, §§ 2.º e § 3.º, I, da CF.[1168] Tal situação, embora neste caso não prevista expressamente na Constituição dentre as hipóteses de perda dos direitos políticos, se verifica também no caso de *perda da nacionalidade brasileira*, designadamente quando da aquisição voluntária de outra nacionalidade, nos termos do art. 12, § 4.º, II, da CF, o que apenas não se dará em caso de se fazerem presentes as exceções estatuídas no art. 12, § 4.º, II, *a* e *b*, da CF. Pela sua substancial equivalência – no que diz com a perda da nacionalidade –, também eventual anulação do processo de naturalização ensejará a privação dos direitos políticos.[1169] Em

---

1166. Cf., por todos, SILVA, José Afonso da. *Curso de direito constitucional positivo*, 27. ed., p. 382 e ss.
1167. Cf., entre outros, TAVARES, André Ramos. *Curso de direito constitucional*, 18. ed., p. 704.
1168. Cf., por todos, MENDES, Gilmar Ferreira. Direitos políticos, 15. ed., p. 838.
1169. Cf. a lembrança, dentre tantos, de FERNANDES, Bernardo Gonçalves. *Curso de direito constitucional*, p. 552.

ambos os casos (aquisição voluntária de outra nacionalidade e anulação da naturalização), a exemplo do que ocorre com o cancelamento da naturalização, é desnecessário decreto específico da perda dos direitos políticos.

A outra hipótese de perda dos direitos políticos foi prevista no art. 15, IV, da CF, incidindo nos casos de *recusa por parte do indivíduo de cumprir obrigação a todos imposta ou prestação alternativa*, nos termos do art. 5.º, VIII, da CF. De acordo com este último dispositivo constitucional, "ninguém será privado de direitos por motivo de crença religiosa ou de convicção filosófica ou política, salvo se as invocar para eximir-se de obrigação legal a todos imposta e recusar-se a cumprir prestação alternativa, fixada em lei".

A tal respeito, como bem esclarece Néviton Guedes, embora a Constituição Federal garanta a todos o livre exercício de suas crenças de natureza filosófica, religiosa ou política, ela ao mesmo tempo não permite que alguém se exima de cumprir obrigação legal a todos imposta, designadamente em situação na qual a própria lei prevê prestação alternativa que lhe permitiria demonstrar obediência à lei sem prejuízo dos seus credos ou convicções.[1170]

O exemplo habitualmente referido, e de fato o mais expressivo de prestação alternativa, é o que concerne ao serviço militar obrigatório, tal como previsto no art. 143, § 1.º, da CF, que atribui às Forças Armadas competência, na forma da lei, para estabelecer serviço alternativo aos que, em tempo de paz e uma vez alistados, alegarem imperativo de consciência de matriz religiosa, filosófica ou política com o intuito de se eximirem das atividades de caráter essencialmente militar. Tal preceito constitucional foi regulamentado pela Lei 8.239/1991, que, no seu art. 4.º, prevê a possibilidade da suspensão dos direitos políticos a quem se recuse a prestar o serviço militar alternativo. Com relação a tal hipótese, contudo, convém agregar algumas observações. A primeira consideração diz com a circunstância de que *a perda dos direitos políticos se dará apenas em caso de obrigação alternativa prevista e regulamentada por lei*, de tal sorte que, na falta de previsão legal, não poderá ocorrer a privação dos direitos políticos.[1171] Além disso, cuidando-se de forte intervenção nos direitos políticos, também aqui se impõe uma interpretação restritiva, de modo que *a simples recusa de cumprir obrigação geral não poderá ensejar a perda dos direitos políticos*.[1172]

Outro aspecto a merecer destaque diz com o procedimento e a autoridade competente para decretar a perda dos direitos políticos nesse caso, pois, diversamente da Constituição anterior, que atribuía tal competência expressamente ao Presidente da República, a Constituição Federal quedou silente quanto a tal ponto. Na doutrina o problema gerou alguma controvérsia, pois, ao passo que *alguns sustentam que somente mediante processo judicial e decisão transitada em julgado* se poderá privar alguém dos seus direitos políticos em caso de recusa ao cumprimento de prestação alternativa,[1173] outros entendem que a competência legislativa é da União, de tal sorte que, nos termos da Lei 8.239/1991, é a autoridade administrativa quem deverá, em procedimento próprio, decretar a suspensão dos direitos políticos, assim como se dá nos casos de perda da nacionalidade por naturalização voluntária.[1174] Uma última anotação diz respeito ao fato de que, embora a Lei 8.239/1991 utilize a expressão "suspensão" em vez de "perda", é da privação mesmo que se trata em concreto, pois, como

---

1170. Cf. GUEDES, Néviton. Capítulo IV – Dos Direitos Políticos, p. 751.
1171. Cf., entre outros, MORAES, Alexandre de. *Direito constitucional*, p. 271.
1172. Nesse sentido, v., em especial, MENDES, Gilmar Ferreira. Direitos políticos, 15. ed., p. 838.
1173. É o caso, dentre outros, de SILVA, José Afonso da. *Curso de direito constitucional positivo*, 27. ed., p. 386.
1174. Nesse sentido o entendimento de MORAES, Alexandre de. *Direito constitucional*, p. 271-272.

não se trata de uma sanção aplicada em caráter temporário (como ocorre nas hipóteses de condenação criminal, por exemplo), o que poderá ocorrer é a reaquisição dos direitos políticos, a qualquer tempo, desde que demonstrado o cumprimento das obrigações devidas.[1175]

4.17.3.2.6.3 As hipóteses de suspensão dos direitos políticos

A primeira hipótese de suspensão dos direitos políticos se verifica quando configurada, nos termos do art. 15, II, da CF, a *incapacidade civil absoluta do indivíduo*. Cuida-se dos efeitos secundários da sentença judicial que decreta a interdição, nos termos do art. 3.º do CC (que elenca os casos de incapacidade civil absoluta), pois a decisão judicial não estabelece a perda dos direitos políticos, mas sim, ao decretar a incapacidade civil absoluta, opera em nível dos pressupostos do exercício de tais direitos. A hipótese, como se pode perceber sem maior dificuldade, é de suspensão dos direitos políticos, pois se trata de restrição que não assume, em princípio, caráter definitivo, podendo ser cancelada a qualquer momento mediante novo provimento judicial que restabeleça a capacidade civil do indivíduo, que também voltará a fruir dos seus direitos políticos.[1176] Convém destacar, ainda, que, em se tratando de *mera incapacidade civil relativa*, nos termos das hipóteses previstas no art. 4.º do CC, *não estará o indivíduo privado da fruição dos seus direitos políticos*.[1177]

A outra hipótese de suspensão dos direitos políticos se verifica, a teor do art. 15, III, da CF, nos casos de *condenação criminal transitada em julgado, enquanto durarem seus efeitos*. A referência genérica à condenação criminal conduziu ao entendimento ainda prevalente, inclusive no STF, de que a perda dos direitos políticos se dará mesmo que a condenação se dê por crime culposo ou contravenção, não importando também a natureza do bem jurídico tutelado pela norma penal ou mesmo a natureza da pena cominada e/ou aplicada, visto que a Constituição Federal não estabeleceu qualquer diferenciação quanto a tais aspectos.[1178] Todavia, é de se registrar a existência de entendimento diverso – embora minoritário –, tanto na doutrina[1179] quanto na jurisprudência, afastando a suspensão dos direitos políticos no caso de crimes culposos.[1180] No próprio STF – embora o entendimento majoritário já referido – existe quem entenda que a interpretação de que a aplicabilidade imediata da norma contida no art. 15, III, da CF implica automaticamente a suspensão dos direitos políticos não é compatível com o sistema constitucional, pois é a

---

1175. Cf., por todos, Moraes, Alexandre de. *Direito constitucional*, p. 272. Na doutrina, todavia, há quem adote o entendimento de que se trata de hipótese de suspensão, pois poderá haver a reaquisição dos direitos, desde que comprovado o cumprimento das obrigações correspondentes, como é o caso da posição de Novelino, Marcelo. *Direito constitucional*, 7. ed., p. 687.

1176. Cf., por todos, Mendes, Gilmar Ferreira. Direitos políticos, 15. ed., p. 838.

1177. Cf. anota Guedes, Néviton. Capítulo IV – Dos Direitos Políticos, p. 750.

1178. Cf., no âmbito da doutrina, v., por todos, Moraes, Alexandre de. *Direito constitucional*, p. 274. Da jurisprudência do STF refere-se aqui a decisão no RE 179.502-6/SP, rel. Min. Moreira Alves, j. 31.05.1995. Mais recentemente, v. o RE 577.012-AgRg, rel. Min. Ricardo Lewandowski, j. 09.11.2010.

1179. Nesse sentido, v., por todos, em nível da produção monográfica, Conceição, Tiago de Menezes. *Direitos políticos fundamentais e sua suspensão por condenações criminais e por improbidade administrativa*, especialmente p. 139 e ss., sugerindo mesmo uma possibilidade de modulação para mais e para menos, chegando inclusive a propor a suspensão de aspectos do exercício de outros direitos fundamentais relacionados.

1180. Cf. se verifica no caso de decisão do TRE de São Paulo, Acórdão 112.985, rel. Juiz Mathias Coltro, reiteradamente citado nos cursos e manuais de direito constitucional.

lei que deverá estabelecer quais os delitos que ensejam, pelas suas peculiaridades ou gravidade, a suspensão dos direitos políticos.[1181]

Embora não se possa aqui ampliar a discussão, *consideramos que as exigências da proporcionalidade não podem ser descuradas e que a referência genérica da Constituição no caso das condenações criminais não é incompatível com uma modulação, especialmente se esta for operada no sentido de não fazer incidir a suspensão em algumas hipóteses, como precisamente dá conta o exemplo dos crimes culposos, ou mesmo delitos de menor potencial ofensivo e contravenções que não guardam relação com a atividade política, seja em sentido amplo, seja em sentido estrito.* A exegese dominante – mas não necessariamente a melhor – de afirmar que a resposta constitucionalmente correta é a de suspender sempre em havendo condenação criminal está, no mínimo, a reclamar uma reavaliação, não sendo sequer, para o efeito de uma interpretação conforme, necessária uma regulamentação legal, que, de qualquer sorte, é desejável, de modo a evitar posições díspares e a respectiva insegurança, na dependência da posição pessoal de juízes e mesmo de um ou outro colegiado. A solução constitucionalmente adequada, no nosso sentir, não está em negar aplicabilidade imediata à norma contida no art. 15, III, da CF, mas, sim, reside ou na aprovação de lei que regulamente as hipóteses de suspensão e preserve casos de não suspensão (lei que ainda assim poderá ser fiscalizada mediante o controle incidental e abstrato de constitucionalidade), ou, enquanto tal não se verificar, na referida avaliação de cada caso, devidamente justificada e amparada em criteriosa consideração das exigências da proporcionalidade. Por outro lado, o argumento de que a adoção de parâmetros gerais e abstratos por meio de legislação sobre a matéria inibiria, em concreto, uma aplicação efetivamente proporcional, caso a caso, da suspensão dos direitos políticos igualmente merece ser recebido com extrema cautela e mesmo ser refutado. Cuidando-se de medida restritiva de direitos fundamentais e devendo tais medidas observar os requisitos da isonomia e da segurança jurídica, não apenas é legítimo como é mesmo desejável que o legislador estabeleça uma pauta geral a guiar e vincular, de partida, os órgãos jurisdicionais. A sua falta é que, no nosso entender, não poderia obstar a opção judicial, devidamente fundamentada, de ressalvar, no ato da sentença, que não se está suspendendo os direitos políticos, deixando nesse caso de oficiar a Justiça Eleitoral.

Outro aspecto que tem merecido intensa atenção da doutrina e da jurisprudência, gerando amplo debate no STF, diz com a exigência constitucional de que a suspensão dos direitos políticos apenas se dê mediante sentença condenatória transitada em julgado, o que foi objeto de apreciação na já referida ADPF 144/DF,[1182] onde restou confirmada tal exigência, afastada, portanto – também em homenagem ao princípio (direito-garantia fundamental) da presunção de inocência –, a tese de que, por força dos princípios da moralidade e da *probidade administrativa*, referidos no art. 14, § 9.º, a simples existência de processos criminais ou de processos por improbidade administrativa teria o condão de ensejar o indeferimento do registro da candidatura a cargo eletivo.

Ainda assim, é possível que cautelarmente se suspenda os efeitos de sentença penal condenatória transitada em julgado e restabeleça os direitos políticos, conforme ilustra a decisão cautelar proferida no HC 166.549, em que foi determinado a Juízo Eleitoral que

---

1181. Nesse sentido, por exemplo, o posicionamento (embora não igual em todos os pontos) dos Ministros Sepúlveda Pertence e Marco Aurélio, manifestado quando da votação no RE 179.502-6/SP, já referido.

1182. Cf. ADPF 144/DF, rel. Min. Celso de Mello, j. 06.08.2008.

observasse decisão liminar do mesmo HC que suspendeu os efeitos da decisão condenatória transitada em julgado, em especial quanto a inelegibilidade do paciente, até decisão ulterior ou julgamento de mérito.[1183]

Outro tópico de relevo diz com os casos de aplicação de medida de segurança, hipótese sobre a qual não se pronunciou, ao menos não de modo expresso, a Constituição Federal, designadamente em se cuidando de caso de absolvição imprópria, no qual, embora não ocorra uma condenação, ao réu absolvido, por não punível, é aplicada medida de segurança. Aqui, mediante uma interpretação baseada numa leitura combinada dos incisos II e III do art. 15 da CF, firmou-se o entendimento de que, mesmo não decretada a incapacidade civil absoluta do indivíduo, a sua condição de penalmente inimputável (acometido que está de doença mental ou desenvolvimento mental retardado) é incompatível com o exercício dos seus direitos políticos ativos e, acima de tudo, passivos, de tal sorte que também nesses casos (de aplicação de medida de segurança quando de absolvição) terá o acusado os seus direitos políticos suspensos, uma vez transitada em julgado a sentença.[1184]

Além das situações expostas, é de se mencionar indagação relacionada à suspensão dos direitos políticos nos casos de suspensão condicional da pena, prevalecendo o entendimento de que o *sursis* não gera qualquer efeito sobre a suspensão dos direitos políticos, pois esta é consequência da condenação criminal transitada em julgado, que segue configurada, e, portanto, não se confunde com o benefício da suspensão do cumprimento da pena.[1185] *O mesmo, aliás, se dá na hipótese de obter o condenado o benefício do livramento condicional*, nos casos de prisão em regime aberto ou prisão domiciliar, ou nos casos de substituição da pena privativa de liberdade por pena restritiva de direitos, persistindo, durante esse período, a suspensão dos direitos políticos, pois esta apenas cessará quando do cumprimento (extinção) da pena.[1186] Aliás, nos termos da Súmula 9 do TSE, "a suspensão de direitos políticos decorrente de condenação criminal transitada em julgado cessa com o cumprimento ou a extinção da pena, independendo de reabilitação ou prova de reparação dos danos".

Outra hipótese que segue merecendo atenção e demanda melhor equacionamento, também e mesmo especialmente em nível legislativo, diz respeito aos *efeitos de sentença criminal condenatória transitada em julgado em relação aos que detêm mandato eletivo*. Se a suspensão dos direitos políticos é consequência automática da sentença criminal, também o exercício do mandato restará afetado direta e automaticamente, o que configura regra geral afirmada pela doutrina dominante, em adesão ao entendimento prevalecente na

---

1183. HC 166.549, rel. Min. Gilmar Mendes, j. em 03.03.2020.

1184. Cf. o *leading case* do TSE no PA 19.297/PR, Resolução 22.193, rel. Min. Francisco Peçanha Martins, *DJ* 11.04.2006. Na doutrina v., por todos, a excelente fundamentação de MENDES, Gilmar Ferreira. Direitos políticos, 15. ed., p. 839-840.

1185. Cf., entre outros, MENDES, Gilmar Ferreira. *Direitos políticos*, 15. ed., p. 839, assim como MORAES, Alexandre de. *Direito constitucional*, p. 275. Neste sentido, v. decisão do STF no sentido da suspensão automática dos direitos políticos quando existe sentença penal condenatória transitada em julgado, mesmo que esteja em curso período de suspensão condicional da pena, cf. ARE 1.046.939 AgR, rel. Min. Gilmar Mendes, Segunda Turma, j. em 30.08.2019.

1186. Aqui, também, v. MORAES, Alexandre de. *Direito constitucional*, p. 275, com arrimo em julgados do TSE (v.g., Rec. 10.797/RS, Acórdão 12.926, rel. Min. Carlos Velloso, *DJ* 1.º.10.1992). Sobre a suspensão automática de direitos políticos nos casos de condenação criminal transitada em julgado em que houve a conversão da pena privativa de liberdade pela pena restritiva de direitos, v. RE 601.182, rel. Min. Marco Aurélio, rel. p/ Acórdão Min. Alexandre de Moraes, j. em 08.05.2019, *leading case* do Tema de Repercussão Geral 370.

jurisprudência.[1187] Com efeito, de acordo com precedente do STF, a regra contida no art. 15, III, da CF é dotada de aplicabilidade imediata, ensejando a perda do mandato eletivo de modo automático, o que só não incidirá quando configurada a exceção prevista no art. 55, VI e § 2.º, da CF, dirigida aos deputados federais e senadores, que perderão o mandato apenas mediante procedimento específico referido no citado preceito constitucional.[1188] Também os deputados estaduais, considerando o disposto nos arts. 27, § 1.º, e 32, § 3.º, ambos da CF, não perderão automaticamente o seu mandato, a não ser em virtude de decisão por maioria absoluta e mediante voto secreto da respectiva Casa Legislativa.[1189]

Todavia, com o julgamento da AP 470, relatada pelo Min. Joaquim Barbosa (o famoso caso do "Mensalão"), o STF – embora ainda não transitada em julgado a decisão – está a apontar um outro rumo no que diz com a orientação adotada no precedente acima referido. Com efeito, por apertada maioria (5 votos a 4), o Tribunal decidiu pela perda automática do mandato dos parlamentares condenados no processo (no caso, todos deputados federais), com destaque para os argumentos articulados pelo Min. Gilmar Mendes, no sentido de que a CF deve ser compreendida como um todo, apontando, em termos práticos, para a circunstância de que, condenados à pena de reclusão a ser cumprida em regime inicial fechado, não haveria sequer possibilidade de conciliar tal circunstância com o exercício do mandato, devendo a manifestação da Câmara dos Deputados ter caráter meramente declaratório, dando publicidade ao julgamento do STF. Já o Min. Celso de Mello, aderindo à linha argumentativa do Min. Gilmar Mendes, referiu a necessidade de harmonização entre o disposto no art. 15, III, da CF e o disposto nos §§ 2.º e 3.º do art. 55 da CF, votando no sentido de que, nos casos de condenação a pena privativa de liberdade superior a quatro anos de reclusão ou condenação por crime contra a administração pública (portanto, por delito que envolva ato de improbidade), como é o caso da corrupção e do peculato, hipótese na qual a pena poderá até mesmo ser menor do que quatro anos, aplica-se, portanto, o espírito que preside a LC 135/2010. Assim, cuidando-se de condenação por outros delitos e sendo a pena igual ou inferior a quatro anos de reclusão, aplicável o disposto no art. 55, §§ 2.º e 3.º, da CF, de tal sorte que nesses casos a perda do mandato deverá ser deliberada pela Casa Legislativa (Senado ou Câmara dos Deputados, o mesmo também se verificando no caso dos deputados estaduais) integrada pelo parlamentar condenado. Em que pese a divergência por parte de alguns Ministros e a polêmica que tem cercado a matéria, chegando ao ponto mesmo de ensejar inclusive um clima de confronto entre o Congresso Nacional e o STF (não só, mas especialmente no caso "Donadon"), a orientação no sentido da perda automática dos mandatos acabou, ao menos por ora, a prevalecer no âmbito da nossa mais alta Corte.[1190]

1187. Cf., por todos, MORAES, Alexandre de. *Direito constitucional*, p. 276.

1188. Cf. RE 179.502, rel. Min. Moreira Alves, *DJ* 08.09.1995.

1189. Cf. FERNANDES, Bernardo Gonçalves. *Curso de direito constitucional*, p. 533; MORAES, Alexandre de. *Direito constitucional*, p. 277.

1190. "A perda do mandato parlamentar, no caso em pauta, deriva do preceito constitucional que impõe a suspensão ou a cassação dos direitos políticos. Questão de ordem resolvida no sentido de que, determinada a suspensão dos direitos políticos, a suspensão ou a perda do cargo são medidas decorrentes do julgado e imediatamente exequíveis após o trânsito em julgado da condenação criminal, sendo desimportante para a conclusão o exercício ou não de cargo eletivo no momento do julgamento." (Plenário, AP 396-QO, rel. Min. Cármen Lúcia, j. 26.06.2013, *DJe* 30.09.2013.) No mesmo sentido, v., mais recentemente, a decisão na AP 694/MT, rel. Min. Rosa Weber, j. 02.05.2017, no bojo do qual houve condenação de Deputado Federal à pena de 12 anos, 06 meses e 06 dias e reclusão, em regime inicial fechado, estabelecendo-se como efeitos da condena-

Quanto aos demais casos, ou seja, tratando-se de condenados criminalmente que exercem mandato de chefe do Executivo ou de vereador, a perda do mandato se traduz em consequência automática da condenação criminal transitada em julgado, que será comunicada à Justiça Eleitoral, que, por sua vez, oficiará ao presidente da Casa Legislativa, que, mediante ato de caráter meramente declaratório, extinguirá o mandato.[1191] De qualquer sorte, a circunstância de que deputados federais, senadores e mesmo deputados estaduais não percam automaticamente seus mandatos não afasta, para os demais efeitos – inclusive de modo automático –, a suspensão dos seus direitos políticos, visto que não elegíveis enquanto perdurarem os efeitos da suspensão.

Por derradeiro, importa agregar que a hipótese de suspensão dos direitos políticos por força de condenação criminal não se confunde com os casos de inelegibilidade previstos no art. 1.º, I, *e*, da LC 64/1990 (com as alterações introduzidas pela LC 135/2010), onde está previsto serem inelegíveis para qualquer cargo aqueles que forem condenados criminalmente, em virtude de sentença transitada em julgado ou proferida por órgão judicial colegiado, pela prática de crimes contra a economia popular, a fé pública, a administração pública, o patrimônio público, o mercado financeiro, por tráfico de entorpecentes e por crimes eleitorais, entre outros. A inelegibilidade, nos termos do citado preceito legal, será de oito anos após o cumprimento da pena. Tal previsão, por sua vez, por encontrar seu fundamento no art. 14, § 9.º, da CF, que dispõe sobre as inelegibilidades legais, diz com uma situação específica de inelegibilidade que se dá depois do término da suspensão dos direitos políticos dos que foram criminalmente condenados por tais delitos, não se estendendo tal causa de inelegibilidade aos que foram condenados por outros delitos que não os elencados no art. 1.º, I, *e*, da LC 64/1990.[1192]

Um caso interessante, igualmente apreciado pelo STF em sede de repercussão geral (RE 1282553 RG, relator Ministro Alexandre de Morais, julgado em 16.12.2021) reconhecida pela Corte, diz respeito à possibilidade de investidura no cargo de apenado condenado mediante sentença transitada em julgado e com direitos políticos suspensos, aprovado em concurso público e em débito com a Justiça Eleitoral.

A última hipótese de suspensão dos direitos políticos a ser analisada é a que decorre da *prática de atos de improbidade administrativa*, nos termos do disposto no art. 15, V, da CF, que, por sua vez, remete ao art. 37, § 4.º, da CF, o qual também prevê a imposição, dentre outras medidas, da suspensão dos direitos políticos, na forma e gradação previstas em lei e sem prejuízo da ação penal cabível. A regulamentação legal encontra-se na Lei 8.429/1992, que tipifica os atos de improbidade administrativa e as respectivas sanções, dentre as quais a suspensão dos direitos políticos pelo prazo de cinco a dez anos (art. 12). Assim como se dá nos casos de condenação criminal, também na hipótese de prática de ato de improbidade administrativa a suspensão dos direitos políticos dependerá de sentença judicial transitada em julgado, o que, aliás, encontra previsão na própria Lei 8.429/1992, no seu art. 20. Convém frisar que a inelegibilidade incide desde a condenação ou o trânsito em julgado até

ção, entre outros (e nesse ponto frise-se por maioria), a perda do mandato parlamentar de modo automático e sem necessidade de prévia deliberação pelo Plenário da Câmara dos Deputados, porquanto, perdurando a prisão por mais de 120 dias e faltando o parlamentar a 1/3 das sessões legislativas, a perda do mandato é automática, bastando a declaração pela Mesa da Câmara (cf. art. 55, III, c/c § 3.º, da CF).

1191. Cf. decisão do STF no RE 225.019/GO, rel. Min. Nelson Jobim, j. 08.08.1999.

1192. Cf., por todos, MENDES, Gilmar Ferreira. Direitos políticos, 15. ed., p. 842.

o transcurso do prazo de oito anos após o cumprimento da pena, prazo que se inicia após o término do prazo da suspensão imposta pela condenação, de modo que ambos os períodos devem ser somados, podendo, portanto, alcançar um total de dezoito anos, tornando tal inelegibilidade extremamente rigorosa,[1193] a tal ponto de se poder cogitar mesmo de uma eventual desproporcionalidade, especialmente analisadas as circunstâncias do caso concreto, o que aqui, contudo, não será desenvolvido.

Diferentemente, contudo, do que se dá nos casos de condenação criminal, a doutrina e especialmente a jurisprudência dominante exigem que a suspensão dos direitos políticos, nos casos de improbidade administrativa, deve ser específica e expressamente decretada por juiz competente no bojo de ação civil de improbidade, mediante a devida fundamentação, não se tratando, portanto, de uma consequência automática da condenação, o que, por sua vez, decorre da natureza não criminal do processo e da respectiva condenação.[1194]

Muito embora não seja o caso de aqui aprofundar a matéria relativa à improbidade administrativa, importa recordar que o STF adotou o entendimento de que a Lei 8.429/1992 é inaplicável aos agentes políticos (Presidente da República, Ministros de Estado, Ministros do STF, Procurador-Geral da República), pois esses estão sujeitos ao regime dos assim chamados crimes de responsabilidade, nos termos dos arts. 52, I e II, 85, 86 e 102, I, *c*, da CF, bem como de acordo com o estabelecido na Lei 1.079/1950, que disciplina o respectivo processo, de tal sorte que a responsabilização cível por atos de improbidade administrativa somente é aplicável aos demais agentes públicos.[1195] Em relação ao tópico, convém observar que, ainda que seja oportuna a alegação de que a aplicação do regime da improbidade aos agentes políticos referidos poderia ensejar evidentes distorções, como, por exemplo, até mesmo o afastamento do Presidente da República por força de decisão de juiz singular,[1196] ao mesmo tempo resulta evidente que os atos tipificados como sendo de improbidade não se confundem em geral com a figura típica dos crimes de responsabilidade e mesmo crimes comuns praticados pelos agentes políticos, sendo necessário, portanto, construir uma solução diferenciada para tais hipóteses (atos de improbidade praticados por agentes políticos) que ao mesmo tempo preserve, dada a relevância da matéria e a repercussão das respectivas decisões (e não apenas para a pessoa do detentor do cargo), os agentes políticos e o interesse público de uma eventual manipulação, mas não afaste a possibilidade de sua responsabilização também pela prática de improbidade administrativa.

4.17.3.2.7 A reaquisição dos direitos políticos

Mesmo que tenha perdido os seus direitos políticos, consoante já adiantado, o agente terá a possibilidade de vir a readquiri-los. É por tal razão que o critério do caráter definitivo

---

1193. Cf., por todos, GOMES, José Jairo. *Direito eleitoral*, p. 195-196.

1194. Cf. GUEDES, Néviton. Capítulo IV – Dos Direitos Políticos, p. 751. É de se considerar aqui que a improbidade não se confunde com o ato meramente ilegal, razão que motivou o afastamento da inelegibilidade decorrente da interpretação do TSE de que a rejeição de contas por violação à Lei de Licitações (Lei n. 8.666/1993) configura ato doloso de improbidade administrativa, sob o fundamento de que a interpretação extensiva conferida pelo TSE apresentava contrariedade com a CF e a jurisprudência do STF, cf. ARE 1.197.808 AgR-segundo, rel. Min. Gilmar mendes, Segunda Turma, j. em 03.03.2020.

1195. Cf., por todos, MENDES, Gilmar Ferreira. Direitos políticos, 15. ed., p. 843. Da jurisprudência do STF, destaca-se a Rcl 2.138/DF, rel. Min. Nelson Jobim, j. 13.06.2007.

1196. Cuida-se de exemplo referido por MENDES, Gilmar Ferreira. Direitos políticos, 15. ed., p. 843.

da perda não é tido como adequado para distinguir as hipóteses de perda e suspensão, devendo ser compreendido como indicativo de uma espécie de definitividade relativa, que poderá, ou não, assumir caráter definitivo se aquele que tiver sido privado dos seus direitos não buscar ou não alcançar a sua reaquisição, nos termos da ordem jurídica. Assim, nos casos de cancelamento da naturalização, a perda dos direitos políticos poderá ser revertida mediante ação rescisória, consoante já adiantado no capítulo que versou sobre a nacionalidade. Em se tratando de perda dos direitos políticos como decorrência de inadimplemento de obrigação alternativa por razões de consciência, convicção filosófica, crença etc., a própria legislação que regula a matéria (Lei 8.239/1991) possibilita a reaquisição dos direitos políticos, a qualquer tempo, mediante o cumprimento das obrigações devidas.

4.17.3.2.8 A regra da anualidade em matéria eleitoral (art. 16 da CF)

De acordo com o disposto no art. 16 da CF, a lei que alterar o processo eleitoral entrará em vigor na data de sua publicação, não se aplicando à eleição que ocorra até um ano da data de sua vigência. Na precisa formulação de Néviton Guedes, cuida-se de típica regra de especialização, pois mediante tal norma a Constituição converte o princípio geral da segurança jurídica em uma regra especial de segurança jurídica em matéria eleitoral, no sentido de uma regra de não surpresa, que busca preservar o processo eleitoral e a própria democracia de eventuais alterações bruscas e casuísticas.[1197] Nesse sentido, aliás, a posição do STF, que chegou a reconhecer um direito fundamental à não surpresa no âmbito do processo eleitoral, direito esse que representa tanto uma garantia do cidadão em geral, e não apenas do eleitor, mas também do candidato e dos partidos políticos, ademais de garantia de um devido processo legal eleitoral, estando, na condição de "cláusula pétrea", protegido até mesmo contra a supressão e erosão por meio do poder de reforma constitucional.[1198]

Um aspecto de suma relevância no que concerne à aplicação do art. 16 da CF diz com o que se compreende por legislação eleitoral para este efeito, ou seja, se a regra da anterioridade incide em relação a toda e qualquer legislação versando sobre matéria eleitoral ou apenas se aplica a um determinado tipo de normas eleitorais. Nesse sentido, colaciona-se o magistério de Néviton Guedes, que, mediante análise das decisões do STF,[1199] chega à conclusão de que há que distinguir entre lei ou norma eleitoral em sentido amplo e lei ou norma

---

1197. Cf. GUEDES, Néviton. Capítulo IV – Dos Direitos Políticos, p. 752.

1198. Cf., especialmente, a decisão na ADIn 3.685, rel. Min. Ellen Gracie, j. 22.03.2006, que precisamente versava sobre alegação de inconstitucionalidade de emenda constitucional, no caso, a EC 52/2006, que introduziu novas regras sobre coligações partidárias, que foram consideradas, pelo STF, aplicáveis apenas para as próximas eleições. Mais recentemente, v. a decisão na ADIn 4.307, rel. Min. Cármen Lúcia, j. 11.04.2013: "EC 58/2009. Alteração na composição dos limites máximos das câmaras municipais. Inciso IV do art. 29 da CR. (...) Posse de novos vereadores: impossibilidade. Alteração do resultado de processo eleitoral encerrado: inconstitucionalidade. Contrariedade ao art. 16 da CR. (...) Norma que determina a retroação dos efeitos de regras constitucionais de composição das câmaras municipais em pleito ocorrido e encerrado: afronta à garantia do exercício da cidadania popular (arts. 1.º, parágrafo único, e 14, da CF) e a segurança jurídica". Na doutrina confira-se a alentada argumentação de MENDES, Gilmar Ferreira. Direitos políticos, 15. ed., p. 893 e ss., oferecendo, além disso, uma excelente síntese da evolução jurisprudencial no âmbito do STF sobre a matéria.

1199. Este foi o caso da ADIn 3.345, rel. Min. Celso de Mello, j. 25.08.2005, que analisou a constitucionalidade da Resolução 21.702/2004, do TSE, que normatizou os critérios de proporcionalidade para a fixação do número de vereadores.

eleitoral em sentido estrito, consideradas como tais as que impliquem efetivas modificações no processo eleitoral e que, além disso, venham a afetar o seu resultado e interferir nas condições da competição, portanto, as normas que sejam capazes de produzir desigualdade de participação dos partidos e respectivos candidatos.[1200] Assim, parece correto afirmar que na acepção do STF a regra da anterioridade contida no art. 16 da CF deverá ser aplicada e rigorosamente controlada quanto à sua incidência, sempre que se cuidar de norma eleitoral que tenha como consequência uma intervenção restritiva na esfera dos direitos políticos e da atuação dos partidos políticos, em especial quando implicar uma violação da isonomia no âmbito do processo eleitoral.[1201]

Ainda nesse contexto convém agregar que o STF, com o intuito de assegurar ao máximo a função de garantia do processo eleitoral vinculada ao art. 16 da CF, interpretou de modo amplo a expressão "lei" contida no referido preceito constitucional, de modo a incluir na acepção toda e qualquer espécie normativa de caráter autônomo, geral e abstrato emanada pelo Congresso Nacional no exercício de sua competência constitucional (art. 22, I, da CF), alcançando até mesmo as emendas constitucionais.[1202] Além disso, o STF pontuou que a noção de processo eleitoral envolve, para efeitos de incidência da regra da anterioridade, um complexo de atos que abarca desde a fase pré-eleitoral (escolha, apresentação das candidaturas e propaganda eleitoral), passando pelo período das eleições e alcançando a fase pós-eleitoral, que se inicia com a apuração e contagem dos votos e termina com a diplomação dos candidatos. Por fim, ainda de acordo com o mesmo precedente do STF, a norma contida no art. 16 da CF objetiva impedir toda e qualquer deformação do processo eleitoral, mediante medidas de natureza casuística e que afetem a isonomia entre partidos e candidatos.

Porém, considerando tanto a relevância quanto o dinamismo do processo político-eleitoral, não causa surpresa que o tema siga sendo objeto de intenso debate, inclusive provocando forte dissídio entre os integrantes do próprio STF. Isso pôde ser verificado especialmente no caso do julgamento dos Recursos Extraordinários 630.147 (caso Joaquim Roriz) e 631.102 (caso Jader Barbalho), já rapidamente referidos, que envolveram a aplicação imediata ao processo eleitoral da assim chamada "Lei da Ficha Limpa", onde, todavia, não chegou a se formar uma maioria em favor de uma ou outra posição, visto que em ambos os julgamentos a votação quedou empatada, ficando o Tribunal dividido entre a tese da aplicação imediata da lei às eleições de 2010 e a tese contrária, que defendeu a incidência do art. 16 da CF na espécie. Na ocasião, o julgamento do primeiro caso ficou prejudicado, em razão da perda superveniente de seu objeto, ao passo que no caso Jader Barbalho acabou sendo mantida a decisão do TSE, que decidira pela aplicação imediata da legislação impugnada. Precisamente nesses casos, que envolvem típicas hipóteses de restrição de direitos fundamentais, veiculadas pela LC 135/2010, há que levar a sério a tese da plena incidência da regra da

---

1200. Cf. GUEDES, Néviton. Capítulo IV – Dos Direitos Políticos, p. 752.

1201. V., nesse sentido, a decisão na ADIn 3.741, rel. Min. Ricardo Lewandowski, j. 06.08.2006, que entendeu não ter havido ofensa ao art. 16 da CF no caso da regulação criada pela Lei 11.300/2006, seja pelo fato de que não ocorreu o rompimento da igualdade de participação dos partidos políticos e respectivos candidatos, seja pela circunstância de que a legislação impugnada não afetou a normalidade das eleições, não tendo tido, ademais, motivação casuística.

1202. Cf. ADIn 4.307, rel. Min. Cármen Lúcia, j. 11.11.2009.

anterioridade, situação que transcende, como bem aponta Gilmar Mendes, a discussão em torno da existência de uma interferência no processo eleitoral e mesmo de um eventual casuísmo.[1203]

A celeuma respeitante à aplicação da "Lei da Ficha Limpa" a fatos pretéritos não se encontra, contudo, plenamente superada no âmbito do STF e segue gerando acirradas discussões e perplexidades. Nesse sentido, calha invocar o julgamento do RE 929.670/DF, em 04.10.2017, rel. Ministro Ricardo Lewandowski (relator para o Acórdão Ministro Luiz Fux), no qual se afirmou a aplicabilidade da alínea *d* do inciso I do art. 1.º da LC 64/1990 com a redação dada pela LC 135/2010, a fatos anteriores à sua publicação. No caso concreto apreciado pelo STF, o Plenário, por maioria, ao discutir a incidência de causa de inelegibilidade prevista no dispositivo legal citado à hipótese de representação eleitoral julgada procedente e transitada em julgado antes da entrada em vigor da LC 135/2010, que aumentou de três para oito anos o prazo de inelegibilidade. Entendeu a Corte que uma vez transcorrido o prazo de três anos previsto na redação originária do art. 1.º, inciso I, alínea *d* da LC 54/1990 (inelegibilidade em virtude de condenação pela Justiça Eleitoral transitada em julgado ou proferida por órgão colegiado em processo de apuração de abuso de poder econômico ou político), por força de decisão transitada em julgado, o legislador infraconstitucional pode aumentar os prazos de inelegibilidade, sem que isso venha a implicar ofensa à coisa julgada. No caso, ocorreu ampliação do período de inelegibilidade de três para oito anos, mas o STF considerou legítima tal alteração e sua aplicação a fatos anteriores pois não se trata de medida de natureza sancionatória ou punitiva, mas tão somente requisito negativo de adequação do indivíduo ao regime jurídico do processo eleitoral.

Ademais disso é preciso destacar que a divergência veiculada pelos votos dos Ministros Ricardo Lewandowski (Relator originário), Gilmar Mendes, Alexandre de Moraes, Marco Aurélio e Celso de Mello, fundou-se essencialmente no argumento da prevalência da coisa julgada formal e material e não propriamente no art. 16 da CF, muito embora se tratasse também da aplicação da lei a fatos anteriores, assim como um problema ligado à proibição de retroatividade *in pejus*. De qualquer sorte, com o devido respeito à posição que acabou por prevalecer, novamente por apertada maioria, a razão, na perspectiva de uma leitura restritiva de fortes restrições a direitos fundamentais, que não se restringem a medidas de natureza punitiva e/ou sancionatória, ainda mais quando envolve aplicação retroativa de restrições, os melhores argumentos no caso ora sumariamente comentado estão do lado dos vencidos. Mas, levando em conta justamente a dinâmica do processo eleitoral e das decisões do próprio STF, o que se soma ao fato de se tratar de posição adotada por maioria de um voto, leva a crer que segue se tratando de problema aberto a novos desenvolvimentos.

Recentemente, com a Emenda Constitucional n. 107/2020, foram adiadas, em razão da pandemia da Covid-19, as eleições municipais de 2020 e os prazos eleitorais. Há que considerar que a edição da emenda não importou em restrição significativa de direitos e garantias fundamentais dos cidadãos, sejam eles eleitores ou candidatos, visto não ter sido atingida a igualdade de chances, sendo a emenda justamente o meio adequado para resolver, dentro dos parâmetros estabelecidos pela CF, a questão sobre as eleições num contexto de calamidade pública nacional e internacional como o vivenciado por causa da pandemia do

---

1203. Cf. MENDES, Gilmar Ferreira. Direitos políticos, 15. ed., p. 890 e ss., colacionando importantes argumentos em favor da tese da aplicabilidade, na espécie e em situações similares, da regra do art. 16 da CF.

novo coronavírus. Por tal razão, a aprovação da EC n. 107/2020 também não pode ser tida como violadora tanto dos limites materiais quanto dos assim chamados limites circunstanciais implícitos à reforma constitucional, tal como demonstrado no capítulo sobre o tema, na parte da obra relativa à teoria da constituição.

4.18 Dos partidos políticos

4.18.1 Considerações gerais: posição e função dos partidos políticos no Estado Democrático de Direito

Ao longo da trajetória evolutiva do constitucionalismo democrático (embora existam países em que não exista democracia[1204]), *a democracia passou a ser cada vez mais e preponderantemente uma democracia partidária*, especialmente (e logicamente) no contexto da assim chamada democracia representativa, sem prejuízo de eventual reconhecimento de candidaturas do tipo avulso. Não é à toa que Gomes Canotilho nos lembra que a *democracia é sempre uma democracia com partidos, assim como o Estado Constitucional se caracteriza por ser um Estado Constitucional de Partidos.*[1205]

Os partidos políticos, que correspondem a uma particular forma de exercício da liberdade de associação (já que de associações no sentido próprio do termo se trata), constituem, portanto, o meio por excelência de exercício da democracia representativa. Para o caso brasileiro, isso se revela de transcendental importância, visto que, de acordo com o modelo adotado pela CF, não existe representação política que não passe pelos partidos, já que (como visto no capítulo dos direitos políticos) é condição para qualquer candidatura a filiação a partido político.

Desde o seu surgimento (inclusive quanto à sua concepção teórica) na Inglaterra do século XVII[1206] e segundo a lição de Dieter Grimm –, *os partidos políticos, na condição de instituições permanentes da democracia representativa e da participação política, assumiram uma função de canal de mediação entre a não regulada pluralidade de ideias e interesses do povo (sociedade) e a organizada unidade de ação do Estado*, seja durante e nos termos do processo eleitoral propriamente dito, seja naquilo em que buscam influenciar e organizar as decisões do Estado de acordo com os projetos e reclamos da sociedade.[1207]

1204. Bastaria recordar de tantos regimes autoritários e mesmo totalitários, como o caso do nazismo e do comunismo na União Soviética e na China, como sendo os mais impactantes, e, no Brasil, o regime militar superado pela Constituição de 1988.

1205. Cf. CANOTILHO, J. J. Gomes. *Direito constitucional e teoria da constituição*, op. cit., p. 315.

1206. Note-se que aqui renunciamos a uma abordagem de caráter histórico-evolutivo do fenômeno político-partidário. Para tanto e dentre outros, na literatura brasileira, v. MEZZAROBA, Orides. *Introdução ao direito partidário brasileiro*, Rio de Janeiro, Lumen Juris, 2004, em especial, p. 9 a 188 (tanto a parte histórica quanto uma teoria geral dos partidos). Para maior aprofundamento, v., dentre outros, os clássicos DUVERGER, Maurice. *Os partidos políticos*, 3. ed., Rio de Janeiro, Editora Guanabara, 1987; SARTORI, Giovanni. *Partidos e sistemas partidários*, Brasília-DF, Editora da UnB, 1996.

1207. Cf. GRIMM, Dieter. Die Politischen Parteien. In: BENDA, Ernst; MAYHOFER, Werner; VOGEL, Hans-Jochen (Org.). *Handbuch des Verfassungsrechts*, vol. I, Berlin-New York, 1984, p. 317 e ss. No mesmo sentido, no âmbito da manualística brasileira, v., por todos, FERNANDES, Bernardo Gonçalves. *Curso de direito constitucional*, 7. ed., Salvador, Editora JusPodivm, 2015, p. 704-705.

Assim, ainda de acordo com Dieter Grimm, sendo os partidos uma consequência da participação parlamentarmente organizada do povo na formação (democrática) da vontade e do processo decisório político, tanto o seu surgimento quanto a sua difusão são constitucionalmente condicionadas, ainda que isso nem sempre tenha sido objeto de percepção pelo poder constituinte.[1208] Também por tal razão – poderíamos acrescentar – é possível afirmar que os partidos políticos e a previsão de um sistema (modelo) partidário correspondem a elementos centrais da própria constituição material, sem prejuízo de sua inserção nos textos constitucionais, que os regulam em maior ou menor medida.

Para que os partidos possam exercer a sua função de mediação e articulação, ademais da participação na formação da vontade política pelos cidadãos, *o conteúdo de sua tarefa será determinado apenas no contexto (e mediante sua inserção) do conjunto da ordem constitucional democrática*, considerada como uma ordem de poder legitimada pela maioria do povo, assegurada a igualdade de chances das minorias e mediante um processo político livre e aberto.[1209]

Dentre as funções (aqui mais concretas) dos partidos políticos, situa-se a de identificar e formar lideranças políticas, sua respectiva apresentação ao povo (eleitor) e a captação do seu voto, para, na condição de partido(s) do governo cumprir(em) o seu desiderato de elos da corrente de legitimação entre o povo e o Estado (governo), mas, na oposição (e potencial governo futuro), exercer o papel de crítica e controle, portanto, de limitação do poder e proposição de alternativas, ademais da representação das minorias políticas.[1210]

Tais funções, sumariamente esboçadas nos parágrafos anteriores, indicam que *os partidos políticos são organizações de caráter especial para assegurar a participação e fruição das estruturas democráticas estatais, no âmbito de um permanente processo de diálogo e comunicação entre sociedade e Estado*.[1211] No que tange à posição dos partidos políticos no contexto mais ampliado da ordem constitucional e da divisão dos poderes estatais, convém frisar – na esteira de Konrad Hesse – que os partidos não atuam (ou não deveriam) para além das fronteiras da formação da vontade política, especialmente não participam e influenciam diretamente a atividade jurisdicional e o Poder Executivo, já que sujeitos a uma juridicidade própria e autônoma, distinta da formação da vontade política.[1212]

Isso, contudo – e como resulta evidente, dispensando maior digressão –, não significa que de modo indireto os Partidos não exerçam maior ou menor influência, no caso do Poder Judiciário, em caráter ilustrativo, na participação da regulação legislativa (e mesmo constitucional) de seu papel, sua estrutura e competências, e, no caso do Poder Executivo, de modo similar, além do próprio controle político e externo, aprovação e limitação do orçamento. Além disso, a autonomia dos partidos e o seu papel diferenciado não são incompatíveis com o fato, também evidente e natural numa democracia partidária, de que os cargos eletivos do Executivo sejam, assim como os do Legislativo, em regra preenchidos por candidatos filiados a determinado partido político.

1208. Cf., novamente, GRIMM, Dieter. Die Politischen Parteien, op. cit., p. 318.

1209. Cf. HESSE, Konrad. *Gründzüge des Verfassungsrechts*, op. cit., p. 76.

1210. Cf. HESSE, Konrad. *Grundzüge des Verfassungsrechts*, op. cit.. 76, mas também, em sentido similar, GRIMM, Dieter. Die Politische Parteien, op. cit.

1211. Nesse sentido, v., com ajustes aqui realizados, MORLOK, Martin; MICHAEL, Lothar. *Staatsorganisationsrecht*, op. cit., p. 106.

1212. Cf. HESSE, Konrad. *Grundzüge des Verfassungsrechts*, op. cit., p. 76.

Assim, pelas suas funções e peculiaridades e independentemente de seu regime jurídico próprio (que em grande parte dos casos é de direito privado, como no Brasil), *os partidos constituem um tipo de associação especializada e finalisticamente condicionada, estruturada e organizada,* razão pela qual, cuidando-se de organizações "autoinstitutivas", não podem ser substituídas por outras, salvo se forem do mesmo tipo e cumprindo as mesmas funções.[1213] Com efeito, tal posição e função dos partidos na arquitetura constitucional e o próprio estatuto dos partidos na Constituição (como direitos fundamentais, direitos políticos, titulares de direitos fundamentais e garantias institucionais) lhes asseguram a condição privilegiada em relação às associações de um modo geral.[1214]

Outro aspecto a ser sublinhado, ainda nessa fase preliminar, diz respeito ao fato de que o quanto os partidos se encontram em condições de realizar as suas tarefas no Estado Democrático, ou seja, cumprir com sua particular missão na formação da vontade política num ambiente plural, guarda umbilical relação (e é mesmo fortemente condicionado) com o respectivo sistema partidário, que, por sua vez, encontra-se vinculado ao sistema eleitoral vigente,[1215] o qual aqui não será explorado.

Ao passo que o modelo de partido único (a despeito da eventual existência de uma democracia intrapartidária) não é tido – e com razão – como compatível com uma ordem genuinamente democrática, porquanto plural, os demais modelos clássicos são o do bipartidarismo e o do pluripartidarismo, ainda que existam variações (gradações) possíveis. Assim, por exemplo, poderá existir um bipartidarismo no sentido estrito, com a existência de apenas dois partidos políticos, ou um sistema bipartidário com mais de dois partidos, mas uma histórica e absolutamente majoritária presença e participação efetiva e determinante na formação da vontade política por dois partidos dominantes. No âmbito do pluripartidarismo, poderá haver menor ou maior limitação para a criação e participação de partidos no processo político/democrático, o que irá depender novamente do marco normativo constitucional e legal de cada país, ademais de guardar relação com o respectivo sistema eleitoral.

Cumpre agregar, ainda nessa quadra, que, pelo fato de se constituírem a partir da mobilização e organização da sociedade na forma de associações, *a natureza jurídica dos partidos, em regra, é a de associações regidas pelo Direito Privado, mesmo consideradas as suas funções e peculiaridades, fortemente submetidas ao marco normativo constitucional.*[1216] Além disso – e nisso reside outra particularidade determinante para o seu *status* jurídico-constitucional, os partidos, em virtude de sua função mediadora já referida, *ocupam uma posição sistemática intermediária entre a vida social assegurada e impregnada pelas liberdades fundamentais e as funções e atuação estatal,* muito embora não se trate de uma relação do tipo dicotômica, visto que os partidos, por meio dos seus integrantes indicados e eleitos, ocupam os cargos políticos parlamentares e as chefias do Poder Executivo, ali formando maiorias ou minorias, participando dos processos decisórios etc.[1217]

Além disso, do ponto de vista de sua posição na arquitetura constitucional, *os partidos (e o próprio sistema partidário e eleitoral) assumem a posição tanto de garantias institucionais fundamentais, constitucionalmente protegidas contra a sua supressão (como*

1213. Cf. MORLOK, Martin; MICHAEL, Lothar. *Staatsorganisationsrecht,* op. cit., p. 106.
1214. Cf. CANOTILHO, J. J. Gomes. *Direito constitucional e teoria da constituição,* op. cit., p. 316.
1215. Cf., por todos, HESSE, Konrad. *Grundzüge des Verfassungsrechts,* op. cit., p. 76.
1216. Cf. MORLOK, Martin; MICHAEL, Lothar. *Staatsorganisationsrecht,* op. cit., p. 106.
1217. Nesse sentido, também, MORLOK, Martin; MICHAEL, Lothar. *Staatsorganisationsrecht,* op. cit., p. 106-107.

tais) e esvaziamento pelos poderes constituídos, quanto, na condição de pessoas jurídicas, titulares de direitos fundamentais próprios, sejam negativos (como a liberdade partidária, a garantia da igualdade, entre outros) e de caráter positivo (prestacional), como direitos à proteção e organização e procedimento, assim como direitos a prestações fáticas, a exemplo do que, no caso brasileiro, se verifica com o direito de acesso aos recursos do fundo partidário. Tais questões, contudo, serão analisadas mais de perto quando tratarmos dos partidos na CF.

4.18.2 As dimensões da liberdade partidária e seus elementos estruturantes e consequências

A liberdade dos partidos políticos abrange uma dimensão externa e outra interna, designadas, respectivamente, de *liberdade partidária externa e interna.* Como tal liberdade, em sua dupla dimensão, é, na sua concretude, determinada pelo direito constitucional (e ordinário) positivo, aqui apenas serão apresentados os seus contornos gerais.

A *liberdade partidária externa* protege os partidos contra intervenções externas (restrições, influências, coações) por parte do Estado, assegurando a sua criação, a filiação e desfiliação de seus integrantes, a sua autonomia, de tal sorte que não podem ter sua atuação propriamente dita determinada pelo Estado, da mesma forma como protege os partidos, salvo em condições muito específicas e constitucionalmente prescritas, de uma dissolução.[1218]

Nessa perspectiva, *a liberdade partidária externa corresponde simultaneamente à liberdade de fundação (criação) e à liberdade de atuação dos partidos políticos,* abarcando tanto a liberdade negativa (direito a não ser constrangido a participar de partido) quanto a positiva (na condição de direito subjetivo do cidadão à criação e associação de e em partidos), além de guardar semelhança com as garantias em relação à suspensão e extinção dos partidos.[1219]

Já a assim chamada *liberdade interna* tem por objetivo *assegurar que os partidos correspondam às exigências do Estado Democrático de Direito,* com o que não se está a condicionar e relativizar de modo heterônomo a sua ordem interna e autonomia (justamente protegidos por conta da liberdade partidária externa), mas sim, pelo contrário, *estabelecendo e assegurando a sua liberdade interna, que deve ser blindada contra toda e qualquer intervenção que tenda a subtrair aos partidos a possibilidade de participar de modo livre e eficaz na formação da vontade política.*[1220] Integram, portanto, a liberdade interna especialmente a blindagem em relação a qualquer controle ideológico e programático, bem como a proteção contra o controle da organização interna partidária, o que não significa que os partidos não estejam atrelados à observância dos direitos fundamentais e princípios estruturantes da Constituição.[1221]

Importa acrescentar que a *liberdade partidária* não tem por objeto precípuo a proteção dos partidos como tais e por si mesmos, mas sim, *na condição de uma liberdade do tipo funcional, visa salvaguardar, numa perspectiva instrumental, a sua capacidade de cumprir*

1218. Cf., por todos e em síntese, HESSE, Konrad. *Grundzüge des Verfassungsrechts,* op. cit., p. 77.
1219. Cf., em especial, CANOTILHO, J. J. Gomes. *Direito constitucional e teoria da constituição,* op. cit., p. 317-18.
1220. Aqui novamente o magistério de HESSE, Konrad. *Grundzüge des Verfassungsrechts,* op. cit., p. 77.
1221. Cf., também, CANOTILHO, J. J. Gomes. *Direito constitucional e teoria da constituição,* op. cit., p. 318.

com as suas funções constitucionais, designadamente a de mediação entre a sociedade e o Estado.[1222]

Titulares da liberdade partidária são tanto a pessoa jurídica do partido quanto os indivíduos que a integram (e os que – ainda – não a integram), o que abarca a liberdade de criação, filiação e desfiliação de partidos políticos, já que aos cidadãos é assegurado, na condição de direito fundamental, o *direito subjetivo à participação político-partidária*.[1223]

Também aqui é preciso sublinhar que *as diversas garantias (institucionais e processuais, portanto, de natureza material e instrumental) que dizem respeito às duas dimensões da liberdade partidária, embora apresentem um núcleo significativo de elementos comuns aos Estados Democráticos de modo geral, encontram-se reguladas pelo direito positivo de cada Estado, apresentando peculiaridades relevantes e mesmo um status diferenciado*. Além disso, o espectro de tais garantias materiais e instrumentais poderá variar significativamente, não se podendo falar aqui de um modelo fechado.

De outra parte, calha não olvidar que *as duas dimensões da liberdade partidária não são, de modo algum, estanques e se articulam e retroalimentam*, podendo inclusive implicar modulações de modo a assegurar sua compatibilidade interna.

Assim, em termos gerais, os principais esteios e modos de salvaguarda da liberdade partidária são, além da liberdade de criação e filiação, a autonomia partidária (nas suas diversas acepções), a legitimação e participação democrática no plano intrapartidário, a posição de igualdade (inclusive a liberdade de chances) dos partidos entre si, o acesso a fontes de financiamento (públicas e/ou privadas, a depender do caso), além da sua condição, ainda que associações regidas pelo direito privado, de caráter público, que condiz com a relevância e com a peculiaridade de suas funções e a correspondente posição na arquitetura institucional democrática.[1224] Mas também tais aspectos, aqui apenas inventariados de modo geral, serão abordados, adiante, no contexto do marco jurídico-constitucional brasileiro, seja do ponto de vista normativo, seja na perspectiva jurisprudencial e doutrinária.

4.18.3 Os partidos políticos no direito constitucional brasileiro pretérito

Desde a Carta Imperial de 1824 – o Estado Constitucional brasileiro até que o Brasil pudesse ser efetivamente designado de um Estado de Partidos –, transcorreu um significativo período, marcado por longos períodos autoritários, como durante a Ditadura do Estado Novo (1937-1945) e a Ditadura Militar (1964-1984), sem prejuízo da grande fragilidade política que caracterizou a assim chamada Primeira República, isto sem falar na transição autoritária e centralista inaugurada pela Revolução de 1930 e a transitoriedade da Constituição de 1934. Aliás, o quadro sumariamente esboçado revela que, a despeito da existência de agremiações políticas intituladas de partidos políticos, a maior parte do tempo da história constitucional brasileira foi marcada por um ambiente institucional e democraticamente frágil.[1225]

1222. Cf. GRIMM, Dieter. *Die Politische Parteien*, op. cit., p. 335.

1223. Cf., por todos, MORLOK, Martin; MICHAEL, Lothar. *Staatsorganisationsrecht*, op. cit., p. 109.

1224. Cf., por todos, HESSE, Konrad. *Grundzüge des Verfassungsrechts*, op. cit., p. 78 e ss.

1225. Sobre o tema, v., na literatura brasileira, cuidando da evolução dos partidos ao longo da formação constitucional pátria, em especial MEZZAROBA, Orides. *Introdução ao direito partidário brasileiro*, op. cit., p. 189-240, bem como ZIMMER JÚNIOR, Aloísio. *O estado brasileiro e seus partidos políticos. Do Brasil colônia à redemocratização*, Porto Alegre, Livraria do Advogado, 2014.

DIREITOS FUNDAMENTAIS EM ESPÉCIE ○ 759

Não é à toa, portanto, que Gilmar Mendes anota que "a história dos partidos políticos no Brasil é uma história acidentada", pois mesmo durante os primeiros anos de vigência da Carta Imperial de 1824 existiam apenas duas facções, compostas pelo governo e pela oposição, tendo os primeiros partidos sido criados a partir de 1831 (partidos Restaurador, Republicano e Liberal), polarizando-se a vida e a cena política imperial – logo mais adiante (1837-1838) – em torno da representação das duas principais correntes da elite econômica, social, cultural e política brasileira, mediante, respectivamente, o Partido Liberal e o Partido Conservador.[1226] Tais partidos, ainda que assim fossem designados, cuidavam-se mais de associações políticas do que de partidos políticos propriamente ditos, o que se devia às limitações impostas pela própria Carta Imperial de 1824, especialmente o sufrágio censitário, a exclusão de escravos, analfabetos e mulheres, a adoção obrigatória da religião do Estado, o cerceamento da liberdade de consciência e o estabelecimento de um Poder Moderador.[1227]

Sem um caráter efetivamente programático e orgânico (e sem as garantias democráticas da liberdade partidária, poderíamos acrescentar) e representando, como já frisado, uma elite minoritária, *as organizações políticas daquele período, marcado por uma monarquia constitucional, ainda que se apresentassem formalmente como partidos, não correspondiam à atual concepção de partidos num Estado Democrático de Direito.*[1228] Cuidava-se, sobretudo, de grupos organizados politicamente mas que não tinham consistência ideológica nem cumpriam as funções propriamente ditas dos partidos políticos.[1229]

Também a assim chamada Primeira República (1889-1930) iniciou (e se desenvolveu) de modo não apenas acidentado como conturbado. *Embora a Constituição de 1891 tivesse instituído o sufrágio universal, o voto era dado a descoberto* e mediante assinatura do eleitor perante as mesas eleitorais, o que levou a *um modelo de submissão do eleitorado às pressões e vontades das elites políticas locais e regionais, facilitando a fraude eleitoral, sistema que mereceu a desairosa designação de "voto de cabresto",* peculiar ao coronelismo e clientelismo que grassava com força na época. Especialmente na sua fase inicial, a influência dos militares, que foram esteio (e meio) da própria proclamação da República, foi intensa e determinante, de tal sorte que, a despeito da precária organização das agremiações político-partidárias de então, os militares partidários da república, organizados politicamente, passaram a assumir a função, ainda que não formal, de um Partido Político.[1230]

Soma-se a isso – dando conta da grande fragilidade do modelo político-institucional e da democracia durante a Primeira República – o fato de que foram extintos os partidos criados durante o Império, não sobrevindo, contudo, um sistema partidário estável (muito pelo contrário, a concepção dominante era mesmo contrária aos partidos), exceção feita ao

---

1226. Cf. MENDES, Gilmar Ferreira. Dos partidos políticos. In: MENDES, Gilmar Ferreira; BRANCO, Paulo Gustavo Gonet. *Curso de direito constitucional*, 15. ed.. São Paulo, Saraiva, 2020, p. 844. Note-se, segundo relata o autor referenciado, que, além dos partidos Restaurador e Republicano da fase inicial, houve outras agremiações políticas no período, no caso, o Partido Progressista, criado em 1862-64, a partir de uma dissidência da ala liberal do Partido Conservador, sendo que em 1868 criou-se o Novo Partido Liberal, reunindo progressistas e liberais radicais, chegando-se, em 1870, à fundação do Partido Republicano.

1227. Cf. MEZZAROBA, Orides. *Introdução ao direito partidário brasileiro*, op. cit., p. 189-90.

1228. Nesse sentido, com acréscimos pessoais, também MEZZAROBA, Orides. *Introdução ao direito partidário brasileiro*, op. cit., p. 191-92.

1229. Cf. ZIMMER JÚNIOR, Aloísio. *O estado brasileiro e seus partidos políticos*, op. cit., p. 112 e ss.

1230. Cf. também MEZZAROBA, Orides. *Introdução ao direito partidário brasileiro*, op. cit., p. 192.

Partido Republicano, que passou a dominar a máquina administrativa federal e estadual, em parceria com os poderes locais.[1231] Com efeito, em termos gerais é correto afirmar que, ao longo da Primeira República, o poder seguiu concentrado nas mãos dos liberais-oligárquicos, com valorização dos grupos estaduais e municipais, num sistema de simbiose com o poder central.[1232]

Além disso, tendo em conta as peculiaridades do sistema eleitoral vigente, majoritário e distrital, resultava dificultada a criação de agremiações de caráter nacional fortes, prevalecendo amplamente a criação de partidos políticos (se é que assim poderiam ser designados, a exemplo do que se verificava no período imperial).

Note-se, ainda nesse contexto – reforçando, dessa forma, o que já foi dito –, que nem a Constituição de 1891, tampouco a legislação ordinária dispunham sobre a criação, organização e funcionamento dos partidos políticos, limitando-se o texto constitucional a assegurar a liberdade de reunião e associação em termos gerais (art. 72, § 8.º). Aliás, além da omissão da legislação eleitoral, a única previsão legal sobre a criação de partidos políticos constava no art. 18 do Código Civil de 1916, dispondo que seriam constituídos de acordo com os procedimentos do registro civil das pessoas jurídicas de direito privado.

Sobre tal período, dentre as diversas vozes críticas, sempre é bom lembrar a famosa e amplamente difundida fala de Francisco de Assis Brasil, um dos expoentes da política nacional e especialmente gaúcha e líder de uma das duas grandes correntes políticas gaúchas (a outra era ligada ao caudilho Júlio de Castilhos e seu sucessor Borges de Medeiros) que se digladiavam intensa e mesmo brutalmente (bastaria recordar as revoluções de 1893 e 1923), a última tendo tido como estopim suposta fraude eleitoral em favor de Borges de Medeiros e que teria sido engendrada por Getúlio Vargas. Segundo Assis Brasil, a democracia representativa da época era um regime em que "ninguém tinha a certeza de se fazer qualificar como a de votar (...). Votando ninguém tinha certeza de que lhe fosse contado o voto (...). Uma vez contado o voto, ninguém tinha segurança de que seu eleito havia de ser reconhecido através de uma apuração feita dentro do Parlamento e, por ordem, muitas vezes, superior".[1233]

Em síntese, *na Primeira República os partidos políticos (de caráter nacional de modo particular) eram um fenômeno hostilizado e inibido, ainda mais quando as agremiações políticas eram contrárias aos interesses do poder político dominante*, já que o que existia eram facções transvestidas de partidos, valorização das lideranças individuais e poderes locais, de tal sorte que definitivamente não há como falar em uma democracia sólida nem em um Estado de Partidos naquele período.[1234]

O período seguinte, marcado pela transição (e governo provisório de Getúlio Vargas) iniciada *pela Revolução de 1930 até o Golpe do Estado Novo (1937)*, foi em grande parte até mais conturbado, já pelo fato do próprio movimento revolucionário e deposição do Presidente Washington Luís (outubro de 1930), a crise econômica mundial, que afetou também o Brasil, especialmente a cultura cafeeira e os partidos políticos estaduais que seguiam

---

1231. Cf. novamente Mezzaroba, Orides. *Introdução ao direito partidário brasileiro*, op. cit., p. 192.
1232. Cf. Zimmer Júnior, Aloísio. *O estado brasileiro e seus partidos políticos*, op. cit., p. 122-23.
1233. Cf. Brasil, Joaquim Francisco Assis. *A democracia representativa na república* (Antologia), Brasília: Câmara dos Deputados, 1983, p. 331.
1234. Cf. Mezzaroba, Orides. *Introdução ao direito partidário brasileiro*, op. cit., p. 196-97.

dominantes e representando os interesses das elites locais, ademais do desmantelamento das agremiações partidárias herdadas da Primeira República.[1235]

Após a formação, no interior do próprio governo, de duas correntes, a primeira representando as oligarquias estaduais (que almejava uma nova Constituição) e a outra os assim chamados tenentistas, o governo provisório de Getúlio Vargas promulgou o primeiro Código Eleitoral do Brasil, reconhecendo a existência dos partidos políticos como pessoas jurídicas e regulando o seu funcionamento, muito embora a previsão concorrente (e fragilizadora em relação aos partidos) de candidatos sem partido, em forma de candidaturas avulsas, distinguindo partidos permanentes dos provisórios e ainda, ao lado dos partidos, as associações de classe.[1236]

Nesse contexto, calha sublinhar, com Aloísio Zimmer Júnior, que "a Constituição de 1934 surge desse barroquismo, pois, de um lado, são valorizados os partidos políticos, de outro, contudo, impôs-se a convivência com as representações classistas e dos trabalhadores e empregadores. Era uma Constituição estruturada em bases fragilíssimas".[1237]

Assim, embora se sustente que os partidos políticos propriamente ditos tenham sido criados, do ponto de vista jurídico, apenas pelo Código Eleitoral de 1932,[1238] na Constituição de 1934 (cuja constituinte fora eleita segundo o formato eleitoral e partidário referido), os partidos políticos não foram objeto de expressa previsão e regulação, mantendo-se um modelo marcado por partidos estaduais. Em nível nacional, ocorreu a formação de dois grandes blocos ideologicamente contrapostos, quais sejam, a Ação Integralista Brasileira e a Aliança Nacional Libertadora, que, contudo, não eram propriamente partidos políticos nacionalmente estruturados e organizados. Assim, também por tais razões e outros fatores de distúrbio, como o da intentona comunista, embora os partidos tivessem sido juridicamente reconhecidos – mas mediante fortes limitações legais –, não há como falar num autêntico Estado (e numa autêntica democracia) de partidos.[1239]

O Estado Novo foi decretado por Getúlio Vargas em 10 de novembro de 1937, inclusive mediante outorga de uma nova Constituição, seguindo-se a dissolução do Congresso e das Assembleias Legislativas em nível estadual e municipal. *Os partidos políticos – já fragilizados do período do governo provisório – foram extintos por Decreto em 02.12.1937, vedando-se a criação de novos partidos* e permitindo-se a permanência de partidos criados anteriormente, desde que mantidos como associações de cunho cultural, beneficente ou desportivo, renunciando à designação e função propriamente dita de partidos políticos.

O próprio texto constitucional de 1937, além de não prever os partidos políticos, praticamente inviabilizou a criação de novas organizações políticas, ainda mais contrárias ao Governo. Registre-se, ainda, de acordo com a lembrança de Orides Mezzaroba, que a tentativa do próprio Getúlio Vargas de criar um novo partido único, a Legião Cívica Brasileira, acabou não prosperando, em face da resistência dos militares, que formavam uma espécie de partido único e assim se posicionavam, de tal sorte que, ao fim e ao cabo, *o Estado Novo*

1235. Cf., novamente, MEZZAROBA, Orides. *Introdução ao direito partidário brasileiro*, op. cit., p. 197-98.

1236. Cf., mais uma vez, MEZZAROBA, Orides. *Introdução ao direito partidário brasileiro*, op. cit., p. 198-99.

1237. Cf. ZIMMER JÚNIOR, Aloísio. *O estado brasileiro e seus partidos políticos*, op. cit., p. 129.

1238. Nesse sentido, v. SILVA, Virgílio Afonso da. Partidos e reforma política, *Revista Brasileira de Direito Público*, vol. 11, 2005, p. 9 e ss.

1239. MEZZAROBA, Orides, *Introdução ao direito partidário brasileiro*, op. cit., p. 199-203.

caracterizou-se como período não apenas sem partidos políticos, como pelo seu caráter autoritário, centralizado e não democrático.[1240]

O ocaso do Estado Novo foi acompanhado de um processo de redemocratização, que surgiu e foi formatado ainda pelo próprio Governo Vargas, mediante a promulgação (em 28.02.1945) da EC 9, determinando edição de legislação prevendo e regulamentando eleições diretas para Presidente da República e para a eleição dos integrantes da Assembleia Constituinte a ser reunida.

Mediante o Decreto-lei 7.586, de 28.05.1945, seguiu-se a regulamentação da criação e funcionamento dos partidos políticos e do processo eleitoral, cujas medidas, contudo, se revelaram fortemente restritivas e favoreciam os partidos formados a partir das estruturas governamentais, destacando-se o Partido Social Democrático (PSD) e o Partido Trabalhista Brasileiro (PTB), ambos apoiados por Getúlio Vargas. Além disso, como lembra Orides Mezzaroba, a legislação referida acabou esvaziando a posição dos partidos políticos ao permitir a inscrição do candidato por mais de uma legenda e para disputar tanto cargos do Executivo quanto do Legislativo, ademais de não exigir a fixação de domicílio eleitoral, permitindo que o mesmo candidato pudesse concorrer a vários cargos em vários Estados, estimulando o surgimento e fortalecimento de lideranças individuais. Foi o que ocorreu com o próprio Getúlio Vargas, que se elegeu Senador por dois Estados e Deputado Federal por sete Estados nas eleições de dezembro de 1945.[1241]

De todo modo, do processo de redemocratização também surgiu um novo partido político, de matiz liberal, qual seja, a União Democrática Nacional (UDN), que reunia especialmente os setores da classe média e dissidentes em relação ao modelo de Estado implantado por Getúlio Vargas, buscando especialmente aprimorar as instituições democráticas e afirmar a liberdade de expressão.[1242]

No decorrer dos trabalhos da Assembleia Constituinte, sobreveio o *Decreto-lei 9.258/46, de 14.05.1946, prevendo – o que já constava do Decreto anterior – o cancelamento do registro dos partidos que contrariassem os princípios democráticos e os direitos fundamentais (cláusula aberta ao arbítrio), além da vedação de financiamento com recursos oriundos do exterior, mas também de orientação ideológica e qualquer tipo de auxílio,* o que foi utilizado como fundamento para o cancelamento do registo do Partido Comunista Brasileiro, em 07.05.1947, pelo TSE.[1243]

A nova Constituição Federal, de 18.09.1946, acabou por consagrar o sufrágio universal e o voto direto e secreto, bem como previu o sistema proporcional para as eleições para a Câmara dos Deputados, o que, somado a uma falta de tradição no que diz com a criação de partidos de âmbito nacional, mas também em virtude do personalismo e regionalismo, levou à proliferação de partidos políticos.[1244]

Embora previsse a figura dos partidos políticos, praticamente recepcionou os parâmetros dos dois decretos-leis referidos, vedando (art. 141, § 3.º) o registro ou funcionamento de qualquer partido político ou associação contrária à democracia, à pluralidade partidária

---

1240. Cf. Mezzaroba, Orides. *Introdução ao direito partidário brasileiro*, op. cit., p. 204-5.
1241. Cf. Mezzaroba, Orides. *Introdução ao direito partidário brasileiro*, op. cit., p. 206-8.
1242. Cf. Zimmer Júnior, Aloísio. *O estado brasileiro e seus partidos políticos*, op. cit., p. 143.
1243. Cf. Mezzaroba, Orides. *Introdução ao direito partidário brasileiro*, op. cit., p. 208.
1244. Cf. Mendes, Gilmar Ferreira. Dos partidos políticos, op. cit., p. 724.

DIREITOS FUNDAMENTAIS EM ESPÉCIE ○ 763

e aos direitos fundamentais, ademais de proibir os entes da Federação de tributar os bens e serviços dos partidos políticos e de permitir que os partidos nacionais, na condição de pessoas jurídicas, fossem acionistas de sociedades anônimas ou proprietários de empresas jornalísticas e de radiodifusão.[1245]

No seu conjunto, era visível o objetivo (realizado na prática) de limitar a criação de partidos e manter os dois partidos de base governista (PSD e PTB), favorecendo a cooptação da política por parte das elites econômicas, políticas e militares, situação fortalecida pela Lei 1.164, de 24.07.1950, mediante a qual foi alterado o *status* jurídico dos partidos políticos, que passaram para o regime das pessoas jurídicas de direito público, aumentando ainda mais o controle estatal e governamental e centralista, pois tanto os partidos quanto seus estatutos e programas deveriam ter abrangência nacional.[1246]

Nesse contexto, a despeito do pluripartidarismo, apenas três agremiações partidárias tiveram efetivo destaque e ocupavam substancialmente os espaços políticos e parlamentares com suas bancadas, designadamente os já citados PSD e PTB e a União Democrática Nacional (UDN), ficando as agremiações menores e mais comprometidas com determinados programas políticos e, portanto, mais representativos da noção de um verdadeiro partido político, relegadas a um papel marginal, tudo no contexto mais amplo da manutenção de uma cultura hostil aos partidos políticos no sentido próprio do termo.[1247]

Se mesmo no período de 1945 a 1964 a situação da representação política e democrática, bem como a dos partidos políticos, a despeito da redemocratização levada a efeito, se revelava frágil, instável e mesmo centralista e de certo modo autoritária, *com o Golpe Militar de março de 1964 o quadro se agravou profundamente.*

No que diz precisamente com os partidos políticos, uma das primeiras e principais medidas do governo militar foi editar uma *nova lei orgânica dos partidos políticos (Lei 4.740, de 15.07.1965), legislação que, todavia, estabelecia fortes restrições à criação de partidos e mesmo levando à redução do número de partidos existentes.* De fato, consoante a referida legislação, partidos que não elegessem ao menos doze deputados federais por no mínimo sete estados, bem como partidos que não tivessem obtido, nas eleições para a Câmara Federal, votos de no mínimo três por cento do eleitorado nacional, distribuído por onze ou mais estados, perderiam o seu registro.[1248]

O que se mostra peculiar, nessa quadra, como bem averba Orides Mezzaroba, é que o próprio regime militar, apesar da previsão e regulação legal dos partidos, promovia e controlava a organização político-partidária da oposição, mantendo-a, contudo, sob controle, de modo a impedir alguma reação eficaz contra o governo, valendo-se, para tanto, de diversos instrumentos, como a assim chamada sublegenda, as candidaturas natas e os senadores biônicos.[1249]

Todavia, com a edição do Ato Institucional 2 (27.10.1965), foram extintos os partidos existentes e cancelados os respectivos registros, seguindo-se o Ato Institucional 4 (20.11.1965), instituindo o bipartidarismo no Brasil, mobilizado pela Aliança Renovadora Nacional

---

1245. MEZZAROBA, Orides. *Introdução ao direito partidário brasileiro*, op. cit., p. 209.
1246. MEZZAROBA, Orides. *Introdução ao direito partidário brasileiro*, op. cit., p. 210-11.
1247. MEZZAROBA, Orides. *Introdução ao direito partidário brasileiro*, op. cit., p. 211-12.
1248. MEZZAROBA, Orides. *Introdução ao direito partidário brasileiro*, op. cit., p. 213.
1249. MEZZAROBA, Orides. *Introdução ao direito partidário brasileiro*, op. cit., p. 214-15.

(ARENA), representante do governo, e o controlado partido de oposição, o Movimento Democrático Brasileiro (MDB).[1250]

A Constituição de 1967, embora regulasse os partidos políticos, apenas reforçou as limitações da legislação referida, dificultando a criação de partidos, diante de cada vez maior tensão e confronto entre o governo e a oposição, editando-se o Ato Institucional 5, de 13.09.1968, seguido da Lei de Segurança Nacional (29.09.1969), reforçando a censura e o controle dos partidos políticos. A EC 1, de 17.10.1969, incorporou as previsões da Carta de 1967 e da legislação então vigente, que foram sendo ajustadas e mesmo enrijecidas ao longo do tempo, como, em caráter ilustrativo, dá conta o assim chamado Pacote de Abril (1977), dentre as quais eleições indiretas para os governadores dos Estados, criação da sublegenda no Senado e eleição indireta de um terço dos senadores.

Com a EC 11, de 13.10.1978, veiculando a distinção entre a organização e o funcionamento dos partidos, mantendo, contudo, em termos gerais, importantes limitações à criação de partidos, ademais de seu controle, tendência que se cristalizou na legislação subsequente, como, em especial, por meio da Lei 7.090, de 14.04.1983. Já em plena fase de retomada gradual da democracia, foi promulgada a EC 25, de 15.05.1985, viabilizando a formação de uma nova constelação político-partidária, mais plural e diversificada, de tal sorte que, nas eleições para a Assembleia Constituinte, em 1986, existiam mais de 30 partidos registrados, embora esse número, depois das eleições, viesse a diminuir.

De todo modo, mais uma vez escorados no magistério de Orides Mezzaroba, em lição que aqui nos permitimos transcrever, o período do Regime Militar demonstrou a correção da tese de que, "uma vez incorporada a ideia de que o Partido não deve ser organizado pelo Estado como forma de instrumentalizar seu próprio Poder, mas sim ser o resultado da organização da sociedade, partindo do microcosmo social que é povoado pelas vontades dos indivíduos, poderosa vacina antiautoritária terá sido inoculada na organização política nacional".[1251]

Além disso, a trajetória percorrida pelos partidos políticos desde o Império até o ocaso da Ditadura Militar, marcada substancialmente pela centralização, pelo controle a partir das elites e do governo, bem como por uma cultura em si hostil aos partidos na verdadeira acepção do termo, revela o quão importante é o reconhecimento e salvaguarda efetiva da liberdade partidária, nas suas duas dimensões referidas na parte introdutória, o que veio a ser em boa parte corrigido pela CF ora em vigor, ainda que persistam imperfeições a serem corrigidas.

4.18.4 Os partidos políticos na Constituição Federal de 1988

4.18.4.1 Anotações preliminares

O debate sobre o perfil e papel dos partidos políticos foi intenso durante os trabalhos da Assembleia Constituinte, revelando uma dose significativa de desconfiança em relação àqueles, ademais de certa incompreensão quanto ao seu papel num regime democrático,

---

1250. Cf. ZIMMER JÚNIOR, Aloísio. *O estado brasileiro e seus partidos políticos*, op. cit., p. 142 e ss.
1251. Cf. MEZZAROBA, Orides. *Introdução ao direito partidário brasileiro*, op. cit., p. 229.

registrando-se, inclusive, uma séria cogitação no sentido de se permitir as assim chamadas candidaturas avulsas, o que acabou não ocorrendo ao fim e ao cabo.[1252]

Importa sublinhar, ainda nesta quadra preliminar, que *o novo marco normativo constitucional investiu na importância dos partidos políticos para a democracia representativa brasileira, condicionando a elegibilidade à filiação a um partido político*, consoante já visto no capítulo relativo aos direitos políticos, o que, de outra parte, não impediu um crescente desprestígio e mesmo repúdio aos partidos e representantes políticos no País, inclusive a uma pressão para uma substancial reforma partidária, em parte levada a efeito pela jurisprudência, pela legislação e mesmo pela normativa infraconstitucional, como será examinado na sequência.

4.18.4.2 Personalidade jurídica dos partidos políticos, sua autonomia e liberdade na CF

Incorporada ao Título dos Direitos e Garantias Fundamentais, *a sede textual da regulação constitucional dos partidos políticos é o art. 17 da CF*, que dispõe sobre a liberdade partidária e seus limites[1253], os princípios diretivos dos partidos políticos e de sua atuação, a respectiva autonomia, personalidade jurídica, aspectos do financiamento e propaganda político-partidária e a proibição do uso de organizações paramilitares. Tais elementos foram objeto de regulamentação infraconstitucional, especialmente pela assim chamada Lei Orgânica dos Partidos Políticos, Lei 9.096/1995, bem como por Resoluções do Tribunal Superior Eleitoral (TSE) e pela jurisprudência dessa Corte e do STF, que, como já frisado no item anterior, acabaram levando a efeito importantes mudanças ao longo do tempo.

De acordo com o art. 17, § 2.º, da CF, o art. 7.º da Lei dos Partidos Políticos e os arts. 44, V, e 45 do Código Civil, *os partidos são pessoas jurídicas de direito privado*, que existem como tais a partir da inscrição do seu ato constitutivo no respectivo Registro Civil, bem como, na sequência, mediante o registro de seus estatutos junto ao TSE. Todavia, pela sua função de mediação entre a sociedade e o Estado, os partidos acabam efetivamente se situando nas fronteiras entre o setor público e o privado, o que apenas vem reforçar que em relação à autonomia partidária também há que reconhecer não se tratar de uma simples entidade privada, e que, portanto, reforça a necessidade de uma eficácia nas relações privadas, especialmente com relação ao devido processo.[1254]

1252. Cf., por todos, MEZZAROBA, Orides. *Introdução ao direito partidário brasileiro*, op. cit., p. 229-31.

1253. Como exemplo para ilustrar a ideia de limites aos partidos políticos, v. decisão do STF que ressalta o estabelecimento, no art. 17 da CF, de parâmetros claros para o funcionamento dos partidos, com o resguardo da soberania nacional, do regime democrático, do pluripartidarismo e dos direitos fundamentais da pessoa humana, cf. ARE 1.193.427 ED, rel. Min. Alexandre de Moraes, Primeira Turma, j. em 17.05.2019.

1254. Cf. FERNANDES, Bernardo Gonçalves. *Curso de direito constitucional*, 7. ed., Editora JusPodivm, 2015, p. 706. No que diz respeito às questões formais, importa consignar que, a teor do art. 3.º da EC n. 111/2021, "até que entre em vigor lei que discipline cada uma das seguintes matérias, observar-se-ão os seguintes procedimentos: I – nos processos de incorporação de partidos políticos, as sanções eventualmente aplicadas aos órgãos partidários regionais e municipais do partido incorporado, inclusive as decorrentes de prestações de contas, bem como as de responsabilização de seus antigos dirigentes, não serão aplicadas ao partido incorporador nem aos seus novos dirigentes, exceto aos que já integravam o partido incorporado; II – nas anotações relativas às alterações dos estatutos dos partidos políticos, serão objeto de análise pelo Tribunal Superior Eleitoral apenas os dispositivos objeto de alteração".

A *liberdade partidária, particular manifestação da liberdade de associação, foi ampla-mente assegurada pela CF, que, no art. 17, caput, garante ser livre a criação, fusão, incorpo-ração e extinção dos partidos políticos*[1255]. Todavia, importa sublinhar que no mesmo dispo-sitivo *a liberdade partidária, aqui compreendida em sentido amplo, encontra-se vinculada à observância de um conjunto de princípios,* designadamente o caráter nacional das agremia-ções partidárias (inciso I),[1256] a proibição do recebimento de recursos financeiros de entida-de ou governo estrangeiro ou mesmo a submissão a estes (inciso II), a prestação de contas à Justiça Eleitoral (inciso III), bem como o funcionamento parlamentar de acordo com a lei (inciso IV), *vedando, ademais disso, a utilização pelos partidos de forças de caráter parami-litar (§ 2.º do art. 17).*

A partir do exposto, verifica-se que titular da liberdade partidária na condição de direi-to subjetivo e fundamental é o cidadão-indivíduo, que, de modo pessoal, poderá se filiar a uma agremiação partidária e, na perspectiva coletiva, associar-se na condição de pessoa jurídica para fins de instituição de um partido político, o qual, sendo pessoa jurídica de di-reito privado, também é titular de direitos e garantias próprias.

Embora assegurada constitucionalmente, até mesmo por essencial para o cumprimen-to do papel dos partidos no contexto mais amplo da arquitetura do Estado Democrático de Direito, a autonomia partidária (assim como a liberdade partidária em seu conjunto) não é absoluta, estando condicionada ao atendimento dos princípios acima elencados, ademais de limites estabelecidos pela legislação infraconstitucional e mesmo pela jurisprudência, como dá conta especialmente o julgamento, pelo STF, da ADI 1.465, rel. Min. Joaquim Barbosa, j. 24.02.2005. Com efeito, naquele julgado ficou estabelecido que a autonomia partidária não se estende a ponto de afetar a autonomia de outro partido, *cabendo ao Poder Legislativo regular as relações entre partidos,*[1257] tudo a implicar também uma relação de respeito recí-proco entre as agremiações partidárias.

A autonomia partidária encontra-se enunciada pelo art. 17, § 1.º, da CF, no qual está estabelecido que os partidos são autônomos para definir sua estrutura interna, organização e funcionamento, podendo adotar os critérios de escolha e o regime de suas coligações elei-torais, não sendo compulsória a vinculação entre as candidaturas nos diversos níveis da Federação. Além disso, no mesmo dispositivo, a CF remete aos estatutos partidários a normatização das regras de disciplina e fidelidade partidárias, o que, todavia, será objeto de enfrentamento mais detido logo à frente.

1255. A respeito do tema, de se referir que o STF confirmou a constitucionalidade das regras para criação e fusão de partidos políticos, sob o fundamento de que a CF assegura a livre criação, fusão e incorporação de parti-dos políticos, desde que condicionadas aos princípios do sistema democrático representativo e do pluripar-tidarismo. A única divergência no caso, vale notar, foi a do Ministro Dias Toffoli, que manteve entendimen-to manifestado em julgamento da liminar de que os preceitos presentes na lei questionada violariam a CF por excluir a participação dos cidadãos no processo de apoiamento de partidos. Cf. ADI 5.311, rel. Min. Cármen Lúcia, j. em 04.03.2020. V. também a ADI 6.044/DF, rel. Min. Cármen Lúcia, j. 08.03.2021, em que se declarou a constitucionalidade de imposição temporal para a fusão ou incorporação de partidos políticos.

1256. Cf. ADC 31/DF, rel. Min. Dias Toffoli, j. 22.09.2021, e RE 666.094/DF, rel. Min. Roberto Barroso, j. 22.09.2021, que estabeleceram inexistir responsabilidade solidária entre os diretórios partidários municipais, estaduais e nacionais em virtude do inadimplemento de suas próprias obrigações, esclarecendo que o termo "caráter na-cional" do art. 17, I, da CF/88, não afasta a autonomia administrativa, financeira, operacional e funcional dos diretórios partidários por força do princípio da autonomia político-partidária.

1257. Na ocasião estava em causa a impugnação por vício de inconstitucionalidade do art. 22 da Lei dos Parti-dos Políticos, que dispõe sobre a nulidade da dupla filiação em relação a ambos os partidos.

Ainda nesse contexto, calha lembrar que, a despeito de não prevista expressamente no texto constitucional, *a autonomia abarca a existência e proteção do que se considera uma democracia intrapartidária, também chamada de democracia interna*, embora tal figura não tenha previsão constitucional nem legal expressa. Assim, os estatutos partidários devem assegurar a plena participação dos seus filiados nos processos decisórios, o que, dito de outro modo, nas palavras de Joaquim José Gomes Canotilho, significa que *uma democracia partidária não poderá existir de modo pleno sem que haja democracia nos partidos*.[1258] De acordo com o mesmo autor, a exigência da democratização interna encontra justificação também na necessidade de conter um processo de formação de oligarquias no seio dos partidos, bem como para assegurar uma concorrência política interna.[1259]

A autonomia dos partidos, como já anunciado, é, para além das diretrizes constitucionais, objeto de regulamentação legal, o que, no Brasil, se dá mediante a Lei dos Partidos Políticos (em especial os arts. 3.º, 14 e 15 da Lei 9.096/1995), que defere tais questões aos estatutos partidários, o que, por sua vez, *reforça a exigência de uma democracia interna efetiva e do respeito ao devido processo legal*, que, nos termos da jurisprudência do TSE, deverá ser controlado pela Justiça Eleitoral, sem que tal controle interfira na autonomia dos partidos.[1260]

Ainda no que diz aos limites da autonomia, calha sinalar que esta, como já adiantado, por não ser ilimitada, também encontra *limites nos direitos fundamentais de seus integrantes, no âmbito da assim chamada eficácia dos direitos fundamentais nas relações privadas*, de tal sorte que, no caso de violação ou ameaça de violação a direitos, em especial se forem fundamentais, não há como afastar o controle jurisdicional dos atos praticados pelos partidos.[1261]

Nessa mesma linha, também versando sobre os limites da autonomia partidária, o STF, em duas decisões referenciais, decidiu que também o Ministério Público (e não apenas os partidos, como dispõe a legislação partidária) tem legitimidade para representações contra a propaganda eleitoral irregular,[1262] além de, por ora em sede de cautelar, suspender a eficácia de Resolução do TSE (23.396/2013) que condicionava a instauração de inquérito policial eleitoral à autorização prévia da Justiça Eleitoral.[1263]

No que concerne à autonomia constitucionalmente assegurada aos partidos políticos (que assume, em certa medida, a condição de garantia institucional), importa destacar que, mediante a EC 97, promulgada em 04.10.2017, foi inserida alteração importante no § 1.º do art. 17, que passou a ter a seguinte redação:

"É assegurada aos partidos políticos autonomia para definir sua estrutura interna e estabelecer regras sobre escolha, formação e duração de seus órgãos permanentes e provisórios e sobre sua organização e funcionamento e para adotar os critérios de escolha e o regime de suas coligações nas eleições majoritárias, vedada a sua celebração nas eleições proporcionais, sem obrigatoriedade de vinculação entre as candidaturas em âmbito nacional, estadual, distrital ou municipal, devendo seus estatutos estabelecer normas de disciplina e fidelidade partidária."

1258. Cf. CANOTILHO, J. J. Gomes. *Direito constitucional e teoria da constituição*, op. cit., p. 318.
1259. Cf. CANOTILHO, J. J.; MOREIRA, Vital. *Constituição da República Portuguesa anotada*, op. cit., p. 686.
1260. Cf. MENDES, Gilmar Ferreira. Dos partidos políticos, op. cit., p. 727.
1261. Cf., novamente, MENDES, Gilmar Ferreira. Dos partidos políticos, op. cit., p. 727-28.
1262. Cf. ADIn 4.617, julgada pelo plenário em 19.06.2013, rel. Min. Luiz Fux.
1263. Cf. ADIn 5.104-MC, julgada em 21.05.2014, rel. Min. Luís Roberto Barroso.

As novidades, como é fácil detectar, consistiram especialmente na previsão de que a autonomia partidária abarca a adoção de critérios de escolha e regime de suas coligações nas eleições majoritárias e a proibição de estabelecer coligações partidárias nas eleições proporcionais, ademais de não obrigar a vinculação entre as candidaturas em âmbito nacional, estadual, distrital ou municipal.

Outra alteração importante diz respeito às regras sobre o acesso pelos partidos aos recursos do fundo partidário e o acesso gratuito ao rádio e à televisão. Nesse sentido, embora mantida a garantia de tal acesso prevista de modo genérico na versão originária do § 3.º do art. 17 ("Os partidos políticos têm direito a recursos do fundo partidário e acesso gratuito ao rádio e à televisão, na forma da lei"), a nova redação estabelecida pela EC 97 introduziu uma série de requisitos e limitações. Com efeito, a teor do novo texto:

"§ 3.º Somente terão direito a recursos do fundo partidário e acesso gratuito ao rádio e à televisão, na forma da lei, os partidos políticos que alternativamente:

I – obtiverem, nas eleições para a Câmara dos Deputados, no mínimo, 3% (três por cento) dos votos válidos, distribuídos em pelo menos um terço das unidades da Federação, com um mínimo de 2% (dois por cento) dos votos válidos em cada uma delas; ou

II – tiverem elegido pelo menos quinze Deputados Federais distribuídos em pelo menos um terço das unidades da Federação".

Ademais das alterações noticiadas, a EC agregou um § 5.º ao art. 17, que, à vista das novas regras sobre o acesso aos recursos do fundo partidário e aos programas de rádio e televisão, estabelece normativa específica sobre o alcance da fidelidade partidária de modo a assegurar alternativa que module os efeitos da nova redação do § 3.º. Nesse sentido, de acordo com o novo § 5.º,

"Ao eleito por partido que não preencher os requisitos previstos no § 3.º deste artigo é assegurado o mandato e facultada a filiação, sem perda do mandato, a outro partido que os tenha atingido, não sendo essa filiação considerada para fins de distribuição dos recursos do fundo partidário e de acesso gratuito ao tempo de rádio e de televisão".

Note-se, ainda, que segundo os termos da EC 97 (art. 2.º) a vedação de coligações nas eleições proporcionais será aplicada a partir das eleições de 2020, ao passo que as regras estabelecidas pela nova redação do § 3.º do art. 17 somente serão aplicadas a partir das eleições de 2030.

O tema da autonomia partidária tem sido, para além dos exemplos acima referidos, objeto de frequente pronunciamento do STF, como se verifica no caso da ADC 31, relator Ministro Dias Toffoli, julgada em 22.09.2022, estabelecendo, em virtude da autonomia assegurada aos diretórios partidários em todos os níveis da federação (que não infirma o caráter nacional do partido político que objetiva preservar especialmente sua indentidade político-ideológica), que inexiste responsabilidade solidária entre os diretórios partidários municipais, estaduais e nacionais pelo inadimplemento de suas respectivas obrigações ou por dano causado, violação de direito ou qualquer ato ilícito.

Noutro julgamento importante, o da ADI 6230, relator Ministro Ricardo Lewandowski ocorrido em 08.08.2022, estavam em causa tanto os limites da autonomia partidária quanto o significado da democracia interna dos partidos. De acordo com o que se extrai de excerto da ementa do acórdão,

"(...) A periodicidade dos mandatos reforça e garante o princípio republicano, o qual configura 'o núcleo essencial da Constituição', a lhe garantir certa identidade e estrutura, estando abrigado no art. 1.º da Carta Magna. VIII – Concessão de interpretação conforme à Constituição ao § 2.º do art. 3.º da Lei 9.096/1995, na redação dada pela Lei 13.831/2019, para assentar que os partidos políticos podem, no exercício de sua autonomia constitucional, estabelecer a duração dos mandatos de seus dirigentes desde que compatível com o princípio republicano da alternância do poder concretizado por meio da realização de eleições periódicas em prazo razoável (...)".

Agrege-se que, de acordo com o julgado referido, foi tida como constitucionalmente ilegítima a previsão do prazo de até oito anos para a vigência dos órgãos provisórios dos partidos, de modo a distorcer o sentido elementar do termo provisoriedade, pena de ser minada a democracia interna dos partidos e, por via de consequencia, comprometida a legitimidade do sistema político.

4.18.4.3 O problema da fidelidade partidária e da correlata perda do mandato

De acordo com o art. 17, § 1.º, da CF, cabe aos estatutos partidários estabelecerem regras sobre a fidelidade partidária, o que, de acordo com uma interpretação textual, significa dizer que se trata de matéria abarcada pela autonomia dos partidos.[1264]

Todavia, objetivando fazer valer a figura da fidelidade partidária, o TSE e depois o próprio STF passaram a estabelecer diretrizes sobre o tema, inclusive mediante a edição de resoluções pelo TSE, o que, convém sublinhar, foi e tem sido alvo de expressiva polêmica, até mesmo pelo prisma de eventual inconstitucionalidade de tais medidas.

Não é demais lembrar, lançando prévio olhar sobre a trajetória da fidelidade partidária e de seu reconhecimento e regulação, que *o STF inicialmente entendia que a infidelidade partidária não afetaria o mandato parlamentar nem dos eleitos nem dos suplentes*, de modo que nos dois casos a mudança de partido não poderia implicar perda do mandato ou mesmo impedir a posse do suplente depois de ter mudado de partido, de tal sorte que o mandato não seria do partido, mas sim do próprio parlamentar.[1265]

Tal orientação, contudo, consoante o magistério de Gilmar Ferreira Mendes, encontrava-se em flagrante contradição com o modelo de democracia partidária e representativa adotado pela CF, em especial diante do somatório da exigência de filiação partidária (pelo menos um ano antes da data das eleições de acordo com o art. 18 do Código Eleitoral) como condição de elegibilidade, bem como em face da opção da participação do voto de legenda na eleição dos candidatos e do modelo proporcional para as eleições parlamentares, no qual a eleição se realiza em razão da votação atribuída à legenda.[1266]

Por isso, ocorreu significativa alteração quanto ao tema, até o ponto de ser a infidelidade partidária causa da perda do mandato do parlamentar, o que será objeto de nossa atenção na sequência.

1264. No Brasil, no âmbito da literatura monográfica exclusivamente dedicada à matéria, v., em especial, Clève, Clemerson Merlin. *Fidelidade partidária: estudo de caso*. Curitiba: Juruá, 1998, e, mais recentemente, Neto, Jaime Barreiros. *Fidelidade partidária*, Salvador: JusPodivm, 2009; Aras, Augusto. *Fidelidade partidária. Efetividade e aplicação*. Rio de Janeiro: Editora GZ, 2016.
1265. Cf., por todos, Fernandes. Bernardo Gonçalves. *Curso de direito constitucional*, op. cit., p. 722.
1266. Cf. Mendes, Gilmar Ferreira. Dos partidos políticos, op. cit., p. 728-29.

Com efeito, numa primeira rodada, o TSE reconheceu que os partidos e as coligações têm o direito de preservar a vaga conquistada nas eleições proporcionais para as legislaturas nos diferentes níveis da Federação quando, sem justa causa, ocorrer o cancelamento da filiação partidária ou a transferência para outra legenda, orientação que veio a ser chancelada mais adiante pelo STF.

De acordo com o art. 1.º, § 1.º, da Resolução 22.610/2007, do TSE, considera-se justa causa a ocorrência de incorporação ou fusão de partidos, a criação de novo partido, mudança ou afastamento reiterado do programa partidário e a hipótese de grave discriminação pessoal, resolução que veio a ser chancelada pelo STF, em julgamento realizado nos dias 3 e 4 de outubro de 2007, quando se decidiu que o abandono da legenda pelo parlamentar implicaria a perda do seu mandato para o partido político.[1267]

Na ocasião, ficou assente que a infidelidade partidária trai a confiança tanto do partido quanto do eleitor, representando, ademais de uma violação dos postulados da ética, uma afronta ao princípio democrático, acarretando, além disso, um desequilíbrio de forças na esfera parlamentar, inclusive coibindo, em virtude da alteração do número de parlamentares, o próprio exercício da oposição política.

Com efeito, em 12.11.2008, no julgamento das ADIs 3.999/DF e 4.086/DF, tendo como rel. Min. Joaquim Barbosa, foram julgadas constitucionais as Resoluções 22.610/2007 e 22.733/2008, do TSE, afirmando-se um dever constitucional de fidelidade partidária, sendo as resoluções impugnadas mecanismos para assegurar a observância da fidelidade partidária enquanto não sobrevier regulamentação pelo Poder Legislativo.

Atendendo às exigências da segurança jurídica, o STF firmou entendimento, na ocasião, de que apenas os deputados que mudaram de partido após a decisão do TSE em resposta à Consulta 1.398 deveriam perder o mandato.[1268]

Além disso, o STF reconheceu a existência de hipóteses especiais nas quais a mudança de legenda não acarreta a perda do mandato, como é o caso da desfiliação em virtude de comprovada perseguição política ou alteração substancial do programa partidário, sendo competência da Justiça Eleitoral decidir, caso a caso, mediante garantia do devido processo legal, a configuração, ou não, da justificativa, firmando-se a competência do TSE para a edição de resoluções disciplinando a matéria.[1269]

Note-se também que o STF, no julgamento do Mandado de Segurança 27.938, rel. Min. Joaquim Barbosa, em 11.03.2010, entendeu que o reconhecimento da justa causa para transferência de partido político afasta a perda do mandato eletivo por infidelidade partidária, mas não acarreta a transferência, para a nova legenda, do direito à sucessão na vaga. Além disso, em outro julgamento, o STF decidiu que a vaga do titular do mandato eletivo não pertence aos partidos políticos, mas sim à coligação partidária, autorizando, de resto, o julgamento mediante decisão monocrática nos casos semelhantes.[1270]

Ainda nesse contexto, é de sublinhar que, após decidir pela extensão da perda do mandato por infidelidade partidária às eleições majoritárias, o STF, quando do julgamento da

---

1267. Cf. julgamento conjunto dos Mandados de Segurança 26.602/DF (rel. Min. Eros Grau), 26.603/DF (rel. Min. Celso de Mello) e 26.604/DF (rel. Min. Cármen Lúcia).

1268. Cf. MS 26.604/DF, rel. Min. Cármen Lúcia, já referido.

1269. Cf. também o MS 26.604/DF e demais mandados de segurança julgados na mesma ocasião.

1270. Cf. MS 30.260/DF e 30.272/DF, relatados pela Ministra Cármen Lúcia, julgados em 07.04.2011.

ADIn 5.081, em 27.05.2015, relatada pelo Ministro Roberto Barroso, acabou firmando entendimento unânime no sentido de que tal hipótese, da perda do mandato, aplica-se apenas ao sistema proporcional, visto que, do contrário, estaria configurada grave violação da soberania popular e das escolhas feitas pelo eleitor.

Calha acrescentar que, em prol da perda do mandato por infidelidade partidária, é possível agregar que, muito embora a concepção de um mandato livre, ou seja, da manutenção do mandato a despeito da alteração de partido, seja frequente em diversos países, a CF, ao apostar no mandato-partido, repudia o assim chamado *transfuguismo* partidário e suas maléficas consequências para a democracia.[1271]

Todavia, ainda que se possa sufragar tal linha argumentativa, remanesce a crítica, que no mínimo não soa desarrazoada, de que tanto a Justiça Eleitoral, na esfera de seu poder normativo, quanto o STF extrapolaram os limites constitucionais de sua competência, em especial pela criação, sem prévia regulação legislativa, de hipótese de perda do mandato, importando em grave restrição dos direitos políticos e da própria autonomia partidária.

Nessa mesma perspectiva, colaciona-se a nota crítica de Virgílio Afonso da Silva, no sentido de que com a sua jurisprudência sobre a perda do mandato no caso de troca de partido o STF e o TSE "criaram um sistema de controle e punição que, além de não ter fundamento constitucional, não é baseado em qualquer critério jurídico".[1272]

Além disso, embora se cuide de aspecto já referido nas anotações sobre a autonomia constitucional dos partidos políticos, há que atentar para a regra inserida no texto da CF pela EC 97/2017, incluindo um § 5.º no art. 17 que estabelece uma garantia da troca de partido em virtude das limitações estabelecidas pela nova redação do § 3.º do mesmo artigo igualmente introduzida pela EC 97. Com efeito, a teor do § 5.º do art. 17, que aqui nos permitimos transcrever novamente, "ao eleito por partido que não preencher os requisitos previstos no § 3.º deste artigo é assegurado o mandato e facultada a filiação, sem perda do mandato, a outro partido que os tenha atingido, não sendo essa filiação considerada para fins de distribuição dos recursos do fundo partidário e de acesso gratuito ao tempo de rádio e de televisão".

Ainda no que diz respeito à fidelidade partidária, é de destacar a promulgação, pelo Congresso Nacional, da EC n. 111/2021, que, dentre outras providências, alterou a redação art. 17 da CF, incluindo um sexto parágrafo com a seguinte redação: "Os Deputados Federais, os Deputados Estaduais, os Deputados Distritais e os Vereadores que se desligarem do partido pelo qual tenham sido eleitos perderão o mandato, salvo nos casos de anuência do partido ou de outras hipóteses de justa causa estabelecidas em lei, não computada, em qualquer caso, a migração de partido para fins de distribuição de recursos do fundo partidário ou de outros fundos públicos e de acesso gratuito ao rádio e à televisão."

4.18.5 A igualdade de oportunidades entre os partidos políticos

4.18.5.1 Aspectos gerais

Um dos postulados do sistema democrático-representativo é a igualdade na esfera político-eleitoral, objeto de reconhecimento inclusive no âmbito do direito internacional dos

---

1271. Cf. MENDES, Gilmar Ferreira. Dos partidos políticos, op. cit., p. 730-31.
1272. Cf. SILVA, Virgílio Afonso da. *Direito constitucional brasileiro*, op. cit., p. 416-417.

direitos humanos, como dão conta o Pacto Internacional de Direitos Civis e Políticos e a Convenção Americana de Direitos Humanos (Pacto de São José da Costa Rica), respectivamente, nos arts. 25, letra "c", e 23, letra "c", ambos assegurando a todos o direito de ter acesso, em condições de igualdade, aos cargos e funções públicas de seu país. Além da vinculação do Brasil a tais diplomas internacionais, por conta de sua ratificação e internalização, a CF também sufraga a igualdade em matéria eleitoral.

Com efeito, mesmo que de modo implícito, uma ordem constitucional genuinamente democrática – assim ensina Dieter Grimm – exige uma posição de neutralidade do Estado em relação às agremiações partidárias, de modo a assegurar um sistema de livre e equilibrada concorrência.[1273] Assim, a igualdade partidária, do ponto de vista material, opera como uma igualdade de chances (ou oportunidades), encontrando respaldo na CF no princípio e direito geral de igualdade, do qual constitui uma manifestação específica.[1274] Além disso, tal igualdade partidária, de acordo com Konrad Hesse, representa uma espécie de igualdade esquemática (*schematische Gleichheit*), de tal sorte que uma diferenciação jurídica entre partidos grandes e pequenos, de situação e oposição, não se afigura como legítima.[1275]

Importa sublinhar, de outra parte, que *titulares da igualdade de oportunidades* em matéria político-eleitoral são tanto *os indivíduos*, para efeito do exercício de seu direito de livre associação partidária e fruição da participação democrática interna nos partidos, quanto *os partidos políticos* na condição de pessoas jurídicas, de forma que ambas as faces da igualdade partidária podem entrar em conflito.[1276]

Ademais disso, a igualdade partidária não se revela absoluta, de tal sorte a não afastar diferenciações, desde que não arbitrárias, que no mais das vezes encontram sede na própria CF e na legislação infraconstitucional, em especial para assegurar um tratamento proporcional aos partidos políticos, considerando as suas diferenças. Cabe acrescentar, outrossim, que a igualdade de chances entre os partidos políticos encontra modos distintos de realização, mediante instrumentos que a promovem e garantem, mas que não obedecem a um padrão uniforme e podem ser significativamente distintos de país para país, muito embora existam alguns mecanismos comuns.

No sistema jurídico-constitucional brasileiro, que nesse particular segue, em termos gerais, o padrão dominante nos regimes democráticos, *os principais instrumentos para assegurar a igualdade de chances, para além da neutralidade estatal, são o financiamento dos partidos e das eleições, bem como a garantia de acesso aos meios de comunicação*, em especial o rádio e a televisão.

Por derradeiro, ainda nessa quadra preliminar, importa colacionar novamente o magistério de Dieter Grimm, ao alertar para o fato de que *o postulado da igualdade partidária é sujeito a evidentes dificuldades na sua realização prática*, seja do ponto de vista jurídico (por incidir sobre grande diversidade de objetos, do que dá conta o exemplo da heterogeneidade e multiplicidade programática), seja do ponto de vista fático, visto que, embora sujeitas a um

---

1273. Cf. GRIMM, Dieter. Politische Parteien, op. cit., p. 343 e ss.
1274. Cf., por todos, MENDES, Gilmar Ferreira. Dos partidos políticos, op. cit., p. 739.
1275. Cf. HESSE, Konrad. *Grundzüge des Verfassungsrechts*, op. cit., p. 78.
1276. Cf., por todos, MORLOK, Martin; MICHAEL, Lothar. *Staatsorganisationsrecht*, op. cit., p. 111.

dever de neutralidade, as funções (notadamente legislativa e executiva) do Estado são exercidas por representantes eleitos pela via político-partidária.[1277]

De qualquer sorte, sem a pretensão de aqui aprofundar o tema, seguem algumas notas sobre os principais esteios da igualdade partidária no Brasil (onde também e especialmente se faz necessário o postulado da neutralidade estatal!), quais sejam, o financiamento e o acesso aos meios de comunicação para efeitos da propaganda partidária e eleitoral, objeto de acirrada controvérsia e importante evolução na ordem jurídico-constitucional brasileira.

Sobre o tema da igualdade partidária, calha referir, no âmbito da jurisprudência do STF, a ADI 7021, relator Ministro Roberto Barroso, julgada em 09.02.2022, em que restou assente que as federações partidárias, em homenagem ao princípio da isonomia, devem estar constituídas como pessoa jurídica e obter o registro de seu estatuto perante o TSE no mesmo prazo que se aplica aos partidos políticos, ainda que, em caráter excepcional, no caso das eleições de 2022, a Corte tenha assegurado a dilação do prazo para a constituição das federações partidárias até 31 de maio do mesmo ano.

4.18.5.2 Do financiamento dos partidos

Como toda e qualquer organização pública e privada, também os partidos políticos carecem de recursos para assegurar o seu funcionamento e a consecução de seus fins. Tais recursos podem ser de origem pública ou privada, mas também podem advir de ambas as fontes, a depender do modelo de financiamento adotado.

Na esfera do financiamento dos partidos, a garantia e a promoção da igualdade de chances revelam ser particularmente delicadas. Com efeito, também a criação, a manutenção e a atuação dos partidos políticos estão situadas num contexto social e econômico marcado por desigualdades econômicas e estruturais, de tal sorte que se torna problemático quando o poder político resulta de cooptação pelo poder econômico e não da "vontade das urnas".[1278]

Certo é que *a opção mais adequada quanto a determinado modelo de financiamento deveria atentar para o contexto social, econômico e político, de modo a buscar a maior igualdade de chances possível*, guardando, além disso, íntima relação com o sistema eleitoral e partidário vigente. Além disso, *tanto o financiamento público quanto o privado não são imunes a problemas e apresentam aspectos positivos e negativos, que carecem de adequado balanceamento*. Assim, se o financiamento privado pode ser criticado pela fragilidade em face do poder econômico, o público apresenta como face negativa uma eventual dependência do Estado, ainda mais no caso de não observância do postulado da neutralidade.

No Brasil, *a CF, no art. 17, § 3.º, assegura o direito dos partidos a recursos do fundo partidário*, regulado pela legislação infraconstitucional, em especial pela Lei dos Partidos Políticos, que, na comparação com a lei anteriormente em vigor, tanto ampliou as fontes de financiamento como acrescentou vedações, além de regrar a aplicação dos recursos do fundo partidário. Convém notar, *do ponto de vista estritamente constitucional, que não existe vedação expressa ao financiamento privado*, o que, todavia, não afastou a existência de intensa controvérsia a respeito, resultando inclusive em importantes decisões do STF, que serão logo mais referenciadas.

1277. Cf. GRIMM, Dieter. Politischen Parteien, op. cit., p. 344.
1278. Cf. MORLOK, Martin; MICHAEL, Lothar. *Staatsorganisationsrecht*, op. cit., p. 116.

Além disso, ainda de acordo com a CF, *os partidos políticos estão submetidos à obrigação de prestar contas à Justiça Eleitoral (art. 17, III)*, na forma estabelecida em lei e em resoluções do TSE, ficando o partido sujeito ao cancelamento de seu Registro e de seu Estatuto pelo TSE no caso de descumprimento.[1279] Mas *a própria CF também estabelece vedações expressas na seara do financiamento partidário*, ao proibir o recebimento de recursos financeiros de organização ou Estado estrangeiro (art. 17, II).

De acordo com o modelo praticado no Brasil, a despeito de importantes modificações no transcurso do tempo, o financiamento partidário é tanto público quanto privado, mediante, no primeiro caso, acesso aos recursos do fundo partidário, e, na segunda hipótese, por meio de doações de pessoas físicas e jurídicas (sem que haja benefício fiscal), muito embora o financiamento, mediante doações efetuadas por pessoas jurídicas, tenha, posteriormente, sido afastado em virtude de decisão, por maioria, do STF, por ocasião do julgamento da ADIn 4.650/DF, rel. Min. Luiz Fux, concluído em 17.09.2015.

No julgado referido, o STF partiu da premissa de que inexiste, no Brasil, um modelo fechado de financiamento das campanhas políticas, mas, muito pelo contrário, um marco constitucional aberto, no sentido de uma moldura que estabelece limites à liberdade de conformação legislativa, de tal sorte que viável o controle jurisdicional desse modelo tendo em conta os princípios constitucionais fundamentais. Nessa linha, entendeu o STF que a opção legislativa vigente não lograva êxito em coibir ou pelo menos mitigar a captura do político pelo poder econômico, criando uma "plutocratização do processo político", ensejando, ademais disso, uma ação estratégica especialmente da parte de grandes doadores, no sentido de influenciar os atores políticos em termos nem sempre republicanos, estimulando relações de promiscuidade, além de propiciar um regime de desigualdade político-partidária-eleitoral. Ainda de acordo com o STF, a utilização de recursos próprios dos candidatos e de doações efetuadas por pessoas naturais não apresenta, em contrapartida, tal efeito danoso, não vulnerando os princípios democrático, republicano e da igualdade política. Assim, na esteira da argumentação aqui sinteticamente reproduzida e que traduz a opinião da maioria da Corte, o STF, a ação direta foi julgada parcialmente procedente para o efeito de declarar a inconstitucionalidade parcial sem redução de texto do art. 31 da Lei 9.096/1995, na parte em que autoriza a realização de doações por pessoas jurídicas a partidos políticos, e pela declaração de inconstitucionalidade das expressões "*ou pessoa jurídica*", constante no art. 38, III, e "*e jurídicas*" constante no art. 39, *caput* e § 5.º, todos do mesmo diploma legal.

Assim, mantido o financiamento público mediante acesso aos recursos do fundo partidário, na forma da normativa infraconstitucional, o financiamento privado restou limitado a doações efetuadas por pessoas naturais, no limite estabelecido pela legislação, incluindo, além de recursos financeiros, a doação de bens. A única exceção no que diz com a proibição

---

1279. A esse respeito, importa considerar que o STF afastou a possibilidade de suspensão automática do registro do diretório regional ou municipal de partido político por decisão da Justiça Eleitoral que declara que o órgão partidário não prestou contas. No entendimento do relator, Min. Gilmar Mendes, a sanção somente pode vir a ser aplicada após decisão definitiva decorrente de procedimento de suspensão de registro, como determina o art. 28, inciso III, da Lei dos Partidos Políticos (Lei n. 9.096/1995). Válido, porém, mencionar a divergência não vencedora aberta pelo Ministro Edson Fachin, o qual embora tenha reconhecido a existência de legislação específica sobre o tema, entendeu que a suspensão do registro nessas hipóteses decorre da própria Constituição, que prevê a prestação de contas pelos partidos políticos (art. 17, inciso III). Cf. ADI 6.032, rel. Min. Gilmar Mendes, j. em 05.12.2019.

de doação por pessoas jurídicas é a possibilidade de doações feitas por outros partidos políticos, mas sempre observado o limite de gastos.

Ainda no que diz com o financiamento privado dos partidos e eleições, o STF, por ocasião de julgamento da ADIn 5.394/DF, rel. Min. Alexandre de Moraes, ocorrido em 22.03.2018, decidiu ser exigível a identificação das pessoas naturais responsáveis pela doação ao partido, porquanto tais informações são de interesse coletivo e constituem exigência do dever de transparência inerente ao Estado Democrático de Direito, comprometendo, ademais disso, o processo de prestação de contas, que acaba perdendo a capacidade de registrar e documentar a real movimentação financeira dos partidos e mesmo dificultar o combate à corrupção eleitoral.

Por derradeiro, parece correto afirmar que apenas a experiência concreta e bem controlada do financiamento eleitoral segundo as novas diretrizes poderá demonstrar se, e em que medida, as objeções articuladas, entre elas a alegação de que com isso se está apenas estimulando o uso do assim chamado "caixa dois", além de, também por esta razão, mas não só, propiciar uma maior desigualdade fática entre os partidos, são procedentes.

Relacionado tanto ao direito de igualdade na sua acepção material e às políticas de ações afirmativas quanto ao financiamento partidário, merece atenção decisão do STF (ADIn 5.617/DF, rel. Min. Edson Fachin, j. 15.03.2018, Tribunal Pleno) envolvendo o percentual de recursos do fundo partidário destinado a financiar as candidaturas de mulheres. Nesse importante julgamento, o STF, por maioria, entendeu que ao percentual mínimo de candidatas mulheres (30%) previsto em lei deve corresponder o mesmo percentual em recursos do fundo partidário. Ademais disso, no caso de o número de candidatas mulheres exceder ao mínimo de 30%, também a sua participação nos recursos do fundo deve ser majorada na mesma proporção.

O tema do financiamento eleitoral, dada a sua relevância, acaba por ser recorrentemente submetido ao crivo do STF. No âmbito do processo eleitoral de 2022, destaca-se o julgamento da ADI 5795, relatora Ministra Rosa Weber, de 22.08.2022, no sentido da constitucionalidade da criação, mediante norma infraconstitucional, do Fundo Especial de Financiamento de Campanha (FEFC), constituído apenas em anos eleitorais com o objetivo de financiar as respectivas campanhas com recursos públicos, pelo fato de inexistir regra proibitiva ou permissiva sobre o tema na CF.

No plano legislativo, também seguem ocorrendo alterações importantes no que diz respeito ao financiamento partidário e a inclusão via ações afirmativas de mais candidatas mulheres e candidatos negros. Nesse sentido, a teor do disposto no art. 2.º da EC n. 111/2021, "para fins de distribuição entre os partidos políticos dos recursos do fundo partidário e do Fundo Especial de Financiamento de Campanha (FEFC), os votos dados a candidatas mulheres ou a candidatos negros para a Câmara dos Deputados nas eleições realizadas de 2022 a 2030 serão contados em dobro". Já de acordo com o parágrafo único do dispositivo referido, "a contagem em dobro de votos a que se refere o *caput* somente se aplica uma única vez".

Aperfeiçoando ainda mais o modelo, foi promulgada, em 05.04.2022, a EC n. 117, que acrescentou os §§ 7.º e 8.º ao art. 17 da CF. De acordo com os dispositivos constitucionais, que aqui se transcrevem na íntegra, "os partidos políticos devem aplicar no mínimo 5% (cinco por cento) dos recursos do fundo partidário na criação e na manutenção de programas de promoção e difusão da participação política das mulheres, de acordo com os interesses intrapartidários (§ 7.º). Já de acordo com o § 8.º, "o montante do Fundo Especial de

Financiamento de Campanha e da parcela do fundo partidário destinada a campanhas eleitorais, bem como o tempo de propaganda gratuita no rádio e na televisão a ser distribuído pelos partidos às respectivas candidatas, deverão ser de no mínimo 30% (trinta por cento), proporcional ao número de candidatas, e a distribuição deverá ser realizada conforme critérios definidos pelos respectivos órgãos de direção e pelas normas estatutárias, considerados a autonomia e o interesse partidário."

Nessa mesma linha, foi promulgada a EC 133/2024, que, de acordo com o teor de seu artigo 1.º, que aqui se transcreve, reza que "esta Emenda Constitucional impõe aos partidos políticos a obrigatoriedade da aplicação de recursos financeiros para candidaturas de pessoas pretas e pardas, estabelece parâmetros e condições para regularização e refinanciamento de débitos de partidos políticos e reforça a imunidade tributária dos partidos políticos conforme prevista na Constituição Federal. Além disso, consoante o artigo 2.º da EC 133, "o art. 17 da Constituição Federal passa a vigorar acrescido do seguinte § 9.º: "Dos recursos oriundos do Fundo Especial de Financiamento de Campanha e do fundo partidário destinados às campanhas eleitorais, os partidos políticos devem, obrigatoriamente, aplicar 30% (trinta por cento) em candidaturas de pessoas pretas e pardas, nas circunscrições que melhor atendam aos interesses e às estratégias partidárias". A própria EC 133 regulamenta de modo mais detalhado a matéria, o que, todavia, aqui não se irá desenvolver, remetendo-se, para tanto, ao respectivo texto legal.

4.18.5.3 Da propaganda eleitoral e do acesso aos meios de comunicação

A CF, no art. 17, § 3.º, reconheceu e assegurou um direito de acesso por parte dos partidos ao rádio e à televisão, na forma da lei. A legislação que regulamente tal direito de acesso, consoante resulta evidente, há de guardar sintonia com o princípio da igualdade de chances político-eleitorais, pois, do contrário, poderá estabelecer um regime de desequilíbrio nefasto e que privilegie determinadas legendas em detrimento de outras. Por essa razão, a norma infraconstitucional acabou sendo objeto de ajustes, inclusive em virtude de decisões (e resoluções) da Justiça Eleitoral e do STF.

De acordo com o disposto no art. 52, parágrafo único, da Lei dos Partidos Políticos, o acesso ao rádio e à televisão por parte dos partidos políticos é integralmente subsidiado pela União, constituindo-se, portanto, em modalidade de financiamento público das campanhas eleitorais. Além do acesso regular ao rádio e à televisão, a Lei das Eleições (Lei 9.504/1997) estabelece que as emissoras devem reservar, nos 45 dias anteriores à antevéspera das eleições, horários para a propaganda eleitoral gratuita.

Cumpre referir que os critérios legais de distribuição dos horários de propaganda eleitoral no rádio e na televisão, previstos no art. 47, *caput* e § 2.º, I e II, da Lei 9.504/1997, foram impugnados perante o STF, em virtude de sua alegada inconstitucionalidade, especialmente por violar a igualdade política. No julgamento conjunto da ADIn 4.430 e da ADIn 4.795, ambas relatadas pelo Ministro Dias Toffoli (julgamento ocorrido em 29.06.2012), o STF declarou a constitucionalidade do critério de distribuição da propaganda eleitoral previsto no § 2.º do art. 47 da Lei Eleitoral, baseado na representação de cada legenda na Câmara dos Deputados. Na mesma ocasião, o STF entendeu que em virtude da liberdade de criação de novo partido político não se pode distinguir entre as hipóteses de criação, fusão e incorporação partidária, de tal sorte que à criação de partido novo há de se aplicar os mesmos critérios vigentes (art. 47, § 4.º, da Lei das Eleições) para as fusões e incorporações.

Após a decisão do STF, foi editada a Lei 12.875/2013, que deu nova feição à propaganda eleitoral, modificando os termos do art. 47 da Lei 9.507/1994, de sorte que tais ajustes passaram a viger desde então.[1280]

No que diz respeito à propaganda eleitoral, registram-se outras importantes decisões do STF sobre a matéria.

Quando do julgamento da ADI 6.281, relator Ministro Luiz Fux, relator para o acórdão Ministro Nunes Marques, em 17.02.2022, o Pleno do STF declarou a constitucionalidade dos arts. 43 e 57-C, *caput* e § 1.º, da Lei das Eleições (Lei n. 9.504/1997) que estabelecem restrições à veiculação de propaganda eleitoral em meios de comunicação impressos e na Internet, tendo em vista o seu custeio mediante recursos públicos. Segundo a maioria dos Ministros, restou consignado que as normas então contestadas visavam não exatamente regular a liberdade de expressão, mas, sim, disciplinar os gastos oriundos do Fundo Eleitoral e garantir a paridade de armas entre os candidatos.

Noutro caso digno de nota, designadamente quando do julgamento da ADI 5970, relator Ministro Dias Toffoli, em 07.10.2021, o STF afirmou ser constitucional a proibição legal dos assim chamados showmícios, conforme disposto no art. 39, § 7.º, da Lei n. 9.504/1997, tratando-se, ou não, de atividade remunerada, agregando, contudo, que tal vedação deve ser interpretada em conformidade com a Constituição, de modo a que sejam permitidas apresentações artísticas em eventos destinados a arrecadar recursos para as campanhas eleitorais. A proibição referida, cuja legitimidade constitucional foi declarada pela Suprema Corte, tem por objetivo evitar o abuso de poder econômico no período eleitoral, ademais de assegurar a igualdade de armas entre os candidatos.

Por fim, embora se cuide de matéria mais diretamente relacionada com a liberdade de expressão e seus limites, mas considerando o seu impacto sobre a publicidade eleitoral, é de se referir também aqui a decisão do STF (2018) no sentido de liberar as manifestações de humor (sátiras, charges etc.) na esfera da propaganda eleitoral, decisão que aqui não será comentada com mais detalhamento pelo fato de ter sido objeto de atenção no capítulo referente à liberdade de expressão.

1280. Cumpre destacar que na ADI 5.922 foi questionada a redação do art. 47, § 3.º, da Lei n. 9.504/1997, requerendo-se sua interpretação conforme a CF, com a finalidade de que fossem consideradas na repartição do tempo de propaganda eleitoral no rádio e na televisão as alterações de filiação partidária ocorridas durante a legislatura. A questão, porém, foi considerada prejudicada em razão da ausência de impugnação da totalidade do complexo normativo que rege a matéria, razão pela qual se entendeu por haver vício processual que comprometeu o interesse de agir em sede de controle abstrato de constitucionalidade. Cf. Ag. Reg na ADI 5.922, rel. Min. Luiz Fux, j. em 14.02.2020.

5

DIREITOS FUNDAMENTAIS PROCESSUAIS

Luiz Guilherme Marinoni e
Daniel Mitidiero

Introdução

Embora com diferentes designações, a cultura jurídica ocidental sempre procurou estruturar o processo a partir de determinadas linhas fundamentais – ora falando em *princípios*, ora em *garantias*, ora em *direitos*. Na tradição romano-canônica, por exemplo, contraditório e fundamentação foram encarados como princípios básicos do *ordo iudiciarius*, representando a sua substância irrenunciável no mínimo desde o jusnaturalismo racionalista dos Setecentos[1]. Na tradição do *Common Law*, a garantia do *trial by jury*, de acordo com o *law of the land*, desenvolveu-se paulatinamente a partir da *Magna Carta* de 1215 até se consagrar na conhecida fórmula do *due process of law* que foi importada e empregada na Constituição de 1988[2]. Nesse dicionário, entra agora também a expressão *normas fundamentais*, adotada pelo Código de Processo Civil de 2015, que procura marcar os compromissos inadiáveis do legislador com o processo em geral[3] e com o processo civil em particular[4]. São perspectivas que se entrelaçam e complementam-se[5]. Como todo e qualquer processo, precisa iniciar e terminar com uma leitura constitucional da legislação, das decisões e dos acordos que o sustentam, contudo, a sua compreensão a partir das chaves dos *direitos fundamentais*

---

1. NÖRR, Knut Wolfgang. *Naturrecht und Zivilprozess*. Tübingen: Mohr Siebeck, 1976, p. 7.
2. MATTOS, Sérgio. *Devido processo legal e proteção de direitos*. Porto Alegre: Livraria do Advogado, 2009.
3. Art. 15, CPC.
4. Art. 1.º, CPC.
5. MITIDIERO, Daniel. *Processo civil*. 2. ed. São Paulo: RT, 2022, pp. 107-110.

processuais acabou se convertendo em uma prioridade na agenda dos processualistas[6]. É por essa razão que todo e qualquer processo precisa ser a partir deles estruturado – em outras palavras, não há processo válido fora da fórmula do direito ao processo justo.

5.1 Direito fundamental ao processo justo

5.1.1 Introdução

De forma absolutamente inovadora na ordem interna, nossa Constituição assevera que "ninguém será privado da liberdade ou de seus bens sem o devido processo legal" (art. 5.º, LIV). Com isso, institui o *direito fundamental ao processo justo* no direito brasileiro. Embora de inspiração estadunidense notória, sendo nítida a sua ligação com a V e a XIV Emendas à Constituição dos Estados Unidos da América,[7] certo é que se trata de norma presente hoje nas principais constituições ocidentais,[8] consagrada igualmente no plano internacional na Declaração Universal dos Direitos do Homem (1948), arts. 8.º e 10; na Convenção Europeia dos Direitos do Homem (1950), art. 6.º; no Pacto Internacional relativo aos Direitos Civis e Políticos (1966), art. 14; e na Convenção Americana sobre Direitos Humanos (1969), art. 8.º.[9] O direito ao *fair trial*, não por acaso, constitui a maior contribuição do *common law* para a civilidade do direito[10] e hoje certamente representa o novo *jus commune* em matéria processual.[11]

O direito ao processo justo constitui *princípio fundamental* para organização do processo no Estado Constitucional. É o *modelo mínimo* de atuação processual do Estado e mesmo dos particulares em determinadas situações substanciais.[12] A sua observação é condição necessária e indispensável para a obtenção de decisões justas (art. 6.º do CPC de 2015)[13] e para a viabilização da unidade do direito (art. 926 do CPC de 2015).

A Constituição faz menção à locução *devido processo legal* (*due process of law*). A expressão é criticável no mínimo em duas frentes.

Em primeiro lugar, porque remete ao contexto cultural do *Estado de Direito* (*Rechtsstaat, État Légal*), em que o processo era concebido unicamente como um *anteparo ao arbítrio estatal*, ao passo que hoje o Estado Constitucional (*Verfassungsstaat, État de Droit*) tem por

---

6. ZANETI JÚNIOR, Hermes. *A constitucionalização do processo civil*. 3. ed. São Paulo: RT, 2021.

7. Assim: i) "Amendment V. No person shall be (...) deprived of life, liberty, or property, without due process of law"; ii) "Amendment XIV. Section I. (...) nor shall any State deprive any person of life, liberty, or property, without due process of law".

8. Assim, por exemplo: Itália, arts. 24 e 111; Espanha, art. 24; Alemanha, art. 103; Portugal, art. 20. Para um amplo desenvolvimento do tema na perspectiva comparada, COMOGLIO, Luigi Paolo. *Etica e tecnica del "giusto processo"*.

9. Para consulta aos textos, MATTOS, Sérgio. *Devido processo legal e proteção de direitos*, p. 17-25. Para um amplo desenvolvimento do tema na perspectiva do direito internacional e comunitário europeu, TROCKER, Nicolò. *La formazione del diritto processuale europeo*.

10. GOODHARDT, Arthur. Legal procedure and democracy. *Cambridge Law Journal*, 1964, p. 54.

11. GUINCHARD, Serge. *Droit processuel – Droit commun et droit comparé du procès équitable*, p. 123.

12. OLIVEIRA, Alvaro de; MITIDIERO, Daniel. *Curso de processo civil*, vol. 1, p. 27-28.

13. TARUFFO, Michele. Idee per una teoria della decisione giusta. *Sui confini – Scritti sulla giustizia civile*, p. 224.

missão *colaborar na realização da tutela efetiva dos direitos mediante a organização de um processo justo*.

Em segundo, porque dá azo a que se procure, por conta da tradição estadunidense em que colhida, uma *dimensão substancial* à previsão (*substantive due process of law*), quando inexiste necessidade de pensá-la para além de sua *dimensão processual* no direito brasileiro.[14] De um lado, é preciso perceber que os deveres de *proporcionalidade* e de *razoabilidade* não decorrem de uma suposta dimensão substancial do devido processo, como parece a parcela da doutrina[15] e como durante bom tempo se entendeu na jurisprudência do STF.[16] Aliás, mesmo no direito estadunidense semelhante entendimento não se configura correto.[17] Os postulados da proporcionalidade decorrem dos princípios da liberdade e da igualdade – as posições jurídicas têm de ser exercidas de forma proporcional e razoável dentro do Estado Constitucional.[18] De outro, importa ter presente que não é necessário recorrer ao conceito de *substantive due process of law* "com o objetivo de reconhecer e proteger direitos fundamentais implícitos",[19] na medida em que nossa Constituição conta expressamente com um *catálogo aberto* de direitos fundamentais (art. 5.º, § 2.º), o que desde logo permite a consecução desse mesmo fim: reconhecimento e proteção de direitos fundamentais implicitamente previstos e mesmo não previstos na Constituição (conceito material de direitos fundamentais).

Eis as razões pelas quais prefere a doutrina se referir a direito ao *processo justo* (*giusto processo, procès équitable, faires Verfahren, fair trial*) – além de culturalmente consentânea ao Estado Constitucional, essa desde logo revela o cariz puramente processual de seu conteúdo[20]. Nada obsta, contudo, a alusão à rica fórmula do *devido processo*, desde que se tenha presente o seu efetivo conteúdo.

O direito ao processo justo é um *modelo mínimo* de conformação do processo. Com rastro fundo na história e desconhecendo cada vez mais fronteiras, o direito ao processo justo é reconhecido pela doutrina como um modelo em *expansão* (tem o condão de *conformar a atuação* do legislador infraconstitucional – e não é por outra razão que o art. 1.º do CPC de 2015 sintomaticamente refere que o processo civil será "ordenado, disciplinado e interpretado conforme os valores e as normas fundamentais estabelecidas na Constituição da República"), *variável* (pode assumir *formas diversas*, moldando-se às exigências do

---

14. Para crítica do devido processo legal substancial: Ávila, Humberto. O que é devido processo legal? *RePro* 163/50-59; Del Claro, Roberto. Devido processo legal substancial?" In: Marinoni, Luiz Guilherme (Coord.). *Estudos de direito processual civil – Homenagem ao Professor Egas Dirceu Moniz de Aragão*, p. 192-213.

15. Assim, entre outros: Castro, Carlos Roberto Siqueira e. *O devido processo legal e os princípios da razoabilidade e da proporcionalidade*, p. 212-214; e Nery Junior, Nelson. *Princípios do processo na Constituição Federal*, p. 83.

16. Pode-se conferir completo exame do tema em: Mattos, Sérgio. *Devido processo legal e proteção de direitos*, p. 91-102.

17. Consulte-se a crítica profunda de: Mattos, Sérgio. *Devido processo legal e proteção de direitos*, p. 102-109.

18. Ávila, Humberto. O que é devido processo legal? *RePro* 163/50-59.

19. É a proposta de: Mattos, Sérgio. *Devido processo legal e proteção de direitos*, p. 127, ao que parece encampada por: Didier Júnior, Fredie. *Curso de direito processual civil*, vol. 1, p. 48-49.

20. Por exemplo: Oliveira, Alvaro de. Os direitos fundamentais à efetividade e à segurança em perspectiva dinâmica, *RF* 395/35-51; Theodoro Júnior, Humberto. Constituição e processo: desafios constitucionais da reforma do processo civil no Brasil. In: _____; Calmon, Petrônio; Nunes, Dierle (Coord.). *Processo e Constituição – Os dilemas do processo constitucional e dos princípios processuais constitucionais*.

direito material e do caso concreto) e *perfectibilizável* (passível de *aperfeiçoamento* pelo legislador infraconstitucional).[21] É tarefa de todos os que se encontram empenhados no império do Estado Constitucional delineá-lo e densificá-lo.

5.1.2 Âmbito de proteção

O direito ao processo justo é um direito de natureza *processual*. Ele impõe *deveres organizacionais* ao Estado na sua função *legislativa, judiciária* e *executiva*. É por essa razão que se enquadra dentro da categoria dos direitos à organização e ao procedimento.[22] A legislação infraconstitucional constitui um meio de densificação do direito ao processo justo pelo legislador. É a forma pela qual esse cumpre com o seu dever de organizar um processo idôneo à tutela dos direitos. As leis processuais não são nada mais, nada menos do que concretizações do direito ao processo justo. O mesmo se passa com a atuação do Executivo e do Judiciário. A atuação da administração judiciária tem de ser compreendida como uma forma de concretização do direito ao processo justo. O juiz tem o dever de interpretar e aplicar a legislação processual em conformidade com o direito fundamental ao processo justo. O Estado Constitucional tem o dever de tutelar de forma efetiva os direitos. Se essa proteção depende do processo, ela só pode ocorrer mediante processo justo. No Estado Constitucional, o processo só pode ser compreendido como o meio pelo qual se tutelam os direitos na dimensão da Constituição.[23]

O direito ao *processo justo* visa assegurar a obtenção de uma *decisão justa* (art. 6.º do CPC de 2015) e a unidade do direito (art. 926 do CPC de 2015). Ele é o meio pelo qual se exerce *pretensão à justiça* (*Justizanspruch*) e *pretensão à tutela jurídica* (*Rechtsschutzanspruch*).[24] O exercício da pretensão à tutela jurídica dá lugar à tutela dos direitos, que constitui o seu objetivo central dentro do Estado Constitucional.

Todo e qualquer processo está sujeito ao controle de sua *justiça processual* como condição indispensável para sua legitimidade perante nossa ordem constitucional. Tanto os *processos jurisdicionais* – civis, penais, trabalhistas, militares e eleitorais[25] – como os *não jurisdicionais* – administrativo,[26] legislativo e arbitral[27] – submetem-se à cláusula do processo justo para sua adequada conformação. Mesmo os *processos não jurisdicionais entre particulares*, quando tendentes à imposição de penas privadas ou restrições de direitos, devem

---

21. ANDOLINA, Italo; VIGNERA, Giuseppe. *Il modello costituzionale del processo civile italiano*, p. 14-15.
22. SARLET, Ingo. *A eficácia dos direitos fundamentais*, p. 194-198.
23. MARINONI, Luiz Guilherme. *Curso de processo civil*, 3. ed., vol. 1, p. 465. A Constituição *precede* o Estado Constitucional, organizando-o, outorgando as suas balizas de funcionamento (BÖCKENFÖRDE, Ernst-Wolfgang. *Stato, costituzione, democrazia – Studi di teoria della costituzione e di diritto costituzionale*, p. 596) e, também, os fins *sociais* que devem ser promovidos pela sua atuação.
24. ROSENBERG, Leo; SCHWAB, Karl Heinz; GOTTWALD, Peter. *Zivilprozessrecht*, p. 14-16.
25. NERY JUNIOR, Nelson. *Princípios do processo na Constituição Federal*, p. 96.
26. Na doutrina: MOREIRA, Egon Bockmann. *Processo administrativo – Princípios constitucionais e a Lei 9.784/1999*, p. 290. Na jurisprudência: STF, 1.ª T., AgRg no AgIn 541.949/MG, rel. Min. Marco Aurélio, j. 13.04.2011, *DJe* 18.05.2011. A necessidade de processo justo alcança inclusive os processos administrativos instaurados perante o Conselho Nacional de Justiça, conforme STF, Pleno, MS 27.154/DF, rel. Min. Joaquim Barbosa, j. 10.11.2010, *DJe* 08.02.2011.
27. CARMONA, Carlos Alberto. *Arbitragem e processo – Um comentário à Lei 9.307/1996*, p. 289.

observar o *perfil organizacional mínimo de processo justo* traçado na nossa Constituição.[28] Fora daí há nulidade por violação do direito ao processo justo.

Não é possível definir em abstrato a cabal conformação do direito ao processo justo. Trata-se de *termo indeterminado*. O direito ao processo justo constitui *cláusula geral* – a norma prevê um termo indeterminado no seu suporte fático e não comina consequências jurídicas à sua violação.[29] No entanto, é possível identificar um "núcleo forte ineliminável",[30] um "conteúdo mínimo essencial"[31] sem o qual seguramente não se está diante de um processo justo. O direito ao processo justo conta, pois, com um *perfil mínimo*. Em primeiro lugar, do ponto de vista da "divisão do trabalho" processual, o processo justo é pautado pela *colaboração* do juiz para com as partes.[32] *O juiz é paritário no diálogo e assimétrico apenas no momento da imposição de suas decisões*.[33] Em segundo lugar, constitui processo capaz de prestar *tutela jurisdicional adequada e efetiva*, em que as partes participam em pé de *igualdade* e com *paridade de armas*, em *contraditório*, com *ampla defesa*, com *direito à prova*, perante *juiz natural*, em que todos os seus pronunciamentos são *previsíveis, confiáveis e motivados*, em procedimento *público*, com *duração razoável* e, sendo o caso, com direito à *assistência jurídica integral* e formação de *coisa julgada*.

A observância dos *elementos* que compõem o *perfil mínimo* do direito ao processo justo são os *critérios* a partir dos quais se pode aferir a *justa estruturação do processo*. *O processo justo depende da observância de seus elementos estruturantes*. A aferição da justiça do processo mediante a *verificação pontual* de cada um de seus elementos é *método* recorrente na jurisprudência.[34] Trata-se de *meio objetivo* de controle de justiça processual.

A violação do direito ao processo justo pode ser *direta* ou *indireta*. O cabimento de recurso extraordinário fundado na violação do direito ao processo justo (art. 5.º, LIV, da CF) só se configura quando há *ofensa direta*. Quando o exame da violação do direito ao processo justo depende da *simples interpretação* da legislação infraconstitucional que o concretiza,

---

28. Na doutrina: BRAGA, Paula Sarno. *Aplicação do devido processo legal nas relações privadas*. Na jurisprudência: STF, 2.ª T., RE 201.819/RJ, rel. Min. Ellen Gracie, rel. p/ o acórdão Min. Gilmar Mendes, j. 11.10.2005, *DJ* 27.10.2006, p. 64.

29. Para caracterização das cláusulas gerais: MARTINS-COSTA, Judith. *A boa-fé no direito privado*, p. 273-377. Para compreensão do direito ao processo justo como cláusula geral: DIDIER JÚNIOR, Fredie. *Curso de direito processual civil*, vol. 1, p. 42-45.

30. PISANI, Andrea Proto. Giusto processo e valore della cognizione piena. *Rivista di Diritto Civile*, p. 267.

31. COMOGLIO, Luigi Paolo. *La garanzia dell'azione ed il processo civile*, p. 156.

32. MITIDIERO, Daniel. *Colaboração no processo civil – Pressupostos sociais, lógicos e éticos*, 2. ed.; OLIVEIRA, Alvaro de. Poderes do juiz e visão cooperativa do processo. *Revista da Ajuris*, n. 90; DIDIER JÚNIOR, Fredie. *Fundamentos do princípio da cooperação no direito processual civil português*, p. 46; _____. Os três modelos de direito processual: inquisitivo, dispositivo e cooperativo. *RePro* 198/219; THEODORO JÚNIOR, Humberto. Juiz e partes dentro de um processo fundado no princípio da cooperação. *Revista Dialética de Direito Processual* 102/64; SANTOS, Igor Raatz dos. Processo, igualdade e colaboração: os deveres de esclarecimento, prevenção, consulta e auxílio como meio de redução das desigualdades no processo civil. *RePro* 192/47-80.

33. MITIDIERO, Daniel. *Colaboração no processo civil – Pressupostos sociais, lógicos e éticos*, p. 81.

34. A *Supreme Court* dos EUA, por exemplo, considera basicamente cinco questões para *testar* a justiça do processo: (i) qual tipo de notícia é requerido para o caso; (ii) quando o contraditório deve ser efetivado: antes ou depois da restrição à esfera jurídica da parte; (iii) qual espécie de contraditório é requerido para o caso; (iv) quem tem o ônus da prova e qual o *standard* probatório para formação do convencimento judicial; (v) qual o juiz natural (*Mathews v. Eldrige*, 424 U.S. 319 (1976). Sobre o assunto, CHEMERINSKY, Erwin. *Constitutional law*: principles and policies, 3. ed., p. 580-604).

há apenas *ofensa indireta*.[35] Isso não quer dizer, contudo, que o STF não possa *controlar* mediante recurso extraordinário a *suficiência* ou a *excessividade da proteção* despendida pelo legislador infraconstitucional na densificação do princípio do direito ao processo justo. Nesse caso *não há simples interpretação* de normas infraconstitucionais. Há *controle de adequada densificação* do direito ao processo justo. Quando a parte afirma a existência de *proteção insuficiente ou excessiva da legislação* diante da Constituição, sustenta a existência de *ofensa direta* à normatividade do direito ao processo justo, desencadeando a possibilidade de *controle* de constitucionalidade da legislação infraconstitucional, o que autoriza a interposição e o conhecimento de recurso extraordinário. O mesmo se diga quando se afirma a violação do direito ao processo justo pela *ausência* de norma infraconstitucional que o concretize. Nesse sentido, há igualmente *ofensa direta* e cabe recurso extraordinário.

O fato de o direito ao processo justo contar com *bases mínimas*, o que lhe outorga um *perfil comum* nas suas mais variadas manifestações, obviamente não apaga a influência que o *direito material* exerce na concepção da *finalidade* do processo e na *conformação* de sua organização técnica. Dada a *interdependência* entre direito e processo,[36] o direito material *projeta a sua especialidade* sobre o processo, imprimindo-lhe feições a ele aderentes. Isso quer dizer que o *conteúdo mínimo* de direitos fundamentais processuais que confluem para a organização de um processo justo *não implica finalidade comum a todo e qualquer processo, tampouco obriga à idêntica e invariável estruturação técnica*. Pelo contrário: o direito ao processo justo requer, para sua concretização, *efetiva adequação do processo ao direito material* – adequação da tutela jurisdicional à tutela do direito. É preciso ter presente que compõe o direito ao processo justo o *direito à tutela jurisdicional adequada dos direitos*.

Por essa razão é perfeitamente possível conceber, sob o ângulo da *finalidade,* o processo civil de forma diversa do processo penal, nada obstante a exigência de justa estruturação a que ambos estão submetidos no Estado Constitucional. *O processo civil visa à tutela efetiva dos direitos mediante processo justo*. *O processo penal* é antes de qualquer coisa um *anteparo ao arbítrio do Estado e funciona como garantia de liberdade da pessoa diante do Estado*. Essas finalidades – em alguma medida distintas – determinam *opções técnicas* diferentes na estruturação de um e de outro. O mesmo se diga do processo trabalhista e de outros processos. *O processo sofre o influxo do direito material, que polariza a sua finalidade e determina a sua estruturação*. Isso não retira, contudo, a necessidade de observância de balizas mínimas de justiça processual na sua conformação, seja qual for a natureza do direito material que o processo visa a realizar.

5.1.3 Titularidade e destinatários

O direito fundamental ao processo justo obriga o Estado Constitucional. Isso quer dizer que o Legislativo, o Judiciário e o Executivo são os seus *destinatários*. Eles têm o dever de atuar para a densificação e a viabilização do direito ao processo justo para que os seus *titulares* possam exercer as posições jurídicas a ele inerentes.

---

35. STF, 1.ª T., AgRg no AgIn 798.914/RJ, rel. Min. Luiz Fux, j. 30.08.2011, *DJe* 14.09.2011.
36. PISANI, Andrea Proto. *Lezioni di diritto processuale civile*, p. 5; FAZZALARI, Elio. *Note in tema di diritto e processo*, p. 113.

O seu primeiro destinatário é o legislador,[37] o qual tem como tarefa concretizá-lo mediante a promulgação de normas processuais.[38] O administrador judiciário tem o dever de organizar estruturalmente o Poder Judiciário a fim de capacitá-lo a cumprir com a sua função de tutela jurisdicional efetiva dos direitos. O direito ao processo justo, portanto, também tem como destinatário o administrador. O juiz é obrigado a interpretar as normas em conformidade com o direito fundamental ao processo justo e, sendo o caso, tem inclusive o dever de densificá-lo *diretamente* (art. 5.º, § 1.º, da CF).[39] Trata-se de comando cujo fundamento reside na necessidade de se observar a *hierarquia* existente entre Constituição e legislação infraconstitucional.[40]

São titulares do direito ao processo justo todas as *pessoas físicas e jurídicas*. Embora a Constituição brasileira não conte com regra geral a respeito, como há na *Grundgesetz* alemã (art. 19, 3) e na Constituição portuguesa (art. 12, § 2.º), a doutrina é unânime em assinalar a possibilidade de pessoas jurídicas serem titulares de direitos fundamentais.[41]

Todos podem propor ação para obtenção de tutela jurisdicional mediante processo justo, não são só as pessoas que titularizam o direito ao processo justo. Na verdade, todo aquele que tem *personalidade processual* – isto é, *capacidade para ser parte* – é *titular* do direito ao processo justo. Diante da nossa ordem jurídica, a personalidade processual é mais ampla que a *personalidade jurídica*. Daí, sempre que a lei reconhecer personalidade processual a *entes despersonalizados* no plano do direito material, esses terão igualmente direito ao processo justo (exemplos: nascituro; condomínio; sociedade em comum – art. 986 do CC; espólio; massa falida; herança jacente – art. 75 do CPC de 2015; Ministério Público; Tribunal de Contas; Procon; comunidades indígenas; grupos tribais – art. 37 da Lei 6.001/1973).

Pode ocorrer ainda de a *personalidade processual resultar implícita* da atribuição de situações jurídicas ativas e passivas a *órgãos públicos* (exemplos: Câmara de Vereadores e Assembleias Legislativas) ou *grupos minimamente organizados* (exemplo: MST).[42] A jurisprudência registra alguns desses casos agrupando-os a partir do conceito de "direito-função".[43] Nessas hipóteses, *órgãos* e *grupos* também são titulares do direito ao processo justo, posto que não se pode conceber a existência de um *direito* senão acompanhado de um *remédio* destinado a efetivá-lo concretamente.[44]

---

37. HESSE, Konrad. *Elementos de direito constitucional da República Federal da Alemanha*, p. 247.
38. Especificamente no que tange ao direito processual civil: MARINONI, Luiz Guilherme; MITIDIERO, Daniel. *O projeto do CPC – Crítica e propostas*, p. 15. Daí a razão pela qual observa acertadamente Pedro Scherer de Mello Aleixo que o legislador tem o dever de configurar de forma juridicamente adequada o processo (ALEIXO, Pedro Scherer de Mello. O direito fundamental à tutela jurisdicional efetiva na ordem jurídica brasileira – A caminho de um "devido processo proporcional". In: MONTEIRO, António Pinto; NEUNER, Jörg; SARLET, Ingo W. (Coord.). *Direitos fundamentais e direito privado – Uma perspectiva de direito comparado*, p. 428).
39. MARINONI, Luiz Guilherme. *Curso de processo civil – Teoria geral do processo*, 3. ed., vol. 1, p. 117-120; MITIDIERO, Daniel. *Processo civil e estado constitucional*, p. 91.
40. PÉREZ LUÑO, Antonio Enrique. *Derechos humanos, estado de derecho y constitución*, p. 288.
41. SARLET, Ingo. *A eficácia dos direitos fundamentais*, p. 222-224; DIMOULIS, Dimitri; MARTINS, Leonardo. *Teoria geral dos direitos fundamentais*, p. 90-91.
42. DIDIER JÚNIOR, Fredie. *Pressupostos processuais e condições da ação – O juízo de admissibilidade do processo*, p. 115-125.
43. STF, Pleno, MS 21.239/DF, rel. Min. Sepúlveda Pertence, j. 05.06.1991, *DJ* 23.04.1993, p. 6.920; STJ, 1.ª T., RMS 15.877/DF, rel. Min. Teori Zavascki, j. 18.05.2004.
44. ORTH, John. *Due process of law*: a brief history, p. 89; DI MAJO, Adolfo. *La tutela civile dei diritti*, p. 16.

Como o direito ao processo justo é um *direito compósito*, enfeixando vários outros direitos que compõem o seu *perfil mínimo*, seus destinatários e titulares também ocupam as mesmas posições diante de todos os direitos implicados no seu conteúdo. Quem é destinatário e titular do direito ao processo justo também é dos direitos nele consubstanciados.

5.1.4 Eficácia

O direito ao processo justo goza de eficácia *vertical, horizontal* e *vertical com repercussão lateral*. O mesmo se diga de seus elementos estruturantes. Ele obriga o Estado Constitucional a adotar condutas concretizadoras do ideal de protetividade que dele dimana (eficácia vertical), o que inclusive pode ocasionar repercussão lateral sobre a esfera jurídica dos particulares (eficácia vertical com repercussão lateral).[45] Ainda, obriga os particulares, em seus processos privados tendentes a restrições e extinções de direitos, a observá-lo (eficácia horizontal).

O direito ao processo justo é *multifuncional*. Ele tem função *integrativa, interpretativa, bloqueadora* e *otimizadora*.[46] Como princípio, exige a realização de um estado ideal de proteção aos direitos, determinando a *criação* dos elementos necessários à promoção do ideal de protetividade, a *interpretação* das normas que já preveem elementos necessários à promoção do estado ideal de tutelabilidade, o *bloqueio* à eficácia de normas contrárias ou incompatíveis com a promoção do estado de proteção e a *otimização* do alcance do ideal de protetividade dos direitos no Estado Constitucional.[47]

5.1.5 Conformação infraconstitucional

A atuação do legislador infraconstitucional – mediante a elaboração e promulgação de códigos processuais e de leis que tratam de forma exclusiva ou parcial de processo – só pode ser vista como concretização do direito ao processo justo. Há, nesse sentido, *dupla presunção*: *subjetiva*, de que o legislador realizou sua função dando adequada resposta à norma constitucional (*favor legislatoris*), e *objetiva*, de que a lei realiza de forma justa o direito fundamental ao processo justo (*favor legis*).[48]

A Constituição – o direito ao processo justo nela previsto – é o *centro* a partir do qual a legislação infraconstitucional deve se estruturar. O direito ao processo justo exerce papel de *centralidade* na compreensão da organização infraconstitucional do processo. É nele que se deve buscar a *unidade* na conformação do processo no Estado Constitucional.[49] Dada a *complexidade* da sua ordem jurídica, marcada pela pluralidade de fontes normativas,[50] impõe-se não só uma leitura a partir da Constituição da legislação infraconstitucional, mas

---

45. Analogicamente, MARINONI, Luiz Guilherme. *Curso de processo civil – Teoria geral do processo*, 3. ed., vol. 1, p. 87.
46. ÁVILA, Humberto. O que é devido processo legal? *RePro* 163/50-59.
47. OLIVEIRA, Alvaro de; MITIDIERO, Daniel. *Curso de processo civil*, vol. 1, p. 27.
48. PÉREZ LUÑO, Antonio Enrique. *Derechos humanos, estado de derecho y constitución*, p. 286.
49. ZAGREBELSKY, Gustavo. *Il diritto mite – Legge, diritti, giustizia*, p. 48; IRTI, Natalino. *Codice civile e società politica*, p. 13.
50. GUASTINI, Riccardo. *Teoria e dogmatica delle fonti*, p. 163-164.

também um *diálogo das fontes* para *melhor interpretação* da legislação processual e para *otimização* de soluções conforme ao direito fundamental ao processo justo.[51]

5.2 Direito fundamental à colaboração no processo

5.2.1 Introdução

Problema central do processo está na sua equilibrada organização[52] – vale dizer, da "divisão do trabalho" entre os seus participantes.[53] O *modelo* do nosso processo justo é o *modelo cooperativo* – pautado pela *colaboração* do juiz para com as partes.[54] É por essa razão que o art. 6.º do CPC de 2015 o encampou. Como observa a doutrina, *"le procès équitable implique un principe de coopération efficiente des parties et du juge dans l'élaboration du jugement vers quoi est tendue toute procédure".*[55]

A colaboração é um *modelo* que visa a organizar o papel das partes e do juiz na conformação do processo, estruturando-o como uma verdadeira *comunidade de trabalho (Arbeitsgemeinschaft)*, em que se privilegia o *trabalho processual em conjunto* do juiz e das partes *(prozessualen Zusammenarbeit).*[56] Em outras palavras: visa a dar feição ao processo,

---

51. MARQUES, Claudia Lima; MIRAGEM, Bruno; BENJAMIN, Antônio Herman. *Comentários ao código de defesa do consumidor*, p. 23-52; MITIDIERO, Daniel. *Processo civil e estado constitucional*, p. 78.

52. Ou, como prefere Alvaro de Oliveira, na organização de seu formalismo, conceito que compreende a "delimitação dos poderes, faculdades e deveres dos sujeitos processuais, coordenação de sua atividade, ordenação do procedimento e organização do processo" (OLIVEIRA, Alvaro de. *Do formalismo no processo civil – Proposta de um formalismo-valorativo*, p. 28).

53. A expressão é de BARBOSA MOREIRA, José Carlos. O problema da "divisão do trabalho" entre juiz e partes: aspectos terminológicos. *Temas de direito processual*, p. 35-44.

54. Sobre o assunto: MITIDIERO, Daniel. *Colaboração no processo civil – Pressupostos sociais, lógicos e éticos;* ____. Colaboração no processo civil como *prêt-à-porter?* Um convite ao diálogo para Lênio Streck, *RePro* 194/55-68; OLIVEIRA, Alvaro de. Poderes do juiz e visão cooperativa do processo. *Revista da Ajuris*, n. 90; DIDIER JÚNIOR, Fredie. *Fundamentos do princípio da cooperação no direito processual civil português*, p. 46; ____. Os três modelos de direito processual: inquisitivo, dispositivo e cooperativo. *RePro* 198/219; GRASSI, Lúcio. Cognição processual civil: atividade dialética e cooperação intersubjetiva na busca da verdade real. *Revista Dialética de Direito Processual*, n. 6; THEODORO JÚNIOR, Humberto. Juiz e partes dentro de um processo fundado no princípio da cooperação. *Revista Dialética de Direito Processual* 102/64; SANTOS, Igor Raatz dos. Processo, igualdade e colaboração: os deveres de esclarecimento, prevenção, consulta e auxílio como meio de redução das desigualdades no processo civil. *RePro* 192/47-80; ____. A organização do processo civil pela ótica da teoria do estado: a construção de um modelo de organização do processo para o estado democrático de direito e o seu reflexo no projeto do CPC. *Revista Brasileira de Direito Processual* 75/ 97-132; HOFFMAN, Paulo. *Saneamento compartilhado*, p. 47-55; CARPES, Artur. *Ônus dinâmico da prova*, p. 31-40; LANES, Júlio. *Audiências: conciliação, saneamento, prova e julgamento*, p. 108-114. Na doutrina estrangeira: GRASSO, Eduardo. La collaborazione nel processo civile. *Rivista di Diritto Processuale*, 1966; WASSERMANN, Rudolf. *Der soziale Zivilprozess – Zur Theorie und Praxis des Zivilprozesses im sozialen Rechtsstaat*, especialmente p. 97-125; HAHN, Bernhard. *Kooperationsmaxime im Zivilprozeß: Grenzverschiebungen in der Verantwortung von Partein und Gericht bei der Tatsachenbeschaffung und Sachverhaltseforschung im neuen Zivilprozeßrecht;* GREGER, Reinhard. Kooperation als Prozessmaxime. In: ____; GOTTWALD, Peter; PRÜTTING, Hans (Coord.). *Dogmatische Grundfragen des Zivilprozess im geeinten Europa*, p. 77-84.

55. CADIET, Loïc; NORMAND, Jacques; MEKKI, Soraya Amrani. *Théorie générale du procès*, p. 385.

56. WASSERMANN, Rudolf. *Der soziale Zivilprozess – Zur Theorie und Praxis des Zivilprozesses im sozialen Rechtsstaat*, p. 97.

dividindo de forma *equilibrada* o trabalho entre todos os seus participantes. Como modelo, a colaboração rejeita a jurisdição como polo metodológico do processo civil, ângulo de visão evidentemente unilateral do fenômeno processual, privilegiando em seu lugar a própria ideia de processo como centro da sua teoria,[57] concepção mais pluralista e consentânea à feição democrática ínsita ao Estado Constitucional.[58]

Semelhante modelo processual resulta da *superação histórica* – e, pois, cultural – dos modelos de *processo isonômico* e de *processo assimétrico*.[59] Há quem caracterize a cooperação, ainda, a partir das conhecidas linhas do *processo dispositivo* e do *processo inquisitório*.[60] Seja qual for a perspectiva, é certo que a análise histórico-dogmática da *tradição* processual mostra o rastro pelo qual se formou e ganhou corpo a colaboração no nosso contexto processual.

A colaboração é um modelo que se estrutura a partir de *pressupostos culturais* que podem ser enfocados sob o ângulo *social, lógico* e *ético*.[61] Do ponto de vista social, *o Estado Constitucional de modo nenhum pode ser confundido com o Estado-inimigo*. Nessa quadra, assim como a sociedade pode ser compreendida como um empreendimento de cooperação entre os seus membros visando à obtenção de proveito mútuo,[62] também o Estado deixa de ter um papel de pura abstenção e passa a ter de prestar positivamente para cumprir com seus deveres constitucionais. Do ponto de vista lógico, o processo cooperativo pressupõe o reconhecimento do *caráter problemático do direito*, reabilitando-se a sua *feição argumentativa*. Passa-se da lógica apodítica à lógica dialética.[63] Finalmente, do ponto de vista ético, o processo pautado pela colaboração é um processo *orientado pela busca*, tanto quanto possível, *da verdade* (art. 369 do CPC de 2015),[64] e que, para além de emprestar relevo à *boa-fé subjetiva*, também exige de

---

57. MITIDIERO, Daniel. *Colaboração no processo civil – Pressupostos sociais, lógicos e éticos*, p. 48-50.
58. CANOTILHO J. J. Gomes. *Direito constitucional e teoria da constituição*, p. 89.
59. Sobre os modelos de processo isonômico e de processo assimétrico: MITIDIERO, Daniel. *Colaboração no processo civil – Pressupostos sociais, lógicos e éticos*, p. 71-115, com ampla exposição bibliográfica, com destaque para as obras de: PICARDI, Nicola. Processo civile: c) Diritto moderno. *Enciclopedia del diritto*, vol. XXXVI; _____. "Audiatur et altera pars" – Le matrici storico-culturali del contraddittorio. *Rivista Trimestrale di Diritto e Procedura Civile*; GIULIANI, Alessandro. Il concetto di prova – Contributto alla logica giuridica; _____. L'Ordo Judiciarius Medioevale – Riflessioni su un modello puro di ordine isonomico, *Rivista di Diritto Processuale*, 1988; PICARDI, Nicola; GIULIANI, Alessandro. *La responsabilità del giudice*. Adotando ainda expressamente a colaboração como modelo processual civil, DIDIER JÚNIOR, Fredie. *Fundamentos do princípio da cooperação no direito processual civil português*, p. 46-49; CARPES, Artur. *Ônus dinâmico da prova*, p. 61-65.
60. É o caminho trilhado por GRASSO, Eduardo. La collaborazione nel processo civile. *Rivista di Diritto Processuale*; e WASSERMANN, Rudolf. *Der soziale Zivilprozess – Zur Theorie und Praxis des Zivilprozesses im sozialen Rechtsstaat*, especialmente p. 97-125, em que se tem como pano de fundo o aspecto liberal e social das instituições processuais. No Brasil, pelo mesmo caminho, DIDIER JÚNIOR, Fredie. Os três modelos de direito processual: inquisitivo, dispositivo e cooperativo. *RePro* 198/219. Igualmente, NUNES, Dierle. *Processo jurisdicional democrático*, p. 39-140, nada obstante não fale expressamente em colaboração. Embora a literatura sobre processo dispositivo e processo inquisitório seja imensa, é possível buscar bom panorama em CAPPELLETTI, Mauro. *La testimonianza della parte nel sistema dell'oralità*, vol. 1, p. 303-375.
61. Com maior vagar, MITIDIERO, Daniel. *Colaboração no processo civil – Pressupostos sociais, lógicos e éticos*, p. 71-115.
62. BOURSIER, Marie-Emma. *Le principe de loyauté en droit processuel*, p. 297.
63. OLIVEIRA, Alvaro de. A garantia do contraditório. *Do formalismo no processo civil*, p. 231.
64. TARUFFO, Michele. Idee per una teoria della decisione giusta. *Sui confini – Scritti sulla giustizia civile*, p. 224. Para uma ampla discussão do problema da verdade na perspectiva do processo, TARUFFO, Michele. *La semplice verità – Il giudice e la costruzione dei fatti*, p. 74-134; _____. *La prova dei fatti giuridici*, p. 1-66;

todos os seus participantes a observância da *boa-fé objetiva* (art. 5.º do CPC de 2015),[65] sendo igualmente seu destinatário o juiz.[66]

O modelo de processo pautado pela colaboração visa a outorgar *nova dimensão ao papel do juiz na condução do processo*. O juiz do processo cooperativo é um juiz isonômico na sua condução e assimétrico apenas quando impõe suas decisões. *Desempenha duplo papel: é paritário no diálogo e assimétrico na decisão.*[67]

5.2.2 Âmbito de proteção

A colaboração no processo é um *princípio jurídico*.[68] Ela impõe um *estado de coisas* que tem de ser promovido.[69] O fim da colaboração está em servir de elemento para a organização

---

FERRER BELTRÁN, Jordi. *Prueba y verdad en el derecho*, p. 55-78. Para um diálogo crítico, FLACH, Daisson. *A verossimilhança no processo civil.*

65. O que implica reconhecer uma série de *comportamentos* como vedados aos seus participantes. A boa-fé objetiva revela-se no comportamento merecedor de fé, que não frustre a confiança do outro. Age com comportamento adequado aquele que não abusa de suas posições jurídicas. A doutrina aponta que são manifestações da proteção à boa-fé no direito a *exceptio doli*, o *venire contra factum proprium*, a inalegabilidade de nulidades formais, a *supressio* e a *surrectio*, o *tu quoque* e o desequilíbrio no exercício do direito (na doutrina em geral: CORDEIRO, António Menezes. *Da boa-fé no direito civil*; na doutrina brasileira: MARTINS-COSTA, Judith. *A boa-fé no direito privado*). Em todos estes casos há abuso do direito e frustração à confiança e, daí, à boa-fé como regra de conduta. A *exceptio doli* é a exceção que tem a pessoa para paralisar o comportamento de quem age dolosamente contra si. O *venire contra factum proprium* revela a proibição de comportamento contraditório. Traduz o exercício de uma posição jurídica em contradição com o comportamento assumido anteriormente pelo exercente. Age contraditoriamente quem, dentro do mesmo processo, frustra a confiança de um de seus participantes. A inalegabilidade de vícios formais protege a boa-fé objetiva na medida em que proíbe a alegação de vícios formais por quem a eles deu causa, intencionalmente ou não, desde que por aí se possa surpreender aproveitamento indevido da situação criada com a desconstituição do ato. A *supressio* constitui a supressão de determinada posição jurídica de alguém que, não tendo sido exercida por certo espaço de tempo, crê-se firmemente que não mais passível de exercício. A *supressio* leva a *surrectio*, isto é, ao surgimento de um direito pela ocorrência da *supressio*. O *tu quoque* traduz a proibição de determinada pessoa exercer posição jurídica oriunda de violação de norma jurídica por ela mesma patrocinada. O direito não pode surgir de uma violação ao próprio direito ou, como diz o velho adágio do *common law, equity must come with clean hands*. A ideia de desequilíbrio no exercício do direito revela, em seu conjunto, o despropósito entre o exercício do direito e os efeitos dele derivados. Três são as manifestações do exercício desequilibrado do direito: o exercício inútil danoso, a ideia subjacente ao brocardo *dolo agit qui petit quod statim redditurus est* e a desproporcionalidade entre a vantagem auferida pelo titular do direito e o sacrifício imposto pelo exercício a outrem (MARINONI, Luiz Guilherme; MITIDIERO, Daniel. *Código de processo civil comentado*, 3. ed.; também, DIDIER JÚNIOR, Fredie. *Fundamentos do princípio da cooperação no direito processual civil português*, p. 79-103).

66. MITIDIERO, Daniel. *Colaboração no processo civil – Pressupostos sociais, lógicos e éticos*, p. 106.

67. Idem, p. 81. Com expressa adesão, DIDIER JÚNIOR, Fredie. *Fundamentos do princípio da cooperação no direito processual civil português*, p. 48.

68. Partimos aqui da acatada concepção de princípio sustentada por Humberto Ávila (ÁVILA, Humberto. *Teoria dos princípios*, 8. ed.), cuja seriedade e importância são atestadas não só pelo debate que vem suscitando no Brasil, mas também pela sua circulação no cenário internacional com a publicação de versões de seu trabalho sobre o assunto em alemão (*Theorie der Rechtsprinzipien*), com prefácio de Claus-Wilhelm Canaris, e em inglês (*Theory of legal principles*), com prefácio de Frederick Schauer. Para uma detalhada exposição da colaboração como princípio jurídico, partindo igualmente da obra de Humberto Ávila, DIDIER JÚNIOR, Fredie. *Fundamentos do princípio da cooperação no direito processual civil português*, p. 50-56. Também situando a colaboração como princípio, CABRAL, Antônio do Passo. *Nulidades no processo moderno – Contraditório, proteção da confiança e validade* prima facie *dos atos processuais*, p. 215-236.

69. ÁVILA, Humberto. *Teoria dos princípios*, p. 78-79.

de processo justo idôneo a alcançar decisão justa.[70] Para que o processo seja organizado de forma justa, os seus participantes devem ter *posições jurídicas equilibradas* ao longo do procedimento. Portanto, é preciso perceber que a organização do processo cooperativo envolve – antes de qualquer coisa – a necessidade de um *novo dimensionamento de poderes no processo*, o que implica a necessidade de *revisão da cota de participação* que se defere a cada um de seus participantes ao longo do arco processual. Em outras palavras: *a colaboração visa a organizar a participação do juiz e das partes no processo de forma equilibrada.*

A colaboração impõe a organização de processo cooperativo – em que haja colaboração entre os seus participantes. *O legislador tem o dever de perfilar o processo a partir de sua normatividade, densificando a colaboração no tecido processual.* São exemplos dessa densificação, além do art. 6.º do CPC de 2015, também os arts. 9.º, 10, 11, 139, VIII e IX, 191, 317, 319, § 1.º, 321, 357, § 3.º, 487, parágrafo único, 488, 489, §§ 1.º e 2.º, 772, III, 926, § 1.º, 932, parágrafo único, 1.007, §§ 2.º, 4.º e 7.º, e 1.017, § 3.º, do mesmo diploma legal). Aqui, porém, importa desde logo deixar claro: *a colaboração no processo não implica colaboração entre as partes.* As partes não querem colaborar. A colaboração no processo, devida no Estado Constitucional, é a colaboração do juiz para com as partes. Gize-se: não se trata de colaboração entre as partes. As partes não colaboram e não devem colaborar entre si simplesmente porque obedecem a diferentes interesses no que tange à sorte do litígio.[71]

A colaboração estrutura-se a partir da previsão de *regras* que devem ser seguidas pelo juiz na condução do processo. O juiz tem os deveres de *esclarecimento*, de *diálogo*, de *prevenção* e de *auxílio* para com os litigantes. É assim que funciona a cooperação. *Esses deveres consubstanciam as regras que estão sendo enunciadas quando se fala em colaboração no processo.* A doutrina é tranquila a respeito do assunto.[72]

O *dever de esclarecimento* constitui "o dever de o tribunal se esclarecer junto das partes quanto às dúvidas que tenham sobre as suas alegações, pedidos ou posições em juízo" (por exemplo, art. 321 do CPC de 2015).[73] O de *prevenção*, o dever de o órgão jurisdicional prevenir as partes do perigo de o êxito de seus pedidos "ser frustrado pelo uso inadequado do processo" (arts. 317 e 932, parágrafo único, do CPC de 2015).[74] O de *consulta*, o dever de o

---

70. Fim indelével do processo civil: OLIVEIRA, Alvaro de. *Do formalismo no processo civil*, p. 99; OLIVEIRA, Alvaro de; MITIDIERO, Daniel. *Curso de processo civil*, p. 16, vol. 1.

71. O ponto é tranquilo na doutrina: MITIDIERO, Daniel. *Colaboração no processo civil – Pressupostos sociais, lógicos e éticos*, p. 114.

72. Assim, na doutrina portuguesa, SOUSA, Miguel Teixeira de. *Estudos sobre o novo processo civil*, p. 65-67; na doutrina nacional, MITIDIERO, Daniel. *Colaboração no processo civil – Pressupostos sociais, lógicos e éticos*, p. 84-85; OLIVEIRA, Alvaro de; MITIDIERO, Daniel. *Curso de processo civil*, p. 81; MARINONI, Luiz Guilherme; MITIDIERO, Daniel. *Código de processo civil comentado*, p. 174; DIDIER JÚNIOR, Fredie. *Curso de direito processual civil*, vol. 1, p. 80-82, que fala em deveres de esclarecimento, de consulta e de prevenção; GRASSI, Lúcio. Cognição processual civil: atividade dialética e cooperação intersubjetiva na busca da verdade real. *Revista Dialética de Direito Processual*, n. 6. No mais, para aplicação dos deveres de colaboração ao longo de todo o arco do processo comum: MITIDIERO, Daniel. *Colaboração no processo civil – Pressupostos sociais, lógicos e éticos*, p. 119-173.

73. SOUSA, Miguel Teixeira de. *Estudos sobre o novo processo civil*, p. 65.

74. SOUSA, Miguel Teixeira de. *Estudos sobre o novo processo civil*, p. 66. Como exemplo de dever de prevenção, observa Jesús González Pérez, com apoio na jurisprudência do Tribunal Constitucional espanhol, que é vedado ao juiz não conhecer de determinada postulação da parte por defeito processual sanável sem que se tenha dado oportunidade para a parte saná-lo. Tal conduta afronta, segundo Jesús González Pérez e a jurisprudência espanhola, o direito fundamental à tutela jurisdicional efetiva (GONZÁLEZ PÉREZ, Jesús. *El derecho a la tutela jurisdiccional*, 2. ed., p. 65-66).

órgão judicial consultar as partes antes de decidir sobre qualquer questão, possibilitando antes que essas o influenciem a respeito do rumo a ser dado à causa (arts. 7.º, 9.º, 10, 11 e 489, §§ 1.º e 2.º, do CPC de 2015).[75] O *dever de auxílio*, "o dever de auxiliar as partes na superação de eventuais dificuldades que impeçam o exercício de direitos ou faculdades ou o cumprimento de ônus ou deveres processuais" (por exemplo, art. 772, III, do CPC de 2015).[76]

5.3 Direito fundamental à tutela adequada e efetiva

5.3.1 Introdução

Ao proibir a justiça de mão própria e afirmar que a "lei não excluirá da apreciação do Poder Judiciário lesão ou ameaça a direito" (art. 5.º, XXXV, da CF), nossa Constituição admite a existência de *direito à tutela jurisdicional adequada e efetiva*. O CPC de 2015 repete semelhante disposição a título de norma fundamental do processo civil (art. 3.º). Obviamente, a proibição da autotutela só pode acarretar o dever do Estado Constitucional de prestar *tutela jurisdicional idônea aos direitos*. Pensar de forma diversa significa *esvaziar* não só o direito à *tutela jurisdicional* (plano do direito processual), mas também o próprio direito material, isto é, o *direito à tutela do direito* (plano do direito material). É por essa razão que o direito à tutela jurisdicional constitui direito à "proteção jurídica efetiva"[77] (*Recht auf effektiven Rechtsschutz; droit d'accès effectif à la justice; diritto alla tutela giurisdizionale effetiva*).

O direito à tutela jurisdicional é exercido mediante a propositura de ação. A ação é direito à tutela adequada e efetiva mediante processo justo. Importa antes de qualquer coisa o *ângulo teleológico* do assunto. A rica literatura formada a respeito do *conceito de ação* na primeira metade do século XX, principalmente na Itália, portanto, com o advento da *fundamentalização do direito de ação*, ganha novo significado: o *foco* é deslocado do *conceito* para o *resultado* propiciado pelo seu exercício. Vale dizer: a ação passa a ser teorizada como meio para prestação da tutela jurisdicional adequada e efetiva aos direitos.[78] Trata-se de direção oriunda da consciência de que "não basta declarar os direitos", importando antes "instituir meios organizatórios de realização, procedimentos adequados e equitativos",[79] sem os quais o *direito* perde qualquer significado em termos de *efetiva atuabilidade*.

---

75. SOUSA, Miguel Teixeira de. *Estudos sobre o novo processo civil*, p. 66-67. Na jurisprudência, STF, Pleno, MS 25.787/DF, rel. Min. Gilmar Mendes, j. 08.11.2006, *DJ* 14.09.2007, p. 32.

76. SOUSA, Miguel Teixeira de. *Estudos sobre o novo processo civil*, p. 67.

77. ALEXY, Robert. *Teoria dos direitos fundamentais*, p. 488, com remissão a vários julgados do *Bundesverfassungsgericht* (por exemplo, 24, 367 (401); 35, 348 (361); 37, 132 (148); 39, 276 (294); 44, 105 (120), entre outros). Entre nós: FERRARI, Regina. *Direito constitucional*, p. 643.

78. TROCKER, Nicolò. *Processo civile e costituzione – Problemi di diritto tedesco e italiano*, p. 186; MARINONI, Luiz Guilherme. *Curso de processo civil – Teoria geral do processo*, 3. ed., vol. 1, p. 159-301.

79. MIRANDA, Jorge. *Manual de direito constitucional*, 3. ed., t. IV, p. 93.

5.3.2 Âmbito de proteção

O direito à tutela jurisdicional deve ser analisado no mínimo sob *três perspectivas*: (i) do *acesso à justiça*; (ii) da *adequação* da tutela; e (iii) da *efetividade* da tutela. Note-se que o art. 5.º, XXXV, da CF, posto que descenda nitidamente dos arts. 141, § 4.º, da CF/1946, e 153, § 4.º, da CF/1967, tem âmbito de proteção com *espectro muito mais largo* que os seus antecessores.

O acesso à justiça diz respeito à *amplitude* da prestação da tutela jurisdicional, ao *momento* em que pode ser proposta ação e ao *custo financeiro* do processo.

A tutela jurisdicional é a mais ampla possível no direito brasileiro. No nosso sistema, a atividade jurisdicional abarca não só a possibilidade de defesa de *direitos individuais*, mas também de *direitos coletivos* (direitos individuais homogêneos, direitos difusos e direitos coletivos),[80] podendo envolver ainda a *sindicabilidade dos atos da Administração Pública*. Do ponto de vista da *amplitude*, nossa Constituição subtrai à tutela jurisdicional tão somente a *revisão do mérito de punições disciplinares militares* (art. 142, § 2.º, da CF). Mesmo as chamadas *questões políticas* podem ser objeto de controle jurisdicional, desde que a partir delas se vislumbre exercício abusivo de prerrogativas políticas e violação de direitos fundamentais.[81] Isso não quer dizer, contudo, que os particulares não possam submeter *voluntariamente* determinados litígios à *solução arbitral*. O que a Constituição veda é a interdição da apreciação do Poder Judiciário pelo próprio Estado. É por essa razão que o STF já teve o ensejo de afirmar a constitucionalidade da Lei 9.307/1996, que prevê a possibilidade de *instituição de arbitragem* para a solução de litígios envolvendo *direitos patrimoniais disponíveis* entre *pessoas capazes* (art. 1.º).[82]

Na perspectiva *temporal*, a ação visando à tutela jurisdicional pode ser proposta de forma *imediata* pela parte interessada. Vale dizer: a tutela jurisdicional não é *condicionada* à prévia instância administrativa – nem, *a fortiori*, ao seu prévio esgotamento.[83] A

---

80. Sobre o problema do acesso à justiça e das ondas reformatórias do processo, por todos, CAPPELLETTI, Mauro; GARTH, Bryan. *Acesso à justiça*.

81. STF, Pleno, MS 23.452/RJ, rel. Min. Celso de Mello, j. 16.09.1999, *DJ* 12.05.2000, p. 20.

82. STF, Pleno, AgRg na SE 5.206/EP, rel. Min. Sepúlveda Pertence, j. 12.12.2001, *DJ* 30.04.2004, p. 29. Consta da ementa do julgado: "Lei de Arbitragem (Lei 9.307/1996): constitucionalidade, em tese, do juízo arbitral; discussão incidental da constitucionalidade de vários dos tópicos da nova lei, especialmente acerca da compatibilidade, ou não, entre a execução judicial específica para a solução de futuros conflitos da cláusula compromissória e a garantia constitucional da universalidade da jurisdição do Poder Judiciário (CF, art. 5.º, XXXV). Constitucionalidade declarada pelo Plenário, considerando o Tribunal, por maioria de votos, que a manifestação de vontade da parte na cláusula compromissória, quando da celebração do contrato, e a permissão legal dada ao juiz para que substitua a vontade da parte recalcitrante em firmar o compromisso não ofendem o art. 5.º, XXXV, da CF. Votos vencidos, em parte – incluído o do relator –, que entendiam inconstitucionais a cláusula compromissória – dada a indeterminação de seu objeto – e a possibilidade de a outra parte, havendo resistência quanto à instituição da arbitragem, recorrer ao Poder Judiciário para compelir a parte recalcitrante a firmar o compromisso, e, consequentemente, declaravam a inconstitucionalidade de dispositivos da Lei 9.307/1996 (arts. 6.º, parágrafo único; 7.º e seus parágrafos; e, no art. 41, das novas redações atribuídas ao art. 267, VII, e art. 301, IX, do CPC; e art. 42), por violação da garantia da universalidade da jurisdição do Poder Judiciário. Constitucionalidade – aí por decisão unânime – dos dispositivos da Lei de Arbitragem que prescrevem a irrecorribilidade (art. 18) e os efeitos de decisão judiciária da sentença arbitral (art. 31)".

83. Sobre o tema, com amplo exame do direito alemão e do direito italiano: TROCKER, Nicolò. *Processo civile e costituzione – Problemi di diritto tedesco e italiano*, p. 225-250; na doutrina brasileira: NERY JUNIOR, Nelson. *Princípios do processo na Constituição Federal*, p. 178-179.

Constituição vigente não repetiu a restrição constante do art. 153, § 4.º, segunda parte, da Constituição de 1967, com a redação da EC 7/1977. Inexiste necessidade de prévia instância administrativa como antessala necessária à tutela jurisdicional.[84] O único caso em que a Constituição *difere* da tutela jurisdicional é o da Justiça Desportiva, uma vez que "o Poder Judiciário só admitirá ações relativas à disciplina e às competições desportivas após esgotarem-se as instâncias da Justiça Desportiva, regulada em lei" (art. 217, § 1.º, da CF).

Do ponto de vista do *custo financeiro* do processo, o direito à tutela jurisdicional não implica direito à *litigância gratuita*. Note-se que o "Estado prestará assistência jurídica integral e gratuita aos que comprovarem insuficiência de recursos" (art. 5.º, LXXIV, da CF). O *benefício da gratuidade judiciária* (arts. 3.º da Lei 1.060/1950 e 98 e ss. do CPC de 2015), encartado no âmbito da assistência jurídica integral, é reconhecido constitucionalmente *apenas aos necessitados*, na forma da lei. Isso quer dizer que não fere o direito à tutela jurisdicional a *imposição de recolhimento de valores a título de taxas processuais* como condição de acesso à Justiça. Só haverá inconstitucionalidade em semelhante imposição se a *taxa judiciária for calculada sem limite sobre o valor da causa*, obstando assim o efetivo ingresso da ação.[85] No entanto, está assente o entendimento de que fere o direito à inafastabilidade da tutela jurisdicional a "exigência de depósito prévio como requisito de admissibilidade de ação judicial na qual se pretenda discutir a exigibilidade do crédito tributário".[86]

A tutela jurisdicional tem de ser *adequada* para tutela dos direitos.[87] O processo tem de ser *capaz de promover* a realização do direito material. O *meio* tem de ser idôneo à promoção do *fim*. A adequação da tutela revela a necessidade de análise do direito material posto em causa para se estruturar, a partir daí, um processo dotado de *técnicas processuais aderentes* à situação levada a juízo.[88] A igualdade material entre as pessoas – e entre as situações substanciais carentes de tutela por elas titularizadas – só pode ser alcançada na medida em que se possibilite *tutela jurisdicional diferenciada* aos direitos.[89] O processo tem de ser *"adeguato allo scopo cui è destinato"*[90] a alcançar, o que significa que é *"insopprimibile"*[91] do campo da tutela jurisdicional a relação entre meio e fim, capaz de outorgar *unidade teleológica à tutela jurisdicional dos direitos*.

O direito à tutela jurisdicional adequada determina a previsão: (i) de *procedimentos com nível de cognição apropriado* à tutela do direito pretendida;[92] (ii) de distribuição adequada

---

84. STF, Pleno, MS 23.789/PE, rel. Min. Ellen Gracie, *DJU* 23.09.2005.

85. Súmula 667 do STF: "Viola a garantia constitucional de acesso à jurisdição a taxa judiciária calculada sem limite sobre o valor da causa".

86. Súmula Vinculante 28 do STF.

87. Canotilho, J. J. Gomes. *Direito constitucional e teoria da constituição*, 3. ed., p. 465.

88. Mitidiero, Daniel. *Processo civil e estado constitucional*, p. 92.

89. Trocker, Nicolò. *Processo civile e costituzione – Problemi di diritto tedesco e italiano*, p. 701; Proto Pisani, Andrea. Sulla tutela giurisdizionale differenziata. *Rivista di Diritto Processuale*, p. 537.

90. Tarzia, Giuseppe. Il giusto processo di esecuzione. *Rivista di Diritto Processuale*, p. 340.

91. Comoglio, Luigi Paolo. Principi costituzionale e processo di esecuzione. *Rivista di Diritto Processuale*, p. 454.

92. Sobre a formação do procedimento comum ordinário, de *cognição plena e exauriente*, como procedimento *único* para tutela dos direitos: Baptista da Silva, Ovídio. *Jurisdição e execução na tradição romano-canônica*, 2. ed.; _____. *Processo e ideologia*. Sobre a necessidade de diferenciação do procedimento a partir da cognição judicial: Marinoni, Luiz Guilherme. *Técnica processual e tutela dos direitos*; Watanabe, Kazuo. *Da cognição no processo civil*.

do *ônus da prova*, inclusive com possibilidade de *dinamização* e *inversão*;[93] (iii) de *técnicas antecipatórias* idôneas a distribuir isonomicamente o ônus do tempo no processo, seja em face da *urgência*, seja em face da *evidência*;[94] (iv) de *formas de tutela jurisdicional com executividade intrínseca*;[95] (v) de *técnicas executivas* idôneas;[96] e (vi) de *standards para valoração probatória* pertinentes à natureza do direito material debatido em juízo.[97] É dever do legislador estruturar o processo em atenção à necessidade de adequação da tutela jurisdicional. É dever do juiz adaptá-lo concretamente, a partir da legislação, a fim de viabilizar tutela adequada aos direitos.

Não é possível ao Estado, por exemplo, *proibir a prestação de tutela antecipatória* indiscriminadamente.[98] É ínsito ao Poder Judiciário o poder de prestar tutela antecipatória.[99] No entanto, existem significativas restrições, no plano infraconstitucional, à concessão da tutela antecipatória contra a Fazenda Pública (art. 1.º da Lei 9.494/1997).[100] *Essas restrições, contudo, não têm o condão de excluir o cabimento de antecipação de tutela contra a Fazenda Pública. São inconstitucionais.* Frise-se que o direito de ação, compreendido como o direito à técnica processual adequada, não depende do reconhecimento do direito material. O direito de ação exige técnica antecipatória para a viabilidade do reconhecimento da probabilidade do direito e do fundado receio de ilícito ou de dano, sentença idônea para a hipótese de sentença de procedência e meio executivo adequado a ambas as hipóteses. Se o direito não for reconhecido como suficiente para a concessão da antecipação da tutela ou da tutela final, não há sequer como pensar em tais técnicas processuais. A norma do art. 5.º, XXXV, da CF, ao contrário das normas constitucionais anteriores que garantiam o direito de ação, afirmou que a lei, além de não poder excluir lesão, está proibida de excluir "ameaça de lesão" da apreciação jurisdicional. O objetivo do art. 5.º, XXXV, da CF, nesse particular, foi deixar expresso que o direito de ação deve poder propiciar a tutela inibitória e ter a sua disposição técnicas processuais capazes de permitir a antecipação da tutela.

No STF existem *três correntes* em relação à interpretação do direito à tutela jurisdicional em caso de "ameaça a direito". A primeira delas, afirmada especialmente pelos Ministros Celso de Mello e Carlos Velloso, sustenta que a lei que veda a concessão de liminares viola o art. 5.º, XXXV, da CF, podendo ser expressa por meio da seguinte passagem do voto do Min. Celso de Mello na MC na ADIn 223/DF: "A proteção jurisdicional imediata, dispensável a situações jurídicas expostas a lesão atual ou potencial, não pode ser inviabilizada por

---

93. Mitidiero, Daniel. *Colaboração no processo civil*, 2. ed., p. 139-145; Carpes, Artur. *Ônus dinâmico da prova*.

94. Marinoni, Luiz Guilherme. *Antecipação da tutela*, 12. ed.; e Mitidiero, Daniel. Tendências em tema de tutela sumária: da tutela cautelar à técnica antecipatória. *RePro 197*; _____. *Antecipação da tutela – Da tutela cautelar à técnica antecipatória*.

95. Marinoni, Luiz Guilherme; Arenhart, Sérgio Cruz. *Curso de processo civil – Execução*, 2. ed., vol. 3, p. 94-118; Oliveira, Alvaro de. *Teoria e prática da tutela jurisdicional*.

96. Marinoni, Luiz Guilherme. *Técnica processual e tutela dos direitos*.

97. Sobre o assunto: Ferrer Beltrán, Jordi. *La valoración racional de la prueba*; Knijnik, Danilo. *A prova nos juízos cível, penal e tributário*, p. 25-48.

98. Marinoni, Luiz Guilherme; Mitidiero, Daniel. *Código de processo civil comentado*, 3. ed., p. 277-279.

99. STF, Pleno, MC na ADPF 172/DF, rel. Min. Marco Aurélio, j. 10.06.2009, *DJe* 21.08.2009.

100. O STF, Pleno, MC na ADC 4, rel. Min. Sydney Sanches, j. 11.02.1998, *DJ* 21.05.1999, p. 2, já examinou semelhante restrição em sede de cognição sumária, concluindo pela sua constitucionalidade. O entendimento firmado não se aplica, contudo, em matéria previdenciária (Súmula 729 do STF: "A decisão na ADC 4 não se aplica à antecipação de tutela em causa de natureza previdenciária").

ato normativo de caráter infraconstitucional que, vedando o exercício liminar da tutela jurisdicional cautelar pelo Estado, enseje a aniquilação do próprio direito material".[101] A segunda, radicalmente oposta, pode ser captada a partir dos votos do Min. Moreira Alves. Disse o Ministro, na MC na ADIn 223/DF: "O proibir-se, em certos casos, por interesse público, a antecipação provisória da satisfação do direito material lesado ou ameaçado não exclui, evidentemente, da apreciação do Poder Judiciário a lesão ou ameaça a direito, pois ela se obtém normalmente na satisfação definitiva que é proporcionada pela ação principal, que, esta sim, não pode ser vedada para privar-se o lesado ou ameaçado de socorrer-se do Poder Judiciário". Mais tarde, na MC na ADIn 1.576/DF, o Min. Moreira Alves consignou que, além de a lei poder vedar a concessão de liminares, "a tutela antecipada não é instituto constitucional. Ela foi criada pela lei. Assim como foi criada, a princípio, sem certos limites, não vejo por que não se possa limitá-la".[102] Por fim, a terceira posição, capitaneada pelo Min. Sepúlveda Pertence, enuncia que não é correto recusar constitucionalidade a toda e qualquer limitação legal à outorga de liminar, devendo a lei restritiva ser analisada segundo um critério de razoabilidade. Na já referida MC na ADIn 223/DF, que teve por objeto a medida provisória que proibiu a concessão de liminar nas ações cautelares e nos mandados de segurança questionadores do Plano Econômico do Governo Collor, assim conclui o Min. Pertence: "A solução estará no manejo do sistema difuso, porque nele, em cada caso concreto, nenhuma medida provisória pode subtrair ao juiz da causa um exame da constitucionalidade, inclusive sob o prisma da razoabilidade, das restrições impostas ao seu poder cautelar, para, se entender abusiva essa restrição, se a entender inconstitucional, conceder a liminar, deixando de dar aplicação, no caso concreto, à medida provisória, na medida em que, em relação àquele caso, a julgue inconstitucional, porque abusiva".

A posição do Min. Moreira Alves não merece guarida, uma vez que o direito fundamental de ação garante a efetiva tutela do direito material e, por consequência, a técnica antecipatória, imprescindível para permitir a antecipação da tutela e, dessa forma, dar efetividade à tutela inibitória – capaz de impedir a violação do direito – e, além disso, evitar a prática de ilícito e a ocorrência de eventual dano. Na verdade, a posição do Min. Moreira Alves encampa nitidamente a superada ideia de direito de ação como direito a uma sentença sobre o mérito. *A técnica antecipatória é imprescindível para dar proteção ao direito fundamental de ação. A sua supressão ou indevida limitação, assim, é flagrantemente atentatória à norma do art. 5.º, XXXV, da CF.* Por outro lado, a posição do Min. Pertence não distingue direito à técnica antecipatória de direito à obtenção da antecipação da tutela. É claro que não há direito à antecipação da tutela, uma vez que essa depende da constatação da probabilidade do direito e do perigo de ilícito ou de dano diante do caso concreto, os quais são pressupostos para a concessão da tutela antecipada com base nos arts. 273, I, e 461, § 3.º, do CPC. O Min. Pertence sustenta que a restrição à concessão de liminar pode se mostrar abusiva (e aí a lei ser considerada inconstitucional) em determinado caso concreto e não em outro. Porém, como a abusividade da restrição diria respeito às necessidades presentes no caso concreto, a eventual inconstitucionalidade da lei dependeria da aferição dos próprios pressupostos à concessão da liminar ou da antecipação da tutela. *Acontece que, quando se penetra na verificação dos pressupostos da liminar, obviamente não se está perquirindo sobre a abusividade*

---

101. STF, Pleno, MC na ADIn 223/DF, rel. p/ acórdão Min. Sepúlveda Pertence, *DJ* 29.06.1990, voto do Min. Celso de Mello.

102. STF, Pleno, MC na ADIn 1.576/DF, rel. Min. Marco Aurélio, *DJ* 06.06.2003, voto do Min. Moreira Alves.

da restrição ao requerimento de liminar ou à aferição da sua concessão, mas sim se analisando se a liminar é necessária para tutelar o direito material. Nessa situação, caso o juiz se convença de que a liminar não é imprescindível, a conclusão não será de que a lei restritiva é constitucional, mas sim de que a liminar não deve ser concedida em razão das particularidades da situação concreta. *Ocorre que, para que o juiz possa chegar à conclusão de que a liminar não deve ser concedida, ele necessariamente terá de admitir a inconstitucionalidade da lei.* O ponto-chave, para a solução da questão, está em perceber que a lei "proíbe a própria aferição" dos pressupostos da liminar, embora se fale, por comodidade de linguagem, que a lei "proíbe a concessão" de liminar. *Uma lei que proíbe a aferição dos pressupostos necessários à concessão de liminar obviamente nega ao juiz a possibilidade de utilizar instrumentos imprescindíveis ao adequado exercício do seu poder.* E, ao mesmo tempo, viola o direito fundamental à *viabilidade* da obtenção da efetiva tutela do direito material. De modo que, entre as várias posições adotadas no STF, está correta a liderada pelo Min. Celso de Mello, para quem "o acesso à jurisdição, proclamado na norma constitucional de garantia, significa a possibilidade de irrestrita invocação da tutela jurisdicional cognitiva, da tutela jurisdicional executiva e da tutela jurisdicional cautelar do Estado". *O direito à tutela antecipada decorre expressamente do direito fundamental à tutela jurisdicional adequada e efetiva e tem foro constitucional entre nós.* Pensar de modo diverso importa grave ofensa à adequação da tutela jurisdicional e à paridade de armas no processo civil (arts. 5.º, I, da CF, e 7.º, do CPC de 2015), sobre admitir-se que, quando ré a Fazenda Pública em processo judicial, pouco interessa à ordem jurídica a lesão ou a ameaça de lesão dos direitos dos particulares, lógica essa que é evidentemente contrária ao Estado Constitucional, fundado na dignidade da pessoa humana (art. 1.º, III, da CF) e preocupado com a efetiva tutela dos direitos (arts. 5.º, XXXV, da CF, e 3.º, do CPC de 2015).

A *adequação da técnica executiva* é imprescindível para prestação da *tutela efetiva*. A efetiva atuabilidade da tutela do direito depende da previsão de *técnicas executivas idôneas*. Nesse particular, o direito processual civil brasileiro atual conta com um *sistema atípico*: há previsão de *atipicidade* (art. 139, IV, do CPC de 2015), regra excepcionada apenas nos casos em que a tutela do direito deve ser realizada *tipicamente* (notadamente nos casos envolvendo a execução patrimonial contra a Fazenda Pública).[103]

A atipicidade da técnica executiva, que mais interessa para prestação de tutela jurisdicional adequada aos direitos, tem a sua maior expressão no art. 139, IV, do CPC de 2015. Para além da possibilidade de imposição de *astreintes* (art. 537 do CPC de 2015),[104] todas as posições jurídicas podem ser tuteladas a partir das "medidas necessárias" – busca e apreensão, remoção de pessoas e coisas, desfazimento de obras e impedimento de atividade nociva, se necessário com requisição de força policial, são apenas exemplos. Nada obsta ao juiz, desde que *justificadamente* e com emprego da *proporcionalidade* (adequação, necessidade e proporcionalidade em sentido estrito), que determine que outras medidas, uma vez que promovam o fim, sejam o menos restritivas possível e prestigiem o direito

---

103. Sobre o tema, na perspectiva do direito comparado: TARUFFO, Michele. L'attuazione esecutiva dei diritti: profili comparatistici. In: MAZZAMUTTO, Salvatore (Coord.). *Processo e tecniche di attuazione dei diritti*, vol. 1; GUERRA, Marcelo Lima. *Execução indireta*. Sobre as raízes da tipicidade e a necessidade de sua superação: BAPTISTA DA SILVA, Ovídio. *Jurisdição e execução na tradição romano-canônica*, 2. ed.; MARINONI, Luiz Guilherme. *Técnica processual e tutela dos direitos*.

104. Amplamente: AMARAL, Guilherme Rizzo. *As astreintes e o processo civil brasileiro*, 2. ed.

constitucionalmente mais relevante.[105] Entram sem dúvida na categoria de "medidas necessárias", por exemplo, a suspensão do direito de dirigir,[106] a suspensão do direito de contratar com o Poder Público e a imposição de prisão civil.

O STF já decidiu pela *impossibilidade de prisão civil* no Brasil fora dos casos ligados à *prestação alimentar*. Notadamente, já decidiu pela impossibilidade de prisão civil do *depositário infiel* à luz do Pacto de São José da Costa Rica. Assim: "*Habeas corpus*. Prisão civil. Depósito judicial. Revogação da Súmula 619 do STF. A questão da infidelidade depositária. Convenção Americana de Direitos Humanos (art. 7.º, n. 7). Natureza constitucional ou caráter de supralegalidade dos tratados internacionais de direitos humanos? Pedido deferido. Ilegitimidade jurídica da decretação da prisão civil do depositário infiel, ainda que se cuide de depositário judicial. Não mais subsiste, no sistema normativo brasileiro, a prisão civil por infidelidade depositária, independentemente da modalidade de depósito, trate-se de depósito voluntário (convencional) ou cuide-se de depósito necessário, como o é o depósito judicial. Precedentes. Revogação da Súmula 619 do STF. Tratados internacionais de direitos humanos: as suas relações com o direito interno brasileiro e a questão de sua posição hierárquica. A Convenção Americana sobre Direitos Humanos (art. 7.º, n. 7). Caráter subordinante dos tratados internacionais em matéria de direitos humanos e o sistema de proteção dos direitos básicos da pessoa humana. Relações entre o direito interno brasileiro e as convenções internacionais de direitos humanos (CF, art. 5.º e §§ 2.º e 3.º). Precedentes. Posição hierárquica dos tratados internacionais de direitos humanos no ordenamento positivo interno do Brasil: natureza constitucional ou caráter de supralegalidade? Entendimento do relator, Min. Celso de Mello, que atribui hierarquia constitucional às convenções internacionais em matéria de direitos humanos. A interpretação judicial como instrumento de mutação informal da Constituição. A questão dos processos informais de mutação constitucional e o papel do Poder Judiciário: a interpretação judicial como instrumento juridicamente idôneo de mudança informal da Constituição. A legitimidade da adequação, mediante interpretação do Poder Judiciário, da própria Constituição da República, se e quando imperioso compatibilizá-la, mediante exegese atualizadora, com as novas exigências, necessidades e transformações resultantes dos processos sociais, econômicos e políticos que caracterizam, em seus múltiplos e complexos aspectos, a sociedade contemporânea. Hermenêutica e direitos humanos: a norma mais favorável como critério que deve reger a interpretação do Poder Judiciário. Os magistrados e Tribunais, no exercício de sua atividade interpretativa, especialmente no âmbito dos tratados internacionais de direitos humanos, devem observar um princípio hermenêutico básico (tal como aquele proclamado no art. 29 da Convenção Americana de Direitos Humanos), consistente em atribuir primazia à norma que se revele mais favorável à pessoa humana, em ordem a dispensar-lhe a mais ampla proteção jurídica. O Poder Judiciário, nesse processo hermenêutico que prestigia o critério da norma mais favorável (que tanto pode ser aquela prevista no tratado internacional como a que se acha

---

105. ÁVILA, Humberto. *Teoria dos princípios – Da definição à aplicação de princípios jurídicos*, 12. ed., p. 173-185.

106. O Código de Trânsito Brasileiro prevê a suspensão do direito de dirigir como *pena* e, por isso, exige *prévio processo administrativo* para sua imposição (art. 256, III) – sobre o assunto, MITIDIERO, Nei Pires. *Comentários ao código de trânsito brasileiro*, 2. ed., p. 1277). Não é o caso alvitrado. No *processo*, a imposição de suspensão do direito de dirigir *prescinde de prévio processo administrativo porque ostenta simplesmente caráter coercitivo*: o suspenso traz consigo o próprio poder de liberar-se da suspensão, bastando para tanto cumprir com a decisão judicial.

positiva no próprio direito interno do Estado), deverá extrair a máxima eficácia das declarações internacionais e das proclamações constitucionais de direitos, como forma de viabilizar o acesso dos indivíduos e dos grupos sociais, notadamente os mais vulneráveis, a sistemas institucionalizados de proteção aos direitos fundamentais da pessoa humana, sob pena de a liberdade, a tolerância e o respeito à alteridade humana tornarem-se palavras vãs. Aplicação, ao caso, do art. 7.º, n. 7, c/c o art. 29, ambos da Convenção Americana de Direitos Humanos (Pacto de São José da Costa Rica): um caso típico de primazia da regra mais favorável à proteção efetiva do ser humano".[107]

É fácil perceber, no entanto, que a *ratio decidendi* do julgado não infirma a possibilidade de *prisão civil como meio coercitivo* ou *como meio para tutela da autoridade do tribunal*. Seu cabimento não pode ser negado.[108] Observe-se que o art. 5.º, LXVII, da CF refere que "não haverá prisão por dívida, salvo a do responsável pelo inadimplemento voluntário e inescusável de obrigação alimentícia e a do depositário infiel". A interpretação dessa norma deve levar em consideração os direitos fundamentais. Assim, se é necessário vedar a prisão do devedor que não possui patrimônio – e assim considerar essa vedação um direito fundamental –, também é absolutamente indispensável permitir o seu uso, em certos casos, para a técnica adequada para efetividade da tutela dos direitos. Há necessidade de estabelecer uma interpretação que leve em consideração todo o contexto normativo dos direitos fundamentais.

Nessa perspectiva, não há como deixar de interpretar a norma no sentido de que a prisão deve ser vedada quando a prestação depender da disposição de patrimônio, mas permitida para a jurisdição poder evitar – quando a multa coercitiva e as outras medidas para efetivação dos direitos não se mostrarem adequadas – a violação de um direito. Do contrário, várias situações substanciais podem ficar desprovidas de tutela adequada e efetiva. A prisão civil pode ser utilizada para impor um não fazer ou mesmo para impor um fazer infungível que não implique disposição de dinheiro e seja imprescindível à efetiva proteção de um direito. Nesses casos, ao mesmo tempo que a prisão não estará sendo usada para constranger o demandado a dispor de patrimônio, ela estará viabilizando – no caso em que a multa e as demais medidas para efetivação das decisões judiciais não se mostrarem idôneas – a efetiva tutela do direito.

A prisão civil, depois de descumprida a ordem judicial, somente conserva caráter coercitivo no caso em que ainda se espera um fazer infungível, pois, no caso em que a ameaça de prisão objetiva um não fazer, a efetivação da prisão evidentemente não pode ter função coercitiva. Em semelhante situação, a efetivação da prisão não tem caráter coercitivo, nem a função de castigar o réu, mas sim o objetivo de preservar a seriedade da função jurisdicional. A prisão civil, ordenada pelo próprio órgão jurisdicional da causa, somente tem cabimento no caso em que outra modalidade de efetivação das decisões não se mostrar adequada e o cumprimento da ordem não exigir a disponibilização de patrimônio. Assim, deve o juiz demonstrar na sua decisão que, para o caso concreto, não existe nenhuma outra técnica processual capaz de dar efetividade à tutela jurisdicional, além de demonstrar que o uso da prisão não importará na restrição da liberdade de quem não observou a ordem apenas

---

107. STF, 2.ª T., HC 96.772/SP, rel. Min. Celso de Mello, j. 09.06.2009, *DJe* 20.08.2009.
108. Sobre o assunto, extensamente: ARENHART, Sérgio Cruz. A prisão civil como meio coercitivo. In: TESHEINER, José; MILHORANZA, Mariângela Guerreiro; PORTO, Sérgio Gilberto (Coord.). *Instrumentos de coerção e outros temas de direito processual civil – Estudos em homenagem aos 25 anos de docência do Professor Dr. Araken de Assis*, p. 632-656.

por não possuir patrimônio. A própria decisão que ameaça de prisão a parte deve fixar o prazo de sua duração, considerando as circunstâncias do caso concreto. Dentro dessas coordenadas, a prisão civil estará garantindo a efetividade ao direito à tutela jurisdicional sem violar o direito daquele que, por não possuir patrimônio, não pode ser obrigado a cumprir a ordem judicial, muito menos ser punido por não tê-la observado.[109]

A tutela jurisdicional tem de ser *efetiva*. Trata-se de imposição que respeita aos próprios fundamentos do Estado Constitucional, já que é facílimo perceber que a força normativa do direito fica obviamente combalida quando esse carece de *atuabilidade*.[110] Não por acaso a *efetividade* compõe o princípio da *segurança jurídica* – um ordenamento jurídico só é *seguro* se há *confiança* na *realização* do direito que se *conhece*.

A efetividade da tutela jurisdicional diz respeito ao *resultado* do processo.[111] Mais precisamente, concerne à necessidade de o resultado da demanda espelhar o mais possível o direito material,[112] propiciando-se às partes sempre *tutela específica* – ou *tutela pelo resultado prático equivalente* – em detrimento da *tutela pelo equivalente monetário*.[113] O direito à efetividade da tutela jurisdicional, portanto, implica necessidade: (i) de encarar o processo *a partir do direito material* – especialmente, a partir da *teoria da tutela dos direitos;*[114] e (ii) de viabilizar não só a *tutela repressiva*, mas também e fundamentalmente a *tutela preventiva* aos direitos.[115]

É imprescindível para a prestação de tutela jurisdicional efetiva a fiel identificação da tutela do direito pretendida pela parte. Vale dizer: *é preciso em primeiro lugar olhar para o direito material* a fim de saber qual a situação jurídica substancial que se pretende proteger judicialmente. Durante muito tempo foi suficiente pensar em *tutelas repressivas contra o dano* para prestar tutela jurisdicional.[116] Ocorre que o aparecimento dos *novos direitos*, marcados em geral pela ideia de *inviolabilidade*, obrigou o Estado a reconhecer o direito à *tutela preventiva contra o ilícito*. Em outras palavras, determinou o reconhecimento do *direito à tutela inibitória*, capaz de impedir a prática, a continuação ou a reiteração de um ilícito.[117] Essa é a razão pela qual o art. 497, parágrafo único, do CPC de 2015 foi inserido na

---

109. MARINONI, Luiz Guilherme; MITIDIERO, Daniel. *Código de processo civil comentado*, 3. ed., p. 433-434.

110. Luigi Ferrajoli fala em *atuabilidade* das situações jurídicas para destacar a necessária *efetivação* do direito como *condição* para o *reconhecimento* de sua própria existência (FERRAJOLI, Luigi. *Principia iuris – Teoria del diritto e della democrazia*, p. 321, vol. 1).

111. MITIDIERO, Daniel. *Processo civil e estado constitucional*, p. 93.

112. AMARAL, Guilherme Rizzo. *Cumprimento e execução da sentença sob a ótica do formalismo-valorativo*, p. 56.

113. Sobre a pessoalização dos direitos, com a conseguinte expansão da tutela pelo equivalente monetário: BAPTISTA DA SILVA, Ovídio. *Jurisdição e execução na tradição romano-canônica*, 2. ed.; sobre a necessidade de prestação de tutela específica aos direitos, no campo do processo: MARINONI, Luiz Guilherme. *Técnica processual e tutela dos direitos*; no campo do direito material, MARTINS-COSTA, Judith. *Comentários ao novo código civil*, vol. 5, t. II, p. 66-68; SILVA, Jorge Cesa Ferreira da. *Adimplemento e extinção das obrigações*, p. 61-62.

114. MARINONI, Luiz Guilherme. *Técnica processual e tutela dos direitos*.

115. MARINONI, Luiz Guilherme. *Tutela inibitória*, 4. ed.

116. Sobre o Código Buzaid e a sua vocação para prestação tão somente de tutela jurisdicional repressiva contra o dano: MITIDIERO, Daniel. O processualismo e a formação do código Buzaid. *RePro* 183.

117. Longamente: MARINONI, Luiz Guilherme. *Tutela inibitória*, 4. ed.; ARENHART, Sérgio Cruz. *Tutela inibitória da vida privada;* _____. *Perfis da tutela inibitória coletiva*. Na doutrina estrangeira, por todos: RAPISARDA, Cristina. *Profili della tutela civile inibitoria*.

legislação brasileira. Daí ficou fácil à doutrina, na verdade, perceber a necessidade de pensar *todo o processo a partir do direito material* com o objetivo de promover a sua efetividade, propondo-se a estruturação do processo como um todo a partir do *direito à tutela específica* dos direitos.

Não é possível ao Estado *negar direito à tutela preventiva dos direitos*, isto é, *negar direito à tutela inibitória*. É *inconstitucional* qualquer posicionamento nesse sentido. Um Estado realmente preocupado com a *integridade* de sua ordem jurídica tem o dever de viabilizar tutela inibitória à parte que é dela carecedora.

A tutela jurisdicional pode ter por objetivo a proteção contra o *ilícito* ou contra o *dano*. Ato ilícito é ato contrário ao direito. Fato danoso é prejuízo juridicamente relevante. São conceitos que não se confundem.[118] Nada obsta, inclusive, a que o mesmo processo viabilize tutela contra o ilícito e tutela contra o dano. A tutela contra o ilícito pode ser prestada de forma *preventiva* (*tutela inibitória*) ou de forma *repressiva* (*tutela de remoção do ilícito*, também conhecida como *tutela reintegratória*, art. 497, parágrafo único, do CPC de 2015). A primeira visa a impedir a prática, a reiteração ou a continuação de um ilícito. É uma tutela voltada para o *futuro*. A segunda, a remover a causa de um ilícito ou os seus efeitos. É uma tutela voltada ao *passado*. A tutela contra o dano é sempre *repressiva*. Ela pressupõe a ocorrência do fato danoso. Ela pode visar à reparação do dano (*tutela reparatória*) ou ao seu ressarcimento em pecúnia (*tutela ressarcitória*).

Onde há um direito existe igualmente direito à sua realização. Um direito é uma posição juridicamente tutelável. É da sua previsão que advém o direito à sua tutela – posto que o fim do direito é a sua própria realização. *A previsão do direito pela ordem jurídica outorga desde logo pretensão à sua proteção efetiva.* Se a ordem jurídica prevê direito inviolável à imagem, honra, intimidade e vida privada, por exemplo, prevê no mesmo passo direito à tutela inibitória capaz de prevenir a sua ilícita violação, direito à tutela reintegratória para remover a fonte do ilícito ou seus efeitos e direito à tutela reparatória contra o dano experimentado. Na lição sempre lembrada da doutrina, "*il processo deve dare per quanto è possibile praticamente a chi ha un diritto tutto quello e proprio quello ch´egli ha diritto di conseguire*".[119]

---

118. MARINONI, Luiz Guilherme. *Tutela inibitória*, 2. ed., p. 36-38; FRIGNANI, Aldo. *L'injunction nella common law e l'inibitoria nel diritto italiano*, p. 413-417; RAPISARDA, Cristina. *Profili della tutela civile inibitoria*, p. 108 e ss.; ASCENSÃO, José de Oliveira. *Direito civil – Teoria geral*, 2. ed., vol. 2, p. 28; CORDEIRO, António Menezes. *Tratado de direito civil português*, 3. ed., vol. 1, t. I, p. 447; PONTES DE MIRANDA, F. C. *Tratado de direito privado*, 3. ed., t. I, p. 88-89; MARTINS-COSTA, Judith. *Comentários ao novo código civil*, 2. ed., vol. 5, t. II, p. 188. Nada obstante, a unificação da categoria da ilicitude com a da responsabilidade civil, que leva à concepção de que o dano é elemento essencial do conceito de ato ilícito, que acaba por mercantilizar todos os direitos, ainda está presente na doutrina do direito civil brasileiro. Consta, por exemplo, em GOMES, Orlando. *Obrigações*, p. 313-314: "Não interessa ao direito civil a atividade ilícita de que não resulte prejuízo. Por isso, o dano integra-se na própria estrutura do ilícito civil. Não é de boa lógica, seguramente, introduzir a função no conceito. Talvez fosse preferível dizer que a produção do dano é, antes, um requisito da responsabilidade, do que do ato ilícito. Seria este simplesmente a conduta *contra jus*, numa palavra, a injúria, fosse qual fosse a consequência. Mas, em verdade, o direito perderia seu sentido prático se tivesse de ater-se a conceitos puros. O ilícito civil só adquire substantividade se é fato danoso". Incidindo na mesma assimilação indevida: AMARAL, Francisco. *Direito civil – Introdução*, 7. ed., p. 552: "Ato ilícito é ato praticado com infração de um dever legal ou contratual, de que resulta dano para outrem".

119. CHIOVENDA, Giuseppe. Dell'azione nascente del contratto preliminare. *Saggi di diritto processuale civile (1894-1937)*, vol. 1, p. 110.

No julgamento da ADPF 130/DF, no entanto, o STF concluiu de forma equivocada pela inexistência de direito à tutela inibitória para prevenir ilícita violação do direito envolvendo liberdade de imprensa.[120] *A tutela reparatória (direito de resposta e atribuição de responsabilidade), porque repressiva do dano e posterior à prática do ilícito, obviamente não é idônea para inibir a violação dos direitos de personalidade por ato ilícito da imprensa.* Há gravíssima *confusão* entre tutela repressiva e tutela preventiva no ponto. Ceifar de forma absoluta o direito à tutela inibitória diante da imprensa é o mesmo que afirmar *franca violabilidade* do direito à imagem, honra, intimidade e vida privada das pessoas, em aberto conflito à inviolabilidade outorgada pela Constituição à personalidade humana.[121]

5.4 Direito fundamental à igualdade e à paridade de armas

5.4.1 Introdução

O direito à igualdade perante o Estado Constitucional é pressuposto básico de toda e qualquer concepção *jurídica* de Estado. Estado Constitucional é Estado em que há *juridicidade* e *segurança jurídica*. A *juridicidade* – todos *abaixo* do direito[122] – remete à *justiça*, que por seu turno remonta à *igualdade*.[123] Natural, portanto, que componha o direito ao processo justo *o direito à igualdade e à paridade de armas no processo*. Como já decidiu o STF, "a igualdade das partes é imanente ao '*procedural due process of law*'".[124] Trata-se de direito fundamental que, nada obstante não previsto expressamente na Constituição para o campo do processo, decorre naturalmente da ideia de Estado Constitucional e do direito fundamental à igualdade perante a ordem jurídica como um todo (art. 5.º, *caput*, da CF).[125] É por essa

---

120. STF, Pleno, ADPF 130/DF, rel. Min. Carlos Britto, j. 30.04.2009, *DJe* 05.11.2009.
121. Sobre a possibilidade de restrição à liberdade de imprensa – aqui defendida a partir da possibilidade de tutela inibitória contra atos ilícitos potencialmente violadores de direitos da personalidade também constitucionalmente consagrados –, é importante ter presente a lição de: SILVA, Virgílio Afonso da. *Direitos fundamentais*: conteúdo essencial, restrições e eficácia, p. 118: "Como se pode perceber, a ampliação do âmbito de proteção da liberdade de imprensa feita pelos Ministros Celso de Mello e Marco Aurélio [na MC na ADIn 2.566/DF], que passa a abarcar toda e qualquer forma de manifestação – incluindo-se aí toda e qualquer forma de proselitismo –, por não ser acompanhada de uma necessária possibilidade de restrição, cria problemas jurídico-legais, teóricos e práticos. *Jurídico-legais* porque é a própria Constituição que, de forma expressa e clara, prevê casos em que a liberdade poderá ser restringida. *Teóricos* porque, ao absolutizar um direito (a liberdade de expressão e de imprensa), coloca-o, na verdade, acima dos demais, criando uma relação hierárquica de difícil compatibilização com a ideia de sopesamento, já que direitos absolutos e superiores não podem ser relativizados por direitos não absolutos e inferiores; sem possibilidade de relativização, não há sopesamento possível. E *práticos* porque impossibilita qualquer forma de regulação da atividade de imprensa no Brasil".
122. MacCORMICK, Neil. *Institutions of law – An essay in legal theory*, p. 60.
123. CANOTILHO, J. J. Gomes. *Direito constitucional e teoria da constituição*, p. 245; CANARIS, Claus-Wilhelm. *Pensamento sistemático e conceito de sistema na ciência do direito*, 3. ed., p. 20.
124. STF, Pleno, MC na ADC 1.753/DF, rel. Min. Sepúlveda Pertence, j. 16.04.1998, *DJ* 12.06.1998, p. 51.
125. Sobre a igualdade em geral: ÁVILA, Humberto. *Teoria da igualdade tributária*. Sobre a igualdade no âmbito do processo, especialmente do processo civil: ALVES, Francisco Glauber Pessoa. *O princípio jurídico da igualdade e o processo civil brasileiro*; ABREU, Rafael. *Igualdade e processo*. São Paulo: Revista dos Tribunais, 2015.

razão que o CPC de 2015 arrola expressamente o direito à igualdade no processo civil como uma de suas normas fundamentais (art. 7.º).

5.4.2 Âmbito de proteção

A igualdade no processo tem de ser analisada sob duas perspectivas distintas. Na primeira, importa ter presente a distinção entre *igualdade perante a legislação* (igualdade formal) e *igualdade na legislação* (igualdade material).[126] Na segunda, é preciso ressaltar a diferença entre *igualdade no processo* e *igualdade pelo processo* – igualdade *diante do resultado da aplicação da legislação* no processo.

A igualdade perante a legislação determina a *aplicação uniforme* da lei processual. O juiz tem o dever de aplicar a legislação de modo igualitário. É seu dever dirigir o processo e velar pela igualdade das partes (art. 139, I, do CPC de 2015). A propósito, "prover à regularidade do processo" (art. 251 do CPP) implica velar pela aplicação da legislação de modo igualitário.

A igualdade na legislação pressupõe a *inexistência de distinções arbitrárias* no seu conteúdo. A distinção tem de ser feita de forma *racional* pelo legislador.[127] É claro que a igualdade "não consiste em um tratamento igual sem distinção de todos em todas as relações", já que "senão aquilo que é igual deve ser tratado igualmente".[128] O problema da igualdade na legislação, portanto, está na utilização de *critérios legítimos* para distinção entre *pessoas* e *situações* no processo.[129] É vedada, em outras palavras, a existência de "distinções arbitrárias" na legislação,[130] isto é, realizadas sem finalidade legítima (*"legitimate purpose"*).[131]

O direito à igualdade processual – formal e material – é o suporte do direito à *paridade de armas* no processo (*Waffengleichheit, parità delle armi, égalité des armes*).[132] O processo só pode ser considerado justo se as partes dispõem das *mesmas oportunidades* e dos *mesmos meios* para dele participar. Vale dizer: se dispõem das *mesmas armas*. Trata-se de exigência que obviamente se projeta sobre o legislador e sobre o juiz: há dever de estruturação e condução do processo de acordo com o direito à igualdade e à paridade de armas. Como facilmente se percebe, a igualdade, e a paridade de armas nela implicada, constitui *pressuposto* para efetiva participação das partes no processo e, portanto, é requisito básico para a plena realização do *direito ao contraditório*.

---

126. Ávila, Humberto. *Teoria da igualdade tributária*, p. 74.

127. *BVerfGE* 53, 313 [329].

128. Hesse, Konrad. *Elementos de direito constitucional da República Federal da Alemanha*, p. 330.

129. Idem, p. 331.

130. Ávila, Humberto. *Teoria da igualdade tributária*, p. 75.

131. A finalidade legítima é um dos elementos que a *Supreme Court* dos Estados Unidos da América utiliza para aferição da observância do direito à *"equal protection"*. Consulte-se, por exemplo, *Railways Express Agency v. New York*, 517 U.S. 620 (1996). Para desenvolvimento do tema: Chemerinsky, Erwin. *Constitutional law*: principles and policies, 3. ed., p. 680-685.

132. Sobre o assunto, Maurer, Hartmut. *Direito processual estatal-jurídico. Contributos para o direito do Estado*, p. 210-211, com indicação de bibliografia alemã e jurisprudência do *Bundesverfassungsgericht* sobre o tema; Tarzia, Giuseppe. *Parità delle armi tra le parti e poteri del giudice nel processo civile. Problemi del processo civile di cognizione*; Guinchard, Serge. *Droit processuel – Droit commun et droit comparé du procès équitable*, p. 851-860, com indicação de vários julgamentos da Corte Europeia de Direitos do Homem sobre o tema.

Campo fértil para análise do direito à igualdade no processo está no processo civil em que o Poder Público figura como parte. Ressalta aí a utilização – absolutamente indevida – pelo legislador do processo como *estratégia de poder governamental*.[133] A diferenciação normalmente realizada o é sem qualquer critério legítimo, sendo inconstitucional por ofensa à igualdade e à paridade de armas.

Dois exemplos de *privilégios injustificados* do Poder Público no processo: (i) dispensa de depósito para propositura de ação rescisória (art. 968, § 1.º, do CPC de 2015, que, aliás, aproveita igualmente ao Ministério Público); e (ii) suspensão de segurança (arts. 15 da Lei 12.016/2009, 12, § 1.º, da Lei 7.347/1985, 16 da Lei 9.507/1997, 25 da Lei 8.038/1990 e 4.º da Lei 8.437/1992). São exemplos de quebras de igualdade *sem qualquer critério legítimo de justificação*. São flagrantemente inconstitucionais.[134]

O § 1.º do art. 968 do CPC de 2015 confere privilégio destituído de base, uma vez que a previsão do depósito de cinco por cento tem por escopo resguardar a seriedade na utilização da ação rescisória. Sendo indiscutível que o *objetivo do depósito é evitar ações destituídas de fundamento e voltadas a procrastinar a tutela dos direitos já reconhecidos*, protegidos inclusive pela coisa julgada, não há razão para supor que a União, o Estado, o Município e o Ministério Público estão imunes a semelhante exigência. A dispensa só teria cabimento se o depósito tivesse natureza de *caução* ou se o valor do depósito revertesse *em favor* do Estado. Não é esse o caso, já que o art. 974 do CPC de 2015 deixa claro que, em caso de inadmissibilidade ou de improcedência do pedido, "a importância do depósito reverterá a favor do réu". Tendo em conta que a razão para imposição de depósito é o resguardo da seriedade da ação rescisória, é inquestionável que o seu fundamento também é aplicável à União, aos Estados, aos Municípios e ao Ministério Público. Inexiste critério legítimo na quebra da igualdade. Há evidente violação da igualdade e da paridade de armas na previsão do art. 968, § 1.º, do CPC de 2015. É inconstitucional.[135]

O legislador, ao prever a suspensão de segurança como instituto ligado tão somente à defesa do Poder Público em juízo, viola a igualdade e a paridade de armas no processo.[136] O núcleo duro do direito à paridade de armas está em que ambas as partes têm de ter as mesmas oportunidade e dispor dos mesmos meios para obtenção da tutela jurisdicional. *Ao prever a suspensão de segurança como meio de tutela exclusiva do Poder Público, o legislador supõe que apenas a ação do particular é capaz de promover grave lesão à ordem, à saúde, à segurança ou à economia*. É perfeitamente possível, no entanto, que seja necessária suspensão de segurança a favor do particular para proteção da ordem, da saúde, da segurança e da economia. A previsão do instituto da suspensão de segurança tão somente a favor do Poder Público é inconstitucional.

Outro exemplo de flagrante inconstitucionalidade por ausência de paridade de armas é aquele constante do art. 417, §§ 2.º e 3.º, do CPP Militar. Fere obviamente a igualdade entre

---

133. Sobre o ponto, amplamente, SILVA, Carlos Augusto. *O processo civil como estratégia de poder*.
134. A jurisprudência do STF, no entanto, entende pela constitucionalidade da previsão do instituto da suspensão de segurança, dada a sua ampla utilização sem qualquer ressalva, conforme, entre outros: STF, Pleno, AgRg na SS 4.177/SP, rel. Min. Cezar Peluso, j. 17.02.2011, *DJe* 11.03.2011. Para debate jurisprudencial a respeito: STF, Pleno, AgRg na SS 1.149/PE, rel. Min. Sepúlveda Pertence, j. 03.04.1997, *DJ* 09.05.1997, p. 18.138; STF, Pleno, AgRg na SS 432/DF, rel. Min. Sydney Sanches, j. 11.03.1992, *DJ* 26.02.1993.
135. MARINONI, Luiz Guilherme; MITIDIERO, Daniel. *Código de processo civil comentado*, 3. ed., p. 515.
136. NERY JUNIOR, Nelson. *Princípios do processo na Constituição Federal*, p. 122.

as partes a possibilidade de o acusado *arrolar testemunhas em número menor* do que franqueado ao Ministério Público.[137]

O direito à igualdade e à paridade de armas, para além de vincular o legislador, vincula igualmente o juiz na condução do processo. É inadmissível que, por ato judicial, as partes tenham *oportunidades assimétricas* ao longo do processo. É o que pode ocorrer, por exemplo, pela aplicação equivocada das regras sobre o ônus da prova. Como é amplamente sabido, as regras sobre o ônus da prova possuem *dupla finalidade*: funcionam como *regra de instrução* e como *regra de julgamento*.[138] Quando o juiz *inverte* o ônus da prova ou *o dinamiza*, é imprescindível que a parte onerada *ex novo* tenha oportunidade de desempenhá-lo de forma adequada, sob pena de violar não só o direito à prova, mas também o direito à igualdade e à paridade de armas no processo.[139]

O direito à igualdade – em sua dupla dimensão – dá lugar à *igualdade no processo*. Mas é preciso ir além. É, aliás, curioso que a doutrina se preocupe com a estruturação do processo a partir da igualdade, mas não mostre idêntica preocupação no que tange à *igualdade pelo processo*.[140] O processo justo visa à decisão justa. *E não há justiça se não há igualdade – unidade – na aplicação do direito pelo processo*. O processo tem de se estruturar com técnicas capazes de promover a igualdade de todos perante a ordem jurídica. Embora esse não seja um problema ligado propriamente à *igualdade no processo*, certamente constitui assunto de direito processual a necessidade de promoção da *igualdade pelo processo*. Daí a igualdade pelo processo – que é a *igualdade diante dos resultados produzidos pelo processo* – determinar a adoção de um *sistema de precedentes obrigatórios* (essa é a razão pela qual o CPC de 2015 prevê os arts. 926 e 927), com a previsão de seus institutos básicos pelo legislador infraconstitucional processual (*ratio decidendi, obter dictum, distinguishing, overruling*),[141] sem o que, paradoxalmente, focamos na igualdade no *meio*, mas não na igualdade no *fim*, atitude cuja correção lógica pode ser sem dúvida seriamente questionada. Só há sentido em nos preocuparmos com a *igualdade no processo* se nos preocuparmos igualmente com a *igualdade pelo processo* – o meio serve ao fim e ambos devem ser pensados na perspectiva da igualdade.

---

137. STF, 1.ª T., HC 80.855/RJ, rel. Min. Ellen Gracie, j. 09.10.2001, *DJ* 01.08.2003, p. 120.

138. MITIDIERO, Daniel. *Colaboração no processo civil – Pressupostos sociais, lógicos e éticos*, p. 139-145; MARINONI, Luiz Guilherme; MITIDIERO, Daniel. *Código de processo civil comentado*, 3. ed., p. 336-337.

139. TARZIA, Giuseppe. Parità delle armi tra le parti e poteri del giudice nel processo civile. *Problemi del processo civile di cognizione*, p. 317.

140. "Como está claro, não só há grande preocupação com a igualdade de tratamento dos litigantes no processo, mas também com a igualdade de acesso à justiça e com a igualdade aos procedimentos e às técnicas processuais. Nesta dimensão, se é possível falar, para facilitar a comunicação, em igualdade *no* processo e igualdade *ao* processo, é mais apropriado pensar em igualdade diante da jurisdição, tendo-se como espécies a igualdade de tratamento no processo, a igualdade de acesso e a igualdade ao procedimento e à técnica processual. Vê-se, a partir daí, uma grave lacuna. Em que local está a igualdade diante das decisões judiciais? *Ora, o acesso à justiça e a participação adequada no processo só têm sentido quando correlacionados com a decisão. Afinal, esse é o objetivo daquele que busca o Poder Judiciário e, apenas por isso, tem necessidade de participar do processo.* Em outros termos, a igualdade de acesso, a igualdade à técnica processual e a igualdade de tratamento no processo são valores imprescindíveis para a obtenção de uma decisão racional e justa" (MARINONI, Luiz Guilherme. *Precedentes obrigatórios*, p. 145, grifos nossos).

141. MARINONI, Luiz Guilherme; MITIDIERO, Daniel. *O projeto do CPC – Crítica e propostas*, p. 164-169.

5.5 Direito fundamental ao juiz natural e ao promotor natural

5.5.1 Introdução

Diante do direito constitucional brasileiro, "ninguém será processado nem sentenciado senão pela autoridade competente" (art. 5.º, LIII, da CF), não havendo lugar para instalação de "juízo ou tribunal de exceção" (art. 5.º, XXXVII, da CF). Especificamente no que tange ao juiz natural no processo penal, a Constituição ainda "reconhece a instituição do júri, com a organização que lhe der a lei, assegurados: *a)* a plenitude de defesa; *b)* o sigilo das votações; *c)* a soberania dos veredictos; *d)* a competência para o julgamento dos crimes dolosos contra a vida" (art. 5.º, XXXVIII, da CF). Nesse complexo normativo, a Constituição prevê o direito ao *juiz natural* (*legale iudicium parium, gesetzlicher Richter, juiz legal, giudice naturale, juge naturel*), cuja tradição secular remonta ao "coração"[142] da *Magna Carta* (1215), cláusula 39.

5.5.2 Âmbito de proteção

Juiz natural é *juiz imparcial, competente* e *aleatório*. É o juiz a que é constitucionalmente atribuído o dever de prestar tutela jurisdicional e conduzir o processo de forma justa.[143]

Juiz natural é em primeiro lugar *juiz*. Vale dizer: não é parte. É um *terceiro* (*giudice terzo e imparziale*, como grifa o art. 111 da Constituição italiana, donde a sua *terzietà*),[144] cuja *função* no processo não se confunde com a das partes. Como observa com razão a doutrina, o juiz é dotado de *imparcialidade* (*Unparteilichkeit – Unbeteiligheit*),[145] porque suas *funções* são diversas daquelas atribuídas às partes no processo (a doutrina francesa fala a propósito do tema em *impartialité objective*, também conhecida como *impartialité fonctionnelle*).[146] Obviamente, o fato de a ordem constitucional brasileira admitir a permuta entre magistrados, uma vez que todos regularmente investidos na magistratura, em nada viola o direito fundamental ao juiz natural (art. 93, inciso VIII-B, acrescentado pela EC n. 130, de 2023).

Além de *impartial*, o juiz tem de ser *imparcial*. E o pressuposto essencial da *imparcialidade* é a *independência*. A independência é um *"statut"* que torna possível a *"vertu"* imparcialidade.[147] A Constituição assegura a independência judicial seja na previsão de *garantias* aos magistrados (art. 95), seja na previsão de *autonomia financeira* e *orçamentária* do Poder Judiciário (art. 99). Em nada ofende a independência judicial, a propósito, a remoção *a pedido* do próprio magistrado (art. 93, inciso VIII-A, acrescentado pela EC n. 130, de 2023). Do ponto de vista constitucional, portanto, o problema da *independência judicial* está ligado ao da *imparcialidade*.

---

142. Comparato, Fábio Konder. *A afirmação histórica dos direitos fundamentais*, 5. ed., p. 82.

143. Cunha, Leonardo Carneiro da. *Jurisdição e competência*, p. 95.

144. Comoglio, Luigi Paolo. Le garanzie fondamentali del "giusto processo". *Etica e tecnica del "giusto processo"*, p. 74-84.

145. A lição é de Cabral, Antônio do Passo. Imparcialidade e impartialidade: por uma teoria sobre repartição e incompatibilidade de funções nos processos civil e penal. *RePro* 149/339-364.

146. Cadiet, Loïc; Normand, Jacques; Mekki, Soraya Amrani. *Théorie generale du proces*, p. 559-560.

147. Guinchard, Serge. *Droit processuel – Droit commun et droit comparé du procès équitable*, p. 669 e 704.

A propósito, por essa razão é que constitui equívoco supor que a independência impede um sistema de precedentes judiciais. Pelo contrário: a fiel observância da *ordem jurídica* – nesse conceito inserindo-se necessariamente a *interpretação judicial do direito* – é *prova* de independência. E essa é condição de imparcialidade, que por seu turno visa à produção de decisão justa, conforme ao ordenamento jurídico, cuja prolação promova a igualdade, proteja a segurança e vele pela coerência. Como se vê, a independência judicial sustenta a necessidade de um sistema fundado *também* em precedentes, já que visa à imparcialidade e essa à prolação de decisão justa, que só o é se capaz de realizar a igualdade, a segurança e a coerência, fundamentos e características do direito do Estado Constitucional.

A imparcialidade está na ausência de interesse judicial na sorte de qualquer das partes quanto ao resultado do processo. É um *requisito anímico* do juiz.[148] *Nemo iudex in re propria.* Tamanha a importância da imparcialidade que a doutrina a ensarta como elemento do próprio conceito de jurisdição.[149] E é compreensível que assim o seja, já que *sem imparcialidade não há possibilidade de tratamento isonômico* entre as partes.[150] Nosso sistema jurídico protege a imparcialidade impondo vedações aos juízes (art. 95, parágrafo único, da CF) e prevendo a possibilidade de impugnação por *impedimento* ou *suspeição* (arts. 144 e 145 do CPC de 2015; arts. 252 e 254 do CPP). São meios de proteção infraconstitucional do direito ao juiz natural.

Juiz natural é juiz *competente*. A competência para prestação da tutela jurisdicional tem de estar *estabelecida constitucionalmente antes* da propositura da ação. Não viola o direito ao juiz natural, a propósito, "a atração por continência ou conexão do processo do corréu ao foro por prerrogativa de função de um dos denunciados" (Súmula 704 do STF). Tal é o significado da proibição a juízes e tribunais de exceção (art. 5.º, XXXVII, da CF) que é vedada ao Estado a criação de órgãos jurisdicionais *ex post factum*. Trata-se daquilo que a doutrina enxerga como *cláusula de irretroatividade* ínsita ao juiz natural.[151]

Juiz natural é juiz cuja competência é estabelecida de forma *aleatória*. É que não é juiz natural no processo jurisdicional aquele deliberadamente *escolhido* pela parte. A técnica processual visa a assegurar a aleatoriedade do juiz prevendo *critérios de distribuição* das causas e dos recursos (arts. 284, 285 e 930 do CPC de 2015). Tendo em conta a necessidade de *aleatoriedade*, viola o direito ao juiz natural a formação de litisconsórcio facultativo depois de deferimento de tutela antecipada, porque aí é nítido o intento de escolha do juízo pela parte.[152]

Na esteira da problemática inerente ao juiz natural, discute-se a existência de direito ao *promotor natural* (arts. 5.º, LIII, e 128, § 5.º, I, *b*, da CF).[153] Como observa a doutrina, "a ideia de promotor natural surgiu, embrionariamente, das proposições doutrinárias pela mitigação

---

148. CABRAL, Antônio do Passo. Imparcialidade e impartialidade: por uma teoria sobre repartição e incompatibilidade de funções nos processos civil e penal. *RePro* 149/341.

149. CAPPELLETTI, Mauro. *Juízes legisladores?* p. 74; BAPTISTA DA SILVA, Ovídio. *Curso de processo civil*, 5. ed., vol. 1, p. 40-41; OLIVEIRA, Alvaro de; MITIDIERO, Daniel. *Curso de processo civil*, vol. 1, p. 125.

150. VIGORITI, Vincenzo. *Garanzie costituzionali del processo civile – Due process of law e art. 24 Costituzione*, p. 113.

151. A expressão é de CUNHA, Leonardo Carneiro da. *Jurisdição e competência*, p. 67-73.

152. STF, MC no MS 27.994/DF, rel. Min. Celso de Mello, j. 30.06.2009, *DJe* 03.08.2009; STF, MS 26.597/DF, rel. Min. Gilmar Mendes, j. 08.05.2007, *DJ* 28.05.2007, p. 47.

153. Sobre o assunto: NERY JUNIOR, Nelson. *Princípios do processo na Constituição Federal*, p. 165-169.

do poder de designação do Procurador-Geral de Justiça, evoluindo para significar a necessidade de haver cargos específicos com atribuição própria a ser exercida pelo Promotor de Justiça, vedada a designação pura e simples, arbitrária, pelo Procurador-Geral de Justiça".[154] Para que seja atendido, o promotor natural "exige a presença de quatro requisitos: (a) a investidura no cargo de Promotor de Justiça; (b) a existência de órgão de execução; (c) a lotação por titularidade e inamovibilidade do Promotor de Justiça no órgão de execução, exceto as hipóteses legais de substituição e remoção; (d) a definição em lei das atribuições do cargo".[155] Obviamente, por simetria, tudo o que se disse a propósito do promotor natural aplica-se igualmente ao Procurador da República, de modo que é perfeitamente possível reconhecer também o *direito ao Procurador da República natural*.

O STF já teve o ensejo de reconhecer expressamente o direito ao promotor natural. Assim, já se decidiu que "o postulado do Promotor Natural, que se revela imanente ao sistema constitucional brasileiro, repele, a partir da vedação de designações casuísticas efetuadas pela chefia da Instituição, a figura do acusador de exceção. Esse princípio consagra uma garantia de ordem jurídica, destinada tanto a proteger o membro do Ministério Público, na medida em que lhe assegura o exercício pleno e independente do seu ofício, quanto a tutelar a própria coletividade, a quem se reconhece o direito de ver atuando, em quaisquer causas, apenas o Promotor cuja intervenção se justifique a partir de critérios abstratos e predeterminados, estabelecidos em lei. A matriz constitucional desse princípio assenta-se nas cláusulas da independência funcional e da inamovibilidade dos membros da Instituição. O postulado do Promotor Natural limita, por isso mesmo, o poder do Procurador-Geral que, embora expressão visível da unidade institucional, não deve exercer a chefia do Ministério Público de modo hegemônico e incontrastável".[156]

5.6 Direito fundamental ao contraditório

5.6.1 Introdução

Previsto conjuntamente com o direito à ampla defesa (art. 5.º, LV, da CF), o direito ao contraditório constitui a mais óbvia condição do processo justo e é inseparável de qualquer ideia de administração organizada de Justiça,[157] funcionando como verdadeiro *"cardine della ricerca dialettica"* pela justiça do caso concreto.[158] Tamanha a sua importância que o *próprio conceito de processo* no Estado Constitucional está construído sobre sua base.[159] O direito de ação, como direito ao processo justo, tem o seu exercício balizado pela

---

154. Idem, p. 165.
155. Idem, p. 168.
156. STF, Pleno, HC 67.759/RJ, rel. Min. Celso de Mello, j. 06.08.1992, *DJ* 01.07.1993, p. 13.142.
157. A observação é de MILLAR, Robert Wyness. The formative principles of civil procedure. In: ENGELMANN, Arthur et al. *A history of continental civil procedure*, p. 6.
158. PICARDI, Nicola. "Audiatur et altera pars" – Le matrici storico-culturale del contraddittorio. *Rivista Trimestrale di Diritto e Procedura Civile*, p. 21-22.
159. MARINONI, Luiz Guilherme. *Curso de processo civil – Teoria geral do processo*, 3. ed., vol. 1, p. 396-466; OLIVEIRA, Alvaro de; MITIDIERO, Daniel. *Curso de processo civil*, vol. 1, p. 98-100.

observância do direito ao contraditório ao longo de todo o arco procedimental.[160] É fácil compreender, portanto, a razão pela qual a doutrina nele enxerga uma verdadeira *Magna Charta* do processo judicial (*Magna Charta des gerichtlichen Verfahrens*).[161]

5.6.2 Âmbito de proteção

O direito ao contraditório rege *todo e qualquer processo*: pouco importa se jurisdicional ou não. A Constituição é expressa, aliás, em reconhecer a necessidade de contraditório no *processo administrativo*. Existindo possibilidade de advir para alguém decisão desfavorável, que afete negativamente sua esfera jurídica, o contraditório é direito que se impõe, sob pena de solapado da parte seu direito ao processo justo: desde o *processo penal* até o processo que visa ao *julgamento de contas por prefeito municipal*[162] ou àquele que visa à imposição de *sanção disciplinar a parlamentar*,[163] todo processo deve ser realizado em contraditório, sob pena de nulidade. *Não há processo sem contraditório.*

Em geral, do ponto de vista do seu *conteúdo*, o direito ao contraditório é identificado com a *simples bilateralidade da instância, dirigindo-se tão somente às partes*. Neste contexto, o contraditório realiza-se apenas com a observância do binômio *conhecimento-reação*. Isto é, uma parte tem o direito de conhecer as alegações feitas no processo pela outra e tem o direito de, querendo, contrariá-las. Semelhante faculdade estende-se igualmente à produção da prova. Trata-se de feição do contraditório própria à cultura do Estado Liberal,[164] confinando as partes, no fundo, no terreno das alegações de fato e da respectiva prova.[165]

Nessa linha, o *órgão jurisdicional nada teria a ver com a realização do direito ao contraditório*, na medida em que *apenas os litigantes seriam os seus destinatários*. Partindo desse pressuposto, o STF já chegou a decidir que "a garantia constitucional do contraditório e da ampla defesa, com os meios e recursos a ela inerentes, tem como destinatários os litigantes em processo judicial ou administrativo e não o magistrado que no exercício de sua função jurisdicional, à vista das alegações das partes e das provas colhidas e impugnadas, decide fundamentadamente a lide".[166]

Atualmente, porém, a doutrina tem identificado no direito ao contraditório muito *mais do que simples bilateralidade da instância*. Ao binômio conhecimento-reação tem-se oposto a ideia de *cabal participação como núcleo-duro do direito ao contraditório*. É lógico que o contraditório, no processo civil do Estado Constitucional, tem significado completamente diverso daquele que lhe era atribuído à época do direito liberal.[167] Contraditório significa hoje conhecer e reagir, mas não só. *Significa participar do processo e influir*

---

160. FAZZALARI, Elio. La dottrina processualistica italiana: dall'"azione" al "processo" (1864-1994). *Rivista di Diritto Processuale*, p. 922.

161. SCHWAB, Karl Heinz; GOTTWALD, Peter. *Verfassung und Zivilprozeß*, p. 49.

162. STF, RE 235.593/MG, rel. Min. Celso de Mello, j. 31.03.2004, *DJ* 22.04.2004, p. 64.

163. STF, Pleno, MC no MS 25.647/DF, rel. Min. Carlos Britto, rel. p/ acórdão Min. Cezar Peluso, j. 30.11.2005, *DJ* 15.12.2006, p. 82.

164. PROTO PISANI, Andrea. *Lezioni di diritto processuale civile*, 4. ed., p. 202-203.

165. A propósito, tal é a dimensão do direito ao contraditório em um modelo assimétrico de processo, conforme MITIDIERO, Daniel. *Colaboração no processo civil – Pressupostos sociais, lógicos e éticos*, p. 87-103.

166. STF, 2.ª T., AgRg no RE 222.206/SP, rel. Min. Maurício Corrêa, j. 30.03.1998.

167. MARINONI, Luiz Guilherme. *Curso de processo civil – Teoria geral do processo*, vol. 1, p. 409.

nos seus rumos. Isto é: *direito de influência*.[168] Com essa nova dimensão, o direito ao contraditório deixou de ser algo cujos destinatários são tão somente as partes e começou a *gravar igualmente o juiz*. Daí a razão pela qual eloquentemente se observa que o juiz tem o dever não só de velar pelo contraditório entre as partes, *mas fundamentalmente a ele também se submeter*.[169] O juiz encontra-se igualmente sujeito ao contraditório.[170]

Consequência dessa nova impostação da matéria é que a dinâmica do processo é alterada significativamente. Por força dessa nova conformação da ideia de contraditório, acolhida integralmente no CPC de 2015 (art. 10), a regra está em que *todas as decisões definitivas do juízo se apoiem tão somente em questões previamente debatidas pelas partes*, isto é, sobre matéria debatida anteriormente pelas partes. Em outras palavras, veda-se o juízo de *"terza via"*.[171] Há proibição de *decisões-surpresa* (*Verbot der Überraschungsentscheidungen*).[172] O direito ao contraditório promove a participação das partes em juízo, tutelando a segurança jurídica do cidadão nos atos jurisdicionais do Estado.

Essa nova ideia de contraditório, como facilmente se percebe, acaba alterando a maneira como o juiz e as partes se comportam diante da ordem jurídica a interpretar/aplicar no caso concreto.[173] Nessa nova visão, é absolutamente indispensável tenham as partes a possibilidade de pronunciar-se sobre tudo que pode servir de ponto de apoio para a decisão da causa, inclusive quanto àquelas questões que o juiz pode apreciar de ofício.[174] Vários outros ordenamentos, aliás, também preveem expressamente esse *dever de debate, de consulta do órgão jurisdicional às partes*.[175]

---

168. CABRAL, Antônio do Passo. Il principio del contraddittorio come diritto d'influenza e dovere di dibattito, *Rivista di Diritto Processuale*; OLIVEIRA, Alvaro de. O juiz e o princípio do contraditório. *RePro*, n. 71.

169. É esta a ideia de contraditório, aliás, que conforma o modelo cooperativo de processo: MITIDIERO, Daniel. *Colaboração no processo civil – Pressupostos sociais, lógicos e éticos*, p. 87-103.

170. MARINONI, Luiz Guilherme; MITIDIERO, Daniel. *Código de processo civil comentado*, p. 174.

171. COMOGLIO, Luigi Paolo. Le garanzie fondamentali del "giusto processo". *Etica e tecnica del "giusto processo"*, p. 71-74.

172. ROSENBERG, Leo; SCHWAB, Karl Heinz; GOTTWALD, Peter. *Zivilprozessrecht*, p. 432; SCHWAB, Karl Heinz; GOTTWALD, Peter. *Verfassung und Zivilprozeß*, p. 53-54; FERRAND, Frédérique. *Droit processuel – Droit commun et droit comparé du proces équitable*, 4. ed., p. 894-904.

173. Sobre a indissociabilidade entre interpretação/aplicação do direito, GRAU, Eros Roberto. *Ensaio e discurso sobre a interpretação/aplicação do direito*, 3. ed.

174. TROCKER, Nicolò. *Processo civile e costituzione – Problemi di diritto tedesco e italiano*, p. 657.

175. No direito português, esse dever encontra-se contemplado no art. 3.º, n. 3, do CPC ("O juiz deve observar e fazer cumprir, ao longo de todo o processo, o princípio do contraditório, não lhe sendo lícito, salvo caso de manifesta desnecessidade, decidir questões de direito ou de facto, mesmo que de conhecimento oficioso, sem que as partes tenham tido a possibilidade de sobre elas se pronunciarem"); no direito alemão, no § 139, *Zivilprozessordnung* ("1. O órgão judicial deve discutir com as partes, na medida do necessário, os fatos relevantes e as questões em litígio, tanto do ponto de vista jurídico quanto fático, formulando indagações, com a finalidade de que as partes esclareçam de modo completo e em tempo suas posições concernentes ao material fático, especialmente para suplementar referências insuficientes sobre fatos relevantes, indicar meios de prova, e formular pedidos baseados nos fatos afirmados. 2. O órgão judicial só poderá apoiar sua decisão numa visão fática ou jurídica de que não tenha a parte, aparentemente, se dado conta ou considerado irrelevante, se tiver chamado a sua atenção para o ponto e lhe dado oportunidade de discuti-lo, salvo se se tratar de questão secundária. O mesmo vale para o entendimento do órgão judicial sobre uma questão de fato ou de direito, que divirja da compreensão de ambas as partes. 3. O órgão judicial deve chamar a atenção sobre as dúvidas que existam a respeito das questões a serem consideradas de ofício. 4. As indicações conforme essas prescrições devem ser comunicadas e registradas nos autos tão logo seja possível. Tais comunicações só podem ser provadas pelos registros nos autos. Só é admitida contra o

Exigir que o pronunciamento jurisdicional tenha apoio tão somente em elementos sobre os quais as partes tenham tido a oportunidade de se manifestarem significa evitar a decisão-surpresa no processo.[176] Nesse sentido, têm as partes de se pronunciar, previamente à tomada de decisão, tanto a respeito do que se *convencionou* chamar questões de fato e questões de direito, como no que atine à eventual visão jurídica do órgão jurisdicional diversa daquela aportada por essas ao processo.[177] Fora daí há evidente violação à *colaboração* e ao *diálogo* no processo (art. 6.º do CPC de 2015), com afronta inequívoca ao *dever judicial de consulta* e ao *contraditório* (arts. 6.º, 9.º e 10 do CPC de 2015).[178]

Semelhante exigência, de um lado, encontra evidente respaldo no *interesse público* de chegar a uma *solução bem amadurecida* para o caso levado a juízo, não podendo ser identificada de modo nenhum como uma providência erigida no interesse exclusivo das partes.[179] Consoante observa a doutrina, o debate judicial amplia necessariamente o quadro de análise, constrange ao cotejo de argumentos diversos, atenua o perigo de opiniões pré-concebidas e favorece a formação de uma decisão mais aberta e ponderada.[180] Funciona, pois, como um evidente instrumento de "democratização do processo".[181] De outro, conspira para reforçar a confiança do cidadão no Poder Judiciário, que espera, legitimamente, que a decisão judicial leve em consideração apenas proposições sobre as quais pode exercer o seu direito a conformar o juízo.[182]

Na jurisprudência alemã, o *Bundesverfassungsgericht* tem entendido que a *Anspruch auf rechtliches Gehör* (art. 103, *Grundgesetz*) constitui direito a influenciar efetivamente o juízo sobre as questões da causa, vedando a prolação de decisões-surpresa.[183] A jurisprudência de nosso STF inclina-se atualmente nesse mesmo sentido.[184] E levando exatamente em consideração esse caldo de cultura é que o Código de Processo Civil de 2015 acolheu o contraditório nesses exatos contornos.

Nessa linha, o STJ vem igualmente prestigiando o direito ao contraditório como direito de influência e dever de debate:

---

conteúdo dos autos prova de falsidade. 5. Se não for possível a uma das partes responder prontamente a uma determinação judicial de esclarecimento, o órgão judicial poderá conceder um prazo para posterior esclarecimento por escrito" – tradução de Alvaro de Oliveira); no direito francês, art. 16, *Nouveau code de procédure civile* ("Le juge doit, en touts circonstances, faire observer et observer lui-même le principe de la contradiction. Il ne peut retenir, dans sa décision, les moyens, les explications et les documents invoqués ou produits par le parties que si celles-ci ont été à même d'en débattre contradictoirement. Il ne peut fonder sa décision sur les moyens de droit qu'il a releves d'office sans avoir au préalable invite les parties à presenter leurs observations"); no direito italiano, art. 183, n. 3, *Codice di Procedura Civile* ("Il giudice richiede alle parti, sulla base dei fatti allegati, i chiarimenti necessari e indica le queestioni rilevabili d'ufficio delle quali ritiene opportuna la trattazione").

176. COMOGLIO, Luigi Paolo. *La garanzia dell'azione ed il processo civile*, p. 145-146; TROCKER, Nicolò. *Processo civile e costituzione – Problemi di diritto tedesco e italiano*, p. 659.

177. COMOGLIO, Luigi Paolo. *La garanzia dell'azione ed il processo civile*, p. 145-146.

178. SOUSA, Miguel Teixeira de. *Estudos sobre o novo processo civil*, 2. ed., p. 66-67.

179. OLIVEIRA, Alvaro de. A garantia do contraditório. *Do formalismo no processo civil*, 2. ed., p. 237.

180. TROCKER, Nicolò. *Processo civile e costituzione – Problemi di diritto tedesco e italiano*, p. 645.

181. OLIVEIRA, Alvaro de. *Do formalismo no processo civil*, 2. ed., p. 168.

182. TROCKER, Nicolò. *Processo civile e costituzione – Problemi di diritto tedesco e italiano*, p. 669.

183. Idem, p. 645; WALTER, Gerhard. I diritti fondamentali nel processo civile tedesco. *Rivista di Diritto Processuale*, p. 735-736.

184. STF, Pleno, MS 25.787/DF, rel. Min. Gilmar Mendes, j. 08.11.2006, *DJ* 14.09.2007, p. 32.

"Processual Civil. Previdenciário. Julgamento *Secundum Eventum Probationis*. Aplicação do Art. 10 do CPC/2015. Proibição de Decisão-Surpresa. Violação. Nulidade. 1. Acórdão do TRF da 4.ª Região extinguiu o processo sem julgamento do mérito por insuficiência de provas sem que o fundamento adotado tenha sido previamente debatido pelas partes ou objeto de contraditório preventivo. 2. O art. 10 do CPC/2015 estabelece que o juiz não pode decidir, em grau algum de jurisdição, com base em fundamento a respeito do qual não se tenha dado às partes oportunidade de se manifestar, ainda que se trate de matéria sobre a qual deva decidir de ofício. 3. Trata-se de proibição da chamada decisão-surpresa, também conhecida como decisão de terceira via, contra julgado que rompe com o modelo de processo cooperativo instituído pelo Código de 2015 para trazer questão aventada pelo juízo e não ventilada nem pelo autor nem pelo réu. 4. A partir do CPC/2015 mostra-se vedada decisão que inova o litígio e adota fundamento de fato ou de direito sem anterior oportunização de contraditório prévio, mesmo nas matérias de ordem pública que dispensam provocação das partes. Somente argumentos e fundamentos submetidos à manifestação precedente das partes podem ser aplicados pelo julgador, devendo este intimar os interessados para que se pronunciem previamente sobre questão não debatida que pode eventualmente ser objeto de deliberação judicial. 5. O novo sistema processual impôs aos julgadores e partes um procedimento permanentemente interacional, dialético e dialógico, em que a colaboração dos sujeitos processuais na formação da decisão jurisdicional é a pedra de toque do novo CPC. 6. A proibição de decisão-surpresa, com obediência ao princípio do contraditório, assegura às partes o direito de serem ouvidas de maneira antecipada sobre todas as questões relevantes do processo, ainda que passíveis de conhecimento de ofício pelo magistrado. O contraditório se manifesta pela bilateralidade do binômio ciência/influência. Um sem o outro esvazia o princípio. A inovação do art. 10 do CPC/2015 está em tornar objetivamente obrigatória a intimação das partes para que se manifestem previamente à decisão judicial. E a consequência da inobservância do dispositivo é a nulidade da decisão-surpresa, ou decisão de terceira via, na medida em que fere a característica fundamental do novo modelo de processualística pautado na colaboração entre as partes e no diálogo com o julgador. 7. O processo judicial contemporâneo não se faz com protagonismos e protagonistas, mas com equilíbrio na atuação das partes e do juiz de forma a que o feito seja conduzido cooperativamente pelos sujeitos processuais principais. A cooperação processual, cujo dever de consulta é uma das suas manifestações, é traço característico do CPC/2015. Encontra-se refletida no art. 10, bem como em diversos outros dispositivos espraiados pelo Código. 8. Em atenção à moderna concepção de cooperação processual, as partes têm o direito à legítima confiança de que o resultado do processo será alcançado mediante fundamento previamente conhecido e debatido por elas. Haverá afronta à colaboração e ao necessário diálogo no processo, com violação ao dever judicial de consulta e contraditório, se omitida às partes a possibilidade de se pronunciarem anteriormente "sobre tudo que pode servir de ponto de apoio para a decisão da causa, inclusive quanto àquelas questões que o juiz pode apreciar de ofício" (Marinoni, Luiz Guilherme; Arenhart, Sérgio Cruz; Mitidiero, Daniel. *Novo Código de Processo Civil Comentado*. São Paulo: Editora Revista dos Tribunais, 2015, p. 209). 9. Não se ignora que a aplicação desse novo paradigma decisório enfrenta resistências e causa desconforto nos operadores acostumados à sistemática anterior. Nenhuma dúvida, todavia, quanto à responsabilidade dos tribunais em assegurar-lhe efetividade não só como mecanismo de aperfeiçoamento da jurisdição, como de democratização do processo e de legitimação decisória. 10. Cabe ao magistrado ser sensível às circunstâncias do caso concreto e, prevendo a possibilidade de utilização de fundamento não debatido, permitir a manifestação das partes antes da decisão judicial, sob pena de violação ao art. 10 do CPC/2015 e a todo o plexo estruturante do sistema processual cooperativo. Tal necessidade de abrir oitiva das partes previamente à prolação da decisão judicial, mesmo quando passível de atuação de ofício, não é nova no direito processual brasileiro. Colhem-se exemplos no art. 40, § 4.°, da LEF, e nos Embargos de Declaração com efeitos infringentes. 11. Nada há de heterodoxo ou atípico no contraditório dinâmico e preventivo exigido pelo CPC/2015. Na eventual hipótese de adoção de fundamento ignorado e imprevisível, a decisão judicial não pode se dar com preterição da ciência prévia das partes. A negativa de efetividade ao art. 10 c/c art. 933 do CPC/2015 implica *error in procedendo* e nulidade do julgado, devendo a intimação antecedente ser procedida na instância de origem para permitir a participação dos titulares do direito discutido em juízo na formação do convencimento do julgador e, principalmente, assegurar a necessária correlação ou congruência entre o âmbito do diálogo desenvolvido pelos sujeitos processuais e o conteúdo da decisão prolatada. 12. *In casu*, o Acórdão recorrido decidiu o recurso de apelação da autora mediante fundamento original não cogitado, explícita ou implicitamente, pelas partes. Resolveu o Tribunal de origem contrariar a sentença monocrática e julgar extinto o processo sem resolução de mérito por insuficiência de prova, sem que as partes tenham tido a oportunidade de exercitar sua influência na formação da convicção do julgador. Por tratar-se de resultado que não está previsto objetivamente no ordenamento jurídico nacional, e refoge ao desdobramento natural da controvérsia, considera-se insuscetível de pronunciamento com desatenção à regra da proibição da decisão-surpresa, posto não terem as partes obrigação de prevê-lo ou adivinhá-lo. Deve o julgado ser anulado, com retorno dos autos à instância anterior para intimação das partes a se manifestarem sobre a possibilidade aventada pelo juízo no prazo de 5 (cinco) dias. 13. Corrobora a pertinência da solução ora dada ao caso o fato de a resistência de mérito posta no Recurso Especial ser relevante e guardar potencial capacidade de alterar o julgamento prolatado. A despeito da analogia realizada no julgado recorrido com precedente da Corte Especial do STJ proferido sob o rito de recurso representativo de controvérsia (REsp 1.352.721/SP, Corte Especial, Rel. Min. Napoleão Nunes Maia Filho, *DJ* de 28.04.2016), a extensão e o alcance da decisão utilizada como paradigma para além das circunstâncias ali analisadas e para "todas as hipóteses em que se rejeita a pretensão a benefício previdenciário em decorrência de ausência ou insuficiência de lastro probatório" recomenda cautela. A identidade e aplicabilidade automática do referido julgado a situações outras que não aquelas diretamente enfrentadas no caso apreciado, como ocorre com a controvérsia em liça, merece debate oportuno e circunstanciado como exigência da cooperação processual e da confiança legítima em um julgamento sem surpresas. 14. A ampliação demasiada das hipóteses de retirada da autoridade da coisa julgada fora dos casos expressamente previstos pelo legislador pode acarretar insegurança jurídica e risco de decisões contraditórias. O sistema processual pátrio prevê a chamada coisa julgada *secundum eventum probationis* apenas para situações bastante específicas e em processos de natureza coletiva. Cuida-se de técnica adotada com parcimônia pelo legislador nos casos de ação popular (art. 18 da Lei 4.717/1965) e de Ação Civil Pública (art. 16 da Lei 7.347/1985 e art. 103, I, CDC). Mesmo nesses casos com expressa previsão normativa, não se está a tratar de extinção do processo sem julgamento do mérito, mas de pedido julgado "improcedente por insuficiência de provas, hipótese em que qualquer legitimado poderá intentar outra ação com idêntico fundamento, valendo-se de nova prova" (art. 16, ACP). 15. A diferença é significativa, pois, no caso de a ação coletiva ter sido julgada improcedente por deficiência de prova, a própria lei que relativiza a eficácia da coisa julgada torna imutável e indiscutível a sentença no limite das provas produzidas nos autos.

Não impede que outros legitimados intentem nova ação com idêntico fundamento, mas exige prova nova para admissibilidade *initio litis* da demanda coletiva. 16. Não é o que se passa nas demandas individuais decidas sem resolução da lide e, por isso, não acobertadas pela eficácia imutável da autoridade da coisa julgada material em nenhuma extensão. A extinção do processo sem julgamento do mérito opera coisa julgada meramente formal e torna inalterável o *decisum* sob a ótica estritamente endoprocessual. Não obsta que o autor intente nova ação com as mesmas partes, o mesmo pedido e a mesma causa de pedir, inclusive com o mesmo conjunto probatório, e ainda assim receba decisão díspar da prolatada no processo anterior. A jurisdição passa a ser loteria em favor de uma das partes em detrimento da outra, sem mecanismos legais de controle eficiente. Por isso, a solução objeto do julgamento proferido pela Corte Especial do STJ no REsp 1.352.721/SP recomenda interpretação comedida, de forma a não ampliar em demasia as causas sujeitas à instabilidade extraprocessual da preclusão máxima. 17. Por derradeiro, o retorno dos autos à origem para adequação do procedimento à legislação federal tida por violada, sem ingresso no mérito por esta Corte com supressão ou sobreposição de instância, é medida que se impõe não apenas por tecnicismo procedimental, mas também pelo efeito pedagógico da observância fiel do devido processo legal, de modo a conformar o direito do recorrente e o dever do julgador às novas e boas práticas estabelecidas no Digesto Processual de 2015. 18. Recurso Especial provido"[185].

O contraditório pode-se realizar de *diferentes maneiras* no processo. Como o direito ao contraditório não é o único direito fundamental que compõe o processo justo, por vezes é necessário *harmonizá-lo* com os seus demais elementos estruturantes, em especial com o *direito à tutela adequada e efetiva dos direitos*. Por essa razão é *perfeitamente legítimo* na nossa ordem jurídica o emprego de *contraditório diferido* e de *contraditório eventual* na organização do perfil procedimental do processo. Tanto o contraditório *prévio* como o *diferido* e o *eventual* são legítimos para a organização do processo justo.

Em geral, no processo – e em especial, no processo penal – o *contraditório é prévio. Audiatur et altera pars*. Primeiro o juiz ouve ambas as partes para tão somente depois decidir. Pode ocorrer, contudo, de o órgão jurisdicional ter de *decidir de forma provisória* determinada questão ao longo do processo antes de ouvir uma das partes (*inaudita altera parte*). É o que ocorre, por exemplo, quando o juiz presta tutela de forma antecipada (art. 9.º do CPC de 2015). O contraditório aí fica *postergado – diferido* – para depois da concessão da tutela jurisdicional. A restrição ao contraditório ocorre em função da necessidade de *adequação* e *efetividade* da tutela jurisdicional. Não há qualquer inconstitucionalidade na postergação do contraditório. Sendo *necessária* a concessão de tutela antecipada antes da oitiva do demandado, essa se impõe como decorrência do direito à tutela adequada dos direitos. *Não se trata, portanto, de medida excepcional*: verificados os seus pressupostos, o juiz tem o dever de antecipar a tutela.

Também não há qualquer inconstitucionalidade no *contraditório eventual* – que é aquele que se realiza em outro processo na *eventualidade* de o interessado propor demanda para *ampliação* ou *exaurimento* da cognição. É o exemplo clássico dos processos de *cognição parcial* e de *cognição sumária*. As chamadas ações possessórias ilustram bem o ponto referente à cognição parcial. A proteção possessória independe da propriedade. A discussão a respeito do

---

185. STJ, Segunda Turma, REsp n. 1.676.027/PR, rel. Min. Herman Benjamin, j. em 26.09.2017, *DJe* 11.10.2017.

domínio é *vedada* no processo possessório. O interessado em debater o tema tem o *ônus* de propor ação para que o contraditório se instaure sobre o ponto. Do contrário, a discussão fica restrita, não se possibilitando o contraditório sobre a questão *reservada* para eventualidade de outro processo. O legislador infraconstitucional pode, em atenção à importância do direito material carente de tutela, organizar *tutelas jurisdicionais diferenciadas* mediante o emprego de *contraditório eventual*. O controle da legitimidade de sua opção está na escolha de *situações substanciais constitucionalmente relevantes* para diferenciação da tutela pelo emprego do contraditório eventual.

5.7 Direito fundamental à ampla defesa

5.7.1 Introdução

Comumente associado ao contraditório está o direito fundamental à ampla defesa. Trata-se de direito tradicionalmente reconhecido pelo nosso direito constitucional, nada obstante historicamente circunscrito ao âmbito processual penal.[186] A Constituição de 1988 inovou, estendendo-a a todo e qualquer processo (art. 5.º, LV).

5.7.2 Âmbito de proteção

O direito à ampla defesa constitui direito do *demandado*. É direito que respeita ao *polo passivo* do processo. O direito de defesa é direito à *resistência* no processo e, à luz da necessidade de *paridade de armas no processo*, deve ser simetricamente construído a partir do *direito de ação*.[187]

O direito de defesa – com os meios e recursos a ela inerentes – grava todo e qualquer processo. Jurisdicional ou não, estatal ou não, o direito de defesa se impõe como núcleo duro que contribui para a legitimação da imposição da tutela jurisdicional ao demandado. O direito à ampla defesa determina: (i) a *declinação pormenorizada* pelo autor da demanda das *razões* pelas quais pretende impor consequências jurídicas ao demandado; (ii) a adoção de procedimento de *cognição plena e exauriente* como *procedimento padrão* para *tutela dos direitos* e para *persecução penal*; (iii) o direito à *defesa pessoal* e à *defesa técnica* no processo penal; e (iv) o direito à *dupla cientificação* da sentença penal condenatória.

A *declinação pormenorizada* pelo autor da demanda das razões pelas quais pretende impor consequências jurídicas ao demandado constitui condição para que o demandado possa *compreender os motivos* que levaram o autor à propositura da ação e possa *elaborar de forma adequada* sua defesa. No processo civil, o demandante tem o ônus de declinar na petição inicial as *alegações de fatos essenciais juridicamente qualificadas* que dão suporte ao

---

186. PONTES DE MIRANDA, F. C. *Comentários à Constituição de 1967, com a Emenda 1/1969*, 2. ed., t. V, p. 232-233, ao comentar o art. 153, § 15, declina os arts. 72, § 16, da Constituição de 1891, 113, 24, da Constituição de 1934, 122, XI, segunda parte, da Constituição de 1937, 141, § 25, da Constituição de 1946, que confirmam a circunscrição ao âmbito penal do direito à ampla defesa na nossa tradição constitucional.
187. É a interessante lição de SICA, Heitor. *O direito de defesa no processo civil brasileiro – Um estudo sobre a posição do réu*, p. 48-49.

seu pedido (art. 319, III, do CPC de 2015 – *teoria da substanciação*). É necessário narrar os *fatos essenciais* e mostrar de que modo são reconduzíveis à pessoa do demandado.

No processo penal a imprescindibilidade de pormenorização da conduta do acusado na denúncia é *ainda mais aguda*, haja vista a *gravidade da sanção* que se busca impor e o *significativo custo social* associado ao fato de alguém encontrar-se sob persecução criminal. O processo penal brasileiro é do tipo *acusatório*, de modo que constitui inequívoco ônus do Ministério Público a adequada pormenorização e imputação do fato típico ao acusado, sob pena de subvertida a lógica que o preside.[188] Seja qual for o crime que se imputa ao acusado – e dessa necessidade não escapam obviamente as denúncias envolvendo *crimes societários* e outros semelhantes em que *existam maiores dificuldades* na narrativa –, o Ministério Público tem o ônus de *narrar de forma suficientemente pormenorizada os fatos típicos* e de *individualizá-los adequadamente*, indicando os *nexos de implicação* com o acusado. Fora daí a denúncia não pode suportar validamente a persecução penal.

Nessa linha, já decidiu o STF que "o processo penal de tipo acusatório repele, por ofensivas à garantia da plenitude de defesa, quaisquer imputações que se mostrem indeterminadas, vagas, contraditórias, omissas ou ambíguas. Existe, na perspectiva dos princípios constitucionais que regem o processo penal, um nexo de indiscutível vinculação entre a obrigação estatal de oferecer acusação formalmente precisa e juridicamente apta e o direito individual de que dispõe o acusado a ampla defesa. A imputação penal omissa ou deficiente, além de constituir transgressão do dever jurídico que se impõe ao Estado, qualifica-se como causa de nulidade processual absoluta. A denúncia – enquanto instrumento formalmente consubstanciador da acusação penal – constitui peça processual de indiscutível relevo jurídico. Ela, ao delimitar o âmbito temático da imputação penal, define a própria *res in judicio deducta*. A peça acusatória deve conter a exposição do fato delituoso, em toda a sua essência e com todas as suas circunstâncias. Essa narração, ainda que sucinta, impõe-se ao acusador como exigência derivada do postulado constitucional que assegura ao réu o exercício, em plenitude, do direito de defesa. Denúncia que não descreve adequadamente o fato criminoso é denúncia inepta".[189]

Abordando especialmente o problema dos requisitos da denúncia nos crimes societários, já decidiu igualmente o STF pela *necessidade de descrição suficientemente pormenorizada* da conduta dos acusados, em acórdão expressivamente assim ementado: "*Habeas corpus*. Crime contra o Sistema Financeiro Nacional. Responsabilidade penal dos controladores e administradores de instituição financeira. Lei 7.492/1986 (art. 17). Denúncia que não atribui comportamento específico e individualizado aos diretores da instituição financeira. Inexistência, outrossim, de dados probatórios mínimos que vinculem os pacientes ao evento delituoso. Inépcia da denúncia. Pedido deferido. Processo penal acusatório. Obrigação de o Ministério Público formular denúncia juridicamente apta. O sistema jurídico vigente no Brasil – tendo presente a natureza dialógica do processo penal acusatório, hoje impregnado, em sua estrutura formal, de caráter essencialmente democrático – impõe, ao Ministério

---

188. Sobre o assunto: LOPES JÚNIOR, Aury. *Introdução crítica ao processo penal – Fundamentos da instrumentalidade constitucional*, 4. ed., p. 160-184; ANDRADE, Mauro Fonseca. *Sistemas processuais penais e seus princípios reitores*, p. 49-259; BEDÊ JÚNIOR, Américo; SENNA, Gustavo. *Princípios do processo penal – Entre o garantismo e a efetividade da sanção*, p. 30-36; OLIVEIRA, Eugênio Pacelli de. *Curso de processo penal*, 15. ed., p. 13-15.

189. STF, 1.ª T., HC 70.763/DF, rel. Min. Celso de Mello, j. 28.06.1994, *DJ* 23.09.1994, p. 25.328.

Público, notadamente no denominado *reato societario*, a obrigação de expor, na denúncia, de maneira precisa, objetiva e individualizada, a participação de cada acusado na suposta prática delituosa. O ordenamento positivo brasileiro – cujos fundamentos repousam, entre outros expressivos vetores condicionantes da atividade de persecução estatal, no postulado essencial do direito penal da culpa e no princípio constitucional do *due process of law* (com todos os consectários que dele resultam) – repudia as imputações criminais genéricas e não tolera, porque ineptas, as acusações que não individualizam nem especificam, de maneira concreta, a conduta penal atribuída ao denunciado. Precedentes. A pessoa sob investigação penal tem o direito de não ser acusada com base em denúncia inepta. A denúncia deve conter a exposição do fato delituoso, descrito em toda a sua essência e narrado com todas as suas circunstâncias fundamentais. Essa narração, ainda que sucinta, impõe-se ao acusador como exigência derivada do postulado constitucional que assegura, ao réu, o exercício, em plenitude, do direito de defesa. Denúncia que deixa de estabelecer a necessária vinculação da conduta individual de cada agente aos eventos delituosos qualifica-se como denúncia inepta. Precedentes. Delitos contra o Sistema Financeiro Nacional. Peça acusatória que não descreve, quanto aos diretores de instituição financeira, qualquer conduta específica que os vincule, concretamente, aos eventos delituosos. Inépcia da denúncia. A mera invocação da condição de diretor ou de administrador de instituição financeira, sem a correspondente e objetiva descrição de determinado comportamento típico que o vincule, concretamente, à prática criminosa, não constitui fator suficiente apto a legitimar a formulação de acusação estatal ou a autorizar a prolação de decreto judicial condenatório. A circunstância objetiva de alguém meramente exercer cargo de direção ou de administração em instituição financeira não se revela suficiente, só por si, para autorizar qualquer presunção de culpa (inexistente em nosso sistema jurídico-penal) e, menos ainda, para justificar, como efeito derivado dessa particular qualificação formal, a correspondente persecução criminal. Não existe, no ordenamento positivo brasileiro, ainda que se trate de práticas configuradoras de macrodelinquência ou caracterizadoras de delinquência econômica, a possibilidade constitucional de incidência da responsabilidade penal objetiva. Prevalece, sempre, em sede criminal, como princípio dominante do sistema normativo, o dogma da responsabilidade com culpa (*nullum crimen sine culpa*), absolutamente incompatível com a velha concepção medieval do *versari in re illicita*, banida do domínio do direito penal da culpa. Precedentes. As acusações penais não se presumem provadas: o ônus da prova incumbe, exclusivamente, a quem acusa. Nenhuma acusação penal se presume provada. Não compete, ao réu, demonstrar a sua inocência. Cabe, ao contrário, ao Ministério Público comprovar, de forma inequívoca, para além de qualquer dúvida razoável, a culpabilidade do acusado. Já não mais prevalece, em nosso sistema de direito positivo, a regra que, em dado momento histórico do processo político brasileiro (Estado Novo), criou, para o réu, com a falta de pudor que caracteriza os regimes autoritários, a obrigação de o acusado provar a sua própria inocência (Dec.-Lei 88, de 20.12.1937, art. 20, n. 5). Precedentes. Para o acusado exercer, em plenitude, a garantia do contraditório, torna-se indispensável que o órgão da acusação descreva, de modo preciso, os elementos estruturais (*essentialia delicti*) que compõem o tipo penal, sob pena de se devolver, ilegitimamente, ao réu, o ônus (que sobre ele não incide) de provar que é inocente. Em matéria de responsabilidade penal, não se registra, no modelo constitucional brasileiro, qualquer possibilidade de o Judiciário, por simples presunção ou com fundamento em meras suspeitas, reconhecer a culpa do réu. Os princípios democráticos que informam o sistema jurídico nacional repelem qualquer ato estatal que transgrida o dogma de que não haverá culpa penal por presunção nem responsabilidade criminal por mera suspeita".[190]

Na perspectiva da conformação do procedimento, a ampla defesa determina a adoção de *procedimento de cognição plena e exauriente* como procedimento padrão para tutela dos direitos e para persecução penal. Essa é a regra. Isso não quer dizer, contudo, que esteja o legislador impossibilitado de proceder a *cortes de cognição* para organização do processo. De modo nenhum. Na verdade, em determinadas situações, é *imprescindível* que o procedimento seja dotado de *cognição parcial* ou de *cognição sumária* – seja de forma *autônoma*, seja de forma *interinal* –, a fim de que possa tutelar de maneira adequada, efetiva e tempestiva os direitos.

O exemplo mais marcante sem dúvida está no *direito à técnica antecipatória no processo civil*, cuja raiz constitucional é inquestionável a partir do direito à tutela adequada e efetiva dos direitos. O direito à técnica antecipatória permite decisão sob *cognição sumária* e *difere o contraditório* para depois da sua prolação. O direito à cognição exauriente – e à ampla defesa que o fundamenta – resta restringido em face da necessidade de organização de um processo capaz de prestar tutela adequada aos direitos. E é dever do legislador viabilizar o direito à técnica antecipatória para tutela das situações substanciais que dela necessitam. Não o fazendo, todavia, dada a *aplicabilidade imediata* dos direitos fundamentais, pode o juiz viabilizá-lo mediante *controle difuso* de constitucionalidade.

O direito à ampla defesa, no processo penal, impõe o reconhecimento do direito à *defesa pessoal* e à *defesa técnica*. A defesa técnica decorre da necessidade de *simetria de conhecimento especializado* entre acusação e defesa e é *absolutamente indisponível* no processo. Essa é a razão pela qual constitui entendimento pacífico no âmbito do STF que, "no processo penal, a falta de defesa constitui nulidade absoluta, mas a sua deficiência só o anulará se houver prova de prejuízo para o réu" (Súmula 523). Vale dizer: a *ausência de defesa* leva à decretação de *nulidade* do processo, ao passo que o *vício* derivado de sua *deficiência* só levará a idêntico resultado se provado o prejuízo dela oriundo. Outra não é a razão, igualmente, que levou o STF a decidir que "é nulo o julgamento da apelação se, após a manifestação nos autos da renúncia do único defensor, o réu não foi previamente intimado para constituir outro" (Súmula 708).

Para que a simetria de conhecimento especializado entre acusador e acusado possa *surtir seus efeitos* de forma adequada, é imprescindível que a defesa tenha acesso a todos os *elementos probatórios* de que dispõe a acusação. Daí que "é direito do defensor, no interesse do representado, ter acesso amplo aos elementos de prova que, já documentados em procedimento investigatório realizado por órgão com competência de polícia judiciária, digam respeito ao exercício do direito de defesa" (Súmula Vinculante 14 do STF).

A defesa pessoal é aquela realizada pelo *próprio acusado* e tem a sua maior expressão no seu *interrogatório*. A *autodefesa* consiste em direito de *participar* do processo e nele estar *presente* – entrelaçando-se, aí, com a necessidade de *publicidade imediata* do processo. Como o acusado tem direito ao silêncio – já que *nemo tenetur se detegere* (arts. 5.º, LXIII, da CF, e 186 do CPP) –, o direito à autodefesa situa-se na esfera de sua disponibilidade.

---

190. STF, Segunda T., HC 84.580/SP, rel. Min. Celso de Mello, j. 25.08.2009, *DJe* 18.09.2009.

DIREITOS FUNDAMENTAIS PROCESSUAIS ○ 817

Ainda no que toca ao processo penal, a jurisprudência do STF exige *dupla cientificação* da sentença penal condenatória como decorrência do direito fundamental à ampla defesa. Como a Constituição prevê direito à defesa com os meios e recursos a ela inerentes, está assente na jurisprudência que, "com a exigência da dupla intimação, impõe-se que o procedimento de cientificação da sentença penal condenatória tenha por destinatários o condenado e, também, o seu defensor, constituído ou dativo. A *ratio* subjacente à orientação jurisprudencial firmada pelo STF consiste, em última análise, em dar eficácia e concreção ao princípio constitucional do contraditório, pois a inocorrência dessa intimação ao defensor, constituído ou dativo, subtrairá ao acusado a prerrogativa de exercer, em plenitude, o seu irrecusável direito à defesa técnica. É irrelevante a ordem em que essas intimações sejam feitas. Revela-se essencial, no entanto, que o prazo recursal só se inicie a partir da última intimação".[191]

5.8 Direito fundamental à prova

5.8.1 Introdução

Nossa Constituição refere que "são inadmissíveis, no processo, as provas obtidas por meios ilícitos" (art. 5.º, LVI). Logo em seguida, em atenção específica ao processo penal, assevera que "ninguém será considerado culpado até o trânsito em julgado de sentença penal condenatória (art. 5.º, LVII). A adequada compreensão desses dispositivos leva ao núcleo do direito fundamental à prova no processo.

5.8.2 Âmbito de proteção

Há direito fundamental à prova no processo.[192] Trata-se de elemento essencial à conformação do direito ao processo justo.[193] O direito à prova impõe que o legislador e o órgão jurisdicional atentem para: (i) a existência de *relação teleológica* entre prova e verdade (art. 369 do CPC de 2015); (ii) a *admissibilidade* da prova e dos *meios* de prova; (iii) a distribuição adequada do *ônus da prova* (art. 373 do CPC de 2015); (iv) o momento de *produção* da prova; e (v) a *valoração* da prova e formação do *convencimento* judicial.

A *verdade* é pressuposto ético do processo justo.[194] Uma das fontes de legitimação da função judiciária é a verdade – *veritas, non auctoritas facit iudicium*.[195] É necessariamente injusta a decisão baseada em *falsa* verificação das alegações de fato no processo.[196] Daí existir uma *relação teleológica* entre prova e verdade[197] – a prova visa à apuração da veracidade

---

191. STF, 1.ª T., HC 67.714/RJ, rel. Min. Celso de Mello, j. 20.03.1990, *DJ* 15.03.1991, p. 2.646.
192. CAMBI, Eduardo. *Direito constitucional à prova no processo civil.*
193. STF, RMS 28.517, rel. Min. Celso de Mello, j. 01.08.2011, *DJe* 04.08.2011.
194. MITIDIERO, Daniel. *Colaboração no processo civil – Pressupostos sociais, lógicos e éticos*, p. 108-111.
195. FERRAJOLI, Luigi. *Principia iuris – Teoria del diritto e della democrazia*, vol. 1, p. 876.
196. TARUFFO, Michele. Idee per una teoria della decisione giusta. *Sui confini – Scritti sulla giustizia civile*, p. 224.
197. TARUFFO, Michele. *La prova dei fatti giuridici*, p. 3 e 64; FERRER BELTRÁN, Jordi. *Prueba y verdad en el proceso civil*, 2. ed., p. 69-73; MARINONI, Luiz Guilherme; ARENHART, Sérgio Cruz. *Prova*, p. 27; KNIJNIK, Danilo. *A prova nos juízos cível, penal e tributário*, p. 15. Sobre as *alegações* de fato constituírem objeto da prova: REICHELT, Luís Alberto. *A prova no direito processual civil*, p. 113-117.

das alegações de fato. A verdade é *um problema unitário* – inexiste a possibilidade de separação entre verdade dentro e fora do processo[198] – e pode ser satisfatoriamente definida a partir da ideia de *correspondência*.[199] Como a verdade é ao mesmo tempo *relativa* e *objetiva*,[200] só pode ser compreendida – dentro e fora do processo – partindo-se da ideia de *maior probabilidade lógica possível*.[201]

O direito fundamental à prova assegura a *produção* de prova *admissível*. Note-se que a Constituição, ao vedar a admissão de prova ilícita (art. 5.º, LVI), *contrario sensu* autoriza a admissão de toda e qualquer prova lícita. O problema está, portanto, em individualizar quais são os requisitos que determinam a admissão da prova. Uma prova é *admissível* quando a alegação de fato é *controversa, pertinente* e *relevante*. A alegação é *controversa* quando pendem nos autos duas ou mais versões a seu respeito. É *pertinente* quando diz respeito ao mérito da causa. E é *relevante* quando o seu esclarecimento é capaz de levar à verdade. Reunindo a alegação de fato todas essas *qualidades objetivas*, o juiz tem o dever de admitir a produção da prova.[202]

É preciso perceber, diante dessas observações, que não é possível ao órgão jurisdicional indeferir a produção da prova, entendendo-a como inadmissível, porque *já convencido* a respeito da alegação do fato. Confundem-se aí juízo de admissibilidade e juízo de valoração da prova.[203] Como é evidente, só é possível valorar a prova já produzida – donde os requisitos objetivos que configuram o direito à admissão da prova funcionam como verdadeira

---

198. Taruffo, Michele. *La prova dei fatti giuridici*, p. 4. Isso não quer dizer, contudo, que a *prova jurídica* não guarde as suas especificidades. Como igualmente observa Taruffo (p. 316), a especificidade da prova jurídica deriva essencialmente de dois fatores: a presença de uma disciplina jurídica da prova e o seu uso tipicamente jurídico.

199. Taruffo, Michele. *La prova dei fatti giuridici*, p. 146. A verdade, portanto, não é *impossível teórica, ideológica* ou *praticamente*. Também não é *irrelevante* para o processo. Ela é *possível* do ponto de vista teórico, prático e é bem-vinda do ponto de vista ideológico. Para uma crítica da verdade como *coerência* ou como *consenso*, Taruffo, Michele. *La prova dei fatti giuridici*, p. 148-151.

200. Taruffo, Michele. *La semplice verità – Il giudice e la costruzione dei fatti*, p. 83: "La verità dell'accertamento dei fatti è relativa – nel senso che è relativa la conoscenza di essa – perché si fonda sulle prove che giustificano il convincimento del giudice e rappresentano la base conoscitiva sulla quale trova giustificazione il convincimento che un certo enunciato corrisponda alla realtà dei fatti della causa. La stessa verità è oggettiva in quanto non è il frutto delle preferenze soggettive e individuali del giudice, o di altri soggetti, ma si fonda su ragioni oggettive che giustificano il convincimento del giudice e derivano dai dati conoscitivi che risultano dalle prove".

201. A verdade pode ser *conceitualmente* definida a partir da ideia de *correspondência* e deve ser *metodologicamente* buscada alçando-se mão da *probabilidade lógica* (entre outros, Taruffo, Michele. *La prova dei fatti giuridici*, p. 199-215; _____. *La semplice verità – Il giudice e la costruzione dei fatti*, p. 92; Ferrer Beltrán, Jordi. *La valoración racional de la prueba*, p. 120-138).

202. Marinoni, Luiz Guilherme; Mitidiero, Daniel. *Código de processo civil comentado*, 3. ed., p. 181; Oliveira, Alvaro de; Mitidiero, Daniel. *Curso de processo civil*, vol. 1, p. 45; Knijnik, Danilo. *A prova nos juízos cível, penal e tributário*, p. 19-24; Cambi, Eduardo. *A prova civil – Admissibilidade e relevância*, p. 443; Camilo, Felipe. A ampla defesa como proteção dos poderes das partes: proibição de inadmissão da prova por já estar convencido o juiz. In: Knijnik, Danilo (Coord.). *Prova judiciária – Estudos sobre o novo direito probatório*, p. 93-105; Demari, Lisandra. Juízo de relevância da prova. In: Knijnik, Danilo (Coord.). *Prova judiciária – Estudos sobre o novo direito probatório*, p. 177.

203. Taruffo, Michele. *Studi sulla rilevanza della prova*, p. 74-77; Trocker, Nicolò. *Processo civile e costituzione – Problemi di diritto tedesco e italiano*, p. 521; Mitidiero, Daniel. *Colaboração no processo civil – Pressupostos sociais, lógicos e éticos*, p. 145-147.

proibição à inadmissão da prova por valoração antecipada da alegação de fato. O juiz só pode ter como "diligências inúteis ou meramente protelatórias", para fins de indeferimento da admissão de prova (art. 370 do CPC de 2015), aquelas que tenham por objeto a prova de alegações de fato incontroversas, impertinentes ou irrelevantes. Fora daí viola o direito fundamental à prova do litigante no processo.

O direito fundamental à prova determina igualmente a possibilidade de utilização de *provas atípicas* no processo.[204] Todo e qualquer meio de prova – previsto *tipicamente* na legislação ou não – é idôneo para prova das alegações de fato, desde que lícito e moralmente legítimo (art. 369 do CPC de 2015). Trata-se de imposição do direito fundamental à prova para conformação do processo justo, de modo que sua admissibilidade concerne tanto ao processo civil como ao processo penal.

Embora tradicionalmente *fechado*, o direito à prova na tradição romano-canônica vem experimentando paulatina *abertura*.[205] A admissão de provas atípicas é um dos elementos que autorizam essa assertiva – prova emprestada, comportamento processual da parte como prova e prova cibernética são exemplos de provas atípicas admissíveis perante a ordem jurídica brasileira.

A *prova emprestada* é admissível no processo, desde que observadas as suas condicionantes. O juiz poderá admitir a utilização de prova produzida em outro processo, atribuindo-lhe o valor que considerar adequado, observado o *contraditório* ou, excepcionalmente, *devidamente ponderados* os direitos em colisão.

O *contraditório* é um dos fatores de maior legitimação do uso da prova emprestada no processo. Quanto à sua observância, porém, é preciso considerar basicamente duas situações diferentes: (i) aquela em que a prova emprestada será utilizada perante as mesmas pessoas que participaram da sua produção anteriormente; e (ii) aquela em que a prova emprestada será utilizada perante pessoas parcialmente coincidentes ou totalmente diferentes daquelas que participaram da sua produção originariamente.[206]

Quanto à primeira situação, existem casos em que não há qualquer variação na prova e o contraditório pode ser observado integralmente de forma posterior. É o caso da prova documental, por exemplo. Não há aí qualquer dificuldade em aceitar a produção da prova emprestada. Basta a sua submissão ao contraditório no novo processo. Existem outros casos, contudo, em que será necessário cogitar de novos fatos ou ler a prova a partir de novos enfoques dados aos fatos. Nestas situações, a admissão da prova emprestada poderá ocorrer se for viável reabrir o contraditório ou, pelo menos, fatiar a prova no que tange às alegações de fato originárias e às novas alegações de fato ou novos enfoques dados aos fatos.

Quanto à segunda situação, há hipóteses em que, nada obstante não tenham as partes ou pelo menos uma das partes participado da formação da prova, é plenamente viável a sua submissão ao contraditório pleno no novo processo. Atendido ao contraditório, a prova emprestada é obviamente admissível. Em outras hipóteses, porém, o contraditório

---

204. Sobre o assunto, RIBEIRO, Darci. *Provas atípicas*, p. 93-136; TARUFFO, Michele. Prove atipiche e convicimento del giudice. *Revista di Diritto Processuale*, p. 389-434; BARBOSA MOREIRA, José Carlos. Provas atípicas. *RePro* 76/114-126.
205. TARUFFO, Michele. *La prova dei fatti giuridici*, p. 315-323.
206. MARINONI, Luiz Guilherme; ARENHART, Sérgio Cruz. *Curso de processo civil – Processo de conhecimento*, 7. ed., vol. 2, p. 291-292.

poderá não ser realizável, *mas a prova emprestada pode constituir o único meio de a parte sustentar sua posição em juízo*. Nesse caso, convém *ponderar os direitos em jogo* (o direito ao contraditório, o direito à tutela jurisdicional e eventualmente a importância da pretensão material afirmada em juízo) para saber se a prova emprestada deve ou não ser admitida no processo.

Não são admissíveis no processo provas ilícitas. *Prova ilícita é toda aquela obtida de forma contrária ao direito.* Pouco importa se a violação concerne ao direito material ou ao direito processual – em ambos os casos a prova deve ser considerada ilícita. Como assevera o art. 157 do CPP, em proposição de caráter *geral*, "são inadmissíveis, devendo ser desentranhadas do processo, as provas ilícitas, assim entendidas as obtidas em violação a normas constitucionais ou legais".

No processo penal, há *proibição absoluta* de emprego de prova ilícita para corroborar alegações da acusação. O direito de permanecer calado (*nemo tenetur se detegere*) e a presunção de inocência denotam a *proeminência constitucional do direito de liberdade* do acusado em face da pretensão punitiva do Estado – daí a proibição absoluta de prova ilícita em favor da acusação no processo penal.[207] A favor da defesa, contudo, é possível pensar no emprego de prova *a princípio* ilícita no processo penal.[208] *A proeminência do direito à liberdade diante do Estado justifica a sua utilização.*

No âmbito do processo civil é possível a utilização de provas ilícitas em *casos excepcionais*. É que, ao negar eficácia às provas ilícitas no processo, nossa Constituição realizou inequívoca *ponderação* entre a *efetividade da proteção do direito material* e o *direito à descoberta da verdade* no processo. Cumpre observar, contudo, que quase todos os ordenamentos jurídicos que acolheram a proibição da utilização da prova ilícita no processo foram obrigados a admitir exceções à regra geral a fim de realizarem igualmente outros valores dignos de proteção.

No âmbito do processo civil, a ponderação realizada pela Constituição não exclui a necessidade de uma *segunda ponderação* entre o *direito afirmado em juízo* pelo autor e o *direito violado pela prova ilícita*, haja vista os diversos bens passíveis de proteção e discussão no nosso direito processual civil. Negar a necessidade dessa segunda ponderação importa em negar *a priori* tutela jurisdicional a uma das partes.[209] Essa *ponderação* deve ser realizada em concreto pelo juiz para cotejar a relevância dos valores e dos interesses em jogo (*Gütter- und Interessenabwägung*) a fim de aquilatar a *proporcionalidade* do emprego da prova para proteção do direito afirmado em juízo (*Verhältnismässigkeit*).[210]

Dois *critérios* podem auxiliar o órgão jurisdicional nessa tarefa. Em primeiro lugar, é fundamental que os valores postos à ponderação sejam *devidamente identificados* e *explicitados* pelo órgão jurisdicional. Em segundo, saber se tinha a parte que postula a admissão da prova ilícita no processo outro meio de prova à sua disposição ou não para prova de suas alegações.

---

207. MARINONI, Luiz Guilherme; ARENHART, Sérgio Cruz. *Prova*, p. 248.

208. LOPES JÚNIOR, Aury. *Direito processual penal e sua conformidade constitucional*, 5. ed., vol. 1, p. 588; OLIVEIRA, Eugênio Pacelli de. *Curso de processo penal*, 15. ed., p. 377. Pacelli sustenta, ainda, com interessantes ponderações, a possibilidade de aproveitamento da prova ilícita *também em favor da acusação* mediante o emprego da proporcionalidade (p. 377-381).

209. FERRARI, Regina. *Direito constitucional*, p. 647.

210. TROCKER, Nicolò. *Processo civile e costituzione – Problemi di diritto tedesco e italiano*, p. 619.

Vale dizer: é imprescindível a análise da *necessidade* da prova ilícita para formação do convencimento judicial para saber se ela pode ou não ser aproveitada em juízo.[211] Como a regra é a inviabilidade do uso da prova ilícita no processo, sua utilização excepcional deve ser "criteriosamente justificada"[212] pelo órgão jurisdicional.

Problema correlato ao da utilização da prova ilícita no processo é o da ilicitude da prova por contaminação. Como regra, a prova obtida a partir de prova ilícita igualmente o é por contaminação – teoria dos frutos da árvore envenenada (*the fruit of the poisonous tree*).[213] Importa saber para aplicação dessa teoria, contudo, quando determinada prova pode ser considerada independente. Assim, se a prova derivada poderia ter sido produzida independentemente da obtenção da prova ilícita, não há razão para negar eficácia àquela. Podendo ser oriunda de uma *fonte autônoma de prova*, pode a prova ser utilizada no processo, ainda que concretamente derivada de prova ilícita.[214] Se o descobrimento da prova derivada era inevitável (*inevitable discovery exception*)[215] ou se o seu descobrimento era provavelmente independente da prova ilícita (*hypothetical independent source rule*),[216] não há razão para negar-se eficácia à prova derivada, que aí se desvincula da prova ilícita.

Se o descobrimento da prova era inevitável, não há razão para reputá-la ineficaz. Isso porque a descoberta propiciada pela prova ilícita ocorreria mais cedo ou mais tarde. A lógica do salvamento da segunda prova está em que não há motivo para retirar eficácia de uma prova que trouxe uma evidência que muito provavelmente seria obtida. Nesse caso, quebra-se a relação de antijuridicidade entre as provas. Se o descobrimento da prova era provavelmente independente da prova ilícita, então não há por que entendê-la como derivada da primeira, devendo ser tratada como uma prova provavelmente independente e, assim, sem qualquer nexo com a prova ilícita. Rompe-se, assim, o nexo causal entre as provas. O art. 157, §§ 1.º e 2.º, do CPP, com nítido caráter *geral*, confirma semelhante orientação.

Compõe o perfil constitucional do direito à prova a *adequada distribuição de seu ônus no processo*.[217] As normas sobre o ônus da prova compõem o perfil constitucional do direito à prova.

As normas sobre o *ônus da prova* possuem dupla função: em primeiro lugar, são *regras de instrução*, na medida em que visam a *informar as partes* quem suporta o *risco de ausência de esclarecimento* das alegações de fato no processo. Em segundo lugar, são *regras de*

---

211. MARINONI, Luiz Guilherme; MITIDIERO, Daniel. *Código de processo civil comentado*, 3. ed., p. 335.

212. PORTO, Sérgio Gilberto; USTÁRROZ, Daniel. *Lições de direitos fundamentais no processo civil – O conteúdo processual da Constituição Federal*, p. 84.

213. *Silverthorne Lumber & Co. v. United States*, 251 U. S. 385 (1920). A jurisprudência do STF é igualmente sólida nesse sentido, conforme STF, 1.ª T., HC 80.949/RJ, rel. Min. Sepúlveda Pertence, j. 30.10.2001, *DJ* 14.12.2001, p. 26.

214. STF, Segunda Turma, RHC 90.376/RJ, rel. Min. Celso de Mello, j. 03.04.2007, *DJ* 18.05.2007, p. 113.

215. *Nix v. Williams*, 467 U. S. 431 (1984).

216. *United States v. Crews*, 445 U. S. 463 (1980).

217. Sobre o ônus da prova, amplamente, MICHELI, Gian Antonio. *L'onere della prova*; no processo penal, BADARÓ, Gustavo Henrique. *Ônus da prova no processo penal*; RAMOS, Vítor de Paula. *Ônus da prova no processo civil*. São Paulo: Revista dos Tribunais, 2015.

julgamento, já que visam a *possibilitar ao juiz decidir*, quando em *estado de dúvida*, quanto à veracidade das alegações fáticas.[218]

O ônus da prova pode ser distribuído de forma *estática* ou *dinâmica* pelo legislador infraconstitucional. Tanto no processo civil como no processo penal, o ônus da prova é distribuído de forma estática (arts. 373 do CPC de 2015 e 156 do CPP). No processo civil, contudo, há ainda possibilidade de *inversão* e *dinamização* do ônus da prova (art. 373, § 1.º, do CPC de 2015)[219] – como bem observa a doutrina, "compreende-se que, quando a medida justa da distribuição do ônus da prova é fundamental para a garantia de um direito, se devam evitar teorias abstratas e aprioristicas (...) e se imponham soluções probatórias não aniquiladoras da própria concretização dos direitos, liberdades e garantias".[220] No processo penal, o ônus da prova é distribuído de forma estática, *competindo sempre à acusação* a prova das alegações que descrevam o crime. Esse é o *conteúdo mínimo* da regra da *presunção de inocência* prevista constitucionalmente (art. 5.º, LVII).

As partes têm direito à *produção* de prova admissível. Em geral, a produção da prova ocorre *durante* o processo que visa à prestação da tutela do direito. Pode acontecer, contudo, de ser necessário *acautelar a produção* da prova ou *produzi-la de forma imediata* independentemente da existência de processo tendente à prestação de tutela jurisdicional sobre as alegações de fato a provar. Compõe o direito fundamental à prova o *direito à sua asseguração* e *à sua produção imediata* – seja fundada na *urgência*, seja no *simples interesse da produção da prova em si*.[221]

Compõem o estatuto constitucional do direito à prova a regra da *livre valoração da prova* e a necessidade de adoção de um *modelo para formação do convencimento judicial*. A valoração da prova é livre pelo juiz (arts. 370 do CPC de 2015 e 155 do CPP).[222] Isso não quer dizer, contudo, que a formação de seu *convencimento* não deva obedecer a modelos compatíveis com o direito material debatido no processo.[223]

Valoração e convencimento são conceitos que não se confundem. Enquanto o juiz é *livre para valorar* a prova, tendo em conta que não está preso a pré-valorações empreendidas pelo legislador, o seu convencimento está coarctado às exigências do direito material posto em juízo, obedecendo a *níveis variáveis de certeza* para decisão da causa. Embora a teoria dos modelos de convencimento seja amplamente aplicável no campo do processo

---

218. MITIDIERO, Daniel. *Colaboração no processo civil – Pressupostos sociais, lógicos e éticos*, p. 139-145.

219. MARINONI, Luiz Guilherme; MITIDIERO, Daniel. *Código de processo civil comentado*, 3. ed., p. 337-339. Especificamente sobre a possibilidade de dinamização do ônus da prova no processo civil, CARPES, Artur. *Ônus dinâmico da prova*.

220. CANOTILHO, J. J. Gomes. O ônus da prova na jurisdição das liberdades – Por uma teoria do direito constitucional à prova. *Estudos sobre direitos fundamentais*, p. 175.

221. Sobre a possibilidade de produção autônoma e imediata de prova independentemente de urgência, YARSHELL, Flávio Luiz. *Antecipação da prova sem o requisito da urgência e direito autônomo à prova*; NEVES, Daniel Amorim Assumpção. *Ações probatórias autônomas*. Na doutrina estrangeira, por todos, BESSO, Chiara. *La prova prima del processo*.

222. Sobre a valoração da prova na perspectiva histórica, OLIVEIRA, Alvaro de. *Do formalismo no processo civil – Proposta de um formalismo-valorativo*, 4. ed., p. 212-221.

223. Sobre o convencimento judicial, amplamente, NOBILI, Massimo. *Il principio del libero convincimento*.

civil,[224] é sem dúvida alguma no âmbito do processo penal que ganha maior relevância.[225] *É que sem um modelo para formação do convencimento judicial no processo penal a regra da presunção da inocência ganha contornos por demais esfumaçados, não passando de um simulacro de garantia.* Na realidade, a ausência de um *standard forte* para formação do convencimento judicial faz ilusória a presunção de inocência.

A *presunção de inocência* e o *ônus da prova da acusação* impõem que a condenação penal só possa ser prolatada se o juiz se convencer da culpa *para além da dúvida razoável* (*beyond a reasonable doubt*).[226] E a verificação do *convencimento judicial* só pode ocorrer em termos *justificativos*, donde a imprescindibilidade de se conjugarem, para observância da regra da presunção da inocência, o *modelo de convencimento para além da dúvida razoável* e o *dever de motivação das decisões judiciais.*

Nessa linha, *só se poderá considerar provada a culpa do acusado para além da dúvida razoável se: (i) a condenação for capaz de explicar todos os dados disponíveis nos autos, integrando-os de forma coerente, e novos dados que a condenação hipoteticamente permite formular; e (ii) forem refutadas todas as demais hipóteses plausíveis explicativas dos mesmos dados compatíveis com a sua inocência.*[227] Fora daí há violação da regra da presunção de inocência, do modelo de convencimento para além da dúvida razoável e do dever de motivação das decisões judiciais.

5.9 Direito fundamental à publicidade

5.9.1 Introdução

A publicidade é essencial ao princípio democrático e ao princípio do Estado de Direito (*auf dem Demokratie- und dem Rechtsstaatsprinzip*).[228] Tem assento, portanto, nos dois

---

224. Como já observamos, "no processo civil, o juiz pode julgar utilizando de um modelo de 'preponderância de prova' ou um modelo de 'prova clara e convincente'. A necessidade de um modelo de prova decorre da imprescindibilidade de prevenir-se eventual arbítrio na apreciação da prova das alegações de fato produzida pelas partes, de prestigiar-se o contraditório e a motivação das decisões judiciais. A eleição do modelo de apreciação de prova concerne ao direito material alegado em juízo e à maior ou menor gravidade que a sociedade empresta ao litígio levado ao processo. Nos litígios envolvendo direitos patrimoniais, deve o juiz julgar observando o modelo de preponderância de prova. Havendo litígio, contudo, acerca de questões não patrimoniais com reflexos penais (alegações de fraudes etc.), referente ao estado de pessoas (interdição etc.), aos seus direitos de personalidade e a respeito de seus direitos políticos (improbidade administrativa etc.), tem o juiz de empregar o modelo de prova clara e convincente. A observância de um modelo de apreciação da prova é uma questão prévia, de direito, exige contraditório das partes e motivação na sua eleição pelo julgador" (MARINONI, Luiz Guilherme; MITIDIERO, Daniel. *Código de processo civil comentado*, 3. ed., p. 181).
225. Sobre o assunto, KNIJNIK, Danilo. *A prova nos juízos cível, penal e tributário*, p. 25-48; REICHELT, Luís Alberto. *A prova no direito processual civil*, p. 212-218; BALTAZAR JÚNIOR, José Paulo. *Standards* probatórios. In: KNIJNIK, Danilo (Coord.). *Prova judiciária – Estudos sobre o novo direito probatório*, p. 153-170.
226. Em termos de direito comparado, observa, com razão, George Fletcher que a regra da presunção de inocência na tradição romano-canônica desempenha o mesmo papel do *standard beyond reasonable doubt* no *common law* (FLETCHER, George.Two kinds of legal rules: a comparative study of burden-of-persuasion practices in criminal cases, *Yale Law Journal*, n. 77, p. 881, 1967-1968).
227. A fórmula apresentada é de FERRER BELTRÁN, Jordi. *La valoración racional de la prueba*, p. 147.
228. ROSENBERG, Leo; SCHWAB, Karl Heinz; GOTTWALD, Peter. *Zivilprozessrecht*, p. 113; SCHWAB, Karl Heinz; GOTTWALD, Peter. *Verfassung und Zivilprozeß*, p. 13-14.

corações políticos que movem o Estado Constitucional.[229] Por essa razão, ainda que não fosse prevista constitucionalmente de forma expressa, sua imprescindibilidade seria facilmente compreendida como consequência necessária do caráter democrático da administração da justiça no Estado Constitucional.[230]

5.9.2 Âmbito de proteção

A publicidade é elemento indispensável para conformação do processo justo. Conforme assevera nossa Constituição, "a lei só poderá restringir a publicidade dos atos processuais quando a defesa da intimidade ou o interesse social o exigirem" (art. 5.º, LX). Adiante, determina que "todos os julgamentos do Poder Judiciário serão públicos, (...), podendo a lei limitar a presença, em determinados atos, às próprias partes e a seus advogados, ou somente a estes, em casos nos quais a preservação do direito à intimidade do interessado no sigilo não prejudique o interesse público à informação" (art. 93, IX).

A publicidade no processo pode ser *geral* ou *restrita*. Pode ainda ser *imediata* ou *mediata*. A publicidade geral é aquela em que todos têm acesso ao conteúdo dos autos (*allgemeine Öffentlichkeit*). Restrita, em que apenas as partes ou seus advogados têm acesso aos autos (*Parteinöffentlichkeit*). A publicidade imediata é aquela em que é facultada ao público em geral, às partes e aos seus advogados a presença no momento da prática dos atos processuais (*unmittelbare Öffentlichkeit*). Mediata, aquela em que é acessível ao público, às partes e aos seus advogados apenas o resultado da prática do ato processual (*mittelbare Öffentlichkeit*).[231]

A regra no processo é a publicidade *geral* e *imediata*. A todos são facultados acesso ao conteúdo dos autos e presença no momento da prática dos atos processuais. A Constituição apenas *restringe* em nome da "defesa da intimidade" ou em função do "interesse social" (art. 5.º, LX). Torna *mediata*, "em casos nos quais a preservação do direito à intimidade do interessado no sigilo não prejudique o interesse público à informação" (art. 93, IX). Em primeiro lugar, é tarefa do legislador infraconstitucional densificar os casos em que é necessária *restrição* em nome da "defesa da intimidade" ou em função do "interesse social" (exemplo, art. 189 do CPC de 2015) ou *mediatização* para proteção do "direito à intimidade". A destinação primária, contudo, não impede o juiz de concretizar excepcionalmente o regime de publicidade restrita e mediata para realização da tarefa constitucional de proteção à intimidade e ao interesse social no processo.

Sendo a publicidade geral e imediata, só se admitindo cortes nas hipóteses constitucionais, viola o direito à publicidade dos atos processuais a sonegação, a seleção ou a omissão na juntada de peças processuais em qualquer espécie de investigação criminal. A propósito, já decidiu o STF que "o procedimento investigatório instaurado pelo

---

229. CANOTILHO, J. J. Gomes. *Direito constitucional e teoria da constituição*, 7. ed., p. 98-100.

230. DENTI, Vittorio. *La giustizia civile*, 2. ed., p. 104. Ligando igualmente publicidade, democracia e controle da atividade estatal pela sociedade em geral, TARUFFO, Michele. *La motivazione della sentenza civile*, p. 407; COUTURE, Eduardo. Las garantías constitucionales del proceso civil. *Estudios de derecho procesal civil*, t. I, p. 20-21.

231. PONTES DE MIRANDA, F. C. *Comentários ao código de processo civil*, 4. ed., t. III, p. 51; MILLAR, Robert Wyness. The formative principles of civil procedure. In: ENGELMANN, Arthur. *A history of continental civil procedure*, p. 69-70.

Ministério Público deverá conter todas as peças, termos de declarações ou depoimentos, laudos periciais e demais subsídios probatórios coligidos no curso da investigação, não podendo o *Parquet* sonegar, selecionar ou deixar de juntar aos autos quaisquer desses elementos de informação, cujo conteúdo, por referir-se ao objeto da apuração penal, deve ser tornado acessível tanto à pessoa sob investigação quanto ao seu advogado. O regime de sigilo, sempre excepcional, eventualmente prevalecente no contexto da investigação penal promovida pelo Ministério Público, não se revelará oponível ao investigado e ao advogado por este constituído, que terão direito de acesso – considerado o princípio da comunhão da prova – a todos os elementos de informação que já tenham sido formalmente incorporados aos autos do respectivo procedimento investigatório".[232]

O processo ainda conta com várias situações de *sigilo constitucional*. Existem situações em que o *acesso restrito à informação* faz parte de projeto estatal de combate a determinadas espécies de crimes. É o que acontece, por exemplo, com a proteção à testemunha (Lei 9.807/1999). Não há nulidade por violação à publicidade na restrição de acesso à qualificação de testemunha. Trata-se de restrição perfeitamente legítima perante nossa ordem constitucional.[233] De outro lado, nos casos em que o sigilo judicial visa à proteção da intimidade da pessoa, eventual *quebra judicial de sigilo telefônico* não está à disposição de outros órgãos estatais, pertencendo tão somente ao juízo que o ordenou (Lei 9.296/1996).[234]

Pode ocorrer de o sigilo de determinada investigação ou processo ser violado indevidamente. Pense-se, por exemplo, na violação de sigilo de dados constantes em investigação penal que acarrete vazamento de dados sigilosos para a imprensa. É claro que nessa hipótese cabe ação visando à *tutela inibitória para preservação do sigilo* e para *impedir a divulgação na imprensa* dos dados ilegalmente obtidos.[235] Obviamente, não pode o Estado, que está obrigado ao sigilo, nada fazer para impedir que a divulgação de dados sigilosos venha a público de forma indevida.

---

232. STF, 2.ª T., HC 89.837, rel. Min. Celso de Mello, j. 20.10.2009, *DJe* 20.11.2009.
233. STF, 2.ª T., HC 90.321, rel. Min. Ellen Gracie, j. 02.09.2008, *DJe* 26.09.2008.
234. Assim: "CPI. Prova. Interceptação telefônica. Sigilo judicial. Segredo de justiça. Quebra. Requisição, às operadoras, de cópias das ordens judiciais e dos mandados de interceptação. Inadmissibilidade. Poder que não tem caráter instrutório ou de investigação. Competência exclusiva do juízo que ordenou o sigilo. Aparência de ofensa a direito líquido e certo. Liminar concedida e referendada. Voto vencido. Inteligência dos arts. 5.º, X e LX, e 58, § 3.º, da CF, art. 325 do CP, e art. 10 c/c o art. 1.º da Lei Federal 9.296/1996. CPI não tem poder jurídico de, mediante requisição, a operadoras de telefonia, de cópias de decisão nem de mandado judicial de interceptação telefônica, quebrar sigilo imposto a processo sujeito a segredo de justiça. Este é oponível à CPI, representando expressiva limitação aos seus poderes constitucionais" (STF, Pleno, MC no MS 27.438, rel. Min. Cezar Peluso, j. 14.08.2008, *DJe* 10.10.2008).
235. STF, Pleno, Rcl 9.428/DF, rel. Min. Cezar Peluso, j. 10.12.2009, *DJe* 25.06.2010: "Liberdade de imprensa. Decisão liminar. Proibição de reprodução de dados relativos ao autor de ação inibitória ajuizada contra empresa jornalística. Ato decisório fundado na expressa invocação da inviolabilidade constitucional de direitos da personalidade, notadamente o da privacidade, mediante proteção de sigilo legal de dados cobertos por segredo de justiça. Contraste teórico entre a liberdade de imprensa e os direitos previstos nos arts. 5.º, X e XII, e 220, *caput*, da CF. Ofensa à autoridade do acórdão proferido na ADPF 130, que deu por não recebida a Lei de Imprensa. Não ocorrência. Matéria não decidida na ADPF. Processo de reclamação extinto, sem julgamento de mérito. Votos vencidos. Não ofende a autoridade do acórdão proferido na ADPF 130 a decisão que, proibindo a jornal a publicação de fatos relativos ao autor de ação inibitória, se fundou, de maneira expressa, na inviolabilidade constitucional de direitos da personalidade, notadamente o da privacidade, mediante proteção de sigilo legal de dados cobertos por segredo de justiça".

5.10 Direito fundamental à motivação das decisões

5.10.1 Introdução

Nossa Constituição refere que "todos os julgamentos dos órgãos do Poder Judiciário serão públicos, e fundamentadas todas as decisões, sob pena de nulidade" (art. 93, IX). O dever de motivação das decisões judiciais é *inerente* ao Estado Constitucional[236] e constitui verdadeiro *banco de prova do direito ao contraditório* das partes.[237] Não por acaso a doutrina liga de forma muito especial contraditório, motivação e direito ao processo justo. Sem motivação a decisão judicial perde *duas características centrais*: a *justificação* da norma jurisdicional para o caso concreto e a *capacidade de orientação* de condutas sociais.[238] Perde, em uma palavra, o seu próprio caráter jurisdicional.[239]

5.10.2 Âmbito de proteção

O Código de Processo Civil de 2015 menciona que são elementos essenciais da sentença "os fundamentos, em que o juiz analisará as questões de fato e de direito" (art. 489, II). No Código de Processo Penal consta que a sentença conterá "a indicação dos motivos de fato e de direito em que se fundar a decisão" (art. 381, III).[240]

Essas normas têm *duas funções essenciais*. A uma, elas possibilitam a construção de um discurso jurídico a respeito da necessidade de justificação das decisões judiciais. Nesse espaço, entra a *teoria da motivação das decisões* como direito ligado ao processo justo das partes. O *endereço desse discurso é o caso concreto*. A duas, viabilizam a organização de um discurso jurídico a respeito da *teoria dos precedentes judiciais obrigatórios*. Trata-se de discurso ligado à unidade – prospectiva e retrospectiva – do direito no Estado Constitucional, cuja missão está em *orientar condutas sociais* e promover a *igualdade, a segurança jurídica e a coerência do sistema*. É um discurso que não está ligado ao caso concreto, mas visa à promoção da unidade do direito como um todo, sendo necessariamente *ultra partes*. Em

---

236. Barbosa Moreira, José Carlos. A motivação das decisões judiciais como garantia inerente ao estado de direito. *Temas de direito processual* – 2.ª série, 2. ed., p. 83-95.

237. Daí a razão pela qual a doutrina especializada enfatiza a ligação entre o *richterliche Begründungspflicht* e a *Anspruch auf rechtliches Gehör* (Brüggemann, Jürgen. *Die richterliche Begründungspflicht – Verfassungsrechtliche Mindestanforderungen an die Begründung gerichtlicher Entscheidungen*, p. 152-161), entre o *diritto di difesa* e a *motivazione della sentenza* (Taruffo, Michele. *La motivazione della sentenza civile*, p. 401-405), entre o *derecho a la tutela judicial efectiva, derecho a la defensa* e *motivación judicial* (Aliste Santos, Tomás-Javier. *La motivación de las resoluciones judiciales*, p. 145-148). Sobre o assunto, ainda, Marinoni, Luiz Guilherme; Mitidiero, Daniel. Direito de ação, contraditório e motivação das decisões judiciais. In: Sarlet, Ingo Wolfgang; Sarmento, Daniel (Coord.). *Direitos fundamentais no STF*: balanço e crítica, p. 557-564.

238. Sobre a ligação entre justificação da decisão e formação de precedente, Marinoni, Luiz Guilherme. *Precedentes obrigatórios*, p. 289-325; Cruz e Tucci, José Rogério. *Precedente judicial como fonte do direito*, p. 295-304; Motta, Otávio Verdi. *Justificação da decisão judicial*. São Paulo: Revista dos Tribunais, 2015.

239. Sobre a ligação entre o conceito de jurisdição e a necessidade de motivação das decisões judiciais, Marinoni, Luiz Guilherme. *Curso de processo civil – Teoria geral do processo*, vol. 1, p. 103-104.

240. Sobre a motivação da sentença civil, Cruz e Tucci, José Rogério. *A motivação da sentença no processo civil*; Nojiri, Sérgio. *O dever de fundamentar as decisões judiciais*, 2. ed.

ambos os casos, a *função política* da motivação está presente: justifica o exercício do poder e contribui para a evolução do direito.[241]

Interessa nesse momento a primeira função. E basicamente três problemas surgem a respeito do tema: (i) a necessidade de expressa justificação das decisões judiciais; (ii) a extensão do dever de motivação; (iii) a motivação das decisões diante de princípios, regras e postulados, de um lado, e dos conceitos jurídicos indeterminados e das cláusulas gerais, de outro.

Como a Constituição exige motivação de todos os atos jurisdicionais, é óbvio que a justificação deve estar expressa em todas as decisões judiciais. Diante disso, alguém poderia imaginar que a *sistemática do julgamento eletrônico da repercussão geral*, por contar com a possibilidade de reconhecimento tácito (silêncio no prazo regimental), poderia acarretar violação ao dever de declinar expressamente as razões da decisão judicial. Semelhante violação certamente ocorreria se o silêncio levasse ao não reconhecimento da repercussão geral. No entanto, dada a existência de presunção legal de repercussão geral, dado o quórum diferenciado para sua rejeição, não há falar em inconstitucionalidade pela ausência de fundamentação pela caracterização da repercussão geral. O que ocorre aí é simplesmente a aplicação da presunção, favorecendo a atuação da Suprema Corte para dar unidade ao direito.[242]

O problema da extensão do dever de motivação das decisões judiciais tem de ser resolvido à luz do conceito de *contraditório*. É por essa razão que o nexo entre os conceitos é radical. E a razão é simples: a motivação das decisões judiciais constitui o último momento de manifestação do direito ao contraditório[243] e fornece seguro parâmetro para aferição da submissão do juízo ao contraditório e ao dever de debate que dele dimana. Sem contraditório e sem motivação adequados não há processo justo.

Ao tempo em que se entendia o contraditório como algo tão somente atinente às partes e, portanto, em sentido fraco, afirmava-se que o dever de motivação das decisões judiciais *não poderia ter como parâmetro para aferição de correção a atividade desenvolvida pelas partes em juízo*. Bastava ao órgão jurisdicional, para ter considerada como motivada sua decisão, *demonstrar quais as razões que fundavam o dispositivo*. Bastava a *não contradição* entre as proposições constantes da sentença. Partia-se de um *critério intrínseco* para aferição da completude do dever de motivação.

Existem julgados do STF que ainda hoje comungam de semelhante entendimento. Assim, por exemplo, não é raro colher em decisões do Supremo que basta ao julgador expor "de modo claro as razões de seu convencimento" para ser considerada motivada a sua decisão.[244] Traduzindo: *é desnecessário o debate com as partes partindo-se dos fundamentos por elas invocados em suas manifestações processuais*.

Ocorre que entendimento dessa ordem se *encontra em total descompasso com a nova visão a respeito do direito ao contraditório* (art. 10 do CPC de 2015). Se contraditório significa direito de influir, é pouco mais do que evidente que tem de ter como contrapartida *dever de debate – dever de consulta*, de *diálogo*, inerente à *estrutura cooperativa do processo* (art.

---

241. LENZA, Pedro. *Direito constitucional esquematizado*, 14. ed., p. 794.
242. MARINONI, Luiz Guilherme; MITIDIERO, Daniel. *Repercussão geral no recurso extraordinário*, 3. ed., p. 59-60.
243. WAMBIER, Teresa Arruda Alvim. *Omissão judicial e embargos de declaração*, p. 389.
244. STF, 1.ª T., AgRg no AgIn 666.723/SC, rel. Min. Carlos Britto, j. 19.05.2009.

489, § 1.º, IV, do CPC de 2015). Como é de facílima intuição, *não é possível aferir se a influência foi efetiva se não há dever judicial de rebate aos fundamentos levantados pelas partes.*

Não é por outra razão, a propósito, que já decidiu igualmente o STF que o direito ao contraditório implica dever de o órgão jurisdicional contemplar os fundamentos levantados pelas partes em juízo e considerá-los séria e detidamente.[245] Vale dizer: partindo-se de uma *acepção forte de contraditório,* o parâmetro para aferição da correção da motivação da decisão judicial *deixa de ser tão somente intrínseco* (a inexistência de contradição lógica do julgado e a correta exposição do convencimento judicial) e *passa a assumir também feição extrínseca* (a fundamentação dos arrazoados das partes). *Não há falar em decisão motivada se esta não enfrenta expressamente os fundamentos arguidos pelas partes em suas manifestações processuais.*[246]

A motivação da decisão no Estado Constitucional, para que seja considerada completa e constitucionalmente adequada, requer em sua articulação mínima, em síntese: (a) a enunciação das escolhas desenvolvidas pelo órgão judicial para: (a1) individualização das normas aplicáveis; (a2) acertamento das alegações de fato; (a3) qualificação jurídica do suporte fático; (a4) consequências jurídicas decorrentes da qualificação jurídica do fato; (b) o contexto dos nexos de implicação e coerência entre tais enunciados; e (c) a justificação dos enunciados com base em critérios que evidenciam a escolha do juiz ter sido racionalmente correta. Em *a* devem constar, necessariamente, os fundamentos arguidos pelas partes (art. 489, § 1.º, IV, do CPC de 2015), de modo que se possa aferir a consideração séria do órgão jurisdicional a respeito das razões levantadas pelas partes em suas manifestações processuais.[247]

Situação particular que inspira cuidado específico em termos de fundamentação das decisões judiciais está na aplicação de princípios, regras e postulados normativos, bem como na aplicação de cláusulas gerais e conceitos jurídicos indeterminados. Como é amplamente sabido, a passagem do Estado Legislativo para o Estado Constitucional ocasionou três grandes mudanças: a primeira, no terreno das *fontes jurídicas*; a segunda, na compreensão da natureza da *interpretação jurídica*; a terceira, na *técnica legislativa*.[248] É fácil perceber, portanto, que a passagem do Estado Legislativo para o Estado Constitucional deu lugar a um deslocamento eloquentemente apontado pela doutrina: da *vocação do nosso tempo para a legislação*

---

245. STF, Pleno, MS 25.787/DF, rel. Min. Gilmar Mendes, j. 08.11.2006, *DJ* 14.09.2007, p. 32.
246. E aqui importa lembrar que fundamentos não se confundem com simples argumentos. Como já referimos noutro lugar, "o juiz não está obrigado a responder a todos os argumentos das partes na fundamentação da sentença. O mesmo vale para os acórdãos dos tribunais. A jurisprudência é pacífica nesse sentido (STJ, 1.ª T., REsp 681.638/PR, rel. Min. Teori Zavascki, j. 26.09.2006, *DJ* 09.10.2006, p. 262). Argumentos, todavia, não se confundem com fundamentos. Fundamentos constituem os pontos levantados pelas partes dos quais decorre, por si só, a procedência ou a improcedência do pedido formulado. Os argumentos, de seu turno, são simples reforços que as partes realizam em torno dos fundamentos" (MARINONI, Luiz Guilherme; MITIDIERO, Daniel. *Código de processo civil comentado*, 2. ed., p. 419).
247. TARUFFO, Michele. *La motivazione della sentenza civile*, p. 467; MARINONI, Luiz Guilherme; ARENHART, Sérgio Cruz. *Curso de processo civil – Processo de conhecimento*, 7. ed., vol. 2, p. 412-413; OLIVEIRA, Alvaro de; MITIDIERO, Daniel. *Curso de processo civil*, vol. 1, p. 47.
248. Sobre a passagem do Estado Legislativo (*Stato di Diritto – Rechtsstaat*) para o Estado Constitucional (*Stato Costituzionale – Verfassungsstaat*), ZAGREBELSKY, Gustavo. *Il diritto mite – Legge, diritti, giustizia*, p. 20-56; sobre a ideologia da sociedade, da unidade legislativa e da interpretação jurídica subjacente ao Estado Legislativo, MARTINS-COSTA, Judith. *A boa-fé no direito privado*, p. 276-286.

e para a ciência do direito (*Vom Beruf unser Zeit für Gesetzgehung und Rechtswissenschaft*)[249] para a *vocação do nosso tempo para a jurisdição* (*vocazione del nostro tempo per la giurisdizione*)[250] – ou, melhor, para o *processo*.

No terreno das fontes, no Estado Legislativo, pressupunha-se que toda norma era sinônimo de *regra*. Os princípios eram compreendidos como *fundamentos* para normas, *mas jamais como normas*. No Estado Constitucional, a teoria das normas articula-se em três grandes espécies: as normas podem ser enquadradas em *princípios*, *regras* e *postulados*. Os princípios ganham força normativa – vinculam os seus destinatários. Ao lado dos princípios e das regras, teoriza-se igualmente a partir de *normas que visam a disciplinar a aplicação de outras normas* – os postulados normativos (exemplos: proporcionalidade, razoabilidade, concordância prática).[251] Ao lado dessa mudança *qualitativa*, no Estado Constitucional convive uma *pluralidade de fontes*: a forma Código perde o seu caráter de *plenitude*, próprio do Estado Legislativo, e passa a desempenhar função de *centralidade infraconstitucional*.[252] Abundam *estatutos*, *legislações especiais* e *instrumentos infralegais* que concorrem para disciplina da vida social.[253] O ordenamento jurídico adquire feição *complexa*.[254] Soma-se à mudança qualitativa uma mudança *quantitativa* no campo das fontes.

No âmbito da interpretação jurídica, tem-se a atividade jurisdicional como uma atividade de *reconstrução* do sentido normativo das proposições jurídicas.[255] Isso quer dizer que se assume a *separação entre texto e norma* – o legislador outorga *textos, não normas*. As normas são fruto de uma *outorga de sentido aos textos* pelos seus destinatários.[256] É enorme, portanto, a diferença entre a interpretação jurídica no Estado Legislativo e no Estado Constitucional – basta perceber que se pressupunha no primeiro uma *unidade entre texto e norma*, pressupondo-se que o legislador outorgava não só o texto, mas também a norma, sendo função da jurisdição tão somente *declarar* a norma preexistente para solução do caso concreto.[257]

No campo da técnica legislativa, finalmente, passa-se de uma legislação redigida de forma *casuística* para uma legislação em que se misturam técnica casuística e técnica *aberta*. No Estado Constitucional, o legislador redige as suas proposições ora prevendo exatamente os casos que quer disciplinar, particularizando ao máximo os termos, as condutas e as consequências legais (técnica casuística), ora empregando termos indeterminados, com

---

249. SAVIGNY, Karl Friedrich von. *Vom Beruf unser Zeit für Gesetzgehung und Rechtswissenschaft*.

250. PICARDI, Nicola. La vocazione del nostro tempo per la giurisdizione. *Rivista Trimestrale di Diritto e Procedura Civile*, 2004.

251. Amplamente, ÁVILA, Humberto. *Teoria dos princípios – Da definição à aplicação dos princípios jurídicos*, 12. ed.

252. COUTO E SILVA, Clóvis do. O direito civil brasileiro em perspectiva histórica e visão de futuro. In: FRADERA, Vera (Org.) *O direito privado brasileiro na visão de Clóvis do Couto e Silva*, p. 11-31; MARTINS-COSTA, Judith. *A boa-fé no direito privado*, p. 169-270.

253. Sobre a *decodificação* e a *recodificação* (a partir do eixo constitucional): IRTI, Natalino *L'etat della decodificazione*, 4. ed., e *Codice civile e società politica*, 7. ed.

254. GUASTINI, Riccardo. *Teoria e dogmatica delle fonti*, p. 163-164.

255. ÁVILA, Humberto. *Teoria dos princípios – Da definição à aplicação dos princípios jurídicos*, 12. ed., p. 33-34; GUASTINI, Riccardo. *Lezioni di teoria del diritto e dello stato*, p. 101.

256. GRAU, Eros Roberto. *Ensaio e discurso sobre a interpretação/aplicação do direito*, 3. ed.

257. Sobre a diferença das relações entre legislação e jurisdição no Estado Legislativo e no Estado Constitucional: MARINONI, Luiz Guilherme. *Curso de processo civil – Teoria geral do processo*, vol. 1, p. 21-153; OLIVEIRA, Alvaro de; MITIDIERO, Daniel. *Curso de processo civil*, vol. 1, p. 121-130.

ou sem previsão de consequências jurídicas na própria proposição (técnica aberta). Como facilmente se percebe, entram no segundo grupo os *conceitos jurídicos indeterminados* e as *cláusulas gerais* – os primeiros, como espécies normativas em que, no suporte fático, há previsão de termo indeterminado, e há consequências jurídicas legalmente previstas; as segundas, como espécies normativas em que há previsão de termo indeterminado no suporte fático e não há previsão de consequências jurídicas na própria proposição legal.[258]

O impacto dessa *tripla mudança* no campo da fundamentação das decisões judiciais é muito significativo. A passagem do Estado Legislativo para o Estado Constitucional impõe *fundamentação analítica* para aplicação de princípios e regras mediante postulados normativos e para concretização de termos indeterminados, com eventual construção de consequências jurídicas a serem imputadas aos destinatários das normas.[259]

Os princípios jurídicos são normas que impõem um *estado ideal de coisas* a alcançar. Esse estado de coisas deve ser *promovido mediante condutas que não são dadas desde logo pelos próprios princípios*. Frequentemente, porém, pode ocorrer de dois ou mais princípios *colidirem* e imporem soluções diferentes para um mesmo problema jurídico. Nesse caso, é preciso *concretizar* os princípios jurídicos com níveis diferentes de intensidade com o auxílio de outras normas – mediante a utilização de postulados normativos. Os princípios são aplicados concomitantemente – apenas em graus diferentes. *Portanto, para correta aplicação dos princípios jurídicos em juízo é necessário em primeiro lugar identificar quais são as finalidades que esses impõem e qual é a colisão existente. Em segundo lugar, é preciso identificar qual é o postulado mais adequado para solução da colisão principiológica – escolha essa que obviamente exige justificação – e de que maneira este postulado leva à solução do problema posto em juízo – o que evidentemente também demanda justificação própria por parte do intérprete.*

Mas não é só a aplicação de princípios jurídicos que inspira maiores cuidados no Estado Constitucional. *Pode igualmente ocorrer de determinada regra jurídica, que é uma norma que impõe diretamente uma conduta ao seu destinatário, ser superada em concreto e não ser aplicada para disciplinar um caso que, a princípio, deveria normatizar.* Posto que semelhante situação deva ser tida como excepcional na ordem jurídica, é necessário ter presente a possibilidade de sua ocorrência. As regras jurídicas também podem ser superadas com o auxílio de postulados normativos. *Assim, igualmente nos casos que envolvem a superação de regras, é imprescindível que se explicitem qual o postulado normativo que autoriza a sua não aplicação e quais as razões que a sustentam. Depois, é ainda necessário justificar quais as razões que sustentam a solução adotada para disciplinar o caso concreto.*

As normas que contêm *conceitos juridicamente indeterminados* se caracterizam pela circunstância de o seu *pressuposto de incidência constituir um termo indeterminado*. A sua *consequência*, contudo, é *determinada*. O problema que surge em juízo, portanto, diz respeito à *caracterização do termo indeterminado*. É necessário *primeiro precisar o termo indeterminado* para que *depois* a norma possa ser *aplicada por subsunção*. Diferentemente das normas que apresentam um conceito juridicamente indeterminado, as normas que contêm *cláusulas gerais* trazem uma *dupla indeterminação*: o *pressuposto de incidência é indeterminado* e a sua *consequência também é indeterminada*. Daí a existência de um duplo problema

---

258. Amplamente: Martins-Costa, Judith. *A boa-fé no direito privado*, p. 273-348.
259. Marinoni, Luiz Guilherme; Mitidiero, Daniel. *Código de processo civil comentado*, 3. ed., p. 419-421.

em juízo: *precisar o que significa o termo indeterminado empregado pelo legislador* e *delinear quais as consequências jurídicas da incidência da norma*. É preciso dar *concreção* ao termo indeterminado utilizado pelo legislador para *normatizar* o problema levado ao processo e delinear as consequências jurídicas que devem ser imputadas aos destinatários da norma. Daí a razão pela qual o art. 489, § 1.º, do CPC de 2015 afina-se integralmente com o conteúdo constitucional do dever de fundamentação das decisões constitucionais.

Fora dessas balizas a fundamentação judicial é deficiente e passível de decretação de nulidade a decisão por ofensa ao art. 93, IX, da CF.

5.11 Direito fundamental à segurança jurídica no processo

5.11.1 Introdução

Nossa Constituição não prevê o direito à segurança jurídica no processo. Contudo, um dos fundamentos do Estado Constitucional é a segurança jurídica.[260] Além disso, nosso ordenamento constitucional arrola expressamente, entre os direitos fundamentais, o direito à segurança jurídica (art. 5.º, *caput*). Especificamente, a Constituição refere que o legislador não pode prejudicar "a coisa julgada" (art. 5.º, XXXVI). Daí que, nada obstante não contemplado expressamente, é evidente a existência de direito fundamental à segurança jurídica no processo em nossa ordem constitucional (*Recht auf vorhersehbares Verfahren*).[261] A segurança jurídica no processo é elemento central na conformação do direito ao processo justo.[262]

5.11.2 Âmbito de proteção

O direito à segurança jurídica no processo constitui direito à *certeza*, à *estabilidade*, à *confiabilidade* e à *efetividade* das situações jurídicas processuais.[263] Ainda, a segurança jurídica determina não só *segurança no processo*, mas também *segurança pelo processo*. Nessa linha, o direito fundamental à *segurança jurídica processual* exige respeito: (i) à *preclusão*; (ii) à *coisa julgada*; (iii) à *forma processual em geral*; e (iv) ao *precedente judicial*.

A preclusão constitui a perda, extinção ou consumação de uma posição jurídica processual em face do decurso do tempo (*preclusão temporal*), da adoção de comportamento contraditório (*preclusão lógica*) e do efetivo exercício da posição processual (*preclusão consumativa*).[264] Dirige-se às *partes* e ao *juiz*. A preclusão é elemento ordenador que

---

260. Embora tomando a segurança jurídica como um valor (*value*), Neil MacCormick igualmente observa a sua fundamentalidade para o Estado de Direito (*Rule of Law*), um dos corações do Estado Constitucional, fazendo expressa referência à certeza jurídica (*legal certainty*) e à segurança do cidadão diante de arbitrariedades estatais (*safety of the citizen from arbitrary interference by governments and their agents*) como *condições* para que os cidadãos possam se autodeterminar e viver em circunstâncias de mútua confiança (*mutual trust*) (MacCormick, Neil. *Rhetoric and the rule of law*: a theory of legal reasoning, p. 16).

261. *BVerfGE*, 49, 164.

262. Oliveira, Alvaro de. *Do formalismo no processo civil – Proposta de um formalismo-valorativo*, p. 100-107.

263. Sobre o conceito de segurança jurídica: Ávila, Humberto. *Segurança jurídica – Entre permanência, mudança e realização no direito tributário*, p. 250-256.

264. Chiovenda, Giuseppe. Cosa giudicata e preclusione. *Saggi di diritto processuale civile (1894-1937)*, vol. 3, p. 233. Para formação do conceito de preclusão no pensamento de Chiovenda: Sica, Heitor. *Preclusão*

assegura o caráter evolutivo e dinâmico do processo.[265] Ao pautar o procedimento, serve com ele como verdadeira espinha dorsal do formalismo processual.[266]

A preclusão fundamenta-se na segurança jurídica.[267] E isso por uma razão muito simples: ao precluir a prática de determinado ato ou ao se encerrar o debate a respeito de determinada questão, torna-se *certa* e *estável* dentro do processo a situação jurídica consolidada, outorgando *expectativa legítima* às partes no não retrocesso do procedimento e *direito à observância do resultado* da preclusão. Processo seguro, portanto, é processo em que as regras de preclusão são devidamente dimensionadas pelo legislador infraconstitucional e observadas pelo juiz na condução do processo.

A segurança jurídica exige respeito à *coisa julgada*.[268] A Constituição é expressa em determiná-lo ao legislador infraconstitucional (art. 5.º, XXXVI). Isso quer dizer que *é vedado ao legislador* atuar de modo a *enfraquecer* ou *abolir* a coisa julgada no Estado Constitucional.

A coisa julgada é uma *regra* de conduta[269] – *não é um princípio*, de modo que não pode ser afastada de modo nenhum por juízo de proporcionalidade.[270] A coisa julgada é uma qualidade que envolve o conteúdo declaratório constante do dispositivo da decisão de mérito transitada em julgado (art. 502 do CPC/2015). A sua fiel observância depende do atendimento ao *efeito declaratório oriundo do conteúdo* do dispositivo decisório – que pode tanto se esgotar no *passado* como se projetar para o *futuro*. O *legislador* tem o dever de respeitar a coisa julgada (art. 5.º, XXXVI, da CF). O *juiz* tem o dever de observar o seu conteúdo e não voltar a decidir aquilo que já foi anteriormente julgado com força de coisa julgada (arts. 485, V, do CPC de 2015, e 95, V, do CPP). *A fortiori*, o *administrador* está vinculado à força da coisa julgada. Como discurso prático, é imprescindível ao direito que os seus problemas sejam definitivamente resolvidos em determinado momento no tempo. A coisa julgada, portanto, é uma regra que torna possível o discurso jurídico como discurso prático. Não é simplesmente uma *regra do discurso* – é uma *regra sobre o discurso*.

As formas processuais fundamentam-se na necessidade de *segurança jurídica*. Não só, aliás, as formas processuais são instituídas igualmente em respeito à *liberdade* e à *igualdade*

---

processual civil, 2. ed., p. 72-75. Embora tenha sofrido certa resistência, a exemplo da forte oposição que fez ao conceito – D'Onofrio, Paolo. Sul concetto di "preclusione". *Studi di diritto processuale in onore di Giuseppe Chiovenda*, p. 425 e ss.; _____. Legge interpretativa e preclusione. *Rivista di Diritto Processuale Civile*, 1933, p. 233 e ss. –, da negativa de Satta, Salvatore. *Diritto processsuale civile*, p. 238-239, da possibilidade de falar-se em preclusão como conceito técnico e da negativa de Attardi, Aldo. Preclusione (principio di). *Enciclopedia del Diritto*, vol. 34, p. 900-903, da processualidade do conceito, é certo que se trata de conceito vencedor na doutrina processual (por todos, com ampla resenha, Rubin, Fernando. *A preclusão na dinâmica do processo civil*, p. 33-131).

265. Oliveira, Alvaro de; Mitidiero, Daniel. *Curso de processo civil*, vol. 1, p. 84.

266. Oliveira, Alvaro de. *Do formalismo no processo civil – Proposta de um formalismo-valorativo*, 4. ed., p. 155-157.

267. O *fundamento* da preclusão, portanto, não está tão somente em um "imperativo temporal" (Sica, Heitor. *Preclusão processual civil*, 2. ed., p. 92). Assegurar a temporalidade do procedimento é uma das *finalidades* da preclusão, não propriamente o seu *fundamento*.

268. Schwab, Karl Heinz; Gottwald, Peter. *Verfassung und Zivilprozeß*, p. 28-29. Sobre o tema, ainda, Mendes, Paulo de Oliveira. *Coisa julgada e precedente*. São Paulo: Revista dos Tribunais, 2015.

269. Caracterizando-a como regra, Ávila, Humberto. *Teoria da igualdade tributária*, p. 123-124.

270. Contra: Talamini, Eduardo. *Coisa julgada e sua revisão*, p. 612-613.

no processo.[271] É claro que o valor outorgado à forma – e o modo de com ela trabalhar no processo – é determinado, como tudo mais, pela cultura.[272] Por essa razão, um dos capítulos mais sensíveis das legislações processuais é aquele destinado a regular as *invalidades processuais*, em que se busca um equilíbrio entre a observância da forma e a necessidade de aproveitamento dos atos processuais.[273]

O direito processual sofre influxo significativo do direito material também no que tange ao tratamento das invalidades processuais. É claro que o *conceito* de invalidade processual é comum ao processo civil e ao processo penal – ato inválido é aquele praticado com *infração relevante à forma* e *devidamente decretado* pelo órgão jurisdicional. Pouco importam as divisões, no plano do processo, entre nulidades cominadas e nulidades não cominadas, nulidades absolutas, nulidades relativas e anulabilidades. No campo do processo importa tão somente a *invalidade* processual – sem qualquer adjetivação.[274]

Não é no campo conceitual, portanto, que reside a divergência. Essa se encontra no âmbito *funcional*. Enquanto no processo civil só será decretada a invalidade do ato processual se demonstrados o não atendimento à finalidade legal e a existência de prejuízo – o *ônus argumentativo é para invalidação*, haja vista a validade *prima facie* dos atos processuais civis,[275] no processo penal toda violação formal leva à invalidade, salvo se manifestados a inexistência de prejuízo ao *réu* e o atendimento à finalidade legal.[276] Como o processo penal é antes de qualquer coisa anteparo contra o arbítrio do Estado, há invalidade *prima facie* na violação à forma processual. O *ônus argumentativo é para o reconhecimento da validade* do ato praticado com vício formal.

No entanto, não basta obviamente estruturar o processo para que nele haja segurança. Em uma perspectiva geral, de bem pouco adianta um *processo seguro* se não houver *segurança pelo processo*, isto é, segurança no resultado da prestação jurisdicional. É, por essa razão, imprescindível ao Estado Constitucional o respeito ao *precedente judicial* (arts. 926 e 927 do CPC de 2015). A *segurança jurídica*, a *igualdade* e a necessidade de *coerência* da ordem jurídica impõem respeito aos precedentes judiciais. Vale dizer: a Constituição impõe respeito aos precedentes. A tarefa do legislador infraconstitucional, portanto, não está em determinar a vinculação aos precedentes judiciais, já que essa vinculação advém da própria Constituição, mas sim em prever técnicas processuais idôneas para reconhecimento e aplicação dos precedentes judiciais em juízo. A obrigação do Poder Judiciário de seguir precedentes é oriunda da natureza interpretativa do direito e da própria Constituição.[277] O CPC

---

271. OLIVEIRA, Alvaro de; MITIDIERO, Daniel. *Curso de processo civil*, vol. 1, p. 317.

272. Comparar, a esse respeito, CHIOVENDA, Giuseppe. Le forme nella difesa giudiziale del diritto. *Saggi di diritto processuale civile (1894-1937)*, vol. 1, p. 353-378; e DENTI, Vittorio, Il processo di cognizione nella storia delle riforme. *Rivista Trimestrale di Diritto e Procedura Civile*, 1993.

273. OLIVEIRA, Alvaro de; MITIDIERO, Daniel. *Curso de processo civil*, vol. 1, p. 317-327.

274. Idem, ibidem.

275. Extensamente: CABRAL, Antônio do Passo. *Nulidades no processo moderno – Contraditório, proteção da confiança e validade* prima facie *dos atos processuais.*

276. Algo nesse sentido: LOPES JÚNIOR, Aury. *Direito processual penal e sua conformidade constitucional.* 3. ed., vol. 2, p. 434.

277. Sobre o tema, na doutrina brasileira: MARINONI, Luiz Guilherme. *Precedentes obrigatórios*, 2. ed.; MELLO, Patrícia Perrone Campos. *Precedentes – O desenvolvimento judicial do direito no constitucionalismo contemporâneo*; TARANTO, Caio Márcio Guterres. *Precedente judicial – Autoridade e aplicação na jurisdição constitucional*; na doutrina estrangeira: CROSS, Rupert; HARRIS, J. W. *Precedent in the english law*; EISEN-

de 2015 apenas explicita a existência do dever de seguir precedentes. Trata-se de imposição do Estado Constitucional.

O Supremo Tribunal Federal, a propósito, vem sendo sensível a essa exigência:

"INGRESSO NA CARREIRA DA MAGISTRATURA. ART. 93, I, CRFB. EC 45/2004. TRIÊNIO DE ATIVIDADE JURÍDICA PRIVATIVA DE BACHAREL EM DIREITO. REQUISITO DE EXPERIMENTAÇÃO PROFISSIONAL. MOMENTO DA COMPROVAÇÃO. INSCRIÇÃO DEFINITIVA. CONSTITUCIONALIDADE DA EXIGÊNCIA. ADI 3.460. REAFIRMAÇÃO DO PRECEDENTE PELA SUPREMA CORTE. PAPEL DA CORTE DE VÉRTICE. UNIDADE E ESTABILIDADE DO DIREITO. VINCULAÇÃO AOS SEUS PRECEDENTES. *STARE DECISIS.* PRINCÍPIOS DA SEGURANÇA JURÍDICA E DA ISONOMIA. AUSÊNCIA DOS REQUISITOS DE SUPERAÇÃO TOTAL (*OVERRULING*) DO PRECEDENTE. 1. A exigência de comprovação, no momento da inscrição definitiva (e não na posse), do triênio de atividade jurídica privativa de bacharel em Direito como condição de ingresso nas carreiras da Magistratura e do Ministério Público (arts. 93, I e 129, § 3.°, CRFB – na redação da Emenda Constitucional n. 45/2004) foi declarada constitucional pelo STF na ADI 3.460. 2. Mantidas as premissas fáticas e normativas que nortearam aquele julgamento, reafirmam-se as conclusões (*ratio decidendi*) da Corte na referida ação declaratória. 3. O papel de Corte de Vértice do Supremo Tribunal Federal impõe-lhe dar unidade ao direito e estabilidade aos seus precedentes. 4. Conclusão corroborada pelo Novo Código de Processo Civil, especialmente em seu art. 926, que ratifica a adoção – por nosso sistema – da regra do stare decisis, que "densifica a segurança jurídica e promove a liberdade e a igualdade em uma ordem jurídica que se serve de uma perspectiva lógico-argumentativa da interpretação" (MITIDIERO, Daniel. *Precedentes:* da persuasão à vinculação. São Paulo: Revista dos Tribunais, 2016). 5. A vinculação vertical e horizontal decorrente do *stare decisis* relaciona-se umbilicalmente à segurança jurídica, que "impõe imediatamente a imprescindibilidade de o direito ser cognoscível, estável, confiável e efetivo, mediante a formação e o respeito aos precedentes como meio geral para obtenção da tutela dos direitos" (MITIDIERO, Daniel. *Cortes superiores e cortes supremas:* do controle à interpretação, da jurisprudência ao precedente. São Paulo: Revista do Tribunais, 2013). 6. Igualmente, a regra do *stare decisis* ou da vinculação aos precedentes judiciais "é uma decorrência do próprio princípio da igualdade: onde existirem as mesmas razões, devem ser proferidas as mesmas decisões, salvo se houver uma justificativa para a mudança de orientação, a ser devidamente objeto de mais severa fundamentação. Daí se dizer que os precedentes possuem uma força presumida ou subsidiária" (ÁVILA, Humberto. *Segurança jurídica:* entre permanência, mudança e realização no Direito Tributário. São Paulo: Malheiro, 2011). 7. Nessa perspectiva, a superação total de precedente da Suprema Corte depende de demonstração de circunstâncias (fáticas e jurídicas) que indiquem que a continuidade de sua aplicação implicam ou implicarão inconstitucionalidade. 8. A inocorrência desses fatores conduz, inexoravelmente, à manutenção do precedente já firmado. 9. Tese reafirmada: "é constitucional a

---

BERG, Melvin Aron. *The nature of the common law;* DUXBURY, Neil. *The nature and authority of precedent;* MacCORMICK, Neil; SUMMERS, Robert (Coord.). *Interpreting precedents – A comparative study;* GERHARDT, Michael J. *The power of precedent.*

regra que exige a comprovação do triênio de atividade jurídica privativa de bacharel em Direito no momento da inscrição definitiva". 10. Recurso extraordinário desprovido"[278].

Também nessa linha o precedente do Superior Tribunal de Justiça:

"Tenho dito, em votos justamente voltados a fazer prevalecer o entendimento consagrado no, agora superado, HC 84.078-MG, que nenhum acréscimo às instituições e ao funcionamento do sistema de justiça criminal resulta da não vinculação de magistrados à clara divisão de competências entre os diversos órgãos judiciários, com base na qual cabe ao Superior Tribunal de Justiça a interpretação do direito federal e ao Supremo Tribunal Federal a interpretação da Constituição da República. Em verdade, como acentua a doutrina mais abalizada: 'a violação à interpretação ofertada pelo Supremo Tribunal Federal e pelo Superior Tribunal de Justiça é uma insubordinação institucional da mais alta gravidade no Estado Constitucional. E isso não só pelo fato de existir uma divisão de trabalho muito clara entre Cortes de Justiça e Cortes de Precedentes, mas fundamentalmente pelo fato de a violação ao precedente encarnar um duplo e duro golpe no Direito – a um só tempo viola-se autoridade da legislação, consubstanciada na interpretação a ela conferida, e viola-se a autoridade do Supremo Tribunal Federal e do Superior Tribunal de Justiça como Cortes Supremas, constitucionalmente encarregadas de dar a última palavra a respeito do significado da Constituição e da legislação infraconstitucional federal. Nesse contexto, afastar-se do precedente deve ser visto como uma falta grave em relação ao dever judicial de fidelidade ao Direito. Em duas palavras, deve ser visto como uma evidente arbitrariedade' (MITIDIERO, Daniel. *Cortes Superiores e Cortes Supremas. Do controle à interpretação, da jurisprudência ao precedente*. São Paulo: Revista dos Tribunais, 2013, p. 96-97). No mesmo sentido: 'o juiz é uma "peça" no sistema de distribuição de justiça e não alguém que é investido de Poder estatal para satisfazer as suas vontades. Para que esse sistema possa adequadamente funcionar, cada um dos juízes deve se comportar de modo a permitir que o Judiciário possa se desincumbir do seu dever de prestar a tutela jurisdicional de forma isonômica e sem ferir a coerência do direito e a segurança jurídica. Portanto, a absurda e impensada ideia de dar ao juiz o poder de julgar o caso como quiser, não obstante ter o Tribunal Superior já conferido os seus contornos, é hoje completamente insustentável. Desconsidera que as Supremas Cortes, na atualidade, têm a função de dar sentido ao Direito e desenvolvê-lo ao lado do Legislativo' (MARINONI, Luiz Guilherme. *O STJ enquanto corte de precedentes:* recompreensão do sistema processual da corte suprema. São Paulo: Revista dos Tribunais, 2013, p. 129-130)".[279]

5.12 Direito à assistência jurídica integral

5.12.1 Introdução

Para que o Estado Constitucional logre o seu intento de tutelar de maneira adequada, efetiva e tempestiva os direitos de *todos* os que necessitem de sua proteção jurídica (art. 5.º,

---

278. STF, RE n. 655.265/DF, Pleno, j. 13.04.2016, rel. Min. Luiz Fux, Rel. para Acórdão Min. Edson Fachin, *DJe* 04.08.2016. Na mesma linha, STF, RE n. 994.607/MG, rel. Min. Alexandre de Moraes, j. em 23.08.2017, *DJe* 28.08.2017.

279. STJ, AREsp n. 634.051/SP, rel. Min. Rogério Schietti Cruz, j. em 1.º.08.2017, *DJe* 07.08.2017.

XXXV e LXXVIII, da CF), *independentemente* de origem, raça, sexo, cor, idade e *condição social* (art. 3.°, IV, da CF), é imprescindível que preste assistência jurídica integral e gratuita aos que comprovarem *insuficiência de recursos econômicos para bem se informarem a respeito de seus direitos e para patrocinarem suas posições em juízo* (art. 5.°, LXXIV, da CF). Vale dizer: a proteção jurídica estatal deve ser pensada em uma *perspectiva social*,[280] permeada pela preocupação com a organização de um *processo democrático a todos acessível*.[281] Fora desse quadro há flagrante ofensa à igualdade no processo (arts. 5.°, I, da CF, e 7.°, 139, I, CPC de 2015) – à paridade de armas (*Waffengleichheit*) –, ferindo-se daí igualmente o direito fundamental ao processo justo (*procedural due process of law*, art. 5.°, LIV, da CF).

A preocupação com a assistência jurídica aos menos favorecidos economicamente apareceu pela primeira vez no direito constitucional brasileiro na Constituição de 1934 (art. 113, n. 32). A Constituição Política do Império do Brasil, de 1824, era omissa a respeito, bem como a Constituição de 1891. A referência ao tema desaparece com a Constituição de 1937, ressurgindo posteriormente na Constituição de 1946 (art. 141, § 35) e na Constituição de 1967 (art. 153, § 32). A *Grundgesetz* alemã não prevê de maneira explícita direito fundamental à assistência jurídica gratuita, nada obstante a doutrina o aponte como um elemento indissociável do direito fundamental à tutela efetiva (art. 19, IV, GG), do princípio da igualdade (art. 20, GG) e do princípio do Estado Social (art. 3, I, GG), sendo os §§ 114 a 127a da *Zivilprozessordenung* uma densificação infraconstitucional desse direito.[282] Na Itália, o art. 24, terceira parte, da *Costituzione della Repubblica Italiana* afirma expressamente que *"sono assicurati ai non abbienti, con appositi istituti, i mezzi per agire e difendersi davanti ad ogni giurisdizione".* Em Portugal, o art. 20, primeira e segunda partes, da Constituição refere que "a todos é assegurado o acesso ao direito e aos tribunais para defesa dos seus direitos e interesses legalmente protegidos, não podendo a justiça ser denegada por insuficiência de meios econômicos" e que "todos têm direito, nos termos da lei, à informação e consultas jurídicas, ao patrocínio judiciário e a fazer-se acompanhar por advogado perante qualquer autoridade". Na Espanha, a *Constitución Española* afirma que *"todas las personas tienen derecho a obtener la tutela judicial efectiva de los jueces y tribunales en el ejercicio de sus derechos e intereses legítimos, sin que, en ningún caso, pueda producirse indefensión"* (art. 24, n. 1), para logo em seguida complementar que *"la justicia será gratuita cuando así lo disponga la ley y, en todo caso, respecto de quienes acrediten insuficiencia de recursos para litigar"* (art. 119).[283]

No plano internacional, a Declaração Universal dos Direitos Humanos, de 1948, afirma, em seu art. VII, que "todos são iguais perante a lei e têm direito, sem qualquer distinção, a igual proteção de lei", asseverando, logo em seguida, que "toda pessoa tem o direito de receber dos tribunais nacionais competentes recurso efetivo para os atos que violem os direitos fundamentais que lhe sejam reconhecidos pela Constituição ou pela lei" (art. VIII), e que "toda pessoa tem direito, em plena igualdade, a uma audiência justa e pública por parte de um tribunal

---

280. MARINONI, Luiz Guilherme *Novas linhas do processo civil*, 4. ed., p. 21; MITIDIERO, Daniel. *Elementos para uma teoria contemporânea do processo civil brasileiro*, p. 48.

281. COMOGLIO, Luigi Paolo. *La garanzia dell'azione ed il processo civile*, p. 135.

282. WALTER, Gerhard. I diritti fondamentali nel processo civile tedesco. *Rivista di Diritto Processuale*, p. 740; TROCKER, Nicolò. *Processo civile e costituzione – Problemi di diritto tedesco e italiano*, p. 306.

283. Para um amplo estudo histórico e comparativo sobre o problema, consultem-se: CAPPELLETTI, Mauro. Il processo come fenomeno sociale di massa, La giustizia è uguale per tutti?, Povertà e giustizia, todos em *Giustiza e società*, p. 225-266; e CAPPELLETTI, Mauro; GARTH, Bryan. *Acesso à justiça*. Especialmente sobre o direito brasileiro, GIANNAKOS, Angelo Maraninchi. *Assistência judiciária no direito brasileiro*.

independente e imparcial, para decidir de seus direitos e deveres, ou do fundamento de qualquer acusação criminal contra ela" (art. X). Explicitamente, a Convenção Europeia dos Direitos Humanos, de 1950, refere que "todo acusado tem os seguintes direitos, notadamente: (...) *c)* defender-se pessoalmente, ou ter a assistência de um defensor de sua escolha, e, se não tiver recursos para remunerar seu defensor, poder ser assistido gratuitamente por um advogado dativo, quando os interesses da justiça o exigirem" (art. 6, n. 3). No Pacto Internacional de Direitos Civis e Políticos, de 1966, a preocupação com a organização de um processo justo, capaz de outorgar tutela adequada, efetiva e tempestiva aos direitos de todos sem discriminação de qualquer ordem, inclusive de ordem econômica e social, reaparece em várias disposições (arts. 2.º, n. 1 e 3, 14 e 26).[284]

5.12.2 Âmbito de proteção

O direito fundamental à assistência jurídica integral e gratuita é direito fundamental à prestação estatal. Compreende *direito à informação jurídica* e *direito à tutela jurisdicional adequada e efetiva mediante processo justo*. O direito à assistência jurídica integral outorga a todos os necessitados direito à *orientação jurídica* e ao *benefício da gratuidade judiciária*, que compreende isenções das taxas judiciárias, dos emolumentos e custas, das despesas com publicações indispensáveis no jornal encarregado da divulgação dos atos oficiais, das indenizações devidas às testemunhas, dos honorários de advogado e perito, das despesas com a realização do exame de código genético – DNA que for requisitado pela autoridade judiciária nas ações de investigação de paternidade ou maternidade e dos depósitos para interposição de recurso, ajuizamento de ação e demais atos processuais (art. 3.º da Lei 1.060/1950). Ainda, implica obviamente *direito ao patrocínio judiciário*, elemento inerente ao nosso processo justo.[285] Nossa Constituição confia à Defensoria Pública "a orientação jurídica e a defesa, em todos os graus, dos necessitados, na forma do art. 5.º, LXXIV" (art. 134 da CF). Nada obsta, contudo, a que a parte menos favorecida economicamente litigue com o benefício da gratuidade judiciária com o patrocínio de um advogado privado de sua confiança.

O direito fundamental à assistência jurídica integral e gratuita é multifuncional.[286] Entre outras funções, assume a de promover a igualdade, com o que se liga imediatamente ao intento constitucional de construir uma sociedade livre, justa e solidária (art. 3.º, I, da CF) e de reduzir as desigualdades sociais (art. 3.º, III, *in fine*, da CF). Possibilita, ainda, um efetivo acesso à justiça mediante a organização de um processo justo que leve em consideração as reais diferenças sociais entre as pessoas. Nessa linha, assume as funções de prestação estatal e de não discriminação.[287]

Todas as pessoas físicas e jurídicas têm direito à assistência jurídica integral e gratuita. Pouco importa se *nacionais* ou *estrangeiras* (arts. 5.º da CF e 98 do CPC de 2015). Igualmente, mesmo os *entes despersonalizados* no plano do direito material, a que o processo reconhece personalidade judiciária, têm direito à assistência jurídica integral e gratuita.

---

284. COMPARATO, Fábio Konder. *A afirmação histórica dos direitos fundamentais*, 5. ed., p. 236, 273, 288-289, 309, 323.

285. STF, Pleno, MS 25.917/DF, rel. Min. Gilmar Mendes, j. 01.06.2006, *DJ* 01.09.2006, p. 19.

286. Sobre a multifuncionalidade dos direitos fundamentais: SARLET, Ingo. *A eficácia dos direitos fundamentais*, p. 165 e ss.

287. Sobre as funções de prestação estatal e de não discriminação, CANOTILHO, J. J. Gomes. *Direito constitucional e teoria da constituição*, 3. ed., p. 384-386.

Tem direito ao benefício da gratuidade judiciária *quem afirma* ou *afirma e prova a sua necessidade*. Considera-se necessitado, para os fins legais, todo aquele cuja situação econômica não lhe permita *pagar as custas do processo* e os *honorários de advogado*, sem prejuízo do sustento próprio ou da família (art. 98 do CPC de 2015). As *pessoas físicas* têm direito ao benefício da gratuidade judiciária mediante a *simples afirmação* de necessidade do benefício. Essa afirmação goza de presunção *juris tantum* de veracidade (art. 99, § 3.º, do CPC de 2015). A jurisprudência é tranquila a respeito do ponto.[288] Entretanto, no que tange às *pessoas jurídicas*, não basta afirmar a necessidade do benefício, *tendo a parte que provar a sua alegação*. Não há discrepância na jurisprudência sobre o assunto.[289]

O pedido de benefício da gratuidade judiciária poderá ser formulado na petição inicial ou na contestação (art. 99 do CPC de 2015). Nada obsta a que seja requerido posteriormente no curso do processo (art. 99 do CPC de 2015). A parte contrária poderá, em qualquer fase do processo, requerer a revogação do benefício, desde que prove a inexistência ou o desaparecimento dos requisitos essenciais à sua concessão (art. 100 do CPC de 2015). O juiz pode igualmente revogar de ofício o benefício nesses mesmos casos, atendido o direito fundamental ao contraditório (arts. 5.º, LV, da CF e 8.º da Lei 1.060/1950 – que permanece em vigor, art. 1.072, III, do CPC de 2015).

5.13 Direito fundamental à duração razoável do processo

5.13.1 Introdução

Na esteira do direito comunitário europeu (art. 6.º, 1, da Convenção Europeia de Direitos do Homem) e americano (art. 8.º, 1, da Convenção Americana sobre Direitos Humanos) e a exemplo de várias Constituições europeias (art. 111, segunda parte, Constituição italiana; art. 24, segunda parte, Constituição espanhola; art. 20, terceira parte, Constituição portuguesa), nossa Constituição prevê que "a todos, no âmbito judicial e administrativo, são assegurados a razoável duração do processo e os meios que garantam a celeridade de sua tramitação" (art. 5.º, LXXVIII). O Código de Processo Civil de 2015 repete-o a título de norma fundamental (art. 4.º). Trata-se de direito que reflete o *sentimento comum* das pessoas no sentido de que *justiça lenta é justiça negada* (sonoramente recolhido na expressão *justice delayed is justice denied*, da tradição anglo-saxônica).[290] O direito ao processo com duração razoável, portanto, constitui peça fundamental para promover e manter a confiança social na efetividade da ordem jurídica.[291]

5.13.2 Âmbito de proteção

O direito fundamental à duração razoável do processo constitui *princípio* redigido como *cláusula geral*. Ele impõe um *estado de coisas que deve ser promovido* pelo Estado – a

---

288. STF, 2.ª T., AgRg no RE 192.715/SP, rel. Min. Celso de Mello, j. 21.11.2006, *DJ* 09.02.2007, p. 346.

289. STF, 2.ª T., EDcl no AgIn 646.099/RJ, rel. Min. Gilmar Mendes, j. 11.03.2008, *DJ* 17.04.2008, p. 2.295.

290. Sobre duração razoável do processo na doutrina brasileira, monograficamente, Cruz e Tucci, José Rogério. *Tempo e processo*; Hoffman, Paulo. *Razoável duração do processo*; Jobim, Marco Félix. *Direito à duração razoável do processo*: responsabilidade civil do estado em decorrência da intempestividade processual.

291. Riba Trepat, Cristina. *La eficacia temporal del proceso – El juicio sin dilaciones indebidas*, p. 167.

duração razoável do processo. Ele prevê no seu suporte fático *termo indeterminado* – duração razoável –, e *não comina consequências jurídicas* ao seu não atendimento. Seu *conteúdo mínimo* está em determinar: (i) ao *legislador*, a adoção de *técnicas processuais* que viabilizem a prestação da tutela jurisdicional dos direitos em prazo razoável (por exemplo, previsão de tutela definitiva da parcela incontroversa da demanda no curso do processo), a edição de legislação que reprima o *comportamento inadequado das partes* em juízo (litigância de má-fé e *contempt of court*) e regulamente minimamente a *responsabilidade civil* do Estado por duração não razoável do processo; (ii) ao *administrador judiciário*, a adoção de *técnicas gerenciais* capazes de viabilizar o adequado fluxo dos atos processuais, bem como *organizar* os órgãos judiciários de forma idônea (número de juízes e funcionários, infraestrutura e meios tecnológicos); e (iii) ao *juiz*, a *condução do processo* de modo a prestar a tutela jurisdicional em prazo razoável.

Os textos jurídicos internacionais e estrangeiros, em geral, empregam o termo *razoável* para qualificar a duração do processo que deve ser promovida no Estado Constitucional (*durata ragionevole, délai raisonnable*) – daí provavelmente a redação da nossa Constituição. É certo, contudo, que o problema está em saber se o tempo que o processo ocupou para prestação da tutela do direito é *proporcional* ou não. A relação que estabelece é entre *meio* – duração do processo – e *fim* – tutela do direito. Rigorosamente, a questão está em saber se a *duração do processo é proporcional em relação à especificidade do direito material tutelado em juízo*. O qualificativo *razoável*, no entanto, está consagrado e incorporado ao repertório dogmático, de modo que o seu emprego vai legitimado pela tradição processual.

O *direito à duração razoável do processo* não constitui e não implica *direito a processo rápido ou célere*. As expressões não são sinônimas.[292] A própria ideia de *processo* já repele a *instantaneidade*[293] e remete ao *tempo* como algo inerente à *fisiologia processual*. A natureza necessariamente *temporal* do processo constitui imposição *democrática*, oriunda do direito das partes de nele *participarem* de forma adequada,[294] donde o direito ao contraditório e os demais direitos que confluem para organização do processo justo *ceifam qualquer possibilidade de compreensão do direito ao processo com duração razoável simplesmente como direito a um processo célere*.[295] O que a Constituição determina é a eliminação do *tempo*

---

292. STF, 1.ª T., HC 107.202-CE, rel. Min. Marco Aurélio, rel. para acórdão Min. Rosa Weber, j. 03.04.2012, *DJe* 06.08.2012.

293. BAPTISTA DA SILVA, Ovídio. *Curso de processo civil*, 5. ed., vol. 1, p. 13.

294. MARINONI, Luiz Guilherme. *Abuso de defesa e parte incontroversa da demanda*, p. 32-33.

295. Como observa Alvaro de Oliveira, em acertada crítica à celeridade como *meta* central do processo e da atividade jurisdicional, "a efetividade só se revela virtuosa se não colocar no limbo outros valores importantes para o processo, a começar pelo da justiça, mas não só por este. Justiça no processo significa exercício da função jurisdicional de conformidade com os valores e princípios normativos conformadores do processo justo em determinada sociedade (imparcialidade e independência do órgão judicial, contraditório, ampla defesa, igualdade formal e material das partes, juiz natural, motivação, publicidade das audiências, término do processo em prazo razoável, direito à prova). Por isso, a racionalidade do direito processual não há de ser a racionalidade tecnológico-estratégica, mas a orientada por uma validade normativa que a fundamente e ao mesmo tempo fundamentada pelo discurso racional do juízo, de modo a que a sociedade possa controlar tanto a correção material quanto a concordância dogmática da decisão. Não desconheço, é claro, que o próprio valor justiça, espelhando a finalidade jurídica do processo, encontra-se intimamente relacionado com a atuação concreta e eficiente do direito material, entendido em sentido amplo como todas as situações subjetivas de vantagem conferidas pela ordem jurídica aos sujeitos de direito. Por isso mesmo, o acesso à justiça, elevado ao patamar de garantia constitucional na tradição jurídica brasileira, deve certamente compreender

patológico – a *desproporcionalidade* entre duração do processo e a complexidade do debate da causa que nele tem lugar. Nesse sentido, a expressão *processo sem dilações indevidas*, utilizada pela Constituição espanhola (art. 24, segunda parte), é assaz expressiva. O direito ao processo justo implica sua duração em "tempo justo".[296]

Pressuposto para aferição da duração razoável do processo é a definição do seu *spatium temporis* – o *dies a quo* e o *dies ad quem* entre os quais o processo se desenvolve. O processo deve ser avaliado, para fins de aferição de sua duração, levando-se em consideração *todo o tempo em que pendente a judicialização do conflito entre as partes*. Isso quer dizer que a propositura de ação visando à concessão de *tutela cautelar preparatória* serve para fixação do *termo inicial*, assim como a atividade voltada à *execução do direito* também deve ser computada para determinação do *termo final*. A duração razoável do processo deve levar em conta o tempo para prestação da *tutela do direito* – caso a parte autora se sagre vencedora – ou a simples prestação da *tutela jurisdicional* – caso a parte autora sucumba ou seja prolatada decisão que extinga o processo sem resolução de mérito.[297]

A jurisprudência da Corte Europeia de Direitos Humanos desenvolveu *critérios* para aferição da duração razoável do processo. Em sua primeira formulação, a Corte erigiu como critérios: (i) a *complexidade* da causa; (ii) o *comportamento das partes*; e (iii) o *comportamento do juiz* na condução do processo.[298] Hoje, além desses três clássicos parâmetros, a Corte vem apreciando igualmente a razoabilidade da duração do processo a partir da *relevância do direito reclamado em juízo* para a vida do litigante prejudicado pela duração excessiva do processo – critério da *posta in gioco*, que determina redobrada atenção do Estado nos casos em que o litígio versa sobre responsabilidade civil por contágio de doenças,[299] *status* pessoal[300] e que ameacem a liberdade pessoal do réu no processo penal.[301] Vale dizer: a *importância da decisão da causa na vida do litigante* adquire significativa importância para análise da razoabilidade da duração do processo.[302]

Esses parâmetros são perfeitamente aplicáveis no direito brasileiro para fins de aferição da concretização do direito ao processo sem dilações indevidas. A complexidade da causa, sua importância na vida do litigante, o comportamento das partes e o comportamento do juiz – ou de qualquer de seus auxiliares – são critérios que permitem aferir racionalmente a razoabilidade da duração do processo[303].

---

uma proteção juridicamente eficaz e temporalmente adequada. O que ponho em questão é a eficiência como fim, sem temperamentos, como meta absoluta, desatenta a outros valores e princípios normativos. O ponto é importante porque esses ditames axiológicos, além de se afinarem mais com a visão de um Estado democrático e participativo, poderão não só contribuir para a justiça da decisão como até para própria efetividade" (OLIVEIRA, Alvaro de. *Efetividade e processo de conhecimento. Do formalismo no processo civil*, 2. ed., p. 246-247).

296. CRUZ E TUCCI, José Rogério. *Tempo e processo*, p. 88.

297. Corte Europeia de Direitos do Homem, Caso *Scollo v. Itália*, 1995, Caso *Hornsby v. Grécia*, 1997. Sobre o assunto, amplamente, DALMOTTO, Eugenio. Diritto alla equa riparazione per l'eccessiva durata del processo. In: CHIARLONI, Sergio (Coord.). *Misure acceleratorie e riparatorie contro l'irragionevole durata dei processi*, p. 136-144.

298. Corte Europeia de Direitos do Homem, Caso *Neumeister v. Áustria*, 1968.

299. Corte Europeia de Direitos do Homem, Caso *Comissão v. Dinamarca*, 1996.

300. Corte Europeia de Direitos do Homem, Caso *Laino v. Itália*, 1999.

301. Corte Europeia de Direitos do Homem, Caso *Zarmakoupis e Sakellaropoulos v. Grécia*, 2000.

302. SANNA, Cecilia. *La durata ragionevole dei processi nel dialogo tra giudici italiani ed europeu*, p. 85.

303. STF, 1ª T., AgRg no HC 116.744/SP, rel. Min. Rosa Weber, j. 13.08.2013, *DJe* 03.09.2013.

Alguém poderia imaginar que o *comportamento inadequado da parte* que acarrete dilação indevida não gera direito à tutela reparatória por duração não razoável do processo por *ausência de nexo de causalidade entre a conduta do Estado e o dano à parte*. Contudo, se a parte se comporta de forma inaceitável, gerando incidentes procrastinatórios, por exemplo, há responsabilidade do Estado. *É preciso perceber que o juiz tem o dever de velar pela rápida solução do litígio, tendo de conduzir o processo de modo a assegurar a tempestividade da tutela jurisdicional*. Daí que o juiz que se omite na repressão ao ato abusivo da parte *contribui* para dilação indevida, dando azo à responsabilização estatal.

A violação do direito à duração razoável gera direito à *tutela reparatória*. A responsabilidade do Estado é pela *integralidade do dano* experimentado pela parte prejudicada pela duração excessiva do processo, medindo-se a *reparação* pela sua *extensão* (art. 944 do CC).[304] Nada obsta à configuração de direito à reparação por *danos patrimoniais* e por *danos extrapatrimoniais* – por exemplo, por *danos morais* e por *danos à imagem* – em face da excessiva duração do processo.[305] A ação visando à indenização pela duração excessiva do processo segue o procedimento comum ordinário e tem de ser proposta em primeiro grau de jurisdição. Pode ser proposta tanto contra a União, perante a Justiça Federal (art. 109, I, da CF), se a responsabilidade pela condução do processo em que ocorreu a dilação indevida for de juízo federal (comum ou especializado); quanto contra o Estado, perante a Justiça Estadual (art. 125 da CF), se a responsabilidade for de juízo estadual.

5.14 Direito fundamental ao duplo grau de jurisdição?

5.14.1 Introdução

Na família processual romano-canônica, a regra do duplo grau de jurisdição gozou em geral de grande prestígio, tendo em conta a tradicional submissão da sentença de primeiro grau à revisão, *in totum*, pelos tribunais ordinários. Nesse particular, aliás, residia uma das históricas diferenças estruturais mais significativas entre a organização do processo de *civil law* e de *common law*.[306]

Dentro do constitucionalismo brasileiro, apenas a Constituição Imperial de 1824 previa expressamente o duplo grau de jurisdição (art. 158). As demais Constituições silenciaram a respeito, cingindo-se a prever competências recursais ordinárias.[307] A Constituição de 1988 segue o mesmo caminho. Na dimensão supranacional, contudo, a Convenção Interamericana de Direitos Humanos (Pacto de San José da Costa Rica) consagra o direito ao duplo grau de jurisdição no processo penal (art. 8.°, n. 2, *h*).

---

304. A reparação do dano tem de ser integral. Sobre o assunto, em geral, SANSEVERINO, Paulo de Tarso Vieira. *Princípio da reparação integral*.

305. VALLESPÍN PÉREZ, David. *El modelo constitucional de juicio justo en el ámbito del proceso civil*, p. 89. Sobre danos patrimoniais e extrapatrimoniais em geral: SEVERO, Sérgio. *Os danos extrapatrimoniais*. Especificamente sobre a reparação dos danos oriundos da duração excessiva, com ampla análise da jurisprudência da Corte Europeia de Direitos Humanos e do direito italiano: DALMOTTO, Eugenio. Diritto alla equa riparazione per l'eccessiva durata del processo. In: CHIARLONI, Sergio (Coord.). *Misure acceleratorie e riparatorie contro l'irragionevole durata dei processi*, p. 184-210.

306. DENTI, Vittorio. *La giustizia civile – Lezioni introduttive*, p. 62-63.

307. NERY JÚNIOR, Nelson. *Princípios do processo na Constituição Federal*, p. 280.

5.14.2 Âmbito de proteção

Ter direito ao duplo grau de jurisdição significa ter direito a um *duplo exame de mérito* por dois órgãos distintos do Poder Judiciário.[308] Partindo-se desse conceito, é evidente que a nossa Constituição não consagra o direito ao duplo grau de jurisdição no processo civil. O fato de a Constituição ter previsto tribunais com competências recursais ordinárias não impede o legislador infraconstitucional de permitir, por exemplo, que o tribunal conheça do mérito da causa sem que o tenha feito anteriormente o juízo de primeiro grau (art. 1.013, § 3.º, do CPC de 2015), nem impede, tampouco, a limitação do próprio direito ao recurso em causas de menor expressão econômica (por exemplo, art. 34 da Lei 6.830, de 1980).

A mesma solução, contudo, não pode ser aplicada ao processo penal. É que a Convenção Interamericana de Direitos do Homem prevê expressamente o direito ao duplo grau de jurisdição no processo penal, de modo que é possível afirmá-lo como elemento essencial para conformação do processo justo no âmbito penal.[309] Isso não implica, contudo, a inexistência de exceções ao duplo grau mesmo nesse terreno. É óbvio que o direito ao duplo grau não se aplica em caso de *competência penal originária* do Supremo Tribunal Federal. Nesse caso, está suficientemente resguardado o direito ao processo justo do réu pelo simples fato de ser julgado pela mais alta Corte do País.

---

308. Sobre o assunto, na doutrina brasileira: Laspro, Oreste Nestor de Souza. *Duplo grau de jurisdição no direito processual civil*; Sá, Djanira Maria Radamés. *Duplo grau de jurisdição*: conteúdo e alcance constitucional; Nunes, Dierle. *Direito constitucional ao recurso*; Marinoni, Luiz Guilherme. *Novas linhas do processo civil*, p. 141-155; Mattos, Sérgio. *Devido processo legal e proteção de direitos*, p. 237-244; Sarlet, Ingo W. Valor de alçada e limitação do acesso ao duplo grau de jurisdição: problematização em nível constitucional à luz de um conceito material de direitos fundamentais. *Revista da Ajuris*, n. 66, p. 85 e ss.

309. Porto, Sérgio; Ustárroz, Daniel. *Lições de direitos fundamentais no processo civil – O conteúdo processual da Constituição Federal*, p. 98.

AÇÕES CONSTITUCIONAIS

Luiz Guilherme Marinoni e
Daniel Mitidiero

Introdução

O processo constitucional constitui o campo do direito que se dedica aos meios constitucionais típicos voltados à tutela de direitos fundamentais e da ordem constitucional e ao guardião da Constituição. Trata-se de ramo autônomo[310], cuja relação com o direito constitucional espelha rigorosamente a mesma que pode ser flagrada entre direito e processo – o processo constitucional constitui *instrumento* para a realização do direito constitucional[311].

É nesse ambiente que tem lugar a interpretação e a aplicação da Constituição, especialmente naquela forma especial de aplicação em que se consubstancia o controle de

---

310. Nesse sentido, HÄBERLE, Peter. *La Verfassungsbeschwerde nel Sistema della Giustizia Costituzionale Tedesca* (1997), tradução de Antonio d'Atena. Milano: Giuffrè, 2000, pp. 24-25; contra, caracterizando a *"Giustizia Costituzionale o Diritto Processuale Costituzionale"* como simples ramo do *"Diritto Costituzionale"*, RUGGERI, Antonio e SPADARO, Antonino. *Lineamenti di giustizia costituzionale* (1998). 6. ed. Torino: Giappichelli, 2019, p. 5. Para um inventário das relações entre direito e processo desde a subordinação até a autonomia, FAZZALARI, Elio. *Note in tema di diritto e processo*. Milano: Giuffrè, 1957; CARNELUTTI, Francesco. *Diritto e processo*. Napoli: Morano, 1958; PISANI, Andrea Proto. *I rapporti tra diritto e processo* (1978), *I diritti e le tutele*. Napoli: Jovene, 2008. Para a doutrina brasileira, com as devidas indicações bibliográficas, MARINONI, ARENHART e MITIDIERO.*Curso de processo civil* (2015). 6. ed. São Paulo: Revista dos Tribunais, 2021, vol. I; MITIDIERO, Daniel. *Processo civil*. São Paulo: Revista dos Tribunais, 2021.
311. CALAMANDREI, Piero. *Istituzioni di diritto processuale civile* (1941), Opere Giuridiche. Napoli: Morano, 1970, p. 185, vol. IV. Especificamente em relação ao processo constitucional, BENDA, KLEIN e KLEIN, *Verfassungsprozessrecht* (1991). 4. ed. Heidelberg: C. F. Müller, 2020, p. 18.

constitucionalidade[312]. Pertence a esse terreno tanto a ação em que se "invoca diretamente a Constituição" como a ação em que se "argui a inconstitucionalidade" normativa[313]. É nesse espaço que direitos fundamentais são tutelados mediante *remédios especiais* – as chamadas *ações constitucionais*. É nesse campo que a Constituição adquire significado, torna-se direito vivo, e conflitos entre os entes do Estado e os poderes da República são resolvidos, convertendo-se em um laboratório para as relações entre as instituições estatais, em que o Estado Constitucional procura neutralizar a "vontade de poder" e transformá-la em "vontade de Constituição"[314].

Na entrada, o processo constitucional cuida dos meios típicos comuns e especiais destinados ao controle[315]. Na saída, trata do guardião da Constituição[316]. Integram o seu objeto: i) o incidente de inconstitucionalidade e o recurso extraordinário; ii) os *writs* e as ações constitucionais; iii) as ações diretas de inconstitucionalidade e constitucionalidade; iv) a arguição de descumprimento e a ação interventiva; v) o Supremo Tribunal Federal como Corte Suprema e Corte Constitucional. Neste momento, vale examinar as ações constitucionais voltadas à tutela dos direitos fundamentais – começando pelo clássico *writ* do *habeas corpus*.

6.1 *Habeas corpus*

6.1.1 Introdução

Nossa Constituição assevera: "Conceder-se-á *habeas corpus* sempre que alguém sofrer ou se achar ameaçado de sofrer violência ou coação em sua liberdade de locomoção, por ilegalidade ou abuso de poder" (art. 5.º, LXVIII). O direito ao *habeas corpus*, que vem desde a *Magna Carta* (1215), cláusula 29, perpassa toda a história do *common law* inglês (*Habeas Corpus Act*, 1679) e estadunidense e encontra abrigo na tradição luso-brasileira,[317]

---

312. GUASTINI, Riccardo. *Lezioni di teoria del diritto e dello stato*. Torino: Giappichelli, 2006, p. 247.

313. MARINONI, Luiz Guilherme. *Processo constitucional e democracia*. São Paulo: Revista dos Tribunais, 2021, pp. 385 e seguintes.

314. HESSE, Konrad. *A força normativa da Constituição* (1959), tradução de Gilmar Mendes. Porto Alegre: Fabris, 1991, p. 19. Lida na perspectiva da "peculiaridade da Constituição", essa "vontade" significa, como o próprio Hesse esclarece em obra posterior, vontade de "estabilização" das instituições, de "limitação" do poder e de "racionalidade" do seu exercício (conforme *Grundzüge des Verfassungsrechts der Bundesrepublik Deutschland* (1966). 20. ed. Heidelberg: C. F. Müller, 1995, p. 14).

315. Os meios *típicos* são aqueles destinados *especificamente* ao controle. No controle incidental, esse exame específico pode ocorrer por instrumentos *comuns* a todo e qualquer procedimento (incidente de inconstitucionalidade e recurso extraordinário) ou por instrumentos *especiais* (*writs* e ações constitucionais). No controle principal, esse exame específico pode ocorrer por instrumentos *comuns* (ações diretas) ou *especiais* (arguição de descumprimento e ação interventiva). Para uma exposição sistemática, MITIDIERO, Daniel. *Processo constitucional – do controle ao processo, dos modelos ao sistema*. São Paulo: RT, 2023.

316. Sobre o STF como Corte Suprema e Corte Constitucional, MITIDIERO, Daniel. *Processo constitucional – do controle ao processo, dos modelos ao sistema*. São Paulo: RT, 2023. Sobre a definição, estrutura, função e eficácia de uma Corte Suprema, MITIDIERO, Daniel. *Cortes Superiores e Cortes Supremas – do controle à interpretação, da jurisprudência ao precedente* (2013). 3. ed. São Paulo: Revista dos Tribunais, 2017.

317. Para ampla exposição do tema, PONTES DE MIRANDA, F. C. *História e prática do* habeas corpus, 3. ed.

constitui *writ* constitucional que visa à tutela do direito à liberdade de locomoção. Pelo seu objeto – a *liberdade individual* – e pela sua função de *controle sobre a juridicidade da atuação estatal*, facilmente se percebe sua íntima ligação com o Estado Constitucional. O *habeas corpus* consubstancia-se na garantia da liberdade individual diante do poder estatal, sendo anteparo de fundamental importância à pessoa diante do Estado. É uma *ação* – e não um *recurso* – que visa à tutela jurisdicional da liberdade.

6.1.2 Âmbito de proteção

Como tutela do direito à liberdade de locomoção, o *habeas corpus* está intimamente ligado à *prisão*. Isso quer dizer que essa ação tem por função *prevenir* ou *reprimir* prisões ilegais. Essa é a razão pela qual já se decidiu que "não cabe *habeas corpus* contra decisão condenatória a pena de multa, ou relativo a processo em curso por infração penal a que a pena pecuniária seja a única cominada" (Súmula 693 do STF) e que "não cabe *habeas corpus* quando já extinta a pena privativa de liberdade" (Súmula 695 do STF). Em ambos os casos o processo não se mostra idôneo a resultar em restrição à liberdade – daí o não cabimento do *habeas corpus*.

Nossa Constituição prevê que "ninguém será preso senão em flagrante delito ou por ordem escrita e fundamentada de autoridade judiciária competente, salvo nos casos de transgressão militar ou crime propriamente militar, definidos em lei" (art. 5.º, LXI), "a prisão de qualquer pessoa e o local onde se encontre serão comunicados imediatamente ao juiz competente e à família do preso ou à pessoa por ele indicada" (art. 5.º, LXII), "o preso será informado de seus direitos, entre os quais o de permanecer calado, sendo-lhe assegurada a assistência da família e de advogado" (art. 5.º, LXIII), "o preso tem direito à identificação dos responsáveis por sua prisão ou por seu interrogatório policial" (art. 5.º, LXIV) e "ninguém será levado à prisão ou nela mantido, quando a lei admitir a liberdade provisória, com ou sem fiança" (art. 5.º, LXVI). Em todos os casos em que a desobediência a esses preceitos constitucionais importar ameaça ou restrição à liberdade deambulatória,[318] cabe *habeas corpus*, sendo que a "prisão ilegal será imediatamente relaxada pela autoridade judiciária" (art. 5.º, LXV, da CF).

O Código de Processo Penal assevera: "Dar-se-á *habeas corpus* sempre que alguém sofrer ou se achar na iminência de sofrer violência ou coação ilegal na sua liberdade de ir e vir, salvo nos casos de punição disciplinar" (art. 647). O dispositivo tem de ser lido na perspectiva dos arts. 5.º, LXVIII, e 142, § 2.º, da CF: o que se veda em sede de *habeas corpus* é a *revisão do mérito* da punição disciplinar militar. Obviamente, cabe *habeas corpus* para controle da regularidade formal da punição, que não escapa, como os atos administrativos em geral, ao controle jurisdicional.[319]

Densificando o direito ao *habeas corpus*, o Código de Processo Penal refere que "a coação considerar-se-á ilegal: I – quando não houver justa causa; II – quando alguém estiver preso por mais tempo do que determina a lei; III – quando quem ordenar a coação não tiver competência para fazê-lo; IV – quando houver cessado o motivo que autorizou a coação;

---

318. O STF já decidiu que a ausência de comunicação do local em que se encontre o preso não compromete a materialidade do crime ou probabilidade de sua autoria, de modo que não cabe *habeas corpus* por violação ao art. 5.º, LXII, da CF (STF, 2.ª T., HC 68.503, rel. Min. Célio Borja, j. 19.03.1991, *DJ* 29.05.1992).

319. STF, 2.ª T., HC 338.840, rel. Min. Ellen Gracie, j. 19.08.2003, *DJ* 12.09.2003.

V – quando não for alguém admitido a prestar fiança, nos casos em que a lei a autoriza; VI – quando o processo for manifestamente nulo; VII – quando extinta a punibilidade" (art. 648). A coação *não tem justa causa* quando *não está fundada em norma jurídica* que a autorize. Configura coação ilegal – passível de controle por *habeas corpus* – não só a pendência de *processo penal*, mas também a existência de *inquérito policial* sem justa causa. Com maior razão, também se configura a coação ilegal quando decretada prisão processual sem suficiente *fumus commissi delicti* ou *periculum libertatis*. A prisão processual tem de ser decretada com observância do postulado da *proporcionalidade*. Fora daí não tem justa causa a coação.[320] Quando alguém estiver preso por mais tempo que a lei determina, cabe *habeas corpus*. A interpretação dessa norma à luz do direito ao processo com duração razoável (art. 5.º, LXXVIII, da CF) impõe a caracterização de prisão processual como coação ilegal não só *para além do tempo legal*, mas também para além do *prazo razoável* de custódia.[321]

O *habeas corpus* pode ser impetrado contra *ato de particular*. É que não é só o Estado que pode investir arbitrariamente contra a liberdade de locomoção do indivíduo. Embora menos comum, não se pode ignorar a possibilidade de alguém ter a sua liberdade restringida por força de ato ilegal de *estabelecimentos hospitalares*, de *internações em clínicas para dependentes químicos* ou de *idosos em casas geriátricas*. A legalidade da restrição nem sempre é de fácil aferição. A regra é que, sendo evidente a ilegalidade, aferível mesmo por quem não tem instrução jurídica, basta a intervenção policial para fazer cessar a coação ilegal. Do contrário, sendo discutível a legalidade da coação, o remédio correto para tutela da liberdade é o *habeas corpus*.[322]

6.1.3 Titularidade

O *habeas corpus* pode ser impetrado por qualquer pessoa, em seu favor ou de outrem, bem como pelo Ministério Público (art. 654, *caput*, do CPP). O titular do direito ao *habeas corpus* é o *paciente* – aquele que está na iminência de sofrer ou está sofrendo coação ilegal na sua liberdade. Se o *paciente impetra*, há *coincidência* entre o titular do direito à liberdade e o titular da ação – *legitimação ordinária*. Se qualquer pessoa ou mesmo o Ministério Público impetra a favor do paciente, há *dissociação* entre o titular do direito material afirmado em juízo (paciente) e o legitimado à propositura da ação (impetrante). A *legitimação nesse caso é extraordinária*, configurando caso de *substituição processual*.[323] Obviamente, como existe expressa autorização em lei para propositura de *habeas corpus* para tutela do direito de outrem, exigir a assinatura do paciente na petição inicial constitui formalismo injustificável. É indevida qualquer providência desse jaez, cuja exigência configura pura e simples denegação de justiça.

---

320. Na doutrina: FLACH, Norberto. *Prisão processual penal – Discussão à luz dos princípios constitucionais da proporcionalidade e da segurança jurídica*; na jurisprudência: STF, Plenário, HC 95.009, rel. Min. Eros Roberto Grau, j. 06.11.2008, *DJe* 19.12.2008.

321. MENDES, Gilmar Ferreira. COELHO, Inocêncio Mártires; BRANCO, Paulo Gustavo Gonet. *Curso de direito constitucional*, 3. ed., p. 522; LOPES JÚNIOR, Aury. *Direito processual penal e sua conformidade constitucional*, 3. ed., vol. 2, p. 659-661.

322. LOPES JÚNIOR, Aury. *Direito processual penal e sua conformidade constitucional*, 3. ed., vol. 2, p. 664.

323. Sobre o conceito de legitimidade no direito processual, ARMELIN, Donaldo. *A legitimidade para agir no direito processual civil brasileiro*.

A abertura da legitimação *ad causam* para impetração de *habeas corpus* justifica-se pela proeminência que o *direito de liberdade* tem no Estado Constitucional. E é essa mesma proeminência que permite inclusive a concessão *ex officio* de *habeas corpus* (art. 654, § 2.º, do CPP). Como semelhante amplitude na legitimação para causa pode acarretar impetração de *habeas corpus* em colisão com a própria vontade do paciente, a solução está em o juiz *consultá-lo*, caso exista dúvida a respeito do seu interesse na tutela jurisdicional, para que manifeste sua vontade em prosseguir ou não com a impetração.[324]

6.1.4 Conformação infraconstitucional

O Código de Processo Penal densifica a disciplina do *habeas corpus* (arts. 647 a 667). São questões relevantes para sua adequada compreensão: (i) a natureza da cognição do procedimento de *habeas corpus*; (ii) a possibilidade de liminar para imediata tutela do direito de liberdade; (iii) a competência; (iv) a eficácia da decisão; e (v) coisa julgada.

É comum encontrar a caracterização do processo da ação de *habeas corpus* como processo "sumaríssimo, que, por isso, exige prova pré-constituída";[325] como "ação de procedimento sumário, pois a cognição é limitada";[326] ou como "ação que constitui um processo de cognição sumária, limitada portanto, em que não se permite uma ampla e plena discussão sobre a ilegalidade, devendo ela ser evidente, comprovada por prova pré-constituída".[327] Diante de afirmações dessa ordem, impende distinguir as coisas. O processo de *habeas corpus* é sumário do ponto de vista formal, porque possui *procedimento abreviado*. Do ponto de vista da cognição, porém, constitui processo de cognição parcial e exauriente *secundum eventum probationis*.[328]

No *plano horizontal* da cognição, o *habeas corpus* tem cognição parcial por uma razão: apenas as matérias que configurem *coação ilegal* são passíveis de discussão no seu processo. A causa de pedir e a defesa são vinculadas ao *corte vertical* procedido pelo legislador (arts. 5.º, LXVIII, da CF e 648 do CPP). No *plano vertical*, contudo, a cognição é plena *secundum eventum probationis*. O juiz conhece da causa visando à formação de *juízo de certeza* no limite permitido pela *prova documental pré-constituída*. A especialidade do processo no plano da cognição reside justamente no fato de o juiz não poder conhecer nada senão mediante prova pré-constituída. Qualquer alegação que dependa de prova diversa da documental não pode ser conhecida em *habeas corpus*.

---

324. MENDES, Gilmar Ferreira. COELHO, Inocêncio Mártires; BRANCO, Paulo Gustavo Gonet. *Curso de direito constitucional*, 3. ed., p. 531, inclusive com alusão à jurisprudência do STF, HC 91.433, rel. Min. Gilmar Ferreira Mendes, *DJ* 30.05.2007.

325. MENDES, Gilmar Ferreira; COELHO, Inocêncio Mártires; BRANCO, Paulo Gustavo Gonet. *Curso de direito constitucional*, 3. ed., p. 522.

326. LOPES JÚNIOR, Aury. *Direito processual penal e sua conformidade constitucional*, 3. ed., vol. 2, p. 653.

327. Idem, p. 657.

328. Sobre a distinção entre sumariedade formal (maior ou menor extensão do procedimento) e sumariedade material (cognição), OLIVEIRA, Alvaro de. Perfil dogmático das tutelas de urgência. *Revista da Ajuris* 70/231-233; BRIEGLEB, Hans Karl. *Einleitung in die Theorie der summarischen Processe*; FAIRÉN GUILLÉN, Victor. *El juicio ordinario y los plenarios rapidos (los defectos en la recepción del derecho procesal común, sus causas y consecuencias en doctrina y legislación actuales)*; MARINONI, Luiz Guilherme. *Antecipação da tutela*, 11. ed., p. 31-42; WATANABE, Kazuo. *Da cognição no processo civil*; FLACH, Daisson. *A verossimilhança no processo civil*, p. 79-80.

Isso não quer dizer, contudo, que o *habeas corpus* não tenha uma fase de cognição sumária no plano vertical. Afirmar a cognição parcial e exauriente *secundum eventum probationis* do processo como um todo não implica negar a possibilidade de tutela jurisdicional mediante cognição sumária em *habeas corpus*. Embora o Código de Processo Penal silencie a respeito, é inquestionável a possibilidade de liminar em *habeas corpus* para proteção imediata da liberdade individual do paciente. A decisão liminar é oriunda da utilização da *técnica antecipatória* e, como visa à *satisfação do direito à liberdade de forma provisória sob cognição sumária, mediante invocação de perigo na demora*, pode ser classificada como *antecipação da tutela satisfativa fundada na urgência* – não se trata, portanto, de tutela cautelar.[329]

A competência para apreciação de pedido de *habeas corpus* está na Constituição (arts. 102, I, *d*; 105, I, *c*; 108, I, *d*; 109, VII; 114, IV) e no Código de Processo Penal (art. 650). Anote-se que é da competência do STF julgar *habeas corpus* impetrado contra ato de Comissão Parlamentar de Inquérito.[330] No que tange ao controle dos atos de Turma Recursal de Juizados Especiais Criminais, depois de ter sumulado o tema,[331] o STF superou seu precedente (*overruling*) e reconheceu competência aos Tribunais de Justiça ou aos Tribunais Regionais Federais, conforme o caso, para julgar *habeas corpus* impetrado contra decisão de Turma Recursal.[332]

Ainda sobre o tema, há orientação assente no STF no sentido de que "não compete ao Supremo Tribunal Federal conhecer de *habeas corpus* impetrado contra decisão do relator que, em *habeas corpus* requerido a tribunal superior, indefere a liminar" (Súmula 691). Em julgamento posterior, contudo, o STF *outorgou novo delineamento* ao precedente consubstanciado na Súmula 691,[333] *ressalvando* que é cabível o *habeas corpus* quando há manifesta ilegalidade no indeferimento da ordem – entendendo-se por manifesta ilegalidade a evidente negativa de autoridade de precedente do STF sobre o assunto.[334]

É importante perceber que o STF considerou um *novo fato material* (negação de autoridade de precedente constitucional no indeferimento de liminar em *habeas corpus*) para *restringir o alcance do precedente firmado* na Súmula 691. O STF, ao fazê-lo, acabou por alçar mão do *overriding* para dar *nova feição ao precedente*. Não há propriamente uma *distinção* (*distinguishing*). Há consideração de *novo fato material*, antes não considerado, que outorga *novo alcance ao precedente*. No fundo, há verdadeira *revogação implícita* (*implied overruling*) de parcela do precedente da Súmula 691 do STF,[335] que hoje deve ser assim compreendida: *não compete ao STF conhecer de* habeas corpus *impetrado contra decisão do relator que, em* habeas

---

329. Sobre o assunto, com ampla indicação bibliográfica, MITIDIERO, Daniel. *Tendências em tema de tutela sumária: da tutela cautelar à técnica antecipatória*. *RePro* 197/27-65.

330. STF, MS 23.452, rel. Min. Celso de Mello, j. 16.09.1999, *DJ* 12.05.2000.

331. Súmula 690 do STF: "Compete originariamente ao Supremo Tribunal Federal o julgamento de *habeas corpus* contra decisão de Turma Recursal de Juizados Especiais Criminais".

332. STF, Pleno, HC 86.834, rel. Min. Marco Aurélio, j. 23.08.2006, *DJ* 09.03.2007.

333. STF, Pleno, HC 85.185, rel. Min. Cezar Peluso, *DJ* 01.09.2006.

334. Sobre o assunto, com enfrentamento específico do tema, MARINONI, Luiz Guilherme. *Precedentes obrigatórios*, p. 353-361 e 377-383.

335. Sobre a diferença entre *distinguishing, transformation, overriding* e *overruling*, na doutrina brasileira, MARINONI, Luiz Guilherme. *Precedentes obrigatórios*, p. 326-456. Especificamente sobre a distinção que interessa ao texto, EISENBERG, Melvin Aron. *The nature of common law*, p. 136.

corpus *requerido a tribunal superior, indefere a liminar, ressalvada hipótese de denegação da ordem em confronto com precedente do próprio STF.*

A eficácia da sentença no *habeas corpus* é mandamental. O objetivo é obter ordem judicial que tenha o condão de *impedir* ou *fazer cessar* a coação ilegal à liberdade do paciente. O curial é que a concessão de *habeas corpus* impeça alguém de ir para a prisão ou determine a sua soltura. Nada obsta, porém, conforme o direito material alegado, que nele se determine a extinção do processo (*trancamento do processo*), reconheça-se direito à prisão especial ou que culmine com a determinação de desconsideração de determinado ato processual inválido no processo[336] (arts. 651 e 652 do CPP).

A coisa julgada no processo de *habeas corpus* forma-se *de acordo com a suficiência da prova pré-constituída* para estabelecimento da verdade das alegações de fato (coisa julgada *secundum eventum probationis*). A sua denegação pela impossibilidade de conhecimento da questão tão somente à luz de prova documental não implica formação de coisa julgada, não impedindo nova alegação no curso do processo penal. No mais, nenhuma particularidade na disciplina dos limites territoriais, temporais, objetivos e subjetivos na coisa julgada em *habeas corpus*. Por exemplo: variando a *causa de pedir*, não há falar em coisa julgada.

6.2 Mandado de segurança

6.2.1 Introdução

Fruto direto do rescaldo teórico da doutrina brasileira do *habeas corpus* – em que se procurou alargar o seu âmbito de proteção para além da liberdade de locomoção –, o mandado de segurança aparece em nossa ordem constitucional na Constituição de 1934 (art. 113, n. 33).[337] Trata-se de ação que visa à *tutela de direito líquido e certo*, não amparado por *habeas corpus* ou *habeas data*, quando o responsável pela ilegalidade ou abuso de poder for autoridade pública ou agente de pessoa jurídica no exercício de atribuições do Poder Público (art. 5.º, LXIX, da CF). Ao lado do *habeas corpus*, constitui importante herança do antigo Estado de Direito da tradição liberal brasileira.[338] Nossa Constituição prevê a possibilidade de sua impetração tanto na forma *individual* como na *coletiva* (art. 5.º, LXX). A Lei 12.016/2009 disciplina o tema no plano infraconstitucional.

6.2.2 Âmbito de proteção

O mandado de segurança visa à *proteção de direito líquido e certo contra o ilícito* (ilegalidade ou abuso de poder), causador ou não de *dano*, e pode levar à concessão de *tutela preventiva* (*tutela inibitória*) ou *tutela repressiva* (*tutela de remoção do ilícito, tutela específica do adimplemento* ou *tutela reparatória*). Protege tanto *direitos individuais* como

---

336. LOPES JÚNIOR, Aury. *Direito processual penal e sua conformidade constitucional*, 3. ed., vol. 2, p. 657.
337. Para amplo histórico do tema: CAVALCANTI, Themístocles Brandão. *Do mandado de segurança*, 3. ed., p. 33-74; NUNES, Castro. *Do mandado de segurança e de outros meios de defesa contra o Poder Público*, 3. ed., p. 13-26; ZANETI JÚNIOR, Hermes. *Mandado de segurança coletivo – Aspectos processuais controversos*, p. 32-36; ANDRADE, Érico. *O mandado de segurança*: a busca da verdadeira especialidade, p. 363-371.
338. BONAVIDES, Paulo. *Curso de direito constitucional*, 24. ed., p. 546.

direitos coletivos (direitos individuais homogêneos, direitos coletivos e direitos difusos) ameaçados ou violados por ato de autoridade pública ou agente de pessoa jurídica no exercício de atribuição do Poder Público.

A tutela jurisdicional que se pode obter mediante mandado de segurança é a *mandamental*. O que se postula é a *concessão de ordem* contra a autoridade coatora a fim de que se abstenha ou cesse de lesar a esfera jurídica do impetrante. O mandado de segurança *não se presta a obter a condenação ao pagamento de quantias pretéritas* devidas ao impetrante (Súmulas 269 e 271 do STF),[339] nem, tampouco, substitui *ação popular* (Súmula 101 do STF).[340] A jurisprudência pacífica do STJ permite a impetração de mandado de segurança para *obtenção da declaração do direito à compensação tributária* (Súmula 213 do STJ).[341] Nada obstante, veda a impetração para convalidar a compensação tributária realizada pelo contribuinte (Súmula 460 do STJ).[342]

Dada a sua recorrência, vale a pena examinar as Súmulas 269 e 271 do STF, em conjunto com a Súmula 213 do STJ.

Refere a Súmula 269 do STF: "o mandado de segurança não é substitutivo de ação de cobrança". E a Súmula 271 do STF: "concessão de mandado de segurança não produz efeitos patrimoniais em relação a período pretérito, os quais devem ser reclamados administrativamente ou pela via judicial própria". Como as súmulas devem ser lidas à luz dos precedentes subjacentes (art. 926, § 2.º, do CPC), seus respectivos alcances só podem ser medidos depois de realizado esse exame.

A Súmula 269 do STF apoia-se nas decisões dos seguintes casos: (i) RMS 6.747, de 1963; (ii) RMS 10.629, de 1963; (iii) RMS 10.065, de 1962; e (iv) RMS 10.149, de 1962. A Súmula 271 do STF, de seu turno, encontra-se sedimentada nas decisões dos seguintes casos: (i) RMS 6.747, de 1963; (ii) AI 26.672, de 1963; e (iii) RE 48.567, de 1962. É fundamental analisá-los para a extração dos precedentes que as sustentam.

O RMS 6.747, de 1963, relatado pelo eminente Ministro Victor Nunes Leal, visava a proteger o direito líquido e certo de professores aprovados em concurso público que tiveram suas nomeações preteridas em função da nomeação de professores substitutos. O direito líquido e certo protegido pelo mandado de segurança, portanto, era o direito à nomeação.

No acórdão oriundo do julgamento do RMS 10.629, de 1963, relatado pelo eminente Ministro Ary Franco, consignou-se que a Sociedade de Proteção à Maternidade e à Infância de Catolé da Rocha não poderia cobrar por meio de mandado de segurança valores prometidos pelo Ministério da Saúde e pelo Ministério da Educação e não adimplidos. O direito que se pretendida reconhecer mediante o mandado de segurança, portanto, era o direito à cobrança de valores.

---

339. Súmula 269 do STF: "O mandado de segurança não é substitutivo de ação de cobrança"; Súmula 271 do STF: "Concessão de mandado de segurança não produz efeitos patrimoniais em relação a período pretérito, os quais devem ser reclamados administrativamente ou pela via judicial própria".

340. Súmula 101 do STF: "O mandado de segurança não substitui a ação popular".

341. Súmula 213 do STJ: "O mandado de segurança constitui ação adequada para a declaração do direito à compensação tributária".

342. Súmula 460 do STJ: "É incabível o mandado de segurança para convalidar a compensação tributária realizada pelo contribuinte".

No julgamento do RMS 10.065, de 1962, relatado pelo eminente Ministro Victor Nunes Leal, buscava-se proteger como direito líquido e certo o direito à percepção de diferença de vencimentos com relação a período pretérito. Também aqui, o direito que se pretendia tutelar mediante mandado de segurança era o direito à cobrança de valores – o que não foi admitido pelo Supremo Tribunal Federal.

Por fim, no RMS 10.149, de 1962, relatado pelo eminente Ministro Victor Nunes Leal, pretendia-se proteger como direito líquido e certo o direito à cobrança de proventos de reforma militar. E também aqui, a conclusão do Supremo Tribunal Federal não foi outra: o direito à cobrança de valores não pode ser formulado em mandado de segurança.

O que a análise dos casos subjacentes à Súmula 269 do STF, permite concluir? Que o precedente formado impede a formulação de pedido condenatório em dinheiro em mandado de segurança. Essa é a *ratio decidendi* que anima a súmula.

O RMS 6.747, de 1963, já foi lembrado há pouco, tendo em conta que também serve de suporte para a Súmula 269 do STF. O mandado de segurança serve para viabilizar o direito à nomeação, não os efeitos patrimoniais pretéritos. No que agora interessa, esse julgado realça a impossibilidade de formulação de pedido condenatório em mandado de segurança, capaz de gerar condenação em dinheiro, mas apenas uma ordem a fim de que a administração pública siga o que determina o sistema jurídico.

No AI 26.672, de 1963, relatado pelo eminente Ministro Victor Nunes Leal, concluiu-se que o mandado de segurança não comporta a formulação de pedido condenatório de vencimentos atrasados. Mais uma vez, a ênfase está na impossibilidade de se obter condenação em dinheiro em mandado de segurança, sendo possível apenas a prolação de ordem voltada a que a administração pública observe o sistema jurídico.

Por fim, no RE 48.567, de 1962, também relatado pelo eminente Ministro Victor Nunes Leal, o precedente subjacente fica ainda mais claro. Já na ementa do julgado se refere que "não se pode obter, pelo mandado de segurança, diretamente, uma ordem de pagamento".

Mais uma vez, a análise dos casos subjacentes à Súmula 271 do STF permite concluir que não é possível obter condenação em dinheiro em mandado de segurança. A fórmula dos "efeitos pretéritos", longe de significar qualquer tipo de limitação temporal ao pedido mandamental, importa apenas na interdição de prolação de condenação em dinheiro contra a administração pública. Esse é o precedente que ampara a Súmula 271 do STF.

Como é fácil perceber, as Súmulas 269 e 271 do STF representam o início e o fim do túnel: não se pode formular pedido condenatório em dinheiro e não se pode prolatar condenação em dinheiro em mandado de segurança. A estrutura procedimental do mandado de segurança permite apenas examinar "ato ilegal ou abuso do direito" perpetrado pela administração pública. Em outras palavras, prestar tutela inibitória ou de remoção do ilícito.

A Súmula 213 do STJ confirma o exame realizado até aqui. Ao referir que "o mandado de segurança constitui ação adequada para a declaração do direito à compensação tributária", o Superior Tribunal de Justiça diz três coisas muito importantes: a primeira, que o mandado de segurança não comporta pedido condenatório, mas pode abrigar pedido declaratório; a segunda, que o pedido declaratório pode ter conteúdo econômico, o qual obviamente só pode dizer respeito a fatos pretéritos; e a terceira, que a apuração do valor do dano a ser reparado não será realizado em juízo, mas perante a própria administração, que poderá controlá-lo de acordo com o direito material que rege a espécie.

Olhando por debaixo da Súmula 213 do STJ, encontram-se os seguintes julgados: (i) REsp 77.226, de 1998; (ii) REsp 148.742, de 1998; (iii) REsp 137.790, de 1998; (iv) REsp 145.138, de 1997; (v) REsp 148.824, de 1997; e (vi) REsp 119.155, de 1997. Analisá-los servirá como prova dos três pontos há pouco salientados.

O exame das decisões dos recursos especiais revela que se admitiu o mandado de segurança para a compensação tributária, porque esse tema envolve apenas análise de questão de direito,[343] inicia com ato do contribuinte que apenas aponta a existência de crédito a ser compensado,[344] não se invocando propriamente uma condenação em dinheiro, e permite o controle pela administração pública do acerto do montante creditado pelo contribuinte.[345] Nenhum dos casos julgados fez referência à impossibilidade de obtenção de "efeitos pretéritos" – até porque, como é evidente, a compensação só pode se operar entre créditos já existentes (e, portanto, necessariamente pretéritos do ponto de vista do contribuinte). Essa é a *ratio decidendi* subjacente à Súmula 213 do STJ.

Do exame realizado das súmulas do STF e do STJ, é possível concluir o seguinte: a alusão à vedação de obtenção de "efeitos pretéritos" em mandado de segurança diz respeito tão somente à inaptidão do procedimento do mandado de segurança de realização de contraditório sobre eventual pedido de condenação em danos experimentados pelo impetrante e consequente inadequação para gerar condenação em dinheiro. Não veda a obtenção de efeitos patrimoniais pretéritos. Proíbe, apenas, que o órgão jurisdicional condene desde logo a autoridade pública ao pagamento de uma quantia.

Daí que, por exemplo, ao viabilizar a compensação tributária, o Poder Judiciário obviamente não condena a Fazenda Pública ao pagamento de quantia certa. É evidente que nesse caso apenas possibilita ao contribuinte declarar que determinado crédito é devido, permitindo ato contínuo à administração fazendária o controle do seu montante e exigibilidade.

Com a impetração de mandado de segurança, pode o impetrante obter *tutela inibitória*. Vale dizer: pode prevenir a prática, a reiteração ou a continuação de ato ilícito. O mandado de segurança constitui ação idônea para obtenção de tutela inibitória. O mesmo vale para *tutela de remoção do ilícito*. O mandado de segurança permite a remoção da causa ou dos efeitos do ato ilícito.[346] Nada obsta, igualmente, a que preste *tutela do adimplemento na forma específica*. Se voltado contra o *dano*, o mandado de segurança pode prestar *tutela reparatória* – desde que não vise à obtenção de efeitos patrimoniais pretéritos.

A possibilidade de impetração de mandado de segurança preventivo, visando à obtenção de tutela inibitória, não se confunde com a *impetração de mandado de segurança contra lei em tese*, situação sabidamente não permitida pela jurisprudência pacífica do STF (Súmula

---

343. Como é o caso do REsp 119.155, de 1997, rel. Min. Peçanha Martins, do REsp 148.824, de 1997, rel. Min. Hélio Mosimann, do REsp 145.138, de 1997, rel. Min. José Delgado, e ED no REsp 77.226, rel. Min. Ari Pargendler, de 1998.
344. Como é o caso do REsp 137.790, de 1998, rel. Min. Adhemar Maciel.
345. Como é o caso do REsp 148.742, de 1998, rel. Min. Humberto Gomes de Barros.
346. Amplamente sobre a tutela inibitória e a tutela de remoção do ilícito: MARINONI, Luiz Guilherme. *Tutela inibitória*, 4. ed.; _____. *Técnica processual e tutela dos direitos*, 3. ed.

266).[347] Em primeiro lugar, é importante notar que não há qualquer proibição contra impetração de mandado de segurança contra *leis de efeitos concretos*. Quando a legislação desde logo afeta a posição jurídica do impetrante, por ser a ele endereçada concretamente, é perfeitamente possível a impetração de mandado de segurança.[348] Em segundo lugar, é preciso perceber que o mandado de segurança preventivo pode justamente visar a *impedir a violação da esfera jurídica do impetrante em face da incidência de legislação de aplicação vinculada*. O que diferencia essa hipótese daquela não permitida pela jurisprudência do STF é justamente a *descrição da ameaça na petição inicial com ligação concreta à esfera jurídica do impetrante*. Vale dizer: *o fato de a legislação ser de aplicação vinculada pelo administrador já constitui elemento suficiente para afastar a cogitação de se tratar de mandado de segurança contra lei em tese*.

O mandado de segurança pode ser impetrado para tutela de *direitos individuais* ou para tutela de *direitos coletivos* – direitos coletivos, difusos e individuais homogêneos.[349] Impedir a tutela de *direitos difusos* mediante mandado de segurança coletivo a partir de uma interpretação literal do art. 21 da Lei 12.016/2009 importa inquestionável *retrocesso na proteção* do direito fundamental à tutela adequada dos direitos. A alusão à tutela coletiva mediante mandado de segurança revela a preocupação constitucional com a *dimensão coletiva dos direitos* – e com isso dá azo ao reconhecimento da *dignidade* outorgada pela nossa Constituição aos novos direitos.[350] Com isso, o mandado de segurança se desloca da esfera de influência do Estado Legislativo – em que sobressai a necessidade de *proteção do indivíduo contra o Estado* tão somente – e passa a integrar os domínios do Estado Constitucional, sendo veículo adequado também para prestação de tutela aos *novos direitos*, em que a *transindividualidade* está normalmente presente.

Não cabe mandado de segurança para "decisão judicial com trânsito em julgado" (Súmula 268 do STF). O mandado de segurança não tem *efeitos rescisórios* de ato judicial protegido pela coisa julgada. A Lei 12.016/2009 refere que não cabe mandado de segurança: (i) "contra os atos de gestão comercial praticados pelos administradores de empresas públicas, de sociedade de economia mista e de concessionárias de serviço público" (art. 1.º, § 2.º); (ii) contra "ato do qual caiba recurso administrativo com efeito suspensivo, independentemente de caução"[351] (art. 5.º, I); (iii) contra "decisão judicial da qual caiba recurso com efeito suspensivo" (art. 5.º, II); e (iv) contra "decisão judicial transitada em julgado" (art. 5.º, III).

A legislação infraconstitucional deve ser interpretada de maneira conforme à Constituição e, mais especialmente, de *maneira conforme aos direitos fundamentais*.[352] Essa diretriz

---

347. Súmula 266 do STF: "Não cabe mandado de segurança contra lei em tese".

348. STF, Pleno, MS 25.938/DF, rel. Min. Carmen Lúcia, j. 24.04.2008, *DJe* 12.09.2008; na doutrina: FERRARI, Regina. *Direito constitucional*, p. 722.

349. ZANETI JÚNIOR, Hermes. *Mandado de segurança coletivo – Aspectos processuais controversos*, p. 59-60; DIDIER JÚNIOR, Fredie; ZANETI JÚNIOR, Hermes. *Curso de direito processual civil*, 5. ed., vol. 4, p. 127-129; ZAVASCKI, Teori. *Processo coletivo*: tutela de direitos coletivos e tutela coletiva de direitos, 5. ed., p. 192-195; LEONEL, Ricardo de Barros *Manual do processo coletivo*, 2. ed., p. 453.

350. MARINONI, Luiz Guilherme; ARENHART, Sérgio Cruz. *Curso de processo civil – Procedimentos especiais*, vol. 5, p. 260.

351. Súmula 429 do STF: "A existência de recurso administrativo com efeito suspensivo não impede o uso do mandado de segurança contra omissão da autoridade".

352. Com ampla fundamentação a partir da perspectiva objetiva dos direitos fundamentais e da eficácia irradiante daí oriunda, SARLET, Ingo Wolfgang. *A eficácia dos direitos fundamentais*, 10. ed., p. 147.

impõe *leitura constitucionalmente orientada das restrições* impostas pela legislação no que tange ao cabimento do mandado de segurança. Não se trata obviamente de negar a possibilidade de restrições aos direitos fundamentais, mas sim de fazê-las acompanhar de *justificações* de ordem constitucional.[353]

É *inconstitucional* a regra que nega a possibilidade de impetração de mandado de segurança contra atos de gestão comercial praticados pelos administradores de empresas públicas, de sociedade de economia mista e de concessionárias de serviço público, se interpretada sem qualquer ressalva.[354] Sempre que o ato praticado por tais agentes for regido pelo direito público, cabe mandado de segurança para contrastar sua legalidade. A restrição só concerne aos *atos de gestão comercial – decisões estratégicas –* a respeito dos *rumos do negócio* empreendido pelas empresas públicas, sociedades de economia mista e concessionárias de serviço público.

As restrições indicadas nos incisos I e II do art. 5.º da Lei 12.016/2009 podem ser interpretadas de forma conjunta. O legislador pressupõe, para restringir o cabimento do mandado de segurança, a adequação, a efetividade e a tempestividade da proteção despendida pelo recurso administrativo e pelo recurso judicial. Trata-se de *presunção relativa*. Sendo *inidônea a tutela* oferecida pelo recurso administrativo ou pelo recurso judicial para afastar a ameaça de lesão ou a lesão, cabe mandado de segurança mesmo quando exista recurso administrativo com efeito suspensivo, independentemente de caução, e quando exista recurso previsto na legislação processual com efeito suspensivo. Nesses casos, contudo, *o impetrante tem o ônus de justificar preliminarmente a inidoneidade desses expedientes para tutelar de forma eficaz a sua esfera jurídica.*

O conceito-chave para compreensão do mandado de segurança é o de *direito líquido e certo*. Trata-se de *conceito processual*. Não se trata de conceito de direito material – desde que efetivamente existentes, todos os direitos são líquidos e certos.[355] Pouco importa para sua caracterização, igualmente, a complexidade da discussão jurídica que deve ser enfrentada para o reconhecimento do direito afirmado em juízo (Súmula 625 do STF).[356] O direito líquido e certo é aquele que pode ser provado em juízo mediante *prova pré-constituída* – mais especificamente, mediante *prova documental*. Daí a razão pela qual corretamente se aponta o mandado de segurança como espécie de "procedimento documental".[357] A caracterização do direito líquido e certo obedece à especial condição da alegação de fato no processo, cuja veracidade pode ser idoneamente aferida mediante prova documental pré-constituída.

6.2.3 Titularidade

São titulares do direito à impetração de mandado de segurança individual – são seus *legitimados ativos* – todas as pessoas físicas ou jurídicas (art. 1.º, *caput*, da Lei 12.016/2009),

---

353. SILVA, Virgílio Afonso da. *Direitos fundamentais*: conteúdo essencial, restrições e eficácia, p. 253.
354. BUENO, Cássio Scarpinella. *A nova lei do mandado de segurança*, p. 11-12.
355. Para um debate sobre o ponto, BUZAID, Alfredo. *Do mandado de segurança*, vol. 1, p. 88; BARBI, Celso Agrícola. *Do mandado de segurança*, 7. ed., p. 61; JAYME, Fernando Gonzaga. *Mandado de segurança*, p. 17-22; ANDRADE, Érico. *O mandado de segurança*: a busca da verdadeira especialidade, p. 373-384; ZANETI JÚNIOR, Hermes. *O mandado de segurança coletivo – Aspectos processuais controversos*, p. 84-86.
356. Súmula 625 do STF: "Controvérsia sobre matéria de direito não impede concessão de mandado de segurança".
357. NEVES, Daniel. *Ações constitucionais*, p. 120-127.

pouco importando se nacionais ou estrangeiras.[358] A lei expressamente permite, inclusive, *substituição processual* para impetração de mandado de segurança, ao prever que "quando o direito ameaçado ou violado couber a várias pessoas, qualquer delas poderá requerer o mandado de segurança" (art. 1.º, § 3.º, da Lei 12.016/2009), cuja importância teórica e pragmática vem sendo devidamente ressaltada pela doutrina.[359] Constitui exemplo dessa situação a possibilidade de "integrante de lista de candidatos a determinada vaga da composição de tribunal" impetrar mandado de segurança "para impugnar a validade da nomeação de concorrente" (Súmula 628 do STF).[360]

O mandado de segurança coletivo pode ser impetrado por: (i) partido político com representação no Congresso Nacional; (ii) organização sindical; (iii) entidade de classe; e (iv) associação legalmente constituída e em funcionamento há pelo menos um ano, em defesa dos interesses de seus membros ou associados (arts. 5.º, LXX, da CF e 21 da Lei 12.016/2009). É pacífica a jurisprudência, hoje inclusive refletida na legislação infraconstitucional, no sentido de que "a entidade de classe tem legitimação para o mandado de segurança ainda quando a pretensão veiculada interesse apenas a uma parte da respectiva categoria" (Súmula 630 do STF). E que "a impetração de mandado de segurança coletivo por entidade de classe em favor dos associados independe da autorização destes" (Súmula 629 do STF).

O rol de legitimados para propositura de mandado de segurança coletivo *não é taxativo*. Como observa a doutrina, "a previsão constitucional que trata do mandado de segurança coletivo limita-se a estabelecer os legitimados para esta ação. Em contraste com a legitimidade para outras ações coletivas (qualquer cidadão para a ação popular e vários entes para as ações civis públicas), é de se questionar se a legitimação aqui prevista é exclusiva, ou seja, se o rol trazido no dispositivo em questão é exaustivo. Nada há que autorize esta conclusão. A garantia fundamental, como cediço, não pode ser restringida, mas nada impede (aliás, será muito salutar) que seja ampliada. Daí ser possível questionar-se da possibilidade de autorizar os legitimados para as ações civis públicas a proporem mandado de segurança coletivo. Partindo-se do pressuposto de que o mandado de segurança é apenas uma forma de procedimento, mostra-se impossível fugir da conclusão de que a tutela dos interesses coletivos já foi outorgada, pelo texto constitucional e por diplomas infraconstitucionais, a outras entidades além daquelas enumeradas no dispositivo em exame. Ora, se essas outras entidades já estão habilitadas à proteção desses interesses, qual seria a racionalidade em negar-lhes autorização para utilizar uma via processual de proteção? Absolutamente nenhuma. Diante disso, parece bastante razoável sustentar a ampliação – pelo direito infraconstitucional e também pelas normas constitucionais (v.g., art. 129, III) – do rol de legitimados para a impetração deste remédio constitucional, de sorte que todos os autorizados para as ações coletivas também tenham à sua disposição o mandado de segurança coletivo como técnica processual para a proteção dos interesses de massa".[361] A jurisprudência do STF, contudo, permanece tímida a respeito do

---

358. BUENO, Cássio Scarpinella. *Mandado de segurança*, 5. ed., p. 36-37.

359. BUENO, Cássio Scarpinella. *A nova lei do mandado de segurança*, p. 12.

360. Súmula 628 do STF: "Integrante de lista de candidatos a determinada vaga da composição de tribunal é parte legítima para impugnar a validade da nomeação de concorrente".

361. MARINONI, Luiz Guilherme; ARENHART, Sérgio Cruz. *Curso de processo civil – Procedimentos especiais*, vol. 5, p. 261. Igualmente nesse sentido, com interessantes observações, DIDIER JÚNIOR, Fredie; ZANETI JÚNIOR, Hermes. *Curso de direito processual civil*, 5. ed., vol. 4, p. 220-222.

ponto, sustentando a taxatividade do rol de legitimados à impetração de mandado de segurança coletivo.[362]

6.2.4 Conformação infraconstitucional

O mandado de segurança é regrado pela Lei 12.016/2009, que prevê procedimento abreviado – formalmente sumário – e cognição plena e exauriente *secundum eventum probationis* para tutela dos direitos mediante mandado de segurança. Alguns aspectos da sua disciplina merecem consideração mais detida.

As partes no mandado de segurança são o *impetrante* e a *pessoa jurídica* a que se encontra vinculada a autoridade coatora. A *autoridade coatora não é parte* no processo de mandado de segurança – é fonte de prova.[363] A exigência de indicação na petição inicial da autoridade coatora e da pessoa jurídica (art. 6.º, *caput*, da Lei 12.016/2009) visa, sendo o caso, a facilitar a correção da autoridade coatora, o que pode ocorrer inclusive de ofício pelo juiz. *É um equívoco determinar a extinção do processo sem resolução de mérito por equivocada indicação da autoridade coatora, já que essa não é parte no processo, mas simples fonte de prova.*

Para viabilizar tutela adequada e efetiva aos direitos, o processo do mandado de segurança admite a utilização de *técnica antecipatória*, seja para *satisfazer* de forma imediata o direito afirmado, seja para *acautelá-lo* para realização eventual e futura (art. 7.º, III, da Lei 12.016/2009). Da decisão que concede ou nega *tutela antecipada* cabe agravo de instrumento (art. 7.º, § 1.º, da Lei 12.016/2009). Denegado o mandado de segurança pela sentença, ou no julgamento do agravo, dela interposto, fica sem efeito a liminar concedida, retroagindo os efeitos da decisão contrária (Súmula 405 do STF).

A sentença que denegar o mandado de segurança por *ausência de direito líquido e certo* não faz coisa julgada, viabilizando a propositura de ação própria para tutela do direito.[364] Vale dizer: se o direito afirmado pela parte não pode ser conhecido tendo em conta as *limitações probatórias do procedimento*, sendo *insuficiente a prova documental*, nada obsta à propositura de outra ação para tutela do direito, em que inexista limitação à prova. Como observa a doutrina, no mandado de segurança o juiz "só conhece do que pode ser provado por documentos".[365] Analisada *a existência ou inexistência do direito* afirmado pela parte, contudo, a sentença faz coisa julgada e, obviamente, obsta à propositura de idêntica ação.

O direito de requerer mandado de segurança extinguir-se-á em 120 dias, contados da ciência, pelo interessado, do ato impugnado (art. 23 da Lei 12.016/2009). O STF entende que é constitucional o prazo para impetração do mandado de segurança (Súmula 632).[366] Não

---

362. STF, Pleno, AgRg na Rcl 1.097/PE, rel. Min. Moreira Alves, *DJ* 12.11.1999, p. 102.

363. Assim, DIDIER JÚNIOR, Fredie. Natureza jurídica das informações da autoridade coatora no mandado de segurança. In: BUENO, Cássio Scarpinella; WAMBIER, Teresa Arruda Alvim; ALVIM, Eduardo Arruda (Coord.). *Aspectos polêmicos e atuais do mandado de segurança*, p. 366-378. Para exposição do problema à luz da Lei 12.016/ 2009: NEVES, Daniel. *Ações constitucionais*, p. 135-140.

364. Súmula 304 do STF: "Decisão denegatória de mandado de segurança, não fazendo coisa julgada contra o impetrante, não impede o uso da ação própria".

365. LEONEL, Ricardo de Barros. *Tutela jurisdicional diferenciada*, p. 152.

366. Súmula 632 do STF: "É constitucional lei que fixa o prazo de decadência para a impetração de mandado de segurança".

cabe condenação em honorários advocatícios em mandado de segurança (art. 25 da Lei 12.016/2009).

6.3 Mandado de injunção

6.3.1 Introdução

O art. 5.º, LXXI, da CF refere que se concederá "mandado de injunção sempre que a falta de norma regulamentadora torne inviável o exercício dos direitos e liberdades constitucionais e das prerrogativas inerentes à nacionalidade, à soberania e à cidadania". Trata-se de instrumento que, conjuntamente com a ação direta de inconstitucionalidade por omissão, visa a tutelar a pessoa diante das omissões inconstitucionais do Estado. Dada a sua estreita afinidade com a ação direta de inconstitucionalidade por omissão, o seu tratamento será realizado em conjunto.

6.4 *Habeas data*

6.4.1 Introdução

Nossa Constituição refere que "todos têm direito a receber dos órgãos públicos informações de seu interesse particular, ou de interesse coletivo ou geral, que serão prestadas no prazo da lei, sob pena de responsabilidade, ressalvadas aquelas cujo sigilo seja imprescindível à segurança da sociedade e do Estado" (art. 5.º, XXXIII). Na sequência, por sugestão de acatada doutrina,[367] a Constituição prevê direito ao *habeas data* no seu art. 5.º, LXXII, para proteção do direito à informação pessoal e eventuais providências correlatas. No plano infraconstitucional, a Lei 9.507/1997 regula o assunto.[368]

6.4.2 Âmbito de proteção

Conceder-se-á *habeas data* para: (i) assegurar o conhecimento de informações relativas à pessoa do impetrante, constantes de registros ou bancos de dados de entidades governamentais ou de caráter público; (ii) a retificação de dados, quando não se prefira fazê-lo por processo sigiloso, judicial ou administrativo; e (iii) a anotação nos assentamentos do interessado, de contestação ou explicação sobre dado verdadeiro mas justificável e que esteja sob pendência judicial ou amigável (arts. 5.º, LXXII, da CF e 7.º da Lei 9.507/1997).

Trata-se de ação que visa a determinar a *liberação da informação*, a *retificação de dados* ou a *complementação de informações nos assentamentos do interessado* constantes de registros ou banco de dados de entidades governamentais ou de caráter público. Considera-se de caráter público todo registro ou banco de dados contendo informações que sejam ou que

---

367. A criação do *habeas data* na nossa ordem jurídica deve-se a Silva, José Afonso da. *Curso de direito constitucional positivo*, p. 431-432, nota de rodapé n. 70.

368. Sobre o tema, consulte-se a coletânea coordenada por Wambier, Teresa Arruda Alvim. *Habeas data*.

possam ser transmitidas a terceiros ou que não sejam de uso privativo do órgão ou entidade produtora ou depositária de informações (art. 1.º, parágrafo único, da Lei 9.507/1997).

O *habeas data* serve para tutelar o *direito à informação pessoal* nos casos constitucional e infraconstitucionalmente assentados. Não serve para obter vista de processo administrativo,[369] nem, tampouco, para obter informações a respeito da identidade de possíveis responsáveis por agressões e denúncias feitas contra o impetrante.[370] Nesses dois casos, o remédio adequado para tutela do direito do impetrante é o mandado de segurança, e não o *habeas data*. Não cabe *habeas data* para obtenção de informações relativa a terceiros,[371] ressalvada a possibilidade de impetração de *habeas data* para tutela do direito à informação sobre o *de cujus* por parte de seus herdeiros, inclusive do cônjuge supérstite.[372]

Nessa primeira linha, o *habeas data* visa a permitir o acesso a "dados de caráter pessoal" – mesmo nos casos em que há sigilo em nome da "segurança da sociedade e do Estado"[373] – pelo próprio sujeito[374] ou pelos seus sucessores. Nesses casos de sigilo, aliás, o *habeas data* serve no mínimo como meio para possibilitar a sindicância das razões pelas quais determinadas informações são qualificadas como sensíveis à segurança da sociedade e do Estado. Vale dizer: serve para proporcionar um escrutínio da adequação da justificação do segredo.[375]

Para além de um simples direito à informação, porém, tem-se reconhecido a existência de um direito mais amplo – o direito fundamental à proteção de dados.[376] De acordo com a doutrina, entram no seu âmbito de proteção: "(a) o direito ao acesso e ao conhecimento dos dados pessoais existentes em registros (bancos de dados) públicos ou privados; (b) o direito ao não conhecimento, tratamento e utilização e difusão de determinados dados pessoais pelo Estado ou por terceiros, aqui incluído um direito de sigilo quanto aos dados pessoais; (c) o direito ao conhecimento da identidade dos responsáveis pela coleta, armazenamento, tratamento e utilização dos dados; (d) o direito ao conhecimento da finalidade da coleta e da eventual utilização dos dados; (e) o direito à retificação e, a depender do caso, à exclusão de dados pessoais armazenados em bancos de dados".[377]

---

369. STF, Pleno, AgRg no HD 90, rel. Min. Ellen Gracie, j. 18.02.2010, *DJe* 19.03.2010.
370. STF, Pleno, MS 24.405/DF, rel. Min. Carlos Velloso, j. 03.12.2003, *DJ* 23.04.2004.
371. STF, Pleno, AgRg no HD 87, rel. Min. Carmen Lúcia, j. 25.11.2009, *DJe* 05.02.2010.
372. STJ, 3.ª Seção, HD 147/DF, rel. Min. Arnaldo Esteves Lima, j. 12.12.2007, *DJ* 28.02.2008.
373. Conforme art. 5º, XXXIII, da CF. Para a alocação do *habeas data* dentro do contexto normativo brasileiro relativo à proteção de dados, Laura Mendes, "A Lei Geral de Proteção de Dados Pessoais: um Modelo de Aplicação em Três Níveis", *Lei Geral de Proteção de Dados – Caderno Especial*. São Paulo: Revista dos Tribunais, 2019, pp. 35-56.
374. Conforme Gilmar Mendes e Paulo Branco, *Curso de Direito Constitucional*, 13. ed. São Paulo: Saraiva, 2018, p. 473.
375. Conforme José Joaquim Calmon de Passos (1920-2008), *Mandado de Segurança Coletivo, Mandado de Injunção, Habeas Data – Constituição e Processo*. Rio de Janeiro: Forense, 1989, p. 138.
376. Conforme Ingo Sarlet, *Curso de Direito Constitucional*, 10. ed. São Paulo: Saraiva, 2021, pp. 486-492, em coautoria com Luiz Guilherme Marinoni e Daniel Mitidiero; Danilo Doneda, "A Autonomia do Direito Fundamental de Proteção de Dados", *Lei Geral de Proteção de Dados – Caderno Especial*. São Paulo: Revista dos Tribunais, 2019, pp. 15-33; Fabiano Menke, "As Origens Alemãs e o Significado da Autodeterminação Informativa", *Lei Geral de Proteção de Dados – Aspectos Relevantes*. Indaiatuba: Foco, 2021. No STF, *Conselho Federal da OAB v. Presidência da República* (STF, Pleno, MC na ADI n. 6.387/DF, rel. Min. Rosa Weber, j. 07.05.2020, *DJe* 12.11.2020).
377. Conforme Ingo Sarlet, *Curso de Direito Constitucional*, 10. ed. São Paulo: Saraiva, 2021, p. 489, em coautoria com Luiz Guilherme Marinoni e Daniel Mitidiero.

Nada impede que, em relação aos bancos de dados dos órgãos governamentais ou públicos, o *habeas data* seja utilizado como meio de tutela do *direito fundamental à proteção de dados*. Não há nenhuma incompatibilidade procedimental, tampouco relativa às formas de tutela que podem ser concedidas. Diante do histórico alargamento do *habeas corpus*, da amplitude do mandado de segurança e do mandado de injunção, não há razão para acanhar o *habeas data* nos limites do simples direito à informação. Na verdade, a transformação do direito à informação em direito à proteção de dados precisa ser acompanhada de idêntica ampliação do remédio que tradicionalmente o tutela. Onde há um direito, deve existir uma forma de tutela adequada. Essa é a segunda – e talvez mais importante – linha de proteção proporcionada pelo *habeas data*.

6.4.3 Titularidade

O *habeas data* pode ser impetrado por pessoa física ou por pessoa jurídica, seja nacional ou estrangeira,[378] para tutela do direito à informação que lhe diga respeito de forma direta. Não há qualquer restrição na legislação a respeito. Falecendo o titular do direito à informação, admite-se a impetração de *habeas data* pelos herdeiros ou sucessores da pessoa, inclusive cônjuge supérstite.

6.4.4 Conformação infraconstitucional

O *habeas data* tem inquestionável ligação com o *habeas corpus* e com o mandado de segurança.[379] Compartilha com ambos a natureza de ação que visa à prestação de *tutela jurisdicional mandamental* e que segue procedimento *abreviado* estruturado a partir de cognição plena e exauriente *secundum eventum probationis*. Trata-se de procedimento documental, cuja viabilização da prestação da tutela jurisdicional está subordinada à produção de prova pré-constituída.

A petição inicial do *habeas data* tem de ser instruída com prova da *recusa administrativa* ao acesso à informação, sua retificação ou complementação (art. 8.º, parágrafo único, da Lei 9.507/1997). É essencial à configuração do *interesse processual* no *habeas data* a demonstração de prévia recusa administrativa. Já se decidiu que é constitucional semelhante exigência.[380] O procedimento administrativo para exercício do direito à informação e providências correlatas está encartado nos arts. 2.º a 4.º da Lei 9.507/1997.

Pode o juiz, mediante requerimento da parte, alçar mão de *técnica antecipatória* para *satisfazer* desde logo o direito da parte ou *acautelá-lo* para realização eventual e futura. O fato de o legislador infraconstitucional não ter previsto direito à antecipação da tutela no processo de *habeas data* em nada prejudica o direito da parte, já que o direito fundamental à tutela jurisdicional adequada, efetiva e tempestiva dos direitos implica direito à técnica antecipatória.

---

378. Neves, Daniel. *Ações constitucionais*, p. 349.

379. Barbosa Moreira, José Carlos. O *habeas data* brasileiro e sua lei regulamentadora. *Temas de direito processual* – 7.ª série, p. 136.

380. STF, Pleno, AgRg no HD 87, rel. Min. Carmen Lúcia, j. 25.11.2009, *DJe* 05.02.2010. O STJ sumulou o assunto: "Não cabe o *habeas data* (CF, art. 5.º, LXXII, *a*) se não houve recusa de informações por parte da autoridade administrativa" (Súmula 2).

O legitimado passivo é a *pessoa jurídica* a que se encontra vinculado o registro ou banco de dados. Pouco importa se pessoa jurídica de direito público ou de direito privado. O que interessa é que o registro ou banco de dados tenha "caráter público" – isto é, que os dados "possam ser transmitidos a terceiros". A *autoridade coatora* – tal como ocorre no processo de mandado de segurança – é *fonte de prova* no processo de *habeas data*. Não é a legitimada passiva.

A sentença que julgar o *habeas data* só fará coisa julgada se a prova documental for suficiente para permitir um juízo sobre a existência ou inexistência do direito material afirmado em juízo. Do contrário, o pedido de *habeas data* poderá ser renovado (art. 18 da Lei 9.507/1997) ou poderá ser proposta ação pelo procedimento comum ordinário para obtenção da providência negada (aplica-se analogicamente a Súmula 304 do STF).

6.5 Ação popular

6.5.1 Introdução

Celebrada como primeiro meio para *tutela de direitos transindividuais* no direito brasileiro,[381] a *ação popular* consta de nosso direito constitucional desde a Constituição de 1934.[382] De lá para cá teve significativamente alargado o seu objeto e transformou-se em importante instrumento para *exercício da cidadania* em nosso Estado Constitucional.[383] A Lei 4.717/1965 regula o assunto na legislação infraconstitucional.

6.5.2 Âmbito de proteção

A ação popular visa a anular *ato lesivo ao patrimônio público* ou de *entidade de que o Estado participe*, à *moralidade administrativa*, ao *meio ambiente* e ao *patrimônio histórico e cultural* (arts. 5.º, LXXIII, da CF e 1.º da Lei 4.717/1965). Presta-se à obtenção de tutela jurisdicional *desconstitutiva* e, eventualmente, *condenatória* (arts. 5.º, LXXIII, da CF e 11 da Lei 4.717/1965).

Em um primeiro momento, poder-se-ia pensar que a ação popular visa à prestação de tutela jurisdicional *típica* – sua finalidade constitucionalmente marcada delimitaria o âmbito de providências que poderiam ser obtidas mediante seu exercício. É preciso, contudo, *ir além da interpretação meramente gramatical*. É que a *finalidade* da ação popular está em tutelar a moralidade administrativa, o meio ambiente e o patrimônio histórico e cultural. Dessa forma, *todas as tutelas do direito que podem ser prestadas a esses bens jurídicos podem ser obtidas mediante ação popular*. É cabível, por exemplo, obtenção de *tutela inibitória* – que é sabidamente *preventiva* e em nada se assemelha à anulação – para tutela da moralidade administrativa, do meio ambiente e do patrimônio histórico e cultural

---

381. BARBOSA MOREIRA, José Carlos. A ação popular do direito brasileiro como instrumento da tutela jurisdicional dos chamados "interesses difusos". *Temas de direito processual* – 1.ª série, p. 110-123.

382. PONTES DE MIRANDA, F. C. *Comentários à Constituição de 1967 com a Emenda 1/1969*, 2. ed., t. V, p. 637.

383. Sobre o assunto, monograficamente, MANCUSO, Rodolfo de Camargo. *Ação popular*, 5. ed.

mediante ação popular. Uma interpretação mais arejada do sistema processual civil abona semelhante solução.[384]

A doutrina costuma sublinhar o fato de a ação popular ter como pressuposto a *afirmação de ato lesivo* por parte do demandante, erigindo a *lesividade* como elemento essencial da *causa petendi*. Seguindo essa premissa, contudo, acaba obrigada a afirmar que, em determinadas hipóteses (art. 4.º da Lei 4.717/1965), a *lesividade é presumida*, já que o legislador a ela não faz referência específica, sendo imprescindível a sua alegação e prova apenas como regra (arts. 2.º e 3.º da Lei 4.717/1965).[385] A jurisprudência, por vezes, igualmente alça mão da ideia de que o dano ao erário pode estar na ilegalidade em si, prescindindo da sua alegação e invocação.[386]

Na verdade, é preciso distinguir *ato ilícito* e *fato danoso* a propósito do âmbito de proteção da ação popular. A ação popular visa à *anulação de ato ilícito* e visa à anulação de *ato que ocasione fato danoso*. Pode igualmente visar à *inibição da prática de ato ilícito* ou à *remoção de seus efeitos*. Em todos esses casos é possível propor ação popular. O ato ilícito pode não causar dano. O dano é consequência meramente eventual do ilícito. Não é possível confundir os pressupostos de tutela contra o ato ilícito com os pressupostos para responsabilização civil.

Quando a ação popular visa simplesmente à *anulação de ato ilícito* praticado em detrimento do patrimônio público, da moralidade administrativa e do patrimônio histórico e cultural, *basta ao autor alegar e provar o ato ilícito, estando dispensado de alegação e prova do elemento subjetivo e do fato danoso*. Aí obviamente a sentença não pode condenar quem quer que seja à reparação de dano, cingindo-se à decretação da nulidade do ato ilícito. O mesmo se passa quando se pede simplesmente a *inibição de um ato ilícito* ou a *remoção de seus efeitos* – basta ao autor alegar e provar o *ato ilícito temido ou consumado*. De outro lado, quando visa à anulação do ilícito e à reparação pelo fato danoso, *todos os pressupostos para a responsabilidade civil daqueles que praticaram o ato devem ser alegados e provados, sob pena de improcedência do pedido de desconstituição e reparação*.

6.5.3 Titularidade

A ação popular pode ser proposta por qualquer cidadão. A prova da cidadania, para ingresso em juízo, será feita com o título eleitoral ou com documento que a ele corresponda (art. 1.º, § 3.º, da Lei 4.717/1965). Não se admite propositura de ação popular por pessoa jurídica (Súmula 365 do STF).[387] O Ministério Público não pode propor ação popular, nada obstante possa suceder o cidadão no polo ativo (art. 9.º da Lei 4.717/1965).

---

384. Assim, ZAVASCKI, Teori. *Processo coletivo*, 5. ed., p. 87-88; NEVES, Daniel. *Ações constitucionais*, p. 207-209; MEIRELLES, Hely Lopes; WALD, Arnoldo; MENDES, Gilmar Ferreira. *Mandado de segurança*, 31. ed., p. 133-136.

385. Sobre o assunto, com amplo exame doutrinário e jurisprudencial, ZAVASCKI, Teori. *Processo coletivo*, 5. ed., p. 80-81.

386. STF, 1.ª T., RE 160.381, rel. Min. Marco Aurélio, j. 29.03.1994, *DJ* 12.08.1994.

387. Súmula 365 do STF: "Pessoa jurídica não tem legitimidade para propor ação popular".

6.5.4 Conformação infraconstitucional

A disciplina infraconstitucional da ação popular encontra-se na Lei 4.717/1965. Chamam mais atenção no tratamento do tema basicamente três questões: (i) competência; (ii) possibilidade de *intervenção móvel* das pessoas jurídicas de direito público ou privado; e (iii) regime da coisa julgada.

Está assente, na doutrina e na jurisprudência, que a competência para julgamento da ação popular é do *juiz de primeiro grau*, pouco importando se o agente a que se imputa a prática do ato ilícito goza de foro privilegiado. Ressalvando-se os casos de a ação popular acusar conflito entre a União e o Estado (art. 102, I, *f*, da CF) e conflito com interesse direto ou indireto de todos os membros da magistratura ou com impedimento ou interesse de mais da metade dos membros do tribunal de origem (art. 102, I, *n*, da CF), em que haverá competência originária do STF, todos os demais devem ser julgados pela magistratura de primeiro grau.[388]

No processo da ação popular está prevista a possibilidade de *intervenção móvel* da pessoa jurídica de direito público ou de direito privado, cujo ato seja objeto de impugnação (art. 6.º, § 3.º, da Lei 4.717/1965). Semelhante possibilidade também está prevista na Lei da Ação de Improbidade Administrativa (art. 17, § 3.º, da Lei 8.429/1992), sugerindo a doutrina sua aplicabilidade a todo o microssistema do processo coletivo.[389] Trata-se de intervenção que parte da distinção entre *interesse público primário* e *interesse público secundário*. Pela *intervenção móvel*, reconhece-se que o que determina o polo da demanda em que atuará a pessoa jurídica é o interesse público primário. Vale dizer: não tem a pessoa jurídica necessariamente o dever de defender a higidez de ato – temido ou consumado – que sabe descompassado com as exigências do Estado Constitucional.

A coisa julgada no processo da ação popular segue o regime jurídico próprio aos *direitos transindividuais* (coletivos e difusos). O art. 18 da Lei 4.717/1965 rege o assunto: "A sentença terá eficácia de coisa julgada oponível *erga omnes*, exceto no caso de haver sido a ação julgada improcedente por deficiência de prova; neste caso, qualquer cidadão poderá intentar outra ação com idêntico fundamento, valendo-se de nova prova". É *secundum eventum probationis* – vale dizer, forma-se apenas se a prova for suficiente para adequada cognição das alegações. E é *ultra partes*, no caso de direitos coletivos, e *erga omnes*, no caso de direitos difusos.[390] A extensão subjetiva da coisa julgada é *secundum eventum litis* – e não a sua formação.[391]

---

388. STF, Pleno, AgRg na Rcl 2.769, rel. Min. Carmen Lúcia, j. 23.09.2009, *DJe* 16.10.2009.

389. Sobre o assunto: CABRAL, Antônio do Passo. Despolarização do processo e zonas de interesse: sobre a migração entre os polos da demanda. *RF* 404/3-42; MAZZEI, Rodrigo. A "intervenção móvel" da pessoa jurídica de direito público na ação popular e ação de improbidade administrativa (art. 6.º, § 3.º, da LAP e art. 17, § 3.º, da LIA). In: DIDIER JÚNIOR, Fredie; WAMBIER, Teresa Arruda Alvim (Coord.). *Aspectos polêmicos e atuais sobre terceiros no processo civil e assuntos afins*; DIDIER JÚNIOR, Fredie; ZANETI JÚNIOR, Hermes. *Curso de direito processual civil*, 5. ed., vol. 4, p. 260-261.

390. DIDIER JÚNIOR, Fredie; ZANETI JÚNIOR, Hermes. *Curso de direito processual civil*, 5. ed., vol. 4, p. 366-368.

391. A lição é de GIDI, Antônio. *Coisa julgada e litispendência em ações coletivas*, p. 73-74: "Rigorosamente, a coisa julgada nas ações coletivas do direito brasileiro não é *secundum eventum litis*. Seria assim se ela se formasse nos casos de procedência do pedido, e não nos de improcedência. Mas não é exatamente isso o que acontece. A coisa julgada sempre se formará, independentemente de o resultado da demanda ser pela procedência ou pela improcedência. A coisa julgada nas ações coletivas se forma *pro et contra*. O que dife-

6.6 Ação civil pública

6.6.1 Introdução

A Constituição não arrola dentro dos direitos fundamentais a ação civil pública. *Formalmente*, portanto, é possível questionar a sua fundamentalidade como instrumento para tutela dos direitos individuais homogêneos, difusos e coletivos. Se, contudo, o ângulo de apreciação do problema se desloca do *formal* para o *material*, fica fácil concluir que a ação civil pública constitui direito fundamental na ordem jurídica brasileira. Trata-se de *particularização* do direito fundamental à tutela adequada, efetiva e tempestiva mediante processo justo. A *ação civil pública*, que nossa Constituição menciona no art. 129, III, lida na perspectiva do *microssistema do processo coletivo brasileiro*, constitui poderoso meio para prestação de tutela jurisdicional aos *novos direitos*.[392] Sua previsão entre nós é fruto da *segunda onda de reformas* exigida pelo movimento do acesso à Justiça[393] e da circulação dos institutos jurídicos entre as duas grandes tradições ocidentais: *civil law – common law*.[394]

A ação civil pública é regida no plano infraconstitucional por um microssistema construído basicamente pelo *diálogo* entre a Lei 7.347/1985 e a Lei 8.078/1990 (arts. 81 a 104).[395] Daí se retira a existência de um "sistema integrado"[396] para a disciplina do processo coletivo. O Código de Defesa do Consumidor, como observa a doutrina, "ao alterar a LACP, atuou como verdadeiro agente unificador e harmonizador, empregando e adequando à sistemática processual vigente do Código de Processo Civil e da LACP para defesa de direitos 'difusos, coletivos e individuais, no que for cabível, os dispositivos do Título III da Lei 8.078, de 11.09.1990, que instituiu o Código de Defesa do Consumidor. Com isso cria-se a novidade de um *microssistema processual para as ações coletivas*. No que for compatível, seja a ação popular, a ação civil pública, a ação de improbidade administrativa e mesmo o mandado de segurança coletivo, aplica-se o Título III do CDC. Desta ordem de observações fica fácil determinar, pelo menos para as finalidades práticas que se impõem, que o diploma em enfoque se tornou um verdadeiro 'Código Brasileiro de Processos Coletivos', um 'ordenamento processual geral' para a tutela coletiva".[397] Há um verdadeiro "círculo de interdependência – complementaridade"[398] entre a legislação que visa à tutela dos direitos individuais homogêneos, difusos e coletivos.

---

rirá com o 'evento da lide' não é a formação ou não da coisa julgada, mas o rol de pessoas por ela atingidos. Enfim, o que é *secundum eventum litis* não é a formação da coisa julgada, mas a sua extensão *erga omnes* ou *ultra partes* à esfera jurídica individual de terceiros prejudicados pela conduta considerada ilícita na ação coletiva".

392. Sobre o microssistema do processo coletivo em geral: DIDIER JÚNIOR, Fredie; ZANETI JÚNIOR, Hermes. *Curso de direito processual civil*, 5. ed., vol. 4, p. 45-53.

393. CAPPELLETTI, Mauro; GARTH, Bryan. *Acesso à justiça*, p. 49-67.

394. O primeiro ensaio publicado na Itália sobre as *class actions* estadunidenses é de TARUFFO, Michele. I limiti soggettivi del giudicato e le *class actions*, *Rivista di Diritto Processuale*, sendo considerado um dos grandes marcos para difusão do tema na tradição romano-canônica. Sobre o assunto, DIDIER JÚNIOR, Fredie; ZANETI JÚNIOR, Hermes. *Curso de direito processual civil*, 5. ed., vol. 4, p. 29.

395. Para a teoria do diálogo das fontes, MARQUES, Claudia Lima. *Comentários ao código de defesa do consumidor*, 3. ed., p. 29-63, em coautoria com Antônio Herman Benjamin e Bruno Miragem.

396. LEONEL, Ricardo de Barros. *Manual do processo coletivo*, 2. ed., p. 136.

397. DIDIER JÚNIOR, Fredie; ZANETI JÚNIOR, Hermes. *Curso de direito processual civil*, 5. ed., vol. 4, p. 47-48.

398. MANCUSO, Rodolfo de Camargo. *Jurisdição coletiva e coisa julgada – Teoria geral das ações coletivas*, p. 53.

6.6.2 Âmbito de proteção

A ação civil pública – tal como ocorre se analisarmos as *class actions* na perspectiva do direito comparado[399] – presta-se à tutela de várias situações de direito material. Do ponto de vista da *estrutura* do direito, serve para a tutela de direitos individuais homogêneos, difusos e coletivos.[400] Do ponto de vista da *natureza* do bem jurídico protegido, visa à tutela do meio ambiente, do consumidor, dos bens e direitos de valor artístico, estético, histórico, turístico e paisagístico, da ordem econômica, da ordem urbanística (art. 1.º da Lei 7.347/1985), das pessoas portadoras de necessidades especiais (art. 3.º da Lei 7.853/1989), dos titulares de direitos mobiliários e dos investidores do mercado (art. 1.º da Lei 7.913/1989), da infância e da adolescência (art. 201, V, da Lei 8.069/1990), do idoso (art. 74, I, da Lei 10.741/2003) e de qualquer outro direito difuso ou coletivo.

O art. 3.º da Lei 7.347/1985 refere que "a ação civil poderá ter por objeto a condenação em dinheiro ou o cumprimento de obrigação de fazer ou não fazer". Ao afirmar a *condenação* como forma de tutela jurisdicional passível de obtenção no processo da ação civil pública, o legislador obviamente *não quis circunscrever a eficácia da ação simplesmente à condenação*. A alusão tem de ser compreendida como um *simples exemplo*, de modo que *nada obsta à propositura de ação civil pública visando à declaração, constituição, mandamento ou execução*. Ao selecionar *bens* para tutela mediante ação civil pública, o legislador inquestionavelmente tem de viabilizar também os *meios* para sua efetiva proteção.[401]

Além de ser possível obter *quaisquer formas de tutela jurisdicional*, é igualmente admissível a prestação de toda e qualquer *forma de tutela do direito* no processo da ação civil pública. Vale dizer: a prestação de *tutela inibitória, de remoção do ilícito, reparatória e ressarcitória* é perfeitamente viável mediante ação civil pública.[402] Enquanto a tutela jurisdicional diz respeito ao plano do direito processual, a categoria da tutela do direito pertence ao plano do direito material. É preciso perceber que o mandamento, por exemplo, é o meio pelo qual a tutela inibitória pode ser realizada – é necessário conjugar os dois conceitos para boa compreensão e operação do sistema brasileiro de *tutela jurisdicional dos direitos*. É da interação entre esses dois planos que a ação civil pública retira a possibilidade de alterar concretamente o mundo e proteger eficazmente as pessoas.

---

399. Para amplo panorama: MULHERON, Rachael, *The class action in common law legal systems – A comparative perspective*, p. 13-15. Para uma comparação entre as ações coletivas brasileiras e as *class actions* estadunidenses: GIDI, Antônio. *A class action como instrumento de tutela coletiva dos direitos – As ações coletivas em uma perspectiva comparada*; MENDES, Aluísio Gonçalves de Castro. *Ações coletivas no direito comparado e nacional*.

400. José Tesheiner sugere que as ações coletivas visam à aplicação do *direito subjetivo*, quando em causa direitos individuais homogêneos, e à aplicação do *direito objetivo*, quando em causa direitos difusos e coletivos (TESHEINER, José. Ações coletivas no Brasil – Tendências e atualidades. *Temas de direito & processos coletivos*, p. 38, em coautoria com Mariângela Guerreira Milhoranza).

401. Por todos, MARINONI, Luiz Guilherme; ARENHART, Sérgio Cruz. *Curso de processo civil – Procedimentos especiais*, vol. 5, p. 308-309.

402. Sobre o tema, MARINONI, Luiz Guilherme. *Tutela inibitória – Individual e coletiva*, 4. ed.; ARENHART, Sérgio Cruz. *Perfis da tutela inibitória coletiva*.

6.6.3 Titularidade

Tem legitimidade para propor ação civil pública: (i) o Ministério Público; (ii) a Defensoria Pública; (iii) a União, os Estados, o Distrito Federal e os Municípios; (iv) a autarquia, empresa pública, fundação ou sociedade de economia mista; e (v) a associação que, concomitantemente, esteja constituída há pelo menos 1 (um) ano nos termos da lei civil e inclua, entre suas finalidades institucionais, a proteção ao meio ambiente, ao consumidor, à ordem econômica, à livre concorrência ou ao patrimônio artístico, estético, histórico, turístico e paisagístico (art. 5.° da Lei 7.347/1985).

O Ministério Público, se não intervier no processo como parte, atuará obrigatoriamente como fiscal da lei. Fica facultado ao Poder Público e a outras associações legitimadas habilitarem-se como litisconsortes de qualquer das partes. Nada obsta ao litisconsórcio facultativo entre os Ministérios Públicos da União, do Distrito Federal e dos Estados. Pode o juiz, por fim, dispensar o requisito da pré-constituição da associação quando haja manifesto interesse social evidenciado pela dimensão ou característica do ilícito ou do dano ou pela relevância do bem jurídico a ser protegido.

Grassa na doutrina brasileira controvérsia a respeito da *possibilidade de controle jurisdicional da legitimação coletiva*. A discussão está em saber se é possível ou não controlar a *representação adequada* do legitimado para condução do processo coletivo.[403] A resposta é positiva. Como a legitimação coletiva diz respeito à aptidão do legitimado para exercer de forma adequada todas as posições inerentes ao *processo justo*, é preciso aferir a representação adequada – e, pois, a legitimação para causa – *duplamente*: primeiro, em abstrato, a partir da legislação; segundo, em concreto, a partir do caso concreto mediante análise justificada do juiz.

Todos os legitimados às ações coletivas estão submetidos ao controle jurisdicional da representação adequada, inclusive o Ministério Público e a Defensoria Pública. São critérios para tanto: (i) a posição do legitimado diante do direito material defendido em juízo (afinidade temática); e (ii) a credibilidade, a capacidade técnica e a capacidade financeira do legitimado. A *ausência de representação adequada* desautoriza a condução do processo pelo simples legitimado legal.

6.6.4 Conformação infraconstitucional

No desenho infraconstitucional da ação civil pública, duas questões chamam sobremaneira atenção: (i) a possibilidade de utilização de técnica antecipatória (arts. 4.° e 12 da Lei 7.347/1985); e (ii) o alcance da coisa julgada (arts. 16 da Lei 7.347/1985 e 103 da Lei 8.078/1990).

Como técnica processual inerente à conformação do processo justo e, muito especialmente, do direito à tutela jurisdicional adequada e efetiva, a técnica antecipatória é essencial para *realização* ou *acautelamento* dos direitos. É por essa razão que o legislador prevê de forma expressa a possibilidade de obtenção de tutela antecipada satisfativa (art. 12 da Lei 7.347/1985) ou cautelar (art. 4.° da Lei 7.347/1985) no âmbito da ação civil pública.

---

403. Amplamente, Didier Júnior, Fredie; Zaneti Júnior, Hermes. *Curso de direito processual civil*, 5. ed., vol. 4, p. 210-215.

O art. 4.º refere que poderá ser ajuizada ação cautelar "objetivando, inclusive, evitar o dano". O art. 12 afirma que "poderá o juiz conceder mandado liminar, com ou sem justificação prévia". A legislação, como facilmente se percebe, incorre em um *duplo equívoco*: a uma, porque fala em *evitar o dano*, quando é amplamente sabido que a *tutela preventiva* refere-se ao *ato ilícito* e não ao *fato danoso*. A duas, pressupõe que o meio processual adequado para prestação da tutela preventiva é a ação cautelar, quando é sabido que a tutela cautelar tem *caráter meramente assecuratório*, com o que não tem o condão de *evitar o ilícito*, visando apenas a *acautelar o dano*.

Se a parte pretende *realizar desde logo o direito afirmado em juízo*, a técnica antecipatória presta-se a *antecipar a tutela satisfativa do direito*. Se, contudo, pretende apenas *assegurar a possibilidade de realizá-lo eventualmente no futuro*, a técnica antecipatória possibilita a *antecipação da tutela cautelar*. Em ambos os casos, na sentença final, o juiz disporá sobre a sorte da providência tomada sob cognição sumária, confirmando-a ou revogando-a.[404]

Embora a Lei 7.347/1985 não faça alusão à possibilidade de emprego da técnica antecipatória em face do oferecimento de *defesa inconsistente* pelo demandado (art. 311, I, do CPC de 2015), nem possibilite expressamente *tutela definitiva da parcela incontroversa* da demanda (art. 356 do CPC de 2015), é absolutamente certa a possibilidade de se empregarem semelhantes técnicas processuais para promoção da *adequação* e da *tempestividade* da tutela jurisdicional. Sendo o Código de Processo Civil o nosso *direito processual comum*, a densificação com *vocação mais expansiva* do direito fundamental ao processo justo, é natural a utilização das técnicas nele previstas para todo o direito processual civil brasileiro. Enceta-se aí um *diálogo entre as fontes* do processo civil brasileiro.

A coisa julgada na ação civil pública segue o *regime comum* da coisa julgada no processo coletivo. É *secundum eventum probationis* – vale dizer, forma-se apenas se a prova for suficiente para adequada cognição das alegações. E é *ultra partes*, no caso de direitos coletivos (art. 103, II, da Lei 8.078/1990), e *erga omnes*, no caso de direitos difusos (art. 103, I, da Lei 8.078/1990),[405] e, no caso de direitos individuais homogêneos, com extensão *secundum eventum litis* (art. 103, III, da Lei 8.078/1990). A extensão subjetiva da coisa julgada é *secundum eventum litis* – e não a sua formação.[406]

O art. 16 da Lei 7.347/1985 prescreve que a sentença civil fará coisa julgada *erga omnes* na ação civil pública, circunscrita, contudo, aos "limites da competência territorial do órgão prolator". A norma é flagrantemente inconstitucional por ofensa à igualdade de todos perante o direito (art. 5.º, I, da CF). Além disso, é contrária ao *espírito* do processo coletivo, cuja missão está em promover *tratamento molecular* dos litígios em detrimento da *fragmentação*

---

404. Sobre o tema, MITIDIERO, Daniel. Tendências em matéria de tutela sumária: da tutela cautelar à técnica antecipatória. *RePro* 197/27-66.

405. DIDIER JÚNIOR, Fredie; ZANETI JÚNIOR, Hermes. *Curso de direito processual civil*, 5. ed., vol. 4, p. 366-368.

406. A lição é de GIDI, Antônio. *Coisa julgada e litispendência em ações coletivas*, p. 73-74: "Rigorosamente, a coisa julgada nas ações coletivas do direito brasileiro não é *secundum eventum litis*. Seria assim se ela se formasse nos casos de procedência do pedido, e não nos de improcedência. Mas não é exatamente isso o que acontece. A coisa julgada sempre se formará, independentemente de o resultado da demanda ser pela procedência ou pela improcedência. A coisa julgada nas ações coletivas se forma *pro et contra*. O que diferirá com o 'evento da lide' não é a formação ou não da coisa julgada, mas o rol de pessoas por ela atingidos. Enfim, o que é *secundum eventum litis* não é a formação da coisa julgada, mas a sua extensão *erga omnes* ou *ultra partes* à esfera jurídica individual de terceiros prejudicados pela conduta considerada ilícita na ação coletiva".

das demandas.[407] Vale dizer: a coisa julgada na ação civil pública opera na *exata extensão do direito litigioso, desconhecendo as fronteiras artificialmente construídas para amainar a sua eficácia social.* Como bem observa a doutrina, aceitar a constitucionalidade do art. 16 da Lei 7.347/1985 é o mesmo que aceitar que "uma fruta só é vermelha em certo lugar do País".[408] É um contrassenso.

---

407. DIDIER JÚNIOR, Fredie; ZANETI JÚNIOR, Hermes. *Curso de direito processual civil,* 5. ed., vol. 4, p. 370.
408. MARINONI, Luiz Guilherme; ARENHART, Sérgio Cruz. *Curso de processo civil – Procedimentos especiais,* vol. 5.

7

DA ORGANIZAÇÃO DO ESTADO E DA REPARTIÇÃO DE COMPETÊNCIAS

Ingo Wolfgang Sarlet

I – DA ORGANIZAÇÃO DO ESTADO

7.1 O Estado Federal no âmbito da teoria e prática das formas de Estado: noções gerais e introdutórias

A doutrina do federalismo e a noção de um Estado Federal constituem, como já tem sido repetidamente lembrado, possivelmente o mais significativo aporte do constitucionalismo e do pensamento político norte-americano tanto para a teoria, quanto para a prática do Estado moderno.[1] Com efeito, ao tempo de sua "invenção" e de sua primeira aparição concreta, quando da promulgação da Constituição (Federal) dos Estados Unidos da América, em 1787,[2] o Estado Federal, ou, dito de outro modo, *a forma federativa do Estado, representou uma novidade no âmbito das assim chamadas formas de Estado e suas tipologias*. Muito embora o flerte assumido do federalismo (e do Estado Federal) com modelos e teorias já existentes na época, como, por exemplo, a noção de estados compostos e a própria ideia

---

1. Nesse sentido, dentre tantos, destaca-se a referência de LOEWENSTEIN, Karl. *Teoría de la constitución*, Trad. Alfredo Gallego Anabidarte, p. 354.
2. No âmbito da farta literatura, v. – priorizando precisamente a ideologia subjacente ao federalismo –, a contribuição de LACROIX, Alison L. *The ideological origins of american federalism*, Cambridge: Harvard University Press, 2010.

de descentralização político-administrativa, *cuidava-se de algo substancialmente diferente do que existia até então.*

Diferentemente do Estado Unitário (mesmo na forma descentralizada) e da Confederação ou mesmo da União de Estados, tipologias que igualmente – como é o caso do próprio Estado Federal – não podem ser reconduzidas a um padrão único e fechado,[3] mas correspondem a modelos abertos e caracterizados por alguns traços comuns que os identificam quanto aos seus traços essenciais, o Estado Federal (ou simplesmente Federação) apresenta características próprias e distintas. Ao passo que o Estado Unitário (que constitui uma forma estatal simples) se caracteriza por uma estrutura de poder única (mais ou menos centralizada) e uma ordem jurídica, visto que toda a autoridade é central, a Confederação e a União de Estados, formas ditas compostas ou complexas, consistem sempre na reunião de Estados, que seguem soberanos e independentes (e que individualmente podem ser tanto Estados Unitários quanto Federações), mas que se unem em torno de determinados fins e mediante pactos regidos pelo direito internacional público.[4]

Aspecto a ser relevado, ainda no plano das distinções, é que a descentralização que se verifica nos Estados do tipo unitário, embora possa atingir níveis significativos, não implica uma autonomia, no sentido do exercício de competências reservadas e exclusivas na esfera da unidade administrativa descentralizada, diferentemente do que veio a se afirmar com a introdução da Federação, cuja nota distintiva, dentre outros aspectos a serem ainda destacados, reside precisamente no tipo de descentralização, notadamente mediante a criação de unidades de poder dotadas de um particular tipo de autonomia e auto-organização, como é o caso dos assim chamados estados-membros da Federação (ou estados federados) e, no Brasil, dos Municípios e do Distrito Federal.[5] De todo modo, as diferenças entre os Estados Unitários e os Estados Federais não são sempre fáceis de serem devidamente identificadas, seja pelos distintos níveis de descentralização e desconcentração verificados em diversos Estados convencionalmente rotulados de unitários (bastaria aqui apontar para o exemplo da Espanha), seja pelo fato de que também entre os Estados Federais existem diferenças importantes (bastaria comparar grosseiramente o Brasil com os Estados Unidos da América ou mesmo com a nossa vizinha Argentina).

Por outro lado, não se pode olvidar que *a noção de Estado Federal é também uma noção, um conceito, de caráter normativo, que deve ser compreendido a partir da formatação específica tomada por cada Estado Federal em sua concreta ordem constitucional,* ainda que existam elementos comuns que possam ser identificados como sendo determinantes para que um determinado Estado possa ser designado de Federal.[6] Também por esta razão *é preciso distinguir entre o Estado Federal (a Federação),* na condição de modo concreto e constitucionalmente determinado de organização e estruturação estatal, *do assim chamado*

---

3. A respeito das diversas modalidades, v., na literatura brasileira, entre outros, REVERBEL, Carlos Eduardo Dieder. *O federalismo numa visão tridimensional do direito.* Porto Alegre: Livraria do Advogado, 2012, p. 17-20.

4. Cf., por todos, VOGEL, Hans-Jochen, Die bundesstaatliche Ordnung des Grundgesetzes. In: BENDA, Ernst; MAIHOFER, Werner; VOGEL, Hans-Jochen (Hsgb), *Handbuch des Verfassungsrechts,* Berlin: De Gruyter, 1984, p. 810.

5. Cf. em especial a nota explicativa de HORTA, Raul Machado. *Direito constitucional,* p. 477 e ss.

6. Aqui vale referir a preciosa lição de HESSE, Konrad. *Grundzüge des Verfassungsrechts der Bundesrepublik Deutschland,* p. 96.

federalismo, que é precisamente *a ideologia (teoria) que estabelece as diretrizes gerais do modelo federativo de Estado*, bem como do *princípio federalista ou federativo, que, na condição de princípio geral e estruturante, de caráter jurídico-objetivo, transporta a doutrina de base do federalismo para plano constitucional.*[7]

Com efeito, é no âmbito de uma constituição determinada, que, mediante um conjunto de outros princípios e especialmente regras de caráter organizatório, um Estado Federal em concreto assume sua particular forma e conteúdo, que, contudo, sempre é marcado por um *maior ou menor dinamismo*, tendo em conta que a própria configuração concreta do Estado Federal, por exemplo, no que toca aos ingredientes da auto-organização das unidades federativas, a extensão das respectivas competências etc., costuma sofrer ajustes ao longo do tempo, como bem ilustram diversas reformas federativas realizadas em todo o mundo.

A partir das sumárias considerações precedentes, renunciando-se a qualquer pretensão de aqui aprofundar a própria noção de formas de Estado e a sua classificação, até mesmo pelo fato de que uma classificação precisa não se revela possível,[8] o que se pretende é deixar claro que as diferenças entre o Estado Federal e as demais tipologias, designadamente o Estado Unitário e a Confederação, serão adequadamente compreendidas mediante a identificação e apresentação dos elementos nucleares que permitem seja um determinado Estado qualificado como sendo uma Federação. É o que será levado a efeito no próximo item.

7.2 Elementos nucleares qualificadores do Estado Federal

Como já referido, o Estado Federal corresponde a uma forma peculiar de Estado, que, embora tenha assumido dimensões significativamente distintas em diversos lugares ao longo do tempo, a depender da configuração concreta que lhe tem sido imprimida por cada ordem constitucional, assume a condição de um modelo caracterizado por alguns elementos comuns, presentes, embora também com sua respectiva modulação concreta, em todo e qualquer Estado que possa ostentar o adjetivo de Federal.[9] Tais elementos comuns, que podem ser designados de elementos nucleares ou determinantes do Estado Federal, e que, ademais disso, correspondem ao núcleo essencial do próprio princípio federativo, também permitem diferenciar o Estado Federal dos outros modelos ou tipos de formas de Estado, tal como esquematicamente já esboçado no item anterior.

Nesse contexto, e a formação do federalismo norte-americano bem o atesta, é preciso iniciar enfatizando que o sentido e a natureza do princípio federativo (e, portanto, do Estado Federal) residem na preservação e garantia da diversidade regional (no âmbito interno do território estatal) e da pluralidade, mediante descentralização do exercício do poder.[10] *O Estado Federal é, portanto, sempre um Estado descentralizado, mas a sua descentralização, como adiantado, é distinta daquela que se verifica no caso dos assim chamados Estados*

---

7. Partindo de uma justificação em parte distinta (sustentada na leitura de Maurice Croisat) mas em sentido similar, distinguindo corretamente entre Federalismo e Federação, v. também REVERBEL, Carlos Eduardo Dieder. *O federalismo numa visão tridimensional do direito*, op. cit., p. 21-22.

8. Nesse sentido v. – na literatura brasileira – a correta advertência de ROCHA, Cármen Lúcia Antunes. *República e Federação no Brasil. Traços constitucionais da organização política brasileira*, p. 169.

9. Cf. novamente HORTA, Raul Machado, *Direito constitucional*, p. 480-81.

10. Cf. VOGEL, Hans-Jochen. In: *Handbuch des Verfassungsrechts*, p. 815.

unitários ou simples, de modo que é preciso tomar com reservas (ou, pelo menos, ler de forma adequada) a afirmação de Hans Kelsen quando sugere que a diferença entre o Estado Federal e o Estado Unitário reside apenas no maior grau de descentralização.[11] Ainda que tal assertiva possa até mesmo encontrar ressonância à vista de algumas experiências concretas, existem critérios que permitem diferenciar uma tipologia da outra, designadamente no âmbito dos elementos essenciais que qualificam um autêntico Estado Federal. Nesse sentido, calha referir a lição de Luís Roberto Barroso, quando bem recorda que a distinção entre o Estado Federal e o Estado Unitário descentralizado (por maior que seja esta descentralização, poderíamos agregar) não reside na descentralização em si, mas na origem jurídica dos poderes exercidos pelas unidades federadas.[12]

Assim, há que sublinhar que *o Estado Federal é caracterizado, pelo menos na sua versão clássica e que ainda hoje corresponde à regra geral,*[13] *pela superposição de duas ordens jurídicas*, designadamente, a federal, representada pela União, e a federada, representada pelos Estados-membros, cujas respectivas esferas de atribuição são determinadas pelos critérios de repartição de competências constitucionalmente estabelecidos.[14] O Estado Federal, portanto, é formado por duas ordens jurídicas parciais, a da União e a dos Estados-membros, que, articuladas e conjugadas, constituem a ordem jurídica total, ou seja, o próprio Estado Federal.[15] Dito de outro modo, o princípio federativo (e o Estado Federal a ele correspondente), tem por elemento informador – e aqui valemo-nos das palavras de Cármen Lúcia Antunes Rocha – "a pluralidade consorciada e coordenada de mais de uma ordem jurídica incidente sobre um mesmo território estatal, posta cada qual no âmbito de competências previamente definidas".[16] Cuida-se, nesse sentido, de *um pluralismo do tipo territorial* levado a efeito mediante um sistema de distribuição do exercício de poder entre as unidades territoriais.[17] Disso resulta o que se tem designado uma espécie de "separação vertical" de poderes,[18] mediante a limitação recíproca estabelecida pela distinção entre a União (poder central) e os Estados-membros, na condição de integrantes do conjunto designado Estado Federal, tudo mediante um sistema de repartição de competências e que encontra seu fundamento primeiro e vinculativo na Constituição Federal. Dito de outro modo, o modo de estruturação e distribuição territorial do poder no Estado Federal implica uma particular forma de limitação do poder e da autoridade.[19]

À vista do exposto, já se pode perceber que, diferentemente do que ocorre com outra forma composta de Estado, a Confederação, na qual também se verifica a convivência de ordens jurídicas, mas no sentido da reunião de diversos Estados nacionais soberanos que se articulam (inclusive por tempo indeterminado) em torno de determinados fins e por vezes mediante

---

11. Kelsen, Hans. *Teoria geral do direito e do estado*, p. 451.
12. Cf. Barroso, Luís Roberto. *Direito constitucional brasileiro*: o problema da federação, p. 25.
13. Não se há de olvidar que nem todos os Estados Federais seguem exatamente tal modelo, bastando aqui lembrar o caso do Brasil, onde o Município é tido como elemento integrante do Estado Federal, resultando, portanto, na justaposição de três esferas de atribuições e três ordens jurídicas parciais, o que, contudo, será objeto de exame mais detido logo adiante.
14. Cf. por todos Barroso, Luís Roberto. *Direito constitucional brasileiro*: o problema da federação, p. 2.
15. Kelsen, Hans. *Teoria geral do direito e do estado*, p. 452-53.
16. Cf. Rocha, Cármen Lúcia Antunes. *República e federação*, p. 171.
17. Cf. Loewenstein, Karl. *Teoría de la constitución*, p. 357.
18. Cf., dentre outros, Loewenstein, Karl, *Teoría de la constitución*, p. 353-354.
19. Entre nós v., por todos, Baracho, José Alfredo de Oliveira. *Teoria geral do federalismo*, p. 53 e ss.

cessões parciais, em prol de outro ente, dos atributos da soberania (é por tal razão que a União Europeia costuma ser enquadrada nesse modelo), *no âmbito do Estado Federal apenas a ordem nacional (a conjugação da União e dos Estados) é soberana*, de tal sorte que as entidades parciais, no caso, os Estados-membros, não são soberanas embora gozem de um particular tipo de autonomia.[20] Por isso é que assiste razão aos que refutam a noção, vez por outra defendida na teoria constitucional, de que a distribuição do poder típica do federalismo poderia ser compreendida como uma espécie de dupla soberania, repartida entre a União e os Estados-membros, já que apenas o Estado Federal como um todo é soberano.[21] Segue atual, nesse contexto, a lição de Pontes de Miranda, quando afirma que "o Estado, a que se chama federal, é, por dentro *união*; por fora, *unidade*, como todos os outros" (grifos do autor).[22]

Mas também de modo diverso do que se dá com as confederações ou outras formas de união entre Estados, nas quais a sua dissolução total ou parcial (mediante a retirada de um ou mais dos seus integrantes) é possível, o Estado Federal se caracteriza, pelo menos em regra – e aí um dos seus traços essenciais – por *uma proibição de secessão*.[23] Isso significa que uma vez constituída a Federação, não é possível a retirada por parte das unidades federadas, cuja autonomia (e não soberania, consoante já frisado) não engloba tal possibilidade, de tal sorte que a *indissolubilidade do vínculo federativo* é precisamente um dos seus principais elementos essenciais.[24] Aliás, assim bem o demonstra o caso brasileiro, onde o caráter indissolúvel da Federação encontrou expressa previsão no texto constitucional e o princípio federativo assume a condição de cláusula pétrea, sem prejuízo de outras garantias, como é o caso do instituto da intervenção da União nos Estados-membros, aspectos que ainda serão objeto de atenção quando da análise do Estado Federal na CF.

Precisamente, *é a autonomia, assegurada por uma constituição rígida, no sentido de uma autonomia constitucionalmente fundada e conformada,*[25] *e que consiste essencialmente nos poderes de auto-organização (incluída a autolegislação) e autogoverno (este abarcando a autoadministração) das unidades federadas, a principal nota distintiva e elemento essencial da forma federativa de Estado e sem a qual o Estado Federal deixa de existir.*[26] Ainda que também a autonomia e os seus respectivos ingredientes não obedeçam a um padrão uniforme, muito antes pelo contrário, encontram conformação muito diferenciada nos

---

20. Nesse sentido, embora formulado de modo em parte distinto, v., dentre outros, ROCHA, Cármen Lúcia Antunes, *República e Federação*, p. 175, onde também podem ser encontrados outros aspectos que distinguem as Federações das Confederações.
21. Cf. LOEWENSTEIN, Karl. *Teoría de la constitución*, p. 358.
22. PONTES DE MIRANDA, Francisco Cavalcanti. *Comentários à Constituição de 1946*, p. 228.
23. Cf., por todos, ALMEIDA, Fernanda Dias Menezes de. *Competências na Constituição de 1988*, p. 12. Note-se que DALLARI, Dalmo de Abreu. *Elementos de teoria geral do Estado*, p. 254-55, bem refere o caso da antiga URSS (União das Repúblicas Socialistas Soviéticas), cuja Constituição (art. 17) previa o direito de retirada por parte de cada República Federada, o mesmo ocorrendo com a atual Federação russa, onde a Constituição de 1993 também assegurou o direito de retirada dos seus integrantes, desde que mediante a concordância da Federação. O exemplo referido, contudo, também é polêmico, pois coloca em causa a correção do enquadramento da antiga URSS e da atual Federação russa na tipologia das formas de Estado, ou seja, se de fato se trata (a despeito da terminologia adotada pela Constituição), de um autêntico Estado Federal ou mais propriamente de uma Confederação ou outra modalidade de união entre Estados, querela que aqui, contudo, não se irá desenvolver.
24. Cf., dentre tantos, FERNANDES, Bernardo Gonçalves. *Curso de direito constitucional*, p. 572.
25. Nesse sentido v. também KELSEN, Hans. *Teoria geral do direito e do estado*, p. 453.
26. Cf., por todos, ROCHA, Cármen Lúcia Antunes. *República e federação no Brasil*, p. 186 e ss.

diversos Estados Federais, também aqui é possível identificar alguns traços comuns e que, por sua vez, merecem rápida explicitação.

Considerando que o Estado Federal é uma forma composta (complexa) de Estado, num certo sentido, um *Estado formado de Estados*, de tal sorte que tanto a unidade nacional soberana, ou seja, o Estado Federal como um todo, quanto os Estados-membros (embora não da mesma maneira) possuem qualidade estatal,[27] uma das características distintivas da autonomia atribuída constitucionalmente aos últimos reside, no que diz com *a auto-organização*, na *existência de um poder constituinte, habitualmente designado como de natureza decorrente* (e sempre derivada), por parte dos *Estados-membros no sentido de elaborarem (observados os limites postos pela Constituição Federal) a sua própria constituição.* [28]

Com efeito, valendo-nos aqui do escólio de Raul Machado Horta, a autonomia constitucional do Estado-membro implica uma atividade do tipo constituinte, ainda que esta, precisamente por se tratar de um poder limitado pela própria Constituição Federal que o institui, não corresponda integralmente ao poder constituinte originário.[29] Convém frisar, todavia, que *embora a auto-organização tenha no poder constituinte estadual a sua expressão essencial, nela não se esgota, pois engloba o poder de legislar de modo mais amplo*, ou seja, a existência de uma legislação estadual própria e exercida mediante e nos limites de um sistema constitucional de repartição de competências entre a União e as unidades federadas autônomas. Nesse sentido, o poder de autolegislação pode ser considerado um desdobramento do poder de auto-organização que é mais amplo. No caso brasileiro, como se verá com mais detalhes logo adiante, o poder de auto-organização (e de autolegislação), assim como os demais elementos essenciais do Estado Federal, se fazem presentes nas demais unidades federadas, como é o caso dos Municípios e do Distrito Federal.

Ainda nesse contexto, importa destacar que o poder legislativo (constitucional e infraconstitucional) dos Estados-membros e das demais unidades federadas, quando for o caso, não implica propriamente num sistema de hierarquia entre as legislações da União e das demais entidades federativas, mas sim, num sistema onde os conflitos são resolvidos pelos seus próprios critérios decorrentes da repartição de competências (por exemplo, pelo fato de a União legislar sobre questões regionais ou locais),[30] podendo, todavia, resultar num juízo de inconstitucionalidade precisamente por ofensa ao sistema constitucional de distribuição das competências legislativas, o que, neste sentido específico, importa numa relação de hierarquia estabelecida entre a Constituição e a normativa infraconstitucional.

A capacidade de autogoverno, à qual pode, para facilitar a compreensão, ser associada a *capacidade de autoadministração*, também constitui elemento essencial da autonomia que caracteriza a peculiar descentralização do Estado Federal. Em síntese, *a capacidade de autogoverno consiste na existência de órgãos governamentais próprios ao nível de cada entidade federada autônoma e que não dependem dos órgãos federais no que diz com a sua forma de seleção e investidura,*[31] *para além de exercerem atribuições próprias de governança (administração) na sua respectiva esfera de suas competências.*

---

27. Cf. KLOEPFER, Michael, *Verfassungsrecht I*, München: C.H. Beck, 2011, p. 226.
28. No Brasil v. a referencial contribuição sobre o tema de FERRAZ, Anna Cândida da Cunha. *Poder constituinte do estado-membro*, São Paulo, Ed. RT, 1979.
29. Cf. HORTA, Raul Machado. *Direito constitucional*, p. 480.
30. Cf. a referência de FERNANDES, Bernardo Gonçalves. *Curso de direito constitucional*, p. 576-77.
31. Cf., por todos, SILVA, José Afonso da. *Curso de direito constitucional positivo*, p. 102.

874 ○ INGO WOLFGANG SARLET

Por fim, *a participação dos Estados-membros na vontade federal constitui também um dos elementos essenciais do federalismo e da forma federativa de Estado*, de modo a assegurar tanto as partes quanto o conjunto e a integração a partir de uma Constituição Federal,[32] outrossim, tal participação pode se dar de diferentes maneiras, mas essencialmente importa a participação na produção legislativa de âmbito nacional e na escolha do chefe do Poder Executivo. A instituição do Senado Federal, a exemplo do que se deu nos EUA, que consiste precisamente na representação paritária dos Estados-membros em uma das Casas do Poder Legislativo, assim como ocorre com a possibilidade de os Estados-membros apresentarem propostas de emenda à Constituição Federal, são os exemplos mais tradicionais e também incorporados no caso brasileiro no que diz com tal participação. O Presidente da República também é eleito por todos os brasileiros aptos a votar. Calha recordar, ademais, que a participação por meio do Senado inclusive era considerada como "cláusula pétrea" em constituições brasileiras anteriores.

Assim, *em caráter de síntese, é possível identificar os elementos que em regra são considerados essenciais do Estado Federal*:

a) *a soberania é atributo apenas do Estado Federal considerado no seu conjunto*, ao passo que as unidades federadas dispõem apenas de autonomia;

b) *todo Estado Federal possui uma Constituição Federal*, que, por sua vez, estabelece quais são os entes federativos e qual a sua respectiva autonomia;

c) o Estado Federal é, portanto, *sempre um Estado composto, formado pelo menos pela União e por Estados-Membros*, no sentido de uma convivência de ordens parciais, mas unidas por uma Constituição Federal;

d) *as unidades da Federação são sempre dotadas de autonomia*, autonomia que encontra seu fundamento e seus limites na Constituição Federal e que implica tanto a capacidade de auto-organização (incluindo a prerrogativa dos Estados-membros de se darem a sua própria Constituição Estadual no âmbito do poder constituinte decorrente) e autolegislação quanto à capacidade de autogoverno e de autoadministração;

e) a autonomia e os seus elementos essenciais (auto-organização e autogoverno) implicam uma *repartição de competências legislativas e administrativas constitucionalmente assegurada (no âmbito da Constituição Federal)*;

f) *a participação dos Estados-membros na formação e exercício da vontade federal*;

g) *a proibição de dissolução da Federação* mediante a vedação de um direito de secessão por parte dos entes federativos.

Embora em geral não versado neste contexto, merece atenção outro aspecto, qual seja, o que diz respeito à noção de um *federalismo cooperativo*, que, nada obstante tenha sido muito difundida e correntemente utilizada para qualificar um determinado tipo de Estado Federal (e não propriamente na condição de elemento essencial da Federação), carece de uma breve apresentação e de alguma problematização, sem que se possa, à evidência, aprofundar o tópico.

A noção de um "federalismo cooperativo", que tem sua origem nos EUA, mas que também foi objeto de particular desenvolvimento na experiência constitucional germânica sob

---

32. Cf., por todos, BRANCO, Paulo G. G. Organização do Estado. In: MENDES, Gilmar Ferreira; BRANCO, Paulo Gustavo G. *Curso de direito constitucional*, 15. ed., p. 911.

a égide da Lei Fundamental de 1949, tem por finalidade a atuação conjunta tanto das unidades federadas entre si (União e Estados-membros, no Brasil também o DF e os Municípios) quanto dos Estados entre si, com o intuito de permitir um planejamento e atuação conjunto e integrado em prol da consecução de objetivos comuns, do desenvolvimento e do bem-estar no plano mais amplo do Estado Federal sem afetar os níveis de autonomia de cada unidade da Federação.[33]

Dito de outro modo, o "federalismo cooperativo" busca compensar – ou pelo menos mitigar –, em prol da eficiência na consecução dos objetivos estatais, mediante mecanismos de cooperação e harmonização no exercício das competências legislativas e administrativas, as dificuldades inerentes ao modelo de repartição de competências e do elevado grau de autonomia das unidades da Federação.[34] Isso se revela ainda mais necessário no contexto de um Estado Social, de caráter intervencionista e voltado à consecução de políticas públicas, especialmente na área econômica e social, exigindo *certa unidade de planejamento e direção*.[35] Mas, ao mesmo tempo, pelo fato de que a cooperação entre os entes federados pode acarretar alguns problemas, como é o caso da afetação dos níveis de participação em termos de cidadania ativa nas unidades federativas, *deve a cooperação se dar nos estritos limites da ordem constitucional*, não se devendo, ademais, incorrer no equívoco de ver no federalismo cooperativo uma espécie de panaceia para todos os males, mas sim, um instrumento de aperfeiçoamento da funcionalidade do Estado Federal.[36]

Tendo em conta, de outra parte, que os mecanismos de cooperação se estabelecem em todos os níveis no âmbito da Federação, é possível distinguir *uma dimensão horizontal* (que se dá nas relações entre os Estados-membros ou, no caso do Brasil, eventualmente entre os Municípios) de *uma dimensão vertical do federalismo cooperativo*, que é a que se verifica quando em causa a cooperação entre a União e os Estados-membros (e/ou Municípios).[37]

Além disso, *são diversas as formas (e a respectiva intensidade) pelas quais se dá a cooperação em concreto entre os entes da Federação*, que poderão se dar tanto na esfera de pactos (acordos) de diversa natureza e conteúdo, mediante o exercício de competências legislativas e administrativas compartilhadas, intercâmbio de informações, reuniões conjuntas, criação de órgãos interestaduais etc., tudo de acordo com o disposto na própria Constituição e na legislação infraconstitucional.[38] Já por tal razão, mas em especial pelas peculiaridades de cada Estado Federal (inclusive no que diz com a forma e sistema de governo, sistema partidário e eleitoral, pois tais aspectos aqui também têm influência), *o federalismo cooperativo é uma ideia a ser implantada em concreto e sem que se possa aqui falar de um modelo ideal.*

Resulta evidente que as dificuldades crescem quando se insere uma terceira esfera na estrutura federal, como se deu no Brasil com os Municípios, pois não apenas no plano

---

33. Cf. a definição de KLOEPFER, Michael. *Verfassungsrecht* I, p. 267.
34. Cf. HESSE, Konrad. *Grundzüge des Verfassungsrechts der Bundesrepublik Deutschland*, p. 234.
35. V. a síntese de BERCOVICI, Gilberto. *Dilemas do estado federal brasileiro*, p. 56-7, também com arrimo em Konrad Hesse.
36. Nesse sentido, em síntese, a contribuição – mais uma vez – de HESSE, Konrad. *Grundzüge des Verfassungsrechts*, p. 234.
37. Cf. KLOEPFER, Michael. *Verfassungsrecht I*, p. 267.
38. Cf., mais uma vez, KLOEPFER, Michael. *Verfassungsrecht I*, p. 267-68.

corriqueiro da repartição de competências aumenta a complexidade como se torna mais difícil embutir mecanismos efetivos e equilibrados de cooperação.[39]

A nota crítica que se pretende embutir – e também a razão de inserir a questão do federalismo cooperativo nesse contexto – diz com o fato de que o federalismo e o Estado Federal (assim como também se dá no caso das Confederações, que precisamente representam uniões de Estados em torno de determinados objetivos), pressupõem e apenas fazem sentido se houver cooperação e em prol mesmo da cooperação entre as entidades federadas. Assim, Federação implica e impõe cooperação, de tal sorte que a cooperação (o mesmo se poderia dizer da subsidiariedade) constitui um princípio e dever estruturante do Estado Federal (podendo assumir, nessa perspectiva, inclusive a dimensão de um elemento essencial ao Estado Federal), pois não há como existir um Estado Federal sem algum nível efetivo de cooperação.

Nesse sentido, a expressão *federalismo cooperativo* representa um pleonasmo (no sentido empregado por Houaiss: "redundância de termos no âmbito das palavras, mas de emprego legítimo em certos casos, pois confere maior vigor ao que está sendo expresso"), pois todo Estado Federal é de algum modo "cooperativo", pois o federalismo se caracteriza como o sistema político em que um Estado Federal compartilha as competências constitucionais com os Estados-membros, autônomos em seus próprios domínios de competência.

É claro que existem níveis de intensidade pelos quais se dá a cooperação, como já adiantado, de tal sorte que a noção de federalismo cooperativo, se seguir sendo utilizada, poderá fazer sentido útil quando referida a um Estado Federal no qual os níveis de cooperação (inclusive e especialmente os instrumentos disponibilizados pela Constituição e pela legislação infraconstitucional) se revelem particularmente intensos. De todo modo, trata-se de temática a merecer maior reflexão e desenvolvimento.

Assim, uma vez apresentados os traços essenciais do Estado Federal, é o caso de, no próximo segmento, identificar e analisar a forma específica assumida pela Federação no âmbito do direito constitucional positivo brasileiro vigente.

7.3 O Estado Federal na Constituição de 1988

7.3.1 Breve notícia histórica – formas de Estado e a trajetória do Federalismo no direito constitucional brasileiro

Embora a divisão do território brasileiro em doze capitanias hereditárias já tenha sido apontada – equivocadamente – como expressão de uma espécie de "vocação federalista",[40] o fato é que a primeira forma de Estado adotada pelo Brasil independente, conformada juridicamente na e pela Constituição Imperial de 1824, foi de um Estado Unitário. Já durante a constituinte de 1823, logo dissolvida por Dom Pedro I, o então projeto de constituição, no

---

39. Apenas em caráter ilustrativo, no que diz respeito a uma medida concreta relativamente à criação de instrumentos de cooperação que envolvam os Municípios, cita-se, no caso brasileiro, a EC n. 112, de 27.10.2021, que alterou o art. 159 da CF para disciplinar a distribuição de recursos pela União ao Fundo de Participação dos Municípios, aumentando os repasses da União às prefeituras municipais.

40. Cf. a lembrança de BARROSO, Luís Roberto. *Direito constitucional brasileiro*: o problema da federação, p. 28.

seu art. 1.º, solenemente previa que o Império do Brasil é Uno e Indivisível, o que acabou prevalecendo também no texto outorgado em 25.03.1824, que assumiu perfil altamente centralizador, seja em virtude dos interesses econômicos e políticos da Coroa e de boa parte dos Portugueses que se estabeleceram no Brasil, seja pela associação entre a figura de um Estado Unitário e a centralização com a Monarquia como forma de governo.[41]

Dentre outros pontos que podem ser destacados, situa-se a circunstância de que o Imperador nomeava e removia livremente o Presidente das Províncias (art. 165), além da forte limitação à autonomia legislativa provincial mesmo quanto aos assuntos regionais, o que acabou inclusive gerando movimentos de resistência e mesmo revoltas, como foi o caso da famosa e tragicamente findada "Confederação do Equador", liderada, entre outros, por Frei Caneca.[42]

Mas ainda durante o período monárquico os níveis de centralização sofreram significativa alteração, dando lugar, especialmente após a abdicação de Pedro I, a uma tendência descentralizadora, inclusive cogitando-se da criação de uma Monarquia Federativa, resultando num fortalecimento do poder das províncias (que passaram a ser dotadas de um Poder Legislativo próprio e algum poder sobre os Municípios), especialmente a partir do Ato Adicional de agosto de 1834, que logo adiante acabou sendo substituído por novo movimento de centralização levado a efeito por Dom Pedro II em 1840 mediante uma reinterpretação daquela legislação (Lei de Interpretação do Ato Adicional), de tal sorte que, a despeito de alguma alternância entre centralização e descentralização foi a primeira quem prevaleceu no período Imperial.[43]

Todavia, a reação não deixou de se fazer presente, destacando-se o Manifesto Republicano de 1870,[44] que pregava a adoção do modelo federativo com base na experiência norte-americana e que atribuía à centralização a pecha de um entrave ao desenvolvimento, reação que acabou, quase vinte anos depois, no âmbito de um contexto favorável (por várias razões) ao republicanismo e federalismo, culminando na Proclamação da República e na implantação de um Estado Federal no Brasil por meio do Dec. 1, de 15.11.1889.[45]

A opção federalista, confirmada e conformada pela primeira Constituição Federal republicana, de 1891, assumiu (por motivos diversos) feição muito distinta daquela que se verificou em outros locais, de acordo com o que bem ilustra precisamente o caso norte-americano, berço do federalismo e fonte de inspiração dos constituintes de 1891, que fundaram a República dos Estados Unidos do Brasil. Com efeito, ao passo que o Estado Federal na América do Norte surgiu da reunião entre Estados independentes e soberanos que abdicaram de sua soberania em prol do Estado Federal, no caso brasileiro a Federação foi criada a partir de uma experiência unitarista e centralizadora, o que, aliás, é de todos conhecido, refletindo, ao longo da experiência republicana (e das diferentes constituições desde então),

---

41. Cf., com mais detalhamento, ROCHA, Cármen Lúcia Antunes. *República e federação no Brasil*, p. 201-203.

42. Cf. notícia BERCOVICI, Gilberto. *Dilemas do estado federal brasileiro*, p. 23-24.

43. Cf., novamente, ROCHA, Cármen Lúcia Antunes. *República e federação no Brasil*, p. 205-6, bem como BERCOVICI, Gilberto. *Dilemas do estado federal brasileiro*, p. 25-26.

44. No Manifesto, lançado pelo Partido Republicano, foram enunciadas diversas razões em prol da necessidade de adoção do modelo federativo, especialmente a amplitude do território, dificuldade de comunicação, diversidade regional etc., tudo conforme notícia BARROSO, Luís Roberto. *Direito constitucional brasileiro*: o problema da federação, p. 31.

45. Cf. BERCOVICI, Gilberto. *Dilemas do estado federal brasileiro*, p. 29.

para além de outros aspectos, na própria formatação do Estado Federal brasileiro, que, a exemplo de outras experiências, não observou um modelo estático, tanto quanto ao nível de centralização, como em virtude de períodos de grave instabilidade política (basta recordar, entre outros, as duas revoltas federalistas no Rio Grande do Sul e a Revolução de 1930), crise da democracia, movimentos de forte centralização e mesmo períodos de autoritarismo, aqui com destaque para a Ditadura do Estado Novo e o Regime Militar de 1964-1985.[46]

Embora o processo de centralização e de ingerência da União tenha sido tão agudo que se chegou a afirmar que o constituinte de 1988 recebeu de herança quase um Estado Unitário, o ideário federalista e a correspondente opção pela forma federativa de Estado sobreviveram, tendo sido objeto de recepção e importante reformatação na vigente Constituição Federal de 1988.[47] A primeira mudança de impacto, que, de resto, não deixou de receber críticas, foi a inclusão dos Municípios na condição de unidades da Federação, o que, contudo, assim como os demais aspectos relativos ao Estado Federal na atual CF, será objeto de apresentação e análise logo na sequência.

7.3.2 Principais novidades: a inclusão do Município como ente federativo e o aperfeiçoamento do assim chamado "federalismo cooperativo"

Como já referido, a despeito da importância já assumida pelos Municípios no constitucionalismo republicano anterior, a CF inovou ao erigir o Município à condição de unidade (ente) federativa, ao lado da União, dos Estados e do Distrito Federal, este último com um estatuto especial, como logo mais será visto. Como bem leciona Gilberto Bercovici, ao passo que nas Constituições federativas anteriores os Municípios tinham governo e competências próprios, cabendo aos Estados o poder de criar e organizar os Municípios, na Carta de 1988 os Municípios foram contemplados expressamente com o poder de auto-organização, mediante a elaboração de uma Lei Orgânica, tal como disposto no art. 29 da CF.[48] Nas palavras de Paulo Bonavides, "as prescrições do novo estatuto fundamental de 1988 a respeito da autonomia municipal configuram indubitavelmente o mais notável avanço de proteção e abrangência já recebido por esse instituto em todas as épocas constitucionais de nossa história".[49]

Muito embora tal entusiasmo não tenha por todos sido compartilhado, como é o caso de José Afonso da Silva, para quem, dentre outras críticas, não se pode genuinamente falar de uma federação de Municípios, mas apenas de Estados, pois nem toda autonomia constitucional implica a condição de autêntico membro de uma Federação e os Municípios seguem sendo, segundo o autor, divisões dos Estados, que possuem a prerrogativa de legislar sobre sua criação, incorporação, fusão e desmembramento,[50] o fato é que, sem prejuízo da força argumentativa

---

46. A respeito dessa trajetória, da Proclamação da República até a Constituição de 1967/69, v., entre outros, especialmente BARROSO, Luís Roberto. *Direito constitucional brasileiro*: o problema da federação, p. 32 e ss., BERCOVICI, Gilberto. *Dilemas do estado federal brasileiro*, p. 31 a 54, bem como, ROCHA, Cármen Lúcia Antunes. *República e federação no Brasil*, p. 214-36.

47. Cf. a sugestiva ponderação de ALMEIDA, Fernanda Dias Menezes de. Comentário ao art. 1.º – Federação. In: CANOTILHO, J.J. Gomes; MENDES, Gilmar F.; SARLET, Ingo W.; STRECK, Lenio L. (Coord.), *Comentários à Constituição do Brasil*, 2. ed., p. 113-114.

48. Cf. BERCOVICI, Gilberto. *Dilemas do estado federal*, p. 55-56.

49. Cf. BONAVIDES, Paulo. *Curso de direito constitucional*, p. 311.

50. Cf. SILVA, José Afonso da. *Curso de direito constitucional positivo*, p. 476-78.

das razões em contrário, a CF, no já referido art. 1.º, estabeleceu de modo vinculativo que "A República Federativa do Brasil, formada pela união indissolúvel dos Estados e Municípios e do Distrito Federal, constitui-se em Estado Democrático de Direito".

Mais adiante, no art. 18, consta que todas as quatro unidades federadas são autônomas nos termos da CF. Assim, além da capacidade de auto-organização municipal já destacada (e isso mesmo que possa variar o número de Municípios, visto que podem ser criados e mesmo extintos), a figura do Município como tal, assim como a sua correspondente autonomia constitucional, encontra-se abrangido pelo manto da indissolubilidade, integrando, de outra parte, o conjunto dos elementos nucleares do princípio federativo na condição de *cláusula pétrea*, não podendo tal autonomia ser suprimida e mesmo esvaziada por emenda constitucional.[51]

Nesse contexto, correta a afirmação de Cármen Lúcia Antunes Rocha quando diz que "*a Federação não apenas se restaurou com a Lei Fundamental de 1988. Antes, ela se recriou nessa Constituição*".[52] Tal recriação implicou *a superação do tradicional modelo dual de Estado Federal (União e Estados-membros) mediante a implantação de uma estrutura tríplice ou de três níveis*, precisamente em face da incorporação dos Municípios como nova dimensão básica.[53] Mas os detalhes sobre o conteúdo da autonomia municipal, em todas as suas dimensões, bem como outros aspectos do regime jurídico-constitucional dos Municípios e dos demais entes da Federação, serão objeto de atenção mais adiante.

Além disso, quanto ao Distrito Federal, embora se trate de um quarto membro da Federação, importa sublinhar que isso não significa a existência de um quarto nível no que diz respeito à estrutura federativa brasileira. Isso se deve ao fato de que o Distrito Federal é dotado de um estatuto especial, acumulando em diversos casos competências dos Estados e dos Municípios.[54]

Outra novidade, que, contudo, remanesce controversa quanto ao seu nível de efetividade, mas que não poderia deixar de ser destacada pela sua relevância, foi a aposta do Constituinte de 1987-88 no aperfeiçoamento dos instrumentos de cooperação típicos e necessários a uma Federação que mereça ostentar este título. É o que, como já visto, se convencionou designar de *um federalismo do tipo cooperativo*.[55] Isso se deu mediante a

---

51. No âmbito da jurisprudência do STF v. a decisão na ADIn 1.842, Plenário, rel. min. Gilmar Mendes, j. 06.03.2013, *DJe* 16.09.2013: "A Constituição Federal conferiu ênfase à autonomia municipal ao mencionar os Municípios como integrantes do sistema federativo (art. 1.º da CF/1988) e ao fixá-la junto com os Estados e o Distrito Federal (art. 18 da CF/1988). A essência da autonomia municipal contém primordialmente (i) autoadministração, que implica capacidade decisória quanto aos interesses locais, sem delegação ou aprovação hierárquica; e (ii) autogoverno, que determina a eleição do chefe do Poder Executivo e dos representantes no Legislativo. O interesse comum e a compulsoriedade da integração metropolitana não são incompatíveis com a autonomia municipal. O mencionado interesse comum não é comum apenas aos Municípios envolvidos, mas ao Estado e aos Municípios do agrupamento urbano." Ainda, vale observar a decisão do Ministro Dias Toffoli, já mencionada no tópico 4.14.3., que, resguardando o Município do Rio de Janeiro de uma situação de escassez de recursos frente à pandemia do novo coronavírus e impedindo uma fragilidade na sua autonomia, sustou pagamentos de financiamentos da Prefeitura com a Caixa Econômica Federal até o final do ano de 2020, cf. a decisão na Medida Cautelar na SL 1.327 – RJ, rel. Min. Dias Toffoli, j. 11.08.2020.

52. Cf. ROCHA, Cármen Lúcia Antunes. *República e federação no Brasil*, p. 236-37.

53. Cf. a correta lembrança de BONAVIDES, Paulo. *Curso de direito constitucional*, p. 312.

54. Cf. SILVA, Virgílio Afonso da. *Direito constitucional brasileiro*, op. cit., p. 358.

55. Sobre a indução e reconhecimento do federalismo cooperativo no âmbito da proteção da saúde pública, inclusive reforçando uma perspectiva de descentralização federativa, v. julgamento da ADPF 672 pelo Min.

inserção, no art. 23 da CF, da previsão de uma série de competências legislativas comuns entre a União, Estados, Distrito Federal e Municípios. Todavia, como bem refere Gilberto Bercovici, o problema é que o parágrafo único do dispositivo citado também prevê a edição de lei complementar fixando normas para a cooperação entre os entes da Federação tendo em mente o equilíbrio do desenvolvimento e do bem-estar em âmbito nacional, lei complementar que até o momento não foi elaborada.[56]

Isso não significa que aspectos de tal modelo de cooperação não tenham sido implantados, como se verifica – de modo meramente ilustrativo – em matéria ambiental, inclusive mediante a edição de diplomas legislativos (na forma de lei complementar[57]), mas apenas quer dizer que o Brasil ainda está longe de realizar na dimensão desejável o projeto original do constituinte (também) nessa seara.

7.3.3 A Federação como "cláusula pétrea" (art. 60, § 4.º, I, da CF), os assim chamados "princípios sensíveis" (art. 34, VII, da CF) e o instituto das vedações constitucionais (art. 19 da CF)

Na condição de *princípio fundamental de caráter geral e estruturante*, o princípio federativo e a correspondente forma federativa de Estado foram, seguindo a tradição constitucional pretérita, incluídos (de acordo com o disposto no art. 60, § 4.º, I, da CF) no elenco dos *limites materiais ao poder de reforma constitucional*, ou seja, das assim designadas "cláusulas pétreas", o que significa que nem mesmo mediante uma emenda constitucional aprovada por unanimidade no Congresso Nacional poderá o Estado Federal ser extinto no Brasil. Com isso, como já referido alhures, se está também a assegurar de modo particularmente rigoroso, o caráter indissolúvel da Federação tal como enunciado já no art. 1.º da CF. Mas a condição de "cláusula pétrea", como já se teve ocasião de elucidar no capítulo próprio, no âmbito da teoria da constituição, assegura mais do que uma proibição de abolição do instituto (ou instituição) previsto na CF, abarcando a proibição até mesmo de medidas restritivas que, embora não venham a suprimir o conteúdo protegido, o afetem em seus elementos essenciais.

Alexandre de Moraes, j. em 08.04.2020, onde se assegurou aos governos estaduais, distrital e municipal, no exercício de suas atribuições e no âmbito de seus territórios, a competência para a adoção ou manutenção de medidas restritivas durante a pandemia da Covid-19, determinando-se a observância dos arts. 23, II e IX; 24, XII; 30, II e 198, todos da CF, na aplicação da Lei n. 13.979/2020. Quanto ao federalismo cooperativo, v. também julgamento da ADI 6.097, rel. Min. Gilmar Mendes, Rel. p/ Acórdão: Edson Fachin, j. 08.06.2020. V. também, entre outros, o julgamento da ADI 6.362/DF, rel. Min. Ricardo Lewandowski, j. 02.09.2020, em que se determinou que Estados e Municípios podem requisitar leitos sem autorização da União.

56. Cf. Bercovici, Gilberto. *Dilemas do estado federal brasileiro*, p. 56.

57. Estamos a nos referir à LC 140/2011, que, ao regulamentar no plano infraconstitucional a competência executiva (ou material) em matéria ambiental estabelecida no art. 24, VI, VII e VIII, da CF, consagra, no seu art. 3.º, como objetivos fundamentais da União, dos Estados, do Distrito Federal e dos Municípios: "proteger, defender e conservar o meio ambiente ecologicamente equilibrado, *promovendo gestão descentralizada, democrática e eficiente*" (inciso I), "garantir o equilíbrio do desenvolvimento socioeconômico com a proteção do meio ambiente, *observando a dignidade da pessoa humana, a erradicação da pobreza e a redução das desigualdades sociais e regionais* (inciso II), "*harmonizar as políticas e ações administrativas para evitar a sobreposição de atuação entre os entes federativos*, de forma a evitar conflitos de atribuições e garantir uma atuação administrativa eficiente (inciso III), "garantir a *uniformidade da política ambiental* para todo o País, *respeitadas as peculiaridades regionais e locais*" (inciso IV) (grifos nossos).

É por tal razão – e o STF assim já decidiu na matéria – que *eventuais ajustes no esquema federativo, como, por exemplo, na repartição constitucional de competências, não necessariamente implicam ofensa ao princípio federativo e ao Estado Federal, desde que o preservem quanto ao seu conteúdo essencial.*[58] Dito de outro modo, o que está em definitivo subtraído à disposição do legislador e do poder de reforma da constituição, é a essência da autonomia constitucional das unidades federadas, nas modalidades de auto-organização e autogoverno, assim como a possibilidade de transformação do Estado Federal em um Estado Unitário ou mesmo a retirada de uma das unidades da Federação. Por evidente, aqui se trata apenas de um quadro geral, pois *eventual nível de afetação dos aspectos essenciais ao Estado Federal sempre haverá de ter em conta a particular conformação deste Estado na CF brasileira e o conteúdo concreto de cada ajuste levado a efeito.*

Nesse contexto, assumem relevo também os *assim chamados princípios sensíveis da Federação*, que, a despeito da existência de uma vinculação, não se confundem com os elementos essenciais do Estado Federal e que corresponde, por assim dizer, aos seus elementos estruturantes, como é o caso da autonomia dos entes federados e da proibição de secessão. Note-se que os princípios sensíveis da Federação correspondem essencialmente àqueles elencados no inciso VII do art. 34 da CF e que, em caso de sua violação, ensejam a utilização do instituto da Intervenção Federal. Os princípios "sensíveis" objetivam, portanto, assegurar certa unidade em termos de princípios organizativos, além de indispensáveis para a preservação da identidade da Federação,[59] razão pela qual tais princípios incluem, entre outros, a forma republicana de governo e o sistema democrático-representativo. Não sendo o caso aqui de aprofundar o exame de tais princípios, que serão novamente considerados quando do exame do instituto da intervenção, cabe sublinhar que a inserção de tais princípios no conjunto das causas motivadoras da Federação bem releva que esta não se reduz a uma estrutura formal de repartição de competências, mas assume pleno sentido apenas quando coordenada com outros valores e princípios.

Mas o constituinte foi além, especialmente no que diz respeito à preservação de sua integridade, do necessário equilíbrio interno e da própria paridade entre os entes federativos. Foi com tal objetivo que o art. 19 da CF estabeleceu um conjunto de *vedações constitucionais*, direcionadas a todos os integrantes da Federação (União, Estados, Municípios e DF) e de observância cogente.

A primeira das vedações (art. 19, I, da CF), consiste essencialmente na afirmação de que a República Federativa do Brasil é um Estado Laico, que, embora não tenha de ser um Estado hostil ou mesmo indiferente ao fenômeno religioso,[60] implica um leque de desdobramentos, em parte expressamente normatizados no dispositivo referido, de acordo com o qual é vedado a qualquer entidade da Federação "estabelecer cultos religiosos ou igrejas, subvencioná-los, embaraçar o seu funcionamento ou manter com eles ou seus representantes relações de dependência ou aliança, ressalvada, na forma da lei, a colaboração de interesse

---

58. Cf., por exemplo, ficou consolidado no julgamento da ADIn 2.381-MC, *DJ* de 14.12.2001, rel. Min. Sepúlveda Pertence, especialmente no que toca ao argumento da blindagem do núcleo essencial e não de todo e qualquer aspecto da conformação constitucional da Federação e do sistema de repartição de competências.

59. Cf. BRANCO, Paulo Gustavo G. *Da organização do estado*, 15. ed., p. 915.

60. Sobre o tema, na literatura brasileira, especialmente WEINGARTNER NETO, Jayme. Comentário ao artigo 19. In: CANOTILHO, J. J. Gomes; MENDES, Gilmar F.; SARLET, Ingo W.; STRECK, Lênio Luiz (Coord.), *Comentários à Constituição do Brasil*, 2. ed., p. 771 e ss.

público". Assim, ao passo que o Estado (em todos os níveis da Federação) deve assumir uma postura neutra (não proativa) em matéria religiosa,[61] não podendo ele próprio exercer atividade religiosa e nem mesmo promover, mediante oferta de incentivos, a criação ou manutenção de atividades de cunho religioso, a vedação também abarca uma garantia da liberdade religiosa, seja na dimensão institucional (seja na sua perspectiva individual, podemos agregar), pois também é vedado aos entes federativos toda e qualquer forma de embaraço no que diz com o funcionamento das entidades religiosas, o que, por sua vez, reflete no exercício da liberdade de culto.

A manutenção de relações de dependência ou aliança com entidades religiosas, contudo, pode ser excepcionada, desde que nos termos de lei editada pela entidade federada envolvida, notadamente quando a colaboração se justifica para preservação do interesse público. Aqui se insere, por exemplo, a polêmica em torno de acordos (tratados) entre o poder público e entidades religiosas, como é o caso da Concordata entre o Estado brasileiro e o Vaticano,[62] aspecto que aqui, contudo, não temos como desenvolver, remetendo para tanto (e também no que diz com os demais aspectos envolvendo a liberdade religiosa), ao item específico deste curso (direitos fundamentais em espécie) e à literatura especializada.

A segunda vedação (art. 19, II, da CF), consiste na *proibição de que seja recusada fé aos documentos públicos emitidos por qualquer ente público de qualquer uma das entidades da Federação*. Isso com o objetivo de assegurar a necessária credibilidade de tais documentos em todo o Estado Federal, de modo a estarem aptos a servirem de prova e valerem formal e materialmente perante qualquer órgão público de qualquer um dos entes federativos.[63] Tal prescrição, contudo, ademais de garantir maior segurança aos particulares detentores ou destinatários de tais atos, assegura um regime de necessária e saudável reciprocidade entre os entes da Federação e suas respectivas repartições públicas, não afastando, a depender do caso, a possibilidade de uma verificação sumária dos requisitos essenciais (extrínsecos e intrínsecos) de existência e validade do documento de modo a afastar fraudes e vícios graves, tudo de forma devidamente motivada.[64]

A última vedação expressa prevista no art. 19, III, da CF, tem outra finalidade, estando vinculada à preservação da integridade e do equilíbrio federativo, *mediante a garantia do tratamento isonômico tanto dos cidadãos brasileiros quanto dos entes federativos entre si*. De acordo com a dicção do texto do dispositivo referido, é vedado às unidades da Federação "criar distinções entre brasileiros ou preferências entre si". A primeira parte da vedação, que proíbe distinções entre os brasileiros, significa que a nenhum dos entes da Federação é facultada a possibilidade de criar vantagens (ou encargos) em favor apenas dos que nasceram ou residem em seu território ou mesmo beneficiar os que são oriundos de outros e determinados Estados-membros ou Municípios. Assim, como bem explicita José Afonso da Silva,

---

61. A respeito da neutralidade religiosa v. especialmente a monografia de MACHADO, Jónatas. *Estado constitucional e neutralidade religiosa. Entre o teísmo e o (neo) ateísmo*, Porto Alegre: Livraria do Advogado, 2012, bem como, inclusive transportando outro enfoque, WEINGARTNER NETO, Jayme. *Liberdade religiosa na Constituição de 1988*, Porto Alegre: Livraria do Advogado, 2007.

62. Sobre o tópico v. também a sintética e precisa anotação de WEINGARTNER NETO, Jayme. Comentário ao artigo 19, p. 772 e ss., inclusive bem refutando eventual vício de inconstitucionalidade da referida Concordata em face do princípio do Estado Laico.

63. Cf. a nota explicativa de SILVA, José Afonso da. *Curso de direito constitucional positivo*, p. 478.

64. Cf. a lição de WEINGARTNER NETO, Jayme. Comentário ao artigo 19, p. 775.

"a União não poderá beneficiar ou prejudicar filhos de uns Estados ou Municípios ou do Distrito Federal mais do que filhos de outros. Tampouco os Municípios poderão fazê-lo. O ato discriminativo será nulo e a autoridade responsável por ele poderá incidir no crime previsto no art. 5.º, XLI".[65]

Além dessa especial proibição de discriminação, que reforça as exigências do princípio geral da igualdade consagrado pelo art. 5.º, *caput*, da CF, na relação entre o Estado Federal e suas respectivas unidades e os indivíduos (pessoas físicas e jurídicas), a vedação constitucional, de acordo com a segunda parte do que dispõe o art. 19, III, da CF, tem por escopo assegurar a paridade entre os próprios entes federativos, precisamente por proibir o estabelecimento de qualquer preferência seja nas relações entre a União e os Estados e os Municípios, seja no âmbito das relações entre Estados, entre os Municípios e entre Estados e Municípios.[66] Da mesma forma a vedação constitucional significa, nas palavras de Jayme Weingartner Neto, que "em iguais condições de capacidade ou habilitação, não pode o Estado distinguir, positiva ou negativamente, cidadãos brasileiros no que tange ao exercício de função, ofício ou profissão".[67]

Ainda nesse contexto, calha ter presente que a vedação do art. 19, III, da CF, articula-se com outras proibições de discriminação de matriz constitucional, bem como outros princípios e direitos fundamentais, tudo com o mote de assegurar um federalismo isonômico em todos os níveis da relação entre os integrantes da Federação e em relação aos cidadãos. Assim, por exemplo, pode ser relacionada com a vedação ora comentada o direito de liberdade de locomoção (art. 5.º, XV, da CF), o mesmo ocorrendo com a proibição de preferências e limitações discriminatórias em matéria tributária (art. 150, II e V, da CF), sem prejuízo da conexão, para efeitos da interpretação do sentido e alcance da vedação, com o direito geral de igualdade (art. 5.º, *caput*, da CF).[68]

7.4 O instituto da Intervenção como garantia da integridade da Federação

7.4.1 Noções gerais

O instituto político e jurídico-constitucional da Intervenção opera, a despeito de o quanto isso possa soar paradoxal, como garante da integridade e do equilíbrio da Federação e, portanto, da respectiva autonomia que demarca a condição própria dos seus integrantes, no caso brasileiro, dos Estados-membros, do Distrito Federal e dos Municípios, isso porque embora a intervenção implique sempre maior ou menor ingerência no ente federativo que a sofre, ela ocorre para preservar o interesse maior do Estado Federal e, por via de consequência, dos demais entes federativos.[69] Assim, é possível afirmar que o instituto da intervenção cumpre função essencial à própria preservação do Estado Federal, assumindo,

---

65. Cf. SILVA, José Afonso da. *Curso de direito constitucional positivo*, p. 478.
66. Cf. novamente e por todos, SILVA, José Afonso da. *Curso de direito constitucional positivo*, p. 478.
67. Cf. lição de WEINGARTNER NETO, Jayme. Comentário ao artigo 19, p. 775-776.
68. Nesse sentido v., em especial, TAVARES, André Ramos. *Curso de direito constitucional*, 18. ed., p. 877-878.
69. Cf. em especial ROTHENBURG, Walter Claudius. *Direito constitucional*, p. 163.

portanto, a condição de defesa do interesse nacional e instrumento de garantia mútua de todos os integrantes da Federação.[70]

Por tal razão é que se parte da premissa de que no ato interventivo se verifica a participação de todos os demais entes federativos, pois é o seu interesse parcial (na condição de ente autônomo) somado ao interesse geral, do Estado Federal como um todo, que está simultaneamente em causa. Nem por isso, todavia, é correto afirmar que a intervenção assume a condição de elemento essencial da Federação, como é o caso da auto-organização e do autogoverno, pois embora o instituto encontre previsão em diversas ordens constitucionais (EUA, Alemanha, Argentina etc.), a garantia da integridade e do equilíbrio da Federação pode ser obtida por outros mecanismos, como dá conta o exemplo – referido por Marlon Weichert – da suspensão de repasses financeiros.[71]

No que diz com a evolução constitucional brasileira, ao passo que no sistema constitucional anterior a Intervenção era limitada aos Estados-membros, ou seja, a uma intervenção federal nos Estados-membros, com a CF o instituto foi ampliado, seja para permitir a intervenção federal no Distrito Federal, mas também por força da inserção do Município no esquema federativo, para assegurar a intervenção dos Estados-membros nos Municípios (e mesmo da União nos Municípios), tudo conforme regulado nos arts. 34 a 36 da CF.[72]

Em qualquer caso, contudo, é preciso ter em conta que a intervenção implica ingerência (e em certa medida afastamento) maior ou menor na esfera da autonomia constitucional dos entes federativos parciais, pois *o princípio que preside o Estado Federal é precisamente o da não intervenção*, consoante, aliás, decorre da dicção dos arts. 34 ("A União não intervirá...") e 35 ("O Estado não intervirá...").[73] Já por isso também no caso brasileiro a intervenção apresenta pelo menos três características: o seu *caráter excepcional*, o seu *cunho limitado* (limitação que inclui aspectos de ordem espacial, temporal, procedimental e quanto ao objeto, visto que o ato interventivo, já pela sua natureza e caráter excepcional, não implica uma espécie de "cheque em branco" passado ao interventor, devendo, pelo contrário, obediência a critérios rígidos previstos na CF), bem como a sua *taxatividade*, ou seja, o fato de que apenas e tão somente nos casos expressamente previstos na CF poderá ser autorizada a intervenção.[74]

A natureza da intervenção é dúplice, pois embora se cuide de um ato (e processo) essencialmente político – tese esgrimida por respeitável doutrina –, as suas hipóteses de cabimento (portanto, o seu próprio fundamento e razão de ser) e o seu procedimento, bem como as respectivas consequências, são objeto de regulação jurídico-constitucional, inclusive desafiando controle jurisdicional, de tal sorte que a natureza política convive com a natureza de um ato jurídico.[75]

---

70. Cf. novamente ROTHENBURG, Walter Claudius. *Direito constitucional*, p. 163.

71. WEICHERT, Marlon. Saúde e Federação na Constituição Brasileira, p. 75.

72. Cf. noticia, entre outros, SILVA, José Afonso da. *Curso de direito constitucional positivo*, p. 486.

73. Cf., mais uma vez, SILVA, José Afonso da. *Curso de direito constitucional positivo*, p. 487.

74. Cf. ROTHENBURG, Walter Claudius. *Direito constitucional*, p. 161 e ss.

75. Neste ponto, pois, divergimos de autores como SILVA, José Afonso da. *Curso de direito constitucional positivo*, p. 486-87, e ROTHENBURG, Walter Claudius. *Direito constitucional*, p. 167, quando, a exemplo da maioria dos autores, qualificam a intervenção como um ato de natureza política.

7.4.2 A Intervenção nos Estados e no Distrito Federal

7.4.2.1 Pressupostos materiais e hipóteses de cabimento

De acordo com a conhecida lição de José Afonso da Silva, os pressupostos da intervenção nos Estados e nos Municípios, definidos de modo abrangente, "constituem situações críticas que põem em risco a segurança do Estado, o equilíbrio federativo, as finanças estaduais e a estabilidade da ordem constitucional".[76] Os pressupostos de ordem material, que correspondem às hipóteses de cabimento da intervenção, encontram-se taxativamente estabelecidas no art. 34 da CF, e seus respectivos incisos, tudo de acordo com a sumária apresentação que segue.

a) Manter a integridade nacional (art. 34, I, da CF)

Além da proibição de secessão, tendo em conta o caráter indissolúvel da Federação proclamado expressamente pela CF, também existem outras formas de colocar em risco a integridade nacional, como é o caso da permissão dada por uma ou algumas das unidades da Federação para o ingresso de forças estrangeiras em seu território sem a devida autorização do Congresso Nacional.[77]

b) Repelir invasão estrangeira ou de uma unidade da Federação em outra (art. 34, II, da CF)

Assim como no caso anterior (manutenção da integridade nacional), a presente causa autorizativa da intervenção tem por objetivo a defesa do Estado como um todo, ou seja, do País.[78] Por invasão estrangeira compreende-se não apenas o ingresso de forças armadas ou outra forma de ingerência estrangeira no âmbito do território nacional, mas também a entrada de estrangeiros sem que tenham sido observados os devidos requisitos formais e materiais, com ou sem a anuência (no caso, omissão) de algum ente federativo.[79] Importa sublinhar que a hipótese autorizativa já se faz presente pelo simples fato de ter ocorrido a invasão, desnecessário, portanto, a conivência do governo da unidade federativa.[80]

A invasão estrangeira apresenta a peculiaridade de ensejar também a decretação do Estado de Sítio (art. 137, II, da CF) e a declaração de Guerra pelo Presidente da República (art. 84, XIX, da CF), situações que, como bem lembra Walter Claudius Rothenburg, não se confundem entre si e podem coexistir, tendo, inclusive, âmbito de aplicação diferenciado (o Estado de Sítio é mais amplo do que a Intervenção), além de consequências em parte distintas.[81]

A possibilidade de invasão de uma unidade da Federação por outra também legitima a intervenção, pois se trata de situação na qual está em xeque a integridade nacional, ademais de se constituir em uma garantia do princípio da indissolubilidade da Federação. Neste caso, a intervenção poderá ocorrer tanto no Estado invasor quanto no Estado invadido (ou em

---

76. Cf. Silva, José Afonso da. *Curso de direito constitucional positivo*, p. 487.
77. Cf. Lewandowski, Enrique Ricardo. Da Intervenção. In: Canotilho, J.J. Gomes; Mendes, Gilmar F.; Sarlet, Ingo W.; Streck, Lenio L. (Coord.). *Comentários à Constituição do Brasil*, p. 869.
78. Cf. Silva, José Afonso da. *Curso de direito constitucional positivo*, p. 487.
79. Cf. Lewandowski, Enrique Ricardo. Da intervenção, p. 869-870, com arrimo no escólio de Pontes de Miranda.
80. Cf. Branco, Paulo Gustavo G. *Da organização do estado*, 15. ed., p. 914.
81. Cf. Rothenburg, Walter Claudius. *Direito constitucional*, p. 168.

ambos ao mesmo tempo), sem prejuízo da possibilidade de a invasão ser protagonizada por Municípios.[82] Como bem agrega Enrique Ricardo Lewandowski, com isso se busca impedir que alguma unidade da Federação (incluídos os Municípios) obtenha ganho territorial ilegítimo em detrimento de outra ou possa impor de modo unilateral a sua vontade, tudo de modo a assegurar que eventuais conflitos entre os entes federados possam ser resolvidos com base na própria CF.[83]

c) Pôr termo a grave comprometimento da ordem pública (art. 34, III, da CF)

Muito embora as primeiras Constituições republicanas tenham previsto hipótese similar, a exigência, em geral, de uma situação extremamente grave e excepcional em termos de perturbação da paz e da ordem interna, a EC 1/1969, em pleno apogeu da Ditadura Militar, mitigou tal requisito e já permitia a intervenção em casos de simples perturbação da ordem ou ameaça de sua irrupção e até mesmo no caso de corrupção do poder público estadual, situação que foi revertida com a atual CF, prevendo que a intervenção apenas pode ser desencadeada no caso de "grave comprometimento da ordem pública".[84] Assim, ao passo que nem todo tumulto ou perturbação da ordem pública enseja a medida, também não se faz necessário esteja configurada uma verdadeira guerra civil, tal como era exigido pelas Constituições de 1934 e 1946.[85] A expressão "grave comprometimento da ordem pública" há de ser, portanto, interpretada, de modo a contemplar todo e qualquer distúrbio social violento, continuado, e em face do qual o Estado-membro (ou Estados) não tenha logrado (ou sequer o tenha tentado) resolver o impasse de modo autônomo e eficaz.[86]

d) Garantir o livre exercício de qualquer dos poderes nas unidades da Federação (art. 34, IV, da CF)

Como a capacidade de auto-organização e de autogoverno qualifica a Federação como tal, pois se trata de elementos essenciais do Estado Federal, bem como tendo presente que a separação de poderes é ela também um princípio fundamental estruturante e protegido na condição de "cláusula pétrea", resulta evidente perturbação significativa do equilíbrio entre as funções estatais, em função de ingerência externa que comprometa o seu regular funcionamento, ou impedindo ou dificultando o seu exercício.[87] Os Municípios não se submetem a tal medida na presente hipótese, mas o conceito de poderes, para efeito de aplicação do instituto, deve ser interpretado em sentido amplo, incluindo, por exemplo, o Ministério Público, os Conselhos Nacionais de Justiça e do MP, apenas para referir os mais relevantes.[88]

e) Reorganizar as finanças da unidade da Federação (art. 34, V, a e b, da CF)

Aqui são duas as hipóteses a serem consideradas. Ambas dizem respeito ao equilíbrio federativo, especialmente tendo em conta a interdependência entre as unidades federativas. O primeiro caso consiste na suspensão, por parte da unidade da Federação, de dívida fundada, por mais de dois anos, dívida esta definida no art. 98 da Lei 4.320/1967, embora submetido à interpretação pela doutrina e jurisprudência ao longo do tempo. A Lei

---

82. Cf. mais uma vez Rothenburg, Walter Claudius. *Direito constitucional*, p. 168.
83. Cf. Lewandowski, Enrique Ricardo. *Da intervenção*, p. 870.
84. Tudo conforme, em síntese, noticia Lewandowski, Enrique Ricardo. *Da intervenção*, p. 870.
85. Cf. Branco, Paulo Gustavo G. *Da organização do estado*, 15. ed., p. 914.
86. Cf. mais uma vez Branco, Paulo Gustavo G. *Da organização do estado*, 15. ed., p. 914, com arrimo nas lições de Pontes de Miranda.
87. Cf. Branco, Paulo G. *Da organização do estado*, 15. ed., p. 914.
88. Cf. propõe, Rothenburg, Walter Claudius. *Direito constitucional*, p. 169.

Complementar 101, de 04.05.2000 (Lei da Responsabilidade Fiscal) acabou por trazer nova definição, que deve ser levada em conta na matéria, mas tudo sugere que a natureza da dívida somente pode ser identificada caso a caso, mediante o exame da sua destinação e tendo em conta o impacto sobre a situação patrimonial e financeira do ente público afetado.[89] De qualquer sorte, a intervenção, também aqui medida de caráter excepcional e extrema, não será justificada nos casos de força maior, ainda que transcorrido prazo superior a dois anos do inadimplemento.[90]

Já a segunda hipótese tem por escopo a proteção dos Municípios em face de eventual constrangimento econômico provocado pela falta de repasse de recursos municipais (oriundos da receita tributária) administrados pelos Estados-membros.[91] De acordo com a lição de Enrique Ricardo Lewandowski, tendo em conta ainda o disposto no art. 160 da CF (que proíbe a retenção ou qualquer restrição à entrega ou ao emprego dos recursos),[92] a intervenção cabe não apenas no caso de retenção dos recursos tributários, mas também se o Estado estabelecer qualquer condição para a sua liberação.[93]

f) Prover a execução de lei federal, ordem ou decisão judicial (art. 34, VI, da CF)

Novamente não é qualquer situação de desrespeito que justifica o recurso ao instituto da intervenção, já que antes disso devem – em regra – ser esgotados outros meios menos gravosos, especialmente a via jurisdicional, hipótese na qual, portanto, se estará em face de descumprimento de decisão judicial, que, embora possa ter em sua origem a negativa de execução/cumprimento de lei, com esta situação não se confunde.[94] Com efeito, a intervenção para execução de lei federal diz respeito à recusa de aplicação da legislação que acarrete grave e generalizado prejuízo e que não tenha como ser resolvida pela via jurisdicional.[95]

Ainda nesse contexto, convém recordar que *nos casos de descumprimento de ordem judicial não é necessário tenha sido operada a coisa julgada*, entendimento que tem sido consagrado na jurisprudência do STF, para o qual *a expressão ordem judicial abrange, em princípio, toda e qualquer ordem e decisão* (o que, aliás, está expressamente previsto no art. 34, VI, da CF, cabe agregar) expedida por autoridade judiciária competente,[96] o que se justifica também pelo fato de os prejuízos causados pelo descumprimento poderem atingir proporções ainda maiores caso imperativo aguardar o trânsito em julgado.

Situação bastante comum e que diversas vezes enseja pedidos de intervenção apreciados pelo STF é a do não pagamento de precatórios. Aqui *o STF tem sido extremamente contido, no sentido de não autorizar a intervenção quando os recursos do Estado são limitados (ou seja, em face da invocação da escusa da reserva do possível) e quando existem outras*

---

89. Cf. Lewandowski, Enrique Ricardo. *Da intervenção*, p. 872.

90. Cf. também Lewandowski, Enrique Ricardo. *Da intervenção*, p. 872.

91. Cf. Rothenburg, Walter Claudius. *Direito constitucional*, p. 169.

92. Sobre o tema, v., na jurisprudência do STF, a ADI 4.597/CE, rel. Min. Marco Aurélio, j. 21.12.2020, na qual foi declarada a inconstitucionalidade do Fundo Estadual de Atenção Secundária à Saúde do Estado do Ceará, que reservou 15% dos recursos oriundos da repartição tributária destinadas aos Municípios para o próprio Estado, o que foi considerado incompatível com o disposto no art. 160 da Constituição Federal.

93. Cf. Lewandowski, Enrique Ricardo. *Da intervenção*, p. 872.

94. Cf. por todos Branco, Paulo Gustavo G. *Da organização do estado*, 15. ed., p. 915.

95. Cf. a lição de Lewandowski, Enrique Ricardo. *Da intervenção*, p. 873, com arrimo em Manoel Gonçalves Ferreira Filho.

96. Cf. por exemplo o precedente da IF 94, Pleno, rel. Min. Moreira Alves, j. 19.12.1986, *DJe* 03.04.1987.

obrigações relevantes a serem atendidas pelo poder público, como é o caso dos serviços públicos essenciais, pagamento da folha salarial dos servidores, entre outros.[97] De acordo com lapidar voto do Ministro Gilmar Mendes (pelo menos no que diz com a linha argumentativa, a depender de testagem em cada caso, por evidente), que acabou sendo o precedente na matéria, *a intervenção, na condição de medida excepcional e extrema, deve atender aos critérios da proporcionalidade.*[98]

g) Assegurar a observância de princípios constitucionais (art. 34, VII, da CF)

A presente hipótese autorizativa da intervenção tem caráter bastante abrangente e se desdobra em cinco situações, que têm como elemento comum o fato de se tratar, em todos eles, dos *assim chamados princípios constitucionais sensíveis da Federação*, ainda que tais princípios sensíveis – como já referido – não possam ser reduzidos às hipóteses do art. 34, VII, da CF.

A primeira hipótese, prevista na alínea *a* do inciso VII do art. 34 objetiva *assegurar a observância da forma republicana de governo, do sistema representativo e do regime democrático*, em suma, tem por escopo assegurar a integridade do Estado Democrático de Direito consagrado pela CF. Cuida-se de categorias muito abertas, que demandam a compreensão de cada uma individualmente, na condição de princípios e decisões políticas fundamentais e estruturantes, pois cada um dos princípios tem seus respectivos elementos essenciais e que receberam peculiar formatação na CF, para além da articulação entre a forma republicana de governo e o sistema democrático-representativo. Pela sua vagueza e indeterminação, a tendência, como de resto demonstra a evolução brasileira recente, é a de uma postura restritiva no que diz com a utilização de tais justificativas para dar suporte a um pedido de intervenção.

A segunda hipótese (art. 34, VII, *b*) objetiva assegurar *o respeito aos direitos da pessoa humana*, compreendidos aqui em sentido amplo, de modo a abranger tanto os direitos humanos (direitos consagrados nos tratados internacionais ratificados pelo Brasil e demais direitos vinculados à dignidade da pessoa humana) quanto os direitos fundamentais, como tais considerados aqueles consagrados expressa e implicitamente pela CF, noção que, portanto – especialmente à vista da abrangência do catálogo constitucional –, é mais ampla (e, portanto, mais protetiva) do que a noção de direitos humanos.[99] Também aqui e especialmente nessa hipótese, levando em conta o número de direitos assegurados e a quantidade de casos de violação, não é toda e qualquer medida (comissiva ou omissiva) apta a justificar a intervenção, já que em geral é o caso de investir no caminho habitual do exercício da via jurisdicional ou outras medidas aptas a coibir ou mesmo prevenir as violações. Assim, somente em casos graves e em face da inoperância dos meios convencionais é que se fará uso da intervenção, que, de resto, constitui um dos meios disponibilizados para tal situação, a exemplo do que ocorre com o instituto de deslocamento da competência para a Justiça Federal previsto no art. 109, § 5.º, da CF, inserido mediante emenda constitucional (EC 45/2004).[100] No âmbito da jurisprudência do STF tal hipótese também já foi objeto de exame,

---

97. Pela doutrina, v. por todos BRANCO, Paulo Gustavo G. *Da organização do estado*, 15. ed., p. 915.

98. Cf. decisão na IF 164/SP, Pleno, rel. para o Acórdão Ministro Gilmar Mendes, *DJe* 13.12.2003.

99. Advogando uma exegese extensiva da noção de direitos da pessoa humana v. LEWANDOWSKI, Enrique Ricardo. *Da intervenção*, p. 875-876.

100. Nessa linha de entendimento v. em especial ROTHENBURG, Walter Claudius. *Direito constitucional*, p. 171-72.

Da organização do Estado e da repartição de competências · 889

como dá conta caso que envolveu linchamento de presos pela população local, acusando-se o Poder Público de ser incapaz de assegurar condições mínimas de segurança da vida dos presos. Muito embora tenha o STF reconhecido a possibilidade de uma intervenção em situação similar, tendo o pedido sido inicialmente admitido, ao final sobreveio juízo de improcedência à vista de medidas concretas levadas a efeito pelo Poder Público ao longo da tramitação.[101]

A terceira situação ensejadora de intervenção diz com a *garantia da autonomia municipal* (art. 34, VII, *c*), de tal sorte que o Distrito Federal, por não estar decomposto em Municípios, não poderá sofrer intervenção por tal motivo.[102] A intervenção nos Estados-membros poderá ser ativada, portanto, sempre que a ação estatal colocar em risco ou afetar diretamente a autonomia de um ou mais Municípios, no que diz com sua respectiva e constitucionalmente assegurada capacidade de auto-organização e autogoverno, sempre incluídas as capacidades de autoadministração e autolegislação.[103]

A quarta hipótese, prevista no art. 34, VII, *d*, da CF, diz com a *prestação de contas da Administração Pública direta e indireta*, ou seja, do dever de prestação de contas (estabelecido pela própria CF, no seu art. 70), cujo descumprimento, por ação ou omissão do ente federado, poderá ensejar a intervenção.[104]

Por derradeiro, a intervenção poderá ocorrer, de acordo com a previsão do art. 34, VII, *e*, da CF, nos casos de desrespeito no que diz com a aplicação, na manutenção e desenvolvimento do ensino e nas ações e serviços públicos de saúde, do mínimo exigido em termos de receita tributária oriunda de impostos estaduais, aí compreendida a proveniente de transferências. Tal hipótese, incluída por meio de emenda constitucional (1996 e 2000), veio em primeira linha a corrigir distorção gerada em face da previsão da intervenção nos Municípios pela mesma razão (art. 35, III, da CF), agora estendida aos Estados-membros e Distrito Federal.[105] De certo modo, a possibilidade de manejar a intervenção, assume a condição de garantia adicional da previsão constitucional de investimentos mínimos em educação e saúde e na consecução dos objetivos fundamentais do art. 3.º da CF.

7.4.2.2 *Aspectos de ordem formal e procedimental*

7.4.2.2.1 Iniciativa do processo interventivo

No que diz com o modo pelo qual inicia o processo de intervenção, esta pode ser classificada nas seguintes espécies, quais sejam:[106]

---

101. Cf. IF 114/MT, rel. Min. Néri da Silveira, *DJe* 27.09.1996.
102. Cf. LEWANDOWSKI, Enrique Ricardo. *Da intervenção*, p. 876.
103. Cf. mais uma vez e por todos, LEWANDOWSKI, Enrique Ricardo. *Da intervenção*, p. 876.
104. Cf., dentre tantos, LEWANDOWSKI, Enrique Ricardo. *Da intervenção*, p. 877.
105. Como novamente lembra LEWANDOWSKI, Enrique Ricardo. *Da intervenção*, p. 877.
106. Aqui seguimos – embora com diferenças entre os autores – em termos gerais o esquema classificatório difundido nos cursos e manuais de direito constitucional brasileiros, visto que em harmonia com o direito constitucional positivo. Em caráter meramente ilustrativo, v. NOVELINO, Marcelo. *Manual de direito constitucional*, p. 726; LENZA, Pedro. *Direito constitucional esquematizado*, p. 467-68; MORAES, Alexandre. *Direito constitucional*, p. 328; TAVARES, André Ramos. *Curso de direito constitucional*, 18. ed., p. 946 e ss.

I – Espontânea:

Ocorre quando da verificação das hipóteses previstas no art. 34, I, II, III e V, da CF, independendo de requisição de qualquer autoridade ou de alguma unidade da Federação. Assim, a decretação da intervenção pelo Presidente da República poderá ocorrer de ofício, por iniciativa do próprio chefe do Executivo nacional, mediante a verificação da ocorrência de alguma das causas autorizativas referidas. *No caso de intervenção espontânea, inexiste fase judicial*, mas o Presidente da República ouvirá os Conselhos da República e da Defesa Nacional, muito embora não esteja vinculado a sua decisão.[107] Embora se trate de *ato discricionário* do Presidente da República, isso não significa que não existe qualquer controle, o que será objeto de atenção logo adiante.

II – Provocada:

a) *Mediante requerimento (ou solicitação): quando for requerida pelo Poder Executivo ou pelo Poder Legislativo da unidade federada com o intuito de assegurar o livre exercício das atribuições dos poderes daquela unidade da Federação* que estão a sofrer coação ou qualquer espécie de impedimento à sua atuação (art. 36, I, primeira parte, da CF). Cuida-se, na espécie, da ocorrência da hipótese prevista no art. 34, IV, CF (garantir o livre exercício de qualquer um dos Poderes nas unidades da Federação). Note-se, contudo, que *quando for o Poder Judiciário estadual o afetado pela coação ou impedimento a intervenção dependerá de requisição do STF* (art. 36, I, segunda parte, da CF), de tal sorte que não se trata da modalidade requerida ou solicitada. Registre-se, por derradeiro, que *a intervenção, a ser decretada pelo Presidente da República, consiste em ato discricionário*, de tal sorte que a solicitação poderá, ou não, ser atendida.[108] *Isso não significa, contudo, que o Presidente da República tenha total liberdade nessa esfera*, pois embora possa e deva examinar a presença dos requisitos e a conveniência e oportunidade da intervenção, cuida-se de ato motivado e que, nos casos de evidente omissão dolosa (por exemplo, motivada por razões pessoais ou de mero interesse político-partidário), poderá ensejar a sua responsabilização.[109] Por derradeiro, é de se colacionar a lição de Pontes de Miranda, no sentido de que a falta de solicitação torna inconstitucional a intervenção caso venha a ser mesmo assim decretada pelo Presidente da República, o que, contudo, poderá ser sanado mediante o posterior encaminhamento de solicitação formal por parte do órgão legitimado.[110]

b) *Mediante requisição:* ocorre quando *a intervenção se dá mediante requisição do Poder Judiciário nas diversas hipóteses previstas na CF.* Ao contrário da hipótese anterior (requerida ou solicitada), aqui se está diante de um *ato de natureza vinculada*, cujo não atendimento *poderá ensejar responsabilização do Presidente da República por crime de responsabilidade, nos termos do disposto no art. 12 da Lei 1.079/1950.*[111] De outra parte, convém sublinhar que são diversas (três ao todo) as situações que podem ensejar requisição judicial buscando a decretação de intervenção, havendo, portanto, peculiaridades a serem observadas.

---

107. Cf. por todos, TAVARES, André Ramos. *Curso de direito constitucional*, 18. ed., p. 946.
108. Cf. entre outros, LEWANDOWSKI, Enrique Ricardo, *Da intervenção*, p. 879; ROTHENBURG, Walter Claudius. *Direito constitucional*, p. 177; NOVELINO, Marcelo. *Manual de direito constitucional*, p. 726.
109. Cf. bem anota LEWANDOWSKI, Enrique Ricardo. *Da intervenção*, p. 879.
110. Cf. PONTES DE MIRANDA. *Comentários à Constituição de 1967*, p. 248-49.
111. Cf. por todos, NOVELINO, Marcelo. *Manual de direito constitucional*, p. 726.

I – No primeiro caso, a intervenção poderá ser *requisitada pelo STF quando ocorrer coação contra o Poder Judiciário* (arts. 34, IV, e 36, I, segunda parte, da CF).

II – No segundo caso, a intervenção poderá ser requisitada, *a depender da situação concreta, tanto pelo STF, quanto pelo STJ ou TSE, isso quando verificada desobediência à ordem ou decisão judicial* (arts. 34, VI, e 36, II, da CF).

III – Além disso, a intervenção poderá ser requisitada *pelo STF se e quando o tribunal der provimento à representação do Procurador-Geral da República*, o que, por sua vez, poderá ocorrer em caso de *violação dos assim chamados princípios sensíveis da Federação* (art. 34, VII) ou quando houver *recusa à execução de Lei Federal*, tudo conforme disposto no art. 36, III, da CF. No primeiro caso, estar-se-á diante da assim chamada representação por *inconstitucionalidade para fins interventivos ou ação direta (ou representação) interventiva*, tema versado na parte deste curso relativa ao controle de constitucionalidade. No segundo caso trata-se, nas palavras de José Afonso da Silva, de uma "ação de executoriedade da lei".[112] De qualquer sorte, importa registrar que *nas duas hipóteses o procedimento é regulado pela Lei 12.562/2011*. Uma vez julgada procedente a representação, a decisão do STF vincula de modo imperativo o Presidente da República, que, nos termos da legislação citada, terá o prazo de quinze (15) dias para dar-lhe o devido cumprimento.[113]

7.4.2.2.2 Competência e forma do ato interventivo

A Intervenção Federal consiste sempre *em ato privativo do Presidente da República, materializando-se mediante a edição de um decreto do Executivo*, de acordo com o disposto no art. 84, X, da CF. Tal decreto, nos termos do § 1.º do art. 36 da CF, "especificará a amplitude, o prazo e as condições de execução" da intervenção, além de nomear, quando for o caso, um interventor. O ato interventivo é então submetido ao *crivo do Congresso Nacional, no prazo de 24 horas*, sendo o caso de *convocação extraordinária* se o Congresso não estiver funcionando normalmente, tudo de acordo com o art. 36, §§ 1.º e 2.º, da CF. Calha recordar que no caso de intervenção espontânea (da iniciativa do próprio Presidente da República), este, além de verificar a ocorrência das hipóteses justificadoras, deverá ouvir (em caráter e consulta não vinculativa) os Conselhos da República e da Defesa (arts. 90, I e 91, § 1.º, II, da CF), decidindo na sequência (de modo discricionário como já salientado) sobre a intervenção. Mas *nem sempre é imperativa a manifestação dos Conselhos da República e da Defesa*, pois nos casos de requisição judicial se trata de ato de natureza vinculada e eventual parecer contrário seria simplesmente inócuo e desnecessário, o que, contudo, não é o caso quando for dispensada a aprovação pelo Congresso Nacional e a opinião emitida pelos Conselhos poderá subsidiar a decisão do Presidente da República.[114]

7.4.2.2.3 Amplitude, prazo, condições e consequências da intervenção

O decreto do Presidente da República deverá (seja de quem for a iniciativa do processo interventivo) ser sempre motivado,[115] alterando-se, por evidente, a fundamentação de acordo com a natureza da hipótese autorizativa e suas respectivas peculiaridades. De

---

112. Cf. Silva, José Afonso da. *Curso de direito constitucional positivo*, p. 489.
113. Sobre o tópico, v. por todos Branco, Paulo Gustavo G. *Da organização do estado*, 15. ed., p. 917-918.
114. Cf. Rothenburg, Walter Claudius. *Direito constitucional*, p. 182.
115. Cf. por todos Rothenburg, Walter Claudius. *Direito constitucional*, p. 181.

acordo com o que prescreve o art. 36, § 1.º, da CF, o Decreto Presidencial deverá definir a amplitude da intervenção, ou seja, determinar o Estado ou Município que atinge e o Poder ou Poderes nos quais se dará a intervenção.[116] Também *o prazo deverá estar de algum modo definido*, seja mediante a previsão de um termo final (intervenção por prazo determinado), seja condicionando o término da intervenção à consecução dos objetivos estabelecidos pelo decreto, de tal sorte que *não se tolera uma intervenção por prazo indeterminado, fixada em termos genéricos*, inclusive pelo fato de que com isso estaria afetada a autonomia da unidade federada.[117] Uma vez *transcorrido o prazo estabelecido ou superada a situação que deu azo ao decreto interventivo (art. 36, § 4.º, da CF)*, cessa a intervenção, ensejando o retorno das autoridades afastadas provisoriamente ao poder.[118]

O decreto presidencial deverá, outrossim, *especificar as condições da intervenção*, ou seja, o seu detalhamento, incluindo os meios a serem empregados,[119] sua finalidade, entre outros aspectos, de acordo com a razão de ser do ato e as peculiaridades do ente ou órgão no qual se dará a intervenção. Também aqui se faz *imprescindível a devida fundamentação* e a sua ausência (tanto das condições quanto de sua motivação), pois do contrário, quando da submissão ao Poder Legislativo, a intervenção poderá ser rechaçada liminarmente sem a apreciação do mérito propriamente dito.[120]

Particularmente relevante é a circunstância de que *nos casos dos incisos VI e VII do art. 34 da CF o decreto deverá ater-se a suspender a execução do ato impugnado sempre que tal providência se revelar suficiente para fazer cessar a violação aos princípios constitucionai*s elencados nos dispositivos citados.[121] Assim, *apenas quando não for esse o caso, ou seja, a suspensão do ato for ineficaz, haverá de ser efetivada a intervenção*, pois não se trata de uma mera faculdade (no sentido de uma discricionariedade pura), mas sim, de um dever que implica motivação adequada às diversas hipóteses que podem ensejar a intervenção e de acordo com as peculiaridades de cada caso (intervenção espontânea ou provocada e suas respectivas modalidades).[122]

Uma das consequências correntes da intervenção é o afastamento de autoridades dos seus respectivos cargos, afastamento de caráter sempre temporário (como temporária é a intervenção), de tal sorte que *cessada a intervenção haverá a recondução ao cargo salvo existindo impeditivo legal (art. 36, § 4.º, da CF)*. Assim, *é possível que as autoridades estejam impedidas de retornar ao cargo*, seja por força do término do respectivo mandato, seja em virtude de sua cassação, extinção, suspensão ou perda dos direitos políticos ou mesmo em caso de renúncia ou falecimento, *situações que ensejam a assunção, quando for o caso, do substituto constitucionalmente previsto*.[123]

---

116. Cf. Lewandowski, Enrique Ricardo. *Da intervenção*, p. 882.

117. Cf. também e por todos Lewandowski, Enrique Ricardo. *Da intervenção*, p. 882.

118. Branco, Paulo Gustavo G. *Da organização do estado*, 15. ed., p. 919.

119. Cf. Lewandowski, Enrique Ricardo. *Da intervenção*, p. 882.

120. Cf. também e por todos Lewandowski, Enrique Ricardo. *Da intervenção*, p. 882.

121. Cf., dentre outros, Silva, José Afonso da. *Curso de direito constitucional positivo*, p. 489.

122. Cf. mais uma vez Silva, José Afonso da. *Curso de direito constitucional positivo*, p. 489.

123. Cf. Silva, José Afonso da. *Curso de direito constitucional positivo*, p. 490-91.

7.4.2.2.4   Do interventor e de sua responsabilidade

Ressalvada a Constituição de 1891, que não previa expressamente tal figura, as Constituições subsequentes passaram a prever a designação de um interventor, que – de acordo com a lição de José Afonso da Silva – é *figura constitucional e autoridade federal,* cujas atribuições são estabelecidas no decreto da Intervenção bem como nas demais instruções a serem fixadas pela autoridade interventora.[124] O interventor é, portanto, *nomeado pelo Presidente da República* (ou Governador, no caso da intervenção em Município), *exercendo uma função de confiança,* na condição similar a de um delegado ou comissário.[125] Mas *nem sempre haverá necessidade da nomeação de um interventor,* o que ocorrerá apenas quando for o caso, a teor do que dispõe expressamente a CF no seu art. 36, § 1.º.

No que diz com suas atribuições, estas, como já referido, são estabelecidas no decreto interventivo e nas demais instruções recebidas do chefe do Executivo, cuidando-se de *funções federais e sempre limitadas ao ato de intervenção.*[126] De todo modo, *as atribuições do interventor variam de acordo com a amplitude, as condições e o prazo da intervenção,* podendo inclusive assumir funções legislativas e executivas quando estiver substituindo titulares de cargos legislativos e executivos.[127] Assim, o interventor assume a condição da autoridade substituída, mas sempre de modo provisório e vinculado aos termos e objetivos da intervenção e do decreto que a instaurou. *A possibilidade de o interventor exercer funções típicas do Poder Judiciário, ou seja, privativas dos Juízes, tem sido refutada pela doutrina,* em virtude de que se assim não fosse se estaria a fazer tábula rasa das garantias constitucionais da Magistratura.[128] Por derradeiro, calha agregar a lição de Enrique Ricardo Lewandowski, ao lembrar que *o interventor não assume poderes de natureza excepcional,* pois apenas exerce temporariamente as funções habituais da autoridade substituída,[129] podendo, ademais, responder pela sua atuação.

Os atos praticados pelo interventor, no caso de causarem prejuízo, podem implicar responsabilização, tanto pessoal do interventor, quanto da União ou do Estado, a depender do tipo de intervenção. Todavia, *tal possibilidade de responsabilização não enseja a prática de crime de responsabilidade,* nos termos da Lei 1.079/1950, pois sua investidura não lhe confere autonomia, para além de a figura do interventor não ter sido prevista na legislação referida.[130] A sua responsabilidade se dará na esfera criminal, se praticar delito que lhe possa ser imputado, ou na esfera cível. Neste último caso, é de se ter presente que os atos executados na condição de interventor podem ensejar a responsabilidade civil da União, nos termos do art. 37, § 6.º, da CF, ao passo que os atos praticados no exercício normal da administração estadual ensejarão, se for o caso, a responsabilidade do Estado--membro.[131]

---

124. Cf. Silva, José Afonso da. *Curso de direito constitucional positivo,* p. 491.
125. Cf. Rothenburg, Walter Claudius. *Direito constitucional,* p. 203.
126. Cf. Silva, José Afonso da. *Curso de direito constitucional positivo,* p. 491.
127. Cf. Lewandowski, Enrique Ricardo. *Da intervenção,* p. 883.
128. Cf. Lewandowski, Enrique Ricardo. *Da intervenção,* p. 883.
129. Cf. Lewandowski, Enrique Ricardo. *Da Intervenção,* p. 883.
130. Cf. Rothenburg, Walter Claudius. *Direito constitucional,* p. 204.
131. Cf. por todos Silva, José Afonso da. *Curso de direito constitucional positivo,* p. 491.

7.4.2.2.5 Controle político e jurisdicional da intervenção

O ato de intervenção, embora privativo do Presidente da República, está sujeito a dois tipos de controle, o primeiro, de natureza política, exercido pelo Poder Legislativo, o segundo de cunho jurisdicional, levado a efeito pelo Poder Judiciário, muito embora nem sempre ambas as modalidades se façam presentes.

a) Controle político

O controle político significa a possibilidade de o Congresso Nacional aprovar, rejeitar ou suspender a intervenção, de acordo, aliás, com o que deflui da redação do art. 49, IV, da CF. Tal controle representa a regra, de tal sorte que a aprovação da intervenção pelo Congresso Nacional somente não se faz necessária nas hipóteses constitucionalmente previstas, quais sejam, os *casos em que se trata de mera suspensão do ato impugnado (art. 34, VI e VII e art. 35, IV, da CF) não se faz necessária a aprovação do Congresso Nacional.*[132] No caso de *requisição judicial* – como já frisado – não poderia o Congresso (por afronta ao princípio da separação de poderes) obstaculizar a intervenção, mas poderia suspendê-la a qualquer tempo nos termos do art. 49, IV, da CF, em ocorrendo vício formal ou desvio de finalidade,[133] de tal sorte que mesmo nessa hipótese o controle político não resta completamente afastado. Ainda no que diz respeito ao papel exercido pelo Poder Legislativo, embora em regra a intervenção deva ser aprovada pelo Congresso Nacional, ressalvadas as exceções já referidas, o ato de intervenção não depende de tal aprovação para ter eficácia, produzindo efeitos desde a sua edição.[134] De acordo com a lição de Enrique Ricardo Lewandowski, que aqui transcrevemos literalmente, "*três são as possíveis consequências da apreciação do ato pelo Legislativo*: 1) os parlamentares podem aprová-lo, autorizando a continuidade da intervenção até o atingimento de seus fins; 2) podem, de outro lado, aprová-lo, suspendendo de imediato a medida, situação que gerará efeitos *ex nunc*; 3) podem, por fim, rejeitá-lo integralmente, suspendendo a intervenção e declarando ilegais, *ex tunc*, os atos de intervenção".[135] Uma vez *suspensa a intervenção pelo Congresso Nacional, o ato interventivo passará a estar inquinado do vício de inconstitucionalidade, devendo sua execução cessar imediatamente*, pena de configuração de crime de responsabilidade do chefe do Executivo (art. 85, II, da CF).[136]

b) Controle jurisdicional

Muito embora a intervenção constitua um ato essencialmente político, resultado da conjugação necessária do decreto do Presidente da República e da aprovação pelo Congresso Nacional, o controle jurisdicional não resta afastado, mas assume natureza diversa a depender do caso, tendo por escopo essencialmente verificar se a intervenção atende aos requisitos constitucionais. Assim, o controle jurisdicional não incide propriamente sobre o mérito da intervenção, mas sim, limita-se ao exame da presença dos pressupostos formais e materiais estabelecidos pela CF, como se dá nos casos de requisição pelo Poder Judiciário ou quando iniciada a partir de solicitação do Poder coacto ou impedido.[137] Assim, por

---

132. Cf. Lewandowski, Enrique Ricardo. *Da intervenção*, p. 882.
133. Cf. Lewandowski, Enrique Ricardo. *Da intervenção*, p. 880.
134. Cf. precisa lição de Lewandowski, Enrique Ricardo. *Da intervenção*, p. 882.
135. Cf. Lewandowski, Enrique Ricardo. *Da intervenção*, p. 882.
136. Cf. Silva, José Afonso da. *Curso de direito constitucional positivo*, p. 490.
137. Cf. por todos Silva, José Afonso da. *Curso de direito constitucional positivo*, p. 490.

exemplo, caberá controle judicial quando o Presidente da República decretar a intervenção sem a devida requisição ou solicitação, o que implica violação do procedimento constitucionalmente imposto.[138] Outra hipótese poderá ocorrer quando a União intervier em Município, o que igualmente viola frontalmente limitações constitucionais, já que a intervenção da União em Município apenas cabe quando se tratar de Município sediado em Território Federal.[139] Além disso, também no caso de suspensão da intervenção pelo Congresso Federal e descumprimento por parte do chefe do Executivo é possível o recurso ao Poder Judiciário, pois o ato interventivo passou a ser inconstitucional, sendo necessário assegurar o restabelecimento do funcionamento normal dos Poderes estaduais.[140] A própria ação direta (ou representação interventiva), mas de modo distinto das hipóteses anteriores, consiste em modalidade de controle jurisdicional da intervenção, mas aqui é o próprio Poder Judiciário, provocado por representação do Procurador-Geral da República (ou do Procurador-Geral de Justiça, no caso de intervenção dos Estados nos Municípios) quem aprecia o mérito, ou seja, se houve ofensa a princípio constitucional sensível e determinada seja efetivada a intervenção, passando-se então para a fase em que atua o Poder Executivo (decreto interventivo), onde, a depender da circunstância, poderá haver então novo recurso ao Judiciário.

7.4.3 A intervenção nos Municípios

A intervenção nos Municípios encontra-se regulada na CF, que prevê a possibilidade de intervenção dos Estados em seus Municípios e da União nos Municípios situados nos Territórios Federais (art. 35). A exemplo do que ocorre com a intervenção federal, *também a intervenção nos Municípios consiste em medida excepcional e transitória* e que apenas poderá ser instaurada nos *casos taxativamente elencados no art. 35 da CF,*[141] *sem que exista a possibilidade de ampliação das hipóteses pelo poder constituinte estadual.*[142] Ainda sobre o ponto, vale colacionar o entendimento do STF, aqui ilustrado mediante o exemplo do julgamento da ADI 7.369, relatoria da Ministra Cármen Lúcia, em 13.05.2024, no sentido de ser desnecessária a reprodução expressa na Constituição Estadual dos princípios sensíveis previstos no art. 34 da CF.

As hipóteses constitucionais são as seguintes: (a) deixar de ser paga, sem motivo de força maior, por dois anos consecutivos, a dívida fundada; (b) não forem prestadas contas devidas, na forma da lei; (c) não tiver sido aplicado o mínimo exigido da receita municipal na manutenção e no desenvolvimento do ensino e nas ações e serviços públicos de saúde; (d) o Tribunal de Justiça der provimento a representação para assegurar a observância de princípios indicados na Constituição Estadual, ou para prover a execução de lei, de ordem ou de decisão judicial. Nessa última hipótese, em se tratando de intervenção estadual, o legitimado ativo para esgrimir a representação será o *Procurador-Geral de Justiça.* Assim, tal como ocorre na intervenção federal, a intervenção nos Municípios poderá ser espontânea ou provocada por requisição, solicitação ou representação.

A intervenção também se dará mediante a edição de decreto do chefe do Poder Executivo, ou seja, do Governador do Estado, quando se cuidar de intervenção de Estado em algum

---

138. Cf. ilustra FERNANDES, Bernardo Gonçalves. *Curso de direito constitucional,* p. 626-27.
139. Cf. MS 25.295/05, Pleno, rel. Min. Joaquim Barbosa, j. 20.04.2005.
140. Cf. SILVA, José Afonso da. *Curso de direito constitucional positivo,* p. 490.
141. Cf., na jurisprudência do STF, a decisão proferida na ADI 6.616/AC, rel. Min. Cármen Lúcia, j. 26.04.2021.
142. Cf. por todos MORAES, Alexandre. *Direito constitucional,* p. 332-33.

dos seus Municípios, ou do Presidente da República na hipótese de intervenção da União no Município de Território Federal. O decreto, assim como na Intervenção Federal, deverá estabelecer o prazo, a amplitude e as condições da intervenção e nomear interventor, se for o caso, devendo, ademais, ser submetido (prazo de 24 horas) ao crivo do Poder Legislativo, designadamente da Assembleia Legislativa ou do Congresso Nacional, a depender da hipótese. Todavia, assim como se dá na intervenção federal, *o controle legislativo é dispensado quando bastar a suspensão da execução do ato impugnado para restabelecer a normalidade*, na hipótese do art. 35, IV, da CF. Isso não sendo o caso, a intervenção deve ser decretada e necessária a aprovação pelo Poder Legislativo.

O interventor (autoridade estadual ou federal a depender da iniciativa da intervenção) atuará em substituição ao Prefeito do Município e praticará todos os atos de administração, prestando contas dos seus atos ao Governador ou Presidente da República e, no caso da administração financeira, ao Tribunal de Contas (do Estado ou da União a depender do caso), podendo ser responsabilizado pelos excessos cometidos.[143] Note-se, além disso, que quando o interventor praticar atos de governo municipal típicos, dando seguimento à administração municipal de acordo com os termos da Lei Orgânica do Município e demais leis municipais, a responsabilidade por eventuais prejuízos não será pessoal do interventor, mas sim do próprio Município.[144]

Convém frisar, pela possível relevância prática da situação, que *o fato de um Município ter tido a sua intervenção decretada em determinado processo não afasta a possibilidade de outro ato interventivo*, por causa diversa e em outro processo.[145] No plano do controle judicial da intervenção, há que atentar ainda para a *Súmula 637 do STF*, de acordo com a qual descabe o manejo de Recurso Extraordinário contra Acórdão do Tribunal de Justiça do Estado que defere a instauração da intervenção em Município.

II – DA REPARTIÇÃO DE COMPETÊNCIAS

7.5 Noções gerais

O programa político-normativo instituído pela CF estabelece a vinculação do Estado – Estado-Legislador, Estado-Administrador e Estado-Juiz – ao estrito cumprimento dos ditames constitucionais, no âmbito das atribuições e competências delineadas para cada esfera federativa. A questão federativa, por sua vez, está na essência da discussão a respeito das competências constitucionais, tomando por base a estrutura organizacional do Estado brasileiro e o papel dos diferentes entes federativos que o integram: União, Estados, Distrito Federal e Municípios. De acordo com Paulo G. Gonet Branco, "a Constituição Federal atua como fundamento de validade das ordens jurídicas parciais e central. Ela confere unidade à ordem jurídica do Estado Federal, com o propósito de traçar um compromisso entre as aspirações de cada região e os interesses comuns às esferas locais em conjunto. A Federação gira em torno da Constituição Federal, que é seu fundamento jurídico e instrumento regulador".[146]

---

143. Cf. por todos SILVA, José Afonso da. *Curso de direito constitucional positivo*, p. 493.
144. Cf. FERRARI, Regina Maria Macedo Nery. *Direito constitucional*, p. 240.
145. Cf. noticia MORAES, Alexandre. *Direito constitucional*, p. 333.
146. BRANCO, Paulo Gustavo Gonet. Da organização do estado. In: MENDES, Gilmar Ferreira; BRANCO, Paulo Gustavo Gonet. *Curso de direito constitucional*, 15. ed., p. 908.

Assim, não há como estabelecer uma adequada compreensão das competências constitucionais (legislativas e executivas) sem conhecer os contornos normativos do sistema federativo delineado na CF, pois, consoante já destacado na parte sobre as características do Estado Federal, a despeito de um conjunto de elementos comuns, inexiste um modelo único e cada ordem constitucional tem a prerrogativa de conformar a sua própria Federação. Nesse sentido – o que também já foi objeto de menção – o Estado Federal instaurado pela CF *apresenta a peculiaridade de ter incluído os Municípios na condição de entidade federada*, juntamente com a União, os Estados e o Distrito Federal, o que evidentemente também implica ajustes importantes no sistema constitucional de repartição de competências. Além disso, ainda que carente de desenvolvimento, a CF apostou naquilo que, a partir especialmente da tradição norte-americana e, posteriormente, alemã, se passou a designar de um *federalismo cooperativo*, igualmente caracterizado, ao menos em parte, por uma determinada forma de partição e exercício das competências. Por outro lado, sabe-se que é *a forma pela qual cada ordem constitucional estabelece a repartição das competências entre os entes federativos que permite identificar qual a concepção de federalismo e de Estado Federal* adotada por cada País, pois o Estado Federal poderá assumir forma mais ou menos centralizada, podendo (ou não) ser caracterizado como um federalismo do tipo cooperativo, entre outros aspectos vinculados ao sistema constitucional de competências.

Nesse contexto, voltando-nos ao caso do Brasil, oportuna a lição de José Afonso da Silva, no sentido de que a CF "estruturou um sistema que combina competências exclusivas, privativas e principiológicas com competências comuns e concorrentes, buscando reconstruir o sistema federativo segundo critérios de equilíbrio ditados pela experiência histórica".[147] Por isso, no concernente ao sistema de repartição de competências, verifica-se que a CF adotou um sistema complexo e híbrido, que não se encaixa integralmente nos modelos considerados clássicos, o que, aliás, também veio a ocorrer no âmbito da evolução registrada no direito comparado. Nesse contexto, como bem averba Fernanda Dias Menezes de Almeida, a CF estruturou "um sistema complexo em que convivem competências privativas, repartidas horizontalmente, com competências concorrentes, repartidas verticalmente, abrindo-se espaço também para a participação das ordens parciais na esfera de competências próprias da ordem central, mediante delegação".[148]

Nota-se, ademais, que *o sistema constitucional de distribuição das competências da CF está, a despeito da manutenção de uma partição do tipo horizontal (competências enumeradas e remanescentes) também alicerçado a partir de uma lógica de "verticalização"*, o que é facilmente apreensível tanto diante do estabelecimento de competências legislativas concorrentes (art. 24) quanto de competências materiais comuns (art. 23) para todos os entes federativos. Ou seja, todos os entes federativos são "convocados" pela CF a atuarem legislativa e administrativamente nas matérias mais diversas da vida social, política e econômica. O art. 23, parágrafo único, da CF, também reforça tal *dimensão* "cooperativa" ao estabelecer que "leis complementares fixarão normas para a cooperação entre a União e os Estados, o Distrito Federal e os Municípios, tendo em vista o equilíbrio do desenvolvimento e do bem-estar em âmbito nacional". Tudo somado, é possível afirmar, de acordo com expressão utilizada pelo Ex-Ministro do STF Carlos Ayres Britto, que a CF/1988 criou – em especial

---

147. SILVA, José Afonso da. *Curso de direito constitucional positivo*, p. 479.
148. Cf. ALMEIDA, Fernanda Dias Menezes de. *Competências na Constituição de 1988*, p. 58.

mediante a técnica da legislação concorrente – um verdadeiro "condomínio legislativo federado".[149] Aliás, na doutrina nacional atribui-se a Raul Machado Horta o pioneirismo na adoção da expressão "condomínio legislativo", ao definir o modelo vertical de partição de competências como aquele no qual a mesma matéria legislativa é distribuída entre os diversos entes da Federação, cabendo à União estabelecer diretrizes gerais, a serem observadas pelos Estados-membros.[150]

Ainda no concernente aos traços gerais do sistema brasileiro, calha recordar que a CF adotou o *princípio da predominância do interesse*, segundo o qual, como ensina José Afonso da Silva, "à União caberão aquelas matérias e questões de *predominante interesse geral, nacional*, ao passo que aos Estados tocarão as matérias e assuntos de *predominante interesse regional*, e aos Municípios concernem os assuntos de *interesse local*".[151] Ao *Distrito Federal*

---

149. A expressão aparece no voto do Ministro Carlos Ayres Britto lançado no julgamento da ADIn 3.357/RS (Caso do Amianto).

150. HORTA, Raul Machado, *Direito constitucional*, p. 321.

151. SILVA, José Afonso da. *Curso de direito constitucional positivo*, p. 480. Registre-se que o *princípio da predominância do interesse* foi utilizado pelo STJ no julgamento do RE. 592.682/RS, onde se discutiu conflito legislativo entre norma federal e norma estadual a respeito da exigência (imposta pela legislação estadual) de Estudo de Impacto Ambiental (EIA) e Relatório de Impacto Ambiental (RIMA) para atividades envolvendo Organismos Geneticamente Modificados (OGMs). Na decisão em comento, resultou consignado que "a regulamentação das atividades envolvendo OGMs através de lei federal, que define as regras de caráter geral, homenageia o *princípio da predominância do interesse*, na medida em que o controle e a fiscalização dessas atividades não se limita ao interesse regional deste ou daquele Estado-membro, mas possui indiscutível alcance nacional" (grifos nossos), cf. STJ, REsp 592.682/RS, 1.ª T., rel. Min. Denise Arruda, j. 06.12.2005. Também o STF já se manifestou sobre o princípio da predominância do interesse, como se pode extrair, por exemplo, do julgamento da ADI 5.939. Cingia-se a discussão sobre a constitucionalidade de lei estadual que obrigou fornecedores de serviços prestados de forma contínua a estender o benefício de novas promoções aos clientes preexistentes. Ao final, a ADI foi julgada improcedente, fundamentando-se a decisão, dentre outros aspectos, no reconhecimento do referido princípio da predominância do interesse pela CF, a qual estabeleceu diversas competências para cada um dos entes federativos e, com base nisso, em alguns momentos acentuou a centralização de poder, enquanto em outros permitiu maior descentralização para Estados-membros e Municípios, cf. ADI 5.939, rel. Min. Alexandre de Moraes, j. em 16.06.2020. No mesmo sentido, v. ADI 4.615, rel. Min. Roberto Barroso, j. em 20.09.2019; ADI 5.996, rel. Min. Alexandre de Moraes, j. em 15.04.2020. Sobre uma presunção absoluta do princípio da predominância do interesse em algumas matérias, versando especificamente sobre o Direito Urbanístico, v. ADI 5.696, rel. Min. Alexandre de Moraes, j. em 25.10.2019. Nada obstante o princípio da predominância do interesse ser reconhecido pelo STF, é necessária uma atenta análise do caso concreto, a fim de identificar os casos em que algum ente federativo ultrapassa competências de outro ente, como ocorreu na ADI 5908, em que o STF julgou inconstitucional lei estadual que atribuía prerrogativas processuais aos Procuradores de Estado, por ser reconhecida a violação da competência privativa da União sobre a matéria (art. 22, I, CF), cf. ADI 5.908, rel. Min. Alexandre de Moraes, j. em 20.11.2019. Na ADI 6.575/DF, rel. Min. Edson Fachin, j. 21.12.2020, discutiu-se a possibilidade dos Estados estabelecerem redução obrigatória das mensalidades da rede privada de ensino durante o enfrentamento à pandemia do novo Coronavírus em virtude do princípio da predominância do interesse, entretanto, de acordo com o STF, a medida invadia a competência privativa da União para legislar sobre o Direito Civil (art. 22, i, da CF/88). Da mesma forma, v. a decisão na ADI 6.580/RJ, rel. Min. Cármen Lúcia, j. 11.05.2021, que reconheceu a inconstitucionalidade de norma estadual que estabelece a possibilidade do Poder Executivo em proibir a suspensão ou o cancelamento de planos de saúde por falta de pagamento durante a pandemia da Covid-19. No mesmo sentido, na ADI 2.435/RJ, rel. Min. Cármen Lúcia, j. 18.12.2020, o STF reconheceu a inconstitucionalidade de lei estadual que previa descontos aos idosos com idade superior a 60 anos para aquisição de medicamentos do respectivo estado, extrapolando a competência estadual para legislar sobre direito do consumidor ao conflitar com a norma federal que regula a definição de preços de medicamentos no território nacional e o equilí-

– convém agregar –, em virtude de sua condição híbrida, foram reservadas *competências de caráter regional e local* (art. 32, § 1.°). O princípio da predominância do interesse, todavia, opera mais como uma diretriz geral a nortear a compreensão do sistema como um todo do que como um critério absoluto,[152] visto que a exata determinação de qual o interesse em causa (geral, nacional, regional ou local) frequentemente se revela difícil, existindo zonas de imbricação, que exigem uma particular atenção às circunstâncias de cada caso, podendo mesmo ocorrer que exista um interesse cuja preponderância é equivalente (pelo menos em termos tendenciais) para mais de um Estado ou Município.[153]

Para facilitar a compreensão do esquema constitucional de repartição de competências na CF, que será objeto de análise mais detida nos próximos itens, partiremos da *distinção* entre a assim designada *repartição horizontal* e a repartição dita *vertical* de competências.

No âmbito de uma repartição do tipo horizontal, de acordo com a qual *os entes federados são dotados de campos específicos de competências (poderes) administrativas e legislativas*, de modo a *demarcar as fronteiras normativas típicas do Estado Federal*,[154] a CF estabeleceu o seguinte esquema geral:[155]

a) a *União* foi contemplada com um conjunto de *competências enumeradas e privativas. Ao passo que as competências administrativas estão dispostas no art. 21, as competências legislativas foram previstas no art. 22, da CF, sendo estas últimas passíveis – nos termos de Lei Complementar – de delegação (art. 22 parágrafo único);*

b) *os Municípios* também foram dotados de *competências enumeradas e privativas* (art. 30 da CF);

c) *aos Estados* foram reservadas *competências residuais ou remanescentes (art. 25, § 1.°, da CF);*

d) *ao Distrito Federal,* em virtude de sua natureza mista, couberam competências *tanto estaduais quanto municipais (art. 32, § 1.°, da CF).*

Já no que diz com uma *separação do tipo vertical,* ou seja, no âmbito do "condomínio legislativo" ao qual já se fez referência, a CF prevê o seguinte quadro:

a) *competências administrativas comuns* da União, dos Estados, do Distrito Federal e dos Municípios (art. 23 da CF);

b) *competências legislativas concorrentes da União, dos Estados e do Distrito Federal (art. 24 da CF), cabendo à União legislar apenas com o objetivo de estabelecer normas gerais (art. 24, § 1.°, da CF) e ressalvando uma competência suplementar para os Estados e o Distrito Federal (art. 24, § 2.°, da CF).*

---

brio econômico-financeiro no mercado farmacêutico. Já na ADI 6.452/ES, rel. Min. Edson Fachin, j. 11.06.2021, o STF entendeu que não cabe à norma estadual estabelecer prazo máximo para as empresas de plano de saúde regionais autorizarem ou não exames e procedimentos cirúrgicos de usuários que tenham mais de 60 anos, porquanto, de acordo com a Corte, tais medidas usurpam a competência privativa da União para legislar sobre Direito Civil e política de seguros.

152. Cf. Tavares, André Ramos. *Curso de direito constitucional*, 18. ed., p. 912-913.
153. Nesse sentido, v. por todos, Novelino, Marcelo. *Manual de direito constitucional*, p. 711.
154. Cf. Horta, Raul Machado. *Direito constitucional*, p. 321.
155. Cf. dentre outros Novelino, Marcelo. *Manual de direito constitucional*, p. 712.

7.6 Das competências administrativas (materiais) dos entes federativos

7.6.1 Aspectos gerais e competências exclusivas (indelegáveis)

Competências administrativas correspondem aos poderes jurídicos de caráter não legislativo ou jurisdicional atribuídos pela CF aos diversos entes da Federação. Tais competências, que *também costumam ser chamadas de competências materiais*, dizem respeito à tomada *de decisões de natureza político-administrativa, execução de políticas públicas e a gestão em geral da Administração Pública* em todos os níveis federativos.[156]

No caso da *União, as suas competências administrativas* encontram-se enunciadas no art. 21, I a XXV, da CF, também chamadas de *competências gerais da União*, dentre as quais, em caráter meramente ilustrativo (pois o elenco é extenso), a manutenção de relações com Estados estrangeiros (inciso I), declarar a guerra e celebrar a paz (inciso II), assegurar a defesa nacional (inciso III), decretar Estado de Sítio, Estado de Defesa e a Intervenção Federal (inciso V), emitir moeda (inciso VII), entre outras. Tais competências administrativas são *exclusivas da União*, não sendo, portanto, passíveis de delegação, ao contrário do que se verifica no âmbito das competências privativas de caráter legislativo. Mas *as competências materiais da União não se esgotam ao elenco contemplado no art. 21 da CF*, pois tais competências por vezes se desdobram em outras, além de serem complementadas por competências materiais adicionais previstas em outros dispositivos constitucionais, como é o caso do art. 164 e seus parágrafos (emissão de moeda), do art. 177 (monopólio da União sobre a pesquisa e lavra de jazidas de petróleo etc.), do art. 184 (desapropriação por interesse social), do art. 194 (organização da seguridade social) e art. 198 (Sistema Único de Saúde), entre outros.[157]

Convém sublinhar, nesse contexto, que *a diferença entre competências exclusivas e privativas,* de acordo com a doutrina majoritária, *reside precisamente no fato de que as primeiras são insuscetíveis de delegação.*[158] É preciso atentar, contudo, para o fato de que tal *terminologia nem sempre é adotada pela CF*, pois esta por diversas vezes contempla competências indelegáveis sob o rótulo de privativas, como se verifica nos casos dos arts. 51, 52 e 61, § 1.º, da CF[159]. Com isso, ao contrário do que pretendem alguns[160], não temos por inócua a distinção entre competências exclusivas e privativas, pois a diferença remanesce: *independentemente da terminologia adotada, segue havendo competências delegáveis e indelegáveis,* havendo de ser este, portanto, o critério distintivo prevalente.[161]

Aos demais entes federativos também foram asseguradas competências materiais (ou administrativas), de modo a lhes garantir sua respectiva autonomia também no campo do autogoverno e da autoadministração.

---

156. Cf. por todos FERNANDES, Bernardo Gonçalves. *Curso de direito constitucional*, p. 589.
157. Aqui segundo a lembrança e relação de ALMEIDA, Fernanda Dias Menezes de. *Competências na Constituição de 1988*, p. 73-74.
158. Cf. por todos ALMEIDA, Fernanda Dias Menezes de. *Competências na Constituição de 1988*, p. 62-63.
159. Cf. dentre outros a oportuna lembrança de NOVELINO, Marcelo. *Manual de direito constitucional*, p. 718.
160. Cf., também e, por exemplo, NOVELINO, Marcelo. *Manual de direito constitucional*, p. 718.
161. Conforme parece sugerir ALMEIDA, Fernanda Dias Menezes de. *Competências na Constituição de 1988*, p. 63-64.

No caso dos *Estados-membros*, as competências administrativas situam-se, ao contrário do que ocorre com a União e os Municípios, no campo das competências (poderes) reservadas (também chamadas de remanescentes ou residuais). De acordo com a expressa dicção do art. 25, § 1.º, da CF, "são reservadas aos Estados as competências que não lhe sejam vedadas por esta Constituição". Dito de outro modo, isso significa – adotando-se a tradicional *técnica da demarcação por exclusão* – que *tudo o que não for da competência exclusiva da União e dos Municípios é competência dos Estados*.[162] É preciso reconhecer, contudo, que *a atribuição por exclusão constitui regra que comporta exceção, pois o próprio art. 25, nos §§ 2.º e 3.º, prevê competências privativas enumeradas dos Estados*, ao que se soma a competência estabelecida no art. 18, § 4.º, da CF, embora neste último caso se tenha também uma competência legislativa.

Quanto aos Municípios, *suas competências estão previstas no art. 30 da CF, onde estão contempladas tanto competências administrativas (materiais) quanto legislativas*, que, portanto, devem ser distinguidas entre si, sendo ambas as competências do tipo enumerado. Note-se, ademais, que as competências administrativas (o mesmo se aplica às legislativas) do Município podem ser tanto aquelas que dizem respeito ao interesse local (no sentido de uma cláusula aberta) quanto as que foram expressamente enumeradas no art. 30 da CF.

Já no caso do *Distrito Federal*, a CF, embora tenha disposto sobre suas competências legislativas (art. 32, § 1.º), quedou silente no concernente às competências materiais. Levando em conta, todavia, que o Distrito Federal assume natureza híbrida, cumulando a condição de Estado e Município, entende-se que ao Distrito Federal foram atribuídas as mesmas competências materiais dos Estados e Municípios, sendo mesmo legítimo utilizar as regras de competência legislativa para solucionar casos que digam respeito às competências administrativas, mormente em virtude da conexão entre ambas as esferas (legislativa e administrativa).[163]

7.6.2 Competências administrativas comuns (concorrentes)

Situação a merecer considerações em destaque é a que envolve as assim designadas competências comuns a todos os entes federativos, previstas expressamente no art. 23 da CF. *Tais competências, por serem comuns, ou seja, de cunho paralelo ou simultâneo, podem ser exercidas concomitantemente pela União, pelos Estados, pelo Distrito Federal e pelos Municípios*. Por tal razão, a doutrina chama a atenção para o fato de que *em verdade se trata de uma modalidade de competência concorrente*, em virtude precisamente de uma concorrência de atuação nas matérias estabelecidas no dispositivo constitucional referido, objetivando a cooperação e sinergia entre os entes federativos.[164] Trata-se de matérias em relação às quais o constituinte pretendeu assegurar certa simetria entre os entes federativos, ademais de garantir uma ampla cobertura de atuação, isenta de lacunas, mediante políticas públicas e ações diversas em áreas sensíveis, como é o caso, apenas para ilustrar, zelar pela guarda da Constituição, das leis e das instituições democráticas e conservar o patrimônio público (art. 23, I), cuidar da saúde e assistência pública, da proteção e garantia das pessoas

---

162. Cf. por todos TAVARES, André Ramos. *Curso de direito constitucional*, 18. ed., p. 939.
163. Cf. por todos TAVARES, André Ramos. *Curso de direito constitucional*, 18. ed., p. 941.
164. Cf. a pertinente observação de ALMEIDA, Fernanda Dias Menezes de. *Competências na Constituição de 1988*, p. 112-13.

com deficiência (art. 23, II), entre outras. Mas também aqui as competências comuns (a exemplo do que ocorre com as exclusivas) não se limitam àquelas definidas no art. 23 da CF, *existindo outros dispositivos constitucionais a contemplar competências materiais de exercício concomitante pelos entes da Federação*, como é o caso dos arts. 179, 180, 215 e 225, CF.[165]

É precisamente no âmbito das competências materiais comuns (concorrentes) que a CF, no parágrafo único do art. 23, embutiu elementos de um federalismo cooperativo, ao dispor (na redação dada pela EC 53/2006) que: "Leis complementares fixarão normas para a cooperação entre a União e os Estados, o Distrito Federal e os Municípios, tendo em vista o equilíbrio do desenvolvimento e do bem-estar em âmbito nacional". Nessa perspectiva, calha referir novamente o exemplo da LC 140/2011, que regulamentou o exercício das competências materiais comuns em matéria ambiental.[166] Todavia, é preciso observar que quando o parágrafo único do art. 23 da CF se refere a leis complementares, soa razoável que se trate sempre de lei complementar da União, não sendo o caso de cada ente federado editar leis complementares destinadas precisamente a assegurar mecanismos de cooperação e integração entre as unidades da Federação.[167]

Contudo, a despeito da eventual regulamentação legislativa do modo de cooperação, o exercício das competências comuns frequentemente gera conflitos entre os entes federativos, conflito este que, na acepção de André Ramos Tavares, deve ser resolvido aplicando-se a orientação geral decorrente do princípio do interesse prevalente,[168] cientes das limitações inerentes a tal princípio. De todo modo, esta tem sido também a orientação adotada pelo STF, que, partindo da correta premissa de que inexiste hierarquia entre os entes federativos, invoca uma hierarquia de interesses, a partir do interesse mais geral (nacional) da União, no sentido de que este há de preferir ao interesse mais restrito dos Estados ou então dos Municípios.[169] Outro não é o ponto de vista de Fernanda Dias Menezes de Almeida, para quem "as leis complementares previstas no parágrafo único do art. 23 não retirarão da União o comando geral no campo das competências materiais comuns, a partir do comando legislativo que lhe pertence".[170]

---

165. Cf. por todos Novelino, Marcelo. *Manual de direito constitucional*, p. 714.
166. O novo regramento infraconstitucional fixa normas visando à cooperação entre os diferentes entes administrativos nas ações administrativas decorrentes do exercício da competência comum relativas à proteção das paisagens naturais notáveis, à proteção do meio ambiente, ao combate à poluição em qualquer de suas formas e à preservação das florestas, da fauna e da flora. A partir da delimitação das atribuições de cada ente administrativo (União, os Estados, o Distrito Federal e os Municípios), a LC 140/2011 objetiva a promoção de uma gestão descentralizada das políticas ambientais, mas assegurando, ao mesmo tempo, a uniformidade entre elas por meio da cooperação entre os entes federativos. Trata-se, sem dúvida e conforme detalharemos em tópico posterior, de marco normativo com nítido intuito de racionalização do sistema de competências administrativas em matéria ambiental, as quais, até então, encontravam-se previstas em diversos atos normativos dispersos, gerando inúmeras incompatibilidades na efetivação da legislação ambiental. Ao fim e ao cabo, tem-se uma série de atribuições de índole administrativa trazidas pelo regramento jurídico – tanto constitucional quanto infraconstitucional – a cargo dos entes federativos (União, Estados, Distrito Federal e Municípios).
167. Cf. novamente Novelino, Marcelo. *Manual de direito constitucional*, p. 714.
168. Cf. Tavares, André Ramos. *Curso de direito constitucional*, 18. ed., p. 914.
169. Cf. por todos, Branco, Paulo Gustavo G. *Da organização do estado*, 15. ed., p. 936. No âmbito da jurisprudência do STF, destaca-se decisão do Ministro Celso de Mello na AC-MC/RR 1.255.
170. Cf. Almeida, Fernanda Dias Menezes de. *Competências na Constituição de 1988*, p. 117.

Assim, ao fim e ao cabo, correto – desde que compreendida como espécie de orientação geral e não absoluta – o entendimento de Anna Cândida da Cunha Ferraz, de que a coordenação e cooperação inerente às competências materiais comuns dos entes federativos devem se dar sob a égide da legislação federal.[171] É que a tendencial prevalência (não em termos de hierarquia) do interesse da União (na condição de interesse geral e nacional) poderá, a depender das circunstâncias e da matéria em causa, sofrer alguma correção, como, por exemplo, em matéria de proteção ambiental (seria possível usar argumento similar na área da saúde e da educação, entre outras), privilegiando-se uma exegese sistemática e teleológica, que – sempre atentando aos critérios da proporcionalidade quando em choque interesses e direitos de cunho fundamental – dê preferência à legislação e ação administrativa (que é do que aqui se trata) mais protetivo da pessoa humana e do meio ambiente no qual se insere e com o qual interage.[172]

Por derradeiro, ainda no que diz com as competências comuns, dois aspectos ainda merecem registro. O primeiro, objeto da orientação pacificada no STF, é no sentido de que tais competências são insuscetíveis de renúncia ou mesmo de transferência por parte de qualquer um dos entes da Federação, ressalvando-se, todavia, eventual regulação promovida por lei complementar nos termos e para os fins do disposto no art. 23, parágrafo único, da CF.[173] A segunda observação diz com a circunstância de que a previsão de competências administrativas comuns não implica, de imediato, competência legislativa, o que, todavia, não significa que seja vedado aos entes federativos legislar sobre tais temas,[174] desde que, é claro, respeitados os limites do sistema constitucional em matéria de repartição de competências legislativas, o que também já foi objeto de reconhecimento por parte do STF.[175]

7.7 Das competências legislativas

O exercício da competência legislativa privativa implica o exercício de tal atribuição de forma ampla pelo ente federativo, razão pela qual ela se dá de forma "horizontal", ou seja, o ente federativo competente esgota toda a amplitude normativa sobre o tema, independentemente de qualquer regulamentação legislativa complementar a cargo de outro ente federativo, diferentemente, portanto, do que ocorre no exercício da competência legislativa concorrente, em que há uma espécie de exercício "vertical" de competências legislativas, já que se impõe a cooperação e atuação coordenada dos diferentes entes federativos no seu exercício.

---

171. Ferraz, Anna Cândida da Cunha. *União, estados e municípios na nova constituição*: enfoque jurídico-formal. A nova constituição paulista, p. 67.

172. Sobre o tópico v. Sarlet, Ingo Wolfgang; Fensterseifer, Tiago. *Direito constitucional ecológico:* Constituição, direitos fundamentais e proteção da natureza. 6. ed., São Paulo, Revista dos Tribunais, 2019, p. 244 e ss.

173. Cf. o precedente representado pelo julgamento da ADIn 2.544, Pleno, rel. Min. Sepúlveda Pertence, *DJe* 17.11.2006.

174. Cf. por todos Novelino, Marcelo. *Manual de direito constitucional*, p. 714.

175. V. a decisão no RE 308.399/MG, rel. Min. Carlos Velloso, j. 29.03.2005.

7.7.1 Competências legislativas privativas da União e sua delegação

As competências legislativas privativas da União estão arroladas no art. 22, I a XXIX, da CF, elenco que, numa primeira mirada e como refere André Ramos Tavares, sugere uma relativamente forte centralização.[176] *Tais competências não se esgotam naquelas enunciadas no art. 22 da CF, podendo ser encontradas em outros dispositivos constitucionais,* como se verifica no caso do art. 48 e seus respectivos incisos, bem como em matéria de direitos e garantias fundamentais, nas diversas hipóteses em que o dispositivo enuncia uma expressa reserva de lei (por exemplo, fixação de prestação alternativa em caso de objeção de consciência (art. 5.º, VIII), regulamentação da quebra do sigilo telefônico (art. 5.º, XII), entre outros, ou em diversos aspectos vinculados ao sistema tributário (arts. 146, 149 e 163), no campo da ordem econômica e financeira (arts. 173, 174, § 1.º, 178, 182, 185, I, e 190), assim como na ordem social (arts. 194, 200 e 224).[177]

Examinando-se o amplo elenco das competências previstas no art. 22 da CF, nota-se, além de uma tendência centralizadora, *alguns inconvenientes, que não passaram despercebidos pela crítica.* Nesse sentido, refere-se à *inadequação técnica no que diz com a inserção equivocada no art. 22 de competências que deveriam estar contempladas apenas no elenco das competências legislativas concorrentes* (art. 24 da CF), gerando uma incoerência no sistema de partição de competências.[178] Além disso, a inclusão de uma lei na esfera das competências privativas da União frequentemente não é fácil de identificar, pois diversas vezes resulta *difícil classificar os temas como sendo reportados a um ou outro assunto,* como no caso da distinção entre direito civil e direito econômico, apenas para ilustrar com um exemplo, de tal sorte que são inúmeras as discussões levadas ao STF nessa seara, sem que, no entanto, da análise das decisões proferidas pelo Tribunal, se possa extrair conclusões uniformes e seguras.[179] É nesse sentido que Virgílio Afonso da Silva fala de uma "incerteza semântica" quando trata das competências legislativas dos entes da Federação.[180]

Como não existe hierarquia entre leis federais e as leis editadas pelos outros entes federativos, eventual conflito, representado pela invasão da esfera de competência legislativa privativa da União, resolve-se pela inconstitucionalidade da legislação que usurpa a competência, a ser declarada pelo STF. As únicas hipóteses nas quais será possível aos Estados e, a depender do caso, ao Distrito Federal, legislar sobre matéria atribuída à União encontram fundamento na própria CF. No primeiro caso, cuida-se da assim chamada competência legislativa delegada. A segunda hipótese se verifica na esfera das assim chamadas competências concorrentes. Ambas serão objeto de atenção na sequência, iniciando pelo instituto de delegação de competências legislativas privativas da União.

Como já referido, *competências privativas não são competências exclusivas, pois enquanto estas são indelegáveis as primeiras poderão ser objeto de delegação.* É o que dispõe o art. 22, parágrafo único, da CF, no sentido de que: "Lei Complementar poderá autorizar os

---

176. Cf. Tavares, André Ramos. *Curso de direito constitucional*, 18. ed., p. 915.
177. Cf. as referências de Almeida, Fernanda Dias Menezes de. *Competências na Constituição de 1988*, p. 83-84.
178. Cf. anota Almeida, Fernanda Dias Menezes de. *Competências na Constituição de 1988*, p. 87.
179. Cf. Tavares, André Ramos. *Curso de direito constitucional*, 18. ed., p. 916.
180. Cf. Silva, Virgílio Afonso da. *Direito constitucional brasileiro*, op. cit., p. 367.

Estados a legislar sobre questões específicas das matérias relacionadas neste artigo". A delegação não é cogente, cuidando-se de mera faculdade atribuída à União. Outrossim, caso for feito uso da delegação, a lei complementar não poderá transferir integralmente a regulação de matéria de competência privativa da União, pois a delegação apenas permite sejam regrados aspectos específicos,[181] de tal sorte que eventual infração aos limites da delegação implica a censura de inconstitucionalidade da legislação delegada, o que já foi objeto de exame pelo STF.[182] Merece registro que a delegação de eventual competência (sempre parcial, como se percebe) por parte da União não impede que esta retome a sua plena competência, bastando, para tanto, que legisle sobre o mesmo assunto a qualquer momento, já que o instituto da delegação não se confunde com renúncia à competência constitucionalmente assegurada,[183] o que, de resto, é vedado aos entes federativos. Por derradeiro, como espécie de requisito implícito da delegação, pode ser citado o art. 19, III, da CF, que veda a criação de preferências entre os entes federados, de tal sorte que a delegação não poderá ser feita de modo diferenciado para os Estados.[184]

7.7.2 Competências legislativas dos Estados

Consoante já referido (capítulo sobre as competências administrativas), aos Estados foram reservadas as assim chamadas *competências remanescentes ou residuais, de acordo com o disposto no art. 25, § 1.º* ("são reservadas aos Estados as competências que não lhe sejam vedadas por esta Constituição"). Além dessa cláusula geral, que define a regra para os Estados, verifica-se que o próprio art. 25, nos seus §§ 2.º e 3.º, bem como o art. 18, no seu § 4.º, estabeleceram *algumas competências enumeradas para os Estados. Note-se que tais vedações abarcam tanto as competências legislativas, quanto as materiais, a depender do caso.*

De outra parte, como bem averba Fernanda Dias Menezes de Almeida, a análise específica das competências legislativas estaduais *pressupõe que se identifiquem precisamente o que é vedado aos Estados*, a teor do disposto no já citado art. 25, § 1.º, da CF.[185] *Tais vedações poderão ser explícitas, por expressamente estabelecidas pela CF, ou implícitas, decorrentes do sistema constitucional.*[186] No primeiro grupo, podem ser enquadradas, em caráter meramente ilustrativo, as vedações dos arts. 19, I a III, 150, I a VI, e 152, ficando claro o objetivo do constituinte no sentido de privilegiar o equilíbrio federativo e a garantia de determinados direitos fundamentais, sem prejuízo de outros aspectos a serem identificados. *Implicitamente vedado aos Estados é tudo o que tenha sido expressamente enumerado como sendo da*

---

181. Cf. por todos BRANCO, Paulo Gustavo G. *Da organização do estado*, 15. ed., p. 934.
182. Nesse sentido v., por exemplo, o julgamento da ADIn 4.375, rel. Min. Dias Toffoli, *DJe* 20.06.2011.
183. Cf. novamente BRANCO, Paulo Gustavo G. *Da organização do Estado*, 15. ed., p. 934.
184. Cf. FERRAZ, Anna Cândida da Cunha. *União, estados e municípios na nova constituição*, p. 71. Tal orientação foi objeto de acolhimento e desenvolvimento por parte de ALMEIDA, Fernanda Dias Menezes de. *Competências na Constituição de 1988*, p. 93 e ss., além de adotada, mais recentemente e entre outros, por MORAES, Alexandre de. *Direito constitucional*, p. 318-19.
185. Cf. ALMEIDA, Fernanda Dias Menezes de. *Competências na Constituição de 1988*, p. 103.
186. Cf. SILVA, José Afonso da. *Curso de direito constitucional positivo*, p. 620.

competência da União e dos Municípios, de acordo com o disposto nos arts. 20, 21, 22, 29 e 30 da CF.[187]

Disso tudo resulta – na acepção autorizada de Fernanda Dias Menezes de Almeida, que aqui se subscreve – que, pelo menos no campo das competências legislativas privativas, os Estados têm sua atuação bastante limitada, confirmando assim a nota crítica referente ao elevado nível de centralização do Estado Federal brasileiro, pois além das competências enumeradas já mencionadas (art. 25, §§ 2.º e 3.º, e art. 18, § 4.º, da CF), no âmbito das competências privativas não enumeradas os Estados passaram a legislar praticamente apenas sobre assuntos objeto de sua competência material, mas ainda assim limitada pelas vedações e condicionamentos impostos pela CF.[188] É claro que aos Estados compete legislar na esfera das competências concorrentes (a serem examinadas mais adiante) e por via da delegação por parte da União (consoante já visto), o que, todavia, não altera substancialmente o quadro esboçado, pois o maior ou menor grau de centralização depende preponderantemente do maior ou menor número de competências privativas.

7.7.3 Competências legislativas dos Municípios

Na condição de integrantes do Estado Federal, como autênticos entes federativos, os Municípios foram dotados de capacidade de auto-organização e de autogoverno, o que implica um leque de competências legislativas e administrativas próprias. Assim como se deu no caso dos Estados, mas de modo em parte distinto, os Municípios foram contemplados com *competências legislativas privativas não enumeradas (implícitas), podendo legislar, nos termos do art. 30, I, da CF, sobre assuntos de interesse local*. Paralelamente a tais competências não enumeradas, a CF, *no art. 30 (incisos III a IX), mas também em outros dispositivos constitucionais* (por exemplo, a competência para a edição da Lei Orgânica (art. 29, *caput*, da CF), a competência tributária do art. 156 da CF, a edição do Plano Diretor (art. 182 da CF) e a atuação prioritária no ensino fundamental e educação infantil (art. 211, § 2.º, da CF), estabeleceu *algumas competências exclusivas enumeradas*. Além disso, os Municípios dispõem de uma *competência legislativa suplementar* (art. 30, II, da CF).

A principal diretriz na seara das competências legislativas municipais é dada pelo interesse local (no sistema constitucional se tratava de peculiar interesse local). A exegese mais adequada, de acordo com significativa doutrina, é no sentido de ser *prescindível a exclusividade do interesse local* (o que, aliás, se revela de difícil configuração), *bastando que se*

---

187. Sobre o tema, veja-se declaração de inconstitucionalidade de lei estadual que invadiu a competência privativa da União para legislar sobre trânsito e transporte, cf. ADI 5.774, rel. Min. Alexandre de Moraes, j. em 20.09.2019, Também, cabe referir que, nos julgamentos das ADIs 2.337 e 3.824, ambas de relatoria do Min. Celso de Mello, j. virtual encerrado em 05.10.2020, o STF reiterou sua jurisprudência dominante sobre a impossibilidade de modificação, por legislação estadual, de termos de contratos de concessão de serviço público quando o concedente for a União ou o Município. Sobre a constitucionalidade da Lei n. 10.892 do Estado de São Paulo, que implementou a Política de Desenvolvimento do Ecoturismo e do Turismo Sustentável, no âmbito da competência concorrente para legislar sobre meio ambiente, v. ADI 3.754, rel. Min. Gilmar Mendes, j. em 16.06.2020. V., ainda, a ADI 6.284/GO, rel. Min. Roberto Barroso, j. 15.09.2021, que reconheceu a inconstitucionalidade de Lei estadual de Goiás por ampliar as hipóteses de responsabilidade de terceiros por infrações à legislação tributária.

188. Cf. ALMEIDA, Fernanda Dias Menezes de. *Competências na Constituição de 1988*, p. 110-11.

verifique uma preponderância (predominância) do interesse local, entendimento afinado com o princípio geral da preponderância do interesse, já referido.[189] Por tal razão é que, salvo as tradicionais hipóteses de interesse local, que não geram controvérsia, *em boa parte dos casos a identificação de qual o interesse predominante, de modo a verificar se é de fato o local, haverá de ocorrer caso a caso,*[190] o que, por sua vez, ensejou uma série de decisões do STF na matéria.[191]

Mas os Municípios *também exercem uma competência legislativa suplementar,* aqui já no âmbito (diferentemente das competências exclusivas enumeradas e não enumeradas) de uma repartição vertical de competências.[192] Cuida-se de uma possibilidade não prevista na Constituição anterior, que *encontra respaldo expresso no art. 30, II, da CF, de acordo com o qual compete aos Municípios "suplementar a legislação federal e estadual no que couber".* Trata-se, em verdade, de *uma modalidade de competência concorrente, embora não expressamente inserida no art. 24 da CF,* sendo frequentemente (majoritariamente, poder-se-á afirmar) analisada a tal título pelos cursos e manuais e mesmo outras obras de direito constitucional.[193] É o que aqui também se fará, de tal sorte que para maiores desenvolvimentos recomenda-se, até mesmo em face da relevância da matéria, uma leitura atenta do item próprio sobre as competências legislativas concorrentes.

7.7.4 Competências legislativas do Distrito Federal

Ao Distrito Federal, por sua natureza híbrida, foram atribuídas tanto competências legislativas estaduais quanto municipais (art. 32, § 1.º, da CF), todavia, mediante alguns ajustes dada a sua condição peculiar, como é o caso da competência para legislar sobre organização judiciária e o Ministério Público, que é atribuída à União.[194] A competência para legislar sobre a Defensoria Pública passou a ser do Distrito Federal mediante a promulgação da EC 69/2012.[195] Além disso, poderá o Distrito Federal exercer a competência para edição de sua Lei Orgânica (art. 32, *caput,* da CF), exercer a competência remanescente dos Estados (art. 25, § 1.º, da CF), fazer uso da competência por via da delegação da União (art. 22, parágrafo único, da CF), legislar no âmbito das competências concorrentes suplementares dos Estados e dos Municípios (art. 24, §§ 2.º e 3.º, e art. 30, II, todos da CF), assim como exercer as competências enumeradas e não enumeradas dos Municípios (art. 30 da CF e outros, no que couber).

---

189. Cf. por todos TAVARES, André Ramos. *Curso de direito constitucional,* 18. ed., p. 940.
190. Nesse sentido, dentre outros, MORAES, Alexandre de. *Direito constitucional,* p. 324.
191. Da jurisprudência do STF vale colacionar, entre tantas, as seguintes decisões: (a) a Súmula 645, que afirma a competência dos Municípios para legislar sobre a fixação do horário de funcionamento de estabelecimentos comerciais, o que, contudo, não se aplica aos estabelecimentos bancários, que o STF entendeu se tratar de assunto de interesse geral, da competência da União (RE 130.683, 2.ª T., rel. Min. Celso de Mello, j. 03.10. 1992); (b) legislar sobre o tempo mínimo de espera na fila em estabelecimentos bancários (RE 367.192 AgR., rel. Min. Eros Grau, *DJe* 05.05.2006, bem como, mais recentemente, RE 610.221, rel. Min. Ellen Gracie, j. 29.04.2010); (c) legislar sobre instalação de equipamentos de segurança e instalações de conforto em agências bancárias (AI 347.717, rel. Min. Celso de Mello, j. 31.05.2005).
192. Cf. por todos NOVELINO, Marcelo. *Manual de direito constitucional,* p. 760.
193. Cf. por exemplo, ALMEIDA, Fernanda Dias Menezes de. *Competências na Constituição de 1988,* p. 138 e ss.
194. Cf. por todos MORAES, Alexandre. *Direito constitucional,* p. 326.
195. NOVELINO, Marcelo. *Manual de direito constitucional,* p. 769.

Tendo em conta que as competências legislativas dos Estados e dos Municípios, incluindo as competências concorrentes (suplementares) foram ou ainda serão objeto de análise mais detida, aqui nos limitamos a, em termos sumários, apresentar o quadro geral das competências legislativas do Distrito Federal.

7.8 As competências legislativas concorrentes

7.8.1 Considerações gerais

No âmbito da competência legislativa concorrente (art. 24), tal como sinalizado anteriormente, é exercida de forma conjunta e articulada entre os entes federativos, razão pela qual costuma ser mencionada (conforme já visto alhures) a existência de uma espécie de "condomínio legislativo". Nesse contexto, parte-se da premissa de que a competência da União limitar-se-á a estabelecer *normas gerais* (art. 24, § 1.º). Ou seja, compete à União estabelecer a regulação normativa geral na matéria, o que não exclui a competência suplementar dos Estados e do Distrito Federal (art. 24, § 2.º), bem como dos Municípios, consoante já verificado no item relativo às competências legislativas municipais. A expressão "limitar-se-á" constante do dispositivo é elucidativa a respeito da "limitação" da União na elaboração da norma geral, com o propósito de reservar aos demais entes federativos espaço legislativo para suplementar a legislação editada no plano federal. Além da arquitetura normativa estabelecida para o exercício da competência legislativa, no sentido de estabelecer a atuação conjunta dos entes federativos, a CF estabelece também que, inexistindo lei federal sobre normas gerais, os Estados – e também os Municípios – exercerão a competência legislativa plena, para atender às suas peculiaridades (art. 24, § 3.º). Na hipótese de superveniência de lei federal sobre normas gerais, prevê a CF a suspensão da eficácia da lei estadual no que lhe for contrária (art. 24, § 4.º). Registre-se que o elenco das competências concorrentes não se limita ao disposto no art. 24, pois também as competências previstas no art. 22, IX, XXI, XXIV e XXVII, da CF, bem como as competências previstas no art. 21, XX e XXI, da CF, permitem atividade legislativa complementar dos demais entes federativos. O mesmo se verifica nos casos do art. 61, § 1.º, *d*, do art. 146 e do art. 236, § 2.º, todos da CF. Como bem anota Fernanda Dias Menezes de Almeida, a despeito da referência a normas gerais, a competência decorrente do art. 142, § 1.º, da CF, que diz respeito às Forças Armadas, não é do tipo concorrente, pois se trata de competência privativa e plena da União.[196]

Diante do quadro geral esboçado, a partir de uma primeira mirada dos dispositivos constitucionais pertinentes, é possível afirmar que a CF optou pela adoção de um modelo não cumulativo (ou seja, vertical) no âmbito das competências concorrentes, pois cabe à União apenas (em regra) a edição de normas gerais, que poderão ser objeto de complementação (competência suplementar) pelos Estados, pelo Distrito Federal e pelos Municípios.[197] *A verticalidade decorre do fato de que a legislação editada em caráter*

---

196. Cf. Almeida, Fernanda Dias Ferreira de. *Competências na Constituição de 1988*, p. 126, onde também foram identificados os exemplos colacionados (outras competências concorrentes).

197. Cf. por todos Moraes, Alexandre. *Direito constitucional*, p. 320. Como exemplo do reconhecimento da competência comum concorrente dos entes federativos por parte do STF, v. o já mencionado julgamento da ADPF 672 pelo Min. Alexandre de Moraes, j. em 08.04.2020, que assegurou aos governos estaduais,

complementar deverá observar o conteúdo das normas gerais editadas pela União. Nesse contexto, calha invocar lição de Raul Machado Horta, de acordo com o qual "a repartição vertical de competências conduziu à técnica da *legislação federal fundamental de normas gerais e de diretrizes essenciais,* que recai sobre determinada matéria legislativa de eleição do constituinte federal. A legislação federal é reveladora das linhas essenciais, enquanto a legislação local buscará preencher os claros que lhe ficou, afeiçoando a matéria reveladora na legislação de normas gerais às peculiaridades e às exigências estaduais" (grifos do autor),[198] bem como municipais (importa agregar, visto que a competência concorrente abarca todos os entes da Federação.

Não se trata, portanto, também aqui e a despeito da verticalidade, propriamente de uma relação hierárquica, caracterizada pela subordinação no sentido próprio do termo. Nesse sentido, embora comentando a Constituição de 1967, Pontes de Miranda explicita que não se trata dos Estados (e agora também dos Municípios, diferentemente do que ocorria sob a égide da Constituição de 1967) deverem obediência às normas editadas pela União, mas sim, o que ocorre é uma espécie de limitação da competência da União, que deverá ater-se a editar normas de caráter geral, no sentido de diretrizes e regras gerais, não podendo, de tal sorte, legislar de modo exaustivo sobre os assuntos objeto das competências concorrentes.[199]

Tendo em conta o esquema posto pela CF nesse contexto, a assim (genericamente designada) competência suplementar dos Estados, do Distrito Federal e dos Municípios, também costuma – por parte, mas não por toda a doutrina!! – ser desdobrada em duas modalidades, *a competência complementar,* exercida quando existente norma geral editada pela União, cabendo aos Estados e/ou Municípios a edição de normas específicas objetivando ajustes, regulação de situações particulares e vinculadas ao interesse regional e local etc., e a *competência supletiva,* por meio da qual efetivamente os Estados e/ou Municípios exercem (ainda que provisoriamente) sua competência legislativa plena e suprem a ausência de norma geral da União.[200]

Outrossim, considerando que a definição de normas gerais é central para a compreensão de todo o esquema das competências concorrentes, é disso que nos ocuparemos no próximo item, antes de, na sequência, adentrarmos o exame das competências suplementares dos Estados e do Distrito Federal, dos Municípios e, ao final, tecermos algumas considerações de ordem crítica.

7.8.2 Algumas notas sobre o (problemático e controverso) conceito de normas gerais

A edição de normas gerais pela União, no campo das competências concorrentes, ao mesmo tempo em que poderá ensejar uma uniformização inibidora da adequada

---

distrital e municipal, no exercício de suas atribuições e no âmbito de seus territórios, a competência para a adoção ou manutenção de medidas restritivas durante a pandemia da Covid-19, determinando-se a observância dos arts. 23, II e IX; 24, XII; 30, II e 198, todos da CF, na aplicação da Lei n. 13.979/2020. No mesmo sentido, inclusive com entendimento sobre ausência de monopólio por parte da União para regular todas as medidas a serem tomadas no combate à pandemia, v. ADI 6.343, rel. Min. Marco Aurélio, Redator p/ Acórdão Alexandre de Moraes, j. em 06.05.2020.

198. Cf. Horta, Raul Machado. *Direito constitucional,* p. 321-22.

199. Pontes de Miranda, Francisco Cavalcanti. *Comentários à Constituição de 1967,* p. 166.

200. Cf., por exemplo, Moraes, Alexandre de. *Direito constitucional,* p. 320.

conformação das desigualdades regionais, cumpre o papel de assegurar um determinado nível de homogeneidade, evitando uma excessiva diversidade (quando não desintegração e conflitos) prejudicial ao conjunto.[201] Já por tal razão, para que seja possível manter um saudável equilíbrio e assegurar um mínimo de segurança e estabilidade, imperioso identificar (e por isso tão difícil a missão) um conceito satisfatório de normas gerais. Tal dificuldade assume uma dimensão "histórica", visto que a controvérsia sobre o que são normas gerais tem sido intensa desde a sua primeira previsão na Constituição de 1934, ensejando o derramamento de "rios de tinta" no seio da literatura, para além de propiciar a defesa dos mais diversos critérios distintivos e conceitos, o que aqui não será possível rastrear.[202]

Por tal razão, a diferenciação entre norma geral e normas de cunho mais específico tem sido realizada mediante o contraste, em cada caso, da norma federal e das normas estaduais e/ou municipais, ou seja, como averba Cármen Lúcia Antunes Rocha, em face de uma lei "se examina se ela especializa e aprofunda questões que são de interesse predominante e tratamento possivelmente diferenciado de uma entidade federada. Se nesse exame a conclusão for positiva, cuida-se de uma competência estadual e escapa-se do âmbito da norma geral".[203] De qualquer sorte, não obstante a experimentação constante na matéria, a doutrina e a jurisprudência do STF,[204] em que pese a ausência de consenso e mesmo a diversidade de entendimentos, permitem, pelo menos em termos de orientação basilar, afirmar que normas gerais, para o efeito da compreensão do sistema de competências concorrentes, são normas que estabelecem princípios e diretrizes de natureza geral e aberta (dotadas, portanto, de maior abstração), sem adentrar pormenores e esgotar o assunto legislado, apresentando caráter nacional e destinadas à aplicação uniforme e homogênea a todos os entes federativos, de modo a não lhes violar a autonomia e efetivamente reservar-lhes um espaço adequado para a atuação de sua competência suplementar.[205]

---

201. Cf. ALMEIDA, Fernanda Dias Menezes de. *Competências na Constituição de 1988*, p. 128.

202. Cf., mais uma vez, ALMEIDA, Fernanda Dias Menezes de. *Competências na Constituição de 1988*, p. 128-133, onde são colacionados alguns dos autores e suas respectivas posições.

203. Cf. ROCHA, Cármen Lúcia Antunes. *República e federação no Brasil*, p. 247.

204. Sobre a jurisprudência na matéria vale conferir o minucioso levantamento e análise efetuados por TAVARES, André Ramos. Aporias acerca do "condomínio legislativo" no Brasil: uma análise a partir do STF, *Revista Brasileira de Estudos Constitucionais*, p. 161-206, bem como, do mesmo autor, *Curso de direito constitucional*, p. 1.163 e ss. V. ainda, a declaração de inconstitucionalidade da Lei n. 3.491/2015, do Município de Ipatinga (MG), que proibia ensino sobre gênero e orientação sexual, tendo por um dos fundamentos a violação da competência da União para editar normas gerais sobre educação. Cf. ADPF 467/MG, rel. Min. Gilmar Mendes, j. em 29.05.2020.

205. Cf. síntese e adaptação da caracterização apresentada por NOVELINO, Marcelo, *Manual de direito constitucional*, p. 716-17, com arrimo, por sua vez, na definição de Diogo de Figueiredo Moreira Neto (norma que estabelece princípios e diretrizes gerais, não detalha e não esgota o tema, caráter nacional e aplicável de modo uniforme e homogêneo sem violar a autonomia dos Estados federados) e os entendimentos dos Ministros do STF Carlos Ayres Britto – critério da aplicação uniforme aos entes federativos – (ADIn 3.645-9/PR, rel. Min. Ellen Gracie, *DJe* 01.09.2006) e Carlos Velloso – critério da maior abstração – (ADIn 927-3/RS, rel. Min. Carlos Velloso, *DJe* 11.11.1994). Sobre o tema, v. decisão do ACO 3.191 AgR, rel. Min. Luiz Fux, j. em 03.04.2020, a respeito da não razoabilidade de imposição de sanção a Estado pelo descumprimento de obrigação prevista em Portaria em razão da extrapolação da União dos limites de sua competência para fixação de normas gerais.

7.8.2.1 A competência suplementar dos Estados e do Distrito Federal

Tanto os Estados quanto o Distrito Federal (o caso dos Municípios será objeto de atenção no item seguinte) são titulares de competências concorrentes em "condomínio" com a União, nos termos do disposto no art. 24 e seus respectivos parágrafos, da CF, ainda que o Distrito Federal tenha sido expressamente referido apenas no *caput* do citado artigo. Em virtude de sua natureza híbrida e como já se dá com as demais competências (ressalvada eventual peculiaridade), a posição do Distrito Federal nessa seara é equivalente a dos Estados. Por outro lado, quanto aos Estados e ao Distrito Federal não há controvérsia no sentido de que dispõe *tanto da competência legislativa do tipo complementar (quando existir norma geral federal) quanto supletiva (no caso de inexistência de norma federal)*, pois a CF aqui foi expressa em admitir ambas as hipóteses, a teor do que indica uma leitura do *caput* do art. 24 e dos seus respectivos parágrafos.

Embora, em regra, os Estados e o Distrito Federal atuem no sentido de complementar as normas gerais da União (art. 24, § 2.º, da CF) ou então suprir a sua ausência (art. 24, § 3.º, da CF), lhes sendo vedada, portanto, a edição de normas gerais, o fato é que *eventual regulação em caráter geral por parte dos entes federados não implica necessariamente a sequela de sua inconstitucionalidade, designadamente no caso de a unidade federada apenas reproduzir o conteúdo da norma geral* federal.[206] É claro que, em sendo verificada tal situação, necessário *cuidadoso exame do caso concreto*, mediante criterioso contraste entre a legislação federal e a estadual (ou distrital), de modo a *evitar efetiva usurpação de competências*.

Situação problemática (sem prejuízo da já apontada dificuldade de definir o que são normas gerais) se verifica no caso da *assim chamada competência supletiva*, ou seja, quando os Estados e o Distrito Federal, nos termos do art. 24, § 3.º, da CF, podem assumir competência legislativa plena, suprindo a ausência de lei federal em determinada matéria. Como bem recorda Pontes de Miranda, todas as leis, de algum modo, apresentam algum tipo de lacuna, de tal sorte que do que se trata é de saber se existe, ou não, legislação federal veiculando norma geral em determinada matéria que recai no domínio das competências concorrentes, não sendo exigível, contudo (e importa sublinhar este aspecto), que não exista qualquer regramento editado pela União sobre qualquer aspecto da matéria, mas, sim, que não tenha sido editada regra jurídica federal versando sobre o ponto específico regrado pela legislação estadual.[207]

A ausência de norma geral federal autoriza o exercício, pelos Estados e pelo Distrito Federal, de sua competência legislativa plena, *inclusive podendo editar normas gerais, pois a fixação de regras específicas pressupõe a existência de normas gerais*, hipótese na qual as normas gerais supletivamente editadas pelo Estado ou Distrito Federal terão vigência e eficácia apenas no respectivo âmbito territorial.[208]

Uma situação relevante se verifica quando existe dúvida sobre a competência legislativa quando a norma analisada tratar de mais de um tema. Conforme julgamento da ADI 6.066 pelo STF, em tais casos é necessário adotar interpretação que não elimine a competência dos entes menores para dispor sobre a matéria, inclusive com vistas à proteção de direitos

---

206. Nesse sentido o escólio de Almeida, Fernanda Dias Menezes de. *Competências na Constituição de 1988*, p. 135.

207. Cf. Pontes de Miranda, *Comentários à Constituição de 1967*, p. 168-173.

208. Cf. Almeida, Fernanda Dias Menezes de. *Competências na Constituição de 1988*, p. 137.

fundamentais. No julgamento, o rel. Min. Edson Fachin referiu que o federalismo é um instrumento de descentralização política com o objetivo de realização de direitos fundamentais, de modo que a existência de lei estadual que normatiza a prestação de atendimento e consumo não viola o princípio da igualdade, permitindo-se que determinada matéria seja tutelada diferentemente em cada ente federativo.[209]

Por derradeiro – o que se aplica tanto no caso de legislação complementar quanto supletiva, ressalvadas as respectivas peculiaridades – no caso de superveniência de legislação federal (normas gerais), resulta suspensa a eficácia da legislação estadual e distrital naquilo em que contrariar a lei federal (art. 24, § 4.º, da CF).[210] Não se trata, portanto, de hipótese de revogação, mas, sim, de suspensão da eficácia (e aplicabilidade) da legislação suplementar naquilo em que dispuser de modo contrário ao regrado na norma geral, podendo a norma estadual ter sua eficácia restabelecida no caso de ulterior revogação (ou mesmo declaração vinculativa de inconstitucionalidade) da lei federal.[211]

7.8.2.2 A competência suplementar dos Municípios

Considerando que o art. 30, II, da CF não especifica os casos de exercício da competência suplementar dos Municípios, correto o entendimento – como é o caso da lição de Fernanda Dias Menezes de Almeida – de que a competência legislativa suplementar dos Municípios "surge delimitada implicitamente pela cláusula genérica do interesse local".[212] Por outro lado, a expressão "no que couber" implica que a competência suplementar não permite aos Municípios legislar sobre qualquer matéria e em qualquer caso. *A questão, portanto, é saber quando cabe a suplementação legislativa* por parte do Município, o que não constitui algo imune a controvérsias.

Uma primeira delimitação, que já foi objeto de referência e encontra suporte (para além do texto constitucional) na doutrina, é a que diz respeito ao *interesse local*, pois em todo caso este deverá se fazer (ainda que não em caráter exclusivo, como já visto) presente. Tal limitação, portanto, *se aplica genericamente a toda e qualquer hipótese de exercício da competência legislativa suplementar* dos Municípios.

---

209. ADI 6.066, rel. Min. Edson Fachin, j. 04.05.2020. V. também ADI 3.110, rel. Min. Edson Fachin, j. em 04.05.2020; ADI 6.204, rel. Min. Edson Fachin, j. 21.02.2020, nesses últimos dois casos, porém, reconhecendo-se a competência da União, por força do art. 21, XI c/c art. 22, IV, da CF e do art. 24, § 4.º c/c 22, IV, também da CF, respectivamente.

210. No âmbito da jurisprudência do STF, v. por exemplo, a ADI 3.098, Plenário, rel. Min. Carlos Velloso, j. 24.11.2005, *DJe* 10.03.2006: "O art. 24 da CF compreende competência estadual concorrente não cumulativa ou suplementar (art. 24, § 2.º) e competência estadual concorrente cumulativa (art. 24, § 3.º). Na primeira hipótese, existente a lei federal de normas gerais (art. 24, § 1.º), poderão os Estados e o Distrito Federal, no uso da competência suplementar, preencher os vazios da lei federal de normas gerais, a fim de afeiçoá-la às peculiaridades locais (art. 24, § 2.º); na segunda hipótese, poderão os Estados e o Distrito Federal, inexistente a lei federal de normas gerais, exercer a competência legislativa plena 'para atender a suas peculiaridades' (art. 24, § 3.º). Sobrevindo a lei federal de normas gerais, suspende esta a eficácia da lei estadual, no que lhe for contrário (art. 24, § 4.º). A Lei 10.860, de 31.08.2001, do Estado de São Paulo foi além da competência estadual concorrente não cumulativa e cumulativa, pelo que afrontou a CF, art. 22, XXIV, e art. 24, IX, § 2.º e § 3.º"; No mesmo sentido: ADI 2.818, Plenário, rel. Min. Dias Toffoli, j. 09.05.2013, *DJe* de 1º.08.2013.

211. Cf. por todos NOVELINO, Marcelo. *Manual de direito constitucional*, p. 716.

212. Cf. ALMEIDA, Fernanda Dias Menezes de. *Competências na Constituição de 1988*, p 139.

A suplementação de competências privativas ou exclusivas da União e dos Estados é, de regra, tida como vedada, à exceção dos casos em que apenas caberá à União editar normas gerais, como, por exemplo, nos casos previstos no art. 22, XXI e XXVII, da CF.[213]

Uma hipótese de atuação diz com a *necessidade de legislação suplementar para atuar competências materiais privativas dos Municípios ou competências materiais comuns* à União, Estados, Distrito Federal e Municípios. No primeiro caso, *o exercício da competência material municipal depende de atuação normativa da União ou dos Estados*, exigida, portanto, a suplementação pelo Município, que, no caso da legislação federal, se limitará a suprir (no caso de ausência de norma geral da União) ou complementar (editando norma específica em face de norma geral da União) normas gerais da União.[214] Isso se verifica *também nos casos em que o exercício da competência material privativa municipal encontra-se condicionado à observância de legislação estadual*, como se verifica, por exemplo, na hipótese do art. 30, IV, da CF (competência para criar, organizar e suprimir distritos, observada a legislação estadual).

Já no âmbito das competências materiais comuns (art. 23 da CF) é preciso, em primeira linha, que essas pressuponham o exercício da competência legislativa concorrente do art. 24, atentando-se, ademais, para os seguintes aspectos: (a) a competência legislativa dos Estados para complementar as normas gerais da União não afasta a suplementação de tais normas gerais por parte dos Municípios, de tal sorte que o Município deverá observar tanto as normas gerais da União, quanto as normas estaduais complementares eventualmente editadas; (b) inexistindo normas gerais da União poderão tanto os Estados quanto os Municípios editar normas gerais para suprir a lacuna, mas tendo o Estado usado de tal prerrogativa, deverão os Municípios observar as normas gerais estaduais (art. 24, § 3.º, da CF); (c) diante da inexistência de normas estaduais supletivas, poderão os Municípios legislar livremente para fazer atuar a competência material comum, embora a superveniência de normas estaduais e/ou federais de caráter geral venha a acarretar a suspensão da eficácia das normas municipais eventualmente colidentes.[215]

A despeito de nos filiarmos ao entendimento que, mediante uma interpretação sistemática e amiga da autonomia de todos os entes federados, admite o exercício da competência suplementar do tipo supletiva também dos Municípios, como já exposto, é imperioso referir a existência de respeitável posicionamento em sentido diverso, no sentido de que – em virtude de previsão constitucional expressa, a exemplo do que se verifica no caso dos Estados e do Distrito Federal – os Municípios apenas detêm a competência municipal do tipo complementar.[216]

Por derradeiro, tendo em conta o caráter suplementar da legislação municipal, em caso de conflito deve prevalecer a legislação federal ou estadual, de tal sorte que *a superveniência de lei estadual ou federal contrária à lei municipal suspende a eficácia da última*.[217] Mais uma vez invocando o magistério de Fernanda Dias Menezes de Almeida, *a regra a ser*

---

213. Cf., entre outros, lembra Novelino, Marcelo. *Manual de direito constitucional*, p. 760-61.
214. Cf. também Almeida, Fernanda Dias Menezes de. *Competências na Constituição de 1988*, p. 139-40.
215. Cf. as situações referidas por Almeida, Fernanda Dias Menezes de. *Competências na Constituição de 1988*, p. 140-41.
216. Cf., por exemplo, Ferreira Filho, Manoel Gonçalves. *Curso de direito constitucional*, p. 62.
217. Cf. Branco, Paulo Gustavo G. *Da organização do estado*, 15. ed., p. 939.

observada é a de que direito federal prevalece sobre direito estadual e direito municipal, ao passo que o direito estadual prevalece sobre o municipal.[218]

7.8.2.3 Considerações de natureza crítica à luz do exemplo da proteção ambiental

À vista das considerações precedentes, é possível acompanhar Paulo de Bessa Antunes, quando averba que "a centralização da federação brasileira, diante do Texto de 1988, é muito mais uma obra da interpretação constitucional do que uma realidade que se apresenta clara ante a redação da norma".[219] Assim, tal centralização, inclusive no campo das competências concorrentes, seguramente em muito deve ao modo pelo qual os Tribunais, especialmente o STF, têm compreendido o papel da União e das entidades federadas. O problema é que *além das críticas que se pode endereçar à centralização de um modo geral, os problemas se revelam ainda mais contundentes em algumas áreas sensíveis, como é o caso da proteção do ambiente.* Aqui, resulta evidente que a questão ambiental obteve particular destaque na CF, assumindo inclusive a condição de direito e dever fundamental (art. 225 c/c art. 5.º, § 2.º). Além disso, a partir da análise das competências em sede ambiental, é perceptível que a CF buscou favorecer o poder político-legislativo dos entes federativos periféricos (Estados, Distrito Federal e Municípios), visto que, s.m.j., a competência legislativa concorrente representa a "regra geral" para a regulação da matéria ambiental. No caso do ambiente, a tendência centralizadora resulta na habitual rejeição (no sentido de posição ainda prevalente na jurisprudência) das iniciativas estaduais e locais naquilo em que ampliam (em relação aos padrões eixados pela União) os parâmetros normativos de proteção ambiental (ou mesmo quando regulam a matéria integralmente na hipótese da sua ausência de Lei Federal).

A competência legislativa concorrente (art. 24 da CF), consoante já referido, é exercida de forma conjunta e coordenada entre os entes federativos, limitando-se a União a estabelecer normas gerais (art. 24, § 1.º, da CF), o que não exclui a competência legislativa suplementar dos Estados, do Distrito Federal (art. 24, § 2.º, da CF) e dos Municípios (art. 30, II, da CF). No caso da proteção ambiental, é possível sustentar que a *Lei da Política Nacional do Meio Ambiente (Lei 6.938/1981)*,[220] muito embora tenha sido editada antes da CF, *representa um bom exemplo de norma geral*, quando, entre outros aspectos, estabelece princípios (art. 2.º), objetivos (art. 4.º) e instrumentos (art. 9.º) da Política Nacional do Meio Ambiente. De igual maneira, o delineamento da estruturação federativa do Sistema Nacional do Meio Ambiente (art. 6.º) exemplifica de forma bastante clara um modelo cooperativo de distribuição de competências, recortando o papel de cada ente federativo, com o propósito, por exemplo, de estabelecer a criação de órgãos administrativos ambientais especializados no âmbito de todos eles, inclusive no plano municipal. A partir da diretriz normativa geral traçada pela Lei 6.938/1981, cabe a cada ente federativo exercer a sua competência legislativa suplementar na matéria, adaptando a norma geral às realidades regional e local.

---

218. Cf. ALMEIDA, Fernanda Dias Menezes de. *Competências na Constituição de 1988*, p. 141.
219. ANTUNES, Paulo Bessa. *Federalismo e competências ambientais no Brasil*, Rio de Janeiro, Lumen Juris, 2007, p. 170.
220. De modo a identificar a Lei da Política Nacional de Educação Ambiental (Lei 9.795/1999) como exemplo de "norma geral" editada pela União em matéria ambiental, v. SILVEIRA, Patrícia Azevedo da. *Competência ambiental*, p. 170 e ss.

À vista disso, a União acaba por estabelecer, no âmbito de um quadro normativo geral, também aquilo que se poderia designar de um *patamar legislativo mínimo*[221] em termos de proteção (no caso, do ambiente). Tal patamar diz respeito à relação, por assim dizer, entre a *norma geral*, editada pela União, e a *norma específica* editada pelo Estado, Distrito Federal ou pelo Município. Conforme a lição do ex-Ministro do STF, Carlos Ayres Britto, a União, em se tratando de competência legislativa concorrente, "tem de atuar *contidamente* no campo das normas gerais (menos que plenas), pois a legislação específica sobre o mesmo tema ou relação jurídica é titularizada por outrem: cada qual dos nossos entes federados periféricos".[222] O Ministro Ayres Britto segue afirmando que "quanto aos Estados e o Distrito Federal, estes, diante da eventual edição de normas federais de caráter geral (normas gerais, entenda-se), *produzirão normas de tipo suplementar*. Mas suplementar – atente-se – como adjetivo de significado precisamente dicionarizado: acrescer alguma coisa. Fornecer suplemento ou aditamento. Suprir, acudir, inteirar, com o objetivo de solver os déficits de proteção e defesa de que as normas gerais venham a padecer".[223] De tal sorte, entendemos que há sim "espaço legislativo" para os entes federativos, a partir dos contextos e especificidades regionais e locais, aperfeiçoarem a norma geral editada pela União no âmbito da competência legislativa concorrente. Não nos parece que alguma medida de teor mais restritivo – como, por exemplo, a proibição de determinada atividade ou comercialização de determinada substância no âmbito regional ou local – implique necessariamente violação ao sistema constitucional de competências legislativas.

Além do mais, a doutrina majoritária não admite o "tratamento hierárquico" da legislação editada pelos diferentes entes federativos, desde que, é claro, sejam respeitados os "espaços constitucionais" estabelecidos para o exercício de cada um deles no âmbito da sua respectiva competência legislativa. De acordo com tal entendimento, Paulo G. Gonet Branco assinala que "o critério de repartição de competências adotado pela Constituição não permite que se fale em superioridade hierárquica das leis federais sobre as leis estaduais. Há, antes, divisão de competências entre esses entes. Há inconstitucionalidade tanto na invasão da competência da União pelo Estado-membro como na hipótese inversa".[224] Nesse contexto, poder-se-ia imaginar a hipótese de determinadas espécies da fauna e da flora estarem ameaçadas somente em determinada região ou localidade e disso resultar alguma medida

---

221. De modo a reforçar a ideia a respeito de um patamar legislativo mínimo – em termos protetivos – estabelecido no plano federal, merece registro a fundamentação lançada pelo Ministro Francisco Rezek quando do julgamento da Representação 1.153/RS, no caso em que se discutiu a constitucionalidade de legislação estadual do Estado do Rio Grande do Sul sobre agrotóxicos: "Seria flagrante despropósito, contudo, entender que as normas federais estabelecem limites máximos à proteção da saúde, quando, *na realidade essas normas constituem um piso, a partir do qual cada Estado desdobrará, na conformidade de suas condições e interesses próprios, o patrimônio legislativo*. Não há como conceber possa a União, valendo-se de regra que permite estabelecer normas gerais de defesa e proteção da saúde, fixar limites a esse empenho protetivo – porventura mais firme em algumas das unidades federadas – em nome da salvaguarda de outros valores, de outros bens jurídicos que não a própria saúde. Assim, neste exato domínio, *jamais poderia reputar-se ofensivo à Constituição a lei estadual que multiplicasse as cautelas e os métodos de defesa da saúde*, salvo quando ofensiva à outra norma constitucional, concebida para preservar valor jurídico diverso" (grifos nossos) (STF, Rp 1.153/RS, Pleno, rel. Min. Aldir Passarinho, j. 16.05.1985).
222. A citação foi extraída do voto do Ministro Carlos Ayres Britto lançado na ADIn 3.357/RS, ainda pendente de julgamento final pelo Plenário do STF.
223. A citação foi extraída do voto do Ministro Carlos Ayres Britto no julgamento da ADIn 3.357/RS.
224. BRANCO, Paulo Gustavo G. *Da organização do estado*, 15. ed., p. 940.

legislativa de âmbito regional ou local mais restritiva em relação ao cenário normativo nacional vigente. A hipótese citada, a depender do contexto e dos bens jurídicos postos em tal situação, poderia ser tida como perfeitamente legítima no contexto do sistema federativo delineado na CF. Do contrário, ou seja, rejeitando de forma absoluta qualquer medida legislativa de cunho mais restritivo editado pelos entes políticos estaduais e municipais, a autonomia constitucional assegurada a tais entes federativos resultaria sobremaneira aviltada.

A harmonia do sistema legislativo nacional, a nosso ver, assimila tal compreensão, sob o pretexto maior de um sistema constitucional de proteção dos direitos fundamentais e realmente legitimado a partir de uma matriz normativa de índole democrático-participativa. Se o propósito de eventual medida legislativa editada pelo ente estadual ou mesmo pelo ente municipal é reforçar os níveis de proteção ou mesmo afastar eventual déficit ou lacuna protetiva verificada na legislação federal, tal atitude legislativa, por si só, deve ser vista de forma positiva. É obvio que tal medida deve ser devidamente contextualizada, de modo a permitir a verificação se a legislação em questão, ao proteger determinados bens, não viola outros, ou mesmo se não se incorre em usurpação de competências e distorção da própria noção de normas gerais, o que, ademais, resulta em boa parte no mesmo. Mas, se constatado apenas o aprimoramento e aumento do padrão normativo de proteção, notadamente quando em pauta bens jurídicos fundamentais, como é o caso do direito ao ambiente, não se vislumbra qualquer razão para deslegitimar tal medida, com base simplesmente no fato de não haver correspondência exata com o cenário legislativo traçado no plano federal. Situação diferente se verifica quando o Estado ou o Município edita medida "menos protetiva", mas não é disso que estamos falando. O aperfeiçoamento do sistema de proteção dos direitos fundamentais, seja ele normativo, seja ele fático, deve sempre ser considerado como algo desejável do ponto de vista do ordenamento jurídico, inclusive em vista do princípio da máxima eficácia dos direitos fundamentais, expresso no art. 5.º, § 1.º, da CF. Em sinergia com tal entendimento, colaciona-se, novamente, passagem do voto do Ministro Ayres Britto, no âmbito do julgamento da ADI 3.357/RS: "Parece-nos claro que eventual colisão normativa há de ser compreendida em termos de proteção e defesa; isto é, o exame das duas tipologias de leis passa pela aferição do maior ou menor teor de favorecimento de tais bens ou pela verificação de algo também passível de ocorrer: as normas suplementares de matriz federativamente periférica a veicular as sobreditas proteção e defesa, enquanto a norma geral de fonte legislativa federal, traindo sua destinação constitucional, deixa de fazê-lo. Ou, se não deixa totalmente de fazê-lo, labora em nítida insuficiência protetiva e de defesa. (...) Lei Estadual que, ao proibir a comercialização de produtos à base de amianto, cumpre muito mais a Constituição da República no plano da proteção da saúde (evitar riscos à saúde da população em geral, dos trabalhadores em particular e do meio ambiente). Quero dizer: a legislação estadual é que está muito mais próxima do sumo princípio da eficacidade máxima da Constituição em tema de direitos fundamentais".

Tomando por base tais considerações, nos parece difícil atribuir vício de inconstitucionalidade material à legislação estadual (ou mesmo municipal) "mais protetiva" em termos ambientais, simplesmente porque diverge da norma geral editada no plano federal, tratando de forma mais restritiva sobre determinada matéria.[225] Isso em razão da legitimação democrática de tais medidas e do cenário constitucional de competências, pelo prisma de um

---

225. Expressando o mesmo entendimento, v. BENJAMIN, Antônio Herman. Introdução ao direito ambiental brasileiro, *Revista de Direito Ambiental*, p. 66-67.

modelo de federalismo cooperativo. Há, nesse contexto, inúmeros casos de medidas legislativas – inclusive de Constituições dos Estados Federados – que buscaram proibir ou restringir determinadas práticas atentatórias ao equilíbrio, à qualidade e à segurança ambiental. A título de exemplo, podemos destacar dispositivos de legislação constitucional estadual proibindo a instalação de usinas nucleares ou restringir de algum modo atividades nucleares no território dos respectivos Estados.[226] De modo similar, tem-se as legislações estaduais e municipais mais restritivas no tocante à produção e comercialização de agrotóxicos,[227] assim como a existência de legislação constitucional estadual que proíbe expressamente a caça.[228]

Sem adentrar o mérito dos exemplos trazidos, a nossa intenção aqui é apenas elucidar a questão dos conflitos legislativos. O conflito normativo, por sua vez, é inerente ao sistema federativo, com entes dotados de autonomia, e, conforme o leitor pode verificar a partir dos exemplos colacionados, está presente em diversas situações concretas – portanto, não se trata de mera especulação teórica ou acadêmica –, de modo que é fundamental a construção de um sistema normativo e teórico capaz de guiar os nossos Juízes e Tribunais na resolução de tais questões. O centro gravitacional de tal sistema é a proteção dos direitos fundamentais e da dignidade da pessoa humana, para o que devem concorrer (colaborar) todos os entes da Federação no âmbito do exercício de suas respectivas competências.

Seguindo na análise do regime constitucional de competência legislativa concorrente em matéria ambiental, a CF estabelece que, inexistindo lei federal sobre normas gerais, os Estados – e também os Municípios – exercerão a competência legislativa plena, para atender às suas peculiaridades (art. 24, § 3.º). Aqui a situação é diferente, uma vez que não há a regulamentação geral estabelecida pela União, tendo a norma constitucional assegurado fosse suprida a omissão ou a regulamentação insuficiente praticada pela União. Todavia, na hipótese de superveniência de lei federal sobre normas gerais na matéria, é preciso recordar que a CF prevê a suspensão da eficácia da lei estadual (e municipal) no

---

226. O exemplo citado se verifica na Constituição do Estado do Alagoas. De acordo com o art. 221 do diploma constitucional estadual, "é proibida a instalação, no território do Estado de Alagoas, de usinas nucleares e de depósitos de resíduos atômicos". De modo similar, o art. 257 da Constituição do Estado do Rio Grande do Sul estabelece que "é vedado, em todo o território estadual, o transporte e o depósito ou qualquer outra forma de disposição de resíduos que tenham sua origem na utilização de energia nuclear e de resíduos tóxicos ou radioativos, quando provenientes de outros Estados ou países", bem como, no seu art. 256, que "a implantação, no Estado, de instalações industriais para a produção de energia nuclear dependerá de consulta plebiscitária, bem como do atendimento às condições ambientais e urbanísticas exigidas em lei estadual".

227. A respeito do tema, a Constituição do Estado do Rio Grande do Sul estabeleceu, no seu art. 253, que "é vedada a produção, o transporte, a comercialização e o uso de medicamentos, biocidas, agrotóxicos ou produtos químicos e biológicos cujo emprego tenha sido comprovado como nocivo em qualquer parte do território nacional por razões toxicológicas, farmacológicas ou de degradação ambiental".

228. De acordo com o art. 204 da Constituição do Estado de São Paulo, "fica proibida a caça, sob qualquer pretexto, em todo o Estado". Registra-se que, em relação ao dispositivo em questão, foi interposta a ADI 350/SP, julgada em 18.06.2021, quando ficou reconhecida a constitucionalidade de dispositivo da Constituição Estadual paulista, atribuindo-se interpretação conforme à expressão "sob qualquer pretexto", esclarecendo que não se incluem nessa vedação a destruição para fins de controle e a coleta para fins científicos, previstas, respectivamente, nos arts. 3.º, § 2.º, e 14, ambos da Lei federal n. 5.197/67. Vide também a declaração de constitucionalidade, pelo STF, da Lei n. 289/2015 do Estado do Amazonas que proibiu a utilização de animais para desenvolvimento, experimentos e testes de produtos cosméticos, de higiene pessoal, perfumes e seus componentes, por não ter havido invasão da competência da União para legislar sobre normas gerais em relação à proteção da fauna, Cf. ADI 5.996, rel. Min. Alexandre de Moraes, j. em 15.04.2020.

que lhe for contrária (art. 24, § 4.°). Quanto a tal aspecto, cumpre assinalar que, a nosso ver, a suspensão da eficácia da lei estadual – e o mesmo raciocínio também se aplica à lei municipal – não alcança o conteúdo de natureza suplementar, em especial naquilo em que a legislação anterior (estadual ou municipal) tenha estabelecido um patamar normativo de maior proteção ambiental, tomando por base as razões que já alinhavamos anteriormente. A cooperação legislativa proposta no âmbito da competência legislativa concorrente deve trilhar o caminho de uma "maior" proteção ambiental, ou seja, a sua operacionalização só tem sentido se servir ao objetivo de alcançar um nível maior de efetivação da legislação ambiental, considerando, em especial, que o maior problema da legislação ambiental brasileira é o seu *déficit de efetividade*.

Sem dúvida a proteção ecológica interessará, na grande maioria dos casos de poluição ambiental (já em virtude do seu caráter transfonteiriço), também às esferas regional e nacional (e mesmo internacional), mas isso não implica sobreposição da esfera local, que deve ter preservada sua total autonomia para atuar em prol da defesa ambiental. A previsão constante do inciso II do art. 30 da CF foi precisa ao assinalar a competência legislativa do Município para "suplementar a legislação federal e a estadual no que couber". Aqui também não há razão para rejeitar a aplicação de tal norma à matéria ambiental, de modo que está o Município autorizado constitucionalmente a legislar nessa seara, seguindo os parâmetros legislativos delineados no art. 24 da CF. O art. 30, VIII, da CF também ampara tal entendimento, ao tratar da legitimidade municipal para promover "o adequado ordenamento territorial, mediante planejamento e controle do uso, do parcelamento e da ocupação do solo urbano". Nessa mesma linha, José A. de Oliveira Baracho Júnior pontua que "a ordenação territorial interfere diretamente na qualidade ambiental. Se for priorizada, por exemplo, a expansão para local onde haja significativa vegetação, ou locais que abrigam espécime representativo da fauna, ou ainda para locais onde os recursos hídricos sejam abundantes, não estará o Município contribuindo para a efetivação do direito a um meio ambiente ecologicamente equilibrado".[229]

No plano normativo infraconstitucional, cumpre colacionar o conteúdo da Lei da Política Nacional do Meio Ambiente (Lei 6.938/1981). No art. 6.° do diploma em análise, que trata dos órgãos e entidades que compõem o Sistema Nacional do Meio Ambiente (Sisnama) – entre eles, os Municípios –, mais precisamente no seu § 2.°, há previsão expressa no sentido de que "os Municípios, observadas as normas e os padrões federais e estaduais, também poderão elaborar as normas mencionadas no parágrafo anterior", o qual estabelece que "os Estados, na esfera de suas competências e nas áreas de sua jurisdição, *elaborarão normas supletivas e complementares* e padrões relacionados com o meio ambiente, observados os que forem estabelecidos pelo Conama" (§ 1.°). Ou seja, também a Lei 6.938/1981 prevê a possibilidade de o Município legislar em matéria ambiental com o objetivo de estabelecer normas supletivas e complementares àquelas provenientes da União e dos Estados, reforçando o cenário normativo descrito anteriormente.

Na doutrina, a questão é praticamente pacífica.[230] A própria jurisprudência tem trilhado tal caminho, muito embora a discussão a respeito dos limites de tal prática legislativa

---

229. BARRACHO JÚNIOR, José Alfredo de Oliveira. *Proteção do meio ambiente na Constituição da República*, p. 150.

230. Na doutrina, de modo favorável ao reconhecimento da competência legislativa concorrente do ente federativo municipal, v. SILVA, José Afonso da. *Direito constitucional ambiental*, p. 79-80; BARRACHO JÚNIOR,

concorrente a cargo dos entes municipais, prevalecendo, nesse cenário, uma interpretação restritiva.[231] Nesse contexto, Andreas J. Krell sustenta que "depois da promulgação da Constituição Federal de 1988 e das cartas estaduais no ano seguinte, cada vez mais Municípios vieram criando as suas normas para uma proteção mais eficiente do seu ambiente e o melhoramento da qualidade de vida da sua população".[232]

De outra parte, muito embora a discussão a respeito dos limites do exercício de tal competência, o escopo do exercício da competência legislativa municipal – ainda mais no campo ecológico – deverá ser sempre o interesse local, seguindo aqui o critério constitucional da predominância do interesse. Tal diretriz é reforçada pela legitimidade democrática das instâncias políticas locais na adoção de medidas legislativas na seara ecológica, somada, por óbvio, à autonomia constitucional assegurada aos entes políticos municipais.

Assim, pelo que até o momento foi exposto, é possível afirmar que o condomínio legislativo projetado pelo constituinte carece de contínua reflexão e aperfeiçoamento, mas especialmente deveria avançar para uma dinâmica menos centralista e mais amiga da expansão controlada dos poderes local, designadamente naquilo que a legislação estadual e municipal puder aperfeiçoar a proteção da dignidade da pessoa humana e dos direitos fundamentais. De todo modo, as observações tecidas nesse item representam pálida amostra das possibilidades de uma leitura crítica do sistema constitucional de repartição de competências formatado pela CF.

José Alfredo de Oliveira. *Proteção do meio ambiente na Constituição da República*, p. 148 e ss.; ANTUNES, *Federalismo e competências ambientais...*, p. 112; FARIAS, *Competência federativa e proteção ambiental...*, p. 296 e ss.; SILVEIRA, Patrícia Azevedo da. *Competência ambiental*, p. 79 e ss.; KRELL, Andreas J. Autonomia municipal e proteção ambiental: critérios para definição das competências legislativas e das políticas locais. In: KRELL, Andreas J. (Org.) *A aplicação do direito ambiental no estado federativo*, p. 157; CAPPELLI, Sílvia; MARCHESAN, Ana Maria Moreira; STEIGLEDER, Annelise Monteiro. *Direito ambiental*, p. 51; MAGALHÃES, Vladimir Garcia. Competência concorrente em matéria ambiental: proteção ao ambiente e justiça. *Revista Brasileira de Direito Constitucional*, p. 141-163; MACHADO, Paulo Afonso Leme. *Direito ambiental brasileiro*, p. 381-410.

231. "Constitucional. Meio ambiente. Legislação Municipal Supletiva. Possibilidade. Atribuindo, a Constituição Federal, a competência comum à União, aos Estados e aos Municípios para proteger o meio ambiente e combater a poluição em qualquer de suas formas, cabe, aos Municípios, legislar supletivamente sobre proteção ambiental, na esfera do interesse local (...)" (STJ, REsp 29.299-6/RS, 1.ª T., rel. Min. Demócrito Reinaldo, j. 28.09.1994).

232. KRELL, Andreas J. Autonomia municipal e proteção ambiental: critérios para definição das competências legislativas e das políticas locais. In: KRELL, Andreas J. (Org.) *A aplicação do direito ambiental no estado federativo*, p. 157.

CONTROLE DE CONSTITUCIONALIDADE

Luiz Guilherme Marinoni

I – O SURGIMENTO DO CONTROLE JUDICIAL DE CONSTITUCIONALIDADE NO DIREITO COMPARADO E A SUA EVOLUÇÃO NO DIREITO BRASILEIRO

8.1 O surgimento do controle judicial da constitucionalidade das leis nos Estados Unidos

8.1.1 Primeiras considerações

O sistema estadunidense de controle de constitucionalidade das leis costuma ser equiparado ao dito controle difuso de constitucionalidade, isto é, ao sistema em que o controle de constitucionalidade das leis é deferido a todo e qualquer juízo, independentemente da sua posição na estrutura do Poder Judiciário, sem que para tanto seja necessária uma ação específica, já que neste caso a aferição da constitucionalidade da norma é realizada *no curso* do raciocínio judicial tendente à resolução do litígio.

É importante frisar que o controle judicial da constitucionalidade das leis surgiu nos Estados Unidos muito tempo antes de surgir na Europa continental, já no século XX. O controle judicial da constitucionalidade é praticamente simultâneo à independência dos Estados Unidos, embora não esteja previsto em sua Constituição, tendo sido delineado por Hamilton

CONTROLE DE CONSTITUCIONALIDADE o 921

nos *Federalist Papers*[1] e sedimentado por ocasião do caso *Madison v. Marbury*, em que o Juiz Marshall teve extraordinário papel.[2]

De modo que se faz necessário investigar as razões históricas e teóricas que permitiram que o controle judicial da constitucionalidade naturalmente aparecesse nos Estados Unidos. Neste contexto, é de se questionar o motivo pelo qual o princípio da separação de poderes, em sua versão estrita, não teve força suficiente para impedir que o poder judicial frutificasse de modo a frear os eventuais descontroles do Legislativo.

8.1.2 A superioridade do *common law* sobre os atos do parlamento inglês

A ideia de controle dos atos estatais, inclusive do parlamento, era conhecida pelo juiz da tradição do *common law*.[3] Há aí, já no início do século XVII, precedente dotado de fundamentação muito parecida com aquela que veio a ser utilizada, mais de um século depois, no célebre caso *Marbury v. Madison*, que serviu de base para o fulgurante desenvolvimento do *judicial review of legislation* estadunidense.[4]

---

1. Os *Federalist Papers* consistem na compilação de um conjunto de 85 ensaios originalmente publicados na imprensa de Nova York entre outubro de 1787 e agosto de 1788, redigidos por Alexander Hamilton, James Madison e John Jay sob o pseudônimo "Publius". Seus autores pretendiam influenciar, no Estado de Nova York, os debates do processo de ratificação do texto da Constituição aprovada na convenção da Filadélfia em 1787. O ensaio conhecido como "Federalista n. 78", redigido por Alexander Hamilton, é um dos ensaios que tratam de justificar a estrutura do Poder Judiciário proposto pela Constituição. Nele, Hamilton pretende rebater a crítica dos chamados "antifederalistas", contrários à ratificação da Constituição por supostamente gerar uma ameaça de "supremacia judicial" (v. KETCHAM, Ralph (Org.). *The anti-federalist papers and the Constitutional Convention Debates*, p. 120-124). De acordo com Hamilton, no "Federalista n. 78", é dever da Suprema Corte "declarar nulos todos os atos manifestamente contrários aos termos da Constituição (...). Todo ato de uma autoridade delegada contrário aos termos da comissão é nulo. Esse princípio é indubitável; e, portanto, todo ato do corpo legislativo, contrário à Constituição, não pode ter validade. Negar isso seria o mesmo que dizer que o delegado é superior ao constituinte, o criado ao amo, os representantes do povo ao povo que representam; ou que aqueles que obram em virtude de poderes delegados tanta autoridade têm para o que esses poderes autorizam, como para o que eles proíbem. (...) A Constituição é e deve ser considerada pelos juízes como lei fundamental; e como a interpretação das leis é a função especial dos tribunais judiciários, a eles pertence determinar o sentido da Constituição, assim como de todos os outros atos do corpo legislativo. (...) a Constituição deve ser preterida a um simples estatuto; ou a intenção do povo à dos seus agentes. Mas não se segue daqui que o Poder Judiciário seja superior ao Legislativo; segue-se, sim, que o poder do povo é superior a ambos e que, quando a vontade do corpo legislativo, declarada nos seus estatutos, está em oposição à do povo, declarada na Constituição, é a essa última que os juízes devem obedecer" (HAMILTON, A.; MADISON, J.; JAY, J. *O federalista*, p. 459-460).

2. *Marbury v. Madison*, 5 U.S. (1 Cranch) 137 (1803). Trata-se do precedente judicial no qual a Suprema Corte norte-americana, pela primeira vez, reconheceu sua competência para declarar inválidos atos legislativos contrários à Constituição. O voto representativo da decisão do tribunal foi redigido pelo *Chief Justice* Marshall: "Se, então, os tribunais devem observar a Constituição, e a Constituição é superior a qualquer ato ordinário emanado do Legislativo, então é a Constituição, e não o ato ordinário, que deve reger o caso ao qual ambos se aplicam" (*Marbury v. Madison*, 5 U.S. (1 Cranch) 137 (1803); disponível em: http://caselaw.lp.findlaw.com/scripts/getcase.pl?court=US&vol=5&invol=137; acesso em: 20.06.2011.

3. MCILWAIN, Charles Howard. *Constitutionalism:* ancient and modern, p. 84-114.

4. Para uma perspectiva histórica do *judicial review*, antes de Marbury, v. TREANOR, William Michael. Judicial review before Marbury, *Stanford Law Review* 58/457-458, 2005: "This Article shows, first, that judicial review was dramatically better established in the years before Marbury than previously recognized. While there has been a range of opinions about early judicial review, none of the modern commentators has grasped how

No final da primeira década do século XVII, no igualmente célebre caso *Bonham*, Edward Coke declarou que as leis estão submetidas a um direito superior, o *common law*, e que, quando elas o desrespeitam, são nulas e destituídas de eficácia. Disse literalmente Coke, por ocasião do julgamento do caso *Bonham*, que, "em muitos casos, o *common law* controlará os atos do parlamento, e algumas vezes os julgará absolutamente nulos; visto que, quando um ato do parlamento for contrário a algum direito ou razão comum, ou repugnante, ou impossível de ser aplicado, o *common law* irá controlá-los e julgá-los como sendo nulos".[5]

Vê-se muito claramente, na decisão proferida no caso *Bonham*, um germe do controle da constitucionalidade das leis, extraindo-se daí a noção de que o poder judicial, no *common law* primitivo, era exercido mediante uma lógica semelhante à que dirige a atuação do juiz submetido à Constituição e aos direitos fundamentais.[6]

---

common it was for courts to invalidate statutes. The most influential modern account asserts that there were five such decisions in state and federal courts in the critical period between the Constitution and Marbury. In contrast, this Article discusses thirty-one cases in which a statute was invalidated and seven more in which, although the statute was upheld, one judge concluded that the statute was unconstitutional. The sheer number of these decisions not only belies the notion that the institution of judicial review was created by Chief Justice Marshall in Marbury, it also reflects widespread acceptance and application of the doctrine. Moreover, the fact that judicial review was exercised so frequently indicates that courts were not as reluctant to invalidate statutes as Kramer contends". V., ainda, LAFAVE, Wayne. R. Marbury v. Madison. In: HALL, Kermit L. (Org.). *The Oxford Guide to United States Supreme Court decisions*, p. 173-175.

5. "E parece que em nossos livros, em muitos casos, o *common law* controlará os atos do parlamento, e algumas vezes os julgará absolutamente nulos: visto que, quando um ato do parlamento for contrário a algum direito ou razão comum, ou repugnante, ou impossível de ser aplicado, o *common law* irá controlá-lo e julgá-lo como sendo nulo" (no original: "And it appears in our books, that in many cases, the *common law* will control acts of Parliament, and sometimes adjudge them to be utterly void: for when an act of Parliament is against common right and reason, or repugnant, or impossible to be performed, the *common law* will control it and adjudge such act to be void") (GROTE, Rainer. Rule of law, etat de droit and Rechsstaat – The origins of the different national traditions and the prospects for their convergence in the light of recent constitutional developments, p. 2; disponível em: http://www.eur.nl/frg/lacl/papers/grote.html. "Dr. Bonham's case has long been well known to students of English and American constitutional law. As one historian has observed, 'The literature upon Bonham's case is voluminous and repetitious'. 1 The subject of the case was far from momentous-a dispute over the regulation of medical practice in early seventeenth-century London. Its fame derives from a passage in Lord Coke's report of the case, wherein he appears to endorse the doctrine that statutes may in some circumstances be held invalid by the courts of common law-in other words, that a standard for 'judicial review' of acts of Parliament, as opposed to their mere construction, is accessible to the judges" (GRAY, Charles M. Bonham's case reviewed. *Proceedings of the American Philosophical Society*, vol. 116, n. 1, 1972, p. 35). "In the decade following his published discussion of bylaws, Coke continued to emphasize the legal limitations on corporate ordinances. In this context, he decided Dr. Bonham's Case (1608), which made increasingly apparent the constitutional nature of the limit. The College of Physicians had imprisoned Thomas Bonham, a Doctor of Physic from the University of Cambridge, after concluding that he had continued to practice medicine in London despite having not been admitted to the College and having been found 'less sufficient and unskilful to administer physic'. The College defended its actions as justified by the charter of incorporation and by statutes confirming the charter and discussing imprisonment. Chief Justice Coke, a Cambridge graduate, disagreed. The College could not imprison Bonham" (BILDER, Mary Sarah. The corporate origins of judicial review. *The Yale Law Journal* 116/531, 2006).

6. V. ORTH, John V. *Due process of law: a brief history*, p. 15-35. V., também, KELLY, J. M. *A short history of Western legal history*, p. 232 e ss.; ARGÜELLES, Juan Ramón de Páramo; ROIG, Francisco Javier Ansuátegui. Los derechos en la revolución inglesa. *Historia de los derechos fundamentales – Transito a la modernidad: siglos XVI y XVII*, p. 774. Acerca do tema, eis o que diz Dworkin: "When I was a law student in Britain, more than

8.1.3 A Revolução Gloriosa, de 1688, e o significado do princípio da *supremacy of the English Parliament*

Na Inglaterra, a chamada Revolução Gloriosa, de 1688, conferiu destaque à posição do parlamento. Mas, ao contrário do que ocorreu com a Revolução Francesa, na Inglaterra o fortalecimento do parlamento não enfraqueceu ou calou o Judiciário. Na verdade, os legisladores e os juízes, na Inglaterra, uniram-se contra o poder do monarca em prol dos direitos do povo. Assim, a noção de supremacia do parlamento inglês nada tem a ver com a ideia de supremacia do parlamento na França, que traz consigo outra intenção, a de calar os juízes, que, mesmo após a Revolução Francesa, eram vistos com grande desconfiança em virtude de suas ligações espúrias com o antigo regime.[7]

Mauro Cappelletti, em seu célebre *Il controllo giudiziario di costituzionalità delle leggi nel diritto comparato*, afirma que a doutrina de Coke e, mais especificamente, a submissão do parlamento ao *common law* desapareceram com a Revolução de 1688 e com a instituição do princípio da *supremacy of the parliament*. Eis o que diz Cappelletti: "Tal doutrina [a de Coke] foi abandonada na Inglaterra com a Revolução de 1688, quando então foi proclamada a doutrina contrária – ainda hoje respeitada naquele país –, da supremacia do parlamento. Porém, da doutrina de Coke restaram os frutos, ao menos nos Estados Unidos, e estou me referindo, como é óbvio, aos frutos que hoje são chamados de *judicial review* e *supremacy of the judiciary*".[8]

É certo que a doutrina de Coke,[9] no seu particular significado de doutrina que dava ao juiz apenas o poder de declarar o *common law*, foi superada na Inglaterra pela teoria

---

half a century ago, I was told that in that country, unlike America, the legislature – Parliament – is supreme. That was held to be a cardinal example of what was just true as a matter of unchallengeable law: it went without saying. But it hardly went without saying in an earlier century: Lord Coke disagreed in the seventeenth century, for instance. Nor does it go without saying now. Many lawyers, and at least some judges, now believe that Parliament's power is indeed limited. When the government recently floated the idea of a bill that would oust the courts of jurisdiction over detainees suspected of terrorism, these lawyers claimed that such an act would be null and void. The answer seems clear enough. Once, in Coke's time, the idea that individuals have rights as trumps over the collective good – natural rights – was very widely accepted. In the nineteenth century a different political morality was dominant. Jeremy Bentham declared natural rights nonsense on stilts, and lawyers of that opinion created the idea of absolute parliamentary sovereignty. Now the wheel is turning again: utilitarianism is giving way once again to a recognition of individual rights, now called human rights, and parliamentary sovereignty is no longer evidently just. The *status* of parliament as lawgiver, among the most fundamental of legal issues, has once again become a deep question of political morality. Law is effectively integrated with morality: lawyers and judges are working political philosophers of a democratic state" (DWORKIN, Ronald. *Justice for hedgehogs*, p. 413-414).

7. V. MILLER, John. *The glorious revolution*.

8. CAPPELLETTI, Mauro. *O controle judicial de constitucionalidade das leis no direito comparado*, p. 38.

9. "Al defender el *common law* frente al Derecho régio, Coke está defendiendo también los derechos de los ingleses, ya que estos derechos están asentados, enraizados en la tradición y en las viejas leyes de Inglaterra. En el planteamiento de Coke, la defensa del *common law* está muy vinculada a la defensa de uma determinada posición de los jueces nel sistema constitucional. En efecto, si para Bacon, teórico defensor de las posiciones de Jacobo I, del que fue Lord Canciller, los jueces son los leones sobre los que se asienta el trono del rey y por lo tanto son los ejecutores de sus decisiones, para Coke los jueces también son leones, pero en este caso son los encargados de defender los derechos de los ingleses frente a las intromisiones ilegítimas del Poder real. En un ambiente político en el cual el ejercicio del Poder por parte del monarca es absoluto, la limitación de ese Poder – tarea insoslayable de los jueces – supone un requisito de la garantía

constitutiva – desenvolvida sobretudo por Bentham e Austin.[10] Contudo, a Revolução de 1688 não fez desaparecer a noção de que o parlamento e a lei são submetidos ao *common law*. Também não é adequado sustentar que o juiz, a partir desse momento, passou a estar submetido ao Legislativo, nem muito menos que o direito das colônias passou a dever respeito unicamente à produção do parlamento.

Com a Revolução Gloriosa, o parlamento venceu longa luta contra o absolutismo do rei. Reitere-se que, para conter os arbítrios do monarca, a magistratura se posicionou ao lado do parlamento, chegando a com ele se misturar. Não houve qualquer necessidade de afirmar a prevalência da lei – como produto do *Parliament* – sobre os juízes, mas sim a força do direito comum diante do poder real.

Ademais, a Revolução Puritana não objetivou destruir o direito antigo, mas, ao contrário, pautou-se pela afirmação do *common law* contra o rei. A Revolução Gloriosa não edificou direito novo, limitando-se a impor o direito ancestral dos *englishmen* em face do monarca. Assim, os atos estatais, inclusive os atos judiciários, continuaram a ter como pano de fundo o *common law*. Toda e qualquer norma elaborada pelo Legislativo teria de estar inserida no *common law*, na busca de afirmação dos direitos e liberdades do cidadão inglês contra o rei.[11]

A Revolução, bem por isso, não teve a pretensão de elevar a lei a uma posição suprema ou a intenção de dotar o parlamento de um poder absoluto mediante a produção do direito. Mais do que à lei, foi necessário dar ênfase ao *common law* – ou ao direito da história e das tradições do povo inglês – para conter o poder real.

De modo que a ideia de *supremacy of the English parliament* não revela a submissão do poder real à norma produzida pelo Legislativo, mas, isso sim, a submissão do rei ao direito inglês em sua inteireza. Esse direito submetia o monarca, contendo os seus excessos, mas também determinava o conteúdo da produção legislativa, que, sem qualquer dúvida, não podia ser desconforme ao *common law*.[12]

Portanto, é certo que o princípio da *supremacy of the English parliament* não teve a menor intenção de submeter o juiz ao parlamento ou mesmo o objetivo de impedir o juiz de afirmar o *common law* – se fosse o caso – contra a própria lei. O princípio inglês, ao contrário do que sugere Cappelletti, teve a intenção de passar a noção de supremacia do direito sobre o monarca e não o propósito de significar onipotência da lei ou absolutismo do parlamento.

---

de las libertades de los individuos" (ARGÜELLES, Juan Ramón de Páramo; ROIG, Francisco Javier Ansuátegui. Los derechos en la revolución inglesa. *Historia de los derechos fundamentales – Transito a la modernidad: siglos XVI y XVII*, p. 773-774).

10. MACCORMICK, Neil. Can stare decisis be abolished? *Judicial Review*, 1996, p. 204.

11. ZAGREBELSKY, Gustavo. *Il diritto mite – Legge, diritti, giustizia*, p. 35.

12. ARGÜELLES, Juan Ramón de Páramo; ROIG, Francisco Javier Ansuátegui. Los derechos en la revolución inglesa. *Historia de los derechos fundamentales – Transito a la modernidad: siglos XVI y XVII*, p. 786 e ss. Para uma interpretação contemporânea simpática ao princípio da *supremacy of the parliament*, rejeitando a ideia de que o controle judicial de constitucionalidade seja uma característica essencial à proteção da democracia e dos direitos humanos, v. GOLDSWORTHY, Jeffrey. *The sovereignty of parliament*: history and philosophy; e _____. *Parliamentary sovereignty*: contemporary debates.

8.1.4 Do controle dos atos da colônia a partir do direito inglês ao *judicial review* estadunidense. Mera inversão do princípio da supremacia do parlamento pelo princípio da supremacia do Judiciário?

As colônias inglesas, regidas por Cartas, foram proibidas de editar atos contrários ao direito inglês.[13] A supremacia do parlamento inglês impunha-se, mediante as Cartas,[14] de forma a não permitir a aplicação judicial de leis coloniais contrastantes. Com a independência das colônias americanas, em 1776, as Cartas foram substituídas pelas novas Constituições, e, como anteriormente os juízes já tinham a consciência e a prática de decretar a nulidade das leis que violassem as Cartas e a legislação do reino inglês, tornou-se praticamente "natural" controlar as leis que contrariassem as Constituições dos Estados que acabavam de adquirir independência.[15]

---

13. Antes disso, é pertinente trazer a ressalva de Juan Carlos Bayón sobre a plurivocidade da expressão "constitucionalismo", ou "Estado Constitucional", variável conforme o modelo de Estado (e de constituição) de cada país: "De 'constitucionalismo' y 'Estado constitucional' puede hablarse sin duda en una pluralidad de sentidos, más o menos densos o exigentes en cuanto a su contenido conceptual. Así, no es de ninguna manera impropio hablar del constitucionalismo inglés, aunque es notorio que el ideal primigenio de un poder del monarca limitado por los 'antiguos derechos y libertades' de los ingleses y por las competencias del parlamento no se ha plasmado nunca en una constitución escrita. Ni tampoco lo es aludir al modelo constitucional de los revolucionarios franceses, a pesar de que estuviera organizado sobre el principio de superioridad política del parlamento y supremacía jurídica de la ley, excluyendo por tanto el auténtico carácter normativo de la constitución. O calificar hoy día como 'Estados constitucionales', en un cierto sentido del término, a sistemas jurídico-políticos como los de Australia (con una constitución rígida que no incluye declaración de derechos), Nueva Zelanda (dotada de un bill of rights, pero con un régimen de constitución flexible), Holanda (con una declaración de derechos incorporada a una constitución rígida, pero sin control jurisdiccional de constitucionalidad de la ley) o Canadá (donde el legislador ordinario –con ciertos límites y sujeto a una serie de condiciones- puede hacer valer una ley aun a pesar de que la Corte Suprema la haya considerado contraria a derechos reconocidos en su constitución rígida). No obstante, sobre todo a los efectos del tipo de discusión que aquí interesa, se suele hablar de 'constitucionalismo' en un sentido más restringido: es el que históricamente trae causa del modelo estadounidense y del europeo de inspiración kelseniana" (BAYÓN, Juan Carlos. Democracia y derechos: problemas de fundamentación del constitucionalismo. In: CARBONELL, Miguel; JARAMILLO, Leonardo García (Ed.). *El canon neoconstitucional*, p. 411-412).

14. Tais Cartas podem ser consideradas as primeiras constituições das colônias, seja porque eram vinculantes para a legislação colonial, seja porque regulavam as suas estruturas jurídicas fundamentais. Tais Constituições frequentemente estabeleciam a possibilidade de as colônias aprovarem as suas próprias leis, porém sob a condição de serem "razoáveis" e "não contrárias às leis do Reino inglês", e, assim, não destoantes da vontade suprema do parlamento. Exatamente em virtude da ideia de supremacia da lei – em uníssono com a doutrina da *supremacy of the English parliament* – que, em diversos casos (alguns tornados célebres), o *Privy Council* do Rei decidiu que as leis deveriam ser aplicadas pelos juízes da colônia apenas se não estivessem em contradição com as leis do Reino – cf. CAPPELLETTI, Mauro. *O controle judicial de constitucionalidade das leis no direito comparado*, p. 39. De fato, "do mesmo modo que todos os ingleses, os colonos estavam familiarizados com documentos escritos como barreiras ao poder ilimitado" (WOOD, Gordon S. *The creation of the American republic: 1776-1787*, p. 268).

15. "Com efeito, quando em 1776 as colônias inglesas da América proclamaram a sua independência da Inglaterra, um de seus primeiros atos de independência foi o de substituir as velhas 'Cartas' pelas novas Constituições, entendidas como as *Leis Fundamentais* dos novos Estados independentes. E como, no passado, nulas e não aplicáveis tinham sido consideradas pelos juízes as leis contrárias às 'Cartas' coloniais e às 'leis do reino', assim não é correto admirar-se de que a mesma nulidade e não aplicabilidade devesse, depois, ser afirmada, e com bem maior razão, para as leis contrárias às novas e vitoriosas Cartas constitucionais dos Estados independentes" (CAPPELLETTI, Mauro. *O controle judicial de constitucionalidade das leis no direito comparado*, p. 62).

Afirma-se que o princípio da supremacia do parlamento inglês, ao sobrepor o direito inglês à produção legislativa das colônias, acabou por fazer surgir, nos Estados Unidos, o seu oposto, ou seja, o princípio da *supremacy of the Judiciary*. Nesse sentido, o princípio da supremacia do parlamento inglês teria colaborado para o surgimento do controle judicial da constitucionalidade das leis nos Estados Unidos. O princípio da supremacia do parlamento, ao fundamentar o controle dos atos da colônia, teria constituído os primeiros passos do controle da constitucionalidade das leis, a espelhar a supremacia do Judiciário.

Cappelletti vê, com grande curiosidade, o antecedente do *judicial review of the constitutionality of legislation* no princípio da supremacia do parlamento inglês. É que este princípio, ao fundamentar o controle dos atos da colônia, constituiria a pedra que deu origem aos primeiros passos para o controle da constitucionalidade das leis, a espelhar a supremacia do Judiciário. Chega a dizer que aí estaria presente a "astúcia da história", que atinge seus fins mediante caminhos contraditórios e imprevisíveis.[16]

Não há dúvida que o controle judicial da constitucionalidade das leis revela o princípio da *supremacy of the Judiciary*, que, assim, estaria invertendo as posições do parlamento e do Judiciário. Sucede que, ao contrário do que parece a Cappelletti, o princípio da supremacia do parlamento inglês não pode ser reduzido a uma dimensão que o torne similar ao princípio que, com idêntico nome, foi idealizado pela Revolução Francesa.

Frise-se que a legislação das colônias não era verdadeiramente submetida à lei inglesa, mas sim vinculada ao *direito* inglês. Ora, o controle da legitimidade das leis coloniais se dava a partir do *common law*, até porque o parlamento, como já dito, estava submetido a um metadireito ou a uma metalinguagem (o *common law*), e não simplesmente escrevendo as primeiras linhas de um direito novo, como aconteceu com o poder (Legislativo) que se instalou com a Revolução Francesa.

Bem vistas as coisas, o controle da legitimidade dos atos da colônia, a partir do direito inglês, e o controle da constitucionalidade das leis, com base na Constituição americana, não significaram mera inversão ou troca de princípios, com a substituição do princípio da supremacia do parlamento pelo princípio da supremacia do Judiciário.[17]

Um raciocínio tão simples e fácil apenas seria admissível caso pautado pelo significado que a supremacia do parlamento assumiu no *civil law*, por decorrência da Revolução Francesa. Acontece que este princípio, na Inglaterra, esteve muito longe da ideia de supremacia da lei sobre o juiz, tendo significado, na verdade, supremacia do direito sobre o monarca e sobre as próprias leis, inclusive as das colônias. Nesta perspectiva, quando se controlava a legitimidade da lei colonial a partir do direito inglês, afirmava-se o *common law* e não a lei (nos moldes do *civil law*). E o juiz, nesta dimensão, já se sobrepunha ao elaborador da lei destoante. Por conseguinte, o controle de

---

16. Cappelletti, Mauro. *O controle judicial de constitucionalidade das leis no direito comparado*, p. 57.

17. Para Gordon Wood, a ampliação das competências do Poder Judiciário consistiu em parte numa reação aos excessos cometidos pelas assembleias legislativas dos Estados, nos anos iniciais da Revolução: à medida que as legislaturas promulgavam decretos "com os quais o povo coletivamente, permanecendo fora do governo, não havia jamais manifestado seu assentimento pleno e ilimitado" tais atos poderiam ser revistos por "servos do povo", isto é, pelo "Judiciário supremo" (Wood, Gordon S. *The creation of the American republic: 1776-1787*, p. 456).

constitucionalidade estadunidense significou muito mais uma continuidade que uma ruptura com o modelo inglês.[18]

Lembre-se, ademais, de que a imprescindibilidade de imposição de limites ao Legislativo mediante uma lei maior já fora expressa à época em que os colonizadores da América do Norte – que não tinham representantes no parlamento inglês – se revoltaram contra os tributos exigidos pelo governo da metrópole, mediante a alegação de que qualquer ato do parlamento, contrário à equidade natural, seria nulo.[19]

8.1.5 Os significados de "supremacia do parlamento" nas revoluções inglesa e francesa

A *supremacy of the English parliament* tem significado completamente distinto dos da supremacia do Legislativo e do princípio da legalidade, tais como vistos pela Revolução Francesa. Como dito, a afirmação do parlamento, sublinhada pela Revolução inglesa de 1688, não teve o propósito de marcar o início de um novo direito. O seu caráter foi conservador. A Revolução inglesa não foi dotada de verdadeiro "espírito revolucionário": não desejou desconsiderar o passado e destruir o direito já existente, mas, ao contrário, confirmá-lo e fazê-lo valer contra um monarca que não o respeitava.[20]

Portanto, em vez de pretender instituir um novo direito mediante a afirmação da superioridade – na verdade absolutismo – do *Parliament*, nos moldes da Revolução Francesa, a Revolução Gloriosa instituiu uma ordem em que os poderes do monarca estivessem limitados pelos direitos e liberdades do povo inglês.[21]

Perceba-se que a noção de *rule of law and not of men* não significou apenas o *topos* aristotélico do governo das leis em substituição ao governo dos homens, mas, sobretudo, a luta histórico-concreta que o parlamento inglês travou e ganhou contra o absolutismo.[22]

O ordenamento da Revolução Puritana caracterizou-se pela submissão do poder do monarca, em seu exercício e atuação, a determinadas condições, assim como pela existência de critérios reguladores da relação entre ele e o parlamento. Neste ordenamento tem destaque o célebre *Bill of Rights*, editado no primeiro ano da Revolução, em 1689, ao qual Guilherme de Orange foi obrigado a se submeter para ascender ao trono, mediante uma espécie de acordo entre o rei e o parlamento, visto como representante do povo. Frise-se que o *Bill of Rights*, embora tenha, entre seus princípios fundamentais, a proteção da pessoa e da propriedade e determinadas garantias processuais e dimensões da liberdade política, é marcado, acima de tudo, pela submissão do soberano à lei.[23]

---

18. Sobre as origens do *judicial review*, v. CORWIN, Edward S. *The doctrine of judicial review:* its legal and historical basis and other essays; NELSON, William E. *Marbury* v. *Madison:* the origins and legacy of judicial review.

19. GROTE, Rainer. Rule of law, état de droit and Rechsstaat – The origins of the different national traditions and the prospects for their convergence in the light of recent constitutional developments, p. 3.

20. ARGÜELLES, Juan Ramón de Páramo; ROIG, Francisco Javier Ansuátegui. Los derechos en la revolución inglesa. *Historia de los derechos fundamentales – Transito a la modernidad:* siglos XVI y XVII, p. 787.

21. WILLIAMS, E. N. *The eighteenth-century Constitution. 1688-1815*, p. 26.

22. ZAGREBELSKY, Gustavo. *Il diritto mite – Legge, diritti, giustizia*, p. 36 e ss.

23. ARGÜELLES, Juan Ramón de Páramo; ROIG, Francisco Javier Ansuátegui. Los derechos en la revolución inglesa. *Historia de los derechos fundamentales – Transito a la modernidad:* siglos XVI y XVII, p. 787-788.

Não obstante a Revolução inglesa tenha vencido o absolutismo, com ela o parlamento não assumiu o poder absoluto, como aconteceu na Revolução Francesa. Como explica Zagrebelsky, na tradição da Europa continental a luta contra o absolutismo significou a pretensão de substituir o rei por outro poder absoluto, a Assembleia Soberana, ao passo que, na Inglaterra, a batalha contra o absolutismo consistiu em opor, às pretensões do rei, os privilégios e liberdades tradicionais dos ingleses, representados e defendidos pelo parlamento.[24] Assim, enquanto na França o legislativo se revestiu do absolutismo por meio da produção da lei, na Inglaterra a lei representou, além de critério de contenção do arbítrio real, um elemento que se inseriu no tradicional e antigo regime do *common law*.

Como a lei era imprescindível para a realização dos escopos da Revolução Francesa, e os juízes não mereciam confiança, a supremacia do parlamento aí foi vista como sujeição do juiz à lei, proibido que foi, inclusive, de interpretá-la para não distorcê-la e, deste modo, frustrar os objetivos do novo regime.[25] Na Inglaterra, como os atos do parlamento não tinham qualquer intenção de significar "direito novo", mas representavam mero elemento introduzido em um direito ancestral – que, antes de merecer repulsa, era ancorado na história e nas tradições do povo –, e o juiz contava com o apoio do poder que se instalara – uma vez que sempre lutara, misturado ao legislador, contra o absolutismo do rei –, não houve qualquer intenção ou necessidade de submeter o magistrado à lei.[26]

Além de a lei jamais ter anulado o poder do juiz, os próprios princípios da Revolução inglesa davam-lhe condição para controlar os atos legislativos a partir do *common law*, já que o parlamento, embora supremo diante do monarca, era àquele submetido.[27] Sublinhe-se, na linha de interessante ensaio de Rainer Grote, que, na base do acordo constitucional de 1688, o Legislativo não foi investido num governante autocrático, mas constituiu um órgão eleito, o que significa que o processo de *law-making* permaneceu sujeito ao controle dos diferentes grupos e interesses representados no parlamento. Ademais, as leis tiveram um papel de menor importância no desenvolvimento geral do direito, o qual procedia especialmente dos fundamentos das decisões judiciais de interpretação do *common law*. Os próprios

---

24. ZAGREBELSKY, Gustavo. *Il diritto mite – Legge, diritti, giustizia*, p. 37. V., também, FIORAVANTI, Maurizio. *Constituición:* de la antiguedad a nuestros dias; MÖLLER, Max. *Teoria geral do neoconstitucionalismo*, p. 148 e ss.

25. Segundo Louis Favoreu, nas últimas décadas o Conselho Constitucional francês goza de grande prestígio perante a sociedade francesa: "A França é dotada, há mais de trinta anos, de um sistema de justiça constitucional como nunca teve ao longo de sua história, principalmente após 1789. Este sistema, que é um dos elementos mais originais e mais importantes de sua organização política e constitucional, é também um dos mais apreciados pela opinião pública, como revelou uma sondagem feita por ocasião do vigésimo quinto aniversário da Constituição, em setembro de 1983" (FAVOREU, Louis. *As cortes constitucionais*, p. 92).

26. Cf. STONE, Alec. *The birth of judicial politics in France:* the constitutional council in comparative perspective; TROPER, M.; JAUME, L. (Org.). *1789 et l'invention de la constitution*, 1998.

27. "On the basis of the constitutional settlement of 1688 legislative power was vested not an autocratic ruler but in an elected body which meant that the law-making process remained subject to the control of the different groups and interests represented in Parliament. Moreover, statutory enactments played a minor part in the general development of the law which proceeded mainly on the basis of court decisions interpreting the *common law*. In any case, the statutes adopted by Parliament had to be enforced by the courts which, although acknowledging their duty to defer to the will of the legislature, would construe the statutory rules in accordance with the rights and liberties protected by the established principles of the *common law* unless Parliament explicitly stated that it wished to derogate from those liberties)" (GROTE, Rainer. Rule of law, état de droit and Rechsstaat – The origins of the different national traditions and the prospects for their convergence in the light of recent constitutional developments, p. 3).

direitos afirmados pelo parlamento tiveram de ser reforçados pelas Cortes, que, mesmo reconhecendo o seu dever de acatar a vontade do legislador, interpretaram as regras positivadas de acordo com os direitos e liberdades tutelados pelos princípios do *common law*.

Portanto, é indiscutível que o Judiciário, sob a luz do princípio da *supremacy of the English parliament*, não se transformou em órgão sujeito à vontade do legislador, à semelhança do que ocorreu na França, com a afirmação do princípio da supremacia da lei. Sendo assim, é contestável a relação de contrariedade que Cappelletti pretendeu estabelecer entre o princípio da *supremacy of the English parliament* e o princípio da *supremacy of the Judiciary* estadunidense. Tal contrariedade só teria sentido, conforme explicado, se o princípio da *supremacy of the English parliament* tivesse o significado de submeter o juiz à lei.

Na verdade, como tal princípio tem conteúdo oposto, pois permite o controle da legitimidade dos atos do parlamento a partir do *common law*, é possível aceitar, na tese de Cappelletti, apenas a porção que estabelece ligação entre o controle da legitimidade dos atos da colônia a partir do direito inglês – e não apenas a partir dos atos do parlamento inglês – com o controle da constitucionalidade das leis.

Portanto, não parece exato que o precedente imediato do *judicial review* seja o princípio da supremacia do parlamento inglês, nem mesmo que este princípio tenha inspirado o controle da constitucionalidade das leis nos Estados Unidos. Tal inspiração brotou em outro lugar, exatamente na submissão dos atos do parlamento a um direito maior, o *common law*.

8.1.6 O *judicial review* diante do princípio da separação dos poderes

As Revoluções francesa e americana têm em suas raízes a separação dos poderes, elaborada por Montesquieu.[28] No entanto, o papel dos juízes, nos Estados Unidos e na França, seguiu rumos tão distintos que os "pais da Revolução Francesa", entre eles Robespierre e Le Chapelier, afirmaram que apenas a lei escrita seria válida e que o *judge-made law* era a mais detestável das instituições, devendo ser destruído.[29]

Assim, se a separação dos poderes está na base de ambas as revoluções, é certo que, diante das duas realidades, apresentou configurações diversas. A história do direito e da magistratura franceses é imprescindível para a compreensão da questão.

Os membros do Judiciário francês, antes da Revolução, constituíam classe aristocrática não apenas sem qualquer compromisso com os valores da igualdade, da fraternidade e da liberdade, mas possuíam laços visíveis e espúrios com outras classes privilegiadas, especialmente com a aristocracia feudal, em cujo nome atuavam sob as togas. Nessa época, os cargos judiciais eram comprados e herdados, o que fazia supor que o cargo de magistrado deveria ser usufruído como uma propriedade particular, capaz de render frutos pessoais.[30]

---

28. Montesquieu, Barão de (Charles-Louis de Secondat). *Do espírito das leis*.
29. Cf. Wachtler, Sol. Judicial lawmaking. *New York University Law Review* 65/1-22, 1990.
30. Lembre-se que Montesquieu, ao elaborar a tese de que não poderia haver liberdade caso o "poder de julgar" não estivesse separado dos poderes legislativo e executivo, partiu da sua própria experiência pessoal, pois conhecia muito bem os juízes da sua época. Montesquieu nasceu Charles-Louis de Secondat em uma família de magistrados, tendo herdado do seu tio não apenas o cargo de *Président à mortier* no *Parlement* de Bordeaux, como o nome "Montesquieu". O jovem Montesquieu, sem se deixar seduzir pelas facilidades da sua posição social, renunciou ao cargo de magistrado e teve a coragem de denunciar as relações espúrias dos juízes com o poder, idealizando a teoria da separação dos poderes (v. Cappelletti, Mauro. Repudiando

Os juízes pré-revolucionários se negavam a aplicar a legislação que era contrária aos interesses dos seus protegidos e interpretavam as novas leis de modo a manter o *status quo* e a não permitir que as intenções progressistas dos seus elaboradores fossem atingidas. Não havia qualquer isenção para "julgar".

A preocupação em desenvolver um novo direito[31] e permitir o desabrochar de uma nova sociedade exigiu a admissão dos argumentos de Montesquieu,[32] aceitando-se a necessidade de separação dos poderes e impondo-se, sobretudo, uma clara distinção entre as funções do Legislativo e do Judiciário.[33] Tornou-se imprescindível limitar a atividade do Judiciário, subordinando-o de forma rígida ao parlamento, cujos habitantes deveriam representar os anseios do povo.[34]

De acordo com Montesquieu, o "poder de julgar" deveria ser exercido por meio de uma atividade puramente intelectual, cognitiva, não produtiva de "direitos novos". Essa atividade não seria limitada apenas pela legislação, mas também pela atividade executiva, que teria o poder de executar as decisões que constituem o "poder de julgar". Nesse sentido, o poder dos juízes ficaria limitado a afirmar o que já havia sido dito pelo Legislativo, devendo o julgamento ser apenas "um texto exato da lei".[35] Por isso, Montesquieu acabou concluindo que o "poder de julgar" era, de qualquer modo, um "poder nulo" (*em quelque façon, nulle*).[36] Assim, conferiu-se o poder de criar o direito apenas ao Legislativo. A prestação judicial deveria se restringir à mera declaração da lei, deixando-se ao Executivo a tarefa de executar as decisões judiciais.[37]

Montesquieu? A expansão e a legitimidade da justiça constitucional. *Revista da Faculdade de Direito da UFRGS* 20/269).

31. Na Revolução inglesa de 1688, não houve desejo de "apagar" o direito antigo, mas apenas intenção de confirmar e fazer valer o direito já existente contra um rei que não o respeitava – v. ARGÜELLES, Juan Ramón de Páramo; ROIG, Francisco Javier Ansuátegui. Los derechos en la revolución inglesa. *Historia de los derechos fundamentales – Transito a la modernidad:* siglos XVI y XVII, p. 787.

32. *De l'esprit des lois* (Do espírito das leis), publicado pela primeira vez em 1748.

33. Montesquieu, ao escrever sobre a separação dos poderes, disse o seguinte: "Não haverá também liberdade se o poder de julgar não estiver separado do poder legislativo e do poder executivo. Se estivesse ligado ao poder legislativo, o poder sobre a vida e a liberdade dos cidadãos seria arbitrário, pois o juiz seria legislador. Se estivesse ligado ao poder executivo, o juiz poderia ter a força de um opressor" (MONTESQUIEU, Barão de (Charles-Louis de Secondat). *Do espírito das leis*, p. 157).

34. V. GROTE, Rainer. Rule of law, état de droit and Rechsstaat – The origins of the different national traditions and the prospects for their convergence in the light of recent constitutional developments, p. 4.

35. Para Montesquieu, o julgamento não poderia ser "mais do que um texto exato da lei"; o juiz deveria ser apenas a *bouche de la loi*, ou seja, um juiz passivo e sem qualquer poder criativo ou de *imperium* (*Do espírito das leis*, p. 158). V., também, TARELLO, Giovanni. *Storia dela cultura giuridica moderna (assolutismo e codificazione del diritto)*, p. 280.

36. Afirmou Montesquieu: "Poderia acontecer que a lei, que é ao mesmo tempo clarividente e cega, fosse em certos casos muito rigorosa. Porém, os juízes de uma nação não são, como dissemos, *mais que a boca que pronuncia as sentenças da lei*, seres inanimados que não podem moderar nem sua força nem seu rigor" (*Do espírito das leis*, p. 160). V. TARELLO, Giovanni. *Storia dela cultura giuridica moderna. (assolutismo e codificazione del diritto)*, p. 192.

37. Para explicar como funciona uma constituição na qual o poder controla o poder, Montesquieu deve indicar os poderes; deve estabelecer quais e quantos são os poderes que, em uma constituição voltada a garantir a liberdade do cidadão, são predispostos de modo a propiciar um mútuo controle. Neste momento, ele enuncia uma tese extremamente importante na história das doutrinas jurídicas: os poderes não são diversos nos diferentes Estados, mas são sempre e somente três. São eles: o Poder Legislativo, o Poder Executivo das coisas que dependem do direito das gentes e o Poder Executivo das coisas que dependem do direito civil. O

Para que se pudesse limitar o poder do juiz à declaração da lei, a legislação deveria ser clara e capaz de dar regulação a todas as situações conflitivas. Os Códigos deveriam ser claros, coerentes e completos.[38] O medo do arbítrio judicial, derivado da experiência do *Ancien Régime*, não apenas exigia a separação entre o poder de criar o direito e o poder de julgar, como também orientava a arquitetura legislativa desejada. Além disso, o racionalismo exacerbado, típico da época, fazia acreditar que a tarefa judicial poderia ser a de apenas identificar a norma aplicável para a solução do litígio.[39]

É preciso atentar para a diferença entre a história do poder judicial no *common law* e a história do direito continental europeu, em particular dos fundamentos do direito francês pós-revolucionário. Na Inglaterra, ao contrário do que ocorreu na França, os juízes corporificaram uma força progressista preocupada em proteger o indivíduo e em pôr freios no abuso do governo, como ainda desempenharam papel importante para a centralização do poder e para a superação do feudalismo. Naquele país, a unificação do poder se deu de forma razoavelmente rápida, com a eliminação da jurisdição feudal e de outras jurisdições paralelas. E os juízes colaboraram para esta unificação, afirmando o direito de ancestral tradição na nação, sem qualquer necessidade de rejeição à tradição jurídica do passado.

---

poder "executivo das coisas que dependem do direito civil" também é chamado de "poder de julgar"; é neste momento, aliás, que a expressão "poder de julgar", ou "poder judiciário", incorpora-se ao vocabulário jurídico-político. O "poder de julgar" é exercido através de uma atividade puramente intelectual, e não produtiva de "direitos novos". *Esta atividade não é apenas limitada pela legislação, mas também pela atividade executiva que, objetivando a segurança pública, abarca igualmente a atividade de execução material das decisões que constituem o conteúdo do "poder de julgar"* – cf. TARELLO, Giovanni. *Storia dela cultura giuridica moderna (assolutismo e codificazione del diritto)*, p. 287-291.

38. "O paradigma liberal do direito expressou, até as primeiras décadas do século XX, um consenso de fundo muito difundido entre os especialistas em direito, preparando, assim, um contexto de máximas de interpretação *não questionadas* para a aplicação do direito. Essa circunstância explica por que muitos pensavam que o direito podia ser aplicado a seu tempo, sem o recurso a princípios necessitados de interpretação ou a 'conceitos-chave' duvidosos" (HABERMAS, Jürgen. *Direito e democracia*, p. 313). "Com base em tais premissas, a ciência do direito podia afirmar que as disposições legislativas nada mais eram do que partículas constitutivas de um edifício jurídico coerente e que, portanto, o intérprete podia retirar delas, indutivamente ou mediante uma operação intelectiva, as estruturas que o sustentavam, isto é, os seus princípios. Esse é o fundamento da interpretação sistemática e da analogia, dos métodos de interpretação que, na presença de uma lacuna – isto é, da falta de uma disposição expressa para resolver uma controvérsia jurídica –, permitiam individualizar a norma precisa em coerência com o sistema. Portanto, a sistematicidade acompanhava a plenitude do direito" (ZAGREBELSKY, Gustavo. *Il diritto mite – Legge, diritti, giustizia*, p. 43). "Na idade liberal – a idade que se encerra em 1914 entre os esplendores da grande guerra –, o sistema normativo gravita completamente em torno ao Código Civil. O Código Civil de 1865 contém os princípios gerais, *que orientam a regulação das particulares instituições ou matérias e que, em última instância, servem para colmatar as lacunas do ordenamento*" (IRTI, Natalino. Leyes especiales (del mono-sistema al poli-sistema). *La edad de la descodificación*, p. 93).

39. "Na concepção revolucionária francesa, a desconfiança em relação à liberdade dos juízes, que no Antigo Regime haviam conseguido afirmar seu poder autônomo frente ao monarca, e a decidida vontade de assegurar a supremacia da lei (...) levam a conceber a função judicial como de pura aplicação da lei sem elemento algum de liberdade de decisão (...). Segundo a lei francesa de 1790, quando os juízes considerassem necessária a interpretação da lei por duvidar do seu sentido deviam dirigir-se ao corpo legislativo, para que este resolvesse a dificuldade (sistema do *refere legislatif*). (...) Todo o sistema revela um 'horror à jurisprudencia' que é bem manifesto nestas palavras de Robespierre: *"O termo jurisprudência deve ser apagado da nossa língua. Num Estado que possui uma Constituição, uma legislação, a jurisprudência dos Tribunais não é outra coisa que a lei"* (OTTO, Ignácio de. *Estudios sobre el poder judicial*, p. 42. Cf., também, WACHTLER, Sol. Judicial lawmaking. *New York University Law Review*, p. 1-22).

A Revolução Francesa, porém, procurou criar um direito que fosse capaz de eliminar o passado e as tradições até então herdadas de outros povos, mediante não só o esquecimento do direito francês até então vigente, como também a negação da autoridade do *ius commune*.[40] O direito comum havia de ser substituído pelo direito nacional. Tal direito, ao contrário do inglês, tinha de ser claro e completo, para não permitir qualquer interferência judicial no desenvolvimento do direito e do poder governamental. Não havia como confiar nos juízes, que sem qualquer pudor estiveram ao lado dos senhores feudais e em forte oposição à centralização do poder.

De modo que o direito francês, além de rejeitar o direito comum do *civil law* e de procurar instituir um direito nacional novo, teve a necessidade de legitimá-lo mediante a subordinação do poder do juiz ao poder do parlamento. O direito contaria com um grave e insuportável déficit democrático caso fosse interpretado pelos magistrados. Ou melhor, havia bom motivo para não dar aos juízes o poder de interpretar as normas traçadas pelos representantes do povo.

A Revolução Francesa imaginou que, com uma legislação clara e completa, seria possível ao juiz simplesmente aplicar a lei, e, dessa maneira, solucionar os casos litigiosos sem a necessidade de estender ou limitar o seu alcance e sem nunca se deparar com a sua ausência ou mesmo com conflito entre as normas. Na excepcionalidade de conflito, obscuridade ou falta de lei, o magistrado obrigatoriamente deveria apresentar a questão ao Legislativo para a realização da "interpretação autorizada".

A Lei Revolucionária de agosto de 1790 não só afirmou que "os tribunais judiciários não tomarão parte, direta ou indiretamente, no exercício do poder legislativo, nem impedirão ou suspenderão a execução das decisões do poder legislativo" (Título II, art. 10), mas também que os tribunais "reportar-se-ão ao corpo legislativo sempre que assim considerarem necessário, a fim de interpretar ou editar uma nova lei" (Título II, art. 12).[41] Afirmou-se que o juiz, ao não poder identificar a norma aplicável à solução do caso, deveria recorrer ao Legislativo.

---

40. Veja-se, nesse sentido, que a teoria do direito, sob a égide do *Code Napoleon*, era ensinada nos moldes da Escola da Exegese, cujas principais teses "afirmavam que o estatuto e o direito eram idênticos, e as outras fontes de direito – costume, erudição, jurisprudência, direito natural – tinham apenas importância secundária. Para compreender o significado exato dos códigos, era necessário partir do texto, apenas do texto, e não de suas fontes. A erudição e a jurisprudência tiveram, portanto, de resistir e retroceder em direção a um estágio anterior aos códigos, pois isso conduziria inexoravelmente à incerteza. O legislador escolheria entre diferentes possibilidades antigas e modernas e, se sua escolha não fosse seguida, o direito afundaria na diversidade e na incerteza das velhas fontes e, desse modo, nos mesmo erros pelos quais o antigo direito fora criticado. Essa abordagem, muito bem descrita como um 'fetichismo do estatuto escrito', também eliminava qualquer recurso ao direito natural ou aos 'princípios gerais do direito'. Demolombe afirmava que o 'direito claro' não requeria comentário e que a lei 'devia ser aplicada mesmo quando não parecesse conformar-se aos princípios gerais do direito ou da equidade'" (Van Caenegem, R. C. *Uma introdução histórica ao direito privado*, p. 211-212).

41. "Os tribunais judiciários não tomarão parte, direta ou indiretamente, no exercício do poder legislativo, nem impedirão ou suspenderão a execução das decisões do poder legislativo" (Título II, art. 10); "reportar-se-ão ao corpo legislativo sempre que assim considerarem necessário, a fim de interpretar ou editar uma nova lei" (Título II, art. 12); "as funções judiciárias são distintas e sempre permanecerão separadas das funções administrativas. Sob pena de perda de seus cargos, os juízes de nenhuma maneira interferirão com a administração pública, nem convocarão os administradores à prestação de contas com respeito ao exercício de suas funções" (Título II, art. 12) (Lei Revolucionária de agosto de 1790) (v. Cappelletti, Mauro. Repudiando Montesquieu? A expansão e a legitimidade da justiça constitucional, p. 272).

Supunha-se, é claro, que estas situações seriam raras, e que – depois de um tempo de consultas ao Legislativo – tenderiam a desaparecer. De qualquer forma, pouca coisa pode expressar de forma tão marcante a pretensão revolucionária de limitar o poder judicial.

Algo similar aconteceu no direito prussiano. O célebre Código Prussiano (*Allgemeines Landrechtfür die Preußischen Staaten*), elaborado por Federico II, o Grande, em 1793, continha mais de 17.000 artigos, revelando o intento de regular todas as situações fáticas, por mais específicas que fossem. Do mesmo modo que o Código Napoleão – que tinha 2.281 artigos –, o objetivo de Federico foi o de fazer um direito à prova de juízes.[42] O primeiro rei da Prússia não se deu por contente com os 17.000 artigos do seu Código, tendo também proibido os juízes de interpretá-los, e, na mesma senda da Lei Revolucionária Francesa de 1790, criou uma comissão legislativa a quem os juízes tinham o dever de recorrer em casos de dúvida sobre a aplicação de uma norma. O juiz que caísse na tentação de interpretar o Código incidiria na "grande ira" de Federico e sofreria severo castigo.[43]

Ainda mais interessante é a história da Corte de Cassação francesa. Este tribunal também foi instituído em 1790, com o nítido objetivo de limitar o poder judicial mediante a cassação das decisões que destoassem do direito criado pelo parlamento.[44] É possível dizer que a *Cassation* foi instituída como uma válvula de escape contra a aplicação incorreta da lei e a não apresentação do caso à interpretação autorizada do Legislativo. Porém, talvez já se vislumbrasse a dificuldade prática em se exigir dos juízes a exposição das suas dúvidas ao Legislativo, bem como o trabalho excessivo e praticamente inviável que seria submetido aos legisladores caso todas as dificuldades interpretativas lhes fossem anunciadas.[45]

Embora chamado de Corte, esse órgão não fazia parte do Poder Judiciário, constituindo instituição destinada a proteger a supremacia da lei. Esta primeira natureza – não jurisdicional – da Cassação era compatível com a sua função de apenas cassar ou anular as decisões judiciais que dessem sentido indesejado à lei. Sem obrigar o juiz a requerer a devida interpretação, impedia-se que as decisões que não se limitassem a aplicar a lei tivessem efeitos. Em vez de se utilizar o instrumento da "consulta interpretativa autorizada", preferia-se algo mais factível, isto é, cassar a interpretação equivocada.

Frise-se que a *Cour de Cassation* foi instituída unicamente para cassar a interpretação incorreta, e não para estabelecer a interpretação correta ou para decidir em substituição à decisão prolatada pelo juiz ordinário. Lembre-se que ela não era sequer considerada um órgão jurisdicional e, por isso mesmo, não podia decidir. Dessa forma, a *Cassation* não se sobrepunha ao órgão judicial ordinário por ter o poder de proferir a última decisão, mas sim por ter o poder para afirmar como a lei não deveria ser interpretada.

---

42. MERRYMAN, John Henry; PÉREZ-PERDOMO, Rogelio. *The civil law tradition:* an introduction to the legal systems of Europe and Latin America, p. 39.

43. Idem, ibidem. V., ainda: MITIDIERO, Daniel. *Colaboração no processo civil – Pressupostos sociais, lógicos e éticos*, p. 70-71; TARELLO, Giovanni. *Storia dela cultura giuridica moderna (assolutismo e codificazione del diritto)*, p. 488; DAMASKA, Mirjan. *The faces of justice and state authority*, p. 63. A respeito do direito processual civil prussiano desta época, v. ENGELMANN, Arthur. Modern continental procedure. *A history of continental civil procedure*, p. 590 e ss.

44. V. CALAMANDREI, Piero. *La cassazionecivile – I. Storia e legislazione*, p. 426 e ss.; TARUFFO, Michele. *Il vertice ambiguo – Saggi sulla cassazione civile*, p. 29 e ss.

45. MERRYMAN, John Henry; PÉREZ-PERDOMO, Rogelio. *The civil law tradition:* an introduction to the legal systems of Europe and Latin America, p. 39 e ss.

Assim, controlar a legitimidade da lei seria um absurdo para um juiz despido de legitimidade e visto como inimigo do poder investido no parlamento e corporificado na lei. Porém, como explica John Henry Merrymann, nos Estados Unidos e na Inglaterra existia um diferente tipo de tradição judicial, na qual os juízes muitas vezes constituíram uma força progressiva, ao lado do indivíduo, contra o abuso do poder pelo governante e tiveram importante papel na centralização do poder governamental e na destruição do feudalismo. O medo do *lawmaking* judicial e da interferência judicial na administração não existia. O poder dos juízes de dar forma ao desenvolvimento do *common law* era uma instituição familiar e bem-vinda. O Judiciário americano, ao contrário do francês, não foi um alvo revolucionário.[46]

Os juízes americanos, assim, não sofreram as limitações do princípio da separação dos poderes como os juízes franceses.[47] É que os magistrados americanos, além de contarem com a confiança do povo, não estavam submetidos às pressões de um poder investido no parlamento e que tinha unicamente na lei o instrumento de construção do novo regime.[48]

---

46. "In the United States and England, on the contrary, there was a different kind of judicial tradition, one in which judges had often been a progressive force on the side of the individual against the abuse of power by the ruler, and had played an important part in the centralization of governmental power and the destruction of feudalism. The fear of judicial lawmaking and of judicial interference in administration did not exist. On the contrary, the power of the judges to shape the development of the *common law* was a familiar and welcome institution. It was accepted that the courts had the powers of *mandamus* (to compel officials to perform their legal duty) and *quo warrant* (to question the legality of an act performed by a public official). The judiciary was not a target of the American Revolution in the way that it was in France" (MERRYMAN, John Henry; PÉREZ-PERDOMO, Rogelio. *The civil law tradition:* an introduction to the legal systems of Europe and Latin America, p. 17).

47. Porém, mesmo no sistema do *common law* estadunidense, adverte-se para o caráter contramajoritário do controle de constitucionalidade. Alexander Bickel, ao delinear a formulação clássica do problema da jurisdição no constitucionalismo estadunidense, alerta para o ponto: "Quando a Suprema Corte declara inconstitucional um ato legislativo, ou a ação de um representante do Executivo eleito, ela frustra a vontade dos representantes do povo real do aqui e agora; ela exercita controle, não em nome da maioria prevalecente, mas contra ela. Isso, sem implicações místicas, é o que realmente acontece. (...) é a razão pela qual é possível a acusação de que o controle judicial de constitucionalidade não é democrático". No original: "The root difficulty is that judicial review is a counter-majoritarian force in our system. (...) When the Supreme Court declares unconstitutional a legislative act or the action of an elected executive, it thwarts the will of representatives of the actual people of the here and now; it exercises control, not in behalf of the prevailing majority, but against it. That, without mystic overtones, is what actually happens. (...) it is the reason the charge can be made that judicial review is undemocratic" (BICKEL, Alexander. *The least dangerous branch*, p. 16-17).

48. Autores como Dworkin, como adverte Noveck, entendem que o modelo do *judicial review* colaborou para o desenvolvimento do Estado americano (e da própria sociedade americana). "Ronald Dworkin argues that judicial review makes for good government because it can lead to some measure of better or 'more just' results. In particular, Dworkin asserts that '[t]he United States is a more just society [because it has a judicially enforced constitution] than it would have been had its constitutional rights been left to the conscience of majoritarian institutions'" (NOVECK, Scott M. Is judicial review compatible with democracy? *Cardozo Public Law, Policy & Ethics Journal* 6/402, 2008). Andrei Marmor afirma que o *judicial review* não é um pressuposto necessário nas Constituições escritas: "A written constitution typically enables a higher court, like the supreme court or a special constitutional court, to interpret the constitutional document and impose its interpretation on all other branches of government, including the legislature. I am not claiming that this power of judicial review is a necessary feature of legal systems with a written constitution. Far from it. As a matter of historical development, however, with which we need not be concerned here, it has become the reality that in legal systems with written constitutions some higher court has the power of judicial review" (MARMOR, Andrei. Constitutional interpretation. *USC Law and Public Policy Research Paper*, n. 04, p. 2, 2004).

8.1.7 A matriz jusnaturalista da Constituição e os poderes constituinte e constituído

Se a ideia de separação dos poderes, nos moldes em que recebida pelo direito francês, é avessa ao desenvolvimento do controle judicial da legitimidade das leis, ainda resta saber como tal princípio se conciliou com o *judicial review*.

Deixe-se claro, antes de mais, que da Constituição de 1787 não decorria, diretamente, a ideia de *judicial review of legislation*. Frise-se que o princípio da separação de poderes também esteve à base da Revolução americana, desencorajando contaminações recíprocas e previsões de controle de um poder sobre o outro.

Porém, os intelectuais da Revolução americana eram conscientes de elementos teóricos que fizeram a diferença. Afirmou-se, por detrás do movimento da independência estadunidense, a matriz jusnaturalista da Constituição.[49] Tinha-se esta noção muito presente. A Constituição foi vista como Lei Fundamental, como Carta que contém os direitos fundamentais para o desenvolvimento do homem e, por consequência, proíbe a sua negação e violação pelo poder estatal, inclusive pelo Legislativo.[50]

Além disso, não se considerou apenas a relação entre os "Três Poderes do Estado", os quais foram tomados como poder constituído em oposição ao poder constituinte, ou seja, ao poder capaz de dar vida a uma Constituição. Daí retirou-se, em suma, a conclusão de que o Legislativo não pode modificar a Constituição, ao menos mediante lei ordinária.[51]

Assim, não obstante a separação de poderes, os constituintes norte-americanos temiam o arbítrio do legislador.[52] De modo que, embora não tenham expressamente previsto o

---

49. A "declaração de independência", adotada pelo Congresso Continental em 4 de julho de 1776, já no primeiro parágrafo refere-se às "Leis da Natureza" como fundamento para o ato de separação política entre as colônias norte-americanas e a Inglaterra. E, a seguir, considera "verdades autoevidentes" o fato de que "todos os homens são criados em igualdade, que eles possuem certos direitos inalienáveis atribuídos pelo Criador, que entre esses direitos encontram-se a vida, a liberdade e a busca da felicidade. Que, para assegurar esses direitos, governos são instituídos entre os homens, e derivam seus poderes do consenso entre os governados. Que sempre que alguma forma de governo torne-se destrutiva desses direitos, é Direito do Povo alterar ou abolir o governo, e instituir um novo governo" – texto completo no arquivo da Livraria do Congresso. Disponível em: http://www.loc.gov/rr/program/bib/ourdocs/DeclarInd.html; acesso em: 20.09.2011). É explícita a aceitação de princípios jusnaturalistas, especificamente na formulação de John Locke: "Quando uma pessoa ou várias tomarem para si a elaboração de leis, pessoas as quais o povo não autorizou para assim o fazerem, então tais pessoas elaboram leis sem autoridade, as quais o povo, em consequência, não está obrigado a obedecer; em tais condições, o povo ficará novamente desobrigado de sujeição, e poderá constituir novo legislativo conforme julgar melhor, estando em inteira liberdade para resistir à força aos que, sem autoridade, quiserem impor-lhe qualquer coisa" (LOCKE, John. *Second treatise of government*, p. 80). Para a relação entre os revolucionários norte-americanos e a teoria jusnaturalista, v. ARENDT, Hannah. *Sobre a revolução*; VIEIRA, Oscar Vilhena. *A Constituição e sua reserva de justiça – Um ensaio sobre os limites materiais ao poder de reforma*.

50. V. BRITO, Miguel Nogueira de. *A Constituição constituinte*.

51. HAMILTON, no "Federalista n. 78": é dever da Suprema Corte "declarar nulos todos os atos manifestamente contrários aos termos da Constituição (...). Todo ato de uma autoridade delegada contrário aos termos da comissão é nulo. Esse princípio é indubitável; e, portanto, todo o ato do corpo legislativo, contrário à Constituição, não pode ter validade.

52. "A questão do estabelecimento de um governo limitado era essencial entre os fundadores da república norte-americana – é desnecessário sublinhar o papel de Montesquieu sobre pessoas como James Madison" (PASQUINO, Pasquale. Constitutional adjudication and democracy: comparative perspectives: USA, France, Italy. *Ratio Juris*, vol. 11, n. 1, mar. 1998 (38-50), p. 42).

judicial review of legislation, provavelmente apostaram na potencialidade lógica do texto da Constituição para fazer brotar, no âmbito doutrinário e jurisprudencial, o poder judicial de revisão da constitucionalidade das leis.[53]

8.1.8 O caso *Marbury* v. *Madison*.[54] A doutrina *Marshall*

A Suprema Corte nasceu como órgão judiciário de última instância.[55] O passar do tempo, na verdade uma evolução secular, é que lhe permitiu concentrar, quase que exclusivamente, em questões constitucionais.[56]

Foram necessários poucos anos para que a Suprema Corte desse o primeiro passo, fundamental para a instituição de um modelo de justiça constitucional que se tornou célebre e influenciou vários sistemas no mundo.[57] Isso ocorreu em 1803, quando a Suprema Corte, presidida pelo Juiz John Marshall, deparou-se com o famoso caso *Marbury v. Madison*, no qual se apreciou questão em que determinada lei foi contraposta à Constituição.[58] Neste contexto, foi desenvolvido raciocínio que deu origem à tese – que passou a ser conhecida como Doutrina Marshall – de que todo juiz tem poder e dever de negar validade a lei que, mostrando-se indispensável para a solução do litígio, afrontar a Constituição.[59]

Em 1800, no cenário político do governo americano, os federalistas perderam poder por várias razões e os republicanos ganharam as eleições. Ao final de 1800, o Presidente John Adams estava em vias de ser substituído por Thomas Jefferson e os federalistas queriam conservar uma parcela do seu poder político. No início de 1801, o Congresso americano, cuja maioria era federalista, aprovou lei autorizando a nomeação de 42 juízes de paz para os Distritos de Columbia e Alexandria. No dia 3 de março de 1801 – um dia antes da posse de Jeferson –, o Senado confirmou os 42 nomes – todos eles federalistas –, e, no último dia de seu governo, Adams assinou os atos de investidura, que ficaram de ser entregues aos novos juízes pelo Secretário de Estado John Marshall, relevante figura do partido federalista.

---

53. MALFATTI, Elena; PANIZZA, Saulle; ROMBOLI, Roberto. *Giustizia costituzionale*, p. 2 e ss.
54. *"Marbury v. Madison* foi um caso decisivo – o caso decisivo – que moldou a evolução do direito constitucional norte-americano e lançou as bases para o controle judicial da legislação e também da ação executiva" (MACCORMICK, Neil. *Retórica e o estado de direito*, p. 145).
55. Muitos autores aludem à escassa estrutura da Suprema Corte em seus anos iniciais – que não possuía sequer prédio próprio – como prova de sua relativa irrelevância institucional – cf. GERBER, Scot. Introdução. In: _____ (Org.). *Seriatim:* the Supreme Court before John Marshall, p. 3.
56. "*Marbury* holds that it is 'emphatically the province and duty of the judicial department to say what the law is'. The Court does not permit the executive to interpret ambiguous constitutional provisions as it sees fit. If it did so, the holding of *Marbury* itself would be in jeopardy, along with most of the cornerstones of modern constitutional law, including the prohibitions on racial segregation and sex discrimination, and the protection of a great deal of speech, including truthful commercial advertising, sexual explicit speech, and speech that would count as libelous at common law" (SUNSTEIN, Cass R. Beyond Marbury: the executive's power to say what the law is, *Olin Working Paper*, n. 268, p. 4).
57. "Since the time of *Marbury v. Madison*, our legal culture has managed to provide Americans with a common reference point even as they waged an unceasing effort to transform the constitutional baseline for succeeding generations" (ACKERMAN, Bruce. The living constitution. *Harvard Law Review* 120/1756, 2007).
58. V. GERBER, Scot. Introdução, p. 1.
59. Cf. NOWAK, John E.; ROTUNDA, Ronald D. *Principles of constitutional law*, p. 1 e ss.; STONE, G.; SEIDMAN, L.; SUNSTEIN, C.; TUSHNET, M.; KARLAN, P. *Constitutional law*, p. 29 e ss.; TRIBE, Lawrence. *American constitutional law*, vol. 1, p. 24 e ss.; BARROSO, Luís Roberto. *O controle de constitucionalidade no direito brasileiro*, p. 3-11.

Neste momento, Marshall já tinha sido indicado por Adams para Presidente da Suprema Corte e prestado compromisso em 4 de fevereiro de 1801, embora tenha permanecido como Secretário de Estado, por solicitação do Presidente Adams, até o fim do seu mandato.[60]

Marshall não teve tempo para entregar os atos de investidura a todos os juízes de paz. Entre eles estava William Marbury. Porém, James Madison, Secretário de Estado do recém--empossado Thomas Jefferson, negou-se a entregar os atos de investidura àqueles que foram excluídos pela falta de tempo. Foi por isso que Marbury, ao final de 1801, propôs ação originária perante a Suprema Corte, requerendo ordem de *mandamus* para compelir Madison a lhe entregar o ato de investidura. A ação foi proposta com base no § 13 do *Judiciary Act* de 1789, uma das primeiras leis que o Congresso, recém-criado pela nova Constituição, havia editado.[61]

O caso só veio a ser julgado pela Suprema Corte em 1803. Marshall entendeu que Marbury tinha direito à investidura no cargo. Baseado no ato do Congresso que autorizou a nomeação dos juízes de paz para o Distrito de Columbia, afirmou que a investidura constituía um "vested legal right", aproveitando, assim, para criticar a nova administração do Presidente Jefferson. Na sequência consignou que, diante do direito de Marbury, necessariamente deveria haver um instrumento processual para tutelá-lo. Raciocinou nos termos de que todo direito deve ter à sua disposição um instrumento processual para protegê-lo. Desde logo advertiu que isto só não aconteceria se a questão a ser decidida tivesse natureza política ou fosse daquelas deixadas à discricionariedade do Executivo. Por fim, passou a tratar da questão de se, no caso concreto, o *writ of mandamus* poderia ser utilizado e a Suprema Corte possuía competência para apreciá-lo e concedê-lo. Como o *writ of mandamus* constitui ordem para uma autoridade praticar ação específica, Marshall indagou se ele poderia ser utilizado contra autoridades que fizessem parte do Executivo. Marshall afirmou existirem duas classes de atos do Executivo não sujeitos à revisão judicial: aqueles que, em sua essência, têm natureza política e os que a Constituição ou a lei colocam sob a exclusiva discricionariedade do Executivo. Situação diversa existiria na hipótese em que a Constituição ou a lei lhe impõe determinado dever. Neste caso, afigurando-se legítima a atuação do Judiciário em face de ilegalidade específica, não haveria intromissão no Poder.[62]

Ao analisar o "poder" – a competência – da Suprema Corte para apreciar e conceder o *mandamus*, Marbury viu conflito entre o § 13 do *Judiciary Act* de 1789 e o art. 3.º da Constituição. O § 13 da Lei de 1789 alterou a competência originária da Suprema Corte, atribuindo-lhe poder para apreciar e julgar outras ações originárias, como a proposta por Marbury. Marshall interpretou o art. 3.º da Constituição como norma que fixou e limitou a competência originária da Suprema Corte, concluindo que o Congresso poderia alterar apenas a sua competência recursal. Diante do claro conflito entre o § 13 do *Judiciary Act* de 1789 e o art. 3.º da Constituição, Marshall enfim chega à questão cuja solução outorgaria imprevisível valor ao precedente: o problema passou a ser o de se a lei que conflita com a Constituição é válida e a Suprema Corte possui poder para invalidá-la ou, ao menos, deixar de aplicá-la.[63]

---

60. Cf. NOWAK, John E.; ROTUNDA, Ronald D. *Principles of constitutional law*, p. 1; BARROSO, Luís Roberto. *O controle de constitucionalidade no direito brasileiro*, p. 3; STONE, G. et al. *Constitutional law*, p. 36-37.

61. Cf. NOWAK, John E.; ROTUNDA, Ronald D. *Principles of constitutional law*, p. 2.

62. Idem, p. 2-3.

63. "The opinion concluded that Congress might have the power to alter the appellate jurisdiction of the court,

O raciocínio empregado por Marshall apresenta duas proposições alternativas: ou a Constituição é a lei suprema, incapaz de ser modificada mediante os meios ordinários, e dessa forma a lei que lhe é contrária não é uma lei, ou a Constituição está no mesmo nível das leis ordinárias, e, como estas, pode ser modificada quando desejar o legislador. Observa que, se fosse verdadeira a segunda proposição, as Constituições escritas não passariam de uma absurda tentativa de limitar um poder – o Legislativo – por sua natureza ilimitável. Mas, como a Constituição é a lei fundamental e suprema da nação, a conclusão só pode ser a de que o ato do Legislativo que contraria a Constituição é nulo.[64]

Porém, se a lei que contraria a Constituição é nula, restava saber o que o Judiciário deve fazer diante dela. Ora, como a Constituição constitui a lei fundamental e suprema, e incumbe ao Judiciário interpretar as leis para julgar os casos, cabe-lhe, quando a lei afronta a Constituição, deixar de aplicá-la ao caso concreto. Admitiu-se, assim, que o Judiciário é o intérprete último da Constituição.[65]

Em resumo, o precedente firmado em *Marbury v. Madison* afirmou a superioridade da Constituição, outorgando-lhe caráter de lei que subordina todas as outras. A partir daí, demonstrou que o Judiciário, ao se deparar com lei que contraria a Constituição, deve deixar de aplicá-la, simplesmente pela circunstância de lhe incumbir interpretar as leis e eliminar os conflitos entre elas.[66]

Em *Marbury v. Madison*, a Suprema Corte, pela primeira vez, afirmou o seu poder de controlar a constitucionalidade das leis, consagrando o controle difuso de

---

but Article III intended to fix the original jurisdiction. Thus, there was a clear conflict between the original jurisdiction statute and the Constitution, leading Marshall to the essential question: whether a law that was in conflict with the Constitution is valid and whether the Supreme Court has the power to invalidate or, at least, disregard such a law" (Nowak, John E.; Rotunda, Ronald D. *Principles of constitutional law*, p. 4).

64. "Marshall claimed that the question of whether a federal statute contrary to constitutional provisions could be the law of the land was 'not of an intricacy proportioned to its interest'. Marshall believed that the people of the nation had the right to establish binding, enforceable principles for the governing of society. While the people might have ratified a Constitution that created a government of general powers, they chose instead a constitution that created one of defined and limited powers. There could be, in Marshall's view, no middle ground between these types of government. That left the Court the choice either to declare the Constitution to be the superior and binding law, or to allow the legislature to be an entity of unlimited powers. The fact that the people chose a written constitution with fundamental principles to bind the government in the future was evidence that the Constitution should be the superior and binding law. If the constitution was the superior law, then an act repugnant to it must be invalid" (Nowak, John E.; Rotunda, Ronald D. *Principles of constitutional law*, p. 4).

65. "There remained the question of whether the courts were obliged to follow the act of the legislature despite judges view as to the statute's incompatibility with the Constitution. Marshall's argument for judicial review – the power of the courts to invalidate laws as unconstitutional – is deceptively simple. The essence of the argument is his first point, that 'it is emphatically the province and duty of the judicial department to say what the law is'. Having previously recognized the constitution as being the superior 'law' in the nation, Marshall, with this statement, lays claim to the judiciary's final authority on matters of constitutional interpretation. It is this concept of the Constitution as law, and the judiciary as the institution with the final responsibility to interpret that law that is the cornerstone of judicial review today" (Nowak, John E.; Rotunda, Ronald D. *Principles of constitutional law*, p. 4).

66. "O ponto mais importante fixado neste caso é que a Suprema Corte tem o poder de declarar atos do Congresso inconstitucionais – isto é, que ela tem o poder do *judicial review*. É impressionante, para muitos leitores contemporâneos, que os principais argumentos do *Chief Justice* Marshall residem não no texto da Constituição, mas, ao invés, na sua estrutura e nas consequências que adviriam de uma conclusão que tornasse o *judicial review* inútil" (Stone, G. et al. *Constitutional law*, p. 38).

constitucionalidade. É certo que, muito tempo antes disso, houve mostras da necessidade de controle judicial da legitimidade das leis.[67] Entretanto, é inegável que o precedente devido a Marshall teve o grande mérito de demonstrar a supremacia da Constituição sobre as leis, atribuindo-lhe caráter de rigidez. Com a noção de Constituição rígida desperta o sistema contemporâneo de controle judicial da constitucionalidade das leis, umas das expressões mais importantes do moderno constitucionalismo.[68]

8.1.9 Consideração histórico-crítica acerca do surgimento do sistema americano de controle difuso da constitucionalidade das leis

O surgimento do controle difuso da constitucionalidade das leis, nos Estados Unidos, enseja reflexão especial. A separação de poderes, um dos fundamentos da Constituição americana, não impediu que o Judiciário assumisse o poder de controlar a produção normativa do Legislativo. Ao contrário do que sucedeu na França, tal princípio não foi utilizado para compelir o Judiciário a aplicar a letra da lei, tal como se fosse a *bouche de la loi*.

Várias razões parecem ter concorrido para tanto. O *common law* nunca foi um direito dependente do parlamento. Nunca foi limitado ou mesmo definido pela legislação. O *common law* sempre constituiu a luz guia dos atos do parlamento inglês e, depois, dos atos das colônias. Portanto, os colonizadores já tinham consciência de que os seus atos deviam estar em conformidade com o *common law*, da tradição inglesa. O *judicial review* tem origem na subordinação do direito das colônias ao direito inglês, compreendido, é certo, como *common law*.

Esta origem, muito mais do que demonstrar a semente do controle judicial da legitimidade das leis, tem o mérito de evidenciar a ideia de "supremacia" de uma lei maior, em que se infiltram princípios e direitos fundamentais para uma justa organização social. É como se o *common law* constituísse uma lei suprema e rígida, à qual os atos da colônia deveriam guardar respeito, sob pena de nulidade.

A circunstância de os colonizadores e mentores da independência norte-americana terem vivenciado e experimentado a relação entre o *common law* e os atos da colônia provavelmente não só contribuiu para a aceitação da ideia de que o Legislativo deveria ter limites na Constituição, como facilitou a assimilação de que o Judiciário poderia controlar a constitucionalidade das leis. Aliás, o art. 6º, cláusula 2.ª, da Constituição americana, que esteve na base do raciocínio de Marshall, dispôs que a "Constitution (...) shall be the

---

67. Na verdade, a necessidade de limitar o legislador, mediante o controle judicial, é recorrente na história das civilizações. Na Grécia antiga, os juízes de Atenas não aplicavam um *pséfisma* (decreto) que contrariasse o *nómos* (a Lei, que se aproxima das Constituições modernas). No *ancien régime* francês, os *Parlements* (Cortes de Justiça) afirmaram ter poder de controlar, diante dos Soberanos, as leis que contrariassem as leis fundamentais do reino, dando origem à doutrina da *"hereuse impuissance"* do Rei de violar as leis fundamentais. Ademais, antes do caso *Marbury v. Madison*, a Corte Suprema de New Jersey, no caso Holmes contra Walton, decidido em 1780, e a Corte da Virgínia, no caso *Commonwealth v. Caton*, decidido em 1782, já tinham declarado a ilegitimidade de leis discrepantes das novas Cartas constitucionais dos Estados independentes – cf. CAPPELLETTI, Mauro. *O controle judicial de constitucionalidade das leis no direito comparado*, p. 62-63.

68. CHEMERINSKY, Erwin. *Constitutional law*: principles and policies; DORF, Michael C.; MORRISON, Trevor W. *The Oxford introductions to U.S. law*: constitutional law; ELLIOT, Mark. *The constitutional foundations of judicial review*, 2001.

supreme Law of the Land, and the judges in every State shall be bound thereby". Ora, esta norma deixou claro que os juízes deveriam não aplicar as leis contrárias à Constituição, nos termos do que antes acontecera diante dos atos da colônia violadores do direito inglês.

Lembre-se que, na Revolução inglesa, os legisladores e juízes se voltaram contra o monarca mediante a afirmação e a imposição do *common law*. Na Revolução Francesa, o poder concentrou-se no parlamento, dirigindo-se contra o monarca e também contra os juízes, cuja voz se pretendeu calar. É interessante ter em conta, nesta dimensão, a advertência de Cappelletti no sentido de que a diferente atitude dos ordenamentos estadunidense e francês, no que diz respeito ao controle da constitucionalidade, deriva, também, do diferente comportamento das suas Revoluções na direção dos poderes do Estado. Enquanto a Revolução Francesa de 1789 era dirigida, sobretudo, contra os abusos do Executivo e dos juízes, a guerra da independência americana de 1776 tinha em vista opor-se, *in primis*, ao poder absoluto da autoridade legislativa.[69] Partindo-se dessa premissa, e considerando-se que a decisão proferida em *Marbury v. Madison* dista menos de dez anos da independência americana, é fácil apostar que a aceitação do controle judicial da constitucionalidade das leis é um corolário desta bandeira revolucionária.

Fora isso, a necessidade, inerente ao federalismo, de manter coerente a ordem jurídica também foi fundamental para, antes de tudo, dar-se à Constituição a posição de lei suprema e condutora da unidade do direito vivenciado pelos Estados, e, depois, para dar autoridade a uma "forma" judicial capaz de evitar que o direito pudesse assumir, nos Estados, conteúdos destoantes da Constituição. É interessante notar, nesta dimensão, que o controle judicial da constitucionalidade das leis possui, intrinsecamente, a força unificadora do direito, não havendo racionalidade em ter controle difuso de constitucionalidade e, ao mesmo tempo, tribunais e juízes inferiores que possam desatender a decisões da Corte Suprema. Talvez por isso nunca tenha sido preciso decidir ou teorizar, no ambiente norte-americano, acerca da eficácia vinculante do controle de constitucionalidade exercido pela Suprema Corte. Embora se possa dizer, com toda razão, que o direito americano tem a seu favor a regra do *stare decisis*,[70] o que se sustenta aqui é que, mesmo que a obrigatoriedade de respeito às decisões das Cortes superiores não fosse peculiar ao *common law*, isso não apagaria a imprescindibilidade de a voz do poder incumbido de interpretar a Constituição ser única, já que, em outro caso, os próprios fundamentos do controle judicial da constitucionalidade das leis estariam sendo negados.

---

69. Cf. CAPPELLETTI, Mauro. *Il controllo giudiziario di costituzionalità*, p. 102 e ss. Cf., também, WOOD, Gordon S. *The creation of the American republic*: 1776-1787, p. 456 e ss.

70. De regra, o termo *stare decisis* significa tanto a vinculação, por meio do precedente, em ordem *vertical* (ou seja, como representação da necessidade de uma corte inferior respeitar decisão pretérita de corte superior), como *horizontal* (a corte respeitar decisão anterior proferida no seu interior, ainda que a constituição dos juízes seja alterada). Esta é a posição adotada, entre outros, por Neil Duxbury e Melvin Aron Eisenberg. Em outra senda, há aqueles que optam por distinguir o termo *stare decisis* de *precedent*, como Frederick Schauer, para quem, "tecnicamente, a obrigação de uma corte de seguir decisões prévias da mesma corte é dita como sendo *stare decisis* (...), e o termo mais abrangente *precedente* é usado para se referir tanto à *stare decisis*, quanto à obrigação de uma corte inferior de seguir decisões de uma superior". V. DUXBURY, Neil. *The nature and authority of precedent*, p. 12-13 e 28; EISENBERG, Melvin Aron. *The nature of common law*, p. 48 e ss.; SCHAUER, Frederick. Why precedent in law (and elsewhere) is not totally (or even substantially) about analogy. Disponível em: http://papers.ssrn.com/sol3/papers.cfm?abstract_id=1007001&rec=1&srcabs=1411716. Acesso em: 01.10.2009.

Assim, o direito estadunidense não se inspirou na doutrina da nítida e radical separação de poderes, de marca francesa, mas sim no equilíbrio entre os poderes, mediante recíproco controle entre eles, a identificar a regra dos *checks and balances*.

8.2 A evolução do controle judicial da constitucionalidade das leis na Europa

8.2.1 Primeiras considerações

Seria possível sustentar que o tipo europeu de controle de constitucionalidade, ou seja, o controle exercido por Cortes Constitucionais criadas para tal fim, deve a sua origem à ausência da regra do *stare decisis* nos países da Europa continental.

Mas, bem vistas as coisas, este argumento seria um exagero. É certo que a falta de obrigação de respeitar os precedentes constitucionais, em um país cujo sistema seja o do controle difuso, constitui irracionalidade. Entretanto, não parece que a opção dos países europeus pelo controle concentrado em uma Corte Constitucional realmente derive deste fator – ou fundamentalmente dele.

Na Europa continental do final do século XVIII, o princípio da separação dos poderes foi compreendido como limitação dos poderes do rei e dos juízes em favor do parlamento. Na França, além das contingências históricas que levaram os juízes a serem vistos com desconfiança, teve grande repercussão a obra de Rousseau, que concebeu o parlamento como depositário da soberania nacional, a refletir a vontade geral dos indivíduos nele representados, e, por consequência, como órgão não suscetível a limitações e controle da parte de sujeitos sem legitimidade democrática.[71] Ademais, naquela época não se vislumbrava, com nitidez, a noção de Constituição rígida, e, assim, a ideia de que os atos do parlamento têm a sua legitimidade condicionada ao conteúdo da lei maior, a justificar mecanismos de controle da constitucionalidade das leis.[72]

Mais de um século separa o controle de constitucionalidade do tipo difuso do sistema em que o controle da constitucionalidade foi reservado a uma Corte Constitucional, e o tempo é ainda mais significativo quando se consideram os sistemas europeus mais recentes, como o alemão, o italiano e o espanhol.[73] Essa demora de mais de um século, muito mais do que a falta de *stare decisis*, efetivamente indica o caminho para o encontro da razão pela qual houve opção pelo controle concentrado mediante Corte Constitucional.

A proibição de qualquer interferência do juiz no Poder Legislativo constituiu o fundamento para impedir, por tanto tempo, o controle da constitucionalidade das leis nos países europeus. Não é por acaso, assim, que a idealização do controle concentrado da constitucionalidade, ocorrido na Áustria de 1920, tenha deferido este poder a uma Corte instituída especialmente para este fim, a qual se tornou conhecida como Corte Constitucional. Se a criação de Corte especial pode ter sido uma tentativa velada de dar poder ao Judiciário, é

---

71. FIORAVANTI, Maurizio. *Constituición:* de la antiguedad a nuestros dias, p. 115.

72. Cf. VALDÉS, Roberto Blanco. *El valor de la constitución,* 1998.

73. PASQUINO, Pasquale. Constitutional adjudication and democracy: comparative perspectives: USA, France, Italy, p. 44 e ss.

inegável que, por detrás da teorização do controle concentrado, está presente a noção de que o "juiz comum" não pode desconsiderar a lei, a revelar o princípio da supremacia da lei, em oposição aos princípios da supremacia do Judiciário e dos *checks and balances*, bases do sistema de controle difuso de constitucionalidade.[74]

8.2.2 O sistema austríaco de controle de constitucionalidade

O sistema concentrado de constitucionalidade também é chamado de sistema austríaco. Este sistema, previsto na Constituição da Áustria, de 1920, é devido ao gênio de Hans Kelsen, que elaborou o seu projeto a pedido do governo.[75]

Kelsen, ao menos nesta época, tinha uma concepção formalista da Constituição, vendo-a como norma jurídica que se coloca no vértice do ordenamento, entendido como sistema hierárquico organizado por graus ou, esquematicamente, como uma escala sobre a qual se colocam as diversas fontes do direito.[76] Isso quer dizer que o sistema de Kelsen não foi montado sobre a ideia de Constituição como conjunto de princípios e direitos fundamentais para uma justa organização social nem teve o significado de Constituição rígida, nos moldes estadunidenses.[77]

Kelsen entendeu ser necessário prever, na Constituição, um órgão competente para analisar a compatibilidade da produção legislativa com as normas constitucionais. Assim, a Constituição austríaca, de 1920, criou uma Corte Constitucional (o *Verfassungsgerichtshof*), habilitada a realizar o controle da constitucionalidade das leis.[78]

---

74. "O sistema de controle 'concentrado' de constitucionalidade esta baseado em uma doutrina radicalmente contraposta àquela, acima examinada, sobre que está fundado, ao invés, o sistema 'difuso'. Com efeito, é obvio que no sistema concentrado não vale mais o clássico raciocínio de Hamilton e de Marshall, que resolvia – ao menos aparentemente – o problema da lei inconstitucional e do seu controle judicial em plano de mera interpretação e de consequente aplicação ou não aplicação da lei. Em lugar daquele raciocínio, vale aqui, antes, *a doutrina da supremacia da lei e/ou da nítida separação dos poderes*, com a exclusão de um poder de controle da lei por parte dos juízes comuns. Na verdade, no sistema de controle concentrado, a inconstitucionalidade e consequente invalidade e, portanto, inaplicabilidade da lei não pode ser acertada e declarada por qualquer juiz, como mera manifestação de seu poder e dever de interpretação e aplicação do direito válido nos casos concretos submetidos a sua competência jurisdicional. Ao contrário, os juízes comuns – civis, penais, administrativos – são incompetentes para conhecer, mesmo *incidenter tantum* e, portanto, com eficácia limitada ao caso concreto, da validade das leis. Eles devem sempre, se assim posso me exprimir, ter como boas as leis existentes, salvo, eventualmente – como acontece na Itália e na Alemanha, mas não na Áustria – o seu poder de suspender o processo diante deles pendente, a fim de arguir, perante o Tribunal especial Constitucional, a questão de constitucionalidade surgida por ocasião de tal processo. De modo que, não de todo injustificadamente – embora, a nosso ver, não corretamente –, alguns estudiosos acreditaram poder falar, a este respeito, de uma verdadeira *presunção de validade das leis* que tem efeito para todos os juízes com a única exceção da Corte Constitucional: uma presunção que, obviamente, não pode absolutamente ser configurada, ao invés, nos sistemas que adotaram o método de controle difuso de constitucionalidade" (CAPPELLETTI, Mauro. *O controle judicial de constitucionalidade das leis no direito comparado*, p. 84-85).

75. Cf. VINX, Lars. *Hans Kelsen's pure theory of law*: legality and legitimacy, p. 145-175.

76. Cf. KELSEN, Hans. *Jurisdição constitucional*.

77. MALFATTI, Elena; PANIZZA, Saulle; ROMBOLI, Roberto. *Giustizia costituzionale*, p. 6-7.

78. "O sistema centralizado [de controle de constitucionalidade] refletia a filosofia jurídica positivista de Kelsen, a qual incorporava uma estrita hierarquia das leis. Como as normas constitucionais são estabelecidas apenas para os parlamentos e juízes ordinários estão subordinados ao parlamento cujas leis eles aplicam, apenas um órgão extrajudicial poderia restringir a legislatura. Este órgão extrajudicial seria o único responsável pelo controle de constitucionalidade" (GINSBURG, Tom. *Judicial review in new democracies*: constitutional courts in Asian cases, p. 9).

Note-se, no entanto, que o pensamento formalista de Kelsen mostrou-se altamente importante para se chegar à ideia de que bastaria um único órgão para analisar a compatibilidade das leis com a norma jurídica fundamental (a Constituição) e, inclusive, para se assimilar o conceito de decisão de caráter abstrato – independentemente das situações concretas – e dotada de efeitos gerais.

Por nada ter a ver com as hipóteses concretas, a decisão de inconstitucionalidade, no esquema kelseniano, não teria efeitos retroativos.[79] A Corte Constitucional, ao decidir pela inconstitucionalidade, expulsaria a norma do ordenamento jurídico com eficácia *ex nunc*, a menos que a Corte entendesse que era o caso de manter a norma em vigor por período que não poderia superar um ano. Daí a Corte Constitucional ser comparada a um "legislador negativo".[80]

Deferiu-se legitimidade para pedir o controle da constitucionalidade ao governo federal e aos governos estaduais, respectivamente em relação às lei estaduais e às leis federais, não sendo necessário, para tanto, invocar qualquer violação a situação subjetiva, já que coube à Corte Constitucional analisar, em abstrato, a constitucionalidade das leis, sem qualquer vinculação aos casos concretos.

Embora a Corte Constitucional pudesse apreciar a constitucionalidade de lei relevante ao julgamento do mérito de processo instaurado perante ela, não era possível, no primitivo sistema austríaco, o questionamento da constitucionalidade de lei que constituía pressuposto à resolução de litígio pendente em outros juízos ou tribunais. Faltava, em outras palavras, o controle concreto das normas. Assim, logo surgiu o sentimento de que a Corte Constitucional atuava num âmbito muito limitado, podendo deixar sem proteção direitos individuais que poderiam ser violados por normas inconstitucionais, uma vez que os governos federal e estaduais tinham apenas a *faculdade* de pedir a declaração de inconstitucionalidade.

A reforma constitucional austríaca de 1929 conferiu à Corte Suprema e à Corte Administrativa o poder de requerer à Corte Constitucional o exame da constitucionalidade de lei cuja validade fosse prejudicial à solução de litígio levado ao seu julgamento. Objetivou-se, com isto, remediar o mal da limitação da legitimação, oferecendo-se a possibilidade de controle de constitucionalidade de leis que, por alguma razão, não eram ou poderiam não ser questionadas pelos governos federal e estaduais.[81]

---

79. "A anulação do decreto opera fundamentalmente apenas *pro futuro*, possuindo força retroativa somente para o caso que motivou o pedido à Corte, e, com isso, a anulação do decreto" (KELSEN, Hans. *Jurisdição constitucional*, p. 27).

80. "(...) a diferença entre função jurisdicional e função legislativa consiste antes de mais nada em que esta cria normas gerais, enquanto aquela cria unicamente normas individuais. Ora, anular uma lei é estabelecer uma norma geral, porque a anulação de uma lei tem o mesmo caráter de generalidade que sua elaboração, nada mais sendo, por assim dizer, que a elaboração com sinal negativo e portanto ela própria uma função legislativa" (cf. KELSEN, Hans. *Jurisdição constitucional*, p. 151-152). "Do ponto de vista teórico, a diferença entre um tribunal constitucional com competência para cassar leis e um tribunal civil, criminal ou administrativo normal é que, embora sendo ambos aplicadores e produtores do direito, o segundo produz apenas normas individuais, enquanto o primeiro, ao aplicar a Constituição a um suporte fático de produção legislativa, obtendo assim uma anulação da lei inconstitucional, não produz, mas elimina uma norma geral, instituindo assim o *actus contrarius* correspondente à produção jurídica, ou seja, atuando (...) como *legislador negativo*" (idem, p. 263; MALFATTI, Elena; PANIZZA, Saulle; ROMBOLI, Roberto. *Giustizia costituzionale*, p. 7; MARTINS, Leonardo. Introdução à jurisprudência do Tribunal Constitucional Federal alemão. In: _____ (Org.). *Cinquenta anos de jurisprudência do Tribunal Constitucional Federal alemão*, p. 109).

81. Cf. KELSEN, Hans. *Jurisdição constitucional*, p. 223-236.

Esclareça-se que as Cortes Suprema e Administrativa não podiam analisar a questão de constitucionalidade, mas tão somente requerer o seu exame pela Corte Constitucional. Ampliou-se a legitimação, mas conservou-se a unicidade subjetiva do controle, deferido unicamente à Corte Constitucional.

As Cortes Suprema e Administrativa assumiram o dever de não aplicar lei sobre a qual pairasse dúvida acerca de sua constitucionalidade. Havendo dúvida, eram obrigadas a requerer à Corte Constitucional a análise da constitucionalidade, ficando vinculadas ao seu pronunciamento.

Com a legitimidade outorgada aos tribunais superiores das Justiças comum e administrativa, permitiu-se a análise da constitucionalidade da lei por ocasião dos casos concretos. O controle da constitucionalidade, embora concentrado na Corte Constitucional, passou a se dar incidentalmente.

A ampliação do controle de constitucionalidade, operada pela lei austríaca de revisão da Constituição de 1929, manteve os demais juízes afastados do controle da constitucionalidade, e, assim, submetidos ao princípio da supremacia da lei. Com exceção das Cortes Suprema e Administrativa, os juízes não tinham saída senão aplicar a lei, ainda que a considerassem inconstitucional.

8.2.3 A manutenção do controle concentrado e a expansão do modo incidental. Os Tribunais Constitucionais italiano e alemão

As Constituições que seguiram a Segunda Guerra Mundial instituíram uma série de princípios materiais de justiça. Inicialmente, esses princípios foram atacados sob o argumento de que, ao expressarem aspirações éticas e políticas mediante fórmulas não precisas, constituíam normas incompatíveis com a certeza e a segurança do direito.[82] Nessa mesma linha, houve ainda quem atribuísse aos princípios um significado meramente político, dizendo que eles somente poderiam se expressar como direito por meio das leis infraconstitucionais.[83] Porém, atribuindo-se força normativa à Constituição,[84] foi necessário dar ênfase ao controle de constitucionalidade das leis.

---

82. Nos Estados Unidos, aliás, esse é o pano de fundo dos debates entre *originalistas*, aqueles que acreditam que o texto constitucional deve ser interpretado em conformidade com o sentido de suas palavras ao tempo em que foram editadas, e *não originalistas*, para quem a Constituição deve ser lida segundo o melhor sentido que possa ser dado às suas disposições na atualidade (v. PERRY, Michael. The legitimacy of particular conceptions of constitutional interpretation. *Virginia Law Review* 77/669-719); e entre *interpretativistas*, que defendem que as dúvidas interpretativas sobre a Constituição devem ser solucionadas apenas dentro dos quatro cantos do texto constitucional, e *não interpretativistas*, que afirmam que só é possível definir o sentido controvertido das cláusulas abertas da Constituição com amparo em princípios e valores que transcendem o próprio texto (v. ELY, John Hart. *Democracy and distrust*, p. 1).

83. ZAGREBELSKY, Gustavo. *Il diritto mitte – Legge, diritti, giustizia*, p. 119. Esse foi um debate particularmente importante na Itália, onde a obra fundamental no sentido da superação da ideia do caráter exclusivamente político dos princípios constitucionais deveu-se a Vezio Crizafulli (CRIZAFULLI, Vezio. *La costituzione e le sue disposizioni di principio*).

84. Explica o Min. Carlos Ayres Britto: "Veja-se que as primeiras Constituições escritas, em matéria de direitos subjetivos oponíveis ao Estado, somente continham direitos individuais. Ainda assim, elas declaravam tais direitos, mas não os garantiam. Passaram a garanti-los, com o tempo, mas não se dispunham a dar conta dos direitos sociais (invenção do constitucionalismo do México, da Rússia e da Alemanha, já nos idos de 1917, 1918 e 1919, respectivamente). É só depois da Declaração Universal dos Direitos do Homem (Organização

A Constituição italiana, de 1948, e a Constituição alemã, de 1949, instituíram modelos de controle de constitucionalidade similares ao austríaco. Nesses países, assim como na Áustria, o controle de constitucionalidade foi proibido aos juízes ordinários, ficando reservado exclusivamente a uma Corte Constitucional, cuja decisão tem eficácia *erga omnes*.[85]

Alega-se que a adoção do modelo concentrado é fruto de particularidade dos sistemas de *civil law*, não acostumados ao *stare decisis* ou à força obrigatória dos precedentes.[86] Com um único Tribunal incumbido de controlar a constitucionalidade, elimina-se ou nem mesmo se coloca a possibilidade de um juízo inferior desrespeitar o precedente constitucional.

Ao contrário do austríaco, que se fundou na concepção teórica kelseniana, os novos modelos de controle partiram da ideia de "constituição rígida", a agrupar princípios e direitos fundamentais para o digno desenvolvimento do homem. A Corte Constitucional, neste sentido, foi incumbida de zelar pela supremacia da Constituição, impedindo a sobrevivência de leis que a desrespeitem.[87]

Ambos os modelos contam com a possibilidade de o controle da constitucionalidade ser requerido de forma direta, por legitimados que não constituem órgãos do Poder Judiciário. Mas, além disso, assim como o sistema austríaco pós-1929, os modelos italiano e alemão viabilizam o controle incidental aos casos concretos.

Na verdade, no que toca a este último ponto, os sistemas italiano e alemão conferem a todos os juízes o poder e o dever de requererem à Corte Constitucional a análise de lei – prejudicial à solução do litígio – cuja constitucionalidade seja duvidosa. Diversamente do

---

das Nações Unidas) que as Leis Fundamentais de cada povo soberano foram ganhando uma funcionalidade fraternal (pelo decidido combate aos preconceitos sociais e pela afirmação do desenvolvimento, do meio ambiente e do urbanismo como direitos fundamentais), que já é uma função verdadeiramente transformadora ou emancipatória. Essa fenomenologia das Constituições *esquálidas* não embarçou a evolução do mais importante país do *common law* (os EUA), graças à atuação normativamente integradora e até inovadora da Suprema Corte de Justiça americana. E do labor de jurisconsultos do porte de um Marshall e, mais recentemente, Ronald Dworkin (cuja distinção entre regras e princípios jurídicos é o que existe de mais recorrente nos dias atuais). Contudo, no bloco dos países constitutivos da *civil law*, foi preciso que a evolução começasse com a robustez disposicional e vernacular de cada princípio constitucional, mormente os fundamentais ou estruturantes do Estado e do Governo. E foi justamente por essa vontade coletiva de embutir nas Constituições regras e subprincípios densificadores de princípios materiais de superior envergadura (axiológica e funcionalmente) que as Magnas Cartas passaram também a normatizar assuntos que até então eram próprios de outros ramos jurídico-positivos" (BRITTO, Carlos Ayres. *Teoria da constituição*, p. 179-180).

85. Cf. VANBERG, Georg. *The politics of constitutional review in Germany*; GRIMM, Dieter. Human rights and judicial review in Germany. In: BEATTY, David M. *Human rights and judicial review*, p. 267-296; STERN, Klaus. *Derecho del Estado de la República Federal Alemana*; GRIMM, Dieter. *Constituição e política*, p. 169-196; DUCA, Louis F. Del. Introduction of judicial review in Italy: transition from decentralized to centralized review (1948-1956): a successful transplant case study. *Penn State International Law Review*, vol. 28, n. 3, 2010, p. 357-365; NOBRE JÚNIOR, Edilson Pereira. Controle de constitucionalidade: modelos brasileiro e italiano – Breve análise comparativa. *Revista Esmafe*, 1, p. 183-217, jan. 2001; VIEIRA, Oscar Vilhena. *Supremo Tribunal Federal*: jurisprudência política, p. 56-59.

86. "Coerentemente con la tradizione di *civil Law* própria di molti di questi paesi, e con la consequente assenza di una regola di precedente giudiziario vincolante, la scelta è per lo più stata nel senso di un sindicato di tipo accentrato, affidato ad unorgano (denominato corte o tribunale costituzionale) appositamente creato allo scopo di salvaguardare e garantire la superiorità e insieme La rigidità del testo costituzionale" (MALFATTI, Elena; PANIZZA, Saulle; ROMBOLI, Roberto. *Giustizia costituzionale*, p. 9).

87. BARROSO, Luís Roberto. *Curso de direito constitucional contemporâneo*, p. 37-38.

austríaco, que dá tal poder apenas às Cortes Suprema e Administrativa, os sistemas italiano e alemão não obrigam qualquer juiz a aplicar lei reputada inconstitucional.

Retenha-se o ponto: nenhum juiz é obrigado a aplicar lei que entenda inconstitucional, mas também nenhum juiz comum pode realizar o controle de constitucionalidade. Dessa forma, é certo, o controle passa a ser feito de modo incidental, mas os juízes não exercem o poder jurisdicional em sua plenitude, ficando à espera ou na dependência da Corte Constitucional.

8.2.4 Compreensão do sistema em que o juiz, por não poder decidir a questão constitucional, remete-a para análise da Corte Constitucional

A Corte Constitucional italiana atua, basicamente, por meio de ação direta e em caráter incidental: no primeiro caso, diante de requerimento estatal contra as leis regionais e de requerimento regional em face de leis estatais ou de outras regiões; no segundo, mediante requerimento de qualquer juiz, no curso de um processo.[88]

A via incidental assumiu posição de proeminência, seja em termos quantitativos, seja em termos qualitativos. Esta forma de controle da constitucionalidade é fruto da noção de que o juiz não pode ser obrigado a aplicar lei que não respeita as normas constitucionais. O curioso é que, embora não seja obrigado a tanto, o juiz não tem poder para deixar de aplicar a norma. A estratégia segue a da reforma austríaca de 1929, que atribuiu às Cortes Superior e Administrativa o dever de encaminhar norma reputada inconstitucional à análise da Corte Constitucional. Como já foi dito, a vantagem, em relação ao modelo austríaco, é que todo e qualquer juiz passou a ter este poder-dever – não apenas a magistratura superior.

No direito italiano, se o juiz "duvidar" da legitimidade constitucional de uma norma, ele pode e deve deixar de aplicá-la, suspendendo o processo e remetendo a sua análise à Corte Constitucional. É o que se chama de "dubbio di costituzionalità", requisito para que o juiz possa encaminhar a questão à Corte Constitucional.

O juiz pode atuar de ofício ou a partir de requerimento da parte. No último caso, poderá deixar de oferecer a questão de legitimidade constitucional se entender que o requerimento da parte é destituído de real fundamento, uma vez que a questão de constitucionalidade deve ser "non manifestamente infondata" (art. 23 da Lei 87/53).

Com a ideia de arguição de constitucionalidade "non manifestamente infondata" se busca evitar que a Corte Constitucional seja indevidamente povoada por arguições destituídas de qualquer fundamento. A exceção manifestamente infundada não é apenas aquela que, por alguma razão, não é hábil a conduzir à solução de inconstitucionalidade, mas também a exceção destituída de fundamento razoável. De modo que a arguição "non

---

88. De acordo com o art. 137 da Constituição italiana, "una legge costituzionale stabilisce *le condizioni, le forme, i termini di proponibilità dei giudizi di legittimità costituzionale*, e le garanzie di indipendenza dei giudici della Corte". Assim, foram promulgadas a Lei constitucional de 09.02.1948 (Norme sui giudizi di legittimità costituzionale e sulle garanzie d'indipendenza della Corte Costituzionale) (*Gazz. Uff.* n. 43, 20.02.1948) e a Lei constitucional de 11.03.1953 (Norme integrative della Costituzione concernenti la Corte Costituzionale) (*Gazz. Uff.* n. 62, 14.03.1953), sucessivamente modificadas pela Lei constitucional de 22.11.1967 (Modificazione dell'articolo 135 della Costituzione e disposizioni sulla Corte Costituzionale) (*Gazz. Uff.* n. 294, 25.11.1967).

manifestamente infondata" é aquela que não é destituída de um fundamento razoável. Isso quer dizer que basta ao juiz estar de posse de razoável fundamento para que se venha a concluir pela inconstitucionalidade. Porém, mais do que isso, não se exige nem mesmo do juiz a certeza de que um fundamento, objetivamente visto como razoável, possa determinar a inconstitucionalidade. O juiz não precisa estar convicto ou certo da inconstitucionalidade para invocar a questão de legitimidade constitucional.[89]

Além disso, a norma, para dar origem a uma questão de legitimidade, deve ser necessária e indispensável para o juiz decidir o litígio, ainda que em parte. É assim que se requer, para se admitir a suspensão do processo e o encaminhamento da questão à Corte Constitucional, que a questão de constitucionalidade seja "rilevante" (art. 23 da Lei 87/53).

Recente jurisprudência da Corte Constitucional definiu que o juiz, antes de oferecer questão de legitimidade constitucional, deve tentar interpretar a norma à luz da Constituição, ou seja, deve tentar compatibilizar o texto da norma com a Constituição. Este requisito de admissibilidade da arguição da questão de legitimidade constitucional é de origem jurisprudencial, ou melhor, foi construído pela Corte Constitucional. Precisamente, exige-se que o juiz demonstre ter tentado eliminar "il dubbio di costituzionalità", mediante interpretação de acordo com a Constituição, antes de apresentar a questão de constitucionalidade à Corte Constitucional.[90]

Aí existe interpretação da Constituição e não utilização de técnica de controle da constitucionalidade. Em primeiro lugar, pela razão óbvia de que o juiz italiano não pode controlar a constitucionalidade, mas, além disso, em virtude de que se procura, como a exigência da Corte Constitucional, encontrar uma interpretação que esteja de acordo com a Constituição antes de se chegar à solução do controle de constitucionalidade.

A decisão de inconstitucionalidade da Corte Constitucional tem eficácia *erga omnes* e incide, obviamente, sobre o caso que originou a questão de legitimidade que fez surgir a própria decisão de inconstitucionalidade.[91] O juiz *a quo* tem de decidir em conformidade com a declaração da Corte Constitucional.

---

89. É necessário, mas também suficiente, que o juiz considere "il dubbio non chiaramente privo di fondamento" (MALFATTI, Elena; PANIZZA, Saulle; ROMBOLI, Roberto. *Giustizia costituzionale*, p. 98).

90. "Accanto alla verifica sulla rilevanza e la non manifesta infondatezza della questione di costituzionalità, la più recente giurisprudenza ha aggiunto, come detto, un terzo obbligo per il giudice, consistente nella necessaria dimostrazione di aver ricercato e privilegiato le posibili ipotesi interpretative che consentano di adequare la disposizione di legge alla lettura costituzionalmente conforme. La Corte ha infatti affermato che il giudice deve far uso dei propri poteri interpretati vi tuttele volte che una questione di costituzionalità può essereri solta attraverso un'interpretazione conforme alla Costituzione, dal momento che una legge si dichiara incostituzionale non perché è possibile darne interpretazioni incostituzionali, ma perché è impossibile darne interpretazioni costituzionali" (MALFATTI, Elena; PANIZZA, Saulle; ROMBOLI, Roberto. *Giustizia costituzionale*, p. 99).

91. "A Corte exerce uma função insubstituível na medida em que remediará a falta de escolhas legislativas: a Corte tende a ser vista como um 'colegislador' ou mesmo como um legislador, principalmente em razão de suas sentenças 'aditivas' ou 'substitutivas', como mostra G. Zagrebelsky: A situação atual (na Itália) se caracteriza pelo que chamamos de um excesso de *contrattualizzazione* das decisões políticas (entre maioria e oposição, entre os grupos sociais mais fortes, sindicatos etc.), o que parece ser uma consequência da falta de alternância. Isto é perigoso, pois essa tendência leva a situar toda matéria, todo interesse, todo valor negociável, mesmo as matérias, os interesses, os valores protegidos pela Constituição, fora da negociação política. Eis a função atual da Corte Constitucional italiana: impedir o excesso de *contrattualizzazione* das decisões políticas, que pode ser muito perigoso para os direitos fundamentais (principalmente para aqueles que

Nesse sentido se fala de efeito retroativo da decisão de inconstitucionalidade da Corte Constitucional, cujo limite está na noção de "relações exauridas" – as que estão cobertas pela coisa julgada material e as que não mais são "acionáveis".[92]

8.3 História do controle judicial de constitucionalidade brasileiro

8.3.1 A Constituição Imperial

A Constituição Imperial, de 1824, instituiu quatro poderes: Poder Legislativo, Poder Judiciário, Poder Executivo e Poder Moderador (art. 10). O art. 15, VIII, conferiu à Assembleia Geral a tarefa de elaborar as leis, interpretá-las, suspendê-las e revogá-las.[93]

Assim, deu-se ao Legislativo o poder de editar a lei, interpretá-la, suspendê-la e revogá-la, nos moldes dos valores que inspiraram a Revolução Francesa e a Lei Revolucionária de 1790, que, proibindo a interpretação judicial da lei, exigiu que o juiz, diante de dúvida, recorresse a uma Comissão Legislativa. A Constituição de 1824 revestia-se de idêntica proteção do legislador – que, em verdade, era colocada em posição de supremacia –, afirmando expressamente que a função de interpretar a lei era do próprio legislativo.[94]

Basicamente, negava-se poder ao juiz para, aplicando a lei, pronunciar mais do que as palavras do seu texto. Nessas condições, não havia, como é óbvio, qualquer espaço para o controle judicial da constitucionalidade das leis.[95] Se o juiz não podia interpretar a lei, certamente não tinha como controlar a sua legitimidade. Os princípios que marcaram a Constituição de 1824, como o princípio da supremacia da lei ou da nítida e radical separação de poderes, ainda não abriam margem ao controle difuso, nem, muito menos, para o controle concentrado.[96]

8.3.2 A Constituição de 1891

A Constituição de 1891 instituiu a Federação e a República. Não houve mais espaço para o Poder Moderador, apresentando-se o Executivo nos moldes presidencialistas, o Legislativo com duas casas – o Senado e a Câmara dos Deputados – e o Judiciário fortalecido com as garantias da vitaliciedade e da irredutibilidade de vencimentos e dotado do poder de controlar a constitucionalidade das leis sob a forma difusa.[97]

Foi grande a influência do pensamento de Rui Barbosa sobre a Constituição de 1891, que foi fortemente carregada com as tintas do direito estadunidense. Assim, não foi por

---

não fazem parte da *contrattualizzazione*)" (FAVOREU, Louis. *As cortes constitucionais*, p. 91).

92. MALFATTI, Elena; PANIZZA, Saulle; ROMBOLI, Roberto. *Giustizia costituzionale*, p. 124-125.

93. "Art. 14. A Assembleia Geral compõe-se de duas Câmaras: Câmara de Deputados, e Câmara de Senadores, ou Senado. Art. 15. É da atribuição da Assembleia Geral: (...) VIII. Fazer Leis, interpretá-las, suspendê-las, e revogá-las; (...) IX. Velar na guarda da Constituição (...)".

94. "Só o poder que faz a lei é competente para revogá-la, quer expressa ou implicitamente, no todo ou em parte" (BUENO, José Antonio Pimenta. *Direito público brasileiro e análise da Constituição do Império*, p. 84).

95. "Não havia lugar, pois, nesse sistema, para o mais incipiente modelo de controle *judicial* de constitucionalidade" (MENDES, Gilmar F.; BRANCO, Paulo G. G. *Curso de direito constitucional*, p. 1.094).

96. Cf. BITTENCOURT, Carlos Alberto Lúcio. *O controle jurisdicional da constitucionalidade das leis*, 1997.

97. Respectivamente arts. 16, § 1.º; 57 e 59, § 1.º, *b* – disponível em: http://www.planalto.gov.br/ccivil_03/Constituicao/Constitui%C3%A7ao91.htm.

acaso que o controle de constitucionalidade foi com ela sedimentado, já que a sua semente foi lançada na "Constituição Provisória da República", de 1890 – Dec. 510, de 22.06.1890, arts. 58,[98] e 59, a.[99]

O *habeas corpus*, já previsto pelo Código Criminal de 1830, aparece pela primeira vez como garantia constitucional.[100] Inicialmente relacionado unicamente à tutela da liberdade física, foi utilizado de modo a proteger outras situações, como a liberdade do exercício da profissão, chegando a ser usado para dar tutela à "posse de direitos pessoais", o que fez surgir, pelas mãos da inteligência e do espírito criativo de Ruy Barbosa, a denominada "doutrina brasileira do *habeas corpus*".[101]

O art. 59, II, da CF previu recurso ao STF das decisões dos Juízes e Tribunais Federais – cuja competência era regrada pelo art. 60 –, tendo o § 1.º, *a* e *b*, do mesmo artigo igualmente disciplinado recurso ao STF das sentenças das Justiças dos Estados em última instância: "*a*) quando se questionar sobre a validade ou a aplicação de tratados e leis federais, e a decisão do tribunal do Estado for contra ela"; e "*b*) quando se contestar a validade de leis ou de atos dos governos dos Estados *em face da Constituição*, ou das leis federais, e a decisão do tribunal do Estado considerar válidos esses atos, ou essas leis impugnadas". Na mesma linha de aferição da lei em face da Constituição, afirmou o art. 60, *a*, que compete aos Juízes ou Tribunais Federais processar e julgar "as causas em que alguma das partes fundar a ação, ou a defesa, *em disposição da Constituição Federal*".[102]

O texto dessas normas foi suficiente para Rui argumentar que se deu poder aos juízes para apreciar a legitimidade das leis em face da Constituição.[103] Realmente, parece induvidoso que, se o STF pode julgar, mediante recurso, as decisões das Justiças Estaduais que

---

98. "Art. 58: Das sentenças da justiça dos Estados em última instância, haverá recurso para o Supremo Tribunal Federal: 'a) quando se questionar sobre a validade, ou a aplicabilidade de tratados e leis federais, e a decisão do tribunal do Estado for contra ela; *b*) quando se contestar a validade de leis ou atos de governos dos Estados em face da Constituição ou das leis federais e a decisão do tribunal do Estado considerar válidos os atos, ou leis impugnados'".

99. "Art. 59. Compete aos juízes ou tribunais federais decidir: *a*) as causas em que alguma das partes estribar a ação, ou a defesa, em disposição da Constituição Federal."

100. Art. 72, § 22: "Dar-se-á o *habeas corpus*, sempre que o indivíduo sofrer ou se achar em iminente perigo de sofrer violência, ou coação, por ilegalidade, ou abuso de poder".

101. "Não se fala em prisão, não se fala em constrangimentos corporais. Fala-se amplamente, indeterminadamente, absolutamente, em coação e violência; de modo que, onde quer que surja, onde quer que se manifeste a violência ou a coação, por um desses meios, aí está estabelecido o caso constitucional do *habeas corpus*. Quais são os meios indicados? Quais são as origens da coação e da violência, que devem concorrer para que se estabeleça o caso legítimo de *habeas-corpus*? Ilegalidade ou abuso de poder. Si de um lado existe a coação ou a violência e de outro lado a ilegalidade ou abuso de poder; si a coação ou violência resulta de ilegalidade ou abuso de poder, qualquer que seja a violência, qualquer que seja a coação, desde que resulte de abuso de poder, seja qual ele for, ou de ilegalidade, qualquer que ela seja, é inegável o recurso do *habeas-corpus*" (Barbosa, Ruy. Discurso proferido no Senado, na seção de 22.01.1915 – disponível em: http://www.senado.gov.br/publicacoes/anais/asp/PQ_Edita.asp?Periodo=1&Ano=1915&Livro=1&Tipo=9&Pagina=142. Cf. também: Souza, Luis Henrique Boselli de. A doutrina brasileira do *habeas corpus* e a origem do mandado de segurança: análise doutrinária de anais do Senado e da jurisprudência histórica do STF. *Revista de Informação Legislativa*, vol. 45, n. 177, p. 75-82, jan.-mar. 2008; Tourinho Filho, Fernando da Costa. *Código de Processo Penal comentado*, 6. ed., vol. 2, p. 448-449; Ferreira Filho, Manoel Gonçalves. *Comentários à Constituição brasileira de 1988*, vol. 1, p. 75.

102. *Constituição da República dos Estados Unidos do Brasil, de 24 de fevereiro de 1891.*

103. V. Barbosa, Rui. *Trabalhos jurídicos*, p. 50 e ss.

considerem leis válidas em face da Constituição, isto quer dizer que o Judiciário tem o poder de analisar a conformidade das leis com a Constituição. Este o fundamento do controle difuso, então admitido em face da Constituição de 1891, nos moldes do controle de constitucionalidade estadunidense.

Os juízes da época, ainda absortos no regime anterior, em que valia a plena e radical supremacia da lei, não confrontavam a lei com a Constituição, negando-se, assim, a exercer o controle difuso. Aliás, é importante lembrar que boa parte dos juízes da mais alta Corte do Império ingressou no STF – da Constituição de 1891 –, sendo que alguns, inclusive, prosseguiram usando os títulos nobiliárquicos que haviam recebido do Imperador. De qualquer forma, a inércia dos juízes em relação ao controle de constitucionalidade é que parece ter levado Rui, ao participar da elaboração da Lei 221, de 20.11.1894 – que complementou a organização judiciária da Justiça Federal da República –, a propor o texto do art. 13, § 10, cuja norma é enfática no sentido de que "os juízes e tribunais *apreciarão* a validade das leis e regulamentos e *deixarão* de aplicar aos casos ocorrentes as leis manifestamente inconstitucionais e os regulamentos manifestamente incompatíveis com as leis ou com a Constituição".[104]

Porém, se é certo que as mentes privilegiadas que influenciaram a Constituição de 1891 tinham forte pendor pelo direito estadunidense,[105] tendo Rui sustentado, com lógica e profundidade teórica, a razão pela qual o *judicial review* deveria se impor no cenário brasileiro,[106] bem como a necessidade da adoção de precedentes vinculantes, pelo menos no que diz respeito às decisões de inconstitucionalidade emanadas do STF,[107] é curioso verificar que a

---

104. Assim, "não havia mais dúvida quanto ao poder outorgado aos órgãos jurisdicionais para exercer o controle de constitucionalidade" (MENDES, Gilmar F.; BRANCO, Paulo G. G. *Curso de direito constitucional*, p. 1096).

105. É importante, do ponto de vista histórico, registrar que o art. 386 do Dec. 848, de 11.10.1890, estabelecia o seguinte: "Art. 386. Constituirão legislação subsidiária em casos omissos as antigas leis do processo criminal, civil e comercial, não sendo contrárias às disposições e espírito do presente decreto. *Os estatutos dos povos cultos e especialmente os que regem as relações jurídicas na República dos Estados Unidos da América do Norte, os casos de* common law *e* equity, *serão também subsidiários da jurisprudência e processo federal*".

106. "Reincido, e reincidirei, quantas vezes haja de oppor-me, em juízo, á aplicação de actos inconstitucionaes; porque o regimen americano não converteu a justiça em segunda instancia do poder legislativo: consagrou apenas a doutrina da precedente da lei soberana á lei subalterna, uma vez averiguada pelo juiz a divergência entre as duas: *iter discordantia concilia praeponitur sententia e jus quod est majoris autorictas*. Essa doutrina, esboçada no direito romano pelas limitações á autoridade dos rescriptos, pela proeminência dos *jus legum*, pela distincção, segundo a teoria do mandato, entre as leis imediatas e as leis mediatas (Mommsen), explicitamente definida e praticada no direito canônico até contra o arbítrio dos papas, considerada por Marshall como corollario commum a todas as Constituições escripts, adoptada até na Allemanha, ha vinte annos, em uma decisão celebre da Corte Hanseatica de Appelação, advogada como applicavel sob a Constituição Imperial por espíritos da altura do de Jose Bonifacio na sua aureolada cadeira de professor, não superpõe a magistratura ao poder legislativo; reconhece-lhe simplesmente, entre uma lei, que formula a vontade permanente do povo, e outra, que traduz a vontade transitória de um Congresso, o dever inevitável de examinar e declarar o direito para o caso ocorrente" (BARBOSA, Rui. *Comentários à Constituição Federal brasileira [de 1891], colligidos e ordenados por Homero Pires*, vol. 1, p. 18-19).

107. "(...) ante a sentença nulificativa o ato legislativo, imediatamente, perde a sua sanção moral e expira em virtude da lei anterior com que colidia. E se o julgamento foi pronunciado pelo mais alto tribunal de recurso, 'a todos os cidadãos se estende, imperativo e sem apelo, no tocante aos princípios constitucionais sobre que versa'. Nem a legislação tentará contrariá-lo, porquanto a regra *stare decisis* exige que todos os tribunais daí em diante o respeitem como *res judicata*, e enquanto a Constituição não sofrer nenhuma reforma, que lhe altere os fundamentos, nenhuma autoridade judiciária o infringe. O papel dessa autoridade é de suprema vantagem para a ordem constitucional. Que ruinosas e destruidoras consequências não resulta-

importância do *stare decisis* foi renegada no desenvolvimento do direito brasileiro, até ser recentemente retomada.[108]

Já foi dito linhas acima que os precedentes constitucionais têm, em virtude de sua particular natureza, força obrigatória "natural". A ideia de controlar a constitucionalidade se relaciona com a necessidade de unidade do direito. O controle da conformidade das leis com a Constituição cria um direito uno mediante o fio condutor das normas constitucionais, permitindo a aplicação do direito de modo coerente em todo o território nacional, fortalecendo a Federação. É absurdo e irracional ter juízes estaduais e juízes federais aplicando as normas com base em fundamentos constitucionais díspares. Isso poderia ter sido evidenciado já à época da Constituição de 1891, quando se celebrou o modelo difuso de controle da constitucionalidade.

É provável que se tenha imaginado, sem muita reflexão, que a noção de precedente vinculante não se adequaria ao sistema brasileiro. Além disso, é possível que se tenha raciocinado que, como a questão constitucional – em virtude do sistema recursal – poderia chegar ao STF, não existiria motivo para obrigar os tribunais inferiores a respeitar os precedentes constitucionais. Mas quem sabe já houvesse algum interesse, que acabou encoberto e nunca revelado, de dar às Justiças ordinárias o poder de falar diferentemente do STF.

Seja o que for, a Constituição de 1891, não obstante a inação dos juízes, teve o grande mérito de ter sedimentado o controle judicial de constitucionalidade no direito brasileiro, permitindo ao Judiciário aferir a legitimidade das leis em face da Constituição.

8.3.3 A Constituição de 1934

Com a Constituição de 1934, a mais alta Corte do País passou a se chamar de "Corte Suprema" (art. 63, *a*), deixando-se de lado a nomenclatura "STF". A Corte Suprema, além de competência originária, passou a ter competência para julgar mediante recurso ordinário e recurso extraordinário (art. 76). Tinha competência para apreciar em recurso ordinário, nos termos do inciso II do art. 76, as causas, inclusive mandado de segurança – instrumento criado pela Constituição de 1934 para a proteção de direitos violados ou ameaçados de violação pelo Poder Público, mas não amparados pelo *habeas corpus* –, decididas por juízes e tribunais federais; as decisões do "Tribunal Superior da Justiça Eleitoral" que pronunciassem a nulidade ou invalidade de ato ou de lei *em face da Constituição Federal,* e as que negassem *habeas corpus* (art. 83, § 1.º); e as decisões de última ou única instância das Justiças locais e de juízes e tribunais federais, denegatórias de *habeas corpus*. O recurso extraordinário, novidade da Constituição de 1934, dava à Corte Suprema competência para julgar as causas decididas pelas Justiças locais em única ou última instância, quando a decisão fosse contra literal disposição de tratado ou lei federal, sobre cuja aplicação se tivesse questionado; *quando se questionasse sobre a vigência ou validade de lei federal em face da Constituição, e a decisão do Tribunal local negasse aplicação à lei impugnada; quando se contestasse a validade de lei ou ato dos Governos locais em face da Constituição, ou de lei federal, e a decisão do Tribunal local julgasse válido o ato ou a lei impugnada;* e quando ocorresse diversidade

---

riam para logo, se ficasse praticamente entendido que os vários poderes julgam e decidem cada qual independentemente a extensão da competência que a Constituição lhes atribui" (BARBOSA, Rui. *Comentários à Constituição Federal brasileira [de 1891], colligidos e ordenados por Homero Pires*, vol. 4, p. 268).

108. MARINONI, Luiz Guilherme. *Precedentes obrigatórios.*

de interpretação definitiva da lei federal entre Cortes de Apelação de Estados diferentes, inclusive do Distrito Federal ou dos Territórios, ou entre um destes Tribunais e a Corte Suprema, ou outro Tribunal Federal (art. 76, III, *a*, *b*, *c* e *d*).

Ao lado da expressa possibilidade de a Corte Suprema conhecer da questão de legitimidade constitucional em virtude de recurso, afirmou-se que, "só por maioria absoluta de votos da totalidade dos seus juízes, poderão os tribunais declarar a inconstitucionalidade de lei ou ato do Poder Público" (art. 179), objetivando-se, com isso, outorgar maior segurança aos juízos de inconstitucionalidade. Registre-se que, nos trabalhos anteriores ao texto definitivo da Constituição, exigia-se o *quorum* de 2/3, mas, ao final, restou a referida dicção, estabelecendo a maioria absoluta. A maioria deveria tomar em conta a totalidade dos juízes e não apenas os juízes presentes na sessão de julgamento. Surge com o art. 179 o que passou a ser denominado "regra de reserva de plenário" – vale dizer, regra que estabelece *quorum* mínimo para a declaração da inconstitucionalidade da lei –, que adentrou nos ordenamentos estaduais e regimentos internos dos tribunais, lembrando-se que o Código de Processo Civil *brasileiro* surgiu apenas em 1939.

Restou estabelecido, ainda, o poder do Senado Federal de suspender a execução, no todo ou em parte, de qualquer lei ou ato, deliberação ou regulamento, declarados inconstitucionais pelo Poder Judiciário (art. 91, IV). Disse o art. 96 que, "quando a Corte Suprema declarar inconstitucional qualquer dispositivo de lei ou ato governamental, o Procurador-Geral da República comunicará a decisão ao Senado Federal para os fins do art. 91, IV, e bem assim à autoridade legislativa ou executiva, de que tenha emanado a lei ou o ato". Ao dar-se ao Senado Federal o poder de suspender a execução da lei declarada inconstitucional, pretendeu-se conferir à decisão de inconstitucionalidade efeitos para todos (*erga omnes*).

É importante considerar o contexto no qual surgiu a regra da suspensão da execução da lei pelo Senado (constante do art. 91, IV, da Carta de 1934 e reproduzida, hoje, no art. 52, X, da CF/1988), até mesmo para se compreender a crítica segundo a qual se tratava de momento histórico em que "medrava certa concepção da separação de Poderes, há muito superada".[109]

A consulta aos anais da Assembleia Constituinte, instalada em 15.11.1933, permite compreender as nuances históricas subjacentes.[110] Cabe atinar para duas vertentes de discussões havidas durante a Constituinte de 1933-1934, na medida em que o anteprojeto apresentado à Assembleia contemplou o sistema unicameral e uma espécie de eficácia *erga omnes* da decisão de inconstitucionalidade proferida pelo – na nomenclatura do anteprojeto – Supremo Tribunal (depois Corte Suprema).

No modelo unicameral inicialmente proposto à Assembleia Constituinte, integraria o Poder Legislativo Federal apenas a Câmara dos Deputados. Como o Senado Federal deixaria de existir, foi concebida a ideia da criação de um "Conselho Federal" para exercer a função de "coordenação dos Poderes". Paralelamente, o art. 57, § 3.º, do anteprojeto propunha que, uma vez julgada inconstitucional qualquer lei ou ato do Executivo por 2/3 dos ministros do Supremo, caberia "a todas as pessoas, que se acharem nas mesmas condições do litigante

---

109. MENDES, Gilmar F.; BRANCO, Paulo G. G. *Curso de direito constitucional*, p. 1.161.
110. Estudo detalhado dos trabalhos que antecederam a Constituição de 1934 pode ser encontrado em ALENCAR, Ana Valderez Ayres Neves de. A competência do Senado Federal para suspender a execução dos atos declarados inconstitucionais, *Revista de Informação Legislativa*, ano 15, n. 57, p. 223-306, 1978.

vitorioso, o remédio judiciário instituído para garantia de todo direito líquido e incontestável". Acirrada discussão – em que os constituintes travaram interessante debate sobre os modelos de controle de constitucionalidade então vigentes[111] – sucedeu a proposta, terminando-se por concluir que a pura e simples eficácia *erga omnes* da decisão de inconstitucionalidade, ainda que emanada do Supremo Tribunal, ofenderia o princípio da separação dos poderes.

A partir daí, engendrou-se a solução de que ao "Conselho Federal", exatamente por ter sido concebido como órgão de "coordenação dos poderes" no sistema legislativo unicameral proposto, incumbiria a suspensão da execução da lei declarada inconstitucional de forma incidental pela Corte Suprema, incluindo-se, no projeto, essa competência àquele Conselho.

Posteriormente, a corrente unicameralista perdeu força, retomando-se, ainda que de forma moderada, a ideia do bicameralismo. Substituiu-se, assim, no texto do projeto, o "Conselho Federal" pelo Senado Federal. Contudo, e segundo o congressista Raul Fernandes, o que se percebeu foi apenas uma "mudança de nome".[112] De maneira que o Senado, praticamente, encampou as competências ao longo da Constituinte pensadas para o "Conselho Federal", entre as quais a suspensão da execução da lei declarada inconstitucional pela Corte Suprema.

É indispensável perceber, assim, que o Senado assumiu a função de suspender a execução da lei apenas em razão de que, no contexto histórico, foi necessário conferir tal poder ao "Conselho" que possuía a função de "coordenação dos Poderes". Em outras palavras, isso ocorreu em virtude de má compreensão da função do Judiciário e de disputa entre os poderes – baseadas em distorcida e superada concepção de "separação dos poderes" –, que dificultaram a percepção de que a eficácia vinculante é uma decorrência absolutamente natural dos precedentes da Suprema Corte.

Com efeito, essa breve incursão histórica permite constatar que a regra constante do art. 91, IV, da CF/1934, ao contrário do que se pode pensar, não estava impregnada da lógica do estabelecimento de uma função típica do Poder Legislativo, o que demonstra o equívoco de se negar eficácia vinculante aos precedentes com base na desgastada ideia de que apenas o Senado Federal pode suspender a execução da lei declarada inconstitucional pelo STF em sede de controle difuso.

Por outro lado, estabeleceu o art. 12, V, que a União não poderia intervir em negócios peculiares aos Estados, salvo "para assegurar a observância dos princípios constitucionais especificados nas letras *a* a *h* do art. 7.º, I,[113] e a execução das leis federais". Estabeleceram os

---

111. Soluções – algumas até mesmo curiosas – apresentadas ao impasse foram: a exigência da declaração de inconstitucionalidade "em mais de um aresto" do Supremo; a criação de uma Corte de Justiça Constitucional, com a adoção de modelo de controle incidental concentrado e principal; o deferimento dessa competência ao Tribunal Superior Eleitoral etc.

112. ALENCAR, Ana Valderez Ayres Neves de. A competência do Senado Federal para suspender a execução dos atos declarados inconstitucionais. *Revista de Informação Legislativa*, ano 15, n. 57, p. 223-306, 1978.

113. "Art. 7.º Compete privativamente aos Estados: I – decretar a Constituição e as leis por que se devam reger, *respeitados os seguintes princípios*: *a)* forma republicana representativa; *b)* independência e coordenação de poderes; *c)* temporariedade das funções eletivas, limitada aos mesmos prazos dos cargos federais correspondentes, e proibida a reeleição de Governadores e Prefeitos para o período imediato; *d)* autonomia dos Municípios; *e)* garantias do Poder Judiciário e do Ministério Público locais; *f)* prestação de contas da Administração; *g)* possibilidade de reforma constitucional e competência do Poder Legislativo para decretá-la; *h)* representação das profissões."

§§ 1.º e 2.º do art. 12: "§ 1.º Na hipótese do n. VI, assim como para assegurar a observância dos princípios constitucionais (art. 7.º, I), *a intervenção será decretada por lei federal*, que lhe fixará a amplitude e a duração, prorrogável por nova lei. A Câmara dos Deputados poderá eleger o Interventor, ou autorizar o Presidente da República a nomeá-lo"; "§ 2.º Ocorrendo o primeiro caso do n. V, *a intervenção só se efetuará depois que a Corte Suprema*, mediante provocação do Procurador-Geral da República, tomar conhecimento *da lei que a tenha decretado e lhe declarar a constitucionalidade*".

Assim, a intervenção, em caso de violação dos princípios constitucionais insculpidos no art. 7.º, I, *a* a *h*, dependia de lei federal – de iniciativa do Senado Federal (art. 41, § 3.º) – declarada constitucional pela Corte Suprema. O processo, para a declaração da constitucionalidade da lei federal interventiva, era instituído perante a Corte Suprema em virtude de representação do Procurador-Geral da República. Possuía natureza objetiva; não tinha relação com casos concretos.

É interessante notar que o processo de declaração de constitucionalidade da lei interventiva era, ao mesmo tempo, o processo de declaração de inconstitucionalidade da lei que ensejou a lei federal de intervenção. Se a Suprema Corte declarasse a constitucionalidade da lei interventiva, declararia, por consequência lógica, a inconstitucionalidade da lei ou ato estadual que se supunha contrário aos princípios constitucionais previstos no art. 7.º, I, *a* a *h*.

É possível dizer que este particular modo de compor conflitos entre a União e os Estados deu origem ao controle *direto* de constitucionalidade no direito brasileiro. No sentido de que, vistas as coisas pelo avesso, em vez da declaração de constitucionalidade da lei de intervenção, chegar-se-ia à declaração de inconstitucionalidade da lei ou ato estadual.[114]

8.3.4 A Constituição de 1937

A Constituição de 1937, de marca centralizadora e autoritária, surgiu em momento negro da história da vida política brasileira. A ditadura de Getúlio Vargas, além de ter negado garantias e liberdades individuais, notabilizou-se pela corrupção de valores e pela criação de um sistema de poder que, contando com a violência institucionalizada, soube empregar as forças da demagogia e do populismo para viabilizar as conquistas políticas e patrimoniais dos seus parceiros e clientes.

Embora falasse em Poderes Executivo, Legislativo e Judiciário, não havia separação de poderes na Constituição de 1937, dada a concentração de poderes nas mãos do Executivo e o enfraquecimento do Legislativo e do Judiciário. É digna de nota a dicção do art. 73 da Constituição, a revelar a sua índole fascista e autoritária: "O Presidente da República, autoridade suprema do Estado, coordena a atividade dos órgãos representativos, de grau superior, dirige a política interna e externa, promove ou orienta a política legislativa de interesse nacional, e superintende a administração do País".[115]

---

114. Cf. BANDEIRA DE MELLO, Oswaldo Aranha. *Teoria das constituições rígidas*, p. 170.

115. Além disso, estabelecia o art. 34: "É vedado ao Poder Judiciário conhecer de questões exclusivamente políticas".

Durante o período da vigência da Constituição de 1937 o parlamento foi emudecido e não houve eleições. O poder ficou concentrado nas mãos do ditador, que restou autorizado a dispor a respeito de todas as matérias mediante decreto-lei.[116]

A Constituição estabeleceu, no art. 96, *caput*, que "só por maioria absoluta de votos da totalidade dos seus juízes poderão os tribunais declarar a inconstitucionalidade da lei ou de ato *do Presidente da República*". Por sua vez, o parágrafo único do mesmo art. 96, realçando o caráter autoritário da Constituição, proclamou que, "no caso de ser declarada a inconstitucionalidade de uma lei que, a *juízo* do Presidente da República, seja necessária ao *bem-estar do povo, à promoção ou defesa de interesse nacional de alta monta*, poderá o Presidente da República submetê-la novamente ao exame do Parlamento; se este a confirmar por dois terços de votos em cada uma das Câmaras, ficará sem efeito a decisão do Tribunal".

A última norma toca às raias do absurdo. É certo que o parlamento podia, mediante a maioria nas duas casas parlamentares, emendar a Constituição. Porém, o que a norma supõe é que o juízo do Presidente acerca do que é necessário ao "bem-estar do povo" ou revelador do "interesse nacional" pode passar por cima do que é inconstitucional. Na estratégia da norma, o parlamento é obrigado a agir quando o Presidente reputar conveniente. Assim, a norma deu ao Presidente da República o poder de exigir do parlamento o controle político da constitucionalidade de norma – considerando a sua conveniência e oportunidade – já declarada inconstitucional pelo Judiciário. Note-se, portanto, que a eventual cassação da decisão de inconstitucionalidade não se aproximaria de emenda à Constituição, pois não se toca na norma constitucional, negando-se, apenas, a invalidade da lei violadora do texto constitucional.[117]

8.3.5 A Constituição de 1946

Dispôs a Constituição de 1946, em seu art. 7.º, que "o Governo Federal não intervirá nos Estados, salvo para [entre outras coisas]: (...) VII – assegurar a observância dos seguintes princípios: *a)* forma republicana representativa; *b)* independência e harmonia dos poderes; *c)* temporariedade das funções eletivas, limitada a duração destas à das funções federais correspondentes; *d)* proibição da reeleição de governadores e prefeitos para o período imediato; *e)* autonomia municipal; *f)* prestação de contas da administração; *g)* garantias do Poder Judiciário".

---

116. "Na sua transmissão radiofônica de 10 de novembro, Vargas explicou que o Brasil devia deixar de lado a 'democracia dos partidos' que 'ameaça a unidade pátria'. Descreveu o Congresso como sendo um 'aparelho inadequado e dispendioso', cuja continuação era 'desaconselhável'. O Brasil não tinha outra alternativa senão instituir um 'regime forte, de paz, de justiça e de trabalho', concluiu o novo ditador, 'para reajustar o organismo político às necessidades econômicas do país'. (...) todos os partidos políticos foram abolidos a 2 de dezembro e começou a nova consolidação do poder federal. (...) O golpe de novembro de 1937 fechou o sistema político" (SKIDMORE, Thomas. *Brasil*: de Getúlio Vargas a Castelo Branco, 1930-1964, p. 50-51). No entanto, "o Supremo permaneceria funcionando durante toda a ditadura Vargas, dando, inegavelmente, alguma aparência de legitimidade ao regime de terror imposto pela polícia de Filinto Müller" (CRUZ, Álvaro Ricardo de Souza. *Jurisdição constitucional democrática*, p. 284).

117. No entanto, como observam Gilmar F. Mendes e Paulo G. Branco, "o novo instituto não colheu manifestações unânimes de repulsa" (MENDES, Gilmar F.; BRANCO, Paulo G. G. *Curso de direito constitucional*, p. 1.099). É o caso, entre outros, de CAMPOS, Francisco Luiz da Silva. Diretrizes constitucionais do novo Estado brasileiro. *RF*, n. 73/229-249, 1938, p. 246 e ss.; BUZAID, Alfredo. *Da ação de declaração de inconstitucionalidade no direito brasileiro*, p. 32.

Logo após, estabeleceu o art. 8.°, parágrafo único, que, no referido caso do art. 7.°, VII, "o ato arguido de inconstitucionalidade será submetido pelo Procurador-Geral da República ao exame do Supremo Tribunal Federal, e, se este a declarar, será decretada a intervenção". Surgiu, assim, espécie de "ação declaratória de inconstitucionalidade para intervenção".[118]

Releva notar, porém, que esta via não surgiu para permitir o controle abstrato das normas, com eficácia *erga omnes*, mas para dar à União, representada pelo Procurador-Geral da República, o poder de ver resolvido conflito em face de ente federativo, acusado de violação de dever imposto pela Constituição.[119]

A primeira e verdadeira manifestação de controle abstrato, na história do direito brasileiro, ocorreu mediante a EC 16, de 26.11.1965. Esta emenda constitucional alargou a competência originária do STF – tal como definida pela Constituição de 1946 –, conferindo nova redação à alínea *k* do art. 101, I, e, assim, passando a atribuir ao STF competência para processar e julgar "a representação contra inconstitucionalidade de lei ou ato de natureza normativa federal ou estadual, encaminhada pelo Procurador-Geral da República". Além do mais, inseriu novo inciso (XIII) no art. 124, dando ao legislador o poder de "estabelecer processo, de competência originária do Tribunal de Justiça, para declaração de inconstitucionalidade de lei ou ato de Município, em conflito com a Constituição do Estado".

Assim, estabeleceu-se a previsão de controle abstrato de normas estaduais e federais e de possível instituição, pelo legislador, de forma para o controle de lei ou ato municipal contrário à Constituição Estadual. Ademais, qualquer norma estadual, e não mais apenas a

---

118. Cf. Bandeira de Mello, Oswaldo Aranha. *Teoria das constituições rígidas*, p. 192 e ss.; Cavalcanti, Themístocles Brandão. *Do controle de constitucionalidade*, p. 112 e ss.; Mendes, Gilmar Ferreira. A representação interventiva. *Direito Público*, n. 9, p. 5-32, jul.-set. 2005; Mendes, Gilmar F.; Branco, Paulo G. G. *Curso de direito constitucional*, p. 1.100 e ss.

119. No entanto, em alguns poucos casos o STF efetivamente utilizou tal instituto para exercer o controle abstrato de artigos de Constituições Estaduais. Por exemplo, em 1947, na Representação Interventiva 94, rel. Min. Castro Nunes, o STF declarou inconstitucionais os artigos da Constituição Estadual do Rio Grande do Sul que estabeleciam a forma de governo parlamentarista para aquela unidade federativa: "O Supremo Tribunal não é provocado como órgão meramente consultivo, o que contraviria à índole do Judiciário; não se limita a opinar, *decide*, sua decisão é um aresto, um acórdão; põe fim à controvérsia como árbitro final do contencioso da inconstitucionalidade. É nessa função de árbitro supremo que ele intervém, se provoca-do, no conflito aberto entre a Constituição, que lhe cumpre resguardar, e a atuação deliberante do poder estadual. Daí resulta que, declarada a inconstitucionalidade, a intervenção sancionadora é uma decorrência do julgado. Atribuição nova, que o Supremo Tribunal é chamado a exercer pela primeira vez (...). Tra-ta-se, aqui (...) de inconstitucionalidade *em tese*, e nisso consiste a inovação desconhecida entre nós na prática judicial, porquanto até então não permitida pela Constituição. Em tais casos a inconstitucionalida-de declarada não se resolve na inaplicação da lei ao caso ou no julgamento do direito questionado por abstração do texto legal comprometido; resolve-se por uma fórmula legislativa ou quase legislativa que vem a ser a *não vigência*, virtualmente decretada, de uma dada lei. (...) Na declaração em tese, a suspensão redunda na ab-rogação da lei ou na derrogação dos dispositivos alcançados, não cabendo ao órgão legife-rante censurado senão a atribuição meramente formal de modificá-la ou regê-la, segundo as diretivas do prejulgado; é uma inconstitucionalidade declarada *erga omnes*, e não somente entre as partes; a lei não foi arredada apenas em concreto; foi cassada para todos os efeitos" (STF, Representação Interventiva 94/RS, rel. Min. Castro Nunes, p. 46-47 – disponível em: http://www.stf.jus.br.). Também STF, Representação Interventiva 93/CE, j. 16.07.1947: "Ementa: São inconstitucionais os dispositivos que sujeitam à aprovação da assembleia legislativa as nomeações dos secretários de Estado e dos prefeitos de livre escolha do gover-nador" – disponível em: http://www.stf.jus.br.

norma que violasse princípio constitucional sensível, passou a poder ser declarada inconstitucional.[120]

Porém, o projeto da EC 16/1965 propunha nova redação ao art. 64 para se dar eficácia *erga omnes* à decisão de inconstitucionalidade do STF. A norma daria ao Senado Federal a exclusiva tarefa de publicar a decisão de inconstitucionalidade, de modo que a eficácia geral da decisão não dependeria da sua manifestação.[121] Eis o teor da nova redação que se pretendia atribuir ao art. 64, mas que restou rejeitada: "Art. 64. Incumbe ao Presidente do Senado Federal, perdida a eficácia de lei ou ato de natureza normativa (art. 101, § 3.º), fazer publicar no *Diário Oficial* e na *Coleção das leis* a conclusão do julgado que lhe for comunicado". Restou a norma em vigor desde 1946, cujo texto era o seguinte: "Art. 64. Incumbe ao Senado Federal suspender a execução, no todo ou em parte, de lei ou decreto declarados inconstitucionais por decisão definitiva do Supremo Tribunal Federal".

É interessante que o direito brasileiro só veio realmente a contar com o controle abstrato de normas no período da Revolução de 1964, a sugerir investigação da relação entre a instituição deste instrumento, de precioso calibre democrático, com o momento que se vivia, de restrição das liberdades. Se o presente momento não oportuniza tal análise, ao menos uma consequência daí pode ser extraída: a de que não há combinação de cores entre os institutos jurídicos e seus escopos e os ambientes dos variados momentos da história.[122]

---

120. MENDES, Gilmar F.; BRANCO, Paulo G. G. *Curso de direito constitucional*, p. 1.102-1.204; BASTOS, Celso Ribeiro. *Curso de direito constitucional*, p. 413 e ss.

121. Contrariando a tese majoritária, segundo a qual a decisão que declara a inconstitucionalidade de forma incidental produz efeitos *inter partes*, Lúcio Bittencourt, em 1949, já afirmava a desnecessidade da intervenção do Senado para que a decisão do Supremo Tribunal operasse efeitos contra todos. Para o jurista, o dispositivo constitucional que cometia ao Senado a função de suspender a execução da lei teria apenas o condão de conferir publicidade à decisão, consistindo em ato vinculado. Com relação à vinculação dos juízos inferiores, o autor argumentou que, "em face dos princípios que orientam a doutrina da coisa julgada e que são comumente aceitos entre nós, é difícil, senão impossível, justificar aqueles efeitos", acrescentando que a explicação para estes repousa na regra do *stare decisis*. Destarte, tais decisões seriam dotadas de eficácia obrigatória, sendo prescindível a atuação do Senado, para que pudessem ser invocadas pelos demais destinatários da norma eivada de inconstitucionalidade (BITTENCOURT, Carlos Alberto Lúcio. *O controle jurisdicional da constitucionalidade das leis*, p. 141-145).

122. "O governo militar, neste mesmo ano [em que aprovou a EC 16, 1965], através do Ato Institucional 2, ampliou o número de ministros no Supremo de onze para dezesseis, garantindo, a partir da nomeação de cinco novos ministros, uma maioria de votos favoráveis ao governo. Suspenderam-se as garantias constitucionais dos magistrados em geral, como inamovibilidade, vitaliciedade e estabilidade. Nesse clima de confronto e supressão das garantias de autonomia do Judiciário, a competência para processar e julgar ações diretas de inconstitucionalidade, por iniciativa exclusiva do Procurador-Geral da República, foi atribuída ao STF. Ressalte-se que a implementação da via de ação direta no Brasil, que é algo positivo para a garantia dos direitos dos indivíduos, surgiu exatamente no início do regime militar. Cabe compreender a peculiar forma pela qual esse instituto foi acolhido pelo ordenamento jurídico brasileiro. Na Exposição de Motivos da EC 16/1965, sob a responsabilidade do Ministro da Justiça, Juracy Magalhães, aparece, como um dos principais objetivos da reforma, diminuir a sobrecarga do Supremo, pois com a ação direta, a partir de uma só decisão do Supremo, seria possível impedir a formação de inúmeras lides em torno de uma mesma questão de inconstitucionalidade. O problema surge na forma pela qual se configurou a legitimidade ativa, ou seja, a capacidade de provocar a jurisdição do Supremo. Atribuído com exclusividade ao Procurador-Geral da República, demissível *ad nutum* pelo Presidente, tornou-se um instrumento de pouco valor no controle dos atos inconstitucionais produzidos pelo Executivo ou de interesse deste. O STF só chegaria a apreciar uma questão de inconstitucionalidade, por via de ação direta, se esse alto funcionário, de confiança do Presidente, assim o quisesse. Surgiu dessa maneira um método de controle concentrado

8.3.6 A Constituição de 1967/1969

A Constituição de 1967 reafirmou o controle difuso e a ação direta para o controle abstrato de normas estaduais e federais, como delineada na EC 16/1965. Deu-se ao STF a competência para processar e julgar originariamente "a representação do Procurador--Geral da República, por inconstitucionalidade de lei ou ato normativo federal ou estadual" (art. 114, I, *l*, da CF/1967).

Deixou-se de lado a norma que dava ao legislador o poder de criar processo "de competência originária do Tribunal de Justiça, para declaração de inconstitucionalidade de lei ou ato de Município, em conflito com a Constituição do Estado" (art. 124, XIII, da CF/1946). Mas, em contrapartida, a EC 1/1969 acrescentou três letras (*d, e e f*) ao § 3.° do art. 15, que, então, passou a ter a seguinte redação: "§ 3.° A intervenção nos municípios será regulada na Constituição do Estado, somente podendo ocorrer quando: *a)* se verificar impontualidade no pagamento de empréstimo garantido pelo Estado; *b)* deixar de ser paga, por dois anos consecutivos, dívida fundada; *c)* não forem prestados contas devidas, na forma da lei; *d) o Tribunal de Justiça do Estado der provimento a representação formulada pelo Chefe do Ministério Público local para assegurar a observância dos princípios indicados na Constituição estadual, bem como para prover à execução de lei ou de ordem ou decisão judiciária, limitando-se o decreto do Governador a suspender o ato impugnado, se essa medida bastar ao restabelecimento da normalidade; e) forem praticados, na administração municipal, atos subversivos ou de corrupção; e f) não tiver havido aplicação, no ensino primário, em cada ano, de vinte por cento, pelo menos, da receita tributária municipal*". A letra *d* do § 3.° do art. 15, desse modo, estabeleceu a representação de inconstitucionalidade, a cargo do chefe do Ministério Público local, para o controle de lei municipal diante da Constituição Estadual e para prover à execução de lei ou de ordem ou decisão judiciária, com fins de intervenção no Município.

De outra parte, a Constituição de 1967 ampliou o objeto da representação de inconstitucionalidade para fins de intervenção no Estado, que, antes, era preenchido unicamente pela tutela dos princípios constitucionais sensíveis. Esta representação de inconstitucionalidade passou a assegurar, além dos princípios constitucionais sensíveis, a "execução de lei federal, ordem ou decisão judiciária" (art. 10, VI, da CF/1967).

Mediante a Emenda 7/1977 deixou-se clara a possibilidade de concessão de liminar na ação direta de inconstitucionalidade. Inseriu-se a letra *p* no inciso I do art. 119, conferindo--se ao STF o poder para apreciar e conceder "medida cautelar" em ação de inconstitucionalidade proposta pelo Procurador-Geral da República. Esta norma resolveu questão importante e polêmica, especialmente por suas consequências, relacionadas com a eficácia da decisão de inconstitucionalidade.

---

não apenas no sentido técnico-jurídico, mas principalmente político" (VIEIRA, Oscar Vilhena. *Supremo Tribunal Federal:* jurisprudência política, p. 122-123). Em 1968, Aliomar Baleeiro, então Ministro do STF nomeado para ocupar uma das novas vagas criadas pelo Ato Institucional 2, interpretou a aprovação da EC 16/1965 como mecanismo estabelecido pelo regime militar, que, "ao invés de enfraquecê-lo [o STF], no meu entender, deu-lhe poderes políticos mais graves com maior responsabilidade (...). Quis, penso, manter e prestigiar o Supremo" (BALEEIRO, Aliomar. *O Supremo Tribunal Federal, esse outro desconhecido,* p. 134). Para uma crítica contundente desta interpretação de Baleeiro, ver CRUZ, Álvaro Ricardo de Souza. *Jurisdição constitucional democrática,* p. 296.

O STF, ainda sob a égide da EC 1/1969, submetia as suas decisões de inconstitucionalidade, inclusive aquelas proferidas em sede de controle abstrato, ao Senado Federal, para que este determinasse a suspensão da execução da lei. Entendia-se que a decisão do STF, tomada em face de ação direta de inconstitucionalidade, não era dotada, por si só, de eficácia contra todos (*erga omnes*), dependendo, para tanto, da atuação do Senado, a suspender a eficácia da lei declarada inconstitucional.

O Senado Federal, por sua vez, nunca se viu obrigado a suspender a eficácia da norma declarada inconstitucional. Atuava quando entendia conveniente, ao ser comunicado de decisão proferida em controle difuso[123] ou de decisão tomada em sede de controle abstrato, com o grave inconveniente de frequentemente vir a agir depois de passados muitos anos de a decisão ter sido proferida.

Na Representação de Inconstitucionalidade 933, em momento em que a questão da medida cautelar na ação direta ainda não havia sido disciplinada na Constituição, discutiu-se amplamente sobre o cabimento de medida cautelar no bojo do processo de inconstitucionalidade. O Procurador-Geral da República – José Carlos Moreira Alves – requereu, na petição em que ofereceu a representação de inconstitucionalidade, a suspensão da execução das normas objeto da representação. O Plenário, por maioria, entendeu ser cabível o pleito da medida e concedeu-a por unanimidade, tendo relevância o seguinte trecho da ementa: "Embora a suspensão da lei ou decreto, tidos como inconstitucionais, caiba ao Senado Federal, nada impede que, verificados os pressupostos a que se refere o art. 22, IV, c/c o art. 175 do RISTF, expedidos com base na Constituição, art. 120, *c*, seja ela concedida".[124]

Como vagamente deixa transparecer a ementa, a discussão travada entre os ministros tomou em consideração: (i) a competência do Senado Federal para suspender a execução da lei; (ii) a natureza declaratória da decisão de inconstitucionalidade; e (iii) a possibilidade de o Judiciário conceder medida liminar para suspender os efeitos das normas. Os votos do relator, Min. Thompson Flores, e dos Ministros Xavier de Albuquerque e Eloy da Rocha, que, vencidos, dele divergiram, são importantes para explicar este relevante momento da história da jurisprudência do STF e do desenvolvimento do sistema de controle de constitucionalidade.[125]

A argumentação do Min. Xavier de Albuquerque pode ser sintetizada na seguinte parte do seu voto: "A suspensão da execução de lei declarada inconstitucional é, pela Constituição, prerrogativa do Senado. A meu ver, portanto, o Supremo não pode antecipar prestação jurisdicional que não lhe compete dar em definitivo. Tenho eu a impressão de que, sendo a medida preventiva, aqui requerida, consistente na suspensão liminar da execução do ato

---

123. Daí que, naturalmente, as decisões proferidas pelo STF em controle difuso acabavam não surtindo o efeito prático que delas se poderia esperar, uma vez que os tribunais e juízo inferiores entendiam não dever respeito aos precedentes da Suprema Corte, situação esta que só veio a encontrar resposta na recente tese da eficácia vinculante dos motivos determinantes das decisões proferidas em controle difuso. V. STF, RE 376.852, rel. Min. Gilmar Mendes, *DJU* 24.10.2003, p. 65. Em sede doutrinária, v. MENDES, Gilmar Ferreira. O papel do Senado Federal no controle de constitucionalidade: um caso clássico de mutação constitucional. *Revista de Informação Legislativa* 162/164, abr.-jun. 2004; MARINONI, Luiz Guilherme. *Precedentes obrigatórios*, esp. p. 289-325 e p. 460-464.
124. STF, Representação de Inconstitucionalidade 933, Pleno, j. 05.06.1975, rel. Min. Thompson Flores.
125. Na vigência da Constituição de 1946, os Ministros Ari Franco e Vitor Nunes já haviam concedido liminares nas Representações 466 e 467, mantidas pelo Plenário.

normativo impugnado, não podemos deferi-lo, por incompatibilidade com a própria índole da representação de inconstitucionalidade".[126] O Min. Eloy da Rocha acompanhou o Min. Xavier de Albuquerque com interrogação que bem evidencia a questão que, naquele momento, atormentava o STF: "A prestação jurisdicional, na ação direta de inconstitucionalidade, finda com a declaração da constitucionalidade ou inconstitucionalidade. Não se concede a suspensão da execução, que não cabe ao Poder Judiciário. É possível, em determinados casos, antecipar a prestação jurisdicional. Mas não é possível antecipar o que não cabe na prestação jurisdicional. E não cabe porque a Constituição preceitua: 'Art. 42. Compete privativamente ao Senado Federal: (...) VI – suspender a execução, no todo ou em parte, de lei ou decreto, declarados inconstitucionais por decisão definitiva do STF'. É da prestação jurisdicional a declaração da inconstitucionalidade, mas não a suspensão da execução. Mesmo no fim da prestação, quando ela se exaure, quando o Tribunal declara a inconstitucionalidade, não lhe é dado suspender a execução. Como se há de deferir, por antecipação, a suspensão?"[127]

Como está claro, os votos vencidos se basearam em dois pontos: (i) a ação direta de inconstitucionalidade culmina com a declaração de constitucionalidade ou de inconstitucionalidade, não cabendo ao Judiciário, nem mesmo quando profere a decisão de inconstitucionalidade, suspender a execução da lei, pois a competência para tanto é do Senado Federal; (ii) consequência direta disso seria a impossibilidade de o Judiciário conceder liminar, já que estaria antecipando (a suspensão da execução da lei) o que não pode conceder.

Portanto, a questão que estava em pauta era a de se, sendo o Senado o competente para suspender a execução da lei, poderia o Judiciário antecipar uma providência que não era da sua incumbência. De modo que o real problema, em verdade, era o do significado da atuação do Senado. Se a providência do Senado constituía mera decorrência da declaração judicial de inconstitucionalidade, não haveria razão para se supor que o STF estaria proibido de antecipar a suspensão da eficácia da lei.

Foi exatamente nesta linha que se postou o voto do Min. Thompson Flores, relator do acórdão que, por maioria, admitiu a análise do pedido de medida cautelar, concedendo-a por unanimidade. Vale a pena registrar parte significativa do voto: "Recebendo a comunicação, em caso como o dos autos, creio que não tem o Órgão Legislativo outra alternativa do que cumprir o decisório. Quando muito, creio, poderá perquirir se foi tomado com o *quorum* imposto pela Carta Maior. Não poderá revê-lo, sob qualquer outro pretexto. É que a declaração de inconstitucionalidade reservada ficou, absoluta e privativamente, à Magna Corte, não repartindo essa prerrogativa com Poder outro qualquer. Pensam alguns que poderá examinar da conveniência ou oportunidade da suspensão da lei ou do decreto, apreciando o aspecto meramente político. Assim não considero, pois admitir o poder de revisão é abrir oportunidade ao conflito entre os poderes, como, lamentavelmente, já sucedera, e o obsta o julgamento do RMS 16.519 (*RTJ* 38/569), mas que a Constituição quis, a toda evidência, prevenir. É o que decorre, claramente, do citado art. 119, I, I. Penso que o art. 42, VII, da Carta Maior comporta exegese construtiva e racional. Realmente. Não são apenas das

---

126. STF, Representação de Inconstitucionalidade 933, Pleno, j. 05.06.1975, rel. Min. Thompson Flores.
127. Idem.

declarações de inconstitucionalidade de leis federais e estaduais, oriundas de representação como a presente, que a comunicação deve ser feita ao Senado Federal. O preceito não distingue. Compreende, também, aquelas declarações provenientes de procedimentos outros, nos quais as disposições normativas não sejam consideradas *abstratamente*. Para estes, certo não se há de admitir a revisão do julgado, mas, sim, a possibilidade possa ele beneficiar a terceiros, os quais, sem a suspensão da norma incompatível com a Constituição, do decisório não se beneficiariam. Poderá gerar, assim, seus efeitos *erga omnes*. Todavia, em tal emergência é que poderá o Poder Político do Senado ajuizar da conveniência ou oportunidade em expedir a Resolução suspensiva da norma. Dessarte, mesmo considerando que a representação configure procedimento complexo, no qual a parte dominante cabe ao STF e a parte final ao Senado Federal, e mais, que a decisão seja declaratória, segundo a lição de Mestre Buzaid, divergindo do magistério de Pontes de Miranda, que a tem como constitutiva negativa (*Coments. à Const. 1969*, IV, 44), ainda assim admito, em tese, o adiantamento da prestação jurisdicional, caso se configure indispensável o atendimento da medida cautelar, verificadas as hipóteses em que o Regimento Interno o exige. É que, sendo irrevisível a decisão que venha declarar a inconstitucionalidade, e sendo *compulsório* o seu cumprimento pelo Senado, no que pertine à suspensão, não se explicaria a admissão em tal oportunidade que continuasse o preceito legal viciado a comportar execução, ao menos de parte do órgão de onde promanou".[128]

A conclusão a que se chegou, na Representação 933, admitindo-se liminar no bojo da ação declaratória de inconstitucionalidade sob o fundamento de que a atuação do Senado é mera consequência da declaração de inconstitucionalidade ou é a ela inteiramente adstrita, permitiu que o STF chegasse a resultado consequente, admitindo que a sua decisão de inconstitucionalidade produz efeitos gerais (efeitos *erga omnes*) e que, assim, a comunicação ao Senado, na hipótese de ação direta, é desnecessária. Neste exato sentido, a demonstrar a desnecessidade de comunicação ao Senado no caso de ação direta, o Min. Moreira Alves, na Representação 1.016-3, proferiu voto que foi seguido à unanimidade: "Para a defesa de relações jurídicas concretas em face de leis ordinárias em desconformidade com as Constituições vigentes na época em que aquelas entraram em vigor, há a declaração de inconstitucionalidade *incidenter tantum*, que só passa em julgado para as partes em litígio (consequência estritamente jurídica), e que só tem eficácia *erga omnes* se o Senado Federal houver por bem (decisão de conveniência política) suspendê-la no todo ou em parte. Já o mesmo não ocorre com referência à declaração de inconstitucionalidade obtida em representação, *a qual passa em julgado* erga omnes, *com reflexos sobre o passado (a nulidade opera* ex tunc*), independentemente de atuação do Senado*, por se tratar de decisão cuja conveniência política do processo de seu desencadeamento se fez *a priori*, e que se impõe, quaisquer que sejam as consequências para as relações jurídica concretas, pelo interesse superior da preservação do respeito à Constituição que preside à ordem jurídica vigente".[129]

A emenda constitucional trouxe outra questão relevante. A letra *l* do inciso I do art. 119 passou a ter a seguinte redação: "A representação do Procurador-Geral da República, por inconstitucionalidade ou para interpretação de lei ou ato normativo federal ou estadual".

---

128. Idem.
129. STF, Representação de Inconstitucionalidade 1.016-3, Pleno, j. 20.09.1979, rel. Min. Moreira Alves.

O Procurador-Geral da República passou a poder oferecer representação ao STF para o fim de definição de interpretação de norma federal ou estadual. Trata-se de fórmula curiosa e, de certa forma, inexplicável para quem supõe que as decisões dos tribunais superiores devem ser obrigatoriamente respeitadas pelos tribunais e juízos inferiores. A sua compreensão exige que se tenha em conta que as decisões do STF, dando a interpretação de lei ou ato normativo federal ou estadual, não eram respeitadas, e, portanto, não definiam ou consolidavam a interpretação da norma. Foi por isso que surgiu a representação para interpretação de norma: apenas para permitir a criação de um precedente de caráter vinculante. Algo que, bem vistas as coisas, deveria ter sido muito bem-vindo, diante da imprescindibilidade de se atribuir autoridade às decisões dos tribunais superiores. A única crítica, do ponto de vista teórico, que poderia ter sido feita a esta forma de representação, *no sentido da sua desnecessidade*, encontraria fácil resposta na prática forense, a demonstrar o desrespeito dos tribunais inferiores às decisões da Suprema Corte.

A EC 7/1977 ainda instituiu a chamada avocatória, incluindo a letra *o* no inciso I do art. 119: "*o)* as causas processadas perante quaisquer juízos ou Tribunais, cuja avocação deferir, a pedido do Procurador-Geral da República, quando decorrer imediato perigo de grave lesão à ordem, à saúde, à segurança ou às finanças públicas, para que se suspendam os efeitos de decisão proferida e para que o conhecimento integral da lide lhe seja devolvido". A avocatória, nos moldes da norma instituída pela Emenda 7/1977, teve escassa utilização na prática.

8.3.7 A Constituição de 1988

A Constituição Federal de 1988 dotou o cidadão de vários e sofisticados modelos de proteção aos direitos individuais, difusos e coletivos. O mandado de segurança foi estendido aos direitos coletivos, passando a poder ser impetrado por partido político com representação no Congresso Nacional, organização sindical, entidade de classe ou associação legalmente constituída e em funcionamento há pelo menos um ano, em defesa dos interesses de seus membros ou associados (art. 5.º, LXX).[130] Instituiu-se o mandado de injunção para proteger direito assegurado pela Constituição quando a omissão de órgão com poder normativo estiver obstaculizando a sua tutela (art. 5.º, LXXI).[131] Criou-se o *habeas data* para assegurar o conhecimento de informações relativas à pessoa do impetrante, constantes de registros ou bancos de dados de entidades governamentais ou de caráter público, e para a retificação de dados, quando não se prefira fazê-lo por processo sigiloso, judicial ou administrativo (art. 5.º, LXXII).[132] Consagrou-se a ação popular, como meio destinado à proteção

130. CF/1988, art. 5.º, LXX: "o mandado de segurança coletivo pode ser impetrado por: *a)* partido político com representação no Congresso Nacional; *b)* organização sindical, entidade de classe ou associação legalmente constituída e em funcionamento há pelo menos um ano, em defesa dos interesses de seus membros ou associados".

131. CF/1988, art. 5.º, LXXI: "conceder-se-á mandado de injunção sempre que a falta de norma regulamentadora torne inviável o exercício dos direitos e liberdades constitucionais e das prerrogativas inerentes à nacionalidade, à soberania e à cidadania".

132. CF/1988, art. 5.º, LXXII: "conceder-se-á *habeas data*: *a)* para assegurar o conhecimento de informações relativas à pessoa do impetrante, constantes de registros ou bancos de dados de entidades governamentais ou de caráter público; *b)* para a retificação de dados, quando não se prefira fazê-lo por processo sigiloso, judicial ou administrativo".

da coisa pública, deferindo-se legitimidade a qualquer cidadão para a sua propositura (art. 5.º, LXXIII).[133]

No que diz respeito ao controle de constitucionalidade, manteve-se a força do controle difuso de constitucionalidade – com a reserva do recurso extraordinário às questões constitucionais – e ampliou-se, de modo significativo, o sistema de controle concentrado.

Em consonância com a preocupação com a omissão inconstitucional, estabeleceu-se o controle abstrato da omissão, dispondo o art. 103, § 2.º, da CF que, "declarada a inconstitucionalidade por omissão de medida para tornar efetiva norma constitucional, será dada ciência ao Poder competente para a adoção das providências necessárias e, em se tratando de órgão administrativo, para fazê-lo em trinta dias".

A ação direta de inconstitucionalidade, antes deferida exclusivamente ao Procurador--Geral da República, foi potencializada. Passaram a ter legitimidade à propositura da ação direta de inconstitucionalidade, para o controle abstrato de norma ou de omissão, (i) o Presidente da República; (ii) a Mesa do Senado Federal; (iii) a Mesa da Câmara dos Deputados; (iv) a Mesa de Assembleia Legislativa ou da Câmara Legislativa do Distrito Federal; (v) o Governador de Estado ou do Distrito Federal; (vi) o Procurador-Geral da República; (vii) o Conselho Federal da Ordem dos Advogados do Brasil; (viii) partido político com representação no Congresso Nacional; e (ix) confederação sindical ou entidade de classe de âmbito nacional (art. 103 da CF).

Previu-se, ainda, a arguição de descumprimento de preceito fundamental (art. 102, § 1.º), regulamentada pela Lei 9.882, de 03.12.1999.[134]

A EC 3, de 17.03.1993, criou a ação declaratória de constitucionalidade, que pode ser proposta perante o STF pelos mesmos legitimados à ação direta de inconstitucionalidade, listados no art. 103. A Lei 9.868, de 10.11.1999, regulamentou o processo e julgamento, no STF, de ambas as ações diretas, de constitucionalidade e de inconstitucionalidade.

Manteve-se a representação interventiva, destinada à investigação da compatibilidade do direito estadual com os princípios sensíveis (art. 36, III, da CF).[135] Além disso, voltou-se a criar a ação direta de inconstitucionalidade, de competência do Tribunal de Justiça do Estado, para o questionamento de leis ou atos normativos estaduais ou municipais em face da Constituição estadual (art. 125, § 2.º, da CF).[136]

---

133. CF/1988, art. 5.º, LXXIII: "qualquer cidadão é parte legítima para propor ação popular que vise a anular ato lesivo ao patrimônio público ou de entidade de que o Estado participe, à moralidade administrativa, ao meio ambiente e ao patrimônio histórico e cultural, ficando o autor, salvo comprovada má-fé, isento de custas judiciais e do ônus da sucumbência".

134. CF/1988, art. 102, § 1.º: "A arguição de descumprimento de preceito fundamental, decorrente desta Constituição, será apreciada pelo Supremo Tribunal Federal, na forma da lei". Lei 9.882/1999, art. 1.º: "A arguição prevista no § 1.º do art. 102 da Constituição Federal será proposta perante o Supremo Tribunal Federal, e terá por objeto evitar ou reparar lesão a preceito fundamental, resultante de ato do Poder Público".

135. CF/1988, art. 36: "A decretação da intervenção dependerá: (...) III – de provimento, pelo Supremo Tribunal Federal, de representação do Procurador-Geral da República, na hipótese do art. 34, VII, e no caso de recusa à execução de lei federal" (Redação dada pela EC 45/2004).

136. CF/1988, art. 125, § 2.º: "Cabe aos Estados a instituição de representação de inconstitucionalidade de leis ou atos normativos estaduais ou municipais em face da Constituição Estadual, vedada a atribuição da legitimação para agir a um único órgão".

II – FORMAS DE CONTROLE DE CONSTITUCIONALIDADE E TIPOS DE INCONSTITUCIONALIDADE

8.4 Das formas de controle de constitucionalidade

8.4.1 Controle judicial e controle não judicial

O modelo judicial é a forma clássica e bem-sucedida de controle de constitucionalidade.[137] A configuração de um controle de constitucionalidade não judicial tem relação com a desconfiança no Judiciário, visto como poder que deveria se manter rigorosamente afastado dos assuntos do parlamento e que, por isso mesmo, não deveria aferir a legitimidade das leis.[138]

---

137. "Constitutional review is an expression of the priority or superiority of constitutional rights over and against parliamentary legislation. Its logical basis is the concept of contradiction. The declaration of a statute as unconstitutional implies that it contradicts at least one norm of the constitution. This contradiction at the level of norms is accompanied by a contradiction at the level of judgments about norms. The judgment of the constitutional court is, in most cases, explicit. It has the form 'The statute S is unconstitutional'. The judgment of the parliament – at least during the process of legislation, that is, before the pleading at the constitutional court begins – is usually only implicit. It has the form 'The statute S is constitutional'. These two kinds of contradictions show that constitutional review is essentially propositional and, therefore, argumentative or discursive. Constitutional review, however, consists of more than assertions concerning constitutionality. The constitutional court not only says something but also does something. It typically has the power to invalidate unconstitutional acts of the parliament. This kind of participation in legislation means that the activity of constitutional courts has not only a propositional or discursive character but also an institutional or authoritative one" (ALEXY, Robert. Balancing, constitutional review and representation. *International Journal of Constitutional Law*, vol. 3, n. 4, p. 577-578, 2005).

138. A disputa entre esses dois modelos envolve conflitos politicamente relevantes: "(...) a relação entre democracia e controle judicial da constitucionalidade tem permanecido precária e sujeita a um debate acalorado ao longo do tempo até os dias atuais. Alguns teóricos temem que o jogo democrático seja paralisado por uma camisa de força constitucional. Outros temem que o dique constitucional possa ser rompido por uma inundação democrática" (GRIMM, Dieter. Jurisdição constitucional e democracia. *Revista de Direito do Estado*, ano 1, n. 4, p. 3-22, p. 6, out.-dez. 2006). Em todo caso, é verificável uma preponderância cada vez maior do sistema de controle judicial de constitucionalidade, em detrimento do controle político: "Desde a 2.ª guerra mundial, tem havido uma profunda transferência de poder, das legislaturas em direção aos tribunais e outras instituições jurídicas ao redor do mundo" (FEREJOHN, John. Judicializing politics, politicizing law. *Law and Contemporary Problems*, vol. 65, n. 3, 2002, p. 41). Defesas influentes da legitimidade do controle judicial – embora com argumentos e conclusões substancialmente distintos – são: DWORKIN, Ronald. *O direito da liberdade:* uma leitura moral da Constituição norte-americana, p. 1-59; ELY, John Hart. *Democracia e desconfiança:* uma teoria do controle judicial de constitucionalidade; e BICKEL, Alexander. *The last dangerous branch*; HÄBERLE, Peter. *El estado constitucional*; ____. *Hermenêutica constitucional – A sociedade aberta dos intérpretes da constituição.* Para críticas contundentes do controle judicial, cf. WALDRON, Jeremy. *Law and disagreement*, p. 211-312, e TUSHNET, Mark. *Taking the constitution away from the courts*. Para uma visão abrangente do debate contemporâneo, cf. BIGONHA, Antônio C.; MOREIRA, Luiz (Org.). *Legitimidade da jurisdição constitucional*; e ____; ____ (Org.). *Limites do controle de constitucionalidade*; MENDES, Conrado Hübner. *Direitos fundamentais, separação de poderes e deliberação*; LINARES, Sebastian. *La (i legitimidad democrática del control judicial de las leyes*; SOUZA NETO, Cláudio Pereira de. *Teoria constitucional e democracia deliberativa:* um estudo sobre o papel do direito na garantia das condições para a cooperação na deliberação democrática; SAMPAIO, José Adércio Leite. *A Constituição reinventada pela jurisdição constitucional*.

Este modelo de controle de constitucionalidade, em outras palavras, é devoto da ideologia da Revolução Francesa, que tentou fazer do juiz a *bouche de la loi*. O afastamento do Judiciário do controle da constitucionalidade, inspirado nas razões revolucionárias, foi afirmado nas Constituições francesas.[139]

A Constituição francesa de 1958 previu um *Conseil Constitutionnel*, regulamentado por uma *ordonnance* de novembro do mesmo ano, cujo fim é realizar "le contrôle de la constitutionnalité des lois".[140] A aversão à interferência do Judiciário sobre o parlamento levou o direito francês a atribuir o controle de constitucionalidade a um "Conselho Constitucional"[141] composto por nove membros – cada três nomeados, respectivamente, pelo Presidente da República, pelo Presidente da Assembleia Nacional e pelo Presidente do Senado – e pelos antigos Presidentes da República.

Na França, quando um projeto de lei é enviado pelo parlamento (Assembleia Nacional e Senado) ao Presidente da República para promulgação, este dispõe de 15 dias para tanto. Neste prazo, porém, faculta-se ao Presidente da República, ao Primeiro-Ministro, ao Presidente da Assembleia Nacional, ao Presidente do Senado ou a um número mínimo de 60 deputados ou senadores pedir ao Conselho Constitucional manifestação acerca da compatibilidade do projeto de lei com a Constituição. Se o Conselho aprova o projeto, reputando-o constitucional, segue para promulgação presidencial. Em caso contrário, se o projeto é considerado inconstitucional, não poderá ser promulgado.[142]

A consideração de um grupo mínimo de deputados ou senadores para que a Corte possa se pronunciar sobre a constitucionalidade do projeto de lei evidencia a intenção de dar oportunidade à minoria parlamentar de se opor aos desvios arbitrários da maioria.[143] O

---

139. A França não demonstrou interesse por uma forma de controle de constitucionalidade das leis até a Constituição da Quinta República de 1958, em razão da tradição histórica e ideológica que marcou a ordem jurídica deste país. Este desinteresse é resultado das teorias revolucionárias sobre a lei como expressão da vontade geral do povo, proclamação perfeita do contrato social, que impedia qualquer forma de controle das leis. A visão otimista em relação à soberania residia na ideia romântica de que o parlamento não poderia ir contra os interesses e a tutela dos cidadãos. Além disso, existia extremada desconfiança no Poder Judiciário e temor de um "governo dos juízes". V. Costa, Pietro. O Estado de Direito: uma introdução histórica. In: ____; Zolo, Danilo (Org.). *O Estado de Direito:* história, teoria, p. 105 e ss.

140. Cf. Drago, Guillaume. *Contentieux constitutionnel français*; Pascal, Jean. *Le procès constitutionnel*; Pasquino, Pasquale. Constitutional adjudication and democracy. *Ratio Juris*, vol. 11, n. 1, mar. 1998 (38-50); Davis, Michael H. *The law/politics distinction, the French Conseil Constitutionnel, and the U.S. Supreme Court. The American Journal of Comparative Law*, vol. 34, n. 1, p. 45-92, 1986; Luchaire, François. Le Conseil Constitutionnel est-il une juridiction? *Revue du Droit Public et de la Science Politique en France et à l'Étranger (RDP)*, 1979, vol. 1, p. 27-52; Stone, Alec. The *birth of judicial politics in France:* the Constitutional Council in comparative perspective.

141. Sobre o Conselho Constitucional como órgão político competente para controlar preventivamente a constitucionalidade das leis, v. Moderne, Franck. El Consejo Constitucional francês, *Justicia constitucional comparada*, p. 125 e ss.

142. No Brasil, dispõe a Constituição Federal que "a Casa na qual tenha sido concluída a votação enviará o projeto de lei ao Presidente da República, que, aquiescendo, o sancionará" (art. 66, *caput*). "Se o Presidente da República considerar o projeto, no todo ou em parte, inconstitucional ou contrário ao interesse público, vetá-lo-á total ou parcialmente, no prazo de quinze dias úteis, contados da data do recebimento, e comunicará, dentro de quarenta e oito horas, ao Presidente do Senado Federal os motivos do veto" (art. 66, § 1.º).

143. A consideração de um grupo mínimo de senadores e deputados para o exercício do direito de revisão constitucional foi um marco importante no fortalecimento do papel do Conselho Constitucional, promovido pela reforma constitucional de 28.10.1974, que modificou o art. 61 da Constituição francesa. Esta

Conseil Constitutionnel, nesta dimensão, atua como um corretivo do princípio democráti-co-majoritário, contrapondo-se à lógica de que, ao ganhar as eleições, a maioria assume poder para fazer o que quiser (*winner-takes all*), como se as eleições fossem um simples jogo de "tudo ou nada".[144]

Frise-se que o Conselho Constitucional obrigatoriamente tem de se pronunciar sobre as "leis orgânicas", que, basicamente, dizem respeito à organização dos poderes públicos. Além disso, o Conselho não tem apenas competência para controlar a constitucionalidade das leis, mas também, entre outras, competência para controlar a regularidade das eleições presidenciais e parlamentares. Se estes fatores já seriam suficientes para apontar para a natureza não jurisdicional da função desenvolvida pelo órgão, maior relevo tem a circunstância de que a atuação do Conselho Constitucional, no tradicional controle de constitucionalidade francês, constitui fase do processo legislativo, e, portanto, incorpora a própria natureza – política – da função legislativa.[145]

Não obstante, a função desempenhada pelo Conselho Constitucional é baseada em critérios unicamente jurídicos, preservando-se a competência do parlamento para apreciar a conveniência e a oportunidade da lei. Difere, neste aspecto, da maneira como os órgãos compostos por membros de partidos políticos manipulam os instrumentos de controle de constitucionalidade – no Brasil, o veto e os pareceres das Comissões de Constituição e Justiça do Poder Legislativo – durante o processo de elaboração das leis.[146]

---

ideia fora refutada pelos constituintes de 1958, que objetivaram limitar a atuação do Conselho. Explica Luis M. Cruz que "la revisión de 1974 provocó una revalorización de la posición de poder del Consejo Constitucional como se puso de manifesto en los debates entre gobierno y oposición y en la doctrina constitucional. Uno de los puntos fundamentales de la estrategia política de la oposición se basó en la petición de revisión como medio para el enfrentamiento con las políticas de la mayoría gubernamental. Esto condujo, precisamente, a una remisión constante al Consejo de todas las leyes importantes votadas por la mayoría parlamentaria y que no eran del agrado de la oposición. Por su parte, los constitucionalistas participaron también en la promoción del Consejo, en la medida en que el desarrollo del poder de este último aumentó las perspectivas de la doctrina constitucional. La multiplicación de las decisiones permitió a la doctrina ir más allá del estudio de los regímenes electorales, de la evolución de las relaciones de las fuerzas políticas, de los tipos de escrutinio o del sistema de partidos políticos y abordar un análisis jurídico del contenido y efectos de los principios constitucionales. En la medida en que la Constitución es vista como un documento jurídico que impone su lógica en otros ámbitos del derecho, el derecho constitucional se ha convertido en una verdadera ciencia jurídica. Para los constitucionalistas la Constitución ya no es únicamente un texto político, resultado del compromiso de fuerzas políticas y sociales, sino, fundamentalmente, un documento jurídico" (CRUZ, Luis M. El alcance del Consejo Constitucional francés en la protección de los derechos y libertades fundamentales. *Revista de Derecho Constitucional Europeo*, ano VIII, n. 15, jan.-jul. 2011).

144. PASQUINO, Pasquale. Tipologia della giustizia costituzionale in Europa. *La giustizia costituzionale ed i suoi utenti*, p. 18.

145. De acordo com Mauro Cappelletti, "tal função vem, na verdade, a se inserir – necessariamente, no que concerne às 'leis orgânicas', e somente à instância de certas autoridades políticas, no que se refere a outras leis – no próprio *iter* da formação da lei na França: é, afinal de contas, não um verdadeiro controle (*a posteriori*) da legitimidade constitucional de uma lei, para ver se ela é ou não é válida e, por conseguinte, aplicável, mas, antes, um ato (e precisamente um parecer vinculatório) que vem a se inserir no próprio processo de formação da lei – e deste processo assume, portanto, a mesma natureza" (CAPPELLETTI, Mauro. *O controle judicial de constitucionalidade das leis no direito comparado*, p. 29).

146. "A prática brasileira e estrangeira demonstra que, por serem manejados por órgãos compostos ou chefiados por representantes políticos, oriundos da esfera partidária, esses instrumentos acabam sendo extremamente permeáveis a razões de natureza política, ou seja, a análise da constitucionalidade do ato controlado é muitas vezes contaminada por razões de conveniência e oportunidade, o que acentua o seu caráter

Com o passar dos anos ocorreu significativa evolução do papel do Conselho Constitucional, que, de guarda da regularidade formal das leis, progressivamente passou a tutelar as liberdades públicas e os direitos fundamentais.[147] Recentemente, a versão originária do controle de constitucionalidade, instituída pela Constituição de 1958, sofreu importante mudança com a reforma constitucional implementada pela LC 724, de 23.07.2008, que introduziu o art. 61-1[148] e alterou o art. 62[149] da Constituição. Estabeleceu-se o controle repressivo de constitucionalidade das leis mediante a chamada arguição prioritária de violação de direitos e liberdades garantidos na Constituição.

O art. 61-1 da Constituição francesa, introduzido com a reforma constitucional de 2008, foi regulado pela Lei Orgânica 2009-1523,[150] de dezembro de 2009, tendo entrado em vigor em 01.03.2010. A Lei Orgânica 2009-1523, de 10.12.2009, falou em "question prioritaire de constitutionnalité" para deixar claro que a questão de constitucionalidade, quando suscitada, deve ser apreciada em regime de prioridade.

Qualquer parte de processo jurisdicional ou administrativo pode suscitar a questão prioritária de constitucionalidade, em petição escrita devidamente motivada em que demonstre que a disposição legal vulnera direito ou liberdade garantida pela Constituição.[151]

---

político" (RAMOS, Elival da Silva, *Controle de constitucionalidade no Brasil:* perspectivas de evolução, p. 57).

147. "Esta transformación realmente es capital. A partir de su decisión de 16 de julio de 1971, el Consejo Constitucional ha aceptado reconocer el pleno valor constitucional de las disposiciones del 'preámbulo' en el marco del controle de constitucionalidade de las leyes. Se extendió después su análisis a la Declaración de los derechos del hombre y del ciudadano de 1798, mencionada en el próprio 'preámbulo', y a los principios fundamentales de derechos formuladas en las sucessivas leyes de la Republica. Así se constituyó un bloque de constitucionalidade, en el sentido francês del término; el Consejo Constitucional se ha convertido en un juez constitucional en interés de los ciudadanos y se puede añadir que este control es tan riguroso y tan eficaz como el de las jurisdicciones constitucionales europeas" (MODERNE, Franck. El Consejo Constitucional francés. *Justicia constitucional comparada*, p. 130-131). V. CRUZ, Luis M. El alcance del Consejo Constitucional francês en la protección de los derechos y libertades fundamentales. *Revista de Derecho Constitucional Europeo*, ano VIII, n. 15, jan.-jul. 2011.

148. "Art. 61-1. Lorsque, à l'occasion d'une instance en cours devant une juridiction, il est soutenu qu'une disposition législative porte atteinte aux droits et libertés que la Constitution garantit, le Conseil constitutionnel peut être saisi de cette question sur renvoi du Conseil d'État ou de la Cour de cassation qui se prononce dans un délai déterminé. Une loi organique détermine les conditions d'application du présent article."

149. "Art. 62. Une disposition déclarée inconstitutionnelle sur le fondement de l'article 61 ne peut être promulguée ni mise en application. "Une disposition déclarée inconstitutionnelle sur le fondement de l'article 61-1 est abrogée à compter de la publication de la décision du Conseil Constitutionnel ou d'une date ultérieure fixée par cette décision. Le Conseil Constitutionnel détermine les conditions et limites dans lesquelles les effets que la disposition a produits sont susceptibles d'être remis en cause. "Les décisions du Conseil Constitutionnel ne sont susceptibles d'aucun recours. Elles s'imposent aux pouvoirs publics et à toutes les autorités administratives et juridictionnelles."

150. A Sentença 2009-595 DC, do Conselho Constitucional francês, proclamou a constitucionalidade da lei orgânica que disciplinou o art. 61-1 da Constituição, ou seja, o procedimento e os requisitos para o exercício do controle repressivo.

151. Os direitos e liberdades garantidos pela Constituição são os direitos e liberdades que figuram na Constituição de 04.10.1958 e nos textos aos quais faz remissão o seu preâmbulo, quais sejam a Declaração dos Direitos do Homem e do Cidadão de 1789; o preâmbulo da Constituição de 1946; os princípios fundamentais reconhecidos pelas leis da República (aos quais faz remissão o Preâmbulo da Constituição de 1946); e a Carta do Meio Ambiente de 2004. Explica Louis Favoreu: "*As normas aplicáveis* são, em primeiro lugar, as que estão contidas na *Constituição*. Mas a Constituição contém principalmente disposições relativas à organização e funcionamento dos poderes públicos e poucas regras relativas aos direitos e liberdades funda-

A questão constitucional, portanto, é sempre vinculada a um caso concreto. O órgão a que suscitada a questão fará a primeira análise de admissibilidade, verificando se estão preenchidos os requisitos exigidos pela referida Lei Orgânica 2009-1523. Entendendo-se terem sido observados todos os requisitos legais, a questão será encaminhada, conforme o caso, à Corte de Cassação ou ao Conselho de Estado, a que incumbirá, agora num exame mais aprofundado, decidir se estão preenchidos os requisitos para a questão ser conhecida pelo Conselho Constitucional – que, frise-se, é o único competente para decidir sobre a questão de constitucionalidade.

Para que a questão constitucional possa ser conhecida pelo Conselho Constitucional, estabelece a Lei Orgânica 2009-1523 três requisitos: deve a disposição legal ser prejudicial à solução do litígio, já não ter sido declarada em conformidade com a Constituição pelo Conselho Constitucional e espelhar questão nova ou revestida de seriedade.

Se a questão não for admitida à Corte de Cassação ou ao Conselho de Estado, poderá ser objeto de recurso. Mas quando a questão for rejeitada pela Corte de Cassação ou pelo Conselho de Estado, não caberá qualquer forma de impugnação.

Admitida a questão, o Conselho Constitucional julgará a constitucionalidade da lei. Caso a declare inconstitucional, a lei deixará de produzir efeitos a partir da publicação da decisão ou de outra data ulterior que nela for fixada, em conformidade com o art. 62 da Constituição francesa. A alteração introduzida pela reforma de 2008 no art. 62 da Constituição prescreve que o dispositivo declarado inconstitucional com base no art. 61-1 (controle repressivo) deixará de produzir efeitos a partir da publicação da decisão do Conselho Constitucional, ou de data posterior fixada na decisão, e que o Conselho determinará as condições e os limites em que os efeitos produzidos pelo dispositivo declarado inconstitucional serão suscetíveis de reconsideração. Adotou-se, assim, a eficácia prospectiva das decisões que pronunciam a inconstitucionalidade, significando que o dispositivo declarado inconstitucional apenas perderá sua condição normativa a partir da publicação da decisão ou de data posterior que nela for fixada.

---

mentais. Se o juiz constitucional ficasse adstrito a esse texto, o controle de constitucionalidade teria se desenvolvido pouco. Contudo, *em quatro decisões*, 1970-1973, *o Conselho Constitucional realizou uma verdadeira revolução*, reconhecendo força jurídica ao Preâmbulo da Constituição. Assim, de uma só vez, ganharam valor de direito positivo: – *A Declaração dos Direitos do Homem e do Cidadão*, de 26.08.1789. Até então, esse texto era considerado como uma fonte de inspiração, permitindo ao Conselho de Estado extrair os 'princípios gerais de direito'. Invocada expressamente pela primeira vez na decisão de 27 de dezembro de 1973, a Declaração de 1979 é não somente examinada pelo Conselho Constitucional, mas considerada a fundo para justificar a anulação da disposição legislativa impugnada. Desde então ela foi invocada muitas vezes e acatada. – *O preâmbulo da Constituição de 1946* tornou-se também um texto de direito positivo, aplicado pela primeira vez na decisão de 15.01.1975 e regularmente depois. Este preâmbulo contém dois elementos: primeiro, ele refere-se aos 'princípios fundamentais reconhecidos pelas leis da República' (ver infra); segundo, a enumeração, em uma dezena de alíneas, dos novos direitos ou princípios, habitualmente chamados de '*princípios políticos, econômicos e sociais, particularmente necessários ao nosso tempo*', entre os quais estão o direito à saúde, o direito à moradia, o direito de greve etc. – *Os princípios fundamentais reconhecidos pelas leis da República* foram pela primeira vez considerados normas constitucionais na decisão de 16.07.1971, sobre a liberdade de associação. O Conselho Constitucional retira-os das leis liberais da República – particularmente da III República – que consagraram um certo número de grandes princípios: liberdade de associação, liberdade de ensino etc." (FAVOREU, Louis. *As cortes constitucionais*, p. 97-98). Sobre a constituição do bloco de constitucionalidade no sistema constitucional francês, v. CRUZ, Luis M. El alcance del Consejo Constitucional francês en la protección de los derechos y libertades fundamentales. *Revista de Derecho Constitucional Europeo*, ano VIII, n. 15, jan.-jul. 2011.

O art. 62, última frase, da Constituição francesa ainda deixa claro que as decisões do Conselho Constitucional são irrecorríveis, impondo-se a todos os poderes públicos e a todas as autoridades administrativas e jurisdicionais.

Atualmente, diante da evolução da maneira de decidir do Conselho Constitucional e da recente introdução do controle repressivo da constitucionalidade, a evidenciar a preocupação com a tutela dos direitos fundamentais, há sensível aproximação entre o modo de controle de constitucionalidade francês e aquele realizado nos sistemas em que a questão de constitucionalidade, suscitada perante o juiz de primeiro grau de jurisdição, permite a suspensão do processo e o envio da arguição para definição do Tribunal Constitucional.[152]

8.4.1.1 Objeto do controle judicial

Qualquer lei ou ato normativo advindo do Poder Público pode ser objeto de controle de constitucionalidade.[153] O órgão judicial pode deixar de aplicar, por considerá-lo inconstitucional, ato formalmente legislativo ou ato normativo emanado dos Poderes Executivo, Legislativo e Judiciário ou editado nas esferas federal, estadual e municipal. Assim, por exemplo, emenda constitucional, lei ordinária, lei complementar, medida provisória e mesmo regulamento, resolução, portaria e normas dos regimentos internos dos tribunais.

O exame de lei *municipal e estadual* em abstrato (mediante ação direta), em face da Constituição *do Estado*, cabe ao Tribunal de Justiça.[154] Ao STF incumbe o controle abstrato, mediante ação direta de inconstitucionalidade ou de ação declaratória de constitucionalidade, de norma *estadual e federal* em face da Constituição *Federal*.[155] Por meio de arguição de descumprimento de preceito fundamental, o STF também pode realizar o controle abstrato de norma municipal em face de preceito fundamental da Constituição Federal.[156]

Norma de Constituição Estadual, parâmetro de controle em ação direta de lei estadual ou municipal ajuizada perante Tribunal de Justiça, pode ser confrontada com a Constituição Federal mediante recurso extraordinário. Isto pode ocorrer quando Tribunal de Justiça,

---

152. ROUSSEAU, Dominique. *La question prioritaire de constitutionnalité.*

153. John Rawls demonstra que um dos princípios do constitucionalismo reside na distinção entre a lei mais alta e a lei comum: "A lei mais alta é expressão do poder constituinte do povo e tem a autoridade mais alta da vontade de 'Nós, o Povo', ao passo que a lei ordinária tem a autoridade do poder ordinário do parlamento e do eleitorado, e é uma expressão desse poder. A lei mais alta restringe e guia esse poder ordinário" (RAWLS, John. *Political liberalism*, p. 231).

154. CF/1988, art. 125: "Os Estados organizarão sua Justiça, observados os princípios estabelecidos nesta Constituição (...) § 2.º Cabe aos Estados a instituição de representação de inconstitucionalidade de leis ou atos normativos estaduais ou municipais em face da Constituição Estadual, vedada a atribuição da legitimação para agir a um único órgão".

155. CF/1988, art. 102: "Compete ao Supremo Tribunal Federal, precipuamente, a guarda da Constituição, cabendo-lhe: I – processar e julgar, originariamente: *a)* a ação direta de inconstitucionalidade de lei ou ato normativo federal ou estadual e a ação declaratória de constitucionalidade de lei ou ato normativo federal".

156. CF/1988, art. 102, § 1.º: "A arguição de descumprimento de preceito fundamental, decorrente desta Constituição, será apreciada pelo Supremo Tribunal Federal, na forma da lei". Lei 9.882/1999, art. 1.º: "A arguição prevista no § 1.º do art. 102 da Constituição Federal será proposta perante o Supremo Tribunal Federal, e terá por objeto evitar ou reparar lesão a preceito fundamental, resultante de ato do Poder Público".

ao considerar a norma da Constituição Estadual, decreta incidentalmente a sua inconstitucionalidade de ofício. O STF, na Rcl 526, declarou expressamente que o Tribunal de Justiça não usurpou a sua competência ao rejeitar alegação incidente de que determinado artigo da Constituição do Estado de São Paulo – que constituía parâmetro de controle na ação direta – seria inconstitucional em face da Constituição Federal.[157]

Por outro lado, indaga-se se determinadas normas, presentes nas Constituições Estaduais, que reproduzem ou imitam normas da Constituição Federal, podem constituir parâmetro para o controle de constitucionalidade no âmbito dos Tribunais de Justiça. Embora o STF tenha dito que não na Rcl 370,[158] sob o argumento de que a reprodução de normas constitucionais obrigatórias em todos os níveis da Federação seria ociosa em termos estritamente jurídicos, e que o Tribunal de Justiça, ao se deparar com normas de reprodução, estaria diante de parâmetros formalmente estaduais, porém substancialmente integrantes da Constituição Federal, houve modificação deste entendimento na Rcl 383, em que observou o Min. Moreira Alves que as normas constitucionais estaduais "não são normas secundárias que correm necessariamente a sorte das normas primárias, como sucede com o regulamento, que caduca quando a lei regulamentada é revogada. Tratando-se de norma ordinária de reprodução ou de norma constitucional estadual da mesma natureza, por terem eficácia no seu âmbito de atuação, se a norma constitucional federal reproduzida for revogada, elas, por terem eficácia no seu âmbito de atuação, persistem como normas jurídicas que nunca deixaram de ser. Os princípios reproduzidos, que, enquanto vigentes, se impunham obrigatoriamente por força apenas da Constituição Federal, quando revogados, permanecem, no âmbito de aplicação das leis ordinárias federais ou constitucionais estaduais, graças à eficácia delas resultante". Decidiu-se, então, pela admissibilidade da ação direta perante o Tribunal de Justiça, tomando como parâmetro de controle a norma de reprodução constante na Constituição Estadual.[159]

Na Rcl 383, deixou-se claro que a competência para a ação direta é definida por sua causa de pedir, no momento em que ela evidencia o parâmetro de controle da

---

157. "Reclamação. Inexistência de atentado à autoridade do julgado desta Corte na ADIn 347, porquanto, no caso, a ação direta de inconstitucionalidade foi proposta com a arguição de ofensa à Constituição Estadual, e não à Federal, e julgada procedente por ofensa ao art. 180, VII, da Carta Magna do Estado de São Paulo. Não ocorrência de usurpação da competência desta Corte por ter o Tribunal de Justiça rejeitado a alegação incidente de que o citado artigo da Constituição do Estado de São Paulo seria inconstitucional em face da Carta Magna Federal. Controle difuso de constitucionalidade em ação direta de inconstitucionalidade. Competência do Tribunal de Justiça. Reclamação improcedente" (Rcl 526, Pleno, rel. Min. Moreira Alves, DJ 04.04.1997).

158. Rcl 370, Pleno, rel. Min. Octavio Gallotti, j. 09.04.1992, DJ 29.06.2001.

159. "Reclamação com fundamento na preservação da competência do Supremo Tribunal Federal. Ação direta de inconstitucionalidade proposta perante Tribunal de Justiça na qual se impugna lei municipal sob a alegação de ofensa a dispositivos constitucionais estaduais que reproduzem dispositivos constitucionais federais de observância obrigatória pelos Estados. Eficácia jurídica desses dispositivos constitucionais estaduais. Jurisdição constitucional dos Estados-membros. Admissão da propositura da ação direta de inconstitucionalidade perante o Tribunal de Justiça local, com possibilidade de recurso extraordinário se a interpretação da norma constitucional estadual, que reproduz a norma constitucional federal de observância obrigatória pelos Estados, contrariar o sentido e o alcance desta. Reclamação conhecida, mas julgada improcedente" (Rcl 383, Pleno, rel. Min. Moreira Alves, DJ 21.05.1993). V. RE 779841, rel. Min. Edson Fachin, j. 03.10.2022.

constitucionalidade. Tratando-se de norma constitucional estadual, ainda que de reprodução ou imitação, a competência é do Tribunal de Justiça.[160]

A questão, em face das normas remissivas, foi discutida na Rcl 4.432, cujos elementos servem para bem elucidar o ponto. O art. 69, *caput*, da Constituição Estadual de Tocantins possui a seguinte redação: "Sem prejuízo de outras garantias asseguradas ao contribuinte, aplicam-se ao Estado e aos Municípios as vedações ao poder de tributar, previstas no art. 150 da Constituição Federal". Esta norma remete, ao disciplinar os limites ao poder de tributar, para o art. 150 da CF, constituindo o que se denomina "norma de caráter remissivo". A norma remissiva se contrapõe à norma material, pois, ao contrário da última, não é suficiente, por si, para regulamentar determinada questão, valendo-se de alusão à norma material, que, então, aperfeiçoa a regulação da matéria. Isto frequentemente ocorre no âmbito das Constituições dos Estados. Na Rcl 4.432, afirmou-se que a norma constitucional estadual de remissão, na condição de norma dependente, toma de empréstimo um determinado elemento da norma constitucional federal remetida, não se fazendo completa senão em combinação com este componente normativo externo ao texto da Constituição Estadual, o que, entretanto, não retira a sua força normativa: uma vez conjugada com a norma à qual se refere, goza de todos os atributos de uma norma jurídica. A partir da premissa de que o parâmetro de controle é constituído pela conjugação da norma remissiva com a remetida, concluiu-se que o controle da norma estadual ou municipal por violação a tal parâmetro é consequência da supremacia da Constituição Estadual no âmbito do Estado-membro. "Em outras palavras, as consequências jurídicas decorrentes de eventual violação à proposição remissiva constante da Constituição Estadual derivam da própria posição hierárquico-normativa superior desta no âmbito do ordenamento jurídico do Estado-membro, e não da norma da Constituição Federal a que se faz referência. Assim, se as proposições remissivas constantes das diversas Constituições Estaduais, apesar de seu caráter dependente e incompleto, mantêm sua condição de proposições jurídicas, não haveria razão para se lhes negar a condição de parâmetro normativo idôneo para se proceder, em face delas, ao controle abstrato de normas perante os Tribunais de Justiça."[161]

Assim, de acordo com a jurisprudência do STF, as normas de reprodução, imitação e remissivas, presentes nas Constituições estaduais, podem constituir parâmetro de controle para ação direta a ser proposta nos Tribunais de Justiça.

Por fim, os tratados e convenções internacionais, incorporados ao sistema de direito positivo, também podem ter a sua constitucionalidade controlada pelo Poder Judiciário, seja mediante a forma principal, seja incidentalmente. É que, como é óbvio, todo e qualquer ato de direito internacional público celebrado pelo Estado brasileiro se submete à Constituição Federal.[162] Na ADIn 1.480, relator o Min. Celso de Mello, o STF teve oportunidade de declarar que, "no sistema jurídico brasileiro, os tratados ou convenções internacionais estão hierarquicamente subordinados à autoridade normativa da Constituição da República. Em consequência, nenhum valor jurídico terão os tratados internacionais que, incorporados ao sistema de direito positivo interno, transgredirem, formal ou materialmente, o texto da Carta Política. O exercício do *treaty-making power*, pelo Estado brasileiro – não obstante o

---

160. V. Rcl 588, Pleno, rel. Min. Marco Aurélio, *DJ* 04.04.1997.

161. Rcl 4.432, rel. Min. Gilmar Mendes, decisão monocrática, *DJ* 10.10.2006.

162. Cf. Fraga, Mirtô. *O conflito entre tratado internacional e norma de direito interno*; Dallari, Pedro. *Constituição e tratados internacionais*.

polêmico art. 46 da Convenção de Viena sobre o direito dos tratados (ainda em curso de tramitação perante o Congresso Nacional) –, está sujeito à necessária observância das limitações jurídicas impostas pelo texto constitucional. O Poder Judiciário – fundado na supremacia da Constituição da República – dispõe de competência para, quer em sede de fiscalização abstrata, quer no âmbito do controle difuso, efetuar o exame de constitucionalidade dos tratados ou convenções internacionais já incorporados ao sistema de direito positivo interno".[163]

8.4.2 Controle preventivo e controle repressivo

As ideias de controle preventivo e controle repressivo costumam ser relacionadas ao momento do controle de constitucionalidade, se anterior ou posterior à publicação da lei ou do ato normativo.

Quando anterior, o controle de constitucionalidade é dito preventivo, confundindo-se, assim, com o controle político. É verdade que o controle preventivo, visto como fase do processo legislativo, confunde-se com o controle político.[164] Porém, a questão é saber se é possível falar em controle jurisdicional preventivo.

Deixe-se claro, antes de tudo, que não existe previsão, na ordem jurídica brasileira, de tal forma de controle de constitucionalidade. O STF admite o controle judicial do processo legislativo em nome do direito subjetivo do parlamentar de impedir que a elaboração dos atos normativos incida em desvios inconstitucionais.[165] Entende-se caber mandado de

---

163. MC na ADIn 1.480, Pleno, rel. Min. Celso de Mello, *DJ* 18.05.2001.

164. A CF/1988, no art. 58, estabelece que "o Congresso Nacional e suas Casas terão comissões permanentes e temporárias, constituídas na forma e com as atribuições previstas no respectivo regimento". A Câmara dos Deputados e o Senado possuem comissões permanentes, estabelecidas pelos seus respectivos regimentos internos, com competência para deliberar sobre a constitucionalidade dos projetos de lei. Trata-se de uma forma de controle "político" de constitucionalidade que ocorre durante o processo legislativo. O Regimento Interno da Câmara dos Deputados dispõe: "Art. 32. São as seguintes as Comissões Permanentes e respectivos campos temáticos ou áreas de atividade: (...) IV – Comissão de Constituição e Justiça e de Cidadania: *a)* aspectos constitucional (...) de projetos, emendas ou substitutivos sujeitos à apreciação da Câmara ou de suas Comissões; *b)* admissibilidade de proposta de emenda à Constituição; (...) *d)* assuntos atinentes aos direitos e garantias fundamentais, à organização do Estado, à organização dos Poderes e às funções essenciais da Justiça". Por sua vez, o Regimento Interno do Senado Federal estabelece: "Art. 101. À Comissão de Constituição, Justiça e Cidadania compete: I – opinar sobre a constitucionalidade (...) das matérias que lhe forem submetidas (...). § 1.º Quando a Comissão emitir parecer pela inconstitucionalidade e injuridicidade de qualquer proposição, será esta considerada rejeitada e arquivada definitivamente, por despacho do Presidente do Senado, salvo, não sendo unânime o parecer, recurso interposto nos termos do art. 254". Por fim, também o poder de veto do Presidente da República pode ser exercido com fundamento no controle de constitucionalidade do projeto de lei: CF/1988, art. 66, § 1.º: "Se o Presidente da República considerar o projeto, no todo ou em parte, inconstitucional (...), vetá-lo-á total ou parcialmente (...)".

165. "Sendo esse o contexto, examino, inicialmente, questão pertinente à legitimidade ativa dos ilustres deputados federais impetrantes do presente mandado de segurança. E, ao fazê-lo, reconheço, na linha do magistério jurisprudencial desta Suprema Corte (MS 23.334/RJ, rel. Min. Celso de Mello, v.g.), que os membros do Congresso Nacional dispõem de legitimidade ativa *ad causam* para provocar a instauração do controle jurisdicional sobre o processo de formação das leis e das emendas à Constituição, assistindo-lhes, sob tal perspectiva, irrecusável direito subjetivo de impedir que a elaboração dos atos normativos, pelo Poder Legislativo, incida em desvios inconstitucionais. É por essa razão que o STF tem reiteradamente proclamado, em favor dos congressistas – e apenas destes –, o reconhecimento desse direito público subjetivo à correta elaboração das emendas à Constituição, das leis e das demais espécies normativas referidas no art. 59 da Constituição: '(...)

segurança[166] – portanto controle incidental – quando "a vedação constitucional se dirige ao próprio processamento da lei ou da emenda".[167]

Contudo, é importante perceber que, neste caso, não há controle preventivo de constitucionalidade. O que existe é controle judicial repressivo, mediante mandado de segurança. A norma constitucional que veda a apresentação da emenda, por exemplo, impede o andamento do processo legislativo.[168] Há inconstitucionalidade muito antes de se chegar à deliberação; o processo é, por si, inconstitucional. Ora, há nítida diferença entre afirmar violação de norma constitucional que impede o andamento de processo legislativo e pretender afirmar judicialmente inconstitucionalidade na substância de lei que está para ser editada.[169]

O controle repressivo, realizado posteriormente à publicação da lei, constitui a maneira típica e tradicional de controle da constitucionalidade. Porém, antes da publicação da lei, em vista de inconstitucionalidade do processo legislativo, também há, como visto, controle repressivo.

O processo de formação das leis ou de elaboração de emendas à Constituição revela-se suscetível de controle incidental ou difuso pelo Poder Judiciário, sempre que, havendo possibilidade de lesão à ordem jurídico-constitucional, a impugnação vier a ser suscitada por membro do próprio Congresso Nacional, pois, nesse domínio, somente ao parlamentar – que dispõe do direito público subjetivo à correta observância das cláusulas que compõem o devido processo legislativo – assiste legitimidade ativa *ad causam* para provocar a fiscalização jurisdicional' (MS 23.565/DF, rel. Min. Celso de Mello)" (MS 27.931, rel. Min. Celso de Mello, *DJe* 01.04.2009).

166. Em recente decisão monocrática, proferida no MS 27.971, o Min. Celso de Mello extinguiu o processo, sem julgar o mérito, em virtude da perda superveniente da condição de parlamentar do impetrante do mandado de segurança – *Informativo 647*, de 07 a 11.11.2011.

167. STF, MS 20.257, Pleno, rel. Min. Moreira Alves, j. 08.10.1980, *RTJ* 99/1040. V. MS 37721, rel. Min. Roberto Barroso, j. 26.09.2022.

168. Observe-se que a Constituição Federal de 1988, ao disciplinar o poder de reforma constitucional pela via de "emendas à Constituição", no art. 60, § 4.º, estabeleceu que "não será objeto de deliberação a proposta de emenda tendente a abolir (...)" – as chamadas cláusulas pétreas. Portanto, a rigor, o que o referido dispositivo parece proibir é até mesmo a "deliberação" de uma "proposta de emenda", e não apenas a anulação de emendas já aprovadas.

169. Note-se que se pode extrair esta conclusão da própria decisão tomada no MS 20.257, da lavra do Min. Moreira Alves: "Não admito mandado de segurança para impedir tramitação de projeto de lei ou proposta de emenda constitucional com base na alegação de que seu conteúdo entra em choque com algum princípio constitucional. E não admito porque, nesse caso, a violação à Constituição só ocorrerá depois de o projeto se transformar em lei ou de a proposta de emenda vir a ser aprovada. Antes disso, nem o Presidente da Casa do Congresso, ou deste nem a Mesa, nem o Poder Legislativo estão praticando qualquer inconstitucionalidade, mas estão, sim, exercitando seus poderes constitucionais referentes ao processamento da lei em geral. A inconstitucionalidade, nesse caso, não será quanto ao processo da lei ou da emenda, mas, ao contrário, será da própria lei ou da própria emenda, razão por que só poderá ser atacada depois da existência de uma ou de outra. Diversas, porém, são as hipóteses, como a presente, *em que a vedação constitucional se dirige ao próprio processamento da lei ou da emenda*, vedando a sua apresentação (...) ou a sua deliberação (como na espécie). *Aqui, a inconstitucionalidade diz respeito ao próprio andamento do processo legislativo*, e isso porque a Constituição não quer – em face da gravidade dessas deliberações, se consumadas – que sequer se chegue à deliberação, proibindo-a taxativamente. *A inconstitucionalidade, neste caso, já existe antes de o projeto ou de a proposta se transformarem em lei ou em emenda constitucional, porque o próprio processamento já desrespeita, frontalmente, a Constituição*" (STF, MS 20.257, Pleno, rel. Min. Moreira Alves, j. 08.10.1980, *RTJ* 99/1040). Esta posição vem sendo mantida pelo STF: cf. MS-QO 24.430, rel. Min. Sepúlveda Pertence, *DJ* 09.05.2003; MS 24.576, rel. Min. Ellen Gracie, *DJ* 12.09.2003.

8.4.3 Controle concreto e controle abstrato

Há sistemas em que o controle da constitucionalidade pode ser feito diante de qualquer caso conflitivo, como prejudicial à solução do litígio. É o que ocorre, desde os primórdios, no sistema estadunidense, em que se fixou o entendimento de que o juiz, tendo poder para decidir, possui, por consequência, poder para analisar a validade constitucional da lei que é prejudicial à solução do caso que lhe é submetido.[170] É o que também acontece no direito brasileiro, desde a Constituição de 1891.

No controle concreto, a análise da constitucionalidade da norma – que é pressuposto à resolução da demanda – se apresenta conjugada à aferição de direito subjetivo ou interesse legítimo, cuja tutela jurisdicional dela depende. A constitucionalidade da norma, em outras palavras, não é o objeto ou mesmo o fim do processo. Ou seja, o processo não é instaurado em virtude de dúvida acerca da legitimidade da norma nem objetiva definir a sua constitucionalidade, declarando-se a sua inconstitucionalidade ou constitucionalidade.

O controle abstrato, ao contrário, considera a norma em si, desvinculada de direito subjetivo e de situação conflitiva concreta. Busca-se, no controle abstrato, apenas analisar a validade constitucional da norma, independentemente de ser ela imprescindível, ou não, à tutela jurisdicional de um direito.

O controle abstrato ocorre em processo voltado unicamente à análise da constitucionalidade da norma, fazendo surgir, neste sentido, um processo autônomo para o controle de constitucionalidade. Este processo, por não dizer respeito à solução de litígio, não possui partes, que, antes da sua instauração, estavam envolvidas num conflito de interesses.

Lembre-se que a evolução do sistema austríaco de controle de constitucionalidade, caracterizada pela reforma constitucional de 1929, conferiu à Corte Suprema e à Corte Administrativa austríacas o poder de requerer à Corte Constitucional a análise de lei cuja validade fosse prejudicial à solução de caso que deveria resolver. Os tribunais superiores austríacos, em caso de dúvida acerca da constitucionalidade de lei prejudicial ao julgamento de caso conflitivo, passaram a ser obrigados a requerer à Corte Constitucional a definição da sua constitucionalidade, vinculando-se ao seu pronunciamento.[171]

O mesmo sistema foi implantado em outros países da Europa, como Alemanha, Itália e Espanha. A Constituição italiana de 1948 e a Constituição alemã de 1949 instituíram modelos de controle de constitucionalidade similares ao austríaco, reservando-se o controle de constitucionalidade a uma Corte Constitucional. Assim como o sistema austríaco, os modelos alemão e italiano não apenas permitem que o controle da constitucionalidade seja requerido de forma direta, como também viabilizam o controle incidental aos casos concretos, permitindo que se peça à Corte Constitucional a análise de lei cuja constitucionalidade seja duvidosa. Porém, diversamente do austríaco, que dá este poder apenas às Cortes Suprema e Administrativa, os sistemas italiano e alemão dão a qualquer juiz o poder de invocar a Corte Constitucional. Ressalte-se que o juiz ordinário, obrigado a arguir a questão de

---

170. Cf. Nowak, John E.; Rotunda, Ronald D. *Principles of constitutional law*, p. 1-21; Stone, G.; Seid-man, L.; Sunstein, C.; Tushnet, M.; Karlan, P. *Constitutional law*, p. 29 e ss.
171. Kelsen, Hans. *Jurisdição constitucional*. V. também o capítulo anterior desta obra.

CONTROLE DE CONSTITUCIONALIDADE o 975

legitimidade constitucional, não exerce controle de constitucionalidade, mas, ao menos, não é obrigado a aplicar lei reputada inconstitucional.[172]

A alusão a estes sistemas, e, sobretudo, a estas formas associadas (incidental e concentrada) de controle de constitucionalidade, deve-se ao interesse em ressaltar que o controle de constitucionalidade, ainda que reservado a um único órgão (a Corte Constitucional), pode ser incidental ao julgamento de um litígio, e, assim, ter natureza concreta. Note-se que, embora sejam separados dois juízos – um em que se faz apenas a análise da constitucionalidade e outro em que se aprecia o caso concreto a partir da definição acerca da questão constitucional –, o caso concreto, de onde brotou a arguição da questão, exerce influência sobre o juízo da Corte Constitucional, que definirá a legitimidade constitucional da norma.

Assim, ainda que o controle concreto derive, em regra, do controle de constitucionalidade feito pelo próprio juiz incumbido de julgar o litígio, ele pode decorrer do controle que se dá a partir da arguição do juiz ordinário à Corte Constitucional. Há, nessa última hipótese, controle concreto e incidental conjugado a controle concentrado, uma vez que, nos sistemas de Corte Constitucional, o controle de constitucionalidade é concentrado neste órgão. Isso permite dissociar o controle concreto e incidental do controle difuso, ou seja, do controle típico aos sistemas em que o poder de controlar a constitucionalidade é distribuído a todos os órgãos do Poder Judiciário.

Mas se o controle concreto pode se separar do difuso, assumindo a forma de concentrado, é preciso verificar a sua dissociabilidade do controle incidental. Ou melhor, é preciso investigar a possibilidade de o controle concreto ocorrer no controle principal, que se dá por via de ação endereçada ao órgão incumbido de controlar a constitucionalidade. Ou será que o controle principal é reservado ao controle abstrato?

O controle principal, que tem como contraposto o controle incidental, em regra constitui controle abstrato. Quando o controle de constitucionalidade se dá por intermédio de ação direta endereçada à Corte Constitucional ou à Corte Suprema, ou, no caso brasileiro, ao STF, instaura-se processo autônomo para tanto, desvinculado de caso concreto a ser resolvido pelo Poder Judiciário. O controle por via de ação direta, dito controle direto, viabiliza o controle abstrato da norma impugnada. Porém, há casos excepcionais em que se permite, mediante ação direta à Corte Constitucional ou ao STF, alegação de inconstitucionalidade que leva em conta situação pessoal, de direito substancial, afetada pela norma reclamada. É o caso do recurso constitucional alemão (*Verfassungsbeschwerde*), que pode ser dirigido à Corte Constitucional por sujeito que se diz titular de direito fundamental – ou a ele assimilável – afetado por ato – que pode ser legislativo – ou omissão do Poder Público.[173]

No direito brasileiro, o mandado de injunção exemplifica caso de ação, especialmente dirigida ao Supremo Tribunal,[174] em que o controle de constitucionalidade é concreto. A

---

172. Cf. VANBERG, Georg. *The politics of constitutional review in Germany*; GRIMM, Dieter. Human rights and judicial review in Germany. In: BEATTY, David M. *Human rights and judicial review*, p. 267-296; VERGOTTINI, Giuseppe de. *Diritto costituzionale*.

173. HESSE, Konrad. *Elementos de direito constitucional da República Federal da Alemanha*.

174. CF, art. 102: "Compete ao Supremo Tribunal Federal, precipuamente, a guarda da Constituição, cabendo--lhe: I – processar e julgar, originariamente: (...); II – julgar, em recurso ordinário: *a*) o *habeas corpus*, o mandado de segurança, o *habeas data* e o mandado de injunção decididos em única instância pelos Tribunais Superiores, se denegatória a decisão; (...)".
CF, art. 105: "Compete ao Superior Tribunal de Justiça: I – processar e julgar, originariamente: (...)

Constituição Federal instituiu o mandado de injunção para a situação em que a falta de norma regulamentadora tornar inviável o exercício dos direitos e liberdades constitucionais e das prerrogativas inerentes à nacionalidade, à soberania e à cidadania (art. 5.º, LXXI), reservando-o, em relevantes casos, à competência originária do STF (art. 102, I, *q*). Trata-se, assim, de ação endereçada ao STF, cujo objetivo é, mediante a impugnação de inconstitucionalidade por omissão, tutelar direito constitucional relacionado à situação pessoal e concreta deduzida em juízo pelo demandante. Bem por isso, o controle não é abstrato. Lembre-se, ademais, que o STF, após ter entendido que o mandado de injunção encontrava resposta na declaração de inconstitucionalidade com ciência ao Legislativo, passou a afirmar que a omissão pode ser suprida mediante a aplicação de outra lei que regule situação similar e, até mesmo, por meio de soluções normativo-judiciais criadas no caso concreto.[175]

8.4.4 Controle incidental e controle principal

Quando, no curso de uma causa comum, é arguida a inconstitucionalidade da lei que configura pressuposto à tutela jurisdicional do direito, o juiz brasileiro está autorizado a tratar da questão constitucional como prejudicial à solução do litígio. A questão constitucional é suscitada, introduzindo-se no processo e no raciocínio do julgador, mediante o modo incidental. O objeto do processo, nestes casos, é um litígio entre as partes, que não se confunde com a questão constitucional. Trata-se, portanto, de questão de natureza constitucional, suscitada incidentalmente e ajustada como prejudicial à resolução do litígio entre as partes. Quando isso ocorre, fala-se que há, por parte do juiz, controle incidental de constitucionalidade.[176]

O contraposto do controle incidental é o controle principal. No controle principal a questão constitucional não é suscitada incidentalmente nem constitui prejudicial ao julgamento do litígio que constitui objeto do processo. No controle principal, o objeto do processo é a própria questão constitucional. O processo é instaurado em virtude e apenas em razão da própria alegação da questão de constitucionalidade, não existindo litígio dependente da solução desta questão para ser dirimido.

O controle principal ocorre por meio de ação direta, dirigida à Corte Constitucional ou ao tribunal de cúpula do Judiciário. O controle incidental pode se dar quando o juiz,

---

h) o mandado de injunção, quando a elaboração da norma regulamentadora for atribuição de órgão, entidade ou autoridade federal, da administração direta ou indireta, excetuados os casos de competência do Supremo Tribunal Federal e dos órgãos da Justiça Militar, da Justiça Eleitoral, da Justiça do Trabalho e da Justiça Federal; (...)". CF, art. 121. "Lei complementar disporá sobre a organização e competência dos tribunais, dos juízes de direito e das juntas eleitorais. (...) § 4.º Das decisões dos Tribunais Regionais Eleitorais somente caberá recurso quando: (...) V – denegarem *habeas corpus*, mandado de segurança, *habeas data* ou mandado de injunção".

175. V. MI 232, rel. Min. Moreira Alves, *DJ* 27.03.1992; MI 284, rel. Min. Marco Aurélio, rel. p/ o acórdão Min. Celso de Mello, *DJ* 26.06.1992; MI 543, rel. Min. Octavio Gallotti, *DJ* 24.05.2002; MI 679, rel. Min. Celso de Mello, *DJ* 17.12.2002; MI 562, rel. Min. Ellen Gracie, *DJ* 20.6.2003; MI 721, rel. Min. Marco Aurélio, *DJe* 30.11.2007. V. ARE 1360921, rel. Min. Edson Fachin, j. 28.04.2022.

176. V. Barbosa Moreira, José Carlos. *Comentários ao código de processo civil*, p. 29 e ss.; Fagundes, Miguel Seabra. *O controle dos atos administrativos pelo poder judiciário*; Bittencourt, Carlos Alberto. *O controle jurisdicional da constitucionalidade das leis*, p. 99 e ss.; Clève, Clèmerson Merlin. *A fiscalização abstrata de constitucionalidade no direito brasileiro*; Barroso, Luís Roberto. *O controle de constitucionalidade no direito brasileiro*; Mendes, Gilmar F.; Branco, Paulo G. G. *Curso de direito constitucional*, p. 1.132 e ss.

condutor do processo instaurado em virtude de litígio entre as partes, tem poder para controlar a constitucionalidade das leis, como ocorre no direito brasileiro e no direito estadunidense. Nos sistemas em que o controle de constitucionalidade é reservado a uma Corte Constitucional, como o alemão, o italiano e o espanhol, o controle incidental se dá, em caso de dúvida constitucional, em virtude de arguição do juiz ordinário à Corte Constitucional. Ora, o controle é derivado de arguição feita, no curso do processo, a respeito da constitucionalidade de norma que constitui prejudicial ao julgamento do mérito. Portanto, não há dúvida que o controle de constitucionalidade, neste caso, constitui controle incidental.

O controle incidental sempre é de natureza concreta. O controle principal, em regra, é de natureza abstrata, mas pode, excepcionalmente, ter natureza concreta, como é exemplo o mandado de injunção, em que a questão de inconstitucionalidade por omissão constitui objeto da ação, mas é aferida a partir da situação pessoal, concreta, lamentada em juízo pelo demandante. É o caso também da ação direta interventiva, cuja decisão favorável é requisito de admissibilidade para a intervenção federal.[177] Controles principal e incidental constituem "*modos*" como a questão de constitucionalidade *é levada à apreciação* do Judiciário. Enquanto isto, os controles abstrato e concreto exprimem a *maneira* como a questão de constitucionalidade *é apreciada e julgada* pelo Judiciário. Quando a questão de constitucionalidade é relacionada com uma situação pessoal e concreta, há controle concreto. Na hipótese em que se examina a compatibilidade da norma com a Constituição, independentemente de qualquer situação concreta, há controle abstrato.

Por fim, apenas para evitar mal-entendido, é importante rechaçar a terminologia "controle por via de ação", com significado de controle principal, e "controle por via de defesa", como sinônimo de controle incidental. O modo incidental não se perfaz apenas por defesa, podendo advir da própria ação, que pode afirmar, como causa de pedir, a inconstitucionalidade de lei. É o que ocorre em mandado de segurança em que o impetrante alega, por exemplo, que a lei em que se funda o imposto que a autoridade está a exigir é inconstitucional.

8.4.5 Controle difuso e controle concentrado

O controle difuso tem íntima relação com o controle incidental, chegando, frequentemente, a ser com ele confundido. É que se usa o raciocínio de que a constitucionalidade da lei pode ser examinada como prejudicial à solução de qualquer litígio para então se concluir que, nos sistemas em que isto é admissível, o controle é difuso. Da mesma forma, elaborando-se novamente algo que é verdadeiro apenas parcialmente, afirma-se que, nos sistemas em que o controle da constitucionalidade é feito por uma Corte Constitucional, encarregada de julgar as ações diretas, o controle é concentrado.

Tais ideias são absolutamente corretas quando vistas isoladamente. Entretanto, quando analisadas na real dimensão do significado da distribuição da jurisdição, carecem de consistência. Quando o poder de controlar a constitucionalidade é distribuído aos órgãos do Poder Judiciário diante de todo e qualquer caso, o controle de constitucionalidade pode e deve ser feito por todos os órgãos judiciais, mas nas formas incidental e concreta. Contudo, nada impede que se outorgue à Suprema Corte, no mesmo sistema em que se dá

---

177. Clève, Clèmerson Merlin. *A fiscalização abstrata de constitucionalidade no direito brasileiro*, p. 76.

competência para o controle judicial da constitucionalidade em face de qualquer caso, competência para realizar o controle de constitucionalidade na forma principal, mediante ações diretas a ela endereçadas.

Bem vistas as coisas, portanto, os sistemas difuso e concentrado constituem abstrações que apenas podem ser separadas, e assim ter validade conceitual, quando se apresentam autonomamente. Se o controle de constitucionalidade é deferido aos juízes em face de todo e qualquer caso, inexistindo previsão de via direta, o controle é difuso, porém, note-se bem, *incidental*. De outra parte, se o controle é conservado nas mãos da Corte Constitucional, como no sistema austríaco pré-1929, o controle é concentrado, mas, sublinhe-se, exercido na forma *principal*.

Isso quer dizer que, nos sistemas em que os juízes exercem o controle de constitucionalidade diante de qualquer caso, e, ao lado disso, este controle também é deferido à Suprema Corte mediante a via direta, há, na realidade, controle difuso decorrente das formas incidental e principal.

Misturam-se, portanto, os modelos incidental e principal, não o controle difuso com o concentrado. Se existe sistema misto, esse é constituído pelo modelo incidental somado ao principal, os quais, por sua vez, permitem o controle concreto e o controle abstrato, ainda que, como já demonstrado, a via principal possa, excepcionalmente, também levar ao controle concreto.

Na mesma perspectiva de encaminhamento do raciocínio, parece certo sustentar que o sistema austríaco pós-1929, com a introdução da possibilidade de arguição de inconstitucionalidade pelas Cortes Suprema e Administrativa à Corte Constitucional, não só não fez surgir sistema misto, como, na verdade, nem mesmo interferiu no modelo concentrado.

Perceba-se que, ainda que se admitisse que as Cortes Suprema e Administrativa passaram a participar do controle de constitucionalidade, nesta hipótese não haveria atuação de juiz de primeiro grau de jurisdição, como, por exemplo, nos atuais sistemas italiano, alemão e espanhol. De qualquer forma, nem as Cortes Suprema e Administrativa, no sistema austríaco, nem o juiz ordinário, nos sistemas italiano, alemão e espanhol, exercem controle de constitucionalidade, mas têm o seu poder limitado à arguição da questão de constitucionalidade.[178] Há aí, evidentemente, contribuição para a força normativa da Constituição, mas não controle de constitucionalidade.

Em tais sistemas, o controle de constitucionalidade nunca deixou de ser concentrado na Corte Constitucional. A arguição de inconstitucionalidade permite pensar, no máximo, em difusão da legitimidade à arguição de inconstitucionalidade; nunca em difusão do controle da constitucionalidade.

Portanto, quando a Corte Constitucional, além de poder exercer o controle pela via principal, pode atuar a partir de arguição feita por juiz, não há sistema misto a conjugar o poder de controle da Corte e dos demais juízes. Há, igualmente neste caso, mistura do

---

178. Registre-se, por oportuno, o art. 163 da Constituição espanhola: "Cuando un órgano judicial considere, en algún proceso, que una norma con rango de ley, aplicable al caso, de cuya validez dependa el fallo, pueda ser contraria a la Constitución, planteará la cuestión ante el Tribunal Constitucional en los supuestos, en la forma y con los efectos que establezca la ley, que en ningún caso serán suspensivos".

controle incidental com o controle principal, conduzindo, ainda, aos controles concreto e abstrato.

Deixe-se claro, assim, que o sistema brasileiro não é um sistema misto, em que se associam o controle difuso e o controle concentrado.[179] No Brasil há sistema difuso, conjugando-se, isto sim, os controles incidental e principal e os controles concreto e abstrato.

8.5 As diversas faces da inconstitucionalidade

8.5.1 Inconstitucionalidade formal e inconstitucionalidade material

A produção da lei exige a observância de pressupostos e requisitos procedimentais imprescindíveis para que seja constitucional. A Constituição regula o modo como a lei e outros atos normativos primários – previstos no art. 59[180] – devem ser criados, estabelecendo quem tem competência para produzi-los e os requisitos procedimentais que devem ser observados para a sua produção. Faltas quanto à competência ou quanto ao cumprimento das formalidades procedimentais viciam o processo de formação da lei, tornando-a formalmente inconstitucional.[181]

A inconstitucionalidade formal deriva de defeito na formação do ato normativo, o qual pode estar na violação de regra de competência ou na desconsideração de requisito procedimental. O procedimento para a produção de lei ordinária e de lei complementar compreende iniciativa, deliberação, votação, sanção ou veto, promulgação e publicação.

O art. 22 outorga competência privativa para a União legislar sobre determinados assuntos, arrolados em seus incisos. Há vício de competência quando a Assembleia Legislativa Estadual edita norma em matéria da competência da União, legislando, por exemplo, sobre direito processual.

De outra parte, a Constituição também confere iniciativa privativa, em relação a certos temas, a determinados órgãos públicos. Isso quer dizer que, no que toca a certo tema, a iniciativa de apresentação de projeto de lei, ou seja, a incoação do processo de produção da lei, pode ser privativa de determinado órgão ou agente público. Assim, o art. 93 afirma que

---

179. "O sistema de controle de constitucionalidade brasileiro é indubitavelmente um sistema difuso, e apenas difuso (...). Poder-se-ia conceber um sistema misto, isto é, simultaneamente difuso e concentrado, se, por exemplo, determinada categoria de atos legislativos ficasse submetida apenas ao controle de constitucionalidade exercido por um único tribunal, ao passo que os demais atos legislativos estariam sujeitos ao controle difuso. Não temos notícia, contudo, da existência, presente ou passada, de um sistema de controle misto quanto ao aspecto *sub examine*" (RAMOS, Elival da Silva. *Controle de constitucionalidade no Brasil:* perspectivas de evolução, p. 70).

180. Art. 59 da CF: "O processo legislativo compreende a elaboração de: I – emendas à Constituição; II – leis complementares; III – leis ordinárias; IV – leis delegadas; V – medidas provisórias; VI – decretos legislativos; VII – resoluções. Parágrafo único. Lei complementar disporá sobre a elaboração, redação, alteração e consolidação das leis".

181. V. ADI 6973, rel. Min. Gilmar Mendes, j. 03.11.2022, em que se declarou a inconstitucionalidade formal de lei estadual que previa excludente de ilicitude penal para o porte de armas realizado por agentes estaduais. Na ADI 6830, rel. Min. Gilmar Mendes, j. 10.11.2022, declarou-se a inconstitucionalidade formal de lei estadual que previa tributação por ITCMD de doador residente no exterior, sob o fundamento de que a previsão dependia de lei complementar.

"lei complementar, de iniciativa do Supremo Tribunal Federal, disporá sobre o Estatuto da Magistratura". Fora daí, há vício de iniciativa, de modo que um senador não pode apresentar projeto de lei para modificar o Estatuto da Magistratura.[182]

Determinadas matérias apenas podem ser reguladas por atos normativos específicos. É o conhecido caso das "normas gerais de direito tributário", que, desde a EC 16/1965, apenas podem ser veiculadas mediante lei complementar. O art. 146, III, da CF diz que "cabe à lei complementar (...) estabelecer normas gerais em matéria de legislação tributária".[183] Assim, lei ordinária que tratar de norma geral de direito tributário incidirá em inconstitucionalidade formal.[184] Frise-se que a lei ordinária pode ser aprovada por maioria simples, mas a lei complementar exige maioria absoluta (arts. 47 e 69 da CF).

Por outro lado, o STF entende que as questões respeitantes à interpretação do regimento interno das Casas legislativas são *interna corporis*[185] e, portanto, insuscetíveis de controle

---

182. Cf. STF, ADIn 3.566, j. 15.02.2007, rel. Min. Joaquim Barbosa: "Magistratura. Tribunal. Membros dos órgãos diretivos. Presidente, vice-presidente e corregedor-geral. Eleição. Universo dos magistrados elegíveis. Previsão regimental de elegibilidade de todos os integrantes do Órgão Especial. Inadmissibilidade. Temática institucional. Matéria de competência legislativa reservada à Lei Orgânica da Magistratura e ao Estatuto da Magistratura. Ofensa ao art. 93, *caput*, da CF. Inteligência do art. 96, I, *a*, da CF. Recepção e vigência do art. 102 da LC federal 35, de 14.03.1979 – Loman. Ação direta de inconstitucionalidade julgada, por unanimidade, prejudicada, quanto ao § 1.º, e improcedente, quanto ao *caput*, ambos do art. 4.º da Lei 7.727/1989. Ação julgada procedente, contra o voto do relator sorteado, quanto aos arts. 3.º, *caput*, e 11, I, *a*, do Regimento Interno do TRF-3.ª Reg. São inconstitucionais as normas de Regimento Interno de tribunal que disponham sobre o universo dos magistrados elegíveis para seus órgãos de direção". No mesmo sentido, as ADI 6.766/RO e ADI 6.779/DF, rel. Min. Alexandre de Moraes, j. 30.08.2021, que reconheceram a inconstitucionalidade de norma que regulamente critérios para progressão de carreira na magistratura.
183. "Art. 146. Cabe à lei complementar: (...) III – estabelecer normas gerais em matéria de legislação tributária, especialmente sobre: *a*) definição de tributos e de suas espécies, bem como, em relação aos impostos discriminados nesta Constituição, a dos respectivos fatos geradores, bases de cálculo e contribuintes; *b*) obrigação, lançamento, crédito, prescrição e decadência tributários; *c*) adequado tratamento tributário ao ato cooperativo praticado pelas sociedades cooperativas; *d*) definição de tratamento diferenciado e favorecido para as microempresas e para as empresas de pequeno porte, inclusive regimes especiais ou simplificados no caso do imposto previsto no art. 155, II, das contribuições previstas no art. 195, I e §§ 12 e 13, e da contribuição a que se refere o art. 239. (...)."
184. V. RE 598677, rel. Min. Dias Toffoli, j. 29.03.2021 – Tema de Repercussão Geral 456.
185. De acordo com José Adércio Leite Sampaio, os atos *interna corporis* "são aqueles adotados por quem tenha a competência, nos limites fixados pela Constituição ou pelas leis, destinados a produzir efeitos no âmbito do órgão, entidade ou setor de onde emanado", o que abrangeria, por exemplo, as decisões típicas de política legislativa, como a elaboração do Regimento Interno das Casas do Congresso e o mérito das decisões das Mesas e do Plenário do Congresso acerca dos trabalhos parlamentares. Seriam assim distintas das chamadas "questões políticas" (SAMPAIO, José Adércio Leite. *A constituição reinventada pela jurisdição constitucional*, p. 309 e 331-339). Cf., também, PONTES DE MIRANDA. F. C. *Comentários à Constituição de 1967, com a Emenda n. 1 de 1969*, t. III, p. 629-643, para quem as normas constitucionais que (de 1967-1969) vedavam ao Judiciário o exame de matérias "exclusivamente" políticas não significavam impedimento de atuação judicial sobre todo e qualquer ato de natureza política: seria necessário distinguir entre "questões políticas" (judiciáveis) e "questões estritamente políticas" (não judiciáveis por politicamente discricionárias). No entanto, para uma rejeição desta distinção, cf. MACEDO, Cristiane Branco. *A legitimidade e a extensão do controle judicial sobre o processo legislativo no estado democrático de direito*, para quem a distinção entre "questão política" e *interna corporis* "não assume relevância conceitual ou prática" (p. 121). Em todo caso, o STF não pratica uma distinção rigorosa entre as expressões "questão política" e *interna corporis* – cf. SCHÄFER, Jairo Gilberto. O problema da fiscalização da constitucionalidade dos atos políticos em geral. *Revista Interesse Público* 35/79-97, 2006. De fato, cf. STF, MS 26.441, rel. Min. Celso de Mello, j.

judicial.[186] No AgRg no MS 26.062, de relatoria do Min. Gilmar Mendes, assentou-se que "a interpretação e a aplicação do Regimento Interno da Câmara dos Deputados constituem matéria *interna corporis*, insuscetível de apreciação pelo Poder Judiciário".[187] No AgRg no MS 25.588, relator o Min. Menezes Direito, o STF decidiu que "a sistemática interna dos procedimentos da Presidência da Câmara dos Deputados para processar os recursos dirigidos ao Plenário daquela Casa não é passível de questionamento perante o Poder Judiciário", inexistente qualquer violação da disciplina constitucional".[188]

O STF tem assumido uma postura mais ativa no tocante ao controle dos requisitos de instalação das Comissões Parlamentares de Inquérito, previstos no art. 58, § 3.º, da CF.[189] No MS 26.441, discutiu-se decisão do Plenário da Câmara dos Deputados que – por ampla maioria (308 a 101 votos) – negou o funcionamento de uma CPI em virtude da suposta ausência de um dos requisitos – o "fato determinado" – exigidos pelo art. 58.[190] Neste caso,

25.04.2007, equiparando "atos de 'natureza *interna corporis*'" e "atos de caráter político". Sobre a doutrina da "questão política", cf., também, NAGEL, Robert. Direito político, política legalista: uma história recente da teoria da questão política. In: BIGONHA, Antônio C.; MOREIRA, Luiz (Org.). *Limites do controle de constitucionalidade*, p. 149-176; COMPARATO, Fábio Konder. A "questão política" nas medidas provisórias. *Revista Cidadania e Justiça* 10/98-109, 2001.

186. O STF também aplica a doutrina do *interna corporis* às decisões administrativas do próprio Poder Judiciário: STF, MS 28.254-AgRg, rel. Min. Ricardo Lewandowski, j. 24.03.2011: "Conselho Nacional de Justiça. Procedimento de controle administrativo. Ato do TJRJ. Composição das turmas recursais. Designação de magistrados de primeiro grau. Definição de critérios. Competência do respectivo tribunal. Ausência de liquidez e certeza no direito pleiteado. Segurança denegada. Julgamento monocrático. Possibilidade. Agravo improvido. I – Não verificada, no caso, a existência de qualquer vício no ato impugnado que pudesse caracterizar ofensa a direito líquido e certo do impetrante, mostra-se lícita a denegação da ordem de plano. II – Ademais, o ato de composição das turmas recursais não caracteriza promoção de magistrado para outra entrância ou mesmo remoção, porém mera designação para integrar órgão de primeiro grau, não se impondo, portanto, a observância dos critérios de merecimento ou antiguidade. III – Nessa linha, a definição dos critérios para composição da turma recursal é ato *interna corporis* do respectivo tribunal. IV – Nos termos do art. 205 do RISTF, pode o relator julgar monocraticamente pedido que veicule pretensão incompatível com a jurisprudência consolidada desta Corte, ou seja, manifestamente inadmissível. V – Agravo regimental improvido".

187. "Agravo regimental em mandado de segurança. 2. Oferecimento de denúncia por qualquer cidadão imputando crime de responsabilidade ao Presidente da República (art. 218 do Regimento Interno da Câmara dos Deputados). 3. Impossibilidade de interposição de recurso contra decisão que negou seguimento à denúncia. Ausência de previsão legal (Lei 1.079/1950). 4. A interpretação e a aplicação do Regimento Interno da Câmara dos Deputados constituem matéria *interna corporis*, insuscetível de apreciação pelo Poder Judiciário. 5. Agravo regimental improvido" (STF, AgRg no MS 26.062, Pleno, rel. Min. Gilmar Mendes, *DJe* 04.04.2008).

188. "Agravo regimental. Mandado de segurança. Questão *interna corporis*. Atos do Poder Legislativo. Controle judicial. Precedente da Suprema Corte. 1. A sistemática interna dos procedimentos da Presidência da Câmara dos Deputados para processar os recursos dirigidos ao Plenário daquela Casa não é passível de questionamento perante o Poder Judiciário, inexistente qualquer violação da disciplina constitucional. 2. Agravo regimental desprovido" (STF, AgRg no MS 25.588, Pleno, rel. Min. Menezes Direito, *DJe* 08.05.2009).

189. CF/1988, art. 58, § 3.º: "As comissões parlamentares de inquérito, que terão poderes de investigação próprios das autoridades judiciais, além de outros previstos nos regimentos das respectivas Casas, serão criadas pela Câmara dos Deputados e pelo Senado Federal, em conjunto ou separadamente, mediante requerimento de um terço de seus membros, para a apuração de fato determinado e por prazo certo, sendo suas conclusões, se for o caso, encaminhadas ao Ministério Público, para que promova a responsabilidade civil ou criminal dos infratores".

190. Tratava-se da chamada "CPI do Caos Aéreo". O "fato determinado", indicado no requerimento de instalação, consistia na investigação das causas, consequências e responsáveis pela crise do sistema de trafego

a Corte rejeitou o argumento de que tal matéria, em virtude de seu caráter *interna corporis*, não poderia ser objeto de controle judicial sem que ocorresse indevida intromissão em assuntos legislativos. Com fundamento no "direito constitucional de oposição" da minoria parlamentar, o Tribunal entendeu que permitir à maioria parlamentar inviabilizar a instalação de CPI mediante a interpretação de uma de suas exigências seria o mesmo que tornar sem efeito prático a garantia constitucional prevista no art. 58.[191]

Mas há situação diversa quando se indaga sobre violação do processo legislativo, especialmente quando este é pertinente à emenda constitucional. Nestas situações, o STF admite o controle judicial. Recentemente, em ação direta em que se alegou inconstitucionalidade formal, decidiu-se que a Constituição Federal, ao dispor regras sobre processo legislativo, permite o controle judicial da regularidade do processo, o que constitui exceção à jurisprudência do STF sobre a impossibilidade de revisão jurisdicional em matéria *interna corporis*.[192] Há quase duas décadas, o STF declarou que "a tramitação de emenda constitucional, no âmbito do Poder Legislativo, é matéria *interna corporis*, insuscetível de controle judicial, *salvo em caso de ofensa à Constituição ou à lei. Exceto nessas hipóteses, a interferência não é tolerada pelo princípio da independência e da harmonia entre os Poderes*".[193] Em 1997,

---

aéreo brasileiro, chamada de "apagão aéreo", desencadeada após o acidente ocorrido no dia 29.09.2006, envolvendo um Boeing 737-800 e um jato Legacy, com mais de uma centena de vítimas (Câmara dos Deputados, Requerimento 01/2007).

191. O Supremo reconheceu, no art. 58, § 3.º, da CF, "um verdadeiro estatuto constitucional das minorias parlamentares, cujas prerrogativas – notadamente aquelas pertinentes ao direito de investigar – devem ser preservadas pelo Poder Judiciário (...). A norma inscrita no art. 58, § 3.º, da Constituição da República destina-se a ensejar a participação ativa das minorias parlamentares no processo de investigação legislativa, sem que, para tanto, mostre-se necessária a concordância das agremiações que compõem a maioria parlamentar. (...) A maioria legislativa não pode frustrar o exercício, pelos grupos minoritários que atuam no Congresso Nacional, do direito público subjetivo que lhes é assegurado pelo art. 58, § 3.º, da Constituição (...). A rejeição de ato de criação de Comissão Parlamentar de Inquérito, pelo Plenário da Câmara dos Deputados, ainda que por expressiva votação majoritária, proferida em sede de recurso interposto por líder de partido político que compõe a maioria congressual, não tem o condão de justificar a frustração do direito de investigar que a própria Constituição da República outorga às minorias que atuam nas Casas do Congresso Nacional" (MS 26.441, rel. Min. Celso de Mello, j. 25.04.2007).

192. "Ação direta de inconstitucionalidade. Alegação de inconstitucionalidade formal. Processo legislativo. Medida provisória. Trancamento de pauta. Art. 62, § 6.º, da CF. Preliminar de prejudicialidade: dispositivo de norma cuja eficácia foi limitada até 31.12.2005. Inclusão em pauta do processo antes do exaurimento da eficácia da norma temporária impugnada. Julgamento posterior ao exaurimento. Circunstâncias do caso afastam a aplicação da jurisprudência do STF sobre a prejudicialidade da ação, visto que o requerente impugnou a norma em tempo adequado. Conhecimento da ação. A Constituição Federal, ao dispor regras sobre processo legislativo, permite o controle judicial da regularidade do processo. Exceção à jurisprudência do STF sobre a impossibilidade de revisão jurisdicional em matéria *interna corporis*. Precedente. Alegação de inconstitucionalidade formal: nulidade do processo legislativo em que foi aprovado projeto de lei enquanto pendente a leitura de medida provisória numa das Casas do Congresso Nacional, para os efeitos do sobrestamento a que se refere o art. 62, § 6.º, da CF. Medida provisória que trancaria a pauta lida após a aprovação do projeto que resultou na lei atacada. Ausência de demonstração de abuso ante as circunstâncias do caso. Ação direta conhecida, mas julgada improcedente" (STF, ADIn 3.146, Pleno, rel. Min. Joaquim Barbosa, *DJ* 19.12.2006).

193. "Sustentação oral. Princípio da ampla defesa. Art. 5.º, LV, da CF. Art. 131, § 2.º, do RISTF. Suspensão de segurança. Agravo regimental: matéria deste. Tramitação de emenda constitucional. Questão *interna corporis* do Poder Legislativo. Princípio da independência e harmonia dos Poderes. 1. A sustentação oral é ato facultativo no processo, não absolutamente necessário à defesa. O art. 131, § 2.º, do RISTF não permite sustentação oral em agravo regimental e não foi revogado pelo art. 5.º, LV, da CF. 2. A tramitação de emen-

relator o Min. Maurício Corrêa, o STF conheceu de mandado de segurança "quanto à alegação de impossibilidade de matéria constante de proposta de emenda rejeitada ou havida por prejudicada poder ser objeto de nova proposta na mesma sessão legislativa", sob o fundamento de aí estar presente questão constitucional (art. 60, § 5.º, da CF).[194] No MS 23.565, de relatoria do Min. Celso de Mello, firmou-se o entendimento de que "o processo de formação das leis ou de elaboração de emendas à Constituição revela-se suscetível de controle incidental ou difuso pelo Poder Judiciário, sempre que, havendo possibilidade de lesão à ordem jurídico-constitucional, a impugnação vier a ser suscitada por membro do próprio Congresso Nacional, pois, nesse domínio, somente ao parlamentar – que dispõe do direito público subjetivo à correta observância das cláusulas que compõem o devido processo legislativo – assiste legitimidade ativa *ad causam* para provocar a fiscalização jurisdicional".[195]

---

da constitucional, no âmbito do Poder Legislativo, é matéria *interna corporis*, insuscetível de controle judicial, salvo em caso de ofensa à Constituição ou à lei. Exceto nessas hipóteses, a interferência não é tolerada pelo princípio da independência e da harmonia entre os Poderes. 3. Ao agravar regimentalmente contra a decisão suspensiva de segurança (fundada no art. 4.º da Lei 4.348, de 26.06.1964, ou no art. 297 do RISTF), deve o agravante impugnar os fundamentos da decisão agravada e não simplesmente questionar o modo pelo qual vinha sendo cumprida a liminar que fora por ela suspensa. Agravo regimental improvido" (STF, AgRg na Suspensão de Segurança 327, Pleno, rel. Min. Sydney Sanches, *DJ* 05.06.1992).

194. "Mandado de segurança impetrado contra ato do presidente da Câmara dos Deputados, relativo à tramitação de emenda constitucional. Alegação de violação de diversas normas do regimento interno e do art. 60, § 5.º, da CF. Preliminar: impetração não conhecida quanto aos fundamentos regimentais, por se tratar de matéria *interna corporis* que só pode encontrar solução no âmbito do Poder Legislativo, não sujeita à apreciação do Poder Judiciário. Conhecimento quanto ao fundamento constitucional. Mérito: reapresentação, na mesma sessão legislativa, de proposta de emenda constitucional do Poder Executivo, que modifica o sistema de previdência social, estabelece normas de transição e dá outras providências (PEC 33-A, de 1995). I – Preliminar. 1. Impugnação de ato do Presidente da Câmara dos Deputados que submeteu a discussão e votação emenda aglutinativa, com alegação de que, além de ofender ao parágrafo único do art. 43 e ao § 3.º do art. 118, estava prejudicada nos termos do inciso VI do art. 163, e que deveria ter sido declarada prejudicada, a teor do que dispõe o n. 1 do inciso I do art. 17, todos do Regimento Interno, lesando o direito dos impetrantes de terem assegurados os princípios da legalidade e moralidade durante o processo de elaboração legislativa. A alegação, contrariada pelas informações, de impedimento do relator – matéria de fato – e de que a emenda aglutinativa inova e aproveita matérias prejudicada e rejeitada, para reputá-la inadmissível de apreciação, é questão *interna corporis* do Poder Legislativo, não sujeita à reapreciação pelo Poder Judiciário. Mandado de segurança não conhecido nesta parte. 2. Entretanto, ainda que a inicial não se refira ao § 5.º do art. 60 da Constituição, ela menciona dispositivo regimental com a mesma regra; assim interpretada, chega-se à conclusão que nela há ínsita uma questão constitucional, esta, sim, sujeita ao controle jurisdicional. Mandado de segurança conhecido quanto à alegação de impossibilidade de matéria constante de proposta de emenda rejeitada ou havida por prejudicada poder ser objeto de nova proposta na mesma sessão legislativa. II – Mérito. 1. Não ocorre contrariedade ao § 5.º do art. 60 da Constituição na medida em que o Presidente da Câmara dos Deputados, autoridade coatora, aplica dispositivo regimental adequado e declara prejudicada a proposição que tiver substitutivo aprovado, e não rejeitado, ressalvados os destaques (art. 163, V). 2. É de ver-se, pois, que, tendo a Câmara dos Deputados apenas rejeitado o substitutivo, e não o projeto que veio por mensagem do Poder Executivo, não se cuida de aplicar a norma do art. 60, § 5.º, da Constituição. Por isso mesmo, afastada a rejeição do substitutivo, nada impede que se prossiga na votação do projeto originário. O que não pode ser votado na mesma sessão legislativa é a emenda rejeitada ou havida por prejudicada, e não o substitutivo que é uma subespécie do projeto originariamente proposto. 3. Mandado de segurança conhecido em parte, e nesta parte indeferido" (STF, MS 22.503, Pleno, rel. p/ o acórdão Min. Maurício Corrêa, *DJ* 06.06.1997).

195. STF, MS 23.565, Pleno, rel. Min. Celso de Mello, *DJ* 17.11.1999. No mesmo sentido: "Constitucional. Processo legislativo: controle judicial. Mandado de segurança. I – O parlamentar tem legitimidade ativa para impetrar mandado de segurança com a finalidade de coibir atos praticados no processo de aprovação de

Bem vistas as coisas, o "problema" do controle judicial do processo legislativo não poderia estar presente nos casos em que são negados requisitos constitucionais do processo de criação das leis, uma vez que estas hipóteses, como é pouco mais do que evidente, não podem ser afastadas do controle de constitucionalidade. O que se poderia – e desejava – evitar, impedindo-se o controle judicial dos atos parlamentares prévios à publicação da lei, era a interferência do Judiciário sobre a substância das leis, ou seja, sobre as leis em si mesmas – nunca sobre o controle da higidez do processo de sua formação.[196] Isso fica claro no *leading case* acerca da possibilidade do controle judicial do processo legislativo. O Min. Moreira Alves, no MS 20.257, assim enfrentou a questão: "Não admito mandado de segurança para impedir tramitação de projeto de lei ou proposta de emenda constitucional com base na alegação *de que seu conteúdo entra em choque com algum princípio constitucional*. E não admito porque, nesse caso, a violação à Constituição só ocorrerá depois de o projeto se transformar em lei ou de a proposta de emenda vir a ser aprovada. Antes disso, nem o Presidente da Casa do Congresso, ou deste nem a Mesa, nem o Poder Legislativo estão praticando qualquer inconstitucionalidade, mas estão, sim, exercitando seus poderes constitucionais referentes ao processamento da lei em geral. A inconstitucionalidade, nesse caso, não será quanto ao processo da lei ou da emenda, mas, ao contrário, será da própria lei ou da própria emenda, razão por que só poderá ser atacada depois da existência de uma ou de outra. Diversas, porém, são as hipóteses, como a presente, *em que a vedação constitucional se dirige ao próprio processamento da lei ou da emenda*, vedando a sua apresentação (...) ou a sua deliberação (como na espécie). *Aqui, a inconstitucionalidade diz respeito ao próprio andamento do processo legislativo*, e isso porque a Constituição não quer – em face da gravidade dessas deliberações, se consumadas – que sequer se chegue à deliberação, proibindo-a taxativamente. *A inconstitucionalidade, neste caso, já existe antes de o projeto ou de a proposta se transformarem em lei ou em emenda constitucional, porque o próprio processamento já desrespeita, frontalmente, a Constituição*. E cabe ao Poder Judiciário – nos sistemas em que o controle da constitucionalidade lhe é outorgado – *impedir que se desrespeite a Constituição*. Na guarda da observância desta, está ele acima dos demais Poderes, não havendo, pois, que se falar, a esse respeito, em independência de Poderes. Não fora assim e não poderia ele exercer a função que a própria Constituição, para a preservação dela, lhe outorga".[197]

A inconstitucionalidade material se relaciona com o que acaba de ser dito, uma vez que tem a ver com o conteúdo da lei, ou melhor, com a não conformação do ato do legislador,

---

leis e emendas constitucionais que não se compatibilizam com o processo legislativo constitucional. Legitimidade ativa do parlamentar, apenas. II – Precedentes do STF: MS 20.257/DF, Min. Moreira Alves (*leading case*), *RTJ* 99/1031; MS 21.642/DF, Min. Celso de Mello, *RDA* 191/200; MS 21.303-AgRg/DF, Min. Octavio Gallotti, *RTJ* 139/783; MS 24.356/DF, Min. Carlos Velloso, *DJ* 12.09.2003 (...)" (STF, MS 24.642, Pleno, rel. Min. Carlos Velloso, *DJ* 18.06.2004). V. MS 37721, rel. Min. Roberto Barroso, j. 26.09.2022.

196. Lembre-se, aliás, que, de acordo com a clássica tese de John Hart Ely, o Tribunal Constitucional deve ater-se à guarda das condições do processo de representação política (especialmente quando estão em jogo minorias políticas), e não das preferências substantivas expressas no conteúdo das leis (ELY, John Hart. *Democracy and distrust*, p. 121-126). Esta ideia é expressa na famosa nota de rodapé n. 4, da decisão da Suprema Corte estadunidense no caso "Carolene Products", de 1938, em que a Corte considerou que "leis direcionadas a certas minorias religiosas (...) ou de nacionalidade (...) ou raciais (...)" que expressam "o preconceito contra minorias separadas e isoladas" merecem um "exame judicial mais minucioso" por parte do Tribunal – *United States v. Carolene Products Co.*, 304 US 144, 152153, n. 4 (1938).

197. STF, MS 20.257, Pleno, rel. Min. Moreira Alves, j. 08.10.1980, *RTJ* 99/1040.

em sua substância, com as regras e princípios constitucionais. Há inconstitucionalidade material quando a lei não está em consonância com a disciplina, valores e propósitos da Constituição.

A liberdade do legislador para conformar a lei deve ser exercida dentro dos limites constitucionais. Dentro desses limites, a lei, qualquer que seja o seu conteúdo, é absolutamente legítima. Veda-se ao legislador, porém, exceder ou ficar aquém dos limites da Constituição.

A lei, portanto, deve se pautar pela regra da proporcionalidade, não podendo exceder o limite do necessário à tutela dos fins almejados pela norma constitucional.[198] Isso porque, ao excedê-los, estará ferindo direitos constitucionais limítrofes com o direito constitucional por ela tutelado. Quando há dois modos para dar proteção ao direito constitucional, considera-se ilegítima a lei que, dando-lhe tutela, não é a que traz a menor interferência ou restrição sobre outro direito. Assim, se a lei vai além do necessário, há negação da cláusula de vedação de excesso.[199]

De outro lado, o legislador não pode deixar de responder às exigências da norma constitucional, ou de respondê-las de modo insuficiente, deixando sem efetiva proteção o direito constitucional. Se isso ocorrer, a lei violará o direito fundamental na sua função de mandamento de tutela.[200] Daí por que, quando esta tutela inexiste ou é insuficiente, há violação da cláusula de vedação de tutela insuficiente.[201]

---

198. Para uma análise do princípio da proporcionalidade, cf. ALEXY, Robert. *Teoria dos direitos fundamentais*; NOWAK, John E.; ROTUNDA, Ronald D. *Constitutional law*, p. 398 e ss.; MENDES, Gilmar; BRANCO, Paulo G. *Curso de direito constitucional*, p. 246-264; SILVA, Virgílio Afonso da. *Direitos fundamentais:* conteúdo essencial, restrições e eficácia, p. 164-182; BARROSO, Luís Roberto. *Interpretação e aplicação da Constituição*, p. 218-246; ÁVILA, Humberto Bergmann. *Teoria dos princípios*; BARROS, Suzana de Toledo. *O princípio da proporcionalidade e o controle de constitucionalidade das leis restritivas de direitos fundamentais*; DIMOULIS, Dimitri; MARTINS, Leonardo. *Teoria geral dos direitos fundamentais*, p. 132-232; BARCELLOS, Ana Paula. Os imperativos da proporcionalidade e da razoabilidade: um panorama da discussão atual e da jurisprudência do STF. In: SARMENTO, Daniel; SARLET, Ingo Wolfgang (Org.). *Direitos fundamentais no Supremo Tribunal Federal:* balanço e crítica, p. 167-206; NOVAIS, Jorge Reis. *As restrições aos direitos fundamentais não expressamente autorizadas pela Constituição*, p. 752-779; SCHOELLER, Heinrich. O princípio da proporcionalidade no direito constitucional e administrativo da Alemanha. *Interesse Público*, vol. 1, n. 2, p. 93, 1999; PULIDO, Carlos Bernal. *El principio de proporcionalidad y los derechos fundamentales*; CANAS, Vitalino. O princípio da proibição do excesso na Constituição: arqueologia e aplicações. In: MIRANDA, Jorge (Org.). *Perspectivas constitucionais*, p. 323-357; CANOTILHO, J. J. Gomes. *Direito constitucional e teoria da constituição*, p. 266 e ss.

199. Cf. ADIn 4.125/TO, rel. Min. Cármen Lúcia, j. 10.06.2010: "(...) Criação de milhares de cargos em comissão. Descumprimento dos arts. 37, II e V, da CF e dos princípios da proporcionalidade e da moralidade administrativa. Ação julgada procedente. (...) 3. O número de cargos efetivos (providos e vagos) existentes nos quadros do Poder Executivo tocantinense e o de cargos de provimento em comissão criados pela Lei 1.950/2008 evidencia a inobservância do princípio da proporcionalidade". Cf., também, RE 511.961/SP, rel. Min. Gilmar Mendes, j. 17.06.2009; SS 4.363 AgRg/TO, rel. Min. Cezar Peluso, j. 08.09.2011; RE 603.191/MT, rel. Min. Ellen Gracie, j. 01.08.2011; ADIn 4.467/DF, rel. Min. Rosa Weber, j. 19.10.2020.

200. Cf. STF, STA 175, 211, 268 e 278 e SL 47, rel. Min. Gilmar Mendes, j. 17.03.2010, mantendo decisões judiciais que condenavam o Poder Executivo ao fornecimento de medicamentos e tratamentos de saúde não previstos na lista do SUS.

201. Como explica Claus-Wilhelm Canaris, frequentemente, no direito privado, defrontam-se interesses que podem ser garantidos como direitos fundamentais. Caso o legislador proteja um titular de um direito fundamental, ele por conseguinte intervém, muitas vezes ao mesmo tempo, na posição de outro titular de direito fundamental. *O exame constitucional, por consequência, orienta-se tipicamente em duas direções: por um lado, a proteção não deve se reter atrás do mínimo constitucional exigido; por outro lado, não deve ser*

Lembre-se que, quando se diz que direitos fundamentais incidem verticalmente sobre o Estado, afirma-se que eles geram um dever de proteção ao legislador, assim como ao administrador e ao juiz. Neste sentido, se a lei permanece aquém da medida de proteção ordenada pela Constituição, há violação da vedação de tutela insuficiente. Claus-Wilhelm Canaris, considerando a Lei Fundamental alemã e a jurisprudência do Tribunal Constitucional alemão, afirma que, em princípio, a função dos direitos fundamentais de imperativo de tutela carece de sua transposição pelo direito infraconstitucional. Em razão disso, diz que ao legislador fica aberta uma ampla margem de manobra entre as proibições da insuficiência e do excesso. Adverte, contudo, que a proibição de insuficiência não coincide com o dever de proteção, mas tem uma função autônoma em relação a ele, tratando-se de dois percursos argumentativos distintos, pelos quais, em primeiro lugar, controla-se se existe um dever de proteção, e, depois, em que termos este deve ser cumprido pelo legislador sem descer abaixo do mínimo de proteção jurídico-constitucionalmente exigido.[202] Por conseguinte, o controle constitucional da insuficiência almeja investigar se a tutela normativa, reconhecida como devida pelo legislador, satisfaz as exigências mínimas na sua eficiência. O controle judicial, portanto, ao detectar a insuficiência, deve parar no mínimo necessário, não podendo ir além.

A inconstitucionalidade material tem a mesma consequência da inconstitucionalidade formal, ou seja, a nulidade da lei, exceto quando se está diante da questão da lei que se tornou incompatível com a nova Constituição. Apenas quando a incompatibilidade entre a lei e a nova Constituição é de conteúdo formal, ou melhor, quando a matéria regulada pela lei pretérita passou a ser de outra competência ou ter de ser tratada por espécie normativa diversa, é que se admite a recepção da lei. Foi o que ocorreu, por exemplo, com os Códigos de Organização Judiciária estaduais após a Constituição Federal de 1988. Antes, estes Códigos eram editados por resoluções dos Tribunais de Justiça, sendo que a Constituição de 1988 exigiu lei para regular a matéria. O resultado foi que os Códigos estaduais restaram válidos e eficazes, mas as suas novas alterações se subordinaram à necessidade de lei.[203] O mesmo não se passa, entretanto, quando há inconstitucionalidade material. Nesse caso, a lei, diante da nova Constituição, não encontra recepção, não é recepcionada, e, assim, obviamente não permanece válida e eficaz.[204]

"excessiva", ou seja, excedente ao proporcional e ao necessário, intervindo nos direitos fundamentais de outros sujeitos privados. No original: "Die verfassungsrechtlich Prüfung geht folglich typischerweise in zwei Richtungen: einerseits darf der Schutz nicht hinter dem verfassungsrechtliche gebotenen Minimum zurückbleiben, andererseits darf nicht 'übermäßig', d. h. mehr als erforderlich und verhältnismäßig, in die Grundrechte dês anderen Privatrechtssubjekt eingreifen" (CANARIS, Claus-Wilhelm, Grundrechtswirkungen und Verhältnismässig-keitsprinzip in der richterlichen Anwendung und Fortbildung des Privatsrechts, *JuS*, 1989).

202. Cf. CANARIS, Claus-Wilhelm, *Direitos fundamentais e direito privado*, p. 138-139.

203. BARROSO, Luís Roberto, *O controle de constitucionalidade no direito brasileiro*, p. 30.

204. Cumpre aqui uma ponderação em relação à noção de derrotabilidade (*defeasibility*). Essa teoria é tradicionalmente caracterizada "como la admisión de que ellas [as normas jurídicas] están sujetas a una cláusula de final abierto, i.e., a excepciones no taxativamente enumerables" (NAVARRO, Pablo; RODRÍGUEZ, Jorge. Derrotabilidad y sistematización de normas jurídicas, *Isonomía – Revista de Teoría y Filosofía del Derecho*, n. 13, p. 63, 2000). Ou seja, parte-se da ideia de que as normas jurídicas possuem exceções implícitas, não identificáveis de antemão, e, quando essas exceções são configuradas, elas têm o condão de *derrotar* a solução normativa extraída *prima facie* da literalidade da norma. Tal perspectiva não pode ser tratada como equivalente necessário da declaração de inconstitucionalidade, pois a "norma derrotada" pode permanecer

CONTROLE DE CONSTITUCIONALIDADE   987

8.5.2 Inconstitucionalidade por ação e inconstitucionalidade por omissão

8.5.2.1 *Primeiras considerações*

O fenômeno da inconstitucionalidade se manifesta tanto em virtude de ação, quanto de omissão do legislador. No primeiro caso existe norma que não se conforma com o texto constitucional. Há ação, visível, do legislador. Porém, o fato de a inação ser, à primeira vista, invisível não redunda na impossibilidade da sua detecção, e, por consequência, controle judicial.[205] Por inação se quer dizer falta ou ausência de lei reputada, ainda que não clara e

---

no ordenamento jurídico, somente sendo afastada no caso concreto, em virtude da singularidade dos elementos postos em julgamento. Fernando Andreoni Vasconcellos traz um exemplo que ilustra essa situação: "Por ocasião do julgamento do agravo regimental interposto na Rcl 3.034-2, o STF negou o pedido de suspensão do sequestro de valores do Estado da Paraíba, promovido para o pagamento de precatório a pessoa portadora de doença incurável. Nesta decisão, o Min. Eros Grau reconhece a efetividade e aplicação da previsão do art. 100, § 2.º, da CF [N. do A.: nova redação dada pela EC 94/2016], que prevê o sequestro de precatórios, de quantia necessária à satisfação do débito, exclusivamente para o caso de preterimento de direito de precedência. No entanto, entendeu por bem não aplicar (derrotar) a regra *prima facie* prevista na Constituição Federal, em razão da situação excepcional do caso concreto. Nesta situação, a decisão apenas derrotou a norma *prima facie* excepcionalmente, mantendo-a como 'regra geral', porém dentro dela foi inserida uma exceção, a qual há de ser seguida nos demais casos similares" (VASCONCELLOS, Fernando Andreoni. *Hermenêutica jurídica e derrotabilidade*, p. 62). Carlos Alchourrón demonstra como a derrotabilidade é tratada no âmbito da teoria da norma jurídica: "En el lenguaje corriente, las construcciones condicionales de la forma 'Si A entonces B' son frecuentemente usadas de un modo tal que no se pretende con ellas afirmar que el antecedente A es una condición suficiente del consecuente B, sino sólo que el antecedente, sumado a un conjunto de presupuestos aceptados en el contexto de emisión del condicional, es condición suficiente del consecuente B. Este es el caso, por ejemplo, cuando se afirma, con relación a una cierta muestra de gas, que su volumen aumentará si se eleva la temperatura, suponiendo en el contexto que la presión se mantendrá constante. La afirmación condicional *es* derrotada cuando alguno de los presupuestos implícitos es falso. Un condicional derrotable también puede ser definido como un condicional sujeto a excepciones implícitas. En el ejemplo, una variación en la presión del gas constituye una excepción implícita que derrota la afirmación condicional. En relación con un condicional derrotable puede ser verdadero que 'Si A entonces B' y falso que 'Si A y C entonces B'. En tal caso, la circunstancia C constituye una excepción que derrota el condicional 'Si A entonces B'. La anterior es la definición estándar en lógica de los condicionales derrotables. Es decir, un condicional es derrotable si el siguiente esquema de inferencia (denominado refuerzo del antecedente) es lógicamente inválido: de 'Si A entonces B' se sigue que 'Si A y C entonces B'" (ALCHOURRÓN, Carlos. Sobre derecho y lógica, *Isonomía – Revista de Teoría y Filosofía del Derecho*, n. 13, p. 23-24, 2000). Sobre a derrotabilidade, ver FERRER BELTRÁN, J.; RATTI, G.B. (Ed.). *The logic of legal requirements:* essays on legal defeasibility; MACCORMICK, Neil. *Retórica e o estado de direito*, p. 307 e 328. E ainda, para uma perspectiva prática da teoria, ver: BIM, Eduardo Fortunato; MAIDAME, Márcio Manoel. Restrições ao poder geral de cautela e derrotabilidade, *RePro* 175/34 e ss.; VASCONCELLOS, Fernando Andreoni. Reflexos da nova lei do mandado de segurança no âmbito tributário. *Revista Dialética de Direito Tributário* 172/44-55.

205. Afasta-se, portanto, o mito do "legislador negativo", ou seja, do tribunal que pode apenas anular a lei. Kelsen, quando trata da anulação judicial da lei em sede de controle abstrato de constitucionalidade, afirma que o tribunal constitucional atua na espécie como "legislador negativo". Essa é a expressão que ele encontrou para sustentar, de forma um tanto ambígua, que o controle judicial de constitucionalidade não atenta contra a separação de poderes. Após reconhecer que "anular uma lei é estabelecer uma norma geral, porque a anulação de uma lei tem o mesmo caráter de generalidade que sua elaboração, nada mais sendo, por assim dizer, que a elaboração com sinal negativo e, portanto, ela própria uma função legislativa" (KELSEN, Hans. *Jurisdição constitucional*, p. 151-152), Kelsen volta-se à distinção entre a elaboração e a simples anulação das leis, para dizer que um tribunal constitucional realiza uma atividade efetivamente jurisdicional: "A anulação de uma lei se produz essencialmente como aplicação das normas da Constituição. A livre

expressamente, essencial para a realização de norma constitucional ou para a satisfação de direito fundamental.

O STF já teve oportunidade de estabelecer a nítida separação teórica entre as duas formas de inconstitucionalidade. Na ADIn 1.458, em que foi relator o Min. Celso de Mello, assentou-se que "o desrespeito à Constituição tanto pode ocorrer mediante ação estatal quanto mediante inércia governamental. A situação de inconstitucionalidade pode derivar de um comportamento ativo do Poder Público, que age ou edita normas em desacordo com o que dispõe a Constituição, ofendendo-lhe, assim, os preceitos e os princípios que nela se acham consignados. Essa conduta estatal, que importa em um *facere* (atuação positiva), gera a inconstitucionalidade por ação. Se o Estado deixar de adotar as medidas necessárias à realização concreta dos preceitos da Constituição, em ordem a torná-los efetivos, operantes e exequíveis, abstendo-se, em consequência, de cumprir o dever de prestação que a Constituição lhe impôs, incidirá em violação negativa do texto constitucional. Desse *non facere* ou *non praestare* resultará a inconstitucionalidade por omissão, que pode ser total, quando é nenhuma a providência adotada, ou parcial, quando é insuficiente a medida efetivada pelo Poder Público".[206]

Desde a última década do século XIX todo e qualquer juiz tem o poder e o dever de controlar a inconstitucionalidade por ação, sendo que o controle por via direta foi originariamente introduzido para controlar esta espécie de inconstitucionalidade. A preocupação com a omissão é recente. Não obstante, o certo é que o sistema brasileiro, além de instrumentos destinados ao controle da constitucionalidade da lei, possui modelos para o controle da inconstitucionalidade da omissão, de modo que, apenas por isso, não há como negar a significação constitucional da falta de lei. Há ação direta de inconstitucionalidade por omissão, a ser dirigida ao STF para controle da omissão na forma abstrata, independentemente de caso concreto (art. 103, § 2.º, da CF). Também está preordenado o mandado de injunção (art. 5.º, LXXI, c/c o art. 102, I, *q*, da CF), voltado a permitir o controle da constitucionalidade da falta de norma indispensável a determinada situação concreta. Isso, porém, não é suficiente para dar tutela ao cidadão diante da omissão inconstitucional do legislador. O juiz, em face de qualquer caso concreto, pode se dar conta da falta de lei imprescindível à tutela de direito fundamental. De modo que o real problema está em saber se a ausência de norma pode ser detectada por todo e qualquer juiz na forma incidental, como questão prejudicial à solução de um litígio.

---

criação que caracteriza a legislação está aqui quase completamente ausente. Enquanto o legislador só está preso pela Constituição no que concerne a seu procedimento – e, de forma totalmente excepcional, no que concerne ao conteúdo das leis que deve editar, e, mesmo assim, apenas por princípios ou diretivas gerais –, a atividade do legislador negativo, da jurisdição constitucional, é absolutamente determinada pela Constituição. E é precisamente nisso que a sua função se parece com a de qualquer outro tribunal em geral: ela é principalmente aplicação e somente em pequena medida criação do direito. É, por conseguinte, efetivamente jurisdicional" (p. 153). Lembre-se que, de acordo com Kelsen, a diferença entre função jurisdicional e função legislativa consiste em que esta cria normas gerais enquanto aquela cria unicamente normas individuais.

206. STF, ADIn 1.458, Pleno, rel. Min. Celso de Mello, *DJ* 20.09.1996.

8.5.2.2 Inconstitucionalidade por ação

A ação do parlamento deu origem ao controle de constitucionalidade. Sua história começa com a negação da lei ilegítima. Foi assim na Grécia antiga e foi este o embrião do *judicial review* estadunidense, relacionado com o controle dos atos exorbitantes da colônia em face do direito inglês. Do mesmo modo, o controle de constitucionalidade – do tipo europeu, derivado do sistema austríaco – fundado no esquema teórico kelseniano é preocupado com a validade dos atos positivos do Legislativo diante do direito maior que lhe dá sustentáculo.

Ao contrário da omissão inconstitucional, em que o controle judicial constata que a falta de ação do legislador impede a realização de norma constitucional, na inconstitucionalidade por ação o juiz vê a inconstitucionalidade no próprio produto do legislador, elaborado em dissonância com o texto constitucional. Trata-se, assim, da forma "tradicional" e mais conhecida de inconstitucionalidade.

8.5.2.3 Inconstitucionalidade por omissão

8.5.2.3.1 Instrumentos processuais para combater a omissão inconstitucional: mandado de injunção e ação direta de inconstitucionalidade por omissão

Determinadas normas constitucionais impõem ao legislador o dever de regulamentá-las. Valem-se de expressões como "conforme definido em lei" para evidenciar que necessitam de complementação infraconstitucional. Tanto as normas constitucionais ditas de "organização" – como a do art. 178, que afirma que "a lei disporá sobre a ordenação dos transportes aéreo, aquático e terrestre" –, quanto as normas que propriamente definem direitos – como a do art. 7.º, XI, que diz que "são direitos dos trabalhadores (...), além de outros (...), participação nos lucros, ou resultados, (...) conforme definido em lei" –, dão origem a casos de omissão inconstitucional diante da inação do legislador.

Em face do mandado de injunção, instrumento preordenado para a concessão de tutela jurisdicional "sempre que a falta de norma regulamentadora *torne inviável o exercício* dos direitos e liberdades constitucionais e das prerrogativas inerentes à nacionalidade, à soberania e à cidadania" (art. 5.º, LXXI, da CF), o problema é saber o alcance da tutela jurisdicional. Pensou-se, inicialmente, que ao Tribunal caberia simplesmente declarar a mora, cientificando o Legislativo. A segunda solução estaria em declarar a mora e dar ao Legislativo prazo para editar a norma, retirando, na hipótese de não observância deste prazo, uma consequência concreta. A terceira seria elaborar a própria norma faltante.

O STF decidiu, no MI 107, de relatoria do Min. Moreira Alves, que o mandado de injunção não abre ensejo a uma tutela jurisdicional mandamental ou constitutiva, mas, simplesmente, a uma declaração de omissão inconstitucional. Entendeu que essa declaração de omissão traz, implicitamente, a constatação da mora do legislador, que, assim, deve ser a ele comunicada para que edite a norma. Diante desta posição do STF, a decisão que reconhece a omissão inconstitucional não tem qualquer força mandamental – de impor a edição da norma – ou eficácia constitutiva – de criar a norma faltante. A decisão é simplesmente declaratória. A comunicação da declaração ao legislador, portanto, aproxima-se de uma recomendação.

No MI 283, relator o Min. Sepúlveda Pertence, o STF tratou do art. 8.º, § 3.º, do ADCT, que diz que "aos cidadãos que foram impedidos de exercer, na vida civil, atividade profissional específica, em decorrência das Portarias Reservadas do Ministério da Aeronáutica S-50-GM5, de 19.06.1964, e S-285-GM5 será concedida reparação de natureza econômica, na forma que dispuser lei de iniciativa do Congresso Nacional e a entrar em vigor no prazo de doze meses a contar da promulgação da Constituição". No caso, diante da inação do Legislativo, havia direito subjetivo obstaculizado pela omissão inconstitucional, a legitimar o uso do mandado de injunção.[207]

Entretanto, o STF, aí, não se limitou a declarar a omissão de inconstitucionalidade, dando ciência ao Legislativo. Dando maior amplitude a sua função, a Suprema Corte julgou o pedido procedente para: "(a) declarar em mora o legislador com relação à ordem de legislar contida no art. 8.º, § 3.º, do ADCT, comunicando-a ao Congresso Nacional e à Presidência da República; (b) assinar o prazo de 45 dias, mais 15 dias para a sanção presidencial, a fim de que se ultime o processo legislativo da lei reclamada; (c) se ultrapassado o prazo acima, sem que esteja promulgada a lei, reconhecer ao impetrante a faculdade de obter, contra a União, pela via processual adequada, sentença líquida de condenação à reparação constitucional devida, pelas perdas e danos que se arbitrem; (d) declarar que, prolatada a condenação, a superveniência de lei não prejudicará a coisa julgada, que, entretanto, não impedirá o impetrante de obter os benefícios da lei posterior, nos pontos em que lhe for mais favorável". Neste caso, o STF entendeu que, caso o Legislativo não viesse a atuar, aquele que se dizia titular do direito à reparação poderia requerer a liquidação do seu dano mediante as disposições do direito comum, reconhecendo-se, assim, em face da persistência da omissão inconstitucional, a autoaplicabilidade da norma constitucional.[208]

Recentemente, ao enfrentar a omissão relativa à norma do art. 37, VII, da CF, que diz que "o direito de greve será exercido nos termos e nos limites definidos em lei específica", o STF reconheceu a omissão e ofereceu-lhe solução mediante a aplicação, no que couber, da Lei 7.783/1989, que dispõe sobre o exercício do direito de greve na iniciativa privada.[209] No MI 708, de relatoria do Min. Gilmar Mendes, declarou-se que, "tendo em vista as imperiosas balizas jurídico-políticas que demandam a concretização do direito de greve a todos os trabalhadores, o STF não pode se abster de reconhecer que, assim como o controle judicial deve incidir sobre a atividade do legislador, é possível que a Corte Constitucional atue também nos casos de inatividade ou omissão do Legislativo. A mora legislativa em questão já foi, por diversas vezes, declarada na ordem constitucional brasileira. Por esse motivo, a permanência dessa situação de ausência de regulamentação do direito de greve dos servidores públicos civis passa a invocar, para si, os riscos de consolidação de uma típica omissão judicial". Assim – prosseguiu a Corte –, "considerada a omissão legislativa alegada na espécie, seria o caso de se acolher a pretensão, tão somente no sentido de que se aplique a Lei 7.783/1989 enquanto a omissão não for devidamente regulamentada por lei específica para os servidores públicos civis (CF, art. 37, VII). Em razão dos imperativos da continuidade dos serviços públicos, contudo, não se pode afastar que, de acordo com as peculiaridades de cada caso concreto e mediante solicitação de entidade ou órgão legítimo, seja facultado ao tribunal competente impor a observância a regime de greve mais severo em razão de tratar-se de 'serviços ou atividades essenciais', nos termos do regime fixado pelos arts. 9.º a 11 da Lei

---

207. STF, MI 283, Pleno, rel. Min. Sepúlveda Pertence, *DJ* 14.11.1991.
208. Idem.
209. MI 670, rel. orig. Min. Maurício Corrêa, rel. p/ o acórdão Min. Gilmar Mendes, *DJe* 31.10.2008; MI 708, rel. Min. Gilmar Mendes, *DJe* 31.10.2008; MI 712, rel. Min. Eros Grau, *DJe* 31.10.2008.

7.783/1989. Isso ocorre porque não se pode deixar de cogitar dos riscos decorrentes das possibilidades de que a regulação dos serviços públicos que tenham características afins a esses 'serviços ou atividades essenciais' seja menos severa que a disciplina dispensada aos serviços privados ditos 'essenciais'".[210]

Neste caso, diante da falta de lei capaz de viabilizar o exercício do direito de greve pelos funcionários públicos civis, supriu-se a omissão mediante o emprego da lei que regula a greve na iniciativa privada, além de se prever a possibilidade de o tribunal competente impor, conforme as peculiaridades do caso concreto, regime de greve mais severo.

O MI 712, de relatoria do Min. Eros Grau, é ainda mais enfático ao reconhecer ao Tribunal o poder de elaborar a norma jurídica faltante. Esclareceu-se que "a regulamentação do exercício do direito de greve pelos servidores públicos há de ser peculiar, mesmo porque 'serviços ou atividades essenciais' e 'necessidades inadiáveis da coletividade' não se superpõem a 'serviços públicos', e vice-versa. Daí por que não deve ser aplicado ao exercício do direito de greve no âmbito da Administração tão somente o disposto na Lei 7.783/1989. *A esta Corte impõe-se traçar os parâmetros atinentes a esse exercício*".[211]

Tome-se em conta, ainda, o caso da aposentadoria especial, prevista no art. 40, § 4.º,[212] da CF.[213] Nesta situação, o STF, diante de mandado de injunção, tem suprido a omissão constitucional, no caso concreto, adotando como parâmetro o sistema do regime geral de previdência social, que dispõe sobre a aposentadoria especial na iniciativa privada (art. 57 da Lei 8.213/1991). Neste sentido, confere ao autor do mandado de injunção, diante da falta da norma regulamentadora prevista no art. 40, § 4.º, o direito à contagem diferenciada do tempo de serviço. Assim, no MI 721, de relatoria do Min. Marco Aurélio, decidiu-se que, "inexistente a disciplina específica da aposentadoria especial do servidor, impõe-se a adoção,

---

210. STF, MI 708, Pleno, rel. Min. Gilmar Mendes, *DJe* 31.10.2008.
211. "O que deve ser regulado, na hipótese dos autos, é a coerência entre o exercício do direito de greve pelo servidor público e as condições necessárias à coesão e interdependência social, que a prestação continuada dos serviços públicos assegura. 13. O argumento de que a Corte estaria então a legislar – o que se afiguraria inconcebível, por ferir a independência e harmonia entre os poderes [art. 2.º da Constituição do Brasil] e a separação dos poderes [art. 60, § 4.º, III] – é insubsistente. 14. O Poder Judiciário está vinculado pelo dever-poder de, no mandado de injunção, formular supletivamente a norma regulamentadora de que carece o ordenamento jurídico. 15. No mandado de injunção o Poder Judiciário não define norma de decisão, mas enuncia o texto normativo que faltava para, no caso, tornar viável o exercício do direito de greve dos servidores públicos. 16. Mandado de injunção julgado procedente, para remover o obstáculo decorrente da omissão legislativa e, supletivamente, tornar viável o exercício do direito consagrado no art. 37, VII, da Constituição do Brasil" (STF, MI 712, Pleno, rel. Min. Eros Grau, *DJe* 31.10.2008).
212. "Art. 40. Aos servidores titulares de cargos efetivos da União, dos Estados, do Distrito Federal e dos Municípios, incluídas suas autarquias e fundações, é assegurado regime de previdência de caráter contributivo e solidário, mediante contribuição do respectivo ente público, dos servidores ativos e inativos e dos pensionistas, observados critérios que preservem o equilíbrio financeiro e atuarial e o disposto neste artigo. (...) § 4.º É vedada a adoção de requisitos e critérios diferenciados para a concessão de aposentadoria aos abrangidos pelo regime de que trata este artigo, *ressalvados, nos termos definidos em leis complementares, os casos de servidores*: I – portadores de deficiência; II – que exerçam atividades de risco; III – cujas atividades sejam exercidas sob condições especiais que prejudiquem a saúde ou a integridade física."
213. Acerca da situação que envolve o direito ao aviso prévio proporcional, previsto no art. 7.º, XXI, da CF, ver MI 369, rel. org. Min. Sydney Sanches, rel. p/ o acórdão Min. Francisco Rezek; MI 95/RR, rel. orig. Min. Carlos Velloso, rel. p/ o acórdão Min. Sepúlveda Pertence, j. 07.10.1992; MI 124, rel. orig. Min. Carlos Velloso, rel. p/ o acórdão Min. Sepúlveda Pertence, j. 07.10.1992; MI 278, rel. orig. Min. Carlos Velloso, rel. p/ o acórdão Min. Ellen Gracie, j. 03.10.2001; MI 695, rel. Min. Sepúlveda Pertence, j. 01.03.2007.

via pronunciamento judicial, daquela própria aos trabalhadores em geral – art. 57, § 1.º, da Lei 8.213/1991" –, para que o Tribunal viabilize o exercício do direito, afastando as consequências da inércia do legislador.[214]

Note-se, assim, que a jurisprudência do STF, diante do mandado de injunção, não tem resposta na mera declaração da mora em legislar com ciência ao Legislativo, entendendo que a omissão pode ser suprida (i) mediante a adoção do próprio texto da norma constitucional, como se fosse autoaplicável, em caso de não observância do prazo judicial determinado para legislar, (ii) por meio de outra lei que regule situação similar e, até mesmo, (iii) por soluções normativo-judiciais criadas no caso concreto.[215]

Deixe-se claro, porém, que as soluções judiciais para a omissão constitucional também dependem do instrumento processual que está sendo utilizado: mandado de injunção ou ação direta de inconstitucionalidade por omissão. Em caso de ação direta de inconstitucionalidade, não se pede a tutela de direito subjetivo que depende de norma infraconstitucional faltante, mas, em princípio, apenas a apreciação, em abstrato, da questão constitucional, para que se declare a omissão inconstitucional.

É exemplo desta situação o caso da "lei complementar federal para criação de Municípios", a que se refere o § 4.º do art. 18 da CF, na redação dada pela EC 15/1996: "A criação, a incorporação, a fusão e o desmembramento de Municípios far-se-ão por lei estadual, dentro do período determinado por lei complementar federal, e dependerão de consulta prévia, mediante plebiscito, às populações dos Municípios envolvidos, após divulgação dos Estudos de Viabilidade Municipal, apresentados e publicados na forma da lei".[216]

O STF, relator o Min. Gilmar Mendes, apreciou ação direta de inconstitucionalidade por omissão, proposta pela Assembleia Legislativa do Estado de Mato Grosso, e reconheceu a mora do Congresso Nacional em elaborar a lei complementar federal a que se refere a sobredita norma constitucional. Decidiu-se, na ação direta, que "a *inertia deliberandi* das Casas Legislativas pode ser objeto da ação direta de inconstitucionalidade por omissão" e que "a omissão legislativa em relação à regulamentação do art. 18, § 4.º, da CF acabou dando ensejo à conformação e à consolidação de estados de inconstitucionalidade que não podem ser ignorados pelo legislador na elaboração da lei complementar federal". Assim, julgou-se procedente a ação para "declarar o estado de mora em que se encontra o Congresso Nacional, a fim de que, em prazo razoável de dezoito meses, adote ele todas as providências legislativas necessárias ao cumprimento do dever constitucional imposto pelo art. 18, § 4.º, da CF, devendo ser contempladas as situações imperfeitas decorrentes do estado de inconstitucionalidade gerado pela omissão. Não se trata de impor um prazo para a atuação legislativa do Congresso Nacional, mas apenas da fixação de um parâmetro temporal razoável, tendo em vista o prazo de 24 meses determinado pelo Tribunal nas ADIn 2.240, 3.316, 3.489 e 3.689 para que as leis estaduais que criam Municípios ou alteram seus limites territoriais

---

214. STF, MI 721, Pleno, rel. Min. Marco Aurélio, *DJe* 30.11.2007. V. MI 7249, rel. Min. Edson Fachin, j. 08.08.2022.

215. V., ainda, MI 232, rel. Min. Moreira Alves, *DJ* 27.03.1992; MI 284, rel. Min. Marco Aurélio, rel. p/ o acórdão Min. Celso de Mello, *DJ* 26.06.1992; MI 543, rel. Min. Octavio Gallotti, *DJ* 24.05.2002; MI 679, rel. Min. Celso de Mello, *DJ* 17.12.2002; MI 562, rel. Min. Ellen Gracie, *DJ* 20.06.2003.

216. Sobre a matéria, a ADI 4.711/RS, rel. Min. Roberto Barroso, j. 08.09.2021, ficou reconhecida a inconstitucionalidade de lei estadual gaúcha que buscava a criação, incorporação, fusão e desmembramento de municípios sem a prévia edição de leis federais previstas no art. 18, § 4.º, da CF/88.

continuem vigendo, até que a lei complementar federal seja promulgada contemplando as realidades desses Municípios".[217]

Assim, em caso de ação direta de inconstitucionalidade por omissão, a decisão, em princípio, limita-se a declarar a omissão inconstitucional, cientificando-se o órgão competente para, em prazo razoável, editar a norma, nos termos do § 2.º do art. 103 da CF, que assim reza: "Declarada a inconstitucionalidade por omissão de medida para tornar efetiva norma constitucional, será dada ciência ao Poder competente para a adoção das providências necessárias e, em se tratando de órgão administrativo, para fazê-lo em trinta dias".

8.5.2.3.2 Omissão total e omissão parcial

A omissão inconstitucional é parcial quando o legislador cumpre, de modo insuficiente ou insatisfatório, o seu dever de legislar em face da norma constitucional. Na omissão parcial, embora exista atuação legislativa, nela falta algo para se dar plena satisfação ao comando constitucional.[218]

É possível pensar a omissão constitucional em perspectiva vertical, de intensidade ou suficiência de realização da norma constitucional, e em perspectiva horizontal, de abrangência dos seus beneficiários. Em tese, a lei pode realizar, em maior ou menor intensidade ou suficiência, o desejo da norma constitucional. É claro que desta intensidade dependerá a absolvição do legislador. Se a lei não é capaz de realizar, de modo adequado – e, assim, na intensidade devida –, a norma constitucional, ela responde à Constituição de modo parcial, existindo, portanto, omissão inconstitucional parcial. De outra parte, a atuação legislativa, ainda que capaz de responder ao comando constitucional em termos de intensidade, pode atender apenas a parte ou parcela dos beneficiários da norma constitucional, sendo correto também falar, aí, de omissão parcial.

Exemplos destas situações. A lei que prevê salário mínimo em valor insuficiente à realização da norma que garante ao cidadão remuneração digna (art. 7.º, IV, da CF) representa omissão inconstitucional em sentido vertical, uma vez que a sua previsão não é suficiente para realizar a norma constitucional, ou melhor, é apenas parcialmente suficiente para tanto.[219] Enquanto isso, o caso em que a lei, atenta à norma constitucional, deixa de considerar

---

217. STF, ADIn 3.682, Pleno, rel. Min. Gilmar Mendes, *DJe* 06.09.2007.

218. "Omisión, según el diccionario, significa abstención de hacer o decir, flojedad o descuido del que está encargado de un asunto; ya en un sentido punitivo implica una falta por haber dejado de hacer algo necesario o conveniente en la ejecución de una cosa o por no haberla ejecutado. De esta manera, *omitir* 'no es un mero 'no-actuar', sino un 'no-actuar-como-se-espera'... Sólo se *omite* algo en un contexto en que es relevante una actuación determinada'. Sólo se puede omitir una conducta cuya presencia es probable (ya sea empírica o normativamente). Cuando se hace referencia a la omisión del legislador, por tanto, se pretende indicar que éste 'no ha actuado como se esperaba', que la conducta probable que se esperaba de él no se ha presentado. ¿Qué conducta, empírica y normativamente probable, se espera del legislador? Pues, esencialmente, que legisle, que dicte textos normativos con el carácter de leyes. Así, la expresión 'omisión del legislador' denota que el facultado para dar o crear la ley no ha ejercido tal facultad, no ha creado alguna ley (o lo ha hecho insuficientemente) cuando era probable que lo hiciera" (SILVA, Carlos Báez. La omisión legislativa y su inconstitucionalidad en México. *Boletín Mexicano de Derecho Comparado* 105/755-756, 2002.

219. Vale ressaltar aqui, entretanto, a ADPF 336/DF, rel. Min. Luiz, Fux, j. 27.02.2021, que salientou que, no caso dos presidiários, a garantia de salário mínimo se faz inaplicável, já que o preso não se sujeita ao regime da CLT (Consolidação das Leis do Trabalho) pelo seu trabalho possuir a finalidade educativa e produtiva, e não voltado para a satisfação de necessidades vitais básicas, como moradia, alimentação, educação, saúde, lazer, previdência social e outros.

grupo ou categoria que também dela é beneficiário, como acontece quando a lei concede revisão de remuneração aos militares sem contemplar os civis, configura hipótese de omissão inconstitucional em sentido horizontal.

Na ADIn 1.442, relator o Min. Celso de Mello, o STF enfrentou o caso da insuficiência do salário mínimo, chegando à conclusão de aí existir descumprimento, ainda que parcial, da Constituição. Destacou a ementa do acórdão proferido nesta ação direta que "a insuficiência do valor correspondente ao salário mínimo – definido em importância que se revele incapaz de atender às necessidades vitais básicas do trabalhador e dos membros de sua família – configura um claro descumprimento, ainda que parcial, da Constituição da República, pois o legislador, em tal hipótese, longe de atuar como sujeito concretizante do postulado constitucional que garante à classe trabalhadora um piso geral de remuneração digna (CF, art. 7.º, IV), estará realizando, de modo imperfeito, porque incompleto, o programa social assumido pelo Estado na ordem jurídica".[220] Entendeu a Suprema Corte que a insuficiência do valor do salário mínimo, diante da norma constitucional que assegura ao trabalhador remuneração capaz de atender às suas necessidades vitais básicas e de sua família,[221] revela inconstitucionalidade por omissão, exigindo a reprovação do Judiciário. Ressaltou o STF que "a omissão do Estado – que deixa de cumprir, em maior ou em menor extensão, a imposição ditada pelo texto constitucional – qualifica-se como comportamento revestido da maior gravidade político-jurídica, eis que, mediante inércia, o Poder Público também desrespeita a Constituição, também compromete a eficácia da declaração constitucional de direitos e também impede, por ausência de medidas concretizadoras, a própria aplicabilidade dos postulados e princípios da Lei Fundamental. As situações configuradoras de omissão inconstitucional, ainda que se cuide de omissão parcial, refletem comportamento estatal que deve ser repelido, pois a inércia do Estado – além de gerar a erosão da própria consciência constitucional – qualifica-se, perigosamente, como um dos processos informais de mudança ilegítima da Constituição, expondo-se, por isso mesmo, à censura do Poder Judiciário".[222]

O STF também já teve oportunidade de tratar de caso envolvendo atuação legislativa que, diante de norma constitucional, deixa de lado grupo ou categoria de pessoas: precisamente do caso em que o Legislativo confere, mediante revisão, reajuste salarial aos servidores públicos militares sem outorgar o mesmo reajuste aos servidores públicos civis.

Na ADIn 526, de relatoria do Min. Sepúlveda Pertence, julgou-se exatamente esta questão. Reconheceu-se que, "no quadro constitucional brasileiro, constitui ofensa à isonomia a lei que, à vista da erosão inflacionária do poder de compra da moeda, não dá alcance universal à revisão de vencimentos destinada exclusivamente a minorá-la (CF, art. 37, X), ou que, para cargos de atribuições iguais ou assemelhadas, fixa vencimentos díspares (CF, art. 39, § 1.º)".[223] Porém, não obstante a omissão inconstitucional parcial, entendeu-se não ser

---

220. STF, ADIn 1.442, Pleno, rel. Min. Celso de Mello, *DJ* 29.04.2005.

221. "Art. 7.º São direitos dos trabalhadores urbanos e rurais, além de outros que visem à melhoria de sua condição social: (...) IV – salário mínimo, fixado em lei, nacionalmente unificado, capaz de atender a suas necessidades vitais básicas e às de sua família com moradia, alimentação, educação, saúde, lazer, vestuário, higiene, transporte e previdência social, com reajustes periódicos que lhe preservem o poder aquisitivo, sendo vedada sua vinculação para qualquer fim; (...)".

222. STF, Pleno, ADIn 1.442, rel. Min. Celso de Mello, *DJ* 29.04.2005. V., também, STF, ADIn 1.458, Pleno, rel. Min. Celso de Mello, *DJ* 20.09.1996.

223. STF, Pleno, ADIn 526, rel. Min. Sepúlveda Pertence, *DJ* 05.03.1993.

possível estender aos excluídos pela lei o benefício por ela outorgado, considerando-se os limites do § 2.º do art. 103 da CF.

No RMS 21.662, a 1.ª T. do STF, relator o Min. Celso de Mello, declarou que "o Poder Judiciário, que não dispõe de função legislativa, não pode conceder a servidores civis, sob fundamento de isonomia, extensão de vantagens pecuniárias que foram exclusivamente outorgadas por lei aos servidores militares".[224] Em justificativa, argumentou que "a extensão jurisdicional, em favor dos servidores preteridos, do benefício pecuniário que lhes foi indevidamente negado pelo legislador encontra obstáculo no princípio da separação de poderes. A disciplina jurídica da remuneração devida aos agentes públicos em geral está sujeita ao princípio da reserva legal absoluta. Esse postulado constitucional submete ao domínio normativo da lei formal a veiculação das regras pertinentes ao instituto do estipêndio funcional. O princípio da divisão funcional do poder impede que, estando em plena vigência o ato legislativo, venham os Tribunais a ampliar-lhe o conteúdo normativo e a estender a sua eficácia jurídica a situações subjetivas nele não previstas, ainda que a pretexto de tornar efetiva a cláusula isonômica inscrita na Constituição".[225]

Porém, é interessante observar que, no RMS 22.307, relator o Min. Marco Aurélio, o Plenário do STF, por seis votos a quatro, deu provimento ao recurso para conceder, em parte, a segurança para o efeito de estender aos servidores públicos civis o benefício que fora outorgado por revisão aos militares.[226] Neste recurso em mandado de segurança, ao

---

224. STF, 1.ª T., RMS 21.662, rel. Min. Celso de Mello, *DJ* 05.04.1994.

225. "Mandado de segurança. Reajuste de vencimentos concedido aos servidores militares. Pretendida extensão jurisdicional desse reajuste a servidores civis. Princípio da legalidade e atividade estatal. Subsistência da Súmula 339 do STF. Remuneração dos servidores públicos e princípio da reserva de lei formal. Inconstitucionalidade por omissão parcial da lei. Exclusão de benefício e ofensa ao princípio da isonomia. Doutrina. Inadequação do mandado de segurança. Recurso ordinário não provido. Não se conhece de mandado de segurança, quando este é impetrado em face de autoridade estatal que nenhum poder de decisão detém sobre a matéria objeto da controvérsia mandamental. O impetrante é carecedor do *writ* constitucional se as medidas postuladas em sede de mandado de segurança revelam-se estranhas à esfera de atribuições da autoridade impetrada. O Poder Judiciário, que não dispõe de função legislativa, não pode conceder a servidores civis, sob fundamento de isonomia, extensão de vantagens pecuniárias que foram exclusivamente outorgadas por lei aos servidores militares. A Súmula 339 do STF – que consagra, na jurisprudência desta Corte, uma específica projeção do princípio da separação de poderes – foi recebida pela Carta Política de 1988. Reveste-se, em consequência, de plena eficácia e de integral aplicabilidade sob a vigente ordem constitucional. O mandado de segurança não se qualifica como instrumento processualmente adequado à arguição da inconstitucionalidade da lei, por omissão parcial, quando, resultando esta da exclusão discriminatória de benefício de natureza pecuniária, vem o ato normativo estatal a ofender o princípio da isonomia. A extensão jurisdicional, em favor dos servidores preteridos, do benefício pecuniário que lhes foi indevidamente negado pelo legislador encontra obstáculo no princípio da separação de poderes. A disciplina jurídica da remuneração devida aos agentes públicos em geral está sujeita ao princípio da reserva legal absoluta. Esse postulado constitucional submete ao domínio normativo da lei formal a veiculação das regras pertinentes ao instituto do estipêndio funcional. O princípio da divisão funcional do poder impede que, estando em plena vigência o ato legislativo, venham os Tribunais a ampliar-lhe o conteúdo normativo e a estender a sua eficácia jurídica a situações subjetivas nele não previstas, ainda que a pretexto de tornar efetiva a cláusula isonômica inscrita na Constituição" (STF, 1.ª T., RMS 21.662, rel. Min. Celso de Mello, *DJ* 05.04.1994).

226. "Recurso ordinário. Prazo. Mandado de segurança. STF. O silêncio da legislação sobre o prazo referente ao recurso ordinário contra decisões denegatórias de segurança, ou a estas equivalentes, como é o caso da que tenha implicado a extinção do processo sem julgamento do mérito – MS 21.112-1/PR (AgRg), relatado pelo Min. Celso de Mello, perante o Plenário, cujo acórdão foi publicado no *DJ* 29.06.1990, p. 6.220 –, é

contrário do que sucedeu no RMS 21.662, relatado pelo Min. Celso de Mello (também referido acima), a Corte não se limitou a reconhecer a omissão inconstitucional parcial, mas foi além, estendendo ao grupo não atendido pela lei (civis) os benefícios outorgados ao outro (militares).

É importante perceber que as questões da insuficiência da proteção normativa à norma constitucional e da indevida limitação do benefício por ela prometido poderiam levar à conclusão de que a lei, nestas situações, é simplesmente inconstitucional, devendo assim ser declarada pelo Judiciário.

O problema é que, declarando-se a inconstitucionalidade da lei que é insuficiente à tutela da norma constitucional, deixa-se de ter o pouco de proteção que a lei outorgou à Constituição ou passa-se a ter a tutela que a lei anterior, revogada pela insuficiente, conferia à situação constitucional.

O mesmo raciocínio pode ser empregado quando a lei, dando a devida atenção a determinado grupo, esquece outro que mereceria igual benefício de acordo com a norma constitucional tutelada. Seria possível pensar que esta norma deve ser declarada inconstitucional. Isso, contudo, apenas excluiria a proteção devida e conferida ao grupo, acabando por constituir uma curiosa declaração de inconstitucionalidade, a retirar de uma categoria um benefício prometido pela própria Constituição.

A declaração de inconstitucionalidade, nessas hipóteses, não constitui solução judicial adequada. Há que preservar a tutela da norma constitucional, ainda que insuficiente ou indevidamente limitada a determinado grupo ou categoria. Daí a importância de o Judiciário responder com a inconstitucionalidade por omissão.

A afirmação jurisdicional de inconstitucionalidade parcial por omissão faz pensar na questão da separação dos poderes ou dos limites do Judiciário em face dos demais poderes. Bem por isso, mesmo nos casos em que a falta de lei impede a tutela de um direito, o STF sempre teve muita cautela quanto aos limites das suas decisões, conforme se demonstrou acima.

8.5.2.3.3 Norma constitucional impositiva de dever de legislar e direito fundamental carente de tutela normativa

Como visto, se há leis que violam normas constitucionais, a falta de lei também pode agredir a Constituição. Por isso, não há razão para entender possível o controle da constitucionalidade da lei e julgar inviável o controle da constitucionalidade da falta de lei. Se o Judiciário deve controlar a atividade legislativa, analisando a sua adequação à Constituição, é evidente que a sua tarefa não deve se ater apenas à lei que viola norma constitucional, mas também à ausência de lei que impede a sua realização.

Não há dúvida que as normas constitucionais que impõem dever de legislar, como as que foram anteriormente referidas, conferem ao STF o poder de controlar a omissão

---

conducente à aplicação analógica do art. 33 da Lei 8.038/1990. A oportunidade do citado recurso submete-se à dilação de quinze dias. Revisão de vencimentos. Isonomia. 'A revisão geral de remuneração dos servidores públicos, sem distinção de índices entre servidores públicos civis e militares, far-se-á sempre na mesma data' – inciso X –, sendo irredutíveis, sob o ângulo não simplesmente da forma (valor nominal), mas real (poder aquisitivo), os vencimentos dos servidores públicos civis e militares – inciso XV –, ambos do art. 37 da CF" (STF, RMS 22.307, Pleno, rel. Min. Marco Aurélio, *DJ* 13.06.1997).

inconstitucional. Entretanto, há normas constitucionais que dependem da atuação do legislador, porém não o obrigam expressamente a legislar. São inúmeras as normas instituidoras de direitos fundamentais que, por sua natureza, carecem de tutela normativa, mas nada dizem sobre eventual necessidade de o legislador editar leis. É possível, nestes casos, pensar em omissão inconstitucional? Diante de um caso concreto, o juiz pode suprir a omissão inconstitucional, realizando controle incidental de constitucionalidade? Aqui se está diante de questões que não se confundem com as que anteriormente foram discutidas. Indaga-se sobre a possibilidade de afirmar a inconstitucionalidade por omissão quando a norma constitucional não impôs, expressamente, dever de legislar. Pergunta-se, ainda, sobre a viabilidade de todo e qualquer juiz realizar, incidentalmente a um caso, a análise da inconstitucionalidade por omissão, e, mais do que isso, supri-la mediante providência criada para a situação concreta.

As omissões que invalidam direitos fundamentais evidentemente não podem ser vistas como simples opções do legislador, pois ou a Constituição tem força normativa ou força para impedir que o legislador desrespeite os direitos fundamentais, e assim confere ao juiz o poder de controlar a lei *e as omissões do legislador*, ou a Constituição constituirá apenas proclamação retórica e demagógica.

Lembre-se que os direitos fundamentais, atualmente, são classificados em dois grupos: direitos de defesa e direitos a prestações.[227] Se os direitos fundamentais foram vistos, à época

---

227. Canotilho divide o grupo dos direitos a prestações, inicialmente, em direitos ao acesso e utilização de prestações do Estado. Esses são divididos em direitos originários a prestações e direitos derivados a prestações. Aludindo ao direito *originário* a prestações, explica Canotilho: "Afirma-se a existência de direitos originários a prestações quando: (1) a partir da garantia constitucional de certos direitos (2) se reconhece, simultaneamente, *o dever do Estado na criação* dos pressupostos materiais indispensáveis ao exercício efectivo desses direitos; (3) e a faculdade de o cidadão exigir, de forma imediata, *as prestações constitutivas desses direitos*. Exemplos: (i) a partir do direito ao trabalho pode derivar-se o dever do Estado na criação de postos de trabalho e a pretensão dos cidadãos a um posto de trabalho? (ii) com base no direito de expressão é legítimo derivar o dever do Estado em criar meios de informação e de os colocar à disposição dos cidadãos, reconhecendo-se a estes o direito de exigir a sua criação?" Ao tratar dos direitos *derivados* a prestações, Canotilho esclarece que, "à medida que o Estado vai concretizando as suas responsabilidades no sentido de assegurar prestações existenciais dos cidadãos (é o fenômeno que a doutrina alemã designa por *Daseinsvorsorge*), resulta, de forma imediata, para os cidadãos: – o direito de igual acesso, obtenção e utilização de todas as instituições públicas *criadas* pelos poderes públicos (exemplos: igual acesso às instituições de ensino, igual acesso aos serviços de saúde, igual acesso à utilização das vias e transportes públicos); – o direito de igual quota-parte (participação) *nas prestações fornecidas por estes serviços ou instituições à comunidade* (exemplo: direito de quota-parte às prestações de saúde, às prestações escolares, às prestações de reforma e invalidez)". Portanto, os direitos derivados são aqueles que pressupõem o cumprimento das prestações originárias. Isso fica bem claro, no escrito de Canotilho, a partir de referência a julgado que, em Portugal, declarou inconstitucional norma que pretendeu revogar parte da lei que criou o "Serviço Nacional de Saúde": "*A partir do momento em que o Estado cumpre* (total ou parcialmente) as tarefas constitucionalmente impostas para realizar um direito social, o respeito constitucional desse deixa de consistir (ou deixa de consistir apenas) *numa obrigação positiva*, para se transformar ou passar também a ser uma *obrigação negativa. O Estado, que estava obrigado a atuar para dar satisfação ao direito social, passa a estar obrigado a abster-se de atentar contra a realização dada ao direito social*". Após tratar dos direitos ao acesso e utilização das prestações do Estado (subdivididos em direito originário e em direitos derivados), Canotilho prossegue em sua classificação afirmando que os direitos a prestações também devem ser vistos como direitos à participação. Nesse ponto Canotilho alude à necessidade de "democratização da democracia" através da participação direta nas organizações, o que exigiria procedimentos" (CANOTILHO, J. J. Gomes, *Direito constitucional e teoria da constituição*, p. 541-543). Alexy, no entanto, divide o grupo dos direitos a

do constitucionalismo de matriz liberal-burguesa, apenas como direito de defesa, ou seja, como o direito de o particular impedir a ingerência do Poder Público em sua esfera jurídica, a evolução do Estado e da sociedade fez surgir, ao lado dos direitos de defesa, direitos a prestações, compreendidos como direitos a prestações sociais, direitos a prestações de proteção e direitos a prestações que viabilizem a participação no poder.[228] Como explica Alexy, todo direito a um ato positivo, ou seja, a uma ação do Estado, é direito a uma prestação, de modo que o direito a prestações é a exata contrapartida do direito de defesa, sobre o qual recai todo direito a uma omissão por parte do Estado. Alexy demonstra que o direito às prestações estatais é mais do que direito a prestações fáticas de natureza social, englobando direitos a prestações de proteção – como, por exemplo, a normas de direito penal – e direitos a prestações que viabilizem a participação na organização e mediante procedimentos adequados.[229]

As prestações de proteção, devidas pelo Estado em face de um direito fundamental, podem ter natureza fática ou normativa. Assim, por exemplo, diante dos direitos fundamentais ao meio ambiente e do consumidor, exige-se atuação concreta de fiscalização e normas de direito material e de direito processual para a sua efetiva proteção. O legislador, em face do direito ambiental, tem o dever não só de editar normas fixando locais em que não se pode construir ou em que o lixo tóxico deve ser depositado, como ainda de enunciar normas de natureza processual estabelecendo técnicas processuais aptas a conferir a devida tutela jurisdicional ao direito em caso de ameaça de violação (tutela inibitória) ou de violação da norma de direito material de proteção (tutela de remoção do ilícito). O mesmo ocorre, ainda, por exemplo, em relação ao direito fundamental do consumidor. O legislador, ao editar o Código de Defesa do Consumidor, fez surgir normas de direito material de proteção do consumidor, assim como normas processuais voltadas a lhe garantir a tutela específica dos seus direitos.

Portanto, um direito fundamental pode depender de norma de direito material e processual. Nessa hipótese, configurando-se a ausência de norma, há verdadeira omissão de proteção, devida pelo legislador. Pois bem: se todo e qualquer juiz tem poder para controlar a constitucionalidade e a falta de lei pode ser detectada em face de um caso concreto, há de se admitir que, diante dele, o juiz possa suprir a omissão inconstitucional. Como as normas constitucionais têm força vinculante, não há razão para o juiz se curvar à ausência de lei, permitindo que os direitos fundamentais se tornem letra morta. É importante o alerta de

---

prestações em direitos a prestações em sentido amplo e direitos a prestações em sentido estrito. Os direitos a prestações em sentido estrito são relacionados aos direitos às prestações sociais, enquanto os direitos a prestações em sentido amplo apresentam outra divisão: direitos à proteção e direitos à participação na organização e por meio de procedimentos (ALEXY, Robert. *Teoría de los derechos fundamentales*, p. 419 e ss.).

228. "Os cidadãos permanecem afastados das organizações e dos processos de decisão, dos quais depende afinal a realização dos seus direitos: daí a exigência de participação no controle das 'hierárquicas, opacas e antidemocráticas empresas'; daí a exigência de participação nas estruturas de gestão dos estabelecimentos de ensino; daí a exigência de participação na imprensa e nos meios de comunicação social. Através do *direito de participação* garantir-se-ia o direito ao trabalho, a liberdade de ensino, a liberdade de imprensa. Quer dizer: certos direitos fundamentais adquiririam maior consistência se os próprios cidadãos *participassem nas estruturas de decisão – 'durch Mitbestimmung mehr Freiheit'* (através da participação maior liberdade)" (CANOTILHO, J. J. Gomes. *Direito constitucional e teoria da constituição*, p. 547).

229. ALEXY, Robert. *Teoría de los derechos fundamentales*, p. 427.

Juan María Bilbao Ubillos, no sentido de que um direito, cujo reconhecimento ou existência depende do legislador, não é um direito fundamental. É um direito de força legal simplesmente. O direito fundamental define-se justamente pela indisponibilidade de seu conteúdo pelo legislador. Na verdade, se não há dúvida que todo e qualquer juiz pode desconsiderar a solução legal que está em desacordo com os direitos fundamentais, não há qualquer razão para entender que o juiz não pode, diante de caso concreto, suprir a omissão legal que atenta contra estes mesmos direitos.

O problema que se apresenta, nesta situação, diz respeito à maneira como o juiz suprirá a providência decorrente da falta de lei. As normas de direitos fundamentais não definem a forma, o modo e a intensidade com que um particular deve ser protegido em relação ao outro. Como base de tais deveres de proteção, os direitos fundamentais regulam, sem dúvida, o "se" e, com isso, também o requisito de salvaguarda eficaz. Eles, entretanto, nada dizem sobre o "como". A respeito disso, ou quais providências devem ser tomadas para atender ao dever de proteção, a Constituição não contém regulações, ou só possui disposições fragmentárias. A decisão sobre como um dever de proteção deve ser cumprido é, por isso, assunto dos órgãos competentes, em primeiro lugar, do legislador.

O legislador detém espaço de discricionariedade para atuar em nome da tutela do direito fundamental, não podendo apenas conferir-lhe tutela excessiva ou insuficiente. O juiz, porém, embora possa suprir a falta de tutela normativa, goza de espaço bem mais restrito, pois apenas pode determinar, para a proteção reconhecida como devida ao direito fundamental, a providência que se afigure indispensável a sua satisfação, devendo esta ser a que cause a menor restrição possível à esfera jurídica da parte afetada. Portanto, o juiz, para suprir a omissão inconstitucional, em primeiro lugar deve analisar se há dever de tutela normativa a direito fundamental; depois verificar se este dever não foi cumprido de outra maneira, que não a pretendida pelo demandante; por fim, definido que há dever de tutela normativa e que o legislador não se desincumbiu legitimamente, de nenhuma forma, da sua obrigação, deverá o juiz fixar, para o caso concreto, a providência que, protegendo o direito fundamental, constitua a de menor restrição à esfera jurídica do demandado.

Por outro lado, a supressão da omissão da regra processual é ainda mais fácil de ser assimilada. Considerando-se a natureza instrumental da regra processual, percebe-se sem dificuldade quando a sua ausência ou insuficiência impede a efetiva tutela do direito material. Note-se que a ausência de regra processual prevendo técnica processual idônea à tutela de uma situação de direito substancial viola o direito fundamental à tutela jurisdicional efetiva, previsto no art. 5.º, XXXV, da CF.

Como o discurso processual, relativo à aplicação da regra de processo, recai sobre o discurso que evidencia as necessidades de direito material particularizadas no caso concreto, basta concluir se o legislador processual deixou de editar regra imprescindível à tutela do direito material. Em caso positivo, há omissão inconstitucional ou falta de tutela normativa ao direito fundamental à tutela jurisdicional efetiva.[230]

---

230. Como esclarece Canotilho, o direito de acesso aos tribunais – também reconhecido pelo autor como direito a uma proteção jurisdicional adequada – "é um direito fundamental formal que carece de densificação através de outros direitos fundamentais materiais" (CANOTILHO, J. J. Gomes. *Direito constitucional e teoria da constituição*, p. 464). O que o direito à tutela jurisdicional assegura a seu titular é um poder (*power*), cujo correlativo é uma situação de sujeição (*liability*), ou seja, é o poder de exigir do Estado que ele o proteja perante a violação (ou a ameaça de) dos seus direitos. Não se trata de um direito a uma ação ou omissão

Perceba-se que, se já está predeterminado qual é o direito a ser tutelado – condição que é pressuposta pelo direito à efetividade da tutela jurisdicional – e a discussão gira em torno apenas de qual o meio adequado para conferir efetividade a esse direito, não há controvérsia ou dúvida sobre quem tem direito a quê, não há problema interpretativo a ser solucionado ou situação jurídica a ser esclarecida. Não há necessidade de se justificar a intervenção coercitiva do Estado na esfera jurídica do particular. Isso já está feito. A questão que persiste diz respeito unicamente ao modo dessa intervenção, ao meio pelo qual o Estado deve agir para preservar o direito reclamado. Nesse contexto, a dúvida apenas se coloca quando existe mais de um meio apto a satisfazer o direito tutelado. Não há aqui debate sobre meios mais e menos eficazes, simplesmente porque um meio ou é plenamente eficaz e satisfaz o direito protegido, ou não é plenamente eficaz e, então, não satisfaz o direito protegido. Sendo necessário escolher *entre diferentes meios aptos*, tendo-se em conta que nenhuma ação estatal pode ser arbitrária, ainda mais quando acarreta um prejuízo, ônus ou encargo a um particular, é preciso haver critérios para tanto. O critério aqui só pode ser o da menor lesividade. Se existem duas formas possíveis pelas quais o Estado pode onerar um particular, alcançando mediante todas elas o mesmo benefício, obviamente a única forma não arbitrária de oneração, entre estas, é aquela que impõe o menor dano à esfera jurídica do particular.[231]

Como o direito fundamental à tutela efetiva incide sobre o próprio juiz, seria completamente irracional dele retirar a possibilidade de dar utilidade à tarefa que lhe foi atribuída pela Constituição. Bem por isso, no caso de inexistência de técnica processual apta a permitir a satisfação do direito material, cabe ao juiz adotar a providência que, diante do caso concreto, for idônea para tanto, sempre limitado pela ideia de que a sua atuação corretiva deve ocorrer nos limites da regra da necessidade, não podendo ser outra que não aquela que, idônea à tutela do direito material, traz a menor restrição à esfera jurídica da parte contrária.

8.6 Inconstitucionalidade originária e inconstitucionalidade superveniente

8.6.1 Inconstitucionalidade superveniente ou revogação? Consequências práticas

É correto dizer que a lei é inconstitucional quando confronta com a Constituição vigente. Porém, se, posteriormente à edição da lei, surge novo texto constitucional, é possível

---

determinada por parte do Estado ou a um bem específico, mas a um exercício de poder do Estado *cujos contornos só serão definidos à luz do direito material do particular que reivindica proteção*. Em rigor, trata-se do poder de uma pessoa de provocar um órgão público para que este ponha em marcha o poder estatal de intervir coercitivamente na esfera jurídica de um terceiro de maneira adequada a assegurar o direito daquela pessoa.

231. Não é necessário sopesar o direito à efetividade da tutela jurisdicional e o direito de defesa. Esses direitos não entram em colisão. Cada um deles incide num plano distinto, sem que se produza qualquer espécie de antinomia. O primeiro exige a seleção de um meio idôneo para a proteção do direito reivindicado; o segundo, a escolha, na hipótese de existirem diversos meios idôneos, daquele que se mostre como o menos lesivo à esfera jurídica do particular afetado (cf. MARINONI, Luiz Guilherme. *Curso de processo civil – Teoria geral do processo*, p. 88 e ss.).

indagar se a lei foi revogada ou se a lei permanece constitucional, cogitando-se, neste último caso, de inconstitucionalidade superveniente. Sustentar a existência de inconstitucionalidade superveniente pressupõe aceitar que a lei pode ter a sua validade aferida em face de Constituição posterior, com base no princípio da supremacia da Constituição. Por outro lado, falar em revogação implica admitir que a superveniência de norma constitucional derroga a lei com ela incompatível, circunscrevendo-se a questão ao âmbito do direito intertemporal.

Esta discussão tem consequências práticas relevantes. Se o caso é de mera revogação, restam de lado as formalidades peculiares ao juízo de inconstitucionalidade. Qualquer Câmara ou Turma, no âmbito de Tribunal, pode declarar a revogação da norma. Mas se a hipótese for de inconstitucionalidade, a Câmara ou Turma terá de submeter a questão ao Plenário ou Órgão Especial do Tribunal para que este possa pronunciar a inconstitucionalidade. E isto quando se chegar a um resultado de maioria absoluta de votos – já que, para a declaração de inconstitucionalidade, exige-se a maioria absoluta de votos dos membros do Plenário ou Órgão Especial. Ademais, aceitando-se a hipótese como de simples revogação, resta inviabilizada a ação direta de inconstitucionalidade.

A Constituição de 1988 nada disse a respeito do seu efeito sobre o direito pretérito. O STF, contudo, já tratou inúmeras vezes da questão durante a vigência da atual Constituição. Na ADIn 2, o STF, por maioria de votos, endossou a orientação que se formara sob o regime constitucional anterior, declarando que a Constituição revoga o direito anterior que com ela é incompatível. Nesta ocasião, o Supremo Tribunal não admitiu a ação de inconstitucionalidade sob o fundamento de impossibilidade jurídica do pedido.[232]

A ementa do acórdão proferido nesta ação direta afirma que "o vício da inconstitucionalidade é congênito à lei e há de ser apurado em face da Constituição vigente ao tempo de sua elaboração. Lei anterior não pode ser inconstitucional em relação à Constituição superveniente; nem o legislador poderia infringir Constituição futura. A Constituição sobrevinda não torna inconstitucionais leis anteriores com ela conflitantes; revoga-as".[233] O relator, Min. Paulo Brossard, argumentou que norma anterior à Constituição pode não ser recepcionada, mas não pode ser dita inconstitucional – inconstitucional pode ser apenas a norma posterior à Constituição. O legislador não pode se submeter a uma "Constituição futura" – "só por adivinhação poderia obedecê-la". O problema da norma anterior à Constituição seria de direito intertemporal, não de direito constitucional. De acordo com o seu voto, não há como admitir ação direta de inconstitucionalidade para tratar de normas "que podem estar revogadas, mas não são inconstitucionais (...). O pedido é juridicamente impossível. A ação direta é para declarar a inconstitucionalidade de lei ou ato normativo; não para declarar revogada tal ou qual lei por força de Constituição superveniente".[234]

---

232. "Por maioria de votos, o Tribunal não conheceu da ação, por impugnar leis anteriores à Constituição de 1988 (impossibilidade jurídica do pedido), vencidos os Ministros Marco Aurélio, Sepúlveda Pertence e Néri da Silveira, que rejeitavam essa preliminar" (STF, ADIn 2, Pleno, j. 06.02.1992, rel. Min. Paulo Brossard).

233. STF, ADIn 2, Pleno, rel. Min. Paulo Brossard, j. 06.02.1992.

234. STF, ADIn 2, Pleno, rel. Min. Paulo Brossard, j. 06.02.1992. A jurisprudência do STF é pacífica no sentido de que há revogação, afastando a tese de inconstitucionalidade superveniente. Assim: "Ação direta de inconstitucionalidade: descabimento, segundo o entendimento do STF, se a norma questionada é anterior à da Constituição padrão. 1. Não há inconstitucionalidade formal superveniente. 2. Quanto à inconstitucionalidade material, firmou-se a maioria do Tribunal (ADIn 2, Brossard, 06.02.1992) – contra três votos,

O Min. Sepúlveda Pertence, divergindo da maioria, não apenas ponderou que, no caso, nada impediria que se pensasse em inconstitucionalidade superveniente, como advertiu para o mal que adviria do rigor na admissão da tese da revogabilidade, qual seja a impossibilidade do uso da ação direta. "Reduzir o problema às dimensões da simples revogação da norma

---

entre eles do relator desta –, em que a antinomia da norma antiga com a Constituição superveniente se resolve na mera revogação da primeira, a cuja declaração não se presta a ação direta. 3. Fundamentos da opinião vencida do relator (anexo), que, não obstante, com ressalva de sua posição pessoal, se rende a orientação da Corte" (STF, ADIn 438, Pleno, rel. Min. Sepúlveda Pertence, *DJ* 27.03.1992); "Constituição. Lei anterior que a contrarie. Revogação. Inconstitucionalidade superveniente. Impossibilidade. A lei ou é constitucional ou não é lei. Lei inconstitucional é uma contradição em si. A lei é constitucional quando fiel à Constituição; inconstitucional, na medida em que a desrespeita, dispondo sobre o que lhe era vedado. O vício da inconstitucionalidade é congênito à lei e há de ser apurado em face da Constituição vigente ao tempo de sua elaboração. Lei anterior não pode ser inconstitucional em relação à Constituição superveniente; nem o legislador poderia infringir Constituição futura. A Constituição sobrevinda não torna inconstitucionais leis anteriores com ela conflitantes: revoga-as. Pelo fato de ser superior, a Constituição não deixa de produzir efeitos revogatórios. Seria ilógico que a lei fundamental, por ser suprema, não revogasse, ao ser promulgada, leis ordinárias. A lei maior valeria menos que a lei ordinária. Reafirmação da antiga jurisprudência do STF, mais que cinquentenária. Ação direta de que se não conhece por impossibilidade jurídica do pedido, nos termos do voto proferido na ADIn 2-1/600" (STF, ADIn 521, Pleno, rel. Min. Paulo Brossard, *DJ* 24.04.1992); "Ação direta de inconstitucionalidade. Impugnação de ato estatal editado anteriormente à vigência da Constituição Federal de 1988. Inconstitucionalidade superveniente. Inocorrência. Hipótese de revogação do ato hierarquicamente inferior por ausência de recepção. Impossibilidade de instauração do controle normativo abstrato. Ação direta não conhecida. A ação direta de inconstitucionalidade não se revela instrumento juridicamente idôneo ao exame da legitimidade constitucional de atos normativos do Poder Público que tenham sido editados em momento anterior ao da vigência da Constituição sob cuja égide foi instaurado o controle normativo abstrato. A fiscalização concentrada de constitucionalidade supõe a necessária existência de uma relação de contemporaneidade entre o ato estatal impugnado e a carta política sob cujo domínio normativo veio ele a ser editado. Entendimento de que leis pré-constitucionais não se predispõem, vigente uma nova Constituição, à tutela jurisdicional de constitucionalidade *in abstracto*. Orientação jurisprudencial já consagrada no regime anterior (*RTJ* 95/980, 95/993, 99/544) foi reafirmada por esta Corte, em recentes pronunciamentos, na perspectiva da Carta Federal de 1988. A incompatibilidade vertical superveniente de atos do Poder Público, em face de um novo ordenamento constitucional, traduz hipótese de pura e simples revogação dessas espécies jurídicas, posto que lhe são hierarquicamente inferiores. O exame da revogação de leis ou atos normativos do Poder Público constitui matéria absolutamente estranha à função jurídico-processual da ação direta de inconstitucionalidade" (STF, ADIn 7, Pleno, rel. Min. Celso de Mello, *DJ* 04.09.1992); "Leis estaduais editadas anteriormente à vigência da Constituição Federal de 1988. Inconstitucionalidade superveniente. Impugnação. Impossibilidade de instauração do controle normativo abstrato. Desistência parcial da ação. Pedido prejudicado. Presença dos requisitos da relevância jurídica do pedido relativo à Lei 1.696/1990-RJ. No que concerne aos diplomas legais anteriores à Carta de 1988, a jurisprudência reiterada desta Corte firma-se no sentido da impossibilidade jurídica de questioná-los mediante ação direta de inconstitucionalidade" (STF, ADIn, Pleno, rel. Min. Maurício Corrêa, *DJ* 15.09.1995). "(...) esta Corte já firmou o entendimento de que não cabe ação direta de inconstitucionalidade quando a alegação de inconstitucionalidade se faz em face de texto constitucional que é posterior ao ato normativo impugnado, pois, nesse caso, a denominada inconstitucionalidade superveniente se traduz em revogação. No caso, o fundamento jurídico do pedido é juridicamente impossível, porquanto, quando o texto originário da Constituição, que é anterior ao ato normativo atacado, e foi posteriormente alterado por emenda constitucional, se o desta somente derrogou aquele, o ato normativo posterior à Constituição originário mas anterior à modificação desta deve ser atacado, para ter-se como cabível a ação direta de inconstitucionalidade proposta quando já se deu tal alteração, em face do texto originário, com a demonstração de que, na parte que interessa, ele continua em vigor. Essa direção do ataque e essa demonstração da não revogação cabem ao autor e não ao Tribunal" (STF, ADIn 2.501, Pleno, rel. Min. Moreira Alves, *DJ* 06.06.2003).

CONTROLE DE CONSTITUCIONALIDADE 1003

infraconstitucional pela norma constitucional posterior – se é alvitre que tem por si a sedução da aparente simplicidade – redunda em fechar-lhe a via da ação direta. E deixar, em
consequência, que o deslinde das controvérsias suscitadas flutue, durante anos, ao sabor dos
dissídios entre juízes e tribunais de todo o País, até chegar, se chegar, à decisão da Alta Corte, ao fim de longa caminhada pelas vias frequentemente tortuosas do sistema de recursos.
(...) Perderão com tudo isso, inevitavelmente, não só a rapidez, mas a uniformização dos
resultados da tarefa jurisdicional de conformação do direito velho às novas diretrizes da Lei
Fundamental, com patente perda da efetividade desta e da segurança jurídica dos jurisdicionados. Ao contrário, se se entende que o conflito cogitado se traduz em inconstitucionalidade superveniente – chame-se, embora, de revogação à sua consequência jurídica –,
abre-se-lhe a via do controle abstrato, hoje generosamente ampliada pela desconcentração
da legitimidade ativa".[235]

É certo que o parâmetro para a aferição da inconstitucionalidade há de ser o texto constitucional existente à época da elaboração da norma contrastada. O fato é que, para se aferir
a revogação do direito pretérito em face do novo texto constitucional, é necessário um juízo
semelhante àquele que se faz quando se está diante de lei editada posteriormente à Constituição. Lembre-se, aliás, que o Min. Pertence – no voto antes referido – anotou que, ainda
que se tenha o caso como de revogação e não de inconstitucionalidade, isto não exclui que
se possa aí ter controle de constitucionalidade.

Na ADIn 3.833, o STF, embora afirmando que "a alteração da Carta inviabiliza o controle concentrado de constitucionalidade de norma editada quando em vigor a redação primitiva" – e, assim, não conhecendo, por maioria, da ação direta –, averbou o exaurimento da
norma que fora questionada mediante a ação.[236] O Min. Gilmar Mendes, em seu voto, advertiu que a Corte deveria averbar, ainda que em ação direta, a caducidade ou a perda da
força normativa da regra questionada, tendo, desta forma, o Tribunal se pronunciado sobre
a revogação do direito anterior em sede de controle abstrato de normas.[237]

De qualquer forma, a Lei 9.882/1999 – que regulamenta o processo e o julgamento da
arguição de descumprimento de preceito fundamental –, em seu art. 1.º, parágrafo único,
I –, afirma caber arguição de descumprimento de preceito fundamental "quando for relevante o fundamento da controvérsia constitucional sobre lei ou ato normativo federal, estadual ou municipal, *incluídos os anteriores à Constituição*". Diante dessa norma, a discussão
perde muito de sua importância prática, pois passa a ser possível levar diretamente ao STF
a análise de norma em face de texto constitucional que lhe é posterior.[238]

8.6.2 Alteração dos fatos e modificação da concepção geral acerca do direito

Pergunta-se, porém, se a alteração dos fatos pode tornar inconstitucional norma que,
em princípio, apresentava-se como constitucional. A mutação da realidade, ao se projetar
sobre o texto normativo, pode lhe dar outra fisionomia, impondo nova interpretação e, por

---

235. STF, ADIn 2, Pleno, rel. Min. Paulo Brossard, j. 06.02.1992.
236. STF, ADIn 3.833, Pleno, rel. Min. Carlos Britto, rel. p/ acórdão Min. Marco Aurélio, *DJe* 14.11.2008.
237. Idem.
238. MENDES, Gilmar Ferreira; COELHO, Inocêncio Mártires; BRANCO, Paulo Gustavo Gonet. *Curso de direito constitucional*, p. 1072.

consequência, a desarmonia de determinadas normas infraconstitucionais diante da Constituição.[239] Há, neste sentido, uma inconstitucionalização da lei derivada de um processo de mutação da realidade.[240]

Situação similar diz com a alteração da concepção geral do direito, a conduzir a uma mutação da jurisprudência constitucional. A alteração da compreensão do direito caracteriza uma nova concepção jurídica acerca de uma mesma situação fática. De qualquer forma, assim como a alteração dos fatos, a modificação da concepção geral acerca do direito permite a revogação de precedente constitucional, e, assim, também de precedente que considerava certa lei constitucional, não importando se este gerou coisa julgada *erga omnes*.

Nas ações concretas, a função da coisa julgada é dar segurança à parte, permitindo-lhe usufruir da tutela jurisdicional que lhe foi outorgada sem medo que ela possa ser contestada ou usurpada. Nas ações abstratas, ao se decidir pela constitucionalidade, nenhum direito ou vantagem é deferido diretamente a alguma parte. O benefício da coisa julgada, em tais ações, teria relação com a estabilidade da ordem jurídica e com a previsibilidade. Porém, como os fatores que autorizam a revogação de um precedente militam em favor da própria oxigenação e do desenvolvimento da ordem jurídica, a única restrição para a rediscussão de norma já declarada inconstitucional estaria no prejuízo que ela poderia trazer à previsibilidade. Contudo, a previsibilidade não só não é valor que pode se sobrepor à necessidade de

---

239. V. ZAVASCKI, Teori Albino. *Eficácia das sentenças na jurisdição constitucional*, p. 114. O STF entende que é possível que uma norma, que no momento presente ainda é constitucional, se torne progressivamente inconstitucional em virtude da modificação dos fatos. Nesta hipótese, o Tribunal pode declarar a norma "ainda constitucional", afirmando que, em virtude da situação fática, a norma caminha em direção à inconstitucionalidade Assim, no RE 147.776: "Ministério Público. Legitimação para promoção, no juízo cível, do ressarcimento do dano resultante de crime, pobre o titular do direito à reparação. CPP, art. 68, *ainda constitucional* (cf. RE 135.328). Processo de inconstitucionalização das leis. 1. A alternativa radical da jurisdição constitucional ortodoxa entre a constitucionalidade plena e a declaração de inconstitucionalidade ou revogação por inconstitucionalidade da lei com fulminante eficácia *ex tunc* faz abstração da evidência de que a implementação de uma nova ordem constitucional não é um fato instantâneo, mas um processo, no qual a possibilidade de realização da norma da Constituição – ainda quando teoricamente não se cuide de preceito de eficácia limitada – subordina-se muitas vezes a alterações da realidade fática que a viabilizem. 2. No contexto da Constituição de 1988, a atribuição anteriormente dada ao Ministério Público pelo art. 68 do CPP – constituindo modalidade de assistência judiciária – deve reputar-se transferida para a Defensoria Pública: essa, porém, para esse fim, só se pode considerar existente onde e quando organizada, de direito e de fato, nos moldes do art. 134 da própria Constituição e da lei complementar por ela ordenada. Até que – na União ou em cada Estado considerado – se implemente essa condição de viabilização da cogitada transferência constitucional de atribuições, o art. 68 do CPP será considerado ainda vigente: é o caso do Estado de São Paulo, como decidiu o plenário no RE 135.328" (RE 147.776, rel. Min. Sepúlveda Pertence, j. 09.05.1998).

240. A coerência, indispensável em todo e qualquer raciocínio jurídico não pode ser interpretada como álibi exegético para que novas circunstâncias (fáticas ou jurídicas) deixem de ser consideradas em nome de uma pretensa necessidade de vinculação irremediável com o passado. Nesse sentido: "Another problem with a coherentist account of legal inference is the problem of conservatism. Coherence theories of justification have an in-built conservative tendency insofar as they make the justification of new elements depend upon their coherence with a pre-existing structure (Williams 1980). This conservative tendency is an obstacle to normative change and, in morally deficient systems, it leads to perpetuating injustices in the name of coherence (Raz 1986; Wacks 1984). In the factual domain, the conservatism inherent in coherence theories may lead to interpreting incoming evidence so as to make it coherent with previously formulated hypotheses, or, in the worst scenario, it may even conduce legal decisionmakers to blatantly disregard new evidence on the grounds of its incoherence with the hypothesis they favor (Simon 1988)" (AMAYA, Amalia. Legal justification by optimal coherence, *Ratio Juris*, vol. 24, n. 3, p. 312, set. 2011). V. MARINONI, Luiz Guilherme. *Precedentes obrigatórios*.

CONTROLE DE CONSTITUCIONALIDADE ○ 1005

desenvolvimento da jurisprudência da Corte, como também naturalmente perde consistência diante de fatores que apontam para a provável e necessária revogação do precedente.

A estabilidade da ordem jurídica e a previsibilidade não podem constituir obstáculos à mutação da compreensão judicial da ordem jurídica. Lembre-se do que disse o Juiz Wheeler, em *Dwy v. Connecticut Co.*: "A Corte que melhor serve ao direito é aquela que reconhece que as normas jurídicas criadas numa geração distante podem, após longo tempo, mostrar-se insuficientes a outra geração; é aquela que descarta a antiga decisão ao verificar que outra representa o que estaria de acordo com o juízo estabelecido e assente da sociedade e não concede qualquer privilégio à antiga norma por conta da confiança nela depositada. Foi assim que os grandes autores que escreveram sobre o *common law* descobriram a fonte e o método do seu desenvolvimento e, em seu desenvolvimento, encontraram a saúde e a vitalidade de tal direito. Ele não é nem deve ser estacionário. A mudança desse atributo não deve ficar a cargo do Legislativo".[241]

Ademais, o benefício trazido pela previsibilidade, ao refletir sobre posição jurídica que se consolidou com base no precedente que se quer revogar, deve ser garantido mediante a adoção de modulação adequada dos efeitos da decisão de inconstitucionalidade. Existindo situações que se consolidaram sob a égide da decisão de constitucionalidade, os efeitos da decisão de inconstitucionalidade não podem apanhá-las, devendo ser modulados em atenção à particularidade de a decisão estar declarando inconstitucional norma antes declarada constitucional.

Quando se compreende que as decisões do STF devem ser obrigatoriamente respeitadas pelos demais órgãos do Poder Judiciário, a função da coisa julgada, diante das decisões tomadas em controle abstrato, perde utilidade. Na verdade, falar em coisa julgada, neste caso, é instituir falso problema para a incontestável necessidade de revogação de precedentes, que, uma vez perpetuados, impediriam o adequado desenvolvimento da ordem constitucional.[242]

Ainda que a alteração da concepção geral do direito possa justificar a modificação da jurisprudência constitucional, isso não permite ver a última como espécie de inconstitucionalidade superveniente. Vale dizer que a nova concepção judicial acerca de uma questão constitucional, mesmo que no sentido da inconstitucionalidade da norma infraconstitucional, não constitui inconstitucionalidade superveniente. Não é correto equiparar decisão de inconstitucionalidade revogadora de precedente com inconstitucionalidade superveniente. O fenômeno da mutação jurisprudencial e da revogação dos precedentes se situa em local distinto ao daquele que é reservado ao processo de inconstitucionalização de norma.

8.7 Inconstitucionalidade total e inconstitucionalidade parcial

Uma lei pode ter um ou mais artigos inconstitucionais, sendo constitucional em seu restante. Do mesmo modo, parte de um artigo pode ser inconstitucional e a outra constitucional. Isso quer dizer que uma lei pode ter artigos constitucionais e artigos inconstitucionais, assim como um artigo pode ter parte constitucional e parte inconstitucional.[243]

---

241. Cf. CARDOZO, Benjamin N. *The nature of judicial process*, p. 150-152.

242. MARINONI, Luiz Guilherme. *Precedentes obrigatórios*, p. 300 e ss.

243. Exemplificando: STF, RE 562.276, rel. Min. Ellen Gracie, j. 03.11.2010, declarando incidentalmente a inconstitucionalidade do art. 13 da Lei 8.620/1993 apenas na parte em que estabeleceu que "os sócios das empresas por cotas de responsabilidade limitada respondem solidariamente, com seus bens pes-

Não se deve confundir inconstitucionalidade parcial com inconstitucionalidade derivada de omissão parcial. São situações nada semelhantes. A inconstitucionalidade derivada de
omissão parcial constitui defeito decorrente de inação do legislador, que, diante do seu dever
de legislar para dar concretude à norma constitucional, comete ilicitude, fazendo aparecer
a inconstitucionalidade. A inconstitucionalidade parcial, por sua vez, significa que porção
de uma lei ou de um artigo contém inconstitucionalidade, constituindo, portanto, defeito da
lei e, assim, da própria ação do legislador.

O STF, diante de ação direta de inconstitucionalidade de um ou alguns dispositivos de
uma lei ou de parcela de um dispositivo, ao reconhecer a inconstitucionalidade, declara a
inconstitucionalidade parcial. Problemática, entretanto, é a situação em que a supressão do
dispositivo inconstitucional ou de parcela do artigo torna a lei ou o artigo sem sentido ou
sem o seu sentido originário. Nestes casos, entende o STF que nada pode ser feito – ainda
que parte da lei ou do artigo seja claramente inconstitucional –, sob o argumento de que, ao
proclamar a inconstitucionalidade parcial, estaria a "criar outra lei", assumindo a posição de
legislador.

Conhecido é o precedente firmado na ADIn 896, de relatoria do Min. Moreira Alves.[244]
Neste caso, o Supremo Tribunal não conheceu da ação direta sob o fundamento de que não
poderia declarar a inconstitucionalidade parcial, pois, se assim o fizesse, suprimindo a parcela inconstitucional do dispositivo, alteraria o seu sentido e alcance. Eis o que proclamou a
Corte: "Não só a Corte está restrita a examinar os dispositivos ou expressões deles cuja inconstitucionalidade for arguida, mas também não pode ela declarar inconstitucionalidade
parcial que mude o sentido e o alcance da norma impugnada (quando isso ocorre, a declaração de inconstitucionalidade tem de alcançar todo o dispositivo), porquanto, se assim não
fosse, a Corte se transformaria em legislador positivo, uma vez que, com a supressão da
expressão atacada, estaria modificando o sentido e o alcance da norma impugnada. E o
controle de constitucionalidade dos atos normativos pelo Poder Judiciário só lhe permite
agir como legislador negativo. Em consequência, se uma das alternativas necessárias ao
julgamento da presente ação direta de inconstitucionalidade (a da procedência dessa ação)
não pode ser acolhida por esta Corte, por não poder ela atuar como legislador positivo, o
pedido de declaração de inconstitucionalidade como posto não atende a uma das condições
da ação direta que é a da sua possibilidade jurídica. Ação direta de inconstitucionalidade que
não se conhece por impossibilidade jurídica do pedido".[245]

Decidiu-se, na ADIn 1.063, que "não se revela lícito pretender, em sede de controle
normativo abstrato, que o STF, a partir da supressão seletiva de fragmentos do discurso
normativo inscrito no ato estatal impugnado, proceda à virtual criação de outra regra legal,
substancialmente divorciada do conteúdo material que lhe deu o próprio legislador".[246] Na

---

soais, pelos débitos junto à Seguridade Social"; STF, ADIn 4.426 e ADIn 4.356, rel. Min. Dias Toffoli,
declarando a inconstitucionalidade apenas de alguns dispositivos da Lei 14.506/2009, do Estado do Ceará, que fixou limites de despesa com a folha de pagamento dos servidores estaduais do Poder Executivo,
do Poder Legislativo, do Poder Judiciário e do Ministério Público estadual para o exercício de 2010. De
modo similar, também o poder de veto do Presidente da República pode ser exercido de modo apenas
parcial – CF, art. 66, § 2.º: "O veto parcial somente abrangerá texto integral de artigo, de parágrafo, de
inciso ou de alínea".

244. ADIn 896, Pleno, rel. Min. Moreira Alves, *DJ* 16.02.1996.
245. ADIn 896, Pleno, rel. Min. Moreira Alves, *DJ* 16.02.1996
246. ADIn 1.063, Pleno, rel. Min. Celso de Mello, *DJ* 27.04.2001.

CONTROLE DE CONSTITUCIONALIDADE 1007

ADIn 2.645, firmou-se *decisão no mesmo sentido*: "I. Ação direta de inconstitucionalidade da parte final do art. 170 da Lei Estadual 1.284/TO, de 17.12.2001. Lei Orgânica do Tribunal de Contas do Estado. Inadmissibilidade, dado que, em tese, a inconstitucionalidade parcial arguida imporia a declaração de invalidade da lei em extensão maior do que a pedida. II. Ação direta de inconstitucionalidade parcial. Incindibilidade do contexto do diploma legal. Impossibilidade jurídica. 1. Da declaração de inconstitucionalidade adstrita à regra de aproveitamento automático decorreria, com a subsistência da parte inicial do art. 170, a inversão do sentido inequívoco do pertinente conjunto normativo da Lei 1.284/2001. Há disponibilidade dos ocupantes dos cargos extintos, que a lei quis beneficiar com o aproveitamento automático, e, com essa disponibilidade, a drástica consequência, não pretendida pela lei benéfica, de reduzir-lhes a remuneração na razão do tempo de serviço público, imposta por força do novo teor ditado pela EC 19/1998 ao art. 41, § 3.º, da Constituição da República. 2. Essa inversão do sentido inequívoco da lei, de modo a fazê-la prejudicial àqueles que só pretendeu beneficiar, subverte a função que o poder concentrado de controle abstrato de constitucionalidade de normas outorga ao Supremo Tribunal".[247]

Cumpre ressaltar que a referida EC 19/1998 teve o seu art. 31 recentemente alterado pela EC 98/2017, no que tange à inclusão, em quadro em extinção da Administração Pública federal, de servidores públicos dos ex-Territórios ou dos Estados do Amapá ou de Roraima.

8.8 Inconstitucionalidade direta e inconstitucionalidade indireta

Existe inconstitucionalidade indireta, também dita reflexa, quando o ato viola, em primeiro lugar, a norma a que está subordinada, e apenas indireta ou reflexamente a Constituição. É o que ocorre, em outras palavras, quando o ato, antes de negar a Constituição, desrespeita a lei. De outra parte, quando, para se chegar à conclusão de afronta à Constituição, não é preciso passar pelo questionamento da compatibilidade do ato impugnado com norma infraconstitucional, há inconstitucionalidade direta, também chamada de frontal. Existe, na última hipótese, contradição imediata – que prescinde de mediação – entre a lei e a Constituição.

A resolução e o regulamento constituem exemplos de atos normativos secundários – que não criam direitos –, os quais, assim, devem corresponder à lei. Bem por isso, caso não estejam de acordo com a lei a que devem respeito, antes de abrirem ensejo ao controle de constitucionalidade, instauram conflito de legalidade. Como consequência prática inviabilizam a ação direta de inconstitucionalidade e, mesmo, o controle difuso de constitucionalidade.

Na ADIn 996, o STF apreciou o ponto, estabelecendo que, "se a interpretação administrativa da lei, que vier a consubstanciar-se em decreto executivo, divergir do sentido e do conteúdo da norma legal que o ato secundário pretendeu regulamentar, quer porque tenha este se projetado *ultra legem*, quer porque tenha permanecido *citra legem*, quer, ainda, porque tenha investido *contra legem*, a questão caracterizará, sempre, típica crise de legalidade, e não de inconstitucionalidade, a inviabilizar, em consequência, a utilização do mecanismo processual da fiscalização normativa abstrata. O eventual extravasamento, pelo ato

---

247. ADIn 2.645, Pleno, rel. Min. Sepúlveda Pertence, *DJ* 29.09.2006.

regulamentar, dos limites a que materialmente deve estar adstrito poderá configurar insubordinação executiva aos comandos da lei. Mesmo que, a partir desse vício jurídico, se possa vislumbrar, num desdobramento ulterior, uma potencial violação da Carta Magna, ainda assim estar-se-á em face de uma situação de inconstitucionalidade reflexa ou oblíqua, cuja apreciação não se revela possível em sede jurisdicional concentrada".[248]

Na ADIn 2.862 cogitou-se acerca de atos normativos que facultaram aos Juizados Especiais Criminais do Estado de São Paulo conhecer de atos circunstanciados lavrados por policiais militares, nos termos do art. 69 da Lei 9.099/1995 (Lei dos Juizados Especiais Estaduais), chegando-se à conclusão de que, sendo o caso de atos normativos secundários, estaria inviabilizada a ação direta de inconstitucionalidade. Eis a ementa firmada na ocasião: "Ação direta de inconstitucionalidade. Atos normativos estaduais que atribuem à polícia militar a possibilidade de elaborar termos circunstanciados. Provimento 758/2001, consolidado pelo Provimento 806/2003, do Conselho Superior da Magistratura do Tribunal de Justiça de São Paulo, e Resolução SSP 403/2001, prorrogada pelas Resoluções SSP 517/2002, 177/2003, 196/2003, 264/2003 e 292/2003, da Secretaria de Segurança Pública do Estado de São Paulo. Atos normativos secundários. Ação não conhecida. 1. Os atos normativos impugnados são secundários e prestam-se a interpretar a norma contida no art. 69 da Lei 9.099/1995: inconstitucionalidade indireta. 2. Jurisprudência do STF pacífica quanto à impossibilidade de se conhecer de ação direta de inconstitucionalidade contra ato normativo secundário. Precedentes. 3. Ação direta de inconstitucionalidade não conhecida".[249]

A ideia de inconstitucionalidade indireta ou reflexa também é importante quando se está diante do recurso extraordinário. Esse recurso pressupõe afirmação de inconstitucionalidade direta ou frontal.

Inúmeras normas da lei processual regulam garantias constitucionais do processo, especialmente o modo e a intensidade da participação das partes, de forma que o juiz é costumeiramente chamado a decidir sobre elas. Quando isso acontece está em jogo a interpretação de lei federal, embora da adequada aplicação da norma possa depender, por exemplo, a efetividade do direito fundamental ao contraditório. Entretanto, se a decisão tratou da interpretação da lei processual, não há como afirmar que ela violou diretamente a norma constitucional que garante tal direito. É por isso que o STF entende que "as alegações de afronta aos princípios do devido processo legal, da ampla defesa e do contraditório, dos limites da coisa julgada e da prestação jurisdicional, se dependentes de reexame de normas infraconstitucionais, podem configurar apenas ofensa indireta ou reflexa à Constituição da República".[250]

---

248. ADIn 996, Pleno, rel. Min. Celso de Mello, *DJ* 06.05.1994.
249. ADIn 2.862, Pleno, rel. Min. Cármen Lúcia, *DJe* 09.05.2008. No mesmo sentido, ver ADIn 2.398, Pleno, rel. Min. Cezar Peluso, *DJ* 31.08.2007; ADIn 2.792, Pleno, rel. Min. Carlos Velloso, *DJ* 12.03.2004; ADIn 2.489, Pleno, rel. Min. Carlos Velloso, *DJ* 10.10.2003; ADIn 1.670, Pleno, rel. Min. Ellen Gracie, *DJ* 08.11.2002; ADIn 2.413, Pleno, rel. Min. Carlos Velloso, *DJ* 16.08.2002; ADIn 561, Pleno, rel. Min. Celso de Mello, *DJ* 23.03.2001; ADIn 1.258, Pleno, rel. Min. Néri da Silveira, *DJ* 20.06.1997; ADIn 589, Pleno, rel. Min. Carlos Velloso, *DJ* 18.10.1991; ADIn 365, Pleno, rel. Min. Celso de Mello, *DJ* 15.03.1991.
250. "Agravo regimental no agravo de instrumento. Prequestionamento. Ausência. Contraditório e ampla defesa. Ofensa reflexa. Reexame de fatos e provas. Incidência da Súmula 279 do STF. Precedentes. 1. Não se admite o recurso extraordinário quando os dispositivos constitucionais que nele se alegam violados não estão devidamente prequestionados. Incidência das Súmulas 282 e 356 do STF. 2. As alegações de afronta aos princípios do devido processo legal, da ampla defesa e do contraditório, dos limites da coisa julgada e

CONTROLE DE CONSTITUCIONALIDADE ○ **1009**

III – CONTROLE DIFUSO DE CONSTITUCIONALIDADE

8.9 A questão constitucional no processo comum

O autor, ao apresentar a demanda, e o réu, ao contestar, invocam leis ou atos normativos para sustentar suas posições, cuja validade depende de estarem em conformidade com a Constituição. A norma que viola a Constituição é nula e, assim, não pode ser aplicada pelo juiz.

Portanto, a solução de todo e qualquer litígio pode exigir do juiz o reconhecimento da inconstitucionalidade de lei. Qualquer caso judicial pode obrigar o juiz de primeiro grau de jurisdição ou o tribunal, a partir de decisão da maioria absoluta dos membros do seu Plenário ou Órgão Especial, a deixar de aplicar determinada norma por considerá-la inconstitucional. Deixar de aplicar lei inconstitucional é inerente ao poder de decidir, ou seja, ao poder jurisdicional. Vale dizer que o controle incidental de constitucionalidade faz parte da tarefa cotidiana e rotineira dos juízes e tribunais.

Trata-se, exatamente, da doutrina Marshall, que inspirou o *judicial review* estadunidense. Em 1803, a Suprema Corte dos Estados Unidos, então presidida pelo Juiz John Marshall, enfrentou o célebre caso *Marbury v. Madison*,[251] em que determinada lei foi contraposta à Constituição. Desenvolveu-se, aí, o raciocínio que deu origem à tese de que todo juiz tem poder e dever de negar validade à lei que, indispensável para a solução do litígio, não for compatível com a Constituição.[252]

Surge, com a aceitação deste raciocínio, o controle incidental de constitucionalidade, que, originariamente, também foi corretamente visto como controle difuso, uma vez que o

---

da prestação jurisdicional, se dependentes de reexame de normas infraconstitucionais, podem configurar apenas ofensa indireta ou reflexa à Constituição da República. 3. O recurso extraordinário não se presta ao reexame da legislação infraconstitucional e dos fatos e provas dos autos. Incidência das Súmulas 636 e 279 do STF. 4. Agravo regimental desprovido, com aplicação da multa prevista no art. 557, § 2.º, do CPC" (STF, AgRg no AgIn 735.283, 1.ª T., rel. Min. Dias Toffoli, *DJe* 14.05.2010).

251. *Marbury v. Madison*, 5 U.S. (1 Cranch) 137 (1803).

252. Expoente da teoria jurídica estadunidense, John Rawls afirma que um dos princípios do constitucionalismo reside na distinção entre a lei mais alta e a lei comum: "A lei mais alta é expressão do poder constituinte do povo e tem a autoridade mais alta da vontade de 'Nós o Povo' (*We the People*), ao passo que a lei ordinária tem a autoridade do poder ordinário do parlamento e do eleitorado, e é uma expressão desse poder. A lei mais alta restringe e guia esse poder ordinário" (RAWLS, John. *Political liberalism*, p. 231). Tese similar é defendida por Bruce Ackerman, para quem o constitucionalismo estadunidense expressa uma concepção "dualista" da democracia, segundo a qual "busca distinguir duas decisões diferentes que podem ser tomadas em uma democracia. A primeira é uma decisão tomada pelo povo estadunidense e a segunda pelo governo" (ACKERMAN, Bruce. *Nós, o povo soberano:* fundamentos do direito constitucional, p. 7), sendo que as decisões do "Povo" estabelecem a norma constitucional, ao passo que as decisões dos governantes ocorrem pela via de leis, decretos e atos regulares de governo. Esta teoria desenvolve o argumento utilizado por Hamilton, no "Federalista n. 78", para justificar "a autoridade da Corte Suprema para declarar nulas as leis inconstitucionais: como a Constituição é fruto da vontade do Povo e as leis são decisões dos representantes do povo, então quando a vontade do corpo legislativo, declarada nos seus estatutos, está em oposição à do povo, declarada na Constituição, é a essa última que os juízes devem obedecer" (HAMILTON, A.; MADISON, J.; JAY, J. *O federalista*).

poder de realizar o controle de constitucionalidade de forma incidental, isto é, no curso de processo destinado a resolver um litígio, conferiu este poder a todos os juízes e tribunais.

8.10 A decisão no controle incidental

No processo que é instaurado para permitir a solução de conflito de interesses, a questão de constitucionalidade – seja arguida pela parte, terceiro, Ministério Público ou ainda aferida de ofício pelo juiz – é apreciada de forma incidental, como prejudicial à solução do litígio entre as partes.

A decisão da questão de constitucionalidade, assim, não é a decisão da questão principal ou, mais exatamente, do objeto litigioso do processo, mas a decisão da questão cujo exame constitui premissa indispensável para a análise da questão principal ou do mérito, sobre o qual litigam as partes do processo.

8.11 A natureza prejudicial da questão de constitucionalidade

Para chegar a uma conclusão, resolvendo a lide, o juiz pode ter necessidade de aplicar determinada norma. Porém, o juiz também pode depender da constitucionalidade de uma norma para proferir decisão de natureza processual. A prejudicialidade da norma é relativa à decisão, seja ela de natureza material ou processual ou tenha caráter final ou incidente, e não apenas ao julgamento final do mérito. O juiz pode proferir decisão de natureza material ou processual para encerrar o processo e, também, decisão de natureza material ou processual para proferir decisão incidente. Lembre-se que, ao apreciar requerimento de tutela antecipada em que deva analisar o mérito mediante cognição sumária, o juiz decide, no curso do processo, sobre o mérito.

Quando a decisão depender de prévia definição de dúvida constitucional, a solução da questão constitucional é prejudicial à decisão. É neste sentido que se diz que a prejudicialidade da questão de constitucionalidade é essencial para que se tenha controle incidental de constitucionalidade.

8.12 Legitimados a arguir a questão constitucional no controle incidental

As partes, assim como aqueles que podem intervir no processo na qualidade de parte ou terceiro, podem arguir a inconstitucionalidade da lei. Do mesmo modo, o Ministério Público, enquanto parte ou fiscal da lei, pode assim proceder.

É interessante ressaltar que a arguição de inconstitucionalidade de lei, outrora vista como genuína arma de defesa e, dessa forma, como fundamento que apenas podia ser suscitado pelo réu, atualmente representa argumento utilizado com frequência pelo autor, particularmente contra o Poder Público.

Contribuiu para tanto o mandado de segurança, diante de sua excepcional idoneidade à tutela de direitos violados ou ameaçados de violação pelo Poder Público. São corriqueiros mandados de segurança em que se pede ordem para que a autoridade pública se abstenha de exigir tributo sob o argumento de que a lei que o prevê é inconstitucional.

De outro lado, a percepção de situações substanciais carentes de tutela, predominantemente de conteúdo não patrimonial, obrigou a doutrina de direito processual civil a elaborar dogmaticamente técnicas e procedimentos processuais adequados à realidade e aos novos direitos, o que contribuiu sobremaneira para a efetividade do direito de ação. Lembre-se, assim, que, antes da instituição da técnica antecipatória no Código de Processo Civil de 1973, demonstrou-se a possibilidade e a necessidade de o juiz conceder tutela antecipatória sob o manto protetor da tutela cautelar.[253] A técnica antecipatória, como se sabe, democratizou o processo civil, pois passou a poder ser utilizada diante de qualquer caso conflitivo concreto, afastando o tratamento diferenciado que, muitas vezes sem razão plausível, era conferido pelos procedimentos especiais dotados de liminar, bem como a neutralização e a igualização das diferentes situações de direito substancial em decorrência da imposição do uso do procedimento comum – destituído de técnica antecipatória.

Por sua vez, a ação inibitória, imprescindível para evitar a prática, a repetição ou a continuação de ilícito, foi idealizada no plano doutrinário a partir de norma processual de caráter aberto (art. 461, CPC/1973), que instituiu técnicas processuais idôneas à tutela específica do direito material.[254] Com isso, passou a existir a possibilidade de se obter tutela jurisdicional adequada contra o Poder Público nos casos em que faltava requisito para a utilização do mandado de segurança, como a observância do prazo decadencial e, especialmente, a disponibilidade de direito líquido e certo – traduzível, como é sabido, em afirmação de fato que comporta elucidação mediante prova documental. A necessidade de prova diferente da documental – como, por exemplo, a pericial –, ao obstaculizar o mandado de segurança, deixava o jurisdicionado destituído de instrumento processual idôneo à tutela de seus direitos. Mas a ação inibitória, na verdade, tornou-se mais importante em face dos

---

253. Cf. MARINONI, Luiz Guilherme. *Tutela cautelar e tutela antecipatória*.

254. "Apesar dos avanços em termos de tutela coletiva, e mesmo de superação do procedimento ordinário, com a introdução no Código de Processo Civil da tutela antecipatória, há um ponto da mais alta importância que ainda é negligenciado pela doutrina. Trata-se da tutela preventiva, a única capaz de impedir que os direitos não patrimoniais sejam transformados em pecúnia, através de uma inconcebível expropriação de direitos fundamentais para a vida humana. A importância da tutela preventiva pode ser percebida, em todas as sociedades modernas, a partir da necessidade de se conferir tutela jurisdicional adequada às novas situações jurídicas, frequentemente de conteúdo não patrimonial ou prevalentemente não patrimonial, em que se concretizam os direitos fundamentais do cidadão. O sistema tradicional de tutela dos direitos, estruturado sobre o procedimento ordinário e as sentenças da classificação trinária, é absolutamente incapaz de permitir que os novos direitos sejam adequadamente tutelados. Esse modo de conceber a proteção dos direitos não levou em consideração a necessidade de tutela preventiva, nem obviamente os direitos que atualmente estão a exigir tal modalidade de tutela. A questão, porém, não se resume apenas a buscar, em determinada norma, o fundamento para a tutela preventiva – é preciso remodelar alguns conceitos fundamentais da teoria do processo. A reformulação das categorias do processo é uma decorrência natural da evolução do tempo e de realidades que não mais se adaptam às conceituações pretéritas. A introdução do art. 461 no CPC confere importante oportunidade para extrair do tecido normativo uma nova tutela jurisdicional, ou seja, uma tutela que seja efetivamente capaz de prevenir o ilícito. Essa tutela não só chama a atenção dos civilistas para o equívoco da unificação das categorias da ilicitude e da responsabilidade civil, que espelha a ideia, bastante difundida, de que a única tutela contra o ilícito é a de reparação do dano, mas também faz surgir, no plano do direito processual, uma tutela alternativa àquelas que sempre estiveram sob os cuidados dos processualistas. A busca de uma tutela inibitória atípica, que atue nas formas individual e coletiva, exige laboriosa análise do perfil dogmático da tutela de prevenção do ilícito e de uma série de questões que gravitam em sua órbita, como, *v.g.*, as da fungibilidade da tutela inibitória e de seu modo de execução" (MARINONI, Luiz Guilherme. *Tutela inibitória*, p. 24-25).

sujeitos privados, uma vez que o mandado de segurança jamais pôde ser utilizado contra quem não ostentasse Poder Público, o que deixava o particular sem qualquer forma de tutela jurisdicional idônea em face dos privados. Diante dos privados, portanto, a ação inibitória e as técnicas processuais aptas a propiciar tutela específica do direito material supriram lacuna muito maior.[255] Frise-se que a tutela inibitória e a tutela de remoção do ilícito foram claramente reguladas no CPC de 2015, nos termos do seu art. 497, parágrafo único,[256] que evidenciou a possibilidade de tutela jurisdicional contra o ilícito independentemente da demonstração de dano, culpa ou dolo.[257]

De outro vértice, o desenvolvimento dos temas dos direitos transindividuais e dos chamados "direitos de massa" igualmente propiciou a criação de técnicas processuais idôneas à tutela jurisdicional. A Lei da Ação Civil Pública (Lei 7.347/1985) e o Código de Defesa do Consumidor formaram sistema apto à tutela processual adequada dos direitos difusos, coletivos e individuais homogêneos. Isso para não falar no mandado de segurança coletivo, instituído pela Constituição Federal em seu art. 5.º, LXX, cuja redação outorga legitimidade a esta via processual a "partido político com representação no Congresso Nacional" e a "organização sindical, entidade de classe ou associação legalmente constituída e em funcionamento há pelo menos um ano, em defesa dos interesses de seus membros ou associados". Os

---

255. "É interessante notar, dando-se sequência ao discurso iniciado quando falávamos do uso do mandado de segurança no direito brasileiro, que essa modalidade de tutela jurisdicional sempre foi concebida como remédio destinado a combater atos de autoridade pública, como se apenas o Estado fosse capaz de praticar atos que pudessem exigir uma tutela jurisdicional desta espécie. A lógica subjacente à afirmação de que o mandado de segurança é a tutela do particular contra o Estado deita raízes em uma *visão superada das relações entre o Estado e o particular*. O mandado de segurança, visto como instrumento de tutela das liberdades públicas, tem íntima correlação com os valores liberais, que expressavam uma compreensível preocupação com a ingerência do poder político sobre a vida das pessoas. Atualmente, já operada a transformação que culminou na criação de um novo 'Estado de Direito', não há mais razão para contrapor o indivíduo ao Estado, mas sim para zelar por sua justa inserção na vida social e pelo exercício concreto dos novos direitos. Como o objetivo do Estado não é mais apenas proteger os 'direitos naturais e imprescritíveis do homem', ocorreu o abandono da política inicial de mera defesa das liberdades, tendo o Estado passado a interferir sempre de modo mais incisivo na esfera dos particulares para a satisfação das necessidades sociais. Essa mudança de escopos do Estado deveria estar refletida não só na predisposição das tutelas jurisdicionais, mas sobretudo na mentalidade dos processualistas, que necessariamente devem pensar o direito processual à luz dos valores do Estado em que vivem. Não é apenas o Estado que atenta contra os direitos dos particulares, como não são somente as 'liberdades públicas' que necessitam de tutela jurisdicional célere e efetiva. Basta lembrar os direitos difusos e coletivos, cuja efetiva e concreta realização é muito importante para o Estado contemporâneo alcançar seus fins. (...) Se a insensibilidade do legislador brasileiro ainda não permitiu o surgimento do mandado de segurança contra o particular, cabe à doutrina, através de uma interpretação das normas processuais em consonância com os valores da Constituição Federal, impedir que o sistema processual civil continue a espelhar injustiças. Os arts. 461 do CPC e 84 do CDC – que poderiam ser simplesmente vistos como a fonte da tutela das obrigações de fazer e de não fazer –, uma vez lidos à luz da teoria da tutela inibitória, abrem oportunidade para procedimentos capazes de tutelar de forma adequada e efetiva os direitos, notadamente os de conteúdo não patrimonial" (MARINONI, Luiz Guilherme. *Tutela inibitória*, p. 305 e 308).

256. "Art. 497. Na ação que tenha por objeto a prestação de fazer ou de não fazer, o juiz, se procedente o pedido, concederá a *tutela específica* ou determinará providências que assegurem a obtenção de tutela pelo resultado prático equivalente. Parágrafo único. Para a concessão da tutela específica destinada a *inibir a prática, a reiteração ou a continuação de um ilícito, ou a sua remoção, é irrelevante a demonstração da ocorrência de dano ou da existência de culpa ou dolo*."

257. MARINONI, Luiz Guilherme. *Tutela contra o ilícito*. São Paulo: Revista dos Tribunais, 2015.

instrumentos processuais de proteção dos direitos difusos, coletivos e individuais homogêneos abriram oportunidade ao alcance de tutela jurisdicional idônea e tornaram frequente a arguição de inconstitucionalidade de lei pelos legitimados à tutela desses direitos.

Neste contexto, é certo, teve decisiva importância a transformação do significado dos direitos fundamentais, que, de direitos de defesa,[258] assumiram a função de direitos à prestação. A possibilidade de se exigirem prestações sociais e de proteção incentivou o uso de ações individuais e de ações civis públicas em face do Poder Público. Exemplos disso são a ação individual em que se postula fornecimento de remédio e a ação civil pública em que se pede suprimento de falta de materiais ou de funcionários públicos para a devida proteção do direito fundamental ao meio ambiente, sob a alegação de que a lei está a violar direitos fundamentais.

Os novos modelos processuais – instituídos a partir das necessidades de tutela do direito material e do direito fundamental à tutela jurisdicional[259] – e a "descoberta" da possibilidade de se exigirem prestações estatais potencializaram a oportunidade de se arguir a inconstitucionalidade de lei, ou mesmo de falta de lei, como fundamento de ação proposta contra o Poder Público ou contra o privado.

8.13 O controle de constitucionalidade de ofício

O exercício do poder jurisdicional impõe a análise da lei aplicável ao caso concreto. Ora, se a tarefa do juiz consiste, precipuamente, na aplicação da lei diante dos fatos que lhe são expostos, tendo ele, por consequência, o poder e o dever de controlar a constitucionalidade da lei na forma incidental, não há racionalidade em limitar a sua atuação à arguição de inconstitucionalidade de parte, terceiro ou mesmo do Ministério Público. Seria certamente equivocado pensar que a inconstitucionalidade da lei, quando não invocada pelos litigantes, não mais importaria ao Judiciário. Raciocínio desse porte conduziria

---

258. "Para a teoria liberal (do Estado de direito burguês) dos direitos fundamentais, os direitos fundamentais são direitos de liberdade do indivíduo frente ao Estado. São estabelecidos para assegurar, frente à ameaça estatal, âmbitos importantes da liberdade individual e social que estão especialmente expostos, segundo a experiência história, à ameaça do poder do Estado" (BÖCKENFÖRDE, Ernst-Wolfgang. *Escritos sobre derechos fundamentales*, p. 48).

259. "(...) é fundamental conhecer as necessidades do direito material, que nada mais são do que os resultados jurídico-substanciais que o processo deve proporcionar para que os direitos sejam efetivamente protegidos. Tais resultados constituem as chamadas 'tutelas dos direitos', as quais, em razão disso, devem passar a priorizar o tempo da doutrina, merecendo uma classificação que se coloque ao lado da classificação das sentenças. No entanto, para a integração processo-direito material é imprescindível, além da classificação das tutelas, que o direito de ação seja pensado como direito fundamental, ou seja, como direito fundamental à efetividade da tutela jurisdicional. Como é óbvio, não se trata de dar apenas um novo nome ao direito de ação, mas sim de retirar todas as consequências do *status* de um direito alçado ao nível de fundamental. (...) A compreensão do direito de ação como direito fundamental confere ao intérprete luz suficiente para a complementação do direito material pelo processo e para a definição das linhas desse último na medida das necessidades do primeiro. Ou seja, a perspectiva do direito fundamental à efetividade da tutela jurisdicional permite que o campo da proteção processual seja alargado, de modo a atender a todas as situações carecedoras de tutela jurisdicional. Ao mesmo tempo, esse ângulo de análise é capaz de viabilizar uma adequada relação entre os vários aspectos do processo e as necessidades de tutela material" (MARINONI, Luiz Guilherme. *Técnica processual e tutela dos direitos*, p. 21 e ss.).

à absurda conclusão de que a constitucionalidade da lei é questão das partes e não do poder incumbido de aplicá-la.[260]

O juiz e os tribunais têm poder de declarar a inconstitucionalidade da lei ainda que as partes ou o Ministério Público calem sobre a questão. Basta que a constitucionalidade da lei constitua premissa a ser resolvida para a solução do litígio. O juiz de 1.º grau pode declarar a inconstitucionalidade da lei em qualquer fase do processo. Pela mesma razão, os Tribunais Estaduais e Regionais Federais, em relação à matéria que lhes é submetida mediante recurso, podem suscitar o incidente de inconstitucionalidade de ofício, ainda que nada tenha sido dito pelo recorrente.

Do mesmo modo, ainda que o juízo do STJ no recurso especial seja limitado e subordinado às hipóteses previstas no art. 105, III,[261] da CF, não há como proibir a sua atuação de ofício quanto à inconstitucionalidade da lei. Como declarou o STF no AgRg no AgIn 145.589, "não se contesta que, no sistema difuso de controle de constitucionalidade, o STJ, a exemplo de todos os demais órgãos jurisdicionais de qualquer instância, tenha o poder de declarar incidentemente a inconstitucionalidade da lei, mesmo de ofício; o que não é dado àquela Corte, em recurso especial, é rever a decisão da mesma questão constitucional do tribunal inferior; se o faz, de duas uma: ou usurpa a competência do STF, se interposto paralelamente o extraordinário, ou, caso contrário, ressuscita matéria preclusa".[262] O STJ não pode tratar da questão constitucional decidida pelo Tribunal Estadual ou Regional Federal. Porém, ao conhecer do recurso especial para tratar da lei federal, pode se deparar com questão de inconstitucionalidade ainda não ventilada pelas partes, mas de cuja solução dependa o julgamento do especial. Neste caso, o STJ não estará conhecendo questão que, tendo sido

---

260. "A necessidade, porém, de existência de um *caso* ou *controvérsia real* não importa dizer que o juiz seja forçado a aguardar a alegação das partes para se manifestar sobre a eficácia da lei em face da Carta Constitucional. A afirmação de Carlos Maximiliano de que o Judiciário não pode agir *sponte sua*, mas está obrigado a esperar que os interessados reclamem contra o ato, precisa ser entendida em termos. Efetivamente, só uma demanda real *dá ensejo* ao pronunciamento dos juízes, mas, instaurado o processo, não está a justiça subordinada à alegação da parte para julgar inaplicável à hipótese a lei inconstitucional" (BITTENCOURT, Carlos Alberto Lúcio. *O controle jurisdicional da constitucionalidade das leis*, p. 133).

261. "Art. 105. Compete ao Superior Tribunal de Justiça: (...); III – julgar, em recurso especial, as causas decididas, em única ou última instância, pelos Tribunais Regionais Federais ou pelos Tribunais dos Estados, do Distrito Federal e Territórios, quando a decisão recorrida: *a)* contrariar tratado ou lei federal, ou negar-lhes vigência; *b)* julgar válido ato de governo local contestado em face de lei federal; *c)* der a lei federal interpretação divergente da que lhe haja atribuído outro tribunal. (...)".

262. "Recurso extraordinário. Interposição de decisão do STJ em recurso especial. Inadmissibilidade, se a questão constitucional de que se ocupou o acórdão recorrido já fora suscitada e resolvida na decisão de segundo grau e, ademais, constitui fundamento suficiente da decisão da causa. 1. Do sistema constitucional vigente, que prevê o cabimento simultâneo de recurso extraordinário e de recurso especial contra o mesmo acórdão dos tribunais de segundo grau, decorre que da decisão do STJ, no recurso especial, só se admitirá recurso extraordinário se a questão constitucional objeto do último for diversa da que já tiver sido resolvida pela instância ordinária. 2. Não se contesta que, no sistema difuso de controle de constitucionalidade, o STJ, a exemplo de todos os demais órgãos jurisdicionais de qualquer instância, tenha o poder de declarar incidentemente a inconstitucionalidade da lei, mesmo de ofício; o que não é dado àquela Corte, em recurso especial, é rever a decisão da mesma questão constitucional do tribunal inferior; se o faz, de duas uma: ou usurpa a competência do STF, se interposto paralelamente o extraordinário, ou, caso contrário, ressuscita matéria preclusa. 3. Ademais, na hipótese, que é a do caso – em que a solução da questão constitucional, na instância ordinária, constitui fundamento bastante da decisão da causa e não foi impugnada mediante recurso extraordinário, antes que a preclusão da matéria, é a coisa julgada que inibe o conhecimento do recurso especial" (AgRg no AgIn 145.589, Pleno, rel. Min. Sepúlveda Pertence, *DJ* 24.06.1994).

discutida no Tribunal Estadual ou Regional Federal, ficou reservada ao STF. O exercício da competência reservada ao STJ obviamente não exclui a possibilidade de a Corte se ver diante de inconstitucionalidade, até então não arguida pelas partes, prejudicial à solução do recurso especial.

Situação análoga ocorre no STF, pois também se afirma que esta Suprema Corte não pode declarar a inconstitucionalidade de lei quando não previamente arguida e decidida. Raciocina-se, mais uma vez, a partir da necessidade do chamado prequestionamento para a admissibilidade do recurso. O STF já disse que, "na instância extraordinária, é de ser recebida com temperamentos a máxima de que, no sistema de controle incidente, o juiz de qualquer grau deve declarar de ofício a inconstitucionalidade de lei aplicável ao caso: assim, quando nem a decisão objeto do recurso extraordinário, nem o recorrente hajam questionado a validade, em face da Constituição, da lei aplicada, mas se hajam limitado a discutir a sua interpretação e consequente aplicabilidade ou não ao caso concreto, a limitação do juízo do recurso extraordinário, de um lado, ao âmbito das questões constitucionais enfrentadas pelo acórdão recorrido e, de outro, à fundamentação do recurso impede a declaração de ofício de inconstitucionalidade da lei aplicada, jamais arguida pelas partes nem cogitada pela decisão impugnada".[263]

Contudo, é necessário perceber que o tema da impossibilidade de o STF conhecer de recurso extraordinário na ausência de prequestionamento é autônomo em relação ao da possibilidade de a Corte declarar a inconstitucionalidade de ofício. Melhor explicando: o STF, ao conhecer o recurso extraordinário e apreciar a questão constitucional, pode eventualmente se deparar com norma inconstitucional prejudicial ao julgamento do recurso. De modo que o próprio prequestionamento, ao abrir oportunidade para o Supremo Tribunal tratar da questão constitucional, não exclui a possibilidade de a Corte reconhecer a inconstitucionalidade de lei ainda que esta jamais tenha sido arguida pelas partes ou discutida perante os tribunais que anteriormente trataram da causa. Não é correto estabelecer a

---

263. "I – Recurso extraordinário e controle incidente de constitucionalidade das leis. Na instância extraordinária, é de ser recebida com temperamentos a máxima de que, no sistema de controle incidente, o juiz de qualquer grau deve declarar de ofício a inconstitucionalidade de lei aplicável ao caso. Assim, quando nem a decisão objeto do recurso extraordinário, nem o recorrente hajam questionado a validade, em face da Constituição, da lei aplicada, mas se hajam limitado a discutir a sua interpretação e consequente aplicabilidade ou não ao caso concreto, a limitação do juízo do RE, de um lado, ao âmbito das questões constitucionais enfrentadas pelo acórdão recorrido e, de outro à fundamentação do recurso, impede a declaração de ofício de inconstitucionalidade da lei aplicada, jamais arguida pelas partes nem cogitada pela decisão impugnada. II – Aposentadoria. Proventos. Limitação (CF/1969, art. 102, § 2.º). Inteligência. A vedação de que os proventos do aposentado excedessem à remuneração percebida em atividade, segundo o art. 102, § 2.º, da Carta de 1969, jamais foi interpretada pelo STF no sentido de constituir obstáculo a que, por lei, se concedessem aumentos reais aos ganhos do pessoal inativo, nem, particularmente, que a eles a lei estendesse, caso a caso, aumentos ou vantagens novas concedidas ao funcionalismo ativo: precedentes. O que não se admitia, no regime decaído, por força do art. 98, parágrafo único, da Carta, era que a lei pudesse, em abstrato, equiparar proventos a vencimentos ou estender aos primeiros quaisquer melhorias futuras de remuneração da atividade: à falta de prequestionamento na instância ordinária e de arguição pelo recorrente de inconstitucionalidade do diploma local que assim dispunha, o tema não pode ser enfrentado neste recurso extraordinário. Igualmente não é o recurso extraordinário a via adequada para aferir da violação do mesmo art. 98, parágrafo único, sob o único prisma em que a suscitou o recorrente: saber se a legislação estadual estendera ou não a gratificação postulada a outras categorias policiais, que não as integrantes da carreira de delegado de polícia, é questão de direito local (Súmula 280)" (RE 117.805, 1.ª T., rel. Min. Sepúlveda Pertence, *DJ* 27.08.1993).

equação prequestionamento = desnecessidade de atuação de ofício nem a de falta de prequestionamento de específica inconstitucionalidade = impossibilidade de atuação de ofício. Correta é a equação prequestionamento da questão constitucional = possibilidade de declaração de ofício de específica inconstitucionalidade de lei prejudicial ao julgamento do recurso. Não teria sentido excluir da Corte incumbida de tutelar a Constituição o poder conferido a todo e qualquer juiz. Isso foi admitido pelo STF em recurso extraordinário que reconheceu ofensa, em tese, à garantia de paridade entre a remuneração dos aposentados e dos servidores em atividade, à época prevista no art. 40, § 4.º, da CF, quando se observou que o direito à revisão – afirmado pelos aposentados no caso concreto – pressupunha a constitucionalidade da norma que instituíra a vantagem cuja extensão se buscava, declarando-se a norma, de ofício, inconstitucional. Especificamente em relação ao tema da possibilidade de a Corte reconhecer, de ofício, inconstitucionalidade de norma antes não arguida e discutida, assim declarou o Supremo: "Controle de constitucionalidade. Possibilidade de declaração de ofício, no julgamento do mérito de recurso extraordinário, da inconstitucionalidade de ato normativo que o Tribunal teria de aplicar para decidir a causa, posto não prequestionada a sua invalidez. 1. A incidência do art. 40, § 4.º [redação original], da CF pressupõe a validade da lei instituidora da vantagem para os servidores em atividade, que, em razão da regra constitucional de paridade, se teria de aplicar por extensão aos inativos. 2. Em hipóteses que tais, até ao STJ, na instância do recurso especial, seria dado declarar incidentemente, e de ofício, a inconstitucionalidade da lei ordinária que, se válida, teria de aplicar: seria paradoxal que, em situação similar, não o pudesse fazer o Supremo Tribunal, 'guarda da Constituição', porque não prequestionada a sua invalidade".[264]

Lembre-se, contudo, que embora a inconstitucionalidade possa ser reconhecida de ofício, há de se dar oportunidade às partes para debater a questão de constitucionalidade, exercendo o direito de influir sobre o convencimento da Corte – corolário do direito fundamental ao contraditório. Embora o direito de influir seja extraível da Constituição Federal, está presente no Código de Processo Civil de 2015, em seu art. 10, que afirma que "o juiz não

---

264. "Proventos. Revisão para assegurar paridade com a remuneração dos servidores em atividade, aumentada por força de vantagem genericamente outorgada à categoria posteriormente à aposentada. Pressupostos do direito à revisão. 1. O tratamento menos favorável dado aos aposentados anteriormente à vigência do decreto que disciplinou o cálculo de gratificação discutida – concedida genericamente à categoria, tanto que não condicionada ao efetivo exercício da função – ofende em tese a garantia de paridade do primitivo art. 40, § 4.º, da CF [hoje reproduzido, no que interessa, no art. 40, § 8.º, cf. EC 19/1998]. 2. No entanto, o direito à revisão pressupõe a constitucionalidade da norma que haja instituído a vantagem cuja extensão aos proventos se reivindica, o que não ocorre no caso. II. Servidores públicos. Aumento de vencimentos. Reserva de lei e delegação ao Executivo. Submetida a concessão de aumento da remuneração dos servidores públicos à reserva de lei formal (CF, art. 61, § 1.º, II, a), a essa não é dado cingir-se à instituição e denominação de uma vantagem e delegar ao Poder Executivo – livre de quaisquer parâmetros legais – a definição de todos os demais aspectos de sua disciplina, incluídos aspectos essenciais à sua quantificação. III. Controle de constitucionalidade. Possibilidade de declaração de ofício, no julgamento do mérito de RE, da inconstitucionalidade de ato normativo que o Tribunal teria de aplicar para decidir a causa, posto não prequestionada a sua invalidez. 1. A incidência do art. 40, § 4.º [redação original] da Constituição pressupõe a validade da lei instituidora da vantagem para os servidores em atividade, que, em razão da regra constitucional de paridade, se teria de aplicar por extensão aos inativos. 2. Em hipóteses que tais, até ao STJ, na instância do recurso especial, seria dado declarar incidentemente, e de ofício, a inconstitucionalidade da lei ordinária que, se válida, teria de aplicar: seria paradoxal que, em situação similar, não o pudesse fazer o Supremo Tribunal, 'guarda da Constituição', porque não prequestionada a sua invalidade" (RE 264.289, Pleno, rel. Min. Sepúlveda Pertence, DJ 14.12.2001).

pode decidir, em grau algum de jurisdição, com base em fundamento a respeito do qual não se tenha dado às partes oportunidade de se manifestar, ainda que se trate de matéria sobre a qual deva decidir de ofício".

8.14 Da inexistência de preclusão

É evidente que, por tudo isso, não há como pensar em preclusão em relação à inconstitucionalidade da lei. A questão de inconstitucionalidade pode ser alegada pelas partes em qualquer momento do processo ou em qualquer tribunal, inclusive por ocasião do recurso especial e do recurso extraordinário: durante o processamento do especial, quando a norma alegada inconstitucional é prejudicial ao enfretamento da questão que envolve a lei federal; no extraordinário, também pelo recorrente ou recorrido, quando a norma, que se reputa inconstitucional, é prejudicial ao julgamento do recurso.

8.15 Declaração incidental de inconstitucionalidade nos Tribunais Estaduais e Regionais Federais e no STJ

8.15.1 A exigência de *quorum* qualificado nos Tribunais. Encaminhamento e decisão da questão constitucional

De acordo com o art. 97 da CF, "somente pelo voto da maioria absoluta de seus membros ou dos membros do respectivo órgão especial poderão os tribunais declarar a inconstitucionalidade de lei ou ato normativo do Poder Público". A norma consagra a cláusula da reserva do plenário, que, por sua vez, espelha o princípio da presunção de constitucionalidade das leis. Ou seja, a lei, para ser declarada inconstitucional no tribunal, exige um *quorum* qualificado.

Os órgãos fracionários dos Tribunais – como, por exemplo, Turmas – não podem reconhecer a inconstitucionalidade da lei antes de esta ser declarada inconstitucional pela maioria absoluta do Tribunal ou de seu Órgão Especial.[265] Porém, se a inconstitucionalidade da norma é arguida por uma das partes, sem que já tenha sido objeto de análise pelo Plenário ou pelo Órgão Especial, o órgão fracionário não é obrigado a submeter a arguição ao Órgão Especial ou ao Plenário, já que pode entendê-la constitucional.

O órgão fracionário realiza juízo acerca da questão constitucional, mas não tem poder para decidi-la, porém apenas para encaminhá-la ao órgão dotado de tal poder. O poder de encaminhar a questão requer juízo com ela compatível, que, assim, não se confunde com o juízo apto a permitir a decisão de inconstitucionalidade, de competência do Órgão Especial ou do Plenário. Em outras palavras, ao órgão fracionário é necessária percepção de "estado

---

265. De acordo com o art. 93, XI, da CF, "nos tribunais com número superior a vinte e cinco julgadores, poderá ser constituído órgão especial, com o mínimo de onze e o máximo de vinte e cinco membros, para o exercício das atribuições administrativas e jurisdicionais delegadas da competência do tribunal pleno, provendo-se metade das vagas por antiguidade e a outra metade por eleição pelo tribunal pleno" (redação dada pela EC 45/2004).

de dúvida constitucional" a legitimar a intervenção do órgão capaz de decidir a questão de constitucionalidade. Este estado de dúvida deve ser objetivo, fundado, devendo ser adequadamente explicitado pelo órgão fracionário.

8.15.2 A Súmula Vinculante 10

A Súmula Vinculante 10, aprovada na sessão plenária do STF de 18.06.2008, afirma que "viola a cláusula de reserva de plenário (CF, art. 97) a decisão de órgão fracionário de Tribunal que, embora não declare expressamente a inconstitucionalidade de lei ou ato normativo do poder público, afasta sua incidência, no todo ou em parte".

A Súmula Vinculante 10 poderia ser vista como mera sobreposição à norma do art. 97 da CF, que submete a declaração de inconstitucionalidade à reserva de plenário. Porém, na prática dos tribunais eram frequentes, antes da edição desta súmula, decisões que deixavam de aplicar ato normativo, reputando-o inconstitucional, sem afirmá-lo expressamente.

A Súmula Vinculante 10 evita o escamoteamento da declaração de inconstitucionalidade, ou melhor, o afastamento ou a mera não aplicação de lei sem que essa seja dita, expressamente, inconstitucional. Deseja-se inibir o órgão fracionário, ainda que consciente da sua falta de competência para decidir a questão constitucional, de imediatamente julgar o recurso, sem sobrestá-lo e enviar a questão constitucional à decisão do Plenário ou Órgão Especial. Assim, impede-se a violação da norma constitucional (art. 97 da CF), que exige, para a declaração de inconstitucionalidade, o voto da maioria absoluta dos membros do tribunal ou de seu Órgão Especial.[266]

No AgRg no AgIn 472.897, de relatoria do Min. Celso de Mello, a 2.ª Turma do STF declarou que "equivale à própria declaração de inconstitucionalidade a decisão de Tribunal que, sem proclamá-la, explícita e formalmente, deixa de aplicar, afastando-lhe a incidência, determinado ato estatal subjacente à controvérsia jurídica, para resolvê-la sob alegação de conflito com critérios resultantes do texto constitucional".[267]

---

266. Como já decidiu o STJ, se o tribunal não submete o tema ao plenário ou ao Órgão Especial, o acórdão que reconhece a inconstitucionalidade é nulo, por violação aos arts. 480-482 do CPC (STJ, REsp 619.860, 1.ª T., rel. Min. Teori Zavascki, *DJ* 17.05.2007).

267. "Agravo de instrumento. Sociedade civil de prestação de serviços profissionais relativos ao exercício de profissão legalmente regulamentada. Cofins. Modalidade de contribuição social. Discussão em torno da possibilidade constitucional de a isenção outorgada por lei complementar (LC 70/1991) ser revogada por mera lei ordinária (Lei 9.430/1996). Exame da questão concernente às relações entre a lei complementar e a lei ordinária. Existência de matéria constitucional. Questão prejudicial de constitucionalidade (CPC, arts. 480 a 482). Postulado da reserva de plenário (CF, art. 97). Inobservância, na espécie, da cláusula constitucional do *full bench*. Consequente nulidade do julgamento efetuado por órgão meramente fracionário. Recurso de agravo improvido. Declaração de inconstitucionalidade e postulado da reserva de plenário. A estrita observância, pelos Tribunais em geral, do postulado da reserva de plenário, inscrito no art. 97 da Constituição, atua como pressuposto de validade e de eficácia jurídicas da própria declaração jurisdicional de inconstitucionalidade dos atos do Poder Público. Doutrina. Jurisprudência. A inconstitucionalidade de leis ou de outros atos estatais somente pode ser declarada, quer em sede de fiscalização abstrata (método concentrado), quer em sede de controle incidental (método difuso), pelo voto da maioria absoluta dos membros integrantes do Tribunal, reunidos em sessão plenária ou, onde houver, no respectivo órgão especial. Precedentes. Nenhum órgão fracionário de qualquer Tribunal, em consequência, dispõe de competência, no sistema jurídico brasileiro, para declarar a inconstitucionalidade de leis ou atos emanados do Poder Público. Essa magna prerrogativa jurisdicional foi atribuída, em grau de absoluta exclusividade, ao Plenário dos Tribunais ou, onde houver, ao respec-

Portanto, a Súmula 10, antes de meramente reafirmar a reserva de plenário para a declaração de inconstitucionalidade, adverte para a necessidade de o órgão fracionário estar atento à sua falta de poder para tratar da inconstitucionalidade da lei.[268]

8.15.3 Interpretação conforme e declaração parcial de nulidade sem redução de texto. Exclusividade do Pleno ou Órgão Especial

De outro lado, nos casos de interpretação conforme à Constituição[269] e de declaração parcial de nulidade sem redução de texto,[270] a necessidade de observar a cláusula de reserva de plenário não é tão clara.

Existe semelhança entre as técnicas da interpretação conforme e da declaração parcial de nulidade sem redução de texto. O STF chegou a equipará-las.[271] De qualquer forma, a Lei 9.868/1999 (art. 28, parágrafo único) fez referência a ambas, sustentando a sua autonomia.

A interpretação conforme à Constituição não constitui método de interpretação, mas técnica de controle de constitucionalidade. Constitui técnica que impede a declaração de inconstitucionalidade da norma mediante a afirmação de que esta tem um sentido – ou uma interpretação – conforme à Constituição.

---

tivo Órgão Especial. Essa extraordinária competência dos Tribunais é regida pelo princípio da reserva de plenário inscrito no art. 97 da Constituição da República. Suscitada a questão prejudicial de constitucionalidade perante órgão meramente fracionário de Tribunal (Câmaras, Grupos, Turmas ou Seções), a este competirá, em acolhendo a alegação, submeter a controvérsia jurídica ao Tribunal Pleno. Equivalência, para os fins do art. 97 da Constituição, entre a declaração de inconstitucionalidade e o julgamento que, sem proclamá-la explicitamente, recusa aplicabilidade a ato do Poder Público sob alegação de conflito com critérios resultantes do texto constitucional. Equivale à própria declaração de inconstitucionalidade a decisão de Tribunal que, sem proclamá-la, explícita e formalmente, deixa de aplicar, afastando-lhe a incidência, determinado ato estatal subjacente à controvérsia jurídica, para resolvê-la sob alegação de conflito com critérios resultantes do texto constitucional. Precedentes do STF" (STF, AgRg no AgIn 472.897, 2.ª T., rel. Min. Celso de Mello, *DJe* 26.10.2007).

268. No RE 585.702, o STF, ao reconhecer a existência de repercussão geral da questão constitucional suscitada, declarou que "possui repercussão geral controvérsia sobre a necessidade de observância do art. 97 da CF ante a referência a decisão de órgão fracionário que, embora não declare expressamente a inconstitucionalidade de lei ou ato normativo, afasta a aplicação de dispositivo legal" (STF, RE 585.702, Pleno, rel. Min. Marco Aurélio, *DJe* 12.09.2008).

269. V. BARROSO, Luís Roberto. *Interpretação e aplicação da constituição*, p. 190; MENDES, Gilmar F.; COELHO, Inocêncio M.; BRANCO, Paulo G. G. *Curso de direito constitucional*, p. 1363-1372; BITTENCOURT, Carlos Alberto Lúcio. *O controle jurisdicional da constitucionalidade das leis*; SICCA, Gerson dos Santos. A interpretação conforme a constituição – *Verfassungskonforme Auslegung* – no direito brasileiro. *Revista de Informação Legislativa*, n. 143, p. 19-33. Para uma análise crítica da definição e uso deste princípio pela doutrina e jurisprudência contemporâneas no Brasil, cf. SILVA, Virgílio Afonso da. Interpretação conforme à constituição: entre a trivialidade e a centralização judicial. *Revista Direito GV*, vol. 2, n. 1, p. 191-210.

270. Como exemplo: STF, RE 183.119, rel. Min. Ilmar Galvão, j. 20.11.1996: "Tributário. Contribuição social sobre o lucro decorrente de exportações incentivadas. Expressão 'correspondente ao período-base de 1989', contida no *caput* do art. 1.º da Lei 7.988, de 28.12.1989, enquanto referida ao inciso II do mesmo dispositivo. Inconstitucionalidade que se declara, sem redução de texto, por manifesta incompatibilidade com o art. 195, § 6.º, da CF (princípio da anterioridade mitigada). Recurso não conhecido". Sobre a diferença entre "interpretação conforme" e "nulidade sem redução de texto", ver Capítulo 8, itens 8.52 e 8.53.

271. V. ADIn 319, Pleno, rel. Min. Moreira Alves, *DJ* 30.04.1993; ADIn-MC 491, rel. Min. Moreira Alves, *RTJ* 137/90.

Por outro lado, há casos em que uma norma pode ser utilizada em face de situações diversas: uma em que se apresenta inconstitucional e outra constitucional. Quando se impugna a aplicação da norma em determinada situação, o Tribunal, ainda que reconhecendo a inconstitucionalidade da aplicação nesta situação, pode admitir a sua aplicação em outras situações. Nestes casos há declaração parcial de nulidade sem redução de texto. A nulidade, bem vistas as coisas, é da aplicação da norma na situação proposta.

Em caso de interpretação conforme, reconhece-se a inconstitucionalidade da interpretação suscitada, mas se afirma que a norma pode ser interpretada de forma constitucional. Na declaração de nulidade parcial sem redução de texto não se cogita da interpretação da norma – reconhece-se a inconstitucionalidade da norma na situação alegada, admitindo-se a sua aplicabilidade em outras situações.

Assim, o que diferencia tais técnicas é a circunstância de que a interpretação conforme exclui a interpretação proposta e impõe outra, conforme à Constituição, enquanto a declaração parcial de nulidade revela a ilegitimidade da aplicação da norma na situação proposta, ressalvando a sua aplicabilidade em outras. Ou melhor: a distinção está em que em um caso discute-se o âmbito de *interpretação* e, no outro, o âmbito de *aplicação*. No primeiro exclui-se a possibilidade de interpretação, fixando-se a interpretação conforme com a Constituição. No segundo não se discute sequer acerca da interpretação da norma. A questão diz respeito ao âmbito de sua aplicação. Nega-se a aplicação da norma em determinado local, ressalvando-a para outros.

Ao assim proceder, o Tribunal atua de forma fundamentada e clara. Não se equipara ao órgão fracionário que reconhece implicitamente a inconstitucionalidade da lei, mas deixa de afirmá-la inconstitucional. Bem por isso, a competência para tanto é do Pleno ou do Órgão Especial.

8.15.4 Não cabimento do incidente de inconstitucionalidade

O órgão fracionário só deve remeter a questão ao Pleno ou Órgão Especial quando houver necessidade de controle de constitucionalidade. Assim, se, para a solução do recurso, não é necessária a declaração de inconstitucionalidade nem a interpretação conforme ou a declaração parcial de nulidade sem redução de texto, descabe o incidente de inconstitucionalidade.

Sublinhe-se que a interpretação conforme e a declaração parcial de nulidade sem redução de texto, embora não declarem a inconstitucionalidade da lei, constituem técnicas de controle de constitucionalidade.[272] Portanto, os mesmos motivos que excluem a possibilidade de o órgão fracionário declarar a inconstitucionalidade de lei o impedem de empregar

---

272. Frise-se que a expressão "interpretação conforme à Constituição" é utilizada pela literatura para descrever duas coisas: um princípio geral de interpretação e uma técnica específica de decisão judicial em sede de controle de constitucionalidade. No texto, utiliza-se a expressão no segundo sentido, não para expressar que a interpretação da lei deve ser feita de acordo com a Constituição. Veja-se, no entanto, como se expressa Canotilho: "O princípio da interpretação conforme à Constituição é um princípio geral de interpretação que, no domínio específico da jurisdição constitucional, remonta ao velho princípio da jurisprudência americana, segundo a qual os juízes devem interpretar as leis *in harmony with the constitution*. (...) o princípio da interpretação conforme à Constituição é um instrumento hermenêutico de conhecimento das normas constitucionais que impõe o recurso a estas para determinar e apreciar o conteúdo intrínseco da lei" (Canotilho, J. J. Gomes. *Direito constitucional e teoria da constituição*, p. 1225).

CONTROLE DE CONSTITUCIONALIDADE **1021**

tais técnicas de controle de constitucionalidade. A interpretação conforme e a declaração parcial de nulidade estão reservadas ao Plenário ou ao Órgão Especial.[273]

8.15.5 Questão constitucional já decidida pelo STF

Quando o STF já decidiu a questão constitucional, dispensa-se o seu envio ao Plenário ou Órgão Especial. Melhor dizendo, os órgãos fracionários e os Tribunais estão obrigados perante os precedentes constitucionais. Estão proibidos de apreciar a questão já definida pelo STF, não importando se este decidiu pela inconstitucionalidade ou pela constitucionalidade.[274]

A 2.ª Turma do STF proclamou, em junho de 1995, que, "versando a controvérsia sobre ato normativo já declarado inconstitucional pelo guardião maior da Carta Política da República – o STF –, descabe o deslocamento previsto no art. 97 do referido Diploma maior. O julgamento de plano pelo órgão fracionado homenageia não só a racionalidade, como também implica interpretação teleológica do art. 97 em comento, evitando a burocratização dos atos judiciais no que nefasta ao princípio da economia e da celeridade. A razão de ser do preceito está na necessidade de evitar-se que órgãos fracionados apreciem, pela vez primeira, a pecha de inconstitucionalidade arguida em relação a um certo ato normativo".[275]

De acordo com o parágrafo único do art. 949 do CPC de 2015, "os órgãos fracionários dos tribunais não submeterão ao plenário ou ao órgão especial a arguição de inconstitucionalidade quando já houver pronunciamento destes ou do plenário do Supremo Tribunal Federal sobre a questão". Essa regra, reafirmando o que já estava contido no art. 481 do CPC

---

273. A Min. Ellen Gracie, ao analisar pedido de medida cautelar em reclamação ajuizada pelo Município de Osório, Estado do Rio Grande do Sul, contra decisão do STJ, argumentou: "O acórdão impugnado na presente Reclamação, na dificuldade que teve de encontrar, na lei, definição categórica do que deva ser entendido como 'instalações terrestres de embarque e desembarque de óleo bruto ou de gás natural' ou como 'estações terrestres coletoras de campos produtores e de transferência de óleo bruto ou gás natural', parece, a princípio, ter lançado mão de critério inovador, *de matriz constitucional*, que importou, no mínimo, *na parcial declaração de inconstitucionalidade, sem redução de texto, de um sentido mais literal e extensivo da norma legal, adotado pela própria Administração Pública por pelo menos uma década*" (MC na Rcl 10.958, rel. Min. Ellen Gracie, j. 21.12.2010).

274. "A existência de pronunciamento anterior, emanado do Plenário do STF ou do órgão competente do tribunal de justiça local, sobre a inconstitucionalidade de determinado ato estatal, autoriza o julgamento imediato, monocrático ou colegiado, de causa que envolva essa mesma inconstitucionalidade, sem que isso implique violação à cláusula da reserva de plenário (CF, art. 97). Essa a conclusão da 2.ª Turma, que desproveu agravo regimental em reclamação na qual discutido eventual desrespeito ao Enunciado 10 da Súmula Vinculante do STF ['Viola a cláusula de reserva de plenário (CF, art. 97) a decisão de órgão fracionário de tribunal que, embora não declare expressamente a inconstitucionalidade de lei ou ato normativo do poder público, afasta sua incidência, no todo ou em parte']. No caso, a eficácia de norma estadual fora suspensa, em virtude de provimento cautelar em ação direta de inconstitucionalidade ajuizada perante a Corte local. Em seguida, a eficácia desse provimento cautelar fora mantida pelo STF. Os reclamantes ajuizaram ação perante o juízo de 1.º grau, que declarara, incidentalmente, a inconstitucionalidade da mesma lei estadual, decisão esta mantida, em apelação, por câmara do tribunal de justiça, com base na decisão do STF. Alegava-se que esse órgão não teria competência para proferir declaração de inconstitucionalidade. A Turma reputou que o citado órgão fracionário apenas teria cumprido a decisão do STF, sem infringir a cláusula da reserva de plenário. Além disso, não haveria motivo para se submeter a questão a julgamento do Plenário da Corte local, que já teria decidido a controvérsia" (*Informativo* 761, de 15.10.2014; STF, Rcl 17.185 AgR, 2.ª Turma, rel. Min. Celso de Mello, *DJe* 26.11.2014).

275. STF, AgRg no AgIn 168.149, 2.ª T., rel. Min. Marco Aurélio, *DJ* 04.08.1995.

de 1973 (nos moldes da Lei 9.756/1998), deixa clara a eficácia obrigatória dos precedentes firmados em Plenário pelo STF.

Como é óbvio, a regra não só dispensou o órgão fracionário de submeter a arguição de inconstitucionalidade ao Plenário ou ao Órgão Especial, mas obrigou-o a adotar o precedente constitucional. As Turmas e Câmaras restaram obrigadas a aplicar os precedentes fixados pelo Supremo Tribunal em controle difuso, tanto no sentido da inconstitucionalidade quanto no da constitucionalidade.

8.15.6 Questão constitucional já decidida pelo Plenário ou Órgão Especial

Uma vez decidida a questão constitucional pelo Plenário ou Órgão Especial, os órgãos fracionários ficam obrigados perante a decisão tomada pelo órgão qualificado. O parágrafo único do art. 949 do CPC de 2015 é expresso no sentido de que os órgãos fracionários não ficam obrigados apenas diante de precedente do STF, mas também de decisão do Plenário ou Órgão Especial do Tribunal.

Não é apenas o órgão fracionário que submeteu a questão de constitucionalidade ao *quorum* qualificado que fica vinculado à decisão. Todas as Câmaras ou Turmas ficam obrigadas perante a decisão tomada pelo Plenário ou pelo Órgão Especial.

Assim, uma vez decidida a questão constitucional no Tribunal, as Câmaras ou Turmas não mais podem submeter a arguição de inconstitucionalidade ao Plenário ou ao Órgão Especial. Até porque estes estão proibidos de voltar a tratar da questão constitucional sem que presentes os requisitos hábeis a justificar a revogação de precedentes, como a transformação dos valores sociais ou da concepção geral do direito ou, ainda, erro manifesto. Aliás, é improvável que a decisão do Tribunal, sem ter chegado à análise do STF, possa estar sujeita a tais condições.[276]

Advirta-se que a alteração da composição do órgão julgador não é suficiente para a revogação do precedente.[277] Da mesma forma, os fundamentos que foram levantados quando do julgamento não podem simplesmente voltar a ser discutidos. O rejulgamento é viável apenas quando se tem consciência de que a manutenção do precedente constitui a eternização de um erro ou de uma injustiça, seja porque há equívoco grosseiro na decisão, seja porque a evolução da sociedade e do direito está a mostrar que a decisão primitiva não mais pode prevalecer.[278]

Frise-se que todos os juízos – inclusive os de 1.º grau – subordinados ao Tribunal de Justiça ou Regional Federal ficam vinculados à decisão tomada pelo Plenário ou pelo Órgão Especial. Ademais, o julgamento monocrático pelo relator e o julgamento liminar de ação idêntica devem se pautar, obviamente que na ausência de precedente de tribunal superior,

---

276. MARINONI, Luiz Guilherme. *Precedentes obrigatórios*, p. 388 e ss., p. 504 e ss.

277. HETTINGER, Virginia A.; LINDQUIST, Stefanie A.; MARTINEK, Wendy L. *Judging on collegial court. Influences of federal appellate decision making.*

278. V. THURMON, Mark Alan. When the court divides: reconsidering the precedential value of Supreme Court plurality decisions. *Duke Law Journal*, Durham, vol. 42, nov. 1992; CAMINKER, Evan H. Sincere and strategic voting norms on multimember courts. *Michigan Law Review*, vol. 67, ago. 1999; DELANEY, Sarah K. Stare decisis v. the "new majority": the Michigan Supreme Court's practice of overruling precedent, 1998-2002, *Albany Law Review*, vol. 66, n. 871, 2003.

CONTROLE DE CONSTITUCIONALIDADE ○ **1023**

pelas decisões tomadas em incidente de inconstitucionalidade nos Tribunais de Justiça e Regionais Federais.

8.15.7 Declaração de inconstitucionalidade no STJ

Numa análise cegamente apegada à função do STJ, de tutelar a unidade do direito federal, uniformizando a sua interpretação, seria possível argumentar que este tribunal superior não pode controlar a constitucionalidade das leis. Ocorre que, se a razão de ser do STJ não é tutelar a força normativa da Constituição, mas guardar a coerência da interpretação da legislação infraconstitucional, isso não quer dizer, evidentemente, que o STJ não tenha poder para realizar o controle incidental de constitucionalidade, como todo e qualquer juiz e tribunal do País.

O fato de o recurso especial se fundar na necessidade de definição da interpretação da lei federal não quer dizer que o STJ não possa, como antecedente lógico à análise do direito federal, aferir a constitucionalidade da lei em discussão. O recurso especial, fundando-se no art. 105, III, da CF,[279] obviamente não elimina a possibilidade e a necessidade de o STJ controlar a constitucionalidade da norma federal questionada.

O que não é possível ao STJ é conhecer de questão constitucional decidida pelo Tribunal de Justiça ou pelo Tribunal Regional Federal. Quando o Tribunal de Justiça ou o Tribunal Regional Federal decide com base em fundamento constitucional e, ao mesmo tempo, com lastro em fundamento infraconstitucional que abre ensejo a recurso especial, a admissibilidade do último não dá ao STJ poder para analisar a questão constitucional. Num caso como este, o acórdão do tribunal de origem desafia recurso especial e recurso extraordinário, de modo que o interessado em discutir a questão constitucional deve, desde logo, interpor recurso extraordinário ao STF. Ou melhor, por estarem presentes dois fundamentos, um de ordem infraconstitucional e outro de natureza constitucional, a parte vencida deve interpor, simultaneamente, recurso especial e recurso extraordinário. Se assim não fizer, interpondo apenas recurso especial, a discussão da questão constitucional restará preclusa e o recurso especial não poderá ser admitido pela circunstância de o acórdão recorrido se apoiar em fundamento bastante para sustentá-lo. É que, diante do fundamento constitucional não impugnado, de nada adiantaria ter razão no recurso especial. Aplica-se a Súmula 126 do STJ, *verbis*: "É inadmissível recurso especial, quando o acórdão recorrido assenta em fundamentos constitucional e infraconstitucional, qualquer deles suficiente, por si só, para mantê-lo, e a parte vencida não manifesta recurso extraordinário".[280] Segundo o art. 1.031 do CPC de

---

279. "Art. 105. Compete ao Superior Tribunal de Justiça: (...) III – julgar, em recurso especial, as causas decididas, em única ou última instância, pelos Tribunais Regionais Federais ou pelos Tribunais dos Estados, do Distrito Federal e Territórios, quando a decisão recorrida: *a)* contrariar tratado ou lei federal, ou negar-lhes vigência; *b)* julgar válido ato de governo local contestado em face de lei federal; *c)* der a lei federal interpretação divergente da que lhe haja atribuído outro tribunal. (...)".

280. "Agravo regimental no recurso extraordinário. Acórdão do Tribunal de segundo grau. Não interposição do recurso extraordinário no momento próprio. Acórdão do STJ. Preclusão da questão constitucional. 2. O STF fixou jurisprudência no sentido de que, no atual sistema constitucional, que prevê o cabimento simultâneo de recurso extraordinário e recurso especial contra o mesmo acórdão dos tribunais de segundo grau, decorre que, da decisão do STJ no recurso especial, só se admitirá recurso extraordinário se a questão constitucional objeto do último for diversa da que já tiver sido resolvida pela instância ordinária. Precedentes. 3. A questão constitucional que serviu de fundamento ao acórdão do Tribunal de segundo grau

2015, na hipótese de interposição conjunta de recurso extraordinário e recurso especial, os autos serão remetidos ao STJ. Porém, de acordo com o § 2.º do art. 1.031, caso o relator do recurso especial considere o recurso extraordinário prejudicial, deverá remeter, mediante decisão irrecorrível, os autos ao STF.

O STJ não pode tratar de questão constitucional decidida por Tribunal de Justiça ou por Tribunal Regional Federal, já que isto é da incumbência do STF. Porém, ao deparar-se com questão constitucional até então não tratada, mas prejudicial à solução do recurso especial, deve analisá-la, cabendo à Turma, preliminarmente, após acolher arguição de inconstitucionalidade, remeter os autos à definição da Corte Especial – já que igualmente no STJ, como acontece em outros tribunais, a decisão de inconstitucionalidade depende da maioria absoluta dos membros do Órgão Especial.[281]

Há interessante situação quando a parte alega, no tribunal de origem, fundamentos infraconstitucional e constitucional e o Tribunal de Justiça ou o Tribunal Regional Federal rejeita o fundamento constitucional e acata o fundamento infraconstitucional. Nesta hipótese, vencedora a parte, resta-lhe inviável interpor recurso extraordinário. Contudo, o recurso especial, interposto pela parte adversa, pode ser provido, entendendo-se, por exemplo, que a norma federal fora violada. A perplexidade surge não apenas quando se percebe que a questão constitucional, apesar de decidida pelo tribunal de origem, não pôde ser impugnada mediante recurso, mas especialmente quando se constata que a questão constitucional, independentemente da vontade da parte, pode ter a sua discussão obstaculizada perante o STF.

Seria possível argumentar que o vencedor na origem deveria, na resposta ao recurso especial, não apenas evidenciar que a norma federal não foi violada, mas também deduzir a sua inconstitucionalidade, e que o STJ seria obrigado, ao julgar o recurso especial reconhecendo a violação da norma federal, a apreciar a sua constitucionalidade, ou, ainda, que a Turma, ao reconhecer razão para a discussão da alegada questão constitucional, preliminarmente deveria enviar o incidente de inconstitucionalidade para a Corte Especial defini-la.

---

deve ser atacada no momento próprio, sob pena de preclusão. Agravo regimental a que se nega provimento" (STF, RE 518.257, 2.ª T., rel. Min. Eros Grau, *DJe* 30.04.2008).

281. RISTJ: "Título VI – Da declaração de inconstitucionalidade de lei ou de ato normativo do Poder Público. Art. 199. Se, por ocasião do julgamento perante a Corte Especial, for arguida a inconstitucionalidade de lei ou ato normativo do poder público, suspender-se-á o julgamento, a fim de ser tomado o parecer do Ministério Público, no prazo de quinze dias. § 1.º Devolvidos os autos e lançado o relatório, serão eles encaminhados ao Presidente da Corte Especial para designar a sessão de julgamento. A Secretaria distribuirá cópias autenticadas do relatório aos Ministros. § 2.º Proclamar-se-á a inconstitucionalidade ou a constitucionalidade do preceito ou ato impugnado, se num ou noutro sentido se tiver manifestado a maioria absoluta dos membros da Corte Especial. § 3.º Se não for alcançada a maioria absoluta necessária à declaração de inconstitucionalidade, estando ausentes Ministros em número que possa influir no julgamento, este será suspenso, a fim de aguardar-se o comparecimento dos Ministros ausentes, até que se atinja o *quorum;* não atingido, desta forma, o *quorum*, será convocado Ministro não integrante da Corte, observada a ordem de antiguidade (art. 162, § 3.º). § 4.º Cópia do acórdão será, no prazo para sua publicação, remetida à Comissão de Jurisprudência que, após registrá-lo, ordenará a sua publicação na Revista do Tribunal. Art. 200. A Seção ou a Turma remeterá o feito ao julgamento da Corte Especial quando a maioria acolher arguição de inconstitucionalidade por ela ainda não decidida. § 1.º Acolhida a arguição, será publicado o acórdão, ouvido, em seguida, o representante do Ministério Público, em quinze dias. § 2.º Devolvidos os autos, observar-se-á o disposto nos §§ 1.º e 3.º do artigo anterior. § 3.º O relator, ainda que não integre a Corte Especial, dela participará no julgamento do incidente, excluindo-se o Ministro mais moderno."

Diante da outra solução, de admitir recurso extraordinário em face do acórdão do STJ que reconheceu a violação da norma, alguém poderia dizer que se estaria admitindo recurso extraordinário em face de acórdão que não decidiu a questão constitucional e que, além disso, seria usurpado o poder de o STJ realizar o controle incidental de constitucionalidade.

Bem vistas as coisas, o ponto reside na circunstância de que a parte que não interpôs recurso extraordinário, quando não tinha interesse de agir para tanto, não pode ser impedida de discutir a questão de constitucionalidade quando isso se tornar necessário para obter resultado favorável diante do caso concreto. Porém, há de se ter em conta que, uma vez decidida a questão constitucional na origem, não cabe ao STJ julgá-la, mas, sim, ao STF. Bem por isso, a ideia de que o vencedor na origem deve, na resposta ao recurso especial, deduzir a inconstitucionalidade da norma que o recorrente pretende ver aplicada não tem procedência.

Traz alguma dificuldade admitir recurso extraordinário diante de decisão – do STJ – que reconheceu a violação de norma federal mas nada disse sobre a sua constitucionalidade. Porém, se a parte não tem interesse de agir diante da decisão proferida na origem, este resta suspenso, mas obviamente não desaparece. É necessário perceber que, nestes casos, o interesse de agir no recurso extraordinário fica em estado de paralisia durante o julgamento do recurso especial, podendo aparecer com toda intensidade com a decisão do STJ. O que realmente importa é que o prequestionamento da questão constitucional, capaz de abrir oportunidade ao conhecimento do recurso extraordinário, foi realizado no momento oportuno, perante o tribunal de origem.

8.15.8 Procedimento do incidente de inconstitucionalidade nos Tribunais

8.15.8.1 Procedimento prévio perante o órgão fracionário

Se o recorrente ou o recorrido argumenta com a inconstitucionalidade da lei ou ato normativo – de cuja legitimidade depende a solução a ser dada ao recurso –, cabe ao relator, depois de ouvir o Ministério Público, submeter a questão à turma ou à câmara de que faz parte e que é competente para julgar o recurso (art. 948 do CPC/2015).

Para o relator proceder dessa forma, não é preciso que um dos recorrentes peça, expressamente, a instauração do incidente de inconstitucionalidade, com a remessa ao Pleno ou Órgão Especial. Se um dos recorrentes, em sua argumentação, sustenta uma conclusão que, para ser atingida, necessariamente depende de se ter a norma como inconstitucional, o relator não apenas pode, porém deve atuar de ofício, dispensando requerimento no sentido de que a lei seja reconhecida inconstitucional pela maioria qualificada do órgão competente do tribunal. Assim, o relator, de ofício, convoca o Ministério Público para se manifestar, submetendo a questão, logo depois, ao órgão fracionário de que participa.

Quando uma das partes pede, expressamente, a remessa da questão ao Pleno ou Órgão Especial, o relator deve, necessariamente, considerar o tema em seu relatório, submetendo-o à análise dos seus pares. Não pode deixar de propor a discussão da questão por ocasião do julgamento do recurso, ainda que entenda não existir questão constitucional da qual depende a definição do recurso.

Quando os membros do órgão fracionário se reúnem para apreciar a questão, o recurso já deve ter sido analisado pelo relator, que, em verdade, apresentará a questão como preliminar ao eventual julgamento imediato do recurso. Melhor explicando: quando o relator identifica a questão constitucional, tenha ou não uma das partes requerido o seu envio ao Pleno ou Órgão Especial, ou mesmo na hipótese em que o relator não a identifica, mas um dos litigantes expressamente requer a apreciação da questão pelo órgão competente do Tribunal, o relator deve expor a questão e suscitar a sua discussão entre os membros do órgão fracionário como preliminar.

Os membros do órgão fracionário devem decidir se a norma é prejudicial à solução do recurso, se é necessário o controle de constitucionalidade e se a norma em questão é inconstitucional. Embora o órgão fracionário analise a questão de constitucionalidade, ele assim o faz num juízo prévio, necessário apenas para o encaminhamento da questão ao Plenário ou ao Órgão Especial.

Vencida a preliminar, entendendo-se que não existe questão constitucional da qual depende o julgamento, que a questão constitucional já foi resolvida pelo próprio Pleno ou pelo Órgão Especial ou, ainda, pelo STF, ou simplesmente que a norma é constitucional, a discussão deve avançar rumo à análise do recurso.

Em outro caso, concluindo o órgão fracionário, por unanimidade ou por maioria, que existe questão constitucional a ser apreciada pelo Pleno ou Órgão Especial, deverá ser lavrado acórdão relativo a esta decisão, submetendo-se, então, a questão ao Plenário do Tribunal ou ao seu órgão Especial.

Com a decisão de envio da questão ao Pleno ou Órgão Especial, suspende-se o julgamento do recurso perante o órgão fracionário. A decisão que admite o incidente de inconstitucionalidade é irrecorrível. Por sua vez, a decisão que não admite o incidente será recorrível se o recurso for julgado de forma desfavorável à parte que requereu a instauração do incidente. A parte terá oportunidade de recorrer contra o acórdão, único, que contemplará conjuntamente a não admissibilidade da remessa da questão de constitucionalidade e o julgamento do recurso.

8.15.8.2 Procedimento perante o Pleno ou o Órgão Especial

Remetida cópia do acórdão da câmara ou turma a todos os membros do Pleno ou do Órgão Especial, o presidente do tribunal designará a sessão de julgamento (art. 950 do CPC/2015).

As partes litigantes no órgão fracionário têm direito de manifestação perante o Pleno ou o Órgão Especial, inclusive de sustentação oral na sessão de julgamento. A pluralidade da sociedade e a otimização da democracia mediante o incentivo à participação redundam na ampla possibilidade de manifestação no incidente de constitucionalidade. São admitidos ao debate a pessoa jurídica de direito público responsável pela edição do ato questionado, o Ministério Público, os legitimados à propositura de ação direta de inconstitucionalidade e de ação declaratória de constitucionalidade perante o STF, referidos no art. 103 da CF,[282] e, considerada a relevância da matéria, todos aqueles órgãos ou entidades representativos de

---

282. "Art. 103. Podem propor a ação direta de inconstitucionalidade e a ação declaratória de constitucionalidade: I – o Presidente da República; II – a Mesa do Senado Federal; III – a Mesa da Câmara dos Deputados; IV – a Mesa de Assembleia Legislativa ou da Câmara Legislativa do Distrito Federal; V – o Governador de Estado ou do Distrito Federal; VI – o Procurador-Geral da República; VII – o Conselho Federal da Ordem dos Advogados do Brasil; VIII – partido político com representação no Congresso Nacional; IX – confederação sindical ou entidade de classe de âmbito nacional. (...)."

setores sociais potencialmente atingidos pela decisão a ser tomada (*amicus curiae*) (art. 950 do CPC/2015). Esta ampla margem deferida à participação constitui eco da ideia de construção de uma sociedade aberta dos intérpretes da Constituição.

O Pleno ou o Órgão Especial apenas podem tratar da questão de constitucionalidade, estando proibidos de decidir sobre questões a ela paralelas, postas no recurso a ser julgado pelo órgão fracionário. Isso não quer dizer, é claro, que o julgamento da questão de constitucionalidade não constitua controle concreto de constitucionalidade, ou seja, controle de constitucionalidade influenciado pelas particularidades do caso concreto a ser decidido. Ocorre o mesmo que sucede no sistema italiano, em que a Corte Constitucional aprecia a questão de constitucionalidade a partir de arguição feita pelo juiz ordinário, em cujas mãos está o caso concreto debatido pelas partes. Em sistemas como este, embora existam dois juízos autônomos, um que suscita a questão de constitucionalidade que é prejudicial ao julgamento que está encarregado de fazer e outro que analisa somente a questão constitucional, o caso concreto, que dá origem à arguição da questão, certamente exerce influência sobre o julgamento da questão constitucional.

A decisão de inconstitucionalidade somente pode ser tomada pela maioria absoluta do Plenário ou do Órgão Especial, conforme exige o art. 97 da CF. Não basta, assim, o voto da maioria dos magistrados presentes na sessão de julgamento. Como a questão de constitucionalidade não pode ser entregue às composições eventuais do Plenário ou do Órgão Especial, exige-se maioria absoluta, ou seja, a maioria dos votos dos membros do Plenário ou do Órgão Especial. De modo que o julgamento não termina enquanto houver a possibilidade de ser alcançada a maioria absoluta mediante os votos dos membros ausentes. Explique-se melhor: se, por exemplo, existem onze votos pela inconstitucionalidade e nove contrários ao final da sessão em que estão presentes vinte dos vinte e cinco desembargadores que dão composição ao Órgão Especial, o julgamento ainda não está finalizado e a decisão ainda não foi tomada. É necessário suspender o julgamento à espera dos votos dos faltantes. Assim, se, na próxima sessão, comparecerem os desembargadores que não votaram, bastarão apenas mais dois votos para se chegar a treze votos – maioria absoluta – e, dessa forma, a uma decisão de inconstitucionalidade. É claro que, se ao final da sessão treze desembargadores tivessem votado pela inconstitucionalidade ou pela constitucionalidade, a decisão teria de ter sido proclamada. Nessa linha, o art. 199, § 3.º, do RISTJ preceitua que, "se não for alcançada a maioria absoluta necessária à declaração de inconstitucionalidade, estando ausentes Ministros em número que possa influir no julgamento, este será suspenso, a fim de aguardar-se o comparecimento dos Ministros ausentes, até que se atinja o *quorum*; não atingido, desta forma, o *quorum*, será convocado Ministro não integrante da Corte, observada a ordem de antiguidade (art. 162, § 3.º)".

A decisão a respeito da constitucionalidade ou da inconstitucionalidade é irrecorrível, salvo por embargos de declaração. Diz expressamente a Súmula 513 do STF que "a decisão que enseja a interposição de recurso ordinário ou extraordinário não é a do plenário, que resolve o incidente de inconstitucionalidade, mas a do órgão (Câmaras, Grupos ou Turmas) que completa o julgamento do feito".

Uma vez decidida a questão constitucional, o julgamento do recurso deve ser retomado no órgão fracionário. Este, obviamente, deve julgar a partir da decisão fixada pelo Órgão Especial ou Plenário, pois é obrigado a observá-la.

8.16 Recurso extraordinário

8.16.1 Recurso extraordinário

De acordo com o art. 102, III, da CF, compete ao STF "julgar, mediante recurso extraordinário, as causas decididas em única ou última instância, quando a decisão recorrida: *a)* contrariar dispositivo desta Constituição; *b)* declarar a inconstitucionalidade de tratado ou lei federal; *c)* julgar válida lei ou ato de governo local contestado em face desta Constituição; *d)* julgar válida lei local contestada em face de lei federal".

Esta norma deixa bem claro que a decisão acerca de questão constitucional, proferida na forma incidental em processo destinado ao exame de caso conflitivo concreto, assim como a decisão proferida em ação direta de inconstitucionalidade de competência de Tribunal de Justiça, podem chegar ao STF mediante o sistema recursal, ou melhor, mediante o recurso extraordinário.

No recurso extraordinário, não é possível discutir matéria de fato ou pretender nova valoração da prova. Diz a Súmula 279 do STF: "Para simples reexame de prova não cabe recurso extraordinário". Portanto, vale discutir, em sede de recurso extraordinário, apenas a conformidade da aplicação do direito aos fatos e não se os fatos foram ou não evidenciados.

Por outro lado, ao contrário do recurso especial (art. 105, III, da CF), que, para a sua admissibilidade, requer que a decisão recorrida seja de tribunal, o recurso extraordinário é cabível de decisão proferida "em única ou última instância" (art. 102, III, da CF). Isso quer dizer que determinadas situações, cuja análise jamais poderá ser feita por segunda instância recursal caracterizada como tribunal, embora não abram ensejo a recurso especial, podem chegar ao STF mediante recurso extraordinário. É o que se dá, por exemplo, no procedimento dos Juizados Especiais, que, embora aceite recurso (inominado) a um colegiado de juízes de primeiro grau, não admite que a decisão do juiz singular seja questionada perante tribunal. Diante da decisão proferida pelo colegiado recursal dos Juizados Especiais não cabe recurso especial, mas se admite recurso extraordinário. Trata-se de algo que, em vista de sua importância prática, foi sumulado tanto pelo STF, quanto pelo STJ. Diz a Súmula 640 do STF: "É cabível recurso extraordinário contra decisão proferida por juiz de primeiro grau nas causas de alçada, ou por turma recursal de juizado especial cível e criminal". Por outro lado, afirma a Súmula 203 do STJ: "Não cabe recurso especial contra decisão proferida por órgão de segundo grau dos Juizados Especiais".

A admissibilidade do recurso extraordinário é subordinada ao chamado "esgotamento de instância". Ou seja, o recurso extraordinário apenas é cabível quando não existe outro recurso para impugnar a decisão perante o tribunal.[283] Exige-se, ainda, para o conhecimento do recurso extraordinário, o chamado prequestionamento. Ou seja, a questão constitucional, objeto do extraordinário, já deve ter sido decidida. De acordo com a Súmula 282 do STF, "é inadmissível o recurso extraordinário, quando não ventilada, na decisão recorrida, a questão federal suscitada". Este requisito tem base no art. 102, III, da CF, que exige que a

---

283. Súmula 281 do STF: "É inadmissível o recurso extraordinário, quando couber, na Justiça de origem, recurso ordinário da decisão impugnada"; Súmula 207 do STJ: "É inadmissível recurso especial quando cabíveis embargos infringentes contra o acórdão proferido no tribunal de origem".

causa, para ensejar recurso extraordinário, tenha sido "decidida" em grau inferior. O STF exige que a questão, para ser considerada prequestionada, tenha sido expressamente abordada pela decisão recorrida, embora dispense que a norma afirmada violada tenha sido citada.[284] Admite-se a utilização dos embargos de declaração para o fim de provocar a manifestação do órgão jurisdicional a respeito da questão constitucional controvertida. Assim, se o tribunal (ou juízo) não se manifesta expressamente sobre a questão constitucional, incumbe ao interessado na interposição do recurso extraordinário valer-se dos embargos de declaração para provocá-lo a decidir o tema. Segundo a Súmula 356 do STF, "o ponto omisso da decisão, sobre o qual não foram opostos embargos declaratórios, não pode ser objeto de recurso extraordinário, por faltar o requisito do prequestionamento".

É importante voltar a ressaltar, neste momento, a lógica da impugnação das decisões "finais" dos Tribunais de Justiça e Regionais Federais. Essas decisões podem ser questionadas mediante recurso especial (art. 105, III, da CF) e recurso extraordinário (art. 102, III, da CF), conforme se pretenda discutir interpretação de lei federal e questão constitucional. Para que isso seja possível, o tribunal ordinário deve ter apreciado a questão federal e a questão constitucional, o que revela a necessidade de "prequestionamento". Assim, quando o tribunal rejeita o pedido com base em fundamento de direito federal infraconstitucional e, ainda, com base em fundamento constitucional, o vencido deve necessariamente interpor, desde logo, recurso especial e recurso extraordinário, não podendo interpor apenas recurso especial para, apenas depois do julgamento do STJ, interpor o recurso extraordinário. A necessária simultaneidade dos recursos especial e extraordinário é corolário de a decisão estar apoiada em dois fundamentos, de ordem infraconstitucional e de natureza constitucional. De modo que, se for interposto apenas recurso especial, a questão constitucional não mais poderá ser discutida e o recurso especial não será conhecido, pela simples razão de que, independentemente da sorte do especial, o fundamento constitucional, inatacado, estará dando sustentação à decisão. Daí a Súmula 126 do STJ, com a seguinte dicção: "É inadmissível recurso especial, quando o acórdão recorrido assenta em fundamentos constitucional e infraconstitucional, qualquer deles suficiente, por si só, para mantê-lo, e a parte vencida não manifesta recurso extraordinário".

Isso não quer dizer que não caiba recurso extraordinário em face de decisão proferida pelo STJ. Se a questão constitucional foi decidida, pela primeira vez, nesta Corte Suprema, não tendo sido decidida por Tribunal de Justiça ou por Tribunal Regional Federal, é certo o cabimento do recurso extraordinário. Basta pensar em caso em que se alega, no recurso especial, violação de lei federal até então não arguida como inconstitucional no processo. Arguindo-se a inconstitucionalidade diante do STJ, caberá à Turma, uma vez aprovada a arguição, encaminhar os autos para decisão da Corte Especial. O mesmo ocorre no caso em que o tribunal de origem entende não caber cogitar sobre a aplicação da lei arguida como inconstitucional, deixando, assim, de se pronunciar sobre a sua constitucionalidade. Se o STJ

---

284. "I. Recurso extraordinário. Prequestionamento: irrelevância da ausência de menção dos dispositivos constitucionais atinentes aos temas versados. 1. O prequestionamento para o recurso extraordinário não reclama que o preceito constitucional invocado pelo recorrente tenha sido explicitamente referido pelo acórdão, mas, sim, que este tenha versado inequivocamente a matéria objeto da norma que nele se contenha" (STF, Pleno, RE 141.788/CE, rel. Min. Sepúlveda Pertence, *DJU* 18.06.1993). No mesmo sentido: STF, Pleno, RE 128.519/DF, rel. Min. Marco Aurélio, *DJU* 08.03.1991; STF, 2.ª T., AgIn-AgRg 254.903/MG, rel. Min. Celso de Mello, *DJU* 09.03.2001.

conhece do recurso especial, entendendo ser a lei aplicável ao caso, poderá decidir, por intermédio de sua Corte Especial, sobre a sua constitucionalidade. O STJ deverá decidir questão constitucional toda vez que a constitucionalidade da norma logicamente subordinar o julgamento do especial. Nestes casos caberá a interposição de recurso extraordinário contra a decisão do STJ.

Note-se que o STJ, nos exemplos lembrados acima, julga questão constitucional não decidida pelo tribunal de origem. Porém, há situação em que, invocada a questão constitucional perante Tribunal de Justiça ou Tribunal Regional Federal, não terá a parte interesse de agir em interpor recurso extraordinário por ter alcançado êxito em virtude de questão infraconstitucional. O que acontecerá, contudo, em caso de provimento do recurso especial? Sobreleva o interesse de agir, antes escondido, em levar ao STF a questão constitucional levantada perante o tribunal de origem. Surge, assim, oportunidade para a interposição do extraordinário em face da decisão do STJ.

8.16.2 Repercussão geral

A EC 45/2004 acrescentou parágrafo (3.º) ao art. 102 da CF, nestes termos: "No recurso extraordinário o recorrente deverá demonstrar a repercussão geral das questões constitucionais discutidas no caso, nos termos da lei, a fim de que o Tribunal examine a admissão do recurso, somente podendo recusá-lo pela manifestação de dois terços de seus membros". A norma instituiu a "repercussão geral" da questão constitucional discutida no caso como requisito de admissibilidade do recurso extraordinário, outorgando, ao mesmo tempo, poder para o STF recusá-la por dois terços dos seus membros. Em poucas palavras, atribuiu-se ao STF o poder de selecionar os casos que deve julgar.

A outorga de poder de seleção dos casos a examinar, assim como a definição dos requisitos e condições em que se deve reconhecer este poder às Cortes Supremas, aparece, aqui e ali, como assunto de permanente preocupação política, revelando-se, atualmente, como *point fondamental* para a organização do perfil das Cortes Supremas.[285] Os países inseridos na tradição romano-canônica, embora tradicionalmente hostis à ideia,[286] não escaparam, e não escapam, a esse relevante debate.

No Brasil, antes da instituição da "repercussão geral" como requisito de admissibilidade do recurso extraordinário (EC 45/2004; art. 102, § 3.º, da CF), experimentou-se o requisito da arguição de relevância da questão afirmada para o seu conhecimento em sede extraordinária (art. 119, III, *a* e *d* c/c parágrafo único, da CF/1967, alterada pela EC 1/1969, c/c arts. 325, I a XI, e 327, § 1.º, do RISTF, com a redação dada pela Emenda Regimental 2/1985).

Não obstante tenham a função de "filtragem recursal",[287] a "arguição de relevância" e a "repercussão geral" não se confundem. Enquanto a arguição de relevância funcionava como um instituto que visava a possibilitar o conhecimento deste ou daquele recurso extraordinário *a priori* incabível, funcionando como um instituto com característica central *inclusiva*,[288] a repercussão geral visa a *excluir* do conhecimento do STF controvérsias que assim não se

---

285. TUNC, André. *La cour suprême idéale*. *Revue Internationale de Droit Comparé*, 1978, p. 440.

286. HERZOG, Peter; KARLEN, Delmar. Attacks on judicial decisions, *International Encyclopedia of Comparative Law* 16/56, cap. 8, 1982.

287. MACEDO, Elaine Harzheim. Repercussão geral das questões constitucionais: nova técnica de filtragem do recurso extraordinário. *Revista Direito e Democracia*, vol. 6, n. 1, p. 88.

288. ARRUDA ALVIM. *A arguição de relevância no recurso extraordinário*, p. 26-32.

caracterizem.[289] Os próprios conceitos de repercussão geral e arguição de relevância não se confundem. Enquanto este está focado fundamentalmente no conceito de "relevância",[290] aquele exige, para além da relevância da controvérsia constitucional, a transcendência da questão debatida. Quanto ao formalismo processual, os institutos também não guardam maiores semelhanças: a arguição de relevância era apreciada em sessão secreta, dispensando fundamentação; a análise da repercussão geral, ao contrário, tem de ser examinada em sessão pública, com julgamento motivado (art. 93, IX, da CF).

Embora possa soar evidente, é importante destacar que o juízo de admissibilidade dos recursos não se confunde com o seu juízo de mérito:[291] neste, examina-se o motivo da irresignação da parte; naquele, afere-se a possibilidade de conhecer esse descontentamento. Os requisitos que viabilizam a admissibilidade dos recursos são questões prévias ao conhecimento do mérito recursal, sendo consideradas, notadamente, questões preliminares. Vencido esse exame prévio, a decisão recorrida vai substituída pela decisão proferida pelo Tribunal encarregado de julgar o recurso.

Os pressupostos de admissibilidade recursal reputam-se intrínsecos quando concernem à existência, ou não, do poder de recorrer. São considerados extrínsecos, ao contrário, quando atinem ao modo de exercer esse poder. No primeiro grupo entram o cabimento, o interesse recursal, a legitimidade para recorrer e a inexistência de fato extintivo do direito de recorrer. Acresce-se a esse rol, em caso de recurso extraordinário ou recurso especial, o enfrentamento da questão constitucional ou federal na decisão recorrida. No segundo, a regularidade formal da peça recursal, a tempestividade, o preparo e a inexistência de fato impeditivo do direito de recorrer.

O art. 1.035 do CPC de 2015 diz que "o Supremo Tribunal Federal, em decisão irrecorrível, não conhecerá do recurso extraordinário quando a questão constitucional nele versada não tiver repercussão geral". Trata-se de requisito intrínseco de admissibilidade recursal: não havendo repercussão geral, não existe poder de recorrer ao STF.

Sendo uma questão prévia, preliminar, tem o STF de examiná-la antes de adentrar na análise do mérito do recurso.[292] O recurso extraordinário, independentemente da matéria nele versada, tem de apresentar repercussão geral, sob pena de não conhecimento pelo STF.[293]

A fim de caracterizar a existência de repercussão geral e, assim, viabilizar o conhecimento do recurso extraordinário, o legislador alçou mão de uma fórmula que conjuga relevância e transcendência (repercussão geral = relevância + transcendência). A questão debatida tem de ser relevante do ponto de vista econômico, político, social ou jurídico, além de transcender o interesse subjetivo das partes na causa. Tem de contribuir, em outras palavras, para a persecução da unidade do direito no Estado Constitucional brasileiro,

---

289. MANCUSO, Rodolfo de Camargo. *Recurso extraordinário e recurso especial*, p. 192.

290. O Regimento Interno do STF, com a redação dada pela ER 2/1985, referia: "Entende-se relevante a questão federal que, pelos reflexos na ordem jurídica, e considerados os aspectos morais, econômicos, políticos ou sociais da causa, exigir a apreciação do recurso extraordinário pelo Tribunal" (art. 327, § 1.º).

291. Sobre o assunto, v. MARINONI, ARENHART, MITIDIERO, *Novo curso de processo civil*, 2015, vol. 2.

292. O reconhecimento da repercussão geral no Plenário Virtual não impede sua rediscussão no Plenário físico, especialmente quando esse reconhecimento ocorreu por falta de manifestações suficientes (RE 584.247/RR, rel. Min. Roberto Barroso, 27.10.2016).

293. STF, Pleno, QO no Ag 664.567/RS, j. 18.06.2007, rel. Min. Sepúlveda Pertence, *DJ* 06.09.2007, p. 37.

compatibilizando e/ou desenvolvendo soluções de problemas de ordem constitucional. Presente o binômio, caracterizada está a repercussão geral da controvérsia.

De acordo com o art. 1.035, § 1.º, do CPC de 2015, para efeito de repercussão geral, será considerada a existência ou não de questões relevantes do ponto de vista econômico, político, social ou jurídico que ultrapassem os interesses subjetivos do processo. Ressai, de pronto, na redação do dispositivo, a utilização de conceitos jurídicos indeterminados, o que aponta imediatamente para a caracterização da relevância e transcendência da questão debatida como algo a ser aquilatado em concreto, nesse ou a partir desse ou daquele caso apresentado ao STF.[294]

Convém lembrar que os conceitos jurídicos indeterminados são compostos de um "núcleo conceitual" (certeza do que é ou não é) e por um "halo conceitual" (dúvida do que pode ser).[295] No que concerne especificamente à repercussão geral, a dúvida inerente à caracterização desse halo de modo nenhum pode ser dissipada partindo-se tão somente de determinado ponto de vista individual – não há, em outras palavras, discricionariedade no preenchimento desse conceito. Há de se empreender um esforço de objetivação valorativa nessa tarefa.[296] E, uma vez caracterizadas a relevância e a transcendência da controvérsia, o STF encontra-se obrigado a conhecer do recurso extraordinário. Não há, aí, espaço para livre apreciação e escolha entre duas alternativas igualmente atendíveis.[297] Não há de se cogitar aí, igualmente, de discricionariedade no recebimento do recurso

---

294. O Ministro Edson Fachin, em recente e exemplar decisão, além de delinear o significado de repercussão geral, demonstrou que as decisões tomadas pelo STF a partir do critério da repercussão geral são precedentes que devem ser observados pelos demais tribunais e juízes (STF, ARE 985.481, rel. Min. Edson Fachin, *DJe* 05.10.2016).

295. ENGISCH, Karl. *Introdução ao pensamento jurídico*, p. 209.

296. Idem, p. 236.

297. Como escreve Alessandro Raselli, o que realmente denota a existência de poder discricionário, tanto no âmbito judicial como administrativo, é a possibilidade de determinação, caso a caso, do modo mais oportuno de realizar-se determinada função acometida ao juiz e ao administrador (RASELLI, Alessandro. *Studi sul potere discrezionale del giudice civile*, p. 258). O que sobreleva, e é determinante, é o ponto de vista individual daquele que detém a capacidade de escolha (trata-se, no fundo, de uma autorização para "decisão subjectiva-pessoal", conforme ENGISCH, Karl. *Introdução ao pensamento jurídico*, p. 241). A discricionariedade significa, portanto, o poder conferido a uma pessoa de escolher, com autoridade, entre duas ou mais alternativas, sendo qualquer delas legítima (cf. BARAK, Aharon. *La discrezionalità del giudice*, p. 16). Para Herbert Hart, é da própria natureza do direito – que é expresso através de proposições da linguagem – albergar situações nas quais várias respostas poderiam ser corretas. Trata-se da chamada "textura aberta do direito", que consiste em "áreas de conduta em que muitas coisas devem ser deixadas para serem desenvolvidas pelos tribunais ou pelos funcionários, os quais determinam o equilíbrio, à luz das circunstâncias, entre interesses conflitantes que variam em peso, de caso a caso" (HART, Herbert. *O conceito de direito*, p. 148). Nesses casos é inevitável que os juízes possuam alguma espécie de "função criadora de regras", e nisto consiste o chamado "poder discricionário" dos juízes: "Em qualquer sistema jurídico, deixa-se em aberto um vasto e importante domínio para o exercício do poder discricionário pelos tribunais e por outros funcionários, ao tornarem precisos padrões que eram inicialmente vagos, ao resolverem as incertezas das leis ou ao desenvolverem e qualificarem as regras comunicadas" (idem, p. 149). No entanto, esta tese sempre suscitou inúmeras controvérsias. Ronald Dworkin, por exemplo, rejeita a existência de tal poder discricionário, afirmando que os juízes devem orientar-se, nos casos concretos controvertidos, pelo ideal da "resposta correta" em vez de exercerem alguma espécie de "liberdade de escolha" entre opções igualmente válidas (DWORKIN, Ronald. *O império do direito*; _____. *Uma questão de princípio*, p. 175-216).

extraordinário. Configurada a repercussão geral, tem o Supremo de admitir o recurso e apreciá-lo no mérito.[298]

O fato de se estar diante de conceito jurídico indeterminado, que carece de valoração objetiva no seu preenchimento, e não de conceito que implique poder discricionário para aquele que se encontra encarregado de julgar, pode permitir, ademais, um controle social – pelas partes e demais interessados – da atividade do STF mediante cotejo de casos já decididos pela própria Corte. A partir de uma paulatina e natural formação de catálogo de casos pelos julgamentos do STF permite-se o controle em face da própria atividade jurisdicional da Corte, objetivando-se cada vez mais o manejo dos conceitos de relevância e transcendência ínsitos à ideia de repercussão geral.

Impende notar, a propósito, que a própria Constituição da República apresenta uma estruturação analítica que não é lícito ao intérprete descurar no preenchimento desses conceitos vagos empregados pelo legislador infraconstitucional. Evidentemente, não é por acaso que o recurso extraordinário tem o seu conhecimento subordinado à alegação de questões relevantes do ponto de vista *econômico, político, social* e *jurídico* – a própria Constituição arrola matérias por ela mesma tratada sob Títulos que trazem, exclusivamente ou não, explicitamente ou não, epígrafes coincidentes com aqueles conceitos que autorizam o conhecimento do recurso extraordinário. A Constituição trata da ordem econômica em seu Título VII (Da ordem econômica e financeira),[299] arts. 170 a 192; no Título VIII, na sequência, cuida da ordem social (Da ordem social), arts. 193 a 232; nos Títulos III e IV empresta sua atenção à organização do Estado e dos Poderes, arts. 18 a 135, disciplinando a vida política brasileira. No Título II e no Título VI, Capítulo I, arts. 5.º a 17 e arts. 145 a 162, finalmente, disciplina os direitos e garantias individuais e o sistema constitucional tributário, cujas normas constituem, em grande parte, direitos fundamentais. De se notar que a disciplina aí posta é, obviamente, fundamental para a realização do programa constitucional brasileiro. Em outras palavras: as questões aí tratadas são relevantes para a República

---

298. A Suprema Corte estadunidense também possui poder para selecionar os casos que julga (*writ of certiorari*). Não obstante, a concessão de *writ of certiorari*, ou seja, a definição de que o caso deve ser julgado, não precisa ser fundamentada. A Corte limita-se a afirmar, ao admitir ou negar o *writ*: *certiorari granted* ou *certiorari denied*. Admite-se que o seu poder é discricionário. Eis a regra n. 10 do Regimento da Suprema Corte: "Rule 10. Considerations Governing Review on Writ of Certiorari. Review on a writ of certiorari is not a matter of right, but of judicial discretion. A petition for a writ of certiorari will be granted only for compelling reasons. The following, although neither controlling nor fully measuring the Court's discretion, indicate the character of the reasons the Court considers: (a) a United States court of appeals has entered a decision in conflict with the decision of another United States court of appeals on the same important matter; has decided an important federal question in a way that conflicts with a decision by a state court of last resort; or has so far departed from the accepted and usual course of judicial proceedings, or sanctioned such a departure by a lower court, as to call for an exercise of this Court's supervisory power; (b) a state court of last resort has decided an important federal question in a way that conflicts with the decision of another state court of last resort or of a United States court of appeals; (c) a state court or a United States court of appeals has decided an important question of federal law that has not been, but should be, settled by this Court, or has decided an important federal question in a way that conflicts with relevant decisions of this Court. A petition for a writ of certiorari is rarely granted when the asserted error consists of erroneous factual findings or the misapplication of a properly stated rule of law".

299. Sobre a ordem econômica na Constituição, consulte-se, por todos, GRAU, Eros Roberto. *A ordem econômica na Constituição de 1988*.

Federativa do Brasil. Relevantes, igualmente, para efeitos de demonstração da repercussão geral no recurso extraordinário.

Perceba-se, ainda, que a relevância da questão debatida tem de ser aquilatada do ponto de vista econômico, social, político ou jurídico. Não se tire daí, como é evidente, a exigência de que a controvérsia seja importante sob todos esses ângulos de análise: basta que reste caracterizada a relevância do problema debatido em uma dessas perspectivas.

Impõe-se que a questão debatida, além de se caracterizar como de relevante importe econômico, social, político ou jurídico, ultrapasse o âmbito de interesse das partes. Vale dizer: tem de ser transcendente. Também aqui o legislador infraconstitucional alça mão de linguagem propositadamente vaga, consentindo ao STF a aferição da transcendência da questão debatida a partir do caso concreto.

Observe-se que eventuais questões envolvendo a reta observância ou a frontal violação de direitos fundamentais, materiais ou processuais, tendo em conta a dimensão objetiva que sói lhes reconhecer, apresentam a princípio transcendência. Constituindo os direitos fundamentais, objetivamente considerados, uma tábua mínima de valores de determinada sociedade em dado contexto histórico, cujo respeito interessa a todos, natural que se reconheça, a transcendência de questões envolvendo, por exemplo, afirmações concernentes a violações ou ameaças de violações das limitações ao poder constitucional de tributar, ou aos direitos fundamentais inerentes ao processo justo, ao nosso devido processo legal processual.

O art. 1.035, § 3.º, do CPC de 2015 afirma que, independentemente da demonstração da relevância econômica, social, política ou jurídica para além das partes da questão debatida, haverá repercussão geral sempre que o recurso atacar decisão que: (i) contrarie súmula ou jurisprudência dominante do STF, ou (ii) tenha reconhecido a inconstitucionalidade de tratado ou de lei federal, nos termos do art. 97 da CF (o inciso II deste dispositivo foi devidamente revogado pela Lei 13.256, de 2016). Na primeira hipótese, abre-se oportunidade à afirmação do entendimento do STF, na medida em que nenhum tribunal ou juiz pode contrariá-lo.

Embora se fale inadvertidamente em súmula e jurisprudência dominante – hipóteses que não fazem parte da realidade e da lógica de uma Corte de Precedentes –, a norma deve ser compreendida em termos de reforço da eficácia obrigatória dos precedentes. Note-se, contudo, que uma decisão que nega precedente do STF não contém os elementos da repercussão geral. A repercussão geral é condição para a discussão da questão constitucional pela Corte Suprema, e não requisito para a reafirmação de um precedente seu. Observe-se que a repercussão geral é motivo para a Corte Suprema discutir e decidir a questão constitucional. Bem vistas as coisas, há repercussão geral no caso em que, em face do recurso extraordinário, constata-se que o precedente está desgastado e, assim, deve ser rediscutido para, eventualmente, ser revogado. Na hipótese inversa, em que o precedente não se revela enfraquecido, basta a refutação do recurso extraordinário mediante decisão monocrática.

O inciso II do § 3.º do art. 1.035 do CPC, revogado pela Lei 13.256, de 2016, previa a existência de repercussão geral em "julgamento de casos repetitivos". Era evidente, porém, que já não então seria necessário relacionar esta circunstância com os demais requisitos para a configuração da repercussão geral. A não ser assim, a simples existência de casos múltiplos constituiria repercussão geral. Ora, não há como supor que a análise de casos de massa possa estar contida na função de desenvolvimento do direito constitucional. É por essa razão que foi apropriada a revogação operada pelo legislador.

CONTROLE DE CONSTITUCIONALIDADE   1035

No caso de decisão de inconstitucionalidade de tratado ou de lei federal, a função do STF de definir a inconstitucionalidade do direito federal faz brotar a necessidade da sua intervenção para dar a última palavra sobre a constitucionalidade da norma.

8.16.3 A imprescindibilidade de os precedentes da Suprema Corte obrigarem os juízos inferiores no sistema em que todo e qualquer juiz tem poder para controlar a constitucionalidade

O *judicial review*, antes de afirmar o poder do Judiciário de controlar a atividade do Legislativo, fundou-se na supremacia da Constituição sobre as leis, na ideia de que a lei que nega a Constituição é nula, e, mais precisamente, na constatação de que o Judiciário é o intérprete final da Constituição, e assim, por lhe caber pronunciar o sentido da lei, também é dele o poder de dizer se a lei é contrária à Carta Magna.[300]

A partir da premissa de que o juiz, para decidir os casos conflitivos, deve analisar a relação da lei com a Constituição, entendeu-se que o juiz americano poderia realizar, incidentalmente, o controle da constitucionalidade. Assim, o poder de afirmação de constitucionalidade e de inconstitucionalidade da lei, nos Estados Unidos, sempre esteve nas mãos do juiz do caso concreto.

É certo que a doutrina americana demorou para individualizar os precedentes constitucionais – isto é, os precedentes que tratam de questões constitucionais – diante dos precedentes de *common law* e de interpretação legal.[301] É provável que isso tenha ocorrido em virtude de a jurisdição constitucional representar algo absolutamente novo para os juristas das origens do sistema judicial americano. Havia experiência com os precedentes de *common law*, mas não com os precedentes constitucionais. A doutrina precisou de tempo – quase um século – para desenvolver uma teoria capaz de esclarecer as relações entre as diferentes espécies de precedentes.[302]

---

300. "The concept of judicial review really rests upon three separate bases: (1) that the Constitution binds all parts of the federal government, (2) that it is enforceable by the Courts in actions before it, and (3) that the judiciary is charged with interpreting the Constitution in a unique manner so that its rulings are binding on all departments of the government *Marbury* seeks to establish the first two of these principles and only implies the existence of the third. The first two principles are, in fact, both historically and logically easier to prove than the third" (Nowak, John E.; Rotunda, Ronald D. *Principles of constitutional law*, p. 8).

301. V. Gerhardt, Michael J. *The power of precedent*.

302. "É plausível que a reticência sobre a propriedade do julgamento constitucional analogizante [*analogizing constitutional adjudication*], no *common law* dos fins do século XVIII e começo do século XIX, possa ser atribuída ao fato de a jurisdição constitucional ser nova. Antes da elaboração e ratificação da Constituição, os americanos tinham pouca, se alguma, experiência significativa com a jurisdição constitucional. Ocorrera uma experiência originária com os precedentes do *common law*, porém não com os de natureza constitucional; eles não possuíam precedentes para lidar com precedentes constitucionais. Consequentemente, os advogados e juristas americanos precisaram de tempo – quase um século – para desenvolver uma doutrina coerente a fim de elucidar as relações entre os diferentes tipos de precedentes no sistema legal" (No original: "It is plausible that the reticence about the propriety of analogizing constitutional adjudication to the *common law* in the late 18th and early 19th century might be attributable to the fact that constitutional adjudication was novel to the Framers. Prior to the drafting and ratification of the Constitution, American had little, if any, meaningful experience with constitutional adjudication. The Framers and Ratifiers had firsthand experience with *common law* precedents, but not with constitutional ones; they had no precedent for handling constitutional precedents. Consequently, American lawyers and jurists may have needed time – almost a century – to develop a coherent doctrine to clarify the relationships among the different kinds of precedents in the legal system") (idem, p. 48-49).

Não obstante, o *stare decisis* também se impôs diante dos precedentes constitucionais.[303] Aliás, não haveria sentido que, em um sistema fundado no direito à igualdade das decisões, na segurança jurídica e na previsibilidade das decisões judiciais,[304] os precedentes constitucionais não fossem respeitados.[305]

É intuitivo que, num sistema que ignora o precedente obrigatório, não há racionalidade em dar a todo e qualquer juiz o poder de controlar a constitucionalidade da lei. Como corretamente adverte Cappelletti, a introdução no *civil law* do método americano de controle de constitucionalidade conduziria à consequência de que uma lei poderia não ser aplicada por alguns juízes e tribunais que a entendessem inconstitucional, mas, no mesmo instante e época, ser aplicada por outros juízes e tribunais que a julgassem constitucional. Ademais – diz o professor italiano –, nada impediria que o juiz que aplicasse determinada lei não a considerasse no dia seguinte ou vice-versa, ou, ainda, que se formassem verdadeiras facções jurisprudenciais nos diferentes graus de jurisdição, simplesmente por uma visão distinta dos órgãos jurisdicionais inferiores, em geral compostos de juízes mais jovens e, assim, mais propensos a ver uma lei como inconstitucional, exatamente como aconteceu na Itália no período entre 1948 e 1956. Demonstra Cappelletti que dessa situação poderia advir grave situação de incerteza jurídica e de conflito entre órgãos do Judiciário.[306]

Além dessas obviedades, não há como esquecer a falta de racionalidade em obrigar alguém a propor uma ação para se livrar dos efeitos de uma lei que, em inúmeras oportunidades, já foi afirmada inconstitucional pelo Judiciário.[307] Note-se que o sistema que admite

---

303. No caso *Cooper v. Aaron*, em 1958, decidiu-se que "a interpretação da 14.ª Emenda anunciada por esta Corte no caso Brown é lei suprema do país, e o art. VI da Constituição faz com que esta decisão tenha efeito vinculante (*binding effect*) sobre os Estados" (no original: "It follows that the interpretation of the Fourteenth Amendment enunciated by this Court in the Brown case is the supreme law of the land, and art. VI of the Constitution makes it of binding effect on the States" – *Cooper v. Aaron*, 358 U.S. 1, 18, 1958). Aí se fez presente a ideia de decisão obrigatória e vinculante, *binding* para todos os demais órgãos do Poder Judiciário e para a Administração Pública, que passou a ser conhecida como *stare decisis* em sentido vertical.

304. EISENBERG, Melvin Aron. *The nature of common law*, p. 42 e ss.

305. Nos Estados Unidos é inadmissível que um órgão jurisdicional inferior desobedeça àquilo que a Suprema Corte já afirmou ser o direito. Como recentemente afirmou o *Justice* Kennedy, ao decidir o caso *Lawrence v. Texas*, "a doutrina do *stare decisis* é essencial para o respeito devido aos julgamentos da Corte e para a estabilidade do direito" (No original: "The doctrine of *stare decisis* is essential to the respect accorded to the judgments of the Court and to the stability of the law" – *Lawrence v. Texas*, 559 U.S. 558, 577, 2003).

306. CAPPELLETTI, Mauro. *O controle judicial de constitucionalidade das leis no direito comparado*, p. 59 e ss.

307. Essa é uma constatação que também visa à própria preservação do sistema jurídico. Impor aos destinatários normativos o cumprimento de disposições já consideradas inconstitucionais danifica a relação entre o sistema jurídico e os seus utentes, como se infere das lições de Joseph Raz: "Considere os sistemas jurídicos: quando todos – ou quase todos – os sujeitos das normas jurídicas impositivas ou permissivas aceitam-nas como vinculantes e orientam seu comportamento a partir delas, não temos dúvida que o sistema está sendo praticado. De fato, essa configuração pode ser considerada ideal para qualquer sistema jurídico ou qualquer outro sistema institucionalizado. Entretanto, trata-se de um ideal que raramente se realiza. Por toda parte, encontramos sistemas jurídicos vigorando em países onde alguns – ou vários – sujeitos das normas ignoram o conteúdo das leis que devem obedecer ou rejeitam várias delas por considerá-las injustas ou opressivas, por serem impostas por uma autoridade estrangeira ou por um governo tirânico, ou por outras razões. Em síntese, em quase todos os sistemas jurídicos, vários daqueles que estão sujeitos às normas não consideram algumas delas – ou todas elas – como sendo vinculantes e não direcionam seu comportamento de acordo com elas. Por vezes, isso leva a condutas infratoras, mas não necessariamente. Alguns sujeitos obedecem à lei sem, no entanto, tê-la como orientadora de seu comportamento. Eles obedecem, pois têm outras razões para fazer aquilo que a lei exige, razões estas que nada têm a ver com o fato

decisões contrastantes estimula a litigiosidade e incentiva a propositura de ações, pouco importando se o interesse da parte é a constitucionalidade ou a inconstitucionalidade da lei. Ou seja, a ausência de previsibilidade, como consequência da falta de vinculação aos precedentes, conspira contra a racionalidade da distribuição da justiça e contra a efetividade da jurisdição.

Que dizer, então, do sistema brasileiro, em que se misturam o controle incidental, de competência de todo e qualquer juiz, e o controle principal, atribuído ao STF? Nos países que não admitem o *stare decisis*, a saída racional para o controle da constitucionalidade apenas pode estar no controle concentrado, adotando-se o modelo de decisão única com eficácia *erga omnes*, ou, mais corretamente, com eficácia geral obrigatória ou vinculante. No direito brasileiro, os precedentes constitucionais inevitavelmente têm natureza obrigatória. Frise-se que o sistema de súmulas, como *única e indispensável* forma para a vinculação dos juízes, é contraditório com o fundamento que justifica o respeito obrigatório aos precedentes constitucionais. O que impõe o respeito aos precedentes é a igualdade e a segurança jurídica.

De modo que um precedente firmado pelo STF não pode deixar de vincular os demais tribunais e juízes. Não há razão lógica para exigir decisões reiteradas, a menos que se suponha que o STF não se importa com a força de cada uma das suas decisões e não possui responsabilidade perante os casos futuros. A não obrigatoriedade dos precedentes é incompatível com um sistema estruturado sob o controle difuso da constitucionalidade, que, necessariamente, deve contar com uma Corte Suprema para garantir a força normativa da Constituição.

Ademais, decisão tomada por maioria do Pleno do STF, ainda que não de dois terços, seguramente constitui decisão que não pode deixar de se impor a ele próprio. Note-se que a circunstância de uma Suprema Corte poder revogar os seus próprios precedentes nada tem a ver com o fato de o precedente ser oriundo de caso que se repetiu ou de a decisão ter sido tomada por maioria simples ou por maioria qualificada. O que pode justificar a revogação de um precedente, por exemplo, é a mutação da realidade social que a Corte considerou ao decidir.[308]

A compreensão da necessidade de cada uma das decisões do STF obrigar a própria Corte e os demais tribunais advém da premência de se dar sentido à função da mais alta Corte brasileira diante do sistema de controle de constitucionalidade. Não há racionalidade em entender que apenas algumas das suas decisões, tomadas no controle difuso, merecem ser respeitadas, como se o jurisdicionado não devesse confiar em tais decisões antes de serem sumuladas. Ora, isso seria o mesmo que concluir que a segurança jurídica e a igualdade dependeriam das súmulas e, por consequência, que o próprio Poder Judiciário, diante do sistema ao qual é submetido, poderia se eximir de responder aos seus deveres e aos direitos fundamentais do cidadão perante a justiça.

Em acórdão paradigmático, relatado pelo Min. Sepúlveda Pertence, entendeu a 1.ª Turma do STF que a decisão "declaratória da inconstitucionalidade de norma, posto que

---

de que tais ações são requeridas pela lei. Esses sujeitos podem pensar, por exemplo, que existem razões morais ou de seu próprio interesse para que eles façam o que é exigido pela lei, independentemente de aquilo ser de fato por ela requerido" (RAZ, Joseph. *Razão prática e normas*, p. 120-121).

308. V. GERHARDT, Michael J. *The power of precedent*, p. 17 e ss.

incidente, (...) elide a presunção de sua constitucionalidade; a partir daí, podem os órgãos parciais dos outros tribunais acolhê-la para fundar as decisões de casos concretos ulteriores, prescindindo de submeter a questão de constitucionalidade ao seu próprio plenário".[309] Lembre-se que esse entendimento do STF, evidenciando a tendência de enxergar eficácia vinculante nas decisões tomadas em recurso extraordinário, deu origem à norma do art. 481 do CPC/1973, repetida no art. 949 do CPC/2015.

Na Rcl 2.986, afirmou-se que "o STF, em recentes julgamentos, vem dando mostras de que o papel do recurso extraordinário na jurisdição constitucional está em processo de redefinição, de modo a conferir maior efetividade às decisões". No RE 376.852, decidiu-se que "esse novo modelo legal traduz, sem dúvida, um avanço na concepção vetusta que caracteriza o recurso extraordinário entre nós. (...) Trata-se de orientação que os modernos sistemas de Corte Constitucional vêm conferindo ao recurso de amparo e ao recurso constitucional. (...) *Essa orientação há muito se mostra dominante também no direito americano*".[310]

Note-se que o STF afirma textualmente que a atribuição de efeito vinculante à decisão tomada em controle difuso é dominante, há muito, também no direito americano.[311] Porém, é preciso esclarecer que o direito estadunidense acolheu esta ideia em virtude de adotar o sistema de controle difuso da constitucionalidade associado ao *stare decisis* ou à *eficácia obrigatória dos precedentes*, enquanto o sistema alemão, embora tenha chegado a resultado prático semelhante,[312] assim se posicionou por dar ao juiz ordinário que se depara com lei que reputa inconstitucional o poder-dever de submeter a questão ao Tribunal Constitucional, cuja decisão tem eficácia *erga omnes*.

O fato de o juiz ordinário ter o poder-dever de controlar a constitucionalidade obviamente não significa que ele não deve respeito às decisões do STF. Este respeito decorre logicamente da adoção do sistema de controle difuso e da atribuição ao Supremo do dever de dar a última e definitiva palavra acerca da constitucionalidade da lei federal. Quando se tem claro que *a decisão é um mero produto do sistema judicial, torna-se pouco mais do que absurdo admitir a possibilidade de o juiz ordinário contrariar as decisões do STF.*

Registre-se que a eficácia vinculante, derivada das decisões em controle incidental, funda-se unicamente na força peculiar dessas decisões, oriunda do local privilegiado em que o Supremo está localizado no sistema brasileiro de distribuição de justiça. Assim, a eficácia vinculante das decisões do Supremo nada tem a ver com comunicação ao Senado, certamente ilógica e desnecessária para tal fim. A comunicação é feita apenas para permitir ao Senado, em concordando com o STF, suspender a execução do ato normativo. A não concordância daquele em nada interfere sobre a eficácia vinculante da decisão deste. Trata-se de planos distintos. Depois do controle incidental e da produção de efeito vinculante, a lei declarada inconstitucional pode continuar a existir, ainda que em estado latente. Lembre-se de que, nos Estados Unidos, existem casos em que a Suprema

---

309. STF, 1.ª T., RE 191.898/RS, rel. Min. Sepúlveda Pertence, *DJU* 22.08.1997, p. 38.781.

310. STF, RE 376.852, rel. Min. Gilmar Mendes, *DJU* 24.10.2003, p. 65.

311. Idem.

312. Afirmando-a no § 31, 1, da Lei Orgânica do *BVerfG*: "As decisões do Tribunal Federal Constitucional vinculam os órgãos constitucionais federais e estaduais, bem como todos os Tribunais e autoridades administrativas" ("Die Entscheidungen des Bundesverfassungsgerichts binden die Verfassungsorgane des Bundes und der Länder sowie alle Gerichte und Behörden").

Corte "ressuscita" a lei que estava apenas *on the books*, ou que, mais precisamente, era vista como *dead law*, exatamente por já ter sido declarada inconstitucional.

De qualquer forma, há de se responder à pergunta – que não poderia deixar de ser feita – a respeito da compatibilidade entre a súmula vinculante e a decisão com eficácia vinculante. Melhor dizendo, é preciso esclarecer a razão para se ter um procedimento específico para a criação da súmula vinculante diante da eficácia, de igual teor, das decisões proferidas pelo STF em sede de controle difuso.

O procedimento para criação da súmula esconde não apenas uma questão não percebida pela doutrina brasileira, mas, antes de tudo, uma temática nunca estudada pela doutrina de *civil law*. Com efeito, essa tradição sempre se preocupou com a interpretação da lei, porém nunca dedicou atenção à compreensão e à interpretação dos precedentes.

Ao se pensar em decisão com eficácia vinculante, surge naturalmente a curiosidade de se saber o que, diante do precedente, realmente vincula, assim como quem tem autoridade para identificar a porção do precedente hábil a produzir o efeito vinculante. Isso se torna fundamental quando o precedente não é claro ou há dificuldade em identificar a tese que efetivamente foi proclamada pelo tribunal para a solução da questão constitucional.

A *ratio decidendi* nem sempre é imediata e facilmente extraível de um precedente, e, em outras situações, pode exigir a consideração de várias decisões para poder ser precisada. Nessas hipóteses é imprescindível uma decisão que, sobrepondo-se às decisões já tomadas a respeito do caso, individualize a *ratio decidendi*, até então obscura e indecifrável. Foi para tais situações que o constituinte derivado estabeleceu, no art. 103-A da CF, o procedimento para a criação de súmula com efeito vinculante. Quando a *ratio decidendi* ressai de forma cristalina da decisão, a súmula é absolutamente desnecessária. Mas, quando existem decisões de natureza complexa e obscura, deve-se editar súmula para restar precisada a *ratio decidendi*.[313]

Não obstante, decide-se, muitas vezes, pela edição de súmula vinculante para não pairar dúvida acerca da eficácia vinculante que deflui de *ratio decidendi* claramente delineada em recurso extraordinário. Bem vistas as coisas, *a súmula vinculante não seria necessária em hipótese alguma, mas, porque não há pleno consenso de que as decisões tomadas em recurso extraordinário têm eficácia vinculante, encaminha-se a questão para a edição de súmula vinculante para não sobrar dúvida acerca da obrigação de respeito à* ratio decidendi *elaborada no recurso extraordinário*.

8.16.4 Os precedentes obrigatórios e a importância da fundamentação das decisões

Na concepção tradicional do direito processual civil de *civil law*, a fundamentação é relacionada com a necessidade de o juiz apresentar as razões que lhe permitiram chegar à conclusão, isto é, à decisão. Em vista da sua própria estrutura, a decisão tem de ter as suas razões ou os seus fundamentos. Sustenta-se que a fundamentação permite ao vencido entender os motivos de seu insucesso e, se for o caso de interpor recurso, apresentar suas razões

---

313. Sobre o conceito de *ratio decidendi*, v. MARSHALL, Geoffrey. What is binding in a precedent. In: MacCORMICK, Neil; SUMMERS, Robert S. *Interpreting precedents:* a comparative study, p. 503 e ss.; STONE, Julius. *Precedent and law:* the dynamics of common law growth, p. 123 e ss.

adequadamente, demonstrando os equívocos da decisão. Nesta mesma linha, a fundamentação também possibilita ao tribunal entender os motivos que levaram o juiz de primeiro grau a decidir.

Em suma, é induvidoso que não basta o juiz estar convencido – cabe-lhe demonstrar as razões de seu convencimento. Isso permite o controle da atividade do juiz pelas partes ou por qualquer um do povo, já que a sentença deve ser o resultado de raciocínio lógico que assenta no relatório, na fundamentação e no dispositivo. Nessa perspectiva, conclui-se, ainda, que a fundamentação é essencial à legitimação da decisão.[314] Não é por outra razão, aliás, que constitui dever do juiz e garantia constitucional do jurisdicionado, nos termos do art. 93, IX, da CF.

No entanto, como os precedentes não fazem parte da tradição de *civil law*, no sistema jurídico brasileiro não se pensa na fundamentação como material que pode revelar uma *ratio decidendi*. Exatamente por isso, enquanto a fundamentação, no *common law*, importa diretamente a todos os jurisdicionados, dando-lhes previsibilidade e garantia de sucesso na adoção de determinado comportamento, além de outorgar estabilidade e coerência à ordem jurídica e real possibilidade de a jurisdição tratar casos similares da mesma forma, no *civil law* a fundamentação tem importância muito mais restrita. Ela interessa quase que exclusivamente às partes e, muito mais em termos retóricos, para dar legitimidade ao poder desempenhado pelos juízes.

A técnica da eficácia vinculante da fundamentação se funda na ideia de que, na decisão, não só o dispositivo, mas também os fundamentos devem adquirir estabilidade, devendo, por isso, ser realçados e externados com eficácia vinculante. A eficácia vinculante da fundamentação, indiscutivelmente essencial para o tribunal constitucional cumprir o seu papel, é uma técnica jurídico-processual que tem como premissa a importância de respeito aos precedentes e aos seus fundamentos.[315]

A extensão da eficácia vinculante aos fundamentos, e não ao dispositivo, revela claramente a intenção de dar eficácia obrigatória aos precedentes.[316] De outra parte, não há por

---

314. "(...) é uma verdade importante que os juízes, ao justificarem suas decisões, precisam demonstrar que essas cumpriram o dever judicial de respeitar o direito. (...) Ele [o juiz] deve demonstrar que a questão proferida está conforme o direito para desincumbir-se desse seu dever. Mas a tarefa de mostrar que a decisão está de acordo com o direito exige assumir uma visão descritivo-interpretativa das normas do sistema. Mostrar que a decisão de alguém se conforma ao sistema assim considerado é demonstrar que o dever fundamental de um juiz está sendo cumprido" (MacCormick, Neil. *Retórica e o estado de direito*, p. 89-90).

315. Lembra Michael Sachs que "o próprio Tribunal Constitucional Federal defendeu, em jurisprudência constante e de longa data, a concepção de que essa força vinculante de suas decisões vai além do respectivo dispositivo – i.e., vai além da decisão normalmente encontrada acerca do objeto do processo –, para também abranger os *fundamentos determinantes* de suas decisões. Com isso, essa eficácia vinculante também atinge as concepções jurídicas que sejam determinantes para as decisões" (No original: "Das BVerfG selbst hat in ständiger Rechtsprechung lange Zeit die Auffassung vertreten, dass diese Bindungskraft seiner Entscheidungen sich über den jeweiligen Tenor bzw. die regelmäßig darin getroffene Entscheidung über den Entscheidungsgegenstand hinaus auch auf die *tragenden Gründe* seiner Entscheidungen erstreckt. Damit beansprucht es diese Bindungswirkung auch für die Rechtsauffassungen, die für seine Entschediungen jeweils maßgeblich sind") (Sachs, Michael. *Verfassungsprozessrecht*, p. 186).

316. Isso não quer dizer, como é óbvio, que, uma vez afirmada, em precedente, a inconstitucionalidade da norma, jamais será possível questionar a constitucionalidade da mesma norma. Tem-se, aqui, uma decorrência da circunstância hermenêutica de que nenhuma norma é capaz de esclarecer por si mesma todas as possibilidades de sua aplicação: "A hermenêutica jurídica teve o mérito de contrapor ao modelo conven-

CONTROLE DE CONSTITUCIONALIDADE 1041

que falar em precedente quando não se outorga valor aos seus fundamentos. Assim, a importância da eficácia obrigatória dos precedentes, no direito contemporâneo, sustenta a eficácia vinculante dos fundamentos.

Daí a proximidade entre os institutos da eficácia vinculante dos fundamentos e do *stare decisis*. Em verdade, o que afasta o instituto da eficácia vinculante dos fundamentos – como posto na Alemanha – do *stare decisis* não é a sua razão de ser ou seu objetivo, mas a sua extensão subjetiva.[317]

O *stare decisis* se refere ao poder dos juízes, ao passo que a eficácia vinculante dos fundamentos atinge, na Alemanha, todos os órgãos do Poder Público. Note-se, entretanto, que a extensão subjetiva da eficácia vinculante constitui opção técnica, ainda que baseada em valores de Estado. Nada impede que esta eficácia seja estendida ou limitada. Enquanto na Alemanha e na Espanha a eficácia vinculante atinge todos os poderes públicos, no Brasil são vinculados apenas os órgãos judiciários e as autoridades administrativas. Ademais, embora se possa dizer que norma (art. 103-A, *caput*) da Constituição Federal brasileira exclui o STF da incidência da eficácia vinculante, na Espanha há norma expressa – art. 13 da Lei Orgânica do Tribunal Constitucional – que diz que, quando uma sala do tribunal constitucional considerar necessário se afastar, "em qualquer ponto, da doutrina constitucional precedente firmada pelo tribunal, a questão será submetida à decisão do Pleno".[318]

---

cional, que vê a decisão jurídica como uma subsunção do caso sob uma regra correspondente, a ideia aristotélica de que nenhuma regra pode regular sua própria aplicação" (HABERMAS, Jürgen, *Direito e democracia*, p. 247). Daí derivam duas consequências. A primeira é a de que todo juízo interpretativo de uma norma se dá à luz de uma situação concreta – a literatura jurídica costuma enfatizar este ponto com a afirmação de que todo ato de interpretação é também um ato de aplicação da norma. Outra é que nenhum juízo interpretativo pode ser estendido, sem maiores considerações, para além das circunstâncias concretas por ele consideradas. Em razão disso, todo julgamento que declara a constitucionalidade de uma lei cobre apenas as hipóteses de aplicação da lei levantadas nesse julgamento. Sempre haverá, por conseguinte, a possibilidade do surgimento de uma nova hipótese de aplicação da norma, e, nesse caso, será preciso um novo julgamento acerca da sua constitucionalidade.

317. Ressalte-se, porém, que a extensão da eficácia vinculante aos fundamentos é bastante discutida na Alemanha. Embora o Tribunal Constitucional alemão tenha admitido a extensão da eficácia vinculante às "razões fundamentais" (*tragende Gründe*), vistas como indispensáveis para a compreensão do sentido da decisão, não há acordo na doutrina quanto ao ponto. V. MARTINS, Leonardo. Introdução à jurisprudência do Tribunal Constitucional Federal alemão. In: _____ (Org.). *Cinquenta anos de jurisprudência do Tribunal Constitucional Federal alemão*, p. 118-120. Na doutrina alemã, v. KERBUSCH, Hermann. *Die Bindung an Entscheidungen des Bundesverfassungsgerichts: unter besonderer Berücksichtigung der Verbindlichkeit von Normenkontrollentscheidungen*, 1982; WISCHERMANN, Norbert. *Rechtskraft und Bindungswirkung verfassungsgerichtlicher Entscheidungen: zu den funktionsrechtlichen Auswirkungen der extensiven Auslegung des § 31 Abs. 1 BVerfGG*; SCHLAICH, Klaus. *Das Bundesverfassungsgericht: Stellung, Verfahren, Entscheidungen – Ein Studienbuch*; MELS, Philipp. *Bundesverfassungsgericht und Conseil Constitutionnel: ein Vergleich der Verfassungsgerichtsbarkeit. Deutschland und Frankreich im Spannungsfeld zwischen der Euphorie für die Krönung des Rechtsstaates und der Furcht vor einem "gouvernement des juges"*; SCHALK, Sebastian. *Deutsche Präjudizien und spanische "Jurisprudencia" des Zivilrechts: eine vergleichende Gegenüberstellung*; KAU, Marcel. *United States Supreme Court und Bundesverfassungsgericht: die Bedeutung des United States Supreme Court für die Errichtung und Fortentwicklung des Bundesverfassungsgerichts*; BAUER, Thorsten. *Die produktübergreifende Bindung des Bundesgesetzgebers an Entscheidungen des Bundesverfassungsgerichts: zugleich ein Beitrag zur Proceduralisierung des Rechts*.

318. ESPANHA. Ley Orgánica 2/1979, de 3 de octubre, del Tribunal Constitucional. Disponível em: http://www.tribunalconstitucional.es/es/tribunal/normasreguladoras/Lists/NormasRegPDF/Normas%20Reguladoras/leyorgtrib.pdf. Acesso em: 16.04.2010. Também nada obsta a que se restrinja a eficácia vinculante

8.16.5 *Ratio decidendi* e *obiter dicta*

No *common law*, a decisão, vista como precedente, interessa aos juízes – a quem incumbe dar coerência à aplicação do direito – e aos jurisdicionados – que necessitam de segurança jurídica e previsibilidade para desenvolverem suas vidas e atividades. O juiz e o jurisdicionado, nessa dimensão, têm necessidade de conhecer o significado dos precedentes.

Ora, o melhor lugar para se buscar o significado de um precedente está na sua fundamentação, ou seja, nas razões pelas quais se decidiu de certa maneira ou nas razões que levaram à fixação do dispositivo. É claro que a fundamentação, para ser compreendida, pode exigir menor ou maior atenção ao relatório e ao dispositivo. Esses últimos não podem ser ignorados quando se procura o significado de um precedente. O que se quer evidenciar, contudo, é que o significado de um precedente está, essencialmente, na sua fundamentação, e que, por isso, não basta somente olhar à sua parte dispositiva.

A razão de decidir, numa primeira perspectiva, é a tese jurídica ou a interpretação da norma consagrada na decisão. De modo que a razão de decidir certamente não se confunde com a fundamentação, mas nela se encontra.[319] Ademais, a fundamentação não só pode conter várias teses jurídicas, como também considerá-las de modo diferenciado, sem dar igual atenção a todas. Além disso, a decisão, como é óbvio, não possui em seu conteúdo apenas teses jurídicas, mas igualmente abordagens periféricas, irrelevantes, não necessárias nem suficientes à decisão do caso.[320]

É preciso sublinhar que a *ratio decidendi* não tem correspondente no processo civil tradicionalmente adotado no Brasil, pois não se confunde com a fundamentação e com o dispositivo. A *ratio decidendi*, no *common law*, é extraída ou elaborada a partir dos elementos da decisão, isto é, da fundamentação, do dispositivo e do relatório. Assim, quando relacionada aos chamados requisitos imprescindíveis da sentença, ela certamente é "algo mais". E isso simplesmente porque, na decisão do *common law*, não se tem em foco somente a segurança jurídica das partes – e, assim, não importa apenas a coisa julgada material –, mas também a segurança dos jurisdicionados, em abstrato. Se o dispositivo é acobertado pela coisa julgada, que dá segurança à parte, é a *ratio decidendi* que, em face do *stare decisis*, tem força obrigatória, vinculando a magistratura e conferindo segurança aos jurisdicionados. Não há como esquecer que a busca da definição de razões de decidir ou de *ratio decidendi* parte da necessidade de se evidenciar a porção do precedente que tem efeito vinculante, obrigando os juízes a respeitá-lo nos julgamentos posteriores.

---

apenas ao Poder Judiciário, quando este instituto assume fisionomia praticamente igual à do *stare decisis*. Aliás, nesta dimensão é possível pensar, por exemplo, na eficácia vinculante dos fundamentos das decisões do STJ em relação aos órgãos judiciários das Justiças Federal e Estadual.

319. V. DUXBURY, Neil. *The nature and authority of precedent*, p. 67.

320. "*Ratio decidendi* pode significar tanto 'razão para a decisão', como 'razão para decidir'. Não se deve inferir disso que a *ratio decidendi* de um caso precise ser um raciocínio jurídico [*judicial reasoning*]. O raciocínio jurídico pode ter um papel importante para a *ratio*, mas a *ratio* em si mesma é mais que o raciocínio, e no interior de diversos casos haverá raciocínios judiciais que constituem não parte da *ratio*, mas *obiter dicta*" (No original: "*Ratio decidendi* can mean either 'reason for the decision' or 'reason for deciding'. It should not be inferred from this that the *ratio decidendi* of a case must be the judicial reasoning. Judicial reasoning may be integral to the *ratio*, but the *ratio* itself is more than the reasoning, and within many cases there will be judicial reasoning that constitutes not part of the *ratio*, but *obiter dicta*" (idem, ibidem).

Controle de constitucionalidade 1043

No *common law*, há acordo em que a única parte do precedente que possui tal efeito é a *ratio decidendi*, cujo conceito, neste sistema, sempre foi muito discutido. Na verdade, a dificuldade sempre esteve na sua identificação na decisão judicial. Embora a doutrina do *common law* fale em "interpretação" de precedente e conhecido e importante livro até mesmo tenha o título de *Interpreting precedents*,[321] é possível questionar se um precedente é realmente interpretado. Pela ideia de interpretação do precedente não se busca revelar o conteúdo do seu texto, mas identificar o significado das suas porções, das quais se extraem determinados efeitos, como o efeito vinculante ou obrigatório (*binding effect*). Portanto, é claro que o ato de procurar o significado de um precedente, ou de interpretar um precedente, não se assemelha ao de interpretar a lei. Quando se fala em interpretação de precedente, a preocupação está centrada nos elementos que o caracterizam enquanto precedente, especialmente na delimitação da sua *ratio* e não no conteúdo por ela expresso.[322] Nessa perspectiva, a tarefa da Corte é analisar a aplicação do precedente ao caso que está sob julgamento, ocasião em que se vale, basicamente, da técnica do *distinguishing*.[323] É por isso que essa Corte, mais do que interpretar, raciocina por analogia.[324]

Não há sinal de acordo, no *common law*, acerca de uma definição de *ratio decidendi* ou mesmo de um método capaz de permitir sua identificação.[325] De outra parte, a discussão acerca do significado de *obiter dictum* é absolutamente atrelada ao de *ratio decidendi*,[326]

---

321. Mac-Cormick, Neil; Summers, Robert S. *Interpreting precedents:* a comparative study.

322. Como escreve Frederick Schauer, "a tarefa de uma teoria de precedente é explicar, em um mundo em que um único evento pode ser enquadrado em várias categorias diferentes, como e por que algumas assimilações são plausíveis e outras não" (No original: "The task of a theory of precedent is to explain, in a world in which a single event may fit into many different categories, how and why some assimilations are plausible and others are not") (Schauer, Frederick. Precedent. *Standford Law Review*, 1987, p. 577).

323. Como anota Duxbury, "*distinguishing* é o que os juízes realizam quando fazem a distinção entre um caso e outro" (No original: "*Distinguishing* is what judges do when they make a distinction between one case and another"). "O juiz que tenta 'distinguir' casos com base em fatos materialmente irrelevantes está propenso a ser facilmente descoberto. Advogados e outros juízes que têm razões para controlar sua atividade provavelmente não terão dificuldade em evidenciar a sua atitude como de alguém descuidado ou desonesto, e, então, sua reputação será desgastada e a sua decisão questionada. O fato de os juízes terem o poder de 'distinguir' não significa que eles podem negar os precedentes quando lhes for conveniente" (No original: "The judge who tries to distinguish cases on the basis of materially irrelevant facts is likely to be easily found out. Lawyers and other judges who have reason to scrutinize his effort will probably have no trouble showing it to be the initiative of someone who is careless or dishonest, and so his reputation might be damaged and his decision appealed. That judges have the power to distinguish does not mean they can flout precedent whenever it suits them") (Duxbury, Neil. *The nature and authority of precedent*, p. 113-114).

324. "O direito jurisprudencial [case-law], podemos dizer, ao contrário do direito legislado, tende a ser analogético, ao invés de interpretado" (No original: "Case-law, we might say, unlike statute law, tends to be analogized rather than interpreted" (Duxbury, Neil. *The nature and authority of precedent*, p. 59). V. Raz, Joseph. *The authority of law – Essays on law and morality*, p. 191 e ss.

325. "A maior dificuldade no caminho para um entendimento claro de qualquer doutrina de precedente e, portanto, de qualquer direito jurisprudencial é a qualidade controvertida da *ratio decidendi*" (No original: "The greatest difficulty in the way of a clear understanding of any doctrine of precedent and thus of any kind of case-law is the controversial quality of the *ratio decidendi*" (MacCormick, Neil. Why cases have rationes and what these are. *Precedent in law*, p. 157).

326. "Hoje é difícil imaginar o advogado de *common law* desconhecer esta distinção, isto é, a distinção entre a *ratio decidendi* e a *obiter dicta* de um caso" (No original: "Today, it is difficult to imagine a common lawyer being unaware of this distinction – the distinction, that is, between the *ratio decidendi* of and the *obiter dicta* within a case") (Duxbury, Neil. *The nature and authority of precedent*, p. 67).

sendo igualmente antiga,[327] intensa e difícil. *Obiter dictum* é o ponto irrelevante para a solução do caso, surgido de observação feita de passagem, sem amadurecimento, no curso do desenvolvimento da sentença ou da discussão dos membros do órgão judicial.[328] Trata-se de ponto não necessário nem suficiente para se chegar à decisão.[329]

Não é difícil perceber a razão pela qual o *common law* sempre se preocupou em distinguir *ratio decidendi* de *obiter dictum*. Tal distinção se deve à valorização dos fundamentos da decisão, peculiar ao *common law*. Como neste sistema importa verificar a porção do julgado que tem efeito obrigatório ou vinculante, há motivo para se investigar, com cuidado, a fundamentação, separando-se o que realmente dá significado à decisão daquilo que não lhe diz respeito ou não lhe é essencial.[330]

No *civil law*, ao contrário, cabendo aos tribunais apenas aplicar a lei, pouca importância se teria de dar à fundamentação, já que esta faria apenas a ligação entre os fatos e a norma legal voltada a regular a situação litigiosa. A fundamentação, assim, seria necessariamente breve e sucinta. Uma vez que a decisão deveria apenas dar atuação à lei, não haveria

---

327. No século XVII, época em que já se discutia sobre a distinção entre *ratio decidendi* e *obiter dictum*, entendia-se que a última não era *judicial opinion*, tendo a ideia prevalecido até meados do século XIX. Supunha--se que a *obiter dictum*, apesar de pronunciada por uma Corte, era um argumento de caráter extrajudicial. "A distinção entre *ratio decidendi* e *obiter dictum* é antiga" (No original: "The distinction between *ratio decidendi* and *obiter dictum* is an old one") (CROSS, Rupert. *Precedent in english law*, p. 37).

328. "A *ratio decidendi* é a regra ou princípio de decisão para o qual um dado precedente empresta autoridade, seja essa regra ou princípio de decisão tratado como vinculante ou como persuasivo em maior ou menor grau em relação às decisões posteriores de questões semelhantes. Supõe-se, obviamente, que foi essa mesma regra ou princípio que, de alguma maneira, guiou ou fundamentou a decisão da qual a *ratio decidendi* foi extraída. Enquanto *ratio decidendi*, essa regra ou princípio pode ser contrastada com as *obiter dicta* da decisão judicial. Estas são outras opiniões sobre o direito, os valores e os princípios relacionados à decisão em questão, opiniões que vão além dos pontos necessários para a decisão do caso particular. O contraste geralmente feito entre *ratio decidendi* e *obter dicta* é bem mais compreendido se se supõe que a *ratio*, assim como a *dicta*, são um tipo de afirmação feita pelo juiz no curso da elaboração das justificativas para sua decisão" (MACCORMICK, Neil. *Retórica e o estado de direito*, p. 193).

329. "Algumas partes de uma opinião não são formalmente vinculantes como precedente. Isso é verdade acerca das compreensões ou opiniões de uma corte que *não sejam necessárias* à solução da questão específica apresentada à corte. Esta terminologia é chamada *dicta* e é geralmente não vinculante. Como mencionado, *dicta* são normalmente definidas simplesmente como declarações presentes na opinião 'não necessárias' à decisão da corte sobre a questão ou as questões" (No original: "Some parts of an opinion are not formally binding as precedent. This is true of the views or opinions of the court which are *not necessary* to the resolution of the specific issue before the court. This language is called 'dicta' and it is generally not binding. As indicated, dicta are usually defined simply as statements in the opinion 'not necessary' to the court's decision on the issue or issues") (SUMMERS, Robert. Precedent in the United Sates. *Interpreting precedents:* a comparative study, p. 384).

330. "Juristas e juízes do direito jurisprudencial têm, em algumas oportunidades, tentado acumular distinções sobre a distinção básica entre *ratio-obiter* – argumentando que um caso pode conter um 'holding' que seja mais impositivo que uma *ratio decidendi*, e que pode haver 'judicial dicta' que seja menos impositiva que as *rationes decidendi*, porém mais impositivas que qualquer outro *obiter dictum*. No entanto, é a distinção básica que tem perdurado" (No original: "Common-law jurists and judges have occasionally tried to pile distinctions upon the basic *ratio-obiter* distinction – arguing that a case might contain a 'holding' which is more authoritative than a *ratio decidendi*, and that there can be 'judicial dicta' which are less authoritative than *rationes decidendi* but more authoritative than any *obiter dictum*. But is the basic distinction that has endured") (DUXBURY, Neil. *The nature and authority of precedent*, p. 68). V. LLEWELLYN, Karl. *The case law system in America*, p. 14 e ss.; SCOFIELD, Robert G. The distinction between judicial *dicta* and *obiter dicta*. *Los Angeles Lawyer*, vol. 25, out. 2002.

CONTROLE DE CONSTITUCIONALIDADE   1045

motivo para buscar na fundamentação o significado da decisão. *A decisão que se limita a aplicar a lei não tem nada que possa interessar a outros, que não os litigantes.* É por este motivo que, no *civil law*, o que sempre preocupou, em termos de segurança jurídica, foi o dispositivo da sentença, que aplica a regra de direito, dando-lhe concretude. Não é por outra razão que, quando neste sistema se pensa em segurança dos atos jurisdicionais, alude-se somente à coisa julgada e à sua função de tornar imutável e indiscutível a parte dispositiva da sentença.[331]

8.16.6 A individualização dos fundamentos determinantes ou *ratio decidendi*

Dentro da fundamentação está presente a *ratio decidendi.* Por meio da análise da fundamentação é possível isolar a *ratio decidendi* ou os fundamentos determinantes. Lembre-se de que o art. 489, § 1.º, V, do CPC de 2015 afirma que o tribunal e o juiz não podem decidir com base em julgado de Corte Suprema "sem identificar seus fundamentos determinantes" e "demonstrar que o caso sob julgamento se ajusta" a tais fundamentos. Um fundamento, embora não necessário, pode ser suficiente para se alcançar a decisão. O motivo suficiente, porém, torna-se determinante apenas quando, individualizado na fundamentação, mostra-se como premissa sem a qual não se chegaria à *específica* decisão. Motivo determinante, assim, é o motivo que, considerado na fundamentação, mostra-se imprescindível à decisão que foi tomada. Este motivo, por imprescindível, é essencial, ou melhor, é determinante da decisão. Constitui a *ratio decidendi.*

Contudo, como a individualização dos motivos determinantes pressupõe um novo olhar sobre a fundamentação, ou melhor, outra valoração da fundamentação, não basta simplesmente pensar em encontrar a sua essência. O problema não está apenas na análise da estrutura interna da fundamentação – há que se ter preocupação com a sua qualidade.

É certo que, em regra, os juízes têm cuidado com os motivos suficientes. Porém, especialmente quando há dois ou mais motivos suficientes à decisão, é preciso verificar se todos foram, ou quais foram, devidamente discutidos e analisados pelos membros do colegiado. Pode soar estranho falar em dois motivos suficientes. Porém, podem existir dois motivos suficientes e, por isso, não necessários a uma decisão. Assim, por exemplo, duas infrações contratuais podem ser dois fundamentos suficientes para determinada decisão de despejo.

---

331. "A busca pela *ratio decidendi* é primariamente uma peculiaridade do processo judicial da Inglaterra, da Escócia e daqueles países cujo sistema legal deriva do nosso. Na *Cour de Cassation* da França, as razões para uma decisão são ditas bastante sucintamente e tudo que diz respeito à natureza de um discurso geral é proibido, ao menos naquilo que diz respeito a todas as Cortes civis francesas. O resultado é que discussões continentais sobre o assunto das decisões judiciais não compartilham da preocupação dos escritores que discutem a jurisprudência anglo-americana no que tange ao método de distinção entre *ratio decidendi* e *obiter dictum*" (No original: "The search for the *ratio decidendi* is largely a peculiarity of the judicial processes of England, Scotland, and those countries whose legal system derive from ours. In the *Cour de Cassation* in France, the reasons for a decision are stated very succinctly and anything in the nature of a general discourse is prohibited so far as all French civil courts are concerned. The result is that continental discussions on the subject of judicial decisions do not share the pre-occupation of writers on Anglo-American jurisprudence with the method of distinguishing *ratio decidendi* from *obiter dictum*") (CROSS, Rupert. *Precedent in english law*, p. 47).

Nenhum deles é necessário, mas ambos são suficientes, e, apenas quando considerado o raciocínio da Corte, podem ser qualificados como determinantes da decisão.

Um dos motivos suficientes e determinantes da decisão pode não ter sido adequadamente discutido e analisado pelo tribunal. Nessa hipótese, aquilo que poderia ser tomado como fundamento determinante ou como *ratio decidendi* para efeito de vinculação de outros órgãos judiciários acaba não adquirindo tal natureza. Ou melhor, acaba se tornando incompatível com a eficácia obrigatória dos fundamentos.

Entretanto, o fundamento, neste caso, também não pode ser dito *obiter dictum* – ou seja, fundamento não relevante para a solução do caso. O fundamento não é irrelevante para a tomada de decisão. Ao contrário, o fundamento, considerada a própria fundamentação, é, em termos lógicos, imprescindível para se chegar à decisão. Apenas carece da qualidade necessária à sua configuração como *ratio decidendi*.

A facilidade de identificação da *ratio decidendi* varia de caso a caso. A dificuldade de individualização da *ratio decidendi* pode decorrer da circunstância de o caso ter de ser analisado sob argumentos não deduzidos pelas partes; da complexidade da matéria; de os fundamentos terem sido analisados de modo prematuro; da superficialidade das discussões e da elaboração dos fundamentos; da variedade e diversidade de fundamentos apresentados nos votos proferidos pelos membros do órgão judicial, entre outras.

8.16.7 A eficácia vinculante dos fundamentos determinantes no STF

A tese da eficácia vinculante dos motivos determinantes tem ressonância no STF. O Min. Gilmar Mendes, um dos grandes responsáveis pelo seu desenvolvimento no âmbito da Corte, demonstrou que esta eficácia está ligada à natureza da função desempenhada pelos tribunais constitucionais, além de ser absolutamente necessária à tutela da força normativa da Constituição.

Com a expressão "eficácia transcendente da motivação" se pretende significar a eficácia que, advinda da fundamentação, recai sobre situações que contêm particularidades próprias e distintas, mas que, na sua integridade enquanto questão a ser resolvida, são similares à já decidida, e, por isso, reclamam as mesmas razões que foram apresentadas pelo tribunal quando da decisão. Embora os casos tenham suas inafastáveis particularidades, a sua substância, vista como questão de direito a ser solucionada pelo tribunal, é a mesma. Assim, se a norma *x* foi considerada inconstitucional em virtude das razões *y*, a norma *z*, porém substancialmente idêntica a *x*, exige a aplicação das razões *y*.

A Rcl 1.987 abriu ensejo à afirmação da tese. Alegou-se, na Reclamação, que a presidente do Tribunal Regional do Trabalho da 10.ª Região, ao determinar o sequestro de verba do Distrito Federal para o pagamento de precatório, desrespeitou decisão proferida pelo STF na ADIn 1.662.

A ação direta, proposta pelo Governador do Estado de São Paulo, teve como objeto a IN 11/1997, do TST, que cuidou da uniformização dos "procedimentos para a expedição de precatórios e ofícios requisitórios referentes às condenações decorrentes de decisões transitadas em julgado contra a União Federal (administração direta), autarquias e fundações". A IN 11/1997-TST, em seus itens III e XII, equiparara à hipótese de preterição do direito de preferência a situação de não inclusão do débito no orçamento do ente devedor, assim como a de pagamento a menor, ou realizado fora do prazo, permitindo, nessas hipóteses, o sequestro de verba pública para o pagamento de dívidas judiciais trabalhistas. A ação direta

CONTROLE DE CONSTITUCIONALIDADE 1047

voltou-se exatamente contra esta autorização, asseverando-a inconstitucional. No curso da ação foi promulgada a EC 30/2000, que alterou determinadas regras relativas aos precatórios, mas nada modificou quanto ao tema então em discussão. Ao julgar o mérito da ação direta de inconstitucionalidade, o STF advertiu que a EC 30 não trouxe qualquer alteração à disciplina do sequestro no âmbito dos precatórios trabalhistas, decidindo que este somente estaria autorizado pela Constituição Federal no caso de preterição do direito de preferência, sendo inadmissível em qualquer outra situação. Porém, a decisão da presidente do TRT-10.ª Reg. não se ancorou na IN 11/1997-TST, mas se fundou na EC 30.

Nesta situação, como é óbvio, a Reclamação não poderia ser julgada procedente com base no fundamento de que a decisão do TRT-10.ª Reg. teria desrespeitado a parte dispositiva da decisão proferida na ação direta. A procedência da Reclamação apenas poderia se apoiar em desrespeito aos fundamentos ou às razões que o STF adotou para pronunciar a inconstitucionalidade. Portanto, na Reclamação restou em jogo decidir se os motivos determinantes da decisão de inconstitucionalidade ou a sua *ratio decidendi* teriam força vinculante de modo a evidenciar que a decisão do TRT-10.ª Reg. teria desrespeitado a decisão proferida na ação direta de inconstitucionalidade.

A Reclamação, após grande discussão entre os Ministros, foi julgada procedente por maioria de votos. Na parte que interessa, a ementa do acórdão tem a seguinte redação: "Ausente a existência de preterição, que autorize o sequestro, revela-se evidente a violação ao *conteúdo essencial* do acórdão proferido na mencionada ação direta, que possui eficácia *erga omnes* e efeito vinculante. A decisão do Tribunal, em substância, teve sua autoridade desrespeitada de forma a legitimar o uso do instituto da reclamação. Hipótese a justificar a transcendência sobre a parte dispositiva dos motivos que embasaram a decisão e dos princípios por ela consagrados, uma vez que os fundamentos resultantes da interpretação da Constituição devem ser observados por todos os tribunais e autoridades, contexto que contribui para a preservação e desenvolvimento da ordem constitucional".[332]

O relator da Reclamação, Min. Maurício Correa, afirmou que "o ato impugnado não apenas contrastou a decisão definitiva proferida na ADIn 1.662, como, essencialmente, está em confronto com os seus motivos determinantes".[333] Em outras palavras, disse o Ministro relator que a decisão contra a qual se reclamou contrariou os motivos determinantes da decisão proferida na ação direta de inconstitucionalidade. Acompanharam o Ministro relator, admitindo a tese da eficácia vinculante dos motivos determinantes, os Ministros Celso de Mello, Cezar Peluso, Gilmar Mendes e Nelson Jobim. Divergiram, não admitindo que os fundamentos pudessem ter efeitos vinculantes, os Ministros Carlos Ayres Britto, Marco Aurélio, Sepúlveda Pertence e Carlos Mário Velloso, sendo que este último, ao que parece contraditoriamente, admitiu a Reclamação.

O Min. Carlos Velloso negou a abrangência da eficácia vinculante aos fundamentos e, por isso, não poderia ter admitido que a decisão do TRT-10.ª Reg., baseada na EC 30, desconsiderou a eficácia vinculante da decisão – proferida na ADIn 1.662 – que declarou a inconstitucionalidade de ato normativo do TST. Eis o que disse o Ministro: "Não me oponho, Sr. Presidente, a esse efeito vinculante, que considero inerente à natureza da decisão proferida na ação direta. Quando esse efeito vinculante ficou expresso, na Constituição, com a

---

332. STF, Rcl 1.987, Pleno, rel. Min. Maurício Corrêa, *DJ* 21.05.2004.
333. Idem.

EC 3/1993 – CF, art. 103, 2.º – relativamente à ADC, afirmei que a EC 3/1993 apenas explicitou algo já existente, implicitamente. Esse entendimento, mais recentemente, veio a predominar nesta Corte. *Deve ficar claro, entretanto, que o efeito vinculante está sujeito a uma limitação objetiva: o ato normativo objeto da ação, o dispositivo da decisão vinculante, não os seus fundamentos*.[334] O Min. Velloso, embora tenha afirmado que o efeito vinculante é "inerente à natureza da decisão proferida na ação direta", deixa claro que, na sua concepção, este efeito incide sobre o dispositivo da decisão e não sobre os seus fundamentos.

O Min. Carlos Britto, ao proferir o seu voto, disse que acompanharia o voto do relator, mas "observando o limite objetivo da reclamação",[335] o que, obviamente, seria simplesmente não admitir a tese da eficácia vinculante – já que os limites objetivos desta, dada a sua própria natureza, não se limitam ao dispositivo da decisão. O Min. Pertence, mostrando-se incomodado com a atribuição de eficácia vinculante aos fundamentos da decisão, concluiu que não se poderia transformar "em súmula vinculante qualquer premissa de uma decisão",[336] revelando não estar em sintonia não só com o significado de *ratio decidendi*, mas também com o de eficácia vinculante. O Min. Marco Aurélio argumentou que a atribuição de efeito vinculante à fundamentação equivaleria à admissão de coisa julgada em relação aos fundamentos da decisão.[337] Há aí visível confusão entre eficácia vinculante e coisa julgada material. Ainda que o CPC de 2015 permita falar em coisa julgada em relação à questão que determina a resolução do caso (art. 503, § 1.º, do CPC/2015) e, inclusive, de coisa julgada em favor de terceiros (art. 506 do CPC/2015), tal fenômeno certamente se diferencia, especialmente em face dos seus objetivos, da eficácia vinculante que recai sobre a *ratio decidendi*.

Reconhecidamente favorável à tese da eficácia transcendente da fundamentação, o Min. Gilmar Mendes lembrou a literatura alemã, advertindo que, embora na Alemanha exista discussão acerca dos limites objetivos dos efeitos vinculantes – se abrangentes da fundamentação ou apenas do dispositivo –, a razão de ser do § 31[338] da Lei Orgânica do Tribunal Constitucional alemão teria sido a de dotar as suas decisões de uma eficácia transcendente, que, caso fosse limitada ao dispositivo da decisão, não teria muito a acrescentar à função desempenhada pela coisa julgada material, além de diminuir significativamente a contribuição que o Tribunal Constitucional pode dar à preservação e ao desenvolvimento da ordem constitucional.[339]

---

334. STF, Rcl 1.987, voto do Min. Carlos Velloso.

335. STF, Rcl 1.987, voto do Min. Carlos Britto.

336. STF, Rcl 1.987, manifestação do Min. Sepúlveda Pertence.

337. "Mas, Sr. Presidente, há mais na hipótese: verificamos que o fator cronológico é contrário à admissibilidade, como já ressaltado pelo Min. Sepúlveda Pertence, desta reclamação. Por quê? Porque na ADIn 1.662 – se não me falha a memória –, cujo acórdão se diz descumprido, fulminamos um ato de 1997, e a base da decisão proferida pela louvável Justiça do Trabalho é um diploma posterior, é a EC 30/2000. Mas parte-se para o princípio da transcendência – e, aí, vislumbra-se a coisa julgada quanto aos fundamentos da decisão da Corte. Nem mesmo no campo civil temos coisa julgada de fundamentos. A coisa julgada diz respeito, de início – como está no art. 469 do CPC – à parte dispositiva do julgado" (STF, Rcl 1.987, voto do Min. Marco Aurélio).

338. "As decisões do Tribunal Constitucional alemão têm eficácia vinculante (*Bindungswirkung*) por disposição legal, conforme o § 31, 1, da Lei Orgânica do Tribunal Constitucional" (No original: "Die Entscheidungen des Bundesverfassungsgerichts binden die Verfassungsorgane des Bundes und der Länder sowie alle Gerichte und Behörden").

339. STF, Rcl 1.987, voto do Min. Gilmar Mendes.

Merece destaque a lembrança do Min. Gilmar Mendes à doutrina de Klaus Vogel, que, embora aludindo à coisa julgada, disse que a sua extensão iria além do dispositivo para abranger o que designou de "norma decisória concreta". Essa seria a "ideia jurídica subjacente à formulação contida na parte dispositiva, que, concebida de forma geral, permite não só a decisão do caso concreto, mas também a decisão de casos semelhantes".[340] Na verdade, Vogel está rotulando a força obrigatória das decisões, peculiar ao *common law*, de coisa julgada, ou, ainda mais precisamente, está conferindo à fundamentação o que o *common law* atribui à *ratio decidendi*.

É certo que é possível impedir às partes de rediscutir os fundamentos da decisão, conforme agora enfatiza o art. 503, § 1.º, do CPC de 2015. Porém, há que se notar que este impedimento apenas pode atingir as partes ou beneficiar aqueles que são titulares de pretensões que têm como base a mesma questão já plenamente debatida e decidida em outro processo, não tendo qualquer relação com a eficácia obrigatória dos precedentes das Cortes Supremas. Trata-se, em verdade, da distinção corrente no *common law* entre *collateral estoppel* e *stare decisis*.[341]

O conceito de Vogel deve a sua originalidade à concepção de *ratio decidendi*. Note-se que, assim como a *ratio decidendi*, a "norma decisória concreta" está à distância do dispositivo e dos fundamentos. Para permitir a decisão de casos semelhantes, tanto a *ratio decidendi* quanto a norma decisória concreta devem constituir uma espécie de "extrato significativo da fundamentação".

Porém, não obstante a equivocada assimilação entre eficácia vinculante e coisa julgada, o conceito de Vogel, quando bem visto, contém um *plus* significativo em relação à ideia de eficácia vinculante ou transcendente da fundamentação. É que a ideia de norma decisória concreta diz respeito à porção da fundamentação em que se identifica o motivo pelo qual se decidiu e, portanto, com o isolamento de uma parte significativa da fundamentação, deixadas de lado aquelas que não importam como razões de decidir, que, assim, são *obiter dicta*. O conceito de Vogel se aproxima do de "motivos determinantes da decisão", visto que o qualificativo "determinante" supõe o motivo como imprescindível e essencial, e, deste modo, como não supérfluo, restando em uma só dimensão, guardadas as suas particularidades, as ideias de *ratio decidendi*, norma decisória concreta e motivos determinantes (*tragende Gründe*) da decisão.

Ao se colocarem os conceitos de norma decisória concreta e de motivos determinantes da decisão na mesma dimensão do conceito de *ratio decidendi*, deseja-se apenas evidenciar a importância de se extrair da fundamentação, o que realmente levou a Corte a decidir, bem

---

340. Cf. voto do Min. Gilmar Mendes, STF, Rcl 1.987.
341. SCOTT, Austin Wakeman. Collateral estoppel by judgment. *Harvard Law Review*, vol. 56, 1942; CURRIE, Brainerd. Mutuality of collateral estoppel: limits of the Bernherd doctrine. *Stanford Law Review*, vol. 9, 1957; NONKES, Steven P. Reducing the unfair effects of nonmutual issue preclusion through damages limits. *Cornell Law Review*, vol. 94, 2009; GLOW, Lisa L. Offensive collateral estoppel in Arizona: Fair Litigation v. Judicial Economy. *Arizona Law Review*, vol. 30, 1988; PEREA, Ashley C. Broad discretion: a choice in applying offensive non-mutual collateral estoppel, *Arizona State Law Journal*, vol. 40, 2008; SEGAL, Joshua M. D. Rebalancing fairness and efficiency: the offensive use of collateral estoppel in § 1983 actions. *Boston University Law Review*, vol. 89. 2009; RICHARDSON, Eli J. Taking issue with preclusion: reinventing collateral estoppel. *Mississipi Law Journal*, vol. 65, 1995; FREEDMAN, Warren. Res judicata *and collateral estoppel*. Westport: Quorum, 1988; HEINSZ, Timothy J. Grieve it again: of stare decisis, res judicata and collateral estoppel in labor arbitration. *Boston College Law Review*, vol. 38, 1997.

como a sublinhar, que a não identificação desta porção da fundamentação gera incerteza, colocando em sério risco a segurança jurídica e a própria missão atribuída à Corte Suprema.

O conceito de coisa julgada material não é relevante quando se pretende dar estabilidade às decisões das Cortes Supremas. Nem mesmo a eficácia vinculante, caso limitada à parte dispositiva, aí teria alguma importância. Nessa dimensão, de qualquer forma, não há por que não admitir a adoção de *ratio decidendi* ou da eficácia vinculante dos motivos determinantes de decisão de inconstitucionalidade em caso em que se impugne norma de conteúdo similar. Vale o mesmo, como é óbvio, para o caso em que a decisão, proferida na ação direta, é de constitucionalidade. Os motivos determinantes da decisão de constitucionalidade, assim como aqueles que determinam a decisão de inconstitucionalidade, têm caráter vinculante por identidade absoluta de razões.

O Min. Celso de Mello, ao apreciar requerimento de medida liminar na Rcl 2.986, colocou-se diante da questão da possibilidade de se outorgar eficácia vinculante aos motivos determinantes da decisão declaratória de constitucionalidade proferida na ADIn 2.868. Argumentou o Min. Celso de Mello que o ato judicial, objeto da reclamação, teria desrespeitado os fundamentos determinantes da decisão proferida no julgamento final da ADIn 2.868, precisamente porque, naquela oportunidade, o Plenário da Suprema Corte reconhecera como constitucionalmente válida, para efeito de definição de pequeno valor e de consequente dispensa de expedição de precatório, a possibilidade de fixação, pelos Estados-membros, de valor referencial inferior ao do art. 87 do ADCT, na redação dada pela EC 37/2002, o que foi recusado pela decisão do órgão judicial sergipano, objeto da Reclamação. Assim, concluiu o Min. Celso de Mello que o caso representaria hipótese de "violação ao conteúdo essencial" do acórdão consubstanciador do julgamento da ADIn 2.868, caracterizando possível transgressão ao efeito transcendente dos fundamentos determinantes da decisão plenária do STF, ainda que proferida em face de legislação estranha ao Estado de Sergipe, autor da Reclamação em análise. Diante disso, deferiu-se a liminar, suspendendo-se os efeitos da decisão reclamada.[342]

Mas não são apenas os fundamentos determinantes das decisões proferidas em ação direta que possuem efeitos vinculantes. As razões que sustentam a eficácia vinculante dos fundamentos determinantes das decisões proferidas no controle principal também se impõem no controle incidental. Ou seja, os fundamentos determinantes das decisões proferidas em recurso extraordinário igualmente têm eficácia vinculante. Os fundamentos determinantes, revelando a doutrina do Supremo Tribunal acerca de questão constitucional, passam a obrigar os demais órgãos judiciais e, em certa medida, a própria Suprema Corte, pouco importando que tenham sido fixados em decisão proferida em sede de controle incidental. Neste sentido, o relator da Rcl 2.363,[343] Min. Gilmar Mendes, lembrou que os Ministros do Supremo Tribunal, mediante decisão monocrática, "vêm aplicando tese fixada em precedentes onde se discutiu a inconstitucionalidade de lei, em sede de controle difuso, emanada por

---

342. Rcl 2.896, rel. Min. Celso de Mello, *DJ* 18.03.2005.
343. A Rcl 4.219 também abordou o assunto. Nesta Reclamação existiam nove votos tratando da questão quando, em virtude do falecimento do reclamante, julgou-se prejudicado o pedido. Tinham votado pela admissibilidade da Reclamação os Ministros Eros Grau, Cezar Peluzo, Gilmar Mendes e Celso de Mello. Em sentido contrário, votaram os Ministros Joaquim Barbosa (relator), Sepúlveda Pertence, Ricardo Lewandowski, Carlos Brito e Cármen Lúcia. Restavam os votos dos Ministros Ellen Gracie e Marco Aurélio (Rcl 4.219, rel. Min. Joaquim Barbosa).

CONTROLE DE CONSTITUCIONALIDADE ○ **1051**

ente federativo diverso daquele prolator da lei objeto do recurso extraordinário sob exame".[344] Não obstante, decisões posteriores do STF deixaram de reafirmar a tese da eficácia vinculante dos fundamentos determinantes – assim, por exemplo, na Rcl 2.475[345] e na Rcl 5.082.[346]

8.16.8 Eficácia temporal da revogação de precedente formado no controle incidental

8.16.8.1 A questão nos Estados Unidos

A revogação de um precedente (*overruling*) tem, em regra, efeitos retroativos nos Estados Unidos e no *common law*. Como a revogação do precedente significa a admissão de que a tese nele enunciada – vigente até o momento da decisão revogadora – estava equivocada ou se tornou incompatível com os novos valores ou com o próprio direito, aceita-se naturalmente a ideia de que a decisão deve retroagir para apanhar as situações que lhe são anteriores, tenham dado origem, ou não, a litígios – cujos processos devem estar em curso.[347]

As decisões do *common law* são normalmente retroativas, no sentido de que a nova regra, estabelecida para o caso sob julgamento, é aplicável às situações que ocorreram antes da decisão que as fixou, bem como a todas aquelas que lhes são similares e, assim, estão expostas à mesma *ratio decidendi*.

Porém, a prática judicial americana tem evidenciado, em tempos recentes, hipóteses em que é necessário não permitir a retroatividade da nova regra, firmada na decisão que revogou o precedente.[348] Nestas situações, as Cortes mostram-se particularmente preocupadas em

---

344. Rcl 2.363, Pleno, rel. Min. Gilmar Mendes, *DJ* 01.04.2005.
345. Rcl 2.475-AgRg/MG, Pleno, rel. p/ o acórdão Min. Marco Aurélio, *DJe* 31.01.2008.
346. Rcl 5.082/DF-AgRg, Pleno, rel. Min. Ellen Gracie, *DJe* 04.05.2007.
347. SHANNON, Bradley Scott. The retroactive and prospective application of judicial decisions. *Harvard Journal of Law and Public Policy*, vol. 29, n. 115, 2004, p. 164-177.
348. FEDERMAN, Howard. Judicial overruling. Time for a new general rule. *Michigan Bar Journal*, set. 2004, p. 21 e ss. É clara a explicação de Eduardo Sodero: "Esto nos conduce de manera directa a la técnica del *prospective overruling*, conforme a la cual – precisamente – se anuncia el nuevo criterio que habrá de seguirse en el futuro – en una suerte de 'profecía', como se lee en 'Great Northern Ry. Co. v. Sunburst Oil & Refining Co.'–, pero al mismo tiempo se falla el caso sometido a decisión según el criterio anterior, técnica que ha sido empleada por la Corte norteamericana a partir de considerar los intereses de la parte afectada por el cambio 'in the law' (*vide* los casos reportados en 287 U.S. 358; 308 U.S. 371; 375 U.S. 411; 377 U.S. 13; 392 U.S. 481; 393 U.S. 544; 395 U.S. 701; 399 U.S. 204; 458 U.S. 50; etc.). Sopesando el valor de esta técnica, cabe considerar que así como el cambio de jurisprudencia 'hacia atrás' (donde el viejo criterio ya no se aplica ni siquiera al caso enjuiciado) puede crear una fuerte impresión de injusticia en cabeza de quienes habrían confiado en la jurisprudencia existente al inicio del juicio sólo para encontrarse al final con que aquello que se consideraba como derecho ya no lo es, también resulta cierto que – como vimos – el otro criterio (*prospective overruling*) genera injusticia igualmente: la parte vencida obtiene una victoria moral al convencer al tribunal de cambiar el criterio que ella ha sostenido que es equivocado, pero al propio tiempo pierde su caso, por lo cual se comprende que este proceder haya sido objeto de fuertes críticas, pudiendo agregarse a las objeciones antes apuntadas de Larenz las que surgen desde el propio ámbito anglosajón, como las de sir Leslie Scarman, quien comentaba: 'encuentro difícil de comprender cómo un juez puede decir que un caso será decidido de este modo para las partes, y anunciar que en el futuro será decidido de otra manera para partes diferentes que puedan venir más tarde. Ello luce, en mi opinión, como una deformación o distorsión del proceso judicial que deberíamos evitar en lo posible'" (SODERO, Eduardo. Sobre el cambio de los precedentes, *Isonomía – Revista de Teoría y Filosofía del Derecho*, n. 21, p. 243-244).

tutelar o princípio da segurança – especialmente na sua feição de garante da previsibilidade – e a confiança depositada pelos jurisdicionados nos atos do Poder Público.

Eisenberg enfatiza que "the major justification for prospective overruling is the protection of justifiable reliance".[349] Há aí, antes de tudo, plena consciência de que a retroatividade de uma decisão que substitui precedente que, por certo período de tempo, pautou e orientou a conduta dos jurisdicionados é tão injusta quanto a perpetuação do precedente judicialmente declarado injusto. Mas, para que a não retroatividade se justifique, exige-se que a credibilidade do precedente não tenha sido abalada, de modo a não tornar previsível a sua revogação. Caso a doutrina e os tribunais já tenham advertido para o equívoco do precedente ou apontado para a sua conveniente ou provável revogação, não há confiança justificável ou confiança capaz de fazer acreditar que os jurisdicionados tenham, legitimamente, traçado os seus comportamentos e atividades de acordo com o precedente. De modo que, para que o *overruling* não tenha efeitos retroativos, as situações e relações antes estabelecidas devem ter se fundado em uma confiança qualificada, que pode ser dita uma "confiança justificada".[350]

Há casos em que o precedente pode deixar de corresponder aos valores que o inspiraram ou se tornar inconsistente e, ainda assim, não se mostrar razoável que a sua revogação atinja situações passadas, em virtude de a confiança justificável, então caracterizada, sobrepor-se à ideia de fazer a revogação valer para trás.

Não obstante, embora com a irretroatividade dos efeitos do *overruling* ou com o *overruling* com efeitos prospectivos se garanta o princípio da segurança e se proteja a confiança nos atos do Poder Público, daí também podem advir custos ou prejuízos. O *prospective overruling* pode gerar resultados ou decisões inconsistentes, especialmente quando se está diante do *overruling* cujos efeitos apenas podem ser produzidos a partir de certa data ou do *overruling* cujos efeitos retroativos incidem apenas sobre determinado caso.[351]

Note-se que, na primeira hipótese, como o *overruling* tem efeitos somente a partir de certa data, as situações e relações que se formam depois da decisão são tratadas de modo diverso, conforme tenham se estabelecido antes ou depois da data prevista na decisão, ainda que esta tenha declarado a ilegitimidade do precedente. De outro lado, a admissão da retroatividade em relação a apenas um caso ou somente ao caso sob julgamento faz com que todos os outros casos passados sejam tratados à luz do precedente, embora se declare que este não mais tem autoridade. Tais situações permitem o surgimento de resultados inconsistentes.

Esta última situação é exemplificada pelo caso *Molitor v. Kaneland Community*. Trata-se de caso em que a Corte de Illinois revogou o precedente da "imunidade municipal", responsabilizando o município pelos danos sofridos por Thomas Molitor em acidente de ônibus escolar. Nesta hipótese, decidiu-se que a nova regra não seria aplicada a casos

---

349. A maior justificativa para a revogação com efeitos prospectivos é a proteção da confiança justificada (EISENBERG, Melvin Aron. *The nature of the common law*, p. 131).

350. Segundo Robert Summers, "a aplicação retroativa de uma decisão revogadora de precedente pode contrariar relevante confiança no precedente revogado e tratar partes em posições similares de modo muito diferente" (No original: "Retroactive application of an overruling decision may upset substantial reliance on the overruled precedent and will treat parties similarly situated quite differently") (SUMMERS, Robert. Precedent in the United States (New York State). *Interpreting precedents:* a comparative study, p. 397-398).

351. SHANNON, Bradley Scott. The retroactive and prospective application of judicial decisions. *Harvard Journal of Law & Public Policy*, vol. 26, 2004.

anteriores, exceto o de Thomas – o caso sob julgamento. Contudo, mais tarde a Corte percebeu que teria de aplicar a nova regra a outras sete crianças – três delas irmãos de Thomas –, que também estavam no ônibus que se acidentara, em virtude de ter reconhecido que todas as crianças que viajavam no ônibus deveriam ser tratadas de igual forma.[352]

Por sua vez, a primeira hipótese, acima referida, é exemplificada por *Spaniel v. Mounds View School District n. 621*, em que a Corte de Minnesota revogou o precedente que conferia imunidade às unidades municipais, como cidades e distritos estudantis, recusando-se a aplicar a nova regra ao caso sob julgamento e declarando que os seus efeitos deveriam ficar contidos até o final da próxima legislatura de Minnesota.[353]

Quando se posterga a produção de efeitos da nova regra, fala-se em *prospective prospective overruling*. Ademais, como esclarece Eisenberg, alude-se a *pure prospective overruling* para demonstrar o que ocorre quando a Corte não aceita que a nova regra regule o próprio caso sob julgamento, restando a terminologia *prospective overruling* para anunciar a mera irretroatividade da nova regra às situações anteriores à data da decisão.[354]

Há outras situações intermediárias. Assim, em *Li v. Yellow Cab Co.*, a Suprema Corte da Califórnia revogou o precedente da *contributory negligence* pela regra da *comparative negligence*, deixando claro que a nova regra não seria aplicável aos casos com julgamento em curso. Em Whitinsville Plaza, relacionou-se a técnica do *overruling* prospectivo com a técnica da sinalização,[355] ou seja, decidiu-se que a nova regra teria efeitos retroativos até a data da decisão em que ocorrera a sinalização.[356] Se mediante a técnica da sinalização, conquanto se deixe de revogar o precedente, adverte-se para a sua provável e próxima revogação, pouca diferença existiria em substituir tal técnica pela revogação imediata do precedente com efeitos prospectivos a partir de certa data futura. Portanto, quando se revoga o precedente, e sinalização anterior foi feita, é coerente admitir a retroatividade da nova regra até a data da decisão sinalizadora ou até data em que se supõe que o sinal foi absorvido na comunidade jurídica.

Há um caso, sublinhado por Eisenberg, em que o *prospective overruling* possui grande importância para a consistência de resultados. Trata-se da hipótese em que a Corte possui motivos para acreditar que o *overruling* será revertido pelo Legislativo, que dará melhor regulação à situação. Nesta hipótese, além de não se desejar interferência sobre o passado, não se quer que a decisão atinja as situações intermediárias entre o *overruling* e a regra legislativa, preferindo-se que a revogação tenha seus efeitos contidos até a data em que se presuma que o Legislativo terá criado a regra. Ao se declarar que a revogação vai produzir

---

352. EISENBERG, Melvin Aron. *The nature of common law*, p. 128-129.
353. Idem, p. 128.
354. Idem, p. 127-128.
355. "A sinalização é uma técnica mediante a qual o tribunal, embora seguindo o precedente, noticia às profissões jurídicas que este não é mais confiável" (No original: "Signaling is a technique by which a court follows a precedent but puts the profession on notice that the precedent is no longer reliable") (idem, p. 122).
356. Em *Whitinsville Plaza, Inc. v. Kotseas*, a Corte afirmou que já havia sinalizado para a revogação do precedente firmado em Norcross no caso Ouellette, e, com base nisso, outorgou efeitos retroativos ao *overruling*, declarando que deveriam ser apanhados todos os negócios realizados após Ouellette. Assim, o *overruling* ditado em Whitinsville retroagiu até a decisão proferida em Ouellette porque a Corte entendeu que, a partir desta data, poder-se-ia racionalmente confiar na expectativa de que, na próxima ocasião adequada, a Corte iria revogar as decisões tomadas em Shade e em Norcross. Verifica-se aí nítida aproximação entre a técnica da sinalização e a do *overruling* com efeitos prospectivos (idem, p. 128 e ss.).

efeitos após a possível criação legislativa, os efeitos do *overruling* somente serão produzidos caso o Legislativo não atue. Foi o que aconteceu em *Massachussetts, Whitney v. City of Worcester*, em que a Corte, utilizando a técnica da sinalização como substituto funcional do *prospective overruling*, afirmou a sua intenção de ab-rogar o precedente da imunidade municipal no primeiro caso por ela decidido após a conclusão daquela que seria a próxima sessão do Legislativo, caso este não houvesse atuado de modo a revogar o precedente.[357]

Neste caso, é certo, não houve propriamente *overruling* com efeitos prospectivos, mas manutenção do precedente mediante a técnica da sinalização, anunciando-se a intenção de se proceder à revogação em caso de não atuação do Legislativo. Note-se, porém, que existe maior efetividade em revogar desde logo o precedente, contendo-se os seus efeitos, pois nesta hipótese não haverá sequer como temer que o precedente continue a produzir efeitos, diante de uma eventual inação da Corte em imediatamente decidir como prometera ao fazer a sinalização.

De outra parte, o *prospective overruling* pode ainda trazer outros problemas, especialmente em suas feições de *pure prospective overruling* e de *prospective prospective overruling*.[358] Se a nova regra não vale para o caso sob julgamento, a energia despendida pela parte não lhe traz qualquer vantagem concreta, ou melhor, não lhe outorga o benefício almejado por todo litigante que busca a tutela jurisdicional. Isso quer dizer que o uso do *prospective overruling* pode desestimular a propositura de ações judiciais contra determinados precedentes.[359]

Ademais, o uso indiscriminado do *pure prospective overruling* e do *prospective prospective overruling* elimina a necessidade de os advogados analisarem como os precedentes estão sendo vistos pela doutrina e de que forma os tribunais vêm tratando de pontos correlatos com aqueles definidos na *ratio decidendi* do precedente. Quando se atribui efeito prospectivo à nova regra, impedindo-se a sua incidência em relação ao caso sob julgamento, resta eliminada qualquer possibilidade de a parte ser surpreendida pela decisão judicial, ainda que o precedente já tenha sido desautorizado pela doutrina e por decisões que, embora obviamente não tenham enfrentado de forma direta a questão resolvida no precedente, afirmaram soluções com ele inconsistentes. Desse modo, a investigação e a análise do advogado não seriam sequer necessárias, já que ao jurisdicionado bastaria a mera existência do precedente, pouco importando o grau da sua autoridade ou força e, portanto, a possibilidade ou a probabilidade da sua revogação. Assim, o uso inadequado do *prospective overruling* torna, de um lado, desnecessária a análise sobre se a tutela da segurança jurídica e da confiança fundamenta a não retroatividade dos efeitos do *overruling*, e, de outro, constitui obstáculo ao desenvolvimento do direito jurisprudencial. Na verdade, dessa forma o direito deixaria de ser visto como algo em permanente construção, negando-se o fundamento que deve estar à base de uma teoria dos precedentes.

Deixe-se claro que a doutrina de *common law* entende que a revogação, em regra, deve ter efeitos retroativos. Apenas excepcionalmente, em especial quando há confiança justificada no precedente, admite-se dar efeitos prospectivos ao *overruling*. E isso sem se enfatizar que as Cortes não devem supor razão para a tutela da confiança sem consideração

---

357. Idem, p. 131.
358. TRAYNOR, Roger J. Quo vadis, prospective *overruling*: a question of judicial responsibility. *Hastings Law Journal*, vol. 50, abr. 1999.
359. EISENBERG, Melvin Aron. *The nature of common law*, p. 131.

CONTROLE DE CONSTITUCIONALIDADE 1055

meticulosa, analisando se a questão enfrentada é daquelas em que os jurisdicionados costumam se pautar nos precedentes, assim como se os tribunais já sinalizaram para a revogação do precedente ou se a doutrina já demonstrou a sua fragilidade.[360]

8.16.8.2 Diferentes razões para tutelar a segurança jurídica: decisão de inconstitucionalidade e revogação de precedente constitucional

O art. 27 da Lei 9.868/1999 explicita que o STF, ao declarar a inconstitucionalidade de lei ou ato normativo, tem poder para limitar os seus efeitos retroativos ou dar-lhe efeitos prospectivos. Diz o art. 27 que, "ao declarar a inconstitucionalidade de lei ou ato normativo, e tendo em vista razões de segurança jurídica ou de excepcional interesse social, poderá o Supremo Tribunal Federal, por maioria de dois terços de seus membros, restringir os efeitos daquela declaração ou decidir que ela só tenha eficácia a partir de seu trânsito em julgado ou de outro momento que venha a ser fixado".

O tema da eficácia temporal da decisão de inconstitucionalidade pronunciada na ação direta será mais bem aprofundado adiante, quando se tratar desta ação. Mas é importante, neste momento, anunciar esta possibilidade, aludindo-se à ação direta de inconstitucionalidade em que o STF houve por bem atribuir efeitos prospectivos à sua decisão. Isso para demonstrar que, embora os efeitos retroativos também possam ser limitados no controle difuso, as suas razões não se confundem com as que determinam a limitação da retroatividade ou os efeitos prospectivos no controle concentrado.

Na ADIn 2.240,[361] em que se questionou a inconstitucionalidade da lei estadual que criou o Município de Luís Eduardo Magalhães, o Supremo não tinha qualquer dúvida sobre a

---

360. Idem, p. 132.

361. "Ação direta de inconstitucionalidade. Lei 7.619/2000, do Estado da Bahia, que criou o Município de Luís Eduardo Magalhães. Inconstitucionalidade de lei estadual posterior à EC 15/1996. Ausência de lei complementar federal prevista no texto constitucional. Afronta ao disposto no art. 18, § 4.º, da CF. Omissão do Poder Legislativo. Existência de fato. Situação consolidada. Princípio da segurança jurídica. Situação de exceção, estado de exceção. A exceção não se subtrai à norma, mas esta, suspendendo-se, dá lugar à exceção. Apenas assim ela se constitui como regra, mantendo-se em relação com a exceção. 1. O Município foi efetivamente criado e assumiu existência de fato, há mais de seis anos, como ente federativo. 2. Existência de fato do Município, decorrente da decisão política que importou na sua instalação como ente federativo dotado de autonomia. Situação excepcional consolidada, de caráter institucional, político. Hipótese que consubstancia reconhecimento e acolhimento da força normativa dos fatos. 3. Esta Corte não pode limitar-se à prática de mero exercício de subsunção. A situação de exceção, situação consolidada – embora ainda não jurídica –, não pode ser desconsiderada. 4. A exceção resulta de omissão do Poder Legislativo, visto que o impedimento de criação, incorporação, fusão e desmembramento de Municípios, desde a promulgação da EC 15, em 12.09.1996, deve-se à ausência de lei complementar federal. 5. Omissão do Congresso Nacional que inviabiliza o que a Constituição autoriza: a criação de Município. A não edição da lei complementar dentro de um prazo razoável consubstancia autêntica violação da ordem constitucional. 6. A criação do Município de Luís Eduardo Magalhães importa, tal como se deu, uma situação excepcional não prevista pelo direito positivo. 7. O estado de exceção é uma zona de indiferença entre o caos e o estado da normalidade. Não é a exceção que se subtrai à norma, mas a norma que, suspendendo-se, dá lugar à exceção – apenas desse modo ela se constitui como regra, mantendo-se em relação com a exceção. 8. Ao STF incumbe decidir regulando também essas situações de exceção. Não se afasta do ordenamento, ao fazê-lo, eis que aplica a norma à exceção desaplicando-a, isto é, retirando-a da exceção. 9. Cumpre verificar o que menos compromete a força normativa futura da Constituição e sua função de estabilização. No aparente conflito de inconstitucionalidades impor-se-ia o reconhecimento da existência válida do Município, a fim de que se afaste a agressão à federação. 10. O princípio da segurança jurídica prospera em bene-

inconstitucionalidade da lei, mas temia que, ao pronunciá-la, pudesse irremediavelmente atingir todas as situações que se formaram após a edição da lei. Receava-se que a declaração de inconstitucionalidade não pudesse permitir a preservação das situações estabelecidas antes da decisão de inconstitucionalidade. Partindo-se da teoria da nulidade do ato inconstitucional, a preservação do que aconteceu após a edição da lei inconstitucional teria de ter sustentáculo em algo capaz de se contrapor ao princípio de que a lei inconstitucional, por ser nula, não produz quaisquer efeitos.

É curioso que o relator, inicialmente, embora reconhecendo a inconstitucionalidade, julgou a ação improcedente. E isso para preservar as situações consolidadas, em nome do princípio da segurança jurídica.[362] Após o voto do relator, pediu vistas o Min. Gilmar Mendes. Em seu voto argumentou que não seria razoável deixar de julgar procedente a ação direta de inconstitucionalidade para não se atingir o passado, advertindo que a preservação das situações anteriores poderia se dar ainda que a ação fosse julgada procedente. Consta do voto do Min. Gilmar: "Impressionou-me a conclusão a que chegou o Min. Eros Grau – votou pela improcedência da ação – após tecer percuciente análise sobre a realidade fática fundada na lei impugnada e o peso que possui, no caso, o princípio da segurança jurídica. De fato, há toda uma situação consolidada que não pode ser ignorada pelo Tribunal. Com o surgimento, no plano das normas, de uma nova entidade federativa, emergiu, no plano dos fatos, uma gama de situações decorrentes da prática de atos próprios do exercício da autonomia municipal. A realidade concreta que se vincula à lei estadual impugnada já foi objeto de extensa descrição analítica no voto proferido pelo Ministro relator, e não pretendo aqui retomá-la. Creio que o Tribunal já se encontra plenamente inteirado das graves repercussões de ordem política, econômica e social de uma eventual decisão de inconstitucionalidade".[363]

---

fício da preservação do Município. 11. Princípio da continuidade do Estado. 12. Julgamento no qual foi considerada a decisão desta Corte no MI 725, quando determinado que o Congresso Nacional, no prazo de dezoito meses, ao editar a lei complementar federal referida no § 4.º do art. 18 da CF, considere, reconhecendo-a, a existência consolidada do Município de Luís Eduardo Magalhães. Declaração de inconstitucionalidade da lei estadual sem pronúncia de sua nulidade. 13. Ação direta julgada procedente para declarar a inconstitucionalidade, mas não pronunciar a nulidade pelo prazo de 24 meses, da Lei 7.619, de 30.03.2000, do Estado da Bahia" (STF, Pleno, ADIn 2.240, rel. Min. Eros Grau, *DJe* 03.08.2007).

362. Parte final do voto do Min. relator, Eros Grau: "Permito-me observar ainda que no caso está em pauta o *princípio da continuidade do Estado, não o princípio da continuidade do serviço público.* Os serviços públicos prestados pelo Município de Luís Eduardo Magalhães passariam a ser imediatamente prestados, se declarada a inconstitucionalidade da lei de sua criação, pelo Município de Barreiras, de cuja área foi destacado. Mas não é disso que aqui se cuida, senão da necessária, imprescindível afirmação, por esta Corte, do sentido normativo veiculado pelo art. 1.º da CF: a República Federativa do Brasil é formada pela união indissolúvel dos Estados e Municípios e do Distrito Federal. É o princípio da continuidade do Estado que está em pauta na presente ADIn, incumbindo-nos recusar o *fiat justitia, pereat mundus.* Por certo que a afirmação da improcedência da ADIn não servirá de estímulo à criação de novos municípios, indiscriminadamente. Antes, pelo contrário, há de expressar como que um apelo ao Poder Legislativo, no sentido de que supra a omissão constitucional que vem sendo reiteradamente consumada. Concluído, retornarei à observação de Konrad Hesse: também cumpre a esta Corte fazer tudo aquilo que seja necessário para impedir o nascimento de realidades inconstitucionais, mas indispensável há de ser, quando isso seja possível, que esta mesma Corte tudo faça para pô-la, essa realidade, novamente em concordância com a Constituição. As circunstâncias da realidade concreta do Município de Luis Eduardo Magalhães impõem seja julgada improcedente a ADIn" (STF, Pleno, ADIn 2.240, rel. Min. Eros Grau, *DJe* 03.08.2007).

363. Idem.

Após ter deixado claro que o Ministro relator estava preocupado em proteger as situações consolidadas, argumentou o Min. Gilmar que a solução do problema "não pode advir da simples decisão de improcedência da ação. Seria como se o Tribunal, focando toda sua atenção na necessidade de se assegurarem realidades concretas que não podem mais ser desfeitas e, portanto, reconhecendo plena aplicabilidade ao princípio da segurança jurídica, deixasse de contemplar, na devida medida, o princípio da nulidade da lei inconstitucional".[364] Depois disso, advertiu que, embora não se possa negar a relevância do princípio da segurança jurídica no caso, é possível primar pela otimização de ambos os princípios – ou seja, dos princípios da segurança jurídica e da nulidade da lei inconstitucional –, "tentando aplicá-los, na maior medida possível, segundo as possibilidades fáticas e jurídicas que o caso concreto pode nos apresentar".[365]

Mais tarde, sublinhou que "a falta de um instituto que permita estabelecer limites aos efeitos da declaração de inconstitucionalidade acaba por obrigar os Tribunais, muitas vezes, a se abster de emitir um juízo de censura, declarando a constitucionalidade de leis manifestamente inconstitucionais".[366] E que o "perigo de uma tal atitude desmesurada de *self restraint* (ou *greater restraint*) pelas Cortes Constitucionais ocorre justamente nos casos em que, como o presente, a nulidade da lei inconstitucional pode causar uma verdadeira catástrofe – para utilizar a expressão de Otto Bachof – do ponto de vista político, econômico e social".[367] Diante disso, consignou o Min. Gilmar: "Não há dúvida, portanto – e todos os Ministros que aqui se encontram parecem ter plena consciência disso –, que o Tribunal deve adotar uma fórmula que, reconhecendo a inconstitucionalidade da lei impugnada – diante da vasta e consolidada jurisprudência sobre o tema –, resguarde na maior medida possível os efeitos por ela produzidos".[368]

Nesta linha, o Min. Gilmar Mendes, que acabou sendo acompanhando pelos demais Ministros – inclusive pelo Ministro relator, que retificou o seu voto –, com exceção do Min. Marco Aurélio – que, embora julgando procedente a ação de inconstitucionalidade, pronunciava a nulidade da lei[369] –, votou no "sentido de, aplicando o art. 27 da Lei 9.868/1999, declarar a inconstitucionalidade sem a pronúncia da nulidade da lei impugnada, mantendo sua vigência pelo prazo de 24 (vinte e quatro) meses, lapso temporal razoável dentro do qual poderá o legislador estadual reapreciar o tema, tendo como base os parâmetros que deverão ser fixados na lei complementar federal, conforme decisão desta Corte na ADIn 3.682".[370]

---

364. Idem.
365. Idem.
366. Idem.
367. Idem.
368. Idem.
369. Voto do Min. Marco Aurélio: "Presidente, peço vênia para cingir-me à concepção que tenho sobre as normas de regência da matéria, ao alcance que dou ao art. 18, § 4.º, da CF e ao art. 27 da Lei 9.868/1999, não estabelecendo solução prática, pouco importando o Município, fora desses mesmos parâmetros. Hoje, há autorização – e sob esse preceito foi criado o Município – que não se torna efetiva ante a inexistência de atividade legiferante do Congresso quanto à lei complementar que fixaria as balizas temporais, afastando, quem sabe, o ano das eleições – segundo memorial recebido, esse Município foi criado em ano de eleições – e, também, os requisitos a serem atendidos. Portanto, julgo procedente o pedido formulado" (idem).
370. Idem.

Note-se que se afirmou estar sendo declarada a inconstitucionalidade, mas sem a pronúncia da nulidade da lei impugnada, mantendo-se sua vigência pelo prazo de 24 meses.[371] O método utilizado, embora similar, não se confunde com a técnica do *prospective prospective overruling*, empregada no direito estadunidense.[372] A similaridade decorre do fato de se ter mantido a vigência da lei pelo prazo de 24 meses, o que permite equiparar esta decisão àquela cujos efeitos operam somente a partir de determinada data no futuro. Não há dúvida que ambas as decisões protegem a segurança jurídica. É isso, precisamente, que permite a aproximação das situações.

Porém, a técnica do *prospective overruling* tem a ver com a revogação de precedentes e não com a declaração de inconstitucionalidade. Quando nada indica provável revogação de um precedente, e, assim, os jurisdicionados nele depositam confiança justificada para pautar suas condutas, entende-se que, em nome da proteção da confiança, é possível revogar o

---

371. Na ADIn 3.615, tratando de caso semelhante, a Corte julgou procedente a ação direta, atribuindo à decisão de inconstitucionalidade efeitos *ex nunc*: "Ação direta de inconstitucionalidade. Art. 51 do ADCT do Estado da Paraíba. Redefinição dos limites territoriais do Município do Conde. Desmembramento de parte de município e incorporação da área separada ao território da municipalidade limítrofe, tudo sem a prévia consulta, mediante plebiscito, das populações de ambas as localidades. Ofensa ao art. 18, § 4.º, da CF. 1. Para a averiguação da violação apontada pelo requerente, qual seja o desrespeito, pelo legislador constituinte paraibano, das exigências de consulta prévia e de edição de lei estadual para o desmembramento de município, não foi a norma contida no art. 18, § 4.º, da CF substancialmente alterada, uma vez que tais requisitos, já existentes no seu texto primitivo, permaneceram inalterados após a edição da EC 15/1996. Precedentes: ADIn 458, rel. Min. Sydney Sanches, *DJ* 11.09.1998, e ADIn 2.391, rel. Min. Ellen Gracie, *Informativo STF* 316. 2. Afastada a alegação de que a norma impugnada, sendo fruto da atividade do legislador constituinte estadual, gozaria de uma inaugural presunção de constitucionalidade, pois, segundo a jurisprudência desta Corte, o exercício do poder constituinte deferido aos Estados-membros está subordinado aos princípios adotados e proclamados pela Constituição Federal. Precedente: ADIn 192, rel. Min. Moreira Alves, *DJ* 06.09.2001. 3. Pesquisas de opinião, abaixo-assinados e declarações de organizações comunitárias, favoráveis à criação, à incorporação ou ao desmembramento de município, não são capazes de suprir o rigor e a legitimidade do plebiscito exigido pelo § 4.º do art. 18 da CF. Precedente: ADIn 2.994, rel. Min. Ellen Gracie, *DJ* 04.06.2004. A esse rol de instrumentos ineficazes que buscam driblar a exigência de plebiscito expressa no art. 18, § 4.º, da CF soma-se, agora, este de emenda popular ao projeto de Constituição Estadual. 4. Ação direta cujo pedido se julga procedente, com a aplicação de efeitos *ex nunc*, nos termos do art. 27 da Lei 9.868/1999" (STF, Pleno, ADIn 3.615, rel. Min. Ellen Gracie, *DJ* 09.03.2007). É importante registrar parte do voto da Ministra relatora, Ellen Gracie: "Com essas considerações, julgo procedente o pedido formulado na presente ação direta e declaro a inconstitucionalidade do art. 51 do ADCT do Estado da Paraíba. Nos termos do art. 27 da Lei 9.868/1999, proponho, porém, a aplicação *ex nunc* dos efeitos dessa decisão. Justifico. Nas mais recentes ações diretas que trataram desse tema, normalmente propostas logo após a edição da lei impugnada, se tem aplicado o rito célere do art. 12 da Lei 9.868/1999. Assim, o tempo necessário para o surgimento da decisão pela inconstitucionalidade do diploma dificilmente é desarrazoado, possibilitando a regular aplicação dos efeitos *ex tunc*. Nas ações diretas mais antigas, por sua vez, era praxe do Tribunal a quase imediata suspensão cautelar do ato normativo atacado. Assim, mesmo que o julgamento definitivo demorasse a acontecer, a aplicação dos efeitos *ex tunc* não gerava maiores problemas, pois a norma permanecera durante todo o tempo com sua vigência suspensa. Aqui, a situação é diferente. Contesta-se, em novembro de 2005, norma promulgada em outubro de 1989. Durante esses dezesseis anos, foram consolidadas diversas situações jurídicas, principalmente no campo financeiro, tributário e administrativo, que não podem, sob pena de ofensa à segurança jurídica, ser desconstituídas desde a sua origem. Por essa razão, considero presente legítima hipótese de aplicação de efeitos *ex nunc* da declaração de inconstitucionalidade" (STF, Pleno, ADIn 3.615, rel. Min. Ellen Gracie, *DJ* 09.03.2007).

372. TREANOR, William Michael. Prospective overruling and the revival of unconstitutional statutes. *Columbia Law Review*, vol. 93, dez. 1993.

precedente com efeitos puramente prospectivos (a partir do trânsito em julgado) ou mesmo com efeitos prospectivos a partir de certa data ou evento.[373] Isso ocorre para que as situações que se formaram com base no precedente não sejam atingidas pela nova regra. Contudo, na decisão proferida pelo STF na ação direta de inconstitucionalidade do município de Luis Eduardo Magalhães, não há como pensar em proteção da confiança fundada nos precedentes. Lembre-se que a Corte reconheceu que os seus próprios precedentes eram no sentido da inconstitucionalidade e que, exatamente por conta disso, não se concebia julgamento de improcedência da ação.

Quando não se outorga efeito retroativo à decisão de inconstitucionalidade, objetiva-se preservar as situações que se consolidaram com base na lei inconstitucional. Nessa situação entra em jogo a relação entre os princípios da nulidade da lei inconstitucional e da segurança jurídica, mas certamente não importa a proteção da confiança justificada nos precedentes judiciais. A segurança jurídica é deduzida para proteger situações consolidadas que se fundaram na lei declarada inconstitucional, mas não para justificar ações que se pautaram em precedente revogado.

8.16.8.3 *Efeitos* inter partes *e vinculantes da decisão de inconstitucionalidade (no controle incidental) e da decisão que revoga precedente constitucional*

A decisão proferida em recurso extraordinário, no que diz respeito à questão constitucional envolvida, possui efeitos com qualidades distintas. Além de atingir as partes em litígio, impedindo que voltem a discutir a questão constitucional para tentar modificar a tutela jurisdicional concedida, a decisão possui efeitos vinculantes, obrigando todos os juízes e tribunais a respeitá-la. Consideram-se, nesta dimensão, os fundamentos da decisão, ou, mais precisamente, os seus motivos determinantes ou a sua *ratio decidendi*, e não o seu dispositivo. Ou seja, os motivos determinantes – em relação à tutela jurisdicional – se tornam indiscutíveis às partes e obrigatórios aos demais órgãos judiciais.

Declarada incidentalmente a inconstitucionalidade da norma, essa não produz efeitos no caso sob julgamento, mas não é declarada nula. A norma se torna inaplicável nos demais

---

373. Recentemente o Pleno do STF no julgamento do ARE 709.212 reconheceu que o prazo prescricional para a cobrança judicial de valores devidos ao FGTS pelos empregados e tomadores de serviço é quinquenal. Declarou-se a inconstitucionalidade dos arts. 23, § 5.º, da Lei 8.036/1990 e 55 do Regulamento do FGTS na parte em se assegurava a prescrição trintenária por violação ao art. 7.º, XXIX, da Constituição. Reconheceu-se, porém, estar-se diante da mudança de entendimento há bastante tempo consolidado na jurisprudência do Supremo Tribunal Federal. Em razão disso, e com base na segurança jurídica, foram modulados os efeitos da decisão no tempo, conforme expresso no voto do rel. Min. Gilmar Mendes: "A modulação que se propõe consiste em atribuir à presente decisão efeitos *ex nunc* (prospectivos). Dessa forma, para aqueles cujo termo inicial da prescrição ocorra após a data do presente julgamento, aplica-se, desde logo, o prazo de cinco anos. Por outro lado, para os casos em que o prazo prescricional já esteja em curso, aplica-se o que ocorrer primeiro: 30 anos, contados do termo inicial, ou 5 anos, a partir desta decisão. Assim se, na presente data, já tenham transcorrido 27 anos do prazo prescricional, bastarão mais 3 anos para que se opere a prescrição, com base na jurisprudência desta Corte até então vigente. Por outro lado, se na data desta decisão tiverem decorrido 23 anos do prazo prescricional, ao caso se aplicará o novo prazo de 5 anos, a contar da data do presente julgamento" (STF, ARE 709.212, Pleno, rel. Min. Gilmar Mendes, *DJe* 18.02.2015).

casos porque os juízes e os tribunais ficam vinculados aos fundamentos da decisão que determinaram a inconstitucionalidade.

A decisão que revoga precedente, negando os seus motivos determinantes ou a sua *ratio decidendi*, é pensada em diferentes perspectivas, conforme a decisão revogadora pronuncie a inconstitucionalidade ou a constitucionalidade. No primeiro caso, em princípio, a norma não é aplicada ao caso sob julgamento e, em virtude da eficácia vinculante, não deverá ser aplicada nos casos que se seguirem. Na hipótese de constitucionalidade, também em princípio, a norma será aplicada no caso sob julgamento e, em face da eficácia vinculante, em todos os casos seguintes. No primeiro caso, a norma não é declarada nula, mas os seus efeitos ficam paralisados. No segundo, como a norma estava em estado de letargia, os seus efeitos são ressuscitados.

Porém, o dilema que marca a revogação de precedente está exatamente na alteração do sinal de vida dos efeitos da norma. Numa hipótese a norma deixa de produzir efeitos e na outra passa a produzi-los. Isso, entretanto, tem nítida interferência nas relações e situações que se pautaram no precedente revogado, considerando a decisão de inconstitucionalidade ou a decisão de constitucionalidade. A situação que, considerando precedente constitucional, afronta a decisão que o revogou merece cuidado especial.

A ordem jurídica – composta pelas decisões judiciais, especialmente as do STF – gera expectativa e merece confiança, tuteláveis pelo princípio da segurança jurídica. Assim, é preciso investigar se há confiança que pode ser dita justificada no precedente revogado. Basicamente, é necessário verificar se o precedente tinha suficiente força ou autoridade, à época da prática da conduta ou da celebração do negócio, para fazer ao envolvido crer estar atuando em conformidade com o direito. Existindo confiança justificada, é legítimo decidir, no controle difuso, de modo a preservar as situações que se pautaram no precedente.

Perceba-se que aí não há limitação da retroatividade dos efeitos da decisão de inconstitucionalidade, mas modulação da eficácia vinculante da decisão, anunciando-se ser ela inaplicável diante das situações que justificadamente se pautaram no precedente revogado. Não se pode falar em limitação da retroatividade dos efeitos da decisão de inconstitucionalidade, mas sim em modulação dos efeitos vinculantes, não somente porque a decisão revogadora pode ser no sentido da constitucionalidade, mas também porque não se está diante de decisão que produz efeitos diretos *erga omnes*, mas de decisão que gera efeitos *inter partes*. Em verdade, há apenas necessidade de definir em que limite temporal ou situações concretas o precedente revogador terá eficácia vinculante. De qualquer forma, é inegável que a modulação da eficácia vinculante em relação às situações consolidadas acaba gerando uma limitação de retroatividade do precedente.

8.16.8.4 *Eficácia prospectiva de decisão revogadora de precedente constitucional e de decisão proferida em controle incidental*

Não há dúvida que as decisões proferidas em recurso extraordinário produzem eficácia vinculante em relação aos seus motivos determinantes, assim como as decisões prolatadas em controle principal. Como é óbvio, para se admitir a eficácia vinculante no controle incidental não é preciso argumentar que a eficácia vinculante é viável no controle principal. Da mesma forma, a circunstância de ser possível atribuir efeito prospectivo à decisão de procedência na ação direta de inconstitucionalidade nada tem a ver com a viabilidade de se atribuírem efeitos prospectivos à decisão proferida em sede de recurso extraordinário. A modulação dos efeitos das decisões proferidas em recurso extraordinário não é consequência lógica da possibilidade de se atribuírem efeitos prospectivos às decisões proferidas em ação direta de inconstitucionalidade.

Atribuir eficácia vinculante aos fundamentos determinantes da decisão é o mesmo que conferir autoridade aos fundamentos da decisão em relação aos demais órgãos do Poder Judiciário. Esses ficam vinculados ou obrigados em face dos fundamentos da decisão, ou seja, diante da *ratio decidendi* do precedente. De modo que a técnica da obrigatoriedade do respeito aos fundamentos determinantes é utilizada para atribuir força ou autoridade aos precedentes judiciais, e não, obviamente, para simplesmente reafirmar a teoria da nulidade do ato inconstitucional.

Igualmente, a modulação dos efeitos das decisões proferidas em recurso extraordinário não é tributária da possibilidade de se modularem os efeitos das decisões de inconstitucionalidade no controle principal. O poder de modular os efeitos das decisões em sede de controle incidental deriva exclusivamente do princípio da segurança jurídica e da proteção da confiança justificada.

A declaração de inconstitucionalidade proferida em recurso extraordinário, embora tenha eficácia vinculante, obrigando os demais órgãos do Poder Judiciário, não elimina – sem a atuação do Senado Federal – a norma do ordenamento jurídico, que resta, por assim dizer, em estado latente. É certamente possível que a decisão que reconheceu a inconstitucionalidade de determinada norma um dia seja contrariada, pelas mesmas razões que autorizam a revogação de precedente constitucional ou dão ao STF a possibilidade de declarar inconstitucional norma que já afirmou constitucional. Trata-se do mesmo "processo" em que, nos Estados Unidos, a Suprema Corte "ressuscita" a lei que era vista como *dead law*, por já ter sido declarada inconstitucional.

Na verdade, em sede de controle incidental o STF sempre tem a possibilidade – a partir de critérios rígidos – de negar os fundamentos determinantes das suas decisões, sejam elas de inconstitucionalidade ou de constitucionalidade. Porém, como a revogação de um precedente institui nova regra, a ser observada pelos demais órgãos judiciários, é pouco mais do que evidente a possibilidade de se violentarem a segurança jurídica e a confiança depositada no próprio STF. Quando não há indicações de que o precedente será revogado, e, assim, há confiança justificada, não há razão para tomar de surpresa o jurisdicionado, sendo o caso de atribuir efeitos prospectivos à decisão, seja ela de inconstitucionalidade ou de constitucionalidade.

Portanto, cabe analisar, em determinadas situações, a eficácia a ser dada à decisão que revoga precedente constitucional, e, assim, a necessidade de limitar a retroatividade para tutelar as situações que se pautaram no precedente revogado. Embora a viabilidade de outorgar efeitos prospectivos à decisão de inconstitucionalidade esteja expressa no art. 27 da Lei 9.868/1999,[374] é indiscutível que esta possibilidade advém do princípio da segurança jurídica, o que significa que, ainda que se entendesse que tal norma se aplica apenas ao

---

374. Lei 9.868/1999, art. 27: "Ao declarar a inconstitucionalidade de lei ou ato normativo, e tendo em vista razões de segurança jurídica ou de excepcional interesse social, poderá o Supremo Tribunal Federal, por maioria de dois terços de seus membros, restringir os efeitos daquela declaração ou decidir que ela só tenha eficácia a partir de seu trânsito em julgado ou de outro momento que venha a ser fixado".

controle principal, não haveria como negar a possibilidade de modular os efeitos da decisão proferida em recurso extraordinário.[375]

O STF já teve oportunidade de tratar desta importante questão. Isto ocorreu na Rcl 2.391, em que se analisou o tema do "direito de recorrer em liberdade" e a constitucionalidade, em face do princípio da não culpabilidade, dos arts. 9.º da Lei 9.034/1995 e 3.º da Lei 9.613/1998, que prescrevem, respectivamente, que "o réu não poderá apelar em liberdade, nos crimes previstos nesta Lei", e que "os crimes disciplinados nesta Lei são insuscetíveis de fiança e liberdade provisória e, em caso de sentença condenatória, o juiz decidirá fundamentadamente se o réu poderá apelar em liberdade". O Min. Gilmar Mendes, acompanhando os votos proferidos pelos Ministros Marco Aurélio e Cezar Peluso, declarou, incidentalmente, a inconstitucionalidade do art. 9.º da Lei 9.034/1995 e emprestou ao art. 3.º da Lei 9.613/1998 interpretação conforme à Constituição, no sentido de que o juiz, na hipótese de sentença condenatória, fundamente a existência ou não dos requisitos para a prisão cautelar. Logo após, porém, considerando que, com esta decisão, estar-se-ia revisando jurisprudência firmada pelo Superior Tribunal Federal, amplamente divulgada e com inegáveis repercussões no plano material e processual, admitiu a possibilidade da limitação dos efeitos da declaração de inconstitucionalidade em sede de controle difuso e, assim, atribuiu à sua decisão efeitos *ex nunc*.[376]

Ao se limitarem os efeitos retroativos em nome da confiança justificada não se está restringindo os efeitos diretos da decisão sobre os casos que podem ser julgados ou que estão em julgamento, mas se está deixando de atribuir eficácia vinculante à decisão proferida para obrigar os órgãos judiciais diante dos casos que podem vir a dar origem a processos judiciais ou que já estão sob julgamento em processos em andamento.

Frise-se que a necessidade de modulação no caso de revogação de precedente decorre da preocupação de não atingir as situações que com base nele se formaram e não da imprescindibilidade de proteger as situações que se consolidaram com base na lei inconstitucional. Contudo, no Brasil a técnica dos efeitos prospectivos foi pensada a partir da teoria da nulidade dos atos inconstitucionais, vale dizer, para tutelar a segurança jurídica mas em virtude do princípio da nulidade da lei inconstitucional. Daí não se ter percebido, por algum tempo, a imprescindibilidade da adoção desta técnica em sede de controle incidental, em especial quando se revoga precedente constitucional ou se altera o que ainda se chama de "jurisprudência dominante". O CPC de 2015 considerou tal necessidade no seu art. 927, § 3.º, que dispõe que, "na hipótese de alteração de jurisprudência dominante do Supremo Tribunal Federal e dos tribunais superiores ou daquela oriunda de julgamento de casos repetitivos, pode haver modulação dos efeitos da alteração no interesse social e no da segurança jurídica".

Não se pensa em confiança justificada para se dar efeitos prospectivos na hipótese de decisão de inconstitucionalidade. Só há razão para investigar se a confiança é justificada quando se trata de revogação de precedente. É apenas aí que importa verificar se havia, na academia e nos tribunais, manifestações que evidenciavam o enfraquecimento do precedente ou apontavam para a probabilidade da sua revogação, a eliminar a confiança justificada. De modo que, nesta situação, tutela-se o passado em nome da confiança que se depositou

---

375. V. ÁVILA, Ana Paula. *A modulação de efeitos temporais pelo STF no controle de constitucionalidade*.
376. Rcl 2.391, *Informativo* 334.

nas decisões judiciais, enquanto, no caso de decisão de inconstitucionalidade, tutelam-se excepcionalmente as situações que se formaram na vigência da lei declarada inconstitucional. Em verdade, os fundamentos para se darem efeitos prospectivos, em cada um dos casos, são diferentes. Os fundamentos bastantes para se darem efeitos prospectivos na hipótese de revogação de precedente estão longe das "razões de segurança jurídica ou de excepcional interesse social" que justificam efeitos prospectivos em caso de decisão de inconstitucionalidade.

É certo que a limitação da retroatividade da revogação de precedente constitucional se funda na confiança justificada e, assim, não tem o mesmo fundamento dos efeitos prospectivos na ação direta de inconstitucionalidade. Porém, mesmo em recurso extraordinário, pode haver limitação da retroatividade ou atribuição de efeito prospectivo ainda que não se esteja diante de decisão revogadora de precedente. Há casos em que o STF pode declarar a inconstitucionalidade da norma e limitar a retroatividade da decisão, decidindo com efeitos *ex nunc*, ou mesmo excluir o próprio caso sob julgamento dos efeitos da declaração de inconstitucionalidade, à semelhança do que se faz no direito estadunidense mediante o *pure prospective overruling*.[377] Ou, ainda, definir uma data a partir da qual a decisão passará a produzir efeitos, como ocorre quando se aplica o *prospective prospective overruling*.

O STF já limitou a retroatividade de decisão proferida em recurso extraordinário sem relacioná-la à confiança justificada em jurisprudência consolidada. Assim sucedeu no RE 197.917,[378] em que se declarou a inconstitucionalidade de norma da Lei Orgânica do Município de Mira Estrela, por ofensa ao art. 29, IV, *a*, da CF.[379] Entendeu-se, no caso, que o Município, diante da sua população, somente poderia ter nove vereadores e não onze – como fixado em norma de sua Lei Orgânica. Em seu voto, disse o relator, Min. Maurício Corrêa, ter bem decidido "o magistrado de primeiro grau ao declarar, *incidenter tantum*, a inconstitucionalidade do parágrafo único do art. 6.º da Lei Orgânica em causa", mas que o juiz não poderia "alterar o seu conteúdo, fixando de pronto o número de vereadores, usurpando, por isso mesmo, competência constitucional específica outorgada tão só ao Poder Legislativo do Município (CF, art. 29, *caput*, IV). Agindo dessa forma, o Poder Judiciário estaria assumindo atribuições de legislador positivo, que não lhe foi reservada pela Carta Federal para a hipótese. Oficiado à Câmara Legislativa local acerca da inconstitucionalidade do preceito impugnado, cumpre a ela tomar as providências cabíveis para tornar efetiva a decisão judicial transitada em julgado".[380] O Min. Gilmar Mendes, concordando com o relator quanto à inconstitucionalidade da norma, advertiu que, "no caso em tela, observa-se que eventual

---

377. "Increasingly in recent years, however, the courts have adopted a technique, known as prospective overruling, in which overruling is made less than fully retroactive. In the simplest case the new rule is made applicable to the immediate transaction (that is, the transaction in the case to be decided), but not to any other transaction that occurred before the date of the decision. There are a number of variations. In some cases, the new rule is not made applicable even to the immediate transaction. *This variant is sometimes called* pure prospective overruling" (Eisenberg, Melvin Aron. *The nature of common law*, p. 127-128).

378. RE 197.917-8, Pleno, rel. Min. Maurício Corrêa, *DJ* 07.05.2004.

379. "Art. 29. O Município reger-se-á por lei orgânica, votada em dois turnos, com o interstício mínimo de dez dias, e aprovada por dois terços dos membros da Câmara Municipal, que a promulgará, atendidos os princípios estabelecidos nesta Constituição, na Constituição do respectivo Estado e os seguintes preceitos: (...); IV – para a composição das Câmaras Municipais, será observado o limite máximo de: *a*) 9 (nove) Vereadores, nos Municípios de até 15.000 (quinze mil) habitantes; (...)".

380. RE 197.917-8, Pleno, rel. Min. Maurício Corrêa, *DJ* 07.05.2004.

declaração de inconstitucionalidade com efeito *ex tunc* ocasionaria repercussões em todo o sistema vigente, atingindo decisões que foram tomadas em momento anterior ao pleito que resultou na atual composição da Câmara Municipal: fixação do número de vereadores, fixação do número de candidatos, definição do quociente eleitoral. Igualmente, as decisões tomadas posteriormente ao pleito também seriam atingidas, tal como a validade da deliberação da Câmara Municipal nos diversos projetos e leis aprovados". Por conta disso, declarou a inconstitucionalidade da norma da Lei Orgânica do Município de Mira Estrela, explicitando que "a declaração da inconstitucionalidade da lei não afeta a composição da atual legislatura da Câmara Municipal, cabendo ao Legislativo Municipal estabelecer nova disciplina sobre a matéria, em tempo hábil para que se regule o próximo pleito eleitoral (declaração de inconstitucionalidade *pro futuro*)".[381]

8.16.8.5 A função do Senado Federal

Embora o controle difuso da constitucionalidade tenha sido instituído no direito brasileiro com a Constituição de 1891, apenas na Constituição de 1934 previu-se a comunicação ao Senado Federal acerca da decisão do STF que declara a inconstitucionalidade de lei ou ato normativo. Disse o art. 96 da Carta de 1934: "Quando a Corte Suprema declarar inconstitucional qualquer dispositivo de lei ou ato governamental, o Procurador-Geral da República comunicará a decisão ao Senado Federal para os fins do art. 91, IV, e bem assim à autoridade legislativa ou executiva, de que tenha emanado a lei ou o ato". O art. 91, IV, deu ao Senado Federal o poder de suspender a execução, no todo ou em parte, de qualquer lei ou ato, deliberação ou regulamento, declarados inconstitucionais.

Com a suspensão da execução da lei pretendeu-se atribuir à decisão de inconstitucionalidade eficácia contra todos, evitando-se que ficasse restrita às partes do processo em que proferida. Como as decisões de inconstitucionalidade não tinham força obrigatória, ou, em outras palavras, como os fundamentos determinantes dessas decisões não possuíam eficácia vinculante, os juízes e tribunais podiam continuar realizando o controle incidental de constitucionalidade sem respeitar o que já decidira o STF. Outra razão para atribuir ao Senado Federal o poder de suspender a execução da lei foi encontrada numa visão já superada do princípio da separação dos poderes. Entendia-se que a suspensão da eficácia da norma em caráter geral deveria depender da manifestação do Poder incumbido de criar as leis e não apenas do Poder Judiciário.

Passado algum tempo, e já em face do controle concentrado, a elaboração teórica e jurisprudencial da coisa julgada *erga omnes* teve o efeito prático de outorgar eficácia geral às decisões de inconstitucionalidade. Lembre-se que antes da EC 3/1993 não existia norma legal ou constitucional a regular os efeitos derivados das decisões proferidas no controle abstrato de constitucionalidade. A jurisprudência do STF construiu a tese dos efeitos *erga omnes* da decisão de inconstitucionalidade. À luz da EC 1/1969, o STF inicialmente submetia a decisão de inconstitucionalidade proferida em controle abstrato ao Senado Federal, para que este determinasse a suspensão da execução da lei. Porém, ainda antes da Constituição

---

381. Decidiu o STF, no RE 197.917-8, tratar-se de "situação excepcional em que a declaração de nulidade, com seus normais efeitos *ex tunc*, resultaria grave ameaça a todo o sistema legislativo vigente"; e assim proclamou: "Prevalência do interesse público para assegurar, em caráter de exceção, efeitos *pro futuro* à declaração incidental de inconstitucionalidade" (RE 197.917-8, Pleno, rel. Min. Maurício Corrêa, *DJ* 07.05.2004).

Federal de 1988, o STF passou a entender que as suas decisões, proferidas em controle abstrato de constitucionalidade, produziam coisa julgada *erga omnes*, e, por isso, dispensavam a atuação do Senado Federal. Assim, na Representação 1.016-3, o Min. Moreira Alves proferiu voto, seguido à unanimidade, em que se observa a seguinte passagem: "Para a defesa de relações jurídicas concretas em face de leis ordinárias em desconformidade com as Constituições vigentes na época em que aquelas entraram em vigor, há a declaração de inconstitucionalidade *incidenter tantum*, que só passa em julgado para as partes em litígio (consequência estritamente jurídica), e que só tem eficácia *erga omnes* se o Senado Federal houver por bem (decisão de conveniência política) suspendê-la no todo ou em parte. Já o mesmo não ocorre com referência à declaração de inconstitucionalidade obtida em representação, *a qual passa em julgado* erga omnes, *com reflexos sobre o passado (a nulidade opera* ex tunc*), independentemente de atuação do Senado*, por se tratar de decisão cuja conveniência política do processo de seu desencadeamento se fez *a priori*, e que se impõe, quaisquer que sejam as consequências para as relações jurídica concretas, pelo interesse superior da preservação do respeito à Constituição que preside à ordem jurídica vigente".[382] Assim, a necessidade de atuação do Senado Federal voltou a ter relação exclusiva com as decisões de inconstitucionalidade proferidas pelo STF em controle incidental.

Não obstante, como visto na passagem do voto do Min. Moreira Alves há pouco destacada, o Senado Federal, quando comunicado da decisão, não é obrigado a suspender a lei declarada inconstitucional.[383] O Senado tem o poder de aferir a conveniência política da suspensão da execução da lei declarada inconstitucional pelo STF. De modo que a previsão de comunicação ao Senado Federal – hoje prevista no art. 52, X, da CF – não constitui sequer garantia de que a decisão tomada em controle incidental terá eficácia contra todos, ou melhor, será observada por todos os demais órgãos judiciários.

Porém, a percepção de que as decisões do STF constituem precedentes constitucionais, que obrigatoriamente devem ser respeitados pelos demais tribunais, tornou imprescindível atribuir eficácia vinculante aos motivos determinantes das suas decisões, não importando se estas são proferidas em controle principal ou incidental. Paradoxalmente, ao contrário do que se poderia supor num primeiro instante, a eficácia vinculante tem maior importância para o controle incidental do que para o controle principal, já que, nesse último, ao menos a parte dispositiva da decisão possui eficácia geral. Note-se que, embora a eficácia vinculante seja indispensável a qualquer precedente constitucional, a eficácia *erga omnes* é conatural ao controle objetivo e não à decisão proferida *inter partes*.

---

382. STF, Pleno, Representação 1.016-3, rel. Min. Moreira Alves, j. 20.09.1979.

383. "A atuação do Senado não tem caráter vinculado, mas discricionário, sujeitando-se ao juízo de conveniência e oportunidade da Casa Legislativa. Trata-se de ato político, não sujeito a prazo, podendo o Senado suspender o ato normativo, no todo ou em parte, ou simplesmente não suspendê-lo (...). O Senado, como regra, suspende a execução do ato declarado inconstitucional. Há, contudo, precedente de não suspensão: no caso do art. 9.º da Lei 7.689, de 15.12.1988, que institui contribuição social sobre o lucro das pessoas jurídicas. Referido dispositivo teve sua inconstitucionalidade declarada incidentalmente no RE 150.764/PE (*DJU* 02.04.1993, rel. Min. Sepúlveda Pertence), por maioria apertada. O Senado Federal foi comunicado da decisão em ofício de 16.04.1993. A matéria foi apreciada pela Comissão de Constituição e Justiça, que se manifestou pela não suspensão da norma, em parecer terminativo de 28.10.1993 (*DCN* 2, 29.10.1993, p. 10028). Não houve recurso contra essa decisão, que se tornou definitiva em 05.11.1993, tendo sido comunicada à Presidência da República e ao Presidente do STF no dia 18 do mesmo mês" (BARROSO, Luís Roberto. *Interpretação e aplicação da constituição*, p. 110).

Ora, se as decisões proferidas pelo STF, em controle incidental, têm eficácia vinculante, é completamente desnecessário reservar ao Senado Federal o poder para atribuir efeitos gerais às decisões de inconstitucionalidade. Como é evidente, ainda que o Senado tenha este poder, o fato de esta Casa Legislativa não atuar não pode conduzir à conclusão de que a decisão do STF não produziu – ou deixou de produzir – eficácia vinculante. A omissão do Senado não pode se contrapor à eficácia vinculante da decisão do STF.

Aliás, seria pouco mais do que ilógico supor que a eficácia geral somente pode ser atribuída às decisões de inconstitucionalidade, e não às demais decisões proferidas pelo STF. A mesma razão que impõe eficácia obrigatória, vinculante ou geral às decisões de inconstitucionalidade, exige que se dê eficácia vinculante às decisões que se utilizam das técnicas da interpretação conforme e da declaração de inconstitucionalidade parcial sem redução de texto, assim como as que se limitam a definir a interpretação de acordo com a Constituição. Portanto, *negar eficácia vinculante aos precedentes constitucionais em virtude de o Senado Federal ter poder para suspender os efeitos de lei declarada inconstitucional, além de lamentável e curiosamente impedir que as decisões do STF gozem da devida autoridade, constitui equívoco fácil de ser apanhado.*

Quando se percebe, com clareza, que dar eficácia vinculante a um precedente constitucional significa dar autoridade às decisões do STF, e não excluir uma lei do ordenamento jurídico, torna-se possível ver que, assim como as decisões de constitucionalidade podem ser revogadas, o mesmo pode ocorrer com as decisões de inconstitucionalidade. Ora, nada impede que uma lei, declarada inconstitucional em controle difuso, seja mais tarde, e a partir dos devidos pressupostos, declarada constitucional pelo STF.

Além disso, a técnica dos efeitos prospectivos tem íntima ligação com a racionalidade da eficácia vinculante dos precedentes, já que obriga os demais tribunais a se comportarem como se a norma, apesar de inconstitucional, estivesse produzindo efeitos. Note-se, nesta dimensão, que a decisão do STF que, em recurso extraordinário, é modulada de forma a produzir efeitos a partir de certo instante obviamente não tem qualquer sentido se os demais juízes puderem pronunciar a inconstitucionalidade nos casos concretos que estiverem em suas mãos. Em outras palavras, tal técnica, ao menos no controle incidental, só tem sentido quando ligada à eficácia vinculante.

Bem vistas as coisas, exigir a comunicação ao Senado Federal é admitir algo que deixou de ter razão de ser.[384] Não há qualquer razão para se exigir a comunicação do Senado Federal,

---

384. O Min. Gilmar Mendes, em voto proferido na Rcl 4.335, advertiu para o ponto: "Deve-se observar, outrossim, que o instituto da suspensão da execução da lei pelo Senado mostra-se inadequado para assegurar eficácia geral ou efeito vinculante às decisões do Supremo Tribunal que não declaram a inconstitucionalidade de uma lei, limitando-se a fixar a orientação constitucionalmente adequada ou correta. Isto se verifica quando o Supremo Tribunal afirma que dada disposição há de ser interpretada desta ou daquela forma, superando, assim, entendimento adotado pelos tribunais ordinários ou pela própria Administração. A decisão do Supremo Tribunal não tem efeito vinculante, valendo nos estritos limites da relação processual subjetiva. Como não se cuida de declaração de inconstitucionalidade de lei, não há que se cogitar aqui de qualquer intervenção do Senado, restando o tema aberto para inúmeras controvérsias. Situação semelhante ocorre quando o STF adota uma interpretação conforme à Constituição, restringindo o significado de certa expressão literal ou colmatando uma lacuna contida no regramento ordinário. Aqui o Supremo Tribunal não afirma propriamente a ilegitimidade da lei, limitando-se a ressaltar que uma dada interpretação é compatível com a Constituição, ou, ainda, que, para ser considerada constitucional, determinada norma necessita de um complemento (lacuna aberta) ou restrição (lacuna oculta – redução teleológica). Todos

CONTROLE DE CONSTITUCIONALIDADE ○ 1067

ao menos para o efeito de se atribuir eficácia geral à decisão de inconstitucionalidade. Para alguns Ministros do STF, a comunicação ao Senado Federal, atualmente, é feita apenas para que se publique a decisão no *Diário do Congresso*.

É importante, a respeito, a Rcl 4.335, proposta em face de decisões do Juiz de Direito da Vara de Execuções Penais da Comarca de Rio Branco, Estado do Acre, que indeferiram pedidos de progressão de regime em favor de condenados a penas de reclusão em regime integralmente fechado pela prática de crimes hediondos.[385] Nesta Reclamação, afirmou-se ofensa à autoridade da decisão proferida pelo STF no HC 82.959, em que se declarou, incidentalmente, a inconstitucionalidade do § 1.º do art. 2.º da Lei 8.072/1990, que vedava a progressão de regime a condenados pela prática de crimes hediondos. O relator, Min. Gilmar Mendes, julgou procedente a Reclamação para cassar as decisões impugnadas, sob o fundamento de que estas afrontam a decisão proferida no HC 82.959. Examinou o argumento do juiz de direito, no sentido de que a eficácia *erga omnes* da decisão proferida no HC 82.959 dependeria da expedição de resolução do Senado Federal suspendendo a execução da lei (CF, art. 52, X), dizendo ser necessária, atualmente, a reinterpretação de institutos relacionados ao controle incidental de inconstitucionalidade, em especial o da suspensão da execução da lei pelo Senado Federal. Concluiu que as decisões proferidas pelo juízo reclamado desrespeitaram a eficácia vinculante da decisão proferida pelo STF no HC 82.959 e que, como esta decisão tem eficácia geral, a fórmula relativa à suspensão de execução da lei pelo Senado há de ter simples efeito de publicidade, ou seja, de comunicar esta Casa Legislativa para que publique a decisão no *Diário do Congresso*. O Min. Eros Grau acompanhou o voto do relator, afirmando que a decisão de inconstitucionalidade do STF, ainda que proferida no controle incidental, tem eficácia vinculante, e que, assim, o art. 52, X, da CF atribui ao Senado Federal competência apenas para dar publicidade à decisão de inconstitucionalidade, admitindo a tese da mutação constitucional, sustentada pelo relator, Min. Gilmar Mendes. O Min. Sepúlveda Pertence, votando logo após, julgou improcedente a Reclamação, porém concedeu *habeas corpus* de ofício para o juiz de direito examinar os demais requisitos para o deferimento da progressão. Argumentou que, ainda que a decisão do STF torne dispensável a reserva de plenário nos demais tribunais, isso não pode servir para reduzir o papel que é atribuído ao Senado desde a Constituição de 1934. Disse que, embora o mecanismo de outorga de competência ao Senado para a suspensão da execução da lei tenha se tornado

---

esses casos de decisão com base em uma interpretação conforme à Constituição não podem ter a sua eficácia ampliada com o recurso ao instituto da suspensão de execução da lei pelo Senado Federal. Mencionem-se, ainda, os casos de *declaração de inconstitucionalidade parcial sem redução de texto*, nos quais se explicita que um significado normativo é inconstitucional sem que a expressão literal sofra qualquer alteração. Também nessas hipóteses, a suspensão de execução da lei ou do ato normativo pelo Senado revela-se problemática, porque não se cuida de afastar a incidência de disposições do ato impugnado, mas tão somente de um de seus significados normativos. Não é preciso dizer que a suspensão de execução pelo Senado não tem qualquer aplicação naqueles casos nos quais o Tribunal limita-se a rejeitar a arguição de inconstitucionalidade. Nessas hipóteses, a decisão vale *per se*. Da mesma forma, o vetusto instituto não tem qualquer serventia para reforçar ou ampliar os efeitos da decisão do Tribunal naquelas matérias nas quais a Corte, ao prover ou não um dado recurso, fixa uma interpretação da Constituição. Da mesma forma, a suspensão da execução da lei inconstitucional não se aplica à declaração de não recepção da lei pré-constitucional levada a efeito pelo Supremo Tribunal. Portanto, das decisões possíveis em sede de controle, a suspensão de execução pelo Senado está restrita aos casos de declaração de inconstitucionalidade da lei ou do ato normativo" (STF, Rcl 4.335, Pleno, rel. Min. Gilmar Mendes, *DJe* 21.10.2014).

385. Idem.

obsoleto, não é correto recorrer a um fundamento de mutação constitucional e interpretar o art. 52, X, da CF como norma que atribui ao Senado Federal competência para dar publicidade à decisão de inconstitucionalidade. Advertiu que a solução, para imprimir eficácia geral à decisão do STF, está no instituto da súmula vinculante (CF, art. 103-A). O Min. Joaquim Barbosa não conheceu da Reclamação, mas também concedeu *habeas corpus* de ofício. Argumentou que a atuação do Senado não constitui obstáculo à efetividade das decisões do STF, porém complemento, e que o art. 52, X, da CF deve continuar a ser interpretado como norma que autoriza o Senado Federal a suspender a execução da lei declarada inconstitucional, igualmente negando a tese de mutação constitucional. Lembrou, na linha do Min. Pertence, que a eficácia geral pode ser obtida mediante a edição de súmula vinculante. O Min. Ricardo Lewandowski também não admitiu a Reclamação, dizendo não ser possível cogitar sobre mutação constitucional, mas igualmente deferiu o *habeas corpus* de ofício. O Min. Gilmar Mendes, logo depois do voto do Min. Lewandowski, reforçou os fundamentos do seu voto e argumentou que a Reclamação teria perdido o objeto diante da Súmula Vinculante 26, segundo a qual "para efeito de progressão de regime no cumprimento de pena por crime hediondo, ou equiparado, o juízo da execução observará a inconstitucionalidade do art. 2.º da Lei 8.072, de 25 de julho de 1990, sem prejuízo de avaliar se o condenado preenche, ou não, os requisitos objetivos e subjetivos do benefício, podendo determinar, para tal fim, de modo fundamentado, a realização de exame criminológico". O Ministro Teori Zavascki, por sua vez, consignou que não obstante a força expansiva de diversas decisões do STF, seria adequado o entendimento de que a Reclamação somente seria admissível quando proposta pelas partes na relação jurídica processual em que proferida a decisão cuja autoridade se busca preservar. Limitava a legitimação mais ampla, dessa forma, às hipóteses expressamente previstas, tais como as decorrentes de decisões tomadas em sede de controle concentrado de constitucionalidade e em violação à súmula vinculante. No caso concreto, reputou que a edição da Súmula Vinculante 26 consistiria em fato superveniente, impondo o deferimento do pedido. O Min. Roberto Barroso também deferiu o pedido, ressaltando que a expansão dos precedentes milita em favor da segurança jurídica, da isonomia e da eficiência, bem como negou a tese da mutação constitucional, pois não poderia prescindir da mudança do texto da norma. Desse modo, o Pleno julgou procedente pedido formulado na Reclamação.

8.17 Controle incidental na ação civil pública e na ação popular

A ação civil pública, na tutela dos direitos difusos, almeja sentença extensível a todos, ou seja, com efeitos gerais. Nos termos do art. 103, I, do CDC, a coisa julgada, nestes casos, será *erga omnes*, salvo quando o pedido for julgado improcedente por falta de provas. O direito difuso é dito direito *transindividual*, indivisível, de titularidade indeterminada, pertencente a toda a coletividade (art. 81, parágrafo único, I, do CDC). Como o direito pertencente a todos, ou a um complexo indeterminado e indeterminável de pessoas, a sua tutela não pode deixar de beneficiá-los, e, assim, a sentença deve necessariamente ter efeitos gerais ou *erga omnes*. Em essência, não é a coisa julgada que opera efeitos *erga omnes*. É a sentença que produz efeitos diretos em relação a todos. Os sujeitos indetermináveis, a quem o direito difuso pertence, são atingidos diretamente pela sentença, mas não têm legitimidade para requerer a tutela jurisdicional do direito, já que esta é deferida aos entes descritos nos arts. 5.º da LACP (Lei 7.347/1985) e 82 do CDC, como, por exemplo, as associações e o Ministério Público. Para os sujeitos indetermináveis, a imutabilidade da decisão não decorre da coisa julgada material, mas resulta da mera impossibilidade de discussão do litígio por falta de legitimidade para agir.

Algo similar se passa em relação à ação popular. A ação popular constitui canal aberto à participação do cidadão no poder, ou melhor, conduto que permite ao cidadão apontar os desvios na gestão da coisa pública. Objetiva, acima de tudo, a tutela da cidadania e do interesse público, almejando proteger a coletividade. Nos regimes constitucionais anteriores, a ação popular era limitada à tutela contra atos lesivos ao patrimônio de entidades públicas (art. 141, § 38, da CF/1946; art. 150, § 31, da CF/1967; art. 153, § 31, da CF/1969). Diante da Constituição de 1988, a ação popular pode ser usada para a proteção do patrimônio público, da moralidade administrativa, do meio ambiente e do patrimônio histórico e cultural. A ação, portanto, a par de proteger o patrimônio *estatal* (aí incluída a moralidade administrativa), agora também se destina à tutela do patrimônio *público* em sentido amplo, isto é, do patrimônio pertencente a toda a coletividade, incluindo, assim, o meio ambiente e o patrimônio cultural e histórico.

A ação popular objetiva sentença que tutela a coletividade, e que, por isso, produz efeitos em relação a todos ou *erga omnes*. Todo e qualquer cidadão tem legitimidade para propor ação popular e a própria Lei da Ação Popular admite que outros cidadãos ingressem no curso do processo como litisconsortes do autor. Assim, a coisa julgada material produz efeitos em relação a todos, exceto quando a sentença é de improcedência por insuficiência de provas. A coletividade é atingida pela coisa julgada, que, assim, é dita *erga omnes*.

A ação civil pública, que almeja a proteção de direitos difusos, e a ação popular têm em comum a tutela da coletividade e, assim, exigem sentenças, enquanto técnicas processuais, que produzem efeitos *erga omnes*. Esses efeitos também constituem característica da sentença proferida na ação direta de inconstitucionalidade. Depois de proferida a declaração de inconstitucionalidade na ação direta, todos ficam submetidos a ela, não podendo discuti-la, incidentalmente, em ação individual.

Sucede que, em virtude de a decisão proferida na ação civil pública e na ação popular produzir efeitos *erga omnes*, chega-se a imaginar que a arguição de inconstitucionalidade, incidentalmente a qualquer uma destas ações, teria o mesmo efeito da ação direta de inconstitucionalidade. Porém, essa suposição deflui de uma supervalorização dos efeitos *erga omnes* da decisão judicial. A circunstância de uma decisão tutelar a coletividade e, assim, produzir efeitos *erga omnes* é autônoma em relação a ter o juiz considerado, para proferir esta decisão, incidentalmente, uma norma inconstitucional. A definição da inconstitucionalidade, incidentalmente na ação civil pública ou na ação popular, além de não produzir coisa julgada material, é limitada ao litígio. Definida a questão constitucional na ação civil pública, os sujeitos indeterminados não poderão discuti-la por não terem legitimidade para requerer a tutela jurisdicional de direitos difusos, enquanto os demais entes legitimados não poderão utilizá-la para fundamentar pedido igual ao já julgado. Porém, qualquer um poderá voltar a discutir a questão constitucional para fundamentar outro pedido. O mesmo ocorre na ação popular. Definida a questão constitucional – obviamente que na forma incidental –, nenhum outro cidadão poderá novamente utilizá-la para fundamentar pedido igual ao já julgado, mas qualquer cidadão, inclusive aquele que propôs a ação popular em que se apreciou a questão constitucional, poderá utilizá-la para fundamentar outro pedido.

É certo que, ao chegar ao STF, a ação civil pública e a ação popular abrem oportunidade à formação de precedente constitucional, cujos motivos determinantes têm efeitos vinculantes. Porém, também aí não há como baralhar as coisas. Todo e qualquer precedente constitucional, e não apenas aquele formado em ação civil pública ou em ação popular, possui efeitos vinculantes. Note-se que, neste caso, atingidos são os fundamentos determinantes da decisão e não a sua parte dispositiva, como acontece em face da coisa julgada *erga omnes*. Retenha o ponto: *a eficácia vinculante atinge os fundamentos determinantes da decisão proferida na ação coletiva, enquanto a coisa julgada* erga omnes *se limita à parte dispositiva desta decisão*. Portanto, ao contrário da coisa julgada *erga omnes*, a eficácia vinculante "beneficia" todos aqueles que, *ainda que postulando prestação jurisdicional diversa, inclusive de caráter individual, pretendam se valer do fundamento determinante (*ratio decidendi*) do precedente constitucional.*

Tudo bem visto, a discussão de questão constitucional, em ação cuja decisão gera efeitos *erga omnes*, nada tem de diferente da arguição de questão constitucional em ação que almeja decisão que produz efeitos apenas em relação às partes. O que não é possível, em ação civil pública ou em ação popular, é pretender, como tutela jurisdicional, a declaração de inconstitucionalidade de norma ou o controle da constitucionalidade da norma em abstrato. Porém, nada impede que se argua a inconstitucionalidade de norma como fundamento de pedido que recai sobre uma situação concreta que diz respeito à coletividade, e que, por isso, é resolvido mediante decisão cujos efeitos são *erga omnes*. Isto, como é óbvio, não dá ao juiz da ação civil pública ou da ação popular o poder de declarar, em abstrato, a inconstitucionalidade de norma. De modo que não há como pensar que estas ações permitam a usurpação da competência do STF.

A Suprema Corte já se manifestou sobre a questão, existindo jurisprudência pacífica a respeito. Na Rcl 1.898, de relatoria do Min. Celso de Mello, reafirmou-se a "legitimidade da utilização da ação civil pública como instrumento idôneo de fiscalização incidental de constitucionalidade, pela via difusa, de quaisquer leis ou atos do Poder Público, mesmo quando contestados em face da Constituição da República, desde que, nesse processo coletivo, a controvérsia constitucional, longe de identificar-se como objeto único da demanda, qualifique-se como simples questão prejudicial, indispensável à resolução do litígio principal".[386] No RE 227.159, discutiu-se se o Ministério Público poderia questionar, em ação civil pública, a inconstitucionalidade de ato normativo municipal que majorara os subsídios de vereador, ao pedir a restituição aos cofres públicos das quantias indevidamente recebidas. A 2.ª Turma deu provimento ao recurso extraordinário para determinar o regular processamento da ação civil pública, cuja inicial havia sido indeferida sob o

---

386. Rcl 1.898, rel. Min. Celso de Mello, *DJ* 19.02.2004. Antes disso, em caso semelhante, o Min. Celso de Mello já rejeitara liminarmente reclamação em decisão assim ementada: "Ação civil pública. Controle incidental de constitucionalidade. Questão prejudicial. Possibilidade. Inocorrência de usurpação da competência do STF. O STF tem reconhecido a legitimidade da utilização da ação civil pública como instrumento idôneo de fiscalização incidental de constitucionalidade, pela via difusa, de quaisquer leis ou atos do Poder Público, mesmo quando contestados em face da Constituição da República, desde que, nesse processo coletivo, a controvérsia constitucional, longe de identificar-se como objeto único da demanda, qualifique-se como simples questão prejudicial, indispensável à resolução do litígio principal. Precedentes. Doutrina" (Rcl 1.733, rel. Min. Celso de Mello, *DJ* 01.12.2000). V., ainda, Rcl 600, Pleno, rel. Min. Néri da Silveira, *DJ* 05.12.2003; Rcl 602, Pleno, rel. Ilmar Galvão, *DJ* 14.02.2003; Rcl 1.733, rel. Min. Celso de Mello, *DJ* 12.03.2003; RE 411.156, rel. Min. Celso de Mello, *DJe* 03.12.2009.

Controle de constitucionalidade 1071

fundamento de a ação civil pública não permitir o questionamento de inconstitucionalidade de lei ou ato normativo.[387] Recentemente, o STF voltou a afirmar que "não usurpa competência do STF decisão que, em ação civil pública de natureza condenatória, declara incidentalmente a inconstitucionalidade de norma jurídica".[388] Em ação popular que pretendeu a anulação da criação de cargos na Assembleia Legislativa do Rio de Janeiro, entendeu-se ser possível a aferição incidental da constitucionalidade sob o argumento de que o ato impugnado não era dotado de generalidade e abstração.[389]

8.18 O problema do controle incidental da inconstitucionalidade por omissão

8.18.1 Primeiras considerações

Os primeiros passos do controle de constitucionalidade por ação já eram distantes no tempo em que se passou a falar em omissão inconstitucional. Os brotos da concepção de controle de inconstitucionalidade por omissão surgiram quando se percebeu que não bastava impedir o legislador de agredir a Constituição, sendo também necessário garantir a efetividade das normas constitucionais e a plena realização dos direitos fundamentais. De modo que a questão da omissão constitucional é corolário da compreensão de que a Constituição, para ser cumprida, necessita de prestações normativas ou da ação do legislador infraconstitucional.

Se esta percepção surgiu na doutrina de países em que o controle de constitucionalidade é entregue nas mãos de Cortes Constitucionais, é natural que a questão tenha sido associada ao controle por via direta ou principal de constitucionalidade. Porém, tal associação não se mostra adequada à tradição brasileira, em que o controle de constitucionalidade, desde a última década do século XIX, é difuso e realizado na forma incidental.

Nos países em que o controle de constitucionalidade é incidental, ou é conjugado com o controle principal – como no Brasil –, o desenvolvimento do argumento da

387. REx 227.159, 2.ª T., rel. Min. Néri da Silveira, *DJ* 17.05.2002.
388. "1. Contrato bancário. Juros. Capitalização em período inferior a um ano. Inadmissibilidade. Art. 5.º da MedProv 2.087-29/2001, editada como MedProv 2.140-34. Inconstitucionalidade reconhecida incidentalmente. Controle difuso de constitucionalidade, exercido em ação civil pública. Não usurpação de competência do Supremo. Reclamação julgada improcedente. Agravo improvido. Inteligência do art. 102, I, *a*, da CF. Não usurpa competência do STF decisão que, em ação civil pública de natureza condenatória, declara incidentalmente a inconstitucionalidade de norma jurídica. 2. Recurso. Agravo regimental. Reclamação. Inconsistente. Inexistência de razões novas. Rejeição. É de rejeitar agravo regimental que não apresenta razões novas capazes de ditar reforma da decisão agravada" (Rcl 1.897, Pleno, rel. Min. Cezar Peluso, *DJe* 01.02.2011).
389. "Reclamação. Decisão judicial que conheceu de ação popular, cujo objeto era a anulação de resolução legislativa pela qual foram criados cargos no âmbito da Assembleia Legislativa do Estado do Rio de Janeiro. Ação que reputava inconstitucional tal resolução. Possibilidade de eventual desconformidade com a Constituição Federal ser aferida no exercício do controle difuso de constitucionalidade. Ausência de usurpação da competência do STF, tendo em vista não se tratar a resolução legislativa impugnada pela ação popular de ato normativo dotado de generalidade e abstração. Reclamação julgada improcedente" (Rcl 664, Pleno, rel. Min. Ellen Gracie, *DJ* 21.06.2002).

inconstitucionalidade por omissão não precisa nem deve se manter distante da noção de que todo e qualquer juiz tem o poder-dever de realizar, incidentalmente, o controle de constitucionalidade.

É certo que, no Brasil, o mandado de injunção, de competência do STF, permite o controle da omissão constitucional no caso concreto. Não obstante, não se cuida do problema do controle da omissão constitucional diante dos casos conflitivos concretos endereçados aos juízos e tribunais ordinários. É curioso, já que não se pode supor que a omissão constitucional não possa existir nestas situações.

Ainda que a questão possa ter sido esquecida em determinada sede, a realidade forense mostra, cotidianamente, que os juízes de 1.º grau, assim como os Tribunais de Justiça e Regionais Federais, realizam controle de constitucionalidade por omissão com grande frequência. A gravidade disso está na ausência de método para a feitura deste controle, para não dizer que, bem vistas as coisas, os juízes e tribunais ordinários não percebem sequer que estão a suprir a "ausência de lei". É como se se estivesse numa terra em que, para fazer e admitir que se faça, é necessário não falar e, do outro lado, fingir que não se ouve e vê, com o agravante de que talvez ninguém mais esteja consciente da sua mudez e da sua cegueira.

Portanto, mais do que detectar que a omissão inconstitucional está inserida no poder conferido a todo e qualquer juiz de controlar a constitucionalidade, é importante perceber que este poder vem sendo exercido de forma escamoteada e que, bem por isso, não existe qualquer metodologia para tanto e, muito menos, modo de controle do raciocínio judicial.

Note-se que se o juiz, sem dizer ou muito menos justificar, supre a ausência de lei, ele assume um poder que, ainda que possa ser dele, é exercido de modo completamente arbitrário e destituído de legitimação, a reclamar atenção da academia e dos tribunais.

8.18.2 O poder de controle difuso abarca o poder de controlar a omissão inconstitucional

As Constituições, ao instituírem direitos dependentes de prestações normativas a cargo do legislador, evidenciaram que, para negar a sua força e autoridade, não era mais suficiente editar leis destoantes do texto constitucional. A autoridade e a força da Constituição também passaram a depender de normas infraconstitucionais.

Nesta perspectiva não se está aludindo, como é óbvio, apenas às normas constitucionais que expressamente impõem, mediante termos variados, o dever de legislar. O problema, aqui, diz respeito às normas de natureza impositiva ou negativa, imprescindíveis à realização ou à proteção de direitos fundamentais.

Pois bem. Não existe razão para entender que o juiz tem poder para controlar a constitucionalidade da lei, quando esta é prejudicial à solução do litígio, e não tem poder para controlar a falta de lei quando esta é imprescindível à tutela de um direito fundamental. A constitucionalidade da lei e da falta de lei, nesta dimensão, constituem duas faces de uma mesma moeda.

O controle da omissão inconstitucional, via modelo difuso, será possível quando da lei faltante depender a tutela do direito fundamental pertinente ao caso conflitivo concreto. Ou seja, o controle da omissão constitucional por qualquer juiz ou tribunal convive com a ação direta de inconstitucionalidade por omissão[390] e mesmo com o mandado de injunção.[391]

8.18.3 Situações em que a falta de lei é frequentemente suprida na prática forense

São frequentes as ações coletivas em que o legitimado, ao pedir a tutela de determinado direito fundamental de natureza difusa ou coletiva, deduz, como causa de pedir, violação para cuja não ocorrência seria necessária norma de proteção ou tutela. Também são comuns as ações individuais em que, sob o fundamento de direito fundamental não *protegido normativamente*, postula-se *prestação fática* que estaria a cargo do Estado.

Note-se que a proteção de direito fundamental pode depender de norma impositiva ou proibitiva. Assim, é possível que, para a tutela do direito ambiental, do direito do consumidor etc., seja necessária norma impondo conduta positiva ou negativa ao administrado – para obrigá-lo, por exemplo, a instalar (norma positiva) tecnologia destinada a diminuir a efusão de gases e poluentes ou a não comercializar (norma negativa) produto com determinada substância. Além disso, há caso em que a prestação estatal, embora de natureza fática, depende de norma atributiva de direito. É o caso, por exemplo, dos medicamentos, em que o indivíduo, afirmando direito fundamental à saúde, postula, em face do Estado-Administração, determinado remédio não disciplinado na legislação de regência.

O que importa evidenciar, neste item, é que, com frequência, os juízes são chamados a suprir omissões normativas que impedem a tutela de direitos fundamentais, postando-se como se estivessem diante de um "caso comum", em que não se alega inconstitucionalidade por omissão. Daí, consequentemente, os juízes não perceberem nem anunciarem sequer que estão a fazer controle de constitucionalidade, ficando ao largo a necessidade de harmonização dos direitos fundamentais em choque, de aplicação das regras da proporcionalidade e de justificação da decisão, com perverso reflexo sobre a sua legitimidade.

8.18.4 A eficácia dos direitos fundamentais sobre os particulares e o controle incidental da omissão inconstitucional

Há discussão sobre a questão da eficácia horizontal dos direitos fundamentais, ou seja, sobre a eficácia dos direitos fundamentais sobre as relações entre os particulares.[392] Fala-se em eficácia imediata e mediata destes direitos sobre os sujeitos privados. A eficácia mediata dependeria da mediação do Estado, ao contrário da eficácia imediata, que dispensaria tal

---

390. CF, art. 103, § 2.º: "Declarada a inconstitucionalidade por omissão de medida para tornar efetiva norma constitucional, será dada ciência ao Poder competente para a adoção das providências necessárias e, em se tratando de órgão administrativo, para fazê-lo em trinta dias".

391. CF, art. 5.º, LXXI: "Conceder-se-á mandado de injunção sempre que a falta de norma regulamentadora torne inviável o exercício dos direitos e liberdades constitucionais e das prerrogativas inerentes à nacionalidade, à soberania e à cidadania".

392. Cf. Sarlet, Ingo Wolfgang. *A eficácia dos direitos fundamentais*, p. 157-172; Novais, Jorge Reis. *Direitos fundamentais:* trunfos contra a maioria, p. 69-116; Alexy, Robert. *Teoría de los derechos fundamentales*, p. 520-543; Canaris, Claus-Wilhelm. *Direitos fundamentais e direito privado*; Silva, Virgílio Afonso da. *A constitucionalização do direito:* os direitos fundamentais nas relações entre particulares.

intervenção. Como é intuitivo, a questão da eficácia dos direitos fundamentais sobre os particulares possui íntima relação com o tema do controle da omissão inconstitucional.

Alude-se à eficácia mediata quando se diz que a força jurídica das normas constitucionais apenas pode se impor, em relação aos privados, por meio de normas infraconstitucionais[393] e dos princípios de direito privado. Tal eficácia também existiria quando as normas constitucionais são utilizadas, dentro das linhas básicas do direito privado, para a concretização de cláusulas gerais e conceitos jurídicos indeterminados.[394]

De acordo com os adeptos da teoria da eficácia imediata, ao inverso, os direitos fundamentais são aplicáveis diretamente sobre as relações entre particulares. Além de normas de valor, teriam importância como direitos subjetivos contra entidades privadas portadoras de poderes sociais ou mesmo contra indivíduos que tenham posição de supremacia em relação a outros particulares. Chegando mais longe, admite-se a sua incidência imediata também em relação a pessoas "comuns". Ou seja, dispensa-se a intermediação do legislador – e assim as regras de direito privado – e se elimina a ideia de que os direitos fundamentais poderiam ser utilizados apenas para preencher as normas abertas pelo legislador ordinário.[395]

Porém, conforme percebeu Vieira de Andrade, não é feliz a expressão aplicabilidade *mediata*, que se confunde com eficácia *indireta*, "quando o que se quer afirmar é um imperativo de *adaptação e harmonização* dos preceitos relativos aos direitos fundamentais na sua aplicação à esfera de relações entre indivíduos iguais, tendo em conta a autonomia privada, na medida em que é (também) constitucionalmente reconhecida".[396]

Os direitos fundamentais obrigam o Estado a uma prestação normativa de proteção e, assim, à edição de normas para proteger um particular contra o outro. Quando estas normas não são observadas, surge ao particular o direito de se voltar contra o particular que não as cumpriu. Aliás, o direito de ação do particular – nessas hipóteses – poderá ser exercido mesmo no caso de ameaça de violação (ação inibitória). Nesse caso, há lei, abaixo da Constituição, regulando as relações entre os particulares. Na hipótese de lei restritiva de direito fundamental, além dos valores constitucionais que justificam a restrição, deverá ser

---

393. Segundo Canotilho, para a teoria da eficácia mediata, "os direitos, liberdades e garantias teriam uma eficácia indireta nas relações privadas, pois a sua vinculatividade exercer-se-ia *prima facie* sobre o legislador, que seria obrigado a conformar as referidas relações obedecendo aos princípios materiais positivados nas normas de direito, liberdades e garantias" (CANOTILHO, J. J. Gomes. *Direito constitucional*, p. 593).

394. ANDRADE, José Carlos Vieira de. *Os direitos fundamentais (na Constituição portuguesa de 1976)*, p. 276-277.

395. CANOTILHO, J. J. Gomes. *Direito constitucional*, p. 593 e ss.

396. ANDRADE, José Carlos Vieira de. *Os direitos fundamentais (na Constituição Portuguesa de 1976)*, p. 290. Enfatiza-se, assim, a segunda questão geralmente enfocada pela doutrina da vinculação dos direitos fundamentais nas relações privadas: independentemente do modo de vinculação aceito, mediato ou imediato, é preciso analisar a medida ou intensidade dessa vinculação (UBILLOS, Juan María Bilbao. ¿En qué medida vinculan a los particulares los derechos fundamentales? In: SARLET, Ingo (Org.). *Constituição, direitos fundamentais e direito privado*, p. 308. Para colocar o problema nos termos de Virgílio Afonso da Silva: "Ainda que os direitos fundamentais produzam efeitos nas relações privadas e, nesse sentido, vinculem os indivíduos nessas relações, é certo que esses efeitos não podem ser absolutos, senão a autonomia privada desapareceria por completo. Nesse sentido, é preciso conciliar os direitos fundamentais, de um lado, e a liberdade individual, especialmente a autonomia privada, de outro" (SILVA, Virgílio Afonso da. *A constitucionalização do direito: os direitos fundamentais nas relações entre particulares*, p. 143).

enfocado o direito limitado, que deve ter o seu núcleo essencial protegido.[397] O legislador obviamente não pode negar o núcleo do direito fundamental limitado.[398] Porém, quando não existe lei, a regular a situação de forma direta, não se pode pensar que os direitos fundamentais não podem ser tomados em consideração diretamente pelo juiz.

A lei que impede a realização dos direitos fundamentais constitui um obstáculo visível que deve ser suprimido, enquanto a omissão de lei, ao impedir a efetividade destes mesmos direitos, não deve deixar de ser considerada apenas porque, em uma primeira perspectiva, aparece como invisível. Tal invisibilidade é apenas aparente, porque se faz concreta quando o juiz conclui que a omissão representa uma negação de proteção a um direito fundamental. Nesse caso, como também naquele em que atua mediante o preenchimento das cláusulas gerais, o juiz deverá atentar para a necessidade de harmonização entre os direitos fundamentais, pois a tutela de um direito fundamental, com a supressão da omissão legal, poderá atingir outro direito fundamental.[399]

Canaris, ao abordar a questão da repercussão dos direitos fundamentais sobre os sujeitos privados, propõe a observância da distinção entre *eficácia* imediata e *vigência* imediata. Segundo Canaris, os direitos fundamentais têm *vigência imediata*, mas se dirigem apenas contra o legislador e o juiz.[400] A construção de Canaris é preocupada com o art. 1.º, n. 3, da Lei Fundamental alemã, que afirma que o direito fundamental vincula, "como *direito imediatamente vigente*", o legislador e os órgãos jurisdicionais. Alega o jurista alemão que os "destinatários das normas dos direitos fundamentais são, em princípio, *apenas o Estado e os seus órgãos, mas não os sujeitos de direito privado*".[401] Nessa linha, conclui que os objetos de controle "segundo os direitos fundamentais são, em princípio, apenas *regulações e atos estatais, isto é, sobretudo leis e decisões judiciais*, mas não também atos de sujeitos de direito privado, ou seja, e sobretudo, negócios jurídicos e atos ilícitos".[402]

Segundo Canaris, sendo o Estado o destinatário dos direitos fundamentais, a atividade do legislador e do juiz não pode ser compreendida como eficácia *imediata* perante terceiros.[403]

---

397. "O legislador também está vinculado sem mediações aos direitos fundamentais no campo do direito privado. Por isso ele não pode restringi-los desmedidamente. Quando o faz, a regulamentação em espécie é inconstitucional" (CANARIS, Claus-Wilhelm. A influência dos direitos fundamentais sobre o direito privado na Alemanha. In: SARLET, Ingo (Org.). *Constituição, direitos fundamentais e direito privado*, p. 238-239).

398. Nesse caso, portanto, o objeto da vinculação é a lei, o ato do Poder Legislativo, e não propriamente a relação entre os particulares. Como esclarece Virgílio Afonso da Silva, "quando se fala em efeitos dos direitos fundamentais para além da relação entre Estado e indivíduos, muitas vezes se costuma falar também em efeitos dos direitos fundamentais no direito privado ou em outros ramos do direito. Esses efeitos no direito privado – ou nos outros ramos do direito – podem ser, contudo, de duas ordens distintas: há os efeitos na *produção legislativa* e os efeitos nas *relações jurídicas* entre os indivíduos" (SILVA, Virgílio Afonso da. *A constitucionalização do direito*: os direitos fundamentais nas relações entre particulares, p. 68).

399. É nos casos de aplicação direta que os problemas de harmonização se tornam mais agudos, pois é aí que os direitos fundamentais mais se chocam com a autonomia privada. "A principal questão a ser resolvida nesse ponto é a forma de combinar essa autonomia com direitos fundamentais que, aplicados diretamente à relação entre particulares, tendem a eliminá-la" (idem, p. 148).

400. CANARIS, Claus-Wilhelm. *Direitos fundamentais e direito privado*.

401. Idem, p. 55.

402. Idem, ibidem; _____. A influência dos direitos fundamentais sobre o direito privado na Alemanha. In: SARLET, Ingo (Org.). *Constituição, direitos fundamentais e direito privado*, p. 236-237.

403. CANARIS, Claus-Wilhelm. Grundrechtswirkungen und Verhältnismässigkeitzprinzip in der richterlichen Anwendung und Fortbildung des Privatsrechts. *JuS*, 1989, p. 161 e ss.

Ou melhor, nessa dimensão não se pensa em eficácia horizontal direta, mas apenas na intermediação da lei e do juiz para a projeção dos direitos fundamentais. Com efeito, Canaris não nega que a decisão do juiz, como destinatário dos direitos fundamentais, produz efeitos sobre as relações entre os particulares, mas afirma que isso ocorre *mediatamente*.[404]

Portanto, mesmo que se aceite que apenas o legislador e o juiz são os destinatários dos direitos fundamentais, obviamente não se pode negar que a decisão judicial incide sobre a esfera jurídica dos particulares. Deveras, como a doutrina de Canaris foi influenciada pela Lei Fundamental alemã, a sua preocupação foi a de deixar claro que os direitos fundamentais vinculam o legislador e o juiz, embora possam ser tomados em consideração para a definição dos litígios que envolvem os particulares.

Canaris adverte que os direitos fundamentais têm função de mandamento de tutela (ou de proteção), obrigando o legislador a proteger um cidadão diante do outro. No caso de inexistência ou insuficiência dessa tutela, o juiz deve tomar essa circunstância em consideração, *projetando o direito fundamental sobre as relações entre os sujeitos privados e, assim, conferindo a proteção prometida pelo direito fundamental, mas esquecida pela lei*. Nessa linha, por exemplo, se o legislador não atuou de modo a proteger o empregado diante do empregador, quando tal era imperioso em face do direito fundamental, houve omissão de tutela ou violação do dever de proteção estatal.[405]

O raciocínio de Canaris está preso a uma premissa que o impede de ir além desse ponto. Na visão tradicional do direito constitucional alemão – compartilhada pelo autor –, cujo principal marco é a decisão do Tribunal Constitucional Federal no caso Lüth, os direitos fundamentais só caracterizam direitos subjetivos reclamáveis por seus titulares quando aparecem como *proibições de intervenção e direitos de defesa*. Isso não ocorre quando se trata de *mandamentos de tutela e deveres de proteção*. Nesse último caso, vislumbram-se, apenas e tão somente, deveres objetivos do poder público, aos quais não correspondem direitos subjetivos dos indivíduos. Não por acaso Canaris se utiliza, num caso, da expressão direito (direitos de defesa) e, no outro, da expressão dever (deveres de proteção). Por trás dessa nomenclatura está a tese de que a Constituição garante aos indivíduos apenas direitos originários negativos, de abstenção estatal, e não direitos originários positivos, direitos de prestação por parte do Estado. Estes últimos a Constituição consagra unicamente por meio de princípios objetivos, que impõem deveres ao Estado, vinculando legisladores, administradores e juízes, sem, contudo, serem exigíveis por seus próprios beneficiários. Assim, a partir do momento em que a vinculação dos particulares aos direitos fundamentais se baseia nos mandamentos de tutela e deveres de proteção, automaticamente se exclui a possibilidade de os direitos fundamentais regularem diretamente as relações privadas.

---

404. CANARIS, Claus-Wilhelm. A influência dos direitos fundamentais sobre o direito privado na Alemanha. In: SARLET, Ingo (Org.). *Constituição, direitos fundamentais e direito privado*, p. 236.

405. Canaris reconhece que "é evidentemente possível que a própria Constituição estabeleça a aplicação imediata de um direito fundamental nas relações entre particulares", e cita como exemplo, no caso alemão, o art. 9.º, III, alínea 2, da Lei Fundamental, onde restou expressamente afirmada a nulidade de acordos para a restrição da liberdade de coalizão de empregados e empregadores (idem, p. 235). A Constituição brasileira de 1988, sobretudo no que tange à regulação das relações de emprego – mas não apenas nessa matéria –, é pródiga nessa espécie de dispositivo, como demonstra boa parte dos incisos dos arts. 7.º e 8.º e o art. 11.

Bem vistas as coisas, portanto, o juiz – não importando se os direitos fundamentais incidem diretamente sobre os particulares ou se apenas incidem sobre estes mediante a participação do Estado – tem de considerar o direito fundamental e, ao mesmo tempo, aplicá-lo de forma a não violar o direito fundamental que com ele se contrapõe, utilizando-se da regra da necessidade, que implica a imposição do "meio idôneo" e que causa a "menor restrição possível".

Note-se, dessa forma, que para o controle da omissão inconstitucional interessa apenas saber se o direito fundamental pode ser diretamente considerado pelo juiz no momento da solução do litígio. Nos termos da *doutrina do dever de tutela ou proteção, pouca importa,* para efeito de controle de constitucionalidade incidental por omissão, *se a eficácia horizontal (sobre os sujeitos privados) dos direitos fundamentais é mediata ou imediata.*

8.18.5 Os limites do juiz no suprimento da falta de lei necessária à tutela de direito fundamental. O controle da inconstitucionalidade por omissão como controle da insuficiência de tutela

Não há dúvida que a teoria de que os direitos fundamentais têm função de mandamento de tutela (ou de proteção), obrigando o juiz a suprir a omissão ou a insuficiência da tutela (ou da proteção) outorgada pelo legislador, facilita a compreensão da possibilidade de o juiz poder controlar a inconstitucionalidade por omissão.

Quando se tem presente dever de proteção e, dessa forma, que uma medida idônea deve ser instituída pelo legislador, a ausência de tutela normativa – ou a falta de lei – pode ser levada a qualquer juiz, a ele pedindo-se medida de proteção que supra a omissão inconstitucional. Aliás, quando da própria norma constitucional resulta que, para que o direito fundamental seja observado, o particular deve cumprir determinada prestação, nada impede que dele se exija o imediato cumprimento,[406] ainda que a questão possa ser apresentada ao juiz, por qualquer das partes envolvidas, para a definição da legitimidade da providência.

Porém, as normas de direitos fundamentais não definem a forma, o modo e a intensidade com que um particular deve ser protegido diante do outro. Em outras palavras, os direitos fundamentais, ao gerarem dever de proteção por parte do Estado, não dizem "como" esta tutela deve se dar. Pensar em "como" o Estado protege os direitos fundamentais é o mesmo que considerar as providências que o Estado deve necessariamente tomar para tutelá-los. A Constituição possui, quando muito, disposições fragmentárias sobre as medidas de tutela que devem ser utilizadas à tutela dos direitos fundamentais.

Frise-se que a decisão a respeito de como um dever de tutela deve ser cumprido é, antes de tudo, questão afeta ao parlamento[407]. Quando o legislador viola um direito fundamental na sua função de mandamento de tutela, cabe ao Judiciário assegurar o adequado grau de tutela do direito fundamental. Não obstante, problema de grande importância para o tema do controle da omissão inconstitucional está na circunstância de que a ação do juiz, diante da falta de lei, não tem a mesma elasticidade ou a mesma latitude da ação do legislador. Para

---

406. Assim, apenas para citar um exemplo, qualquer empregado, urbano ou rural, pode exigir do seu empregador a remuneração do trabalho extraordinário superior em no mínimo cinquenta por cento à do normal (art. 7.º, XVI, da CF), sem que, para tanto, tenha de mover uma prévia ação judicial para que o juiz determine a obrigação do patrão de arcar com esse custo.

407. HESSE, Konrad. *Elementos de direito constitucional da República Federal da Alemanha*, p. 279.

ser mais claro: o legislador tem ampla esfera de liberdade para a definição da providência ou do meio para a tutela do direito fundamental, enquanto o juiz, exatamente por não ter a mesma latitude de poder do legislador, deve atuar apenas para garantir que o dever de proteção satisfaça as exigências mínimas na sua eficiência. Assim, incumbe-lhe atuar de modo a impor não mais do que o mínimo necessário à proteção do direito fundamental.[408]

Esta postura está inserida na doutrina de Canaris, já que ela não só sublinha que a função dos direitos fundamentais de imperativo de tutela carece, para a sua realização, da transposição pela legislação infraconstitucional e que ao legislador fica aberta ampla margem de manobra entre as proibições de insuficiência e de excesso, mas especialmente que esta margem, ou esta latitude de poder, não é a mesma que está liberada à intervenção do Judiciário. Mais do que responder a um dever de tutela, o Judiciário garante o controle da insuficiência da tutela devida pelo legislador. Na verdade, o controle da insuficiência tem, no raciocínio argumentativo judicial, o dever de proteção como antecedente lógico, no exato sentido de que o juiz, para controlar a insuficiência e impor o meio mínimo para a satisfação do dever de proteção, deve, antes de tudo, verificar se há dever de proteção a direito fundamental e, após, analisar como a legislação deve se manifestar para não descer abaixo do mínimo de proteção jurídico-constitucional exigido.

Nesses termos, o juiz, ao suprir a omissão de tutela a direito fundamental, não pode ir além do que é minimamente suficiente para garantir o dever de proteção. Ir além é adentrar em espaço proibido a quem tem incumbência de apenas controlar a insuficiência de tutela ou, em outros termos, dar ao juiz poder igual ao do legislador.

8.18.6 Controle de inconstitucionalidade por omissão à tutela de direito fundamental de natureza processual

Os direitos fundamentais, porque geram dever de tutela ao Estado e, ao mesmo tempo, incidem sobre as relações dos privados, têm, respectivamente, eficácias vertical e horizontal.[409]

---

408. Canaris, em Grundrechtswirkungen und Verhältnismässigkeitsprinzip in der richterlichen Anwendung und Fortbildung des Privatsrechts, adverte que no direito privado frequentemente defrontam-se interesses que podem ser garantidos como direitos fundamentais. Caso o legislador proteja um titular de um direito fundamental, ele por conseguinte intervém, muitas vezes ao mesmo tempo, na posição de outro titular de direito fundamental. *O exame constitucional, por consequência, orienta-se tipicamente em duas direções: por um lado, a proteção não deve se reter atrás do mínimo constitucional exigido; por outro lado, não deve ser "excessiva", ou seja, excedente ao proporcional e ao necessário, intervindo nos direitos fundamentais de outros sujeitos privados. No original:* "Die verfassungsrechtlich Prüfung geht folglich typischerweise in zwei Richtungen: einerseits darf der Schutz nicht hinter dem verfassungsrechtliche gebotenen Minimum zurückbleiben, andererseits darf nicht 'übermäßig', d. h. mehr als erforderlich und verhältnismäßig, in die Grundrechte des anderen Privatrechtssubjekt eingreifen" (CANARIS, Claus-Wilhelm. Grundrechtswirkungen und Verhältnismässigkeitsprinzip in der richterlichen Anwendung und Fortbildung des Privatsrechts, *JuS*, 1989).

409. Quando se fala nas eficácias vertical e horizontal, deseja-se aludir à distinção entre a eficácia dos direitos fundamentais sobre o Poder Público e a eficácia dos direitos fundamentais nas relações entre os particulares. Existe eficácia vertical na vinculação do legislador, do administrador e do juiz aos direitos fundamentais. Há eficácia horizontal – também chamada "eficácia privada" ou "eficácia em relação a terceiros" (*Drittwirkung*, na expressão alemã) – nas relações entre particulares, embora se sustente que, no caso de manifesta desigualdade entre dois particulares, também exista relação de natureza vertical. A necessidade de pensar na incidência dos direitos fundamentais sobre os particulares, em vez da sua simples incidência sobre o Poder Público, decorre da transformação da sociedade e do Estado. Hoje, o Estado não pode mais

Assim, o legislador e o juiz têm dever de tutelar os direitos fundamentais em razão de estes terem eficácia vertical. Enquanto isso, a lei ou a decisão judicial, regulando as relações entre os privados, incidem sobre estes horizontalmente. A eficácia dos direitos fundamentais, mediada pela lei ou pela decisão judicial, constitui eficácia horizontal mediata.

Algo um pouco diferente ocorre quando se pensa nos direitos fundamentais de nature-za processual, como o direito fundamental à efetividade da tutela jurisdicional (art. 5.º, XXXV, da CF).[410] Este direito fundamental, é claro, incide sobre o Estado (Executivo, Legislativo e

---

ser visto como "inimigo", como acontecia à época do Estado liberal, pois tem a incumbência de projetar uma sociedade mais justa, regulando as atividades dos próprios particulares. De modo que os direitos fundamentais não têm razão para incidir apenas sobre as relações entre os particulares e o Estado, deven-do também repercutir sobre as relações travadas apenas pelos particulares. Como escreve Vieira de An-drade, "a regra formal da liberdade não é suficiente para garantir a felicidade dos indivíduos e a prosperi-dade das nações, antes serve para aumentar a agressividade e acirrar os antagonismos, agravar as formas de opressão e instalar as diferenças injustas. A paz social, o bem-estar coletivo, a justiça e a própria liber-dade não podem realizar-se espontaneamente numa sociedade industrializada, complexa, dividida e con-flitual". Por isso "é necessário que o Estado regule os mecanismos econômicos, proteja os fracos e desfavo-recidos e promova as medidas necessárias à transformação da sociedade numa perspectiva comunitaria-mente assumida de bem público" (ANDRADE, José Carlos Vieira de. *Os direitos fundamentais (na Constitui-ção portuguesa de 1976)*, p. 273-274). O problema que se coloca diante da eficácia horizontal é o de que nas relações entre particulares há dois (ou mais) titulares de direitos fundamentais, e por isso nelas é impossí-vel afirmar uma vinculação (eficácia) semelhante àquela que incide sobre o Poder Público.

410. A obrigação de compreender as normas processuais a partir do direito fundamental à tutela jurisdicional, e, assim, considerando as várias necessidades de direito substancial, dá ao juiz o poder-dever de encontrar a técnica processual idônea à proteção (ou à tutela) do direito material. O encontro da técnica processual adequada exige a interpretação da norma processual *de acordo* com o direito fundamental à tutela jurisdi-cional efetiva e, também, para se evitar a declaração da sua inconstitucionalidade, o seu tratamento através das técnicas da interpretação *conforme* e da declaração parcial de nulidade sem redução de texto. No direi-to alemão, voltando-se especialmente à situação em que os juízos ordinários se deparam com questões processuais de dimensão constitucional, Kirchhof observou, antes da reforma processual de 2002, que "quando as posições jurídicas constitucionais reclamam unicamente a consideração de simples leis positivas, seja na concessão do direito a ser ouvido (art. 103, II, GG), na consideração do juiz natural (art. 101, I 2, GG), ou na garantia à proteção judicial (art. 19, IV, GG), *é de se considerar se o legislador não deve-ria ceder este controle aos tribunais ordinários especializados mais próximos*" (KIRCHHOF, Paul. Die Aufga-ben des Bundesverfassungsgerichts in Zeiten des Umbruchs. *NJW*, p. 1497). Lembre-se que, em princípio, os juízos ordinários não fazem controle da constitucionalidade na Alemanha, que é feito com exclusivida-de pelo Tribunal Constitucional. Entretanto, como a análise da constitucionalidade de normas processuais pelo Tribunal Constitucional mitigava muito a efetividade do processo, diante da demora e do acúmulo de serviço trazido a esse Tribunal, parte da doutrina – aí incluído Kirchhof – passou a sustentar que o juiz ordinário poderia decidir sobre violação de direito fundamental processual por parte de norma processual. Tal discussão – frise-se – ocorreu antes da reforma processual de 2002. Nesse ano foi inserido no ZPO (CPC alemão) o § 321.a, que trata do remédio por violação ao direito de ser ouvido. Nessa nova hipótese, o juiz pode entender que a parte recorrente tem razão ou que ocorreu violação ao direito fundamental. Porém, se o juiz entender que não houve violação, o remédio não terá de ser *necessariamente* encaminhado ao Tribunal Constitucional. Isso somente ocorrerá se o juízo ordinário chegar à conclusão de que o tema tem importância e relevância e, por estes motivos, deve ser apreciado pelo Tribunal Constitucional (v. RAGONE, Alvaro Pérez. El nuevo proceso civil alemán: principios y modificaciones al sistema recursivo. *Revista de Direito Processual Civil*, vol. 32, p. 357 e ss.). Discute-se se o remédio deve se limitar ao direito de ser ouvido ou deve alcançar outros direitos fundamentais processuais (v. VOKUHLE, Andrea. Bruch mit einem Dogma: die Verfassung garantiert Rechtsschutz gegen den Richter. *NJW*, p. 2193-2264; MÜLLER, Friedrich. Abhilfemöglichkeiten bei der Verletzung des Anspruchs auf rechtliches Gehör nach der ZPO--Reform. *NJW*, p. 2747; KROPPENGER, Inge. Zum Rechtsschutzbereich der Rüge gemäss § 321.a ZPO. *ZZP*, vol. 116, p. 421-445). Decisão plenária do Primeiro Senado do Tribunal Constitucional (BVerfG), de

Judiciário). O legislador, também aí, tem dever de proteção. A omissão normativa, assim, pode ser suprida pelo juiz na medida da suficiência mínima à proteção do direito fundamental à tutela jurisdicional efetiva. O problema é que o direito fundamental à tutela jurisdicional efetiva incide sobre o juiz para permitir-lhe tutelar os direitos – quaisquer que sejam eles, fundamentais ou não – de forma efetiva, ou seja, para permitir-lhe desempenhar *função estatal de forma idônea*. Ou melhor, o dever de controle de insuficiência, neste caso imposto ao juiz, não lhe dá o poder de editar decisão que *regule situação substancial entre privados*.

A relação do juiz com os direitos fundamentais deve ser vista de maneira distinta quando são considerados os direitos fundamentais materiais e os direitos fundamentais processuais, especialmente o direito fundamental à tutela jurisdicional efetiva. Quando o juiz tutela um direito fundamental material, suprindo a omissão do legislador, o direito fundamental tem *eficácia horizontal mediada pela jurisdição*. Porém, o direito fundamental à tutela jurisdicional efetiva, ao incidir sobre a jurisdição, *objetiva conformar o seu próprio modo de atuação*.[411]

A jurisdição toma em conta o direito fundamental material para que ele incida sobre os particulares, mas considera o direito fundamental à tutela jurisdicional efetiva porque a sua função deve ser cumprida de modo a propiciar o alcance da tutela dos direitos, sejam eles fundamentais ou não. O direito fundamental material incide sobre o juiz para que possa se projetar sobre os particulares, enquanto o direito fundamental à tutela jurisdicional incide sobre o juiz para regular a sua própria função.

A decisão jurisdicional faz a ponte entre o direito fundamental material e os particulares, ao passo que os direitos fundamentais instrumentais ou processuais são dirigidos a vincular o próprio procedimento estatal. No primeiro caso, o direito fundamental incide mediatamente sobre os particulares, ao passo que, no último, como o direito fundamental não é material (como, por exemplo, o direito ambiental), não se pode pensar na sua incidência – nem mesmo mediata – sobre os particulares. Tal direito fundamental se destina unicamente a regular o modo do proceder estatal e, por isso, a sua única eficácia é sobre o Estado, evidentemente direta e imediata.

Perceba-se que, no caso de eficácia mediada pelo juiz, o *conteúdo* da decisão (a regra nela fixada) que resolve o litígio incide sobre os particulares. Nessa hipótese, o direito fundamental se projeta sobre os sujeitos privados. Trata-se, portanto, de eficácia sobre os particulares – e, assim, horizontal – mediada pelo juiz, e, por isso, dita mediata ou indireta. No caso há eficácia vertical em relação ao juiz e eficácia horizontal mediata sobre os particulares, mas eficácia vertical derivada do direito fundamental material, que confere ao juiz dever de proteção, e que acaba tendo repercussão horizontal quando se projeta, mediante decisão, sobre os privados.

30.04.2003, ordenou ao legislador a demarcação dos limites, pressupostos e detalhes do remédio do § 321.a. Afirmou-se que este parágrafo não consegue conciliar na prática a correta distribuição de tarefas entre a justiça constitucional e a ordinária, e, assim, conferiu-se ao legislador prazo para corrigir o defeito ou a falha. Respondendo à ordem do Tribunal Constitucional (BVerfG), o Legislativo editou a *Gesetz über die Rechtsbehelfe bei Verletzung des Anspruchs auf rechtliches Gehör*.

411. O direito à tutela jurisdicional deve ser visto como "um *direito de protecção do particular através de tribunais* do Estado no sentido de este o proteger perante a violação dos seus direitos por terceiros (*dever* de proteção do Estado e *direito* do particular de exigir essa protecção)" (Canotilho, J. J. Gomes. *Direito constitucional e teoria da constituição*, p. 463).

Porém, algo distinto acontece quando se pensa na incidência do direito fundamental em face dos órgãos estatais – que também é eficácia vertical –, para o efeito de vincular o seu modo de proceder e atuar. Nessa hipótese, o direito fundamental, ainda que tenha por objetivo vincular o modo de atuação do Estado perante o particular, não tem qualquer objetivo de regular as relações entre os particulares e, por isso mesmo, não precisa ser mediado pelo juiz.

O direito fundamental à tutela jurisdicional tem eficácia apenas sobre o órgão estatal, pois se presta unicamente a vincular o modo de atuação da jurisdição. Frise-se, aliás, que o direito fundamental à tutela jurisdicional, exatamente porque incide sobre o juiz, está preocupado com a efetividade da tutela de todos os direitos e não apenas com a proteção dos direitos fundamentais.

Como está claro, o direito fundamental à tutela jurisdicional implica apenas na vinculação do juiz, não incidindo, antes ou depois da decisão, sobre os sujeitos privados, e, por isso, não pode ser confundido com os direitos fundamentais materiais que podem ser levados ao Poder Judiciário.

Na realidade, o direito fundamental à tutela jurisdicional, ao recair sobre a atividade do juiz, pode repercutir *lateralmente* sobre o particular, conforme o maior ou menor "grau de agressividade" da técnica processual empregada no caso concreto. Mas nunca horizontalmente, uma vez que esse direito não se destina, conforme já explicado, a regular as relações entre os sujeitos privados.

Nessa dimensão, para se evitar a confusão entre a eficácia do direito fundamental material objeto da decisão judicial e a eficácia do direito fundamental sobre a atividade do juiz, deve ser feita a distinção entre eficácia horizontal mediatizada pela decisão jurisdicional e eficácia vertical com repercussão lateral, essa última própria do direito fundamental à efetividade da tutela jurisdicional. Enquanto o direito fundamental material incide sobre os particulares por meio da decisão (eficácia horizontal mediatizada pelo juiz), o direito fundamental à tutela jurisdicional incide apenas sobre a jurisdição. No primeiro caso o juiz atua porque tem o dever de proteger os direitos fundamentais materiais e, assim, de suprir a omissão de proteção do legislador; no segundo, porque tem o dever de dar tutela efetiva a qualquer tipo de direito, ainda que a lei não lhe ofereça técnicas adequadas.

Quando o juiz não encontra técnica processual idônea à tutela do direito, e assim se pode falar em omissão de regra processual, ele deve suprir esta insuficiência com os olhos nas exigências do direito material que reclama proteção. Como esclarece Canotilho, o direito de acesso aos tribunais – também reconhecido pelo autor como direito a uma proteção jurisdicional adequada – "é um direito fundamental formal que carece de densificação através de outros direitos fundamentais materiais".[412] O que o direito à tutela jurisdicional assegura a seu titular é um poder (*power*), cujo correlativo é uma situação de sujeição (*liability*),[413] ou seja, é o poder de exigir do Estado que ele o proteja perante a violação dos seus direitos. Não se trata de um direito a uma ação ou omissão determinada por parte do Estado ou a um bem específico, mas a um exercício de poder do Estado cujos contornos só serão definidos à luz do direito material do particular que reivindica proteção. Em rigor, trata-se do poder

---

412. Idem, p. 464.

413. Adotando-se a terminologia de HOHFELD, Wesley Newcomb. *Fundamental legal conceptions as applied to judicial reasoning* (originalmente publicado em 1919).

de uma pessoa de provocar um órgão público para que este ponha em marcha o poder estatal de intervir coercitivamente na esfera jurídica de um terceiro de maneira adequada a assegurar o direito daquela pessoa.

Ora, se já está predeterminado qual é o direito a ser tutelado, condição que é pressuposta pelo direito à efetividade da tutela jurisdicional, e a discussão gira em torno apenas de qual o meio adequado para conferir efetividade a esse direito, *não há controvérsia ou dúvida sobre quem tem direito a que, não há problema interpretativo a ser solucionado ou situação jurídica a ser esclarecida*. Não há necessidade de se justificar a intervenção coercitiva do Estado na esfera jurídica do particular. Isso já está feito. A questão que persiste diz respeito unicamente ao modo dessa intervenção, ao meio pelo qual o Estado deve agir para preservar o direito reclamado. Nesse contexto, *a dúvida apenas se coloca quando existe mais de um meio apto a satisfazer o direito tutelado*. Não há aqui debate sobre meios mais e menos eficazes, simplesmente porque um meio é plenamente eficaz e satisfaz o direito protegido ou não é plenamente eficaz e, então, não satisfaz o direito protegido. Sendo necessário escolher *entre diferentes meios aptos*, tendo-se em conta que nenhuma ação estatal pode ser arbitrária, ainda mais quando acarreta prejuízo, ônus ou encargo a um particular, é preciso haver critérios para tanto. O critério aqui só pode ser o da menor lesividade. Se existem duas formas possíveis pelas quais o Estado pode onerar um particular, alcançando mediante todas elas o mesmo benefício, obviamente a única forma não arbitrária de oneração, entre estas, é aquela que impõe o menor dano à esfera jurídica do particular.

Portanto, não é necessário sopesar o direito à efetividade da tutela jurisdicional e o direito de defesa. Esses direitos não entram em colisão. Cada um deles incide num plano distinto, sem que se produza qualquer espécie de antinomia. O primeiro exige a seleção de um meio idôneo para a proteção do direito reivindicado; o segundo, a escolha – na hipótese de existirem diversos meios idôneos – daquele que se mostre como o menos lesivo à esfera jurídica do particular afetado.

Como está claro, no caso da eficácia horizontal mediatizada pela decisão jurisdicional a ponderação é feita para que o direito fundamental tenha eficácia sobre os particulares. Já no caso da eficácia vertical com repercussão lateral não há falar em ponderação ou em sopesamento, mas em um teste de adequação – pelo motivo de que o Estado se submete diretamente ao direito fundamental à tutela jurisdicional – e em um teste de necessidade ou lesividade mínima, vez que essa eficácia pode se refletir ou repercutir sobre a parte, e por isso a sua legitimidade tem de ser submetida à análise do direito de defesa.

O que realmente importa, porém, é que as definições de eficácia horizontal mediatizada pela jurisdição e de eficácia vertical com repercussão lateral permitem que se compreenda a possibilidade de a jurisdição suprir a omissão do legislador em proteger um direito fundamental material e em dar ao juiz os instrumentos ou as técnicas processuais capazes de conferir efetividade à proteção jurisdicional dos direitos, sejam fundamentais ou não, sem que com isso se retire da parte atingida pela atuação jurisdicional o direito de fazer com que os seus direitos sejam considerados diante do caso concreto.

8.18.7 Legitimidade do raciocínio decisório no suprimento de técnica processual

Tratando-se de omissão de regra processual ou de inexistência de técnica processual adequada ao caso concreto, não bastará ao juiz apenas demonstrar a imprescindibilidade de determinada técnica processual não prevista em lei, mas também argumentar, considerando o direito de defesa, que a técnica processual identificada como capaz de dar efetividade à tutela do direito é a que traz a menor restrição possível à esfera jurídica do réu.

No caso de omissão inconstitucional, a identificação das necessidades dos casos concretos e o uso das técnicas processuais idôneas para lhes dar proteção obviamente devem ser precisamente justificados. Na verdade, o juiz deve estabelecer uma relação racional entre o significado da tutela jurisdicional no plano substancial (tutela inibitória, ressarcitória etc.), as necessidades do caso concreto e a técnica processual (sentença executiva, multa, busca e apreensão etc.). Em outros termos, deve demonstrar que determinada situação de direito material deve ser protegida por certo tipo de tutela jurisdicional e que, para que essa modalidade de tutela jurisdicional possa ser implementada, deve ser utilizada uma precisa técnica processual.

Antes de partir para o encontro da técnica processual adequada, o juiz deve demonstrar as necessidades de direito material, indicando como as encontrou no caso concreto, de maneira que a argumentação relativa à técnica processual se desenvolve sobre um discurso de direito material já justificado. Nesse caso existem dois discursos: um primeiro sobre o direito material, e outro, incidente sobre o primeiro, a respeito do direito processual. O discurso de direito processual é um sobrediscurso, ou um metadiscurso, no sentido de que recai sobre um discurso que lhe serve de base para o desenvolvimento.[414] O discurso jurídico-processual é, portanto, um discurso que tem a sua base em um discurso de direito material. É certo que a idoneidade desses dois discursos se vale dos benefícios gerados pela realização e pela observância das regras do procedimento judicial. Mas, ainda assim, não se pode deixar de perceber a nítida distinção entre um discurso de direito material legitimado pela observância do procedimento judicial e um discurso de direito processual que, além de se beneficiar das regras do procedimento judicial, se sustenta sobre outro discurso (de direito material).

O discurso de direito processual, ou, mais precisamente, o que identifica a necessidade de uma técnica processual não prevista na lei, não representa qualquer ameaça à segurança jurídica, na medida em que parte de um discurso que se apoia nos fatos e no direito material. O discurso processual objetiva atender a uma situação já demonstrada pelo discurso de direito material e não pode esquecer que a técnica processual eleita deve ser a mais suave, ou seja, a que, tutelando o direito, cause a menor restrição possível ao réu.

A justificação, obedecendo a esses critérios, dá às partes a possibilidade de controle da decisão jurisdicional. A diferença é a de que, em tais situações, o controle da atividade do juiz é muito mais complexo e sofisticado do que aquele que ocorria com base no princípio da tipicidade, quando o juiz apenas podia usar os instrumentos processuais definidos na lei. Mas essa mudança na forma de pensar o controle jurisdicional é apenas reflexo da necessidade de se dar maior poder ao juiz – em parte a ele já entregue pelo próprio legislador ao fixar as normas abertas – e da transformação do próprio conceito de direito, que submete a compreensão da lei aos direitos fundamentais.

---

414. Esclareça-se que a terminologia "metadiscurso" ou "sobrediscurso" não significa que o discurso do direito processual seja um discurso acerca das regras do discurso que regem a interpretação e a aplicação do direito material. Este, em rigor, é um problema de metodologia do direito, ou da teoria do discurso jurídico. A noção de metadiscurso aqui tem um objetivo menos ambicioso: ela pretende demarcar que o discurso do direito processual opera num plano diverso ao de direito material, sem que, contudo, seja dele independente.

IV – AÇÃO DIRETA DE INCONSTITUCIONALIDADE

8.19 Primeiras considerações[415]

A ação direta de inconstitucionalidade constitui ação cujo objeto é a aferição da constitucionalidade da norma. Nesta ação não há conflito de interesses entre partes. O controle de constitucionalidade não é feito de modo incidental, no curso do raciocínio judicial tendente à solução de um litígio, mas de forma principal, já que na ação direta de inconstitucionalidade se pede a declaração da inconstitucionalidade, sendo pressuposto para o seu julgamento apenas a análise da constitucionalidade da norma.

Lembre-se que, no controle incidental, a constitucionalidade importa apenas como prejudicial à resolução do mérito. Nesse caso a constitucionalidade da norma não é o objeto da ação, mas o seu exame constitui antecedente necessário ao julgamento do litígio, esse sim o objeto da ação entre as partes. Daí a percepção de que, enquanto no controle incidental o objeto da ação é o litígio entre as partes, no controle principal o objeto da ação é a própria constitucionalidade da norma.

A aferição da constitucionalidade da norma, na ação que a tem como objeto, é feita em abstrato, ao contrário do que se dá quando se analisa a constitucionalidade como prejudicial à solução de litígio. Na ação direta não há caso concreto que tenha como pressuposto a aplicação da norma, motivo pelo qual se diz que o controle de constitucionalidade é feito em tese ou em abstrato.

A razão de ser de uma ação em que se pede exclusivamente declaração de inconstitucionalidade advém da necessidade de se eliminar da ordem jurídica norma que seja incompatível com a Constituição.[416] Tutela-se, assim, a ordem jurídica. A decisão que declara a

---

415. A respeito, v. TAVARES, André Ramos. *Curso de direito constitucional*; BASTOS, Celso Ribeiro. Perfil constitucional da ação direta de declaração de inconstitucionalidade. *Revista de Direito Público*, 22/78; CLÈVE, Clèmerson Merlin. *A fiscalização abstrata de constitucionalidade no direito brasileiro*; DIMOULIS, Dimitri; LUNARDI, Soraya. *Curso de processo constitucional:* controle de constitucionalidade e remédios constitucionais; CUNHA JÚNIOR, Dirley da. *Controle de constitucionalidade:* teoria e prática; RAMOS, Elival da Silva. *Controle de constitucionalidade no Brasil:* perspectivas de evolução; MENDES, Gilmar Ferreira; COELHO, Inocêncio Mártires; BRANCO, Paulo Gustavo Gonet. *Curso de direito constitucional*; MARTINS, Ives Gandra da Silva; MENDES, Gilmar Ferreira. *Controle concentrado de constitucionalidade:* comentários à Lei 9.868, de 10.11.1999; CANOTILHO, J. J. Gomes. *Direito constitucional e teoria da constituição*; BARROSO, Luis Roberto. *O controle de constitucionalidade no direito brasileiro*; PALU, Oswaldo Luiz. *Controle de constitucionalidade:* conceitos, sistemas e efeitos; RAMOS, Saulo. Ação direta de inconstitucionalidade. *Revista Tributária e de Finanças Públicas* 11/22; LEAL, Victor Nunes. Representação de inconstitucionalidade perante o Supremo Tribunal Federal: um aspecto inexplorado. *Revista de Direito Público*, vol. 53/54, p. 25; VELOSO, Zeno. *Controle jurisdicional de constitucionalidade*.

416. Numa sociedade complexa, marcada pelo "desacordo interpretativo razoável" – ou seja, pela condição de que pessoas que concordam abstratamente em torno de direitos fundamentais e princípios de justiça discordam acerca de qual o sentido que esses direitos e princípios devem assumir diante de situações concretas –, não há como deixar de lado o problema de como se deve "dizer o direito" de forma aceitável para todos, problema particularmente agudo em sede de controle judicial de constitucionalidade das leis – v. MICHELMAN, Frank. Constitutional authorship. *Constitutionalism:* philosophical foundations, p. 88-89.

inconstitucionalidade produz efeitos *erga omnes*, resultando inquestionável diante de todos, e, na mesma medida, a norma não é mais aplicável.[417]

A ação direta, assim, é ação em que não se tem caso concreto, julgamento de litígio e coisa julgada material *inter partes*. Constitui, como visto, ação voltada unicamente à análise de pedido de inconstitucionalidade, que deve ser feita em abstrato, tendo a sua sentença efeitos *erga omnes*, precisamente porque a constitucionalidade da norma diz respeito a todos e não a "partes".

O controle de constitucionalidade, com o caráter de principal, pode ocorrer perante o STF e diante dos Tribunais de Justiça. No STF, o parâmetro de controle é a Constituição Federal, sendo objeto de controle as leis e atos normativos federais e estaduais.[418] Nos Tribunais de Justiça, o parâmetro é a Constituição Estadual, constituindo objeto de controle as leis e atos normativos estaduais e municipais.[419]

8.20 Legitimidade

8.20.1 Extensão da legitimidade, legitimados universais e especiais e capacidade para postular

Entre 1965, quando se criou a dita "ação genérica" para o controle abstrato da constitucionalidade, e a promulgação da Constituição de 1988, a competência para propor a ação direta de inconstitucionalidade era exclusiva do Procurador-Geral da República, na época cargo de confiança do Presidente da República. Como a possibilidade de tutela da ordem objetiva é proporcional à abertura da legitimidade à instauração do controle abstrato de constitucionalidade, é intuitivo que a restrição da legitimidade gera não só um déficit de participação, como também uma minimização de oportunidades para o STF expulsar do sistema normas que violem a Constituição.

Daí por que o incremento dos legitimados à ação de inconstitucionalidade configura, além de otimização da democracia participativa, importante reforço à tutela da ordem jurídica e à afirmação da força normativa da Constituição.[420] A Constituição de 1988, no art. 103, afirma que podem propor a ação direta de inconstitucionalidade e a ação declaratória

---

417. Kelsen, Hans. *Jurisdição constitucional*.

418. CF, art. 102: "Compete ao Supremo Tribunal Federal, precipuamente, a guarda da Constituição, cabendo-lhe: I – processar e julgar, originariamente: *a)* a ação direta de inconstitucionalidade de lei ou ato normativo federal ou estadual e a ação declaratória de constitucionalidade de lei ou ato normativo federal; (...)". CF, art. 103, § 2.º: "Declarada a inconstitucionalidade por omissão de medida para tornar efetiva norma constitucional, será dada ciência ao Poder competente para a adoção das providências necessárias e, em se tratando de órgão administrativo, para fazê-lo em trinta dias".

419. CF, art. 125, § 2.º: "Cabe aos Estados a instituição de representação de inconstitucionalidade de leis ou atos normativos estaduais ou municipais em face da Constituição Estadual, vedada a atribuição da legitimação para agir a um único órgão".

420. É com inteira razão que "a ampliação do rol dos legitimados ativos a propor a ação direta de inconstitucionalidade" promovida pela Constituição Federal de 1988 é apontada como uma das principais "condições propiciadoras e/ou facilitadoras do processo de judicialização da política" em curso no Brasil (Verbicaro, Loiane Prado. Um estudo sobre as condições facilitadoras da judicialização da política no Brasil. *Revista Direito GV*, vol. 4, n. 2, p. 389-406, especialmente p. 390).

de constitucionalidade o Presidente da República, a Mesa do Senado Federal, a Mesa da Câmara dos Deputados, a Mesa de Assembleia Legislativa ou da Câmara Legislativa do Distrito Federal, o Governador de Estado ou do Distrito Federal, o Procurador--Geral da República, o Conselho Federal da Ordem dos Advogados do Brasil, partido político com representação no Congresso Nacional e confederação sindical ou entidade de classe de âmbito nacional, dando extensão muito mais significativa à possibilidade de participação do próprio poder e da sociedade – ainda que de forma indireta – no controle da ordem jurídica e na fiscalização da tutela estatal dos direitos fundamentais.

A norma do art. 103 define os legitimados à propositura da ação, excluindo, assim, aqueles que nela não estejam contemplados, mas configura notável ampliação à instauração da via de controle abstrato de constitucionalidade. Deixou-se de lado a ideia de que a provocação do controle abstrato deveria ser reservada ao Procurador-Geral da República não apenas porque se descartou a suposição de que seria inoportuno atribuí-la a outros, mas especialmente porque se percebeu que o fortalecimento do número de legitimados seria imprescindível para a própria tutela da ordem constitucional e para a harmonia da vida democrática.[421]

Considerando os legitimados do art. 103 da CF, o STF fez distinção entre uma qualidade intrínseca aos legitimados, que teve como efeito obrigar apenas alguns a demonstrar a relação de pertinência entre os seus fins e propósitos e a norma impugnada.[422] Fala-se, assim, de legitimados que, em virtude de seu papel institucional, sempre estão autorizados a solicitar a tutela da Constituição, e de legitimados que, ao constituírem órgãos e entidades, somente têm legitimidade para impugnar normas que diretamente afetem suas esferas jurídicas ou de seus filiados. Nesta dimensão, entendeu-se que são legitimados universais o Presidente da República, a Mesa do Senado Federal, a Mesa da Câmara dos Deputados, o Procurador-Geral da República, o Conselho Federal da Ordem dos Advogados do Brasil e partido político com representação no Congresso Nacional, enquanto são legitimados especiais o Governador de Estado ou do Distrito Federal, a Mesa de Assembleia Legislativa ou da Câmara Legislativa do Distrito Federal e confederação sindical ou entidade de classe de âmbito nacional.[423]

---

421. "Também por unanimidade o Tribunal decidiu que está impedido nas ações diretas de inconstitucionalidade o Ministro que, na condição de Procurador-Geral da República, haja recusado representação para ajuizar ação direta de inconstitucionalidade" (ADIn 55-MC-QO, Pleno, j. 31.05.1989, rel. Min. Octavio Gallotti, *DJ* 16.03.1990).

422. Há quem considere que a criação de *categorias* entre os legitimados constitui manifestação de jurisprudência defensiva da Corte. Segundo Oswaldo Luiz Pallu, "a ampliação da legitimidade, se foi útil pela acessibilidade permitida à jurisdição constitucional, acarretou, entretanto, alguns problemas, eis que é inútil permitir o ingresso a excessivo número de agentes e entidades quando o número de juízes encarregados do julgamento é o mesmo e se não podem estes julgar somente as ações relevantes. Não é de se espantar que venha o Supremo Tribunal restringindo a propositura das ações pela via da legitimidade ativa" (PALU, Oswaldo Luiz. *Controle de constitucionalidade:* conceitos, sistemas e efeitos, p. 196).

423. A jurisprudência do STF, assim, estabeleceu diferença de tratamento entre os legitimados universais e os legitimados especiais. "Os primeiros não precisam demonstrar interesse (relação de pertinência entre o ato impugnado e as funções exercidas pelo órgão ou entidade; adequação da causa às finalidades estatutárias); os segundos, inevitavelmente, sim" (CLÈVE, Clèmerson Merlin. *A fiscalização abstrata de constitucionalidade no direito brasileiro*, p. 122). Como exemplo, na ADIn 1.194, a Confederação Nacional da Indústria (CNI) questionava a constitucionalidade de diversos artigos da Lei 8.906/1994 (Estatuto da OAB). No entanto, o STF decidiu que a CNI, não obstante seja uma das instituições legitimadas para a propositura de ADIn (CF/1988, art. 103, IX – confederação sindical ou entidade de classe de âmbito nacional),

Ademais, há diferença entre ter legitimidade para pedir a declaração de inconstitucionalidade de lei e ter capacidade para postular, sem a mediação de advogado, a tutela jurisdicional de inconstitucionalidade, bem como diretamente atuar no processo jurisdicional que lhe é correspondente. É inquestionável que ter legitimidade para determinada ação não significa ter capacidade de postular em juízo. Em regra, a circunstância de ter legitimidade não confere capacidade para postular na respectiva ação, assim como capacidade de postular do advogado obviamente nada tem a ver com legitimidade para a causa.

Porém, tratando-se de ação direta, entende-se que os legitimados delineados entre os incisos I e VII do art. 103 da CF – com exceção, assim, de partido político com representação no Congresso Nacional e de confederação sindical ou entidade de classe de âmbito nacional –, igualmente incorporam capacidade postulatória, podendo postular e atuar no processo objetivo sem a dependência de advogado para tanto. Neste sentido, decidiu o STF, na ADIn 127, que o Governador do Estado e as demais autoridades e entidades referidas no art. 103, I a VII, da CF, além de ativamente legitimados à instauração do controle concentrado de constitucionalidade das leis e atos normativos, federais e estaduais, mediante ajuizamento da ação direta perante o STF, possuem capacidade processual plena e dispõem, *ex vi* da própria norma constitucional, de capacidade postulatória, podendo, em consequência, enquanto ostentarem aquela condição, praticar, no processo de ação direta de inconstitucionalidade, quaisquer atos ordinariamente privativos de advogado.[424]

No julgamento da referida ADIn 127, em que se discutiu acerca da capacidade postulatória do Governador do Estado de Alagoas, o Min. Sepúlveda Pertence advertiu que a propositura da ação direta é o exercício de uma função estatal do órgão público competente e não de um direito subjetivo do funcionário, para daí concluir que a capacidade postulatória advém da investidura no cargo, somada à legitimação constitucional. Nesses termos, a

---

carecia parcialmente de legitimidade ativa, pois alguns dos dispositivos questionados não tratavam de matéria relacionada aos seus objetivos institucionais (p. ex., o art. 23: "Os honorários incluídos na condenação, por arbitramento ou sucumbência, pertencem ao advogado, tendo este direito autônomo para executar a sentença nesta parte, podendo requerer que o precatório, quando necessário, seja expedido em seu favor"). Da ementa: "Ilegitimidade ativa da Confederação Nacional da Indústria – CNI, por ausência de pertinência temática, relativamente aos arts. 22, 23 e 78 da Lei 8.906/1994. Ausência de relação entre os objetivos institucionais da Autora e o conteúdo normativo dos dispositivos legais questionados" (STF, ADIn 1.194, rel. p/ o acórdão Min. Cármen Lúcia, j. 20.05.2009).

424. "Ação direta de inconstitucionalidade. Questão de ordem. Governador de Estado. Capacidade postulatória reconhecida. Medida cautelar. Deferimento parcial. 1. O Governador do Estado e as demais autoridades e entidades referidas no art. 103, I a VII, da CF, além de ativamente legitimados à instauração do controle concentrado de constitucionalidade das leis e atos normativos, federais e estaduais, mediante ajuizamento da ação direta perante o STF, possuem capacidade processual plena e dispõem, *ex vi* da própria norma constitucional, de capacidade postulatória. Podem, em consequência, enquanto ostentarem aquela condição, praticar, no processo de ação direta de inconstitucionalidade, quaisquer atos ordinariamente privativos de advogado. 2. A suspensão liminar da eficácia e execução de leis e atos normativos, inclusive de preceitos consubstanciados em textos constitucionais estaduais, traduz medida cautelar cuja concretização deriva do grave exercício de um poder jurídico que a Constituição da República deferiu ao STF. A excepcionalidade dessa providência cautelar impõe, por isso mesmo, a constatação, *hic et nunc*, da cumulativa satisfação de determinados requisitos: a plausibilidade jurídica da tese exposta e a situação configuradora do *periculum in mora*. Precedente: ADIn 96-9/RO (medida liminar, *DJ* 10.11.1989)" (ADIn 127-MC--QO, Pleno, rel. Min. Celso de Mello, *DJ* 04.12.1992). V. ADIn 120, Pleno, rel. Min. Moreira Alves, *DJ* 26.04.1996.

prática pessoal dos atos de provocação à jurisdição constitucional não apenas lhe seria permitida, mas, em verdade, seria necessária.[425]

Outorga-se legitimidade à ação direta para se viabilizar a tutela do direito objetivo, constituindo a maior ou menor extensão de legitimidade questão afeta aos limites da própria democracia participativa. De modo que a atribuição de legitimidade para a correção da ordem jurídica não pode ser comparada com a legitimidade *ad causam* peculiar ao processo destinado à solução de conflitos entre partes. Ter legitimidade à ação direta significa ter poder para postular a adequação do sistema jurídico, o que traz consigo, nas hipóteses entre os incisos I e VII do art. 103 da CF, o poder para, pessoalmente, apresentar a petição inicial e praticar os demais atos processuais necessários à efetivação do controle abstrato.[426]

Portanto, a petição inicial da ação proposta pelo Governador do Estado não precisa ser assinada pelo Procurador-Geral do Estado. Note-se, aliás, que a legitimidade do Governador do Estado nada tem a ver com poder de atuação, participação ou legitimação do Estado. Bem por isso, não se admite ao Estado interpor recurso contra a decisão adversa ao Governador.[427]

Porém, isso não significa que o legitimado que possui capacidade postulatória, ao pessoalmente exercer o poder de instaurar o controle abstrato, não possa se valer do trabalho, de inestimável valor, de Procurador do Estado ou de advogado privado contratado especialmente para o caso.

8.20.2 Legitimidade, pertinência temática e interesse de agir

O STF, ao tratar das hipóteses em que Mesa de Assembleia Legislativa, Governador de Estado, confederação sindical e entidade de classe de âmbito nacional podem figurar como autores da ação direta, estabeleceu que a legitimidade somente estará configurada quando existir relação de pertinência entre os interesses do requerente e a norma a que se atribui a marca de inconstitucionalidade. Afirma a jurisprudência do Supremo Tribunal, neste sentido, que a legitimidade ativa da confederação sindical, entidade de classe de âmbito nacional, Mesas das Assembleias Legislativas e Governadores, para a ação direta de inconstitucionalidade, vincula-se ao objeto da ação, pelo que deve haver pertinência da norma impugnada com os objetivos do autor da ação.[428]

---

425. ADIn 127-MC-QO, Pleno, rel. Min. Celso de Mello, *DJ* 04.12.1992.
426. O STF admite o aditamento da petição inicial, antes da requisição das informações, para a correção da legitimidade para a propositura da ação direta: "Ação direta. Petição inicial. Ilegitimidade ativa para a causa. Correção. Aditamento anterior à requisição das informações. Admissibilidade. Precedentes. É lícito, em ação direta de inconstitucionalidade, aditamento à petição inicial anterior à requisição das informações" (ADIn 3.103, Pleno, rel. Min. Cezar Peluso, *DJ* 25.08.2006). V. ADIn 4.073, rel. Min. Celso de Mello, decisão monocrática, *DJe* 17.08.2009.
427. "O Estado-membro não dispõe de legitimidade para interpor recurso em sede de controle normativo abstrato, ainda que a ação direta de inconstitucionalidade tenha sido ajuizada pelo respectivo Governador" (ADIn 2.130, Pleno, rel. Min. Celso de Mello, *DJ* 14.12.2001).
428. Alguns precedentes: STF, ADIn 138-MC, rel. Min. Sydney Sanchez, j. 14.02.1990: "Tem a Associação dos Magistrados Brasileiros, entidade de classe de âmbito nacional, legitimidade para propor ação direta de inconstitucionalidade de lei que vincule vencimentos de membros de certas carreiras aos tetos dos integrantes dos três Poderes do Estado, dentre os quais o Judiciário, integrados por seus filiados, pois há pertinência entre seu objetivo estatutário e a preocupação política de defesa do tratamento que, em matéria de vencimentos, lhe pareça adequado à magistratura, em face do ordenamento constitucional"; STF, ADIn 305, rel. Min. Maurício Corrêa, j. 10.10.2002, reconhecendo a pertinência temática da AMB para impugnar

CONTROLE DE CONSTITUCIONALIDADE ○ 1089

Cabe analisar, contudo, se é possível compreender o requisito da pertinência temática como sinal que, quando ausente, faz surgir ausência de interesse de agir.[429] É certo que o interesse de agir está associado à utilidade do provimento jurisdicional reclamado. Porém, a falta de pertinência temática jamais excluirá o interesse de agir de alguém que tenha sido definido como detentor de legitimidade. Quando se diz que um legitimado é obrigado a demonstrar a relação de pertinência entre os seus interesses e a norma impugnada, existe, bem vistas as coisas, um aprofundamento das exigências, definidas na norma, para a configuração da legitimidade. Bem por isso, especialmente quando a legitimidade é atribuída por norma constitucional para a instauração da fiscalização abstrata de norma, a limitação judicial torna-se extremamente problemática.

8.20.3 Governador de Estado e Assembleia Legislativa

O Governador do Estado e a Mesa da Assembleia Legislativa podem propor ação direta para o reconhecimento da inconstitucionalidade de norma que pode provir do seu próprio Estado,[430] mas também pode ser originária da União ou de outro Estado da Federação.

---

leis estaduais que promovem equiparação salarial entre o Ministério Público e a magistratura estaduais; STF, ADIn 1.151, rel. p/ acórdão Min. Marco Aurélio, j. 11.11.1994, afirmando a pertinência temática da Confederação dos Servidores Públicos do Brasil para contestar dispositivo de lei estadual que afrontava o art. 150, § 6.º, da CF/1988 ("Qualquer subsídio ou isenção (...), relativos a impostos, taxas ou contribuições, só poderá ser concedido mediante lei específica, federal, estadual ou municipal, que regule exclusivamente as matérias acima enumeradas"), uma vez que "os interesses corporativos dos servidores públicos (...) estão relacionados à saúde financeira do Estado, fonte de sua remuneração e condicionamento do seu *quantum*" (Min. Sepúlveda Pertence, p. 12 do acórdão); STF, ADIn 1.464, rel. Min. Moreira Alves, j. 26.09.1996: "No caso, falta um dos requisitos da ação direta de inconstitucionalidade, que é o da pertinência entre a classe que a autora representa – a dos Delegados de Polícia – e o diploma legal impugnado que a essa classe não diz respeito. Com efeito, para que haja essa pertinência é necessário que as normas impugnadas se apliquem, direta ou indiretamente, à classe representada pela entidade autora. Ora, no caso, isso não ocorre" (questionava lei estadual que dispunha sobre exercício da função de vigilância privada por servidores das polícias civil e militar); STF, ADIn 1.507-MC-AgRg, Pleno, rel. Min. Carlos Velloso, j. 03.02.1997: "A legitimidade ativa da confederação sindical, entidade de classe de âmbito nacional, Mesas das Assembleias Legislativas e Governadores, para a ação direta de inconstitucionalidade, vincula-se ao objeto da ação, pelo que deve haver pertinência da norma impugnada com os objetivos do autor da ação"; STF, ADIn 3.413, rel. Min. Marco Aurélio, j. 01.06.2011: "O fato de a associação requerente congregar diversos segmentos existentes no mercado não a descredencia para a propositura da ação direta de inconstitucionalidade (...). Surge a pertinência temática, presente ajuizamento de ação direta de inconstitucionalidade por associação, quando esta congrega setor econômico que é alcançado, em termos de tributo, pela norma atacada"; STF, ADIn 4.375, rel. Min. Dias Toffoli, j. 02.03.2011: "A exigência de pertinência temática não impede o amplo conhecimento da ação, com a declaração de inconstitucionalidade da norma para além do âmbito dos indivíduos representados pela entidade requerente, quando o vício de inconstitucionalidade for idêntico para todos os seus destinatários. Preliminar rejeitada".

429. Num dos primeiros precedentes nos quais o STF fixou a necessidade da "pertinência temática", o Min. Sepúlveda Pertence, embora favorável a tal exigência, alertou: "(...) essa relação de pertinência, a meu ver, não se há de equiparar à estrita relação subjetiva, que é o substrato da *legitimatio ad causam* do processo comum. Do contrário, ter-se-ia convertido o processo objetivo de controle de constitucionalidade – que tem forma jurisdicional mas é, em verdade, o exercício de uma função política do STF – num processo jurisdicional ainda que – como o novo processo civil conhece, cada dia mais – de postulação de interesses coletivos ou difusos" (STF, ADIn 138-MC, rel. Min. Sydney Sanches, j. 14.02.1990, p. 17 do acórdão).

430. "1. A ação direta de inconstitucionalidade pode ser proposta pela Mesa da Assembleia Legislativa, ainda que impugne lei ou ato normativo do Poder por ela integrado e dirigido, em face do que conju-

Quando se afirma a inconstitucionalidade de norma emanada da União ou de outro Estado, entende o STF que o autor deve demonstrar a relação de pertinência entre a impugnação que apresenta e os seus interesses.

Há questão, julgada na ADIn 2.656, que bem exemplifica o ponto. Tal ação direta foi proposta pelo Governador do Estado de Goiás para ver reconhecida a inconstitucionalidade de lei editada pelo Governo do Estado de São Paulo. A lei impunha restrições à comercialização de "amianto crisotila", cuja maior reserva natural está situada em Goiás. Entendeu-se que, como a lei teria evidentes reflexos na economia do Estado de Goiás, o seu Governador teria legitimidade para propor a ação direta de inconstitucionalidade em face da lei paulista.[431]

Em outro caso, o Governador do Estado de Minas Gerais asseverou inconstitucional o Convênio ICMS 51/00, que estabelecia "disciplina relacionada com as operações com veículos automotores novos efetuadas por meio de faturamento direto para o consumidor". Entendeu-se que a ação direta, por impugnar norma que envolvia as demais unidades federadas, obrigava à demonstração dos interesses do Governador de Minas Gerais na impugnação da norma. No entanto, como no Convênio se fixara cláusula que afastava, da incidência das normas nele existentes, as operações com os veículos que se destinassem ou tivessem origem no Estado de Minas Gerais, concluiu-se que o Convênio teria ficado "neutro" em relação a Minas Gerais, pelo que não se poderia assentar, no campo do interesse, o atendimento ao pressuposto que legitima um Estado a atacar, no âmbito do controle concentrado, diploma emanado de Estado diverso ou da União.[432] Por conta disso, a ação direta não foi conhecida por unanimidade.[433]

8.20.4 Conselho Federal da Ordem dos Advogados do Brasil

O Conselho Federal da Ordem dos Advogados do Brasil é legitimado universal à propositura da ação direta de inconstitucionalidade. A vocação da Ordem dos Advogados para

---

gadamente dispõem os arts. 102, I, *a*, e 103, IV, da CF, sendo certo que este último não excepciona a hipótese em que a lei ou o ato normativo emanam da própria Assembleia. 2. De resto, não se pode negar ao órgão diretor dos trabalhos do Poder Legislativo interesse legítimo em ver declarados inconstitucionais atos deste que, de alguma forma, violem a Constituição. Até porque também esse órgão diretor dos trabalhos da Casa tem o dever de zelar pela inocorrência de vícios dessa natureza na elaboração de seus atos normativos" (ADIn 91, Pleno, rel. Min. Sydney Sanches, *DJ* 23.03.2001).

431. "Lei editada pelo Governo do Estado de São Paulo. Ação direta de inconstitucionalidade proposta pelo Governador do Estado de Goiás. Amianto crisotila. Restrições à sua comercialização imposta pela legislação paulista, com evidentes reflexos na economia de Goiás, Estado onde está localizada a maior reserva natural do minério. Legitimidade ativa do Governador de Goiás para iniciar o processo de controle concentrado de constitucionalidade e pertinência temática" (ADIn 2.656, Pleno, rel. Min. Maurício Corrêa, *DJ* 01.08.2003).

432. "Legitimidade. Governador de Estado. Lei do Estado. Ato normativo abrangente. Interesse das demais Unidades da Federação. Pertinência temática. Tratando-se de impugnação a diploma normativo a envolver outras Unidades da Federação, o Governador há de demonstrar a pertinência temática, ou seja, a repercussão do ato considerados os interesses do Estado" (ADIn 2.747, Pleno, rel. Min. Marco Aurélio, *DJ* 17.08.2007).

433. Lembre-se, ademais, que o STF entende que aquele que, em princípio, teria legitimidade para propor a ação direta não pode interpor recurso como terceiro prejudicado: "Recurso interposto por terceiro prejudicado. Não cabimento. Precedentes. Embargos de declaração opostos pela Ordem dos Advogados do Brasil. Legitimidade. Questão de ordem resolvida no sentido de que é incabível a interposição de qualquer espécie de recurso por quem, embora legitimado para a propositura da ação direta, nela não figure como requerente ou requerido" (ADIn 1.105-MC-ED-QO, Pleno, rel. Min. Maurício Corrêa, *DJ* 23.08.2001).

a defesa do regime democrático e para a tutela da ordem jurídica, além do seu efetivo e concreto papel na vida social e política do País, conferem ao Conselho Federal da Ordem dos Advogados a condição de legitimado que, para atuar na defesa da Constituição, não precisa demonstrar a relação de pertinência entre os seus interesses ou de seus filiados e a norma acusada de inconstitucional.

Assim, importa deixar clara a distinção de qualidade de participação do Conselho Federal da Ordem dos Advogados em face das entidades de classe de âmbito nacional, bem como a impossibilidade de outros Conselhos poderem propor a ação direta.[434] Como já declarou o STF, a legitimação do Conselho Federal da Ordem dos Advogados deriva, expressamente, da Constituição Federal, daí resultando a ilegitimidade de todos os demais Conselhos[435] e a sua posição evidentemente especial em relação às entidades de classe de âmbito nacional.[436]

8.20.5 Partido político

A Constituição deu legitimidade ao partido político para propor ação de inconstitucionalidade e constitucionalidade, exigindo-lhe, apenas, representação no Congresso Nacional. A legitimidade se distancia da lógica que requer, para a propositura da ação de inconstitucionalidade, a conjugação de determinado número de parlamentares, como também não vincula a legitimidade do partido a certo número de representantes no parlamento. Assim, basta que o partido político tenha um só representante para ter legitimidade à propositura da ação.[437]

Não se aplica aos partidos políticos a exigência da demonstração de pertinência temática. A abertura da viabilidade da impugnação mediante ação direta não se relaciona ao programa do partido, mas ao simples fato de ter um representante no parlamento. Na ADIn 1.407, o Supremo declarou que os partidos políticos com representação no Congresso Nacional podem arguir a inconstitucionalidade de atos normativos federais, estaduais ou

---

434. "Os denominados Conselhos, compreendidos no gênero 'autarquia' e tidos como a consubstanciar a espécie corporativista, não se enquadram na previsão constitucional relativa às entidades de classe de âmbito nacional" (ADIn 641, Pleno, rel. Min. Marco Aurélio, *DJ* 12.03.1993).

435. "Da Lei Básica Federal exsurge a legitimação de conselho único, ou seja, o Federal da Ordem dos Advogados do Brasil. Daí a ilegitimidade *ad causam* do Conselho Federal de Farmácia e de todos os demais que tenham idêntica personalidade jurídica – de direito público" (ADIn 641, Pleno, rel. Min. Marco Aurélio, j. 11.12.1991, *DJ* 12.03.1993).

436. "Proposta a presente ação em 12.10.1988, quando já estava em vigor a atual Constituição, tem o requerente legitimação para propô-la, em face do disposto no inciso VII do art. 103 da Carta Magna. Por outro lado, tratando-se do Conselho Federal da Ordem dos Advogados do Brasil, sua colocação no elenco que se encontra no mencionado artigo, e que a distingue das demais entidades de classe de âmbito nacional, deve ser interpretada como feita para lhe permitir, na defesa da ordem jurídica com o primado da Constituição Federal, a propositura de ação direta de inconstitucionalidade contra qualquer ato normativo que possa ser objeto dessa ação, independentemente do requisito da pertinência entre o seu conteúdo e o interesse dos advogados, como tais de que a Ordem é entidade de classe" (ADIn 3, Pleno, rel. Min. Moreira Alves, j. 07.02.1992, *DJ* 18.09.1992).

437. Exemplos de exigência dessa natureza podem ser encontrados nas Constituições portuguesa (art. 281, n. 2: "Podem requerer ao Tribunal Constitucional a declaração de inconstitucionalidade ou de ilegalidade, com força obrigatória geral: (...) f) um décimo dos Deputados à Assembleia da República") e espanhola (art. 162. 1. "Están legitimados: a. para interponer el recurso de inconstitucionalidad (...) cincuenta Diputados, cincuenta Senadores").

distritais, independentemente de seu conteúdo material, uma vez que sobre eles não incide a restrição jurisprudencial derivada do vínculo de pertinência temática.[438]

Decidiu-se, na ADIn 1.528, que o partido político, para propor a ação direta, não pode contar apenas com a intervenção de Diretório Regional, ainda que o ato impugnado tenha sua amplitude normativa limitada ao Estado ou Município do qual se originou. Afirmou-se, neste caso, que o partido político deve estar representado pelo Diretório Nacional.[439] Contudo, o Supremo acabou por firmar a orientação no sentido de que a intervenção de Diretório não é imprescindível, bastando a decisão do presidente do partido para a propositura da ação direta.[440]

Discute-se, ainda, sobre a chamada perda de legitimidade superveniente do partido político, derivada do fato de o partido, após a propositura da ação direta, ter deixado de ter representante no Congresso Nacional. Decidiu-se, na ADIn 2.054, que a perda do último representante do partido político no Congresso geraria consequente perda superveniente de legitimidade à ação, a menos que já iniciado o julgamento.[441] Posteriormente, considerando-se a natureza objetiva da ação, deixou-se de lado a ideia de que a perda superveniente de representação no Congresso deveria levar à extinção do processo, impedindo a realização do controle abstrato da constitucionalidade. Neste sentido, dada a indisponibilidade da ação, derivada da natureza do controle de constitucionalidade, não se poderia atribuir à perda superveniente de representação no Congresso o efeito de obstaculizar o julgamento da ação direta. Em outros termos, não mais se relacionou a perda de representação com a perda de legitimidade à ação, ou melhor, não mais se extraiu da perda de representação a impossibilidade de o Tribunal realizar o controle de constitucionalidade, já que a ação, ao conferir ao Supremo Tribunal tal dever, continha a condição da legitimidade *ad causam*.[442]

---

438. "Partido político. Ação direta. Legitimidade ativa. Inexigibilidade do vínculo de pertinência temática. Os partidos políticos, desde que possuam representação no Congresso Nacional, podem, em sede de controle abstrato, arguir, perante o STF, a inconstitucionalidade de atos normativos federais, estaduais ou distritais, independentemente de seu conteúdo material, eis que não incide sobre as agremiações partidárias a restrição jurisprudencial derivada do vínculo de pertinência temática" (ADIn 1.407-MC, Pleno, rel. Min. Celso de Mello, j. 07.03.1996, *DJ* 24.11.2000).

439. "Ilegitimidade ativa *ad causam* de Diretório Regional ou Executiva Regional. Firmou a jurisprudência desta Corte o entendimento de que o partido político, para ajuizar ação direta de inconstitucionalidade perante o STF, deve estar representado por seu Diretório Nacional, ainda que o ato impugnado tenha sua amplitude normativa limitada ao Estado ou Município do qual se originou" (ADIn 1.528-QO, Pleno, rel. Min. Ellen Gracie, *DJ* 23.08.2002); "Somente partidos políticos 'com representação no Congresso Nacional' dispõem, *ex vi* do art. 103, VIII, da Carta Federal, de legitimidade ativa *ad causam* para o controle normativo abstrato. A representação partidária perante o STF, nas ações diretas, constitui prerrogativa jurídico-processual do Diretório Nacional do Partido Político, que é – ressalvada deliberação em contrário dos estatutos partidários – o órgão de direção e de ação dessas entidades no plano nacional" (ADIn 779, Pleno, rel. Min. Celso de Mello, *DJ* 11.03.1994).

440. MENDES, Gilmar Ferreira; COELHO, Inocêncio Mártires; BRANCO, Paulo Gustavo Gonet. *Curso de direito constitucional*, p. 1.159.

441. "Ação direta de inconstitucionalidade. Legitimação ativa dos partidos políticos representados no Congresso Nacional. Perda intercorrente da representação parlamentar que precedentes do STF têm entendido redundar no prejuízo da ação. Orientação, de qualquer sorte, inaplicável à hipótese em que a extinção da bancada do partido é posterior ao início do julgamento da ação direta" (ADIn 2.054, Pleno, rel. p/ acórdão Min. Sepúlveda Pertence, *DJ* 17.10.2003).

442. "Ação direta de inconstitucionalidade. Partido político. Legitimidade ativa. Aferição no momento da sua propositura. Perda superveniente de representação parlamentar. Não desqualificação para permanecer no

CONTROLE DE CONSTITUCIONALIDADE   1093

8.20.6 Confederação sindical e entidade de classe de âmbito nacional

Entende o STF que, entre as entidades sindicais, apenas as confederações sindicais têm legitimação para propor ação direta de inconstitucionalidade.[443] O art. 535[444] da CLT foi recebido pela Constituição de 1988, exigindo que as confederações sindicais se organizem com um mínimo de três federações. De modo que sindicatos e federações, ainda que de âmbito nacional, não são legitimados para a ação.[445]

Há maior dificuldade em precisar entidade de classe de âmbito nacional.[446] Entidade de classe, em princípio, é a que, em essência, representa o interesse comum de determinada categoria.[447] Já disse o STF que a Central Única dos Trabalhadores (CUT), constituída por

---

polo ativo da relação processual. Objetividade e indisponibilidade da ação" (ADIn 2.159-AgRg, Pleno, rel. Mín. Carlos Velloso, *DJ* 01.02.2008).

443. "Trata-se de arguição de descumprimento de preceito fundamental proposta pela Federação das Entidades Representativas dos Oficiais de Justiça Estaduais do Brasil (Fojebra) (...). A arguente não possui legitimidade ativa para propor a presente ação direta de inconstitucionalidade, nos termos do art. 103 da CF/1988 e do art. 2.°, I, da Lei 9.882/1999 c/c o art. 2.° da Lei 9.868/1999. A jurisprudência deste Tribunal é pacífica no sentido de que, na esfera das entidades sindicais, apenas as confederações possuem legitimação para o ajuizamento de ações que tratem do controle abstrato de constitucionalidade" (ADPF 220, rel. Min. Gilmar Mendes, decisão monocrática, *DJe* 12.11.2010).

444. "Art. 535. As Confederações organizar-se-ão com o mínimo de 3 (três) federações e terão sede na Capital da República. § 1.° As confederações formadas por federações de sindicatos de empregadores denominar-se-ão: Confederação Nacional da Indústria, Confederação Nacional do Comércio, Confederação Nacional de Transportes Marítimos, Fluviais e Aéreos, Confederação Nacional de Transportes Terrestres, Confederação Nacional de Comunicações e Publicidade, Confederação Nacional das Empresas de Crédito e Confederação Nacional de Educação e Cultura. § 2.° As confederações formadas por federações de sindicatos de empregados terão a denominação de: Confederação Nacional dos Trabalhadores na Indústria, Confederação Nacional dos Trabalhadores no Comércio, Confederação Nacional dos Trabalhadores em Transportes Marítimos, Fluviais e Aéreos, Confederação Nacional dos Trabalhadores em Transportes Terrestres, Confederação Nacional dos Trabalhadores em Comunicações e Publicidade, Confederação Nacional dos Trabalhadores nas Empresas de Crédito e Confederação Nacional dos Trabalhadores em Estabelecimentos de Educação e Cultura. § 3.° Denominar-se-á Confederação Nacional das Profissões Liberais a reunião das respectivas federações. § 4.° As associações sindicais de grau superior da Agricultura e Pecuária serão organizadas na conformidade do que dispuser a lei que regular a sindicalização dessas atividades ou profissões."

445. ADIn 505, Pleno, rel. Min. Moreira Alves, *DJ* 02.08.1991; ADIn 706-AgRg, Pleno, rel. Min. Carlos Velloso, *DJ* 04.09.1992.

446. Acerca da necessidade do caráter nacional e da representatividade da classe, manifestou-se recentemente o Pleno do STF na ADIn 4.967/PA. Da ementa: "1. A Federação Nacional de Entidades de Oficiais Militares Estaduais (FENEME) não ostenta legitimidade ativa *ad causam* para ajuizar ação direta de inconstitucionalidade questionando o sistema previdenciário aplicável a todos os servidores militares do Estado do Pará uma vez que sua representatividade da categoria é apenas parcial. Precedente do STF: ADIn 4.733, rel. Min. Dias Toffoli, Plenário, *DJe* de 31.07.2012. 2. O Clube dos Oficiais da Polícia Militar do Pará (COPM-PA), o Clube dos Oficiais do Corpo de Bombeiros Militar do Pará (COCB), a Associação dos Cabos e Soldados da Polícia Militar do Pará (ASSUBSAR) e o Instituto de Defesa dos Servidores Públicos Civis e Militares do Estado do Pará (INDESPCMEPA) são entidades com atuação limitada ao Estado do Pará, de modo que não apresentam caráter nacional necessário ao enquadramento no art. 103, IX, da Constituição da República, consoante pacífica jurisprudência do STF (cf., dentre outros, ADIn 108/DF-QO, rel. Min. Celso de Mello, *DJ* 05.06.1992, ADIn 3.381/DF, rel. Min. Cármen Lúcia, Pleno, *DJ* 29.06.2007; ADI-AgR 3.606/DF, rel. Min. Gilmar Mendes, Pleno, *DJ* 27.10.2006)" (STF, ADIn 4967, Pleno, rel. Min. Luiz Fux, *DJe* 09.04.2015).

447. "A jurisprudência desta Corte tem salientado, ainda, que pessoas jurídicas de direito privado, que reúnam, como membros integrantes, associações de natureza civil e organismos de caráter sindical, desqualificam-se

pessoas jurídicas de natureza vária e que representam categorias profissionais diversas, não se enquadra na expressão "entidade de classe de âmbito nacional", uma vez que "não é uma entidade que congregue os integrantes de uma determinada atividade ou categoria profissional ou econômica, e que, portanto, represente, em âmbito nacional, uma classe".[448]

Este entendimento do STF foi mantido mesmo depois das inovações da legislação trabalhista brasileira promovidas pela Lei 11.648/2008. Este diploma expressamente reconheceu a central sindical como "entidade de representação geral dos trabalhadores" (art. 1.º, *caput*), definindo-a como "a entidade associativa de direito privado composta por organizações sindicais de trabalhadores" (parágrafo único). O STF entendeu que as centrais sindicais, embora reconhecidas formalmente, representam "interesses gerais dos trabalhadores", não se confundindo com as confederações sindicais, essas, sim, capazes de representar os interesses de categorias profissionais ou econômicas específicas.[449]

Também a União Nacional dos Estudantes – UNE, entidade representativa dos estudantes universitários brasileiros, não é considerada como "entidade de classe", pois o STF entende que a expressão "classe", do art. 103, IX, não se refere a qualquer segmento social em geral, mas especificamente a "categoria profissional".[450]

– precisamente em função do hibridismo dessa composição – como instituições de classe, cuja noção conceitual reclama a participação, nelas, dos próprios indivíduos integrantes de determinada categoria, e não apenas das entidades privadas constituídas para representá-los. Precedentes. Entidades internacionais, que possuam uma Seção Brasileira domiciliada em território nacional, incumbida de representá-las no Brasil, não se qualificam, para os efeitos do art. 103 da Constituição, como instituições de classe. A composição heterogênea de associação que reúna, em função de explícita previsão estatutária, pessoas vinculadas a categorias radicalmente distintas atua como elemento descaracterizador da sua representatividade. Não se configuram, em consequência, como entidades de classe aquelas instituições que são integradas por membros vinculados a estratos sociais, profissionais ou econômicos diversificados, cujos objetivos, individualmente considerados, revelam-se contrastantes. Falta a essas entidades, na realidade, a presença de um elemento unificador que, fundado na essencial homogeneidade, comunhão e identidade de valores, constitui o fator necessário de conexão, apto a identificar os associados que as compõem como membros efetivamente pertencentes a uma determinada classe" (ADIn 108, Pleno, rel. Min. Celso de Mello, *DJ* 05.06.1992).

448. "Central Única dos Trabalhadores (CUT). Falta de legitimação ativa. Sendo a autora constituída por pessoas jurídicas de natureza vária e que representam categorias profissionais diversas, não se enquadra ela na expressão – entidade de classe de âmbito nacional – a que alude o art. 103 da Constituição, contrapondo-se às confederações sindicais, porquanto não é uma entidade que congregue os integrantes de uma determinada atividade ou categoria profissional ou econômica e que, portanto, represente, em âmbito nacional, uma classe. Por outro lado, não é a autora – nem ela própria se enquadra nesta qualificação – uma confederação sindical, tipo de associação sindical de grau superior devidamente previsto em lei (CLT, arts. 533 e 535), o qual ocupa o cimo da hierarquia de nossa estrutura sindical e ao qual inequivocamente alude a primeira parte do inciso IX do art. 103 da Constituição" (ADIn 271-MC, Pleno, rel. Min. Moreira Alves, j. 24.09.1992, *DJ* 06.09.2001).

449. STF, ADIn 4.224-AgRg, rel. Min. Dias Toffoli, j. 01.08.2011. Da ementa: "Muito embora ocorrido o reconhecimento formal das centrais sindicais com a edição da Lei 11.648/2008, a norma não teve o condão de equipará-las às confederações, de modo a sobrelevá-las a um patamar hierárquico superior na estrutura sindical. Ao contrário, criou-se um modelo paralelo de representação, figurando as centrais sindicais como patrocinadoras dos interesses gerais dos trabalhadores, e permanecendo as confederações como mandatárias máximas de uma determinada categoria profissional ou econômica. 3. A fórmula alternativa prevista no art. 103, IX, do Texto Magno impede que determinada entidade considerada de natureza sindical, não enquadrável no conceito de confederação, venha a se utilizar do rótulo de entidade de classe de âmbito nacional, para fins de legitimação".

450. STF, ADIn 894 MC, rel. Min. Néri da Silveira, j. 18.11.1993: "A União Nacional dos Estudantes, como enti-

Igualmente já afirmou o Supremo que não se qualificam como entidades de classe, para fins de ajuizamento de ação direta de inconstitucionalidade, aquelas que são constituídas por mera fração de determinada categoria funcional.[451] Na ADIn 1.486, decidiu-se que há legitimidade para a causa quando a associação abarca categoria profissional ou econômica no seu todo, e não quando abrange fração de uma categoria, ainda que de âmbito nacional.[452] Na ADIn 2.713, a Min. Ellen Gracie lembrou que, na ADIn 159, a Corte entendeu que a Associação Nacional dos Procuradores do Estado – Anape constitui entidade de classe, "nos termos do art. 103, IX, uma vez que as atividades desempenhadas pelos Procuradores dos Estados e do Distrito Federal – representação judicial e consultoria jurídica das respectivas unidades federadas – mereceram relevante destaque por parte da Constituição Federal. Tal entendimento firmou-se como exceção à orientação até então traçada, que negava legitimidade ativa à associação representativa de simples segmento de servidores públicos integrantes de uma das diversas carreiras existentes no âmbito dos poderes estatais (ADIn 591 e 1.297, rel. Min. Moreira Alves). A partir daí, com relação às carreiras do serviço público, passou-se a considerar dotados de legitimação para propor o controle abstrato os 'organismos associativos de certas carreiras, cuja identidade decorre da própria Constituição', nas precisas palavras do eminente Min. Sepúlveda Pertence, por ocasião do julgamento da ADIn 809".[453]

O Supremo também não admitiu que entidade reunindo pessoas jurídicas, configurando o que se denominou "associação de associações", tivesse legitimidade para a propositura

---

dade associativa dos estudantes universitários brasileiros, tem participado, ativamente, ao longo do tempo, de movimentos cívicos nacionais na defesa das liberdades públicas, ao lado de outras organizações da sociedade; e insuscetível de dúvida sua posição de entidade de âmbito nacional na defesa de interesses estudantis, e, mais particularmente, da juventude universitária. Não se reveste, entretanto, da condição de 'entidade de classe de âmbito nacional', para os fins previstos no inciso IX, segunda parte, do art. 103 da Constituição. 3. Enquanto se empresta à cláusula constitucional em exame, ao lado da cláusula 'confederação sindical', constante da primeira parte do dispositivo maior em referência, conteúdo imediatamente dirigido a ideia de 'profissão', – entendendo-se 'classe' no sentido não de simples segmento social, de 'classe social', mas de 'categoria profissional' –, não cabe reconhecer à UNE enquadramento na regra constitucional aludida".

451. "Ação direta de inconstitucionalidade. Legitimidade ativa *ad causam.* CF/1988, art. 103. Rol taxativo. Entidade de classe. Representação institucional de mera fração de determinada categoria funcional. Descaracterização da autora como entidade de classe. Ação direta não conhecida. (...) A Constituição da República, ao disciplinar o tema concernente a quem pode ativar, mediante ação direta, a jurisdição constitucional concentrada do STF, ampliou, significativamente, o rol – sempre taxativo – dos que dispõem da titularidade de agir em sede de controle normativo abstrato. Não se qualificam como entidades de classe, para fins de ajuizamento de ação direta de inconstitucionalidade, aquelas que são constituídas por mera fração de determinada categoria funcional. Precedentes" (ADIn 1.875-AgRg, Pleno, rel. Min. Celso de Mello, j. 20.06.2001, *DJe* 12.12.2008).

452. "Trata-se de uma associação que não congrega as empresas jornalísticas em geral, mas apenas uma fração delas, ou seja, as situadas em município do interior dos Estados-membros. Ora, esta Corte, em casos análogos, tem entendido que há entidade de classe quando a associação abarca uma categoria profissional ou econômica no seu todo, e não quando apenas abrange, ainda que tenha âmbito nacional, uma fração de uma dessas categorias (assim, a título exemplificativo, nas ADIn 846 e 1.297, com referência à entidade que abarcava fração de categoria funcional, e na ADIn 1.295, relativa à associação de concessionárias ligadas pelo interesse contingente de terem concessão comercial de um produtor de veículos automotores)" (ADIn 1.486-MC, Pleno, rel. Min. Moreira Alves, *DJ* 13.12.1996).

453. ADIn 2.713, voto da Min. Ellen Gracie, j. 18.12.2002, *DJ* 07.03.2003.

da ação de inconstitucionalidade.[454] Na ADIn 3.153, entretanto, entendeu-se que a ação poderia ser proposta por federação integrada por associações estaduais, argumentando-se que "o conceito de entidade de classe é dado pelo objetivo institucional classista, pouco importando que a eles diretamente se filiem os membros da respectiva categoria social ou agremiações que os congreguem, com a mesma finalidade, em âmbito territorial mais restrito. É entidade de classe de âmbito nacional – como tal legitimada à propositura da ação direta de inconstitucionalidade (CF, art. 103, IX) – aquela na qual se congregam associações regionais correspondentes a cada unidade da Federação, a fim de perseguirem, em todo o País, o mesmo objetivo institucional de defesa dos interesses de uma determinada classe".[455]

Na ADIn 386, tocando-se na questão do "âmbito nacional" da entidade de classe, declarou-se que "não é entidade de classe de âmbito nacional, para os efeitos do inciso IX do art. 103 da Constituição, a que só reúne empresas sediadas no mesmo Estado, nem a que congrega outras de apenas quatro Estados da Federação".[456] Como o requisito do "âmbito nacional" certamente não se contenta com declarações formais constantes em estatutos ou atos constitutivos, e diante da dificuldade em definir, com objetividade, quando uma entidade de classe possui abrangência nacional, concluiu-se, na ADIn 108, que esse requisito pressupõe, além da atuação transregional da instituição, a existência de associados ou membros em pelo menos nove Estados da Federação, aplicando-se, de forma analógica, a Lei Orgânica dos Partidos Políticos.[457] Este critério cede, como não poderia deixar de ser, quando a categoria

454. "O STF tem salientado, em sucessivos pronunciamentos a propósito do tema, que não se qualificam como entidades de classe aquelas que, congregando pessoas jurídicas, apresentam-se como verdadeiras associações de associações. Em tais hipóteses, tem-se-lhes negado a qualidade reclamada pelo texto constitucional, pois pessoas jurídicas, ainda que coletivamente representativas de categorias profissionais ou econômicas, não formam classe alguma" (ADIn 108, Pleno, rel. Min. Celso de Mello, *DJ* 05.06.1992). "Ação direta de inconstitucionalidade. Legitimidade ativa, *ad processum* e *ad causam*. Confederação Democrática dos Trabalhadores do Serviço Público Federal – CONDSEF. 1. Não tendo a autora regularizado sua representação no processo, não pode ser conhecida a ação que propôs. 2. Mesmo que superada essa questão, faltaria à proponente legitimidade ativa *ad causam*, por não ser confederação sindical, mas, sim, entidade civil, que não pode ser considerada entidade de classe, para os efeitos do art. 103, IX, da CF, por não ter como associados os próprios servidores públicos federais, mas, sim, as pessoas jurídicas que os representam, correspondendo, pois, a uma 'associação de associações'. Precedente. Ação não conhecida, prejudicado o requerimento de medida cautelar. Votação unânime" (ADIn 914, Pleno, rel. Min. Sydney Sanches, *DJ* 11.03.1994).

455. "Ação direta de inconstitucionalidade. Legitimação ativa. Entidade de classe de âmbito nacional. Compreensão da 'associação de associações' de classe. Revisão da jurisprudência do Supremo Tribunal. O conceito de entidade de classe é dado pelo objetivo institucional classista, pouco importando que a eles diretamente se filiem os membros da respectiva categoria social ou agremiações que os congreguem, com a mesma finalidade, em âmbito territorial mais restrito. É entidade de classe de âmbito nacional – como tal legitimada à propositura da ação direta de inconstitucionalidade (CF, art. 103, IX) – aquela na qual se congregam associações regionais correspondentes a cada unidade da Federação, a fim de perseguirem, em todo o País, o mesmo objetivo institucional de defesa dos interesses de uma determinada classe. Nesse sentido, altera o Supremo Tribunal sua jurisprudência, de modo a admitir a legitimação das 'associações de associações de classe', de âmbito nacional, para a ação direta de inconstitucionalidade" (ADIn 3.153-AgRg, Pleno, rel. Min. Sepúlveda Pertence, *DJ* 09.09.2005).

456. "Entidade de classe de âmbito nacional (art. 103, IX, da CF). Não é entidade de classe de âmbito nacional, para os efeitos do inciso IX do art. 103 da Constituição, a que só reúne empresas sediadas no mesmo Estado, nem a que congrega outras de apenas quatro Estados da Federação" (ADIn 386, Pleno, rel. Min. Sydney Sanches, *DJ* 28.06.1991).

457. "A jurisprudência do STF tem consignado, no que concerne ao requisito da espacialidade, que o caráter nacional da entidade de classe não decorre de mera declaração formal, consubstanciada em seus estatutos

CONTROLE DE CONSTITUCIONALIDADE ○ 1097

de associados existir em menos de nove Estados, conforme se reconheceu na ADIn 2.866, ajuizada pela Associação Brasileira dos Extratores e Refinadores de Sal contra a Lei 8.299/2003, do Estado do Rio Grande do Norte, que dispôs "sobre formas de escoamento do sal marinho produzido no Rio Grande do Norte". Neste caso, entendeu-se pela impossibilidade de aplicação do critério adotado para a definição do caráter nacional dos partidos políticos (Lei 9.096/1995, art. 7.º), considerando-se a relevância nacional da atividade dos associados e a circunstância de a produção de sal existir apenas em poucas unidades da Federação.[458]

Resta analisar, por fim, o requisito da "pertinência temática", exigido para configurar a legitimidade tanto das confederações quanto das entidades de classe de âmbito nacional. Entende o STF que a legitimidade da confederação sindical e da entidade de classe de âmbito nacional, assim como da Mesa de Assembleia Legislativa e de Governador, é vinculada ao objeto da ação, pelo que deve haver pertinência entre os objetivos do autor e a norma impugnada.[459] Ou melhor, firmou-se o entendimento de que as entidades de classe e as confederações sindicais somente têm legitimidade quando a norma apontada como inconstitucional disser respeito aos interesses típicos da classe representada.[460]

8.21 Objeto[461]

Diz o art. 102, I, *a*, da CF que podem ser objeto de controle de constitucionalidade, por intermédio de ação direta, leis ou atos normativos federais ou estaduais. Significa dizer que

ou atos constitutivos. Essa particular característica de índole espacial pressupõe, além da atuação transregional da instituição, a existência de associados ou membros em pelo menos nove Estados da Federação. Trata-se de critério objetivo, fundado na aplicação analógica da Lei Orgânica dos Partidos Políticos, que supõe, ordinariamente, atividades econômicas ou profissionais amplamente disseminadas no território nacional" (ADIn 108, Pleno, rel. Min. Celso de Mello, *DJ* 05.06.1992).

458. "Ação direta de inconstitucionalidade ajuizada pela Associação Brasileira dos Extratores e Refinadores de Sal – Abersal contra a Lei Estadual 8.299, de 29.01.2003, do Estado do Rio Grande do Norte, que 'dispõe sobre formas de escoamento do sal marinho produzido no Rio Grande do Norte e dá outras providências'. 2. Legitimidade ativa. 3. Inaplicabilidade, no caso, do critério adotado para a definição do caráter nacional dos partidos políticos (Lei 9.096, de 19.09.1995, art. 7.º), haja vista a relevância nacional da atividade dos associados da Abersal, não obstante a produção de sal ocorrer em poucas unidades da Federação. 4. Plausibilidade da arguição de inconstitucionalidade. 5. Competência da União para legislar sobre comércio (art. 22, VIII, da Constituição). Precedentes: ADIn 280, rel. Min. Rezek, *DJ* 17.06.1994; ADI(MC) 349, rel. Min. Marco Aurélio, *DJ* 26.10.1990; e ADIn 2.656, rel. Min. Maurício Corrêa, *DJ* 01.08.2003. 6. Conveniência da suspensão do dispositivo, haja vista a expressiva participação do Estado do Rio Grande do Norte na produção nacional de sal marinho. 7. Concessão unilateral de incentivos fiscais. 8. Aparente ofensa à regra do art. 155, § 2.º, XII, *g*. 9. Liminar deferida para suspender o art. 6.º, *caput* e § 4.º, o art. 7.º e o art. 9.º da Lei estadual impugnada" (ADIn 2.866-MC, Pleno, rel. Min. Gilmar Mendes, *DJ* 17.10.2003).

459. ADIn 1.507-MC-AgRg, Pleno, rel. Min. Carlos Velloso, *DJ* 06.06.1997.

460. "Com efeito, esta Corte tem sido firme na compreensão de que as entidades de classe e as confederações sindicais somente podem lançar mão das ações de controle concentrado quando mirarem normas jurídicas que digam respeito aos interesses típicos da classe representada (cf. ADIn 3.906-AgRg/DF, rel. Min. Menezes Direito, *DJe* 05.09.2008). A exigência da pertinência temática é verdadeira projeção do interesse de agir no processo objetivo, que se traduz na necessidade de que exista uma estreita relação entre o objeto do controle e os direitos da classe representada pela entidade requerente" (ADIn 4.426-MC, rel. Min. Dias Toffoli, decisão monocrática, *DJe* 01.02.2011).

461. "Two centuries after *Marbury v. Madison*, there remains a deep confusion about quite what a court is reviewing when it engages in judicial review. Conventional wisdom has it that judicial review is the review of

todos os atos normativos primários, editados pela União e pelos Estados, podem ser objeto de ação direta de inconstitucionalidade.

Não são passíveis de controle as normas constitucionais primárias.[462] São, porém, as normas constitucionais secundárias, vale dizer, as emendas constitucionais e os tratados internacionais acerca de direitos humanos aprovados por quórum qualificado pelo Congresso Nacional, nos termos do art. 5.º, § 3.º, da CF.[463]

Várias emendas constitucionais foram objeto de ação direta de inconstitucionalidade, como, por exemplo, a EC 2, que antecipou a data do plebiscito previsto no art. 2.º do

---

certain legal *objects*: statutes, regulations. But strictly speaking, this is not quite right. The Constitution prohibits not objects but *actions*. Judicial review is the review of such actions. And actions require actors: verbs require *subjects*. So before judicial review focuses on verbs, let alone objects, it should begin at the beginning, with subjects. Every constitutional inquiry should begin with a basic question that has been almost universally overlooked. The fundamental question, from which all else follows, is the *who* question: *who has violated the Constitution?* As judicial review is practiced today, courts skip over this bedrock question to get to the more familiar question: *how* was the Constitution violated? But it makes no sense to ask *how*, until there is an answer to *who*. Indeed, in countless muddled lines of doctrine, puzzlement about the *predicates* of constitutional violation follows directly from more fundamental confusion about the *subjects*. This fundamental confusion, like most confusion in law, stems from insufficient attention to text. Individual words are important, of course, but equally important is textual structure. The words form clauses and take on grammatical functions within those clauses. Within their clauses, these words become subjects, verbs, objects. The grammatical relationship among these words may be just as revealing as the words themselves. Grammatical imprecision can cause – and has caused – deep analytical and doctrinal confusion. But careful attention to constitutional grammar can reveal – and will reveal – nothing less than the constitutional structure of judicial review" (ROSENKRANZ, Nicholas Quinn. The subjects of the Constitution. *Stanford Law Review* 62/1210).

462. Na ADIn 815, rel. Min. Moreira Alves, j. 28.03.1996, requereu-se a declaração de inconstitucionalidade parcial do art. 45, §§ 1.º e 2.º, que regulamentam a distribuição de vagas por Estado na Câmara dos Deputados, atribuindo peso proporcionalmente menor a Estados com maior população (art. 45, § 1.º: O número total de deputados, bem como a representação por Estado e pelo Distrito Federal, será estabelecido por lei complementar, proporcionalmente à população, procedendo-se aos ajustes necessários, no ano anterior às eleições, para que nenhuma daquelas unidades da Federação tenha menos de oito ou mais de setenta deputados). Argumentou-se que tais regras contrariavam, entre outros, os princípios da igualdade do voto (art. 14) e da soberania popular (art. 1.º). O STF não conheceu da ação, por impossibilidade jurídica do pedido. Da ementa: "A tese de que há hierarquia entre normas constitucionais originárias dando azo à declaração de inconstitucionalidade de umas em face de outras é incompossível com o sistema de Constituição rígida. Na atual Carta Magna 'compete ao Supremo Tribunal Federal, precipuamente, a guarda da Constituição' (art. 102, *caput*), o que implica dizer que essa jurisdição lhe é atribuída para impedir que se desrespeite a Constituição como um todo, e não para, com relação a ela, exercer o papel de fiscal do Poder Constituinte originário, a fim de verificar se este teria, ou não, violado os princípios de direito suprapositivo que ele próprio havia incluído no texto da mesma Constituição. Por outro lado, as cláusulas pétreas não podem ser invocadas para sustentação da tese da inconstitucionalidade de normas constitucionais inferiores em face de normas constitucionais superiores, porquanto a Constituição as prevê apenas como limites ao Poder Constituinte derivado ao rever ou ao emendar a Constituição elaborada pelo Poder Constituinte originário, e não como abarcando normas cuja observância se impôs ao próprio Poder Constituinte originário com relação as outras que não sejam consideradas como cláusulas pétreas, e, portanto, possam ser emendadas. Ação não conhecida por impossibilidade jurídica do pedido". Para a discussão sobre a possível inconstitucionalidade de normas constitucionais, BACHOF, Otto. *Normas constitucionais inconstitucionais?*; BARROSO, Luis Roberto. *Interpretação e aplicação da constituição*, p. 206 e ss.

463. CF/1988, art. 5.º, 3.º: "Os tratados e convenções internacionais sobre direitos humanos que forem aprovados, em cada Casa do Congresso Nacional, em dois turnos, por três quintos dos votos dos respectivos membros, serão equivalentes às emendas constitucionais".

ADCT;[464] a EC 3, que instituiu a ação direta de constitucionalidade;[465] a EC 20, que tratou da proteção à gestante;[466] e a EC 45, acerca da reforma do Judiciário.[467]

Admite-se, também, a aferição da constitucionalidade de proposta de emenda constitucional antes de sua promulgação. Lembre-se de que o STF admite o controle judicial do processo legislativo em nome do direito subjetivo do parlamentar de impedir que a elaboração dos atos normativos incida em desvios inconstitucionais.[468] Aceita-se, assim, a utilização de mandado de segurança – controle incidental – quando "a vedação constitucional se dirige ao próprio processamento da lei ou da emenda".[469] Frise-se que nesta hipótese não há controle preventivo de constitucionalidade, mas controle judicial repressivo, por intermédio de mandado de segurança. Se determinada norma constitucional veda a apresentação da emenda, isso obstaculiza o processo legislativo. Há inconstitucionalidade muito antes de se chegar à deliberação, pois a própria incoação do processo é inconstitucional. Ora, existe brutal distância entre alegar violação de norma constitucional que impede o andamento de processo legislativo e afirmar inconstitucionalidade decorrente de lei que ainda está por ser editada.[470]

---

464. ADIn 829, rel. Min. Moreira Alves, *DJ* 14.04.1993.
465. ADIn 913, rel. Min. Moreira Alves, *DJ* 23.08.1993.
466. ADIn 1.946, rel. Min. Sydney Sanches, *DJ* 14.09.2001.
467. ADIn 3.367, rel. Min. Cezar Peluso, *DJ* 12.03.2006.
468. "(...) reconheço, na linha do magistério jurisprudencial desta Suprema Corte (MS 23.334/RJ, rel. Min. Celso de Mello, v.g.), que os membros do Congresso Nacional dispõem de legitimidade ativa *ad causam* para provocar a instauração do controle jurisdicional sobre o processo de formação das leis e das emendas à Constituição, assistindo-lhes, sob tal perspectiva, irrecusável direito subjetivo de impedir que a elaboração dos atos normativos, pelo Poder Legislativo, incida em desvios inconstitucionais. É por essa razão que o STF tem reiteradamente proclamado, em favor dos congressistas – e apenas destes –, o reconhecimento desse direito público subjetivo à correta elaboração das emendas à Constituição, das leis e das demais espécies normativas referidas no art. 59 da Constituição: '(...) O processo de formação das leis ou de elaboração de emendas à Constituição revela-se suscetível de controle incidental ou difuso pelo Poder Judiciário, sempre que, havendo possibilidade de lesão à ordem jurídico-constitucional, a impugnação vier a ser suscitada por membro do próprio Congresso Nacional, pois, nesse domínio, somente ao parlamentar – que dispõe do direito público subjetivo à correta observância das cláusulas que compõem o devido processo legislativo – assiste legitimidade ativa *ad causam* para provocar a fiscalização jurisdicional. (...) (MS 23.565/DF, rel. Min. Celso de Mello)" (MS 27.931, rel. Min. Celso de Mello, *DJe* 01.04.2009).
469. STF, MS 20.257, Pleno, rel. Min. Moreira Alves, j. 08.10.1980, *RTJ* 99/1040.
470. Esta conclusão está no voto do Min. Moreira Alves no MS 20.257: "Não admito mandado de segurança para impedir tramitação de projeto de lei ou proposta de emenda constitucional com base na alegação de que seu conteúdo entra em choque com algum princípio constitucional. E não admito porque, nesse caso, a violação à Constituição só ocorrerá depois de o projeto se transformar em lei ou de a proposta de emenda vir a ser aprovada. Antes disso, nem o Presidente da Casa do Congresso, ou deste nem a Mesa, nem o Poder Legislativo estão praticando qualquer inconstitucionalidade, mas estão, sim, exercitando seus poderes constitucionais referentes ao processamento da lei em geral. A inconstitucionalidade, nesse caso, não será quanto ao processo da lei ou da emenda, mas, ao contrário, será da própria lei ou da própria emenda, razão por que só poderá ser atacada depois da existência de uma ou de outra. Diversas, porém, são as hipóteses, como a presente, *em que a vedação constitucional se dirige ao próprio processamento da lei ou da emenda*, vedando a sua apresentação (...) ou a sua deliberação (como na espécie). *Aqui, a inconstitucionalidade diz respeito ao próprio andamento do processo legislativo*, e isso porque a Constituição não quer – em face da gravidade dessas deliberações, se consumadas – que sequer se chegue à deliberação, proibindo-a taxativamente. *A inconstitucionalidade, neste caso, já existe antes de o projeto ou de a proposta se transformarem em lei ou em emenda constitucional, porque o próprio processamento já desrespeita, frontalmente, a Constituição*" (STF, MS 20.257, Pleno, rel. Min. Moreira Alves, j. 08.10.1980, *RTJ* 99/1040).

Pode surgir hipótese de ação de inconstitucionalidade de lei perante emenda constitucional que o Tribunal entenda ser, no respectivo processo objetivo, inconstitucional, concluindo-se, dessa forma, que inconstitucional é o que se apontou como parâmetro de constitucionalidade. Num caso como este, o problema não está propriamente em tomar em conta o direito constitucional originário como parâmetro de controle, mas em ter como objeto de controle algo que não fez parte do pedido formulado mediante a ação. O pedido de inconstitucionalidade é da lei e não da emenda constitucional, o que impede o Tribunal de declarar a última inconstitucional. De modo que, se o Tribunal entender que a emenda constitucional, ofertada como parâmetro, é inconstitucional, ele terá de julgar o pedido em face do texto constitucional primário. Neste caso, porém, seria possível questionar se o conceito de causa de pedir aberta permite o salto do direito constitucional secundário para o direito constitucional primário. Se o direito constitucional originário aparece em virtude do desaparecimento do secundário, há, entre eles, imbricação iniludível, a impor o controle a partir do direito constitucional que emerge vivo e apto para fazer inconstitucional lei que eventualmente com ele se contraponha. Isso não quer dizer, obviamente, que a aferição do pedido a partir do direito constitucional originário deva levar a um julgamento de constitucionalidade, mas que o julgamento deve ser feito para se ter a norma como constitucional ou não, já que a admissão da inconstitucionalidade da emenda constitucional não é garantia da constitucionalidade da norma impugnada.[471]

Esclareça-se, ademais, que no exemplo anterior a lei foi editada sob a égide da emenda constitucional, donde a admissibilidade da ação direta. A lei editada sob a vigência de emenda constitucional inconstitucional é passível de controle sob o direito originário.

São passíveis de controle de constitucionalidade leis federais de qualquer forma ou conteúdo.[472] As leis complementares, as leis ordinárias, as leis delegadas, as medidas provisórias, os decretos legislativos, as resoluções das Casas Legislativas, os decretos presidenciais, os regimentos internos dos Tribunais Superiores, os atos normativos expedidos por pessoas jurídicas de direito público federal, entre outros, podem ser objeto de ação direta de inconstitucionalidade.

Menção especial merece o que se dá no aspecto procedimental em relação às medidas provisórias. Como a medida provisória pode, ou não, ser convertida em lei, é preciso que, em caso de conversão em lei ou de reedição da medida provisória, o requerente adite a petição inicial da ação direta,[473] sendo que, uma vez decorrido o prazo para a sua apreciação

---

471. De acordo com o STF, ADIn 1.896-MC, rel. Min. Sydney Sanches, j. 18.02.1999, "na ação direta de inconstitucionalidade, seu julgamento independe da *causa petendi* formulada na inicial, ou seja, dos fundamentos jurídicos nela deduzidos, pois havendo, nesse processo objetivo, arguição de inconstitucionalidade, a Corte deve considerá-la sob todos os aspectos em face da Constituição e não apenas diante daqueles focalizados pelo autor".

472. "Art. 59. O processo legislativo compreende a elaboração de: I – emendas à Constituição; II – leis complementares; III – leis ordinárias; IV – leis delegadas; V – medidas provisórias; VI – decretos legislativos; VII – resoluções. Parágrafo único. Lei complementar disporá sobre a elaboração, redação, alteração e consolidação das leis."

473. "A jurisprudência predominante do STF tem assentado o entendimento de que a falta de aditamento da inicial, diante de reedição da medida provisória impugnada, ou de sua conversão em lei, enseja a extinção do processo sem julgamento de mérito" (ADIn 3.957, rel. Min. Ricardo Lewandowski, decisão monocrática, *DJe* 08.05.2008); "Ação direta de inconstitucionalidade da MedProv 1.984-19, de 29.06.2000. Falta de aditamento da inicial, pelo partido autor da ação, para impugnar as últimas reedições da medida provisó-

pelo Congresso Nacional ou na hipótese de sua expressa rejeição, o processo objetivo será julgado extinto por perda de objeto da ação direta.[474] Outro ponto particular é o de que a liminar, ao suspender os efeitos da norma da medida provisória, tem eficácia até o instante em que a medida provisória deixa de poder ser convertida em lei.

Igualmente se expõe ao controle de constitucionalidade o direito estadual – assim, as próprias Constituições estaduais, leis estaduais, decretos, regimentos internos dos Tribunais de Justiça e Assembleias Legislativas e atos normativos editados por pessoas jurídicas de direito público estadual. A Constituição Estadual deve respeito a regras e princípios encartados na Constituição Federal, sujeitando-se ao controle de constitucionalidade.[475]

Por outro lado, tudo o que é correlato, quando vindo do Distrito Federal (art. 32, § 1.º, da CF),[476] pelos mesmos motivos não pode deixar de se sujeitar ao controle de constitucionalidade. Assim, a lei orgânica e demais leis e atos normativos distritais, com exceção, obviamente, das normas que o Distrito Federal edita ao exercer competência legislativa municipal, já que as normas municipais não se sujeitam ao controle de constitucionalidade em

---

ria, ocorridas no curso do processo. Não cabe à Advocacia-Geral da União suprir essa falta" (ADIn 2.251-MC, rel. Min. Sydney Sanches, *DJ* 24.10.2003); "Ação direta de inconstitucionalidade e reedição de medidas provisórias. Evolução da jurisprudência. Aditamento da petição inicial. Pressuposto de identidade substancial das normas. A possibilidade do aditamento da ação direta de inconstitucionalidade de modo a que continue, contra a medida provisória reeditada, o processo instaurado contra a sua edição original pressupõe necessariamente a identidade substancial de ambas: se a norma reeditada é, não apenas formal, mas também substancialmente distinta da originalmente impugnada, impõe-se a propositura de nova ação direta" (ADIn 1.753-QO, rel. Min. Sepúlveda Pertence, *DJ* 23.10.1998).

474. "Ação direta de inconstitucionalidade. MedProv 190/1990. Perda de eficácia por falta de apreciação oportuna pelo Congresso Nacional (CF, art. 62, parágrafo único). Prejudicialidade da ação direta. A medida provisória constitui espécie normativa juridicamente instável. Esse ato estatal dispõe, em função das notas de transitoriedade e de precariedade que o qualificam, de eficácia temporal limitada, na medida em que, não convertido em lei, despoja-se, desde o momento de sua edição, da aptidão para inovar o ordenamento positivo. A perda retroativa de eficácia jurídica da medida provisória ocorre tanto na hipótese de explícita rejeição do projeto de sua conversão em lei quanto no caso de ausência de deliberação parlamentar no prazo constitucional de trinta (30) dias. Uma vez cessada a vigência da medida provisória, pelo decurso *in albis* do prazo constitucional, opera-se, ante a superveniente perda de objeto, a extinção anômala do processo de ação direta de inconstitucionalidade" (ADIn 293, Pleno, rel. Min. Celso de Mello, *DJ* 18.06.1993).

475. "Art. 25. Os Estados organizam-se e regem-se pelas Constituições e leis que adotarem, observados os princípios desta Constituição. § 1.º São reservadas aos Estados as competências que não lhes sejam vedadas por esta Constituição. § 2.º Cabe aos Estados explorar diretamente, ou mediante concessão, os serviços locais de gás canalizado, na forma da lei, vedada a edição de medida provisória para a sua regulamentação. § 3.º Os Estados poderão, mediante lei complementar, instituir regiões metropolitanas, aglomerações urbanas e microrregiões, constituídas por agrupamentos de municípios limítrofes, para integrar a organização, o planejamento e a execução de funções públicas de interesse comum." "Art. 34. A União não intervirá nos Estados nem no Distrito Federal, exceto para: (...) VII – assegurar a observância dos seguintes princípios constitucionais: *a*) forma republicana, sistema representativo e regime democrático; *b*) direitos da pessoa humana; *c*) autonomia municipal; *d*) prestação de contas da administração pública, direta e indireta; *e*) aplicação do mínimo exigido da receita resultante de impostos estaduais, compreendida a proveniente de transferências, na manutenção e desenvolvimento do ensino e nas ações e serviços públicos de saúde."

476. "Art. 32. O Distrito Federal, vedada sua divisão em Municípios, reger-se-á por lei orgânica, votada em dois turnos com interstício mínimo de dez dias, e aprovada por dois terços da Câmara Legislativa, que a promulgará, atendidos os princípios estabelecidos nesta Constituição. § 1.º Ao Distrito Federal são atribuídas as competências legislativas reservadas aos Estados e Municípios. (...)."

face da Constituição Federal.[477] Diante do assunto, o STF editou a Súmula 642, com o seguinte teor: "Não cabe ação direta de inconstitucionalidade de lei do Distrito Federal derivada da sua competência legislativa municipal".

Não há dúvida de que o controle abstrato não se destina a ato não dotado de abstração e generalidade. O entendimento do STF é pacífico no sentido de que os atos de efeitos concretos não abrem ensejo para a ação direta de inconstitucionalidade.[478] Porém, afirma-se que

---

477. "(...) 8. É que falta possibilidade jurídica à ação proposta, matéria não examinada no referido aresto. E o exame dessa condição da ação deve preceder o da relativa à legitimidade ativa *ad causam*. Se a ação é juridicamente impossível, não há necessidade de se perquirir quem pode propô-la. Em outras palavras, se a ação não pode ser proposta por ninguém, exatamente porque inadmissível, torna-se dispensável a verificação de sua titularidade. 9. E tanto as informações do Governador do Distrito Federal, quanto as manifestações da Advocacia Geral da União e da Procuradoria Geral da República demonstraram que a ação direta de inconstitucionalidade é juridicamente impossível, no caso, pois objetiva, em controle concentrado de constitucionalidade, a declaração de inconstitucionalidade de lei do Distrito Federal, que, todavia, tem natureza de lei local, mais precisamente municipal. E não federal ou estadual. 10. Com efeito, a competência do STF, em ação direta de inconstitucionalidade, é a de declarar a inconstitucionalidade de lei ou ato normativo federal ou estadual, como está expresso no art. 102, I, *a*, da CF, quando afrontada esta última. E não de lei de natureza municipal. 11. Tratando-se de lei municipal, o controle de constitucionalidade se faz, pelo sistema difuso – e não concentrado –, ou seja, apenas no julgamento de casos concretos, com eficácia *inter partes* e não *erga omnes*, quando confrontado o ato normativo local com a Constituição Federal. 12. O controle de constitucionalidade concentrado, nesse caso, somente será possível, em face da Constituição dos Estados, se ocorrente a hipótese prevista no § 2.º do art. 125 da CF. 13. Não é, porém, o caso dos autos, pois o que se pretende é que o STF, em ação direta de inconstitucionalidade, declare a inconstitucionalidade de lei que, embora aprovada pelo Senado Federal, no âmbito da competência residual prevista no art. 16 do ADCT, e sancionada pelo Governador do Distrito Federal, que tivera iniciativa de propô-la, tem o mesmo âmbito de uma lei municipal, reguladora do parcelamento e aproveitamento do solo urbano, em face do que dispõem os arts. 29, 30, VIII, 32, § 1.º, da CF. Se a lei, na hipótese, excedeu, ou não, os limites da competência de um Município e, consequentemente, do Distrito Federal, é matéria de mérito. O que importa, porém, até aqui, é que a Constituição Federal não admite ação direta de inconstitucionalidade, perante o STF, de lei de natureza municipal, mediante confronto com a própria Carta Magna" (ADIn 209, rel. Min. Sydney Sanches, *DJ* 11.09.1998); "Controle abstrato de constitucionalidade de leis locais (CF, art. 125, § 2.º). Cabimento restrito à fiscalização da validade de leis ou atos normativos locais – sejam estaduais ou municipais –, em face da Constituição estadual. Invalidade da disposição constitucional estadual que outorga competência ao respectivo Tribunal de Justiça para processar e julgar ação direta de inconstitucionalidade de normas municipais em face também da Constituição Federal. Precedentes" (ADIn 409, rel. Min. Sepúlveda Pertence, *DJ* 26.04.2002).

478. ADIn 2.057-MC, rel. Min. Maurício Corrêa, *DJ* 31.03.2000; "O ato impugnado na presente ADIn é mera deliberação administrativa, sem nenhum caráter normativo, não passando seus 'considerandos' de simples motivação. Se esse ato é inconstitucional ou ilegal, é questão que se não pode resolver no âmbito de uma ação direta de inconstitucionalidade, perante esta Corte, pois nesta só se há de impugnar ato normativo (federal ou estadual), nos termos do art. 102, I, *a*, da CF. Afora isso, o controle de constitucionalidade ou legalidade de ato administrativo é feito, nas instâncias próprias, pelo sistema difuso" (ADIn 2.071-AgRg, rel. Min. Sydney Sanches, *DJ* 09.11.2001); "A portaria, conquanto seja ato de natureza administrativa, pode ser objeto de ação direta se, como no caso, vem a estabelecer prescrição em caráter genérico e abstrato" (ADIn 962-MC, rel. Min. Ilmar Galvão, *DJ* 11.02.1994). O STF reafirmou esse entendimento conforme noticiado no *Informativo 734*, de 06.03.2014, "O Plenário julgou procedente pedido formulado em ação direta, para declarar a inconstitucionalidade de decisão proferida por tribunal de justiça local, nos autos de processo administrativo, em que reconhecido o direito à gratificação de 100% aos interessados – servidores daquele tribunal – e estendida essa gratificação aos demais servidores do órgão em situação análoga. Preliminarmente, por maioria, conheceu-se da ação. No ponto, o Ministro Roberto Barroso salientou que a decisão da Corte de origem teria conteúdo normativo, com generalidade e abstração, porque estendera os efeitos da concessão de gratificação a um número expressivo maior de pessoas, em comparação

também são insuscetíveis de controle abstrato determinados atos, ainda que revestidos sob a forma de lei, como as leis orçamentárias.

Assim, por exemplo, decidiu-se na ADIn 4.041 que as leis em sentido formal, como as que veiculam matéria orçamentária, limitando-se à previsão de receita e despesa, ou, ainda, à abertura de créditos orçamentários, não são dotadas de generalidade e abstração, caracteres próprios dos atos normativos, os únicos passíveis de controle de constitucionalidade pela via principal.[479]

Deu-se uma guinada no julgamento da ADIn 820, em que se tratou do mesmo tema. Declarou-se que a norma impugnada, embora tratando de matéria orçamentária, consubstanciaria "lei-norma", possuindo generalidade e abstração suficientes, sendo seus destinatários determináveis e não determinados.[480] No julgamento da ADIn 4.048, chegou-se à conclusão de que seria o momento de rever a jurisprudência sobre a viabilidade do controle abstrato de normas orçamentárias, argumentando-se que o STF deve exercer sua função precípua de fiscalização da constitucionalidade das leis e dos atos normativos quando

---

às diretamente interessadas no procedimento administrativo. Desse modo, ponderou cabível o controle abstrato de constitucionalidade. Preliminarmente, por maioria, conheceu-se da ação. No ponto, o Ministro Roberto Barroso salientou que a decisão da Corte de origem teria conteúdo normativo, com generalidade e abstração, porque estendera os efeitos da concessão de gratificação a um número expressivamente maior de pessoas, em comparação às diretamente interessadas no procedimento administrativo. Desse modo, ponderou cabível o controle abstrato de constitucionalidade. A Ministra Rosa Weber destacou que esse caráter de generalidade seria aferível a partir da indeterminação subjetiva das pessoas eventualmente atingidas pela decisão discutida. O Ministro Ricardo Lewandowski constatou que os servidores beneficiados com a decisão favorável no tocante à gratificação serviriam como paradigmas a partir dos quais o mesmo benefício seria estendido a outros servidores, em número indeterminado. Ademais, registrou que a decisão em comento fundar-se-ia diretamente na Constituição, porque invocado o princípio da isonomia. Vencida, quanto à preliminar, a Ministra Cármen Lúcia, relatora, que não conhecia da ação por considerar inadequada a via eleita" (STF, ADIn 3.202, Pleno, rel. Min. Cármen Lúcia, *DJe* 20.05.2014).

479. "A hipótese é de não cabimento da ação direta, pois, conforme a jurisprudência pacífica deste Tribunal, as leis que veiculam matéria orçamentária, limitando-se à previsão de receita e despesa, ou, ainda, à abertura de créditos orçamentários, configuram leis unicamente em sentido formal, não sendo dotadas de generalidade e abstração, caracteres próprios dos atos normativos, os únicos passíveis de controle de constitucionalidade pela via principal" (ADIn 4.041, rel. Min. Menezes Direito, decisão monocrática, *DJe* 27.03.2008).

480. "Art. 202 da Constituição do Estado do Rio Grande do Sul. Lei estadual 9.723. Manutenção e desenvolvimento do ensino público. Aplicação mínima de 35% (trinta e cinco por cento) da receita resultante de impostos. Destinação de 10% (dez por cento) desses recursos à manutenção e conservação das escolas públicas estaduais. Vício formal. Matéria orçamentária. Iniciativa privativa do chefe do Poder Executivo. Afronta ao disposto nos arts. 165, III, e 167, IV, da CF. Preliminar de inviabilidade do controle de constitucionalidade abstrato. Alegação de que os atos impugnados seriam dotados de efeito concreto, em razão da possibilidade de determinação de seus destinatários. Preliminar rejeitada. Esta Corte fixou que 'a determinabilidade dos destinatários da norma não se confunde com a sua individualização, que, esta sim, poderia convertê-lo em ato de efeitos concretos, embora plúrimos' (ADIn 2.137-MC, rel. Min. Sepúlveda Pertence, *DJ* 12.05.2000). A lei estadual impugnada consubstancia lei-norma. Possui generalidade e abstração suficientes. Seus destinatários são determináveis, e não determinados, sendo possível a análise desse texto normativo pela via da ação direta. A lei não contém, necessariamente, uma norma; a norma não é, necessariamente, emanada mediante uma lei; assim temos três combinações possíveis: a lei-norma, a lei não norma e a norma não lei. Às normas que não são lei correspondem leis-medida (*Massnahmegesetze*), que configuram ato administrativo apenas completável por agente da Administração, portando em si mesmas o resultado específico ao qual se dirigem. São leis apenas em sentido formal, não o sendo, contudo, em sentido material" (ADIn 820, rel. Min. Eros Grau, *DJe* 29.02.2008).

houver um tema ou uma controvérsia constitucional suscitada em abstrato, independentemente do caráter geral ou específico, concreto ou abstrato de seu objeto.[481]

As leis revogadas não abrem margem à ação direta de inconstitucionalidade, por não haver sentido em declarar inconstitucional o que não mais existe. De outra parte, se, em princípio, haveria razão para declarar a perda de interesse superveniente no caso de revogação posterior ao ajuizamento da ação,[482] não há como deixar de ver que, dessa forma, isentam-se de reprimenda os efeitos da lei. Melhor explicando: a revogação, ao impedir a decisão de inconstitucionalidade, deixa vivos e intocáveis os efeitos que pela lei foram produzidos, trazendo benefícios àqueles que apostaram na agressão à Constituição. Não obstante, em tal caso é possível pensar na arguição de descumprimento de preceito fundamental, uma vez que esta é cabível "quando for relevante o fundamento da controvérsia constitucional sobre lei ou ato normativo federal, estadual ou municipal (...)" (art. 1.º, parágrafo único, I, da Lei 9.882/1999).

Entende-se que a lei anterior à Constituição não pode ser objeto de controle de constitucionalidade. Lei objeto de controle é lei editada à luz do parâmetro de controle, ou seja, à luz da Constituição vigente. Direito pré-constitucional é direito que pode ser recepcionado pela Constituição. Afirma-se, nesta linha, que a lei pré-constitucional não pode ser objeto de ação direta de inconstitucionalidade ou do controle abstrato,[483] podendo a sua recepção pela Constituição ser objeto de análise como prejudicial à solução dos litígios.

---

481. "Controle abstrato de constitucionalidade de normas orçamentárias. Revisão de jurisprudência. O STF deve exercer sua função precípua de fiscalização da constitucionalidade das leis e dos atos normativos quando houver um tema ou uma controvérsia constitucional suscitada em abstrato, independentemente do caráter geral ou específico, concreto ou abstrato de seu objeto. Possibilidade de submissão das normas orçamentárias ao controle abstrato de constitucionalidade. (...) Medida cautelar deferida. Suspensão da vigência da Lei 11.658/2008, desde a sua publicação, ocorrida em 22.04.2008" (ADIn 4.048-MC, rel. Min. Gilmar Mendes, *DJe* 22.08.2008).

482. "Ação direta de inconstitucionalidade e revogação superveniente do ato estatal impugnado. A revogação superveniente do ato estatal impugnado faz instaurar situação de prejudicialidade que provoca a extinção anômala do processo de fiscalização abstrata de constitucionalidade, eis que a ab-rogação do diploma normativo questionado opera, quanto a este, a sua exclusão do sistema de direito positivo, causando, desse modo, a perda ulterior de objeto da própria ação direta, independentemente da ocorrência, ou não, de efeitos residuais concretos" (ADIn 1.442, rel. Min. Celso de Mello, *DJ* 29.04.2005); "(...) revogada a lei arguida de inconstitucional, a ação direta a ela relativa perde o seu objeto, independentemente da ocorrência de efeitos concretos que dela hajam decorrido. Ação direta de inconstitucionalidade que não se conhece por estar prejudicada em virtude da perda de seu objeto" (ADIn 221, rel. Min. Moreira Alves, *DJ* 22.10.1993).

483. "A questão referente ao controle de constitucionalidade de atos normativos anteriores à Constituição foi exaustivamente debatida por esta Corte no julgamento da ADIn 2. Naquela oportunidade, o Min. Paulo Brossard, relator, sustentou que 'a teoria da inconstitucionalidade supõe, sempre e necessariamente, que a legislação, sobre cuja constitucionalidade se questiona, seja posterior à Constituição. Porque tudo estará em saber se o legislador ordinário agiu dentro de sua esfera de competência ou fora dela, se era competente ou incompetente para editar a lei que tenha editado. Quando se trata de antagonismo existente entre Constituição e lei a ela anterior, a questão é de distinta natureza; obviamente não é de hierarquia de leis; não é, nem pode ser, exatamente porque a lei maior é posterior à lei menor e, por conseguinte, não poderia limitar a competência do Poder Legislativo, que a editou. Num caso, o problema será de direito constitucional; noutro, de direito intertemporal. Se a lei anterior é contrariada pela lei posterior, tratar-se-á de revogação, pouco importando que a lei posterior seja ordinária, complementar ou constitucional. Em síntese, a lei posterior à Constituição, se a contrariar, será inconstitucional; a lei anterior à Constituição, se a contrariar, será por ela revogada, como aconteceria com qualquer lei que a sucedesse. Como ficou dito e vale ser repetido, num caso, o problema é de direito constitucional; noutro, é de direito intertemporal'. O

Contudo, a circunstância de a ação direta produzir efeitos *erga omnes* e vinculantes daria segurança e proporcionaria estabilidade em relação à norma editada anteriormente ao texto constitucional em vigor. Bem por isso argumentou-se, na ADPF 33, que "a possibilidade de incongruências hermenêuticas e confusões jurisprudenciais decorrentes dos pronunciamentos de múltiplos órgãos pode configurar uma ameaça a preceito fundamental (pelo menos, ao da segurança jurídica), o que também está a recomendar uma leitura compreensiva da exigência aposta à lei da arguição, de modo a admitir a propositura da ação especial toda vez que uma definição imediata da controvérsia mostrar-se necessária para afastar aplicações erráticas, tumultuárias ou incongruentes, que comprometam gravemente o princípio da segurança jurídica e a própria ideia de prestação judicial efetiva. Ademais, a ausência de definição da controvérsia – ou a própria decisão prolatada pelas instâncias judiciais – poderá ser a concretização da lesão a preceito fundamental. Em um sistema dotado de órgão de cúpula, que tem a missão de guarda da Constituição, a multiplicidade ou a diversidade de soluções pode constituir-se, por si só, em uma ameaça ao princípio constitucional da segurança jurídica e, por conseguinte, em uma autêntica lesão a preceito fundamental". Concluiu-se, em face desses argumentos e "considerando a razoabilidade e o significado para a segurança jurídica da tese que recomenda a extensão do controle abstrato de normas também ao direito pré-constitucional", que "não se afiguraria despropositado cogitar da revisão da jurisprudência do STF sobre a matéria", observando-se, contudo, que a questão ganhou "novos contornos com a aprovação da Lei 9.882/1999, que disciplina a arguição de descumprimento de preceito fundamental e estabelece, expressamente, a possibilidade de exame da compatibilidade do direito pré-constitucional com norma da Constituição Federal", pelo que, "toda vez que se configurar controvérsia relevante sobre a legitimidade do direito federal, estadual ou municipal, anteriores à Constituição, em face de preceito fundamental da Constituição, poderá qualquer dos legitimados para a propositura de ação direta de

---

vício da inconstitucionalidade é congênito à lei e há de ser apurado em face da Constituição vigente ao tempo de sua elaboração. Lei anterior não pode ser inconstitucional em relação à Constituição superveniente; nem o legislador poderia infringir Constituição futura. A Constituição sobrevinda não torna inconstitucionais leis anteriores com ela conflitantes: revoga-as. Pelo fato de ser superior, a Constituição não deixa de produzir efeitos revogatórios. Seria ilógico que a lei fundamental, por ser suprema, não revogasse, ao ser promulgada, leis ordinárias. A lei maior valeria menos que a lei ordinária. (...) Nestes termos, ficou assentado que não cabe a ação direta quando a norma atacada for anterior à Constituição, já que, se for com ela incompatível, é tida como revogada, e, caso contrário, como recebida. E o mesmo raciocínio há de ser aplicado em relação às emendas constitucionais, que passam a integrar a ordem jurídica com o mesmo *status* dos preceitos originários. Vale dizer, todo ato legislativo que contenha disposição incompatível com a ordem instaurada pela emenda à Constituição deve ser considerado revogado. Nesse sentido, a observação do Min. Celso de Mello, ao dispor: 'Torna-se necessário enfatizar, no entanto, que a jurisprudência firmada pelo STF – tratando-se de fiscalização abstrata de constitucionalidade – apenas admite como objeto idôneo de controle concentrado as leis e os atos normativos, que, emanados da União, dos Estados-membros e do Distrito Federal, tenham sido editados sob a égide de texto constitucional ainda vigente' (ADIn 2.971, *DJ* 18.05.2004). 'A respeito do tema, esta Corte tem decidido que, nos casos em que o texto da Constituição do Brasil foi substancialmente modificado em decorrência de emenda superveniente, a ação direta de inconstitucionalidade fica prejudicada, visto que o controle concentrado de constitucionalidade é feito com base no texto constitucional em vigor e não no que vigorava anteriormente'" (ADIn 1.717-MC, *DJ* 25.02.2000; ADIn 2.197, *DJ* 02.04.2004; ADIn 2.531-AgRg, *DJ* 12.09.2003; ADIn 1.691, *DJ* 04.04.2003; ADIn 1.143, *DJ* 06.09.2001 e ADIn 799, *DJ* 17.09.2002)" (ADIn 888, rel. Min. Eros Grau, *DJ* 10.06.2005).

inconstitucionalidade propor arguição de descumprimento".[484] Seguindo-se na mesma linha, decidiu-se, na ADPF 129, que, como ela é cabível para evitar ou reparar lesão a preceito fundamental, resultante de ato do Poder Público, ou quando for relevante o fundamento da controvérsia constitucional sobre lei ou ato normativo federal, estadual ou municipal, inclusive anteriores à Constituição, não sendo admitida a utilização de ações diretas de constitucionalidade ou de inconstitucionalidade – isto é, não se verificando a existência de meio apto para solver a controvérsia constitucional relevante de forma ampla, geral e imediata –, há de se entender possível a utilização da arguição de descumprimento de preceito fundamental, sob o aspecto do princípio da subsidiariedade, quando a norma nela impugnada veio a lume antes da vigência da Constituição de 1988.[485]

8.22 Parâmetro de controle

"Parâmetro de controle" é a expressão utilizada para significar a base a partir de que as leis ou os atos normativos são analisados para se chegar à conclusão acerca da sua constitucionalidade. Trata-se, assim, da matéria que serve ao controle ou da substância com que deve se compatibilizar tudo o que pode ser objeto do controle.

Em princípio, parâmetro de controle é a Constituição vigente.[486] Por consequência, as emendas constitucionais igualmente constituem parâmetro de controle, sejam elas fruto do

---

484. ADPF 33-MC, voto do rel. Min. Gilmar Mendes, *DJ* 06.08.2004.

485. "Trata-se de arguição de descumprimento de preceito fundamental, com pedido de medida liminar, proposta pelo Partido Popular Socialista – PPS, objetivando que esta Corte declare que não foi recepcionado pela Constituição de 1988 o art. 86 do Dec.-lei 200, de 25.02.1967 (...). Preliminarmente, reconheço a legitimidade ativa *ad causam* da agremiação partidária que assina a inicial (...). Depois, anoto que (...) é cabível a arguição de descumprimento de preceito fundamental para evitar ou reparar lesão a preceito fundamental, resultante de ato do Poder Público, ou quando for relevante o fundamento da controvérsia constitucional sobre lei ou ato normativo federal, estadual ou municipal, inclusive anteriores à Constituição. (...) não sendo admitida a utilização de ações diretas de constitucionalidade ou de inconstitucionalidade – isto é, não se verificando a existência de meio apto para solver a controvérsia constitucional relevante de forma ampla, geral e imediata –, há de se entender possível a utilização da arguição de descumprimento de preceito fundamental. (...) Assim, numa primeira análise dos autos, reconheço que se afigura admissível a utilização da presente arguição de descumprimento de preceito fundamental, sob o aspecto do princípio da subsidiariedade, vez que a norma nela impugnada veio a lume antes da vigência da Constituição de 1988. No que concerne ao pedido de medida liminar, todavia, verifico que não se mostram presentes os requisitos autorizadores de sua concessão, quais sejam *o fumus boni iuris* e o *periculum in mora*. Com efeito, observo que o dispositivo atacado estabeleceu que a tomada de contas referentes à movimentação dos créditos destinados à realização de despesas reservadas ou confidenciais será feita em caráter sigiloso. Ocorre, porém, que o princípio da publicidade na Administração Pública não é absoluto, porquanto a própria Constituição Federal, em seu art. 5.º, XXXIII, *in fine*, restringiu o acesso público a informações cujo sigilo seja imprescindível à segurança da sociedade e do Estado (...). Em outras palavras, tanto o dispositivo contestado na presente ação, quanto o art. 5.º, XXXIII, da Lei Maior, ressalvaram o caráter sigiloso de determinadas informações relativas à Administração Pública. Não considero, portanto, suficientemente caracterizado *o fumus boni iuris*, seja porque o sigilo dos dados e informações da Administração Pública, ao menos numa primeira análise da questão, encontra guarida na própria Carta Magna, seja porque ele não é decretado arbitrariamente, mas determinado segundo regras legais preestabelecidas" (ADPF 129-MC, rel. Min. Ricardo Lewandowski, decisão monocrática, *DJe* 22.02.2008).

486. "Art. 102. Compete ao Supremo Tribunal Federal, precipuamente, a guarda da Constituição, cabendo-lhe: I – processar e julgar, originariamente: *a*) a ação direta de inconstitucionalidade de lei ou ato normativo

CONTROLE DE CONSTITUCIONALIDADE ○ 1107

art. 3.º do ADCT[487] ou do art. 60 da CF.[488] As emendas constitucionais podem ter caráter aditivo, supressivo ou modificativo. Podem, assim, acrescer dispositivo ou suprimir ou alterar disposição do texto constitucional. Isso não quer dizer que todos os dispositivos de emenda constitucional tenham de ser, necessariamente, incorporados ao texto da Constituição, acontecendo de, em alguns casos, isso não acontecer, vindo assim a surgir parâmetro de controle de constitucionalidade formalmente externo ao texto constitucional.

A EC 45/2004 introduziu § 3.º[489] ao art. 5.º, o qual afirma que os tratados e as convenções internacionais sobre direitos humanos, aprovados por quórum qualificado no Congresso Nacional, são equivalentes às emendas constitucionais. O tratado de direitos humanos que for aprovado, em cada Casa do Congresso Nacional, em dois turnos, por três quintos dos votos dos respectivos membros, por ter força de emenda constitucional, constitui parâmetro de controle de constitucionalidade.

Quando a alegação de inconstitucionalidade pressupõe a confrontação da norma com lei infraconstitucional, entende-se que a arguição de inconstitucionalidade não é direta ao texto constitucional, mas apenas reflexa, o que retira da Constituição a qualidade de parâmetro de controle.[490]

Não é possível confrontar lei com norma constitucional suprimida ou modificada. Essa norma deixa de ser, obviamente, parâmetro de controle.[491] Caso a ação direta tenha sido

---

federal ou estadual e a ação declaratória de constitucionalidade de lei ou ato normativo federal; (...)".

487. ADCT, art. 3.º: "A revisão constitucional será realizada após cinco anos, contados da promulgação da Constituição, pelo voto da maioria absoluta dos membros do Congresso Nacional, em sessão unicameral".

488. "Art. 60. A Constituição poderá ser emendada mediante proposta: I – de um terço, no mínimo, dos membros da Câmara dos Deputados ou do Senado Federal; II – do Presidente da República; III – de mais da metade das Assembleias Legislativas das unidades da Federação, manifestando-se, cada uma delas, pela maioria relativa de seus membros. § 1.º A Constituição não poderá ser emendada na vigência de intervenção federal, de estado de defesa ou de estado de sítio. § 2.º A proposta será discutida e votada em cada Casa do Congresso Nacional, em dois turnos, considerando-se aprovada se obtiver, em ambos, três quintos dos votos dos respectivos membros. § 3.º A emenda à Constituição será promulgada pelas Mesas da Câmara dos Deputados e do Senado Federal, com o respectivo número de ordem. § 4.º Não será objeto de deliberação a proposta de emenda tendente a abolir: I – a forma federativa de Estado; II – o voto direto, secreto, universal e periódico; III – a separação dos Poderes; IV – os direitos e garantias individuais. § 5.º A matéria constante de proposta de emenda rejeitada ou havida por prejudicada não pode ser objeto de nova proposta na mesma sessão legislativa".

489. "Art. 5.º (...). § 3.º Os tratados e convenções internacionais sobre direitos humanos que forem aprovados, em cada Casa do Congresso Nacional, em dois turnos, por três quintos dos votos dos respectivos membros, serão equivalentes às emendas constitucionais."

490. "Ação direta de inconstitucionalidade. Cabimento. Inexistência de inconstitucionalidade reflexa. Tem-se inconstitucionalidade reflexa – a cuja verificação não se presta a ação direta – quando o vício de ilegitimidade irrogado a um ato normativo é o desrespeito à lei fundamental por haver violado norma infraconstitucional interposta, a cuja observância estaria vinculado pela Constituição: não é o caso presente, onde a ilegitimidade da lei estadual não se pretende extrair de sua conformidade com a lei federal relativa ao processo de execução contra a Fazenda Pública, mas, sim, diretamente, com as normas constitucionais que o preordenam, afora outros princípios e garantias do texto fundamental" (ADIn 2.535-MC, rel. Min. Sepúlveda Pertence, DJ 21.11.2003).

491. "Ação direta de inconstitucionalidade. Instrumento de afirmação da supremacia da ordem constitucional. O papel do STF como legislador negativo. A noção de constitucionalidade/inconstitucionalidade como conceito de relação. A questão pertinente ao bloco de constitucionalidade. Posições doutrinárias divergentes em torno do seu conteúdo. O significado do bloco de constitucionalidade como fator determinante do caráter constitucional, ou não, dos atos estatais. Necessidade da vigência atual, em sede de

proposta em face de norma constitucional que, no curso do processo, é suprimida ou modificada,[492] ainda restaria a questão de saber se a norma antes impugnada como inconstitucional, diante da nova conformação da realidade constitucional, foi ou não recepcionada.

Decidiu-se, na ADIn 3.833, que "a alteração da Carta inviabiliza o controle concentrado de constitucionalidade de norma editada quando em vigor a redação primitiva."[493] Assim, a Corte não conheceu da ação direta de inconstitucionalidade, "averbando, todavia, o exaurimento da norma"[494] impugnada. Diante disso, embora não se tenha admitido o controle da norma em face de parâmetro surgido posteriormente, o resultado não foi de simples extinção do processo, pois se averbou que a norma, objeto do primitivo controle, se exaurira.

---

controle abstrato, do paradigma constitucional alegadamente violado. Superveniente modificação/supressão do parâmetro de confronto. Prejudicialidade da ação direta. A definição do significado de bloco de constitucionalidade – independentemente da abrangência material que se lhe reconheça – reveste-se de fundamental importância no processo de fiscalização normativa abstrata, pois a exata qualificação conceitual dessa categoria jurídica projeta-se como fator determinante do caráter constitucional, ou não, dos atos estatais contestados em face da Carta Política. A superveniente alteração/supressão das normas, valores e princípios que se subsumem à noção conceitual de bloco de constitucionalidade, por importar em descaracterização do parâmetro constitucional de confronto, faz instaurar, em sede de controle abstrato, situação configuradora de prejudicialidade da ação direta, legitimando, desse modo – ainda que mediante decisão monocrática do relator da causa (*RTJ* 139/67) –, a extinção anômala do processo de fiscalização concentrada de constitucionalidade" (ADIn 1.120, rel. Min. Celso de Mello, decisão monocrática, *DJ* 07.03.2002); STF, ADIn 3.833-MC, rel. Min. Carlos Britto, rel. p/ o acórdão Min. Marco Aurélio, j. 19.12.2006: "A alteração da Carta inviabiliza o controle concentrado de constitucionalidade de norma editada quando em vigor a redação primitiva". Porém, o STF atualmente discute essa matéria na ADIn 5.090, ainda em julgamento. Nesta ação, "o tribunal acolheu questão de ordem para afirmar que a revogação ou alteração superveniente de parâmetro de controle não impede o conhecimento da ação em relação à norma constitucional em vigor quando da propositura da ação. Caso a norma ordinária impugnada venha a ser declarada inconstitucional, o processo estaria integralmente concluído. Se, porém, a lei questionada viesse a ser reconhecida como constitucional, tem-se indagação relevante: (a) prossegue-se no julgamento da ADIn em face do parâmetro de controle superveniente? (b) encerra-se o processo de controle abstrato por impossibilidade de exame da questão de ordem pré-constitucional em face de norma constitucional superveniente? ou c) examina-se a questão em sede de ADIn, mas com características de controle incidental, para averbar a recepção ou não do direito ordinário? Nossa tendência é favorecer a adoção da terceira solução" (MENDES, Gilmar Ferreira; BRANCO, Paulo Gonet. *Curso de direito constitucional*, p. 1208).

492. "Controle direto de inconstitucionalidade. Prejuízo. Julga-se prejudicada total ou parcialmente a ação direta de inconstitucionalidade no ponto em que, depois de seu ajuizamento, emenda à Constituição haja ab-rogado ou derrogado norma de Lei Fundamental que constituísse paradigma necessário à verificação da procedência ou improcedência dela ou de algum de seus fundamentos, respectivamente. Orientação de aplicar-se no caso, no tocante à alegação de inconstitucionalidade material, dada a revogação primitiva do art. 39, § 1.º, da CF/1988, pela EC 19/1998" (ADIn 1.434, rel. Min. Sepúlveda Pertence, *DJ* 25.02.2000).

493. ADIn 3.833, Pleno, rel. Min. Carlos Britto, *DJe* 14.11.2008.

494. Decisão: "O Tribunal, por maioria, não conheceu da ação, averbando, todavia, o exaurimento da norma contida no Dec.-Lei 444/2002, questionada nesta ação, ou seja, em entendimento da Corte de que a fixação dos subsídios para os Congressistas, Senadores e Deputados deverá se fazer mediante decreto legislativo específico a ser aprovado por ambas as Casas do Congresso, vencidos os Senhores Ministros Carlos Britto (relator), Cármen Lúcia, Ricardo Lewandowski e Eros Grau, que conheciam da ação e deferiam a cautelar. Redigirá o acórdão o Senhor Min. Marco Aurélio. Votou a Presidente, Min. Ellen Gracie. Ausente, justificadamente, o Senhor Min. Celso de Mello. Falou pelo Ministério Público Federal o Dr. Antônio Fernando Barros e Silva de Souza, Procurador-Geral da República. Plenário, 19.12.2006" (ADIn 3.833, Pleno, rel. Min. Carlos Britto, *DJe* 14.11.2008).

8.23 Procedimento

A ação direta de inconstitucionalidade inicia mediante a apresentação de petição inicial, que deve ser apresentada em duas vias e, quando subscrita por advogado, ser acompanhada de procuração com poderes específicos, devendo conter cópias da lei ou do ato normativo impugnado e dos documentos necessários para comprovar a impugnação (art. 3.º, parágrafo único, da Lei 9.868/1999). Os seus principais requisitos, estampados nos incisos do art. 3.º da Lei 9.868/1999, constituem a causa de pedir e o pedido.[495] Proposta a ação direta, não se admite desistência[496] (art. 5.º da Lei 9.868/1999).

Exige-se descrição da norma apontada como inconstitucional e alusão ao preceito constitucional dito violado, bem como a demonstração da incompatibilidade entre uma e outro mediante a apresentação de fundamentos capazes de evidenciá-la.[497] O inciso I do art. 3.º alude aos fundamentos "em relação a cada uma das impugnações". Se a petição inicial impugnar mais de um dispositivo, cada um deles pode ter razão específica para ser dito inconstitucional. Nesse caso, a inicial deverá apresentar os fundamentos pelos quais cada um dos dispositivos impugnados não se amolda à ordem constitucional. Caso o fundamento para a demonstração da inconstitucionalidade seja único, não obstante a autonomia de cada um dos dispositivos impugnados, obviamente basta deixar claro que o mesmo fundamento está sendo utilizado para demonstrar a inconstitucionalidade dos vários dispositivos alegados inconstitucionais. Além disso, deve ser feito o adequado pedido – em princípio, de pronúncia de inconstitucionalidade da lei –, com as cominações necessárias.

É exatamente neste contexto que se fala de "causa de pedir aberta" como requisito da ação direta. A ideia de causa de pedir aberta não quer isentar o autor de apresentar os fundamentos para a demonstração da inconstitucionalidade, mas somente desvincular o

---

495. Lei 9.868/1999: "Art. 3.º A petição indicará: I – o dispositivo da lei ou do ato normativo impugnado e os fundamentos jurídicos do pedido em relação a cada uma das impugnações; II – o pedido, com suas especificações. Parágrafo único. A petição inicial, acompanhada de instrumento de procuração, quando subscrita por advogado, será apresentada em duas vias, devendo conter cópias da lei ou do ato normativo impugnado e dos documentos necessários para comprovar a impugnação".

496. "O processo de controle normativo abstrato rege-se pelo princípio da indisponibilidade. A questão pertinente à controvérsia constitucional reveste-se de tamanha magnitude que, uma vez instaurada a fiscalização concentrada de constitucionalidade, torna-se inviável a extinção desse processo objetivo pela só e unilateral manifestação de vontade do autor. (...) Tenho para mim que as mesmas razões que afastam a possibilidade da desistência em ação direta justificam a vedação a que o autor, uma vez formulado o pedido de medida liminar, venha a reconsiderar a postulação deduzida *initio litis*" (ADIn 892-MC, rel. Min. Celso de Mello, *DJ* 07.11.1997).

497. "Da leitura e análise da petição inicial, observa-se que o requerente não demonstra quais preceitos dos textos normativos estariam em confronto com a Constituição do Brasil, nem os analisa de forma correlacionada aos artigos constitucionais supostamente violados. Necessário lembrar que a Lei 9.868, de 10.11.1999, preconiza que a peça inaugural das ações diretas indicará o dispositivo da lei ou do ato normativo atacado e os fundamentos jurídicos do pedido em relação a cada uma das impugnações (art. 3.º). Por não observar essa determinação legal, o requerente deixa de obedecer à técnica imprescindível ao conhecimento da ação. A inicial não se reveste das formalidades a ela inerentes. Enseja a declaração da inépcia da peça por faltar-lhe requisitos essenciais. No caso específico, a exordial não foi elaborada segundo as regras e o estilo constantes em lei própria, destinada a disciplinar o processo e julgamento das ações diretas de inconstitucionalidade. Ao contrário, tem-se pedido genérico e inespecífico" (ADIn 2.561, rel. Min. Eros Grau, decisão monocrática, *DJ* 01.02.2005).

Tribunal da necessidade de se ater ao específico fundamento alegado na inicial. Tem a Corte o poder de considerar o texto constitucional em seu todo, além de qualquer fundamento constitucional relacionado à norma infraconstitucional descrita na petição inicial.[498] Assim, se a causa de pedir certamente não pode deixar de ser deduzida pelo autor, o Tribunal é circunscrito apenas pelo pedido de inconstitucionalidade em face do parâmetro de controle, que é a Constituição Federal.

Porém, se a inicial deixa de descrever norma que, no curso do processo, surge evidenciada como inconstitucional, o Tribunal apenas pode declarar a sua inconstitucionalidade, se for o caso, por arrastamento.[499] O STF utiliza a expressão "arrastamento" para indicar o modo como dispositivos não expressamente impugnados na petição inicial são declarados inconstitucionais. A inconstitucionalidade por arrastamento ocorre quando determinada norma, não descrita na inicial, possui conteúdo análogo ao da que foi expressamente impugnada, ou quando a inconstitucionalidade de certa norma é consequência lógica inafastável da declaração da inconstitucionalidade daquela atacada na petição inicial. Nesse caso, bem vistas as coisas, mais do que fundamentação adequada, falta pedido de declaração de inconstitucionalidade em relação à norma.

No caso de petição inicial inepta, não fundamentada ou manifestamente improcedente – diz o art. 4.º da Lei 9.868/1999 –, o relator deve indeferi-la liminarmente. Entende-se como inepta a petição inicial que deixa de apresentar cópia da lei ou do ato normativo impugnado,[500] assim como a que, quando subscrita por advogado, não é acompanhada de procuração com poderes específicos.[501] Quando o vício for suprível, o relator deve conferir prazo para o aditamento da inicial.[502]

---

498. "A cognição do Tribunal em sede de ação direta de inconstitucionalidade é ampla. O Plenário não fica adstrito aos fundamentos e dispositivos constitucionais trazidos na petição inicial, realizando o cotejo da norma impugnada com todo o texto constitucional. Não há falar, portanto, em argumentos não analisados pelo Plenário desta Corte, que, no citado julgamento, esgotou a questão" (AgIn 413.210-AgR-g-EDcl-EDcl, rel. Min. Ellen Gracie, DJ 10.12.2004); "É da jurisprudência do Plenário o entendimento de que, na ação direta de inconstitucionalidade, seu julgamento independe da causa petendi formulada na inicial, ou seja, dos fundamentos jurídicos nela deduzidos, pois havendo, nesse processo objetivo, arguição de inconstitucionalidade, a Corte deve considerá-la sob todos os aspectos em face da Constituição e não apenas diante daqueles focalizados pelo autor. É de se presumir, então, que, no precedente, ao menos implicitamente, hajam sido considerados quaisquer fundamentos para eventual arguição de inconstitucionalidade, inclusive os apresentados na inicial da presente ação" (ADIn 1.896-MC, rel. Min. Sydney Sanches, DJ 28.05.1999).

499. "Extensão da declaração de inconstitucionalidade a dispositivos não impugnados expressamente na inicial. Inconstitucionalidade por arrastamento" (ADIn 2.982-QO, rel. Min. Gilmar Mendes, DJ 12.11.2004); "A declaração de inconstitucionalidade dos arts. 2.º e 3.º da lei atacada implica seu esvaziamento. A declaração de inconstitucionalidade dos seus demais preceitos dá-se por arrastamento" (ADIn 1.144, rel. Min. Eros Grau, DJ 08.09.2006).

500. "Ação direta de inconstitucionalidade. Transcrição literal do texto impugnado na inicial. Juntada da publicação da lei no Diário Oficial na contracapa dos autos. Inépcia. Inexistência. Não há falar-se em inépcia da inicial da ação direta de inconstitucionalidade quando transcrito literalmente o texto legal impugnado, anexada a cópia do Diário Oficial à contracapa dos autos" (ADIn 1.991, rel. Min. Eros Grau, DJ 03.12.2004).

501. "É de exigir-se, em ação direta de inconstitucionalidade, a apresentação, pelo proponente, de instrumento de procuração ao advogado subscritor da inicial, com poderes específicos para atacar a norma impugnada" (ADIn 2.187-QO, rel. Min. Octavio Gallotti, j. 24.05.2002, DJ 12.12.2003). No mesmo sentido: ADIn 2.461, rel. Min. Gilmar Mendes, j. 12.05.2005, DJ 07.10.2005.

502. "Não tendo sido apresentada cópia do teor do dispositivo impugnado com a inicial, como exige o art. 3.º da Lei 9.868, de 10.11.1999, nem tendo sido essa falta suprida dentro do prazo que, para isso, foi concedido à

CONTROLE DE CONSTITUCIONALIDADE ○ 1111

A previsão de que petição inicial não pode ser "não fundamentada" realça a necessidade de o autor, ao pedir a pronúncia de inconstitucionalidade, ter de demonstrar as razões da incompatibilidade entre a lei e a Constituição. Manifestamente improcedente, por lógica, é a petição apta, fundamentada, em que estão presentes a causa de pedir e o pedido e as condições para a admissibilidade da ação, mas que leva o relator a concluir, de imediato, que o pedido é improcedente. "Petição" manifestamente improcedente, em outros termos, é a que faz surgir ao relator juízo de macroscópica improcedência.

O STF também aplica, na ação direta de inconstitucionalidade, a norma do art. 21, § 1.º, do seu Regimento Interno, que confere ao relator poder de "negar seguimento a pedido ou recurso manifestamente inadmissível, improcedente ou contrário à jurisprudência dominante ou à Súmula do Tribunal, deles não conhecer em caso de incompetência manifesta, encaminhando-se os autos ao órgão que repute competente, bem como cassar ou reformar, liminarmente, acórdão contrário à orientação firmada". Essa norma, além de corrigir a impropriedade do termo "petição" manifestamente improcedente, evidencia a possibilidade de rejeitar liminarmente – mediante a expressão "negar seguimento" – a ação manifestamente inadmissível ou o pedido manifestamente contrário a súmula ou a precedente do STF, além de dar ao relator, no caso de "incompetência manifesta", o poder de encaminhar os autos ao órgão competente.

Saliente-se que o STF já reconheceu oportunidade para indeferir liminarmente a petição inicial da ação direta nos casos de impugnação de norma constitucional originária,[503] de norma municipal,[504] de norma de caráter secundário[505] e de norma cuja constitucionalidade já foi declarada pelo Plenário do STF, ainda que em recurso extraordinário.[506]

---

requerente, indefiro a petição inicial da presente ação direta de inconstitucionalidade" (ADIn 2.388-MC, rel. Min. Moreira Alves, decisão monocrática, j. 16.03.2001, *DJ* 26.03.2001).

503. "Ação direta de inconstitucionalidade. ADIn. Inadmissibilidade. Art. 14, § 4.º, da CF. Norma constitucional originária. Objeto nomológico insuscetível de controle de constitucionalidade. Princípio da unidade hierárquico-normativa e caráter rígido da Constituição brasileira. Doutrina. Precedentes. Carência da ação. Inépcia reconhecida. Indeferimento da petição inicial. Agravo improvido. Não se admite controle concentrado ou difuso de constitucionalidade de normas produzidas pelo poder constituinte originário" (ADIn 4.097-AgRg, rel. Min. Cezar Peluso, *DJe* 07.11.2008).

504. "Por outro lado, não se inclui na competência desta Corte o controle da constitucionalidade em abstrato de atos normativos municipais em face da Carta Federal (ADIn 611, Pertence, *DJ* 11.12.1992, e ADIn 911, Celso de Mello, *DJ* 06.08.1993, entre outros). (...) Vê-se, pois, que a inicial não atende aos requisitos do art. 4.º da Lei 9.868, de 10.11.1999, segundo o qual 'a petição inicial inepta, não fundamentada, e a manifestamente improcedente serão liminarmente indeferida pelo relator'" (ADIn 2.767, rel. Min. Maurício Corrêa, decisão monocrática, *DJ* 17.12.2002).

505. "(...) por ocasião do julgamento da ADIn 4.224, proposta pela União Geral dos Trabalhadores contra o mesmo ato normativo objeto desta ação direta, o Min. Menezes Direito indeferiu a petição inicial, aduzindo, como um dos fundamentos, exatamente a inviabilidade de controle abstrato de constitucionalidade sobre norma de caráter secundário. Ante o exposto, indefiro a petição inicial, o que faço com fundamento no art. 4.º da Lei 9.868/1999 e no § 1.º do art. 21 do RISTF" (ADIn 4.255, rel. Min. Carlos Britto, decisão monocrática, *DJe* 09.09.2009); "Tratando-se de norma de caráter secundário, inviável o seu controle isolado, dissociado da lei ordinária que lhe empresta imediato fundamento de validade, no âmbito da ação direta de inconstitucionalidade. Nesse sentido, entre inúmeros outros precedentes, a ADIn-AgRg 264, rel. Min. Celso de Mello, *DJ* 08.04.1994" (ADIn 4.176, rel. Min. Menezes Direito, decisão monocrática, j. 03.03.2009, *DJe* 12.03.2009).

506. "É manifestamente improcedente a ação direta de inconstitucionalidade que verse sobre norma (art. 56 da Lei 9.430/1996) cuja constitucionalidade foi expressamente declarada pelo Plenário do STF, mesmo que em recurso extraordinário. Aplicação do art. 4.º da Lei 9.868/1999 (...). A alteração da jurisprudência pres-

Contra a decisão que indefere a petição inicial – ou nega seguimento a ação manifestamente inadmissível ou a pedido manifestamente improcedente ou contrário à jurisprudência dominante ou a Súmula do Tribunal, ou ainda que reconhece "incompetência manifesta" – cabe agravo ao Plenário (art. 4.º, parágrafo único, da Lei 9.868/1999). Não cabe agravo, porém, quando a ação foi inadmitida pelo Plenário e não pelo relator.[507] O Estado não tem legitimidade para interpor o agravo, ainda que a ação direta tenha sido proposta pelo seu Governador.[508] Além disso, do teor da regra não se retira a possibilidade de interpor agravo contra a decisão do relator que deixa de liminarmente rejeitar a petição inicial.[509]

O juízo realizado em virtude do agravo deve se limitar a analisar a existência de inépcia, não fundamentação ou manifesta improcedência. Isso significa que, quando a petição inicial contiver os seus requisitos mínimos e o pedido não for manifestamente improcedente, o Plenário, por ocasião do agravo, não pode manter a decisão de rejeição liminar.

Esclareça-se, ainda, que a Lei 9.868/1999 contempla a possibilidade de o autor da ação direta de inconstitucionalidade requerer medida liminar para que se suspenda a aplicação da lei enquanto não julgado definitivamente o pedido de inconstitucionalidade. Na hipótese, não sendo o caso de indeferimento da petição inicial, o relator dará oportunidade aos órgãos ou às autoridades das quais emanou a lei ou o ato normativo impugnado para se pronunciarem no prazo de cinco dias. Diante do requerimento de liminar, o relator tem a faculdade de ouvir o Advogado-Geral da União e o Procurador-Geral da República no prazo de três dias.[510] Exceto no período de recesso – quando a oportunidade da tutela deve ser apreciada pelo

---

supõe a ocorrência de significativas modificações de ordem jurídica, social ou econômica, ou, quando muito, a superveniência de argumentos nitidamente mais relevantes do que aqueles antes prevalecentes, o que não se verifica no caso" (ADIn 4.071-AgRg, Pleno, rel. Min. Menezes Direito, *DJe* 16.10.2009).

507. "Tratando-se de decisão do Pleno desta Corte que não conhece de ação direta de inconstitucionalidade, não é cabível o agravo a que alude o parágrafo único do art. 4.º da Lei 9.868/1999, que só é admissível contra despacho do relator que liminarmente indefere petição inicial de ação dessa natureza" (ADIn 2.073-AgR-QO, rel. Min. Moreira Alves, *DJ* 24.11.2000).

508. "O Estado-membro não dispõe de legitimidade para interpor recurso em sede de controle normativo abstrato, ainda que a ação direta de inconstitucionalidade tenha sido ajuizada pelo respectivo Governador, a quem assiste a prerrogativa legal de recorrer contra as decisões proferidas pelo relator da causa (Lei 9.868/1999, art. 4.º, parágrafo único) ou, excepcionalmente, contra aquelas emanadas do próprio Plenário do STF (Lei 9.868/1999, art. 26)" (ADIn 2.130-AgRg, rel. Min. Celso de Mello, *DJ* 14.12.2001).

509. "Capacidade que, nas ações da espécie, é diretamente reconhecida aos legitimados ativos arrolados no art. 103 da CF e não aos órgãos requeridos, que, apesar de prestarem informações, não podem recorrer sem a regular representação processual. Circunstância inviabilizadora da pretensão do agravante, TRT 19.ª Reg., que manifestou embargos de declaração e agravo regimental por meio de petições firmadas por sua juíza-presidente" (ADIn 2.098-EDcl-AgRg, rel. Min. Ilmar Galvão, *DJ* 19.04.2002).

510. "Art. 10. Salvo no período de recesso, a medida cautelar na ação direta será concedida por decisão da maioria absoluta dos membros do Tribunal, observado o disposto no art. 22, após a audiência dos órgãos ou autoridades dos quais emanou a lei ou ato normativo impugnado, que deverão pronunciar-se no prazo de cinco dias. § 1.º O relator, julgando indispensável, ouvirá o Advogado-Geral da União e o Procurador-Geral da República, no prazo de três dias. § 2.º No julgamento do pedido de medida cautelar, será facultada sustentação oral aos representantes judiciais do requerente e das autoridades ou órgãos responsáveis pela expedição do ato, na forma estabelecida no Regimento do Tribunal. § 3.º Em caso de excepcional urgência, o Tribunal poderá deferir a medida cautelar sem a audiência dos órgãos ou das autoridades das quais emanou a lei ou o ato normativo impugnado."

Presidente do STF *ad referendum* do Plenário[511] –, o requerimento de medida liminar apenas poderá ser julgado quando presentes, no mínimo, oito Ministros,[512] e deferido somente por maioria absoluta, isto é, pela maioria dos membros da Corte, e não pela maioria dos presentes na sessão de julgamento.[513]

É importante a previsão do art. 12 da Lei 9.868/1999 por dar ao relator a possibilidade, diante do requerimento de liminar, de pedir informações e requerer a manifestação do Advogado-Geral da União e do Procurador-Geral da República para submeter o caso para solução definitiva do Tribunal.[514] Com isso elimina-se eventual mal decorrente da provisoriedade da decisão, fortalecendo-se a segurança jurídica.[515] Sumariza-se, em termos formais, o procedimento, uma vez que, sem a eliminação do aprofundamento do conhecimento da matéria, encurta-se o tempo necessário à sua solução definitiva.

Não tendo sido requerida, ou tendo sido concedida ou não a liminar, o relator pedirá informações aos órgãos ou às autoridades das quais emanou a lei ou o ato normativo impugnado, as quais deverão ser apresentadas no prazo de 30 dias contado do recebimento do pedido (art. 6.º, parágrafo único, da Lei 9.868/1999). Do mesmo modo, ainda que eventualmente o Advogado-Geral da União e o Procurador-Geral da República já tenham sido ouvidos no prazo relativo à liminar, terão novamente oportunidade para se pronunciar (art. 8.º da Lei 9.868/1999),[516] devendo o relator, após, pedir dia para julgamento.

---

511. RISTF, art. 13: "São atribuições do Presidente: (...) VIII – decidir questões urgentes nos períodos de recesso ou de férias".

512. "Art. 22. A decisão sobre a constitucionalidade ou a inconstitucionalidade da lei ou do ato normativo somente será tomada se presentes na sessão pelo menos oito Ministros."

513. "Art. 23. Efetuado o julgamento, proclamar-se-á a constitucionalidade ou a inconstitucionalidade da disposição ou da norma impugnada se num ou noutro sentido se tiverem manifestado pelo menos seis Ministros, quer se trate de ação direta de inconstitucionalidade ou de ação declaratória de constitucionalidade. Parágrafo único. Se não for alcançada a maioria necessária à declaração de constitucionalidade ou de inconstitucionalidade, estando ausentes Ministros em número que possa influir no julgamento, este será suspenso a fim de aguardar-se o comparecimento dos Ministros ausentes, até que se atinja o número necessário para prolação da decisão num ou noutro sentido."

514. "Art. 12. Havendo pedido de medida cautelar, o relator, em face da relevância da matéria e de seu especial significado para a ordem social e a segurança jurídica, poderá, após a prestação das informações, no prazo de dez dias, e a manifestação do Advogado-Geral da União e do Procurador-Geral da República, sucessivamente, no prazo de cinco dias, submeter o processo diretamente ao Tribunal, que terá a faculdade de julgar definitivamente a ação."

515. "(...) a natureza e a relevância da matéria reclamam rápida e definitiva solução, a evitar que a pendência do processo – sejam quais forem as decisões cautelares liminarmente tomadas –, além de prorrogar o período de incerteza jurídica, possa vir a obstruir o andamento de outros processos objetivos ou subjetivos, quiçá urgentes. Valho-me, pois, da alternativa aberta pelo art. 12 da mesma Lei 9.868/1999 – este, não questionado – para pedir o parecer do Sr. Procurador-Geral da República, no prazo legal, de modo a propiciar o julgamento definitivo da ações" (ADIn 2.154, rel. Min. Sepúlveda Pertence, decisão monocrática, *DJ* 02.10.2001).

516. "No sistema de controle difuso de constitucionalidade de ato normativo vigora indiscutivelmente o princípio da presunção da constitucionalidade do ato normativo impugnado como inconstitucional, princípio esse que as nossas Constituições têm consagrado com a regra de que a declaração de inconstitucionalidade pelos tribunais só pode ser feita com o voto da maioria absoluta de seus membros ou dos membros do respectivo órgão especial (nesse sentido, ainda agora, o art. 97 da Constituição). Com o § 3.º do art. 103, inequivocamente, se estendeu esse princípio à ação direta de inconstitucionalidade, dando-se à presunção de constitucionalidade do ato normativo – e ela existe quer quanto à norma federal, quer quanto à norma

Proferida a decisão, cabem apenas embargos declaratórios. Não se admite ação rescisória. De acordo com o art. 26 da Lei 9.868/1999, "a decisão que declara a constitucionalidade ou a inconstitucionalidade da lei ou do ato normativo em ação direta ou em ação declaratória é irrecorrível, ressalvada a interposição de embargos declaratórios, não podendo, igualmente, ser objeto de ação rescisória". A parte final desta regra foi objeto da ADIn 2.154 – que está sendo processada em conjunto com a ADIn 2.258 para aferir a constitucionalidade de outras tantas normas da Lei 9.868/1999 –, tendo o STF, por votação unânime, rejeitado a arguição da sua inconstitucionalidade em 14.02.2007. Entendeu-se inconsistente a alegação de ofensa ao art. 5.º, XXXV, da CF, argumentando-se que, ao não existir norma constitucional a exigir a ação rescisória, a sua vedação por lei não poderia ser reputada inconstitucional, a menos que, configurando-se arbitrária ou desarrazoada, representasse ofensa a garantias constitucionais que lhe impusessem a admissão.[517]

Lembre-se, entretanto, de que o não cabimento de ação rescisória não significa que a decisão de improcedência não possa ser revista quando a alteração da realidade, a

---

estadual – um curador especial, que, assim, nesse processo objetivo tem papel diverso do da Procuradoria--Geral da República, embora ambos defendam relevantes interesses públicos. De feito, o Advogado-Geral da União, como curador especial, defende a presunção de constitucionalidade do ato normativo, ao passo que o Procurador-Geral da República defende a rigorosa observância da Constituição, ainda que, como fiscal da aplicação da lei, tenha que manifestar-se pela inconstitucionalidade do ato normativo objeto da ação direta. E – note-se – essa posição de imparcialidade do fiscal da aplicação da lei que é o Procurador--Geral da República está preservada ainda quando é ele o autor da ação direta, certo como é que, mesmo ocupando essa posição nesse processo objetivo, pode ele, afinal, manifestar-se contra a inconstitucionalidade que arguiu na inicial. Ademais, houve por bem a Constituição atual dar esse curador especial à presunção de constitucionalidade do ato normativo impugnado porque, não raras vezes, o legitimado passivamente não assume a defesa da constitucionalidade desse ato, adstringindo-se a prestar informações objetivas de andamento do processo de sua elaboração, ou – o que, vez por outra, ocorre – se desinteressa de sua defesa, ou, até, sustenta sua inconstitucionalidade, por motivos políticos de mudança de governo" (ADIn 97-QO, voto do rel. Min. Moreira Alves, *DJ* 30.03.1990). "O *munus* a que se refere o imperativo constitucional (CF, art. 103, § 3.º) deve ser entendido com temperamentos. O Advogado-Geral da União não está obrigado a defender tese jurídica se sobre ela esta Corte já fixou entendimento pela sua inconstitucionalidade" (ADIn 1.616, rel. Min. Maurício Corrêa, *DJ* 24.08.2001).

517. "(...) o Tribunal rejeitou a arguição de inconstitucionalidade da parte final do art. 26 da Lei 9.868/1999, que veda que as decisões tomadas em ADIn ou ADC sejam objeto de ação rescisória. Salientando-se a inconsistência da alegação de ofensa ao art. 5.º, XXXV, da CF, aduziu-se que, adstritos os preceitos constitucionais pertinentes à competência para julgar a ação rescisória (CF, arts. 102, I, *j*; 105, I, *e*; e 108, I, *b*), a extensão e os pressupostos de sua admissibilidade constituem matéria da legislação processual ordinária, razão por que, não existindo imposição constitucional a admiti-la, a vedação por lei especial à ação rescisória da decisão de determinados processos não poderia ser reputada inconstitucional, a não ser que, por ser arbitrária ou desarrazoada, pudesse a exclusão ser considerada ofensiva a garantias constitucionais que lhe impusessem a admissão. Asseverou-se, ademais, que as decisões de mérito da ADIn ou da ADC – ações dúplices –, por sua própria natureza, repelem a desconstituição por ação rescisória, delas podendo resultar tanto a declaração de inconstitucionalidade quanto de constitucionalidade. Esclareceu-se que, no caso de se declarar a inconstitucionalidade, a desconstituição dessa decisão restabeleceria a força da lei antes eliminada, o que geraria insegurança jurídica. Por sua vez, na hipótese de declaração de constitucionalidade, a segurança jurídica também estaria comprometida se essa decisão, vinculante de todos os demais órgãos da jurisdição e da Administração Pública, pudesse ser desconstituída por força de simples variações na composição do STF, sem mudança relevante do contexto histórico e das concepções jurídicas subjacentes ao julgado rescindido" (ADIn 2.154 e ADIn 2.258, rel. Min. Sepúlveda Pertence, j. 14.02.2007, *Informativo 456*).

CONTROLE DE CONSTITUCIONALIDADE ○ **1115**

modificação dos valores sociais ou a nova concepção geral acerca do direito estiverem a impor ao Tribunal a revisão do seu precedente constitucional.[518]

8.24 Procedimento sumário em sentido formal

O art. 12 da Lei 9.868/1999 confere ao STF poder para, a partir de critérios peculiares à situação analisada, sumarizar formalmente o procedimento da ação direta de inconstitucionalidade.

De acordo com o art. 12, o relator poderá, diante de requerimento de medida liminar, prestadas as informações e ouvido o Advogado-Geral da União e o Procurador-Geral da República, submeter o processo diretamente ao Tribunal para este "julgar definitivamente a ação".

Uma vez postulada medida liminar, o Tribunal teria de conceder ou não a liminar, de acordo com a regra primária do procedimento. Sucede que, em determinadas situações, a demora na definição da constitucionalidade da lei pode trazer grave perturbação às ordens jurídica e social, trazendo prejuízos à coerência do direito, à estabilidade e à confiança legítima nos atos estatais. Assim, o que legitima a sumarização do procedimento é justamente a necessidade de definir rapidamente a questão constitucional,

---

518. Afirma Melvin Eisenberg que um precedente está em condições de ser revogado quando deixa de corresponder aos padrões de congruência social e consistência sistêmica e, ao mesmo tempo, os valores que sustentam a estabilidade – basicamente os da isonomia, da confiança justificada e da vedação da surpresa injusta – mais fundamentam a sua revogação do que a sua preservação. Um precedente deixa de corresponder aos padrões de congruência social quando passa a negar proposições morais, políticas ou de experiência. Essas proposições aparecem no raciocínio do *common law* exatamente quando se mostram relevantes para a elaboração, para a aplicação ou para a mudança de um precedente. As proposições morais determinam uma conduta como certa ou errada a partir do consenso moral geral da comunidade, as proposições políticas caracterizam uma situação como boa ou má em face do bem-estar geral e as proposições de experiência dizem respeito ao modo como o mundo funciona, sendo que a maior classe dessas últimas proposições descreve as tendências de condutas seguidas por subgrupos sociais. A Corte deve utilizar proposições morais ancoradas nas aspirações da sociedade como um todo, assim como empregar proposições de conteúdo político que reflitam uma situação como boa para a generalidade da sociedade. Essas proposições, dentro de uma adequada metodologia, devem poder ser vistas como substancialmente fundadas na comunidade, derivar de normas morais ou políticas que têm esta base ou aparecer como se tivessem tal fundamento. Do mesmo modo, as proposições de experiência, assim como as de moralidade e política, devem ter ancoragem social. Porém, ao contrário das duas últimas, não necessitam ter base na generalidade da comunidade, uma vez que podem dizer respeito a assuntos técnicos, de interesse e conhecimento de poucos, devendo, assim, encontrar fundamento em outro lugar, como em pareceres e em opiniões de especialistas que possam traduzir o "estado da ciência". V. MARINONI, Luiz Guilherme. *Precedentes obrigatórios*, p. 388 e ss.; EISENBERG, Melvin Aron. *The nature of common law*, p. 104 e ss.; KNIFFIN, Margaret N. Overruling Supreme Court precedents: anticipatory action by United States courts of appeals, *Fordham Law Review*; LYONS, David. Formal justice and judicial precedent, *Vanderbilt Law Review*, vol. 38; MARKMAN, Stephen. Precedent: tension between continuity in the law and the perpetuation of wrong decisions, *Texas Review of Law & Politics*, vol. 8; NELSON, Caleb. Stare decisis and demonstrably erroneous precedents, *Virginia Law Review*, vol. 87; ROGERS, John M. Lower court application of the "overruling law" of higher courts, *Legal Theory*.

evitando-se a perpetuação da incerteza do direito. É certo que a incoerência da ordem jurídica e a desconfiança do cidadão na jurisdição poderiam ser minimizadas mediante a concessão de liminar, eliminando-se a difusão de decisões díspares em sede de controle difuso acerca do tema. Porém, determinadas matérias, em vista da sua particular importância para a sociedade, são incompatíveis com as medidas liminares, cuja função é exatamente a de manter, até a solução definitiva do caso, uma regra provisória de regulação. Ou melhor, determinadas situações, devido a sua relevância, não suportam o "tempo da provisoriedade".

Ademais, a abreviação do tempo ao julgamento definitivo tem o efeito de possibilitar regular aplicação dos efeitos retroativos da decisão de inconstitucionalidade. Em decisão proferida na ADIn 3.615, observou a Min. Ellen Gracie que, nas recentes ações diretas que teriam tratado do tema que estava sob julgamento, "normalmente propostas logo após a edição da lei impugnada", fora aplicado o "rito célere do art. 12 da Lei 9.868/1999", pelo que "o tempo necessário para o surgimento da decisão pela inconstitucionalidade" dificilmente seria desarrazoado, possibilitando a regular aplicação dos efeitos *ex tunc*.[519]

O art. 12, bem por isso, exige como pressuposto ao "imediato julgamento definitivo da ação" os requisitos da "relevância da matéria" e do "seu especial significado para a ordem social e a segurança jurídica". Apenas quando presentes esses requisitos é que o relator poderá submeter o processo, que em princípio esperaria a solução de requerimento de medida liminar, para o "julgamento definitivo da ação".

Tais critérios, é claro, constituem cláusulas abertas, aptos a serem preenchidos conforme as circunstâncias do caso e a propiciarem a adequada decisão. Isso não quer dizer, como é óbvio, que não seja preciso minimizar as fronteiras de subjetividade na sua aplicação, o que é naturalmente feito pela própria força obrigatória da jurisprudência do Tribunal

---

519. "Com essas considerações, julgo procedente o pedido formulado na presente ação direta e declaro a inconstitucionalidade do art. 51 do ADCT do Estado da Paraíba. Nos termos do art. 27 da Lei 9.868/1999, proponho, porém, a aplicação *ex nunc* dos efeitos dessa decisão. Justifico. Nas mais recentes ações diretas que trataram desse tema, normalmente propostas logo após a edição da lei impugnada, se tem aplicado o rito célere do art. 12 da Lei 9.868/1999. Assim, o tempo necessário para o surgimento da decisão pela inconstitucionalidade do Diploma dificilmente é desarrazoado, possibilitando a regular aplicação dos efeitos *ex tunc*. Nas ações diretas mais antigas, por sua vez, era praxe do Tribunal a quase imediata suspensão cautelar do ato normativo atacado. Assim, mesmo que o julgamento definitivo demorasse a acontecer, a aplicação dos efeitos *ex tunc* não gerava maiores problemas, pois a norma permanecera durante todo o tempo com sua vigência suspensa. Aqui, a situação é diferente. Contesta-se, em novembro de 2005, norma promulgada em outubro de 1989. Durante esses dezesseis anos, foram consolidadas diversas situações jurídicas, principalmente no campo financeiro, tributário e administrativo, que não podem, sob pena de ofensa à segurança jurídica, ser desconstituídas desde a sua origem. Por essa razão, considero presente legítima hipótese de aplicação de efeitos *ex nunc* da declaração de inconstitucionalidade" (ADIn 3.615, voto da Min. Ellen Gracie, *DJ* 09.03.2007).

diante dos casos subsequentes.[520] As decisões do Tribunal, especialmente quando relacionadas a conceitos indeterminados, têm eficácia horizontal sobre os seus próprios membros.[521]

520. Como escrevi em *Precedentes obrigatórios*, "preocupado com a difusão de normas judiciais diversas em face de uma mesma cláusula geral, a técnica das cláusulas gerais, peculiar aos códigos da contemporaneidade, funda-se na premissa de que a lei é elemento que colabora para a construção judicial do direito. Portanto, tal técnica não só faz ruir a ideia de completude dos compêndios legislativos, definidos exclusivamente a partir da técnica casuística, como demonstra a insuficiência da lei, aplicada à base de subsunção, para a solução dos variados casos litigiosos concretos. Com isso, inquestionavelmente confere maior subjetividade ao juiz, dando-lhe poder para construir a decisão a partir de elementos que não estão presentes no tecido normativo. A passagem da técnica casuística, em que a aplicação da norma se dá por subsunção, para a técnica das cláusulas gerais, em face da qual se exige um raciocínio judicial muito mais complexo e sofisticado, faz ver a necessidade de insistir na igualdade perante as decisões judiciais. De fato, quando se tem consciência teórica de que a decisão nem sempre é resultado de critérios previamente normatizados, mas pode constituir regra, fundada em elementos que não estão presentes na legislação, destinada a regular um caso concreto, não há como deixar de perceber que as expectativas que recaíam na lei transferem-se para a decisão judicial. A segurança jurídica passa a estar estritamente vinculada à decisão – essa é responsável pela previsibilidade em relação ao direito, e, portanto, tem de contar com estabilidade (...). Se o juiz se vale da cláusula geral para chegar na regra adequada à regulação do caso concreto, aquela é norma legislativa incompleta e a decisão é a verdadeira norma jurídica do caso concreto. Dessa forma, como é intuitivo, afigura-se previsível a possibilidade de os juízes criarem diversas normas jurídicas para a regulação de casos substancialmente idênticos. Acontece que, como é óbvio, a função das cláusulas gerais não é a de permitir uma inflação de normas jurídicas para um mesmo caso, mas o estabelecimento de normas jurídicas de caráter geral. (...) Como diz Judith Martins-Costa, 'o alcance para além do caso concreto ocorre porque, pela reiteração dos casos e pela reafirmação, no tempo, da *ratio decidendi* dos julgados, se especificará não só o sentido da cláusula geral mas a exata dimensão da sua normatividade. Nesta perspectiva o juiz é, efetivamente, a boca da lei – não porque reproduza, como um ventríloquo, a fala do legislador, como gostaria a Escola da Exegese, mas porque atribuiu a sua voz à dicção legislativa, tornando-a, enfim e então, audível em todo o seu múltiplo e variável alcance' (MARTINS-COSTA, Judith. O direito privado como um 'sistema em construção'. *Revista da Faculdade de Direito da UFRGS* 15/129 e ss.). (...) Tudo isso quer dizer que, embora o juiz possa criar a norma jurídica, é preciso impedir que haja uma multiplicidade de normas jurídicas para casos iguais, gerando insegurança e desigualdade. Aplica-se aí, literalmente, a máxima do *common law*, no sentido de que casos iguais devem ser tratados da mesma forma (*treat like cases alike*). Não obstante, considerando-se que a técnica das cláusulas gerais difundiu-se a partir dos anos 40 do século XX, é no mínimo curioso constatar que os países do *civil law* – e, no que aqui realmente importa, o Brasil – não tenham efetivamente se dado conta do problema. Na verdade, o sistema que prevê cláusulas gerais e deixa de instituir mecanismo vocacionado à fixação de normas jurídicas com caráter geral comporta-se de forma irresponsável e em desacordo com a Constituição, em especial com as normas que garantem a segurança e a igualdade. Ao assim proceder, o sistema apresenta o remédio, mas esquece dos perversos efeitos colaterais que ele proporciona" (MARINONI, Luiz Guilherme. *Precedentes obrigatórios*, 2. ed., p. 153-155).

521. Como advertem Bankowski, MacCormick, Morawski e Ruiz Miguel, o direito manteria uma uniformidade apenas formal caso pudesse variar de acordo com o caso. A uniformidade do direito é um componente essencial para o tratamento igualitário de casos substancialmente similares, isto é, de casos que se qualificam como similares a partir de uma determinada e estável interpretação do direito. No original: "This would be a sham if the law were subject to varying interpretation from case to case, for it would only be nominally the same law that applied to different cases with essentially similar features among themselves. Thus uniformity of law is an essential part of equality of treatment of essentially similar cases, that is, cases which qualify as similar under a given (and stable) interpretation of the law" (BANKOWSKI, Zenon; MACCORMICK, Neil; MORAWSKI, Lech; MIGUEL, Alfonso Ruiz. Rationales for precedent. *Interpreting precedents: a comparative study*, p. 488). Na mesma linha Bulygin: "Cuando digo que la decisión del juez en un caso individual lo compromete a decidir de igual modo todos los casos iguales (o relevantemente análogos) no quiero insinuar que el juez esté (jurídicamente o moralmente) obligado a seguir sus propios precedentes. No se trata de una obligación, sino de una condición de racionalidad: un juez que resuelve dos casos iguales de manera distinta, sin indicar en qué consiste la diferencia que lo induce a hacerlo, actúa irracionalmente. Como típico ejemplo de una regla de racionalidad aduce MacCormick: '(...) if a certain decision

Note-se que a abertura do processo ao julgamento definitivo, quando fora requerida medida liminar, não gera qualquer prejuízo à participação de requerente, requerido, Advogado-Geral da União e Procurador-Geral da República, não se podendo pensar, assim, em violação à participação ou do adequado debate, nem mesmo em sumarização material do procedimento.

O art. 12 cuida de deixar claro que o julgamento definitivo só é possível após a prestação das informações e a manifestação do Advogado-Geral da União e do Procurador--Geral da República. Não há, assim, como pensar em juízo limitado pela participação das partes, e, dessa forma, em julgamento mediante cognição sumária. O juízo é de cognição exauriente, embora tomado em espaço de tempo mais curto ao ordinariamente deferido ao julgamento definitivo. Trata-se do que se chama de abreviação formal ou sumarização formal do procedimento, que difere da sumarização material, peculiar aos juízos de cognição parcial (em que se exclui determinada parcela do litígio da análise judicial) e aos juízos de cognição sumária (procedimentos ou tutelas que se limitam à verossimilhança).

Este procedimento, formalmente sumário, é interessante, não constitui um módulo legal, ou seja, um procedimento previamente definido pelo legislador para determinada situação específica, mas um procedimento criado para a situação concreta ou, em termos mais adequados, uma autocriação do procedimento adequado às particularidades da situação em juízo.

8.25 Causa de pedir aberta

Quando se alude à causa de pedir aberta não se pretende dispensar o autor de fundamentar o pedido de inconstitucionalidade.[522] Ao contrário, a própria Lei 9.868/1999, em seu art. 3.º, prevê a necessidade de a petição inicial descrever a norma impugnada e os preceitos

---

can properly be given in a certain case, then materially the same decision must also be proper in any materially similar case'" (BULYGIN, Eugenio. Los jueces ¿crean derecho?, *Isonomía – Revista de Teoría y Filosofía del Derecho* 18/21-22). Também neste sentido Fernando Andreoni Vasconcelos: "Esta é a ideia de universalização, constituída pela aplicação prática do conceito de autoprecedente, segundo o qual o Tribunal que gera um precedente deve manter coerência com as suas próprias decisões, 'devendo realizar em definitivo – e para empregar palavras de Perelman – uma *deliberação consigo mesmo* (délibération avec soi-même)'" (VASCONCELLOS, Fernando Andreoni. *Hermenêutica jurídica e derrotabilidade*, p. 118).

522. "Ação direta de inconstitucionalidade. Causa de pedir e pedido. Cumpre ao autor da ação proceder à abordagem, sob o ângulo da causa de pedir, dos diversos preceitos atacados, sendo impróprio fazê-lo de forma genérica" (ADIn 1.708, rel. Min. Marco Aurélio, *DJ* 13.03.1998); "É necessário, em ação direta de inconstitucionalidade, que venham expostos os fundamentos jurídicos do pedido com relação às normas impugnadas, não sendo de admitir-se alegação genérica de inconstitucionalidade sem qualquer demonstração razoável, nem ataque a quase duas dezenas de medidas provisórias em sua totalidade com alegações por amostragem" (ADIn 259, rel. Min. Moreira Alves, *DJ* 19.02.1993); "O STF não está condicionado, no desempenho de sua atividade jurisdicional, pelas razões de ordem jurídica invocadas como suporte da pretensão de inconstitucionalidade deduzida pelo autor da ação direta. Tal circunstância, no entanto, não suprime à parte o dever processual de motivar o pedido e de identificar, na Constituição, em obséquio ao princípio da especificação das normas, os dispositivos alegadamente violados pelo ato normativo que pretende impugnar. Impõe-se ao autor, no processo de controle concentrado de constitucionalidade, sob pena de não conhecimento da ação direta, indicar as normas de referência – que são aquelas inerentes ao ordenamento constitucional e que se revestem, por isso mesmo, de parametricidade – em ordem a viabilizar a aferição da conformidade vertical dos atos normativos infraconstitucionais" (ADIn 561-MC, rel. Min. Celso de Mello, *DJ* 23.03.2001).

constitucionais que lhe negam vida, deduzindo o fundamento hábil a evidenciar a inconstitucionalidade. Assim, importa indagar as razões que conduzem à ideia de causa de pedir aberta.

Em primeiro lugar, tal ideia se associa à necessidade de garantir ao Tribunal julgar a questão constitucional com base em qualquer fundamento. O controle abstrato da constitucionalidade não pode ser prejudicado em virtude de deficiência de fundamentação, máxime quando se tem consciência de que, na ação direta, importa sobremaneira a participação do *amicus curiae*. Note-se que a abertura à participação e ao diálogo, como meio de contribuição à racional discussão da Corte, ficaria extremamente limitada caso fosse possível discutir apenas o específico fundamento deduzido na inicial. Na verdade, a própria possibilidade de intervenção do *amicus curiae*, quando relacionada à importância da construção da decisão de constitucionalidade a partir da consideração das diversas "vozes da sociedade", faz ruir a suposição de que a segurança derivada da estrita observância do fundamento da demanda não poderia ser dispensada no controle abstrato. Na ação direta, mais do que a segurança das partes envolvidas na ação *inter partes*, importa a legitimidade da decisão jurisdicional, para o que é fundamental o incremento da participação, do diálogo e da discussão entre os membros do Tribunal a partir de um parâmetro que, embora não esteja delimitado na petição inicial, é conhecido e no processo objetivo deve ser debatido por todos os envolvidos.

Bem por isso seria melhor dizer que a causa de pedir aberta é a causa de pedir que possui como parâmetro de debate e decisão a integralidade da Constituição. Dessa forma, seria eliminada a desconfiança gerada pela expressão "aberta", visto que, na generalidade dos casos, a causa de pedir é determinada para promover a segurança jurídica.

É claro que a circunstância de a causa de pedir não estar determinada não permite ao Tribunal decidir sem oportunizar ao autor e ao requerido a discussão do preciso fundamento constitucional que se pretende utilizar para decidir. Assim, caso determinado fundamento constitucional apareça apenas ao final do procedimento, é necessário oportunizar ao requerente e ao requerido prazo para se manifestarem. Da mesma forma, quando um Ministro, após a prolação de votos que consideram o que já foi debatido no processo, propõe um novo fundamento, é preciso não só ouvir os Ministros que já votaram, para novamente oportunizar a ouvida daqueles que, participando do processo, têm interesse na decisão.

No entanto, é preciso salientar que o Supremo Tribunal, embora aceite a noção de "causa de pedir aberta", tem estabelecido limites ao seu uso. Assim, nega que a ação de inconstitucionalidade proposta exclusivamente sob o fundamento de vício formal seja analisada também sob o aspecto de eventual inconstitucionalidade material. Na ADIn 2.182,[523] proposta em face da Lei de Improbidade Administrativa (Lei 8.429/1992), cuja petição inicial apontava exclusivamente um suposto vício formal, o Tribunal discutiu se poderia – com fundamento na doutrina da "causa de pedir aberta" – analisar a constitucionalidade material da lei questionada. Por apertada maioria, o Tribunal rejeitou tal possibilidade sem descartar a referida doutrina em abstrato, afirmando que não se tratava de hipótese de sua aplicação.[524]

---

523. STF, ADIn 2.182, rel. Min. Marco Aurélio, j. 02.05.2010.
524. "Indago: não havendo a exploração do vício material na peça primeira da ação, é dado ao Tribunal atuar de ofício e, então, partir para o exame de todos os dispositivos da lei? A resposta para mim é desenganadamente negativa. Não estou aqui a desconhecer os reiterados pronunciamentos no sentido de que a causa de pedir, no controle concentrado, é aberta. Estou, sim, a levar em conta – e por isso trouxe voto versando apenas o vício formal – o objeto da própria ação direta de inconstitucionalidade. (...) Não tenho uma vírgula na inicial a revelar ataque à lei sob o ângulo material. Não tenho abordagem (...) do conflito, sob o

Ao decidir questão de ordem levantada pelo Ministro relator, a Corte entendeu que não poderia analisar eventual inconstitucionalidade material sem esta ter sido alegada na petição inicial. Além de se acatarem os obstáculos práticos apontados pelo Min. Marco Aurélio, foi lembrado que, de outra forma, estar-se-ia retirando do Poder Legislativo a oportunidade de defender a lei questionada,[525] o que poderia fazer surgir, até mesmo, espécie de "ditadura da Corte Constitucional".[526]

Por fim, outro ponto em que a ideia de causa de pedir aberta causa impacto é a de coisa julgada material, ou melhor, de eficácia preclusiva da coisa julgada material. A eficácia preclusiva da coisa julgada, também vista como o princípio do deduzido e do dedutível, impede a propositura de ação com base em causa de pedir já invocada, ou melhor, com base em qualquer fundamento incluso na causa de pedir anteriormente articulada. Porém, se a causa de pedir é aberta, ou seja, permite a aferição da inconstitucionalidade a partir de qualquer fundamento constitucional, não é possível propor, após o julgamento de ação de inconstitucionalidade de determinada lei, outra ação de inconstitucionalidade da mesma lei com base em fundamento não invocado – já que todos estão inclusos na causa de pedir, tenham ou não sido expressamente deduzidos.

É interessante perceber que, nesta perspectiva, não só se impede a propositura de posterior ação voltada a impugnar a mesma norma, como também se retira da decisão de improcedência da ação de inconstitucionalidade o resultado de que a própria norma impugnada é constitucional.[527] É que, se nenhum outro fundamento pode ser utilizado para impugnar a norma, a decisão de improcedência, isto é, a própria decisão que declara a constitucionalidade da norma, tem eficácia vinculante sobre os juízes e tribunais inferiores, impedindo-os de analisar qualquer fundamento relacionado à constitucionalidade da norma.

ângulo material, da lei com qualquer texto da Constituição. Se o Tribunal me compelir a examinar a ação sob o ângulo material, o que terei de fazer? Terei de cotejar, sem provocação do requerente, artigo por artigo dessa Lei – e aqui, a Lei não tem o número de artigos do Código Civil, ainda bem, porque senão passaria o resto da vida examinando esta ação direta de inconstitucionalidade – com todos os artigos da Constituição Federal. E como fica a jurisprudência, no sentido da inépcia da inicial, quando não há abordagem, quando o requerente não enfoca em que estaria o conflito do artigo com o texto constitucional?" (STF, ADIn 2.182, Min. Marco Aurélio, p. 65-67 do acórdão).

525. Cf. o Min. Ayres Britto, para quem a aceitação da doutrina da "causa de pedir aberta" possui dois limites: "o primeiro é quanto ao próprio princípio do pedido, é preciso que a Corte se atenha ao objeto do pedido formalmente feito; o segundo limite é exatamente a separação entre o exame formal e o exame material de inconstitucionalidade. (...) No caso, não se arguiu, em nenhum momento, qualquer vício material da lei; em nenhuma passagem da petição inicial (...). É preciso, em homenagem ao princípio da separação de poderes, que o legislador ordinário tenha apontado na petição inicial cada qual das inadequações de inconstitucionalidade em que ocorreu, seja do ponto de vista formal, seja do ponto de vista material" (ADIn 2.182, p. 76-77 do acórdão).

526. Nas palavras do Min. Sepúlveda Pertence: "(...) exigência de um mínimo de fundamentação, sob pena de instaurar-se um grande risco, uma grande objeção ao controle abstrato de constitucionalidade, que é a ditadura da corte constitucional, um verdadeiro exame de ofício da inconstitucionalidade material de uma lei, quando só se discutiu em todo o processo a higidez do processo legislativo" (Min. Sepúlveda Pertence, p. 74-75 do acórdão).

527. "O Plenário desta colenda Corte, ao julgar a ADIn 2.031, rejeitou todas as alegações de inconstitucionalidade do *caput* e dos §§ 1.º e 2.º do art. 75 do ADCT, introduzidos pela EC 21/1999. Isto porque as ações diretas de inconstitucionalidade possuem *causa petendi* aberta. É dizer: ao julgar improcedentes ações dessa natureza, o STF afirma a integral constitucionalidade dos dispositivos questionados (Precedente: RE 343.818, rel. Min. Moreira Alves)" (RE 431.715-AgRg, rel. Min. Carlos Britto, *DJ* 18.11.2005).

O STF, na medida cautelar na ADIn 1.896-8, afirmou que "é da jurisprudência do Plenário o entendimento de que, na ação direta de inconstitucionalidade, seu julgamento independe da *causa petendi* formulada na inicial, ou seja, dos fundamentos jurídicos nela deduzidos, pois havendo, nesse processo objetivo, arguição de inconstitucionalidade, a Corte deve considerá-la sob todos os aspectos em face da Constituição e não apenas diante daqueles focalizados pelo autor. É de se presumir, então, que, no precedente, ao menos implicitamente, hajam sido considerados quaisquer fundamentos para eventual arguição de inconstitucionalidade, inclusive os apresentados na inicial da presente ação. Sendo assim, está prejudicado o requerimento de medida cautelar, já indeferida, por maioria de votos, pelo Tribunal, no precedente referido".[528] Em sede de controle difuso, o STF não conheceu do recurso extraordinário pelas mesmas razões. Decidiu-se no RE 357.576-7 que, tendo o Pleno da Corte, "ao julgar a ADIn 2.031, relatora a eminente Min. Ellen Gracie, dado pela improcedência da ação quanto ao art. 75, §§ 1.º e 2.º, introduzido no ADCT pela EC 21/1999, isso implica, em virtude da *causa petendi* aberta em ação dessa natureza, a integral constitucionalidade desses dispositivos com eficácia *erga omnes*".[529]

Frise-se que, se há eficácia preclusiva da coisa julgada, todos os fundamentos dedutíveis, desde que integrantes da causa de pedir, presumem-se deduzidos. O princípio do deduzido e do dedutível faz precluir todos os fundamentos que fazem parte da causa de pedir invocada na ação que deu origem à decisão qualificada pela coisa julgada material. Assim, falar em causa de pedir aberta significa pôr de lado o princípio do deduzido e do dedutível. Nesta hipótese, pouco importa se determinado fundamento poderia ter sido deduzido ou era integrante da *causa petendi* invocada. Como todos os fundamentos poderiam ser livremente analisados pelo tribunal, presume-se que todos tenham sido – ou possam ter sido – deduzidos. Todavia, como a ideia de causa de pedir aberta liga-se à natureza específica do controle abstrato de constitucionalidade, é preciso ter consciência de que o instituto da eficácia preclusiva da coisa julgada é incompatível com a ação direta.

8.26 Medida liminar

A medida liminar constitui forma de prestação jurisdicional imprescindível para proteger as situações que, em virtude da demora da ação direta, podem ser prejudicadas. A Constituição Federal prevê expressamente a possibilidade de concessão de medida liminar na ação direta de inconstitucionalidade (art. 102, I, *p*, da CF).[530] A Lei 9.868/1999 possui seção específica para o tratamento da medida (Seção II do Capítulo II).

A presunção de constitucionalidade nada tem que possa impedir a concessão de liminar.[531] Ora, do mesmo modo que se pode pronunciar a inconstitucionalidade da lei, esta pode ter a

---

528. MC-ADIn 1.896-8, Pleno, rel. Min. Sydney Sanches, j. 18.02.1999.

529. RE 357.576-7, 1.ª T., rel. Min. Moreira Alves, j. 17.12.2002.

530. CF, art. 102: "Compete ao Supremo Tribunal Federal, precipuamente, a guarda da Constituição, cabendo-lhe: I – processar e julgar, originariamente: (...); *p*) o pedido de medida cautelar das ações diretas de inconstitucionalidade; (...)".

531. STF, AC 663-MC-AgRg, rel. Min. Gilmar Mendes, j. 04.04.2006: "(...) 3. A 'presunção de constitucionalidade das leis' não obsta a adoção de providências cautelares, desde que atendidos os requisitos próprios. 4. O caráter eventualmente prejudicial ao Poder Público, sob o ponto de vista financeiro, da concessão de medida

sua eficácia suspensa. Basta que exista forte fundamento de a lei ser inconstitucional aliada ao perigo de que a sua aplicação, no tempo que se supõe necessário à solução da ação direta, possa trazer prejuízos irreversíveis. É claro que, em certos casos, será adequado realizar um balanceamento entre as vantagens e desvantagens de suspensão da aplicação da norma.

A liminar, uma vez deferida, terá o efeito de suspender a aplicação da lei. Embora o seu requerimento, em regra, deva ser analisado após a ouvida dos órgãos ou das autoridades de quem emanou a lei ou o ato normativo impugnado, admite-se a concessão da liminar diante da mera apresentação da petição inicial desde que a aplicação da norma possa trazer prejuízos irreparáveis durante o tempo de demora para a ouvida dos requeridos (art. 10, § 3.º, da Lei 9.868/1999).[532]

Não há como pensar em coisa julgada material em relação à decisão que aprecia requerimento de liminar. A cognição sumária, ou não aprofundada, impede que se faça afirmação com força suficiente ao surgimento de coisa julgada material. Entretanto, a decisão que concede liminar tem todos os elementos para que se pense em eficácia vinculante. Há eficácia vinculante dos "fundamentos determinantes" da decisão liminar, ainda que estes estejam selados pela "provisoriedade".

Note-se, assim, que não há como confundir a eficácia própria da liminar, de suspender os efeitos e a aplicação de uma lei, com a eficácia vinculante dos fundamentos determinantes da decisão que concede a liminar ou mesmo a indefere. O problema da eficácia vinculante de uma decisão fundada em cognição sumária está exatamente no menor aprofundamento dos seus fundamentos determinantes. A questão, portanto, é idêntica à da maior ou menor autoridade dos precedentes, própria ao *common law*. Sabe-se que, nos Estados Unidos, os precedentes não têm a mesma força ou autoridade, que se relacionam com vários aspectos da decisão, que vão desde o número de votos que deu origem ao precedente até o prestígio dos juízes que participaram da sua formação, em especial o do juiz relator. Ora, a decisão que concede ou nega liminar na ação direta, por sua natureza, deve ser analisada em tal dimensão, uma vez que, em regra, não aprofunda os fundamentos da decisão respeitante à constitucionalidade. Melhor explicando: a decisão que concede ou não liminar, diante de sua natureza materialmente sumária, *tem força vinculante diversa da decisão que julga a ação de inconstitucionalidade*.

Enquanto pender a ação de inconstitucionalidade, a decisão que analisar requerimento de liminar tem eficácia vinculante, impedindo que qualquer tribunal ou juiz, diante da mesma questão constitucional em exame, negue os seus fundamentos determinantes. Nesta perspectiva, portanto, pouco importa se a decisão concedeu ou não a liminar.

Não obstante, o STF vem negando eficácia vinculante à decisão que nega liminar, atribuindo-a apenas à decisão concessiva.[533] Argumenta-se, simplesmente, que o indeferimento

---

liminar exige demonstração específica e não abala, por si só, a consistência dos requisitos próprios à adoção de providências cautelares". V. BARROSO, Luís Roberto. *Interpretação e aplicação da constituição*, p. 178.

532. "Medida cautelar em ação direta de inconstitucionalidade: caso de excepcional urgência, que autoriza a decisão liminar sem audiência dos partícipes da edição das normas questionadas (Lei da ADIn, art. 10, § 3.º), dada a iminência do leilão de privatização do controle de instituição financeira, cujo resultado poderia vir a ser comprometido com a concessão posterior da medida cautelar" (ADIn 3.578-MC, rel. Min. Sepúlveda Pertence, *DJ* 24.02.2006).

533. "Reclamação. Inadmissibilidade. Oposição contra decisão que indefere liminar em ação direta de inconstitucionalidade – ADIn. Fundamentação do indeferimento. Irrelevância. Pedido não conhecido. Agravo

da medida cautelar na ação direta de inconstitucionalidade, ao contrário do que sucede na hipótese de concessão (RE 168.277-QO, rel. Min. Ilmar Galvão, *DJ* 04.02.1998), não suspende, "em princípio, o julgamento dos processos em que incidentemente se haja de decidir a mesma questão de inconstitucionalidade".[534]

É de ponderar, contudo, que a eficácia vinculante se relaciona à *decisão* e, assim, não se confunde com a eficácia da *própria liminar*. Aliás, é de ver que *não seria preciso falar em eficácia vinculante de fundamentos determinantes se o problema se resumisse à aplicação da norma cuja eficácia foi suspensa pela liminar*. Esta, uma vez concedida, suspende a eficácia da lei e, portanto, a sua aplicação.

Sucede que os juízes e tribunais inferiores, durante a pendência da ação direta, ficam vinculados aos fundamentos determinantes da decisão que concedeu ou não a liminar. Note-se que, quando a decisão não concede a liminar, nada há para ser cumprido, uma vez que não há sequer ordem. Existe, entretanto, pronúncia normativa da Corte, que não pode ser desprezada – ainda que obviamente na dimensão do *juízo de cognição sumária* e na perspectiva do significado de *pendência do controle abstrato*. Não é adequado raciocinar como se a Corte, por ter negado a liminar, não tivesse decidido ou fundamentado a sua decisão e, dessa forma, nada existisse para ser observado pelos demais órgãos jurisdicionais. A decisão que nega a liminar vincula os demais juízes exatamente por constituir precedente dotado de *ratio decidendi* a ser respeitada. Não é adequado que, tendo sido rejeitados os fundamentos do requerimento cautelar, os juízes e tribunais inferiores, na pendência do controle abstrato, possam decidir de forma contrária ao STF. Em verdade, os tribunais e juízes inferiores não ficam vinculados à decisão que trata da liminar apenas quando esta é rejeitada por fundamentos estranhos ao *fumus boni iuris* ou aos *fundamentos* do pedido de inconstitucionalidade, dela podendo se libertar, mais tarde e por outra razão, quando é proferida decisão de inconstitucionalidade/constitucionalidade ou o processo objetivo é julgado *extinto* sem o exame do pedido.

Deveras, questão problemática está em saber se a decisão que analisou liminar conserva eficácia vinculante quando o processo é extinto sem o exame do pedido. Sublinhe-se que não se está a falar da eficácia da *liminar*, mas da força obrigatória da *decisão*. A *liminar*, diante da extinção do processo sem apreciação do pedido de inconstitucionalidade, obviamente perde a sua eficácia. Porém, a *decisão, enquanto precedente*, não perde o seu lugar no sistema, pelo que, em tese, deve ter a sua autoridade e força dimensionadas em face das decisões que estão por vir.

Releva perceber, contudo, que, quando a questão constitucional deixa de estar diante do STF, e, assim, a força obrigatória da decisão não mais se prende a uma futura decisão definitiva que está sendo aguardada e ao significado da pendência do controle abstrato de constitucionalidade, a eficácia vinculante apenas pode ser ligada à qualidade intrínseca da decisão, enquanto precedente dotado de fundamentação. Porém, o precedente, nesta situação, por estar marcado por cognição sumária, não tem força suficiente para obrigar os juízes e tribunais inferiores a respeitá-lo, não importando, mais uma vez aqui, se a decisão

---

improvido. Revisão da jurisprudência do STF. Precedentes. Não se admite reclamação contra decisão que, em ação direta de inconstitucionalidade, indefere, sob qualquer que seja o fundamento, pedido de liminar" (Rcl 3.458-AgRg, rel. Min. Cezar Peluso, *DJ* 23.11.2007).

534. RE 220.271, rel. Min. Sepúlveda Pertence, *DJ* 03.04.1998.

concedeu ou não a liminar. O precedente, contudo, terá importante força *persuasiva*, dependendo o seu respectivo grau da maior ou menor qualidade e inteireza de sua fundamentação.

No que diz respeito à eficácia temporal da decisão concessiva de liminar, responde a Lei 9.868/1999, em seu art. 11, que "a medida cautelar, dotada de eficácia contra todos, será concedida com efeito *ex nunc*, salvo se o Tribunal entender que deva conceder-lhe eficácia retroativa" (§ 1.º)[535] e que "a concessão da medida cautelar torna aplicável a legislação anterior acaso existente, salvo expressa manifestação em sentido contrário" (§ 2.º).[536]

8.27 *Amicus curiae*

Os tradicionais institutos relacionados à "intervenção de terceiros", peculiares aos litígios entre partes, não se aplicam nas ações voltadas à fiscalização abstrata de constitucionalidade. Nem mesmo é possível a assistência litisconsorcial ou a assistência simples, uma vez que os fundamentos de ambas as formas de intervenção no processo não se relacionam com o controle objetivo.[537]

Na verdade, o que se pensa como "intervenção de terceiro", no caso de ação direta, limitar-se-ia à intervenção de quem, em vista de sua posição, especialmente da posição social de seus representados, tem interesse na preservação da norma impugnada ou na sua eliminação do sistema. Neste sentido, diz o art. 7.º da Lei 9.868/1999 que "não se admitirá intervenção de terceiros no processo de ação direta de inconstitucionalidade" (*caput* do art. 7.º da Lei 9.868/1999), mas que "o relator, considerando a relevância da matéria e a representatividade dos postulantes, poderá, por despacho irrecorrível", admitir a manifestação de outros órgãos ou entidades (§ 2.º do art. 7.º da Lei 9.868/1999).

---

535. "A eficácia *ex tunc* da medida cautelar não se presume, pois depende de expressa determinação constante da decisão que a defere, em sede de ação direta de inconstitucionalidade. A medida cautelar, em ação direta de inconstitucionalidade, reveste-se, ordinariamente, de eficácia *ex nunc*, operando, portanto, a partir do momento em que o STF a defere (*RTJ* 124/80). Excepcionalmente, no entanto, e para que não se frustrem os seus objetivos, a medida cautelar poderá projetar-se com eficácia *ex tunc*, em caráter retroativo, com repercussão sobre situações pretéritas (*RTJ* 138/86). Para que se outorgue eficácia *ex tunc* ao provimento cautelar, em sede de ação direta de inconstitucionalidade, impõe-se que o STF assim o determine, expressamente, na decisão que conceder essa medida extraordinária" (ADIn 2.105-MC, rel. Min. Celso de Mello, *DJ* 28.04.2000).

536. O § 2.º do art. 11 da Lei 9.868/1999 é objeto da ADIn 2.258, pendente de julgamento.

537. "O pedido em questão não tem cabimento em sede de ação direta de inconstitucionalidade, eis que terceiros – como os servidores públicos eventualmente atingidos pela suspensão cautelar de eficácia da regra estatal impugnada – não dispõem de legitimidade para intervir no processo de controle normativo abstrato. É que o instituto da oposição (CPC, arts. 56-61), por restringir-se ao plano exclusivo dos processos subjetivos (em cujo âmbito discutem-se situações individuais e interesses concretos), não se estende nem se aplica ao processo de fiscalização abstrata de constitucionalidade, que se qualifica como típico processo de caráter objetivo, *sine contradictores*, destinado a viabilizar 'o julgamento, não de uma relação jurídica concreta, mas de validade de lei em tese' (*RTJ* 95/999, rel. Min. Moreira Alves)" (ADIn 1.350, rel. Min. Celso de Mello, decisão monocrática, j. 27.07.1996, *DJ* 13.08.1996); "A natureza eminentemente objetiva do processo de controle abstrato de constitucionalidade não dá lugar a ingresso, na relação processual, de particular voltado à defesa de interesse subjetivo, sendo restrita aos órgãos estatais, de que emanou o ato normativo impugnado, a formação litisconsorcial passiva nas ações da espécie" (ADIn 1.286-AgRg, rel. Min. Ilmar Galvão, j. 06.09.1995, Plenário, *DJ* 06.10.2005).

Trata-se da figura do *amicus curiae*,[538] cuja função é contribuir para a elucidação da questão constitucional por meio de informes e argumentos, favorecendo a pluralização do debate e a adequada e racional discussão entre os membros da Corte, com a consequente legitimação social das suas decisões.[539]

Atualmente, em vista do § 3.º do art. 131 do RISTF, não há mais dúvida de que o *amicus curiae* tem direito à sustentação oral. Considerando-se a qualidade da participação do *amicus curiae* no processo objetivo, entende-se não ter ele legitimidade para postular medida cautelar[540] e, em princípio, apresentar embargos de declaração.[541] Isso decorre da

---

538. A admissão de *amici curiae* como mecanismo para permitir a maior interferência de uma pluralidade de sujeitos, argumentos e visões no processo constitucional, ainda que em processos de cunho subjetivo, como o mandado de segurança, foi reafirmada em recente decisão monocrática do Min. Gilmar Mendes, mantida pelo Pleno do STF ao negar provimento a agravos regimentais da União (STF, MS 32.033, rel. Min. Gilmar Mendes, *DJe* 18.02.2014).

539. "A intervenção de terceiros no processo da ação direta de inconstitucionalidade é regra excepcional prevista no art. 7.º, § 2.º, da Lei 9.868/1999, que visa a permitir 'que terceiros – desde que investidos de representatividade adequada – possam ser admitidos na relação processual, para efeito de manifestação sobre a questão de direito subjacente à própria controvérsia constitucional. A admissão de terceiro, na condição de *amicus curiae*, no processo objetivo de controle normativo abstrato, qualifica-se como fator de legitimação social das decisões da Suprema Corte, enquanto Tribunal Constitucional, pois viabiliza, em obséquio ao postulado democrático, a abertura do processo de fiscalização concentrada de constitucionalidade, em ordem a permitir que nele se realize, sempre sob uma perspectiva eminentemente pluralística, a possibilidade de participação formal de entidades e de instituições que efetivamente representem os interesses gerais da coletividade ou que expressem os valores essenciais e relevantes de grupos, classes ou estratos sociais. Em suma: a regra inscrita no art. 7.º, § 2.º, da Lei 9.868/1999 – que contém a base normativa legitimadora da intervenção processual do *amicus curiae* – tem por precípua finalidade pluralizar o debate constitucional' (ADIn 2.130-MC, rel. Min. Celso de Mello, *DJ* 02.02.2001). Vê-se, portanto, que a admissão de terceiro na qualidade de *amicus curiae* traz ínsita a necessidade de que o interessado pluralize o debate constitucional, apresentando informações, documentos ou quaisquer elementos importantes para o julgamento da ação direta de inconstitucionalidade" (ADIn 3.921, rel. Min. Joaquim Barbosa, decisão monocrática, *DJ* 31.10.2007).

540. "O que o *amicus curiae* requer, a toda evidência, é providência de natureza cautelar, a qual, dada a posição que assumiu nos autos, de defesa da validade da norma impugnada, adquire os contornos de uma cautela típica da ação declaratória de constitucionalidade, prevista no art. 21 da Lei 9.868/1999, o qual autoriza a suspensão do 'julgamento dos processos que envolvam a aplicação da lei ou do ato normativo objeto da ação até seu julgamento definitivo'. Falta-lhe, contudo, legitimidade para requerer o deferimento de medida cautelar na ação direta" (ADIn 2.904, rel. Min. Menezes Direito, decisão monocrática, *DJe* 06.06.2008). "O Plenário negou provimento a agravo regimental em que discutida a admissibilidade da intervenção, na qualidade de *amicus curiae*, de instituição financeira em ação direta de inconstitucionalidade. Preliminarmente, o Colegiado conheceu do recurso. No ponto, a jurisprudência da Corte reconheceria legitimidade recursal àquele que desejasse ingressar na relação processual como *amicus curiae* e tivesse sua pretensão recusada. Por outro lado, não se conheceria de recursos interpostos por *amicus curiae* já admitido, nos quais se intentasse impugnar acórdão proferido em sede de controle concentrado de constitucionalidade. No mérito, o Plenário entendeu que não se justificaria a intervenção de instituição financeira para discutir situações concretas e individuais, no caso, a situação particular que desaguara na decretação de liquidação extrajudicial da instituição. Sob esse aspecto, a tutela jurisdicional de situações individuais deveria ser obtida pela via do controle difuso, por qualquer pessoa com interesse e legitimidade. O propósito do *amicus curiae* seria o de pluralizar o debate constitucional e conferir maior legitimidade ao julgamento do STF, tendo em conta a colaboração emprestada pelo terceiro interveniente. Este deveria possuir interesse de índole institucional, bem assim a legítima representação de um grupo de pessoas, sem qualquer interesse particular. Na espécie, a instituição agravante careceria de legitimidade, uma vez não possuir representatividade adequada" (*Informativo 772*, de 03.02.2015; STF, ADIn 5.022-AgR, Pleno, rel. Min. Celso de Mello, *DJe* 06.03.2015).

541. "Embargos de declaração. Legitimidade recursal limitada às partes. Não cabimento de recurso interposto por *amici curiae*. Embargos de declaração opostos pelo Procurador-Geral da República conhecidos. Alegação de

circunstância de a sua participação não poder suplantar a do legitimado à propositura da ação direta, nem ter ele poder para atuar em seu nome. Entretanto, considerando-se que o Tribunal possui dever de realizar a modulação dos efeitos da decisão de inconstitucionalidade (art. 27 da Lei 9.868/1999), tem o *amicus curiae* legitimidade para apresentar embargos de declaração para este fim.[542]

8.28 Esclarecimento de matéria de fato e informações acerca da aplicação da norma impugnada

Quando houver "necessidade de esclarecimento de matéria ou circunstância de fato" ou existir "notória insuficiência das informações existentes nos autos", o relator poderá "requisitar informações adicionais, designar perito ou comissão de peritos para que emita parecer sobre a questão, ou fixar data para, em audiência pública, ouvir depoimentos de pessoas com experiência e autoridade na matéria" (§ 1.º do art. 9.º da Lei 9.868/1999).[543] O relator poderá, ademais, solicitar informações aos Tribunais Superiores, aos Tribunais federais e aos Tribunais estaduais acerca da aplicação da norma impugnada (§ 2.º do art. 9.º da Lei 9.868/1999).[544]

---

contradição. Alteração da ementa do julgado. Restrição. Embargos providos. Embargos de declaração opostos pelo Procurador-Geral da República, pelo Instituto Brasileiro de Política e Direito do Consumidor – Brasilcon e pelo Instituto Brasileiro de Defesa do Consumidor – Idec. As duas últimas são instituições que ingressaram no feito na qualidade de *amici curiae*. Entidades que participam na qualidade de *amicus curiae* dos processos objetivos de controle de constitucionalidade não possuem legitimidade para recorrer, ainda que aportem aos autos informações relevantes ou dados técnicos. Decisões monocráticas no mesmo sentido" (ADIn 2.591-EDcl, rel. Min. Eros Grau, *DJ* 13.04.2007).

542. Sobre a relevância prática do instituto do *amicus curiae*, v. MEDINA, Damare. *Amicus curiae*: amigo da corte ou amigo da parte?, demonstrando que nos casos com assistência de *amicus* há 22% de chances a mais de que a ação seja admitida pelo Tribunal.

543. "Ante a saliente importância da matéria que subjaz a esta ação direta de inconstitucionalidade, designei audiência pública para o depoimento de pessoas com reconhecida autoridade e experiência no tema (§ 1.º do art. 9.º da Lei 9.868/1999). Na mesma oportunidade, determinei a intimação do autor, dos requeridos e dos interessados para que apresentassem a relação e a qualificação dos especialistas a ser pessoalmente ouvidos. Pois bem, como fiz questão de realçar na decisão de fls. 448-449, 'a audiência pública, além de subsidiar os Ministros deste STF, também possibilitará uma maior participação da sociedade civil no enfrentamento da controvérsia constitucional, o que certamente legitimará ainda mais a decisão a ser tomada pelo Plenário desta nossa colenda Corte'. Sem embargo, e conquanto haja previsão legal para a designação desse tipo de audiência pública (§ 1.º do art. 9.º da Lei 9.868/1999), não há, no âmbito desta nossa Corte de Justiça, norma regimental dispondo sobre o procedimento a ser especificamente observado. Diante dessa carência normativa, cumpre-me aceder a um parâmetro objetivo do procedimento de oitiva dos expertos sobre a matéria de fato da presente ação. E esse parâmetro não é outro senão o Regimento Interno da Câmara dos Deputados, no qual se encontram dispositivos que tratam da realização, justamente, de audiências públicas (arts. 255 *usque* 258 do RI/CD). Logo, são esses os textos normativos de que me valerei para presidir os trabalhos da audiência pública a que me propus. Audiência coletiva, realce-se, prestigiada pela própria Constituição Federal em mais de uma passagem, como, *verbi gratia*, o inciso II do § 2.º do art. 58, cuja dicção é esta: 'Art. 58. O Congresso Nacional e suas Casas terão comissões permanentes e temporárias, constituídas na forma e com as atribuições previstas no respectivo regimento ou no ato de que resultar sua criação. (...) § 2.º Às comissões, em razão da matéria de sua competência, cabe: (...) II – realizar audiências públicas com entidades da sociedade civil; (...)'" (ADIn 3.510, rel. Min. Carlos Britto, decisão monocrática, *DJ* 30.03.2007).

544. Lei 9.868/1999, art. 9.º: "Vencidos os prazos do artigo anterior, o relator lançará o relatório, com cópia a

Tais normas têm relevantes reflexos teóricos, uma vez que evidenciam a importância dos fatos e da jurisprudência, enfatizando que o controle abstrato das normas não pode se distanciar da compreensão da realidade e do sentido que os tribunais dão às normas. Descarta-se o preconceito de que as ações voltadas ao controle objetivo não admitem instrução probatória e, mais do que isso, coloca-se em relevo a ideia de que controlar a constitucionalidade da lei, ainda que em abstrato, não é meramente contrapor a lei à Constituição, mas também atribuir sentido ao texto legal à luz dos fatos que lhe são pertinentes.[545]

8.29 Da decisão

A sessão de julgamento da ação direta de inconstitucionalidade apenas pode ser instalada com a presença de oito Ministros (art. 22 da Lei 9.868/1999). A decisão pela inconstitucionalidade, porém, exige maioria absoluta dos membros do Tribunal, ou seja, o mínimo de seis votos (art. 23 da Lei 9.868/1999). A presença de oito Ministros, dessa forma, não permite a pronúncia de inconstitucionalidade por cinco votos contra três. Na verdade, todas as vezes em que se puder chegar a seis votos a favor da proclamação da inconstitucionalidade o julgamento deverá ser suspenso para se aguardar o pronunciamento dos Ministros faltantes, até que se chegue a uma decisão de inconstitucionalidade ou de constitucionalidade. O art. 23, parágrafo único, da Lei 9.868/1999 é claro neste sentido, afirmando que, "se não for alcançada a maioria necessária à declaração de constitucionalidade ou de inconstitucionalidade, estando ausentes Ministros em número que possa influir no julgamento, este será suspenso a fim de aguardar-se o comparecimento dos Ministros ausentes, até que se atinja o número necessário para prolação da decisão num ou noutro sentido".

A Lei 9.868/1999 trata a decisão acerca da ação de inconstitucionalidade como uma decisão que tem efeitos positivos em suas duas faces, seja ela de procedência ou improcedência. Melhor explicando: a decisão de improcedência não é uma mera declaração negativa ou uma decisão que simplesmente rejeita a inconstitucionalidade, mas, verdadeiramente, uma decisão que, embora de improcedência, afirma a constitucionalidade, daí decorrendo efeitos de igual qualidade àqueles que defluem da decisão de procedência.

Tanto a decisão de procedência quanto a de improcedência têm eficácia vinculante, impedindo qualquer juiz ou tribunal inferior de se opor aos seus fundamentos determinantes, além de terem, obviamente, eficácia de modo a impedir qualquer rediscussão acerca da

---

todos os Ministros, e pedirá dia para julgamento. § 1.º Em caso de necessidade de esclarecimento de matéria ou circunstância de fato ou de notória insuficiência das informações existentes nos autos, poderá o relator requisitar informações adicionais, designar perito ou comissão de peritos para que emita parecer sobre a questão, ou fixar data para, em audiência pública, ouvir depoimentos de pessoas com experiência e autoridade na matéria. § 2.º O relator poderá, ainda, solicitar informações aos Tribunais Superiores, aos Tribunais federais e aos Tribunais estaduais acerca da aplicação da norma impugnada no âmbito de sua jurisdição. § 3.º As informações, perícias e audiências a que se referem os parágrafos anteriores serão realizadas no prazo de trinta dias, contado da solicitação do relator".

545. Na doutrina constitucional norte-americana é conhecida a distinção entre a impugnação da constitucionalidade de lei "na sua face" e "como aplicada" (v. FALLON, Richard H. As-applied and facial challenges and third-party standing, *Harvard Law Review* 113/1321), o que revela claramente a separação entre o significado da lei "em abstrato" e o significado da lei "diante dos casos concretos", e a sua importância para o controle de constitucionalidade.

norma declarada inconstitucional ou constitucional. Quer isso dizer que, se norma similar, de Estado diverso ao daquele cuja norma foi declarada constitucional, for posteriormente discutida em sede de controle difuso, o juiz e os tribunais inferiores estarão vinculados ao precedente ou, mais precisamente, aos seus fundamentos determinantes ou a sua *ratio decidendi*.[546]

É claro que a decisão que, em vez de ser de improcedência, é de inadmissibilidade da ação não torna a norma impugnada imune a ataques quanto a sua constitucionalidade. Ou seja, ainda que nenhuma mudança ou alteração tenham ocorrido, nada impede a imediata propositura de nova ação de inconstitucionalidade desde que preenchido o vício que impediu a admissibilidade da primitiva ação e o exame do pedido de inconstitucionalidade. Do mesmo modo, os juízes e tribunais inferiores, diante de normas similares, não ficam vinculados à decisão, até porque esta não possui sequer fundamentos determinantes. Em sede de reclamação, o STF já teve oportunidade de tratar dessa questão, advertindo que "não há falar em declaração de constitucionalidade *incidenter tantum* quando o Tribunal, à unanimidade, não conheceu da ação por falta de pertinência temática (...). O não conhecimento da ação direta quanto ao item impugnado não gera, em nenhuma hipótese, a declaração de sua constitucionalidade".[547]

Julgada a ação, far-se-á comunicação à autoridade ou ao órgão responsável pela expedição do ato (art. 25 da Lei 9.868/1999). Lembre-se, ainda, de que do julgamento da ação de inconstitucionalidade só cabem embargos de declaração, sendo vedada, ademais, a ação rescisória (art. 26 da Lei 9.868/1999). Decorridos dez dias do trânsito em julgado, o STF fará publicar em seção especial do *Diário da Justiça* e do *Diário Oficial da União* a parte dispositiva do acórdão (art. 28 da Lei 9.868/1999).

8.30 Revogação da norma e julgamento da ação direta de inconstitucionalidade

O Supremo Tribunal Federal, há algum tempo, firmou o entendimento de que a revogação da norma apontada como inconstitucional conduz à perda de objeto da ação de inconstitucionalidade. Nesse sentido, decidiu a Corte na ADIn 4.620-AgR que "a

---

546. Lembre-se de que, na Rcl 1.987, afirmou-se exatamente que a decisão, objeto da reclamação, desrespeitou os fundamentos determinantes da decisão proferida na ADIn 1.662: "Ausente a existência de preterição, que autorize o sequestro, revela-se evidente a violação ao *conteúdo essencial* do acórdão proferido na mencionada ação direta, que possui eficácia *erga omnes* e efeito vinculante. A decisão do Tribunal, em substância, teve sua autoridade desrespeitada de forma a legitimar o uso do instituto da reclamação. Hipótese a justificar a transcendência sobre a parte dispositiva dos motivos que embasaram a decisão e dos princípios por ela consagrados, uma vez que os fundamentos resultantes da interpretação da Constituição devem ser observados por todos os tribunais e autoridades, contexto que contribui para a preservação e desenvolvimento da ordem constitucional" (Rcl 1.987, Pleno, rel. Min. Maurício Corrêa, *DJ* 21.05.2004).

547. "Decisão que negou seguimento à reclamação. Ausência de desrespeito à decisão proferida por esta Corte. (...) Não há falar em declaração de constitucionalidade *incidenter tantum* quando o Tribunal, à unanimidade, não conheceu da ação por falta de pertinência temática em relação ao art. 23 da Lei 8.906/1994. O não conhecimento da ação direta quanto ao item impugnado não gera, em nenhuma hipótese, a declaração de sua constitucionalidade. Precedentes. É desprovida de fundamentos a alegação dos agravantes de que houve encampação da decisão proferida no AgIn 222.977/BA, em relação à decisão prolatada em instância inferior" (Rcl 5.914-AgRg, rel. Min. Ricardo Lewandowski, *DJe* 15.08.2008).

CONTROLE DE CONSTITUCIONALIDADE ○ 1129

remanescência de efeitos concretos pretéritos à revogação do ato normativo não autoriza, por si só, a continuidade de processamento da ação direta de inconstitucionalidade".[548]

A despeito desse entendimento, já se decidiu que quando a revogação da norma objetiva burlar a jurisdição constitucional da Corte o julgamento da ação de inconstitucionalidade não fica prejudicado.[549] A Corte também já declarou que fogem da regra geral da perda de objeto as ações que versam sobre leis de eficácia temporária quando: (i) houve impugnação em tempo adequado, (ii) a ação foi incluída em pauta e (iii) seu julgamento foi iniciado antes do exaurimento da eficácia.[550]

Recentemente, em caso em que a ADIn questionava três normas emanadas de diferentes órgãos do Estado de Santa Catarina, houve revogação das três, mas a Corte, ciente da revogação de apenas duas normas, declarou a inconstitucionalidade de uma das normas e a perda de objeto da ação em relação às demais. Apresentados embargos de declaração, o Supremo Tribunal Federal decidiu que "a prejudicialidade da ação direta também deve ser afastada nas ações cujo mérito já foi decidido, em especial se a revogação da lei só veio a ser arguida posteriormente, em sede de embargos de declaração"[551].

V – Ação declaratória de constitucionalidade

8.31 Primeiras considerações[552]

A ação declaratória de constitucionalidade constitui outra via para o controle abstrato de constitucionalidade, em que se coloca como questão autônoma a constitucionalidade de uma norma, pedindo-se sentença que recaia unicamente sobre ela.

---

548. ADIn 4.620-AgR, rel. Min. Dias Toffoli, *DJe* 01.08.2012; ADIn 709, rel. Min. Paulo Brossard, *DJ* 20.05.1994.

549. "Quadro fático que sugere a intenção de burlar a jurisdição constitucional da Corte. Configurada a *fraude processual* com a revogação dos atos normativos impugnados na ação direta, o curso procedimental e o julgamento final da ação não ficam prejudicados" (ADIn 3.306, rel. Min. Gilmar Mendes, *DJe* 07.06.2011).

550. ADIn 951 ED, rel. Min. Roberto Barroso, *DJe* 20.06.2017.

551. "Nessa última hipótese, é preciso não apenas impossibilitar a fraude à jurisdição da Corte e minimizar os ônus decorrentes da demora na prestação da tutela jurisdicional, mas igualmente preservar o trabalho já efetuado pelo Tribunal, bem como evitar que a constatação da efetiva violação à ordem constitucional se torne inócua. 5. Embargos de declaração desprovidos" (ADIn 951 ED, rel. Min. Roberto Barroso, *DJe* 20.06.2017).

552. V., entre outros: Tavares, André Ramos. *Curso de direito constitucional*; Wald, Arnoldo. Alguns aspectos da ação declaratória de constitucionalidade, *RePro* 76/7; Clève, Clèmerson Merlin. Sobre a ação direta de constitucionalidade, *Revista de Direito Constitucional e Internacional* 8/28; _____. *A fiscalização abstrata de constitucionalidade no direito brasileiro*; Dimoulis, Dimitri; Lunardi, Soraya. *Curso de processo constitucional:* controle de constitucionalidade e remédios constitucionais; Cunha Júnior, Dirley da. *Controle de constitucionalidade:* teoria e prática; Ramos, Elival da Silva. *Controle de constitucionalidade no Brasil:* perspectivas de evolução; Ataliba, Geraldo. Direito processual constitucional: ação declaratória de constitucionalidade, *RePro* 78/7; Mendes, Gilmar Ferreira. A ação declaratória de constitucionalidade: inovação da EC 3/1993, *Revista de Direito Constitucional e Internacional* 4/98; _____; Coelho, Inocêncio Mártires; Branco, Paulo Gustavo Gonet. *Curso de direito constitucional*; Machado, Hugo de Brito. Ação declaratória de constitucionalidade, *RT* 697/34; Martins, Ives Gandra da Silva; Mendes, Gilmar Ferreira (Org.). *Ação declaratória de constitucionalidade*; _____; _____. *Controle concentrado de constitucionalida-*

A EC 3, de 17.03.1993, mediante a introdução de normas no texto constitucional, criou a ação declaratória de constitucionalidade. Diz o art. 102, I, *a*, da CF que compete ao STF, precipuamente, a guarda da Constituição, cabendo-lhe processar e julgar, originariamente, a ação direta de inconstitucionalidade de lei ou ato normativo federal ou estadual e a ação declaratória de constitucionalidade de lei ou ato normativo federal. O § 2.° do art. 102, tal como instituído pela EC 3/1993,[553] foi alterado pela EC 45/2004, tendo hoje a seguinte redação: "As decisões definitivas de mérito, proferidas pelo Supremo Tribunal Federal, nas ações diretas de inconstitucionalidade e nas ações declaratórias de constitucionalidade, produzirão eficácia contra todos e efeito vinculante, relativamente aos demais órgãos do Poder Judiciário e à administração pública direta e indireta, nas esferas federal, estadual e municipal". O § 4.° do art. 103,[554] inserido pela EC 3/1993, foi suprimido pela EC 45/2004, que alterou a redação do *caput* do art. 103 para expandir a primitiva legitimidade para a ação, que agora é conferida aos mesmos legitimados à ação direta de inconstitucionalidade.[555]

Passados dez anos da promulgação da Constituição e depois de várias ações declaratórias de constitucionalidade e de decisões que desenharam importantes regras procedimentais, foi editada a Lei 9.868, de 10.11.1999, que dispôs "sobre o processo e julgamento da ação direta de inconstitucionalidade e da ação declaratória de constitucionalidade perante o Supremo Tribunal Federal".

Diante da existência de ação direta de inconstitucionalidade, em que o Tribunal pode declarar a inconstitucionalidade ou a constitucionalidade de norma, conforme a sentença seja de procedência ou de improcedência, poderia surgir dúvida acerca da necessidade de ação declaratória de constitucionalidade.[556] Qual seria a razão para expandir o poder do

---

de: comentários à Lei 9.868, de 10.11.1999; CANOTILHO, J. J. Gomes. *Direito constitucional e teoria da constituição;* BARROSO, Luís Roberto. *O controle de constitucionalidade no direito brasileiro;* FIGUEIREDO, Marcelo. Ação declaratória de constitucionalidade: inovação infeliz, *RePro* 71/154; SLAIBI FILHO, Nagib. *Ação declaratória de constitucionalidade;* PALU, Oswaldo Luiz. *Controle de constitucionalidade:* conceitos, sistemas e efeitos; VELOSO, Zeno. *Controle jurisdicional de constitucionalidade.*

553. CF, art. 102, § 2.°: "As decisões definitivas de mérito, proferidas pelo Supremo Tribunal Federal, nas ações declaratórias de constitucionalidade de lei ou ato normativo federal, produzirão eficácia contra todos e efeito vinculante, relativamente aos demais órgãos do Poder Judiciário e ao Poder Executivo".

554. CF, art. 103, § 4.°: "A ação declaratória de constitucionalidade poderá ser proposta pelo Presidente da República, pela Mesa do Senado Federal, pela Mesa da Câmara dos Deputados ou pelo Procurador--Geral da República".

555. CF, art. 103: "Podem propor a ação direta de inconstitucionalidade e a ação declaratória de constitucionalidade: I – o Presidente da República; II – a Mesa do Senado Federal; III – a Mesa da Câmara dos Deputados; IV – a Mesa de Assembleia Legislativa ou da Câmara Legislativa do Distrito Federal; V – o Governador de Estado ou do Distrito Federal; VI – o Procurador-Geral da República; VII – o Conselho Federal da Ordem dos Advogados do Brasil; VIII – partido político com representação no Congresso Nacional; IX – confederação sindical ou entidade de classe de âmbito nacional. (...)".

556. Em outro sentido, argumenta Canotilho: "A estrutura da decisão em cada uma das acções é substancialmente diferente: a sentença positiva de inconstitucionalidade é uma decisão declarativa da inconstitucionalidade; a sentença negativa de inconstitucionalidade não declara nem *fixa* em *termos definitivos* e *irreversíveis* a constitucionalidade de qualquer norma. (...) Discutível é ainda a natureza jurídica dos efeitos da 'declaração de constitucionalidade'. No caso de declaração da inconstitucionalidade estamos perante *sentenças judiciais com força de lei (Richterrecht mit Gesetzeskraft).* A sentença é um acto normativo negativo. Na acção de declaração da constitucionalidade diz-se que os efeitos são 'imediatamente processuais' (...). Mas o que se pretende são efeitos 'mediatamente legislativos' (...), acrescentando um *dito* firme de um Tribunal a um *feito* legislativo contestável. O Tribunal dá a sua 'fiança' e preclude a contestação jurídica (e política)!" (CANOTILHO, J. J. Gomes. *Direito constitucional e teoria da constituição,* p. 1.013 e ss.).

Tribunal para o controle abstrato, permitindo-lhe a declaração de constitucionalidade em virtude de uma ação inversa? Para que dar aos legitimados para a ação direta de inconstitucionalidade poder para pedir a declaração de constitucionalidade?

Antes de tudo, convém lembrar que o interesse na tutela jurisdicional pode advir de uma "situação de dúvida", a ser eliminada por sentença declaratória (art. 19, I, do CPC/2015). Contudo, o motivo para uma ação declaratória de constitucionalidade de norma, ou seja, de algo que tem a presunção de ter o sentido que se quer ver judicialmente declarado, tem natureza peculiar. Aliás, só a dúvida sobre aquilo que é presumido, para justificar declaração judicial de certificação, deve ter outra característica.

Se a dúvida pertinente a uma relação jurídica exsurge da contestação de uma das partes, o mesmo certamente não pode se passar em relação a uma norma. A dúvida acerca da constitucionalidade não diz respeito a participantes de uma relação jurídica ou a sujeitos previamente individualizados, mas a todos aqueles que estão submetidos ao ordenamento jurídico. Não é um cidadão ou qualquer legitimado à ação declaratória quem pode colocar em dúvida a constitucionalidade de uma norma. Em tese, a dúvida acerca da constitucionalidade apenas pode derivar de decisões reiteradas de juízes e tribunais, da não aplicação da lei pela Administração e de autorizada posição difundida na academia.

Talvez em virtude da necessidade de objetivação da dúvida, a Lei 9.868/1999 exige que esta surja no âmbito judicial. Diz o art. 14, III, desta Lei que a petição inicial da ação declaratória de constitucionalidade deve demonstrar "a existência de controvérsia judicial relevante sobre a aplicação da disposição objeto da ação declaratória". Dúvida ou controvérsia criada no Judiciário, contudo, não consiste em divergência acerca da constitucionalidade da norma entre os juízes e os tribunais, embora ela frequentemente ocorra. Simplesmente, a dúvida diz respeito a ser a norma constitucional ou não. Por isso, não é correto pensar que a ação declaratória de constitucionalidade é subordinada à demonstração de decisões conflitantes acerca da constitucionalidade da norma. Efetivamente relevantes, para aparecer oportunidade à ação declaratória de constitucionalidade, são decisões dos tribunais no sentido da inconstitucionalidade. É a afirmação de inconstitucionalidade que contrapõe o Judiciário ao Legislativo ou evidencia a distinção entre a afirmação do Poder Legislativo e a afirmação do Poder Judiciário. A dúvida se expressa na suspeita levantada pelo Judiciário quanto à constitucionalidade da norma. Assim, decisões reconhecendo a inconstitucionalidade, oriundas de diferentes órgãos judiciais, configuram dúvida ou incerteza acerca da constitucionalidade da norma ou, para usar os termos do art. 14, III, da Lei 9.868/1999, "controvérsia judicial relevante".[557]

---

557. STF, ADC 15, rel. Min. Cármen Lúcia, decisão monocrática, j. 15.03.2007, DJ 27.03.2007: "A associação autora ajuíza, como acima mencionado, ação declaratória de constitucionalidade, nela pleiteando que o Supremo Tribunal adote 'posicionamento jurídico a respeito de ser ou não constitucional a promoção/ascensão funcional dentro da carreira policial federal, onde as classes de agente, escrivão, papiloscopistas e peritos possam progredir para a classe de Delegado de Polícia Federal, existindo no órgão carreira única, conforme diz a Constituição Federal em seu art. 144 (fl. 5). De logo se conclui que o pedido não pode sequer ser apreciado na via eleita pela digna entidade autora. A Lei 9.868/1999 estabelece, em seu art. 14, que a petição inicial da ação declaratória de constitucionalidade indicará: 'III – a existência de controvérsia judicial relevante sobre a aplicação da disposição objeto da ação declaratória'. Esta comprovação é imprescindível pois constitui elemento fundamental para que a ação possa ser recebida e conhecida. Sem ela a petição é inepta, por carecer de elemento essencial legalmente exigido. O STF decidiu, na ADC 1, que a comprovação da existência de dissídio judicial relevante é requisito imprescindível para o conhecimento

Se uma norma é posta sob suspeita por decisões judiciais, isso é suficiente para o surgimento de interesse em pedir ao STF uma declaração acerca de sua constitucionalidade. Isso pela razão de que decisões reconhecendo a inconstitucionalidade de norma, advindas de órgãos judiciais diversos, infirmam a presunção de constitucionalidade, colocando sob fundada dúvida a legitimidade da tarefa do Legislativo, bem como a sua eficácia.

De modo que a ação declaratória de constitucionalidade não se serve para dissipar alguma dúvida entre os órgãos judiciais ou por eles criada, mas sim para que seja afirmada, a despeito de decisões judiciais, a legitimidade constitucional do produto do parlamento.

A importância em dar ao STF oportunidade para afirmar a constitucionalidade enquanto o controle difuso amadurece está em permitir, o quanto antes, a definição da (in)constitucionalidade da norma, a otimizar a coerência do direito e a confiança na ordem jurídica – vista como ordem também formada pelas decisões judiciais –, bem como o desenvolvimento das relações jurídicas, para o qual a estabilidade do direito é imprescindível.

Em um sistema em que há controle incidental e concreto combinado com controle abstrato via ação direta, a relevância da ação declaratória de constitucionalidade está em viabilizar a segurança das situações jurídicas pautadas, ou que pretendam se fundar, em normas cuja constitucionalidade tenha sido posta em dúvida pelo Judiciário. Evitam-se, dessa forma, a insegurança na utilização de normas que possam vir a ser definidas como inconstitucionais pelo STF e, especialmente, a produção de efeitos e a consolidação de situações que, mais tarde, em virtude dos efeitos retroativos de decisão de inconstitucionalidade, tenham de ser dissolvidos, com graves prejuízos econômicos, políticos e sociais.

É preciso consignar que a EC 3, que criou a ação declaratória de constitucionalidade, foi objeto da ADIn 913, em que se alegou que a ação, em virtude dos efeitos vinculantes de sua decisão, impediria a discussão da constitucionalidade das normas infraconstitucionais perante os juízes e tribunais ordinários, além de violar a separação dos Poderes, o acesso ao Poder Judiciário, a ampla defesa, o contraditório e o devido processo legal. Esta ação de inconstitucionalidade não foi conhecida por se entender que a autora – a Associação dos Magistrados Brasileiros – não teria legitimidade, por falta de pertinência temática, para propor a ação.[558]

---

da ação (...). Na espécie em foco, não houve sequer referência a qualquer controvérsia judicial que esteja a causar insegurança na matéria arguida. A autora não fez anexar decisões que, contraditórias ou divergentes, tivessem a provocar insegurança de modo a determinar a apreciação do caso, em sede de controle abstrato de constitucionalidade, como é a ação declaratória. Não fosse bastante a carência da comprovação de existência de controvérsia judicial relevante para conduzir à conclusão da inépcia da petição inicial, é de relevo anotar também que a ação ajuizada não busca, efetivamente, o controle abstrato de constitucionalidade, mas decisão judicial relativa a interesses subjetivos específicos, o que também impede o prosseguimento do feito, como é pacificado na jurisprudência do STF (...). Uma última observação, e não de pouco relevo, patenteia a inadequação da via processual constitucional eleita pela autora: o seu pedido põe-se no sentido de que o STF adote 'posicionamento jurídico a respeito de ser ou não constitucional a promoção/ascensão funcional dentro da carreira policial federal (...)'. Dentre as competências constitucionais do STF, elencadas, basicamente, nos arts. 102 e 103 da Constituição da República, não está a de adotar 'posicionamento jurídico' a respeito das condições funcionais de quaisquer servidores ou carreiras, por mais dignos e respeitosas que sejam. Qualquer debate judicial que se pretende quanto a esses interesses/direitos haverá de se dar pelo processo adequadamente previsto na legislação, à qual haverá de se ater o interessado".

558. "Ação direta de inconstitucionalidade proposta pela Associação dos Magistrados Brasileiros. Art. 1.º da EC 3/1993, na parte em que altera os arts. 102 e 103 do texto original da Constituição. Pedido de liminar. Já se

Entretanto, na ADC 1, tais questões foram analisadas em sede de Questão de Ordem, chegando-se à conclusão de que nenhuma das objeções, quanto à constitucionalidade da ação, possuía procedência.[559] Na verdade, a decisão proferida na ADC 1, além de definir a legitimidade da nova ação, desenhou o seu procedimento, antecipando várias das normas que, mais tarde, surgiram com a Lei 9.868/1999.

A ação declaratória de constitucionalidade, dentro do quadro de controle de constitucionalidade instituído no Brasil, é tão legítima quanto a ação direta de inconstitucionalidade. A possibilidade de os juízes e tribunais ordinários realizarem o controle de constitucionalidade, decorrente do modelo incidental e difuso, se é afetada pela ação declaratória de constitucionalidade, obviamente também o é pela ação direta de inconstitucionalidade. Portanto, o fato de a decisão proferida na ação declaratória de constitucionalidade ter efeitos sobre o controle incidental e difuso é absolutamente natural, nada havendo para estranhar quanto a isso.

Ademais, se a ação direta de inconstitucionalidade tem importância ao viabilizar, de forma célere e mediante instrumento processual dotado de poder de dar coerência à ordem jurídica, a declaração de nulidade da lei que, não obstante ser inconstitucional, está a produzir efeitos, a ação declaratória de constitucionalidade tem efeito de igual qualidade, pois permite, também mediante uma única ação dotada de técnica processual amplificadora da decisão e igualmente vinculante, a eliminação da incerteza que paira sobre a constitucionalidade de lei. Evita-se, desta forma, que situações sejam consolidadas e pessoas de boa-fé pratiquem atos a partir de norma que, mais tarde, possa vir a ser declarada inconstitucional, com as perversas consequências daí decorrentes, próprias aos efeitos *ex tunc* da decisão.

A ideia de que a ação declaratória de constitucionalidade seria desnecessária, diante da existência da ação direta de inconstitucionalidade, só teria sentido caso a questão da constitucionalidade fosse absolutamente excepcional, a nunca pôr em lugar inseguro aqueles que necessitam se valer de norma jurídica. Sucede que, quando decisões judiciais estão a apontar para a inconstitucionalidade de norma, é absolutamente natural que aqueles que pretendem

firmou nesta Corte o entendimento de que as entidades de classe de âmbito nacional para legitimação para propor ação direta de inconstitucionalidade têm de preencher o requisito objetivo da relação de pertinência entre o interesse específico da classe, para cuja defesa essas entidades são constituídas, e o ato normativo que é arguido como inconstitucional (cf. ADIns 77, 138 e 159). No caso, trata-se de questão interna do Poder Judiciário, cujo pretenso interesse da magistratura é colocado em termos de contraposição de poderes entre seus órgãos sob a alegação de que os acrescidos a um – que é o seu órgão-cúpula – coartam a independência dos que lhe são hierarquicamente inferiores. Questões dessa natureza, que dizem respeito, *lato sensu*, à organização do Poder Judiciário, sem lhe coartarem a independência e as atribuições institucionais, não têm pertinência com as finalidades da autora, quer encarada estritamente como entidade de classe, quer encarada excepcionalmente como entidade de defesa do Poder Judiciário, porque, no caso, quanto a ele em si mesmo, nada há que defender por lhe ter a Emenda Constitucional impugnada ampliado o âmbito do controle concentrado da constitucionalidade dos atos normativos. Ação direta de inconstitucionalidade não conhecida, porque não tem a autora, por falta de relação de pertinência, legitimidade para propô-la" (ADIn 913, rel. Min. Moreira Alves, *DJ* 05.05.1995).

559. "Ação declaratória de constitucionalidade. Incidente de inconstitucionalidade da EC 3/1993, no tocante à instituição dessa ação. Questão de ordem. Tramitação da ação declaratória de constitucionalidade. Incidente que se julga no sentido da constitucionalidade da EC 3/1993, no tocante à ação declaratória de constitucionalidade" (ADIn, rel. Min. Moreira Alves, *DJ* 16.06.1995).

dela se utilizar se sintam ameaçados e inseguros, a impor a propositura de ação direta, a qualquer legitimado, para se ter declarada a constitucionalidade.[560]

Deixe-se claro, porém, que a ação declaratória de constitucionalidade não se funda apenas no interesse de eliminar a incerteza sobre a constitucionalidade, mas, antes de tudo, no intuito de ver afirmada a constitucionalidade de norma. A ação não se presta simplesmente a superar uma dúvida de legitimidade, porém a afirmar, imperativamente, a constitucionalidade, declarando-a com eficácia *erga omnes* e vinculante.

8.32 Legitimidade

A EC 3/1993, ao criar a ação direta de constitucionalidade, conferiu legitimidade a sua propositura apenas ao "Presidente da República, à Mesa do Senado Federal, à Mesa da Câmara dos Deputados e ao Procurador-Geral da República" (CF, art. 103, § 4.º). Críticas à restrição da legitimidade, baseadas na falta de critério para distinguir a legitimidade à ação declaratória de constitucionalidade em face da legitimidade à ação direta de inconstitucionalidade e na necessidade de a sociedade ter efetiva possibilidade de participação também mediante a primeira ação, levaram a EC 45/2004 a alterar o *caput* do art. 103 e a suprimir o § 4.º do mesmo artigo, tendo, atualmente, estabelecido a norma constitucional que "podem propor a ação direta de inconstitucionalidade e a ação declaratória de constitucionalidade: I – o Presidente da República; II – a Mesa do Senado Federal; III – a Mesa da Câmara dos Deputados; IV – a Mesa de Assembleia Legislativa ou da Câmara Legislativa do Distrito Federal; V – o Governador de Estado ou do Distrito Federal; VI – o Procurador-Geral da República; VII – o Conselho Federal da Ordem dos Advogados do Brasil; VIII – partido político com representação no Congresso Nacional; IX – confederação sindical ou entidade de classe de âmbito nacional".

Assim, é necessário também aqui considerar que apenas alguns dos legitimados têm necessidade de demonstrar a relação de pertinência entre os seus fins e propósitos e a norma impugnada. Tais legitimados, ditos especiais, são diferenciados dos legitimados chamados de universais. Distinguem-se os legitimados (especiais) que apenas têm legitimidade para impugnar normas que diretamente afetem suas esferas jurídicas ou as dos filiados desses legitimados (universais) que, diante de seu papel institucional, sempre estão autorizados a pedir a proteção da ordem constitucional. São legitimados universais o Presidente da República, a Mesa do Senado Federal, a Mesa da Câmara dos Deputados, o Procurador-Geral da República, o Conselho Federal da Ordem dos Advogados do Brasil e partido político com representação no Congresso Nacional, sendo legitimados especiais o Governador de Estado ou do Distrito Federal, a Mesa de Assembleia Legislativa ou da Câmara Legislativa do Distrito Federal e confederação sindical ou entidade de classe de âmbito nacional.

Vale também no caso de ação declaratória de constitucionalidade a ideia de que apenas aqueles que estão delineados entre os incisos I e VII do art. 103 têm legitimidade e capacidade postulatória, ao passo que o partido político com representação no Congresso

---

560. Em sentido diverso, afirmando que, ao menos no tocante à proteção da segurança jurídica, tal instituto afigura-se "bastante vulnerável", Jorge Miranda, para quem "bastaria atribuir força obrigatória geral à não declaração de inconstitucionalidade" (MIRANDA, Jorge. *Manual de direito constitucional*, p. 601 e ss.).

Nacional, assim como a confederação sindical e a entidade de classe de âmbito nacional necessitam de advogado para propor a ação declaratória.

8.33 Objeto e parâmetro de controle

É importante ressaltar que a ação declaratória de constitucionalidade tem objeto mais limitado do que a ação direta de inconstitucionalidade. A limitação decorre do art. 102, I, *a*, da CF, ao expressamente dispor que o STF tem competência para processar e julgar originariamente "a ação direta de inconstitucionalidade de lei ou ato normativo federal ou estadual e a ação declaratória de constitucionalidade de lei ou ato normativo federal". Como se vê, o art. 102, I, *a*, é claro no sentido de que a ação direta de inconstitucionalidade tem como objeto "lei ou ato normativo federal *ou estadual*", enquanto o objeto da ação declaratória de constitucionalidade é restrito a "lei ou ato normativo federal".

Podem ser objeto de ação declaratória de constitucionalidade as emendas constitucionais, as leis complementares, as leis ordinárias, as medidas provisórias,[561] os decretos legislativos, os decretos presidenciais, as resoluções do Poder Judiciário, entre outros. Em essência, podem ser objeto de ação declaratória de constitucionalidade os mesmos atos que podem ser objeto de ação direta de inconstitucionalidade.

Igualmente, não podem ser objeto da ação declaratória os atos normativos secundários, os atos de efeitos concretos, as normas pré-constitucionais e as normas revogadas. Enfim, os mesmos atos insuscetíveis de ação direta de inconstitucionalidade (remete-se o leitor para o item específico que tratou do tema quando da realização – acima – do estudo da ação direta de inconstitucionalidade).

O parâmetro de controle da ação declaratória de constitucionalidade é o mesmo do da ação direta de inconstitucionalidade, vale dizer, a Constituição vigente. Assim, também constituem parâmetro de controle as emendas constitucionais, sejam derivadas do art. 3.º do ADCT ou do art. 60 da CF.

O § 3.º do art. 5.º, introduzido pela EC 45/2004, afirma que os tratados e convenções internacionais sobre direitos humanos, aprovados por quórum qualificado no Congresso Nacional, são equivalentes às emendas constitucionais. De modo que tais tratados e convenções igualmente constituem parâmetro de controle da ação direta de constitucionalidade.

---

561. "Compreendo, também, que é cabível ação declaratória de constitucionalidade de medida provisória, não obstante o prazo de validade do diploma, a teor do parágrafo único do art. 62 da Constituição. Decerto, as medidas provisórias, que são editadas com força de lei, conforme o art. 62, *caput*, da Constituição, atendem ao pressuposto do art. 102, I, *a*, do Estatuto Maior, quando confere ao STF competência para processar e julgar, originariamente, a ação declaratória de constitucionalidade de lei ou ato normativo federal. Se porventura cessar a eficácia da medida provisória, objeto de ação declaratória de constitucionalidade, prejudicado ficará o feito de controle concentrado de sua validade eventualmente em curso" (ADC 9-MC, voto do rel. Min. Néri da Silveira, *DJ* 23.04.2004).

8.34 Petição inicial

A petição inicial da ação declaratória de constitucionalidade deve indicar: (i) o dispositivo da lei ou do ato normativo questionado e os fundamentos jurídicos do pedido; (ii) o pedido, com suas especificações; e (iii) a existência de controvérsia judicial relevante sobre a aplicação da disposição objeto da ação declaratória (art. 14, I, II e III, da Lei 9.868/1999).

A inicial deve descrever o dispositivo da lei ou do ato normativo que se deseja ver declarado constitucional, assim como os fundamentos jurídicos que evidenciam a sua constitucionalidade. Embora isso seja necessário, o Tribunal não fica vinculado aos fundamentos apresentados, podendo tratar da questão de constitucionalidade a partir de qualquer fundamento constitucional. Assim, a causa de pedir, também aqui, é dita "aberta", no sentido de inclusiva de qualquer argumento constitucional não expressamente deduzido na petição inicial.

Ter causa de pedir aberta não corresponde apenas a libertar o Tribunal dos fundamentos apresentados pelo autor, mas também a inibir a propositura de outra ação declaratória de constitucionalidade com base em fundamento não delineado na primeira. Isso quer dizer que, com a decisão transitada em julgado, restam preclusos todos os fundamentos que poderiam ter sido deduzidos. Em verdade, a ação declaratória de constitucionalidade, assim como a ação direta de inconstitucionalidade, é definida pela norma que se pretende ver declarada constitucional ou inconstitucional.[562]

O pedido é de declaração de constitucionalidade do dispositivo legal ou normativo. Porém, se em termos de causa de pedir e pedido nada muda da ação direta de inconstitucionalidade para a ação declaratória de constitucionalidade, a não ser, obviamente, o fato de em uma se postular inconstitucionalidade e em outra constitucionalidade, há em relação à última a exigência de se demonstrar "a existência de controvérsia judicial relevante sobre a aplicação da disposição objeto da ação declaratória".

Embora o ponto mereça ser analisado de forma individualizada, como será feito a seguir, é preciso salientar que se trata de requisito para a procedência do pedido de declaração de constitucionalidade, e não, simplesmente, de requisito configurador de interesse de agir na ação declaratória. Não há fundamento para julgar procedente pedido de declaração de constitucionalidade quando os juízes ou tribunais não afirmaram a inconstitucionalidade da norma, uma vez que, na falta disso, inexiste quebra da presunção de constitucionalidade que lhe é inerente. A quebra da presunção de constitucionalidade é mérito, e não condição da ação.

8.35 Controvérsia judicial relevante

Controvérsia judicial relevante não significa desacordo entre os tribunais acerca da aplicação da norma. Isso porque a justificativa da ação declaratória está na existência de

---

562. STF, RE 372.535, rel. Min. Carlos Britto, j. 09.10.2007: "As ações diretas de inconstitucionalidade possuem causa de pedir aberta. É dizer: ao julgar improcedentes ações dessa natureza, o STF afirma a integral constitucionalidade dos dispositivos questionados". No entanto, o STF entende que a doutrina da "causa de pedir aberta" não permite que o Tribunal analise a constitucionalidade material de uma lei numa ação cuja inicial arguiu apenas a inconstitucionalidade formal – cf. ADIn 2.182, rel. Min. Marco Aurélio, j. 02.05.2010.

dúvida sobre a constitucionalidade da norma. A dúvida sobre a aplicação da norma é dúvida sobre a sua constitucionalidade. O pressuposto da declaração de constitucionalidade não está na divergência entre os tribunais, mas na divergência entre o Judiciário e o Legislativo.

Em outras palavras, a razão de ser da declaração de constitucionalidade não está na insegurança propiciada pela incoerência das decisões, mas na falta de previsibilidade acerca da validade da norma. É a desconfiança na validade da norma, gerada por decisões judiciais, que justifica a declaração de que a norma é válida e, portanto, aplicável.

Portanto, a existência de controvérsia judicial relevante reclama decisões, proferidas por órgãos judiciais distintos, expressando inconstitucionalidade. É evidente que decisões neste sentido revelam controvérsia judicial relevante ou dúvida judicial relevante acerca da aplicação de norma.

É claro que a existência de decisões no sentido da inconstitucionalidade e da constitucionalidade também abre oportunidade para declaração acerca da constitucionalidade. Porém, tal divergência, mais do que evidenciar a necessidade de superação da dúvida sobre a constitucionalidade, evidencia incoerência da ordem jurídica na dimensão das decisões judiciais. Ou seja, põe a claro outro problema, autônomo em relação ao da desconfiança na validade da norma. Esse problema tem resposta em outro local, precisamente na eficácia vinculante das decisões proferidas no controle direto e na força obrigatória dos precedentes constitucionais, inclusive, portanto, os editados em sede de controle incidental.

Não obstante, não foi este o entendimento perfilhado pelo STF na ADC 8. Neste caso, chegou-se a afirmar que a inexistência de divergência entre decisões de juízos diferentes acabaria por transformar a ação em instrumento de consulta sobre a validade constitucional de lei ou ato normativo federal. Decidiu a Corte que "o ajuizamento da ação declaratória de constitucionalidade, que faz instaurar processo objetivo de controle normativo abstrato, supõe a existência de efetiva controvérsia judicial em torno da legitimidade constitucional de determinada lei ou ato normativo federal. Sem a observância desse pressuposto de admissibilidade, torna-se inviável a instauração do processo de fiscalização normativa *in abstracto*, pois a inexistência de pronunciamentos judiciais antagônicos culminaria por converter a ação declaratória de constitucionalidade em um inadmissível instrumento de consulta sobre a validade constitucional de determinada lei ou ato normativo federal, descaracterizando, por completo, a própria natureza jurisdicional que qualifica a atividade desenvolvida pelo STF. O STF firmou orientação que exige a comprovação liminar, pelo autor da ação declaratória de constitucionalidade, da ocorrência, 'em proporções relevantes', de dissídio judicial, cuja existência – precisamente em função do antagonismo interpretativo que dele resulta – faça instaurar, ante a elevada incidência de decisões que consagram teses conflitantes, verdadeiro estado de insegurança jurídica, capaz de gerar um cenário de perplexidade social e de provocar grave incerteza quanto à validade constitucional de determinada lei ou ato normativo federal".[563]

A decisão frisa a necessidade de "dissídio judicial", "antagonismo interpretativo" e "incidência de decisões que consagram teses conflitantes", a fazer surgir "verdadeiro estado de insegurança jurídica, capaz de gerar um cenário de perplexidade social e de provocar grave incerteza quanto à validade constitucional de determinada lei ou ato normativo federal". No entanto, não importa constatar que dissídio judicial pode provocar insegurança jurídica e

---

563. ADC 8, Pleno, rel. Min. Celso de Mello, *DJ* 04.04.2003.

expressar incerteza em relação ao valor constitucional de certa norma, pois não se pergunta, quando se coloca a questão do cabimento da declaração, sobre os efeitos da divergência entre as decisões judiciais. Se é certo que a divergência judicial gera insegurança e incerteza jurídicas, é incontestável que a ação declaratória não serve para eliminar a divergência judicial, mas para estancar a dúvida que paira sobre a constitucionalidade de uma norma.[564]

Quando se analisa o pressuposto da declaração de constitucionalidade cabe saber, antes de tudo, o que a recomenda. Ora, o que exige a declaração de constitucionalidade é a incerteza sobre a validade de determinada norma, motivo pelo qual é preciso não esquecer que a incerteza decorre da afirmação judicial de inconstitucionalidade, a pôr em xeque a presunção de constitucionalidade. Assim, basta que a afirmação judicial de inconstitucionalidade seja relevante, ou seja, decorra de órgãos judiciais diversos, para que reste caracterizado o pressuposto da declaração de constitucionalidade.

8.36 Indeferimento da petição inicial

O relator deve indeferir a petição inicial inepta, não fundamentada ou manifestamente improcedente, conforme o art. 15 da Lei 9.868/1999. Quando o vício capaz de gerar a inépcia for suprível, como a falta de cópia do ato normativo questionado, o relator deve conceder prazo para o aditamento da petição inicial.[565]

Indeferiu-se a petição inicial, com base no art. 15 da Lei 9.868/1999, na ADC 22, sob o argumento de não ser ela instrumento para se pedir a declaração de constitucionalidade de dispositivo da própria Constituição, em sua redação originária.[566] Também seria manifestamente improcedente a ação voltada à declaração de direito estadual ou municipal, de direito pré-constitucional e de norma revogada, entre outros casos.

Contra a decisão que indefere petição inicial cabe agravo ao Plenário, nos termos do parágrafo único do art. 15.[567]

8.37 Participação no processo

Ao contrário do que ocorre na ação direta de inconstitucionalidade, em que o relator deve pedir "informações aos órgãos ou às autoridades das quais emanou a lei ou o ato

---

564. MENDES, Gilmar Ferreira; COELHO, Inocêncio Mártires; BRANCO, Paulo Gustavo Gonet. *Curso de direito constitucional*, p. 1181 e ss.

565. ADIn 2.388-MC, rel. Min. Moreira Alves, decisão monocrática, *DJ* 26.03.2001.

566. "Trata-se de ação declaratória de constitucionalidade ajuizada pela (...), 'entidade civil sem fins lucrativos, de âmbito nacional'. Afirma, a autora, que cabe 'ao STF o dever e a obrigação de declarar a constitucionalidade ou não do art. 5.º, LXXVII, da CF'. (...) Esse o relatório, passo a decidir. Fazendo-o, avanço, sem demora, para assentar que a alínea *a* do inciso I do art. 102 da CF institui a ação declaratória de constitucionalidade, tão somente, de 'lei ou ato normativo federal'. Portanto, não se presta à declaração de constitucionalidade de dispositivo da própria Constituição, em sua redação originária. Isso posto, indefiro liminarmente a petição inicial, o que faço com fundamento no art. 15 da Lei 9.868/1999" (ADC 22, rel. Min. Carlos Britto, decisão monocrática, *DJe* 13.08.2009).

567. Lei 9.868, art. 15, parágrafo único: "Cabe agravo da decisão que indeferir a petição inicial".

CONTROLE DE CONSTITUCIONALIDADE ○ 1139

normativo impugnado" (art. 6.º da Lei 9.868/1999), na ação declaratória não há requerido ou alguém que, com esta qualidade, possa opor-se à declaração de constitucionalidade.

Isso não quer dizer que ninguém pode, neste processo, argumentar pela inconstitucionalidade da norma. No processo objetivo, embora não caiba a intervenção de terceiros peculiar ao processo civil em que autor e réu discutem um litígio,[568] admite-se a intervenção do chamado *amicus curiae*, ente ou órgão dotado de representatividade suficiente para sustentar a constitucionalidade ou a inconstitucionalidade da norma em discussão. Aplica-se também na ação declaratória de constitucionalidade, assim, o § 2.º do art. 7.º da Lei 9.868/1999, que diz que "o relator, considerando a relevância da matéria e a representatividade dos postulantes, poderá, por despacho irrecorrível", admitir a manifestação de outros órgãos ou entidades.[569]

O *amicus curiae* não tem a incumbência de defender a constitucionalidade ou a inconstitucionalidade, cabendo-lhe oferecer argumentos em favor de uma ou outra, titularizando os interesses dos seus representados no debate da questão constitucional, que, desta forma, resta pluralizado. O *amicus curiae* pode se manifestar por escrito e realizar sustentação oral, conforme o § 3.º do art. 131 do RISTF.

O Procurador-Geral da República deve manifestar-se ao final, após a manifestação dos *amici curiae*, de acordo com o art. 19 da Lei 9.868/1999.[570]

8.38 Esclarecimento de matéria de fato e informações acerca da aplicação da norma questionada

De acordo com os §§ 1.º e 2.º do art. 20 da Lei 9.868/1999, o relator poderá, em caso de necessidade de esclarecimento de matéria ou circunstância de fato ou de notória insuficiência das informações existentes nos autos, requisitar informações adicionais, designar perito ou comissão de peritos para que emita parecer sobre a questão ou fixar data para, em audiência pública, ouvir depoimentos de pessoas com experiência e autoridade na matéria. Poderá, ainda, solicitar informações aos Tribunais Superiores, aos Tribunais federais e aos Tribunais estaduais acerca da aplicação da norma questionada no âmbito de sua jurisdição.

Como dito quando se estudou a mesma questão diante da ação direta de inconstitucionalidade, tais normas demonstram que o controle abstrato não pode se distanciar da compreensão dos fatos, assim como do sentido que os tribunais dão às normas. Elimina-se, assim, a ideia de que o controle abstrato não admite a produção de provas e, ainda, evidencia-se que esta forma de controle da constitucionalidade não se limita ao mero confronto da lei

---

568. Lei 9.868/1999, art. 18: "Não se admitirá intervenção de terceiros no processo de ação declaratória de constitucionalidade".

569. "Não há razão lógico-jurídica plausível para afastar a aplicação da regra prevista no § 2.º do art. 7.º da Lei 9.868/1999, específico das ações diretas de inconstitucionalidade, às ações declaratórias de constitucionalidade. Nesse sentido, este STF já admitiu o ingresso e a sustentação oral de *amicus curiae* em ação declaratória de constitucionalidade, atendidos os requisitos constantes do § 2.º do art. 7.º referido (ADC 12, rel. Min. Carlos Britto, *DJe* 17.12.2009)" (ADC 24, rel. Min. Cármen Lúcia, decisão monocrática, *DJe* 24.03.2010).

570. Lei 9.868/1999, art. 19: "Decorrido o prazo do artigo anterior, será aberta vista ao Procurador-Geral da República, que deverá pronunciar-se no prazo de quinze dias".

com a Constituição, devendo, antes de tudo, atribuir sentido aos textos a partir dos fatos que lhe dizem respeito.

Diante da ação declaratória de constitucionalidade, a regra do § 2.º do art. 20 tem significado particular. É que, para a declaração de constitucionalidade, reclama-se a demonstração da chamada "controvérsia judicial relevante", nos termos do art. 14, III, da Lei 9.868/1999. Trata-se de controvérsia judicial acerca da aplicação da norma que se quer ver declarada constitucional, compreendida como existência de decisões de órgãos judiciais distintos no sentido da inconstitucionalidade, a espelhar dúvida sobre a constitucionalidade da norma e confronto entre o Poder Judiciário e o Poder Legislativo, com ameaça à segurança jurídica.

Nesta linha, a regra do § 2.º do art. 20, ao conferir ao relator poder de solicitar informações aos Tribunais Superiores, aos Tribunais federais e aos Tribunais estaduais acerca da aplicação da norma questionada no âmbito de sua jurisdição, viabiliza a investigação da existência de decisões de inconstitucionalidade e, dessa forma, da nulificação da presunção de constitucionalidade e de dúvida objetiva acerca da validade da norma.

8.39 Medida liminar e seus efeitos

A Constituição Federal não previu a possibilidade de concessão de liminar em sede de ação declaratória de constitucionalidade, tendo, assim, tratado apenas da possibilidade de liminar na ação direta de inconstitucionalidade (CF, art. 102, I, *p*). O STF, entretanto, admitiu-a na ADC 4.[571] A Lei 9.868/1999, em seu art. 21, tratou expressamente da possibilidade de requerimento de liminar em ação declaratória de constitucionalidade, prescrevendo que "o Supremo Tribunal Federal, por decisão da maioria absoluta de seus membros, poderá deferir pedido de medida cautelar na ação declaratória de constitucionalidade, consistente na determinação de que os juízes e os Tribunais suspendam o julgamento dos processos que envolvam a aplicação da lei ou do ato normativo objeto da ação até seu julgamento definitivo", e, ainda, que, "concedida a medida cautelar, o Supremo Tribunal Federal fará publicar em seção especial do *Diário Oficial da União* a parte dispositiva da decisão, no prazo de dez dias, devendo o Tribunal proceder ao julgamento da ação no prazo de cento e oitenta dias, sob pena de perda de sua eficácia".[572]

De acordo com o parágrafo único do art. 21, a liminar perde a eficácia quando a ação não é julgada no prazo de 180 dias depois da sua concessão. É claro que o Tribunal, por maioria absoluta, pode prorrogar o prazo de eficácia da liminar. Trata-se de algo implícito no próprio poder de concedê-la.[573]

---

571. STF, ADC-MC 4, rel. Min. Sydney Sanches, j. 11.02.1998: "Pode a Corte conceder medida cautelar que assegure, temporariamente, tal força e eficácia à futura decisão de mérito. E assim é, mesmo sem expressa previsão constitucional de medida cautelar na ADC, pois o poder de acautelar é imanente ao de julgar".

572. A constitucionalidade deste dispositivo é questionada na ADIn 2.258, pendente de julgamento, proposta pelo Conselho Federal da OAB – em julho de 2000 – sob o fundamento de ofensa aos princípios constitucionais do devido processo legal (CF, art. 5.º, LIV) e do juiz natural (CF, art. 5.º, XXXVII).

573. STF, ADPF 130-MC, rel. Min. Carlos Britto, j. 27.02.2008. "Lei de Imprensa. Referendo da medida liminar. Expiração do prazo de 180 (cento e oitenta) dias. Tendo em vista o encerramento do prazo de 180 (cento e oitenta) dias, fixado pelo Plenário, para o julgamento de mérito da causa, resolve-se a Questão de Ordem para estender esse prazo por mais 180 (cento e oitenta) dias".

A decisão que trata da liminar possui eficácias *erga omnes* e vinculante. O *caput* do art. 21 fala em concessão de liminar para que os juízes e os Tribunais suspendam o julgamento dos processos que envolvam a aplicação da lei ou do ato normativo objeto da ação até seu julgamento definitivo. Esta norma definiu o *escopo* da liminar, ou seja, "a suspensão dos processos".[574]

Em tese, a determinação da suspensão dos processos é uma das consequências que podem advir da afirmação da constitucionalidade em sede liminar. É possível, sem dúvida, que se conceda liminar apenas para suspender os processos em que se pode aplicar a norma que está sendo questionada na ação direta. Porém, trata-se, aí, de *função da própria liminar* e não de eficácia vinculante da decisão. Não há como confundir a função da liminar com a eficácia vinculante: a última diz respeito à decisão que concede a primeira. A eficácia vinculante pertine aos fundamentos determinantes e ao dispositivo da decisão e, assim, acima de tudo à própria afirmação de constitucionalidade. Para se conceder a liminar com função de suspensão dos processos há que se ter *fumus boni iuris*, vale dizer, a consciência de que a norma, em sede de cognição sumária, é constitucional. Toda decisão que concede liminar em ação declaratória de constitucionalidade supõe a constitucionalidade da norma. Assim, se a decisão fundamenta e afirma, ainda que em sede liminar, que a norma é constitucional, a eficácia vinculante, a princípio, obrigaria aqueles que estão vinculados à decisão a julgar da mesma forma.

Neste sentido, se o STF decide que a norma é constitucional, ainda que em sede de liminar, ninguém pode negá-la como decisão de constitucionalidade e, assim, proferir decisão no sentido da inconstitucionalidade. Acontece que o *caput* do art. 21 limitou a função da liminar à suspensão dos processos. Portanto, bem vistas as coisas, o art. 21 não trata simplesmente da eficácia vinculante da decisão que afirma a constitucionalidade da norma, mas, em verdade, inibe os juízes e tribunais inferiores de decidir a questão constitucional. A liminar, de caráter inibitório, tem eficácia *erga omnes* e, só por isso, impede todos os juízes e tribunais de aplicar a norma objeto de questionamento na ação direta. O legislador, portanto, preferiu inibir a aplicação da norma sob questionamento na ação direta em vez de obrigar os juízes e tribunais a observar a decisão proferida no curso do processo objetivo – certamente baseado na ideia de que a norma, declarada constitucional em juízo sumário, pode vir a ser declarada inconstitucional ao final.

Ao extrair da afirmação de constitucionalidade, inerente à liminar, a suspensão dos processos, o legislador definiu os limites da liminar ou a função que esta poderia vir a ter na ação declaratória de constitucionalidade. Porém, os juízes e tribunais ficam impedidos de aplicar a norma objeto da ação ou de dar prosseguimento aos processos a ela respectivos

---

574. STF, Rcl 9.123-MC, rel. Min. Ricardo Lewandowski, decisão monocrática, j. 02.10.2009. "Trata-se de reclamação constitucional, com pedido de medida liminar, ajuizada pela União contra ato praticado pelo Juízo da 10.ª Vara do Trabalho de Porto Alegre, que teria ofendido a autoridade da decisão desta Corte nos autos da ADC 11/DF, rel. Min. Cezar Peluso. (...) Constato que esse é o caso em comento. Entretanto, entendo que o pedido formulado para a concessão da medida liminar, em um juízo de cognição sumária, é demasiado amplo, porquanto pleiteia a reclamante a suspensão do processo, e não apenas o recebimento dos embargos opostos nos autos da execução trabalhista. Isso posto, defiro o pedido liminar apenas para determinar que a autoridade reclamada receba os embargos opostos pela Reclamante, nos autos da execução da Reclamação Trabalhista".

simplesmente porque não podem deixar de cumprir a liminar. Para que os juízes e tribunais sejam obrigados a respeitar a liminar não é preciso pensar em eficácia vinculante.

O que realmente tem eficácia vinculante é a decisão que, ao negar a liminar, apresenta fundamentos no sentido da inconstitucionalidade. Quando a liminar enfrenta a questão de constitucionalidade para negar a liminar, os fundamentos daí decorrentes devem ter eficácia vinculante sobre os tribunais e juízes inferiores, impedindo-os de aplicar a norma. Note-se, aliás, que há mais sentido em suspender a aplicação da norma dita inconstitucional pela decisão que negou a liminar do que suspender os processos quando a decisão, concedendo a liminar, afirmou a constitucionalidade.

A liminar concedida nos termos do art. 21 suspende imediatamente os processos em curso, não havendo razão para dizer que a decisão tem eficácia retroativa porque incide sobre processos que já iniciaram. A decisão pode ter efeitos retroativos para suspender os efeitos de decisões já proferidas em processos em curso. Não há razão para não suspender os efeitos das decisões que ainda não produziram coisa julgada material, já que estas, diante de decisão definitiva posterior na ação declaratória de constitucionalidade, teriam de ser necessariamente cassadas.

Por fim, é preciso deixar claro que toda liminar se funda em probabilidade e não em mera dúvida. Porém, se o que realmente se pretende, com a liminar, é simplesmente impedir a definição de situações que exijam a aplicação da norma, o correto é evidenciar, dogmaticamente, que *isto decorre da dúvida sobre a constitucionalidade*, sendo este, então, o verdadeiro pressuposto para a concessão da liminar. Não seria a probabilidade da constitucionalidade ou da inconstitucionalidade que abriria oportunidade à liminar, mas sim a dúvida acerca da constitucionalidade.

8.40 Decisão

De acordo com o art. 22 da Lei 9.868/1999, a decisão sobre a constitucionalidade ou a inconstitucionalidade da lei ou do ato normativo somente será tomada se presentes na sessão pelo menos oito Ministros. Na sessão, proclamar-se-á a constitucionalidade ou a inconstitucionalidade da disposição ou da norma impugnada se num ou noutro sentido se tiverem manifestado pelo menos seis Ministros, quer se trate de ação direta de inconstitucionalidade ou de ação declaratória de constitucionalidade (art. 23 da Lei 9.868/1999).

Assim, o julgamento jamais poderá ser finalizado ou ter o seu resultado proclamado enquanto for possível chegar a seis votos no sentido da constitucionalidade, tomando-se os votos de ministros não presentes à sessão, conforme o art. 23, parágrafo único, da Lei 9.868/1999.[575]

A decisão que julga a ação declaratória de constitucionalidade poderá declarar a constitucionalidade ou a inconstitucionalidade, conforme a decisão seja de procedência ou de improcedência, tendo uma e outra eficácia *erga omnes* e vinculante, obrigando os juízes e

---

575. Lei 9.868/1999, art. 23, parágrafo único: "Se não for alcançada a maioria necessária à declaração de constitucionalidade ou de inconstitucionalidade, estando ausentes Ministros em número que possa influir no julgamento, este será suspenso a fim de aguardar-se o comparecimento dos Ministros ausentes, até que se atinja o número necessário para prolação da decisão num ou noutro sentido".

CONTROLE DE CONSTITUCIONALIDADE ○ 1143

tribunais inferiores, assim como a Administração Pública.[576] Frise-se que a decisão de improcedência não é apenas decisão que rejeita o pedido do autor, mas decisão que declara a inconstitucionalidade da norma.

Relevante, nesse passo, não é a circunstância de que a norma declarada constitucional deva ser observada pelos juízes, Tribunais e Administração Pública, mas sim que os fundamentos determinantes da decisão de constitucionalidade também possuem eficácia vinculante. Isso significa que norma similar à declarada constitucional não pode ser considerada inconstitucional a partir da análise dos fundamentos já considerados pela Corte.

A decisão que não entra na análise da constitucionalidade, extinguindo o processo sem julgamento do mérito, obviamente não implica a inconstitucionalidade da norma. Se, diante de decisão de constitucionalidade, a alteração da realidade social, dos valores sociais e da concepção geral do direito abre oportunidade à propositura de ação direta de inconstitucionalidade em relação à mesma norma, a decisão de extinção do processo sem julgamento do mérito certamente não inibe a propositura de ação de constitucionalidade ou de inconstitucionalidade da mesma norma, ainda que nenhuma alteração tenha ocorrido.[577] Basta, obviamente, que não se repita o motivo que deu azo ao julgamento de extinção do processo sem o exame do pedido.

A decisão que definir a ação fará comunicação à autoridade ou ao órgão responsável pela expedição do ato (art. 25 da Lei 9.868/1999). A decisão proferida na ação declaratória de constitucionalidade apenas pode ser objeto de embargos de declaração, sendo insuscetível, ainda, de ação rescisória (art. 26 da Lei 9.868/1999). Passados dez dias do trânsito em julgado, o STF fará publicar em seção especial do *Diário da Justiça* e do *Diário Oficial da União* a parte dispositiva do acórdão (art. 28 da Lei 9.868/1999).

VI – EFEITOS DAS DECISÕES DE INCONSTITUCIONALIDADE E DE CONSTITUCIONALIDADE

8.41 Eficácia *erga omnes*

8.41.1 Eficácia *erga omnes* e coisa julgada material

A Constituição Federal e a Lei 9.868/1999, quando tratam da eficácia das decisões proferidas nas ações de inconstitucionalidade e de constitucionalidade, falam em eficácia *erga omnes* sem aludir à coisa julgada material. O art. 102, § 2.º, da CF afirma que "*as decisões* definitivas de mérito, proferidas pelo Supremo Tribunal Federal, nas ações diretas de inconstitucionalidade e nas ações declaratórias de constitucionalidade produzirão *eficácia contra todos* e efeito vinculante, relativamente aos demais órgãos do Poder Judiciário e à Administração Pública direta e indireta, nas esferas federal, estadual e municipal". O art. 102, § 2.º, é

---

576. Lei 9.868/1999, art. 28, parágrafo único: "A declaração de constitucionalidade ou de inconstitucionalidade, inclusive a interpretação conforme a Constituição e a declaração parcial de inconstitucionalidade sem redução de texto, têm eficácia contra todos e efeito vinculante em relação aos órgãos do Poder Judiciário e à Administração Pública federal, estadual e municipal".

577. Rcl 5.914-AgRg, rel. Min. Ricardo Lewandowski, *DJe* 15.08.2008.

expresso e claro no sentido de que a eficácia contra todos (*erga omnes*) deriva das "*decisões*" do STF e não da coisa julgada. Por sua vez, o art. 28, parágrafo único, da Lei 9.868/1999 diz que "a *declaração de constitucionalidade ou de inconstitucionalidade*, inclusive a *interpretação conforme a Constituição* e a *declaração parcial de inconstitucionalidade sem redução de texto, têm eficácia contra todos* e efeito vinculante em relação aos órgãos do Poder Judiciário e à Administração Pública federal, estadual e municipal". Note-se que a Constituição Federal e a Lei 9.868/1999 aludem apenas à "eficácia contra todos e efeito vinculante" e não à coisa julgada.[578]

Isso já é indício de que as decisões de inconstitucionalidade e constitucionalidade, embora tenham efeitos contra todos, não ficam acobertadas pela coisa julgada. Contudo, importa perceber a distinção dogmática entre os efeitos diretos da sentença e a coisa julgada material.

As sentenças de inconstitucionalidade e de constitucionalidade produzem efeitos contra todos pelo simples fato de terem eficácia direta contra todos e não em virtude de ficarem revestidas pela coisa julgada material. A preocupação em selar tais decisões com coisa julgada material teria o objetivo de impedir o seu questionamento e a sua rediscussão judicial. Acontece que a imutabilidade dessas decisões não deriva da coisa julgada material, mas da falta de legitimidade *ad causam* "de todos" os representados pelos legitimados às ações de inconstitucionalidade e constitucionalidade. Não é a coisa julgada que opera efeitos *erga omnes*, mas os efeitos diretos da sentença. Todos ficam submetidos à decisão pela circunstância de não poderem discutir a constitucionalidade da lei em abstrato. Uma vez decidida a (in)constitucionalidade da lei, nada pode ser feito pelos cidadãos ou por todos os que são representados pelos legitimados ao controle abstrato. Estão eles submetidos à decisão, sendo impossível o seu questionamento em qualquer ação concreta. Retenha-se o ponto: a estabilidade da decisão não deriva da impossibilidade de se voltar a questionar a constitucionalidade, mas da impossibilidade em discuti-la e da submissão à decisão tomada pelo Tribunal constitucionalmente legitimado a defini-la.

---

578. Antes da EC 3/1993, não existia norma a regular os efeitos derivados das decisões proferidas no controle abstrato de constitucionalidade. Foi a jurisprudência do STF que, paulatinamente, construiu a tese dos efeitos *erga omnes* da decisão de inconstitucionalidade. À luz da EC 1/1969, o STF inicialmente submetia a decisão de inconstitucionalidade proferida em controle abstrato ao Senado Federal, para que este determinasse a suspensão da execução da lei. Porém, ainda antes da Constituição Federal de 1988, o STF passou a entender que as suas decisões, proferidas em controle abstrato de constitucionalidade, produziam efeitos *erga omnes*, e, por isso, dispensavam a atuação do Senado Federal. Assim, na Representação 1.016-3, o Min. Moreira Alves proferiu voto, seguido à unanimidade, em que se observa a seguinte passagem: "Para a defesa de relações jurídicas concretas em face de leis ordinárias em desconformidade com as Constituições vigentes na época em que aquelas entraram em vigor, há a declaração de inconstitucionalidade *incidenter tantum*, que só passa em julgado para as partes em litígio (consequência estritamente jurídica), e que só tem eficácia *erga omnes* se o Senado Federal houver por bem (decisão de conveniência política) suspendê-la no todo ou em parte. Já o mesmo não ocorre com referência à declaração de inconstitucionalidade obtida em representação, *a qual passa em julgado* erga omnes, *com reflexos sobre o passado (a nulidade opera* ex tunc)*, independentemente de atuação do Senado*, por se tratar de decisão cuja conveniência política do processo de seu desencadeamento se fez *a priori*, e que se impõe, quaisquer que sejam as consequências para as relações jurídicas concretas, pelo interesse superior da preservação do respeito à Constituição que preside à ordem jurídica vigente" (STF, Pleno, Representação 1.016-3, rel. Min. Moreira Alves, j. 20.09.1979).

Seria possível pensar em impossibilidade de voltar a discutir a constitucionalidade apenas em relação aos demais legitimados para a ação. Ocorre que, se os legitimados às ações de inconstitucionalidade e de constitucionalidade podem discutir a constitucionalidade de lei em nome de toda a coletividade, o questionamento da lei por um deles tem efeitos sobre os demais, impedindo-os de voltar a discutir a (in)constitucionalidade definida pelo Tribunal.

Argumenta-se, na antiga teoria geral do processo, que a decisão de inconstitucionalidade produziria coisa julgada material *erga omnes*, dizendo-se que isso seria decorrência da substituição processual levada a efeito pelo autor da ação direta. Ada Pellegrini Grinover, por exemplo, afirma que a "coisa julgada valerá *erga omnes*, por força da própria substituição processual que se opera na pessoa do ente ou titular da ação, o qual age em nome próprio, mas como substituto processual da coletividade; e também por força da titularidade passiva da ação, que se configura no próprio órgão público do qual emanou a lei ou ato inconstitucional".[579]

Trata-se de tentativa de transpor, forçadamente, conceitos do processo civil tradicional para o plano do processo constitucional de índole objetiva. O instituto da substituição processual foi pensado para o processo *inter partes* e para as situações em que se tutela, em nome próprio, direito ou situação subjetiva de terceiro. Ora, no processo objetivo não existe direito de terceiro ou alguém que o substitui, requerendo a tutela de direito subjetivo em nome próprio. Há, simplesmente, ente a quem a Constituição atribui legitimidade para ativar o processo de controle de constitucionalidade das normas, de que defluem decisões que, naturalmente, beneficiam os cidadãos.

A coisa julgada material, nos processos entre partes, almeja impedir que o bem da vida entregue a um dos litigantes possa ser dele retirado, seja mediante o questionamento do objeto litigioso já decidido, seja por meio da tentativa de reabertura da discussão da própria decisão. Porém, a definição da (in)constitucionalidade da lei não confere qualquer tutela a direito individual ou mesmo transindividual, mas tem a função de dar proteção à ordem jurídica, evidenciando a sua legitimidade constitucional.[580] A proibição da rediscussão da decisão de (in)constitucionalidade é questão afeta à estabilidade e à coerência do direito objetivo, valores obviamente incompatíveis com a abertura à mutação das decisões acerca da sua constitucionalidade.

Portanto, tudo bem visto, fica fácil perceber que a eficácia *erga omnes* das decisões de inconstitucionalidade decorre da circunstância de que essas decisões têm eficácia direta contra todos e não da coisa julgada material.[581]

---

579. GRINOVER, Ada Pellegrini. Controle de constitucionalidade. *RF* 341/3 e ss.

580. Na verdade, uma Corte constitucional não tem apenas a função de controlar a compatibilidade das leis com a Constituição, mas também a missão de outorgar efetividade social à Constituição. Como diz Owen Fiss, a tarefa da jurisdição não se resume a "apenas declarar quem está certo e quem está errado" ou a "dar sentido aos valores públicos"; cabe à jurisdição implementar esses valores, assim como "remover a condição que ameaça os valores constitucionais" (FISS, Owen. The formes of justice. *Harvard Law Review* 93/4 e ss.). Na mesma linha, afirma Richard Fallon que identificar o significado da Constituição não é a única função da Corte. Uma missão crucial da Corte é a de pôr a Constituição em execução com êxito. No original: "Identifying the 'meaning' of the Constitution is not the Court's only function. A crucial mission of the Court is to implement the Constitution successfully" (FALLON, Richard. Implementing the constitution. *Harvard Law Review* 111/58).

581. No direito português, Rui Medeiros sustenta que a eficácia *erga omnes* da declaração de inconstitucionalidade não só não é incompatível, "como também se harmoniza perfeitamente com a autoridade do caso

8.41.2 Decisão de constitucionalidade e possibilidade de posterior ou outra ação direta de inconstitucionalidade

O fato de a eficácia *erga omnes* das decisões de inconstitucionalidade *constituir* manifestação da eficácia direta de decisão que diz respeito a todos, e não da coisa julgada material, não quer dizer, como já esclarecido acima, que tais decisões possam ser questionadas ou rediscutidas.

Tais decisões obviamente não podem ser questionadas ou rediscutidas por aqueles que não têm legitimidade à ação de (in)constitucionalidade. Ademais, os legitimados extraordinários que não participaram da ação em que a decisão foi proferida não podem voltar a questionar a constitucionalidade simplesmente pela razão de que a função que lhes foi atribuída já foi desempenhada, culminando na manifestação da Corte incumbida de proceder ao controle abstrato da constitucionalidade.

Discute-se se o STF pode voltar a tratar de norma que já declarou constitucional, seja mediante sentença de procedência em ação de constitucionalidade, seja por meio de sentença de improcedência em ação de inconstitucionalidade. Seria possível argumentar que, nestes casos, é possível propor "outra" ação de inconstitucionalidade sobre a mesma norma, desde que baseada em fundamento diverso. Objetar-se-ia com a alegação de que, na ação de (in)constitucionalidade, o Tribunal deve analisar a norma impugnada à luz da Constituição, e, assim, não fica adstrito aos fundamentos invocados na petição inicial, o que eliminaria a possibilidade de se questionar a constitucionalidade da norma com base em outro fundamento. O STF, na ADIn 1.896, afirmou que "é da jurisprudência do Plenário o entendimento de que, na ação direta de inconstitucionalidade, seu julgamento independe da *causa petendi* formulada na inicial, ou seja, dos fundamentos jurídicos nela deduzidos, pois havendo, nesse processo objetivo, arguição de inconstitucionalidade, a Corte deve considerá-la sob todos os aspectos em face da Constituição e não apenas diante daqueles focalizados pelo autor. É de se presumir, então, que, no precedente, ao menos implicitamente, hajam sido considerados quaisquer fundamentos para eventual arguição de inconstitucionalidade, inclusive os apresentados na inicial da presente ação".[582]

Note-se que a impossibilidade de se propor nova ação direta de inconstitucionalidade não se resume ao caso em que o Tribunal julgou procedente ação declaratória de constitucionalidade, mas também diz respeito à situação em que a ação direta de inconstitucionalidade foi julgada improcedente. Assim, decidiu-se no RE 357.576 que, tendo o Plenário, ao julgar a ADIn 2.031, "dado pela improcedência da ação quanto ao art. 75, §§ 1.º e 2.º, introduzido no ADCT pela EC 21/1999, isso implica, em virtude da *causa petendi* aberta em ação dessa natureza, a integral constitucionalidade desses dispositivos com eficácia *erga omnes*".[583]

Cabe esclarecer que a eficácia preclusiva da coisa julgada material, no processo *inter partes*, inibe a rediscussão do objeto litigioso já decidido apenas quando o fundamento que se pretende utilizar para tanto foi deduzido ou poderia ter sido deduzido diante da causa de pedir da ação primitiva. A eficácia preclusiva da coisa julgada material é explicada mediante o princípio do deduzido e do dedutível, que quer dizer que tudo o que foi deduzido, ou

---

julgado" (MEDEIROS, Rui. *A decisão de inconstitucionalidade. Os autores, o conteúdo e os efeitos da decisão de inconstitucionalidade*, p. 809).

582. ADIn 1.896-8, Pleno, rel. Min. Sydney Sanches, j. 18.02.1999.

583. RE 357.576-7, 1.ª T., rel. Min. Moreira Alves, j. 17.12.2002.

poderia ter sido deduzido em face da causa de pedir que fundou a ação, não pode servir para o vencido fundar outra ação para rediscutir o litígio. Em outras palavras, apenas é possível propor outra ação, acerca de pedido já julgado, quando esta se funda em outra causa de pedir, distinta daquela que fundou a primeira ação. Não cabe outra ação, ainda que baseada em fundamento anteriormente não deduzido de forma expressa ou discutido, quando esse fundamento se insere na causa de pedir da ação primitiva e, assim, poderia ter sido deduzido ou discutido.

Se a causa de pedir das ações de inconstitucionalidade e de constitucionalidade é aberta, incluindo qualquer fundamento que esteja na Constituição, não há como supor que a eficácia preclusiva da decisão de (in)constitucionalidade possa liberar qualquer fundamento para ensejar outra – no sentido de distinta ou diversa – ação de inconstitucionalidade. Se todos os fundamentos constitucionais podem ser livremente analisados pela Corte, ainda que não contidos em uma específica causa de pedir, não há como admitir que determinado fundamento não tenha sido deduzido ou discutido na ação de (in)constitucionalidade.

Na verdade, o instituto da eficácia preclusiva da coisa julgada é incompatível com a ação direta de (in)constitucionalidade não apenas porque aqui não se está diante de coisa julgada material, mas também porque não se pretende, com a eficácia preclusiva da decisão de constitucionalidade, preservar a decisão de constitucionalidade acerca de uma lei para abrir oportunidade para outra decisão sobre a constitucionalidade da mesma lei, mas sim obstaculizar qualquer outra decisão de constitucionalidade acerca da lei. A eficácia preclusiva da coisa julgada impede a rediscussão de igual causa de pedir e pedido, enquanto a eficácia preclusiva da decisão de constitucionalidade simplesmente obsta a rediscussão da constitucionalidade da mesma lei, não importando o fundamento que se pretenda utilizar para tanto – já que, diante do controle abstrato, não se concebe a ideia de impreclusibilidade de causa de pedir. Quando um pedido pode se fundar em duas ou mais causas de pedir, é possível conviver com duas ou mais decisões legítimas acerca de um mesmo pedido. Porém, a ação de constitucionalidade tem causa de pedir aberta e, portanto, obviamente não se podem conceber duas decisões acerca da constitucionalidade de uma mesma norma.

No entanto, é preciso ver que a noção de causa de pedir aberta, como não poderia deixar de ser, é atrelada a um instante, uma vez que engloba as várias causas de pedir que podem existir em certo momento. Ou seja, a ideia de causa de pedir aberta não perde algo que é essencial ao próprio conceito de causa de pedir, precisamente a sua dimensão temporal, concretizada mediante a lembrança de que toda causa de pedir é o reflexo de um estado jurídico e de fato que se apresenta em determinado momento histórico. De modo que a causa de pedir aberta, por consequência, espelha todos os fundamentos constitucionais válidos em certo instante da história.

Como se percebe, a historicidade inerente à validez dos fundamentos constitucionais deixa entrever que a decisão de constitucionalidade pode ser objeto de rediscussão na medida em que os fundamentos constitucionais, bem como a sua compreensão, se alteram ao longo do tempo. É certo que esta leitura pressupõe que o controle abstrato das normas constitucionais não pode se desligar dos fatos sociais. A transformação da realidade e dos valores sociais, bem como a alteração da compreensão geral do direito,[584] podem levar a

---

584. É indiscutível que uma Corte Constitucional não pode ficar presa a entendimentos jurisprudenciais passados. Porém, isso obviamente não quer dizer que a Corte possa abandonar as suas posições diante de qual-

norma a ter outro sentido, e, assim, à admissão de que uma lei antes vista como constitucional pode passar a ser inconstitucional.

Lembre-se de que a alteração da realidade social e dos valores da sociedade, a evolução da tecnologia e a transformação da concepção jurídica geral acerca de determinada questão abrem oportunidade para a Suprema Corte americana realizar o *overruling* de precedentes constitucionais. É verdade que a decisão de constitucionalidade proporciona estabilidade à ordem jurídica e previsibilidade aos jurisdicionados, e não – como a coisa julgada material – segurança jurídica às partes. Nas ações concretas, em que a sentença outorga tutela jurisdicional à parte formal ou às partes em sentido material, a função da coisa julgada é dar segurança ao litigante, permitindo-lhe usufruir da tutela jurisdicional que lhe foi outorgada sem medo de que ela possa ser contestada ou usurpada. Nas ações abstratas, ao se decidir pela constitucionalidade, nenhum direito ou vantagem é deferido diretamente a alguma parte, ganhando a estabilidade da ordem jurídica e a previsibilidade de todos.

Acontece que a estabilidade e a previsibilidade não podem ser obstáculos à mutação da compreensão judicial da ordem jurídica. Lembre-se do que disse o Juiz Wheeler, em *Dwy v. Connecticut Co.*: "A Corte que melhor serve ao direito é aquela que reconhece que as normas jurídicas criadas numa geração distante podem se mostrar, após longo tempo, insuficientes a outra geração; é aquela que descarta a antiga decisão ao verificar que outra representa o que estaria de acordo com o juízo estabelecido e assente da sociedade e não concede qualquer privilégio à antiga norma por conta da confiança nela depositada. Foi assim que os grandes autores que escreveram sobre o *common law* descobriram a fonte e o método do seu desenvolvimento e, em seu desenvolvimento, encontraram a saúde e a vitalidade de tal direito. Ele não é nem deve ser estacionário".[585]

Como os fatores que autorizam a revogação de decisão de constitucionalidade militam em favor da própria oxigenação e do desenvolvimento da ordem jurídica, a única restrição para a rediscussão de norma já declarada constitucional estaria no prejuízo que ela poderia trazer à previsibilidade. Contudo, a previsibilidade não só é valor que não pode se sobrepor à necessidade de desenvolvimento do direito, como perde consistência diante dos próprios fatores que evidenciam o desgaste da primitiva decisão.

Ademais, a alteração da realidade e dos valores sociais, assim como da concepção geral do direito, obviamente são situações posteriores, que, assim, não infringem a eficácia preclusiva da decisão de constitucionalidade, já que, por sua própria natureza, estão longe de poder configurar causa de pedir que estaria presente à época dessa decisão. Tais circunstâncias conferem nova configuração aos fundamentos de constitucionalidade, que, assim, abrem oportunidade a uma "outra" ação de inconstitucionalidade – quando a primeira ação de inconstitucionalidade foi julgada improcedente – ou a uma ação de inconstitucionalidade que não se limita a reproduzir os fundamentos já discutidos na anterior ação de constitucionalidade.

---

quer tese, nova doutrina ou interpretação discrepante. Quando se fala em mutação da "compreensão geral" acerca do direito se alude a uma nova concepção geral – presente na Academia e nas Universidades – a respeito da questão jurídica, que deve ser pacífica, clara, capaz de evidenciar que a manutenção do precedente configuraria a perpetuação de um equívoco (MARINONI, Luiz Guilherme. *Precedentes obrigatórios*, p. 310).

585. CARDOZO, Benjamin N. *The nature of judicial process*, p. 150-152.

Ao admitir, diante da alteração da situação de fato e das concepções jurídicas, a possibilidade de a Corte declarar inconstitucional norma que antes proclamou constitucional, Elival da Silva Ramos afirma que as decisões de procedência proferidas nas ações declaratórias de constitucionalidade produzem "coisa julgada material apenas relativa."[586]

É supérfluo argumentar que há contradição em termos entre "coisa julgada material" e "relativa". O que importa verificar é se a coisa julgada material é compatível com a alteração de circunstâncias própria à revogação de precedentes. Note-se bem. É indiscutível, na melhor dogmática processual, que a coisa julgada material revela estado jurídico e de fato existente no instante em que proferida a decisão, pelo que a alteração do direito e dos fatos, abrindo oportunidade à configuração de nova causa de pedir, faz surgir outra ação, diferente daquela que desembocou na coisa julgada material. Quer isso dizer, simplesmente, que, quando surgem circunstâncias configuradoras de outra causa de pedir, o problema do obstáculo da coisa julgada material nem mesmo se coloca. Ora, a coisa julgada material obviamente não é capaz de impedir a propositura de ação fundada em outra causa de pedir.

Portanto, vistas as coisas de forma adequada, o real problema está em saber se a alteração da realidade e dos valores sociais, assim como da concepção geral acerca do direito, configura circunstância capaz de paralisar a eficácia da coisa julgada material ou, ao contrário, de simplesmente viabilizar a revogação de precedente constitucional. É preciso perceber que a paralisação da eficácia da coisa julgada material em razão da alteração das circunstâncias se destina a tutelar as partes envolvidas em uma situação jurídica que se desenvolve no tempo. Assim, por exemplo, o conhecido exemplo do dever de pagar alimentos. Porém, no caso de definição da legitimidade de norma em face da Constituição, a questão sempre estará situada unicamente sobre a norma e, por consequência, sobre a atuação do próprio STF. Ou seja, diante da alteração dos valores, da realidade social ou da concepção geral do direito, desaparece a legitimidade constitucional da norma, a obrigar o STF a proferir *outra* decisão acerca da constitucionalidade da *mesma* norma.

Perceba-se que a decisão de que a norma é inconstitucional não faz desaparecer a anterior decisão de constitucionalidade. Ambas as decisões convivem harmonicamente, uma vez que são pautadas em distintos fundamentos e têm eficácia em períodos diferentes. A anterior decisão de constitucionalidade permanece válida e eficaz para a época em que foi proferida, mas os efeitos da primitiva decisão deixam de operar diante da decisão de inconstitucionalidade – e isso sem falar nos eventuais efeitos retroativos da última. O problema é de eficácia da decisão no tempo.

8.41.3 Decisão de constitucionalidade com efeitos *erga omnes* e impacto das novas circunstâncias sobre o controle difuso

A decisão de constitucionalidade, proferida em sede de controle abstrato, somente pode ser impugnada quando presentes as novas circunstâncias referidas no item anterior. Fora daí, impondo-se a decisão de constitucionalidade, nada pode ser questionado. Contudo, quando presentes as circunstâncias que abrem oportunidade para se ter como inconstitucional norma antes proclamada constitucional, importa perguntar se o jurisdicionado pode

---

586. RAMOS, Elival da Silva. *Controle de constitucionalidade no Brasil:* perspectivas de evolução, p. 275.

propor ação para buscar a tutela de direito que tenha como pressuposto a inconstitucionalidade da norma já declarada constitucional.

O problema deixa de ser o de se a decisão de constitucionalidade – diante da alteração da realidade e dos valores sociais e da compreensão geral do direito – pode ser modificada, e passa a ser o de se outro tribunal, além do STF, pode aferir a presença de nova circunstância como fundamento para outra decisão acerca da questão constitucional.

A solução deste problema exige que seja agregada à discussão a questão da eficácia vinculante das decisões de (in)constitucionalidade. Embora a análise desta questão deva ser aprofundada mais à frente, cabe frisar que as decisões de (in)constitucionalidade têm, além de eficácia *erga omnes*, efeitos vinculantes em relação "aos demais órgãos do Poder Judiciário e à Administração Pública direta e indireta, nas esferas federal, estadual e municipal" (art. 102, § 2.º, da CF).

Como se está a pensar em novas circunstâncias, seria possível argumentar que os juízes e tribunais não estariam submetidos à decisão proferida na ação direta. Quando se pensa a partir de outro fundamento, é certo, não se está diante da mesma causa ou da mesma questão constitucional, de modo que é correto afirmar que, alteradas as circunstâncias, os demais juízes e tribunais, ao se depararem com a norma já proclamada constitucional, não estão diante da questão constitucional já decidida. Sucede que a eficácia vinculante não se resume a obstaculizar outra decisão acerca da mesma questão jurídica, mas vai além, impedindo outra decisão acerca da constitucionalidade da norma, não importando se novos fundamentos estão presentes.

Não cabe a qualquer "outro órgão do Poder Judiciário" dizer que uma nova circunstância é suficiente para fazer cessar a eficácia *erga omnes* da decisão de constitucionalidade. Apenas o STF tem poder para revogar os seus precedentes. Ao se admitir uma nova circunstância, ainda que se passe a tratar da antiga questão em outra perspectiva, afirma-se que a primitiva decisão não mais serve a defini-la. Isso significa que outro órgão do Poder Judiciário estaria a proclamar que decisão do STF – em vista, por exemplo, da alteração da realidade social – não mais prestaria a dar sentido à norma que foi proclamada constitucional. Não calha argumentar que, diante de nova circunstância, não se revoga o precedente, mas apenas se diz que o precedente não se aplica a uma nova situação. Ora, se é necessário dizer que o precedente não se aplica, há exercício de poder deferido unicamente ao STF. Realmente, o fato de a eficácia vinculante incidir "em relação aos demais órgãos do Poder Judiciário" quer dizer exatamente que apenas o STF pode revogar os seus precedentes.

Não obstante, o fato de nenhum outro órgão judicial, que não o STF, poder revogar os precedentes relativos a decisões tomadas em ação direta de constitucionalidade não significa excluir a possibilidade de se impugnar a constitucionalidade da norma ao se exercer pretensão de tutela de direito em "ação concreta". É possível admitir a incoação do controle difuso para se chegar ao STF, já que o jurisdicionado não dispõe de qualquer outro meio para fazer valer o seu direito enquanto o precedente não for revogado.[587]

---

587. Contudo, é possível admitir, em hipóteses excepcionais, de notória e incontestável perda de substrato do precedente, uma espécie de revogação antecipada pelos tribunais ordinários, nos moldes do que ocorre no *common law* mediante o que se denomina *anticipatory overruling*. V. KNIFFIN, Margaret N. Overruling Supreme Court precedents: anticipatory action by United States courts of appeals, *Fordham Law Review*; KELMAN, Maurice. Anticipatory stare decisis, *University of Kansas Law Review* 8/165 e ss.; ROGERS, John M. Lower court application of the "overruling law" of higher courts, *Legal Theory*, p. 183; THURMON, Mark

Nesta hipótese é possível argumentar, mediante recurso extraordinário, que a norma, antes vista como constitucional, perdeu esta qualidade diante da alteração da realidade ou dos valores sociais ou da concepção geral acerca do direito. Não haveria racionalidade em admitir a invocação dessas circunstâncias em nova ação de inconstitucionalidade e, ao mesmo tempo, impedir o STF de as enxergar ao se defrontar com recurso extraordinário.[588]

Lembre-se, aliás, que não é apenas a decisão de constitucionalidade que se sujeita às chamadas novas circunstâncias, mas também a decisão que, proferida em recurso extraordinário, reconhece a inconstitucionalidade de norma.[589] A norma, no caso, não é retirada do ordenamento jurídico, embora os motivos determinantes da decisão fiquem acobertados pela eficácia vinculante, atingindo todos os outros órgãos do Poder Judiciário.[590] Assim, é certamente possível que a decisão que reconheceu a inconstitucionalidade de dada norma seja um dia contrariada, pelas mesmas razões que autorizam a revogação de precedente

---

Alan. When the court divides: reconsidering the precedential value of Supreme Court plurality decisions, *Duke Law Journal*, vol. 42; CAMINKER, Evan H. Sincere and strategic voting norms on multimember courts, *Michigan Law Review*, vol. 67; DELANEY, Sarah K. Stare decisis v. the "new majority": the Michigan Supreme Court's practice of overruling precedent, 1998-2002, *Albany Law Review*, vol. 66, n. 871.

588. Na Rcl 4.374/PE, após longos debates, admitiu-se a possibilidade de revisão, em sede de reclamação, de entendimento fixado em decisão de improcedência tomada em ADIn, que no caso era o parâmetro que fundamentava a própria reclamação. A reclamação foi julgada improcedente, mas se declarou a inconstitucionalidade de norma que antes havia sido declarada constitucional. Disse o relator, Ministro Gilmar Mendes, que "é por meio da reclamação (...) que as decisões do Supremo Tribunal Federal permanecem abertas a esse constante processo hermenêutico de reinterpretação levado a cabo pelo próprio Tribunal. A reclamação, dessa forma, constitui o *locus* de apreciação, pela Corte Suprema, dos processos de mutação constitucional e de inconstitucionalização de normas (des Prozess des Verfassungswidrigwerdens), que muitas vezes podem levar à redefinição do conteúdo e do alcance, e até mesmo à superação, total ou parcial, de uma antiga decisão". Isso porque, continua o relator, "a oportunidade de reapreciação das decisões tomadas em sede de controle abstrato de normas tende a surgir com mais naturalidade e de forma mais recorrente no âmbito das reclamações. É no juízo hermenêutico típico da reclamação – no 'balançar de olhos' entre objeto e parâmetro da reclamação – que surgirá com maior nitidez a oportunidade para a evolução interpretativa no controle de constitucionalidade. Assim, ajuizada a reclamação com base na alegação de afronta a determinada decisão do STF, o Tribunal poderá reapreciar e redefinir o conteúdo e o alcance de sua própria decisão. E, inclusive, poderá ir além, superando total ou parcialmente a decisão-parâmetro da reclamação, se entender que, em virtude de evolução hermenêutica, tal decisão não se coaduna mais com a interpretação atual da Constituição. Parece óbvio que a diferença entre a redefinição do conteúdo e a completa superação de uma decisão resume-se a uma simples questão de grau. No juízo hermenêutico próprio da reclamação, a possibilidade constante de reinterpretação da Constituição não fica restrita às hipóteses em que uma nova interpretação leve apenas à delimitação do alcance de uma decisão prévia da própria Corte. A jurisdição constitucional exercida no âmbito da reclamação não é distinta; como qualquer jurisdição de perfil constitucional, ela visa a proteger a ordem jurídica como um todo, de modo que a eventual superação total, pelo STF, de uma decisão sua, específica, será apenas o resultado do pleno exercício de sua incumbência de guardião da Constituição" (STF, Rcl 4.374, rel. Min. Gilmar Mendes, Pleno, *DJe* 03.09.2013).

589. V. SILVA, Lucas Cavalcanti da. Controle difuso de constitucionalidade e o respeito aos precedentes do Supremo Tribunal Federal. In: MARINONI, Luiz Guilherme (Coord.). *A força dos precedentes – Estudos dos cursos de mestrado e doutorado em direito processual civil da UFPR)*, p. 149 e ss.

590. Lembre-se que, no controle difuso, a lei declarada inconstitucional continua a existir, ainda que em estado latente. O Senado é comunicado para, em concordando com o STF, suspender a execução do ato normativo. Porém, a sua não concordância não interfere sobre a eficácia vinculante da decisão proferida pelo STF. Os planos são nitidamente distintos.

constitucional ou que dão ao STF a possibilidade de declarar inconstitucional uma norma que antes pronunciou constitucional.[591]

8.41.4 Efeitos temporais da revogação da decisão de constitucionalidade

Porém, há necessidade de não violar a segurança jurídica daquele que se comportou de acordo com a decisão de constitucionalidade. Não se pode esquecer que, no caso de relações continuativas, a decisão opera para o futuro porque a própria ação, tendo de se fundar em nova circunstância, não objetiva alcançar senão as situações que estão por vir. Na verdade, não há como admitir ação direta de inconstitucionalidade ou "ação concreta" para negar situação jurídica formada com base na decisão de constitucionalidade, pois isso seria violar a confiança justificada. Essa apenas cede, excepcionalmente, quando a decisão de constitucionalidade, à época em que as situações se consolidaram, já deixara de ter credibilidade no seio social e no círculo jurídico, hipótese em que será possível atribuir efeitos retroativos à decisão de inconstitucionalidade.

A confiança depositada pelo jurisdicionado no precedente não pode ser desconsiderada pelo STF.[592] O responsável pela legítima expectativa criada em favor do jurisdicionado deve zelar para que as situações que se pautaram no precedente sejam efetivamente respeitadas, sem deixar de considerar, igualmente, os fatores que possam fazer crer que a confiança no precedente já teria esmorecido. Assim, o Tribunal deve modular os efeitos temporais da decisão de inconstitucionalidade levando em conta a credibilidade no precedente. É preciso compatibilizar a retroatividade da decisão com o momento em que os fatores que justificaram a revogação não apenas se mostraram presentes, mas também fizeram crer que a antiga decisão não se sustentaria por muito tempo.

Assim, a decisão proferida em recurso extraordinário, considerando inconstitucional a norma antes afirmada constitucional, poderia não ter efeitos retroativos em relação à própria situação litigiosa sob julgamento, como acontece no direito do *common law* ao se aplicar o *pure prospective overruling*. No direito estadunidense, a prática judicial dos efeitos retroativo e prospectivo é variada. Em caso de revogação de precedente, caminha-se entre a eficácia geral simplesmente retroativa – o que comumente acontece – e a eficácia geral plenamente prospectiva, admitindo-se, em determinados casos, a irretroatividade da decisão em relação ao próprio caso sob julgamento – *pure prospective overruling*.[593] Não há dúvida que, nesta hipótese, pode haver decisão favorável sem quaisquer efeitos concretos benéficos.[594] Mas

---

591. Frise-se que existem casos – embora excepcionais –, nos Estados Unidos, em que a Suprema Corte "ressuscita" a lei que era vista como *dead law* ou que estava apenas *on the books*, exatamente por já ter sido declarada inconstitucional.

592. No RE 593.849, depois de alterar parcialmente o precedente firmado na ADIn 1.851, a Corte decidiu que os efeitos jurídicos do seu novo entendimento alcançariam apenas "os litígios judiciais futuros e os pendentes submetidos à sistemática da repercussão geral" (RE 593.849, rel. Min. Edson Fachin, *DJe* 05.04.2017).

593. "Increasingly in recent years, however, the courts have adopted a technique, known as prospective overruling, in which overruling is made less than fully retroactive. In the simplest case the new rule is made applicable to the immediate transaction (that is, the transaction in the case to be decided), but not to any other transaction that occurred before the date of the decision. There are a number of variations. In some cases, the new rule is not made applicable even to the immediate transaction. *This variant is sometimes called* pure prospective overruling" (EISENBERG, Melvin. *The nature of common law*, p. 127-128).

594. Trata-se de problema que não passou despercebido a Eisenberg: "Furthermore, a regular use of pure prospective overruling would diminish the incentive to argue for overruling in future cases, because the litiga-

isso é próprio de um sistema em que os precedentes constitucionais, ainda que firmados em controle difuso, têm força vinculante, independentemente de suas repercussões nos casos concretos que os oportunizaram.

8.42 Eficácia vinculante

8.42.1 Primeiras considerações

De acordo com o art. 102, § 2.º, da CF, "as decisões definitivas de mérito, proferidas pelo Supremo Tribunal Federal, nas ações diretas de inconstitucionalidade e nas ações declaratórias de constitucionalidade produzirão eficácia contra todos e *efeito vinculante, relativamente aos demais órgãos do Poder Judiciário e à Administração Pública direta e indireta, nas esferas federal, estadual e municipal"*. Nesse sentido, o art. 28, parágrafo único, da Lei 9.868/1999 afirma que "a declaração de constitucionalidade ou de inconstitucionalidade, inclusive a interpretação conforme a Constituição e a declaração parcial de inconstitucionalidade sem redução de texto, têm eficácia contra todos e efeito vinculante em relação aos órgãos do Poder Judiciário e à Administração Pública federal, estadual e municipal".

As decisões de constitucionalidade e de inconstitucionalidade têm eficácia vinculante. Antes de se analisar a porção da decisão (extensão objetiva) que é por ela coberta, assim como quem são os seus destinatários (eficácia subjetiva), importa esclarecer a razão do fenômeno.

A tradição do *civil law* é avessa à obrigatoriedade dos precedentes. Não teve sequer a possibilidade de constatar a necessidade de a ordem jurídica não se mostrar dividida com decisões díspares para casos iguais. Acreditava que a lei bastaria para dar coerência ao direito. Não passou muito tempo – desde a sedimentação da tradição do *civil law* – para os tribunais perceberem que realizam um trabalho de interpretação da norma legal, o que fez brotar, no seio do sistema jurídico, a ideia de que haveria a necessidade de tribunais de uniformização, inicialmente vistos como de cassação.

Isso, contudo, não conduziu àquilo que logicamente seria inevitável, ou seja, a um sistema em que os precedentes dos tribunais superiores têm força obrigatória ou vinculante. Esqueceu-se, em nome de "bandeiras", como a de que o "juiz deve ter liberdade para julgar", que o Estado de Direito é incompatível com uma ordem jurídica destituída de coerência e estabilidade, assim como que a sociedade não pode se desenvolver sem previsibilidade em relação às decisões dos tribunais. O ambiente esteve muito escuro para se ver que decisões diferentes para casos iguais são tão ou mais nocivas do que ter leis que discriminam pessoas iguais. Não obstante, o fato é que a cegueira tomou conta da doutrina jurídica, que por muito tempo ficou sem perceber uma necessidade inseparável da tradição do *common law*, exatamente a de que os tribunais não podem definir questões jurídicas iguais de maneira distinta caso não queiram enfraquecer ou dissolver a legitimidade do direito e do próprio poder estatal.

No direito brasileiro há particularidade que torna a questão muito mais grave. É que o sistema abre oportunidade ao controle difuso de constitucionalidade, ou seja, à

---

ting party would bear the cost of the litigation but would not benefit from its result" (EISENBERG, Melvin. *The nature of common law*, p. 131).

possibilidade de todo e qualquer juiz ou tribunal dar a sua interpretação sobre a constitucionalidade de lei ou ato normativo. Ora, o controle difuso, ao propiciar tantas decisões de constitucionalidade quantos forem os casos concretos levados ao Judiciário, acaba por gerar a incoerência da ordem jurídica em seu ponto mais sensível, o da harmonia das leis com a Constituição. Recorde-se, aliás, que mesmo nos países em que o controle de constitucionalidade é reservado a um Tribunal Constitucional, como na Alemanha, atribui-se eficácia vinculante aos fundamentos determinantes das decisões constitucionais.[595]

Se é nocivo ter decisões diferentes versando a interpretação de uma mesma lei federal, é absurdo ter variadas decisões acerca da sua constitucionalidade. Se os juízes ordinários podem e devem realizar o controle difuso, esse é necessariamente prévio à decisão a respeito do STF, mas no sentido de que, após o Supremo ter definido a questão constitucional, os juízes e tribunais inferiores não podem sequer decidi-la, cabendo-lhes, unicamente, aplicar a decisão. Isso é decorrência da lógica do sistema e da razão de ser do próprio STF.

A tutela da Constituição por parte do Supremo Tribunal obviamente não teria racionalidade caso os demais tribunais e juízes pudessem se opor às suas decisões. Sucede que negar uma decisão do STF não equivale a simplesmente desconsiderar o seu dispositivo. A unidade do direito mediante o fio condutor da Constituição exige que se leve em conta a fundamentação das decisões da Suprema Corte.[596]

Note-se que o dispositivo da decisão de inconstitucionalidade, ao afirmar que a norma X é inconstitucional, pouco diz sobre a questão constitucional, não sendo suficiente para servir como elemento de identificação do entendimento da Corte e de individualização daquilo que deve ser observado pelos demais tribunais e juízes. A compreensão do sentido conferido à Constituição pelo Supremo Tribunal não prescinde da análise da fundamentação das suas decisões.

O STF fala em motivos ou fundamentos determinantes, em conteúdo essencial e em eficácia transcendente. As expressões "motivos ou fundamentos determinantes" e "conteúdo essencial" se referem à decisão. Querem expressar os fundamentos que determinam ou são essenciais à conclusão judicial. A eficácia transcendente, por sua vez, é aquela que

---

595. No direito alemão, ver: KERBUSCH, Hermann. *Die Bindung an Entscheidungen des Bundesverfassungsgerichts: unter besonderer Berücksichtigung der Verbindlichkeit von Normenkontrollentscheidungen*; WISCHERMANN, Norbert. *Rechtskraft und Bindungswirkung verfassungsgerichtlicher Entscheidungen: zu den funktionsrechtlichen Auswirkungen der extensiven Auslegung des § 31 Abs. 1 BVerfGG*; SCHLAICH, Klaus. *Das Bundesverfassungsgericht: Stellung, Verfahren, Entscheidungen – Ein Studienbuch*; MELS, Philipp. *Bundesverfassungsgericht und Conseil Constitutionnel: ein Vergleich der Verfassungsgerichtsbarkeit. Deutschland und Frankreich im Spannungsfeld zwischen der Euphorie für die Krönung des Rechtsstaates und der Furcht vor einem "gouvernement des juges"*; SCHALK, Sebastian. *Deutsche Präjudizien und spanische "Jurisprudencia" des Zivilrechts: eine vergleichende Gegenüberstellung*; KAU, Marcel. *United States Supreme Court und Bundesverfassungsgericht: die Bedeutung des United States Supreme Court für die Errichtung und Fortentwicklung des Bundesverfassungsgerichts*; BAUER, Thorsten. *Die produktübergreifende Bindung des Bundesgesetzgebers an Entscheidungen des Bundesverfassungsgerichts: zugleich ein Beitrag zur Prozeduralisierung des Rechts*.

596. No direito português, Rui Medeiros afirma que não existe fundamento para admitir uma vinculação dos tribunais aos motivos determinantes da declaração de inconstitucionalidade com força obrigatória geral. Para o jurista português, "uma vinculação dos tribunais aos motivos determinantes da declaração de inconstitucionalidade constituiria um grave travão à evolução do direito constitucional" (MEDEIROS, Rui. *A decisão de inconstitucionalidade. Os autores, o conteúdo e os efeitos da decisão de inconstitucionalidade*, p. 812-813).

transcende ao caso, interferindo sobre os demais casos que, embora não tratando da mesma norma, configuram igual questão constitucional, a ser solucionada mediante a aplicação dos mesmos fundamentos ou motivos que determinaram a decisão.

Assim, decidiu-se, na Rcl 1.987, que a decisão violara o "conteúdo essencial do acórdão proferido na mencionada ação direta, que possui eficácia *erga omnes* e efeito vinculante. A decisão do Tribunal, em substância, teve sua autoridade desrespeitada de forma a legitimar o uso do instituto da reclamação". Afirmou-se, ainda, que a hipótese justificaria "a transcendência sobre a parte dispositiva dos motivos que embasaram a decisão e dos princípios por ela consagrados", argumentando-se "que os fundamentos resultantes da interpretação da Constituição devem ser observados por todos os tribunais e autoridades, contexto que contribui para a preservação e desenvolvimento da ordem constitucional".[597] O relator desta reclamação, Min. Maurício Corrêa, observou que "o ato impugnado não apenas contrastou a decisão definitiva proferida na ADIn 1.662, como, essencialmente, está em confronto com os seus motivos determinantes".[598]

No *common law*, a *ratio decidendi* identifica os fundamentos, motivos ou razões determinantes ou essenciais da decisão. Em verdade, a preocupação com os fundamentos determinantes da decisão é a mesma que inspira a individualização da *ratio decidendi*. Trata-se de definir as razões que levaram a Corte a decidir, deixando-se de lado os pontos que, ainda que analisados, não interferem ou determinam o resultado do julgamento, considerados, assim, *obiter dicta*.

A *ratio decidendi* ou os fundamentos determinantes estão inseridos na fundamentação da decisão. Individualizam-se a *ratio decidendi* ou os fundamentos determinantes olhando-se para a fundamentação. Se um fundamento, embora não necessário, pode ser suficiente para se alcançar a decisão, este apenas é determinante quando constitui premissa sem a qual não se chegaria à específica conclusão acerca do caso. De maneira que o fundamento determinante é o que se mostra imprescindível, e, assim, essencial à decisão que foi proferida.

Por outro lado, não basta concluir que os fundamentos que não foram efetivamente discutidos constituem *obiter dicta*. Nem mesmo há como pensar que *obiter dicta* são apenas os fundamentos não adequadamente discutidos. É preciso verificar, antes de tudo, se o fundamento podia ser discutido e se a decisão tomada exigia a sua discussão.[599]

Deixe-se claro que, embora a eficácia vinculante tenha inescondível preocupação com a segurança jurídica, o seu escopo é completamente diverso do da coisa julgada material. Enquanto a última se destina a garantir a indiscutibilidade e a imutabilidade da solução dada ao litígio, a primeira tem o fim de tutelar a coerência e a estabilidade da ordem jurídica, assim como a confiança legítima, a previsibilidade e a igualdade.

Se a coisa julgada material atinge apenas as partes do litígio, a eficácia vinculante se presta a garantir a estabilidade da decisão judicial, evitando que, em qualquer caso concreto, seja proferida decisão que não tome em conta os seus fundamentos determinantes. Portanto, a eficácia vinculante tem a mesma finalidade da eficácia obrigatória dos precedentes, aproximando-se, assim, do *stare decisis*.

---

597. Rcl 1.987, Pleno, rel. Min. Maurício Corrêa, *DJ* 21.05.2004.
598. Idem.
599. V. MARINONI, Luiz Guilherme. *Precedentes obrigatórios*, p. 280 e ss.

No *common law* não é preciso falar em eficácia vinculante. Basta aludir à *ratio decidendi*, uma vez que a força obrigatória ou vinculante é inerente ao sistema de precedentes. Quando se pensa em *ratio decidendi* admite-se, implícita e automaticamente, a sua força obrigatória. De modo que a ideia de eficácia vinculante, no direito brasileiro, destina-se a enfatizar a força obrigatória dos fundamentos determinantes das decisões constitucionais.

8.42.2 Extensão objetiva

Ainda que a eficácia vinculante seja relacionada à obrigatoriedade dos precedentes, e esta dependa da individualização dos seus fundamentos determinantes, discute-se, inclusive no STF, acerca dos limites objetivos da eficácia vinculante. Indaga-se, neste sentido, se a eficácia vinculante realmente se estende aos fundamentos determinantes ou se é restrita ao dispositivo da decisão.

Emblemático, a respeito, é o julgamento da Rcl 1.987. Os argumentos dos ministros, que, neste caso, limitaram a eficácia vinculante ao dispositivo da decisão proferida na ação direta de inconstitucionalidade, não podem deixar de ser lembrados.

O voto do Min. Carlos Velloso é expresso no sentido de que a eficácia vinculante, apesar de "inerente à natureza da decisão proferida na ação direta", está "sujeita a uma limitação objetiva: o ato normativo objeto da ação, o dispositivo da decisão vinculante, não os seus fundamentos".[600] O voto do Min. Carlos Britto tem igual orientação, pois aderiu ao voto do relator "observando o limite objetivo da reclamação",[601] que não permitiria a alegação de violação à autoridade dos fundamentos determinantes da decisão de inconstitucionalidade. O Min. Sepúlveda Pertence também foi contrário à tese de que uma decisão poderia ser objeto de reclamação ao contrariar os fundamentos determinantes da decisão de inconstitucionalidade, alegando que, se não fosse assim, estar-se-ia transformando "em súmula vinculante qualquer premissa de uma decisão".[602]

O fundamento do voto do Min. Marco Aurélio foi diverso, mas igualmente serviu para justificar que a eficácia vinculante estaria limitada ao dispositivo da decisão. De acordo com este voto, a atribuição de efeito vinculante à fundamentação equivaleria à admissão de coisa julgada em relação aos fundamentos da decisão.[603]

---

600. "Não me oponho, Sr. Presidente, a esse efeito vinculante, que considero inerente à natureza da decisão proferida na ação direta. Quando esse efeito vinculante ficou expresso, na Constituição, com a EC 3/1993 – CF, art. 103, 2.º – relativamente à ADC, afirmei que a EC 3/1993 apenas explicitou algo já existente, implicitamente. Esse entendimento, mais recentemente, veio a predominar nesta Corte. *Deve ficar claro, entretanto, que o efeito vinculante está sujeito a uma limitação objetiva: o ato normativo objeto da ação, o dispositivo da decisão vinculante, não os seus fundamentos*" (Rcl 1.987, voto do Min. Carlos Velloso).

601. STF, Rcl 1.987, voto do Min. Carlos Britto.

602. STF, Rcl 1.987, manifestação do Min. Sepúlveda Pertence.

603. "Mas, Senhor Presidente, há mais na hipótese: verificamos que o fator cronológico é contrário à admissibilidade, como já ressaltado pelo Min. Sepúlveda Pertence, desta reclamação. Por quê? Porque na ADIn 1.662 – se não me falha a memória –, cujo acórdão se diz descumprido, fulminamos um ato de 1997, e a base da decisão proferida pela louvável Justiça do Trabalho é um diploma posterior, é a EC 30/2000. Mas, parte-se para o princípio da transcendência –, e, aí, vislumbra-se a coisa julgada quanto aos fundamentos da decisão da Corte. Nem mesmo no campo civil temos coisa julgada de fundamentos. A coisa julgada diz respeito, de início – como está no art. 469 do CPC –, à parte dispositiva do julgado" (STF, Rcl 1.987, voto do Min. Marco Aurélio).

Elival da Silva Ramos, em tese de titularidade que versou o tema do controle de constitucionalidade, fala em limites objetivos da coisa julgada material no processo objetivo. Diz que "no controle principal, em que a questão de constitucionalidade integra o pedido formulado pelo requerente, devendo ser dirimida na parte disponível do acórdão, que a tanto se limita, os efeitos objetivos associados à solução da pendência são resguardados pela coisa julgada, formal e material. A isso se denomina limite objetivo da coisa julgada: apenas aos comandos contidos no dispositivo da sentença ou acórdão, e que constituem os seus efeitos, é atribuída definitivamente, impedindo que sejam reexaminados no mesmo ou em outro processo, por se tratar de matéria decidida. Os elementos abordados na fundamentação da decisão que julga ação direta, por mais relevantes que sejam para que se possa bem compreender o que foi decidido, jamais farão coisa julgada (art. 504, I, do CPC). Destarte, não se pode pretender que gozem de alguma sorte de força vinculativa as considerações feitas em sede de motivação sobre a correta maneira de interpretar as normas constitucionais paramétricas ou o próprio ato legislativo controlado. De igual modo, se o dispositivo do acórdão que julga ação direta consubstancia a aplicação particularizada de tese jurídica sedimentada no âmbito do STF, devidamente explicitada na fundamentação do julgado, não significa isso que se lhe deva prestar acatamento, como se estivesse resguardada pela coisa julgada. O tema dos limites objetivos da coisa julgada no controle abstrato de normas não se deveria prestar a maiores discussões, na medida em que, à falta de um tratamento específico no plano constitucional, incide a disciplina vigente para os processos jurisdicionais em geral".[604]

A transcrição do argumento do ilustre constitucionalista se justifica para demonstrar que parece estar presente, em importantes setores, uma imprópria associação entre coisa julgada material e eficácia vinculante. Note-se que o professor titular da Universidade de São Paulo afirma expressamente que "os elementos abordados *na fundamentação* da decisão que julga a ação direta, por mais relevantes que sejam para que se possa bem compreender o que foi decidido, jamais farão *coisa julgada*", pelo que "não se pode pretender que gozem de alguma sorte de *força vinculativa* as considerações feitas em sede de *motivação* sobre a correta maneira de interpretar as normas constitucionais paramétricas ou o próprio ato legislativo controlado".[605]

Ou seja: pretende-se fazer crer que, pela circunstância de a coisa julgada material não recair sobre os fundamentos da decisão, as considerações feitas em sede de fundamentação não podem ter eficácia vinculante. Na verdade, ainda que a coisa julgada abarque questão prejudicial à solução do caso, nos termos do art. 503 do CPC de 2015, não há como confundir coisa julgada sobre questão – ainda que em benefício de terceiro (art. 506 do CPC/2015) – com eficácia obrigatória ou vinculante dos precedentes das Cortes Supremas. Perceba-se que a coisa julgada material, ao atingir a fundamentação, fica restrita às partes e aos terceiros – titulares do direito de discutir a questão decidida – por ela beneficiados. Ao contrário, a força obrigatória ou vinculante dos fundamentos determinantes da decisão orienta a sociedade e regula os casos futuros.

Na realidade, a necessidade de isolar os fundamentos, projetando-os de modo a atingir obrigatoriamente os demais tribunais e órgãos da administração, nada tem a ver com coisa

---

604. RAMOS, Elival da Silva. *Controle de constitucionalidade no Brasil:* perspectivas de evolução, p. 275-276.
605. Idem, p. 275.

julgada sobre os fundamentos. A coisa julgada sobre a questão a torna indiscutível para aqueles que participaram do processo e pode beneficiar aqueles que poderiam ter discutido a questão como prejudicial de suas demandas. O efeito obrigatório ou vinculante confere estabilidade aos precedentes das Cortes Supremas, favorecendo a igualdade de todos perante o direito e a previsibilidade.

Ademais, apenas na perspectiva de funcionalidade lógica dos institutos, não há qualquer sentido em reservar a eficácia vinculante ao dispositivo da decisão. Em primeiro lugar porque o dispositivo não é suficiente para revelar a tese ou a orientação do STF, de modo que a sua força obrigatória pouco adiantaria para se outorgar unidade ao direito. Depois porque, ao se admitir que a força obrigatória é limitada ao dispositivo da decisão, utiliza-se outro instituto para reprisar o que já é garantido pela coisa julgada.

Grosso modo, sabe-se que a eficácia vinculante se destina a obrigar os juízes e tribunais inferiores a decidir de acordo com o STF. Porém, a eficácia vinculante não se destina a obrigar os órgãos judiciais a adotar o *dispositivo* das decisões de (in)constitucionalidade. Objetiva, isso sim, vinculá-los aos *fundamentos determinantes* dessas decisões. Como já dito, não há racionalidade em supor que, em virtude da eficácia vinculante, os demais órgãos judiciais estão obrigados a respeitar o *dispositivo* das decisões de (in)constitucionalidade, uma vez que isso decorre da eficácia *erga omnes* da decisão.

O problema obviamente não está em fazer respeitar a decisão de que a norma X é constitucional ou inconstitucional, mas sim em vincular os demais órgãos judiciais aos fundamentos utilizados para se chegar à conclusão de que a norma X é constitucional ou inconstitucional. Apenas isso pode justificar a ideia de atribuir eficácia vinculante a uma decisão de (in)constitucionalidade.

É realmente ilógico pensar em eficácia vinculante para atribuir força obrigatória ao dispositivo das decisões. Estar-se-ia negando a própria razão de ser da eficácia vinculante, cuja gênese não se desliga da necessidade de atribuir força obrigatória à *ratio decidendi* ou aos fundamentos determinantes das decisões. Lembre-se que, nos próprios sistemas em que o controle de constitucionalidade é reservado a Tribunal Constitucional, como ocorre na Alemanha, atribui-se eficácia vinculante aos fundamentos determinantes das decisões. Como esclarece Michael Sachs, o Tribunal Constitucional alemão possui jurisprudência firme e de longa data no sentido de que a força vinculante das suas decisões vai além dos seus respectivos dispositivos – isto é, vai além da decisão acerca do objeto do processo –, para também atingir os seus *fundamentos determinantes*. Ou seja, entende-se que a eficácia vinculante atinge as concepções jurídicas determinantes das decisões do Tribunal Constitucional.[606]

A eficácia vinculante tem o mesmo objetivo da eficácia obrigatória dos precedentes. O precedente apenas é garantido com a vinculação dos órgãos judiciais. Mas a parte dispositiva não é capaz de atribuir significado ao precedente – este depende, para adquirir conteúdo, da sua fundamentação, ou, mais precisamente, da *ratio decidendi* ou dos fundamentos

---

606. "Das BVerfG selbst hat in ständiger Rechtsprechung lange Zeit die Auffassung vertreten, dass diese Bindungskraft seiner Entscheidungen sich über den jeweiligen Tenor bzw. Die regelmäßig darin getroffene Entscheidung über den Entscheidungsgegenstand hinaus auch auf die *tragenden Gründe* seiner Entscheidungen erstreckt. Damit beansprucht es diese Bindungswirkung auch für die Rechtsauffassungen, die für seine Entschediungen jeweils maßgeblich sind" (SACHS, Michael. *Verfassungsprozessrecht*, p. 186).

determinantes da decisão. Tudo isso contradiz a limitação da eficácia vinculante ao dispositivo da decisão.

Afirmar que a coisa julgada não recai sobre os fundamentos para concluir que estes não são atingidos pela eficácia vinculante é não apenas utilizar premissa falsa e chegar à conclusão equivocada. É, mais do que isso, utilizar premissa que não tem qualquer relação lógica com a conclusão. Não é possível sustentar que os fundamentos não vinculam em razão de a coisa julgada não lhes dizer respeito. O raciocínio, como se viu, está muito malposto. A coisa julgada diz respeito às questões, mas, não obstante isso, não tem o propósito da eficácia vinculante. Ora, a coisa julgada sobre questão diz respeito à decisão sobre questão prejudicial, ao passo que a eficácia vinculante se refere ao entendimento da Corte Suprema sobre o direito. Os objetos são completamente distintos.

Significa que pouco importa buscar resposta à pergunta a respeito de quais são os limites objetivos da coisa julgada, já que o real problema está em saber qual é a porção da decisão que revela o entendimento da Corte e, portanto, quais são os limites objetivos da eficácia vinculante.

8.42.3 Extensão subjetiva

O art. 102, § 2.º, da CF diz que o efeito vinculante incide em relação "aos demais órgãos do Poder Judiciário e à Administração Pública direta e indireta, nas esferas federal, estadual e municipal".

A norma constitucional diz que as decisões definitivas tomadas em ação direta de inconstitucionalidade e em ação declaratória de constitucionalidade produzem efeitos vinculantes em relação aos "demais órgãos do Poder Judiciário", excluindo, assim, o próprio STF. De modo que estão sujeitos à eficácia vinculante os juízes de 1.º grau de jurisdição, os Tribunais Estaduais e Regionais Federais e todos os demais Tribunais Superiores, inclusive o STJ.

É claro que a intenção da norma foi vincular os órgãos judiciais às decisões do STF. Ocorre, diante disso, o que se chama de eficácia vertical dos precedentes, ou o que se pode chamar de eficácia vinculante em sentido vertical. Em princípio, assim, as Turmas do STF, assim como o seu próprio Plenário, não estariam vinculados aos fundamentos determinantes das decisões de (in)constitucionalidade.

Não obstante, as razões que estão à base da eficácia vinculante em relação aos "demais órgãos judiciais" também se impõem para obrigar o STF e as suas Turmas. A estabilidade do direito, assim como a confiança justificada e a previsibilidade exigem que os fundamentos determinantes das decisões de inconstitucionalidade sejam observados pelo próprio STF. Assim, se restou decidido que determinada norma X, de um Estado da Federação, é inconstitucional em virtude da razão Y, norma idêntica de outro Estado da Federação também deve ser declarada inconstitucional em virtude da mesma razão Y. Os fundamentos determinantes se impõem às Turmas e ao Plenário.

Isso não quer dizer, como é óbvio, que o Plenário e as Turmas sejam *absolutamente* obrigados ou vinculados em face dos precedentes do STF. Como explicado acima, nem mesmo a parte dispositiva da decisão de constitucionalidade produz efeitos para sempre. Por idênticos motivos, os fundamentos determinantes de decisões de inconstitucionalidade ou de constitucionalidade podem ser revistos diante da alteração da realidade ou dos valores sociais, assim como da concepção geral acerca do direito.[607]

Lembre-se que a particularidade da eficácia *absolutamente* vinculante é a proibição de o Tribunal revogar a sua própria decisão, mesmo que tenha bons fundamentos para tanto. Isso não mais ocorre nem mesmo na Inglaterra, uma vez que, em 1966, um *Statement* afirmou que a antiga *House of Lords* poderia passar a revogar os seus precedentes diante de certas circunstâncias.[608] Frise-se que, antes disso, a *House* estava absolutamente vinculada aos seus julgados, ainda que em certos casos estivesse convicta de que, ao reiterá-los, estaria perpetuando uma decisão injusta.[609]

Ao se afirmar que o Supremo Tribunal também deve respeitar os seus precedentes não se quer dizer que novas posições pessoais não possam ou devam ser ouvidas, ou que a composição do Tribunal não expresse vontades morais diferenciadas. O que se deseja evidenciar é que, para se alterar um precedente, qualquer membro do Tribunal, seja recente ou antigo, deve expressar fundamentação capaz de evidenciar que o precedente perdeu a sua razão de ser em face da alteração da realidade social, da modificação dos valores, da evolução da tecnologia ou da alternância da concepção geral do direito. Nesse caso, o magistrado assume um ônus de evidenciar que tais motivos não só estão presentes, como são consistentes e fortes o bastante para se sobreporem às razões determinantes antes adotadas. Caso a maioria do Tribunal não consiga vencer o ônus de alegar e demonstrar que "boas razões" impõem a revogação do precedente, ele deverá ser mantido.

Ademais, a eficácia vinculante das decisões de (in)constitucionalidade estende-se à Administração Pública direta e indireta, nas esferas federal, estadual e municipal, conforme claramente preceitua o art. 102, § 2.º, da CF. Deixe-se claro que a Administração está vinculada aos fundamentos determinantes da decisão de inconstitucionalidade. Assim, não constitui empecilho a circunstância de o órgão administrativo do Estado *X* não estar submetido à lei declarada inconstitucional, uma vez que ele está vinculado aos fundamentos determinantes da decisão que assim a proclamou. O mesmo vale, como é óbvio, para os órgãos municipais, que devem pautar suas condutas e procedimentos com base nos fundamentos determinantes da decisão de inconstitucionalidade, não importando se esta foi proferida em relação à lei de específico Município.

---

607. Sobre a força "inercial" dos precedentes judiciais, uma vez que o tribunal que adota uma opção interpretativa deve mantê-la nos casos futuros até que razões mais fortes demonstrem a necessidade de revisão do paradigma, v. ALEXY, Robert. *Teoria de la argumentación jurídica*, p. 261-266. A adoção de um precedente judicial gera uma espécie de "encargo de argumentação", uma responsabilidade de demonstrar argumentativamente a necessidade de afastar-se do precedente já adotado, e isso em parte em respeito ao princípio de que casos similares devem ser julgados igualmente. Cf., também, MACCORMICK, Neil. *Retórica e o estado de direito*, p. 191-212.

608. Eis parte da justificativa do referido *Statement*: "Os *Lordships* consideram o uso do precedente uma base indispensável para decidir o que é o direito e para aplicá-lo aos casos concretos. Fornece um grau mínimo de certeza perante o qual os indivíduos podem pautar suas condutas, bem como uma base para o desenvolvimento ordenado de regras jurídicas. Os *Lordships*, não obstante, reconhecem que uma aderência muito rígida aos precedentes pode levar à injustiça em um caso concreto e também restringir excessivamente o devido desenvolvimento do direito. Eles propõem, portanto, modificar a presente prática e, embora tratando as antigas decisões como normalmente vinculantes, deixar de lado uma decisão anterior quando parecer correto fazê-lo".

609. V. MACCORMICK, Neil. Can stare decisis be abolished? *Judicial Review*, p. 198.

A norma do § 2.º do art. 102 da CF, ao disciplinar os limites subjetivos da eficácia vinculante, não se refere ao Legislativo. Isso não quer dizer que o legislador não tenha compromisso com as decisões do STF. A questão de o Legislativo ter ou não poder para editar lei com substância idêntica à de lei declarada inconstitucional pelo STF nada tem a ver com a questão da eficácia vinculante das decisões. Ora, a eficácia vinculante pertine à aplicação da lei e não à sua elaboração e edição. Saber se o Legislativo conserva poder para editar lei com substância idêntica à de lei já declarada inconstitucional pelo STF constitui problema que está em plano mais acima: o da separação dos Poderes.

Quando se diz que a Administração Pública direta e indireta, nas esferas federal, estadual e municipal, está vinculada às decisões do STF não se pensa sequer em violação do princípio da separação dos poderes. Como é óbvio, a Administração tem o dever de não aplicar norma declarada inconstitucional pelo STF. Sucede que o poder de legislar não se confunde com o poder de executar ou de aplicar as normas. Aliás, o Legislativo, ao agir enquanto Poder que está subordinado às leis, não pode negar as decisões do STF. Portanto, o problema da autonomia para editar lei com substância já declarada inconstitucional pelo Supremo Tribunal é outro.

O Legislativo não está impedido, em razão da eficácia vinculante, de editar lei com conteúdo idêntico ao de lei já proclamada inconstitucional pelo STF. Até porque o Legislativo pode entender que existem novas circunstâncias, como a transformação da realidade ou dos valores sociais, que imponham a compreensão do texto num sentido constitucional. Porém, isso não quer dizer que a atuação legislativa, destituída de qualquer preocupação com a legitimidade constitucional do texto, possa se impor simplesmente para negar os efeitos da decisão da Suprema Corte. Quando inexiste como pensar em nova circunstância a justificar a atuação do legislador, a lei não se sobrepõe à decisão de inconstitucionalidade. Perceba-se que o Judiciário e a Administração Pública ainda estão vinculados à decisão do STF, cabendo-lhes, apenas, distinguir se os fundamentos determinantes da decisão de inconstitucionalidade contradizem ou não o texto da "nova lei".[610]

8.43 Reclamação

De acordo com o art. 102, I, *l*, da CF, cabe reclamação ao STF "para a preservação de sua competência e garantia da autoridade de suas decisões".[611] A Lei 8.038/1990 – que "institui normas procedimentais para os processos que especifica, perante o Superior Tribunal de Justiça[612] e o Supremo Tribunal Federal" – regula a reclamação em seu Capítulo II,

---

610. CLÈVE, Clèmerson Merlin. *A fiscalização abstrata de constitucionalidade no direito brasileiro*, 2. ed., p. 209 e ss.; MENDES, Gilmar. *Direitos fundamentais e controle de constitucionalidade*, p. 444 e ss.; BARROSO, Luís Roberto. *O controle de constitucionalidade no direito brasileiro*, p. 158 e ss.; RAMOS, Elival da Silva. *Controle de constitucionalidade no Brasil*: perspectivas de evolução, p. 292 e ss.

611. DANTAS, Marcelo Navarro. *Reclamação constitucional no direito brasileiro*; BRIDA, Nério Andade de. *Reclamação constitucional*: instrumento garantidor da eficácia das decisões em controle de constitucionalidade do Supremo Tribunal Federal; PACHÚ, Cláudia Oliveira. Da reclamação perante o Supremo Tribunal Federal, *Revista de Direito Constitucional e Internacional* 55/222 e ss.; CÔRTES, Osmar Mendes Paixão. Reclamação – A ampliação do cabimento no contexto da "objetivação" do processo nos tribunais superiores, *RePro* 197/13 e ss.

612. O art. 105, I, *f*, da CF previu a reclamação para garantir a competência e a autoridade das decisões do STJ.

estabelecendo que, ao julgar procedente a reclamação, "o Tribunal cassará a decisão exorbitante de seu julgado ou determinará medida adequada à preservação de sua competência" (art. 17).

A Emenda 45/2004, ao consagrar a súmula vinculante, previu a reclamação para a sua observância, estabelecendo o art. 103-A, § 3.º, da CF que, "do ato administrativo ou decisão judicial que contrariar a súmula aplicável ou que indevidamente a aplicar, caberá reclamação ao Supremo Tribunal Federal que, julgando-a procedente, anulará o ato administrativo ou cassará a decisão judicial reclamada, e determinará que outra seja proferida com ou sem a aplicação da súmula, conforme o caso".

Para existir como instituto processual, a reclamação não depende da eficácia vinculante. A reclamação constitui forma de cassar decisão que usurpou a competência ou desrespeitou autoridade de decisão do Tribunal. De modo que a reclamação tem cabimento ainda que a decisão desrespeitada não tenha eficácia vinculante.

Antes da EC 3/1993 – que introduziu a ação declaratória de constitucionalidade, atribuindo à sua decisão efeitos vinculantes –, a reclamação já era admitida não apenas em face de usurpação de competência ou de descumprimento de decisão do STF, mas também diante de desobediência das decisões tomadas nos processos objetivos. Porém, era adstrita ao autor da ação direta – e aos demais legitimados a esta ação –, além de limitada ao desrespeito à parte dispositiva da decisão.[613]

Lembre-se que a EC 3/1993 introduziu parágrafo no art. 102 da CF, o qual disse que as "decisões definitivas de mérito, proferidas pelo Supremo Tribunal Federal, *nas ações declaratórias de constitucionalidade* de lei ou ato normativo federal, produzirão eficácia contra todos e efeito vinculante, relativamente aos demais órgãos do Poder Judiciário e ao Poder Executivo". A EC 45/2004 deu nova redação a este parágrafo (art. 102, § 2.º, da CF), que passou a preceituar que "as decisões definitivas de mérito, proferidas pelo Supremo Tribunal Federal, *nas ações diretas de inconstitucionalidade e nas ações declaratórias de constitucionalidade*, produzirão eficácia contra todos e efeito vinculante, relativamente aos demais órgãos do Poder Judiciário e à Administração Pública direta e indireta, nas esferas federal, estadual e municipal". Com a EC 45/2004, assim, tornou-se claro o cabimento de reclamação também em relação às decisões definitivas proferidas na ação direta de inconstitucionalidade.

Na ADC 4, o STF admitiu a possibilidade de concessão de medida liminar nesta modalidade de ação.[614] Atribuíram-se à decisão, que, na ocasião, concedeu a liminar, efeitos

---

613. Rcl 385, rel. Min. Celso de Mello, j. 26.03.1992, *DJ* 18.06.1993; Rcl 397, rel. Min. Celso de Mello, j. 25.11.1992, *DJ* 21.05.1993.

614. "Ação direta de constitucionalidade do art. 1.º da Lei 9.494, de 10.09.1997, que disciplina a aplicação da tutela antecipada contra a Fazenda Pública. Medida cautelar – cabimento e espécie – na ADC. Requisitos para sua concessão. 1. Dispõe o art. 1.º da Lei 9.494, da 10.09.1997: 'Art. 1.º Aplica-se à tutela antecipada prevista nos arts. 273 e 461 do CPC, o disposto nos arts 5.º e seu parágrafo único e 7.º da Lei 4.348, de 26.06.1964, no art. 1.º e seu § 4.º da Lei 5.021, de 09.06.1966, e nos arts. 1.º, 3.º e 4.º da Lei 8.437, de 30.06.1992'. 2. Algumas instâncias ordinárias da Justiça Federal têm deferido tutela antecipada contra a Fazenda Pública, argumentando com a inconstitucionalidade de tal norma. Outras instâncias igualmente ordinárias e até uma Superior – o STJ – a têm indeferido, reputando constitucional o dispositivo em questão. 3. Diante desse quadro, é admissível ação direta de constitucionalidade, de que trata a 2.ª parte do inciso I do art. 102 da CF, para que o STF dirima a controvérsia sobre a questão prejudicial constitucional. Precedente: ADC 1; art. 265, IV, do CPC. 4. *As decisões definitivas de mérito, proferidas pelo STF, nas ações declaratórias de constitucionalidade de lei ou ato normativo federal, produzem eficácia contra todos e até*

vinculantes. Esta decisão, proferida no final da última década do século passado, somada ao novo § 2.º (EC 45/2004) do art. 102 da CF, evidencia que as decisões concessivas de medida liminar, em ação declaratória de constitucionalidade e em ação direta de inconstitucionalidade, produzem efeitos vinculantes, abrindo ensejo, por isso mesmo, à reclamação.

Contudo, admitindo-se que as decisões de inconstitucionalidade e de constitucionalidade ficam cobertas pela eficácia vinculante, não há como limitar a reclamação ao dispositivo da decisão. Se os fundamentos determinantes têm eficácia vinculante, a proibição que atinge os demais órgãos judiciais e os órgãos da Administração Pública é logicamente mais extensa e a autoridade das decisões logicamente não se limita ao dispositivo. Em outras palavras, a proibição não é apenas de adotar a norma que foi declarada inconstitucional, mas também de desrespeitar os fundamentos que levaram à decisão de inconstitucionalidade.

Por simples consequência, não há por que restringir a reclamação aos legitimados à ação direta e ao órgão que editou a norma, pois o jurisdicionado, em seu respectivo caso, reclama a autoridade dos fundamentos determinantes das decisões do STF em nome da coerência do direito e da segurança jurídica. Note-se que não está em jogo a declaração de constitucionalidade ou inconstitucionalidade de específica norma, mas a força ou autoridade dos fundamentos adotados pela Corte para decidir pela constitucionalidade ou inconstitucionalidade. Portanto, em vista da eficácia vinculante, legitimados à reclamação são o prejudicado pelo ato que negou os fundamentos determinantes e aquele que o praticou. Este último infringe a autoridade da decisão do STF, enquanto o primeiro, por ser tutelado pelo precedente constitucional, necessita da reclamação.

Lembre-se que, na Rcl 1.987, o STF deixou claro o cabimento de reclamação para ressuscitar a autoridade dos fundamentos determinantes de decisão prolatada em ação direta de inconstitucionalidade.[615] Na ocasião, disse o relator da reclamação, Min. Maurício Corrêa,

---

efeito vinculante, relativamente aos demais órgãos do Poder Judiciário e ao Poder Executivo, nos termos do art. 102, § 2.º, da CF. 5. Em ação dessa natureza, pode a Corte conceder medida cautelar que assegure, temporariamente, tal força e eficácia à futura decisão de mérito. E assim é, mesmo sem expressa previsão constitucional de medida cautelar na ADC, pois o poder de acautelar é imanente ao de julgar. Precedente do STF: *RTJ* 76/342. 6. Há plausibilidade jurídica na arguição de constitucionalidade, constante da inicial (*fumus boni iuris*). Precedente: ADIn-MC 1.576-1. 7. Está igualmente atendido o requisito do *periculum in mora*, em face da alta conveniência da Administração Pública, pressionada por liminares que, apesar do disposto na norma impugnada, determinam a incorporação imediata de acréscimos de vencimentos na folha de pagamento de grande número de servidores e até o pagamento imediato de diferenças atrasadas. E tudo sem o precatório exigido pelo art. 100 da CF, e, ainda, sob as ameaças noticiadas na inicial e demonstradas com os documentos que a instruíram. 8. Medida cautelar deferida, em parte, por maioria de votos, para se suspender, *ex nunc*, e com efeito vinculante, até o julgamento final da ação, a concessão de tutela antecipada contra a Fazenda Pública, que tenha por pressuposto a constitucionalidade ou inconstitucionalidade do art. 1.º da Lei 9.494, de 10.09.1997, sustando-se, igualmente *ex nunc*, os efeitos futuros das decisões já proferidas, nesse sentido" (ADC 4, rel. Min. Sydney Sanches, j. 11.02.1998, *DJ* 21.05.1999).

615. "Ausente a existência de preterição, que autorize o sequestro, revela-se evidente a violação ao *conteúdo essencial* do acórdão proferido na mencionada ação direta, que possui eficácia *erga omnes* e efeito vinculante. A decisão do Tribunal, em substância, teve sua autoridade desrespeitada de forma a legitimar o uso do instituto da reclamação. Hipótese a justificar a transcendência sobre a parte dispositiva dos motivos que embasaram a decisão e dos princípios por ela consagrados, uma vez que os fundamentos resultantes da interpretação da Constituição devem ser observados por todos os tribunais e autoridades, contexto que contribui para a preservação e desenvolvimento da ordem constitucional" (STF, Pleno, Rcl 1.987, rel. Min. Maurício Corrêa, *DJ* 21.05.2004).

que "a questão fundamental é que o ato impugnado não apenas contrastou a decisão definitiva proferida na ADIn 1.662, como, essencialmente, está em confronto com os seus motivos determinantes".[616]

Mas as razões que sustentam a eficácia vinculante dos fundamentos determinantes das decisões proferidas no controle principal também se impõem no controle incidental. Os fundamentos determinantes, revelando a doutrina do Supremo Tribunal acerca de determinada questão constitucional, devem ter igual força obrigatória, sendo irrelevante que tenham sido fixados em decisão proferida em sede de controle incidental. Lembre-se de que, na Rcl 2.363, advertiu-se que os ministros do Supremo Tribunal vêm, mediante decisão monocrática, "aplicando tese fixada em precedentes onde se discutiu a inconstitucionalidade de lei, em sede de controle difuso, emanada por ente federativo diverso daquele prolator da lei objeto do recurso extraordinário sob exame".[617] Assim, ao se admitir que os fundamentos determinantes da decisão tomada em recurso extraordinário produzem efeitos vinculantes, cabe reclamação contra decisão judicial ou da Administração Pública que negou o fundamento que levou a Corte a decidir, ainda que no controle incidental.

Frise-se que a autoridade da decisão não está somente em sua parte dispositiva, mas igualmente em seus fundamentos determinantes. Bem vistas as coisas, como a parte dispositiva é resguardada pela sua força inerente, a verdadeira razão de ser da reclamação, atualmente, é impor respeito aos fundamentos determinantes das decisões.

O CPC de 2015, no seu art. 988, embora tenha dito que a reclamação pode ser utilizada para (i) preservar a competência do tribunal, (ii) garantir a autoridade das decisões do tribunal e (iii) garantir a observância de decisão do Supremo Tribunal Federal em controle concentrado de constitucionalidade, cometeu equívoco primário ao anunciar que pode apenas (iv) "garantir a observância de enunciado de súmula vinculante e de *precedente* proferido em julgamento de *casos repetitivos* ou em *incidente de assunção de competência*". Ora, é pouco mais do que evidente que não são apenas os precedentes firmados em recursos extraordinário e especial repetitivos que podem obrigar os juízes e tribunais, mas os devidamente elaborados em qualquer recurso extraordinário e especial. O equívoco é tão perceptível que outorga maior valor à existência de múltiplos casos idênticos do que à "repercussão geral".

Não obstante, há decisões do STF em sentido diverso, adotando posição que, em verdade, acaba por negar a razão de ser da eficácia vinculante.[618] Decidiu-se, na Rcl 10.793, rel. Min. Ellen Gracie, não ser possível utilizar reclamação contra decisão de primeiro grau de jurisdição que tenha negado tese firmada pela Corte em repercussão geral. Argumentou-se, a partir de raciocínio que circundou os próprios fundamentos da eficácia vinculante e

---

616. STF, Pleno, Rcl 1.987, rel. Min. Maurício Corrêa, *DJ* 21.05.2004.

617. Rcl 2.363, Pleno, rel. Min. Gilmar Mendes, *DJ* 01.04.2005. A Rcl 4.219 também abordou o assunto. Nesta Reclamação existiam nove votos tratando da questão quando, em virtude do falecimento do reclamante, julgou-se prejudicado o pedido. Tinham votado pela admissibilidade da Reclamação os Ministros Eros Grau, Cezar Peluzo, Gilmar Mendes e Celso de Mello. Em sentido contrário, votaram os Ministros Joaquim Barbosa (relator), Sepúlveda Pertence, Ricardo Lewandowski, Carlos Brito e Cármen Lúcia. Restavam os votos dos Ministros Ellen Gracie e Marco Aurélio (Rcl 4.219, rel. Min. Joaquim Barbosa).

618. Na Rcl 1.987, o STF reconheceu a autoridade vinculante dos fundamentos determinantes da decisão (Rcl 1.987, Pleno, rel. Min. Maurício Côrrea, *DJ* 21.05.2004). A tese, porém, deixou de ser reafirmada na Rcl 2.475 (Rcl 2.475-AgRg/MG, Pleno, rel. p/ o acórdão Min. Marco Aurélio, *DJe* 31.1.2008). Lembre-se, porém, que há visível divergência entre os ministros do Tribunal acerca do ponto.

CONTROLE DE CONSTITUCIONALIDADE ○ **1165**

da reclamação, que a decisão de primeiro grau deve ser impugnada por recurso próprio, e, quando o Tribunal reiterar a não observância da decisão do STF, a situação deve ser resolvida por meio da interposição de recurso extraordinário. Disse a Ministra relatora, em sua decisão, que "a atuação desta Corte há de ser subsidiária, só se justificando quando o próprio Tribunal *a quo* negar observância ao *leading case* da repercussão geral, ensejando, então, a interposição e a subida de recurso extraordinário para cassação ou revisão do acórdão... Caso contrário, o instituto da repercussão geral, ao invés de desafogar esta Corte e liberá-la para a discussão das grandes questões constitucionais, passaria a assoberbá-la com a solução dos casos concretos, inclusive com análise de fatos e provas, trabalho que é próprio e exclusivo dos Tribunais de segunda instância".[619]

Ocorre que a reclamação, por sua função e própria natureza documental, jamais poderá obrigar o STF a decidir um caso concreto ou a analisar fatos e provas. Reclamação baseada em desrespeito à decisão do STF apenas pode exigir o seu confronto com tese firmada pelo órgão judicial inferior. Nada mais do que isso. Assim, o argumento da decisão proferida na Rcl 10.793, neste aspecto, é equivocado.

Ademais, tal decisão pretende transformar a imprescindível atuação do STF, quando do enfraquecimento da autoridade de precedente constitucional, em algo surpreendentemente "subsidiário", sugerindo que a técnica recursal é suficiente para resguardar a eficácia vinculante ou a força obrigatória das decisões proferidas pela Corte Suprema.

Com o devido respeito, a função recursal nada tem a ver com o resguardo das decisões de uma Corte Suprema ou de seus precedentes. O seu objetivo é permitir a tutela da parte vencida diante de determinada decisão. De outra parte, a autoridade dos precedentes do STF constitui a afirmação da coerência do direito e a preservação da segurança jurídica. O desrespeito a precedente constitucional não constitui mera decisão equivocada, mas revela negação da autoridade do STF, colocando em grave risco a coerência da ordem jurídica, a confiança justificada nas decisões do Poder Público e o direito fundamental à duração razoável do processo.

A repercussão geral não procura – ou deve procurar – simplesmente "desafogar" o STF. Cabe lembrar que a sua verdadeira função é dar unidade ao direito, enfatizando uma solução constitucional que deva, necessariamente, permear todas as decisões judiciais.

Se, em virtude de uma cultura de desvalor à autoridade, podem ser proferidas várias decisões contrárias à decisão tomada em repercussão geral, não é correto abrir mão do instrumento indispensável à preservação da autoridade e da força dos precedentes constitucionais, sem as quais não há coerência do direito e segurança jurídica, apenas para "desafogar" a Corte – utilizando-se da dicção da decisão proferida na Rcl 10.793.

É equivocado imaginar que a Corte poderá se sentir "liberada para a discussão das grandes questões constitucionais"[620] (Rcl 10.793) enquanto as suas próprias decisões estiverem "livres" para ser afrontadas por qualquer órgão judicial inferior. Afinal, de nada adianta

---

619. Rcl 10.793, rel. Min. Ellen Gracie, j. 13.04.2011.
620. STF, Rcl 10.793, rel. Min. Ellen Gracie, j. 13.04.2011. Do voto da relatora, p. 9: "Cabe aos juízes e desembargadores respeitar a autoridade da decisão do STF tomada em sede de repercussão geral, assegurando a racionalidade e eficiência ao sistema judiciário e concretizando a certeza jurídica sobre o tema. Se assim não for, admitidas decisões díspares do entendimento firmado pelo STF em processos com repercussão geral, haverá gradativamente o enfraquecimento de toda a sistemática estabelecida pelo Congresso Nacional".

firmar precedentes constitucionais, tutelando-se a coerência da ordem jurídica, se a base do Poder Judiciário, por falta de compreensão do significado das decisões constitucionais, não as atende. Em suma, cabe sublinhar que a reclamação está muito longe da técnica que serve para a parte impugnar decisão que lhe é insatisfatória, nem mesmo constitui mero expediente de preservação da competência e de garantia do cumprimento de específica decisão. Representa, no contexto do processo constitucional contemporâneo, importante instrumento de tutela da própria ordem jurídica constitucional.

Por fim, releva advertir que a Lei 9.882/1999, ao regulamentar a arguição de descumprimento de preceito fundamental, previu a reclamação (art. 13) para resguardar as decisões nela proferidas, as quais – definitivas ou concessivas de liminar – possuem efeitos vinculantes (art. 10, § 3.º).

Recorde-se que a ação de inconstitucionalidade, perante a Constituição Federal, é limitada às leis e atos normativos estaduais e federais; o direito municipal é objeto de ação de inconstitucionalidade diante da Constituição Estadual, de competência dos Tribunais de Justiça (art. 125, § 2.º, da CF). A impossibilidade de controle direto do direito municipal em face da Constituição Federal impede a definição imediata e com efeitos gerais da questão de constitucionalidade, trazendo consequências nos planos da segurança jurídica e da unidade do direito. Assim, a arguição de descumprimento de preceito fundamental, ao viabilizar a tutela dos preceitos fundamentais também em face de leis municipais, acaba por suprir grave lacuna.

Porém, a ideia de que a decisão proferida na arguição de descumprimento produz efeitos vinculantes somente em relação à norma municipal objeto da arguição elimina a possibilidade de se dar unidade à interpretação das leis municipais. Se a decisão, ainda que proferida em relação a determinada norma municipal, não tem os seus fundamentos determinantes impostos em face de leis idênticas ou similares de outros municípios, o propósito da própria extensão da arguição de descumprimento às leis municipais fica sem sentido. Não só leis de conteúdo idêntico ou similar continuariam a gerar múltiplos litígios, como as próprias teses firmadas nos precedentes constitucionais não teriam adequada e integral aplicação.

Fora tudo isso, a não observância de decisão com eficácia vinculante caracteriza grave violação de dever funcional, abrindo oportunidade para medidas de ordem administrativa, criminal e civil.[621] Os órgãos judiciais e autoridades administrativas vinculados obviamente não podem deixar de observar as decisões. Bem por isso, caso o façam, devem responder por suas ações.[622]

Caso um órgão judicial se negue a adotar decisão com eficácia vinculante, desrespeitando os seus fundamentos determinantes, estará caracterizado o ilícito suficiente à propositura de ação de ressarcimento contra o Estado. Neste caso, dificuldade haverá, apenas, para se determinar a extensão do dano provocado à parte que, litigando na ação concreta, injustamente se submeteu à arbitrariedade do juiz ou do tribunal. Igual raciocínio, como é óbvio, aplica-se à hipótese em que a ilicitude é cometida por órgão da Administração Pública.

---

621. De acordo com Gilmar Mendes, "a não observância da decisão caracteriza grave violação de dever funcional, seja por parte das autoridades administrativas, seja por parte do magistrado" (MENDES, Gilmar Ferreira; COELHO, Inocêncio Mártires; BRANCO, Paulo Gustavo Gonet. *Curso de direito constitucional*, p. 1339).

622. V. LEAL, Roger Stiefelmann. *O efeito vinculante na jurisdição constitucional*, p. 167-168.

CONTROLE DE CONSTITUCIONALIDADE ○ 1167

8.44 Modulação dos efeitos temporais da decisão de inconstituciona-lidade

O Tribunal, ao declarar a inconstitucionalidade de lei ou ato normativo, poderá por maioria de dois terços de seus membros, considerando razões de segurança jurídica ou de excepcional interesse social, restringir os seus efeitos ou decidir que a eficácia provenha do trânsito em julgado ou surja a partir de outro momento a ser fixado (art. 27 da Lei 9.868/1999). Trata-se do que se chama de modulação dos efeitos da decisão de inconstitucionalidade.[623]

Parte-se da premissa de que a decisão de inconstitucionalidade tem efeitos *ex tunc*, dada a ideia de que a lei declarada inconstitucional é uma lei nula. O problema, em verdade, não seria o de se a decisão declara a nulidade da lei ou a desconstitui ou de se a decisão tem efeitos *ex tunc* ou *ex nunc*, uma vez que, em um ou outro caso, ou seja, admitindo-se a teoria de que há declaração de nulidade ou a de que há desconstituição, sempre haveria necessidade de temperos nas suas aplicações. A admissão de que a decisão não retroage sempre faria escapar situações em que a retroatividade seria vantajosa. Da mesma forma, a opção pela retroatividade sempre recomendaria isentar de efeitos determinadas situações passadas. Melhor explicando: adotada uma ou outra teoria, admitindo-se a declaração da nulidade ou a desconstitutividade – isto é, os efeitos *ex tunc* ou os efeitos *ex nunc* –, sempre seria necessário, conforme as particularidades de cada caso, fazer avançar ou fazer retroagir os efeitos da decisão de inconstitucionalidade.

O art. 27 frisa a nulidade da lei inconstitucional, firmando a premissa de que a decisão tem efeitos retroativos, podendo o tribunal, pela maioria de dois terços dos seus membros, considerando os conceitos indeterminados de "segurança jurídica" e de "excepcional interesse social", restringir os seus efeitos ou decidir que a eficácia provenha do trânsito em julgado ou surja a partir de outro momento a ser fixado. Nesses termos, a decisão pode isentar determinados atos ou situações dos efeitos retroativos, decidir que os efeitos apenas serão produzidos com o trânsito em julgado ou ainda decidir que os efeitos apenas serão produzidos a partir de determinada data ou evento futuros. Há, em tais casos, efeitos retroativos limitados, efeitos prospectivos propriamente ditos e efeitos prospectivos a partir de determinado evento.

Os conceitos indeterminados referidos no art. 27 têm assento constitucional. A contenção dos efeitos exige, a partir de um juízo ancorado na "segurança jurídica" ou em outro princípio constitucional sob a forma de "excepcional interesse social", a prevalência dos interesses que seriam sacrificados pela retroatividade sobre os afetados pela lei inconstitucional.[624]

---

623. V. Ávila, Ana Paula de Oliveira. *A modulação dos efeitos temporais pelo STF no controle de constitucionalidade.*

624. "Invade a competência da União para legislar sobre diretrizes e bases da educação a norma estadual que, ainda que de forma indireta, subtrai do Ministério da Educação a competência para autorizar, reconhecer e credenciar cursos em instituições superiores privadas. (...) Tendo em vista o excepcional interesse social, consistente no fato de que milhares de estudantes frequentaram e frequentam cursos oferecidos pelas instituições superiores mantidas pela iniciativa privada no Estado de Minas Gerais, é deferida a modulação dos efeitos da decisão (art. 27 da Lei 9.868/1999), a fim de que sejam considerados válidos os atos (diplomas, certificados, certidões etc.) praticados pelas instituições superiores de ensino atingidas por essa decisão, até a presente data, sem prejuízo do ulterior exercício, pelo Ministério da Educação, de suas atribuições legais em relação a essas instituições superiores" (ADIn 2.501, rel. Min. Joaquim Barbosa, *DJe*

Vale a pena lembrar a ADIn 2.240, em que se questionou a validade da lei que criou o Município de Luís Eduardo Magalhães.[625] Nesta ação, a Corte não tinha qualquer dúvida sobre a inconstitucionalidade da lei, mas temia que, ao pronunciá-la, pudesse irremediavelmente atingir as situações que se formaram após a sua edição.

O relator, Min. Eros Grau, embora reconhecendo a inconstitucionalidade, inicialmente julgou improcedente a ação, mas somente para preservar as situações consolidadas. Após pedir vistas, o Min. Gilmar Mendes argumentou que não seria razoável deixar de julgar procedente a ação direta de inconstitucionalidade para não se atingir o passado, uma vez que a preservação das situações anteriores poderia se dar ainda que a ação fosse julgada procedente. Após deixar claro que o relator se preocupou em proteger as situações consolidadas, insistiu em que a solução do problema "não pode advir da simples decisão de improcedência da ação. Seria como se o Tribunal, focando toda a sua atenção na necessidade de se assegurarem realidades concretas que não podem mais ser desfeitas, e, portanto, reconhecendo plena aplicabilidade ao princípio da segurança jurídica, deixasse de contemplar, na devida medida, o princípio da nulidade da lei inconstitucional". Salientou que, embora não se possa negar a relevância do princípio da segurança jurídica no caso, é possível primar pela otimização de ambos os princípios – ou seja, dos princípios da segurança jurídica e da nulidade da lei inconstitucional –, "tentando aplicá-los, na maior medida possível, segundo as possibilidades fáticas e jurídicas que o caso concreto pode nos apresentar". Advertiu que "a falta de um instituto que permita estabelecer limites aos efeitos da declaração de inconstitucionalidade acaba por obrigar os Tribunais, muitas vezes, a se abster de emitir um juízo de censura, declarando a constitucionalidade de leis manifestamente inconstitucionais". E que o "perigo de uma tal atitude desmesurada de *self restraint* (ou *greater restraint*) pelas Cortes Constitucionais ocorre justamente nos casos em que, como o presente, a nulidade da lei inconstitucional pode causar uma verdadeira catástrofe – para utilizar a expressão de Otto Bachof – do ponto de vista político, econômico e social". Diante disso, concluiu: "Não há dúvida, portanto – e todos os Ministros que aqui se encontram parecem ter plena consciência disso –, que o Tribunal deve adotar uma fórmula que, reconhecendo a inconstitucionalidade da lei impugnada – diante da vasta e consolidada jurisprudência sobre o tema –, resguarde na maior medida possível os efeitos por ela produzidos".

Assim, decidiu-se por maioria – vencido o Min. Marco Aurélio – no "sentido de, aplicando o art. 27 da Lei 9.868/1999, declarar a inconstitucionalidade sem a pronúncia da nulidade da lei impugnada, mantendo sua vigência pelo prazo de 24 (vinte e quatro) meses, lapso temporal razoável dentro do qual poderá o legislador estadual reapreciar o tema, tendo como base os parâmetros que deverão ser fixados na lei complementar federal, conforme decisão desta Corte na ADIn 3.682".

O método utilizado em tal decisão não se confunde com a técnica do *prospective overruling*, que tem a ver com a revogação de precedentes e não com a declaração de inconstitucionalidade. Nos Estados Unidos, quando há confiança justificada no precedente, é possível atribuir efeitos prospectivos à decisão que o revoga, inclusive a partir de determinada

---

19.12.2008). No mesmo sentido, a ADI 6.592/AM, rel. Min. Roberto Barroso, j. 08.08.2021, reconheceu a inconstitucionalidade de lei do Estado do Amazonas que permitia a utilização no âmbito da administração pública de diplomas de pós-graduação de cursos presenciais em universidades de países do Mercosul e de Portugal.

625. STF, Pleno, ADIn 2.240, rel. Min. Eros Grau, *DJe* 03.08.2007.

data ou evento futuro.[626] Porém, quando se outorga efeito prospectivo à decisão de inconstitucionalidade, as situações consolidadas não são resguardas em razão de alguma confiança em precedente. Quando a decisão de inconstitucionalidade não possui efeitos retroativos, deseja-se preservar as situações que se consolidaram com base na lei inconstitucional, não importando a confiança justificada em qualquer precedente judicial. É somente nesta situação, como é óbvio, que entra em jogo a teoria da nulidade dos atos inconstitucionais e passa a ser possível questionar, por consequência, a relação entre os princípios da nulidade da lei inconstitucional e da segurança jurídica.

Lembre-se, ademais, que o STF tem admitido a modulação dos efeitos de suas decisões também em sede de controle difuso.[627] Nesta dimensão é possível perceber, ainda com maior facilidade, a distinção entre a questão dos efeitos prospectivos da decisão de inconstitucionalidade e o tema dos efeitos prospectivos da decisão que revoga precedente em que se deposita confiança justificada.

As decisões proferidas em recurso extraordinário produzem eficácia vinculante em relação aos seus motivos determinantes.[628] Da mesma forma, a tais decisões podem ser atribuídos efeitos prospectivos. Recorde-se que atribuir eficácia vinculante aos fundamentos determinantes da decisão é o mesmo que conferir autoridade aos fundamentos da decisão em relação aos demais órgãos do Poder Judiciário. Esses ficam vinculados ou obrigados em face dos fundamentos da decisão, ou seja, diante da *ratio decidendi* do precedente. De modo que a técnica da obrigatoriedade do respeito aos fundamentos determinantes é utilizada para atribuir força ou autoridade aos precedentes judiciais, e não, obviamente, para reafirmar a teoria da nulidade do ato inconstitucional. Do mesmo modo, o poder de modular as decisões em sede de controle difuso deriva do princípio da proteção da confiança justificada e não da necessidade de harmonizar o princípio da nulidade do ato inconstitucional com a segurança jurídica.

A declaração de inconstitucionalidade proferida em recurso extraordinário, embora obrigue os demais órgãos do Poder Judiciário, não elimina a norma do ordenamento jurídico, que resta em estado latente. Assim como o STF pode vir a declarar inconstitucional norma que já afirmou constitucional, é possível que decisão que reconheceu a inconstitucionalidade de determinada norma um dia venha a ser contrariada. Isto sucede nos Estados Unidos quando se diz que a Suprema Corte "ressuscita" a lei que era vista como *dead law*, por já ter sido declarada inconstitucional.

O STF sempre tem a possibilidade de, a partir de determinados critérios, negar os fundamentos determinantes das decisões que toma em recurso extraordinário – sejam elas de constitucionalidade ou de inconstitucionalidade. Porém, como a revogação de um precedente institui nova regra a ser observada pelos demais órgãos judiciais, torna-se evidente a possibilidade de se violentarem a segurança jurídica e a confiança depositada no próprio

---

626. TREANOR, William Michael. Prospective overruling and the revival of unconstitutional statutes, *Columbia Law Review*, vol. 93.

627. Decidiu-se, no RE 197.917-8, existir "situação excepcional em que a declaração de nulidade, com seus normais efeitos *ex tunc*, resultaria grave ameaça a todo o sistema legislativo vigente", e, assim, proclamou-se: "Prevalência do interesse público para assegurar, em caráter de exceção, efeitos *pro futuro* à declaração incidental de inconstitucionalidade" (STF, Plenário, RE 197.917-8, rel. Min. Maurício Corrêa, *DJ* 07.05.2004).

628. Este ponto, contudo, é controvertido no STF, como já referido no item 8.16, subitem 8.16.7.

Tribunal. Quando não há indicações de que o precedente será revogado, e, dessa forma, há confiança justificada, é preciso cautela para não tomar de surpresa o jurisdicionado, revelando-se apropriado atribuir efeitos prospectivos à decisão.[629]

Embora a viabilidade de outorgar efeitos prospectivos à decisão de inconstitucionalidade esteja garantida no art. 27 da Lei 9.868/1999, tal possibilidade advém do princípio da segurança jurídica, o que significa que, ainda que se entendesse que tal norma se aplica apenas ao controle concentrado, não haveria como negar a possibilidade de se modular os efeitos da decisão proferida em recurso extraordinário. Porém, a necessidade de modulação em controle difuso decorre da preocupação em não atingir as situações que se formaram com base no precedente e não da imprescindibilidade em proteger as situações que se consolidaram com base na lei inconstitucional. Entretanto, a técnica dos efeitos prospectivos foi pensada, no Brasil, a partir da teoria da nulidade dos atos inconstitucionais, ou seja, para tutelar a segurança jurídica em virtude do princípio da nulidade da lei inconstitucional. Daí não se ter percebido a necessidade da adoção desta técnica em sede de controle difuso. O

---

629. No RE 630.733, o Plenário do STF firmou nova interpretação ao texto constitucional, revogando entendimento consolidado há bastante tempo, mas assegurando as situações anteriores ao julgamento. Como a nova interpretação impunha o provimento do recurso extraordinário, resolveu-se negar provimento ao recurso, mas assentar nova interpretação, com os efeitos de decisão proferida em sede de repercussão geral (embora o recurso extraordinário tenha sido interposto antes da instituição deste regime), e "(i) reconhecer a inexistência de direito dos candidatos à prova de segunda chamada nos testes de aptidão física, salvo contrária disposição editalícia, em razão de circunstâncias pessoais, ainda que de caráter fisiológico ou de força maior, e (ii) assegurar a validade das provas de segunda chamada realizadas até a data de conclusão do julgamento em nome da segurança jurídica". Advertiu-se que, por não se tratar de declaração de inconstitucionalidade em controle abstrato, mas de nova interpretação do texto constitucional e de "substancial mudança de jurisprudência", não se poderia suscitar a modulação dos efeitos da decisão mediante a aplicação do art. 27 da Lei 9.868/1999, mas que caberia à Corte, em virtude de "razões de segurança jurídica", "a tarefa de proceder a ponderação das consequências e o devido ajuste do resultado, para adotar a técnica de decisão que possa melhor traduzir a mutação constitucional operada". O Min. Gilmar Mendes, ao concluir o seu voto, declarou que "mudanças radicais na interpretação da Constituição devem ser acompanhadas da devida e cuidadosa reflexão sobre suas consequências, tendo em vista o postulado da segurança jurídica como subprincípio do Estado de Direito" (STF, Pleno, RE 630.733, rel. Min. Gilmar Mendes, *DJe* 19.11.2013). Aceitar que a decisão firmada em sede de recurso extraordinário pode ter os seus efeitos temporais modulados em nome da segurança jurídica implica reconhecer a existência de precedente constitucional com eficácia vinculante. Só uma decisão com efeitos vinculantes pode exigir modulação dos seus efeitos temporais. Retenha-se o ponto: quando se percebe que o verdadeiro problema é saber se a decisão proferida em recurso extraordinário tem eficácia vinculante, importa pouco se o recurso foi interposto anteriormente à instituição do regime da repercussão geral. Ainda que esse regime não existisse na época da interposição do recurso, não se poderia negar a um precedente constitucional eficácia vinculante. A (in)existência do regime tem a ver com o funcionamento da Corte – com a necessidade de um filtro recursal – e não com a eficácia das suas decisões. Ademais, embora no caso se tenha falado de tutela da confiança, não se discutiu de maneira adequada se a confiança era realmente "justificada", como deve acontecer quando se indaga sobre a eficácia temporal de uma decisão que revoga precedente. Finalmente, a Corte não deveria ter negado provimento ao recurso extraordinário. Não é correto negar provimento a um recurso quando se firma entendimento oposto ao da decisão recorrida. Note-se que nada impede que se dê provimento ao recurso e se reconheça que os efeitos da decisão, do mesmo modo que não podem apanhar as situações que se formaram até então, não podem atingir o próprio caso sob julgamento. Bem vistas as coisas, quando se nega que os efeitos da decisão podem atingir as situações que se consolidaram até o momento do julgamento, obviamente não há como pensar em projeção de efeitos sobre o caso sob julgamento. Isso para não falar na impropriedade de se pensar em efeitos de uma decisão que não deu provimento a um recurso e, assim, não teria se sobreposto a outra.

mais importante, porém, é que certamente não se pensa em confiança justificada para se darem efeitos prospectivos na hipótese de decisão de inconstitucionalidade. Só há razão para investigar se a confiança é justificada quando se trata de revogação de precedente. É apenas aí que importa verificar se havia, na academia e nos tribunais, manifestações que evidenciavam o enfraquecimento do precedente ou apontavam para a probabilidade da sua revogação, a eliminar a confiança justificada. Nesta situação, tutela-se o passado em nome da confiança que se depositou nas decisões judiciais, enquanto, no caso de decisão de inconstitucionalidade, tutelam-se excepcionalmente as situações que se formaram na vigência da lei declarada inconstitucional.

Fora tudo isso, há, ainda, duas questões importantes em termos de modulação dos efeitos. A ideia contida no art. 27 da Lei 9.868/1999, no sentido de que a decisão de inconstitucionalidade opera, em princípio, efeitos *ex tunc*, deve ser vista com as ressalvas da própria Constituição Federal. Além disso, a modulação de efeitos constitui um poder--dever do Tribunal e, assim, cabe-lhe sempre se pronunciar sobre a sua necessidade, independentemente da lei que esteja sendo impugnada.

A primeira questão faz ver que a declaração de inconstitucionalidade, por si só, jamais operará efeitos sobre todas as situações pretéritas. De modo que o Tribunal, por isso mesmo, não precisa expressamente ressalvar a coisa julgada material dos efeitos retroativos da decisão de inconstitucionalidade. A essência da coisa julgada material seria claramente negada caso a decisão de inconstitucionalidade nulificasse as decisões dos juízes e tribunais. Contudo, a coisa julgada material, por estar protegida pelo art. 5.º, XXXVI, da CF, assim como pelo princípio da segurança jurídica, não desaparece diante de decisão de inconstitucionalidade ou, em outras palavras, de decisão que declara a inconstitucionalidade da lei em que a decisão acobertada pela coisa julgada se fundou. Na verdade, mesmo que se deixe de lado o art. 5.º, XXXV,[630] é inegável que a coisa julgada material está protegida pelo princípio da segurança jurídica, visto como alicerce do próprio Estado de Direito, e, desse modo, não pode desaparecer em virtude de decisão proferida pelo STF, ainda que em sede de ação direta de inconstitucionalidade.

Além de indispensável à afirmação da autoridade do Estado, a coisa julgada é inerente ao Estado Constitucional.[631] Assim, pouco importaria se não houvesse sido resguardada de forma expressa pela Constituição Federal brasileira, pois deriva do Estado de Direito e encontra base nos princípios da segurança jurídica e da proteção da confiança. Na Alemanha, onde não há proteção constitucional expressa à coisa julgada, o seu fundamento constitucional está ancorado no princípio do Estado de Direito (*Verfassungsstaat*). O

---

630. Em Portugal, João Calvão da Silva adverte que, mesmo que a Constituição portuguesa não protegesse a coisa julgada material, "igual resultado seria atingido através do recurso às regras gerais do caso julgado e sua razão de ser". Isso porque, como observa o jurista, "o respeito expresso pelo caso julgado na Constituição" portuguesa é "conforme aos princípios gerais" (SILVA, João Calvão da. *Estudos de direito civil e processo civil*, p. 212).

631. A Corte Europeia de Direitos Humanos tem ressaltado a importância da coisa julgada no Estado Democrático de Direito. V. CHIAVARIO, Mario. Diritto ad un processo équo. *Commentario alla Convenzione Europea per la Tutela dei Diritti dell'Uomo e delle Libertà Fondamentali*, p. 170 e ss. Como não poderia deixar de ser, o direito comunitário europeu também exige o respeito à coisa julgada. Como ensinam Paolo Biavati e Federico Carpi, "l'avere conferito ai giudici la giurisdizione su determinate materie comporta necessariamente l'attribuzione non solo dell'eficacia obbligatoria, ma anche della stabilità dei contenuti delle relative pronunce" (BIAVATI, Paolo; CARPI, Federico. *Diritto processuale comunitario*, p. 240).

Bundesverfassungsgericht foi o principal responsável por esta elaboração, frisando que o princípio do Estado de Direito (*Verfassungsstaat*) tem como componente essencial a garantia da certeza do direito, que exige não apenas o desenvolvimento regular do processo, como também a estabilidade da sua conclusão.[632] Rosenberg-Schwab-Gottwald, nesta linha, dizem que a coisa julgada material é uma consequência do direito à proteção legal pelos tribunais e que a sua ancoragem constitucional está no princípio do Estado de Direito.[633]

O Estado de Direito, por ter uma ampla latitude de objetivos, é um sobreprincípio que se correlaciona com vários outros princípios que incorporam os seus fins. Estes princípios são reveladores do seu conteúdo e, dessa forma, constituem os seus fundamentos. Entre estes princípios está o da segurança jurídica, indispensável à concretização do Estado de Direito.[634] A segurança jurídica pode ser analisada em duas dimensões: uma objetiva e outra subjetiva. No plano objetivo, a segurança jurídica recai sobre a ordem jurídica objetivamente considerada, aí importando a irretroatividade e a previsibilidade dos atos estatais, assim como o ato jurídico perfeito, o direito adquirido e a coisa julgada (art. 5.°, XXXVI, da CF).[635] Em uma perspectiva subjetiva, a segurança jurídica é vista a partir do ângulo dos cidadãos em face dos atos do Poder Público. Nesta última dimensão aparece o princípio da proteção da confiança, como garante da confiança que os atos estatais devem proporcionar aos cidadãos, titulares que são de expectativas legítimas.[636]

A coisa julgada, como instituto jurídico, tutela o princípio da segurança em suas duas dimensões. Na perspectiva objetiva, deixa claro que as decisões judiciais são definitivas e imodificáveis, expressando a imperiosidade de estabilidade. Na outra dimensão, quando importa a proteção da confiança, a coisa julgada garante ao cidadão que nenhum outro ato estatal poderá modificar ou violar a decisão que definiu o litígio. Neste sentido, sabe o cidadão que, uma vez produzida a coisa julgada material, nada mais será possível fazer para se alterar a decisão, e, assim, que o ato judicial de solução do litígio merece plena confiança. Na verdade, a coisa julgada material é um verdadeiro signo da tutela da confiança do cidadão

---

632. BVerfGE 7, 194 (190).

633. "Materielle Rechtskraft ist notwendige Folge des Rechts auf Rechtsschutz durch die Gerichte. Sie findet ihre verfassungsgemäße Verankerung im Rechtsstaatsprinzip" (ROSENBERG-SCHWAB-GOTTWALD, *Zivilproßrecht*, p. 915).

634. ÁVILA, Humberto. *Sistema constitucional tributário*, p. 294 e ss. "É a garantia da coisa julgada que ampara, relativamente às decisões judiciais, a segurança das partes (que não querem ver excluídos seus direitos já confirmados), da sociedade (que não tolera a falta contínua de coordenação entre os cidadãos) e do próprio Poder Judiciário (que não pode infinitamente voltar a decidir a respeito de questões sobre as quais já tenha se pronunciado)" (ÁVILA, Humberto. *Teoria da igualdade tributária*, p. 124).

635. No direito português, a doutrina converge para a tese de que a coisa julgada está fundada no princípio da segurança jurídica. Assim: MEDEIROS, Rui. *A decisão de inconstitucionalidade*, p. 548; MIRANDA, Jorge. *Manual de direito constitucional*, t. VI, p. 277; CANOTILHO, J. J. Gomes. *Direito constitucional e teoria da constituição*, p. 256; _____; MOREIRA, Vital. *Fundamentos da constituição*, p. 84.

636. MARTINS-COSTA, Judith. Almiro do Couto e Silva e a ressignificação do princípio da segurança jurídica na relação entre o Estado e os cidadãos: a segurança como crédito de confiança. *Fundamentos do estado de direito – Estudos em homenagem ao professor Almiro do Couto e Silva*, p. 120 e ss.; COUTO E SILVA, Almiro do. O princípio da segurança jurídica (proteção à confiança) no direito público brasileiro e o direito da administração pública de anular os seus próprios atos administrativos: o prazo decadencial do art. 54 da lei do processo administrativo da União (Lei 9.784/1999), *Revista de Direito Administrativo*, n. 237, p. 272 e ss.; MAFFINI, Rafael. *Princípio da proteção substancial da confiança no direito administrativo brasileiro*. V., ainda, CALMES, Sylvia. *Du principe de protection de la confiance legitime en droits allemand, communautaire et français*.

nos atos estatais. É, por assim dizer, um concreto "exemplo" de proteção da confiança legitimamente depositada pelo cidadão nos atos de poder.

A coisa julgada serve à realização do princípio da segurança jurídica, tutelando a ordem jurídica estatal e, ao mesmo tempo, a confiança dos cidadãos nas decisões judiciais. Sem coisa julgada material não há ordem jurídica e possibilidade de o cidadão confiar nas decisões estatais. Não há, em outras palavras, Estado de Direito. Bem por isso, o art. 5.º, XXXVI, da CF, quando afirmou que "a lei não prejudicará (...) a coisa julgada", quis dizer que nenhuma lei infraconstitucional pode negar ou desproteger a coisa julgada. Qualquer lei que diga que uma decisão – proferida em processo em que todos os argumentos e provas puderam ser apresentados – pode ser revista ou desconstituída pelo Poder Judiciário, não acatada pelo Poder Executivo, ou alterada ou modificada pelo Poder Legislativo, é uma lei inconstitucional.

Em suma, não se pode admitir que a decisão de inconstitucionalidade, por si só, arraste e desfaça todas as coisas julgadas materiais instituídas, como se isto fosse um efeito que automaticamente dela decorre. A retroatividade da decisão de inconstitucionalidade é contida pela garantia constitucional da coisa julgada, não sendo necessário, por isso mesmo, que o Tribunal expressamente a exclua do campo de abrangência dos efeitos retroativos.

Isto já foi declarado pelo STF. Assim, por exemplo, no RE 594.892, em que o Min. Celso de Mello afirmou que "a sentença de mérito transitada em julgado só pode ser desconstituída mediante ajuizamento de específica ação autônoma de impugnação (ação rescisória) que haja sido proposta na fluência do prazo decadencial previsto em lei, pois, com o exaurimento de referido lapso temporal, estar-se-á diante da coisa soberanamente julgada, insuscetível de ulterior modificação, ainda que o ato sentencial encontre fundamento em legislação que, em momento posterior, tenha sido declarada inconstitucional pelo STF, quer em sede de controle abstrato, quer no âmbito de fiscalização incidental de constitucionalidade. A decisão do STF que haja declarado inconstitucional determinado diploma legislativo em que se apoie o título judicial, ainda que impregnada de eficácia *ex tunc*, como sucede com os julgamentos proferidos em sede de fiscalização concentrada (*RTJ* 87/758 – *RTJ* 164/506-509 – *RTJ* 201/765), *detém-se ante a autoridade da coisa julgada, que traduz, nesse contexto, limite insuperável à força retroativa resultante dos pronunciamentos que emanam*, in abstracto, *da Suprema Corte*".[637]

Quando muito, e excepcionalmente, o Tribunal poderá fazer o inverso, ou seja, declarar que determinados casos, já submetidos à coisa julgada, estão dela isentos. É interessante perceber que há, nesta hipótese, uma modulação que importa em dar à decisão de inconstitucionalidade uma retroatividade que, em princípio, ela não tem. Daí a razão pela qual a coisa julgada material é atingida apenas quando a Corte se posiciona expressamente a respeito. Não procede o argumento de que o art. 27 da Lei 9.868/1999 fala apenas em restrição dos efeitos, quando, no caso da coisa julgada, estar-se-ia dando uma ultrarretroatividade aos efeitos da decisão. É preciso perceber que a modulação de efeitos está preocupada com a proteção dos interesses que podem ser sacrificados em face da decisão de inconstitucionalidade. Em determinados casos, certamente raros e excepcionais, a coisa julgada pode ser sacrificada em benefício dos interesses afetados pela lei inconstitucional, como sucede quando se declara inconstitucional norma que pautou a condenação penal.

---

637. RE 594.892, rel. Min. Celso de Mello, decisão monocrática, *DJe* 04.08.2010.

A segunda questão inicialmente colocada, respeitante a eventual dever de o Tribunal sempre se pronunciar acerca da modulação dos efeitos, vem sendo posta à luz no cotidiano da prática da Corte por meio da utilização de embargos de declaração, opostos justamente quando não há menção, na decisão de inconstitucionalidade, à modulação dos efeitos. O uso dos embargos de declaração, diante da necessidade de modulação, coloca várias interrogações. Cabe saber se o Tribunal deve realizar a modulação dos efeitos ou assim proceder apenas quando é impulsionado. Este dever se confunde com o dever de sinalização positiva ou negativa de modulação, abrangendo, portanto, também o dever de afirmar que a modulação não é necessária? Se o silêncio do Tribunal pode ser entendido como ausência de modulação, qual o significado que daí pode ser extraído? A não modulação, ao significar silêncio dotado de significado, abre oportunidade a embargos de declaração? Se o tribunal tem dever, e assim dispensa requerimento para realizar a modulação, o seu pronunciamento deve ser antecedido pela ouvida de requerente e requerido e eventual *amicus curiae*? Da necessidade de oportunizar o contraditório deriva a oportunidade aos embargos de declaração? Neste caso é necessária a ouvida de todos os envolvidos, inclusive do *amicus curiae*? O *amicus curiae* tem legitimidade para apresentar embargos de declaração para que seja realizada a modulação?

Não há dúvida que o dever de modulação dos efeitos é corolário do poder de declarar a inconstitucionalidade da norma. É irracional supor que o STF, tendo poder para declarar a inconstitucionalidade, necessita de requerimento para prestar a tutela jurisdicional que lhe compete de modo adequado, e, assim, para isentar determinadas situações consolidadas dos prejuízos decorrentes dos efeitos das suas próprias decisões. Tal dever é instituído com a propositura da ação de inconstitucionalidade, uma vez que é esta que lhe impõe o dever de controlar a constitucionalidade da norma impugnada.[638] Aliás, se o Tribunal não tivesse este dever implícito ao poder de controlar a constitucionalidade, a lei teria de ter imposto a alguém o ônus de requerer a modulação. Entretanto, não é correto pensar que o requerente ou o requerido tenham interesse em requerer a modulação dos efeitos ou possam ser gravados com o ônus correspondente. Ora, a modulação de efeitos é tema que obviamente não pode ser circunscrito à esfera de quem quer que seja, constituindo, ao revés, genuíno dever do Tribunal incumbido de controlar a constitucionalidade.

Mas como deve ser compreendido o dever de o Tribunal modular os efeitos das suas decisões? Este dever surge quando presentes as circunstâncias, encartáveis em um dos conceitos indeterminados do art. 27, a impor a limitação dos efeitos da decisão. De modo que, como não poderia deixar de ser, o Tribunal é vinculado à presença de tais circunstâncias, não podendo deixar de atenuar ou excluir a retroatividade dos efeitos da sua decisão, ou mesmo dar-lhe efeitos prospectivos, quando elas estiverem presentes.

Não obstante, o ponto que requer exame, em verdade, está na necessidade de o Tribunal se pronunciar acerca da modulação de efeitos quando entende que não precisa realizá-la. Nada impede que o silêncio do Tribunal seja interpretado como sinal de inexistência de

---

638. Em questão de ordem suscitada pelo Min. Gilmar Mendes na ADIn 2.949 decidiu o Pleno que, uma vez proclamado o resultado final, tem-se por concluído e encerrado o julgamento, sendo inviável a sua reabertura em sessão de julgamento subsequente para fins de modulação de seus efeitos em razão da ausência de quórum em sessão anterior. Somente se a proposta de modulação tivesse ocorrido na data do julgamento do mérito seria possível admiti-la (*Informativo 780*, de 16.04.2015; STF, ADIn 2.949, QO, Pleno, rel. Min. Joaquim Barbosa, rel. p/ acórdão Min. Marco Aurélio, *DJe* 27.05.2015).

vontade de modular os efeitos, mas é importante constatar que isso evidentemente não significa que não tenha o dever de analisar se a modulação é ou não necessária. O problema é que, se o silêncio pode ter significado, ele não tem grafia ou concretude, e, assim, não pode ser totalmente apreendido. De modo que a legitimidade do silêncio na modulação depende de poder ser entendido como não modulação apenas por ser silêncio.

Note-se, porém, que, se o silêncio do Tribunal pode ser entendido como não modulação, isso constitui apenas reflexo de uma opção processual que confessa que uma lei inconstitucional pode produzir efeitos e que toda decisão que se debruça sobre o controle de constitucionalidade pode ter efeitos retroativos plenos, limitados ou apenas efeitos prospectivos.

Diante disso, seria possível pensar que, diante do silêncio da Corte, jamais seria viável apresentar embargos de declaração. Foi o que concluiu o STF nos embargos de declaração na ADIn 2.791, em que disse o relator, Min. Menezes Direito: "Eu sempre tenho entendido que se pode conhecer dos embargos de declaração, mas se há de rejeitá-los caso não exista a expressa indicação, no julgamento, de que houve pedido para modulação de efeitos, porque não há como identificar a omissão. (...) estamos estabelecendo a possibilidade de, por via de embargos declaratórios, mesmo inexistindo omissão, no que concerne à modulação dos efeitos, apreciar".[639]

Esta decisão, além de vincular a manifestação do Tribunal a pedido, entendeu que a inexistência de omissão seria óbice aos embargos de declaração. A vinculação da decisão do Tribunal a pedido, como demonstrado, não tem qualquer cabimento. Vale a pena, no entanto, tocar no outro argumento do voto do Min. Menezes Direito, referente à possibilidade de se admitirem os embargos declaratórios "mesmo inexistindo omissão".

Como já dito, a referida omissão consiste em silêncio dotado de significado, razão pela qual é possível saber apenas que a omissão representa não modulação, mas jamais se a Corte considerou particularidades e aspectos que impõem a limitação ou a exclusão de efeitos retroativos ou mesmo a imposição de efeitos unicamente prospectivos. Se o sistema retira do silêncio um sinal, não exigindo sua explicação ou a motivação das razões que levaram o Tribunal a silenciar, não há como excluir a possibilidade de participante do processo se valer de embargos de declaração para fazer a Corte ponderar acerca de suas razões e de justificar o raciocínio que empregou sobre elas.

Assim, não há relação de causalidade entre inexistência de omissão, derivada de desnecessidade de justificação da não modulação, com descabimento de embargos de declaração, como supôs a Corte nos EDcl na ADIn 2.996, de relatoria do Min. Sepúlveda Pertence.[640]

---

639. ADIn 2.791-EDcl, Pleno, voto do rel. p/ o acórdão, Min. Menezes Direito, *DJe* 04.09.2009. No mesmo sentido: "Embargos declaratórios. Omissão. Fixação do termo inicial dos efeitos da declaração de inconstitucionalidade. Retroatividade total. Inexistindo pleito de fixação de termo inicial diverso, não se pode alegar omissão relativamente ao acórdão por meio do qual se concluiu pelo conflito do ato normativo autônomo abstrato com a Carta da República, fulminando-o desde a vigência" (ADIn 2.728-EDcl, rel. Min. Marco Aurélio, *DJ* 05.10.2007).

640. "Embargos de declaração: pretensão incabível de incidência, no caso, do art. 27 da LADIn. Sobre a aplicação do art. 27 da LADIn – admitida por ora a sua constitucionalidade –, não está o Tribunal compelido a manifestar-se em cada caso: se silenciou a respeito, entende-se que a declaração de inconstitucionalidade, como é regra geral, gera efeitos *ex tunc*, desde a vigência da lei inválida" (ADIn 2.996-EDcl, rel. Min. Sepúlveda Pertence, *DJ* 16.03.2007).

Deixe-se consignado, no entanto, que, apesar dos referidos julgados, recentemente o STF proferiu decisão que não apenas excluiu a necessidade de pedido para a manifestação da Corte, como também entendeu que a circunstância de poder silenciar não elimina a possibilidade do uso de embargos de declaração. Trata-se de decisão proferida nos EDcl na ADIn 3.601, de relatoria do Min. Dias Toffoli, que reconheceu que "o art. 27 da Lei 9.868/1999 tem fundamento na própria Carta Magna e em princípios constitucionais, de modo que sua efetiva aplicação, quando presentes os seus requisitos, garante a supremacia da Lei Maior. *Presentes as condições necessárias* à modulação dos efeitos da decisão que proclama a inconstitucionalidade de determinado ato normativo, *esta Suprema Corte tem o dever constitucional de, independentemente de pedido das partes,* aplicar o art. 27 da Lei 9.868/1999. Continua a dominar no Brasil a doutrina do princípio da nulidade da lei inconstitucional. Caso o Tribunal não faça nenhuma ressalva na decisão, reputa-se aplicado o efeito retroativo. *Entretanto, podem as partes trazer o tema em sede de embargos de declaração* (...). Presentes não só razões de segurança jurídica, mas também de excepcional interesse social (preservação da ordem pública e da incolumidade das pessoas e do patrimônio – primado da segurança pública), capazes de prevalecer sobre o postulado da nulidade da lei inconstitucional. Embargos declaratórios conhecidos e providos para esclarecer que a decisão de declaração de inconstitucionalidade da Lei distrital 3.642/2005 tem eficácia a partir da data da publicação do acórdão embargado."[641]

É necessário sublinhar que dispensa de justificação não se confunde com discricionariedade. A Corte não tem discricionariedade, mas dever de modular quando presentes os pressupostos para tanto. Está, apenas, dispensada de declinar os motivos pelos quais deixou de modular, já que importa, em princípio, somente o resultado da inação e não as suas razões. A dispensa de justificar gera aos participantes do processo a possibilidade de apresentarem embargos de declaração, quando exercem o contraditório na forma postecipada, tendo, então, a possibilidade de apresentarem as circunstâncias que impõem a modulação.

Realmente, a postecipação do contraditório é reflexo da usurpação da possibilidade de os participantes do processo poderem debater a questão da modulação anteriormente à decisão a ela respeitante. O fato de a modulação dispensar requerimento e constituir dever da Corte não pode retirar dos participantes o poder de debater a questão da modulação, até porque esta obviamente lhes interessa e a sua discussão constitui fator de legitimação do exercício da jurisdição constitucional. Assim, os embargos declaratórios viabilizam o exercício do contraditório, ainda que postecipado, bem como conferem legitimação à decisão jurisdicional.

Não fosse assim, o procedimento necessariamente deveria abrir oportunidade ao diálogo após a decisão de inconstitucionalidade, quando teriam oportunidade de falar requerente, requerido e eventuais *amici curiae,* para, somente depois, ser prolatada a decisão de modulação de efeitos. Não há dúvida que a modulação de efeitos é uma questão autônoma, independente da discussão acerca da constitucionalidade da norma impugnada, na medida em que (i) não se abre oportunidade à sua discussão antes da decisão da ação de inconstitucionalidade; (ii) não se grava os requeridos com o ônus de deduzir a modulação para a eventual hipótese de inconstitucionalidade; e (iii) nem se dá aos *amici curiae* oportunidade de discuti-la antes da pronúncia da inconstitucionalidade.

---

641. ADIn 3.601-EDcl, Pleno, rel. Min. Dias Toffoli, *DJe* 15.12.2010.

Tratando-se de questão distinta, não incorporada à discussão primitiva, o seu isolamento *ou afetação exclusiva ao Tribunal* foge dos motivos que justificam a própria participação dos *amici curiae* e, portanto, a necessidade de pluralização do debate para a legitimação democrática da justiça constitucional. Bem por isso, justifica-se a utilização dos embargos de declaração pelos *amici curiae*. A discussão da modulação dos efeitos não pode ser vista como usurpação de poder restrito ao requerente e ao requerido, muito menos com atuação incompatível com a dos principais partícipes do processo. A possibilidade de o *amicus* debater a questão da modulação é inerente à própria razão de ser de sua participação no processo objetivo. É irracional incentivar a participação do *amicus curiae*, salientando-se a sua importância para a otimização e a abertura do debate, e negar-lhe oportunidade de falar sobre a modulação dos efeitos da decisão, algo extremamente importante no controle abstrato das normas. Na verdade, subordinar o *amicus* à participação de requerente e requerido é manter o olhar sobre o processo destinado a dirimir conflitos entre partes, em que o assistente simples age apenas para coadjuvar autor ou réu. Ora, modular efeitos obviamente não constitui interesse exclusivo dos principais participantes do processo, mas é matéria que, inclusive, deve ser disciplinada de ofício pelo Tribunal. Sendo assim, obviamente pode e deve ser discutida pelo *amicus curiae*.

Nessa linha, cabe deixar claro que a possibilidade de debater e esclarecer não se resume à oportunidade de apresentar os embargos de declaração, mas, em verdade, tem nele o palco para acontecer, uma vez que, opostos os declaratórios, devem ser intimados o adversário do embargante e os eventuais *amici curiae*, tornando-se necessária a intimação de requerente e requerido e demais *amici curiae* quando os embargos forem manifestados por um dos *amici*.

Note-se, ademais, que os embargos de declaração não constituem exclusividade da decisão que não faz a modulação, mas igualmente da que a faz. Também neste caso, pelos mesmos motivos, os *amici curiae* têm legitimidade para apresentar ou simplesmente discutir os embargos declaratórios.

8.45 Efeitos da decisão de inconstitucionalidade sobre a coisa julgada

8.45.1 Lei inconstitucional e decisão baseada em lei inconstitucional: efeitos da lei e efeitos da decisão judicial

É conveniente advertir, desde logo, que a eficácia retroativa da decisão de inconstitucionalidade não diz respeito ao controle da constitucionalidade das decisões judiciais, mas apenas e tão somente ao controle da constitucionalidade das leis. Embora isso em princípio seja evidente, a tese da retroatividade da decisão de inconstitucionalidade sobre a coisa julgada muitas vezes esquece que nesta hipótese se está diante do controle da constitucionalidade da lei, e não de um meio de controle da constitucionalidade das decisões judiciais.

Ainda que a decisão de inconstitucionalidade declare a nulidade da lei e não a nulidade da decisão que aplicou a lei, há quem argumente que a declaração da nulidade da lei fulmina, por mera consequência lógica, a validade da decisão baseada na lei declarada inconstitucional.[642]

Este raciocínio está ancorado na ideia de que a jurisdição tem a função de atuar a vontade da lei. A adoção da teoria chiovendiana da jurisdição, segundo a qual o juiz atua a vontade concreta da lei, realmente pode conduzir à suposição de que a decisão de inconstitucionalidade deve invalidar a sentença que "atuou a vontade da lei" posteriormente declarada inconstitucional. Lembre-se que Chiovenda chegou a dizer que, como a jurisdição significa a atuação da lei, "não pode haver sujeição à jurisdição senão onde pode haver sujeição à lei".[643]

É verdade que Chiovenda afirmou que a função do juiz é aplicar a vontade da lei "ao caso concreto". Com isso, no entanto, jamais desejou dizer que o juiz cria a norma individual ou a norma do caso concreto, à semelhança do que fizeram Carnelutti e todos os adeptos da teoria unitária do ordenamento jurídico. Para Kelsen – certamente o grande projetor dessa última teoria –, o juiz, além de aplicar a lei, cria a norma individual (ou a sentença).[644]

Chiovenda é um claro adepto da doutrina que, inspirada no Iluminismo e nos valores da Revolução Francesa, separava radicalmente as funções do legislador e do juiz, ou melhor, atribuía ao legislador a criação do direito e ao juiz a sua aplicação. Recorde-se que, na doutrina do Estado Liberal, aos juízes restava simplesmente aplicar a lei ditada pelo legislador. Nessa época, o direito constituía as normas gerais, isto é, a lei. Portanto, o Legislativo criava as normas gerais e o Judiciário as aplicava. Enquanto o Legislativo constituía o poder político por excelência, o Judiciário, visto com desconfiança, resumia-se a um corpo de profissionais que apenas deveria pronunciar as palavras contidas na lei.[645]

De modo que não se pode confundir *aplicação da norma geral ao caso concreto* com *criação da norma individual do caso concreto*. Quando se sustenta, na linha da lição de Kelsen, que o juiz cria a norma individual, admite-se que o direito é o conjunto das normas gerais e das normas individuais e, por consequência, que o direito também é criado pelo juiz.[646]

Porém, mesmo a criação da norma individual, no sentido kelseniano, não significa que o juiz, ao criar a norma concreta, possa fazer outra coisa que não aplicar a norma geral. Para Kelsen, todo ato jurídico constitui, em um só tempo, aplicação e criação do direito, com exceção da Constituição e da execução da sentença, pois a primeira seria pura criação e a segunda pura aplicação do direito.[647] Nessa linha, o legislador aplica a Constituição e cria a norma geral e o juiz aplica a norma geral e cria a norma individual.[648]

---

642. OTERO, Paulo. *Ensaio sobre o caso julgado inconstitucional*, passim.

643. CHIOVENDA, Giuseppe. *Instituições de direito processual civil*, vol. 2, p. 55.

644. KELSEN, Hans. *Teoria geral do direito e do Estado*, p. 165. V. ORDÓÑEZ, Ulises Schmill. Observaciones a "inconstitucionalidad y derogación", *Revista Discusiones*, p. 79-83; NINO, Carlos Santiago. El concepto de validez jurídica en la teoría de Kelsen. *La validez del derecho*, p. 7-40.

645. BULYGIN, Eugenio. Los jueces crean derecho? – texto apresentado ao XII Seminário Eduardo García Maynez sobre teoria e filosofia do direito, organizado pelo Instituto de Investigaciones Jurídicas y el Instituto de Investigaciones Filosóficas de la Unam, p. 8.

646. KELSEN, Hans. *Reine Rechtslehre – Einleitung in die rechtswissenschaftliche Problematik*, p. 3-5, 197, 237; em senso crítico, DREIER, Horst. Hans Kelsen (1881-1973) – Jurist des Jahrhunderts? *Deutsche Juristen jüdischer Herkunft*, p. 705-733.

647. Cf. BULYGIN, Eugenio. Los jueces crean derecho?, p. 10.

648. "Criar uma norma é, portanto, ao mesmo tempo, aplicar uma outra norma; o mesmo ato é, simultanea-

Sabe-se que a teoria de Kelsen afirma a ideia de que toda norma tem como base uma norma superior, até se chegar à norma fundamental, posta no ápice do ordenamento. De modo que a norma individual, fixada na sentença, liga-se necessariamente a uma norma superior. A norma individual faria parte do ordenamento, ou teria natureza constitutiva, apenas por individualizar a norma superior para as partes.[649]

No Estado Constitucional brasileiro, em que o juiz tem o dever de interpretar a lei de acordo com a Constituição e de realizar o controle da constitucionalidade no caso concreto, certamente não há como sustentar que a jurisdição atua a vontade da lei, na linha proposta por Chiovenda, ou mesmo se limita a criar a norma concreta, nos termos da teoria de Kelsen e das doutrinas de Carnelutti[650] e Calamandrei.[651]

---

mente, de criação e de aplicação do direito" (KELSEN, Hans. *Teoria geral do estado*, p. 105); v., também, KELSEN, Hans. La garantie jurisdictionnelle de la constitution. La justice constitutionnelle, *Revue de Droit Public*, p. 204.

649. KELSEN, Hans. *Teoria geral do estado*, p. 109 e ss. "El tribunal tiene que declarar la existencia de tal norma del mismo modo que está obligado a establecer la existencia del acto violatorio. Pero no solo los tribunales: todos los órganos jurídicos se encuentran en la necesidad de decidir si la norma que 'prima facie' les exige ejecución es una norma perteneciente al orden jurídico. Para ello, colocándose en el punto de vista interno o inmanente al derecho, tiene que determinar si la norma respectiva es una norma existente y regular, si ha sido creada con arreglo a los procedimientos y con los contenidos establecidos por las normas condicionantes (superiores)" (ORDÓÑEZ, Ulises Schmill. Observaciones a "inconstitucionalidad y derogación", *Revista Discusiones*, p. 109); "La norma básica de Kelsen establece la obligatoriedad de un sistema jurídico; su identidad está determinada por un criterio que toma en cuenta el hecho de que la misma norma básica es presupuesta cuando adscribimos obligatoriedad a todas las normas del sistema. De cualquier manera, como criterio de identidad el anterior es vacuo, ya que el contenido de cada norma básica (y, consecuentemente, su propia identidad) no puede ser establecido, en el contexto de la teoría de Kelsen, antes de circunscribir las normas que pertenecen al sistema jurídico. (...) Si se dan por correctas las objeciones precedentes, seria el caso de preguntarse cuáles son los obstáculos que Kelsen pretende superar integrando a su teoría la hipótesis de autorización abierta que hemos examinado. Es obvio que el concepto de validez que la teoría pura parece formular, en forma explícita, implica trivialmente que no son válidas aquellas normas que contradicen las condiciones para su creación prescriptas por normas de nivel superior. Por otra parte, esa supuesta definición kelseniana de 'validez' es incompatible con el reconocimiento de que la validez o invalidez de una norma dependa de la declaración en uno u otro sentido por un órgano competente" (NINO, Carlos Santiago. El concepto de validez jurídica en la teoría de Kelsen. *La validez del derecho*, p. 14 e 35).

650. As concepções de "justa composição da lide", de Carnelutti, e de "atuação da vontade concreta do direito", de Chiovenda, são ligadas a uma tomada de posição em face da teoria do ordenamento jurídico, ou melhor, à função da sentença diante do ordenamento jurídico. Para Chiovenda, a função da jurisdição é meramente declaratória: o juiz declara ou atua a vontade da lei. Carnelutti, ao contrário, entende que a sentença torna concreta a norma abstrata e genérica, isto é, faz particular a lei para os litigantes. Para Carnelutti, a sentença cria uma regra ou norma individual, particular para o caso concreto, que passa a integrar o ordenamento jurídico, enquanto, na teoria de Chiovenda, a sentença é externa (está fora) ao ordenamento jurídico, tendo a função de simplesmente declarar a lei, e não de completar o ordenamento jurídico. A primeira concepção é considerada adepta da teoria unitária, e a segunda, da teoria dualista do ordenamento jurídico, sendo que estas teorias também são chamadas de constitutiva (unitária) e declaratória (dualista). V. MARINONI, Luiz Guilherme. *Curso de processo civil – Teoria geral do processo*, vol. 1, p. 33 e ss.

651. Dizia Calamandrei que "a lei abstrata se *individualiza por obra do juiz*" (CALAMANDREI, Piero. *Istituzioni di diritto processuale civile*, p. 156). Isso ocorreria após o término do processo, quando a sentença não pudesse mais ser discutida, ocasião em que não se admitiria mais nem falta de certeza nem conflito sobre a relação jurídica julgada. Eis a lição do mestre italiano: *"Assim como a lei vale, enquanto está em vigor, não porque corresponda à justiça social, senão unicamente pela autoridade de que está revestida (dura lex sed lex)*, assim também a sentença, uma vez transitada em julgado, vale não porque seja justa, senão porque tem, para o caso concreto, a mesma força da lei (*lex especialis*). Em um certo ponto, já não é legalmente

Nas teorias clássicas, o juiz declara a lei ou cria a norma individual a partir da norma geral.[652] Atualmente, cabe ao juiz o dever-poder de elaborar ou construir a decisão, isto é, a norma jurídica do caso concreto, mediante a interpretação de acordo com a Constituição e o controle da constitucionalidade.

A decisão transitada em julgado, assim, não pode ser invalidada como se constituísse mera declaração ou aplicação da lei, mais tarde pronunciada inconstitucional. A decisão judicial é o resultado da interpretação de um juiz dotado de dever de controlar a constitucionalidade no caso concreto, e, portanto, não pode ser vista como uma decisão que se limita a aplicar uma lei posteriormente declarada inconstitucional.

Como escreve Proto Pisani, é possível dizer que a coisa julgada material opera como *lex specialis*, separando a disciplina do direito feito valer em juízo da norma geral e abstrata, daí decorrendo a inoperatividade do *ius superveniens* retroativo sobre a *fattispecie* concreta de que deriva o direito objeto da coisa julgada, e ainda a inoperatividade da superveniente declaração de inconstitucionalidade da norma geral e abstrata sobre a qual se decidiu.[653]

A sentença que produziu coisa julgada material, por constituir uma norma elaborada por um juiz que tem o dever de realizar o controle difuso da constitucionalidade, não pode ser invalidada por ter se fundado em lei posteriormente declarada inconstitucional. Note-se que isso equivaleria à nulificação do *juízo de constitucionalidade*, e não apenas à nulificação da *lei* declarada inconstitucional. *Impedir que a lei declarada inconstitucional produza efeitos é muito diferente de negar efeitos a um juízo de constitucionalidade, legitimado pela própria Constituição.*

Proteger a coisa julgada não significa permitir que, no plano substantivo, um ato inconstitucional produza efeitos. Sublinhe-se que o direito português também consagra o controle difuso da constitucionalidade. Bem por isso, a Constituição da República Portuguesa afirma, no seu art. 282, 3, que, diante da declaração de inconstitucionalidade com força obrigatória geral, "ficam ressalvados os casos julgados, salvo decisão em contrário do Tribunal Constitucional quando a norma respeitar a matéria penal, disciplinar ou de ilícito de mera ordenação social e for de conteúdo menos favorável ao arguido". Como esclarece Miguel Galvão Teles, esta norma *não está admitindo que um ato inconstitucional produza efeitos*, mas apenas salvaguardando "*juízos* precedentes sobre a inconstitucionalidade, *diferentes do juízo que veio a prevalecer na decisão com efeito geral*".[654] Argumenta Galvão Teles que "o respeito dos casos julgados não significa reconhecer efeitos *a uma lei inconstitucional*, mas reconhecer efeitos *a uma lei que determinado juízo teve por constitucional*, melhor, reconhecer efeitos *ao juízo da constitucionalidade*. Para a jurisdição, o direito substantivo

---

possível examinar se a sentença corresponde ou não à lei: a sentença é a lei, e a lei é a que o juiz proclama como tal. *Mas com isso não se quer dizer que a passagem à coisa julgada crie o direito: a sentença (ou a coisa julgada material ou declaração de certeza), no sistema da legalidade, tem sempre caráter declarativo, não criativo do direito*" (CALAMANDREI, Piero. *Estudios sobre el proceso civil*, p. 158).

652. Não é mais possível supor que as decisões judiciais são produzidas a partir de simples atos de subsunção. V. GADAMER, Hans-Georg. *Verdade e método – Traços fundamentais de uma hermenêutica filosófica*, 4. ed., vol. 1, p. 490.

653. PROTO PISANI, Andrea. *Appunti sul giudicato civile e sui suoi limiti oggettivi, Rivista di Diritto Processuale*, p. 390.

654. TELES, Miguel Galvão. Inconstitucionalidade pretérita. *Nos dez anos da constituição*, p. 329. V., ainda, _____. Temporalidade jurídica e constituição, *20 anos da Constituição de 1976*, p. 226 e ss.

CONTROLE DE CONSTITUCIONALIDADE ○ 1181

converte-se sempre numa *incógnita* e a autonomia de cada decisão *torna possível que essa incógnita seja resolvida de maneiras diferentes*. O n. 3 do art. 282 respeita apenas ao âmbito da eficácia geral da decisão de inconstitucionalidade".[655]

Paulo Otero, autor de conhecida obra acerca da "coisa julgada inconstitucional", sustenta que o princípio da imodificabilidade do caso julgado "foi pensado para decisões judiciais conformes com o Direito ou, quando muito, decisões meramente injustas ou ilegais em relação à legalidade ordinária".[656] Assim, a primeira parte do n. 3 do art. 282 da Constituição da República Portuguesa seria uma exceção à retroatividade da decisão de inconstitucionalidade, constituindo uma derrogação do "princípio de que a validade de todos os atos do Poder Público depende da sua conformidade com a Constituição (= princípio da constitucionalidade), permitindo que passem a ser válidos casos julgados inconstitucionais, desde que à data da respectiva decisão judicial a norma aplicada não tivesse sido objeto de declaração de inconstitucionalidade com força obrigatória geral".[657]

É difícil admitir a conclusão de que a imodificabilidade da coisa julgada tenha sido pensada para decisões "conformes com o direito". Na verdade, e isto é pacífico no plano da doutrina processual, a proteção à coisa julgada nada tem a ver com a circunstância de a decisão estar ou não em conformidade com o direito, aí compreendidas as normas infraconstitucionais e as normas constitucionais. A imodificabilidade é característica da própria coisa julgada, instituto imprescindível à afirmação do Poder Judiciário e do Estado Constitucional, além de garantia do cidadão à estabilidade da tutela jurisdicional, corolário do direito fundamental de ação e do princípio da proteção da confiança.[658]

Além disso, a previsão da primeira parte do n. 3 do art. 282 da Constituição portuguesa não pode ser vista como uma norma indispensável à validade da coisa julgada inconstitucional, como se a decisão fundada em lei posteriormente declarada inconstitucional não tivesse validade em si, como decisão firmada por juiz que, no exercício do controle difuso da constitucionalidade, proferiu decisão válida e produtora de efeitos jurídicos.[659] É evidente

---

655. TELES, Miguel Galvão. Inconstitucionalidade pretérita. *Nos dez anos da constituição*, p. 329.

656. OTERO, Paulo. *Ensaio sobre o caso julgado inconstitucional*, p. 120.

657. Idem, p. 89.

658. Observa João Calvão da Silva, aludindo ao art. 282, n. 3, da Constituição portuguesa, que "a eficácia retroativa atribuída à declaração de inconstitucionalidade não é absoluta. *Exigências práticas sobretudo de certeza e segurança da vida intersubjetiva*, da vida dos interesses reais do tráfico que o direito tem por missão servir, a isso se opõem, ditando limites à eficácia no tempo da sentença constitucional que declarar a ilegitimidade de uma norma. O grande limite à retroatividade é o do *caso julgado*, cuja proteção é, pode dizer-se, comum a todos os ordenamentos jurídicos, com um coro unânime de apoio na doutrina e na jurisprudência" (SILVA, João Calvão da. *Estudos de direito civil e processo civil*, p. 211). Demonstra Canotilho que, "quando a Constituição [portuguesa] (art. 282.º, 3) estabelece a ressalva dos casos julgados, isso significa a *imperturbabilidade* das sentenças proferidas com fundamento na lei inconstitucional. Deste modo, pode dizer-se que elas não são *nulas* nem *reversíveis* em consequência da declaração de inconstitucionalidade com força obrigatória geral. Mais: a declaração de inconstitucionalidade não impede sequer, por via de princípio, que as sentenças adquiram *força de caso julgado*. Daqui se pode concluir também que a declaração de inconstitucionalidade não tem *efeito constitutivo* da intangibilidade do caso julgado. (...) Em sede do Estado de Direito, o princípio da intangibilidade do caso julgado é ele próprio um princípio densificador dos princípios da garantia da confiança e da segurança inerentes ao Estado de Direito" (CANOTILHO, J. J. Gomes. *Direito constitucional e teoria da constituição*, p. 1004).

659. Como deixa claro João Calvão da Silva, "o respeito expresso pelo caso julgado na Constituição [portuguesa] é, pois, conforme aos princípios gerais. Por isso, ainda que o mesmo não fosse consagrado na Lei Funda-

que a decisão fundada em lei mais tarde declarada inconstitucional é decisão válida, produtora de efeitos jurídicos, como expressão do poder de que o juiz é investido no sistema que adota o controle difuso da constitucionalidade. Portanto, ao contrário do que sustenta Paulo Otero, o n. 3 do art. 282 não constitucionaliza o inconstitucional, mas ressalva as interpretações judiciais – legitimamente proferidas pelo juiz ordinário – distintas da decisão de declaração de inconstitucionalidade.

Ademais, a admissão do raciocínio de Otero obrigaria a aceitar a ideia de que o juiz e o tribunal, embora tenham o dever-poder de realizar o controle difuso da constitucionalidade, sempre têm a sua decisão condicionada a um evento imprevisível. Como é óbvio, exatamente porque não há como pensar em uma *decisão provisoriamente estável* – o que seria uma contradição em termos –, não se pode raciocinar como se fosse possível conceber uma coisa julgada subordinada a uma *não decisão de inconstitucionalidade*. Aliás, caso isso fosse possível, o controle difuso da constitucionalidade certamente seria uma ilusão, para não dizer que seria uma excrescência, pois a decisão tomada no caso concreto ou estaria de acordo com a decisão proferida na eventual e futura ação direta, e assim teria validade, ou não estaria, e, portanto, seria nula. A qualidade e a efetividade do sistema difuso estariam na capacidade de o juiz ordinário "adivinhar" o que seria dito no futuro.

Porém, a fragilidade da construção de Paulo Otero fica ainda mais clara quando se analisa a sua objeção à doutrina de Miguel Galvão Teles – aqui anteriormente transcrita –, para quem o n. 3 do art. 282 reconhece "efeitos a uma lei que determinado *juízo teve por constitucional*". Ao tentar rebater este argumento, escreve Paulo Otero: "Desde logo, toda a construção de Miguel Galvão Teles tem como pressuposto que a decisão inconstitucional que transitou em julgado tenha sido objeto de uma apreciação de constitucionalidade. Ora, *pode bem suceder que sejam ressalvados casos julgados onde nunca foi suscitada ou levantada qualquer questão de inconstitucionalidade da norma aplicada*, de tal modo que não se possa dizer que o art. 282, n. 3, esteja a 'salvaguardar juízos precedentes sobre a inconstitucionalidade'".[660]

A rejeição da doutrina de Galvão Teles, feita por Paulo Otero, centra-se sobre um ponto que, bem vistas as coisas, apenas confirma a tese que pretendeu desacreditar. Note-se que Paulo Otero, na passagem em que impugnou a tese de Galvão Teles, não consegue negar a importância da ressalva das interpretações constitucionais diferentes da afirmada na decisão que declarou a inconstitucionalidade da lei com força geral, mas afirma que pode haver coisa julgada em caso em que, apesar de ter sido aplicada a lei posteriormente declarada inconstitucional, não tenha sido "suscitada ou levantada qualquer questão de inconstitucionalidade da norma aplicada".[661]

A circunstância de a questão de inconstitucionalidade não ter sido suscitada ou levantada não torna a decisão produtora de coisa julgada, proferida na via incidental, indiferente à questão constitucional, como se o juiz ordinário não tivesse o dever de controlar a constitucionalidade da lei, independentemente de arguição da parte. Ora, é inquestionável, em um sistema de controle difuso, *o dever de o juiz controlar, de ofício, a constitucionalidade da lei*.

---

mental, igual resultado seria atingido através do recurso às regras gerais do caso julgado e sua razão de ser" (SILVA, João Calvão da. *Estudos de direito civil e processo civil*, p. 212).

660. OTERO, Paulo. *Ensaio sobre o caso julgado inconstitucional*, p. 86.

661. Idem, ibidem.

Trata-se de noção assente desde as origens do *judicial review* no *Rule of Law* estadunidense,[662] que se encontra à base da conformação do Estado Constitucional brasileiro.[663] Assim, a decisão que aplicou uma lei inconstitucional, mesmo que sem juízo explícito acerca da questão constitucional, impede que a questão constitucional possa vir a ser suscitada para infirmar a decisão conferida ao litígio. Isso é impossível à luz da eficácia preclusiva da coisa julgada material, e, portanto, da técnica garantidora da estabilidade das decisões judiciais e da própria coisa julgada material. Advirta-se que a eficácia preclusiva da coisa julgada é afirmada no art. 489 do CPC português, de onde a doutrina lusitana extrai a máxima segundo a qual "o caso julgado cobre o deduzido e o dedutível."[664]

Mas o que mais causa impacto é que, no raciocínio de Paulo Otero, não há contestação da importância da ressalva das interpretações constitucionais diversas, mas apenas alegação de que poderia eventualmente ocorrer a preservação da coisa julgada sem que houvesse sido feita qualquer interpretação acerca da questão de inconstitucionalidade. Acontece que a razão de ser do raciocínio de que a decisão proferida na via incidental deve prevalecer, mesmo após a declaração de inconstitucionalidade com força geral obrigatória, está no dever-poder judicial para o controle difuso da constitucionalidade e na circunstância de que o exercício deste poder gera uma interpretação judicial legítima, que deve ser preservada.

A declaração de inconstitucionalidade é o resultado de uma ação voltada ao controle abstrato da constitucionalidade da lei, e, assim, não pode nulificar as decisões que versaram explicitamente sobre a constitucionalidade da lei ou simplesmente a aplicaram, uma vez que a decisão no caso concreto, por ser o reflexo do dever-poder judicial de controle difuso da constitucionalidade, é legítima em si, independentemente da sua substância, exceto quando aplica lei flagrantemente inconstitucional (caso em que cabe ação rescisória) ou aplica lei ou adota interpretação já declarada inconstitucional pelo Supremo Tribunal.

Além disso, como a decisão judicial não mais se limita a declarar ou a aplicar a lei, como acontecia à época do Estado Legislativo, mas constitui a norma jurídica do caso concreto, fruto do dever judicial de interpretar a lei de acordo com os direitos fundamentais e de realizar o controle da constitucionalidade na via incidental, não há como supor que a declaração de inconstitucionalidade da lei possa gerar, por mera consequência, a inconstitucionalidade da coisa julgada.[665] Esta conclusão seria devedora da ideia de que o juiz é a boca da lei, nos termos do ditado de Montesquieu.[666] Sucede que, como ressalta Rui Medeiros, não é isso

---

662. ROTUNDA, Ronald. *Modern constitutional law – Cases and notes*, 6. ed., p. 9.

663. APPIO, Eduardo. *Controle difuso de inconstitucionalidade*, p. 22 e ss.; MITIDIERO, Daniel. *Processo civil e estado constitucional*, p. 25; ZANETI JR., Hermes. *Processo constitucional – O modelo constitucional do processo civil brasileiro*, p. 11-12.

664. V. MENDES, João de Castro. *Limites objectivos do caso julgado em processo civil*, p. 176 e ss.

665. "Storicamente la caratteristica del giudicato sostanziale è stata da sempre colta in queste due principi: a) il giudicato copre il dedotto e il deducibile; b) il giudicato prevale rispetto allo *ius superveniens* retroattivo (e, oggi, alla sopravvenuta dichiarazione di incostituzionalità della norma sulla cui base è stato giudicato" (PROTO PISANI, Andrea. Appunti sul giudicato civile e sui suoi limiti oggettivi, *Rivista di Diritto Processuale*, p. 389).

666. Para explicar como funciona uma constituição na qual o poder controla o poder, Montesquieu deve indicar os poderes; deve estabelecer quais e quantos são os poderes que, em uma constituição voltada a garantir a liberdade do cidadão, são predispostos de modo a propiciar um mútuo controle. Neste momento, ele

que se passa na ordem jurídica contemporânea, pois "cabe aos tribunais não apenas um poder decorrente do Legislativo (o de continuar em concreto os comandos destes), mas um poder próprio, *ius proprium*. Daí que, quando se aceita a validade da sentença injusta, a conclusão se funde no poder soberano dos tribunais e não no valor da lei que na realidade não corporiza".[667]

Isso não quer dizer, obviamente, que a decisão judicial esteja isenta de controle da sua constitucionalidade. Esse controle pode ser feito mediante ação rescisória (art. 966, V, CPC/2015), em caso de aplicação de lei flagrantemente inconstitucional e de adoção de lei ou interpretação já declarada inconstitucional pelo STF, assim como por meio de impugnação (art. 525, §§ 12 e 14, CPC/2015), quando a sentença se fundou em lei ou em interpretação que, no momento da sua prolação, já tinha sido declarada inconstitucional pelo STF.

8.45.2 Incompatibilidade da retroatividade da decisão de inconstitucionalidade com o sistema difuso

No Brasil, todo e qualquer juiz tem o dever de realizar o controle de constitucionalidade, que, por isso mesmo, é dito difuso. Em outros países o controle da constitucionalidade é deferido a apenas um órgão, que possui esta função como única ou principal, quando o controle é concentrado. Na Alemanha, por exemplo, o Tribunal Constitucional Federal tem, entre outras funções, a de realizar o controle abstrato e concreto das normas, assim como a de fazer o controle da constitucionalidade, a pedido do juiz ordinário, durante o curso do processo comum.

O juiz ordinário, no sistema alemão, está proibido de tratar da questão constitucional, embora deva, ao se deparar com uma questão deste porte (com uma norma que reputar inconstitucional), suspender o processo e remeter a questão à apreciação do Tribunal Constitucional.

Diante desse quadro, que é radicalmente diverso do brasileiro, torna-se interessante indagar como se daria a discussão acerca da retroatividade da decisão de inconstitucionalidade sobre a coisa julgada. Num primeiro lançar de olhos, seria possível dizer que tal discussão não teria sentido, ao argumento de que o juiz e o tribunal não podem sequer decidir sobre a inconstitucionalidade. Contudo, se é verdade que o juiz ordinário, no direito alemão, está proibido de tratar da questão de inconstitucionalidade, isso não quer dizer que ele não possa deixar de percebê-la, aplicando uma lei inconstitucional. Nesta linha, a questão da

---

enuncia uma tese extremamente importante na história das doutrinas jurídicas: os poderes não são diversos nos diferentes Estados, mas são sempre e somente três. São eles: o Poder Legislativo, o Poder Executivo das coisas que dependem do direito das gentes e o Poder Executivo das coisas que dependem do direito civil. O poder "executivo das coisas que dependem do direito civil" também é chamado de "poder de julgar"; é neste momento, aliás, que a expressão "poder de julgar", ou "poder judiciário", se incorpora ao vocabulário jurídico-político. O "poder de julgar" é exercido através de uma atividade puramente intelectual, e não produtiva de "direitos novos". *Esta atividade não é apenas limitada pela legislação, mas também pela atividade executiva que, objetivando a segurança pública, abarca igualmente a atividade de execução material das decisões que constituem o conteúdo do "poder de julgar". Não é por razões diversas que Montesquieu acaba por afirmar que o "poder de julgar" é, "de qualquer modo, um poder nulo"* (cf. Tarello, Giovanni. *Storia della cultura giuridica moderna (assolutismo e codificazione del diritto)*, p. 287-291).

667. Medeiros, Rui. *A decisão de inconstitucionalidade*, p. 551-552.

retroatividade da decisão de inconstitucionalidade em relação à coisa julgada surge exatamente quando se constata que o juiz e o tribunal podem aplicar uma lei que posteriormente pode ser declarada inconstitucional pelo Tribunal Constitucional Federal. Quer isso dizer que a questão da retroatividade da decisão de inconstitucionalidade sobre a coisa julgada também é relevante nos sistemas de controle concentrado.

Não obstante, o problema é detectar o modo como tal questão aparece no sistema em que o controle da constitucionalidade é concentrado. Ou melhor, é importante pensar nas razões que estão por detrás da questão da retroatividade da decisão de inconstitucionalidade sobre a coisa julgada no sistema de controle concentrado.

Na Alemanha, a questão da retroatividade da decisão de inconstitucionalidade, ou melhor, as dimensões temporais da decisão de inconstitucionalidade não estão reguladas na Constituição, mas sim na Lei do Tribunal Constitucional Federal (*BVerfGG*). O § 79 desta lei trata especificamente da retroatividade da declaração de inconstitucionalidade em relação às decisões pretéritas.[668] Diz o § 79: "(Efeito da decisão) Contra uma sentença penal transitada em julgado, que está baseada em uma norma declarada incompatível com a Lei Fundamental ou em uma norma declarada nula, consoante com o § 78, ou na interpretação de uma norma que foi declarada incompatível com a Lei Fundamental pelo Tribunal Constitucional Federal, é admissível a reabertura do procedimento, de acordo com as prescrições do Código de Processo Penal. De resto, salvo a prescrição do § 95, alínea 2, ou de uma regulação legal especial, ficam intactas as decisões que não podem mais ser impugnadas, as quais estão baseadas numa norma declarada nula, consoante com o § 78. A execução de uma tal decisão é inadmissível. Na medida em que a execução forçada, consoante as prescrições do Código de Processo Civil, deve ser realizada, vale por analogia a prescrição do § 767 do CPC. Pretensões devidas a enriquecimento sem justa causa estão excluídas".[669]

O § 79 da *BVerfGG* foi inspirado no temor de que se desse a uma declaração de inconstitucionalidade um efeito que destruísse a coisa julgada. É por isso que, por sugestão do próprio Tribunal Constitucional, se adotaram medidas para privilegiar a paz e a segurança jurídicas. Segundo o Superior Tribunal Federal alemão (*BGH*), o princípio central do § 79 é o de que "decisões não mais impugnáveis, que se baseiam em uma norma que tenha sido declarada nula, devem permanecer intocadas, i.e., sua existência não deve mais ser colocada em questão. Uma exceção a essa regra foi dada pelo legislador somente para o direito

---

668. V. Steiner, Udo. Wirkung der Entscheidungen des Bundesverfassungsgerichts auf rechtmäßige und unanfechtbare Entscheidungen. *Bundesverfassungsgericht und Grundgesetz*, p. 628, 630 e 647.

669. Cf. Heck, Luís Afonso. *O Tribunal Constitucional Federal e o desenvolvimento dos princípios constitucionais*, p. 295. No original: "§ 79, BverGG: (1) Gegen ein rechtskräftiges Strafurteil, das auf einer mit dem Grundgesetz für unvereinbar oder nach § 78 für nichtig erklärten Norm oder auf der Auslegung einer Norm beruht, die vom Bundesverfassungsgericht für unvereinbar mit dem Grundgesetz erklärt worden ist, ist die Wiederaufnahme des Verfahrens nach den Vorschriften der Strafprozeßordnung zulässig. (2) *Im übrigen bleiben vorbehaltlich der Vorschrift des § 95 Abs. 2 oder einer besonderen gesetzlichen Regelung die nicht mehr anfechtbaren Entscheidungen, die auf einer gemäß § 78 für nichtig erklärten Norm beruhen, unberührt. Die Vollstreckung aus einer solchen Entscheidung ist unzulässig. Soweit die Zwangsvollstreckung nach den Vorschriften der Zivilprozeßordnung durchzuführen ist, gilt die Vorschrift des § 767 der Zivilprozeßordnung entsprechend. Ansprüche aus ungerechtfertigter Bereicherung sind ausgeschlossen".*

criminal: somente pode ser quebrada a coisa julgada de uma sentença criminal cujos fundamentos são inconstitucionais".[670]

Como explica Friedrich Müller, "o § 79 regulamentou matérias especialmente relevantes: contra sentenças penais que se baseiam em uma norma posteriormente declarada inconstitucional ou nula cabe a retomada de um processo. Mas decisões não mais impugnáveis nas outras áreas do direito remanescem 'intocadas': por conseguinte, não mais podem ser eliminadas. Se a partir delas ainda não tiver sido efetuado o procedimento da execução – e.g., no direito civil –, isso não poderá mais ocorrer a partir de agora. E caso no passado já tenha sido realizada uma execução a partir delas, essa prestação (*Leistung*) não mais poderá ser cobrada de volta, 'pretensões resultantes de enriquecimento ilícito (...) estão excluídas' (§ 79, II, 4). Nesses casos a dimensão temporal do passado é por assim dizer sustada, é bloqueada diante do futuro. Uma exceção – a abertura *facultativa* da dimensão futura – só vale para o direito penal. A razão é plausível, pois esse ramo do direito intervém de modo especialmente cortante nas relações pessoais e porque a pena envolve um juízo de desvalor sobre o comportamento humano – mas justamente com base em uma norma agora declarada inconstitucional. O § 79 precisava solucionar o conflito entre a justiça no caso individual e a segurança jurídica objetiva – em uma constelação que abrange diversas dimensões temporais; em outras palavras, num caso clássico de *direito intertemporal*. Nos casos antes citados – bloqueio do passado diante do futuro –, o § 79 *decidiu-se pela segurança jurídica e foi por isso elogiado pelo Tribunal Constitucional Federal*. A Corte extraiu do § 79 até um '*princípio jurídico universal*', no sentido de 'que uma decisão do Tribunal Constitucional Federal, que declara a nulidade de uma norma, *em princípio não deve produzir efeitos sobre relações jurídicas já processadas, abstraindo da exceção de uma sentença penal transitada em julgado*'".[671]

Note-se que, independentemente de o sistema de controle da constitucionalidade ser concentrado, a lei alemã, segundo o próprio Tribunal Constitucional Federal, fez bem em decidir pela segurança jurídica diante do conflito entre esta e a justiça no caso individual.[672] O interessante é que o Tribunal Constitucional alemão, ao afirmar que a declaração de inconstitucionalidade não tem efeitos retroativos sobre relações jurídicas já julgadas, viu aí uma única exceção, qual seja a da sentença penal transitada em julgado. Nada disse sobre a segunda parte do § 79, que obstaculiza a execução da sentença civil condenatória transitada

---

670. BGH, Urteil vom 26. April 2006 – IV ZR 26/05 – OLG Bremen. No original: "Nicht mehr anfechtbare Entscheidungen, die auf einer für nichtig erklärten Norm beruhen, unberührt bleiben, also in ihrer Existenz nicht mehr in Frage gestellt werden sollen. Eine Ausnahme von diesem Grundsatz machte der Gesetzgeber nur für das Strafrecht; allein die Rechtskraft eines auf verfassungswidriger Grundlage ergangenen Strafurteils sollte durchbrochen werden können".

671. MÜLLER, Friedrich. O significado teórico de "constitucionalidade/ inconstitucionalidade" e as dimensões temporais da declaração de inconstitucionalidade de leis no direito alemão (conferência). Disponível em: http://www.rio.rj.gov.br/pgm/publicacoes/ConferenciaRio20020919.pdf.

672. Na Itália há norma similar à do § 79 da Lei do Tribunal Constitucional alemão. O art. 30 da Lei 87, de 11.03.1953, diz que, "quando in applicazione della norma dichiarata incostituzionale è stata pronunciata sentenza irrevocabile di condanna, necessano la esecuzione e tutti gli effetti penali". Remo Caponi, em importante trabalho sobre a "eficácia da coisa julgada no tempo", explica que esta norma permite a retroatividade da declaração de inconstitucionalidade sobre a coisa julgada penal e contém uma implícita confirmação da intangibilidade da coisa julgada civil (CAPONI, Remo. *L'efficacia del giudicato civile nel tempo*, p. 370 e ss.).

em julgado, nos termos do § 767 do CPC alemão,[673] quando esta estiver fundada em lei posteriormente declarada inconstitucional pelo Tribunal Constitucional.[674]

Não aludir ao impedimento à execução da sentença que está fundada na lei declarada inconstitucional, mas apenas à sentença penal transitada em julgado, tem significado. Há diferença entre permitir a retroatividade da decisão de inconstitucionalidade sobre a coisa julgada penal – em virtude de razões excepcionais e específicas deste ramo do direito, como dito por Friedrich Müller – e obstar a execução da sentença civil transitada em julgado. Neste último caso, há a admissibilidade da dedução, como matéria de defesa capaz de ser articulada em oposição à execução, da declaração de inconstitucionalidade.[675] Quando a

---

673. § 767, ZPO – *Vollstreckungsabwehrklage:* "(1) Einwendungen, die den durch das Urteil festgestellten Anspruch selbst betreffen, sind von dem Schuldner im Wege der Klage bei dem Prozessgericht des ersten Rechtszuges geltend zu machen. (2) Sie sind nur insoweit zulässig, als die Gründe, auf denen sie beruhen, erst nach dem Schluss der mündlichen Verhandlung, in der Einwendungen nach den Vorschriften dieses Gesetzes spätestens hätten geltend gemacht werden müssen, entstanden sind und durch Einspruch nicht mehr geltend gemacht werden können. (3) Der Schuldner muss in der von ihm zu erhebenden Klage alle Einwendungen geltend machen, die er zur Zeit der Erhebung der Klage geltend zu machen imstande war". Tradução livre: 767. Oposição à execução: (1) As defesas vinculadas à pretensão declarada na sentença devem ser apresentadas pelo devedor mediante ação no tribunal do processo de primeira instância. (2) Essas defesas são admissíveis somente quando baseadas em fundamentos surgidos após o término da audiência oral, na qual as defesas poderiam ter sido invocadas de acordo com as disposições desta lei, e que não poderão ser invocadas mediante oposição. (3) O devedor deve apresentar todas as defesas invocáveis no momento da propositura da ação. V. Ragone, Álvaro Perez; Pradillo, Juan Carlos Ortiz. *Código procesal civil alemán (ZPO) I*, p. 370.

674. V. Musielak, Hanns. *Kommentar ZPO*, § 767, n. 28.

675. "Zur analogen Anwendung des § 79 Abs. 2 Satz 3 BVerfGG auf nicht mehr anfechtbare Entscheidungen, die auf einer vom Bundesverfassungsgericht im Rahmen verfassungskonformer Auslegung als verfassungswidrig verworfenen Interpretatitonsvariante einer Rechtsvorschrift oder auf der Auslegung und Anwendung unbestimmter Gesetzesbegriffe beruhen, die vom Bundesverfassungsgericht für unvereinbar mit dem Grundgesetz erklärt worden ist.

"Ob bei allen Entscheidungen außerhalb von Strafurteilen die Vollstreckungssperre nur nach Nichtigerklärung einer Norm greife oder § 79 Abs. 2 Satz 3 BVerfGG sich auf alle in § 79 Abs. 1 BVerfGG enthaltenen Alternativen beziehe, werde in Rechtsprechung und Schrifttum unterschiedlich beurteilt. Im Gegensatz zur wohl überwiegenden Meinung, nach der § 79 Abs. 2 BVerfGG nur die Entscheidungen erfasse, die auf einer für nichtig erklärten Norm beruhen, werde in den Kommentaren zum Bundesverfassungsgerichtsgesetz praktisch durchgängig die Auffassung vertreten, die weitere Vollstreckung aus einem hoheitlichen Akt sei gemäß § 79 Abs. 2 Satz 3 BVerfGG auch dann unzulässig, wenn das Bundesverfassungsgericht eine Norm oder eine bestimmte Normauslegung für mit dem Grundgesetz unvereinbar bezeichnet habe.

"Selbst wenn § 79 Abs. 2 BVerfGG in diesem weiten Sinne verstanden werde, erfasse er nicht Entscheidungen des Bundesverfassungsgerichts, die fachgerichtliche Entscheidungen nur wegen verfassungswidriger Anwendung einer Rechtsnorm aufheben. Der Richter habe bei Auslegung und Anwendung aller Rechtsvorschriften das verfassungsrechtliche Wertsystem als interpretationsleitend zu berücksichtigen. Weise die gerichtliche Entscheidung in dieser Hinsicht erhebliche Mängel auf, handele es sich nur um verfassungsrechtlich bedeutsame Subsumtionsfehler, die vom Bundesverfassungsgericht im Einzelfall korrigiert werden könnten. *Solche Entscheidungen ließen in der Regel den Bestand der einschlägigen Norm unberührt. § 79 Abs. 2 BVerfGG setze demgegenüber normbezogene Erkenntnisse des Verfassungsgerichts voraus und verbiete daher die Vollstreckung nur aus solchen Entscheidungen, die auf einem Inhalt der Rechtsnorm beruhten, den das Bundesverfassungsgericht im Wege der verfassungskonformen Auslegung ausgeschlossen habe.*

"Nach diesen Grundsätzen kann das angegriffene Urteil keinen Bestand haben. Es verstößt gegen den allgemeinen Gleichheitssatz des art. 3 Abs. 1 GG, weil es den Anwendungsbereich des § 79 Abs. 2 Satz 3 in Verbindung mit Satz 2 und Satz 1 BVerfGG in einer Weise einschränkt, die zu einer verfassungsrechtlich

declaração de inconstitucionalidade é invocada como matéria de oposição à execução, sabe-se que este fundamento não se destina a invalidar um juízo legítimo sobre a questão constitucional, mas sim a impedir que um juízo que ilegitimamente aplicou uma lei inconstitucional possa produzir efeitos.

No direito português, em contrapartida, todos os tribunais, não importando a sua categoria ou hierarquia, exercem controle da constitucionalidade (art. 204 da Constituição da República Portuguesa),[676] apreciando e decidindo a questão constitucional.[677] Embora a decisão sobre a questão constitucional possa chegar ao Tribunal Constitucional, isso nem sempre acontece, como também ocorre no Brasil. Mas o recurso ao Tribunal Constitucional é "obrigatório para o Ministério Público, das decisões dos tribunais que apliquem norma anteriormente julgada inconstitucional ou ilegal pelo próprio Tribunal Constitucional" (art. 280, 5, da CRP).

O fato de que a lei determina a obrigatoriedade do recurso no caso em que é aplicada norma já "julgada" inconstitucional demonstra que, *para o direito português, a apreciação da questão constitucional tem um valor distinto do da aplicação de norma já "julgada" inconstitucional pelo Tribunal Constitucional*. Confere-se aos juízes e aos tribunais o poder de controlar a constitucionalidade, mas, a partir da ideia de supremacia do Tribunal Constitucional, obriga-se o Ministério Público a interpor recurso contra as decisões que aplicam norma já dita inconstitucional pelo Tribunal Constitucional.[678] *Ressalva-se a interpretação da questão constitucional pelo juiz ordinário (a coisa julgada), mas não se deixa de frisar o efeito pernicioso da decisão judicial que desatende à declaração de inconstitucionalidade da Corte Suprema.*

A Constituição da República Portuguesa é expressa em ressalvar os "casos julgados" do efeito retroativo da decisão de inconstitucionalidade (art. 282, 3). A Constituição portuguesa, portanto, quando os tribunais aplicam norma já declarada inconstitucional, preocupa-se com a ideia de supremacia do Tribunal Constitucional, mas, quando os tribunais aplicam norma que posteriormente é declarada inconstitucional, dá nítida prevalência à segurança jurídica e à autoridade dos tribunais que exercem o controle difuso. Como diz Jorge Miranda, "garante-se, assim, a autoridade própria dos tribunais como órgãos de soberania aos quais compete 'administrar a justiça em nome do povo' (art. 202, n. 1); *garante-se o seu poder de apreciação da constitucionalidade e da legalidade* (art. 204); e garante-se, reflexamente, o direito dos cidadãos a uma decisão jurisdicional em prazo razoável (art. 20, n. 4, da Constituição e art. 6.º da Convenção Europeia)."[679]

No direito português, além da ressalva da coisa julgada, não se admite a invocação da declaração de inconstitucionalidade em oposição à execução da sentença transitada em

---

nicht zu rechtfertigenden Ungleichbehandlung und durch die Vollstreckung aus verfassungswidrigen Entscheidungen zu einer Beeinträchtigung von Grundrechten führt (BVerfG, 1 BvR 1905/02; 06.12.2005, Absatz-Nr. 1-72."

676. Art. 204, CRP: "*(Apreciação de inconstitucionalidade)* Nos feitos submetidos a julgamento não podem os tribunais aplicar normas que infrinjam o disposto na Constituição ou os princípios nela consignados".

677. MIRANDA, Jorge. *Manual de direito constitucional*, t. VI, p. 208 e ss.

678. Idem, p. 227 e ss.

679. Idem, p. 277. No mesmo sentido: MEDEIROS, Rui. *A decisão de inconstitucionalidade*, p. 546 e ss.

julgado.[680] Nem se poderia admitir, pois o direito português dá aos tribunais o poder de decidir a questão constitucional, de modo que a admissibilidade da declaração de inconstitucionalidade como fundamento capaz de obstaculizar a execução da sentença tornaria a oposição à execução um meio de controle da constitucionalidade das decisões judiciais transitadas em julgado.

Note-se, precisamente, a diferença entre a decisão que aplicou a lei – sem apreciá-la – posteriormente declarada inconstitucional e a decisão que enfrentou a questão constitucional, ou melhor, a distinção entre a decisão tomada pelo tribunal que está proibido de apreciar a questão constitucional e a decisão do tribunal que tem o dever de apreciá-la. No sistema em que o juiz e o tribunal estão proibidos de tratar da questão constitucional, há razoabilidade em sustentar a declaração de inconstitucionalidade da lei como fundamento para a oposição à execução; mas, no sistema em que o juiz e o tribunal têm o poder e o dever de tratar da questão constitucional, não há como conferir à declaração de inconstitucionalidade o *status* de alegação obstaculizadora da execução da sentença.

Por derradeiro, importa perceber que o controle reservado ao Tribunal Constitucional, quando comparado ao controle difuso, faz surgir uma diversa espécie de relação entre o juiz e a lei ou entre o Poder Judiciário e o Poder Legislativo. Vale perguntar, assim, o que significa dizer que, no controle difuso, o juiz tem poder para interpretar a lei para aplicá-la ou não, e, no sistema de controle concentrado, o juiz ordinário não tem poder para tratar, mesmo que incidentalmente ao caso concreto, da questão de constitucionalidade. Isso quer dizer que, no sistema de Tribunal Constitucional, está presente a doutrina da supremacia da lei ou da radical separação entre os Poderes, não sendo injustificado aí falar em uma verdadeira presunção de validade das leis – com efeitos para todos os juízes, com exceção da Corte Constitucional – e em uma marcante e quase absoluta afirmação do Legislativo sobre o Judiciário.[681]

O CPC de 2015 considerou os referidos argumentos para alterar a norma que estava presente no CPC de 1973 (art. 475-L, § 1.º), que admitia a dedução da decisão de inconstitucionalidade em sede de impugnação para obstaculizar a execução da sentença. Nos termos dos §§ 12 e 14 do art. 525 do CPC de 2015, se a decisão de inconstitucionalidade é "*anterior* ao trânsito em julgado da decisão exequenda", a execução pode ser obstada mediante impugnação. O CPC de 2015 afasta a ideia de alegação de decisão de inconstitucionalidade *posterior* à formação da coisa julgada, ou melhor, nega expressamente a tese da retroatividade da decisão de inconstitucionalidade para o efeito de obstaculizar a execução. Afirma-se que a decisão do Supremo Tribunal Federal *deve ser anterior ao trânsito em julgado da decisão exequenda*, mediante uma consciente reafirmação da eficácia obrigatória dos precedentes constitucionais na linha da teoria dos precedentes das Cortes Supremas.

8.45.3 Coisa julgada e segurança jurídica

No sistema de controle difuso, o juiz tem o dever de realizar interpretação para chegar a um juízo a respeito da constitucionalidade da norma. A decisão do juiz ordinário é tão

---

680. A declaração de inconstitucionalidade "não modifica nem revoga a decisão de qualquer tribunal transitada em julgado que a tenha aplicado, nem constitui fundamento da sua nulidade ou de recurso extraordinário de revisão" (MIRANDA, Jorge. *Manual de direito constitucional*, t. VI, p. 276).

681. CAPPELLETTI, Mauro. *Il controllo giudiziario di costituzionalità delle leggi nel diritto comparato*, p. 66 e ss.

legítima quanto a decisão da Suprema Corte, já que ambos têm legitimidade constitucional para tratar da questão de constitucionalidade. Assim, se o juiz e os tribunais ordinários têm poder de realizar controle da constitucionalidade, a admissão da retroatividade da decisão de inconstitucionalidade equivaleria a retirar as decisões judiciais do âmbito de proteção da segurança jurídica.[682]

O cidadão tem expectativa legítima na imutabilidade da decisão judicial, sendo absurdo supor que a confiança por ele depositada no ato de resolução judicial do litígio possa ser abalada pela retroatividade da decisão de inconstitucionalidade. Realmente, a admissão da retroatividade da decisão de inconstitucionalidade faria com que o princípio da proteção da confiança simplesmente deixasse de existir diante das decisões judiciais, que, assim como as leis, antes de tudo são atos de positivação do poder estatal.

Lembre-se de que o art. 282, 3, da Constituição da República Portuguesa estabelece a ressalva dos casos julgados como limite à retroatividade da decisão de inconstitucionalidade com "força obrigatória geral". Analisando esta norma, escreve Rui Medeiros, em sua notável obra acerca da "decisão de inconstitucionalidade", que a ressalva dos casos julgados revela "que a declaração de inconstitucionalidade com força obrigatória geral não constitui qualquer fundamento autônomo de revisão das sentenças firmes. Idêntica conclusão vale, ainda por maioria de razão, para os casos em que, após o trânsito em julgado, surge jurisprudência clara do Tribunal Constitucional no sentido da inconstitucionalidade da norma aplicada por sentença insusceptível de reclamação ou de recurso ordinário. Subjacente à regra da primeira parte do n. 3 do art. 282 está, assim, o reconhecimento pela Constituição de que o sacrifício da intangibilidade do caso julgado só deve ter lugar nos casos extremos em que imperativos de justiça o justifiquem. À partida, *uma simples alteração no plano normativo ou hermenêutico não justifica, perante situações de facto invariáveis, o afastamento da decisão transitada em julgado*".[683] Diante disso, conclui Rui Medeiros que o principal fundamento da regra do respeito pelos casos julgados – regra que, conforme sublinha, não vale apenas em face do Poder Legislativo ou Executivo – *decorre de um princípio material, a exigência de segurança jurídica*.[684]

É preciso salientar que o princípio da segurança jurídica se opõe à retroatividade da decisão de inconstitucionalidade sobre a coisa julgada nos sistemas de controle difuso. Mais

---

682. "Em uma sociedade política complexa e numerosa, os tribunais realizam uma função essencial. Nenhum sistema de direito – seja ele baseado no precedente judicial ou nas leis – pode ser tão perfeitamente moldado de forma a não deixar qualquer espaço para disputas. Quando surge uma disputa concernente ao sentido de uma norma particular, alguma provisão para a resolução dessa disputa é necessária. (...) Para agir confiantemente segundo normas, os homens devem não apenas ter a oportunidade de aprender quais são as normas, mas devem também ter assegurado que, em caso de uma disputa sobre o significado dessas normas, haverá algum método disponível para resolvê-las" (FULLER, Lon. *The morality of law*, p. 56-57); "As disputas sobre se uma regra admitida foi ou não violada ocorrerão sempre e continuarão interminavelmente em qualquer sociedade, excepto nas mais pequenas, se não houver uma instância especialmente dotada de poder para determinar, de forma definitiva e com autoridade, o facto da violação" (HART, Herbert. *O conceito de direito*, p. 103).

683. MEDEIROS, Rui. *A decisão de inconstitucionalidade*, p. 547-548.

684. Idem, p. 548. De acordo com Jorge Miranda, o fundamento último da regra que ressalva a coisa julgada diante da declaração de inconstitucionalidade com força obrigatória geral "decorre de um princípio material – a exigência de segurança jurídica. A estabilidade do direito tornado certo pela sentença insuscetível de recurso ordinário é, igualmente, a dos direitos e interesses que declara" (MIRANDA, Jorge. *Manual de direito constitucional*, t. VI, p. 277).

CONTROLE DE CONSTITUCIONALIDADE   ○   **1191**

particularmente, a adoção da retroatividade da decisão de inconstitucionalidade sobre a coisa julgada faz desaparecer, no sistema de controle difuso, qualquer proteção à confiança do cidadão nos atos do Poder Judiciário.

8.45.4 Retroatividade da decisão de constitucionalidade sobre a coisa julgada

Discute-se, ainda, se a decisão de procedência proferida na ação declaratória de constitucionalidade, que não possui sequer efeitos retroativos, pode abrir oportunidade para ação rescisória, impugnação ou embargos do executado em vista de anterior decisão que não aplicou a lei por reputá-la inconstitucional. Apenas para demonstrar que a questão tem sido ventilada inclusive nos tribunais, cabe lembrar que Barbosa Moreira já a enfrentou em parecer, argumentando que, depois da decisão definitiva de constitucionalidade, "os outros órgãos judiciais ficam vinculados a observar o que haja decidido a Suprema Corte: não lhes será lícito contrariar o pronunciamento desta, para deixar de aplicar, por inconstitucionalidade, a lei declarada compatível com a Constituição. Mas isso apenas *daí em diante*! Não se concebe vínculo que obrigasse um órgão judicial a observar decisão *ainda não proferida*. O vínculo atua para o futuro, não para o passado. De sentença anterior ao pronunciamento do STF não seria próprio dizer que infringiu o vínculo decorrente da declaração... *posterior* da constitucionalidade. O mesmo vale para o eventual julgamento de improcedência que a Corte Suprema profira em ação declaratória de inconstitucionalidade".[685] Por estes motivos, segundo Barbosa Moreira, a declaração de constitucionalidade não é "suficiente para tornar rescindível o acórdão" do tribunal que deixou de aplicar a lei.[686]

A sentença que deixa de aplicar uma lei, reputando-a inconstitucional, é uma sentença legítima se, no instante da sua prolação, ainda não havia declaração de constitucionalidade do STF. Não obstante a decisão seja sempre um ato autônomo e desprendido da lei, é importante frisar que a decisão que não aplica uma lei mais tarde declarada constitucional não pode sequer ser comparada com a decisão que aplica lei posteriormente declarada inconstitucional pelo STF.

A situação, na hipótese de declaração de constitucionalidade, é completamente distinta da de declaração de inconstitucionalidade. Ou melhor, na segunda hipótese se pode falar de decisão que aplica lei inconstitucional, mas, na primeira, não há aplicação de lei inconstitucional ou violação de norma constitucional, porém simplesmente não aplicação de norma infraconstitucional.

Na verdade, para efeito de legitimidade da decisão diante de posterior declaração de constitucionalidade, não importa o motivo pelo qual se deixou de aplicar a norma. Se o juiz entendeu que a norma era constitucional, mas não aplicável ao caso concreto, a posterior declaração da sua constitucionalidade obviamente em nada poderá afetar a coisa julgada. Mas se o juiz afirmou a inconstitucionalidade da norma para aplicar outra, a declaração de constitucionalidade também não terá o efeito de interferir sobre o juízo antes

---

685. BARBOSA MOREIRA, José Carlos. Inconstitucionalidade irregularmente declarada por via incidental. Coisa julgada. Ação rescisória não proposta. Irrelevância de julgamentos posteriores do Supremo Tribunal Federal. *Direito aplicado II*, p. 239.

686. Idem, ibidem.

feito, que é tão legítimo quanto aquele que não aplicou a lei apenas por entendê-la inaplicável ao caso concreto.

8.45.5 A impugnação fundada em decisão de inconstitucionalidade no CPC de 2015: da retroatividade à tutela da observância das decisões e dos precedentes constitucionais

Os arts. 475-L, § 1.º, e 741, parágrafo único, do CPC de 1973 davam ao executado a possibilidade de se defender, respectivamente mediante impugnação e embargos do executado – Fazenda Pública –, com base na alegação de o título executivo estar "fundado em lei ou ato normativo declarados inconstitucionais pelo Supremo Tribunal Federal, ou fundado em aplicação ou interpretação da lei ou ato normativo tidas pelo Supremo Tribunal Federal como incompatíveis com a Constituição Federal". Tais artigos, quando mal interpretados, evidenciavam um atentado contra a legitimidade do juízo de constitucionalidade do juiz ordinário. Representavam desconsideração do controle difuso e violação da intangibilidade da coisa julgada.

O CPC de 2015, no art. 525, § 12, afirma que "considera-se também inexigível a obrigação reconhecida em título executivo judicial fundado em lei ou ato normativo considerado inconstitucional pelo Supremo Tribunal Federal, ou fundado em aplicação ou interpretação da lei ou do ato normativo tido pelo Supremo Tribunal Federal como incompatível com a Constituição Federal, em controle de constitucionalidade concentrado ou difuso". Porém, logo a seguir, no § 14 do mesmo art. 525, deixa-se claro que "a decisão do Supremo Tribunal Federal *deve ser anterior* ao trânsito em julgado da decisão exequenda".

Portanto, não é apenas a decisão que declara a inconstitucionalidade de norma que pode obstaculizar a execução, mas também as decisões proferidas com base nas técnicas da "interpretação conforme" e da "declaração parcial de inconstitucionalidade sem redução de texto". Ademais, podem ser invocadas tanto as decisões em controle concentrado quanto as decisões firmadas em sede de controle difuso.

As decisões proferidas no controle concentrado de inconstitucionalidade têm eficácia *erga omnes* e, por isso, obviamente não podem ser negadas por qualquer juiz ou tribunal. O problema é que os tribunais e juízes não estão sujeitos apenas à eficácia *erga omnes* – que diz respeito à parte dispositiva da decisão –, mas também à eficácia obrigatória dos fundamentos determinantes (*ratio decidendi*) da decisão. Note-se que há diferença entre aplicar norma já declarada inconstitucional e aplicar norma cuja inconstitucionalidade está positivada nos fundamentos determinantes de decisão que declarou a inconstitucionalidade de outra norma. Se há declaração de inconstitucionalidade de determinada norma municipal, os fundamentos que determinaram a conclusão da sua inconstitucionalidade devem ser observados quando se está diante de norma de outro município, mas dotada da mesma substância.[687] Aliás, só em casos desta espécie é que importará o tema dos precedentes obrigatórios ou da eficácia obrigatória dos fundamentos determinantes da decisão.

Quando se afirma que a decisão proferida em controle difuso também pode obstaculizar a execução da decisão, demonstra-se exatamente a importância dos fundamentos determinantes da decisão proferida pelo Supremo Tribunal Federal. Ora, é evidente que o § 12 do art. 525 não está preocupado com a parte dispositiva da decisão proferida em

---

687. MARINONI, Luiz Guilherme. *Precedentes obrigatórios*. 4. ed., 2015, Capítulo III, item 3.5.

recurso extraordinário, uma vez que esta interessa apenas às partes que litigaram no caso que lhe deu origem. Quando se diz que a decisão exequenda pode ser impugnada quando tiver se pautado em norma considerada inconstitucional pelo Supremo Tribunal Federal ou se fundado em aplicação ou interpretação de norma tida pelo Supremo Tribunal Federal como incompatível com a Constituição Federal (art. 525, § 12, do CPC/2015), obviamente se está a falar dos fundamentos determinantes ou da *ratio decidendi* da decisão do Supremo Tribunal Federal.

Portanto, a decisão proferida em recurso extraordinário, para ser invocada para obstaculizar a execução, deve ter as características de um precedente constitucional, em que os fundamentos determinantes ou a *ratio decidendi* estejam delineados.[688] De modo que o CPC de 2015, quando abre oportunidade para a impugnação invocar decisão do Supremo Tribunal Federal anterior à decisão exequenda, afirma claramente a eficácia obrigatória dos precedentes firmados pelo Supremo Tribunal Federal.

É preciso advertir, porém, que a adoção da lei ou da interpretação já declaradas inconstitucionais pelo Supremo Tribunal Federal pode não ter sido essencial para a condenação. É por isso que, apresentada a impugnação, o exequente deve ter a oportunidade de demonstrar que, ainda que a decisão houvesse observado o precedente do Supremo Tribunal Federal, a sentença teria sido de procedência.

De modo que o acolhimento da impugnação não é consequência necessária da não observância do precedente constitucional. A obstaculização da execução exige juízo no sentido de que a não adoção da norma ou da interpretação declaradas inconstitucionais pelo Supremo conduziria à modificação do sinal da sentença, que, de procedência, passaria a ser de improcedência. Se o desrespeito ao precedente do Supremo Tribunal Federal não impuser a alteração da sentença, mas admitir apenas a modificação da sua fundamentação, não há como acolher a impugnação.

8.45.6 Da ação rescisória fundada em "violação literal de lei" (art. 485, V, do CPC/1973) à ação rescisória baseada em violação de "norma jurídica" (art. 966, V, do CPC/2015)

Segundo o art. 485, V, do CPC de 1973, a sentença de mérito, transitada em julgado, pode ser rescindida quando "violar literal disposição de lei". Diante da incontestável necessidade de se ressalvar a coisa julgada contra a alteração da interpretação dos tribunais, o Supremo Tribunal Federal editou a Súmula 343, que afirma não caber "ação rescisória por ofensa a literal disposição de lei, quando a decisão rescindenda se tiver *baseado em texto legal de interpretação controvertida nos tribunais*". Em um dos acórdãos que deram origem a essa súmula, frisou o relator, o Ministro Victor Nunes Leal, que "a má interpretação que justifica o *judicium rescindens* há de ser de tal modo aberrante do texto que equivalha à sua violação literal". Lembrou, ainda, que "a Justiça nem sempre observa, na prática quotidiana, esse salutar princípio, que, entretanto, devemos defender, em prol da estabilidade das decisões judiciais".[689]

---

688. MARINONI, Luiz Guilherme. *Julgamento nas cortes supremas*. São Paulo: Revista dos Tribunais, 2015, esp. Capítulos 2 e 6.

689. "Para corrigir interpretação de lei, possivelmente errônea, não cabe ação rescisória" (STF, 2.ª T., RE 50.046, rel. Min. Victor Nunes Leal).

A Súmula 343 não diz o que é violação literal de lei, mas deixa claro que a decisão que se funda em lei de interpretação controvertida nos tribunais não pode ser objeto de ação rescisória. Isto por uma razão compreensível: é que, se os tribunais divergiam sobre a interpretação da norma, a decisão que adotou uma das interpretações legitimamente encampadas pela jurisdição não pode ser vista como decisão que violou literalmente disposição de lei, que, assim, é suscetível de ser desconstituída mediante ação rescisória.

De modo que a súmula, em vez de encontrar um critério positivo para indicar quando há violação literal de lei, preferiu trabalhar com um requisito capaz de evidenciar quando não há violação literal de lei. Disse, então, que a decisão que aplica lei que tinha interpretação controvertida nos tribunais não está sujeita à ação rescisória.[690]

Porém, o real problema da dicção da norma do art. 485, V, do CPC de 1973 é o de que ela é um simples reflexo de uma teoria da interpretação há muito superada. Só há como pensar em "violação literal de lei" quando se supõe que a interpretação judicial pode declarar a norma contida na lei, nos moldes do formalismo interpretativo. Segundo a teoria formalista, a interpretação, enquanto atividade, tem natureza cognitiva. O juiz, ao interpretar, investigaria o significado do texto legal e, então, o descreveria.[691] Haveria interpretação para afirmar o que está implicitamente gravado no texto. Esse tipo de interpretação tem ao seu lado as ideias de completude e coerência do direito. Portanto, o juiz não atua com qualquer discricionariedade. Ao decidir, sempre está preso a uma norma preexistente. De modo que a interpretação, enquanto produto, é um mero enunciado descritivo, sujeito ao teste da verdade e falsidade; há apenas uma interpretação correta.[692] Bem por isso, é possível aceitar que o juiz, ao decidir, pode negar a norma preexistente ou violar a lei.

Sucede que não mais se aceita, no plano da teoria do direito, a ideia de que há um significado unívoco intrínseco ao texto legal. A norma não está no texto legal e não há uma relação de sinonímia entre o texto legal e o resultado obtido com a atividade interpretativa.[693]

---

690. V. MARINONI, Luiz Guilherme. *Coisa julgada inconstitucional*, 2. ed., p. 93 e ss.

691. "Secondo la teoria che converremo di chiamare 'cognitivistica' – ma talora della 'formalistica' – la quale risale alle dottrine giuridiche dell'Illuminismo, l'interpretazione (ivi inclusa quella giudiziale) è atto di scoperta o conoscenza del significato" (GUASTINI, Riccardo. *Interpretare e argomentare*. Milano: Giuffrè, 2011, p. 409).

692. GUASTINI, Riccardo. A interpretação: objetos, conceitos, teorias. *Das fontes às normas*. São Paulo: Quartier Latin, 2005, p. 139 e ss.

693. "Sovente si dice e si scrive, impropriamente, che l'interprete 'scopre' il significato delle 'norme'. In realtà né l'interprete 'scopre', né la sua attività ha per oggetto delle 'norme'. Vediamo di chiarire, incominciando con ciò che si cela sotto il verbo 'scoprire' e passando poi al sostantivo 'norma'. (...) È chiaro perciò che il vocabolo 'scoprire', così come è usato nell'espressione 'l'interprete scopre il significato di una norma', è del tutto improprio, ed anzi è dannoso alla chiarezza, perchè occulta – riassumendole in una sola parola – tre attività diverse che possono essere presenti tutte, o possono non essere tutte presenti, nell'attività dell'interpretazione. Dobbiamo perciò correggere l'espressione corrente riformulandola così: 'l'interprete rileva, o decide, o propone il significato di una norma, ovvero compie più d'una di queste attività'. Ma questa correzione non basta. Infatti anche il vocabolo 'norma' è ingannevole. L'interprete rileva, o decide, o propone il significato da attribuire a un documento, costituito da uno o più enunciati, di cui il significato non è affatto precostituito all'attività dell'interprete, ma ne è anzi il risultato; prima dell'attività dell'interprete, del documento oggetto dell'interpretazione si sa solo che esprime una o più norme, non quale questa norma sia o quali queste norme siano: 'norma' significa semplicemente il significato che è stato dato, o viene deciso di dare, o viene proposto che si dia, a un documento che si ritiene sulla base di indizi formali esprima una qualche direttiva d'azione. L'espressione corrente deve perciò essere corretta, perché non sia ambigua, così: 'l'interprete rileva, o decide, o propone il significato di uno o più enunciati precettivi, rilevando, o deciden-

Descabe imaginar que é possível investigar (atividade-interpretação) para declarar a norma (resultado-interpretação). Exatamente por isso, é equivocado pensar que a interpretação pode violar a lei.

A lei não detém a norma; essa é reconstruída pelo juiz a partir do texto, de elementos extratextuais da ordem jurídica e por meio de diretivas interpretativas e valorações.[694] A lei e o resultado-interpretação nada mais são do que enunciados, com a diferença de que a primeira é um enunciado do discurso das fontes e o segundo é um enunciado do discurso do intérprete.[695] Ninguém mais acredita na correspondência biunívoca entre lei e interpretação, na medida em que, como adverte Guastini, toda disposição legal é mais ou menos vaga e ambígua, de modo que sempre tolera diversas e conflitantes atribuições de significado. De uma única disposição legal podem derivar vários resultados interpretativos ou uma multiplicidade de normas, sempre conforme as diversas interpretações possíveis.[696]

A percepção da inexistência de correspondência biunívoca entre disposição e interpretação leva, como consequência lógica, ao abandono dos mitos do "sentido exato da lei" e da garantia da unidade do direito objetivo e faz ver que a função da Corte Suprema somente pode ser a de definir o sentido do direito para garantir a igualdade perante o direito. O valor constitucional tutelado pelo sistema de precedentes das Cortes Supremas não é a unidade do direito, antigo mito atrás do qual se esconderam instâncias autoritárias dos mais variados gêneros, porém a igualdade, realizada empiricamente mediante a vinculação dos tribunais e juízes ao "direito" delineado pela Corte, dependente da evolução da vida social, aberto ao dinamismo de um sistema voltado à atuação de princípios fundamentais munidos de inesgotável carga axiológica e atento à devida percepção das diferenças.[697]

Isso significa que a decisão judicial só pode violar a norma que resulta da interpretação. Não é por outro motivo que o art. 966, V, do CPC de 2015 deixou de lado a ideia de violação a "literal disposição de lei" (art. 485, V, CPC/1973) e fala em violação de "norma jurídica". Uma decisão pode violar norma definida em precedente de Corte Suprema ou norma que deriva de texto legal que não suscita dúvida interpretativa. Quando há disputa ou controvérsia sobre a interpretação ou a respeito da norma que se deve extrair do texto, só se pode pensar em ação rescisória após a Corte Suprema ter definido a norma válida ou a interpretação adequada. Antes disso, há interpretação controvertida nos tribunais, de modo que não há racionalidade em sancionar a decisão que adotou um ou outro resultado-interpretação ou norma.

Lembre-se de que, há muito tempo, foi estendido o significado de "violação literal de lei", demonstrando-se que a própria razão para a rescisória em caso de violação literal de lei

---

do, o proponendo che il diritto ha incluso, o include, o includerà una norma'" (TARELLO, Giovanni. *L'interpretazione della legge*. Milano: Giuffrè, 1980, p. 61, 63-64).

694. WRÓBLEWSKI, Jerzy. Lenguaje jurídico e interpretación jurídica. *Sentido y hecho en el derecho*. México: Fontamara, 2008, p. 136 e ss.

695. GUASTINI, Riccardo. *Interpretare e argomentare*, p. 65.

696. GUASTINI, Riccardo. Disposição vs. Norma. *Das fontes às normas*. São Paulo: Quartier Latin, 2005, p. 34. "(...) molte disposizioni – quase tutte le disposizioni, in verità – hanno un contenuto di significato complesso: esprimono non già una sola norma, bensì una molteplicità di norme congiunte. Ad un'única disposizione possono dunque corrispondere più norme *congiuntamente*" (GUASTINI, Riccardo. *Interpretare e argomentare*, p. 65-66).

697. SILVESTRI, Gaetano. Le Corti Supreme negli ordinamenti costituzionali contemporanei. *Le corti supreme*. Milano: Giuffrè, 2001, p. 45.

infraconstitucional não poderia excluir a admissão da rescisória em caso de violação literal de norma constitucional. Portanto, o raciocínio antes desenvolvido se aplica à hipótese em que se pretende rescindir decisão que interpretou norma constitucional.

O que torna a questão problemática e interessante é que os tribunais, inclusive o Superior Tribunal de Justiça e o Supremo Tribunal Federal, após terem passado a admitir a rescisória em caso de "violação literal de norma constitucional", enxergaram uma diferença qualitativa na violação da norma constitucional diante da violação da norma infraconstitucional, ou melhor, uma diferença de natureza entre a interpretação da norma constitucional e a interpretação da norma infraconstitucional, como se a norma constitucional apenas admitisse uma única interpretação ou exigisse uma "interpretação correta", ao contrário da norma infraconstitucional, que abriria oportunidade a várias interpretações ou a "interpretações razoáveis".

Porém, não existe motivo para supor que apenas uma dada qualidade de norma – a norma constitucional – pode exigir uma única interpretação. O ponto tem grande relevância – a interpretação é sempre uma compreensão e uma reconstrução normativa. Não há qualquer razão para entender que a interpretação constitucional seja diversa da interpretação infraconstitucional no que tange aos seus resultados. A necessidade de coerência impõe essa observação: ou há interpretação "correta" da Constituição e da legislação infraconstitucional – porque, ao fim e ao cabo, tem-se aí sempre um interpretar –, ou não há possibilidade de uma única interpretação correta em qualquer desses planos normativos. Sustentar-se a necessidade de interpretação "correta" no plano constitucional e de interpretação "razoável" no plano infraconstitucional constitui evidente *contradictio in terminis*, porque o ato de interpretar é um só no que tange à compreensão de normas jurídicas.

8.45.7 A tese de que não há interpretação controvertida de norma constitucional

O Supremo Tribunal Federal e o Superior Tribunal de Justiça já decidiram no sentido de que a Súmula 343 somente se aplica aos casos em que a decisão se fundou em lei infraconstitucional. Afirma-se que a lei constitucional "não é uma lei qualquer, mas a lei fundamental do sistema", que não pode gerar duas ou mais interpretações razoáveis, porém apenas uma "interpretação juridicamente correta".[698]

Contudo, equipara-se "interpretação correta" à interpretação proferida pelo Supremo Tribunal Federal. Nesta linha, toda e qualquer decisão que adote interpretação posteriormente contrariada por pronunciamento do Supremo Tribunal Federal, ainda que prolatado em recurso extraordinário, é decisão que, para o efeito de ação rescisória, viola norma constitucional, e, assim, deve ser inapelavelmente desconstituída.

As decisões que admitiram a desconstituição da coisa julgada, mediante o exercício de ação rescisória baseada em pronunciamento do Supremo Tribunal Federal, contêm fundamentação não convincente. Assim, por exemplo, acórdão relatado pelo Ministro Moreira Alves, que diz inexistir ofensa ao art. 5.º, XXXVI, da Constituição Federal, sob o ângulo da coisa julgada e da não aplicação da Súmula 343, "pela singela *razão de que o enunciado dessa*

---

698. STJ, 1.ª Seção, EDiv no REsp 608.122, rel. Min. Teori Zavascki, j. 09.05.2007.

súmula se situa exclusivamente no plano da interpretação da legislação processual infraconstitucional" (STF, Ag no AI 305.592-0, 1.ª T., j. 20.02.2001, rel. Min. Moreira Alves).[699]

Em outro caso, o Supremo Tribunal Federal chegou à seguinte decisão: "4. Ação rescisória. Matéria constitucional. Inaplicabilidade da Súmula 343/STF. *5. A manutenção de decisões das instâncias ordinárias divergentes da interpretação adotada pelo STF revela-se afrontosa à força normativa da Constituição e ao princípio da máxima efetividade da norma constitucional. 6. Cabe ação rescisória por ofensa a literal disposição constitucional, ainda que a decisão rescindenda tenha se baseado em interpretação controvertida, ou seja, anterior à orientação fixada pelo Supremo Tribunal Federal.* 7. Embargos de declaração rejeitados, mantida a conclusão da 2.ª Turma para que o Tribunal *a quo* aprecie a ação rescisória" (STF, RE-ED 328.812, 2.ª T., rel. Min. Gilmar Mendes, *DJ* 02.05.2008).

Sustenta-se que a existência de interpretações divergentes, diante de norma constitucional, não é óbice à ação rescisória. Ou melhor, entende-se que pronunciamento do Supremo Tribunal Federal é apto à desconstituição das decisões transitadas em julgado que lhe são contrárias, pouco importando se, a respeito da interpretação da questão constitucional, havia controvérsia nos tribunais.

Diz o Ministro Gilmar Mendes, no acórdão referido por último, que "não é a mesma coisa vedar a rescisória para rever uma interpretação razoável de lei ordinária que tenha sido formulada por um juiz em confronto com outras interpretações de outros juízes *e vedar a rescisória para rever uma interpretação de lei que é contrária àquela fixada pelo Supremo Tribunal Federal em questão constitucional*" (STF, RE-ED 328.812, 2.ª T., rel. Min. Gilmar Mendes, *DJ* 02.05.2008). Nesta passagem, resta ainda mais claro que não há preocupação com a negação da existência de interpretações divergentes. Parte-se da premissa de que decisão do Supremo Tribunal Federal é, por si só, demonstrativo suficiente de violação literal de norma constitucional. O fundamento da rescisória está na força da decisão do Supremo Tribunal Federal, pouco importando se havia dúvida nos tribunais sobre a constitucionalidade da norma.

Não há dúvida que a interpretação do Supremo Tribunal Federal deve prevalecer, submetendo os demais juízes. Não há racionalidade em admitir que um juiz ordinário possa atribuir a uma questão constitucional interpretação diversa da que lhe tenha dado o Supremo Tribunal Federal. Daí a importância da vinculação dos órgãos judiciais às decisões do

---

699. O Supremo Tribunal Federal já decidiu não ter competência para definir se uma dada ação rescisória é cabível, nem mesmo socorrendo-se da Súmula 343, porque tal julgamento não acarreta, ao menos diretamente, exame de matéria constitucional (art. 102, III, *a*, da CF). Assim: "1. As questões relativas aos pressupostos de cabimento de ação rescisória e à aplicação da Súmula 343 possuem caráter eminentemente infraconstitucional, pois se fundam na legislação processual ordinária, hipótese em que eventual ofensa à Lei Maior, se houvesse, seria indireta e, portanto, de apreciação inviável na via do apelo extremo. 2. Segundo jurisprudência desta Corte, o recurso extraordinário em ação rescisória deve ter por objeto a fundamentação do acórdão nela proferido e não as questões versadas na decisão rescindenda. 3. Agravo regimental improvido" (STF, AI-AgRg 456.931/MG, 2.ª T., rel. Min. Ellen Gracie, *DJU* 31.03.2006). No mesmo sentido: STF, AI-AgRg 460.439/DF, Tribunal Pleno, rel. para acórdão Min. Sepúlveda Pertence, *DJU* 28.08.2006; STF, AI-AgRg 461.566/MG, 1.ª T., rel. Min. Carlos Britto, *DJU* 04.02.2005; STF, AI-AgRg 274.065/PE, 1.ª T., rel. Min. Sydney Sanches, *DJU* 22.11.2002; STF, AI-AgRg 371.721/BA, 2.ª T., rel. Min. Nelson Jobim, *DJU* 18.10.2002.

Supremo Tribunal Federal.[700] Aliás, a racionalidade do controle difuso depende do adequado emprego da técnica vinculante, nos moldes do *stare decisis* estadunidense,[701] para o que é imprescindível o desfazimento da confusão entre poder para controlar a constitucionalidade e poder para decidir de forma indiferente aos pronunciamentos do Supremo Tribunal Federal. Se é verdade que todo e qualquer juiz tem o dever- -poder de controlar a constitucionalidade, é inegável que este poder só pode ser exercido de forma racional quando submetido ao entendimento do Supremo Tribunal Federal.[702]

Porém, isto não quer dizer que a interpretação do Supremo Tribunal Federal possa ou deva se impor sobre as demais interpretações judiciais pretéritas, operando a destruição ou a nulificação de decisões já transitadas em julgado. Sublinhe-se que o Supremo Tribunal Federal (*BGH*) alemão já declarou, com amparo em decisões do próprio Tribunal Constitucional Federal (*BVerfG*), que "uma alteração na interpretação do direito não serve de fundamento para a rescisão da coisa julgada (BVerfGE 2, 380, 395, 405; BGH, Urteil vom 11.

---

700. MARINONI, Luiz Guilherme; MITIDIERO, Daniel. *Repercussão geral no recurso extraordinário*, p. 61-71.
701. A doutrina da *stare decisis* tem origem no direito inglês, decorrente da expressão latina *stare decisis et non quieta movere*. Porém, o tema da *stare decisis* em matéria constitucional é de todo desconhecido nesse sistema. Interessa, do ponto de vista do direito comparado, a análise do sistema norte-americano. Nos Estados Unidos, a *stare decisis* certamente tem uma matriz constitucional (FALLON JR., Richard. Stare decisis and the constitution: an essay on constitutional methodology, *New York University Law Review*, n. 76, 2001). Conforme a conceituam James Jr., Hazard e Leubsdorf, a "doutrina da *stare decisis* é um comando mediante o qual as cortes devem dar o devido peso ao precedente. Ela afirma que uma questão de direito já estabelecida deveria ser seguida sem reconsideração, desde que a decisão anterior fosse impositiva" (JAMES JR., Fleming; HAZARD JR., Geoffrey; LEUBSDORF, John. *Civil procedure*, p. 585). A essência da doutrina da *stare decisis* nos EUA reside na sua ligação umbilical com o princípio do Estado de Direito (*Rule of Law*). Ainda mais enfaticamente, a Suprema Corte americana afirma que tal ligação com a *Rule of Law* se dá "porque ela assegura que o direito não se altere de forma errática e permite que a sociedade presuma que os princípios fundamentais estão fundados no direito (*law*) ao invés de nas inclinações dos indivíduos" (*Vasquez v. Hillery*, 474 U.S. 254, 265). O respeito dos precedentes internamente aos Tribunais é conhecido como *stare decisis* em sentido horizontal. Contudo, foi só em 1958, na decisão do caso *Cooper v. Aaron*, em uma decisão unânime – algo raro na Suprema Corte americana –, que se decidiu que "a interpretação da décima quarta emenda anunciada por esta Corte no caso Brown é *the supreme law of the land*, e o art. VI da Constituição faz com que esta decisão tenha *efeito vinculante* (*binding effect*) sobre os Estados" (*Cooper v. Aaron*, 358 U.S. 1, 1958). Aí se fez presente a ideia de decisão (da Suprema Corte) obrigatória, vinculante, *binding* para todos os demais órgãos do Poder Judiciário e para a Administração Pública, a qual passou a ser conhecida como *stare decisis* em sentido vertical. De um ponto de vista prático, a *stare decisis* em sentido horizontal corresponderia à nossa coisa julgada *erga omnes* em matéria constitucional, já que impede a rediscussão da matéria pelo STF. A *stare decisis* em sentido vertical é idêntica ao efeito vinculante que emana das decisões do Plenário do STF em matéria constitucional. Um dos maiores juristas do direito comparado da atualidade, o Prof. John Merryman, da Stanford Law School, afirmou que aqueles que não reconhecem a existência da *stare decisis* no sistema da *civil law* estão apenas se iludindo e compactuando com o que ele entende ser um verdadeiro *folklore* (MERRYMAN, John Henry. *The civil law tradition*, p. 147). Nos Estados Unidos é inadmissível que um órgão jurisdicional inferior desobedeça àquilo que a Suprema Corte já afirmou ser o direito (*the law of the land*). Como recentemente afirmou o *Justice* Kennedy ao decidir o caso Lawrence *v*. Texas, a "doutrina do *stare decisis* é essencial para o respeito para com os julgamentos da Corte e para a estabilidade do direito" (*Lawrence v. Texas*, 539 U.S. 558, 2003). Ressalte-se que o chamado efeito vinculante (*binding effect*), que subordina os demais órgãos do Judiciário e da Administração às decisões da Suprema Corte, não tem fundamento no direito positivo. Trata-se de concretização do princípio do Estado de Direito (*rule of law*), fundamental para a estabilidade do direito.
702. MARINONI, Luiz Guilherme. *Precedentes obrigatórios*, 4. ed. São Paulo: RT, 2015.

CONTROLE DE CONSTITUCIONALIDADE   1199

März 1953 – II ZR 180/52 – BB 1953, 273; BAG, AP Nr. 1 zu § 580 ZPO; BFHE 123, 310, 311 f.)".[703]

Não obstante, a decisão relatada pelo Ministro Gilmar Mendes, há pouco mencionada, confere à interpretação do Supremo Tribunal Federal a força de alcançar as decisões judiciais transitadas em julgado que lhe são distintas. O Ministro Gilmar Mendes, em seu voto, afirma que, "se ao Supremo Tribunal Federal compete, precipuamente, a guarda da Constituição Federal, é certo que a sua interpretação do texto constitucional deve ser acompanhada pelos demais Tribunais, em decorrência do efeito definitivo absoluto outorgado à sua decisão. Não estou afastando, obviamente, o prazo das rescisórias, que deverá ser observado. Há um limite, portanto, associado à segurança jurídica. Mas não parece admissível que esta Corte aceite diminuir a eficácia de suas decisões com a manutenção de decisões diretamente divergentes à interpretação constitucional aqui formulada. Assim, *se somente por meio do controle difuso de constitucionalidade, portanto, anos após as questões terem sido decididas pelos Tribunais ordinários, é que o Supremo Tribunal Federal veio a apreciá-las, é a ação rescisória, com fundamento em violação de literal disposição de lei, instrumento adequado para a superação de decisão divergente*" (STF, RE-ED 328.812, 2.ª T., rel. Min. Gilmar Mendes, *DJ* 02.05.2008).

O Supremo Tribunal Federal, na passagem acima descrita, afirma claramente a retroatividade dos seus pronunciamentos, tomados em controle difuso (mediante recurso extraordinário, por exemplo), sobre a coisa julgada, sob o argumento de que as questões submetidas ao controle difuso da constitucionalidade somente chegam ao Supremo Tribunal Federal depois de muito tempo, quando algumas decisões proferidas pelos tribunais, interpretando a questão constitucional, já transitaram em julgado.

Contudo, a circunstância de uma questão constitucional chegar ao Supremo Tribunal Federal após o trânsito em julgado de decisões sobre a mesma questão certamente não é motivo para a admissão da retroatividade do pronunciamento do Supremo Tribunal Federal sobre a coisa julgada. As decisões que transitaram em julgado, tratando da questão constitucional posteriormente interpretada de outra maneira pelo Supremo Tribunal Federal, expressam um juízo legítimo sobre a constitucionalidade. Este juízo nada mais é do que resultado do dever-poder judicial de realizar o controle da constitucionalidade. Ademais, o fato de a decisão transitar em julgado, antes de a questão chegar à análise do Supremo Tribunal Federal, é mera consequência do sistema de controle da constitucionalidade brasileiro.

A admissão da força de pronunciamento do Supremo Tribunal Federal sobre a coisa julgada, ao fundamento da sua natural e insuprimível demora em se manifestar sobre a questão constitucional, significa a negação do sistema de controle difuso da constitucionalidade. Em vez da retroatividade das decisões do Supremo Tribunal Federal, seria efetiva e praticamente mais conveniente – obviamente se isso fosse juridicamente possível e

---

703. BGH, Urteil vom 26. April 2006 – IV ZR 26/05 – OLG Bremen. No original: "Ein Wandel der Rechtsauffassung ist kein Restitutions-grund (BVerfGE 2, 380, 395, 405; BGH, Urteil vom 11. März 1953 – II ZR 180/52 – BB 1953, 273; BAG, AP Nr. 1 zu § 580 ZPO; BFHE 123, 310, 311 f.)".

conveniente no sistema brasileiro (o que evidentemente não é)[704] – suprimir a possibilidade de o juiz ordinário realizar o controle da constitucionalidade.[705]

Note-se, além disto, que a aceitação da retroatividade do pronunciamento do Supremo Tribunal Federal sobre as decisões proferidas pelos tribunais significa colocar a coisa julgada sob condição ou em estado de provisoriedade, o que é absolutamente incompatível com o conceito e com a razão de ser da coisa julgada.[706] Ora, este estado de indefinição nega o fundamento que está à base da coisa julgada material, isto é, os princípios da segurança jurídica e da proteção da confiança. Aliás, a coisa julgada não é apenas condição para a proteção destes princípios, como também necessidade indispensável para a existência de discurso jurídico e, portanto, de processo jurisdicional.[707]

---

704. De acordo com Elival da Silva Ramos, "somente o exercício da fiscalização nos moldes do sistema europeu se ajusta às necessidades que a democracia social impõe ao tratamento da complexa relação de compatibilidade entre a atividade legislativa e os seus parâmetros constitucionais. (...) Não se trata apenas de uma tendência do controle de constitucionalidade brasileiro, mas da evidência de que as suas inúmeras e graves disfunções estão a demandar o passo seguinte: o abandono da matriz estadunidense e o completo alinhamento à fiscalização de padrão europeu. A fim de que essa transformação se opere, a competência para a fiscalização da constitucionalidade de leis e atos normativos há de ser concentrada em um único Tribunal Federal, ao menos no que tange à proteção da Constituição da República, já que também nos Estados deverá ser estruturado um sistema de controle concentrado, em que a validade de leis e atos normativos estaduais e municipais seja averiguada por um único tribunal local, tomando como referência, nesse caso, as disposições das Cartas Estaduais. Os demais juízes e tribunais, estaduais ou federais, estarão, consequentemente, impedidos de controlar a constitucionalidade de atos e omissões legislativas" (Ramos, Elival da Silva. *Controle de constitucionalidade no Brasil:* perspectivas de evolução, p. 385 e ss).

705. Sobre as virtudes do controle difuso de constitucionalidade na organização do *Rule of Law* estadunidense e dos países que o adotam, Abraham, Henry J. *The judicial process – An introductory analysis of the courts of the United States, England and France*, p. 270-271; especialmente sobre o papel do *judicial review* no Estado Constitucional brasileiro, com ênfase na construção da democracia contemporânea, Zaneti Jr., Hermes. *Processo constitucional – O modelo constitucional do processo civil brasileiro*, p. 113-170.

706. Nessa linha, é absolutamente correta a análise de Leonardo Greco, no sentido de que rescisória que ressuscite questão de direito ampla e definitivamente resolvida no juízo rescindendo, com fundamento no art. 485, V, do CPC, viola claramente a garantia da coisa julgada (Greco, Leonardo. Eficácia da declaração *erga omnes* de constitucionalidade ou inconstitucionalidade em relação à coisa julgada anterior. *Relativização da coisa julgada*, p. 251 e ss.).

707. "A coisa julgada obviamente não é mera regra de processo. Ademais, embora certamente protegida pela Constituição, ela é muito mais do que um princípio constitucional. Trata-se de uma regra indispensável à existência do discurso jurídico e, por conseguinte, ao exercício da própria jurisdição. A decisão judicial é o elemento final do discurso jurídico, realizado para que o Estado possa exercer a sua função de tutelar os direitos e, por consequência, as pessoas. Todo discurso, como é sabido, necessita de regras para poder se desenvolver de maneira adequada. É assim que o processo, para permitir a formação do convencimento do juiz e o desenvolvimento do discurso judicial, exige regras relativas ao tempo, ao modo e ao conteúdo da participação das partes e do juiz. Tais regras dizem respeito ao conteúdo do discurso e estão preocupadas com a sua legitimidade, imprescindível para a legitimação da jurisdição. Porém, todo discurso, para valer como discurso, precisa terminar. O recrudescimento da decisão judicial, ápice do discurso jurídico, é imprescindível para que o próprio discurso tenha razão de ser, e, assim, realmente exista enquanto discurso jurídico. A coisa julgada, portanto, não é uma regra preocupada com o conteúdo do discurso, mas sim uma condição para que o discurso seja um discurso institucional limitado no tempo e, destarte, um discurso jurídico propriamente dito. Na verdade, se a discussão jurídica não tiver um termo a partir do qual a decisão não possa ser questionada, não haverá sentido em falar em discurso jurídico nem muito menos em realizá-lo. Ora, um discurso jurídico incapaz de se estabilizar é uma contradição em termos, já que o poder, fundamento do discurso jurídico, imprescinde do recrudescimento. É por isso que um discurso aberto à eterna discussão jamais será um discurso jurídico ou um discurso do poder estatal, mas tão somente um

Assim, é até mesmo difícil – para não se dizer contrário aos fundamentos do direito – definir a natureza do procedimento que culmina em decisão que fica sob a condição de o Supremo Tribunal Federal não a contrariar. Esta decisão, por não ser dotada do devido recrudescimento, não configura verdadeira "decisão final", mas sim mero juízo provisório. Estar-se-ia diante de um processo jurisdicional autônomo, pois não destinado a dar segurança a outra tutela ou situação tutelável,[708] mas cuja tutela jurisdicional, apesar de satisfativa, seria suscetível de revogação![709]

No Superior Tribunal de Justiça também existem decisões no sentido de que pronunciamento do Supremo Tribunal Federal constitui fundamento para a rescisão da coisa julgada. Em acórdão proferido por estreita maioria, concluiu o Superior Tribunal Justiça que, "em matéria constitucional, não há de se cogitar de interpretação razoável, mas sim de interpretação correta" (STJ, EDiv no REsp 608.122, 1.ª Seção, rel. Min. Teori Zavascki, j. 09.05.2007).

Porém, o que o Superior Tribunal de Justiça quer significar, quando fala em "interpretação correta", é que a interpretação correta é a que vem do Supremo Tribunal Federal. Ou seja, sinônimo de interpretação correta é interpretação do Supremo Tribunal Federal. Assim, uma vez proferida a decisão correta, todas as outras que não lhe são conformes são incorretas, e, assim, sujeitam-se à ação rescisória.

A ideia de interpretação correta, infiltrada no mencionado acórdão do Superior Tribunal de Justiça, é esclarecida no voto do Ministro Teori Zavascki, particularmente na parte que frisa que "*contrariar o precedente tem o mesmo significado, o mesmo alcance, em termos pragmáticos, que o de violar a Constituição* (...). É nessa perspectiva, pois, que se deve aquilatar o peso institucional dos pronunciamentos do Supremo Tribunal Federal, mesmo em controle difuso. Nisso reside a justificação para se deixar de aplicar, na seara constitucional, o parâmetro negativo da Súmula 343, substituindo-se pelo parâmetro positivo da autoridade do precedente. E a consequência prática disso é que, independentemente de haver divergência jurisprudencial sobre o tema, o enunciado da Súmula 343 não será empecilho ao

---

discurso prático-geral. Quer isto dizer que a coisa julgada, antes de ser uma regra destinada a legitimar o conteúdo do discurso, é uma regra imprescindível à sua própria existência. Uma interpretação judicial que não tem condições de se tornar estável não tem propósito. Assim, a admissibilidade da retroatividade da decisão de inconstitucionalidade sobre a coisa julgada, além de contradizer o poder jurisdicional de controle difuso da constitucionalidade, nega a própria essência do discurso jurídico, que somente existe enquanto capaz de produzir uma decisão definitiva. Frise-se que, ao se aceitar a retroatividade da decisão de inconstitucionalidade sobre a coisa julgada, cria-se, em verdade, um discurso sob uma condição negativa imprevisível e temporalmente insuscetível de dimensionamento. Esta condição negativa é a não declaração da inconstitucionalidade da lei aplicada, que, obviamente, é imprevisível, além de poder ocorrer em qualquer momento posterior ao trânsito em julgado da sentença. Sendo assim, a retroatividade da declaração de inconstitucionalidade sobre a coisa julgada é um verdadeiro atentado contra a existência de discurso jurídico. Na verdade, a coisa julgada é uma regra formal do discurso jurídico, cuja fundamentação é pragmático-transcendental, apresentando-se, desta forma, como uma condição de possibilidade do discurso jurídico" (MARINONI, Luiz Guilherme. *Coisa julgada inconstitucional*, 2. ed., p. 56-57). V. ALEXY, Robert. *Teoria da argumentação jurídica*.

708. Sobre o ponto, v. MARINONI, Luiz Guilherme; ARENHART, Sérgio Cruz, *Curso de processo civil – Processo cautelar*, 3. ed.

709. A doutrina americana frisa que "o propósito de um processo judicial não é somente fazer justiça material, mas trazer um fim à controvérsia. É importante que os julgamentos da Corte tenham estabilidade e certeza". No original: "The purpose of a lawsuit is not only to do substantial justice but to bring an end to controversy. It is important that judgements of the court have stability and certainty" (JAMES JR., Fleming; HAZARD JR.; Geoffrey C.; LEUBSDORF, John. *Civil procedure*, p. 581).

cabimento da ação rescisória (juízo de admissibilidade). Mais que cabível, é procedente, por violar a Constituição, o pedido de rescisão da sentença (juízo rescindente), sendo que *o novo julgamento da causa (juízo rescisório), como corolário lógico e necessário, terá de se ajustar ao procedimento da Suprema Corte"* (STJ, EDiv no REsp 608.122, 1.ª Seção, j. 09.05.2007, rel. Min. Teori Zavascki).

Na realidade, quando se admite que não há diferença entre contrariar precedente constitucional – que não existia à época em que a decisão foi proferida – e violar a Constituição comete-se um equívoco que está na base da teoria da interpretação, que seria potencializado mediante a suposição de que a única interpretação capaz de fazer ver a Constituição é a do Supremo Tribunal Federal – como se não houvesse controle difuso. Ora, a assimilação de precedente constitucional com norma constitucional revela falta de distinção entre enunciado do discurso do intérprete e enunciado do discurso das fontes. Não há correspondência biunívoca entre Constituição e precedente constitucional, como clara e concretamente demonstra a possibilidade de revogação de precedente constitucional, inclusive de precedente que declarou a inconstitucionalidade de lei.[710] Um precedente do Supremo Tribunal Federal não declara a norma que sempre esteve contida na Constituição ou que sempre preexistiu à interpretação judicial. O precedente constitucional atribui sentido à Constituição ou o desenvolve de acordo com a evolução da sociedade e dos seus valores. Daí se poder falar em norma constitucional ou precedente constitucional como enunciados situados em planos diversos, afastando-se a crença falaz de que existiria uma correspondência biunívoca entre Constituição e interpretação do Supremo Tribunal Federal, única que poderia fazer supor que uma decisão legitimamente proferida por juiz incumbido de realizar controle difuso de constitucionalidade pode ser invalidada em virtude de ulterior decisão do Supremo Tribunal Federal – que teria o efeito de declarar a inconstitucionalidade da lei em que a anterior decisão se fundou.

Não fosse isso, se *ulterior* precedente torna a coisa julgada rescindível, não há decisão, tomada em controle difuso de constitucionalidade por juiz ordinário, que tenha alguma utilidade. Sempre importará a decisão do Supremo Tribunal Federal. A decisão proferida em controle difuso, embora possa produzir efeitos desde logo, *sempre colocará o jurisdicionado em estado de espera, sujeitando-o a uma decisão mais do que inútil; submetendo-o a uma decisão que, ao invés de resolver o litígio e criar uma confiança legítima, amplifica a litigiosidade latente e potencializa os males e as angústias decorrentes da pendência da ação, deixando perceptível que o processo que se desenvolveu com custos de todos os matizes talvez fosse desnecessário.*

Perceba-se que tal raciocínio leva à conclusão de que uma decisão que produz coisa julgada material, e é legitimamente proferida pelo juiz, não gera qualquer proteção à confiança nela depositada. Ora, admitir esta conclusão significa colocar o jurisdicionado na posição de alguém que pode ser "legitimamente" surpreendido depois de ter obtido decisão jurisdicional favorável transitada em julgado. Não é preciso dizer que isto viola, de forma escancarada, a segurança jurídica, princípio concretizador do Estado de Direito.

Por outro lado, deixando-se o plano subjetivo (do jurisdicionado), é imperioso frisar que não há decisão estatal legítima que possa ser desfeita pelo próprio Estado. A decisão em controle difuso de constitucionalidade é tão legítima quanto a decisão do Supremo Tribunal

---

710. MARINONI, Luiz Guilherme. *Precedentes obrigatórios*, 4. ed., Capítulo 3, itens 4 e 5.

CONTROLE DE CONSTITUCIONALIDADE ○ **1203**

Federal. Ambas provêm do Poder Judiciário e são legitimadas pela Constituição. *O equívoco não expresso, porém contido nas decisões que admitem o desfazimento da coisa julgada em virtude de ulterior precedente do Supremo Tribunal Federal, está em não perceber que admitir uma decisão fundada em lei posteriormente declarada inconstitucional não é o mesmo que admitir eficácia a uma lei declarada inconstitucional.*[711] Lembre-se que, conforme bem adverte Galvão Teles, respeitar a coisa julgada não significa reconhecer efeitos a uma lei inconstitucional, mas reconhecer efeitos a um *juízo* precedente sobre a inconstitucionalidade, diferente do juízo posteriormente feito na decisão de inconstitucionalidade do Tribunal Constitucional.[712]

Também não há como aceitar o argumento de que a retroatividade do pronunciamento do Supremo Tribunal Federal sobre a coisa julgada é imprescindível para fazer valer a plenitude da Constituição. *Não se pense que a rescisão da coisa julgada fundada em lei declarada inconstitucional constitui a afirmação da constitucionalidade sobre a inconstitucionalidade.* Não fosse assim, não haveria sequer como admitir o prazo de dois anos para a propositura da ação rescisória. A decisão, ainda que fundada em lei inconstitucional, é constitucional. A decisão, mesmo que fundada em lei posteriormente declarada inconstitucional, é manifestação legítima do Poder Judiciário.[713] A coisa julgada que cobre esta decisão

---

711. Em sentido diverso, Teresa Arruda Alvim Wambier e José Miguel Garcia Medina entendem que, no caso de decisão de inconstitucionalidade, nem mesmo a ação rescisória é necessária, pois a decisão é juridicamente inexistente. Dizem: "Segundo o que nos parece, seria rigorosamente desnecessária a propositura da ação rescisória, já que a decisão que seria alvo de impugnação seria *juridicamente inexistente*, pois que baseada *em "lei' que não é lei ("lei' inexistente).* Portanto, em nosso entender, a parte interessada deveria, sem necessidade de se submeter ao prazo do art. 495 do CPC [1973], intentar ação de natureza declaratória, com o único objetivo de gerar maior grau de segurança jurídica à sua situação. O interesse de agir, em casos como esse, nasceria não da necessidade, mas da utilidade da obtenção de uma decisão nesse sentido, que tornaria indiscutível o assunto, sobre o qual passaria a pesar autoridade de coisa julgada. *O fundamento para a ação declaratória de inexistência seria a ausência de uma das condições da ação: a possibilidade jurídica do pedido.* Para nós, a possibilidade de impugnação das sentenças de mérito proferidas, apesar de ausentes as condições da ação, não fica adstrita ao prazo do art. 495 do CPC [1973]" (Teresa Arruda Alvim Wambier e José Miguel Garcia Medina, *O dogma da coisa julgada,* São Paulo, RT, 2004, p. 43). Como se vê, os autores entendem que a ação que levou à sentença proferida com base na lei inconstitucional *(uma ""lei que não era lei")* não transita em julgado porque terá faltado à ação a possibilidade jurídica do pedido – uma de suas condições.

712. TELES, Miguel Galvão. Inconstitucionalidade pretérita. *Nos dez anos da constituição,* p. 329.

713. No sentido do descabimento de ação rescisória com base em ulterior declaração de inconstitucionalidade do Supremo Tribunal Federal, ver o acórdão do Superior Tribunal de Justiça assim ementado: "Tributário – Ação rescisória – Violação a literal disposição de lei – FGTS – Expurgos inflacionários – Súmula 343/ STF – Declaração ulterior de inconstitucionalidade – Interpretação controvertida nos tribunais – Indeferimento liminar da petição inicial. 1. 'Não cabe ação rescisória por ofensa a literal disposição de lei, quando a decisão rescindenda se tiver baseado em texto legal de interpretação controvertida nos tribunais' (Súmula 343 do STF). 2. Um dos pilares da segurança jurídica é exatamente o respeito à coisa julgada. Deveras, a eliminação da lei inconstitucional, em geral, deve obedecer os princípios que regulam a vigência das leis, impedindo-as de retroagir. 3. Desta sorte, salvo manifestação expressa nos acórdãos das ações de declaração de inconstitucionalidade, em controle concentrado, as decisões judiciais anteriores não podem ficar à mercê de rescisórias, sob o fundamento de terem sido proferidas com base em lei inconstitucional. 4. *Posicionamento diverso implica em violar dois institutos preservados pela Constituição, um instrumental e outro substancial: a saber, a coisa julgada e a segurança jurídica.* 5. Aliás, não é por outra razão que a Lei 9.868/1999, que regula a declaração de inconstitucionalidade, reclama termo *a quo* dos efeitos da decisão, expressamente consignados no acórdão, consoante o disposto no art. 27 da referida Lei. 6. *A ratio essendi* da Súmula 343 aplica-se *in casu,* por isso que se, à época do julgado, a lei estava em vigor, sem qualquer eiva

é imprescindível à tutela da segurança jurídica e à proteção do sistema de controle difuso da constitucionalidade, que não pode ser usurpado do Poder Judiciário. Assim, *é equivocado relacionar afirmação da constitucionalidade com relativização da coisa julgada, uma vez que a coisa julgada é, inegavelmente, uma afirmação da Constituição.*[714] Na realidade, "bem vistas as coisas, o problema não está na opção entre privilegiar a plenitude da Constituição ou, ao invés, a certeza do direito declarado judicialmente, porquanto a certeza do direito declarado judicialmente (ainda que inconstitucional) é ela própria uma das formas de que se reveste a certeza constitucional". Portanto, como conclui Rui Medeiros, a ressalva da coisa julgada também constitui uma forma de assegurar a primazia da ordem constitucional.[715]

Encontrar fundamento para a ação rescisória em pronunciamento do Supremo Tribunal Federal significaria mais do que a instituição de um "controle da constitucionalidade da decisão transitada em julgado" – significaria a reserva da autoridade para a interpretação constitucional, destituindo-se os juízes ordinários deste poder.

Se o Supremo Tribunal Federal deve zelar pela uniformidade da interpretação da Constituição, isto obviamente não quer dizer que a sua interpretação tenha o poder para dissolver a coisa julgada material. Aliás, se a interpretação do Supremo Tribunal Federal pudesse implicar desconsideração da coisa julgada, o mesmo deveria acontecer quando a interpretação da lei federal se consolidasse no Superior Tribunal de Justiça. Não se diga que a diferença entre as duas situações está em que, no caso da declaração de inconstitucionalidade, a coisa julgada se funda em lei inválida, enquanto "uma decisão contra a lei ou que lhe negue vigência supõe lei válida".[716] Ora, como já foi dito, não admitir a rescisória a partir de pronunciamento do Supremo Tribunal Federal não significa atribuir efeitos a uma lei inconstitucional, mas sim *ressalvar os efeitos de um juízo constitucional que aplicou uma lei posteriormente declarada inconstitucional pela Corte Suprema.*

Chega-se, assim, ao momento propício para se desnudar o equívoco. Se a ação rescisória é proposta com base em precedente do Supremo Tribunal Federal, o seu fundamento não é violação de norma constitucional. O fundamento encontrado, mas não expressamente revelado, *é ius superveniens* ou direito superveniente. Porém, como é curial, o *ius superveniens* não pode ter efeito retroativo sobre a coisa julgada.

Portanto, a Súmula 343 também deve ser aplicada nos casos de resolução de questão constitucional. A tentativa de eliminar a coisa julgada que resultou de uma dúvida de constitucionalidade não só elimina o mínimo que o cidadão pode esperar do Poder Judiciário – que é a estabilização da sua vida após o encerramento do processo –, como também coloca em xeque a legitimidade dos juízes e tribunais para o controle difuso da constitucionalidade.

---

de inconstitucionalidade, em prol do princípio da segurança jurídica prometida pela Constituição Federal, não se pode entrever violação àquela pelo acórdão que a prestigiou. 7. Agravo regimental improvido" (STJ, AgRg no Ag 461.196/DF, 1.ª T., rel. Min. Luiz Fux, *DJ* 02.12.2002).

714. "A rescisão seria, assim, um veículo de restauração do controle concentrado sobre o controle difuso e não apenas a defesa da supremacia da Constituição. Seria, por assim dizer, um modo de fazer prevalecer os valores do controle concentrado sobre os valores do controle difuso. Seria prevalecer a generalidade sobre a especificidade. Tal concepção deve ser afastada, já que o controle difuso continua a ser a regra e é graças a ele que se torna possível a defesa dos direitos e garantia individuais" (RÊGO, Bruno Noura de Moraes. *Ação rescisória e a retroatividade das decisões de controle de constitucionalidade das leis no Brasil*, p. 355).

715. MEDEIROS, Rui. *A decisão de inconstitucionalidade*, p. 550.

716. STJ, 2.ª T., REsp 127.510, rel. Min. Ari Pargendler, *DJU* 02.03.1998.

CONTROLE DE CONSTITUCIONALIDADE ○ **1205**

8.45.8 Não há distinção entre decisão proferida em controle concentrado e controle difuso para efeito de rescindibilidade de coisa julgada

Como é evidente, não há qualquer razão para distinguir decisão proferida em ação direta de inconstitucionalidade de decisão tomada em recurso extraordinário quando se pensa na possibilidade de rescindibilidade de coisa julgada com base em ulterior pronunciamento do Supremo Tribunal Federal.

A decisão proferida no controle concentrado, assim como a decisão proferida no controle difuso, não pode negar a coisa julgada. Ambas são interpretações judiciais ulteriores à coisa julgada, embora a decisão proferida no controle difuso não tenha eficácia *erga omnes*, mas apenas eficácia obrigatória ou vinculante em relação aos seus fundamentos determinantes. Sucede que isso não tem qualquer importância para o efeito de se ter como inválida uma decisão antecedente, revestida por coisa julgada material. A decisão de inconstitucionalidade proferida no controle concentrado, não obstante tenha eficácia *erga omnes*, obviamente não tem eficácia retroativa.

A diferenciação das decisões proferidas nos controles concentrado e difuso, para efeito de rescindibilidade da coisa julgada, faria supor que a decisão de inconstitucionalidade é algo distinto de uma decisão judicial ou de uma decisão interpretativa de uma questão constitucional. A decisão de inconstitucionalidade proferida em ação direta nada mais é do que um juízo sobre a constitucionalidade, que, por isso mesmo, não pode se sobrepor a um anterior juízo também legítimo sobre a constitucionalidade, tutelado pela coisa julgada. Não é possível negar a coisa julgada sob a equivocada desculpa de se ter encontrado uma "norma verdadeira" ou uma "interpretação correta", que jamais poderia ter sido negada para não se violar a Constituição. Como já dito, a rescisão da coisa julgada fundada em lei posteriormente declarada inconstitucional não constitui afirmação da constitucionalidade sobre a inconstitucionalidade, já que a certeza do direito declarado judicialmente, ainda que inconstitucional, é uma das formas de que se reveste a certeza constitucional.[717]

8.45.9 A previsão de hipótese de rescisória baseada em ulterior decisão de inconstitucionalidade no CPC de 2015

De acordo com o § 15 do art. 525 do CPC de 2015, "se a decisão referida no § 12 for proferida após o trânsito em julgado da decisão exequenda, caberá ação rescisória, cujo prazo será contado do trânsito em julgado da decisão proferida pelo Supremo Tribunal Federal".

A norma do novo CPC merece muita atenção, pois ela é irremediavelmente inconstitucional. Note-se que, se o § 14 do art. 525 corretamente exclui a possibilidade de superveniente decisão de inconstitucionalidade obstaculizar a execução da sentença, o § 15 admite a sua invocação como sustentáculo de ação rescisória. Trata-se de duas normas claramente contraditórias, de modo que a segunda só pode ser compreendida como resultado de uma inserção descuidada, dessas que são feitas em uma lei de grande amplitude no apagar das luzes da discussão parlamentar.

---

717. MEDEIROS, Rui. *A decisão de inconstitucionalidade*, p. 550.

Ora, a admissibilidade de alegação de decisão de inconstitucionalidade posterior à formação da coisa julgada é uma exceção à sua intangibilidade, pouco importando se a alegação é admitida para inibir a execução ou para fundamentar a ação rescisória. Obstaculizar a executabilidade da sentença é negar o título executivo ou a coisa julgada que a sustenta. Recorde-se que a coisa julgada sempre foi considerada um fundamento lógico-jurídico da execução (definitiva).[718] Da mesma forma, como ainda é mais evidente, ação rescisória com base em posterior declaração de inconstitucionalidade é uma macroexceção à intangibilidade da coisa julgada material.

Portanto, haveria racionalidade na admissão da alegação de posterior decisão de inconstitucionalidade apenas se isso não constituísse exceção à intangibilidade da coisa julgada material. Assim, exatamente porque não se estaria a afetar a coisa julgada material em qualquer dos casos, a admissão da dedução da posterior decisão de inconstitucionalidade em ação rescisória, e não em impugnação, seria mera opção legislativa.

Não obstante, como tanto a obstaculização da execução quanto a rescindibilidade com base em ulterior decisão do Supremo Tribunal Federal obviamente constituem exceção à intangibilidade da coisa julgada material, exigir-se-ia outra resposta do legislador. Seria necessário argumentar, como única saída para a legitimação da norma do § 15, que a intangibilidade da coisa julgada se coloca apenas no plano processual, não estando garantida pela Constituição Federal.

Esse raciocínio é ainda mais absurdo do que o antecedente. A coisa julgada está claramente garantida no art. 5.º, XXXVI, da Constituição Federal. Nenhuma lei pode dar ao juiz poder para desconsiderar a coisa julgada material, até porque nenhum juiz pode negar decisão de membro do Poder Judiciário. A intangibilidade da coisa julgada material é essencial para a tutela da segurança jurídica, sem a qual não há Estado de Direito, ou melhor, sem a qual nenhuma pessoa pode se desenvolver e a economia não pode frutificar.

Nem se diga, nessa altura, que a alegação de decisão de inconstitucionalidade constituiria uma exceção constitucionalmente legítima à intangibilidade da coisa julgada, argumentando-se que a rescisão da coisa julgada fundada em lei posteriormente declarada inconstitucional seria uma afirmação da constitucionalidade sobre a inconstitucionalidade. É sempre importante advertir que a garantia da coisa julgada não resguarda os efeitos de *uma lei* inconstitucional, porém ressalva os efeitos de *um juízo* constitucional que aplicou uma lei posteriormente declarada inconstitucional pelo Supremo Tribunal Federal.

Tudo isso significa que os juízes e tribunais não devem aplicar o § 15 do art. 525 do CPC de 2015, dada a sua inescondível e insuperável inconstitucionalidade. Aliás, como será visto a seguir, o Supremo Tribunal Federal recentemente declarou a impossibilidade de ação rescisória baseada em ulterior precedente da sua lavra exatamente sob o fundamento de que *isso configuraria violação da garantia constitucional da coisa julgada material.*

---

718. ANDOLINA, Italo. *"Cognizione" ed "esecuzione forzata" nel sistema della tutela giurisdizionale.* Milano: Giuffrè, 1983, p. 36 e ss.; MARINONI, Luiz Guilherme. *Tutela antecipatória, julgamento antecipado e execução imediata da sentença.* São Paulo: Revista dos Tribunais, 1996, p. 40 e ss.

8.45.10 O caso Metabel v. União Federal: a não admissão de ação rescisória baseada em ulterior precedente do Supremo Tribunal Federal mediante a afirmação da garantia constitucional da coisa julgada material

O Supremo Tribunal Federal, recentemente, julgou recurso extraordinário que definiu a questão do cabimento de ação rescisória fundada em precedente do Supremo Tribunal Federal posterior à decisão rescindenda.[719] Decidiu-se expressamente sobre a aplicação da Súmula 343 do STF[720] em ação rescisória fundada em violação de norma constitucional e sobre se a admissão da ação rescisória, baseada em posterior precedente do Supremo Tribunal Federal, é compatível com a tutela da coisa julgada material.

O precedente firmado neste recurso extraordinário revogou o entendimento que até então prevalecia no Supremo Tribunal Federal,[721] declarando que decisão do Supremo Tribunal Federal, ulterior ao trânsito em julgado da decisão, não pode servir de fundamento para a ação rescisória. Declarou-se, ainda, que a Súmula 343 é aplicável em ação rescisória fundada em violação de norma constitucional, de modo que, quando há divergência interpretativa à época da prolação da decisão rescindenda, a ação rescisória não é viável. Decidiu-se, ademais, que a invocação de precedente constitucional ulterior à formação da coisa julgada, para o efeito de rescindi-la, é incompatível com a garantia constitucional da coisa julgada material. Ou seja, não só se ressalvou a coisa julgada em face de precedente constitucional em sentido diverso, como ainda afirmou-se que a coisa julgada é garantida pela Constituição Federal.

O recurso extraordinário foi provido por sete votos a dois. Os Ministros Marco Aurélio, Celso de Mello, Luiz Fux, Rosa Weber e Ricardo Lewandowski adotaram o fundamento de que novo entendimento ou precedente do Supremo Tribunal Federal não pode constituir base para a rescisão de decisão que com ele confronta. A Ministra Cármen Lúcia disse que a decisão rescindenda, por ter se pautado em entendimento que prevalecia no Supremo Tribunal Federal na época em que proferida, não poderia ser rescindida. O Ministro Toffoli reconheceu a decadência da ação rescisória e não se manifestou sobre a questão da possibilidade da desconstituição de decisão com base em precedente ulterior do Supremo Tribunal Federal. Os Ministros Gilmar e Teori dissentiram do fundamento da maioria, reafirmando as suas antigas posições.[722]

Disse o relator, Ministro Marco Aurélio: "A rescisória deve ser reservada a situações excepcionalíssimas, ante a natureza de cláusula pétrea *conferida pelo constituinte ao instituto da coisa julgada*. Disso decorre a necessária interpretação e aplicação estrita dos casos previstos no art. 485 do Código de Processo Civil, incluído o constante do inciso V, abordado neste processo. Diante da razão de ser do verbete [Súmula 343/STF], não se trata de defender o afastamento da medida instrumental – a rescisória – presente qualquer grau de divergência jurisprudencial, mas de prestigiar a coisa julgada se, *quando formada, o teor da*

---

719. STF, RE 590.809, Plenário, rel. Min. Marco Aurélio, j. 22.10.2014.
720. Essa súmula diz que não cabe "ação rescisória por ofensa a literal disposição de lei, quando a decisão rescindenda se tiver *baseado em texto legal de interpretação controvertida nos tribunais*".
721. STF, RE-ED 328.812, 2.ª T., rel. Min. Gilmar Mendes, *DJ* 02.05.2008.
722. STF, RE-ED 328.812, 2.ª T., rel. Min. Gilmar Mendes, *DJ* 02.05.2008; STJ, EDiv no REsp 608.122, 1.ª Seção, rel. Min. Teori Zavascki, j. 09.05.2007.

solução do litígio dividia a interpretação dos Tribunais pátrios ou, com maior razão, se contava com óptica do próprio Supremo favorável à tese adotada. *Assim deve ser, indiferentemente, quanto a ato legal ou constitucional, porque, em ambos, existe distinção ontológica entre texto normativo e norma jurídica".* Essa passagem deixa clara a aplicabilidade da Súmula 343 mesmo em caso de interpretação de norma constitucional. Aplicando-se a Súmula 343, decidiu-se que não cabe ação rescisória, fundada em violação de norma constitucional, quando à época em que a decisão foi proferida havia controvérsia sobre a interpretação da norma.

Mas o Supremo Tribunal Federal, ao firmar o precedente, não só tratou da aplicabilidade da Súmula 343. Ao enfatizar que novo entendimento do Supremo Tribunal Federal não pode ser visto como fundamento de ação rescisória, a Corte Suprema também declarou a tutela *constitucional* da coisa julgada material. Nas palavras do Ministro relator: "Não posso admitir, sob pena de desprezo à garantia *constitucional* da coisa julgada, a recusa apriorística do mencionado verbete [Súmula 343/STF], como *se a rescisória pudesse 'conformar' os pronunciamentos dos tribunais brasileiros com a jurisprudência de último momento do Supremo, mesmo considerada a interpretação da norma constitucional".*[723]

A ementa do acórdão consignou que "o verbete 343 da Súmula do Supremo deve ser observado em situação jurídica na qual, *inexistente controle concentrado de constitucionalidade,* haja entendimentos diversos sobre o alcance da norma, mormente quando o Supremo tenha sinalizado, num primeiro passo, óptica coincidente com a revelada na decisão rescindenda".[724] Ou seja, a ementa ressalvou a possibilidade de a ação rescisória ser utilizada com base em decisão proferida em "controle concentrado". Porém, não obstante a circunstância de o próprio relator ter abordado esta questão de passagem, sem defini-la, a questão de se a decisão proferida em controle concentrado constitui base para ação rescisória não foi posta para julgamento ou, ainda, não constituía fundamento suficiente para se decidir se precedente do Supremo Tribunal Federal, firmado em sede de controle incidental, pode determinar a desconstituição da coisa julgada.

Sublinhe-se o que disse o próprio relator, Ministro Marco Aurélio: "Na origem, o acórdão foi rescindido para conformá-lo à decisão deste Tribunal no sentido de o alcance do princípio da não cumulatividade não autorizar o lançamento de créditos do Imposto sobre Produtos Industrializados – IPI em decorrência da aquisição de insumos isentos, não tributados ou sujeitos à alíquota zero. Vê-se não se tratar de referência a ato por meio do qual o Supremo assentou, com eficácia maior, a inconstitucionalidade de norma. *Estivesse envolvida* declaração da espécie, *poderia até cogitar, com muitas reservas,* do afastamento do verbete em favor do manejo da rescisória apenas para evitar a vinda à balha indiscriminada de decisão judicial, transitada em julgado, fundada em norma proclamada inconstitucional, nula de pleno direito. *Mas não é este o caso ora examinado.* Pretende-se, na realidade, utilizar a ação rescisória *como mecanismo de uniformização da interpretação da Carta,* particularmente, do princípio constitucional da não cumulatividade no tocante ao Imposto sobre Produtos Industrializados – IPI, *olvidando-se a garantia constitucional da coisa julgada*

---

723. O voto do Ministro Marco Aurélio invocou o que escrevi no *Curso de processo civil,* vol. 2, dedicado ao processo de conhecimento. A ideia presente no *Curso de processo civil* foi desenvolvida no livro *Coisa julgada inconstitucional.* 3. ed. São Paulo: Revista dos Tribunais, 2010, e novamente tratada no *Curso de direito constitucional.* 3. ed. São Paulo: Revista dos Tribunais, 2014.

724. STF, RE 590.809, Plenário, rel. Min. Marco Aurélio, j. 22.10.2014.

material".[725] O relator foi incisivo ao dizer que não estava envolvida decisão proferida em controle concentrado e, mais do que isso, que, caso "estivesse envolvida", a cogitação sobre ação rescisória poderia ser feita "com muitas reservas". Ora, se uma questão é reconhecida como fora do julgamento ("estivesse envolvida") e é admitida como não decidida ("poderia até cogitar, com muitas reservas"), ela certamente constitui *obiter dictum*.

De qualquer forma, as mesmas razões que impedem a retroatividade da decisão proferida em recurso extraordinário sobre a coisa julgada impedem a retroatividade da decisão proferida em controle concentrado. Ora, se ulterior decisão de inconstitucionalidade, ainda que proferida em ação direta, tornar a coisa julgada rescindível, não haverá decisão, tomada em controle difuso de constitucionalidade, dotada de alguma utilidade; *a coisa julgada sempre será provisória e sujeita à condição resolutiva, o que é uma contradição em termos.* Lembre-se que a decisão judicial, mesmo que fundada em lei posteriormente declarada inconstitucional, é manifestação legítima do Poder Judiciário e que a coisa julgada que cobre esta decisão é imprescindível à tutela da segurança jurídica e à proteção do sistema de controle difuso da constitucionalidade.

8.45.11 Casos em que se admite ação rescisória baseada em violação de norma constitucional

A ação rescisória tem pleno cabimento em caso de manifesta violação de "norma jurídica" (art. 966, V, do CPC/2015). Diante da dissociação entre texto legal e norma e da função contemporânea do Supremo Tribunal Federal de definir o sentido do direito constitucional federal, norma jurídica é, além da decisão firmada em ação direta, precedente constitucional. Significa que cabe ação rescisória quando a decisão nega decisão proferida em ação direta ou precedente constitucional, tenham estes afirmado a inconstitucionalidade ou a constitucionalidade. A decisão que se nega a adotar precedente ou decisão do Supremo Tribunal Federal que afirmou a constitucionalidade também é decisão que viola manifestamente norma jurídica e, assim, sujeita-se à ação rescisória.

Note-se que, quando se *nega* decisão proferida em ação direta, precedente ou ainda súmula do Supremo Tribunal Federal, é possível falar em *"violação de norma"*, o que certamente não ocorre quando é realizado *juízo* sobre a questão de constitucionalidade e, após o encerramento do processo, o Supremo Tribunal Federal fixa norma em sentido contrário.

Como se vê, cabe ação rescisória quando há negação de norma dotada de efeito vinculante, o que, obviamente, não poderia ser outra coisa que não violação manifesta de norma jurídica. Não há como negar que, nessas hipóteses, viola-se uma norma que vincula o conteúdo da decisão do juiz. O juiz ou o tribunal que, apesar do pronunciamento vinculante do Supremo, decide em sentido contrário profere decisão que viola manifestamente o sentido que a Corte Suprema atribuiu ao direito.

Porém, há também violação manifesta de norma jurídica, nos termos do art. 966, V, do CPC de 2015, quando a interpretação do texto é tão fácil e simples que a violação da norma jurídica *quase que se confunde* com a negação do texto. Não se pretende retomar, aqui, a discussão plantada por Hart sobre os enunciados que, no texto legal, estão em zonas

---

725. STF, RE 590.809, Plenário, rel. Min. Marco Aurélio, j. 22.10.2014.

de penumbra e de luz.[726] Afirma-se, em determinada concepção teórica, que em todo texto legal há enunciados que estão na zona de luz e enunciados que estão na zona de penumbra, sendo que somente os últimos reclamam valoração e decisão, ao passo que os primeiros são normas predefinidas, que podem ser simplesmente descritas. Não obstante, como demonstra Wróblewski, os "problemas penumbrais" são uma instância de dúvidas interpretativas que não podem escapar da valoração do intérprete.[727] Assim, a solução da questão sobre se a norma é "clara" ou "duvidosa" também depende de valoração, constituindo uma fase do raciocínio interpretativo, que, uma vez superada, dá ao intérprete a possibilidade de chegar a um resultado que advém imediatamente do texto ou confere-lhe a oportunidade de, mediante nova valoração, decidir sobre o seu sentido.[728] A clareza obviamente não é algo que deflui objetivamente do texto. Não é um predicado do texto, mas o fruto do entendimento daquele que o lê. Clareza ou obscuridade são sentidos atribuídos a um texto legal pelo intérprete.[729]

Contudo, se atribuir clareza é valoração, de modo que o resultado-interpretação nunca é apenas descrição, mas sempre norma jurídica – ao contrário do que supõem os teóricos da "zona de luz" –, não há como negar que determinados textos não suscitam controvérsia nos tribunais. Não se discute acerca da norma que deflui destes textos. Quando isso ocorre, ou melhor, quando não há controvérsia nos tribunais sobre a interpretação de uma disposição, a decisão que lhe confere interpretação contrária pode ser submetida à ação rescisória sob o fundamento de "violar manifestamente norma jurídica" (art. 966, V, do CPC/2015).

8.45.12 Modulação de efeitos e coisa julgada

Como é óbvio, não importa que a ressalva da coisa julgada diante da decisão de inconstitucionalidade não esteja expressamente afirmada pela Constituição brasileira, à semelhança do que ocorre no art. 282, 3, da Constituição da República Portuguesa. Recorde-se que, segundo o art. 282, 3, da Constituição portuguesa, diante da declaração de inconstitucionalidade com força obrigatória geral, "ficam ressalvados os casos julgados, salvo decisão em contrário do Tribunal Constitucional quando a norma respeitar a matéria penal, disciplinar ou de ilícito de mera ordenação social e for de conteúdo menos favorável ao arguido". Como observa Rui Medeiros, a Constituição portuguesa (art. 282, 3, primeira parte) reconhece "que o sacrifício da intangibilidade do caso julgado *só deve ter lugar nos casos extremos em que imperativos de justiça o justifiquem*. À partida, uma simples alteração no plano normativo

---

726. HART, Herbert. *The concept of law*. Oxford: Clarendon Press, 1993.
727. WRÓBLEWSKI, Jerzy. Transparency and doubt. Understanding and interpretation in pragmatics and in Law. *Law and Philosophy*, 1988, p. 322 e ss.
728. "Una disposizione è chiara, in relazione a un qualche problema da risolvere e a un qualche caso concreto da disciplinare, soltanto *dopo* averla interpretata (o compresa), o come dir si voglia" (CHIASSONI, Pierluigi. *Tecnica dell'interpretazione giuridica*. Bologna: Il Mulino, 2007, p. 62).
729. No mesmo sentido, afirma Taruffo que, em face da necessidade de definição a respeito de se o caso é fácil ou difícil, "o problema das opções interpretativas é reproposto integralmente, e não está resolvido nem esclarecido pela distinção [casos fáceis e difíceis; núcleo de luz e zona de penumbra] em exame" (TARUFFO, Michele. La corte di cassazione e la legge. In: *Il vertice ambiguo. Saggi sulla Cassazione civile*. Bologna: Il Mulino, 1991, p. 93).

CONTROLE DE CONSTITUCIONALIDADE 1211

ou hermenêutico não justifica, perante situações de fato invariáveis, o afastamento da decisão transitada em julgado".[730]

Frise-se que a coisa julgada é instituto imprescindível à afirmação do Poder Judiciário e do Estado de Direito, além de garantia do cidadão à estabilidade da tutela jurisdicional, corolário do direito fundamental de ação e do princípio da proteção da confiança.[731] Portanto, o n. 3 do art. 282 da Constituição de Portugal não precisaria sequer existir para que a coisa julgada fosse ressalvada diante da declaração de inconstitucionalidade. De qualquer forma, no direito brasileiro a intangibilidade da coisa julgada está expressa no art. 5.º, XXX-VI, da Constituição Federal.[732] E, mesmo que aí não fosse encontrada, não poderia deixar de ser vista como corolário do Estado de Direito e expressão concreta do princípio da segurança jurídica.

De modo que no direito brasileiro, assim como acontece no direito português, em vez de ter de ser necessariamente ressalvada em toda e qualquer decisão de inconstitucionalidade, a coisa julgada, para ser atingida, tem de ter a sua força constitucional expressamente renegada diante de outro valor merecedor de excepcional proteção. Como esclarece Canotilho, a "exceção ao princípio da intangibilidade do caso julgado *não opera automaticamente como mero corolário lógico da declaração de inconstitucionalidade. A revisão de sentenças transitadas em julgado deve ser expressamente decidida pelo Tribunal em que se declare a inconstitucionalidade da norma*".[733]

Perceba-se que, nesta dimensão, o Supremo Tribunal Federal tem um poder maior do que o Tribunal Constitucional português, uma vez que esse último, em princípio, não pode fazer a sua decisão retroagir sobre a coisa julgada, exceto quando "a norma respeitar a matéria penal, disciplinar ou de ilícito de mera ordenação social e for de conteúdo menos favorável ao arguido".

---

730. MEDEIROS, Rui. *A decisão de inconstitucionalidade*, p. 547-548.

731. "(...) quando a Constituição [portuguesa] (art. 282, 3) estabelece a ressalva dos casos julgados, isso significa a *imperturbabilidade* das sentenças proferidas com fundamento na lei inconstitucional. Deste modo, pode dizer-se que elas não são *nulas* nem *reversíveis* em consequência da declaração de inconstitucionalidade com força obrigatória geral. Mais: a declaração de inconstitucionalidade não impede sequer, por via de princípio, que as sentenças adquiram *força de caso julgado*. Daqui se pode concluir também que a declaração de inconstitucionalidade não tem *efeito constitutivo* da intangibilidade do caso julgado (...). Em sede do Estado de Direito, o princípio da intangibilidade do caso julgado é ele próprio um princípio densificador dos princípios da garantia da confiança e da segurança inerentes ao Estado de Direito" (CANOTILHO, J. J. Gomes. *Direito constitucional e teoria da constituição*, p. 1.004).

732. A coisa julgada não se sujeita – ou poderá se sujeitar – aos efeitos *ex tunc* da declaração de inconstitucionalidade, e, assim, mesmo antes do art. 27 da Lei 9.868/1999, já era imune a tais efeitos. Clèmerson Merlin Clève, em livro publicado em 1995, já dizia que "a coisa julgada consiste num importante limite à eficácia da decisão declaratória de inconstitucionalidade" (CLÈVE, Clèmerson Merlin. *A fiscalização abstrata de constitucionalidade no direito brasileiro*. São Paulo: Revista dos Tribunais, 1995, p. 169), enquanto o Ministro Gilmar Ferreira Mendes, muito antes de 1999, frisou que o sistema de controle da constitucionalidade brasileiro contempla "*uma ressalva expressa a essa doutrina da retroatividade: a coisa julgada*. Embora a doutrina não se refira a essa peculiaridade [prevista no texto constitucional desde 1969], *tem-se por certo que a pronúncia de inconstitucionalidade não faz* tábula rasa *da coisa julgada erigida pelo constituinte em garantia constitucional* (CF [1969], art. 153, § 3.º). Ainda que não se possa cogitar de direito adquirido ou de ato jurídico perfeito fundado em lei inconstitucional, afigura-se *evidente* que a nulidade *ex tunc* não afeta a *norma concreta contida* na sentença ou acórdão" (MENDES, Gilmar Ferreira. *Controle de constitucionalidade. Aspectos jurídicos e políticos*. São Paulo: Saraiva, 1990, p. 280).

733. CANOTILHO, J. J. Gomes. *Direito constitucional e teoria da constituição*, p. 1.005.

No direito brasileiro, portanto, o próprio poder de atribuir à decisão de inconstitucionalidade o efeito *excepcional* de retroagir sobre a coisa julgada já constitui algo que poderia ser questionado, o que significa que a retroatividade da decisão de inconstitucionalidade sobre a coisa julgada, além de não ser uma *decorrência* desta decisão, ao ser *aceita* como *possível*, constitui uma *excepcionalidade*, admissível tão somente quando o seu desfazimento for *necessário* para tutelar valor *imprescindível* ao Estado Constitucional, que, na hipótese concreta, tenha *justificado motivo* para *prevalecer* sobre a coisa julgada.

Se a coisa julgada pudesse desaparecer diante da decisão do Supremo Tribunal Federal, não só inexistiria razão para se dar ao juiz e aos tribunais o poder de controlar a constitucionalidade, *como também se estaria conferindo ao jurisdicionado uma coisa julgada sob "condição negativa imprevisível"* – sob a condição de o Supremo Tribunal Federal não declarar a inconstitucionalidade da norma que fundou a decisão. Além de negar a razão de ser da coisa julgada e os princípios da segurança e da proteção da confiança, isso significaria, ainda, evidente lesão ao direito fundamental de ação, que tem como corolário o direito a uma decisão imutável e indiscutível. Dar à decisão de inconstitucionalidade o efeito automático e imediato de desfazer a coisa julgada significa não ver que a circunstância de uma lei inconstitucional não produzir efeitos válidos não interfere sobre a eficácia da decisão que a teve por constitucional e, além disso, que a coisa julgada é tutelada pela Constituição.

Porém, o Supremo Tribunal Federal pode permitir o alcance da coisa julgada. Tal pode ocorrer, por exemplo, no caso em que se declara a inconstitucionalidade de um tributo. Em um caso como esse, a declaração de inconstitucionalidade retira da Fazenda Pública o poder de cobrar os tributos não pagos, ainda que o contribuinte não os tenha questionado na esfera administrativa ou na judicial. Nos processos que tiverem sido instaurados, diante da vinculação dos juízes e tribunais à decisão do Supremo Tribunal Federal, as decisões terão de ser necessariamente favoráveis ao contribuinte. Assim, no caso de ação para não pagar, ficará o contribuinte isento do pagamento e, na hipótese de ação de repetição, receberá os valores pagos de volta. Nessa situação, certamente surgiria a preocupação com os contribuintes que já receberam decisões desfavoráveis transitadas em julgado. Mas os juízes e os tribunais não podem questionar a coisa julgada sob o argumento de o Supremo Tribunal Federal ter declarado a inconstitucionalidade da lei. A decisão de desafirmação da coisa julgada é atributo exclusivo do Supremo Tribunal Federal.

O Supremo Tribunal Federal não tem motivo para limitar os efeitos da decisão de inconstitucionalidade para que a coisa julgada seja preservada, mas, excepcionalmente, considerando relevante valor constitucional que, diante das circunstâncias concretas, sobrepõe-se, pode decidir de modo a desfazê-la. Se, por "modular efeitos", não se tem apenas que *limitar* efeitos, mas também *potencializar* os efeitos, outorgando-lhes força que, em princípio, não têm, é possível usar a oportunidade conferida pela técnica da "modulação de efeitos" para, em casos excepcionalíssimos, extrair da decisão de inconstitucionalidade o efeito de atingir a coisa julgada. É certo que, nesse caso, não se está regulando os efeitos da decisão de inconstitucionalidade *no tempo*, mas conferindo-se determinada *qualidade* a esses efeitos. Porém, não importa. O que realmente releva é que isso é importante para o adequado exercício da jurisdição constitucional.

De outra parte, diante desse grande poder, é absolutamente necessário estabelecer critérios em nome da segurança jurídica. Esses critérios podem ser definidos em lei ou no próprio regimento interno do Supremo Tribunal Federal. Por enquanto, a ideia de balanceamento tem pautado as decisões do Supremo, como a tomada por ocasião do julgamento dos

RE 556.664, 559.882, 559.943 e 560.626.[734] Porém, não há razão para se admitir uma decisão fundada em uma argumentação muito difícil de ser racionalizada quando se podem instituir critérios seguros para decidir.

O balanceamento é um critério ou método de decisão a ser adotado à falta de outros que permitam uma decisão mais segura. Portanto, se não existem indicações normativas, mostra-se imperioso construir um sistema de autocontrole dos juízos relativos à "modulação dos efeitos".

Assim, o Supremo, ao decidir e fixar os critérios para a modulação dos efeitos, estará se autovinculando para os casos futuros. Os julgados do Supremo Tribunal Federal obrigam e vinculam as futuras decisões da própria Corte, mantendo-a atrelada aos critérios que foram anteriormente utilizados e explicitados em situações similares. Em outros termos, o trabalho do próprio Supremo, na construção dos seus precedentes, mais uma vez representará a melhor forma de controle e de racionalização das suas decisões.

No caso de decisão que autoriza o alcance da coisa julgada, o Supremo Tribunal Federal deverá explicitar as razões da adoção desse drástico efeito, esclarecendo os motivos para se deixar de lado o valor da coisa julgada. Esses motivos vinculam o Supremo, impedindo-o de deles se libertar em decisões futuras a respeito do tema. Essa vinculação somente poderá cessar caso a Corte demonstre que os motivos já adotados não devem ser reprisados diante das especificidades de um novo caso. Recai sobre o Supremo um forte ônus argumentativo. Somente a superação deste ônus permitirá à Corte se libertar dos critérios que antes utilizou.

VII – TÉCNICAS DE DECISÃO

8.46 Inconstitucionalidade, nulidade, decisão declaratória e produção de efeitos

A lei inconstitucional é considerada lei nula. Nesta perspectiva, a lei não produz efeitos válidos. A decisão de procedência declara a nulidade, tendo, então, efeitos retroativos.[735] Sucede que determinados efeitos da lei inconstitucional sempre foram excepcionados, preservando-se, inclusive, a decisão judicial que, proferida com base em lei inconstitucional, encontra-se revestida pela coisa julgada material.[736] A própria prática constitucional viu surgir, paulatinamente, a necessidade de validar determinadas situações criadas a partir de leis inconstitucionais, em vista da segurança jurídica ou de relevante interesse social.

Daí deflui paradoxo insuperável, na medida em que se garantem efeitos derivados de lei nula, ou seja, de lei que não produz efeitos – ao menos válidos. Do mesmo, nega-se dessa forma que a decisão de inconstitucionalidade tenha natureza declaratória, com efeitos

---

734. STF, RE 559.882-9, Pleno, rel. Min. Gilmar Mendes, j. 12.06.2008.

735. Entre nós, esta tese foi pioneiramente sustentada por Ruy Barbosa já no início do século passado, concordando com os argumentos de Albert Venn Dicey. Cf. BARBOSA, Ruy. Os atos inconstitucionais do Congresso e do Executivo. *Trabalhos jurídicos*; DICEY, Albert Venn. *Introduction to the study of the law of the Constitution*, 6. ed.

736. Embora a decisão judicial não seja um efeito da lei.

retroativos. Em termos lógicos, não há como excepcionar efeitos que não podem sequer existir ou ser levados em consideração. Muito menos se pode afirmar que uma decisão declara, produzindo efeitos retroativos ao momento em que o seu objeto foi instituído, mas, ainda assim, deixa escapar certos efeitos.

A alternativa teórica a isso seria considerar que a lei inconstitucional é anulável, tendo a sentença que reconhece a inconstitucionalidade e anula a lei natureza constitutiva negativa ou desconstitutiva. Desse modo seriam preservados todos os efeitos decorrentes da lei inconstitucional, já que a pronúncia de inconstitucionalidade, com a desconstituição da lei, operaria apenas para o futuro. Afinal, dir-se-ia, são palpáveis os efeitos no seio social de uma lei que vem a ser dita inconstitucional, bastando-se ter em conta a variedade de atos que, com base nela, são praticados. A norma, enquanto não é judicialmente pronunciada inconstitucional, vincula condutas, gerando efeitos.[737]

A tese seria sedutora àqueles que olham o problema a partir do ângulo dos afetados pela norma pronunciada inconstitucional ou, ainda, na perspectiva da segurança jurídica. Em não poucos casos, não há racionalidade em riscar do mapa situações derivadas de normas inconstitucionais. Ocorre que não se pode esquecer o outro lado da moeda, isto é, os efeitos perversos que podem ser gerados ao se admitir, como regra teórica, a ideia de que a decisão de inconstitucionalidade não pode retroagir, devendo-se preservar todos os efeitos produzidos pela norma reconhecida inconstitucional.

Desde logo, é visível que a preservação dos efeitos de lei inconstitucional faria com que a ordem jurídica, ainda que em determinado período, deixasse de estar inserida no quadro da Constituição. Ou estar-se-ia admitindo que norma constitucional poderia ficar, em virtude de atuação indevida do legislador, fora da própria ordem jurídica. A norma constitucional teria a sua eficácia suspensa pelo legislador, ficando a Corte Suprema com a incumbência de restaurar-lhe a plenitude com a pronúncia da inconstitucionalidade. Ora, isso é

---

737. Não deixará de ser vinculante por aquilo que Tércio Sampaio chama de "regra de calibração", como algo anterior à imperatividade. "(...) *imperatividade*, isto é, possibilidade de impor um comportamento independentemente do concurso ou colaboração dos sujeitos e da verificação de qualquer forma de validade. Note-se que nem toda situação institucionalizada pelas regras, ou seja, não são meras situações de fato, por exemplo, situações de força, que explicam que as normas-origem são normas efetivas (ocorrem numa situação de fato favorável), dotadas de império e primeiras de uma série. Como não guardam nenhuma *relação* com qualquer *norma* antecedente, não são válidas, apenas imperativas, isto é, têm força impositiva. E as regras responsáveis por sua imperatividade são regras estruturais do sistema ou regras de calibração. Daí poder-se dizer que a imperatividade expressa uma relação de calibração, ou seja, uma relação não com outra norma, mas com uma regra de ajustamento. A expressão *regra de calibração* provém da Cibernética (Cube, 1967:23). Trata-se, por exemplo, de uma máquina, como a geladeira. Para controle do grau de temperatura interna, seu maquinismo de produção de frio é regulado por um termostato: sem ele, a geladeira iria esfriando o ambiente (sua finalidade) ilimitadamente, o que a levaria a uma disfunção. Para evitar isso, o termostato permite manter uma temperatura, de modo que, se esta cai abaixo de um limite ou sobe acima dele, o motor volta a produzir frio ou cessa de fazê-lo, respectivamente. Para produzir este efeito, estabelecemos um valor (por exemplo, 20 graus) chamado *valor de dever-ser*, que o termostato 'compara' com o valor real ou *valor de ser* (temperatura abaixo ou acima de 20 graus). Nesse momento, se for abaixo, a produção de frio é retomada; se acima, é desligada. Estes valores, que compõem o termostato, não são propriamente elementos do motor (não operam o esfriamento), mas o regulam, isto é, determinam como os elementos funcionam, isto é, como eles guardam entre si relações de funcionamento. Eles fazem parte da estrutura de funcionamento da geladeira. Em suma, os valores de dever-ser e de ser correspondem a regras de calibração ou de regulagem (regras estruturais) do sistema" (FERRAZ JÚNIOR, Tércio Sampaio. A validade das normas jurídicas, *Sequência*, n. 28).

suficiente para mostrar a gravidade da insistência na tese dos efeitos para o futuro ou prospectivos da decisão de inconstitucionalidade.

Ademais, a simples admissão da manutenção dos efeitos de algo que se sabe indevido ou ilícito, como é intuitivo, torna-o compensador. Lembre-se que a crítica da tutela ressarcitória como única forma de tutela jurisdicional contra o ilícito assenta-se na ideia de que, ao não se evitar a prática de ato contrário ao direito, abre-se oportunidade para a "lícita prática do ilícito". Porém, se não é possível impedir que a lei produza efeitos – embora aí tenha grande importância a liminar na ação de inconstitucionalidade –, os efeitos retroativos da decisão final de inconstitucionalidade são imprescindíveis para se evitar situação semelhante.

Assim, diante da falibilidade das duas teses, passou-se a entender que a saída estaria em se dar à Corte Suprema a possibilidade de modular os efeitos da decisão de inconstitucionalidade. Tomando-se a nulidade da lei inconstitucional como algo arraigado na própria Constituição, reafirmou-se a natureza declaratória da decisão de inconstitucionalidade, que, então, em princípio apagaria todos os efeitos produzidos pela norma assim declarada, dando-se à Corte, contudo, a possibilidade de restringir os efeitos retroativos ou admitir a validade de determinados efeitos ou de certas situações decorrentes da lei inconstitucional.

O art. 27[738] da Lei 9.868/1999 consagrou a modulação de efeitos, deixando claro que o STF assim pode proceder em nome da "segurança jurídica" ou de "excepcional interesse social" – conceitos que têm base constitucional. A decisão que restringe ou limita os efeitos retroativos requer quórum qualificado (maioria de dois terços) e a superação do ônus argumentativo de que a segurança jurídica ou outro princípio constitucional sob a forma de "excepcional interesse social" justificam, no caso, a prevalência dos interesses que seriam sacrificados pela retroatividade sobre os afetados pela lei inconstitucional.

Nesta perspectiva, é possível que se atribua à decisão de inconstitucionalidade (i) efeitos retroativos limitados, preservando-se determinados efeitos da lei inconstitucional; (ii) efeitos a partir do seu trânsito em julgado; ou mesmo (iii) efeitos a partir de determinado evento ou data no futuro.

A preservação dos efeitos de lei reconhecida inconstitucional se mostrou relevante no caso de lei insuficiente (omissão parcial) à tutela de norma constitucional. Assim, por exemplo, aquela que fixa o valor do salário mínimo em valor insuficiente ou a que exclui determinado grupo de servidores públicos do reajuste de salário. Nestes casos, ainda que a lei não cumpra a Constituição, a suspensão dos seus efeitos pode acarretar-lhe maiores prejuízos.

Situação similar se verifica na hipótese em que se reconhece que a "lei ainda é constitucional", como aconteceu no "caso da Defensoria Pública", em que, diante do questionamento da constitucionalidade da norma que definia prazo diferenciado para a interposição de recurso, entendeu-se que, enquanto não devidamente estruturada e aparelhada a Defensoria, a norma deveria continuar a produzir efeitos. Note-se que, neste caso, não se reconhece a inconstitucionalidade da norma no momento do julgamento, aludindo-se a uma passagem ou a um trânsito para a inconstitucionalidade.

Na mesma dimensão se colocam as técnicas de controle de constitucionalidade conhecidas como interpretação conforme e declaração parcial de inconstitucionalidade sem

---

738. O art. 27 é objeto das ADIn 2.154 e 2.258, pendentes de julgamento.

redução de texto. A interpretação conforme, em essência, define determinada interpretação compatível com a Constituição, evitando, com isso, a declaração de inconstitucionalidade que decorreria da adoção da interpretação ou do sentido delimitados na petição inicial da ação de inconstitucionalidade. A decisão, excluindo o sentido proposto na petição inicial, declara a interpretação mediante a qual a norma é válida, dita "conforme à Constituição". A decisão, assim, incide sobre o âmbito de interpretação da norma.

A declaração de inconstitucionalidade parcial sem redução de texto não incide sobre a interpretação da norma, mas sobre o seu âmbito de aplicação. Trata de texto legal que, em determinada situação, é inegavelmente inconstitucional, embora possa e deva ser aplicado em outras hipóteses. A decisão que adota esta técnica, assim, declara a inconstitucionalidade da norma para certas situações, preservando-a para ser aplicada em outras. Exemplo é a lei tributária que aumenta ou cria tributo, que não pode ser aplicada no mesmo exercício financeiro. A despeito da inconstitucionalidade quando considerado o mesmo exercício financeiro, a necessidade de não redução do texto deriva do fato de a norma poder ser aplicada, sem qualquer contestação, no exercício financeiro seguinte. Determinada aplicação da norma é definida inconstitucional, mas o seu texto é preservado.[739]

8.47 Declaração de inconstitucionalidade total e declaração de inconstitucionalidade parcial

Em determinados casos, a inconstitucionalidade recai sobre a totalidade da lei. Isso acontece, significativamente, nos casos em que a inconstitucionalidade se encontra no processo de formação da lei, ou melhor, quando estão presentes os chamados vícios de inconstitucionalidade que, sob o aspecto formal, impedem que se reconheça a constitucionalidade da lei – assim nos casos de vícios de competência ou relativos à iniciativa legislativa.

Fora desses casos, quando a parte principal da lei se revela inconstitucional é preciso analisar a possibilidade de manutenção dos demais dispositivos. No caso em que a integração entre os vários dispositivos legais não permite ter os demais sem o reconhecido como inconstitucional, há indivisibilidade da lei, devendo igualmente ser declarada a sua inconstitucionalidade total.

Também será impossível preservar o restante da lei quando a declaração de inconstitucionalidade de determinado dispositivo fizer surgir realidade normativa disforme do próprio sentido ou função da lei.

---

739. V. BASTOS, Celso Ribeiro. As modernas formas de interpretação constitucional. *Revista de Direito Constitucional e Internacional* 24/295 e ss.; SICCA, Gerson dos Santos. A interpretação conforme a constituição – *Verfassungskonforme Auslegung* – no direito brasileiro. *Revista de Informação Legislativa* 143/19 e ss.; MENDES, Gilmar Ferreira. A declaração de nulidade da lei inconstitucional, a interpretação conforme à constituição e a constitucionalidade da lei na jurisprudência da corte constitucional alemã. *Cadernos de Direito Tributário e Finanças Públicas* 4/7 e ss.; _____. O apelo ao legislador – *Appellentscheidung* – na práxis da Corte Constitucional federal alemã. *Revista Tributária e de Finanças Públicas* 1/33 e ss.; COELHO, Inocêncio Mártires. Declaração de inconstitucionalidade sem redução do texto, mediante interpretação conforme: um caso exemplar na jurisprudência do STF. *Revista Tributária e de Finanças Públicas* 23/169 e ss.; MACIEL, Sílvio Luiz. Controle de constitucionalidade e a interpretação conforme a constituição. *Revista de Direito Constitucional e Internacional* 53/662; SILVA, Virgílio Afonso da. Interpretação conforme à constituição: entre a trivialidade e a centralização judicial. *Revista Direito GV* 2/191 e ss.

Contudo, quando a inconstitucionalidade não recai sobre a totalidade da lei ou quando a inconstitucionalidade de determinado dispositivo não retira a autonomia de outros ou o próprio sentido ou função originalmente atribuído à lei, há necessariamente de se preservar as demais normas.

Pontue-se que a regra é a da divisibilidade da lei, uma vez que a nulidade apenas fulmina a parte da lei que é inconstitucional ou as partes da lei que são manchadas pela inconstitucionalidade, seja por serem destituídas de autonomia, seja pelo fato de, ao serem vistas isoladamente, despirem o sentido ou a função originalmente outorgado à lei.

Portanto, a teoria da divisibilidade da lei, fruto da necessidade de preservar o que é constitucional, faz surgir a necessidade de o Tribunal declarar a nulidade de forma parcial.

8.48 Inconstitucionalidade por arrastamento

Nos casos em que a inconstitucionalidade de parte da lei contamina outros preceitos ou outra parcela da lei, impedindo a sua preservação, surge problema relacionado com o princípio da congruência da sentença com o pedido.

Pedindo-se, na ação direta, a declaração de inconstitucionalidade de norma que, por consequência, afeta outros dispositivos, não se poderia, diante de determinada leitura do princípio de que a sentença deve se ater ao pedido, declarar a inconstitucionalidade dos demais dispositivos.

Porém, caso fosse assim, a Corte ficaria entre as alternativas de declarar inconstitucional apenas a norma delimitada na petição inicial – deixando de se pronunciar sobre o restante da lei – e não admitir a ação de inconstitucionalidade, diante da inadequação do pedido formulado na inicial, incapaz de afastar a inconstitucionalidade narrada na causa de pedir ou decorrente da "causa de pedir aberta".

Tais soluções são obviamente inadequadas. Por isso passou o STF a adotar a técnica da "inconstitucionalidade por arrastamento", que, em resumo, permite arrastar a declaração de inconstitucionalidade do dispositivo especificamente impugnado até os contaminados pela inconstitucionalidade.

Como a técnica da decisão da inconstitucionalidade por arrastamento objetiva eliminar o obstáculo do princípio da congruência entre o pedido e a sentença, o STF já enfatizou que, quando determinado dispositivo não é dependente do expressamente impugnado e declarado inconstitucional, não há de se decidir por arrastamento. Assim, por exemplo, na ADIn 2.895, argumentou-se que, "não obstante de constitucionalidade duvidosa a primeira parte do mencionado art. 74, ocorre, no caso, a impossibilidade de sua apreciação, em obséquio ao 'princípio do pedido' e por não ocorrer, na hipótese, o fenômeno da inconstitucionalidade por 'arrastamento' ou 'atração', já que o citado dispositivo legal não é dependente da norma declarada inconstitucional".[740] Por sua vez, no AgRg no RE 4.591.153, que declarou a

---

740. "Constitucional. Administrativo. Servidor público. Remuneração. Vinculação ou equiparação. CF, art. 37, XIII. LC 7/1991, com a redação da LC 23/2002, do Estado de Alagoas. I – Objetivando impedir majorações de vencimentos em cadeia, a Constituição Federal, art. 37, XIII, veda a vinculação ou equiparação de vencimentos para o efeito de remuneração de pessoal do serviço público. II – Inconstitucionalidade de parte da segunda parte do art. 74 da LC 7/1991, com a redação da LC 23/2002, ambas do Estado de Alagoas. III

inconstitucionalidade do alargamento da base de cálculo da Cofins – art. 3.º, § 1.º, da Lei 9.718/1998 –, decidiu-se que esta declaração de inconstitucionalidade não acarretou a inocuidade de outros parágrafos do art. 3.º, uma vez que não fora expressamente afirmada declaração de inconstitucionalidade por arrastamento.[741]

Inconstitucionalidade por arrastamento, assim, não constitui tipo ou categoria de inconstitucionalidade, mas mera forma ou técnica de decisão da ação de inconstitucionalidade.

8.49 Pronúncia de inconstitucionalidade sem declaração de nulidade

Na ação direta de inconstitucionalidade em que se impugnou a lei que criou o Município de Luís Eduardo Magalhães, a Corte, a despeito de já ter declarado a inconstitucionalidade de outras leis municipais em casos absolutamente idênticos, tinha o receio de que a retroatividade da decisão declaratória pudesse afetar gravemente as situações já formadas.

Nesta ação direta, declarou-se a inconstitucionalidade sem a pronúncia da nulidade da lei impugnada, mantendo-se sua vigência pelo prazo de 24 (vinte e quatro) meses, "lapso temporal razoável dentro do qual poderá o legislador estadual reapreciar o tema, tendo como base os parâmetros que deverão ser fixados na lei complementar federal, conforme decisão desta Corte na ADIn 3.682".

Adotou-se uma técnica peculiar de decisão, em que se reconhece a inconstitucionalidade da lei mas não se declara a sua nulidade. Isto, como é óbvio, apenas para se ressalvar os seus efeitos. Eis aí o ponto: efeitos de uma lei inconstitucional?

Sabe-se que, em termos exatos, a nulidade é decorrência da inconstitucionalidade. Porém, a decisão proferida no caso de Luis Eduardo Magalhães entendeu que a norma era inconstitucional, mas, ao mesmo tempo, que os seus efeitos deveriam ser preservados. Assim, declarou a inconstitucionalidade sem declarar a nulidade, embora o juízo de inconstitucionalidade, em princípio, imponha necessariamente a nulidade. De modo que a decisão do caso de Luis Eduardo Magalhães revela o problema da árdua compatibilização entre inconstitucionalidade e produção de efeitos.

Note-se que, no caso de Luis Eduardo Magalhães, não só foram preservados os efeitos passados, como a vigência da lei foi mantida pelo prazo de vinte e quatro meses. Se, nos casos em que se pretende preservar efeitos passados, utiliza-se a técnica da restrição dos

---

– Não obstante de constitucionalidade duvidosa a primeira parte do mencionado art. 74, ocorre, no caso, a impossibilidade de sua apreciação, em obséquio ao 'princípio do pedido' e por não ocorrer, na hipótese, o fenômeno da inconstitucionalidade por 'arrastamento' ou 'atração', já que o citado dispositivo legal não é dependente da norma declarada inconstitucional. ADIn 2.653/MT, Min. Carlos Velloso, *DJ* 31.10.2003. IV – ADIn julgada procedente, em parte" (ADIn 2.895, Pleno, rel. Min. Carlos Velloso, *DJ* 20.05.2005).

741. "Agravo regimental no recurso extraordinário. Cofins. Base de cálculo. Alargamento. Inconstitucionalidade. Art. 3.º, §§ 2.º, II e VI, 3.º e 4.º, da Lei 9.718/1998. Inocuidade. Inocorrência. 1. A declaração de inconstitucionalidade do alargamento da base de cálculo da Cofins [art. 3.º, § 1.º, da Lei 9.718/1998] não acarreta a inocuidade de outros parágrafos do mesmo art. 3.º da Lei 9.718/1998, vez que não foi expressamente afirmada declaração de inconstitucionalidade por arrastamento. Precedentes. Agravo regimental a que se nega provimento" (AgRg no RE 4.591.153, 2.ª T., rel. Min. Eros Grau, *DJe* 15.08.2008).

CONTROLE DE CONSTITUCIONALIDADE ○ **1219**

efeitos retroativos, quando se deseja manter os efeitos da lei não se declara a sua nulidade, ainda que se pronuncie a sua inconstitucionalidade.

Isso ocorre quando é imprescindível tutelar, por determinado período, relevantes situações já formadas, ou mesmo quando se quer evitar o reaparecimento do direito antigo ou o surgimento de vácuo no sistema.

Portanto, a pronúncia de inconstitucionalidade sem a declaração de nulidade nada mais é do que técnica de decisão destinada a preservar os efeitos de uma lei que se sabe e reconhece inconstitucional. Importante, sem dúvida, quando a retroatividade da lei inconstitucional puder afetar gravemente a segurança jurídica[742] ou outro princípio constitucional sob a forma de relevante interesse social.[749]

8.50 Omissão parcial, pronúncia de inconstitucionalidade e isolamento de determinados efeitos[743]

A não declaração de nulidade da lei, apesar do reconhecimento da sua inconstitucionalidade, também é importante quando se tem lei que, não obstante seja insuficiente à realização de norma constitucional ou excludente de grupo ou parcela de pessoas por ela tutelados, ainda assim é relevante à satisfação da Constituição e à proteção dos cidadãos, ainda que parcialmente.

Exemplos desta situação estão na lei que prevê salário mínimo em valor insuficiente à realização da norma que garante remuneração digna ao cidadão (art. 7.º, IV, da CF)[744] e na lei que concede revisão de remuneração aos militares sem contemplar os civis, excluindo grupo protegido pela norma constitucional (arts. 37, X, e 39, § 1.º, da CF).[745] Ambas as hipóteses representam omissão parcial de inconstitucionalidade ou norma inconstitucional por omissão parcial.

Nesses casos, como a norma, além de omissa em parte, produz efeitos que satisfazem a Constituição, não há racionalidade em suprimir a sua eficácia, declarando-se a nulidade. Isso eliminaria o pouco de proteção que foi conferido pela lei ou a tutela que foi dada apenas a determinado grupo. Sem dúvida, a declaração de nulidade não constitui

---

742. Nesta dimensão, a técnica da pronúncia de inconstitucionalidade sem declaração de nulidade se assemelha à técnica da sinalização, empregada no *common law*. Nos Estados Unidos, quando não há manifestações doutrinárias e decisões judiciais que permitam ver que o precedente perdeu força, entende-se, por consequência, que o jurisdicionado que nele se pautou ou que os negócios jurídicos que nele se basearam devem ser protegidos. O Estado deve tutelar a legítima confiança depositada no precedente e, se este não foi desacreditado pela academia e pelos tribunais, inexistem critérios objetivos para justificar a sua inaplicabilidade. Em outras palavras, quando o precedente não é abalado de modo sério e objetivo, não há como desamparar o jurisdicionado que lhe devotou confiança. Isso ocorre especialmente nas áreas em que existe sério planejamento calcado em precedentes e, assim, atividade estritamente pautada na confiança depositada nas decisões judiciais. Nestes casos se aplica a técnica da sinalização, mediante a qual, nas palavras de EISENBERG, Melvin. *The nature of common law*, p. 121-122, a Corte pavimenta o caminho para o *overruling* do precedente que acredita deva ser preservado em virtude da justificada confiança. Sobre o ponto, v. MARINONI, Luiz Guilherme. *Precedentes obrigatórios*, capítulo 3, item 4.3.1.
743. MENDES, Gilmar Ferreira. O apelo ao legislador – *Appellentscheidung* – na práxis da corte constitucional federal alemã, *Revista Tributária e de Finanças Públicas* 1/33 e ss.
744. V. ADIn 1.442, Pleno, rel. Min. Celso de Mello, *DJ* 29.04.2005.
745. V. ADIn 526, Pleno, rel. Min. Sepúlveda Pertence, *DJ* 05.03.1993.

solução judicial adequada, uma vez que é necessário preservar o benefício outorgado pela lei, ainda que insuficiente ou indevidamente limitado a determinado grupo ou categoria.

A solução há de ser a de comunicar a omissão ao legislador, conferindo-lhe prazo para supri-la. Mas, do mesmo modo que não há como declarar a nulidade da norma, não há lógica em suspender a totalidade dos seus efeitos até que escoado o prazo para a atuação legislativa. O aparente paradoxo deve ser assimilado e compreendido, pois não há lógica em invocar insuficiência de tutela para suprimir o que, embora pouco em intensidade ou extensão, é devido pelo legislador perante a Constituição.

É certo que o juízo de inconstitucionalidade exige, em princípio, a suspensão dos efeitos da norma e dos processos em que se discute a sua aplicação. Contudo, a norma deve continuar a ser aplicada quando, incidindo em omissão parcial de inconstitucionalidade, é imprescindível à realização dos desígnios constitucionais. Vale dizer que, como a norma é inconstitucional, os seus efeitos devem ser suspensos, mas numa perspectiva diferenciada e especial, sem poder prejudicar aqueles que por ela foram legitimamente tutelados.

Nesse sentido, a omissão parcial permite que sejam isolados da contaminação da inconstitucionalidade determinados efeitos da lei, especificamente aqueles que servem à realização da própria Constituição.

8.51 Norma em trânsito para a inconstitucionalidade

Há outras hipóteses em que se questiona norma que, diante da situação concreta em que deve ser aplicada, afigura-se constitucional, mas que, diante da evolução dos fatos, tornar-se-á inconstitucional. Aqui não se trata de preservar os efeitos de norma reconhecida inconstitucional. Na presente hipótese a norma é constitucional, embora a transformação dos fatos a situe na dimensão da inconstitucionalidade. Em outras palavras, os fatos ainda caracterizam a norma como constitucional, embora esteja ela em trânsito para a inconstitucionalidade.

Esta técnica de decisão identifica-se com o caso das "Defensorias Públicas", celebrizado na discussão da constitucionalidade do § 5.º do art. 5.º da Lei 1.060/1950 – acrescentado pela Lei 7.871/1989 –, que estabeleceu prazo em dobro para recurso as Defensorias Públicas. No HC 70.514, de relatoria do Min. Sydney Sanches, entendeu-se que não era "de ser reconhecida a inconstitucionalidade do § 5.º do art. 5.º da Lei 1.060, de 05.02.1950, acrescentado pela Lei 7.871, de 08.11.1989, no ponto em que confere prazo em dobro para recurso às Defensorias Públicas, ao menos até que sua organização, nos Estados, alcance o nível de organização do respectivo Ministério Público, que é a parte adversa, como órgão de acusação, no processo da ação penal pública".[746]

---

746. "Direito constitucional e processual penal. Defensores públicos: prazo em dobro para interposição de recursos (§ 5.º do art. 5.º da Lei 1.060, de 05.02.1950, acrescentado pela Lei 7.871, de 08.11.1989). Constitucionalidade. *Habeas corpus*. Nulidades. Intimação pessoal dos Defensores Públicos e prazo em dobro para interposição de recursos. 1. Não é de ser reconhecida a inconstitucionalidade do § 5.º do art. 5.º da Lei 1.060, de 05.02.1950, acrescentado pela Lei 7.871, de 08.11.1989, no ponto em que confere prazo em dobro, para recurso, às Defensorias Públicas, ao menos até que sua organização, nos Estados, alcance o nível de organização do respectivo Ministério Público, que é a parte adversa, como órgão de acusação, no processo

A relevância da decisão está em dois pontos. Para afirmar a constitucionalidade, a decisão considerou a então organização e estrutura da Defensoria Pública, ou seja, a realidade sobre a qual a norma estaria a incidir. De modo que se declarou a constitucionalidade da norma naquela situação de fato, admitindo-se que a sua transformação poderia gerar outro juízo sobre a norma. Além disso, advertiu-se que, diante da provável organização e estruturação da Defensoria Pública, vale dizer, da transformação da realidade fática, tal norma se configuraria como inconstitucional.

Note-se que, neste caso, a norma não é inconstitucional no momento do julgamento, podendo, isto sim, vir a se tornar inconstitucional. De modo que se não pretende preservar a aplicação de norma reconhecida inconstitucional, como ocorre no caso de pronúncia de inconstitucionalidade sem declaração de nulidade.

Ao contrário, a norma é reconhecida, em face da situação em que deve ser aplicada, constitucional, não existindo, nem mesmo, intenção de preservá-la para aplicação no futuro. Afirmou-se expressamente, no acórdão prolatado no referido HC 70.514, que a norma "*ainda*" era constitucional.[747] O Min. Sydney Sanches, relator, disse "não ter, *ainda*, por inconstitucional o prazo em dobro, para recurso dos Defensores Públicos, nos Estados. Ao menos enquanto as respectivas instituições não se colocam, em matéria de organização, em pé de igualdade com o respectivo Ministério Público, que é a parte adversa, como órgão de acusação, no processo da ação penal pública". Na mesma linha, ponderou o Min. Moreira Alves: "A única justificativa que encontro para esse tratamento desigual em favor da Defensoria Pública em face do Ministério Público é a de *caráter temporário*: a circunstância de as Defensorias Públicas ainda não estarem, por sua recente implantação, devidamente aparelhadas como se acha o Ministério Público. Por isso, para casos como este, parece-me deva adotar-se a construção da Corte Constitucional alemã no sentido de considerar que uma lei, em virtude das circunstâncias de fato, pode vir a ser inconstitucional, não o sendo, porém, enquanto essas circunstâncias de fato não se apresentarem com a intensidade necessária para que se tornem inconstitucionais. Assim, a lei em causa será constitucional *enquanto* a Defensoria Pública, concretamente, não estiver organizada com a estrutura que lhe possibilite atuar em posição de igualdade com o Ministério Público, tornando-se inconstitucional, porém, quando essa circunstância de fato *não mais se verificar*".[748]

---

da ação penal pública. 2. Deve ser anulado, pelo STF, acórdão de Tribunal que não conhece de apelação interposta por Defensor Público, por considerá-la intempestiva, sem levar em conta o prazo em dobro para recurso, de que trata o § 5.º do art. 5.º da Lei 1.060, de 05.02.1950, acrescentado pela Lei 7.871, de 08.11.1989. 3. A anulação também se justifica se, apesar do disposto no mesmo parágrafo, o julgamento do recurso se realiza sem intimação pessoal do Defensor Público e resulta desfavorável ao réu, seja quanto à sua própria apelação, seja quanto à interposta pelo Ministério Público. 4. A anulação deve beneficiar também o corréu, defendido pelo mesmo Defensor Público, ainda que não tenha apelado, se o julgamento do recurso interposto pelo Ministério Público, realizado nas referidas circunstâncias, lhe é igualmente desfavorável. *Habeas corpus* deferido para tais fins, devendo o novo julgamento se realizar com prévia intimação pessoal do Defensor Público, afastada a questão da tempestividade da apelação do réu, interposta dentro do prazo em dobro" (HC 70.514, Pleno, rel. Min. Sydney Sanches, *DJ* 27.06.1997).

747. Idem.

748. HC 70.514, Pleno, rel. Min. Sydney Sanches, *DJ* 27.06.1997.

Admitiu-se que uma norma constitucional pode vir a se tornar inconstitucional diante da transformação da realidade. Na verdade, não apenas a transformação dos fatos, mas também a dos valores e a da própria compreensão geral do direito podem levar a que se declare inconstitucional norma antes vista como constitucional.

É possível supor que a decisão que adverte ser a norma "*ainda* constitucional" aproxima-se, em certo aspecto, da técnica da sinalização, utilizada no direito estadunidense quando há de se preservar o precedente reconhecido como equivocado em nome da tutela da confiança justificada nele depositada.[749] Mediante esta técnica, sinaliza-se para a provável revogação do precedente no próximo caso similar a ser apreciado pelo Tribunal, dando-se ciência ao corpo dos advogados de que o precedente se encontra desgastado, desprovido de força e autoridade, não merecendo confiança da classe profissional nem dos litigantes.[750]

Porém, se o que fundamenta a técnica da sinalização é, especialmente, a proteção da confiança justificada depositada no precedente que está a merecer revogação, a razão pela qual não se declarou a inconstitucionalidade da norma no caso da Defensoria esteve circunscrita a uma circunstância fática que ainda exigia o prazo em dobro para a interposição de recurso. Admitiu-se que ter prazo em dobro para interpor recurso seria, em tese, inconstitucional, mas que, como a Defensoria Pública não podia atuar de outra forma em razão da sua má estrutura material, não haveria como não se admitir a aplicação da norma.

---

749. "A sinalização é uma técnica mediante a qual o tribunal, embora seguindo o precedente, noticia às profissões jurídicas que este não é mais confiável" (No original: "Signaling is a technique by which a court follows a precedent but puts the profession on notice that the precedent is no longer reliable") (Eisenberg, Melvin Aron. *The nature of common law*, p. 121 e ss.). V. Bleich, J.; Friedland, M.; Feinberg, A.; Powell, D. A. Supreme Court Watch: stealth overruling-overturning precedent without saying so. *San Francisco Attorney*, vol. 33, n. 43; Lindquist, S.; Pybas, K. State Supreme Court decisions to overruling precedent: 1965-1996. *Justice System Journal*, vol. 20; Marinoni, Luiz Guilherme. *Precedentes obrigatórios*, 2. ed., p. 336 e ss.

750. Nos Estados Unidos, assiste-se à utilização de certas técnicas que se situam num espaço entre o *distinguishing* e o *overruling*. Por meio delas o tribunal não revoga o precedente, mas também não realiza um adequado *distinguishing*, que permita ver que a solução dada ao caso sob julgamento está em consonância com o resultado a que se chegou no precedente. Uma destas técnicas é chamada de *technique of signaling*. Nesta hipótese, o tribunal não ignora que o conteúdo do precedente está equivocado ou não mais deve subsistir, mas, em virtude da segurança jurídica, deixa de revogá-lo, preferindo apontar para a sua perda de consistência e sinalizar para a sua futura revogação. Nesta situação, o tribunal tem consciência de que o *distinguishing* não é possível, pois a solução que se pretende dar à questão é logicamente incompatível com a *ratio decidendi* do precedente. A exceção que derivaria do *distinguishing* não guardaria lógica com a manutenção do precedente. Não obstante, também sabe a Corte que a revogação do precedente, diante das particularidades da situação, estará colocando em risco a segurança jurídica, mediante a negação da previsibilidade então outorgada à comunidade. Mantém-se o precedente unicamente em virtude da segurança jurídica, da previsibilidade dada aos jurisdicionados e da confiança que o Estado deve tutelar, ainda que não se duvide que a sua manutenção está em desacordo com o ideal de direito prevalente à época. Objetiva-se comunicar que o precedente, que até então orientava a atividade dos jurisdicionados e a estratégia dos advogados, será revogado, evitando-se, com isso, que alguém atue em conformidade com a ordem estatal e, ainda assim ou por isso mesmo, seja prejudicado em seus negócios ou afazeres ou, em suma, em sua esfera jurídica. Frise-se que os litigantes, no caso concreto em que se faz a sinalização, não são pegos de surpresa, já que a decisão é orientada pela *ratio decidendi* em vias de revogação, tudo em respeito à confiança na autoridade dos precedentes judiciais (cf. Marinoni, Luiz Guilherme. *Precedentes obrigatórios*, 2. ed., p. 336).

CONTROLE DE CONSTITUCIONALIDADE ○ **1223**

Assim, em um caso há norma que se pretende inconstitucional, e, em outro, precedente que se deseja revogar. A aplicação da norma, no caso da Defensoria, obviamente não se fundou na confiança que se depositara no poder de interpor o recurso em prazo dobrado. Neste caso, a norma simplesmente não era inconstitucional diante da realidade a que submetida a Defensoria. De modo que nada apontava para a necessidade de dar efeitos prospectivos à decisão ou mesmo de utilizar a técnica da sinalização como instrumento destinado a evitar surpresa injusta diante de decisão de inconstitucionalidade. Seria possível, isso sim, sinalizar para decisão de inconstitucionalidade em vista da transformação da estrutura da Defensoria Pública.

Isso não quer dizer, como é óbvio, que a decisão do caso do "prazo em dobro" não poderia dizer que, em virtude da alteração das circunstâncias fáticas, a Corte poderia vir a declarar a inconstitucionalidade da norma. Basta perceber que não se estaria diante de técnica destinada a proteger a confiança, mas de afirmação fundada na constatação da natureza eminentemente transitória do direito.

Evidencia-se que decisões podem declarar uma mesma norma constitucional e inconstitucional, conforme as circunstâncias de fato com ela envolvidas. Note-se, portanto, que mediante a técnica da decisão da "lei ainda constitucional" admite-se a possibilidade de "inconstitucionalização" da norma com o passar do tempo, bem como sinaliza-se que a norma será declarada inconstitucional diante de nova realidade.

8.52 Interpretação conforme à Constituição

A interpretação conforme à Constituição, ao contrário do que pode fazer supor o seu nome, não constitui método de interpretação, mas técnica de controle de constitucionalidade. Constitui técnica que impede a declaração de inconstitucionalidade da norma mediante a afirmação de que esta tem um sentido – ou uma interpretação – conforme à Constituição.[751-752]

Assim, alegando-se na petição inicial a inconstitucionalidade de uma norma, a ação de inconstitucionalidade é julgada improcedente quando o Tribunal verifica que esta norma tem sentido conforme à Constituição. Este sentido, evidenciado na fundamentação,

---

751. V. BASTOS, Celso Ribeiro. As modernas formas de interpretação constitucional. *Revista de Direito Constitucional e Internacional* 24/295 e ss.; SICCA, Gerson dos Santos. A interpretação conforme a Constituição – *Verfassungskonforme Auslegung* – no direito brasileiro. *Revista de Informação Legislativa* 143/19 e ss.; MENDES, Gilmar. A declaração de nulidade da lei inconstitucional, a interpretação conforme à Constituição e a constitucionalidade da lei na jurisprudência da corte constitucional alemã. *Cadernos de Direito Tributário e Finanças Públicas* 4/7 e ss.; COELHO, Inocêncio Mártires. Declaração de inconstitucionalidade sem redução do texto, mediante interpretação conforme: um caso exemplar na jurisprudência do STF. *Revista Tributária e de Finanças Públicas* 23/169 e ss.; MACIEL, Sílvio Luiz. Controle de constitucionalidade e a interpretação conforme a constituição. *Revista de Direito Constitucional e Internacional* 53/662; SILVA, Virgílio Afonso da. Interpretação conforme à constituição: entre a trivialidade e a centralização judicial. *Revista Direito GV* 2/191 e ss.

752. V. MENDES, Gilmar. A declaração de nulidade da lei inconstitucional, a interpretação conforme à constituição e a constitucionalidade da lei na jurisprudência da corte constitucional alemã. *Cadernos de Direito Tributário e Finanças Públicas* 4/7 e ss.; SILVA, Virgílio Afonso da. Interpretação conforme à constituição: entre a trivialidade e a centralização judicial. *Revista Direito GV* 2/191 e ss.

é delineado no dispositivo, de modo a se fixar regra que evidencie a constitucionalidade da norma.

O resultado da decisão que realiza "interpretação conforme", portanto, não apenas expressamente exclui o sentido ou a interpretação sugerido para a norma pelo autor da ação de inconstitucionalidade, mas declara que, mediante determinada interpretação, a norma é constitucional.

Demonstra-se que a norma não tem o sentido proposto na ação de inconstitucionalidade, mas que, quando adequadamente compreendida, tem sentido que é conforme à Constituição. Trata-se, desse modo, de limitação das possibilidades do texto legal, que fica restrito à interpretação definida na decisão.

Se uma norma não abre oportunidade a interpretações diversas, exclui-se a possibilidade de interpretação conforme. Nesse sentido, na ADIn 3.510, de relatoria do Min. Ayres Britto, afastou-se o uso desta técnica "para a feitura de sentença de caráter aditivo que tencione conferir à Lei de Biossegurança exuberância regratória, ou restrições tendentes a inviabilizar as pesquisas com células-tronco embrionárias". Argumentou-se não estarem presentes os pressupostos para a aplicação da técnica da interpretação conforme à Constituição, uma vez que a norma impugnada não padecia de polissemia ou de plurissignificatividade.[753] Na mesma linha, declarou-se na ADIn 1.344 existir "impossibilidade, na espécie, de se dar interpretação conforme à Constituição, pois essa técnica só é utilizável quando a norma impugnada admite, entre as várias interpretações possíveis, uma que a compatibilize com a Carta Magna, e não quando o sentido da norma é unívoco".[754]

Quando a norma tem apenas um sentido, visivelmente inconstitucional, não há lugar para interpretação conforme. Ademais, a interpretação conforme não pode ser utilizada para conferir à norma resultado distinto do desejado pelo legislador ou uma regulação diversa. Portanto, dois são os requisitos da interpretação conforme: respeito à expressão literal do texto legal e respeito ao fim buscado pelo legislador.

Quando a interpretação conforme requer, diante da interpretação proposta na ação de inconstitucionalidade, a exclusão ou a inclusão de significado, este decréscimo ou acréscimo só tem validade quando estiver de acordo com o objetivo da norma à luz da Constituição.

8.53 Declaração parcial de nulidade sem redução de texto

Há casos em que a norma pode ser utilizada em face de situações diversas: uma em que se apresenta inconstitucional e outra constitucional. Quando a ação de

---

753. ADIn 3.510, Pleno, rel. Min. Ayres Britto, *DJe* 28.05.2010.

754. "Impossibilidade, na espécie, de se dar interpretação conforme à Constituição, pois essa técnica só é utilizável quando a norma impugnada admite, dentre as várias interpretações possíveis, uma que a compatibilize com a Carta Magna, e não quando o sentido da norma é unívoco, como sucede no caso presente. Quando, pela redação do texto no qual se inclui a parte da norma que é atacada como inconstitucional, não é possível suprimir dele qualquer expressão para alcançar essa parte, impõe-se a utilização da técnica de concessão da liminar 'para a suspensão da eficácia parcial do texto impugnado sem a redução de sua expressão literal', técnica essa que se inspira na razão de ser da declaração de inconstitucionalidade 'sem redução do texto' em decorrência de este permitir 'interpretação conforme à Constituição'" (ADIn 1.344-MC, rel. Min. Moreira Alves, *DJ* 19.04.1996).

CONTROLE DE CONSTITUCIONALIDADE 1225

inconstitucionalidade impugna a aplicação da norma em determinada situação, o Tribunal, ainda que reconhecendo a inconstitucionalidade da aplicação nesta situação, pode preservá-la por admitir a sua aplicação em outras situações. Nesses casos há declaração parcial de nulidade sem redução de texto. A nulidade, bem vistas as coisas, é da aplicação da norma na situação proposta, sendo, por isso, necessário preservar o texto diante da aplicabilidade da norma em situações diversas.

Exemplo claro de aplicabilidade da técnica da declaração parcial de nulidade sem redução de texto se dá nos casos de leis que criam ou aumentam tributo. Tais leis, diante do princípio da anterioridade – de matriz constitucional (art. 150, III, *b*, da CF) –, não podem ser aplicadas no mesmo exercício financeiro, embora possam e devam ser aplicadas no exercício financeiro seguinte.

Frise-se que não se reduz a validade do dispositivo, que resta com plena força normativa, mas o seu âmbito de aplicação. Quando se afirma, na ação de inconstitucionalidade, a invalidade da norma em relação a certa situação, o Tribunal pode reconhecê-la, afirmando-a, mas ao mesmo tempo reconhecer a sua aplicabilidade a situações diversas e, por isso mesmo, preservar o seu texto.

Note-se que, no caso de interpretação conforme, admite-se a inconstitucionalidade da interpretação proposta, mas se afirma que a norma pode ser interpretada de forma constitucional. Na declaração de nulidade parcial sem redução de texto não se cogita da interpretação da norma, excluindo-se a proposta na ação e definindo-se outra em consonância com a Constituição, mas se admite a inconstitucionalidade da norma na situação proposta, preservando-se a sua aplicação em outras situações.

Há semelhança entre as técnicas da interpretação conforme e da declaração parcial de nulidade sem redução de texto. O STF chegou a equipará-las.[755] O art. 28, parágrafo único, da Lei 9.868/1999 fez referência a ambas, sustentando a sua autonomia.

Em ambas as hipóteses não há declaração de nulidade da norma. A norma continua válida em ambos os casos. O que as diferencia, como já dito, é a circunstância de que a interpretação conforme exclui a interpretação proposta e impõe outra, conforme à Constituição, enquanto a declaração parcial de nulidade revela a ilegitimidade da aplicação da norma na situação proposta, ressalvando a sua aplicabilidade em outras. Mais claramente, a distinção está em que em um caso discute-se o âmbito de interpretação e, no outro, o âmbito de aplicação. No primeiro exclui-se possibilidade de interpretação, fixando-se interpretação conforme com a Constituição. No segundo não se discute sequer acerca da interpretação da norma: a questão diz respeito ao âmbito de sua aplicação. Nega-se a aplicação da norma no local proposto na ação de inconstitucionalidade, ressalvando-a para outros.

Note-se que, na "declaração parcial de nulidade sem redução de texto", é preservado o texto por ser aplicável em outra situação, enquanto na "interpretação conforme" é definida interpretação para manter a validade do texto.

---

755. V. ADIn 319, Pleno, rel. Min. Moreira Alves, *DJ* 30.04.1993; ADIn-MC 491, rel. Min. Moreira Alves, *RTJ* 137/90.

VIII – MANDADO DE INJUNÇÃO

8.54 Primeiras considerações[756]

De acordo com o art. 5.º, LXXI, da CF, "conceder-se-á mandado de injunção sempre que a falta de norma regulamentadora *torne inviável o exercício* dos direitos e liberdades constitucionais e das prerrogativas inerentes à nacionalidade, à soberania e à cidadania".

---

756. V., entre outros: MACIEL, Adhemar Ferreira. Mandado de injunção e inconstitucionalidade por omissão, *Revista de Direito Público* 89/43; PUCCINELLI JÚNIOR, André. *A omissão legislativa inconstitucional e a responsabilidade do Estado legislador*; FERNANDES, Bernardo Gonçalves. *Remédios constitucionais:* mandado de segurança individual e coletivo, mandado de injunção, *habeas data*, ação popular e *habeas corpus* na doutrina e na jurisprudência do STF e do STJ; GARBI, Carlos Alberto. O silêncio inconstitucional, *Revista de Direito Público* 97/162; CAMPOS, Carlos Alexandre de Azevedo. Moreira Alves *v.* Gilmar Mendes: a evolução das dimensões metodológica e processual do ativismo judicial do Supremo Tribunal Federal. *As novas faces do ativismo judicial*, p. 541-595; SUNDFELD, Carlos Ari. Mandado de injunção, *Revista de Direito Público* 94/146; BARBI, Celso Agrícola. Mandado de injunção, *RePro* 61/63; CLÈVE, Clèmerson Merlin. *A fiscalização abstrata de constitucionalidade no direito brasileiro*; _____. A eficácia dos direitos fundamentais sociais, *Revista de Direito Constitucional e Internacional* 54/28; RODRIGUES, Clóvis Fedrizzi. Mandado de injunção: de autêntico remédio constitucional à condição de "sino sem badalo", *RePro* 131/117; DIMOULIS, Dimitri; LUNARDI, Soraya. *Curso de processo constitucional:* controle de constitucionalidade e remédios constitucionais; CUNHA JÚNIOR, Dirley da. *Controle judicial das omissões do poder público:* em busca de uma dogmática constitucional transformadora à luz do direito fundamental à efetivação da constituição; NOBRE JÚNIOR, Edilson Pereira. Mandado de injunção: duas décadas de vigência de uma garantia constitucional, *RT* 881/9; MACEDO, Elaine Harzheim. O mandado de injunção como ação constitucional: crônica de uma morte anunciada ou desvelamento de um paradigma? *O processo na Constituição*, p. 715-748; MELO, Frederico Jorge Gouveia de. Entre a liberdade de conformação regulamentar e o dever de concretizar as normas constitucionais: uma análise do controle de inconstitucionalidade por omissão nos ordenamentos português e brasileiro. In: MIRANDA, Jorge (Org.). *O direito constitucional e a independência dos tribunais brasileiros e portugueses: aspectos relevantes*, p. 139-200; PIOVESAN, Flávia. *Proteção judicial contra omissões legislativas:* ação direta de inconstitucionalidade por omissão e mandado de injunção; _____; CHADDAD, Maria Cecília Cury. Mandado de injunção: desafios e perspectivas. *O processo na constituição*, p. 409-429; MENDES, Gilmar Ferreira; COELHO, Inocêncio Mártires; BRANCO, Paulo Gustavo Gonet. *Curso de direito constitucional*; MEIRELLES, Hely Lopes. *Mandado de segurança e ações constitucionais*; BARBOSA MOREIRA, José Carlos. Mandado de injunção, *RePro* 56/110; SOUZA, Luciane Moessa de. Efeitos da decisão no mandado de injunção: cotejo com a ação civil pública e a ação popular, *Revista de Direito Constitucional e Internacional* 3/120; BARROSO, Luís Roberto. Mandado de injunção – O que foi sem nunca ter sido – Uma proposta de reformulação, *RePro* 89/57; _____. *O controle de constitucionalidade no direito brasileiro*; QUEIROZ, Luís César Souza de. Mandado de injunção e inconstitucionalidade por omissão, *Revista de Direito Constitucional e Internacional* 23/197; GOMES, Luiz Flávio. Anotações sobre o mandado de injunção, *RT* 647/39; QUEIROZ, Maria do Socorro Azevedo de. *Judicialização dos direitos sociais prestacionais:* a efetividade pela interdependência dos direitos fundamentais na constituição; TEMER, Michel. Mandado de injunção e seus limites, *Revista de Direito Público* 98/27; MODESTO, Paulo Eduardo Garrido. Inconstitucionalidade por omissão: categoria jurídica e ação constitucional específica, *Revista de Direito Constitucional e Internacional* 12/173; MAZZEI, Rodrigo. Mandado de injunção. *Ações constitucionais*, p. 565, 628; TORRES, Ricardo Lobo. O mandado de injunção, o processo constitucional e os direitos fundamentais. *O processo na Constituição*, p. 553-572; CARRAZZA, Roque Antonio. Ação direta de inconstitucionalidade por omissão e mandado de injunção, *Revista de Direito Constitucional e Internacional* 3/120; MELO, Sandro Nahmias. A problemática da eficácia das normas constitucionais programáticas, *Revista de Direito Constitucional e Internacional* 31/170; GUERRA FILHO, Willis Santiago. *Processo constitucional e direitos fundamentais*; VELOSO, Zeno. *Controle jurisdicional de constitucionalidade*.

Ressai da norma constitucional que o mandado de injunção constitui instrumento processual destinado a viabilizar, diante de falta de norma infraconstitucional, o *exercício* dos direitos e liberdades constitucionais e das prerrogativas inerentes à nacionalidade, à soberania e à cidadania. A norma institui evidente relação de causalidade entre a falta ou insuficiência de lei (v. art. 2.º da Lei 13.300/2016) e o exercício de direito. Assim, o mandado de injunção objetiva dar tutela a um direito subjetivo, constituindo mecanismo que permite a fiscalização *concreta* da inconstitucionalidade por omissão. Enquanto isso – como será mais bem explicado no próximo capítulo –, a ação direta de inconstitucionalidade é instrumento de tutela do direito objetivo, em que há fiscalização *abstrata* da inconstitucionalidade por omissão. Basicamente, a diferença entre um e outro está em que no mandado de injunção há tutela do direito carente da atuação do legislador e, na ação direta, há tutela em abstrato da norma constitucional, atacando-se a inconstitucionalidade em tese.

Existem no texto da Constituição Federal quatro normas acerca da competência para o mandado de injunção.[757] Objetiva-se, com tais normas, limitar o trato do mandado de injunção aos Tribunais, certamente a partir da ideia de que seria, dessa forma, mais fácil racionalizar a aplicação das normas judiciais elaboradas para suprir a inércia do Legislativo.

O mandado de injunção, em sua história jurisprudencial, teve vários alcances, nem sempre coincidentes com o que é almejado pela norma constitucional. A diversidade de alcances outorgada pelo STF ao mandado de injunção reflete sobre a compreensão do instituto, e, assim, sobre os conceitos e pressupostos que estão ao seu redor.

A Lei n. 13.300, de 23.06.2016, disciplinou o processo e o julgamento do mandado de injunção individual e coletivo, nos termos do inciso LXXI do art. 5.º da Constituição Federal. A lei não só tem importância para sedimentar posições relevantes para o uso da ação constitucional; dela também derivam relevantes questões de direito processual constitucional.

8.55 História do mandado de injunção no STF

É possível iniciar a história do percurso do mandado de injunção no STF com o julgamento dos MI 168 e 107, relatados, respectivamente, pelo Min. Sepúlveda Pertence e pelo

---

757. "Art. 102. Compete ao Supremo Tribunal Federal, precipuamente, a guarda da Constituição, cabendo-lhe: I – processar e julgar, originariamente: (...); *q*) o mandado de injunção, quando a elaboração da norma regulamentadora for atribuição do Presidente da República, do Congresso Nacional, da Câmara dos Deputados, do Senado Federal, das Mesas de uma dessas Casas Legislativas, do Tribunal de Contas da União, de um dos Tribunais Superiores, ou do próprio Supremo Tribunal Federal; (...); II – julgar, em recurso ordinário: *a*) o *habeas corpus*, o mandado de segurança, o *habeas data* e o mandado de injunção decididos em única instância pelos Tribunais Superiores, se denegatória a decisão; (...)."
"Art. 105. Compete ao Superior Tribunal de Justiça: I – processar e julgar, originariamente: (...); *h*) o mandado de injunção, quando a elaboração da norma regulamentadora for atribuição de órgão, entidade ou autoridade federal, da administração direta ou indireta, excetuados os casos de competência do Supremo Tribunal Federal e dos órgãos da Justiça Militar, da Justiça Eleitoral, da Justiça do Trabalho e da Justiça Federal; (...)."
"Art. 121. Lei complementar disporá sobre a organização e competência dos tribunais, dos juízes de direito e das juntas eleitorais. (...) § 4.º Das decisões dos Tribunais Regionais Eleitorais somente caberá recurso quando: (...); V – denegarem *habeas corpus*, mandado de segurança, *habeas data* ou mandado de injunção."

Min. Moreira Alves. O MI 168, julgado à unanimidade, exemplifica a limitação que se dava ao instrumento processual-constitucional quando ele começou a ser utilizado. Neste caso, o STF afirmou que o mandado de injunção não dá ao Judiciário o poder de emitir a norma faltante nem lhe confere o poder de tutelar o direito que da norma depende. Com a intenção de definir a natureza do instituto, declarou-se que o "mandado de injunção nem autoriza o Judiciário a suprir a omissão legislativa ou regulamentar, editando o ato normativo omitido, nem, menos ainda, lhe permite ordenar, de imediato, ato concreto de satisfação do direito reclamado". A prestação jurisdicional possível, segundo a Corte, seria a de "declaração de inconstitucionalidade da omissão normativa, com ciência ao órgão competente para que a supra".[758]

O julgamento do MI 107 é considerado um marco na história do instituto. Neste mandado de injunção decidiu-se, em questão de ordem, a respeito da *própria autoaplicabilidade* da norma constitucional que instituiu o mandado de injunção, firmando-se, como premissa, *o alcance da ação*: "Em face dos textos da Constituição Federal relativos ao mandado de injunção, é ele ação outorgada ao titular de direito, garantia ou prerrogativa a que alude o art. 5.º, LXXI, dos quais o exercício está inviabilizado pela falta de norma regulamentadora, e ação que *visa a obter do Poder Judiciário a declaração de inconstitucionalidade dessa omissão* se estiver caracterizada a mora em regulamentar por parte do Poder, órgão, entidade ou autoridade de que ela dependa, *com a finalidade de que se lhe dê ciência dessa declaração*, para que adote as providências necessárias, *à semelhança do que ocorre com a ação direta de inconstitucionalidade por omissão* (art. 103, § 2.º, da Carta Magna), e de que se determine, quando se tratar de direito constitucional oponível contra o Estado, a suspensão dos processos judiciais ou administrativos de que possa advir para o impetrante dano que não ocorreria se não houvesse a omissão inconstitucional. *Assim fixada a natureza desse mandado*, é ele, no âmbito da competência desta Corte – que está devidamente definida pelo art. 102, I, *q* –, autoexecutável, uma vez que, para ser utilizado, não depende de norma jurídica que o regulamente, inclusive quanto ao procedimento, aplicável que lhe é analogicamente o procedimento do mandado de segurança, no que couber".[759] Reafirmou-se aí o entendimento de que o mandado de injunção permite apenas a *declaração de inconstitucionalidade da omissão, daí cientificando-se o Poder*, órgão, entidade ou autoridade dessa declaração. No julgamento do MI 107, além desta fundamental conclusão, firmaram-se ainda as de que: (i) a norma que instituiu o mandado de injunção é autoaplicável; (ii) o mandado de injunção tanto pode dizer respeito a uma omissão total quanto a uma omissão parcial do legislador; (iii) o STF tem competência para, no mandado de injunção, determinar a suspensão de processos administrativos ou judiciais com o objetivo de assegurar a possibilidade de o autor ser contemplado por norma mais benéfica ou que lhe assegure o direito constitucional; (iv) o STF está legitimado, em face do mandado de injunção, a determinar outras medidas necessárias a garantir o direito do autor até a expedição da norma pelo legislador.

Note-se que, até aí, não se outorgava sequer prazo para o legislador editar a norma faltante, reputando-se admissível apenas a sua cientificação. Pouco tempo depois, no MI 283, relator o Min. Sepúlveda Pertence, deu-se passo largo em relação à efetividade do instrumento. Embora o mandado de injunção tenha sido compreendido como remédio de

---

758. MI 168, Pleno, rel. Min. Sepúlveda Pertence, *DJ* 20.04.1990.
759. MI 107, Pleno, rel. Min. Moreira Alves, *DJ* 21.09.1990.

CONTROLE DE CONSTITUCIONALIDADE ○ 1229

"natureza mandamental" – e aí, diga-se de passagem, se tenha ignorado o correto significado da "natureza mandamental" de um instrumento processual, supondo-se que mandamental é o remédio processual utilizado *contra o Estado* –, admitiu-se que, ainda que o
autor tenha formulado pedido de natureza constitutiva ou de natureza condenatória (que
no entender do STF seria impossível), nele está contido o pedido, "de atendimento possível, de declaração de inconstitucionalidade da omissão normativa, com ciência ao órgão
competente para que a supra".[760] Entendeu-se ser possível ao Judiciário, ao deferir a injunção, somar, aos seus efeitos mandamentais típicos, o provimento necessário a acautelar o
interessado contra a eventualidade de não se ultimar o processo legislativo, no prazo razoável que fixar, de modo a facultar-lhe, quanto possível, a satisfação provisória do seu
direito. Assim, deferiu-se o mandado de injunção para (i) declarar em mora o legislador
com relação à ordem de legislar contida no art. 8.°, § 3.°, do ADCT,[761] comunicando o
Congresso Nacional e a Presidência da República, e para (ii) assinar o prazo de 45 dias,
mais 15 dias para a sanção presidencial, a fim de que se ultime o processo legislativo da lei
reclamada, deixando-se ainda expresso que, (iii) caso ultrapassado o prazo acima, sem que
esteja promulgada a lei, passa o impetrante a gozar da faculdade de obter, contra a União,
pela via processual adequada, sentença líquida de condenação à reparação constitucional
devida, pelas perdas e danos que se arbitrem.[762] Neste caso impôs-se prazo para o cumprimento do dever de legislar, retirando-se consequência concreta, benéfica ao impetrante, do seu descumprimento.

Em mandado de injunção dotado de igual fundamento – respeitante ao dever de legislar contido no art. 8.°, § 3.°, do ADCT –, entendeu o STF que, em virtude de ter escoado o
prazo imposto no MI 283, não seria necessário outro mandado de injunção, tendo o interessado o poder de propor, imediatamente, ação de perdas e danos. Diz a ementa proferida
neste mandado de injunção que, "reconhecido o estado de mora inconstitucional do
Congresso Nacional – único destinatário do comando para satisfazer, no caso, a prestação
legislativa reclamada – e considerando que, embora previamente cientificado no MI 283, rel.
Min. Sepúlveda Pertence, absteve-se de adimplir a obrigação que lhe foi constitucionalmente imposta, torna-se prescindível nova comunicação à instituição parlamentar, assegurando-se aos impetrantes, 'desde logo', a possibilidade de ajuizarem, 'imediatamente', nos termos
do direito comum ou ordinário, a ação de reparação de natureza econômica instituída em
seu favor pelo preceito transitório".[763]

---

760. MI 283, Pleno, rel. Min. Sepúlveda Pertence, *DJ* 14.11.1991.
761. ADCT, art. 8.°: "É concedida anistia aos que, no período de 18 de setembro de 1946 até a data da promulgação da Constituição, foram atingidos, em decorrência de motivação exclusivamente política, por
atos de exceção, institucionais ou complementares, aos que foram abrangidos pelo Decreto Legislativo
18, de 15 de dezembro de 1961, e aos atingidos pelo Decreto-lei 864, de 12 de setembro de 1969, asseguradas as promoções, na inatividade, ao cargo, emprego, posto ou graduação a que teriam direito se
estivessem em serviço ativo, obedecidos os prazos de permanência em atividade previstos nas leis e regulamentos vigentes, respeitadas as características e peculiaridades das carreiras dos servidores públicos civis e militares e observados os respectivos regimes jurídicos. (...) § 3.° Aos cidadãos que foram
impedidos de exercer, na vida civil, atividade profissional específica, em decorrência das Portarias Reservadas do Ministério da Aeronáutica n. S-50-GM5, de 19 de junho de 1964, e n. S-285-GM5 será
concedida reparação de natureza econômica, *na forma que dispuser lei de iniciativa do Congresso Nacional e a entrar em vigor no prazo de doze meses a contar da promulgação da Constituição. (...)*" (grifamos).
762. MI 283, Pleno, rel. Min. Sepúlveda Pertence, *DJ* 14.11.1991.
763. MI 284, Pleno, rel. p/ o acórdão Min. Celso de Mello, *DJ* 26.06.1992.

No mesmo ano, agora no MI 232, de relatoria do Min. Moreira Alves, o Supremo Tribunal declarou, ao tratar da falta de regulamentação do disposto no § 7.º do art. 195[764] da CF e diante do art. 59 do ADCT,[765] a mora do Congresso Nacional, "a fim de que, no prazo de seis meses, adote ele as providências legislativas que se impõem para o cumprimento da obrigação de legislar decorrente do art. 195, § 7.º, da Constituição, *sob pena de, vencido esse prazo sem que essa obrigação se cumpra, passar o requerente a gozar da imunidade requerida*".[766] Retirou-se, do não cumprimento do prazo pelo legislador, a satisfação do direito almejado pelo autor, em verdadeira sentença substitutiva da vontade do devedor da prestação normativa.

O STF, ainda no começo da década de 1990, julgou mandado de injunção impetrado unicamente contra particular responsável pela prestação decorrente da observância do dever de legislar. Neste caso, o mandado de injunção – que afirmou falta de regulação do art. 7.º, XXI,[767] da CF, relativo ao aviso prévio – foi dirigido apenas contra a ex-empregadora do impetrante. Porém, o Tribunal, ao afirmar a natureza mandamental do mandado de injunção, declarou ter se firmado, "no STF, o entendimento segundo o qual o mandado de injunção há de dirigir-se contra o Poder, órgão, entidade ou autoridade que tem o dever de regulamentar a norma constitucional, não se legitimando *ad causam*, passivamente, em princípio, quem não estiver obrigado a editar a regulamentação respectiva. Não é viável dar curso a mandado de injunção, por ilegitimidade passiva *ad causam*, da ex-empregadora do requerente, única que se indica como demandada, na inicial".[768]

Em outro caso, o STF viu-se diante de mandado de injunção que objetivava compelir o Congresso Nacional a regulamentar o revogado § 3.º do art. 192[769] da CF – relativo à limitação das taxas de juros reais em doze por cento ao ano –, cuja impetração se deu não apenas em face do Congresso Nacional, mas também contra o banco credor. Contudo,

---

764. CF, art. 195: "A seguridade social será financiada por toda a sociedade, de forma direta e indireta, nos termos da lei, mediante recursos provenientes dos orçamentos da União, dos Estados, do Distrito Federal e dos Municípios, e das seguintes contribuições sociais: (...) § 7.º São isentas de contribuição para a seguridade social as entidades beneficentes de assistência social que atendam às exigências estabelecidas em lei".

765. ADCT, art. 59: "Os projetos de lei relativos à organização da seguridade social e aos planos de custeio e de benefício serão apresentados no prazo máximo de seis meses da promulgação da Constituição ao Congresso Nacional, que terá seis meses para apreciá-los. Parágrafo único. Aprovados pelo Congresso Nacional, os planos serão implantados progressivamente nos dezoito meses seguintes".

766. MI 232, Pleno, rel. Min. Moreira Alves, *DJ* 27.03.1992.

767. "Art. 7.º São direitos dos trabalhadores urbanos e rurais, além de outros que visem à melhoria de sua condição social: (...); XXI – aviso prévio proporcional ao tempo de serviço, sendo no mínimo de trinta dias, nos termos da lei."

768. "Mandado de injunção. Aviso prévio proporcional. CF, art. 7.º, XXI. Mandado de injunção ajuizado por empregado despedido, exclusivamente, contra a ex-empregadora. Natureza do mandado de injunção. Firmou-se, no STF, o entendimento segundo o qual o mandado de injunção há de dirigir-se contra o Poder, órgão, entidade ou autoridade que tem o dever de regulamentar a norma constitucional, não se legitimando *ad causam*, passivamente, em princípio, quem não estiver obrigado a editar a regulamentação respectiva. Não é viável dar curso a mandado de injunção, por ilegitimidade passiva *ad causam*, da ex-empregadora do requerente, única que se indica como demandada, na inicial. Mandado de injunção não conhecido" (MI 352, Pleno, rel. Min. Néri da Silveira, j. 04.09.1991, *DJ* 12.12.1997).

769. CF, art. 192, § 3.º: "As taxas de juros reais, nelas incluídas comissões e quaisquer outras remunerações direta ou indiretamente referidas à concessão de crédito, não poderão ser superiores a doze por cento ao ano; a cobrança acima deste limite será conceituada como crime de usura, punido, em todas as suas modalidades, nos termos que a lei determinar" (revogado).

CONTROLE DE CONSTITUCIONALIDADE ○ 1231

evidenciando posição restritiva quanto ao alcance da ação, o Supremo entendeu que o banco não tinha legitimidade passiva para figurar no processo, nem mesmo como litisconsorte passivo. Nesta ocasião afirmou o Supremo que "somente pessoas estatais podem figurar no polo passivo da relação processual instaurada com a impetração do mandado de injunção, eis que apenas a elas é imputável o dever jurídico de emanação de provimentos normativos".[770] Assim – concluiu o Tribunal –, por ter o mandado de injunção a natureza jurídico-processual de "ação judicial de índole mandamental", estaria inviabilizada, "em função de seu próprio objeto, a formação de litisconsórcio passivo, necessário ou facultativo, entre particulares e entes estatais".[771]

A doutrina da impossibilidade de o mandado de injunção ser dirigido contra o particular foi reiterada pelo STF no MI 513, relator o Min. Maurício Corrêa.[772] A questão voltou a ser discutida no MI 507, ocasião em que a Corte declarou que no MI 513, "com as mesmas partes, mesma causa de pedir e mesmo pedido", ficara "decidido que instituições financeiras não integram a relação jurídica processual como litisconsortes passivos necessários".[773]

É interessante que, sob o argumento de que o Poder Público – em casos como os dos mandados de injunção que objetivaram regular a norma que limitava as taxas de juros reais em 12% ao ano – não era o sujeito passivo da relação de direito material derivada da norma constitucional, o STF concluiu que não seria cabível a estipulação de prazo para o Congresso Nacional suprir a omissão em que incidira na regulamentação do preceito constitucional. Isso apenas seria possível, segundo a Corte, quando o Poder Público, ao lado do seu dever de legislar, fosse também o devedor da tutela do direito emergente da norma constitucional.[774]

---

770. MI 335, Pleno, rel. Min. Celso de Mello, *DJ* 09.08.1991.
771. "Mandado de injunção. Limite da taxa de juros reais (CF, art. 192, § 3.º). Congresso Nacional e instituição financeira privada. Litisconsórcio passivo incabível. Ação judicial de cobrança executiva. Suspensão cautelar indeferida. Decisão inapreciável em sede de agravo regimental. A jurisprudência do STF firmou-se no sentido do descabimento de agravo regimental contra despacho do relator que aprecia medida liminar em sede de mandado de injunção. Somente pessoas estatais podem figurar no polo passivo da relação processual instaurada com a impetração do mandado de injunção, eis que apenas a elas é imputável o dever jurídico de emanação de provimentos normativos. A natureza jurídico-processual do instituto do mandado de injunção – ação judicial de índole mandamental – inviabiliza, em função de seu próprio objeto, a formação de litisconsórcio passivo, necessário ou facultativo, entre particulares e entes estatais" (MI 335, Pleno, rel. Min. Celso de Mello, *DJ* 09.08.1991).
772. MI 513, Pleno, rel. Min. Maurício Corrêa, *DJ* 19.04.1996.
773. "Mandado de injunção. Companhia Teperman de Estofamentos. Objetivando compelir o Congresso Nacional a regulamentar o § 3.º do art. 192 da Carta Magna. Limite de 12% ao ano, das taxas de juros reais. Sustentação de estar sujeita a iminente cobrança judicial bancária, caso inocorra a regulamentação pretendida. 2. Cautelar indeferida. Ilegitimidade passiva do Banco credor, ao mandado de injunção. 3. Informações prestadas. Regulamentação questionada encontrando-se em tramitação no Congresso Nacional. 4. Parecer da Procuradoria-Geral da República pelo não conhecimento. 5. Coisa julgada. Precedente: MI 513-3, com as mesmas partes, mesma causa de pedir e mesmo pedido, em que ficou decidido que instituições financeiras não integram a relação jurídica processual como litisconsortes passivos necessários. Deferido parcialmente para comunicar ao Poder Legislativo sobre a mora em que se encontra. 6. Mandado de injunção não conhecido" (MI 507, Pleno, rel. Min. Néri da Silveira, j. 26.05.1997, *DJ* 06.04.2001).
774. "Mandado de injunção coletivo. Impetração deduzida por confederação sindical. Possibilidade. Natureza jurídica do *writ* injuncional. Taxa de juros reais (CF, art. 192, § 3.º). Omissão do Congresso Nacional. Fixação de prazo para legislar. Descabimento, no caso. *Writ* deferido. Mandado de injunção coletivo. Admissibilidade. Entidades sindicais dispõem de legitimidade ativa para a impetração do mandado de injunção coletivo, que constitui instrumento de atuação processual destinado a viabilizar, em favor dos integrantes

Em essência foi o que se decidiu no MI 361, em que se declarou não caber fixar prazo para o suprimento da omissão inconstitucional quando o Estado não é o sujeito passivo do direito constitucional de exercício obstado pela ausência da norma regulamentadora, já que aí não seria possível cominar consequências a sua continuidade após o término final da dilação assinada.[775]

Novo e significativo avanço verificou-se no julgamento do MI 670, que objetivou a edição de norma para dar eficácia ao art. 37, VII,[776] da CF, que versa sobre o direito de greve dos servidores públicos civis. Esta questão já havia sido apreciada pelo Supremo Tribunal em várias oportunidades, estabelecendo-se, inicialmente, o entendimento de que se deveria apenas declarar a existência da mora legislativa na edição da norma legislativa,[777] embora

---

das categorias que essas instituições representam, o exercício de liberdades, prerrogativas e direitos assegurados pelo ordenamento constitucional. Precedentes sobre a admissibilidade do mandado de injunção coletivo: MI 20, rel. Min. Celso de Mello; MI 342, rel. Min. Moreira Alves; e MI 361, rel. p/ o acórdão Min. Sepúlveda Pertence. Inércia do Congresso Nacional e desprestígio da Constituição. A regra inscrita no art. 192, § 3.º, da CF, por não se revestir de suficiente densidade normativa, reclama, para efeito de sua integral aplicabilidade, a necessária intervenção concretizadora do Poder Legislativo da União. Inércia legiferante do Congresso Nacional. O desprestígio da Constituição – por inércia de órgãos meramente constituídos – representa um dos mais tormentosos aspectos do processo de desvalorização funcional da Lei Fundamental da República, ao mesmo tempo que, estimulando gravemente a erosão da consciência constitucional, evidencia o inaceitável desprezo dos direitos básicos e das liberdades públicas pelos poderes do Estado. O inadimplemento do dever constitucional de legislar, quando configure causa inviabilizadora do exercício de liberdades, prerrogativas e direitos proclamados pela própria Constituição, justifica a utilização do mandado de injunção. Mandado de injunção e estipulação judicial de prazo para o adimplemento da obrigação constitucional. Não se revela cabível a estipulação de prazo para o Congresso Nacional suprir a omissão em que ele próprio incidiu na regulamentação da norma inscrita no art. 192, § 3.º, da Carta Política, eis que essa providência excepcional só se justificaria se o próprio Poder Público, para além do seu dever de editar o provimento normativo faltante, fosse, também, o sujeito passivo da relação de direito material emergente do preceito constitucional em questão. Precedentes" (MI 472, Pleno, rel. Min. Celso de Mello, j. 06.09.1995, *DJ* 02.03.2001).

775. MI 361, Pleno, rel. p/ o acórdão Min. Sepúlveda Pertence, *DJ* 17.06.1994.

776. CF, art. 37, VII: "O direito de greve será exercido *nos termos e nos limites definidos em lei específica*" (grifamos).

777. MI 20, Pleno, rel. Min. Celso de Mello, *DJ* 22.11.1996: "O preceito constitucional que reconheceu o direito de greve ao servidor público civil constitui norma de eficácia meramente limitada, desprovida, em consequência, de autoaplicabilidade, razão pela qual, para atuar plenamente, depende da edição da lei complementar exigida pelo próprio texto da Constituição. A mera outorga constitucional do direito de greve ao servidor público civil não basta – ante a ausência de autoaplicabilidade da norma constante do art. 37, VII, da Constituição – para justificar o seu imediato exercício. O exercício do direito público subjetivo de greve outorgado aos servidores civis só se revelará possível depois da edição da lei complementar reclamada pela Carta Política. A lei complementar referida – que vai definir os termos e os limites do exercício do direito de greve no serviço público – constitui requisito de aplicabilidade e de operatividade da norma inscrita no art. 37, VII, do texto constitucional. Essa situação de lacuna técnica, precisamente por inviabilizar o exercício do direito de greve, justifica a utilização e o deferimento do mandado de injunção. A inércia estatal configura-se, objetivamente, quando o excessivo e irrazoável retardamento na efetivação da prestação legislativa – não obstante a ausência, na Constituição, de prazo pré-fixado para a edição da necessária norma regulamentadora – vem a comprometer e a nulificar a situação subjetiva de vantagem criada pelo texto constitucional em favor dos seus beneficiários". MI 585, Pleno, rel. Min. Ilmar Galvão, *DJ* 02.08.2002: "Configurada a mora do Congresso Nacional na regulamentação do direito sob enfoque, impõe-se o parcial deferimento do *writ* para que tal situação seja comunicada ao referido órgão". MI 485, Pleno, rel. Min. Maurício Corrêa, *DJ* 23.08.2002: "Servidor público. Exercício do direito público subjetivo de greve. Necessidade de integralização da norma prevista no art. 37, VII, da CF, mediante edição de lei complementar,

em diversas ocasiões fosse levantada a possibilidade de aplicação da Lei 7.783/1989 – que disciplina a greve no setor privado – aos servidores públicos civis.[778] Contudo, no MI 670 o STF foi mais longe. Após lembrar que a mora legislativa em relação à questão da greve dos servidores públicos civis já havia sido declarada em diversas vezes, a Corte reconheceu que a manutenção dessa situação apontaria para o risco de consolidação de uma típica omissão judicial.[779] Admitiu-se que seria possível pensar, em princípio, na aplicação da Lei 7.783/1989 enquanto a omissão não fosse devidamente regulamentada por lei específica para os servidores públicos civis. Porém, em virtude do princípio da continuidade dos serviços públicos, declarou a Corte que não se poderia obstar, de acordo com as peculiaridades de cada caso concreto e mediante solicitação de entidade ou órgão legítimo, que fosse facultado ao tribunal competente impor a observância a regime de greve mais severo em razão de se tratar de "serviços ou atividades essenciais", nos termos do regime fixado pelos arts. 9.º a 11 da Lei 7.783/1989.[780] Estabeleceu-se, ainda, que, "diante da singularidade do debate constitucional do direito de greve dos servidores públicos civis, sob pena de injustificada e inadmissível negativa de prestação jurisdicional nos âmbitos federal, estadual e municipal, devem-se fixar também os parâmetros institucionais e constitucionais de definição de competência, provisória e ampliativa, para a apreciação de dissídios de greve instaurados entre o Poder Público e os servidores públicos civis. No plano procedimental, afigura-se recomendável aplicar ao caso concreto a disciplina da Lei 7.701/1988 (que versa sobre especialização das turmas dos Tribunais do Trabalho em processos coletivos), no que tange à competência para apreciar e julgar eventuais conflitos judiciais referentes à greve de servidores públicos que sejam suscitados até o momento de colmatação legislativa específica da lacuna ora declarada, nos termos do inciso VII do art. 37 da CF".[781] Ao final, após fixar-se o prazo de 60 dias para o Congresso Nacional legislar sobre a matéria, determinou-se a aplicação das Leis 7.701/1988 e 7.783/1989 aos conflitos e às ações judiciais que envolvam a interpretação do direito de greve dos servidores públicos civis.[782]

Foi no MI 712, porém, que o STF pronunciou de modo mais claro a função que, anteriormente, já se lhe tentava imprimir. Neste caso, a Corte não apenas retirou consequências práticas da não observância de uma decisão que impõe prazo para legislar, mas disse expressamente que possui, ao decidir o mandado de injunção, o poder de editar norma jurídica em substituição à devida pelo legislador, sem que isso possa representar violação à independência e harmonia entre os Poderes (art. 2.º da CF) e à separação dos Poderes (art. 60, § 4.º, III, da CF).[783]

Este mandado de injunção voltou a tratar da norma constitucional que garantiu aos servidores públicos civis o exercício do direito de greve nos termos e nos limites definidos em lei (art. 37, VII, da CF). Concluiu-se que a norma do art. 37, VII, da CF exige

---

para definir os termos e os limites do exercício do direito de greve no serviço público (...). Mandado de injunção conhecido em parte e, nessa parte, deferido, para declarar a omissão legislativa".

778. Tese defendida pelo Min. Carlos Velloso e rejeitada pelo Tribunal – cf., por exemplo, o MI 631, Pleno, rel. Min. Ilmar Galvão, *DJ* 02.08.2002.

779. MI 670, Pleno, rel. p/ o acórdão Min. Gilmar Mendes, *DJe* 31.10.2008.

780. Idem.

781. MI 670, Pleno, rel. p/ o acórdão Min. Gilmar Mendes, *DJe* 31.10.2008.

782. Idem. A mesma solução, com idênticos fundamentos, encontra-se no acórdão proferido no MI 708, Pleno, rel. Min. Gilmar Mendes, *DJe* 31.10.2008.

783. MI 712, Pleno, rel. Min. Eros Grau, *DJ* 31.10.2008.

regulamentação, "a fim de que seja adequadamente assegurada a coesão social. A regulamentação do exercício do direito de greve pelos servidores públicos há de ser peculiar, mesmo porque 'serviços ou atividades essenciais' e 'necessidades inadiáveis da coletividade' não se superpõem a 'serviços públicos', e vice-versa. Daí por que não deve ser aplicado ao exercício do direito de greve no âmbito da Administração tão somente o disposto na Lei 7.783/1989. A esta Corte impõe-se traçar os parâmetros atinentes a esse exercício".[784]

Neste mandado de injunção, a Corte não hesitou em declarar que o "argumento de que a Corte estaria a legislar – o que se afiguraria inconcebível, por ferir a independência e harmonia entre os Poderes [art. 2.º da CF] e a separação dos Poderes [art. 60, § 4.º, III, da CF] – é insubsistente", uma vez que o "Poder Judiciário está vinculado pelo dever-poder de, no mandado de injunção, formular supletivamente a norma regulamentadora de que carece o ordenamento jurídico", norma esta que não seria "norma de decisão", mas "o texto normativo que faltava para, no caso, tornar viável o exercício do direito de greve dos servidores públicos".[785] Contudo, o que mais importa é que o Tribunal, em face da referida fundamentação, permitiu ao mandado de injunção alcançar resultado que merece relevo. Julgou-se o mandado de injunção procedente "para remover o obstáculo decorrente da omissão legislativa e, supletivamente, tornar viável o exercício do direito consagrado no art. 37, VII, da Constituição do Brasil".[786]

Ao assim julgar, o STF não se limitou a declarar a mora legislativa ou mesmo a impor ao legislador a observância do dever de legislar, nem mesmo se restringiu a retirar consequência da inércia do Legislativo. A Corte editou a norma faltante, em nítida substituição à vontade do legislador, e, por consequência, tornou viável o exercício do direito de greve.[787] Neste caso, portanto, a Suprema Corte aproximou-se da verdadeira razão de ser do mandado de injunção: viabilizar o exercício de direito dependente de norma faltante.[788]

---

784. Idem.

785. Idem.

786. Idem.

787. Em maio de 2011, o Min. Celso de Mello, em decisão monocrática no MI 1.967, salientou que não se pode dizer que "o STF, ao colmatar uma evidente (e lesiva) omissão inconstitucional do aparelho de Estado, estar-se-ia transformando em anômalo legislador. É que, ao suprir lacunas normativas provocadas por injustificável inércia do Estado, esta Suprema Corte nada mais faz senão desempenhar o papel que lhe foi outorgado pela própria Constituição da República, valendo-se, para tanto, de instrumento que, concebido pela Assembleia Nacional Constituinte, foi por ela instituído com a precípua finalidade de impedir que a inércia governamental, como a que se registra no caso ora em exame, culminasse por degradar a autoridade e a supremacia da Lei Fundamental". Neste caso, decidiu-se que o servidor público portador de deficiência física tem direito de ter seu pedido de aposentadoria especial analisado pela autoridade administrativa, equiparando-se a sua situação com a dos servidores públicos que exercem atividades insalubres ou perigosas (MI 1.967, rel. Min. Celso de Mello, DJ 27.05.2011).

788. Nessa linha, o STF reconheceu o exercício do direito à aposentadoria especial de servidor público em decorrência de atividade em trabalho insalubre, prevista no § 4.º do art. 40 da CF, adotando como parâmetro o sistema do regime geral de previdência social disciplinado no art. 57 da Lei 8.213/1991, que dispõe sobre a aposentadoria especial na iniciativa privada. V.: MI 788/DF, rel. Min. Carlos Britto, DJ 08.05.2009; MI 795/DF, rel. Min. Cármen Lúcia, DJ 22.05.2009; MI 796/DF, rel. Min. Carlos Britto, DJ 08.05.2009; MI 797/DF, rel. Min. Cármen Lúcia, DJ 22.05.2009; MI 808/DF, rel. Min. Carlos Britto, DJ 08.05.2009; MI 809/DF, rel. Min. Cármen Lúcia, DJ 22.05.2009; MI 815/DF, rel. Min. Carlos Britto, DJ 08.05.2009; MI 825/DF, rel. Min. Carlos Britto, DJ 08.05.2009; MI 828/DF, rel. Min. Cármen Lúcia, DJ 22.05.2009; MI 841/DF, rel. Min. Cármen Lúcia, DJ 22.05.2009; MI 850/DF, rel. Min. Cármen Lúcia, DJ 22.05.2009; MI 879/DF, rel. Min. Cármen Lúcia, DJ 22.05.2009; MI 905/DF, rel. Min. Cármen Lúcia, DJ 22.05.2009; MI 927/DF, rel. Min.

8.56 Escopo do mandado de injunção

De acordo com o art. 8.º da Lei 13.300/2016, reconhecido o estado de mora legislativa, será deferida a injunção para: (i) determinar prazo razoável para que o impetrado promova a edição da norma regulamentadora; (ii) estabelecer as condições em que se dará o exercício dos direitos, das liberdades ou das prerrogativas reclamados ou, se for o caso, as condições em que poderá o interessado promover ação própria visando a exercê-los, caso não seja suprida a mora legislativa no prazo determinado. A decisão não precisará conceder prazo quando o impetrado já tiver deixado de obedecer decisão que determinou a edição da norma em anterior mandado de injunção (parágrafo único, art. 8.º, Lei 13.300/2016).

Note-se que, se o Judiciário deve apenas declarar a mora do legislador, dela o cientificando, o escopo do mandado de injunção é limitado à declaração da mora em legislar (art. 8.º, I, da Lei 13.300/2016). Porém, se o mandado de injunção confere ao Judiciário o poder de suprir a omissão do legislador para tornar exercitável e tutelável jurisdicionalmente o direito que da norma depende, o escopo do remédio constitucional é suprir a falta de norma imprescindível à realização do direito e à sua tutela jurisdicional. Mas é possível também admitir que o mandado de injunção possa, ao suprir a norma faltante, tutelar o direito que dela depende (art. 8.º, II, Lei 13.300/2016).

A segunda e a terceira opções diferem essencialmente em um ponto: na circunstância de o direito dependente da norma faltante poder ser exercido sem obstaculização da parte devedora da tutela do direito. Quando o devedor da norma é o Congresso Nacional e a devedora da tutela do direito, a União Federal, o problema é eliminado em virtude de a União, que até então resistia em virtude da omissão legislativa, não ter mais como se opor ao pleito da parte. Trata-se do caso em que o STF, ao suprir a falta da lei exigida pela Constituição, determina, por exemplo, que a autoridade administrativa analise pedido de aposentadoria especial de servidor público portador de deficiência física, como ocorreu no MI 1.967, monocraticamente decidido pelo Min. Celso de Mello.[789] Perceba-se que, em um caso como

---

Cármen Lúcia, *DJ* 22.05.2009; MI 938/DF, rel. Min. Cármen Lúcia, *DJ* 22.05.2009; MI 962/DF, rel. Min. Cármen Lúcia, *DJ* 22.05.2009; MI 998/DF, rel. Min. Cármen Lúcia, *DJ* 22.05.2009; MI 835/DF, rel. Min. Marco Aurélio, *DJ* 24.09.2010; MI 885/DF, rel. Min. Marco Aurélio, *DJ* 24.09.2010; MI 923/DF, rel. Min. Marco Aurélio, *DJ* 24.09.2010; MI 957/DF, rel. Min. Marco Aurélio, *DJ* 24.09.2010; MI 975/DF, rel. Min. Marco Aurélio, *DJ* 24.09.2010; MI 991/DF, rel. Min. Marco Aurélio, *DJ* 24.09.2010; MI 1.083/DF, rel. Min. Marco Aurélio, *DJ* 24.09.2010; MI 1.128/DF, rel. Min. Marco Aurélio, *DJ* 24.09.2010; MI 1.152/DF, rel. Min. Marco Aurélio, *DJ* 24.09.2010; MI 1.182/DF, rel. Min. Marco Aurélio, *DJ* 24.09.2010; MI 1.270/DF, rel. Min. Marco Aurélio, *DJ* 24.09.2010; MI 1.440/DF, rel. Min. Marco Aurélio, *DJ* 24.09.2010; MI 1.660/DF, rel. Min. Marco Aurélio, *DJ* 24.09.2010; MI 1.681/DF, rel. Min. Marco Aurélio, *DJ* 24.09.2010; MI 1.682/DF, rel. Min. Marco Aurélio, *DJ* 24.09.2010; MI 1.700/DF, rel. Min. Marco Aurélio, *DJ* 24.09.2010; MI 1.747/DF, rel. Min. Marco Aurélio, *DJ* 24.09.2010; MI 1.797/DF, rel. Min. Marco Aurélio, *DJ* 24.09.2010; MI 1.800/DF, rel. Min. Marco Aurélio, *DJ* 24.09.2010; MI 1.835/DF, rel. Min. Marco Aurélio, *DJ* 24.09.2010. Verifica-se a atuação da Corte no sentido de realizar a integração normativa necessária ao exercício do direito constitucional pendente de disciplina legislativa, conferindo aos direitos do cidadão adequada tutela contra as omissões legislativas.

789. Advirta-se que, no julgamento do MI 795, que tratou da omissão inconstitucional relativa à fruição do direito à aposentadoria especial por servidor público, restou resolvida questão de ordem, suscitada pelo Min. Joaquim Barbosa, no sentido de autorizar ao relator a faculdade de julgar monocraticamente os processos idênticos (MI 795, Pleno, rel. Min. Cármen Lúcia, *DJ* 22.04.2009).

este, a autoridade administrativa se rende à norma criada pelo Judiciário, pelo que nem mesmo seria preciso ordenar-lhe analisar o pedido de aposentadoria sob o temor de que poderia não analisá-lo voluntariamente.[790]

Ademais, há situações em que a mera supressão da omissão inconstitucional, seja mediante a imposição de resultado pela não observância do prazo para legislar, seja por meio da edição judicial da norma jurídica, por si só tutela o direito da parte. Lembre-se, como exemplo da primeira hipótese, o caso da imunidade das entidades beneficentes de assistência social, quando o STF, no MI 232, determinou ao Congresso Nacional a observância do seu dever de legislar decorrente do art. 195, § 7.º, da Constituição, sob pena de, vencido esse prazo, passar a parte a gozar da imunidade requerida. São exemplos do segundo caso os MI 670, 708 e 712, em que normas foram editadas pelo STF para viabilizar o exercício do direito de greve. Note-se que estes mandados de injunção são efetivos à tutela ou ao exercício do direito em virtude de uma e outro não dependerem de prestação de quem quer que seja – o Estado ou o particular.

Contudo, isso nem sempre ocorre. Pense-se, por exemplo, no MI 232, que, objetivando a regulamentação do art. 7.º, XXI, da CF – relativo ao aviso prévio –, foi dirigido apenas contra a ex-empregadora do impetrante, e, exatamente por conta disso, não foi conhecido. É que, em um caso como este, para que o direito seja tutelado, não basta editar a norma faltante em face do Congresso Nacional – é necessária uma prestação do particular.

Se, no mandado de injunção, o Judiciário pode criar a norma faltante e conferir a tutela ao direito prometida pela Constituição, o legislador deveria ser chamado ao processo apenas para contestar a imprescindibilidade de norma infraconstitucional ou para negar a sua mora, devendo também participar do processo, na qualidade de litisconsorte passivo, o devedor da prestação decorrente da remoção da omissão inconstitucional. Quem deve resistir à pretensão de tutela do direito que depende da norma não é apenas o legislador, mas também – e especialmente – o adversário do titular da tutela de direito que se ressente da norma legislativa inexistente. Assim, a despeito do art. 3.º da Lei 13.300/2016, não há razão para não admitir o mandado de injunção em face do particular, que, então, deve figurar como litisconsorte passivo necessário.[791]

---

790. O STF decidiu no MI 3.162 ED/DF que para ser cabível mandado de injunção não é suficiente a existência tão somente de obstáculo ao exercício de direito ou liberdade constitucional diante de omissão legislativa, mas a total e concreta impossibilidade de sua fruição pelo seu titular. Dessa forma, o mandado de injunção não seria via adequada para que servidor público requeresse a verificação de contagem de prazo diferenciado de serviço exercido em condições prejudiciais à saúde e à integridade física, devendo ser comprovada a titularidade do direito (no caso, o direito à aposentadoria) e a sua inviabilidade concreta pela ausência de norma regulamentadora (STF, MI 3.162 ED, Pleno, rel. Min. Cármen Lúcia, *DJe* 29.10.2014).

791. Nos MI 943, 1.010, 1.074 e 1.090, impetrados em face da Presidência da República e da Companhia Vale do Rio Doce, a Corte reconheceu a ilegitimidade da companhia, porém a manteve no feito na qualidade de interessada. "Embargos de declaração nos mandados de injunção 943, 1.010, 1.074 e 1.090. 2. Aviso prévio proporcional ao tempo de serviço. 3. Advento da Lei 12.506/2011 no curso do julgamento. 4. Aplicação de parâmetros similares aos da referida lei. 5. Alegação de omissão quanto ao pedido de exclusão da embargante, Companhia Vale do Rio Doce, do polo passivo dos *writs*. 6. Argumentação de perda superveniente do objeto das impetrações em razão do advento da norma regulamentadora. Rejeição da tese pelo Plenário, que decidiu dar continuidade no julgamento dos MI impetrados antes da publicação da Lei 12.506/2011. 7. Embargos parcialmente acolhidos (ED 943, 1.010, 1.074 e 1.090), apenas para reconhecer a ilegitimidade

Entretanto, se o uso do mandado de injunção contra o particular não é adequado em razão de princípios utilitaristas, melhor seria deixar a prática forense regular a situação, admitindo-se, com consciência e clareza, a supressão da omissão inconstitucional em face de quem quer que seja, mediante qualquer ação jurisdicional e por qualquer juiz.

8.57 Natureza mandamental?

Afirma-se, em alguns julgados do STF, que o mandado de injunção é instrumento de "natureza mandamental". Assim, por exemplo, nos MI 168, 107 e 283. No MI 168 alegou-se que o pedido, em mandado de injunção, não pode ser de emissão de ato normativo nem de ordem para a realização do direito, mas apenas de declaração de inconstitucionalidade da omissão normativa, com ciência ao órgão competente para que a supra.[792] No MI 107, considerando-se a mesma espécie de prestação jurisdicional (declaratória), voltou-se a atribuir natureza mandamental ao instrumento.[793] No MI 283, por fim, reafirmou-se que o autor está proibido de realizar pedido de natureza condenatória ou constitutiva, mas que se pode retirar, de pedidos desta natureza – inadequadamente formulados –, o pedido de "atendimento possível" de "declaração de inconstitucionalidade da omissão normativa, com ciência ao órgão competente para que a supra".[794] E aí, mais uma vez, atribuiu-se natureza mandamental ao instrumento.

Como está claro, jamais se considerou, para definir a natureza do mandado de injunção, a espécie de sentença de procedência a ser prestada. Muito embora se tenha dito, no MI 283, que não seria possível realizar pedido condenatório ou pedido constitutivo, não se tomou em conta a espécie de sentença prolatada ao se concluir que se poderia obter declaração de inconstitucionalidade da omissão normativa, com ciência ao órgão competente. Também neste caso insistiu-se para a natureza mandamental do instrumento, embora fosse de

---

passiva da Companhia Vale do Rio Doce, todavia a manter no feito na qualidade de interessada. Embargos de declaração dos impetrantes nos MI 1.010 e 1.074 rejeitados" (STF, MI 943 ED, Pleno, rel. Min. Gilmar Mendes, *DJe* 20.06.2014).

792. MI 168, Pleno, rel. Min. Sepúlveda Pertence, *DJ* 20.04.1990. Da ementa: "O mandado de injunção nem autoriza o Judiciário a suprir a omissão legislativa ou regulamentar, editando o ato normativo omitido, nem, menos ainda, lhe permite ordenar, de imediato, ato concreto de satisfação do direito reclamado. Mas no pedido, posto que de atendimento impossível, para que o tribunal o faça, se contém o pedido de atendimento possível para a declaração de inconstitucionalidade da omissão normativa, com ciência ao órgão competente para que a supra".

793. MI 107, Pleno, rel. Min. Moreira Alves, *DJ* 21.09.1990. Do voto do relator, p. 5: "(...) o pedido dos autores (...) não pode ser alcançado pela via do mandado de injunção que é (...) ação mandamental para a declaração da ocorrência de omissão com mora na regulação de direito, liberdade ou prerrogativa outorgados pela Constituição".

794. MI 283, Pleno, rel. Min. Sepúlveda Pertence, *DJ* 14.11.1991. Do voto do relator, p. 11: "Sem embargo da decisão básica do MI 107 (QO), sobre a natureza mandamental do mandado de injunção – segundo a qual, como tenho acentuado, o remédio nem autoriza o Judiciário a suprir a omissão legislativa ou regulamentar, editando o ato normativo omitido, nem, menos ainda, lhe permite ordenar, de imediato, ato concreto de satisfação do direito reclamado –, o Tribunal tem admitido (...) que, *no pedido constitutivo ou condenatório, de atendimento impossível, se contém o pedido de atendimento possível para a declaração de inconstitucionalidade da omissão normativa, com ciência ao órgão competente para que a cumpra*".

esperar que, diante da contraposição do mandado de injunção com as sentenças condenatória e constitutiva, a definição da natureza do instituto houvesse de ser buscada na natureza da sentença que declara a omissão inconstitucional e dá ciência ao órgão competente.

Sentença desta espécie é, inescondivelmente, declaratória, já que "ciência" à parte demandada, como é óbvio, nada agrega de significativo a qualquer sentença. Na verdade, admitindo-se a premissa sustentada nos referidos mandados de injunção, de que ao Judiciário só se permite declarar a omissão inconstitucional com ciência ao órgão competente, jamais seria possível atribuir à sentença de procedência do mandado de injunção outra natureza que não a declaratória. Ressalte-se: nunca, jamais, mandamental. A ciência dada ao órgão competente, como é evidente, não se equipara a uma ordem, exatamente por ser destituída de coerção.

Ao discutir a questão da sentença mandamental, parte da doutrina estabeleceu uma ligação entre a teoria da sentença mandamental e a sentença do mandado de segurança, ou, o que é pior, entre a sentença mandamental e o seu único destinatário, que seria apenas o agente público. Assim, por exemplo, após anunciar que "as denominadas ações mandamentais não têm tido aceitação na doutrina", Frederico Marques, sem qualquer sustentação teórica mais adequada, declarou: "Para Goldschmidt, a ação de mandamento teria por objeto conseguir ou obter mandado dirigido a outro órgão do Estado, através de sentença judicial. Mas, como ressaltou A. Schönke, não há razão para essa nova espécie de ações: 'Esses casos não devem ser reunidos para formar um novo grupo de ações, porque não se trata de uma diversificação no conteúdo, mas tão só nos efeitos'. Realmente, *proposta uma ação de reparação de dano contra pessoa jurídica de direito público, a sentença proferida contra a ré será condenatória.* O mandado contra o órgão estatal que deva cumprir a sentença é efeito da condenação ou da execução desta, não havendo motivo, portanto, de se qualificar a ação proposta como de mandamento".[795]

É certo que a doutrina alemã advertiu que a sentença, em alguns casos, poderia ser dirigida contra outro órgão estatal, e não contra o vencido, e nessas hipóteses a sentença teria características próprias em relação à condenatória. Sucede que a doutrina alemã estava preocupada em conceituar a sentença que, proferida contra o vencido, é dirigida contra órgão do Estado. Não foi despendida qualquer atenção à sentença que não se limita a declarar nem condenar, mas incide sobre o vencido mediante coerção indireta, constrangendo-o a cumprir a ordem judicial. Melhor explicando: a mencionada doutrina alemã nada tem a ver com a conceituação da sentença ligada à coerção indireta (coerção patrimonial ou coerção pessoal).

É equivocado pensar em uma quarta espécie de sentença (mandamental) em razão de o seu destinatário ser outro órgão estatal, ainda que estranho ao processo, como desejava a doutrina alemã. Porém, se isso não deve gerar a conceituação de nova espécie de sentença, não é razoável negar que a sentença que se liga à coerção indireta – que não pode ser

---

795. MARQUES, José Frederico. *Manual de direito processual civil*, vol. 2, p. 36.

misturada com aquela correlacionada com a execução forçada (condenatória)[796] ou com a que se limita a declarar[797] – não deva abrir oportunidade a uma nova classificação.

De modo que, se a natureza mandamental tem a ver com a espécie de sentença de procedência, ao mandado de injunção não pode ser atribuída natureza mandamental. A menos que se extraia a "natureza mandamental" da circunstância de a sentença ser dirigida a órgão do Estado. A sentença que é dirigida a órgão estatal, mas tem em sua substância declaração ou constituição, é, simplesmente, declaratória ou constitutiva, pois notificar ou dar ciência a órgão do Estado não tem o condão de alterar a substância ou forma de ser da sentença, nem de modificar a maneira como a tutela jurisdicional do direito é prestada. Note-se que com isso não se está afirmando que as formas de execução não interferem na conceituação da sentença – é que as formas de execução são necessárias quando a tutela do direito material exige prestação do vencido, o que não acontece quando a sentença é apenas dirigida contra órgão do Estado.

De qualquer forma, apesar de não ser adequado definir a natureza de qualquer sentença (técnica processual) em razão da especial qualidade do sujeito contra quem é dirigida, pior ainda é tomar em conta tal circunstância para delimitar o conteúdo da prestação

---

796. Enquanto a sentença condenatória difere da declaratória por abrir oportunidade à execução por sub-rogação, a mandamental delas se distancia por tutelar o direito do autor forçando o réu a adimplir a ordem do juiz. Na sentença mandamental há ordem, ou seja, *imperium*, e existe também coerção da vontade do réu; tais elementos não estão presentes no conceito de sentença condenatória, compreendida como uma sentença correlacionada com a execução forçada. Na sentença mandamental há tutela jurisdicional integral, ao passo que a sentença condenatória constitui uma 'tutela pela metade', já que dependente da execução forçada. É preciso que se perceba que não há ordem ou uso de coerção indireta na sentença condenatória, mas, simplesmente, declaração e aplicação da sanção (que abre oportunidade à execução forçada). Na sentença mandamental, o juiz *usa a força do Estado para estimular* o vencido a adimplir, ao passo que na condenatória há apenas a constituição de uma situação jurídica *que pode abrir oportunidade ao seu uso*. Não se diga que na sentença mandamental, assim como na condenatória, *há apenas ameaça do uso da força, supondo-se, equivocadamente, que esta força, diante da ordem sob pena de multa, somente entre em atividade quando da cobrança da multa*. Isto seria negar a característica da própria ordem sob pena de multa. Como é sabido, o juiz, quando ordena sob pena de multa, não determina o cumprimento sob pena do pagamento de valor equivalente ao da prestação inadimplida, *mas impõe necessariamente a multa em valor suficiente para constranger o réu a adimplir*. Ora, se a imposição da multa *serve para forçar* o adimplemento, é evidente que ela *significa o uso da força do Estado*. O que menos importa, aí, é a cobrança do valor da multa. Algo bem diferente ocorre, como é óbvio, quando a condenação não é cumprida e o vencedor passa a percorrer o caminho da execução forçada. *Nesta última hipótese, o réu não foi forçado a cumprir; ao contrário, deu-se a ele a possibilidade de adimplir.* É necessário frisar, entretanto, que a sentença mandamental não difere da condenatória apenas por conter ordem, mas fundamentalmente por poder levar à tutela de um direito que não pode ser efetivamente tutelado mediante a condenação.
797. Perceba-se que a sentença declaratória não tem capacidade para permitir uma efetiva prevenção do ilícito, já que não tem potencialidade para constranger o demandado a não fazer. No direito italiano, onde não há sentença "genérica" que se ligue à coerção indireta, há grande dificuldade para se dar efetividade à tutela inibitória. Exatamente por esta razão, isto é, pela inexistência de sentença que possa ordenar sob pena de multa, Proto Pisani – sucessor da cátedra de Calamandrei na Universidade de Florença – propôs a reconstrução do conceito de sentença condenatória, sustentando que ela deveria ser vista como uma ordem judicial que, em caso de inadimplemento, dá margem à prisão, nos termos do art. 388 do CP italiano. V. Rapisarda, Cristina. Inibitoria. *Digesto delle discipline privatistiche*, vol. 9, p. 486 e ss.; _____; Taruffo, Michele. Inibitoria. *Enciclopedia giuridica Treccani*, vol. 17, p. 8-9; Proto Pisani, Andrea. *L'attuazione dei provvedimenti di condanna*, p. 184; _____. *Lezioni di diritto processuale civile*, p. 183; Frignani, Aldo. *L'injunction nella common law e l'inibitoria nel diritto italiano*, p. 592 e ss.

jurisdicional. Ou seja, é errôneo sustentar que o Judiciário apenas pode declarar a omissão inconstitucional, dela cientificando o órgão competente, em virtude de o mandado de injunção ter natureza mandamental ou pelo fato de o legislador ter de ser cientificado da sentença. O que se pode dizer, ao inverso, é que o mandado de injunção tem esta ou aquela natureza em virtude de o Judiciário apenas poder declarar a omissão inconstitucional, criar a norma ou ainda ordenar ao demandado alguma providência. Nesta dimensão o mandado de injunção pode ter, respectivamente, naturezas declaratória, constitutiva e mandamental. Assim, enquanto em suas primeiras decisões o mandado de injunção possuía natureza declaratória, atualmente, considerando-se as decisões proferidas nos MI 670,[798] 708[799] e 712,[800] o mandado de injunção possui natureza constitutiva, haja vista que o Judiciário está aí, precipuamente, criando a norma jurídica.

8.58 Legitimidade

Convém analisar, em primeiro lugar, a legitimidade passiva, haja vista a sua estreita ligação com o objeto do mandado de injunção e com a natureza de sua sentença de procedência. Se o escopo do mandado de injunção é a edição da norma judicial em substituição à norma faltante, legitimado passivo é o órgão legislativo competente. Se o mandado de injunção vai além, tendo o fim de tutelar o direito dependente da norma criada, é legitimado passivo, além do órgão legislativo competente, aquele que se opõe à tutela do direito perseguida pelo autor, que, assim, deve figurar como litisconsorte passivo necessário.

Esclareça-se, no entanto, que o STF, em diversos casos, não admitiu a participação do particular, conforme se pode verificar, por exemplo, nos acórdãos decorrentes dos MI 335 e 352. No MI 335, o STF raciocinou a partir da premissa de que, como somente os órgãos estatais têm dever de legislar, apenas eles podem figurar no polo passivo.[801] No MI 352, concluiu-se que o mandado de injunção há de se dirigir contra o Poder, órgão, entidade ou autoridade que tem o dever de regulamentar a norma constitucional, não tendo legitimidade, em princípio, quem não tem dever de editar a regulamentação respectiva.[802] A Lei 13.300/2016, em seu art. 3.º, apenas declara que é legitimado para figurar como impetrado no mandado de injunção "o Poder, o órgão ou a autoridade com atribuição para editar a norma regulamentadora". Logo a seguir, acrescenta-se que a petição inicial deve indicar, além do órgão impetrado, a pessoa jurídica que ele integra ou aquela a que está vinculado (art. 4.º, Lei 13.300/2016).

---

798. MI 670, Pleno, rel. p/ o acórdão Min. Gilmar Mendes, *DJe* 31.10.2008.

799. MI 708, Pleno, rel. Min. Gilmar Mendes, *DJe* 31.10.2008.

800. MI 712, Pleno, rel. Min. Eros Grau, *DJ* 31.10.2008.

801. MI 335, Pleno, rel. Min. Celso de Mello, *DJ* 09.08.1991. Do voto do relator, p. 5: "O dever jurídico de editar a lei complementar reclamada é de ser atribuído, no caso, ao Congresso Nacional, destinatário, *ex vi* do art. 48, XIII, da Constituição, da imposição legiferante inscrita no art. 192, § 3.º [revogado], da Lei Fundamental. Por isso mesmo, somente pessoas estatais podem figurar no polo passivo da relação processual instaurada com a impetração do mandado de injunção, eis que apenas a elas é imputável o dever jurídico de emanação de provimentos normativos".

802. "Não é viável dar curso a mandado de injunção por ilegitimidade passiva *ad causam*, da ex-empregadora do requerente, única que se indica como demandada, na inicial. Mandado de injunção não conhecido" (MI 352, Pleno, rel. Min. Néri da Silveira, j. 04.09.1991, *DJ* 12.12.1997).

Segundo o art. 3.º da Lei 13.300/2016, são legitimados ativos as pessoas naturais ou jurídicas que se afirmam titulares dos direitos, das liberdades ou das prerrogativas inerentes à nacionalidade, à soberania e à cidadania. Porém, de acordo com o art. 12, o mandado de segurança coletivo pode ser proposto: (i) pelo Ministério Público, quando a tutela requerida for especialmente relevante para a defesa da ordem jurídica, do regime democrático ou dos interesses sociais ou individuais indisponíveis; (ii) por partido político com representação no Congresso Nacional, para assegurar o exercício de direitos, liberdades e prerrogativas de seus integrantes ou relacionados com a finalidade partidária; (iii) por organização sindical, entidade de classe ou associação legalmente constituída e em funcionamento há pelo menos 1 (um) ano, para assegurar o exercício de direitos, liberdades e prerrogativas em favor da totalidade ou de parte de seus membros ou associados, na forma de seus estatutos e desde que pertinentes a suas finalidades, dispensada, para tanto, autorização especial; (iv) pela Defensoria Pública, quando a tutela requerida for especialmente relevante para a promoção dos direitos humanos e a defesa dos direitos individuais e coletivos dos necessitados, na forma do inciso LXXIV do art. 5.º da Constituição Federal. O parágrafo único do art. 12 esclarece que "os direitos, as liberdades e as prerrogativas protegidos por mandado de injunção coletivo são os pertencentes, indistintamente, a uma coletividade indeterminada de pessoas ou determinada por grupo, classe ou categoria".

O Supremo há muito tempo entende que as entidades sindicais dispõem de legitimidade ativa para a impetração de mandado de injunção coletivo, argumentando que este se destina a viabilizar, em favor dos integrantes das categorias que essas instituições representam, o exercício de liberdades, prerrogativas e direitos assegurados pelo ordenamento constitucional[803]. No MI 361, entendeu-se que entidade sindical de pequenas e médias empresas – notoriamente dependentes do crédito bancário com interesse comum na eficácia do art. 192, § 3.º [revogado], da Constituição, que fixou limites aos juros reais – possui legitimidade ao mandado de injunção coletivo, aplicando-se analogicamente o art. 5.º, LXX, da CF.[804] No MI 20, de relatoria do Min. Celso de Mello, declarou-se que a jurisprudência do STF se firmara no sentido de admitir a utilização, pelos organismos sindicais e pelas entidades de classe, do mandado de injunção coletivo, com a finalidade de viabilizar, em favor dos membros ou associados dessas instituições, o exercício de direitos assegurados pela Constituição.[805]

---

803. STF, MI 472, Pleno, rel. Min. Celso de Mello, j. 06.09.1995, *DJ* 02.03.2001. STF, MI 712, rel. Min. Eros Grau, j. 27.10.2007 – do voto do relator, p. 7: "A legitimidade ativa *ad causam* do ora impetrante [entidade sindical] é reconhecida em consolidada jurisprudência do STF (...). Essa orientação jurisprudencial tem prestigiado a doutrina que considera irrelevante, para o efeito de justificar a admissibilidade da ação coletiva, o fato de inexistir previsão constitucional a respeito. Sendo assim, é processualmente viável o acesso de entidades de classe, desde que legalmente constituídas e em funcionamento há pelo menos um ano, à via do mandado de injunção coletivo".

804. STF, MI 361, Pleno, rel. p/ o acórdão Min. Sepúlveda Pertence, j. 08.04.1994, *DJ* 17.06.1994. Da ementa: "I – Mandado de injunção coletivo. Admissibilidade, por aplicação analógica do art. 5.º, LXX, da CF. Legitimidade, no caso, de entidade sindical de pequenas e médias empresas, as quais, notoriamente dependentes do crédito bancário, têm interesse comum na eficácia do art. 192, § 3.º [revogado], da CF, que fixou limites aos juros reais".

805. MI 20, Pleno, rel. Min. Celso de Mello, j. 19.05.1994, *DJ* 22.11.1996. V., ainda: "Mandado de injunção coletivo. Impetração deduzida por confederação sindical. Possibilidade. Natureza jurídica do *writ* injuncional. Taxa de juros reais (CF, art. 192, § 3.º) [revogado]. Omissão do Congresso Nacional. Fixação de prazo para legislar. Descabimento, no caso. *Writ* deferido. Mandado de injunção coletivo. Admissibilidade. Entidades sindicais dispõem de legitimidade ativa para a impetração do mandado de injunção coletivo, que constitui

A Lei 13.300/2016, além de se referir à legitimidade de organização sindical, entidade de classe e associação, enfatiza a legitimidade do Ministério Público,[806] do partido político com representação no Congresso Nacional e da Defensoria Pública. É importante sublinhar que o inciso IV do art. 12 é expresso no sentido de que a Defensoria Pública tem legitimidade para o mandado de injunção quando a tutela requerida for relevante para a promoção dos direitos humanos e a defesa de "direitos individuais e coletivos dos necessitados".

8.59 Medida liminar

O STF entende ser incabível medida liminar em mandado de injunção, conforme decisões proferidas nos MI 283 (rel. Min. Sepúlveda Pertence, *DJ* 25.10.1990), MI 313 (rel. Min. Moreira Alves, *DJ* 14.05.1991), MI 335 (Pleno, rel. Min. Celso de Mello, *DJ* 09.08.1991), MI 323 (Pleno, rel. Min. Moreira Alves, *DJ* 31.10.1991), MI 542 (rel. Min. Celso de Mello, *DJ* 05.11.1996), MI 621 (rel. Min. Maurício Corrêa, *DJ* 14.03.2000), MI 636 (rel. Min. Maurício Corrêa, *DJ* 07.03.2001), MI 647 (rel. Min. Ilmar Galvão, *DJ* 21.08.2001), MI 652 (rel. Min. Ellen Gracie, *DJ* 26.10.2001), MI 659 (rel. Min. Celso de Mello, *DJ* 04.02.2002), MI 712 (rel. Min. Eros Grau, *DJ* 29.04.2004) e MI 768 (rel. Min. Joaquim Barbosa, *DJ* 21.08.2007).

Todas essas decisões podem ser exemplificadas mediante a proferida no MI 631, de relatoria do Min. Ilmar Galvão, no seguinte sentido: "Trata-se de mandado de injunção impetrado pelo Sindicato dos Servidores do Poder Judiciário do Estado do Mato Grosso do Sul – Sindijus/MS contra o Congresso Nacional, por meio do qual requer seja garantido a seus filiados o direito de greve, previsto no art. 37, VII, da CF. Pede, ademais, concessão de medida liminar para determinar que o TJMS *se abstenha da abertura de processos administrativos do desconto nos vencimentos dos servidores dos dias de paralisação na greve ocorrida entre 29 de maio e 14 de junho de 2000*. A jurisprudência do STF *é firme quanto ao descabimento de medida liminar em mandado de injunção*, conforme o decidido no MI 283, rel. Min. Sepúlveda Pertence, *DJ* 25.10.1990; e no MI 313, rel. Min. Moreira Alves, *DJ* 14.05.1991. Dessa forma, o pedido, nesta parte, fica, desde logo, indeferido".[807]

Não obstante, é certo que a viabilidade da liminar depende do que se admite poder ser feito pelo Judiciário mediante o mandado de injunção. Ou melhor: para se pensar no cabimento de liminar é necessário, antes, individualizar a tutela jurisdicional final da ação de injunção. Assim, se a tutela final se resume à declaração da omissão inconstitucional, seguida de cientificação do legislador, não se pode admitir uma norma judicial provisória, nos moldes de uma tutela antecipada. Contudo, as coisas mudam totalmente de figura quando se parte da premissa de que o Judiciário pode retirar do descumprimento do dever de legislar determinada consequência concreta ou editar a norma jurídica faltante, e, mais ainda,

---

instrumento de atuação processual destinado a viabilizar, em favor dos integrantes das categorias que essas instituições representam, o exercício de liberdades, prerrogativas e direitos assegurados pelo ordenamento constitucional" (MI 472, Pleno, rel. Min. Celso de Mello, j. 06.09.95, *DJ* 02.03.2001).

806. LC 75/1993, que dispõe sobre a organização, as atribuições e o estatuto do Ministério Público da União: "Art. 6.º Compete ao Ministério Público da União: (...) VIII – promover outras ações, nelas incluído o mandado de injunção sempre que a falta de norma regulamentadora torne inviável o exercício dos direitos e liberdades constitucionais e das prerrogativas inerentes à nacionalidade, à soberania e à cidadania, quando difusos os interesses a serem protegidos; (...)".

807. MI 631, rel. Min. Ilmar Galvão, *DJ* 22.08.2000.

quando se admite que o Tribunal pode tutelar o direito dependente da norma até então ausente.[808]

Pense-se, por exemplo, no caso da imunidade das entidades beneficentes de assistência social, a depender da regulamentação do disposto no § 7.º do art. 195 da CF, em que o Supremo Tribunal declarou, no MI 232, a mora do Congresso Nacional a fim de que, no prazo de seis meses, fossem adotadas as providências legislativas que se impunham para o cumprimento da obrigação de legislar, sob pena de, uma vez vencido o prazo sem o cumprimento da obrigação, "passasse o requerente a gozar da imunidade requerida".[809] Mais emblemático, ainda, é o MI 712, já que nesta hipótese a própria norma faltante foi elaborada pelo Judiciário. Aí o Tribunal não apenas retirou consequências da não observância de decisão, mas expressamente assumiu o *poder de editar norma jurídica* em substituição à devida pelo legislador, salientando que isso não representa "violação à independência e harmonia entre os Poderes (art. 2.º da CF) e à separação dos Poderes (art. 60, § 4.º, III, da CF)".[810]

A decisão, nestes dois casos, tem natureza constitutiva. No MI 232, a decisão substitui a vontade do legislador, ou melhor, vale como se fosse a norma legislativa não editada. Trata-se de decisão que, por sua natureza jurídico-processual, assemelha-se à do art. 501 do CPC de 2015. Essa regra processual diz que a sentença, ao reconhecer o dever de o réu emitir declaração de vontade, produz, após transitar em julgado, "todos os efeitos da declaração não emitida". Embora se possa dizer que sentença deste porte tem natureza executiva (e não constitutiva), é indiscutível que tanto a sentença do art. 501 do CPC quanto a decisão final que retira da não observância do dever de legislar a própria situação de vantagem que se teria, caso a norma houvesse sido editada pelo legislador, têm conteúdo constitutivo, já que criam uma situação jurídica.

Sendo assim, importa verificar se é possível liminar em face de decisão final de conteúdo constitutivo. É fora de dúvida que se admite provimento assecuratório – de natureza cautelar – diante de decisão final de natureza constitutiva. Trata-se de assegurar o direito que depende da constituição final.

Há maior dificuldade teórica quando se pensa em liminar de cunho antecipatório. Vozes autorizadas, tanto no direito italiano[811] quanto no direito brasileiro,[812] não admitem a antecipação de uma constituição, vale dizer, uma constituição baseada em cognição sumária. Porém, o verdadeiro problema não está na pergunta acerca da possibilidade de uma constituição fundada em cognição sumária, mas sim em saber se é possível obstar uma conduta ou autorizar um comportamento cuja legitimidade depende da constituição. A questão está em saber se é possível antecipar o exercício de um direito que ainda depende de uma decisão, ou melhor, se é viável antecipar o exercício das faculdades que estão contidas no direito a ser constituído. Esta antecipação, como é evidente, não é uma simples "constituição

---

808. No MI 712, o Min. Cezar Peluso, em voto vencido, assim argumentou (p. 185-186 do acórdão): "(...) estou de acordo em que antecipemos uma medida liminar. Trata-se de garantia, em tese de antecipação de tutela, de tutela provisória (...). Até para que não se prolongue a falta de condições de exercício de direito".
809. MI 232, Pleno, rel. Min. Moreira Alves, *DJ* 27.03.1992.
810. MI 712, Pleno, rel. Min. Eros Grau, *DJ* 31.10.2008.
811. CALVOSA, Carlo. I provvedimenti d'urgenza, *Novissimo digesto italiano*, vol. XIV, p. 448 e ss.; SATTA, Salvatore. *Commentario al codice di procedura civile*, vol. 4, p. 270 e ss. V. SAMORÌ, Gianpiero. La tutela cautelar di chiarativa, *Rivista Trimestrale di Diritto e Procedura Civile*, p. 949 e ss.
812. SILVA, Ovídio A. Baptista da. *Curso de processo civil*, 3. ed., vol. 3, p. 57 e ss.

provisória". Realmente, nada pode impedir, em tese, ordem que proíba a imposição de sanções contra a entidade beneficente que gozaria de imunidade caso a decisão final do mandado de injunção já houvesse sido proferida.[813] Do mesmo modo, é claramente possível, em sede de liminar, ordem para que a autoridade administrativa se abstenha de impor sanções àquele que estaria usufruindo do direito caso a decisão final já houvesse sido pronunciada, situação que sucedeu no MI 631, em que se requereu liminar (não admitida) para que o TJMS se abstivesse da abertura de processos administrativos para o desconto, nos vencimentos dos servidores, dos dias de paralisação na greve.[814]

8.60 Pressupostos para a concessão do mandado de injunção

8.60.1 Dever de legislar

O dever de legislar é visto como pressuposto do mandado de injunção.[815] É claro que importa saber, neste contexto, o significado deste "dever". O STF entende que o dever de legislar é a posição que responde ao direito à emanação da lei imprescindível à regulamentação da norma constitucional, mas adverte que, para o aparecimento dessas posições jurídicas, o próprio texto constitucional deve exigir a tomada de providências legislativas, apenas aí surgindo o dever de o legislador atuar. Melhor explicando: só há dever de legislar, nesta dimensão, quando a própria norma constitucional carente de regulamentação prevê a atuação do legislador.

O acórdão proferido no MI 642 é elucidativo. Discutiu-se, neste caso, sobre a admissibilidade de pretensão à edição de norma relacionada ao art. 135 do CPC de 1973 (equivalente ao art. 145, § 1.º, do CPC/2015), que dispunha sobre a possibilidade de o juiz declarar-se suspeito por motivo de foro íntimo. Requereu-se, mediante o mandado de injunção, a edição de lei para impor ao juiz o dever de "declarar o motivo da natureza da suspeição", criando-lhe a obrigação de fundamentar esse juízo e de comprovar as razões que lhe dão suporte.[816] Neste caso, ainda que se pudesse supor que se estava diante de falta de lei para justificar a inação do juiz, e, assim, que tal ausência significava uma negação de tutela normativa ao direito fundamental à tutela jurisdicional efetiva (art. 5.º, XXXV, da CF), o que realmente importa é que o STF deixou claro que, para o cabimento do mandado de injunção, é necessário que a norma constitucional que fundamenta a alegação de ausência de lei preveja, expressamente, a atuação do legislador. Justificou o acórdão que é preciso ter presente que "o direito à legislação só pode ser invocado pelo interessado quando também existir – *simultaneamente imposta pelo próprio texto constitucional – a previsão do dever estatal de emanar normas legais.* Desse modo, e para que possa atuar a norma pertinente ao instituto do mandado de injunção, revela-se essencial que se estabeleça a necessária correlação entre

---

813. V. MI 232, Pleno, rel. Min. Moreira Alves, *DJ* 27.03.1992.

814. MI 631, rel. Min. Ilmar Galvão, *DJ* 22.08.2000.

815. STF, MI 542, rel. Min. Celso de Mello, j. 29.08.2001. Da ementa do acórdão: "O Poder Público – quando se abstém de cumprir, total ou parcialmente, o dever de legislar, imposto em cláusula constitucional, de caráter mandatório – infringe, com esse comportamento negativo, a própria integridade da Lei Fundamental, estimulando, no âmbito do Estado, o preocupante fenômeno da erosão da consciência constitucional".

816. MI 642, rel. Min. Celso de Mello, *DJ* 14.08.2001.

CONTROLE DE CONSTITUCIONALIDADE ○ 1245

a imposição constitucional de legislar, de um lado, e o consequente reconhecimento do direito público subjetivo à legislação, de outro, de tal forma que, ausente a obrigação jurídico-constitucional de emanar provimentos legislativos, não se tornará possível imputar comportamento moroso ao Estado, nem pretender acesso legítimo à via injuncional (MI 463, rel. Min. Celso de Mello)".[817] Sublinhou o acórdão, nesta linha, não ter o impetrante demonstrado "a existência, no texto constitucional, de regra que, *ao prever a edição de norma regulamentadora*, instituísse, desde logo, em favor do particular, o direito deste a ver revelados, por juiz que se declare suspeito, por razões de foro íntimo, os motivos que fundamentaram tal decisão".[818]

Discutiu-se caso similar no MI 633, em que se sustentou que a norma do art. 10 da Lei 9.841/1999,[819] apesar de exonerar as microempresas e as empresas de pequeno porte do recolhimento de 30% do valor apurado pela fiscalização, para fins de interposição de recurso administrativo, estaria a depender da ação do legislador para ser aplicável ao impetrante. Esse argumentou que a falta de lei configuraria ofensa às normas constitucionais que consagram a isonomia (CF, art. 150, II) e a ampla defesa (CF, art. 5.º, LV), postulando a extensão do favor legal em seu benefício.[820]

O mandado de injunção teve o seu seguimento denegado mediante decisão monocrática. Afirmou o Min. Celso de Mello que o impetrante não demonstrou "a existência, no texto constitucional, de regra que, ao prever a edição de norma regulamentadora, instituísse, desde logo, em favor do particular, o direito deste à legislação estatal concernente ao benefício legal da dispensa de recolhimento, para efeitos recursais administrativos, do depósito prévio de 30% do valor apurado pela fiscalização".[821]

Perceba-se, efetivamente, que no MI 633 não se alegou falta de lei destinada a regulamentar norma constitucional que instituiu direito, mas sim omissão na proteção normativa do direito fundamental à ampla defesa. Ainda que se possam enxergar entraves para a admissão de omissão de tutela normativa neste caso, o certo é que se tentou demonstrar que a falta de lei não precisa decorrer de expressa previsão constitucional.

---

817. Idem.

818. Idem. Decisão similar foi proferida no MI 542: "O direito à legislação só pode ser invocado pelo interessado, quando também existir – simultaneamente imposta pelo próprio texto constitucional – a previsão do dever estatal de emanar normas legais. Isso significa que o direito individual à atividade legislativa do Estado apenas se evidenciará naquelas estritas hipóteses em que o desempenho da função de legislar refletir, por efeito de exclusiva determinação constitucional, uma obrigação jurídica indeclinável imposta ao Poder Público. Para que possa atuar a norma pertinente ao instituto do mandado de injunção, revela-se essencial que se estabeleça a necessária correlação entre a imposição constitucional de legislar, de um lado, e o consequente reconhecimento do direito público subjetivo à legislação, de outro, de tal forma que, ausente a obrigação jurídico-constitucional de emanar provimentos legislativos, não se tornará possível imputar comportamento moroso ao Estado, nem pretender acesso legítimo à via injuncional" (MI 542, Pleno, rel. Min. Celso de Mello, *DJ* 28.06.2002).

819. STF, MI 542, rel. Min. Celso de Mello, j. 29.08.2001. Da ementa do acórdão: "O Poder Público – quando se abstém de cumprir, total ou parcialmente, o dever de legislar, imposto em cláusula constitucional, de caráter mandatório –, infringe, com esse comportamento negativo, a própria integridade da Lei Fundamental, estimulando, no âmbito do Estado, o preocupante fenômeno da erosão da consciência constitucional".

820. MI 633, rel. Min. Celso de Mello, *DJ* 14.08.2001.

821. Idem.

Portanto, considerando-se o modo como o STF compreende o "dever de legislar", restam excluídas as normas constitucionais que, ainda que carentes de tutela normativa, não preveem a atuação do legislador.

8.60.2 Mora do legislador

O STF exige, ainda, a caracterização da mora do legislador para conceder o mandado de injunção. Quer isso dizer que o dever de legislar, apenas, não basta para a procedência do mandado de injunção. Quando não é estabelecido, na própria norma constitucional, prazo para legislar, o retardo ou atraso deve ser gravado de significado, ou melhor, deve revelar a não intenção de legislar.

Lembre-se de que o art. 8.º, § 3.º, do ADCT – objeto dos MI 283 e 284 – afirma que "aos cidadãos que foram impedidos de exercer, na vida civil, atividade profissional específica, em decorrência das Portarias Reservadas do Ministério da Aeronáutica n. S-50-GM5, de 19.06.1964, e n. S-285-GM5 será concedida reparação de natureza econômica, na forma que dispuser lei de iniciativa do Congresso Nacional *e a entrar em vigor no prazo de doze meses a contar da promulgação da Constituição*". No MI 232 considerou-se o art. 59 do ADCT, cuja redação define prazo para a apresentação de projetos de lei e prazo para sua apreciação pelo Congresso Nacional: "Os projetos de lei relativos à organização da seguridade social e aos planos de custeio e de benefício *serão apresentados no prazo máximo de seis meses* da promulgação da Constituição ao Congresso Nacional, que terá *seis meses para apreciá-los*".

Quando a norma constitucional define prazo para a regulamentação, a mora é mera decorrência da superação do prazo fixado, tornando-se desnecessário investigar se a demora é excessiva ou foge do razoável. A ideia de "superação de prazo razoável" como critério de caracterização da mora só é aplicável quando a norma constitucional, embora prevendo necessidade de regulamentação, deixa de estabelecer prazo para a edição das providências legislativas. Ou seja, só é preciso investigar se a demora é excessiva quando prazo inexiste. Nesse caso, por haver dever de legislar, mas não existir prazo para o exercício desse dever, indaga-se, diante das peculiaridades da situação concreta, se o tempo de demora do legislador foge do razoável.[822]

O Supremo alude à "superação de prazo razoável para a edição do ato legislativo". Assim, por exemplo, afirmou-se no MI 361 que "a mora – que é pressuposto da declaração de inconstitucionalidade da omissão legislativa – é de ser reconhecida, em cada caso, quando, dado o tempo corrido da promulgação da norma constitucional invocada e o relevo da matéria, se deva considerar superado o prazo razoável para a edição do ato legislativo necessário à efetividade da lei fundamental". Ao julgar este caso, acrescentou a Corte que, "vencido o tempo razoável, *nem a inexistência de prazo constitucional para o adimplemento do dever de legislar, nem a pendência de projetos de lei tendentes a*

---

822. Nesta dimensão, a ausência de lei, por si só, representa uma situação jurídica imperfeita, que depende, para caracterizar-se como omissão inconstitucional propriamente dita, da inércia do legislador, que, então, é identificada na superação de prazo razoável. Como demonstra a pioneira e clássica obra de Clèmerson Merlin Clève, "a omissão inconstitucional configura um *plus* em relação às 'situações jurídicas imperfeitas'. A inconstitucionalidade por omissão conta com um elemento adicional para a sua caracterização: o tempo" (CLÈVE, Clèmerson Merlin. *Fiscalização abstrata de constitucionalidade no direito brasileiro*, p. 221).

CONTROLE DE CONSTITUCIONALIDADE o **1247**

cumpri-lo podem descaracterizar a evidência da inconstitucionalidade da persistente omissão de legislar".[823]

A decisão proferida no MI 715[824] fala em "superação excessiva de prazo razoável" como "critério de configuração do estado de inércia legiferante", demonstrando de forma minudente as razões que justificariam, no caso, a não superação do prazo razoável.[825] Porém, ao contrário do que se declarou no MI 361, entendeu-se que a circunstância de projetos de lei terem sido enviados ao Congresso também descaracterizaria a mora legislativa.[826]

---

823. "Passados quase cinco anos da Constituição e dada a inequívoca relevância da decisão constituinte paralisada pela falta da lei complementar necessária a sua eficácia – conforme já assentado pelo STF (ADIn 4/ DF, 25.06.1993, Sanches) –, declara-se inconstitucional a persistente omissão legislativa a respeito, para que a supra o Congresso Nacional" (MI 361, Pleno, rel. p/ o acórdão Min. Sepúlveda Pertence, *DJ* 17.06.1994).

824. "Mandado de injunção. Alegação (inconsistente) de inércia da União Federal na regulação normativa do direito à celeridade no julgamento dos processos, sem indevidas dilações (CF, art. 5.º, LXXVIII). EC 45/2004. Pressupostos constitucionais do mandado de injunção (*RTJ* 131/963 – *RTJ* 186/20-21). Direito subjetivo à legislação/dever estatal de legislar (*RTJ* 183/818-819). Necessidade de ocorrência de mora legislativa (*RTJ* 180/442). Critério de configuração do estado de inércia legiferante: superação excessiva de prazo razoável (*RTJ* 158/375). Situação inocorrente no caso em exame. Ausência de *inertia agendi vel deliberandi* do Congresso Nacional. 'Pacto de Estado em favor de um Poder Judiciário mais rápido e republicano'. O direito individual do cidadão ao julgamento dos litígios sem demora excessiva ou dilações indevidas: uma prerrogativa que deve ser preservada (*RTJ* 187/933-934). Doutrina. Projetos de lei já remetidos ao Congresso Nacional, objetivando a adoção dos meios necessários à implementação do inciso LXXVIII do art. 5.º da CF (EC 45/2004). Consequente inviabilidade do presente mandado de injunção" (MI 715, rel. Min. Celso de Mello, *DJ* 22.06.2005).

825. Em sua decisão, argumentou o Min. Celso de Mello: "Como precedentemente referido, revela-se prematuro o ajuizamento da presente ação injuncional, eis que sequer caracterizada, no caso em exame, a hipótese de abusivo retardamento na efetivação da prestação legislativa ora reclamada, considerado, para esse efeito, o critério de aferição da inércia legiferante consagrado pela jurisprudência constitucional desta Suprema Corte (*RTJ* 158/375, rel. p/ o acórdão Min. Sepúlveda Pertence). A evidente ausência de mora legislativa decorre, na espécie, do fato de que a norma inscrita no referido inciso LXXVIII do art. 5.º da Carta Política tornou-se vinculante para o Estado somente a partir de 31 de dezembro de 2004, data em que publicada a EC 45/2004 (art. 10), sendo certo, ainda, que o Congresso Nacional apenas iniciou os trabalhos legislativos em 15 de fevereiro de 2005 (CF, art. 57, *caput*). O mero cotejo entre as datas mencionadas basta para evidenciar que não se tem como imputar, ao Congresso Nacional, a situação anômala de *inertia deliberandi*, sobretudo se se considerar que este mandado de injunção foi impetrado durante o período de recesso constitucional do Poder Legislativo da União. Ora, torna-se evidente que não há como atribuir, ao Congresso Nacional, a omissão apontada pelo ora impetrante, pois, quando iniciada a vigência da EC 45/2004 (o que só ocorreu em 31.12.2004), a Câmara dos Deputados e o Senado Federal ainda se achavam, como já referido, em período de recesso, por efeito de expressa determinação constitucional (CF, art. 57, *caput*)" (MI 715, rel. Min. Celso de Mello, *DJ* 22.06.2005).

826. Registre-se, novamente, a argumentação do Min. Celso de Mello: "Torna-se necessário reconhecer, ainda, que, em razão do mencionado 'Pacto de Estado', foram encaminhadas, ao Congresso Nacional, pelo Senhor Presidente da República, as seguintes proposições legislativas, todas elas visando a tornar real e efetiva a desejada celeridade na tramitação dos processos: (a) o PL 4.723/2004 (que dispõe sobre a uniformização de jurisprudência no âmbito dos Juizados Especiais Cíveis e Criminais); (b) o PL 4.724/2004 (que altera artigos do Código de Processo Civil, relativamente à forma de interposição de recursos); (c) o PL 4.725/2004 (que altera dispositivos da Lei 5.869/1973, possibilitando a realização do inventário, partilha, separação consensual e divórcio consensual por via administrativa); (d) o PL 4.726/2004 (que altera artigos do Código de Processo Civil concernentes à incompetência relativa, meios eletrônicos, prescrição, distribuição por dependência, exceção de incompetência, revelia, carta precatória e rogatória, ação rescisória e vista dos autos); (e) o PL 4.727/2004 (que dá nova redação a artigos do Código de Processo Civil, relativos ao agravo de instrumento e ao agravo retido); (f) o PL 4.728/2004 (que dispõe sobre a racionalização do julgamento

O encaminhamento de projeto de lei não constitui álibi do devedor da norma. Somente tem o efeito de isentá-lo de culpa quando não existe outro elemento que indique a mora em legislar, como a demora excessiva das Casas Legislativas para deliberar e aprovar a norma.

8.60.3 Norma insuficiente e omissão parcial

Em caso de norma insuficiente, compreendida como norma *incapaz* de regulamentar a norma constitucional, cabe mandado de injunção – ao contrário do que se poderia supor. É que norma *insuficiente*, neste caso, significa falta de norma *necessária* a dar regulação ao preceito constitucional, e não, obviamente, norma que, tendo plena e formalmente regulado a norma constitucional, pode conter alguma impropriedade em sua substância – que não seja de índole constitucional. Ou seja, o legislador não se desincumbe do seu dever ao editar qualquer norma ou ao instituir norma que regula apenas parcialmente a norma constitucional. A Lei 13.300/2016 deixou isso claro. Diz o art. 2.º que o mandado de injunção é cabível em caso de "falta total *ou parcial* de norma regulamentadora", esclarecendo o seu parágrafo único que "considera-se parcial a regulamentação quando forem *insuficientes* as normas editadas pelo órgão legislador competente".

Lembre-se que se pode falar em omissão parcial em perspectivas vertical e horizontal. É certo que, em tese, uma lei pode regulamentar com maior ou menor intensidade a norma constitucional. Mas se a lei não é capaz de realizar, na intensidade *devida*, a norma constitucional, ela responde à Constituição de modo parcial no sentido vertical. Porém, a lei, ainda que capaz de responder à norma constitucional em termos de intensidade, pode atender apenas a parcela dos seus beneficiários, quando há omissão parcial em sentido horizontal. Assim, a lei que prevê salário mínimo em valor insuficiente à realização da norma que garante ao cidadão remuneração digna (art. 7.º, IV, da CF) representa omissão inconstitucional em sentido vertical, uma vez que a sua previsão é apenas parcialmente suficiente para realizar a norma constitucional. Contudo, se a lei não considera grupo ou categoria que é beneficiário da norma constitucional, existe omissão inconstitucional em sentido horizontal.[827]

A insuficiência da lei para dar conta da norma constitucional poderia fazer pensar em lei simplesmente inconstitucional. Não obstante, ao se declarar a inconstitucionalidade da lei que é insuficiente à tutela da norma constitucional, deixa-se de ter o pouco de proteção que a lei outorgou à Constituição. O mesmo ocorre quando a lei, dando a devida atenção a determinado grupo, esquece outro que mereceria igual benefício de acordo com a norma constitucional tutelada. A declaração de inconstitucionalidade excluiria a proteção devida e conferida ao grupo, reduzindo-se a uma curiosa declaração de inconstitucionalidade, cuja

---

de processos repetitivos); (g) o PL 4.729/2004 (relativo ao julgamento de agravos); e (h) os PL 4.730/2004, 4.731/2004, 4.732/2004, 4.733/2004, 4.734/2004 e 4.735/2004 (que introduzem modificações na CLT, em ordem a conferir celeridade à tramitação dos processos trabalhistas). Vê-se, portanto, que não se apresenta configurada qualquer situação de omissão abusiva ou de superação excessiva de tempo razoável, por parte do Congresso Nacional, no que concerne à adoção de medidas destinadas a viabilizar, instrumentalmente, a plena incidência do inciso LXXVIII do art. 5.º da Constituição da República" (MI 715, rel. Min. Celso de Mello, *DJ* 22.06.2005).

827. ADIn 1.442, Pleno, rel. Min. Celso de Mello, *DJ* 29.04.2005.

CONTROLE DE CONSTITUCIONALIDADE   1249

função seria apenas retirar de uma categoria um benefício que lhe foi outorgado pela Constituição. De modo que a declaração de inconstitucionalidade, nessas hipóteses, não constitui solução judicial adequada. Há que se preservar a tutela da norma constitucional, ainda que insuficiente ou indevidamente limitada a determinado grupo ou categoria, devendo o Judiciário aí ver "inconstitucionalidade por omissão" e admitir, quando for o caso, o emprego do mandado de injunção.

Advirta-se, porém, que o STF, no MI 81, não admitiu o uso do mandado de injunção em caso em que havia lei que protegia insuficientemente norma constitucional, vendo aí inconstitucionalidade por ação, a repelir a utilização do mandado de injunção. Declarou a Corte, neste caso, que "o mandado de injunção não constitui, dada a sua precípua função jurídico-processual, sucedâneo de ação judicial que objetive, mediante alteração de lei já existente, a majoração de vencimentos devidos a servidores públicos", uma vez que "refoge ao âmbito de sua finalidade corrigir eventual inconstitucionalidade que infirme a validade de ato estatal em vigor".[828]

8.60.4 Norma não autoaplicável

Parece evidente que a norma constitucional, para dar ensejo ao uso da ação de injunção, não pode ser autoaplicável.[829] Ao ser dotada desta condição, não há razão para se reclamar providência legislativa e, assim, se ajuizar mandado de injunção, por manifesta carência de interesse de agir.

Como é óbvio, a circunstância de alguém – particular ou autoridade estatal – resistir à aplicação da norma não a torna não autoaplicável. Isso significa que, diante de norma

---

828. "Mandado de injunção. Situação de lacuna técnica. Pressuposto essencial de sua admissibilidade. Pretendida majoração de vencimentos devidos a servidores públicos. Alteração de lei já existente. Inviabilidade. Agravo regimental improvido. A estrutura constitucional do mandado de injunção impõe, como um dos pressupostos essenciais de sua admissibilidade, a ausência de norma regulamentadora. Essa situação de lacuna técnica – que se traduz na existência de um nexo causal entre o *vacuum juris* e a impossibilidade do exercício dos direitos e liberdades constitucionais e das prerrogativas inerentes à nacionalidade, à soberania e à cidadania – constitui requisito necessário que condiciona a própria impetrabilidade desse novo remédio instituído pela Constituição de 1988. O mandado de injunção não constitui, dada a sua precípua função jurídico-processual, sucedâneo de ação judicial que objetive, mediante alteração de lei já existente, a majoração de vencimentos devidos a servidores públicos. Refoge ao âmbito de sua finalidade corrigir eventual inconstitucionalidade que infirme a validade de ato estatal em vigor" (MI 81, Pleno, rel. Min. Celso de Mello, *DJ* 25.05.1990). No mesmo sentido: MI 78, Pleno, rel. Min. Aldir Passarinho, *DJ* 10.05.1991; MI 79, Pleno, rel. Min. Octávio Gallotti, *DJ* 24.03.1995; MI 58, Pleno, rel. p/ o acórdão Min. Celso de Mello, *DJ* 19.04.1991.

829. Na terminologia popularizada entre nós por José Afonso da Silva, autoaplicáveis são as normas cuja aplicação aos casos concretos é possível sem qualquer necessidade de posterior complementação legislativa. Por sua vez, normas não autoexecutáveis dependem de posterior complementação legislativa para sua completa exequibilidade. Para a distinção entre normas "autoaplicáveis" e "não autoaplicáveis", v. SILVA, José Afonso da. *Aplicabilidade das normas constitucionais*. Esta classificação foi desenvolvida a partir da distinção, realizada por Thomas Cooley, entre normas "self-executing e normas "not self-executing" (COOLEY, Thomas. *A treatise on the constitucional limitations which rest upon the legislative power of the States of the American Union*, p. 119-120), e por Vezio Crisafulli, entre normas "diretivas" e "preceptivas" (CRISAFULLI, Vezio. *La costituzione e le sue disposizioni di principio*).

constitucional autoaplicável não aplicada, o interessado não pode propor mandado de injunção,[830] mas apenas, e se for o caso, mandado de segurança.

Assim, no MI 97, o Supremo Tribunal decidiu que a norma do art. 47 do ADCT, ao instituir direito à anistia da correção monetária de dívida de microempresa, não depende de norma regulamentadora capaz de viabilizar o seu exercício e, assim, não abre ensejo para mandado de injunção.[831]

8.60.5 Norma recepcionada pela Constituição, edição superveniente da norma e encaminhamento de projeto de lei

Além de inexistir interesse de agir quando a norma é autoaplicável, há outras situações em que tal forma de interesse também não está presente.

Suponha-se, assim, que, após o ajuizamento do mandado de injunção, o STF reconheça que determinada lei, que regulamenta situação posta em norma constitucional, foi recepcionada pela Constituição. Em uma situação de tal porte, há perda superveniente do interesse de agir.[832] Há situação similar no caso em que, após a propositura do mandado de injunção, edita-se norma[833] que viabiliza o exercício do direito.

---

830. "Mandado de injunção contra o ato do Tribunal Superior Eleitoral. O remédio de que se vale o impetrante tem por pressuposto omissão normativa, capaz de obstar o exercício de um direito conferido pela Constituição da República. Sem tecer outras considerações em torno do *writ*, impõe-se afirmar o seu descabimento na hipótese dos autos, à vista de norma constitucional transitória superveniente. Não conhecimento do pedido" (MI 16, Pleno, rel. Min. Djaci Falcão, *DJ* 04.11.1988).

831. "Mandado de injunção (art. 5.º, LXXI, da CF/1988). Microempresa. Anistia de correção monetária (art. 47 do ADCT da CF/1988). 1. Se o direito à anistia já existe (art. 47 do ADCT da CF/1988), se independe de norma regulamentadora que viabilize seu exercício, não ocorre hipótese de mandado de injunção, que só é cabível exatamente quando 'a falta de norma regulamentadora torne inviável o exercício de direitos e liberdades constitucionais e das prerrogativas inerentes à nacionalidade, à soberania e à cidadania' (art. 5.º, LXXI). 2. É impróprio o uso do mandado de injunção para o exercício de direito decorrente de norma constitucional autoaplicável. Mandado de injunção não conhecido (MI 97, Pleno, rel. Min. Sydney Sanches, *DJ* 23.03.1990).

832. Atente-se para a seguinte decisão: "Agravo regimental no mandado de injunção. Aposentadoria especial de servidor público policial. Atividade de risco. Art. 40, § 4.º, II, da CF. LC 51/1985. Inexistência de omissão legislativa. 1. A LC 51/1985, que trata da aposentadoria especial dos servidores públicos policiais, foi recepcionada pela Constituição da República de 1988 (ADIn 3.817/DF). 2. O reconhecimento da existência e da aplicabilidade de norma infraconstitucional regulamentadora do direito constitucional pleiteado evidencia o não cabimento do mandado de injunção, por inexistir omissão legislativa inviabilizadora do exercício de direito constitucionalmente assegurado. 3. Agravo regimental ao qual se nega provimento" (MI 2.286, Pleno, rel. Min. Cármen Lúcia, *DJe* 28.03.2011).

833. "Mandado de injunção. Substituição tributária. ICMS. Após a impetração do presente mandado de injunção, foi editada a LC 87, de 13.09.1996, que, nos arts. 5.º a 10, disciplina, com normas gerais, a substituição tributária com relação ao ICMS. Está, pois, prejudicada a presente impetração, por perda de objeto. Mandado de injunção julgado prejudicado" (MI 539, Pleno, rel. Min. Moreira Alves, *DJ* 06.02.1998); "Mandado de injunção. Art. 7.º, XI, da CF. Superveniente implementação do dispositivo constitucional. Tendo em vista a edição, superveniente ao ajuizamento do presente mandado de injunção, da MedProv 1.136, de 26.09.1995, que 'dispõe sobre a participação dos trabalhadores nos lucros ou resultados da empresa e dá outras providências', verifica-se a perda de objeto da impetração. Mandado de injunção que se tem por prejudicado" (MI 426, Pleno, rel. Min. Ilmar Galvão, *DJ* 16.02.1996).

Além disso, já proclamou o STF que, se o Executivo encaminha mensagem com projeto de lei ao Congresso, ou é apresentado projeto de lei ao Senado ou à Câmara, não cabe mandado de injunção. Porém, recentemente, ao julgar a ADO 3.682, afirmou a Corte, ao tratar da regulamentação do art. 18, § 4.º, da CF, que, apesar de existirem no Congresso Nacional diversos projetos de lei apresentados visando à regulamentação da norma, "é possível constatar a omissão inconstitucional quanto à efetiva deliberação e aprovação da lei complementar em referência. As peculiaridades da atividade parlamentar que afetam, inexoravelmente, o processo legislativo não justificam uma conduta manifestamente negligente ou desidiosa das Casas Legislativas, conduta esta que pode pôr em risco a própria ordem constitucional. A *inertia deliberandi* das Casas Legislativas pode ser objeto da ação direta de inconstitucionalidade por omissão".[834]

Isso significa que o encaminhamento de projeto de lei não pode ser visto como mecanismo de desculpabilidade do legislador. A apresentação de projeto de lei somente tem o efeito de desculpar o legislador quando não há nada que indique, de outra parte, a falta de intenção ou a inércia em legislar, como a demora excessiva da Casa legislativa para deliberar (*inertia deliberandi*).[835]

---

834. "Ação direta de inconstitucionalidade por omissão. Inatividade do legislador quanto ao dever de elaborar a lei complementar a que se refere o § 4.º do art. 18 da CF, na redação dada pela EC 15/1996. Ação julgada procedente. 1. A EC 15, que alterou a redação do § 4.º do art. 18 da Constituição, foi publicada no dia 13.09.1996. Passados mais de 10 (dez) anos, não foi editada a lei complementar federal definidora do período dentro do qual poderão tramitar os procedimentos tendentes à criação, incorporação, desmembramento e fusão de municípios. Existência de notório lapso temporal a demonstrar a inatividade do legislador em relação ao cumprimento de inequívoco dever constitucional de legislar, decorrente do comando do art. 18, § 4.º, da Constituição. 2. Apesar de existirem no Congresso Nacional diversos projetos de lei apresentados visando à regulamentação do art. 18, § 4.º, da CF, é possível constatar a omissão inconstitucional quanto à efetiva deliberação e aprovação da lei complementar em referência. As peculiaridades da atividade parlamentar que afetam, inexoravelmente, o processo legislativo não justificam uma conduta manifestamente negligente ou desidiosa das Casas Legislativas, conduta esta que pode pôr em risco a própria ordem constitucional. A *inertia deliberandi* das Casas Legislativas pode ser objeto da ação direta de inconstitucionalidade por omissão. 3. A omissão legislativa em relação à regulamentação do art. 18, § 4.º, da CF acabou dando ensejo à conformação e à consolidação de estados de inconstitucionalidade que não podem ser ignorados pelo legislador na elaboração da lei complementar federal. 4. Ação julgada procedente para declarar o estado de mora em que se encontra o Congresso Nacional, a fim de que, em prazo razoável de 18 (dezoito) meses, adote ele todas as providências legislativas necessárias ao cumprimento do dever constitucional imposto pelo art. 18, § 4.º, da CF, devendo ser contempladas as situações imperfeitas decorrentes do estado de inconstitucionalidade gerado pela omissão. Não se trata de impor um prazo para a atuação legislativa do Congresso Nacional, mas apenas da fixação de um parâmetro temporal razoável, tendo em vista o prazo de 24 meses determinado pelo Tribunal nas ADIn 2.240, 3.316, 3.489 e 3.689 para que as leis estaduais que criam municípios ou alteram seus limites territoriais continuem vigendo, até que a lei complementar federal seja promulgada contemplando as realidades desses municípios" (ADIn 3.682, Pleno, rel. Min. Gilmar Mendes, *DJe* 06.09.2007).

835. Lembre-se a doutrina de Jorge Miranda: "Haverá omissão relevante quando, não existindo ainda norma legislativa, esteja desencadeado o procedimento legislativo a ela dirigido, objectivamente cognoscível, como sucede quando tenha sido apresentado um projecto ou uma proposta de lei à Assembleia da República ou a qualquer das Assembleias Legislativas regionais? E haverá omissão quando, estando aprovado já pelo órgão legislativo o projecto ou a proposta, a correspondente lei ainda não tenha sido publicada? Quando ainda nem está aprovado o projecto ou a proposta, continua a dar-se a inconstitucionalidade por omissão. Esta deve apurar-se independentemente de qualquer *iter* conducente ao seu suprimento, porquanto só conferem exequibilidade a normas constitucionais medidas legislativas actuais e não futuras ou potenciais. A observação da prática parlamentar – com dezenas e dezenas de iniciativas legislativas, sem

8.61 Coisa julgada nos mandados de injunção individual e coletivo

A decisão proferida no mandado de injunção individual produz coisa julgada para as partes (art. 9.º, Lei 13.300/2016). Isso é mera decorrência de a parte, nesse mandado de injunção, pedir a tutela de posição jurídica individual. No mandado de injunção coletivo, porém, a sentença fará coisa julgada limitadamente às pessoas integrantes da coletividade, do grupo, da classe ou da categoria substituídos pelo impetrante (art. 13, Lei 13.300/2016).

O impetrante do mandado de injunção individual não será beneficiado pela sentença proferida no mandado de injunção coletivo caso não requeira a desistência da sua ação no prazo de trinta dias, contado da ciência comprovada da propositura do mandado coletivo (parágrafo único, art. 13, Lei 13.300/2016). Significa que não há litispendência entre mandado de injunção coletivo e individual, mas que o autor da ação individual, para poder se beneficiar da coisa julgada formada no mandado coletivo, deve desistir da sua ação ao ter ciência da propositura da ação coletiva.

À semelhança do que ocorre na ação coletiva regulada pela Lei da Ação Civil e pelo Código de Defesa do Consumidor, no mandado de injunção a decisão de improcedência por insuficiência de provas não impede a renovação da impetração com base em "outros elementos probatórios". Como se vê, quando outra prova pode permitir decisão favorável, nenhum legitimado coletivo ou individual, apesar da decisão da improcedência, fica obstado de propor o mesmo mandado de injunção.

8.62 Revisão da decisão? A questão dos efeitos temporais da coisa julgada

Afirma o art. 10 da Lei 13.300/2016 que, "sem prejuízo dos efeitos já produzidos, a decisão poderá ser revista, a pedido de qualquer interessado, quando sobrevierem relevantes modificações das circunstâncias de fato ou de direito". Como é sabido, novas circunstâncias de fato ou de direito alteram a causa de pedir da ação, que passa a ser outra. A coisa julgada anterior, por refletir situação de fato e de direito pertencente à ação que lhe diz respeito, jamais obstaculiza a propositura de ação pautada em novos fatos ou direito – ou, o que é o mesmo, em relevantes modificações das circunstâncias de fato ou de direito. Modificação dos fatos ou do direito dá origem a outra ação, que simplesmente por isso nada deve à coisa julgada que se formou na ação cujos fatos e direito foram modificados. Embora o art. 10 fale em revisão e em "ação de revisão" da decisão, não há propriamente revisão da decisão, na medida em que revisão é repetição de juízo acerca do mesmo objeto litigioso. Quando sobrevieram relevantes modificações das circunstâncias de fato ou de direito – que, aliás, autorizam a dita "ação de revisão" –, certamente não há repetição de juízo sobre o mesmo objeto; há, isso sim, *novo ou outro* juízo acerca de *outro* objeto. De qualquer forma, o art. 10

---

qualquer seguimento – leva outrossim a esta conclusão. Ao invés, se o processo já está concluído no órgão legislativo competente e se dele já não depende a edição de norma, não se justifica mais qualquer juízo de inconstitucionalidade sobre o seu comportamento. No entanto, obviamente a omissão só desaparece com a entrada em vigor da norma" (MIRANDA, Jorge. *Manual de direito constitucional*, t. VI, p. 324-325).

aponta para o caráter transitório da decisão proferida em mandado de injunção, evidenciando que a modificação dos fatos e do direito pode dar ensejo a outro mandado de injunção.

É claro – e isso não precisaria estar escrito na lei (art. 10, primeira parte, Lei 13.300/2016) – que a decisão proferida na "ação de revisão" não pode retroagir sobre a coisa julgada ou afetar as situações que se consolidaram em decorrência da decisão anterior. Na realidade, a coisa julgada formada anteriormente – que espelha a situação jurídica e de fato que exista à época da decisão –, assim como a sua projeção *ultra partes* ou *erga omnes*, bem como os efeitos concretos que daí resultaram, não podem ser atingidos pela nova decisão, tomada na ação de revisão. A decisão proferida na "ação de revisão" apenas faz cessar os *efeitos temporais* da coisa julgada que reveste a decisão "revista".

8.63 Retroatividade apenas para beneficiar

De acordo com o art. 11 da mesma lei, "a norma regulamentadora superveniente produzirá efeitos *ex nunc* em relação aos beneficiados por decisão transitada em julgado, salvo se a aplicação da norma editada lhes for mais favorável". Essa norma igualmente resguarda a coisa julgada, eliminando qualquer cogitação acerca da possibilidade de a decisão proferida no mandado de injunção retroagir para prejudicar aqueles que já obtiveram decisões transitadas em julgado. A norma regulamentadora superveniente só pode retroagir quando for mais favorável. Note-se, porém, que aí não se está a pensar em efeitos temporais da coisa julgada. Toda e qualquer decisão, diante de novos fatos ou direito, ocupa o lugar da coisa julgada anterior; isso deriva da estrutura marcadamente temporal do direito. Quando se fala que a decisão pode retroagir quando for mais favorável, *admite-se que a coisa julgada não pode prevalecer para tornar intangível uma situação jurídica que se formou em proveito daquele se omitiu em seu dever de legislar.*

8.64 Eficácia "natural" da coisa julgada

De outra parte, diz o § 1.º do art. 9.º que "poderá ser conferida eficácia *ultra partes* ou *erga omnes* à decisão, quando isso for inerente ou indispensável ao exercício do direito, da liberdade ou da prerrogativa objeto da impetração". A norma obviamente está falando de situação em que a coisa julgada não é *erga omnes* ou *ultra partes*. Trata-se de hipótese em que a coisa julgada é formada em mandado de injunção individual, em que a coisa julgada é limitada às partes. Admite-se, porém, que a própria decisão tomada na ação individual invista-se de eficácia *ultra partes* ou *erga omnes* "quando isso for *inerente ou indispensável* ao exercício do direito, da liberdade ou da prerrogativa objeto da impetração". Em outras palavras, afirma-se que a coisa julgada *naturalmente* deve se estender a terceiros quando a norma estabelecida, para tutelar o impetrante, tiver que *necessariamente* tutelar outras pessoas na mesma situação.

8.65 Eficácia dos precedentes

O § 2.º do art. 9.º, embaixo da norma (do *caput*) que afirma que a coisa julgada é limitada às partes, diz que, "transitada em julgado a decisão, seus efeitos poderão ser estendidos aos casos análogos por decisão monocrática do relator". Se o mandado de injunção é individual – não houve representação adequada por meio de legitimado coletivo –, obviamente não há coisa julgada *erga omnes* ou *ultra partes*. Portanto, é possível pensar que o § 2.º está aludindo à extensão da coisa julgada em benefício de terceiro, nos termos dos arts. 503 e 506 do Código de Processo Civil. Porém, como a norma fala em "casos *análogos*" e em "*poderão* ser estendidos", o que não é exato para quem raciocina em termos de coisa julgada, é melhor entender que a norma está a se referir ao fenômeno relativo aos precedentes. Se há precedente que determina prazo para a edição da norma ou define as condições para o exercício do direito ou para a sua tutela jurisdicional, todos aqueles que estão na mesma situação em que a norma reguladora é indispensável devem ter os seus casos solucionados mediante a aplicação do precedente. Daí o motivo pelo qual o relator, mediante decisão monocrática, pode aplicar o precedente ao caso sob julgamento.

Frise-se qua a decisão proferida pelo Supremo Tribunal em mandado de injunção, como toda e qualquer decisão por ele proferida em controle difuso, obviamente constitui precedente. Ora, o simples fato de ser precedente da Corte incumbida de tutelar a Constituição outorga-lhe a chamada eficácia vinculante, já que nenhuma decisão da Suprema Corte, por mera lógica, pode ser desrespeitada por tribunal ou juízo. Pouco importa, assim, que nada se diga, no plano normativo, acerca da eficácia vinculante da decisão injuncional, até porque isso equivaleria a superdimensionar algo que é simples e óbvio.

Os fundamentos e o dispositivo da decisão, irmanados para formar a *ratio decidendi* ou os motivos determinantes, contribuem para evidenciar de que forma se dá a obrigatoriedade de respeito ao precedente. De acordo com a atual jurisprudência do STF, a decisão de procedência, no mandado de injunção, a partir da norma constitucional que se alega carente de regulamentação declara o dever de legislar e a mora do legislador e constitui a norma faltante. Assim, não só constituem motivo determinante da decisão o dever de legislar e a mora em relação à norma constitucional do art. *X*, mas também a própria norma elaborada pela Corte.

Isso significa que, nos próximos mandados de injunção envolvendo a necessidade de regulação da mesma norma, o Supremo estará obrigado em face de sua decisão pretérita. Porém, a norma elaborada pelo Supremo no mandado de injunção *Y*, respeitante a partes determinadas, deverá ser utilizada pelos demais juízes e tribunais sempre que se reclamar, num caso conflitivo concreto, contra a não regulamentação da mesma norma constitucional. Há aí eficácia vinculante vertical, a obstar consideração diversa.

Note-se, portanto, que aquele que se resguarda em norma constitucional para exercer direito pode e deve se valer da norma judicial elaborada no precedente constitucional que a regulamentou como fundamento de ação direta proposta em face daquele que é sujeito passivo da relação substancial. Assim, por exemplo, no caso de aposentadoria especial de servidor público portador de deficiência física, é possível, em caso de resistência da autoridade administrativa, propor ação, em primeiro grau de jurisdição, em face da autoridade responsável pela aplicação da norma, sendo irracional pensar não apenas que o juiz de primeiro grau não observará o precedente constitucional, mas também que é necessário outro mandado de injunção no STF.

A situação, bem vistas as coisas, é similar à do MI 284, em que o Supremo Tribunal observou que, em virtude de se ter escoado o prazo imposto no MI 283, tem o interessado o poder de propor, sem a necessidade de outro mandado de injunção, ação de perdas e danos. Registrou-se, na ocasião, que, embora previamente cientificado no MI 283, o Congresso Nacional se absteve de adimplir a obrigação que lhe foi constitucionalmente imposta, o que

CONTROLE DE CONSTITUCIONALIDADE ○ 1255

torna prescindível nova comunicação ao legislador e assegura a possibilidade de ajuizamento, nos termos do direito comum ou ordinário, "da ação de reparação de natureza econômica instituída em seu favor pelo preceito transitório".[836]

8.66 O mandado de injunção diante da possibilidade de a falta de lei ser suprida no caso conflitivo concreto

É completamente equivocado supor que uma Constituição possa carecer de norma infraconstitucional apenas quando determinadas normas constitucionais se lembraram de assim prever. O legislador tem dever de tutelar e concretizar os direitos fundamentais. As prestações normativas nem sempre se exaurem como prestações de proteção, pois a norma também pode constituir autorização para prestações fáticas realizadoras de direitos sociais ou mesmo representar a instituição de prestações de participação na coisa pública. Perceba-se, respectivamente, que uma norma infraconstitucional pode (i) impedir a construção de edifícios à margem dos rios; (ii) autorizar a entrega de determinados remédios à população necessitada; e, ainda, (iii) instituir condutos, procedimentos e cargos para a participação popular nas universidades públicas. Nessas hipóteses, o Estado se manifesta para se desincumbir de (i) prestação de proteção; de (ii) prestação fática de cunho social; e de (iii) prestação de participação, embora todas essas prestações, em um sentido largo, possam ser vistas como decorrentes do dever estatal de editar normas.[837]

---

836. MI 284, Pleno, rel. p/ o acórdão Min. Celso de Mello, *DJ* 26.06.1992.

837. Lembre-se que os direitos fundamentais foram vistos, à época do constitucionalismo de matriz liberal--burguesa, apenas como os direitos de o particular impedir a ingerência do Poder Público em sua esfera jurídica, ou seja, como direitos de defesa. Porém, passaram a ser relevantes os chamados direitos a prestações, ligados às novas funções do Estado diante da sociedade. Canotilho divide o grupo dos direitos a prestações em direitos ao acesso e à utilização de prestações do Estado. Esses são divididos em direitos originários e direitos derivados a prestações. Os direitos derivados são aqueles que pressupõem o cumprimento das prestações originárias. Isso fica bem claro, no escrito de Canotilho, a partir de referência a julgado que, em Portugal, declarou inconstitucional norma que pretendeu revogar parte da lei que criou o "Serviço Nacional de Saúde": "A partir do momento em que o Estado cumpre (total ou parcialmente) as tarefas constitucionalmente impostas para realizar um direito social, o respeito constitucional desse deixa de consistir (ou deixa de consistir apenas) numa obrigação positiva, para se transformar ou passar também a ser uma obrigação negativa. O Estado, que estava obrigado a atuar para dar satisfação ao direito social, passa a estar obrigado a abster-se de atentar contra a realização dada ao direito social". Após tratar dos direitos ao acesso e à utilização das prestações do Estado (subdivididos em direito originário e em direitos derivados), Canotilho prossegue em sua classificação afirmando que os direitos a prestações também devem ser vistos como direitos à participação. Nesse ponto Canotilho alude à necessidade de "democratização da democracia" através da participação direta nas organizações, o que exigiria procedimentos (CANOTILHO, J. J. Gomes. *Direito constitucional*, p. 541-547). Alexy, por sua vez, divide o grupo dos direitos a prestações em direitos a prestações em sentido amplo e direitos a prestações em sentido estrito. Os direitos a prestações em sentido estrito são relacionados aos direitos às prestações sociais, enquanto os direitos a prestações em sentido amplo apresentam outra divisão: direitos à proteção e direitos à participação na organização e através de procedimentos. Alexy anota que todo direito a um ato positivo, ou seja, a uma ação do Estado, é um direito a uma prestação. Dessa maneira, o direito a prestações seria a exata contrapartida do direito de defesa, sobre o qual recai todo direito a uma ação negativa, vale dizer, a uma omissão por parte do Estado. Mas, se a diferença entre direito a prestação e direito de defesa é nítida, os direitos às prestações devem significar, segundo Alexy, mais do que direitos a prestações fáticas de natureza social, e por isso englobar direitos a prestações de proteção – como, por exemplo, a normas de direito penal – e

Assim, não há como pensar que o dever de legislar decorre unicamente da presença, em determinadas normas constitucionais, da imposição de regulamentação. É certo que tanto as normas constitucionais ditas de "organização" – como a do art. 178 (lei disporá sobre a ordenação dos transportes aéreo, aquático e terrestre) –, quanto as normas que propriamente definem direitos – como a do art. 7.º, XI (são direitos dos trabalhadores, além de outros, participação nos lucros, ou resultados, conforme definido em lei) – dão origem a casos de omissão inconstitucional diante da inação do legislador, mas certamente não são apenas estas situações que exigem do Judiciário providências diante da falta de atuação legislativa.

Porém, há aí não apenas a falta de percepção de que outras normas constitucionais, que não as impositivas de dever de legislar, carecem de providências legislativas, mas também a não atenção à circunstância de que o mandado de injunção objetiva garantir o *exercício de direito* dependente de norma reguladora, ao passo que os direitos fundamentais podem necessitar de normas infraconstitucionais voltadas, especialmente, a *impor condutas negativas ou positivas*. Do mesmo modo que o direito fundamental à saúde impõe a edição de norma autorizadora da entrega de remédios à população carente, gerando direito à obtenção desses remédios, o direito fundamental ao meio ambiente exige normas que imponham condutas negativas ou positivas para que o meio ambiente seja preservado, fazendo surgir aos sujeitos privados dever de observá-las.

Se não há dúvida que a falta de lei não tem exclusiva relação de causalidade com a expressa imposição constitucional de dever de legislar e que o mandado de injunção não é suficiente para dar tutela às variadas situações carentes de norma infraconstitucional, há uma gama de situações que ficariam no limbo caso não se admitisse aos juízes e tribunais ordinários suprirem a omissão inconstitucional no caso concreto que lhes é apresentado, exercendo nítido controle incidental da inconstitucionalidade por omissão.

Assim, a única questão que deve preocupar, a esta altura, é saber se as situações tuteláveis via mandado de injunção também podem ser tuteladas mediante ação proposta em face do outro sujeito da relação substancial que carece da atuação legislativa. Ou melhor, indaga-se se o titular do direito que para ser exercido depende de norma, nos termos de previsão constitucional, e que é tutelável mediante mandado de injunção, pode propor ação em face daquele que tem dever decorrente da edição da norma faltante.

Em junho de 2011, o Plenário do STF suspendeu o julgamento dos MI 943, 1.010, 1.074 e 1.090, que objetivam a satisfação do direito assegurado pelo art. 7.º, XXI,[838] da CF – aviso

---

direitos a prestações que viabilizem a participação na organização e mediante procedimentos adequados (Alexy, Robert. *Teoría de los derechos fundamentales*, p. 419-427). A classificação empreendida por Sarlet, no livro *A eficácia dos direitos fundamentais*, igualmente destaca os direitos à proteção, à participação na organização e através do procedimento e às prestações sociais (ou em sentido estrito), colocando-os como um grupo – o dos direitos a prestações – ao lado dos direitos de defesa (Sarlet, Ingo. *A eficácia dos direitos fundamentais*, p. 194-195). Especificamente sobre a interpretação e aplicação dos direitos fundamentais sociais, v. Sarlet, Ingo; Timm, Luciano Benetti (Org.). *Direitos fundamentais, orçamento e "reserva do possível"*, 2. ed.; Souza Neto, Cláudio Pereira de; Sarmento, Daniel (Org.). *Direitos sociais*: fundamentos, judicialização e direitos sociais em espécie; Queiroz, Cristina. *Direitos fundamentais sociais*: funções, âmbito, conteúdo, questões interpretativas e problemas de justiciabilidade.

838. "Art. 7.º São direitos dos trabalhadores urbanos e rurais, além de outros que visem à melhoria de sua condição social: (...); XXI – aviso prévio proporcional ao tempo de serviço, sendo no mínimo de trinta dias, nos termos da lei; (...)."

CONTROLE DE CONSTITUCIONALIDADE ○ 1257

prévio proporcional ao tempo de serviço. A suspensão do julgamento se deu para a Corte elaborar a norma faltante,[839] dando-se, assim, continuidade ao pensamento que se afirmou nos MI 670, 708 e 712.[840] No MI 943, a Companhia Vale do Rio Doce figura como litisconsorte passivo do Poder gravado com o dever de legislar.

Caso a decisão, no mandado de injunção, não possa superar o limite da elaboração judicial da norma, não tendo condições de viabilizar o alcance da tutela do direito material, não há razão para não admitir a propositura de ação direta em face daquele que resiste à pretensão à tutela do direito material, requerendo-se, assim, o controle da inconstitucionalidade por omissão na forma incidental à solução do caso litigioso.[841]

Nessas condições, o mandado de injunção, em termos de funcionalidade prática, perde vigor. Porém, resta digno como meio alternativo a quem deseja apenas a emissão da norma judicial reguladora ou prefere se socorrer, desde logo, do STF. Aliás, o mandado de injunção, em vista da tese de que o precedente constitucional se impõe aos demais juízes e tribunais, possui efeito prático distinto daquele que pode ser obtido mediante ação comum, em que se

---

839. "Após o voto do Sr. Min. Gilmar Mendes (relator), julgando procedente o mandado de injunção, foi o julgamento suspenso, devendo prosseguir para a explicitação do seu dispositivo final. Ausentes a Sra. Min. Ellen Gracie, em participação no World Justice Forum III, em Barcelona, na Espanha; o Senhor Min. Joaquim Barbosa, licenciado; e o Sr. Min. Dias Toffoli, justificadamente. Presidência do Sr. Min. Cezar Peluso. Plenário, 22.06.2011" (MI 943, Pleno, rel. Min. Gilmar Mendes, j. 22.06.2011).

840. STF, *site* Notícias, 22.06.2011: "O Plenário do STF suspendeu, nesta quarta-feira, o julgamento de quatro mandados de injunção (MI) cujos autores reclamam o direito assegurado pelo art. 7.º, XXI, da CF, de "aviso prévio proporcional ao tempo de serviço, sendo no mínimo de trinta dias, nos termos da lei". Os mandados foram impetrados diante da omissão do Congresso Nacional que, após a promulgação da Constituição Federal de 1988, ainda não regulamentou o dispositivo. O julgamento foi suspenso depois que o relator, Min. Gilmar Mendes, se pronunciou pela procedência das ações. Por sugestão do próprio relator, entretanto, o Plenário decidiu pela suspensão do julgamento para que se possa examinar a explicitação do direito pleiteado, nos casos concretos em exame. Dentre o manancial a ser pesquisado, há experiências de outros países, recomendações da Organização Internacional do Trabalho – OIT e, também, projetos em tramitação no Congresso Nacional, propondo a regulamentação do dispositivo constitucional. Durante os debates em torno dos processos – os MI 943, 1.010, 1.074 e 1.090 –, os ministros observaram que a Suprema Corte deveria manter o avanço em relação a decisões anteriores de omissão legislativa, em que apenas advertiu o Congresso Nacional sobre a necessidade de regulamentar o respectivo dispositivo invocado, e adotar uma regra para o caso concreto, até mesmo para estimular o Poder Legislativo a votar uma lei regulamentadora. Foram citados dois precedentes em que o STF, com base em parâmetros já existentes, estabeleceu regras para vigerem enquanto não houver regulamentação legislativa. O primeiro deles foi o MI 721, relatado pelo Min. Marco Aurélio. Diante da omissão legislativa relativa ao § 4.º do art. 40 da CF, que confere o direito à contagem diferenciada do tempo de serviço em decorrência de atividade em trabalho insalubre, a Corte adotou como parâmetro, para a aposentadoria de uma trabalhadora que atuava em condições de insalubridade, o sistema do Regime Geral de Previdência Social (art. 57 da Lei 8.213/1991), que dispõe sobre a aposentadoria especial na iniciativa privada. No segundo caso, o MI 708, relatado pelo Min. Gilmar Mendes, a Suprema Corte solucionou a omissão legislativa quanto ao direito de greve no serviço público, determinando a aplicação das regras vigentes para o setor privado (Lei 7.783, de 28.06.1989), no que couber, até regulamentação do dispositivo constitucional (art. 37, VII, da CF)".

841. O ponto já foi realçado por Luis Roberto Barroso: "A efetividade das normas constitucionais definidoras de direitos subjetivos pode e deve prescindir do mandado de injunção como instrumento de sua realização. De fato, surgido como ideia importante na busca da efetividade, a verdade é que hoje o mandado de injunção, em qualquer de suas versões, tornou-se, quando não um óbice, ao menos um complicador desnecessário à realização dos direitos" (BARROSO, Luis Roberto. *O controle de constitucionalidade no direito brasileiro*, p. 131).

busca a tutela do direito material. A decisão proferida no mandado de injunção, por ter efeitos vinculantes, obrigará desde logo, oferecendo grande vantagem quando são vários os titulares do direito que estão sob o abrigo do autor do mandado de injunção.

IX – AÇÃO DIRETA DE INCONSTITUCIONALIDADE POR OMISSÃO

8.67 Primeiras considerações[842]

O fenômeno da inconstitucionalidade por omissão, como já ressaltado, deriva da tomada de consciência de que a força e o vigor da Constituição dependem da densificação das normas constitucionais. Isso porque uma Constituição que afirma direitos fundamentais, garantindo-os aos cidadãos e impondo deveres aos sujeitos privados e, especialmente, ao Estado, obviamente não pode conviver com a falta de atuação do legislador.[843] Sabe-se que, sem a atuação do legislador infraconstitucional, os direitos fundamentais muitas vezes

---

842. V., entre outros: Puccinelli Júnior, André. *A omissão legislativa inconstitucional e a responsabilidade do Estado legislador*; Clève, Clèmerson Merlin. A eficácia dos direitos fundamentais sociais, *Revista de Direito Constitucional e Internacional* 54/28; _____. *A fiscalização abstrata de constitucionalidade no direito brasileiro*; Morais, Dalton Santos. A limitação da ação direta de inconstitucionalidade por omissão como mecanismo de resolução da omissão inconstitucional e a discussão sobre a responsabilidade civil do ente omisso, *RePro* 171/193; Dimoulis, Dimitri; Lunardi, Soraya. *Curso de processo constitucional*: controle de constitucionalidade e remédios constitucionais; Cunha Júnior, Dirley da. *Controle judicial das omissões do Poder Público*: em busca de uma dogmática constitucional transformadora à luz do direito fundamental à efetivação da Constituição; Melo, Frederico Jorge Gouveia de. Entre a liberdade de conformação regulamentar e o dever de concretizar as normas constitucionais: uma análise do controle de inconstitucionalidade por omissão nos ordenamentos português e brasileiro. In: Miranda, Jorge (Org.). *O direito constitucional e a independência dos tribunais brasileiros e portugueses*: aspectos relevantes, p. 139-200; Piovesan, Flávia. *Proteção judicial contra omissões legislativas*: ação direta de inconstitucionalidade por omissão e mandado de injunção; Mendes, Gilmar Ferreira; Coelho, Inocêncio Mártires; Branco, Paulo Gustavo Gonet. *Curso de direito constitucional*;
    Abreu, Joana Rita de Sousa Covelo de. *Inconstitucionalidade por omissão e ação por incumprimento*: a inércia do legislador e suas consequências; Canotilho, J. J. Gomes. Rever ou romper com a constituição dirigente? Defesa de um constitucionalismo moralmente reflexivo, *Revista de Direito Constitucional e Internacional* 15/208; Bernardes, Juliano Taveira. *Ação direta de inconstitucionalidade por omissão (Adino). Ações constitucionais*, p. 525-564; Barroso, Luis Roberto. *O controle de constitucionalidade no direito brasileiro*; Wambier, Luiz Rodrigues. Ação direta de inconstitucionalidade por omissão, na Constituição Federal e nas Constituições dos Estados-membros, *RT* 685/49; Folador, Patricia Micheli. Evolução histórica do controle de constitucionalidade no Brasil e a ação de inconstitucionalidade por omissão, *Revista de Direito Constitucional e Internacional* 71/228; Modesto, Paulo Eduardo Garrido. Inconstitucionalidade por omissão: categoria jurídica e ação constitucional específica, *Revista de Direito Constitucional e Internacional* 12/173; Silva, Reinaldo Pereira e. O controle de constitucionalidade das omissões administrativas por via de ação direta, *RT* 885/69; Ferrari, Regina Maria Macedo Nery. Aspectos polêmicos da responsabilidade do Estado decorrente de atos legislativos, *Revista de Direito Constitucional e Internacional* 39/97; Carrazza, Roque Antonio. Ação direta de inconstitucionalidade por omissão e mandado de injunção, *Revista de Direito Constitucional e Internacional* 3/120.

843. Sobre o problema da omissão legislativa em matéria de direitos fundamentais, v. Stern, Klaus. *Das Staatsrecht der Bundesrepublik Deutschland*. Bd. III/1. *Allgemeine Lehren der Grundrechte*, p. 1283-1290 e 1442-1443; Monaghan, Henry. Stare decisis and constitucional adjudication, *Columbia Law Review*, 1988, p. 723 e 744.

CONTROLE DE CONSTITUCIONALIDADE ○ 1259

carecerão de tutela normativa de proteção e, em outras, da própria ramificação necessária para lhes dar vida e efetividade. Esta conclusão, por si só, legitima a supressão da omissão inconstitucional pelo Judiciário.

Não há razão para não se admitir o controle da inconstitucionalidade por omissão por todo e qualquer juiz, ou seja, de maneira incidental e concreta. Seja qual for a ação em que se alegue não proteção ou proteção insuficiente de direito fundamental por parte do legislador, está o Judiciário obrigado a analisá-la e, ao identificá-la, a elaborar a norma que configura o *suficiente* para a proteção do direito fundamental. Não fosse assim, o Judiciário não apenas estaria sem qualquer poder para tutelar os direitos fundamentais, como a própria Constituição não contaria com mecanismos processuais capazes de lhe garantir a devida força normativa.

Não obstante, a Constituição Federal teve o cuidado de instituir "formas" para o Judiciário tratar da inconstitucionalidade por omissão. Mediante o mandado de injunção (art. 5.º, LXXI, da CF) objetivou permitir a tutela de direito fundamental não regulamentado e, segundo a atual jurisprudência do Supremo Tribunal, confere à Corte o poder de elaborar a norma considerada faltante. Ao lado do mandado de injunção, previu a Constituição ação para a fiscalização abstrata da inconstitucionalidade por omissão (art. 103, § 2.º, da CF), a dita ação direta de inconstitucionalidade por omissão, que, segundo o Supremo Tribunal, não viabilizaria outra coisa que não a declaração da inconstitucionalidade por omissão e, conforme o caso, a ciência ao Poder incumbido de editar a norma ou ordem para a autoridade administrativa tomar as providências necessárias.

Interessa, agora, esta última, a ação voltada à efetividade da *norma constitucional* ou à tutela do *direito objetivo*, mediante a qual o STF faz fiscalização *abstrata*. Nesta ação não se examina litígio entre partes ou caso conflitivo concreto, não se falando, por conta disso, em sentença com efeitos para as partes – a sentença opera exclusivamente no plano normativo, possuindo efeitos *erga omnes* ou para todos.

Deixe-se claro que a ação direta de inconstitucionalidade por omissão e a ação direta de inconstitucionalidade por ação almejam dar plena força normativa à Constituição, corrigindo manifestações de vontade – omissivas ou comissivas – com ela incompatíveis. Embora tais ações obviamente almejem resultados distintos[844] – uma a inconstitucionalidade

---

844. Não obstante os desideratos distintos entre as ações abstratas de defesa objetiva da ordem constitucional (ADIn e ADO), cumpre ressaltar o caráter fungível entre elas, reconhecido pelo STF: "Srs. Ministros, Sras. Ministras. Estamos diante de um caso deveras interessante. Temos quatro ações diretas de inconstitucionalidade (ADIn 1.987/DF, ADIn 875/DF, ADIn 2.727/DF e ADIn 3.243/DF) imbricadas por uma evidente relação de conexão, fenômeno que determina o seu julgamento conjunto, conforme a jurisprudência desta Corte (ADIn-MC 150, rel. Min. Moreira Alves, *DJ* 09.03.1990). Por outro lado, é possível observar a intenção dos requerentes de estabelecer uma nítida distinção de pedidos: uns pela declaração da inconstitucionalidade por omissão e outros pela declaração da inconstitucionalidade (por ação). (...) O quadro aqui revelado, portanto, está a demonstrar uma clara imbricação de pedidos e causas de pedir e, dessa forma, a evidenciar a patente fungibilidade que pode existir entre a ação direta de inconstitucionalidade e a ação direta de inconstitucionalidade por omissão. (...) A Lei 9.868/1999 possui capítulos específicos para a ação direta de inconstitucionalidade (Capítulo II) e para a ação declaratória de constitucionalidade (Capítulo III). Com a nova Lei 12.063, de 22.10.2009, a Lei 9.868/1999 passa a contar com o Capítulo II-A, que estabelece rito procedimental e medidas cautelares específicas para a ação direta de inconstitucionalidade por omissão. A Lei 9.882/1999, por seu turno, trata da arguição de descumprimento de preceito fundamental. No STF, atualmente, todas as ações possuem uma classe específica de autuação: ação direta de inconstitucionalidade (ADIn); ação declaratória de constitucionalidade (ADC); ação direta de inconstitucionalidade

de norma e outra a inconstitucionalidade por falta de norma –, entende-se que ambas têm base no art. 102, I, *a*, da CF.[845]

8.68 Escopo da ação direta de inconstitucionalidade por omissão

Diz o art. 103, § 2.º, da CF que, "declarada a inconstitucionalidade por omissão de medida para tornar efetiva norma constitucional, será dada ciência ao Poder competente para a adoção das providências necessárias e, em se tratando de órgão administrativo, para fazê-lo em trinta dias". Portanto, nos termos da norma constitucional, a ação direta objetiva o alcance de sentença que declare a inconstitucionalidade por omissão de medida para tornar efetiva norma constitucional.

A declaração de inconstitucionalidade por omissão tem implícita a pronúncia da mora do Poder ou órgão competente. O momento da mora, porém, nem sempre é o da prolação da sentença de inconstitucionalidade por omissão, podendo ser a ele anterior, como, por exemplo, no caso em que findou, muito antes da propositura da ação direta, o prazo fixado em norma constitucional para legislar. Aliás, se, nos casos em que não há norma constitucional estabelecendo prazo, é difícil extrair a mora do comportamento do órgão estatal ou da própria situação em que tal comportamento se inseriu, isso não permite fixar a regra – válida para todos os casos – de que a mora apenas pode produzir efeitos a partir do momento em que a sentença que reconhece a omissão é proferida ou, pior ainda, do exaurimento do prazo judicial sem deliberação do órgão gravado com o dever.

Dúvida pode surgir quando se liga a declaração de inconstitucionalidade com a ciência ao Poder competente para produzir a norma ou com a ordem ao órgão administrativo para tomar as devidas providências no prazo de 30 dias. A ciência ao Poder competente não altera a natureza declaratória da decisão, uma vez que não tem carga executiva alguma capaz de impor cumprimento. Tal ciência, em termos de técnica processual, nada significa, já que não altera o conteúdo e a forma de manifestação da sentença. A sentença não é mandamental simplesmente por não poder conter ordem. A diferença entre ordenar e cientificar está em que a sentença que ordena constrange ao cumprimento, enquanto a sentença de que é cientificado o sujeito que se encontra no polo passivo não contém sequer comunicação em seu conteúdo e forma – a ciência é mero ato externo, posterior à prolação da sentença, utilizado para comunicar o demandado acerca do conteúdo da sentença, e não para constrangê-lo a observá-la.

Isso significa que, apenas quando a ação se dirige contra órgão administrativo, e, assim, a sentença de procedência pode lhe ordenar a prática das providências necessárias no prazo

---

por omissão (ADO) e arguição de descumprimento de preceito fundamental (ADPF). Portanto, ante a aparente confusão inicialmente verificada nos diversos pedidos, como demonstrado, e tendo em vista a patente defasagem da jurisprudência até então adotada pelo Tribunal, temos aqui uma valiosa oportunidade para superarmos o antigo entendimento e reconhecermos o caráter fungível entre as ações" (ADIn 875, ADIn 1.987, ADIn 2.727, voto do rel. Min. Gilmar Mendes, Pleno, *DJe* 30.04.2010).

845. CF, art. 102: "Compete ao Supremo Tribunal Federal, precipuamente, a guarda da Constituição, cabendo-lhe: I – processar e julgar, originariamente: *a*) a ação direta de inconstitucionalidade de lei ou ato normativo federal ou estadual e a ação declaratória de constitucionalidade de lei ou ato normativo federal; (...)".

de 30 dias, é que a sentença assume natureza mandamental. Note-se que, neste caso, o não cumprimento da sentença é sancionado.[846]

De qualquer forma, na ação em cujo polo passivo se coloca o Poder responsável pela prática do ato, a sentença de procedência é simplesmente declaratória da omissão inconstitucional, e, dessa forma, completamente incapaz de dar efetividade à norma constitucional e de adequadamente defender a ordem jurídica.

O problema, portanto, é saber se a jurisdição deve se render à compreensão de que a decisão de procedência pode apenas declarar a omissão inconstitucional ou, ao invés, deve tomar em conta que a tutela da Constituição não pode deixar a força da norma constitucional entregue à discrição do parlamento, sob pena de se ter, em vez deste submetido à Constituição, essa na dependência da "boa vontade" do legislador. Retornar-se-á ao ponto ao final deste capítulo (item 8.69).

8.69 Objeto da omissão inconstitucional

A letra do § 2.º do art. 103 da CF deixa claro que o objeto da omissão inconstitucional não é apenas o produto do Legislativo, mas igualmente os atos que deixaram de ser praticados pelos órgãos administrativos. A omissão inconstitucional, objeto da ação direta de inconstitucionalidade, é, em princípio, normativa. É a falta da edição de norma – cuja incumbência é, em regra, do Legislativo, mas que também pode ser do Executivo e até mesmo do Judiciário – que abre oportunidade à propositura da ação. Neste sentido, pode ser objeto da ação a ausência de ato de caráter geral, abstrato e obrigatório.

Assim, a ação não permite questionar apenas a ausência de atos normativos primários, mas também a falta de atos normativos secundários, como os regulamentos, de competência do Executivo, e, eventualmente, até mesmo a inexistência de atos normativos cabíveis ao Judiciário.

No caso em que a lei não contém os elementos que lhe dão condição de aplicabilidade, a falta de regulamento é empecilho evidente para a efetividade da norma constitucional. Porém, a falta de ato de caráter não normativo, inclusive por poder ser enquadrado na previsão do art. 103, § 2.º, da CF, que remete à ciência[847] para a "adoção de providências necessárias", igualmente pode ser objeto de omissão inconstitucional e da correspondente ação direta.

---

846. Uma sentença não é mandamental apenas porque "ordena" mediante mandado. A sentença que "ordena" e pode dar origem a um mandado, porém não pode ser executada mediante meios de coerção suficientes, não pode ser classificada como mandamental. A mandamentalidade não está naquilo que vulgarmente se diz ordem, ou no mandado, *mas na "verdadeira ordem", vale dizer, na ordem conjugada à força que se empresta à sentença, admitindo-se o uso de medidas de coerção para forçar o demandado a cumprir.* Só há sentido na ordem quando a ela se empresta força coercitiva; caso contrário, a ordem é declaração ou, pior, mera recomendação. Da mesma forma que a condenação só é condenação porque aplica a "sanção executiva", a sentença somente é mandamental quando há coerção indireta. V. Marinoni, Luiz Guilherme. *Tutela contra o ilícito*, 2015, p. 235 ss.).

847. Que, neste caso, não é mera ciência, mas sim ordem, haja vista o sancionamento do descumprimento da decisão por parte da autoridade administrativa.

Pense-se, por exemplo, na falta de organização do Judiciário ou na insuficiência de estruturação da saúde pública.[848] É possível falar, nessas hipóteses, de falta de tutela fático-concreta aos direitos fundamentais, que, como é óbvio, não sofrem apenas com a carência de tutela normativa, mas também com a ausência de tutela fática de natureza administrativa.

Portanto, a omissão inconstitucional, objeto da ação, não decorre, necessariamente, de previsão de legislar contida em norma constitucional, mas pode advir da falta ou da insuficiência de norma, ou de prestação fático-administrativa, para proteger ou viabilizar a realização de um direito fundamental. Evidencia-se, neste momento, que o legislador não tem dever apenas quando a norma constitucional expressamente lhe impõe a edição de lei, mas também quando um direito fundamental carece, em vista da sua natureza e estrutura, de norma infraconstitucional, especialmente para lhe outorgar tutela de proteção.[849]

8.70 Legitimidade

De acordo com o art. 103 da CF, "podem propor a ação direta de inconstitucionalidade e a ação declaratória de constitucionalidade: I – o Presidente da República; II – a Mesa do Senado Federal; III – a Mesa da Câmara dos Deputados; IV – a Mesa de Assembleia Legislativa ou da Câmara Legislativa do Distrito Federal; V – o Governador de Estado ou do Distrito Federal; VI – o Procurador-Geral da República; VII – o Conselho Federal da Ordem dos Advogados do Brasil; VIII – partido político com representação no Congresso Nacional; IX – confederação sindical ou entidade de classe de âmbito nacional". Segundo o art. 12-A da Lei 9.868/1999, "podem propor a ação direta de inconstitucionalidade por omissão os legitimados à propositura da ação direta de inconstitucionalidade e da ação declaratória de constitucionalidade".

Dispõem de direito de iniciativa legislativa, no plano federal, o Presidente da República, a Mesa do Senado Federal e a Mesa da Câmara dos Deputados (art. 61 da CF). Têm eles, também, legitimidade ativa para a ação direta de inconstitucionalidade por omissão. Todavia, esses órgãos, enquanto legitimados à ação, sofrem óbvia e inevitável restrição quando o estado de omissão inconstitucional é de sua responsabilidade ou corresponsabilidade. Note-se que, embora na ação direta de inconstitucionalidade de lei possa eventualmente haver

---

848. Como escrevem Mendes, Coelho e Branco, "não há como deixar de admitir que, a despeito da existência de lei, a omissão das autoridades na adoção de diferentes providências administrativas pode dificultar ou impedir a concretização da vontade constitucional. Alguns exemplos poderiam ser mencionados: 1) a organização do Poder Judiciário, sem a qual não se pode assegurar a própria garantia da proteção judiciária (art. 5.º, XXXV); 2) a organização dos serviços da Defensoria Pública, imprescindível para assegurar a assistência jurídica dos necessitados (art. 5.º, LXXIV, c/c o art. 134); 3) a organização e estruturação dos serviços de assistência social (art. 203); e 4) a organização e estruturação do sistema de ensino (art. 205 e ss.)" (MENDES, Gilmar Ferreira; COELHO, Inocêncio Mártires; BRANCO, Paulo Gustavo Gonet. *Curso de direito constitucional*, p. 1246).

849. "A omissão inconstitucional pressupõe a inobservância de um dever constitucional de legislar, que resulta tanto de comandos explícitos da Lei Magna como de decisões fundamentais da Constituição identificadas no processo de interpretação" (MENDES, Gilmar Ferreira; COELHO, Inocêncio Mártires; BRANCO, Paulo Gustavo Gonet. *Curso de direito constitucional*, p. 1.239-1.240).

CONTROLE DE CONSTITUCIONALIDADE ○ 1263

uma *aparente confusão* entre o legitimado para a ação e o legitimado passivo, uma vez que nada impede, por exemplo, que o Presidente da República proponha ação para ver declarada a inconstitucionalidade de ato de seu antecessor, o mesmo não ocorre na ação de inconstitucionalidade por omissão, diante da possibilidade de a própria autoridade suprir o estado de omissão inconstitucional.

Entende-se, de outra parte, que a Mesa de Assembleia Legislativa ou da Câmara Legislativa do Distrito Federal, o Governador de Estado ou do Distrito Federal e a confederação sindical ou entidade de classe de âmbito nacional têm legitimidade para a ação apenas quando presente a denominada "pertinência temática". Trata-se de relação entre as áreas de atuação e atribuições dos autores e a substância da omissão constitucional que se coloca em juízo.

O STF tem afirmado "que as entidades de classe e as confederações sindicais somente podem lançar mão das ações de controle concentrado quando mirarem normas jurídicas que digam respeito aos interesses típicos da classe representada (cf. ADIn 3.906-AgRg, rel. Min. Menezes Direito, *DJe* 05.09.2008)".[850] Também já disse a Suprema Corte que "associação de classe, de âmbito nacional, há de comprovar a pertinência temática, ou seja, o interesse considerado o respectivo estatuto e a norma que se pretenda fulminada".[851]

Ainda no que concerne à legitimação das associações de classe, já declarou o Supremo que "não constitui entidade de classe, para legitimar-se à ação direta de inconstitucionalidade (CF, art. 103, IX), associação civil (Associação Brasileira de Defesa do Cidadão) voltada à finalidade altruísta de promoção e defesa de aspirações cívicas de toda a cidadania",[852] e, em outra ocasião, que "não é entidade de classe de âmbito nacional, para os efeitos do inciso IX

---

850. ADIn 4.426, rel. Min. Dias Toffoli, decisão monocrática, j. 17.01.2010, *DJe* 01.02.2011.
851. "Associação de classe de âmbito nacional. Tem-na, por ser uma associação de classe de âmbito nacional, a Atricon – Associação dos Membros dos Tribunais de Contas do Brasil. Legitimidade. Ação direta de inconstitucionalidade. Associação de classe. *A associação de classe, de âmbito nacional, há de comprovar a pertinência temática, ou seja, o interesse considerado o respectivo estatuto e a norma que se pretenda fulminada.* Isso não ocorre quando a Associação dos Membros dos Tribunais de Contas do Brasil (Atricon) direciona pedido contra preceito de Carta estadual revelador da atuação do Ministério Público comum via Procurador de Justiça no Tribunal de Contas" (ADIn 1.873, rel. Min. Marco Aurélio, j. 02.09.1998, *DJ* 19.09.2003). No mesmo sentido: ADIn 4.190-MC, rel. Min. Celso de Mello, decisão monocrática, j. 1.º.07.2009, *DJe* 04.08.2009; "O art. 2.º do Estatuto da Febraban conduz à conclusão de não estar incluída entre as suas a finalidade de defender a constitucionalidade de normas que disciplinem as atribuições de instituições essenciais à prestação da jurisdição pelo Estado, como se dá relativamente à Defensoria Pública. Mesmo que se considere respeitar a matéria dos autos a 'tema de interesse da opinião pública', *a natureza de associação de instituições financeiras bancárias da Febraban limita a sua atuação à defesa de interesses diretos da categoria que representa*" (ADIn 3.943, rel. Min. Carmen Lúcia, decisão monocrática, j. 18.02.2010, *DJe* 1.º.03.2010); "Ilegitimidade ativa da autora, entidade que não reúne a qualificação constitucional prevista no art. 103, IX, da CF. *A heterogeneidade da composição da autora, conforme expressa disposição estatutária, descaracteriza a condição de representatividade de classe de âmbito nacional.* Precedentes do STF" (ADIn 3.381, rel. Min. Cármen Lúcia, j. 06.06.2007, Plenário, *DJ* 29.06.2007). No mesmo sentido: ADIn 3.900, rel. p/ o acórdão Min. Joaquim Barbosa, j. 02.12.2010, Plenário, *Informativo* 611; ADIn 3.805-AgRg, rel. Min. Eros Grau, j. 22.04.2009, Plenário, *DJe* 14.08.2009.
852. "Legitimação. Entidade nacional de classe. Conceito. Não constitui entidade de classe, para legitimar-se à ação direta de inconstitucionalidade (CF, art. 103, IX), associação civil (Associação Brasileira de Defesa do Cidadão) voltada à finalidade altruísta de promoção e defesa de aspirações cívicas de toda a cidadania" (ADIn 61-QO, rel. Min. Sepúlveda Pertence, j. 29.08.1990, *DJ* 28.09.1990).

do art. 103 da CF, a que só reúne empresas sediadas no mesmo Estado, nem a que congrega outras de apenas quatro Estados da Federação."[853]

Acerca da noção de confederação sindical legitimada, o Supremo Tribunal firmou o entendimento no sentido de que, das entidades sindicais, apenas as confederações sindicais (art. 103, IX, da CF) têm legitimação para propor ação direta de inconstitucionalidade, advertindo que foi recebido pela Constituição o art. 535 da CLT, que, ao dispor sobre a estrutura das confederações sindicais, exige que se organizem com um mínimo de três federações.[854]

No que diz respeito à legitimidade passiva, esta é da pessoa ou órgão responsável pela edição do ato faltante. Tratando-se de iniciativa reservada, legitimado passivo é o responsável pelo desencadeamento do processo legislativo.[855] Assim, por exemplo, a ADO 2.061

---

853. "Entidade de classe de âmbito nacional (art. 103, IX, da CF). Não é entidade de classe de âmbito nacional, para os efeitos do inciso IX do art. 103 da CF, a que só reúne empresas sediadas no mesmo Estado, nem a que congrega outras de apenas quatro Estados da Federação" (ADIn 386, rel. Min. Sydney Sanches, j. 04.04.1991, DJ 28.06.1991).

854. "Já firmou esta Corte o entendimento de que, das entidades sindicais, apenas as confederações sindicais (art. 103, IX, da CF) têm legitimação para propor ação direta de inconstitucionalidade. Por outro lado, foi recebido pela Carta Magna vigente o art. 535 da CLT, que dispõe sobre a estrutura das confederações sindicais, exigindo, inclusive, que se organizem com um mínimo de três federações" (ADIn 505, rel. Min. Moreira Alves, j. 20.06.1992, DJ 02.08.1991). No mesmo sentido: ADIn 706-AgRg, rel. Min. Carlos Velloso, j. 24.06.1992, DJ 04.09.1992. "Trata-se de arguição de descumprimento de preceito fundamental proposta pela Federação das Entidades Representativas dos Oficiais de Justiça Estaduais do Brasil (Fojebra) (...). A arguente não possui legitimidade ativa para propor a presente ação direta de inconstitucionalidade, nos termos do art. 103 da CF/1988 e do art. 2.º, I, da Lei 9.882/1999 c/c o art. 2.º da Lei 9.868/1999. A jurisprudência deste Tribunal é pacífica no sentido de que, na esfera das entidades sindicais, apenas as confederações possuem legitimação para o ajuizamento de ações que tratem do controle abstrato de constitucionalidade" (ADPF 220, rel. Min. Gilmar Mendes, decisão monocrática, j. 08.11.2010, DJe 12.11.2010.); "Preliminarmente, não tenho como legitimadas à ação as federações sindicais autoras (Federação Nacional dos Estivadores, Federação Nacional de Conferentes e Consertadores de Carga e Descarga Vigias Portuários – Trabalhadores de Bloco e Arrumadores, e Federação dos Portuários). Cuida-se de entidades sindicais que não atendem ao requisito do inciso IX do art. 103 da CF, porque seu nível não é de confederação sindical. São entidades sindicais de segundo grau. Nesse sentido, as decisões do Plenário nas ADIn 433/DF, 8.536/DF, 8.684/DF" (ADIn 929-MC, voto do rel. Min. Néri da Silveira, j. 13.10.1998, DJ 20.06.1997); "É parte legítima para propor ação direta de inconstitucionalidade a federação nacional de categoria específica, mesmo compreendida na categoria mais ampla de uma confederação existente (art. 103, IX, da CF)" (ADIn 209-MC, rel. Min. Octavio Gallotti, j. 29.06.1990, DJ 09.12.1994).

855. CF, art. 61: "A iniciativa das leis complementares e ordinárias cabe a qualquer membro ou Comissão da Câmara dos Deputados, do Senado Federal ou do Congresso Nacional, ao Presidente da República, ao Supremo Tribunal Federal, aos Tribunais Superiores, ao Procurador-Geral da República e aos cidadãos, na forma e nos casos previstos nesta Constituição. § 1.º São de iniciativa privativa do Presidente da República as leis que: I – fixem ou modifiquem os efetivos das Forças Armadas; II – disponham sobre: a) criação de cargos, funções ou empregos públicos na administração direta e autárquica ou aumento de sua remuneração; b) organização administrativa e judiciária, matéria tributária e orçamentária, serviços públicos e pessoal da administração dos Territórios; c) servidores públicos da União e Territórios, seu regime jurídico, provimento de cargos, estabilidade e aposentadoria; d) organização do Ministério Público e da Defensoria Pública da União, bem como normas gerais para a organização do Ministério Público e da Defensoria Pública dos Estados, do Distrito Federal e dos Territórios; e) criação e extinção de Ministérios e órgãos da administração pública, observado o disposto no art. 84, VI; f) militares das Forças Armadas, seu regime jurídico, provimento de cargos, promoções, estabilidade, remuneração, reforma e transferência para a reserva. (...)".

CONTROLE DE CONSTITUCIONALIDADE ○ 1265

– respeitante ao art. 37, X, da CF, que diz que "a remuneração dos servidores públicos e o subsídio de que trata o § 4.° do art. 39 somente poderão ser fixados ou alterados por lei específica, *observada a iniciativa privativa em cada caso*, assegurada revisão *geral anual, sempre na mesma data e sem distinção de índices*" – foi dirigida contra o Presidente da República sob o argumento de constituir seu dever o de desencadear o processo de elaboração da lei anual de revisão geral da remuneração *dos servidores da União*, nos termos do art. 61, § 1.°, II, *a*, da CF.[856]

8.71 Procedimento

A Lei 12.063/2009 introduziu na Lei 9.868/1999 um Capítulo (II-A) para tratar da ação direta de inconstitucionalidade por omissão. A petição inicial da ação de inconstitucionalidade por omissão, de acordo com o art. 12-B da Lei 9.868/1999, deve indicar (i) "a omissão inconstitucional total ou parcial quanto ao cumprimento de dever constitucional de legislar ou quanto à adoção de providência de índole administrativa" e (ii) "o pedido, com suas especificações".

É certo que o autor, na petição inicial, deve invocar a norma constitucional que, expressamente, impõe o dever de legislar. Porém, como a ação de inconstitucionalidade por omissão não tem como objeto apenas a falta de atendimento da norma constitucional que

---

CF, art. 93: "Lei complementar, *de iniciativa do Supremo Tribunal Federal*, disporá sobre o Estatuto da Magistratura, observados os seguintes princípios: (...)" (grifamos).
CF, art. 96: "Compete privativamente: (...); II – ao Supremo Tribunal Federal, aos Tribunais Superiores e aos Tribunais de Justiça propor ao Poder Legislativo respectivo, observado o disposto no art. 169: *a)* a alteração do número de membros dos tribunais inferiores; *b)* a criação e a extinção de cargos e a remuneração dos seus serviços auxiliares e dos juízos que lhes forem vinculados, bem como a fixação do subsídio de seus membros e dos juízes, inclusive dos tribunais inferiores, onde houver; *c)* a criação ou extinção dos tribunais inferiores; *d)* a alteração da organização e da divisão judiciárias; (...)".
856. "Ação direta de inconstitucionalidade por omissão. Art. 37, X, da CF (redação da EC 19, de 04.06.1998). *Norma constitucional que impõe ao Presidente da República o dever de desencadear o processo de elaboração da lei anual de revisão geral da remuneração dos servidores da União*, prevista no dispositivo constitucional em destaque, na qualidade de titular exclusivo da competência para iniciativa da espécie, na forma prevista no art. 61, § 1.°, II, *a*, da CF. Mora que, no caso, se tem por verificada, quanto à observância do preceito constitucional, desde junho/1999, quando transcorridos os primeiros doze meses da data da edição da referida EC 19/1998. Não se compreende, a providência, nas atribuições de natureza administrativa do Chefe do Poder Executivo, não havendo cogitar, por isso, da aplicação, no caso, da norma do art. 103, § 2.°, *in fine*, que prevê a fixação de prazo para o mister. Procedência parcial da ação" (ADIn 2.061, Pleno, rel. Min. Ilmar Galvão, *DJ* 29.06.2001). Em outra ação direta de inconstitucionalidade por omissão, que tomou em conta a mesma norma constitucional, colocou-se no polo passivo o Governador do Estado do Rio Grande de Norte: "Ação direta de inconstitucionalidade por omissão. Art. 37, X, da CF (redação da EC 19, de 04.06.1998). Estado do Rio Grande do Norte. *Norma constitucional que impõe ao Governador do Estado o dever de desencadear o processo de elaboração da lei anual de revisão geral da remuneração dos servidores estaduais*, prevista no dispositivo constitucional em destaque, na qualidade de titular exclusivo da competência para iniciativa da espécie, na forma prevista no art. 61, § 1.°, II, *a*, da Carta da República. Mora que, no caso, se tem por verificada, quanto à observância do preceito constitucional, desde junho de 1999, quando transcorridos os primeiros doze meses da data da edição da referida EC 19/1998. Não se compreende, a providência, nas atribuições de natureza administrativa do chefe do Poder Executivo, não havendo cogitar, por isso, da aplicação, no caso, da norma do art. 103, § 2.°, *in fine*, que prevê a fixação de prazo para o mister. Procedência parcial da ação" (ADIn 2.947, Pleno, rel. Min. Ilmar Galvão, *DJ* 15.03.2002).

expressamente obriga o legislador, mas também a falta de lei imprescindível à proteção normativa de direito fundamental, é necessário compreender o "dever constitucional de legislar", previsto no inciso I do art. 12-B, como dever de editar normas para dar plena efetividade e proteção aos direitos constitucionais, tomando-se as previsões de legislar constantes das normas constitucionais como imposições não necessárias ao surgimento da obrigação legislativa.

No caso em que o dever de legislar não decorre de imposição expressa constante de norma constitucional, o autor deve argumentar, na petição inicial, que há direito fundamental que depende de lei. Assim, deve demonstrar que o direito fundamental, para não ser violado, exige norma que imponha conduta de fazer ou de não fazer, ou que o direito fundamental, para ser usufruído, depende de norma que autorize prestações fáticas estatais.

Por outro lado, a falta do administrador pode ser de natureza normativa ou fático--administrativa. Omissão normativa, assim, tem significado mais amplo que omissão legislativa. É possível questionar, mediante a ação de inconstitucionalidade por omissão, a ausência de atos normativos secundários de competência do Executivo – como os regulamentos – e até mesmo a falta de atos normativos devidos pelo Judiciário.

Além disso, a negação de prestações fáticas por parte do administrador também pode obstaculizar a proteção ou a realização de direitos constitucionais. Assim, por exemplo, é imprescindível a atuação do administrador na organização dos serviços da Defensoria Pública, necessária para propiciar assistência jurídica integral a todos. Portanto, nos casos de falta do administrador, a petição inicial deve demonstrar que o direito constitucional depende de providência do administrador, seja ela de natureza normativa ou fática.

É preciso, ademais, tratando-se de norma infraconstitucional que protege de modo insuficiente ou parcial um direito constitucional, que o autor evidencie, na inicial, o direito que foi insuficiente ou parcialmente tutelado, assim como as razões pelas quais se entende que a norma editada é incapaz de atendê-lo. Adiante-se (v., a seguir, item 8.72) que um direito constitucional pode ser insuficientemente tutelado ou tutelado de modo a atender apenas a uma parcela dos beneficiários da norma constitucional. É possível exemplificar, respectivamente, com o salário mínimo fixado em valor insuficiente a atender às necessidades mínimas do cidadão e com a ausência de reajuste de salário dos servidores civis, não obstante o reajuste do salário dos militares.

É requisito da inicial, ainda, o pedido com as suas especificações. Como o ideal, em termos de tutela jurisdicional na ação de inconstitucionalidade por omissão, é a elaboração da norma faltante ou a extensão da norma ao grupo excluído (caso de omissão parcial), o autor deve realizar tal pedido, descrevendo na inicial espécie de projeto da norma que deve ser judicialmente editada. Deve ainda o autor formular pedido – a ser conhecido na hipótese de entender-se que o pedido de elaboração da norma não pode ser atendido – de declaração da inconstitucionalidade por omissão – total ou parcial –, requerendo a comunicação do Poder competente para tomar as devidas providências em prazo razoável.[857]

No caso de falta do administrador, há duas alternativas, pois o caso pode ser de omissão normativa ou de omissão de prestação fática. Em caso de omissão normativa, vale o mesmo

---

857. CF, art. 103, § 2.º: "Declarada a inconstitucionalidade por omissão de medida para tornar efetiva norma constitucional, será dada ciência ao Poder competente para a adoção das providências necessárias e, em se tratando de órgão administrativo, para fazê-lo em trinta dias".

que foi dito em relação à omissão do Legislativo. Diante de ausência de prestação fática, a petição inicial deve delimitar, em detalhes, a providência faltante, requerendo a declaração da inconstitucionalidade por omissão e a ciência do órgão administrativo para tomar as providências definidas.

A circunstância de o art. 103, § 2.º, da CF ter fixado o prazo de 30 dias para o administrador e não ter estabelecido prazo para o Legislativo não impede o autor e o Tribunal, respectivamente, de requererem e determinarem prazo para o Legislativo atuar, atendendo-se às especificidades da situação. De outra parte, a fixação do prazo de 30 dias para o órgão administrativo não impede que o autor solicite e a Corte fixe prazo diverso, desde que devidamente justificado. Note-se que, para determinadas providências materiais, o prazo de 30 dias pode ser demasiadamente exíguo.

A petição inicial, quando o caso exigir, deve vir acompanhada dos documentos necessários a demonstrar a omissão, conforme o parágrafo único do art. 12-B.[858] Uma vez proposta a ação de inconstitucionalidade por omissão, o autor dela não pode desistir.[859] Trata-se de norma que evidencia a óbvia indisponibilidade da questão de omissão inconstitucional.[860] Não obstante, diz o art. 12-C que a petição inicial inepta, não fundamentada, e a manifestamente improcedente serão liminarmente indeferidas pelo relator.

É liminarmente indeferida a petição inicial que é rejeitada no nascedouro do processo. O art. 12-C, ao elencar as hipóteses em que a petição inicial deve ser liminarmente indeferida pelo relator, ao lado da inépcia acrescenta a falta de fundamentação. A falta de fundamentação, entretanto, pode ser vista como ausência de causa de pedir. Porém, especialmente em consideração à natureza da ação direta de inconstitucionalidade, a alegação suficiente para indicar a causa de pedir ou o fundamento da ação deve bastar para o julgamento do pedido.

O art. 12-C ainda estabelece, como causa de indeferimento liminar da petição inicial, a manifesta improcedência. Perceba-se que existirá falta de interesse de agir se o autor admitir a existência de lei, sem nada dizer sobre a sua insuficiência, assim como haverá

---

858. "Art. 12-B. A petição indicará: I – a omissão inconstitucional total ou parcial quanto ao cumprimento de dever constitucional de legislar ou quanto à adoção de providência de índole administrativa; II – o pedido, com suas especificações. Parágrafo único. A petição inicial, acompanhada de instrumento de procuração, se for o caso, será apresentada em 2 (duas) vias, devendo conter cópias dos documentos necessários para comprovar a alegação de omissão."

859. "Art. 12-D. Proposta a ação direta de inconstitucionalidade por omissão, não se admitirá desistência."

860. O princípio da indisponibilidade norteia o processo de controle concentrado de constitucionalidade, conforme ressalta o STF: "O processo de controle normativo abstrato rege-se pelo princípio da indisponibilidade. A questão pertinente à controvérsia constitucional reveste-se de tamanha magnitude, que, uma vez instaurada a fiscalização concentrada de constitucionalidade, torna-se inviável a extinção desse processo objetivo pela só e unilateral manifestação de vontade do autor. (...) Tenho para mim que as mesmas razões que afastam a possibilidade da desistência em ação direta justificam a vedação a que o autor, uma vez formulado o pedido de medida liminar, venha a reconsiderar a postulação deduzida *initio litis*" (ADIn 892-MC, voto do rel. Min. Celso de Mello, j. 27.10.1994, *DJ* 07.11.1997); "O princípio da indisponibilidade, que rege o processo de controle concentrado de constitucionalidade, impede a desistência da ação direta já ajuizada. O art. 169, § 1.º, do RISTF-80, que veda ao Procurador-Geral da República essa desistência, aplica-se, extensivamente, a todas as autoridades e órgãos legitimados pela Constituição de 1988 para a instauração do controle concentrado de constitucionalidade (art. 103)" (ADIn 387-MC, rel. Min. Celso de Mello, j. 1.º.03.1991, *DJ* 11.10.1991). Ainda: ADIn 4.125, rel. Min. Cármen Lúcia, j. 10.06.2010, Plenário, *DJe* 15.02.2011.

impossibilidade jurídica do pedido se o autor requerer, por exemplo, a elaboração de norma constitucional. De modo que a manifesta improcedência tem de admitir, como antecedentes lógicos, o interesse de agir e a possibilidade jurídica do pedido. Nesse sentido, o autor deve *alegar falta* de *norma infraconstitucional* ou de *prestação fática* que *inviabilize a realização de norma constitucional*. Assim, haverá manifesta improcedência quando a existência de norma ou de prestação fática, apesar do afirmado em contrário, for imediatamente perceptível ou quando for evidente que o Poder ou o órgão administrativo ainda não dispuseram de tempo razoável para cumprir o dever que lhes foi atribuído pela Constituição. Note-se que há diferença entre admitir a existência de lei e nada falar sobre a sua insuficiência (caso de falta de interesse de agir) e afirmar a falta de lei quando a sua presença é imediatamente perceptível (manifesta improcedência). Também se distingue a ação em que se busca a supressão de omissão inconstitucional antes de o prazo para legislar ter esgotado (falta de interesse de agir) da ação cuja fundamentação considera ter passado tempo suficiente para fazer surgir situação de inércia, não obstante o relator chegue, desde logo, a conclusão contrária (manifesta improcedência).

Indeferida liminarmente a petição inicial, o parágrafo único do art. 12-C da Lei 9.868/1999 faculta ao autor a interposição de agravo ao Pleno do STF.[861]

Embora exista jurisprudência do STF negando a possibilidade de liminar na ação de inconstitucionalidade por omissão com base no argumento de que, se nenhuma providência concreta pode ser concedida como tutela jurisdicional final, não haveria como conceder liminar, o art. 12-F da Lei 9.868/1999 consignou expressamente a viabilidade de liminar em caso de omissão inconstitucional. A Seção II do Capítulo II-A – introduzido pela Lei 12.063/2009 – da Lei 9.868/1999 trata unicamente "da medida cautelar em ação direta de inconstitucionalidade por omissão",[862] de forma que a própria Lei 9.868/1999, ao regular "o processo e o julgamento da ação direta de inconstitucionalidade e da ação declaratória de constitucionalidade perante o Supremo Tribunal Federal", atualmente regula com detalhes a concessão de medida liminar na ação direta de inconstitucionalidade por omissão.

O art. 12-F, § 1.º, teve o cuidado de estabelecer que a medida liminar pode consistir na suspensão da aplicação da lei ou do ato normativo questionado, no caso de omissão parcial,

---

861. "Art. 12-C. A petição inicial inepta, não fundamentada, e a manifestamente improcedente serão liminarmente indeferidas pelo relator. Parágrafo único. Cabe agravo da decisão que indeferir a petição inicial."

862. "Seção II – Da medida cautelar em ação direta de inconstitucionalidade por omissão. Art. 12-F. Em caso de excepcional urgência e relevância da matéria, o Tribunal, por decisão da maioria absoluta de seus membros, observado o disposto no art. 22, poderá conceder medida cautelar, após a audiência dos órgãos ou autoridades responsáveis pela omissão inconstitucional, que deverão pronunciar-se no prazo de 5 (cinco) dias. § 1.º A medida cautelar poderá consistir na suspensão da aplicação da lei ou do ato normativo questionado, no caso de omissão parcial, bem como na suspensão de processos judiciais ou de procedimentos administrativos, ou ainda em outra providência a ser fixada pelo Tribunal. § 2.º O relator, julgando indispensável, ouvirá o Procurador-Geral da República, no prazo de 3 (três) dias. § 3.º No julgamento do pedido de medida cautelar, será facultada sustentação oral aos representantes judiciais do requerente e das autoridades ou órgãos responsáveis pela omissão inconstitucional, na forma estabelecida no Regimento do Tribunal. Art. 12-G. Concedida a medida cautelar, o Supremo Tribunal Federal fará publicar, em seção especial do *Diário Oficial da União* e do *Diário da Justiça da União*, a parte dispositiva da decisão no prazo de 10 (dez) dias, devendo solicitar as informações à autoridade ou ao órgão responsável pela omissão inconstitucional, observando-se, no que couber, o procedimento estabelecido na Seção I do Capítulo II desta Lei."

bem como na suspensão de processos judiciais ou de procedimentos administrativos, ou ainda em outra providência a ser fixada pelo Tribunal.

Na hipótese de omissão parcial admite-se a suspensão da norma, tomando-se em conta para efeito de liminar, assim, a ação positiva do legislador que se mostra incapaz de atender à Constituição. Acontece que, como se verá adiante (item 8.68), a liminar também pode ser concedida quando se pensa somente na omissão, já que a falta de norma também pode trazer prejuízos graves, como intuiu o Min. Sepúlveda Pertence na ADIn 361.[863]

Após a audiência dos órgãos ou responsáveis pela omissão inconstitucional, a medida liminar pode ser concedida mediante maioria absoluta dos membros do Tribunal, devendo estar presentes à sessão ao menos oito Ministros, observada a necessidade de se suspender o processo quando, havendo Ministros ausentes, ainda existir possibilidade de se obterem seis votos em favor da concessão da medida (arts. 12-F, *caput*, e 22 da Lei 9.868/1999).

É importante a regra (§ 3.º do art. 12-F) que faculta a sustentação oral quando do julgamento do requerimento de liminar "aos representantes judiciais do requerente e das autoridades ou órgãos responsáveis pela omissão inconstitucional". Isso porque, além de constituir previsão não usual para os casos em que se julga acerca da necessidade desta imprescindível forma de tutela jurisdicional, representa relevante mecanismo para o aperfeiçoamento do contraditório, mediante a efetiva e adequada participação dos interessados, com consequente e oportuna colaboração para a formação do juízo da Corte.

O art. 6.º da Lei 9.868/1999, em princípio relacionado à ação direta de inconstitucionalidade de lei, afirma que o relator pedirá informações aos órgãos ou às autoridades das quais emanou a lei ou o ato normativo impugnado, que devem ser prestadas em 30 dias. Isso quer dizer que, em princípio, não pode haver dúvida sobre a necessidade da ouvida de quem elaborou a norma insuficiente ou incapaz, em parte, de atender à Constituição. Contudo, bem vistas as coisas, a mesma razão que impõe a ouvida daquele de quem emanou a norma – suficiente ou não – exige a audiência do responsável pela não edição da norma que se reputa necessária.

Além disso, afirma o art. 12-E, § 1.º, que, no mesmo prazo atribuído à prestação de informações, qualquer um dos legitimados à ação de inconstitucionalidade por omissão (arts. 2.º e 12-A da Lei 9.868/1999) poderá manifestar-se, por escrito, sobre o objeto da ação, e pedir a juntada de documentos reputados úteis para o exame da matéria, bem como apresentar memoriais.

Decorrido o prazo das informações, serão ouvidos o Advogado-Geral da União e o Procurador-Geral da República – quando não for autor –, contando cada um, sucessivamente, com o prazo de 15 dias para se pronunciar (§§ 2.º e 3.º do art. 12-E da Lei 9.868/1999). Não há razão para excluir a possibilidade de manifestação do Advogado-Geral da União apenas por não haver norma a ser defendida ou mesmo limitá-la à hipótese de omissão parcial.[864]

---

863. Nesta ação, não obstante negando a liminar, o Ministro advertiu que, "caso no futuro se apresente outra ação, tendo, como pedido de liminar, não a antecipação de efeitos positivos da futura lei reclamada, mas um pedido cautelar negativo, inibitório de um risco causado pela falta de regulamentação, a matéria poderá ter outra solução" (ADIn 361, Pleno, rel. Min. Marco Aurélio, *RTJ* 133/569).

864. Não obstante, em julgamento de outubro de 1994, decidiu-se na ADIn 480 que "não é necessária a manifestação do Advogado-Geral da União, art. 103, § 3.º, da Constituição, em ação direta de inconstitucionalidade por omissão" (ADIn 480, rel. Min. Paulo Brossard, j. 13.10.1994, *DJ* 25.11.1994).

Não se admite a intervenção de terceiros, nos moldes do Código de Processo Civil (art. 7.º da Lei 9.868/1999). As formas de intervenção de terceiro são completamente inadequadas e inservíveis às ações diretas de inconstitucionalidade.[865] Algo completamente diverso é a chamada intervenção do *amicus curiae*, quando o Tribunal, considerando as particularidades da matéria em discussão e a representatividade do órgão ou entidade que deseja se manifestar,[866] admite a sua participação em prol da otimização do debate da questão constitucional (art. 7.º, § 2.º, da Lei 9.868/1999).[867]

---

865. "A natureza eminentemente objetiva do processo de controle abstrato de constitucionalidade não dá lugar a ingresso, na relação processual, de particular voltado à defesa de interesse subjetivo, sendo restrita aos órgãos estatais, de que emanou o ato normativo impugnado, a formação litisconsorcial passiva nas ações da espécie" (ADIn 1.286-AgRg, rel. Min. Ilmar Galvão, j. 06.09.1995, Plenário, *DJ* 06.10.2005). Acrescente-se, ainda, que "a impossibilidade da intervenção processual de entidade privada, em sede da ação direta, não traduz qualquer ofensa à garantia constitucional do contraditório. O postulado do contraditório, no processo de controle abstrato de constitucionalidade, vê-se atendido, de um lado, com a possibilidade de o órgão estatal defender, objetivamente, o próprio ato que editou, e, de outro, com a intervenção do Advogado-Geral da União, que, em atuação processual plenamente vinculada, deve assumir, na condição de garante e curador da presunção de constitucionalidade, a defesa irrestrita da validade jurídica da norma impugnada" (ADIn 1.434-MC, rel. Min. Celso de Mello, j. 20.08.1996, *DJ* 22.11.1996).

866. "Nos termos do art. 7.º, § 2.º, da Lei 9.868/1999, compete ao relator, considerando a relevância da matéria e a representatividade dos postulantes, por meio de despacho irrecorrível, admitir ou não pedidos de intervenção de interessados na condição de *amicus curiae*. (...) No presente caso, resta clara a relevância da matéria, que discute normas estaduais que criam o novo cargo de Auditor-Fiscal da Receita Estadual no quadro da Secretaria da Fazenda do Estado de Tocantins e extinguem os cargos de Agente de Fiscalização e Arrecadação, aproveitando os seus ocupantes na nova carreira. As finalidades institucionais do Sindifisco Nacional encontram-se definidas no art. 3.º de seu Estatuto (...) e demonstram a sua representatividade e interesse na presente demanda, que versa sobre carreira estadual de auditor fiscal" (ADIn 4.214, rel. Min. Dias Toffoli, decisão monocrática, j. 17.12.2009, *DJe* 01.02.2010); "Não assiste razão ao pleito de (...), que requerem admissão na condição de *amici curiae*. É que os requerentes são pessoas físicas, terceiros concretamente interessados no feito, carecendo do requisito de representatividade inerente à intervenção prevista pelo art. 7.º, § 2.º, da Lei 9.868, de 10.11.1999, o qual, aliás, é explícito ao admitir somente a manifestação de outros 'órgãos ou entidades' como medida excepcional aos processos objetivos de controle de constitucionalidade" (ADIn 4.178, rel. Min. Cezar Peluso, decisão monocrática, j. 07.10.2009, *DJe* 16.10.2009).

867. "Vê-se, portanto, que a admissão de terceiros na qualidade de *amicus curiae* traz ínsita a necessidade de que o interessado pluralize o debate constitucional, apresentando informações, documentos ou quaisquer elementos importantes para o julgamento da ação direta de inconstitucionalidade. Calcado em tais parâmetros, admito a manifestação dos postulantes Confederação Nacional dos Trabalhadores em Estabelecimentos de Ensino – Contee, Sindicato dos Servidores do Magistério Municipal de Curitiba e Confederação Nacional dos Trabalhadores em Educação, porquanto entidades representativas do grupo social que será diretamente afetado pela norma cuja validade se encontra sob o crivo do STF. Em relação aos demais postulantes, observo que a negativa de admissão à participação na instrução da ação direta de inconstitucionalidade não impede que as respectivas razões sejam consideradas pela Corte por ocasião do julgamento. Também não impede que tais entidades ofereçam, coletivamente, subsídios de dados aos demais interessados e à própria Corte, via memoriais. No caso em exame, a postulação dos demais interessados é coletiva, de modo que sua inadmissão não interfere na representatividade ou na apreciação da argumentação apresentada. Por outro lado, pende o exame da medida cautelar requerida e é iminente o início do exercício financeiro no qual as obrigações tornar-se-ão exigíveis, circunstância que recomenda, ao menos no momento, a ordenação do processo de molde a preservar a celeridade, sem a perda da representação já noticiada. (...) Portanto, deixo de admitir a participação dos demais postulantes, pessoas jurídicas. Por fim, também deixo de admitir a participação dos postulantes, pessoas naturais, dado que o art. 7.º, § 2.º, da Lei 9.868/1999 é expresso em se referir a órgãos ou entidades" (ADIn 4.167, rel. Min. Joaquim Barbosa, decisão monocrática, j. 10.12.2008, *DJe* 17.12.2008); "A entidade que participa na qualidade de *amicus curiae*

Por fim,[868] quanto à decisão proferida na ação de inconstitucionalidade por omissão, cabe dizer que a decisão de procedência exige maioria absoluta dos membros do Tribunal, devendo estar presentes na sessão de julgamento ao menos oito Ministros. Assim, não haverá maioria absoluta quando, presentes oito Ministros, cinco votarem a favor e três contra. Em uma situação como esta, o julgamento será suspenso para que os Ministros ausentes se pronunciem em sessão próxima, até que se forme maioria absoluta.[869]

8.72 Omissão parcial de inconstitucionalidade

A norma pode ser insuficiente para responder ao desejo constitucional, tendo baixa intensidade de proteção ou de satisfação da norma constitucional – quando há omissão parcial no plano vertical –, ou, ainda, conferir a vantagem albergada na norma constitucional apenas a grupo ou parcela de pessoas, esquecendo-se, mediante violação à igualdade, da universalidade dos seus beneficiários – hipótese de omissão parcial no plano horizontal.

A lei que prevê salário mínimo em valor insuficiente à realização da norma que garante remuneração digna ao cidadão (art. 7.º, IV, da CF) representa omissão parcial em sentido vertical, uma vez que a sua previsão é apenas parcialmente suficiente para tanto, ao passo que a lei que concede revisão de remuneração aos militares sem contemplar os civis, excluindo grupo beneficiário da norma constitucional (CF, arts. 37, X, e 39, § 1.º), configura hipótese de omissão inconstitucional em sentido horizontal.

Decidiu o STF, na ADIn 1.442, que a definição do valor do salário mínimo em importância incapaz de atender às necessidades vitais básicas do trabalhador e dos membros de sua família configura claro descumprimento, ainda que parcial, da Constituição Federal, uma vez que o legislador, nesta hipótese, longe de atuar como sujeito concretizante do postulado

---

dos processos objetivos de controle de constitucionalidade, aportando aos autos informações relevantes ou dados técnicos, confere ao processo caráter pluralista. Pode contribuir de forma significativa com esta Corte. Na hipótese dos autos, contudo, a petição em que é postulada a participação como *amicus curiae* foi protocolada na data de hoje, véspera da sessão de julgamento. Não vislumbro como a peticionária poderia colaborar neste feito, dado o encerramento da instrução processual desta ação direta. O deferimento do pedido prestar-se-ia somente a retardar a prestação jurisdicional" (ADIn 4.001, rel. Min. Eros Grau, decisão monocrática, j. 14.05.2008, *DJe* 21.05.2008).

868. Lembre-se que são aplicáveis ao procedimento da ação direta de inconstitucionalidade por omissão, no que for compatível, as prescrições normativas relacionadas ao procedimento da ação direta, conforme disposto no art. 12-E da Lei 9.868/1999.

869. "Art. 22. A decisão sobre a constitucionalidade ou a inconstitucionalidade da lei ou do ato normativo somente será tomada se presentes na sessão pelo menos oito Ministros. Art. 23. Efetuado o julgamento, proclamar-se-á a constitucionalidade ou a inconstitucionalidade da disposição ou da norma impugnada se num ou noutro sentido se tiverem manifestado *pelo menos seis Ministros*, quer se trate de ação direta de inconstitucionalidade ou de ação declaratória de constitucionalidade. Parágrafo único. Se não for alcançada a maioria necessária à declaração de constitucionalidade ou de inconstitucionalidade, *estando ausentes Ministros em número que possa influir no julgamento*, este *será suspenso a fim de aguardar-se o comparecimento dos Ministros ausentes, até que se atinja o número necessário para prolação da decisão num ou noutro sentido*" (grifamos).

RISTF, art. 173, parágrafo único: "Se não for alcançada a maioria necessária à declaração de inconstitucionalidade, estando licenciados ou ausentes Ministros em número que possa influir no julgamento, este será suspenso a fim de aguardar-se o comparecimento dos Ministros ausentes, até que se atinja o *quorum*".

constitucional que garante à classe trabalhadora um piso geral de remuneração digna (CF, art. 7.º, IV), realiza, de modo imperfeito e incompleto, o programa social assumido pelo Estado na ordem jurídica.[870]

O STF também já teve oportunidade de tratar de caso envolvendo lei que deixa de lado grupo ou categoria de pessoas, particularmente do caso em que o legislador confere reajuste salarial aos servidores públicos militares sem outorgar o mesmo reajuste aos servidores públicos civis. Decidiu-se, na ADIn 526, que ofende a isonomia a lei que, à vista da erosão inflacionária do poder de compra da moeda, não dá alcance universal à revisão de vencimentos destinada exclusivamente a minorá-la (CF, art. 37, X), ou que, para cargos de atribuições iguais ou assemelhadas, fixa vencimentos díspares (CF, art. 39, § 1.º).[871]

Porém, o verdadeiro problema, nesta sede, é saber o que fazer com a lei marcada pela omissão parcial.[872] Diante da ação direta de inconstitucionalidade por omissão, a lei gravada por tal circunstância (i) deve ser declarada inconstitucional, (ii) ter a sua aplicação suspensa até deliberação do legislador ou (iii) continuar a ser aplicada, uma vez que o problema de inconstitucionalidade, em termos concretos, está na omissão e não na norma que, de forma insuficiente, respondeu ao dever legislativo e à Constituição?

Como a norma é inconstitucional por omissão parcial, a declaração da sua inconstitucionalidade retiraria o pouco de proteção que foi conferido pela lei ou a proteção que, embora prometida pela Constituição em maior extensão, foi deferida apenas a determinado grupo. Neste sentido, a declaração de inconstitucionalidade não constitui solução judicial adequada, uma vez que é necessário preservar o benefício outorgado pela lei, ainda que insuficiente ou indevidamente limitado a determinado grupo ou categoria.

É certo que, embora a declaração de inconstitucionalidade não seja adequada, há juízo de reprovação da norma. De modo que seria possível sustentar que, se o Judiciário não pode corrigir a norma (v., não obstante, abaixo, item 8.69), essa, por ser inconstitucional, deveria ter a sua aplicação suspensa, dando-se ao legislador prazo razoável e adequado para corrigi-la. Porém, como a norma, neste caso, responde em parte à Constituição, o raciocínio deve caminhar no sentido inverso, admitindo-se a sua aplicação até que o legislador supra o seu defeito. O aparente paradoxo deve ser assimilado e compreendido, já que não existe lógica em invocar insuficiência de tutela para suprimir o que, embora pouco em intensidade ou extensão, é devido pelo legislador perante a Constituição.

Ademais, no caso de omissão parcial em sentido horizontal (exclusão de grupo), da inobservância do legislador ao prazo fixado na decisão seria possível pensar em extrair os benefícios que deveriam ter sido conferidos pela lei ao grupo excluído. Neste caso, a decisão não estaria limitada à declaração de omissão inconstitucional, mas faria surgir – mediante conhecida e velha técnica processual respeitante às sentenças – a própria norma faltante, assumindo conteúdo constitutivo-positivo.

---

870. STF, ADIn 1.442, Pleno, rel. Min. Celso de Mello, *DJ* 29.04.2005.
871. STF, ADIn 526, Pleno, rel. Min. Sepúlveda Pertence, *DJ* 05.03.1993.
872. CLÈVE, Clèmerson Merlin. *A fiscalização abstrata de constitucionalidade no direito brasileiro*, p. 238 e ss.

8.73 Medida liminar

O STF entende não ser possível liminar em ação direta de inconstitucionalidade por omissão. A conclusão decorre de raciocínio que se funda na premissa de que, nesta ação direta, a decisão final apenas pode declarar a mora do Legislativo, dela cientificando-o. Na ADO 267, de relatoria do Min. Celso de Mello, a Corte declarou que "a ausência dessa lei complementar (*vacuum juris*), que constitui o necessário instrumento normativo de integração, não pode ser suprida por outro ato estatal qualquer, especialmente um provimento de caráter jurisdicional, ainda que emanado desta Corte. (...) A suspensão liminar de eficácia de atos normativos, questionados em sede de controle concentrado, não se revela compatível com a natureza e a finalidade da ação direta de inconstitucionalidade por omissão, eis que, nesta, *a única consequência político-jurídica possível traduz-se na mera comunicação formal, ao órgão estatal inadimplente, de que está em mora constitucional*".[873]

Deixando-se de lado, por enquanto, a questão de que, em caso de omissão de órgão administrativo, a sentença de procedência possui natureza mandamental, bem como o tema da omissão parcial, cabe raciocinar acerca da possibilidade de liminar em ação declaratória, ou melhor, sobre a utilidade de liminar em ação meramente declaratória.

Na verdade, em face da sentença que se limita a declarar a omissão inconstitucional, não é preciso raciocinar, em termos de liminar, como se o juiz apenas pudesse socorrer a situação de perigo mediante uma antecipação da declaração de omissão inconstitucional ou, ainda, por meio de uma declaração sumária da omissão inconstitucional.[874] É sabido que o Judiciário, para evitar dano, pode extrair da declaração sumária do direito – que o autor pretende ver ao final declarado com a marca da certeza – especialmente ordens de inibição de condutas.[875]

---

873. ADIn 267, Pleno, rel. Min. Celso de Mello, *DJ* 19.05.1995.

874. No direito italiano, apenas recentemente se passou a atentar para a questão da antecipação da declaração. Ferruccio Tommaseo, ao tratar da possibilidade da antecipação do efeito declaratório para atribuir ao autor o bem jurídico da certeza, chega a uma conclusão negativa. Admite Tommaseo, porém, que uma "declaração sumária" – evidentemente possível na perspectiva da técnica processual – pode ser útil ao autor da demanda declaratória para, por exemplo, o autor determinar o seu comportamento em face de determinadas situações de direito substancial. Exemplifica com a hipótese de tutela – requerida pelo empregador – que declara antecipada e sumariamente a legitimidade da despedida de um empregado. Segundo o processualista italiano, é possível duvidar se a valoração em termos de mera verossimilhança do direito é idônea para remediar o prejuízo e para justificar um apreciável interesse do requerente em obter a antecipação da mera declaração, embora demonstre em seu texto, mediante casos jurisprudenciais, que este interesse pode surgir em concreto quando a parte estiver em condições de valer-se do *dictum* judicial para determinar o seu próprio comportamento em vista de particulares situações de direito substancial, como pode ocorrer através da valoração antecipada da nulidade da cláusula de um contrato ou de um estatuto societário (Tommaseo, Ferruccio. *I provvedimenti d'urgenza*, p. 257-259). A par disso, Tommaseo não titubeia ao admitir a possibilidade de se extraírem consequências concretas de um provimento que supõe a probabilidade da procedência de uma ação declaratória.

875. "Tratando-se de ação declaratória que objetiva demonstrar a ilegitimidade de um ato, o autor pode requerer, mediante tutela antecipatória, que o juiz ordene ao réu não fazer o que a procedência da demanda declaratória demonstrará ser ilegítimo fazer. Assim, por exemplo, o autor de uma ação declaratória de que um contrato social impede a prática de um ato pela maioria simples da vontade dos sócios poderá requerer que o juiz ordene que não seja praticado o ato que, ao final e em virtude da sentença declaratória, poderá ser considerado ilegítimo. *A tutela que impede a prática do ato que a demanda objetiva declarar ilegítimo previne com base em cognição sumária da ilegitimidade do ato*. A tutela é genuinamente preventiva, não se

Nesta dimensão, torna-se importante lembrar a advertência do Min. Sepúlveda Pertence, diante de requerimento de liminar na ADIn 361. Neste caso, embora votando pela negação da liminar, o Min. Sepúlveda observou que, "caso no futuro se apresente outra ação, tendo, como pedido de liminar, não a antecipação de efeitos positivos da futura lei reclamada, mas um pedido cautelar negativo, inibitório de um risco causado pela falta de regulamentação, a matéria poderá ter outra solução".[876]

Havendo probabilidade de a decisão final declarar o direito, para evitar dano irreparável não é preciso cogitar em declarar (como técnica de tutela de urgência) a omissão inconstitucional no curso do processo. Como dito, da declaração é possível extrair efeitos mandamentais para se convencer o demandado a não fazer ou a fazer. Assim, existindo forte probabilidade de omissão constitucional, não é preciso – nem adequado – declarar sumariamente essa omissão ou mesmo elaborar uma norma provisória para se tutelar a situação de perigo, bastando extrair da declaração efeitos mandamentais.

O que se poderia dizer é que, mesmo a sentença declaratória da omissão, por apenas declarar a mora, dela cientificando o legislador, não teria eficácia para impedir dano que pudesse advir da falta da norma, e, assim, não seria possível à Corte, mediante liminar, obstaculizar dano decorrente da ausência normativa.

No entanto, ainda que se aceite a tese de que a única possibilidade, em termos de tutela jurisdicional final na ação direta de inconstitucionalidade por omissão, é a declaração da omissão inconstitucional (v., não obstante, abaixo, item 8.69), isto não pode significar que o Supremo Tribunal tenha sido obrigado a assistir calado aos danos e aos prejuízos que podem advir da falta de atuação do legislador. Ora, se a Suprema Corte reconhece a omissão inconstitucional ou, em juízo liminar, a sua forte probabilidade, a sua impotência diante da proliferação dos danos derivados da inércia do parlamento faria necessariamente admitir que a rebeldia do legislador tem maior eficácia do que a Constituição, que a inércia legislativa vincula contra a força das normas constitucionais e a razão de ser do próprio STF. Ou melhor, o fato de a Corte não poder elaborar a norma faltante, mas apenas declarar a mora em legislar, não quer dizer que não tenha poder para inibir prejuízo que não ocorreria não fosse a inércia do legislador.

Nesta hipótese, a sentença de procedência reafirmará, com carga de cognição exauriente, o conteúdo da decisão liminar, e, neste sentido, abarcará a tênue carga declaratória da primeira decisão, podendo então a Corte, ao declarar a omissão inconstitucional, outorgar eficácia executiva à sentença para evitar prejuízos às situações carentes da norma faltante. Perceba-se, aliás, que, mesmo quando a Corte não deferiu liminar, poderá agregar efeito

---

confundindo com a cautelar. A tutela, além de preventiva, tem caráter antecipatório, já que ordena ao réu não fazer aquilo que somente a sentença final poderá demonstrar ser ilegítimo fazer. (...) É possível, ainda, que o autor da demanda que objetiva declarar a legitimidade de um ato tenha a necessidade de pedir que o réu se abstenha de impedir a prática do ato que não poderia ser contestado se já houvesse sido proferida a sentença declaratória. No caso em que o autor obtém tutela para poder exercer um direito que ainda será declarado, fica fácil perceber o seu caráter antecipatório. A tutela, neste caso, não está assegurando a possibilidade de o autor realizar o direito no futuro, porém viabilizando o seu imediato exercício. *Nestas hipóteses o caso não é de mera declaração sumária. Se da declaração sumária extrai-se algum efeito mandamental ou executivo, não se está, à evidência, diante de uma declaração sumária*" (MARINONI, Luiz Guilherme. *A antecipação da tutela*, p. 88 e ss.).

876. ADIn 361, Pleno, rel. Min. Marco Aurélio, *RTJ* 133/569.

executivo à sentença de procedência quando, diante da evidência da omissão inconstitucional, vir presente fundado receio de prejuízo.

Quando se considera a ação direta de inconstitucionalidade dirigida contra o órgão administrativo tudo fica mais simples. É que, nessa hipótese, a norma do art. 103, § 2.º, conferiu expressamente ao Supremo o poder de ordenar a tomada das providências necessárias, no prazo de 30 dias, para que a norma constitucional seja efetivada. Nesse caso, a sentença de procedência tem natureza mandamental, pois atua sobre a vontade da autoridade, que tem consciência de que, em caso de descumprimento, sofrerá a devida sanção. Se a sentença pode ordenar as providências necessárias, não há motivo para que a decisão liminar, ao reconhecer a forte probabilidade de omissão constitucional e o receio de dano, não possa assim também atuar. Perceba-se, aliás, que, diante da falta de tutela fático-administrativa aos direitos fundamentais, também não há como conceber a inefetividade da liminar.

Por fim, resta pensar nos casos em que a omissão é parcial, seja por contemplar apenas um dos grupos ou parcela das pessoas que, em vista da igualdade, deveriam ser beneficiados, seja por não tutelar com suficiência, ou com a devida intensidade, o direito constitucional. É o que se tem chamado, neste livro, de omissão parcial no plano horizontal e omissão parcial no plano vertical, existindo, nesta última hipótese, baixa intensidade ou insuficiência de proteção ou de realização do direito constitucional.

Se a omissão não está na ausência formal da lei, mas sim na incapacidade legislativa em atender à Constituição, a lei, ainda que existente, pode ser acometida por inconstitucionalidade por omissão, desfazendo-se o equívoco de se supor que, simplesmente por haver lei, apenas se pode cogitar de inconstitucionalidade por ação.

A norma gravada por omissão parcial, embora não deva deixar de continuar a propiciar proteção – ainda que restrita –, pode ter a sua aplicação suspensa para não trazer prejuízos àqueles que por ela não foram contemplados. Portanto, não é impossível pensar em suspender liminarmente a eficácia de uma lei que se tem marcada por omissão parcial de inconstitucionalidade. Assim, quando o caso requer juízo de inconstitucionalidade por omissão parcial, pode o Tribunal, uma vez presentes os pressupostos para tanto (art. 12-F da Lei 9.869/1999), conceder a liminar. Porém, retenha-se o ponto: *a liminar só tem cabimento para inibir prejuízos e nunca para suspender benefícios.*

8.74 Da decisão na ação de inconstitucionalidade por omissão. Crítica

Raciocinou-se, até aqui, como se a decisão na ação de inconstitucionalidade estivesse limitada à declaração da omissão inconstitucional, com a sua comunicação ao Poder para a tomada das providências necessárias – posição do STF. Porém, é evidente que esta decisão não é adequada do ponto de vista da efetividade do processo e da tutela da ordem constitucional, já que outorga a quem tem o dever de legislar a possibilidade de se omitir, deixando ao desamparo os direitos e as normas constitucionais. Isto é assim porque, ao se comunicar o dever de editar a norma, não se espera sanção pelo descumprimento ou mesmo se extrai o preceito faltante da inércia do legislador.

É preciso indagar, assim, se é correto dar ao Judiciário o poder de elaborar a norma descurada pelo Legislativo e, após, se a própria Constituição, especialmente na norma do art. 103, § 2.º, não proibiu o Judiciário de atuar além da mera declaração da omissão inconstitucional.

Ao não se conceber a elaboração da norma faltante ao Judiciário, confere-se ao Legislativo, implicitamente, o poder de anular a Constituição, retornando-se, assim, ao tempo em que a Constituição dependia da "boa vontade" do legislador. Ora, não há como compatibilizar o princípio da supremacia da Constituição com a ideia de que esta pode vir a falhar em virtude da não atuação legislativa. Isso seria, bem vistas as coisas, dar ao legislador o poder de fazer a Constituição desaparecer.

Ademais, admitir que o Judiciário nada pode fazer quando o Legislativo se nega a tutelar as normas constitucionais é não perceber que o dever de tutela da Constituição é acometido ao Estado e não apenas ao Legislativo. Quando o Legislativo não atua, um Tribunal Supremo ou uma Corte Constitucional têm inescondível dever de proteger a Constituição. Assim, se é a norma legislativa que falta para dar efetividade à Constituição, cabe ao Judiciário, sem qualquer dúvida, elaborá-la, evitando, assim, a desintegração da ordem constitucional.

O princípio da separação dos poderes confere ao Legislativo o poder de elaborar as leis, mas, evidentemente, não lhe dá o poder de inviabilizar a normatividade da Constituição. Aliás, tal poder certamente não é, nem poderia ser, absoluto ou imune. Bem por isso, nos casos em que a Constituição depende de lei ou tutela infraconstitucional, a inação do Legislativo, exatamente por não ser vista como discricionariedade ou manifestação de liberdade e sim como violação de dever, deve ser suprida pelo Judiciário mediante a elaboração da norma que deixou de ser editada.

Note-se, aliás, que há contradição em admitir a nulificação judicial de norma legislativa e não aceitar a elaboração judicial da norma que o Legislativo deixou de editar. Sem dúvida, há maior censura quando se nulifica o ato do legislador do que quando se supre a sua inação – a menos que se imagine, em total descompasso com o constitucionalismo contemporâneo, que o legislador apenas pode descurar da Constituição ao agir e não ao deixar de agir.

De outra parte, é preciso muito cuidado para não confundir dificuldade, ou determinada impossibilidade em elaborar judicialmente a norma, com vedação de edição judicial da norma. Argumenta-se que o Judiciário não poderia elaborar determinada norma, ou teria dificuldade em relação a outra, para fazer acreditar em coisa distinta, isto é, que ele estaria proibido de elaborar a norma cuja falta revela o descaso do legislador com a Constituição. É certo que, diante da ação de inconstitucionalidade por omissão, o Judiciário não poderá elaborar as normas que demandam insubstituível intervenção do legislador, e que, portanto, são insupríveis. Mas daí, como é óbvio, não se pode retirar o argumento de que o Judiciário não pode suprir a omissão legislativa.

Pois bem, se o Estado tem dever de tutelar a Constituição e o Judiciário de suprir a inação do Legislativo, resta verificar se o texto do art. 103, § 2.º, da CF, ao dizer que, "*declarada* a inconstitucionalidade por omissão de medida para tornar efetiva norma constitucional, *será dada ciência* ao Poder competente", proíbe a elaboração da norma judicial. Não há dúvida que, caso a Constituição Federal falasse em supressão de omissão inconstitucional, e nada dissesse acerca da natureza do provimento judicial – se declaratório etc. –, o Judiciário poderia se valer do provimento que entendesse adequado. Porém, a circunstância de se ter previsto o provimento declaratório para definir a ação de inconstitucionalidade por omissão não o impede de proferir um provimento de natureza constitutiva quando consciente da inefetividade da mera declaração. Ou seja, tratando-se de tutela da ordem constitucional, foge do razoável admitir que a falta de efetividade do provimento é destituída de importância. Melhor explicando: as sentenças e os meios executivos sempre devem ser pensados à luz do princípio da tutela jurisdicional efetiva (art.

5.º, XXXV, da CF), o que significa dizer que, especialmente diante da tutela da ordem constitucional, o Judiciário, mais do que em qualquer outro lugar, não pode renunciar ao seu dever em razão da falta de efetividade de determinada espécie de sentença.

Assim, se o prazo conferido ao Legislativo não é cumprido, e, portanto, a declaração judicial da omissão inconstitucional não surte efeito, isso não permite ao Judiciário parar por aí, como se o seu dever não fosse o de remediar a ausência de tutela normativa, bastando-lhe declará-la. Lembre-se que o Judiciário tem o dever de suprir a falta de tutela do Legislativo e não o de simplesmente pronunciá-la. Portanto, do não atendimento do prazo o Judiciário pode extrair consequência de modo a fazer surgir a norma, como no caso em que há norma legal para situação idêntica, conforme ocorre na hipótese de omissão parcial no sentido horizontal, em que se deixa de beneficiar grupo em violação ao princípio da igualdade.

Quando a norma não exigir a atuação insubstituível do legislador, o não cumprimento do prazo pelo Legislativo abre ao Judiciário, como regra geral, a possibilidade de elaborar a norma faltante para suprir a inércia do legislador, evitando que o seu desprezo à Constituição gere um estado consolidado e permanente de inconstitucionalidade, com o qual o Estado de Direito não pode conviver.[877]

A norma judicial não deve ir além do *necessário* à tutela da norma constitucional, e, ademais disso, terá eficácia *temporal* até o pronunciamento do legislador. De modo que o Judiciário obviamente não está usurpando o poder do legislador nem agredindo o princípio da separação dos poderes. Está, isto sim, proferindo decisão imprescindível para o próprio Estado se desincumbir do seu grave dever de tutelar a ordem constitucional. Ora, este dever não é apenas do legislador ou do administrador, mas do Estado, tendo aí o Judiciário a função exata de atuar para suprir a omissão daqueles a que, prioritariamente, é cometido o dever de dar tutela às normas constitucionais.

Deixe-se claro, por fim, que, ao elaborar a norma que faltava, a decisão judicial assume natureza constitutiva, permitindo ver com maior facilidade a possibilidade de liminar.

8.75 Efeitos da decisão proferida na ação direta de inconstitucionalidade por omissão. Responsabilidade do Estado por omissão inconstitucional

A decisão proferida na ação direta tem efeitos gerais. Todos devem respeito à decisão da ação de inconstitucionalidade por omissão, seja ela de procedência ou improcedência.

---

877. Na ADO 25/DF, o Supremo Tribunal Federal, ao julgar procedente a ação, fixou o prazo de doze meses para que fosse sanada a omissão inconstitucional. Declarou que, uma vez ultrapassado esse prazo, o Tribunal de Contas da União, enquanto não editada a lei complementar, deveria: i) fixar o valor do montante total a ser transferido anualmente aos Estados-membros e ao Distrito Federal, considerando os critérios dispostos no art. 91 do ADCT; e ii) calcular o valor das quotas a que cada um deles fará jus, considerando os entendimentos entre os Estados-membros e o Distrito Federal realizados no âmbito do Conselho Nacional de Política Fazendária. Determinou ainda a comunicação do Tribunal de Contas da União e do Ministério da Fazenda, para os fins do disposto no § 4.º do art. 91 do ADCT, e do Ministério do Planejamento, Desenvolvimento e Gestão, para adoção dos procedimentos orçamentários necessários para o cumprimento da decisão, notadamente no que se refere à oportuna inclusão dos montes definidos pelo TCU na proposta de lei orçamentária anual da União (ADO 25/DF, rel. Min. Gilmar Mendes, j. 30.11.2016).

Ademais, todos os juízes e tribunais, assim como os órgãos administrativos, são obrigados a adotá-la.

No caso de omissão parcial, a decisão de procedência, ao dar prazo para o legislador suprir o defeito da norma, suspende os processos judiciais e administrativos em que o beneficiário da norma constitucional pode ser prejudicado. Não obstante, o efeito vinculante terá maior importância quando a Corte elaborar a norma ou, em caso de omissão parcial, extrair da não observância do prazo judicial pelo legislador a norma faltante ao grupo excluído.

Quando se pensa nos efeitos temporais surge o grande problema. Esse se relaciona com a questão da responsabilidade do Estado por omissão legislativa. O que pode importar em relação ao passado da declaração de inconstitucionalidade por omissão não está nos atos que, eventualmente, foram constituídos, mas sim nos prejuízos que foram impostos em razão da lei faltante. Pense-se nos direitos que deixaram de ser satisfeitos e efetivados e nos danos ocorridos por falta de tutela normativa a direitos fundamentais. Se um servidor público portador de deficiência física não pôde obter aposentadoria especial em virtude de falta de lei, é evidente que a supressão da omissão torna possível a aposentadoria. Mas não é racional deixar de pagar-lhe os valores que não pôde perceber em razão da omissão ou da falta grave do Estado-legislador. Do mesmo modo, se o direito fundamental ao meio ambiente deixou de ser tutelado mediante prestação fático-administrativa, a decisão de inconstitucionalidade por omissão, produzindo efeitos para o futuro, resolverá o problema da omissão inconstitucional, mas nada responderá aos danos ambientais. Portanto, olhar para o passado da decisão de inconstitucionalidade por omissão tem importância quando se está frente aos prejuízos derivados da falta de lei que inviabilizou o exercício de direito constitucional ou da ausência de proteção normativa a direito fundamental.[878]

A omissão do legislador em editar lei imprescindível à realização de direito albergado em norma constitucional ou para a proteção de direito fundamental, ao constituir inconstitucionalidade, representa, igualmente, ilicitude.[879] Reafirmando-se a ideia de que o legislador tem, nestes casos, dever de legislar, surge naturalmente a conclusão de que o Estado não pode ser visto como irresponsável pelas omissões inconstitucionais. Supera-se, com isso, o dogma da irresponsabilidade do legislador e complementa-se a estrutura técnico-processual de controle da inconstitucionalidade por omissão, dando-se àqueles que tiveram as suas

---

878. "Na verdade, a ordem constitucional pode organizar a proteção dos particulares frente ao Poder Legislativo de duas maneiras diferentes: em primeiro lugar, pode actuar sobre os efeitos jurídicos do acto ou omissão jurídico-públicos, prevendo a discussão contenciosa da sua validade e procurando eliminar as suas consequências; em segundo lugar, pode estabelecer os meios destinados ao ressarcimento dos danos emergentes do mesmo acto. Estas duas formas de proteção não se excluem. Muito pelo contrário, podem conjugar-se com o objetivo de garantir uma protecção efectiva e sem lacunas aos direitos dos cidadãos" (SILVA, Jorge Pereira da. *Dever de legislar e protecção jurisdicional contra omissões legislativas – Contributo para uma teoria da inconstitucionalidade por omissão*, p. 291). Escreve Jorge Miranda que o "dever de emanar normas legislativas de protecção de direitos fundamentais funda-se, em geral, na vinculação das entidades públicas aos direitos, liberdades e garantias (art. 18.º, n. 1). E, quando o seu incumprimento afecte a esfera jurídica das pessoas, causando-lhes danos, estas têm o direito de procurar e obter o respectivo ressarcimento por via do tribunal competente (art. 20.º). Se é assim em caso de lesão da saúde pública, dos direitos dos consumidores ou do ambiente (art. 52.º, n. 3), também deve ser assim perante outros direitos, ponderados todos os princípios e interesses constitucionalmente relevantes" (MIRANDA, Jorge. *Manual de direito constitucional*, t. IV, p. 330).

879. MIRANDA, Jorge. *Manual de direito constitucional*, t. IV, p. 294 e ss.

CONTROLE DE CONSTITUCIONALIDADE ○ 1279

esferas jurídicas atingidas pela falta de lei o poder de responsabilizar o Estado, que, diante desta ameaça, passa a prestar maior atenção ao seu dever de legislar. Dessa forma, a responsabilização do Estado constitui complemento do sistema jurisdicional de controle da omissão inconstitucional.[880]

A ilicitude, enquanto omissão inconstitucional, requer a presença de específico dever jurídico de agir, o dever de legislar. Sucede que este dever, para ser descumprido, requer a caracterização da mora em legislar, cuja ausência elimina a própria inconstitucionalidade ou ilicitude.

O STF, quando realiza o controle da inconstitucionalidade por omissão, sempre procura identificar o dever de legislar e a mora legislativa. Na ADO 2.492,[881] que questionou omissão em face da EC 19, de 04.06.1998, que deu nova redação ao art. 37, X, da CF, deixou-se claro que esta norma é dirigida, entre outros, aos Governadores de Estado, que devem observá-la na forma da iniciativa privativa prevista no art. 61, § 1.º, II, *a*, da CF, independentemente de previsão análoga nas Constituições Estaduais. Entendeu-se, assim, que o art. 37, X, da CF estabelece obrigatoriedade de revisão geral anual da remuneração dos servidores públicos, o que implica a edição de lei específica, de iniciativa do chefe do Executivo – que, portanto, tem o dever de enviar ao Poder Legislativo, a cada ano, projeto de lei tratando da matéria. Na decisão consignou-se que, "embora mais de três anos tenham decorrido desde a edição da EC 19/1998 e, consequentemente, da categórica norma do art. 37, X – e não obstante o fenômeno da inflação se tenha feito sentir, ininterruptamente, durante todo o período –, não se registrou o necessário desfecho, de parte do Governo do Estado, de nenhum processo legislativo destinado a tornar efetiva a indispensável revisão geral dos vencimentos dos servidores estaduais. Patente, assim, a alegada mora legislativa, de responsabilidade do Governo do Estado, que justificou o ajuizamento da presente ação direta de inconstitucionalidade por omissão".[882]

Na ementa do acórdão proferido nesta ação de inconstitucionalidade declarou-se que o Governador do Estado de São Paulo estava em mora desde junho de 1999, quando transcorridos os primeiros doze meses da data da edição da referida EC 19/1998.[883] Exatamente a mesma constatação, em relação à mora diante do art. 37, X, da CF, foi feita na ADIn 2.061, em que foi requerido o Presidente da República. Declarou-se que o Presidente da República também estava em mora desde junho de 1999, momento em que já teriam passado doze meses desde a data da edição da EC 19/1998.[884]

---

880. SACHS, Michael. *Grundgesetz Kommentar*, p. 885 e ss.
881. "Ação direta de inconstitucionalidade por omissão. Art. 37, X, da CF (redação da EC 19, de 04.06.1998). Estado de São Paulo. Norma constitucional que impõe ao Governador do Estado o dever de desencadear o processo de elaboração da lei anual de revisão geral da remuneração dos servidores estaduais, prevista no dispositivo constitucional em destaque, na qualidade de titular exclusivo da competência para iniciativa da espécie, na forma prevista no art. 61, § 1.º, II, *a*, da Carta da República. Mora que, no caso, se tem por verificada, quanto à observância do preceito constitucional, desde junho de 1999, quando transcorridos os primeiros doze meses da data da edição da referida EC 19/1998. Não se compreende, a providência, nas atribuições de natureza administrativa do Chefe do Poder Executivo, não havendo cogitar, por isso, da aplicação, no caso, da norma do art. 103, § 2.º, *in fine*, que prevê a fixação de prazo para o mister. Procedência parcial da ação" (ADIn 2.492, Pleno, rel. Min. Ilmar Galvão, *DJ* 22.03.2002).
882. ADIn 2.492, Pleno, rel. Min. Ilmar Galvão, *DJ* 22.03.2002.
883. Idem.
884. ADIn 2.061, Pleno, rel. Min. Ilmar Galvão, *DJ* 29.06.2001.

Como se vê, os requisitos da inconstitucionalidade por omissão, dever de legislar e mora do legislador, são definidos na decisão proferida na ação direta de inconstitucionalidade por omissão. Porém, deixa-se claro que a mora não é constituída ou passa a existir com a comunicação do legislador. Declara-se a mora no passado, ou melhor, declara-se que a mora existe desde determinado momento passado, considerando-se o prazo que o legislador tinha para editar a lei.

É certo que a inconstitucionalidade por omissão não é suficiente para que o Estado tenha de indenizar. A inconstitucionalidade por omissão, ao englobar os requisitos do dever de legislar e da mora legislativa, constitui ilicitude, mas essa, para gerar dever de indenizar, pressupõe dano e nexo de causalidade entre a falta de lei e o dano. No caso de omissão inconstitucional, o legislador tem sempre a possibilidade de reduzir ou mesmo eliminar os danos provocados por sua omissão mediante a edição da lei faltante. O reparo do legislador pode ser integral quando atribui à lei, na medida do possível, eficácia retroativa, eliminando os prejuízos passados.[885] O nexo de causalidade, por sua vez, está na relação entre a falta de lei e o dano sofrido. De modo que há nexo de causalidade quando se demonstra que, se lei houvesse, prejuízo não teria ocorrido.

Para a responsabilização do Estado, assim, são necessários omissão inconstitucional (dever de legislar e mora legislativa), dano e nexo de causalidade entre a falta de lei e o dano. Ocorre que, enquanto a omissão inconstitucional – a ilicitude – é caracterizada na decisão proferida na ação direta de inconstitucionalidade por omissão, o dano e o nexo de causalidade dependem da propositura de ação individual em que se peça o ressarcimento contra o Estado. Quer isso dizer que a caracterização da ilicitude deve ficar reservada ao STF.

A possibilidade de ação ressarcitória contra o Estado com base em omissão inconstitucional foi discutida no RE 424.584.[886] Tratou-se, neste caso, exatamente da possibilidade de ressarcimento a servidores públicos federais em virtude da ausência de regulamentação da revisão geral anual assegurada pelo art. 37, X, da CF. Pediu-se ressarcimento relativo ao período entre a data da entrada em vigor da EC 19/1998 e o termo inicial da vigência da Lei 10.331, de 18.12.2001, que estabeleceu a revisão ao funcionalismo público.

O relator, Min. Carlos Velloso, reconheceu a existência de dano provocado pela omissão em legislar do Presidente da República, entendendo, assim, estarem presentes direito a indenização e dever estatal de ressarcimento. O Min. Joaquim Barbosa, abrindo a divergência, afirmou não estar presente, no caso, a especialidade do dano e que, além disso, a responsabilidade do Estado foi concebida, em princípio, como voltada à reparação de atos lesivos praticados pelo Executivo, sendo a responsabilidade civil do Estado em razão de ato legislativo excepcionalíssima, "que se conta nos dedos em direito comparado".[887]

O Min. Gilmar Mendes, por sua vez, fez as seguintes ponderações: "Neste recurso extraordinário, a discussão está centrada na seguinte questão: cabe indenização em face da omissão do Estado ao dever de legislar? É possível falar-se em responsabilidade civil do Estado por atos legislativos? (...) Os recorrentes, servidores da Universidade Federal de Viçosa, pretendem a indenização pelos prejuízos materiais resultantes da mora legislativa

---

885. SILVA, Jorge Pereira da. *Dever de legislar e protecção jurisdicional contra omissões legislativas – Contributo para uma teoria da inconstitucionalidade por omissão*, p. 334.
886. RE 424.584, 2.ª T., rel. Min. Joaquim Barbosa, *DJe* 07.05.2010.
887. Idem.

concernente a período determinado. Alegam-se lesão a direito pelo descumprimento do disposto no inciso X do art. 37 da CF, bem como certeza do dano, sobretudo porque direcionado a período pretérito. Enfim, não se trata de dano simplesmente 'possível ou eventual'. Esclarecer esses aspectos, porém, não basta. É fundamental, para o caso em tela, considerarmos o julgamento da ADIn 2.061/DF, rel. Min. Ilmar Galvão, *DJ* 29.06.2001, no qual o Plenário desta Corte atestou a mora legislativa. (...) Ocorre que a decisão, embora tenha caracterizado a mora por parte do chefe do Poder Executivo quanto à observância do preceito constitucional, não aplicou o disposto no art. 103, § 2.º, *in fine*. Diante da fixação da mora, diversas ações visando à responsabilidade civil do Estado foram propostas. Os respectivos recursos foram julgados por esta Suprema Corte no sentido do não cabimento de indenização, especialmente pelo fato de que não fora fixado, nos autos da mencionada ADIn 2.061, o prazo para que o chefe do Executivo encaminhasse o projeto de lei sobre a revisão geral anual. (...) Não obstante, insisto na reflexão sobre se o reconhecimento da mora legislativa torna-se ineficaz para efeito de responsabilização civil pelo fato de não ter sido fixado prazo para que o chefe do Executivo encaminhasse o projeto de lei. (...) Daí a necessidade de, em primeiro lugar, declaração da mora, para que se possa, em segundo lugar, a partir desta data, verificar a razoabilidade do período de inadimplência do órgão declarado omisso. (...) Em síntese, a meu ver, o reconhecimento da mora preenche o primeiro requisito para a responsabilização do Estado pela omissão legislativa. O segundo deve ater-se à permanência da omissão, considerando o decurso do prazo a partir da constituição em mora. (...) O julgamento da ADIn 2.061/DF foi suficiente para o preenchimento da primeira condição – reconhecimento da mora. A segunda – permanência da mora –, porém, não se verifica. Conforme está demonstrado nos autos, a União editou a Lei 10.331/2001 pouco tempo após a constituição em mora, ou seja, pouco tempo após o julgamento da referida ADIn. Por conseguinte, descabe falar em responsabilidade civil por omissão legislativa. Não comungo da tese de que seria prescindível a constituição em mora do Estado, porquanto o art. 37, X, já teria, *per se*, fixado um prazo para a atuação estatal, ao indicar que a revisão deve ser anual. Por se tratar de omissão, é indispensável a fixação da mora, visto que razões plausíveis podem justificar a inação estatal. Imaginemos que não tenha ocorrido inflação em determinado ano, ou, ainda, que tenha ocorrido deflação, além de eventual procedência da denominada tese da 'reserva do possível'. Faz-se, necessário, portanto, o manejo dos instrumentos constitucionais para a fixação da omissão legislativa do Estado. Conforme destaquei, no caso em apreço, após esta Corte constituir em mora o Estado, foi publicada lei sobre a revisão geral anual, portanto, não está demonstrada a 'permanência da inadimplência'. Assim, caminho para a solução apresentada pela divergência, porém com fundamento distinto, na medida em que não afasto a tese de cabimento da responsabilidade civil do Estado por omissão legislativa, mas, apenas, não verifico a presença dos requisitos necessários para tanto".[888]

A mesma questão voltou a ser discutida no RE 565.089. Neste recurso, após o voto do Min. Marco Aurélio, dando-lhe provimento para reconhecer o direito de os autores serem indenizados por não terem recebido revisão geral anual em seus vencimentos, a Ministra Cármen Lúcia pediu vista dos autos, aguardando-se, no presente momento, a continuação do julgamento. A conclusão do voto do Min. Marco Aurélio foi a de impor ao Estado de São Paulo "a obrigação de indenizar os autores em razão do descompasso entre os reajustes

888. Idem.

porventura implementados e a inflação dos períodos",[889] afeiçoando-se, assim, à tese do voto do Min. Carlos Velloso, proferido no RE 424.584.[890]

No caso em que o Tribunal declara a omissão, não há razão para transferir os efeitos da decisão de inconstitucionalidade para o momento da edição da lei, como se a decisão não tivesse efeito algum. Os efeitos da lei não devem ser confundidos com os efeitos da decisão de inconstitucionalidade por omissão. Do mesmo modo, a definição da mora não pode deixar de ser fixada pela decisão que, na ação direta, reconhecer a inconstitucionalidade por omissão.

A mora do legislador, quando fixada a partir de data no passado, admite que o legislador está a praticar ato ilícito a partir da mesma data. Ou seja, a partir da caracterização da mora está aberta a fonte de que podem brotar danos e prejuízos. Nesse sentido, não parece que se possa deixar de frisar a distinção entre retardo culposo na elaboração legislativa e inércia no atendimento da decisão judicial que comunicou o dever de legislar. É a primeira que constitui requisito da inconstitucionalidade por omissão e do dever estatal de indenizar. Aqui não se adota, assim, o argumento do Min. Gilmar Mendes, no sentido de que, além do reconhecimento da mora, é preciso a sua permanência para justificar o dever de indenizar. Isso porque o que distingue a inércia do legislador, tal como aferida para se declarar a inconstitucionalidade por omissão, da sua inação após ser comunicado judicialmente da necessidade do seu agir é apenas a natureza da culpa que recai sobre cada uma delas. Na primeira hipótese, a culpa do legislador omisso terá, em regra, a forma de negligência.

É claro que a demonstração do dano e da relação de causalidade há de ser feita na ação de ressarcimento, quando aquele que se diz prejudicado deve demonstrar a extensão do seu dano e a relação de causalidade entre a lei faltante e o prejuízo sofrido. Ocorre que os prejuízos indenizáveis serão sempre aqueles que ocorreram no período que inicia a partir da data em que a decisão de inconstitucionalidade declarou ter o legislador passado a incidir em mora.

Rui Medeiros, ao tratar da responsabilidade civil do Estado por atos legislativos, depois de observar que a declaração de inconstitucionalidade com força obrigatória geral produz efeitos desde a entrada em vigor da norma declarada inconstitucional e determina a repristinação das normas que ela, eventualmente, haja revogado, adverte que "o problema que interessa resolver é o de saber se haverá, e em que medida, efeitos danosos da lei inconstitucional *que não sejam destruídos pela retroactividade da declaração de inconstitucionalidade*".[891] Ora, transportado o argumento para a hipótese de inconstitucionalidade por omissão, interessa perguntar se a decisão de inconstitucionalidade não deve se preocupar com os danos provocados pela omissão legislativa.

A extensão do período coberto pela inconstitucionalidade por omissão não deve ser discutida na ação de ressarcimento. Essa, em verdade, quando se parte da premissa de que a decisão de inconstitucionalidade fixa o dever de indenizar, constitui ação de liquidação do dano ou do valor devido. Se o STF reconhece que a mora está caracterizada a partir de determinada data, torna-se importante esclarecer se o Estado tem dever de indenizar e a partir de que data, como também a espécie e a natureza do dano indenizável, além dos

---

889. RE 565.089, rel. Min. Marco Aurélio.
890. RE 424.584, 2.ª T., rel. Min. Joaquim Barbosa, *DJe* 07.05.2010.
891. MEDEIROS, Rui. *Ensaio sobre a responsabilidade civil do estado por actos legislativos*, p. 137.

termos e limites em que este deve ser indenizado. Perceba-se que, caso tivesse sido fixado, na decisão de inconstitucionalidade proferida na ADIn 2.061,[892] o dever de indenizar do Estado desde junho de 1999, momento em que já tinham passado doze meses desde a data da edição da EC 19/1998, bastaria ao servidor público propor ação para liquidar o valor devido, sem ter de discutir o dever de o Estado ressarcir.

Isso não quer dizer que, quando o STF deixa de fixar o dever de indenizar, esse não possa ser alegado e discutido na ação de ressarcimento. Note-se, aliás, que mediante a ação de ressarcimento chega-se ao controle da omissão inconstitucional no caso concreto, demonstrando-se a sua possibilidade e necessidade. Entretanto, não é adequado deixar a definição do dever de indenizar e dos elementos que lhe são correlacionados para a ação do prejudicado. O dever de indenizar do Estado é consequência da inconstitucionalidade por omissão e, portanto, objeto da cognição do STF na ação direta. Como observa João Caupers, no direito português, toda vez que o Tribunal Constitucional verifica a existência de uma omissão inconstitucional pode muito bem entender-se que sobre o Estado recai a obrigação de indenizar os danos causados aos cidadãos pela falta de norma legal.[893]

Portanto, a decisão de inconstitucionalidade por omissão, ao pôr em destaque situação de inconstitucionalidade que perdurou no passado, pode ter efeitos retroativos em relação aos prejuízos sofridos por aqueles que não puderam exercer os seus direitos, assim como aos danos provocados a direitos em virtude de falta de proteção a direitos fundamentais. Assim, no caso em que há falta de prestação imprescindível à realização de direito consagrado em norma constitucional ou à inibição de dano a direito fundamental, a decisão, ao retroagir, traz com ela a fixação do dever de ressarcir. Daí decorre a possibilidade de qualquer beneficiado exigir o ressarcimento do seu direito, bem como a viabilidade de qualquer ofendido, ou mesmo legitimado à tutela de direitos transindividuais, pedir o ressarcimento dos danos produzidos no período em que as proteções normativas ou fático-administrativas foram negadas. Fica claro, dessa forma, que dar efeitos retroativos à decisão, para fixar o dever de indenizar, nada mais é do que otimizar o sistema de controle da inconstitucionalidade por omissão.

Para se dar efeito retroativo à decisão, não importa se esta elaborou, ou não, a norma faltante, mas apenas se há dever de ressarcir como decorrência da omissão inconstitucional. O Estado tem dever de ressarcir os danos que não teriam acontecido caso não tivesse se mantido inerte. Sublinhe-se que esta inércia nada mais é do que a mora, vale dizer, o retardo estatal culposo. Ressalte-se que, ao se definir a *mora* como *retardo estatal culposo,* leva-se em conta a necessidade de análise acerca da *razoabilidade* do transcurso do lapso temporal em relação à complexidade da *norma* a ser elaborada, assim como da dificuldade na implementação da *prestação fático-administrativa.* Em síntese, há omissão do Estado quando este devia e podia ter aprovado as normas legais ou tomado as providências administrativas indispensáveis.[894]

Nesse contexto, não há como extinguir o processo, com base em perda superveniente de objeto, em virtude da edição da norma após a propositura da ação direta. A ação,

---

892. ADIn 2.061, Pleno, rel. Min. Ilmar Galvão, *DJ* 29.06.2001.

893. CAUPERS, João. Responsabilidade do estado por actos legislativos e judiciais. *La responsabilidad patrimonial de los poderes públicos*, p. 82.

894. SILVA, Jorge Pereira da. *Dever de legislar e protecção jurisdicional contra omissões legislativas – Contributo para uma teoria da inconstitucionalidade por omissão*, p. 332-333.

embora voltada precipuamente à edição da norma, exige que se defina se o legislador estava em mora, ou seja, se o retardo na edição da norma foi culposo, declarando-se, assim, se for o caso, o dever de indenizar.

Como do efeito retroativo da decisão de inconstitucionalidade decorre o *dever de ressarcir*, a sorte da pretensão à tutela ressarcitória fica na dependência da demonstração do dano e da relação de causalidade entre a omissão e este. Ou melhor, como o efeito retroativo é restrito ao dever de indenizar resultante da constatação da mora estatal, isso repercute sobre a abrangência da cognição judicial na ação de ressarcimento. Nessa, é necessário apenas demonstrar o dano e a relação de causalidade. Retenha-se o ponto: o dever de ressarcir, diante do efeito retroativo, é sempre algo indiscutível.

Deixe-se claro, por fim, que o momento da mora tem fundamental importância para a definição temporal dos efeitos da decisão. De modo que a decisão que elabora a norma faltante, mas reconhece mora anterior, em princípio terá efeito retroativo correspondente. Por outro lado, a decisão que declara a omissão inconstitucional, e reconhece anterior estado de mora, ficará no aguardo da edição da norma, mas, em princípio, poderá ter efeitos retroativos e prospectivos para abarcar o período da mora.

X – ARGUIÇÃO DE DESCUMPRIMENTO DE PRECEITO FUNDAMENTAL

8.76 Primeiras considerações[895]

Estabeleceu o art. 102, § 1.º, da CF, que "a arguição de descumprimento de preceito fundamental, decorrente desta Constituição, será apreciada pelo Supremo Tribunal Federal,

---

895. Entre outros, sobre *arguição de descumprimento de preceito fundamental:* TAVARES, André Ramos. *Tratado de arguição de preceito fundamental;* _____; ROTHENBURG, Walter Claudius (Org.). *Arguição de descumprimento de preceito fundamental: análise à luz da Lei 9.882/1999;* _____. A categoria dos preceitos fundamentais na constituição brasileira, *Revista de Direito Constitucional e Internacional* 34/105; MAUÉS, Antonio G. Moreira. A arguição de descumprimento de preceito fundamental e o direito anterior à Constituição de 1988, *Revista de Direito Constitucional e Internacional* 51/9; WALD, Arnoldo. Um novo instrumento constitucional: a ADPF (a ADPF como instrumento da segurança jurídica), *Revista de Direito Bancário e do Mercado de Capitais* 44/44; LOBO, Arthur Mendes; GALVÃO, Heveraldo. A arguição de descumprimento de preceito fundamental e a coisa julgada, *RePro* 145/106; BASTOS, Celso Ribeiro; VARGAS, Alexis Galiás de Souza. Arguição de descumprimento de preceito fundamental, *Revista de Direito Constitucional e Internacional* 30/69; CLÈVE, Clèmerson Merlin. *A fiscalização abstrata de constitucionalidade no direito brasileiro;* DIMOULIS, Dimitri. Arguição de descumprimento de preceito fundamental: problemas de concretização e limitação, *RT* 832/22; _____; LUNARDI, Soraya. *Curso de processo constitucional:* controle de constitucionalidade e remédios constitucionais; CUNHA JÚNIOR, Dirley da. Arguição de descumprimento de preceito fundamental. In: DIDIER JR., Fredie (Org.). *Ações constitucionais,* 5. ed., p. 565-628; DANTAS, Francisco Wildo Lacerda. Jurisdição constitucional: ação e processo de arguição de descumprimento de preceito fundamental, *RT* 783/115; CRUZ, Gabriel Dias Marques da. *Arguição de descumprimento de preceito fundamental:* lineamentos básicos e revisão crítica no direito constitucional brasileiro; MENDES, Gilmar Ferreira. *Arguição de descumprimento de preceito fundamental:* comentários à Lei 9.882, de 03.12.1999; _____; COELHO, Inocêncio Mártires; BRANCO, Paulo Gustavo Gonet. *Curso de direito constitucional;* DAL COL, Helder Martinez. O significado da expressão "preceito fundamental" no âmbito da arguição de

na forma da lei". A arguição de descumprimento de preceito fundamental foi regulamentada pela Lei 9.882, de 03.12.1999, que dispôs sobre o seu processo e julgamento.[896]

Trata-se de ação que intensifica o poder de controle de constitucionalidade do STF. Diz o art. 1.º da Lei 9.882/1999 que "a arguição prevista no § 1.º do art. 102 da Constituição Federal será proposta perante o *Supremo Tribunal Federal*, e terá por objeto *evitar ou reparar lesão a preceito fundamental*, resultante de *ato do Poder Público*" (grifamos). Em complemento, dispõe o parágrafo único do art. 1.º que "caberá também arguição de descumprimento de preceito fundamental: I – quando for *relevante o fundamento da controvérsia constitucional* sobre lei ou ato normativo *federal, estadual ou municipal*, incluídos os *anteriores à Constituição*" (grifamos).

Esta ação coloca-se ao lado das demais ações do controle concentrado, tendo o objetivo de suprir as necessidades de controle abstrato de constitucionalidade. Assim, por exemplo, possui relevante função diante do direito pré-constitucional e do direito municipal, uma vez que, no primeiro caso, a ação direta de inconstitucionalidade não é admitida pelo STF em vista da ideia de ser contraditório declarar inconstitucional norma que foi não recepcionada por incompatibilidade com o novo texto constitucional, e, no segundo, a constitucionalidade tem como parâmetro de controle somente a Constituição Estadual (art. 125, § 2.º, da CF).[897]

8.77 Modalidades

A arguição de descumprimento, tal como tratada pela Lei 9.882/1999, pode ser autônoma e incidental. No primeiro caso, a questão constitucional é dirigida ao STF

---

descumprimento de preceito fundamental prevista no art. 102, § 1.º, da CF/1988, *Revista de Direito Constitucional e Internacional* 39/171; Guimarães, Jader Ferreira; Borges, Camilla Martins Frizzera. A legitimidade ativa popular para propositura da arguição de descumprimento de preceito fundamental: o veto ao art. 2.º, II, da Lei 9.882/1999, *RePro* 170/27; Silva, José Afonso da. Arguição de descumprimento de preceito fundamental: sua doutrina em face de uma situação concreta. In: Larrea, Arturo Zaldívar Lelo de; Mac-Gregor, Eduardo Ferrer (Coord.). *Estudos de direito processual constitucional*: homenagem brasileira a Héctor Fix-Zamudio em seus 50 anos como pesquisador do direito, p. 85-103; Barroso, Luís Roberto. *O controle de constitucionalidade no direito brasileiro*; Almeida Neto, Manoel Carlos de. *O novo controle de constitucionalidade municipal*; Ferrari, Regina Maria Macedo Nery. *Controle da constitucionalidade das leis municipais*; Gugliano, Renato Herani. *Controle de constitucionalidade das leis pré-constitucionais*; Mesquita, Rodrigo Octávio de Godoy Bueno Caldas. Eficácia contra todos e efeito vinculante das decisões definitivas de mérito proferidas pelo Supremo Tribunal Federal em arguição de descumprimento de preceito fundamental decorrente da Constituição, *Revista de Direito Constitucional e Internacional* 68/258; Nobre Júnior, Edilson Pereira. *Direitos fundamentais e arguição de descumprimento de preceito fundamental*; Saes, Wandimara Pereira dos Santos. A extensão e o conteúdo de preceito fundamental na arguição de descumprimento, *Revista de Direito Constitucional e Internacional* 59/294; Guerra Filho, Willis Santiago. *Processo constitucional e direitos fundamentais*.

896. Embora o STF já tenha se pronunciado em diversas ações dessa natureza, ainda se encontra pendente de julgamento a ADIn 2.231, movida pelo Conselho Federal da OAB em junho de 2000 contra dispositivos da Lei 9.882/1999 (arts. 1.º, I, parágrafo único; 5.º, § 3.º; 10, *caput*; e 11, § 3.º).

897. "Art. 125. Os Estados organizarão sua Justiça, observados os princípios estabelecidos nesta Constituição: (...) § 2.º Cabe aos Estados a instituição de representação de inconstitucionalidade de leis ou atos normativos estaduais ou municipais em face da Constituição Estadual, vedada a atribuição da legitimação para agir a um único órgão. (...)".

independentemente de caso concreto em que tenha surgido questão constitucional relevante. O controle de constitucionalidade, assim, é feito mediante ação absolutamente autônoma – desvinculada de ação concreta –, levada diretamente ao STF, que, então, faz controle principal da constitucionalidade. No outro caso, a questão constitucional, para dar origem à arguição de descumprimento, tem de não apenas brotar em caso concreto em curso, como ainda ter fundamento relevante nos aspectos econômico, político, social ou jurídico.

Note-se, ademais, que, enquanto a arguição autônoma pode questionar qualquer ato do Poder Público, a arguição incidental é restrita à lei ou ao ato normativo cuja definição da constitucionalidade é imprescindível à resolução do mérito da ação concreta.

A arguição autônoma gera controle principal, ao passo que a arguição incidental faz surgir controle incidental diferido, a exemplo do que ocorre diante do controle incidental nos tribunais, em que se suscita o incidente de inconstitucionalidade, na pendência do julgamento perante Câmara ou Turma, para se ter a questão constitucional resolvida pelo Órgão Especial ou Plenário do Tribunal, nos termos do art. 97 da CF. A diferença, neste aspecto, está em que no incidente de inconstitucionalidade nos tribunais reserva-se ao próprio Tribunal que está a julgar o litígio a competência para definir a questão constitucional, o que não ocorre na arguição incidental, em que a questão constitucional provém de órgão judicial inferior e é resolvida pelo STF. A cisão funcional, num caso, é horizontal, e, no outro, vertical.

Entretanto, a arguição incidental, a despeito do seu nome e de identificar controle que se realiza em face de um caso concreto, constitui ação própria, dirigida a viabilizar o controle de constitucionalidade, com eficácia *erga omnes* e vinculante, por parte do STF. Não pode ser assimilada como mero incidente de inconstitucionalidade, já que não pode ser suscitada nem pelas partes, nem pelo órgão judicial (de ofício), no processo que lhe deu origem. Saliente-se que a arguição incidental não é realizada "no processo", mas sim em face dele e perante o STF.

Uma vez admitida a arguição incidental pelo STF, deve-se suspender a ação que lhe deu origem até o pronunciamento definitivo deste Tribunal.

8.78 Requisitos da arguição de descumprimento de preceito fundamental

8.78.1 Ausência de outro meio processual capaz de sanar a lesividade de modo eficaz

Diz o art. 4.º, § 1.º, da Lei 9.882/1999 que "não será admitida arguição de descumprimento de preceito fundamental quando houver qualquer outro meio eficaz de sanar a lesividade". Discute-se, a partir dessa norma, quando existe "meio eficaz de sanar a lesividade" a impedir o uso da arguição de descumprimento. Vale dizer que a arguição se submete à regra da subsidiariedade, no sentido de a sua utilização depender da inexistência de outro meio capaz de sanar, de modo eficaz, a lesividade ao preceito fundamental.[898]

---

898. "Subsidiariedade. Ante a natureza excepcional da arguição de descumprimento de preceito fundamental, o cabimento pressupõe a inexistência de outro meio judicial para afastar lesão decorrente de ato do Poder Público – gênero" (ADPF 172, Pleno, rel. Min. Marco Aurélio, *DJe* 21.08.2009.) *No mesmo sentido:* ADPF

Considerando-se que existe um grande arsenal de instrumentos processuais voltados à tutela dos direitos, é natural que se pense em confrontá-los com a arguição de descumprimento à luz da regra da subsidiariedade, plantada no § 1.º do art. 4.º da Lei 9.882/1999. É de se ver, contudo, que a arguição de descumprimento se insere no sistema de controle abstrato de constitucionalidade, hábil não só a tutelar o direito objetivo ou a ordem jurídica, mas também a gerar decisões que produzem efeitos gerais e vinculantes, a revelar sua aptidão para tutelar de forma pronta e ampla as questões ou controvérsias constitucionais.

Apenas isso parece suficiente para esclarecer que os demais meios, capazes de tutelar com efetividade os preceitos fundamentais, não podem estar entre os instrumentos destinados a tutelar direitos subjetivos.[899] A arguição de descumprimento apenas é excluída

---

141, Pleno, rel. Min. Ricardo Lewandowski, *DJe* 18.06.2010. "O Plenário desproveu agravo regimental em arguição de descumprimento de preceito fundamental, na qual se discutia a inconstitucionalidade por omissão relativa à Lei 12.865/2013. O Tribunal, de início, reconheceu a possibilidade de conversão da arguição de descumprimento de preceito fundamental em ação direta quando imprópria a primeira, e vice-versa, se satisfeitos os requisitos para a formalização do instrumento substituto. Afirmou que dúvida razoável sobre o caráter autônomo de atos infralegais impugnados, como decretos, resoluções e portarias, e alteração superveniente da norma constitucional dita violada legitimariam a Corte a adotar a fungibilidade em uma direção ou em outra, a depender do quadro normativo envolvido. Ressaltou, porém, que essa excepcionalidade não estaria presente na espécie. O recorrente incorrera naquilo que a doutrina processual denominaria de erro grosseiro ao escolher o instrumento formalizado, ante a falta de elementos, considerados os preceitos legais impugnados, que pudessem viabilizar a arguição. No caso, ainda que a arguição de descumprimento de preceito fundamental tivesse sido objeto de dissenso no STF quanto à extensão da cláusula da subsidiariedade, nunca houvera dúvida no tocante à inadequação da medida quando o ato pudesse ser atacado mediante ação direta de inconstitucionalidade. Por se tratar de impugnação de lei ordinária federal pós-constitucional, propor a arguição em vez de ação direta, longe de envolver dúvida objetiva, encerraria incontestável erro grosseiro, por configurar atuação contrária ao disposto no § 1.º do art. 4.º da Lei 9.882/1999. Os Ministros Roberto Barroso, Gilmar Mendes e Cármen Lúcia negaram provimento ao agravo por outro fundamento. Consideraram que o requerente, Sindicato Nacional das Empresas de Medicina de Grupo, por não ser uma confederação sindical, não preencheria o requisito da legitimação ativa *ad causam*" (*Informativo 771*, de 18.12.2014; STF, ADPF 314 AgR, Pleno, rel. Min. Marco Aurélio, *DJe* 18.02.2015).

899. "O diploma legislativo em questão – tal como tem sido reconhecido por esta Suprema Corte (*RTJ* 189/395-397, v.g.) – consagra o princípio da subsidiariedade, que rege a instauração do processo objetivo de arguição de descumprimento de preceito fundamental, condicionando o ajuizamento dessa especial ação de índole constitucional à ausência de qualquer outro meio processual apto a sanar, de modo eficaz, a situação de lesividade indicada pelo autor: (...) O exame do precedente que venho de referir (*RTJ* 184/373-374, rel. Min. Celso de Mello) revela que o princípio da subsidiariedade não pode – nem deve – ser invocado para impedir o exercício da ação constitucional de arguição de descumprimento de preceito fundamental, eis que esse instrumento está vocacionado a viabilizar, numa dimensão estritamente objetiva, a realização jurisdicional de direitos básicos, de valores essenciais e de preceitos fundamentais contemplados no texto da Constituição da República. (...) Daí a prudência com que o STF deve interpretar a regra inscrita no art. 4.º, § 1.º, da Lei 9.882/1999, em ordem a permitir que a utilização dessa nova ação constitucional possa efetivamente prevenir ou reparar lesão a preceito fundamental causada por ato do Poder Público. Não é por outra razão que esta Suprema Corte vem entendendo que a invocação do princípio da subsidiariedade, para não conflitar com o caráter objetivo de que se reveste a arguição de descumprimento de preceito fundamental, supõe a impossibilidade de utilização, em cada caso, dos demais instrumentos de controle normativo abstrato: (...) A pretensão ora deduzida nesta sede processual, que tem por objeto normas legais de caráter pré-constitucional, exatamente por se revelar insuscetível de conhecimento em sede de ação direta de inconstitucionalidade (*RTJ* 145/339, rel. Min. Celso de Mello – *RTJ* 169/763, rel. Min. Paulo Brossard – ADIn 129/SP, rel. p/ o acórdão Min. Celso de Mello, v.g.), não encontra obstáculo na regra inscrita no art. 4.º, § 1.º, da Lei 9.882/1999, o que permite – satisfeita a exigência imposta pelo postulado da subsi-

quando existe meio capaz de tutelar o direito objetivo mediante decisão dotada de efeitos gerais e vinculantes, ou seja, por meio de ação que se destina ao controle abstrato de constitucionalidade, como as ações de inconstitucionalidade e de constitucionalidade.[900]

Note-se, assim, que o espaço da arguição está exatamente no lugar em que se apresenta a necessidade de tutela pronta e geral, em face da Constituição Federal, de direito pré-constitucional, de direito municipal e de norma secundária, bem como de declaração de constitucionalidade, diante da Constituição Federal, dos direitos municipal e estadual.

8.78.2 Relevância do fundamento de controvérsia constitucional sobre lei ou ato normativo federal, estadual ou municipal, incluídos os anteriores à Constituição

O art. 1.º, parágrafo único, I, da Lei 9.882/1999 também admite a arguição de descumprimento "quando for *relevante o fundamento da controvérsia constitucional* sobre lei ou ato normativo federal, estadual ou municipal, incluídos os anteriores à Constituição" (grifamos).

O art. 3.º, V, da mesma lei afirma que a petição inicial da arguição de descumprimento deve conter "a comprovação da existência de *controvérsia judicial relevante sobre a aplicação do preceito fundamental* que se considera violado" (grifamos).

Por controvérsia judicial seria possível entender discórdia, entre órgãos judiciais, acerca da constitucionalidade de lei ou ato normativo. Contudo, bastam decisões oriundas de órgãos judiciais diversos, no sentido da inconstitucionalidade, para que se estabeleça controvérsia judicial sobre a aplicação da lei. Não parece necessária, realmente, a discórdia entre órgãos judiciais para surgir dúvida acerca da constitucionalidade de norma.

Sucede que o referido art. 1.º, parágrafo único, I, fala em "*relevância do fundamento* da controvérsia constitucional" e não em "controvérsia *judicial relevante*", como o fazem o art.

---

diariedade – a instauração deste processo objetivo de controle normativo concentrado. Reconheço admissível, pois, sob a perspectiva do postulado da subsidiariedade, a utilização do instrumento processual da arguição de descumprimento de preceito fundamental" (ADPF, rel. Min. Celso de Mello, decisão monocrática, *DJe* 1.º.02.2008).

900. "Princípio da subsidiariedade (art. 4.º, § 1.º, da Lei 9.882/1999). Inexistência de outro meio eficaz de sanar a lesão, compreendido no contexto da ordem constitucional global, como aquele apto a solver a controvérsia constitucional relevante de forma ampla, geral e imediata. A existência de processos ordinários e recursos extraordinários não deve excluir, *a priori*, a utilização da arguição de descumprimento de preceito fundamental, em virtude da feição marcadamente objetiva dessa ação" (ADPF 33, Pleno, rel. Min. Gilmar Mendes, *DJ* 27.10.2006); "Da mesma forma, o princípio da subsidiariedade para o cabimento da ADPF não oferece obstáculo à presente ação. É que este Supremo vem entendendo que a subsidiariedade exigida pelo art. 4.º, § 1.º, da Lei 9.882/1999 não pode ser interpretada com raciocínio linear e fechado. A subsidiariedade de que trata a legislação diz respeito a outro instrumento processual-constitucional que resolva a questão jurídica com a mesma efetividade, imediaticidade e amplitude que a própria ADPF. Tratando-se de decisões judiciais, não seria possível o manejo de qualquer ação de nosso sistema de controle concentrado. Da mesma forma, o recurso extraordinário não daria resolução de maneira definitiva como a ADPF. É que muito embora a tendência do Supremo em atribuir dimensão objetiva ao recurso extraordinário, a matéria ainda não é totalmente pacificada, o que coloca o efeito vinculante da ADPF como instrumento processual-constitucional ideal para o combate imediato dessas decisões judiciais (art. 10, § 3.º, da Lei 9.882/1999)" (ADPF 79, rel. Min. Cezar Peluso, decisão monocrática, *DJ* 04.08.2005). V., também, ADPF 99, rel. Min. Ricardo Lewandowsk, decisão monocrática, *DJe* 08.03.2010; ADPF 76, rel. Min. Gilmar Mendes, decisão monocrática, *DJ* 13.02.2006.

CONTROLE DE CONSTITUCIONALIDADE ○ 1289

14, III, da Lei 9.868/1999 (ação declaratória de constitucionalidade) e o art. 3.º, V, da própria Lei 9.882/1999. Nesta perspectiva, para abrir ensejo à arguição de descumprimento, basta que a controvérsia constitucional tenha fundamento relevante, apresentando-se a hipótese como similar à que constitui pressuposto da repercussão geral.

Recorde-se que há repercussão geral no recurso extraordinário quando a causa constitucional debatida apresenta relevância e transcendência (art. 1.035, § 1.º, CPC/2015). A relevância da causa deve ser aquilatada do ponto de vista econômico, político, social ou jurídico. Há relevância sob o ponto de vista jurídico, por exemplo, quando o acórdão recorrido toma por inconstitucional determinada norma infraconstitucional. A transcendência da controvérsia constitucional pode ser caracterizada tanto em perspectiva qualitativa quanto quantitativa. Na primeira, interessa para individualização da transcendência o importe da questão debatida para a sistematização e desenvolvimento do direito; na segunda, o número de pessoas suscetíveis de alcance, atual ou futuro, pela decisão daquela questão pelo Supremo e, bem assim, a natureza do direito posto em causa. Observe-se que eventuais questões envolvendo a reta observância ou a frontal violação de direitos fundamentais, materiais ou processuais, tendo em conta a dimensão objetiva destes, apresentam a princípio transcendência. Constituindo os direitos fundamentais, objetivamente considerados, uma tábua mínima de valores de determinada sociedade em dado contexto histórico, cujo respeito interessa a todos, natural que se reconheça, num primeiro momento, a transcendência de questões envolvendo, por exemplo, afirmações concernentes a violações ou ameaças de violações das limitações ao poder constitucional de tributar, ou aos direitos fundamentais inerentes ao processo justo.

A lógica da arguição incidental é a de viabilizar, de forma pronta e geral, a solução de controvérsia constitucional que tem condições de chegar ao STF mediante recurso extraordinário. De modo que não há razão para equiparar o requisito da dúvida sobre a constitucionalidade da lei, específica da ação declaratória de constitucionalidade, com a relevância do fundamento da controvérsia constitucional, própria ao cabimento da arguição na forma incidental. A existência de várias decisões de inconstitucionalidade é pressuposto que se coloca apenas diante da arguição de descumprimento que tem por objetivo a declaração de constitucionalidade de norma estadual ou municipal em face da Constituição.

8.79 Legitimidade

A questão da legitimidade para a arguição de descumprimento ficou reservada ao art. 2.º da Lei 9.882/1999. O inciso I deste artigo diz que os legitimados para a ação direta de inconstitucionalidade (art. 103 da CF)[901] podem propor arguição de descumprimento de preceito fundamental. São eles legitimados para a arguição na forma autônoma e incidental.

---

901. "Art. 103. Podem propor a ação direta de inconstitucionalidade e a ação declaratória de constitucionalidade: I – o Presidente da República; II – a Mesa do Senado Federal; III – a Mesa da Câmara dos Deputados; IV – a Mesa de Assembleia Legislativa ou da Câmara Legislativa do Distrito Federal; V – o Governador de Estado ou do Distrito Federal; VI – o Procurador-Geral da República; VII – o Conselho Federal da Ordem dos Advogados do Brasil; VIII – partido político com representação no Congresso Nacional; IX – confederação sindical ou entidade de classe de âmbito nacional."

Esses legitimados, como ocorre na ação direta de inconstitucionalidade, podem ser ditos universais e especiais.

Recorde-se que o STF fez distinção entre uma qualidade intrínseca aos legitimados para a ação direta de inconstitucionalidade.[902] Alguns, em virtude de seu papel institucional, sempre estão autorizados a solicitar a tutela da Constituição; outros, constituindo órgãos e entidades, têm legitimidade para impugnar normas que diretamente afetem suas esferas jurídicas ou de seus filiados. Os últimos são obrigados a demonstrar "relação de pertinência" entre os seus fins e propósitos e a norma impugnada. Essa distinção entre os legitimados também se aplica à arguição de descumprimento de preceito fundamental.[903]

O inciso II, que conferia legitimidade[904] a "qualquer pessoa lesada ou ameaçada por ato do Poder Público", foi vetado pelo chefe do Poder Executivo.[905] O veto impossibilitou a

---

902. CLÈVE, Clèmerson Merlin. *A fiscalização abstrata de constitucionalidade no direito brasileiro*, p. 122; MENDES, Gilmar; COELHO, Inocêncio Mártires; BRANCO, Paulo Gonet. *Curso de direito constitucional*, p. 1.239 e ss. Como exemplo: STF, ADIn 1.464, rel. Min. Moreira Alves, j. 26.09.1996: "No caso, falta um dos requisitos da ação direta de inconstitucionalidade que é o da pertinência entre a classe que a autora representa – a dos Delegados de Polícia – e o diploma legal impugnado que a essa classe não diz respeito. Com efeito, para que haja essa pertinência é necessário que as normas impugnadas se apliquem, direta ou indiretamente, à classe representada pela entidade autora. Ora, no caso, isso não ocorre" (a ADIn questionava lei estadual que dispunha sobre exercício da função de vigilância privada por servidores das polícias civil e militar)". Ver também as observações sobre o tema no capítulo referente à ADIn, especialmente item 2.2 e ss.

903. São legitimados universais o Presidente da República, a Mesa do Senado Federal, a Mesa da Câmara dos Deputados, o Procurador-Geral da República, o Conselho Federal da Ordem dos Advogados do Brasil e partido político com representação no Congresso Nacional, enquanto são legitimados especiais o Governador de Estado ou do Distrito Federal, a Mesa de Assembleia Legislativa ou da Câmara Legislativa do Distrito Federal e confederação sindical ou entidade de classe de âmbito nacional (art. 103 da CF).

904. GUIMARÃES, Jader Ferreira; BORGES, Camilla Martins Frizzera. A legitimidade ativa popular para propositura da arguição de descumprimento de preceito fundamental: o veto ao art. 2.º, II, da Lei 9.882/1999, *RePro* 170/27.

905. Eis as razões do veto: "A disposição insere um mecanismo de acesso direto, irrestrito e individual ao STF sob a alegação de descumprimento de preceito fundamental por 'qualquer pessoa lesada ou ameaçada por ato do Poder Público'. A admissão de um acesso individual e irrestrito é incompatível com o controle concentrado de legitimidade dos atos estatais – modalidade em que se insere o instituto regulado pelo projeto de lei sob exame. A inexistência de qualquer requisito específico a ser ostentado pelo proponente da arguição e a generalidade do objeto da impugnação fazem presumir a elevação excessiva do número de feitos a reclamar apreciação pelo STF, sem a correlata exigência de relevância social e consistência jurídica das arguições propostas. Dúvida não há que a viabilidade funcional do STF consubstancia um objetivo ou princípio implícito da ordem constitucional, para cuja máxima eficácia devem zelar os demais poderes e as normas infraconstitucionais. De resto, o amplo rol de entes legitimados para a promoção do controle abstrato de normas inscrito no art. 103 da CF assegura a veiculação e a seleção qualificada das questões constitucionais de maior relevância e consistência, atuando como verdadeiros agentes de representação social e de assistência à cidadania. Cabe igualmente ao Procurador-Geral da República, em sua função precípua de Advogado da Constituição, a formalização das questões constitucionais carentes de decisão e socialmente relevantes. Afigura-se correto supor, portanto, que a existência de uma pluralidade de entes social e juridicamente legitimados para a promoção de controle de constitucionalidade – sem prejuízo do acesso individual ao controle difuso – torna desnecessário e pouco eficiente admitir-se o excesso de feitos a processar e julgar certamente decorrentes de um acesso irrestrito e individual ao STF. Na medida em que se multiplicam os feitos a examinar sem que se assegurem sua relevância e transcendência social, o comprometimento adicional da capacidade funcional do STF constitui inequívoca ofensa ao interesse público. Impõe-se, portanto, seja vetada a disposição em comento". No entanto, o Projeto de Lei 6.583/2006, que atualmente tramita na Câmara dos Deputados, objetiva "legitimar, para a propositura de arguição de descumprimento de preceito fundamental, as

arguição de descumprimento às partes do processo em que presente a discussão da questão constitucional. Assim, ainda que a arguição incidental possa ser apresentada por qualquer dos legitimados à ação direta de inconstitucionalidade e à ação declaratória de constitucionalidade (art. 2.º, I, da Lei 9.882/1999), e qualquer interessado, mediante representação, possa solicitar a propositura da arguição ao Procurador-Geral da República[906] (art. 2.º, § 1.º, da Lei 9.882/1999), a sua importância foi minimizada, já que a arguição de descumprimento, quando proposta na forma autônoma, submete-se a requisitos menos rígidos, descartando a exigência de "relevância do fundamento da controvérsia constitucional", além de poder ser utilizada em face de qualquer ato do Poder Público – e não apenas, como ocorre na arguição incidental, em relação a leis ou atos normativos (art. 1.º, parágrafo único, I, da Lei 9.882/1999).

A legitimidade passiva, por sua vez, cabe ao órgão ou agente acusado da violação ao preceito fundamental.

8.80 Parâmetro de controle

O art. 1.º da Lei 9.882/1999 afirma claramente que a arguição de descumprimento objetiva tutelar preceito fundamental em face de ato do Poder Público. O significado de ato do Poder Público será esmiuçado no próximo item, ao se estudar o "objeto" da arguição de descumprimento. O que agora interessa é o conceito de preceito fundamental,[907] que constitui o parâmetro de controle dos atos do Poder Público que podem ser impugnados mediante a arguição de descumprimento.

Não há na doutrina e na jurisprudência do STF inequívoca definição do que seja preceito fundamental. Tem-se como certo, apenas, que nem toda norma constitucional corresponde a preceito fundamental e que determinadas normas, em vista do seu con-teúdo – que consagram os princípios fundamentais (arts. 1.º a 4.º) e direitos fundamentais (art. 5.º e ss.), bem como as que abrigam cláusulas pétreas (art. 60, § 4.º) e contemplam os princípios constitucionais sensíveis (art. 34, VII) –, merecem proteção sob o rótulo de preceitos fundamentais.[908]

---

pessoas lesadas ou ameaçadas de lesão por ato do Poder Público", propondo a alteração do art. 2.º da Lei 9.882/1999 para que passe a vigorar com a seguinte redação: "III – qualquer pessoa lesada ou ameaçada de lesão por ato do Poder Público".

906. "A arguição de descumprimento de preceito fundamental poderá ser proposta pelos legitimados para a ação direta de inconstitucionalidade (Lei 9.882/1999, art. 2.º, I), mas qualquer interessado poderá solicitar ao Procurador-Geral da República a propositura da arguição (art. 2.º, § 1.º)" (ADPF 11, rel. Min. Carlos Velloso, decisão monocrática, j. 30.01.2001, *DJ* 06.02.2001).

907. Sobre o tema, v., entre outros: Tavares, André Ramos. A categoria dos preceitos fundamentais na Constituição brasileira, *Revista de Direito Constitucional e Internacional* 34/105; Dal Col, Helder Martinez. O significado da expressão "preceito fundamental" no âmbito da arguição de descumprimento de preceito fundamental prevista no art. 102, § 1.º, da CF/1988, *Revista de Direito Constitucional e Internacional* 39/171; e Saes, Wandimara Pereira dos Santos. A extensão e o conteúdo de preceito fundamental na arguição de descumprimento, *Revista de Direito Constitucional e Internacional* 59/294.

908. Barroso, Luís Roberto. *O controle de constitucionalidade no direito brasileiro*, p. 250. Cf., também, Mendes, Gilmar; Coelho, Inocêncio Mártires; Branco, Paulo Gonet. *Curso de direito constitucional*, p. 1.267 e ss.

São significativas, a respeito do ponto, duas decisões. Já na ADPF 1, disse o Min. Néri da Silveira que "compete ao STF o juízo acerca do que se há de compreender, no sistema constitucional brasileiro, como preceito fundamental".[909] Na ADPF 33, o Min. Gilmar Mendes advertiu que "é muito difícil indicar, *a priori*, os preceitos fundamentais da Constituição passíveis de lesão tão grave que justifique o processo e o julgamento da arguição de descumprimento. Não há dúvida que alguns desses preceitos estão enunciados, de forma explícita, no texto constitucional. Assim, ninguém poderá negar a qualidade de preceitos fundamentais da ordem constitucional aos direitos e garantias individuais (art. 5.º, entre outros). Da mesma forma, não se poderá deixar de atribuir essa qualificação aos demais princípios protegidos pela cláusula pétrea do art. 60, § 4.º, da CF, quais sejam a forma federativa de Estado, a separação de Poderes e o voto direto, secreto, universal e periódico. Por outro lado, a própria Constituição explicita os chamados 'princípios sensíveis', cuja violação pode dar ensejo à decretação de intervenção federal nos Estados-membros (art. 34, VII). É fácil ver que a amplitude conferida às cláusulas pétreas e a ideia de unidade da Constituição (*Einheit der Verfassung*) acabam por colocar parte significativa da Constituição sob a proteção dessas garantias. (...) O efetivo conteúdo das 'garantias de eternidade' somente será obtido mediante esforço hermenêutico. Apenas essa atividade poderá revelar os princípios constitucionais que, ainda que não contemplados expressamente nas cláusulas pétreas, guardam estreita vinculação com os princípios por elas protegidos e estão, por isso, cobertos pela garantia de imutabilidade que delas dimana. Os princípios merecedores de proteção, tal como enunciados normalmente nas chamadas 'cláusulas pétreas', parecem despidos de conteúdo específico. Essa orientação, consagrada por esta Corte para os chamados 'princípios sensíveis', há de se aplicar à concretização das cláusulas pétreas e, também, dos chamados 'preceitos fundamentais'. (...) É o estudo da ordem constitucional no seu contexto normativo e nas suas relações de interdependência que permite identificar as disposições essenciais para a preservação dos princípios basilares dos preceitos fundamentais em um determinado sistema. (...) Destarte, um juízo mais ou menos seguro sobre a lesão de preceito fundamental consistente nos princípios da divisão de Poderes, da forma federativa do Estado ou dos direitos e garantias individuais exige, preliminarmente, a identificação do conteúdo dessas categorias na ordem constitucional e, especialmente, das suas relações de interdependência. Nessa linha de entendimento, a lesão a preceito fundamental não se configurará apenas quando se verificar possível afronta a um princípio fundamental, tal como assente na ordem constitucional, mas também a disposições que confiram densidade normativa ou significado específico a esse princípio. Tendo em vista as interconexões e interdependências dos princípios e regras, talvez não seja recomendável proceder-se a uma distinção entre essas duas categorias, fixando-se um conceito extensivo de preceito fundamental, abrangente das normas básicas contidas no texto constitucional".[910]

---

909. ADPF 1, rel. Min. Néri da Silveira, *DJ* 07.11.2003.
910. ADPF 33, voto do Min. Gilmar Mendes, *DJ* 06.08.2004.

CONTROLE DE CONSTITUCIONALIDADE 1293

8.81 Objeto

8.81.1 Introdução

Como já dito, a arguição, conforme o art. 1.º da Lei 9.882/1999, tem o objetivo de "evitar ou reparar lesão a preceito fundamental, resultante de ato do Poder Público". Assim, pode tutelar preceito fundamental diante de qualquer ato do Poder Público.

Entretanto, diferente do objetivo, ou mesmo da função do instrumento, é o seu objeto. Em princípio, objeto da arguição é ato do Poder Público. O inciso I do parágrafo único do art. 1.º da Lei 9.882/1999 refere-se à possibilidade de arguição quando relevante o fundamento da controvérsia constitucional sobre lei ou ato normativo federal, estadual ou municipal, incluídos os anteriores à Constituição. Assim, tem-se, desde logo, a possibilidade de arguição autônoma em relação a qualquer ato do Poder Público e de arguição incidental em relação à lei ou ato normativo federal, estadual ou municipal, mesmo que pré-constitucionais.

Portanto, já num primeiro momento é possível concluir que qualquer das formas de arguição de descumprimento pode atacar ato normativo ou lei federal, estadual ou municipal, inclusive anteriores à Constituição, e que a arguição na forma autônoma pode se voltar contra qualquer ato do Poder Público, assim os normativos, inclusive anteriores à Constituição, administrativos e jurisdicionais.

Diante disso, é fácil perceber que a arguição de descumprimento se coloca, no sistema brasileiro de controle de constitucionalidade, como instrumento capaz de atuar em locais imunes à ação direta de inconstitucionalidade e à ação declaratória de constitucionalidade, como, por exemplo, o direito pré-constitucional e o direito municipal.

8.81.2 Atos do Poder Público

Como o *caput* do art. 1.º da Lei 9.882/1999 fala em lesão resultante de ato do Poder Público, parece conveniente tratar, em primeiro lugar, do significado de ato do Poder Público no contexto da arguição de descumprimento de preceito fundamental.

Não há dúvida que são passíveis de arguição de descumprimento os atos normativos, inclusive anteriores à Constituição, sejam federais, estaduais ou municipais. Além destes, podem ser objeto de arguição de descumprimento, na forma autônoma, os atos administrativos e jurisdicionais.

Tem relevo, ao se considerar a abrangência de "ato do Poder Público", questionar a possibilidade de se compreendê-lo, na arguição de descumprimento, como no mandado de segurança. Sabe-se que é admissível mandado de segurança contra ato praticado por entidade privada que atua por delegação do Poder Público. Assim, por exemplo, os atos de concessionários de serviços públicos que exprimem exercício de competência pública. Atos praticados por privados, no desempenho de competência pública, não têm motivo para não ser abarcados pela arguição de descumprimento de preceito fundamental.[911]

---

911. BARROSO, Luis Roberto. *O controle de constitucionalidade no direito brasileiro*, p. 262-263.

8.81.3 Direito pré-constitucional[912]

A Constituição de 1988 não se pronunciou acerca do seu efeito sobre o direito pretérito. Mas, na vigência da atual Constituição, o STF já tratou várias vezes da questão. Assim, na ADIn 2 reafirmou a orientação que se formara sob o regime constitucional antecedente, decidindo que a Constituição revoga o direito anterior que com ela é incompatível, recusando-se, assim, sob o fundamento de impossibilidade jurídica do pedido, a admitir a ação de inconstitucionalidade.[913] Nesta ocasião, afirmou-se que "o vício da inconstitucionalidade é congênito à lei e há de ser apurado em face da Constituição vigente ao tempo de sua elaboração. Lei anterior não pode ser inconstitucional em relação à Constituição superveniente; nem o legislador poderia infringir Constituição futura. A Constituição sobrevinda não torna inconstitucionais leis anteriores com ela conflitantes; revoga-as".[914]

O Min. Sepúlveda Pertence, ao divergir da maioria, advertiu para o mal que adviria do rigor na admissão da tese da revogabilidade, qual seja a impossibilidade do uso da ação direta. "Reduzir o problema às dimensões da simples revogação da norma infraconstitucional pela norma constitucional posterior – se é alvitre que tem por si a sedução da aparente simplicidade – redunda em fechar-lhe a via da ação direta. E deixar, em consequência, que o deslinde das controvérsias suscitadas flutue, durante anos, ao sabor dos dissídios entre juízes e tribunais de todo o País, até chegar, se chegar, à decisão da Alta Corte, ao fim de longa caminhada pelas vias frequentemente tortuosas do sistema de recursos. (...) Perderão com tudo isso, inevitavelmente, não só a rapidez, mas a uniformização dos resultados da tarefa jurisdicional de conformação do direito velho às novas diretrizes da Lei Fundamental, com patente perda da efetividade desta e da segurança jurídica dos jurisdicionados. Ao contrário, se se entende que o conflito cogitado se traduz em inconstitucionalidade superveniente – chame-se, embora, de revogação à

---

912. V. MAUÉS, Antonio G. Moreira. A arguição de descumprimento de preceito fundamental e o direito anterior à Constituição de 1988, *Revista de Direito Constitucional e Internacional* 51/9; e GUGLIANO, Renato Herani. *Controle de constitucionalidade das leis pré-constitucionais*.

913. "Por maioria de votos, o Tribunal não conheceu da ação, por impugnar leis anteriores à Constituição de 1988 (impossibilidade jurídica do pedido), vencidos os Ministros Marco Aurélio, Sepúlveda Pertence e Néri da Silveira, que rejeitavam essa preliminar" (STF, ADIn 2, Pleno, j. 06.02.1992, rel. Min. Paulo Brossard).

914. STF, ADIn 2, Pleno, j. 06.02.1992, rel. Min. Paulo Brossard. A jurisprudência do STF é no sentido de que há revogação e não inconstitucionalidade superveniente: "Esta Corte já firmou o entendimento de que não cabe ação direta de inconstitucionalidade quando a alegação de inconstitucionalidade se faz em face de texto constitucional que é posterior ao ato normativo impugnado, pois, nesse caso, a denominada inconstitucionalidade superveniente se traduz em revogação. No caso, o fundamento jurídico do pedido é juridicamente impossível, porquanto, quando o texto originário da Constituição, que é anterior ao ato normativo atacado, e foi posteriormente alterado por emenda constitucional, se o desta somente derrogou aquele, o ato normativo posterior à Constituição originário mas anterior à modificação desta deve ser atacado, para ter-se como cabível a ação direta de inconstitucionalidade proposta quando já se deu tal alteração, em face do texto originário com a demonstração de que, na parte que interessa, ele continua em vigor. Essa direção do ataque e essa demonstração da não revogação cabem ao autor e não ao Tribunal" (STF, ADIn 2.501, Pleno, rel. Min. Moreira Alves, *DJ* 06.06.2003).

sua consequência jurídica –, abre-se-lhe a via do controle abstrato, hoje generosamente ampliada pela desconcentração da legitimidade ativa".[915]

Como está claro, o grande problema do direito pré-constitucional estava na impossibilidade de submetê-lo ao controle abstrato mediante a ação direta de inconstitucionalidade.[916] Isso, porém, foi resolvido com a Lei 9.882/1999, que, no art. 1.º, parágrafo único, expressamente previu a possibilidade de utilização da arguição de descumprimento de preceito fundamental para questionar lei ou ato normativo federal, estadual ou municipal, "incluídos os anteriores à Constituição".

---

915. STF, ADIn 2, Pleno, j. 06.02.1992, rel. Min. Paulo Brossard.
916. A respeito da viabilidade de modulação de efeitos em caso de não recepção, importa considerar a decisão proferida no AgIn 631.533, rel. Min. Gilmar Mendes: "No AgRgRE 395.902, relatado por Celso de Mello, em decisão prolatada junto à 2.ª Turma, decidiu-se que o caso seria de não recepção de norma pré-constitucional, e que consequentemente não se aplicaria a regra do art. 27 da Lei 9.868/1999. Naquela ocasião, determinou-se a 'inaplicabilidade, ao caso em exame, da técnica de modulação dos efeitos, por tratar-se de diploma legislativo que, editado em 1984, não foi recepcionado, no ponto concernente à norma questionada, pelo vigente ordenamento constitucional'. Acompanho Celso de Mello, porém quero deixar consignado que, no meu entender, a técnica de modulação dos efeitos pode ser aplicada em âmbito de não recepção. O dogma da nulidade da lei inconstitucional pertence à tradição do direito brasileiro. A teoria da nulidade tem sido sustentada por importantes constitucionalistas. Fundada na antiga doutrina americana, segundo a qual *the inconstitutional statute is not law at all*, significativa parcela da doutrina brasileira posicionou-se pela equiparação entre inconstitucionalidade e nulidade. Afirmava-se, em favor dessa tese, que o reconhecimento de qualquer efeito a uma lei inconstitucional importaria na suspensão provisória ou parcial da Constituição. Razões de segurança jurídica podem revelar-se, no entanto, aptas a justificar a não aplicação do princípio da nulidade da lei inconstitucional. (...) Configurado eventual conflito entre os princípios da nulidade e da segurança jurídica, que, entre nós, tem *status* constitucional, a solução da questão há de ser, igualmente, levada a efeito em processo de complexa ponderação. O princípio da nulidade continua a ser a regra também. O afastamento de sua incidência dependerá de severo juízo de ponderação que, tendo em vista análise fundada no princípio da proporcionalidade, faça prevalecer a ideia de segurança jurídica ou outro princípio constitucionalmente relevante manifestado sob a forma de interesse social preponderante. Assim, aqui, a não aplicação do princípio da nulidade não se há de basear em consideração de política judiciária, mas em fundamento constitucional próprio. No caso presente, não se cuida de inconstitucionalidade originária decorrente do confronto entre a Constituição e norma superveniente, mas de contraste entre lei anterior e norma constitucional posterior, circunstância que a jurisprudência do STF classifica como de não recepção. É o que possibilita que se indague se poderia haver modulação de efeitos também na declaração de não recepção, por parte do STF. Transita-se no terreno de situações imperfeitas e da 'lei ainda constitucional', com fundamento na segurança jurídica. (...) Entendo que o alcance no tempo de decisão judicial determinante de não recepção de direito pré-constitucional pode ser objeto de discussão. E os precedentes citados comprovam a assertiva. Como demonstrado, há possibilidade de se modularem os efeitos da não recepção de norma pela Constituição de 1988, conquanto que juízo de ponderação justifique o uso de tal recurso de hermenêutica constitucional. Não obstante, não vislumbro justificativa que ampare a pretensão do recorrente, do ponto de vista substancial, e no caso presente, bem entendido" (AgIn 631.533, rel. Min. Gilmar Mendes, decisão monocrática, *DJ* 18.04.2007). No RE 600.885, de relatoria da Min. Cármen Lúcia, foi proferida a seguinte decisão: "A Constituição brasileira determina, expressamente, os requisitos para o ingresso nas Forças Armadas, previstos em lei: referência constitucional taxativa ao critério de idade. Descabimento de regulamentação por outra espécie normativa, ainda que por delegação legal. Não foi recepcionada pela Constituição da República de 1988 a expressão 'nos regulamentos da Marinha, do Exército e da Aeronáutica' do art. 10 da Lei 6.880/1980. O princípio da segurança jurídica impõe que, mais de vinte e dois anos de vigência da Constituição, nos quais dezenas de concursos foram realizados observando-se aquela regra legal, modulem-se os efeitos da não recepção: manutenção da validade dos limites de idade fixados em editais e regulamentos fundados no art. 10 da Lei 6.880/1980 até 31.12.2011" (RE 600.885, Pleno, rel. Min. Cármen Lúcia, *DJe* 1.º.07.2011).

8.81.4 Declaração de inconstitucionalidade de direito municipal[917]

A ação direta de inconstitucionalidade, perante a Constituição Federal, é restrita às leis e atos normativos estaduais e federais. O direito municipal é objeto de ação de inconstitucionalidade apenas em face da Constituição Estadual, a ser proposta perante os Tribunais de Justiça (art. 125, § 2.º, da CF).

A impossibilidade de controle direto do direito municipal traz grave consequência nos planos da previsibilidade e da unidade das decisões judiciais, pois impede a definição imediata e com efeitos gerais da questão de constitucionalidade, como se apenas o direito federal e o direito estadual pudessem gerar decisões conflitantes quando contrapostos à Constituição Federal.

A importância de decisão com eficácia vinculante em relação a normas que não podem ser questionadas mediante ação direta de inconstitucionalidade e ação declaratória de constitucionalidade foi objeto de consideração na ADPF 33, ocasião em que o Min. Gilmar Mendes ressaltou que "a possibilidade de incongruências hermenêuticas e confusões jurisprudenciais decorrentes dos pronunciamentos de múltiplos órgãos pode configurar uma ameaça a preceito fundamental (pelo menos, ao da segurança jurídica), o que também está a recomendar uma leitura compreensiva da exigência aposta à lei da arguição, de modo a admitir a propositura da ação especial toda vez que uma definição imediata da controvérsia mostrar-se necessária para afastar aplicações erráticas, tumultuárias ou incongruentes, que comprometam gravemente o princípio da segurança jurídica e a própria ideia de prestação judicial efetiva."[918]

Note-se que o argumento de que a decisão, ainda que tomada no controle concentrado, apenas produz efeitos em relação à norma municipal objeto da arguição poderia comprometer a própria inspiração do uso da arguição de descumprimento de preceito fundamental em relação às normas municipais. É que, a prevalecer esta ideia, todas as outras normas, de conteúdo idêntico à norma municipal especificamente impugnada na arguição de descumprimento, continuariam a gerar litígios nos vários cantos do País, comprometendo a previsibilidade em relação às decisões judiciais e a coerência da ordem jurídica.

Sucede que a eficácia vinculante não guarda relação de exclusividade com o dispositivo das decisões de (in)constitucionalidade. Ao contrário, a eficácia vinculante recai sobre o entendimento ou a tese que o STF firmou ao julgar a questão constitucional, e, assim, tem em conta especialmente os fundamentos da decisão, ou melhor, os fundamentos determinantes da decisão. São estes os fundamentos que, devidamente analisados no julgamento, foram adotados pela maioria dos membros do colegiado e guardam relação de "causa e efeito" com a conclusão tomada.

É fácil perceber o motivo pelo qual a eficácia vinculante pertine aos fundamentos determinantes. A eficácia vinculante ou obrigatória tem o objetivo de consolidar o sentido que o STF empresta à Constituição. Ora, é pouco mais do que evidente que este sentido não pode ser transmitido pela parte dispositiva da decisão. Esta, na verdade, jamais teve este intuito ou pretensão, já que pode apenas expressar os limites da coisa julgada às partes de um litígio.

---

917. Sobre o controle de constitucionalidade de leis municipais, v. ALMEIDA NETO, Manoel Carlos de. *O novo controle de constitucionalidade municipal*; e FERRARI, Regina Maria Macedo Nery. *Controle da constitucionalidade das leis municipais*.

918. ADPF 33-MC, voto do rel. Min. Gilmar Mendes, *DJ* 06.08.2004.

Diante do grande número de leis municipais que podem expressar idêntico conteúdo, é completamente irracional supor que a decisão do STF que atribui sentido constitucional a controvérsia envolvendo específica norma de determinado Município, materialmente idêntica a inúmeras outras de Municípios diversos, possa se dar ao luxo de ficar restrita apenas e tão somente à decisão tomada. É preciso constatar que, em relação à norma específica, a decisão é única, mas, no que tange à questão constitucional controvertida, os seus fundamentos determinantes expressam o entendimento da Corte Constitucional.

8.81.5 Declaração de constitucionalidade dos direitos municipal e estadual

A mesma linha de argumentação se aplica à declaração de constitucionalidade dos direitos municipal e estadual. Em face da Constituição Federal, cabe ação de constitucionalidade apenas de lei ou ato normativo federal, excluindo-se, assim, inclusive as normas estaduais (art. 102, I, *a*, e § 2.º, da CF).

Porém, a arguição de descumprimento de preceito fundamental permite que se declare se norma municipal ou estadual viola preceito fundamental (art. 1.º da Lei 9.882/1999). A declaração de constitucionalidade acerca de suposta violação de preceito fundamental por parte de direito municipal ou estadual é fundamental para a definição, imediata e plena – com eficácia vinculante –, da validade normativa posta em dúvida por decisões oriundas de diversos órgãos judiciais.

Diz o art. 14, III, da Lei 9.868/1999 que a petição inicial da ação declaratória de constitucionalidade deve demonstrar "a existência de controvérsia judicial relevante sobre a aplicação da disposição objeto da ação declaratória". Reclama-se, assim, controvérsia, dúvida ou incerteza judicial sobre a constitucionalidade da norma. Este estado decorre da afirmação judicial de inconstitucionalidade, a pôr em xeque a presunção de constitucionalidade. Basta que a afirmação judicial de inconstitucionalidade seja relevante, ou seja, decorra de órgãos judiciais diversos, para que reste caracterizado o pressuposto da declaração de constitucionalidade. Do mesmo modo, se há controvérsia, manifestada por órgãos judiciais, acerca da compatibilidade de norma municipal ou estadual com preceito fundamental, cabe arguição de descumprimento de preceito fundamental.[919]

Evita-se, dessa forma, a perpetuação de uma grave situação, que, ademais, gera falta de previsibilidade, a comprometer a harmonia do desenvolvimento das relações sociais. Portanto, dá-se ênfase ao compromisso do STF com a tutela da coerência da ordem jurídica a partir do fio condutor da Constituição.

8.81.6 Controle de ato legislativo em fase de formação

O art. 1.º da Lei 9.882/1999 afirma que, por meio da arguição de descumprimento, é possível "evitar ou reparar lesão a preceito fundamental, resultante de ato do Poder Público".

---

919. STF, ADC 16, rel. Min. Cezar Peluso, j. 24.11.2010: "O Plenário, por maioria, julgou procedente pedido formulado em ação declaratória de constitucionalidade movida pelo Governador do Distrito Federal, para declarar a constitucionalidade do art. 71, § 1.º, da Lei 8.666/1993. Preliminarmente, conheceu-se da ação por se reputar devidamente demonstrado o requisito de existência de controvérsia jurisprudencial acerca da constitucionalidade, ou não, do citado dispositivo, razão pela qual seria necessário o pronunciamento do Supremo acerca do assunto. A Min. Cármen Lúcia, em seu voto, salientou que, em princípio, na petição inicial, as referências aos julgados poderiam até ter sido feitas de forma muito breve, precária".

A norma é expressa no sentido de que a via permite "evitar" lesão a preceito fundamental que seja decorrente de "ato do Poder Público".

É certo que, quando a ação de inconstitucionalidade ou a ação de constitucionalidade não é capaz de adequadamente tutelar a Constituição diante de ato do Poder Público, a arguição de descumprimento pode ser chamada a suprir a lacuna. Assim, por exemplo, no caso de lei municipal incompatível com a Constituição Federal. Bem longe daí, contudo, está a possibilidade de se utilizar a arguição de descumprimento para impugnar o ato legislativo em fase de formação, como o projeto de lei ou a proposta de emenda constitucional.

Na ordem jurídica brasileira, inexiste previsão dessa forma de controle de constitucionalidade. O STF admite o controle do processo legislativo em nome do direito subjetivo do parlamentar de impedir que a elaboração dos atos normativos incida em desvios inconstitucionais, entendendo-se caber mandado de segurança e, dessa forma, o controle incidental quando a vedação constitucional se dirige ao próprio processamento da lei ou da emenda.[920] Nesta hipótese, em verdade, não há controle preventivo de constitucionalidade. Há controle judicial repressivo, mediante mandado de segurança. A norma constitucional que veda a apresentação da emenda impede o andamento do processo legislativo. Há inconstitucionalidade muito antes de se chegar à deliberação: o processo é, por si, inconstitucional.[921] Existe distinção entre afirmar violação de norma constitucional que impede o andamento de processo legislativo e asseverar inconstitucionalidade decorrente de lei que será editada.

Ademais, disposições da própria Lei 9.882/1999, que previam a possibilidade de uso da arguição de descumprimento de preceito fundamental para controle do processo legislativo, foram vetadas pelo chefe do Poder Executivo sob o fundamento de que não se pode admitir a interferência do STF em questões do Poder Legislativo.[922]

---

920. MS 20.257, Pleno, rel. Min. Moreira Alves, *RTJ* 99/1040; MS 27931, rel. Min. Celso de Mello, *DJe* 01.04.2009.

921. "Não admito mandado de segurança para impedir tramitação de projeto de lei ou proposta de emenda constitucional com base na alegação de que seu conteúdo entra em choque com algum princípio constitucional. E não admito porque, nesse caso, a violação à Constituição só ocorrerá depois de o projeto se transformar em lei ou de a proposta de emenda vir a ser aprovada. Antes disso, nem o Presidente da Casa do Congresso, ou deste, nem a Mesa, nem o Poder Legislativo estão praticando qualquer inconstitucionalidade, mas estão, sim, exercitando seus poderes constitucionais referentes ao processamento da lei em geral. A inconstitucionalidade, nesse caso, não será quanto ao processo da lei ou da emenda, mas, ao contrário, será da própria lei ou da própria emenda, razão por que só poderá ser atacada depois da existência de uma ou de outra. Diversas, porém, são as hipóteses, como a presente, *em que a vedação constitucional se dirige ao próprio processamento da lei ou da emenda*, vedando a sua apresentação (...) ou a sua deliberação (como na espécie). *Aqui, a inconstitucionalidade diz respeito ao próprio andamento do processo legislativo*, e isso porque a Constituição não quer – em face da gravidade dessas deliberações, se consumadas – que sequer se chegue à deliberação, proibindo-a taxativamente. *A inconstitucionalidade, neste caso, já existe antes de o projeto ou de a proposta se transformarem em lei ou em emenda constitucional, porque o próprio processamento já desrespeita, frontalmente, a Constituição*" (MS 20.257, Pleno, rel. Min. Moreira Alves, *RTJ* 99/1040).

922. Foram vetados os seguintes dispositivos: "Art. 1.º (...) Parágrafo único. (...); II – em face de interpretação ou aplicação dos regimentos internos das respectivas Casas, ou regimento comum do Congresso Nacional, no processo legislativo de elaboração das normas previstas no art. 59 da Constituição Federal. (...) Art. 5.º (...) § 4.º Se necessário para evitar lesão à ordem constitucional ou dano irreparável ao processo de produção da norma jurídica, o Supremo Tribunal Federal poderá, na forma do *caput*, ordenar a suspensão do ato impugnado ou do processo legislativo a que se refira, ou ainda da promulgação ou publicação do ato legislativo dele decorrente. Art. 9.º Julgando procedente a arguição, o Tribunal cassará o ato ou decisão exorbitante e, conforme o caso, anulará os atos processuais legislativos subsequentes, suspenderá os efeitos do

CONTROLE DE CONSTITUCIONALIDADE   1299

O STF já teve oportunidade de analisar a possibilidade do uso da arguição de descumprimento de preceito fundamental em face de projeto de emenda constitucional. A Corte negou provimento a agravo regimental interposto contra decisão que negou seguimento a arguição de descumprimento de preceito fundamental sob o argumento de "que, à luz da Lei 9.882/1999, esta deve recair sobre ato do Poder Público não mais suscetível de alterações". Advertiu-se que "a proposta de emenda à Constituição não se insere na condição de ato do Poder Público pronto e acabado, porque ainda não ultimado o seu ciclo de formação", e, ainda, que "o STF tem sinalizado no sentido de que a arguição de descumprimento de preceito fundamental veio a completar o sistema de controle objetivo de constitucionalidade", deixando-se consignado que "a impugnação de ato com tramitação ainda em aberto possui nítida feição de controle preventivo e abstrato de constitucionalidade, o qual não encontra suporte em norma constitucional-positiva".[923]

---

ato ou da norma jurídica decorrente do processo legislativo impugnado, ou determinará medida adequada à preservação do preceito fundamental decorrente da Constituição". As razões do veto foram as seguintes: "Impõe-se o veto das disposições acima referidas por inconstitucionalidade. Não se faculta ao Egrégio STF a intervenção ilimitada e genérica em questões afetas à 'interpretação ou aplicação dos regimentos internos das respectivas casas, ou regimento comum do Congresso Nacional' prevista no inciso II do parágrafo único do art. 1.º. Tais questões constituem antes matéria *interna corporis* do Congresso Nacional. A intervenção autorizada ao STF no âmbito das normas constantes de regimentos internos do Poder Legislativo restringe-se àquelas em que se reproduzem normas constitucionais. Essa orientação restou assentada pelo STF no julgamento do MS 22.503/DF, rel. p/ o acórdão Min. Maurício Corrêa, *DJ* 06.06.1997, p. 24.872. Do mesmo modo, no julgamento do MS 22.183/DF, rel. Min. Marco Aurélio, o STF assentou: '3. Decisão fundada, exclusivamente, em norma regimental referente à composição da Mesa e indicação de candidaturas para seus cargos (art. 8.º). 3.1 O fundamento regimental, por ser matéria *interna corporis*, só pode encontrar solução no âmbito do Poder Legislativo, não ficando sujeito à apreciação do Poder Judiciário. 3.2 Inexistência de fundamento constitucional (art. 58, § 1.º), caso em que a questão poderia ser submetida ao Judiciário' (*DJ* 12.12.1997, p. 65.569). Dito isso, impõe-se o veto da referida disposição por transcender o âmbito constitucionalmente autorizado de intervenção do STF em matéria *interna corporis* do Congresso Nacional. No que toca à intervenção constitucionalmente adequada do STF, seria oportuno considerar a colmatação de eventual lacuna relativa a sua admissão, tratando-se da estrita fiscalização da observância das normas constitucionais relativas a processo legislativo. A seu turno, impõe-se o veto do § 4.º do art. 5.º pelas mesmas razões aduzidas para vetar-se o inciso II do parágrafo único do art. 1.º, consubstanciadas, fundamentalmente, em intervenção excessiva da jurisdição constitucional no processo legislativo, nos termos da mencionada jurisprudência do STF. O art. 9.º, de modo análogo, confere ao STF intervenção excessiva em questão *interna corporis* do Poder Legislativo, tal como asseverado no veto oposto ao inciso II do parágrafo único do art. 1.º. Com efeito, a disposição encontra-se vinculada à admissão da ampla intervenção do STF nos processos legislativos *in genere*. Assim, opostos vetos às disposições insertas no inciso II do parágrafo único do art. 1.º e ao § 4.º do art. 5.º, torna-se imperativo seja vetado também o art. 9.º".

923. "Agravo regimental adversando decisão que negou seguimento a arguição de descumprimento de preceito fundamental, uma vez que, à luz da Lei 9.882/1999, esta deve recair sobre ato do Poder Público não mais suscetível de alterações. A proposta de emenda à Constituição não se insere na condição de ato do Poder Público pronto e acabado, porque ainda não ultimado o seu ciclo de formação. Ademais, o STF tem sinalizado no sentido de que a arguição de descumprimento de preceito fundamental veio a completar o sistema de controle objetivo de constitucionalidade. Assim, a impugnação de ato com tramitação ainda em aberto possui nítida feição de controle preventivo e abstrato de constitucionalidade, o qual não encontra suporte em norma constitucional-positiva. Agravo regimental desprovido" (ADPF 43-AgRg, Pleno, rel. Min. Carlos Britto, *DJ* 19.12.2003); "No processo legislativo, o ato de vetar, por motivo de inconstitucionalidade ou de contrariedade ao interesse público, e a deliberação legislativa de manter ou recusar o veto, qualquer seja o motivo desse juízo, compõem procedimentos que se hão de reservar à esfera de independência dos poderes políticos em apreço. Não é, assim, enquadrável, em princípio, o

8.81.7 Norma de caráter secundário

O STF não admite ação de inconstitucionalidade para impugnar norma de caráter secundário (regulamentos, resoluções etc.).[924] Basicamente pela razão de que a norma de caráter secundário deve respeito à norma que lhe confere imediato fundamento de validade, de modo que, perante a Constituição, caberia apenas o controle da última. O problema da norma secundária, em outras palavras, seria sempre de legalidade e não de inconstitucionalidade. A questão já foi igualmente enfrentada pelo STF em arguição de descumprimento de preceito fundamental.[925]

Entretanto, a ideia de que tais normas não podem ser objeto de controle direto de constitucionalidade é questionada, uma vez que, além de poderem violar a Constituição, ressentem-se da necessidade de decisão dotada de efeitos gerais e vinculantes. Assim, adverte Clèmerson Merlin Clève que o regulamento pode violar a Constituição não apenas na hipótese de edição de normativa autônoma, mas também quando o exercente da atribuição regulamentar deixa de observar os princípios da reserva legal, da supremacia da lei e da separação dos Poderes, o que o levou a concluir que a falta de controle judicial expedito, nestas

---

veto, devidamente fundamentado, pendente de deliberação política do Poder Legislativo – que pode, sempre, mantê-lo ou recusá-lo –, no conceito de 'ato do Poder Público', para os fins do art. 1.º da Lei 9.882/1999. Impossibilidade de intervenção antecipada do Judiciário – eis que o projeto de lei, na parte vetada, não é lei, nem ato normativo –, poder que a ordem jurídica, na espécie, não confere ao STF, em via de controle concentrado. Arguição de descumprimento de preceito fundamental não conhecida, porque não admissível, no caso concreto, em face da natureza do ato do Poder Público impugnado" (ADPF 1-QO, rel. Min. Néri da Silveira, j. 03.02.2000, *DJ* 07.11.2003).

924. "Tratando-se de norma de caráter secundário, inviável o seu controle isolado, dissociado da lei ordinária que lhe empresta imediato fundamento de validade, no âmbito da ação direta de inconstitucionalidade. Nesse sentido, dentre inúmeros outros precedentes, a ADIn-AgRg 264, rel. Min. Celso de Mello, *DJ* 08.04.1994" (ADIn 4.176, rel. Min. Menezes Direito, decisão monocrática, j. 03.03.2009, *DJe* 12.03.2009); "Por ocasião do julgamento da ADIn 4.224, proposta pela União Geral dos Trabalhadores contra o mesmo ato normativo objeto desta ação direta, o Min. Menezes Direito indeferiu a petição inicial, aduzindo, como um dos fundamentos, exatamente a inviabilidade de controle abstrato de constitucionalidade sobre norma de caráter secundário. Ante o exposto, indefiro a petição inicial, o que faço com fundamento no art. 4.º da Lei 9.868/1999 e no § 1.º do art. 21 do RISTF" (ADIn 4.255, decisão monocrática, rel. Min. Carlos Britto, *DJe* 09.09.2009).

925. "Na espécie, observo que a questão discutida nos autos refere-se a ter o Dec. 6.620/2008 extrapolado o conteúdo da Lei 8.630/1993. Assim, não se trata de controle de constitucionalidade, mas de verificação de ilegalidade do ato regulamentar. Nesse sentido, a remansosa jurisprudência desta Suprema Corte não reconhece a possibilidade de controle concentrado de atos que consubstanciam mera ofensa reflexa à Constituição, tais como o ato regulamentar consubstanciado no Decreto Presidencial ora impugnado, conforme se verifica da ementa da ADIn 589/DF, rel. Min. Carlos Velloso, a seguir transcrita: 'Constitucional. Administrativo. Decreto regulamentar. Controle de constitucionalidade concentrado. Se o ato regulamentar vai além do contéudo da lei, pratica ilegalidade. Neste caso, não há falar em inconstitucionalidade. Somente na hipótese de não existir lei que preceda o ato regulamentar é que poderia este ser acoimado de inconstitucional, assim sujeito ao controle de constitucionalidade. Ato normativo de natureza regulamentar que ultrapassa o conteúdo da lei não está sujeito à jurisdição constitucional concentrada. Precedentes do STF: ADIn 311/DF e ADIn 536/DF. Ação direta de inconstitucionalidade não conhecida'. Isso posto, não conheço da presente ação, prejudicada, pois, a apreciação do pedido de liminar" (ADPF 169, decisão monocrática, j. 08.05.2009, rel. Min. Ricardo Lewandowski, *DJe* 14.05.2009). No mesmo sentido: ADPF 93, Pleno, rel. Min. Ricardo Lewandowski, *DJe* 07.08.2009; ADPF 192, decisão monocrática, j. 09.02.2010, rel. Min. Eros Grau, *DJe* 22.02.2010.

situações, pode tornar também flexível o princípio da divisão dos Poderes, permitindo assim afetar uma decisão fundamental do constituinte.[926]

O ponto, com as suas repercussões, foi objeto de análise na MC na ADPF 87, que se voltou contra o Provimento 612/1998 do Conselho Superior da Magistratura do Estado de São Paulo, que estabeleceu as regras para a realização dos concursos para a outorga de delegações de notas e de registro do Estado. Ao analisar o pedido de medida cautelar, o Min. Gilmar Mendes, abordando o tema no direito alemão, lembrou que, de acordo com a doutrina de Christian Pestalozza (*Verfassungsprozessrecht*, 2. ed., Munique, 1982, p. 105-106), "configuram-se hipóteses de afronta ao direito geral de liberdade (Lei Fundamental alemã, art. 2.º, I), ou a outra garantia constitucional expressa: (a) a não observância pelo regulamento dos limites estabelecidos em lei (Lei Fundamental, art. 80, I); (b) a lei promulgada com inobservância das regras constitucionais de competência; (c) a lei que estabelece restrições incompatíveis com o princípio da proporcionalidade (BVerfGE 38/288 (298)".[927] Ao final, concluiu que, no direito brasileiro, "não há óbice para que se analise, em condições especiais, a constitucionalidade de atos regulamentares em face da Constituição, pois a questão constitucional, muitas vezes, é posta de forma tal que se afigura possível a ofensa aos postulados da legalidade e da independência e da separação de poderes, os quais merecem proteção da Corte Suprema". Consignou, porém, que "o tema revela-se complexo, especialmente em face dos limites – ainda não precisamente definidos – da arguição de descumprimento de preceito fundamental", acabando por indeferir a liminar pleiteada.[928]

Portanto, é importante considerar, também na presente hipótese, a viabilidade do uso da arguição de descumprimento de preceito fundamental.

8.81.8 Decisões judiciais e arguição de descumprimento de preceito fundamental

Como a arguição de descumprimento de preceito fundamental é cabível diante de violação de preceito fundamental decorrente de ato do Poder Público, é possível questionar a possibilidade da sua utilização em face de decisão judicial.

Gilmar Mendes, em sede doutrinária, admite expressamente a hipótese, argumentando que um preceito fundamental pode ser violado em virtude de determinada interpretação judicial do texto constitucional, assim como no caso em que a decisão é desprovida de base legal. Na primeira hipótese, a decisão estaria a violar preceito fundamental. Na segunda

---

926. "Não se admite ação direta de inconstitucionalidade contra regulamento ou atos normativos que desbordam dos parâmetros da lei. Fala-se, aqui, de hipótese de ilegalidade (inconstitucionalidade indireta) e não de inconstitucionalidade, segundo o STF. Exceptuam-se, porém, os regulamentos autônomos, quando invadem esfera reservada à lei. A posição da Suprema Corte desafia questionamento. É que, com efeito, o regulamento pode ofender a Constituição não apenas na hipótese de edição de normativa autônoma, mas também quando o exercente da atribuição regulamentar atue inobservando os princípios da reserva legal, da supremacia da lei e, mesmo, o da separação dos Poderes. É incompreensível que o maior grupo de normas existente num Estado caracterizado como social e interventor fique a salvo do contraste vantajoso operado por via de fiscalização abstrata. Não seria demais, mantida pelo STF a sua jurisprudência, cogitar-se da criação de um processo objetivo de controle da legitimidade da normativa regulamentar" (CLÈVE, Clèmerson Merlin. *A fiscalização abstrata de constitucionalidade no direito brasileiro*, p. 143-144).
927. ADPF-MC 88, rel. Min. Gilmar Mendes, decisão monocrática, *DJ* 06.04.2006.
928. Idem.

hipótese, ao faltar base legal à decisão judicial, haveria violação de algum direito individual específico, ao menos na dimensão do princípio da legalidade.[929]

A admissibilidade da arguição de descumprimento de preceito fundamental em face de decisão judicial deve ser colocada em duas perspectivas, considerando as decisões judiciais anteriores ao trânsito em julgado e aquelas que pela coisa julgada material já estão protegidas. Ademais, diante da regra de que a arguição de descumprimento apenas pode ser aplicada subsidiariamente, isto é, nos casos em que não exista meio processual capaz de adequadamente proteger a situação, seria possível supor que aí jamais haveria lugar para a arguição, uma vez que sempre estariam à disposição do prejudicado os recursos e a ação rescisória, respectivamente para as decisões anteriores ao trânsito em julgado e para as decisões já acobertadas pela coisa julgada material.

O óbice da existência de recursos e meios processuais idôneos a afastar a violação foi lembrado na ADPF 157. Neste caso, ao se indeferir a petição inicial da arguição, argumentou-se que, em vista das circunstâncias, não era possível afastar a regra da subsidiariedade. Disse o Min. Joaquim Barbosa: "Inicialmente, não foi afastada a existência de outros instrumentos judiciais eficazes para reparar a situação tida por lesiva ao preceito fundamental. Observo, nesse sentido, que pende o julgamento de agravo regimental no AgIn 707.204 (rel. Min. Ricardo Lewandowski), recurso destinado a assegurar o conhecimento de recurso extraordinário que versa sobre a matéria de fundo. Há registro, também, da propositura de medida de jurisdição cautelar (art. 21, IV e V, do RISTF) que, embora não acolhida por decisão monocrática, encontra-se sob o crivo da Corte em agravo regimental (AC 1.976-AgR-g-AgRg, rel. Min. Ricardo Lewandowski). Em sentido semelhante, lê-se no *site* do Tribunal Superior Eleitoral que os interessados intentaram medida destinada a sobrestar o julgamento do RCED 671. Posto que a mesma referência indique que o relator do mandado de segurança, Min. Félix Fischer, não acolheu a pretensão dos interessados, não há registro do trânsito em julgado da referida decisão. (...) Por se voltar contra uma única decisão proferida em processo de natureza subjetiva, enquanto ainda pendente o julgamento do agravo de instrumento (em agravo regimental) e de medida cautelar relativa ao recurso extraordinário (em agravo regimental), esta arguição de descumprimento de preceito fundamental opera, neste momento, como verdadeiro sucedâneo de tais recursos ou das medidas tendentes a conferir-lhes tutela recursal. Ante o exposto, com base no art. 4.º, § 1.º, da Lei 9.882/1999, indefiro a petição inicial desta arguição de descumprimento de preceito fundamental".[930]

A existência de coisa julgada material foi lembrada como obstáculo na ADPF 134. Sublinhe-se parte da decisão do Min. Ricardo Lewandowski: "O presente caso objetiva a desconstituição de decisões judiciais, entre as quais muitas já transitadas em julgado, que aplicaram índice de reajuste coletivo de trabalho definido pelos Decretos Municipais 7.153/1985, 7.182/1985, 7.183/1985, 7.251/1985, 7.144/1985, 7.809/1988 e 7.853/1988, bem como pela Lei Municipal 6.090/1986, todos do Município de Fortaleza/CE. Este instituto de controle concentrado de constitucionalidade não tem como função desconstituir coisa julgada. A arguição de descumprimento de preceito fundamental é regida pelo princípio da subsidiariedade, a significar que a admissibilidade desta ação constitucional pressupõe a

---

929. MENDES, Gilmar Ferreira; COELHO, Inocêncio Mártires; BRANCO, Paulo Gustavo Gonet. *Curso de direito constitucional*, p. 1.212-1.214.

930. ADPF 157-MC, decisão monocrática, rel. Min. Joaquim Barbosa, *DJe* 19.12.2008.

inexistência de qualquer outro meio juridicamente apto a sanar, com efetividade real, o estado de lesividade do ato impugnado. A ação tem como objeto normas que não se encontram mais em vigência. A ofensa à Constituição Federal, consubstanciada na vinculação da remuneração ao salário mínimo, não persiste nas normas que estão atualmente em vigência. Precedentes. A admissão da presente ação afrontaria o princípio da segurança jurídica".[931]

A existência de recursos e meios aptos a tutelar a parte no caso concreto não elimina a eventual necessidade de se eliminar, de forma rápida e com eficácia vinculante, violação de preceito fundamental por parte de decisão destituída de base legal ou discrepante do texto constitucional. A possibilidade de reiteração de decisões destituídas de base legal ou com conteúdo que viola literalmente preceito fundamental, a provocar a negação da Constituição e grave comprometimento da ordem e da segurança jurídicas, faz ver a necessidade de ação constitucional capaz de eliminar, de forma pronta e com eficácia obrigatória, o ato judicial violador.

Pense-se, por exemplo, em decisões proferidas em determinado Estado da Federação que, na fase de cumprimento da sentença condenatória – a ser executada, de acordo com a Constituição, mediante precatório –, determinam a Municípios o imediato pagamento de quantia em dinheiro, sujeitando-os à penhora dos seus bens. É indiscutível que, nessas hipóteses, seria possível chegar mediante recurso extraordinário no STF.

Note-se que a mesma razão pela qual se impõe, em determinados casos, a pronta e geral eliminação do estado de incerteza quanto à constitucionalidade de norma obriga, em outros, a eficaz revogação da decisão ou decisões judiciais para se restaurar a coerência do direito e a segurança jurídica, evitando-se que situações subjetivas similares fiquem expostas à ruptura constitucional.

Portanto, não é exatamente a existência de recursos ou medidas cautelares que pode obstaculizar a arguição. Não há razão para a arguição quando a decisão tem repercussão apenas sobre a situação conflitiva concreta. Mas se a decisão transcende ao caso concreto, atingindo a todos aqueles que, por algum motivo, podem se deparar com decisões de igual conteúdo, torna-se necessária a arguição de descumprimento para restabelecer a legitimidade das decisões e a segurança jurídica.

Por outro lado, se a ação rescisória responde adequadamente à necessidade de desconstituição de decisões acobertadas pela coisa julgada material, passado o prazo decadencial para o seu exercício, é possível que subsista decisão destituída de base legal ou com violação literal a preceito constitucional. Nada impede que se alargue o prazo para desconstituição de decisão violadora de preceito fundamental, nem, muito menos, que se estabeleça ação constitucional destinada a impugná-la. Assim, tudo se resume à análise de se o art. 102, § 1.º, da CF abriu oportunidade para ação que permite tutelar preceito fundamental violado por decisão transitada em julgado há mais de dois anos.

Se a tutela de preceito fundamental pode consistir na declaração judicial de que uma norma o violou, um preceito fundamental também é tutelado quando são desconstituídas as decisões transitadas em julgado que o agrediram. A arguição de descumprimento *não se destina a tutelar direito subjetivo lesado ou a afastar a coisa julgada que se formou em detrimento de determinado sujeito ou grupo de pessoas, mas a tutelar a ordem jurídica ou o direito objetivo.*

---

931. ADPF 134, Pleno, rel. Min. Ricardo Lewandowski, *DJe* 07.08.2009.

Neste caso, ao contrário do que ocorre na ação voltada a declarar a nulidade de norma editada em contraposição à Constituição, no lugar da norma está a decisão judicial, porém ambas, quando violam preceito fundamental, têm o mesmo efeito perverso. Realmente, quando se pensa no uso da arguição contra decisão judicial, a violação ao direito não está na norma aplicada, mas na própria decisão – que, por isso mesmo, tem de ser arbitrária ou destituída de qualquer base legal ou, ainda, dotada de dicção que viola grosseira e literalmente preceito fundamental. Retenha-se o ponto: *não se trata de impugnar decisão que interpretou norma de forma racional, mas de decisão que não é ancorada no direito ou de decisão que claramente nega preceito fundamental, violando-o de forma literal e grosseira.*

Aliás, não seria constitucional, em face do princípio da segurança jurídica, eternizar a possibilidade da discussão acerca da adequada interpretação de questão constitucional ou de preceito fundamental. Quando a interpretação do texto constitucional é controvertida ou este, racionalmente, permite que se chegue a determinada decisão, a decisão de inconstitucionalidade do STF não tem o efeito de nulificar as decisões anteriores. Em nome da segurança jurídica, é preciso salvaguardar os *juízos* precedentes sobre a questão constitucional, ainda que distintos daquele que veio a prevalecer na decisão do STF. Se não for assim, a decisão judicial, decorrente do dever-poder de realizar o controle difuso da constitucionalidade, sempre será condicionada a um evento imprevisível. Pelo mesmo motivo que não se concebe uma *decisão provisoriamente estável* – o que seria uma contradição em termos –, não se pode raciocinar como se fosse possível admitir uma coisa julgada subordinada a uma *não decisão de inconstitucionalidade.*

Contudo, é preciso bem distinguir. O juízo firmado a partir de questão constitucional que pode ser controvertida ou aberta à discussão é muito diferente do juízo arbitrário que viola clara e literalmente preceito constitucional. É apenas neste último caso que se pode pensar na utilização da arguição de descumprimento de preceito fundamental.

8.81.9 A questão da omissão parcial

Como já foi explicado, determinadas normas podem ser acusadas de insuficientes para tutelar adequadamente a norma constitucional ou para atender a todas as pessoas ou grupos que dela são beneficiários. Ou melhor, determinada lei pode ter baixa intensidade de proteção ou de satisfação da norma constitucional, ou, ainda, conferir a vantagem albergada na norma constitucional apenas a grupo ou parcela de pessoas, negando a universalidade dos seus beneficiários. Enquadram-se respectivamente nestas hipóteses, por exemplo, a lei que prevê salário mínimo em valor insuficiente à realização da norma que garante remuneração digna ao cidadão (art. 7.º, IV, da CF)[932] e a lei que concede revisão de remuneração aos militares sem contemplar os civis (CF, art. 37, X, e art. 39, § 1.º).[933]

---

932. "Art. 7.º São direitos dos trabalhadores urbanos e rurais, além de outros que visem à melhoria de sua condição social: (...) IV – salário mínimo, fixado em lei, nacionalmente unificado, capaz de atender a suas necessidades vitais básicas e às de sua família com moradia, alimentação, educação, saúde, lazer, vestuário, higiene, transporte e previdência social, com reajustes periódicos que lhe preservem o poder aquisitivo, sendo vedada sua vinculação para qualquer fim (...)".

933. Art. 37, X: "A remuneração dos servidores públicos e o subsídio de que trata o § 4.º do art. 39 somente poderão ser fixados ou alterados por lei específica, observada a iniciativa privativa em cada caso, assegurada revisão geral anual, sempre na mesma data e sem distinção de índices"; "Art. 39. A União, os Estados,

É possível pensar, nesses casos, dependendo do ângulo a partir de que se olha, em inconstitucionalidade da lei e em inconstitucionalidade por omissão. Sucede que a declaração de nulidade da lei ou apenas a declaração de mora legislativa obviamente não resolvem o problema, podendo, em verdade, agravá-lo, caso se retire o benefício já gerado pela lei a alguns. Bem vistas as coisas, quando se reconhece a incompletude da atuação legislativa, a questão é apenas a de se é possível – e de que modo – suprir a falta do legislador.

Conforme argumentamos no item 8.74 – "Da decisão na ação de inconstitucionalidade por omissão. Crítica" –, do capítulo que tratou da "Ação direta de inconstitucionalidade por omissão", o princípio da separação dos Poderes confere ao Legislativo o poder de elaborar as leis, mas não lhe outorga poder para inviabilizar a normatividade da Constituição. Aliás, tal poder certamente não é absoluto ou imune. Bem por isso, nos casos em que a Constituição depende de lei ou tutela infraconstitucional, a inação do Legislativo, exatamente por não ser vista como discricionariedade ou manifestação de liberdade e sim como violação de dever, deve ser suprida pelo Judiciário mediante a elaboração da norma que deixou de ser editada. É necessário cautela para não confundir dificuldade em elaborar judicialmente a norma com vedação à elaboração judicial da norma. Argumenta-se que o Judiciário não poderia elaborar determinada norma, ou teria dificuldade em relação a outra, para tentar fazer acreditar que ele estaria proibido de elaborar a norma, ainda que esta revele descaso do legislador com a Constituição. É certo que, diante da ação de inconstitucionalidade por omissão, o Judiciário não poderá elaborar as normas que demandam insubstituível intervenção do legislador e que, portanto, são insupríveis. Mas daí não se pode retirar o argumento de que o Judiciário não pode suprir a omissão legislativa. Portanto, se o prazo conferido ao Legislativo não é cumprido, e, assim, a declaração judicial da omissão inconstitucional não surte efeito, isso não permite ao Judiciário parar por aí, como se o seu dever não fosse o de remediar a ausência de tutela normativa. O Judiciário tem o dever de suprir a falta de tutela do Legislativo e não o de simplesmente pronunciá-la. De modo que, quando a norma não exigir a atuação insubstituível do legislador, o não cumprimento do prazo pelo Legislativo abre ao Judiciário, como regra geral, a possibilidade de elaborar a norma faltante para suprir a inércia do legislador, evitando que o seu desprezo à Constituição gere um estado consolidado e permanente de inconstitucionalidade, com o qual o Estado de Direito não pode conviver.

Porém, o entendimento de que a ação de inconstitucionalidade por omissão impede a elaboração judicial da norma que incumbia ao legislador permite investigar, como alternativa, a possibilidade do uso da arguição de descumprimento de preceito fundamental. Esta possibilidade, que então teria a anuência da regra da subsidiariedade, conta com a aplicação do art. 10 da Lei 9.882/1999, que dispõe que, "julgada a ação, far-se-á comunicação às autoridades ou órgãos responsáveis pela prática dos atos questionados, *fixando-se as condições e o modo de interpretação e aplicação do preceito fundamental*".

O STF, na ADPF 4, teve oportunidade de discutir a questão da admissibilidade do uso da arguição em caso de omissão parcial. Tal arguição foi ajuizada contra a MedProv 2.019/2000, que fixou o valor do salário mínimo. Chegou-se, num primeiro momento, a

---

o Distrito Federal e os Municípios instituirão conselho de política de administração e remuneração de pessoal, integrado por servidores designados pelos respectivos Poderes. § 1.º A fixação dos padrões de vencimento e dos demais componentes do sistema remuneratório observará: I – a natureza, o grau de responsabilidade e a complexidade dos cargos componentes de cada carreira; II – os requisitos para a investidura; III – as peculiaridades dos cargos. (...)".

empate de cinco a cinco na votação. Os Ministros Octavio Gallotti, relator, Nelson Jobim, Maurício Corrêa, Sydney Sanches e Moreira Alves, aludindo ao § 1.º do art. 4.º da Lei 9.882/1999 ("Não será admitida arguição de descumprimento de preceito fundamental quando houver qualquer outro meio eficaz de sanar a lesividade"), não conheceram da arguição, tendo em vista a existência de outro meio eficaz para sanar a alegada lesividade: precisamente, a ação direta de inconstitucionalidade por omissão. Enquanto isso, os Ministros Celso de Mello, Marco Aurélio, Sepúlveda Pertence, Ilmar Galvão e Carlos Velloso conheceram da arguição, entendendo que a ação direta de inconstitucionalidade por omissão não seria, em princípio, eficaz para sanar a alegada lesividade. À vista do empate na votação, o julgamento foi adiado, sobrevindo voto do Min. Néri da Silveira, que conheceu da arguição, entendendo que, não sendo a ação direta de inconstitucionalidade por omissão adequada ao caso, não se aplicaria o § 1.º do art. 4.º da Lei 9.882/1999.[934]

8.82 Procedimento[935]

A petição inicial da arguição de descumprimento deve conter: (i) a indicação do preceito fundamental que se considera violado; (ii) a indicação do ato questionado; (iii) a prova da violação do preceito fundamental; (iv) o pedido, com suas especificações; e, se for o caso, (v) a comprovação da existência de controvérsia judicial relevante sobre a aplicação do preceito fundamental que se considera violado (art. 3.º da Lei 9.882/1999).[936]

Como acontece com as demais ações voltadas ao controle abstrato de constitucionalidade, a causa de pedir da arguição de descumprimento é aberta, de modo que a especificação de determinado fundamento não impede que a Corte julgue com base em outro, desde que pertinente a preceito fundamental.[937]

Indeferida liminarmente a petição inicial pelo relator[938] – quando for inepta, lhe faltar requisito legal ou não for caso de arguição de descumprimento de preceito fundamental –, cabe agravo regimental no prazo de cinco dias (art. 4.º, *caput* e § 2.º, da Lei 9.882/1999).

---

934. ADPF 4, Pleno, j. 17.04.2002, rel. Min. Octavio Gallotti.

935. V. DANTAS, Francisco Wildo Lacerda. Jurisdição constitucional: ação e processo de arguição de descumprimento de preceito fundamental, *RT* 783/115.

936. Art. 3.º, parágrafo único, da Lei 9.882/1999: "A petição inicial, acompanhada de instrumento de mandato, se for o caso, será apresentada em duas vias, devendo conter cópias do ato questionado e dos documentos necessários para comprovar a impugnação".

937. Cf. item 8.25. STF, ADIn 561-MC, rel. Min. Celso de Mello, *DJ* 23.03.2001: "O STF não está condicionado, no desempenho de sua atividade jurisdicional, pelas razões de ordem jurídica invocadas como suporte da pretensão de inconstitucionalidade deduzida pelo autor da ação direta".

938. "A inviabilidade da presente arguição de descumprimento, em decorrência da razão ora mencionada, impõe uma observação final: no desempenho dos poderes processuais de que dispõe, assiste, ao Ministro-relator, competência plena para exercer, monocraticamente, o controle das ações, pedidos ou recursos dirigidos ao STF, legitimando-se, em consequência, os atos decisórios que, nessa condição, venha a praticar. Cumpre acentuar, por oportuno, que o Pleno do STF reconheceu a inteira validade constitucional da norma legal que inclui, na esfera de atribuições do relator, a competência para negar trânsito, em decisão monocrática, a recursos, pedidos ou ações, quando incabíveis, estranhos à competência desta Corte, intempestivos, sem objeto ou que veiculem pretensão incompatível com a jurisprudência predominante do Tribunal (*RTJ* 139/53; *RTJ* 168/174-175). (...) Cabe enfatizar, por necessário, que esse entendimento jurisprudencial é também aplicável aos processos de controle normativo abstrato de constitucionalidade, qual-

CONTROLE DE CONSTITUCIONALIDADE ○ 1307

Admite-se expressamente o cabimento de medida liminar (art. 5.º da Lei 9.882/1999). A liminar poderá ser concedida pelo relator *ad referendum*[939] do Tribunal Pleno em caso de "extrema urgência" ou de perigo de lesão grave, ou ainda em período de recesso (art. 5.º, § 1.º). O relator poderá ouvir os órgãos ou autoridades responsáveis pelo ato questionado, bem como o Advogado-Geral da União ou o Procurador-Geral da República, no prazo comum de cinco dias (art. 5.º, § 2.º). Levado o pedido ao exame do Plenário, a liminar poderá ser deferida por decisão da maioria absoluta dos seus membros (art. 5.º).

Apreciado o pedido de liminar, o relator solicitará informações às autoridades responsáveis pela prática do ato questionado, no prazo de dez dias (art. 6.º). Entendendo necessário, poderá ouvir as partes nos processos que ensejaram a arguição,[940] requisitar informações adicionais, designar perito ou comissão de peritos para que emita parecer sobre a questão, ou, ainda, fixar data para declarações, em audiência pública, de pessoas com experiência e autoridade na matéria (art. 6.º, § 1.º).

Embora a Lei 9.882/1999 não preveja a intervenção do *amicus curiae*, o STF a tem admitido também na arguição de descumprimento de preceito fundamental, invocando, para tanto, as razões que abrem oportunidade para tal forma de intervenção na ação direta de inconstitucionalidade, marcadamente o § 2.º do art. 7.º da Lei 9.868/1999.[941] Tem-se entendido que o *amicus curiae*, embora em princípio deva intervir até o prazo das informações, pode se manifestar fora deste prazo,[942] por escrito ou mediante sustentação oral.

Sustenta-se, também, que o próprio § 2.º do art. 6.º da Lei 9.882/1999, ao dispor que "poderão ser autorizadas, a critério do relator, sustentação oral e juntada de memoriais, por requerimento dos *interessados no processo*", legitimaria uma "espécie de *amicus curiae*" que não necessitaria sequer demonstrar o requisito da "representatividade", bastando-lhe

---

quer que seja a sua modalidade (ADIn 563/DF, rel. Min. Paulo Brossard; ADIn 593/GO, rel. Min. Marco Aurélio; ADIn 2.060/RJ, rel. Min. Celso de Mello; ADIn 2.207/AL, rel. Min. Celso de Mello; ADIn 2.215/PE, rel. Min. Celso de Mello, v.g.), eis que, tal como já assentou o Plenário do STF, o ordenamento positivo brasileiro 'não subtrai, ao relator da causa, o poder de efetuar – enquanto responsável pela ordenação e direção do processo (RISTF, art. 21, I) – o controle prévio dos requisitos formais da fiscalização normativa abstrata (...)' (*RTJ* 139/67, rel. Min. Celso de Mello)" (ADPF 45, rel. Min. Celso de Mello, decisão monocrática, *DJ* 04.05.2004).

939. "Recurso. Agravo regimental. Interposição contra decisão liminar sujeita a referendo. Admissibilidade. Interesse recursal reconhecido. Agravo conhecido. Votos vencidos. É admissível agravo regimental contra decisão monocrática sujeita a referendo do órgão colegiado" (ADPF 79, rel. Min. Cezar Peluso, *DJ* 17.08.2007).

940. "A Lei 9.882/1999 põe à disposição do relator a faculdade de 'ouvir as partes nos processos que ensejaram a arguição' (art. 6.º, § 1.º), observando-se as cautelas necessárias para que tal ato não tumultue ou interfira no regular prosseguimento dos autos" (ADPF 101, rel. Min. Cármen Lúcia, decisão monocrática, *DJe* 01.08.2008).

941. ADPF 33, rel. Min. Gilmar Mendes; ADPF 46, rel. Min. Marco Aurélio; ADPF 73, rel. Min. Eros Grau.

942. "Não obstante o § 1.º do art. 7.º da Lei 9.868/1999 haver sido vetado, a regra é, segundo entendimento deste STF, a de se admitir a intervenção de terceiros até o prazo das informações. Sucede que a própria jurisprudência desta nossa Corte vem relativizando esse prazo. Nas palavras do Min. Gilmar Mendes, 'especialmente diante da relevância do caso ou, ainda, em face da notória contribuição que a manifestação possa trazer para o julgamento da causa, é possível cogitar de hipóteses de admissão de *amicus curiae*, ainda que fora desse prazo [o das informações]' (ADIn 3.614, rel. Min. Gilmar Mendes). Nesse sentido foi também a decisão proferida pelo Min. Gilmar Mendes na ADPF 97" (ADPF 183, rel. Min. Carlos Britto, decisão monocrática, *DJe* 07.12.2009).

evidenciar "interesse no processo".[943] Porém, isso tem procedência apenas em relação àqueles que participam dos processos em que se discute a questão constitucional. Como é óbvio, a qualidade que justifica essa intervenção nada tem a ver com aquela que, em nome da pluralização do debate e da democratização do processo constitucional, deve expressar interesses gerais da coletividade ou os valores essenciais e relevantes de grupos, classes ou estratos sociais.[944]

O Ministério Público, nas arguições que não houver formulado, terá vista do processo, por cinco dias, após o decurso do prazo para informações (art. 7.º, parágrafo único). Frise-se que não se admite a desistência da ação, dada a natureza da arguição de descumprimento de preceito fundamental, embora previsão neste sentido não esteja expressa na Lei 9.882/1999.

Após tudo isso, o relator lançará o relatório, com cópia a todos os Ministros, e pedirá dia para julgamento (art. 7.º). Para a tomada da decisão, deverão estar presentes na sessão pelo menos dois terços dos membros do Tribunal (art. 8.º). A decisão de procedência ou de improcedência requer maioria absoluta, como acontece para se declarar a inconstitucionalidade ou a constitucionalidade de norma.[945] Lembre-se que as sessões de julgamento das ações de inconstitucionalidade e de constitucionalidade apenas podem ser instaladas com a presença de oito Ministros (art. 22 da Lei 9.868/1999), exigindo a decisão, em qualquer dos casos, maioria absoluta dos membros do Tribunal, ou seja, o mínimo de seis votos (art. 23 da Lei 9.868/1999). O art. 23, parágrafo único, da Lei 9.868/1999 ainda esclarece que, "se não for alcançada a maioria necessária à declaração de constitucionalidade ou de inconstitucionalidade, estando ausentes Ministros em número que possa influir no julgamento, este será suspenso a fim de aguardar-se o comparecimento dos Ministros ausentes, até que se atinja o número necessário para prolação da decisão num ou noutro sentido".

Proferida a decisão, comunicar-se-á o responsável pelo ato praticado, devendo o Presidente do Tribunal determinar o seu imediato cumprimento, lavrando-se o acórdão posteriormente. Dentro do prazo de dez dias, contado a partir do trânsito em julgado da decisão, sua parte dispositiva será publicada em seção especial do *Diário da Justiça* e do *Diário Oficial da União* (art. 10, §§ 1.º e 2.º, da Lei 9.882/1999).

---

943. "Quanto à empresa A. A. S.A. Distribuidor de Peças, entretanto, não possui qualquer representatividade. Somente pode postular direitos próprios. Na petição desta empresa, anoto, restou mencionada a decisão proferida na ADPF 77, de minha relatoria, na qual foi admitida como *amicus curiae* a empresa M. Ltda. Ocorre que a Lei 9.882/1999, que disciplina as arguições de descumprimento de preceito fundamental, é mais flexível a respeito da possibilidade de terceiros poderem se manifestar nos autos. Com efeito, dispõe o § 2.º do art. 6.º da Lei 9.882/1999: 'Art. 6.º Apreciado o pedido de liminar, o relator solicitará informações às autoridades responsáveis pela prática do ato questionado, no prazo de dez dias. (...) § 2.º Poderão ser autorizadas, a critério do relator, sustentação oral e juntada de memoriais, por requerimento dos interessados no processo'. O § 2.º reproduzido acima, como se verifica, não exige que o postulante tenha alguma representatividade, bastando que demonstre interesse no processo. Assim, a orientação aplicada nas arguições de descumprimento de preceito fundamental, quanto à admissão do *amicus curiae*, não se aplica às ações diretas de inconstitucionalidade e declaratórias de constitucionalidade" (ADC 18, decisão monocrática, rel. Min. Menezes Direito, *DJ* 22.11.2007).

944. ADIn 2.130-MC, rel. Min. Celso de Mello, *DJ* 02.02.2001; ADIn 3.921, rel. Min. Joaquim Barbosa, *DJ* 31.10.2007.

945. Em sentido contrário: BARROSO, Luís Roberto. *O controle de constitucionalidade no direito brasileiro*, p. 274-275.

CONTROLE DE CONSTITUCIONALIDADE   1309

A decisão é irrecorrível e não pode ser objeto de ação rescisória (art. 12 da Lei 9.882/1999). Caso a decisão proferida na arguição venha a ser desrespeitada por autoridade a ela vinculada, caberá reclamação ao STF (art. 13 da Lei 9.882/1999).

8.83 Medida liminar

Diz o § 3.º do art. 5.º da Lei 9.882/1999 que "a liminar poderá consistir na determinação de que juízes e tribunais suspendam o andamento de processo ou os efeitos de decisões judiciais, ou de qualquer outra medida que apresente relação com a matéria objeto da arguição de descumprimento de preceito fundamental, salvo se decorrentes da coisa julgada". Trata-se de suspensão de todos os processos em que se discuta a questão submetida ao STF.⁹⁴⁶ A suspensão se dá em homenagem à uniformidade do tratamento dos litígios e à coerência da ordem jurídica, que reclama decisões iguais para casos iguais e objetiva evitar que eventual decisão de órgão judicial inferior, distinta da do STF, possa causar prejuízos irreparáveis à parte.

Em vista da norma do referido § 3.º podem ser suspensos os efeitos das decisões ou de qualquer outra medida que apresente relação com a matéria objeto da arguição de descumprimento de preceito fundamental, salvo se decorrentes da coisa julgada. Assim, pode ser suspensa a execução provisória de sentença ou a execução de decisão concessiva de tutela antecipatória ou cautelar. Em razão da intangibilidade da coisa julgada, a norma deixou claro que a liminar, concedida na arguição de descumprimento de preceito fundamental, não pode interferir sobre decisão por ela já acobertada e protegida.

Em decisão proferida na MC na ADPF 67, o Min. Cezar Peluso realçou a inteligência da norma do § 3.º do art. 5.º ao afirmar ser "expressa a disposição que ressalva do alcance de eventual liminar os efeitos de decisão judicial coberta por *res iudicata*, que, como garantia constitucional, é invulnerável até a lei superveniente (art. 5.º, XXXVI, da Constituição da República) e, *a fortiori*, a outra decisão jurisdicional, tirante, em matéria civil, a hipótese de rescisória. É, aliás, o que já decidiu a Corte, em cautelar na ADPF 10: '(...) com base no art. 5.º, § 1.º, da Lei 9.882/1999, defiro, *ad referendum* do Tribunal Pleno, o pedido de cautelar e (...) ordeno seja sustado o andamento de todas as reclamações ora em tramitação naquela Corte e demais decisões que envolvam a aplicação dos preceitos ora suspensos e que não tenham ainda transitado em julgado, até o final desta arguição' (rel. Min. Maurício Corrêa, *DJ* 13.09.2001). No caso, o arguente pede suspensão liminar da eficácia de decisões recobertas pela qualidade da coisa julgada, como se colhe do sítio eletrônico da Justiça paraibana, de modo que não pode ser ouvido a respeito. E, quanto à suspensão de 'qualquer outra medida em tramitação na Justiça paraibana que apresente relação com a matéria objeto desta arguição de descumprimento de preceito fundamental', não se lhe encontram, neste juízo prévio e sumário, os requisitos indispensáveis à concessão de tutela provisória."⁹⁴⁷

---

946. Dada a importância e o alcance da liminar, o STF, em analogia com o disposto no § 2.º do art. 10 da Lei 9.868/1999, decidiu ser cabível sustentação oral em referendo em medida cautelar no procedimento da ADPF (STF, ADPF 316 MC-Ref, Pleno, rel. Min. Marco Aurélio, *DJe* 28.11.2014).

947. ADPF 67-MC, rel. Min. Cezar Peluso, decisão monocrática, j. 05.05.2005, *DJ* 17.05.2005. Ainda: "Liminar concedida. Suspensão de processos e efeitos de sentenças. Servidor público. Professores do Estado de Pernambuco. Elevação de vencimentos com base no princípio da isonomia. Casos recober-

Além da suspensão dos processos, é possível a suspensão dos efeitos do próprio ato impugnado. Na ADPF 54, que trata da questão do aborto de fetos anencefálicos, o Min. Marco Aurélio concedeu liminar para, além de suspender os processos, autorizar o parto terapêutico.[948] A decisão que concedeu a liminar, em relação ao último ponto, foi revogada pelo Plenário, mantendo-se apenas a suspensão dos processos.[949] De qualquer forma, independentemente do mérito do referido caso, não há razão para, em tese, admitir liminar apenas para suspender os processos ou o ato impugnado, uma vez que, em algumas hipóteses, a tutela de preceito fundamental pode depender da imediata e impostergável autorização para a prática de um ato ou de determinada conduta positiva.

---

tos por coisa julgada material ou convalidados por lei superveniente. Exclusão da eficácia da liminar. Agravo provido em parte e referendo parcial, para esse fim. Aplicação do art. 5.º, § 3.º, *in fine*, da Lei federal 9.882/1999. Não podem ser alcançados pela eficácia suspensiva de liminar concedida em ação de descumprimento de preceito fundamental os efeitos de sentenças transitadas em julgado ou convalidados por lei superveniente" (ADPF 79-AgRg, rel. Min. Cezar Peluso, j. 18.06.2007, *DJ* 17.08.2007); "O autor pretende tornar írrito acórdão proferido pelo Tribunal de Justiça do Estado de Alagoas, no julgamento da Ap 10.721 (f. 258-262 dos autos em apenso). A pretensão baseia-se na suposta violação às cláusulas constitucionais da separação de poderes, da isonomia e da legalidade administrativa. Ocorre que o ato judicial impugnado já se tornou imutável e indiscutível por força da coisa julgada material. É o que o próprio autor reconhece e se confirma à certidão de f. 274 dos autos apensados. Ora, tendo transitado em julgado o acórdão atacado na demanda, não se mostra viável conceder liminar, na via da arguição de descumprimento de preceito fundamental, com o propósito de suspender a eficácia do aresto (cf. VELLOSO, Carlos Mário da Silva. A arguição de descumprimento de preceito fundamental. *Direito contemporâneo*: estudos em homenagem a Oscar Dias Corrêa. Rio de Janeiro, p. 41; MORAES, Alexandre de. *Comentários à Lei 9.882/1999 – Arguição de descumprimento de preceito fundamental*, p. 30). É a própria lei de regência dessa via processual que estatui, como limite aos provimentos de urgência concedidos em seu âmbito, a impossibilidade de que seja sobrestada a eficácia de decisões judiciais já acobertadas pela coisa julgada material. É expressa a norma do art. 5.º, § 3.º, da Lei 9.882, de 03.12.1999" (ADPF 105-MC, rel. Min. Cezar Peluso, decisão monocrática, j. 21.05.2007, *DJ* 25.05.2007). No mesmo sentido: ADIn 4.178, rel. Min. Presidente Gilmar Mendes, decisão monocrática, j. 07.08.2009, *DJe* 17.08.2009.

948. "Daí o acolhimento do pleito formulado para, diante da relevância do pedido e do risco de manter-se com plena eficácia o ambiente de desencontros em pronunciamentos judiciais até aqui notados, ter-se não só o sobrestamento dos processos e decisões não transitadas em julgado, como também o reconhecimento do direito constitucional da gestante de submeter-se à operação terapêutica de parto de fetos anencefálicos, a partir de laudo médico atestando a deformidade, a anomalia que atingiu o feto. É como decido na espécie" (ADPF 54, rel. Min. Marco Aurélio, *DJ* 02.08.2004).

949. "ADPF. Adequação. Interrupção da gravidez. Feto anencéfalo. Política judiciária. Macroprocesso. Tanto quanto possível, há de ser dada sequência a processo objetivo, chegando-se, de imediato, a pronunciamento do STF. Em jogo valores consagrados na Lei Fundamental – como o são os da dignidade da pessoa humana, da saúde, da liberdade e autonomia da manifestação da vontade e da legalidade –, considerados a interrupção da gravidez de feto anencéfalo e os enfoques diversificados sobre a configuração do crime de aborto, adequada surge a arguição de descumprimento de preceito fundamental. ADPF. Liminar. Anencefalia. Interrupção da gravidez. Glosa penal. Processos em curso. Suspensão. Pendente de julgamento a arguição de descumprimento de preceito fundamental, processos criminais em curso, em face da interrupção da gravidez no caso de anencefalia, devem ficar suspensos até o crivo final do STF. ADPF. Liminar. Anencefalia. Interrupção da gravidez. Glosa penal. Afastamento. Mitigação. Na dicção da ilustrada maioria, entendimento em relação ao qual guardo reserva, não prevalece, em arguição de descumprimento de preceito fundamental, liminar no sentido de afastar a glosa penal relativamente àqueles que venham a participar da interrupção da gravidez no caso de anencefalia" (ADPF 54, Pleno, rel. Min. Marco Aurélio, *DJ* 31.08.2007).

8.84 Decisão e efeitos[950]

A decisão definirá a legitimidade do ato impugnado, podendo declará-lo nulo e impedir a sua aplicação, bem como, se necessário, determinar medida idônea à tutela do preceito fundamental. Diz o art. 10 da Lei 9.882/1999 que a decisão fixará "as condições e o modo de interpretação e aplicação do preceito fundamental", o que é importante especialmente ao se admitir a arguição de descumprimento em caso de norma insuficiente ou omissão parcial. Tal fixação, ainda que realizada ao lado da declaração de nulidade do ato, tem o objetivo de dirigir a atuação futura do Poder Público, evitando-se a prática de atos que possam voltar a violar o preceito fundamental.

Quando o ato impugnado consistir em decisão judicial, poderá ser necessário dar ao juiz da causa oportunidade para voltar a decidir, com observância das condições e modo de interpretação e aplicação fixados.

A decisão, por sua natureza, tem efeitos gerais e vinculantes (art. 10 da Lei 9.882/1999). Esclareça-se, porém, que os limites objetivos da eficácia vinculante não se restringem ao dispositivo da decisão, abarcando a fundamentação – os fundamentos determinantes – que permitiu a conclusão do Tribunal. Por conta disso, cabe reclamação não apenas contra decisão que, tratando do mesmo ato impugnado, tenha sentido diverso, mas também contra decisão que venha a desrespeitar os fundamentos determinantes ou a tese fixados na decisão da arguição de descumprimento.

A Lei 9.882/1999 trata, de maneira específica, dos efeitos temporais da decisão de procedência, afirmando o seu art. 11 que, "ao declarar a inconstitucionalidade de lei ou ato normativo, no processo de arguição de descumprimento de preceito fundamental, e tendo em vista razões de segurança jurídica ou de excepcional interesse social, poderá o Supremo Tribunal Federal, por maioria de dois terços de seus membros, restringir os efeitos daquela declaração ou decidir que ela só tenha eficácia a partir de seu trânsito em julgado ou de outro momento que venha a ser fixado".

O art. 11, assim, permite que o Tribunal, com base nas mesmas razões que lhe permitem modular os efeitos da decisão de inconstitucionalidade no tempo, possa limitar os efeitos retroativos da decisão da arguição – isentando determinada situação ou certos acontecimentos –, atribuir-lhe efeitos a partir do seu trânsito em julgado, ou, ainda, outorgar-lhe efeitos a partir de evento ou data futura.

XI – REPRESENTAÇÃO INTERVENTIVA

8.85 Introdução[951]

De acordo com o art. 34 da CF, a União não intervirá nos Estados nem no Distrito Federal, exceto para: "I – manter a integridade nacional; II – repelir invasão estrangeira ou de

---

950. V. MESQUITA, Rodrigo Octávio de Godoy Bueno Caldas. Eficácia contra todos e efeito vinculante das decisões definitivas de mérito proferidas pelo Supremo Tribunal Federal em arguição de descumprimento de preceito fundamental decorrente da Constituição, *Revista de Direito Constitucional e Internacional* 68/258.

951. Sobre a representação interventiva, v., entre outros: BUZAID, Afredo. *Da ação de declaração de inconstitucionalidade no direito brasileiro*; CLÈVE, Clèmerson Mérlin. *A fiscalização abstrata de constitucionalidade*

uma unidade da Federação em outra; III – pôr termo a grave comprometimento da ordem pública; IV – garantir o livre exercício de qualquer dos Poderes nas unidades da Federação; V – reorganizar as finanças da unidade da Federação que: *a)* suspender o pagamento da dívida fundada por mais de dois anos consecutivos, salvo motivo de força maior; *b)* deixar de entregar aos Municípios receitas tributárias fixadas nesta Constituição, dentro dos prazos estabelecidos em lei; VI – prover a execução de lei federal, ordem ou decisão judicial; VII – assegurar a observância dos seguintes princípios constitucionais: *a)* forma republicana, sistema representativo e regime democrático; *b)* direitos da pessoa humana; *c)* autonomia municipal; *d)* prestação de contas da Administração Pública, direta e indireta; *e)* aplicação do mínimo exigido da receita resultante de impostos estaduais, compreendida a proveniente de transferências, na manutenção e desenvolvimento do ensino e nas ações e serviços públicos de saúde".

Por sua vez, afirma o art. 36 da CF que a decretação da intervenção dependerá: "I – no caso do art. 34, IV, de solicitação do Poder Legislativo ou do Poder Executivo coacto ou impedido, ou de requisição do Supremo Tribunal Federal, se a coação for exercida contra o Poder Judiciário; II – no caso de desobediência a ordem ou decisão judiciária, de requisição do Supremo Tribunal Federal, do Superior Tribunal de Justiça ou do Tribunal Superior Eleitoral; III – *de provimento, pelo Supremo Tribunal Federal, de representação do Procurador-Geral da República, na hipótese do art. 34, VII, e no caso de recusa à execução de lei federal; IV – (revogado pela EC 45/2004).* § 1.º O decreto de intervenção, que especificará a amplitude, o prazo e as condições de execução e que, se couber, nomeará o interventor, será submetido à apreciação do Congresso Nacional ou da Assembleia Legislativa do Estado, no prazo de vinte e quatro horas. § 2.º Se não estiver funcionando o Congresso Nacional ou a Assembleia Legislativa, far-se-á convocação extraordinária, no mesmo prazo de vinte e quatro horas. § 3.º Nos casos do art. 34, VI e VII, ou do art. 35, IV, dispensada a apreciação pelo Congresso Nacional ou pela Assembleia Legislativa, o decreto limitar-se-á a suspender a execução do ato impugnado, se essa medida bastar ao restabelecimento da normalidade. § 4.º Cessados os motivos da intervenção, as autoridades afastadas de seus cargos a estes voltarão, salvo impedimento legal".

A intervenção da União nos Estados, para assegurar a execução de lei federal ou a observância dos denominados princípios constitucionais sensíveis (art. 34, VII, da CF), depende de provimento, pelo STF, de representação do Procurador-Geral da República (art. 36, III, da CF; art. 2.º da Lei 12.562/2011).

A Constituição Federal, no quadro do Estado Federal, impõe deveres aos Estados-membros. Estes, quando não observados, abrem ensejo à representação interventiva, deferida ao Procurador-Geral da República. A representação, assim, almeja proteger o pacto federativo e a base constitucional em que se assenta o Estado Democrático de Direito.

---

no direito brasileiro; RAMOS, Elival da Silva. *Controle de constitucionalidade no Brasil*: perspectivas de evolução; LEWANDOWSKI, Enrique Ricardo. *Pressupostos materiais e formais da intervenção federal no Brasil*; MENDES, Gilmar Ferreira; COELHO, Inocêncio Mártires; BRANCO, Paulo Gustavo Gonet. *Curso de direito constitucional*; _____. Considerações sobre o papel do Procurador-Geral da República no controle abstrato de normas sob a Constituição de 1967/69: proposta de releitura, *Revista de Direito Constitucional e Internacional* 28/21; HARADA, Kiyoshi. Intervenção federal nos Estados para pôr termo a grave comprometimento da ordem, *Revista do Instituto dos Advogados de São Paulo* 10/94; BARROSO, Luis Roberto. *O controle de constitucionalidade no direito brasileiro*.

A representação interventiva tem como pressuposto a violação de dever constitucional por Estado componente da Federação, e é, assim, espécie de conflito entre a União e Estado-membro. Nessa linha, a presença do Procurador-Geral da República, como legitimado ao seu exercício, faz ver o interesse da própria União na observância dos deveres atribuídos aos Estados.

A Constituição concede ao Supremo Tribunal o poder de realizar juízo acerca dos pressupostos para a intervenção, substituindo, nesse sentido, aquele que, nas outras hipóteses de intervenção, é conferido ao Presidente da República. Tal juízo se apresenta como antecedente lógico ao provimento da representação interventiva, recaindo sobre a recusa à execução de lei federal ou sobre a lesão aos princípios sensíveis, e, dessa forma, constituindo conclusão, ainda que incidental no processo, acerca de alegada violação da Constituição Federal.

O controle da constitucionalidade, portanto, é concreto, realizando-se incidentalmente ao julgamento da representação interventiva, a espelhar conflito entre a União e o Estado-membro. A representação visa, propriamente, resolver conflito entre a União e o Estado-membro, e, assim, afasta-se do controle abstrato de normas, em que se objetiva, apenas, tutelar em abstrato a legitimidade da ordem jurídica.[952]

Cabe ao Supremo, para julgar procedente a representação interventiva, reconhecer a violação de dever constitucional. Ou seja, a intervenção requer pronunciamento positivo ou declaração do STF. O Tribunal faz juízo quanto a pressuposto autorizador de intervenção federal e, quando o reconhece presente, declara-o, vinculando o chefe do Poder Executivo, que, mediante decreto, realiza a intervenção. A procedência do pedido de intervenção não constitui a intervenção propriamente dita, mas declara a sua necessidade. Representa, em essência, de um lado, pressuposto para a intervenção a ser decretada pelo chefe do Poder Executivo, e, de outro, espécie de mandamento para que o Presidente a decrete. Nessa linha, afirma o art. 11 da Lei 12.562, de 23.12.2011, que, "se a decisão final for pela procedência do pedido formulado na representação interventiva, o Presidente do Supremo Tribunal Federal, publicado o acórdão, levá-lo-á ao conhecimento do Presidente da República para, no prazo improrrogável de até 15 dias, dar cumprimento aos §§ 1.º e 3.º do art. 36 da Constituição Federal".

Advirta-se, entretanto, que, se a representação interventiva importa para a tutela do pacto federativo e dos fundamentos em que se baseia o próprio Estado de Direito, sem dúvida é figura excepcional, dado o seu impacto sobre a autonomia dos Estados-membros.[953]

---

952. MENDES, Gilmar Ferreira; COELHO, Inocêncio Mártires; BRANCO, Paulo Gustavo Gonet. *Curso de direito constitucional*, p. 1274-1276.

953. "Na Constituinte de 1981 já se esboçara tendência no sentido de judicializar os conflitos federativos para fins de intervenção, tal como ficou assente nas propostas formuladas por João Pinheiro e Júlio de Castilhos. A reforma constitucional de 1926 consagrou expressamente os princípios constitucionais da União (art. 6.º, II), outorgando ao Congresso Nacional competência privativa para decretar a intervenção (art. 6.º, § 1.º). Reconheceu-se, assim, ao parlamento a faculdade de caracterizar, preliminarmente, a ofensa aos princípios constitucionais sensíveis, atribuindo-se-lhe, ainda que de forma limitada e *ad hoc*, uma função de controle de constitucionalidade. A Constituição de 1934 e, posteriormente, as Constituições de 1946 e de 1967/1969 consolidaram a *forma judicial* como modalidade de *verificação prévia* de ofensa constitucional no caso de controvérsia sobre a observância dos princípios constitucionais da União, ou para prover à execução de lei federal (CF 1967/1969, art. 10, VI)" (MENDES, Gilmar; COELHO, Inocêncio Mártires; BRANCO, Paulo Gonet. *Curso de direito constitucional*, p. 1337).

Aliás, além de ter sido pouco utilizada nos regimes anteriores, a representação interventiva tem papel limitado no atual regime de controle de constitucionalidade, bastando lembrar que cabe ação direta de inconstitucionalidade, de legitimidade fluida, inclusive do Procurador-Geral da República, para eliminar da ordem jurídica leis estaduais que confrontem a Constituição Federal.

8.86 Legitimidade

Discute-se sobre a natureza da legitimidade ativa atribuída ao Procurador-Geral da República.[954] Em obra clássica – *Da ação de declaração de inconstitucionalidade no direito brasileiro* –, afirmou Buzaid que "o Procurador-Geral da República é o autor da ação e opera como substituto processual, isto é, age em nome próprio, mas por interesse alheio. Não o move um interesse pessoal; ele representa toda a coletividade, empenhada em expurgar da ordem jurídica os atos políticos, manifestamente inconstitucionais e capazes de pôr em risco a estrutura do Estado".[955]

O instituto da substituição processual foi pensado para o processo *inter partes* e para as situações em que se tutela, em nome próprio, direito ou situação subjetiva de terceiro. No processo objetivo simplesmente não existe direito de terceiro ou alguém que o substitui, requerendo a tutela de direito subjetivo em nome próprio. Há, claramente, ente a quem a Constituição atribui legitimidade para instaurar o processo de controle de constitucionalidade das normas, de que defluem decisões que, naturalmente, beneficiam os cidadãos. Portanto, dizer que o legitimado à ação de inconstitucionalidade é substituto processual representa tentativa de transpor, forçadamente, conceito do processo civil tradicional para o plano do processo constitucional de índole objetiva.

Pior ainda é supor que, na representação interventiva – que não configura ação voltada ao controle abstrato de constitucionalidade –, o Procurador-Geral da República aparece como substituto processual da coletividade. O Procurador-Geral da República, aqui, não atua como substituto processual nem como legitimado ao controle abstrato de constitucionalidade. Como a ação de representação interventiva pressupõe conflito entre a União e o Estado-membro, o Procurador-Geral da República atua para tutelar o pacto federativo e a ordem jurídica constitucional.

A posição do Procurador-Geral da República, na ação interventiva, é *sui generis*, uma vez que não é de substituto processual, de legitimado ao controle abstrato de constitucionalidade ou de simples Advogado da União.[956] Bem vistas as coisas, o Procurador-Geral da

---

954. De acordo com o art. 2.º da Lei 12.562, de 23.12.2011, "a representação será proposta pelo Procurador-Geral da República, em caso de violação aos princípios referidos no inciso VII do art. 34 da Constituição Federal, ou de recusa, por parte de Estado-membro, à execução de lei federal".

955. BUZAID, Alfredo. *Da ação de declaração de inconstitucionalidade no direito brasileiro*, p. 107.

956. Escrevem Gilmar Mendes, Inocêncio Coelho e Paulo Branco: "A representação interventiva pressupõe a configuração de controvérsia constitucional entre a União, que 'tem interesse na integridade da ordem jurídica, por parte dos Estados-membros', e o Estado-membro. Identifica-se aqui, pois, nitidamente, o interesse jurídico da União, como guardiã dos postulados federativos, na observância dos princípios constitucionais sensíveis. E mesmo a outorga da representação processual ao Procurador-Geral da República (CF/1988, art. 36, III) – acentue-se que, tal como nos modelos constitucionais de 1946 e de 1967/1969, o Procurador-Geral da República atua nesse processo, hoje em caráter excepcionalíssimo, como represen-

República funciona como legitimado à ação de representação interventiva em virtude da outorga constitucional que lhe foi feita pelo art. 36, III, da CF, não podendo recusar a propositura da ação quando presentes estiverem os pressupostos para tanto, mas não estando obrigado a propô-la apenas porque o Presidente da República a deseja. O Procurador-Geral atua, excepcionalmente, para tutelar o equilíbrio federativo e a ordem jurídica constitucional e, mesmo que esteja atuando em nome de interesses da União, na proteção dos princípios federativos, faz presente o interesse na proteção da ordem jurídica constitucional, o que revela inexistência de contradição em estar também agindo, como chefe do Ministério Público Federal, em nome da União.

Embora a violação derive, em regra, do Poder Executivo, nada impede, em tese, que a lesão advenha do Poder Legislativo ou do Poder Judiciário. Seja qual for o caso, legitimado passivo é o Estado-membro a que se atribui a violação, recaindo a defesa do ente federativo sobre o respectivo Procurador-Geral do Estado (art. 132 da CF).

8.87 Objeto

O objeto da representação interventiva é a existência de recusa à execução de lei federal ou de lesão aos princípios constitucionais sensíveis, ao passo que o seu objetivo é decisão do STF que declare a existência, ou não, de pressuposto para a intervenção federal. Retenha-se o ponto: não se declara, ao final, a nulidade de lei ou ato normativo estadual, podendo-se afirmar a inconstitucionalidade de lei ou ato normativo estadual, incidentalmente, para ao final se declarar presente pressuposto para a intervenção federal.

Ao ser promulgada, a Constituição Federal deferia ao STJ competência para julgar a representação interventiva contra recusa à execução de lei federal. Supõe-se que isso ocorreu porque, ao se dar ao STJ competência para tratar da interpretação e da aplicação da lei

---

tante judicial da União – não se mostra hábil a descaracterizar a representação interventiva como peculiar modalidade de composição judicial de conflitos entre a União e a unidade federada. A propósito, relembre-se que Pontes de Miranda chegou a sustentar que, 'se foi o Presidente da República que remeteu a espécie ao Procurador-Geral da República, para exame pelo STF, o STF declara, não desconstitui, e o Procurador-Geral da República não tem arbítrio para representar ou não'" (MENDES, Gilmar Ferreira; COELHO, Inocêncio Mártires; BRANCO, Paulo Gustavo Gonet. *Curso de direito constitucional*, p. 1.279). Em sentido diverso, leciona Luis Roberto Barroso: "A legitimidade ativa para a propositura da ação direta interventiva é exclusivamente do Procurador-Geral da República. Boa parte da doutrina sustenta que sua atuação não se dá como substituto processual – que atuaria em nome da coletividade –, nem exatamente como parte autônoma, mas sim como representante judicial da União. Tal entendimento não parece compatível com o papel institucional do Ministério Público nem com a gravidade constitucional da intervenção federal. De fato, o Procurador-Geral da República deverá agir, na hipótese, não como advogado da parte, mas como defensor da ordem jurídica (CF, art. 127), no caso, do equilíbrio federativo. Se fosse mero representante da União, não poderia recusar o patrocínio. Mas não é assim. Se, por exemplo, o Presidente da República entender que é caso de instauração da ação e o Procurador-Geral entender diversamente, não deverá propô-la. Se fosse um representante, um advogado, deveria promover o interesse de seu cliente, nos limites da lei e da ética, desde que a tese fosse plausível. O Procurador-Geral, no entanto, somente deverá propor a ação direta interventiva se estiver pessoalmente convencido do acerto dessa opção" (BARROSO, Luis Roberto. *O controle de constitucionalidade no direito brasileiro*, p. 285). V., ainda, CLÈVE, Clèmerson Merlin. *A fiscalização abstrata de constitucionalidade no direito brasileiro*, p. 211.

federal, entendeu-se que seria correto igualmente deferir a esta Corte competência para analisar eventual recusa à execução de lei federal.

Sucede que a recusa à execução de lei federal por Estado-membro configura conflito entre a União e o Estado, além de violação de dever constitucional (art. 34, VI, da CF) ensejador de intervenção. Bem por isso, a EC 45/2004, alterando o art. 36 da CF, atribui ao STF também a competência de julgar a representação interventiva por recusa à execução de lei federal. Assim, o Supremo Tribunal possui, hoje, competência para julgar não apenas a representação interventiva em caso de violação dos princípios sensíveis, mas também na hipótese de recusa à execução de lei federal.

Até recentemente, entendia-se que a violação dos princípios sensíveis apenas poderia se dar mediante a edição de *ato normativo*, qualquer que fosse a sua hierarquia. Contribuiu para isso, além do regime da Constituição de 1934, a dicção da Constituição de 1946, ao falar em "(...) depois que o STF, mediante representação do Procurador-Geral da República, julgar inconstitucional *o ato impugnado*".

O que se vislumbra, como é intuitivo, é a possibilidade de representação interventiva em razão de atos materiais, inclusive omissivos, que configurem agressão aos princípios constitucionais sensíveis. Trata-se da questão que foi posta no Pedido de Intervenção 114,[957] do Estado de Mato Grosso, o qual fez surgir acórdão emblemático sobre o tema, na medida em que imprimiu outro significado ao conceito de "ato" de violação de princípio sensível e à própria função da representação interventiva.

Afirmou-se, no pedido de intervenção, que determinadas pessoas foram retiradas do poder da polícia e linchadas e assassinadas por populares na cidade de Matupá, Estado do Mato Grosso, tendo o Estado faltado ao seu dever de proteção à pessoa humana ao não conter a população. Embora tenha sido lembrado o argumento de que a representação exige a prática de ato normativo (Ministros Celso de Mello e Moreira Alves),[958] a Corte acabou admitindo o pedido de intervenção mediante o voto condutor do Min. Sepúlveda Pertence, que, sob o fundamento de que a Constituição de 1988 afirma que a intervenção depende apenas "de provimento, pelo STF, de representação do Procurador-Geral da República" (art. 36, III, da CF), concluiu que seria possível, agora, entender que a violação dos princípios sensíveis pode se dar por meio de ato material, inclusive omissivo, do Estado.[959] O pedido, conhecido, foi julgado improcedente, mas o que importa, neste caso, é exatamente a revelação de nova postura para a configuração do uso, em tese, da representação interventiva. A ementa do julgado, dada a importância e a novidade da tese nele trilhada, e, também, por ser esclarecedora do tema, vale a pena ser lembrada: "Intervenção federal. 2. Representação do Procurador-Geral da República pleiteando intervenção federal no Estado de Mato Grosso, para assegurar a observância dos 'direitos da pessoa humana', em face de fato criminoso praticado com extrema crueldade a indicar a inexistência de 'condição mínima', no Estado, 'para assegurar o respeito ao primordial direito da pessoa humana, que é o direito à vida'.

---

957. IF 114, Pleno, rel. Min. Néri da Silveira, *DJ* 27.09.1996.

958. IF 114, Pleno, rel. Min. Néri da Silveira, *DJ* 27.09.1996; Min. Celso de Mello, p. 23 e ss. do acórdão, e Min. Moreira Alves, p. 55 do acórdão.

959. "O que é necessário, a meu ver, é que haja uma situação de fato de insegurança global dos direitos humanos, desde que imputável não apenas a atos jurídicos estatais, mas à ação material ou à omissão por conivência, por negligência ou por impotência, dos poderes estaduais, responsáveis" (IF 114, Pleno, rel. Min. Néri da Silveira, *DJ* 27.09.1996; voto do Min. Sepúlveda Pertence, p. 35 do acórdão).

Fato ocorrido em Matupá, localidade distante cerca de 700 km de Cuiabá. 3. Constituição, arts. 34, VII, *b*, e 36, III. 4. Representação que merece conhecida, por seu fundamento: alegação de inobservância pelo Estado-membro do princípio constitucional sensível previsto no art. 34, VII, *b*, da CF/1988, quanto aos 'direitos da pessoa humana'. Legitimidade ativa do Procurador-Geral da República (CF, art. 36, III). 5. Hipótese em que estão em causa 'direitos da pessoa humana', em sua compreensão mais ampla, revelando-se impotentes as autoridades policiais locais para manter a segurança de três presos que acabaram subtraídos de sua proteção, por populares revoltados pelo crime que lhes era imputado, sendo mortos com requintes de crueldade. 6. Intervenção federal e restrição à autonomia do Estado-membro. Princípio federativo. Excepcionalidade da medida interventiva. 7. No caso concreto, o Estado de Mato Grosso, segundo as informações, está procedendo à apuração do crime. Instaurou-se, de imediato, inquérito policial, cujos autos foram encaminhados à autoridade judiciária estadual competente, que os devolveu, a pedido do Delegado de Polícia, para o prosseguimento das diligências e averiguações. 8. Embora a extrema gravidade dos fatos e o repúdio que sempre merecem atos de violência e crueldade, não se trata, porém, de situação concreta que, por si só, possa configurar causa bastante a decretar-se intervenção federal no Estado, tendo em conta, também, as providências já adotadas pelas autoridades locais para a apuração do ilícito. 9. Hipótese em que não é, por igual, de determinar-se intervenha a Polícia Federal, na apuração dos fatos, em substituição à Polícia Civil de Mato Grosso. Autonomia do Estado-membro na organização dos serviços de justiça e segurança, de sua competência (CF, arts. 25, § 1.º; 125 e 144, § 4.º). 10. Representação conhecida mas julgada improcedente".[960]

Entendeu-se, no caso, que a representação interventiva, na Constituição de 1988, não é refém de atos normativos, também podendo ser utilizada em face de atos administrativos, atos concretos e atos omissivos estatais.[961]

Sensível a isso, a Lei 12.562/2011 – que "regulamenta o inciso III do art. 36 da CF, para dispor sobre o processo e julgamento da representação interventiva perante o Supremo Tribunal Federal" – estabeleceu como requisito da petição inicial "a indicação do ato normativo, do ato administrativo, do ato concreto ou da omissão questionados" (art. 3.º, II).

8.88 Compreensão dos princípios sensíveis como parâmetro para a decretação da intervenção

Os princípios sensíveis, cuja violação pode dar lugar à decretação de intervenção federal nos Estados-membros, são taxativamente enumerados no inciso VII do art. 34: (a) forma republicana, sistema representativo e regime democrático; (b) direitos da pessoa humana; (c) autonomia municipal; (d) prestação de contas da Administração Pública, direta e indireta; (e) aplicação do mínimo exigido da receita resultante de impostos estaduais, compreendida a proveniente de transferências, na manutenção e desenvolvimento do ensino e nas ações e serviços públicos de saúde.

---

960. IF 114, Pleno, rel. Min. Néri da Silveira, *DJ* 27.09.1996.

961. MENDES, Gilmar Ferreira; COELHO, Inocêncio Mártires; BRANCO, Paulo Gustavo Gonet. *Curso de direito constitucional*, p. 1279-1282.

Os princípios são fixados de modo taxativo ou em *numerus clausus*, inadmitindo-se, assim, interpretação tendente a introduzir outro princípio no elenco. Porém, a circunstância de não ser possível pensar em princípio não expresso não elimina a necessidade de se interpretar a essência de cada princípio no quadro da Constituição.

Portanto, não há dúvida que o olhar sobre os princípios, em face de sua limitação aos elencados de forma taxativa, é, por assim dizer, restritivo, mas, para que se possa definir quando os Estado-membros estão a cometer ilicitudes ou a violar dever que lhes foi imposto, é preciso ter em conta o conteúdo e a extensão do preceito que os subordina.

Na visualização dos princípios sensíveis importa ter em conta os seus conteúdos na Constituição, assim como suas relações de interdependência, considerando-se os dispositivos que lhes outorgam densidade normativa e significado.[962]

Importa perceber, especialmente diante da extensão da admissibilidade da representação interventiva perante atos concretos, inclusive de conteúdo omissivo – como demonstrado no item precedente quando lembrado o Pedido de Intervenção 114, do Estado de Mato Grosso –, que é imprescindível bem situar, mediante critérios racionalizados e definidos em precedentes dotados de autoridade sobre o próprio Supremo Tribunal – que os edita –, quando determinado princípio sensível realmente está sendo violado. Para tanto é necessário delimitar não apenas o conteúdo e a relação de interdependência do princípio, como também a força ou a intensidade dos atos de responsabilidade do Estado que, uma vez praticados, podem dar margem à decretação de intervenção.

8.89 Procedimento

Sob o império do art. 119, § 3.º, da CF/1967-1969, o Regimento Interno do STF estabeleceu procedimento único para a representação de inconstitucionalidade em abstrato e para a representação interventiva (arts. 169-175 do RISTF). Após a Lei 9.868/1999, que passou a regular a ação direta de inconstitucionalidade e a ação declaratória de constitucionalidade, o procedimento do Regimento Interno do STF ficou restrito à representação interventiva. No final de 2011, o procedimento da representação interventiva foi regulamentado pela Lei 12.562, de 23.12.2011.

A Lei 12.562/2011, em seu art. 3.º, estabeleceu os requisitos da petição inicial: "I – a indicação do princípio constitucional que se considera violado ou, se for o caso de recusa à aplicação de lei federal, das disposições questionadas; II – a indicação do ato normativo, do ato administrativo, do ato concreto ou da omissão questionados; III – a prova da violação do princípio constitucional ou da recusa de execução de lei federal; IV – o pedido, com suas especificações".

O inciso II deixa claro que a representação interventiva não se limita aos atos normativos, mas pode ser utilizada, na linha do que já decidira o STF na IF 114,[963] diante de atos administrativos, atos concretos e atos omissivos estatais. Lembre-se que, diante da Constituição de 1988, não há razão para subordinar a representação a ato normativo.

---

962. MENDES, Gilmar Ferreira; COELHO, Inocêncio Mártires; BRANCO, Paulo Gustavo Gonet. *Curso de direito constitucional*, p. 1279-1282.

963. IF 114, Pleno, rel. Min. Néri da Silveira, *DJ* 27.09.1996.

CONTROLE DE CONSTITUCIONALIDADE ○ 1319

A prova não é limitada à documental. Esclarece o art. 7.º da Lei 12.562/2011 que, "se entender necessário, poderá o relator requisitar informações adicionais, designar perito ou comissão de peritos para que elabore laudo sobre a questão ou, ainda, fixar data para declarações, em audiência pública, de pessoas com experiência e autoridade na matéria", podendo ainda "ser autorizadas, a critério do relator, a manifestação e a juntada de documentos por parte de interessados no processo" (parágrafo único, art. 7.º). Assim, diante das particularidades de cada caso, podem ser produzidas prova documental, testemunhal e pericial, bem como a ouvida de especialistas na matéria. Aliás, o *caput* do art. 7.º confere ao relator o poder de atuar de ofício, seja para requisitar informações complementares, seja para determinar perícia ou fixar data para a ouvida de especialistas.

O pedido é de declaração de condição para a intervenção federal. Pede-se a declaração da presença de requisito que, no processo político de intervenção, é indispensável para a sua ocorrência, requerendo-se, ainda, que, uma vez declarado o pressuposto para a intervenção, seja o acórdão levado ao conhecimento do Presidente da República para, no prazo improrrogável de até 15 dias, expedir-se decreto de intervenção nos termos dos §§ 1.º e 3.º do art. 36 da CF (art. 11 da Lei 12.562/2011). A declaração, assim, gera dever e responsabilidade, não constituindo mera recomendação.[964]

Se a petição inicial for inepta, se não for caso de representação interventiva ou se faltar requisito para seu processamento, o relator deve liminarmente indeferir a petição inicial, daí cabendo agravo ao Plenário no prazo de cinco dias (art. 4.º da Lei 12.562/2011).

Requerida liminar, o relator poderá ouvir os órgãos ou autoridades responsáveis pelo ato questionado, bem como o Advogado-Geral da União ou o Procurador-Geral da República, no prazo comum de cinco dias (art. 5.º, § 1.º, da Lei 12.562/2011). Não tendo sido requerida liminar, ou após a sua apreciação,[965] o relator solicitará informações à autoridade responsável pela prática do ato impugnado, a qual terá o prazo de dez dias para prestá-las. Após, devem ser ouvidos, sucessivamente, o Advogado-Geral da União e o Procurador-Geral da República, contando, cada um, com o prazo de 10 dias para se manifestar (art. 6.º, § 1.º, da Lei 12.562/2011).

O § 2.º do art. 6.º confere ao relator importante poder processual. Tem este o poder de utilizar os "meios que julgar necessários" – na forma do RISTF – para resolver o conflito que deu origem à representação interventiva. O relator tem o dever de assim agir após a petição inicial ter sido recebida, seja para evitar perturbação política e social durante o tempo de processamento da representação, seja para encontrar elementos que permitam a acomodação da situação de forma menos desgastante aos envolvidos.

Após, requisitadas ou não outras informações adicionais, perícia ou ouvida de especialistas (art. 7.º da Lei 12.562/2011), o relator lançará o relatório, com cópia para todos os Ministros, e pedirá dia para julgamento (art. 8.º da Lei 12.562/2011), que se fará em sessão em que devem estar presentes, no mínimo, oito Ministros (art. 9.º da Lei 12.562/2011).

---

964. Sobre o ponto, v. LEWANDOWSKI, Enrique Ricardo. *Pressupostos materiais e formais da intervenção federal no Brasil*, p. 125 e ss.

965. A liminar só pode ser concedida pelos votos da maioria absoluta dos membros do Tribunal (art. 5.º da Lei 12.562/2011).

8.90 Medida liminar

Sempre houve resistência à admissibilidade de medida liminar na representação interventiva.[966] Alegava-se, basicamente, que a decisão final tem natureza declaratória e que esta não elimina o ato que deu ensejo à ação, mas apenas abre oportunidade para que seja decretada a intervenção.

Nada impede que se conceda tutela provisória em ação declaratória, seja para obstar ou autorizar a prática de atos que não poderiam ou poderiam ser legitimamente praticados caso a declaração já houvesse sido proferida. O problema, no caso de intervenção, não está na natureza declaratória da decisão, mas na peculiaridade de que a decisão não declara algo que não deve ser feito pelo réu ou, meramente, autoriza ato que pode ser praticado pelo autor. Isso, precisamente, porque a declaração, no caso, é pressuposto para a intervenção e não mera declaração de que o autor pode praticar ato. Na ação interventiva, a declaração não serve para eliminar situação de incerteza jurídica e, assim, para apenas legitimar o ato que, não fosse a incerteza criada, já teria sido praticado. A declaração judicial interventiva é condição, imposta pela Constituição (CF, art. 36, III), para que o chefe do Poder Executivo decrete a intervenção, gerando dever e responsabilidade.[967]

Nesse sentido, o óbice para a concessão da medida liminar estaria na circunstância de que o Judiciário apenas declara o pressuposto para o chefe do Poder Executivo agir. Mais claramente, esta situação faz brotar a indagação sobre se o Judiciário pode determinar medida concreta em caso em que a sua decisão final é pressuposto para a atuação do Executivo. Note-se, entretanto, que a pergunta que se impõe é a de se o Judiciário fica, no processo interventivo, limitado a declarar ao final, nada podendo fazer em situações de urgência. Ou melhor, o fato de a intervenção depender de decisão final declaratória retira do Judiciário o poder de acautelar as situações concretas marcadas por perigo de dano? A resposta é negativa. O Judiciário, por ter poder para declarar presente pressuposto para a intervenção, deve agir ao se deparar com circunstância concreta reveladora de atuação estatal urgente. Pensar de forma contrária é, simplesmente, negar a realidade, como se esta não devesse ser levada em consideração antes da decisão declaratória.

Seria possível dizer, ainda, que a suspensão dos efeitos do ato normativo apontado como violador geraria resultado que apenas pode ser obtido mediante a ação direta de inconstitucionalidade, enquanto a ação interventiva se limita a declarar pressuposto para a intervenção federal. É certo que a suspensão dos efeitos de ato normativo estadual pode ser obtida, por meio de liminar, em ação direta de inconstitucionalidade. Ocorre que a ação interventiva, ao ter como pressuposto a prática de ato contrário a princípio constitucional sensível, abre oportunidade para que o chefe do Poder Executivo decrete a intervenção, sustando-se o ato praticado pelo Estado-membro. Assim, embora a decisão final da ação interventiva não

---

966. Assim, por exemplo, RP 96, Pleno, rel. Castro Nunes, *Arquivo Judiciário* 85/32 e ss. Luis Roberto Barroso é objetivo ao repelir a possibilidade de liminar na ação interventiva: "A natureza e a finalidade da ação direta interventiva não são compatíveis com a possibilidade de concessão de medida liminar. Não há como antecipar qualquer tipo de efeito, como a eventual suspensão do ato impugnado, uma vez que a própria decisão de mérito tem como consequência apenas a determinação de que o chefe do Executivo execute a intervenção" (BARROSO, Luis Roberto. *O controle de constitucionalidade no direito brasileiro*, p. 290-291).

967. V. LEWANDOWSKI, Enrique Ricardo. *Pressupostos materiais e formais da intervenção federal no Brasil*, p. 125 e ss.

declare a nulidade do ato, nada impede que se suspenda, por meio de medida liminar, o ato que é dependente da declaração jurisdicional. Nem mesmo se pode alegar que o Estado-membro não está defendendo o ato praticado, pois este é o elemento cuja presença é alegada para legitimar a intervenção.

Na verdade, o real problema da medida liminar na ação interventiva está em sua potencialidade de afetar a autonomia dos Estados-membros. Se a intervenção, decretada após a declaração jurisdicional, constitui figura excepcional e de notável gravidade, é preciso grande cuidado na valoração dos pressupostos da medida cautelar. Essa apenas deve ser concedida quando imprescindível para eliminar situação que traga perigo à sociedade, ao pacto federativo ou ao Estado Democrático de Direito. Isso, porém, nada tem a ver com o cabimento, em tese, da medida liminar, mas com a presença, em concreto, dos seus requisitos autorizadores. Aliás, não se pode negar a utilização de técnica processual sob o argumento de que razões de mérito podem dificultar o deferimento da tutela jurisdicional. Trata-se de planos distintos.

A Lei 12.562/2011 estabelece, em seu art. 5.º, que "o Supremo Tribunal Federal, por decisão da maioria absoluta de seus membros, poderá deferir pedido de medida liminar na representação interventiva". De acordo com o § 2.º do art. 5.º, "a liminar poderá consistir na determinação de que se suspenda o andamento de processo ou os efeitos de decisões judiciais ou administrativas ou de qualquer outra medida que apresente relação com a matéria objeto da representação interventiva".

Portanto, a partir de dezembro de 2011 não há mais dúvida quanto ao cabimento de liminar na representação interventiva. Dúvida pode haver, a partir de agora, acerca de o conteúdo da liminar ter de sempre observar uma das hipóteses traçadas no § 2.º do art. 5.º. Embora tais hipóteses de liminar devam, em regra, constituir tutela jurisdicional adequada, isso não quer dizer que, em casos particulares, necessidades específicas não possam exigir e justificar liminar com conteúdo diverso. A fundamentação da decisão, então, terá de ser capaz de justificar que, em face das peculiaridades do caso, as hipóteses do § 2.º do art. 5.º não se mostram idôneas, devendo ser deferida liminar de diversa feição.

8.91 Decisão e efeitos

A decisão, assim como as decisões de inconstitucionalidade e de constitucionalidade, depende de sessão em que devem estar presentes, no mínimo, oito Ministros (art. 9.º da Lei 12.562/2011). Para se declarar a presença, ou não, de pressuposto para a intervenção – ou seja, recusa à execução de lei federal ou violação de princípio constitucional sensível –, são necessários, no mínimo, seis votos, ou seja, mais da metade dos votos dos Ministros do Tribunal (art. 10 da Lei 12.562/2011). Quando na sessão não estão presentes Ministros cujos votos importam para a tomada da decisão, o julgamento será suspenso à espera dos votos dos Ministros faltantes, até que o julgamento seja proclamado pela maioria de seis votos (art. 10, parágrafo único, da Lei 12.562/2011).

A decisão não é declaratória da nulidade da norma impugnada, como o é a decisão de inconstitucionalidade. Igualmente, a decisão não condena a fazer ou a não fazer. A decisão apenas declara a presença de pressuposto para intervenção. O ato impugnado é afirmado inconstitucional no curso do raciocínio que resulta na conclusão declaratória de condição para intervenção. A decisão não elimina a eficácia do ato que afirma inconstitucional. Este, após a decisão, subsiste. Em suma, almeja-se, mediante a ação, declaração da presença de condição que, no processo político de intervenção, é indispensável à sua realização.

A decisão de improcedência, por outro lado, declara a inexistência de pressuposto para a intervenção, vale dizer, a inexistência de indevida recusa à execução de lei federal ou de violação a princípio constitucional sensível, admitindo-se, dessa forma, a constitucionalidade do ato impugnado.

Os fundamentos determinantes da decisão, assim como os fundamentos determinantes de qualquer decisão do STF, devem ter efeito vinculante,[968] de modo a obrigar os demais tribunais e juízes diante dos fundamentos utilizados pela Corte para tratar da norma impugnada. Assim, se norma de conteúdo idêntico à impugnada, emanada de outro Estado-membro, for levada ao conhecimento de tribunal, esse não poderá se desvincular dos fundamentos adotados pelo STF.

Em relação aos efeitos temporais, poder-se-ia pensar que a decisão que declara pressuposto para a intervenção, afirmando a inconstitucionalidade da norma estadual, tem efeitos retroativos. Note-se, entretanto, que a decisão não declara a inconstitucionalidade da norma, mas apenas a afirma como requisito para a declaração de condição para a intervenção. Se a decisão não é de nulidade da norma, ela não tem como apagar os efeitos que dela derivam. É a decretação da intervenção que, ao sustar a eficácia da norma, possui efeitos retroativos.

XII – CONTROLE DE CONSTITUCIONALIDADE DOS DIREITOS ESTADUAL E MUNICIPAL

8.92 Primeiras considerações[969]

De acordo com o art. 125, § 2.º, da CF, "cabe aos Estados a instituição de representação de inconstitucionalidade de leis ou atos normativos estaduais ou municipais em face da Constituição Estadual, vedada a atribuição da legitimação para agir a um único

---

968. Lembre-se que a questão é controvertida no STF e na doutrina.

969. Sobre o controle de constitucionalidade dos direitos estadual e municipal v., entre outros: VAINER, Bruno Zilberman. Aspectos polêmicos do controle de constitucionalidade em âmbito estadual, *Revista de Direito Constitucional e Internacional* 73/60; CLÈVE, Clèmerson Mérlin. *A fiscalização abstrata de constitucionalidade no direito brasileiro*; RAMOS, Elival da Silva. *Controle de constitucionalidade no Brasil*: perspectivas de evolução; MENDES, Gilmar Ferreira. *Moreira Alves e o controle de constitucionalidade no Brasil*; ____; COELHO, Inocêncio Mártires; BRANCO, Paulo Gustavo Gonet. *Curso de direito constitucional*; WAMBIER, Luiz Rodrigues. Ação direta de inconstitucionalidade por omissão na Constituição Federal e nas Constituições dos Estados-membros, *RT* 685/49; ALMEIDA NETO, Manoel Carlos de. *O novo controle de constitucionalidade municipal*; MAGANO, Paulo Virgílio Bueno. Ação declaratória de inconstitucionalidade face ao Tribunal de Justiça, *RT* 699/44; HORTA, Raul Machado. Poder constituinte do Estado-membro, *Revista de Direito Público* 88/5; FERRARI, Regina Maria Macedo Nery. O Estado federal – Estruturas e características, *Revista de Direito Constitucional e Internacional* 2/88; ____. *Controle da constitucionalidade das leis municipais*; NERY, Rosa Maria Barreto Borriello de Andrade. Ação direta de inconstitucionalidade na Constituição Estadual: a inconstitucionalidade do art. 51, parágrafo único, da Constituição do Estado de São Paulo (Emenda 2, de 30 de outubro de 1969), *RePro* 38/7; ESPÍNDOLA, Ruy Samuel. Jurisdição constitucional estadual: notas para compreender sua problemática no âmbito da federação brasileira, *Revista de Direito Constitucional e Internacional* 49/50.

órgão". As Constituições estaduais, em maior ou menor medida, disciplinaram o controle abstrato de constitucionalidade de leis e atos normativos municipais e estaduais, restando os Tribunais de Justiça com a competência para julgar as ações diretas. Algumas Constituições estaduais, além de instituírem a ação direta de inconstitucionalidade de lei ou ato normativo, erigiram a ação direta de inconstitucionalidade por omissão e, algumas poucas, a arguição de descumprimento de preceito fundamental.

Tem-se aí, assim, ao lado da jurisdição constitucional exercida pelo STF, a jurisdição constitucional desempenhada pelos Tribunais de Justiça. Enquanto o controle de constitucionalidade, no âmbito do STF, recai sobre lei ou ato normativo federal e estadual, o objeto do controle, perante os Tribunais de Justiça, é a lei ou o ato normativo estadual ou municipal. Além disso, as duas formas de controle tomam em consideração parâmetros de controle distintos. O controle de constitucionalidade, no STF, tem como parâmetro a Constituição Federal, ao passo que o parâmetro de controle, nos Tribunais de Justiça, é a Constituição Estadual.

8.93 Norma estadual e duplicidade de controle de constitucionalidade

Como se vê, tratando-se de norma estadual, há duas possibilidades de controle de constitucionalidade, uma vez que a norma estadual pode ser confrontada com a Constituição Estadual e com a Constituição Federal. Há, assim, uma duplicidade de tutela ou proteção jurisdicional.

Quando os parâmetros de controle, tratando-se de uma mesma norma, são substancialmente distintos, não há sequer por que questionar a possibilidade de se ter o controle de constitucionalidade no STF e no Tribunal de Justiça.

Determinada lei estadual pode ser considerada congruente com a Constituição Federal, porém ser incompatível com a Constituição Estadual. Assim, quando os parâmetros de controle são distintos, é obviamente possível haver duas ações de inconstitucionalidade. Daí por que o julgamento de improcedência de uma das ações em nada afeta a outra. Do mesmo modo, a eventual concessão de medida liminar, numa ação direta, não interfere sobre o desenvolvimento da outra. Quando uma ação direta é julgada procedente, declarando-se a nulidade da norma impugnada, não há propriamente interferência do resultado de uma ação em outra, mas sim perda de objeto da ação ainda em desenvolvimento.

O problema surge quando os parâmetros de controle são substancialmente idênticos. O denominado "poder constituinte decorrente" dos Estados-membros é um poder subordinado e limitado à Constituição Federal, devendo, neste sentido, não apenas não contrariar, como também concretizar as suas normas. De modo que as Constituições Estaduais possuem várias normas que reprisam e enfatizam as normas da Constituição Federal, ou mesmo a elas remetem.

Determinadas normas das Constituições estaduais reproduzem, imitam ou fazem remissão às normas da Constituição Federal. Nessa perspectiva, é natural que surja a questão respeitante à possibilidade de haver normas estaduais deste porte como parâmetro de controle de constitucionalidade. É que nestes casos se poderia estar conferindo ao Tribunal de

Justiça competência para confrontar lei municipal ou estadual diretamente com a Constituição Federal.[970]

O STF chegou a decidir que a reprodução de normas constitucionais obrigatórias em todos os níveis da Federação seria ociosa em termos estritamente jurídicos, e que, por consequência, o Tribunal de Justiça não teria competência para conhecer de representação de inconstitucionalidade de lei estadual ou municipal em face de parâmetros formalmente estaduais, porém substancialmente integrantes da Constituição Federal.[971]

A decisão foi tomada no julgamento da Rcl 370, apresentada pela Assembleia Legislativa do Estado do Mato Grosso e pelo Fundo de Assistência Parlamentar – FAP diante de representação de inconstitucionalidade proposta perante o TJMT. O Min. Octavio Gallotti, relator da Reclamação, julgou-a procedente sob o fundamento de que os preceitos da Constituição Estadual invocados na representação de inconstitucionalidade seriam despidos de conteúdo jurídico autônomo. Em suas palavras: "Nenhum dos dispositivos da Constituição de Mato Grosso, invocados pelo Partido dos Trabalhadores, possui, portanto, conteúdo próprio ou autônomo, suscetível de dissociar-se da Constituição Federal, de que são todos eles de imediata e servil consequência. Verifica-se, então, sem maior esforço, que a verdadeira causa de pedir é a incompatibilidade do ato normativo estadual perante a Constituição Federal, o que, em sede de ação direta, só se inscreve na competência do Supremo Tribunal (CF, art. 102, I, *a* e *p*), não na consentida aos Tribunais estaduais (art. 125, § 2.º)".[972]

O Min. Sepúlveda Pertence, ao acompanhar o relator, advertiu que "a coincidência de umas com as outras não decorreu de simples imitação, autonomamente decidida, de regras constitucionais da União pela Constituição do Estado, mas, sim, da reprodução nesta de normas e princípios daquela, que, reproduzidos ou não no texto constitucional local, seriam de absorção necessária pelo ordenamento jurídico do Estado-membro".[973] Assim, frisou a distinção entre *normas de imitação*, que seriam aquelas derivadas da autonomia do Estado-membro como cópias das normas superiores por influência destas, e, por isso, consideradas para todos os efeitos normas constitucionais estaduais, e *normas de reprodução*, que não retratariam normas de imitação por vontade do Estado-membro, mas sim normas ociosas de reprodução das normas constitucionais federais, as quais, reproduzidas ou não pela Constituição Estadual, incidiriam com a mesma força sobre a ordem jurídica local. Disse o Min. Sepúlveda que essas normas de reprodução, "que talvez fosse melhor chamar de normas federais de absorção compulsória, não são, sob o prisma jurídico, preceitos estaduais; e, consequentemente, a violação delas, não apenas pelo constituinte local, mas também por todas as instâncias locais de criação ou execução normativas, traduz ofensa à Constituição Federal – da qual, e unicamente da qual, deriva a vinculação direta e imediata ao seu

---

970. Rcl 370, Pleno, rel. Min. Octavio Gallotti, j. 09.04.1992, *DJ* 29.06.2001.

971. Idem.

972. O Min. Carlos Velloso, acompanhando o voto do relator, observou que, "se o Tribunal de Justiça Estadual, decidindo a ação direta que lhe foi apresentada, expede uma certa decisão a respeito, com efeitos *erga omnes*, haverá de cercear a competência do STF, porque, no fundo, o conflito é mesmo com a Constituição Federal. E o STF haverá, nesse ponto, de construir, sob pena de a Constituição Federal receber, indiretamente, reflexamente, diversas interpretações nos diversos Estados-membros, de forma definitiva" (Rcl 370, Pleno, rel. Min. Octavio Gallotti, j. 09.04.1992, *DJ* 29.06.2001).

973. Rcl 370, Pleno, rel. Min. Octavio Gallotti, j. 09.04.1992, *DJ* 29.06.2001.

conteúdo de todos os órgãos do ordenamento estadual", razões estas que determinam a competência do STF para o conhecimento da controvérsia constitucional.[974]

Tal entendimento foi superado na Rcl 383, de relatoria do Min. Moreira Alves, que não participara do julgamento da Rcl 370. Afirmou o Min. Moreira Alves constituir "petição de princípio dizer-se que as normas das Constituições estaduais que reproduzem, formal ou materialmente, princípios constitucionais federais obrigatórios para todos os níveis de governo na Federação são inócuas, e, por isso mesmo, não são normas jurídicas estaduais, até por não serem jurídicas, já que jurídicas, e por isso eficazes, são as normas da Constituição Federal reproduzidas, razão por que não se pode julgar, com base nelas, no âmbito estadual, ação direta de inconstitucionalidade, inclusive, por identidade de razão, a que tenha finalidade interventiva".[975] Advertiu o Ministro que as normas constitucionais estaduais "não são normas secundárias que correm necessariamente a sorte das normas primárias, como sucede com o regulamento, que caduca quando a lei regulamentada é revogada. Tratando-se de norma ordinária de reprodução ou de norma constitucional estadual da mesma natureza, por terem eficácia no seu âmbito de atuação, se a norma constitucional federal reproduzida for revogada, elas, por terem eficácia no seu âmbito de atuação, persistem como normas jurídicas que nunca deixaram de ser. Os princípios reproduzidos, que, enquanto vigentes, se impunham obrigatoriamente por força apenas da Constituição Federal, quando revogados, permanecem, no âmbito de aplicação das leis ordinárias federais ou constitucionais estaduais, graças à eficácia delas resultante".[976]

O precedente firmado na Rcl 383 deixou clara a autonomia dos parâmetros de controle federal e estadual. De modo que, se a inconstitucionalidade é invocada diante do parâmetro federal, competente é o STF, ocorrendo o inverso quando o parâmetro é estadual, hipótese em que a competência é do Tribunal de Justiça. Entende-se, em outras palavras, que a competência que se define pela causa de pedir da ação direta de inconstitucionalidade, no exato momento em que se deduz o parâmetro para o controle de constitucionalidade.[977]

Tal raciocínio se aplica tanto às normas constitucionais federais de observância obrigatória reproduzidas nas Constituições estaduais – ditas normas de reprodução – quanto às normas constitucionais federais não obrigatórias "imitadas" pelas Constituições estaduais – chamadas de normas de imitação.

---

974. Idem.

975. "Reclamação com fundamento na preservação da competência do STF. Ação direta de inconstitucionalidade proposta perante Tribunal de Justiça na qual se impugna lei municipal sob a alegação de ofensa a dispositivos constitucionais estaduais que reproduzem dispositivos constitucionais federais de observância obrigatória pelos Estados. Eficácia jurídica desses dispositivos constitucionais estaduais. Jurisdição constitucional dos Estados-membros. Admissão da propositura da ação direta de inconstitucionalidade perante o Tribunal de Justiça local, com possibilidade de recurso extraordinário se a interpretação da norma constitucional estadual, que reproduz a norma constitucional federal de observância obrigatória pelos Estados, contrariar o sentido e o alcance desta. Reclamação conhecida, mas julgada improcedente" (Rcl 383, Pleno, rel. Min. Moreira Alves, DJ 21.05.1993).

976. Rcl 383, Pleno, rel. Min. Moreira Alves, DJ 21.05.1993.

977. Rcl 588, Pleno, rel. Min. Marco Aurélio, DJ 04.04.1997. V., ainda, RE 650.898, Pleno, rel. Min. Marco Aurélio, Redator: Min. Roberto Barroso: "Tribunais de Justiça podem exercer controle abstrato de constitucionalidade de leis municipais utilizando como parâmetro normas da Constituição Federal, desde que se trate de normas de reprodução obrigatória pelos Estados."

Quanto às normas remissivas, cabe lembrar a Rcl 4.432, em que se discutiu a constitucionalidade de normas do Município de Palmas em face do art. 69, *caput*, da Constituição Estadual de Tocantins, cuja redação é a seguinte: "Sem prejuízo de outras garantias asseguradas ao contribuinte, aplicam-se ao Estado e aos Municípios as vedações ao poder de tributar, previstas no art. 150 da CF". Esta norma é, exatamente, o que se denomina "norma de caráter remissivo". Remete, ao disciplinar os limites ao poder de tributar, para o art. 150 da CF. A norma remissiva se contrapõe à norma material, pois, ao contrário da última, não é suficiente, por si, para regulamentar determinada questão, tendo que, na verdade, aludir à norma material, que, então, define ou aperfeiçoa a regulação da matéria. Isso frequentemente ocorre no âmbito das Constituições dos Estados. Na Rcl 4.432, o Min. Gilmar Mendes indagou se as normas remissas constantes das Constituições estaduais configurariam parâmetro normativo idôneo para o efeito de se proceder ao controle de leis estaduais ou municipais diante dos Tribunais de Justiça. Lembrou, referindo-se à autorizada doutrina, que a norma constitucional estadual de remissão, na condição de norma dependente, toma de empréstimo um determinado elemento da norma constitucional federal remetida, não se fazendo completa senão em combinação com este componente normativo externo ao texto da Constituição Estadual, o que, entretanto, não retira a sua força normativa, que, uma vez conjugada com a norma à qual se refere, goza de todos os atributos de uma norma jurídica.[978] Ainda aludindo à doutrina de Leo Leoncy [*Controle de constitucionalidade estadual*], deixou claro que "se uma norma estadual ou municipal viola ou não uma proposição constitucional estadual remissiva é circunstância que apenas se saberá após a combinação entre norma remissiva e norma remetida, que é o que vai determinar o alcance normativo do parâmetro de controle a ser adotado. Entretanto, uma vez determinado esse alcance, a anulação da norma estadual ou municipal por violação a tal parâmetro nada mais é do que uma consequência da supremacia da Constituição Estadual no âmbito do Estado-membro. Em outras palavras, as consequências jurídicas decorrentes de eventual violação à proposição remissiva constante da Constituição Estadual derivam da própria posição hierárquico-normativa superior desta no âmbito do ordenamento jurídico do Estado-membro, e não da norma da Constituição Federal a que se faz referência. Assim, se as proposições remissivas constantes das diversas Constituições Estaduais, apesar de seu caráter dependente e incompleto, mantêm sua condição de proposições jurídicas, não haveria razão para se lhes negar a condição de parâmetro normativo idôneo para se proceder, em face delas, ao controle abstrato de normas perante os Tribunais de Justiça".[979]

Existem dois parâmetros de controle – a Constituição Estadual e a Constituição Federal – das leis e atos normativos estaduais. O fato de uma norma constitucional estadual ter a mesma substância de norma constitucional federal não retira a qualidade de parâmetro de constitucionalidade da norma estadual ou elimina a possibilidade de se requerer o controle de constitucionalidade em face da Constituição Estadual. Retenha-se o ponto: a Constituição Federal – art. 125, § 2.º – instituiu uma dupla forma de controle da lei ou do ato normativo estadual. Pouco importa, assim, se a norma constitucional estadual reproduz ou imita norma constitucional federal.

Portanto, assim como ocorre nos casos em que os parâmetros de controle são distintos, é possível propor ação direta de inconstitucionalidade no Tribunal de Justiça e no STF. No

---

978. Rcl 4.432, rel. Min. Gilmar Mendes, decisão monocrática de improcedência, *DJ* 10.10.2006.
979. Idem.

CONTROLE DE CONSTITUCIONALIDADE 1327

caso de improcedência em um dos Tribunais, a ação direta ainda poderá ser proposta no outro. Na hipótese de procedência, declarando-se a nulidade da norma, a outra ação perde o seu objeto e, quando ainda não proposta, fica obstada por ausência de interesse de agir.

Quando as ações coexistem no Tribunal de Justiça e no STF, certamente não há como pensar em litispendência. Neste caso, tem-se entendido que o processo que está no Tribunal de Justiça deve ser suspenso, como ocorreu na ADIn 1.423. Trata-se de questão complexa, dada a admissibilidade de que os parâmetros de constitucionalidade são autônomos. Na verdade, a suspensão é aceitação implícita de que a decisão do STF se sobrepõe à decisão do Tribunal de Justiça.

Nesta linha, importa questionar, com maior atenção, a qualidade da eficácia da decisão de improcedência no STF, ou seja, se esta vincula, e em que medida, o Tribunal estadual que se confronta com a mesma *norma objeto* em face da Constituição Estadual.

A decisão de improcedência afirma a constitucionalidade da norma em face de parâmetro autônomo. Bem por isso, como já dito, tal decisão não obsta à propositura de ação direta, relativa à mesma norma, em face de outro parâmetro de constitucionalidade. Sucede que, tratando-se de parâmetros substancialmente idênticos, os fundamentos da decisão que reconhece a constitucionalidade perante a Constituição Federal são obviamente relevantes quando o Tribunal de Justiça se depara com a mesma lei. São, em verdade, fundamentos imprescindíveis para o Tribunal de Justiça concluir e decidir, qualificando-se, assim, como *ratio decidendi* ou fundamentos determinantes da decisão.

A decisão de improcedência, afirmando a constitucionalidade, obviamente constitui precedente constitucional, possuindo, como não poderia deixar de ser, fundamentos determinantes. É o bastante para vincular os Tribunais inferiores diante de questão constitucional substancialmente idêntica. Não há dúvida que a questão constitucional, posta perante o Tribunal de Justiça a partir de parâmetro de controle *substancialmente* idêntico, é a mesma que foi colocada sob julgamento no STF. A circunstância de o parâmetro de controle ser *formalmente* distinto impede que se alegue coisa julgada material como óbice à ação direta a ser proposta no Tribunal de Justiça, mas não impede que se argua o efeito vinculante dos motivos determinantes da decisão proferida no STF. O efeito vinculante dos motivos determinantes tem a ver com a *substância* do parâmetro de controle.

8.94 Decisão de (in)constitucionalidade de norma constitucional estadual, em face da Constituição Federal, em ação direta de inconstitucionalidade proposta perante o Tribunal de Justiça

Na ação direta de inconstitucionalidade proposta perante o Tribunal de Justiça há que se tomar em consideração, necessariamente, a Constituição Estadual. Entretanto, o problema para decidir pode não ficar restrito à valoração da norma impugnada diante da Constituição, mas exigir a análise da constitucionalidade do próprio parâmetro de controle, ou seja, da norma constitucional estadual perante a Constituição Federal.

O Tribunal de Justiça, durante o curso da ação direta de inconstitucionalidade, pode examinar de ofício a constitucionalidade da norma constitucional estadual invocada como parâmetro de controle. Ao decidir, estará julgando à luz da Constituição Federal e, por isso, caberia a alegação de estar usurpando a competência do STF – que, como se sabe, tem a incumbência de realizar o controle de constitucionalidade em face da Constituição Federal.

Na Rcl 526, o STF decidiu que o Tribunal de Justiça pode apreciar em caráter incidental, em representação de inconstitucionalidade de sua competência, a constitucionalidade de norma da Constituição Estadual em face da Constituição Federal. Entendeu-se não ter ocorrido usurpação da competência do Supremo ao ter o TJSP rejeitado a alegação incidente de que determinado artigo da Constituição do Estado de São Paulo seria inconstitucional em face da Constituição Federal. Admitiu-se, assim, em representação de inconstitucionalidade ajuizada perante Tribunal de Justiça, o controle incidental de norma estadual em face da Constituição Federal.[980]

Se o Tribunal de Justiça reconhecer a constitucionalidade do parâmetro de constitucionalidade, deverá prosseguir no julgamento, decidindo sobre a constitucionalidade da norma impugnada pela ação direta. Em caso contrário, o Tribunal de Justiça reconhecerá que a norma constitucional estadual é incompatível com a Constituição Federal e, portanto, que a norma impugnada não pode ser objeto de controle perante ela.

Em hipóteses como esta, reconheça-se a constitucionalidade ou a inconstitucionalidade do direito constitucional estadual perante a Constituição Federal, cabe recurso extraordinário ao STF.

8.95 Norma constitucional de reprodução e interpretação incompatível com a Constituição Federal. Cabimento de recurso extraordinário

Na ação direta, proposta em face de norma constitucional estadual de reprodução, o Tribunal de Justiça, como é evidente, corre o risco de realizar interpretação em desacordo com a Constituição Federal. Dessa forma, cabe recurso extraordinário para se postular ao STF a análise da legitimidade, perante a Constituição Federal, do sentido atribuído à norma estadual.

Proposta ação direta, perante Tribunal de Justiça, pedindo-se a declaração de inconstitucionalidade de lei municipal ou estadual em face de norma estadual de reprodução, poderá o Tribunal, ao reconhecer a inconstitucionalidade da lei, outorgar à norma estadual sentido incompatível com a norma da Constituição Federal. Em outras palavras, o Tribunal de Justiça, ao julgar a ação direta em face de norma de reprodução, poderá violar a norma da Constituição Federal reproduzida. Daí a necessidade de recurso extraordinário, interposto em ação direta de inconstitucionalidade de lei municipal ou estadual.[981]

---

980. "Reclamação. Inexistência de atentado à autoridade do julgado desta Corte na ADIn 347, porquanto, no caso, a ação direta de inconstitucionalidade foi proposta com a arguição de ofensa à Constituição Estadual, e não à Federal, e julgada procedente por ofensa ao art. 180, VII, da Carta Magna do Estado de São Paulo. Não ocorrência de usurpação da competência desta Corte por ter o Tribunal de Justiça rejeitado a alegação incidente de que o citado artigo da Constituição do Estado de São Paulo seria inconstitucional em face da Carta Magna Federal. Controle difuso de constitucionalidade em ação direta de inconstitucionalidade. Competência do Tribunal de Justiça. Reclamação improcedente" (Rcl 526, Pleno, rel. Min. Moreira Alves, *DJ* 04.04.1997).

981. Lembre-se o que disse o Min. Moreira Alves na Rcl 383: "Nas ações diretas de inconstitucionalidade estaduais, em que lei municipal ou estadual seja considerada inconstitucional em face de preceito de Constituição Estadual que reproduza preceito central da Constituição Federal, nada impede que nessa ação se impugne, como inconstitucional, a interpretação que se dê ao preceito de reprodução existente na Consti-

8.96 Ação de inconstitucionalidade por omissão nos Estados-membros

Lembre-se de que, segundo o art. 125, § 2.º, da CF, "cabe aos Estados a instituição de representação de inconstitucionalidade de leis ou atos normativos estaduais ou municipais em face da Constituição Estadual, vedada a atribuição da legitimação para agir a um único órgão". A norma constitucional fala clara e expressamente em "leis ou atos normativos". Nesta perspectiva, cabe perguntar se, ainda assim, os Estados-membros estão autorizados a instituir ação de inconstitucionalidade por omissão, conforme, aliás, já fizeram vários Estados em suas Constituições.

Como já dito, uma norma pode ser insuficiente para responder ao desejo constitucional, seja por ter baixa intensidade de proteção ou de satisfação da norma constitucional – quando há omissão parcial no plano vertical –, seja, ainda, por conferir a vantagem albergada na norma constitucional apenas a um grupo ou parcela de pessoas, esquecendo-se, mediante violação à igualdade, da universalidade dos seus beneficiários – hipótese de omissão parcial no plano horizontal.

Quando há omissão parcial, ao mesmo tempo que se vê inadequada proteção ou ausência de tutela, enxerga-se deficiência na própria norma. É possível ver, conforme o ângulo de que se olha, inconstitucionalidade por omissão e inconstitucionalidade por ação. Trata-se, por assim dizer, de duas faces de uma mesma moeda. Decorrência disso é que se pode pensar em afirmar a inconstitucionalidade da norma ou a inconstitucionalidade da insuficiência da norma.

Estando-se atento à norma do art. 125, § 2.º, da CF, que diz caber aos Estados a instituição de representação de inconstitucionalidade de leis ou atos normativos estaduais ou municipais em face da Constituição Estadual, correto é admitir que, da mesma forma que é possível instituir ação de inconstitucionalidade de lei insuficiente, viável é instituir ação de inconstitucionalidade por omissão ou por falta de proteção legislativa.[982]

8.97 Ação direta de constitucionalidade nos Estados-membros

Se o art. 125, § 2.º, da CF afirma que cabe aos Estados a instituição de representação de inconstitucionalidade de leis ou atos normativos estaduais ou municipais em face da Constituição Estadual, há de se indagar se os Estados têm autorização para instituir ação direta de constitucionalidade, em face da Constituição Estadual, de leis ou atos normativos estaduais ou municipais.

---

tuição do Estado por ser ela violadora da norma reproduzida, que não pode ser desrespeitada, na Federação, pelos diversos níveis de governo. E a questão virá a esta Corte, como, aliás, tem vindo, nos vários recursos extraordinários interpostos em ações diretas de inconstitucionalidade de leis locais em face da Constituição Federal ajuizadas nas cortes locais, a questão da impossibilidade jurídica dessas arguições (RREE 91.740, 93.088 e 92.169, que foram todos conhecidos e providos)" (Rcl 383, Pleno, rel. Min. Moreira Alves, *DJ* 21.05.1993). Recentemente decidiu-se pela possibilidade de julgamento monocrático de recurso extraordinário oriundo de ação de controle concentrado estadual de dispositivo de reprodução obrigatória na hipótese em que a decisão impugnada reflita pacífica jurisprudência do STF sobre o assunto (STF, RE 376.440 ED, Pleno, rel. Min. Dias Toffoli, *DJe* 13.11.2014).

982. MENDES, Gilmar Ferreira; COELHO, Inocêncio Mártires; BRANCO, Paulo Gustavo Gonet. *Curso de direito constitucional*, p. 1.371-1.373.

Na ação direta de inconstitucionalidade, o Tribunal pode declarar a inconstitucionalidade ou a constitucionalidade de norma, conforme a sentença seja de procedência ou de improcedência. A sentença de improcedência, ao afirmar a constitucionalidade, também produz efeitos vinculantes. De modo que, ao se autorizar a criação de ação de inconstitucionalidade, admite-se ao Judiciário prestar tutelas jurisdicionais de declaração de inconstitucionalidade e de declaração de constitucionalidade. Isso, portanto, é o bastante para se entender que os Estados podem, a partir do art. 125, § 2.º, da CF, instituir ação de constitucionalidade.

É verdade que a razão para a ação declaratória de constitucionalidade agrega um complicador, já que, para tanto, é necessário haver dúvida ou incerteza sobre o que é presumido, ou seja, sobre a constitucionalidade da norma. Bem por isso, o art. 14, III, da Lei 9.868/1999 exige, para o cabimento da ação, "controvérsia *judicial* relevante". Se determinada norma é posta sob suspeita por decisões judiciais, advindas de órgãos judiciais diversos, surge interesse em pedir declaração acerca da sua constitucionalidade. Tais decisões infirmam a presunção de constitucionalidade, colocando sob fundada dúvida a legitimidade e a eficácia da lei e trazendo, por consequência, grave insegurança jurídica. Assim, a ação declaratória de constitucionalidade objetiva deixar fora de dúvida a legitimidade constitucional do produto do parlamento.

Portanto, se a ação direta de inconstitucionalidade permite a declaração, de forma imediata e ampla, de nulidade de lei que, não obstante ser inconstitucional, está a produzir efeitos, a ação declaratória de constitucionalidade possui a mesma qualidade, pois, dotada de técnica processual amplificadora da decisão e também vinculante, viabiliza a eliminação da incerteza que paira sobre a constitucionalidade de lei, impedindo que situações sejam consolidadas e pessoas de boa-fé pratiquem atos a partir de norma que, mais tarde, possa vir a ser declarada inconstitucional, com as perversas consequências daí decorrentes, próprias aos efeitos *ex tunc* da decisão.

8.98 Efeitos da decisão proferida em sede de ação direta de âmbito estadual

A decisão proferida na ação direta de inconstitucionalidade, proposta perante Tribunal de Justiça, produz efeitos *erga omnes*. Não é exato dizer que a decisão proferida na ação direta que questiona norma perante determinada Constituição Estadual tenha eficácia geral ou *erga omnes* limitada ao âmbito do respectivo Estado. A eficácia *erga omnes* nada tem a ver com o território do Estado da Constituição que constituiu parâmetro de controle ou em que está sediado o Tribunal de Justiça. Eficácia *erga omnes* ou geral é eficácia que diz respeito a todos os potenciais sujeitos da norma que foi questionada mediante a ação direta. Portanto, a eficácia *erga omnes* se estende a todos aqueles que possam se ver diante da norma objeto da ação direta proposta no Tribunal de Justiça do Estado. Assim, quanto à coletividade, a eficácia *erga omnes* é, antes de tudo, eficácia natural decorrente da decisão prolatada na ação de inconstitucionalidade.

Isso não quer dizer, como é óbvio, que a eficácia *erga omnes* de decisão proferida em ação direta de inconstitucionalidade respeitante a lei confrontada diante de determinada Constituição Estadual tenha eficácia *erga omnes* diante de lei e norma de reprodução idêntica de outro Estado da Federação. A eficácia *erga omnes* diz respeito à específica lei objeto da ação direta de inconstitucionalidade.

Sucede que, conforme antes dito, a decisão proferida na ação direta de inconstitucionalidade pode ser impugnada mediante recurso extraordinário ao STF, sob a alegação de ter atribuído à norma de reprodução sentido que viola a norma reproduzida, contida na Constituição Federal.

Neste caso, o STF, para decidir, terá de sobrepor a norma federal à norma estadual, e, assim, realizar juízo sobre a norma da Constituição Federal, atribuindo-lhe sentido. Assim, a decisão, embora tomada em recurso extraordinário que diz respeito a norma estadual específica, analisará a questão constitucional federal, ou seja, o sentido da própria norma da Constituição Federal.

Portanto, a decisão, embora continue a produzir efeitos *erga omnes* em relação à norma estadual específica confrontada com a respectiva Constituição, produz eficácia vinculante, diante de leis e normas constitucionais formalmente distintas, em relação a todos os juízes e tribunais do País. Em face de leis e normas de reprodução substancialmente idênticas, ainda que oriundas de outro Estado da Federação, valem os fundamentos determinantes da decisão do STF. Possuem eles eficácia vinculante em relação aos demais juízes e tribunais que possam se deparar com normas de reprodução substancialmente idênticas. Os fundamentos determinantes da decisão do STF, relativos à norma federal reproduzida, vinculam a interpretação de todas as normas estaduais de reprodução.

O STF já teve oportunidade de abordar a questão. Isso ocorreu no RE 187.142, interposto em representação de inconstitucionalidade proposta perante o Tribunal de Justiça do Rio de Janeiro, em que foi pronunciada a inconstitucionalidade de normas do Ato das Disposições Transitórias da Lei Orgânica do Município do Rio de Janeiro.[983] Ao dar provimento ao recurso extraordinário para declarar a inconstitucionalidade das normas municipais, argumentou o STF que a sua decisão estava a substituir a decisão do Tribunal de Justiça, proferida em sede de controle concentrado. Afirmou-se que, embora a questão tivesse chegado ao Supremo Tribunal mediante recurso extraordinário, o processo não tinha perdido a sua natureza objetiva e o controle de constitucionalidade ainda possuía caráter concentrado, advertindo-se que, como estava em questão norma da Constituição Estadual que reproduzia norma da Constituição Federal, e a decisão, assim, tinha repercussão no âmbito federal, a extensão da eficácia *erga omnes* seria nacional e não apenas estadual.[984]

---

983. "Estado do Rio de Janeiro. Lei Orgânica do Município da Capital, de 05.04.1990, arts. 25 e 27. Dispositivos que se mostram incompatíveis com a Constituição Federal. No primeiro caso, por haverem legitimado acumulações não contempladas nos §§ 1.º e 2.º do art. 17 do texto transitório; e, no segundo, por ofensa ao art. 37, II, do texto permanente da Carta da República. Recurso extraordinário provido, com declaração da inconstitucionalidade dos dispositivos impugnados" (RE 187.142, Pleno, rel. Min. Ilmar Galvão, *DJ* 02.10.1998).

984. "O Tribunal, por votação unânime, conheceu do recurso extraordinário e lhe deu provimento para declarar a inconstitucionalidade dos arts. 25, 27 e parágrafos, do ADCT da Lei Orgânica do Município do Rio de Janeiro, de 05.04.1990. Votou o presidente. E, em questão de ordem levantada pelo Presidente (Min. Moreira Alves), decidiu que a decisão tomada, como a presente, em recurso extraordinário interposto em ação direta de inconstitucionalidade estadual, tem eficácia *erga omnes*, por se tratar de controle concentrado, eficácia essa que se estende a todo o território nacional. Ausentes, justificadamente, os Ministros Carlos Velloso e Celso de Mello, presidente. Presidiu o julgamento o Min. Moreira Alves. Plenário, 13.08.1998" (RE 187.142, Pleno, rel. Min. Ilmar Galvão, *DJ* 02.10.1998).

Chegou-se à eficácia *erga omnes* quando, na verdade, se estava diante da eficácia vinculante dos fundamentos determinantes. Se o objeto da ação direta é determinada lei local confrontada com Constituição Estadual e a decisão de inconstitucionalidade, como é óbvio, é da lei local específica, a eficácia *erga omnes* pertine a esta lei, nada tendo a ver com o sentido atribuído à norma da Constituição Federal que deve ser reproduzida nas Constituições estaduais.

O sentido da norma da Constituição Federal não está no dispositivo da decisão, de que defluem os efeitos *erga omnes*. No dispositivo está, isso sim, a inconstitucionalidade da específica lei local. O sentido da norma da Constituição Federal, ou seja, a solução da questão constitucional que envolve a lei local declarada inconstitucional, encontra-se nos fundamentos determinantes da decisão. São os fundamentos determinantes da decisão de inconstitucionalidade de lei local em face de norma de reprodução que podem dirigir, e assim vincular, o raciocínio dos demais tribunais estaduais que se confrontarem com norma de reprodução idêntica. Isso porque, bem vistas as coisas, o STF trata, nos fundamentos da decisão de inconstitucionalidade da lei local, da questão constitucional que empresta sentido à norma de reprodução.

XIII – Controle de convencionalidade

8.99 Introdução. Hierarquia normativa dos tratados internacionais dos direitos humanos

Tem importância, diante da jurisdição do Estado contemporâneo, investigar a possibilidade de controle jurisdicional da lei a partir dos tratados ou convenções internacionais de direitos humanos.[985]

---

985. SUDRE, Frédéric. *A propos du "dialogue de juges" et du controle de conventionnalité*; SHAHABUDDEEN, Mohamed. *Precedent in the World Court*; RAMOS, André de Carvalho. *Teoria geral dos direitos humanos na ordem internacional*; PIOVESAN, Flávia. *Direitos humanos e o direito constitucional internacional*, 7 ed..; TRINDADE, Antônio Augusto Cançado. *A interação entre direito internacional e o direito interno na proteção dos direitos humanos, Arquivos do Ministério da Justiça* 182/27-54; CANTOR, Ernesto Rey. Controles de convencionalidad de las leyes. In: MAC-GREGOR, Eduardo Ferrer; LELLO DE LARREA, Arturo Zaldívar (Coord.). *La ciencia del derecho procesal constitucional – Estudios en homenaje a Héctor Fix-Zamudio en sus cincuenta años como investigador del derecho*, p. 225-262; SAGUÉS, Néstor Pedro. El "control de convencionalidad" como instrumento para la elaboración de un ius commune interamericano. In: BOGDANDY, Armin Von; MAC-GREGOR, Eduardo Ferrer; ANTONIAZZI, Mariela Morales (Coord.). *La justicia constitucional y su internacionalización ¿Hacia un ius contitutionale commune en América Latina?* t. II, p. 449-468; LÁZARO, María Carmelina Londoro. El principio de legalidad y el control de convencionalidad de las leyes: confluencias y perspectivas en el pensamiento de la Corte Interamericana de Derechos Humanos, *Boletín Mexicano de Derecho Comparado* 128/761-814; HITTERS, Juan Carlos. Control de constitucionalidad y control de convencionalidad. Comparación (critérios fijados por la Corte Interamericana de Derechos Humanos). *Estudios constitucionales*, vol. 7, n. 2, p. 109-128; BREWER-CARÍAS, Allan R. La aplicación de los tratados internacionales sobre derechos humanos en el orden interno, *Revista Iberoamericana de Derecho Procesal Constitucional* 6/29 e ss.

CONTROLE DE CONSTITUCIONALIDADE ○ 1333

É evidente que essa investigação requer a prévia análise do *status* normativo dos tratados de direitos humanos em face da ordem jurídica brasileira. Caso o direito internacional dos direitos humanos seja equiparado à lei ordinária, obviamente não há como pensar em alçá-lo ao patamar de parâmetro de controle. Não obstante, especialmente diante da decisão tomada pelo STF no RE 466.343,[986] em que se discutiu a legitimidade da prisão civil do depositário infiel em face do Pacto Internacional dos Direitos Civis e Políticos e da Convenção Americana sobre Direitos Humanos (Pacto de San José da Costa Rica), é importante considerar duas posições que elevam o direito internacional dos direitos humanos a um patamar superior, dando-lhe a condição de direito que permite o controle de legitimidade da lei ordinária. A posição que restou majoritária no julgamento do recurso extraordinário, capitaneada pelo Min. Gilmar Mendes, atribuiu aos tratados internacionais de direitos humanos um *status* normativo supralegal, enquanto a posição liderada pelo Min. Celso de Mello conferiu-lhes estatura constitucional. Ao lado dessas posições, cabe ressaltar, também, a que sustenta a supraconstitucionalidade desses tratados internacionais.[987]

O STF manteve, por bom período de tempo, o entendimento de que os tratados internacionais, aí incluídos os de direitos humanos, têm simples valor de direito ordinário. Decidiu-se, no RE 80.004, que, embora a Convenção de Genebra, ao instituir lei uniforme sobre letras de câmbio e notas promissórias, tenha aplicabilidade no direito brasileiro, ela não se sobrepõe às leis do País, daí decorrendo a constitucionalidade e a consequente validade do Dec.-Lei 427/1969, que previu o registro obrigatório da nota promissória em repartição fazendária sob pena de nulidade do título.[988] Em 1995, no HC 72.131, relator o Min. Moreira Alves, declarou-se que o n. 7 do art. 7.º da Convenção de San José da Costa Rica não interfere sobre a prisão civil do depositário infiel, uma vez que ressalvada na parte final do art. 5.º, LXVII, da CF.[989]

---

986. "Prisão civil. Depósito. Depositário infiel. Alienação fiduciária. Decretação da medida coercitiva. Inadmissibilidade absoluta. Insubsistência da previsão constitucional e das normas subalternas. Interpretação do art. 5.º, LXVII e §§ 1.º, 2.º e 3.º, da CF, à luz do art. 7.º, n. 7, da Convenção Americana de Direitos Humanos (Pacto de San José da Costa Rica). Recurso improvido. Julgamento conjunto do RE 349.703 e dos HC 87.585 e HC 92.566. É ilícita a prisão civil de depositário infiel, qualquer que seja a modalidade do depósito" (RE 466.343, Pleno, rel. Min. Cezar Peluso, *DJe* 05.06.2009).

987. V. SAGÜÉS, Néstor Pedro. El "control de convencionalidad" como instrumento para la elaboración de un ius commune interamericano. In: BOGDANDY, Armin Von; MAC-GREGOR, Eduardo Ferrer; ANTONIAZZI, Mariela Morales (Coord.). *La justicia constitucional y su internacionalización.¿ Hacia un ius contitutionale commune en América Latina?*, t. II, p. 449 e ss.

988. "Convenção de Genebra, Lei Uniforme sobre Letras de Câmbio e Notas Promissórias. Aval aposto a nota promissória não registrada no prazo legal. Impossibilidade de ser o avalista acionado, mesmo pelas vias ordinárias. Validade do Dec.-Lei 427, de 22.01.1969. Embora a Convenção de Genebra que previu uma lei uniforme sobre letras de câmbio e notas promissórias tenha aplicabilidade no direito interno brasileiro, não se sobrepõe ela às leis do País, disso decorrendo a constitucionalidade e consequente validade do Dec.-Lei 427/1969, que institui o registro obrigatório da nota promissória em repartição fazendária, sob pena de nulidade do título. Sendo o aval um instituto do direito cambiário, inexistente será ele se reconhecida a nulidade do título cambial a que foi aposto. Recurso extraordinário conhecido e provido" (RE 80.004/SE, Pleno, rel. p/ o acórdão Min. Cunha Peixoto, *DJ* 19.05.1978).

989. "*Habeas corpus.* Alienação fiduciária em garantia. Prisão civil do devedor como depositário infiel. Sendo o devedor, na alienação fiduciária em garantia, depositário necessário por força de disposição legal que não desfigura essa caracterização, sua prisão civil, em caso de infidelidade, se enquadra na ressalva contida na parte final do art. 5.º, LXVII, da CF/1988. Nada interfere na questão do depositário infiel em matéria de alienação fiduciária o disposto no n. 7 do art. 7.º da Convenção de San José da Costa Rica. *Habeas corpus* indeferido, cassada a liminar

Conferir aos tratados internacionais de direitos humanos o *status* de direito ordinário não só legitima o Estado signatário a descumprir unilateralmente acordo internacional, como ainda afronta a ideia de Estado Constitucional Cooperativo e inviabiliza a tutela dos direitos humanos em nível supranacional.[990]

Ademais, a própria Constituição faz ver a superioridade dos tratados internacionais sobre a legislação infraconstitucional.[991] Diz a Constituição Federal que "a República

---

concedida" (HC 72.131/RJ, Pleno, rel. Min. Moreira Alves, *DJ* 1.º.08.2003).

990. Registre-se passagem do voto do Min. Gilmar Mendes no RE 466.343: "É preciso ponderar, no entanto, se, no contexto atual, em que se pode observar a abertura cada vez maior do Estado Constitucional a ordens jurídicas supranacionais de proteção de direitos humanos, essa jurisprudência não teria se tornado completamente defasada. Não se pode perder de vista que, hoje, vivemos em um 'Estado Constitucional Cooperativo', identificado pelo Professor Peter Häberle como aquele que não mais se apresenta como um Estado Constitucional voltado para si mesmo, mas que se disponibiliza como referência para os outros Estados Constitucionais membros de uma comunidade, e no qual ganha relevo o papel dos direitos humanos e fundamentais. Para Häberle, ainda que, numa perspectiva internacional, muitas vezes a cooperação entre os Estados ocupe o lugar de mera coordenação e de simples ordenamento para a coexistência pacífica (ou seja, de mera delimitação dos âmbitos das soberanias nacionais), no campo do direito constitucional nacional tal fenômeno, por si só, pode induzir ao menos a tendências que apontem para um enfraquecimento dos limites entre o interno e o externo, gerando uma concepção que faz prevalecer o direito comunitário sobre o direito interno. Nesse contexto, mesmo conscientes de que os motivos que conduzem à concepção de um Estado Constitucional Cooperativo são complexos, é preciso reconhecer os aspectos sociológico-e-conômico e ideal-moral como os mais evidentes. E no que se refere ao aspecto ideal-moral, não se pode deixar de considerar a proteção aos direitos humanos como a fórmula mais concreta de que dispõe o sistema constitucional, a exigir dos atores da vida sociopolítica do Estado uma contribuição positiva para a máxima eficácia das normas das Constituições modernas que protegem a cooperação internacional amistosa como princípio vetor das relações entre os Estados nacionais e a proteção dos direitos humanos como corolário da própria garantia da dignidade da pessoa humana" (voto do Min. Gilmar Mendes no RE 466.343, Pleno, rel. Min. Cezar Peluso, *DJe* 05.06.2009).

991. Em matéria tributária, o tema da supralegalidade dos tratados está sendo debatido no STF. O entendimento do Min. Gilmar Mendes, no RE 460.320/PR, foi veiculado no *Informativo* 638 do STF: "O Plenário iniciou julgamento de recursos extraordinários em que discutida a obrigatoriedade, ou não, da retenção na fonte e do recolhimento de imposto de renda, no ano-base de 1993, quanto a dividendos enviados por pessoa jurídica brasileira a sócio residente na Suécia. Na espécie, não obstante a existência de convenção internacional firmada entre o Brasil e aquele Estado, a qual assegura tratamento não discriminatório entre ambos os países, adviera legislação infraconstitucional que permitira essa tributação (Lei 8.383/1991, art. 77, e Regulamento do Imposto de Renda de 1994 – RIR/94), isentando apenas os lucros recebidos por sócios residentes ou domiciliados no Brasil (Lei 8.383/1991, art. 75). A pessoa jurídica pleiteara, na origem, a concessão de tratamento isonômico entre os residentes ou domiciliados nos mencionados Estados, com a concessão da benesse. Alegara, ainda, que, nos termos do art. 98 do CTN, o legislador interno não poderia revogar isonomia prevista em acordo internacional. Ocorre que o pleito fora julgado improcedente, sentença esta mantida em sede recursal, o que ensejara a interposição de recursos especial e extraordinário. Com o provimento do recurso pelo STJ, a União também interpusera recurso extraordinário, em que defende a mantença da tributação aos contribuintes residentes ou domiciliados fora do Brasil. Sustenta, para tanto, ofensa ao art. 97 da CF, pois aquela Corte, ao afastar a aplicação dos preceitos legais referidos, teria declarado, por órgão fracionário, sua inconstitucionalidade. Argumenta que a incidência do art. 98 do CTN, na situação em apreço, ao conferir superioridade hierárquica aos tratados internacionais em relação à lei ordinária, transgredira os arts. 2.º; 5.º, II e § 2.º; 49, I; 84, VIII, todos da CF. Por fim, aduz inexistir violação ao princípio da isonomia, dado que tanto o nacional sueco quanto o brasileiro têm direito a isenção disposta no art. 75 da Lei 8.383/1991, desde que residentes ou domiciliados no Brasil. O Min. Gilmar Mendes, relator, proveu o recurso extraordinário da União e afastou a concessão da isenção de imposto de renda retido na fonte para os não residentes. Julgou, ademais, improcedente o pedido formulado na ação declaratória, assentando o prejuízo do apelo extremo da sociedade empresária. Ante a prejudicialidade da

Federativa do Brasil buscará a integração econômica, política, social e cultural dos povos da América Latina, visando à formação de uma comunidade latino-americana de nações" (art. 4.º, parágrafo único); que "os direitos e garantias expressos nesta Constituição não excluem outros decorrentes do regime e dos princípios por ela adotados, ou dos tratados internacionais em que a República Federativa do Brasil seja parte" (art. 5.º, § 2.º); que "os tratados e convenções internacionais sobre direitos humanos que forem aprovados, em cada Casa do Congresso Nacional, em dois turnos, por três quintos dos votos dos respectivos membros, serão equivalentes às emendas constitucionais" (art. 5.º, § 3.º); e que "o Brasil se submete à jurisdição de Tribunal Penal Internacional a cuja criação tenha manifestado adesão" (art. 5.º, § 4.º). Assim, a própria Constituição enfatiza a dignidade dos tratados internacionais dos direitos humanos, reconhecendo a sua prevalência sobre o direito ordinário.

Frise-se que o § 3.º do art. 5.º – assim como o § 4.º – foi inserido pela EC 45/2004, deixando claro que a atribuição da qualidade de emenda constitucional aos tratados requer

---

matéria, apreciou, inicialmente, o recurso interposto pela União, admitindo-o. Assinalou o cabimento de recurso extraordinário contra decisão proferida pelo STJ apenas nas hipóteses de questões novas, lá originariamente surgidas. Além disso, apontou que, tratando-se de recurso da parte vencedora (no segundo grau de jurisdição), a recorribilidade extraordinária, a partir do pronunciamento do STJ, seria ampla, observados os requisitos gerais pertinentes. No tocante ao art. 97 da CF, consignou que o acórdão recorrido não afastara a aplicação do art. 77 da Lei 8.383/1991 em face de disposições constitucionais, mas sim de outras normas infraconstitucionais, sobretudo o art. 24 da Convenção entre o Brasil e a Suécia para Evitar a Dupla Tributação em Matéria de Impostos sobre a Renda e o art. 98 do CTN. Isso porque essa inaplicabilidade não equivaleria à declaração de inconstitucionalidade, nem demandaria reserva de plenário. Quanto à suposta afronta aos arts. 2.º; 5.º, II e § 2.º; 49, I; 84, VIII, todos da CF, após digressão evolutiva da jurisprudência do STF relativamente à aplicação de acordos internacionais em cotejo com a legislação interna infraconstitucional, asseverou que, recentemente, esta Corte afirmara que as convenções internacionais de direitos humanos têm *status* supralegal e que prevalecem sobre a legislação interna, submetendo-se somente à Constituição. Salientou que, no âmbito tributário, a cooperação internacional viabilizaria a expansão das operações transnacionais que impulsionam o desenvolvimento econômico, o combate à dupla tributação internacional e à evasão fiscal internacional, e contribuiria para o estreitamento das relações culturais, sociais e políticas entre as nações. O relator frisou, no entanto, que, pelas peculiaridades, os tratados internacionais em matéria tributária tocariam em pontos sensíveis da soberania dos Estados. Demandariam extenso e cuidadoso processo de negociação, com a participação de diplomatas e de funcionários das respectivas administrações tributárias, de modo a conciliar interesses e a permitir que esse instrumento atinja os objetivos de cada nação, com o menor custo possível para a receita tributária de cada qual. *Pontuou que essa complexa cooperação internacional seria garantida essencialmente pelo pacta sunt servanda. Nesse contexto, registrou que, tanto quanto possível, o Estado Constitucional Cooperativo reivindicaria a manutenção da boa-fé e da segurança dos compromissos internacionais, ainda que diante da legislação infraconstitucional, notadamente no que se refere ao direito tributário, que envolve garantias fundamentais dos contribuintes e cujo descumprimento colocaria em risco os benefícios de cooperação cuidadosamente articulada no cenário internacional. Reputou que a tese da legalidade ordinária, na medida em que permite às entidades federativas internas do Estado brasileiro o descumprimento unilateral de acordo internacional, conflitaria com princípios internacionais fixados pela Convenção de Viena sobre Direito dos Tratados (art. 27). Dessa forma, reiterou que a possibilidade de afastamento da incidência de normas internacionais tributárias por meio de legislação ordinária* (treaty override), *inclusive em sede estadual e municipal, estaria defasada com relação às exigências de cooperação, boa-fé e estabilidade do atual panorama internacional.* Concluiu, então, que o entendimento de predomínio dos tratados internacionais não vulneraria os dispositivos tidos por violados. Enfatizou que a República Federativa do Brasil, como sujeito de direito público externo, não poderia assumir obrigações nem criar normas jurídicas internacionais à revelia da Constituição. Observou, ainda, que a recepção do art. 98 do CTN pela ordem constitucional independeria da desatualizada classificação em tratados-contratos e tratados-leis".

aprovação "em cada Casa do Congresso Nacional, em dois turnos, por três quintos dos votos dos respectivos membros". De modo que a própria Constituição previu condição específica para os tratados internacionais de direitos humanos assumirem a estatura de norma constitucional.

Não obstante, argumentou-se, quando do julgamento do referido RE 466.343,[992] que os tratados internacionais de direitos humanos teriam *status* constitucional, independentemente de terem sido aprovados antes da EC 45/2004. Conclui o Min. Celso de Mello, neste julgamento, que as convenções internacionais em matéria de direitos humanos, celebradas pelo Brasil antes do advento da EC 45/2004, como ocorre com o Pacto de San José da Costa Rica, se revestem de caráter materialmente constitucional, compondo, sob tal perspectiva, a noção conceitual de bloco de constitucionalidade.

A tese da constitucionalidade dos tratados repousa sobre o § 2.º do art. 5.º da CF. A lógica é a de que esta norma recepciona os direitos consagrados nos tratados internacionais de direitos humanos subscritos pelo País.[993] Ao afirmar que os direitos e garantias expressos na Constituição não excluem os direitos dos tratados internacionais de que o Brasil é parte, o § 2.º do art. 5.º estaria lhes conferindo o *status* de norma constitucional. O § 2.º do art. 5.º, constituindo uma cláusula aberta, admitiria o ingresso dos tratados internacionais de direitos humanos na mesma condição hierárquica das normas constitucionais, e não com outro *status* normativo.[994]

Contudo, a tese que prevaleceu no julgamento do RE 466.343, como já dito, foi a da supralegalidade do direito internacional dos direitos humanos. Entendeu-se, em suma, que a referência, por parte da Constituição, a tratados internacionais de direitos humanos, embora não tenha sido casual ou neutra do ponto de vista jurídico-normativo, não conferiu a estes tratados a hierarquia de norma constitucional. O Min. Gilmar Mendes, em seu voto, observou que a tese da supralegalidade "pugna pelo argumento de que os tratados sobre direitos humanos seriam infraconstitucionais, porém, diante de seu caráter especial em relação aos demais atos normativos internacionais, também seriam dotados de um atributo de supralegalidade. Em outros termos, os tratados sobre direitos humanos não poderiam

---

992. RE 466.343, Pleno, rel. Min. Cezar Peluso, *DJe* 05.06.2009.

993. Flávia Piovesan entende que os §§ 2.º e 3.º do art. 5.º da CF incorporam os tratados internacionais de direitos humanos no universo dos direitos fundamentais constitucionalmente tutelados: "Quanto à incorporação dos tratados internacionais de proteção dos direitos humanos, observa-se que, em geral, as Constituições latino-americanas conferem a estes instrumentos uma hierarquia especial e privilegiada, distinguindo-os dos tratados tradicionais. Neste sentido, merecem destaque o art. 75, n. 22, da Constituição argentina, que expressamente atribui hierarquia constitucional aos mais relevantes tratados de proteção de direitos humanos, e o art. 5.º, §§ 2.º e 3.º, da CF brasileira, que incorpora estes tratados no universo de direitos fundamentais constitucionalmente protegidos. As Constituições latino-americanas estabelecem cláusulas constitucionais abertas, que permitem a integração entre a ordem constitucional e a ordem internacional, especialmente no campo dos direitos humanos, ampliando e expandindo o bloco de constitucionalidade. Ao processo de constitucionalização do direito internacional conjuga-se o processo de internacionalização do direito constitucional" (PIOVESAN, Flávia. Força integradora e catalizadora do sistema interamericano de proteção dos direitos humanos: desafios para a pavimentação de um constitucionalismo regional, *Revista do Instituto dos Advogados de São Paulo* 25/327).

994. TRINDADE, Antônio Augusto Cançado. *Tratado de direito internacional dos direitos humanos*, vol. 1; LAFER, Celso. *A internacionalização dos direitos humanos*: Constituição, racismo e relações internacionais, p. 15 e ss.; PIOVESAN, Flávia. *Direitos humanos e o direito constitucional internacional*, p. 51 e ss.; MAZZUOLI, Valerio de Oliveira. Teoria geral do controle de convencionalidade no direito brasileiro, *RT* 889/105 e ss.

afrontar a supremacia da Constituição, mas teriam lugar especial reservado no ordenamento jurídico. Equipará-los à legislação ordinária seria subestimar o seu valor especial no contexto do sistema de proteção dos direitos da pessoa humana".[995]

Neste sentido, os tratados internacionais de direitos humanos aprovados em conformidade aos ditames do § 3.º do art. 5.º da CF são equivalentes às emendas constitucionais; os demais tratados internacionais de direitos humanos subscritos pelo Brasil constituem direito supralegal; e os tratados internacionais que não tratam de direitos humanos têm valor legal.[996]

8.100 Significado de supralegalidade dos tratados internacionais

Os tratados internacionais, quando qualificados como direito supralegal, obviamente são colocados em grau de hierarquia normativa superior à da legislação infraconstitucional, embora inferior à da Constituição.

O acórdão proferido no RE 466.343, ao reconhecer a ilegitimidade da legislação infraconstitucional que trata da prisão civil do depositário infiel em face do Pacto Internacional dos Direitos Civis e Políticos e da Convenção Americana sobre Direitos Humanos (Pacto de San José da Costa Rica), enfatizou que, diante do inequívoco caráter especial dos tratados internacionais que cuidam da proteção dos direitos humanos, não é difícil entender que a sua internalização no ordenamento jurídico, por meio do procedimento de ratificação previsto na Constituição, tem o condão de paralisar a eficácia jurídica de toda e qualquer disciplina normativa infraconstitucional com ela conflitante.[997]

Vale dizer que a legislação infraconstitucional, para produzir efeitos, não deve apenas estar em consonância com a Constituição Federal, mas também com os tratados internacionais dos direitos humanos. Nessa perspectiva, existem dois parâmetros de controle e dois programas de validação do direito ordinário: além da Constituição, o direito supralegal está a condicionar e a controlar a validade da lei.

Isso significa que a lei, nesta dimensão, está submetida a novos limites materiais, postos nos direitos humanos albergados nos tratados internacionais, o que revela que o Estado contemporâneo – que se relaciona, em recíproca colaboração, com outros Estados

---

995. RE 466.343, Pleno, rel. Min. Cezar Peluso, *DJe* 05.06.2009.

996. Consigne-se que há doutrina que não só confere *status* normativo diverso aos tratados de direitos humanos (norma constitucional), como também aos tratados internacionais comuns, que não versam sobre direitos humanos (direito supralegal). Assim, por exemplo, Valerio de Oliveira Mazzuoli: "No nosso entender, os tratados internacionais comuns ratificados pelo Estado brasileiro é que se situam num nível hierárquico intermediário, estando abaixo da Constituição, mas acima da legislação infraconstitucional, não podendo ser revogados por lei posterior (por não se encontrarem em situação de paridade normativa com as demais leis nacionais). Quanto aos tratados de direitos humanos, entendemos que estes ostentam o *status* de norma constitucional, independentemente do seu eventual *quorum* qualificado de aprovação. A um resultado similar se pode chegar aplicando o princípio – hoje cada vez mais difundido na jurisprudência interna de outros países, e consagrado em sua plenitude pelas instâncias internacionais – da supremacia do direito internacional e da prevalência de suas normas em relação a toda normatividade interna, seja ela anterior ou posterior" (Mazzuoli, Valerio de Oliveira. Teoria geral do controle de convencionalidade no direito brasileiro, *RT* 889/109).

997. Voto do Min. Gilmar Mendes no RE 466.343, Pleno, rel. Min. Cezar Peluso, *DJe* 05.06.2009.

constitucionais inseridos numa comunidade – tem capacidade de controlar a legitimidade da lei em face dos direitos humanos tutelados no País e na comunidade latino-americana.

8.101 Modos de controle da convencionalidade no direito brasileiro

O controle da compatibilidade da lei com os tratados internacionais de direitos humanos pode ser feito mediante ação direta, perante o STF, quando o tratado foi aprovado de acordo com o § 3.º do art. 5.º da CF. Obviamente, esses tratados também constituem base ao controle difuso.

No atual sistema normativo brasileiro, os tratados que possuem *status* normativo supralegal apenas abrem oportunidade ao controle difuso. O exercício do controle da compatibilidade das normas internas com as convencionais é um dever do juiz nacional, podendo ser feito a requerimento da parte ou mesmo de ofício.[998] Lembre-se, neste sentido, a decisão proferida pela Corte Interamericana no caso *Trabajadores Cesados del Congreso (Aguado Alfaro y otros) v. Peru*: "Cuando un Estado ha ratificado un tratado internacional como la Convención Americana, sus jueces también están sometidos a ella, lo que les obliga a velar porque el efecto útil de la Convención no se vea mermado o anulado por la aplicación de leyes contrarias a sus disposiciones, objeto y fin. En otras palabras, los órganos del Poder Judicial deben ejercer no sólo un control de constitucionalidad, sino también de 'convencionalidad' *ex officio* entre las normas internas y la Convención Americana, evidentemente en el marco de sus respectivas competencias y de las regulaciones procesales correspondientes. Esta función no debe quedar limitada exclusivamente por las manifestaciones o actos de los accionantes en cada caso concreto, aunque tampoco implica que esa revisión deba ejercese siempre, sin considerar otros presupuestos formales y materiales de admisibilidad y procedencia de ese tipo de acciones".[999]

Questão interessante se relaciona com a oportunidade de o STF realizar controle difuso, em face de direito supralegal, mediante recurso extraordinário. É que se poderia argumentar, em primeiro lugar, que tratado não constitui norma constitucional e, depois, que violação de direito supralegal não abre oportunidade à interposição de recurso extraordinário (art. 102 da CF). É óbvio que tratado não se confunde com norma constitucional, podendo assumir este *status* quando aprovado mediante o *quorum* qualificado do § 3.º do art. 5.º da CF. Sucede que também certamente não se equipara, na qualidade de direito supralegal, com direito federal, cuja alegação de violação abre ensejo ao recurso especial (art. 105 da CF). Lembre-se que o STF admitiu e julgou recurso extraordinário em que se alegou violação de direito reconhecido como supralegal exatamente quando enfrentou a questão da legitimidade da prisão civil do depositário infiel (RE 466.343).

---

998. Mauro Cappelletti, ao tratar do controle de ofício da validade da lei em face do direito internacional, assim escreve: "Va qui comunque tenuto fermo il concetto che supremazia del diritto comunitário (o, più in generale, del diritto internazionale imediatamente applicabile), significa *invalidità assoluta* dela norma interna ad esso contraria, ancorchè posteriore: donde appunto la conseguenza che *ogni giudice disapplicherà d'ufficio*, sulla base di uma mera *cognitio incidentalis*, tale norma nei casi sottoposti al suo giudizio" (CAPPELLETTI, Mauro. Giustizia costituzionale soprannazionale, *Rivista di Diritto Processuale*, 1978, p. 8-9).

999. CIDH, *Caso Trabajadores Cesados del Congreso (Aguado Alfaro y otros) v. Peru*, sentença de 24.11.2006.

8.102 Controle de supraconstitucionalidade

Há quem sustente a supraconstitucionalidade da convenção, ou seja, a invalidade da norma constitucional que contraria a convenção. Afirma-se, como visto, que a convenção pode "paralisar"[1000] a eficácia das normas infraconstitucionais que sejam com ela conflitantes. Lembre-se que, no RE 466.343, concluiu-se que a previsão constitucional da prisão civil do depositário infiel (art. 5.º, LXVII), diante da supremacia da Constituição sobre os atos normativos internacionais, não poderia ser revogada pelo ato de adesão do Brasil ao Pacto Internacional dos Direitos Civis e Políticos (art. 11) e à Convenção Americana sobre Direitos Humanos – Pacto de San José da Costa Rica (art. 7.º, n. 7), tendo deixado "de ter aplicabilidade diante do *efeito paralisante* desses tratados em relação à legislação infraconstitucional que disciplina a matéria".[1001] Porém, seria possível argumentar que, quando a norma necessita ser controlada pela convenção, ela já passou pelo filtro do controle de constitucionalidade, de modo que o controle de convencionalidade implica a negação da própria constitucionalidade. Na verdade, este problema – da supraconstitucionalidade da convenção – torna-se mais evidente quando a própria dicção da norma constitucional contraria a convenção.[1002]

Néstor Pedro Sagués, ao ferir o ponto, sustenta que, se o Estado deve cumprir a convenção e não pode invocar a sua Constituição para descumprir os tratados internacionais de direitos humanos, isso significa, como resultado concreto final, que o tratado está juridicamente acima da Constituição. Assim, a consequência do controle de convencionalidade seria o de que a norma constitucional que viola o tratado não pode ser aplicada. No entender de Sagués é a própria norma constitucional, e não a lei infraconstitucional, que resta "paralisada". Se, de acordo com o controle de convencionalidade, a Constituição não pode validamente violar o tratado ou a convenção, isso seria suficiente para evidenciar a superioridade da convenção sobre a Constituição.[1003]

Note-se, ainda, que é possível supor lei inconstitucional, mas em conformidade com a convenção. Sagués faz referência a hipotética norma constitucional que negue o direito de

---

1000. A expressão é utilizada por Sudre, Frédéric. *A propos du "dialogue de juges" et du controle de conventionnalité.*

1001. Voto do Min. Gilmar Mendes no RE 466.343, Pleno, rel. Min. Cezar Peluso, *DJe* 05.06.2009.

1002. É certo que, para justificar o controle mediante a convenção, invoca-se o princípio *pro homine*, que faz prevalecer a norma que melhor tutela um direito ou uma liberdade. Argumenta-se que se o tratado, na proteção de direito do homem, reforça ou amplia direito ou liberdade, ele prepondera, impondo a retirada da eficácia da lei infraconstitucional. V. Pinto, Mônica. El principio *pro homine*: criterio hermenéutico y pautas para la regulamentación de los derechos humanos. *La aplicación de los tratados sobre derechos humanos por los tribunales locales*, p. 162 e ss.; Mazzuoli, Valerio de Oliveira. Teoria geral do controle de convencionalidade no direito brasileiro, *RT* 889/110.

1003. Sagués, Néstor Pedro. El "control de convencionalidad" como instrumento para la elaboración de un ius commune interamericano. In: Bogdandy, Armin Von; Mac-Gregor, Eduardo Ferrer; Antoniazzi, Mariela Morales (Coord.). *La justicia constitucional y su internacionalización ¿Hacia un ius contitutionale commune en América Latina?* t. II, p. 465 e ss. V. Cantor, Ernesto Rey. Controles de convencionalidad de las leyes. In: Mac-Gregor, Eduardo Ferrer; Lello de Larrea, Arturo Zaldívar (Coord.). *La ciencia del derecho procesal constitucional – Estudios en homenaje a Héctor Fix-Zamudio en sus cincuenta años como investigador del derecho*, p. 225-262.

réplica, retificação ou resposta, expressamente garantido na Convenção (art. 14).[1004] Adverte que lei que regulamentasse esta norma do Pacto seria inconstitucional, porém convencional. A norma constitucional, ao negar o direito expresso no Pacto de San José, seria inconvencional, enquanto a lei regulamentadora seria válida – e não inconstitucional ou nula –, "por la superioridad del Pacto sobre la Constitución, conforme la doctrina del *controle de convencionalidad*".[1005]

A questão do controle de convencionalidade das normas constitucionais foi debatida no caso *La Última Tentación de Cristo*, em que a Corte Interamericana ordenou ao Chile a alteração da sua Constituição. Eis o que se declarou nesta ocasião: "72. Esta Corte entiende que la responsabilidad internacional del Estado puede generarse por actos u omisiones de cualquier poder u órgano de éste, independientemente de su jerarquía, que violen la Convención Americana. Es decir, todo acto u omisión, imputable al Estado, en violación de las normas del Derecho Internacional de los Derechos Humanos, compromete la responsabilidad internacional del Estado. En el presente caso ésta se generó en virtud de que *el artículo 19 número 12 de la Constitución establece la censura previa en la producción cinematográfica y, por lo tanto, determina los actos de los Poderes Ejecutivo, Legislativo y Judicial.* (...) 85. La Corte ha señalado que el deber general del Estado, establecido en el artículo 2 de la Convención, incluye la adopción de medidas para suprimir las normas y prácticas de cualquier naturaleza que impliquen una violación a las garantías previstas en la Convención, así como la expedición de normas y el desarrollo de prácticas conducentes a la observancia efectiva de dichas garantías. (...) 88. En el presente caso, al mantener la censura cinematográfica en el ordenamiento jurídico chileno (art. 19, n. 12, de la Constitución Política y Decreto Ley 679) el Estado está incumpliendo con el deber de adecuar su derecho interno a la Convención de modo a hacer efectivos los derechos consagrados en la misma, como lo establecen los arts. 2 y 1.1 de la Convención".[1006]

1004. "Art. 14. Direito de retificação ou resposta. 1. Toda pessoa, atingida por informações inexatas ou ofensivas emitidas em seu prejuízo por meios de difusão legalmente regulamentados e que se dirijam ao público em geral, tem direito a fazer, pelo mesmo órgão de difusão, sua retificação ou resposta, nas condições que estabeleça a lei. 2. Em nenhum caso a retificação ou a resposta eximirão das outras responsabilidades legais em que se houver incorrido. 3. Para a efetiva proteção da honra e da reputação, toda publicação ou empresa jornalística, cinematográfica, de rádio ou televisão, deve ter uma pessoa responsável, que não seja protegida por imunidades, nem goze de foro especial."

1005. SAGUÉS, Néstor Pedro. El "control de convencionalidad" en particular sobre las constituciones nacionales, *La Ley*, Doctrina, p. 1, 19 fev. 2009.

1006. Neste caso, o Juiz Augusto Cançado Trindade assim argumentou: "14. Si alguna duda todavía persistía en cuanto a este punto, i.e., a que la propia existencia y aplicabilidad de una norma de derecho interno (sea infraconstitucional o constitucional) pueden *per se* comprometer la responsabilidad estatal bajo un tratado de derechos humanos, los hechos del presente caso "La Última Tentación de Cristo" contribuyen, a mi modo de ver decisivamente, a disipar dicha duda. De los hechos en este caso "La Última Tentación de Cristo" se desprende, más bien, que, en circunstancias como las del *cas d'espèce*, el intento de distinguir entre la existencia y la aplicación efectiva de una norma de derecho interno, para el fin de determinar la configuración o no de la responsabilidad internacional del Estado, resulta irrelevante, y revela una visión extremadamente formalista del Derecho, vacía de sentido. (...) la Corte correctamente determina que, en las circunstancias del *cas d'espèce*, las modificaciones en el ordenamiento jurídico interno requeridas para armonizarlo con la normativa de protección de la Convención Americana constituyen una forma de reparación no pecuniaria bajo la Convención" (CIDH, caso *La Última Tentación de Cristo v. Chile*, sentença de 05.02.2001).

8.103 O controle de convencionalidade pela Corte Interamericana de Direitos Humanos

Como visto, os juízes nacionais têm dever de realizar o controle de convencionalidade.[1007] Porém, a Corte Interamericana também realiza o controle das normas internas em face do Pacto.[1008]

De acordo com a Convenção, são competentes, para conhecer das questões relacionadas ao cumprimento de suas normas pelos Estados-partes, a Comissão Interamericana de Direitos Humanos e a Corte Interamericana de Direitos Humanos (art. 33). A Comissão possui, entre outras funções, a de atuar diante de petições e comunicações que lhe forem apresentadas em conformidade com os arts. 44 a 51 da Convenção. O art. 44 estabelece que qualquer pessoa ou grupo de pessoas, ou entidade não governamental legalmente reconhecida em um ou mais Estados-membros da Organização, pode apresentar à Comissão petições que contenham denúncias ou queixas de violação à Convenção por Estado-parte. De lado situação de urgência,[1009] a Comissão, ao reconhecer a admissibilidade da petição ou comunicação de violação de direitos, solicitará informações ao Governo do Estado a que pertença a autoridade acusada de responsável pela violação. Ao receber as informações ou depois de exaurido o prazo sem manifestação, a Comissão verificará se existem ou subsistem os motivos da petição ou comunicação, podendo determinar o arquivamento ou declarar a inadmissibilidade ou improcedência. Não sendo estas as hipóteses, a Comissão realizará o exame dos fatos, com o conhecimento das partes. Poderá pedir ao Estado interessado qualquer informação pertinente, colocando-se à disposição das partes interessadas para tentar chegar a uma solução amistosa (art. 48). Na falta de solução consensual, a Comissão redigirá relatório em que exporá os fatos e suas conclusões, agregando-se a ele as exposições verbais ou escritas feitas pelos interessados. Em seu relatório, a Comissão poderá formular as proposições e recomendações que julgar adequadas (art. 50). Caso no prazo de três meses a questão não tenha sido solucionada ou submetida a decisão da Corte pela Comissão ou por Estado interessado, a Comissão poderá emitir, pela maioria absoluta dos votos dos seus membros, sua opinião e conclusões sobre a questão submetida a sua análise. A Comissão fará as recomendações pertinentes e fixará um prazo dentro do qual o Estado deve tomar as medidas que lhe incumbam para remediar a situação examinada. Transcorrido o prazo fixado, a Comissão decidirá, pela maioria absoluta dos votos dos seus membros, se o Estado tomou ou não as medidas adequadas e se publica ou não seu informe (art. 51).

Enquanto isso, a Corte Interamericana somente pode ser provocada pelos Estados-partes e pela própria Comissão e, além disso, apenas poderá conhecer de qualquer caso após esgotadas a fase preliminar de admissibilidade, a instrução do caso e a tentativa de

---

1007. A Corte Interamericana de Direitos Humanos utilizou a expressão "control de convencionalidad", pela primeira vez (25.11.2003), no julgamento *Myrna Mack Chang v. Guatemala*.

1008. V. CAPPELLETTI, Mauro. El "formidable problema" del control judicial y la contribuición del análisis comparado, *Revista de Estudios Políticos*, n. 13, 1980, p. 61 e ss.; GARCÍA, Fernando Silva. El control judicial de las leyes con base en tratados internacionales sobre derechos humanos, *Revista Iberoamericana de Derecho Procesal Constitucional* 5/231 e ss.

1009. Art. 48, 2: "Entretanto, em casos graves e urgentes, pode ser realizada uma investigação, mediante prévio consentimento do Estado em cujo território se alegue houver sido cometida a violação, tão somente com a apresentação de uma petição ou comunicação que reúna todos os requisitos formais de admissibilidade".

solução amistosa perante a Comissão, com a expedição de seu relatório nos termos do art. 50 da Convenção.

A Corte entendeu, num primeiro momento, que apenas poderia realizar controle sobre norma já submetida a determinado caso. Disse não ter competência para realizar controle em abstrato, relacionando este com uma função consultiva. Nesta linha, assim decidiu a Corte: "En relación con el incumplimento por parte del Gobierno del artículo 2 de la Convención Americana por la aplicación de los decretos 991 y 600, esta Corte manifestó que la jurisdicción militar no viola *per se* la Convención y con respecto a la alegada aplicación de algunas de las disposiciones de dichos decretos que pudieren ser contrarias a la Convención, *ya se determinó que en el presente caso no fueron aplicadas...* En consecuencia, la Corte *no emite pronunciamiento sobre la compatibilidad* de estos artículos con la Convención ya que proceder en otra forma *constituirá un análisis en abstracto y fuera de las funciones de esta Corte*".[1010]

Este entendimento foi superado no caso *Suárez Rosero v. Equador*, em que a Corte reconheceu sua competência para declarar a inconvencionalidade de norma que violara o art. 2.º da Convenção, independentemente de a norma ter sido aplicada em caso concreto ou ter causado algum prejuízo. A decisão tem o seguinte fundamento: "97. Como la Corte ha sostenido, los Estados Partes en la Convención no pueden dictar medidas que violen los derechos y libertades reconocidos en ella (...). Aunque las dos primeras disposiciones del artículo 114 [del Código Penal Ecuatoriano] asignan a las personas detenidas el derecho de ser liberadas cuando existan las condiciones indicadas, el último párrafo del mismo artículo contiene una excepción a dicho derecho. 98. La Corte considera que esta excepción despoja una parte de la población carcelaria de un derecho fundamental en virtud del delito imputado en su contra y, por ende, lesiona intrísecamente a todos los miembros de dicha categoría de inculpados. En el caso concreto del señor Suárez Rosero esa norma ha sido aplicada y le ha producido un perjuicio indebido. La Corte hace anotar, además, que, a su juicio, esa norma *per se* viola el art. 2 de la Convención Americana, independentemente de que haya sido aplicada en el presente caso (lo resaltado fuera del texto)".[1011]

Para exemplificar a atuação da Comissão e da Corte no controle da convencionalidade das leis é oportuna a consideração do caso Barrios Altos. No Peru, lei anistiou os militares, policiais e civis que cometeram violações a direitos humanos. Esta lei foi editada após denúncia contra pessoas que integrariam um grupo paramilitar – chamado Grupo Colina – que teria assassinado 15 pessoas no local denominado Barrios Altos, em Lima. A juíza que recebera a denúncia decidiu que o art. 1.º da Lei de Anistia violava garantias constitucionais e obrigações do Estado diante do Sistema Interamericano. Após alguns incidentes processuais, foi aprovada nova lei, que declarou que a primeira lei não poderia ser objeto de revisão pelo Poder Judiciário. Em 14.07.1995, a Corte Superior de Justiça de Lima decidiu arquivar definitivamente o processo. Assim, o caso Barrios Altos foi levado, por meio de petição, à Comissão Interamericana de Direitos Humanos, onde tramitou de 1995 até 2000, quando foi

---

1010. CIDH, caso *Lacayo v. Nicarágua*, sentença de 25.01.1995.

1011. CIDH, caso *Suárez Rosero v. Equador*, sentença de 12.11.1997. Cumpre registrar que essa tese fora sustentada pelo Juiz Antônio Augusto Cançado Trindade em casos anteriores, mediante votos dissidentes, em que argumentou que a violação das normas convencionais pode ocorrer *per se*, pelo simples fato da existência de normas violadoras de direitos humanos, ainda que nunca tenham sido concretamente aplicadas. Assim, por exemplo, no caso *Caballero v. Colômbia*, sentença de 29.01.1997.

submetido à Corte. A Comissão solicitou à Corte, além das providências pertinentes à continuidade da investigação e à reparação de danos, que revogasse ou tornasse sem efeito a lei de anistia. Em seu voto, o Juiz brasileiro Cançado Trindade afirmou a incompatibilidade das leis de autoanistia com o direito internacional dos direitos humanos, concluindo serem elas destituídas de validade jurídica no plano do direito internacional dos direitos humanos. A Corte entendeu haver incompatibilidade da lei de anistia com a Convenção – já que a lei excluía a responsabilidade e permitia o impedimento da investigação e punição de pessoas ditas responsáveis por violações de direitos humanos –, culminando por decidir pela sua "inconvencionalidade", declarando a não aplicação das normas internas com efeitos *erga omnes* para todos os poderes públicos.[1012]

O descumprimento de decisão da Corte Interamericana gera ao Estado responsabilidade internacional. Não obstante, alguns Estados não se constrangem em descumprir as decisões da Corte, como exemplifica recente decisão do Tribunal Supremo de Justiça da Venezuela, que simplesmente declarou ser inexecutável a sentença proferida no caso *López Mendoza v. Venezuela*. Neste caso, a Corte determinou a anulação das resoluções que cassaram os direitos políticos de López Mendonza, opositor de Hugo Chávez nas eleições presidenciais de 2012, considerando o Estado venezuelano responsável por violação dos direitos à fundamentação e à defesa nos procedimentos administrativos que acarretaram a imposição das sanções de inabilitação, bem como responsável por violação dos direitos à tutela judicial e de ser eleito, todos garantidos na Convenção.

Diante disso, vem naturalmente à tona a questão da legitimidade da Corte Interamericana para interferir sobre as decisões dos Estados. O problema do déficit de legitimidade democrática dos juízes é mais grave no cenário da justiça transnacional. Note-se que, se a autonomia dos direitos humanos importa para a consolidação de um Estado de Direito, também interfere nos processos ordinários de autodeterminação coletiva. Nessa linha, argumenta Owen Fiss que o elemento consensual inerente ao processo de elaboração dos tratados não dá aos tribunais internacionais uma base democrática. Os processos internos de ratificação de um tratado não são necessariamente democráticos. A ratificação de um tratado pela China representaria ato de consentimento entre os seus cidadãos? Mesmo nos Estados Unidos, a ratificação dos tratados repousa nas mãos do Senado, que não está constituído de acordo com os princípios democráticos, sendo que a forma de consentimento peculiar a esta Casa Legislativa não é adequada em termos de política democrática.[1013] Como resultado – prossegue Fiss –, os tribunais internacionais recentemente estabelecidos para

---

1012. Corte Interamericana de Direitos Humanos, caso *Barrios Altos v. Peru*, sentença de 14.03.2001: "Como consecuencia de la manifiesta incompatibilidad entre las leyes de autoamnistía y la Convención Americana sobre Derechos Humanos, las mencionadas leyes carecen de efectos jurídicos y no pueden seguir representando un obstáculo para la investigación de los hechos que constituyen este caso ni para la identificación y el castigo de los responsables, ni puedan tener igual o similar impacto respecto de otros casos de violación de los derechos consagrados en la Convención Americana acontecidos en el Perú. 3. Declarar, conforme a los términos del reconocimiento de responsabilidad efectuado por el Estado, que éste incumplió los artículos 1.1 y 2 de la Convención Americana sobre Derechos Humanos como consecuencia de la promulgación y aplicación de las leyes de amnistía n. 26479 y n. 26492 y de la violación a los artículos de la Convención señalados en el punto resolutivo 2 de esta Sentencia. 4. Declarar que las leyes de amnistía n. 26479 y n. 26492 son incompatibles con la Convención Americana sobre Derechos Humanos y, en consecuencia, carecen de efectos jurídicos".

1013. Fiss, Owen. The autonomy of law, *Yale Journal of International Law*, vol. 26, 2001, p. 517 e ss.

proteger os direitos humanos permanecem sem responsabilidade diante dos cidadãos do mundo organizados de acordo com princípios democráticos e, dessa forma, devem ser vistos como uma perda para a democracia, não obstante importantes para a justiça.[1014]

Pense-se em pronunciamento da Corte que afeta a autodeterminação do povo de Estado-parte, a exemplo do que ocorreu no caso *Gelman v. Uruguai*,[1015] em que se negou a validade da lei de anistia (Lei de Caducidad) uruguaia, mesmo que legitimada, mediante a via da participação direta, em duas ocasiões. Ao decidir, afirmou a Corte que "el hecho de que la Ley de Caducidad haya sido aprobada en un régimen democrático y aún ratificada o respaldada por la ciudadanía en dos ocasiones no le concede, automáticamente ni por sí sola, legitimidad ante el Derecho Internacional. La participación de la ciudadanía con respecto a dicha Ley, utilizando procedimientos de ejercicio directo de la democracia – recurso de referéndum (párrafo 2.º del artículo 79 de la Constitución del Uruguay) – en 1989 y – plebiscito (literal A del artículo 331 de la Constitución del Uruguay) sobre un proyecto de reforma constitucional por el que se habrían declarado nulos los artículos 1 a 4 de la Ley – el 25 de octubre del año 2009, se debe considerar, entonces, como hecho atribuible al Estado y generador, por tanto, de la responsabilidad internacional de aquél. La sola existencia de un régimen democrático no garantiza, *per se*, el permanente respeto del Derecho Internacional, incluyendo al Derecho Internacional de los Derechos Humanos, lo cual ha sido así considerado incluso por la propia Carta Democrática Interamericana (...) la protección de los derechos humanos constituye un límite infranqueable a la regla de mayorías, es decir, a la esfera de lo 'susceptible de ser decidido' por parte de las mayorías en instancias democráticas, en las cuales también debe primar un 'control de convencionalidad'".[1016]

Os atos praticados por ditaduras militares em detrimento de direitos humanos são reprováveis e merecedores de severa condenação. Trata-se de obviedade. O problema é que a Corte, sem questionar a qualidade democrática das formas de participação direta que deram base à lei uruguaia, disse serem elas insuficientes para legitimar a lei perante o direito internacional. A Corte, para decidir, simplesmente alegou que "la protección de los derechos humanos constituye un límite infranqueable a la regla de la mayoría". Argumentou-se que a inconvencionalidade da lei de anistia não deriva da ilegitimidade do processo que a fez surgir ou da autoridade que a editou, mas sim da circunstância de deixar os atos de violação aos direitos humanos sem punição. A inconvencionalidade, afirmou a Corte, decorre de um aspecto material, e não de uma "questão formal, como a sua origem".

A ideia de que a participação popular direta constitui uma "questão formal", sem importância – diante da inegável imprescindibilidade de proteção aos direitos humanos –, requer

---

1014. Idem, p. 524 e ss.

1015. A Comissão Interamericana de Direitos Humanos, com base nos arts. 51 e 61 da Convenção Americana sobre Direitos Humanos, apresentou demanda contra o Uruguai em relação ao desaparecimento forçado de María Claudia García Iruretagoyena de Gelman, realizado por agentes estatais uruguaios no final de 1976, bem como à supressão da identidade e nacionalidade de María Macarena Gelman García Iruretagoyena, filha de María Claudia García de Gelman e Marcelo Gelman. Alegou-se denegação de justiça, impunidade e, em geral, o sofrimento causado a Juan Gelman, sua família, María Macarena Gelman García Iruretagoyena e os familiares de María Claudia García de Gelman, como consequência da falta de investigação dos fatos, julgamento e sanção dos responsáveis em virtude da Lei 15.848 ou Lei de Caducidade, promulgada em 1986 (CIDH, sentença de 04.02.2011).

1016. CIDH, sentença de 04.02.2011.

CONTROLE DE CONSTITUCIONALIDADE ○ **1345**

meditação.[1017] Os direitos humanos não são incompatíveis com a democracia.[1018] Ambos convivem e, por isso, esta relação deve ser mediada por uma interpretação democrática.[1019] A Corte não está dispensada de legitimar suas decisões, confrontando os direitos humanos com a vontade da maioria de um país. Diante disso, terá de evidenciar quando não é possível deliberar e, especialmente, quando uma decisão majoritária, apesar de formalmente tomada, não expressa a vontade real de um povo, por ter sido elaborada sem adequada discussão ou com a exclusão real ou virtual de parte da população.[1020] Assim, caberia à Corte demonstrar, de forma racional, ou que a vontade do povo é incompatível com a extinção da punibilidade de crimes contra os direitos humanos, ou que a decisão majoritária carece de base democrática.

Sucede que a demonstração de incompatibilidade entre democracia e direitos humanos não se faz com uma frase impositiva, em que simplesmente se afirma o que se deve evidenciar. Dizer que a vontade da maioria não é compatível com os direitos humanos nada significa. É preciso evidenciar, mediante argumentação racional, que determinados direitos humanos são inconciliáveis (já que vários certamente o são)[1021] com a democracia. Frise-se que não se está dizendo que a extinção da punibilidade o seja – até porque não é este aspecto da decisão que aqui importa –, mas que faltou à Corte legitimar a sua decisão, assim evidenciado. O ponto, como já dito, nada tem a ver com a essência perversa dos atos praticados pelas ditaduras militares, mas sim com o questionamento da legitimidade de uma Corte, composta de homens de notável saber, para negar a legitimidade de uma decisão majoritária sem precisar se preocupar com a sua qualidade democrática, a expressar a vontade de um povo.[1022]

1017. NINO, Carlos Santiago. *La constituición de la democracia deliberativa*, p. 21 e ss.

1018. NINO, Carlos Santiago. *Ética y derechos humanos*, p. 32 e ss.

1019. ZURN, Christopher F. *Deliberative democracy and the institutions of judicial review*, p. 89 e ss.

1020. GARGARELLA, Roberto. *La justicia frente al gobierno (sobre el carácter contramayoritario del poder judicial)*, p. 33 e ss.

1021. NINO, Carlos Santiago. *Ética y derechos humanos*, p. 55 e ss.

1022. A questão da legitimidade democrática de uma Corte Internacional foi objeto de estudo de Mauro Cappelletti: "Problema formidable de la función y la legitimidad democrática de individuos (los jueces) y grupos (la judicatura) relativamente exentos de responsabilidad, que llenan con su propria jerarquía de valores [predilecciones personales] los recipientes relativamente vacíos de conceptos vagos como libertad e igualdad, sensatez, ecuanimidad y proceso conforme a derecho. (...) No cabe duda que esta intención es tan intrépida como fascinante. El Tribunal de Justicia ('esos nueve hombrecillos' desconocidos para la mayor parte de los doscientos sesenta millones de ciudadanos de los países comunitarios, carentes de poder político, carisma y legitimación popular) reclama para sí la legitimidad y la capacidad para hacer lo que los fundadores no pensaron ni siquiera hacer y lo que los órganos políticos de las Comunidades ni siquiera intentan emprender. Pretenden 'encontrar', lo que significa esencialmente *crear*, un *bill of rights* comunitario que sea vinculante no sólo para los órganos comunitarios, sino también en último término – en virtud de la doctrina de la supremacia – para los órganos de los Estados miembros y para todos sus ciudadanos. Y para hacer esto, esos nueve hombrecillos poseen virtualmente un solo 'libro' para consultar: ¡el libro no escrito de los 'principios generales' y las 'tradiciones comunes' de los nueve Estados miembros! Esto puede, sin duda, parecerle a muchos arrogancia más que valor, utopía más que sentido común. ¿Deberíamos entonces prevenir a esos 'hombrecillos' para que no persigan un proyecto tan grande como irrealista? ¿O deberíamos, por el contrario, considerar de forma totalmente realista que la legitimidad que necesita una judicatura creativa es de un tipo totalmente diferente de la legitimidad que en un régimen democrático necesitan los órganos políticos y que, además, las utopías han sido después de todo los motores de las más importantes transformaciones en la historia de la humanidad? Aparentemente, estas

8.104 Objeto e parâmetro do controle de convencionalidade na Corte Interamericana

Como visto, a Corte Interamericana entende que o controle de convencionalidade não é restrito às normas infraconstitucionais, recaindo, isso sim, sobre as normas de direito interno, aí presentes as normas constitucionais. Nesses termos, qualquer ato normativo interno, seja infraconstitucional – lei, decreto, regulamento, resolução – ou de caráter constitucional, está sujeito ao controle de convencionalidade pela Corte.

Enquanto isso, também segundo a Corte Interamericana, o material normativo de controle, ou seja, o "bloco de convencionalidade",[1023] é integrado pela Convenção, pelos demais tratados ou convenções de direitos humanos sob a tutela da Corte, bem como pelos seus precedentes.[1024]

8.105 Os efeitos das decisões da Corte Interamericana de Direitos Humanos

A decisão da Corte determina ao Estado-parte a modificação da sua ordem jurídica, a fim de compatibilizá-la com a Convenção Americana. A decisão de inconvencionalidade é obrigatória ao Estado-parte, nos termos dos arts. 62.3 e 68.1 da Convenção, impondo-se-lhe a reforma da sua legislação ou mesmo da sua Constituição, conforme aconteceu nos casos *La Última Tentación de Cristo* e *Caesar v. Trinidad y Tobago*. O descumprimento da decisão gera responsabilidade internacional (arts. 1.1 e 2 da Convenção).

Portanto, a decisão da Corte não nulifica ou derroga as normas internas. Porém, em casos em que se discutem crimes contra a humanidade, a Corte tem declarado a não aplicação das normas internas com efeitos *erga omnes* para todos os poderes públicos. Assim ocorreu nos casos *Barrios Altos*,[1025] *Tribunal Constitucional de Peru*[1026] e *La Cantuta*.[1027]

---

conclusiones más optimistas son compartidas por los órganos políticos mismos de las Comunidades" (CAPPELLETTI, Mauro. El "formidable problema" del control judicial y la contribuición del análisis comparado, *Revista de Estudios Políticos*, n. 13, p. 61-62 e 91-92).

1023. ALCALÁ, Humberto Nogueira. Dignidad de la persona, derechos fundamentales y bloque constitucional de derechos: una aproximación desde Chile y América Latina, *Revista de Derecho (Universidad Católica del Uruguay)* 10/131 e ss.

1024. No caso *Gómez Palomino v. Peru* (sentença de 22.11.2005), a Corte Interamericana realizou o controle de convencionalidade com base em instrumento internacional distinto da Convenção Americana, adotando como parâmetro de controle a Convenção Interamericana sobre Desaparecimento Forçado. Sobre o ponto, assim se posicionou Nestór Pedro Sagués: "Queda la incógnita de determinar si en verdad la Corte Interamericana ha querido concientemente proyectar la teoría del control de convencionalidad a cualquier tratado, como se desprende de algún voto del tribunal. Es un punto que merecería en el futuro una clara explicitación. En principio, a la Corte Interamericana no le toca tutelar a otros tratados, fuera el Pacto de San José de Costa Rica y a los instrumentos que a él se adosen jurídicamente, frente a posibles infracciones provocadas por el derecho interno del Estado" (SAGUÉS, Nestór Pedro. El control de convencionalidad, en particular sobre las constituciones nacionales, *La Ley*, ano LXXIII, n. 35, p. 1-3).

1025. CIDH, caso *Barrios Altos v. Peru*, sentença de 14.03.2001.

1026. CIDH, caso *Tribunal Constitucional do Peru v. Peru*, sentença de 31.01.2001.

1027. CIDH, caso *La Cantuta v. Peru*, sentença de 26.11.2006.

De outro lado, a Corte Interamericana vem afirmando a força obrigatória dos seus precedentes,[1028] isto é, a eficácia vinculante dos fundamentos determinantes das suas decisões.

Em 2004, ao julgar *Tibi v. Ecuador*, a Corte advertiu que "un tribunal internacional de derechos humanos no aspira – mucho menos todavía que el órgano nacional – a resolver un gran número de litigios en lo que se reproduzcan violaciones previamente sometidas a su jurisdicción *y acerca de cuyos temas esenciales ya ha dictado sentencias que expresan su criterio como intérprete natural de las normas que está llamado a aplicar*, esto es, las disposiciones del tratado internacional que invocan los litigantes. Este designio, que pone de manifiesto una función de la Corte, sugiere también las características que pueden tener los asuntos llevados a su conocimiento".[1029] Em 2006, no caso *Almonacid Arellano e outros v. Chile*, a Corte Interamericana novamente enfatizou a força obrigatória das suas decisões ao lembrar que, quando um Estado ratifica um tratado, os seus juízes também estão submetidos a ele, "lo que les obliga a velar para que los efectos de la Convención no se vean mermados por la aplicación de normas jurídicas contrarias a su objeto y fin. (...) En esta tarea el Poder Judicial debe tener en cuenta no solamente el Tratado *sino también la interpretación que del mismo ha hecho la Corte IDH, intérprete última de la Convención*".[1030]

A Suprema Corte argentina, no caso *Mazzeo*, ao reconhecer a legitimidade do controle de convencionalidade, declarou que, "cuando un Estado ha ratificado un tratado internacional como la Convención Americana, sus jueces, como parte del aparato del Estado, también están sometidos a ella, lo que les obliga a velar porque los efectos de las disposiciones de la Convención no se vean mermadas por la aplicación de leyes contrarias a su objeto y fin, y que desde un inicio carecen de efectos jurídicos. En otras palabras, el Poder Judicial, debe ejercer una especie de 'control de convencionalidad' entre las normas jurídicas internas que aplican en los casos concretos y la Convención Americana sobre Derechos Humanos".[1031] Neste caso, ao lado de admitir a necessidade do controle de convencionalidade, a Suprema Corte argentina afirmou estar submetida à interpretação conferida ao direito convencional pela Corte Interamericana. Ou seja, a Corte deixou claro que, ao realizar o controle de convencionalidade, deve observar o sentido outorgado à Convenção pela Corte Interamericana: "Así, *la Corte Suprema de Argentina aplica la pauta de interpretación que del mismo ha hecho la Corte interamericana, interpretación conforme a la Convención Americana como estándar mínimo de respeto de derechos humanos*, como asimismo *el respeto y resguardo de la jurisprudencia de la Corte Interamericana de Derechos Humanos*".[1032]

O Tribunal Constitucional da Bolívia também já declarou estar vinculado aos precedentes da Corte Interamericana: "El cumplimiento de estos requisitos que hacen al Juez natural, permite garantizar la correcta determinación de los derechos y obligaciones de las

---

1028. V. HITTERS, Juan Carlos. ¿Son vinculantes los pronunciamientos de la Comisión y de la Corte Interamericana de Derechos Humanos? *Revista Iberoamericana de Derecho Procesal Constitucional* 10/131-155; ALCALÁ, Humberto Nogueira. Dignidad de la persona, derechos fundamentales y bloque constitucional de derechos: una aproximación desde Chile y América Latina, *Revista de Derecho* (Universidad Católica del Uruguay) 10/131 e ss.

1029. CIDH, *Tibi v. Ecuador*, sentença de 07.09.2004.

1030. CIDH, *Almonacid Arellano e outros v. Chile*, sentença de 26.09.2006.

1031. Suprema Corte de Justiça argentina, Mazzeo, Julio Lilo e outros; recurso de cassação e inconstitucionalidade, M 2333.XLII, 13.07.2007.

1032. Idem.

personas; de ahí que la Corte Interamericana de Derechos Humanos, *cuya jurisprudencia es vinculante para la jurisdicción interna*, en su Sentencia de 31 de enero de 2001 (caso Tribunal Constitucional de Peru, párrafo 77), ha establecido que toda persona sujeta a juicio de cualquier naturaleza ante un órgano del Estado deberá contar con la garantía de que dicho órgano sea competente, independiente e imparcial".[1033]

Embora a questão ainda não tenha sido bem analisada pela Corte Interamericana e pelos Tribunais nacionais, compreende-se, a partir de decisões já proferidas, que se tenta atribuir eficácia vinculante à *ratio decidendi* ou aos fundamentos determinantes das decisões, de modo a obrigar os Tribunais nacionais a adotar o sentido atribuído à norma convencional pela Corte Interamericana.

Seria possível argumentar que a Convenção diz apenas que os Estados-partes "comprometem-se a cumprir a decisão da Corte *em todo caso em que forem partes*" (art. 68), o que significaria apenas obrigatoriedade de respeito às decisões tomadas em processos em que o Estado participou como parte, uma espécie de coisa julgada a impedir a negação da decisão e a rediscussão do caso.

Porém, a obrigatoriedade de respeito à fundamentação determinante de uma decisão nada tem a ver com a participação como parte no processo em que proferida. A parte, como é óbvio, é sujeita ao dispositivo da decisão, não podendo dela fugir. Sucede que os fundamentos determinantes ou a *ratio decidendi* expressam uma tese jurídica ou o sentido atribuído a uma norma diante de determinada realidade fática. Esta tese ou sentido, por revelarem o entendimento da Corte acerca de como a Convenção deve ser compreendida em face de certa situação, certamente devem ser observados por todos aqueles que estão obrigados perante a Convenção.[1034]

Como é evidente, a vinculação aos fundamentos determinantes das decisões da Corte apenas reforça a sua autoridade, atribuindo força aos preceitos da Convenção. De modo que o problema não está nos precedentes vinculantes – necessários para a coerência do direito –, mas na necessária elaboração e utilização de dogmática capaz de evidenciar a adequada operação com os precedentes, evitando-se a sua perpetuação equivocada, assim como a aplicação a casos substancialmente distintos.

1033. Tribunal Constitucional da Bolívia, Sentença 0664/2004-R, 06.05.2004.

1034. Como escreve Mauro Cappelletti no ensaio *Giustizia costituzionale soprannazionale*, "ciò significa che il giudice nazionale, anzichè limitarsi – come avrebbe il potere di fare nei limiti che subito vedremo – a risolvere la questione con mera *cognitio incidentalis* e quindi con effetto limitato alla decisione del caso concreto, può remettere invece la questione alla stessa Corte di Giustizia, che ne farà oggetto di un vero e proprio *accertamento (pre-judicium)*, con *effetti definitivamente vincolanti* per ciò che concerne l'interpretazione della norma o misura comunitaria in questione. Deve invero riternesi che la decisione della Corte di Giustizia, lungi dall'avere un'efficacia limitata al caso che ha dato origine alla questione, esplichi i suoi effetti vincolanti *erga omnes*, e in particolare nei confronti di tutti i giudici nazionali dei paesi comunitari: questi non avranno alternativa che quella di accettare l'interpretazione dalla Corte, oppure di risollevare la questione dinanzi alla Corte medesima, a quest'ultima soltanto spettando il potere di '*overrule*' una sua propria precedente decisione" (CAPPELLETTI, Mauro. Giustizia costituzionale soprannazionale, *Rivista di Diritto Processuale*, 1978, p. 13).

REFERÊNCIAS

ABBOUD, Georges; NERY JR., Nelson; CAMPOS, Ricardo (Coord.). *Fake News e Regulação*. São Paulo: Revista dos Tribunais, 2018.

ABRAHAM, Henry J. *The judicial process – An introductory analysis of the courts of the United States, England and France*. 6. ed. New York: Oxford University Press, 1993.

ABRAHÃO, Marcela. *As restrições a direitos fundamentais por Ato Normativo do Poder Executivo*. Coimbra: Almedina, 2018.

ABRAMOVICH, Victor; COURTIS, Christian. *Los derechos sociales como derechos exigibles*. Madrid: Trotta, 2002.

ABREU, Joana Rita de Sousa Covelo de. *Inconstitucionalidade por omissão e ação por incumprimento*: a inércia do legislador e suas consequências. Curitiba: Juruá, 2011.

ABREU, Rafael Sirangelo de. *Igualdade e processo*. São Paulo: Revista dos Tribunais, 2015.

ACKERMAN, Bruce. The living constitution. *Harvard Law Review*, v. 120, 2007.

ACOSTA, Enrique Quiroz. *Teoría de la Constitución*. México: Porrúa, 2005.

ADAMY, Pedro Augustin. *Renúncia a direito fundamental*. São Paulo: Malheiros, 2011.

AGRA, Walber de Moura. Art. 1.º, II – Cidadania. In: GOMES CANOTILHO, J. J.; MENDES, Gilmar F.; SARLET, Ingo W.; STRECK, Lenio L. (Coord.). *Comentários à Constituição do Brasil*. 2. ed. São Paulo: Saraiva Educação, 2018.

_____. *Curso de direito constitucional*. Rio de Janeiro: Forense, 2006.

_____. *Fraudes à Constituição*: um atentado ao poder reformador. Porto Alegre: Fabris, 2000.

_____. *Republicanismo*. Porto Alegre: Livraria do Advogado, 2005.

AGUIAR JÚNIOR, Ruy Rosado de. Art. 5.º, LXXV. In: GOMES CANOTILHO, J. J.; MENDES, Gilmar F.; SARLET, Ingo W.; STRECK, Lenio L. (Coord.). *Comentários à Constituição do Brasil*. 2. ed. São Paulo: Saraiva Educação, 2018.

AINA, Eliane Maria Barreiros. *O fiador e o direito à moradia*. 2. ed. Rio de Janeiro: Lumen Juris, 2004.

ALCALÁ, Humberto Nogueira. Dignidad de la persona, derechos fundamentales y bloque constitucional de derechos: una aproximación desde Chile y América Latina. *Revista de Derecho* (Universidad Católica del Uruguay), n. 10.

_____. *Derechos fundamentales y garantías constitucionales.* 5. ed. Santiago: Librotecnia, 2018. t. I.

ALCHOURRÓN, Carlos. Sobre derecho y lógica. *Isonomía – Revista de Teoría y Filosofía del Derecho*, n. 13, Universidad de Alicante, 2000.

ALEIXO, Pedro Scherer de Mello. O direito fundamental à tutela jurisdicional efetiva na ordem jurídica brasileira – A caminho de um "devido processo proporcional". In: MONTEIRO, António Pinto; NEUNER, Jörg; SARLET, Ingo Wolfgang (Coord.). *Direitos fundamentais e direito privado – Uma perspectiva de direito comparado.* Coimbra: Almedina, 2007.

ALENCAR, Ana Valderez Ayres Neves de. A competência do Senado Federal para suspender a execução dos atos declarados inconstitucionais. *Revista de Informação Legislativa*, ano 15, n. 57, Brasília, 1978.

ALEXANDRINO, José de Melo. *A estruturação do sistema de direitos, liberdades e garantias na Constituição portuguesa.* Coimbra: Almedina, 2006. v. 2.

_____. Art. 37.º. In: MIRANDA, Jorge; MEDEIROS, Rui. *Constituição Portuguesa Anotada*, t. I, 2. ed. Coimbra: Wolters Kluwer-Coimbra, 2010.

_____. *Direitos fundamentais. Introdução geral.* Estoril: Principia, 2007.

ALEXY, Robert. Colisão de direitos fundamentais e realização de direitos fundamentais no Estado de direito democrático. *Revista de Direito Administrativo* 217/67-69. Rio de Janeiro: Renovar, 1999.

_____. Balancing, constitutional review and representation. *International Journal of Constitutional Law*, v. 3, n. 4, 2005.

_____. Grundrechte als subjektive Rechte und als objektive Normen. *Der Staat*, n. 29, 1990, p. 50 e ss.

_____. *Teoria da argumentação jurídica.* 3. ed. Rio de Janeiro: Forense, 2011.

_____. *Teoría de la argumentación jurídica.* Madrid: Centro de Estudios Constitucionales, 1989.

_____. *Teoría de los derechos fundamentales.* Madrid: Centro de Estudios Políticos y Constitucionales, 2002.

_____. *Teoría de los derechos fundamentales.* Trad. Ernesto Garzon Valdés. Madrid: Centro de Estudios Constitucionales, 1997.

_____. *Teoria dos direitos fundamentais.* Trad. Virgílio Afonso da Silva. São Paulo: Malheiros, 2008.

_____. *Theorie der Grundrechte.* 2. ed. Frankfurt a.M.: Suhrkamp, 1994.

ALISTE SANTOS, Tomás-Javier. *La motivación de las resoluciones judiciales.* Madrid: Marcial Pons, 2011.

ALMEIDA, Fernanda Dias Menezes de. *Competências na Constituição de 1988.* 5. ed. São Paulo: Atlas, 2010.

REFERÊNCIAS o 1351

_____. Federação. In: CANOTILHO, J. J. Gomes; MENDES, Gilmar F.; SARLET, Ingo W.; STRECK, Lenio L. (Coord.). *Comentários à Constituição do Brasil*. 2. ed. São Paulo: Saraiva Educação, 2018.

ALMEIDA, Luiz Antônio Freitas de. *A Tutela Ponderada do Direito à Saúde*. Belo Horizonte: Editora Forum, 2021.

ALMEIDA, Maria Christina de. *DNA e estado de filiação à luz da dignidade humana*. Porto Alegre: Livraria do Advogado, 2004.

ALMEIDA NETO, Manoel Carlos de. *O novo controle de constitucionalidade municipal*. Rio de Janeiro: Forense, 2011.

ALVES, Cândice Lisbôa. *Direito à saúde. Efetividade e proibição de retrocesso social*. Belo Horizonte: D'Plácido, 2013.

ALVES, Francisco Glauber Pessoa. *O princípio jurídico da igualdade e o processo civil brasileiro*. Rio de Janeiro: Forense, 2003.

AMARAL, Francisco. *Direito civil – Introdução*. 7. ed. Rio de Janeiro: Renovar, 2008.

AMARAL, Guilherme Rizzo. *As astreintes e o processo civil brasileiro*. 2. ed. Porto Alegre: Livraria do Advogado, 2010.

_____. *Cumprimento e execução da sentença sob a ótica do formalismo-valorativo*. Porto Alegre: Livraria do Advogado, 2008.

AMARAL, Gustavo. *Direito, escassez & escolha*. 2. ed. Rio de Janeiro: Lumen Juris, 2010.

AMAYA, Amalia. Legal justification by optimal coherence. *Ratio Juris*, v. 24, n. 3, set. 2011.

ANDOLINA, Italo. *"Cognizione" ed "esecuzione forzata" nel sistema della tutela giurisdizionale*. Milano: Giuffrè, 1983.

_____; VIGNERA, Giuseppe. *Il modello costituzionale del processo civile italiano*. Torino: Giappichelli, 1997.

ANDRADE, Adriano. *Proibição de proteção insuficiente e responsabilidade civil ambiental*. Belo Horizonte: D'Plácido, 2021.

ANDRADE, Érico. *O mandado de segurança: a busca da verdadeira especialidade*. Rio de Janeiro: Lumen Juris, 2010.

ANDRADE, Fabio Siebeneichler de. Considerações sobre a tutela dos direitos da personalidade no Código Civil de 2002. In: SARLET, Ingo Wolfgang (Org.). *O novo Código Civil e a Constituição*. 2. ed. Porto Alegre: Livraria do Advogado, 2006.

_____. O desenvolvimento da tutela dos direitos de personalidade nos dez anos de vigência do Código Civil de 2002. In: LOTUFO, Renan; NANNI, Giovanni Ettore; MARTINS, Fernando Rodrigues (Coord.). *Temas relevantes do direito civil contemporâneo – Reflexões sobre os 10 anos do Código Civil*. São Paulo: Atlas, 2012.

_____. Reflexões sobre o direito à privacidade de crianças e adolescentes em perspectiva comparada. *PENSAR Revista de Ciências Jurídicas*, v. 28, n. 2, p. 1-11, abr./jun. 2023.

_____. A rejeição do direito ao esquecimento como instrumento de tutela da privacidade no direito brasileiro: um exemplo do processo de americanização do direito. *RJLB*, ano 9, n. 5, p. 785-822.

ANDRADE, José Carlos Vieira de. *Os direitos fundamentais (na Constituição portuguesa de 1976)*. 2. ed. Coimbra: Almedina, 2001.

_____. *Os direitos fundamentais na Constituição portuguesa de 1976.* Coimbra: Almedina, 1987.

ANDRADE, Mauro Fonseca. *Sistemas processuais penais e seus princípios reitores.* Curitiba: Juruá, 2009.

AÑON, Carlos Lema. *Salud, justicia, derechos*: el derecho a salud como derecho social. Madrid: Dykinson, 2009.

ANTUNES, Marcos Vinicius Martins. *Mudança constitucional*: o Brasil pós-88. Porto Alegre: Livraria do Advogado, 2003.

_____. *Normas pré-constitucionais & limites jurídicos internos do poder constituinte.* Porto Alegre: Ed. do Autor, 2010.

ANTUNES, Paulo Bessa. *Federalismo e competências ambientais no Brasil.* Rio de Janeiro: Lumen Juris, 2007.

APPIO, Eduardo Fernando. *Interpretação conforme a Constituição. Instrumentos de tutela jurisdicional dos direitos fundamentais.* Curitiba: Juruá, 2002.

_____. *Controle difuso de inconstitucionalidade.* Curitiba: Juruá, 2008.

ARAS, Augusto. *Fidelidade partidária. Efetividade e aplicação.* Rio de Janeiro: Editora GZ, 2016.

ARAÚJO, Luiz Alberto David. *A proteção constitucional da própria imagem.* Belo Horizonte: Del Rey, 1996.

_____; NUNES JUNIOR, Vidal Serrano. *Curso de direito constitucional.* São Paulo: Verbatim, 2010.

ARAUJO, Nadia de. *Direito internacional privado. Teoria e prática brasileira.* 3. ed. Rio de Janeiro: Renovar, 2006.

ARENDT, Hannah. *Sobre a revolução.* São Paulo: Companhia das Letras, 2001.

ARENHART, Sérgio Cruz. A prisão civil como meio coercitivo. In: TESHEINER, José; MILHORANZA, Mariângela Guerreiro; PORTO, Sérgio Gilberto (Coord.). *Instrumentos de coerção e outros temas de direito processual civil – Estudos em homenagem aos 25 anos de docência do professor Dr. Araken de Assis.* Rio de Janeiro: Forense, 2007.

_____. *Perfis da tutela inibitória coletiva.* São Paulo: Revista dos Tribunais, 2003.

_____. *Tutela inibitória da vida privada.* São Paulo: Revista dos Tribunais, 2000.

_____; JOBIM, Marco Félix (Org.). *Processos estruturantes.* Salvador: JusPodivm, 2017.

_____; _____. *Processos estruturais.* 3. ed. Salvador: JusPodivm, 2021.

_____; MARINONI, Luiz Guilherme. *Curso de processo civil – Processo de conhecimento.* 7. ed. São Paulo: Revista dos Tribunais, 2008. v. 2.

_____; _____. *Curso de processo civil – Execução.* 2. ed. São Paulo: Revista dos Tribunais, 2008. v. 3.

_____; _____. *Curso de processo civil – Procedimentos especiais.* São Paulo: Revista dos Tribunais, 2009. v. 5.

_____; OSNA, Gustavo; JOBIM, Marco Félix. *Curso de processo estrutural.* São Paulo: Revista dos Tribunais, 2021.

_____; _____. *Prova.* São Paulo: Revista dos Tribunais, 2009.

ARGÜELLES, Juan Ramón de Páramo; ROIG, Francisco Javier Ansuátegui. Los derechos en la revolución inglesa. *Historia de los derechos fundamentales – Tránsito a la modernidad: siglos XVI y XVII*. Madrid: Dykinson, 2003.

ARMELIN, Donaldo. *A legitimidade para agir no direito processual civil brasileiro*. São Paulo: Revista dos Tribunais, 1979.

ARRUDA ALVIM, José Manoel de. *A arguição de relevância no recurso extraordinário*. São Paulo: Revista dos Tribunais, 1988.

ASCENSÃO, José de Oliveira. *Direito civil – Teoria geral*. 2. ed. Coimbra: Coimbra Ed., 2003. v. 2.

ASENSI, Felipe Dutra. *Direito à saúde. Práticas sociais reivindicatórias e sua efetivação*. Curitiba: Juruá, 2013.

ASSIS, Araken de (Coord.). *Aspectos polêmicos e atuais dos limites da jurisdição e do direito à saúde*. Porto Alegre: Notadez, 2007.

_____. Eficácia das normas constitucionais. *Revista da Ajuris* 50/42, 1990.

ATAIDE JR. VICENTE DE PAULA. *Capacidade processual dos animais. A judicialização do direito animal no Brasil*. São Paulo: RT, 2022.

ATALIBA, Geraldo. Direito processual constitucional: ação declaratória de constitucionalidade. *RePro* 78/7, São Paulo, abr. 1995.

_____. Eficácia jurídica das normas constitucionais e leis complementares. *Revista de Direito Público* 13/35, 1970.

_____. *República e Constituição*. 2. ed. São Paulo: Malheiros, 1998.

_____. Superação jurídica da Constituição de 1993. In: CUNHA, Sérgio Sérvulo da (Org.). *Revisão constitucional – Aspectos jurídicos, políticos e éticos*. Porto Alegre: Fabris, 1993.

ATTARDI, Aldo. Preclusione (principio di). *Enciclopedia del diritto*. Milano: Giuffrè, 1985. v. 34.

ÁVILA, Ana Paula de Oliveira. *A modulação dos efeitos temporais pelo STF no controle de constitucionalidade*: ponderação e regras de argumentação para a interpretação conforme a Constituição do art. 27 da Lei 9.868/1999. Porto Alegre: Livraria do Advogado, 2009.

ÁVILA, Humberto Bergmann. Conteúdo, limites e intensidade dos controles de razoabilidade, de proporcionalidade e de excessividade das leis. *Revista de Direito Administrativo* 236/374, São Paulo, Atlas, 2004.

_____. O que é devido processo legal? *RePro*, 163, São Paulo, Revista dos Tribunais, 2008.

_____. *Segurança jurídica – Entre permanência, mudança e realização no direito tributário*. São Paulo: Malheiros, 2011.

_____. *Sistema constitucional tributário*. São Paulo: Saraiva, 2004.

_____. *Teoria da igualdade tributária*. São Paulo: Malheiros, 2008.

_____. *Teoria dos princípios – Da definição à aplicação de princípios jurídicos*. 12. ed. São Paulo: Malheiros, 2011.

_____. *Teoria dos princípios*. São Paulo: Malheiros, 2005.

_____. _____. 8. ed. São Paulo: Malheiros, 2008.

ÁVILA, Humberto. *Teoria dos princípios*: *da definição à aplicação dos princípios jurídicos.* 19. ed. São Paulo: Malheiros, 2019.

AZEM, G. B. N. Direito à saúde e comprovação da hipossuficiência. In: ASSIS, Araken de (Coord.). *Aspectos polêmicos e atuais dos limites da jurisdição e do direito à saúde.* Porto Alegre: Notadez, 2007.

BACHOF, Otto. Begriff und Wesen des sozialen Rechtsstaates. *VVDStRL* 12/42-43, 1954.

_____. *Normas constitucionais inconstitucionais?* Coimbra: Almedina, 1994.

_____. Coimbra: Almedina, 2008.

BACIGALUPO, Mariano. La aplicación de la doctrina de los "límites inmanentes" a los derechos fundamentales sometidos a reserva de limitación legal. *Revista Española de Derecho Constitucional* 38/301 e ss., 1993.

BADARÓ, Gustavo Henrique. *Ônus da prova no processo penal*. São Paulo: Revista dos Tribunais, 2003.

BADURA, Peter. Verfassungsänderung, Verfassungswandel, Verfassungsgewohnheitsrecht. In: ISENSEE, Josef; KIRCHHOF, Paul (Ed.). *Handbuch des Staatsrechts der Bundesrepublik Deutschland*, Bd. VII. Heidelberg: C. F. Müller, 1992.

BAER, Susane. Menschenwürde zwischen Recht, Prinzip und Referenz. In: *DZPhil*. 53 (2005), p. 572.

BALDASSARE, Antonio. *Los derechos sociales*. Bogotá: Universidad Externado de Colombia, 2001.

BALEEIRO, Aliomar. *Constituições brasileiras*: 1891. Brasília: Senado Federal, 1999.

_____. *O Supremo Tribunal Federal, esse outro desconhecido*. Rio de Janeiro: Forense, 1968.

BALTAZAR JUNIOR, José Paulo. *Crime organizado e proibição de insuficiência*. Porto Alegre: Livraria do Advogado, 2010.

_____. *Standards* probatórios. In: KNIJNIK, Danilo (Coord.). *Prova judiciária – Estudos sobre o novo direito probatório*. Porto Alegre: Livraria do Advogado, 2007.

BANDEIRA DE MELLO, Celso Antonio. *O conteúdo jurídico do princípio da igualdade*. 3. ed. São Paulo: Malheiros, 2017.

_____. *Discricionariedade e controle jurisdicional*. 2. ed. São Paulo: Malheiros, 2017.

_____. Eficácia das normas constitucionais sobre justiça social. *Revista de Direito Público*, n. 57-58, p. 233 e ss., 1981.

BANDEIRA DE MELLO, Oswaldo Aranha. *Teoria das constituições rígidas*. 2. ed. São Paulo: Bushatsky, 1980.

BANKOWSKI, Zenon; MACCORMICK, Neil; MORAWSKI, Lech; MIGUEL, Alfonso Ruiz. Rationales for precedent. *Interpreting precedents*: a comparative study. London: Dartmouth, 1997.

BANKS, Christopher P. The Supreme Court and precedent: an analysis of natural courts and reversal trends, *Judicature*, v. 75, 1991.

BAPTISTA DA SILVA, Ovídio Araújo. *Curso de processo civil*. 5. ed. São Paulo: Revista dos Tribunais, 2000. v. 1.

_____. *Jurisdição e execução na tradição romano-canônica*. 2. ed. São Paulo: Revista dos Tribunais, 1997.

REFERÊNCIAS 1355

_____. *Processo e ideologia*. Rio de Janeiro: Forense, 2004.

BARACHO, José Alfredo de Oliveira. *Teoria geral do federalismo*. Rio de Janeiro: Forense, 1986.

BARACHO JÚNIOR, José Alfredo de Oliveira. *Proteção do meio ambiente na Constituição da República*. Belo Horizonte: Fórum, 2008.

BARAK, Aharon. *La discrezionalità del giudice*. Trad. Ilaria Mattei. Milano: Giuffrè, 1995.

BARBI, Celso Agrícola. *Do mandado de segurança*. 7. ed. Rio de Janeiro: Forense, 1993.

_____. Mandado de injunção. *RePro* 61/63, São Paulo, jan. 1991.

BARBOSA, Jeferson Ferreira. *Direito à saúde de solidariedade na Constituição brasileira*. Porto Alegre: Livraria do Advogado, 2014.

BARBOSA, Ruy. *Commentários à Constituição Federal brasileira (colligidos e ordenados por Homero Pires)*. São Paulo: Saraiva, 1993. v. 2.

_____. *Comentários à Constituição Federal brasileira [de 1891] (colligidos e ordenados por Homero Pires)*. São Paulo: Saraiva, 1932.

_____. Os atos inconstitucionais do Congresso e do Executivo. *Trabalhos jurídicos*. Rio de Janeiro: Casa de Ruy Barbosa, 1962.

_____. *Trabalhos jurídicos*. Rio de Janeiro: Casa de Rui Barbosa, 1962.

BARBOSA MOREIRA, José Carlos. A ação popular do direito brasileiro como instrumento da tutela jurisdicional dos chamados "interesses difusos". *Temas de direito processual – 1.ª série*. São Paulo: Saraiva, 1977.

_____. A motivação das decisões judiciais como garantia inerente ao Estado de Direito. *Temas de direito processual – 2.ª série*. 2. ed. São Paulo: Saraiva, 1988.

_____. *Comentários ao Código de Processo Civil*. 11. ed. Forense: Rio de Janeiro, 2003.

_____. Inconstitucionalidade irregularmente declarada por via incidental. Coisa julgada. Ação rescisória não proposta. Irrelevância de julgamentos posteriores do Supremo Tribunal Federal. *Direito aplicado II*. Rio de Janeiro: Forense, 2005.

_____. Mandado de injunção. *RePro* 56/110, São Paulo, out. 1989.

_____. O *habeas data* brasileiro e sua lei regulamentadora. *Temas de direito processual – 7.ª série*. São Paulo: Saraiva, 2001.

_____. O problema da "divisão do trabalho" entre juiz e partes: aspectos terminológicos. *Temas de direito processual – 4.ª série*. São Paulo: Saraiva, 1989.

_____. Provas atípicas. *RePro*, n. 76, São Paulo, Revista dos Tribunais, 1994.

BARCELLOS, Ana Paula de. *A eficácia jurídica dos princípios constitucionais:* o princípio da dignidade da pessoa humana. 3. ed. Rio de Janeiro: Renovar, 2011.

_____. *Curso de direito constitucional*. 3. ed. Rio de Janeiro: Forense, 2020.

_____. Neoconstitucionalismo, direitos fundamentais e controle das políticas públicas. In: SARMENTO, Daniel; GALDINO, Flávio (Org.). *Direitos fundamentais*: estudos em homenagem ao professor Ricardo Lobo Torres. Rio de Janeiro: Renovar, 2006.

_____. O direito à educação e o STF. In: SARMENTO, Daniel; SARLET, Ingo Wolfgang (Coord.). *Os direitos fundamentais no Supremo Tribunal Federal*: balanço e crítica. Rio de Janeiro: Lumen Juris, 2011.

_____. O mínimo existencial e algumas fundamentações: John Rawls, Michael Walzer e Robert Alexy. In: TORRES, R. L. (Org.). *Legitimação dos direitos humanos*. Rio de Janeiro: Renovar, 2002.

_____. Os imperativos da proporcionalidade e da razoabilidade: um panorama da discussão atual e da jurisprudência do STF. In: SARMENTO, Daniel; SARLET, Ingo Wolfgang (Org.). *Direitos fundamentais no Supremo Tribunal Federal*: balanço e crítica. Rio de Janeiro: Lumen Juris, 2011.

_____. *Ponderação, racionalidade e atividade jurisdicional*. Rio de Janeiro: Renovar, 2005.

_____; BARROSO, Luís Roberto. Preâmbulo da CR: Função e normatividade. In: CANOTILHO, J. J. Gomes; MENDES, Gilmar Pereira; SARLET, Ingo Wolfgang; STRECK, Lenio Luiz (Coord.). *Comentários à Constituição do Brasil*. 2. ed. São Paulo: Saraiva Educação, 2018.

BARENDT, Eric. *An introduction to constitutional law*. New York: Oxford University Press, 1998.

BARROS, Sérgio Resende de. *Direitos humanos – Paradoxo da civilização*. Belo Horizonte: Del Rey, 2003.

BARROS, Suzana de Toledo. *O princípio da proporcionalidade e o controle de constitucionalidade das leis restritivas de direitos fundamentais*. Brasília: Brasília Jurídica, 1996.

BARROSO, Luís Roberto. *A reconstrução democrática do direito público no Brasil*. Rio de Janeiro: Renovar, 2007.

_____. *Curso de direito constitucional contemporâneo*. Rio de Janeiro: Forense, 2010.

_____. *Curso de direito constitucional contemporâneo. Os conceitos fundamentais e a construção do novo modelo*. São Paulo: Saraiva, 2009.

_____. *Direito constitucional brasileiro*: o problema da federação. Rio de Janeiro: Forense, 1982.

_____. *Interpretação e aplicação da Constituição*. 6. ed. São Paulo: Saraiva, 2004.

_____. _____. 7. ed. São Paulo: Saraiva, 2010.

_____. Liberdade de expressão *versus* direitos de personalidade. Colisão de direitos fundamentais e critérios de ponderação. *Temas de direito constitucional*. Rio de Janeiro: Renovar, 2005. v. 3.

_____. Mandado de injunção – O que foi sem nunca ter sido – Uma proposta de reformulação. *RePro* 89/57, São Paulo, jan. 1998.

_____. *O controle de constitucionalidade no direito brasileiro*. São Paulo: Saraiva, 2006.

_____. *O direito constitucional e a efetividade de suas normas*. 3. ed. Rio de Janeiro: Renovar, 1996.

_____. 20 anos de Constituição brasileira: o estado a que chegamos. In: SOUZA NETO, Cláudio Pereira; SARMENTO, Daniel; BINEMBOJN, Gustavo (Coord.). *Vinte anos da Constituição Federal de 1988*. Rio de Janeiro: Lumen Juris, 2009.

BARROSO, Luís Roberto; MARTEL, Letícia Campos Velho. A morte como ela é: dignidade e autonomia individual no final da vida. In: GOZZO, Débora; LIGIERA, Wilson Ricardo (Org.). *Bioética e direitos fundamentais*. São Paulo: Saraiva, 2012.

BASTIDA FREIJEDO, Francisco J. Concepto y modelos históricos de los derechos fundamentales. In: _____; VILLAVERDE MENÉNDEZ, Ignacio; REQUEJO RODRÍGUES, Paloma et al.

REFERÊNCIAS 1357

Teoría general de los derechos fundamentales en la Constitución española de 1978. Madrid: Tecnos, 2004.

_____. El derecho fundamental a la vida y la autonomía del paciente. In: PRESNO LINERA, Miguel Ángel (Coord.). *Autonomía personal, cuidados paliativos y derecho a la vida.* Procura n. 1. Oviedo: Universidad de Oviedo/Procuradoría General del Principado de Asturias, 2011.

BASTOS, Celso Ribeiro. *Curso de direito constitucional.* 11. ed. São Paulo: Saraiva, 1989.

_____. _____. 22. ed. São Paulo: Saraiva, 2001.

_____. _____. São Paulo: Saraiva, 2002.

_____. As modernas formas de interpretação constitucional. *Revista de Direito Constitucional e Internacional* 24/295.

_____. Histórico das Constituições. In: _____; MARTINS, Ives Gandra. *Comentários à Constituição do Brasil.* São Paulo: Saraiva, 1988. v. 1.

_____. Perfil constitucional da ação direta de declaração de inconstitucionalidade. *Revista de Direito Público* 22/78, São Paulo, out.-dez. 1972.

_____; BRITTO, Carlos Ayres. *Interpretação e aplicabilidade das normas constitucionais.* São Paulo: Saraiva, 1982.

_____; MARTINS, Ives Gandra da Silva. *Comentários à Constituição do Brasil,* v. I, São Paulo: Saraiva, 1988.

_____; _____. *Comentários à Constituição do Brasil (promulgada em 05 de outubro de 1988).* São Paulo: Saraiva, 1988. v. 1; 1989, v. 2.

_____; _____. *Comentários à Constituição do Brasil.* 3. ed. São Paulo: Saraiva, 2004. v. 2.

_____; VARGAS, Alexis Galiás de Souza. Arguição de descumprimento de preceito fundamental. *Revista de Direito Constitucional e Internacional* 30/69, São Paulo, jan. 2000.

BASTOS JUNIOR, Luiz Magno; SANTOS, Rodrigo Mioto dos. "Levando a sério os direitos políticos fundamentais: inelegibilidade e controle de convencionalidade". Texto disponibilizado para citação pelos autores e aguardando publicação em periódico, 2015.

BAUER, Thorsten, *Die produktübergreifende Bindung des Bundesgesetzgebers an Entscheidungen des Bundesverfassungsgerichts: zugleich ein Beitrag zur Prozeduralisierung des Rechts.* Berlin: Duncker & Humblot, 2003.

BAYÓN, Juan Carlos. Democracia y derechos: problemas de fundamentación del constitucionalismo. In: CARBONELL, Miguel; JARAMILLO, Leonardo García (Ed.). *El canon neoconstitucional.* Bogotá: Universidad Externado de Colombia, 2010.

BEDÊ, Fayga Silveira. Sísifo no limite do imponderável ou direitos sociais como limites ao poder reformador. In: _____; BONAVIDES, Paulo; LIMA, Francisco Gérson Marques de (Coord.). *Constituição e democracia – Estudos em homenagem ao professor J. J. Gomes Canotilho.* São Paulo: Malheiros, 2006.

BEDÊ JÚNIOR, Américo. *A retórica do direito fundamental à privacidade. A validade da prova obtida mediante filmagens nos ambientes público e privado.* Salvador: JusPodivm, 2015.

_____; SENNA, Gustavo. *Princípios do processo penal – Entre o garantismo e a efetividade da sanção.* São Paulo: Revista dos Tribunais, 2009.

1358 o Referências

Bellegarde, Marina Tanganelli. *O direito financeiro e a proibição de retrocesso social na jurisprudência do Supremo Tribunal Federal*. Belo Horizonte/São Paulo: D'Plácido, 2021.

Bello Filho, Ney de Barros. *Direito ao ambiente. Da compreensão dogmática do direito fundamental na pós-modernidade*. Porto Alegre: Livraria do Advogado, 2012.

Benda, Ernst. Der soziale Rechtsstaat. In: Ernst Benda, Werner Maihofer, Hans-Jochen Vogel (Ed.). *Handbuch des Verfassungsrechts*, v. I, Berlin/New York: Walter de Gruyter, 1984

_____. O espírito da nossa Lei Fundamental. In: Brasiliense, José Mário; Ferreira, Ivette Senise (Org.). *50 anos da Lei Fundamental*. São Paulo: Edusp, 2001.

_____. Menschenwürde und Persönlichkeitsrecht. In: Benda-Maihofer-Vogel (Org.). *Handbuch des Verfassungsrechts der Bundesrepublik Deutschland*, v. I, 2. ed. Berlin/New York: Walter de Gruyter, 1994.

_____; Klein, Eckart; Klein, Oliver, *Verfassungsprozessrecht* (1991). 4. ed. Heidelberg: C. F. Müller, 2020.

Benditt, Theodore M. The rule of precedent. *Precedent in Law*, Oxford: Clarendon Press, 1987.

Benjamin, Antônio Herman. Constitucionalização do ambiente e ecologização da Constituição brasileira. In: Canotilho, José Joaquim Gomes; Morato Leite, José Rubens (Org.). *Direito constitucional ambiental brasileiro*. 6. ed. São Paulo: Saraiva, 2015.

_____. Introdução ao direito ambiental brasileiro. *Revista de Direito Ambiental* n. 14, p. 66-67. São Paulo: Revista dos Tribunais, abr.-jun. 1999.

_____; Marques, Claudia Lima; Miragem, Bruno. *Comentários ao Código de Defesa do Consumidor*. São Paulo: Revista dos Tribunais, 2003.

_____; _____; _____. *Comentários ao Código de Defesa do Consumidor*. 3. ed. São Paulo: Revista dos Tribunais, 2010.

Bennett, Robert W. A dissent on dissent. *Judicature*, v. 74, n. 5, 1990-1991.

Bercovici, Gilberto (Coord.). *Cem Anos da Constituição de Weimar (1919-2019)*. São Paulo: Quartier Latin, 2019.

_____. *Constituição econômica e desenvolvimento*. São Paulo: Malheiros, 2005.

_____. *Constituição e Estado de Exceção Permanente*: atualidade de Weimar. Rio de Janeiro: Azougue, 2004.

_____. *Dilemas do Estado Federal Brasileiro*. Porto Alegre: Livraria do Advogado, 2004.

_____. *Soberania e constituição*: para uma crítica do constitucionalismo. São Paulo: Quartier Latin, 2008.

Berkin, Carol. *The Bill of Rights. The Fight to Secure America's Liberties*. New York: Simon & Schuster, 2015, p. 5 e ss.

Bernardes, Juliano Taveira. *Ação direta de inconstitucionalidade por omissão (Adino). Ações constitucionais*. Salvador: JusPodivm, 2011.

Besso, Chiara. *La prova prima del processo*. Torino: Giappichelli, 2004.

Bester, Gisela Maria. *Direito constitucional – Fundamentos teóricos*. Barueri: Manole, 2005. v. 1.

REFERÊNCIAS ○ 1359

BEURLEN, Alexandra. O Estado brasileiro e seu dever de realizar o direito social à alimentação. In: SCAFF, Fernando Facury (Org.). *Constitucionalismo, tributação e direitos humanos*. Rio de Janeiro: Renovar, 2007.

BIAGI, Claudia Perotto. *A garantia do conteúdo essencial dos direitos fundamentais na jurisprudência constitucional brasileira*. Porto Alegre: Fabris, 2005.

BIAVATI, Paolo; CARPI, Federico. *Diritto processuale comunitário*. 2. ed. Milano: Giuffrè, 2000.

BICKEL, Alexander. *The last dangerous branch*. 2. ed. Yale: Yale University Press, 1986.

BIGONHA, Antônio C.; MOREIRA, Luiz (Org.). *Legitimidade da jurisdição constitucional*. Rio de Janeiro: Lumen Juris, 2009.

_____; _____ (Org.). *Limites do controle de constitucionalidade*. Rio de Janeiro: Lumen Juris, 2009.

BILDER, Mary Sarah. The corporate origins of judicial review. *The Yale Law Journal* 116/531, 2006.

BILHALVA, Jacqueline Michels. *A aplicabilidade e a concretização das normas constitucionais*. Porto Alegre: Livraria do Advogado, 2005.

BIM, Eduardo Fortunato; MAIDAME, Márcio Manoel. Restrições ao poder geral de cautela e derrotabilidade. *RePro*, n. 175, São Paulo, Revista dos Tribunais, 2009.

BIN, Roberto. *Lo Stato di Diritto*. Bologna: Il Mulino, 2004.

BINENBOJM, Gustavo. *Uma teoria do direito administrativo*: direitos fundamentais, democracia e constitucionalização. Rio de Janeiro: Renovar, 2006.

_____. *Poder de polícia, ordenação, regulação*: transformações político-jurídicas, econômicas e institucionais do direito administrativo ordenador. Belo Horizonte: Fórum, 2016.

BIONI, Bruno Ricardo. *Proteção de dados pessoais*: a função e os limites do consentimento. Rio de Janeiro: Forense, 2019.

BITENCOURT NETO, Eurico. *O direito ao mínimo para uma existência digna*. Porto Alegre: Livraria do Advogado, 2010.

BITTENCOURT, Carlos Alberto Lúcio. *O controle jurisdicional da constitucionalidade das leis*. 2. ed. Brasília: Ministério da Justiça, 1997.

BLEICH, J.; FRIEDLAND, M.; FEINBERG, A.; POWELL, D. A. Supreme Court Watch: stealth overruling-overturning precedent without saying so. *San Francisco Attorney*, v. 33, n. 43, San Francisco, Fall 2007.

BOBBIO, Norberto. *A era dos direitos*. Rio de Janeiro: Campus, 1992.

_____. *Igualdade e liberdade*. Trad. Carlos Nelson Coutinho. 2. ed. Rio de Janeiro: Ediouro, [s.d.].

BÖCKENFÖRDE, Ernst-Wolfgang. Demokratie als Verfassungsprinzip. In: Josef Isensee; Paul Kirchhof (Ed.). *Handbuch des Staatsrechts der Bundesrepublik Deutschland*, v. II, 3. ed. Heidelberg: C.F. Müller, 2004.

_____. *Escritos sobre derechos fundamentales*. Baden-Baden: Nomos, 1993.

_____. *Staat, Verfassung, Demokratie – Studien zur Verfassungstheorie und zum Verfassungsrecht*. Frankfurt am Main: Suhrkamp, 1991.

1360 ○ REFERÊNCIAS

_____. *Stato, costituzione, democrazia – Studi di teoria della costituzione e di diritto costituzionale*, a cura di Michele Nicoletti e Omar Brino. Milano: Giuffrè, 2006.

BONAVIDES, Paulo. A quinta geração de direitos fundamentais. *Direitos Fundamentais & Justiça*, ano 2, n. 3, p. 82 e ss., abr.-jun. 2008.

_____. A revisão constitucional na Carta de 1988. *Revista de Informação Legislativa* 116/21, 1992.

_____. *Curso de direito constitucional*. 8. ed. São Paulo: Malheiros,

_____. _____. 13. ed. Rio de Janeiro: Forense, 2003.

_____. _____. 16. ed. São Paulo: Malheiros, 2005.

_____. _____. 24. ed. São Paulo: Malheiros, 2009.

_____. *Teoria constitucional da democracia participativa*. São Paulo: Malheiros, 2001.

_____. *Teoria constitucional da democracia participativa*. 3. ed. São Paulo: Malheiros, 2008.

_____; ANDRADE, Paes de. *História constitucional do Brasil*. 4. ed. Brasília: OAB, 2002.

_____; LIMA, Francisco Gérson Marques de; BEDÊ, Fayga Silveira (Coord.). *Constituição e democracia – Estudos em homenagem ao professor J. J. Gomes Canotilho*. São Paulo: Malheiros, 2006.

BORNHOLDT, Rodrigo Meyer. *Liberdade de expressão e direito à honra – Uma nova abordagem no direito brasileiro*. Joinville: Bildung, 2010.

BOROWSKI, Martin. *La estructura de los derechos fundamentales*. Trad. Carlos Bernal Pulido. Bogotá: Universidad Externado de Colombia, 2003.

BOSSELMANN, Klaus. *Im Namen der Natur*: der Weg zum Ökologischen Rechtsstaat. Berna: Scherz, 1992.

_____. *The principle of sustainability*. Reino Unido: Ashgate, 2008 (existe tradução para a língua portuguesa, de Phillip França, publicada pela Revista dos Tribunais, São Paulo, em 2015).

BOTELHO, Catarina Santos. *Os direitos sociais em tempos de crise ou revisitar as normas programáticas*. Coimbra: Almedina, 2015.

BOURSIER, Marie-Emma. *Le principe de loyauté en droit processuel*. Paris: Dalloz, 2003.

BRAGA, Paula Sarno. *Aplicação do devido processo legal nas relações privadas*. Salvador: JusPodivm, 2008.

BRANCO, Paulo Gustavo Gonet. Organização do Estado. In: MENDES, Gilmar Ferreira; BRANCO, Paulo Gustavo G. *Curso de direito constitucional*. 15. ed. São Paulo: Saraiva, 2020.

_____; MENDES, Gilmar Ferreira; COELHO, Inocêncio Mártires. *Curso de direito constitucional*. 3. ed. São Paulo: Saraiva, 2008.

BRANDÃO, Paulo de Tarso. *Ações constitucionais: novos direitos e acesso à justiça*. Florianópolis: Habitus, 2001.

BRANDÃO, Rodrigo. A proteção dos direitos e garantias individuais em face das emendas constitucionais à luz da jurisprudência do STF. In: SARMENTO, Daniel; SARLET, Ingo Wolfgang (Coord.). *Direitos fundamentais no Supremo Tribunal Federal*: balanço e crítica. Rio de Janeiro: Lumen Juris, 2011.

_____. *Direitos fundamentais, democracia e cláusulas pétreas*. Rio de Janeiro: Renovar, 2008.

BRANDEIS, Louis. *The Right to Privacy*. The Perfect Library, 1890 (republicação).

BRASIL, Joaquim Francisco Assis. *A democracia representativa na República* (Antologia), Brasília: Câmara dos Deputados, 1983.

BREGA FILHO, Vladimir. *Direitos fundamentais na Constituição de 1988 – Conteúdo jurídico das expressões*. São Paulo: Juarez de Oliveira, 2003.

BREMS, Eva. Indirect protection of social rights by the European Court of Human Rights. In: BARAK-EREZ, Daphne; GROSS, Aeyal M. (Ed.). *Exploring social rights – Between theory and practice*. Oxford/Portland: Hart, 2007.

BREUER, R. Grundrechte als Anspruchsnormen. *Verwaltungsrecht zwischen Freiheit, Teilhabe und Bindung, Festgabe aus Anlass des 25 jährigen Bestehens des Bundesverwaltungsgerichts*. München: C. H. Beck, 1978.

BREWER-CARÍAS, Allan R. La aplicación de los tratados internacionales sobre derechos humanos en el orden interno. *Revista Iberoamericana de Derecho Procesal Constitucional*, n. 6, 2006.

BRIDA, Nério Andrade de. *Reclamação constitucional*: intrumento garantidor da eficácia das decisões em controle de constitucionalidade do Supremo Tribunal Federal. Campo Grande: Contemplar, 2011.

BRIEGLEB, Hans Karl. *Einleitung in die Theorie der summarischen Processe*. Leipzig: Tauchnitz, 1859.

BRITO, Miguel Nogueira de. *A Constituição constituinte*. Coimbra: Coimbra Ed., 2000.

BRITTO, Carlos Ayres. A Constituição Federal e o monitoramento de suas emendas. In: MODESTO, Paulo; MENDONÇA, Oscar (Coord.). *Direito do Estado – Novos rumos*. São Paulo: Max Limonad, 2001. t. I.

_____. Revisão constitucional: norma de eficácia esvaída. *Revista Trimestral de Direito Público* 6/158, 1994.

_____. *Teoria da Constituição*. Rio de Janeiro: Forense, 2003.

BRÜGGEMANN, Jürgen. *Die richterliche Begründungspflicht – Verfassungsrechtliche Mindestanforderungen an die Begründung gerichtlicher Etnscheidungen*. Berlin: Duncker & Humblot, 1971.

BRYCE, James. *Constituciones flexibles y constituciones rígidas*. Madrid: Centro de Estudios Constitucionales, 1988.

BRYDE, Brunn-Otto. Anmerkungen zu Art. 79 GG. In: MÜNCH, Ingo von (Org.). *Grundgesetz-Kommentar*. 2. ed. Müchen: C. H. Beck, 1983. v. 3.

BUENO, Cássio Scarpinella. *A nova lei do mandado de segurança*. São Paulo: Saraiva, 2009.

_____. *Mandado de segurança*. 5. ed. São Paulo: Saraiva, 2009.

BUENO, José Antonio Pimenta. *Direito público brasileiro e análise da Constituição do Império*. Rio de Janeiro: Ministério da Justiça e Negócios Interiores, 1958.

BULOS, Uadi Lammêgo. *Curso de direito constitucional*. 6. ed. São Paulo: Saraiva, 2011.

_____. *Mutação constitucional*. São Paulo: Saraiva, 1997.

BULYGIN, Eugenio. Los jueces ¿crean derecho?, *Isonomía – Revista de Teoría y Filosofía del Derecho*, n. 18, Alicante, Universidad de Alicante, 2003.

BURDEAU, Georges. *Droit constitutionnel et institutions politiques*. 19. ed. Paris: LGDJ, 1980.

BUZAID, Afredo. *Da ação de declaração de inconstitucionalidade no direito brasileiro.* São Paulo: Saraiva, 1958.

_____. *Do mandado de segurança.* São Paulo: Saraiva, 1989. v. 1.

BUZANELLO, José Carlos. *Direito de resistência constitucional.* Rio de Janeiro: América Jurídica, 2002.

CABRAL, Antônio do Passo. Despolarização do processo e zonas de interesse: sobre a migração entre os polos da demanda. *RF*, v. 404, Rio de Janeiro: Forense, 2009.

_____. Il principio del contradditorio come diritto d'influenza e dovere di dibattito. *Rivista di Diritto Processuale*, Padova: Cedam, 2005.

_____. Imparcialidade e impartialidade: por uma teoria sobre repartição e incompatibilidade de funções nos processos civil e penal. *RePro*, n. 149, São Paulo: Revista dos Tribunais, 2007.

_____. *Nulidades no processo moderno – Contraditório, proteção da confiança e validade* prima facie *dos atos processuais.* Rio de Janeiro: Forense, 2009.

CACHAPUZ, Maria Cláudia. *Intimidade e vida privada no novo Código Civil brasileiro – Uma leitura orientada no discurso jurídico.* Porto Alegre: Fabris, 2006.

CADIET, Loïc; MEKKI, Soraya Amrani; NORMAND, Jacques. *Théorie generale du proces.* Paris: PUF, 2010.

CALAMANDREI, Piero. *Estudios sobre el proceso civil.* Buenos Aires: Editorial Bibliográfica Argentina, 1945.

_____. *Istituzioni di Diritto Processuale Civile* (1941), *Opere Giuridiche.* Napoli: Morano, 1970, vol. IV.

_____. *La cassazione civile – I. Storia e legislazione.* Torino: Fratelli Bocca, 1920.

CALIENDO, Paulo. *Direito tributário e análise econômica do direito.* São Paulo: Elsevier, 2008.

CALLEJÓN, Francisco Balaguer. La constitución. In: _____ (Coord.). *Manual de derecho constitucional.* Madrid: Tecnos, 2005. v. 1.

CALLEJÓN, Maria Luisa Balaguer. Principio de igualdad y derechos individuales. In: CALLEJÓN, Francisco Balaguer (Coord.). *Manual de derecho constitucional.* Madrid: Tecnos, 2005. v. 2.

_____. Derechos individuales (II). In: CALLEJÓN, Francisco Balaguer (Coord.). *Manual de derecho constitucional.* Madrid: Tecnos, 2005. v. 2.

CALLIESS, Christian. Die grundrechliche Schutzpflicht im mehrpoligen Verfassungsrechtsverhältnis. *Juristen Zeitung – JZ*, 2006.

_____. *Rechtsstaat und Umweltstaat*: Zugleich ein Beitrag zur Grundrechtsdogmatik im Rahmen mehrpoliger Verfassung: Tübingen: Mohr Siebeck, 2001.

CALMES, Sylvia. *Du principe de protection de la confiance legitime en droits allemand, communautaire et français.* Paris: Dalloz, 2001.

CALMON DE PASSOS, José Joaquim. *Mandado de Segurança Coletivo, Mandado de Injunção,* Habeas Data: Constituição e Processo. Rio de Janeiro: Forense, 1989.

CALVOSA, Carlo. I provvedimenti d'urgenza. *Novissimo digesto italiano*, v. XIV.

CAMBI, Eduardo. *A prova civil – Admissibilidade e relevância.* São Paulo: Revista dos Tribunais, 2006.

_____. *Direito constitucional à prova no processo civil*. São Paulo: Revista dos Tribunais, 2001.

CAMILO, Felipe. A ampla defesa como proteção dos poderes das partes: proibição de inadmissão da prova por já estar convencido o juiz. In: KNIJNIK, Danilo (Coord.). *Prova judiciária – Estudos sobre o novo direito probatório*. Porto Alegre: Livraria do Advogado, 2007.

CAMINKER, Evan H. Sincere and strategic voting norms on multimember courts. *Michigan Law Review*, v. 67, Ann Arbor, ago. 1999.

CAMPO, Javier Jiménez. *Derechos fundamentales. Concepto y garantías*. Madrid: Trotta, 1999.

CAMPOS, Carlos Alexandre de Azevedo. *Moreira Alves v. Gilmar Mendes*: a evolução das dimensões metodológica e processual do ativismo judicial do Supremo Tribunal Federal. As novas faces do ativismo judicial. Salvador: JusPodivm, 2011.

CAMPOS, Francisco Luiz da Silva. Diretrizes constitucionais do novo Estado brasileiro. *RF*, n. 73/229-249, 1938.

CANARIS, Claus-Wilhelm. A influência dos direitos fundamentais sobre o direito privado na Alemanha. In: SARLET, Ingo (Org.). *Constituição, direitos fundamentais e direito privado*. Porto Alegre: Livraria do Advogado, 2003.

_____. *Direitos fundamentais e direito privado*. Coimbra: Almedina, 2003.

_____. Grundrechtswirkungen und Verhältnismässig-keitsprinzip in der richterlichen Anwendung und Fortbildung des Privatsrechts, *Jus*, München: Beck, 1989.

_____. *Pensamento sistemático e conceito de sistema na ciência do direito*. Trad. Antônio Menezes Cordeiro. 3. ed. Lisboa: Fundação Calouste Gulbenkian, 2002.

CANAS, Vitalino. O princípio da proibição do excesso na Constituição: arqueologia e aplicações. In: MIRANDA, Jorge (Org.). *Perspectivas constitucionais*. Coimbra: Coimbra Ed., 1997. v. 2.

CANCELLI, Elizabeth. *O mundo da violência – A polícia da era Vargas*. Brasília: UnB, 1993.

CANOTILHO, José Joaquim Gomes. *Constituição dirigente e vinculação do legislador – Contributo para a compreensão das normas constitucionais programáticas*. Coimbra: Coimbra Ed., 1982.

_____. *Direito constitucional*. 5. ed. Coimbra: Almedina, 1992.

_____. *Direito constitucional e teoria da constituição*. 3. ed. Coimbra: Almedina, 1999.

_____. _____. 5. ed. Coimbra: Almedina, 2002.

_____. _____. 7. ed. Coimbra: Almedina, 2010.

_____. Dogmática de direitos fundamentais e direito privado. In: SARLET, Ingo Wolfgang (Org.). *Constituição, direitos fundamentais e direito privado*. 2. ed. Porto Alegre: Livraria do Advogado, 2006.

_____. Estado constitucional ecológico e democracia sustentada. In: SARLET, Ingo Wolfgang (Org.). *Direitos fundamentais sociais*: estudos de direito constitucional, internacional e comparado. Rio de Janeiro/São Paulo: Renovar, 2003.

_____. Estado de direito. *Cadernos Democráticos*, n. 7. Fundação Mário Soares. Lisboa: Gradiva, 1998.

_____. O direito ao ambiente como direito subjetivo. In: CANOTILHO, José Joaquim Gomes. *Estudos sobre direitos fundamentais*. Coimbra: Coimbra, 2004.

1364 ⊙ Referências

_____. O ônus da prova na jurisdição das liberdades – Por uma teoria do direito constitucional à prova. *Estudos sobre direitos fundamentais*. Coimbra: Coimbra Ed., 2004.

_____. Rever ou romper com a Constituição dirigente? Defesa de um constitucionalismo moralmente reflexivo. *Revista de Direito Constitucional e Internacional* 15/208, São Paulo, abr. 1996.

_____. *Tomemos a sério os direitos económicos, sociais e culturais. Temas de direitos fundamentais*. Coimbra: Almedina, 2004.

_____; Machado, Jónatas. *"Reality shows" e liberdade de programação*. Coimbra: Coimbra Ed., 2003.

_____; Mendes, Gilmar Ferreira; Sarlet, Ingo Wolfgang; Streck, Lenio Luiz (Coord.). *Comentários à Constituição do Brasil*. São Paulo: Saraiva/Almedina, 2013.

_____. 2. ed. São Paulo: Saraiva Educação, 2018.

_____; Morato Leite, José Rubens. *Direito constitucional ambiental brasileiro*. 6. ed. São Paulo: Saraiva, 2015.

_____; Moreira, Vital. *Constituição da República Portuguesa anotada* – Arts. 1.º a 107.º. 4. ed. Coimbra: Coimbra Ed., 2007.

_____; _____. *Fundamentos da Constituição*. Coimbra: Coimbra Ed., 1991.

Cantalli, Fernanda Borguetti. *Direitos da personalidade*. Porto Alegre: Livraria do Advogado, 2009.

Cantor, Ernesto Rey. Controles de convencionalidad de las leyes. In: Mac-Gregor, Eduardo Ferrer; Lello de Larrea, Arturo Zaldívar (Coord.). *La ciencia del derecho procesal constitucional – Estudios en homenaje a Héctor Fix-Zamudio en sus cincuenta años como investigador del derecho*. México: Instituto de Investigaciones Jurídicas de la Unam/ Marcial Pons, 2008.

Capelotti, João Paulo. *O humor e os limites da liberdade de expressão*. Doutrina e jurisprudência. São Paulo: Editora Dialética, 2022.

Caponi, Remo. *L'efficacia del giudicato civile nel tempo*. Milano: Giuffrè, 1991.

Cappelletti, Mauro. Giustizia costituzionale soprannazionale. *Rivista di Diritto Processuale*, 1978.

_____. El "formidable problema" del control judicial y la contribuición del análisis comparado. *Revista de Estudios Políticos*, n. 13, 1980.

_____. *Giustiza e società*. Milano: Edizioni di Comunità, 1977.

_____. *Il controllo giudiziario di costituzionalità delle leggi nel diritto comparato*. Milano: Giuffrè, 1968.

_____. *¿Juízes legisladores?* Trad. Carlos Alberto Alvaro de Oliveira. Porto Alegre: Fabris, 1999.

_____. *La testimonianza della parte nell sistema dell´oralità*. Milano: Giuffrè, 1962. v. 1.

_____. *O controle judicial de constitucionalidade das leis no direito comparado*. 2. ed. Porto Alegre: Fabris, 1999.

_____. Repudiando Montesquieu? A expansão e a legitimidade da justiça constitucional. *Revista da Faculdade de Direito da UFRGS*, v. 20.

_____; GARTH, Bryan. *Acesso à justiça*. Trad. Ellen Gracie Northfleet. Porto Alegre: Fabris, 1988.

CAPPELLI, Sílvia; MARCHESAN, Ana Maria Moreira; STEIGLEDER, Annelise Monteiro. *Direito ambiental*. 3. ed. Porto Alegre: Verbo Jurídico, 2006.

CARBONELL, Miguel. La libertad de asociación en el constitucionalismo de América Latina. *Direitos Fundamentais & Justiça* 12/15, jul.-set. 2010.

_____. *Los derechos fundamentales en México*. 2. ed. México: Porrúa, 2006.

CARDOSO, Simone Tassinari. Existe saúde sem levar o lazer a sério? Interfaces entre o direito ao lazer e o direito à saúde. In: ZAVASCKI, Liane Tabarelli; JOBIM, Marco Félix (Org.). *Diálogos constitucionais de direito público e privado*. Porto Alegre: Livraria do Advogado, 2011.

_____. *O direito ao lazer no estado socioambiental*. Tese de doutoramento, Programa de Pós-Graduação em Direito da PUC-RS, Porto Alegre, 2011.

CARDOZO, Benjamin N. *The nature of judicial process*. New Haven: Yale University Press, 1921.

CARLINI, Angélica. *Judicialização da saúde pública e privada*. Porto Alegre: Livraria do Advogado, 2014.

CARMONA, Carlos Alberto. *Arbitragem e processo – Um comentário à Lei 9.307/1996*. 3. ed. São Paulo: Atlas, 2009.

CARNELUTTI, Francesco. *Diritto e processo*. Napoli: Morano, 1958.

CARPES, Artur. *Ônus dinâmico da prova*. Porto Alegre: Livraria do Advogado, 2010.

CARRAZZA, Roque Antonio. Ação direta de inconstitucionalidade por omissão e mandado de injunção. *Revista de Direito Constitucional e Internacional* 3/120, São Paulo, abr. 1993.

CARRION, Eduardo Kroeff Machado. A revolução francesa e a declaração dos direitos. *Revista de Informação Legislativa* 106/252-253, 1990.

CARVALHO, Kildare Gonçalves. *Direito constitucional*. 16. ed. Belo Horizonte: Del Rey, 2010.

_____. *Direito constitucional*: teoria do estado e da constituição – Direito constitucional positivo. 10. ed. Belo Horizonte: Del Rey, 2004.

CARVALHO NETTO, Menelick de. A hermenêutica constitucional e os desafios postos aos direitos fundamentais. In: SAMPAIO, José Adércio (Org.). *Jurisdição constitucional e direitos fundamentais*. Belo Horizonte: Del Rey, 2003.

CASTRO, Carlos Roberto Siqueira. *A Constituição aberta e os direitos fundamentais*. Rio de Janeiro: Forense, 2003.

_____. *A Constituição aberta e os direitos fundamentais – Ensaios sobre um constitucionalismo pós-moderno e comunitário*. Rio de Janeiro: Forense, 2005.

_____. *O devido processo legal e os princípios da razoabilidade e da proporcionalidade*. 3. ed. Rio de Janeiro: Forense, 2005.

CAUPERS, João. *Os direitos fundamentais dos trabalhadores e a Constituição*. Coimbra: Almedina, 1985.

_____. Responsabilidade do Estado por actos legislativos e judiciais. *La responsabilidad patrimonial de los poderes públicos*. Madrid: Barcelona, 1999.

1366 ○ Referências

Cavalcante, Ricardo Tenório. *Jurisdição, direitos sociais e proteção do trabalhador*. Porto Alegre: Livraria do Advogado, 2008.

Cavalcanti, Themístocles Brandão. *Do controle de constitucionalidade*. Rio de Janeiro: Forense, 1966.

_____. *Do mandado de segurança*. 3. ed. São Paulo: Saraiva, 1948.

Cavallo, Gonzalo Aguilar (Coord.). *Diálogo entre jurisdicciones. El desarollo del derecho público y una nueva forma de razonar*. Santiago do Chile: Librotecnia, 2014.

Cerqueira, Marcello. *Cartas constitucionais*: Império, República e autoritarismo. Rio de Janeiro: Renovar, 1997.

Chagas, Cláudia Maria de Freitas. *O dilema entre o acesso à informação e a intimidade*. Belo Horizonte: Plácido, 2017.

Chemerinsky, Erwin. *Constitucional law*: principles and policies. 3. ed. New York: Aspen, 2006.

Chiassoni, Pierluigi. *Tecnica dell'interpretazione giuridica*. Bologna: Il Mulino, 2007.

Chiavario, Mario. *Diritto ad un processo equo. Commentario alla Convenzione Europea per la Tutela dei Diritti dell'Uomo e delle Libertà Fondamentali*. Padova: Cedam, 2001.

Chiovenda, Giuseppe. Cosa giudicata e preclusione. *Saggi di diritto processuale civile (1894-1937)*. Milano: Giuffrè, 1993. v. 3.

_____. Dell'azione nascente del contratto preliminare. *Saggi di diritto processuale civile (1894-1937)*. Milano: Giuffrè, 1993. v. 1.

_____. *Instituições de direito processual civil*. São Paulo: Saraiva, 1943. v. 2.

_____. Le forme nella difesa giudiziale del diritto. *Saggi di diritto processuale civile (1894-1937)*. Milano: Giuffrè, 1993. v. 1.

Clève, Clèmerson Merlin. *A fiscalização abstrata de constitucionalidade no direito brasileiro*. São Paulo: Revista dos Tribunais, 2002.

_____. A eficácia dos direitos fundamentais sociais. *Revista de Direito Constitucional e Internacional*, ano 14, n. 54, p. 28-39, São Paulo, jan.-mar. 2006.

_____. *Fidelidade partidária*: estudo de caso. Curitiba: Juruá, 1998.

_____. Sobre a ação direta de constitucionalidade. *Revista de Direito Constitucional e Internacional* 8/28, São Paulo, jul. 1994.

_____. *Temas de direito constitucional (e de teoria do direito)*. São Paulo: Acadêmica, 1993.

_____; Freire, Alexandre Reis Siqueira. Algumas notas sobre colisão de direitos fundamentais. In: Cunha, Sérgio Sérvulo da; Grau, Eros Roberto (Org.). *Estudos de direito constitucional em homenagem a José Afonso da Silva*. São Paulo: Malheiros, 2003.

Coelho, Inocêncio Mártires. *Interpretação constitucional*. 4. ed. São Paulo: Saraiva, 2011.

_____. Declaração de inconstitucionalidade sem redução do texto, mediante interpretação conforme: um caso exemplar na jurisprudência do STF. *Revista Tributária e de Finanças Públicas* 23/169.

_____. Evolução do constitucionalismo brasileiro pós-88. In: Canotilho, J. J. Gomes; Mendes, Gilmar Ferreira; Sarlet, Ingo, W.; Streck, Lenio Luiz. *Comentários à Constituição do Brasil*. 2. ed. São Paulo: Saraiva Educação, 2018.

_____. Os limites da revisão constitucional. *Revista de Informação Legislativa* 113/69, 1992.

REFERÊNCIAS   1367

_____; MENDES, Gilmar Ferreira; BRANCO, Paulo Gustavo Gonet. *Curso de direito constitucional*. 3. ed. São Paulo: Saraiva, 2008.

COLLIARD, Claude-Albert. *Libertés publiques*. 3. ed. Paris: Dalloz, 1968.

COLNAGO, Cláudio de Oliveira Santos. *Interpretação conforme a Constituição – Decisões interpretativas do STF em sede de controle de constitucionalidade*. São Paulo: Método, 2007.

COMOGLIO, Luigi Paolo. *Etica e tecnica del "giusto processo"*. Torino: Giappichelli, 2004.

_____. *La garanzia dell´azione ed il processo civile*. Padova: Cedam, 1970.

_____. Principi costituzionale e processo di esecuzione. *Rivista di Diritto Processuale*, Padova, Cedam, 1994.

COMPARATO, Fábio Konder. *A afirmação histórica dos direitos humanos*. São Paulo: Saraiva, 1999.

_____. _____. 5. ed. São Paulo: Saraiva, 2007.

_____. A "questão política" nas medidas provisórias. *Revista Cidadania e Justiça*, n. 10, 2001.

CONCEIÇÃO, Tiago de Menezes. *Direitos políticos fundamentais e sua suspensão por condenações criminais e por improbidade administrativa*. Curitiba: Juruá, 2012.

CONTO, Mario de. *O princípio da proibição de retrocesso social – Uma análise a partir dos pressupostos da hermenêutica filosófica*. Porto Alegre: Livraria do Advogado, 2008.

COOLEY, Thomas. *A treatise on the constitutional limitations which rest upon the legislative power of the States of the American Union*. Boston, 1903.

CORDEIRO, Antonio Menezes. *Da boa-fé no direito civil*. Coimbra: Almedina, 2001.

_____. *Tratado de direito civil português*. 3. ed. Coimbra: Almedina, 2007. v. 1, t. I.

CORDEIRO, Karine da Silva. *Direitos fundamentais sociais. Dignidade da pessoa humana e mínimo existencial. O papel do Poder Judiciário*. Porto Alegre: Livraria do Advogado, 2012.

CORRÊA, Luciane Amaral. O princípio da proporcionalidade e a quebra do sigilo bancário e do sigilo fiscal nos processos de execução. In: SARLET, Ingo Wolfgang (Org.). *A Constituição concretizada – Construindo pontes entre o público e o privado*. Porto Alegre: Livraria do Advogado, 2000.

CORREIA, Sérvulo. *O direito de manifestação – Âmbito de proteção e restrições*. Coimbra: Almedina, 2006.

CORSO, G. I diritti sociali nella Costituzione italiana. *Rivista Trimestrale di Diritto Pubblico* 3/755-784, 1981.

CÔRTES, Osmar Mendes Paixão. Reclamação – A ampliação do cabimento no contexto da "objetivação" do processo nos tribunais superiores. *RePro*, v. 197.

CORWIN, Edward S. *The doctrine of judicial review*: its legal and historical basis and other essays. Princeton: Princeton University Press, 1914.

COSTA, Ana Paula Motta. A perspectiva constitucional brasileira da proteção integral de crianças e adolescentes e o posicionamento do Supremo Tribunal Federal. In: SARMENTO, Daniel; SARLET, Ingo Wolfgang (Coord.). *Direitos fundamentais no Supremo Tribunal Federal*. Rio de Janeiro: Lumen Juris, 2011.

1368 ○ Referências

_____. *Os adolescentes e seus direitos fundamentais – Da indivisibilidade à indiferença.* Porto Alegre: Livraria do Advogado, 2011.

Costa, Denise Souza. *Direito fundamental à educação, democracia e desenvolvimento sustentável.* Belo Horizonte: Fórum, 2011.

Costa, Pietro. O Estado de Direito: uma introdução histórica. In: Zolo, Danilo (Org.). *O Estado de Direito: história, teoria.* São Paulo: Martins Fontes, 2006.

Courtis, Christian (Org.). *Ni un paso atrás – La prohibición de regresividad en materia de derechos sociales.* Buenos Aires: Editores del Puerto, 2006.

Courtis, Christian; Abramovich, Victor. *Los derechos sociales como derechos exigibles.* Madrid: Trotta, 2002.

_____; Santamaría, Ramiro Ávila (Ed.). *La protección judicial de los derechos sociales.* Quito: Ministerio de Justicia y Derechos Humanos, 2009.

Couto e Silva, Almiro do. O princípio da segurança jurídica (proteção à confiança) no direito público brasileiro e o direito da Administração Pública de anular os seus próprios atos administrativos: o prazo decadencial do art. 54 da lei do processo administrativo da União (Lei 9.784/1999). *Revista de Direito Administrativo,* n. 237.

Couto e Silva, Clóvis do. O direito civil brasileiro em perspectiva histórica e visão de futuro. In: Fradera, Vera (Org.). *O direito privado brasileiro na visão de Clóvis do Couto e Silva.* Porto Alegre: Livraria do Advogado, 1997.

Couture, Eduardo Juan. Las garantías constitucionales del proceso civil. *Estudios de derecho procesal civil.* Buenos Aires: Ediar, 1948. t. I.

Crizafulli, Vezio. *La costituzione e le sue disposizioni di principio.* Milano: Giuffrè, 1952.

Crocq, P. Le droit au logement. In: Cabrillac, R.; Frison-Roche, M-A; Revet, T. *Libertés et droits fondamentaux.* 6. ed. Paris: Dalloz, 2000.

Crorie, Benedita Ferreira da Silva Mac. *A vinculação dos particulares aos direitos fundamentais.* Coimbra: Almedina, 2005.

Cross, Rupert. *Precedent in english law.* 3. ed. Oxford: Clarendon Press, 1977.

_____; Harris, J. W. *Precedent in the english law.* Oxford: Clarendon Press, 1991.

Cruz, Álvaro Ricardo de Souza. *Hermenêutica jurídica e(m) debate. O constitucionalismo brasileiro entre a teoria do discurso e a ontologia existencial.* Belo Horizonte: Fórum, 2007.

_____. *Jurisdição constitucional democrática.* Belo Horizonte: Del Rey, 2004.

_____; Duarte, Bernardo Augusto Ferreira; Teixeira, Alessandra Sampaio. *A laicidade para além de liberais e comunitaristas,* Belo Horizonte: Arraes Editores, 2017.

Cruz, Gabriel Dias Marques da. *Arguição de descumprimento de preceito fundamental:* lineamentos básicos e revisão crítica no direito constitucional brasileiro. São Paulo: Malheiros, 2011.

Cruz, Luis M. El alcance del Consejo Constitucional francés en la protección de los derechos y libertades fundamentales. *Revista de Derecho Constitucional Europeo,* ano VIII, n. 15, jan.-jul. 2011. Disponível em: http://www.ugr.es/~redce/REDCE15/articulos/12LMCruz.htm.

Cruz e Tucci, José Rogério. *A motivação da sentença no processo civil.* São Paulo: Saraiva, 1987.

_____. *Tempo e processo*. São Paulo: Revista dos Tribunais, 1997.

_____. *Precedente judicial como fonte do direito*. São Paulo: Revista dos Tribunais, 2004.

CUEVA, Pablo Lucas Murillo de la; PIÑAR MAÑAS, José Luis. *El derecho de la autodeterminación informativa*. Madrid: Fundación Coloquio Jurídico Europeo, 2009.

CUNHA, Amanda Guimarães da; Bastos Jr., Luiz Magno P. *Direito eleitoral sancionador. O dever de imparcialidade da autoridade judicial*. São Paulo: Tirant lo blanch, 2021.

CUNHA, Leonardo Carneiro da. *Jurisdição e competência*. São Paulo: Revista dos Tribunais, 2008.

CUNHA, Sérgio Sérvulo da. Direito à moradia. *Revista de Informação Legislativa*, n. 127, p. 49 e ss., 1995.

CUNHA JÚNIOR, Dirley da. Arguição de descumprimento de preceito fundamental. In: DIDIER Jr., Fredie (Org.). *Ações constitucionais*. 5. ed. Salvador: JusPodivm, 2011.

_____. *Controle de constitucionalidade*: teoria e prática. Salvador: JusPodivm, 2008.

_____. *Controle judicial das omissões do Poder Público*: em busca de uma dogmática constitucional transformadora à luz do direito fundamental à efetivação da Constituição. São Paulo: Saraiva, 2008.

_____. *Curso de direito constitucional*. 4. ed. Salvador: JusPodivm, 2010.

CURRIE, Brainerd. Mutuality of Collateral Estoppel: limits of the Bernherd doctrine. *Stanford Law Review*, v. 9. 1957.

DAL COL, Helder Martinez. O significado da expressão "preceito fundamental" no âmbito da arguição de descumprimento de preceito fundamental prevista no art. 102, § 1.º, da CF/1988, 2002. *Revista de Direito Constitucional e Internacional* 39/171, São Paulo, abr. 2002.

DALLA-BARBA, Rafael Giorgio (Org.). *Princípios Jurídicos:* o debate metodológico entre Robert Alexy e Ralf Poscher. Belo Horizonte: Casa do Direito, 2022.

DALLARI, Dalmo de Abreu. *A Constituição na vida dos povos*: da Idade Média ao século XXI. São Paulo: Saraiva, 2010.

_____. *Elementos de teoria geral do Estado*. 32. ed. São Paulo: Saraiva, 2013.

DALLARI, Pedro. *Constituição e tratados internacionais*. São Paulo: Saraiva, 2003.

DALMOTTO, Eugenio. Diritto alla equa riparazione per l'eccessiva durata del processo. In: CHIARLONI, Sergio (Coord.). *Misure acceleratorie e riparatorie contro l'irragionevole durata dei processi*. Torino: Giappichelli, 2002.

DAMASKA, Mirjan. *The faces of justice and state authority*. New Haven: Yale University Press, 1986.

DANTAS, Francisco Wildo Lacerda. Jurisdição constitucional: ação e processo de arguição de descumprimento de preceito fundamental. *RT* 783/115, São Paulo, jan. 2001.

DANTAS, Ivo. *Poder constituinte e revolução*. Rio de Janeiro: Rio Sociedade Cultural, 1978.

DANTAS, Marcelo Navarro. *Reclamação constitucional no direito brasileiro*. Porto Alegre: Fabris, 2000.

DATAREPORTAL, Digital 2021. Global Overview Report - India. WeAreSocial; Hootsuite, jan. 2021. Disponível em: <https://datareportal.com/reports/digital-2021-india>. Acesso em: 6 nov. 2021.

DÄUBLER-GMELIN, Herta. 50 anos da Constituição como garantia da democracia alemã em paz e liberdade. In: CARNEIRO, José Mário Brasiliense; FERREIRA, Ivette Senise (Org.). *50 anos da Lei Fundamental*. São Paulo: Edusp, 2001.

DAU-LIN, Hsü. *Die Verfassungswandlung*. Berlin-Leipzig: Walter de Gruyter, 1932.

_____. *Mutación de la Constitución*. Trad. Pablo Lucas Verdú e Christian Förster. Oñati: Instituto Vasco de Administración Pública, 1998.

DAVIS, John F.; REYNOLDS, William L. Juridical cripples: plurality opinions in the Supreme Court, *Duke Law Journal*, 1974.

DAVIS, Michael H. The law/politics distinction, the French Conseil Constitutionnel, and the U.S. Supreme Court. *The American Journal of Comparative Law*, v. 34, n. 1, 1986.

DELANEY, Sarah K. Stare decisis v. the "new majority": the Michigan Supreme Court's practice of overruling precedent, 1998-2002. *Albany Law Review*, v. 66, n. 871, Albany, 2003.

DEL CLARO, Roberto. Devido processo legal substancial? In: MARINONI, Luiz Guilherme (Coord.). *Estudos de direito processual civil – Homenagem ao Professor Egas Dirceu Moniz de Aragão*. São Paulo: Revista dos Tribunais, 2005.

DELGADO, Gabriela Neves. *Direito fundamental ao trabalho digno*. São Paulo: LTr, 2006.

DEMARI, Lisandra. Juízo de relevância da prova. In: KNIJNIK, Danilo (Coord.). *Prova judiciária – Estudos sobre o novo direito probatório*. Porto Alegre: Livraria do Advogado, 2007.

DEMOLINER, K. S. *Água e saneamento básico. Regimes jurídicos e marcos regulatórios no direito brasileiro*. Porto Alegre: Livraria do Advogado, 2008.

DENNINGER, Erhard. Anmerkungen zu Art. 1 Abs. 2 und 3 GG. In: WASSERMANN, Rudolf (Org.). *Kommentar zum Grundgesetz für die Bundesrepublik Deutschland* (Alternativkommentar). 2. ed. Neuwied: Luchterhand, 1989. v. 1.

DENTI, Vittorio. Il processo di cognizione nella storia delle riforme. *Rivista Trimestrale di Diritto e Procedura Civile*, Milano, Giuffrè, 1993.

_____. *La giustizia civile*. 2. ed. Bologna: Il Mulino, 2004.

DEPENHEUER, Otto. Funktionen der Verfassung. In: _____; GRABENWARTER, Christoph (Ed.). *Verfassungstheorie*. Tübingen: Mohr Siebeck, 2010.

DERBLI, Felipe. *O princípio da proibição de retrocesso social na Constituição de 1988*. Rio de Janeiro: Renovar, 2007. DI MAJO, Adolfo. *La tutela civile dei diritti*. 4. ed. Milano: Giuffrè, 2003.

DIAS, Jefferson Aparecido. Os direitos das pessoas idosas: da riqueza econômica para a riqueza urbana. In: SARMENTO, Daniel; SARLET, Ingo Wolfgang (Coord.). *Direitos fundamentais no Supremo Tribunal Federal*. Rio de Janeiro: Lumen Juris, 2011.

DICEY, Albert Venn. *Introduction to the study of the law of the Constitution*. 6. ed. New York: MacMillan, 1902.

DICIONÁRIO ELETRÔNICO HOUAISS. Rio de Janeiro: Objetiva, 2009.

DIDIER JÚNIOR, Fredie. *Curso de direito processual civil*. 12. ed. Salvador: JusPodivm, 2010. v. 1.

_____. *Fundamentos do princípio da cooperação no direito processual civil português*. Coimbra: Coimbra Ed., 2010.

_____. Natureza jurídica das informações da autoridade coatora no mandado de segurança. In: SCARPINELLA BUENO, Cássio; ARRUDA ALVIM WAMBIER, Teresa; ARRUDA ALVIM, Eduardo (Coord.). *Aspectos polêmicos e atuais do mandado de segurança*. São Paulo: Revista dos Tribunais, 2002.

_____. Os três modelos de direito processual: inquisitivo, dispositivo e cooperativo. *RePro*, n. 198, São Paulo, Revista dos Tribunais, 2011.

_____. *Pressupostos processuais e condições da ação – O juízo de admissibilidade do processo*. São Paulo: Saraiva, 2005.

_____; ZANETI JÚNIOR, Hermes. *Curso de direito processual civil*. 5. ed. Salvador: JusPodivm, 2010. v. 4.

DÍEZ-PICAZO, Luís María. *Sistema de derechos fundamentales*. 2. ed. Madrid: Civitas, 2005.

DIMOULIS, Dimitri. Arguição de descumprimento de preceito fundamental: problemas de concretização e limitação. *RT* 832/22, São Paulo, fev. 2005.

_____; LUNARDI, Soraya. *Curso de processo constitucional*: controle de constitucionalidade e remédios constitucionais. São Paulo: Atlas, 2011.

_____; MARTINS, Leonardo. *Teoria geral dos direitos fundamentais*. São Paulo: Revista dos Tribunais, 2006.

_____; _____. _____. 2. ed. São Paulo: Revista dos Tribunais, 2017

_____; _____. _____. 3. ed. São Paulo: Revista dos Tribunais, 2011.

DINIZ, Maria Helena. *Norma constitucional e seus efeitos*. São Paulo: Saraiva, 1989.

DIPPEL, Horst. *História do constitucionalismo moderno – Novas perspectivas*. Lisboa: Fundação Calouste Gulbenkian, 2007.

DOEHRING, Karl. *Teoria do Estado*. Trad. Gustavo Castro Alves Araújo. Belo Horizonte: Del Rey, 2008.

DOLINGER, Jacob. *Direito internacional privado – Parte geral*. 8. ed. Rio de Janeiro: Renovar, 2005.

_____. _____. 9. ed. Rio de Janeiro: Renovar, 2008.

DONEDA, Danilo. *Da privacidade à proteção de dados pessoais*. Rio de Janeiro: Renovar, 2006.

_____. *Da privacidade à proteção de dados pessoais*: elementos da formação da lei geral de proteção de dados. 2. ed. São Paulo: Thomson Reuters Brasil, 2019.

_____. A Autonomia do Direito Fundamental de Proteção de Dados. *Lei Geral de Proteção de Dados – Caderno Especial*. São Paulo: RT, 2019.

D'ONOFRIO, Paolo. Legge interpretativa e preclusione. *Rivista di Diritto Processuale Civile*. Padova: Cedam, 1933.

_____. Sul concetto di "preclusione". *Studi di diritto processuale in onore di Giuseppe Chiovenda*. Padova: Cedam, 1927.

DORF, Michael C.; MORRISON, Trevor W. *The Oxford introductions to U.S. law: constitutional law*. New York: Oxford University Press, 2010.

DOUGLAS, William O. The Dissent. A safeguard of democracy. *Journal of the American Judicature Society*, v. 3

DRAGO, Guillaume. *Contentieux constitutionnel français*. 3. ed. Paris: Presses Univertaires de France, 2011.

1372 ○ Referências

Dreier, Horst (Org.). *Grundgesetz Kommentar*, v. I. Tübingen: Mohr Siebeck, 1996.

_____. Hans Kelsen (1881-1973) – Jurist des Jahrhunderts? *Deutsche Juristen jüdischer Herkunft*. München: Siebeck, 1993.

_____. Präambel. In: _____ (Ed.). *Grundgesetz Kommentar*. Tübingen: Mohr Siebeck, 1996. v. 1.

_____. Subjektiv-rechtliche und objektiv-rechtliche Grundrechtsgehalte. *Juristiche Ausbildung*, 1994.

Duarte, Clarisse S. Direito público subjetivo e políticas educacionais. In: Bucci, M. P. D. (Org.). *Políticas públicas – Reflexões sobre o conceito jurídico*. São Paulo: Saraiva, 2006.

Duca, Louis F. Del. Introduction of judicial review in Italy: transition from decentralized to centralized review (1948-1956): a successful transplant case study. *Penn State International Law Review*, v. 28, n. 3, 2010.

Duque, Marcelo Schenk. *Curso de direitos fundamentais. Teoria e prática*. São Paulo: Revista dos Tribunais, 2014.

Duverger, Maurice. *Os partidos políticos*. 3. ed. Rio de Janeiro: Guanabara, 1987.

Duxbury, Neil. *The nature and authority of precedent*. Cambridge: Cambridge University Press, 2008.

Dworkin, Ronald. *Justice for hedgehogs*. Cambridge: Harvard University Press, 2011.

_____. *Los derechos en serio*. Trad. Marta Guastavino. Barcelona: Ariel, 1999.

_____. *O direito da liberdade*: uma leitura moral da Constituição norte-americana. São Paulo: Martins Fontes, 2006.

_____. *O domínio da vida*. Trad. Jefferson L. Camargo. São Paulo: Martins Fontes, 2003.

_____. *O império do direito*. São Paulo: Martins Fontes, 1999.

_____. *Uma questão de princípio*. São Paulo: Martins Fontes, 2000.

Eckersley, Robyn. *The Green State*: Rethinking Democracy and Sovereignty. London: MIT Press, 2004.

Edwards, Harry. The effects of collegiality on judicial decision making. *University of Pennsylvania Law Review*, 2003.

Eisenberg, Melvin Aron. *The nature of common law*. Cambridge: Harvard University Press, 1988.

Elliot, Mark. *The constitutional foundations of judicial review*. Oregon: Hart, 2001.

Ely, John Hart. *Democracy and distrust: a theory of judicial review*. Cambridge: Harvard University Press, 1980.

Engelmann, Arthur. Modern continental procedure. *A history of continental civil procedure*. New York: Kelley, 1969.

Engisch, Karl. *Introdução ao pensamento jurídico*. Trad. João Baptista Machado. 8. ed. Lisboa: Fundação Calouste Gulbenkian, 2001.

Englisch, Joachim. *Wettbewerbsgleichheit im grenzüberschreitenden Handel*. Tübingen: Mohr Siebeck, 2008.

Enterría, Eduardo García de. *La Constitución como norma y el tribunal constitucional*. 3. ed. Madrid: Civitas, 1994.

REFERÊNCIAS 1373

EPPING, Volker. *Grundrechte.* 3. ed. Berlin-Heidelberg-New York: Springer, 2007.

EREZ, Daphne Barak; GROSS, Aeyal M. (Ed.). *Exploring social rights – Between theory and practice.* Portland: Hart, 2007.

ERICHSEN, Hans-Uwe. Allgemeine Handlungsfreiheit. In: ISENSSE, J.; KIRCHOF, P. (Org.). *Handbuch des Staatsrechts der Bundesrepublik Deutschland.* Heidelberg: C.F. Müller, 1992. v. 6.

ESCOBAR, Guillermo (dir.). *Protección de la salud. IV Informe sobre Derechos Humanos. Federación Iberoamericana de Ombudsman.* Madrid: Trama, 2006.

ESPÍNDOLA, Ruy Samuel. *Conceito de princípios constitucionais.* 2. ed. São Paulo: Revista dos Tribunais, 2002.

_____. Jurisdição constitucional estadual: notas para compreender sua problemática no âmbito da federação brasileira. *Revista de Direito Constitucional e Internacional* 49/50, São Paulo, out. 2004.

EVANS, Jim. Precedent in the nineteenth century. *Precedent in law.* Oxford: Clarendon Press, 1987.

FABRE, Cécile. *Social rights under the Constitution. Government and decent life.* Oxford: Clarendon Press, 2004.

FACHIN, Rosana Amara Girardi. *Dever alimentar para um novo direito de família.* Rio de Janeiro: Renovar, 2005.

FACHIN, Zulmar; SILVA, Deise Marcelino da. *Acesso à água potável.* Direito fundamental de sexta dimensão. São Paulo: Millennium, 2012.

_____. *A proteção jurídica da imagem.* São Paulo: Celso Bastos Ed., 1999.

_____. *Curso de direito constitucional.* 5. ed. Rio de Janeiro: Forense, 2012.

_____; SILVA, Deise Marcelino da. *Acesso à água potável*: direito fundamental de sexta dimensão. Campinas: Millennium, 2011.

FAGUNDES, Miguel Seabra. *O controle dos atos administrativos pelo Poder Judiciário.* Rio de Janeiro: Forense, 1979.

_____. _____. 7. ed. atual. Rio de Janeiro: Forense, 2005.

FAIRÉN GUILLÉN, Victor. *El juicio ordinario y los plenarios rapidos (los defectos en la recepción del derecho procesal común, sus causas y consecuencias en doctrina y legislación actuales).* Barcelona: Bosch, 1953.

FALLON JR., Richard H. As-applied and facial challenges and third-party standing. *Harvard Law Review*, v. 113.

_____. Implementing the constitution. *Harvard Law Review*, v. 111.

_____. Stare decisis and the constitution: an essay on constitutional methodology. *New York University Law Review*, n. 76, 2001.

FARIAS, Edilsom. *Colisão de direitos*: a honra, a intimidade, a vida privada e a imagem versus a liberdade de expressão e informação. Porto Alegre: SAFe, 1996.

_____. *Liberdade de expressão e comunicação – Teoria e proteção constitucional.* São Paulo: Revista dos Tribunais, 2004.

FAVOREU, Louis. *As cortes constitucionais.* São Paulo: Landy, 2004.

_____ (Coord.). *Droit constitutionnel.* 4. ed. Paris: Dalloz, 2001.

FAZZALARI, Elio. La dottrina processualistica italiana: dall'"azione" al "processo" (1864-1994). *Rivista di Diritto Processuale*, Padova, Cedam, 1994.

_____. *Note in tema di diritto e processo*. Milano: Giuffrè, 1957.

FECHNER, Frank. Artikel 5 – Meinungsfreiheit, Pressefreiheit, Freiheit der Kunst, Wissenschaft, Forschung und Lehre. In: STERN, Klaus; BECKER, Florian (Ed.). *Grundrechte Kommentar*. Köln: Carl Heymanns, 2010.

FEDERMAN, Howard. Judicial overruling. Time for a new general rule. *Michigan Bar Journal*, set. 2004.

FELDENS, Luciano. *A Constituição penal – A dupla face da proporcionalidade no controle de normas penais*. Porto Alegre: Livraria do Advogado, 2005.

FENSTERSEIFER, Tiago. *Direitos fundamentais e proteção do ambiente. A dimensão ecológica da dignidade humana no marco jurídico-constitucional do estado socioambiental de direito*. Porto Alegre: Livraria do Advogado, 2008.

FEREJOHN, John. Judicializing politics, politicizing law. *Law and Contemporary Problems*, v. 65, n. 3, 2002.

FERNANDES, Bernardo Gonçalves. *Curso de direito constitucional*. 2. ed. Rio de Janeiro: Lumen Juris, 2010.

_____. *Curso de direito constitucional*. 7. ed. Salvador: JusPodivm, 2015.

_____. *Remédios constitucionais*: mandado de segurança individual e coletivo, mandado de injunção, *habeas data*, ação popular e *habeas corpus* na doutrina e na jurisprudência do STF e do STJ. Salvador: JusPodivm, 2011.

FERNÁNDEZ, Albert Noguera. *Los derechos sociales en las nuevas constituciones latinoamericanas*. Valencia: Tirant lo Blanch, 2010.

FERNANDEZ SEGADO, Francisco. *El sistema constitucional español*. Madrid: Dykinson, 1997.

FERRAJOLI, Luigi. *Principia iuris – Teoria del diritto e della democrazia*. Roma: Laterza, 2007. v. 1.

FERRARI, Regina Maria Macedo Nery. Aspectos polêmicos da responsabilidade do Estado decorrente de atos legislativos. *Revista de Direito Constitucional e Internacional* 39/97, abr. 2002.

_____. *Controle da constitucionalidade das leis municipais*. São Paulo: Revista dos Tribunais, 2003.

_____. *Normas constitucionais programáticas*: normatividade, operatividade e efetividade. São Paulo: Revista dos Tribunais, 2001.

_____. O Estado federal – Estruturas e características. *Revista de Direito Constitucional e Internacional* 2/88, São Paulo, jan. 1993.

_____. *Direito constitucional*. São Paulo: Revista dos Tribunais, 2011.

FERRAZ, Anna Cândida da Cunha. *Poder Constituinte do Estado-Membro*. São Paulo: Revista dos Tribunais, 1979.

_____. *Processos informais de mudança da Constituição*: mutações constitucionais e mutações inconstitucionais. São Paulo: Max Limonad, 1986.

_____. *União, Estados e Municípios na nova Constituição*: enfoque jurídico-formal. A nova Constituição Paulista. São Paulo: Fundação Faria Lima, 1989.

FERRAZ, Carolina Valença; LEITE, George Salomão; LEITE, Glauber Salomão; LEITE, Glauco Salomão (Coord.). *Manual dos direitos da pessoa com deficiência*. São Paulo: Saraiva, 2012.

FERRAZ JÚNIOR, Tercio Sampaio. A validade das normas jurídicas. *Sequência*, n. 28, Universidade Federal de Santa Catarina, 1994.

FERREIRA, Aurélio Buarque de Holanda. *Novo dicionário Aurélio da língua portuguesa*.

FERREIRA, Marcelo Ramos Peregrino. *O controle de convencionalidade da Lei da Ficha Limpa. Direitos políticos e inelegibilidades*. Rio de Janeiro: Lumen Juris, 2015.

FERREIRA, Pinto. *Curso de direito constitucional*. 5. ed. São Paulo: Saraiva, 1991.

_____. *Comentários à Constituição brasileira*. São Paulo: Saraiva, 1989.

FERREIRA FILHO, Manoel Gonçalves. *Comentários à Constituição brasileira de 1988*. São Paulo: Saraiva, 1990.

_____. *Curso de direito constitucional*. São Paulo: Saraiva, 1999.

_____. *Curso de direito constitucional*. 34. ed. São Paulo: Saraiva, 2008.

_____. *O poder constituinte*. 2. ed. São Paulo: Saraiva, 1985.

_____. _____. 4. ed. São Paulo: Saraiva, 2005.

_____. Significação e alcance das cláusulas pétreas. *Revista de Direito Administrativo* 202/14-16, 1995.

FERRER BÉLTRAN, Jordi. *La valoración racional de la prueba*. Madrid: Marcial Pons, 2008.

_____. *Prueba y verdad en el derecho*. 2. ed. Madrid: Marcial Pons, 2005.

_____; RATTI, G. B. (Ed.). *The logic of legal requirements: essays on legal defeasibility*. Oxford: Oxford University Press, 2012.

FIGUEIREDO, Marcelo. Ação declaratória de constitucionalidade: inovação infeliz. *RePro* 71/154, São Paulo, jul. 1993.

FIGUEIREDO, Mariana Filchtiner. *Direito à saúde*. 2. ed. Salvador: JusPodivm, 2011.

_____. *Direito à saúde*. Leis 8.080/90 e 8.142/90, arts. 6.º e 196 a 200 da Constituição Federal. 4. ed. Salvador: JusPodivm, 2015.

_____. *Direito fundamental à saúde – Parâmetros para a sua eficácia e efetividade*. Porto Alegre: Livraria do Advogado, 2007.

FILETI, Narbal Antônio Mendonça. *A fundamentalidade dos direitos sociais e o princípio da proibição de retrocesso social*. São José: Conceito, 2009.

FIORAVANTI, Maurizio. *Constituición: de la antiguedad a nuestros días*. Madrid: Trotta, 2001.

_____. *Constituzionalismo – Percorsi della storia e tendenze attuali*. Bari: Laterza, 2009.

FISS, Owen. The autonomy of law. *Yale Journal of International Law*, v. 26, 2001.

_____. The forms of justice. *Harvard Law Review*, v. 93.

FLACH, Daisson. *A verossimilhança no processo civil*. São Paulo: Revista dos Tribunais, 2009.

FLACH, Norberto. *Prisão processual penal – Discussão à luz dos princípios constitucionais da proporcionalidade e da segurança jurídica*. Rio de Janeiro: Forense, 2000.

FLETCHER, George. Two kinds of legal rules: a comparative study of burden-of-persuasion practices in criminal cases. *Yale Law Journal*, n. 77, 1967/1968.

1376 ○ REFERÊNCIAS

FOLADOR, Patricia Micheli. Evolução histórica do controle de constitucionalidade no Brasil e a ação de inconstitucionalidade por omissão. *Revista de Direito Constitucional e Internacional* 71/228, São Paulo, abr. 2010.

FRAGA, Mirtô. *O conflito entre tratado internacional e norma de direito interno*. Rio de Janeiro: Forense, 2006.

FRANÇA, Phillip Gil. *O controle da Administração Pública*: tutela jurisdicional, regulação econômica e desenvolvimento. São Paulo: Revista dos Tribunais, 2008.

FRANCISCO, José Carlos. Bloco de constitucionalidade e recepção dos tratados internacionais. In: TAVARES, André Ramos; LENZA, Pedro; ALARCÓN, Pietro J. L. (Coord.). *Reforma do Judiciário analisada e comentada*. São Paulo: Método, 2005.

FRANCO, Afonso Arinos de Melo. *Direito constitucional*. Rio de Janeiro: Forense, 1986.

FREEDMAN, Warren. *Res Judicata and Collateral Estoppel*. Westport: Quorum, 1988.

FREITAS, Juarez. *A interpretação sistemática do direito*. 3. ed. São Paulo: Malheiros, 2002.

_____. *As grandes linhas da filosofia do direito*. Caxias do Sul: Educs, 1986.

_____. *O direito fundamental à boa administração pública*. 3. ed. São Paulo: Malheiros, 2014.

_____. *O controle dos atos administrativos e os princípios fundamentais*. 5. ed. São Paulo: Malheiros, 2013.

_____. O Estado, a responsabilidade extracontratual e o princípio da proporcionalidade. In: SARLET, Ingo Wolfgang (Org.). Jurisdição e direitos fundamentais: *Anuário 2004/2005 – Escola Superior da Magistratura do Rio Grande do Sul (Ajuris)*. Porto Alegre: Livraria do Advogado, 2006. v. 1, t. I.

_____. Responsabilidade objetiva do Estado, proporcionalidade e precaução. *Direito e Justiça* – Revista da Faculdade de Direito da PUC-RS 31/14, Porto Alegre, 2006.

_____. *Sustentabilidade*: o direito ao futuro. Belo Horizonte: Fórum, 2011.

FREITAS, Luiz Fernando Calil de. *Direitos fundamentais*: limites e restrições. Porto Alegre: Livraria do Advogado, 2006.

_____. _____. Porto Alegre: Livraria do Advogado, 2007.

FREITAS, Vladimir Passos de. *A Constituição Federal e a efetividade das normas ambientais*. São Paulo: Revista dos Tribunais, 2000.

FREITAS FILHO, Roberto (Coord.). *Direito à saúde*. Questões teóricas e a prática dos tribunais. São Paulo: Saraiva Jur, 2021.

FRIEDMAN, Barry. The wages of stealth overruling (with particular attention to Miranda v. Arizona). *Georgetown Law Journal*, v. 99, 2010.

FRIEDRICH, Carl J. *Die Philosophie des Rechts in historischer Perspektive*. Berlin-Göttingen--Heidelberg: Springer, 1955.

FRIGNANI, Aldo. *L'injunction nella common law e l'inibitoria nel diritto italiano*. Milano: Giuffrè, 1974.

FROTSCHER, Werner; PIEROTH, Bodo. *Verfassungsgeschichte*. 11. ed. München: C. H. Beck, 2012.

FRUMER, Philippe; VILLAVERDE MENENDEZ, Ignacio. *La renunciabilidad de los derechos fundamentales y las libertades públicas*. Madrid: Fundación Coloquio Jurídico Europeo, 2013.

REFERÊNCIAS   1377

FULLER, Lon. *The morality of law*. 2. ed. New Haven: Yale University Press, 1969.

FUSTER, Blanca Martínez de Vallejo. Los derechos humanos como derechos fundamentales. In: BALLESTEROS, J. (Ed.). *Derechos humanos – Concepto, fundamentos, sujetos*. Madrid: Tecnos, 1992.

GADAMER, Hans-Georg. *Verdade e método – Traços fundamentais de uma hermenêutica filosófica*. 4. ed. Petrópolis: Vozes, 2002.

GALDINO, Flávio. *Introdução à teoria do custo dos direitos*: direitos não nascem em árvores. Rio de Janeiro: Lumen Juris, 2005.

GALINDO, Bruno. *Direitos fundamentais*: análise de sua concretização constitucional. Curitiba: Juruá, 2003.

GALINDO, George Rodrigo Bandeira. Art. 4.º, I – Independência Nacional. In: GOMES CANOTILHO, J. J.; MENDES, Gilmar F.; SARLET, Ingo W.; STRECK, Lenio L. (Coords.), *Comentários à Constituição do Brasil*. 2. ed. São Paulo: Saraiva Educação, 2018.

_____. *Tratados internacionais de direitos humanos e Constituição brasileira*. Belo Horizonte: Del Rey, 2003.

GALLWAS, Hans-Ullrich. *Grundrechte*. 2. ed. Neuwied-Kriftel-Berlin: Luchterhand, 1995.

GARBI, Carlos Alberto. O silêncio inconstitucional. *Revista de Direito Público* 97/162, jan.--mar. 1991.

GARCIA, Emerson. O direito à educação e suas perspectivas de efetividade. *A efetividade dos direitos sociais*. Rio de Janeiro: Lumen Juris, 2004.

GARCÍA, Fernando Silva. El control judicial de las leyes con base en tratados internacionales sobre derechos humanos. *Revista Iberoamericana de Derecho Procesal Constitucional*, n. 5, 2006.

GARCIA, Maria. *Desobediência civil. Direito fundamental*. 2. ed. São Paulo: Revista dos Tribunais, 2004.

GARCIA, Maria Glória F. P. D. *Estudos sobre o princípio da igualdade*. Coimbra: Almedina, 2005.

GARGARELLA, Roberto. *La justicia frente al gobierno (sobre el carácter contramayoritario del poder judicial)*. Barcelona: Ariel, 1996.

GARTH, Bryan; CAPPELLETTI, Mauro. *Acesso à justiça*. Trad. Ellen Gracie Northfleet. Porto Alegre: Fabris, 1988.

GASPARI, Elio. *A ditadura escancarada*. São Paulo: Companhia das Letras, 2002. v. 2.

GAUDU, F. Les droits sociaux. *Libertés & droits fondamentaux*. 6. ed. Paris: Dalloz, 2000.

GAVIÃO FILHO, Anizio Pires. *Colisão de direitos fundamentais, argumentação e ponderação*. Porto Alegre: Livraria do Advogado, 2011.

_____. *Direito fundamental ao ambiente*. Porto Alegre: Livraria do Advogado, 2005.

GEBRAN NETO, João Pedro. *A aplicação imediata dos direitos e garantias individuais – A busca de uma exegese emancipatória*. São Paulo: Revista dos Tribunais, 2002.

GEHRLEIN, William V.; LEPELLEY, Dominique. *Voting paradoxes and group coherence*. Heidelberg: Springer, 2011.

GERBER, Scot. Introdução. In: _____ (Org.). *Seriatim: the Supreme Court before John Marshall*. New York: New York University Press, 2000.

GERHARDT, Michael J. *The power of precedent*. New York: Oxford University Press, 2008.

GERMANO, Luiz Paulo. *Direito de resposta*. Porto Alegre: Livraria do Advogado, 2011.

GIANNAKOS, Ângelo Maraninchi. *Assistência judiciária no direito brasileiro*. Porto Alegre: Livraria do Advogado, 2008.

GIDI, Antônio. *Coisa julgada e litispendência em ações coletivas*. São Paulo: Saraiva, 1995.

_____. *A class action* como instrumento de tutela coletiva dos direitos – As ações coletivas em uma perspectiva comparada. São Paulo: Revista dos Tribunais, 2007.

GINSBURG, Tom. *Judicial review in new democracies*: constitutional courts in Asian cases. Cambridge: Cambridge University Press, 2003.

GIULIANI, Alessandro. *Il concetto di prova – Contributto alla logica giuridica*. Milano: Giuffrè, 1971.

_____. L'Ordo Judiciarius Medioevale – Riflessioni su un modello puro di ordine isonomico. *Rivista di Diritto Processuale*, Padova, Cedam, 1988.

_____; PICARDI, Nicola. *La responsabilità del giudice*. Milano: Giuffrè, 1995.

GLOW, Lisa L. Offensive Collateral Estoppel in Arizona: fair litigation v. judicial economy. *Arizona Law Review*, v. 30, 1988.

GODOY, Arnaldo Sampaio de Moraes. Comentário ao art. 12. In: CANOTILHO, J. J. Gomes; MENDES, Gilmar Ferreira; SARLET, Ingo Wolfgang; STRECK, Lenio Luiz (Coord.). *Comentários à Constituição do Brasil*. 2. ed. São Paulo: Brasil, 2018.

GOLDSWORTHY, Jeffrey. *Parliamentary sovereignty*: contemporary debates. New York: Cambridge University Press, 2010.

_____. *The sovereignty of parliament: history and philosophy*. Oxford: Oxford University Press, 2011.

GOMES, Ana Cláudia Nascimento. Art. 37, § 6.º. In: GOMES CANOTILHO, J. J.; MENDES, Gilmar F.; SARLET, Ingo W.; STRECK, Lenio L. (Coord.), *Comentários à Constituição do Brasil*. 2. ed. São Paulo: Saraiva Educação, 2018.

GOMES, Carla Amado. *Risco e modificação do acto autorizativo concretizador de deveres de protecção do ambiente*. Coimbra: Almedina, 2007.

GOMES, Fábio Rodrigues. *Direitos fundamentais dos trabalhadores*: critérios de identificação e aplicação prática. São Paulo: LTr, 2013.

_____. *O direito fundamental ao trabalho – Perspectivas histórica, filosófica e dogmático-analítica*. Rio de Janeiro: Lumen Juris, 2008.

_____. _____. Rio de Janeiro: Lumen Juris, 2010.

GOMES, Joaquim Barbosa. *Ação afirmativa e princípio constitucional da igualdade*. Rio de Janeiro: Renovar, 2001.

GOMES, José Jairo. *Direito eleitoral*. 8. ed. São Paulo: Atlas, 2012.

GOMES, Luiz Flávio. Anotações sobre o mandado de injunção. *RT* 647/39, São Paulo, set. 1989.

GOMES, Orlando. *Obrigações*. Rio de Janeiro: Forense, 1992.

GONÇALVES FERREIRA FILHO, Manoel. *Curso de Direito Constitucional*. 34. ed. São Paulo: Saraiva, 2008.

GONZÁLES PÉREZ, Jesús. *El derecho a la tutela jurisdiccional*. 2. ed. Madrid: Civitas, 1989.

REFERÊNCIAS 1379

GOODHARDT, Arthur. Legal procedure and democracy. *Cambridge Law Journal*, 1964.

GORDILHO, Heron José de Santana. *Abolicionismo Animal*. Salvador: Evolução, 2008.

GOTTWALD, Peter; SCHWAB, Karl Heinz; ROSENBERG, Leo. *Zivilprozessrecht*. 17. ed. München: C. H. Beck, 2010.

_____; _____. *Verfassung und Zivilprozeß*. Bielefeld: Gieseking, 1984.

GOUVÊA, Carina Barbosa. *O direito fundamental à saúde, um olhar para além do reconhecimento*. Brasília: Gomes & Oliveira, 2015.

GOUVEIA, Jorge Bacelar. *Manual de direito constitucional*. Coimbra: Almedina, 2005. v. 1.

_____. *Os direitos fundamentais atípicos*. Lisboa: Editorial Notícias, 1995.

GRASSI, Lúcio. Cognição processual civil: atividade dialética e cooperação intersubjetiva na busca da verdade real. *Revista Dialética de Direito Processual*, n. 6, São Paulo, Dialética, 2003.

GRASSO, Eduardo. La collaborazione nel processo civile. *Rivista di Diritto Processuale*, Padova, Cedam, 1966.

GRAU, Eros Roberto. *A ordem econômica na Constituição de 1988 (interpretação e crítica)*. 3. ed. São Paulo: Malheiros, 1997.

_____. *A ordem econômica na Constituição de 1988*. 8. ed. São Paulo: Malheiros, 2003.

_____. *Ensaio e discurso sobre a interpretação/aplicação do direito*. São Paulo: Malheiros, 2003.

_____. _____. 3. ed. São Paulo: Malheiros, 2005.

GRECO, Leonardo. *Eficácia da declaração* erga omnes *de constitucionalidade ou inconstitucionalidade em relação à coisa julgada anterior. Relativização da coisa julgada*. Salvador: JusPodivm, 2008.

GRECO FILHO, Vicente. *Interceptação telefônica*. São Paulo: Saraiva, 1996.

GREGER, Reinhard. Kooperation als prozessmaxime. In: _____; GOTTWALD, Peter; PRÜTTING, Hans (Coord.). *Dogmatische Grundfragen des Zivilprozess im geeinten Europa*. Bielefeld: Gieseking, 2000.

GRIMM, Dieter. Die Politischen Parteien. In: BENDA, Ernst; MAYHOFER, Werner; VOGEL, Hans-Jochen (Org.). *Handbuch des Verfassungsrechts*, v. I, Berlin-New York, 1984.

_____. *Die Zukunft der Verfassung*. Frankfurt am Main: Suhrkamp, 1991.

_____. Human rights and judicial review in Germany. In: BEATTY, David M. *Human rights and judicial review*. London: Springer, 1994.

_____. *Constituição e política*. Belo Horizonte: Del Rey, 2006.

_____. *Die Verfassung und die Politik – Einsprüche in Störfällen*. München: Beck, 2001.

_____. Jurisdição constitucional e democracia. *Revista de Direito do Estado*, ano 1, n. 4, p. 3-22, out.-dez. 2006.

_____. *Souveranität. Herkunft und Zukunft eines Schlüsselbegriffs*. Berlin: Berlin University Press, 2009.

_____. Ursprung und Wandel der Verfassung. In: ISENSEE/KIRCHHOF. *Handbuch des Staatsrechts*. 3. ed. Heidelberg: C.F. Mülller, 2003. v. 1.

GRINOVER, Ada Pellegrini. Controle de constitucionalidade. *RF*, v. 341.

REFERÊNCIAS

GROTE, Rainer. Rule of law, état de droit and Rechsstaat – The origins of the different national traditions and the prospects for their convergence in the light of recent constitutional developments. Disponível em: http://www.eur.nl/frg/iacl/papers/grote.html.

GRÖSCHNER, Ralf. Die Republik. In: Josef Isensee; Paul Kirchhof (Ed.). *Handbuch des Staatsrechts der Bundesrepublik Deutschland*, v. II, 3. ed. Heidelberg: C.F. Müller, 2004.

GROTTI, Dinorá Adelaide Musetti. *Inviolabilidade do domicílio na Constituição*. São Paulo: Malheiros, 1993.

GUASTINI, Riccardo. *Interpretare e argomentare*. Milano: Giuffrè, 2011.

_____. *Lezioni di teoria del diritto e dello stato*. Torino: Giappichelli, 2006.

_____. *Teoria e dogmatica delle fonti*. Milano: Giuffrè, 1998.

GUEDES, Jefferson Carús. *Igualdade e desigualdade*. Introdução conceitual, normativa e histórica dos princípios. São Paulo: Revista dos Tribunais, 2014.

GUEDES, Néviton. Capítulo IV – Dos Direitos Políticos. In: CANOTILHO, J. J. Gomes; MENDES, Gilmar F.; SARLET, Ingo W.; STRECK, Lenio L. (Coord.). *Comentários à Constituição do Brasil*. 2. ed. São Paulo: Saraiva Educação, 2018.

GUERRA, Marcelo Lima. *Execução indireta*. São Paulo: Revista dos Tribunais, 1999.

GUERRA, Sidney Cesar Silva. *A liberdade de imprensa e o direito à imagem*. Rio de Janeiro: Renovar, 1999.

_____. *Direito internacional público*. Rio de Janeiro: Freitas Bastos, 2004.

GUERRA FILHO, Willis Santiago. Direitos fundamentais, processo e princípio da proporcionalidade. In: _____ (Coord.). *Dos direitos humanos aos direitos fundamentais*. Porto Alegre: Livraria do Advogado, 1997.

_____. *Processo constitucional e direitos fundamentais*. São Paulo: SRS, 2009.

_____. *Teoria processual da Constituição*. São Paulo: Celso Bastos Ed., 2000.

GUGLIANO, Renato Herani. *Controle de constitucionalidade das leis pré-constitucionais*. São Paulo: Método, 2010.

GUIMARÃES, Jader Ferreira; BORGES Camilla Martins Frizzera. A legitimidade ativa popular para propositura da arguição de descumprimento de preceito fundamental: o veto ao art. 2.º, II, da Lei 9.882/1999. *RePro* 170/27, São Paulo, abr. 2009.

GUINCHARD, Serge. *Droit processuel – Droit commun et droit comparé du proces équitable*. 4. ed. Paris: Dalloz, 2007.

GUNTHER, Gerald; SULLIVAN, Kathleen M. *Constitutional law*. 13. ed. Westbury: Foundation Press, 1997.

GUTIÉRREZ-GUTIÉRREZ, Ignácio. *Dignidad de la persona y derechos fundamentales*. Barcelona: Marcial Pons, 2005.

HÄBERLE, Peter. A dignidade humana como fundamento da comunidade estatal. In: SARLET, I. W. (Org.). *Dimensões da dignidade – Ensaios de filosofia do direito e direito constitucional*. 2. ed. Porto Alegre: Livraria do Advogado, 2009.

_____. _____. Trad. Héctor Fix-Fierro. Buenos Aires: Astrea, 2007.

_____. A dignidade humana e a democracia pluralista – Seu nexo interno. In: SARLET, I. W. (Org.). *Direitos fundamentais, informática e comunicação*. Porto Alegre: Livraria do Advogado, 2007.

_____. Das Bundesverfassungsgericht im Leistungsstaat. Die Numerus-Clausus-Entscheidung vom 18.07.1972. *DÖV* 1972.

_____. *El Estado constitucional*. Trad. Héctor Fix-Fierro. México: Universidad Nacional Autónoma de México, 2003.

_____. *El Estado constitucional*. Trad. Héctor Fix-Fierro. Buenos Aires: Astrea, 2007.

_____. Grundrechte im Leistungsstaat. *VVdStRL* 30/43 e ss., 1972.

_____. *Hermenêutica constitucional – A sociedade aberta dos intérpretes da Constituição*: contribuição para a interpretação pluralista e "procedimental" da Constituição. Trad. Gilmar Ferreira Mendes. Porto Alegre: Fabris, 1997.

_____. *La Verfassungsbeschwerde nel Sistema della Giustizia Costituzionale Tedesca* (1997), tradução de Antonio d'Atena. Milano: Giuffrè, 2000.

_____. Neue Horizonte und Herausforderungen des Konstitutionalismus. *EuGRZ* 2006.

_____. Zeit und Verfassung. In: Dreier/Schwegmann (Org.). *Probleme der Verfassungsinterpretation*. Baden-Baden: Nomos, 1976.

HABERMAS, Jürgen. *Direito e democracia*. Rio de Janeiro: Tempo Brasileiro, 1997.

HACHEM, Daniel Wunder. *Mandado de injunção e direitos fundamentais*. Belo Horizonte: Fórum, 2012.

HAHN, Bernhard. *Kooperationsmaxime im Zivilprozeß: Grenzverschiebungen in der Verantwortung von Partein und Gericht bei der Tatsachenbeschaffung und Sachverhaltseforschung im neuen Zivilprozeßrecht*. Berlin: Carl Heymanns, 1983.

HAMILTON, A.; MADISON, J.; JAY, J. *O federalista*. Belo Horizonte: Líder, 2003 [1788].

HARADA, Kiyoshi. Intervenção federal nos Estados para pôr termo a grave comprometimento da ordem. *Revista do Instituto dos Advogados de São Paulo* 10/94, jul. 2002.

HARRIS, J. W.; CROSS, Ruppert. *Precedent in the English law*. Oxford: Clarendon Press, 1991.

HART, Herbert. *O conceito de direito*. 2. ed. Lisboa: Fundação Calouste Gulbenkian, 1996.

HARTMANN, Ivar. A right to free internet? On internet access and social rights. *Journal of High Technology Law*, v. 13, n. 2, 2013.

HARTMANN, Ivar Alberto Martins. *Ecodemocracia*: a proteção do meio ambiente no ciberespaço. Porto Alegre: Livraria do Advogado, 2010.

HARTMUT, Maurer. *Staatsrecht I*. 5. ed., München: C.H. Beck, 2007.

HASEN, Richard L. Anticipatory overrulings, invitations, time bombs, and inadvertence: how Supreme Court justices move the law. *Emory Law Journal*, 2011.

HECK, Luís Afonso. *O Tribunal Constitucional Federal e o desenvolvimento dos princípios constitucionais*. Porto Alegre: Fabris, 1995.

HEINER, Ronald A. Imperfect decisions and the law: on the evolution of legal precedent and rules. *Journal of Legal Studies*, n. 15, 1986.

HEINSZ, Timothy J. Grieve it again: of stare decisis, res judicata and Collateral Estoppel in labor arbitration. *Boston College Law Review*, v. 38, 1997.

HERMANN, Kerbusch. *Die Bindung an Entscheidungen des Bundesverfassungsgerichts: unter besonderer Berücksichtigung der Verbindlichkeit von Normenkontrollentscheidungen*, 1982.

HERRERA, Carlos Miguel. *Les droits sociaux*. Paris: PUF, 2009.

HERRERA-FLORES, Joaquín. *Los derechos humanos como productos culturales – Crítica del humanismo abstrato*. Madrid: Los Libros de Catarata, 2005.

HERZOG, Peter; KARLEN, Delmar. Attacks on judicial decisions. *International Encyclopedia of Comparative Law* 16/56, 1982.

HESSE, Konrad. *A força normativa da Constituição*. Trad. Gilmar Ferreira Mendes. Porto Alegre: Fabris, 1991.

_____. Bestand und Bedeutung der Grundrechte in der Bundesrepublik Deutschland. *Europäische Grundrechtszeitschrift*, 1978.

_____. Das Grundgesetz in der Entwicklung: Aufgabe und Funktion. In: BENDA, Ernst; MAIHOFER, Werner; VOGEL, Hans-Jochen (Ed.). *Handbuch des Verfassungsrechts*. Berlin/New York: Walter de Gruyter, 1984. v. 1.

_____. *Elementos de direito constitucional da República Federal da Alemanha*. Trad. Luís Afonso Heck. Porto Alegre: Fabris, 1998.

_____. _____. 2. ed. Porto Alegre: SAFe, 1998.

_____. *Grundzüge des Verfassungsrecht der Bundesrepublik Deutschland*. 20. ed. Heidelberg: C. F. Müller, 1995.

HETTINGER, Virginia A.; LINDQUIST, Stefanie A.; MARTINEK, Wendy L. *Judging on collegial court. Influences of federal appellate decision making*. Virginia: University of Virginia Press, 2007.

HILLGRUBER, Christian. Verfassungsinterpretation. In: DEPENHEUER, Otto; GRABENWARTER, Christoph (Ed.). *Verfassungstheorie*. Tübingen: Mohr Siebeck, 2010.

HITTERS, Juan Carlos. ¿Son vinculantes los pronunciamientos de la Comisión y de la Corte Interamericana de Derechos Humanos? *Revista Iberoamericana de Derecho Procesal Constitucional*, n. 10, 2008.

_____. Control de constitucionalidad y control de convencionalidad. Comparación (critérios fijados por la Corte Interamericana de Derechos Humanos). *Estudios Constitucionales*, v. 7, n. 2, 2009.

HOBSBAWM, Eric. *A revolução francesa*. 6. ed. Rio de Janeiro: Paz e Terra, 2005.

HOCHSCHILD, Adam S. The modern problem of Supreme Court plurality decision: interpretation in historical perspective. *Washington University Journal of Law & Policy*, v. 4.

HOFFMAN, Paulo. *Saneamento compartilhado*. São Paulo: Quartier Latin, 2011.

_____. *Razoável duração do processo*. São Paulo: Quartier Latin, 2006.

HÖFLING, Wolfram. Anmerkungen zu Art. 1 Abs. 3 GG. In: SACHS, Michael (Org.). *Grundgesetz – Kommentar*. Munique: C. H. Beck, 1996.

_____. Die Grundrechtsbindung der Staatsgewalt. *Juristische Arbeitsblätter*, 1995.

HOHFELD, Wesley Newcomb. *Fundamental legal conceptions as applied to judicial reasoning* (originalmente publicado em 1919).

HOLMES, Stephen; SUNSTEIN, Cass. *The cost of rights*: why liberty depends on taxes. New York/London: W.W. Norton, 1999.

HORN, Hans-Detlef. Allgemeines Freiheitsrecht, Recht auf Leben u.a. In: STERN, Klaus; BECKER, Florian. *Grundrechte Kommentar*. Köln: Carl Heymanns, 2010.

HONG, Mathias. *Der Menschenwürdegehalt Der Grundrechte*. Tübingen: Mohr Siebeck, 2019.

REFERÊNCIAS ○ 1383

HORTA, Raul Machado. *Direito constitucional*. 2. ed. Belo Horizonte: Del Rey, 1999.

_____. Natureza, limitações e tendências da revisão constitucional. *Revista Brasileira de Estudos Políticos*, n. 78/79, 1994, p. 15-16.

_____. Poder constituinte do Estado-membro. *Revista de Direito Público* 88/5, São Paulo, out.-dez. 1988.

HUFEN, Friedhelm. *Staatsrecht II – Grundrechte*. München: C. H. Beck, 2007.

HUSTER, Stephan; RUDOLPH, Karsten (Org.). *Vom Rechtsstaat zum Präventionsstaat*. Frankfurt am Main: Suhrkamp, 2008.

IGLÉSIAS, Francisco. *Constituintes e constituições brasileiras*. São Paulo: Brasiliense, 1985.

IPSEN, Jörn. *Staatsrecht II – Grundrechte*. 11. ed. Köln-München: Carl Heymanns, 2008.

IRTI, Natalino. *Codice Civile e società politica*. 7. ed. Roma: Laterza, 2005.

_____. *L'etat della decodificazione*. 4. ed. Milano: Giuffrè, 1999.

_____. Leyes especiales (del mono-sistema al poli-sistema). *La edad de la descodificación*. Trad. Luis Rojo Jauría. Barcelona: Bosch, 1992.

ISRAEL, Jean-Jacques. *Direitos das liberdades fundamentais*. Trad. Carlos Souza. Barueri: Manole, 2005.

JACQUES, Paulino. *Curso de direito constitucional*. 8. ed. Rio de Janeiro: Forense, 1977.

JAMES JR., Fleming; HAZARD JR., Geoffrey C.; LEUBSDORF, John. *Civil procedure*. 2. ed. Boston: Little, Brown & Co., 1992.

JARASS, Hans D.; PIEROTH, Bodo. *Grundgesetz für die Bundesrepublik Deutschland*. 3. ed. München: C. F. Beck, 1995.

JAYME, Fernando Gonzaga. *Mandado de segurança*. Belo Horizonte: Del Rey, 2011.

JELLINEK, Georg. *La declaración de los derechos del hombre y del ciudadano*. Trad. Adolfo Posada. México: Unam, 2003.

_____. *System der subjektiven öffentlichen Rechte*. 2. ed. Tübingen: Mohr, 1905.

_____. *Verfassungsänderung und Verfassungswandlung*. Berlin, 1906.

JOBIM, Marco Félix. *Direito à duração razoável do processo*: responsabilidade civil do estado em decorrência da intempestividade processual. São Paulo: Conceito, 2011.

_____. *Medidas estruturantes. Da Suprema Corte estadunidense ao Supremo Tribunal Federal*. Porto Alegre: Livraria do Advogado, 2013.

KAHL, Wolfgang (Hrsg.). *Nachhaltigkeit als Verbundbegriff*. Tübingen: Mohr Siebeck, 2008.

_____. *Nachhaltigkeitsverfassung*. Tübingen: Mohr Siebeck, 2018.

KAU, Marcel. *United States Supreme Court und Bundesverfassungsgericht*: die Bedeutung des United States Supreme Court für die Errichtung und Fortentwicklung des Bundesverfassungsgerichts. Berlin/Heidelberg [u.a.]: Springer, 2007.

KELBERT, Fabiana Okchstein. *Reserva do possível e a efetividade dos direitos sociais no direito brasileiro*. Porto Alegre: Livraria do Advogado, 2011.

KELLER, Clara Iglesias. *Regulação nacional de serviços na Internet. Exceção, legitimidade e o papel do Estado*. Rio de Janeiro: Lumen Juris, 2019.

KELLY, J. M. *A short history of Western legal history*. Oxford: Oxford University Press, 1992.

KELMAN, Maurice. Anticipatory stare decisis. *University of Kansas Law Review*, 1959.

1384 ○ Referências

Kelsen, Hans. *Jurisdição constitucional*. São Paulo: Martins Fontes, 2003.

_____. La garantie jurisdictionnelle de la constitution. La justice constitutionnelle. *Revue de Droit Public*, 1928.

_____. *Reine Rechtslehre – Einleitung in die rechtswissenschaftliche Problematik*. Viena, 1934.

_____. *Teoria geral do direito e do Estado*. São Paulo: Martins Fontes, 1990.

_____. _____. 4. ed. Trad. Luís Carlos Borges. São Paulo: Martins Fontes, 2005.

_____. *Teoria geral do Estado*. Coimbra: Armênio Amado, 1945.

_____. *Teoria pura do direito*. Trad. João Baptista Machado. 4. ed. Coimbra: Armênio Amado, 1979.

Kerbusch, Hermann. *Die Bindung an Entscheidungen des Bundesverfassungsgerichts*: unter besonderer Berücksichtigung der Verbindlichkeit von Normenkontrollentscheidungen, 1982.

Ketcham, Ralph (Org.). *The anti-federalist papers and the Constitutional Convention Debates*. New York: Penguin, 2003.

Kim, Richard Pae; Ferreira, Luiz Antonio Miguel (Org.). *Justiça pela qualidade na educação*. São Paulo: Saraiva, 2013.

Kirchhof, Paul. Die Aufgaben des Bundesverfassungsgerichts in Zeiten des Umbruchs. *NJW*, München, Beck, 1996.

_____. Die Identität der Verfassung in ihren unabänderlichen Inhalten. In: *Handbuch des Staatsrechts der Bundesrepublik Deutschland*. Heidelberg: C. F. Müller, 1987. v. 1.

Kloepfer, Michael. A caminho do Estado Ambiental? A transformação do sistema político e econômico da República Federal da Alemanha através da proteção ambiental especialmente desde a perspectiva da ciência jurídica. In: Sarlet, Ingo W. (Org.). *Estado Socioambiental e direitos fundamentais*. Porto Alegre: Livraria do Advogado, 2010.

_____. *Umweltschutzrecht*. München: C. H. Beck, 2008.

_____. *Verfassungsrecht I*. München: C. H. Beck, 2011.

_____. *Verfassungsrecht II – Grundrechte*. München: C. H. Beck, 2010.

_____. Vida e dignidade da pessoa humana. In: Sarlet, Ingo Wolfgang (Org.). *Dimensões da dignidade – Ensaios de filosofia do direito e direito constitucional*. 2. ed. Porto Alegre: Livraria do Advogado, 2009.

Kniffin, Margaret N. Overruling Supreme Court precedents: anticipatory action by United States courts of appeals. *Fordham Law Review*, 1982.

Knijnik, Danilo. *A prova nos juízos cível, penal e tributário*. Rio de Janeiro: Forense, 2007.

Koatz, Rafael Lorenzo-Fernandez. As liberdades de expressão e de imprensa na jurisprudência do Supremo Tribunal Federal. In: Sarmento, Daniel; Sarlet, Ingo Wolfgang (Coord.). *Direitos fundamentais no Supremo Tribunal Federal: balanço e crítica*. Rio de Janeiro: Lumen Juris, 2011.

Kornhauser, Lewis A.; Sager, Lawrence G. The one and the many: adjudication in collegial courts. *California Law Review*, v. 81, 1993.

_____, _____. The many as one: integrity and group choice in paradoxical cases. *Philosophy & Public Affairs*, v. 32, 2004.

REFERÊNCIAS ○ 1385

KRAUSE, Peter. Die Entwicklung der sozialen Grundrechte. In: BIRTSCH, G. (Org.). *Grund-und Freiheitsrechte im Wandel von Gesellschaft und Geschichte*. Göttingen: Vandenhoeck & Ruprecht, 1981.

KRELL, Andreas J. Autonomia municipal e proteção ambiental: critérios para definição das competências legislativas e das políticas locais. In: KRELL, Andreas J. (Org.). *A aplicação do direito ambiental no Estado Federativo*. Rio de Janeiro: Lumen Juris, 2005.

_____. *Direitos sociais e controle judicial no Brasil e na Alemanha*: os (des)caminhos de um direito constitucional "comparado". Porto Alegre: Fabris, 2002.

KRIELE, Martin. *Einführung in die Staatslehre*. 5. ed. Opladen: Westdeutscher Verlag, 1994.

_____. Zur Geschichte der Grund- und Menschenrechte. In: ACHTERBERG, N. (Org.). *Öffentliches Recht und Politik – Festschrift für Hans Ulrich Scupin*. Berlin: Dunker & Humblot.

KROPPENGER, Inge. Zum Rechtsschutzbereich der Rüge gemäss § 321.a ZPO. *ZZP*, v. 116, Köln, Heymanns.

KUNIG, Philip. Anmerkungen zu Art. 1 GG. In: _____; MÜNCH, Ingo von (Org.). *Grundgesetz Kommentar*. 4. ed. München: C. H. Beck, 1992. v. 1.

LABAND, Paul. *Wandlungen der deutschen Reichsverfassung*. Dresden, 1895.

LACROIX, Alison L. *The Ideological Origins of American Federalism*. Cambridge: Harvard University Press, 2010.

LAFAVE, Wayne. R. Marbury v. Madison. In: HALL, Kermit L. (Org.). *The Oxford guide to United States Supreme Court decisions*. Oxford: Oxford University Press, 2009.

LAFER, Celso. *A internacionalização dos direitos humanos*: Constituição, racismo e relações internacionais. Barueri: Manole, 2005.

_____. *A reconstrução dos direitos humanos*: um diálogo com o pensamento da Hannah Arendt. São Paulo: Companhia das Letras, 1988.

_____. _____. São Paulo: Companhia das Letras, 1991.

LANDA ARROYO, César. *Los derechos fundamentales*. Lima: Fondo Editorial Pontifícia Universidad Católica del Perú, 2017.

LANDA, Dimitri; LAX, Jeffrey R. Disagreements on collegial courts: a case-space approach, *Journal of Constitutional Law*, v. 10.

LANES, Júlio. *Audiências*: conciliação, saneamento, prova e julgamento. Rio de Janeiro: Forense, 2009.

LASPRO, Oreste Nestor de Souza. *Duplo grau de jurisdição no direito processual civil*. São Paulo: Revista dos Tribunais, 1995.

LASSALE, Ferdinand. *Que é uma Constituição?* 2. ed. São Paulo: Kairós, 1985.

LÁZARO, María Carmelina Londoro. El principio de legalidad y el control de convencionalidad de las leyes: confluencias y perspectivas en el pensamiento de la Corte Interamericana de Derechos Humanos. *Boletín Mexicano de Derecho Comparado*, México, v. 128, maio-ago. 2010.

LEAL, Mônia Clarissa Hennig. *"Dever de proteção estatal", "proibição de proteção insuficiente" e controle jurisdicional de políticas públicas*. Rio de Janeiro: Lumen Juris, 2020.

1386 ○ REFERÊNCIAS

_____; MORAES, Maria Valentina de. *Margem de apreciação e diálogo institucional e entre cortes na perspectiva do Supremo Tribunal Federal e da Corte Interamericana de Direitos Humanos.* São Paulo: Tirant Lo Blanch, 2021.

LEAL, Roger Stiefelmann. *O efeito vinculante na jurisdição constitucional.* São Paulo: Saraiva, 2006.

LEAL, Rogério Gesta. *Condições e possibilidades eficaciais dos direitos fundamentais sociais.* Porto Alegre: Livraria do Advogado, 2009.

_____. *Estado, administração pública e sociedade – Novos paradigmas.* Porto Alegre: Livraria do Advogado, 2006.

_____. *Perspectivas hermenêuticas dos direitos humanos e fundamentais no Brasil.* Porto Alegre: Livraria do Advogado, 2000.

LEAL, Saul Tourinho. *Direito à felicidade.* Rio de Janeiro: Impetus, 2014.

LEAL, Victor Nunes. *Coronelismo, enxada e voto*: o município e o regime representativo no Brasil. 4. ed. São Paulo: Alfa-Omega, 1978.

_____. Representação de inconstitucionalidade perante o Supremo Tribunal Federal: um aspecto inexplorado. *Revista de Direito Público*, São Paulo, v. 53/54, p. 25, jan.-jun. 1980.

LEDUR, José Felipe. *A realização do direito ao trabalho.* Porto Alegre: Fabris, 1998.

LEFLAR, Robert. The multi-judge decisional process. *Maryland Law Review*, v. 42, 1983.

LEISNER, Walter. *Der Abwägungsstaat – Verhältnismässigkeit als Gerechtigkeit?* Berlin: Duncker & Humblot, 1997.

LEITE, Fábio Carvalho. Liberdade de crença e objeção à transfusão de sangue por motivos religiosos. In: SARMENTO, Daniel; SARLET, Ingo Wolfgang (Coord.). *Direitos fundamentais no Supremo Tribunal Federal*: balanço e crítica. Rio de Janeiro: Lumen Juris, 2011.

LEIVAS, Paulo Cogo. O direito fundamental à alimentação: da teoria das necessidades ao direito ao mínimo existencial. In: CONTI, Irio Luiz; PIOVESAN, Flávia (Coord.). *Direito humano à alimentação adequada.* Rio de Janeiro: Lumen Juris, 2007.

_____. *Teoria dos direitos fundamentais sociais.* Porto Alegre: Livraria do Advogado, 2006.

LENZA, Pedro. *Direito constitucional esquematizado.* 12. ed. São Paulo: Saraiva, 2008.

_____. _____. 14. ed. São Paulo: Saraiva, 2010.

_____. _____. 16. ed. São Paulo: Saraiva, 2012.

LEONARDI, Marcel. *Tutela e privacidade na internet.* São Paulo: Saraiva, 2012.

LEONEL, Ricardo de Barros. *Manual do processo coletivo.* 2. ed. São Paulo: Revista dos Tribunais, 2011.

_____. *Tutela jurisdicional diferenciada.* São Paulo: Revista dos Tribunais, 2010.

LERCHE, Peter. Das Bundesvergassungericht und die Verfassungsdirektiven. *Archiv des öffentlichen Rechts* 90/791, Tübingen, Mohr Siebeck, 1965.

_____. Grundrechtsschranken. In: ISENSEE, Josef; KIRCHHOF, P. (Org.). *Handbuch des Staatsrechts der Bundesrepublik Deutschland.* 3. ed. Heidelberg: Müller, 2007. v. 5.

LEWANDOWSKI, Enrique Ricardo. Da Intervenção. In: CANOTILHO, J. J. Gomes; MENDES, Gilmar F.; SARLET, Ingo W.; STRECK, Lenio L. (Coord.). *Comentários à Constituição do Brasil.* 2. ed. São Paulo: Saraiva Educação, 2018.

_____. *Pressupostos materiais e formais da intervenção federal no Brasil.* São Paulo: Revista dos Tribunais, 1994.

LIEBENBERG, Sandra. *Socio-economic rights. Adjudication under a transformative constitution.* Cape Town: Juta, 2010.

LIMA, Maria Cristina de Brito. *A educação como direito fundamental.* Rio de Janeiro: Lumen Juris, 2003.

LIMA, Martonio Mont'Alverne Barreto. Art. 1.º, V – O pluralismo político. In: GOMES CANOTILHO, J. J.; MENDES, Gilmar F.; SARLET, Ingo W.; STRECK, Lenio L. (Coord.). *Comentários à Constituição do Brasil.* São Paulo: Saraiva, 2013.

_____. Jurisdição constitucional: um problema da teoria da democracia política. In: SOUZA NETO, Cláudio Pereira de (Coord.). *Teoria da Constituição.* Rio de Janeiro: Lumen Juris, 2003.

LIMA, Rafael Bellem. *Regras na Teoria dos Princípios.* São Paulo: Malheiros, 2014.

LIMBACH, Jutta. *Das Bundesverfassungsgericht.* 2. ed. München: C. H. Beck, 2010.

LIMBERGER, Têmis. Direito e informática: o desafio de proteger os direitos do cidadão. In: SARLET, Ingo Wolfgang (Org.). *Direitos fundamentais, informática e comunicação – Algumas aproximações.* Porto Alegre: Livraria do Advogado, 2007.

_____. *Cibertransparência – Informação pública em rede. A virtualidade e suas repercussões na realidade.* Porto Alegre: Livraria do Advogado, 2017.

_____. *O direito à intimidade na era da informática.* Porto Alegre: Livraria do Advogado, 2007.

LINARES, Sebastian. *La (i)legitimidad democrática del control judicial de las leyes.* Madrid: Marcial Pons, 2008.

LINDQUIST, Stefanie A.; HETTINGER, Virginia A., MARTINEK, Wendy L. *Judging on collegial court. Influences of federal appellate decision making.* Virginia: University of Virginia Press. 2007.

_____; PYBAS, K. State Supreme Court decisions to overruling precedent: 1965-1996. *Justice System Journal,* Williamsburg, v. 20, 1998.

LINERA, Miguel Ángel. *El derecho de voto. Un derecho político fundamental.* México-DF: Porruá, 2012.

LINS, Litiane Cipriano Barbosa. *Direitos socioambientais:* titularidade e exigibilidade judicial a partir da análise do direito fundamental à saúde. Curitiba: Juruá, 2012.

LLEWELLYN, Karl. *The case law system in America.* Chicago: University of Chicago Press, 1989.

LLORENTE, Franciso R. (Org.). *Derechos fundamentales y principios constitucionales.* Barcelona: Ariel, s/d.

LOBO, Arthur Mendes; GALVÃO, Heveraldo. A arguição de descumprimento de preceito fundamental e a coisa julgada. *RePro* 145/106, São Paulo, mar. 2007.

LOCKE, John. *Second treatise of government.* Indianápolis: Hackett, 1980 [1690].

LÖEWENSTEIN, Karl. *Teoría de la Constitución.* Trad. Alfredo G. Anabidarte. 2. ed. Barcelona: Ariel, 1976.

LOPES, Ana Maria D'Ávila. *Os direitos fundamentais como limites ao poder de legislar.* Porto Alegre: Fabris, 2001.

_____; PAREDES, Felipe Paredes; LAZARTE, Renata Bregaglio. *Tendências jurisprudenciais da Corte Interamericana de Direitos Humanos.* Porto Alegre: Livraria do Advogado, 2020.

LOPES, J. R. de L. *Direitos sociais. Teoria e prática.* São Paulo: Método, 2006.

_____. Cidadania e propriedade: perspectiva histórica do direito à moradia. *Revista de Direito Alternativo,* n. 2, p. 121 e ss., 1993.

LOPES, Maurício Antonio Ribeiro. *Poder constituinte reformador:* limites e possibilidades da revisão constitucional brasileira. São Paulo: Revista dos Tribunais, 1993.

LOPES JÚNIOR, Aury. *Direito processual penal e sua conformidade constitucional.* 5. ed. Rio de Janeiro: Lumen Juris, 2010. v. 1 e 2.

_____. *Introdução crítica ao processo penal – Fundamentos da instrumentalidade constitucional.* 4. ed. Rio de Janeiro: Lumen Juris, 2006.

LOUREIRO, João. Direito à (protecção da) saúde. *Estudos em homenagem ao Professor Doutor Marcello Caetano no centenário do seu nascimento.* Coimbra: Coimbra Ed., 2006.

LOUREIRO, João Carlos Simões Gonçalvez. O direito à identidade genética do ser humano. *Portugal-Brasil Ano 2000. Boletim da Faculdade de Direito de Coimbra,* 2000.

_____. *O procedimento administrativo entre a eficiência e a garantia dos particulares.* Coimbra: Coimbra Ed., 1995.

LOURENÇO, Daniel Braga. *Direito dos animais:* fundamentação e novas perspectivas. Porto Alegre: Sérgio Antônio Fabris Editor, 2008.

LOVELAND, Ian. *Constitutional law, administrative law and human rights:* a critical introduction. 5. ed. Oxford: Oxford University Press, 2009.

LUCHAIRE, François. Le Conseil Constitutionnel est-il une juridiction? *Revue du Droit Public et de la Science Politique en France et à l'étranger (RDP),* v. 1, 1979.

LUHMANN, Niklas. Die Verfassung als evolutionäre Errungenschaft. *Rechtshistorisches Journal* 175, 1990.

LUNARDI, Soraya (Coord.). *Direitos fundamentais sociais.* Belo Horizonte: Fórum, 2012.

LYONS, David. Formal justice and judicial precedent. *Vanderbilt Law Review,* v. 38, abr. 1985.

MACCORMICK, Neil. Can stare decisis be abolished? *Judicial Review,* 1996.

_____. *Institutions of law – An essay in legal theory.* Oxford: Oxford University Press, 2008.

_____. *Legal reasoning and legal theory.* Oxford: Clarendon Press, 1987.

_____. *Retórica e o estado de direito:* uma teoria da argumentação jurídica. Rio de Janeiro: Elsevier, 2008.

_____. *Rhetoric and the rule of law:* a theory of legal reasoning. Oxford: Oxford University Press, 2005.

_____. Why cases have rationes and what these are. *Precedent in law.* Oxford: Clarendon Press, 1987.

_____; SUMMERS, Robert (Coord.). *Interpreting precedents – A comparative study.* Aldershot: Ashgate, 1997.

REFERÊNCIAS 1389

MacCrorie, Benedita Ferreira da Silva. *Os limites da renúncia a direitos fundamentais nas relações entre particulares*. Coimbra: Almedina, 2017.

Macedo, Cristiane Branco. *A legitimidade e a extensão do controle judicial sobre o processo legislativo no Estado Democrático de Direito*. Dissertação de mestrado, Programa de Pós-graduação em Direito da Universidade de Brasília, 2007.

Macedo, Elaine Harzheim. O mandado de injunção como ação constitucional: crônica de uma morte anunciada ou desvelamento de um paradigma? *O processo na Constituição*. São Paulo: Quartier Latin, 2008.

_____. Repercussão geral das questões constitucionais: nova técnica de filtragem do recurso extraordinário. *Direito e Democracia*, v. 6, n. 1, Canoas, Ulbra, 2005.

Machado, Hugo de Brito. Ação declaratória de constitucionalidade. *RT* 697/34, São Paulo, nov. 1993.

Machado, Jónatas. *Direito da União Europeia*. Coimbra: Wolters Kluwer/Coimbra Ed., 2010.

_____. *Direito internacional*: do paradigma clássico ao pós-11 de setembro. 3. ed. Coimbra: Coimbra Ed., 2006.

_____. *Estado constitucional e neutralidade religiosa*: entre o teísmo e o (neo)ateísmo. Porto Alegre: Livraria do Advogado, 2012.

_____. *Liberdade de expressão – Dimensões constitucionais da esfera pública no sistema social*. Coimbra: Coimbra Ed., 2002.

Machado, Paulo Afonso Leme. *Direito ambiental brasileiro*. 16. ed. São Paulo: Malheiros, 2008.

Maciel, Adhemar Ferreira. Mandado de injunção e inconstitucionalidade por omissão. *Revista de Direito Público* 89/43, São Paulo, jan.-mar. 1989.

Maciel, Silvio Luiz. Controle de constitucionalidade e a interpretação conforme a Constituição. *Revista de Direito Constitucional e Internacional* 53/662.

Maffini, Rafael. *Princípio da proteção substancial da confiança no direito administrativo brasileiro*. Porto Alegre: Verbo Jurídico, 2006.

Magalhães, Vladimir Garcia. Competência concorrente em matéria ambiental: proteção ao ambiente e justiça. *Revista Brasileira de Direito Constitucional*, n. 2, p. 141-163, jul.-dez 2003.

Magano, Otávio Bueno. Revisão constitucional. *Cadernos de Direito Constitucional e Ciência Política* 7/110-111, 1994.

Magano, Paulo Virgílio Bueno. Ação declaratória de inconstitucionalidade face ao Tribunal de Justiça. *RT* 699/44, São Paulo, jan. 1994.

Malfatti, Elena; Panizza, Saulle; Romboli, Roberto. *Giustizia costituzionale*. 2. ed. Torino: Giappichelli, 2007.

Maliska, Marcos A. *O direito à educação e a Constituição*. Porto Alegre: Fabris, 2001.

_____. Princípio da integração latino-americana. In: Gomes Canotilho, J.J.; Mendes, Gilmar F.; Sarlet, Ingo W.; Streck, Lenio L. (Coord.). *Comentários à Constituição do Brasil*. 2. ed. São Paulo: Saraiva Educação, 2018.

Mancuso, Rodolfo de Camargo. *Ação popular*. 5. ed. São Paulo: Revista dos Tribunais, 2003.

_____. *Jurisdição coletiva e coisa julgada – Teoria geral das ações coletivas*. São Paulo: Revista dos Tribunais, 2007.

_____. *Recurso extraordinário e recurso especial*. 9. ed. São Paulo: Revista dos Tribunais, 2006.

MARCEL, Kau. *United States Supreme Court und Bundesverfassungsgericht: die Bedeutung des United States Supreme Court für die Errichtung und Fortentwicklung des Bundesverfassungsgerichts*. Berlin/Heidelberg: Springer, 2007.

MARINONI, Luiz Guilherme. *Processo constitucional e democracia*. São Paulo: Revista dos Tribunais, 2021.

_____. *Julgamento nas Cortes Supremas*. 2. ed, São Paulo: Revista dos Tribunais, 2017.

_____. *Il diritto di azione come diritto fondamentale*. Torino: Giappichelli, 2016.

_____. *A Ética dos Precedentes*. 3. ed. São Paulo: Revista dos Tribunais, 2019.

_____. *A intangibilidade da coisa julgada diante da decisão de inconstitucionalidade*. São Paulo: Revista dos Tribunais, 2016.

_____. *Coisa julgada sobre questão*. São Paulo: Revista dos Tribunais, 2018.

_____. *El derecho de acción como derecho fundamental*. Bogotá: Temis, 2015.

_____. *Incidente de resolução de demandas repetitivas*. São Paulo: Revista dos Tribunais, 2016.

_____. *Curso de processo civil*. 3. ed. São Paulo: Revista dos Tribunais, 2008. v. 1.

_____. *Curso de processo civil: teoria geral do processo*. 5. ed. São Paulo: Revista dos Tribunais, 2011. v. 1.

_____. *Novas linhas do processo civil*. 4. ed. São Paulo: Malheiros, 2000.

_____. *Precedentes obrigatórios*. 6. ed. São Paulo: Revista dos Tribunais, 2019.

_____. *Técnica processual e tutela dos direitos*. 6. ed. São Paulo: Revista dos Tribunais, 2019.

_____. *Tutela antecipatória, julgamento antecipado e execução imediata da sentença*. São Paulo: Revista dos Tribunais, 1996.

_____. *Tutela cautelar e tutela antecipatória*. São Paulo: Revista dos Tribunais, 1992.

_____. *Tutela contra o ilícito*. São Paulo: Revista dos Tribunais, 2015.

_____. *Tutela inibitória*. 2. ed. São Paulo: Revista dos Tribunais, 2000.

_____. _____. 4. ed. São Paulo: Revista dos Tribunais, 2006.

_____. Die Wirksamkeit der Entscheidung über die Verfassungsmäßigkeit – in welchen Fällen ist ihre gerichtliche Überprüfung möglich? *ZZPInt – Zeitschrift für Zivilprozes International Jahrbuch dês Internationalen Zivilprozessrechts*, v. 18, 2014.

_____. El precedente interpretativo como respuesta a la transformación del civil law. In: *Debatiendo con Taruffo*. Madrid: Marcial Pons, 2016.

_____. Il diritto alla tutela giurisdizionale effetiva nella prospettiva della teoria dei diritti fondamentali, *Studi in onore di Giuseppe Tarzia*, Milano: Giuffrè, 2005.

_____. L'insufficienza di tutela normativa al diritto fondamentale di azione. *Rivista Trimestrale di Diritto e Procedura Civile*, 2015.

_____. Precedente, decisão majoritária e pluralidade de fundamentos: um sério problema no direito estadunidense. *Revista de Processo Comparado*, v. 5.

_____; ARENHART, Sérgio Cruz. *Curso de processo civil:* processo de conhecimento. 7. ed. São Paulo: Revista dos Tribunais, 2008. v. 2.

_____; MITIDIERO, Daniel. *Curso de processo civil.* 6. ed. São Paulo: RT, 2021, vol. I.

_____; _____. _____. 8. ed. São Paulo: Revista dos Tribunais, 2011. v. 2.

_____; _____. *Curso de processo civil*: execução. 2. ed. São Paulo: Revista dos Tribunais, 2008. v. 3.

_____; _____. *Curso de processo civil*: processo cautelar. 3. ed. São Paulo: Revista dos Tribunais, 2011. v. 4.

_____; _____. *Curso de processo civil*: procedimentos especiais. São Paulo: Revista dos Tribunais, 2009. v. 5.

_____; _____. *Prova*. São Paulo: Ed. Revista dos Tribunais, 2009.

_____; MAZZUOLI, Valério de Oliveira. *Controle de convencionalidade*: um panorama latino-americano. Brasil, Argentina, Chile, México, Peru, Uruguai. Brasília: Brasília Jurídica, 2013.

_____; MITIDIERO, Daniel. *Código de Processo Civil comentado*. 3. ed. São Paulo: Revista dos Tribunais, 2011.

_____. Direito de ação, contraditório e motivação das decisões judiciais. In: SARLET, Ingo Wolfgang; SARMENTO, Daniel (Coord.). *Direitos fundamentais no Supremo Tribunal Federal*: balanço e crítica. Rio de Janeiro: Lumen Juris, 2011.

_____; _____. *O projeto do CPC*: crítica e propostas. São Paulo: Revista dos Tribunais, 2010.

_____; _____. *Repercussão geral no recurso extraordinário*. 3. ed. São Paulo: Revista dos Tribunais, 2012.

MARKMAN, Stephen. Precedent: tension between continuity in the law and the perpetuation of wrong decisions. *Texas Review of Law & Politics*, v. 8, Spring 2004.

MARMELSTEIN, George. *Curso de direitos fundamentais*. São Paulo: Atlas, 2008.

MARMOR, Andrei. Constitutional interpretation. *USC Law and Public Policy Research Paper*, n. 4, 2004.

MARQUES, Claudia Lima. Solidariedade na doença e na morte: sobre a necessidade de "ações afirmativas" em contratos de planos de saúde e de planos funerários frente ao consumidor idoso. In: SARLET, Ingo Wolfgang (Org.). *Constituição, direitos fundamentais e direito privado*. Porto Alegre: Livraria do Advogado, 2003.

_____; BENJAMIN, Antônio Herman; MIRAGEM, Bruno. *Comentários ao Código de Defesa do Consumidor*. São Paulo: Revista dos Tribunais, 2003.

_____; _____; _____. *Comentários ao Código de Defesa do Consumidor*. 3. ed. São Paulo: Revista dos Tribunais, 2010.

MARQUES, José Frederico. *Manual de direito processual civil*. São Paulo: Saraiva, 1974. v. 2.

MARSHALL, Geoffrey. What is binding in a precedent. In: MacCORMICK, Neil; SUMMERS, Robert S. *Interpreting precedents: a comparative study*. London: Dartmouth, 1997.

MARTINEK, Wendy L.; HETTINGER, Virginia A.; LINDQUIST, Stefanie A. *Judging on Collegial Court. Influences of federal appellate decision making*. Virginia: University of Virginia Press, 2007.

MARTINS, Flávio. *Curso de direito constitucional*. 4. ed. São Paulo: Saraiva Educação, 2020.

MARTINS, Ives Gandra da Silva; MENDES, Gilmar Ferreira (Org.). *Ação declaratória de constitucionalidade.* São Paulo: Saraiva, 1995.

_____; _____. *Controle concentrado de constitucionalidade*: comentários à Lei 9.868, de 10.11.1999. São Paulo: Saraiva, 2009.

MARTINS, Leonardo. Do vínculo do Poder Judiciário aos direitos fundamentais e suas implicações práticas. *Revista da Escola Paulista de Magistratura.* São Paulo, 2004, ano 5, n. 2, jul.-dez. 2004, p. 89 e ss.

_____. Introdução à jurisprudência do Tribunal Constitucional Federal alemão. In: _____ (Org.). *Cinquenta anos de jurisprudência do Tribunal Constitucional Federal alemão.* Montevidéu: Fundação Konrad Adenauer, 2005.

_____; DIMOULIS, Dimitri. *Teoria geral dos direitos fundamentais.* 3. ed. São Paulo: Revista dos Tribunais, 2011.

_____; _____. 7. ed. São Paulo: Revista dos Tribunais, 2020.

MARTINS, Patrícia do C. V. A. A proibição do retrocesso social como fenômeno jurídico. In: GARCIA, Emerson (Coord.). *A efetividade dos direitos sociais.* Rio de Janeiro: Lumen Juris, 2004.

MARTINS-COSTA, Judith. *A boa-fé no direito privado.* 1. ed., 2. tir. São Paulo: Revista dos Tribunais, 2000.

_____. Almiro do Couto e Silva e a ressignificação do princípio da segurança jurídica na relação entre o Estado e os cidadãos: a segurança como crédito de confiança. *Fundamentos do estado de direito – Estudos em homenagem ao professor Almiro do Couto e Silva.* São Paulo: Malheiros, 2005.

_____. *Comentários ao novo Código Civil.* Rio de Janeiro: Forense, 2003. v. 5, t. II.

_____. O direito privado como um "sistema em construção". *Revista da Faculdade de Direito da UFRGS,* v. 15, Porto Alegre, 1998.

MASSAÚ, Guilherme. *Princípios constitucionais e relações internacionais.* Porto Alegre: Livraria do Advogado, 2018.

MATEUS, Cibele Gralha. *Direitos fundamentais sociais e relações privadas – O caso do direito à saúde na Constituição brasileira de 1988.* Porto Alegre: Livraria do Advogado, 2008.

MATTOS, Sérgio. *Devido processo legal e proteção de direitos.* Porto Alegre: Livraria do Advogado, 2009.

MAUÉS, Antonio G. Moreira. A arguição de descumprimento de preceito fundamental e o direito anterior à Constituição de 1988. *Revista de Direito Constitucional e Internacional* 51/9, São Paulo, abr. 2005.

_____. Comentário ao artigo 12, CF. In: CANOTILHO, J. J. Gomes; MENDES, Gilmar F.; SARLET, Ingo W.; STRECK, Lenio L. (Coord.). *Comentários à Constituição Federal de 1988.* Coimbra/São Paulo: Almedina/Saraiva, no prelo.

MAUNZ, Theodor. Anmerkungen zu Art. 6 und 79 GG. In: MAUNZ/DÜRIG/HERZOG/SCHOLZ. *Grundgesetz Kommentar.* München: C. H. Beck, 1994. v. 3.

_____; DÜRIG, Günter (Org.). *Grundgesetz-Kommentar. Art. 19 Abs. 2.* Munique: C. H. Beck, 1977.

REFERÊNCIAS 1393

MAURER, Béatrice. Notes sur le respect de la dignité humaine ou Petite Fugue Inacheveé Autour d'um Théme Central. In: SÉRIEUX, Allain et alii. *Le Droit, Le Medicine et L'être Humain*. Aix-Em-Provence: Presses Universitaires D'Aix-Marseille, 1996.

MAURER, Hartmut. Direito processual estatal-jurídico. *Contributos para o direito do Estado*. Trad. Luís Afonso Heck. Porto Alegre: Livraria do Advogado, 2007.

_____. *Staatsrecht I*. 5. ed. München: C.H. Beck, 2007.

_____. *Staatsrechts I: Grundlagen, Verfassungs-organe, Staatsfunktionen*. 2. ed. München: C. H. Beck, 2001.

MAURÍCIO JÚNIOR, Alceu. Direitos prestacionais, concepções de direitos fundamentais e modelos de Estado. In: MELLO, Celso Albuquerque; TORRES, Ricardo Lobo (dir.). *Arquivos de direitos humanos*. Rio de Janeiro: Renovar, 2005. v. 7.

MAXIMILIANO, Carlos. *Comentários à Constituição brasileira de 1891*. Brasília: Senado Federal, 2005 (edição fac-similar).

MAZZEI, Rodrigo. A "intervenção móvel" da pessoa jurídica de direito público na ação popular e ação de improbidade administrativa (art. 6.º, § 3.º, da LAP e art. 17, § 3.º, da LIA). In: DIDIER JÚNIOR, Fredie; WAMBIER, Teresa Arruda Alvim (Coord.). *Aspectos polêmicos e atuais sobre terceiros no processo civil e assuntos afins*. São Paulo: RT, 2007.

_____. Mandado de injunção. *Ações constitucionais*. 5. ed. Salvador: JusPodivm, 2011.

MAZZUOLI, Valério de Oliveira. *Curso de direito internacional público*. São Paulo: Revista do Tribunais, 2006.

_____. _____. 2. ed. São Paulo: Revista do Tribunais, 2007.

_____. *Curso de direito internacional público*. 3. ed. São Paulo: Revista dos Tribunais, 2008.

_____. _____. 6. ed. São Paulo: Revista dos Tribunais, 2012.

_____. *O controle de convencionalidade das leis*. 3. ed. São Paulo: Revista dos Tribunais, 2013.

_____. Teoria geral do controle de convencionalidade no direito brasileiro. *RT*, v. 889.

MCILWAIN, Charles Howard. *Constitutionalism*: ancient and modern. Indianápolis: Liberty Found, 1975 [1940].

MEDEIROS, Carla de Abreu. *Direito dos Animais. O valor da vida à luz do princípio da senciência*. Curitiba: Juruá, 2019.

MEDEIROS, Fernanda Luiza Fontoura de. *Meio ambiente*: direito e dever fundamental. Porto Alegre: Livraria do Advogado, 2004.

MEDEIROS, Rui. *A decisão de inconstitucionalidade. Os autores, o conteúdo e os efeitos da decisão de inconstitucionalidade*. Lisboa: Universidade Católica, 1999.

_____. *Ensaio sobre a responsabilidade civil do estado por actos legislativos*. Coimbra: Almedina, 1992.

MEDINA, Damare. *"Amicus curiae"*: amigo da corte ou amigo da parte? São Paulo: Saraiva, 2010.

MEIRELLES, Ana Cristina Costa. *A eficácia dos direitos sociais*. Salvador: JusPodivm, 2008.

MEIRELLES, Hely Lopes. *Mandado de segurança e ações constitucionais*. São Paulo: Malheiros, 2010.

_____; MENDES, Gilmar Ferreira; WALD, Arnoldo. *Mandado de segurança*. 31. ed. São Paulo: Malheiros, 2008.

1394 ○ REFERÊNCIAS

MEKKI, Soraya Amrani; CADIET, Loïc; NORMAND, Jacques. *Théorie generale du proces*. Paris: PUF, 2010.

MELGARÉ, Plínio. Direitos humanos: uma perspectiva contemporânea – Para além dos reducionismos tradicionais. *Revista de Informação Legislativa* 154/73 e ss., abr.-jun. 2002.

MELLO, Celso Albuquerque de. *Curso de direito internacional público*. 7. ed. Rio de Janeiro: Freitas Bastos, 1982. v. 1.

MELLO, Cláudio Ari. Contribuição para uma teoria híbrida dos direitos de personalidade. In: SARLET, Ingo Wolfgang (Org.). *O novo Código Civil e a Constituição*. Porto Alegre: Livraria do Advogado, 2003.

_____. 2. ed. Porto Alegre: Livraria do Advogado, 2006.

_____. *Democracia constitucional e direitos fundamentais*. Porto Alegre: Livraria do Advogado, 2004.

MELLO, Patrícia Perrone Campos. *Precedentes – O desenvolvimento judicial do direito no constitucionalismo contemporâneo*. Rio de Janeiro: Renovar, 2008.

MELO, Frederico Jorge Gouveia de. Entre a liberdade de conformação regulamentar e o dever de concretizar as normas constitucionais: uma análise do controle de inconstitucionalidade por omissão nos ordenamentos português e brasileiro. In: MIRANDA, Jorge (Org.). *O direito constitucional e a independência dos tribunais brasileiros e portugueses*: aspectos relevantes. Curitiba: Juruá, 2011.

MELO, Sandro Nahmias. A problemática da eficácia das normas constitucionais programáticas. *Revista de Direito Constitucional e Internacional* 31/170, São Paulo, abr. 2000.

MELS, Philipp. Bundesverfassungsgericht und Conseil Constitutionnel: ein Vergleich der Verfassungsgerichtsbarkeit. *Deutschland und Frankreich im Spannungsfeld zwischen der Euphorie für die Krönung des Rechtsstaates und der Furcht vor einem "gouvernement des juges"*. München: Vahlen, 2003.

MENDES, Aluísio Gonçalves de Castro. *Ações coletivas no direito comparado e nacional*. São Paulo: RT, 2002.

MENDES, Conrado Hübner. *Direitos fundamentais, separação de poderes e deliberação*. São Paulo: Saraiva, 2011.

MENDES, Gilmar Ferreira. A ação declaratória de constitucionalidade: inovação da Emenda Constitucional 3/1993. *Revista de Direito Constitucional e Internacional* 4/8, São Paulo, jul. 1993.

_____. A declaração de nulidade da lei inconstitucional, a interpretação conforme à Constituição e a constitucionalidade da lei na jurisprudência da Corte Constitucional alemã. *Cadernos de Direito Tributário e Finanças Públicas*, n. 4, 1993.

_____. A representação interventiva. *Direito Público*, n. 9, jul.-set. 2005.

_____. *Administração pública*. In: MENDES, Gilmar Ferreira; BRANCO, Paulo Gustavo Gonet. 15. ed., São Paulo: Saraiva, 2020.

_____. *Arguição de descumprimento de preceito fundamental*: comentários à Lei 9.882, de 03.12.1999. Brasília: Instituto Brasiliense de Direito Público, 2011.

_____. Considerações sobre o papel do Procurador-Geral da República no controle abstrato de normas sob a Constituição de 1967/69: proposta de releitura. *Revista de Direito Constitucional e Internacional* 28/21, São Paulo, jul. 1999.

_____. Dos Direitos Políticos. In: MENDES, Gilmar Ferreira; BRANCO, Paulo Gustavo Gonet. *Curso de direito constitucional*. 15. ed. São Paulo: Saraiva, 2020.

_____. *Jurisdição constitucional*. 2. ed. São Paulo: Saraiva, 1998.

_____. *Moreira Alves e o controle de constitucionalidade no Brasil*. São Paulo: Saraiva, 2004.

_____. O apelo ao legislador – *Appellentscheidung* – na práxis da Corte Constitucional federal alemã. *Revista Tributária e de Finanças Públicas* 1/33.

_____. O papel do Senado Federal no controle de constitucionalidade: um caso clássico de mutação constitucional. *Revista de Informação Legislativa*, n. 162, abr.-jun. 2004.

_____. Direito de nacionalidade e regime jurídico do estrangeiro. *Direitos Fundamentais & Justiça*, Revista do Programa de Pós-Graduação (Mestrado e Doutorado) da PUC-RS, Porto Alegre, ano 1, n. 1, p. 141-154, out.-dez. 2007.

_____. Direitos fundamentais de caráter judicial e garantias constitucionais do processo. In: _____; BRANCO, Paulo Gustavo G. *Curso de direito constitucional*. 15. ed. São Paulo: Saraiva, 2020.

_____. *Direitos fundamentais e controle de constitucionalidade*: estudos de direito constitucional. São Paulo: Celso Bastos Ed., 1988.

_____. Direitos políticos. In: _____; BRANCO, Paulo Gustavo G. *Curso de direito constitucional*. 6. ed. São Paulo: Saraiva, 2011.

_____. *Hermenêutica constitucional e direitos fundamentais*. Brasília: Brasília Jurídica, 2000.

_____. Limites da revisão: cláusulas pétreas ou garantias de eternidade. Possibilidade jurídica de sua superação. *Revista da Associação dos Juízes do Rio Grande do Sul (Ajuris)* 60/250, 1994.

_____. O efeito vinculante das decisões do STF nos processos de controle abstrato de normas. *Jus Navigandi*, ano 4, n. 43, Teresina, jul. 2000.

_____. O papel do Senado Federal no controle de constitucionalidade: um caso clássico de mutação constitucional. *Revista de Informação Legislativa* 162/164.

_____. Plebiscito – EC 2/92 (parecer). *Revista Trimestral de Direito Público* 7/104 e ss., 1994.

_____; BRANCO, Paulo Gustavo Gonet. *Curso de direito constitucional*. 15. ed. São Paulo: Saraiva, 2020.

_____; BRANCO, Paulo Gustavo Gonet. *Curso de direito constitucional*. 6. ed. São Paulo: Saraiva, 2011.

_____; COELHO, Inocêncio Mártires; BRANCO, Paulo Gustavo Gonet. *Curso de direito constitucional*. 3. ed. São Paulo: Saraiva, 2008.

_____; _____; _____. _____. 4. ed. São Paulo: Saraiva, 2009.

_____; MEIRELLES, Hely Lopes; WALD, Arnoldo. *Mandado de segurança*. 31. ed. São Paulo: Malheiros, 2008.

MENDES, João de Castro. *Limites objectivos do caso julgado em processo civil*. Lisboa: Ática, 1968.

MENDES, Laura Schertel. *Privacidade, proteção de dados e defesa do consumidor*. São Paulo: Saraiva, 2013.

_____. A Lei Geral de Proteção de Dados Pessoais: um Modelo de Aplicação em Três Níveis. *Lei Geral de Proteção de Dados – Caderno Especial*. São Paulo: RT, 2019.

_____; ALVES, Sérgio Garcia; DONEDA, Danielo (Coord.). *Internet & Regulação*, São Paulo: Saraiva, 2021.

MENDONÇA, Eduardo Bastos Furtado de. *A constitucionalização das finanças públicas no Brasil*. Rio de Janeiro: Renovar, 2010.

MENEZES, Paulo Brasil. *Fake news. Modernidade, metodologia e regulação*. Rio de Janeiro: JusPodivm, 2020.

MENKE, Fabiano. As Origens Alemãs e o Significado da Autodeterminação Informativa. *Lei Geral de Proteção de Dados – Aspectos Relevantes*. Indaiatuba: Foco, 2021.

MERRYMAN, John Henry. *The civil law tradition*. 2. ed. Stanford: Stanford University Press, 1997.

_____; PÉREZ-PERDOMO, Rogelio. *The civil law tradition*: an introduction to the legal systems of Europe and Latin America. Standford: Standford University Press, 2007.

MESQUITA, Rodrigo Octávio de Godoy Bueno Caldas. Eficácia contra todos e efeito vinculante das decisões definitivas de mérito proferidas pelo Supremo Tribunal Federal em arguição de descumprimento de preceito fundamental decorrente da Constituição. *Revista de Direito Constitucional e Internacional* 68/258, São Paulo, jul. 2009.

MEZZAROBA, Orides. *Introdução ao direito partidário brasileiro*. Rio de Janeiro: Lumen Juris, 2004.

MICHAEL, Lothar; MORLOK, Martin. *Grundrechte*. Baden-Baden: Nomos, 2008.

MICHELI, Gian Antonio. *L'onere della prova*. Padova: Cedam, 1942.

MICHELMAN, Frank. Constitutional authorship. *Constitutionalism*: philosophical foundations. New York: Cambridge University Press, 1998.

_____. Relações entre democracia e liberdade de expressão: discussão de alguns argumentos. In: SARLET, Ingo Wolfgang (Org.). *Direitos fundamentais, informática e comunicação*. Porto Alegre: Livraria do Advogado, 2007.

MILLAR, Robert Wyness. The formative principles of civil procedure. In: ENGELMANN, Arthur et al. *A history of continental civil procedure*. New York: Kelley, 1969.

MILLER, John. *The glorious revolution*. 2. ed. Essex: Longman, 1997.

MIOZZO, Pablo Castro. *A dupla face do princípio da proibição de retrocesso social e os direitos fundamentais no Brasil – Uma análise hermenêutica*. Porto Alegre: Verbo Jurídico, 2010.

_____. *Soziale Grundrechte ohne Prinzipien und Abwägungen Entwickelt am Beispiel des Rechts auf Sozialversicherung in Brasilien*. Berlin: Duncker & Humblot, 2022.

MIRAGEM, Bruno. O direito do consumidor como direito fundamental – Consequências jurídicas de um conceito. *Revista de Direito do Consumidor* 43/111-132.

_____; BENJAMIN, Antônio Herman. *Comentários ao Código de Defesa do Consumidor*. São Paulo: Revista dos Tribunais, 2003.

_____; _____. _____. 3. ed. São Paulo: Revista dos Tribunais, 2010.

MIRANDA, Jorge. Direitos fundamentais na ordem constitucional portuguesa. *Revista de Direito Público* 82/7.

_____. *Manual de direito constitucional*. 2. ed. Coimbra: Coimbra Ed., 1988. v. 2.

_____. _____. 3. ed. Coimbra: Coimbra Ed., 2000. v. 4.

REFERÊNCIAS 1397

_____. Sobre a reserva constitucional da função legislativa. In: MIRANDA, Jorge (Org.). *Perspectivas constitucionais nos 20 anos da constituição de 1976*. v. II. Coimbra: Coimbra Editora, 1997.

_____. *Teoria do Estado e da Constituição*. 2. ed. Rio de Janeiro: Forense, 2009.

_____; MEDEIROS, Rui. *Constituição portuguesa anotada*. Coimbra: Coimbra Ed., 2005. v. I.

MIRANDA NETTO, Fernando Gama de. Aspectos materiais e processuais do direito fundamental à alimentação. In: SOUZA NETO, Cláudio Pereira de; SARMENTO, Daniel (Coord.). *Direitos sociais*: fundamentos, judicialização e direitos sociais em espécie. Rio de Janeiro: Lumen Juris, 2008.

MITIDIERO, Daniel. *Processo constitucional* – do controle ao processo, dos modelos ao sistema. São Paulo: RT, 2023.

_____. *Antecipação da tutela – Da tutela cautelar à técnica antecipatória*. São Paulo: Revista dos Tribunais, 2012.

_____. *Colaboração no processo civil – Pressupostos sociais, lógicos e éticos*. São Paulo: Revista dos Tribunais, 2009.

_____. _____. 2. ed. São Paulo: Revista dos Tribunais, 2011.

_____. Colaboração no processo civil como *prêt-à-porter?* Um convite ao diálogo para Lênio Streck. *RePro*, n. 194, São Paulo, Revista dos Tribunais, 2011.

_____. *Comentários ao Código de Processo Civil: arts. 270 a 331*. São Paulo: Memória Jurídica, 2006. t. III.

_____. *Cortes Superiores e Cortes Supremas*. São Paulo: Revista dos Tribunais, 2013.

_____. *Elementos para uma teoria contemporânea do processo civil brasileiro*. Porto Alegre: Livraria do Advogado, 2005.

_____. O processualismo e a formação do Código Buzaid. *RePro*, n. 183, São Paulo, Revista dos Tribunais, 2010.

_____. *Processo civil*. 2. ed. São Paulo: RT, 2022.

_____. *Processo civil e estado constitucional*. Porto Alegre: Livraria do Advogado, 2007.

_____. Tendências em tema de tutela sumária: da tutela cautelar à técnica antecipatória. *RePro*, n. 197, São Paulo, Revista dos Tribunais, 2011.

_____; MARINONI, Luiz Guilherme. *Código de Processo Civil comentado*. 3. ed. São Paulo: Revista dos Tribunais, 2011.

_____; _____. *Repercussão geral no recurso extraordinário*. 3. ed. São Paulo: Revista dos Tribunais, 2012.

_____. _____. Direito de ação, contraditório e motivação das decisões judiciais. In: SARLET, Ingo Wolfgang; SARMENTO, Daniel (Coord.). *Direitos fundamentais no Supremo Tribunal Federal*: balanço e crítica. Rio de Janeiro: Lumen Juris, 2011.

_____. _____. *O projeto do CPC – Crítica e propostas*. São Paulo: Revista dos Tribunais, 2010.

_____. _____. *Repercussão geral no recurso extraordinário*. 3. ed. São Paulo: Revista dos Tribunais, 2012.

_____; OLIVEIRA, Carlos Alberto Alvaro de. *Curso de processo civil*. São Paulo: Atlas, 2010. v. 1.

MITIDIERO, Nei Pires. *Comentários ao Código de Trânsito Brasileiro*. 2. ed. Rio de Janeiro: Forense, 2005.

MODERNE, Franck. El Consejo Constitucional francês. *Justicia constitucional comparada*. México: Universidad Nacional Autónoma de México, 1993.

MODESTO, Paulo Eduardo Garrido. Inconstitucionalidade por omissão: categoria jurídica e ação constitucional específica. *Revista de Direito Constitucional e Internacional* 12/173, São Paulo, jul. 1995.

MOLINARO, Carlos Alberto. *Direito ambiental*: proibição de retrocesso. Porto Alegre: Livraria do Advogado, 2007.

_____; SARLET, Gabrielle Bezerra Sales. Questões tecnológicas, éticas e normativas da proteção de dados pessoais na área da saúde em um contexto de *big data*. *Direitos Fundamentais & Justiça*, ano 13, n. 41, p. 183-212, jul./dez. 2019.

MÖLLER, Max. *Teoria geral do neoconstitucionalismo*. Porto Alegre: Livraria do Advogado, 2011.

MÖLLERS, Christoph. *Das Grundgesetz – Geschichte und Inhalt*. München: C. H. Beck, 2009.

MONAGHAN, Henry. Stare decisis and constitucional adjudication. *Columbia Law Review*, 1988.

MONTEIRO, Hamilton de Mattos. Da República Velha ao Estado Novo. In: LINHARES, Maria Yedda (Org.). *História geral do Brasil*. 9. ed. Rio de Janeiro: Elsevier, 1990.

MONTESQUIEU, Barão de (Charles-Louis de Secondat). *Do espírito das leis*. São Paulo: Abril Cultural, 1973 [1748].

MORAES, Alexandre de. *Direito constitucional*. 24. ed. São Paulo: Atlas, 2009.

_____. _____. 29. ed. São Paulo: Atlas, 2013

_____. *Direitos humanos fundamentais*. 9. ed. São Paulo: Atlas, 2011.

_____. *Direitos humanos fundamentais – Teoria geral*. 6. ed. São Paulo: Atlas, 2005.

MORAES, Filomeno. A "Constituição econômica" no Brasil: da subcomissão do Itamarati à Constituição Federal de 1988. In: COUTINHO, Aldacy et al (Org.). Liber amicorum – *Homenagem ao Prof. Doutor António José Avelãs Nunes*. Coimbra: Coimbra Ed., 2009.

MORAES, Guilherme Peña de. *Curso de direito constitucional*. 2. ed. Niterói: Impetus, 2008.

MORAES, Maria Celina Bodin de. *Danos à pessoa humana*. Rio de Janeiro: Renovar, 2003.

MORAIS, Carlos Blanco. *Curso de direito constitucional. Teoria da Constituição em tempo de crise do estado social*. Coimbra: Coimbra, 2014, t. II, v. 2.

MORAIS, Dalton Santos. A limitação da ação direta de inconstitucionalidade por omissão como mecanismo de resolução da omissão inconstitucional e a discussão sobre a responsabilidade civil do ente omisso. *RePro* 171/193, São Paulo, maio 2009.

MORATO LEITE, José Rubens. Estado de Direito do Ambiente: uma difícil tarefa. In: MORATO LEITE, José Rubens (Org.). *Inovações em direito ambiental*. Florianópolis: Fundação Boiteux, 2000.

_____. Sociedade de risco e Estado. In: CANOTILHO, José Joaquim Gomes; MORATO LEITE, José Rubens (Org.). *Direito constitucional ambiental brasileiro*. 6. ed. São Paulo: Saraiva, 2015.

_____; AYALA, Patryck de Araújo. *Dano ambiental*: do individual ao coletivo extrapatrimonial (teoria e prática). 3. ed. São Paulo: Revista dos Tribunais, 2010.

MOREIRA, Eduardo Ribeiro. *Obtenção dos direitos fundamentais nas relações entre particulares*. Rio de Janeiro: Lumen Juris, 2007.

MOREIRA, Egon Bockmann. *Processo administrativo – Princípios constitucionais e a Lei 9.784/1999*. 3. ed. São Paulo: Malheiros, 2007.

MOREIRA, Vital. *Constituição e revisão constitucional*. Lisboa: Caminho, 1980.

MORLOK, Michael; MICHAEL, Lothar. *Staatsorganisationsrecht*. Baden-Baden: Nomos, 2013.

MORRISON, Trevor W.; DORF, Michael C. *The Oxford introductions to U.S. law: constitutional law*. New York: Oxford University Press, 2010.

MÖSTL, Markus. Regelungsfelder der Verfassung. In: DEPENHEUER, Otto; GRABENWARTER, Christoph (Ed.). *Verfassungstheorie*.

MOTA PINTO, Paulo. Direitos de personalidade no Código Civil português e no novo Código Civil brasileiro. *Revista da Ajuris* 96/407-438, dez. 2004.

_____. O direito ao livre desenvolvimento da personalidade. *Portugal-Brasil Ano 2000*, Coimbra, Boletim da Faculdade de Direito de Coimbra, 1999.

MOTTA, Otávio Verdi. *Justificação da decisão judicial*. São Paulo: Revista dos Tribunais, 2015.

MULHERON, Rachael. *The class action in common law legal systems – A comparative perspective*. Oxford: Hart, 2004.

MÜLLER, Friedrich. Abhilfemöglichkeiten bei der Verletzung des Anspruchs auf rechtliches Gehör nach der ZPO-Reform. *NJW*, München, Beck, 2002.

_____. *O significado teórico de "constitucionalidade/inconstitucionalidade" e as dimensões temporais da declaração de inconstitucionalidade de leis no direito alemão. Conferência*, Rio de Janeiro, Procuradoria Geral do Município do Rio de Janeiro, 2002. Disponível em: http://www.rio.rj.gov.br/pgm/publicacoes/ConferenciaRio20020919.pdf.

MÜNCH, Ingo von. Die Drittwirkung von Grundrechten in Deutschland. In: _____; CODERCH, Pablo Salvador; RIBA, Josep Ferrer I. *Zur Drittwirkung der Grundrechte*. Frankfurt am Main: Peter Lang, 1998.

_____. *Grundgesetz-Kommentar*. 5. ed. München: C. H, Beck, 2000. v. 1.

MURSWIEK, Dietrich. Art. 2. In: SACHS, Michael (Ed.). *Grundgesetz Kommentar*. 4. ed. München: C. H. Beck, 2007.

_____. Grundrechte als Teilhaberechte, soziale Grundrechte. In: ISENSEE, J.; KIRCHHOF, P. (Org.). *Handbuch des Staatsrechts der Bundesrepublik Deutschland*. München: C. F. Müller, 2000. v. 5.

MUSIELAK, Hanns. *Kommentar ZPO*. München: Beck, 2005.

NABAIS, José Casalta. *O dever fundamental de pagar impostos – Contributo para a compreensão constitucional do estado fiscal contemporâneo*. Coimbra: Almedina, 2015.

NAGEL, Robert. Direito político, política legalista: uma história recente da teoria da questão política. In: BIGONHA, Antônio C.; MOREIRA, Luiz (Org.). *Limites do controle de constitucionalidade*. Rio de Janeiro: Lumen Juris, 2009.

1400 ○ REFERÊNCIAS

NAVARRO, Pablo; RODRÍGUEZ, Jorge. Derrotabilidad y sistematización de normas jurídicas. *Isonomía – Revista de Teoría y Filosofía del Derecho*, n. 13, Universidad de Alicante, 2000.

NEGRI, Antonio. *O poder constituinte*: ensaios sobre as alternativas da modernidade. Trad. Adriano Pilatti. Rio de Janeiro: RP&A, 2002.

NELSON, Caleb. Stare decisis and demonstrably erroneous precedents. *Virginia Law Review*, v. 87, mar. 2001.

NELSON, William E. *Marbury v. Madison*: the origins and legacy of judicial review. Lawrence: University Press of Kansas, 2000.

NERY, Rosa Maria Barreto Borriello de Andrade. Ação direta de inconstitucionalidade na Constituição Estadual: a inconstitucionalidade do art. 51, parágrafo único, da Constituição do Estado de São Paulo (Emenda 2, de 30 de outubro de 1969). *RePro* 38/7, São Paulo, abr. 1985.

NERY JUNIOR, Nelson. *Princípios do processo na Constituição Federal*. 9. ed. São Paulo: Revista dos Tribunais, 2009.

_____; ABBOUD, Georges. *Direito constitucional brasileiro. Curso completo*. São Paulo: Revista dos Tribunais, 2017.

NETO, Jaime Barreiros. *Fidelidade partidária*. Salvador: JusPodivm, 2009.

NETO, Luísa. *O direito fundamental à disposição sobre o próprio corpo*. Coimbra: Coimbra Ed., 2004.

NEUMANN, Ulfried. A dignidade humana como fardo humano – ou como utilizar um direito contra o respectivo titular. In: SARLET, Ingo Wolfgang (Org.). *Dimensões da dignidade – Ensaios de filosofia do direito e direito constitucional*. 2. ed. Porto Alegre: Livraria do Advogado, 2009.

NEUMANN, V. Menschenwürde und Existenzminimum. *NVwZ*, 1995.

NEUNER, Jörg. Los derechos humanos sociales. *Anuário Iberoamericano de Justicia Constitucional* 9/239, 2005.

_____. O Código Civil da Alemanha (BGB) e a lei fundamental. In: SARLET, Ingo Wolfgang (Org.). *Constituição, direitos fundamentais e direito privado*. 2. ed. Porto Alegre: Livraria do Advogado, 2006.

_____. *Privatrecht und Sozialstaat*. Munique: C. H. Beck, 1999.

NEVES, Daniel. *Ações probatórias autônomas*. São Paulo: Saraiva, 2008.

_____. *Ações constitucionais*. São Paulo: Método, 2011.

NIEBLER, Engelbert. Die Rechtsprechung des Bundesverfassungsgericht zum obersten Rechtswert der Menschenwürde. *Bayrische Verwaltungsblätter (BayVwBl)*, 1989, p. 737 e ss.

NINO, Carlos Santiago. *El concepto de validez jurídica en la teoría de Kelsen. La validez del derecho*. Buenos Aires: Astrea, 1985.

_____. *Ética y derechos humanos*. Buenos Aires: Astrea, 1989.

_____. *La constituición de la democracia deliberativa*. Barcelona: Gedisa, 1997.

NOBILI, Massimo. *Il principio del libero convincimento*. Milano: Giuffrè, 1974.

REFERÊNCIAS 1401

Nobre Júnior, Edilson Pereira. Controle de constitucionalidade: modelos brasileiro e italiano – Breve análise comparativa. *Revista Esmafe: Escola de Magistratura Federal da 5.ª Região* 1/183-217, Recife, jan. 2001.

_____. *Direitos fundamentais e arguição de descumprimento de preceito fundamental*. Porto Alegre: Fabris, 2004.

_____. Mandado de injunção: duas décadas de vigência de uma garantia constitucional. *RT* 881/9, São Paulo, mar. 2009.

Nogueira, Octaviano. *Constituições brasileiras: 1824*. 2. ed. Brasília: Senado Federal, 2001. v. 1.

Nojiri, Sérgio. *O dever de fundamentar as decisões judiciais*. 2. ed. São Paulo: Revista dos Tribunais, 2000.

Nolasco, Loreci Gottschalk. *Direito fundamental à moradia*. São Paulo: Pillares, 2008.

Nonkes, Steven P. Reducing the unfair effects of nonmutual issue preclusion through damages limits. *Cornell Law Review*, v. 94, 2009.

Norbert, Wischermann. *Rechtskraft und Bindungswirkung verfassungsgerichtlicher Entscheidungen: zu den funktionsrechtlichen Auswirkungen der extensiven Auslegung des § 31 Abs. 1 BVerfGG*. Berlin: Duncker & Humblot, 1979.

Normand, Jacques; Cadiet, Loïc; Mekki, Soraya Amrani. *Théorie generale du proces*. Paris: PUF, 2010.

Nörr, Knut Wolfgang. *Naturrecht und Zivilprozess*. Tübingen: Mohr Siebeck, 1976.

Novais, Jorge Reis. *A Dignidade da Pessoa Humana. Dignidade e Direitos Fundamentais*. Coimbra: Almedina, 2015. v. 1.

_____. *As restrições aos direitos fundamentais não expressamente autorizadas pela Constituição*. Coimbra: Coimbra Ed., 2003.

_____. *Contributo para uma teoria do estado de direito*. Coimbra: Almedina, 2006.

_____. *Direitos fundamentais*: trunfos contra a maioria. Coimbra: Coimbra Ed., 2006.

_____. *Direitos sociais. Teoria jurídica dos direitos sociais enquanto direitos fundamentais*. Coimbra: Coimbra Ed./Wolters Kluwer, 2010.

Novak, Linda. The precedential value of Supreme Court plurality decisions. *Columbia Law Review*, 1980.

Noveck, Scott M. Is judicial review compatible with democracy? *Cardozo Public Law, Policy & Ethics Journal*, v. 6, 2008.

Novelino, Marcelo. *Direito constitucional*. São Paulo: Método, [s.d.].

_____. *Manual de direito constitucional*. 8. ed. São Paulo: Gen-Método, 2013.

Novelli, Flávio Bauer. Norma constitucional inconstitucional? A propósito do art. 2.º, § 2.º, da EC 3/93. *RF* 330/79-81, 1995.

Nowak, John E.; Rotunda, Ronald D. *Constitutional law*. St. Paul: West Group, 2000.

_____. *Principles of constitutional law*. St. Paul: Thomson West, 2008.

Nunes, Anelise Coelho. *A titularidade dos direitos fundamentais na Constituição Federal de 1988*. Porto Alegre: Livraria do Advogado, 2007.

Nunes, António José Avelãs; Scaff, Fernando Facury. *Os tribunais e o direito à saúde*. Porto Alegre: Livraria do Advogado, 2011.

NUNES, Castro. *Do mandado de segurança e de outros meios de defesa contra o Poder Público*. 3. ed. Rio de Janeiro: Forense, 1951.

NUNES, Dierle. *Processo jurisdicional democrático*. Curitiba: Juruá, 2008.

_____. *Direito constitucional ao recurso*: da teoria geral dos recursos, das reformas processuais e da comparticipação nas decisões. Rio de Janeiro: Lumen Juris, 2006.

NUNES, Mérces da Silva. *O direito fundamental à alimentação e o princípio da segurança*. São Paulo: Elsevier, 2008.

OLIVEIRA, Carlos Alberto Alvaro de. A garantia do contraditório. *Do formalismo no processo civil*. 2. ed. São Paulo: Saraiva, 2003.

_____. *Do formalismo no processo civil – Proposta de um formalismo-valorativo*. 4. ed. São Paulo: Saraiva, 2010.

_____. Efetividade e processo de conhecimento. *Do formalismo no processo civil*. 2. ed. São Paulo: Saraiva, 2003.

_____. O juiz e o princípio do contraditório. *RePro*, n. 71, São Paulo, Revista dos Tribunais, 1993.

_____. O processo civil na perspectiva dos direitos fundamentais. In: _____ (Org.). *Processo e Constituição*. Rio de Janeiro: Forense, 2004.

_____. Os direitos fundamentais à efetividade e à segurança em perspectiva dinâmica. *RF*, Rio de Janeiro, Forense, 2008.

_____. Perfil dogmático das tutelas de urgência. *Revista da Ajuris*, n. 70, Porto Alegre, 1997.

_____. *Poderes do juiz e visão cooperativa do processo*. *Revista da Ajuris*, n. 90, Porto Alegre.

_____. *Teoria e prática da tutela jurisdicional*. Rio de Janeiro: Forense, 2008.

_____; MITIDIERO, Daniel. *Curso de processo civil*. São Paulo: Atlas, 2010. v. 1.

OLIVEIRA, Eugênio Pacelli de. *Curso de processo penal*. 15. ed. Rio de Janeiro: Lumen Juris, 2011.

OLIVEIRA, Marcelo Andrade Cattoni de. Art. 1.°, parágrafo único. In: GOMES CANOTILHO, J. J.; MENDES, Gilmar F.; SARLET, Ingo W.; STRECK, Lenio L. (Coord.). *Comentários à Constituição do Brasil*. 2. ed. São Paulo: Saraiva Educação, 2018.

OLIVEIRA, Paulo Mendes de. *Coisa julgada e precedente*. São Paulo: Revista dos Tribunais, 2015.

OLIVEIRA JÚNIOR, José Alcebíades de. *Teoria jurídica e novos direitos*. Rio de Janeiro: Lumen Juris, 2000.

OLIVETTI, Marco. *I diritti fondamentali*. Foggia: Claudio Grenzi Editore, 2017.

OLSEN, Ana Carolina Lopes. *Direitos fundamentais sociais*: efetividade frente à reserva do possível. Curitiba: Juruá, 2008.

OMMATI, José Emilio Medauar. *Liberdade de expressão e discurso de ódio na Constituição de 1988*. Rio de Janeiro: Lumen Juris, 2012.

ORDÓÑEZ, Ulises Schmill. Observaciones a "inconstitucionalidad y derogación". *Revista Discusiones*, Buenos Aires, Universidad Nacional de Quilmes, 2001.

ORTH, John V. *Due processo of law*: a brief history. Lawrence: University Press of Kansas, 2003.

OTERO, Paulo. *Ensaio sobre o caso julgado inconstitucional*. Lisboa: Lex, 1993.

REFERÊNCIAS o 1403

OTTO, Ignacio de. *Derecho constitucional. Sistema de fuentes.* 2. ed. Barcelona: Ariel, 1997.

_____. *Estudios sobre el poder judicial.* Madrid: Ministério de Justicia, 1989.

PACHÚ, Cláudia Oliveira. Da reclamação perante o Supremo Tribunal Federal. *Revista de Direito Constitucional e Internacional,* v. 55.

PAGANI, Elaine Adelina. *O direito de propriedade e o direito à moradia.* Porto Alegre: EDI-PUC-RS, 2009.

PAGLIARINI, Alexandre Coutinho. *Constituição e direito internacional. Cedências possíveis no Brasil e no mundo globalizado.* Rio de Janeiro: Forense, 2003.

PAINE, Thomas. *Os direitos do homem.* Trad. Jaime A. Clasen. Petrópolis: Vozes, 1988.

PAIXÃO, Cristiano; BIGLIAZZI, Renato. *História constitucional inglesa e norte-americana: do surgimento à estabilização da forma constitucional.* Brasília: UnB, 2008.

PALU, Oswaldo Luiz. *Controle de constitucionalidade*: conceitos, sistemas e efeitos. 2. ed. São Paulo: Revista dos Tribunais, 2001.

PANSIERI, Flávio. *Eficácia e vinculação dos direitos sociais – Reflexões a partir do direito à moradia.* São Paulo: Saraiva, 2012.

_____; SOUZA, Henrique Soares de. *Mutação constitucional à luz da teoria constitucional contemporânea.* Porto Alegre: Livraria do Advogado, 2018.

PAPIER, Hans-Jürgen. Grundgesetz und Wirtschaftsordnung. In: BENDA, Ernst; MAIHOFER, Werner; VOGEL, Hans-Jochen (Ed.). *Handbuch des Verfassungsrechts,* v. I, Berlin/New York: Walter de Gruyter, 1984.

PASCAL, Jean. *Le procès constitutionnel.* Paris: LGDJ, 2001.

PASQUALINI, Alexandre. *Hermenêutica e sistema jurídico*: uma introdução à interpretação sistemática do direito. Porto Alegre: Livraria do Advogado, 2000.

PASQUALOTTO, Adalberto (Org.). *Publicidade de tabaco – Frente e verso da liberdade de expressão comercial.* São Paulo: Atlas, 2015.

PASQUINO, Pasquale. Constitutional adjudication and democracy: comparative perspectives: USA, France, Italy. *Ratio Juris,* v. 11, n. 1, mar. 1998 (38-50).

_____. Tipologia della giustizia costituzionale in Europa. *La giustizia costituzionale ed i suoi utenti.* Milano: Giuffrè, 2006.

PATTO, Pedro Maria Godinho Vaz. A vinculação das entidades públicas pelos direitos, liberdades e garantias. *Documentação e Direito Comparado,* n. 33-34, p. 487, 1988.

PAULA, Felipe de. *A (de)limitação dos direitos fundamentais.* Porto Alegre: Livraria do Advogado, 2010.

PAULA RAMOS, Vitor de. *Ônus da prova no processo civil.* São Paulo: Revista dos Tribunais, 2015.

PEDRA, Adriano Sant'Ana. *A Constituição viva*: poder constituinte permanente e cláusulas pétreas. Belo Horizonte: Mandamentos, 2005.

_____. Art. 1.º, V – O Pluralismo Político. In: CANOTILHO, J. J. Gomes; MENDES, Gilmar Ferreira; SARLET, Ingo Wolfgang; STRECK, Lenio Luiz (Coord.). *Comentários à Constituição do Brasil.* 2. ed. São Paulo: Saraiva Educação, 2018.

_____. *Mutação constitucional. Interpretação evolutiva da Constituição na democracia constitucional.* Rio de Janeiro: Lumen Juris, 2013.

1404 ○ REFERÊNCIAS

_____. *Mutação constitucional. Interpretação evolutiva da Constituição na democracia constitucional.* 2. ed. Rio de Janeiro: Lumen Juris, 2014.

PEDRON, Flávio Quinaud. *Mutação constitucional na crise do positivismo jurídico.* Belo Horizonte: Arraes, 2012.

PEREA, Ashley C. Broad discretion: a choice in applying offensive non-mutual collateral estoppel. *Arizona State Law Journal,* v. 40, 2008.

PEREIRA, Jane Reis Gonçalves. *Interpretação constitucional e direitos fundamentais – Uma contribuição ao estudo das restrições aos direitos fundamentais na perspectiva da teoria dos princípios.* Rio de Janeiro: Renovar, 2006.

_____. A vinculação dos particulares aos direitos fundamentais no direito comparado e no Brasil. In: BARROSO, Luís Roberto (Org.). *A nova interpretação constitucional*: ponderação, direitos fundamentais e relações privadas. Rio de Janeiro: Renovar, 2003.

PEREIRA DA SILVA, Vasco. *Verde cor de direito*: lições de direito do ambiente. Coimbra: Almedina, 2002.

PÉREZ LUÑO, Antonio-Enrique. *Derechos humanos, estado de derecho y Constitución.* 5. ed. Madrid: Tecnos, 1995.

_____. _____. 9. ed. Madrid: Tecnos, 2005.

_____. Las generaciones de derechos humanos. *Revista del Centro de Estudios Constitucionales* 10/205, 1991.

_____. *La universalidad de los derechos humanos y el estado constitucional.* Bogotá: Universidad Externado de Colombia, 2002.

_____. *Los derechos fundamentales.* 6. ed. Madrid: Tecnos, 1995.

PEREGRINO, Marcelo Ramos. *O controle de convencionalidade da Lei da Ficha Limpa - direitos políticos e inelegibilidades.* 2. ed. Rio de Janeiro: Lumen Juris, 2021.

PERRY, Michael. The legitimacy of particular conceptions of constitutional interpretation. *Virginia Law Review,* v. 77.

PESSOA, João Paulo. *As disposições transitórias no direito constitucional brasileiro.* Rio de Janeiro, Lumen Juris, 2017.

PETTER, Lafayete Josué. *Princípios constitucionais da ordem econômica*: o significado e o alcance do art. 170 da Constituição Federal. São Paulo: Revista dos Tribunais, 2005.

PETTERLE, Selma Rodrigues. *O direito fundamental à identidade genética na Constituição brasileira.* Porto Alegre: Livraria do Advogado, 2007.

PEZZELLA, Maria Cristina Cereser. *A eficácia jurídica na defesa do consumidor.* Porto Alegre: Livraria do Advogado, 2004.

PFLUG, Samantha Meyer. *Liberdade de expressão e discurso do ódio.* São Paulo: Revista dos Tribunais, 2009.

PHILIPP, Mels. *Bundesverfassungsgericht und Conseil Constitutionnel: ein Vergleich der Verfassungsgerichtsbarkeit in Deutschland und Frankreich im Spannungsfeld zwischen der Euphorie für die Krönung des Rechtsstaates und der Furcht vor einem "gouvernement des juges".* München: Vahlen, 2003.

PICARDI, Nicola. "Audiatur et altera pars" – Le matrici storico-culturali del contraddittorio. *Rivista Trimestrale di Diritto e Procedura Civile,* Milano, Giuffrè, 2003.

_____. La vocazione del nostro tempo per la giurisdizione. *Rivista Trimestrale di Diritto e Procedura Civile*, Milano, Giuffrè, 2004.

_____. Processo civile: c) Diritto moderno. *Enciclopedia del diritto*. Milano: Giuffrè, 1987. v. 36.

_____; GIULIANI, Alessandro. *La responsabilità del giudice*. Milano: Giuffrè, 1995.

PIÇARRA, Nuno. *A separação dos poderes como doutrina e princípio constitucional. Um contributo para o estudo de suas origens e evolução*. Coimbra: Coimbra Editora, 1989.

PIEROTH, Bodo; SCHLINK, Bernhard. *Staatsrecht II – Grundrechte*. 20. ed. Heidelberg: C. F. Müller, 2004.

_____; _____. *Staatsrecht II – Grundrechte*. 26. ed. Heidelberg: C.F. Müller, 2010.

PINTO, Élida Graziane. *Financiamento de direitos fundamentais*. Belo Horizonte: O Lutador, 2010.

_____. *Financiamento dos direitos à saúde e à educação. Uma perspectiva constitucional*. Belo Horizonte: Fórum, 2015.

PINTO, Mônica. El principio *pro homine*: criterio hermenéutico y pautas para la regulamentación de los derechos humanos. *La aplicación de los tratados sobre derechos humanos por los tribunales locales*. Buenos Aires: Centro de Estudios Legales y Sociales, 1977.

PINTO E NETTO, Luísa Cristina. *Os direitos sociais como limites materiais à revisão constitucional*. Salvador: JusPodivm, 2009.

_____. *O princípio de proibição de retrocesso social*. Porto Alegre: Livraria do Advogado, 2010.

PIOVESAN, Flávia. Art. 4.º, II – prevalência dos direitos humanos. In: GOMES CANOTILHO, J. J.; MENDES, Gilmar F.; SARLET, Ingo W.; STRECK, Lenio L. (Coords.). *Comentários à Constituição do Brasil*. 2. ed. São Paulo: Saraiva Educação, 2018.

_____. *Direitos humanos e o direito constitucional internacional*. 18 ed. São Paulo: Saraiva Educação, 2018,

_____. _____. 7. ed. São Paulo: Saraiva, 2007.

_____. Força integradora e catalizadora do sistema interamericano de proteção dos direitos humanos: desafios para a pavimentação de um constitucionalismo regional. *Revista do Instituto dos Advogados de São Paulo*, v. 25.

_____. Proteção dos direitos econômicos, sociais e culturais e do direito à alimentação adequada: mecanismos nacionais e internacionais. In: _____; CONTI, Irio Luiz (Coord.). *Direito humano à alimentação adequada*. Rio de Janeiro: Lumen Juris, 2007.

_____. *Proteção judicial contra omissões legislativas*: ação direta de inconstitucionalidade por omissão e mandado de injunção. São Paulo: Revista dos Tribunais, 1995.

_____; CHADDAD, Maria Cecília Cury. Mandado de injunção: desafios e perspectivas. *O processo na Constituição*. São Paulo: Quartier Latin: 2008.

PISANI, Andrea Proto. Appunti sul giudicato civile e sui suoi limiti oggettivi. *Rivista di Diritto Processuale*, 1990.

_____. Giusto processo e valore della cognizione piena. *Rivista di Diritto Civile*, Padova, Cedam, 2002.

_____. *I Rapporti tra Diritto e Processo* (1978), *I Diritti e le Tutele*. Napoli: Jovene, 2008.

1406 ○ Referências

_____. *L'attuazione dei provvedimenti di condanna*. Roma: Foro Italiano, 1988.

_____. *Lezioni di diritto processuale civile*. Napoli: Jovene, 1994.

_____. _____. 4. ed. Napoli: Jovene, 2002.

_____. Sulla tutela giurisdizionale differenziata. *Rivista di Diritto Processuale*, Padova, Cedam, 1979.

PISARELLO, Gerardo. *Los derechos sociales y sus garantías – Elementos para una reconstrucción*. Madrid: Trotta, 2007.

_____. *Vivienda para todos: un derecho en (de)construcción. El derecho a una vivienda digna y adecuada como derecho exigible*. Barcelona: Icaria /Observatorio de Derechos Humanos (DESC), 2003.

PIVA, Otávio. *Comentários ao art. 5.º da Constituição Federal de 1988 e teoria dos direitos fundamentais*. 3. ed. São Paulo: Método, 2009.

PIVETTA, Saulo Lindorfer. *Direito fundamental à saúde*. Regime jurídico, políticas públicas e controle judicial. São Paulo: Revista dos Tribunais, 2014.

PODLECH, Adalbert. Anmerkungen zu Art. 1 Abs. I Grundgesetz. In: Wassermann, Rudolf (Org.). *Kommentar zum Grundgesetz für die Bundesrepublik Deutschland* (Alternativ Kommentar), 2. ed. Neuwied: Luchterhand, 1989, v. I.

POLITI, Fabrizio. I diritti sociali. In: NANIA, Roberto; RIDOLA, Paolo (Ed.). *I diritti costituzionali*. Torino: Giappichelli, [s.d.]. v. 3.

PONTES DE MIRANDA, Francisco Cavalcanti. *Comentários à Constituição de 1946*. Rio de Janeiro: Henrique Cahen Ed. (Livraria Boffoni), 1946. t. I.

_____. _____. Rio de Janeiro: Imprensa Nacional, 1947. v. I.

_____. *Comentários à Constituição de 1967*. São Paulo: Revista dos Tribunais, 1967. t. IV.

_____. *Comentários à Constituição de 1967, com a Emenda 1 de 1969*. 2. ed. São Paulo: Revista dos Tribunais, 1970. t. I.

_____. _____. 2. ed. São Paulo: Revista dos Tribunais, 1970. t. IV.

_____. _____. 2. ed. São Paulo: Revista dos Tribunais, 1971. t. V.

_____. *Comentários ao Código de Processo Civil*. 4. ed. Rio de Janeiro: Forense, 1997. t. III.

_____. *Democracia, liberdade, igualdade*: os três caminhos. São Paulo: José Olympio, 1945.

_____. *História e prática do* habeas corpus. 3. ed. Rio de Janeiro: José Konfino, 1955.

_____. *Tratado de direito privado*. 3. ed. Rio de Janeiro: Borsoi, 1970. t. I.

PORTANOVA, Rogério. Direitos humanos e meio ambiente: uma revolução de paradigma para o século XXI. In: BENJAMIN, Antônio Herman (Org.). *Anais do 6.º Congresso Internacional de Direito Ambiental* (10 anos da ECO-92: o Direito e o desenvolvimento sustentável). São Paulo: Instituto O Direito por um Planeta Verde, Imprensa Oficial, 2002, p. 681-694.

PORTO, Sérgio Gilberto; USTÁRROZ, Daniel. *Lições de direitos fundamentais no processo civil – O conteúdo processual da Constituição Federal*. Porto Alegre: Livraria do Advogado, 2009.

PORTO, Walter Costa. *A mentirosa urna*. São Paulo: Martins Fontes, 2004.

POSCHER, Ralf. Die Würde des Menschen ist Unantastbar. *JZ* 2004.

Puccinelli Júnior, André. *A omissão legislativa inconstitucional e a responsabilidade do Estado legislador.* São Paulo: Saraiva, 2007.

Pulido, Carlos Bernal. *El principio de proporcionalidad y los derechos fundamentales.* Madrid: Centro de Estudios Constitucionales, 2003.

Pureza, José Manuel. *Tribunais, natureza e sociedade*: o direito do ambiente em Portugal. Lisboa: Cadernos do Centro de Estudos Judiciários, 1996.

Queiroz, Cristina. *Direitos fundamentais sociais*: funções, âmbito, conteúdo, questões interpretativas e problemas de justiciabilidade. Coimbra: Coimbra Ed., 2006.

Queiroz, Luís César Souza de. Mandado de injunção e inconstitucionalidade por omissão. *Revista de Direito Constitucional e Internacional* 23/197, São Paulo, abr. 1998.

Queiroz, Maria do Socorro Azevedo de. *Judicialização dos direitos sociais prestacionais:* a efetividade pela interdependência dos direitos fundamentais na Constituição. Curitiba: Juruá, 2011.

Quintiere, Victor Minervine. *Intimidade vs. liberdade de expressão*: os critérios axiológicos na jurisdição constitucional brasileira. Belo Horizonte: D'Plácido, 2016.

Ragone, Alvaro Pérez. El nuevo proceso civil alemán: principios y modificaciones al sistema recursivo. *Revista de Direito Processual Civil*, v. 32.

_____; Pradillo, Juan Carlos Ortiz. *Código Procesal Civil alemán (ZPO) I.* Montevideo: Fundación Konrad Adenauer, 2006.

Ramos, André de Carvalho. O Supremo Tribunal Federal e o direito internacional dos direitos humanos. In: Sarmento, Daniel; Sarlet, Ingo Wolfgang (Coord.). *Direitos fundamentais no Supremo Tribunal Federal*: balanço e crítica. Rio de Janeiro: Lumen Juris, 2011.

_____. *Teoria geral dos direitos humanos na ordem internacional.* Rio de Janeiro: Renovar, 2005.

Ramos, Elival da Silva. *Controle de constitucionalidade no Brasil*: perspectivas de evolução. São Paulo: Saraiva, 2010.

Ramos, Paulo Roberto Barbosa. A velhice no século XXI. Considerações preliminares sobre os desafios dos velhos no século XXI para o reconhecimento de sua dignidade e garantia de seus direitos fundamentais. In: Novelino, Marcelo (Org.). *Leituras complementares de direito constitucional. Direitos humanos & direitos fundamentais.* 4. ed. Salvador: JusPodivm, 2010.

Ramos, Saulo. Ação direta de inconstitucionalidade. *Revista Tributária e de Finanças Públicas* 11/22, São Paulo, abr.-jun. 1995.

Ranieri, N. *Autonomia universitária*: as universidades públicas e a Constituição Federal de 1988. São Paulo: EDUSP, 1994.

Rapisarda, Cristina. Inibitoria. *Digesto delle discipline privatistiche*, v. 9.

_____. *Profili della tutela civile inibitoria.* Padova: Cedam, 1987.

_____; Taruffo, Michele. Inibitoria. *Enciclopedia giuridica Treccani*, v. 17.

Raselli, Alessandro. *Studi sul potere discrezionale del giudice civile.* Milano: Giuffrè, 1975.

RAWLS, John. *O liberalismo político.* 2. ed. São Paulo: Ática, 2000.

_____. *Political liberalism.* New York: Columbia University Press, 1993.

RAZ, Joseph. *The authority of law – Essays on law and morality.* Oxford: Clarendon Press, 1991.

_____. *Razão prática e normas.* Trad. José Garcez Ghinardi. Rio de Janeiro: Elsevier, 2010.

RÊGO, Bruno Noura de Moraes. *Ação rescisória e a retroatividade das decisões de controle de constitucionalidade das leis no Brasil.* Porto Alegre: SAFe, 2001.

REICHELT, Luís Alberto. *A prova no direito processual civil.* Porto Alegre: Livraria do Advogado, 2009.

REIS, José Carlos Vasconcellos dos. *As normas constitucionais programáticas e o controle do Estado.* Rio de Janeiro: Renovar, 2003.

RELATÓRIO NOSSO FUTURO COMUM (Comissão Mundial sobre Meio Ambiente e Desenvolvimento). 2. ed. São Paulo: Editora da Fundação Getulio Vargas, 1991.

REZEK, José Francisco. *Direito dos tratados.* Rio de Janeiro: Forense, 1984.

_____. *Direito internacional público – Curso elementar.* 8. ed. São Paulo: Saraiva, 2000.

RIBA TREPAT, Cristina. *La eficacia temporal del proceso – El juicio sin dilaciones indebidas.* Barcelona: Bosch, 1997.

RIBEIRO, Darci. *Provas atípicas.* Porto Alegre: Livraria do Advogado, 1998.

RIBEIRO, Diógenes V. Hassan. *A revisão do princípio da separação dos Poderes.* Por uma teoria da comunicação. Rio de Janeiro: Lumen Juris, 2016.

RIBEIRO, Lauro Luiz Gomes. *Direito educacional. Educação básica e federalismo.* São Paulo: Quartier Latin, 2009.

RIBOLI, Cesar. *O direito fundamental à saúde e os limites materiais do Estado.* Frederico Westphalen: URI, 2013.

RICHARDSON, Eli J. Taking issue with preclusion: reinventing Collateral Estoppel. *Mississipi Law Journal,* v. 65, 1995.

RIDDER, Helmut. Anmerkungen zu Art. 79 GG. In: WASSERMANN (Org.). *Kommentar zum Grundgesetz für Bundesrepublick Deutschland (Alternativkommentar).* 2. ed. Neuwied: Luchterhand, 1989. v. 2.

RIDOLA, Paolo. Preistoria, origini e vicende del costituzionalismo. In: CARROZZA, Paolo; GIOVINE; Alfonso Di; FERRARI, Giuseppe F. (Org.). *Diritto costituzionale comparato.* Roma-Bari: Laterza, 2009.

RIEDEL, Eibe. Menschenrechte der dritten Dimension. In: *EUGRZ – Europäische Grundrechte Zeitschrift,* 1989.

RIOS, Roger Raupp. O princípio da igualdade na jurisprudência do STF. In: SARMENTO, Daniel; SARLET, Ingo Wolfgang (Org.). *Direitos fundamentais no Supremo Tribunal Federal*: balanço e crítica. Rio de Janeiro: Lumen Juris, 2011.

RITT, Caroline F.; RITT, Eduardo. *O Estatuto do Idoso*: aspectos sociais, criminológicos e penais. Porto Alegre: Livraria do Advogado, 2008.

RIVERO, Jean; MOUTOUH, Hughes. *Liberdades públicas.* Trad. Maria Ermantina de Almeida Prado Galvão. São Paulo: Martins Fontes, 2006.

RIXEN, Stephan. Art. 9 – Vereinigungsfreiheit. In: STERN, Klaus; BECKER, Florian. *Grundrechte Kommentar.* Köln: Carl Heymanns, 2010.

ROCHA, Carmen Lúcia Antunes. Constituição e mudança constitucional: limites ao exercício do poder de reforma constitucional. *Revista de Informação Legislativa* 120/168 e ss., 1993.

_____. Reforma total da Constituição: remédio ou suicídio constitucional? In: SAMPAIO, José Adércio Leite (Coord.). *Crise e desafios da Constituição.* Belo Horizonte: Del Rey, 2003.

_____. *República e Federação no Brasil. Traços constitucionais da organização política brasileira.* Belo Horizonte: Del Rey, 1997.

_____. Revisão constitucional e plebiscito. *OAB Estudos Constitucionais – Simpósio sobre Revisão e Plebiscito.* Brasília, 1992.

ROCHA, Daniel Machado da. *O direito fundamental à previdência social.* Porto Alegre: Livraria do Advogado, 2004.

ROCHA, Márcio Oliveira. *Ativismo judicial e direito à saúde.* Rio de Janeiro: Lumen Juris, 2013.

RODRIGUES, Clóvis Fedrizzi. Mandado de injunção: de autêntico remédio constitucional à condição de "sino sem badalo". *RePro* 131/117, jan. 2006.

RODRIGUES, Eder Bomfim. *Estado laico e símbolos religiosos no Brasil. As relações entre estado e religião no constitucionalismo contemporâneo.* Curitiba: Juruá, 2014.

RODRIGUES, Ricardo Schneider. *Os Tribunais de Contas e o mínimo existencial em educação. Fundamentos para uma atuação forte.* Belo Horizonte: Fórum, 2021.

RODRIGUEZ, Daniel Piñeiro. *O direito fundamental à proteção de dados. Vigilância, privacidade e regulação.* Rio de Janeiro: Lumen Juris, 2021.

ROGERS, John M. Lower court application of the "overruling law" of higher courts. *Legal Theory,* 1995.

ROMITA, Arion Sayão. *Direitos fundamentais nas relações de trabalho.* São Paulo: LTr, 2005.

ROSENBERG, Leo; GOTTWALD, Peter; SCHWAB, Karl Heinz. *Zivilprozessrecht.* 15. ed. München: C. H. Beck, 1993.

_____. _____. 17. ed. München: C. H. Beck, 2010.

ROSENFELD, Michel. *A identidade do sujeito constitucional.* Trad. Menelick de Carvalho Neto. Belo Horizonte: Mandamentos, 2003.

_____. Hacia una reconstrución de la igualdade constitucional. In: CARBONELL, Miguel (Org.). *El principio constitucional de igualdad – Lecturas de introducción.* Mexico: Comisión Nacional de los Derechos Humanos, 2003.

ROSENFIELD, Luís. *Revolução conservadora. Genealogia do constitucionalismo autoritário brasileiro (1930-1945).* Porto Alegre: ediPUCRS, 2021.

ROSENKRANZ, Nicholas Quinn. The subjects of the Constitution. *Stanford Law Review,* v. 62, maio 2010.

ROTHENBURG, Walter Claudius. *Direito constitucional.* São Paulo: Verbatim, 2010.

_____. *Direitos fundamentais.* São Paulo: Método, 2014.

_____. *Direitos sociais são direitos fundamentais. Simples assim.* Rio de Janeiro: JusPodivm, 2021.

_____. Princípio da proporcionalidade. In: OLIVEIRA NETO, Olavo de; LOPES, Maria Elizabeth de Castro (Org.). *Princípios processuais civis na Constituição.* São Paulo: Elsevier, 2008.

ROTUNDA, Ronald. *Modern constitutional law – Cases and notes.* 6. ed. St. Paul: West Group, 2000.

ROUSSEAU, Dominique. *La question prioritaire de constitutionnalité.* Lextenso editions, Gazette du Palais, 2010.

ROUSSILLON, Henry. *Le conseil constitutionnel.* 6. ed. Paris: Dalloz, 2008.

ROYO, Javier Pérez. *Curso de derecho constitucional.* 12. ed. Madrid/Barcelona/Buenos Aires: Marcial Pons, 2010.

RUARO, Regina Linden (Coord.). *Acesso à informação como direito fundamental e dever estatal.* Porto Alegre: Livraria do Advogado, 2016.

_____; RODRIGUEZ, Daniel Piñeiro. O direito à proteção de dados pessoais na sociedade de informação. *Direito, Estado Sociedade,* n. 36, jan./jun. 2010.

RUBIN, Fernando. *A preclusão na dinâmica do processo civil.* Porto Alegre: Livraria do Advogado, 2010.

RUGGERI, Antonio; SPADARO, Antonino. *Lineamenti di Giustizia Costituzionale* (1998). 6. ed. Torino: Giappichelli, 2019.

RUOTOLO, Marco. Le liberta di riunione e di associazione. In: NANIA, Roberto; RIDOLA, Paolo (Org.). *I diritti costituzionali.* Torino: Giappichelli, 2006. v. 2.

RUSCHEL, Ruy Ruben. *Direito constitucional em tempos de crise.* Porto Alegre: Sagra Luzzatto, 1997.

RUSSOMANO, Rosah. Das normas constitucionais programáticas. In: BONAVIDES, Paulo et al. *As tendências atuais do direito público.* Rio de Janeiro: Forense, 1976.

SÁ, Djanira Maria Radamés de. *Duplo grau de jurisdição:* conteúdo e alcance constitucional. São Paulo: Saraiva, 1999.

SACHS, Michael. Der Schutz der physischen Existenz. In: STERN, Klaus. *Das Staatsrecht der Bundesrepublik Deutschland.* München: C. H. Beck, 2006. v. 4/1.

_____. *Grundgesetz Kommentar.* München: C. H. Beck, 1996.

_____. *Verfassungsprozessrecht.* 2. ed. Frankfurt am Main: Recht und Wirtschaft, 2007.

SAES, Wandimara Pereira dos Santos. A extensão e o conteúdo de preceito fundamental na arguição de descumprimento. *Revista de Direito Constitucional e Internacional* 59/294, São Paulo, abr. 2007.

SAGUÉS, Néstor Pedro. El "control de convencionalidad" como instrumento para la elaboración de un ius commune interamericano. In: BOGDANDY, Armin Von; MAC-GREGOR, Eduardo Ferrer; ANTONIAZZI, Mariela Morales (Coord.). *La justicia constitucional y su internacionalización ¿Hacia un ius contitutionale commune en América Latina?* México: Instituto de Investigaciones Jurídicas de la Unam, 2010. t. II.

_____. El control de convencionalidad, en particular sobre las constituciones nacionales. *La Ley,* ano LXXIII, n. 35.

SALES, Gabrielle Bezerra. *Teoria da norma constitucional.* Barueri: Manole, 2004.

SAMORÌ, Gianpiero. La tutela cautelare dichiarativa. *Rivista Trimestrale di Diritto e Procedura Civile,* 1995.

SAMPAIO, José Adércio Leite. *A Constituição reinventada pela jurisdição constitucional*. 2. ed. Belo Horizonte: Del Rey, 2002.

_____. A suprema inviolabilidade: a intimidade informática e o sigilo bancário. In: SARMENTO, Daniel; SARLET, Ingo Wolfgang (Coord.). *Direitos fundamentais no Supremo Tribunal Federal*: balanço e crítica. Rio de Janeiro: Lumen Juris, 2011.

_____. *Direitos fundamentais*: retórica e historicidade. Belo Horizonte: Del Rey, 2004.

_____. *Teoria da Constituição e dos direitos fundamentais*. Belo Horizonte: Del Rey, 2013.

SAMPAIO, Marcos. *O conteúdo essencial dos direitos sociais*. São Paulo: Saraiva, 2013.

SAMPAIO, Nelson de Souza. *O poder de reforma constitucional*. Bahia: Livraria Progresso, 1954.

SANJUÁN, Teresa Freixes. *Constitución y derechos fundamentales*. Barcelona: PPU, 1992.

SANNA, Cecilia. *La durata ragionevole dei processi nel dialogo tra giudici italiani ed europei*. Milano: Giuffrè, 2008.

SANSEVERINO, Paulo de Tarso Vieira. *Princípio da reparação integral*. São Paulo: Saraiva, 2010.

SANTIAGO, José María Rodríguez de. *La ponderación de bienes e intereses en el derecho administrativo*. Madrid: Marcial Pons, 2000.

SANTOS, Ana Luiza Liz dos. *Direito à desindexação*. Uma análise à luz da efetivação dos direitos fundamentais de personalidade. São Paulo: Editora Dialética, 2023.

SANTOS, Igor Raatz dos. A organização do processo civil pela ótica da Teoria do Estado: a construção de um modelo de organização do processo para o Estado democrático de direito e o seu reflexo no projeto do CPC. *Revista Brasileira de Direito Processual*, n. 175, Belo Horizonte, Fórum, 2011.

_____. Processo, igualdade e colaboração: os deveres de esclarecimento, prevenção, consulta e auxílio como meio de redução das desigualdades no processo civil. *RePro*, n. 192, São Paulo, Revista dos Tribunais, 2011.

SANTOS JUNIOR, Aloisio Cristovam dos. *A liberdade de organização religiosa e o Estado laico brasileiro*. São Paulo: Mackenzie, 2007.

_____. *Liberdade religiosa e contrato de trabalho*. Niterói: Impetus, 2013.

SANTOS JÚNIOR, Rubens Fernando Clamer dos. *A eficácia dos direitos fundamentais dos trabalhadores*. São Paulo: LTr, 2010.

SARLET, Gabrielle Bezerra Sales; MOLINARO, Carlos Alberto. Questões tecnológicas, éticas e normativas da proteção de dados pessoais na área da saúde em um contexto de Big Data. *Direitos Fundamentais & Justiça*, Belo Horizonte, v. 13, n. 41, p. 183-212, jul./dez. 2019.

SARLET, Ingo Wolfgang. A eficácia dos direitos fundamentais: uma teoria geral dos direitos fundamentais na perspectiva constitucional. 10 ed. Porto Alegre: Livraria do Advogado, 2009.

_____. *A eficácia dos direitos fundamentais: uma teoria geral dos direitos fundamentais na perspectiva constitucional*. 13. ed. Porto Alegre: Livraria do Advogado, 2018.

_____. A influência dos direitos fundamentais no direito privado: o caso brasileiro. In: _____; MONTEIRO, Antonio Pinto; NEUNER, Jörg (Org.). *Direitos fundamentais e direito privado – Uma perspectiva de direito comparado*. Coimbra: Almedina, 2007.

_____. A titularidade simultaneamente individual e coletiva dos direitos sociais analisada à luz do exemplo do direito à proteção e promoção da saúde. *Direitos Fundamentais & Justiça*, ano 4, n. 10, p. 205-229, jan.-mar. 2010.

_____. Algumas considerações em torno do conteúdo, eficácia e efetividade do direito à saúde na Constituição de 1988. *Revista IP* 12, 2001.

_____. Constituição, proporcionalidade e direitos fundamentais. O direito penal entre a proibição de excesso e de insuficiência. *Boletim da Faculdade de Direito da Universidade de Coimbra* 81/325-386, 2005.

_____. *Die Problematik der sozialen Grundrechte in der brasilianischen Verfassung und im deutschen Grundgesetz.* Frankfurt am Main: Peter Lang, 1997.

_____. *Dignidade da pessoa humana e direitos fundamentais na Constituição Federal de 1988.* 10. ed. Porto Alegre: Livraria do Advogado, 2015.

_____. Direitos fundamentais e direito privado: algumas considerações em torno da vinculação dos particulares aos direitos fundamentais. In: _____ (Org.). *A Constituição concretizada – Construindo pontes para o público e o privado.* Porto Alegre: Livraria do Advogado, 2000.

_____. _____. 9. ed. Porto Alegre: Livraria do Advogado, 2011.

_____. Direitos fundamentais e direito privado: algumas considerações em torno da vinculação dos particulares aos direitos fundamentais. *Revista de Direito do Consumidor* 36/54-104, São Paulo, out.-dez. 2000.

_____. Direitos fundamentais sociais, mínimo existencial e direito privado. *Revista de Direito do Consumidor* 61/90-125, São Paulo, 2007.

_____. Direitos fundamentais sociais, mínimo existencial e direito privado: breves notas sobre alguns aspectos da possível eficácia dos direitos sociais nas relações entre particulares. In: SARMENTO, Daniel; GALDINO, Flávio (Org.). *Direitos fundamentais*: Estudos em homenagem ao Professor Ricardo Lobo Torres. Rio de Janeiro: Renovar, 2006.

_____. *Eficácia dos direitos fundamentais.* Porto Alegre: Livraria do Advogado, 1998.

_____ (Org.). *Estado socioambiental e direitos fundamentais.* Porto Alegre: Livraria do Advogado, 2010.

_____. Notas sobre a dignidade da pessoa humana na jurisprudência do Supremo Tribunal Federal. In: _____; SARMENTO, Daniel (Coord.). *Direitos fundamentais no Supremo Tribunal Federal*: balanço e crítica. Rio de Janeiro: Lumen Juris, 2011.

_____. O direito fundamental à moradia na Constituição: algumas anotações a respeito de seu contexto, conteúdo e possível eficácia. *Revista de Direito e Democracia*, v. 4, n. 2, p. 327-383, Canoas, 2003.

_____. Os direitos dos trabalhadores como direitos fundamentais na Constituição Federal Brasileira de 1988. In: SARLET, Ingo Wolfgang; MELLO FILHO, Luiz Philippe Vieira de; FRAZÃO, Anda de Oliveira (Coords.). *Diálogos entre o direito do trabalho e o direito constitucional. Estudos em homenagem à Rosa Maria Weber.* São Paulo: Saraiva, 2014, p. 15-74.

_____. Proteção de dados como direito fundamental na Constituição Federal Brasileira de 1988. *Direitos Fundamentais & Justiça.* Belo Horizonte, ano 14, n. 42, p. 175-214, jan./jun. 2020.

_____. Proteção de dados pessoais como direito fundamental na Constituição Federal Brasileira de 1988: contributo para a construção de uma dogmática constitucionalmente adequada. *Direitos Fundamentais & Justiça*, Belo Horizonte, v. 14, n. 42, p. 179-218, jan./jun. 2020.

_____. Supremo Tribunal Federal, o direito à moradia e a discussão em torno da penhora do imóvel do fiador. *Revista da Ajuris* 107/123-144, set. 2007.

_____; FENSTERSEIFER, Tiago. *Direito constitucional ecológico: Constituição, direitos fundamentais e proteção da natureza*. 6 ed. São Paulo, Revista dos Tribunais, 2019.

_____; _____. *Direito constitucional ecológico*. 7. ed. São Paulo: RT, 2021.

_____; _____. *Princípios do direito ambiental*. 2. ed. São Paulo: Saraiva, 2017.

_____; FENSTERSEIFER, Tiago. *Direito Constitucional Ecológico. Constituição, Direitos Fundamentais e Proteção da Natureza*. 7. ed. São Paulo: RT, 2021.

_____; FIGUEIREDO, M. F. Algumas considerações sobre o direito fundamental à proteção e promoção da saúde aos 20 anos da Constituição Federal de 1988. *Revista de Direito do Consumidor* 67/125 e ss., 2008.

_____; _____. Reserva do possível, mínimo existencial e direito à saúde: algumas aproximações. *Direitos Fundamentais & Justiça – Revista do Programa de Pós-Graduação, Mestrado e Doutorado em Direito da PUC-RS*, ano 1, n. 1, p. 201 e ss., out.-dez. 2007.

_____; GODOY, Arnaldo Sampaio de Moraes. *História constitucional da Alemanha. Da Constituição da Igreja de São Paulo à Lei Fundamental*. Porto Alegre: Editora Fundação Fênix, 2021.

_____; LEITE, George Salomão (Coord.). *Direitos fundamentais e biotecnologia*. São Paulo: Método, 2008.

_____; MOLINARO, Carlos Alberto. *Democracia – Separação de poderes – Eficácia e efetividade do direito à saúde no Judiciário brasileiro – Observatório do direito à saúde*. Belo Horizonte: Faculdade de Filosofia e Ciências Humanas, 2011.

_____; _____. O direito à informação na ordem constitucional brasileira: breves apontamentos. In: SARLET, Ingo Wolfgang; MONTILLA MARTOS, José Antonio (Coord.). *Acesso à informação como direito fundamental e dever estatal*. Porto Alegre: Livraria do Advogado, 2016.

_____; _____; MEDEIROS, Fernanda Luiza Fontoura de; FENSTERSEIFER, Tiago (Org.). *Dignidade da vida e os direitos fundamentais para além dos humanos – Uma discussão necessária*. Belo Horizonte: Fórum, 2008.

_____; PETTERLE, Selma R. A prisão civil do depositário infiel no ordenamento jurídico-constitucional brasileiro: evolução e perspectivas em face da recente orientação do STF. *Revista da Ajuris* 116/173-198, 2009.

_____; SARLET, Gabrielle Bezerra Sales. *Separação Informacional de Poderes no Direito Constitucional Brasileiro*. São Paulo: Associação Data Privacy Brasil de Pesquisa, 2022.

_____; TIMM, Luciano Benetti (Org.). *Direitos fundamentais, orçamento e "reserva do possível"*. 2. ed. Porto Alegre: Livraria do Advogado, 2010.

_____; VALE, André Rufino do. Direito geral de liberdade. In: _____; CANOTILHO, J. J. Gomes; MENDES, Gilmar F.; STRECK, Lenio L. *Comentários à Constituição do Brasil. 2. ed. São Paulo: Saraiva Educação, 2018.

_____; WEINGARTNER, Jayme. *Constituição e direito penal.* Porto Alegre: Livraria do Advogado, 2016.

SARMENTO, Daniel. A liberdade de expressão e o problema do "hate speech". In: _____. *Livres e iguais – Estudos de direito constitucional.* Rio de Janeiro: Lumen Juris, 2006.

_____. A Assembleia Constituinte de 1987/88 e a experiência constitucional brasileira sob a Carta de 88. In: SARLET, Ingo W.; LEITE, George Salomão; TAVARES, André (Org.). *Estado constitucional e organização do poder.* São Paulo: Saraiva, 2010.

_____. *A ponderação de interesses na Constituição Federal.* Rio de Janeiro: Lumen Juris, 2003.

_____. A proteção judicial dos direitos sociais: alguns parâmetros ético-jurídicos. In: _____; SOUZA NETO, Cláudio Pereira (Coord.). *Direitos sociais*: fundamentos, judicialização e direitos sociais em espécie. Rio de Janeiro: Lumen Juris, 2008.

_____. A vinculação dos particulares aos direitos fundamentais: o debate teórico e a jurisprudência do STF. In: _____; SARLET, Ingo Wolfgang (Coord.). *Direitos fundamentais no Supremo Tribunal Federal*: balanço e crítica. Rio de Janeiro: Lumen Juris, 2011.

_____. Comentário aos artigos 5.º, incisos IV, V e IX. In: CANOTILHO, J. J.Gomes; MENDES, Gilmar Ferreira; SARLET, Ingo Wolfgang; STRECK, Lenio Luiz (Coords.). *Comentários à Constituição do Brasil.* 2. ED. São Paulo: Saraiva Educação, 2018.

_____. *Dignidade da pessoa humana. Conteúdo, trajetórias e metodologia.* 2. ed. Belo Horizonte: Forum, 2016.

_____. Direito adquirido, emenda constitucional, democracia e a reforma previdenciária. In: TAVARES, Marcelo Leonardo (Coord.). *A reforma da previdência social.* Rio de Janeiro: Lumen Juris, 2004.

_____. *Direitos fundamentais e relações privadas.* Rio de Janeiro: Lumen Juris, 2003.

_____. _____. Rio de Janeiro: Lumen Juris, 2006.

_____ (Org.). *Interesses públicos* versus *interesses privados*: desconstruindo o princípio de supremacia do interesse público. Rio de Janeiro: Lumen Juris, 2005.

_____. Legalização do aborto e Constituição. In: _____; PIOVESAN, Flávia (Coord.). *Nos limites da vida*: aborto, clonagem humana e eutanásia sob a perspectiva dos direitos humanos. Rio de Janeiro: Lumen Juris, 2007.

_____. *Livres e iguais – Estudos de direito constitucional.* Rio de Janeiro: Lumen Juris, [s.d.].

_____. Os direitos fundamentais nos paradigmas liberal, social e pós-social (pós-modernidade constitucional?). In: SAMPAIO, José Adércio Leite (Coord.). *Crise e desafios da Constituição*: perspectivas críticas da teoria e das práticas constitucionais brasileiras. Belo Horizonte: Del Rey, 2003, p. 375-414.

_____. *Por um constitucionalismo inclusivo – História constitucional brasileira, teoria da Constituição e direitos fundamentais.* Rio de Janeiro: Lumen Juris, 2010.

_____; IKAWA, Daniela; PIOVESAN, Flávia (Coord.). *Igualdade, diferença e direitos humanos.* Rio de Janeiro: Lumen Juris, 2008.

SARTORI, Giovanni. *Partidos e sistemas partidários.* Brasília-DF: Editora da UnB, 1996.

SATTA, Salvatore. *Commentario al Codice di Procedura Civile.* Padova: Cedam, 1968. v. 4.

_____. *Diritto processsuale civile.* 9. ed. Padova: Cedam, 1981.

REFERÊNCIAS ○ 1415

SAVIGNY, Karl Friedrich von. *Vom Beruf unser Zeit für Gesetzgehung und Rechtswissenschaft*. Heidelberg: Mohr und Zimmer, 1814.

SBROGIO'GALIA, Susana. *Mutações constitucionais e direitos fundamentais*. Porto Alegre: Livraria do Advogado, 2007.

SCAFF, Fernando Facury. Reserva do possível, mínimo existencial e direitos humanos. *Revista Interesse Público* 32/213 e ss., 2005.

_____. *Orçamento republicano e liberdade igual. Ensaio sobre o direito financeiro, República e direitos fundamentais no Brasil*. Belo Horizonte: Fórum, 2018.

SCHÄFER, Jairo Gilberto. *Classificação dos direitos fundamentais*: do sistema geracional ao sistema unitário – Uma proposta de compreensão. Porto Alegre: Livraria do Advogado, 2005.

_____. *Direitos fundamentais*: proteção e restrições. Porto Alegre: Livraria do Advogado, 2001.

_____. O problema da fiscalização da constitucionalidade dos atos políticos em geral. *Revista Interesse Público*, n. 35, 2006.

SCHALK, Sebastian. *Deutsche Präjudizien und spanische "Jurisprudencia" des Zivilrechts: eine vergleichende Gegenüberstellung*. Frankfurt am Main/Berlin/Bern/Wien [u.a.]: Lang, 2009.

SCHAUER, Frederick. *Las reglas en juego*: un examen filosófico de la toma de decisiones basada en reglas en el derecho y en la vida cotidiana. Trad. Claudina Orunesu e Jorge L. Rodríguez. Barcelona: Marcial Pons, 2004.

_____. Precedent. *Stanford Law Review*, v. 39, n. 3, fev. 1987.

SCHIER, Adriana da Costa Ricardo. *Serviço público. Garantia fundamental e cláusula de proibição de retrocesso social*. Curitiba: Íthala, 2016.

SCHIER, Paulo Ricardo. *Filtragem constitucional – Construindo uma nova dogmática jurídica*. Porto Alegre: Fabris, 1999.

SCHLAICH, Klaus. *Das Bundesverfassungsgericht: Stellung, Verfahren, Entscheidungen – Ein Studienbuch*. München: Beck, 2004.

SCHMIDT, Walter. Soziale Grundrechte im Verfassungsrecht der Bundesrepublik Deutschland. *Der Staat, Beiheft* 5/9 e ss., 1981.

SCHMIDT-ASSMANN, Eberhard. Der Rechtsstaat. In: Josef Isensee e Paul Kirchhof (Ed.). *Handbuch des Staatsrechts der Bundesrepublik Deutschland*, v. II, 3. ed. Heidelberg: C.F. Müller, 2004.

SCHMIDT-BLEIBTREU, Bruno; KLEIN, Franz. *Kommentar zum Grundgesetz*. 8. ed. Neuwied/Kriftel/Berlin, 1995.

SCHMITT, Carl. *Verfassungslehre*. 9. ed. Berlin: Duncker & Humblot, 2003.

SCHNEIDER, Hans-Peter. Peculiaridad y función de los derechos fundamentales en el estado constitucional democratico. *Revista de Estudios Políticos* 7/10, 1979.

SCHOELLER, Heinrich. O princípio da proporcionalidade no direito constitucional e administrativo da Alemanha. Trad. Ingo W. Sarlet. *Interesse Público*, v. 1, n. 2, 1999.

_____. *Die Interpretation des Gleichheitssatzes als Willkürverbot oder als Gebot der Chancengleichheit*. Berlin: Duncker & Humblot, 1969.

1416 ○ Referências

Scholz, R. Art. 12, I GG. In: Maunz/Dürig/Herzog/Scholz. *Grundgesetz Kommentar*. München: C. H. Beck, 1994. v. 3.

Schreiber, Anderson. *Direitos da personalidade*. São Paulo: Atlas, 2011.

____; Moraes, Bruno Terra de; Teffé, Chiara Spadaccini de (Coord.). *Direito e mídia. Tecnologia e liberdade de expressão*. São Paulo: Editora Foco, 2020.

Schulze-Fielitz, Helmuth. Art. 2, II – Recht auf Leben und körperliche Unversehrtheit, Freiheit der Person. In: Dreier, Horst (Ed.). *Grundgesetz Kommentar*. Tübingen: Mohr Siebeck, 1996. v. 1.

Schwab, Karl Heinz; Gottwald, Peter; Rosenberg, Leo. *Zivilprozessrecht*. 17. ed. München: C. H. Beck, 2010.

____; ____. *Verfassung und Zivilprozeß*. Bielefeld: Gieseking, 1984.

Schwartz, Germano. *A saúde sob os cuidados do direito*. Passo Fundo: UPF, 2003.

____. *As constituições estão mortas? Momentos constituintes e comunicações constitucionalizantes dos novos movimentos sociais do século XXI*. Rio de Janeiro: Lumen Juris, 2018.

____. *Direito à saúde: efetivação em uma perspectiva sistêmica*. In: ____ (Org.). *A saúde sob os cuidados do direito*. Porto Alegre: Livraria do Advogado, 2001.

____. *O tratamento jurídico do risco no direito à saúde*. Porto Alegre: Livraria do Advogado, 2004.

Scofield, Robert G. Goodhart's concession: defending ratio decidendi from logical positivism and legal realism in the first half of the twentieth century. *King's College Law Journal*, v. 16, 2005.

____. The distinction between judicial *dicta* and *obiter dicta*. *Los Angeles Lawyer*, v. 25, out. 2002.

Scott, Austin Wakeman. Collateral Estoppel by judgment. *Harvard Law Review*, v. 56, 1942.

Sebastian, Schalk. *Deutsche Präjudizien und spanische "Jurisprudencia" des Zivilrechts: eine vergleichende Gegenüberstellung*. Frankfurt am Main/Berlin/Bern/Wien: Lang, 2009.

Segal, Jeffrey A.; Spaeth, Harold J.; Benesh, Sarah C. *The Supreme Court in American legal system*. New York: Cambridge University Press, 2005.

Segal, Joshua M. D. Rebalancing fairness and efficiency: the offensive use of collateral estoppel in § 1983 actions. *Boston University Law Review*, v. 89, 2009.

Sendler, Horst. Teilhaberechte in der Rechtsprechung des Bundesverwaltungsgerichts. *DÖV*, 1978.

Senna, Gustavo; Bedê Júnior, Américo. *Princípios do processo penal – Entre o garantismo e a efetividade da sanção*. São Paulo: Revista dos Tribunais, 2009.

Serau Junior, Marco Aurélio. *Seguridade social como direito fundamental material*. Curitiba: Juruá, 2009.

Serra, Antonio Truyol y. *Los derechos fundamentales*. Madrid: Tecnos, 1968.

Severo, Sérgio. *Os danos extrapatrimoniais*. São Paulo: Saraiva, 1996.

REFERÊNCIAS   o   1417

SEVERO, Valdete Souto. *O dever de motivação da despedida na ordem jurídico-constitucional brasileira*. Porto Alegre: Livraria do Advogado, 2011.

SGARBOSSA, Luis Fernando. *Direitos e garantias fundamentais estravagantes*. Porto Alegre: Fabris, 2008.

SHANNON, Bradley Scott. The retroactive and prospective application of judicial decisions. *Harvard Journal of Law and Public Policy*, v. 29, n. 115, 2004.

SICA, Heitor. *O direito de defesa no processo civil brasileiro – Um estudo sobre a posição do réu*. São Paulo: Atlas, 2011.

_____. *Preclusão processual civil*. 2. ed. São Paulo: Atlas, 2008.

SICCA, Gerson dos Santos. A interpretação conforme a Constituição – *Verfassungskonforme Auslegung* – no direito brasileiro. *Revista de Informação Legislativa*, n. 143, p. 19-33, 1999.

SIEYÈS, Emmanuel Joseph. *A constituinte burguesa. Qu'est-ce que le tiers état?* Organização e introdução Aurélio Wander Bastos; Prefácio José Ribas Vieira. 4. ed. Rio de Janeiro: Lumen Juris, 2001.

SILVA, Carlos Augusto. *O processo civil como estratégia de poder*. Rio de Janeiro: Renovar, 2004.

SILVA, Carlos Báez. La omisión legislativa y su inconstitucionalidad en México. *Boletín Mexicano de Derecho Comparado*, n. 105, 2002.

SILVA, Clarissa Sampaio. *Direitos fundamentais e relações especiais de sujeição. O caso dos agentes públicos*. Belo Horizonte: Forum, 2009.

SILVA, Gustavo Just da Costa e. *Os limites da reforma constitucional*. Rio de Janeiro: Renovar, 2000.

SILVA, João Calvão da. *Estudos de direito civil e processo civil*. Coimbra: Almedina, 1999.

SILVA, Jorge Cesa Ferreira da. *Adimplemento e extinção das obrigações*. São Paulo: Revista dos Tribunais, 2007.

SILVA, Jorge Pereira da. *Dever de legislar e protecção jurisdicional contra omissões legislativas – Contributo para uma teoria da inconstitucionalidade por omissão*. Lisboa: Universidade Católica, 2003.

_____. *Deveres do Estado de proteção de direitos fundamentais*. Lisboa: Universidade Católica Editora, 2015.

SILVA, José Afonso da. *Aplicabilidade das normas constitucionais*. 2. ed. São Paulo: Revista dos Tribunais, 1982.

_____. _____. 7. ed. São Paulo: Malheiros, 2007.

_____. _____. Arguição de descumprimento de preceito fundamental: sua doutrina em face de uma situação concreta. In: LARREA, Arturo Zaldívar Lelo de; MAC-GREGOR, Eduardo Ferrer (Coord.). *Estudos de direito processual constitucional*: homenagem brasileira a Héctor Fix-Zamudio em seus 50 anos como pesquisador do direito. São Paulo: Malheiros, 2009.

_____. *Comentário contextual à Constituição*. 2. ed. São Paulo: Malheiros, 2006.

_____. *Curso de direito constitucional positivo*. 14. ed. São Paulo: Malheiros, 1997.

_____. _____. 27. ed. São Paulo: Malheiros, 2006.

1418 ○ REFERÊNCIAS

_____. _____. 31. ed. São Paulo: Malheiros, 2008.

_____. _____. 36. ed. São Paulo: Malheiros, 2013.

_____. *Direito constitucional ambiental.* 4. ed. São Paulo: Malheiros, 2003.

SILVA, Lucas Cavalcanti da. Controle difuso de constitucionalidade e o respeito aos precedentes do Supremo Tribunal Federal. In. MARINONI, Luiz Guilherme (Coord.). *A força dos precedentes – Estudos dos cursos de mestrado e doutorado em direito processual civil da UFPR.* Salvador: JusPodivm, 2010.

SILVA, Manuel Pascoal Dias Pereira da. Vinculação das entidades privadas pelos direitos, liberdades e garantias. *Revista de Direito Público* 82/46, São Paulo, Revista dos Tribunais, 1987.

SILVA, Reinaldo Pereira e. O controle de constitucionalidade das omissões administrativas por via de ação direta. *RT* 885/69, São Paulo, jul. 2009.

SILVA, Ricardo Augusto Dias da. *Direito fundamental à saúde*: o dilema entre o mínimo existencial e a reserva do possível. Belo Horizonte: Fórum, 2010.

SILVA, Virgílio Afonso da. *A constitucionalização do direito*: os direitos fundamentais nas relações entre particulares. São Paulo: Malheiros, 2005.

_____. *Direito constitucional brasileiro.* São Paulo: EdUSP, 2021.

_____. *Direitos fundamentais*: conteúdo essencial, restrições e eficácia. São Paulo: Malheiros, 2009.

_____; _____. 2. ed. São Paulo: Malheiros, 2010.

_____; _____. 2. ed. São Paulo: Malheiros, 2017.

_____. Interpretação conforme à Constituição: entre a trivialidade e a centralização judicial. *Revista Direito GV*, v. 2, n. 1, p. 191-210, jan.-jun. 2006.

_____. Núcleo essencial dos direitos fundamentais e eficácia das normas constitucionais. *Revista de Direito do Estado* 4/23-51, out.-dez. 2006.

_____. *O conteúdo essencial dos direitos fundamentais e a eficácia das normas constitucionais.* Tese apresentada para o concurso de provas e títulos para o provimento do cargo de professor titular junto ao Departamento de Direito do Estado – Área de Direito Constitucional – na Faculdade de Direito da Universidade de São Paulo, 2005.

_____. O conteúdo essencial dos direitos fundamentais e a eficácia das normas constitucionais. *Revista de Direito do Estado* 4/49 e ss., out.-dez. 2006.

_____. *O conteúdo essencial dos direitos fundamentais e a eficácia das normas constitucionais.* São Paulo: Revista dos Tribunais, 2009.

_____. O proporcional e o razoável. *RT* 798/23-50, São Paulo, Revista dos Tribunais, abr. 2002.

_____. Partidos e reforma política. In: *Revista Brasileira de Direito Público*, v. 11, 2005.

_____. Ulisses, as sereias e o poder constituinte derivado. *Revista de Direito Administrativo* 226/29, 2001.

SILVA NETO, Manoel Jorge. A proteção constitucional da liberdade religiosa. *Revista de Informação Legislativa* 160/120 e ss., out.-dez. 2003.

SILVEIRA, José Néri da. A reforma constitucional e o controle de sua constitucionalidade. *Revista da Associação dos Juízes do Rio Grande do Sul (Ajuris)* 64/207, 1995.

SILVEIRA, Patrícia Azevedo da. *Competência ambiental.* Curitiba: Juruá, 2002.

SILVEIRA, Vladmir Oliveira da. *O poder reformador na Constituição brasileira de 1988.* São Paulo: RCS, 2006.

SILVESTRI, Gaetano. Le Corti Supreme negli ordinamenti costituzionali contemporanei. *Le Corti Supreme.* Milano: Giuffrè, 2001.

SINGH, Tanmay; MISHRA, Anandita; BAPAT, Krishnesh. Why don't they just stop stopping the internet? *Verfassungsblog – On Matters Constitutional*, 26 out. 2021. Disponível em: <https://dx.doi.org/10.17176/20211026-183052-0>. Acesso em: 30 out. 2021.

SIQUEIRA, Andressa de Bittencourt. A fundamentalidade subordinada do direito de acesso à internet no cenário jurídico-constitucional brasileiro. *Revista Eletrônica de Direito Público*, v. 7, n. 2, p. 240-263, 2020.

SIRAQUE, Vanderlei. *Controle social da função administrativa do estado*: possibilidades e limites na Constituição de 1988. São Paulo: Saraiva, 2005.

SKIDMORE, Thomas. *Brasil*: de Getúlio Vargas a Castelo Branco, 1930-1964. 14. ed. Rio de Janeiro: Paz e Terra, 2007.

SLAIBI FILHO, Nagib. *Ação declaratória de constitucionalidade.* Rio de Janeiro: Forense, 2000.

_____. *Direito constitucional.* Rio de Janeiro: Forense, 2004.

SODERO, Eduardo. Sobre el cambio de los precedentes. *Isonomía – Revista de Teoría y Filosofía del Derecho*, n. 21.

SOLOVE, Daniel. *Understanding privacy.* Cambridge: Harvard University Press, 2008.

SOLOZÁBAL ECHAVARRÍA, Juan José. Una revisión de la teoría de los derechos fundamentales. *Revista Jurídica da Universidade Autônoma de Madrid* 4/107, 2001.

SOMBRA, Thiago Luís Santos. *A eficácia dos direitos fundamentais nas relações jurídico-privadas: a identificação do contrato como ponto de encontro dos direitos fundamentais.* Porto Alegre: Fabris, 2004.

SORIA, J. M. Das Recht auf Sicherung des Existenzminimums. *JZ*, 2005.

SORIANO, Aldir Guedes. *Liberdade religiosa no direito constitucional e internacional.* São Paulo: Juarez de Oliveira, 2002.

SOUSA, António Francisco de. *Direito de reunião e de manifestação.* Lisboa: Quid Juris, 2009.

SOUSA, Miguel Teixeira. *Estudos sobre o novo processo civil.* Lisboa: Lex, 1997.

SOUZA, Liziane Menezes de. *Direito fundamental à proteção de dados pessoais.* Uma abordagem a partir do constitucionalismo garantista. Londrina: Editora Thoth, 2023.

SOUZA, Luciane Moessa de. Efeitos da decisão no mandado de injunção: cotejo com a ação civil pública e a ação popular. *Revista de Direito Constitucional e Internacional* 3/120, São Paulo, abr. 1993.

SOUZA, Luis Henrique Boselli de. A doutrina brasileira do *habeas corpus* e a origem do mandado de segurança: análise doutrinária de anais do Senado e da jurisprudência histórica do Supremo Tribunal Federal. *Revista de Informação Legislativa*, v. 45, n. 177, p. 75-82, jan.-mar. 2008.

SOUZA, Nelson Oscar de. *Manual de direito constitucional*. 3. ed. Rio de Janeiro: Forense, 2006.

SOUZA, Paulo Vinícius Sporleder de. *Bem jurídico-penal e engenharia genética humana*: contributo para a compreensão dos bens jurídicos supraindividuais. São Paulo: Revista dos Tribunais, 2004.

SOUZA, Rodrigo Lobato Oliveira de. *Liberdade religiosa*. Direito fundamental numa sociedade democrática. Belo Horizonte: Editora D''Plácido, 2021.

SOUZA JUNIOR, Cezar Saldanha. *Constituições do Brasil*. Porto Alegre: Sagra Luzzato, 2002.

SOUZA NETO, Cláudio Pereira de. *Teoria constitucional e democracia deliberativa*: um estudo sobre o papel do direito na garantia das condições para a cooperação na deliberação democrática. Rio de Janeiro: Renovar, 2006.

_____. A justiciabilidade dos direitos sociais: críticas e parâmetros. In: _____; SARMENTO, Daniel (Coord.). *Direitos sociais*: fundamentos, judicialização e direitos sociais em espécie. Rio de Janeiro: Lumen Juris, 2008.

_____; SARMENTO, Daniel. *Direito constitucional*: teoria, história e métodos de trabalho. Belo Horizonte: Fórum, 2012.

_____; _____ (Org.). *Direitos sociais*: fundamentos, judicialização e direitos sociais em espécie. Rio de Janeiro: Lumen Juris, 2008.

SPAGNOLO, Juliano. Uma visão dos alimentos através do prisma fundamental da dignidade da pessoa humana. In: PORTO, Sérgio Gilberto; USTÁRROZ, Daniel (Org.). *Tendências constitucionais no direito de família*. Porto Alegre: Livraria do Advogado, 2003.

SPECTOR, Horacio. Judicial review, rights and democracy. *Law and Philosophy*, n. 22, 2003.

SPENGLER, Fabiana Marion. *Alimentos da ação à execução*. Porto Alegre: Livraria do Advogado, 2002.

STARCK, Christian. Art. 2 Abs. 2. In: _____ (Ed.). *Kommentar zum Grundgesetz*. 6. ed. München: Vahlen, 2010. v. 1.

_____. *Kommentar zum Grundgesetz*. 6. ed. München: Vahlen, 2010. v. 1.

_____. Staatliche Organisation und Staatliche Finanzierung als Hilfen zur Grundrechtsverwirklichungen? In: _____ (Org.). *Bundesverfassungsgericht und Grundgesetz, Festgabe aus Anlass des 25 jëhrigen Bestehens des Bundesverfassungsrerichts* (BVerfG und GG II). Tübingen: J. C. Mohr (Paul Siebeck), 1976. v. 2.

_____. Art. 2 Abr. 2. In: MANGOLDT, Hermann von; KLEIN, Friedrich. *Das Bonner Grundgesetz*. 3. ed. Munique: Vahlen, 1985. v. 1.

STEINBERG, Rudolf. *Der ökologische Verfassungsstaat*. Frankfurt am Main: Suhrkamp, 1998.

STEINER, Udo. *Verfassungsgebung und verfassungsgebende Gewalt des Volkes*. Berlin: Duncker & Humblot, 1966.

_____. Wirkung der Entscheidungen des Bundesverfassungsgerichts auf rechtmäßige und unanfechtbare Entscheidungen. *Bundesverfassungsgericht und Grundgesetz*. Tübingen: Christian Starck, 1976.

REFERÊNCIAS   1421

STEINMETZ, Wilson Antônio. *Colisão de direitos fundamentais e princípio da proporcionalidade*. Porto Alegre: Livraria do Advogado, 2001.

_____. Art. 5.º, XIV. In: CANOTILHO, J. J. Gomes; MENDES, Gilmar Ferreira; SARLET, Ingo Wolfgang; STRECK, Lenio Luiz (Coord.). *Comentários à Constituição do Brasil*. 2. ed. São Paulo: Saraiva Educação, 2018.

_____. Comentário ao art. 5.º, XV, da CF. In: CANOTILHO, J. J. Gomes; MENDES, Gilmar Ferreira; SARLET, Ingo Wolfgang; STRECK, Lenio. *Comentários a Constituição do Brasil*. 2. ed. São Paulo: Saraiva Educação, 2018.

_____. O dever de aplicação imediata de direitos e garantias fundamentais na jurisprudência do STF e nas interpretações da literatura especializada. In: SARMENTO, Daniel; SARLET, Ingo Wolfgang (Coord.). *Direitos fundamentais no Supremo Tribunal Federal*: balanço e crítica. Rio de Janeiro: Lumen Juris, 2011.

_____. *Vinculação dos particulares a direitos fundamentais*. São Paulo: Malheiros, 2004.

_____. _____. São Paulo: Malheiros, 2005.

STERN, Klaus. *Das Staatsrecht der Bundesrepublik Deutschland. Allgemeine Lehren der Grundrechte*. München: C. H. Beck, 1988. v. 3/1.

_____. *Derecho del Estado de la República Federal Alemana*. Tradução parcial do 1.º tomo da edição alemã por Javier Pérez Royo e Pedro Cruz Villalón. Madrid: Centro de Estudios Constitucionales, 1987.

_____. Die Grundrechte und ihre Schranken. In: BADURA, Peter; DREIER, Horst (Ed.). *Festschrift 50 Jahre Bundesverfassungsgericht*. Tübingen: Mohr Siebeck, 2001. v. 2.

_____. Idee und Elemente eines Systems der Grundrecht. In: ISENSEE, J.; KIRCHHOF, P. (Org.). *Handbuch des Staatsrechts der Bundesrepublik Deutschland*. Heidelberg: C.F. Müller, 1992. v. 5.

_____. Unverletzlichkeit der Wohnung. In: _____; BECKER, Florian. *Grundrechte kommentar*. Köln: Carl Heymanns, 2010.

_____; BECKER, Florian. *Grundrechte Kommentar*. Köln: Carl Heymanns, 2010.

_____; SACHS, Michael. *Das Staatsrecht der Bundesrepublik Deutschland*. Munique: C. H. Beck, 1994. v. 3/2.

STERNBERGER, Dolf. *Verfassungspatriotismus – Schriften*. Frankfurt am Main: Insel, 1990. Bd. X.

STONE, Alec. *The birth of judicial politics in France*: the constitutional council in comparative perspective. New York: Oxford University Press, 1992.

STONE, G.; SEIDMAN, L.; SUNSTEIN, C.; TUSHNET, M.; KARLAN, P. *Constitutional law*. 5. ed. New York: Aspen, 2005.

STONE, Julius. *Precedent and law: the dynamics of common law growth*. Sydney: Butterworths, 1985.

STRECK, Lenio Luiz. A dupla face do princípio da proporcionalidade: da proibição de excesso (*Übermassverbot*) à proibição de proteção deficiente (*Untermassverbot*) ou de como não há blindagem contra normas penais inconstitucionais. (*Neo*)*constitucionalismo – Revista do Instituto de Hermenêutica Jurídica*, n. 2, Porto Alegre, 2004.

_____. *As interceptações telefônicas e os direitos fundamentais*. Porto Alegre: Livraria do Advogado, 1997.

_____. Bem jurídico e Constituição: da proibição de excesso (*Übermassverbot*) à proibição de proteção deficiente (*Untermassberbot*): de como não há blindagem contra normas penais inconstitucionais. *Boletim da Faculdade de Direito de Coimbra* 80/303-345, 2004.

_____. *Constituição – Limites e perspectivas da revisão*. Porto Alegre: Rigel, 1993.

_____. Da proibição de excesso (*Übermassverbot*) à proibição de proteção deficiente (*Untermassverbot*): de como não há blindagem contra normas penais inconstitucionais. *Revista de Hermenêutica Jurídica*, n. 2, 2004.

_____. *Hermenêutica jurídica e(m) crise*: uma exploração hermenêutica da construção do direito. Porto Alegre: Livraria do Advogado, 1999.

_____. *Jurisdição constitucional e hermenêutica*: uma nova crítica do direito. 2. ed. Rio de Janeiro: Forense, 2003.

_____. _____. 10. ed. Porto Alegre: Livraria do Advogado, 2011.

_____. *Verdade e consenso*: Constituição, hermenêutica e teorias discursivas. 4. ed. São Paulo: Saraiva, 2011.

_____. _____. 4. ed. São Paulo: Saraiva, 2012.

_____. *Verdade e consenso*: Constituição, hermenêutica e teorias discursivas – Da possibilidade à necessidade de respostas corretas no direito. 2. ed. Rio de Janeiro: Lumen Juris, 2007.

_____; BARRETO, Vicente de Paulo; OLIVEIRA, Rafael Tomaz de. Ulisses e o canto das sereias: sobre ativismos judiciais e os perigos da instauração de um "terceiro turno da constituinte". *Revista de Estudos Constitucionais, Hermenêutica e Teoria do Direito (RECHTD)* I (2): 75-83, jul.-dez. 2009. Disponível em: http://rechtd.unisinos.br/pdf/84.pdf.

_____; MORAIS, José Luis Bolzan de. *Ciência política e teoria geral do Estado*. Porto Alegre: Livraria do Advogado, 2004.

_____; MORAIS, José Luís Bolzan de. Estado democrático de direito. In: CANOTILHO, J. J. Gomes; MENDES, Gilmar Ferreira; SARLET, Ingo Wolfgang; STRECK, Lenio Luiz (Coord.). *Comentários à Constituição do Brasil*. 2. ed. São Paulo: Saraiva Educação, 2018.

_____; OLIVEIRA, Fábio de. Art. 2.º. In: CANOTILHO, J. J. Gomes; MENDES, Gilmar Ferreira; SARLET, Ingo Wolfgang; STRECK, Lenio Luiz (Coord.). *Comentários à Constituição do Brasil*. 2. ed. São Paulo: Saraiva Educação, 2018.

SUDRE, Frédéric. *A propos du "dialogue de juges" et du controle de conventionnalité*. Paris: Pedone, 2004.

SUMMERS, Robert S. Precedent in the United States (New York State). *Interpreting precedents: a comparative study*. London: Dartmouth, 1997.

_____; MACCORMICK, Neil (Coord.). *Interpreting precedents – A comparative study*. Aldershot: Ashgate, 1997.

SUNDFELD, Carlos Ari. Mandado de injunção. *Revista de Direito Público* 94/146, São Paulo, abr.-jun. 1990.

REFERÊNCIAS ○ 1423

SUNSTEIN, Cass R. Beyond Marbury: the executive's power to say what the law is. University of Chicago, Law & Economics, *Olin Working Paper*, n. 268.

_____. *Why societies need dissent*. Cambridge: Harvard University Press, 2003.

SÜSSEKIND, Arnaldo. As normas internacionais em face da Constituição. In: ROMITA, Arion Sayão (Org.). *Curso de direito constitucional do trabalho*. São Paulo: LTr, 1991. v. 2.

TALAMINI, Eduardo. *Coisa julgada e sua revisão*. São Paulo: Revista dos Tribunais, 2005.

TARANTO, Caio Márcio Guterres. *Precedente judicial – Autoridade e aplicação na jurisdição constitucional*. Rio de Janeiro: Forense, 2010.

TARELLO, Giovanni. *L'interpretazione della legge*. Milano: Giuffrè, 1980.

_____. *Storia della cultura giuridica moderna (assolutismo e codificazione del diritto)*. Bologna: Il Mulino, 1976.

TARUFFO, Michele. I limiti soggettivi del giudicato e le class actions. *Rivista di Diritto Processuale*, Padova, Cedam, 1969.

_____. Institutional factors influencing precedents. In: MACCORMICK, Neil; SUMMERS, Robert S. *Interpreting precedents*: a comparative study. London: Dartmouth, 1997.

_____. *Idee per una teoria della decisione giusta. Sui confini – Scritti sulla giustizia civile*. Bologna: Il Mulino, 2002.

_____. *Il vertice ambiguo – Saggi sulla cassazione civile*. Bologna: Il Mulino, 1991.

_____. L'attuazione esecutiva dei diritti: profili comparatistici. In: MAZZAMUTTO, Salvatore (Coord.). *Processo e tecniche di attuazione dei diritti*. Napoli: Jovene, 1989, v. 1.

_____. La Corte di Cassazione e la legge. In: *Il vertice ambiguo. Saggi sulla Cassazione civile*. Bologna: Il Mulino, 1991.

_____. *La motivazione della sentenza civile*. Padova: Cedam, 1975.

_____. *La prova dei fatti giuridici*. Milano: Giuffrè, 1992.

_____. *La semplice verità – Il giudice e la costruzione dei fatti*. Roma: Laterza, 2009.

_____. Prove atipiche e convicimento del giudice. *Revista di Diritto Processuale*, Padova: Cedam, 1973.

_____. *Studi sulla rilevanza della prova*. Padova: Cedam, 1970.

TARZIA, Giuseppe. Il giusto processo di esecuzione. *Rivista di Diritto Processuale*, Padova, Cedam, 2002.

_____. Parità delle armi tra le parti e poteri del giudice nel processo civile. *Problemi del processo civile di cognizione*. Padova: Cedam, 1989.

TAVARES, André Ramos. A categoria dos preceitos fundamentais na Constituição brasileira. *Revista de Direito Constitucional e Internacional* 34/105, São Paulo, jan. 2001.

_____. Aporias acerca do "condomínio legislativo" no Brasil: uma análise a partir do STF. *Revista Brasileira de Estudos Constitucionais* n. 6, p. 161-206. Belo Horizonte: Fórum, 2008.

_____. *Curso de direito constitucional*. 18. ed. São Paulo: Saraiva, 2020.

_____. *Curso de direito constitucional*. São Paulo: Saraiva, 2010.

_____. _____. 9. ed. São Paulo: Saraiva, 2011.

_____. *Tratado de arguição de preceito fundamental*. São Paulo: Saraiva, 2001.

_____. *Fronteiras da hermenêutica constitucional*. São Paulo: Método, 2006.

_____. *Reforma do Judiciário no Brasil pós-88*: (des)estruturando a Justiça – Comentários completos à EC 45/2004. São Paulo: Saraiva, 2005.

_____; ROTHENBURG, Walter Claudius (Org.). *Arguição de descumprimento de preceito fundamental*: análise à luz da Lei 9.882/1999. São Paulo: Atlas, 2001.

TAVARES, Marcelo Leonardo. *Previdência e assistência social – Legitimação e fundamentação constitucional brasileira*. Rio de Janeiro: Lumen Juris, 2003.

TEIXEIRA, Eduardo Didonet; HAEBERLIN, Martin. *A proteção da privacidade – Aplicação na quebra do sigilo bancário e fiscal*. Porto Alegre: Fabris, 2005.

TEIXEIRA, João Horácio Meirelles. *Curso de direito constitucional*. Rio de Janeiro: Forense Universitária, 1991.

TEIXEIRA, Orci P. Bretanha. *A fundamentação ética do Estado Socioambiental*. Porto Alegre: EDIPUCRS, 2013.

_____. *O direito ao meio ambiente ecologicamente equilibrado como direito fundamental*. Porto Alegre: Livraria do Advogado, 2006.

TELES, Miguel Galvão. Inconstitucionalidade pretérita. *Nos dez anos da Constituição*. Lisboa: Imprensa Nacional/Casa da Moeda, 1987.

_____. Temporalidade jurídica e Constituição. *20 anos da Constituição de 1976*. Coimbra: Coimbra Ed., 2000.

TEMER, Michel. Mandado de injunção e seus limites. *Revista de Direito Público* 98/27, São Paulo, abr.-jun. 1991.

TEPEDINO, Gustavo. *Temas de direito civil*. Rio de Janeiro: Renovar, 1999.

TESHEINER, José. Ações coletivas no Brasil – Tendências e atualidades. *Temas de direito & processos coletivos*. Porto Alegre: HS, 2010.

THEODORO JÚNIOR, Humberto. Constituição e processo: desafios constitucionais da reforma do processo civil no Brasil. In: _____; CALMON, Petrônio; NUNES, Dierle (Coord.). *Processo e Constituição – Os dilemas do processo constitucional e dos princípios processuais constitucionais*. Rio de Janeiro: GZ, 2010.

_____. Juiz e partes dentro de um processo fundado no princípio da cooperação. *Revista Dialética de Direito Processual*, n. 102, São Paulo, Dialética, 2011.

THORSTEN, Bauer. *Die produktübergreifende Bindung des Bundesgesetzgebers an Entscheidungen des Bundesverfassungsgerichts: zugleich ein Beitrag zur Prozeduralisierung des Rechts*. Berlin: Duncker & Humblot, 2003.

THURMON, Mark Alan. When the court divides: reconsidering the precedential value of Supreme Court plurality decisions. *Duke Law Journal*, Durham, v. 42, nov. 1992.

TOMMASEO, Ferruccio. *I provvedimenti d'urgenza*. Padova: Cedam, 1983.

TORRES, Heleno Taveira. *Direito constitucional tributário e segurança jurídica*. São Paulo: Revista dos Tribunais, 2011.

TORRES, Ricardo Lobo. A cidadania multidimensional na era dos direitos. In: _____ (Org.). *Teoria dos direitos fundamentais*. Rio de Janeiro: Renovar, 1999.

_____. *O direito ao mínimo existencial*. Rio de Janeiro: Renovar, 2009.

REFERÊNCIAS ○ 1425

_____. O mandado de injunção, o processo constitucional e os direitos fundamentais. *O processo na Constituição*. São Paulo: Quartier Latin, 2008.

_____. O mínimo existencial e os direitos fundamentais. *Revista de Direito Administrativo* 177/20-49, 1989.

TOURINHO FILHO, Fernando da Costa. *Código de Processo Penal comentado*. 6. ed. São Paulo: Saraiva, 2001.

TRAYNOR, Roger J. Quo vadis, prospective *overruling*: a question of judicial responsibility. *Hastings Law Journal*, v. 50, San Francisco, abr. 1999.

TREANOR, William Michael. Prospective overruling and the revival of unconstitutional statutes. *Columbia Law Review*, New York, v. 93, dez. 1993.

_____. Judicial review before Marbury. *Stanford Law Review* 58, 2005.

TRIBE, Lawrence. *American constitutional law*. 3. ed. New York: Foundation Press, [s.d.]. v. 1.

TRINDADE, André (Coord.). *Direito universitário e educação contemporânea*. Porto Alegre: Livraria do Advogado, 2009.

TRINDADE, Antônio Augusto Cançado. A interação entre direito internacional e o direito interno na proteção dos direitos humanos. *Arquivos do Ministério da Justiça*, n. 182, 1993.

_____ (Coord.). *Direito universitário e educação contemporânea*. Porto Alegre: Livraria do Advogado, 2009

_____. *Princípios do direito internacional contemporâneo*. Brasília: UnB, 1981.

_____. *Tratado de direito internacional dos direitos humanos*. Porto Alegre: Fabris, 1997. v. 1.

_____. _____. Porto Alegre: Fabris, 2003. v. 1.

TROCKER, Nicolò. *Processo civile e costituzione – Problemi di diritto tedesco e italiano*. Milano: Giuffrè, 1974.

_____. *La formazione del diritto processuale europeo*. Torino: Giappichelli, 2011.

TROPER, M.; JAUME, L. (Org.). *1789 et l'invention de la constitution*. Paris: Bruylant LGDJ, 1998.

TUNC, André. La cour suprême idéale. *Revue Internationale de Droit Comparé*, Paris, 1978.

TUSHNET, Mark, *Taking the constitution away from the courts*. Princeton: Princeton University Press, 1999.

UBILLOS, Juan María Bilbao. ¿En qué medida vinculan a los particulares los derechos fundamentales? In: SARLET, Ingo (Org.). *Constituição, direitos fundamentais e direito privado*. Porto Alegre: Livraria do Advogado, 2003.

_____; MARTÍNEZ, Fernando Rey; ZAPATERO, José Miguel Vidal. *Lecciones de derecho constitucional I*. Valladolid: Lex Nova, 2010.

UPRIMNY, Rodrigo; GUARNIZO, Diana. Es posible una dogmática adecuada sobre la prohibición de regresividad? Un enfoque desde la jurisprudencia constitucional colombiana. *Revista Direitos Fundamentais & Justiça* 3/37-64, abr.-jun. 2008.

1426 ○ REFERÊNCIAS

USTÁRROZ, Daniel; PORTO, Sérgio Gilberto. *Lições de direitos fundamentais no processo civil – O conteúdo processual da Constituição Federal*. Porto Alegre: Livraria do Advogado, 2009.

VAINER, Bruno Zilberman. Aspectos polêmicos do controle de constitucionalidade em âmbito estadual. *Revista de Direito Constitucional e Internacional* 73/60, São Paulo, out. 2010.

VALDÉS, Roberto Blanco. *El valor de la Constitución*. Madrid: Trotta, 1998.

VALE, André Rufino do. *Constitucionalismo e Democracia Pós-2020. Reflexões na ocasião do centenário do constitucionalismo de Weimar (1919-1933)*. São Paulo: Saraiva, 2022.

_____. *Eficácia dos direitos fundamentais nas relações privadas*. Porto Alegre: Fabris, 2004.

_____. *Estrutura das normas de direitos fundamentais. Repensando a distinção entre regras, princípios e valores*. São Paulo: Saraiva, 2009.

_____. In: CANOTILHO, J. J. Gomes; MENDES, Gilmar Ferreira; SARLET, Ingo Wolfgang; STRECK, Lenio Luiz (Coord.). *Comentários à Constituição do Brasil*. 2. ed. São Paulo: Saraiva Educação, 2018.

VALLESPÍN PÉREZ, David. *El modelo constitucional de juicio justo en el ámbito del proceso civil*. Barcelona: Atelier, 2002.

VANBERG, Georg. *The politics of constitutional review in Germany*. Cambridge: Cambridge University Press, 2005.

VAN CAENEGEM, R. C. *Uma introdução histórica ao direito privado*. Trad. Carlos Eduardo Lima Machado. 2. ed. São Paulo: Martins Fontes, 2000.

VARANO, Vincenzo. A proposito dell'eventuale introduzione delle opinioni dissenzienti nelle pronunce della Corte Costituzionale: considerazione sull'esperienza americana. In: *L'opinione dissenziente*, Milano: Giuffrè, 1995.

VASAK, Karrel. Pour une troisième génération des droits de l'homme. *Études et essais sur le droit internacional humanitaire et sur les principes de la Croix-Rouge en el honneur de Jean Pictet*. Genève: La Haye, 1984.

VASCONCELLOS, Fernando Andreoni. *Hermenêutica jurídica e derrotabilidade*. Curitiba: Juruá, 2010.

_____. Reflexos da nova lei do mandado de segurança no âmbito tributário. *Revista Dialética de Direito Tributário*, n. 172, São Paulo, Dialética, 2010.

VASCONCELOS, Pedro Pais de. *Direito de personalidade*. Coimbra: Almedina, 2006.

VAZ, Paulo Afonso Brum. *Judicialização dos direitos da seguridade social*. Curitiba: Alteridade, 2021.

VECCHIATTI, Paulo Roberto Iotti. *Constituição dirigente e concretização judicial das imposições constitucionais ao Legislativo*. 4. ed. Bauru: Editora Spessotto, 2022.

VEGA, Pedro de. *La reforma constitucional y la problemática del poder constituyente*. Madrid: Tecnos, 1995.

VELOSO, Zeno. *Controle jurisdicional de constitucionalidade*. Belo Horizonte: Del Rey, 2003.

VERBICARO, Loiane Prado. Um estudo sobre as condições facilitadoras da judicialização da política no Brasil. *Revista Direito GV*, v. 4, n. 2, São Paulo, jul.-dez. 2008.

VERDÚ, Pablo Lucas. *Prólogo da obra de Hsü Dau-Lin, mutación de la Constitución*. Oñati: Instituto Vasco de Administración Pública, 1998.

VERGOTTINI, Giuseppe de. *Diritto costituzionale*. Padova: Cedam, 2010.

VIANA, Rui Geraldo C. O direito à moradia. *Revista de Direito Privado*, p. 9 e ss., abr.-jun. 2000.

VIEIRA, Oscar Vilhena. *A Constituição e sua reserva de justiça – Um ensaio sobre os limites materiais ao poder de reforma*. São Paulo: Malheiros, 1999.

_____. *Direitos fundamentais*: uma leitura da jurisprudência do STF. São Paulo: Malheiros, 2006.

_____. *Supremo Tribunal Federal*: jurisprudência política. 2. ed. São Paulo: Malheiros, 2002.

VIGORITI, Vincenzo. *Garanzie costituzionali del processo civile – Due process of law e art. 24 Costituzione*. Milano: Giuffrè, 1970.

VILLA, Marco Antonio. *A história das constituições brasileiras*. São Paulo: Leya, 2011.

VILLALON, Pedro Cruz. Formación y evolución de los derechos fundamentales. *Revista Española de Derecho Constitucional* 25/41-42, 1989.

VILLAR, Gregorio Cámara. El sistema de los derechos y las libertades fundamentales. In: CALLEJÓN, Francisco Balaguer (Coord.). *Manual de derecho constitucional*. Madrid: Tecnos, 2005. v. 2.

VILLAVERDE MENÉNDEZ, Ignacio. Los límites a los derechos fundamentales. In: _____; BASTIDA FREIJEDO, Francisco J.; REQUEJO RODRÍGUES, Paloma et al. *Teoría general de los derechos fundamentales en la Constitución española de 1978*. Madrid: Tecnos, 2004.

VINX, Lars. *Hans Kelsen's pure theory of law*: legality and legitimacy. Oxford: Oxford University Press, 2007.

VOGEL, Hans-Jochen, Die bundesstaatliche Ordnung des Grundgesetzes. In: _____; BENDA, Ernst; MAIHOFER, Werner (Hsgb). *Handbuch des Verfassungsrechts*. Berlin: De Gruyter, 1984.

VOKUHLE, Andrea. Bruch mit einem Dogma: die Verfassung garantiert Rechtsschutz gegen den Richter. *NJW*, München, Beck, 2003.

VORLÄNDER, Hans. *Die Verfassung – Idee und Geschichte*. 2. ed. München: C. H. Beck, 2004.

VOSSKUHLE, Andreas. Introdução. *Grundgesetz*. 60. ed. München: C. H. Beck, 2011.

WACHTLER, Sol. Judicial lawmaking. *New York University Law Review*, v. 65, 1990.

WALD, Arnoldo. Alguns aspectos da ação declaratória de constitucionalidade. *RePro* 76/7, São Paulo, out. 1994.

_____. Um novo instrumento constitucional: a ADPF (a ADPF como instrumento da segurança jurídica). *Revista de Direito Bancário e do Mercado de Capitais* 44/44, São Paulo, abr. 2009.

_____; MEIRELLES, Hely; MENDES, Gilmar Ferreira. *Mandado de segurança*. 31. ed. São Paulo: Malheiros, 2008.

1428 ○ Referências

Waldhoff, Christian. Entstehung des Verfassungsgesetzes. In: Depenheuer, Otto; Grabenwarter, Christoph (Ed.). *Verfassungstheorie*. Tübingen: Mohr Siebeck, 2010.

Waldron, Jeremy. *Law and disagreement*. Oxford: Oxford University Press, 1999.

Wallerath, M. Zur Dogmatik eines Rechts auf Sicherung des Existenzminimums. *JZ*, 2008.

Walter, Gerhard. I diritti fondamentali nel processo civile tedesco. *Rivista di Diritto Procesuale*, Padova, Cedam, 2001.

Wambaugh, Eugene. *The study of cases:* a course of instruction in reading and stating reported cases, composing head-notes and briefs, criticising and comparing authorities, and compiling digests. 2. ed. Boston: Little, Brown & Co., 1894.

Wambier, Luiz Rodrigues. Ação direta de inconstitucionalidade por omissão, na Constituição Federal e nas Constituições dos estados-membros. *RT* 685/49, São Paulo, nov. 1992.

Wambier, Teresa Arruda Alvim. *Omissão judicial e embargos de declaração*. São Paulo: Revista dos Tribunais, 2005.

_____ (Coord.). *Habeas data*. São Paulo: Revista dos Tribunais, 1998.

Wandelli, Leonardo Vieira. *Despedida abusiva*: o direito (do trabalho) em busca de uma nova racionalidade. São Paulo: LTr, 2004.

_____. *O direito humano e fundamental ao trabalho. Fundamentação e exigibilidade*. São Paulo: LTr, 2013.

Wassermann, Rudolf. *Der soziale Zivilprozess – Zur Theorie und Praxis des Zivilprozesses im sozialen Rechtsstaat*. Neuwied und Darmstadt: Luchterhand, 1978.

Watanabe, Kazuo. *Da cognição no processo civil*. São Paulo: Revista dos Tribunais, 1987.

Weffort, Francisco. *Os clássicos da política*. 4. ed. São Paulo: Ática, 1993. v. 1.

Weichert, Marlon A. *Saúde e federação na Constituição brasileira*. Rio de Janeiro: Lumen Juris, 2004.

Weingartner Neto, Jayme. Comentário ao artigo 19. In: Canotilho, J. J. Gomes; Mendes, Gilmar Ferreira; Sarlet, Ingo Wolfgang; Streck, Lenio Luiz (Coord.). *Comentários à Constituição do Brasil. 2. ed.* São Paulo: Saraiva Educação, 2018.

_____. *Honra, privacidade e liberdade de imprensa: uma pauta de justificação penal*. Porto Alegre: Livraria do Advogado, 2002.

_____. *Liberdade religiosa na Constituição*. Porto Alegre: Livraria do Advogado, 2007.

_____. Liberdade religiosa na jurisprudência do STF. In: Sarmento, Daniel; Sarlet, Ingo Wolfgang (Coord.). *Direitos fundamentais no Supremo Tribunal Federal*: balanço e crítica. Rio de Janeiro: Lumen Juris, 2011.

Weis, Carlos. *Direitos humanos contemporâneos*. São Paulo: Malheiros, 1999.

Williams, E. N. *The eighteenth-century Constitution. 1688–1815*. Cambridge: Cambridge University Press, 1960.

WISCHERMANN, Norbert. *Rechtskraft und Bindungswirkung verfassungsgerichtlicher Entscheidungen:* zu den funktionsrechtlichen Auswirkungen der extensiven Auslegung des § 31 Abs. 1 BVerfGG. Berlin: Duncker & Humblot, 1979.

WOLKMER, Antônio Carlos. *Constitucionalismo e direitos sociais no Brasil.* São Paulo: Acadêmica, 1989.

WOOD, Gordon S. *The creation of the American republic:* 1776 – 1787. North Carolina: The University of North Carolina Press, 1998.

WRÓBLEWSKI, Jerzy. Lenguaje jurídico e interpretación jurídica. *Sentido y hecho en el derecho.* México: Fontamara, 2008.

_____. Transparency and doubt. Understanding and interpretation in pragmatics and in Law. *Law and Philosophy*, 1988.

YAMIM, Alicia Ely; GLOPPEN, Siri (Ed.). *Litigating health rights:* can courts bring more justice to health? Cambridge: Harvard University Press, 2010.

YARSHELL, Flávio Luiz. *Antecipação da prova sem o requisito da urgência e direito autônomo à prova.* São Paulo: Malheiros, 2009.

ZAGREBELSKI, Gustavo. Processo costituzionale. *Enciclopedia del diritto*, v. 36.

_____. *Il diritto mitte – Legge, diritti, giustizia.* 13. ed. Torino: Einaudi, 2005.

ZANETI JUNIOR, Hermes. *Mandado de segurança coletivo – Aspectos processuais controversos.* Porto Alegre: Fabris, 2001.

_____. *A constitucionalização do processo.* 3. ed. São Paulo: RT, 2021.

_____. *Processo constitucional – O modelo constitucional do processo civil brasileiro.* Rio de Janeiro: Lumen Juris, 2007.

_____; DIDIER JÚNIOR, Fredie. *Curso de direito processual civil.* 5. ed. Salvador: JusPodivm, 2010. v. 4.

_____; MITIDIERO, Daniel. *Introdução ao estudo do processo civil:* primeiras linhas de um paradigma emergente. Porto Alegre: Fabris, 2004.

ZAVASCKI, Teori Albino. *Eficácia das sentenças na jurisdição constitucional.* São Paulo: Revista dos Tribunais, 2001.

_____. *Processo coletivo: tutela de direitos coletivos e tutela coletiva de direitos.* São Paulo: Revista dos Tribunais, 2006.

ZIMMER JÚNIOR, Aloísio. *O estado brasileiro e seus partidos políticos.* Do Brasil Colônia à redemocratização. Porto Alegre: Livraria do Advogado, 2014.

ZIPPELIUS, Reinhold. *Kleine Deutsche Verfassungsgeschichte.* 7. ed. München: C. H. Beck, 2006.

_____. *Teoria geral do Estado.* Lisboa: Fundação Calouste Gulbenkian, 1974.

ZUBA, Thais Maria Riedel de Resende. *O direito previdenciário e o princípio da vedação do retrocesso.* São Paulo: LTR, 2013.

ZURN, Christopher F. *Deliberative democracy and the institutions of judicial review.* New York: Cambridge University Press, 2007.

OUTRAS OBRAS DOS AUTORES

INGO WOLFGANG SARLET

Die Problematik der sozialen Grundrechte in der brasilianischen Verfassung und im deutschen Grundgesetz. Eine rechtsvergleichende Untersuchung. Frankfurt am Main: Peter Lang, 1997.

A eficácia dos direitos fundamentais – Uma teoria geral dos direitos fundamentais na perspectiva constitucional. 13. ed. Porto Alegre: Livraria do Advogado, 2015.

Comentários à Constituição do Brasil. 3. ed. São Paulo: Saraiva/Almedina, 2023 (coordenado com J. J. Gomes Canotilho, Gilmar Ferreira Mendes e Lenio Luiz Streck).

Constituição e direito penal: temas atuais e polêmicos. 2. ed. São Paulo: Revista dos Tribunais, 2023 (coautoria com Jayme Weingartner Neto).

Constituição e legislação ambiental comentadas. São Paulo: Saraiva, 2015 (coautoria com Paulo Affonso Leme Machado e Tiago Fensterseifer).

Dignidade da pessoa humana e direitos fundamentais na Constituição Federal de 1988. 10. ed. Porto Alegre: Livraria do Advogado, 2015.

Direito constitucional ecológico – Estudos sobre a Constituição, os direitos fundamentais e a proteção do ambiente. 7. ed. São Paulo: Revista dos Tribunais, 2017 (coautoria com Tiago Fensterseifer).

Princípios de direito ambiental. 2. ed. São Paulo: Saraiva, 2017 (coautoria com Tiago Fensterseifer).

Direito ambiental: introdução, fundamentos e teoria geral. São Paulo: Saraiva, 2014 (em coautoria com Tiago Fensterseifer).

Maquiavel, o príncipe e a formação do estado moderno. Porto Alegre: Livraria do Advogado, 2017.

O direito ao esquecimento na sociedade de informação. Porto Alegre: Livraria do Advogado, 2018.

Curso de direito ambiental. 5. ed. Rio de Janeiro: GEN-Forense, 2025 (coautoria com Tiago Fensterseifer).

Curso de direito climático. São Paulo: Revista dos Tribunais, 2023 (coautoria com Gabriel Wedy e Tiago Fensterseifer).

Luiz Guilherme Marinoni

A ética dos precedentes. São Paulo: Revista dos Tribunais, 2014.

Bases para un sistema de precedentes judiciales. San Salvador: Editorial Cuscatleca, 2013.

Control de constitucionalidad. San Salvador: Editorial Cuscatleca, 2014.

El derecho de acción como derecho fundamental. Bogotá: Temis, 2015.

Introducción al derecho procesal civil. Lima: Palestra, 2015.

Julgamento nas Cortes Supremas. São Paulo: Revista dos Tribunais, 2015.

Novo Código de Processo Civil comentado. São Paulo: Revista dos Tribunais, 2015 (coautoria com Sérgio Arenhart e Daniel Mitidiero).

Novo curso de processo civil. Teoria do processo civil. São Paulo: Revista dos Tribunais, 2015. v. 1 (coautoria com Sérgio Arenhart e Daniel Mitidiero).

Novo curso de processo civil. Tutela dos direitos mediante procedimento comum. São Paulo: Revista dos Tribunais, 2015. v. 2 (coautoria com Sérgio Arenhart e Daniel Mitidiero).

Novo curso de processo civil. Tutela dos direitos mediante procedimentos diferenciados. São Paulo: Revista dos Tribunais, 2015. v. 3 (coautoria com Sérgio Arenhart e Daniel Mitidiero).

O STJ enquanto Corte de Precedentes. 2. ed. São Paulo: Revista dos Tribunais, 2014.

Prueba. Santiago: Thomson Reuters, 2015 (coautoria com Sérgio Cruz Arenhart).

Tutela inhibitoria. Madrid: Marcial Pons, 2014.

Abuso de defesa e parte incontroversa da demanda. 2. ed. São Paulo: Revista dos Tribunais, 2011.

Abuso de defensa y parte incontrovertida de la demanda. Lima: Ara Editores, 2007.

Antecipação da tutela. 12. ed. São Paulo: Revista dos Tribunais, 2011.

Código de Processo Civil – Comentado artigo por artigo. 5. ed. São Paulo: Revista dos Tribunais, 2013 (coautoria com Daniel Mitidiero).

Coisa julgada inconstitucional. 2. ed. São Paulo: Revista dos Tribunais, 2010.

Comentários ao Código de Processo Civil: do processo de conhecimento – Arts. 332 a 341. 2. ed. rev., atual. e ampl. São Paulo: Revista dos Tribunais, 2005. v. 5, t. I (coautoria com Sérgio Cruz Arenhart; coord. Ovídio A. Baptista da Silva).

Comentários ao Código de Processo Civil: do processo de conhecimento – Arts. 342 a 443. 2. ed. rev., atual. e ampl. São Paulo: Revista dos Tribunais, 2005. v. 5, t. II (coautoria com Sérgio Cruz Arenhart; coord. Ovídio A. Baptista da Silva).

Curso de processo civil: Teoria Geral do Processo. 7. ed. São Paulo: Revista dos Tribunais, 2013. v. 1

Curso de processo civil: Processo de Conhecimento. 10. ed. São Paulo: Revista dos Tribunais, 2012. v. 2 (coautoria com Sérgio Cruz Arenhart).

Curso de processo civil: Execução. 5. ed. São Paulo: Revista dos Tribunais, 2013. v. 3 (coautoria com Sérgio Cruz Arenhart).

Curso de processo civil: Processo Cautelar. 3. ed. São Paulo: Revista dos Tribunais, 2011. v. 4 (coautoria com Sérgio Cruz Arenhart).

Curso de processo civil: Procedimentos Especiais. 2. ed. São Paulo: Revista dos Tribunais, 2011. v. 5 (coautoria com Sérgio Cruz Arenhart).

OUTRAS OBRAS DOS AUTORES ○ 1433

Decisión de inconstitucionalidad y cosa juzgada. Lima: Communitas, 2008.

Derecho fundamental a la tutela jurisdiccional efectiva. Lima: Palestra, 2007.

Efetividade do processo e tutela de urgência. Porto Alegre: Sergio Antonio Fabris Editor, 1995.

Fundamentos del processo civil. Santiago: Abeledo Perrot, 2010 (coautoria com Alvaro Perez Ragone).

Novas linhas do processo civil. 4. ed. São Paulo: Malheiros, 2000.

O projeto do CPC – Críticas e propostas. São Paulo: Revista dos Tribunais, 2010.

Precedentes obrigatórios. 4. ed. São Paulo: Revista dos Tribunais, 2015.

Prova. 2. ed. São Paulo: Revista dos Tribunais, 2011 (coautoria com Sérgio Cruz Arenhart).

Questões do novo direito processual civil brasileiro. Curitiba: Juruá, 1999.

Repercussão geral no recurso extraordinário. 2. ed. São Paulo: Revista dos Tribunais, 2008 (coautoria com Daniel Mitidiero).

Soluções práticas de direito – Pareceres. São Paulo: Revista dos Tribunais, 2011. v. 1 e v. 2.

Técnica processual e tutela dos direitos. 3. ed. São Paulo: Revista dos Tribunais, 2010.

Tutela antecipatória e julgamento antecipado. 5. ed. rev., atual. e ampl. São Paulo: Revista dos Tribunais, 2003.

Tutela anticipada. Lima: Ara Editores, 2007.

Tutela cautelar e tutela antecipatória. São Paulo: Revista dos Tribunais, 1992 (esg.).

Tutela contra o ilícito. São Paulo: Revista dos Tribunais, 2015.

Tutela específica: arts. 461, CPC e 84, CDC. 2. ed. rev. São Paulo: Revista dos Tribunais, 2001.

Tutela específica de los derechos. Lima: Palestra, 2008.

Tutela inibitória: individual e coletiva. 4. ed. rev., atual. e ampl. São Paulo: Revista dos Tribunais, 2006.

Tutelas urgentes y tutelas preventivas. Lima: Communitas, 2010.

DANIEL MITIDIERO

a) Obras

A justiça civil – da Itália ao Brasil, dos setecentos a hoje. São Paulo: Revista dos Tribunais, 2018 (com Michele Taruffo).

Ação rescisória – do juízo rescindente ao juízo rescisório. São Paulo: Revista dos Tribunais, 2017 (com Luiz Guilherme Marinoni).

Antecipação da tutela – Da tutela cautelar à técnica antecipatória (2013). 2. ed. São Paulo: Revista dos Tribunais, 2014.

Anticipación de tutela – De la tutela cautelar a la técnica anticipatoria (2013), tradução de Renzo Cavani. Madrid: Marcial Pons, 2013.

Anticipazione della tutela – Dalla tutela cautelare alla tecnica anticipatoria (2013), tradução de Lorenza Bianchi e Gabriele Molinaro. Torino: Giappichelli, 2016.

Código de Processo Civil comentado (de 1973) – artigo por artigo (2008). 6. ed. São Paulo: Revista dos Tribunais, 2014 (coautoria com Luiz Guilherme Marinoni).

1434 ○ OUTRAS OBRAS DOS AUTORES

Colaboração no processo civil – Pressupostos sociais, lógicos e éticos (2009). 2. ed. São Paulo: Revista dos Tribunais, 2015.

Colaboración en el proceso civil – Presupuestos sociales, lógicos y éticos (2009), tradução de Juan José Monroy Palacios. Lima: Communitas, 2009.

Comentários ao Código de Processo Civil. São Paulo: Revista dos Tribunais, 2016, v. I (com Luiz Guilherme Marinoni).

Comentários ao Código de Processo Civil. São Paulo: Revista dos Tribunais, 2016, v. XV (com Luiz Guilherme Marinoni).

Comentários ao Código de Processo Civil. São Paulo: Revista dos Tribunais, 2016, v. XVI (com Luiz Guilherme Marinoni).

Comentários ao Código de Processo Civil (de 1973). São Paulo: Memória Jurídica, 2004, t. I (arts. 1 a 153).

Comentários ao Código de Processo Civil (de 1973). São Paulo: Memória Jurídica, 2005, t. II (arts. 154 a 269).

Comentários ao Código de Processo Civil (de 1973). São Paulo: Memória Jurídica, 2006, t. III (arts. 270 a 331).

Cortes Superiores e Cortes Supremas – Do controle à interpretação, da jurisprudência ao precedente (2013). 2. ed. São Paulo: Revista dos Tribunais, 2014.

Curso de processo civil (Código de Processo Civil de 1973) (2010). 2. ed. São Paulo: Atlas, 2013, v. I (coautoria com Alvaro de Oliveira).

Curso de processo civil (Código de Processo Civil de 1973). São Paulo: Atlas, 2012, v. II (coautoria com Alvaro de Oliveira).

Elementos para uma teoria contemporânea do processo civil brasileiro. Porto Alegre: Livraria do Advogado, 2005.

Introdução ao estudo do processo civil – Primeiras linhas de um paradigma emergente. Porto Alegre: Sergio Antonio Fabris Editor, 2004 (coautoria com Hermes Zaneti Júnior).

La justicia civil en el estado constitucional – Diálogos para un diagnóstico, tradução de Renzo Cavani e Christian Delgado. Lima: Palestra, 2016.

Novo Código de Processo Civil comentado (de 2015). 2. ed. São Paulo: Revista dos Tribunais, 2016 (coautoria com Luiz Guilherme Marinoni e Sérgio Cruz Arenhart).

Novo curso de processo civil (Código de Processo Civil de 2015). 2. ed. São Paulo: Revista dos Tribunais, 2016, v. I (coautoria com Luiz Guilherme Marinoni e Sérgio Cruz Arenhart).

Novo curso de processo civil (Código de Processo Civil de 2015). 2. ed. São Paulo: Revista dos Tribunais, 2016, v. II (coautoria com Luiz Guilherme Marinoni e Sérgio Cruz Arenhart).

Novo curso de processo civil (Código de Processo Civil de 2015). 2. ed. São Paulo: Revista dos Tribunais, 2016, v. III (coautoria com Luiz Guilherme Marinoni e Sérgio Cruz Arenhart).

O novo processo civil (2015), 2. ed. São Paulo: Revista dos Tribunais, 2016 (coautoria com Luiz Guilherme Marinoni e Sérgio Cruz Arenhart).

O Projeto do CPC – Crítica e propostas. São Paulo: Revista dos Tribunais, 2010 (coautoria com Luiz Guilherme Marinoni).

Precedentes – Da persuasão à vinculação. São Paulo: Revista dos Tribunais, 2016.

Processo civil e estado constitucional. Porto Alegre: Livraria do Advogado, 2007.

Repercussão geral no recurso extraordinário (2007). 3. ed. São Paulo: Revista dos Tribunais, 2012 (coautoria com Luiz Guilherme Marinoni).

b) Traduções

A motivação da sentença civil, de Michele Taruffo, tradução de Daniel Mitidiero, Rafael Abreu e Vitor de Paula Ramos. São Paulo: Marcial Pons, 2015.

Processo civil comparado – Ensaios, de Michele Taruffo, tradução de Daniel Mitidiero. São Paulo: Marcial Pons, 2013.